明实录南方民族研究史料

一

伍新福 编纂

国家出版基金项目
NATIONAL PUBLICATION FOUNDATION

湘西民族文库

岳麓書社·长沙

《湘西民族文库》编辑委员会

出版说明

湘西，山峦起伏，溪洞纵横。其地域历史发展的独特性与神秘色彩，民族文化的丰富多姿早为世人所瞩目。历代朝廷史官及宦游其地的文人，就其山川地理、民族风情习俗及相关的历史事件，留下了大量官方文献、志书和个人著述。近代以来，关注和探究湘西历史和民族文化的文人学者更与日俱增，留下的历史文献和实地调查资料更为丰富，文艺作品和学术专著也不少。特别是新中国成立后，一批土家族、苗族的专家学者逐步成长，投入本民族历史文化的发掘研究，取得了丰硕成果。有鉴于此，湘西土家族苗族自治州政协特邀请和组织一批专家学者及民族与文化部门的同志，策划出版这套《湘西民族文库》，以存史资治，传承与弘扬优良的历史传统和民族文化，服务民族地区的经济和文化事业的建设发展。

《湘西民族文库》的编辑原则和凡例如下：

一、本文库收入的书籍分为两大类。第一类是古籍与历史文献，包括历代与湘西地区相关的史籍、志书及世传民族口碑史料，以及新中国成立前湘西少数民族文人与名人的著述。第二类是新中国成立后的著作，以湘西土家族和苗族民族学者的学术专著为主。同时，也收集一部分汉族及其他兄弟民族学者关于湘西地区和湘西民族的历史文化研究著作。

二、凡属古籍和历史文献，均由编辑整理者据底本进行标点校勘，改正其文字的讹误、漏衍，并撰写前言或编者序，简介该书原作者的生平、写作背景、版本源流、主要内容与学术文化价值。

三、凡收入本文库的民国年间的历史文献、调查资料和文史著作，由编者作前言或编者序，介绍作者生平、版本源流、主要内容与价值。对其内容、观点及使用的词语、数字等一般均不改动。人名、地名及时间、地点有明显差错的，则加以校改或出注说明。

四、新中国成立后的著作，凡作者尚健在的，由本人进行校订，或少量增删、重编，基本内容和观点不做改动；作者已离世的，对原书的内容和行文用语均不加改动，编辑者可在文字上做必要的校正勘误。

五、本文库采用简化字排印。凡原书和底本中的繁体字和异体字一般情况下均改为简化字，无相应简化字的则仍保留原字。

六、凡原书和底本中的错别字，均将原字加上（ ），再用〔 〕加注正字；漏脱的字，亦用〔 〕补上；衍文直接删去；有污损或影印不清、无法辨认的字，以□表示。

七、古籍和历史文献中各少数民族的名称常加“犭”旁，这带有歧视和侮辱性，本文库对此做出修改，如“獠”改为“僚”，“獞”改为“僮”，“犵狫”改为“仡佬”，“猡猡”改为“罗罗”，“猺”则改为“瑶”，等等。

八、土家族、苗族的人名、地名在古籍和历史文献中，均为当时作者的汉字译音，可能不准确，且古今会有变迁。为保持原作和历史原貌，本文库不做修改。凡传世的民族口碑资料和民间口头作品，一般采用现代汉语意译本。

伍新福

编者序

《明实录》系我国一部巨型的编年体史料长编，内容包含从中央到地方的军事、政治、经济、文化、教育、民族、宗教、涉外关系、自然灾害等诸多方面，是认识和研究中国明代历史的最基本的、不可或缺的原始资料。但由于卷帙浩繁，内容庞杂，且又未经整理刊印，难于检索。为了查阅和使用的方便，清代修《明史》时，就曾分类摘抄《明实录》，作为基本素材。近几十年以来，中国学者在《明实录》整理研究和分类编纂方面做了大量工作，取得不少成果。这为研究明代的相关地区历史和各类专史，做了十分有益的基础工作。但就《明实录》所涉及的范围之广、保存的史料之宏富而言，其分区分类的研究整理和编辑出版，还大有可为，不少领域如民族、宗教、民俗等，都尚待进一步开拓，进行专门研究整理。

明朝是一个多民族的中央集权的封建王朝，在我国统一的多民族国家的形成、巩固和发展中占有重要的历史地位。如何处理好民族问题和民族关系，如何确立和维护在各少数民族地区的统治，如何维系和巩固国家的统一及疆域的稳定，成为明朝历代统治者施政和维护自己统治权力的一个重要方面。所以有关民族和民族地区的各种记载，在《明实录》中占有相当大的篇幅。这为研究中国明代民族地区和各个民族的发展史与民族关系史，保存了最系统、最全面的基本资料。但学术界对《明实录》中关于南方民族方面的记载，至今仍缺乏系统、全面的整理。本书的编纂出版正填补了《明实录》整理的这项空白，为我国南方民族研究和史学研究提供了一部重要的工具书和史料专籍。

本书所称的“南方”，按目前行政区划主要包括湖南、湖北、重庆、四川、贵州、云南、西藏、广西、广东、海南等省、自治区、直辖市。由于历史原因，有少数资料涉及现在的缅甸、越南、老挝、泰国等国家。现在中国的55个少数民族，多数分布在南方，且有悠久的历史和自身的发展特点，但自古以来都同中原地区的政权和族群有着密不可分的联系。而明代的不少军政举措和施治方略政策，多与南方民族相关，或主要实施于南方民族地区。如土司制度的设置、发展与兴革，“以蛮夷制蛮夷”“因俗而治”的抚绥与化导政策措施，卫所屯堡、屯田屯丁和土兵制等。所以有关南方民族的记载在《明实录》中相当多。这为我们研究明代南方民族和民族地区的历史状况和发展史实，提供了珍贵和丰富的第一手资料。

《明实录》未正式刊印，而宫廷原本也早已遗失无存。现传世的均为传钞本。本书以上世纪60年代复印的原国立北平图书馆所藏影印平装红格钞本为蓝本，加以研究整理，并部分参考了1940年梁鸿志影印的江苏省立国学图书馆传钞本（简称“梁本”）。由于是手抄本，且从字迹看出自多人手笔，水平参差不一，字词讹误、错脱者相当多，还有一些生造的字，加之又是影印本，污损不清、难以辨识的字也不少。所以在整理编纂过程中，除对《明实录》原文做辑录、标点外，还做了大量的文字上的校订与勘误工作。包括钞本中地名、人名的错误，字词的讹误、错脱等，均一一加注订正，并对各少数民族的名称进行了规范。此外，还对辑录整理的史料，一一提纲挈领，拟定标题，置于辑录的各条正文之前，每册还特设附录，专门辑录每册的标题。由于辑录的正文有的内容很复杂，标题不求面面俱到，有些只是将其中最重要的事情概括出来。读者和研究者可先依据每册的附录去检索和查阅有关内容。本人在这些方面付出了大量努力，以期使本书更具科学性与应用价值。

本书保持原书的编年体例，以年系月，以月系日，以日系事，并将原书的甲子纪年换算成公元纪年，甲子纪日换算为农历纪日，一一加注。全书按时间顺序编纂，总共精选与辑录了明代历朝官修实录及《崇祯实录》《崇祯长编》的相关史料近九千条。

本书的编纂是一项庞大和艰巨的工程。本人虽数十年来专注于中国南方民族和地方史的研究，具有自己的优势，但由于个人水平和精力的局限，其中的疏漏与差错在所难免，还有待查阅者加以鉴别和校正。

伍新福

2018 年 8 月撰于南岳奇缘山庄

目　录

明太祖实录

明太祖实录卷四

元至正十六年丙申（1356）

三月

庚寅（初十日）[朱元璋进兵集庆，水寨元帅康茂才、苗军元帅寻朝佐等、海军元帅叶撒及阿鲁灰部将完都等各寻朝佐等率众降]

上进兵集庆……平章阿鲁灰、参政伯家奴及集庆路达鲁花赤达尼达思等皆战死……水寨元帅康茂才，苗军元帅寻朝佐、许成、刘哈剌不花，海军元帅叶撒及阿鲁灰部将完都等，各率众降。凡得军民五十余万。

丙申（十六日）[徐达等攻镇江，苗军元帅完者图出走]

徐达、汤和、张德麟、廖永安等进兵攻镇江。丁酉克之，苗军元帅完者图出走。守将段武、平章定定战死。达等自仁和门入，号令严肃，城中晏然，民不知有兵。

明太祖实录卷五

元至正十七年丁酉（1357）

七月

丙申（二十三日）[元将杨完者败于徽州]

元帅胡大海克休宁，进攻婺源。元将杨完者率兵十万，欲复徽州。大海还师与战于城下，大败之，杀其镇抚李才，完者遁去。

十二月

丙戌（十七日）[明玉珍据重庆路]

徐寿辉将明玉珍据重庆路。

明太祖实录卷六

元至正十八年戊戌（1358）

三月

壬戌（二十四日）［溪洞兵三万人降］

元江浙行省左丞杨完者遣兵来攻，邓愈出兵击之，杀其将李副枢，众溃，降其溪洞兵三万人。

四月

庚午（初二日）［元左丞杨完者攻徽州］

元左丞杨完者以舟师攻徽州。胡大海等击败之，擒其将董旺、吕升。

丁丑（初九日）［杨完者攻建德］

完者又攻建德。守将朱文忠击败之，获其万户罗寿，完者遁去。

五月

壬子（十五日）［杨完者率兵攻建德府］

杨完者复率兵攻建德府，屯于乌龙岭，同佥邓愈击走之。

八月

己丑（二十三日）［杨完者自杀，苗军元帅泰不花纳款］

元江浙同佥员成遣苗军元帅泰不花奉书来纳款。初，苗帅杨完者自广西举义兵，攻复陈友谅所据湖广诸郡，转至池饶。时张士诚据姑苏，元江浙行省丞相达识铁木儿虑为士诚所侵，乃召完者以兵守杭，累授江浙左丞。完者恃功骄横，达识铁木儿苦其逼己，复阴约士诚，以兵攻其营，完者仓卒不及备，遂自缢死，其众皆溃散。至是，其部将员成等欲为报仇，遣泰不花来请降，且言其所部元帅李福等三万余人在桐庐，皆愿效顺。上乃命朱文忠往抚之。

明太祖实录卷八

元至正二十年庚子（1360）

九月

乙卯朔（初一日）［苗军杨完者部将来降］

元江浙郑同佥率其部兵来降。郑同佥者，苗军杨完者部将也。

明太祖实录卷十

元至正二十二年壬寅（1362）

二月

癸未（初七日）［苗军元帅蒋英等复反，杀参政胡大海等］

金华苗军元帅蒋英、刘震、李福叛，杀守臣参政胡大海及郎中王恺、总管高子玉。初，大海下严州，震等从员成自桐庐来降。大海喜其骁勇，留置麾下，待之不疑。至是震等谋乱，以大海遇己厚，未忍发。李福谓其众曰：胡参政待我辈信厚，然兵之柄在主将，不杀主将则事不成，举大事宁暇顾私恩乎？众从之。以书通衢、处苗帅李佑之等约以二月七日同举兵，是日蒋英等入分省署，阳请大海至八咏楼下观弩。大海出，将上马，英令其党钟矮子跪于马前，阳诉曰：蒋英等欲杀我。大海未及答，反顾英。英袖出铁槌，若击矮子状，因中大海脑仆地。英即断其首提于马上，以示同佥宁安庆、院判张斌，胁其从己。复杀大海子关住，执郎中王恺。恺正色曰：吾职居郎署，同守此土，义当死，宁从贼耶！刘震欲全之。贼党吴得真与之有隙，曰：无自遗患！遂杀恺及其子寅……文忠遣元帅何世明、掾史郭彦仁等率兵讨之。至兰溪，英等惧，乃驱掠城中子女西走，降于张士诚。世明军入城，张斌、吴得真复来降。世明知王恺为得真所害，缚至马前，欲杀之。斌力请曰：杀一得真，则降者皆惧，后人不复来降矣！乃释之……

丁亥（十一日）［处州苗军元帅李佑之等作乱］

处州苗军元帅李佑之、贺仁得等，闻蒋英等已杀胡大海，亦作乱，杀院判耿再成、都事孙炎、知府王道同及朱文刚等，据其城……

明太祖实录卷十三

元至正二十三年癸卯（1363）

九月

壬午（十六日）［朱元璋亲征陈理于武昌］

上……复率常遇春、康茂才、廖永忠、胡廷瑞等亲征陈理于武昌。

十月

壬寅（初七日）［湖北诸郡皆来降］

上兵至武昌……湖北诸郡皆来降。

明太祖实录卷十四

元至正二十四年甲辰（1364）

二月

乙卯（二十一日）［立湖广行中书省］

立湖广行中书省，以枢密院判杨璟为参政。

四月

丙午（十三日）［湖广兴建铁冶以资军用］

中书省臣言：湖广行省所属州县故有铁冶。方今用武之际，非铁无以资军用，请兴建炉冶，募工炼铁。从之。

明太祖实录卷十五

六月

戊戌（初六日）［湖广安定等处宣抚使来归，各授官职］

湖广安定等处宣抚使向思明等遣其（汉）〔溪〕洞长官硬彻律等，以元所授宣敕及印章来上，请改授官。命仍置安定等处宣抚司，设宣抚使二，以思明及其弟思胜为之。又置怀德军民宣抚司，设宣抚司使一，以向大旺什用为之。……抽拦、不夜、黄石三洞，各置长官一，以没叶什用、大虫什用、硬彻律为之。箭坪洞元帅府，设元帅一，以向显祖为之。梅梓、麻寮二洞，各置长官一，以向志明、唐汉明为之。

八月

乙未（初四日）［左相国徐达率师按行荆湖等处］

命左相国徐达率师按行荆湖等处。先是，陈友谅既灭，荆湘诸郡多款附。至是，上谕达曰：今武昌既平，湖南列郡相继款附。然其间多陈氏部曲，观望自疑，亦有山寨遗孽凭恃险阻，聚众殃民。今命尔按行其地，当抚辑招徕，俾各安生业。或有恃险为盗者，即以兵除之，毋遗民患也。

九月

甲申（二十四日）［左相国徐达等取江陵，师次沙市］

左相国徐达及参政杨璟等帅师取江陵，次于沙市……寻改江陵为荆州府。

十一月

庚辰（二十一日）［土官覃垕等归顺，置慈利军民宣抚司］

置慈利军民宣抚司，秩正三品。以其土官覃垕、夏克明为宣抚使，田重禄为同知宣抚司事。时垕等归顺，以故元所授参知政事照会三道来上，乞改置官司。上从其请，且俾因其俗而治之。

十二月

庚寅朔（初一日）［左相国徐达克辰州、衡州］

左相国徐达兵克辰州。先是，辰州为陈友谅左丞周文贵所据，达遣指挥张彬将兵讨之。文贵部将川张据白云关以拒，彬与战败之，文贵弃城走湖南。克衡州。

明太祖实录卷十六

元至正二十五年乙巳（1365）

正月

己巳（初十日）［左相国徐达遣将取宝庆路，靖州军民安抚司

及诸长官司皆来降]

左相国徐达遣千户胡海洋取宝庆路，克之。元守将唐隆道遁去，于是靖州军民安抚司及诸长官司皆来降。达皆赏赉而遣之。

甲戌（十五日）[平章常遇春进师南安]

平章常遇春进师南安，遣麾下危止逾岭南招谕韶州诸郡未下者。于是韶州守将同佥张秉彝、院判郭容、参政李如章、佥事张鹏飞、总管钱旭及南雄守将孙荣祖等，各籍其兵粮来降。遇春令指挥王玙守南雄，令秉彝仍守韶州。

二月

己丑朔（初一日）[湖湘悉平]

左相国徐达遣使言：臣奉命按行湖湘等处，所至降下湘潭、荆、岳、辰、衡、宝庆等郡及靖州安抚司诸长官司悉皆平定。臣宣布威德，远近向化，蛮夷率服，谨遣使以闻。上以湖湘既平，命达令诸将经略各郡，班师还京。

三月

辛巳（二十三日）[常遇春平章贡军还]

常遇春平章贡军还。上御戟门颁赏，劳之曰：将军勤劳于外，南平诸郡，兵不失律，民无所扰。自岭以南，望风降附，是能奉扬威武，克定邦家……

明太祖实录卷十七

五月

乙亥（十八日）[平章常遇春克安陆]

平章常遇春攻安陆，克之。先是，上命遇春往取安陆及襄阳。谕之曰：安陆、襄阳横据上流，跨连巴蜀，控扼南北，自古所必争之地，今置不取，将贻后忧。汝往取之。……遇春攻安陆，其守将佥院任亮出拒战，遇春击败亮，执之，遂克其城，以沔阳卫指挥吴复守之。

六月

己丑（初二日）［置思南宣慰使司］

置思南宣慰使司。时思南宣慰使田仁智遣其都事杨琛来归款，并纳元所授宣慰使告身。上曰：仁智僻处遐荒，世长溪洞，乃能识天命，率先来归，可嘉也！俾仍为思南道宣慰使，授琛思州等处军民宣抚使兼新军万户，以三品银印给授之。

七月

丁巳朔（初一日）［招徕襄阳未附山寨］

命降将元佥院张德山归襄阳，招徕未附山寨。

庚申（初四日）［故陈友谅左丞周文贵部寇辰溪］

故陈友谅左丞辰州周文贵既走湖南，其党欲复其城，率众寇辰溪，杀县丞高文贵，夺县印，劫掠居民。总制辰沅等州事参军詹允亨遣兵讨之。

乙丑（初九日）［改思州宣抚司为思南等处宣慰使司］

元思州宣抚使兼湖广行省左丞田仁厚遣其都事林宪、万户张思温，来献镇远、古州军民二府。婺州、功水、常宁等十县，龙泉、瑞溪、沿河等三十四州，皆其所守地也。于是命改宣抚司为思南、镇西等处宣慰使司，以仁厚为宣慰使。

癸酉（十七日）［辰州沅陵县向珍八起事，官军讨平之］

辰州沅陵县向珍八作乱，总制辰沅等州参军詹允亨遣千户何德讨之。兵至官厅岩，珍八以众迎战，德击败之。进拔其寨，斩珍八，余党悉平。

庚辰（二十四日）［置靖州军民安抚司］

置靖州军民安抚司，以唐光绮、张汉杰为安抚司同知，梁都武为副使，何澄为知事，唐光裕为镇抚，皆隶湖广行省。以光绮等初来归附故也。

八月

壬辰（初六日）［周文贵攻辰州］

周文贵率划船三百余艘，复攻辰州。千户何德使别将与战于西门之外，自将轻骑直抵其寨攻破之，获其张千户等百余人。文贵退保麻阳，德追击之，又俘其万户等二十四人。文贵遁去。

明太祖实录卷十八

十月

乙酉朔（初一日）［帝致书明玉珍］

上闻明玉珍取云南失利，诸将往往暴掠，玉珍不能制，乃遗以书曰：……近闻足下发兵与蛮夷为仇敌，郊圻之民俱有惧色，而兵犹未已。兵之所过，民舍一空。此如割股以啖腹，腹饱则身毙，果何益哉！夫西蜀沃壤千里，昔刘备据之以三分天下，苟不善保，而使他人得之，诚为足下之忧……

闰十月

辛未（十七日）［右相国李善长言湖广边务］

右相国李善长言湖广边务，上谕以安境息民，勿轻生边衅。

明太祖实录卷十九

元至正二十六年丙午（1366）

二月

癸丑朔（初一日）［湖广行省参政张彬讨周文贵］

湖广行省参政张彬率指挥胡海洋等讨辰州周文贵，师次大阳江，遣兵攻破其垒，杀贼甚众。文贵党益阳紫良厓寨首刘七复率众来援，彬复击败之。文贵等不支，乃乘暮风雨相率遁去。

丁卯（十五日）［容美洞、保靖、镇南等土司归附］

容美洞宣抚使田光宝遣弟光受，及宣慰同知彭建思等，以元所授宣敕印章来上。命以光宝为四川行省参政，行容美洞等处军民宣抚司事，仍为置安抚元帅以治之。以彭世雄为保靖军民安抚使，田升玉为镇南军民宣慰使，田光俊为太平台宜靖安等处安抚使，墨色什用为幸直荒溪等处宣抚使，田思胜为守镇边境大屯等处军民元帅府元帅，杨妙兴为守镇边境等处元帅府元帅。其余副使、万户、千户等凡数百人，皆以其初来归附故也。

癸酉（二十一日）［湖广潭州卫指挥同知击陈友谅余部于茶陵江口］

湖广潭州卫指挥同知严广率兵至茶陵江口，击故陈友谅万户何寿一等寨，平之。复击破鸦渚等寨，擒其寨首许、吴二万户，枭其首于茶陵江口。

庚辰（二十八日）［明玉珍卒］

明玉珍卒。玉珍，随州农家子……壬寅春三月己酉，玉珍遂称帝，国号大夏，纪年天统……癸卯冬，复遣司马万胜等率兵攻云南。胜由界首，司徒邹兴由建昌，芝麻李由八番，三道并进。胜兵不满万人。甲辰春三月，胜兵至云南，元梁王孛罗帖木儿及行省廉访司官弃城退保金马山，胜入城据之。夏四月，胜引兵还重庆。胜兵之入云南也，邹兴、芝麻李兵尚未至，梁王孛罗帖木儿不意胜兵奄及，故弃城遁。及梁王之傅大都率兵出侦敌，获胜部将姬安礼，问胜兵几何？曰：八千。于是大都会大理段平章兵击胜，杀伤者过半。胜以孤军深入，约兵未至，而战士多中伤，难以久驻，遂引兵还……乙巳春……窦英为参政，守播州。荆玉为宣慰，守永宁。商希孟为宣慰，守黔南……

明太祖实录卷二十一

元至正二十六年丙午（1366）

八月

癸酉（二十四日）［置常德卫］

置常德卫。

九月

乙巳（二十六日）［讨平湘乡易华］

指挥副使张胜宗讨湘乡易华，斩之。华据黄牛峰，既降而复叛，率其余党益肆剽掠，潭湘民多被其害。至是，参政杨璟命胜宗讨平之。

［谕杨璟等分兵进讨周文贵］

周文贵复攻掠辰州诸郡。上闻之，遣人谕杨璟、张彬等曰：湖南地接溪洞，贼人恃险负固，叛服不常，宜多设方略以取之，薄其山寨，绝其樵采粮道。彼乌合之徒，志在掳掠，既无所得，势必溃散，乘机剿捕，无遗后患。其有胁从者则开释之。收复郡县，留兵镇守，以绥远人。于是璟等遂分兵进讨。

明太祖实录卷二十二

吴元年　元至正二十七年丁未（1367）

正月

癸巳（十二日）［湖广参政戴德、参军詹允亨进兵取沅州］

湖广参政戴德、参军詹允亨进兵取沅州。

戊戌（二十一日）［沅州守将出降］

戴德等兵至沅州，围其城凡六日，守将李兴祖出降，得将士一千三百二十人。兴祖即李胜也……

二月

癸酉（二十七日）［慈利军民宣抚使遣人朝贡］

慈利军民宣抚使覃垕、夏克武遣其子覃仁、夏荣祖，及其属汪应瑞、黄寿兴，耆民周天成，蛮官什大虫、墨剌什用等，贡马及方物。赐织金绮帛有差。

三月

壬午（初六日）［湖广分省参政杨璟至澧阳等处招抚］

湖广分省参政杨璟率师由松滋至澧阳等处招抚，驻师三江口。慈利军民宣抚使覃垕、夏克武等诣军门谒见。

戊子（十二日）［思、沅两界军民安抚使归附］

思、沅两界军民安抚使黄元明以其地内附。

丁酉（二十一日）［参政杨璟进兵取石门县］

参政杨璟进兵取澧州石门县，故陈友谅守将邓义亨率众降。

［授前元帅蒋节为安抚司官，修会同城］

参军詹允亨言：黔阳县前元帅蒋节领义兵千人结寨自固，自甲辰归附，入租赋，供徭役。近李指挥叛逆，节能仗义率民兵从征，讨贼有功。及湖南贼兵侵界，官兵未至，节又遣兵击却之。今靖州安抚司虽朝廷设官镇遏，然黔阳实在遐荒，居人四散，又无城郭，若官为置兵，修城守御，未免挽运之劳。今会同县旧有城池，若以蒋节为安抚司官，领其旧部曲，修葺会同城池，自备粮饷，招抚人民，以实其城，俾讨平靖州山寨，且耕且守，于计为便。上从之。

明太祖实录卷二十三

四月

壬申（二十七日）［潭州卫遣兵攻易华余党］

潭州卫遣兵攻易华余党所据山寨，克之。伪元帅伍德明等降。

五月

丁丑（初二日）［慈利军民宣抚使遣人朝贡］

慈利军民宣抚使覃垕遣其子覃仁，夏克武遣其子夏德胜，及其属张琦、宁尚仁入朝，贡马二十匹及方物。遣使赍绮帛往赐之。

己丑（十四日）［湖广行省遣将攻克平江花杨山寨］

湖广行省遣镇抚马国芳等讨平江花杨山寨，克之。获其将王世平等及士卒一千九百余人，马三十九匹，粮二万三千七百余石。

明太祖实录卷二十四

七月

乙酉（十一日）［思南道宣慰使司都元帅遣五寨副长官进表朝贡］

思南道宣慰使司都元帅田仁智遣五寨副长官戴允中进表贡马及方物。

明太祖实录卷二十六

十月

丙午（初三日）［升杨璟为湖广行省平章政事］

升湖广行省参政杨璟为湖广行省平章政事，阶荣禄大夫，仍于荆州分省署事。

戊午（十五日）［思州宣慰使遣镇抚朝贡］

思州宣慰使田仁厚遣其镇抚田谨晋贡马及方物。

甲子（二十一日）［命杨璟、周德兴、张彬率军征广西，戴德随征］

以湖广参政戴德随征，湖广平章杨璟、左丞周德兴、参政张彬，率武昌、荆州、益阳、常德、潭、岳、衡、澧等卫军取广西。

己巳（二十六日）［湖广行省遣兵取宝庆新化县］

湖广行省遣千户蔡添禄率兵取宝庆新化县，击元将麻周，破之，获其部将李八等三十四人送京师。

壬申（二十九日）［立茶陵卫指挥使司］

立茶陵卫指挥使司。

明太祖实录卷二十七

十一月

乙亥（初三日）［夏主明昇遣使来聘］

夏主明昇遣使者邓良叟来聘。命良叟从大将军徐达军观所下城邑。

明太祖实录卷二十九

洪武元年戊申（1368）

正月

丙子（初五日）［湖广行省平章杨璟进兵击永州］

湖广行省平章杨璟进兵击永州，元右丞邓祖胜求救于守全州平章阿思兰。思兰遣兵来援，璟命左丞周德兴、参政张彬等逆击，败之。获其卒九十五人，马二十余匹。遂进兵逼其城，祖胜出兵南门拒战，又败之，获其将王鉴。祖胜收兵入城固守，璟盛兵围之。

辛巳（初十日）［周文贵自全州引兵援永州］

周文贵自全州引兵援永州，左丞周德兴等击之。文贵败走，斩其部将朱院判，获元帅漆甲等六人。

癸未（十二日）［平章杨璟军击败广西来援元兵于永州］

元兵自广西来援永州，驻东乡桥，倚湘水列七营，军势甚盛。平章杨璟遣镇抚吕琛、指挥袁子明等击败之。获其万户丁武等一千二百三十九人，马一百余匹。宝庆卫百户周迪战死……

明太祖实录卷三十

二月

癸卯（初二日）［命平章廖永忠等以舟师由海道取广东］

命平章廖永忠为征南将军，以参政朱亮祖为副帅，舟师由海道取广东。敕谕永忠等曰：王者之师，顺天应人，所以除暴乱，解倒悬，以慰民望。朕昔平定武昌，荆湘诸郡皆望风款附。常遇春克赣州、南安，岭南数郡亦相继来归。此无他，师出以律，人心悦服故也。今两广之地远在南方，彼此割据，民困久矣！定乱安民，正在今日。彼闻八闽不守，湖湘已平，中心震慑，无固守之志，若先遣人宣布威德以招徕之，必有归款迎降者，可不劳师旅，慎勿杀掠，沮向化之心。如其拒命，举兵临之，扼其险要，绝其声援，未有不下者。且广东要地惟在广州，广州既下，则循海州郡可传檄而定。海南海北，以次招徕，留兵镇守，仍与平章杨璟等合兵取广西。用师方略，率用是道。肃靖南服，在此一举。

甲寅（十三日）［平章杨璟遣千户将兵取宝庆］

平章杨璟遣千户王廷将兵取宝庆，进次郡阳茱萸滩。贼众千余据险拒战，廷击败之，追至城下。周文贵遁去，余众犹据城拒守，廷进兵逼之。明日，贼众纵火掠民财出走，遂下其城，留兵守之。

明太祖实录卷三十一

三月

壬申（初二日）［克全州，道州、宁远州、蓝山县元守臣皆降］

克全州。先是，平章杨璟兵围永州，遣左丞周德兴、参政张彬率兵取全州。至是，元平章阿思兰闻王师至，率众宵遁，州民以城降。于是道州万户吴友孙、宁远州土官李文卿、守蓝山县元帅黎茂陵等俱遣人请降，纳元所授印章宣敕。

甲戌（初四日）［元江西分省左丞何真以所部广东郡县奉表迎降］

元江西分省左丞何真籍所部广东郡县户口、兵马、钱粮遣使奉表迎降。初，汤和等平福建，真遣使由海道奉表于元，遇和兵，遂改其表文请降，且遣人回报真。至是，征南将军廖永忠遣人送其使及表诣京师。

丙戌（十六日）［平章杨璟遣兵攻武冈州］

平章杨璟遣兵攻武冈州，元守将曾权以城降。

壬辰（二十二日）[征南将军廖永忠舟师抵潮州，何真上其印章、图籍]

征南将军廖永忠舟师至潮州。何真遣其都事刘克佐诣军门，上其印章并所部图籍。

四月

辛丑朔（初一日）[征南将军廖永忠军至东莞，何真以广东诸州郡降]

征南将军廖永忠至广州之东莞县，何真率官属迎见。真，东莞人，尝为淡水场管勾。元末兵乱岭南，盗贼蜂起，真遂退而家居。已而群盗剽掠其乡，乃结豪民集义兵，保障乡里。及乱兵据惠州，真率众复之，以功授惠州路通判，升同知，进宣慰使司都元帅府元帅。时南海寇邵宗愚陷广州，真率众击走之。元立江西分省于广东，以真为参政，又升左丞，遂据有广东诸州郡，至是始降。

乙巳（初五日）[征南将军廖永忠师次虎头山门]

征南将军廖永忠师次虎头山门小（亨）〔亭〕，张元帅以所部来降。

丙午（初六日）[遣使赐思南宣慰使罗锦、绮帛]

遣使赐思南宣慰使田仁智罗锦、绮帛。

戊申（初八日）[征南将军廖永忠师至广州龙潭，元将纳款]

征南将军廖永忠师至广州之龙潭，元将卢左丞遣镇抚卢诚纳款，得其海舟五百余艘、军士二千九百六十五人、马三百匹、粮五千余石。命指挥胡通守之。

乙卯（十五日）[广州平]

征南将军廖永忠遣兵攻破伪参政邵宗愚山寨，获宗愚等，斩于广州市……新会县土豪黄彬、河源县曹文昌、汲州廖仁等复聚众作乱，自称元帅，永忠复捕诛之。南海县人麦康祖以魇魅蛊毒杀人，又捕斩之。广州既平，永忠遂进兵取广西。

丁巳（十七日）[平章杨璟兵克永州，耒阳等州皆降]

平章杨璟兵克永州。元守将右丞邓祖胜自杀……璟调衡州卫指挥同知丁玉守之，于是耒阳等州皆遣人降。

明太祖实录卷三十二

五月

己卯（初十日）［征南将军廖永忠等进兵梧州境，元达鲁花赤拜住率官吏父老迎降］

征南将军廖永忠、参政朱亮祖等兵至梧州境，元达鲁花赤拜住率官吏父老迎降……

甲午（二十五日）［参政朱亮祖引兵至梧州、容州，同知暨普宁县达鲁花赤皆率众来降］

参政朱亮祖引兵至梧州、容州，同知明安不花暨普宁县达鲁花赤买闾皆率父老来降。

戊戌（二十九日）［参政朱亮祖师次贵州，元郁林知州、同知皆来降］

参政朱亮祖师次贵州，元郁林州知州张那海、同知王楚金皆来降。时土军首领冯七胁众反，大肆剽掠，郡邑骚然。那海自贵州还，捕擒冯七等三十余人，斩之以徇，州境遂安。

是月［置道州守御千户所］

是月，置道州守御千户所。

六月

甲辰（初五日）［元海南海北道元帅等遣使来降］

元海南海北道元帅罗福等遣使来降……先是，元廉访使庐山海牙守雷州。征南将军廖永忠遣人以克广州事谕海牙，海牙以为诈，杀使者。至是闻广州已下，海牙惧，南走交阯。故罗福遂以其城降。

壬戌（二十三日）［平章杨璟、参政朱亮祖等合兵攻克靖江］

平章杨璟、参政朱亮祖等合兵攻靖江，克之。执元平章也儿吉尼。其都事赵元隆、陈瑜、刘永锡，廉访司佥事帖木儿不花，元帅元秃蛮，万户董丑汉，府判赵世杰皆自杀……

戊辰（二十九日）［师至南宁，元千户宋真执守将诣降］

征南将军廖永忠进师至南宁，元上浪屯田千户宋真执其守将平章咬住、参政那海遣使诣降。永忠悉收诸司印章，命真守其城，送咬住等赴京师。

七月

己巳朔（初一日）［广西左江太平府、右江田州府土官遣使诣降］

广西左江太平府土官黄英衍、右江田州府土官岑伯颜等遣使赍印章诣平章杨璟降。

戊子（二十日）［元平章以象州降，广西悉平］

元平章阿思兰以象州降。初，思兰自全州之败，率其余众退保象州。及征南将军廖永忠兵至梧州，遣指挥耿天璧等讨之。师至宾州境，思兰复遣其部将李左丞迎拒，天璧击败之。思兰势迫，乃遣其子僧保来纳款。至是，自率所部诣永忠降，献其银印三，铜印三十七，金牌五。广西悉平。

辛卯（二十三日）［平章杨璟等自靖江率师还京］

平章杨璟等自靖江率师还京。

丁酉（二十九日）［元郴州守将以城降］

元郴州守将左手杨以城降。先是，平章杨璟兵至桂（杨）〔阳〕，左手杨率众奔郴州。璟遣千户杨复率兵讨之，左手杨固守不下。至是，璟克靖江还，左手杨乃以元所授金银牌印来降。

明太祖实录卷三十三

闰七月

辛酉（二十三日）［广东何真来朝，授江西行省参政］

广东何真率其官属入朝。诏授真江西行省参政。上谕之曰：

……朕嘉卿忠诚。念江西地近广东，是用特授尔江西行省参政，以表来归之诚……

明太祖实录卷三十四

八月

戊寅（初十日）［朱元璋言治“蛮夷”方略］

湖广行省平章杨璟等还自广海，入见，上问广西两江黄、岑二处边务。璟言：蛮夷之人，性习顽犷，散则为民，聚则为盗，难以文治，当临之以兵，彼始畏服。上曰：蛮夷之人性习虽殊，然其好生恶死之心未尝不同。若抚之以安静，待之以诚意，谕之以道理，彼岂有不从化者哉！

己丑（二十一日）［元郴、桂等处守将率众降］

元郴、桂等处守将参政陈虎都率众降。诏以虎都为邳州千户所镇抚，放其部卒四千人为民。

明太祖实录卷三十五

九月

己未（二十二日）［置雷州卫指挥使司、广西卫指挥使司］

置雷州卫指挥使司、广西卫指挥使司。

辛酉（二十四日）［湖广保靖安抚司安抚遣子奉表朝贡，诏以安抚司为保靖宣慰司］

湖广保靖安抚司安抚彭万里遣子德胜奉表献马及方物。诏以安抚司为保靖宣慰司，以万里为宣慰使。

明太祖实录卷三十六上

十一月

丙午（初九日）[遣使往谕广西左右两江溪洞官民]

遣中书照磨兰以权赍诏往谕广西左右两江溪洞官民曰：朕惟武功以定天下，文教以化远人，此古先哲王威德并施，遐迩咸服者也。眷兹两江地边南徼，风俗质朴，自唐宋以来，黄、岑二氏代居其间。世乱则保境土，世治则修职贡。良由其审时知几，故能若此顷者。朕命将南征，八闽克清，两广平定，尔等不烦师旅，奉印来归，向慕之诚，良足嘉尚。今特遣使往谕：尔其克慎乃心，益懋厥职，宣布朕意，以安居民。以权至广西卫，镇抚彭宗、万户刘惟善以兵护送。以权将抵两江，会来宾洞人潘宗富寇掠杨家寨居民。以权谓宗等曰：奉诏远来，欲以安民。今见贼不击，是放虎于山林也，何以庇民？督宗等击之。宗富败走，遂安辑其地。两江之民由是慑服。

明太祖实录卷三十八

洪武二年己酉（1369）

正月

辛酉（二十六日）[置全州守御千户所]

置全州守御千户所，命都督佥事吴良领北方将校精锐者二百九十余人往守之。人赐白金一十两。

壬戌（二十七日）[改庆远府为庆远南丹军民安抚司]

湖广行省臣言：庆远府地接八番溪洞，所辖南丹、宜山等处，宋元皆用其夷酋为安抚使以统之。天兵下广西，安抚使莫天护首来款附。宜如宋元制录用，以统其民，则蛮情易服，守兵可减。上从之，诏改庆远府为庆远南丹军民安抚司，置安抚使同知、副使、经历、知事各一员。以天护为同知，通判王毅为副使。

甲子（二十九日）［思南道宣慰使上表献方物］

思南道宣慰使田仁智遣使上表献方物。

明太祖实录卷四十

三月

庚子（初六日）［置廉州百户所］

置廉州百户所，调雷州卫百户欧阳永昌领兵守之。

明太祖实录卷四十一

四月

己巳（初五日）［遣使赏赐思南宣慰使］

遣使赐思南宣慰使田仁智金织罗绮、锦帛、纱帽、鞍辔。

明太祖实录卷四十三

六月

甲子（初二日）［置天平千户所］

置天平千户所。时隘丁寨土酋覃顺归降，遂置千户所，以顺为千户。

丁卯（初五日）[思州土官遣万户朝贡并请袭职]

思州土官田弘正遣万户张思温贡马及方物。弘正，仁厚子也。是时仁厚卒，弘正来告哀，且请袭职。诏俟其服阕，然后授之。赐思温绮帛、钞锭。

戊子（二十六日）[以广西海南海北府州隶广东]

以广西海南海北府州隶广东省。

七月

丁未（十五日）[中书省请内迁广西诸洞民，不允]

中书省臣言：广西诸洞虽平，宜迁其人〔入〕内地，可无边患。上曰：溪洞瑶僚杂处，其人不知礼仪，顺之则服，逆之则变，未可轻动。今惟以兵分守要害以镇服之，俾之日渐教化，则自不为非。数年之后皆为良民，何必迁也？

己酉（十七日）[置麻寮千户所]

置麻寮千户所。初，慈利县人唐勇集兵据麻寮寨。吴元年，大军次澧州，勇率众降，至是置千户所，以勇为千户守之。

丙辰（二十四日）[蜀明昇遣使来贡]

蜀明昇遣使来贡。

明太祖实录卷四十四

八月

戊子（二十六日）[置海南卫]

置海南卫，以指挥佥事孙安守之。

明太祖实录卷四十五

九月

壬辰朔（初一日）［广西请于靖江、平乐、南宁等府和象、宾、郁林等州设巡检司］

广西行省言：靖江、平乐、南宁等府，象、宾、郁林等州，地接瑶僮，其关隘冲要之处宜设巡检司，以警奸盗。从之。

戊午（二十七日）［征南将军廖永忠等帅师自广西还］

征南将军廖永忠、参政朱亮祖等帅师自广西还。

明太祖实录卷四十六

十月

壬戌朔（初一日）［遣平章杨璟招谕明昇］

遣湖广行省平章杨璟招谕明昇。璟至蜀，谕昇以祸福，使奉国入觐。昇牵于群议，不能决。璟还，复以书晓之……昇不能从。

甲子（初三日）［录平章廖永忠所部征南将校功］

录平章廖永忠所部征南将校功。上欲赏永忠以其大将军徐达等未还，故未及赏。命先赏其将校指挥人绮帛各六匹，千户卫镇抚人各五匹，百户所镇抚人各四匹，阵亡者倍之，病死视从征加半。军士给米有差。

戊寅（十七日）［改广西州县建制］

以宾、融、象三州隶柳州府。并融水县于融州。以罗城乡为罗城县。复以藤、容、郁林三州隶梧州府。改贵州为县，隶浔州府。

癸未（二十二日）［讨左江上思州“蛮贼”］

命潭州卫指挥同知丘广为总兵官，宝庆卫指挥佥事胡海、广西卫指挥佥事左君弼副之，率兵讨左江上思州蛮贼黄龙关等。龙关，一名英杰，时聚众万余，寇郁林州。知州赵鉴、同知王彬集民丁拒守，贼攻围半月不下。广西、海北等卫官军来援，贼夜遁，追至上思州境，破之。贼走还，仍结聚不解。事闻，故命广等讨之。

明太祖实录卷四十七

十二月

戊辰（初七日）[平章杨璟言举兵取西蜀]

平章杨璟自蜀使还，言明昇暗弱，将佐皆庸材，昧于远略，喻之再四，终不悟，不如举兵取之。上曰：兵之所加，必贵有名，无衅而加兵，仁者不为也。西蜀之地，彼亦安能久据？但朕意俟其悔悟来归，则师可不劳，民亦无苦也。姑缓之。

己卯（十八日）[以永顺宣抚司为永顺军民安抚司]

辰州永顺宣抚彭添保遣其从兄敬保来朝贡马及方物。诏以永顺宣抚司为永顺军民安抚司，以添保为同知。

甲申（二十三日）[平上思州]

总兵官潭州卫指挥同知丘广等兵至上思州，蛮寇黄英杰拒战。广击败之，禽从贼黄权等。英杰走十万山，复以兵追及斩之。上思州平。

庚寅（二十九日）[左丞周德兴等讨平湖广慈利“土酋”]

湖广慈利县土酋叛，杀千户覃友仁。命左丞周德兴，平章曹良臣、李伯昇将兵讨平之。

明太祖实录卷四十八

洪武三年庚戌（1370）

正月

甲午（初四日）［遣使赏来安府知府岑汉忠及其弟、子］

遣使以文绮上尊往赐来安府知府岑汉忠及其弟汉良、子子振。先是，汉忠、汉良自入云南，招谕定远诸郡县十有六处。汉良因以兵守其土，遣人上闻。上故嘉劳之，仍诏汉忠以兵招谕未附之地。

庚戌（二十日）［湖广辰州湖耳洞长官杨秀荣等来朝，仍授长官职］

湖广辰州湖耳洞长官杨秀荣、潭溪长官石文焕、新化长官欧明万、平江蛮夷军民长官杨晟明、欧阳寨长官杨再仲等来朝贡马及方物。初，辰州卫指挥副使刘宣武率兵克平古城等寨，招降湖耳、潭溪等处洞官。至是来朝，纳元所授宣敕印章，上赐以冠服。既而湖广省臣言：五寨系靖州地，与广西融州、思、播接壤，元时设置五处长官司，以辖洞民，乞仍其旧制。诏从之。于是复立湖耳、潭溪、新化、欧阳、古州及八万亮寨六处蛮夷军民长官司，秩从五品，隶辰州卫，仍以秀荣等为长官。

明太祖实录卷四十九

二月

辛未（十二日）［以擒“山贼首贼”功赏广西卫指挥佥事左君弼母］

赏广西卫指挥佥事左君弼母米二十石，以君弼有擒获山贼首贼黄英杰之功也。

乙酉（二十六日）［思南宣慰使遣都事进表贡马］

思南宣慰使田仁智遣都事李懋进表贡马。

明太祖实录卷五十

三月

辛亥（二十二日）［置南宁、柳州二卫］

置南宁、柳州二卫。时广西行省臣言便宜三事，其一曰：广西地接交阯、云南，其所治皆溪洞苗蛮，性狠戾而叛服不常……乞于南宁、柳州立卫置兵以镇之，庶几苗僚有所惮而不敢窃发于其间，其民有所恃以安其生而无奔窜失业之患。其二曰：庆远故府也，今为南丹军民安抚司，虽统地十有七州，然其地皆深山广野，其民多安抚同知莫天护之族。天护素庸弱，不能御众，而宗族强者动肆跋扈，至于杀河池县丞盖让，与诸蛮相扇为乱，此岂可姑息以（胎）〔贻〕祸将来？乞罢安抚司而复设庆远府，置军卫以守其地……诸蛮知有兵之重而不敢为乱，此久安之道也。其三曰：广海之俗素犷戾，动相仇杀，因而为乱，则一方皆警。其始盖缘郡县无兵以制驭之故也……土兵未必不可用也。乞令广西边境郡县长官，辑民丁之壮者，置衣甲器械，籍之于有司。有警用以捕贼，无事则俾之务农。如此非惟郡县无养兵之费，而民实赖之以安也。奏至，诏俱从之。遂设南宁、柳州二卫，益兵守御。改庆远安抚司为庆远府，命莫天护赴京。赏同知王彬、经历徐承祖以下有破贼功者。

［赏克平湖南宝庆、广西靖江有功将士］

赏平章杨璟、左丞周德兴克平湖南宝庆、广西靖江等处部下将士之有功者。命礼部第其赏格。指挥文绮帛各六匹，千户、卫镇抚各五匹……

壬子（二十三日）［广西卫指挥佥事请集合肥旧部军士诣广西守御］

广西卫指挥佥事左君弼奏请收集故所部合肥军士赴本卫调用，上从之。凡得一千八百八十七人，置百户一十七人，就令统诣广西守御。

丙辰（二十七日）［置靖州卫］

置靖州卫，命指挥同知刘才，佥事孙维、刘福等筑城戍守，以统湖耳等处土官。

明太祖实录卷五十一

四月

是月［湖广慈利县土酋覃垕起事，命湖广行省平章杨璟以兵讨之］

是月，湖广慈利县土酋覃垕连构诸洞蛮为乱，命湖广行省平章杨璟以兵讨之。敕谕璟曰：蛮贼恃山溪险阻，乘时窃发，出没无常。若根诛其党，必深入山谷，伤损士马，所得不足以偿所费。今师入其境击之，但使远去，不令出扰州县可也。不必穷其巢穴，更宜约束麾下，慎无逐利轻动。

明太祖实录卷五十二

五月

甲寅（二十六日）［平章杨璟攻覃垕不下，遣使请军饷］

湖广行省平章杨璟攻覃垕不下，遣使来请军饷。初，璟兵攻覃垕寨，贼众下山迎敌，官军击败之，乘胜追至半山，山势（陟）〔陡〕峻。视其寨，三面岩险而下俯江水，一面仅有路才通一人。

官军不可上，乃回驻山下，而贼亦阻险自守。未几，以三千人下山挑战，官军又击败之。贼复遁入山，璟遂以兵逼之。覃垕乃遣人诈降，璟不悟，使部下黄永谦往报，为垕所执。由是尽知我军虚实，拒守不下。璟欲为持久之计，使人来请军饷。上因遣使让之曰：尔违吾言，妄动而不能平贼，既已失矣，又中其诡计，以陷部将，尔之智略何在？今再命参政戴德以兵从。凡诸小寨，限以月日平之，仍抚绥慈利等处人民，俾安生理，毋致惊疑。若再违朕命，并以潞州失利之罪治尔。敕至，璟乃督将士尽力攻之。贼遁入溪洞，官军乃还。

明太祖实录卷五十三

六月

庚午（十三日）［改广西庆远安抚司为庆远府］

改广西庆远安抚司为庆远府。

乙酉（二十八日）［绥宁县民聚众起事，官军捕斩之］

绥宁县民萧天祐等聚众为乱，平章杨璟遣兵捕斩之。

明太祖实录卷五十四

七月

甲辰（十八日）［明昇遣使献香楠木］

明昇遣使以香楠木来献。诏赐昇与其国相戴寿、知院向大亨及来使文绮纱罗有差。

明太祖实录卷五十五

八月

庚辰（二十四日）［海南“盗”攻陷陵水等县］

海南盗陈志仁、林公望等攻陷（凌）〔陵〕水等县，官军讨捕之，斩公望等，余党遁去。

明太祖实录卷五十六

九月

甲辰（十九日）［并连山县入阳山县］

并韶州府连山县入阳山县。

明太祖实录卷五十七

十月

癸（丑）〔亥〕（初八日）［命江夏侯周德兴为征南将军，率兵讨覃垕等］

命江（下）〔夏〕侯周德兴为征南将军，率兵讨慈利县土酋覃垕及茅冈诸洞蛮，仍命潭州、常德等卫官军悉听调遣。初，平章杨璟攻垕，垕见官军势盛，遁去。至是，复出为寇，故命德兴讨之。

己巳（十四日）［广西向武州土官知州朝贡］

广西向武州土官知州黄世铁父志威来朝贡马及方物。

庚午（十五日）［田州府知府遣弟上表朝贡］

田州府知府岑伯颜遣弟壮上表贡马及方物。

是月［覃垕复遁去］

是月，征南将军江夏侯周德兴等兵至慈利县，蛮酋覃垕复遁去。

明太祖实录卷五十九

十二月

乙丑（初十日）［讨平广西阳山县十万山寨群盗］

广西阳山县十万山寨群盗作乱，南宁卫发兵讨平之。

［雷州卫指挥同知言便易四事］

雷州卫指挥同知张秉彝言便易四事：一、预造战船以防海道之寇。二、增兵屯雷州，以为钦、廉诸州缓急之援。三、雷州之地当广海之冲要，城池水寨守御之势不得不重，而见在军旅单弱，宜益镇守之兵以重其势。四、本州粮储不足以给兵食，乞以岁办盐课，给民间粜粮以给军。上从之。

壬申（十七日）［讨平长沙府“洞蛮”］

长沙府洞蛮田某聚众为乱，剽掠旁近州县，江夏侯周德兴平之。

明太祖实录卷六十

洪武四年辛亥（1371）

正月

丁亥（初三日）［遣将伐明昇］

上亲祀上下神祇，告伐明昇。命中山侯汤和为征西将军……率京卫、荆（相）〔襄〕舟师，由瞿塘趋重庆。颍川侯傅友德为征虏前将军……率河南、陕西步骑，由秦陇趋武都。上谕和等曰：今天下大定，四海奠安，惟川蜀未平耳……今命卿等率水陆之师，分道并进，首尾攻之，使彼疲于奔命，势当必克。但师行之际，在肃士伍，严纪律，以怀降附，无肆杀掠……

己亥（十五日）［龙州知州遣弟贡方物］

龙州知州赵帖坚遣其弟帖从来朝贡方物。

甲辰（二十日）［修治广西兴安县灵渠三十六陡］

修治广西兴安县灵渠三十六陡。兴安属桂林府，其水出海洋山。自秦开桂林象郡，凿渠兴安，分为湘、漓二水，建三十六陡，甃石为闸，以防水泄。汉马援尝修筑之，故世传为援所立。岁久堤岸圮坏，至是始修治之，水可溉田万顷。

明太祖实录卷六十一

二月

癸酉（十九日）［诏免湖广慈利县洪武三年田租］

湖广澧州慈利县奏户口为蛮贼剽掠，流亡者众，田多荒芜。诏免洪武三年田租千四百七十余石。

明太祖实录卷六十二

三月

癸巳（初九日）［赏赐广西卫平溪洞“蛮僚”有功将士］

广西卫指挥佥事左君弼等平溪洞蛮僚有功，命赐君弼绮帛二十匹。千户蔡天禄以下各赐有差。

乙巳（二十一日）［命湖广武昌等十府发民夫舟船输粮汉中］

命湖广武昌等十府发民夫三万人、舟八千艘，运粮十四万石，由襄阳转输汉中，仍命所在卫所军士沿江护送。

明太祖实录卷六十三

闰三月

乙卯（初二日）［广东南海县西林寨巡检送官牛至京，多道死］

广东南海县西林寨巡检蹇思明等送官牛至京，多道死。工部奏令转送临濠，死者责偿。上曰：彼自岭海至此，亦不易矣！又今转送临濠，岂人情乎？敕令勿送，牛死者悉蠲之。

庚辰（二十七日）［长阳县县丞为“群盗”所执，里民黄再文率众击破之］

荆州府长阳县群盗作乱，执县丞曹原善。里民黄再文集众击破之，夺原善还县。事闻，上嘉之，赏再文白金百五十两。

明太祖实录卷六十四

四月

癸未朔（初一日）［置梧州府守御千户所］

置梧州府守御千户所。

戊子（初六日）［中山侯汤和师克李逢春烽火山寨，分兵取桑植、容美洞，合攻茅冈覃垕寨］

中山侯汤和师克归州李逢春烽火山寨，分遣南雄侯赵庸、宣宁侯曹良臣，帅兵取桑植、容美洞，及会江夏侯周德兴，合攻茅冈覃垕寨。庸至中途而还，独良臣会德兴攻诸山寨，平之。和仍驻师归州。

庚寅（初八日）［复命永嘉侯朱亮祖率兵往助伐蜀］

上以汤和、傅友德等出师伐蜀已逾三月，未得捷报，复命永嘉侯朱亮祖为征虏右副将军，率兵往助之。

戊申（二十六日）［置岳州卫］

置岳州卫，以指挥佥事音亮领兵镇守。

辛亥（二十九日）［绥宁县人郑成名、苏子荣等联合“洞蛮”起事，命江阴侯吴良率兵讨之］

靖州绥宁县人郑成名、苏子荣等结诸洞蛮为乱，州兵讨捕不克，上命江阴侯吴良率兵讨之。

明太祖实录卷六十六

六月

丙申（十五日）［颍川侯傅友德进兵成都］

颍川侯傅友德进兵成都。

己亥（十八日）［德庆侯廖永忠军抵重庆，明昇遣使纳款］

德庆侯廖永忠率舟师自夔州乘胜抵重庆，是日次铜锣峡，明昇与右丞刘仁等大惧。仁劝昇奔成都，昇母彭氏泣曰：事势如此，继往成都，不过延命旦夕，何益？仁曰：然则奈何？彭氏曰：大军入蜀，势如破竹。今城中兵民虽数万，皆胆破心悸，岂能效力？若驱之拒守，死伤必多，亦终不免也，不如早降，以免生灵于锋镝。昇遂遣使诣永忠军，全城纳款。永忠以汤和军未至，辞不受。

癸卯（二十二日）［中山侯汤和至重庆，明昇降］

中山侯汤和至重庆，会德庆侯廖永忠，以兵驻朝天门外。是日明昇面缚衔璧，与母彭氏及其右丞刘仁等奉表诣军门降。和受璧，永忠解缚，承制抚慰，下令将士不得侵掠。抚谕戴寿、向大亨等家，令其子弟持书往成都招谕。遣指挥万德送昇等并降表于京师……

明太祖实录卷六十七

七月

庚申（初十日）［颍川侯傅友德兵围成都，夏丞相戴寿等降］

颍川侯傅友德兵围成都，伪夏丞相戴寿、知院向大亨等出城拒战……会汤和遣人报重庆之捷，寿等亦得其家书，闻重庆已降，而室家皆完，遂无斗志。乃籍府库仓廪，遣其子诣军门纳款，友德许之。翌日，寿等率其属降，友德按兵入自东门，得士马三万。

壬戌（十二日）［颍川侯傅友德分兵徇下川蜀未附州县］

颍川侯傅友德分兵徇下川蜀州县之未附者，至崇庆，伪知州尹善清拒战，友德击败其兵，执斩之。判官王桂华率城中耆民诣军中降。

乙丑（十五日）［送明昇至京师，授昇为归义侯］

指挥万德送明昇并降表至京师……是日，昇及其官属朝见，百官称贺。制授昇为归义侯，赐冠带衣服及居第于京师。

丙子（二十六日）［置四川行省］

置四川等处行中书省，以刑部尚书刘惟谦为参政。

庚辰（三十日）［江阴侯吴良克绥宁诸寨］

江阴侯吴良讨绥宁诸蛮，擒其首恶苏子荣等，遂克马王、恶鬼、长冲、云水、锁口、桐木、蓝溪、雷公、大溪、三峰、当山十一寨。

八月

庚子（二十日）［江夏侯周德兴等克保宁，蜀地悉平］

江夏侯周德兴等克保宁。先是，遣使谕中山侯汤和等曰：……今全蜀已下，惟吴友仁尚据保宁，偷旦夕之命。乘机而取之，此破竹之势，无不克者，将军徘徊不进，何也？……和等闻诏，始遣周德兴会傅友德兵克其城，执吴友仁械送京师，蜀地悉平。

己酉（二十九日）［遣使往谕云南八番、乌撒等“诸蛮”］

遣使往谕云南八番、乌撒等诸蛮。

是月［平高州府“海寇”］

是月，高州府海寇作乱，通判王名善死之。初，海寇何均善聚众数百人，尝为濒海诸州患。官军已捕戮之，其余党罗子仁等遁去。至是，子仁等复劫夺府印，逼名善从己，名善不屈，执至霞洞新营，遂遇害。雷州卫遣千户黄青领兵擒子仁等，斩之，余党悉平。

明太祖实录卷六十八

九月

丙子（二十七日）［置成都都卫及右中前后四卫］

置成都都卫及右中前后四卫。初，成都既克，颍川侯傅友德等留官军守之。及曹国公李文忠经理四川，以成都旧城低隘，乃增筑新城。高垒深池，规模粗备，而友德犹驻兵保宁，中山侯汤和驻兵重庆，各遣人招辑番汉人民及明氏溃亡士卒，来归者众。因籍其丁壮，置各卫以分隶之。

是月［置保宁守御千户所］

是月，置保宁守御千户所。初，王师克保宁，颍川侯傅友德留和阳卫指挥黄荣驻守。至是，曹国公李文忠调濠梁等卫官军，置千户所守之。

十月

丙申（十七日）［中山侯汤和等还京师］

征西将军中山侯汤和……还京师，上所佩将军印绶并所得蜀金印冠冕仪仗，银印五十八，铜印六百四十，路府七，元帅府八，宣慰、宣抚司二十五，州三十七，县六十七，官吏将士凡五万九百九十人，马骡一万三千八百余匹。

丁未（二十八日）［置叙南、青川二守御千户所］

置叙南、青川二守御千户所。初，夏主明昇令叙南宣抚使杨琮领兵守瞿塘，以经历刘安署宣抚司事。安闻大军克重庆，与守青川土官薛文胜俱降，请输粮饷。颍川侯傅友德留巩昌卫指挥领之，至是俱置千户所，以千户何鼎守叙南，副千户朱铭守青川。

明太祖实录卷六十九

十一月

戊寅（二十九日）［大都督府奏议守蜀将士及月支俸粮］

大都督府奏议守蜀将士凡五万二百余人，月支俸粮：其成都五卫，以成都府所收米谷麦一万一百八十石，及泸州等处盐粮给之。永宁等九所，则以本处接运粮九千六百四十石给之。贵州则以本州及八番播南所征粮一万五千石给之……

明太祖实录卷七十

十二月

壬辰（十三日）［改四川马湖路为马湖府］

四川马湖路总管安济遣其子仁来朝贡方物。赐衣二袭，诏改马湖路为马湖府，以安济为知府，世袭其官。

丙申（十七日）［故元施南道宣慰使、隆中路宣抚司同知等朝贡，纳元所授金虎符］

故元施南道宣慰使覃大胜、弟大旺，副宣慰覃大兴、隆中路宣抚司同知南木什用、金洞安抚副使达谷什用、忠孝安抚司同知墨谷什用、隆奉宣抚司同知驴谷什用、东乡五路军民府知府结剌什用，及四川容美洞宣抚使田光宝子答谷什用等来朝贡方物，纳元所授金虎符。诏各赐衣服有差。

［置永宁、贵州二卫及瞿塘关、汉中、阶州三守御千户所］

置永宁、贵州二卫及瞿塘关、汉中、阶州三守御千户所。时曹国公李文忠理军务于四川，奏贵州今隶湖广，而其地在成都西南……议以贵州卫属成都都卫，便于节制。而凡军务之急者，贵州一移文成都都卫，一移文武昌都卫，若民职有司，则属湖广行省为便。诏可。

戊申（二十九日）［定马湖、沐州、金洞等土官品阶］

吏部奏拟，马湖府知府一人，从四品。同知一人，从五品。通判一人，正七品。经历一人，从八品。知事一人，从九品。沐州知州一人，从五品。同知一人，正七品。州判一人，正八品。泥溪蛮夷平雷坡长官司皆正六品，施州宣慰司从三品，金洞、隆奉、忠孝、世德、平溪、东乡等五路长官司皆正六品，以流官、土官参用。从之。

明太祖实录卷七十一

洪武五年壬子（1372）

正月

乙卯（初七日）［忠建元帅府元帅归明，以其地置长官司］

忠建元帅府元帅墨池什用遣其子驴吾什用，率所部溪洞元帅阿巨什用等来朝贡方物，纳故元所授金虎符并银印、铜印、宣敕。诏赐文绮段及衣服，置忠建长官司及沿边溪洞长官司，以墨池什用等为长官。

乙丑（十七日）［播州、贵州等土司归明，仍置宣慰等司］

播州宣慰使杨铿、同知罗琛、播州总管何婴、蛮夷总管郑瑚等来朝贡方物，纳元所授金牌、银印、铜印、宣敕。诏赐铿等绮帛衣服，仍置播州宣慰使司，铿、琛皆仍旧职。改总管为长官司，以婴等为长官司长官。故元贵州宣慰使郑彦文，及土官宣慰司霭翠、叔禹党，宣慰宋蒙古歹并男思忠来朝贡马及方物。诏赐文绮袭衣各有差，彦文等皆仍旧职，宋蒙古歹、霭翠并世袭贵州宣慰司如故。又置贵竹等十一长官司。普定府女总管适尔，及其弟阿瓮等来朝贡马。赐罗衣及文绮，以适尔为知府，世袭其官。龙番安抚龙舜昌、龙世荣，方番安抚方德用，韦番安抚韦胜祖，金石番安抚石良玉、父保大，新添安抚宋亦怜真、子仁贵来朝贡马。赐舜昌、世荣、德用、胜祖文绮人二匹，保大、仁贵罗衣人一袭。

甲戌（二十六日）［命卫国公邓愈等讨古州、田州、澧州等处“洞蛮”］

上以古州、田州、澧州等处洞蛮常梗化作乱，命卫国公邓愈为征南将军，江夏侯周德兴、江阴侯吴良为副，将兵讨之。愈率营阳侯杨（燝）〔璟〕、宜春侯黄彬出澧州，德兴率南雄侯赵庸、指挥佥事左君弼出南宁，良率平章李伯昇〔出〕靖州，三道并进。

明太祖实录卷七十二

二月

己卯朔（初一日）［官军讨平潮州“盗”］

潮州盗发，据揭阳、潮阳二县。潮阳卫指挥佥事王友等率兵讨之，斩伪元帅三人，获贼众一千一百六十余人，马百匹，牛千头。余党悉定。

辛卯（十三日）［置四川等处茶盐都转运司于成都］

置四川等处茶盐都转运司于成都，以治书御史刘贞为转运使。其所属盐课司一十五处，岁办大引盐三万七千八百四十二引有奇。

壬辰（十四日）［容美洞宣抚使贡方物，改置长官司］

容美洞宣抚使田光宝遣其子答谷什用等来朝贡方物。赐光宝文绮二匹，答谷什用等（衣人）〔人衣〕一袭。改〔容〕美洞军民宣抚司为长官司，秩正六品，以光宝为长官。

［广东“盗”掠阳江县，官军捕灭之］

广东有盗掠阳江县，官军捕灭之。

丙申（十八日）［宣宁进忠宣抚使来朝，寻病卒］

宣宁进忠宣抚使田惟戴来朝，赐袭衣文绮。惟戴寻病卒，敕有司具殓，还其柩，以其子茂常袭职。

明太祖实录卷七十三

三月

丁巳（初十日）［前普定府同知安瓒及叔贡方物］

前普定府同知安瓒、叔阿查来朝贡方物。赐安瓒文绮二匹，阿查衣一袭。

[故元金筑、程番安抚贡马]

故元金筑安抚密定、程番安抚程谷英等来朝贡马。诏赐文绮，人三匹。

壬戌（十五日）[置金筑、程番长官司]

置金筑、程番长官司，秩正六品，隶四川行省，以密定、程谷英等为长官，世袭其职。

庚午（二十三日）[澧州“洞蛮”起事，守将讨平之]

澧州洞蛮作乱，袭杀安福隘军民，守将讨平之。

癸酉（二十六日）[置靖州武冈守御千户所]

置靖州武冈守御千户所。初，平章杨璟克广西，元武冈路总管舒时伟诣军门降，璟遣百户韩裔同时伟还，招集军民驻守其地。至是，置千户所，以周顺为千户。

[置钦州百户所]

置钦州百户所。先是，征南将军廖永忠兵次横州，钦州土民黄谷瑞率众来降，遣还抚安其民，寻调雷州卫百户昌秀领兵守御。至是，命百户陈让、杨玉即其地立百户所。昌秀还雷州。

四月

戊子（十一日）[宣化“盗起”，劫南宁府，官军讨平之]

宣化盗起，劫掠南宁府。诏发广西官军讨之，斩首百余级，生擒二千八百余人，获马五十匹。初，南宁卫指挥佥事左君弼核民之无籍者为军，又纵所部军士入山伐木，民多惊扰，遂相构为盗。至是讨平之，仍命大都督府按罪君弼，而禁戢其卒。

丁酉（二十日）[诏命乌思藏帕木竹巴灌顶国师仍国师之号]

河州卫言：乌思藏帕木竹巴故元灌顶国师章阳沙加，人所信服。今朵甘赏竺监藏与管兀儿相仇杀，朝廷若以章阳沙加招抚之，则朵甘必内附矣。中书省以闻，诏章阳沙加仍灌顶国师之号，遣使赐玉印及彩段表里，俾居报恩寺，化导其民。

庚子（二十三日）[营阳侯杨璟等平散毛、柿溪等三十九洞]

征南将军卫国公邓愈兵至澧州，遣营阳侯杨璟等讨散毛、柿溪、赤溪、安福等三十九洞，平之。

[盘顺元帅归明，置盘顺长官司]

盘顺元帅墨梢什用遣其弟万户墨西什用来朝贡方物，纳元所授银印一、铜印六。诏赐墨梢什用文绮、墨西什用衣一袭。置盘顺长官司，以墨梢什用为长官。

[置酉阳州]

酉阳沿边溪洞军民宣慰司都元帅府元帅冉如彪遣其弟如喜来朝贡方物。诏赐如彪文绮二匹，如喜衣一袭。置酉阳州，以如彪为知州。

五月

壬子（初六日）[赏赐平广西“叛蛮”将士]

赐京卫将士平广西叛蛮还者文绮帛各四百八十匹有奇，钱二千七十五万有奇。

己未（十三日）[谷继先卒]

辰州卫指挥同知谷继先卒。诏有司护榇还葬六安，且遣官祭之，曰：……尔自宁国来事朕，擢授千夫长，俾守赣州，多效勤劳，遂命尔同知辰州武卫，控制蛮夷……

明太祖实录卷七十四

六月

癸巳（十八日）[以四川思南府宣慰司、水德江等十三长官司及镇远州隶湖广，其五寨长官司隶辰州卫]

以四川思南府宣慰司、水德江等十三长官司及镇远州隶湖广，其五寨长官司隶辰州卫。

戊戌（二十三日）[改潭州府为长沙府，靖江府为桂林府]

改潭州府为长沙府，靖江府为桂林府。

壬寅（二十七日）[江阴侯吴良讨平会同县“蛮寇”]

征南副将军江阴侯吴良讨靖州会同县蛮寇，平之。

乙巳（三十日）［度四川田］

命户部遣使度四川田，以蜀始平故也。

明太祖实录卷七十五

七月

壬子（初七日）［贵州卫指挥同知等克平伐等寨］

贵州卫指挥同知纪雄等以兵克平伐、卢山、山木等寨。其酋长皆来降，请岁输租赋。

八月

己卯（初五日）［贵州宣慰使请兵，不从］

贵州宣慰使霭翠上言：部落有陇居者，连结仡佬，负险阻兵，以拒官府，乞讨除之。上以陇居反侧不从命，由于霭翠所激，谓大都督府臣曰：蛮夷多诈，不足信也。中国之兵，岂外夷报怨之具耶？宜遣使谕蛮中守将，慎守边境。霭翠所请不从，将启边衅，宜预防之。

丙申（二十二日）［江阴侯吴良等平五开、潭溪、古州诸“蛮”］

征南副将军江阴侯吴良等平五开、潭溪、古州诸蛮，凡二百二十三洞，籍其民一万五千，收集逃散士卒四千五百四十人，获马牛四百余头。

明太祖实录卷七十六

九月

乙巳朔（初一日）［平南海“盗”乱］

南海盗黑鬼为乱。诏广东卫兵讨之，败其众于马鞍山，又败之于浪淘觜。生擒黑鬼及伪都督元帅等三百七十余人，斩之。

戊午（十四日）［江夏侯周德兴等讨平娄凤等州诸“洞蛮”］

征南副将军江夏侯周德兴等讨娄凤、安田等州诸洞蛮，悉平之，遂克泗城州。

十一月

甲辰朔（初一日）［复置宝庆卫于宝庆府］

复置宝庆卫于宝庆府。先是，溪洞蛮寇作乱，徙宝庆卫治于益阳，至是复其旧，仍于益阳置守御千户所。

辛酉（十八日）［思州土官田弘率其所部蛮夷长官贡方物，命其袭父职为宣慰使］

思州土官田弘率其所部蛮夷长官来朝贡方物。上命弘袭父职为宣慰使，赐白金、文绮、钞锭。

癸亥（二十日）［广西卫平黄泥山等寨“瑶蛮”］

化州石龙县余寇结连黄泥山等寨瑶蛮作乱，焚掠陆川、北流二县。广西卫兵讨平之。

明太祖实录卷七十七

十二月

庚辰（初七日）［罢黔江县］

罢重庆府之黔江县，并入彭水县。

癸巳（二十日）［贵州八番宣慰司、柏坪新乡等四安抚司、程番等二长官司贡方物］

贵州八番宣慰司同知萧安礼，柏坪新乡、卢番、洪番、小龙番四安抚司，程番、虞山二长官司长官来朝贡方物。诏赐安礼文绮五匹，衣一袭。

乙未（二十二日）［四川设界首镇、碉门、灌州、安州、筠连州等茶局］

四川茶盐都转运司言：碉门、永宁、筠连诸处所产之茶，名剪刀粗叶，惟西番夷僚用之。自昔商贩未尝出境，既非茶马司巴茶之比，宜别立茶局，征其税，易红缨、毡衫、米、布、椒、蜡，可资国用。其居民所收之茶，亦宜依江南茶法，于所在官司给引贩卖，公私便之。今拟设永宁茶局一，曰界首镇，岁收茶一十八万八千斤。雅州茶局一，曰碉门，岁收茶四十一万一千六百斤。成都茶局三：曰灌州，岁收茶七千四百三十斤；曰安州，岁收茶万三千一百七十斤；曰筠连州，岁收茶二十九万六千二百八十斤。既收则征其什一于官。诏从之。

庚子（二十七日）［乌思藏摄帝师喃加巴藏卜遣使来贡方物］

乌思藏摄帝师喃加巴藏卜等遣使来贡方物。诏赐红绮禅衣及靴帽、钱物有差。

［吐蕃邀阻乌思藏使者］

吐蕃诸部川藏邀阻乌思藏使者，掠其辎重。命邓愈为征西将军，率兵讨之。

明太祖实录卷七十八

洪武六年癸丑（1373）

正月

乙卯（十三日）［以前宣慰司同知为贵州卫副千户，改卢番等五安抚司为长官司］

改八番宣慰司官，以前宣慰司同知萧安礼为贵州卫副千户。改卢番、洪番、小龙番、小程番、卢山五安抚司为长官司，以安抚卢朝奉等五人为长官，俱世袭。

己巳（二十七日）［乌思藏帕木竹巴灌顶国师遣酋长来贡］

乌思藏帕木竹巴灌顶国师章阳沙加监藏遣酋长锁南藏卜以佛像、佛书、舍利来贡。诏置佛寺，赐使者文绮、袭衣有差。

辛未（二十九日）［四川筠连“蛮酋”编张等起事，官军讨平之］

四川筠连州滕大寨蛮酋编张等叛，诈称云南兵，据湖南长宁诸州县。命成都卫指挥袁洪讨之，洪引兵至叙州庆符县，攻破清平等关，禽伪千户李文质、百户李布。编张遁走，复以兵犯江安诸县。洪追及之，又败其众，焚其九寨，获编张男伪镇抚张寿、伪千户徐官一等。编张乃遁匿溪洞，余党散入云南。上闻之，遣使敕谕洪曰：南中蛮夷乍降乍叛，乃其常事，不足深罪。今获其俘，宜悉编为军，如再不服，然后诛之。其所叛境，必以兵威震之，否则终无惧心。逃窜者驻兵索之，毋遗民患。

明太祖实录卷七十九

二月

癸酉朔（初一日）［诏置乌思藏朵甘卫指挥使司］

诏置乌思藏朵甘卫指挥使司，宣慰司二，元帅府一，招讨司四，万户府十三，千户所四。以故元国公南哥思丹八亦监藏等为指挥同知、佥事，宣慰使同知、副使，元帅，招讨，万户等官，凡六十人。以摄帝师喃加巴藏卜为炽盛佛宝国师。

壬辰（二十日）［贵州卫言岁需军粮及征粮数］

贵州卫言：岁计军粮七万余石，本州及普宁、播州等处岁征粮一万二千石，军食不敷，宜募商人于本州纳米中盐以给军食。从之。

明太祖实录卷八十

三月

癸卯朔（初一日）［指挥袁洪讨编张，降“蛮首”阿普等］

四川盗编张复聚众据筠连州滕大寨，指挥袁洪以兵讨之，编张遁去。洪追至小芒部不及，遂取得花寨，降蛮首阿普等。自是编张不敢复出，其寨悉平。

乙卯（十三日）［大平伐“苗僚”起事，官军讨平之］

（太）〔大〕平伐苗僚作乱，贵州都卫发兵讨平之。

丙寅（二十四日）［置四川行省织染、宝泉、杂造三局］

置四川行省织染、宝泉、杂造三局，设大使各一人，副使各一人。

明太祖实录卷八十一

四月

丙子（初五日）［捕斩湖广罗田县“妖人”］

湖广罗田县妖人王佛儿自称弥勒佛降生，传写佛号惑人，欲聚众为乱，官军捕斩之。

戊寅（初七日）［思南宣慰司溶溪芝子坪“蛮民”起事，官军剿捕之］

思南宣慰司溶溪芝子坪蛮民叛，逐其长官杨世荣。遣兵讨平之。

癸未（十二日）［置广西卫都指挥使司］

置广西卫都指挥使司，以苏州卫指挥佥事王真为都指挥使。

丁亥（十六日）［置怀庆卫］

置怀庆卫，以广西护卫指挥佥事阎鉴权卫事。

明太祖实录卷八十二

五月

癸卯（初二日）［成都卫讨平滕大寨“蛮人”］

成都卫指挥使袁洪等讨平滕大寨蛮人，班师……

甲子（二十三日）［儋州宜伦县民起事，官军剿捕之］

儋州宜伦县民陈昆六等作乱，攻陷州治，广东都卫发兵剿捕之。

明太祖实录卷八十三

七月

辛丑（初二日）［雷州卫益兵以控制“蛮夷”］

广东都卫言：所属雷州卫地邻溪洞，控制蛮夷，其人叛服不常，请益兵镇守。命以兵五千益之。

乙卯（十六日）［置儋、万二州千户所］

广东都指挥使司奏言：近儋州山贼作乱，已调兵剿捕，获海船十八艘，杀贼二千二百七十余人，生禽五百二十四人。其儋、万二州山深地旷，宜设兵卫镇之。诏置儋、万二州守御千户所。

庚申（二十一日）［马湖府土官世袭知府请以子代职］

马湖府土官世袭知府安济以病告乞以子安仁代职。诏从之。

丁卯（二十八日）［郴州守御官收集各山寨故元将校］

郴州守御官收集各山寨故元将校五百三十七人戍守永州，寻诏遣入京。

己巳（三十日）［田州溪洞“蛮贼”起事，讨平之］

田州溪洞蛮贼窃发，土官总管黄志威、知府岑子振讨平之。

明太祖实录卷八十四

八月

戊寅（初九日）［诏贵州宣慰使位居各宣慰之上］

诏贵州宣慰使霭翠位居各宣慰之上。

癸未（十四日）［置德庆等六千户所］

置德庆、惠州、肇庆、南雄、韶州、阳江六千户所，计兵二万一千六百七十八人。

明太祖实录卷八十五

九月

己亥朔（初一日）［置长寿县，改开州为开县］

置重庆府涪州长寿县，改夔州府开州为开县。

十月

丁酉（二十九日）［江夏侯周德兴奏言田州府总管黄志威招抚奉议等州一百一十七处］

江夏侯周德兴言：田州府总管黄志威招抚奉议等州一百一十七处，人民皆来款附。上嘉志威招抚之功，命以安州、侯州、阳县属之。

明太祖实录卷八十六

十一月

庚戌（十三日）［设四川成都等府县税课司局］

置四川成都等府县税课司局一十六处。

丁巳（二十日）［田州府知府奏请给民牛、米，蠲税］

田州府知府岑伯颜奏：安州、顺龙州、侯州、阳县、罗博州、龙威寨人民率无牛可耕，且乏食，愿有以赈之。诏有司各给牛、米，仍蠲其税二年。

［四川龙渠洞宣抚使遣子来朝，纳元所授印］

四川龙渠洞宣抚使墨吾什遣其子墨备可宜来朝，纳元所授印。诏赐衣帽靴袜，从人赐各有差。

闰十一月

乙酉（十八日）［遣使赍诏使缅甸，不至而还］

田俨等使缅国，不至而还。缅国在云南之西南，八百国、占城接境，谓之缅甸。元时最强盛，麓川、平缅皆服属之。上闻其尝通贡于元，因遣俨与程斗南、张袆、钱允恭赍诏往使。俨等至安南，值占城以兵相攻，道阻不通，留二年余，不得进，有诏召之还。至是，惟俨至，余皆道卒。

壬辰（二十五日）［贵州谷峡剌向关“蛮寇”起事，命官军讨之］

贵州谷峡剌向关蛮寇的令等聚众树栅为乱，命贵州卫指挥佥事张岱率兵讨之。

十二月

壬寅（初六日）［六番招讨使遣人贡方物］

六番招讨使高英遣其子敬严等来朝贡方物。赐以文绮、袭衣。

［置澧州仓］

置澧州仓。初，武昌都司言：澧州积粮之地曰大庸，其地卑隘，不若于且住冈筑城积粮为宜。上命都司及澧州官别择地之平坦、有河便于漕运者为之。至是仓成。

丙午（初十日）［立四川龙州及天全六番招讨司］

立四川龙州，以土官薛文胜为知州。置四川天全六番招讨司，秩从五品，以前土官高英为正招讨，王藏卜为副招讨。

明太祖实录卷八十七

洪武七年甲寅（1374）

正月

乙亥（初九日）［宣化府太平诸洞土官贡方物，厚赐之］

宣化府太平诸洞土官可主什用子南墨虎等入朝贡方物。上谓中书省臣曰：蛮夷在前代多负险阻，不受朝命，今无间远迩，皆入朝奉贡，顾联德薄，其何以当之。古之王者，待远人厚往而薄来，其各加赐文绮、袭衣以答之。

壬午（十六日）［赏湖广各卫从邓愈征“蛮”将士］

赏湖广各卫将士从卫国公邓愈征蛮者文绮帛一千三百余匹，白金十一万九千七百余两。

戊子（二十二日）［贵州平伐等寨“苗蛮”起事，官军讨之］

贵州平伐、谷（霞）〔峡〕、谷浪等寨苗蛮攻劫的敖诸寨，掠人畜，烧庐舍。贵州卫指挥佥事张岱率兵讨之。

二月

己亥（初三日）［以田州土官总管为奉议州知州兼守御事］

以田州土官总管黄志威为奉议州知州兼守御事，直隶广西行省。

癸卯（初七日）［贵州卫兵破谷峡、刺向关“蛮寇”］

贵州卫指挥佥事张岱率兵攻谷峡、刺向关，击蛮寇的令等，走之。追至的敖寨，大破其众，斩首数百级，蛮人震慑。复遣总旗康成等追禽的令、的若二人而还。事闻，上曰：守边将士能为国宣威，以服蛮夷，宜旌赏之。于是命赏岱、康成白金各十六两，军士人三两。

辛亥（十五日）［儋州洞黎人起事，官军讨平之］

儋州洞黎人洞符均胜等作乱，海南卫发兵讨平之。

明太祖实录卷八十八

三月

壬申（初六日）[海南卫指挥同知率兵讨平儋州“贼”]

海南卫指挥同知张仁以兵讨儋州贼陈逢愆，斩之。生擒其党杨玄老等五百六十余人，剿其属一千四百余人。

甲戌（初八日）[中书省奏请征收播州贡赋，不允]

中书省奏：播州宣慰司土地既入版图，即同王民，当收其贡赋。请令自洪武四年为始，每岁纳粮二千五百石，以为军需。贵州金筑、程蕃等十四长官司，每岁纳粮二百七十三石，著为令。兼其所有自实田赋，并请征之。上曰：播州，西南夷之地也，自昔皆入版图，供贡赋，但当以静治之，苟或扰之，非其性矣。朕君临天下，彼率先来归，所有田税随其所入，不必复为定额以征其赋。

[置雅州碉门阜民司]

置雅州碉门阜民司。

乙亥（初九日）[广西行省奏请缓建靖江王府城]

广西行省奏：靖江王府将建城楼及甓甃其城，今当农作方兴，请俟秋成以军民兼役为便。从之。

四月

戊戌（初三日）[以龙州宣慰司同知为龙州知州]

龙州宣慰司同知薛文胜等招谕西番曲节山角、阿节男者力等来朝贡方物。命赐文绮、袭衣，以文胜为龙州知州。

壬寅（初七日）[永、道、桂阳诸州“蛮寇”起事，命金吾右卫指挥同知陆龄率兵讨之]

永、道、桂阳诸州蛮寇窃发，命金吾右卫指挥同知陆龄率兵讨之。上谕之曰：蛮夷梗化，自作不靖，今命卿讨之。军旅之事，以仁为本，以威为用，申明号令，不可姑息。号令明则士有励心，姑息行则人怀怠志。士心励虽少必济，人志怠虽众弗克。所为仁者非姑息，威者非杀伐。仁以抚众，威以振旅，则鲜有不克。龄受命行，皆讨平之。

明太祖实录卷八十九

五月

壬午（十七日）［四川茂州等处土官贡马］

四川茂州陇木头、静州岳希蓬、汶山、汶川及寒水巡检司、威州、宝宁等县土官同茂州权知州杨者七等入朝贡马。

［四川散毛，湖广永顺、堂厓土官遣人朝贡，并上明夏政权之印］

四川散毛宣慰使司都元帅覃野旺、湖广永顺宣慰使顺德汪备、堂厓安抚使月直什用遣人来朝贡方物，上其所授伪夏印。诏赐文绮、袭衣。

己丑（二十四日）［澧州及澧阳等三县久雨成灾］

澧州及澧阳、慈利、石门三县久雨，山水涨溢，漂没民舍，坏城垣。

癸巳（二十八日）［置四川散毛沿边宣慰使司、堂厓等长官司、三店巡检司］

置四川散毛沿边宣慰使司，堂厓长官司，汶山、汶川、陇木头、静州、岳希蓬长官司，三店巡检司。

明太祖实录卷九十

六月

庚子（初六日）［诏却马湖府知府贡马］

马湖府知府珉德遣其弟阿穆上表贡马。廷臣皆言：洪武四年，大兵下蜀之时，珉德叔安济尝遣其子安仁入朝奉贡，朝廷授以世袭知府，恩至渥矣！今珉德既袭其职，不自来朝，而遣其弟，是不知奉上之礼也。上是其言，诏却其所贡马。

辛丑（初七日）［辰州卫遣人送五寨长官朝贡］

辰州卫遣人送五寨长官田文来朝贡马及方物。诏赐袭衣、文绮，并以敕命授之。

甲辰（初十日）［思州宣慰使以袭职遣弟朝贡，上表谢恩］

思州宣慰使田弘正以袭职颁印，遣其弟弘道贡方物，上表谢恩。

癸丑（十九日）［置贵州大华、麻响长官司］

置贵州大华、麻（向）〔响〕长官司，以幸也为大华长官，的雍为麻（向）〔响〕长官。

明太祖实录卷九十一

七月

戊辰（初五日）［置龙泉坪长官司］

置思州龙泉坪长官司。

庚午（初七日）［广西土官遣弟贡马］

广西土官莫金遣其弟莫交贡马。诏赐莫金文绮六匹，莫交衣一袭。

甲戌（十一日）［置南丹州］

置南丹州，隶庆远府，以莫金为知州。

己卯（十六日）［朵甘乌思藏僧及故元帝师之后遣使来朝请师号］

朵甘乌思藏僧答力麻八剌及故元帝师八思巴之后公哥坚藏卜遣使来朝，请师号。诏以答力麻八剌为灌顶国师，赐玉印海兽纽，俾居明答多桑古鲁寺，给护持十五道。公哥坚藏巴藏卜为圆智妙觉弘教大国师，玉印狮纽。

丙戌（二十三日）［海南罗屯等洞黎人起事，官军讨平之］

海南罗屯等洞黎人作乱，千户周旺等讨平之。

庚寅（二十七日）［云南建昌故元左丞阿里遣使纳款］

云南建昌故元左丞阿里遣夹失伯里等来纳款。诏赐文绮罗布衣，人一袭。

是月［有御史自广西还，进“平蛮”六策］

是月，有御史自广西还，进平蛮六策，内有曰立威。上览毕，谕之曰：汝策甚善，立威之说亦有偏耳。夫中国之于蛮夷，在制驭之何如。盖蛮夷非威不畏，非惠不怀，然一于威则不能感其心，一于惠则不能慑其暴。惟威惠并行，此驭蛮夷之道也。古人有言，以怀德畏威为强，政以此耳。

明太祖实录卷九十二

八月

丁酉（初四日）［澄迈县“贼”起事，典史领民兵捕斩之］

琼州府澄迈县贼王官舍作乱，典史彭祯领民兵捕斩之。

戊戌（初五日）［遣使诏谕云南大理故元梁王］

遣故元威顺王子伯伯赍诏谕云南曰：……尔云南梁王把匝剌瓦尔密，乃元君遗（泒）〔派〕，受封西南，孤处遐荒，不谅天意，犹未臣服，以若所为，非贻祸于大理之民，必终毙于大理之手。斯二祸机必蹈其一，有不可逃。何也？盖云南土地人民，本大理所有，自汉通中国，称臣朝贡，至唐宋皆受王封，其来久矣！昔因尔元灭其王而统其地，因循百年，未复故物。彼时劫于势力，今元祚既倾，天命已革，尔尚据其境土，不思改图，祸患之报，将不旋踵。今特遣尔亲族威顺王之子往谕，如上顺天命，下契人心，即奉贡来庭，则改授印章，尔仍旧封，群下皆仍旧官，享福于彼。不然，朕当别遣使者，直抵大理，依唐宋故事，赐以王号，合兵加讨，悔将无及。呜呼！胡虏无百年之运，今已足信转移之机，在人自审，时不可失，尔其思之。

甲辰（十一日）［遣使诏谕大理，封段氏为“大理国王”］

遣故元官赵元佑、张进、沙德成赍诏并织金文绮，赐元左丞阿里，仍遣夹失伯里等同还，因赍诏谕大理曰：始因有元失驭，海内云扰，华夷无主。朕自洪武元年戊申秋八月群雄尽平，复我汉人故国，统一中夏，于今七年。四夷诸蕃皆已称臣入贡，惟尔大理未尝遣使。近稽载籍，大理在唐宋时受封王爵，至元削去国名，止称土官。今其国乃元君遗（泒）〔派〕梁王者主之，未复故封，朕命臣僚议，准唐宋故事，封尔段氏为大理国王。故特遣使先谕朕意，使回当发印诰，令尔王臣，开国理民，同享承平之福，尔其审之。

明太祖实录卷九十三

九月

丙子（十四日）［贵州宣慰使遣人贡马］

贵州宣慰使霭翠遣其下曹阿必解贡马。赐以袭衣，仍赐霭翠文绮十匹。

庚辰（十八日）［命广西行省置宝泉局］

命广西行省置宝泉局，设官如北平。

乙酉（二十三日）［播州宣慰使来朝］

播州宣慰使杨铿来朝。赐绮帛各五匹。

十月

乙卯（二十三日）［思南宣慰使贡马］

思南宣慰使田仁智贡马。

庚申（二十八日）［置平头著可、沿河祐溪二长官司及土官等］

置思南宣慰司平头著可及沿河（佑）〔祐〕溪二长官司，厥栅、郎溪二蛮夷官，本部苗民及蛮夷二长官。

明太祖实录卷九十四

十一月

壬戌朔（初一日）［改广东钦州等四府为州，革安远等四县］

改广东钦、廉、高、化四府为州，革安远、合浦、茂明、石龙四县。

［置庆远裕民司］

置庆远裕民司于广西庆远府之思恩县。设大使一人，从八品；副使一人，正九品。凡八番溪洞有卖马者，则官为买之。

乙丑（初四日）［乌思藏土酋遣僧贡方物］

乌思藏土酋思纳儿党瓦勘卜遣僧搠南巴尔加瓦等七人来朝贡方物。诏赐钞及文绮、禅衣。

甲戌（十三日）［田州府知府岑伯颜遣使贡马谢恩］

田州府知府岑伯颜遣使贡马谢恩，以赐赉文绮故也。诏复赐伯颜绮帛各二匹，使者衣一袭。

壬午（二十一日）［改升永宁等处军民安抚司为宣抚使司］

改升永宁等处军民安抚司为宣抚使司，秩正三品。

丁亥（二十六日）［置黄平宣抚司］

置播州黄平宣抚司。

［置容美洞宣抚司及家乡寨等六长官司］

诏置容美洞宣抚司，及家乡寨、五里自崖、椒山玛瑙等处、水尽（原）〔源〕通塔（坪）〔平〕、石梁下洞、五峰宝寨六长官司。

辛卯（三十日）［泗城、忠利、奉议三州知州奉表贡马］

泗城州知州岑善、忠利州知州岑志良、奉议州知州黄志威，各奉表贡马。命赐文绮袭衣。

明太祖实录卷九十五

十二月

壬寅（十一日）［肇庆府新兴县“盗”起事，千户率兵讨平之］

肇庆府新兴县盗李彦祥等三百余人作乱，千户岳维率兵讨平之。

庚戌（十九日）［广东阳江县“山贼”起事，官兵捕斩之］

广东阳江县山贼钟福全等作乱，官兵捕斩之。

壬子（二十一日）［播州江渡“蛮”起事，贵州卫指挥佥事讨平之］

播州江渡蛮黄安等作乱，贵州卫指挥佥事张岱讨平之。

明太祖实录卷九十六

洪武八年乙卯（1375）

正月

甲子（初四日）［升四川永宁长官司为宣抚司］

升四川永宁长官司为永宁宣抚司，以土酋禄照为宣抚使。

庚午（初十日）［诏置俄力思军民元帅府、帕木竹巴万户府、乌思藏笼答千户所］

诏置俄力思军民元帅府、帕木竹巴万户府、乌思藏笼答千户所，设官一十三人。

［改四川石砫安抚司为宣抚司］

改四川石砫安抚司为宣抚司，隶重庆府。

丙子（十六日）［改西阳宣慰司为宣抚司］

改酉阳宣慰司为宣抚司，以土酋冉如彪为宣抚使。置平茶、邑梅、麻兔、石耶四洞长官司。以杨底纲为平茶洞长官，杨金奉为邑梅洞长官，冉德原为麻兔洞长官，杨隆为石耶洞长官。

癸未（二十三日）［广东“盗”攻陷会同县，官军平之］

广东盗王官坚劫众攻陷会同县，海南卫官军击之，禽官坚及同乱者七十余人斩之。

明太祖实录卷九十七

二月

戊午（二十八日）［升金筑长官司为安抚司］

升金筑长官司为安抚司，以长官密定为安抚使。

明太祖实录卷九十八

三月

辛酉朔（初一日）［“贵州蛮”平猪等一十四寨起事，命官军剿平之］

贵州蛮平猪、平谢等一十四寨叛，命贵州卫指挥佥事张岱率兵剿平之。

戊辰（初八日）［大藤峡瑶人起事，官军擒捕之］

浔州大藤峡瑶贼窃发，柳州卫官军禽捕之。

明太祖实录卷九十九

四月

庚子（十一日）［庆远府那地县土官来降］

庆远府那地县土官罗貌来降，以貌知县事。

明太祖实录卷一百

五月

庚申朔（初一日）［贵州江力等寨“土酋”连结“苗僚”起事，命官军往讨之］

贵州江力、江松、剌向四十余寨土酋把具播共桶等，连结苗僚二千余人作乱，势甚猖獗。平越安抚司乞兵救援，命贵州卫指挥同知胡汝率兵往讨之。

丙寅（初七日）［播州宣慰使遣弟贡马］

播州宣慰使杨铿遣其弟锜来朝贡马。赐铿及锜衣物有差。

六月

壬寅（十四日）［平贵州江力等寨“蛮酋”］

贵州卫指挥同知胡汝率兵讨江力、江松、剌向等寨蛮酋，平之。

八月

**甲辰（十七日）［以平“苗僚”功，升胡汝为武昌都卫都指挥

使]

升贵州卫指挥同知胡汝为武昌都卫都指挥使，以其平苗僚之功也。

明太祖实录卷一百一

九月

戊辰（十一日）[帝命湖广行省参政吴云出使云南，后吴云中途遇害]

上命湖广行省参政吴云使云南，谓之曰：今天下混一，四夷宾服，独云南一隅未奉正朔，杀我使臣。朕欲以兵取之，恐劳师费财，以伤远人，卿能为朕作陆贾乎？云对曰：天命所在，谁能违之？第彼恃险远，故阻声教。臣奉陛下威德，往告以大义，晓以祸福，彼必附顺。若冥顽不从，兴师未晚。遂遣云行。时元梁王使其臣铁知院等二十余人使漠北，为大军所获，送京师，上释之，命与云偕行。至云南之沙糖口，铁知院等谋曰：吾属奉使不达，中道被执而还，罪必不免。于是共说诱云，令胡服辫发，诈为元使。又逼令改易制书，共绐梁王。云不从，以死自誓。铁知院等知不可，遂杀之。梁王后知其事，遣人收云骨送蜀给孤寺殡之。

明太祖实录卷一百二

十二月

戊子（初三日）[镇南大奴等洞宣抚司宣抚等贡方物]

镇南大奴等洞宣抚司宣抚吕洞什用等来朝贡方物。赐绮帛有差。

丙申（十一日）［置镇南大奴等六安抚司及墨假等六洞长官司］

置镇南大奴、辰原、龙潭、采色、台平、上河六安抚司，皆隶重庆卫。又置墨假、蛮王、西平、波皮、龙爪、常亚六洞长官司。墨假、蛮王、西平、波皮四洞长官司隶镇南大奴安抚司，龙爪洞长官司隶台平安抚司，常亚洞长官司隶上河安抚司。

明太祖实录卷一百五

洪武九年丙辰（1376）

四月

甲午（十一日）［改湖广、四川、广东等省之府州县设置］

改澧州府为澧州，隶常德府，革所属澧阳县。改全州府为全州，隶永州府，革所属清湘县。改道州府为道州，隶永州府，革所属营道县。改武冈府为武冈州，隶宝庆府，革所属武冈县。改沅州府为沅州，隶辰州府，革所属卢阳县。改岳州府为岳州，革所属巴陵县。改安陆府为安陆州，革所属长寿县。改沔阳府为沔阳州，革所属玉沙县。改郴州府为郴州，罢桂阳府以其地益之，革所属郴阳县。改靖州府为靖州，革所属永平、通道二县。俱隶湖广省。改四川嘉定府为嘉定州，革所属龙游县。改邛、眉、荣三州俱为县。潼川府为潼川州，革所属郪县。改遂宁州为县，广元府为州，革所属剑州、绵谷县。改巴州为县，隶保宁府。改广安府为州，渠州为县，隶顺庆府。改夔州府之大宁州、达州为县，革所属奉节县，隶重庆府。俱隶四川省。改广东德庆府为德庆州，革所属端溪县，隶肇庆府。复高州为高州府，改化州为化县，并吴川、石城二县，俱隶高州府。改钦州为县，属廉州，以廉州隶雷州府。

庚子（十七日）［置大庸卫指挥使司］

罢澧州千户所，置大庸卫指挥使司，以常德卫指挥佥事张胜置卫事。

明太祖实录卷一百六

五月

己卯（二十六日）［朵甘乌思藏灌顶国师等进表贡方物谢恩］

朵甘乌思藏灌顶国师答力麻巴剌遣僧藏卜巴，及朵甘都指挥司同知赏竺监藏等遣其子搠兀儿监藏等，各进表贡方物，谢颁印及赏赐恩也。

六月

壬子（二十九日）［以龙州隶广西布政司］

以左江太平府龙州隶广西布政司。时龙州土官赵帖坚言，本州地邻交趾，所守关隘二十七处。设有警急，须申报太平，达于总司，比报下，已涉旬月，恐误事机。乞以奉议、泗城二州隶广西为便。诏从之。

明太祖实录卷一百七

七月

甲戌（二十二日）［置黎州长官司］

置黎州长官司，以土酋芍德为长官。德，云南人，祖仕元，世袭邛部州六番招讨使。明氏据蜀，德兄安复为黎州招讨使。明氏亡，夷民溃散，德奉母还居邛部。至是四川布政司招之，德遂来朝贡马，且请置官司。诏以德为黎州长官，赐印及衣服绮帛。

明太祖实录卷一百八

八月

乙未（十三日）［播州宣慰使率其属来朝，谕其志不可骄，欲不可纵］

播州宣慰使杨铿率其属张坤、赵简来朝贡马，赐赉甚厚。上谕之曰：尔先世世笃忠贞，故使子孙代有爵土。然继世非难，保业为难。知保业为难，则志不可骄，欲不可纵。志骄则失众，欲纵则灭身。尔能益励忠勤，永坚臣节，则可保世禄于永久矣！

庚戌（二十八日）［思南宣慰使朝贡，谕其敬上爱下］

思南宣慰使田仁智入觐，贡马及方物。诏赐仁智及其下各有差。仁智入谢，更赐织金文绮三十匹，帛如之。上谕之曰：汝在西南，远来朝贡，其意甚勤。朕以天下守土之臣，皆朝廷命吏，人民皆朝廷赤子。汝归善抚之，使得各安其生，则汝亦可以长享富贵矣！夫礼莫大于敬上，德莫盛于爱下，能敬能爱，人臣之道也。仁智辞归，至九江龙城驿病卒。有司以闻，上命礼部遣官致祭，敕有司送其柩于思南。

是月［思州宣慰使奉诏入朝］

是月，思州宣慰使田弘正与其弟弘道等来朝贡方物，上命礼部皆优其赐予。先是，上以西南夷土官世居荒服，未尝躬朝阙下，诏令率所部酋长入朝，故弘正等皆诣阙奉贡。

九月

戊午（初七日）［播州宣慰使辞归受赐］

播州宣慰使杨铿辞归。复赐绮帛各四十匹。

丁丑（二十六日）［贵州宣慰使遣人贡马］

贵州宣慰使宋钦遣人来朝贡马。命赐以绮帛，并赐其使袭衣有差。

明太祖实录卷一百九

闰九月

甲午（十三日）［广西迁江、武仙等县“蛮僚”起事，诏发官军讨平之］

广西宾州迁江县、象州武仙县古逢等洞蛮僚作乱。诏发柳州、南宁、桂林等卫兵讨平之。

丁未（二十六日）［永顺宣慰使遣人朝贡］

永顺宣慰使彭添保遣其弟义保等贡马及方物。诏赐添保绮帛、义保等衣服有差。

明太祖实录卷一百十

十月

庚申（初十日）［四川黄平罗么等寨“蛮僚”起事，官军讨平之］

四川黄平罗么等寨蛮僚都麻堰聚众作乱，杀掠吏民，宣抚司以兵捕之，不克。黄平千户所复以兵讨之，反为所败。于是重庆等卫发兵合击，大破之，斩其乱酋，诸寨悉平。

甲戌（二十四日）［贵州宣慰使遣使贡马］

贵州宣慰使霭翠遣使贡马。诏赐霭翠绮帛六匹，其从人衣靴有差。

明太祖实录卷一百十一

洪武十年丁巳（1377）

正月

丙申（十七日）［调成都中卫军士益贵州卫，调成都前后左右四卫军士守御黄平］

以成都中卫军士二千益贵州卫及调前后左右四卫军士七百守御黄平。

己亥（二十日）［改贵州金筑长官司为安抚司］

改贵州金筑长官司为安抚司，以长官密定为安抚使。

丁未（二十八日）［融州“盗”起事，官军捕斩之］

融州盗潘宥等作乱，广西卫官军捕斩之。

三月

乙未（十七日）［改秭归县为长宁县］

改荆州府秭归县为长宁县。

四月

己酉（初二日）［命卫国公邓愈、大都督同知沐英讨吐蕃］

命卫国公邓愈为征西将军，大都督同知沐英为副将军，率师讨吐蕃。先是，吐蕃所部川藏邀杀使者巩哥锁南等，故命愈等讨之。

明太祖实录卷一百十二

五月

癸卯（二十六日）［征西将军邓愈攻败川藏之众］

征西将军邓愈兵至吐蕃，攻败川藏之众，追至昆仑山，斩首甚众，获马牛羊十余万，遂遣凉州等卫将士分戍碾北等处而还。

明太祖实录卷一百十三

六月

乙亥（二十九日）［思南宣慰司遣使贡马］

思南宣慰司遣使贡马。

七月

甲申（初八日）［置四川叙南卫］

置四川叙南卫，以安陆卫指挥佥事王承署卫事。

乙酉（初九日）［普定府世袭土官女知府来朝］

普定府世袭土官女知府适贵来朝。命给告身。

是月［思州宣慰使上表朝贡］

思（川）〔州〕宣慰使田弘正上表贡马及方物。

明太祖实录卷一百十五

十月

戊午（十三日）［封沐英为西平侯］

封大都督府同知沐英为西平侯，赐诰券。诰曰：……曩者朕于扰攘之时，年已二十五，未有子嗣。尔沐英亦因兵起，父母不存，年始八岁，难必生全。朕怜其孤幼，特抚育如子。后因朕有诸子，尔亦长成，以人情天理度之，不晦尔名，俾复尔姓，祀尔祖宗。尔克卓立，屡著功勋。今念尔劳，复以旧恩，特封尔为西平侯，食禄二千五百石，使尔子孙世世承袭爵禄……

庚午（二十五日）［琼州府军饷由漕运改盐引中纳］

儋州大丰仓副使李德新言：琼州府军饷每岁俱于广东漕运，经涉海洋，往来艰险。宜以盐引发下琼州府，转发儋、万、崖三州，召商以米于海南各仓中纳付，与盐引就场支给，庶免漕运之劳。于是命户部定其米数，琼州府每引米二石，儋州米一石八斗，万州米一石五斗。

明太祖实录卷一百十六

十一月

壬午（初八日）［罢四川茶盐运司］

罢四川茶盐运司。

是月［四川威、茂等处土酋叛，命官军讨之］

四川威、茂等处土酋董贴里叛，劫杀人民。命御史大夫丁玉为平羌将军率师讨之。

十二月

戊辰（二十四日）［威州土酋降，置千户所］

平羌将军御史大夫丁玉兵至威州，土酋董贴里率众来降。诏置威州千户所守之。

明太祖实录卷一百十七

洪武十一年戊午（1378）

正月

甲申（十一日）［置黄平守御千户所］

置黄平守御千户所。初，黄平立安抚司，既而蛮人屡叛，宣抚司不能治。至是，改置千户所，调贵州千户张潮领兵守之。

二月

是月［置茂州卫指挥使司］

是月，置茂州卫指挥使司。时四川都司遣兵修灌县桥梁，至天陶关，汶川县土酋孟道贵疑之，集部落阻陶关道。都司遣指挥胡渊、童胜等，统兵分二道击之……大败其众。两军遂会于茂州，土酋杨者七迎降。以者七牧其民，乃诏立茂州卫，留指挥楚华将兵三千守之。渊等仍会平羌将军御史大夫丁玉，帅师征松潘等处。

三月

辛卯（十九日）［四川“茶蛮洞僚”抗赋税］

四川茶蛮洞僚不供赋税，拒命。重庆卫调兵征之，俘其众一百五十八人。诏悉宥之。

明太祖实录卷一百十八

四月

壬子（初十日）［命思南宣慰司征集弩手］

命思南宣慰司收集各洞弩手二千人以备征用。

戊午（十六日）［置宁川卫指挥使司］

置宁川卫指挥使司于成都府。

五月

癸未（十二日）［下沙木“蛮洞”土酋起事被擒，械送至京被杀］

下沙木蛮洞土酋以其众叛，湖广都指挥使司发军讨捕之。擒土酋并其党六十二人，械送至京，命诛其首，余释之，令戍边。

庚子（二十九日）［丘广卒］

燕府左傅丘广卒。广，凤阳定远人……克潭州，置潭州卫指挥使司，以广为同知。拔衡山、安仁、广西、永州、静江、郴州诸郡县……继讨思州叛酋黄英杰，斩之，授怀远将军，攻拔靖州、绥宁、道州、宁远诸洞蛮寨。洪武七年，还京师，升大都督府都督佥事，阶镇国将军。洪武九年，除燕府左傅。至是卒……谥景成。

明太祖实录卷一百十九

六月

戊申（初八日）［改黎州长官司为安抚司］

改黎州长官〔司〕为安抚司，以长官芍德为安抚使。

己巳（二十九日）［五开“洞蛮”吴面儿等起事，杀靖州卫指挥佥事，命官军讨之］

五开洞蛮吴面儿等作乱，靖州卫指挥佥事过兴死之。初，面儿以邪法惑人，因聚众为乱。兴即以兵三百往捕之，众寡不敌，兴父子为贼所执，俱被害。事闻，上命辰州卫指挥杨仲名率师讨之。敕曰：三苗无道，倚恃险厄，不通人事，不奉天时，屡起盗心，久为民患，近又杀害过兴，罪不可恕。今命尔为总兵官，率辰、沅等处官军及土著隘丁兵夫以讨之。尔其思制人之韬略，相机进取，以弭民患。其辰、沅等处应调官军，悉听节制。

八月

壬戌（二十二日）［乌思藏故元赏司巴司徒公哥扎思及监藏巴藏卜等遣酋长贡方物］

乌思藏故元赏司巴司徒公哥扎思及监藏巴藏卜等遣酋长阿由来朝贡方物。

己巳（二十九日）［赐靖州卫军士米、钞］

赐靖州卫军士米、钞，凡米三千五百石，钞一千四百锭有奇。

九月

甲申（十五日）［置黔江守御千户所］

置黔江守御千户所。时彭水县知县聂原济言：黔江地接散毛、盘顺、酉阳诸洞，蛮寇出没，屡为民患，宜设兵卫屯守。诏从其言，置千户所镇之。

明太祖实录卷一百二十

十月

戊申（初九日）［敕谕总兵官杨仲名帅师讨“三苗”］

敕谕总兵官指挥杨仲名曰：兵以卫民，必先于伐暴。三苗不遵教化，朕命尔帅师讨之。昨已知兵行之期，今未知兵至何地，特遣内臣吴诚诣军观尔之兵，凡有方略，乘机而行，然后遣使来报。

乙丑（二十六日）［播州宣慰使献马］

播州宣慰使杨鉴献马。赐文绮袭衣。

明太祖实录卷一百二十一

十一月

庚午朔（初一日）［思南宣慰使以袭职谢恩］

思南宣慰使田大雅以袭职奉表谢恩，并献方物良马。命以文绮及钞赐之。

［杨仲名讨破五开“叛蛮”］

总兵官辰州卫指挥杨仲名，讨破五开叛蛮，捷奏至京。上遣使赍敕谕之曰：三苗不仁，自古帝王多抚之，而终不遵化，是以累世为良民患。今朕遣尔率兵进讨，果有韬略。十一月一日飞捷至京，朕甚为之喜。闻诸蛮既平，独吴面儿远遁，溪洞人事异宜，险阻异势，不必穷追。彼恶稔贯盈，自将夷灭。是命内臣尚履、奉御吕玉，诣军观兵阅胜，尔其尽心抚绥，以副朕意。

丁丑（初八日）［赏赐贵州宣慰使、金筑安抚使、普定府知府］

赐贵州宣慰〔使〕霭翠、（今）〔金〕筑安抚使密定、普定府知府安瓒锦人二匹，金龙文绮人二匹。

十二月

辛亥（十三日）［置崇山卫］

置崇山卫于湖广孟洞之地。

丁巳（十九日）［朵甘乌思藏灌顶国师遣使进表贡方物］

朵甘乌思藏灌顶国师答力麻巴剌遣使进表贡方物。诏赐文绮缯帛。

明太祖实录卷一百二十二

洪武十二年己未（1379）

正月

丁亥（十九日）［例减瘴疠地方有司官年限］

琼州府儋州仓副使李德言：天下有司官例以九年为满，若福建所属汀、漳二府，湖广所属郴州，江西赣州府所属龙南、安远二县，其地亦瘴疠，宜一体量减。从之，著为令。

丙申（二十八日）［朵甘乌思藏灌顶国师遣酋长等表贡方物］

朵甘乌思藏灌顶国师答力麻巴剌遣酋长汝奴藏卜等表贡方物。赐衣服、绮帛有差。

［平羌将军丁玉讨平松州“叛酋”］

平羌将军御史大夫丁玉率师讨松州叛酋，平之。

二月

丁巳（二十日）［朵甘乌思藏灌顶国师等遣使贡方物］

朵甘乌思藏灌顶国师答力麻巴剌及帕木竹巴万户府等官遣使贡方物。

己未（二十二日）［置郁林州金鼎寨巡检司］

置梧州府郁林州金鼎寨巡检司。

乙丑（二十八日）［置辰州府下里、高岩、乾溪三巡检司］

置辰州府下里、高（严）〔岩〕、乾溪三巡检司。

明太祖实录卷一百二十三

三月

辛未（初四日）［敕平羌将军丁玉取松潘事宜］

敕平羌将军御史大夫丁玉曰：松潘僻在万山，接西羌之境。朕岂欲穷兵远讨？而蛮酋屡入为寇，扰我边民。命尔帅师征之，不得已也。三月三日捷至，知松州已克，徐将资粮于容州，进取潘州。若尽三州之地，则叠州不须穷兵，料彼闻大军声势，理必自服，但高城深池，择士卒勇鸷者守纳都、叠溪之路。其青川驿道无阻遏者，不守可也。凡来降诸酋长必遣入朝，朕亲抚谕之。敕至，可分一军先还四川，别有调遣。

［置辰州府镇溪、武溪二巡检司］

置辰州府镇溪、武溪二巡检司。

明太祖实录卷一百二十四

四月

甲辰（初八日）［嘉定州、忠州等处土民起事，命官军剿捕之］

成都嘉定州眉县贼人彭普贵诱众作乱，劫掠居民，转攻州县。眉县知县顾师胜率民兵捕之，为贼所害……敕四川都指挥音亮等曰：览奏，知嘉定、忠州等处土民为妖人所惑，乘隙为乱，燔掠城池，势甚猖獗。敕至，即遣官军剿捕。如力不及，须烦大军征讨，遣使来言，毋失事机。

乙卯（十九日）［赏征进湖广溪洞官军］

赏征进湖广溪洞指挥以下官绮帛各有差，其军士则各赐盐二十斤。

是月［置松州卫指挥使司］

是月，置松州卫指挥使司。初，松州平，御史大夫丁玉遣宁州卫指挥高显等城其地，请立军卫。至是降印设官，领军镇守。

五月

己丑（二十三日）［敕谕四川都指挥音亮、朱辅等剿捕“寇盗”］

敕谕四川都指挥音亮、朱辅等曰：近因寇盗剽掠居民，已敕尔等剿捕之。继闻不速进兵，淹留道途，反为民害，遂使贼众愈盛。实由尔等失机败事，特遣镇抚杨华驰谕。如不即擒寇贼，归良民妻子，而徒劳师旅，则尔等之罪何逃……各宜勉力以成厥功。

庚寅（二十四日）［四川土人起事，敕曹国公李文忠遣军扑灭］

敕曹国公李文忠曰：近四川土人以妖言惑众，相扇而起，守御官军讨之未平。尔若还师陕西，宜分一军，遣官率领，由栈道速扑灭之。若未至陕西，亦宜预定其计，庶免贼党蔓延，以安蜀中。

明太祖实录卷一百二十五

闰五月

丙午（十一日）［赏征进广西瑶人有功者］

赏征进广西瑶贼有功者。指挥人绮帛各五匹，自千户以下各有差。阵亡者倍之，征伤者加半。随征无功者，指挥人绮帛各三匹，自千户以下亦各有差。军士人钞二锭，阵亡者倍之，征伤者加半。

六月

丁卯（初三日）［平羌将军丁玉军入松州，置卫设官］

敕谕平羌将军御史大夫丁玉曰：大军入松州，克戎虏于万山之中，设官置卫，以威蛮夷，尔之功亦懋矣！朕闻松州山多田少，耕种恐不能赡军。若以人民供亿，则是困有用之民，守无用之地，非良策也。可相度其宜，或于保宁及择要害之处立卫。尔与部下诸将计议来奏。既而玉言：松州为西羌诸蛮要地，军卫不可罢。从之，遂诏玉还军四川。

壬辰（二十八日）［沐川长官贡香楠木］

马湖府沐川长官德珉贡香楠木。诏赐以衣钞。

七月

丙辰（二十二日）［讨平四川彭普贵］

平羌将军御史大夫丁玉等讨四川贼人彭普贵等，平之。初，普贵等为乱，焚掠十四州县。四川都指挥使司以兵讨之，不克。至是，玉尽歼其众，遣人奏捷。

庚申（二十六日）［改置瞿塘卫，置梁山等四守御千户所］

改瞿塘守御千户所为瞿塘卫，隶湖广都指挥使司。置梁山、大竹、忠州、达县四守御千户所，隶瞿塘卫。

癸亥（二十九日）［播州宣慰使遣镇抚奉表贡马］

播州宣慰使杨铿遣镇抚谢德名奉表贡马。

［给赐新发瞿塘等卫所军士盐、钞、绵布、绵花］

给赐新发瞿塘、梁山、忠州、大竹、达县卫所军士盐、钞、绵布、绵花各有差。

明太祖实录卷一百二十六

八月

丙子（十三日）［赏收捕广西起事瑶人有功将士］

命监察御史郑肃往广西，给赏收捕瑶贼有功将士六千一百二十二人文绮、钞、帛有差。

丁丑（十四日）［械送辰沅“洞僚”、永宁“蛮妇”至京］

湖广都司械送……辰沅洞僚九十四人、永宁蛮妇二十七人至京。命释其罪，番酋及盗发戍海南、辽东，洞僚及蛮妇送孳牧所，皆给粮赡之。

乙酉（二十二日）［奏请两广间增设巡检司］

梧州府同知郝修言：两广之间，地多溪洞，瑶僚杂居，不时出没为患，宜于险要之地增设巡检司。从之。

九月

戊申（十五日）［置四川威州卫指挥使司］

置四川威州卫指挥使司。

明太祖实录卷一百二十七

十一月

丙午（十三日）［赏赐广西平“寇”将士］

给赐广西平寇将士凡四千九百四十余人，绮帛百七十九匹，钞八千一百余锭。

丁巳（二十四日）［命播州宣慰使司同知世袭其职］

命播州宣慰使司同知罗琛世袭其职。

明太祖实录卷一百二十八

十二月

甲申（二十二日）［平羌将军丁玉自四川还京］

平羌将军御史大夫丁玉还自四川。赐文绮帛、钞锭，拜大都督府左都督。

是月［右丞相汪广洋贬海南，死于道］

是月，右丞相汪广洋坐事贬海南，死于道。

［拓广东北城］

命永嘉侯朱亮祖发军民三万人拓广东北城，凡八百余丈。

明太祖实录卷一百二十九

洪武十三年庚申（1380）

正月

是月［广东右卫百户讨“山寇”战死］

广东右卫百户翁显讨山寇房文广，战于矮岭，死之。

明太祖实录卷一百三十

二月

癸酉（十二日）［四川都匀、定云土酋来归］

四川都匀、定云土酋夭金总等来归，上其故元所授安抚符印及山川形势之图。

丙子（十五日）［广西泗城州知州之子起事，官军讨平之］

广西泗城州知州岑善忠之子振作乱，寇利州。广西都司发兵讨平之。

丙戌（二十五日）［保靖军民宣慰使遣弟贡马］

保靖军民宣慰使彭万里遣其弟万通来朝贡马。

三月

丙申（初五日）[命湖广崇山卫屯田]

命湖广崇山卫指挥佥事杨仲名督将士屯田。

明太祖实录卷一百三十一

五月

辛卯朔（初一日）[改置湖广省属府州县]

复以湖广汉阳州为汉阳府，德安州为德安府，随县为随州，长宁县为归州，桂阳县为桂阳州。复设德安府孝感、安陆、应城三县，及随州应山县，荆州府枝江县，常德府沅江县，靖州通道县，长沙府善化县，襄阳府上津、光化、竹山三县。升荆门县为州，以当阳县属焉。

明太祖实录卷一百三十二

六月

庚申朔（初一日）[许叙州、重庆二府夏税以布代绢]

叙州、重庆二府言：今年夏税令民以绢代丝，土产粗丝不堪织绢，愿以布代输为便。许之。

七月

丙辰（二十八日）[遣返广西两江、思明等府入京听差民人]

遣还广西两江、思明等府听事民百二十九人。先是，诏令两江、思明等府民入京听差遣，凡事有关其地者，则遣之。至是上谓礼部臣曰：溪洞之民远居京师，去土怀乡，多有生疾者，或致死亡，非怀远人也。其各遣还乡里，给钞为道里费。

明太祖实录卷一百三十三

八月

戊寅（二十日）［罢松州卫指挥使司，旋复设］

诏罢松州卫指挥使司。时上以松州卫远在山谷，军士屯种不足以给，而劳民馈饷，故命罢之。未几，指挥耿忠经略其地，奏言：松州为番蜀要害之处，军卫不可罢。命仍复置卫。

明太祖实录卷一百三十四

十月

丁卯（初十日）［置广西平乐千户所］

置广西平乐千户所。

甲戌（十七日）［罢四川白渡、纳溪二盐马司及阜民司］

罢四川白渡、纳溪二盐马司及阜民司，仍以白渡、纳溪之盐易绵布，遣使入西羌市马。

十二月

是月［以广东阳春诸县“盗贼”未平，命南雄侯赵庸往镇之］

上以广东阳春诸县盗贼未平，命南雄侯赵庸往镇之，仍训练军马，随机征讨。

明太祖实录卷一百三十五

洪武十四年辛酉（1381）

正月

己丑（初三日）［龙州知州薛文胜等来朝］

龙州知州薛文胜等六十四人来朝。诏赐文绮、钞锭有差。

乙未（初九日）［置松潘等处安抚司及十三簇长官司］

置松潘等处安抚司，以龙州知州薛文胜为安抚使，秩从五品。又置阿昔洞等十三簇长官司，秩正七品，曰勒都簇、阿昔洞簇、北定簇、牟力结簇、蛒匝簇、祈命簇、小洞簇、麦匝簇、者多簇、占藏先结簇、包藏先结簇、班班簇、白马路簇，以土酋傅益、雪南等为各簇副长官。

丙申（初十日）［黎州安抚使遣使贡马］

黎州安抚使芍德遣使贡马。诏赐芍德钞五十四锭、文绮七匹。

二月

乙丑（初九日）［融州瑶民起事，官军讨平之］

柳州府融州瑶民作乱，官军讨平之。

明太祖实录卷一百三十六

三月

甲午（初九日）［置高、廉二州守御千户所］

置高、廉二州守御千户所。

壬寅（十七日）［广西泗城州知州贡马及方物］

广西泗城州知州岑善忠贡马及方物。

明太祖实录卷一百三十七

四月

丙辰朔（初一日）[思南宣慰使率其属朝贡]

思南宣慰使田大雅率其属来朝贡马及方物。诏赐文绮、钞锭。

辛巳（二十六日）[复置桂林等府县巡检司]

复置巡检司三十……桂林府三：临桂县之湘山渡，阳朔县之伏荔市，灵川县之白石潭。柳州府二：来宾县白牛镇，融县长安镇。平乐府平乐县之榕津寨。梧州府二：藤县之赤水镇，苍梧县之安平乡。浔州府二：桂平县常林乡，贵县新安寨。南宁府横州之南乡。

癸未（二十八日）[革广东海北盐课司]

革广东海北盐课司。

甲申（二十九日）[改阳山县为连州]

改阳山县为连州，寻复置阳山县隶之。

五月

丁亥（初三日）[改置广东部分府州县]

复改广东廉州为府，化县、钦县为州，化州隶高州府，钦州隶廉州府。以吴川、石城二县隶化州，灵山县隶钦州。又置茂名县，隶高州府，合浦县隶廉州府。

[赏赐思南宣慰使，遣还]

赐思南宣慰使田大雅衣帽靴袜及文绮二十匹、钞二百五十锭，遣还。

辛卯（初七日）[复置施州]

复置夔州府施州，以建始县隶之。

甲寅（三十日）[改置湖广桂阳守御千户所]

改湖广平阳守御千户所为桂阳守御千户所。

是月［讨“五溪蛮”，江夏侯周德兴请行］

是月，五溪蛮作乱，议出师讨之，江夏侯周德兴请行。时德兴年老，上未之许。德兴请益力，且示其矍铄状。上壮而遣之，赐以手书曰：古之将臣忠于为国者，尽智虑筋力之所能，及御灾捍患，终其身而后止。若赵充国图取西羌，马援请讨交阯，朕常叹羡，谓古有其人，而今不可得。乃者五溪蛮叛，阻遏王化，贻祸良民。朕方择将命师，尔德兴奋然请行，朕悯卿年老，不忍烦卿，卿乃固请，爰命为大将，往靖南服。呜呼！忠勤不怠，卿之志见矣。御侮安民，尤在斯行，功成师旋，当有以报卿也。

[平“靖州蛮”]

靖州蛮作乱，卫兵讨平之。

六月

戊辰（十四日）[置施州卫军民指挥使司]

置施州卫军民指挥使司。

癸未（二十九日）[置黔江县]

置黔江县。初，黔江之地元季陷入蛮夷，国朝立千户所，招谕其民。至是渐复故业，遂置县以安抚之。

明太祖实录卷一百三十八

七月

戊子（初五日）[广西江州知州上表朝贡]

广西江州知州黄威庆上表贡马及方物。赐以文绮。

八月

乙丑（十三日）[南雄侯赵庸平阳春县“蛮寇”，令其抚恤岭南民人]

南雄侯赵庸平阳春县蛮寇，奏捷京师。上敕谕之曰：岭南民人入籍既久，屡叛屡征。朕非得已，旧岁命镇抚其地，惟阳春之盗，出没剽掠，久为民患。卿以兵剿平之，捷报至京，朕甚尔嘉。但所奏俘囚数多，朕思凡民之乱，由有司不能抚恤，以致作乱。卿可会都司、布政司，取俘囚中首恶者诛之，协从之党释归田里。庸得敕，乃斩首贼李佛荫数人，余皆释之。

辛巳（二十九日）［置南海卫及大鹏、东莞、香山三守御千户所］

置南海卫于广州东莞县，及大鹏、东莞、香山三守御千户所。

明太祖实录卷一百三十九

九月

壬午朔（初一日）［命颍川侯傅友德等取云南，谕播州宣慰使率苗兵为先锋］

上御奉天门，命颍川侯傅友德为征南将军，永昌侯蓝玉为左副将军，西平侯沐英为右副将军，统率将士往征云南。友德等既受命，上谕之曰：云南僻在遐荒，行师之际，当知其山川形势，以规进取。朕尝览舆图，咨询于众，得其扼塞取之之计，当自永宁先遣骁将别率一军，以向乌撒。大军继自辰沅以入普定，分据要害，乃进兵曲靖。曲靖，云南之喉襟，彼必并力于此以拒我师。审察形势，出奇取胜，正在于此。既下曲靖，三将军以一人提劲兵趋乌撒，应永宁之师，大军直捣云南，彼此牵制，彼疲于奔命，破之必矣……遣使赍敕符谕播州宣慰使杨铿曰：曩者元纲不振，乱兵四起，四海之民不遑安处。朕既混一寰宇，四征弗庭，蛮夷酋长罔不称臣入贡，其或志在侦伺，未笃事大之诚，徒取祸败。尔铿世守播州，作朕藩屏，然轻听浮言，易生疑二，故积愆日深。今大军南征，多用战骑，尔当以马三千，率酋兵二万为先锋，以表尔诚。符至奉行，毋违朕命。又以敕符劳金（竺）〔筑〕长官密定曰：西南诸夷虽曰归附，然不过暂入贡而已。尔密定首献马五百匹，以助征讨，其诚可嘉。故特遣使往谕，候班师之日，重劳尔功。

丙午（二十五日）［江夏侯周德兴移师讨四川水尽源通塔平、散毛诸洞］

四川水尽源通塔平、散毛诸洞长官作乱，命江夏侯周德兴移兵讨之，仍命汝南侯梅思祖、都督佥事张诠为之副。时德兴帅师征五溪蛮，蛮人散走，及是命，复讨诸洞。未几，皆平之。

丁未（二十六日）［颍川侯傅友德兵至湖广，分兵趋乌撒］

征南将军颍川侯傅友德兵至湖广，分遣都督胡海洋等帅兵五万由永宁趋乌撒。

十月

壬戌（十一日）［置湖广、四川水马驿］

置水马驿二十六。水驿：湖广一，夷陵州，曰屈溪。四川二十：成都府一，曰木马。眉州三，曰眉州，曰青神，曰平羌。嘉定州一，曰下坝。叙州府四，曰宣化，曰牛口，曰江安，曰李庄。泸州四，曰纳溪，曰黄舣，曰牛脑，曰汉东。重庆府七，曰石羊，曰藺市，曰铜罐，曰漕溪，曰瀼途，曰周溪，曰仙女。马驿五：夔州府，曰施州，曰龙溪，曰石臼坝，曰南木隘，曰高唐。

明太祖实录卷一百四十

十一月

丙戌（初五日）［开通自岳州至辰州府驿道］

置马驿一十八，自岳州至辰州府，凡一千八十一里，以六十里为一驿。岳州府三：巴陵县曰岳阳，曰临江；华容县曰华容。荆州府四：石首县曰通化；公安县曰民安，曰孱陵，曰孙黄。常德府八：澧州曰顺林，曰蘭江，曰清化；武陵县曰大龙，曰和丰；桃源县曰桃源，曰郑家，曰新店。辰州府沅陵县三：曰界亭，曰马底，曰辰阳。

丁未（二十六日）[朵甘乌思藏灌顶国师等遣使表贡方物]

朵甘乌思藏灌顶国师答力麻巴剌及都指挥使班竹儿藏卜等遣使表贡方物。

[吴良卒]

江阴侯吴良卒。良初名国兴，后赐今名，凤阳定远县人……五年，广西右江诸洞蛮夷相仇杀，数盗边境，命良将兵讨之。良率兵深入，数月之间，尽平其地，俘获不可胜计……

庚戌（二十九日）[南雄侯赵庸等击破广州“海寇”及“诸蛮”寨]

广州海寇曹真自称万户，苏文卿自称元帅，合山贼单志道、李子文、李平天，于湛（菜）〔莱〕、大步、小亨、鹿步、石滩、铁场、清远、大罗山等处据险立寨，攻掠东莞、南海及肇庆、翁源诸县。南雄侯赵庸率步骑舟师一万五千余人，分道击之，进至鹿步，卒与贼遇。山深道阻，官军与战多陷没者，贼亦伤死甚众。已而贼构大步、车茭塘诸蛮，急趋南雄侯舡。南雄侯以精锐与战，贼势少却。会广东参政阎钝、千户张惠率军民来援，遂并力击败之。贼乃弃资装、器械水中，驾虚舟而遁。我军乘快舸追之，擒一千七百余人，获舡六百余艘。复遣指挥徐质等帅师攻鹿步、蓼涌、石滩、清远、雷乡诸寨，破之。转攻湛莱、小亨、泷水，又破之。擒贼二万余，贼属八千有奇，斩馘五千余，获兵器一万九千，舡一千二百，马牛九百。遂招降番禺等县民三千三百余户复业。

十二月

辛酉（十一日）[颍川侯傅友德等进兵曲靖]

征南将军颍川侯傅友德、左副将军永昌侯蓝玉、右副将军西平侯沐英，率大军由辰沅趋贵州，进攻普定，克之。罗鬼、苗蛮、仡佬闻风而降。至普安复攻下之，乃留兵戍守，进兵曲靖……

癸亥（十三日）[复置四川纳溪盐马司]

复置四川纳溪盐马司。

庚午（二十日）[故元梁王遁入罗佐山]

故元梁王把匝剌瓦尔密闻达里麻兵败被擒，度不能支，乃与其左丞达的、参政金驴遁入罗佐山。

辛未（二十一日）［遣使敕谕傅友德及乌蒙、乌撒诸酋长］

遣使赍敕谕征南将军颍川侯傅友德、左副将军永昌侯蓝玉、右副将军西平侯沐英曰：内使罗信至，知将军调度有方，节制严整，普定诸蛮俱已摧奔，但未知此时事势何如？乌蒙、乌撒果降否？前恐蛮地无粮，符报将军令分军回卫。今知资粮于敌军，可不必回也。遣内臣赍敕谕乌蒙、乌撒诸酋长曰：朕历览群书，见西南诸夷自古及今，莫不朝贡中国。以小事大，义所当然。朕受天命为天下主十有五年，而乌蒙、乌撒、东川、芒部、建昌诸处酋长犹桀骜不朝。朕已遣征南将军颍川侯、左副将军永昌侯、右副将军西平侯率大军往征，犹恐诸酋长未谅朕意，故复遣内臣往谕。如悔罪向义，当躬亲来朝，否则遣人入贡，摅尔诚款，朕当罢兵以安黎庶，尔其省之。

壬申（二十二日）［故元梁王等自缢死］

故元梁王把匝剌瓦尔密既入罗佐山，其右丞驴儿自曲靖驰归，谓曰：事急矣，将奈何？于是把匝剌瓦尔密挈妻孥与左丞达的及驴儿俱入普宁州忽纳寨，焚其龙衣，驱妻子赴滇池死。把匝剌瓦尔密遂与达的、驴儿夜入草舍中，俱自缢死。

癸酉（二十三日）［永昌侯蓝玉、西平侯沐英师至云南，故元右丞等出降］

征南左副将军永昌侯蓝玉、右副将军西平侯沐英师至云南之板桥，元右丞观音保等出降。明日，驻师金马山，故梁王阉竖也先帖木儿以金宝来献，诸父老焚香迎拜。玉等整师入城，戒戢军士，秋毫无犯，吏民大悦。

丙子（二十六日）［以四川施州卫隶湖广都司］

以四川施州卫隶湖广都司。

戊寅（二十八日）［宣德侯金朝兴兵至江川，故元右丞降］

宣德侯金朝兴兵至江川，故元右丞五补台降。

是月［城普定、乌撒，东川、乌蒙、芒部“诸蛮”降］

是月，城普定，城乌撒。初，大军破曲靖，征南将军颍川侯傅友德自率师循格孤山而南，以通永宁之兵，遂捣乌撒诸蛮。时元右丞实卜闻都督胡海洋等兵进自永宁，乃聚兵赤水河以拒之。及闻大军继至，皆遁去。友德令诸军筑城，版锸方具，蛮寇复大集，友德屯兵山岗，持重以待之。诸将欲战，友德故弗许，士卒无不奋勇，思致死力。友德度其可用，下令曰：我军深入，有进无退。彼既遁而复合，心必不一，并力剿之，破之必矣！若使彼据险自固，未易克也。我军既陈，有芒部土酋率众援之，实卜合势迎战，我军鼓噪趋之。战十余合，其酋长多中槊坠马死。我军势益奋，蛮众力不能支，大溃，斩首三千级，获马六百匹。实卜率余众遁，遂城乌撒。得七星关以通毕节，又克可渡河，于是东川、乌蒙、芒部诸蛮震詟，皆望风降附。

明太祖实录卷一百四十一

洪武十五年壬戌（1382）

正月

辛巳朔（初一日）［师至威楚路，故元平章等降］

景川侯曹震、定远侯王弼率师至威楚路，元平章阎乃马歹、参政刘车车不花等降。

壬午（初二日）［故元云南诸地方官降］

元曲靖宣慰司征行元帅张麟……中庆、澂江、武定三路达鲁花赤札麻，及嵩明、晋宁、昆阳、安宁、新兴、路南、建水七州达鲁花赤，昆明、富民、宜良、邵甸、河阳、阳宗六县达鲁花赤等官，诣征南左副将军永昌侯蓝玉、右副将军西平侯沐英降，献金银铜印七十四，金符七，马一万二千五百六十匹。

乙酉（初五日）［城播州沙溪］

城播州沙溪，以官兵一千人、土兵二千人戍之。

丁亥（初七日）［置贵州都指挥使司］

置贵州都指挥使司，命平凉侯费聚、汝南侯梅思祖署都司事。

[置云南左、右、前、后、普定等十四卫指挥使司]

置云南左、右、前、后、普定、黄平、建昌、东川、乌撒、普安、水西、乌蒙、芒部、尾洒一十四卫指挥使司。

壬辰（十二日）[永昌侯蓝玉等遣使报云南捷]

征南左副将军永昌侯蓝玉等遣使报云南捷至京师。

甲午（十四日）[谕置云南都司、布政司，约束诸部酋长]

遣使谕征南将军颍川侯傅友德、左副将军永昌侯蓝玉、右副将军西平侯沐英，曰：比得报，知云南已克，然区画布置尚烦计虑。前已置贵州都指挥使司，然其地去云南尚远。今云南既克，必置都司于云南，以统率诸军。既有土有民，又必置布政司及府州县以治之。其乌撒、乌蒙、东川、芒部、建昌之地，更宜约束其酋长，留兵守御，禁其民毋挟兵刃。至如霭翠辈不尽服之，虽有云南亦难守也……

乙未（十五日）[南雄侯赵庸帅兵讨东莞“诸盗”]

南雄侯赵庸帅兵讨东莞诸盗。凡克寨十二，擒贼万余人，斩首二千级，招降翁源等县复业人民三千余户。

癸卯（二十三日）[惠州府“盗”起事，同知率民兵捕获，斩之]

惠州府盗发，同知郎德率民兵捕获，斩之。

甲辰（二十四日）[南雄侯赵庸进兵破东莞等县石鼓、赤岭等寨]

南雄侯赵庸进兵攻破东莞等县石鼓、赤岭等寨，擒伪官百余人，其党溃散。由是四会县涌白沙、长冈、太冲、口山、何田、陈家坊各处父老迎拜于道，庸慰谕而遣之。

庚戌（三十日）[诏谕乌蒙、乌撒、东川等处人民]

诏谕乌蒙、乌撒、东川等处人民曰：曩者元政不纲，豪杰纵横。朕提师旅，与之并驱十有二年，然后命将四征，五年而天下定，万姓宁，建号纪元，又十五年矣，华夏、蛮貊罔敢不服。惟尔乌撒、乌蒙、东川、芒部、建昌诸夷，抗命弗庭，而云南梁王尤肆陆梁，诱我逋逃，扰我疆埸。用是命征南将军……统三十万众问尔西南诸夷之罪。今得捷报，言云南部落俱已降附，故特遣使赍诏谕尔诸夷，自今有不遵教化者，即加兵讨之。於戏！《春秋》之义，罪莫大于拒王命、纳逋逃，尔等其洗心涤虑，效顺中国，朕当一视同仁，岂有间乎？

是月［临安元右丞、元帅及土酋降］

宣德侯金朝兴兵驻临安。元右丞兀卜台、元帅完者都、土酋杨政等降。

［置临安府及指挥使司，改武定路为武定军民府］

革临安宣慰司，置临安府及临安卫指挥使司。改武定路为武定军民府，以土酋商胜署府事。

［龙川、河源民合龙南民起事，官军捕之］

龙川、河源民自称李元帅，合龙南民作乱。南雄侯赵庸发兵捕之，获贼五百七十余人。

明太祖实录卷一百四十二

二月

癸丑（初三日）［置云南都指挥使司］

置云南都指挥使司，命前军都督佥事谢熊、戈预，左军都督佥事冯诚署司事。

［谕播州宣慰使护送赴云南武官］

命都督府遴选致仕武官五十七员，往守云南诸城。遣使敕谕播州宣慰使杨铿曰：朕以致仕武官分守云南，每官一人至，备甲兵五十五人卫送之。

［谕水西等诸酋长开筑驿路］

谕水西、乌撒、乌蒙、东川、芒部、沾益诸酋长曰：今遣人置邮驿通云南，宜率土人随其疆界远迩开筑道路，其广十丈，准古法以六十里为一驿。符至奉行。

甲寅（初四日）[以云南平诏告天下]

以云南平，诏天下曰：……自即位以来，十有五载，寰宇全归于版籍，惟西南诸夷为云南梁王所惑，恃其险远，弗遵声教。特命征南将军颍川侯傅友德，副将军永昌侯蓝玉、西平侯沐英，率甲士三十万，马步并进，征彼不庭。大军既临，渠魁尽获，云南已平。诏告天下臣民共知……

乙卯（初五日）[置云南布政使司]

置云南布政使司，改中庆路为云南府，命汝南侯梅思祖、平章潘原明署布政使司事。敕谕征南将军颍川侯傅友德、左副将军永昌侯蓝玉、右副将军西平侯沐英曰：云南之地，其民尚兵。上古以为遐荒，中古禹迹所至，以别中土。故属梁州之域，自汉、隋、唐皆中国所统。曩元既立行省，数出朝臣望重者镇之，今思镇彼非名臣望重者不能守也。故特命汝南侯梅思祖、平章潘原明，暂署云南布政使司事。事定之后，除官代还。

戊午（初八日）[敕颍川侯傅友德等送乌撒等土酋入朝，并增置都司]

敕征南将军颍川侯傅友德、左副将军永昌侯蓝玉、右副将军平西侯沐英曰：自云南捷报至，朕念将军久劳在外，但乌蒙、乌撒、东川、芒部土酋，当悉送入朝。盖虑大军既回，诸蛮仍复啸聚，符到之日，不限岁月，一一送来，霭翠夫妇亦如之。前已设贵州都指挥使司，然地势偏东。今思控制之法，莫若于实卜所居之地，立司以控贵州、普定、普安、沾益、东川、芒部、乌蒙、永宁、建昌等处。卿等以为何如？宜审图可否为之。

[松潘安抚司酋长等来朝贡马]

松潘安抚司酋长占藏先结等来朝贡马一百三匹。诏赐文绮钞有差。

己未（初九日）[以张统等为云南左右参政、参议，并敕谕及赋诗以赐]

以通政使司试左通政张紞为云南布政使司左参政，仪鸾司大使宋昱为右参政，通政使司左参议韩钥为左参议，试右通政范祖为右参议。以敕谕紞曰：……云南诸夷杂处，威则易以怨，宽则易以纵。卿往，其务威德并行，彼虽蛮夷，岂不率服？卿其敬哉，将有无穷之誉矣！犹既陛辞，上复赋诗二章以赐之。

丙寅（十六日）［敕谕颍川侯傅友德等，言云南“诸夷”自古“叛服”故事］

敕谕征南将军颍川侯傅友德、左副将军永昌侯蓝玉、右副将军西平侯沐英曰：自将军南征，大军所至，势同破竹。蛮僚之地，次第底平。朕观自古云南诸夷，叛服不常，盖以其地险而远，其民富而狠也。驯服之道，必宽猛适宜。事之委曲，谅将军必不烦朕虑，朕亦不可不以古人之事以示将军。在汉武帝时，始得西南诸夷，终两汉之世，叛者十次。在光武时，将军刘尚击益州夷，路由越嶲。其酋长多酿毒酒，欲以劳军，因袭击尚。尚知其谋，即分兵掩捕诛之，徙其家属于成都。蜀汉之时，诸葛亮讨平其地，收其豪杰，出其金银马牛，以给军用。终亮之世，夷不复反。亮没后凡四反，张嶷尝一讨之。嶷将回军，兴古僚复反，嶷复击之，其地悉平。唐太宗时，云南自守。至高宗时始入贡，朝廷待之至重，反生侮慢。唐前后凡九加兵，战屡不胜，唐终不能驭。元世祖亲下云南，令亲王镇守之。终元百年间，前后七叛。将军观此，可熟察其情，详慎处置。为今之计，非惟制其不叛，重在使其无叛耳！

［乌思藏指挥同知等遣使朝贡］

乌思藏指挥同知监藏巴藏卜、宣慰司官朵儿只令真、前都元帅锁南藏卜赏巴、前司徒罗古监藏仰思多、万户公哥怕，遣镇抚汝奴藏卜、僧哈麻剌来朝贡兜罗帽、铁骊绵等物。诏赐汝奴藏卜等文绮、袭衣、钞有差，及乌茶二百斤，僧哈麻剌等文绮及禅衣各一袭。

辛未（二十一日）［增置湖广、四川马驿］

增置湖广、四川马驿一十四。湖广九驿：卢溪县曰船溪，辰溪县曰山塘，沅州曰怀化、罗臼、冷水，曰晃州，思州宣慰使司曰平溪，思南宣慰使司曰梅溪、曰相见。四川五驿：播州宣慰使司曰柳塘、地松、上塘，贵州卫曰平坝、新溪。

壬申（二十二日）［诏云南“诸夷”］

诏云南诸夷曰：自有元失驭，群雄并起，各擅声教，废兴叠叠，民不聊生。朕秣马厉兵于江左，控弦三十万以观诸雄。久之群雄弗成，乃命征虏大将军平定元都，肃清华夏，奠安黎庶……惟尔西南诸夷，密迩声教，恃险弗庭，纳逋逃，匿有罪，肆侮中华。凡我朝臣，孰不愤恨？是以特兴问罪之师。今云南既平，诸夷服从，故诏谕以更生之恩。於戏！知天命者福臻，昧天理者祸至。信如四时，速如影响，播告诸夷，想宜知悉。

乙亥（二十五日）［南雄侯赵庸遣将领兵击乳原山“蛮寇”，尽俘之］

南雄侯赵庸遣江阴卫指挥杨宽等领兵击乳原山蛮寇，尽俘其众。

［令商人往云南中纳盐粮以给军食］

上以大军征南，兵食不继，命户部令商人往云南，中纳盐粮以给之。于是户部奏定商人纳米给盐之例，凡云南纳米六斗者给淮盐二百斤，米五斗者给浙盐二百斤，米一石者给川盐二百斤。普安纳米六斗者给淮浙盐二百斤，米二石五斗者给川盐二百斤。普定纳米五斗者给淮盐二百斤，米四斗者给浙盐二百斤，川盐如普安之例。乌撒纳米二斗者给淮浙盐皆二百斤，川盐亦如普安之例。

是月［广西思明府知府遣弟奉表朝贡］

是月，广西思明府知府黄忽都遣其弟禄政奉表贡马及方物，赐以钞锭。

［以四川播州宣慰使司隶贵州都司］

以四川播州宣慰使司隶贵州都指挥使司。

明太祖实录卷一百四十三

闰二月

甲申（初四日）［南雄侯赵庸讨阳山等县“蛮寇”］

南雄侯赵庸率兵讨阳山、归善等县蛮寇，平之。又克灯心、龙湖、龙归、大牛、成家塘、潭源洞等寨，生擒贼首万户、营长、都公、少公等数十人，斩首千余级，招降二千九十户。事闻，命赏将士有功者绮帛各有差。

丙戌（初六日）［改云南威远蛮栅府为威远州］

改云南威远蛮栅府为威远州。

戊子（初八日）［改黄平卫指挥使司仍为黄平千户所，平越千户所为平越卫指挥使司］

改黄平卫指挥使司仍为黄平千户所，平越千户所为平越卫指挥使司。

壬辰（十二日）［贵州宣慰使霭翠朝贡］

贵州宣慰使霭翠来朝贡马二十七匹及毡衫、环刀等物。诏赐霭翠衣帽，及从者衣服、钞锭。既还，复加赐衣钞。

甲午（十四日）［遣使赐云南各土酋冠带、诰敕］

遣使诣云南，赐各土酋冠带，给以诰敕，使任本州知州等官，仍谕征南将军颍川侯傅友德等曰：初命将军令各土酋入朝，诸蛮必生疑惧，或遁入山寨，负险不服。若复调兵，损伤必多。莫若顺而抚之，示以恩信，久则自当来朝矣。

［置楚雄卫指挥使司］

置楚雄卫指挥使司，以羽林右卫指挥同知袁义为指挥使。

戊戌（十八日）［谕颍川侯傅友德等进讨大理］

敕谕征南将军颍川侯傅友德、左副将军永昌侯蓝玉、右副将军西平侯沐英曰：近者指挥何福至京，得报知摧坚抚顺之方，运筹决胜之略。然云南自汉以来，服属中国，惟宋不然，胡元则未有中国，已下云南。近因彼肆侮朝廷，命卿等讨平之。今诸州已定，惟大理未服，尚生忿恨，当即进讨。故命福驰回谕诸将军，夷性顽犷，诡诈多端，阻山扼险，是其长计。攻战之策，诸将军必筹之熟矣，若顿师宿旅，非我之利，要在出奇制胜，乘机进取，一举而定，再不劳兵可也。所奏事宜，悉从尔请。

己亥（十九日）［改曲靖千户所为曲靖军民指挥使司］

改曲靖千户所为曲靖军民指挥使司。

癸卯（二十三日）［永昌侯蓝玉、西平侯沐英进兵攻克大理，

“诸夷”悉平]

征南左副将军永昌侯蓝玉、右副将军西平侯沐英进兵攻大理，克之。大理城倚点苍山，西临洱河为固。土酋段世闻王师且至，聚众扼下关以守。下关者，南诏皮罗阁所筑龙尾关是也，号为险要。玉等至品甸，遣定远侯王弼，以兵由洱水东趋上关为犄角势，自率众抵下关造攻具。遣都督胡海洋夜四鼓由石门间道渡河，绕出点苍山后，攀木援崖而上，立我旗帜。昧爽，我军抵下关者望之踊跃欢噪，酋众警乱。英身先士卒，策马渡河，水没马腹，将士随之莫敢后，遂斩关而入。山上军望见，亦下攻之，酋兵腹背受敌，遂溃。拔其城，段世就擒。乃分兵取鹤庆，略丽江，破石门关，下金齿。由是车里、平缅等处相率来降，诸夷悉平。

乙巳（二十五日）［置平缅宣慰使司，改车里路为车里军民府］

置平缅宣慰使司，以土酋思伦发为宣慰使。改车里路为车里军民府，以土酋刀坎为知府。

己酉（二十九日）［景东土酋献马，置景东府］

景东土酋俄陶献马一百六十匹，银三千一百两，驯象二。诏置景东府，以俄陶知府事，赐以文绮、袭衣。

三月

庚戌朔（初一日）［永昌侯蓝玉等攻拔三营万户寨］

征南左副将军永昌侯蓝玉等遣兵攻三营万户寨，拔之，获伪参政宝山帖木儿等六十七人。

［置顺宁府］

置顺宁府，以土酋阿悦贡署府事。

辛亥（初二日）［置鹤庆府］

置鹤庆府，以土酋高隆署府事。

壬子（初三日）［置普定军民指挥使司］

置普定军民指挥使司。

甲寅（初五日）［拓浔州府城］

拓浔州府城。

丙辰（初七日）［置大理卫指挥使司］

置大理卫指挥使司。

戊午（初九日）［定征南将士战功赏格，遣使往云南给劳之］

定征南将士临阵战功赏格，遣使往云南给劳之。凡生擒首贼一人，或杀死首贼一人者，指挥钞二十五锭，千户卫镇抚二十锭，百户所镇抚十六锭，军士十锭。如生擒首贼一人，或又杀死首贼一人者，指挥加五锭，千户卫镇抚加四锭，百户所镇抚加三锭，军士加二锭。如生擒从贼一人，或杀死从贼一人者，指挥二十三锭，千户卫镇抚十八锭，百户所镇抚十三锭，军士五锭。如生擒从贼一人，或又杀死从贼一人者，指挥加三锭，千户卫镇抚加二锭，百户所镇抚加一锭二贯五百文，军士加一锭。被伤者，指挥二十五锭，千户卫镇抚二十锭，百户所镇抚十六锭，军士十锭。阵亡者，指挥五十锭，千户卫镇抚三十锭，百户所镇抚二十四锭，军士十六锭。其随征指挥二十锭，千户卫镇抚十五锭，百户所镇抚十锭，军士二锭。

己未（初十日）［更置云南布政司所属府州县］

更置云南布政司所属府州县。为府五十有二：大理、永昌、姚安、楚雄、武定、临安、腾冲、普安、仁德、澂江、广西、元江、和泥、柔远、芒施、镇康、南甸、麓川、镇西、平缅、丽江、北胜、曲靖、乌撒、芒部、乌蒙、东川、建昌、德昌、会川、柏兴、普定、云远、彻里、孟杰、木按、蒙怜、蒙莱、木孕、孟爱、通西、木来、木连、木邦、孟定、谋粘、蒙光、孟隆、孟绢、太公、蒙庆、木兰。州六十有三：嵩（盟）〔明〕、晋宁、昆阳、安宁属云南府。镇南、南安、威远、景东、开南、远干属楚雄府。姚州属姚安府。邓川、蒙化、赵、喜、顺宁属大理府。和曲、禄劝属武定府。新兴、路南属澂江府。建水、石平、宁川属临安府。师宗、弥勒、维摩属广西府。巨津、通安、兰、宝山属丽江府。永宁、（浪渠）〔蒗蕖〕、顺州属北胜府。陆凉、越、罗雄、马龙、沾益属曲靖府。归化属乌蒙府。会理、麻龙、通安、姜州属东川府。建安、永宁、泸礼、里阔、邛部、隆苏属建昌府。昌德、威龙、普济属德昌府。武安、黎溪、永昌属会川府。习安、永宁、镇宁、安顺属普定府。县五十有四：以昆明、富民、宜良属云南府。杨林、邵甸属嵩（盟）〔明〕州。呈贡、归化属晋宁州。三泊、易门属昆阳州。禄丰、罗次属安宁州。楚雄、定远、（谔）〔碍〕嘉属楚雄府。定边属镇南州。广通属南安州。永平属永昌府。大姚属姚州。太和、云南属大理府。浪穹、凤羽属邓川州。南甸、元谋属和曲州。易笼、石旧属禄劝州。剑川属鹤庆府。为美、归厚属仁德府。河汤、江川、阳宗属澂江府。普舍、研和属新兴州。邑市属路南州。通海、嶍峨、河西、蒙自属临安府。西沙属宁州。临西属巨津州。南宁属曲靖府。芳华、河纳属六凉州。亦佐属罗雄州。通泉属马龙州。交水、石梁、罗山属沾益州。中、北社属永宁州。泸沽属礼州。闰盐、金属柏兴府。千户所二：舍资属临安府。纳楼属和泥府。蛮部六：伴溪、七溪、乌撒、阿头、易溪、易娘属和泥芒部府。

[征南军士所获男女入官者给钞锭]

诏征南军士所获男女入官者，皆给以钞锭。凡获男子一人，给钞五十锭；妇女一人，钞四十五锭。

癸亥（十四日）[命南雄侯赵庸籍广州“蜑户”为水军]

命南雄侯赵庸籍广州蜑户万人为水军，时蜑人附海岛无定居，或为寇盗，故籍而用之。

丁丑（二十八日）［颍川侯傅友德等奏云南兵防、田土诸事宜]

征南将军颍川侯傅友德等遣人至京奏事。先是，上谕友德等，以云南既平，留江西、浙江、湖广、河南、四川都司兵守之，控制要害，考元时所留兵数，并计岁用及税粮徭役之法，与凡事便宜以闻。至是，友德等奏：自元世祖至今，百有余年，屡经兵燹，图籍不存，兵数无从稽考，但当以今之要害，量宜设卫以守。其税粮则元司徒平章达里麻等尝言，元末土田多为僧道及豪右隐占，今但准元旧则，于岁用有所不足。已督布政司核实云南、临安、楚雄、曲靖、普安、普定、乌撒等卫，及沾益、盘江等千户所，见储粮数一十八万二千〔石〕有奇，以给军食。恐有不足，宜以今年府州县所征，并故官、寺院入官田，及土官供输、盐商中纳、戍兵屯田之入以给之。上可其奏。

明太祖实录卷一百四十四

四月

辛巳（初二日）［上谕“控制边境，贵于安靖”］

廉州府巡检王德亨上言：家本阶州，界于西戎，有水银坑冶及青绿紫泥，愿得兵取其地，以归于朝。上谓户部臣曰：尽力求利，商贾之所为。开边启衅，帝王之深戒。今珍奇之产，中国岂无，朕悉闭绝之。恐此途一开，小人规剥，劳民伤财，为害甚大。况控制边境，贵于安靖，苟用兵争利，扰攘不休，后虽悔之，不可追矣！此人但知趋利，不知有害，岂可听也。

乙酉（初六日）［遣行人往赐云南军士钞］

遣行人往赐云南军士钞，人五锭，凡钞三十万锭。

戊戌（十九日）［置云南大理府及蒙化等州儒学］

置云南大理府及蒙化等州儒学。

己亥（二十日）［乌撒“诸蛮”复起事，令留大军屯聚，剿除其酋长］

吉安侯陆仲亨遣使驰奏：乌撒诸蛮复叛。上敕谕征南将军颍川侯傅友德、左副将军永昌侯蓝玉、右副将军西平侯沐英曰：乌撒诸蛮伺官军散处，大势不合，故有此变。观云南之地，如曲靖、普安、乌撒、建昌即今势在必守，其东川、芒部、乌蒙未可遽守也。且留大军屯聚，荡除乌撒、芒部等蛮，戮其酋长，使之畏威，方可分兵守御。彼蛮负固者尚多，尔其慎之。

是月［贵州宣慰使母、马湖府知府贡马］

是月，贵州宣慰使宋诚母刘氏来朝贡马。赐以纱罗、袭衣，米三十石，钞三百锭，寻又赐衣三袭遣归。马湖府知府安仁贡马。赐以绮帛、钞锭。

［西堡“蛮贼”起事，官军击败之］

西堡蛮贼寇普定，贵州卫指挥同知顾成出兵击败之。时征南将军颍川侯傅友德遣成守普定，会蛮贼一万五千余人来攻城甚急，成坚壁不动，徐俟其怠，将兵出北门击之，贼遂败走。

明太祖实录卷一百四十五

五月

丙寅（十八日）［赐云南来归之民户钞］

赐云南来归之民二十三户钞一百七十二锭。

戊辰（二十日）［金筑安抚使贡马］

金筑安抚使密定来朝贡马十六匹。诏赐衣靴及文绮帛各十三匹。钞五百四十八锭。寻又赐文绮绫罗六十匹。

明太祖实录卷一百四十六

六月

癸未（初六日）［四川茂州土官知州谋结“生番”起事，官军捕斩之］

四川茂州土官知州杨者七谋作乱，官军捕斩之。初，大军克茂州，者七来降，就以为知州。至是阴结生番，约日伏兵陷城。有小校密告于卫，遂发兵捕斩者七。生番不知觉，如期入寇，官军掩击，败之，于是尽徙羌民居于城外。

［置大渡河守御千户所］

置大渡河守御千户所。征南将军傅友德调从征千户吴中领兵千人守之，复造舟以渡往来之人。

丙戌（初九日）［谕颍川侯傅友德等留兵守水西、普定，攻乌撒蛮］

遣使谕征南将军颍川侯傅友德、左副将军永昌侯蓝玉、右副将军西平侯沐英曰：近得报，知盘江道路尚梗，且乏粮食。符到可留兵四百守水西城，以观霭翠动静。普定亦留兵如水西，且令两军合势，日攻乌撒诸蛮，取粮为食，将彼奔命不暇，尚暇捣我空城耶！不然则士卒饥困矣。

[海南会同、文昌二县民聚众起事，官军讨平之]

海南会同、文昌二县民王官证、莫不祖等聚众作乱，广东都指挥使王臻率兵讨平之。

辛卯（十四日）[谕安陆侯吴复、平凉侯费聚合力“除荡”乌撒、乌蒙等地“诸蛮”]

遣使谕安陆侯吴复、平凉侯费聚曰：符到可疾报征南三将军，凡乌撒、乌蒙、东川、芒部、盘江、关索岭诸蛮，悉除荡之。尔安陆、平凉二侯，会兵攻击寨栅。安陆总兵，平凉副之。若通关索岭路，慎勿与蛮人战于岭上，当分兵直捣贼巢，以掩袭之。使彼各救其家，不能纠合以抗吾师。其傍土寨，即未能下，俟三将军师至合力攻之，必克也。

[贵州方番等处长官及小平伐等处土酋贡马]

贵州方番、程番、韦番、洪番、卧龙番、小龙番、金石番、大龙番、罗番、卢山番、卢番、小程番、新添、大平伐、木瓜十五长官方德等，及小平伐土酋的那、把平寨土酋萧仕诚、上马桥土酋方谷富，俱来朝贡马。诏赐文绮帛各五匹，钞二十锭，从人钞有差。

壬辰（十五日）[修云南志书告成]

云南志书成。初，云南既克，上命置布政使司、都指挥使司，改所属诸路为府，其州县仍其旧名，设官吏以抚安其民。复命儒臣考按图籍，及前代所有志书，更定而删正之。通六十一卷，至是始成。

甲午（十七日）[以小平伐土酋为长官，又置把平寨、上马桥二长官司]

以小平伐土酋的那为长官。又置把平寨、上马桥二长官司，以萧仕诚、方谷富为长官。

壬寅（二十五日）[故散毛宣抚遣子孙贡方物]

故散毛宣抚覃野旺子散毛五、孙南木叟来朝贡方物。诏赐钞锭。

是月［西平侯沐英、颍川侯傅友德会兵击乌撒］

是月，征南右副将军西平侯沐英自大理还军滇池，会征南将军颍川侯傅友德兵进击乌撒。

七月

乙卯（初八日）［故元四川分省左丞遣使自西番来朝］

故元四川分省左丞瓦剌蒙遣理问高惟善等自西番打煎炉长河西来朝，上故元所授银印。诏赐文绮四匹，帛如之，钞二十锭，衣一袭。

丁卯（二十日）［兵部录骁勇兵送赴云南］

遣使谕吉安侯陆仲亨曰：近命兵部录骁勇兵送赴云南，到日俱留七星关，修缮城寨，练习弓马，凡攻击则令其为前锋。

己巳（二十二日）［谕傅友德、蓝玉、沐英、吴复、费聚平定“诸蛮”事宜］

遣使谕征南将军颍川侯傅友德、左副将军永昌侯蓝玉、右副将军西平侯沐英曰：近得报，知云南守御诸将军馈饷不足。朕远度事宜，惟云南大理、楚雄、临安、曲靖、普定之地可留兵守御，东川、芒部、乌蒙则未可也。若乌撒既克，亦宜少留兵戍之。其余士马悉令讨击未服诸蛮，俟其慑服，然后以东川之兵驻于七星关之南、乌撒之北，中为一卫，其馈饷则东川之民给之。若乌撒立卫，则令乌撒之民给之。或七星关，或乌蒙，或芒部立一卫，各俾本土之民给之。自永宁以南至七星关，中为一卫，令禄照、羿子等蛮给之。皆俾馈饷岁足。如是则兵卫相属，道路易通。无事则分兵驻守，有警则合兵剿捕。若分兵散守，深入重山，蛮夷生变，道路梗塞，则非计也。符至，诸将当慎饮食，抚士卒，俟诸蛮悉定，方可班师。

遣使谕安陆侯吴复、平凉侯费聚曰：都督郭英及张、王二都督之兵如已会，慎勿轻分，且屯驻左右，随机调用。其水西卫兵，急宜调出，止留一千或四五百足矣。霭翠之民，今必不敢为乱。盘江路通，西堡既克，则普定亦止可留兵千人守御。余皆令于乌撒之地，就粮自赡。

乙亥（二十八日）［颍川侯傅友德、西平侯沐英进兵击破乌撒］

征南将军颍川侯傅友德、右副将军西平侯沐英进兵击乌撒，大败其众，斩首三万余级，获马牛羊以万计，余众悉遁。复遣兵捕击之。

明太祖实录卷一百四十七

八月

辛巳（初五日）［遣使敕劳颍川侯傅友德等］

遣使敕劳征南将军颍川侯傅友德、左副将军永昌侯蓝玉、右副将军西平侯沐英曰：卿等提兵深入，振扬国威。擒首帅于曲靖之西，败乌蛮于可渡之北。席卷长驱，扫金马碧鸡而抚金沙。至于金齿，不战而服。檄定百蛮，威来八译。将军之劳至矣！欲劳以尊酒，远不能及，特以朕心劳之。尚勖之哉！

乙未（十九日）［谕颍川侯傅友德等会兵搜捕林箐"诸蛮"］

遣使谕征南将军颍川侯傅友德等曰：得报知永昌侯驻军建昌，大军七月二十八日已击败乌撒，次第搜捕林箐诸蛮。然此地山高道隘，必不可轻动。宜以永昌、平凉、安陆三侯，王、张、郭三都督军会而为一，以大势压之，则一举可殄矣。人自七星关来者又云，芒部、乌撒之蛮，至夜举火挈家入霭翠之地。符至可谕霭翠之民，缚送军前。其关索岭非古正道，古道又在西北，可以大军蹂之，开此道以接普定，则芒部酋长必尽获以来。将军其熟图之。

乙巳（二十九日）［宥靖州卫指挥佥事庞虎等罪，调临安、沾益守御］

宥靖州卫指挥佥事庞虎等罪，调临安、沾益守御。遣使赍敕谕之曰：人臣之怀忠义者，刚果正直，未有欺蔽其君者也。曩靖州经界不明，朕谓尔等忠良之臣必能明之，遣镇抚毕安，谕意再三。岂谓尔等潜通贿赂，卖弃其地，入于蛮夷。乃饰词设谩，非欺君而何？致法司问拟如律，宥死贬隶编伍。朕思尔等前劳既多，心所不忍，今姑释尔罪，调云南沾益、临安二卫守御。尚改过自新，毋蹈前非。符至即行。

[谕颍川侯傅友德等穷索山林，并于赤水等地置卫]

遣使谕征南将军颍川侯傅友德、右副将军西平侯沐英曰：云南士卒艰食，措置军事，贵乎得宜，不则大军一回，诸夷复叛，力莫能制。其士卒逋逃者既入蛮地，不复能出，盖非蛮人杀之，则必为禁锢深山，使之耕作。凡守御之处，当以此晓之。蓝玉、费聚、吴复三侯，王、张、郭三都督，会所部兵马，穷索山林，则余寇可悉擒也。兵既艰食，固不宜分。止于赤水、毕节、七星关各置一卫，黑张之南、瓦店之北，中置一卫。如此分守，则云南道路往来无碍矣！霭翠之地，必以十万众乃可定也。凡此数者，朕所见大概耳。万里之外，岂能周知？若军中便宜，则在将军等自处置也。

[杨璟卒]

营阳侯杨璟卒。璟，庐州合肥县〔人〕。本儒家子，少沉毅，读书不喜治章句，好武略。元季兵起，璟聚里中少壮保乡曲。岁乙未，率众渡江归上于太平。授管军万户……累从征伐有功。与左相国徐达下江陵，拜璟湖广行省参政，分镇荆州。抚辑军民，威望甚著……洪武元年，为征南将军总兵，偕左丞周德兴、参政张彬等征广西。三月，师次永州，水陆并进，攻全州，略道州及桂阳、蓝山等县。徇常宁，取武冈。破永州，克靖江，执元平章也儿吉尼送京师。下郴州……四年，将兵分道伐蜀。从赤甲山进兵，出白盐山，至夔府南岸。据南城，沿大溪口进，与蜀兵战……五年，散毛柿溪洞蛮民作乱。诏璟为右副将军，率兵讨平之……

是月［万、崖二州民陈鼎叔等起事，官军讨平之］

是月，万、崖二州民陈鼎叔等作乱，陷陵水县。海南卫官军击败之，追至藤桥，斩鼎叔等三百余人，余党悉平。

明太祖实录卷一百四十八

九月

丙寅（二十日）[敕颍川侯傅友德等宜严加戒饬]

上敕征南将军颍川侯傅友德等曰：九月乙丑夜，荧惑犯南斗，盖上天垂象以示监戒。自昔蛮夷叛服不常，卿等率师久劳于外，恐众心懈弛，为寇所乘，宜严加戒饬，以备不虞。且蛮夷好置毒水中，将士饮食极宜谨慎，以副朕怀。

是月 [城黔江守御千户所]

是月，城黔江守御千户所。

[云南“诸夷”复起事，西平侯沐英等讨平之]

云南诸夷复叛，右副将军西平侯沐英等讨平之。先是，征南将军颍川侯傅友德等既平云南，即分兵四出，攻诸蛮寨之未服者。云南城守者少，诸夷因相扇为叛谋。有土官杨苴尤桀黠，给其下曰：总兵官已领大军俱回矣，云南城可取也。纠集蛮众二十余万来攻。时城中食少，士卒多病，忽闻寇至，颇以为忧。都督谢熊、冯诚等婴城固守，旋施楼橹备战，且多置强弓弩于陴上，至辄射之，往往应弦而毙。伺贼少怠，则出劲兵以击之。贼不能攻，遂连营为困城计。时英等驻兵乌撒，闻之即选骁骑一万还救，至曲靖遣卒潜入报城中，为贼所得，诘之曰：总兵官领三十万军至矣。贼众惊愕，遂拔营宵遁，走安宁、罗次、邵甸、富民、晋宁、大祺、江川等处，复据险树栅，欲谋再寇。英分调将士，皆剿除之。生擒四千余人，诸部悉定，云南复平。

明太祖实录卷一百四十九

十月

壬午（初七日）［四川镇南宣抚等来朝］

四川镇南宣抚散毛施等十二人来朝。赐钞有差。

戊子（十三日）［南雄侯赵庸平广东“群盗”］

南雄侯赵庸讨平广东群盗，俘贼首号铲平王者至京。凡获贼党一万七千八百五十人，贼属一万六千余，斩首八千八百级，招降其民一万三千二百六十七户。诏庸班师。

壬辰（十七日）［割云南建安等州县隶四川布政使司，以会川千户所隶建昌卫，卫隶四川都司］

割云南建昌府所属建安、永宁、泸、礼、里、阔、邛部、苏八州，中、北社，泸沽三县，德昌府所属昌德、威、笼、普济四州，会昌府所属武安、黎溪、永昌三县，俱隶四川布政使司。以会川千户所隶建昌卫，卫隶四川都指挥使司。

丙申（二十一日）［谕颍川侯傅友德等“威德兼施”治诸“蛮夷”］

遣使谕征南将军颍川侯傅友德、左副将军永昌侯蓝玉、右副将军西平侯沐英曰：近者乌撒蛮人叛乱，贼杀官吏。彼盖未睹大势军威，必谓我军散处，缓不及应，故有此变。朕观彼中地势，既守临安、楚雄、大理，则曲靖、普安、乌撒、建昌亦在必守。其东川、芒部诸蛮之不服者，必戮其渠魁，使之畏惧，不敢反覆。若班师则一卫留兵不过五千，贼势若合，岂无数万？众寡不敌，何以能守？今止留兵百余人守城，余则尽令入山搜捕其党，使彼智穷力屈，诚心款附，方可留兵镇服。卿等其共图之。且乘兵势，修治道涂，务在平广，水深则构桥梁，水浅则叠石以成大路。乌撒、东川、芒部之地，亦皆治之，仍召其土酋，令输其民丁，各输粮一石赡军。治蛮夷之道，必威德兼施，使其畏威。不如此不可也。

戊戌（二十三日）［调官军守御清远、程乡二县］

调广州左卫后所官军守御清远县，潮州卫前所官军守御程乡县。

明太祖实录卷一百五十

十一月

丙午朔（初一日）［以思南宣慰司经历为国子监助教］

以鲁道为国子监助教，赐袭衣靴袜。道，思南人，初授宣慰司经历。宣慰使田大雅荐于朝，特召为助教。

［置云南盐课提举司所属盐课司］

置云南盐课提举司所属盐课司。凡兰州盐井等处，岁办大引盐一万七千八百七十引有奇。

丁卯（二十二日）［普定军民府知府来朝］

普定军民府知府者额来朝。诏赐米二十石及其从者衣服、钞锭。

庚午（二十五日）［四川石砫宣抚司土官来朝］

四川石（柱）〔砫〕宣抚司土官冉良彬来朝。诏赐良彬文绮、钞锭。

是月［革故元广西路宣抚司，置广南府］

是月，革故元广西路宣抚司，置广南府，以土酋依郎金为同知。

［谕普定军民府诸酋长子弟入国学］

普定军民府知府者额辞归，上谕之曰：……今尔既还，当谕诸酋长，凡有子弟皆令入国学受业，使知君臣父子之道，礼乐教化之事。他日学成而归，可以变其土俗，同于中国，岂不美哉！复赐者额金带，及织金文绮五匹，帛十匹，钞四百锭。

十二月

乙亥朔（初一日）［以元平章为建昌卫指挥使］

以故元平章月鲁帖木儿为建昌卫指挥使，赐以绮衣金带，月给三品俸赡其家。土官例无俸，此特恩也。

甲申（初十日）［赏赐湖广诸卫征南军士］

赐湖广诸卫征南军士四万八千九百三十人钞，凡九万七千八百五十二锭。

己丑（十五日）［田州府知府遣侄等上表朝贡］

田州府知府（芥）〔岑〕坚遣其侄烈等上表贡马及方物。诏赐绮帛有差。

壬辰（十八日）［思南宣慰使上表贡方物］

思南宣慰使田大雅上表贡方物。诏赐绮帛、钞锭。

丙申（二十二日）［户部奏定安宁盐井中盐法］

户部奏定安宁盐井中盐法。凡募商人于云南、临安二府输米三石，乌撒、乌蒙二府输米二石八斗，沾益州、东川府输米三石五斗，曲靖府输米二石八斗，普安府输米一石八斗者，皆给安宁盐二百斤。

明太祖实录卷一百五十一

洪武十六年癸亥（1383）

正月

乙巳朔（初一日）［贵州宣慰使与黎州、金筑安抚使等遣使贡马］

贵州宣慰使霭翠、黎州安抚使芍德、金筑安抚使密定等，俱遣使来朝贡马。

丁未（初三日）［遣使谕云南“新附之民”］

遣行人十人赍诏往云南，谕其新附之民，使各安生业。陛辞，人赐衣一袭。

［赏赐贵州宣慰使、黎州安抚使等］

赐贵州宣慰使霭翠钞百锭，锦十五匹，金带一。黎州安抚使芍德等各赐钞帛及织金绮衣有差。

戊申（初四日）［儋州知州请遣子入太学］

儋州知州魏世吉请遣子入太学。诏许之。

辛酉（十七日）［令西番归附之民计户出马以为“土赋”］

敕谕松州卫指挥佥事耿忠曰：西番之民归附已久，而未尝责其贡赋。闻其地多马，宜计其地之多寡以出赋。如三千户则三户共出马一匹，四千户则四户共出马一匹，定为土赋。庶使其知尊君亲上，奉朝廷之礼也。

己巳（二十五日）［诸“蛮夷”酋长来朝，献其乘马］

诸蛮夷酋长来朝者悉献其所乘马，诏以钞偿之。

辛未（二十七日）［以云南乌撒、乌蒙、芒部三府隶四川布政使司］

以云南所属乌撒、乌蒙、芒部三府隶四川布政使司。先是，乌撒等部诸蛮复叛，征南将军傅友德等率兵讨之，大败其众，进军搜捕余党，有潜匿者皆捕而杀之，诸蛮慑惧，相率来降，至是悉平。以其地近四川，故割隶之。

明太祖实录卷一百五十二

二月

辛巳（初七日）［以高、廉二州守御千户所隶雷州卫指挥使司］

以高、廉二州守御千户所隶雷州卫指挥使司。

壬午（初八日）［建昌土酋朝贡］

建昌土酋阿派来朝贡马及方物。诏赐锦、绮、罗各五匹，帛倍之，并赐金龙罗衣、帽带靴袜。

辛卯（十七日）［乌蒙等部土酋贡方物］

乌蒙、乌撒、东川、芒部诸部土酋百二十人来朝贡方物。诏各授以官，赐朝服冠带、锦绮、钞锭有差。其女酋则加赐珠翠首饰。

丙申（二十二日）［建昌卫指挥使贡方物］

建昌卫指挥使安配来朝贡方物。赐织金文绮衣一袭，及纱帽、金带、靴袜。

庚子（二十六日）［颍川侯傅友德遣人送故元云南右丞观音保等入京，以观音保为金齿指挥使并赐姓名李观］

征南将军颍川侯傅友德遣人送故元云南右丞观音保、参政刘车车不花及酋长段世等一百六十人至京，献马一百七十匹。赐钞有差，仍各赐其家属衣服。寻以观音保为金齿指挥使，赐姓名李观。

是月［给征南将士钞锭、绵布、绵花］

是月，给京师诸卫征南士卒钞人二锭、绵布人三匹。四川、重庆诸卫征南士卒四千五百余人钞九千一百余锭。北平大兴诸卫征南士卒七万三千二百四十余人绵布三十三万九千余匹、绵花十万九千八百斤。

明太祖实录卷一百五十三

三月

甲辰朔（初一日）［谕傅友德等班师，沐英留镇云南］

上以云南平，命长兴侯耿炳文往谕征南将军颍川侯傅友德……曰：卿等久劳于外，今蛮夷已平，可以班师。若迟速之期，宜自审度。复谕西平侯沐英曰：云南虽平，而诸蛮之心尚怀疑贰，大军一回，恐彼相扇为患。尔其留镇之，抚绥平定，当召尔还。

乙巳（初二日）［马湖府知府献马］

马湖府知府珉德来朝，献马十八匹。诏赐衣一袭，米二十石，钞三十锭。

辛酉（十八日）［车里土酋刀砍遣侄进象及方物］

车里土酋刀砍遣其侄丰禄进象及方物。诏赐丰禄衣一袭，钞十锭。寻又赐刀砍及丰禄织金文绮九匹，帛如之，钞八十锭，衣五十事，以其初奉贡来朝故也。

壬戌（十九日）［西番打煎炉长河西僧来朝］

西番打煎炉长河西僧答儿八坚千来朝。赐僧衣一袭。

癸亥（二十日）［赐云南来降将校家属夏衣］

赐云南来降将校家属八百六十一人夏衣。

壬申（二十九日）［敕四川禁擅自移文于“蛮夷”］

敕四川布政使司：自今非奉朝旨，不得擅移文于蛮夷官司以生边事。

四月

丁丑（初四日）［令松潘等处安抚司、长官司籍民供徭役］

松州卫指挥佥事耿忠言：臣所辖松潘等处安抚司、各簇长官司，宜以其户口之数，量其民力，岁令纳马置驿，而籍其民充驿夫以供徭役。从之。

戊寅（初五日）［置长河西等处军民安抚使司］

置长河西等处军民安抚使司，以故元右丞剌瓦蒙为安抚使。赐文绮四十八匹，钞二百锭。以其理问高惟善为礼部主事。

［甃松州及叠溪城垣］

甃松州及叠溪城垣。

己卯（初六日）［长河西安抚司土官来朝］

长河西安抚司土官油笼思卜来朝。赐袭衣冠带。

［谕四夷及土官入贺正旦，务会集后一同朝见］

敕礼部：自今四夷及诸土官入贺正旦者，无分远迩，务于畿甸近地会集，同入京师朝见，无使先后不齐，有失朝仪也。

戊子（十五日）［思南宣慰使、龙州知州以皇后丧上慰表］

思南宣慰使田大雅、广西龙州知州赵帖坚，以孝慈皇后丧上慰表，贡马及方物。赐绮帛、钞锭有差。

［以土官署云南广西府事］

以土官普德权署云南广西府事。

壬辰（十九日）［普定军民府知府遣人贡马］

普定军民府知府者额遣弟阿昌及八十一寨长阿窝等来朝贡马。诏赐衣钞有差。寻又赐文绮人二十匹，钞二百锭。

癸巳（二十日）［酉阳宣抚贡马及方物］

酉阳宣抚冉应仁贡马及方物。诏赐文绮、钞锭。

己亥（二十六日）［云南品甸土酋来朝］

云南品甸土酋杜惠来朝。命为千夫长。

明太祖实录卷一百五十四

五月

甲辰朔（初一日）［诏赐乌撒女知府及乌蒙、东川等知府朝服、常服］

诏赐乌撒女知府实卜及乌蒙、东川等知府，人朝服一通，并常服一袭。

戊申（初五日）［命礼部厚赐来朝“蛮夷”酋长］

上谓礼部臣曰：诸蛮夷酋长来朝，涉履山海，动经数万里。彼既慕义来归，则赉予之物宜厚，以示朝廷怀柔之意。

庚戌（初七日）［赏永宁诸卫征南士卒］

赏永宁诸卫征南士卒万八百余人，钞二万一千余锭，绵布三千八百余匹。

辛亥（初八日）［以居云南不理军务，降两名前军都督佥事官职］

降前军都督佥事谢熊、戈预为临安卫千户。时二人居云南，不理军务，故谪降之。

丁巳（十四日）［云南普舍县故元右丞“谋作乱”］

云南普舍县伪右丞燕海雅谋作乱，土民章不花执之送于官，命枭其首于县境。赐不花白金三百两。

戊午（十五日）［永宁宣抚使贡马］

永宁宣抚使禄照贡马。诏赐文绮八匹，钞三十锭，夏衣一袭。

庚申（十七日）［赏赐各卫为征南将士送衣鞋之士卒］

赐各卫士卒送征南将士衣鞋者钞有差。其送至大理者，人钞二十贯。至临安、楚雄者，人十九贯。至云南、建昌者，人十五贯。至曲靖者，人十三贯。至普定、乌撒者，人十二贯。至泸州、叙南、永宁者，人七贯伍百文。至重庆者，人五贯。

明太祖实录卷一百五十五

六月

癸酉朔（初一日）［贵州宣慰使贡马］

贵州宣慰使霭翠、宋诚贡马。赐以文绮、钞锭。

丁亥（十五日）［赐故元云南省平章、参政官职］

以故元云南省平章阎乃马歹为谏院左正言，参政庞源为右正言。阎乃马歹等尝以云南威楚州全城归附，故擢用之。赐文绮及夏衣四十事，钞六十锭，米百五十石。

己亥（二十七日）［敕谕颍川侯傅友德等，言云南边事机宜］

遣使赍敕谕征南将军颍川侯傅友德、左副将军永昌侯蓝玉、右副将军西平侯沐英曰：近询知死可伐之地有三十六路，在故元时皆设官治之。其地后为蛮人所专已四十年，继又侵楚雄之西南远干、威远二府，梁王力不能制，终为蛮夷所有。以此观之，云南不可不备边事机密，自宜审度。若死可伐不必备，大军可回也。回时必经羿子九寨及戎县之地，五村大坝上下等乡、落卜地等处黄平、罗木洞蛮，霭翠所属阿吕、雨宗、碎瓦、莫得、阿胡、阿遣等蛮，尝助乌撒杀害官军者，如其帖服，则敛兵而过。如尚观望怀疑，宜耀兵威，使其知惧。阃外事务必在中节，卿等宜体朕意。

辛丑（二十九日）［武定府女知府之叔贡马］

武定府女知府商胜叔阿额来朝贡马。诏赐胜锦二匹，阿额锦一匹，及袭衣、钞锭。

七月

乙巳（初四日）［石砫溪洞“蛮寇”攻施州］

石砫溪洞蛮寇施州，黔江守御官军击破之。

辛亥（初十日）［置镇南卫指挥使司］

置镇南卫指挥使司。

壬子（十一日）［故元云南右丞等进马］

故元云南行省右丞五补台及廉访司佥事柴也先来朝进马。

壬戌（二十一日）［乌撒土酋贡马］

乌撒土酋普勒贡马。诏赐以绮钞。

辛未（三十日）［云南仁德府土酋等朝贡］

云南仁德府土酋阿孔等贡马及方物，人赐锦一匹，钞五锭。

明太祖实录卷一百五十六

八月

壬午（十一日）［兵部奏定永宁茶马司以茶易马之价］

兵部奏定永宁茶马司以茶易马之价，宜如河州茶马司例。凡上马每匹给茶四十斤，中马三十斤，下马二十斤。从之。

乙未（二十四日）［故元建昌宣慰使贡马］

故元建昌宣慰使阿尔思兰贡马。赐以袭衣、文绮、钞锭。

庚子（二十九日）［姚安府土官起事，官军讨之］

姚安府土官自久作乱，都督陈桓率兵讨之。兵至九十九庄，自久遁去。

［寻甸土官来朝］

寻甸土官安阳等来朝贡马三十五匹及虎皮毡衫等物。诏赐衣服、锦绮、钞锭。

九月

丙午（初六日）［给四川等都司所属士卒绵布、绵花、钞］

给四川等都司所属士卒五十二万四千余人绵布九十六万一千四百余匹，绵花三十六万七千三百余斤，钞七十四万七千一百余锭。

己未（十九日）［广东清远县瑶人起事，官军讨平之］

广东清远县瑶贼作乱，都指挥使王臻率兵讨之，降贼众一千三百七人送京师。命给衣粮，发泗州屯田。惟贼首麦至清遁入矮岭大罗山，臻复以兵捕之。

壬戌（二十二日）［贵州宣慰司同知、普安军民府等处土酋朝贡］

贵州宣慰司同知沙溪、普安军民府土酋实恭、越州土酋阿宝、贵州土酋陇珠等来朝贡马及方物。诏各赐织金文绮及衣服、帽带、靴袜、钞锭有差。

癸亥（二十三日）［命申国公邓镇等讨江西永新、龙泉“山寇”］

命申国公邓镇为征南副将军，临江侯陈镛、济宁侯顾敬为左右副将军，率兵讨江西龙泉等县山寇。时广东瑶贼作乱，剽掠旁近。由是江西永新、龙泉山民互相扇动，结聚徒党，自称顺天王，势甚猖獗。江西都指挥同知戴宗率兵剿捕，不克，至是命镇等将兵往讨之。

乙丑（二十五日）［贵州宣慰使母、普定知府妻、云南沾益州土官叔等来朝］

贵州宣慰使宋诚母刘淑贞、普定知府者额妻适约来朝。诏赐绮钞。云南沾益州土官安索叔安磁等贡马及罗罗刀甲、毡衫、虎皮。诏赐安磁纱帽，金带，绮罗衣各一袭，锦一匹，织金文绮五匹，帛二匹，钞三十三锭。从人、把事等赐有差。

明太祖实录卷一百五十七

十月

辛未朔（初一日）[诏授商胜为武定军民府女知府]

诏授武定军民府女知府商胜。诰曰：朝廷政治，遐迩弗殊。德在安民，宜从旧俗。惟尔黔中之地，官皆世袭，间有妇承夫位者，民亦信服焉。前武定府土官法叔之妻商胜，质虽柔淑，志尚刚贞，万里来归，诚可嘉尚。是用锡之以衣冠，表之以显爵，仍抚其民，以遵声教，可特授中顺大夫武定军民府知府。尔其小心事上，保境安民，以称朕一视同仁之意。于是并赐胜朝服及织金罗衣、纱帽、金带。

壬申（初二日）[芒部、乌蒙二军民府知府来朝病卒]

芒部军民府知府发绍、乌蒙军民府知府阿普以来朝病卒。诏赐绮衣并棺以敛之，遣官致祭，归其柩于家。

丙子（初六日）[松、潘二州羌民起事，官军讨平之]

松、潘二州羌民作乱，四川都指挥使司发兵讨平之。

丁丑（初七日）[改仁德军民府为寻甸军民府]

改仁德军民府为寻甸军民府。

戊寅（初八日）[罢湖广各驿守饷军士]

罢湖广各驿守饷军士。先是，大兵讨云南，命自岳州至贵州，置二十五驿。一驿储粮三千石，小旗一人领军十人守之。至是荆州等卫言，云南已平，将士各还卫所，而所留旗军亦宜代还。诏从其请，命旁近巡检司弓兵守之。

己卯（初九日）[乌撒军民府知府等来朝]

乌撒军民府知府实卜等七百七十一人来朝。诏赐织金文绮、钞锭，及其把事以下从人各有差。

己亥（二十九日）[于田州、泗州选丁立卫]

广西都指挥使耿良言：田州府知府岑坚、泗城州知州岑善忠率其土兵讨捕瑶寇，多树功绩。臣欲令其选取壮丁各五千人，立为二卫，以善忠之子振、坚之子永通为千户，统率其兵，俾之守御，且耕且战。此古人以蛮夷攻蛮夷之策也，如此则官军无远冒瘴疠之患，民免馈运之劳矣。诏是其言，行之。

是月［吴复卒］

是月，安陆侯吴复卒于云南之普定府。复，庐州合肥人……甲午，率众自梁县来归……甲辰，从克陈理于武昌。下汉沔、荆州诸郡，乃授复镇武卫指挥同知，守沔阳。乙巳，从常遇春下襄阳，克安陆，改安陆卫指挥同知。洪武元年，取均、房等州，破七十八寨，升怀远将军安陆卫指挥使。四年伐蜀，五年克辰州四十八洞。七年，授镇国将军大都督府都督佥事……十四年征普定，攻破诸路山寨，及广西泗城州蛮寨，前后杀获诸蛮甚众。至是以疾卒。敕有司舆丧还，赐葬钟山之阴，追封黔国公，谥威毅。以其子杰袭侯爵。

［施南宣慰使司前宣慰来朝］

施南宣慰使司前宣慰覃古诸来朝。贡马及方物。

明太祖实录卷一百五十八

十一月

癸卯（初四日）［置四川建昌府儒学］

置四川建昌府儒学。

乙卯（十六日）［置施南宣抚司］

置施南宣抚司，隶施州卫。

丙寅（二十七日）［罗雄州土酋来朝］

曲靖府罗雄州土酋纳居来朝。诏赐绮帛、钞锭。

十二月

癸巳（二十四日）［云南丽江等府诸部酋长贡马］

云南丽江等府诸部酋长来朝贡马一百二十七匹。赐袭衣有差。

[云南丽江等府酋长木德等来朝]

云南丽江等府酋长木德等来朝。赐袭衣有差。

是月 [永昌州土官来朝]

永昌州土官申保来朝。诏赐锦二匹，织金文绮二匹，衣一袭，及钑花银带、靴袜。

明太祖实录卷一百五十九

洪武十七年甲子（1384）

正月

己亥朔（初一日）[云南、四川、湖广诸“蛮夷”酋长遣使朝贺]

上御奉天殿受朝贺……云南、四川、湖广诸蛮夷酋长俱遣使进表，贡方物。赐文绮、衣服有差。

己酉（十一日）[湖广奏请于长阳、巴东“蛮人”出入要路设巡检]

湖广左布政使靳奎言：归州所辖长阳、巴东二县，居大江之南，地连容美诸洞。其蛮人常由石砫、响洞等关至巴东劫掠，有土民谭天富者，常率众击败之。归所掠男女二十二人，斩首十三级，生擒四人。事闻于朝，已蒙赏赉。然天富止能自保其乡，他所被寇者须报州县，移文军卫，发兵剿捕，动经旬日，贼已遁去。臣愚以为若于蛮人出没要路，如椒山寨、连天关、石砫、响洞、蹇家园等处，选土民为众推服如天富者，授以巡检，俾集乡丁，自为保障，则蛮人不敢窃发矣。从之。

壬子（十四日）[授云南土酋府州官职]

以云南土（首）〔酋〕申保为永昌府同知，木德为丽江府知府，罗克为兰州知州，俄陶为景东府知府，阿吾为副千夫长，阿日贡为顺宁府知府，高政为楚雄府同知，阿鲁为定边县丞，高保为姚安府同知，高惠为姚州同知，高仲为鹤庆府同知，阿这为大理府邓川州知州，杨奴为剑川州知州，左禾为蒙化州判官，施生为蒙化州正千夫长，杨奴为云南县丞，阿散为太和县正千夫长，李朱为副千夫长，董赐为鹤庆府知府。赐之子节为安宁州知州。赐钞一千七百四十锭。

辛酉（二十三日）［广东都指挥使王臻讨平清远等县起事瑶人］

广东都指挥使王臻讨清远等县瑶寇，平之。初瑶寇作乱，臻率兵讨击，招降其党，惟贼首麦至清等遁入矮岭大罗山寨。臻复以兵捕之，至是擒至清并其众七百一十九人诛之，瑶寇悉平。

癸亥（二十五日）［建昌卫指挥及会川、德昌等府土酋俱贡方物］

建昌卫指挥使安配及会川、德昌等府土酋俱贡方物。赐锦绮、帛、钞锭有差。

戊辰（三十日）［姚安府“蛮贼”寇品甸］

姚安府蛮贼自久寇品甸。

二月

乙亥（初七日）［普定知府贡方物］

普定知府者额来朝贡方物。诏赐绮帛、钞有差。

［贵州宣慰使妻率人贡方物］

贵州宣慰使霭翠妻奢香率所属土酋来朝贡方物。诏赐文锦、绵帛及珠翠如意冠、金镮、文绮、袭衣。

丙子（初八日）［云南元江土酋贡象］

云南元江土酋那直来朝贡象。

［广西田州府知府贡方物］

广西田州府知府岑坚上表贡方物。诏赐袭衣、绮帛。

癸未（十五日）［置毕节卫指挥使司］

置毕节卫指挥使司。

甲申（十六日）［改平越卫为军民指挥使司，置崖州守御千户

所]

改平越卫为军民指挥使司。置崖州守御千户所。

己丑（二十一日）[以故元四川分省参政为建昌卫指挥佥事]

诏以故元四川分省参政贾哈剌为建昌卫指挥佥事。

壬辰（二十四日）[以云南土酋那直为元江府知府]

以云南土酋那直为元江府知府，赐袭衣冠带。

明太祖实录卷一百六十

三月

庚子（初三日）［申国公邓镇等平龙泉、永新诸县“山寇”还］

征南副将军申国公邓镇等平龙泉、永新诸县山寇还。

丁未（初十日）[颍川侯傅友德等自云南班师还京]

征南将军颍川侯傅友德、左副将军永昌侯蓝玉等，自云南班师至京。入见，上深加慰劳之。

甲寅（十七日）[故元云南枢密院判等来降]

故元云南枢密院判田桑哥失里等来降。赐米、布、钞有差。

明太祖实录卷一百六十一

四月

己巳（初二日）［诏以故元云南平章段世、宣慰段名随侍齐王］

诏以故元云南平章段世、宣慰段名随侍齐王，给千户禄。

甲戌（初七日）［云南诸酋长朝贡，诏赐官职、锦绮、钞锭］

云南诸酋长和宁等来朝贡马及方物。诏赐锦绮、钞锭。以和宁为阿迷州知州，弄甥为宁州知州，陆羡为蒙自县知县，普少为纳娄茶甸副长官，普赐为马龙他郎甸副长官。俱授以诰敕、冠带。

壬午（十五日）［论平云南功］

论平云南功。进封颍川侯傅友德为颍国公。副总兵永昌侯蓝玉、安庆侯仇成、定远侯王弼等，先为有功，身受侯封。今功著南征，当爵及子孙，食禄二千五百石。后军都督府佥事陈桓，右军都督佥事胡海，前军都督佥事郭英、张翼，开国以来，屡效勤劳。今从征云南，功勋尤著，亦当加以封爵。陈桓封普定侯，胡海东川侯，郭英武定侯，张翼鹤庆侯。俱令子孙世袭，食禄各二千五百石，尔其敬之，仍各赐铁券。其余将校递升有差……傅友德每从大将军征讨，累有战功，已封侯爵。乃者率诸军越崇山，西取巴蜀，功尤著焉。洪武十四年，命率甲士三十万，又西取云南，转战二年，今已平定，宜受上赏。特封颍国公，子孙世袭，食禄三千石。

癸未（十六日）［赏征南将校］

赏征南将校。先是，诏礼部曰：赏赐国之重事，所以报贤劳而厉士气。权度毫发，一失轻重，则上为失礼，而下无所劝。朕有天下十有五年，云南越在万里，负固不服，故命大将率师讨之。诸将士冒瘴疠，逾险阻，雾雨薄肌体，沾汗濡甲胄。而能效忠宣力，搴旗斩将，登城拔垒。使天诛无留，良善附顺，甚者身委矢石，为国效命。司马法曰：军赏不逾月，欲民速得为善之利也，尔礼部其核实定议行之。至是议上，上以为赏薄，曰：将士甚劳苦，此非所以报有功也，其重赏之。于是正总兵赏织金及杂色彩段二十表里，钞一百锭。副总兵十八表里，钞九十锭。国公十六表里，钞六十锭。侯十四表里，钞五十锭。都督平章十二表里，钞四十锭。指挥钞一百锭，织金及杂色文绮十匹，绢二十匹。千户卫镇抚钞八十锭，织金及杂色文绮八匹，绢十六匹。百户所镇抚司仗钞七十锭，织金及杂色文绮七匹，绢十四匹……

乙酉（十八日）［长河西军民安抚使等贡方物］

长河西军民安抚使剌瓦蒙等来朝贡方物。诏赐冠带袭衣及钞锭、绮帛有差。

[云南金齿、楚雄土酋遣人来朝]

云南金齿土酋段惠、楚雄土酋阿星遣把事及其子弟等来朝。诏赐绮帛、钞有差。

丙申（二十九日）[播州宣慰使贡马，谕赐之]

播州宣慰使杨鉴来朝贡马。上谕之曰：尔与田弘正皆世守思、播，而尔之忠勋视弘正为多。命赐以织金文绮，并其属赏赉有差。

明太祖实录卷一百六十二

五月

己亥（初二日）[命散毛沿边安抚司安抚之子为本司佥事]

散毛沿边安抚司安抚覃野旺之子起剌什用来朝，命以为本司佥事，赐冠带、钞锭。

辛丑（初四日）[割云南东川府隶四川布政使司，改乌撒等为军民府，并定赋税]

割云南东川府隶四川布政使司，改乌撒、乌蒙、芒部为军民府而定其赋税。乌撒，岁输二万石，毡衫一千五百领。乌蒙、东川、芒部皆岁输粮八千石，毡衫八百领。又定茶、盐、布匹易马之数。乌撒岁易马六千五百匹，乌蒙、东川、芒部皆四千匹。凡马一匹，给布三十匹，或茶一百斤，盐如之。

[四川永宁宣抚使贡马]

四川永宁宣抚使禄照贡马。诏赐以绮钞。

己酉（十二日）[置云南施甸长官司]

置云南施甸长官司，以土酋阿干为副长官。赐以冠带。

庚戌（十三日）[云南新置白盐井等三盐课提举司]

云南左布政使吴印等言：新置盐课提举司三：曰白盐井，曰安宁，曰黑盐井。白盐井之地，其人号生蛮，未易拘以盐额，宜设正副提举二人，听从其便。其安宁盐井月课盐六万三千斤，宜设提举一人，同提举一人，副提举一人，吏目一人。黑盐井月课盐二万九千四百斤，宜设提举一人，同提举一人，吏目一人。从之。

壬子（十五日）［思州、思南宣慰使朝贡］

思州宣慰使田弘正、思南宣慰使田大雅，贡马及方物。赐以文绮、钞锭。

己未（二十二日）［广西北流县民“谋为乱”，镇抚捕送京师斩之］

广西北流县民李从周以妖术惑众，谋为乱，镇抚周贵捕送京师斩之。

辛酉（二十四日）［割湖广溶溪、芝麻子坪长官司隶四川布政使司］

割湖广思南宣慰使司所属溶溪、芝麻子坪长官司隶四川布政使司。

六月

戊辰（初二日）［筑海南卫城］

筑海南卫城。

［瞿塘、施州二卫岁用军粮改按例月给米盐］

瞿塘、施州二卫奏：岁用军粮七万五千九百六十六石，而州县岁征之租不及，请以他税足之。于是户部言：成都、永宁、贵州各卫军士，月给米十之七，盐十之三，今二卫之粮宜准此例。从之。

甲戌（初八日）［播州宣慰使子卒于京］

播州宣慰使杨铿子震以疾卒于京，命有司归其柩于播州。

乙亥（初九日）［普定军民府知府遣其子等入太学］

普定军民府知府者额遣其子吉隆及其营长之子阿黑子等十六人入太学，命赐袭衣靴袜。

丁丑（十一日）［以播州土酋为草塘安抚使］

以播州土酋宋思义为草塘安抚使。

癸未（十七日）［以播州土酋为蛮夷长官］

以播州土酋谢德轩等二十三人为蛮夷长官。

甲申（十八日）［置广东新会守御千户所］

置广东新会守御千户所。初，新会县民岑德才言，其地倚山濒海，宜置兵戍守。下广东都司定议，至是从其言，置千户所。

戊子（二十二日）［遣使赏赐长河西千户等绵布］

遣使赐长河西千户若剌等九十七人绵布各二匹。

［赐思南宣慰使司征南有功人员］

赐思南宣慰使司佥事党宗仁等五十人绮钞有差，以征南有功也。

明太祖实录卷一百六十三

七月

乙巳（初九日）［诏赐征南将校米］

诏赐征南将校米。公侯人一千五百石，都督人一千石，指挥人五百石，千户卫镇抚人三百石，百户所镇抚人二百石。已故而有子孙承袭，及有父母妻女者，皆给之。

己酉（十三日）［以贵州金石番长官子袭职］

以贵州金石番长官石保子昌袭父职。先是，石保卒，子昌幼，以其侄良玉袭职。至是良玉谓昌年已长，请归其职。诏从之。

庚戌（十四日）［改云南沾益卫为千户所］

改云南沾益卫为千户所。

辛亥（十五日）［以东川土酋之母为知府］

以东川土酋宁隆之母胜古为其府知府。

壬子（十六日）［置云南、楚雄儒学］

置云南、楚雄二府儒学。

癸丑（十七日）［儋州宜伦县黎民起事，官军讨之］

儋州宜伦县黎民唐那虎等作乱，海南卫发兵讨之。

丁巳（二十一日）［云南平里军民府知府遣子贡方物］

云南平里军民府知府刀砍遣其子刀思拂来朝贡方物。诏赐刀砍等文绮、钞锭、冠带。

[以绵布与贵州宣慰易马]

诏户部以绵布往贵州，命宣慰霭翠易马，得马一千三百匹。

壬戌（二十六日）[谕景川侯曹震招抚容美等洞“蛮寇”]

景川侯曹震言：容美、管勾、沿边、大旺、散毛等洞蛮寇时出劫掠，为民害。已令施州卫，及施南宣抚覃大胜招之，如负固不服，请于今秋发兵讨之……上遣使谕震曰：以利而动，非兵之善。宜镇静以俟，无轻举也。若其不服，则以兵讨之。

明太祖实录卷一百六十四

八月

壬申（初七日）［平缅宣慰使遣使入献，并上故元所授印方物］

平缅宣慰使思伦发遣刀令孟入献方物，并上故元所授宣慰司印。平缅在西南夷稍远，自云南大理越金齿至其地，所谓百夷者是也。元时常属于缅甸，有城郭室屋，其人皆楼居，地产象、马，官民皆髡发如僧，出入则乘象。自前代时未尝通中国，元始遣使招谕，遂入贡。洪武十五年，大兵既下云南，进取大理、金齿。平缅与金齿壤地相接，思伦发闻之惧，故遣使朝贡。

丙子（十一日）［改平缅宣慰使司为平缅军民宣慰使司，改车里军民府为车里军民宣慰使司，以亦德为乌蒙军民府知府］

改平缅宣慰使司为〔平〕缅军民宣慰使司，仍以思伦发为宣慰使。改车里军民府为车里军民宣慰使司，以刀砍为宣慰使。以亦德为乌蒙军民府知府，并赐朝服冠带及织金文绮、钞锭。

戊寅（十三日）［普安军民府知府遣把事贡马］

普安军民府知府实恭遣把事阿居贡马。诏赐以绮帛。

己卯（十四日）［置广东清远守御千户所］

置广东清远守御千户所。

壬辰（二十七日）［城施州卫］

城施州卫。

甲午（二十九日）［改平缅宣慰使司为麓川平缅宣慰使司］

改平缅宣慰使司为麓川平缅宣慰使司。麓川与平缅连境，元时分置为两路，以统领其所部。至是，以思伦发遣使来贡，乃命兼统麓川之地，故改之。

明太祖实录卷一百六十五

九月

丙申朔（初一日）［谕都督府臣酬劳征南士卒］

上谕都督府臣曰：……曩者云南诸夷负固弗庭，劳师远征，瘴烟毒雾，万死一生。若此者，尤在矜恤。尔五府阅诸兵籍，凡征南士卒，其自丁酉年以前隶兵者，悉俾为小旗，以酬其劳，不必比试。

丁酉（初二日）［置广西庆远府、四川建昌卫、江西南安府巡检司十］

置巡检司十。广西庆远府三：曰蒙村，曰穷来，曰方村。四川建昌卫五：曰泸姑，曰白水，曰龙溪，曰麻剌村，曰打充河。江西南安府二：曰过步镇，曰浮龙镇。

癸卯（初八日）［置广西荔波县］

置广西庆远府荔波县。

明太祖实录卷一百六十六

十月

壬申（初八日）［广东都司械送“蛮寇”余党入京，帝宥之］

广东都指挥使司械送蛮寇余党九十余人至京，法司请治其罪。上曰：蛮夷之人相煽为非，一时诖误，若悉治其罪，情有可矜。然既戮其首恶者，胁从之人不必穷治，其宥之。又曰：南人不耐寒，命悉给冬衣而遣之。

壬午（十八日）［云南丽江府知府贡马］

云南丽江府知府木德贡马。诏赐锦绮钞帛。

乙酉（二十一日）［景川侯曹震言四川、贵州与建昌罗罗易马，及修通古驿道］

景川侯曹震言：四川、贵州二都司于西番建昌罗罗之地易马四千二百五十匹，请分给陕西、河南都司将士。又言四川至建昌驿道所经大渡河，往来之人多死于瘴疠。臣问诸父老，自眉州峨眉至建昌有古驿道，平易可行，无瘴毒之患，而年久蔽塞。已令四川军民乘此闲暇之时，开通其道，以温江至建昌各驿马，移置峨眉新驿为便。俱从之。

明太祖实录卷一百六十七

闰十月

辛丑（初七日）［曲靖亦佐县土酋降］

曲靖亦佐县土酋安伯降。初，安伯作乱，命西平侯沐英发兵讨之。兵至其境，安伯惧，出降。至是，英奏请罢兵，以抚辑其民。上从之。

癸丑（十九日）［云南布政使司言土官俸禄与犯罪处置事宜］

云南布政使司言：所属大小土官，有世袭者，有选用者。如景东府知府俄陶、阿迷州知州和宁，则世袭者。云南府罗次县主簿赵和，姚安府普昌巡检李智，则选用者。世袭者世居本土，素有储蓄，不资俸禄，养廉可也。选用者多因流寓本土，为众所服，故一时用之，非给俸禄，无以养廉。况律官吏受财，有禄无禄，分为二等。今土官犯罪，律条无所据依，乞加定议。上命六部官会议：凡土官选用者有犯依流官律定罪，世袭者所司不许擅问，先以干证之人推得其实，定议奏闻。杖以下则纪录在职，徒流则徙之北平。著为令。

庚申（二十六日）［象州土吏请将故元巡检之“兵僮”收集为军，不许］

象州土吏覃仁用言：其父景安故元时尝任本州巡检，有兵僮二百人，今皆为民，请收集为军。上不许，因谕之曰：兵僮既为民矣，国家之兵岂少此二百人！朕尝下令，凡故元时士卒隶民籍者，不许相告。岂可以尔之一言，而格朝廷之令乎？

明太祖实录卷一百六十八

十一月

甲子朔（初一日）［四川镇南等宣抚司土官贡方物］

四川镇南等宣抚司土官必剌什用等来朝贡方物。诏赐钞锭有差。

壬申（初九日）［云南鹤庆府知府率其属朝贡］

云南鹤庆府知府董赐率其千夫长、百夫长二十五人来朝贡马及方物。赐以织金文绮、布帛、钞锭及冠带。

癸酉（初十日）［云南武定军民府知府贡马］

云南武定军民府知府商胜贡马。赐以绮帛、钞锭。

丙子（十三日）［宣宁侯曹泰自贵州水西市马还］

宣宁侯曹泰自贵州水西市马还，得马五百匹。

［以“山寇”作乱，免韶州翁源县租税］

韶州府翁源县奏：自洪武十四年、十五年山寇作乱，民多离散，田皆荒芜，租税无征。诏免之。

己卯（十六日）［四川金筑安抚司进贺表笺过期］

礼部尚书赵瑁言：四川金筑安抚司进贺表笺，过期方至，事涉不敬，请罪之。上曰：蛮夷之人，跋涉险远，是以过期。若即罪之，非所以示柔远人之道也。

［以思南宣抚司隶施州卫］

以思南宣抚司隶施州卫。

庚寅（二十七日）［播州宣慰使遣侄贡马］

播州宣慰使杨铿遣其侄彝贡马。赐以绮帛、钞锭。

明太祖实录卷一百六十九

十二月

丁酉（初四日）［乌撒军民府知府贡马］

乌撒军民府知府实卜贡马。诏赐绮帛、钞锭。

壬子（十九日）［以霜灾免云南田租］

户部言：云南布政使司自十四年至十六年，多被霜灾，田租一十一万九百五十石无从征纳。诏皆免之。

［云南秋租以金银、海贝等折纳］

云南左布政使张纨奏：今后秋租，请以金银、海贝、布漆、朱砂、水银之属折纳。诏许之。

癸丑（二十日）［海南卫讨儋州宜伦县“贼”］

海南卫指挥佥事张信讨儋州宜伦县贼，破之，杀贼五十四人，生擒一百六十二人及家属二百余人。首贼唐那虎、郑银等遁走，信追擒之，及其属送京师，知州魏世吉受贿，纵银窜去。上谓兵部臣曰：知州不能捕贼，及官军捕至而反纵之，为政之道，果如是乎？命遣力士即其州杖之，责擒捕所纵之人。

甲寅（二十一日）［西平侯沐英讨平普定“蛮寇”，复平广南维摩“余孽”，通田州粮道］

西平侯沐英奏：近者发兵捕讨普定蛮寇，已平。今复已师剪除广南维摩余孽，以通田州粮道，巡抚临安而还。上曰：英能如是，朕无南顾之忧矣！

［贵州都司送所市马至京师］

贵州都司送所市马四百匹至京师。

庚申（二十七日）［诏湖广岳州等府造马船运送马匹］

诏湖广岳州等府造马船运送马匹。初，四川、云南市易马骡，及蛮夷酋长贡马者，皆由大江以达京师，有司载送悉用民船。至是命武昌、岳州、荆州、归州，各造马船五十艘，每艘定民夫三十人，以备转送。

［四川都司击破松潘所属“蛮人”］

四川都指挥使司言：松潘安抚司所辖八积簇、老虎等寨蛮人作乱，已发兵击破之。获其马一百二十，犏牛三百，牦牛五百九十。景川侯曹震已择其马之良者贡京师，余以散给军士。其犏牛、牦牛非中国所宜畜，请就本地易粮饷军。从之。

明太祖实录卷一百七十

洪武十八年乙丑（1385）

正月

甲子（初二日）［建昌卫指挥使、普定知府朝贡］

建昌卫指挥使月鲁帖木儿、普定知府者额来朝贡方物及马三百余匹。诏赐绮帛、钞锭有差。

丙寅（初四日）［以西番班竹儿为乌思藏都指挥使］

以西番班竹儿为乌思藏都指挥使。

丁卯（初五日）［贵州宣慰使上表朝贡］

贵州宣慰使霭翠上表贡马及方物。

［定朵甘思宣慰使司、朵甘万户府等品秩］

定朵甘思宣慰使司秩正三品。朵甘万户府、朵甘招讨司、朵甘东道万户府、乌思藏必力公瓦万户府秩皆正四品，朵甘塔尔千户所、乌思藏葛刺汤千户所秩皆正五品。

癸酉（十一日）［四川永宁宣抚使遣弟来言赋粮不能如数，帝命蠲之］

四川永宁宣抚使禄肇遣弟阿居来言：比年以来，岁赋马匹皆已输足，惟粮不能如数。缘大军南征，蛮夷惊窜，耕种失时，加以兵后疫疠，死亡者多，故输纳不及。上命蠲之。

［四川、贵州二都司送所市马至京］

四川、贵州二都司送所市马一万一千六百匹，至京师。

丙子（十四日）［建昌卫指挥使请遣子入学，未允］

赐建昌卫指挥使月鲁帖木儿文绮百匹、钞五百锭。时月鲁帖木儿举家入朝，请遣子入学，愿留其家于京师。上不许，厚赐遣还。

辛巳（十九日）［广西都司讨庆远府东兰州“蛮寇”］

庆远府东兰州蛮寇韦富挠作乱，广西都指挥使司发兵讨平之。富挠之先，自唐宋以来据有东兰二州，侬智高反时窜匿山谷。迄故元，富挠之父晏勇仍据东兰。至洪武十二年，富挠始遣其家人韦钱保诣阙，上故元所授印，贡方物。钱保匿富挠名以为己物，朝廷初不之知，因以钱保为东兰知州。既而钱保征敛暴急，山民不服，遂从富挠作乱。及官军讨之，禽其党韦公焕，始言钱保冒袭之故。于是执钱保，除官代之，蛮民乃定。

壬午（二十日）［调古鲁监藏为乌思藏卫俺不罗行都指挥使司都指挥佥事］

以乌思藏俺不罗卫指挥使古鲁监藏为乌思藏卫俺不罗行都指挥使司都指挥佥事。

壬辰（三十日）［以云南鹤庆府土官知府为世袭指挥佥事］

以云南鹤庆府土官知府董赐为云南前卫世袭指挥佥事。赐，云南府安宁州人，世守其土。及王师入云南，率众来降。复从大军讨贼有功，诏授中顺大夫鹤庆府世袭知府，其子节授奉训大夫安宁州知州。至是赐来朝，自以父子俱受荣显，无以补报，而其子幼冲，不达政治，乞还父子所授官，而自为安宁州知州。上曰：尔能绥靖边鄙，故授尔官，庶报尔功。今尔辞尊居卑，奈何！乃命颍国公傅友德及诸大臣议之。友德等议，以谓赐既有功，不可听其辞，而节之官则可免。乃改授赐明威将军云南前卫世袭指挥佥事。上谕之曰：云南前卫密迩安宁，故特命尔是职。尔其绥辑远人，以安边鄙，其无再辞。

明太祖实录卷一百七十一

二月

丁巳（二十五日）［免征云南乌蒙军民府粮］

云南乌蒙军民府知府亦德言：蛮夷之地，刀耕火种，比年霜旱疾疫，民人饥窘。岁输之粮，无从征纳。诏悉免之。

己未（二十七日）［置金齿卫指挥使司］

置金齿卫指挥使司。

［徐达薨］

太傅魏国公徐达薨……甲辰，克武昌，升中书省左相国……是年八月，命达将兵取荆湘湖南北诸郡，达与参政杨璟率战舰至荆州，伪汉守将姜珏以城降。达复遣傅友德将兵取夷陵，守将杨以德、归州将杨兴俱以城降。……师次潭州，湘乡土酋易华亦来降。督兵讨周文贵于辰州，克其城。乙巳正月，达遣千户胡海洋击宝庆，伪将唐隆道遁，兵入守之……

庚申（二十八日）［行人许穆以松州卫不宜屯种，请移戍茂州，不许］

行人许穆言：松州土地硗瘠，不宜屯种。戍卒三千粮饷不给，虽尝以盐粮益之，而栈道险远，（军）〔运〕之甚艰。请移戍茂州，俾屯田于附近之地，则不劳馈运而自可以制羌人。上览奏曰：松州卫吾尝欲罢之，以其控制西番要地，不可动也。军士粮饷，其令旁近州县运给之。

是月［松州羌人起事，官军讨平之］

是月，松州羌反。成都卫指挥佥事成信等率兵攻其牟力等寨，破之。兵还，又遇贼三千余人于道，复击败之。斩首十五级，生擒二人。追至乞剌河，贼党溃散，乃还。

明太祖实录卷一百七十二

三月

庚午（初九日）［云南广南诸府土官来朝］

云南所属广南诸府土官侬郎金等来朝。诏赐锦绮、钞锭各有差。

戊寅（十七日）［云南景东府土官遣其弟奉表贡方物］

云南景东府土官俄陶遣其弟阿你奉表贡方物。诏赐阿你钞锭。

四月

戊戌（初七日）［置云南因远罗必甸长官司］

置云南（沅）〔元〕江府因远罗必甸长官司，秩六品。设流官长官一员，土官副长官一员，以白文玉为副长官。

癸丑（二十二日）［巴东县管勾峒“蛮酋”请附版籍］

荆州府巴东县管勾峒蛮酋黑迟什用遣其子么议赴湖广都司，请附版籍，供贡税。都指挥使司以闻，命有司抚纳之。

丙辰（二十五日）［马平县主簿言绥抚瑶僮］

柳州府马平县主簿孔性善言：溪洞瑶僮恃险窃发，杀掠吏民。

及官军讨捕，则退入深谷，操强弓，注毒矢，潜守隘口，卒不能获，凶顽自恣，为患益深。乞于贼人出没之地立寨置兵，扼其襟喉，断其出路。譬犹穴中之鼠，技穷食尽，可以尽剿。然此虽盗贼，岂无良心？昔者陈景文为知县时，瑶僮皆应差役，厥后长吏抚字乖方，始复反侧。诚使守令得人，示以恩信，谕以祸福，彼虽凶顽，岂不革心向化为良民乎？上嘉纳其言，命吏部凡临溪洞郡县，择贤守令以抚辑之。

[置五开卫指挥使司]

置五开卫指挥使司。

[思州诸洞“蛮”起事，命信国公汤和、江夏侯周德兴率兵从楚王桢讨之]

思州诸洞蛮作乱，命信国公汤和为征虏将军，江夏侯周德兴为之副，帅师从楚王桢讨之。时蛮寇出没不常，闻王师至，辄窜匿山谷，退则复出剽掠。和等师抵其地，恐蛮人惊溃，乃于诸洞分屯立栅，与蛮民杂耕，使不复疑。久之，以计擒其渠魁，余党悉溃。师还，留兵镇之。

明太祖实录卷一百七十三

五月

癸酉（十三日）[云南临安府千户来朝]

云南临安府千户纳速丁等来朝。人赐米十石。

辛巳（二十一日）[湖广大庸繂坪、朝纳二洞“蛮寇”起事，官军讨平之]

湖广大庸繂坪、朝纳洞蛮寇作乱，安福千户所以兵讨平之。生禽一百三人至京，悉宥死，发戍辽东。

癸未（二十三日）[云南越州土酋贡马]

云南曲靖府越州土酋龙海来朝贡马。

己丑（二十九日）［擢潘进为云南右卫指挥同知］

以沔阳卫指挥佥事潘进为云南右卫指挥同知。进，和州人。有勇力，颇知读书。初，从元将陈埜先为勇士，及上渡江来附，用为花枪先锋，累功至广西卫千户。十一年，擢沔阳卫指挥佥事。傅友德征云南，进领兵屯七星关。未几，命署云南后卫，复改右卫，至是升同知。云南夷人叛服不常，军储不给，进能谨屯田，缮甲兵，严守备。由是军不乏食，事无废弛焉。

六月

甲午（初四日）［广西都司奏言溪洞之民诱引瑶僚“为寇”］

广西都指挥使司言：频年瑶寇窃发，皆因居近溪洞之民与之相通，诱引为患，请先捕戮此辈，庶绝其党。上曰：溪洞之民诱引瑶僚为寇，此诚有之，然其间岂无良善？若一概捕戮，恐及无辜。大抵驭蛮夷之道，惟当安近以来远，不可因恶以累善，非实有左验，不宜捕戮。

乙卯（二十五日）［云南车里军民府知府遣人贡方物］

云南车里军民府知府刀砍遣把事混艮来朝贡方物。

明太祖实录卷一百七十四

七月

己巳（初九日）［罢四川普定军民府］

罢四川普定军民府。

［赏宁川等卫征云南将士］

赏宁川等卫征云南将士二万一千三百六十人，钞凡一十三万一百余锭，绵布三万五千六十余匹。

庚辰（二十日）［五开“洞蛮”吴面儿复聚众为乱，诏发官军讨之］

五开洞蛮吴面儿复聚众为乱。诏发武昌、宝庆、岳州、长沙、辰沅诸卫官军讨之。

八月

乙未（初六日）［湖广长宁“洞蛮”上夏所授印］

湖广长宁洞蛮答呼什用等贡方物，上其伪夏所授印。

庚戌（二十一日）［贵州宣慰使、云南马龙他郎甸副长官遣把事朝贡］

贵州宣慰使霭翠遣把事阿夷，云南马龙他郎甸副长官普赐遣把事鲁知，来朝贡马。

明太祖实录卷一百七十五

九月

乙亥（十六日）［“洞蛮”吴面儿等攻古州，命楚王桢、信国公汤和进兵剿捕］

洞蛮吴面儿等寇古州，命楚王桢同征虏将军信国公汤和等进兵剿捕。

戊子（二十九日）［谕信国公汤和等行师用兵方略］

敕谕征虏将军信国公汤和等曰：行师用兵，须昼夜防慎，毋轻视蛮人，深入其地。虽来降者亦须审察，慎勿轻信。其辰沅、宝庆等处士卒，壮者攻战，弱者运粮，务使军容整肃，馈饷有余。楚王尚幼，未能练达军务，故遣都督刘宁来总宿卫之兵。军旅之事，卿自裁决，然后启王知之。

明太祖实录卷一百七十六

十月

癸丑（二十五日）［赐云南士卒钞］

赐云南士卒二万一百六十九人钞二十四万锭。

是月［官军擒杀吴面儿，诸洞悉平］

征虏将军信国公汤和等进兵古州，分遣将士讨上黄诸洞，以计诱擒吴面儿，械送京师诛之，诸洞悉平，凡俘获九溪等处蛮僚四万余人。寻诏楚王桢还国，和等仍驻兵抚辑其民。

十二月

庚寅（初三日）［潭王梓之国］

潭王梓之国长沙府。

癸丑（二十六日）［平缅宣慰使思伦发反，官军迎战失利］

平缅宣慰使思伦发反，率百夷之众寇景东，土官知府俄陶奔白崖川，都督冯诚率师击之。值天大雾，猝遇蛮寇，我师失利，千户王昇死之。

是月［石硅宣抚司同知等朝贺明年正旦］

石硅宣抚司同知陈世显遣其子兴潮等，田州府知府岑坚遣其使，江州知州黄威庆孙黄肇，各奉表贡方物，贺明年正旦。

明太祖实录卷一百七十七

洪武十九年丙寅（1386）

正月

己卯（二十二日）［罢四川永宁茶马司］

罢四川永宁茶马司。

［融县“蛮贼”起事，官军剿平之］

柳州府融县蛮贼五百余人群聚剽劫，广西布政使司右参政耿文彬率民兵会桂林右卫指挥韩观军剿平之。

甲申（二十七日）［云南左布政使张统请仍以商人输谷金齿给盐引］

云南左布政使张统言：旧例，商人纳米于金齿者，每一斗给盐一引，以谷准米者听。以是商旅辐凑，储偫充溢。其后有司不许输谷，由是商人少至，军饷弗给，请仍其旧。从之。

是月［汤和“平蛮”还师］

是月，征虏将军信国公汤和等平蛮师还。

二月

己丑（初三日）［平云南臻洞等“诸蛮”］

云南臻洞、西浦、摆金、摆榜诸蛮叛，复命颍国公傅友德率师往讨。寻平之。

乙巳（十九日）［置雅州碉门茶马司］

置雅州碉门茶马司，秩正九品，设大使、副使各一人。

己酉（二十三日）［赐云南、乌撒各卫军士钞、白金］

遣使以钞十五万四千九百锭赐云南各卫军士，白金十二万七千一百四十两赐乌撒各卫军士。

乙卯（二十九日）［上隆州知州遣其从子贡马］

田州府上隆州知州岑永通遣其从子岑安来贡马。赐绮帛、钞锭。

三月

庚午（十四日）［四川马湖府土官知府贡马］

四川马湖府土官知府安仁来朝贡马。

四月

丙午（二十一日）［置盐井等五井盐课提举司］

置盐井、建昌、苏州、越嶲、会川五井盐课提举司。

己酉（二十四日）［赐乌撒等卫军士钞］

赐乌撒等卫军士二万五千八百余人钞各六锭。

癸丑（二十八日）［旌表遂溪县、东莞县节妇］

雷州府遂溪县民陈衡妻谢氏夫亡守节三十一年，广州府东莞县民黎医叟妻陈氏守节四十年，李礼宽妻卢氏守节三十九年，有司上其事。诏各旌表其门曰贞节。

［置云南洱海卫指挥使司并五千户所］

置云南洱海卫指挥使司，并左、右、中、前、后五千户所，以赖镇为指挥佥事。洱海本品甸地，经兵之余，人民流亡，室庐无复存者。镇至，修浚城隍，建樵楼，创庐舍，分市里，立屯堡，筑堤防，严斥候，又开白盐井以通课利，民始安辑。

明太祖实录卷一百七十八

五月

壬申（十八日）［靖州“苗蛮”复叛］

靖州苗蛮复叛，命常德、辰沅诸卫发兵讨平之。

乙亥（二十一日）［广东程乡县民起事，被捕杀］

广东潮州府程乡县民钟文远作乱，捕至京伏诛。

是月［长河西军民安抚司土官等贡马］

是月，长河西军民安抚司土官油笼思卜等来朝贡马。诏赐文绮六匹，钞十五锭，衣一袭。

六月

丁亥（初三日）［思南宣慰使司宣慰使贡马］

思南宣慰使司宣慰使田大雅贡马十二匹。

壬寅（十八日）［置郁林守御千户所］

置郁林守御千户所。时前军都督府都督佥事何福奏：郁林州宜置千户所，令浔、梧二州分兵守御，以防寇盗窃发。诏从之。

癸丑（二十九日）［麻哈“苗蛮”聚众起事，官军讨平之］

平越卫麻哈苗蛮杨孟等聚众作乱，征南将军颍国公傅友德发兵讨平之。

七月

癸亥（初九日）［改置成都左中右三护卫］

改成都护卫为成都左护卫，并置中、右二护卫。

明太祖实录卷一百七十九

八月

丙戌（初三日）［于广西左江十万山捕象］

命营阳侯杨通、靖宁侯叶昇领兵捕象于广西左江之十万山。

九月

庚申（初七日）［西平侯沐英奏于云南置屯垦田］

西平侯沐英奏：云南土地甚广，而荒芜居多，宜置屯，令军士开耕，以备储偫。上谕户部臣曰：屯田之政，可以纾民力，足兵食，边防之计，莫善于此。赵充国始屯金城而储蓄充实，汉享其利，后之有天下者，亦莫能废。英之是谋，可谓尽心有志古人，宜如所言。然边地久荒，榛莽蔽翳，用力实难。宜缓其岁输之粟，使彼乐于耕作，数年之后征之可也。遂召征南将军颍国公傅友德还京。

壬戌（初九日）［革四川成都等府木寨等四驿］

革四川成都等府木寨、梅树、槐树、永宁四驿。

十一月

乙卯（初三日）［湖广澧州朝纳洞“蛮人”起事，官军击破之］

湖广澧州朝纳洞蛮人作乱，大庸卫指挥佥事吴麟率兵击破之。斩蛮贼百余人，获铜印六颗。

癸亥（十一日）［改车里军民府为宣慰使司］

改车里军民府为宣慰使司，知府刀砍为宣慰使。

己卯（二十七日）［勘绘广西思明府山象分布图］

遣行人往广西思明府，访其山象往来水草之处。凡旁近山溪与蛮洞相接者，悉具图以闻。

［置平茶守御千户所］

置平茶守御千户所，隶五开卫。

十二月

己亥（十七日）［岷州“番寇”起事，官军击破之］

番寇作耗。岷州军民指挥使司指挥佥事马烨遣千户张广率阶文等处官军击之。追至野麻峪针条岭，杀获三百七十人，余众溃散。

乙巳（二十三日）［湖广奏请运施州、崇山等卫军食］

湖广都指挥使司奏，请运施州、崇山、大庸、五开、黄平、平越等卫军食。上览奏，顾谓户部臣曰：崇山、大庸屯种岁久，何得乏食？数年来，军中无尺寸之功，但知需食有司，而不恤吾民供给之困。惟施州从其请，五开等卫亦令军士屯田自食。

戊申（二十六日）［置都匀安抚司］

置都匀安抚司。

［云南巨津州土酋起事，官军捕诛之］

云南巨津州土酋阿奴聪叛，袭劫石门关，千户浦泉战死。吉安侯陆仲亨率指挥李荣、郑祥讨之，复其关，贼战败遁入山谷，捕获诛之，并其从四百余人。

［四川松潘安抚司土官贡马］

四川松潘安抚司土官薛继贤贡马二十二匹。

明太祖实录卷一百八十

洪武二十年丁卯（1387）

正月

戊午（初七日）［改长沙护卫为湖南卫］

改长沙护卫为湖南卫，隶湖广都指挥使司。

甲子（十三日）［改松州卫为松潘等处军民指挥使司］

改松州卫为松潘等处军民指挥使司。

乙丑（十四日）［改四川松潘安抚司为龙州］

改四川松潘安抚司为龙州。

丙子（二十五日）［遣使赏赐景东府知府俄陶］

遣通政使司经历杨大用赍白金五百两、文绮二十匹，往赐景东府知府俄陶。初，百夷思伦发叛，率众十余万攻景东之者吉寨，俄陶领千百夫长他当等二万余人击之，为所败。思伦发进攻景东，俄陶力战不胜，率其民千余家，避于大理府之白崖川。事闻，上嘉其忠，特赐白金、文绮以旌之。

二月

壬辰（十一日）［设四川盐课提举司］

设四川盐课提举司。提举一人，从五品。同提举二人，从六品。副提举二人，从七品。吏目一人。辖盐井五十一处。

己亥（十八日）［置四川成都等府、上流等县九井盐课提举司］

置四川成都等府、上流等县九井盐课提举司。

丁未（二十六日）［命思州宣慰使土官子袭职］

命思州宣慰使土官田弘正子琛袭父职。时弘正已卒，琛来朝，故有是命。

［保靖宣慰使遣人来贡方物］

保靖宣慰使彭万里遣其侄应祖等来贡方物。

明太祖实录卷一百八十一

三月

甲戌（二十四日）［云南左布政使张纨能抚绥“夷人”，秩满仍复职］

云南左布政使张纨秩满来朝。上以纨在云南，能抚绥夷人，俾复职，赐玺书劳之曰：唐虞之制，外树州牧侯伯，式奠民居，以宁方域，人乐雍熙，载诸方册，虽不备述而纪纲见焉。当是时，贤良并出，所用皆仁，是以世代相承，而法令不更，诸侯列土，千载不异。以其诚信相孚，上下无间也。今之人不然，导善弗从，纵欲如流。朕竭气力，疲精神，谆谆谕之，从者罕焉，何其难治也！曩者讨平西南诸夷，命官抚守。尔纨实先授任，今五年矣，言出则诸蛮听服，令布则四野欢欣。皆由诚信相孚，克共乃职，奠安黔南，人获其所。今年来朝，不待考而朕知其功，出乎天下十二牧之首。故嘉汝绩，复命仍治黔南，汝往钦哉！

［湖广五开卫复请军饷］

湖广五开卫复请军饷，命户部督长沙府运粮二万石给之。

是月［沐川、平夷长官司长官各遣人贡马］

是月，沐川长官司长官德聚、平夷长官圆寿各遣其弟德苗等来朝贡马。

四月

壬午（初二日）［擢宋炳为前军都督府都督佥事］

擢五开卫指挥佥事宋炳为前军都督府都督佥事。

明太祖实录卷一百八十二

五月

庚戌朔（初一日）［革四川保宁县］

革四川成都府之保宁县，以其地属威州。

癸丑（初四日）［置龙山千户所］

置龙山千户所。

庚申（十一日）［遣使敕谕西平侯沐英等］

遣使赍敕谕西平侯沐英、吉安侯陆仲亨、平凉侯费聚、南安侯俞通源、四川都指挥使甯正、楚雄卫指挥袁义、大理卫指挥郑祥、品甸卫指挥赖镇、金齿卫指挥李观、储杰等曰：近御史李原名归自平缅，朕听其所陈，知百夷谲诈之详，虽百千万言，无一言可信。由是观之，蛮夷反欲窥伺中国，为我边患。符至，可即葺垒金齿、楚雄、品甸，及澜沧江中道，须高城深池，固其营栅，多置火铳为守备。贼来勿轻与战，相机乃动。往岁云南军中遣人至百夷，多贪财货，不察事势轻重，张威贾勇，贻笑诸蛮。又因靖江王不才，以大理印行令旨，皆非道理，致其侮慢，上累朝廷。继今不许一人往平缅，惟静以待之。彼若有文移，则大略答之，否则勿答。应有职贡之物，皆不得取。如是数年之后，则麓川之地可入版图矣，卿等固守朕言毋怠！

壬申（二十三日）［遣礼部主事招谕长河西鱼通宁远等处］

遣礼部主事高惟善（特）〔持〕诏招谕长河西鱼通宁远等处。

六月

己卯朔（初一日）［广西浔州府知府以“蛮夷”梗化，请施行“团寨”之法，不许］

广西浔州府知府沈信言：府境接连柳、象、梧、藤等州，山溪险峻，瑶贼出没不常。近者广西布政使司参议汤敬恭为大享、老鼠、罗碌山生瑶所杀，官军讨之，贼乃登陟岩崖，攀缘树木，捷如猿狖，追袭所不及。若久驻兵，则瘴疠时发，兵多疾疫，又难进取。及至兵退，则复出为患。臣愚以为桂平、平南二县旧附瑶民，皆便弓弩，惯历险阻。若选其少壮千余人，免其差徭，给以军器衣装，俾各团村寨置烽火，与巡检司民兵相为声援，协同捕逐，可以歼之。上曰：蛮夷梗化，彼习然也，使守土之官能招徕之，何用杀戮？若无事，但当谨其防御，使不为患耳。苟其为寇不已，民有不堪，则发兵讨之，何必团寨。

壬午（初四日）［四川雅州碉门茶马司以茶易驼马骡驹］

四川雅州碉门茶马司，以茶一十六万三千六百斤，易驼马骡驹百七十余匹。

甲申（初六日）［以“在任多不法”降广西都指挥使职］

降广西都指挥使耿良为驯象卫指挥佥事。初，良在任多不法，军士薛原桂诉之，既而镇抚张原复言其不法二十余事。上命锦衣卫廉问得实，故贬之。

乙酉（初七日）［广东都司讨平博罗县“山贼”］

惠州博罗县山贼作乱，杀巡检，焚廨宇，攻州城。广东都指挥使司发兵讨之，获首贼应仲华等十一人送京师诛之，余党悉平。

己亥（二十一日）［遣使敕谕金齿卫指挥储杰等］

遣使赍敕谕金齿卫指挥储杰、严武、李观等曰：金齿远在边徼，土民不遵礼法，负固守险，人各自保，非中国之民可比。凡戍守者非德望素重不足以镇其地而抚其人，尔指挥李观处事宽厚，名播蛮中，为诸夷所爱，然其下指挥、千百户、镇抚等多恃功放肆，有乖军律，故朕特命尔储杰、严武辅之。盖以观之宽可以绥远人，必杰、武之严然后可以驭群下。敕至，即以指挥、千百户、镇抚所统旧军精加训练，使各守分地以观平缅动静，敢有肆顽不依军律者罪之。

庚子（二十二日）［遣通政使司经历往云南练兵］

遣通政使司经历杨大用往云南练兵。时百夷屡为边患，上欲发兵平之，先已敕西平侯沐英、指挥储杰等为筹边计，至是复遣大用往练兵。大用至，（沅）〔元〕江等府其土官请以兵五万听调。

闰六月

丁丑（二十九日）[诏云南属卫将校谪戍者悉往金齿]

诏西平侯沐英：凡云南属卫将校谪戍者，悉听往金齿，分守城邑营垒，但能立功，即授旧职。于是英按尺籍，自都督而下指挥七十八，卫镇抚九，千户一百二十二，所镇抚六十三，百户四百十一，听征小校七，共六百九十人，皆处分具实以闻。

明太祖实录卷一百八十三

七月

丙戌（初九日）[车里军民宣慰使进象及方物]

车里军民宣慰使刀砍等进象及方物。诏赐金织文绮帛四十四匹，钞三百三十锭。

乙巳（二十八日）[封何真为东莞伯]

封湖广布政使致仕何真为东莞伯，赐诰券。诰曰：古云识时务者在乎俊杰。曩者元运将终，华夷鼎沸，擅声教而役生民，朝兴暮泯，接迹于世，终不能知时务而识天道，尚驱民以应锋镝，如此者岂一二人哉？尔何真率岭南诸州壮士保境全民，邻敌不敢窥其际，岭南之民莫不于尔仰赖。洪武初，朕命将四征，所在虽有降者，非义旗临境则未附。尔真闻八闽负固桂林，驱民海上，邵生亦不量力。尔真独心悦诚服，罄岭南诸州，具表入朝，非识时务者乎？常在朕心，未及崇报。今特命尔为东莞伯，食禄一千五百石，使尔禄及世世，以报推诚之心。尚益加恭慎，以保禄位，延于永久，尔其敬哉！

丁未（三十日）[自四川永宁至云南，每驿储米以供谪戍者]

命户部自四川永宁至云南，每驿储米二百五十石，以给谪戍云南者。

明太祖实录卷一百八十四

八月

丙寅（十九日）［遣使赴四川为云南屯田市耕牛］

遣右军都督佥事孙茂以钞三万二千锭，往四川市耕牛万头。时将征百夷，欲令军士先往云南屯田，预备粮储故也。

庚午（二十三日）［思南宣慰司土官同知贡马］

思南宣慰司土官同知杨禧贡马。

癸酉（二十六日）［诏景川侯曹震及四川都司选精兵赴云南品甸屯田］

诏景川侯曹震及四川都指挥使司选精兵二万五千人，给军器农具，即云南品甸之地屯种，以俟征讨。

［复命云南楚雄府行中盐法］

复命云南楚雄府开（种）〔中〕盐粮。先是，商人输米云南楚雄、曲靖诸府，给以淮浙川盐，未久而罢。令戍卒屯田以自给。至是仍啬于用，户部请复行中盐法。从之。

明太祖实录卷一百八十五

九月

辛巳（初四日）［命西平侯沐英籍军士无妻孥者置营屯种“以备蛮寇”］

命西平侯沐英籍都督朱铭麾下军士无妻孥者，置营以处之。令谪徙指挥、千百户、镇抚、管领，自楚雄至景东，每一百里置一营，屯种以备蛮寇。

乙酉（初八日）［调湖广官军征云南］

调湖广官军五万六千五百六十人征云南，赏钞五十六万八千锭。

丙戌（初九日）［思州宣慰使来朝］

思州宣慰使田琛来朝。

己丑（十二日）［命湖广辰州、沅州二州与思南、思州二宣慰司于各驿储粮］

命湖广辰、沅二州，思南、思州二宣慰司，今年秋粮，自沅州至黄平凡七驿，驿各储二千石，以备大军行粮。

［征乌撒军民府知府等赴京］

征乌撒军民府知府阿能等，普定、安顺州、宁谷寨六长官司土官阿窝等，寻甸军民府知府沙琛亲叔阿孔等，及各府把事、通事赴京。

乙巳（二十八日）［选靖州等卫军士赴云南听征，并市牛屯种］

湖广都指挥使司言：前奉诏以靖州、五开、辰沅等卫亲军选精锐四万五千人，于云南听征。今又令市牛二万，往彼屯种。请令诸军分领以往，庶免劳民送发。从之。

明太祖实录卷一百八十六

十月

庚戌（初三日）［置海口千户所］

置海口千户所于琼州府琼山县。

壬子（初五日）［播州宣慰使贡马受赐］

播州宣慰使杨铿以被征入朝，贡马十匹。上谕以守土保身之意。赐钞五百锭。

［剑川州土酋“叛”，官军讨平之］

剑川州土酋杨奴叛，大理卫指挥郑祥率兵讨之。斩其党八十余人，杨奴遁走。未几还剑州，复聚蛮人为乱，祥复以兵击斩之，贼遂平。

戊午（十一日）［诏湖广常德、辰州二府抽丁屯云南］

诏湖广常德、辰州二府，民三丁以上者，出一丁往屯云南。

壬戌（十五日）［调陕西、山西将士赴云南听征］

调陕西、山西将士五万六千余人，赴云南听征。赐钞有差。

甲子（十七日）［调楚府护卫兵赴云南听征］

调楚府护卫兵六千赴云南听征。

癸酉（二十六日）［贵州宣慰使妻、安顺州判官贡马］

贵州宣慰使霭翠妻奢香等进马二十三匹。普定卫安顺州判官阿窝等来朝贡马二十五匹。

明太祖实录卷一百八十七

十一月

丁丑朔（初一日）［古州一十二处长官司民纳秋粮］

普安卫军民指挥使周骥奏：古州一十二处长官司所统民九千二百一十七户，愿纳秋粮八千九百二十九石。命户部籍其数。

己卯（初三日）［贵州都匀安抚司奏报招谕各长官司民纳粮］

贵州平越卫都匀安抚司奏：招谕各处长官司民八千三百四十三户，岁纳粮六百九十九石。命登籍户部。

壬午（初六日）［命普定侯陈桓、靖宁侯叶昇往云南总制诸军，屯种于定边、姚安、毕节等卫］

命普定侯陈桓、靖宁侯叶昇往云南总制诸军，于定边、姚安等处立营屯种，以俟农隙征进。既而又命桓等领兵屯田于毕节等卫。

辛卯（十五日）［命国子监罗罗生归省其亲］

命国子监罗罗生阿累等三人归省其亲。上曰：蛮夷鲜知礼义，能遣子来学，是慕义也。今阿累等久居监中，宜令归省，教之孝弟，所以使知礼义也。于是厚赐遣之。

庚子（二十四日）［置云南左、右、前三卫，中、左千户所，募商人于毕节卫纳米中盐］

置云南左、右、前三卫，中、左千户所。命户部募商人于云南毕节卫纳米中盐，每米二斗给浙盐一引，三斗给川盐一引。

是月［普安军民府知府等被召至京］

是月，普安军民府知府普旦等被召至京，贡马三十九匹。

十二月

戊申（初二日）［田州府土官知府遣子朝贡］

田州府土官知府岑坚遣其子知州永昌贡马及方物。

庚戌（初四日）［思南宣慰使以移治镇远谢恩］

思南宣慰使田大雅来朝贡马及水银谢恩，以受诏移其治所于镇远故也。

辛亥（初五日）［赐思南、思州宣慰使等钞锭］

赐思南宣慰使田大雅、思州宣慰使田琛钞各二百锭。余官有差。

壬子（初六日）［命普定侯陈桓、靖宁侯叶昇率湖广诸军分屯曲靖、越州，命云南籴粮］

命左军都督佥事冯诚往谕普定侯陈桓、靖宁侯叶昇，率湖广都司诸军驻普安，分屯曲靖、越州，仍命云南布政司以白金二十万两，给各府县籴粮备用。

丁巳（十一日）［谕西平侯沐英等于云南各路设堡置军屯田］

遣前城门郎石璧往云南谕西平侯沐英等：自永宁至大理，每六十里设一堡，置军屯田。兼令往来递送，以代驿传。于是自曲靖火忽都至云南前卫易龙设堡五，自易龙至云南右卫黑林子设堡三，自黑林子至楚雄禄丰设堡四，自禄丰至洱海卫普淜设堡七，自普淜至大理赵州设堡二，自赵州至德胜关设堡二。人称便焉。

甲子（十八日）［思明府土官知府、龙州土官知州朝贡］

思明府土官知府黄忽都龙州土官知州赵帖坚各进马及方物。

戊辰（二十二日）［永顺宣慰、结伦州等处土官朝贡］

永顺宣慰彭添保，结伦州知州冯万杰，养利州土官赵芳，镇远州土官赵士能，安平州判官马坚，万承州土官许祖俊，都结州土官依武高，曲靖军民府越州土官阿资，各贡马及方物。

己巳（二十三日）［广西镇安府知府等贡方物贺正旦］

广西镇安府知府岑添保，思城州及崇善县土官，各贡方物贺明年正旦。

明太祖实录卷一百八十八

洪武二十一年戊辰（1388）

正月

丙子朔（初一日）［广西、四川思明等府州与金筑等番四十四长官司贡方物］

广西、四川思明等府州，金筑等番四十四长官司贡方物。

辛巳（初六日）［“百夷”思伦发诱“群蛮”入寇］

百夷思伦发诱群蛮入寇马龙他郎甸之摩沙勒寨，西平侯沐英遣都督宁正击破之，斩首一千五百余级。

壬午（初七日）［上隆州知州来朝］

田州府上隆州知州岑永通等来朝。赐文绮、帛、钞有差。

乙酉（初十日）［赏赐四川都匀安抚司副使］

赐四川都匀安抚司副使刘武白金四百两，绮帛各五匹，布四十匹。

丁亥（十二日）［复置上思州、忠州、定州］

复置上思州、忠州、定州。知州秩从五品，同知正七品，判官正八品，吏目未入流。

戊子（十三日）［四川马湖府知府朝贡］

四川马湖府知府安仁入朝贡马及方物。诏赐绮帛、钞锭。通使吕仲仁等各赐钞锭、袭衣。

己亥（二十四日）［复置驯象卫指挥使司］

复置驯象卫指挥使司于广西龙州之左江。时朝廷大辂用象挽之，凡朝会亦用象陈列殿陛两墀及阙门之外，于是复置卫，令谪戍之人充卫卒，专捕象。每象以一奴畜之，俟其驯扰始入贡。后徙卫治于横州。

辛丑（二十六日）［广东英德等县民聚众起事，官军讨平之］

广东韶州英德等县民周广全等聚众作乱，都指挥同知花茂将兵讨平之。

［鞑靼官军反于广西，寻平之］

鞑靼官军姚曲里歹等反于广西，命颍国公傅友德率辰沅、贵州、普定等卫兵讨捕。寻平之。

甲辰（二十九日）［东川军民府女土官试知府来朝］

东川军民府女土官试知府摄赛来朝，始实授之，仍赐纱帽、金带、文绮、袭衣遣还。

是月［建昌府故土官妻来朝贡马，诏授知府］

是月，建昌府故土官安思正妻师克等来朝贡马九十九匹。诏授师克知府，赐冠带、袭衣、文绮、钞锭。

二月

戊申（初三日）［命麻哈长官司长官子袭父职］

命贵州都指挥使司平越卫麻哈长官司长官宋成子夏保袭父职，时成为讨叛苗战没也。

己未（十四日）［四川天全六番招讨司副招讨与会川、柏兴知州进马］

四川天全六番招讨司副招讨杨藏卜、会川知州王喜、柏兴知州西天卜来朝进马。诏赐文绮、钞锭。

［命建昌府土官女知府讨东川等地“叛羌”，发内帑令武定等府市马］

命建昌府土官女知府师克讨东川、芒部及赤水河叛羌。发内帑，令武定、会川、德昌等府市马三千匹。

庚申（十五日）［增置四川建昌府九驿］

增置四川建昌府九驿。

［蠲贵州、金筑土司逋负租税，并宽减岁输定额］

户部奏：贵州宣慰使霭翠、金筑安抚使密定所属租税累岁逋负。蛮人恃其顽险，不服输送，请遣使督之。上曰：蛮夷僻远，其知畏朝廷，纳赋税，是能遵声教矣！其逋负岂故为耶？必其岁收有水旱之灾，故不能及时输纳耳，所逋租悉行蠲免。今宜定其常数，务从宽减。于是户部奏定，其岁输之数，以洪武十九年为始，霭翠岁输三万石，密定岁输三千石。从之。

［四川天全六番招讨司副招讨言茶马交易］

四川天全六番招讨司副招讨杨藏卜言：本司茶户，常以茶与西番蛮人贸易毛缨、茜草等物。商旅往来鬻贩，每岁课额所收一万四千余贯。近者茶株取勘在官，所收之茶复给官价买之，收贮官库，以备易马。由是商旅不行，课额遂亏，多令应役之人陪纳不便。乞差人从实闸办。从之。

壬戌（十七日）［四川布政使司奏仍令民间采茶与“西番诸羌”交易］

四川布政使司奏：川中产茶，曩者西番诸羌以毛布、毛缨之类相与贸易，以故岁课不亏。近者朝廷颁定课额，官自立仓收贮，专用市马，民不敢私采，每岁课程民皆陪纳。请仍令民间采摘，与羌人交易。如此则非惟民得其便，抑且官课不亏。诏从之。

［礼部主事自长河西鱼通宁远等处还，上言安边六策］

礼部主事高惟善自长河西鱼通宁远等处还，上言曰：臣闻安边在乎治屯守而兼恩威。屯守既坚，虽远而有功。恩威未备，虽近而无益。今鱼通九枝疆土及岩州、杂道二长官司，东邻碉门、黎、雅，西接长河西。原自唐时，吐蕃强盛，宁远、安靖、岩等州汉民，往往为彼驱入九枝鱼通，防守汉边。元初设二万户府，仍于盘陀、仁阳置立寨栅，边民戍守。其后各枝率众攻仁阳等栅，及川蜀兵起，乘势侵凌黎、雅、邛、嘉等州。洪武十年，始随碉门土酋归附。国朝设岩州、杂道二长官司。迨今十有余年，官民仍旧不相统摄。盖无统制之司，恣其猖獗，因袭旧弊故也。其近而已附者如此，远而未附者何由而臣服之？且岩州、宁远等处乃古之州治，苟拨兵戍守，就筑城堡，开垦山田。使近者向化而先附，远者畏威而来归。西域无事，则供我徭役，有事则使之先驱，抚之既久，则皆为我用矣。如臣之说，其使有六通乌思藏朵甘镇抚长河西，可拓地四百余里，得番民二千余户。非惟黎、雅之保障，蜀亦永无西顾之忧。一也。番民所处老思冈之地，土瘠人繁，专务贸贩。碉门乌茶，蜀之细布，博易羌货，以赡其生。若于岩州立市，则此辈衣食皆仰给于我，焉敢为非。二也。以长河西伯思东巴猎等八千户为外藩犄角，其势必固。然后招来远者，如其不来，使八千户近为内应，远为乡导。此所谓以蛮夷攻蛮夷，诚制边之善道。三也。天全六番招讨司八乡之民，宜悉免其徭役，专令蒸造乌茶，运至岩州，置仓收贮，以易蕃马。比之雅州易马，其利倍之。且于打煎炉原易马处，相去甚近，而价增于彼，则番民如蚁之慕膻，归市必众。四也。岩州既立仓易马，则蕃民运茶出境倍收其税，其余物货，至者必多。又鱼通九枝蛮民所种水陆之田，递年无征，若令岁输租米，并令军士开垦大渡河两岸荒田，亦可供给戍守官军。五也。碉门至岩州道路，宜令缮修开拓，以便往来人马，仍量地里远近，均立邮传，与黎、雅烽火相应。庶可以防遏乱略，边境无虞。六也。从之。

庚午（二十五日）［诏更四川天全六番招讨司为武职］

诏更四川天全六番招讨司为武职。先是，天全六番招讨高敬严、副招讨杨藏卜奏请简土民为兵，以守御边境。诏许之。敬严等遂招选其民，教以战阵，得马步卒千余人。至是，藏卜来朝，因奏其事，乃命改为武职，令戍守边界，控制西番，仍命景川侯曹震阅其士马部伍之数。

癸酉（二十八日）［德昌府土官知府与永宁、会理二州土官知州土官贡马］

德昌府土官知府安住、建昌府永宁州土官知州杨三、会川府会理州土官知州阿押，来朝贡马。

明太祖实录卷一百八十九

三月

乙（卯）〔亥〕朔（初一日）［建昌府女土官知府贡马］

建昌府女土官知府师克贡马。

己卯（初五日）［何真卒］

东莞伯何真卒。真，广东东莞人。尝为淡水盐场管勾，后弃官居东莞圆头山。元至正间，岭南盗起，焚掠州郡，真集义兵保乡里。及群盗攻惠州，真率众破走之，城赖以完，以功授惠州路判官，寻升同知。既而剿灭群盗，升广东道宣慰司都元帅，守惠州。南海盗邵宗愚陷广州，真与子弟率兵分四路击之，宗愚败走，遂复广州。其后，置江西分省于广东，乃授真中奉大夫参知政事。寻升资善大夫分省左丞。时中原大乱，南北阻绝，真益练兵据险，保障一隅。王师南征，真即款附，遂入觐贡献。赐文绮、纱罗、绫绢各百匹，银千两。将校各赐有差。侍膳内禁，赐宴中书。初赐诏谕，援例当进缴，真叩头乞赐藏于家，为后世子孙荣。上可之。授真中奉大夫、江西行省参知政事，三年召还，迁山东行省参政。四年，命还广东收集旧将军士。还京，复任山东。九年致仕，朝朔望。十三年，真请以其子贵参侍东宫，即除贵北城兵马指挥。十四年，命真及其子贵同往云南规画粮饷，开拓道路，置立驿传，积粮草以俟大军征进。及还，升山西左布政使。十六年，致仕。是年，复命真及贵往广东收集土豪一万六百二十三人。还朝，拜贵明威将军镇南卫指挥佥事。真侄润、弼、敬三人皆拜官。军校数十人皆授管军百户。十七年，复命真往广东收集未至军校。十八年，迁浙江右布政使。十九年，朝京师，调湖广左布政使。二十年，复赐致仕，封东莞伯，赐铁券，食禄一千五百石。赐钞万贯，仍赐第京师，以其第六子宏为尚宝司丞。至是卒。

辛卯（十七日）［广东海阳县民起事，官军讨平之］

广东潮州府海阳县民曾水荫等作乱，剽掠州县。福建汀州卫指挥同知黄敏率兵讨之，大破其众于浓溪赤岭，尽获之，械送京师，上命磔水荫于市，斩从贼数人。余皆宥死，谪戍大宁。

辛丑（二十七日）［置广东龙川守御千户所］

置广东龙川守御千户所。先是，惠州府言，龙川县山林险阻，寇盗常为民患，宜置守兵。至是始立千户所，隶南海卫。

甲辰（三十日）［西平侯沐英讨平思伦发］

西平侯沐英讨百夷思伦发，平之。时思伦发悉举其众，号三十万，象百余只，复寇定边，欲报摩沙勒之役，势甚猖獗。新附蛮夷阴相连结，咸蓄异心。西平侯沐英知夷人反侧，乃谓众曰：百夷愤摩沙勒之败，乃敢大举入寇。夫兵愤者必败，若等但戮力歼之必矣！乃选骁骑三万，昼夜兼行，凡十五日抵贼营，与之对垒。先出轻骑三百挑之，百夷以万人驱象三十余只逆战。云南前卫指挥张因率骑卒五十余人为前锋，其酋长跨巨象直前，我军注矢连发，矢中象左膝及肋，象仆地，其酋长亦中矢走，因追射杀之。即大呼拥众突其阵，斩首数百级。诸军乘胜鼓噪而进，贼众遂却。英复集将佐告曰：定边被围已久，今不即破贼，若定边失守，则贼势益张。贼之所恃者，象耳！略以骑兵与之挑战，已不能支，吾知其无能为也。乃下令军中置火铳、神机箭为三行列阵中。俟象进则前行，铳箭俱发。若不退，则次行继之。又不退，则三行继之……贼众大败，斩首三万余级，俘万余人，象死者过半，生获三十有七……思伦发遁去，英遂遣使奏捷，还师云南……

明太祖实录卷一百九十

四月

丙辰（十二日）［广西都司请剿富川“洞瑶”］

广西都指挥使司言：平乐府富川县灵亭山、破纸山等洞瑶二千余人，占耕内地，啸聚劫夺，居民被扰。其恭城、贺县及湖广道州、永明、江华等县之民，逼近瑶洞，亦被其害。比调卫兵收捕，即逃匿岩谷。及兵退，复肆跳梁。臣等欲于秋成之时，统率所部，会永、道诸卫官军屯驻贼境，扼其要害，收其所种谷粟。彼无粮食，势必自穷。乘机禽戮，庶可绝其后患。从之。

丁巳（十三日）［湖广五开至靖州置驿］

湖广五开至靖州置驿十二，驿夫以刑徒充之，仍令屯田自给。

癸亥（十九日）［遣使谕西平侯沐英征抚“百夷”之策］

遣使谕西平侯沐英曰：近得报，知已破百夷，思伦发遁去，可移军渐逼景东，然夷性顽犷，苟未引咎乞降，必再入寇。定边去滇池，迟行则用旬月，速行又难与战。欲图万全，须随地屯田，坚壁固垒，与之相持，以俟大军四集，然后进伐。前此之胜，微指挥吴良坚守小寨，亦几受侮，汝慎勿轻之，务在持重，相机决胜，覆其巢穴，乃为善尔。若其纳款请罢兵，可谕以大义，令偿我所费金，并进马万五千匹。景东累丧军士，令贡象五百、牛三万、象奴三百人。彼果顺命，如数入贡，即许之。

甲子（二十日）［平定龙川、兴宁、归善等县之乱］

惠州府龙川县民苏文山聚兴宁县恶少千余作乱，归善县充警人甘秀荣等亦聚众千余寇掠长乐县以应之。事闻，命广州右卫指挥佥事吴诚率所部兵会赣州卫指挥同知张泰等军捕之，俘斩贼众一千九百七十余人。余党溃散，以其降寇送京师。

庚午（二十六日）［云南广西府知府与弥勒、师宗二州知州各遣人贡马］

云南广西府知府普德、弥勒州知州赤喜、师宗州知州阿的，各遣人贡马。诏赐文绮、钞锭。

癸酉（二十九日）［置辰州卫中、左二千户所］

置辰州卫中、左二千户所。

［普定侯陈桓师驻毕节］

普定侯陈桓师驻毕节。初，诏桓等自永宁抵毕节，度地里远近，夹道树栅为营，每营军二万。刊其道傍林莽，有水田处，分布耕种，为久远之计。且与西平侯沐英相为声援，至是桓等师至毕节。

是月［龙州土官因病以其侄代署州事］

是月，龙州土官赵帖坚病，以其从子宗寿代署州事。

五月

戊子（十五日）［播州宣慰使遣弟人贡马］

播州宣慰使杨铿遣弟孟仁等贡马。赐孟仁以下钞有差。

明太祖实录卷一百九十一

六月

癸卯朔（初一日）［水西、贵州宣慰使等遣使来贡马］

水西宣慰使霭晖、贵州宣慰使宋斌等遣使来贡马。赐钞有差。

乙巳（初三日）［西平侯沐英上言征抚“百夷”事宜］

西平侯沐英上云南前卫指挥张因功状，因言便宜事。先是，上遣舍人潘旺谕西平侯沐英曰：近命普定侯陈桓，领步骑二十余万为尔声援，如欲增兵，当遣后继。桓未及至，英恐后时失机，乃令其子春先往赤水河观军实，而遣人来奏曰：百夷负固恃险，亦由云南内地之人互相扇诱。今欲大举歼灭之，若于数十万兵中精选十万，往取景东及远干、威远等地，贼闻之，必率众来援，因逆击之，其势必克。但巢穴未倾，须用再举。今东川、越州、罗雄、把哲诸夷悍骜未服，必须并力剿捕。一以资给粮饷，一以警慑余众。使贼闻之，奸计自沮，仍于宽衍之地，为来岁屯田之计。内地既定，续议大举可也。东川一部稍为强盛，今罪状已露，尚恃奸勇，必用进兵，庶可宣扬威德。上然之，仍命赏张因之功。

甲子（二十二日）［东川“诸蛮”起事，命讨之］

西平侯沐英奏：东川诸蛮，据乌山路劫寨而叛。其地重关复岭，崖壁峭险，上下三百余里，人迹阻绝，请讨之。上乃命颍国公傅友德仍为征南将军，英为左副将军，普定侯陈桓为右副将军，景川侯曹震为左参将，靖宁侯叶昇为右参将，统领马步军往讨之。

明太祖实录卷一百九十二

七月

丙子（初四日）［敕广西都司放还“百夷”战象之夫］

敕广西都指挥使司，凡百夷战象之夫悉放还，其驯象卫军士，令于南宁屯种。见获之象，则令占城象奴送至京。先是，置驯象卫使专捕象，及西平侯沐英破百夷获其人，亦送本卫役之。至是始罢遣。

丁酉（二十五日）［敕谕颍国公傅友德等“征蛮”方略］

遣使赍敕谕征南将军颍国公傅友德等曰：东川、芒部诸夷，种类虽异，而其始皆出于罗罗。厥后子姓蕃衍，各立疆埸，乃异其名曰东川、乌撒、乌蒙、芒部、禄肇、水西。无事则互起争端，有事则相为救援。若唐时阁罗凤（士）〔世〕居大理，唐兵追捕，道经芒部诸境。群蛮外称归顺，内实狙诈，聚集凶丑，据险设伏，唐将不备，遂堕其计，以致丧师几二十万。皆因将帅过信无谋故也。近称东川诸蛮不叛者号为循良，固未可逆诈。然须予加防闲，严整师旅，使彼不得肆其奸谋，然后贼可破也。又曰：今令诸夷执送东川蛮人，恐此令既出，蛮人诡谋亦由此生，将假此辈为名，侦伺我军。当愈加严慎，不可托以腹心。盖蛮夷平日夫妇无伦，乱如群犬，虽父子不相保，其言岂可信哉！今欲降伏之，其地山势险峻，道路崎岖，林箐深邃，其人与猿猱无异，大军一至，窜入林薮，猝难捕获。宜且驻兵屯种，待以岁月，然后可图也。

戊戌（二十六日）［复谕征讨“蛮夷”当加严慎］

上以太阴荧惑犯垒壁阵，复遣使谕征南诸将曰：征讨蛮夷，当加严慎。今征东川，其乌撒、芒部诸蛮外虽服从，中藏狙诈。倘或托以心腹，将有不测之变。龙海之蛮，奸诡尤甚。水西恐与贼阴谋，皆须防闲。有备无患，切宜慎之。

明太祖实录卷一百九十三

八月

壬寅朔（初一日）［调军讨东川］

西平侯沐英调都督宁正，帅兵会颍国公傅友德军讨东川。

乙巳（初四日）［命户部运钞往四川永宁、乌撒赐征南军士］

命户部运钞七十五万七千四百锭，往四川永宁宣抚司，赐普定侯陈桓等所统征南军士十二万九千三百九十七人，及乌撒卫军士五千三百余人。

丙辰（十五日）［八百媳妇国入贡方物］

八百媳妇国遣人入贡方物。

戊辰（二十七日）［思州宣慰使遣弟来贡马］

思州宣慰使田琛遣其弟琦来贡马。诏赐文绮、钞锭。

九月

乙亥（初四日）［贵州宣慰使上表贡马谢蠲租恩］

贵州宣慰使霭翠以蠲其逋租上表谢恩贡马。

癸未（十二日）［田州府知府遣人上表贡马］

田州府知府岑坚遣其侄烈等上表贡马。

乙酉（十四日）［湖广黄道溪等处长官司贡马］

湖广黄道溪等处长官司梁思礼等贡马。

丙戌（十五日）［四川乌撒军民府土酋献马、米资军］

四川乌撒军民府土酋叶原长献马三百四、米四百石于征南将军西平侯沐英、靖宁侯叶昇，以资军用。先是，上命以白金于其境内市马，故原常（常）〔长〕以是来献，且言欲收集土军从征，英等以闻。诏从之，并免其市马。

庚寅（十九日）［广西太平、思明等府进象］

广西太平、思明等府进象。

辛卯（二十日）［贵州水西土官贡马］

贵州水西土官霭晖等进马。诏赐钞三百四十锭。

癸巳（二十二日）［金筑安抚使遣子、弟贡马］

金筑安抚使密定遣其子德、弟贡马。诏赐钞一百锭，通事以下有差。

［越州土酋与罗雄州营长起事，命西平侯沐英、颍国公傅友德将兵讨之］

越州土酋阿资，与罗雄州营长发束等叛。命总兵官西平侯沐英，会征南将军颍国公傅友德将兵讨之。阿资者，土官龙海子也。越州夷言为苦麻部，元末龙海居之，部属俱罗罗种。王师征南时，英驻兵其地之汤池山，谕降之……徙居辽东，至盖州病死。阿资继其职，益桀骜梗化。至是叛。

甲午（二十三日）［景川侯曹震等讨“东川蛮”］

景川侯曹震、靖宁侯叶昇领兵分讨东川叛蛮。

明太祖实录卷一百九十四

十月

壬寅（初二日）［南安侯俞通源奏云南新附官民、军士、田粮、马牛之数］

南安侯俞通源奏云南新附官民、军士、田粮、马牛之数：都指挥使司所属官计一千三百一人，军士六万四千二人，马三千五百四十五匹，屯牛一万二千九百九十四头，田四十三万四千三十六亩，粮三十三万六千七石。布政使司所属军民凡六万三千七百四十户，粮七万六千五百六十二石，马驿六十七所，马九百九十三匹。

丁未（初七日）［靖宁侯叶昇等讨平东川］

征南右参将靖宁侯叶昇等进兵讨东川，平之。捕获叛蛮五千五百三十八人。

甲寅（十四日）［遣使赍白金往湖广思南宣慰使司籴粮运赴贵州等处］

遣使赍白金往湖广思南宣慰使司，籴粮一万二千石运赴贵州等处，以给征南将士。

庚午（三十日）［置泸州、赤水、层台三卫指挥使司］

置泸州、赤水、层台三卫指挥使司。时陕西都指挥马烨征南还，言泸州与永宁接壤，乃诸蛮出入之地，宜置守兵。遂从其言，调长安等卫官军一万五千二百二十人，分置各卫。

［置四川苏州卫指挥使司］

置四川苏州卫指挥使司。初，以土官帕兀它为知州，抚其夷民。至是命羽林右卫指挥佥事陈起领军至苏州，筑城置卫以镇之。

十一月

庚子（三十日）［征南将军傅友德讨阿资过平夷，置堡，后为平夷千户所］

征南将军傅友德等将兵讨阿资，道过平夷，以其山势峭险，密迩龙海，宜筑堡驻兵屯守，以捍蛮夷。遂迁其山民往居卑午村，留神策卫千户刘成等领兵千人树栅置堡其地，后以为平夷千户所。

［给赐广西桂林等卫听征军士钞］

给赐广西桂林等卫听征军士三万一千五百余人，钞十三万一千二百锭。

十二月

是月［忠建宣抚遣子贡方物］

忠建宣抚田思进遣子田忠孝贡方物。

明太祖实录卷一百九十五

洪武二十二年己巳（1389）

正月

癸酉（初三日）[命忠建宣抚之子代父职]

命施州忠建宣抚田思进之子忠孝代父职。时思进年八十余，老不能任事，上章乞致仕，故有是命。

甲戌（初四日）[贵州木瓜长官等贡方物]

贵州木瓜长官石保等来朝贡方物。诏赐钞有差。

戊寅（初八日）[广东雷州卫进象]

广东雷州卫进象一百三十二。

丁亥（十七日）[命四川布政使司给成都等卫营造军士钞]

命四川布政使司给成都等卫营造军士九千九百余人钞，凡二万九千九百锭。

戊子（十八日）[改广东肇庆等三千户所为卫]

改广东肇庆千户所为肇庆卫，清远千户所为清远卫，惠州千户所为惠州卫。

己丑（十九日）[赐镇南等卫鞑靼军士钞]

赐镇南等卫鞑靼军士五十人钞，凡二千四百锭。

壬辰（二十二日）[湖广布政使司储粮给征南兵饷]

湖广布政使司储粮四十万石，给饷征南之兵。

乙未（二十五日）[颍国公傅友德等复击走阿资]

征南将军颍国公傅友德等复击走叛酋阿资，土官普旦来降。时阿资退屯普安，倚崖壁为寨。友德以精兵蹙之。蛮众皆缘壁攀崖，坠死者不可胜数。生禽一千三百余人，获马牛羊五千三百余头。阿资遁还越州。

己亥（二十九日）[松潘军民指挥使领兵歼叛亡鞑军，升其官并赐钞]

松潘军民指挥使徐凯领兵追击叛亡鞑军跋迷旦等至连云栈，悉斩之。诏升凯为四川都指挥同知。赐钞百锭。

二月

甲辰（初五日）［诏思州、播州宣慰使凡朝命至即行］

诏思州宣慰使田琛、播州宣慰使杨铿，自今凡有朝命至，即行之。每季则遣人奏知。

乙巳（初六日）［革广东兴宁县税课局］

革广东惠州府兴宁县税课局。

乙卯（十六日）［命荆州左护卫并黄州等卫造营房，以居鞑靼军士］

命荆州左护卫，并黄州、常德、岳州、沅州、蕲州、武昌诸卫，各造营房三千间，以居鞑靼军士。

己未（二十日）［命凉国公蓝玉往四川修理城池、整练军马］

诏凉国公蓝玉往四川修理城池、整练军马。都司以下属卫官军，悉听节制。

癸亥（二十四日）［湖广安福千户诱九溪“洞蛮”起事，官军讨平之］

湖广安福千户所千户夏得忠诱九溪洞蛮作乱，诏东川侯胡海、普定侯陈桓、靖宁侯叶昇帅师讨之。海等驻兵贼境，昇独潜兵出贼后掩击之，遂禽得忠送京师斩之。命置九溪、永定二卫，改大庸卫为千户所。

己巳（三十日）［思州宣慰使贡马］

思州宣慰使田琛贡马。

是月［阿资败降］

是月，西平侯沐英遣都督宁正，从颍国公傅友德击阿资于越州，败之，斩其党火头弄宗等五十余人，获马牛羊以千计。阿资势穷蹙，与其母请降。初，阿资之遁也，扬言曰：国家有万军之勇，而我地有万山之险，岂能尽灭我辈？英乃请置越州、马隆二卫，扼其冲要，又分兵追捕，至是势穷，遂降。

三月

**庚午朔（初一日）［命颍国公傅友德等还军，分驻湖广、四川

各卫所]

遣使命（南征）〔征南〕将军颍国公傅友德等还军，分驻湖广、四川卫所操练。友德驻沅州，申国公邓镇驻大庸，魏国公徐允恭驻常德，曹国公李景隆驻安陆，开国公常昇驻辰州，靖宁侯叶昇驻襄阳，普定侯陈桓驻岳州，雄武侯周武驻武昌，吉安侯陆仲亨驻蕲州，安陆侯吴杰驻茶陵，东平侯韩勋驻黄州，东川侯胡海驻宝庆，南雄侯赵庸驻长沙，宣宁侯曹泰驻瞿塘，宣德侯金镇驻施州，靖海侯吴祯驻衡州，江阴侯吴高驻永州，全宁侯孙恪驻沔阳，延安侯唐胜宗驻黄平，都督张铨、王诚、孙彦驻桂阳、忠州、道州，信国公子汤鼎、六安侯子王威驻长宁、夷陵。谕友德等曰：西南蛮夷，自昔号称难服。所以然者，其高山深林，草树丛密，夏多雾雨，地气蒸郁。蛇虺蚊虫之毒，随处而有。人入其境，不服水土，则生疾疫。所以功多不就。今得尔报，已平东川，降阿资，大势已定。然诸蛮夷易变生乱，朕恐大军一回，彼复跳梁啸聚，岂不重劳吾将士乎？今且还军，分驻要地。一以休息士卒，一以控制蛮夷。使至，尔等一如所谕。

辛巳（十二日）[四川汶山县二十八寨羌民不听差役]

四川茂州汶山县知县考绩至京师，奏羌民二十八寨言语不通，自开县治，至今七年，不听差役。上曰：蛮俗素与中国异，岂可拘其繇役？能善抚之，久则自然服从。

壬午（十三日）[思州宣慰使田琛、贵州宣慰使妻奢香遣人进马]

思州宣慰使田琛遣长官杨通显、王思聪，贵州宣慰使霭翠妻奢香遣把事阿白等进马。赐钞有差。

癸巳（二十四日）[改普安军民府为军民指挥使司]

改普安军民府为军民指挥使司，调毕节卫指挥郑珍领兵戍守。

明太祖实录卷一百九十六

四月

壬寅（初四日）［赤水、层台二卫军饷不给，令富民输粟，以盐偿之］

贵州都指挥使司奏：赤水、层台二卫军饷不给，请令四川运粮往济之。户部尚书杨靖奏曰：如此供运，益见民劳。莫若令富民输粟，而以淮浙盐偿之。候各卫屯种收成，下年必可足用。从之。

癸丑（十五日）［复命户部运钞赈湖广常德、辰州、靖州等处贫民］

复命户部运钞往湖广常德、长沙、辰州、靖州、衡州、永州、宝庆、郴州、德安、沔阳、安陆、襄阳等处赈贫民，凡一百四十六万八千七百余锭。

甲子（二十六日）［云南都匀“苗蛮”叛］

前军都督府都督佥事何福奏：云南都匀苗蛮叛，率兵讨之。斩首四千七百余级，擒获六千三百九十余人，收剿寨洞一百五十二处，粮谷三万一千一百石有奇。

五月

乙未（二十七日）［思南宣慰使等贡马］

思南宣慰使田大雅等贡马。赐钞有差。

［佥都御史黄政普安遇“夷寇”，与其子力战而死］

佥都御史黄政从征云南还，（赐）〔至〕普安遇寇，与其子琬皆死之。政，徐州砀山人，用荐为佥都御史。以事谪为桂林府吏，或言其知兵习武事，召还。十八年，命往徐、宿收集旧战士卒，赴辽东从征。二十一年，复从（政）〔征〕云南。至是还，至普安遇夷寇，父子力战而死。

六月

癸卯（初六日）［革四川绵谷县］

革四川保宁府绵谷县，以其地并入广元县。

癸亥（二十六日）［置兴隆卫］

置兴隆卫，隶贵州都指挥使司。初，其地属狼洞黄平安抚司，至是蛮民作乱，颍国公傅友德讨平之。遂置卫，命府军左卫指挥佥事胡质领兵守之。

丙寅（二十九日）［四川岩州卫奏长河西等处番商以马易茶事宜］

四川岩州卫奏：每岁长河西等处番商以马于雅州茶马司易茶，其路由本卫经黎州始达茶马司。茶马司定价，每堪中马一匹，给茶一千八百斤，令于碉门茶课司支给，不惟番商往复路远，实且给茶太多。今宜量减马价，移置茶马司于岩州，将碉门茶课司所贮茶运至于此，马至则验马之高下，以茶给之。诏茶马司仍旧，唯定其价，上马一匹与茶一百二十斤，中马七十斤，驹马五十斤。番商有不愿者听。

七月

戊辰（初二日）［赐国子监罗罗生衣靴］

赐国子〔监〕罗罗生阿聂等夏衣靴袜。

辛巳（十五日）［置湖广镇远卫指挥使司］

置湖广镇远卫指挥使司。

是月［命颍国公傅友德及从征诸将还京］

是月，征南将军颍国公傅友德有疾，命还京师。寻召从征诸将皆还。

明太祖实录卷一百九十七

八月

丁酉（初二日）［赏湖广、江西征南将士钞］

赏湖广、江西征南将士钞。指挥三十锭，千户二十五锭，百户二十锭，总旗九锭，小旗及军士各八锭。鞑靼将士从征者如之。凡四万三千二百三十一人，钞三十九万五千八百一十五锭。

己亥（初四日）［赏湖广长沙等卫征南将士钞］

赏湖广长沙等卫征南将士一万三千一百五十八人，钞十二万三百六十五锭。

庚申（二十五日）［诏赐楚府、湘府钞］

诏赐楚府、湘府钞各五万锭。

［广东韶州府斗龙山民起事，官军讨平之］

广东韶州府斗龙山民郭日辉等作乱，潮州卫指挥赵兴率兵讨平之。

九月

丙寅朔（初一日）［普安军民指挥使请减盐价给引］

普安军民指挥使周骥言：自中盐之法兴，虽边陲远在万里，商人图利，运粮时至，于军储不为无补。今蛮夷屡叛，大军所临，动经岁月，食用浩穰，而道里险远，馈运弗断，宜减盐价以致商人。旧例，云南纳米二斗，给淮浙盐一引。二石给川盐，一石七斗给黑井盐，二石四斗给安宁盐。近因盐重米轻，故商人少至，请更定其例。于是命户部量减盐价，淮浙盐一引米一斗五升，川盐一石五斗，安宁盐二石，黑井如川盐之数。

丁卯（初二日）［诛西安前卫指挥使王纲］

诛西安前卫指挥使王纲。先是，纲从征云南，辄棰死军士，又裒敛金帛诸物。至是还，上谕之曰：昔天下未定，朕身亲战阵，与士卒同甘苦，未尝以非礼加之。尔以将家子，岂不知为军之难？比征云南，乏粮，至有掘杞蕨根而食者。尔不加恤，反酷虐之至死，而又裒敛无度，有人心者故如是乎？朕念尔父勿雷王之功，欲贷尔死。然法者天下之公。此而可宥，何以示天下？纲无以对。遂斩之。

辛未（初六日）［改四川龙州为军民千户所］

改四川龙州为军民千户所。

壬申（初七日）［赈广东长乐、兴宁二县饥］

广东惠州府长乐、兴宁二县饥，诏户部遣官发附近仓赈之。男女年十五以上者人给米一石，十岁至十四岁者人五斗，五岁至九岁者人三斗。

庚辰（十五日）［命绘靖州、五开二卫地理图］

命前军都督佥事杨春往靖州、五开二卫训练将士，且令以其道里远近、山川险易绘图以进。

戊子（二十三日）［以蜀王将之国，命户部运钞赴蜀府］

以蜀王将之国，命户部运钞三十万锭赴蜀府，以备赏赉。并赐其从官、军士一千八百四十人钞，凡万二千七百余锭。

十月

癸卯（初八日）［广西忻城县儒学教谕奏言“瑶蛮”生员难以充贡］

广西庆远府忻城县儒学教谕骆基奏：忻城山洞瑶蛮衣冠不具，言语不通，自古以来宾兴所不及。今虽建学立师，而生员方事启蒙，难以充贡。上曰：边夷设学，姑以导其向善耳，免其贡。

丁巳（二十二日）［西平侯沐英来朝］

西平侯沐英自云南来朝。上劳之曰：自汝在镇，吾无西南之忧。锡宴于奉天门，赐黄金二百两、白金五千两、钞五千锭、文绮一百匹，又赐钞一万锭，令起第于凤阳。寻遣还镇。

辛酉（二十六日）［东川侯胡海等还京，靖宁侯叶昇以擒夏得忠获厚赏］

东川侯胡海等还京。诏以靖宁侯叶昇独能擒贼首夏得忠，赏钞千锭，黄金百两，白金三千两，文绮三十匹。海与普定侯陈桓等赏次之。

明太祖实录卷一百九十八

十一月

己卯（十五日）［思伦发听命入贡，“百夷”平定］

命通政使司经历杨大用使百夷。初，百夷思伦发寇摩沙勒及定边，西平侯沐英率兵讨之。思伦发凡再拒战，皆败，乃遣其把事、招纲等至云南，言往者叛逆之谋，实非己出，由其下刀厮郎、刀厮养所为，乞贷其罪，愿输贡赋。云南守臣以闻，上乃遣大用赍敕往谕……大用既至麓（州）〔川〕，思伦发听命，遂以象、马、白金、方物入贡谢罪。大用复令思伦发追获云南逃去叛贼自处等二人、把事刀厮郎等一百三十七人。百夷遂平。

壬午（十八日）［云南水西土官奢香进马］

云南水西土官奢香遣使进马。赐其使人把事、通事钞有差。

十二月

丁酉（初三日）［以荒歉蠲广东南海县未征田赋］

广东南海县丞杨庸奏：本县田赋总八万四千九百四十六石。比年荒歉，其未征入官者尚二万五千四百一十九石。上悯其民贫，命悉蠲之。

甲辰（初十日）［周王橚谪迁云南］

以周王橚擅弃其国，来居凤阳，谪迁云南。遣使敕西平侯沐英曰：周王迁镇云南，至日择第居之。应有军民之务，尔英自理之。

戊午（二十四日）［富川县置千户所以镇“瑶蛮”］

富川县逃吏首赐纠合贼人盘大孝等为乱，杀知县徐原善等，常往来富川、永明、江华三县劫掠。广西都指挥韩观遣千户廖春等讨之，禽杀大孝等二百余人。观因奏富川县灵亭乡乃瑶蛮出没之地，虽征剿累年，未尽殄灭，恐复有构乱者。宜以桂林等卫赢余军士，置千户所镇之。诏从其请。

庚申（二十六日）［诏免泸州所运毕节军粮］

诏免四川重庆府泸州民夫所运军粮。初，以毕节卫粮饷不足，命四川趱运以给之。继令本卫开屯耕种，足以自给，故有是命。

甲子（三十日）［大华长官司土官贡马］

大华长官司土官幸也来朝贡马。

明太祖实录卷一百九十九

洪武二十三年庚午（1390）

正月

庚辰（十六日）［讨平贵州“苗蛮”及土兵］

贵州宣慰使宋诚奏：苗蛮作乱，平越卫管内堡寨土兵亦与官军相拒，杀百户及军士十余人。命延安侯唐胜宗统贵州等卫指挥使程暹，率马步军讨平之。

辛巳（十七日）［官军邀击西番“蛮人”于大渡河］

蜀王椿奏：西番蛮人作乱，烧黑崖关，且寇掠不止。已遣都指挥使翟能、同知徐凯统兵一万三千人，从凉国公蓝玉往大渡河邀击之。

乙酉（二十一日）［赣州府“山贼”连结湖广诸“洞蛮”起事，命官军讨之］

赣州府山贼夏三等连结湖广诸洞蛮为乱。命东川侯胡海充总兵官，普定侯陈桓为左副将、靖宁侯叶昇为右副将，率湖广各卫军士三万三千五百人讨之。

［命延安侯唐胜宗往黄平等处征剿“余蛮”］

赏延安侯唐胜宗钞一千锭，以平苗蛮之功，仍命同凤翔侯张龙往黄平、平越、镇远、贵州诸处，训练军士，提督屯田，相机征剿余蛮。

癸巳（二十九日）［贵州宣慰使遣弟贡马］

贵州宣慰使宋诚遣其弟文彬贡马。赐文彬及其通事钞有差。

明太祖实录卷二百

二月

乙未朔（初一日）[都匀安抚副使遣人贡马]

都匀安抚副使刘武遣人贡马。诏赐钞锭。

戊申（十四日）[以击破“西番蛮人”，凉国公蓝玉遣使献捷]

凉国公蓝玉以击破西番蛮人，遣指挥须胜至京献捷。并奏岩州、杂道蛮人攻围大渡河千户所，亦讨平之。枭土官副使观著等，俘其男女数千人。诏赐玉白金五十两，文绮、帛各六匹，钞六十锭。

[广东都指挥使马骙等擒龙川“贼”苏文山等械送至京]

广东都指挥使马骙等禽龙川贼苏文山等械送至京。初，文山等聚众作乱，命骙会江西、福建二都司军马讨之，仍命统兵指挥詹继督师搜捕。贼闻官军至，度势不能支，窜匿旁近郡县。骙分兵追捕，获文山等，并俘其妻子。及至京，上命磔文山于市，胁从者宥之。

己酉（十五日）[置新添卫指挥使司]

置新添卫指挥使司，属贵州都指挥使司。后改为军民指挥使司，命指挥佥事王炳领兵士（士）〔事〕。

壬戌（二十八日）[赏湖广都司所属卫所征云南军士]

赏湖广都指挥使司所属卫所征进军士还自云南者钞锭有差。

癸亥（二十九日）[凉国公蓝玉克散毛洞]

凉国公蓝玉克散毛洞，擒土酋剌惹、覃大旺等万余人。

[置陆凉卫指挥使司]

置陆凉卫指挥使司。初，越州阿资叛，西平侯沐英等讨平之。以陆凉西南要冲之地，请设卫屯守。至是，命云南指挥佥事方用、洱海卫指挥佥事滕聚，于古鲁昌筑城置卫守之。

三月

丁卯（初四日）[四川天全六番招讨司、碉门茶课司进茶课之

数]

四川天全六番招讨司进二十二年所收茶课之数，乌茶六十六万六千六百九斤。碉门茶课司，乌茶一百八十四万二千六百五十五斤。

癸巳（三十日）[置平溪卫指挥使司]

置平溪卫指挥使司于思州。

[平茶长官遣子贡方物]

平茶长官杨祇纲遣子再胜来朝贡方物。

[置普市守御千户所]

置普市守御千户所于永宁宣抚司境内，时蛮僚叛服不常，故置所屯兵镇之。

[云南大理府贡生员入国子监]

云南大理府贡生员尹惟贤等入国子监。赐袭衣靴袜。

明太祖实录卷二百一

四月

甲午朔（初一日）[命赐钞湖广、四川人民及水陆驿夫]

上以湖广、四川人民及水陆驿夫连年供亿征南之兵，命户部遣官诣所在，发官库给钞赐之，民人一锭，驿夫人五锭。

庚子（初七日）[置龙里卫指挥使司，寻改为军民指挥使司]

置龙里卫指挥使司。初，龙里设长官司，以土官何善署司事。至是，命凤翔侯张龙领兵置卫，寻改为军民指挥使司。

戊申（十五日）[改平夷千户所为平夷卫指挥使司]

改平夷千户所为平夷卫指挥使司。上以云南列置戍兵，平夷尤当南北要冲，四面皆蛮夷部落，必置卫屯兵镇守。乃命开国公常昇，往辰阳集民间丁壮凡五千人，遣右军都督佥事王成、千户卢春统赴平夷置卫。

辛酉（二十八日）［置木密关守御千户所］

置木密关守御千户所于寻甸军民府之甸头易龙驿。又设置屯所于甸头里、果马里，联落耕种，以为边备。

［置清浪、偏桥二卫指挥使司］

置清浪、偏桥二卫指挥使司于思南宣慰司之地。

闰四月

乙丑（初三日）［广东都司以所捕“蛮僚”械送至京］

广东都司以所捕蛮僚一百二十九人械送至京。有司论当宫刑。上曰：此辈非首恶，为人迫胁。至此宥之，谪戍辽东。

丙寅（初四日）［置大田军民千户所］

置大田军民千户所，隶施州军民指挥使司。先是，凉国公蓝玉奏：散毛、镇南、大旺、施南等洞蛮人叛服不常，黔江、施州虽有卫兵，相去悬远，缓急卒难应援。今散毛地方大水田与诸蛮洞相连，宜立置千户所守御。至是，命千户石山等领酉阳土兵一千五百人置所于大水田镇之。

戊辰（初六日）［赐四川都司军士钞］

给赐四川都指挥使司所属军士三万八千三百余人钞各三锭。

甲戌（十二日）［赐国子监云南生苎布、袭衣、靴袜］

赐国子监云南生段士吉等苎布、袭衣、靴袜。

丙子（十四日）［凉国公蓝玉平施南、忠建二宣抚司“叛蛮”］

凉国公蓝玉平施南、忠建二宣抚司叛蛮。初，蛮人数叛，结寨于龙孔。玉遣都指挥徐玉将兵攻围之，擒宣（府）〔抚〕覃大信，余蛮退走，依山寨自固。至是玉复分兵破其大小诸寨，杀获蛮酋男女一千七百八十余人。蛮地悉定。

己卯（十七日）［城赤水卫］

城赤水卫。初，辰州卫指挥佥事王琮征云南禄肇还，留戍赤水，而禄肇余蛮复寇穿心堡，琮领兵追杀之，筑摩尼堡。至是城赤水。诏琮佥赤水卫事。

辛巳（十九日）［讨平广东黄田“山贼”］

广东都指挥佥事王才讨黄田山贼袁万山等，平之。初，万山聚众劫掠，官军既击破之，万山遁入溪洞，伺官军退，复出剽掠。才设伏待之，仍分兵遏其归路。贼遇伏奔溃，官军掩击，斩万山及其党数十人。遂捣其巢穴，擒伪丞相曾长寿等，复斩首数百级，其党悉平。

壬辰（三十日）［置平坝卫指挥使司］

置平坝卫指挥使司于贵州威清驿，以金镇为指挥佥事，领兵守之。镇，宣德侯朝兴子也。十八年袭侯爵，至是坐事夺爵，授今官。

明太祖实录卷二百二

五月

甲辰（十二日）［天全六番招讨使遣使贡马］

天全六番招讨使杨藏卜遣使贡马。赐以钞锭及文绮三十匹，帛如之。

戊申（十六日）［置宜良千户所］

置宜良千户所。宜良去云南布政司百里，西平侯沐英遣千户许文、吴善等领兵镇守。文等乃筑城堡，控制诸蛮，屯田以给军饷。民皆悦服输赋。

己酉（十七日）［播州、贵州宣慰使司及所属宣抚司官各遣其子请入太学］

播州、贵州宣慰使司并所属宣抚司官各遣其子来朝，请入太学。上敕国子监官曰：移风善俗，礼为之本。敷训导民，教为之先。故礼教明于朝廷而后风化达于四海。今西南夷土官各遣子弟来朝，求入太学。因其慕义，特允其请。尔等善为训教，俾有成就，庶不负远人慕学之心。

庚申（二十八日）［筑普定安庄城，置卫镇守］

筑普定安庄城，置卫镇守。

辛酉（二十九日）［播州宣慰使遣人贡马］

播州宣慰使杨铿遣其弟杨张等贡马。

六月

乙丑（初四日）［平都匀“蛮民”乱］

都匀安抚司散毛撒狗长官司蛮民作乱，凉国公蓝玉遣凤翔侯张龙等率兵讨平之。

［诏给云南诸卫屯牛］

给云南诸卫屯牛。先是，延安侯唐胜宗等往云南训练军士，置平溪、清浪、镇远、偏桥、兴（龙）〔隆〕、清平、新添、隆里、威清、平坝、安庄、安南、平夷十三卫屯守，而耕牛不给。胜宗请以沅州及思州宣慰司镇远、平越等卫官牛六千八百七十余头，分给屯田诸军。至是，诏给与之。

己巳（初八日）［凤翔侯张龙讨捕未附“洞蛮”，被召还京］

召凤翔侯张龙还京。先是，命龙往云南置驿传。既而命同延安侯唐胜宗于云南训练黄平、平越、兴隆、镇远、贵州等卫军士，经理屯田，讨捕未附洞蛮。至是召还。

辛未（初十日）［施南宣抚司土官起事，官军讨平之］

施南宣抚司土官覃大胜作乱，凉国公蓝玉移兵讨之，擒大胜及其党男女八百二十人，械送京师。磔大胜于市，余党谪戍开元，给行粮、冬夏衣遣之。

庚辰（十九日）［赐国子监贵州土官子弟袭衣、靴袜］

诏赐国子监读书贵州土官子弟程延等夏布袭衣、靴袜。

庚寅（二十九日）［遣尚宝司卿阅试云贵各卫所官兵］

遣尚宝司卿杨颙阅试云南左、右、前、临安、曲靖、金齿、大理、洱海、楚雄九卫军马。尚宝司丞杨镇阅试贵州、普定、普安、平越、兴隆五卫，及旧平夷、黄平、新添三千户所军马。颙所阅者官一千三十五，士卒八万七千三百七十人。镇所阅者官三百七十一，士卒二万九千六百五十九人。

［置容县守御千户所、九溪卫指挥使司］

置广西容县守御千户所，置九溪卫指挥使司于慈利县。

明太祖实录卷二百三

七月

壬辰（初二日）［置越州卫、广州前卫］

置越州卫。命指挥何鉴、焦真竹、泰仙童领长沙右护卫军士守之。

置广州前卫。

［普定卫指挥使“蠹政受赃”］

普定卫指挥使顾成蠹政受赃及僭用玉器等物，为其下所告。上念成旧劳，诏勿问。但令都督府移文，取其罪状，以戒将来。

丁酉（初七日）［四川沐川长官司土民“盗”官粮，宥之］

大理寺奏：四川马湖府沐川长官司土民盗所运官粮，律当死。上悯其无知犯法，命释之。

辛丑（十一日）［以王威为安南卫指挥使］

以指挥王威为安南卫指挥使。

癸卯（十三日）［命曹震往四川理军务，召蓝玉还京］

命景川侯曹震往四川理军务。时已诏震还乡，未及行，复有是命。震因奏成都护卫官多缺员者，上命与蜀王同凉国公蓝玉，核取征南将士历年久而获功多者以名闻。自指挥佥事至总旗，递升一等。其有亡夫军士数多者，不在升转之例。所定职名，令兵部准授之。寻诏凉国公蓝玉还京。

戊申（十八日）［云南乌撒军民府土官知府遣弟等入国子监］

云南乌撒军民府土官知府何能遣其弟忽山及罗罗生二人，请入国子监读书。各赐钞锭。

乙卯（二十五日）［命安陆侯吴杰往湖广长沙府训练将士］

命安陆侯吴杰往湖广长沙府训练将士，籍其土军凡一万八千二十三人，分隶平坝、威清诸卫。

是月［赏从征散毛洞及大渡河等将士钞］

是月，赏从征散毛洞及大渡河等将士钞。都指挥人五十五锭，指挥使同知、佥事人五十锭，千户卫镇抚人三十锭，百户所镇抚人十五锭，总、小旗九锭，军士八锭。阵亡者倍之，病故者加其半。

八月

壬申（十三日）［凉国公蓝玉还至京，赏之］

凉国公蓝玉还至京，以平定番寇及散毛洞蛮功。赐钞千锭，仍增禄米五百石……

壬午（二十三日）［普安军民指挥司百夫长起事，官军击败之］

西平侯沐英奏：普安军民指挥司屡言，百夫长密即叛，杀屯田官军刘海、尾洒驿丞余成及试百户杨世杰，劫夺驿马，焚馆舍。已调贵州都指挥张泰率兵讨之，于盘江木窄关等处与贼战，缘山箐陡险，官军失利。又增乌撒、毕节、永宁三卫官军，委贵州都指挥蒋文统领剿捕，贼乃退遁……

甲申（二十五日）［徙永定卫于永顺羊岸坪］

徙永定卫于永顺宣慰使司之羊岸坪。

明太祖实录卷二百四

九月

庚寅朔（初一日）［四川都指挥使司奏属卫军士之数］

四川都指挥使司奏属卫军士之数，凡七万八千三百六十人。

辛卯（初二日）［云南乌蒙、芒部二军民府土官送子入国子监］

云南乌蒙、芒部二军民府土官遣其子以作捕驹等，请入国子监读书。赐以衣钞。

癸巳（初四日）［置九溪、安福二守御千户所］

置九溪、安福二守御千户所，隶湖广九溪洞〔卫〕。

戊戌（初九日）［赏湖广武昌等卫将士］

赏湖广武昌等卫将士三万二千一百余人，钞三十二万二千五百余锭。

丁未（十八日）［麓川平缅、思南宣慰使等各遣使奉表贡方物］

麓川平缅宣慰使思伦发、思南宣慰使田大雅等各遣使奉表贡方物。

戊申（十九日）［赐云南进马土官钞］

赐云南进马土官钞，每马一匹给钞三十锭。

［赐思州宣慰使钞］

赐思州宣慰使田琛钞五十锭。

戊午（二十九日）［命赈湖广所属黄州等四府及郴州饥民］

命赈湖广所属黄州、汉阳、武昌、沔阳四府及郴州饥民，凡户二万九千七百九十三，给钞五万七千六十锭。

是月［疏四川永宁河］

是月，疏四川永宁河。时永宁宣慰使司言：所辖之地，水道有百九十滩，其江门、大滩等八十二处，皆石塞其流。诏景川侯曹震往疏凿之。

明太祖实录卷二百五

十月

丙寅（初八日）［改都匀安抚司为都匀卫］

改都匀安抚司为都匀卫。时都匀所属苗蛮屡叛，都督何福讨平之，请置卫屯守，遂改为卫。

辛未（十三日）［置马隆卫］

置马隆卫。初，西平侯沐英以越州阿资叛服不常，马隆地当冲要，故请置卫以镇之。

乙亥（十七日）［讨赣州夏三等“蛮人”］

东川侯胡海等讨赣州贼夏三等，平之。斩首三千七百级，生获蛮人万三千四百人。追擒夏三，并俘其党又三千五百余人，遂班师还京。

甲申（二十六日）［东川侯胡海等征南还，赏赐之］

东川侯胡海、普定侯陈桓、靖宁侯叶昇、景川侯曹震征南还，各赐钞五（伯）〔百〕锭。从征宣宁侯曹泰四百锭，仍赐东川、靖宁、宣宁三侯黄金各二百两、白金二千两、文绮三十匹、钞一千锭还乡。

戊子（三十日）［城平坝卫］

城平坝卫。

明太祖实录卷二百六

十一月

甲寅（二十六日）［赏赐云南楚雄卫指挥使］

赐云南楚雄卫指挥使袁义白金五百两，文绮二十匹，钞二百锭。

乙卯（二十七日）［置景东、蒙化二卫］

置景东、蒙化二卫。先是，永昌侯蓝玉取大理，命景川侯曹震驻兵楚雄。景东土官俄陶来降，就令为景东知府。后百夷土酋思伦发叛，率众据景东，俄陶走大理白崖川。西平侯沐英讨之，大败其众。思伦发惧，请降，遂复景东之地。至是英奏：景东乃百夷要冲，蒙化州所管火头、字青等亦梗化不服，俱宜置卫，以锦衣卫指挥佥事胡常守景东，府军前卫指挥佥事李聚守蒙化。上从之，命守洱海卫都督佥事祝哲领兵会都督马诚往置二卫，就以胡常等守之。俄陶仍其旧职。

戊午（三十日）［城都匀卫］

城都匀卫，命指挥同知董庸守之。

十二月

庚申（初二日）［罢永昌府，改金齿卫为军民指挥使司］

罢永昌府，改金齿卫为军民指挥使司。时西平侯沐英言：永昌居民鲜少，宜以府卫合为军民指挥使司，故有是命。

［置凤溪长官司］

置凤溪长官司，以永昌府土官通判阿凤为长官。

己巳（十一日）［四川松潘军民指挥司所属十长官司各遣子贡马］

四川松潘军民指挥司所属十长官司各遣子贡马。

癸酉（十五日）［田州府知府遣子贡方物］

田州府知府岑坚遣其子思恩州知州永昌贡方物。

庚辰（二十二日）［西蕃“诸夷”遣使贡方物，贺正旦］

西蕃诸夷，曰西天尼八剌国，曰灌顶国师吉剌思巴监藏巴藏卜，曰乌思藏卫俺不罗行都指挥使司，曰仰思多前司徒公哥巴思，曰乌思藏卫都指挥使司佥事班竹儿藏卜，曰分司佥事管卜儿监，曰辇思寨官喃儿加，曰哑力巴辇卜阇，曰札唐千户端竹藏卜，曰宣慰使列思巴端竹，曰乌思藏卫镇抚朵儿只藏卜，曰班竹儿藏卜，曰汝奴藏卜，曰的瓦占寺僧星吉旦，遣使札撒巴鲁等，表贡方物，贺明年正旦。

癸未（二十五日）［置安南卫］

置安南卫。初，官军征云南，指挥使张麟统宝庆土军立栅江西坡屯守。至是以其地炎瘴，乃徙于尾洒，筑城置卫守之。

丙戌（二十八日）［各处土官来朝蜀王，而锦官驿卑隘，请改造锦官驿］

四川布政使司奏：蜀王之国，各处土官来朝，而锦官驿卑隘，不足以容，请改造为便。从之。

戊子（三十日）［思明等府及石砫、南丹等土官朝贡］

思明府知府黄广平遣思明州知州黄志铭率其属部，及太平府龙英州等十五州土官李圆泰等，马湖府泥溪、雷坡等长官司土官，俱来朝贡马及方物。石砫宣抚司土官陈兴潮、南丹州土官莫金来朝贡方物。

是月［大理卫指挥使用兵蒙化州、顺宁府］

大理卫指挥使郑祥捕斩蒙化州叛贼高天惠，传首云南。时顺宁府土酋猛丘等，不输征赋，自相仇杀。祥遂移兵至甸头，破其寨，猛丘请降输赋，祥乃还。

明太祖实录卷二百七

洪武二十四年辛未（1391）

正月

己亥（十一日）［赐思明府署府事故知府子安平等处土官文绮］

赐思明府署府事故知府黄忽都子黄广平及安平、万承、全茗、罗阳各土官文绮有差。

壬子（二十四日）［以从征功赐四川石砫宣抚司土官同知及其子白金］

赐四川石砫宣抚司土官同知陈兴潮及其子文义白金百两，以从征散毛洞有功故也。

丙辰（二十八日）［四川会川、建昌二府土官遣子入国子监］

四川会川、建昌二府土官遣子王保等七人入国子监。诏赐钞锭、衣衾、靴袜。

二月

癸酉（十六日）［以丽江府知府子袭父职］

以丽江府知府木德男木初袭父职，其弟亏为千夫长，守石门关。初，西平侯沐英奏：土官知府木德已死，其子初当袭，而初守巨津州石门关，与西番接境，既袭职，无守之者。请以其弟亏为千夫长戍守。从之。

己卯（二十二日）［宥澧州石门县官吏十四人罪］

宥澧州石门县官吏十四人罪。先是，县官言蛮寇作耗，焚掠县治，案牍皆为所毁。耆民上言：寇止焚其半，余皆官吏故毁，以灭其为弊之迹。遣御史廉问得状词，连学官赵用彬等。用彬子诉于京师，上曰：案牍既毁，余虽存，亦难稽考，不必穷治，并释勿问。

明太祖实录卷二百八

三月

辛卯（初四日）［置云南永平、通海、鹤庆三卫］

置云南永平、通海、鹤庆三卫。时西平侯沐英言：临安、大理二卫，并金齿军民指挥使司所集军士，宜于金齿置永平千户所，临安置通海千户所，大理置鹤庆千户所，所置百户十人。今每所军士二千，当置百户二十人。上命皆置为卫，调临安等卫军士益之。

四月

壬戌（初五日）［免广东兴宁县、广西兴城县逋赋］

广东兴宁县奏：自洪武十九年以来，凡编民户绝者百余户，田土荒芜者五百余顷。广西兴城县奏：蛮民作耗，所逋赋千四百二十八石无征。命俱免之。

五月

丁亥朔（初一日）［置云南乐平长官司］

置云南乐平长官司。

乙卯（二十九日）［赐国子监生云南建昌土官子夏衣］

赐国子监生僧保等五十四人夏衣各一袭，僧保等皆云南建昌土官子也。

明太祖实录卷二百九

六月

丁巳（初二日）［贵州宣慰使以袭职谢恩］

贵州宣慰使安的以袭职遣把事阿孔等奉表贡马二十二匹谢恩。上曰：安的居水西，最为诚恪。命礼部厚赏其使及其从人钞有差。

戊辰（十三日）［国子监生建昌土官子弟以病乞归］

国子监生乌容等以病乞归。诏赐钞遣还。容等皆四川建昌土官子弟也。

壬午（二十七日）［云南八百宣慰使司土官遣使朝贡］

云南八百宣慰使司土官刀板晃遣使贡象及方物。先是，西平侯沐英遣云南左卫百户杨完者往八百招抚之。至是来贡。

甲申（二十九日）［遣官修治湖广至云南道路］

遣官修治湖广至云南道路。

乙酉（三十日）［置湖广道州卫］

置湖广道州卫。

明太祖实录卷二百十

七月

丁亥（初二日）［胡海卒］

东川侯胡海卒。海，字海洋，凤阳定远人……从克荆、澧、常德、衡、潭、叙浦、宝庆诸州，擒元帅唐隆、镇抚李贤，升宝庆卫指挥使，留镇益阳。上即位，命从平章杨璟征湖广、广西之未归附者，遂下祁阳，克永州，加授昭勇将军。继充左副总兵，平左江上思州酋黄英杰等，获伪将及众二千余人。调取蜀龙伏隘，进攻天门山贼，皆平之。授世袭指挥使，仍守（隘）〔益〕阳。率兵平武冈诸山寨，获兵七百余人，籍八百户。事闻，遣使劳以金（赠）〔缯〕。又平靖州及五开诸蛮洞，授镇国将军。从颍国公傅友德平云南……复充征南将军将兵十万，平九溪六古卑洞……

癸巳（初八日）［湖广永顺宣慰贡方物］

（云南）〔湖广〕永顺宣慰彭添保贡方物。

戊戌（十三日）［调云南白崖军士屯守景东］

调云南白崖军士屯守景东。上以景东为云南要害，且多腴田，故有是命。

辛丑（十六日）［谕八百宣慰练兵候征“百夷”］

上谕兵部试尚书茹瑺曰：闻八百与百夷构兵相仇杀，无宁岁。朕念八百宣慰远在万里外，能修职奉贡，深见至诚。今与百夷构兵，当有以处之。可谕意八百，练兵固御，候王师进讨。

甲辰（十九日）［置广东潮阳守御千户所与金齿四千户所］

置广东潮阳守御千户所，金齿军民指挥使司中左、中右、中前、中后四千户所。

明太祖实录卷二百十一

八月

己未（初五日）［云南左布政使张纮奏“蛮民顽恶”，谕羁縻之］

云南左布政使张纮奏：维摩、云龙、永宁、（浪渠）〔蒗蕖〕、越顺等州蛮民顽恶，不遵政教，宜置兵戍守以控制之。上报曰：蛮民习俗，自昔与中国不同，为政者羁縻之可也。

庚午（十六日）［置贵州前卫指挥使司］

置贵州前卫指挥使司。

甲戌（二十日）［置永宁至沾益州邮传］

置永宁至沾益州邮传四十八。贵州都指挥同知马烨巡示，所置邮传未有邮卒，请以谪戍军士应役。每十铺置百户一人总之，就屯田自给。从之。

辛巳（二十七日）［贵州毕节卫水西土酋“叛”］

（云南）〔贵州〕毕节卫水西土酋雨龙等叛，指挥佥事柳楫率兵讨平之。

明太祖实录卷二百十二

九月

庚子（十六日）［诏建宁岁贡上供茶听茶户采进，有司勿与］

诏建宁岁贡上供茶听茶户采进，有司勿与。敕天下产茶去处，岁贡皆有定额，而建宁茶品为上，其所进者必碾而揉之，压以银板大小龙团。上以重劳民力，罢造龙团，惟采茶芽以进。其品有四：曰探春、先春、次春、紫笋。置茶户五百，免其徭役，俾专事采植。既而有司恐其后，时常遣人督之，茶户畏其逼迫，往往纳赂。上闻之，故有是命。

明太祖实录卷二百十三

十月

己未（初六日）［车里军民宣慰使遣人朝贡］

车里军民宣慰使刀暹答遣其弟刀三怕刺等贡象及方物。刀暹答，刀砍之子也。

辛未（十八日）［以建昌府所属白、黑二盐井产盐给纳米之

商，或作俸粮月盐]

四川建昌府言：所属白、黑二盐井，自洪武十六年十二月开煎，至今年三月终，计四十八万三千一百二十三斤。请召商人纳米给盐，或作官吏军人俸粮月盐。诏户部给之。

明太祖实录卷二百十四

十一月

戊子（初六日）[思明府署府事故知府子袭职]

思明府署府事故知府黄忽都子黄广平以服阕遣知州黄忠奉表贡马及方物。诏以广平袭职，赐冠带、袭衣及文绮十匹，钞一百锭。

己丑（初七日）[赏赐征南鞑靼官军妻子]

赐征南鞑靼官军妻子六百余户白金、钞锭。官白金二十两，钞二十锭。军士各半之。

壬辰（初十日）[复赐戍云南鞑军幼子]

复赐鞑军幼子钞锭。初，鞑军之戍云南者，诏遣其妻子与俱。其幼子不能往者，至是令其亲属送之，各赐钞十锭。

甲午（十二日）[五开等处诸“洞蛮”起事，命官军讨之]

五开、洪州、泊里、银濑、巴黄诸洞蛮作乱，命后军都督府佥事芳鼎，率长沙、永州、（保）〔宝〕庆、衡州、靖州五卫官军，会前军都督佥事何福等讨之。先是，福领兵讨都匀九名九姓与广西诸蛮，至是故有是命。

辛丑（十九日）[播州宣慰使遣同知朝贡]

播州宣慰使杨铿遣同知罗钦贡马及方物。赐以钞锭。

癸卯（二十一日）[改贵州卫为军民指挥使司]

改贵州〔卫〕为军民指挥使司。

戊申（二十六日）[龙里蛮夷长官贡马]

龙里蛮夷长官杨道等贡马。

辛亥（二十九日）［五开、堂厓诸洞“苗蛮”起事，命官军讨之］

五开、堂厓诸洞苗蛮作乱。命前军都督府佥事杨春，率镇远、平凉、清浪、辰（浣）〔沅〕、靖州、五开等处官军会都督佥事茅鼎讨之。

十二月

甲寅（初二）［徙越州卫于陆凉州］

徙越州卫于陆凉州。时西平侯沐英以云南诸蛮皆降伏，惟阿资恃其险阻，累服累叛，未易遽平。请置卫守之，于是命徙越州卫于陆凉州。

己未（初七日）［命景川侯曹震往四川治道路］

命景川侯曹震往四川治道路。震至泸州按视，有枝河通永宁界，乃凿石削崖，直接其地，以通漕运。复辟陆路作驿舍邮亭，驾桥立栈，自茂州一道至松潘，一道至贵州，以达保宁，通陕西。由是往来者便之。

乙丑（十三日）［思州土官、建昌土官、贵州宣慰使、安顺等州长官贡马］

思州土官黄福荣、建昌土官玉衍、贵州宣慰使安的、普定卫安顺等州长官来朝贡马。

辛巳（二十九日）［越州阿资“复叛”］

越州土酋阿资复叛，命以前军都督佥事何福为平羌将军，同指挥王度将兵征之。兵至越州，官军进攻连捷，俘获甚众。会连月淫雨不止，山水泛溢，阿资援绝，与其众降，福择旷地置栅以处其众。西南有木蓉箐，实蛮人出没之所，复调普安卫指挥刘玉领兵置宁越堡镇之。

［改四川永宁宣抚司、云南沾益州所属之数驿传名］

改四川永宁宣抚司峡口驿为永安驿，落洞驿为永宁驿，乌〔撒〕落台驿为层台驿。云南沾益州火忽都驿为炎方驿，卜鲁吉驿为松林驿。先是，景川侯曹震言：云南诸处水马驿传名重复，或仍蛮夷旧号，殊不雅驯。于是命兵部悉更定之。

是月［雷坡长官司土官遣使贡马］

是月，雷坡长官司土官匹夜男余库遣使贡马。

明太祖实录卷二百十五

洪武二十五年壬申（1392）

正月

癸未朔（初一日）［播州宣慰使司土官、麓川平缅军民宣慰使司宣慰使朝贡］

播州宣慰使司土官罗钦、麓川平缅军民宣慰使司宣慰使思伦发等贡犀、象及马。

乙未（十三日）［前军都督佥事何福讨都匀等处"诸蛮"，并请讨奢香，帝不许］

前军都督佥事何福讨云南都匀所部九名九姓等处及毕节啰啰诸蛮，克之。诛其叛酋，安辑其民，遂与都督茅鼎等谋还兵讨五开、洪泊诸洞。兵未及行而毕节啰啰诸蛮复叛，攻掠屯堡，杀伤屯田军士五百余人。百户宋礼御之，亦为所杀。群蛮遂并力攻堡，复杀阁雅驿丞，劫掠粮马，焚六广河巡检司，于是威清卫青山、龙井堡罗罗相煽而起，掩袭守堡官军。百户曲通与战，又死之。邻堡百户李真率兵奋击，贼乃败走。未几，复率众渡六广河为寇，南侵贵州，北蹂毕节，东（接）〔掠〕沙溪，西逼威清之境，往来杀掠。福乃命毕节诸卫严兵备御，调都督陶文、俞渊，都指挥贾琮等，率兵从都督茅鼎直捣其巢穴，遂禽蛮酋戮之。又分兵捕诸蛮，皆遁散。因筑堡其地，屯兵镇守，乃进兵征五开等处蛮洞。时福又遣人奏：故宣慰使霭翠妻奢香亦桀骜不服，请并讨之。上以其非稔恶，不许。

丙申（十四日）［罢开拓建昌卫城］

右军都督佥事欧阳琳奏：建昌卫故城，周回仅七里，戍兵不过二千。近年开拓至十六里，已甓其西北，其东南濒溪未甓，为水冲激，用工甚艰。又所拓地多侵民田，若复兴工，恐军士不堪其劳，而民有失利之叹，乞罢之便。上曰：开拓城池，所以设险守固以安边民也，若地势不利，损伤军民，是以所利人者害人也，其可乎？琳所奏甚善，亟罢之。又命工部，即移文内外诸司，农作方兴，凡有兴作皆停罢。

是月［永宁宣抚司土官贡马］

是月，永宁宣抚司土官奢尾来朝贡马。诏赐文绮、钞锭。

明太祖实录卷二百十六

二月

壬子朔（初一日）［四川都指挥同知奏请成都六卫军士宜以十之六屯田］

四川都指挥同知徐凯言：成都六卫，西蜀重镇。其军士宜以十之六屯田，余皆守城。惟汉州地广民稀，宜全发二卫军士，往彼屯种自食。从之。

甲寅（初三日）［赐广西思明府土官知府钞与文绮］

赐广西思明府土官知府黄广平钞百锭，文绮十匹。

［云南前卫指挥佥事与丽江等府州土官贡马］

云南前卫指挥佥事董赐，丽江府知府木初，景东府知府俄陶，临安府嶍峨县土官禄宁，马龙他郎甸长官普赐，大理府蒙化州判官左禾，赵州云南县丞杨奴，赵州千夫长自香杨应、百夫长亏抽，楚雄府镇南州土官段良、定边县丞阿鲁孙，来朝贡马。赐绮帛、钞锭有差。

戊午（初七）［讨五开“洞蛮”］

后军都督佥事茅鼎等兵讨五开，获容江、巴黄、银赖等洞蛮寇，遣人献俘京师。诏戮其叛酋。

丙子（二十五日）［思州、思南置千户所］

置思州千户所，及思南左右千户所。

是月［贵州宣慰使宋诚母刘氏贡马谢恩］

是月，贵州宣慰使宋诚母刘氏赴京贡马谢恩。赐刘氏银三百两、锦十匹、文绮十匹，从人把事等钞有差。

明太祖实录卷二百十七

三月

己丑（初八日）［四川建昌卫致仕指挥等贡马］

四川建昌卫致仕指挥安配等贡马。诏赐配及其把事五十三人白金、文锦、绮帛及钞有差。

辛卯（初十日）［贵州百户御“蛮寇”而死，诏以布米给其家］

诏以布米给故贵州百户倪敬家。敬于洪武庚午御蛮寇于木窄关，为寇所杀。其子原始追诉其事，故给赐之。

庚戌（二十九日）［平四川戎县“山贼”］

四川叙州府戎县山贼掌阿那等作乱，重庆卫指挥佥事左暹讨平之。

四月

癸丑（初二日）［建昌卫指挥使月鲁帖木儿等“叛”］

建昌卫指挥使月鲁帖木儿、绎忽乐等叛，合德昌、会川、迷易、柏兴、邛部并西番土军，杀官军男女二百余口，掠屯牛，烧营屋，劫军粮，率众万余攻城。指挥使安的以所部兵开东北门出战，败之。斩首八十余级，获马五匹，擒其党十余人。贼乃退屯阿宜河。已而转攻苏州，指挥佥事鲁毅率精骑出西门击之，虏众大集，毅且战且却，复入城拒守，虏众围城。毅乘间遣壮士王旱突入贼营，斫贼取其首悬西门，贼惊怖，乃引去。

丙子（二十五日）［平邛州龙泉“群蛮”］

邛州龙泉群蛮作乱，杀大渡河千户并军士五十余人。四川都指挥使瞿能、都指挥同知徐凯等，统兵讨平之。

戊寅（二十七日）［诏都督聂纬等总兵讨月鲁帖木儿］

诏都督聂纬等总兵讨月鲁帖木儿。初，月鲁帖木儿等叛，上命凉国公蓝玉总兵讨之。复以玉在甘肃道远，于是命纬权为总兵，都督徐司马为左副，四川都指挥使瞿能为右副，率所部及陕西步骑征之。云南、贵州、四川三都司从征军马悉听节制，俟凉国公蓝玉至，纬与司马等皆为之副。

五月

辛巳朔（初一日）［命蓝玉讨建昌“叛酋”月鲁帖木儿］

凉国公蓝玉兵至罕东，玉欲纵兵深入，其将佐多言西虏负固已久，卒然闻大军深入，必鸟兽散去。我众虽强，力无所施，莫若缓以绥之，遣将招谕，宣上威德，令彼以马来献，因抚其部落，全师而归。扬威示德，在此举矣。玉不从，遣都督宋晟等率兵徇阿真川，土酋哈昝等惧，遁去。又袭逃寇祁者孙，弗及。既而有诏，命玉讨建昌叛酋月鲁帖木儿。玉又欲深入番地，取道松、叠，以达建昌。会霖雨积旬，河水泛急，玉悉驱将士渡河，麾下知非上意，多相率道亡。玉不得已，乃由陇右抵建昌。

［贵州水西宣慰使贡马］

贵州水西宣慰使安的来朝贡马。诏赐三品公服，并纱罗袭衣、钑花金带。又赐白金三百两、钞五十锭、锦绮各十匹。把事、从人等绮钞有差。

乙未（十五日）［获古州“洞蛮”杨罗大等械送京师］

后军都督佥事茅鼎等获古州洞蛮杨罗大等七十余人械送京师。

辛丑（二十一日）［云南普定卫指挥及安顺等州土官贡马］

云南普定卫指挥顾成及其属安顺等州土官阿窝等贡马。诏赐成白金四百两、文绮二十匹、钞五百锭。余各赐钞有差。

庚戌（三十日）［月鲁帖木儿诈降，未受］

都指挥使瞿能等将兵至柏兴州，月鲁帖木儿惧，欲遁去，恐我师追及，乃遣人请降。诸将皆曰：此必诈也，宜乘势击之。能不听，乃敛兵待之，遣使驰报。贼果逸去，追之不及。

明太祖实录卷二百十八

六月

癸丑（初三日）［置建昌、苏州二军民指挥使司及会川军民千户所］

置建昌、苏州二军民指挥使司及会川军民千户所，调京卫及陕西兵万五千余人往戍之。时上以月鲁帖木儿叛，故置卫镇守，仍谕将士曰：今僰人、百夷、罗罗、摩些、西番诸部，皆背弃月鲁帖木儿，散还乡里。宜阅实户数，户以一丁，编伍为军，令旧军领之，与民杂居。惟有警则赴调，无事则听其耕牧。从其为乱者悉捕送京师，匿隐者罪之。若大军至境，月鲁帖木儿必深遁山谷。尔守御将校，能互相应援，设伏出奇，生擒来献者，赏白金千两。以馘献者，二百五十两。

癸亥（十三日）［四川阔州同知等遣人进黄册并贡马］

四川阔州同知董文义、礼州知州普德、中县知县禄舍等遣人进送二十四年黄册，并贡马。

乙丑（十五日）［播州宣慰使来朝贡马］

播州宣慰使杨铿来朝贡马。诏赐白金三百两，锦绮各十匹，钞五十锭。长官、舍人而下五十六人钞有差。

丁卯（十七日）［沐英卒］

西平侯沐英卒。英字文英，凤阳定远人，与郭子兴同里。年八岁遭兵乱，父母相继没，孑然无依。上见其孤幼，怜之，携以归，命孝慈皇后子之。赐姓朱氏，恩养之甚厚。年十八，授帐前都尉，镇京口……十四年……八月还京师，九月，命英同颍川侯傅友德征云南，遂克普定、普安，将至曲靖，闻元司徒平章达里麻等拥兵十余万屯曲靖。英谋于友德等曰：彼不意我师至，若倍道疾趋，出其不意，破之必矣！遂进师。值大雾，师至白石江，雾霁。达里麻拥兵扼于水上，英拔剑督师济江，与之大战数合。英纵铁骑捣之，敌遂大败。擒达里麻，俘甲士二万余，长驱而进，元梁王把匝剌瓦尔密赴滇水死。十五年，遣将兵略建昌、澂江、临安、（沅）〔元〕江、寻甸、楚雄、洱海，皆下之。进师大理，土酋段世聚众扼下关，英率众造攻具，以夜四鼓出点苍山后立旗帜，酋众惊乱。英身先士卒，策马渡河，斩关而入，麾兵前后夹攻，遂克其城。下鹤庆、丽江、金齿，于是摩娑、和尼、车里、平缅皆相率来降。得府、州、县、宣慰司、长官司一百八，民七万四千六百余户。复讨乌撒、东川诸蛮，下之。十六年班师，留英镇守。英宣上威德，约束将士，抚绥蛮夷，远近翕然。二十年，浪穹蛮叛，英讨平之。二十一年，百夷思伦发寇马龙他郎甸之摩沙勒寨，英遣别将击败之。二十二年，思伦发复寇定边，其众号三十万，象百余只，势甚猖獗。英选骁勇三万往击之，既抵贼营，与之挑战。贼所驱象中矢走，追其酋长，射杀之。斩首数百级，大败其众。英誓众整师，置火铳、神机箭，悉众与战，贼众大溃，斩其将刀思郎等，俘万余人、象三十七只。思伦发遁去，惧而请降……二十三年九月，讨平临安，教化三部夷。英为人寡言笑，沉毅有智量，好贤礼士，抚御士卒，尤有恩意。初下云南，地方绝远，夷僚顽悍，英宣布恩信，抚而治之，招怀番酋，得其欢心。或时有叛者，必遣人开谕之，不下然后加兵。及其久也，夷人畏爱，无复叛者……

[凉国公蓝玉师至建昌]

凉国公蓝玉师至建昌。

癸酉（二十三日）[遣使敕凉国公蓝玉征讨月鲁帖木儿方略]

遣使敕总兵官凉国公蓝玉曰：都指挥使瞿能等，朕委以讨贼，乃失机败事，当置诸法，姑宥之，俾立功自赎。彼月鲁帖木儿等，皆无父无君，诡诈万状。方大军入境，遽信其降，敛兵以待，为其所玩。比又遣人至京，往来之间，则彼之寨栅已修，粮饷已足，孳畜之类已收，精锐之兵已选，与战则难图决胜。若大军初到之时，彼寨栅未修，孳畜之类未收，精锐之兵未选，速与决战，必当致胜。乃不乘此机，而以诈为诚，非愚而何？即今彼寨中出者，不论多寡，尽拘收之，切莫纵还。近知其党与最凶顽者，一杨把事，及达达千户二人，速宜捕执之，乃其谋主也，既执之，彼再无与谋者矣！如获领真卜当即戮之。其月鲁帖木儿多子，往往以之出质，若有来者，收抚之。大军必多方搜捕，毋信其虚言，必擒之而后已。

明太祖实录卷二百十九

七月

癸未（初四日）［四川都指挥使瞿能率兵讨月鲁帖木儿］

四川都指挥使瞿能率各卫兵讨月鲁帖木儿，至双狼寨攻破之。擒伪千户段太平等，其众大溃，月鲁帖木儿遁去。能督兵追捕，进攻托落等寨，拔之。月鲁帖木儿复遁走，能复追之，转战而前，破水寨关及上匾寨。进至打冲河三里所，与月鲁帖木儿遇，大战，又败之。俘其众五百余人，溺死者千余，获牛马无算。官军入德昌，知府安的渡打冲河遁去。能遂调都指挥同知徐凯，分兵入普济州搜捕之。复（驾）〔架〕桥于打冲河，遣指挥李华引兵追托落寨余孽。进至水西，斩月鲁帖木儿把事七人，其截路寨土酋长沙纳的等皆中矢死。能还攻天星、卧漂诸寨，皆克之。先后俘杀千八百余人。月鲁帖木儿复遁入柏兴州。

己丑（初十日）［贵州卫指挥使等率兵击郎浦等寨苗民］

贵州卫指挥使金真等率兵击苗民于郎浦、摆山、老鸦等寨。斩其负固不恭命者，俘其从乱者千余人，于是诸寨悉平，仍令副长官薛福寿等抚其余众，复供税粮如故。

庚寅（十一日）［以宁正为右军都督府左都督，镇守云南］

以云南都指挥使宁正为右军都督府左都督，命镇守云南。

［以冯诚为右军都督府右都督，与何福同署云南都司事］

以左军都督佥事冯诚为右军都督府右都督，与都督佥事何福同署云南都指挥使司事。

癸巳（十四日）［治奉节至施州驿道，并以罪囚屯田］

巫山县民言：南木隘驿道险隘，艰于送递，驿马相继走毙。惟奉节有仙女驿，古道坦夷。由仙女驿至施州，地皆宽平，若加开凿，实永久之利。上遣行人李靖往治驿道，仍相度屯田之所，于是立屯五处：曰新村中坝，曰马口，曰石家曹，曰石轩泙，曰枝陇坝，命刑部以罪囚当罚充军者往屯之。

［敕景川侯曹震往四川简阅兵马，普定侯陈桓往陕西修栈道，都督王成往贵州通道路，以征月鲁帖木儿］

上以月鲁帖木儿之叛，既命师征讨，乃敕景川侯曹震往四川都指挥使司，以所属士马简阅训练，以俟调用。诸军粮以米钞兼给之，存其余以饷建昌之卒。普定侯陈桓往陕西，修连云栈入四川。都督王成往贵州，平险阻，治沟涧，架桥梁，以通道路。

戊戌（十九日）［云南会川土官知府起事，指挥佥事俞辅等击降之］

云南会川土官知府王春作乱，指挥佥事俞辅等击降之。先是，月鲁帖木儿叛，西平侯沐英遣辅将兵攻讨，至金沙江，卒遇蛮寇，辅击破之，获马七匹。闻春已陷会川，千户刘成战死，辅遂引兵趋会川，分击迷易等处，获其党三千余人。春败走，复追至金沙江，男女溺死者百五十余人，仍勒兵搜捕麻龙山箐，至武安州必勒村，春结阵以待，辅纵兵击之，春复败走。至是遣人纳降。

丙午（二十七日）［置越嶲军民指挥使司于邛部州］

置越嶲军民指挥使司于邛部州，命指挥佥事李质领谪戍军士守之。

明太祖实录卷二百二十

八月

乙丑（十六日）［以安顺等三州、西堡等六长官司隶普定军民指挥使司］

以安顺等三州、西堡等六长官司隶普定军民指挥使司。

戊辰（十九日）［平瓮石等洞及富川诸处“蛮寇”］

前军都督佥事杨春率兵从道州宁远县攻瓮石等洞及富川诸处蛮寇，平之。

明太祖实录卷二百二十一

九月

戊子（初十日）［以讨宾州上林“寇”有功，赏广西都指挥使韩观及从征将士］

广西都指挥使韩观以讨宾州上林寇有功，命赏钞百锭。其从征将士赏各有差。

辛丑（二十三日）［湖广永明县枇杷千户所请筑城垣］

湖广永明县枇杷千户所请筑城垣。诏以军士筑之，不许劳民。

壬寅（二十四日）［四川苏州、建昌二卫军士乏粮，给钞锭］

以四川苏州、建昌二卫军士乏粮，人给钞十二锭。寻加赐五锭。

丙午（二十八日）［赦思明府知府］

先是，安南凭祥洞巡检高详奏言，思明州知州门三贵谋杀思明府知府黄广平，广平先觉而杀之，乃称其病死。朝廷以其言不实，逮广平鞫之。至是逮至，上谓刑部曰：蛮夷争斗相杀，性习然也，独广平不以实言，当绳之以法。今姑宥之，使其改过。遂命给道里费遣之还。

戊申（三十日）［以军储不给，户部议减苏州、建昌二卫中盐则例］

户部议减四川苏州、建昌二卫中盐则例。先是，商人于建昌卫输米八斗者，给（折）〔浙〕盐一引，一石五斗给川盐。商人以建昌山路险远，难于转输，且米数重，故中纳者少，以故两卫军储不给。至是议减浙盐一引纳米五斗，川盐米一石。

明太祖实录卷二百二十二

十月

己酉朔（初一日）［以守城有功，赏赐建昌、苏州卫将士］

赐建昌卫指挥张显等钞锭有差。先是，蛮寇作耗，显等与苏州卫官军守城有功。至是显以公事至京，命礼部验其功绩，循例赏赐之。于是赐显钞一百四十锭、衣一袭。百户籍鉴钞九十锭。寻命给赏苏州、建昌二卫守城将士四千九百余人，钞十八万六百余锭、白金七千二百两、文绮帛各三百三十六匹。

戊午（初十日）［谕凉国公蓝玉剿捕月鲁帖木儿方略］

上遣使谕总兵官凉国公蓝玉曰：月鲁帖木儿凶顽，无识生死轻重，殊无顾借。其用事者，杨把事、达达千户二人而已。若大军压境，或有使来，恐是此人，宜即羁之，勿令复去。昔寇恂斩皇甫文而降高峻，用此计也。且月鲁帖木儿其出也，或诡诈以觇我军，不可信之。若知其所在，即遣兵进攻。若来降，密为之防。所谓事起乎所忽，不可不慎。其屯守建昌土军三千人，宜收入营。诸将校亡者，捕送京师。又，苏州去西番甚迩，宜早定之。其柏兴州贾哈剌境内摩挲等部，亦须除其凶渠，然后宥其余众，俾耕牧以供赋税。凡节制军务，惟此最当留意贾哈剌者，摩挲洞土豪也。初，王师克建昌，授以指挥之职，至是从月鲁帖木儿叛。

庚申（十二日）［水西宣慰使遣人贡马谢恩］

水西宣慰使奢香遣其子妇奢助及其把事头目允则、陇住等来朝贡马谢恩。诏赐奢香银四百两、锦绮各十匹、钞五十锭。奢助、允则、陇住等锦、绮、钞有差。

乙亥（二十七日）［沐英子春袭封西平侯，往镇云南］

命故黔宁昭靖王沐英子春袭封西平侯，往镇云南。诰曰：世人早失怙恃而抚育存恤者，恩亦父母也。昔者尔父沐英，当天下扰攘之秋，孤而且幼，无所依归。朕特怜之，抚以为子。从渡江左，至于长成。朕后有子，命复本姓，归继宗祀。因有勤劳，封为西平侯。重禄厚赏，冀为巨家，与国同久。曩命副征云南，留镇其地，能布恩威，蛮夷率服，朕无西南之忧者十有一年。迩者因疾令终，特越（候）〔侯〕爵，锡以王封，慰之于冥冥。今命尔春，袭封西平侯。呜呼！朕视尔父犹子，思昔提携，犹动首育之心。尔当思尔父相从之幸，毋忘释难之恩。忠诚为国，梦寐存心，则鬼神有鉴，福禄永昌矣。敬哉！

十一月

丙戌（初九日）［景川侯曹震遣镇抚入奏五事］

景川侯曹震遣镇抚甘信入奏五事：一曰四川所属地方，盐井五十七处，俱用竹筒、皮囊汲水煎办。岁额四万五千一百七十五引，以给各卫军士月盐，不敷。夔州云阳有上温、下温、东西等五井，大宁县盐井泉涌，易为煎办，已有灶丁九百六十人，岁办一万六百二十三引。请依普安例，召商输粟，以备军储而给盐偿之。二曰四川盐课司言，今商人于云南建昌、乌撒诸处输粟，给以川盐，数支不敷，乞令以重庆府綦江县买马官盐八千一百余引给之。三曰马湖等府秋粮逋征，盖以四川之民，自国初创置贵州、黄平、松茂等卫，营造蜀府，征讨云南禄肇诸处，积年劳役，请从末减。四曰施州卫官军岁用粮储皆湖广郡县所运，川江至险，溯流艰难。重庆府岁储粮三十三万八千石有奇，既无他用，可具舟顺流至巫山，俾施州卫发军与民兼运，甚便。五曰建昌、苏州新制之卫，控御羌戎，凡弓矢火攻之具，四川都司、布政司足以造之，惟盔甲不易成，请于工部支给。上皆从之。

庚寅（十三日）［改会川军民千户所为会川卫军民指挥使司］

改会川军民千户所为会川卫军民指挥使司。

甲午（十七日）［月鲁帖木儿被擒伏诛，蓝玉奏增置卫所、籍民为兵及征百夷诸事］

总兵官凉国公蓝玉兵次柏兴州，玉间遣百户毛海，以计诱致月鲁帖木儿并其子胖伯，遂降其众。遣人送月鲁帖木儿至京师，伏诛。玉因奏：四川之境，地旷山险，控扼西番，连岁蛮夷梗化，盖由军卫少而备御寡也。宜增置屯卫顺庆府，镇御巴、梁、大竹诸县。其保宁千户所，北通连云栈，宜改为卫。汉州灌县、邛县，西连松茂碉黎，当土番出入之地。眉州控制马湖、建昌、嘉定、接山、都长九寨，俱为要道，皆宜置增军卫。下群臣议行之。玉又奏：四川军士少，请籍民丁为兵。其长河西、朵甘、百夷，地相连属，恃其险远，久不入贡，请兵致讨。上报玉曰：籍民为兵，甚不可。其民连年供输烦扰，又以壮者为兵，其何以堪！况凶渠已殄，人知顺命，虽犷悍者渐革其习，戍守军士皆有成规，何用增益，重困吾民乎！其长河西、朵甘、百夷之事，朕惟兵久在外，不可重劳，但养锐蓄威，徐议大举，此非四十万众不可行也。今尔所统之兵，选留守御，余令回卫，尔即还京。玉遂班师，既而都指挥使瞿能、同知徐凯亦还成都。

癸卯（二十六日）［贵州宣慰使等贡马］

贵州宣慰使安的等来朝贡马六十六匹。赐以绮帛、钞锭。

［置贵州宣慰司儒学］

置贵州宣慰司儒学，设教授一员，训导四员。

明太祖实录卷二百二十三

十二月

甲寅（初八日）［朵甘都指挥使司遣指挥奉表贡马］

朵甘都指挥使司遣指挥锁南监藏卜奉表笺，来贡马。

庚申（十四日）［赏赐都督佥事何福等“征蛮”将士］

都督佥事何福等征蛮还京师。诏赏福白金二百两、文绮十匹、钞二百锭，茅鼎白金一百两、文绮八匹、钞一百锭，徐司马、陶文、俞渊白金各五十两、文绮四匹、钞一百锭，将士二万四千余人俱赏有差。

甲子（十八日）［徙东莞、香山等县逋逃“蜑户”为兵］

广东都指挥使花茂奏：东莞、香山等县大溪山、横琴山逋逃蜑户、輋人凡一千余户，附居海岛，不习耕稼，止以操舟为业。会官军则称捕鱼，遇番贼则同为寇盗，隔绝海洋，殊难管辖。其守御官军冒山岚海瘴，多疾疫而死。请徙其人为兵，庶革前患。从之。

乙丑（十九日）［都督佥事杨春讨平靖州、绥宁“蛮寇”］

都督佥事杨春讨靖州、绥宁蛮寇杨晟礼，平之。晟礼自洪武十八年拒命不供赋税，至是命春率辰州卫指挥陈贵等领兵讨之。先遣人谕以祸福逆顺之理，晟礼不听。春遂督兵进攻，斩蛮人数百，而俘其男女千人，其党遁散。

戊辰（二十二日）［置云南元江府儒学］

置云南（沅）〔元〕江府儒学。时（沅）〔元〕江府言：土官子弟、编氓多愿读书，宜设学校以教之。诏从之。

庚午（二十四日）［以“习知土俗”，任用户部郎中杨大用为云南右参议］

以云南布政司右参议范祖为左参议，户部郎中杨大用为右参议……大用，云南人。上以其习知土俗，故擢用之。

闰十二月

乙未（十九日）［置会川卫迷易守御千户所］

置会川卫迷易守御千户所。

是月［姚安军民府同知以袭职遣弟贡马谢恩］

姚安军民府同知高保以袭职遣弟高胜贡马谢恩。

明太祖实录卷二百二十四

洪武二十六年癸酉（1393）

正月

庚戌（初四日）［置四川越嶲卫］

置四川越嶲卫。

癸丑（初七日）［户部奏定云南乌撒中盐则例］

户部奏定云南乌撒中盐则例：凡输米一斗五升给浙盐一引，输米二斗给川盐，输米一石八斗给安宁井盐，输米一石六斗给黑盐井盐。

甲子（十八日）［云南武定军民府知府子袭职］

云南武定军民府知府商胜病不能任事，请以子海积袭职。从之。

［置建昌白、黑二盐井盐课司］

置建昌白、黑二盐井盐课司，设大使、副使各一人，隶四川盐课提举司。

戊辰（二十二日）［罢广西荔波县儒学］

罢广西荔波县儒学。时本县言：自洪武十七年诏置县治，其地界于云南，因蛮寇作乱，焚毁学舍。其后大军克复，虽已重建，然生员皆苗蛮瑶僮，鴃舌之徒，教养无成，不堪选贡。徒费民供，无益国家，乞罢其学。从之。

［以前永宁宣抚司宣抚子袭职］

以前永宁宣抚司宣抚禄照子阿聂袭职。先是，禄照遣阿聂及次子智人太学受业。至二十一年，禄照坐事逮至京，得直还，卒于途，遂以其庶母奢尾署司事。至是，奢尾入朝，请以阿聂袭父职。从之。

己巳（二十三日）［讨平靖州会同“山贼”］

初，靖州会同县山贼王汉等恃险聚众，据天柱龙寨，连结五开、龙里群盗为乱，乘间时出剽掠。命靖州卫发兵讨之，兵至斩获甚多。至是，械其首从五百余人至京，廷臣请诛之。上曰：蛮人为乱，何代无之，但诛其首乱者足矣！其余悉发戍东胜州。

辛未（二十五日）［广西龙州土官知州朝贡］

广西龙州土官知州赵宗寿贡马及方物。

是月［沐川长官贡马］

沐川长官德聚来朝贡马。

明太祖实录卷二百二十五

二月

乙酉（初十日）［并长沙护卫于越州卫］

并长沙护卫于越州卫。

乙巳（三十日）［命洱海卫指挥同知守景东］

命洱海卫指挥同知赖镇守景东。时西平侯沐春奏：镇在洱海，以恩信抚下，夷民服从，而景东之地尤为险要，乞调镇往守之。遂命指挥程达守洱海代，镇往景东。镇至，广城郭，建楼堞，置廨舍、邮驿、仓库，又立屯堡以厚储偫。自是军民相安，远夷慑服。镇初名正孙，后赐今名。

［田州府知府遣子贡马］

田州府知府岑坚遣其子思恩州知州永昌，贡马及银器皿。诏赐文绮、钞锭。

明太祖实录卷二百二十六

三月

壬戌（十七日）［驯象卫进象］

驯象卫进象。先是，诏思明、太平、田州、龙州诸土官领兵会驯象卫官军，往钦、廉、藤、蒿、澳等山捕象豢养驯狎。至是以进。

癸亥（十八日）［杨春“平蛮”还京师］

前军都督佥事杨春平蛮还京师。初，春会茅鼎等讨堂厓诸洞蛮，平之。诏即其地立古州卫镇守。后春复率长沙、衡州、宝庆、武冈诸卫兵讨富春瑶蛮，驻军于江华县。上以蛮方连岁用兵，民劳于供输，故诏还京师，诸军各还卫屯种。

庚午（二十五日）［以功赏赐贵州宣慰使等］

赐贵州宣慰使司土官安的白金四百两、钞四百锭、绮帛各十匹。以其守城有功，故厚赏之。其从者亦有赐。

壬申（二十七日）［贵州中槽蛮夷长官贡马］

贵州中槽蛮夷长官谢阿梭贡马。诏赐以绮帛。

甲戌（二十九日）［改苏州军民指挥使司为宁番卫］

改苏州军民指挥使司为宁番卫。遣使赐指挥鲁毅钞三百锭、白金三百两、文绮八匹，授世袭指挥使，以守御有功也。

明太祖实录卷二百二十七

四月

丙子（初二日）［革云南会川府］

革云南会川府。初，月鲁帖木儿叛，土官知府王春攻陷会川，毁民居府治。至是遂堕其城。

癸未（初九日）［田州府知府贡白金］

田州府知府岑坚贡白金一千二百九十两。

乙未（二十一日）［龙州土官知州朝贡］

龙州土官知州赵宗寿贡马及金银酒器。

五月

乙巳朔（初一日）［置湖广澧州守御千户所］

置湖广澧州守御千户所。

丙辰（十二日）［革洪安化济长官司］

革思南宣慰使司之洪安化济长官司。

丁巳（十三日）［复置东川军民府］

复置东川军民府，以土官摄赛为知府。

己巳（二十五日）［湖广永州卫指挥佥事以征“五开蛮僚”有功复职］

复湖广永州卫指挥佥事袁简职。先是，简以征进后期罢官立功。至是，以征五开蛮僚有功复其职。

癸酉（二十九日）［广西泗城州知州侄、奉议州知州等遣人朝贡］

广西泗城州知州岑振侄、奉议州知州黄嗣隆等，遣人贡马及方物。诏赐以钞锭。

［置云南中护卫］

置云南中护卫，调长沙卫将士守之。

［赐云南景东、蒙化二卫补役军丁道里费］

赐云南景东、蒙化二卫补役军丁道里费有差。

明太祖实录卷二百二十八

六月

乙未（二十一日）［城广西贵县守御千户所］

城广西南宁卫贵县守御千户所。

癸卯（二十九日）［置盐井卫指挥使司］

置盐井卫指挥使司，命中军都督府都督佥事徐凯署司事。

明太祖实录卷二百二十九

七月

乙卯（十二日）［云南武定军民府女知府朝贡］

云南武定军民府女知府商胜贡马。

戊辰（二十五日）［广东乐昌县“盗起”］

广东韶州府乐昌县盗起，杀县官，发仓库，劫掠民资，命清远卫指挥雍文率兵讨捕之。

辛未（二十八日）［思明府知府遣弟进方物］

思明府知府黄广平遣弟忠华进方物。

壬申（二十九日）［普定卫西堡长官等起事，官军讨平之］

普定卫西堡长官司阿德、诸寨长卜剌赞等聚众作乱，命贵州都指挥顾成领兵讨平之。

八月

己卯（初六日）［马龙州知州遣使朝贡］

曲靖府马龙州知州法灯等遣使贡马及方物。

己丑（十六日）［罢湖广古州卫］

罢新置湖广古州卫，令将士屯田五开。

九月

甲辰（初二日）［赐广西桂林等卫征进将士钞］

赐广西桂林等卫征进将士六千余人钞三万三千二百余锭。

己酉（初七日）［永明县“蛮人”起事，官军讨平之］

道州永明县蛮人作乱，拥众二千余，劫桃川巡检司，杀兵民、焚庐舍，永州卫百户李实战死。事闻，命永州卫指挥使许仁等率兵剿捕，寻讨平之。

庚申（十八日）［播州宣慰使司宣慰使遣从兄、建昌土官遣弟进马］

播州宣慰使司宣慰使杨铿遣其从兄杰，建昌土官贾哈剌遣其弟剌撒，各进马。

明太祖实录卷二百三十

十月

乙亥（初三日）［四川民以输粮违期及移易者坐法当诛，悉宥之］

大理寺奏：四川民以输粮违期及移易者坐法当诛。上曰：四川水陆险峻，输挽良难，故有失期。彼移易者或两取便利，求无逋欠可矣，岂得遽论以死？甚失爱民之心。其悉宥之，仍给道里费遣还。病不能至者，遣内官就道给赐。税粮未足者，令就本处输之。

十一月

癸卯（初二日）［贵州水西土官遣把事贡马］

贵州水西土官遣把事阿夷、阿库贡马六十五匹。

庚戌（初九日）［免水东“异种蛮民”及水西逋负税赋］

户部奏：贵州宣慰使司宣慰使安的言：水东所统异种蛮民，言语不通，虽承纳租赋，而近年逋负益多，逃徙邻境，无从征纳。西平侯沐春亦言：水西土官霭翠所纳税粮八万石，连年递减至二万石，然亦不能供也。上曰：蛮夷之人，其性无常，不可以中国治之，但羁縻之足矣！其贡赋之逋负者悉免征，逃徙者招谕复业。

[永宁宣抚司招徕“蛮民”]

西平侯沐春奏：永宁宣抚司招徕土官禄肇所部蛮民四百六十五户，诛其逆命者七十余人。初，蛮民作乱，官军进讨，既降复遁，数为边患，至是始平。

乙卯（十四日）[广东东莞县民聚众起事，官军讨平之]

广东东莞县民黄廷辅等聚众作乱，广东都指挥使司发兵讨平之。

己未（十八日）[诛何迪]

东莞叛寇何迪伏诛。迪，东莞伯真之弟也。真次子宏以罪诛，迪自疑祸及，遂聚众作乱。南海卫以兵捕之，迪伏众狙杀官军三百余人，遁入海岛。广东都指挥使司发兵追击，败之，械迪送京师，诛之。

十二月

己卯（初八日）[罢越嶲卫商人中盐]

罢越嶲卫商人中盐。初，以盐井、建昌、苏州、越嶲、会川五卫土地硗瘠，军食不敷，故令商人输米中盐。至是，以越（巂）〔嶲〕稍近成都，粮饷可给，故罢之。

癸巳（二十二日）[广西太平州知州、田州府知府朝贡]

广西太平府太平州知州李圆泰贡白金器皿及马。田州府知府岑坚等贡马及方物。

丙申（二十五日）[四川石砫宣抚使、龙州土官同知朝贡]

四川石（柱）〔砫〕宣抚使马良、龙州土官同知李昭等贡马及方物。

己亥（二十八日）[西平侯沐春奏请丽江府土民以输马代白金]

西平侯沐春奏：丽江府土民每岁输白金七百六十两，皆摩娑洞所产。土民以马易金，不谙真伪。请令以马代输为便。许之。

庚子（二十九日）[云南乌蒙等府土官俱入贡]

云南乌蒙、芒部、临安、大理、普定、广西、金齿、景东、丽江等府土官，俱入贡。

[贵州宣慰使司、安顺州及十二营长官司各遣人贡马]

贵州宣慰使司宣慰使安的等、安顺州及十二营长官司各遣人贡马。

[卢番、韦番、小平伐三长官司土官等贡马]

卢番、韦番、小平伐三长官司土官卢朝等来朝贡马。

[结伦等州土官各遣其弟、侄朝贡]

结伦州土官冯志威、安平州土官李贵、万承州土官许郭安、泗城州土官岑振、南丹州土官莫金各遣其弟、侄来朝贡马及方物。

明太祖实录卷二百三十一

洪武二十七年甲戌（1394）

正月

辛丑朔（初一日）[云南麓川平缅宣慰使司宣慰使、元江府土官知府、因远罗必甸长官司长官等五十处土官朝贡]

云南麓川平缅宣慰使司宣慰使思伦发及元江府土官知府那荣、因远罗必甸长官司长官白文玉等五十处土官来朝，各贡马、象、方物。

壬寅（初二日）[置普定卫儒学及惠民药局]

置普定卫儒学及惠民药局。

辛亥（十一日）[赏赐云南、四川、湖广进方物土官及从人]

赐云南、四川、湖广进方物土官及从人，凡五百四十一人，钞四千六百五十九锭、锦二十三匹、文绮一百七十六匹、绢二百四十二匹。

［成都等卫兵击摩岁洞“蛮寇”］

云南摩岁洞蛮寇建昌打冲河西守堡，中军都督府都督佥事徐凯以成都等卫兵击败之。

癸丑（十三日）［广西思陵州、江州土官与思明府知府朝贡］

广西思陵州土官韦延寿、江州土官黄中立、思明府知府黄广平贡马及方物。

甲寅（十四日）［禁民间用番香、番货］

禁民间用番香、番货。先是，上以海外诸夷多诈，绝其往来，唯琉球、真腊、暹罗许入贡。而缘海之人，往往私下诸番，贸易香货，因诱蛮夷为盗。命礼部严禁绝之，敢有私下诸番互市者，必置之重法，凡番香、番货皆不许贩鬻，其见有者限以三月销尽。民间祷祀，止用松柏枫桃诸香，违者罪之。其两广所产香木，听土人自用，亦不许越岭货卖。盖虑其杂市番香，故并及之。

己未（十九日）［命泸州卫指挥佥事镇守盐井卫］

命泸州卫指挥佥事皇甫霖镇守盐井卫。时西平侯沐春奏：盐井卫地边远夷，而卫新置，宜选宿将谙练怀柔、可服夷心者镇之，故有是命。

辛酉（二十一日）［永顺宣慰使司宣慰贡方物］

永顺宣慰使司宣慰彭添保贡方物。

甲子（二十四日）［乌思藏灌顶国师等各遣使朝贡］

乌思藏灌顶国师吉剌思巴监藏巴藏卜等各遣使来朝，献甲胄𡲴缨等物。

乙丑（二十五日）［贵州宣慰使司宣慰使献马谢恩］

贵州宣慰使司宣慰使安的遣使贡马十二匹。先是建昌卫寇乱，上以安的固守疆境，遣使赏劳之，故安的献马谢恩。

戊辰（二十八日）［湖广都司遣兵讨捕道州“瑶蛮”，杀二十九人，余皆溃散］

道州瑶蛮盘大等五百余人作乱，湖广都指挥使司遣兵讨捕。获其党周子昌等二十九人诛之，余皆溃散。

是月［建昌卫等地贡马］

是月，建昌卫指挥使安配，乌撒军民府前宣慰使阿么，沐川长官德聚，陇木头长官车落弟蒲亭，程番长官程谷秀，岳希蓬长官蒲送，静州长官非车子车送，及奉议州土官黄世铁，泥溪长官司土官王凤遣子王凰，马湖府知府安仁，寻甸府土官沙姑遣把事李不花，临安府土官甥禄胜，来朝贡马。诏赐锦（锜）〔绮〕及钞锭有差。

二月

壬申（初二日）［车里军民宣慰使司宣慰使遣人贡方物］

车里军民宣慰使司宣慰使刀暹答遣其弟刀散等贡方物。诏赐绮帛各十匹、钞一百八十锭。

癸酉（初三日）［置建昌卫前千户所］

置建昌卫前千户所，守御打冲河。

［给广西属卫官军钞］

给广西属卫官军六千九百余人，钞三万三千二百余锭。

癸未（十三日）［四川天全六番招讨使遣使贡马］

四川天全六番招讨使高敬严遣使贡马。诏赐以文绮、钞锭。

丁酉（二十七日）［四川黎州安抚司土官副使贡马］

四川黎州安抚司土官副使芍德贡马。

明太祖实录卷二百三十二

三月

丙午（初七日）［云南临安府僧来朝］

云南临安府僧鉴音等来朝，请开设僧纲司。从之，以鉴音为都纲。

甲寅（十五日）［广西镇安府知府奏请以白金折米输纳］

广西镇安府知府岑添保上言：往者征虏前将军傅友德令郡民岁输米三千石，运饷云南普安卫。本府僻处溪洞，南接交阯，孤立一方，且无所属州县，人民寡少，舟车不通，陆行二十五日，始至普安。道远而险，一夫负米，仅可三斗，给食之余，所存无几。往往以耕牛及他物至其地易米输纳，而普安荒远，米不易得，民甚病之。去年米才输七百石，尚逋二千二百余石。又本府岁输本卫米四百石，尤困极艰难。旧以白金一两折纳一石，今民愿依前例输白金。如准臣所言，恕宽民病。书奏从之。

四月

是月［酉阳宣抚以袭职贡方物］

酉阳宣抚冉兴邦以袭职来朝贡方物。

明太祖实录卷二百三十三

五月

癸丑（十五日）［云南八百土官遣其叔父进方物］

云南八百土官刀板冕遣其叔父刀板直进象牙、席香、药等物。赐板直等三十六人钞四百八十锭、罗绮各十匹、布一百二十匹。

丙寅（二十八日）［四川平茶洞长官孙袭职］

命四川平茶洞长官杨抵纲孙正贤袭职。初，抵纲死，其子再隆、再兴、再德三人相继署事，皆死。再兴子正贤、再德子玄坛保，皆以幼不得袭。于是抵纲第四子再胜，逼正贤母单氏为妾，代署司事，请俟玄坛保长还其职。既而谋欲杀正贤及洞长杨通保等。正贤等觉之，潜逃至京师，诉其事，且言再胜与景川侯谋反。上命逮再胜鞫之，再胜辞服，当族诛，正贤亦应缘坐。上命独诛再胜，释正贤，使袭长官职。

是月［改广东廉州千户所为廉州卫，钦州百户所为千户所］

是月，改广东廉州千户所为廉州卫，钦州百户所为千户所。

六月

癸酉（初五日）［以从征“瑶蛮”，赏武昌三护卫及长沙等五卫军士］

给武昌三护卫，及长沙、衡州、宝庆、茶陵、永州五卫军士，钞四万三千八百余锭。初，全州、灌阳等县瑶蛮作乱，各卫军士尝从征讨，至是各赐钞锭有差。

甲申（十六日）［置建昌前卫］

置建昌前卫。先是，西平侯沐春奏：层台卫地多山林，少平衍，难于耕稼，军饷不给。至是命置卫于建昌，徙层台卫官军实之。

［置缅中宣慰使司］

置缅中宣慰使司。时缅中来贡，上敕吏部置宣慰司，以其土官之长普剌浪为宣慰使。赐其使二十人钞三百一十五锭、罗绮各十四匹、布四十八匹。

甲午（二十六日）［全州及灌阳等县平川诸原瑶民聚众起事，官军讨平之］

全州及灌阳等县平川诸原瑶民聚众为乱，命湖广、广西二都司发兵讨之。擒杀千四百余人，诸瑶奔窜遁去。

明太祖实录卷二百三十四

八月

壬申（初五）［以湖广全州及灌阳县隶广西布政使司］

以湖广全州及灌阳县隶广西布政使司。

九月

丁未（初十）［置四川行都指挥使司］

置四川行都指挥使司于建昌府，以建昌军民指挥使司及建昌前卫、宁番、越（隽）〔嶲〕、会川、盐井六卫隶之。

辛亥（十四日）［免四川永宁宣抚司积年无征税粮］

免四川永宁宣抚司积年无征税粮，一千三百三十余石。

丙辰（十九日）［湖广辰州卫置五驿］

湖广辰州卫奏：本卫地方，上抵沅州，下接常德，请置五驿。如沅州例，每一驿置一堡，每堡置卒二百人戍守，且令走递。从之。

丁巳（二十日）［云南乌撒军民府知府奏言沾益州侵夺其地］

云南乌撒军民府知府卜穆奏言沾益州屡侵夺其地。诏令西平侯沐春理断之。

甲子（二十七日）［置广海卫及惠州等三守御千户所］

置广海卫于广州新会县，置惠州、平海、海丰三守御千户所。

是月［广西上隆州知州遣弟贡马］

广西田州府上隆州知州岑永通遣其弟永玉等贡马十二匹。

明太祖实录卷二百三十五

十月

己丑（二十三日）［罢建岷王宫殿］

罢建岷王宫殿。上谕工部臣曰：边境土木之工，必度时量力，顺民情而后为之。时可为而财力不足不为也，财有余而民不欲不为也。必有其时，有其财而民乐于趋事，然后为之，则事易集。今云南土旷民稀，军饷转输，民力甚劳。若复加以兴造之役，非惟时力未可，于民情亦有所不欲。岷府姑为棕亭以居，俟十五年后，民富力纾，作之未晚。尔工部遣人驰驿往谕云南守臣，罢其役。

丙申（三十日）［城宁川千户所、置乐民等四千户所于雷州］

城宁川千户所，及置乐民、海康、海安、锦囊四千户所于雷州之地。

十一月

甲辰（初八日）［贵州宣慰使司宣慰使贡马］

贵州宣慰使司宣慰使安的贡马二十六匹，以免其积岁逋租故也。

辛亥（十五日）［土人免比试袭武职］

云南易门守御千户段弘毅死，其弟长请袭职，兵部以长比试不习武艺难之。上以其土人，宜免比试，令袭职。

乙丑（二十九日）［越州土酋阿资“复叛”，官军讨之］

越州土酋阿资复叛，西平侯沐春、都督何福等率兵讨之。营于越州城北，督指挥李得、徐毅分道四面攻之。又别遣指挥何琪、俞辅，领壮〔士〕伏于岐路，以兵挑战。于是蛮寇悉众以出，伏兵四起纵击，大败之。杀获甚众，惟阿资脱身遁去。

十二月

辛未（初六日）［于广西郁林州凿河以通舟楫］

广西郁林州民李友松上言：本州北流、南流二江，其间相去二十余里，乞凿河通舟楫，以便行旅，仍乞蠲其所侵田税，及设石陡诸闸。诏从之。

乙亥（初十日）［置广东碣石卫及甲子门千户所］

置广东碣石卫及甲子门千户所。

戊子（二十三日）［赏赐贵州都指挥使司所属土官等］

赐贵州都指挥使司所属土官、寨长、把事、舍人八十一人，钞一千八百六十锭。

癸巳（二十八日）［贵州紫江、新蓝等处“蛮民”起事，官军讨平之］

贵州紫江、新蓝等处蛮民作乱，四川都指挥使司都指挥使程暹率兵讨平之。

［城富川县］

城富川县，徙梧州守御千户所于城中。时富川典史徐鲁以县治去所甚远，遇瑶蛮窃发，卒难备御，请徙于城中，故有是命。

明太祖实录卷二百三十六

洪武二十八年乙亥（1395）

正月

丙申朔（初一日）［贵州宣慰使、金筑等处土官等朝贡］

是日……贵州宣慰使安的并金筑等处土官，各进方物、马匹。

丁酉（初二日）［置四川盐井卫军民指挥使司儒、医、阴阳学官］

置四川盐井卫军民指挥使司儒、医、阴阳学官。时本卫新置，以儒、医、阴阳学并仓库、驿传未设官为请。吏部议，仓库官以镇抚兼之，驿官以百户领谪卒当传者兼之，儒学等官宜许其请。从之。

辛丑（初六日）［命广东都司讨捕“海寇”］

命广东都指挥同知花茂讨捕海寇。时广东都指挥使司言：潮州吉头澳有贼船九艘泊岸，约五百余人劫掠南栅等村。上以广东濒海州县常被寇害，由守御官军巡逻不严所致，于是诏都司以兵操海舟五十艘，往来巡捕，令茂总之。

甲子（二十九日）［讨平越州阿资］

西平侯沐春、中军都督佥事何福等讨越州阿资，平之。初，阿资遁去，时曲靖土军千户阿保、张麟所守之地与越州相接，其部属多与之贸易。春使人阴结阿保等，令觇知阿资所在，于其所经行之地，星列守堡，绝其粮道，阿资困急。福潜引兵屯赤窝铺，遣百户张忠等捣其寨，擒阿资斩之，俘其党。越州遂平。

二月

庚午（初六日）［西平侯沐春奏言沾益、乌撒争地，宜以所争

地给乌撒卫官军屯种]

西平侯沐春言：沾益、乌撒地境相邻，连年争地不决，宜以所争地给乌撒卫官军屯种。可之。

庚辰（十六日）[诏右军都督府榜谕龙州土官及军民]

诏右军都督府榜谕龙州土官赵宗寿等。先是，二十一年九月，土官赵贴坚卒，无子，其侄宗寿袭为土官知州。已而郑国公常茂以罪谪居龙州，贴坚妻黄氏有二女，其一为太平州土官李圆泰妻，而茂纳其一为妾。方是时，宗寿虽袭职，而贴坚妻犹持土官印，与茂、圆泰专擅州事，数凌逼宗寿。会茂以病卒，其阉者赵观海等亦肆侮宗寿。宗寿乃与其把事等，以计取土官印，上封章言茂已死，并械观海等至京。于是贴坚妻惶惧，使人告宗寿掳掠，又与圆泰谋劫茂妻并其奴婢往太平州，及赵氏祖父官诰诸物，尽掠取之。又欲并取龙州之地，乃自至京，告宗寿实从子，不应袭土官，宗寿亦上章言状。上乃诏宗寿勿问，下吏议贴坚妻与圆泰罪，既而以蛮夷远人，俱释之。至是复有人告茂匿龙见州未死，前宗寿所言皆妄。遂诏右军都督府榜谕宗寿及其官民人等曰：皇上以郑国公常茂有罪，特以其父开平王之功，不忍遽置于法，安置龙州，其昆弟仍享爵禄，抚存如故。惟龙州远在西南，自我朝平定天下，土官赵贴坚称藩纳款，诚事朝廷。贴坚已故，其妻乃与茂结为婚姻，诱合诸酋，肆为不道。及贴坚侄宗寿袭为土官，与贴坚妻互相告讦，又言茂已死。皇上以诚信待人，且以茂功臣之子，得罪而死，深可矜悯，并释其告讦之罪。今有人言茂实不死，宗寿等知状，已遣散骑舍人谕宗寿捕茂。宗寿漫不加意，延玩使者，久不复命，其意莫测。皇上未即问罪，特命榜谕尔宗寿等知之。如茂果存，则送至京师，以赎尔罪。复违令，则命大将军率兵讨捕，罪在不赦。如茂果死，则宗寿亦亲率大小头目至京，具陈其由。凡龙州军民人等，悉皆知会。

戊子（二十四日）[置广州卫增城千户所，惠州卫右、后二千户所，及所属捷径千户所]

置广州卫增城千户所，惠州卫右、后二千户所，及所属捷径千户所。

明太祖实录卷二百三十七

三月

戊午（二十五日）［诏琼州府南山、海口二千户所分兵镇廉州］

诏琼州府南山、海口二千户所分兵镇廉州。

［改惠州卫捷径千户所为捷胜千户所］

改惠州卫捷径千户所为捷胜千户所。

庚申（二十七日）［官军征讨西番东峰里乌杂山等处］

陕西、四川二都司率马步官军征讨西番东峰里乌杂山，及水扶州罗家、毛工等族，及祈家沟、丹堡等处，破之。获男女一千六百七十余口。其一十四族五百九户内附，编籍输赋。

癸亥（三十日）［赏云南从征越州阿资有功官军］

命赏云南从征有功官军。先是，西平侯沐春、中军都督府都督佥事何福等，率兵讨越州阿资。上命预定赏格，凡获首贼者赏白金五百两，大把事一百两，小把事五十两，从贼五两。及阿资平，春等第其将士之功以闻，上命户部如数赏之。凡官军二万三千九人，赏黄金一百九十二两，白金二万三千八百四两，钞九千一百一十八锭。

［赏贵州都司及各卫征剿西堡获功并阵亡、伤残官军］

给赏贵州都司及各卫征剿西堡获功并阵亡、伤残官军三万七千五百三十二人，钞二十一万二千四百七十九锭。

明太祖实录卷二百三十八

四月

壬申（初九日）［大猛洞“蛮寇”邓华仔等被杀］

蛮寇邓华仔等伏诛。初，道州大猛洞蛮盘满仔作乱，华仔等以逋赋往从之，杀千户、百户各一人。宝庆卫指挥同知姚祥，会衡州卫官军讨捕。擒华仔等二十九人，遣人械至京诛之。

戊寅（十五日）［麓川平缅宣慰使遣人朝贡］

麓川平缅宣慰使思伦发遣刀越孟等贡犀、象、方物。诏赐钞二百五十锭，文绮、帛各十五匹。

甲申（二十一日）［广西布政使司言龙州土官拒不赴京］

广西布政使司言：龙州土官赵宗寿屡诏令赴京，宗寿与群蛮结聚，拒命不出。又言奉议、南丹等处蛮人梗化。上复命兵部尚书致仕唐铎赍敕往谕之，宗寿不从命。

辛卯（二十八日）［城云南建昌卫］

城云南建昌卫。

是月［播州宣慰使遣人贡马］

是月，播州宣慰使杨铿遣其弟瑾等贡马。赐瑾绮钞。

五月

乙巳（十三日）［发官军征龙州、奉议等处］

诏发湖广、江西所属卫所马步官军六万余及诸卫达达官军，各赍三月粮，期以秋初俱赴广西，从大军征进龙州、奉议等处。

丙辰（二十四日）［四川宋依茶洞“蛮贼”起事，官军讨平之］

四川宋依茶洞蛮贼田大虫作乱，四川都指挥使司发泸州卫官军征剿。贼走宝靖，重庆卫指挥杨锦率兵与宝靖民兵追击之。斩大虫等二百余人，俘男女一百八十口。

是月［赏盐井等卫军士绵布、绵花］

是月，赏盐井、会川、宁番、越嶲、建昌等卫军士一万三千四十人，绵布二万六千八十匹，绵花一万三千四十斤。

明太祖实录卷二百三十九

六月

壬申（初十日）［谕云南、四川边夷土官设儒学］

户部知印张永清言：云南、四川诸处边夷之地，民皆罗罗，朝廷与以世袭土官，于三纲五常之道，懵焉莫知。宜设学校，以教其子弟。上然之，谕礼部曰：边夷土官，皆世袭其职，鲜知礼义，治之则激，纵之则玩，不预教之，何由能化？其云南、四川边夷土官皆设儒学，选其子孙弟侄之俊秀者以教之。使之知君臣父子之义，而无悖礼争斗之事，亦安边之道也。

己丑（二十七日）［普定西堡土官诱集“蛮民”起事，命贵州都指挥同知顾成等领兵讨之］

普定西堡土官阿傍诱集蛮民二千余人，叛入山箐，时出剽掠，命贵州都指挥同知顾成等领兵讨之。

七月

甲午（初三日）［置会川卫军民指挥使司巴松等四驿］

置会川卫军民指挥使司巴松、大龙、黎溪、会川四驿。

［广西都指挥使韩观率兵剿捕宜山等县“蛮寇”］

广西都指挥使韩观率兵捕获宜山等县蛮寇二千八百余人，斩伪大王韦召，伪万户赵成秀、韦公旺等，传首诣京师。时岭南盛暑，官军多病瘴，上命观班师，观还军广西。

乙卯（二十四日）［贵州宣慰使贡马］

贵州宣慰使安的贡马。赐白金三百两、钞二百五十锭、夏衣二袭。

明太祖实录卷二百四十

八月

丁卯（初六日）［征讨龙州土官及奉议等州“叛蛮”］

命左军都督府左都督杨文佩征南将军印为总兵官，广西都指挥使韩观为左副将军，右军都督府都督佥事宋晟为右副将军，刘真为参将，率京卫精壮马步官军三万人，至广西会各处军马，讨龙州土官赵宗寿及奉议、南丹、向武等州叛蛮，赐文等及从征指挥而下钞有差。师行，遣使祭岳、镇、海、渎诸神曰：昔者元运将终，英雄并起，民受兵殃，时予亦与群雄并驱，辑兵保民。上帝默相，山川效灵，所在必克。五年而兵偃民息，天下太平，今二十有八年矣。近者蛮夷酋长赵宗寿及奉议等州，不循治化，负固殃民，今将讨之，兵兴重事，不敢不告。所以告者，兵行十万，各离父母妻子，道途饥饱劳逸，山岚瘴气，染患者有之，此行之难，予之所以忧也。呜呼！大军经过，荆棘生焉，民惊，且移十万之众，经过未有不伤者也。用是致告于神，惟神鉴予诚恳，闻于上帝，敷佑三军，使瘴疠之方，化烟岚为清凉之气。即殄渠魁，良民安业，军士早还，以养父母。是其祷也。

戊辰（初七日）［遣使安南谕以讨龙州之故］

遣礼部尚书任亨泰、监察御史严震，直使安南，谕以讨龙州赵宗寿之故。上谓亨泰等曰：龙州地连安南，大军压境，彼必致疑。宜告以赵宗寿之罪不可赦，安南当慎守边境，毋启纳叛之谋，若如朕命，彼此边徼之民皆幸矣！亨泰等至安南，陈日焜闻命畏恐，即奉诏贻书亨泰等言：朝廷怀柔远邦，矜恤蛮夷，覆煦教戒，不啻如天地父母。此皆好生之德也，而陋邦下国，畏天事上之诚，惟阁下亮察而已。亨泰等因复书叙朝廷所以用兵之意以慰安之。

［汤和卒］

信国公汤和卒。和字鼎臣，凤阳人……四年，命为征西将军，率舟师取四川。二月，攻烽火山，伪夏将李逢春迎降。六月，抵瞿塘，分兵破其水陆寨栅，引水军直捣重庆，降夏主明昇……十六年，出镇四川永宁……十八年，总兵讨五开九溪叛蛮。俘蛮僚四万余人……

壬申（十一日）［诏贵州都指挥使司发兵征“蛮夷”，“因粮于敌”］

新添卫指挥使司奏，军士缺粮，诏贵州都指挥使程暹整饬附近各卫军马以征，方命蛮夷寨栅，俾之因粮于敌，以给军饷。候至春作方兴，班师屯种。

甲戌（十三日）［给赐征讨西堡官军钞］

遣行人沈暹往贵州等都司，给赐征讨西堡官军钞一万三千三百三十七锭。

丙子（十五日）［命江阴侯吴高、安陆侯吴杰分领南宁卫、柳州卫兵从征，建功自赎］

命右军都督府遣人谕总兵官征南将军左都督杨文，令调南宁卫兵千人，江阴侯吴高领之，柳州卫兵千人，安陆侯吴杰领之，皆令从征。先是，高等以事获罪，故俾征讨建功以自赎。

己卯（十八日）［诏总兵官杨文等征讨龙州］

诏总兵官征南将军左都督杨文等：如兵至龙州，土官赵宗寿躬亲来见，具陈常茂已死之由，则宥其罪。若诈遣人来，即进兵讨之。

辛巳（二十日）［龙州土官伏罪来朝乞罢兵］

兵部尚书唐铎还京言：龙州土官赵宗寿伏罪来朝，乞罢兵勿征。诏征南将军左都督杨文移兵奉议等处，仍命铎至军参议军事。

癸未（二十二日）［诏置南丹、奉议、庆远三卫指挥使司］

诏置南丹、奉议、庆远三卫指挥使司。命兵部取罢免武官，及辽东捕野人有功者，俱送总兵官左都督杨文，俟征进毕日，选授三卫指挥以下官，每卫指挥五人，所千户三人，百户依缺选补。

丁亥（二十六日）［命蕲州等卫官军讨郴州、桂阳“山贼”］

命蕲州卫指挥佥事胡冕为征虏前将军，六安卫指挥佥事宋晨，武昌、荆州二护卫指挥佥事徐越、荣铸副之，各率本卫及沈阳等卫官军讨郴州、桂阳等处山贼。时桂阳县耆民陈仲才言：本处山贼劫掠人民，广西、湖广二都司调指挥胡宗等将兵收捕。贼闻官军至，皆遁入山谷。及师还，复群出剽掠，屡为民患。于是诏冕等讨之。

明太祖实录卷二百四十一

九月

甲午（初三日）［诏岷王楩之国云南］

诏岷王楩之国云南。改西河中护卫为云南中护卫，调指挥同知贺安掌之。云南左卫为云南左护卫，指挥佥事王福掌之。云南前卫为云南右护卫，指挥佥事李谦掌之。初，岷王定都岷州，上以云南土旷人悍，必亲王往镇之。故命岷王改都焉。

乙未（初四日）［岷王之国云南，岁与米六百石］

上谕户部尚书郁新曰：岷王之国云南，粮饷不敷。其王国岁与米六百石，金银则贮之王府，钱钞海肥诸物，则送布政司收之以备用。

丙申（初五日）［龙州土官赵宗寿等来朝谢罪，贡方物］

龙州土官赵宗寿偕耆民农里等六十九人来朝谢罪，贡方物。

丁酉（初六日）［征虏前将军胡冕等进兵追捕“山贼”］

征虏前将军指挥佥事胡冕等，进兵追捕（彬）〔郴〕、桂西山、养牛诸洞山贼，禽贼首康节孙等斩之，俘获其下三千余人，仍以兵搜捕余党。

壬寅（十一日）［以广东盐运至广西桂林，召商中纳］

兵部尚书致仕唐铎言：长沙、宝庆、衡州、永州四府，郴、道二州，食盐缺少。广东积盐实多，而广西新立卫分军粮未敷，若将广东之盐，运至广西，召商中纳，可给军食。户部议：先令广东布政司运盐至梧州，命广西官司于梧州接运至桂林，召商中纳，每引纳米三石，令于湖南卖之，庶几官民俱便。从之。

甲辰（十三日）［贵州等司及平越等卫设儒学、祭坛］

监察御史裴承祖言：四川贵、播二州，湖广思南州宣慰使司，及所属安抚司州县，贵州都指挥使司，平越、龙里、新添、都匀等卫，平浪等长官司，诸种苗蛮不知王化，宜设儒学，使知诗书之教。立山川社稷诸坛场，岁时祭祀，使知报本之道。从之。

己酉（十八日）［广西思明府土官知府等于天寿圣节贡马］

天寿圣节，上御奉天殿受朝贺，大宴（郡）〔群〕臣。是日广西思明府土官知府黄广成等贡马……赐广成文绮二十匹，及罗衣、金束带，钞二百锭。从人有差。

壬子（二十一日）［谕西平侯沐春改置云南各卫所］

谕西平侯沐春曰：前改云南左、右二卫为护卫，盖此二卫官军久居云南，习于征战，若为护卫，则不可调遣，宜仍其旧。可改马隆卫为左护卫，余军置马隆卫千户所，分调越州卫官军补之。景东、蒙化二卫，以一卫为右护卫。调云南中卫于北胜州，置澜沧卫。云南后卫于广南府置广南卫。其大理、剑川、鹤庆土军，各随其地，置千户所，悉隶大理卫。以洱海、蒙化土军，增置中、左千户所，各隶原卫。官员就彼迁调。

乙卯（二十四日）［免征乌撒、乌蒙等岁赋毡衫］

户部尚书郁新言：近乌撒、乌蒙、芒部、东川岁赋毡衫不如数，已诏免征，今有司仍复征之，有乖德意，宜加申明。又言：戍守贵州、云南军士，旧例三岁则赐以冬布，人三匹，请如其例赐之。上皆从其言。

庚申（二十九日）［命左都督杨文相机讨思恩州］

广西右江归德州土官黄碧言：思恩州知州岑永昌，隐匿五县民不供赋役，仍用故元印章。上以其不奉朝命，时左都督杨文方总兵讨奉议等处，乃令右军都督府谕文，使相机讨之。

辛酉（三十日）［四川贵州宣慰使贡马］

四川贵州宣慰使安的遣把事阿沙贡马。赐以文绮、钞锭。

明太祖实录卷二百四十二

闰九月

丁卯（初六日）［谕征南将军杨文等师入奉议、两江溪洞等处，勿饮山溪水泉，恐余毒伤人］

遣使谕征南将军左都督杨文等：近闻奉议、两江溪洞等处，林木阴翳，蛇虺遗毒草莽中，雨过毒流溪涧，饮之令人死。师入其地，凡行营驻札，勿饮山溪水泉，恐余毒伤人，宜凿井以饮。尔等其慎察之。

壬申（十一日）［赏播州宣慰使司及兴隆等卫所将士］

遣行人林英赏播州宣慰使司及兴隆等卫所征进有功将士并土兵，凡二万三千三百六十一人，钞一十二万三千四百四十一锭。

癸酉（十二日）［发广西官军及泗城等州土兵从征奉议等处］

征南将军左都督杨文等自广西进兵，发广西都司并护卫官军二万人，及调田州府泗城等州土兵三万八千九百人，从征奉议等处。

己卯（十八日）［官军讨平湖广沅州起事苗人］

湖广沅州等卫指挥佥事李贞等率兵讨沅州作耗苗贼，平之。斩首三千七十余级，禽获四千二十人。

庚辰（十九日）［官军剿平广西思恩县都亮等洞“蛮贼”］

广西庆远府思恩县都亮等洞蛮贼莫父练等一千五百余人作耗，攻掠县治，劫杀官民，取仓库钱粮。诏广西都指挥使司发兵讨捕，寻剿平之。

壬午（二十一日）［徙会同县“通瑶”洞民戍大同］

徙靖州会同县蛮洞民常通瑶贼者往戍大同，计男女一千二百五十二人，各赐衣三件。

丁亥（二十六日）［镇远鬼长箐等处“苗蛮”起事，官军讨平之］

镇远鬼长箐等处苗蛮作乱，镇远卫指挥使司发兵讨之，指挥万继、百户吴彬等战死。指挥许能闻之，即率兵会偏桥等卫官军击败其众，斩首七十三级，禽获三十八人，余众散走。

是月［云南临安府贡生员入国子监］

云南临安府贡生员赵仁等入国子监。

十月

庚子（初十日）［征南将军杨文等师至奉议州］

征南将军左都督杨文等师至奉议州，蛮寇闻官军至，悉窜入山林，据险自固，文督诸将分兵捕之。复调参将刘真等，领兵分道攻南丹叛酋。

壬寅（十二日）［赏毕节、普定二卫获功将士］

遣镇抚顾忠赏毕节、普定二卫征进获功将士二千二百人，钞一万一千六百七锭。

癸卯（十三日）［兵征龙州，令安南输粮助军饷］

先是，兵征龙州赵宗寿，以安南与龙州接壤，遣前刑部尚书杨靖往谕安南，输粮八万石至龙州助军饷。至是靖奏言：臣至安南谕旨，其国相黎一元等咸言，本国地狭民稀，田赋仅可自给，愿输米一万石，余以金千两、银二万两代输。且言昔岁输米临安，临安可通舟楫，止运五千石，犹不易致，今龙州陆道艰险，乞止运至凭祥洞。臣谕令出米二万石，运至沲海江次。沲海江去龙州程才半日，因询及沲海村，实龙州所属，江阔四十丈，舟棹可达丘温。两岸地势崎险，非可储粮，已令龙州造浮桥运输。其王年幼，语言不通，政事皆为国相黎一元与其子澄所专，狙诈百出。颇闻赵宗寿已蒙恩宥，是以观望如此。时宗寿已服罪谢过，大军移征向武等诸蛮，上乃遣行人谕靖，令运所输米二万石饷给奉议、向武军，其代输金银则还之。

［平奉议州“蛮寇”］

平奉议州蛮寇。初，征南将军左都督杨文等驻师奉议州之东南，分兵追捕贼党，且遣人招降其胁从者。贼皆焚庐舍入山谷，凭险阻立栅自守。文督将士屡攻破之，贼众溃散。左副将军韩观等遂分兵追讨都康、向武、富劳、上林诸州县，破其更吾、莲花、大藤峡等寨。斩贼首黄世铁并其党一万八千三百六十余人、贼属八千二百八十七人，焚死男女四百三十四人。招降蛮民复业者六百四十八户，徙置象州武仙县。蛮寇遂平。时兵部尚书致仕唐铎参议军事，以朝廷尝命征进毕日，置卫守之。乃会诸将相度山川形势，置奉议等卫，并向武、河池、怀集、武仙、贺县等处守御千户所，设官军镇之。事闻，诏从其言。

丙午（十六日）［湖广衡州卫指挥佥事以搜捕“洞蛮”失律被杀］

湖广衡州卫指挥使司指挥佥事张大有以罪诛，以千户朱真为指挥佥事。先是，洞蛮盘满仔等叛，大有率兵捕之。遣千户康宁略白水洞，仍分兵三道搜捕。宁领军至小塘，遇贼战死，官军死者二十余人。大有按兵不救，真等由别道分击，败之，俘获七十余人，并降邻境流民男女一百五十余口。贼平奏功，乃下大有狱，以失律伏诛。遂以真为指挥佥事领卫事。

戊申（十八日）［置龙州军民指挥使司］

诏总兵官左都督杨文，置龙州军民指挥使司，调驯象卫官军筑城守御。

是月［缅国王遣使贡方物，因言“百夷”思伦发屡出兵侵夺其境土之故］

缅国王卜剌浪遣使桑乞剌查贡方物，因言百夷思伦发屡出兵侵夺其境土之故。上谓廷臣曰：远夷相争，盖其常事。然中国抚驭四夷，必使之无事。当遣使谕解之。

［云南都指挥同知王俊城广南，擒土官侬贞佑］

云南都指挥同知王俊城广南。土官侬贞佑叛，禽之。时俊领云南后卫官军，至广南筑城建卫，贞佑疑不自安，因结群蛮，据山寨拒守。俊遣人招之，负固不服，辄伏蛮兵草莽中劫掠，觇视官军进退。俊乃与将佐谋曰：贞佑小丑，如蝼蚁耳！然敢拒命者，与诸寨群蛮互为声援故也。今彼大寨据险峻固守，故各寨恃之，皆有（易）〔异〕心，以为官军不敢近。兵法曰：善攻者，敌不知所守。宜出其不意，亟取之。彼各自救不暇，贞佑必禽矣！乃遣指挥同知欧庆等分兵攻各寨，自将取贞佑。又以兵扼间道，绝其救援，于是诸寨悉破，贼众溃散。贞佑穷蹙就禽，械送京师，因命庆署卫事镇守。

明太祖实录卷二百四十三

十一月

乙丑（初五日）［贵州都指挥同知顾成等讨平西堡］

贵州都指挥使司都指挥同知顾成等讨西堡土官阿傍，平之。枭其首以警众，并擒杀群蛮五千三百二十六人，获马二十四匹、稻三千七百三十八石。

己巳（初九日）［置道州宁远卫指挥使司］

置道州宁远卫指挥使司。先是，知州徐士铭奏：道州僻在万山，边（宁）〔邻〕两广。东接常宁大小猛洞，南抵九疑山横嶂九十六渡溪源，西邻悬田平洲，北连灌阳、永瑶等源。国初遣兵三千守御，后调发二千，止存千人。洪武二十一年，山贼何女子、逃卒杜回子与瑶蛮劫掠居民，尝调军剿捕。至则溃散，退则复聚，盖守御兵少，不能制敌。乞置军卫屯守，庶几民获安业。诏从之。至是立卫焉。

乙亥（十五日）［参将刘真等攻破南丹州］

参将刘真等攻破南丹州，执土官知州莫金，并俘其众。复遣宝庆卫指挥孙宗等分兵击巴兰等寨，蛮僚惧，焚寨遁去。官军追捕斩之，蛮地悉定。

甲申（二十四日）［置灌阳守御千户所］

置灌阳守御千户所。初，灌阳隶湖广，因广西平川等三十六源瑶贼作乱，攻劫县治，诏宝庆卫指挥孙宗总兵讨平之。县丞李原庆因奏：灌阳去湖广远，隶广西为近。遂以灌阳隶桂林府，设千户所，命广西都指挥同知陶瑾领兵筑城守之。

［顾成讨平都匀卫三蓝等寨“蛮贼”］

都匀卫丰宁长官司三蓝等寨，并铁梁、平州、西凉蛮贼达管等作乱。时都指挥同知顾成，破土官阿傍还，遂移兵讨平之。

十二月

癸巳（初四日）［车里军民宣慰使遣人贡方物谢恩］

车里军民宣慰使刀暹答以赐诰命遣其弟刀吾等贡方物谢恩。诏赐刀吾等文绮、钞有差。

乙未（初六日）［方番长官贡马］

方番长官方文康来朝贡马。

丁酉（初八日）［土官刀板冕遣人朝贡］

土官刀板冕遣其下招板阿亩旷等贡红白西洋布、吊卖璧衣、手巾、剪绒单及象牙、白檀香等。诏赐其使文绮、钞。

辛丑（十二日）［征虏前将军胡冕等捕郴、桂“山贼余党”，分遣指挥佥事宋晨追捕潭源诸洞“蛮贼”］

征虏前将军指挥佥事胡冕等捕（彬）〔郴〕、桂山贼余党，禽杀一千二百余人，其地悉定。遂分遣指挥佥事宋晨，率兵至两广境上，追捕潭源诸洞蛮贼。

戊申（十九日）［征南将军杨文等“平蛮”奏捷班师］

征南将军左都督杨文等以平蛮捷闻，凡禽戮瑶蛮二万八千余人，获马五十匹、牛二千五百八十六头，又获印五颗、诰敕三道。遂诏文等班师。

［剿捕广东宁远县迁家村“贼人”］

广东崖州宁远县迁家村贼人罗危等劫掠人民，都指挥同知花茂统兵剿捕，杀获贼众三百五十七人。

庚戌（二十一日）［诏赏贵州从征将士］

诏赏贵州从征将士。先是，土官阿傍等叛，都指挥同知顾成统兵讨之。上所部军功至京，上命赉赏，诣军中验功高下给之。

明太祖实录卷二百四十四

洪武二十九年丙子（1396）

正月

乙酉（二十六日）［思州宣慰使贡马］

思州宣慰使田琛来朝贡马。赐琛及其从人钞有差。

［贵州清水江“蛮人”起事，官军击破之］

贵州清水江蛮人金牌黄等作乱，贵州都司发兵捕之。攻破蛮人〔寨〕，金牌黄遁去。

是月［改南丹、庆远二卫为军民指挥使司］

是月，改南丹、庆远二卫为军民指挥使司。

二月

庚寅（初二日）［遣使诏谕缅国王与思伦发］

遣行人李思聪、钱古训使缅国及百夷。诏缅国王曰：道里险远，山川阻修，风殊俗异，此乃天造地设也。尔能勤使者，涉险远，越邻邦，冲烟突雾，晨进昏止，异风霜而至中夏，可谓难矣！古人有云：诚君子将有事于远友，千里之外，神交而志通。今万国之外，尔能勤使远修其好，美绝古而惟今。然排难解纷之事，朕之旨意，恨不一言而止，使彼此各罢兵守，乐黎民丁市野。两国之民居处虽分，惟存关市之讥，是其和也。其或忿争不已，天将昭鉴，福善祸淫，迟速可待。敕至，尔其审之。缅人既听命，遂往诏思伦发曰：朕惟中国古先圣人，驭顽礼德，各有条章。列圣相继，守而行之。故上下相安，黔黎乐业，诸侯敬畏，世禄子孙，国祚绵长。若列国敢有凭弱犯寡者，则天子发兵以眚之。贼贤害民者，亦发兵以伐之。暴内凌外，则兴师以坛之。野荒民散，则用兵以削之。负固不服，则举兵以侵之。贼杀其亲，则正其罪以杀之。故弑其君，则明其罪以诛之。犯令凌政，则杜而绝之。内外乱鸟兽行，则殄灭之。此九伐之法也。尔思伦发律以九伐之法，宜加凭弱犯寡之罪。

何以见之？岁以兵寇车里，不时侵掠八百。恃强犯缅戛璃，国小民寡而已平之。夫中国周临四夷，与诸酋长地里相接，然朕未尝恃强凭凌，绝灭其嗣者。云南之地已为我有，似乎尚强以取之，非也。乃元世祖孙梁王者，恃元之苗裔，匿我有罪，纳我逋逃，诱我边守，是乃不得已而发问罪之师，非无故也。况元运天更，其苗裔不当安处于此。尔麓川之蠢，初擅兴金齿之役，次谋景东而寇定边。理当发兵致讨，朕释而不较，未尝强尔为约束之邦，听尔自为声教，今又几年矣！近闻蚕食邻邦，意在扩土地而擅有其众，又将为我西南之役。噫，未可！古中国圣人有云：山川、地理、人物之类，乃神器也，非人强有，必天授然后得之。尔思伦发不修邻邦之好，三面发兵，蚕食诸国，其贪也如是，其谋也如是。彼麓川周临之国，始古至今，各有主者，未尝合并。朕虽下能止尔，听尔自为，果天通使然，尔以人事应之，或者犹可。朕今戒尔守全，设或不守全而动，若不全亏，是为全亡。然莫若守全以图绵长，不亦美乎！思伦发闻诏恐惧，俯伏谢罪，愿罢兵。适其部酋刀干孟叛，思聪等以朝廷威德谕其部众，叛者稍退。思伦发欲倚使者以服其下，强留思聪等，又以象、马、金宝为馈，思聪等为书谕却之。以谓中国不以象、马、金玉为宝，所宝者惟忠臣烈士，强兵勇将，孝子顺孙。宜送使者还朝，自此不为侵扰，斯可以明忠君之心。思伦发大喜，邀思聪等设晏为乐，率其部众送之境上。思聪等还，具奏其事，且著《百夷传纪》，述其山川人物、风俗道路之详以进。上以其奉使不失职，谓其才可用，甚喜之。各赐衣一袭。

丙申（初八日）［定广西各卫所中盐则例及行盐地方］

征南将军左都督杨文言：广西新立卫所，奉议、庆远二卫，水陆并通，粮储足用。独南丹不通舟楫，山路崎岖，商人中纳盐粮，避远就近，宜令先于南丹输粟为便。先是，监察史严震直尝以为言，命户部定广西中盐则例，南丹每引纳米二石，已而减为一石五斗。至是因文言，又以盐价太重，定南丹每引五斗，奉议、庆远一石五斗，俱于顺便仓所支盐，仍定行盐地方，梧州盐于田州、龙州、柳州、南宁、浔州、庆远、思恩、太平鬻卖，广西盐于长沙、宝庆、衡州、永州、全州、道州、桂林鬻卖。

[置庆远卫军民指挥使司左千户所]

置庆远卫军民指挥使司左千户所。

癸卯（十五日）［以征虏前将军胡冕等征讨“山寇”杀戮太过，谕戒之］

征虏前将军指挥佥事胡冕率兵至郴、桂征剿山寇，分遣指挥佥事宋晨等，讨平广东潭源诸洞及广西平川增益之地。凡斩馘数千余人，生擒贼首吕法子等八人械送京师。上以法子等罪不可宥，戮于市。将军胡冕、宋晨等，虽有平蛮之功，而纵杀太过。乃遣使谕之曰：近者苗蛮叛乱，诸洞之民被其迫胁，乃命尔等征之，意在歼厥凶渠，宥其胁从。尔等乃奋一时之威，一概戮之，其中岂无诖误不得其死者乎？朕观宋太祖时曹彬为将，不妄杀一人，其后子孙昌盛。曹翰残酷，身罹穷窘。天道福善祸淫，昭然如此。尔等既往者不可追矣，后当为戒。

辛亥（二十三日）［广西都指挥佥事讨“蛮寇”，卒于道］

广西都指挥使司都指挥佥事蒋成率兵讨蛮寇，卒于道。诏遣官致祭，仍以米布给其家。

是月［上隆州知州遣人朝贡］

是月，田州府上隆州知州岑永通遣其子岑安等贡马及方物。诏赐安等文绮、衣服。

明太祖实录卷二百四十五

三月

戊午朔（初一日）［四川永宁州、酉阳宣抚司土官贡方物］

四川永宁州土官剌他男、剌马逃等，酉阳（军）〔宣〕抚司土官冉兴邦等，贡方物。赐钞有差。

［遣官核实四川天全六番招讨司茶课］

遣官往四川天全六番招讨司，核实洪武二十四年至二十六年茶课。

壬戌（初五日）［给广东及贵州平越等处鞑靼军户钞］

给广东及贵州平越等处完聚鞑靼军士七百余户钞有差。

丙寅（初九日）［广东揭阳县筑城侵民田，诏除租税］

广东揭阳县言：近改设蓬州千户所，修筑城池，侵民田地。诏除其租税。

丁卯（初十日）［云南都司都督佥事来朝］

掌云南都指挥使司都督佥事瞿能来朝。赐白金二百两、钞三百锭、文绮帛各十匹。

庚午（十三日）［以“苗蛮”出入扰边，于清州古城设千户所］

上以清州古城地势宽广，乃苗蛮出入扰边之处，命设千户所守之。

癸酉（十六日）［征虏前将军胡冕等奏于蓝山等县设千户所］

征虏前将军指挥佥事胡冕等言：郴、桂二州数被瑶贼剽掠，其蓝山等县芭篱、召慕等处，山谷深邃，乃贼出入之地。宜设二千户所，分兵屯守，庶田无荒闲，民获安业。从之，遂诏冕等还师。

戊寅（二十一日）［诏令湖广九溪卫设盖仓庾］

诏令湖广九溪卫设盖仓庾，贮收盐粮，以卫镇抚领其事。

庚辰（二十三日）［赏从征广西将士钞］

赏虎贲等卫从征广西将士四千九百余人，钞二万七千二百二十八锭。

［清水江中平等寨“群蛮”聚众起事，官军讨平之］

清水江中平等寨群蛮聚众为乱，贵州守御官军捕之。获从乱蛮人五百械至京师，俱宥死，给衣谪戍三万卫。

甲申（二十七日）［监察御史严震直奏言广西平乐地广民稀，递运之船不给］

监察御史严震直还自广西，言平乐地广民稀，其递运之船不给，请益临境民户以助其役。上曰：彼民既困，而又重困临境之民，不可。其令法司录有罪之人，买船递运以自赎。

乙酉（二十八日）［置广安、宁溪二千户所］

置广安千户所于桂阳县土桥，宁溪千户所于蓝山县张家坡。时郴、桂二州民言：连岁为瑶蛮劫掠、官军至则遁入山谷，退则复聚，盖因守御兵远故也。乞于各县要害之地，增置戍兵。遂立二千户所守之。

丁亥（三十日）［诏以姚安府屯田军士拨隶云南护卫］

诏以姚安府境内屯田军士，拨隶云南护卫。初，云南唯姚安多荒田，调岷府护卫军士屯种，立为中屯千户所。至是仍拨隶云南护卫。

［宝庆卫指挥使孙宗等以征广西升职］

以宝庆卫指挥使孙宗为广西都指挥使，桂林中卫指挥佥事姜旺、锦衣卫指挥佥事童胜为都指挥同知，永州卫指挥佥事葛森、府军卫指挥佥事焦铭为都指挥佥事。初征广西，上命总兵官都督杨文，待平寇日于诸将中选其材智可任者署都司事。至是，文以宗等名闻，故有是命。

四月

己丑（初二日）［命南丹等三卫及富川所俱屯田］

广西布政使司言：新设南丹、奉议、庆远三卫，及富川千户所，岁用军饷二十余万石，有司所征不足以给。上命俱屯田。既而奉议卫奏：本卫地控蛮峒，若俱出屯种，设有缓急，卒难调用。宜以三分守城、七分屯田为便。上不许。

癸巳（初六日）［赏赐征广西总兵官杨文、副总兵韩观］

赐征广西总兵官都督杨文白金三百两、文绮帛各二十匹、钞百锭。副总兵都督同知韩观白金百两、文绮帛各十二匹、钞八十锭。

甲午（初七日）［羽林左卫百户征广西南丹州山寨战死］

羽林左卫百户林全征广西南丹州山寨战死。事闻，敕追赠，赐布米，令工部营葬。

丙午（十九日）［改龙里、新添、都匀三卫为军民指挥使司］

改贵州都司所属龙里、新添、都匀三卫为军民指挥使司。

明太祖实录卷二百四十六

五月

庚申（初四日）［蠲武安等州县逋粮］

会川卫军民指挥使司指挥同知孙禧言：武安等州县为月鲁帖木儿作乱，人民逃散，洪武二十五年夏麦秋田俱不耕收，逋粮二千八百八十九石无征。敕户部蠲之。

辛酉（初五日）［增置广西全州柳蒲、建安二巡检司］

增置广西全州柳蒲、建安二巡检司。

乙丑（初九日）［讨平贵州都匀卫平浪长官司洞水等寨“蛮贼”］

贵州都匀卫平浪长官司洞水等寨蛮贼狄把作乱，杀其土官王应名，贵州都指挥使程暹率兵讨平之。应名妻吴氏携其九岁子阿童来诉，请袭父职。从之。

庚午（十四日）［取桑种送湖广诸府州种之］

上以湖广诸郡宜桑而种之者少，命于淮安府及徐州取桑种二十石，遣人送至辰、沅、靖、全、道、永、宝庆、衡州等处，各给一石，使其民种之。

［四川威龙州土官知州起事，中流矢死］

四川威龙州土官知州普习叛。普习，月鲁帖木儿妻之兄也。官军捕之，普习中流矢死。

乙亥（十九日）［讨平四川松潘卫纳卜等寨“番寇”］

四川松潘卫纳卜、薛卜、任昌等寨番寇，不时窃发，杀害官军。蜀王奏遣都指挥佥事尹林等，率步骑五千讨平之。

丁丑（二十一日）［播州宣慰使遣人贡马］

播州宣慰使杨铿遣其弟恕祥等来朝贡马。赐以文绮、钞锭。

戊寅（二十二日）［赏赐湖广、广西、江西诸卫从征南丹将士绮帛、钞锭］

赏湖广、广西、江西诸卫从征南丹将士绮帛、钞锭有差。

乙酉（二十九日）［增设奉议卫属四千户所］

诏分调驯象卫军士五千人隶奉议卫，寻增设中左、中右、中前、中后四千户所。

［广东连山县“盗起”］

广东连山县盗起，烧劫县治。命广东都司发兵捕之。

六月

戊子（初二日）［广西都指挥使同知剿思恩县镇宁等村洞］

广西都指挥同知姜旺、童胜率兵抵庆远思恩县镇宁等村洞，杀获叛蛮三千余人，降一千一百四十三户。以所得故宋太平兴国六年铜印一来上。

辛丑（十五日）［湖广都司讨捕会同县“蛮民”］

先是，会同县奏：所辖上下十八洞凡十六里，惟洞口二里遵约束，其余蛮民各立寨栅，置标枪刀弩，拒命不供赋役。恐日久生变，乞捕之。遂命湖广都司发兵讨捕，至是以所获蛮民械送京师。诏宥之，谪戍三万卫。

戊申（二十二日）［运广东盐至广西，召商纳米偿盐］

太子少保兵部尚书致仕唐铎言：昨运广东盐已至广西，宜召商人于南丹、奉议、庆远卫仓依例纳米，给梧州所贮之盐偿之。其原定桂林府盐粮宜且罢中。从之。

是月［思明府知府遣弟奉表贡马］

是月，思明府知府黄广成遣其弟威佑奉表贡马及方物。诏赐威佑等钞有差。

七月

戊午（初三日）［广西镇安府土官遣从兄奉表入贡谢恩］

广西镇安府土官岑志纲遣其从兄岑武贡马及方物。先是，向武州知州黄世铁侵夺镇安高寨等地，杀掠其人民、马牛。朝廷遣兵平之，以其地属镇安，故志纲奉表入贡谢恩。

己未（初四日）［广东惠州卫指挥等“遇贼懦怯”被诛］

广东惠州卫指挥丁振、王虎，潮州卫千户彭德兴，镇海卫千户吕仁，下海巡寇。遇贼懦怯，不即进兵剿捕，致贼杀伤官军。事闻，皆命诛之。

己巳（十四日）［市牛给南丹、奉议等卫屯田军士］

遣中使至桂林等府市牛，给南丹、奉议等卫屯田军士。

丙子（二十一日）［以麻阳县荒田给沅州等卫屯种］

辰州麻阳县言：荒田四十四顷六十余亩，岁租五百七十余石无征。上命蠲之，以其田与沅州、平溪二卫军士屯种。

丁丑（二十二日）［命给钞偿水西等处马直］

命给钞偿水西、金筑、乌蒙马直。初，大军征云南，命水西、金筑、乌蒙出马以给军用。水西马一千余匹，金筑安抚司及乌蒙军民府马各五百匹。至是命给钞偿之，匹二十锭，凡给钞四万余锭。

是月［贵州都指挥同知顾成以功升右军都督府都督佥事］

是月，升贵州都指挥同知顾成为右军都督府都督佥事。成，扬之江都人。自丙申从渡江，累官至贵州都指挥同知。复征康佐、西堡、狮子孔、白石崖等寨有功，故升今职。

八月

辛卯（初六日）［讨平广西思恩县“山贼”］

广西庆远府思恩县山贼作乱，攻掠县治，命广西都司发兵讨平之。

辛丑（十六日）［贵州宣慰使安的贡马谢恩］

贵州宣慰使安的贡马谢恩，以安的母死，朝廷遣使祭之故也。

［蛮首金牌黄藏匿土官宣慰宋诚家，谕勿问］

贵州都指挥使司言：近发兵讨清水江作乱蛮民，惟贼首金牌黄未获。今廉知匿土官宣慰宋诚家，诚不捕送，请俱罪之。上曰：蛮夷之人，鸱张鼠伏，其常态耳，今既惧罪藏匿，勿问。遂寝其奏。

丙午（二十一日）［乌蒙军民府知府朝贡］

乌蒙军民府知府实哲贡马及毡衫。

壬子（二十七日）［调茶陵等卫兵于桂阳山口筑城戍守］

桂阳县知县周德甫言：桂阳山口为诸蛮要害之地，宜置兵戍守。于是命茶陵、郴州、桂阳三卫，各调兵千人筑城堡以镇之。

明太祖实录卷二百四十七

九月

丙辰朔（初一日）［招抚桂阳溪洞瑶人］

上以桂阳溪洞瑶人先为官军剿捕，逃窜山谷，乃命桂阳千户所招抚之，于是复业者七十余家。

十月

乙酉朔（初一日）［置广西浔州卫］

置广西浔州卫。

丁酉（十三日）［思南宣慰使朝贡］

思南宣慰使田大雅贡马及方物。

丙午（二十二日）［赐云南左、右、前三卫并楚雄等四卫军士钞］

赐云南左、右、前三卫并楚雄、大理、临安、曲靖四卫军士三万五千人，钞凡七万锭。

己酉（二十五日）［更定云南、通海盐价］

更定云南、通海盐价。初，以二处盐价未定，遣官与布政使张统议之。统以通海去云南尚三百余里，米视云南价复减，于商人不便。今宜输米云南府，二斗者给淮浙盐，一石三斗者川盐，三石者安宁井盐，二石三斗者黑盐井盐。输米通海者，三斗给淮浙盐，一石五斗川盐，四石安宁井盐，三石黑盐井盐。其川盐及安宁黑盐二井，视入米先后，为支盐之次。淮浙勿拘。从之。

辛亥（二十七日）［军士在边服役上十年给赏］

西平侯沐春言：旧例，恩军在边十年不逃者，赏与旧军同，人给布三匹。旧军有逃而复役者，人二匹。今有逃而复役，并以户丁补役，已及十年者，亦宜循十年不逃之例给赏。从之。

是月［迁富川县治］

是月，迁富川县治于富川千户所。富川，广西平乐府属县也。

时富川守御千户所新立于矮石城，典史徐鲁言：县治无城，恐蛮寇窃发，无以御之，宜迁于城内为便。从之。

明太祖实录卷二百四十八

十一月

乙卯朔（初一日）［卢溪铅场等寨“蛮酋”贡方物］

辰州卢溪铅场等寨蛮酋石答踵等三十五人入朝，贡方物。初，石答踵等恃险不服，卢溪主簿孙应隆招谕之。石答踵等皆听命，应隆因率之来朝。诏赐衣服、文绮、钞锭。

乙丑（十一日）［复以孙应隆为卢溪县主簿］

复以孙应隆为卢溪县主簿。初，辰州府卢溪县主簿林彦聪以事被逮，命应隆往代之。应隆到官，即招附高岩等寨苗蛮二千六百四十户。及彦聪事白，当复官，适应隆率蛮酋石答踵等朝贡至京师，答踵等以应隆招集有方，乞留镇抚新附百姓。上嘉之，遂可其奏。

［广西龙英州知州贡方物］

广西太平府龙英州知州赵武雄来朝贡方物。

十二月

庚子（十六日）［广西龙州知州等遣弟贡马，养利州、思陵州、太平州土官各遣使贡方物］

广西龙州知州薛继贤等遣弟薛忠等来朝谢恩贡马。养利州土官赵芳、思陵州土官黄善政、太平州土官李圆泰等各遣使来朝贡方物。

己酉（二十五日）［乌思藏都指挥答里巴等遣人朝贡］

乌思藏都指挥答里巴等遣僧琐南里监藏、卫镇抚班竹儿藏卜等贡剑及甲胄等物。

是月［置南丹卫军民指挥使司，复增中左、中右、中中三千户

所]

是月，置南丹卫军民指挥使司，复增中左、中右、中中三千户所。

[遣军讨永宁州“土贼”]

永宁州土贼卜八如加等劫杀军民，前军都督佥事何福遣指挥李荣等领兵讨之。其子阿沙遁入革失瓦都寨，官军赍三日粮，深入追之。会天大雪，众饥疲，贼据险不下，军乃还。

[肇庆泷水县“瑶蛮”起事，官军讨之]

肇庆府泷水县瑶蛮李敬宗等作乱，率其党四百余人袭神电卫，指挥郭昂战死。广东都指挥使司发兵讨之。

[顺宁府“土酋”阿罗等被杀]

顺宁府土酋阿罗等伏诛。先是，其土官知府子丘，与其叔父猛丘以兵相仇杀。至是猛丘死，其把事阿罗、火头宇求等复梗化相攻击。西平侯沐春遣大理卫指挥郑祥、李（荥）〔荣〕等领兵分道征之。阿罗等率众拒战，祥等攻讨之甚力，遂擒阿罗、宇求等诛之。

是岁［以上马桥长官司隶贵州军民指挥使司］

是岁，以金筑安抚司上马桥长官司，隶贵州军民指挥使司。

明太祖实录卷二百四十九

洪武三十年丁丑（1397）

正月

庚申（初七日）［置镇远巡检司］

置镇远巡检司。初，靖州会同县言：天柱有千户所、巡检司，而所属远口乡，边临清水、虾蟆、船头诸蛮洞，乞移天柱巡检司镇之便。至是改远口曰镇远，移置巡检司，增弓手七十人。

癸亥（初十日）［四川马湖府等处土官各遣人贡马］

四川马湖府土官知府安仁、署芒部军民府事土官何伯，及安顺、镇宁二州并十二营、顶营、沐川、泥溪、平夷、蛮夷、占藏先结簇等长官阿窝德聚等，各遣人贡马。并赐文绮、钞锭。

壬申（十九日）［以肇庆府阳春县地接连“蛮洞”，移置千户所屯守］

迁肇庆府双鱼千户所治于阳春县。初，置双鱼千户所于阳江县地。至是阳春知县赵清言，县境接连蛮洞。乞移千户所屯守，故有是命。

明太祖实录卷二百五十

（三）〔二〕月

甲申朔（初一日）［四川柏兴州三尖寨土官千户遣子进马］

四川柏兴州三尖寨土官千户剌兀遣子八的高进马。剌兀，卜木尾寨叛（奠）〔酋〕贾哈剌之弟也。初，贾哈剌与月鲁帖木儿叛，剌兀谏不从。自退守三尖寨，因至盐井卫归顺。既而月鲁帖木儿就擒，贾哈剌遁山谷中，怒剌兀异己，乃引众击其吉水柱寨，杀其婿剌牙步步抄布、女果木等。剌兀遂遣子入贡。

庚寅（初七日）［以顾成为征南将军率师讨水西土酋］

水西土酋居宗必登、不科阿加等叛，杀普安卫千户张骇，贵州卫百户魏安、汪俊，及军士数十人。命右军都督佥事顾成为征南将军，帅贵州都指挥同知汤清，以兵五千会左军都督佥事何福讨之。

辛卯（初八日）［广西太平府土官贡马］

广西太平府土官张士荣来朝贡马。

甲午（十一日）［命礼部铸云南按察司等印］

命礼部铸云南按察司印，并巡按黔南监察御史印四颗。

乙未（十二日）［招谕“蛮民”复业，置镇溪军民千户所］

置镇溪军民千户所。时辰州卢溪县主簿孙应隆招谕蛮民复业者多，遂置千户所以镇之，以应隆为镇抚。

［置广西怀集守御千户所］

置广西怀集守御千户所。

丁酉（十四日）［敕右军都督府移文秦、蜀二府巡禁“私茶”］

敕右军都督府曰：古者帝王驭世，必严夷夏之辨者，盖以戎狄之人贪而无厌，苟不制之，则必侵侮，而为边患矣。今朵甘、乌思藏、长河西一带西番，自昔以马入中国易茶，所谓懋迁有无者也。迩因私茶出境，马之入互市者少，于是彼马日贵，中国之茶日贱，而彼玩侮之心渐生矣。尔右军即移文秦、蜀二府长史司，启王发都司官军于松、碉门、黎、雅、河州、临洮，及入西蕃关口，巡禁私茶之出境者。朕岂为利哉？制驭夷狄不得不然也。

［迁江西邻近州县人民至常德府武陵等县耕种］

常德府武陵县民言：武陵等十县自丙申兵兴，人民逃散，虽或复业，而土旷人稀，耕种者少，荒芜者多。邻近江西州县，多有无田失业之人，乞敕江西，量迁贫民开种，庶农尽其力，地尽其利。上悦其言，命户部遣官于江西，分丁多人民及无产业者，于其地耕种。

甲辰（二十一日）［遣使谕安南还所侵思明府地］

行人陈诚、吕让至安南，谕其王陈日焜，令以所侵地还思明府。议论往复，久而不决。诚以译者言不达意，乃自为书与日焜曰：迩者思明府土官黄广成奏言，安南侵据壤地，朝廷稽典册，考图记，遣使告谕，俾还所侵。自诚到王国宣布上意，开陈事理，而执事所执逾固，未肯听从。今以前代载籍所纪疆（场）〔埸〕利害，为执事陈之。按志，交趾古交州地。后汉时女子征侧作乱，光武遣马援率师平之，遂立铜柱纪功，亦所以限内外也。在唐则为五管之一，统以都护。宋时李乾德寇边，郭逵将兵征之，擒伪太子洪真，乾德惧而割广源、门州、思浪、苏茂、桄榔之地以降。则当是时，此地尚为中国所有，况铜柱以北丘温等地乎？元世祖时，而祖光炳入款称臣，及日烜嗣立，失臣子之节，于是世祖兴问罪之师，日烜蒙荆棘，伏草莽，生民殆尽，城郭几墟。日燇嗣立，祈哀请罪，世祖遣使降诏，谕令入朝。当时诏书有还地之语，而日燇云：向者天使辱临小国，迎送于禄州，小国惧有侵越之罪，往往辞之丘温而已。观此，则丘温以北之地，其属思明亦明矣！今安南乃越渊脱逾，如嶅、庆远而尽有之，非乘元末之乱，侥幸而得之者乎？行人下车之日，王之君臣皆曰，此地旧属安南，而不知所属之由。陈、黎二国相及何致政亦执前说，以为祖宗之地，未审何所据而然也。苟如执事所言，则志书所叙日熥之言，无乃但为浮说耶？抑王惧有侵地之罪，固执无稽之言以自饰也。我皇上天锡勇智，表正万邦，怙终者虽小过不赦，改过者虽重罪亦释。《传》曰：过而能改，则复于无过。又曰：过而不改，是谓过矣。改过致祥，往岁龙州赵宗寿之事是也。吝过召殃，近岁南丹、奉议诸蛮酋是也。是皆明效大验所共知共闻者。王能避殃迎祥，归其侵地，岂惟宗祏之安，亦一国生民之幸也。释此不图，争而不让，是为怙终自祸矣，惟执事图之。日焜以书复诚等曰：昨辱惠书，谆谕不少。所据思明书云，天使累造小国，迎送止丘温一节。此说迎送之事，非疆界之事也。盖丘温当其要冲，往时自思明而入路州道近。时自凭祥入洞登道，皆小国林野之地，不便立站，故立站于丘温，以当县之中，有县官馆待故也。至于交割夫骑，则各于疆界，如今坡罗唯关是也。当元之初，丘温已为小国之地。思明乃谓当元季扰乱，始越铜柱二百余里，而来侵其丘温等五处。观此，则思明人之言不足信矣。见诬若此，其他可知。所称志书自汉唐以来迁变不一，其可以往昔之事而质之于今日耶？余具回咨，不敢复赘。诚等得书，复与之辨论不已。安南王馈诚等黄金二锭、白金四锭，及沉檀等香。诚等固却之，安南王曰：赆者，礼也，自陆贾时有之，不必多逊。诚曰：尉陀欲以区区之越与天子抗衡，是召祸者也。陆贾受其金以分诸子，是苟利者也。王欲以尉陀自处，而以贾处人，抑何陋哉！安南王无以对。遂复咨户部白伏见上司，为思明府奏侵占穰地，遣行人陈诚、吕让持咨文至下国，令还所占地。下国窃惟丘温、如嶅、庆远、渊、脱五县，自昔以来供输下国赋役，世世相传，而洞登乃渊县之地，天使往来之路。其思明府凭祥人，每岁与下国渊县人，交割夫骑于凭祥界坡罗唯关。今思明人乃谓下国于其地洞登立站侵占，何其戾也！夫立站侵占，将图得其地与其人民也，今其地其民，古昔至今，既已有矣，又何用立站为？夫站之废立，随地之便，随时之宜。站之长存，丘温地之便也。站之暂立，洞登时之宜也。此时任尚书吴观等，以有把截边界之役，故令草起房屋以便歇宿，已而复撤，何预于侵哉！苟不原其地与其人民，而欲图侵占，乃不假何时攻战，何时破灭，而此时立站，其地主与其人民，乃拱手而视，不敢谁何。又从而供其赋役，何其灵异至于如此哉！又谓元时大军二次捕交，回军设立永平寨，拨军守镇交边，着落交趾供给粮饷。窃点二次大军之将帅，惟镇南王不止而饯归。《元史》虽讳而不详，至文其归也，则曰镇南王在内傍关贼兵大集，以遏归师，王遂由单己县趋盉州间道以出。观此，则军势可知，归路可辨，岂有回军永平而拨军守镇，又责交趾供给粮饷者哉？又谓下国越过铜柱二百余里，而侵占其所属丘温等五县者。谨按汉建武十九年，马援讨交趾征氏女，立铜柱，时至今一千三百五十余岁，千载之下，陵谷迁变，谁复能辨？又谓拘问老人黄伯颜供说云云者，伯颜亦思明人，岂不同其愿欲，虽千伯颜将可信耶？又谓因前土官失于申明，昨袭牧职，尽图具呈。及以建武志为说者，岂有广成之高曾祖父，不识古事，不能申明，而广成昨日始至，乃能见识古事而申明耶？下国与思明接境，思明之人往往侵占下国田土，杀掠人民牛畜。下国疏远，难于告诉，思明狃于小获，乃图大利，而诬至此。下国畏首畏尾，自守之不假，何敢有侵占之事哉！夫苟有侵占，岂难退还？今不侵占，何以退还？此五县者，乃下国世世相传所守之地，惟知固守，何敢以先世所守之地，而付之思明！当各守定界，以事天朝，何敢觊望与夺，以烦上司！惟圣天子一视同仁，与天地同德，故下国以此自恃，而敢倾心陈诉，烦渎台听，罪焉敢逃。今回咨申禀，伏冀阁下上体天子之至德，下矜下国之远人，审察鉴裁，下国幸甚！诚等复命，上召群臣议之，或以其抗逆朝命当讨。上曰：蛮夷相争，自古有之，彼恃顽不服，终必取祸，姑待之而已。

丙午（二十三日）［立四川九姓长官司儒学］

立四川永宁宣抚司九姓长官司儒学。

明太祖实录卷二百五十一

三月

乙卯（初三日）［黄平、龙里土官之子袭职］

播州黄平安抚杨光祖卒，以其子昌贵袭职。贵州龙里长官司长官何友善卒，以其子九住袭职。

癸亥（十一日）［遣驸马都尉谕蜀王椿讥察茶马交易］

遣驸马都尉谢达往谕蜀王椿曰：秦蜀之茶，自碉门、黎、雅抵朵甘、乌思藏，五千余里皆用之。其地之人不可一日无此。迩因边吏讥察不严，以致私贩出境，为夷人所贱。夫物有至薄而用之则重者，茶是也。始于唐而盛于宋，至宋而其利博矣。前代非以此专利，盖制戎狄之道，当贱其所有而贵其所无耳。我国家榷茶，本资易马以备国用，今惟易红缨杂物，使番夷坐收其利，而马入中国者少，岂所以制夷狄哉！尔其谕布政司都司，严为防禁，无致失利。

［广东都指挥佥事讨“瑶蛮”，平之］

广东都指挥佥事袁遇春讨瑶蛮李敬宗等，平之。获敬宗及天荒罗云山寨贼首邓汉、赵榔等，并其党与三百八十余人斩之。生擒二百五十余人送至京师。

乙丑（十三日）［乌蒙军民府署府事土官遣使朝贡］

乌蒙军民府署府事土官设北源遣使朝贡。初，乌蒙进马。赐钞万锭，至是复来贡马谢恩。

癸酉（二十一日）［顾成等击水西“叛酋”］

征南将军右军都督佥事顾成等，击水西叛酋居宗必登等。斩蛮寇三千三百五十八人，生擒二千一百六十四人，获马二百二十七匹。必登遁去。时西平侯沐春，亦令土官宣慰安的招谕密罗、归济、阿尼三寨纳马夷民。而不科阿加之地，去必登远，山谷穷隘，不可以进兵，遂还。

甲戌（二十二日）［改广西向武守御千户所为向武军民千户所］

改广西向武守御千户所为向武军民千户所。

庚辰（二十八日）［置四川盐井千户所］

置四川盐井千户所。

［古州上婆“洞蛮”起事，攻破龙里城，千户、镇抚被杀］

古州上婆洞蛮林宽，自号小师，聚众作乱，攻龙里守御千户所。千户吴得、镇抚井孚议城守之计，令人驰报贵州都指挥使司，坚守以待援。至贼纵火烧四门，攻城益急。得曰：我等为国守边，又有父母在城，今贼势如此，徒守无益。即上马率精锐开城门击贼。或谓得曰：贼势方盛，宜俟其怠击之。得曰：城破在顷刻，何俟之有！若城不能守，父母不能救，是不忠于君，不孝于亲，吾何用生为？即率麾下驰入贼阵中，杀数十人，（抟）〔搏〕战不已，遂中毒弩死。孚继战，亦死于阵，城遂陷。事闻，上曰：忠孝立身之大节，能两全者古人所难。今吴得、井孚临难捐身，因忠显孝，非烈丈夫不能。命追赠得为指挥佥事，孚为正千户。各令其子袭职，仍以钞、帛恤其家……

明太祖实录卷二百五十二

四月

戊子（初六日）［遣官于泸州市绵布往西番易马］

命右军都督府遣镇抚刘正，于泸州市绵布往西番易马。凡用布九万九千余匹，得马一千五百六十匹，命分给建昌、盐井二卫军士操养。

辛卯（初九日）［征讨四川、陕西交界地“番汉顽民”］

制谕征西将军长兴侯耿炳文、武定侯郭英曰：四川、陕西两界相接之地，自定天下以来，番汉顽民多潜遁山谷间，不供征徭，不惧法度。近者高福兴等从山贼作乱，阻官道，杀人民，故命尔等讨之。大军既至，其良善者招谕，付所司编管为军。余不顺化者，必平之乃可班师。山深道险，难以骑战，如军中有马，宜发还都司牧养，止留二三千可也。应有机务，条列以闻。

[平茶守御千户击败古州“蛮寇”林宽，帝赏赐之]

古州蛮寇林宽复率众犯新化，突至平茶。守御千户纪达率壮士七十余人击之，贼众大集，达突入贼阵，手杀数人，以枪横挑一人掷之。及流矢中臂，达拔之复战。贼大惊曰：是平茶纪蒙耶！即遁去。盖蛮人称官为蒙云。上闻之，嘉达勇略，赐以钞帛。

甲午（十二日）[广南卫城火灾]

广南卫火。延烧四门城楼，及卫治仓库军器、官文书、军民庐舍，伤人。

丙申（十四日）[思南宣慰使母朝贡]

思南宣慰使司田大雅母杨氏来朝贡马及方物。诏赐白金、文绮、钞锭。

己亥（十七日）[湖广都指挥使齐让等讨古州“蛮寇”林宽]

命湖广都指挥使齐让为平羌将军，蕲州卫指挥佥事胡冕为左副，安陆卫指挥佥事宋晨为右副，统兵五万，讨古州蛮寇林宽等。

壬寅（二十日）[征南将军顾成平水西“诸蛮”]

征南将军都督佥事顾成等平水西诸蛮。初，普定卫西堡长官司土官阿傍作乱，贵州都指挥使司发兵讨破之。贼酋卜剌赞等遁去，与土官阿火者，助必登劫杀官军。至是，成遣普定卫指挥顾统立赏格，诱禽卜剌赞，复射杀阿火者。必登援绝远遁，水西平。

明太祖实录卷二百五十三

五月

乙卯（初四日）[命楚王桢、湘王柏率师征古州“洞蛮”]

命楚王桢率师征古州洞蛮，湘王柏副之。敕曰：近西南蛮夷作乱，尔若能于此时与民同忧，即率护卫军马亲往征之，岂不称为贤王？今乃以都司奏，兵不足，请调用屯军。尔护卫兵，则置而不用，所为如是，何耶？夫尊居王位，安享富贵。宫室衣服舆马之奉，皆民力所供，而不能为民御灾捍患，则鬼神必怒，百姓必怨，福禄将薄矣。若能奋威武，除民患，山川鬼神亦将助顺，福禄庶可悠久。敕至，即选护卫精锐，期七月二十日进讨。以湘王为尔副，仍统领都司所属诸卫军马，务在殄灭凶渠，以安民庶。

乙丑（十四日）［命云南景东府土官故知府子、龙英州土官故知州子各袭父职］

命云南景东府土官故知府俄陶之子干，龙英州土官故知州赵仁忠之子雄，各袭父职。

丁卯（十六日）［诏征南将军顾成还，以绥怀“蛮夷”］

诏征南将军右军都督佥事顾成还。上以蛮夷见官军久驻，心必疑惧，故难猝服。欲姑缓之，以示绥怀之意，故有是命。

六月

丁亥（初七日）［敕楚王桢、湘王柏进兵日期及征剿“洞蛮”事宜］

敕楚王桢、湘王柏曰：前者命尔兄弟，以七月二十以前进兵征剿洞蛮。今占天象，太白七月三日伏，兵未可行。十月二十三日，当夕见西方太白出高，深入者胜，此用兵所当知也。今指挥齐让兵已压蛮境，即遣人语之。令且出奇设伏，严为备御，休息士马，以乘其弊。待太白出后，则并力讨之。如生擒蛮人，不可轻杀。盖兵以安民，非殃民也。

庚寅（初十日）［靖州“洞蛮”起事，官军攻之不克］

靖州洞蛮杨高等作乱，以其众寇五开。指挥同知方忠率兵攻之，不克。

己酉（二十九日）［命征南将军顾成讨靖州“洞蛮”］

命征南将军右军都督佥事顾成讨靖州洞蛮。时成统兵平水西叛酋，被召将还京。会蛮人寇五开，故遣使赍敕即军中，命成与都指挥程暹统兵讨之。

明太祖实录卷二百五十四

七月

辛酉（十二日）［命户部于四川成都等三府及播州宣慰使司置茶仓］

命户部于四川成都、重庆、保宁三府及播州宣慰使司置茶仓四所，贮茶以待客商纳米中买，及与西番商人易马，各设官以掌之。

八月

辛巳（初二日）［敕楚王桢擒捕黔阳等处“蛮人”］

清平卫奏：黔阳、辰溪等处蛮民相扇为乱。敕楚王桢曰：今黔阳等处蛮人聚众劫掠，必谓官军征进，故乘夜出没，欲梗阻饷道，沮我师行。今发官军二万四千余人，从尔护卫军后。至则令护卫指挥一人总之，与都督汤醴、宁忠驻营黔阳、辰溪之地。如蛮人复来，就擒捕之，以通驿道。

丙戌（初七日）［楚王桢遣千户请军饷，未允］

楚王桢遣千户周逊请军饷。上敕报之曰：往者诸将，东征西讨，朝廷何尝运粮随军。今尔率兵止在一隅，欲请粮三十万石，岂不可愧？况三十万粮储在靖州者，欲备铜鼓立卫，五开缺食，不可轻费也。尔兄弟计所统军，已不下十万，尚未能剿除蛮寇。九月间，当别遣总兵官，发京师大军进讨。尔兄弟在军中当肃部伍，不许分营。比大军未至，苟有才谋，树立功名，先除群蛮，以安民庶，岂不伟哉？此师之出，务令剿绝凶渠，然后班师。出征日期九月二十六日，预令尔知之。

癸卯（二十四日）［“叛酋”据十寨，四川盐井卫调兵剿之］

四川盐井卫遣镇抚王真入奏：叛酋贾哈剌据十寨，已调兵平其五，余负险未下。请得兵五千守关隘，即与都指挥使司进兵剿之。上从其请。

**戊申（二十九日）［谕平羌将军齐让留来降者于军中之事切当

慎之]

平羌将军都指挥齐让讨古州叛蛮，来降者多留之军中。上闻，遣使谕之曰：尔招谕蛮民，闻有降者乃留置营中，此岂兵家受降处置之法？凡营垒曲折，兵马动静，彼岂不知？一旦背叛，必有仓卒不测。此事切当慎之……

明太祖实录卷二百五十五

九月

癸亥（十四日）[敕楚王桢、湘王柏率军筑城铜鼓]

城铜鼓。敕楚王桢、湘王柏曰：前命尔兄弟帅师征蛮，既不亲临战阵，建立功勋，宜各以护卫军一万，铜鼓卫新军一万，靖州民夫三万余，筑铜鼓城。每面三里，城池宜高深，坊巷宜宽正，营房行列宜整齐。期十一月讫工，令铜鼓卫指挥，千百户守之。其铜鼓军士，除留一千守卫，余从总兵官征进。至耕种时，仍还本卫。尔兄弟可率筑城护卫军士还国，绘图来奏。

戊辰（十九日）[麓川平缅宣慰使司刀干孟“叛”]

麓川平缅宣慰使司刀干孟叛，逐其宣慰使思伦发。初，平缅俗不好佛，有僧至自云南，善为因果报应之说，思伦发甚信之。又有金齿戍卒逃入其境，能为火炮、火铳，思伦发喜其有艺能，俾系金带，与僧位诸部落上。刀干孟恶之，遂与其属叛，率兵寇腾冲府。思伦发畏其势盛，率其家走云南，西平侯沐春遣送京师。

乙亥（二十六日）[以平羌将军齐让“平蛮”无功，命左军都督杨文为总兵官代之]

上以平羌将军都指挥齐让逗遛不进兵，平蛮无功，命左军都督杨文佩征虏前将军印为总兵官，右军都督同知韩观副之，锦衣卫指挥使河清、凤阳卫指挥使宋忠为参将。统京卫及湖广、江西等都司军马往代之。遣官祭告岳镇海渎之神曰：……迩者西南戍守将臣，不能宣布恩威，虐人肥己，致令诸夷苗民困窘怨怒，合攻屯戍，扰我善良。予不滑已命将出师讨之……复谕文等曰：都指挥齐让讨贼，久而无功，故命尔等代之。凡用兵行师以严明为胜，赏罚必当功罪，然后恩威并行，人心悦服。如分遣官军入山追捕，日可行十五里、十里或二十里，暮即还营。如此则出入有时，寇不得肆其狙诈。若五开蛮人果来连构，即调兵会征南将军都督佥事顾成同剿捕之。其安陆侯吴杰、江阴侯吴高，以事获罪，可与步骑三四千，俾之立功。宁都督、汤都督尝领兵为楚、湘二王宿卫，驻营黔阳、辰溪之地，二人亦令从征。宋都督、刘都督亦各与军一二万，俾自当一路，仍先（徼）〔檄〕思州宣慰司土官转运粮饷，以足军用。

[复遣使谕从征古州将士]

复遣锦衣卫指挥谭全等谕古州从征将士曰：兵征既久，未见成功。盖齐让老矣，且无智谋，宜不能驭将士也。今特命左军都督杨文，佩征虏前将军印，代齐让为总兵。尔诸将士当思奋力决战，以盖前愆。

十月

乙酉（初七日）[平羌将军齐让械送林宽等至京]

平羌将军都指挥齐让械送蛮寇林宽等至京。

丙戌（初八日）[遣使敕征虏前将军杨文等捕诸洞“蛮酋”和倡乱谋主]

遣使敕征虏前将军都督杨文等曰：十月七日，齐让已遣武昌左卫指挥朱俊械蛮寇林宽，及潭洞贼首杨通秀至京。观其人，皆庸懦愚人，宜不能为此乱计。诸蛮中必有桀骜者为谋主，特愚弄林宽、杨通秀（族）〔嗾〕其倡乱，事急则令其来降，为缓兵之计，乃其狡谋也，作乱之原，实在诸洞蛮酋。今宽等具言诸蛮诡诈状，尔等宜次第捕灭。其令宽等投降，皆是虚诈，意在沮我大军，若大军远行，必于中途设伏，掩我不备，慎毋远掠。杨文至军，去齐让营百里。先令参将何清等，领步骑同指挥谭全、散骑舍人刘添锡等，诣让营中宣诏，收平羌将军印，即送让赴京。其副将宋晨、胡冕，仍令从征立功。

甲午（十六日）［赐国子监生刘仕名归养］

赐国子监生刘仕名归养。仕名，马湖府宜溪长官司人。以岁贡入监，有母老病，弟复废疾。仕名上言：从古蛮夷不知文教，惟皇上德化远被，建学立师，教育边夷，稍知礼义。今臣母老且病，愿乞归养。虽君恩未报，而乌鸟私情不能自已。上怜之，遣归终养。

乙未（十七日）［安仁、安平二县置巡检司］

置衡州府安仁县、长沙府安平县二巡检司。

十一月

丙辰（初八日）［命将讨“叛酋”贾哈剌］

命中军都督佥事徐凯，指挥使黄中、孙禧，将兵讨叛酋贾哈剌。谕之曰：赏罚明信，行军之要……

丁巳（初九日）［思州宣慰使之母来朝谢恩］

思州宣慰使田琛母杨氏，以其子琛得罪见释，来谢恩贡马。诏赐杨氏珠冠、霞帔及文绮十二匹，帛如之，钞四百锭。

癸酉（二十五日）［命将讨刀干孟］

思伦发至京师，上闵之。命西平侯沐春为征虏前将军，左军都督何福为左将军，徐凯为右将军，率云南、四川诸卫兵往讨刀干孟……

甲戌（二十六日）［诛齐让］

都指挥齐让至京，以总兵逗遛伏诛。

乙亥（二十七日）［改云南鹤庆、丽江二府为军民府］

改云南鹤庆、丽江二府为军民府。时西平侯沐春奏：二府地属远方州县，人民多义兵、土军，聚则为兵，散则为民，卒难调用。宜立百夫长领之，改为军民府便。制可。

十二月

己亥（二十一日）［四川木瓜长官贡马］

四川木瓜长官石保来朝贡马。

乙巳（二十七日）［遣思伦发还云南，敕沐春遣人往谕刀干孟］

遣思伦发还云南……又敕西平侯沐春曰：思伦发穷而归我，当以兵送还其土。若至云南，令且止怒江，遣人往谕刀干孟，毋为不臣，必归而主。如其不从，则声其罪以讨之……

明太祖实录卷二百五十六

洪武三十一年戊寅（1398）

正月

己酉朔（初一日）［云南元江府、四川东川府并诸州宣慰司土官贡马］

云南（沅）〔元〕江府、四川东川府并诸州宣慰司土官来朝贡马。

乙卯（初七日）［湖广茶陵卫广安千户欲集鞑军起事］

湖广茶陵卫广安千户所鞑军脱火赤等诣阙言：千户蔡青怨朝廷削其禄俸，椎牛置酒，宴集鞑靼总旗阇阇不花等，相与饮金屑酒，设誓言，期旦夕为乱。上谓兵部臣曰：乱不靖则起，取乱何如靖乱。朕无负彼，彼将何为？今以茶陵卫鞑靼官军，分隶长沙、宝庆、衡州诸卫，与旧军参伍错居。彼虽欲为乱，不可得也。乃赏脱火赤银十二两、钞二十锭，遣还。

甲子（十六日）［工部尚书严正直奏请修贵州卫衙］

工部尚书严正直言：贵州新置都指挥使司，而未有治所，今暂寓贵州卫治署事。卫衙岁久蠹朽，宜加修葺。缘比奉圣谕，谓彼处军士艰苦，土木之功未可遽兴。今贵州奏言：材料已具，失今弗理，恐岁久益加朽坏，请及今修葺，则易为力。诏俟冬月农隙修之。

乙丑（十七日）［顶营长官司寨长以从征劳绩升长官］

以普定卫顶营长官司寨长阿禄为长官。初，阿禄从颍国公傅友德征云南，累有劳绩。至是诣阙进马，因自陈前功，故有是命。

丁卯（十九日）[广西都指挥同知平义宁县“叛僚”]

广西都指挥同知姜旺平义宁县抵巢叛僚，以所获俘馘并招降之数及兵器来献。

癸酉（二十五日）[四川长河西安抚等司土官来朝]

四川长河西安抚等司土官僧吉藏卜等来朝。赐宴于东角门。

是月［长河西军民安抚司土官千户来朝］

是月，长河西军民安抚司土官千户油笼思卜等来朝。赐文绮、袭衣、钞锭。

二月

庚子（二十三日）[西平侯沐春奏麓川刀干孟请入贡]

西平侯沐春奏：麓川刀干孟请入贡。且言：刀干孟叛，逐其酋长思伦发，恐朝廷声罪致讨，故来归款。而思伦发所部忽都，亦据守腾冲、怒江及景东、施外、威远等处，俱已向化归朝。刀干孟惧为所攻，故欲假朝廷之威，以拒忽都。其言入贡，恐未可遽信，今姑勒兵俟之……

[征南将军顾成平水西、西堡土酋]

水西阿旷毕所部土酋么不率化、犵阿由那与西堡、沧浪等寨长必莫者等，烧劫屯堡，聚众作乱。征南将军都督佥事顾成，发兵讨平之。已而西堡贼阿革傍等，复纠合阿黎寨三千余人为寇。成遣安庄卫指挥使陆秉、普安卫指挥顾统等，分道击败之。其地悉平，成还京师。

辛丑（二十四日）[总兵官杨文等克平古州林宽余党]

总兵官左军都督杨文等奏，克平古州林宽余党，并俘获三十冈等处洞蛮二千九百七人，惟溃入山谷者未尽剿绝。近军士多病，乞分往近地辰溪等处就粮操练，以俟秋成进取余寇。上以余寇多胁从，不必穷追，遂诏文等还京师。

甲辰（二十七日）[都督佥事徐凯等平卜木瓦寨]

都督佥事徐凯等平卜木瓦寨，执叛酋贾哈剌送京师诛之。贾哈剌，么些土豪也。初，王师克建昌，授以指挥，俾领其部落。后与月鲁帖木儿叛，走据卜木瓦寨。其地峻险，三面斗绝，下临大江，江流悍急，不可行舟，惟一道仅可通人行。官军至，辄自上投石，遂为所扼不得进。及是凯等至，断其汲道以困之，寇不得水，日就穷促。凯乃督将士直抵其寨力攻之，寇不能支，遂就擒。

三月

庚申（十三日）［命商人于铜鼓、五开、靖州纳米给盐］

命户部谕商人，于铜鼓、五开、靖州纳米，以湘乡、澧州盐给之，不足则给以淮浙盐。户部定议：输米靖州三石，铜鼓二石五斗，五开二石，皆予湘乡、澧州盐一引。输米一石，则与淮浙盐，并不拘次支给。从之。

癸亥（十六日）［谕整顿守边卫所］

上谕五军都督府臣曰：近闻守边将帅多不究心，如五开守御指挥，千百户私役军人，受贿弄法，以致军伍缺少，城寨不修，蛮僚窃发，攻劫屯戍，男女死者八百余人，皆将帅怠弛之故也。自今如一卫五千六百人，指挥五员，则以左、右、前、后四所，分四指挥管领，中所则掌印官管之。凡修缮城池，五千户均分其工。敌至，且守且战，四千户各守四门，掌印指挥提调中所，总四指挥而一其部伍。如城壁不高，壕堑不深，屯种不勤，则坐本管指挥，千百户之罪。军容不整，器械不精，操练不熟，则罪分管之官。其遣人往谕各卫，一循前后处分，慢令者究治之。

明太祖实录卷二百五十七

五月

丁未朔（初一日）［西平侯沐春进兵击平缅］

西平侯沐春进兵击平缅。先以兵送思伦发于金齿，使人谕刀干孟，不从，乃遣左军都督何福、瞿能等将兵五千往讨之。福等逾高良公山，直捣南甸，大破之。杀其酋刀名孟，斩获甚众。回兵击景罕寨，寨乘高据险，坚守不下。官军粮械俱尽，贼势益盛。福使告急于春，春率五百骑往救之，乘夜至怒江，诘旦径度，令骑驰躏寨下，扬尘以惊之。贼乘高望见尘起蔽天，不意大军卒至，惊惧，遂率众降。春乘胜复击崆峒寨，贼夜溃走。刀干孟乃遣人乞降。事闻，朝廷以其诞诈，复授春征虏前将军，令俟变以讨之。春后病卒，刀干孟竟不降，乃命都督何福往讨，擒刀干孟以归。思伦发思得还平缅，逾年卒。

丙辰（初十日）［四川平茶洞长官司土酋贡方物］

四川平茶洞长官司土酋杨欣来朝贡方物。

庚申（十四日）［置成都、重庆、保宁及播州宣慰司茶仓四所］

置成都、重庆、保宁三府及播州宣慰司茶仓四所。命四川布政使司移文天全六番招讨司，将岁输茶课仍输碉门茶课司，余地方就近悉送新仓收贮，听商人交易及与西番市马。

壬申（二十六日）［讨平四川光金堵虎寨“蛮人”］

四川新设卫所地方蛮人，纠集光金堵虎寨蛮人作乱，都指挥程暹等率兵讨平之。

闰五月

丙子朔（初一日）［罢四川石狗、富来二盐井，并开新盐井］

罢四川石狗、富来二盐井。开西充县坎龙，及内江县虎跳、尹家盐井二处。

明太宗实录

明太宗实录卷十上

建文四年壬午（1402）

七月

乙酉（初四日）［命郑祥充统兵官镇守云南，卢旺、欧庆副之］

命右军都督佥事郑祥充统兵官镇守云南，云南都指挥使卢旺充左副统兵，都指挥佥事欧庆充右副统兵。遇有军务，相机调遣。俟境宁谧，郑祥留掌云南都司事，卢旺、欧庆各就本职。

明太宗实录卷十下

七月

癸卯（二十二日）［命左都督袁宇往四川、云南整肃兵备，抚安军民］

命左都督袁宇往四川、云南整肃兵备，抚安军民。俟边境宁靖，就镇守云南。

［赐书岷王楩，谕“慎出入，谨言节饮”］

赐书岷王楩曰：今遣都督袁宇赴云南整肃兵备，镇抚一方，凡事可与计议而行。夫藩屏至重，贤弟宜慎出入，谨言节饮，庶诸夷有所瞻仰，而不负兄之所望。

庚戌（二十九日）［铸“征南将军”“征西将军”“平羌将军”印］

命礼部铸征南将军、征西将军、平羌将军印。

明太宗实录卷十一

八月

己未（初八日）［命右军都督同知韩观节制广东都司、福建行都司、湖广都司军马］

命右军都督同知韩观，往江西等处操练军马，整点城池。广东都司、福建行都司、湖广都司军马，听其节制。

壬戌（十一日）［谕岷王楩不应与西平侯沐晟交恶］

以岷王楩与西平侯沐晟交恶，赐书谕楩曰：尝闻皇考之训，朕年二十四五尚未有子，时沐英甫八岁，因兵受厄，父母不得复会，朕抚育之，恩同其父，后乃命复本姓。因其军功封为西平侯，俾控御诸夷。十余年间，朕无西南之忧者，以英在也。言犹在耳。后英殁，特追封为黔宁王，盖不次之恩也。既以子春嗣侯爵，春卒，弟晟继之。历观群臣，受皇考恩未有如沐氏者矣。今晟所为卤莽，间信小人，干犯吾弟，固不可容。但念乃父佐命开疆之力，不忍罪之，特召至京，已惩戒之，其下小人亦不轻宥。兄又思云南重地，昔倚任其父，而蛮夷率服，故仍遣晟往，欲其安边抚夷，必如乃父存日，庶几不负皇考之恩。若其不能改过，负德隳功，他日以国法正之未晚。吾弟亦宜念黔宁之亲，及其安边之功，晟虽有罪，置之度外可也。

甲子（十三日）［命西平侯沐晟镇守云南］

命西平侯沐晟镇守云南，云南都司属卫听其节制。敕晟曰：昔我皇考太祖高皇帝当扰攘之时，年二十余尚未有子，尔父英才八岁，父母俱殁于兵，茕茕来依。皇考、皇妣怜之，抚育为子。既有朕兄弟，皇考以沐氏不可无后，命复本姓，承其宗祀。屡从征伐，积有功劳，封西平侯。云南既定，出镇十有余年，朝廷无西南之忧，所以累增产业，冀延子孙，永保富贵。尔父卒，追封黔宁王，以尔兄春嗣侯爵。春卒无子，命尔嗣之。历观群臣，受恩深厚未有过尔父子者也。间者尔为小人所惑，干犯岷王，朕念皇考、皇妣教育尔父之恩，及尔父佐命开疆之功，不忍置尔于法，姑宥不问，仍令镇守云南，尔当深思皇考、皇妣再造之大德，迪尔父之行以图厥终。尔其念哉！

己卯（二十八日）［广西柳州等处“蛮民”“啸聚劫掠”，遣官赦之，谕令复业］

以广西柳州等处蛮民啸聚劫掠，遣礼部员外郎李宗辅等赍敕往赦其罪，谕令复业。如执迷不悛，调兵剿除。

明太宗实录卷十二上

九月

戊子（初八日）［敕谕东南海岛“番夷”］

使臣有还自东南夷者言：诸番夷多遁居海岛，中国军民无赖者，潜与相结为寇。上遣使赍敕谕之，敕曰：好善恶不善，人之同情。有不得已而为不善者，亦非本心。往者尔等或避罪谴，或苦饥困，流落诸番，与之杂处，遂同为劫掠，苟图全活。巡海官军既不能矜情招抚，更加侵害，尔等虽有悔悟之心，无由自遂。朕甚悯焉，今特遣人赍敕往谕。凡番国之人即各还本土，欲来朝者，当加赐赉遣还。中国之人逃匿在彼者，咸赦前过，俾复本业，永为良民。若仍恃险远，执迷不悛，则命将发兵，悉行剿戮，悔将无及。

明太宗实录卷十二下

九月

乙未（十五日）［命韩观为总兵官，往广西整肃兵备，节制广

西、广东二都司]

命右军都督同知韩观佩征南将军印，充总兵官，往广西整肃兵备，镇守城池，而节制广西、广东二都司。赐敕谕观曰：广西蛮民易叛难服，杀之愈多而愈不治。太祖高皇帝灼见其情，故以德抚之，至必不得已，而后用兵，所以蛮民悦服，边境晏然。今朕嗣位，谨遵成宪，卿往镇之，宜务德为本，毋专务杀戮，庶副朕法祖柔远之意。赐观钞四十锭。

丁酉（十七日）［谕蜀王椿“蜀地险要，夷僚杂居，奠安绥抚，付托甚重”］

蜀王椿辞归。赐敕谕曰：贤弟天性仁孝，聪明博学，声闻昭著，军民怀服。然蜀地险要，夷僚杂居，奠安绥抚，付托甚重。凡百自爱，以副兄怀。赐椿钞二万锭，其从官赐钞有差。

戊戌（十八日）［车里军民宣慰使司宣慰使等各遣人朝贡］

车里军民宣慰使司宣慰使刀暹答，及老挝土官刀线歹、八百土官刀板面、孟定府土官刀名扛、威远州土官刀算党，各遣人来朝贡象齿、犀角、孔雀尾、西洋布、红花丝幔帐及金银器。赐刀暹答等锦绮纱罗有差，其来使俱赐钞币。

己亥（十九日）［命俞让任贵州都司］

命都指挥佥事俞让任贵州都司。

［赐国子监云南生冬衣］

赐国子监云南生赵祥等四十人冬衣。

癸卯（二十三日）［播州、思南、贵州宣慰使朝贡］

播州宣慰使杨昇、思南宣慰使田大雅、贵州宣慰使宋斌来朝贡水银、朱砂等物。赐昇等白金、锦绮、彩帛。赐其傔从有差。

乙巳（二十五日）［四川播州宣慰使司请设僧纲、道纪二司］

四川播州宣（尉）〔慰〕使司请设僧（刚）〔纲〕、道纪二司。从之。

明太宗实录卷十三

十月

辛亥朔（初一日）［湖广镇远州蛮夷长官司长官奏请令军民相参，修治清浪、焦溪、镇远三桥］

湖广镇远州蛮夷长官司长官何惠言：本境路当云南要冲，每岁修治清浪、焦溪、镇远三桥，工费繁重。所部临诸溪洞民……力不胜役，乞令军民相参修治。从之。

癸丑（初三日）［金筑安抚来朝］

（今）〔金〕筑安抚司安抚得垛来朝。赐绒锦二端、文绮五表里，钞百锭。

丙寅（十六日）［命镇远侯顾成镇贵州］

命镇远侯顾成镇贵州。

甲戌（二十四日）［复设四川建昌卫中前等千户所］

复设四川建昌卫中前、中中二千户所，盐井卫中右、中前、中后、中中四千户所，宁番卫中左、中右、中前、中后、中中五千户所，会川卫前千户所，越嶲卫左、右二千户所。

明太宗实录卷十四

十一月

丙戌（初七日）［思州宣慰使贡马］

思州宣慰使田琛来朝贡马。赐琛袭衣及白金、锦绮。

［永顺宣慰使等土官各遣使朝贡］

永顺宣慰使彭添保、保靖宣慰使彭万里、石硅宣抚马良及卧龙番等长官龙祖庆等各遣使贡马及方物，贺明年正旦。赐钞币有

〔差〕。

丙午（二十七日）［广西安隆峒土酋贡马，请设治所］

广西安隆峒土酋岑子得来朝贡马，请设治所。

明太宗实录卷十五

十二月

丙辰（初七日）［设云南孟养等三府、威远等二州］

设云南孟养、木邦、孟定三府，威远、镇沅二州。以土官头目刀木旦为孟养知府，罕的法为木邦知府，刀浑立为孟定知府，刀算党为威远知州，千夫长刀平为镇沅知州。

丁巳（初八日）［广西总兵官韩观奏言招抚广西桂林诸郡“叛蛮”事］

广西总兵官右军都督同知韩观言：近礼部员外郎李宗辅等赍敕抚安叛蛮，臣即遣官与之俱往。今桂林诸郡蛮民五千九百余家已复业，惟思恩县叛蛮千五百余户尚未向化。而桂林、庆远、柳、浔四府，累报蛮贼韦公察、韦多成、谭公安等，拒杀官军及良民六千五百余人，抢劫牛马五千四百有奇。此悉瑶僮素梗王化，累尝作乱，非可以化服。上命复业者善加抚恤，梗化者发兵诛之。

戊午（初九日）［四川安顺等州土官贡马］

四川安顺等州土官恩得等来朝贡马。赐之钞币。

辛酉（十二日）［敕西平侯沐晟镇守云南应“恪尽乃心”］

敕镇守云南西平侯沐晟曰：西南诸夷难服易叛，昔太祖高皇帝命尔父镇之，夷民畏服。尔其恪尽乃心，嗣尔父之勋绩，敬哉毋忽！

［设广西安隆长官司］

设广西安隆长官司，给印信，隶泗城州，以安隆峒土酋岑子得为长官。子得，洪武中尝领土兵策应官军，攻讨蛮寨，未录其功。

至是自陈，遂命开设衙门，抚绥土人，仍置流官吏目一员。

丙子（二十七日）［以云南寻甸军民府土官知府妇沙观袭职］

以云南寻甸军民府土官知府沙姑男妇沙观袭土官知府。

明太宗实录卷十六

永乐元年癸未（1403）

正月

癸未（初五日）［贵州、永顺宣慰使等贡方物］

贵州宣慰使安卜葩、永顺宣慰使彭添保等三百人来朝贡方物。赐白金、钞、文绮有差。

癸巳（十五日）［广西署平乐府事知州能抚绥“瑶蛮”，升平乐府知府］

实授广西署平乐府事知州陈用晟为（乐平）〔平乐〕府知府，以总兵官韩观言其能抚绥瑶蛮也。

乙未（十七日）［设云南者乐甸等五长官司］

设者乐甸、大侯、干崖、湾甸、潞江五长官司，隶云南都司。时西平侯沐晟言：其地旧属麓川，平缅而地广人稠，宜设长官司治之，故有是命。

丙申（十八日）［云南广西府等处土官知府等贡马］

云南广西府等处土官知府阿觉等七十八人来朝贡马。赐钞及绮帛，仍给钞偿其马直。

辛丑（二十三日）［酉阳宣抚、云南维摩州知州等朝贡］

酉阳宣抚（再）〔冉〕兴邦、云南维摩州知州波得等三百八十八人来朝贡马及方物，各赐钞币，仍给偿马直。

［车里军民宣慰使司宣慰使及孟定等府土官朝贡］

车里军民宣慰使司宣慰使刀暹答及孟定等府土官来朝贡象、马及方物。赐钞及锦绮纱罗有差。

甲辰（二十六日）［设普安安抚司］

设普安安抚司，以土酋慈长为安抚。时慈长来朝，言建文时于其地置贡宁安抚司，以故父者昌为安抚。近吏部遵旧制，奏罢安抚司，然本境地阔民稠，岁于普安军民府输粮三千余石，且路当要冲，旧有湘满等驿，乞仍设安抚司督治为便。上曰：祖宗大经大法，万世不可改。其他若时有不同，后世当因时损益以便民，岂可执一而不知变通之道？天下人既以为便，则当从之。命吏部仍置安抚司，改贡宁为普安，赐以掌印，置流官吏目一员，隶四川布政司。

［复设古州等十四蛮夷长官司］

复设古州、龙里、欧阳、湖耳、中林验洞、八舟、（漕）〔曹〕滴洞、潭溪、福禄永从、洪州泊里、亮寨、新化、赤溪湳洞、西山阳洞十四蛮夷长官司，俱隶贵州。盖洪武初，各设长官司，后苗蛮吴面儿（楩）〔梗〕化，发兵讨平之，遂废。至是招辑其民，复业者众，故复设焉，仍以土人为长官。

明太宗实录卷十七

二月

丁卯（二十日）［定云南麓川平缅宣慰司以原额输银］

户部尚书夏原吉言：云南麓川平缅宣慰司土官思伦发，原输差发六千九百两，续又增办一万八千两。今思伦发卒，前此有亏兑者，皆已蠲之。近西平侯沐晟言，以后续认者，难于为额。俟二三年民食给足，可令再输。上曰：驭夷之道，使知归向朝廷，不失臣节可矣，岂资其利耶？止以原额为定，增办者悉除之。

乙亥（二十八日）［减云南曲靖开中盐粮额］

初，云南曲靖开中盐粮，每引米二石。商民以所定米太多，中纳者少，随亦停罢。至是户部以闻，命减轻为一石五斗，仍旧开中。

丁丑（三十日）［给云南僧度牒］

给云南僧度牒。

明太宗实录卷十八

三月

庚子（二十三日）［康佐长官司秋粮仍就近输普定］

镇守贵州镇远侯顾成言：普定卫康佐长官司，岁秋粮止内普定卫。洪武二十五年，始改输安南卫。然康佐距安南卫三百五十里，往复半月，人负米三斗，止足途中之食，故累岁有亏。康佐距普定止两日，若令旧运输普定，甚便之。从之。

明太宗实录卷十九

四月

壬戌（十六日）［增给湖广、四川、云南、广西宣慰使司及西北“诸夷”所贡马直］

湖广、四川、云南、广西所隶宣慰使杨昇等，并西北诸夷，各遣人朝贡马及方物。上以其远至，且旧所定马直薄，命礼部第马之高下增给之。上马每匹钞千贯，中马（八）〔每〕匹钞八百贯，下马五百贯。

丙寅（二十日）［敕西平侯沐晟法父兄“怀柔之方”，以宁边境］

敕镇守云南西平侯沐晟曰：昔尔父黔宁王，承我皇考太祖皇帝命镇云南。抚按怀柔，克尽其道，故能使远夷慕义，军民乐业，朝廷无西南之忧。尔兄亦能继述，边境以宁。此皆尔所知也，今乃不能恪守先训，致兵不得休息，民不得力作，政事烦扰，号令纷更，远近嗟怨。可谓有忝父兄者矣。宜加警惕，谨守太祖高皇帝成宪，法尔父怀柔之方，使军民皆安，远夷顺附，斯忠孝两全矣。又敕晟曰：土人总旗中盖有累立战功者，可拔其尤者升百户，以励军士。以钞法不通，下令禁金银交易，犯者准奸恶论。有能首捕者，以所交易金银充赏。其两相交易，而一人自首者免坐，赏与首捕同。若置造首饰器皿，不在禁例。

庚午（二十四日）［王祐以招安思伦发子散朋等升云南卫镇抚］

升云南卫所镇抚王祐为卫镇抚。赐钞百锭、彩币四表里。初，平缅土官思伦发卒，其子散朋与其部落刀浑刀窜于百蛮、威远，劫掠居民，祐往招安之，故升赏云。

明太宗实录卷二十上

五月

乙酉（初九日）［改四川邛部州为邛部长官司］

改四川越（隽）〔嶲〕邛部州为邛部长官司，流官吏目仍旧。

丁亥（十一日）［遣使抚谕保靖宣慰司所属“蛮人”］

以保靖宣慰司所属蛮人大虫可宜等，互相仇杀，遣监察御史刘从政等，赍敕抚谕之。

［上林等县僮民六千余户隶籍为民］

柳州等府上林等县僮民梁公竦等六千户，凡男女三万三千余口，及罗城县上西韦公、成乾等三百余户复业。初，韦公等作耗，僮民多亡入山谷，与之相结。事闻，遣御史王煜等，招抚复业。至是俱至，仍隶籍为民。

明太宗实录卷二十下

五月

丙午（三十日）［以广东南海、番禺飓风海潮成灾，命户部速遣人抚视］

广东南海、番禺二县飓风，海潮溢漂民庐舍，溺死三十五人。事闻，命户部速遣人抚视，死者恤其家。

明太宗实录卷二十一

六月

戊午（十二日）［设水东并乖西蛮夷二长官司］

设水东并乖西蛮夷二长官司，俱隶贵州都司。以把事向西为水东长官司，土人杨文真为乖西长官。龙里长官司长官何信幼弱，以谷龙寨头目宋文胜为龙里长官。从贵州宣（尉）〔慰〕使安卜葩所请也。

七月

壬午（初七日）［云南孟养府土官知府差人朝贡］

云南孟养府土官知府刀木旦，差侄刀满赛等来朝贡方物及金银器皿。赐钞及绒锦、金织文绮表里。

丙戌（十一日）［水坏连州儒学及河源等三县城垣、廨宇、坛庙，乞修理］

广东布政司言：水坏连州儒学，及河源、曲江、英德三县城垣、廨宇、坛庙，乞修理。从之。

**癸卯（二十八日）［霖雨坏广东惠州、河源等卫所城，请修

筑]

巡按广东监察御史言：霖雨坏惠州、河源等卫所城，宜及时修筑。从之。

明太宗实录卷二十二

八月

庚申（十五日）[设云南楚雄县儒学]

设云南楚雄府楚雄县儒学。先是，本府言：所属人民类皆蛮夷，不知礼义。惟僰人一种，赋性温良，有读书识字者，府州已尝设学教养，其县学未设。今楚雄县所辖六里，而僰人过半，近委官劝集民间俊秀子弟入学读书，而无师范，请立学置官训诲。从之。

庚午（二十五日）[遣内官抚谕麓川、车里等处土官]

遣内官杨宣等赍敕抚谕麓川、车里、八百、老挝、古剌、诏闽、特令、冬乌、孟定、孟养、木邦等处土官，仍命西平侯沐晟遣人偕行。

明太宗实录卷二十三

九月

辛卯（十六日）[镇远侯顾成上言边事]

镇守贵州镇远侯顾成上言：臣奉命守贵州，招抚蛮夷，方隅暂安，苟禄叨恩，微劳莫效。窃以为云南、两广远在边陲，蛮贼间尝窃发，譬犹蜂虿之毒，不足系心。东南海道，虽倭寇时复出没，然止一时剽掠，但令缘海滨卫严加提防，亦无足虑。惟北虏遗孽，其众强悍，其心狡黠，睢盱侦伺，侵扰边疆。经国远谋，当为深虑。……上嘉其言，赐敕褒之曰：卿祗事皇考，从朕于艰难之际，忠而自信，勇而善谋，协成匡济，劳绩居多。爰命往镇旧邦，用佚高年，乃心不忘朝廷，以嘉言来献，眷乃诚忠，良用嘉悦。时遣人赍钞千锭、文绮四匹、罗四匹、彩绢八匹赐卿，用答惓惓之诚，至可领也。

甲午（十九日）［设云南腾冲、永昌二守御千户所］

设云南腾冲、永昌二守御千户所。

［西平侯沐晟请发兵讨车里，未允］

镇守云南西平侯沐晟奏：云南车里宣慰司土官刀暹答，令其下剽掠威远，虏其知州及民人以归，请发兵讨之。上谓兵部臣曰：兵易动难安，一或轻举，伤人必多。且人有不善，以理告谕，未必不从，然后加兵，则亦有辞。昔皇考之世，思伦发为其下所逐。初但遣人谕之，彼怙终不悛，乃发兵殄之，此成法也。今始遣使赐赉诸夷，而遽继以兵，自此何以取信？且闻车里已纳上威远印信，是悔祸之心已萌。可令云南都司移文谕之，若能格心向化，不必发兵。

丁酉（二十二日）［敕西平侯沐晟令云南都司移文车里谕之］

敕镇守云南西平侯沐晟：尔奏以车里宣慰使刀暹答侵害威远，欲兴兵讨之。兵重事也，危道也。不若且令云南都司移文谕之。如此格心向化，即兵可止。若谕之不悛，加兵未晚，尔其训练将士以候。

辛丑（二十六日）［麓川平缅故宣慰使之子贡马］

麓川平缅故宣慰使思（纶）〔伦〕发之子散朋等来朝贡马。命赐散朋钞绒绵之金文绮纱罗，其仆从赐钞有差。

明太宗实录卷二十四

十月

丙辰（十二日）[缅甸头目遣使贡方物，设缅甸宣慰使司]

缅甸头目那罗塔遣其属郎寻蹇来朝贡方物。初，西平侯沐晟遣镇抚邓伯通等抚谕之，至是来朝。郎寻蹇致那罗塔之言曰：缅人虽处遐裔，闻圣主临御，悉愿臣属。而道经木邦、孟养，多为阻遏，乞命以职赐冠服印章，将来凭仗天威，岁效职贡，庶免欺凌。上允其请，命兵部设缅甸宣慰使司，以那罗塔为宣慰使，遣使赐之冠服印章。

己未（十五日）[广西田州府土官知府遣弟贡马]

广西田州府土官知府岑永通遣弟岑仕来朝贡马。赐之钞币。

[赐四川永宁宣抚司及缅甸贡使、木邦府土官宴]

赐四川永宁宣（府）〔抚〕司及缅甸贡使、木邦府土官宴于会同馆。

辛酉（十七日）[湖广夏税过期，谕缓期]

户部尚书郁新等奏：湖广今年夏税过期，数月不足，其布政司、府、州、县官皆当罪之。上曰：赋入有经制，人耕获或先后不齐，地里亦有远近之异，未可概论。任人长民，当使之察其难易，而顺其情。虽取之亦必思有以利之，不当急责，必至乎病民。其勿问，第更与约限，令民输之。

[贵州宣谕使宋斌遣兄贡马]

贵州宣谕使宋斌遣兄得意来朝贡马。赐之钞币。

戊辰（二十四日）[贵州宣慰使及普安等处土官贡马]

贵州宣慰使安卜（苑）〔葩〕，普安安抚慈长，乌撒、乌蒙、东川、芒部军民府诸土官卜穆等来朝贡马。赐赉有差。

明太宗实录卷二十五

十一月

己卯（初五日）［越嶲卫“番贼”不时出没，遣人抚谕之］

四川行都司奏：越嶲卫之地番贼不时出没，请调军剿捕。上谕兵部尚书刘俊曰：鼠窃狗偷，蛮夷常性。若能严加备御，彼亦何施？今不务此，而辄欲兴兵，殊不思官军一动，善恶均受其害，况所费亦重，但令严兵守备，而遣人抚谕之。

丙申（二十二日）［广西总兵官韩观征剿柳州“山贼”奏捷］

广西总兵官都督同知韩观征剿柳州山贼捷奏至。先是，柳州诸郡理定等县山贼王仲文等为乱，劫杀洛容诸县民，上命观率师并调都指挥佥事葛森领兵剿之。至是，观奏斩贼首千一百八十余级，生擒仲文等五十一人，亦斩以徇。得其所掳军民男女皆遣还，所夺兵器皆输官，军民人逃散者皆招抚复业。

闰十一月

甲辰朔（初一日）［兵部主事奏请以土兵与官兵合势击桂林瑶僮］

兵部主事（论）〔牟伦〕奏曰：臣往广西抚谕桂林诸郡蛮寇，皆已归化。窃谓此辈多是瑶僮，已尝作乱未尽歼。夷穴处岩居，惟事剽掠。今虽革面，终然异心。如理定县首贼韦香等，先皆向化，今复为非，重劳官军深入剿捕。臣思此贼别无技能，惟倚恃岩险，出没不时，兵至则散匿溪洞，兵退时出劫乡村。官军皆非本处之人，不能深知动静，且触冒岚瘴，多至疾病，难以有功。惟彼土兵，熟知道路，谙识贼情，若资其力，可以收效。今后如遇窃发，则命土兵与官兵合势击〔之〕，凡其有得，就以与之。彼慕利争先，勇于用力，可以倾其巢穴，绝其党类。既免转运供给之劳，又无损失军伍之患。上从之。

明太宗实录卷二十六

十二月

癸未（初十日）［镇远侯顾成遣人贡马且陈边务］

镇守贵州镇远侯顾成遣人（马）〔贡〕马且陈边务。赐敕劳成曰：卿以重臣出镇边鄙，尽诚为国，计虑甚周，屡有建明，允惬朕意。眷念耆旧，绮注良深，特赐卿银二百两、钞万贯、彩币八表里，至可领也。

明太宗实录卷二十七

永乐二年甲申（1404）

正月

丙寅（二十四日）［命镇远侯顾成以官所市马悉给诸卫军士］

命镇守贵州镇远侯顾成以官所市马二千匹，悉给诸卫军士。

明太宗实录卷二十八

二月

己丑（十八日）［改筑广西兴安县分水塘］

改筑广西兴安县分水塘。县有江源，出海阳山下，面趋北流。旧于江中横砌石埭，分水为二沟。南渠通海，北渠通湖广，可行舟楫，溉民田，为利甚溥。旧于埭上叠石鱼鳞，以防涨溢冲激之患，或有损坏，随宜修葺，民不为劳。洪武中，巡按监察御史严震直欲广河流，撤去鱼鳞石，增高石埭。遇水泛势无所泄，冲塘决岸，奔趋北渠，而南渠涩，行舟不通，田失灌溉。连年修筑，百姓苦之，至是县言乞改作如旧为便。从之。

庚子（二十九日）［贵州宣慰使贡马］

贵州宣慰使安卜（范）〔葩〕遣人贡马。

明太宗实录卷二十九

三月

甲辰（初三日）［遣内官赏赐麓川、缅甸二宣慰使司及孟养府土官］

遣内官张勤等颁赐麓川、缅甸二宣慰使司及孟养府土官思行发等，彩币、纱罗等物。

明太宗实录卷三十

四月

癸酉（初三日）［广西思明府知府奏称安南屡侵夺其地］

广西思明府知府黄广成奏：本府与安南接壤，禄州、西平州、永平寨，皆先臣故地。迩岁安南屡兴兵侵夺，遂遽有之。今遇圣人，悉遵旧制，思臣土地累世相传，伏望天恩，明其疆域，谕使归还，不胜幸甚！上纳之。

癸未（十三日）［麓川平缅宣慰使诉孟养、木邦“数侵其地”］

麓川平缅、缅甸诸宣慰司并木邦、孟养府土官，俱遣人来朝贡方物，各赐之钞币。时麓川平缅宣慰使司行发所遣头目刀门赖，诉孟养、木邦数侵其地。礼部臣言：宜以孟养、木邦贡使付法司正其罪，庶蛮夷知惧，不敢侵越邻境。上曰：蛮夷相攻夺，自昔有之，执一二罪之，未足以革其俗。且事曲直未明，而遽罪其朝贡之使，只沮远人向化之心。可令西平侯遣人谕之。

丙戌（十六日）［车里宣慰使遣人来朝谢罪］

车里宣慰使刀暹答遣人来朝谢罪。初，刀暹答擅发众侵威远州地，掳其知州刀算党等。事闻，上命西平侯沐晟遣人谕之，如其不悛，调兵剪灭。于是刀暹答惧，还所掳知州及威远州之地，遣弟刀腊等诣京贡马及方物谢罪。都察院臣奏：宜先下刀腊等于法司，而后逮问刀暹答，庶几以示惩戒。上进都御史陈瑛谕之曰：蛮夷禽兽之性，稍不相得，辄相仇。既能改过即已，何必与效。今改过而复罪之，如其不改，何以加法？不听。

［广西“洞蛮”“相率从化”］

初，广西柳州、庆远等府忻城、宜山等县，以洞蛮陈公宣等出没为寇，请发兵剿捕。上命广西都指挥司抚谕之，俾安业。如其不悛，进兵讨之。至是，都指挥朱辉等奉躬诣蛮洞谕以德意，贼首陈公宣等皆相率从化，凡千三十五户。

己丑（十九日）［孟定府土官知府遣头目贡马］

孟定府土官知府刀景发遣头目刀罕来朝贡马。赐钞及罗绮。

辛卯（二十一日）［贵州水东、乖西蛮夷长官贡马］

贵州水东、乖西二蛮夷长官向四等来朝贡马。赐钞四百八十锭。

甲午（二十四日）［更定天下卫所屯田、守城军士］

更定天下卫所屯田、守城军士。视其地之夷险要僻，以量人之屯守为多寡。临边而险要者，则守多于屯。在内而夷僻者，则屯多于守。地虽险要而运输难至者，屯亦多于守。

［敕谕广东都司、布政司、按察司官“抚绥”之道］

敕谕广东都司、布政司、按察司官曰：往岁都督韩观奏，钟均道已死，朕即不复究理。今布政司言其尚在，欲调兵剿捕，事之未明，不足深究，尔等但尽抚绥下人之道，无为多事以扰爱之。夫上有爱民之实，将下无失所之民。民既得所，自不为患。且人孰不愿为善，间为不善，亦有出于不得已者，既能改过，亦务容之，无绝其自新之路。若此人果在，能不为非，即听其安生乐业，不必究问。今九夷八蛮自昔未归附者，皆来朝贡，随其大小授以明爵。苟钟均道果不死，能幡然悔过来归，朕亦谨遵太祖皇帝待杜回子之道处之。岂忍使其终身栖栖偷生山林，而不在吾化育之内哉？钟均道者，建文中尝作乱南雄、韶州诸郡之间，闻上即大位，遂潜伏无踪迹，其党亦散。相传均道已死，及是有言其未死者，然终无实验云。

[赐国子监云南生夏衣]

赐国子监云南生张林等二十八人夏衣，遵旧制也。

[思南宣慰使及其祖母贡方物]

思南宣慰使田大雅与其祖母来朝贡方物。赐大雅钞百锭、彩币四表里，加赐其祖母钞币，其从行头目赐钞有差。

乙未（二十五日）［云南湾甸、干崖二长官司长官各遣子朝贡］

云南湾甸、干崖二长官司（上）〔长〕官刀木永等各遣子来朝贡马及方物。赐钞及文绮、彩绢。

己亥（二十九日）[设老挝军民宣慰使司]

设老挝军民宣慰使司。以土官刀线歹为宣慰使，命礼部铸印给之。

[九溪上峒土酋遣人贡方物]

九溪上峒土酋安定踵遣子麦直踵等来朝贡方物。赐之钞币。

明太宗实录卷三十一

五月

乙巳（初五日）[设散毛、施南二长官司]

设散毛、施南二长官司，置流官、吏目各一员。其地故元时俱置宣慰司，洪武六年，改散毛沿边并施南二宣抚司，又设龙潭安抚司，隶散毛沿边。二十三年，以蛮人梗化遂废，后于散毛沿边设大田军民千户所。至是故土官之子覃友谅等奏，比年招复蛮民，岁输租税，请仍设治所。以其户少，乃降为长官司，俱隶大田军民千户所。命覃友谅为散毛长官，田应虎副之。覃添福为施南长官，覃敬副之。各给印。

丁卯（二十七日）［八百大甸土酋遣头目贡方物］

八百大甸土酋刀招你遣头目板暖等来朝贡方物。赐赉有差。

己巳（二十九日）［设八百者乃、八百大甸二军民宣慰使司，并赐麓川平缅等府州诰印、冠带、袭衣］

设八百者乃、八百大甸二军民宣慰使司，以土酋刀招你为八百者乃宣慰使，其弟刀招散为八百大甸宣慰使。遣员外郎左洋往赐诰印、冠带、袭衣，并遣使赐麓川平缅、缅甸、老挝诸宣慰使司，及孟定、波勒、威远等府州亦如之。

明太宗实录卷三十二

六月

癸酉（初四日）［改木邦、孟养二府为军民宣慰使司］

改木邦、孟养二府为军民宣慰使司，以知府罕的法刀木旦为宣慰使。赐之诰印，俾子孙世袭其官。

甲戌（初五日）［云南前卫土官指挥、安宁州土官知州、八百土酋各遣人朝贡］

云南前卫土官指挥董保、安宁州土官知州董节、八百土酋刀招散等各遣人来朝贡马及方物。赐钞币有差。

［湖广九溪卫加固城墙］

湖广九溪卫指挥同知董贤言：本卫边临溪洞，蛮夷叛服不常。

城不坚固，必加包砌，乃可备御。命于农隙之时，次第修之。

戊子（十九日）［谕安南归还所侵思明府故地］

安南国王胡查遣使奉表谢恩。上命礼部臣谕之曰：安南昔称知礼之国。今思明府言，禄州、西平州、永平寨皆思明故地，与安南接境，安南夺而有之。其归语王，如非安南地，则速归之，保境安分，惇修邻好，可以长享富贵也。

明太宗实录卷三十三

七月

壬寅（初三日）［车里宣慰使遣子贡方物］

车里宣慰使刀暹答遣子刀鲁来朝贡方物。命赐刀暹答诰命、冠带、绮帛，及赐刀鲁钞币。

［置四川建昌卫普济等三长官司、贵州新添卫丹平等二长官司］

置四川建昌卫之普济、昌州、威龙三长官司，贵州新添卫之丹平、丹行二长官司，流官、吏目各一员。

甲辰（初五日）［授云南籍进士为云南学官，以劝其乡人］

吏部言：有进士自陈是云南人，不闲吏事，愿为教官。上喜曰：云南人能举进士，可嘉。就授云南学官，以劝其乡人。

八月

壬申（初三日）［遣使敕谕安南国王胡查］

遣使赍敕谕安南国王胡查曰：前以尔屡侵占城，故谕尔讲信修睦。及得尔奏云，自今以往，敢不息兵！朕嘉尔能改过，复降敕慰勉。近占城覆奏，尔今年又以水军攻掠其境，拘虏人民。其朝贡人回，所赍赐物，皆被邀夺，及逼与冠服印章，使为臣属。越礼肆虐，有加无已。而广西思明府亦奏，尔夺其禄州、西平州、永平寨之地，此乃中国土疆，尔夺而有之。肆无忌惮，所为如此，盖速亡者也。朕未忍遽行讨罪，故复垂谕。鬼神祸淫，厥有显道，尔亦速改前过，不然非安南之利也。

丙子（初七日）［改云南思恩州隶布政］

改云南广西府之思恩州隶布政。

甲申（十五日）［四川松潘卫军士缺食，令亟赈之］

户部尚书郁新言：四川松潘卫军士缺食，请遣官审勘。上曰：饥者待食，朝不及夕。若待审勘而给，莩死多矣，亟赈之。于是命军士家有十口者给米一石，九口八口者八斗，七口六口者七斗，五口四口者六斗，三口以下五斗。总旗、小旗如其月粮之数，不必验口。

己丑（二十日）［内官奉敕抚谕孟定等处土官，为八百大甸土官所阻］

先是，遣内官杨瑄等赍敕抚谕孟定、孟养、木邦、麓川、车里、八百、老挝、古剌、诏闸、特令、冬乌等处土官。至是，瑄等道经八百大甸，为土官刀招散所阻，弗克进。

［遣使招抚广西荔波县八十二洞瑶民］

广西庆远府荔波县民单真保言：县自洪武初至今三十余年，人民安业，惟八十二洞瑶民〔未隶〕编籍。今闻朝廷加恩抚绥，咸愿为民而无由自达，乞遣使招抚。上从之。命右军都督府移文总兵官都督韩观遣人抚谕，其愿为民者，官量给赐赉，仍复其徭役三年。

明太宗实录卷三十四

九月

辛丑（初三日）［播州宣慰使及四川芒部等军民府长官、程番等十二长官司遣人朝贡，贺立太子］

播州宣慰使杨（源）〔昇〕，四川芒部等军民府长官、程番等十二长官司，各遣人来朝贡方物，贺立皇太子。赐之钞币。

甲寅（十六日）［赐播州宣慰使等宴］

赐播州宣慰使杨昇……宴。

丁卯（二十九日）［广西向武州土官知州、头目贡马］

广西向武州土官知州黄或贵、头目罗以得贡马。赐之钞币。

明太宗实录卷三十五

十月

庚午（初二日）［制信符及金字红牌颁给云南木邦等宣慰使司及干崖等长官司、潞江安抚司、孟定等府州土官］

制信符及金字红牌，颁给云南木邦、八百大甸、麓川平缅、缅甸、车里、老挝六宣慰使司，（于）〔干〕崖、大修、里马、茶山四长官司，潞江安抚司，及孟艮、孟定、湾甸、镇康等府州土官。其制，铜铸信符五面，内阴文者一面，上有“文行忠信”四字，与四面合，及编某字一号至一百号，批文勘合底簿。其字号，如车里以“车”字为号，缅甸以“缅”字为号。阴文信符勘合，俱付上土官底簿，付云南布政司。其阳文信符四面，及批文百道，藏之内府。凡朝廷遣使，则（齐）〔赍〕阳文信符及批文各一，至布政司比同底簿，方遣人送使者以往。土官比同阴文信符及勘合，即如命奉行。信符之发，一次以文字号，二次行字号，周而复始。又置红牌镂金字敕书谕之，其文曰：敕某处土官，某尔能守皇考太祖高皇帝号令，未尝有违。自朕即位以来，恭修职贡，礼意良勤。朕以远人慕义，尤在抚绥。虑恐大小官员军民，假朝廷差使为名，扰害需索，致尔不宁，特命礼部铸造信符付尔。凡有调发及当办诸事，须凭信符乃行。如越次及比字号不同，或有信符而无批文，有批文而无信符者，既是诈伪，许擒之赴京，治以死罪。又编勘合一百道付尔，勘合底簿，一扇付布政司。尔之境土，凡有军民疾苦，及奉信符办过事务、进贡方物之类，俱于勘合内填写，遣人赍至布政司，比号写底簿。布政司、都司，遣官同赍所填勘合奏闻。若边境声息，及土人词讼，从都司、布政司、按察司官会同计议行之。其事已行，及尔承行缘由，并填写勘合奏闻。如总兵官镇遇有前事，总兵亦会三司计议，仍用都司或并布政司印信文书，写总兵官处分之语，方许奉行，亦填写勘合具奏。若朝廷命总兵官挂将军印征讨，调遣尔处军马，不待三司行移，但凭总兵官印信文移，即时发遣。亦填写勘合，遣人奏闻。填写勘合或字画错误，明白圈注，以本司印信盖钤。凡所收底簿，及勘合用之将尽，具奏再颁。或总兵官、都司、布政司等官，新除官到任，及遇时节，不许赍礼物相庆。今以此敕刊置金字经牌，悬尔治所，永永遵守。仍以纸写一道付尔，或有贪婪无借凌害尔者，不待填写勘合正具本，遣人赍此敕，不经总兵官及三司，径赴京陈奏，将犯者治以重罪。用此关防，正为抚安尔众，当安循理，谨遵号令，和睦分尔邻境，益坚事上之心。则尔子子孙孙，世保境土，及尔境内之民永享太平。其恪遵朕训，毋怠毋忽。

辛未（初三日）［置云南木邦等六军民宣慰使司经历、都事各一员］

置云南木邦、孟养、麓川平缅、老挝、缅甸、八百大甸六军民宣慰使〔司〕经历、都事各一员，孟定府经历、知事各一员，威远州吏目一员。上以云南各处土官不识中国文字，遇有奏报，不谙礼体。命吏部各置首领官，择能书而练于事者，往任之。

戊戌（三十日）［刑部奏劾广东儋州知州等擅以官粮济军士］

刑部尚书郑赐劾奏，广东儋州知州陈敏同海南卫千户陈善等，运粮遭风坏舟，擅以官粮济军士，请逮问之。上曰：运粮所以畜军，有急安得不与？赐等白：法非有命，不得擅给。上曰：事有权宜，待报而后给，无及矣，汲黯所以达大体也。其置勿问。

明太宗实录卷三十六

十一月

丙寅（二十八日）［广西忻城县儒学训导以无人入学而诣阙白其事，令吏部调用之］

广西忻城县儒学训导到官岁余，邑中皆蛮僚，有司招其子弟入学，卒无至者。训导自念虚縻廪禄，无益于国，诣阙白其事。礼部尚书李至刚等言不当擅离其职，请罪之。上曰：委其职事而去之，可罪以离职。无事可治而赴阙自陈，盖非苟禄偷安者，其吏部调用之。

明太宗实录卷三十七

十二月

庚辰（十三日）［四川天全六番招讨使贡方物贺立皇太子并遣子入国子监受学］

四川天全六番招讨使高敬让来朝贡方物，贺立皇太子。且遣其子虎入国子监受学，赐虎钞、衣裳等物。

乙酉（十八日）［移广西南丹卫于上林县］

移广西南丹卫于宾州上林县。

辛卯（二十四日）［裁减湖广麻阳县县丞、主簿］

裁减湖广沅州麻阳县县丞、主簿。

丙申（二十九日）［遣使抚绥云南木邦等处“夷民”］

命监察御史顾谦等往云南木邦等处抚绥夷民。

明太宗实录卷三十八

永乐三年乙酉（1405）

正月

壬子（十五日）［以道路辽远免云南诸司和府州县朝觐］

吏部言：旧制，天下诸司三年一朝，明年应朝，请先移文令知之。上曰：云南道路辽远，其布政司、按察司并所属府、州、县俱免来，余如旧例。

甲寅（十七日）［四川建昌卫土官指挥使进马］

四川建昌卫土官指挥使安普公进马四十匹。赐钞二百锭、银五十两、彩币六表里，及赐其把事、通事、从人有差。

戊午（二十一日）［遣使赴旧港招抚逃民］

遣行人谭胜受、千户杨信等，往旧港招抚逃民梁道明等。旧港在南海，与爪哇邻。道明，广东人，挈家窜居于彼者累年，广东、福建军民从之者至数千人，推道明为首。指挥孙铉尝使海南诸番，遇道明子二奴，挟与俱来，遂遣胜受等偕二奴赍敕招谕之。

癸亥（二十六日）［赐金筑、木瓜安抚司与西番乌思藏头目等宴］

赐……金筑、木瓜安抚司头目彭友闻，西番乌思藏头目阿奴等宴于会同馆。

乙丑（二十八日）［湖广招抚答意等五寨“生苗”］

湖广都指挥谢凤等奏，招谕答意等五寨生苗皆向化。先是，诸寨生苗出没，劫掠居民。有司请于要害之地，筑堡屯兵以御之。命前军都督府给榜招谕，于是诸苗顺服，刻箭为担，不复叛乱。凤等以闻，上谓掌前府事隆平侯张信等曰：蛮夷虽顽犷，然亦有信义，今既向化，当以信抚之，稍有侵扰，彼将不直朝廷。其以所刻箭付广东都司藏之，仍戒饬有司，务尽怀绥之道。

明太宗实录卷三十九

二月

壬申（初六日）［安南攻夺云南宁远州七寨］

云南宁远州土官同知力吉罕奏云：臣所辖猛慢等七寨，本臣祖宗故地，近被安南攻夺。又掳臣婿及女，并人民畜产，征纳差发，驱役百端。臣世奉中国职贡，今横被虐害，实所不堪，惟朝廷矜悯。上命礼部遣使赍敕谕安南胡查曰：前遣御史李琦等问尔弑主篡位，僭号改元。宁远州覆奏尔夺其猛慢等七寨，掳其婿女，掠其人畜，征纳差发，驱役百端。事果如何，具以实对。

己丑（二十三日）［四川布政司奏言“诸番”以马易茶者夹带私茶、布帛、青纸等物出关，帝令听之］

四川布政司言：诸番以马易茶者，例禁夹带私茶、布帛、青纸等物出关。今番商往往以马易茶，及以他货易布，司遵禁例，又虑杜绝远人。上曰：边关立互市，所以资国用来远人也。其听之。

辛卯（二十五日）［赐四川天全六番招讨司等处官民之国子监生夏衣］

赐〔国〕子监（云南）〔四川〕天（泉）〔全〕六番招讨司等处官民生高虎等五十人夏衣。

明太宗实录卷四十一

四月

壬申（初七日）［播州宣慰使遣弟贡马］

播州宣慰使杨昇遣弟杨孟瑄贡马。赐之钞锭、彩币。

癸酉（初八日）［木邦、缅甸军民宣慰司及孟定府湾甸、干崖

诸长官朝贡谢恩]

木邦、缅甸军民宣慰司，孟定府湾甸、(于)〔干〕崖诸长官，各遣头目奉表贡马、犀、象、金银器皿，谢颁赐敕符、金牌、官服恩。赐以金带、钞锭、彩币有差。

癸未（十八日）[剿抚广西浔、桂、柳三郡“蛮寇”]

广西总兵官都督同知韩观奏：浔、桂、柳三郡蛮寇黄田等累行劫掠，杀虏人畜。已调都指挥佥事朱辉，领兵追剿，杀获贼人首级四百五十六颗。寻蒙钦差郎中徐子良等赍敕抚安，其黄田等二百六十四户，皆已向化复业，悉归所掳人畜。所执器仗，亦悉输官。上命观：复业者更善抚恤。

甲申（十九日）[升湾甸长官司为湾甸州]

升湾甸长官司为湾甸州，给印章、金牌，并置流官吏目一员。

己丑（二十四日）[广西迁江县“县蛮”起事，帝令先抚绥，不悛再剿捕之]

广西迁江县屯田千户所土官百户吴胜言：县蛮作耗，杀掳土官及军民家口。兵部尚书刘俊等请发兵剿捕，上曰：首恶不过数人，遽调兵恐滥及无辜，姑令韩观抚绥，如果不悛，调兵剿捕未晚。

癸巳（二十八日）[广西凭祥县土官知县、湖广梅南长官司土官之子以新设治朝贡谢恩]

广西（平）〔凭〕祥县土官知县李昇、湖广梅南长官司土官之子覃添富来朝贡马及方物（请）〔谢〕恩，以新设二治故也。

明太宗实录卷四十二

五月

癸卯（初九日）[云南威远州土官知州等朝贡，谢颁降敕金字红牌]

云南威远州土官知州刀算党等进象、马、方物，谢颁降敕谕、金字红牌。命礼部赐之金带、金织文绮、袭衣，及银钞、（绵）〔锦〕绮、罗、彩绢。

己未（二十五日）[云南大侯长官司长官遣子朝贡]

云南大侯长官司长官刀奉偶遣其子刀奉董来朝贡马及银器。赐之钞币。

明太宗实录卷四十三

六月

丁亥（二十三日）[广西上思州土官知州遣人贡马]

广西上思州土官知州黄中荣遣人贡马。赐之钞币。

庚寅（二十六日）[湖广都司奏都指挥佥事谢凤等招抚治古等十八寨，苗人“顺服”]

湖广都司奏：都指挥佥事谢凤等招抚治古等十八寨，苗长龙答哥等百七十五户皆顺服。

明太宗实录卷四十四

七月

丁酉（初四日）[招谕“生苗”，设筸子坪、答意、治古长官司]

设筸子坪长官司，隶湖广都司。答意、治古寨二长官司，隶贵州宣慰司。时辰州卫指挥佥事龚能等，招谕筸子等处三十五寨生苗龙廖彪等四百五十三户向化，廖彪等各遣子来朝，请设官抚治。上曰：苗蛮能慕义来内属，宜从其意。遂命设长官司，以廖彪为筸子坪长官，各野为答意长官，龙答哥为治古寨长官，俱给印章，赐冠带、袭衣、钞币，仍命蠲其民租徭。复设阴隆江、滑石江二巡检司，隶笪子坪长官司，以苗首廖桥胜等为巡检。

戊戌（初五日）［云南宁远州土官同知贡方物］

云南宁远州土官同知刀吉罕（廾）〔并〕刀孟卖等来朝贡方物，赐刀吉罕诰命、信符、金牌，及纻丝衣一袭、纻丝纱罗六匹。并赐刀孟卖等钞。

丙午（十三日）［老挝军民宣慰司宣慰使遣头目朝贡］

老挝军民宣慰司宣慰使刀暹答遣头目浑典等来朝进象及方物。赐刀暹答钞五百五十锭，绮帛各三十六匹，并浑典等钞币有差。

己酉（十六日）［以“熟黎”峒首招谕“生黎”归化］

巡按广东监察御史汪俊民言：琼州府周围皆海，中有大小五指、黎母等，皆生熟黎人所居。比岁军民间有逃入黎洞，甚至诱入黎人侵扰居民。今朝廷遣使招谕，臣愚以为黎性顽狠，招谕之人非其同类，未易信从。又水山峻恶，风气亦异，中国之人罹其瘴毒，鲜能全活。臣访得宜论县熟黎峒首王贤祐，旧尝奉命招谕，黎民信从归化者多，况其服习水土，不畏瘴疠。臣请追还使命，仍召贤祐至京，量授以官，俾招谕未服黎人，戒约诸峒，无纳逋逃。其熟黎则令随产纳税，一切差徭悉与蠲免。生黎归化者，免其产税三年。峒首则量所招民数多寡，授以职事。如此，庶几黎顺服。从之。

辛亥（十八日）［升云南元江府为军民府］

赐云南元江府知府那荣金带一文、绮衣三袭、锦十八匹、银百五十两、钞六百锭，并赐其傔从钞币有差。遂升本府为元江军民府，给之印信。

壬子（十九日）［车里宣慰使奏请兴兵讨伐八百大甸］

车里宣慰使刀暹答遣头目揽线思，奏请举兵攻八百大甸宣慰使刀招散。上赐敕谕曰：览奏，具悉卿之忠义。八百小丑负朝廷恩信，肆为慢侮，阻遏使臣，公义之所不容。朕为天下生民主，体上帝好生之德，一民失所，朕为不宁。彼八百之为不善，不过首领数人，其下军民皆朕赤子，兵行之际，宁无多伤？且其土官幼弱无知，多因奸邪小人教诱所致。今已遣使谕令改过迁善，且索其恶党孟乃朋等。尔等即先遣人往波勒、木邦、孟艮等处，谕朕之意。若八百大甸仍昏迷不悛，或奸邪之人执迷不尽，尔等即合兵征之，但擒其首恶而抚安其众，杀戮无多，仍择其支属贤者奏闻立之。若其悔过服罪，即止兵勿进。又遣使谕八百大甸军民宣慰使刀招散等曰：朕特颁金字红牌、敕谕与诸边夷为信，以禁戢边吏生事扰害，用福有众于无穷。车里、老挝、木邦、孟养诸宣慰使，（乃）〔及〕孟定、威远等府州官，皆敬恭朝命，无所违礼。惟尔年幼无知，惑于小人孟乃朋、孟允公等教诱，起祸生衅，闻使臣至境，拒却不纳。朕遣颁诏往谕古剌等处，尔阻遏之。尔之罪愆不可悉数，廷臣咸请兴师问罪。朕念八百之人，岂皆为恶？兵戈所至，必及无辜，故有所不忍。兹特遣司宾田茂、推官林祯，赍敕同车里差去人往谕。尔能改过自新，即将奸邪之人禽送至京，庶几境土可保，人民获安。其或昏迷不悛，发兵讨罪，拿戮不贷。遂敕西平侯沐晟，谕以车里请征八百之故。且言已遣使往谕八百，令改过自新。尔宜严兵以待，彼果悔罪输诚，即止兵勿进。其以马军六百，步军一千四百，随内官杨安、郁斌。又虑老挝乘车里空虚，或发兵掩袭其后，或与八百为援，可选的当头目率兵一万五千往备。

癸丑（二十日）［设孟艮府］

设孟艮府，隶云南都司，以歹指土官刀哀为知府，给印诰及赐冠带。时刀哀遣人来朝，请设治所，故有是命。

乙卯（二十二日）［元江军民府知府请率兵往攻八百］

元江军民府知府那荣请躬率兵及馈运，往攻八百。上嘉劳之。

丁巳（二十四日）［升宁远州土官同知为本州知州］

升宁远州土官同知刀吉罕为本州知州。

明太宗实录卷四十五

八月

辛未（初八日）［遣使往赐孟养军民宣慰司及大古剌等处土官文绮、彩帛等物］

遣给事中周让等往赐孟养军民宣慰司及大古剌、小古剌、底马撒、茶山、孟伦等处土官文绮、彩帛等物。

丙戌（二十三日）［顺昌伯王佐镇守云南，以“赃贿巨万”下狱］

文武群臣交章劾奏：顺昌伯王佐镇守云南，擅作威福，赃贿巨万，宜明正其罪。征佐下狱。

壬辰（二十九日）［云南镇沅州知州率子贡方物］

云南镇沅州知州刀平率其子来朝贡方物。赐钞五百锭、文绮表里五十匹。

［广西田州府知府遣子朝贡］

广西田州府知府岑永通遣其子贡马及方物。赐之钞币。

［车里宣慰使遣人朝贡］

车里宣慰使刀暹答遣人贡金银器及方物，谢赐诰命、敕符。命赐钞币。

明太宗实录卷四十六

九月

乙未（初三日）［云南赤水鹏巡检司巡检贡马］

云南赤水鹏巡检司巡检速鲁麻来朝贡马。赐之钞币。

癸卯（十一日）［四川亚坚等十一寨“生苗”“向化”］

指挥丁能、杜福等抚谕四川亚坚等十一寨生苗，百三十六户向化，认纳黑铅、铜、布，且各遣其土酋来朝。上以苗人叛服不常，命悉隶酉阳宣抚司管属，免其赋役。其自愿纳黑铅、铜、布者皆免。赐其来朝土酋钞币、袭衣遣还。

明太宗实录卷四十七

十月

己巳（初七日）［贵州中曹等长官司遣人贡马］

贵州中曹、（永）〔水〕东、（乘）〔乖〕西诸长官司遣人贡马。悉赐之钞币。

壬午（二十日）［云南波勒、八百土官遣人朝贡］

（雷）〔云〕南波勒土官麻哈旦麻剌，并八百者乃土〔官〕刀招你等，遣头目乃三哈柯等，奉金镂表文，贡金结丝帽及方物。赐钞、文绮有差。

丙戌（二十四日）［设云南洱海千户所］

设云南洱海千户所。上谕兵部臣曰：往者以官军不用心牧马，敕太仆寺及诸卫所委官董其事，年终（且）〔具〕实来闻。然云南、辽〔东〕、四川、两广道远，往覆经年。必访其职务，其令原管官三年一赴京考较。如托故转遣人及孳息不如数者，罪之。

明太宗实录卷四十八

十一月

丙申（初四日）［敕西平侯沐晟勿发兵安南］

敕镇守云南西平侯沐晟曰：尔镇云南，倚托甚重，岂可轻动？比令尔调兵近老挝屯驻，尔辄亲行，非朕意也，敕至即还。尔又言欲发兵向安南，朕方以布恩信、怀远人为务，胡奃虽扰我边境，今以遣人诘问，若能摅诚顺命，则亦当弘包荒之量。

丙辰（二十四日）［建云南大理银冶］

建云南大理银冶，命所司定额督办。

明太宗实录卷四十九

十二月

戊辰（初六日）［西平侯沐晟等进兵八百境内，八百“伏罪纳款”］

镇守云南（平西）〔西平〕侯沐晟奏：奉命率师及车里诸宣总兵，至八百境内，破其猛利、石厓及者答二寨，又至整线寨，木邦兵破其江下等十余寨。八百恐惧，遣人诣军门陈词伏罪。臣等恪遵敕旨，驻兵不进。其车里等宣慰拟各班师，并以八百所陈词奏闻。遂敕遣谕车里、木邦宣慰使刀暹答、波勒马良等，土官麻哈旦麻刺吡等，曰：曩者八百不恭朝命，尔等请举兵诛，嘉尔忠诚，已从所请。今得西平侯奏言，八百已伏罪纳款，夫有罪能悔，宜赦宥之。敕至尔等悉止兵勿进，又敕西平侯沐晟等班师。

乙亥（十三日）［敕广西总兵官韩观，设左右副将军以赞襄军事］

敕广西总兵官征南将军都督同知韩观曰：今以都督佥事黄中充左副将军，吕毅右副将军，赞尔军事。

明太宗实录卷五十

永乐四年丙戌（1406）

正月

乙未（初四日）［设镇道、杨塘二安抚司］

设镇道、杨塘二安抚司，隶云南都司，其地属西蕃与丽江府接境。先是，丽江通事禾节等往谕，招还其土酋阿密末吉等与俱来朝。故设二安抚司，以阿密末吉等为安抚，给以印章，仍各置流官吏目一员。

戊戌（初七日）［宴群臣与“蛮夷”酋长于奉天门］

上宴群臣于奉天门，蛮夷酋长预宴者，皆起舞称寿，曰：臣等生居绝域，习见僻陋。今日获睹天朝太平乐事之盛，臣死且有光。上曰：朕为天下主，使天下之人皆同享此乐，朕之心也。众欢呼称万岁。

甲辰（十三日）［设四川天全六番招讨司医学］

设四川天全六番招讨司医学。时招讨高敬让言，其地瘴疠，疾病者多，乞开设医学，降印授官。又言土人钟铭谙通医学，乞命为医学官。从之，以铭为典科。

己酉（十八日）［置四川叠溪、郁即二长官司流官吏目各一员］

置四川叠溪、郁即二长官司流官吏日各一员。

壬子（二十一日）［设白纳长官司］

设白纳长官司，隶贵州宣慰司。以土人周可敬为长官，（级）〔给〕印信并置流官吏目一员。从贵州宣慰使司所奏也。

己未（二十八日）［播州、贵州宣慰使司宣慰使遣人贡马］

播州宣慰使司宣慰使杨昇、贵州宣慰使司宣慰使安卜葩遣人贡马各四十匹，俱赐白金、（绵）〔锦〕绮。

庚申（二十九日）［赐播州宣慰司、云南丽江军民府等处朝贡使臣等宴］

赐……播州宣慰司、云南丽江军民府等处朝贡使臣……宴。

明太宗实录卷五十一

二月

丙寅（初五日）［乌思藏帕木竹巴灌顶国师、必力工瓦国师各遣使贡物］

乌思藏帕木竹巴灌顶国师吉剌思巴监藏巴里藏卜，并必力工瓦国师端竹监藏等，各遣使贡物，赐赉有差。

己巳（初八日）［裁省湖广宜章县县丞、主簿］

裁省湖广郴州宜章县县丞、主簿。

辛未（初十日）［命荔波县民单敬信为本县知县，专抚瑶民］

命荔波县民单敬信为本县知县。敬信先奉命招谕梅村等七十三洞瑶首藩父长等，至是籍其父同父长等来朝，遂授敬信知县，赐冠带、袭衣、钞币，命专抚瑶民。

癸酉（十二日）［四川成都等府及贵、播二宣慰司，酉阳、永宁二宣抚司奏称官民田荒芜，乞蠲其租赋］

四川成都等府及贵、播二宣慰司，酉阳、永宁二宣抚司，奏官民田荒芜二千六百七十余顷，乞蠲其租赋。

癸未（二十二日）［进兵八百大甸，其宣慰使悔过请罪］

敕谕八百（夫）〔大〕甸军民宣慰使司宣慰使刀招散曰：前以尔不恭朝命，阻遏使臣，悖慢无礼。遣赐发兵，索尔左右为恶之人，且谕使者：尔能伏罪，即止兵勿进。兵初入境，尔遣人悔过请罪，使者遵命，回军云南。朕念尔幼稚，且念八百军民皆朕赤子，已悉宥不问。继今宜改心易虑，上顺天道，毋怀谲诈，以踏前愆。庶几保上安民，永享太平之福。

明太宗实录卷五十二

三月

壬辰（初二日）［遣使赍诏封乌思藏巴里藏卜为灌顶国师阐化王］

遣使赍诏封乌思藏巴里藏卜为灌顶国师阐化王，赐螭纽王印、诰命，仍赐白金五百两、绮衣三袭、锦绮五十匹、彩绢百匹、茶二百斤。其所隶头目并必力工瓦国师大板的达律师锁南藏卜，颁赐彩币、衣服有差。

甲午（初四日）［广东信宜县陆毫等地瑶首来朝］

广东高州府信宜县陆毫、云峒、下水、三山瑶首盘贵等来朝。上嘉其向化，赐赉遣还，仍敕有司免其赋役。自命凡黎、僮、苗、僚来朝，皆如之。

乙未（初五日）［琼州属县“生黎”峒首来朝，“诸黎”相继来归］

琼州属县生黎峒首罗显、许志广、陈忠等三十三人来朝。初，以生黎多未向化，遣通判刘铭赍敕招抚。至是向化者万余户，显等从铭来朝，且乞抚其众。上从之。授铭琼州府知府，专职抚黎，仍授显等知县、县丞、巡检等官，赐冠带、钞币遣还。自是诸黎感悦，相继来归矣。

辛丑（十一日）［除广西河池县荒田租］

除广西河池县荒田租二千一百九十石有奇。

辛亥（二十一日）［升施南、散毛二长官司为宣抚司］

升施南、散毛二长官司为宣抚司。以覃添富为施南宣抚，向万、谭攀鞍为副使；覃有谅为散毛宣抚，谭本良为同知，黄琢为副使，于文义为佥事。以其来朝故也。

［复设龙潭安抚司］

复设龙潭安抚司，以田应虎为安抚，黄潮端为同知，向谷贤为佥事。时应虎等来朝，言其祖父自宋元来俱为龙潭宣抚。洪武初官治如旧，后因峒蛮作乱，遂废。永乐二年，并其地入散毛长官司，应虎为散毛副长官。龙潭距散毛甚远，乞复置龙潭安抚司，以治夷民为便，故有是命。

甲寅（二十四日）［各土官衙门官员考满从简例］

吏部言：各衙门官员考满，旧制以事繁简为升职第。在京衙门及在外府有田粮十五万石、州七万石、县三万石之上者，或亲临王府、都司、布政司、按察司，并有军马守御，路当驿道边方冲要之处，俱从繁例。府田粮不及十五万、州不及七万、县不及三万石，并僻静之处，俱从简例。其各都司卫所、布政司、按察司、行太仆寺、盐运司、盐课提举司、煎盐提举司、市舶提举司、茶马司，及各土官宣慰等衙门，旧未有例。今拟宣慰、宣抚、安抚、招讨、长官司，俱系土官衙门，宜从简例，其余俱从繁例。从之。

丁巳（二十七日）［招谕海岛流人还乡］

遣敕招谕海岛流人曰：尔等本皆良民，为有司虐害，不得已逃移海岛，劫掠苟活，流离失业，积有岁年。天理良心，未尝泯灭，思还故乡，畏罪未敢。朕比闻之，良用恻然。兹特遣人赍敕谕尔，凡前所犯，悉经赦宥，譬之春冰涣然消释。宜即还乡复业，毋怀疑虑，以取后悔。

戊午（二十八日）［设湖广高罗安抚司和木册、唐崖长官司］

设湖广高罗安抚司，以土酋田大民为安抚，谭思晟为同知，崔晟为副使，谭才为佥事。先是，言祖父田中敬等，在元之时任高罗宣抚司宣抚。洪武初，以民少革罢。今与思晟等招复蛮民四百余户，乞仍置治所。从之，而设安抚司云。设湖广木册、唐崖二长官司，以田谷佐为木册长官，崖仲良、谭汝朱副之。覃忠孝为唐崖长官，黄晟暹、秦俊副之。初，谷佐等父祖世为安抚等职，洪武四年，大军平蜀，蛮民惊溃，治所遂废。至是谷佐等复招集蛮民三百余户，来朝请建官府，故有是命。

明太宗实录卷五十三

四月

甲戌（十四日）［设剌次和等四长官司］

设剌次和、瓦鲁之、革甸、香罗四长官司，隶云南永宁卫。以土酋张首为剌次和长官，阿直为瓦鲁之长官，阿措为革甸长官，八非为香罗长官，各给印章，并赐官服、银带、彩币。时首等来朝贡马，故有是命。

［刑部右侍郎金纯言西平侯沐晟专擅］

刑部右侍郎金纯言：西平侯沐晟不禀命于朝，擅以籍没罪人妇女给配军士男子，安置广西马牛给军屯操。大臣专擅如此，渐不可长，宜正国典。上曰：尔言故是，然边远之事，朕尝一以付晟，可勿问。

戊寅（十八日）［设孟琏长官司］

设孟琏长官司。时孟琏头目刀派送遣子坏罕来言：孟琏旧属麓川平缅宣慰司，后隶孟定府。而孟定知府刀府扛亦故平缅头目，素与同侪，难隶管属，乞改隶。遂设长官司，隶云南都司。命刀派送为长官，赐冠带、印章。

［车里、木邦、麓川等处宣慰使遣人贡马］

车里、木邦、麓川等处宣慰（司）〔使〕刀暹答等遣〔头〕目刀松答等贡马。赐刀暹答等银钞、（绵）〔锦〕绮、纱罗有差，金织罗衣各一袭，而赐刀松答等钞币。刀暹答复遣子刀典请受学国子监。初，朝廷出师征八百，元江军民府遣人助给馈运，抵车里之境，悉为其守者阻遏。时刀暹答从征八百，不预阻遏事，然惧为元江所构，故遣典假受学之名为质，冀朝廷不疑之。上识其意，谕礼部臣曰：质子，衰世之事，朕推诚待人，不以此也。进典谕之曰：尔远来求学，固是美意，然使尔父母旦夕惓惓万里之外，朕所不忍。夫学之大者为忠与孝，尔归善事父母，常存心上忠朝廷、下恤一境之人，即此是学。且归语尔父：尔敬事朝廷之心，朕所深知，保保终如始，决非他人所能间也。遂（惕）〔赐〕典衣服、钞币，命礼部俾随其贡使同归。

己卯（十九日）[升云南镇沅州为镇沅府]

升云南镇沅州为镇沅府，命土官知州刀平为知（州）〔府〕。置经历、知事各一员。时刀平从征八百有功故也。

癸未（二十三日）[升永宁州为永宁府]

升永宁州为永宁府，仍隶云南布政使司。命土官知州各吉八合为知府，盖嘉其能修职贡也。

甲申（二十四日）[遣翰林侍读曾日章赍敕西平侯沐晟继父之功业]

遣翰林侍读曾日章赍敕西平侯沐晟。日章陛辞，上曰：朕所欲告晟者，具载于敕，尔以朕言谕之。故黔宁王感高皇帝厚恩，尽心竭虑，功在社稷，名垂竹帛。尔今日受国家之寄非轻，为子而能继父之功业，孝莫大焉；为臣而能广君之谋猷，忠莫大焉。如苟足于目前，必无远大之计；周虑于事外，必建奇伟之功。恃一己之能易，尽集众人之智无穷。其必勉之！

[敕蜀王椿及云南、贵州、四川都司挑选马步军隶西平侯沐晟，操练听征]

敕蜀王椿于三护卫选马步军五千，云南、贵州、四川都指挥使司选马步军七万。俱隶西平侯沐晟，就云南操练听征。

戊子（二十八日）[遣永宁府土官往谕“大西番”之“土酋人等”]

遣永宁府土官知（各）〔府〕各吉八合等，赍敕往大西番，抚谕其土酋人等。

[琼山、临高诸县“生黎”峒首来朝]

琼州府琼山、临高诸县生黎峒首王罚、钟异、王林等来朝。命罚等为主簿、巡检，赐冠带、钞币。

明太宗实录卷五十四

五月

庚寅朔（初一日）［敕浙江等都司调兵八万往广西听征］

敕浙江、福建、江西、广东、广西、湖广都指挥使司调军八万，往广西听征。

［升沐昂为云南都指挥同知］

升府军左卫指挥佥事沐昂为云南都指挥同知。昂，黔宁昭靖王英季子，西平侯晟之弟。盖以云南不忘黔宁之德，而晟将有他命，故进用之。

辛卯（初二日）［除湖广宁远县荒田租税］

除湖广道州（宁县远）〔宁远县〕荒田一十九顷六十余亩租税。

丁酉（初八日）［铸征夷将军、征夷副将军印］

命礼部铸征夷将军、征夷副将军印。

甲辰（十五日）［命大理寺卿陈洽赴广西计议军事］

命大理寺卿陈洽赴广西计议军事。

丙午（十七日）［以道里险远，令云南车里诸宣慰使司并孟定等府州三年一贡］

上以云南车里诸宣慰使司，并孟定、湾甸等府州，每岁朝贡道里险远，令自今三年一贡，著为令。如庆贺、谢恩之类，不拘此例。

［车里宣慰司宣慰使遣人贡方物］

车里宣慰司宣慰使刀暹答遣侄刀鸪男、刀者、刀板等贡方物。诏赐暹答锦六段、纻丝纱罗各十二匹。并以纻丝罗各九匹赐其妻。复以刀暹答从征八百有劳，遣使赍（遣）〔敕〕褒谕，别赐白金百五十两、锦二段、纻纱八表里。赐其头目揽线思以下纻纱表里有差。

壬子（二十三日）［四川马湖府土官知府等贡马］

四川马湖府土官知府安本等来朝贡马。赐之钞币。

丁巳（二十八日）［大古剌土酋遣头目偕云南腾冲千户等来贡方物］

云南（胜）〔腾〕冲守御千户所千户孟景贤等自（古大）〔大古〕剌还，土酋泼的那浪遣〔头〕目选马撒等偕来贡方物，中官杨瑄与景贤等赍诏往抚谕之。泼的那浪见使者不下拜，瑄等曰：大明天子遣使抚谕四夷，尔迎诏使不拜，何也？泼的那浪怒曰：吾处此土，知受拜而已，焉知拜人？遂徙置瑄等南难河，拘留不遣，瑄等亦不屈。其左右言于泼的那浪曰：中国使臣以恤我来，我乃悖之。我之不直，如中国举云南全师以向我，譬以铁挝击鸡卵，能膺其锋耶?！泼的那浪惧，乃礼谢使者。先遣头目选马撒等随景贤朝贡，继遣头目独金不剌等护送瑄等还，且贡（物方）〔方物〕谢过。而大古剌所属诸酋长，皆遣使朝贡。

明太宗实录卷五十五

六月

庚申（初二日）［诏各处安抚司首领皆定为吏目］

诏各处安抚司首领皆定为吏目。时吏部言：职掌内安抚司俱从五品，设首领官知事一员，而洪武中有设吏目，奏请定制，故有是命。

乙丑（初七日）［调广西各土官衙门土军三万会太平府听征］

敕广西总兵官都督同知韩观、大理寺卿陈洽，于广西各土官衙门土军三万，以九月初十日会（大）〔太〕平府（德）〔听〕征，仍令观等询察安南贼中动静以闻。

戊辰（初十日）［设云南镇南州儒学］

设云南镇南州儒学，置学正、训导各一员。

癸酉（十五日）［贵州宣慰司宣慰使遣弟贡马］

贵州宣慰司宣慰使宋斌遣弟震贡马。赐斌及震钞币。

甲戌（十六日）［高州、肇庆二府属县诸山瑶首率众来朝］

高州、肇庆二府属县，天黄、大帽、曹连、茶峒、石栗诸山，瑶首赵第二、监贵等率众来朝。先是，化州吏冯原（奏）〔泰〕、陈志宽言，天黄诸山瑶人素未归顺，今有向化（心之）〔之心〕。遂遣人赍敕，同原泰等往抚谕之。至是第二等籍其属二千五百余户，凡七千五百余口来朝。赐钞币、袭衣。命原泰为泷水县丞，志宽为信宜县主簿，专抚诸瑶。

丙子（十八日）［置四川马剌长官司流官吏目一员］

置四川盐井卫马剌长官司流官吏目一员。

庚辰（二十二日）［修浚湖广大庸千户所城池］

修浚湖广永定卫大庸千户所城池。

丙戌（二十八日）［云南宁远、威远二州土官知州各遣使贡马谢恩］

云南宁远州土官知州〔刀〕吉罕、威远州土官知〔州〕刀算党各遣使贡马谢恩。命礼部赐刀吉罕等钞、纻丝、纱罗及金织纻丝衣，仍命宴赉其使。

明太宗实录卷五十六

七月

庚寅（初三日）［设四川松潘卫镇夷关］

设四川松潘卫镇夷关。

［裁省湖广新宁县丞并主簿］

裁省湖广新宁县丞并主簿。

己亥（十二日）［宁远州土官知州请以土兵随征安南，令西平侯沐晟、丰城侯李彬一以军令约束］

敕征讨安南左副将军西平侯沐晟、左参将丰城侯李彬曰：（近）

〔宁〕远州土官知州刀吉罕遣人朝贡，请以土兵四千随征。已可其奏，兵来宜一以军令约束。

庚子（十三日）［除四川余庆九姓等长官司、天全六番招讨司及通江、荣经二县“绝户”茶课］

除四川余庆九姓等长官司、天全六番招讨司及雅州通江、荣经二县，绝户茶课三十七万七千九百余斤。

乙卯（二十八日）［设四川赤水宣抚司经历司］

设四川赤水宣抚司经历司，置经历、知事各一员。

丁巳（三十日）［木邦、缅甸军民宣慰使遣人贡方物］

木邦军民宣慰使罕的法、缅甸军民宣慰使那罗塔遣头目刀闷等来朝贡方物。赐钞及彩币。

明太宗实录卷五十七

闰七月

己巳（十二日）［以发兵助征八百，赏赉木邦军民宣慰使等］

敕谕（大）〔木〕邦军民宣慰使罕的法曰：夫有功必赏，国之令典。朕前以八百不臣，命将出师伐罪，复命尔发兵助之，尔能摅诚用命，深入其地，攻其江下等十余寨，斩首五百余级，宜有褒嘉。今特遣镇抚张伯恭、经历唐复赐尔白金、彩币，其头目陶孟王甫等从征有劳，并嘉赏赉。于是赐罕的法白金二百两、锦二段、纻丝十表里，余各赐纻丝表里有差。

［以缅甸军民宣慰使司宣慰使擅攻孟养，遣使谕之］

云南守臣言：缅甸军民宣慰使司宣慰使那罗塔擅加兵孟养，杀其宣慰使刀木旦父子，请发兵讨之。遂遣行人司行人张洪赍敕谕曰：人君受命，主宰天下，必明法令，一人心使，强不陵弱，众不暴寡，各安其生。朕自即位以来，万姓归心，四夷听命。尔那罗塔亦克敬顺天道，恪修朝贡，抚按一方之人，朕甚（加）〔嘉〕之。

今闻与孟养构兵，杀其宣慰使刀木旦父子，虏掠其人，侵其土地，何异往者之心也，揆之国法，其可容乎？边臣请发兵问罪，朕虑大军之行，滥及无辜。今特遣行人张洪赍敕谕尔，其速易心改虑，勉修善道，还所侵地及掳掠之人。自今奉法循理，各守疆埸，以安其民，庶几可免前罪。如复冥行不悛，天讨必加，悔将无及。

（乙）〔己〕卯（二十二日）［以能伺察“贼情”，擢广西凭祥县故知县子为知县］

擢广西凭祥县故知县李昇子庆青为凭祥知县，以大理寺卿陈洽言其能伺察贼情故也。

明太宗实录卷五十八

八月

甲辰（十八日）［八百大甸军民宣慰使遣人贡方物谢罪］

八百大甸军民宣慰使刀招散遣头目板赛苏等贡方物谢罪。上以其不诚，却之。

明太宗实录卷五十九

九月

甲子（初八日）［设四川乌撒军民府僧纲司］

设四川乌撒军民府僧纲司。

辛巳（二十五日）［免广西上林县岁办黑铅］

免广西上林县岁办黑铅二万四千三百八十斤。

壬辰（二十六日）［云南金齿腾冲卫僧人朝贡］

云南金齿腾〔冲〕卫僧古舟等九十五人来朝贡马、方物。赐钞及僧衣。

明太宗实录卷六十

十月

丙申（初十日）［贵州土人招复逃军来朝，授巡检］

贵州土人龚福民招复逃军四百五十余人来朝，悉宥而赉之。遂授福民贵州的澄河巡检，赐纱帽、银带、钞百五十锭、彩币五匹、纻丝衣一袭。

辛丑（十五日）［阴隆江巡检司改隶五寨长官司］

改湖广箪子坪长官司之阴隆江巡检司隶五寨长官司。

癸卯（十七日）［设剌和庄长官司］

设剌和庄长官司，隶云南都司。时土酋阿奴弟来言，剌和庄有民三千余户，乞设官领之。遂从其请，设长官司，命阿奴弟为长官，赐印及冠带、袭衣。

［湖广洪州泊里蛮夷长官司“蛮民”起事］

先是，兵部尚书金忠等言：湖广洪州泊里蛮夷长官司所属蛮民吴兰、吴广、吴塘华等，以妖言聚众为乱，攻劫其旁近人民。有司招谕不服，请发兵剿之。上曰：蛮夷作乱固当诛，但兵行不免伤其良善，其令湖广三司再遣人招谕，服则宥之。至是湖广都司言，兰等闻命，皆已从化。上曰：蛮夷之人以杀戮为生业，岂知有礼义？故圣人以不治〔治〕之。非大逆拒命，岂可辄动官军？驭夷之道，既服，舍之可也。

戊申（二十二日）［广西上林峒土官遣子贡方物］

广西上林峒土官岑成遣子岑保贡方物。赐之钞币。

明太宗实录卷六十一

十一月

甲子（初八日）［设桑植安抚司］

设桑植安抚司，隶九溪卫，以土官向思富为安抚。

明太宗实录卷六十二

十二月

辛卯（初六日）［命乌思藏僧哈思巴啰葛罗思为灌顶圆通善慧大国师］

命乌思藏僧哈思巴啰葛罗思为灌顶圆通善慧大国师。赐之诰印。

（乙）〔己〕酉（二十四日）［除广西郁林、广东琼州等户绝田及桑、枣、茶租税］

除户绝田及桑、枣、茶租税。广西郁林等四十州县官民田二万七百八十五顷八十五亩，桑一万三千七百二十株，茶二十四万二千九百九株……广东琼州等八府文昌等县，田四千二百四十九顷五十五亩。

庚戌（二十五日）［招谕合江州等十五寨长光眼等“向化”］

镇守贵州镇远侯顾成奏，招谕合江州等十五寨长光眼等向化。先是，都匀卫言光眼等聚众作耗，攻围合江州，命成招谕。至是皆服。

甲寅（二十九日）［除湖广道溪等长官司、贵州都司大虎场等堡户绝田粮］

除户绝田粮，湖广道溪等长官司一千四十五石，贵州都司大虎场等堡一百四十七石。

明太宗实录卷六十三

永乐五年丁亥（1407）

正月

壬戌（初七日）［思南宣慰使贡马］

思南宣慰使田宗鼎来朝贡马。赐之钞币。

己巳（十四日）［湖广辰州府土官知府贡马］

湖广辰州府土官知府黄禧贡马。赐之钞币。

乙亥（二十日）［云南镇南州奏请别建学舍］

云南镇南州言：洪武中有命建学，时以民力未敷，暂于城隍庙聚徒训之，因循已久，今请别建学舍。从之。

丙子（二十一日）［设镇南长官司］

设镇南长官司，隶施州卫。时施州卫指挥孙演招谕蛮酋覃兴等来朝，兴言：洪武初，父祖俱为镇南宣抚，后因土酋向添福梗化，遂废。今镇南之地，有蛮民三百余户，愿率为编氓。从其言，遂设长官司，以兴为长官，其子为把事。

明太宗实录卷六十四

二月

庚寅（初五日）［敕广西总兵官韩观剿捕柳、浔二州诸“蛮”］

敕广西总兵官都督同知韩观曰：柳、浔二州诸蛮作乱，尔于交阯缘途各堡措置毕，即移兵剿捕，仍严禁军士惟诛恶逆，勿虐及无辜。

丙午（二十一日）［复设五峰石宝长官司］

复设五峰石宝长官司，隶湖广都司。初，大军征蛮，蛮民皆窜匿，长官司遂废。至是，长官张仲山子再武、陈谦珉子斌等乞复旧，以抚辑其众。从之。命再武为长官，斌为副长官，赐印章、冠带。

壬子（二十七日）［馆觉灌顶国师宗巴斡等遣使贡马］

馆觉灌顶国师宗巴（干）〔斡〕即南哥巴藏卜，及札思木都指挥使撒力加监藏等，遣札思巴儿监藏等六十一人贡马。赐札思巴儿监藏等钞一千二百锭、白金五百两、彩币九十五表里，及纻丝、绸绢、衣有差。

明太宗实录卷六十五

三月

丙辰（初二日）［复设东乡五路安抚司］

复设东乡五路安抚司，命谭忠为安抚，隶施南宣抚司。石梁下峒、椒山玛瑙、水尽源通塔坪三长官司，俱隶容美宣抚司，命向湖文、刘再贵、唐思文为长官。洪武初，各于其地设置治所，后蛮民梗化，遂废。时谭忠等以故官子侄来朝，奉请复设。遂从之。

丁巳（初三日）［封尚师哈立麻等］

封尚师哈立麻为万行具足十方最胜圆觉妙智慧善普应佑国演教如来大宝法王西天大善自在佛，领天下释教，赐印诰及金银钞、彩币、织金珠袈（娑）〔裟〕、金银器皿、鞍马。命其徒孛隆逋瓦桑儿加领真为灌顶圆修净慧大国师，高曰瓦领禅伯为灌顶通悟弘济大国师，果栾罗葛罗监藏己里藏卜为灌顶弘智净戒大国师，皆赐印诰、银钞、彩币等物，宴于华盖殿。

庚申（初六日）［设四川播州宣慰司僧纲司］

设四川播州宣慰司僧纲司。

癸酉（十九日）［置湖广镇远卫臻剖六洞横波长官司流官吏目一员］

置湖广镇远卫臻剖六洞横波长官司流官吏目一员。

丁丑（二十三日）［设云南府僧纲司及晋宁等四州僧正司］

设云南府僧纲司及晋宁、嵩明、安宁、昆阳四州僧正司。

庚辰（二十六日）［设云南腾冲等四驿］

设云南腾冲、龙川江、南甸、罗卜思庄四驿，悉隶腾冲千户所。

明太宗实录卷六十六

四月

丙戌（初二日）［缅甸土官遣其属朝贡谢罪］

缅甸土官那罗塔等遣其属陶孟洛霞等，诣阙贡方物谢罪。先是，孟养宣慰使刀木旦，与戛里相仇杀，而那罗塔乘衅发兵劫之，杀刀木旦及其长子思栾发，掠其人口牛马，遂据其地。事闻，诏行人张洪等赍敕谕责之。那罗塔惧，遂归其境土及其所掠，遣人诣阙请〔罪〕。上谕礼部臣曰：蛮夷既服，辜即释不问，一体给以信符，令三年一朝贡。

癸卯（十九日）［孟定府湾甸州土官遣人贡马］

孟定府湾甸州土官遣头目招刚刀甘论等来朝贡马。赐钞币有差。

戊申（二十四日）［复设忠路、忠孝、金峒三安抚司］

复设忠路、忠孝、〔金〕峒三安抚司，隶湖广施州卫。初，土（莫）〔酋〕向天福构兵，蛮民溃散，安抚司遂废。至是，故（王）〔土〕官子覃英等来朝，乞复旧治，以抚夷民。从之。命覃英、田大兴、覃添贵为各司安抚，俱赐印章。

明太宗实录卷六十七

五月

丁巳（初四日）［设湖广思南、思州二宣慰使儒学］

设湖广思南、思州二宣慰使儒学。

己未（初六日）［赐国子监云南生等并其从人夏衣］

赐国子监……云南生石达鲁等并其从人夏衣。

庚午（十七日）［设赤溪湳洞长官司］

设赤溪湳洞长官司，隶思州宣慰使司。命王必恕为长官，王显彰为副。其所统寨六十七，苗民一千五百余户，皆必恕等所招集。思州宣慰使田琛言于朝，且请设治所，故有是命。

明太宗实录卷六十八

六月

丙戌（初四日）［木邦军民宣慰使遣人朝贡谢恩］

木邦军民宣慰使罕的法以朝廷遣使赍敕赏劳，遣头目代扛零等来朝谢恩，贡象、马、犀牛、方物。时八百所辖孟掌浪诸寨初平，其头目孟刀遣陶孟刀永弄等，随罕的法之使诣贡金银器及马、犀牛谢罪。各赐之钞、纻丝、纱罗有别，赐罕的法及其母、妻锦绮、纱罗。

壬辰（初十日）［命各路官军合兵攻剿柳州等处“蛮寇”］

广西总兵官右军都督同知韩观奏：蒙敕兵移兵剿捕柳州等处蛮寇，今年四月初一日，兵至柳州，贼闻风遁入窠穴，难剿除，请俟秋冬益（进兵）〔兵进〕讨。从之。命指挥徐祐、周鼎、刘纲往湖广、广东、贵州三都司选壮士三万，同锦衣卫指挥程远，期以十月初一日至广西，与观军合攻之。

乙未（十三日）［敕新城侯张辅班师与韩观合兵进剿广西柳、浔等州“叛寇”］

敕交阯总兵官新城侯张辅等曰：交阯已平，惟广西柳、浔等州叛寇未灭，班师则预报都督韩观，克期合兵剿之。更选都督及都督指挥领兵三万人，由他道进，必殄灭此寇，毋遗民患。并敕都督韩观知之。

戊戌（十六日）［敕锦衣卫指挥调兵共讨广西柳、浔等处“蛮寇”］

敕锦衣卫指挥程远曰：广西柳、浔等处蛮寇未平，已命交阯总兵官新城侯张辅等，班师之日与都督韩观共讨之。又命广东、湖广、贵州三都司，调军二万，期十月初一日至广西，付尔率领，分道并进。预报尔知之。

癸卯（二十一日）［帝与礼部臣议“四夷”之情］

上问礼部臣：近四夷之情何如？对曰：蛮夷由来叛服不常，数年陛下怀之以恩，待之以礼，今皆悦服，无复反侧之意。上曰：朕素待之以诚，彼或不诚，亦不与校，故亦有感激愧服者。孔子常曰：言忠信，行笃敬，虽蛮貊之邦行之矣。圣人之言，万世可行。

辛亥（二十九日）［云南干崖长官司长官遣子朝贡］

云南干崖长官司长官曩欢等遣子刀思曩来朝贡象、马、金银器皿、方物。赐之钞币。

［广西柳州旱］

广西布政司奏：柳州自正月至六月不雨。上览奏忧形于色，语廷臣曰：春无雨，则不得种。夏无雨，虽种亦且槁死，过此，民一岁之计无望矣。命户部遣人驰往视之。

明太宗实录卷六十九

七月

甲子（十三日）［设云南古剌驿］

设云南古剌驿，隶金齿干崖长官司。

壬申（二十一日）［云南镇沅府土官知府遣子贡马］

云南镇沅府土官知府刀平遣子腾来朝贡马。初，平为镇沅知（府）〔州〕。永乐四年，平从征八百有劳，遂升州为府，平为知府。至是遣子谢恩。

明太宗实录卷七十

八月

壬辰（十一日）［敕广东布政司及郡县善抚辑广东揭阳诸县流民］

广东布政司言，揭阳诸县民多流徙者，近招抚复业凡千余户。户科给事中奏：此皆逃避差役之民，宜罪之。上曰：人情怀土，岂乐于迁徙？必有不得已而去者。既复业则当抚绥之，何忍复罪？为近臣者，宜戒刻薄。（逐）〔遂〕敕广东布政司及郡县善抚辑之。

戊戌（十七日）［新城侯张辅遣将会韩观剿捕广西“蛮寇”］

是日，交阯总兵官新城侯张辅遣游击将军都指挥同知朱广、鹰（杨）〔扬〕将军都指挥佥事方政，会同都督韩观，剿捕广西蛮寇。先是，敕辅等回军剿捕，如辅有军务牵制，则择能干都督或都指挥二员，同观剿捕。于是遂遣广等云。

明太宗实录卷七十一

九月

辛亥朔（初一日）［八百大甸、老挝宣慰使及波勒土官各遣头目朝贡］

八百大甸宣慰使刀招散、老挝宣慰使刀线歹及波勒土官麻哈旦麻剌吒，各遣头目来贡金银器、方物。赐其头目钞币、布有差。

庚申（初十日）［缅甸故土官次子遣人朝贡］

缅甸故土官卜剌浪次子马者速遣人朝贡。初，卜剌浪分其地，使长子那罗塔管大甸，次子马者速管小甸。卜剌浪死，那罗塔尽收马者速土地人民，马者速往依速睹嵩土官板洋为赘婿。至是欲复居小甸，遣人来朝，且诉其情。敕谕那罗塔曰：尔违父命，逐弟而据其地，夺其资财，致弟无所归，甚乖孝友之道。其即改行为善，所得尔弟地土资产悉以还之，兄弟相好如初，则朕汝嘉。不然天殃人祸，悔将无及。

明太宗实录卷七十二

十月

戊子（初八日）［永宁宣慰司故土官妻奢苏等贡马］

永宁宣慰司故土官阿聂妻奢苏等来朝贡马。赐之钞币。

庚寅（初十日）［赐云南镇沅府土官知府子等宴］

赐云南镇沅府土官知府子力腾……宴于会同馆。

丙申（十六日）［云南镇沅等府土官头目等贡方物］

云南镇沅等府土官头目台线呼等贡方物。赐之钞币。

**庚子（二十日）［四川安顺州土官同知、贵州贵竹长官司长官

各遣人贡马]

四川安顺州土官同知阿宇、贵州贵竹长官司长官宋昌各遣人贡马。赐赉有差。

丁未（二十七日）[广西总兵官韩观、锦衣卫指挥程远奏报浔、柳诸郡“蛮寇”悉平]

广西总兵官都督同知韩观、锦衣卫指挥程远奏：浔、柳诸郡蛮寇悉平。初，都指挥同知朱广、都指挥佥事方政等与观等议分兵两道而进。广、政将湖广等处兵，攻庆远、宜山、新城、思恩、河池等县。观等将云南等处兵，由柳州攻马平、来宾、迁江、宾州、上林、罗城、融县，皆破之。观与广会兵象州，又分钞武宣、东乡、桂平、永福诸县，斩寇首万余级，获其党黄南等万三千余人。悉归所掠军民男妇百二十人，皆遣还家。上览奏嘉之，遣敕留观镇广西，令广等仍诣交阯，所（卒）〔率〕军士各还卫所。

明太宗实录卷七十三

十一月

辛酉（十一日）[播州宣慰使遣弟贡方物]

播州宣慰使杨昇遣弟珪贡方物。赐钞币有差。

[广东“畲蛮”来朝]

广东畲蛮雷纹用等来朝。初，潮州卫卒谢辅言：海阳县凤皇山诸处畲蛮遁入山谷中，不供徭赋，乞与耆老陈晚往招之。于是畲长雷纹用等凡四十九户，俱愿复业，至是辅率纹用等来朝。命各赐钞三十锭、彩币一表里、绸绢衣一袭。赐辅、晚亦如之。

明太宗实录卷七十四

十二月

癸巳（十四日）［金筑安抚司土官、上马桥等十四长官遣使贡马］

……金筑〔安〕抚司土官、上马桥等十四长官各遣使贡马。赐之钞币等物。

明太宗实录卷七十五

永乐六年戊子（1408）

正月

乙丑（十六日）［革四川赤水县宣抚司经历司］

革四川赤水县宣抚司经历司。

庚午（二十一日）［设堪步长官司］

设堪步长官司，隶云南都司，命来朝土酋勺吉为长官，赐印章、冠服。

乙亥（二十六日）［贵州宣慰使遣人贡马］

贵州宣慰使安卜葩遣人贡马。赐之钞币。

戊寅（二十九日）［设广西太平府医学］

设广西太平府医学。

［思南宣慰使、建昌卫土官指挥使贡马及方物］

思南宣慰使田宗鼎遣镇抚柳原芳贡马及方物，建昌卫土官指挥使安普公贡马。皆赐白金、钞币。

明太宗实录卷七十六

二月

庚寅（十一日）［设湖广五寨杜望巡检司］

设湖广五（塞）〔寨〕杜望巡检司。

丙午（二十七日）［琼州府知府率“生黎”峒首贡马］

琼州府知府刘铭率生黎峒首王贤祐、王惠、王存礼等来朝贡马。命贤祐为儋州同知，惠、存礼为万宁县主簿，赐冠带、钞币，俾专抚黎民。

明太宗实录卷七十七

三月

庚戌朔（初一日）［湖广施州盘谕宣抚司土官子等贡马］

湖广施州盘谕宣抚司土官子向墨杓耸等来朝贡马。赐钞币有差。

辛亥（初二日）［腾冲等千户所土官副千户等遣人贡马］

腾冲等千户所土官副千户长刀贡蛮等遣其〔弟〕刀怕混等来朝贡马及银器。赐钞币、袭衣。

壬戌（十三日）［赈云南丽江军民府饥民］

赈云南丽江军民府饥民一千三百余户，麦三千一百八十石。

甲子（十五日）［设湖广赤溪两江口巡检司］

设湖广赤溪两江口巡检司，隶赤溪南洞长官司。以其地水陆冲要，故设巡检司。置流官巡检一员，仍以土人副之。

己巳（二十日）［召镇远侯顾成还京］

召镇守贵州（远镇）〔镇远〕侯顾成还京。敕曰：卿年高，久处海外，勤于边务，朕思念不忘，可即还京，用少佚劳勩，亦慰朕延伫之意。

明太宗实录卷七十八

四月

癸未（初五日）［设促瓦、散金二长官司］

设促瓦、散金二长官司，隶云南都司。初，其地俱隶麓川平缅宣慰司。至是土酋注甸八等来朝，请别设长官司。从之。命注甸八等为长官，各给印章。

甲申（初六日）［德庆州瑶首朝贡］

肇庆府德庆州瑶首盘永等来朝贡方物。赐钞币及绸绢衣。

丁亥（初九日）［湾甸州土官遣人朝贡］

湾甸州土官刀景发遣人来朝贡马及方物。赐之钞币。

己亥（二十一日）［改建云南元江军民府庙学以教夷民子弟］

云南元江军民府儒学言：洪武中创庙学，规制隘陋，请改建以教夷民子弟。从之。

甲辰（二十六日）［设四川酉阳宣抚司儒学］

设四川重庆府卫酉阳宣抚司儒学。

丁未（二十九日）［馆觉灌顶国师护教王宗巴斡遣其徒贡方物］

馆觉灌顶国师护教王宗巴（干）〔斡〕即南哥〔巴〕藏卜，遣其徒端竹巴等贡方物。赐端竹巴白金三十两、钞八十锭、彩币三表里、茶三十斤。赐其从人钞币及茶有差。

明太宗实录卷七十九

五月

辛亥（初三日）［麓川平缅宣慰使、缅甸宣慰使遣头目朝贡］

麓川平缅宣慰使思行发、缅甸宣慰（司）〔使〕那罗塔等遣头目浴霞贡马及方物，谢赐金牌信符。那罗塔并谢擅夺其弟土地资财之罪。各赐钞币、袭衣。

丁卯（十九日）［设云南金齿潞江长官司潞江驿与干崖长官司甸头驿］

设云南金齿潞江长官司潞江驿、干（岸）〔崖〕长官司甸头驿。

庚午（二十二日）［改四川普定卫尾洒递运所隶贵州安南卫］

改四川普定卫尾洒递运所隶贵州安南卫。

明太宗实录卷八十

六月

庚辰（初三日）［云南丁谷寨长官司把事朝贡］

云南永昌千户所土官镇抚丁谷（塞）〔寨〕长官司把事阿容等来朝贡象、马、方物。赐钞有差。

辛巳（初四日）［设云南蒙化州税课局］

设云南大理府蒙化州税课局。

壬寅（二十五日）［命镇远侯顾成征播州等处“叛蛮”］

命镇守贵州镇远侯顾成，率贵州都司官军及泗城州土兵，征剿播州等处叛蛮。

明太宗实录卷八十一

七月

庚戌（初四日）［仁孝皇后丧周期，云南富州土官知州、沾益等州土官知州与广西思明府土官知府遣人奉香币致祭］

仁孝皇后丧周期……是日，云南广南府富州土官知州沈弦经、曲靖军民府沾益等州土官知（府）〔州〕阿周，广西思明府土官知府黄广成等，各遣人奉香币致祭。

乙卯（初九日）［木邦故宣慰使之子遣人朝贡，命袭父职］

木邦故宣慰使罕的法之子罕宾发遣头目陶孟刀思领等来朝贡象、马、方物。命罕宾发袭父职，为木邦军民宣慰司宣慰使。遣使赐之冠服及锦绮、纱罗等物。

丙辰（初十日）［设里麻长官司］

设里麻长官司，隶云南都司，以刀思放为长官。时思放为里麻招刚。招刚者，故西南夷官名。思放籍其所治之地来朝，请授职事，统治其（名）〔民〕，遂有是命，仍赐印章、冠带。

辛酉（十五日）［广西思明府水灾］

广西思明府霪雨，坏城垣房舍，漂流人畜。

癸亥（十七日）［赐云南木邦、麓川并大小古剌等处使臣宴］

赐……云南木邦、麓川并大小古剌等处使臣宴有差。

甲戌（二十八日）［云南大侯长官司长官遣弟朝贡］

云南大（候）〔侯〕长官司长官刀奉偶遣其弟不纳旺来朝贡马及方物。赐之钞币。

明太宗实录卷八十二

八月

丙子朔（初一日）［大古剌宣慰使发兵攻底板等三长官司，侵据其地］

遣使赍敕谕大古剌宣慰使泼的那浪。时给事中周让等自古剌还，言泼的那浪擅发兵攻底板、孟伦、八家塔三长官司，侵据其地，虏其土官伽立昧等，请发兵讨之。于是赐敕谕曰：……如即遵朕命，还底板等三长官司故地，归其土官伽立昧等，及所虏掠人畜资财……

己丑（十四日）［黔国公沐晟言云南孟外陶孟土官之地为头目所侵］

黔国公沐晟言：麓川平缅所隶孟外陶孟土官刀发孟之地，为头目刀薛孟侵据，请命宣慰使思行发，谕刀薛孟归所侵地。从之。

丙申（二十一日）［设广西临桂县等处驿站］

设广西临桂县山枣驿，永福县兰麻驿，洛容县洛容驿，柳城县东泉、磨石二驿，马平县穿山驿，来宾县迎恩、梁八二驿，宾州李依驿，上林县思龙驿，宣化县长山、施溢、大滩三驿，罗阳县陇茗驿，沱陵县驮紫驿，左州驮朴驿，龙州陇步、叫垒二驿，思明府凭祥驿。

明太宗实录卷八十四

十月

庚辰（初六日）［车里、老挝宣慰使遣人朝贡］

车里宣慰使司〔宣慰〕使刀暹答、老挝宣慰使刀线歹各遣人来朝贡象、马、方物。赐钞币有差。

癸巳（十九日）［裁省广东乐会县、广西灌阳县等县丞、主簿］

裁省广东琼州府乐会县、广西桂林府灌阳县……县丞、主（薄）〔簿〕。

辛丑（二十七日）［云南广西府土官知府遣人贡马］

云南广西府土官知府阿觉遣把事阿定等来朝贡马。赐钞币遣还。

明太宗实录卷八十五

十一月

壬子（初八日）［潞江长官司长官遣人朝贡］

潞江长官司长官曩璧遣弟刀放欢等贡马并金银器皿。赐钞币遣还。

辛酉（十七日）［八百大甸宣慰使遣头目奉金缕表文朝贡］

八百大甸宣慰使刀招散等遣头目板高等奉金缕表文，贡象及金银器等物。赐文绮、袭衣、锦绮、纱罗、彩绢。

明太宗实录卷八十六

十二月

己卯（初六日）［云南孟艮府土官知府尝构兵攻劫邻境，礼部欲却其贡］

云南孟（良）〔艮〕府土官知府刀交遣弟哈哈哄贡象及金银器

皿。礼部言：刀交尝构兵攻劫邻境，谲诈不诚，宜却其贡。上曰：蛮夷能悔来朝，可嘉矣，往事不足深责。命赐钞及锦绮帛。

丁酉（二十四日）［置四川天全六番招讨司太平驿］

置四川天全六番招讨司太平驿。

辛丑（二十八日）［四川、云南、广西、湖广、贵州土官宣慰使各遣人朝贡］

四川、云南、广西、湖广、贵州土官宣慰使（鼓）〔彭〕源等各遣人贡马及方物。赐之钞币。

［广西田州等府立学校，教育“土人”子弟］

广西按察司佥事杨廉言：田州等府土人罔知礼法，请依左江太平府（主）〔立〕学校，教育其子弟。俾讲读经书，俟有成材，依例选贡。从之。

明太宗实录卷八十七

永乐七年己丑（1409）

正月

乙丑（二十二日）［贵州宣慰使率所属长官司长官贡马］

贵州宣慰使安卞葩率所属青山等长官司长官八十人来朝贡马。赐安卞葩白金、锦绮、金织衣。赐其长官及傔从有差。

［湖广永顺宣慰司宣慰使遣人贡马］

湖广永顺宣慰司宣慰使彭源遣人贡马。赐以钞币。

己巳（二十六日）［云南、四川顺宁等府土官知府等朝贡］

云南、四川顺宁等府土官知府猛朋等四百九十一人来朝贡马及方物。赐钞、锦绮、帛、金织文绮、袭衣有差。

明太宗实录卷八十八

二月

乙亥（初二日）［赐帕木竹巴灌顶国师阐化王使臣钞、帛］

赐帕木竹巴灌顶国师阐化王吉剌思巴监藏巴里藏卜使臣果失结等六十一人钞、帛有差。

辛巳（初八日）［陕西都指挥同知等于乌思藏等处分置驿站，还奏］

陕西都指挥同知何铭等六十人往乌思藏等处分置驿站，还奏。赐钞币、衣服有差。

丙申（二十三日）［置湖广大旺安抚司流官吏目一员］

置湖广施州卫大旺安抚司流官吏目一员。

明太宗实录卷九十

四月

工辰（二十日）［以“蛮夷”事敕谕镇远侯顾成］

敕镇守贵州镇远侯顾成曰：蛮夷仇杀，自昔而然，必务杀之，非柔远之道。虽其横戾难化，然鸟兽之性，亦有可驯，姑尽心抚绥。盖天道如人情恶死，体天之道，念人之情，则中心恻隐，自有不能已者，卿其慎之。昔李广杀降，终不得侯，祸贻子孙。卿镇边疆，必使蛮夷怀恩报义，安生乐业，则朝廷得怀之道，而卿有及人之惠矣。慎之慎之！是时蛮夷叛服不常，成怒，有俘获至者，（辍）〔辄〕杀之。上闻之，故赐敕切戒之。

［云南宁远州土官知州遣其属贡马］

云南宁远州土官知州刀吉罕遣其属揽线等贡马。命礼部宴

(赍)〔赉〕之，仍赐刀吉罕钞及纻丝纱罗、文绮、袭衣，嘉其(常)〔尝〕率土兵从征交阯故也。

庚子（二十八日）［四川播州草塘、黄平二安抚司与重安长官司所辖当科、笃雍等十一寨“蛮人向化”］

四川播州宣慰使杨昇言：招谕草塘、黄平二安抚司，重（长安)〔安长〕官司所辖当科、笃雍等十一寨蛮人向化。先是，昇言其梗化不服，聚众劫掠，请发兵剿之。上敕昇曰：蛮夷反（例）〔侧〕，其来久矣，如遽调军，即一方之人并受荼毒，宜再遣人抚谕，若果不从，当令镇远侯顾成经略之。昇如上旨，遣赍敕宣朝廷恩德，遂皆归化。

壬寅（三十日）［徙广西庆远卫河池守御千户所于宜山县］

徙广西庆远卫河池守御千户所于宜山县德胜山。

明太宗实录卷九十一

闰四月

辛亥（初九日）［云南景东府照磨请以盐井资军食］

云南景东府照磨侯斌言：景东有盐井三处，皆军人私煎贩卖。而景东卫官军食盐，则赴大理等处关支，道里辽远，往复甚艰，宜以盐井资军食。从之。

明太宗实录卷九十二

五月

甲申（十三日）［革湖广永顺军民宣慰司南渭、永顺二州］

革湖广永顺军民宣（抚）〔慰〕司之南渭、永顺二州。

戊子（十七日）[老挝宣慰使遣头目进贡谢罪]

老挝宣慰使刀线歹遣头目板懒等进金银器、犀、象等物谢罪，愿修职贡。许之。

己丑（十八日）[罢四川采木军夫]

罢四川采木军夫，悉遣还家。

[云南临安府车人寨火头、亦佐县土官知县贡马]

云南临安府车人寨火头龙配等来朝贡马。赐之钞币。云南曲靖军民府亦佐县土官知县沙旧遣其属贡马。赐之钞，并赐沙旧钞。

癸巳（二十二日）[广西上林峒土官子遣人贡马]

广西上林峒土官子岑志威遣头目杨仁等贡马。赐钞六十五锭。

明太宗实录卷九十三

六月

癸卯（初二日）[四川酉阳宣抚司宣抚遣人贡方物，谢立儒学恩]

四川酉阳宣抚司宣抚冉兴邦遣头目龚俊等贡方物，谢立儒学恩。

丙辰（十五日）[麓川平缅、缅甸宣慰使遣头目朝贡]

麓（州）〔川〕平缅宣慰使思行发、缅甸宣慰使那罗塔等遣头目刀线挂等贡马及方物。赐钞币有差。复遣中官云仙等赍敕往赐思行发、那罗塔金织文绮、纱罗。

明太宗实录卷九十四

七月

己卯（初九日）［置湖广五峰石宝长官司流官吏目一员］

置湖广五峰（召）〔石〕宝长官司流官吏目一员。

戊子（十八日）［设镇康州］

设镇康州，隶云南布政司。命湾甸州土官同知曩光为知州，赐印章、敕符、金牌、冠带、金织文绮、袭衣。初，镇康之地隶湾甸，曩光言其地广人繁，请增设治所，故有是命。并置流官同知、吏目各一员。

丙申（二十六日）［孟定、湾甸、孟琏等处土官遣头目、通事贡方物］

孟定、湾甸、孟琏等处土官遣头目、通事六十九人贡方物。赐钞及彩币有差。

［木邦军民宣慰使司宣慰使遣人朝贡，并奏“不敢从逆”之事，帝嘉谕之］

木（帮）〔邦〕军民宣慰使司宣慰使罕宾发遣头目陶孟刀不答等四十人贡象、马、金银器谢袭职恩……又遣陶孟刀不答等奏曰：缅甸宣慰使那罗塔，数诱罕宾发背叛朝廷。罕宾发自念受国厚恩，不敢从逆，已力拒之。若（夫）〔大〕兵下临，罕宾发当效微劳。上嘉其忠，遣中官徐亮赍敕劳罕宾发曰：朕即位以来，尔父能竭诚效职，恭事朝廷，抚治一方，人咸得所，朕久嘉之。今尔能遵父之行，（格）〔恪〕守臣节。又能力拒那罗塔不义之言，尤见尔之忠诚。那罗塔以蕞尔之地，怀心不（成）〔诚〕，朕久闻之。所未忍遽加兵者，恐伤及良善。已遣人谕之，俾改过自新。如仍不悛，即命将出师，由海道来。尔严整士马，由陆路进，小丑不足平也。嘉尔之诚，特遣中官徐亮往谕朕意，并赐尔白金三千两、锦绮二百表里，尔祖母、母、妻织金文绮、纱罗各五十匹。尔其益笃忠诚，以嗣前人休烈。钦哉！

明太宗实录卷九十五

八月

癸卯（初四日）［云南湾甸州土官知州之子贡马］

云南湾甸州土官知州刀景发子景悬等来朝贡马。赐袭衣、钞币。

甲子（二十五日）［八百大甸宣慰司宣慰使、孟浩土官各遣头目朝贡］

八百大甸宣慰司宣慰使刀招散、孟浩土官刀猛甫等各遣头目贡象、马、金银器。命礼部赐刀招散等钞币，并赐所遣头目钞有差。

明太宗实录卷九十六

九月

己卯（初十日）［置贵州宣慰司古州等十三蛮夷长官司流官吏目各一员］

置贵州宣慰司古州、曹滴洞、八舟、洪州泊里、中林验洞、福禄（求）〔永〕从、潭溪、欧阳、亮寨、湖耳、龙里、新化、西山阳洞十三蛮夷长官司流官吏目各一员。

庚辰（十一日）［修广东惠州卫城池］

修广东惠州卫城池。

丁亥（十八日）［思南宣慰使遣人贡马］

思南宣慰使田宗鼎遣镇抚柳原芳等贡马。赐之钞币。

庚寅（二十一日）［广东万宁县土官主簿等招谕“生黎”来朝］

广东万州万宁县土官主簿王惠等，招谕生黎四百二十四户，率其峒首王曹等来朝。赐之钞币。

明太宗实录卷九十八

十一月

丁丑（初九日）[思南宣慰使母贡马]

思南宣慰使田宗鼎母冉氏来朝贡马。赐冉氏钞币，及从人钞有差。

己丑（二十一日）[云南速睹嵩土官遣头目朝贡]

云南速睹嵩土官板洋遣头目贡马及金器。赐板洋钞、锦、纻丝、纱罗、彩绢。

明太宗实录卷九十九

十二月

庚子（初三日）[四川金筑安抚、邑梅洞副长官与贵州程番长官贡马]

四川金筑安抚得珠、邑梅洞副长官杨通贤、贵州程番长官程永中贡马。各赐钞币。

明太宗实录卷一百

永乐八年庚寅（1410）

正月

甲午（二十七日）［如来大宝法王、赞善王等遣使来朝］

如来大宝法王哈立麻、赞善王吉剌思巴监藏巴里藏卜等各卫遣使来朝。赐钞币、衣服等物。

明太宗实录卷一百一

二月

壬子（十五日）［德庆州新乐山等处瑶首贡方物］

德庆州新乐山等处瑶首骆第二（第）〔等〕来朝贡方物。第二等初以泷水县丞冯原泰招谕向化，计户百六十、口五百余。至是来朝。

明太宗实录卷一百二

三月

己卯（十三日）［四川永通等七井盐课司开煎新盐井］

户部启四川盐课提举司言：永通等七井盐课司，小溪牛井咸水减少，岁煎六万八千四百斤，比旧额亏盐二万六千二百八斤。后以梅旺井开煎，办纳如数，增千一百五十二斤。又中坝井，土石填塞，以龙透井开煎办纳，中坝井额盐三万六千七百二十斤，增千八百斤。宜以今数为额煎办。皇太子从之。

丁亥（二十一日）［贵州宣慰使司请设僧纲司］

贵州宣慰使司请设僧纲司，皇太子从之。

丙申（三十日）［云南金沙江等巡检司土官巡检、四川平夷长官司副长官贡马］

是日，云南金沙江等巡检司土官巡检李瑛等、四川马湖府平夷长官司副长官王福来朝贡马。皇太子赐之钞币。

明太宗实录卷一百三

四月

戊戌（初二日）［湖广桂阳县知县上言仓盐、田土二事］

湖广郴州桂阳县知县梁善言二事，曰：郴州属县边临广东，原定广东海北提举司行盐，计程二千余里，今令往两淮关支食盐，水陆六千七百余里，往复艰难，乞仍旧广东盐场关支为便。又本县人民充军数多，户有一丁者发遣补役，则田地抛荒，税粮无征，累及里甲。乞将军户一丁者，存留当差纳粮，或发遣当军，则以所遗田地与军屯种，开除粮额，庶军两便。有旨：……善所言仓盐宜如旧制，军户一丁，应合承继者，仍令补役。田土付丁多之家佃种，如果无人承种，准开粮额。皇太子皆从之。

庚戌（十四日）［广西总兵官韩观以疾闻，皇太子遣医往视，又遣官慰问］

广西总兵官都督同知韩观以疾闻。皇太子曰：观其广西，久甚尽心，蛮夷畏服。命太医院遣医往视，仍遣行人牛肄往问疾，赐观钞二千贯。

丙寅（三十日）［云南腾冲千户所百户、古剌驿丞、潞江长官司把事贡马］

云南腾冲千户所百户刘文义、古剌驿丞李从辰、潞江长官司把事尹忠贡马。皇太子赐之钞币有差。

明太宗实录卷一百四

五月

壬午（十六日）［广西巡按李贤请增设递运所，及免屯军亡殁者家子粒］

巡按广西监察御史李贤启：浔州递运所至南宁府千余里，滩多水险，往复甚艰。宜于横州海棠桥增置一所，以本处囚徒充水夫，置船递送。又言：各卫所屯军，比年征进，亡没者多，所存幼男寡妇，追纳子粒，艰难无措，宜令巡按监察御史覆实除免。皇太子悉从之。

明太宗实录卷一百五

六月

戊申（十三日）［湖广招谕台罗诸寨“蛮贼”归顺复业］

是日，湖广都指挥佥事谢凤启：台罗诸寨蛮贼苗普亮等归顺复业。先是，巡按湖广监察御史及思州宣慰司言：台罗及上下坪等寨苗贼肆行劫掠，烧毁屯粮，杀虏人口，命兵部给榜招抚。凤遣常德卫指挥同知李忠，同熟苗及土人赍榜入其地，谕以祸福。至是，普亮等十六人皆自诣请以凤。以皇太子命悉宥之，使复业。

癸亥（二十八日）［湖广容美宣抚司宣抚遣人贡方物］

是日，湖广容美宣抚司宣抚田胜贵遣把事杜贵达等贡方物。皇太子赐之钞币。

明太宗实录卷一百六

七月

辛未（初六日）［置湖广金峒等安抚司流官吏目各一员］

置湖广施南宣抚司之金峒、忠路、忠孝、东乡五路四安抚司流官吏目各一员。

明太宗实录卷一百七

八月

戊戌（初四日）［木邦宣慰使司宣慰使遣人朝贡谢恩］

木邦宣慰使司宣慰使罕宾法遣头目陶孟刀思领等贡马、象、金银器等物，谢赐赉恩。

明太宗实录卷一百八

九月

辛未（初七日）［云南沾益州土官知州遣其属贡马］

云南沾益州土官知州阿周遣其属贡马。赐之钞币。

壬申（初八日）［设四川长河西剌思刚道纪司］

设四川长河西剌思刚道纪司。

庚辰（十六日）［命番僧绰思吉领禅巴藏卜等为国师］

命番僧绰思吉领禅巴藏卜为灌顶弘慈妙济国师，掌巴监藏为净慈妙智国师，掌巴哈罗思巴为普济慧应国师。皆赐诰印、图书，仍给护敕，俾自在修行。其寺田土、山场、园林、财产、孳畜之类，禁诸人毋侵扰。违者罪之。

乙酉（二十一日）［老挝宣慰使司宣慰使遣人朝贡］

老挝宣慰使司宣慰使刀线歹遣头目板莓等贡马及方物。赐之钞币。

辛卯（二十七日）［乌撒军民府前土官知府遣人贡马］

乌撒军民府前土官知府阿能遣人贡马。赐之钞币。

明太宗实录卷一百九

十月

甲午朔（初一日）［命番僧班丹藏卜等为国师，把奔等为禅师］

命番僧班丹藏卜为净觉弘济国师，高日干为广慧普应国师，失剌查为慈善弘智国师，把奔等六人为禅师，各给诰印。

明太宗实录卷一百十

十一月

甲申（二十二日）［置四川施州卫镇南长官司吏目一员］

置四川施州卫镇南长官司吏目一员。

壬辰（三十日）［设四川永宁宣抚司医学、阴阳学、僧纲司］

设四川永宁宣抚司医学、阴阳学、僧纲司。

明太宗实录卷一百十一

十二月

甲午（初二日）［文昌县黎首来朝］

琼州府文昌县斩脚寨黎首周振生等来朝。赐以钞币，俾仍往招诸峒生黎。

癸丑（二十一日）［改四川乌撒七星关巡检司为永宁南边界首乌撒七星关巡检司］

改四川乌撒七星关巡检司为永宁南边界首乌撒七星关巡检司。

明太宗实录卷一百十二

永乐九年辛卯（1411）

正月

壬申（十一日）［老挝宣慰使司宣慰使遣人贡方物］

老挝宣慰使司宣慰使刀线歹遣人贡方物。赐赉其使，仍命礼部遣中官杨琳往赐刀线歹绒锦、金织文绮等物。

明太宗实录卷一百十三

二月

壬寅（十一日）［置湖广水尽源通塔平、石梁下洞长官司流官吏目各一员］

置湖广容美宣抚司之水尽源通塔（坪）〔平〕、石梁下洞二长官司流官吏目各一员。

明太宗实录卷一百十四

三月

癸酉（十三日）［镇康州土官知州遣人来朝］

镇康州土官知州曩光遣头目刀怕楞等来朝。初，命中官徐亮等使西南夷，道经镇康，为曩光阻道，且劫夺其赐物。事闻，遣使赍敕谕责之，曩光恐，至是遣人来朝，乞贷罪。复遣给事中周让、行人方濬往戒谕之。

乙酉（二十五日）［广西镇安府土官知府遣人贡马谢恩］

广西镇安府土官知府岑永寿遣叔岑荣坚等贡马，谢袭职恩。赐之钞币。

明太宗实录卷一百十五

四月

乙未（初五日）［如来大宝法王及馆觉护教王等各遣使进马］

如来大宝法王哈立麻及馆觉护教王宗巴（干）〔斡〕即南哥巴藏卜等各遣使进马。赐钞及彩币。

癸卯（十三日）［设广西泗城州罗博等八驿］

设广西泗城州之罗博、木沙、板驮、上林、博赛、泗城、往甸、归乐八驿。

五月

戊辰（初八日）［贵州宣慰使遣人贡马］

贵州宣慰使宋斌遣把事苟应宗等贡马。赐之钞币。

庚午（初十日）［赐云南孟养宣慰使、贵州宣慰司把事、番僧宴］

赐云南（益）〔孟〕养宣慰使刀士养、贵州宣慰司把事苟应宗、番僧令真伯等宴。

甲戌（十四日）［设四川茂州儒学］

设四川成都府茂州儒学。

丁丑（十七日）［四川越嶲等卫指挥等、酉阳宣抚司宣抚、永宁宣抚司同知、九姓长官司土官各遣人贡马］

四川越（隽）〔嶲〕等卫指挥蔡旺等、酉阳宣抚司（宁）〔宣〕抚冉兴邦、永宁宣抚司同知戴亮、九姓长官司土官任福各遣人贡马。俱赐钞币。

明太宗实录卷一百十六

六月

癸卯（十四日）［设四川九姓长官司阴阳、医学］

设四川永宁宣抚司九姓长官司阴阳、医学。

丁未（十八日）［除云南溪处甸长官司岁纳海肥］

云南溪处甸长官司土官自恩言：本司岁纳海肥七万九千八百

索，非本土所产，每岁于临安府买纳，乞准钞银为便。户部以洪武中定额，难准折输。上曰：取有于无，适以厉民，此有司之过也。况彼远夷，尤当宽恤，岂宜拘旧额？其除之。

辛亥（二十二日）［湖广保靖宣慰使、广西东兰州土官知州各遣人贡马］

湖广保靖宣慰使彭勇烈、广西东兰州土官知州韦质各遣人贡马。悉赐钞币。

甲寅（二十五日）［云南大侯长官遣人朝贡］

云南大侯长官刀奉偶遣弟混三等贡马及方物。赐钞及文绮、袭衣。

明太宗实录卷一百十七

七月

辛巳（二十二日）［麓川平缅宣慰使遣人朝贡谢罪］

麓川平缅宣慰使思行发遣头目刀门奈等贡马及方物谢罪。初，中官云仙赍敕至麓州赐赉，思行发失郊迎礼。仙责之，思行发惶惧，至是来谢，且乞赦过。上贷之，仍命宴劳之。复遣使赐思行发锦二匹，金织纻丝、纱罗二十匹。

明太宗实录卷一百十八

八月

甲辰（十五日）［木邦宣慰使遣人朝贡］

木邦宣慰使罕宾法遣头目刀配歃等贡象、马、金银器。命赐罕宾法钞币，刀配歇等赐予有差。

[孟定府土官知府、湾甸州土官知州遣人朝贡]

孟定府土官知府刀名扛、湾甸州土官知州刀景发遣人贡马及方物。

[元江军民府土官知府朝贡]

元江军民府土官知府那荣率头目人等来朝贡马及金银器。赐银(纱)〔钞〕、文绮、纱罗各有差。

丁未（十八日）[四川天全六番招讨贡马]

四川天全六番招讨高敬让贡马。赐之钞币。

壬子（二十三日）[设贵州谷龙长官司]

设谷龙长官司，隶贵州。从龙里副长官宋文胜之言也。

乙卯（二十六日）[置广西上林长官司流官吏目一员]

置广西上林长官司流官吏目一员。

明太宗实录卷一百十九

九月

己未朔（初一日）[宴云南木邦军民宣慰司等处所遣头目等于午门]

宴……云南木邦军民宣慰司等处所遣头目于午门。

庚申（初二日）[定四川观官盐井盐课岁额]

四川仙泉井盐课司言：本司盐课岁额有亏，灶丁于观官井开煎，比仙泉井增盐九千七百二十斤，宜定为岁额。从之。

甲子（初六日）[遣使赏八百大甸宣慰使]

遣使赍敕往八百大甸，赐宣慰使刀招散彩币二十表里。

乙丑（初七日）[以“蛮人”流徙，免广西桂林府税粮之半]

免广西桂林府今年税粮之半，以蛮人流徙故也。

**庚午（十二日）[云南丽江军民府及镇道安抚司土官知府等遣

人贡马]

云南丽江军民府及镇道安抚司土官知府木初等遣人贡马。赐之钞币。

明太宗实录卷一百二十一

十一月

壬申（十五日）[命都指挥葛森镇广西]

命都指挥葛森镇广西。

明太宗实录卷一百二十二

十二月

甲午（初八日）[云南潞江安抚、金齿永昌千户等朝贡]

云南土官潞江安抚曩壁、金齿永昌千户刀招硬来朝贡象、马及金银器。悉赐钞币。

丙申（初十日）[赐云南潞江安抚、永昌千户等宴]

赐……云南土官潞江安抚曩壁、永昌千户刀招硬等宴。

戊申（二十二日）[置云南邓川州上关仓大使、副使各一员]

置云南邓川州上关仓大使、副使各一员。

癸丑（二十七日）[云南丽江军民府正千夫长并蒙化等州土官知州等贡马]

云南丽江军民府正千夫长阿束并蒙化等州土官知州左禾令等来朝贡马。赐钞币有差。

明太宗实录卷一百二十四

永乐十年壬辰（1412）

正月

癸巳（初八日）[敕劳镇远侯顾成]

敕劳镇守贵州镇远侯顾成曰：朕久不见卿，寤寐弗忘。特赐钞三千贯，卿其强食自爱。

[广西都结州岁粮改运南宁]

广西太平府都结州言：本州言，岁运纳太平守御千户所，陆行四百余里，山溪险阻，运载甚难。南宁卫至本州可通舟楫，乞运纳南宁。从之。

甲辰（十九日）[播州宣慰司宣慰使遣兄贡马]

播州宣慰司宣慰使杨昇遣兄亮贡马。赐昇白金百两、金织绮衣一袭、锦绮十匹，别赐亮白金、文绮、袭衣。

[保靖宣慰司宣慰使遣人贡马]

保靖宣慰司宣慰使彭勇烈遣人贡马。赐之钞币。

[思州宣慰司宣慰使母贡马]

思州宣慰司宣慰使田琛母杨氏来朝贡马。赐之钞币。

庚戌（二十五日）[云南景东等府土官知府遣人贡马]

云南景东等府土官知府陶干等遣人贡马。赐钞币有差。

癸丑（二十八日）[贵州宣慰司宣慰使遣人贡马]

贵州宣慰司宣慰使安卜葩遣人贡马。赐之钞币。

明太宗实录卷一百二十五

二月

己未（初四日）[赐灌顶大国师班丹藏卜等宴]

赐灌顶净觉弘济大国师班（藏丹）〔丹藏〕卜等宴。

壬戌（初七日）[设湖广五寨长官司杜望巡检司与云南临安府、蒙自县、宁远州数驿]

设湖广（靖）〔辰〕州五寨长官司之杜望巡检司，云南临安府之倘甸驿，蒙自县之蒙自驿、花丈驿、利花旧市驿，宁远州之者隆驿。

丙寅（十一日）[除湖广五寨长官司乐濠等七洞人民岁课朱砂]

户部言：湖广五寨长官司乐濠等七洞人民岁课朱砂，近因苗贼杀虏，死亡者众，累岁有亏。上命除之。

乙亥（二十日）[广东信宜县根竹洞瑶首等来贡]

广东信宜县根竹洞瑶首陆仲八等来贡。赐衣及钞。

明太宗实录卷一百二十六

三月

辛卯（初七日）[赐乌思藏僧官等钞及禅衣等物]

赐乌思藏僧官丹竹领占等钞及禅衣等物。

丙申（十二日）[云南武定、寻甸、广西三府请设学校]

云南布政司左参议吕名善言：武定、寻甸、广西三府居民繁庶，请设学校。从之。上谓礼部臣曰：学校风化所系，人性之善，蛮夷与中国无异，特在上之人作兴之耳。

辛丑（十七日）[云南广西府等处土官各遣使朝贡]

云南广西府土官知府阿觉、镇康州土官知州曩光、孟琏长官司长官刀怀罕、特冷土官班野、腾冲千户所土官千户汪用、洱海卫土官百户杨祥、凤溪长官司长官马牙，各遣使贡马及方物。赐钞及文绮表里有差。

庚戌（二十六日）[云南元江军民府致仕土官等朝贡]

云南（沅）〔元〕江军民府致仕土官中旺等三十九人贡马及金银器。赐袭衣、银钞、锦绮有差。

明太宗实录卷一百二十七

四月

丙辰（初二日）[设禄谷长官司]

设禄谷长官司，隶云南镇沅府。其地本禄平寨，时镇沅府知府刀平请设治所，故有是命。

戊寅（二十四日）[给赐灌顶大国师班丹藏卜等诰敕]

给赐灌顶净觉弘济大国师班丹藏卜、慧慈弘应国师把奔慈智、禅师洗拿宛卜等诰敕。

明太宗实录卷一百二十八

五月

丙戌（初三日）[帝论佛道二教]

上谓礼部臣曰：佛道二教，本以清净利益群生，今天下僧道多不守戒律，民间修斋诵经，动辄较利厚薄。又无诚心，甚至饮酒食肉，游荡荒淫，略无顾忌。又有一种无知愚民，妄称道人，一概蛊惑，男女杂处无别，败坏风化。洪武中，僧道不务祖风，及俗人行瑜珈法、称火居道士者，俱有严禁。即揭榜申明，违者杀不赦。

［如来大宝法王哈立麻遣其徒贡方物］

如来大宝法王哈立麻遣其徒杨班丹贡方物。赐钞币有差。

丁亥（初四日）［禁河池县与长沙府民间开采银铜矿］

广西河池县民言，县有银矿大发。长沙府民言，乡产铜，发民采炼，可获厚利。上曰：献利以图侥幸者，小人也。国家所重在民安，不在于利。皆斥之。

丙午（二十三日）［思南故宣慰使母率官属朝贡］

思南故宣慰使田大雅母杨氏率官属六十五人来朝贡马及方物。赐钞、文绮、钞帛有差。

明太宗实录卷一百二十九

六月

丙辰（初三日）［广西浔州大雨成灾］

广西浔州大雨，江水泛涨，坏城垣、仓廒、房舍。〔命〕户部遣人往视。

明太宗实录卷一百三十

七月

丁亥（初四日）［设四川沐川长官司蛮夷驿］

设四川马湖府沐川长官司之蛮夷驿。

戊子（初五日）[广西结伦州土酋贡方物]

广西结伦州土酋冯郎黄等来朝贡方物。赐之钞币。

明太宗实录卷一百三十二

九月

丁酉（十五日）［湖广高罗安抚司、木册长官司各遣人贡方物］

湖广高罗安抚司、木（柵）〔册〕长官司各遣人贡方物。赐钞币遣还。

明太宗实录卷一百三十三

十月

己未（初七日）[老挝宣慰司宣慰使遣人贡方物]

老挝宣慰司宣慰使刀线歹遣头目刀弄等贡方物。赐刀弄等钞，命礼部赐刀线歹绒、锦、绮、罗各五匹。

[云南孟艮府土官知府遣人进象、马]

云南孟（银）〔艮〕府土官知府刀交遣头目板连等进象、马。赐板连等钞各四十锭，绮、罗各二，纱一；命礼部赐刀交绮、罗各七匹，纱四匹。

庚申（初八日）[复设湖广南渭州]

复设湖广南渭州，以彭什才为知州。初，什才之父万满为南渭州知州，后以土人作乱，户口损耗，而万满亦殁，遂革之，以其地隶永顺军民宣慰司。至是以什才能安辑土民，故有是命。

明太宗实录卷一百三十四

十一月

丁亥（初六日）［孟诰土官遣其属朝贡］

孟诰土官刀猛甫等遣其属贡马及方物。赐之锦绮、纱罗、彩绢。

庚寅（初九日）［赈云南通安县饥民］

户部言：云南丽江军民府通安县民饥，请以所贮课程小麦赈给。从之。

丙午（二十五日）［修广西浔州卫城池］

修广西浔州卫城池。

明太宗实录卷一百三十五

十二月

壬子朔（初一日）［复命工部尚书采木四川］

复命工部尚书宋礼采木四川。

［广西剿平平乐“蛮贼”］

广西都指挥葛森奏：剿捕平乐蛮贼莫彦恭等，斩首三百余级。初，彦恭等聚众劫杀良民，上命森领军进讨。至是平。

甲寅（初三日）［以茶株枯死，四川安县乞茶课折钞］

四川安县言：县岁征茶七万三千三百八十四斤，比年茶株枯死，采纳不敷，乞茶课折钞。从之。

丁丑（二十六日）［四川铜梁县置官仓储粟备饥］

四川铜梁县言：县比岁丰登，欲置仓以官钞易粟，每丁约储一石，遇饥验口给济，庶几民无凶年之患。从之。

明太宗实录卷一百三十六

永乐十一年癸巳（1413）

正月

庚子（二十日）［广东琼山县包黎等村黎人附籍为民］

广东琼山县言：东洋都民周孔珠招谕包黎等村黎人王观巧等二百三十户，愿附籍为民。从之。

丙午（二十六日）［麓川平缅宣慰使、孟外南硬陶孟土官等各遣人贡马，麓川平缅宣慰使请以其弟代职］

麓川平缅宣慰使思行发、孟外南硬陶孟土官刀发孟等各遣人贡马。思行发请以弟思任发代其职。从之。

己酉（二十九日）［设思州及思南左、右三千户所］

设思州及思南左、右三千户所。

明太宗实录卷一百三十七

二月

辛亥（初二日）［设贵州等处承宣布政使司，思州、思南改土归流］

设贵州等处承宣布政使司。初，思南宣慰使（思）〔田〕宗鼎凶狠淫虐，生杀任情，与其副使黄禧构怨，累年互有奏讦。朝廷虽恶宗鼎，然以田氏世守其地，曲予保全，而改黄禧为辰州府知府。思州宣慰使田琛，亦与宗鼎有怨，禧暗结琛，使图宗鼎。宗鼎及琛数相攻杀，禧既得志，肆横虐民，民甚苦之。琛自称天主，妻为地主。长官文得、杨光海等称文武臣，禧为大将，与琛连兵攻思南，宗鼎挈家走。琛杀其弟，发其祖宗坟墓，而戮其母尸，尽掠其人畜资财，所过残害其民。宗鼎诉于朝，屡敕田琛、黄禧赴阙自辨，皆拒命不至。自知不为朝庭所容，遂有逆谋。潜使奸人张胜依托教坊司官（史）〔吏〕勉得出入祗应，将伺便为变。事觉，命行人蒋（庭）〔廷〕瓒往召之，而敕镇远侯顾成以兵五万压其境，凶党叛散，琛等就擒，与黄禧相继械送京师，皆引服。琛妻冉氏尤强悍，复遣人招诱台罗等寨蛮人苗普亮等为乱，冀朝廷遣琛还招抚，因得免死。上闻之，诏有司禁锢琛等。以宗鼎虽横恣，然穷蹙自归，得末減，使复职归思南，而宗鼎奏言：必得报怨家，以绝祸根。上以其素凶恶，今幸免祸，犹不自惩，而欲逞忿，民将有不胜其害者，遂留之京师，月给俸禄。宗鼎怨望，出诽言，因发其祖母阴事，谓始与黄禧奸，实造祸本，而窃损其衣食，欲杀之。祖母亦发宗鼎缢杀亲母、渎乱人伦等事。上命刑部正其罪。谕户部尚书夏原吉等曰：朝廷初命田琛、田宗鼎分治思州、思南，正欲安其土人，乃皆为土人之害。琛悖逆不道，构扇旁州，妄开兵衅，屠戮善良，抗拒朝命，已正其罪。宗鼎尤为凶骜，绝灭伦理，罪不可宥。其思州、思南三十九长官司，宜加意抚绥。可更置府、州、县，而立布政司总辖之，其原设长官司及差税悉仍旧。所当行之事，卿等详议以闻。原吉等议，以思州二十二长官司分（说）〔设〕思州、新化、黎平、石阡四府，思南十七长官司分设思南、镇远、铜仁、（鸟）〔乌〕罗四府。其镇远州、婺川县亦各随地分隶，而于贵州设贵州等处承宣布政使司，以总八府，仍与贵州都司同管贵州宣慰司。其布政司官属俱用流官，府以下参用土官。从之。遂命吏部选授布政司及府县官，以行人蒋廷瓒、河南左参政孟骥，俱为右布政使。改河南右参政陈俊名为右参政，山西左参议王理、河南按察司副使张翥、江英俱为左参议。副使邹锐、佥事丘陵、进士周宗保，俱为右参议。授进士崔彦俊、王恭等为府州官。令廷瓒等率至贵州，随缺定注。廷瓒尝与擒田琛等之谋，故升用之。

戊午（初九日）［尚师昆泽思巴入见，赐藏经、银钞等物］

尚（思）〔师〕昆泽思巴入见。赐藏经、银钞、彩币、鞍马、茶、米等物。

己未（初十日）［命哈立麻寺绰思吉监藏等为灌顶国师］

命哈立麻寺绰思吉监藏为灌顶圆通妙济国师，簇尔卜掌寺端竹斡薛儿巴里藏卜为灌顶净慈通慧国师。俱赐诰印及彩币表里。

［置乌思藏卫牛儿宗寨行都指挥使司］

置乌思藏卫牛儿宗寨行都指挥使司，以喃葛监藏为都指挥佥事。授锁巴头目剌咎肖、掌巴头目札巴八儿、土官锁南巴仰思、都巴头目公葛巴等，俱为司徒。各赐银印、诰命、锦、币。司徒者，其俗头目之旧号，因而授之。以擦巴头目巴儿藏卜继其兄葛谛藏卜，拙失吉继其父冷真监藏，并管著烈思巴簇林监藏，俱为乌思藏都指挥使司都指挥佥事。喃葛烈思巴继其父损竹监藏，为乌思藏俺卜罗行都指挥使司都指挥佥事。各赐诰命、彩币。时灵藏灌顶国师赞善王著思巴儿监藏、管觉灌顶国师护教王宗巴（干）〔斡〕即南哥巴藏卜、必力工瓦国师端竹监藏，俱遣人贡方物。亦赐锦绮、彩币等物。

明太宗实录卷一百三十八

三月

乙酉（初六日）［敕四川都指挥李敬剿捕四川“威州蛮”］

敕四川都指挥李敬：比威州蛮为寇，已调官军剿捕。须严戒约，无俾误伤善良。

明太宗实录卷一百三十九

四月

己巳（二十一日）［贵州都司奏称所属卫所粮储不敷，需开中

粮盐，且宜减轻募商中纳为便］

贵州都司言：所属卫所粮储不敷，宜如洪武中例，开中粮盐。然先定川盐并云南黑盐井，每引输米一石五斗，安宁井引二石。今本地米价翔贵，宜减轻募商中纳为便。从之。命比初例，各减五斗。

庚午（二十二日）［肇庆府学增广生新兴县山峒瑶首来朝］

肇庆府学增广生廖谦招诱新兴县山峒瑶首梁福寿等来朝，凡招瑶人五十余户。命谦为新兴县典史以抚之，赐福寿等衣、钞遣还。

明太宗实录卷一百四十

五月

辛巳（初三日）［命尚师昆泽思巴为“大乘法王”“大光明佛”，领天下释教］

命尚（思）〔师〕昆泽思巴为万竹圆融妙法最胜真如慧智弘慈广济护国宣教正觉大乘法王、西天上善金刚普应大光明佛，领天下释教。赐诰印并袈裟、幡幢、鞍马、伞盖、法器等物。

庚子（二十二日）［四川都指挥使、云南中卫土官千户等贡马］

四川都指挥使郭斌、云南中卫土官千户木高等贡马。赐赉有差。

乙巳（二十七日）［思州台罗及洪江横陂等寨苗人“攻劫”屯寨，贵州布政司请发兵剿捕之］

贵州布政司奏：思州台罗等十四寨苗人苗普亮等，及洪江横陂等寨苗贼苗普罗哲等二千余人，攻劫屯寨，欲犯镇远、清浪诸卫，请发兵剿捕。从之。

明太宗实录卷一百四十一

七月

甲申（初七日）［临高县民招谕深峒“生黎”，至是率黎首贡马］

琼州府临高县民黄茂奉命招谕深峒那呆等二十四峒生黎，至是率黎首王聚、符喜等朝贡马。黎民来归者计户四百有奇，口千三百有奇。盖自初至今，招抚诸黎来归者千六百七十处、户三万有奇。

壬辰（十五日）［帝云“为寇”之威州保县“蛮”，经兵部出榜安抚，皆自归］

上谓兵部尚书方宾等曰：近四川都司言，威州保县蛮为寇，已调官军剿捕，然念其中岂无良善之人，为有司所虐，及凶徒迫胁为逆者。尔兵部榜示晓之，如能自归，皆释其罪，使复业。若怙恶不悛，大军一临，父母妻子胥及于祸，虽悔无及。其后榜出，皆自归，而兵不用……

明太宗实录卷一百四十二

八月

癸丑（初七日）［播州宣慰使遣人贡马］

播州宣慰使杨昇遣人贡马。赐之钞币。

辛酉（十五日）［敕谕思州台罗等寨“苗首”］

敕谕思州台罗等寨，及青龙、渡马、上下小坪、春花、金井、天堂等处苗首人等曰：近田琛、田宗鼎构逆，人被其害。朝廷设官以抚安之，尔本安土乐业，而为无籍之徒教诱为非。群臣皆请调军剿捕，朕以人命至重，兵戈之烈，甚于猛火，恐滥及无罪之人，今特遣人赍敕谕尔，如能改过迁善，复业安居，即尽赦谕前罪。若执迷不悛，大军一至，虽悔不及。

乙丑（十九日）［命镇远侯顾成充总兵官，剿捕台罗等寨起事苗人］

命镇远侯顾成充总兵官，都督梁福等副之，统率湖广、贵州二都司及武昌三护卫所，调官军三万人，剿捕台罗等寨反叛苗寇。上谕之曰：蛮夷叛服不常，盖其素性，今讨之非难，但虑杀伤过多耳。卿等至境上，且按兵不动，已遣人赍敕招谕，如招谕不服，进师未晚。

癸酉（二十七日）［置金齿孟哈驿驿丞］

置金齿孟哈驿驿丞。驿通孟养、大小古剌，初隶腾冲〔卫〕守御千户所，以土军领之，至是始设官云。

乙亥（二十九日）［木邦军民宣慰使遣头目献所获缅甸玉等］

木邦军民宣慰使罕宾法遣头目刀不答等，以所获缅甸玉、官那罗（答）〔塔〕、象、马诸物来献。初，那罗塔不遵朝命，侵据孟养之地，罕宾法请以夷兵讨之。上许之，罕宾法遣头目刀散孟等，攻破缅甸城寨二十余处，多所杀获，并获其象、马诸物，至是悉献京师。

明太宗实录卷一百四十三

九月

丙午（三十日）［苗人起事，命镇远侯顾成调集官军征讨］

先是，上以苗寇反叛，而镇远侯顾成国之宿将，久镇边陲，谙蛮洞地里及其人情。命成为总兵官，令与都督蔡福等协心讨之，且命成俟抚招谕，不服而后进师。至是上虑招谕不服，而寇势滋蔓，遂敕成等若兵力不足，更于贵州都司调军一万，期以今冬平贼。

明太宗实录卷一百四十四

十月

庚戌（初四日）［敕镇远侯顾成调官军征讨“蛮寇”］

敕贵州总兵官镇远侯顾成等曰：前命尔等征讨蛮寇，兵力不足，于贵州添调一万。今武当发回辰沅、五开等九卫官军万二千余人，亦可选用。又令播州宣慰使杨昇选调土军六千，如选不及数，必得四千听尔调用。尔等宜同心画策，必以今冬平除（必）〔蛮〕寇，毋执偏见，以误事机。

明太宗实录卷一百四十五

十一月

癸巳（十七日）［云南腾冲、永昌二千户所千夫长朝贡］

云南腾冲、永昌二千户所千夫长刀贡蛮等贡象、马、金银器物。赐钞币有差。

戊戌（二十二日）［车里故宣慰使次子遣人朝贡，并请袭职］

车里故宣慰使刀暹答次子刀赛遣兄刀怕弄等来朝贡象、马、金银器。初，朝廷遣中官洪仔生赍敕，往赐刀暹答锦绮等物，既至，而刀暹答已卒。长子刀良孟自立，骄慢狠愎，失其良心，无几病卒，众推刀赛权司事。至是遣刀怕弄等谢颁其父之恩，并请袭职。从之。

庚子（二十四日）［改四川邑梅洞长官司隶重庆府］

改四川酉阳宣抚司之邑梅洞长官司隶重庆府。

［八百大甸宣慰遣人朝贡］

八百大甸宣慰刀散遣头目孟都鲁由等进象、马等物。赐之钞币。

辛丑（二十五日）［木邦宣慰使遣人朝贡］

木邦宣慰使罕宾法遣人贡马及方物。赐罕宾法锦绮、纱罗。

［孟定府知府、湾甸州知州遣人贡方物］

孟定府知府（力）〔刀〕名扛、湾甸州知州（力）〔刀〕景发遣人贡方物。赐（力）〔刀〕名扛等锦绮、纱罗各十匹。

癸卯（二十七日）［缅甸宣慰使、干崖长官司长官等各遣人朝贡］

缅甸宣慰使那罗塔、干崖长官司长官刀立永等各遣人贡象、马、金银器。赐钞、袭衣、织金文绮有差。

明太宗实录卷一百四十六

十二月

庚申（十五日）［以四川龙州不产盐，土民请开煎潼川等处富石等五井］

行在户部臣言：四川龙州土民言，本地不产盐，乞以潼川等处富石、益轩、永富、青坝、竹溪五井开煎，资土民之用。岁纳官盐十万斤，今已差官（覆）〔核〕实可行。从之。

壬戌（十七日）［麓川平缅宣慰使遣人朝贡］

麓川平缅宣慰使思任发（遗）〔遣〕头目刀箅发等贡象六、马百匹及金银器皿等物谢恩。

明太宗实录卷一百四十七

永乐十二年甲午（1414）

正月

己卯（初四日）［遣中官往谕乌思藏阐化王、阐教王等］

遣中官杨三保赍敕往谕乌思藏帕木竹巴灌顶国师阐化王吉剌思巴监藏巴里藏卜，必力工瓦阐教王领真巴儿吉监藏，管觉灌顶国师护教王宗巴（干）〔斡〕即南哥巴藏卜，灵藏〔灌〕顶国师赞善王著思巴儿监藏巴藏卜，及川卜、川藏、陇答、朵甘、答笼、匝常、剌恰、广迭、上下邛部、陇卜诸处大小头目。令所辖地方，驿站有未复旧者，悉如旧设置，以通使命。升朵甘卫指挥同知阿奴、头目隆布班丹领占，俱为朵甘卫行都司都指挥使。赐之诰命。

庚寅（十五日）［镇远侯顾成等讨平思州“叛蛮”］

总兵官镇远侯顾成等，献思州叛蛮苗普亮等首级。先是，普亮据台罗等十四寨，与靖州会同县青龙渡等处蛮寇连结为乱，朝廷遣人招谕不从，遂敕成等讨之。成与贵州布政司参议江英等合兵击之，斩普亮，杀叛党不可胜计，余寇奔溃。遂平。

丙申（二十一日）［命妥巴阿摩葛为灌顶国师］

命妥巴阿摩葛（有）〔为〕灌顶圆通慈济（火）〔大〕国师。赐之诰命。妥巴阿摩葛者，故国师哲尊巴父也。

戊戌（二十三日）［乌撒军民府经历奏请设学校］

乌撒军民府经历钟存礼言：府故蛮夷地，久沾圣化，语言渐通。请设学校，置教官，教民子弟，变其夷俗。从之。

己亥（二十四日）［设云南南甸州］

设云南南甸州，隶布政司。

明太宗实录卷一百四十八

二月

壬子（初八日）［遣人谕缅甸宣慰使修好邻境］

缅甸宣慰使那罗塔遣头目那牙诣阙，言为木邦所侵掠。上以那罗塔素强犷，遣人谕之，使修好邻境，各守疆界。

戊午（十四日）［麓川平缅、八百大甸宣慰使各遣人贡方物］

麓川平缅宣慰使思任发、八百大甸宣慰使刀招散各遣人贡方物。赐绮帛有差。

明太宗实录卷一百四十九

三月

乙亥（初二日）［以贵州布政司所辖思南、思州两宣慰司地方分隶八府］

以贵州布政司所辖思南、思州两宣慰司地方分隶八府：都坪峨异溪、都素二蛮夷长官司，黄道溪、施溪二长官司，隶思州府。蛮夷长官司，水德江、沿河祐溪、思印江三长官司，并婺川县及板场木悠岩、前任办、四坑、水银场局，隶思南府。施秉、镇远、金容、金达、邛水一十五洞三蛮夷长官司，偏桥长官司，并镇远州，隶镇远府。苗民、石阡、龙泉坪、葛彰葛商四长官司，隶石阡府。铜仁、省溪、提溪、大万山四长官司，并鳌寨、苏葛棒坑、朱砂场局、大崖土、黄坑、水银、朱砂场局，隶铜仁府。郎溪蛮夷〔长〕官司，乌罗、答意、治古、平头著可四长官司，隶乌罗府。湖耳、亮寨、（殴）〔欧〕阳、新化、中林验洞、龙里六蛮夷长官司，赤溪湳洞长官司，隶新化府。潭溪、曹滴洞、古州、八舟、福禄永从、洪州泊里、西山阳洞七蛮夷长官〔司〕，隶黎平府。

己卯（初六日）［敕总兵官顾成等散军回卫春耕］

敕总兵官镇远侯顾成等曰：比知贼首就戮，余众溃散。今春耕及时，宜悉散军回卫，若残寇复出，俟秋成之后出兵剿除。

丙戌（十三日）［云南嶍峨县请建学教“夷民”子弟］

云南临安府嶍峨县丞周成言：境内夷民僰人、罗罗、百夷、普蜡、和泥，其类不一。而僰人子弟多有俊秀，宜建学教之，使习诗书知礼义。从之。

庚子（二十七日）［贵州镇远府、绥宁等县“苗蛮”请占籍为民］

贵州镇远府、（缓）〔绥〕宁等县苗蛮三十七洞千六十余户，请占籍为民，皇太子从之。初，苗蛮恃险啸聚，数为民患，尝遣前监察御史远志赍敕招谕，至是悉归附焉。

明太宗实录卷一百五十

四月

乙巳（初二日）［琼州府大小英豪、曹衙南黎人“占籍为民”］

户部言：广东琼州府宜伦县民黄凯、临高县吏王荣安，招诱大小英豪，又曹衙南等村黎人二千三十七户，悉愿占籍为民。皇太子从之。

明太宗实录卷一百五十一

五月

辛巳（初九日）［云南元江等府故土官知府、曲靖军民府龙华

寺僧等朝贡]

是日，云南元江等府故土官知府那直男那邦、曲靖军民府龙华寺僧志禅等贡象、马等物。皇太子命如例宴赐劳。

癸巳（二十一日）［四川天全六番招讨司招讨遣子贡马］

四川天全六番招讨司招讨高敬让遣子虎贡马。敬让尝遣虎入国学读书，以丁母忧去。至是，服阕还监，皇太子命礼部赐予如例。

丁酉（二十五日）［顾成卒］

镇远侯顾成卒。成之先湘潭人，祖父以操舟为业，往来江淮间，遂居江都。成字景韶，少壮勇，有膂力，喜习武事。自文其身，人称顾花子。岁丙申，扬州归附，隶大将军麾下，以勇称，选为帐前兵。常执伞盖侍出入，忠谨，未尝有过。初授百户，从诸将征伐……平蜀，破贵州洞蛮，克普定、西堡，升昭勇将军、普定卫指挥使，赐金带、织金龙衣。升镇国将军、贵州都指挥同知。初，大军征云南，成镇普定，扼其后路，蛮人无敢叛走者。升骠骑将军右军都督佥事，佩征南将军印，镇贵州。建文中，上举兵靖难，成率众来御，被执入见。上命解其缚，慰谕之，令侍世子居守，成感恩图报，尽心毕智。世子倚重为老成，凡节制号令，御备之方，一经于成。上即位，论功行赏，封镇远侯，命镇贵州。永乐二年，招降贵州叛蛮男女四百五十余人。六年，讨平谷劳乖边诸蛮。八年，思州台罗寨酋长苗普亮等作乱，既招降之，后复叛，命成讨之。进兵捣其寨，擒普亮斩之，并戮其众，诸蛮震慑。还师至镇，无几卒，时年八十有五……

明太宗实录卷一百五十二

六月

辛酉（二十日）［给四川蛮夷、平夷二处采木军夫拨粮］

户部言，四川蛮夷、平夷二处采木军夫缺粮，乞于今年夏税内拨运给之。皇太子从之。

明太宗实录卷一百五十四

八月

壬子（十二日）［设贵州思南、思州二府税课司］

设贵州思南、思州二府税课司。

明太宗实录卷一百五十五

九月

壬午（十二日）［设八寨长官司］

设八寨长官司，隶云南都司，以土酋者宁为副长官。时者宁来朝，请设治所，以抚其众，每岁纳马十五匹，故有是命。

丙戌（十六日）［副总兵梁福械送湖广箄子坪吴者泥等至京师］

副总兵都督同知梁福械送湖广箄子坪贼首吴者泥等至京师。初，者泥等自称苗王，纠率蛮民苗金龙、苗阿甲等及亡命军民，出没为寇，攻劫屯寨。朝廷命镇远侯顾成及福率兵讨之，福攻破其亚磨等寨，斩贼首百二十五级，生擒吴者泥等十三人送京师，悉戮于市。

明太宗实录卷一百五十六

闰九月

壬戌（二十二日）［勒木瓦诸寨头目来朝贡马］

勒木瓦诸寨头目纳木等来朝贡马，言其地蛮民无所统属，乞授职以抚辑之。遂命纳木等俱百夫长，俾领诸寨，隶四川盐井卫。

明太宗实录卷一百五十七

十月

乙亥（初五日）［设贵州镇远等六府儒学］

设贵州镇远、（右）〔石〕阡、乌罗、铜仁、新化、黎平六府儒学。

甲午（二十四日）［四川泥溪等长官司遣人贡方物］

四川泥溪、蛮夷、沐川、平夷诸〔长〕官司长（司）〔官〕遣人贡方物。悉赐钞币遣还。

戊戌（二十八日）［湖广筸子坪“苗蛮”来降］

副总兵都督同知梁福言：湖广筸子坪故贼首吴者泥之子吴担竹，复诱苗蛮吴亚磨等，连结贵州治古、答意等处苗蛮为寇。都督佥事萧授攻入亚磨等寨，禽戮吴担竹，余贼溃散。其治古、答意长官司（王）〔长〕官龙答哥等，今率苗首党恰等来降。上曰：降即宥之。

明太宗实录卷一百五十八

十一月

甲辰（初五日）［云南潞江安抚司曩壁遣人贡马］

云南潞江安抚司曩壁遣子刀谦发等贡马及方物。赐钞币遣还。

乙巳（初六日）［澄迈县“生黎峒首”等各遣子贡马］

琼州府澄迈县生黎峒首王观监等各遣子贡马。悉赐钞币。

丁未（初八日）［广西上林、安隆长官与四川永宁宣抚之妻各遣人贡马］

广西上林长官岑至威、安隆长（安）〔官〕岑子得，四川永宁宣抚阿聂妻奢苏，各遣人贡马。悉赐钞币遣还。

癸亥（二十四日）［贵州宣慰使遣把事及其属贵竹等十长官司贡马］

贵州宣慰使宋斌、安卜葩遣把事徐英及其属贵竹等十长官司贡马。赐钞币有差。

丁卯（二十八日）［云南景东府土官知府与陆凉州、富州土官知州各遣人贡马］

云南景东府土官知府陶干、陆凉州土官知州资求、富州土官知州沈弦经各遣人贡马。俱赐钞币遣还。

明太宗实录卷一百五十九

十二月

辛未（初二日）［永顺宣慰使、那地州土官知州、石梁下洞长官贡马］

永顺宣慰使彭源、那地州土官知州罗志通、石梁下洞长官唐朝文来朝贡马，贺明年正旦。赐钞币有差。

庚辰（十一日）［置思州、思南二守御千户所吏目］

置贵州之思州、思南二守御千户所吏目各一员。

［播州宣慰使等土官各遣人贡马］

播州宣慰使杨昇、乌蒙军民府知府撒可、（芊）〔芒〕部军民府土官香珮、广西思陵州知州韦成，各遣人贡马。赐钞币有差。

己（巳）〔丑〕（二十日）［四川马湖府土官知府、安顺等三州、西堡等六长官司土官各遣人贡马］

四川马湖府土官知府安瓒，普定卫所属安顺、镇宁、永宁三州，及西堡、宁谷、十二营、慕役、顶营、康佐六长官司土官阿宇等，各遣人贡马。赐钞币有差。

癸巳（二十四日）［乌思藏尚师来朝］

乌思藏尚师释迦也失来朝。

甲午（二十五日）［贵州金筑等处、四川东川等处、广西田州等处各遣人贡马］

贵州金筑安抚司，程番、方番、上马桥、卢番、洪番、小龙番、卧龙番、大龙番、韦番、小程番、金石番、罗番、卢山、木瓜、大华、麻（向）〔响〕十六长官司，四川东川军民府土官知府阿得，天全六番招讨高敬让，黎州安抚司副使马义，广西田州府故土官弟岑瑜，向武州故土官知州子黄嗣谦，贡州养龙坑长官蔡承郎，各遣人贡马，贺明年正旦。赐钞币有差。

明太宗实录卷一百六十

永乐十三年乙未（1415）

正月

癸卯（初四日）［贵州宣慰使等贡马］

贵州宣慰使司宣慰使安卜葩等来朝贡马九十匹。赐彩币遣还。

丙午（初七日）［正觉大乘法王遣使贡马］

正觉大乘法王昆泽思巴遣使贡马。赐之彩币等物。

明太宗实录卷一百六十一

二月

丙戌（十八日）［广东琼州府“生黎”洞首来朝］

广东琼州府生黎洞首罗广寿等来朝，籍其属，归附凡三百三十七户七百九十五口。赐广寿等钞币有差。

戊戌（三十日）［四川长河西鱼通宁远等处军民宣慰司乞仍以马市茶］

四川长河西鱼通宁远等处军民宣慰司言：西番无他土产，惟以马市茶为业。近年禁约之后，生理其艰，乞仍开中，庶民有所养。从之。

明太宗实录卷一百六十二

三月

壬寅（初四日）［贵州右布政使蒋廷瓒率所属宣慰司、府、州、县官员并头目、耆民朝贡］

贵州布政司右布政使蒋廷瓒率所属宣慰司、府、州、县官，并头目、耆民，来朝贡马百匹、黄腊千斤、水银四百三十斤、朱砂三十五斤谢恩，以新设贵州郡县也。

丙午（初八日）［广西武宣等县“蛮贼”平］

广西武宣、来宾、平乐、桂平等县蛮贼平。先是，广西都指挥使司奏，武宣等县蛮贼胡通四、梁公荡、蒙哥物、陆扶宽等聚众劫掠，焚五州寨巡检司，势益猖獗。上命广西都指挥同知葛森，率广西诸卫兵及所属土兵讨之。森督庆远等卫指挥使彭举等，发军官军、土兵万九千人，捣贼巢穴，斩胡通四等及贼党七百人，悉还所掠人口。

丁未（初九日）[播州宣慰使司宣慰使遣人贡马]

播州宣慰使司宣慰使杨昇遣兄杨孟庄等贡马，贺平胡。赐钞币遣还。

明太宗实录卷一百六十三

四月

庚午（初三日）[命尚师释迦也失为大国师]

命尚（司）〔师〕释迦也失为妙觉圆通慧慈普应辅国显教灌顶弘善西天佛子大国师。赐之诰命。

乙未（二十八日）[升四川天全六番招讨司为天全六番招讨使司]

升四川天全六番招讨司为天全六番招讨使司，秩从三品，给印章，命招讨高敬让〔为〕招讨使。

明太宗实录卷一百六十四

五月

丙辰（二十日）[乌思藏护教王卒，以其侄袭职]

以馆觉灌顶国师护教王宗巴（干）〔斡〕即南哥〔巴〕藏卜

卒，遣使赍敕诰，命其侄干些儿吉剌思巴藏卜袭为灌顶国师护教王。并赍敕赐乌思藏帕木竹巴灌顶国师阐化王吉剌思巴监藏巴里藏卜彩币。

癸亥（二十七日）[复设广西湖润寨巡检司]

复设广西湖润寨巡检司，命巡勇武为巡检。勇武，故土官岑郎利之子。郎利，初为本寨巡检，既殁，巡检司亦废，而土民犹信服勇武。至是，镇安府请仍设巡检司，以勇武袭父职，管束土兵，巡守隘路。从之。

明太宗实录卷一百六十五

六月

己丑（二十四日）[云南弥勒州千夫长等贡马]

云南广西府弥勒州千夫长阿山等来朝贡马。赐钞币等遣还。

辛卯（二十六日）[设董卜韩胡宣慰使司及道纪司]

设董卜韩胡宣慰使司，命头目喃葛为宣慰使，给银印，赐冠带、袭衣。喃葛特来朝贡，请授职，故从之。又设董卜韩胡道纪司，命本土道士锁南领贞为都纪，给印章。

乙未（三十日）[设贵州提溪长官司太平溪金场局与石阡长官司落桥葛容溪银场局]

设贵州提溪长官司之太平溪金场局，石阡长官司之落桥葛容溪银场局，俱置大使、副使各一员。

[改云南腾冲守御千户所四驿隶南甸州]

改云南金齿腾冲守御千户所之腾冲、南甸、龙川江、罗卜思庄四驿隶南甸州。

明太宗实录卷一百六十六

七月

乙巳（初十日）［掌四川都司事右军都督同知李敬等奏称戎县“蛮寇”平］

掌四川都司事右军都督同知李敬等奏，戎县蛮寇平。先是，叙州府戎县山都掌蛮人作耗，攻劫高、珙、筠连、庆符诸县，敕敬发兵剿捕，且敕贵州都司都指挥李政，以兵会敬等合攻之。遂围落卜、大坝等处山寨，擒捕蛮贼，悉斩以徇，招抚良民复业。至是，奏请罢兵归农。从之。

癸丑（十八日）［云南木邦宣慰使司宣慰使，孟定府土官知府、特令土官，湾甸州土官知州各遣人朝贡］

云南木邦宣慰使司宣慰使罕宾法，孟定府土官知府刀名扛、特令土官班野，湾甸州土官知州刀景发，各遣人贡马及金银器。赐钞币有差。

明太宗实录卷一百六十七

八月

乙亥（十一日）［广西东兰州故土官知州孙及普安安抚贡马］

广西东兰州故土官知州韦万亮孙勇及普安安抚慈长率耆民来朝贡马。赐钞币有差。

甲申（二十日）［四川盘顺安抚司故安抚之子朝贡请袭职］

四川盘顺安抚司故安抚野旺之子欲者什用来朝贡马，并请袭职。从之。

明太宗实录卷一百六十八

九月

甲寅（二十日）［广东德庆州瑶首来朝］

广东德庆州瑶首周八十等来朝。赐之衣钞。

明太宗实录卷一百七十

十一月

己亥（初六日）［八百大甸宣慰使遣人贡方物］

八百大甸宣慰使刀招散遣头目板羡等贡方物。赐之钞币。

甲寅（二十一日）［筸子坪苗人“杀虏”施溪长官司人民，令总兵官梁福、都指挥田文尽力讨之以赎罪］

巡按贵州监察御史鲁琛言：近〔筸〕子（平）〔坪〕苗贼，杀虏施溪长官司人民。总兵官都督梁福、都指挥田文奉命守边，全无备御之方，致寇恣肆，良民受害，请罪之。上命封所劾章示之，俾尽力讨贼以赎罪。

己未（二十六日）［赈广东海阳等县饥民］

行在户部言：广东海阳、潮阳、揭阳等县饥民千九百六十余户。命发所在军民仓粟赈之。

明太宗实录卷一百七十一

十二月

丙戌（二十三日）[改贵州普安安抚司为普安州]

改贵州普安安抚司为普安州，隶布政司。

丁亥（二十四日）[八百大甸等宣慰使、元江等军民府各遣人朝贡]

八百大甸等宣慰使、元江等军民府各遣人贡象、马、金银器。

明太宗实录卷一百七十二

永乐十四年丙申（1416）

正月

癸亥（三十日）[四川盐课提举司请仍开煎潼川等处盐井]

四川盐课提举司言：潼川、蓬州、西充、南部、安岳、射洪、蓬溪等州县高马等九十五盐井，洪武中以囚徒煎办，岁得盐二十五万九十八百斤。自三十五年放遣囚徒，各井至今封闭，乞仍开煎。从之。

明太宗实录卷一百七十四

三月

癸巳朔（初一日）[命都督梁福充总兵官，镇守湖广、贵州城

池，严饬兵备]

命都督梁福充总兵官，往来湖广、贵州，镇守城池，严（饰）〔饬〕兵备。

明太宗实录卷一百七十五

四月

庚午（初八日）[允思州、思南二府原土军仍兼务农]

贵州左布政司蒋（庭）〔廷〕瓒奏：思州、思南二府，旧有土军二千户所，聚则为兵，散则为农，不妨农事。今改隶前军都督府，专守军律，不得务农，乞仍旧为便。从之。

丁丑（十五日）[复设孟养军民宣慰使司]

复设孟养军民宣慰使司，命故土官刀木旦次子刀得孟为宣慰使。初，刀木旦及其长子思栾发，为缅甸土官那罗塔所杀，司遂废。孟养之人从木旦之侄玉宾，散居干崖金沙江处者三千余人，朝廷尝命玉宾署宣慰使以抚之。至是，复设宣慰司，授刀得孟宣慰使，改授玉宾为本司同知，令率其众复业，仍遣使谕那罗塔各守疆境，毋再侵扰，以取罪愆。

明太宗实录卷一百七十六

五月

甲午（初三日）[发山西“山寇”至交阯、南丹等卫充军]

总兵官都督金玉等，禽获山西广灵等县山寇刘子进等百三十五人，械送京师。上谓行在刑部臣曰：此徒本皆良民，或因饥窘，或为官府虐害，不得已相率为盗，可止罪其首恶，以示惩戒，余皆免死，发交阯、南丹、奉议、沙池、向武、五开、铜鼓各卫充军。敕玉等还京。

辛丑（初十日）[大国师释迦也失辞归]

妙觉圆通慧慈（辅）〔普〕应辅国显教灌顶弘善西天佛子大国师释迦（地）〔也〕失辞归。御制赞赐之，并赐佛像、佛经、法器、衣服、文绮、金银器皿。

[乌思藏阐化王、阐教王各遣使朝贡]

乌思藏帕木竹巴灌顶国师阐化王吉剌思巴监〔藏〕巴里藏卜、必力工瓦阐教王领真巴儿吉监藏各遣使贡马及方物。赐钞币等物有差。

明太宗实录卷一百七十七

六月

乙亥（十五日）[定广东“生黎”土官、峒首三年一贡]

广东儋州土官周知、王贤祐率生黎峒首王撒、黎佛金等，来朝贡马。赐钞币遣还。上谓行在礼部臣曰：黎人远处海南，素不沾王化。今慕来归，而朝贡频繁，殆将困乏，非存恤抚之意。自今生黎土官、峒首俱三年一朝。著为令。

明太宗实录卷一百七十八

七月

己未（三十日）[云南镇康府及孟琏、大侯、八寨长官司各遣

人贡马]

云南镇康府及孟琏、大侯、八寨诸长官司各遣人贡马。悉赐钞币遣还。

明太宗实录卷一百七十九

八月

庚申朔（初一日）[四川巡按汪淋中奏称越嶲等卫所宜以砖石甃城]

巡按四川监察御史汪淋中言：越（嵩）〔嶲〕、宁番、盐井、会川、礼州、德昌、打冲河俱系极边冲要，卫所旧皆土城。宜甃以砖石，庶可永久。从之。

戊子（二十九日）[设云南嶍峨县伽罗马龙、他郎甸长官司摩钞勒二巡检司]

设云南嶍峨县之伽罗马龙、他郎甸长官司之摩钞勒二巡检司。

明太宗实录卷一百八十一

十月

丁亥（二十九日）[叠州等处僧贡马]

叠州等处僧宗竹星吉等来朝贡马。赐之钞币。

明太宗实录卷一百八十二

十一月

己丑（初二日）［四川建昌卫土官指挥使遣人贡马］

四川建昌卫土官指挥使安萨遣通事杨春等贡马。赐钞币遣还。

癸巳（初六日）［广东高要县瑶首来朝，入版籍］

广东肇庆府高要县瑶首周四哥等来朝，籍其属八十七户，男女二百二十四口，愿入版籍，供赋税。赐钞币遣还。

戊戌（十一日）［四川天全六番招讨使司副招讨贡马］

四川天全六番招讨使司副招讨杨钦来朝贡马。赐钞币遣还。

丙辰（二十九日）［云南老挝宣慰使司宣慰使、孟艮府土官知府各遣头目朝贡］

云南老挝宣慰使司宣慰使刀线歹、孟艮府土官知府刀交各遣头目贡马及方物赐赉有差。

明太宗实录卷一百八十三

十二月

辛酉（初四日）［云南车里故宣慰使子遣人朝贡］

云南车里故宣慰使刀暹答子刀双孟遣人贡象、马及金银器。赐之钞币。

丁丑（二十日）［增设武功中卫中左等五千户所］

增设武功中卫中左、中右、中〔中〕、中前、中后五千户所，统南丹等卫改调官军及新编军匠。

己卯（二十二日）［以郡县新设，贵州地方官六年赴京考核］

贵州布政司左布政使蒋（庭）〔廷〕瓒言：本司及所属郡县，

俱系新设，大小官员同日之任，今三年例该给由。而蛮夷之人难服易变，若皆依例赴京，水陆往复，动辄经年。况今土地贡赋，正资清理，金银坑冶，亦须提督。缺官抚字，必致乖离。乞令各官俟六年满日，通具功迹，赴京考核为便。从之。

明太宗实录卷一百八十四

永乐十五年丁酉（1417）

正月

庚戌（二十三日）［改贵州镇远、铜仁税课局为税课司］

改……贵州之镇远、铜仁二税课局为税课司。初，镇远为州，铜仁为长官司，及升为府，而二税课局犹仍旧，至是改焉。

明太宗实录卷一百八十五

二月

戊午朔（初一日）［车里土官孙等来朝贡马］

……车里土官刀暹答孙刀弄等来朝贡马。命礼部宴赉之。

［遣内官往乌思藏赐大乘法王佛像、佛经等］

遣内官乔来喜等（赉）〔赍〕佛像、佛经、金银、法器、彩币等物，往乌思藏赐正觉大乘法王昆泽思巴。

［乌思藏大国师遣人贡马］

乌思藏大国师释迦也失遣人贡马。赐佛像、法器、彩币等物。

己未（初二日）［命车里故宣慰使孙刀弄袭职，仲子为本司同知］

命车里故宣慰使刀暹答孙刀弄袭宣慰使，（伫）〔仲〕子刀双孟为本司同知，从土人所请也。

壬戌（初五日）［云南顺州知州请建学教育“蛮夷”子弟］

云南鹤庆军民府顺州知州王义言：州虽系蛮夷，然归附以来，沾被圣化三十余年，声教所暨，语言渐通，子弟亦有俊秀，请建学教育，庶几人材可成。从之。

明太宗实录卷一百八十六

三月

戊申（二十二日）［设贵州等处提刑按察司］

设贵州等处提刑按察司。

明太宗实录卷一百八十七

四月

壬午（二十六日）［泥溪、五寨等长官司贡方物］

泥溪、五寨等长官司贡方物。赐予有差。

［广东信宜县瑶首来朝］

广东信宜县瑶首盘福龙等来朝。赐之钞币。

明太宗实录卷一百九十

六月

甲辰（二十日）［复设湖广长沙府税课司及官］

复设湖广长沙府税课司及官。永乐初，府税课拨赐谷王府。至是王以罪降庶人，国除，故复设官掌之。

［改贵州前普安安抚司儒学为普安州儒学，税课司为税课局］

改贵州前普安安抚司儒学为普安州儒学，税课司为税课局，以安抚司革为州也。

丙午（二十二日）［裁湖广兴宁县县丞、主簿］

裁革湖广（彬）〔郴〕州兴宁县县丞、主簿。

明太宗实录卷一百九十一

七月

乙卯（初二日）［设四川天全六番招讨使司医及僧纲司］

设四川天全六番招讨使司医及僧纲司。

庚午（十七日）［设四川乌撒军民府、云南嶍峨县、贵州镇远府儒学］

设四川乌撒军民府及云南临安府嶍峨县二儒学、贵州镇远府儒学。

明太宗实录卷一百九十二

九月

丁卯（十五日）［云南木邦、孟养宣慰使等遣使朝贡］

云南木邦宣慰使罕宾法、孟养宣慰使刀得孟等遣使贡马及方物。赐罕宾法等凡钞五十锭、彩币五十匹。

明太宗实录卷一百九十三

十月

己丑（初七日）［革贵州石阡长官司落桥葛容溪银场局］

革贵州石阡长官司落桥葛容溪银场局。

明太宗实录卷一百九十四

十一月

庚午（十九日）［四川播州宣慰使贡马］

四川播州宣慰使杨昇来朝贡马三十匹。赐白金、袭衣、钞币。

明太宗实录卷一百九十五

十二月

丁酉（十六日）[云南麓川平缅宣慰使遣人朝贡]

云南麓川平缅宣慰使思任发遣人贡马及方物。赐钞币遣还。

甲辰（二十三日）[乌思藏阐化王等遣使贡佛像、舍利等物]

乌思藏帕木竹巴灌顶国师阐化王吉剌思巴监藏巴里藏卜，必力工瓦阐教王领（直）〔真〕巴儿吉监藏，及正觉大乘法王昆泽思巴、净慈弘智广慧大国师日托巴、灌顶慧慈净戒大国师端竹监藏等遣使公哥乩等贡佛像、舍利并方物。赐钞币等物。

明太宗实录卷一百九十七

永乐十六年戊戌（1418）

二月

戊戌（十七日）[建云南丽江军民府宝山等四州学校]

云南丽江军民府检校庞文郁言：本府宝山、巨津、通安、兰州四州，归化日久，请建学校。从之。

明太宗实录卷一百九十八

三月

丁巳（初七日）[必力工瓦阐教王遣使贡方物]

必力工瓦阐教王领真巴儿吉监藏遣使汪速他贡方物。命汪速他为千户。赐之诰命。

明太宗实录卷二百

五月

丙辰（初七日）［置贵州石阡府板桥山巡检司］

置贵州石阡府板桥山巡检司。

明太宗实录卷二百一

六月

辛巳（初二日）［升云南金齿潞江长官司为安抚司］

升云南金齿潞江长官司为安抚司。

明太宗实录卷二百二

七月

己巳（二十一日）［湖广靖州王忠自称平定侯，率众攻武冈州，败死］

湖广靖州贼王忠自称平定侯，率众攻劫武冈州。为守将所获，并其党悉诛之。

明太宗实录卷二百三

八月

乙未（十八日）［感恩县土官知县等率“生黎”峒首朝贡］

琼州府感恩县土官知县楼吉福等率生黎峒首来朝贡马及方物。赐之钞币。

明太宗实录卷二百四

九月

己巳（二十二日）［董卜韩胡宣慰使遣头目朝贡并请佛像、藏经］

董卜韩胡宣慰使喃葛遣头目禳儿结等贡方物谢恩，且请佛像、藏经。悉以赐之，仍赐锦绮、彩帛。

明太宗实录卷二百五

十月

丁亥（十一日）［广东化州瑶首等贡方物］

广东化州瑶首黄应广等来朝贡方物。赐钞币、袭衣。

明太宗实录卷二百七

十二月

甲午（十九日）［老挝宣慰使等贡方物］

老挝宣慰使刀线歹等贡方物。赐之钞币。

明太宗实录卷二百十

永乐十七年己亥（1419）

三月

己酉（初五日）［改云南龙川江、南甸州腾冲二驿隶腾冲守御千户所］

改云南之龙川江并南甸州之腾冲二驿，俱隶腾冲守御千户所。

明太宗实录卷二百十一

四月

庚子（二十六日）［徙广东海南卫南山守御千户所于马鞍山］

（从）〔徙〕广东海南卫南山守御千户所于马鞍山。以旧治在浮沙地，城垣不坚故也。

明太宗实录卷二百十三

六月

丁亥（十四日）［设云南云龙州儒学］

设云南云龙州儒学。

明太宗实录卷二百十六

九月

己未（十七日）［贵州普安卫请令召商中纳盐粮，以旧定则例酌减纳米，以给军食］

贵州都司普安卫言：本卫山多地少，不足军士屯种，且舟楫不通，别无馈运。令召商中纳盐粮，以给军士。在例川盐每引米八斗，今经一年，绝无中者，乞将旧定则例减半纳米，以来客商，庶几边储有备，官民两便。上命依洪武旧例，每引米二斗。

明太宗实录卷二百十七

十月

癸未（十二日）［遣中官赍敕往赐乌思藏大乘法王佛像、法器等物］

遣中官杨三保等赍敕往赐乌思藏正觉大乘法王昆泽思巴帕木竹巴、灌顶国师阐化王吉剌思巴监藏巴里藏卜、必力工瓦阐教王领真巴儿吉藏思、辅教王喃渴烈思巴灵藏、灌顶国师赞善王著思巴儿监藏、灌顶弘善西天佛子大国师释迦也失等，佛像、法器、袈裟、禅衣及绒、锦、彩币表里有差。盖答其遣使朝贡之诚也。

明太宗实录卷二百十八

十一月

甲寅（十四日）［从贵州布政司所请，设仓廪并发京库钞易粟储备］

贵州布政司言，所属郡邑及军卫俱新设，未有蓄积，倘遇饥歉，无以为给，请置仓廪，为预备之计。从之。命户部发京库钞九千七百二十锭，俾易粟储之。

明太宗实录卷二百二十一

永乐十八年庚子（1420）

闰正月

己卯（初十日）［四川松潘番僧贡马］

四川松潘番僧远丹监参等来朝贡马。

明太宗实录卷二百二十二

二月

戊午（二十日）［贵州乌撒卫指挥佥事献白兔］

贵州乌撒卫指挥佥事蔡礼献白兔。

明太宗实录卷二百二十三

三月

癸巳（二十五日）［以广东宁远县水灾，蠲免租税，拨田给受灾民户］

行在户部奏：广东崖州言，所属宁远县山水暴泛，冲决田稼，漂人民，坏庐舍。已遣官核实，其租税宜蠲免。又奏，所遣官言，踏视民田，有不可耕者，宜改拨旁近闲田，与之耕种。皆从之。

明太宗实录卷二百二十四

四月

丙寅（二十八日）［云南云南县土官县丞贡马］

云南大理府云南县土官县丞杨得关来朝贡马。赐之钞币。

明太宗实录卷二百二十五

五月

甲戌（初七日）［置四川石泉县马坪口、长宁县盐水坝等五巡检司］

置四川石泉县马坪口、叙州长宁县盐水坝、江安县板桥、芦山县八步关、灌县蚕崖五巡检司。

癸未（十六日）［湖广镇溪千户所“苗蛮”起事，官军讨平之］

湖广镇溪千户所隆禽、落堂等寨苗蛮龙南木谓等作乱，命总兵官都督萧授讨平之。

明太宗实录卷二百二十六

六月

乙卯（十八日）［云南曲靖军民府亦佐县故土官知县子及者乐甸长官司长官贡马］

云南曲靖军民府亦佐县故土官知县沙旧子沙存、〔者〕乐甸长官司长官刀谈来朝贡马。

辛酉（二十四日）［广东电白县佛子等山瑶首等贡降香诸物］

广东电白县佛子等山瑶首黄满山等六十人来朝贡降香诸物。赐币遣归。

明太宗实录卷二百二十七

七月

乙亥（初九日）［黔国公沐晟进白鹿］

黔国公沐晟来朝进白鹿。

辛巳（十五日）［赈四川万县饥民］

赈四川万县饥民四百三十八户，给粮千一百三十四石。

丙戌（二十日）［方素易卒］

湖广衡州府同知方素易卒。素易，江西乐平人……以左通政奉命谕交阯叛寇陈季扩，却所遗黄金二百两，白金三百两。还奏称旨，赐以楮币。复奉命往思州廉察田宗鼎、黄禧罪（伏）〔状〕，悉得其实。还，除湖广衡州府同知，往捕桂（杨）〔阳〕州峒寇龙卯铭。众诡言卯铭已死于兵，素易不信，已而果获，送京师。有铺卒诉年老惟一子，今为虎所噬，素易为文檄山神，明日虎死道侧。后有告衡州民匿谷庶人櫶货财不首官者，吏并劾素易不举，坐是死狱中，人多惜之。

明太宗实录卷二百三十

十月

乙卯（二十日）［刘叔毖卒］

湖广辰州府同知刘叔毖卒。叔毖，庐陵人，博学有文，外和易而内廉介。初为沅陵知县，以爱民为务，致勤绥抚。县介溪峒，先是，民多困徭役，窜山谷，叔毖至，计其丁资而役之，加以抚绥，民悦，流徙者悉归业。民有争讼，不治以法，为开谕再三，心服而后遣之。官市物于民，未尝急索，民得从容应命，而免于价偏之患。升北京刑部员外郎……召修《永乐大典》，为副总裁。其去沅陵六年矣，沅陵民累累陈乞还，叔嵔遂升辰州府同知。一州七邑之民，得叔嵔如得父母。及建北京宫殿，率郡民就役。岁余，卒于北京。郡民在役者皆悲慕之，具殓祭。役满而归，相率载其丧，葬辰州。叔嵔存心（后）〔厚〕，临事果，处人诚，居官盖多惠政云。

明太宗实录卷二百三十一

十一月

丁亥（二十三日）［以灾免雷州海康、遂溪二县田租］

广东布政司言：雷州海康、遂（奚）〔溪〕二县，今夏飓风暴雨，海水涨溢，伤民禾稼，田租无征者千六百余石。悉免之。

明太宗实录卷二百三十二

十二月

己亥（初五日）［命贵州思南等八府所选贡生员送国子监进学］

命贵州思南等八府所选贡生员李正等，送国子监进学，赐赉如云南生员例。

明太宗实录卷二百三十三

永乐十九年辛丑（1421）

正月

丁丑（十四日）［天全六番招讨使司副招讨等朝贡］

天全六番招讨使司副招讨杨钦等来朝贡马及方物。赐钞币遣还。

己卯（十六日）［广东宁远县土官县丞率“生黎”峒首贡方物］

广东琼州府宁远县土官县丞邢京率生黎峒首罗淋等来朝贡方物。赐钞及文绮有差。

壬午（十九日）［贵州宣慰使贡马］

贵州宣慰使安卜葩来朝贡马。赐钞币遣还。

甲申（二十一日）［置云南车里靖安宣慰使司］

置云南车里靖安宣慰使司。先是，车里军民宣慰使司土官二员，刀弄为宣慰使，其叔刀双孟〔为〕宣慰同知。至是，双孟言刀弄屡以兵侵劫，惊扰蛮民，不得宁居，乞别设治所，分抚其众。从之。割其地置车里靖安宣慰使司，升双孟为宣慰使，命礼部铸印给之。

明太宗实录卷二百三十四

二月

甲辰（十一日）［云南顺宁府土官知府遣人贡驼、马］

云南顺宁府土官知府猛英遣弟猛巽等贡驼、马。赐之钞币。

明太宗实录卷二百三十五

三月

丙戌（二十四日）［置车里靖安宣慰使司流官经历、都司各一员］

置车里靖安宣慰使司流官经历、都司各一员。

［设思州、铜仁等五府医学及思州、镇远等六府并贵州宣慰使司阴阳学］

设贵州布政司思州、铜仁、石阡、黎平、新化五府医学，及思州、镇远、黎平、铜仁、石阡、新化六府并贵州宣慰使司七阴阳学。

明太宗实录卷二百三十六

四月

甲辰（十二日）［诏“四方蛮夷”三年或五年一贡］

翰林院侍读李时勉、侍讲邹缉等言便民事。其略曰：……又言：连年四方蛮夷朝贡之使相望于道，实罢中国，宜明诏海外诸国，近者三年，远者五年，一来朝贡。庶几官民两便……上披览皆嘉纳之。

甲寅（二十二日）［贵州、播州宣慰使等贡马］

贵州宣慰使宋斌、播州宣慰使杨昇等来朝贡马。赐袭衣、钞币。

己未（二十七日）［老挝宣慰使遣人贡金银器］

老挝宣慰使刀线歹遣头目混典等十五人，贡金银器。赐钞及彩币有差。

明太宗实录卷二百三十七

五月

丙戌（二十五日）[全州大水坏城]

全州守御千户所言：夏初三江水涨，坏城四百五十六丈，串楼六百余间，坝岸二十七丈，城门楼一座。乞量存征哨及守堡军士修理。从之。

明太宗实录卷二百三十九

七月

戊子（二十八日）[给四川永宁宣抚司等处僧道度牒]

给四川永宁宣抚司等处僧道度牒。

明太宗实录卷二百四十

八月

癸卯（十三日）[设贵州思南、乌罗二府及普安州阴阳学]

设贵州思南、乌罗二府及普安州阴阳学。

明太宗实录卷二百四十四

十二月

丙申（初七日）［置筠连县三岔口、高县江口、珙县洞门铺三巡检司］

置叙州府筠连县三岔口、高县江口、珙县洞门铺三巡检司。

明太宗实录卷二百四十五

永乐二十年壬寅（1422）

正月

己卯（二十一日）［湖广都司奏请修理瞿塘卫城垣］

湖广都司言：瞿塘卫城垣为风雨所坏，请命军士修理。从之。

明太宗实录卷二百四十七

三月

辛酉（初四日）［灵藏赞善王遣使贡马］

灵藏赞善王吉剌思巴监藏巴藏卜遣使汝奴星吉等贡马。赐之钞币。

明太宗实录卷二百五十

七月

庚午（十五日）［设四川龙州铁冶］

是日，设四川龙州铁冶。先是，土官薛忠义言，州民缺农器，而境内游地产铁矿，可资民用。户部遣人核实，启奏开冶。皇太子从之。

明太宗实录卷二百五十二

十月

丁酉（十三日）［除广东吴川县户绝田粮］

除广东化州吴川县户绝田粮四百四十石有奇。

明太宗实录卷二百五十四上

十二月

己亥（十六日）［麓川宣慰使遣使奉表贡方物谢罪］

麓川宣慰使思任发遣使奉表贡方物，谢兴兵侵南甸州之罪，仍遣中官云仙等赍敕戒之，并赐之绒锦、文绮表里。

明太宗实录卷二百五十四下

闰十二月

甲子（十一日）［黔国公沐晟请调兵剿捕维摩州“野罗罗”及蒙自县“强贼”］

镇守云南黔国公沐晟奏请调兵剿捕维摩州曲部驿野罗罗，并蒙自县作耗强贼，以除民患。从之。

癸酉（二十日）［正觉大乘法王遣国师等朝贡］

正觉大乘法王昆泽思巴等遣国（班师）〔师班〕丹札等三百十四人朝贡。命礼部赐宴。

明太宗实录卷二百五十六

永乐二十一年癸卯（1423）

二月

乙卯（初四日）［乌思藏阐化王等遣人贡方物］

乌思藏帕木竹巴灌顶国师阐化王吉剌思巴监藏巴里藏卜遣指挥端岳竹巴，必力工瓦阐教王领真巴儿吉监藏遣使汪束监粲，思达藏辅教王喃渴烈思巴遣使结摄端竹监藏，灵藏赞善王吉剌思巴监藏巴藏卜遣使汝奴星吉等，及灌顶弘善大国师释迦也失并各部大小头目，皆遣人贡方物。命礼部赐宴，仍赐端岳竹巴等织金约丝袭衣及钞币有差。

己巳（十八日）［琼州府王官县丞符添庆等率诸峒黎首贡方物］

琼州府王官县丞符添庆等率诸峒黎首来朝贡方物。赐钞币有差。

[广西柳州等府“蛮峒诸贼”平]

广西都指挥使鹿荣奏蛮峒诸贼平。先是，柳州等府洛容、柳城、宜山、天河诸县，蛮寇数出，掠劫军民。命荣剿捕，久无功，巡按监察御史尹崇高劾奏荣玩寇，请治其罪，命姑宥之，令擒贼赎罪。复命镇远侯顾兴祖督之，于是荣率桂林右卫指挥使雄等，提兵捣贼巢，生擒伪治平都统将军首贼袭振海等五人，斩郁打枕等三千一百八十人。所掠良人子女百八十三口皆遣还，械振海等至京斩之。

明太宗实录卷二百五十七

三月

戊戌（十七日）[除广东揭阳县户绝田粮]

除广东揭阳县户绝田粮二百四十四石有奇。

明太宗实录卷二百五十八

四月

戊辰（十八日）[播州宣慰使遣人贡方物]

播州宣慰使杨昇遣安抚罗宗昭等贡方物。

己巳（十九日）[乌思藏阐化王等使臣入贡辞还]

乌思藏帕木竹巴灌顶国师阐化王吉剌思巴监藏巴里藏卜等使臣，端岳竹巴等辞还，遣中官戴兴等赍敕与俱往。赐吉剌思巴监藏巴里藏卜等锦绮等物。

丁丑（二十七日）[播州宣慰司安抚等辞还]

……播州宣慰司安抚罗宗昭等辞还。赐币有差。

明太宗实录卷二百六十一

七月

辛巳（初三日）［四川长河西鱼通宁远宣慰使等贡马］

四川长河西鱼（道）〔通〕宁远宣慰使喃哩等二十四人来朝贡马。赐钞币有差。

丁亥（初九日）［云南土官千户、曲靖军民府僧人等各遣人朝贡］

云南土官千户木高、曲靖军民府僧人镜中等各遣人贡马及方物。赐币有差。

丙午（二十八日）［设贵州四道按察分司］

吏部言，设贵州四道按察分司。贵宁道，按治贵州宣慰使司、贵州卫军民指挥使司，贵州前、乌撒、毕节、赤水、永宁五卫，普市守御千户所。安平道，按治威清、平坝、安南、安庄四卫，普定、普安二军民指挥使司。普安州新镇道，按治兴隆、清平二卫，平越、新添、龙里、都匀四军民指挥使司，黄平千户所，镇远、黎平、新化三府。思仁道，按治思南、乌罗、铜仁、（后）〔石〕阡、思州五府。皇太子从之。

［置湖广永顺军民宣慰司上溪等三州流官吏目各一员］

皇太子置湖广永顺军民宣慰〔司〕所属上溪州、施州、南渭州流官吏目各一员。

明太宗实录卷二百六十二

八月

丁卯（十九日）［四川董卜韩胡宣慰使遣人朝贡］

四川董卜韩胡宣慰使喃葛遣头目也失言千等贡马及方物。赐劳之，遣北京。

明太宗实录卷二百六十三

九月

甲午（十六日）［宥广西来降“贼首”梁罗八等为民］

宥广西来降贼首梁罗八等为民。先是，广西都司言，融县蛮梁罗八自称梁罗王，梁保干自称梁得天，聚众为盗。命镇远侯顾兴祖等率兵剿之，罗八等散遣其众，自诣兴祖降。械送至行在，兵部请诛之。上曰：既降则释之，遂命为民。

明太宗实录卷二百六十四

十月

丁巳（初十日）［置贵州布政司丰济库］

置贵州布政司丰济库，设大使、副使各一员。

戊辰（二十一日）［木邦宣慰使弟、孟定府土官知府、镇康州土官知州及金齿军民指挥使司各遣人朝贡］

木邦宣慰使罕宾法弟罕线法、孟定府土官知府刀（石）〔名〕扛、镇康州土官知州刀孟广及湾甸州金齿军民指挥司各遣人贡象、马等物。皇太子令礼部如例赐钞币。

明太宗实录卷二百六十五

十一月

己亥（二十二日）［灌顶净觉弘济大国师等遣人贡马］

灌顶净觉弘济大（同）〔国〕师班丹藏卜等遣人贡马。命礼部宴赉之。

丙午（二十九日）［云南麓川平缅等宣慰司各遣头目朝贡］

云南麓川平缅等宣慰司各遣头目贡象、马及金银器。命礼部宴赉之。

［四川董卜韩胡宣慰使、头目辞还］

……四川董（比）〔卜〕（朝）〔韩〕胡宣慰使喃葛、头目也失言千辞还。各赐钞币有差。

明太宗实录卷二百六十六

十二月

癸酉（二十六日）［湖广保靖州宣慰使等各遣人贡马，贺明年正旦］

湖广保靖州宣慰使彭乐哈俾、永顺等处宣慰使彭光仲、九溪卫桑植安抚向思富、石梁下峒长官司吏目王瑜、水尽源通塔（平）〔坪〕长官唐思文，四川叠溪、郁即二长官司长官郁书华等，东川土官知府阿得，马（吾）〔湖〕土官知府安瓒，贵州宁（国塞）〔谷寨〕长官安庆，大理十二关副长官李罗歩，湾甸州土官知州刀景发，龙潭安抚四应虎，镇南副长官廖均得，高罗安抚田大民，忠峒安抚田大智，忠建宣抚田大望，金峒安抚覃添贵，容美宣抚司经〔历〕向书荣，木册长官田谷佐，椒山玛瑙长官覃万良等，各遣人贡马，贺明年正旦。

甲戌（二十七日）［贵州故宣慰使之弟贡马请袭职］

贵州故宣慰使安卜葩之弟忠贡马六十匹，且奏兄安卜葩已卒，请袭职。从之。

明太宗实录卷二百六十七

永乐二十二年甲辰（1424）

正月

癸未（初六日）［广西田州府土官知府贡马］

广西田州府土官知府岑祥子绍贡马。

丙申（十九日）［湖广保靖州宣慰使等辞还］

……湖广保靖州宣慰使彭乐哈俾、四川（垒）〔叠〕溪长官郁书华、贵州宁国（塞）〔寨〕长官安爱、广西田州府土官知府岑祥子绍、大理十二关副长官李罗歩等辞还。赐赉有差。

戊戌（二十一日）［播州宣慰使、贵州宣慰使各遣人进马］

播州宣慰使杨昇、贵州宣慰使安中各遣人进马。赐昇、中各钞二百五十锭、锦二段、彩币八表里，仍给其马直，赐所遣人钞币表里有差。

庚子（二十三日）［云南麓川平缅等军民宣慰使司、干崖等长官司头目等贡马］

云南麓川平缅等军民宣慰使司、干崖等长官司头目戴督等贡马。赐纻丝、纱罗有差。

壬寅（二十五日）［广西思明府头目贡药材］

广西思明府头目卢良贡药材。赐钞十锭，从人各五锭。

明太宗实录卷二百六十八

二月

戊辰（二十二日）［云南底兀剌与孟伦、小古剌二长官司各遣头目朝贡］

云南底兀剌头目朵里实马智，孟伦、小古剌二长官司，各遣头目贡马并方物。

明太宗实录卷二百六十九

三月

己卯（初三日）［赏云南底兀剌与孟伦、小古剌二长官司头目钞、纻丝等物］

赏云南底兀剌头目朵里失马智钞百锭，纻丝、罗各四匹。孟伦、小古剌二长官司头目钞各六十锭，纻丝、罗各二匹，纱各一匹。

庚寅（十四日）［八百大甸、车里靖安宣慰使与波勒土官各遣头目朝贡］

八百大甸宣慰使刀招散、（军）〔车〕里靖安宣慰使刀双孟、波（勤）〔勒〕（王）〔土〕官息利兰麻剌各遣头目贡象、马、金银器。赐其使钞币有差。

壬辰（十六日）［金齿土官巡检、四川达簇寨头目贡马］

金齿土官巡检阿仲、四川达簇寨头目陈万僧奴来朝贡马。赐钞币有差。

丙申（二十日）［设底兀剌宣慰使司］

设底兀剌宣慰使司。初，底兀剌之地为大古剌宣慰使泼的那浪所据，至是故底兀剌王官之孙纳兰诣阙自陈，请复其境土，设治所以抚辑其民。上从之。诏大古剌还其地，设宣慰司，以（兰纳）〔纳兰〕为宣慰使，赐印信、金牌、信符。

［云南威远州土官知州等贡马］

云南威远州土官知州刀庆罕等来朝贡马及方物。赐庆罕钞八十锭、纻丝、罗各三匹，纱二匹。赐其头目以下钞、纻丝、纱罗有差。

［广西镇安府土官知府遣叔朝贡］

广西镇安府土官知府岑永寿遣叔岑坚贡马及银器。赐赉遣还。

明太宗实录卷二百七十

四月

丁未（初二日）［云南宁远州土官知州差头目贡方物］

云南宁远州土官知州刀吉罕差头目关瓦贡方物。赐之钞币。

戊申（初三日）［广西崇善县土官知县兄进马］

广西崇善县土官知县赵暹兄赵昌进马。赐之钞币。

明仁宗实录

明仁宗实录卷一上

永乐二十二年甲辰（1424）

八月

丁巳（十五日）［仁宗即位，停罢云南木邦等处采取宝石］

上登宝位，朝群臣，大赦天下。诏曰：……往云南木（绑）〔邦〕、缅甸、麓川、车里等处采取宝石等项，及收买马匹等件，悉皆停罢。其给赐之物，发与差来进贡使臣带去。但系朝廷差去内外官，限十日内即起程回京。官军各回原卫着役，不许稽留。

明仁宗实录卷一下

八月

戊午（十六日）［命安平伯李安掌四川都指挥使司、中军都督佥事任礼掌广西都指挥使司］

命……安平伯李安掌四川都指挥使司，中军都督府都督佥事任礼掌广西都指挥使司，改前军都督佥事马英于后军都督府，仍谕之曰：卿等皆先朝勋旧，故托以股肱心膂，其一乃志力，以无愧职守。

辛酉（十九日）［命镇守广西镇远侯顾兴祖充总兵官，剿捕广西等处“掳寇”］

命镇守广西镇远侯顾（舆）〔兴〕祖充总兵官，仍领湖广、广西、贵州三都司官军，剿捕广西等处掳寇。

壬戌（二十日）［加黔国公沐晟太傅］

加镇守云南黔国公沐晟太傅，二俸俱支。赐敕谕曰：卿国家至亲，且老成有德望。今朕嗣位之初……特命卿为太傅，散官勋封悉如旧。卿尚念皇祖、皇考之大德，悉心尽力，用佐眇躬，嘉谋嘉猷，勿以道远而或略，朕虚己以俟焉。赐晟钞二万贯、彩币表里各十件。

戊辰（二十六日）［四川建昌卫指挥使等、东川军民府等处土官知府所遣之叔等、昌州长官司长官所遣把事等各贡马］

……四川建昌卫指挥使安普容等，东川军民府等处土官知府阿得遣叔安贵等，昌州长官司长官阿寿遣把事自巴等……各贡马。赐钞币有差。

明仁宗实录卷二下

九月

戊戌（二十六日）［四川播州宣慰使所遣同知、云南丽江军民府千夫长贡马］

四川播州宣慰使杨昇遣草塘安抚司同知宋珪等，及云南丽江军民府千（府）〔夫〕长阿束通贡马。赐钞币表里有差。

明仁宗实录卷三下

十月

己未（十八日）［遣中卫官送岷王楩父子居武冈州］

遣中卫官送（氓）〔岷〕王楩父子居武（岗）〔冈〕州，命户部岁给禄米千石、钞二万贯。

明仁宗实录卷四上

十一月

辛巳（初十日）［四川行都司奏请于建昌卫漫水湾置城堡，量摘军民兼守］

四川行都司奏：建昌卫有漫水湾，地逼生番，山势险峻。岁冬河涸，番人时出（标）〔剽〕掠，请置城堡，量摘军民兼守。从之。

明仁宗实录卷五上

十二月

戊申（初七日）［革除贵州赤溪两江口巡检司］

贵州布政使司言：赤溪两江口，其地僻远，逼近苗蛮，所置巡检司不便。命革之。

明仁宗实录卷五下

十二月

丙寅（二十五日）［广西总兵官顾兴祖奏斩平乐、浔州“贼首”］

广西总兵官镇远侯顾兴祖奏：斩平乐、浔州二府贼首千九百余级，及归贼所虏男女十余口。

［广西结安州官族及贵州沿河祐溪长官司、四川天全六番招讨司、云南鹤庆军民府等衙门舍人、通事等贡马］

……广西太平府结安州官族张延及贵州思南府沿河祐溪长官司、四川天全六番招讨司、云南鹤庆军民府等衙门舍人、通事贡马。赐钞币、表里、袭衣等物有差。

辛未（三十日）［黔国公沐晟及其弟来朝］

镇守云南太傅黔国公沐晟及其弟云南都指挥同知沐昂来朝。赐晟羊五牵、酒五十瓶，昂羊三牵、酒三十瓶。

明仁宗实录卷六下

洪熙元年乙巳（1425）

正月

丙戌（十五日）［广东珠池及各处官封金银场仍禁民采，四川保宁等府罢免价买民茶］

诏中外曰：……广东珠池及各处官封金银场仍前禁止外，其各处山场、园林、池湖、坑冶及果树、蜂蜜等件，原系民业，曾经官府采取。今有人看守及禁约者，诏书到日，听民采取，不许禁约，看守之人各还职役。四川保宁等府所属茶课，其原额官茶，自洪熙元年以后，皆照洪武年间例办纳，价买民茶，尽行罢免。

辛卯（二十日）［遣中官诏谕老挝军民宣慰使司及孟艮府土官］

遣中官杨琳，以即位诏谕老挝军民宣慰使司及孟（良）〔艮〕府土官。

明仁宗实录卷七上

二月

壬寅（初二日）［乌思藏哈里麻等寺剌麻高僧朝贡］

乌思藏哈里麻等寺剌麻高僧葛竹瓦沙加藏卜等五十九人来朝贡。赐钞币表里有差。

己酉（初九日）［四川龙州土官知州朝贡］

四川龙州土官知州薛忠义贡马及方物。赐之钞币。

明仁宗实录卷七下

二月

己未（十九日）［四川播州宣慰司使等朝贡］

四〔川〕播州宣慰司使杨昇等来朝贡马及方物。各赐钞币表里。

辛酉（二十一日）［遣内官以即位诏谕云南、缅甸等土司］

遣内官段忠、徐亮以即位诏谕云南、缅甸、麓（州）〔川〕、木〔邦〕宣慰司，及孟定府湾甸州、镇康州底兀剌等处，并赐其土官文币有差。

癸亥（二十三日）［四川泥溪长官司土官弟等朝贡］

四川泥溪长官司土官弟王碧……贡马及方物。赐衣、钞、彩币表里有差。

甲子（二十四日）［镇远侯顾兴祖率兵剿平“蛮寇”，请遣兵归农］

广西总兵官镇远侯顾兴祖奏：臣奉命率广西、湖广、贵州剿捕蛮寇，势已平，还军驻桂林。今农事方兴，请止留贵州兵二千、湖广兵一千守备，余遣归屯种。从之。

明仁宗实录卷八上

三月

丙子（初六日）［蓝山县“贼”潘康生等、宁溪“瑶蛮”起事，命镇远侯顾兴祖调官军相机剿捕之］

湖广三司奏：蓝山县贼潘康生等诱众为乱，屯聚大桥巡检司。又，宁溪有瑶蛮千余流劫。敕广西总兵官镇远侯顾兴祖，量拨官军，相几剿捕，以除民患，仍戒（饰）〔饬〕所调官军，毋因而生事，扰害良善，违者虽有功（有）〔不〕宥。

丁亥（十七日）［镇广州等处土官知州等遣人朝贡］

镇广州等处土官知州男刀孟广等遣人贡银器及马。赐之钞币。

明仁宗实录卷八下

三月

庚寅（二十日）［遣中官敕赐车里靖安宣慰使及八百大甸军民宣慰使等］

遣中官洪仔生，赍敕赐车里靖安宣慰使刀双孟及八百大甸军民宣慰使刀招散文绮、钞币。

辛卯（二十一日）［四川伽木隆国师并达思蛮长官司各遣人贡马］

四川伽木隆之地妙智通悟国师朵儿只监藏并达思蛮长官司各遣人贡马。赐之钞币有差。

[改授陈忠为云南都指挥同知，为沐昂之副]

敕浙江都指挥同知陈忠：今云南都司，独沐昂总理其事，必得老成之人副之，乃克有济。尔祇事先帝最久，明习军务，宜为昂副。今改授云南都指挥同知，即驰驿前去。须同心协力，以称国家之委任。钦哉！

壬辰（二十二日）[四川杂谷寨安抚司安抚贡马]

四川杂谷寨安抚司安抚曩甲遣人贡马。赐之钞币。

[广西蒙顾洞蒙再万等起事，命贵州总兵官萧授调官军相机剿捕之]

湖广三司奏：广西蒙顾洞贼蒙再万等聚众劫掠，见在鬼柳冲之地。又蓝山县贼潘康生等及宁溪瑶蛮千余，流劫乡（材）〔村〕，见聚大桥巡检司。敕贵州总兵官都督佥事萧（绶）〔授〕，量调官军，相机剿捕，以除民患，仍戒饬官军，毋因而生事，扰吾良民。敕广西总兵官镇远侯顾兴祖：得湖广三司奏，广西蒙顾洞贼首蒙再万等，并宁远溪瑶蛮，聚众作耗。前敕尔量拨官军，前去剿捕。今度其地距〔广〕西尚远，官军往还艰难，已别敕贵州总兵官都督萧绶调军剿捕，广西官军可不必行。如贼人漫散逃至广西，尔即量调官军，委的当头目管领，相机剿捕，仍约官军，毋因而生事，扰吾良民。

甲午（二十四日）[贵州乌罗长官司等处土官朝贡]

贵州乌罗长官司等处土官冉兴祖等贡马并方物。赐钞币有差。

乙未（二十五日）[贵州金筑、云南鹤庆等处土官朝贡]

贵州金筑安抚司等处土官得珠等及云南鹤庆军民府等处土官赵春等贡马及方物。赐钞币有差。

丙申（二十六日）[贵州安顺州等处土官及四川减江"寨首"等贡马]

贵州安顺州等处土官同知阿宠等遣把事阿底等，及四川减江等寨首哆儿只等，来朝贡马。赐钞币有差。

明仁宗实录卷九上

四月

甲辰（初五日）［命行在都察院右副都御史弋谦等巡视四川采运木材事宜］

行在都察院右副都御史（戈）〔弋〕谦等陛辞。敕谕谦曰：往年采木者，多先虚奏数目，及当起运之际，仓卒采办，以足虚奏之数，厉民为甚。近命内官谢安、侍郎杨和等，往四川起运水次堆积之木。朕安等复蹈前非？特命尔往巡视，但据今实堆积水次者，即起运来。如有比先虚奏之数，今已赦其罪不问，不可（两）〔再〕采，以补此数，只从实起运。如有不遵朕命，仍前劳人采补者，即枷钉差人解来，治以重罪。

乙巳（初六日）［云南潞江、嶍峨及四川永宁等土官各遣人贡马］

云南潞江宣（府）〔抚〕司土官曩壁等、嶍峨等县土官禄华等、马龙他郎甸长官司女土官者玄等、四川永宁宣抚司土官奢苏等各遣人贡马。赐钞币有差。

明仁宗实录卷九下

四月

辛亥（十二日）［云南木邦及麓川、缅甸等宣慰使司遣人朝贡］

云南木邦及麓川、缅甸等宣慰使司遣人贡象、马、方物。赐钞、帛表里有差。

甲寅（十五日）［云南蒙化州等处土官知州等贡马］

云南蒙化州等处土官知州左伽等贡马。赐之钞币。

辛酉（二十二日）［广西总兵官及云南沾益州、广西那地州土官遣人贡马］

广西总兵官镇远侯顾兴祖及云南沾益州土官阿周、广西那地州土官罗志通等遣人贡马。

壬戌（二十三日）［贵州卫指挥同知及新设长官司土官等，云南丽江军民府等处土官等，四川马剌、永宁九姓长官司土官，各遣人贡马］

贵州卫指挥同知顾勇及新设长官司土官来能等，云南丽江军民府等处土官木初等，四川盐井卫马剌长官司土官阿你等、永宁九姓长官司土官任福，各遣人贡马。（剌）〔赐〕钞、衣、币有差。

甲子（二十五日）［四川播州宣慰使率所属土官及石砫宣抚司土官等贡马］

四川播州宣慰使杨昇等率所属土官及石砫宣抚司土官马应仁等，来朝贡马。赐钞、文绮有差。

乙丑（二十六日）［革四川乌撒军民府儒学］

革四川乌撒军民府儒学。

明宣宗实录

明宣宗实录卷二

洪熙元年乙巳（1425）

六月

辛亥（十三日）［以即位敕谕黔国公沐晟］

敕谕征南将军总兵官太傅黔国公沐晟曰：卿国家世戚大臣，功德茂著，而受累朝付托，镇御一方，厥任匪轻。朕今即位，免卿赴京朝贺，惟兹统御之初，益切倚毗之重。尚其笃念祖宗委任之厚，摅厥嘉猷，翼辅眇躬，俾西南之民永底宁谧，卿亦有无穷之誉。钦哉！

乙卯（十七日）［镇远侯顾兴祖奉敕剿捕“蓝山贼”潘康生，并擒之送京］

总兵官征蛮将军镇远侯顾兴祖奉敕：衡州府蓝山县贼潘康生等，逼近大桥巡检司驻营劫掠，可率兵剿捕。臣先遣官按视，整兵继进，而府县皆言，康生等但与土民仇杀，未尝流劫乡村。今皆赴官首服，瑶民亦招抚向化，所掠人畜皆已给主，器仗皆已送官，臣覆勘无异，谨送潘康生等三人赴京师。上命付行在，兵部尚书李庆等执奏，康生等虽非流劫乡村，终是聚众仇杀，必当论罪，以儆将来。上曰：蛮夷相仇杀，乃其习俗，既能首服，又经赦，便可宽贷。若复追论往愆，则沮自新之路，非所以广德，其放遣复业，若再为非，必置重法。更以此意谕之，使知改过。

［镇守贵州总兵官萧授奏剿邛水长官司奥洞“苗蛮”］

镇守贵州总兵官都督佥事萧授奏：镇远府邛水长官司奥洞苗蛮苗银总男苗章奴等，于清浪道中劫掠，为思州都坪峨异溪蛮夷长官司民所获，苗银总率众胁取之。今聚兵一千五百余人，欲攻剽其洞寨。先令赤溪南洞长官杨通谅同指挥祝贵往招抚之，银总伏兵于路，杀通谅等，续遣湖广都指挥张名进军剿捕。从之。

明宣宗实录卷三

七月

戊寅（十一日）[以年老命四川永宁宣抚司经历等致仕]

命四川永宁宣抚司经历张守规等二十四人致仕。时行在吏部言，守规等皆年七（年）〔十〕之上，耳聩目昏，不能任职。

明宣宗实录卷四

七月

癸未（十六日）[赐云南、四川、湖广、广西、贵州等处土官钞、纻丝等物]

赐云南镇沅府知府刀腾等……四川乌蒙军民府把事阿赖、湖广金峒安抚司把事冉中、广西上思州土官知州黄智永、贵州罗番等长官司土官舍人龙通源等，钞、纻丝、纱罗、彩绢有差。

己丑（二十二日）[改四川雅州学正为土官衙门吏目]

改四川雅州学正何源为土官衙门史目。源，云南人，以监生授学正，自陈不通经学，难为师范，愿改他职。上谕行在吏部尚书蹇义等曰：非经明不可为人师，云南生固不通经，量才授职，则人皆效用，官不废事。此亦初授之际，失于酌量，其改为土官衙门吏目，彼知土俗，亦得展布。

辛卯（二十四日）[四川播州宣慰使、贵州贵竹等长官司长官等贡马]

……四川播州宣慰使杨昇、贵州贵竹等长官司长官宋昌等来朝贡马。

[镇远侯顾兴祖剿灭大藤峡“蛮寇”]

总兵官征蛮将军镇远侯顾兴祖奏：广西浔州府桂平县大（滕夹）〔藤峡〕，地连贵县、平南、武宣及柳州、庆远，山势陡峻，江滩峻急。蛮寇据为巢穴，每每于此去劫，杀人掠财。自浔州至宣武，江路阻涩二十余年，今亲领官军至宣武峡口水陡峡攻剿，灭巨凶，余党悉平，边境息。

明宣宗实录卷五

闰七月

壬寅（初五日）［广西田州府故土官知府子、化州土官知州遣人贡方物］

广西田州府故土官知府子岑昭遣头目李荣果，化州土官知州赵英遣族人赵诚等来朝，贡方物。

乙巳（初八日）［广西江州等州土官知州等遣人贡马］

广西江州等州土官知州黄智斌等遣族人黄韦托等来朝贡马。

己酉（十二日）［赐四川播州宣慰使、贵州贵竹等长官司长官等钞币］

赐……四川播州宣慰使杨昇、贵州贵竹等长官司长官宋昌等钞币有差。

辛亥（十四日）［云南浪穹县蒲陀崆、青索鼻巡检司故土官子等贡马，且请袭职］

云南浪穹县蒲陀崆巡检司故土官巡检杨祥子资、青索鼻巡检司故土官巡检杨庆子森来朝贡马，且奏乞袭职。

［四川平茶洞长官司长官、云南顺宁府土官知府遣人贡马］

四川平茶洞长官司长官杨通衡遣头目易立忠、云南顺宁府土官知府猛英遣弟鼐等贡马。

［赐广西上隆州土官知州母、云南武定军民府金沙江巡检司故土官巡检子、云南县寻甸巡检司巡检等钞币］

赐广西上隆州土官知州母陈氏，云南武定军民府金沙江巡检司故土官巡检子刘进忠、云南县（你）〔寻〕甸巡检司巡检李花等钞币有差。

明宣宗实录卷六

闰七月

甲寅（十七日）［增置广西桂平等县巡检司土官副巡检］

增置广西浔州府桂平县大宣乡巡检司，平南县大同乡巡检司、秦川乡巡检司，南宁府武缘县那马寨巡检司、镆铘寨巡检司，平乐府恭城县白面寨巡检司，土官副巡检各一员。先是，广西总兵官镇远侯顾兴祖奏：广西桂平、平南、恭城、武缘诸县，地近瑶贼，出没不时，各处流官巡检多死瘴疠，若增置副巡检，选土人相兼莅事，庶几可以镇服。仁宗皇帝可其奏，令举土人以闻。至是所举土人陆扶神等至，行在吏部请擢用。上曰：先朝所命当用，然蛮性犷戾，若申令不严，彼亦反为民害。宜严禁束，俾之遵守。

乙卯（十八日）［赐广西田州府头目、上林长官司头目、化州土官族人与云南富州舍人钞币］

赐广西田州府头目李荣、上林长官司头目张义果、化州土官族人赵诚、云南富州舍人沈政等钞币有差。

［赐广西江州土官族生、忠州土官舍人钞币］

赐广西江州土官族生黄韦托、忠（官州）〔州土〕官舍人黄智胜等钞币有差。

庚申（二十三日）［云南师宗州土官同知等贡马］

云南师宗州土官同知珑哥等来朝贡马。

壬戌（二十五日）［赐云南浪穹县蒲陀崆、青索鼻巡检司故土官舍人、顺宁府土官舍人，四川平茶洞长官司头目等钞币］

赐云南浪穹县蒲（驼）〔陀〕崆巡检司故土官舍人杨资、青索

（索）鼻巡检司故土官舍人杨森、顺宁府土官舍人猛鼐，四川平茶洞长官司头目易立忠等钞币有差。

［广西思恩、河池等县“贼首”聚众起事，命官军剿捕之］

巡按广西监察御史彭森奏：思恩县贼首覃公旺伪称都督，率众二千余人，河池县贼首覃公新，纠合忻城、宜山、莫往等峒贼首韦万黄等四千余人，四出攻劫，杀掠人畜，焚烧仓粮，乞用兵剿之。上敕镇远侯顾兴祖调兵剿捕。

癸亥（二十六日）［赐云南武定军民府把事等钞币表里］

赐……云南武定军民府把事者卑等钞币表里有差。

丙寅（二十九日）［总兵官顾兴祖请剿广西庆远等处“蛮僚”］

总兵官征蛮将军镇远候顾兴祖奏：广西庆远、柳州、南宁蛮僚不时出没，流劫乡村，请调官军土兵深入剿捕。从之。

明宣宗实录卷七

八月

壬申（初六日）［云南宁远州土官知州遣子朝贡］

云南宁远州土官知州刀吉罕遣子旺孟来朝贡马及方物。

丙子（初十日）［赐云南师宗州土官同知等钞、纻丝等物］

赐云南师宗州土官同知珑哥等四十二人，钞、纻丝、纱罗、绢、袭衣有差。

丁丑（十一日）［贵州水德江长官奏乞免纳盐钞］

贵州水德江长官张沂奏，奉布符，令民计口纳食盐钞。贵州郡县皆溪洞蛮民，自耕以食，商旅不至，无货易钞，乞赐免纳。上谕行在户部臣曰：贵州边远之地，蛮民何由得钞？朕方绥抚，欲其安业，若令纳盐钞，未必不致惊扰。方面郡县皆以不闻，卿等亦不摅及，此土官乃能言之，是土官能恤民也。其免之。

明宣宗实录卷八

八月

甲申（十八日）［**罢思州、思南二千户所官**］

行在兵部奏：初，思州、思南土军，皆本处夷人，聚则为兵，散则为民。前宣慰田琛、田宗鼎各奏设千户所，朝廷惟除千户，其百户镇抚皆用本土头目，军皆入伍，夷人是以不安。今二宣慰司已革罢，土军悉复为民，独思州、思南二千户所官尚存。若仍存之，则当聚兵，使之率领，不然亦请罢之。上曰：抚治蛮夷，当循旧俗，若再聚兵，非靖安之计，宜罢除之。千户令归旧卫所，其本土头目仍属各长官司，或后用土兵，令其率领。

丙戌（二十日）［**调兵剿捕广西思恩等县“贼首”、宣化等县起事瑶人**］

广西按察司副使张用中奏：思恩、忻城等县贼首覃公旺等，各聚众强劫。又南宁宣化、浔州桂平两县瑶贼，多者二千人，少者三五十人，往往杀虏人畜，劫掠资财。由哨守指挥李璧、千户蒯贵等不能严督军士擒捕，请治其罪，仍乞调兵追剿。上命兵部臣曰：姑记璧等罪，使杀贼以赎。敕总兵官镇远侯顾兴祖曰：近思恩等县，蛮贼作耗，已敕尔（剿兵调捕）〔调兵剿捕〕。今闻贼愈恣肆，又有瑶贼二千人攻劫那龙寨等驿，掠民男女牛马。其即发官军捣贼巢，冗毋徒坐视，致其滋蔓，以伤吾民。

辛卯（二十五日）［**赐贵州小龙番长官司头目等钞、彩币表里**］

赐贵州小龙番长官司头目朝集、云南大理府师井巡检司土官巡检杨胜孙和山井盐井盐课司土官副使杨坚、四川越嶲卫总旗苏舍儿等，钞、彩币表里有差。

丙申（三十日）［**以蛮人“摽掠”，田多荒芜，免广西思恩县税粮**］

广西思恩县知县谢寅奏：蛮人摽掠乡村，杀民男女，田多荒芜，乞蠲其税粮。上谓行在户部臣曰：蛮方远邑，民为贼所残，赋何从出？其免征。

明宣宗实录卷九

九月

丁巳（二十一日）［云南底马撒军民宣慰司署司事故宣慰使妹婿所遣头目、金齿军民指挥司通事等朝贡］

云南底马撒军民宣慰司署司事故宣慰使妹婿跌倒莽怕遣头目马只阿撒，金齿军民指挥司通事杨伯颜等，来朝贡马及方物。

戊午（二十二日）［免各处边民制造战衣］

靖州蛮民诉有司令造战衣，缘土不产布，且蛮人不谙制造，乞免。上谕行在工部臣曰：苗蛮但当抚绥，役之至此，尔曹之过也。即免之，仍行各处边民，悉准斯例蠲免。

辛酉（二十五日）［赐乌思藏番僧、云南府僧与底马撒军民宣慰司、金齿军民指挥司土官钞、纻丝等物］

赐乌思藏番僧扎锁、云南（俯）〔府〕僧惠圆、底马撒军民宣慰司署司事故宣慰使妹婿跌倒莽怕所遣头目马只阿撒、金齿军民指挥司通事杨伯颜等，钞、纻丝、纱罗、绢有差，仍赐跌倒莽怕及其妻子，文锦、纻丝、纱罗。

明宣宗实录卷十

十月

壬申（初七日）［贵州思州府通判檀凯以“廉介”当升，民乞

复任]

复檀凯贵州思州府通判。凯为通判九载，当升，其民诣阙，言凯廉介岂弟，乞复其任，吏部以闻。上曰：贵州至北京甚远，民涉跋艰难，求其复任，必其抚字有道。命吏部即遣还任，予正五品俸，以优之。因顾侍臣曰：爵禄所以劝士，朕闻古人制禄之意有三：曰优外官，优小吏，优故老。优外官，勉其治民无侵于下。优小吏，俾其廉洁。优故老，尊其宿德。况（州官县）〔州县官〕之贤者……

戊子（二十三日）［贵州都掌蛮夷长官司奏称“岁歉民饥”，已借仓粮赈济］

贵州都（素）〔掌〕蛮夷长官司奏：岁歉民饥，已借仓粮一百五十三石赈济。上曰：边方地远民穷，先给济而后奏，亦是长民者得人。

己丑（二十四日）［广东安定县土官县丞等贡方物］

广东安定县土官县丞王观留等……贡方物。

明宣宗实录卷十一

十一月

戊戌（初三日）［械送覃公新至京］

镇守广西总兵官镇远侯顾兴祖械送贼首覃公新至京。初，蛮寇覃公旺掠思恩县，覃公新掠河池县，命兴祖等捕之。兴祖遣指挥彭祖、史雄、胡斌等为前锋先进，而躬率兵继之。兵至河池，杀其伪（军）〔官〕韦园、韦天党等，生擒覃公新至。上谓行在兵部臣曰：蛮贼数为民害，不可宥。命三法司再鞫明白，而后戮之。

癸卯（初八日）［赐云南通安州石门关巡检司故土官舍人等钞币］

赐云南通安州石门关巡检司故土官舍人阿俗等钞币。

乙巳（初十日）［广西上林长官司女土官长官孙、湖广龙潭安抚司故土官副使子贡马］

广西上林长官司女土官长〔官〕黄娘召遣孙岑志海，湖广龙潭安抚司故土官（使副）〔副使〕（再）〔冉〕景铭子胜魁贡马。

甲寅（十九日）［四川盐井卫土官副千户贡马］

四川盐井卫土官副千户绰甲毋沔麦来朝贡马。

［镇远侯顾兴祖讨“蛮寇”奏捷］

总兵官镇远候顾兴祖讨蛮寇覃公旺，杀之。时寇据思恩县大小富龙三十余峒，固守险阻，以拒官军。兴祖等督兵分道攻之，斩公旺并其党千五十余人，归民男女为贼所掠者三百余人，奏捷至京。上谓侍臣曰：蛮民亦朕赤子，其为患不已，固当用兵，但杀之动以千数，其间岂无胁从非辜者乎？苟得良牧守如贾琮刺交州，开示恩信，慰抚而降之，安得杀伤之多如此。

乙卯（二十日）［以云南丽江军民府石门关巡检司前故巡检之子为本司巡检］

以云南丽江军民府石门关巡检司前巡检阿吉男阿俗为本司巡检。时本府言，吉洪武中归附，授巡检，永乐中病故，有嫡男阿俗，夷人信服，请听承袭。行在吏部言，阿吉非世袭土官。上曰：即新除流官，恐未便服得夷人。今既夷人信服，可准所言，但不世袭。若其不守法度，即罢之，别授流官。

己未（二十四日）［赐广西上林长官司土官舍人、湖广龙潭安抚司土官舍人等钞、彩币表里］

赐广西上林长官司土官舍人岑志海、湖广龙潭安抚司土官舍人冉胜魁等钞、彩币表里有差。

庚申（二十五日）［增置广西苍梧等县巡检司土官副巡检各一员］

增置广西梧州府苍梧县安平乡巡检司、藤县白石寨巡检司、怀集县慈乐寨巡检司、容县粉壁寨巡检司、岑溪县连城乡义平巡检司、庆远府河池县土堡镇巡检司、平乐县古眉寨巡检司、富川县寨下市巡检司土官副巡检各一员，亦从总兵官镇远侯顾兴祖所奏也。

辛酉（二十六日）［贵州各府州新设儒学皆给廪膳］

贵州镇远府知府颜泽奏：本府儒学自永乐十三年开设，于偏桥等处四长官司夷人之中，选取生员入学读书，期有成效，宜给廪膳以养之。上曰：府官之言是，边郡开学教夷人，欲使自营口腹，彼岂乐于为学？凡贵州各府新设学校未〔与廪膳者皆〕与之。

癸亥（二十八日）［赐广东儋州土官舍人钞、彩币表里］

赐广东儋州土官舍人王芳等钞、彩币表里有差。

甲子（二十九日）［总兵官萧授调兵进剿邛水奥洞苗银总］

巡按贵州监察御史奏：镇远府邛水长官司所部奥洞苗贼苗银总，先因思州府蛮夷长官司民张福等告其聚众剽掠，及虏雪洞杨政魁子妇。总兵官都督萧授遣人同土民往招抚之，至奥洞坡，俱为苗银总所杀。今苗银总又率众攻㧐埂洞，虏掠人畜，焚其房舍，积聚日益猖獗。上命都督萧授调湖广辰沅等卫兵万四千人，运粮万五千石，期会于清浪卫进剿。

乙丑（三十日）［赐四川盐井卫土官副千户钞、彩币表里］

赐四川盐井卫土官副千户绰甲毋沔麦等，钞、彩币表里有差。

明宣宗实录卷十二

十二月

丁亥（二十二日）［准云南左参议江英冠带回家就医］

云南布政司左参议江英子汉诣阙奏：臣父英先任贵州左参议。永乐中，台罗等寨苗寇反，伪称王侯。总兵官镇远侯率师征之，臣父英率土丁为乡导，擒杀苗寇，边民安业。有司上其功，会太宗皇帝北伐，未蒙升赏，而臣父以祖母丧守制，服阕调云南。今御史言，臣父病不能事任，当罢为民。切思臣父守职多年，并无赃罪，不幸患疾，如蒙录父微劳，乞赐官冠带回家医治，以图报补。上悯其情，从之。

明宣宗实录卷十三

宣德元年丙午（1426）

正月

辛丑（初六日）［遣人抚谕广西“蛮寇”未平者］

上谓行在兵部尚书张本曰：比镇远侯奏，广西蛮贼覃公旺已就戮，其余尚有未平者。朕思蛮寇劫掠，若所在官军制驭严密，亦可无患，致其猖獗，皆因失于防闲。今杀戮既多，亦可怜悯。其未平者，更令人招抚，若不悛改，然后加兵亦不为晚。遂敕镇远侯顾兴祖曰：宜山、清潭等处蛮寇未平者，今更遣人抚谕，宜必顺从。若仍不服，则用兵剿捕，毋得延蔓，久害善良。尤须戒饬官军，勿扰平民。

壬寅（初七日）［广西丘温卫土官指挥、四川天全六番招讨司土官子等贡马］

广西丘温卫土官指挥岑永玉、四川天全六番招讨司土官高敬让子凤等来朝贡马。

庚戌（十五日）［广西柳州僮首率众归附］

广西柳州僮首韦敬晓等归附。先是，庆远府宜山、思恩等县蛮民作耗，柳州僮蛮相扇而起，总兵官镇远侯顾兴祖讨之。兵至柳州，遣人宣上德意，凡降者释其罪，（今）〔令〕有司绥抚。韦敬晓等闻之，率其党男女三百余人诣营归款，愿改过向化。至是兴祖以闻。上谓尚书张本曰：常情皆贪生惧死，蛮夷之心岂异于人哉？本对曰：此由陛下圣德开导其生路，不然悉死于兵矣。上曰：卿更体朕意。遣人谕镇远侯及郡县长吏，令抚恤降附，招辑流亡，毋令失所。

辛亥（十六日）［乌思藏番僧贡马］

乌思藏番僧舍加札思巴等贡马。

戊午（二十三日）［改贵州铜仁府大崖土黄坑水银朱砂场隶大万山土司］

改贵州铜仁府大崖土黄坑水银朱砂场局隶大万山长官司。初设贵州布政司大小衙门时，以大崖土黄坑水银朱砂场局隶铜仁府。至是大万山长官司长官杨光庆言，本场局旧系本司管辖，乞仍旧以便夷民。从之。

己未（二十四日）［命修筑广西南丹卫城］

命修筑广西南丹卫城。时南丹卫奏，城垣损坏八百余丈，本卫军少，乞调附近军民相兼用力。上谕行在工部臣曰：南丹边卫，切近蛮寇，修城不可缓，亦不可妨农。其令镇远侯及都司布政司会计工力，稍俟农闲，即督军民兴役，至冬而毕，毋久劳人。

壬戌（二十七日）［四川东川军民府故土官知府妻遣人贡马］

四川东川军民府故土官知府阿得妻摄克，遣把事阿赛等来朝贡马。

［命贵州总兵官萧授罢征剌惹洞］

命贵州总兵官都督萧授罢征剌惹洞。初授奏：酉阳宣抚司宋农里、石提洞军民，被剌惹洞长向谋杓赏男、谋古赏、若阿毗等，连年攻劫，烧毁房舍，杀人劫财，委官抚谕不服。又攻劫后溪洞，洞长集土人拒之，生擒蛮寇六人，已斩首示众。今仍猖獗，再遣人招之，如复梗化，则调附近施州等卫所及酉阳等宣抚司汉、土兵并力剿之。上谕行在兵部臣曰：蛮夷之性，以劫杀为能事，朕不忍即加兵者，恐伤及平人故。但令招谕，冀其自悔，今不悛如此，又可坐视平人受害乎？遂命授调兵以俟，且预戒授，兵行切勿伤及无辜。谋古赏等闻授整兵，惧，遣其党剌惹施赴官服罪，尽还所掠人口器物。其所杀之人，一依土俗，以人马诸物陪偿，誓不敢再犯。至是授以闻，遂命罢兵。

癸亥（二十八日）［乌思藏大乘法王所遣国师、大国师、四川直龙等簇番僧、天全六番招讨司招讨等朝贡］

乌思藏大乘法王昆泽思巴遣国师班丹札思巴、净觉慈济大国师班丹扎失，四川直龙等簇番僧出思吉监藏、天全六番招讨司招讨杨钦等，贡马及方物，贺万寿圣节。

［赐贵州安顺州土官同知、云南易门县土官县丞、湖广金洞安抚司土官舍人乌思藏番僧等钞、彩币表里］

赐……贵州安顺州土官同知阿宠、云南易门县土官县丞王睿、湖广金洞安抚司土官舍人覃忠……乌思藏番僧舍加札思巴等，钞、彩币表里及罗绢、袭衣、靴袜有差。

［四川龙州连年荒歉，乞以输钞还借粮］

四川龙州奏：本州僻在山中，土瘠民贫。近因饥窘，借给官粮四千余石。连年荒歉，不得还官，乞以钞代输。从之。

明宣宗实录卷十四

二月

乙丑朔（初一日）［贵州乖西、巴香等处“诸蛮”“攻劫”各寨，命总兵官萧授同三司官体覆］

贵州宣慰使司土官宣慰使宋斌奏：所辖乖西、巴香等处，山箐深险，诸蛮杂处，连年攻劫各寨，杀伤官军，劫掠财物，发人冢墓。官司追捕，则深入山箐。而昆阻比等寨蛮人卓把同等，不服输税。土官刘得秀往谕，蛮人欲杀之，邻寨救之得免。计其为恶，十年之间八十余次，虽经赦宥，终不悔过，肆行劫杀，军民不安。上命总兵官都督萧授同三司官体覆，果若不悛，调军剿之。

［湖广永顺军民宣慰司土官来朝正旦后期，未究］

行在礼部奏：湖广永顺军民宣慰司土官宣慰使彭仲男、彭英等来朝正旦后期，请罪之。上曰：远人或阻风涛，或因疾病，不必深究，其悉赐之。赐钞币表里如例。

己巳（初五日）［广西泗城州女土官知州遣人朝贡］

广西泗城州女土官知州卢氏遣族人岑台等贡马及银器等物。

甲戌（初十日）［广西、云南、四川、湖广等处土官贡马］

广西镇安府土官知府岑永寿遣族人岑在，云南姚州土官同知高紫穜，四川乌撒军民府土官知府穆卜妻圆和遣通事陆佐，湖广施南宣抚司同知谭敬遣舍人秦应潮等，来朝贡马。

癸未（十九日）［赐广西泗城州土官族人等钞、彩币表里］

赐广西泗城州土官族人岑台等钞、彩币表里有差。

己丑（二十五日）［赐云南、四川、广西、湖广等处土官钞、彩币表里］

赐云南姚州土官同知高紫穜、四川乌撒军民府通事陆佐、广西镇安府土官族人岑在、湖广施南宣抚司舍人秦应潮等，钞、彩币表里有差。

明宣宗实录卷十五

三月

己亥（初五日）［贵州大平伐长官司土官长官及哈立麻番人、管觉番僧等贡马］

贵州大平伐长官司土官长官宋英遣头目陈文贵，哈立麻番人锁南坚藏、管觉番僧公哥坚藏、束藏番僧三丹、灵藏番僧沙加藏，并灵藏赞善王子钻南监藏，都指挥桑儿结藏子星吉儿监藏，遣剌麻领占扎思巴等贡马。

庚子（初六日）［云南元谋县故土官知县子、乌思藏番僧等贡马］

云南元谋县故土官知县吾忠子政、乌思藏番僧着竹……来朝贡马。

［升乌思藏大宝等五王及大国师释迦也失差使臣为灌顶净修弘智国师、灌顶国师、国师不等］

升乌思藏大宝、大乘、阐化、阐教、赞善五王，及大国师释迦也失差来使臣阿木葛为灌顶净修弘智国师，锁南星吉为灌顶国师，俱赐二品镀金银印。领占端竹桑结巴高竹斡升国师，赐五品银印及诰命。领占班竹儿、端竹乩藏袭国师，赐诰命。坚敦监藏、锁南失赖、领着领占、札思巴、锁巴列升禅师，赐敕命，皆赐六品银印。

公哥扎为指挥使，锁南端竹为指挥佥事，赐银印、诰命、金带。结藏为正千户，赐诰命、银带。剌麻工葛端竹葛罗思巴星吉公哥音卜，俱赐敕谕、象牙、图书。公哥赊剌锁南扎俱赐护身敕。

壬寅（初八日）［增置广西柳州等府巡检司土官副巡检］

增置广西柳州府融县思管镇，南宁府武缘县西含寨、高井寨、博合寨，平乐府富川县白霞寨，桂林府义宁县桑江口、古田县桐木镇，七巡检司土官副巡检各一员。

甲辰（初十日）［剿捕贵州新添长官司“诸蛮”］

总兵官都督萧授奏：贵州新添长官司舍人宋志道劫掠居民，遣官招抚，肆恶不悛，又纠集诸峒蛮肆掠，请发兵捕之。上谓行在兵部臣曰：梗化固当加兵，但恐锋镝之下伤及无辜，再令授及三司遣官抚谕。若复拒命，以兵剿捕。未几，获志道，械至京，上命行在都察院治之如律。

壬子（十八日）［麓川宣慰司思陀甸及广西崇善县土官等起事，帝令三司招抚之］

云南总兵官黔国公沐晟及巡按广西监察御史汪景明奏：麓川宣慰司所属思陀甸火头曲比及广西崇善县土官赵暹等，攻劫州邑，阻绝道路，蛮民惊骇，遣官招谕不服，请发兵讨之。上谓行在兵部尚书张本曰：蛮夷自相仇杀，未可遽发兵，其再令三司招抚，如又不服，奏来处置。

癸丑（十九日）［赐贵州宣慰司把事等钞、彩币表里、金织袭衣］

赐贵州宣慰司把事王志彬、阿吕……钞、彩币表里、金织袭衣有差，别给钞酬其马直。

甲寅（二十日）［四川播州宣慰使朝贡］

四川播州宣慰使杨昇来朝贡马及方物。

乙卯（二十一日）［赐贵州大平伐长官司头目与哈立麻番人、管觉番僧等钞、彩币表里、袭衣］

赐……贵州大平伐长官司头目陈文贵，哈立麻番人锁南坚藏，管觉番僧公哥坚藏，束藏番僧三丹，灵藏番僧沙加藏，赞善王子锁南监藏、都指挥桑儿结藏子里吉儿监藏等，所遣剌麻领占扎思巴等，钞、彩币表里、袭衣有差，仍给彩币付扎思巴等，归赐锁南监藏、星吉儿监藏等，且酬所贡马直。

丙辰（二十二日）［赐云南元谋县故土官舍人、乌思藏番僧等钞、彩币、袭衣］

赐云南元谋县故土官舍人吴政、乌思藏番僧著竹……钞、彩币表里、袭衣有差。

明宣宗实录卷十六

四月

丙寅（初三日）［四川盐井卫副千户、云南云南县把事贡马］

四川盐井卫副千户毛钟、云南之云南县把事李胜贡马。

戊辰（初五日）［四川黎州安抚司土官左副使所遣把事及松潘等处番僧剌麻等贡马］

四川黎州安抚司土官左副使马彪遣把事马且及松（藩）〔潘〕等处番僧剌麻圆旦儿监参等贡马。

甲戌（十一日）［思州府儒学选贡生员入国子监］

行在礼部奏：思州府儒学选贡生员四人，于例不考，请送监读书。上曰：……宜令学官加意训谕，开其知识，庶几可用。

丁丑（十四日）［湖广容美宣抚司故土官子与乌思藏番人等朝贡］

湖广容美宣抚司故土官向友亮子子贤、乌思藏番人汪藏等贡马及方物。

戊寅（十五日）［云南顺州故土官同知妻、广通县故土官主簿子贡马］

云南顺州故土官同知子清妻观音铭、广通县故土官主簿段玺子时春等来朝贡马。

己卯（十六日）［赐乌思藏番僧等钞币表里、袭衣］

赐……乌思藏番僧着由灵藏，番僧绰巴藏、札乩星吉等，钞币表里、袭衣有差。

辛巳（十八日）［赐四川播州宣慰使、盐井卫副千户、黎州安抚司、松潘等处番僧与云南云南县把事等钞、彩币表里、袭衣］

赐四川播州宣慰使杨昇、盐井卫副千户毛钟、黎州安抚司把事马且、松潘等处番僧圆旦儿监参，云南云南县把事李胜等，钞、彩币表里、袭衣有差。

己丑（二十六日）［贵州金筑安抚司土官安抚遣人贡马］

贵州金筑安抚司土官安抚得珠遣头目刘英等贡马。

壬辰（二十九日）［湖广前盘顺安抚司土官安抚子、云南马龙他郎甸长官司通事等贡马］

湖广前盘顺安抚司土官安抚剌惹送子向钟谨、云南马龙他郎甸长官司通事马寺……贡马。

明宣宗实录卷十七

五月

丁酉（初四日）［湖广麻寮守御千户所故土官百户子、云南姚安军民府普昌巡检司故土官巡检子贡马］

湖广麻寮守御千户所故土官百户刘杲永子宽、云南姚安军民府普昌巡检司故土官巡检李善子文忠等来朝贡马。

戊戌（初五日）［四川长河西鱼通宁远等处番僧禅师等朝贡］

四川长河西鱼通宁远等处番僧禅师桑者朵儿只……来朝贡纳。

丁未（十四日）［以云南姚安军民府普昌巡检司故土官子、顺州故土官子之妻袭职］

以李文中为云南姚安军民府普昌巡检司巡检，顺州故土官同知子清妻观音铭为本州同知，皆不世袭。文中，故土官巡检李善子，善卒，文中奏乞袭职。子清卒，无子，土人以观音铭处事公当，人所信服，保送至京。吏部以闻，且言皆非世袭官。上曰：以蛮夷治蛮夷，心相信矣，其从之，但世袭，祖宗成宪不可违也。

己酉（十六日）[赐贵州金筑安抚司头目钞币]

赐贵州金筑安抚司头目刘英等钞币有差。

乙卯（二十二日）[四川播州宣慰使所遣长官、沐川长官司故长官与贵州普安州通事、安顺州等衙门事等贡马]

四川播州宣慰使杨昇遣长官杨福通沐川长官司故长官悦聚孙福得，贵州普安州通事张善、安顺州等衙门把事阿日等，来朝贡马。

[改颁云南车里宣慰使司等衙门信符]

行在工部尚书吴中等奏：云南车里宣慰使司等衙门，永乐中颁赐信符，今改元宣德，应改造颁给。从之。

丁巳（二十四日）[赐四川长河西鱼通宁远等处番僧禅师等钞、金织彩币表里等物]

赐四川长河西鱼通宁远等处番僧禅师桑者朵儿只等一百五十六人……钞、金织彩币表里、罗绮、绢、布、袭衣有差。

[定贵州土人断罪例]

定贵州土人断罪例，杂犯死罪就彼役作终身。徒流迁徙者，依年限役之。应笞者役五月，应杖者役十月，毕日释放。

明宣宗实录卷十八

六月

丁卯（初五日）[广西平南县“蛮寇”杀本府通判，命镇远侯顾兴祖发兵擒之]

巡按广西监察御史汪景明奏，浔州府（南平）〔平南〕县蛮寇杀本府通判张文郁。上命总兵官镇远侯顾兴祖发兵擒之。

庚午（初八日）[赐四川播州宣慰司长官杨福通等钞币]

赐四川播州宣慰司长官杨福通等、沐川长官司故长官舍人悦福得，及贵州普安州通事张善、安顺州把事阿日等，钞币有差。

壬申（初十日）［云南邓川等州土官典史、镇南州把事等朝贡］

……云南邓川等州土官典史王保、镇南州把事李保等来朝贡马及方物。

丙子（十四日）［四川建昌卫禄马驿故土官驿丞子并本卫通事贡马］

四川建昌卫禄马驿故土官驿丞李均子七保并本卫通事陈寿山等来朝贡马。

己卯（十七日）［四川都司获松潘等处牟力劫簇“番寇”阿兀等解京师］

四川都司以所获松潘等处牟力劫簇番寇阿兀等解京师。初，阿兀等劫掠各簇，杀伤蛮民，转攻松州城，聚至千余人。四川都司调官兵捕之，其众散走黑水生番之地，止获阿兀等二十余人。至是械至京师，兵部奏请斩之。上曰：……番人语言诡异，恐有诈伪。又二十余人或有胁从者，未可一概加刑。令三法司审实，惟阿兀等十人应斩，余皆胁从。上命应斩者如律，胁从者皆释之。

辛巳（十九日）［云南潞江安抚司土官安抚、广西思明府土官知府遣人朝贡］

云南潞江安抚司土官安抚曩璧遣子刀门法，广西思明府土官知府黄𤩽遣族人黄进等，来朝贡马及银器。

壬午（二十日）［以潞江安抚司隶云南布政司］

以潞江安抚司隶云南布政司。初，潞江与湾甸同为长官司，属金齿。永乐间升湾甸为州，长官刀景发为知州，隶云南布政司。潞江亦升为安抚司，仍属金齿。至是安抚曩璧遣子入贡，奏乞改隶为便，故有是命。

辛卯（二十九日）［赐云南潞江安抚司土官安抚子、邓州等州土官典史、镇南州把事、四川建昌卫禄马驿故土官舍人，广西思明府土官族人等钞、彩币表里、袭衣］

赐……云南潞江安抚司土官安抚曩璧子刀门法等、邓川等州土官典史王保、镇南州把事李保等，四川建昌卫禄马驿故土官舍人李七保等，广西思明府土官族人黄进等，钞、彩币表里、袭衣有差，仍以彩币命刀门法赍归赐曩璧。

明宣宗实录卷十九

七月

丙申（初五日）［总兵官萧授奏请剿捕贵州都匀卫平浪长官司“苗蛮”］

行在兵部奏：昨总兵官都督佥事萧授，以贵州都匀卫平浪长官司贼族纪那、阿鲁等，占据本司副长官之地，杀掠叶果等寨民。有旨令抚谕，彼顽犷不悛，益聚苗蛮，烧毁傍寨，纵掠畜产，杀伤人民，为恶滋甚，奏请调军剿捕。臣等欲令授再遣人招抚，如复拒命，即增兵征剿。从之。

［总兵官萧授奏称苗银总遁，请发兵搜捕，谕姑缓之］

总兵官都督萧授奏：湖广都指挥张名领军讨苗银总，攻破奥洞贼巢，擒杀其党苗金赛等，皆枭首徇众。苗银总遁，请发兵搜捕。上曰：捕索之急，则众苗惊疑，不能安业，况秋稼在田，恐伤刈获，姑缓之。

戊戌（初七日）［广西思明府及西平等州贺万寿圣节过期］

行在礼部奏：广西思明府及西平等州遣头目奉表贺万寿圣节，皆过期始至，请罪之。上曰：蛮夷道远，既至矣，不必问。

丁未（十六日）［赐广东乐会县黎首、万州黎民钞、布帛、袭衣］

赐广东乐会县黎首黎宁及万州黎民张初等，钞、布帛、袭衣有差。初，黎宁等至京，上谓尚书胡濙曰：黎人居海岛，不识礼义，叛服不常。祖宗时专设官抚绥，今来朝当加赉之。故有是赐。

壬子（二十一日）［罢湖广采办杉松大材］

巡按湖广监察御史刘鼎贯奏：今湖广发民运粮，调军征讨，正遇旱灾，人皆艰食。又承工部勘合采杉、松大材七万株，而大材皆险远之处所产，用力尤难，诚恐逼迫失所。上命悉罢之，行在工部尚书吴中请罢其半。上曰：凡未采者悉止，可但半耶？

丙辰（二十五日）[四川酉阳宣抚司土官佥事遣通事贡马]

四川酉阳宣抚司土官佥事尹应隆遣通事何友才来朝贡马。

庚申（二十九日）[贵州镇远府奏请建府治衙门]

贵州镇远府言，初置府时，暂借故知州何济私第治事。比相度城外有地，可建府治，乞于镇远等卫借军匠及所属量起人夫与土民，相参起盖，木植物料于郡内采取。上从之，命农隙兴工。

明宣宗实录卷二十

八月

丙子（十五日）[擒广西崇善县土官知县赵暹]

是日，广西寇赵暹等就禽。暹本崇善县土官知县，初恃险远，谋广地界，遂招纳亡叛，聚党二千余人，攻破九州，执故土官，夺其印，杀其母，大肆虏掠。占据村峒四十余所，造火器，建旗号，僭称王，署伪官，流劫州县。事闻，上命总兵官镇远侯顾兴祖，会广西三司剿捕。兴祖等招之不服，遣千户胡广领兵讨之，暹塞险拒守。广进围之，给出所夺各州印信，抚谕其胁从，官民复职归业，暹势孤计穷，谋从间道夜遁。广谍知之，伏兵要击之，暹及其党皆就禽。

明宣宗实录卷二十一

九月

己亥（初九日）［云南广南府土官通判等贡马］

云南广南府土官通判侬郎举等……来朝贡马。

庚戌（二十日）［罢广西思恩、忻城二县儒学］

罢广西思恩、忻城二县儒学。时巡按广西监察御史申春言：思恩、忻城累因蛮寇攻劫，杀虏人民，生员亦被拘略。今忻城全无一人，思恩止有四人，县民稀少，多是瑶、僮，非但言语不通，不堪训诲，抑且不愿入学，徒存学官，无所施教。宜如洪武中河池县事例革去。上从之。

壬子（二十二日）［赐云南广南府土官通判等钞、彩币表里等物］

赐云南广南府土官通判侬郎举等二十七人……钞、彩币表里、毡帽、靴袜有差。

明宣宗实录卷二十二

十月

壬戌（初二日）［赐乌思藏国师等银、钞、彩币］

赐……乌思藏国师阿木葛……银、钞、彩币表里、纱罗、绫绢、文绮、袭衣有差。

丙寅（初六日）［升乌思藏公哥儿寨官等为都指挥佥事］

升乌思藏公哥儿寨官忍昝巴，札葛尔卜寨官领占巴、头目昝卜巴，俱为都指挥佥事，给赐银印、诰命。

壬申（十二日）［赐朵甘都司指挥使等诰命］

赐朵甘都司都指挥使锁南监藏，乌思藏都司都指挥佥事公哥监藏，那儿卜藏卜牛儿宗寨行都司都指挥佥事喃葛班绰儿朵垄、指挥佥事锁南监锉必力工瓦、都指挥佥事朵而只搭儿诰命。

癸未（二十三日）［赐广西田州府头目等、上隆州故土官知州母等钞、文锦、彩币表里］

赐广西田州府头目韦瑺等、上隆州故土官知州岑琼母陈氏……钞、文锦、彩币表里有差。

十一月

壬辰（初三日）［广西左州土官奏请发兵剿捕“蛮民”］

广西左州土官黄荣等奏：蛮民李圆英纠集亡赖，劫掠居民，伪称官爵，意图不轨，乞发兵剿捕。上谓行在兵部臣曰：……来告者必欲深致其罪，所言未可遽信。其令镇远侯并广西三司体实，先遣人招抚，叛迹果彰，发兵未晚。

丙申（初七日）［广西上思州土官知州所遣头目贡马］

广西上思州土官知州黄智永遣头目王赖……来朝贡马。

明宣宗实录卷二十三

十二月

辛酉（初二日）［增给湖广铜鼓卫军士月粮］

增给湖广铜鼓卫军士月粮。先是，本卫军士有家室者月给五斗，无家室三斗。至是上闻之，谕行在户部臣曰：边储固艰，边军亦艰，五斗何足赡家？自今有家室者给八斗，无者五斗。著为令。

壬戌（初三日）［增置广西来宾县界牌镇巡检司土官副巡检一员］

增置广西柳州府来宾县界牌镇巡检司土官副巡检一员。

乙丑（初六日）［乌思藏番僧贡马］

乌思藏番僧札章等来朝贡马。

乙亥（十六日）［赐乌思藏番僧剌麻、广西安隆长官司头目等钞币］

赐……乌思藏番僧剌麻监藏、广西安隆长官司头目莫应等钞币有差。

庚辰（二十一日）［赐乌思藏番僧等钞币］

赐乌思藏番僧札章……钞币有差。

辛巳（二十二日）［琼州府黎人起事，令失机军官速捕之］

巡按广东监察御史金濂奏：琼州府黎寇作乱，广东都指挥佥事程玚等领兵往捕，逗遛不进。定安、会同二县官署民居皆被焚，尽掠公私财物以去。玚等失机纵贼，请罪之。上曰：姑记过，俾之速捕，不获不宥。

癸未（二十四日）［云南寻甸军民府等处所进表笺污损，悉宥之］

行在礼部奏：今年正旦、圣节、冬至等节，云南寻甸军民府等处所进表笺，或有污迹，或破损，皆当逮问。上曰：彼万里外进表笺，未必不谨。此盖一时途中之失，其悉宥之，但移文使知加慎。

明宣宗实录卷二十四

宣德二年丁未（1427）

正月

丁未（十八日）［贵州上马桥等长官司长官，四川石砫宣抚司土官佥事、泥溪等处长官司土官副长官等贡马］

贵州上马桥等长官司长官程仲良及四川石砫宣抚司土官佥事冉茂兰子才雄、马湖府泥溪等长官司土官副长官王熊……来朝贡马。

庚戌（二十一日）［赐四川八郎安抚司、贵州八舟等蛮夷长官司、湖广忠峒等安抚司舍人等钞、彩币］

赐四川八郎安抚司土官舍人阿用及思曩儿等十四簇长官舍人勺亚、贵州八舟等蛮夷长官司舍人吴革、湖广忠峒等安抚司舍人田正……钞、彩币表里有差。

辛亥（二十二日）［四川麻儿匝簇顺化剌麻、贵州平伐等长官司遣人贡马］

四川麻儿匝簇顺化剌麻著八让卜遣头目通事完卜、贵州平伐等长官司遣舍人庭自等来朝贡马。

癸丑（二十四日）［赐湖广、四川、云南、贵州等处土官乌思藏番僧钞、彩币］

赐湖广永顺宣慰司舍人彭俊、散毛宣抚司舍人于旺、保靖军民宣慰司舍人彭顺、四川马湖府把事蔡理、云南马龙他郎甸长官司通事杨森、贵州镇远州土官同知杨政麟、新化蛮夷长官司舍人欧赖、乌思藏番僧汝奴星吉……钞、彩币表里有差。

丁巳（二十八日）［赐广西泗城州舍人等钞、彩币表里］

赐广西泗城州舍人岑聪……钞、彩币表里有差。

明宣宗实录卷二十五

二月

壬戌（初四日）［赐贵州上马桥等长官司长官与四川石硅宣抚司土官舍人、泥溪等长官司土官副长官土官钞、彩币表里］

赐贵州上马桥等长官司长官程仲良，四川石硅宣抚司土官舍人冉才雄等一百人、泥溪等长官司土官副长官王熊……钞、彩币表里有差。

乙亥（十七日）［赐广西田州府故土官舍人等钞、彩币等物］

赐广西田州府故土官舍人岑绍……钞、彩币表里、纻丝、袭衣有差。

**丁丑（十九日）［广西果化州土官知州、四川陇木头等长官司

长官遣人贡马]

广西果化州土官知州赵英遣族人赵成，四川陇木头等长官司长官沈保遣舍人昔卓等贡马。

[赐贵州宣慰司土官舍人等钞、彩币等物]

赐贵州宣慰司土官舍人者封、金筑安抚司头目曹郁等、广西永康等县土官知县杨武高、四川天全六番招讨司土官杨钦……钞、彩币、大锦、绢、布有差。

癸未（二十五日）[赐贵州白纳长官司把事等钞、彩币表里]

赐贵州白纳长官司把事阿南……钞、彩币表里有差。

明宣宗实录卷二十六

三月

庚寅（初二日）[置麻儿匝安抚司]

置麻儿匝安抚司，以剌麻著八让卜为安抚。麻儿匝簇在阿乐之地，去松潘七百余里。初，著八让卜时出侵掠边民，及遮遏八郎安抚司朝贡，松潘卫指挥佥事吴玮遣人招之，著八让卜向化。至是遣其侄完卜至京贡献，言其地广民众，过于八郎，请置宣抚司以辖之。上不许，命置安抚司，以著八让卜为安抚。遣人赍敕谕之。赐之文绮表里，而遣完卜等还。

壬辰（初四日）[赐广西果化州土官族人、四川陇木头长官司舍人等钞币]

赐广西果化州土官族人赵成、四川陇木头长官司舍人昔卓等钞币有差。

乙未（初七日）[贵州等处宣慰司故土官同知子、洪州泊里蛮夷长官司土官副长官所遣舍人贡马]

贵州等处宣慰司故土官同知安武子瑛，洪州泊里蛮夷长官司土官副长官林平秀遣舍人林昶等贡马。

庚子（十二日）［贵州总兵官萧授奏称讨平贵州起事苗人卓把同等］

贵州总兵官都督萧授奏：讨贵州苗寇卓把同等，平之。先是，贵州土官宣慰使宋斌奏，昆阻北等寨苗寇卓把同等，不服输租，邀劫土官刘得秀，连年为恶，请兵讨捕，以除民患。上从之。授遣都指挥苏保等，率兵会斌军临其寨，寇出迎敌，杀其从犵马等，寇败走入谷王山箐。保等督兵追之，寇穷迫转斗，杀卓把同及其余众。乖西诸寨苗蛮皆震慑归顺，寇平。

辛丑（十三日）［四川乌蒙军民府土官知府、永宁宣抚司女土官宣抚所遣把事与云南定远县故土官县丞子朝贡］

四川乌蒙军民府土官知府禄昭叔徐祖、永宁宣抚司女土官宣抚奢苏遣把事王瑄、云南定远县故土官县丞阿哀子阿寨来朝贡马及方物。

丁未（十九日）［赐广西、贵州土官舍人钞、彩币等物］

赐……广西上下冻州土官舍人赵荣、贵州宣慰司土官舍人安瑛、洪州泊里蛮夷长官司舍人林景等，钞、彩币、绢、布有差。

辛亥（二十三日）［斩广西南宁卫百户］

斩广西南宁卫百户许善。初，善知崇善县，土官知县赵暹兴兵谋逆，攻陷左州。善旧与暹交，为之容隐。及总兵官遣善追暹，又受暹马十匹、银百两，故延缓暹，冀图苟尧。事觉，下御史鞫问得实，论斩罪。上曰：人臣无外交，况职当守御，乃与蛮夷私通，纵其反逆。此而不诛，则为废法。命斩之。

癸丑（二十五日）［广西东兰州土官知州所遣族人等进马］

广西东兰州土官知州韦济民遣族人韦铭远……来朝进马。

丙辰（二十八日）［赐四川乌蒙军民府等入贡者钞、彩币、袭衣］

赐四川乌蒙军民府土官叔徐祖、永宁宣〔抚〕司把事王瑄、播州宣慰司所遣土官同知杨胜显，贵州乖西蛮民长官司把事徐名，云南定远县故土官舍人阿赛、洱海卫故土官舍人李福……钞、彩币、袭衣有差。

明宣宗实录卷二十七

四月

庚申（初二日）［广西左州故土官知州孙、都康州知州、凭祥县故土官知县子贡马］

广西左州故土官知州黄性彻孙温亮、都康州知州冯斌、凭祥县故土官知县李庆清子成等来朝贡马。

辛酉（初三日）［遣太监赍敕往乌思藏等处谕赐帕木竹巴灌顶国师阐化王等绒绵、纻丝］

遣太监侯显赍敕往乌思藏等处，谕帕木竹巴灌顶国师阐化王吉剌思巴监藏、巴理藏卜必力工瓦阐教王领真巴吉监藏、灵藏赞善王喃葛监藏、尼八剌国王沙的新葛地涌塔王子、可航辅教王喃葛列思巴罗葛啰监藏巴藏卜等，各赐之绒绵、纻丝有差。

壬戌（初四日）［四川马剌等长官司土官长官所遣把事等贡马］

四川马剌等长官司土官长官阿泰遣把事阿你……来朝贡马。

甲戌（十六日）［广东三司奏报招抚琼州府琼山等县“黎贼”余众］

广东都司、布政司、按察司奏：琼州府琼山等县黎贼余众溃散入山，今复招抚从顺，良民惊散者，亦皆复业如故。事已平定，械送首贼王观政等至京师。上命付行在刑部，因谓尚书蹇义等曰：蛮性虽难驯，然好生恶死之心则同，若抚绥有道，彼亦安肯自取杀戮？今之为变，必有所激，致之死地，亦可矜怜。宜严戒抚黎官宽以驭之，若生事激变，国有常刑。

乙亥（十七日）［广西安平州土官知州所遣族人、养利州故土官知州子等贡马］

广西安平州土官知州李华遣族人李胜、养利州故土官知州赵武高子文安……来朝贡马。

［奉议卫向武军民千户所副千户等欲弃城“谋乱”］

巡按广西监察御史朱惠奏：奉议卫向武军民千户所副千户刘荣、百户周英，潜结土人头目，别立城寨，聚集土兵，欲弃城谋乱。

丁丑（十九日）［赐广西东兰等州县土官钞、彩币表里］

赐广西东兰州土官舍人韦铭远、都康州知州冯斌、凭祥县土官舍人李成、左州土官舍人黄温亮……钞、彩币表里有差。

戊寅（二十日）［赐四川马剌等长官司把事钞、彩币表里］

赐四川马剌等长官司把事阿你……钞、彩币表里有差。

［广西巡按汪景明劾奏总兵官顾兴祖等“贪虐”］

巡按广西监察御史汪景明劾奏总兵官镇远侯顾兴祖，及指挥张珩等贪虐十五事。上以示都御史刘观，观请治其罪。上曰：兴祖总镇一方，姑令自陈虚实，余人皆逮治之。果事干兴祖，具奏处之。

甲申（二十六日）［四川松潘卫阿用等寨“蛮寇”“劫掠”军丁骡马］

巡按四川监察御史严孟衡及四川都司、布政司、按察司奏：比者松潘卫傍近阿用等寨蛮寇，掠去军丁十余人及马骡等畜。已遣千户尚清等往各寨追取，蛮人不服。又遣千户钱宏、百户张应隆，率旗军三百人往索之，贼首容儿结等纠集黑水诸寨生番万余抗拒。宏遣人还报，臣等委成都后卫指挥陈杰率官军一千五百人往援，至麦匝簇，蛮寇发伏，邀杀官军，杰等遇害，军士多被杀伤。今复调官军一千五百人，委指挥使李兴等往讨之。上谕侍臣曰：边夷无故辄纠集万余人拒抗，或者边将有以激之乎？

乙酉（二十七日）［贵州新添卫副千户取受军士绵布，逮鞫之］

贵州新添卫副千户宣辅，取受军士绵布三百余匹。行在右军督府奏请，令都司逮鞫之。上从之，顾谓都督府臣曰：今之武夫少有廉节，非克减军粮，即科敛军财。所图利己，反以害己，然覆辙在前，终无戒者，何其愚也。

丙戌（二十八日）［命都指挥佥事韩整、高隆抚捕松潘等处“番蛮”］

命都指挥佥事韩整、高隆于四川都司抚捕松潘等处番蛮。敕四川都司、布政司、按察司及巡按监察御史曰：尔者阿用诸寨蛮人为非，尔等不善招抚，辄令千户钱宏、指挥陈杰率兵临之。遂致猖獗，杀伤官军，岂非尔等激之乎？今姑不问，特命都指挥佥事韩整、高隆至四川都司，同尔等计议松潘之事，或抚谕，或剿捕，务尽众人之长，毋偏执悮事。已敕蜀王调护卫官军二千人，可更于附近卫所量调官军，俱听整等统率剿捕。勿亟勿怠，务适事宜，如再失机，或又致激变，罪有所归。

［赐广西安平州土官族人、养利州故土官舍人等钞、彩币表里］

赐广西安平州土官族人李胜、养利州故土官舍人赵文安……钞、彩币表里有差。

明宣宗实录卷二十八

五月

癸巳（初六日）［黔国公沐晟奏报擒斩澜沧卫所属“叛寇”］

总兵官太傅黔国公沐晟奏：澜沧卫所属叛寇杨和等作乱，委都督同知沐昂等率兵抵金沙江，已擒斩之，余党皆抚谕安业。

丙申（初九日）［阿用等寨“番蛮”被松潘卫千户等激变］

四川都司奏：青川千户所军赵文书奴等，从征阿用等寨逸回，言兵至黄土坡驻札，登高四望，并无番寇，实由松潘卫千户钱宏等激变。推究其故，始因朝廷发松潘官军往征交阯，众皆惮行。宏等设策，但谲言番蛮虏掠，当追捕之，以此上闻，必免交阯之行。于是宏与尚清等前后领军突入麦匝等簇，逼取牛马，番人忿怨，以此遂乱。事闻，上顾侍臣曰：朕固疑有激之者，然布政司、按察司皆不实察，都司亦惟听下人所言，是皆未尝究心边事。遂降敕切责之曰：尔等前奏阿用等寨番蛮为乱，杀伤指挥陈杰等，近乃知松潘卫官军惧征交阯，设诈生事，千户钱宏、尚清等死有余辜。尔等职居方面，受朝廷重寄，辄听欺侮，擅调官军，朦胧具奏，罪亦何逃？

今姑宽容，俟都指挥韩整、高隆至，与同体实。以松潘卫虚捏军情官吏并钱宏、尚清等及惧畏征进之人，械系赴京。如指挥陈杰等为贼所害，事有明验，势不容已。即遵前敕，量调官军，令韩整统率讨之。

戊戌（十一日）［以“番蛮”攻围松潘卫城，处置失机军官］

巡按四川监察御史及四川都司、布政司、按察司奏：四月内，番蛮五万余人攻围松潘卫城，焚上下四关及诸屯堡，恣肆杀掠，威茂、叠溪诸卫所相继被围，贼势益甚。叙南卫指挥吴玉等讨贼败绩，请治其罪。上敕御史、三司：吴玉讨贼失机，本难容恕，姑宥其罪，降充为事官。俾杀贼立功，再犯以军法从事。

癸卯（十六日）［乌撒军民府土官知府妻遣人贡马］

乌撒军民府土官知府卜穆妻圆和遣把事吉淂等贡马。

戊申（二十一日）［广西思明府土官知府、万承州知州、龙州故土官知州子遣人进马］

广西思明府土官知府黄珊遣族人黄文德，万承州知州许永成遣族人许永昌，龙州故土官知州子赵仁政遣族人赵忠等进马。

［复置广西民款所属］

复置广西所属民款，同所在巡兵守境，以防山贼，命总兵官镇远侯顾兴祖督军往来应援。先是，巡按广西监察御史朱惠等奏，广西桂林驯象诸卫军士征行者多，防守不足。柳、庆诸郡山贼探知无备，纠合瑶僮，伪称名号，率众流劫临桂、永福、阳朔、修仁、古田五县，焚毁公廨，杀人劫财。比者又至（林桂）〔桂林〕南乡，距广西城四十余里，肆无忌惮。又虑诸蛮闻风窃发，日致滋蔓，愈难防制。同广西三司计议，欲如永乐中防贼事例，于坊市乡村起集民款，编成牌甲，置备器械，协同所在巡检司牌兵，委官管领，各守其地，仍乞敕兴祖督军往来应援。上从之。因谓行在兵部侍郎王骥等曰：广西之军疲于交阯，昨又调土军一万人，朕安能虚内以事外？其悉止之，令自为守。

辛亥（二十四日）［赐广西忠州头目、云南者乐甸长官司通事等钞、彩币表里］

赐广西忠州头目廖忠、云南者乐甸长官司通事张五十……钞、彩币表里有差。

六月

己未（初二日）［命贵州布政司生徒就试云南］

贵州布政司……又言：前奉礼部文书，本司所辖州郡生徒，堪应举者，许于湖广布政司就试。缘去湖广路远，于云南为近，宜就近为便。上命就试云南。

丁卯（初十日）［叙南卫指挥剿杀“蛮寇”，败北，帝令杀“贼”立功自效］

叙南卫指挥吴玉等领军剿杀蛮寇，焚其巢穴。及回军，蛮贼万余伏中道掩击，官军多所陷没。玉退走，余兵溃散，四川都司奏请罪玉。上曰：古人用兵，进退有节，今之丧败，无节故耳。玉罪本当斩，姑宥之，令杀贼立功，后若无功，断不宥矣。

己巳（十二日）［命镇远侯顾兴祖剿捕钦州“贼首”］

命总兵官镇远侯顾兴祖剿捕钦州贼首。时广东都司言，广西横州及贵县贼众二百余人入钦州，杀灵山县知县封真仲，虏官民妇女一十二口，抢掠财畜及官库仪仗。回至驯象卫境，指挥张信率兵击之，擒其从贼数人，贼首遁走，请命总兵官镇远侯顾兴祖捕之，故有是命。

庚辰（二十三日）［湖广金洞安抚司故土官万户子等朝贡］

湖广金洞安抚司故土官万户覃黑送子万勇等来朝贡马及方物。

明宣宗实录卷二十九

七月

癸巳（初七日）［云南大理卫土官百户所遣之子、四川沐川长官司把事朝贡］

云南大理卫土官百户李庆遣子奴，四川沐川长官司把事夷贵真等，来朝贡马及方物。

乙未（初九日）［剿捕广西柳、庆、桂林等府“山贼”］

行在兵部尚书张本言：初，广西三司奏，柳、庆各府山贼纠合瑶僮，于临桂等五县劫掠人财。已集民款置备器械守护，总兵官镇远侯顾兴祖督军往来哨捕。今三司又奏，桂林及柳、庆等府贼首韦万黄、韦朝傅等聚众劫杀，为民害。敕兴祖进兵剿之。

丁酉（十一日）［增置广西平南县武林乡巡检司土官副巡检一员］

增置广西浔州府平南县武林乡巡检司土官副巡检一员。

己亥（十三日）［赐湖广金峒安抚司故土官舍人等钞币、绵布］

赐湖广金峒安抚司故土官舍人覃万勇等钞币、绵布有差。

辛丑（十五日）［命将剿捕松潘“叛蛮”］

命都督同知陈怀充总兵官都督佥事、刘昭充副总兵都指挥同知、赵安充左参将都指挥佥事、蒋贵充右参将，剿捕松潘叛蛮。敕怀、昭、安统领庆府、肃府护卫官军各一千，富平王三百，陕西都司、行都司各八千，宁夏诸卫二千，自洮州取路进松潘，仍敕贵(同)〔州〕州都指挥佥事韩整以所领四川、贵州并成都护卫调来操备官军，刻期会合怀等剿捕，肃清边境。若此寇已从招抚，尔等别宜相机处置。

癸卯（十七日）［水西宣慰司头目聚众“为恶”，令先遣人抚谕，不服调兵未晚］

贵州总兵官都督萧授奏：水西宣慰司头目阿闭妨宜聚众为恶，不服输税。其党八千余人横杀土兵，占据山箐，招抚不从。其地与普定卫西堡长官司蛮贼阿骨阿哈地方相连，恐互相纠结，为害不细，请遣官军、土兵合势剿除。上谕行在兵部臣曰：蛮人无知，非有远谋。如即调兵，旁近善良，不免受害。姑令授与三司，遣人抚谕，如再不服，调兵未晚。

甲辰（十八日）［赐云南大理卫土官舍人、四川沐川长官司把事等钞币］

赐云南大理卫土官舍人李奴、四川沐川长官司把事夷贵真等钞币有差。

己酉（二十三日）［以山云充总兵官代顾兴祖镇广西］

命行后军都督府都督佥事山云佩征蛮将军印，充总兵官，代镇远侯顾兴祖镇守广西，率领湖广、广西、贵州三都司所调官军，剿捕叛蛮。先是，兴祖有罪被逮，上命公侯大臣举良将代之。至是，大臣咸言云廉勇有智略，上亦以为然，故有是命。

［“蛮寇”攻围松潘叠溪，茂州指挥吴玉等为其所败，帝令其戴罪立功］

行在兵部尚书张本奏：初，蛮寇攻围松潘叠溪，茂州指挥吴玉等领军追捕。四川都司、布政司、按察司官右布政使殷序等，同往招抚。玉等不谨提备，为贼所败，断威州索桥，烧毁铺楼。及都指挥韩整、高隆率军至威州，遇贼与敌，官军反为贼败。整等诈言，番贼临城对敌，混杀官军，以掩己过。巡按御史严孟衡等劾奏其事，奉旨宥玉等死，命充为事官，立功赎罪。韩整、高隆等皆失机，整又欺朝廷，殷序等不能招抚，致贼猖獗，俱合罪之。上曰：姑皆宥之，使图后功，无功不贷。

癸丑（二十七日）［设湖广石关峒长官司］

设湖广石关峒长官司，隶金峒安抚司，以覃万勇为长官，向显铭、牟福亮、谭仲贵为副长官。前元时，尝于其地开围布等处镇边万户府，以万勇父黑送、显铭父胜、福亮父月海、仲贵父孝，为万户府同知、通判。洪武初，大军克蜀，黑送等皆死，蛮民溃散，因而罢革。至是万勇等招集蛮民 百五十余户居峒中，未有所属。金峒安抚司遣人招之，乃备马来贡，上故万户府印，请设官开治所。事下湖广三司，覆勘皆实，遂命设长官司，以万勇等为长官、副长官，仍置吏目一员。

明宣宗实录卷三十

八月

己巳（十四日）［乌思藏剌麻贡马］

乌思藏剌麻锁南相竹等来朝贡马。

丁丑（二十二日）［降四川都司都指挥佥事韩整充为事官］

降四川都司都指挥佥事韩整充为事官。时巡按四川监察御史并四川都司、布政司、按察司俱奏，整率官军七千余驻威州。蛮贼隔溪大肆攻劫，焚官署民居，掠人畜，整坐视不救。故降充为事官戴死罪，听总兵官都督陈怀等调遣，俾杀贼立功。再畏怯无功，必杀不宥。

戊寅（二十三日）［四川马湖等府土官知府所遣把事、天全六番招讨司土僧等贡方物］

四川马湖等府土官知府安瓚遣把事田福、天全六番招讨司土僧印中等来朝贡方物。

［四川考满官员暂留督运粮饷］

四川布政司言，所属府、州、县官缺，多以阴阳、医学等官权署，民不信服。今官军征番寇，所急者粮饷缺官督运，请凡考满给由到司者，除历任九载及学官令赴京，其余三年、六年者暂存在任督运粮饷，待番寇平，如例给由。上命行在吏部如所奏官缺者选人除授。

乙酉（三十日）［云南麓川宣慰使等土官及四川乌撒军民府土官知府等朝贡］

云南麓川宣慰使思任发等遣头目陶孟忙孟放，南甸州土官知州刀贡罕遣头目刀怕，缅甸军民宣慰司头目莽得剌遣通事立景，景东府土官知府陶干遣舍人陶吾，蒙化州土官知州左伽弟昶，及木邦军民宣慰使罕门法遣头目招路巴，四川乌撒军民府土官知府阿能等，来朝贡象、马及金银器皿、方物。

明宣宗实录卷三十一

九月

乙未（初十日）［四川长河西鱼通宁远等处宣慰使遣番僧贡马］

四川长河西鱼通宁远等处宣慰使喃哩哥遣番僧阿松界等来朝贡马。

［罢云南麓川平缅军民宣慰使司大店驿丞一员］

置云南麓川平缅军民宣慰使司大店驿丞一员，以土人刀捧怯为之。从宣慰使丑暗癸所奏也。

乙巳（二十日）［置云南瓦甸长官司吏目、干崖长官司雷弄驿丞各一员］

置云南都司金齿军民指挥使司瓦甸长官司吏目一员，干崖长官司雷弄驿丞一员。

［招谕松潘黑水等处“生番”］

行在锦衣卫指挥何敏奏：七月内，臣令番僧失剌藏卜等至诸簇寨招谕番蛮，麦匝寨番人结弟言：我向化四十余年，未尝敢乱。近指挥陈杰、千户钱宏等率军卒至，遍索生口，不胜扰害，故杀杰等。今朝廷悉宥我罪，又赐彩币，请改过自新。又言：松潘所属生熟番一十簇，计户万余，已从招抚。黑水生番二处，就令结弟往招抚。占藏卜等九簇未始从乱，今亦抚定。时都指挥蒋贵闻敏抚谕向化，即遣人止陕西官军勿进，且具本附敏奏。上谓行在兵部臣曰：蛮夷叛服无常，敏既轻信，贵又昧于料事，辄止陕西之兵。若彼狙伺，复生异图，必有后悔。

丙午（二十一日）［四川龙州奏请升为宣慰使司未果］

上语吏部尚书蹇义等曰：昨四川龙州奏，地连生番，近遭攻劫，盖缘州治势轻。请升为宣慰使司，修筑城池，置军镇守，庶几民得安业。此事已令卿等议之。今朕思之，龙州开治，历年久矣，生番接境，自昔已然。近日之事，盖因失于防慎，若能觉察，岂致疏虞？且彼土人，若有征调，聚则为兵，散则为民，岂不自便？今欲编集入伍，蛮性未必乐从。祖宗建置已定，惟当谨守，彼盖乘势要求，若使得志，边方小人，必将仿效，生事造端，不可不慎。今但须遵守旧章，不必更议。

己酉（二十四日）［赐四川长河西鱼通宁远等处宣慰司番僧钞、彩币］

赐四川长河西鱼通宁远等处宣慰司番僧阿松界等，钞、彩币表里有差。

明宣宗实录卷三十二

十月

乙丑（十一日）［以“抚民有道，蛮夷得安”贵州思南府通判升思南府同知］

擢……贵州思南府通判卓礼为本府同知。礼以九载考满赴京，所属长官司奏，处事公平，抚民有道，蛮夷得安，若改授他任，众心失望。且本府久缺知府，请用礼为之。上谓行在吏部臣曰：蛮夷不易驯服，通判能得民心，亦良吏也，其以为本府同知。吏部言，比以贵州诸府事简革同知。上曰：升之所以顺民情，勿拘定制。

己巳（十五日）［命官往究韩整、高隆、钱宏等不法之事］

巡按四川监察御史严孟衡及四川布政司参议李（勃）〔敦〕奏：为事官韩整先领兵征番蛮，受成都各卫从征官军银四百余两、马五匹并彩段，又奸污千百户及军民妻女。都指挥高隆亦肆贪淫，与整坐视威州受围三月之上，不行赴援，指挥吴玮等同坐失机。并奏千户钱宏等激变番蛮，规免征进交阯。千户尚清等亦奏，番人方叛时，即遣人驰报御史、三司，而御史、三司皆以为虚妄，报至十三次方调军。所调又皆羸弱之人，兵器不备，遂致贼势滋盛。上曰：清之罪已著，其言不可听。顾都御史刘观等曰：千户钱宏等激变番蛮，韩整、高隆等虐害军民，失机误事，致使叛寇愈肆。凡军政不肃由威令不行，威令不行由己身不正。朕于此辈，岂可姑息？周世宗斩败将七十余人而军声大振，所向克捷。今须遣御史及锦衣卫指挥公正廉干者各一人，往同都督陈怀及三司官审问，具实以闻。凡有罪者，朕断不容之。乃命行在锦衣卫指挥任启、监察御史李旺往究其实。

庚午（十六日）［令贵州各府学“随宜选贡”］

贵州新化蛮夷等六长官司奏：贵州各府学校新立，诸生皆自童蒙入学，蛮性未除，学业难就。若比内地府学每岁选贡，实无其人，请比县学三年一贡。上曰：边郡立学，欲其从化耳，岂可遽责成材？宜令所司随宜选贡。

丙子（二十二日）［以四川“番蛮”复出，令官军剿捕之］

巡按四川监察御史及四川都司、布政司、按察司奏：番蛮复出，焚毁绵竹县官署民居，大掠人畜，仍肆劫茂、威等州。官军与战，所镇抚侯琏等死之。上曰：果如吾料。遂敕都督陈怀及都指挥蒋贵等进兵剿捕。

庚辰（二十六日）［东宁卫土官百户、四川建昌卫故土官指挥使叔及把事等贡马］

东宁卫土官百户李耀、四川建昌卫故土官指挥使安普容叔安均及把事张真等来朝贡马。

明宣宗实录卷三十三

十一月

甲辰（二十日）［西堡“蛮贼”“猖獗”，贵州总兵官萧授奏请以贵州官军剿之］

贵州总兵官都督萧授奏：水西宣慰司头目阿闭妨宜作乱，奉旨遣人抚谕不服，调军剿之。其旁近诸寨头目底苏等，请自以计除之，今皆就戮。惟西堡蛮贼阿骨等，势犹猖獗，请令贵州都司，以所属官军二万九千剿之。上谕行在兵部臣曰：以一蛮贼而多调官军，岂惟劳众，兼亦扰民，姑令抚谕。彼若负固不服，岂无厌乱若底苏者？

明宣宗实录卷三十四

十二月

戊午（初五日）［逮镇远侯顾兴祖至行在］

逮镇远侯顾兴祖至行在。十四道监察御史吴启先等、六科给事中贾谅等劾奏：兴祖自镇守广西以来，暴虐贪婪，怠慢废事。不援交阯，致失地丧师，盗贼猖獗。又斩从贼首，诡奏首贼，隐匿贼属，谓彼逃散。上欺朝廷，下失边人心，请正国法。上命执于午门外，三法司同公、侯、伯都督讯之，兴祖承伏。还奏，上命俟王通等至，通论其罪。

庚申（初七日）［贵州普定卫西堡“蛮贼”起事，令都督萧授及三司、御史相机抚剿之］

贵州普定卫西堡长官司蛮贼阿骨、阿哈等为乱。底寨长官司蛮贼干炒聚众杀人劫财，都匀卫丰宁长官司蛮贼罗父荡烧毁廨宇，杀土官家属。平越卫谷旺苗贼甲农、甲恕，清平长官司平若等寨蛮贼阿夜，谷把寨苗贼革子裸，普安州蛮贼鲁革，各聚众造乱，擅杀招抚百户张福等。附近四川筠连县诸处蛮贼，群聚劫掠。巡按监察御史、贵州三司以闻，上敕都督萧授及三司、御史，先遣人招抚。如其不从，则调军剿捕。

［增置广西宣化县那南寨巡检司土官副巡检一员］

增置广西宣化县那南寨巡检司土官副巡检一员。

明宣宗实录卷三十五

宣德三年戊申（1428）

正月

丁亥（初四日）［命都指挥佥事黄玹、张贵镇守龙州等处，总兵官萧授仍回贵州防御］

命都指挥佥事黄玹、张贵镇守龙州、凭祥、坡垒等处，听总兵官都督山云节制。初，命总兵官都督萧授守备坡垒。至是，黎利请罢兵息民，复陈氏之嗣，遂命授回贵州防御，而命玹等守龙州。敕玹曰：尔忠事朝廷，尽心边务，多效劳勚，朕甚嘉之。故既升尔之职，今命尔专领土军，与张贵镇守龙州、凭祥、坡垒等处，往来备御，仍听都督山云节制。尔等其益摅忠悃，抚恤军民，慎固边备，以副朝廷眷任之重。敕授曰：前命卿率领官军备御坡垒、丘温等处，今允黎利之请，复陈氏之嗣，罢兵息民。已命都指挥佥事黄玹、张贵等率兵守龙州，于凭祥、坡垒往来备御，卿即率所领官军，仍回贵州防御。

丙申（十三日）［敕总兵官山云严固边备］

敕总兵官都督山云曰：凡广西军务，一以委卿。卿宜夙夜尽心，严固边备，抚绥得宜，俾军民相安于无事，用称朕任使之意。钦哉！

［四川总兵官陈怀等奏松潘“叛蛮”已招抚复业］

四川总兵官都督同知陈怀等奏，松潘叛蛮已招抚复业。遂敕怀等曰：兹闻蛮寇已靖，卿等协谋尽力，攻讨抚绥，咸得其宜。朕甚嘉之，然此寇叛服不常，虽由边将失于抚绥，激其为乱，亦由其素蓄逆心，遂托此聚众，攻陷州县，杀伤官军，肆行虏掠。今既抚捕已定，须尽索其抢去人口、军器等物，给还有司及被虏之家，庶可宥其叛逆之罪。若其不悛，仍恃顽据险，不还所掠之物，可乘此时督遣官军与土军、蛮人并力摧殄，使不复萌异心，然后边方可以宁静，军民可以久安。卿等功名亦垂于永远，须夙夜尽心，善为区画。又敕怀等曰：卿奏欲将松潘等卫所原屯旗军，取回操守，可更斟酌，只取正军，其余丁仍令屯田，庶几两不妨悞。调到四川都司官军，准奏于内量存各处守备，事平之日，令仍还原卫。所缺能干都指挥、指挥及千百户镇抚，已令兵部铨选。成都中卫指挥郭靖、茂州卫千户章恕、陕西临洮卫百户艾贵，初与吴玉皆失机，今俱宥无罪，令复原职。靖仍令守叠溪千户所，待事平回卫。恕仍守茂州卫左所，贵待寇平仍回临洮。凡四川、陕西从征军旗，于四川官库内每人给与绵布二匹。卿等所领官军，但出力征战有功及畏怯退缩误事者，皆具名闻，用凭赏罚。

己亥（十六日）［贵州总兵官萧授奏获平浪长官司“蛮贼”纪那等］

贵州总兵官都督萧授奏，获平浪长官司蛮贼纪那等鞫治，死于狱。先是，纪那等假称土官，聚党据本司副长官阿童故地，劫杀诸寨。授奏遣兵捕之，至是以获闻。

明宣宗实录卷三十六

二月

丙辰（初四日）［湖广“叛寇”进入广西，纠合僮人“聚众劫掠”，令总兵官萧授等相机抚剿之］

湖广布政司、按察司及巡按监察御史奏：叛寇盘伯孙等遁入邻境广西富川县，纠合僮贼韦父黎等聚众劫掠，出没不常。敕总兵官都督萧授等遣人谕以祸福，悉令复业。如其顽犷不服，即量调官军剿之。

明宣宗实录卷三十七

二月

辛未（十九日）［广西总兵官山云请益兵备御］

行在兵部奏：昨总兵官都督佥事山云以广西缺兵备御请益兵，拟以湖广诸卫征进交阯回还官军益之。上命已还至广西者皆留之，未至者令还原卫所。

［营建贵州新化府厅署］

贵州布政司新化府通判鞠彬奏：永乐十一年置府，暂于新化亮寨所镇抚空宅内视事，迨今厅署未建。乞发湖广附近铜鼓等卫所军匠，备材营建。从之。

丁丑（二十五日）［增置广西柳城县东泉镇巡检司土官副巡检一员］

增置广西柳州府柳城县东泉镇巡检司土官副巡检一员。

［“夷民”充吏考满不必悉拘“中土”之例］

行在吏部奏：贵州、云南土民张暹、杨名等，充吏考满至京，违限二年、三年之上。例当发在京诸司，再办事三年，方许叙用。上曰：夷民不必悉拘中土之例，贷之。

己卯（二十七日）［斩松潘卫千户钱宏，谪高隆为事官，韩整、邓鉴等充军广西］

斩松潘卫千户钱宏，谪都指挥高隆为事官，韩整、邓鉴等充军广西。先是，宏激变番人容儿结等作乱，上命行在锦衣卫指挥任启、监察御史李珏究问其实。至是启等奏，番蛮之叛，实千户钱宏所激。初，松潘当发官军戍交阯，众惧不肯行，谋于宏。宏曰：惟有言番人叛，则都司必奏，奏则必发松潘兵讨之，而交阯之行必止。遂于卫诬告蛮人容儿结等反叛，卫星驰报都司，果止交阯之役。而遣指挥陈杰等以兵抚捕，然容儿结等实不叛。宏见都司官军至，潜率其众入寨，以言胁之曰：朝廷以尔叛，出大军征讨，能遗我牛马财物或可止。容儿结敛牛马与之，然闻兵已压境，遂惊惧奔走。约黑水诸生番为乱，杀掠军民，陈杰等为贼所害。番兵大扰，韩整、高隆驻兵宿留不进，惟事贪淫，边民苦之，而贼势猖獗，杀掠愈甚，具有实迹。上曰：蛮寇之叛，朕固疑有激之者。韩整贪淫玩寇，重贻边民之患，厥罪何逃？遂敕启等斩宏于松潘，枭首徇众，籍没其家。从宏者二十人，俱宥死充军。整等悉发戍广西。

庚辰（二十八日）[四川播州宣慰使遣人贡马]

四川播州宣慰使杨昇遣正长官郑钊等来朝贡马。

明宣宗实录卷四十

三月

甲午（十二日）[帝谕“蛮夷”不必以“中国”之法律之]

行在户部奏：木邦故宣慰使罕线法从子罕门法遣人进宣德元年岁纳差发银至京违期，请罪之。上曰：蛮夷不必以中国之法律之，其勿问，所遣头目令礼部赐赉遣还。

庚子（十八日）[赐四川播州宣慰使所遣长官等钞、彩币]

赐四川播州宣慰使杨昇所遣长官郑钊等钞、彩币表里。钊等来贺万寿圣节后期，行在礼部援例，奏减半赐之。上曰：边方道远，不足与较，不可减。

甲辰（二十二日）[赐四川东川军民府故土官知府妻及把事人等钞]

赐四川东川军民府故土官知府阿得妻摄克及把事人等钞有差。

明宣宗实录卷四十一

四月

甲寅（初二日）［云南老挝军民宣慰司等衙门土官宣慰使遣人朝贡］

云南老挝军民宣慰司等衙门土官宣慰使刀线达遣头目招扫等贡马及金银器皿、方物。

乙卯（初三日）［云南木邦军民宣慰司故土官宣慰使从子所遣头目、孟定府头目朝贡］

云南木邦军民宣慰司故土官宣慰使罕（缘）〔线〕法从子罕门法遣头目陶孟刀叶放，孟定府头目刀挽戛等，来朝贡象、马及金银器皿、方物。

丙辰（初四日）［设四川天全六番招讨司阴阳学］

设四川天全六番招讨司阴阳学，置阴阳正术一员，从招讨使杨钦所奏也。

壬戌（初十日）［云南镇康州土官头目等朝贡］

云南镇康州土官头目刀门渊等来朝贡马及方物。

癸亥（十一日）［以“番寇”起事，松潘等处用兵，民力不足，停运河州茶马司茶至陕西］

四川参政李衡奏：户部勘合，令民运河州茶马司茶六十万斤赴陕西。比因松潘等处番寇作乱，发兵剿捕，其旁近州县民皆惊溃，而发成都等府民六十余万往运军饷，民力不足，乞暂停运。上谓尚书夏原吉曰：蜀地险民贫，今方用兵，供给实难，安可复以不急之务扰之？民扰则不安，不安则怨，怨则为非。宜从衡所言，止勿运，凡诸司有买办于彼者，悉令停止。

戊辰（十六日）［湖广意利峒蛮夷长官司故长官孙贡马，奏请袭职］

湖广意利峒蛮夷长官司故长官覃可用孙友忠贡马，奏请袭职。

**癸酉（二十一日）［赐云南木邦军民宣慰司、孟定府头目等钞

币]

赐云南木邦军民宣慰司罕门法所遣头目陶孟刀叶放、孟定府头目刀挽戛等钞币有差。

甲戌（二十二日）[麓川宣慰使占夺南甸州等处属地，令人赍敕抚谕之]

云南三司奏，麓川宣慰使思任发占夺南甸州等处属地，请发兵问罪。上曰：蛮夷仇杀，自古有之，但遣人抚谕。遂敕总兵官黔国公沐晟并云南三司、巡按监察御史计议。差人赍敕抚谕，令思任发还其土地人民，安分守法，各守疆界，如其怙终，具实以闻。又敕思任发曰：朕膺天命，主宰天下，无间远迩，皆欲使之安生乐业。有能敬顺天道、摅诚向化者必获福，违逆天道、拒命梗化者祸必及之。尔父思伦发，昔在洪武中为刀干孟等所害，赴京诉告。我太祖高皇帝矜悯，特命四川、云南官军送回麓川，仍为宣慰，擒刀干孟等，斩以警众。尔父既死，命尔兄思行发继承，能保土安民，朝贡以时。尔兄又殁，命尔承袭。朝廷待尔父子，恩至厚矣，今尔不感恩思报，安分循理，乃敢恣肆侵夺南甸、腾冲、潞江等处之地、杀虏人民，劫掠孳畜财物。又强执头目班道罕等，逼胁服从。似此所为，岂保身全家之道？今云南三司奏请发兵讨罪，朕以锋镝之下，或伤善良，故未允所请。兹特遣人赍敕谕尔，如能改悔前非，摅诚服罪，悉还所侵土地、所虏人民，自今各守疆界，遵奉朝廷法度，则可以保尔身家于长远。若执迷不悛，必发兵诛戮，父母妻子俱不能保，虽悔无及。尔其省之。

[四川招抚松潘“叛蛮”复业]

四川总兵官都督陈怀等奏：松潘叛蛮招抚复业者万二千二百六十九户，归所俘军民男妇二千二百六十一人，其所掠印信、兵器、驿马、屯牛皆追入官。上命行在礼部、兵部议升赏以闻。

丁丑（二十五日）[命云南木邦军民宣慰司故土官宣慰使从子袭职]

命云南木邦军民宣慰司故土官宣慰使罕线法从子罕门法袭职。初，罕线法卒，罕门法尚幼。至是遣人朝贡，且请袭职，遂以命之。遣中官徐亮赍敕及文绮表里，往赐罕门法并其祖母、母，及孟定府土官知府罕颜法等有差。

［取湖广、贵州二都司官军征剿广西“蛮寇”］

广西总兵官都督佥事山云奏：蛮寇出没，欲于秋冬征剿，取湖广、贵州二都司原发回听调官军八千三百八十人随征。从之。

明宣宗实录卷四十二

闰四月

壬午朔（初一日）［以平松潘“番蛮”功升陈怀、刘昭、赵安、蒋贵官职，并降敕谕之］

以平松潘番蛮功，升都督同知陈怀为右军都督府右都督，赏银一百两、彩币十表里。都督佥事刘昭为右军都督府都督同知、银九十两、彩币八表里。都指挥同知赵安为左军都督府都督佥事，银八十两、彩币七表里。都指挥佥事蒋贵为都指挥同知，银八十两、彩币七表里。敕怀等曰：前命卿等剿捕叛蛮，能竭心效力，征剿抚谕，悉得其宜。今叛寇顺服，边境宁静。朕深嘉悦，特举升赏，以旌功能。凡随征官军有功慢功，皆从实具奏。盖赏罚国之大柄，必至公无私，乃协众情。又谕怀等曰：所奏叛寇已服，欲领陕西官军仍从洮州还。区画固善，但四川险远，番寇出没不常。必得练达重臣以镇之，庶几事妥民安。今发去制谕一道，命尔怀仍充总兵官，镇守四川，训练兵马。遇寇生发，相机剿捕。其四川都司所属卫所官军，悉听节制。昭仍守河州，安仍掌临洮卫事，贵回京。其立功指挥等官李璪等七员，俱令管军操守。

［赐湖广意利峒蛮夷长官司舍人钞］

赐湖广意利峒蛮夷长官司舍人覃友忠等钞有差。

癸未（初二日）［赐云南镇康州土官头目等钞、彩币］

赐云南镇康州土官头目刀门渊……钞、彩币表里有差。

乙酉（初四日）［命再遣人招抚麓川宣慰使］

云南总兵官太傅黔国公沐晟奏：麓川宣慰使思任发侵夺南甸、腾冲等处地方，请发云南、贵州、四川官军五万人及各处土兵讨之。上敕谕晟曰：麓川之事，前已命卿等计议抚谕。虽蛮夷作过，必当威服，但念数年来征交阯、讨四川番寇，军民劳弊未苏，今莫若且遣敕谕之。卿即同云南三司巡按、监察御史再遣人招抚，如能顺服，不必用兵。果执迷不悛，止调云南官军土军及木邦宣慰司等处夷兵剿之。卿国家勋戚，久镇边隅，老成练达，其于益国利民之事，讲究有素，不待朕言。兴兵动众，劳扰实多，不可不熟思远虑。卿又奏，老挝宣慰刀线歹，及宁远州土官刀吉罕，协助交阯，罪不可容。今已赦宥交阯，老挝、宁远亦不必深究。

庚寅（初九日）［贵州金筑安抚司土官遣人贡马］

贵州金筑安抚司土官安抚得住遣头目徐贰等贡马。

辛卯（初十日）［广西总兵官山云追剿广西忻城县“蛮寇”］

广西总兵官都督佥事山云奏：忻城县蛮寇谭团等一千余人出劫，臣亲督军追至横州永淳县，斩贼首二百九十余级，收回被掠人口。缘横州地方，旧调驯象卫指挥张玑等哨守。玑等畏避退缩，不能防御，遂使良民受害，请治其罪。上谓尚书张本曰：兵以卫民，今临寇畏缩，使百姓受祸，于法何可容？其令云严治之。

乙未（十四日）［云南八百大甸军民宣慰司及各长官司土官遣人朝贡］

云南八百大甸军民宣慰司及各长官司土官宣慰使刀招散等遣头目板弄等，来朝贡象、马及金银器（血）〔皿〕、方物。

丁酉（十六日）［湖广宙皮军民安抚司故土官子奏请袭职］

湖广宙皮军民安抚司故土官子田大重什用等来朝贡马，奏请袭职。

丁未（二十六日）［赐云南八百大甸军民宣慰司等衙门宣慰使所遣头目、贵州金筑安抚司头目、湖广宙皮军民安抚司故土官子等］

赐云南八百大甸军民宣慰司等衙门宣慰使刀招散所遣头目板弄等、贵州（今）〔金〕筑安抚司头目徐贰等、湖广宙皮军民安抚司故土官子田大重什用等，钞、彩币表里有差，仍给赐刀招散等十人纱罗、锦绮。

庚戌（二十九日）［湖广前怀德军民宣慰司故土官孙、前镇边忠义安抚司故土官子等贡马，奏请袭职］

湖广施州卫前怀德军民宣慰司故土官孙向墨古送、前镇边忠义安抚司故土官子惹添旺等贡马，奏请袭职。

明宣宗实录卷四十三

五月

甲寅（初三日）［湖广前都路府等处及云南剑川州故土官之子朝贡，请袭职］

湖广前都路府故土官万户牟阿海子酋蛮、前西泙军民府等衙门故土官知府秦方子万山、前隆奉安抚司故土官同知向得显子均昇、前东流安抚司故土官安抚田可住子铭，云南剑川州故土官百夫长段成子寿等，贡马及方物，奏请袭职。

乙卯（初四日）［置云南车里靖安宣慰使司盐井巡检司］

置云南车里靖安宣慰使司盐井巡检司。时宣慰使言，其所辖境土数被逃军、逃民及境外夷人往来劫夺，民不安业，请于盐井置巡检司，且请以通事王敬为巡检。悉从之。

戊午（初七日）［升云南大侯长官司为大侯州］

升云南大（候）〔侯〕长官司为大（候）〔侯〕州，以土官刀奉罕为知州。时刀奉罕奏，大（候）〔侯〕蛮民复业者多，岁纳差发银二百五十两。而湾甸、镇康二长官司民少，岁纳银各百两，永乐中俱升为州，乞援二州之例。上谕行在吏部臣曰：大（候）〔侯〕民多复业，亦其长官善抚绥也，宜增秩以旌之，故有是命。

甲子（十三日）［赐湖广前都路府等处及云南剑川州故土官子孙钞］

赐湖广前都路府故土官万户子牟酋蛮、前怀德军民宣慰司故土官孙尚墨古送、前镇边忠义安抚司故土官子惹添旺、前隆奉安抚司故土官同知向得显子均昇、前东流安抚司故土官安抚田可住子铭、前西泙军民府故土官知府秦方子万山、云南剑川州故土官百夫长段成子寿等钞有差。

丙寅（十五日）［云南威远州土官知州遣人贡方物］

云南威远州土官知州刀庆罕遣头目招刚刀著中等来朝贡方物。

［命行在工部尚书李友直等往四川、湖广采宫殿材］

命行在工部尚书李友直、刑部左侍郎樊敬、都察院右副都御史胡廙往四川，吏部右侍郎黄宗载、刑部右侍郎吴廷用往湖广，采宫殿材。

［湖广邵阳县、武冈州、湘乡县暴风雨成灾］

湖广宝庆府邵阳县及武（岗）〔冈〕州、长沙府湘乡县，皆暴风雨七昼夜。山水骤涨，平地高六七尺，渰没庐舍田稼，漂溺人民。

庚午（十九日）［贵州西堡、平越、清平及四川筠连县“蛮人”均“向化”］

总兵官都督萧授及贵州都司、布政司、按察司、巡按监察御史奏：昨奉敕招抚蛮寇，今西堡长官司蛮人阿骨阿哈，平越卫谷旺苗人甲农甲恕，清平长官司平若等寨蛮人阿夜，底寨长官司蛮人干炒，普安州火头鲁革，四川筠连县蛮贼为乱者俱向化。惟都匀卫丰宁等长官司贼首罗文荡，贵州宣慰司谷把寨苗人革子裸，仍逃窜深险。上遣敕谕曰：蛮人已附，宜善抚之。未附者再遣人谕以祸福，蛮性虽悍，亦必恶死好生，不敢终不服也。

辛未（二十日）［四川杂谷安抚司土官贡马谢恩］

四川杂谷安抚司土官阿漂等来朝贡马及谢袭职恩。

戊寅（二十七日）［设湖广剑南等长官司，以元故土官子孙为长官、副长官］

设湖广剑南长官司，以牟酋蛮为长官，谭镇蛮牟、蛮政为副长官，隶忠路安抚司。摇把峒长官司以向墨古送为长官，冉豪虎、向星祖为副长官。在上爱茶峒长官司以向恶送为长官，汪得良为副长官。在下爱茶峒长官司以谭成威送为长官，向貊送为副长官。镇边蛮夷官司以谭惹添旺为长官，向仁送为副长官。隆奉蛮夷官司以田友晟为长官，向平均、冉桂真为副长官。皆隶东乡五路安抚司。东流蛮夷官司以田铭为长官，黄常、谭震为副长官。腊璧峒蛮夷官司以田兴为长官，刘斌为副长官。皆隶散毛宣抚司。西泙蛮夷官司以秦万山为长官，黄成珊、向政旭、谭忠信为副长官。隶金峒安抚司。先是，施州卫忠路安抚司等衙门各奏，前元故土官子孙牟酉蛮等，各拥蛮民，久据溪峒。今就招抚，请开设衙门，授以职事。行在兵部以闻，上曰：驭蛮夷固当顺其情，所设衙门亦宜有等杀，其议以闻。于是兵部请以四百户以上者设长官司，四百户以下者设蛮夷官司。元故土官子孙，量授以职，从所招衙门管属。上从之，故有是命。

[赐云南威远州知州所遣头目等钞币，令其赍敕及金织纻丝、纱罗、信符、勘合底薄给威远州知州]

赐云南威远州知州刀庆罕所遣头目招刚刀著中等钞币有差，就令赍敕及金织纻丝、纱罗赐刀庆罕，仍给信符勘合底簿。

明宣宗实录卷四十四

六月

戊子（初七日）[四川长河西鱼通宁远军民宣慰司剌麻，邛部长官等司土官长官所遣把事、前中里县土官知县所遣把事朝贡]

四川长河西鱼通宁远军民宣慰司剌麻冷真星吉，邛部长官等司土官长官阿乔遣把事李侍乔，前中里县土官知县古做遣把事张阿直，贡马及方物。

己亥（十八日）[贵州都司守御兵少，命都督萧授还兵五千，松潘还二千]

贵州都指挥同知焦得等奏：前奉敕以广西遣回官军六千五百人，仍赴都督山云处操备。今贵州都司兵已调二千征松潘，其万五千从都督萧授调用。今都司守御兵少，乞以山云操备者还贵州。上敕得等曰：广西方用兵，今命都督萧授还兵五千，松潘还二千，足以备御。前奏蛮民作梗者，已抚定六处。惟二处未靖，可再遣人招抚，毋轻动兵，以伤良善。

辛丑（二十日）［遣内官赍敕赐孟琏等处土官金织文绮、彩绢］

遣内官洪仔生、徐亮等，赍敕往孟琏及八百大甸、木邦等处，赐土官刀怀罕等金织文绮、彩绢有差。时刀怀罕等各遣人来朝贡象、马、方物，故答之。

癸卯（二十二日）［徙威州治所］

徙威州治所。时松潘蛮寇焚州治，总兵官都督同知陈怀奏：州治去千户所十余里，又隔大河，索桥缓急，官军不能救援，请徙州治于千户所对岸保子关。上从之。

己酉（二十八日）［湖广前忠信军民府等处土官子孙及忠路安抚司把事等朝贡］

湖广前忠信军民府故土官知府覃吕啼送孙隆、前野王长官司土官长官田驴其什用子散鲁、前隆渠守镇诸峒蛮夷宣抚司故土官宣抚郎应隆子文、前镇南大奴峒宣抚司故土官宣抚田黑用子斌、前镇远安抚司故土官安抚苟候驴子向世雄、前顺化安抚司故土官安抚旺踵子墨言送、前九溪军民宣慰司故土官宣慰使墨迪送子古珠、前红奉峒安抚司土官安抚景先子木豪、忠路安抚司把事牟铭进等来朝贡马及方物。

明宣宗实录卷四十五

七月

壬子（初二日）［赐贵州安顺州等处土官等钞、彩币表里］

赐贵州安顺州把事阿关、镇宁州把事阿宗、西堡长官司把事阿者、十二营长官司把事杨保宁、谷寨长官司通事李得、慕役长官司寨长杨得、顶营长官司把事赵陆、康佐长官司把事的比……钞、彩币表里有差。

癸丑（初三日）［云南潞江千夫长起事，命有司相机抚讨之］

云南总兵官太傅黔国公沐晟言：云南潞江千夫长刀不浪班叛归麓川，聚众攻劫潞江安抚司，逐土官安抚曩壁，入金齿，杀招刚因达硬等七人，劫夺财物，焚毁民居。又据潞江驿，逐驿丞周礼，立寨固守，断绝道路。蒲僰、阿昌诸蛮，与之接境，虑相扇为乱，请发兵讨之。上曰：边兵重在守备，岂可轻动？敕晟与三司熟议，或抚谕，或征讨，必图万全。

壬戌（十二日）［赐湖广前忠信军民府等处土官子孙钞、彩币等物］

赐湖广前忠信军民府故土官知府覃吕啼送孙隆、前野王长官司土官长官田驴其什用子散鲁、前隆渠守镇诸峒蛮夷宣抚司故土官宣抚郎应隆子文、前镇南大奴峒宣抚司故土官宣抚田黑用子斌、前镇远安抚司故土官安抚苟候驴子向世雄、前顺化安抚司故土官安抚旺踵子墨言送、前九溪军民宣慰司故土官宣慰使墨迪送子古珠、前红奉峒安抚司故土官安抚景先子木豪、忠路安抚司把事牟铭进，钞、彩币表里、纻丝、袭衣有差。

甲子（十四日）［湖广前归德宣抚司等衙门故土官宣抚子等进茶马］

湖广前归德宣抚司等衙门故土官宣抚彭驴送子万隆等进茶马。

丙子（二十六日）［广西泗城州女土官遣人贡马］

广西泗城州女土官卢氏遣头目韦庇等贡马。

丁丑（二十七日）［给云南曲靖军民府土僧度牒］

给云南曲靖军民府土僧善清等二百人度牒。初，清等诣阙请度牒，行在礼部言：旧例五年后考试然后给。上曰：彼来自万里外，可不拘常例与之。

己卯（二十九日）［松潘卫指挥使自陈平“番蛮”有功］

松潘卫指挥使吴玮自陈平番蛮有功。盖玮先以进贡至京而蛮寇叛，上命玮驰还讨之。玮还，即率所部及龙州知州薛继贤父子、千户于谅等兵，先进至圪答坝、寨头、叶棠关诸处，屡战败贼，遂复松潘，抚定祁命等十簇番民。及都督陈怀至，令玮仍为前锋，攻夺永镇等桥。败贼，复叠溪，怀因令玮守叠溪，又招降渴卓等二十余寨。后玮还卫，又降阿用诸寨首。玮又陈其前后施设方略，并陈继贤等功。且言巡按御史严孟衡、按察使康郁，贼初起时不檄兵救援，又奏都指挥韩整奸贪失律之罪。上谕行在兵部臣曰：寇之平，节制在怀。玮为松潘指挥，虽有攻守之劳，皆职所当为。惟令录继贤等功以闻，孟衡等皆置不问。

明宣宗实录卷四十六

八月

辛巳（初二日）［赐湖广唐崖长官司等故土官长官子、前归德宣抚司等衙门故土官宣抚子等容美宣抚司通事等钞、彩币、绢］

赐湖广唐崖长官司故土官长官黄晟子敏、前归德宣抚司等衙门故土官宣抚彭驴送子万隆等、容美宣抚司通事向谨等，钞、彩币表里、绢有差。

壬午（初三日）［贵州兴隆卫请由重庆等府改为由沅州、辰州支给俸粮］

贵州兴隆卫经历陆昇言：本卫官军俸粮计二万余石，除收四川播州等处税粮支给外，余于重庆等府支。相去二十八驿，皆高山峻岭，不通舟楫。每岁差官总支，变易物货回卫，给与官军所得，十不及一。本卫去湖广偏桥、镇远二卫，陆行止一百二十里，即通舟楫。下至沅州、辰州，才十一驿。俸粮乞于彼支给为便。命行在户部议行之。

丙申（十七日）［赐广西泗城州入贡头目钞、彩币表里］

赐广西泗城州头目韦庇等，钞、彩币表里有差。

**乙巳（二十六日）［四川松潘等处军民指挥司祈命等簇剌麻贡

马]

四川松潘等处军民指挥司祈命等簇剌麻勺失结林证等来朝贡马。

明宣宗实录卷四十七

九月

甲戌（二十五日）［赐湖广施州卫故土官舍人等钞、彩币表里］

赐湖广施州卫前镇边忠信等宣抚司故土官舍人黄玘先……钞、彩币表里有差。

丙子（二十七日）［广西东兰州土官知州叔、湖广前盘顺宣抚司故土官子等贡马］

广西东兰州土官知州韦思铭遣叔农璇，湖广施州卫前盘顺宣抚司故土官向墨杓耸子大旺等，来朝贡马。

丁丑（二十八日）［四川松潘等处军民指挥司所属各长官司贡马］

四川松潘等处军民指挥司麦匝等簇长官司故副长官子勒卦、峈匝簇长官司故土官子若儿节、牟力劫簇长官司故土官孙观著召、阿昔洞簇长官司故副长官子合儿者、祈命簇长官司故土官弟巴少、白马路簇长官司故土官子霍则、勒都簇长官司故土官子川操、北定簇长官司故土官侄那儿卜等贡马。

戊寅（二十九日）［赐湖广容美宣抚司峒长、四川松潘等处军民指挥司祈命等簇剌麻钞、彩币］

赐湖广容美宣抚司峒长向大虫……四川松潘等处军民指挥司祈命等簇剌麻勺失结林证等，钞、彩币表里有差。

十月

壬午（初四日）［湖广前定远军民府故土官知府子，四川马湖

府土官知府，泥溪长官司长官子、故副长官妾等各贡马]

湖广前定远军民府故土官知府黄路什用子永，四川马湖府土官知府安濬，泥溪长官司长官王凤子辅、故副长官王麟妾僰氏等各贡马。

戊子（初十日）[乌思藏番僧剌麻朝贡]

乌思藏番僧剌麻巴节等来朝贡马及方物。

丙申（十八日）[云南富州故土官知州子所遣把事与乌思藏高僧贡马]

云南富州故土官知州沈弦经子政遣把事周懿，乌思藏等处高僧朵儿只藏卜，来朝贡马。

己亥（二十一日）[四川龙州土官知州遣人贡马]

四川龙州土官知州薛忠义遣把事杨进原等贡马。

乙巳（二十七日）[乌思藏及剌卜等簇番僧贡马]

乌思藏及剌卜等簇番僧札宗等来朝贡马。

明宣宗实录卷四十八

十一月

辛亥（初三日）[命发广西龙州官仓粮米赈济凭祥饥民]

广西思明府土官知府黄瑚奏凭祥县岁凶民饥，命发龙州官仓粮米赈之。

壬子（初四日）[赐乌思藏等处高僧等彩币]

赐乌思藏等处高僧朵儿只藏卜等四百五十六人彩币表里有差。

戊午（初十日）[湖广镇南长官司副长官遣把事贡马]

湖广镇南长官司副长官谭汝铭遣把事驴蜡贡马。

庚申（十二日）[湖广前广平安抚司故土官孙等贡马]

湖广前广平安抚司故土官安抚向显祖孙大彪……来朝贡马。

[贵州招捕都匀卫丰宁司“贼首”等]

总兵官都督萧授奏：贵州都司都指挥佥事李政等、招捕都匀卫丰宁长官司贼首罗父荡、贵州宣慰司谷把寨苗人革子裸等，俱向化复业。惟罗父荡稔恶日久，今械送京师，请正其罪，以警其余。

甲子（十六日）［赏赐乌思藏及剌卜等簇番僧］

赐乌思藏及剌卜等簇番僧扎宗等，钞、彩币表里有差。

癸酉（二十五日）［赐广西上思州头目、四川平夷长官司通事等钞］

赐广西上思州头目黄安、四川平夷长官司通事文友得等，钞有差。

乙亥（二十七日）［赐乌思藏花言城等簇剌麻、番僧等钞、彩币表里等物］

赐……乌思藏花言城等簇剌麻簇头南哈亦什、土官百户扎巴星吉，马巴簇番僧宗竹札等三百二十一人，钞、彩币表里、金织纻丝袈衣、靴袜有差。

丙子（二十八日）［赐湖广镇南长官司把事、前广平安抚司故土官舍人等钞］

赐湖广镇南长官司把事驴蜡、前广平安抚司故土官舍人向大彪等钞有差。

明宣宗实录卷五十

宣德四年己酉（1429）

正月

甲寅（初七日）［四川总兵官陈怀请拨马匹给军士］

四川总兵官都督陈怀奏：四川诸卫骑士虽多，无马者什八九。一有征调，无所措置。碉门茶马司，每岁以茶易马解京，乞于其中取二千匹给军士。从之。

癸酉（二十六日）［增设松潘、茂州等卫千户所及驿站］

增置松潘卫前千户所，调利州卫前所官军实之。茂州卫前、右二千户所，调成都中卫左所、宁川卫后所官军实之。设小河千户所，调成都前卫后所官军实之。设溪子、叶棠、松林、三路口四站，拨军二百人及马给递。先是，松潘卫指挥使吴玮奏：松、茂地临生番，近尝窃发，而松潘卫旧有三千户所，茂州卫止二千户所。地方广远，兵力寡弱，控制为难。且山高谷深，道路修阻，猝有缓急，通报不易，请增兵设站为便。上命四川总兵官都督陈怀覆勘，至是怀奏以为便，故从之。

乙亥（二十八日）［赐四川、湖广、广西等处土官舍人、把事等钞、彩币等物］

赐……四川盐井卫土官舍人麦佐、把事抄撒等，马湖府蛮夷长官司故土官舍人文昌保等，湖广容美宣抚司故土官舍人黄隆杰等，广西泗城州女土官簇人岑泰等，利州头目罗向……钞、彩币表里、金织文绮、袭衣等物有差。

明宣宗实录卷五十一

二月

己卯（初三日）［湖广金峒安抚司前富南道军民宣慰司等故土官子孙朝贡］

湖广金峒安抚司前富南道军民宣慰司故土官宣慰使马散毛子显铭、前顺天安抚司故土官安抚覃起剌送子忠义、前滴水峒潮门安抚司故土官安抚向起剌子安什用、前马仄峒长官司故土官长官黄恕哲孙欲其什用、前盘顺安抚司故土官安抚剌尔送子向钟谨、忠峒安抚司故土官安抚杨文显子子隆等来朝贡马及方物。

辛巳（初五日）［四川长河西鱼通宁远等处剌麻朝贡］

四川长河西鱼通宁远等处剌麻初刻令伯等来朝贡马及方物。

壬午（初六日）［镇守龙州都指挥佥事激变“蛮民”］

广西按察司奏，镇守龙州都指挥佥事张贵、黄玹，先以拥兵不进，失陷城池，蒙宥其罪。今不改过，日务贪婪，厚索部属供给，掊克财物，折毁民居，役军渔猎，激变蛮民，致多逃窜。上命行在兵部臣曰：黄玹土民，令还思明。张贵即遣人逮赴京师治之。

戊子（十二日）［敕都督山云量拨广西、广东卫所带管军士赴钦、廉、南宁戍守］

敕都督山云量拨广西近地卫所带管军士赴南宁，都指挥花英量拨广东卫所带管军士赴钦、廉。选指挥千百户之老成精练者领之，协助戍守。初，工部侍郎罗汝敬等使交趾还，言钦、廉、南宁守备寡弱，故有是命。

己丑（十三日）［云南顺宁府故土官千夫长子等贡马］

云南顺宁府故土官千夫长阿茂子阿威……来朝贡马。

庚子（二十四日）［以广西上隆州土官知州母为本州知州］

以广西上隆州土官知州岑琼母陈氏为本州知州。琼卒无子，侄岑崧尚幼。土人诉于朝，愿得陈氏袭职，以抚其民，故命之。

明宣宗实录卷五十二

三月

丁未朔（初一日）［给赏从征松潘等处有功官军］

行在礼部户部奏：昨总兵官都督陈怀报，四川、陕西、贵州都司并四川陕西行都司所调官军，从征松潘等处有功者，凡四万八千九百九十六人。有旨定高下给赏钞，请于所在官司给之。纻丝及绢三千四百六十一匹、布六万五千七百匹，请于南、北二京官库关领运，赴各都司给与。遂命主事金勉等往给。敢勇当先。都指挥人钞一千贯、彩币表里三。指挥人钞八百贯、彩币表里二。千户卫镇抚、知州人钞六百贯、彩币表里一。百户所镇抚、序班人钞五百贯、绢三。总旗、总甲、舍人、头目人钞四百贯、绢二。小旗、小甲人钞三百贯、绢、布各一。军人、余丁、土民、土兵人钞二百贯、布二。齐力向前。布政使人钞八百贯、彩币表里二。指挥人钞六百贯、彩币表里一。千户卫镇抚人钞五百贯，绢三。百户百夫长所镇抚人钞四百贯、绢二。总旗、总甲、舍人、生员、头目人钞三百贯、绢、布各一。小旗、小甲人钞二百贯、布二。军人、余丁、土民、土兵人钞一百五十贯、布一。随阵摆队。指挥人钞四百贯、绢三。千户卫镇抚人钞三百贯、绢二。百户所镇抚人钞二百贯、绢、布各一。总小旗甲、舍人人钞一百五十贯、布二。军人、余丁、土民、土兵人钞一百贯、布一。守城守营等项。都指挥人钞四百贯、绢二。指挥人钞三百贯、绢一。千户百户卫所镇抚、典仗、判官、经历等官人钞一百五十贯、布二。旗军、舍人、吏典、头目、把事人钞一百贯、布一。病故者赏如见存之例，阵亡及敢勇当先二三次者，悉如本赏之半。自余功次不同，悉依例给赏。

庚戌（初四日）［四川盐井卫土官副千户、把事等贡马］

四川盐井卫土官副千户绰甲、把事日祐等来朝贡马。

壬子（初六日）［以功命松潘卫指挥之弟为巡检］

命松潘卫指挥吴玮弟瓘为四川筠连县三坌巡检司巡检。先是，松潘番蛮作耗，率众攻城。瓘以舍人出家财，招募丁壮，竭力守城。官军与贼战，瓘率所募兵，奋勇当先杀贼。至是松潘卫老卒袁敬、内江县耆民刘友才等奏瓘有功。行在兵部言，瓘例当赏。上曰：有功固当赏，以白衣立功，非有职守者可比，当于赏例外加之官，庶合至公。遂以瓘为巡检。

丙辰（初十日）［禁采四川会川卫所属矿产］

行在工部奏，总兵官太傅黔国公沐晟言：四川东川府会川卫所属山内，产青绿银铜诸矿，军民往往潜取。其地与云南武定军民府金沙江及外夷接境，恐（主）〔生〕边患，宜令四川、云南三司巡禁。从之。

甲子（十八日）［命四川青川守御千户所罢闲百户复职］

命四川青川守御千户所罢闲百户倪让复职。让，故百户倪兴从子，兴卒，让袭职，后以例不当袭罢之。松潘番寇攻青川城，让自奋与众竭力守城。贼遁去，从官军追捕之。至叠溪茂州击贼，让以前锋屡败贼，其功居多。至是，总兵官都督陈怀奏，让躯干勇壮，遇敌不怯，且列其功状。上谓行在兵部曰：韩整辈膺国家委任，而以贪淫玩寇不能功若此人者，安可弃之？令复原职，使再立功。

庚午（二十四日）［四川威州番僧剌麻贡马］

四川威州兀惹（塞）〔寨〕番僧剌麻罗如藏等来朝贡马。

［松潘土僧剌麻以捕盗功被“命为禅师”］

松潘土僧剌麻绰领舍利藏奏，番人作耗，（当）〔尝〕率众追捕有功，且乞创寺、赐名分。上谓行在吏部臣曰：彼既有捕盗功，俱命为禅师。创寺劳民，不可从。

［奉使外夷中官教诱土官“相仇杀”，被召还］

召奉使外夷中官云仙、徐亮还。初，云仙受命分往外夷抚谕，两人素怀忿嫉，各教诱土官相仇杀，阻遏使臣。至是上闻之，悉召还。

明宣宗实录卷五十三

四月

戊寅（初三日）［赐四川威州剌麻番僧银钞、彩币表里］

赐四川威州兀惹寨剌麻番僧罗如藏等银钞、彩币表里有差。

辛巳（初六日）［广西总兵官山云讨柳、浔二州“寇”奏捷］

广西总兵官都督山云讨柳、浔二州寇廖得宁、蓝再陆等，诛之，并诛其从寇二千四百八十人，枭首境上以徇，归寇所掠军民男妇四百四十六人以闻。上览之，谓行在兵部尚书张本等曰：蛮性凶悍，其死皆所自取。今瘴疠之时，宜速令息兵，有未服者遣人招谕，若能顺服，亦可宽贷。

丙戌（十一日）［乌思藏遣剌麻僧人朝贡］

太监侯显等归自乌思藏，以乌思藏所遣朝贡剌麻僧人入见。命行在礼部，供给如例。其留止河州者，敕都督同知刘昭如例给之。

乙未（二十日）［赐乌思藏管觉护教王使臣番僧，四川茂州、威州番僧等钞、彩币表里及纻丝袭衣］

赐乌思藏管觉护教王使臣番僧什占千等、四川茂州汝奉川寨番僧燕旦儿监藏、威州鲁思蛮等寨番僧曾客等，钞、彩币表里及纻丝袭衣有差。

癸卯（二十八日）［四川播州宣慰使所遣长官等贡马］

四川播州宣慰使杨昇遣长官冯添祺……贡马。

甲辰（二十九日）［赐云南鹤庆军民府、贵州金筑安抚司入贡故土官舍人、头目等钞、彩币等物］

赐云南鹤庆军民府故土官舍人董寿等、贵州金筑安抚司头目李宗让等，钞、彩币表里、绢及纻丝袭衣有差。

明宣宗实录卷五十四

五月

壬子（初七日）［云南北胜州土官子贡方物，请袭父职］

云南北胜州土官判官高琳子瑛来朝贡方物，请袭父职。

癸丑（初八日）［广西镇安府土官知府所遣族人、四川长河西鱼通宁远等处剌麻朝贡］

广西镇安府土官知府岑永寿遣族人岑坚，四川长河西鱼通宁远等处剌麻问卜雪能藏……来朝贡马及金银器皿。

己未（十四日）［赐四川播州宣慰司土官长官等钞、彩币表里］

赐四川播州宣慰司土官长官冯添祺……钞、彩币表里有差。

明宣宗实录卷五十五

六月

戊寅（初三日）［诏增云南科举额］

诏增云南科举额。先是，定云南布政司科额止十人。贵州布政司有学愿试者，于湖广布政司就试。其后贵州布政司言，贵州去湖广四十余驿，去云南止八驿，乞以近相附。行在礼部以闻，从其言。至是云南布政司奏，贵州生从云南试，请增名额。礼部议增五名。从之。

己卯（初四日）［四川伽木隆等处国师遣剌麻朝贡］

四川伽木隆等处妙智通悟国师朵儿只监藏遣剌麻温卜释麻监藏等贡马及方物。

庚辰（初五日）［四川威州番僧剌麻贡马］

四川威州番僧剌麻引占等来朝贡马。

辛巳（初六日）［以征交阯复云南都司二指挥佥事职］

复云南都司都指挥佥事吴旺、陈忠职。初，旺、忠坐累就逮。黔国公沐晟征交阯，请以二人领军立功。至是还，行在兵部奏，二人例应复职调任。上曰：总帅既言二人可用，令复原任。

壬辰（十七日）［赐四川伽木隆等处僧、剌麻钞、彩币表里］

赐四川伽木隆等处僧温卜释麻监藏、剌麻引占等，钞、彩币表里有差。

癸巳（十八日）［四川播州宣慰使遣侄贡马］

四川播州宣慰使杨昇遣侄九成贡马。

庚子（二十五日）［四川杂谷安抚司番僧、剌麻贡方物］

四川杂谷安抚司番僧失剌江藏、剌麻严藏等来朝贡方物。

辛丑（二十六日）［赐四川播州宣慰使侄钞、文锦、彩币表里］

赐四川播州宣慰使杨昇侄九成等，钞、文锦、彩币表里有差。

甲辰（二十九日）［四川杂谷安抚司故土官安抚孙贡马］

四川杂谷安抚司故土官安抚曩卑孙阿惹贡马。

明宣宗实录卷五十六

七月

己酉（初五日）［湖广保靖军民宣慰司宣慰、同知、副使、佥事皆缺，命另从土人中选择］

行在兵部奏：湖广保靖军民宣慰司旧有二宣慰，一为人所杀，一以杀人今当死，其同知、副使、佥事皆缺，请命流官往治之。上曰：蛮夷之性难驯，流官不谙土俗，治之尤难，必其同类，乃能相安。其令都督萧授，就土人中择其素有恩信、众所推服可任用者，具名奏来。更令授从公选择，不可滥举。

辛酉（十七日）［赐四川盐井卫故土官舍人等钞、彩币］

赐四川盐井卫故土官舍人阿昔及工谷西番头目各坐等，钞、彩币表里有差。

癸亥（十九日）［云南八寨长官司故土官百夫长弟、教化三部长官司营长等贡马］

云南八寨长官司故土官百夫长阿伯弟阿觉、临安府教化三部长官司营长阿宗等贡马。

丙寅（二十二日）［贵州小平伐长官司舍人贡马］

贵州小平伐长官司舍人宋斌来朝贡马。

明宣宗实录卷五十七

八月

庚辰（初六日）［赐贵州小平伐长官司舍人等与云南八寨长官

司故土官舍人等、教化三部长官司营长等钞、纻丝等物]

赐贵州小平伐长官司舍人宋斌等，云南八寨长官司故土官舍人阿觉等、临安府教化三部长官司营长阿宗等，钞、纻丝、纱罗、绢及罗绢衣有差。

庚寅（十六日）[赐贵州安顺州把事钞、彩币、纻丝袭衣]

赐贵州安顺州把事阿开等，钞、彩币表里、纻丝、袭衣有差。

辛丑（二十七日）[赐四川昌州长官司把事等钞、彩币、纻丝袭衣]

赐……四川昌州长官司把事阿苴等钞、彩币表里及纻丝、袭衣有差。

明宣宗实录卷五十八

九月

乙巳（初二日）[云南罗次县炼象关巡检司土官巡检等贡马]

云南罗次县炼象关巡检司土官巡检李俊等来朝贡马。

庚戌（初七日）[广西总兵官山云上言广西军务]

广西总兵官都督佥事山云言：广西地阔，寇发无时，遇有征哨，马力不足。请如旧选卫所有丁力殷实旗军，买马骑操，以备调用，而免其余丁二人差役，以助正军。又言：贵州都司调至广西操备官军，分作两班，一年一更。今广西各处瑶僮为寇，拟进兵剿捕，而寇多军少，请令贵州分政官军暂留，并力征剿，候来春更代。上皆从之。

庚申（十七日）[赐云南罗次县炼象关土官巡检等钞、彩币、绢]

赐云南罗次县炼象关土官巡检李俊……钞、彩币、绢有差。

明宣宗实录卷五十九

十月

辛巳（初八日）［锦衣卫指挥佥事上言，请令官军更替备御松潘“番蛮”］

行在锦衣卫指挥佥事何敏言：四川松潘等处关堡接连生熟西番、布罗韩胡等类番蛮。洪武中，置官军严备，番蛮不敢为非。近来卫所官旗，多纵家属在堡居住，与番人往来交易，及募通晓汉语番人代其守堡。而己则潜往四川什邡、汉州诸处贩鬻，经年不回，致番蛮窥伺，乘虚作耗，烧毁关堡，劫虏人财。今虽降附，亦宜榜谕诸处，贩鬻者各还营堡，仍依宁夏官军更替备御，庶番蛮畏服，边卫宁妥。上曰：番蛮之变，不徒以是，然防御之计亦不可不周。其令兵部行总兵官计议行之。

丁亥（十四日）［命云南、四川三司“抚谕禁约”盐井卫土官］

云南总兵官黔国公沐晟奏：曩者永宁府蛮人矢不剌非纠合四川盐井卫土官马剌非等，杀前知府各吉八合与今任知府卜撒，剽掠村寨，已擒其党解京，朝廷已命卜撒弟南八袭为知府。今马剌非率众，又据永宁节卜、上、下三村，大肆杀劫。南八脱走，马剌非又据其尖住、夜白等十村寨，攻围促卜瓦寨。屡遣官抚谕不服，请令四川行都司下盐井卫，禁约马剌非还所据村寨。上从之，命行在兵部移文云南、四川三司，抚谕禁约。

十一月

辛亥（初九日）［徙广西思恩县治于白山寨］

徙广西思恩县治于白山寨。初，广西布政司、按察司奏：思恩县治山谷荒野，累被瑶蛮攻劫，不能自守。境内白山寨，四面险固，宜移置于彼。上命行在工部覆勘，还奏宜徙。故从之。

丙寅（二十四日）［谕广西有司用心抚恤洛容诸县平民］

广西总兵官都督佥事山云奏：广西柳州府洛容诸县蛮寇出劫，屯聚乡村。遣指挥王纶等率兵讨之，纶等因贼拒敌，纵兵剿杀，害及良善，请治其罪。上谕行在兵部臣曰：兵刃之下，不免有误，纶等幸有功，姑宥之。其移文山云，凡平民有系累者皆遣还，令有司用心抚恤，勿令失所。

明宣宗实录卷六十

十二月

丙戌（十四日）［广西利州土官知州等遣人朝贡］

广西利州土官知州岑颜等遣族人岑忻等来朝贡马及银器、方物。

辛卯（十九日）［四川龙州土官知州、白马路长官司土官副长官所遣舍人贡马］

四川龙州土官知州薛忠义，白马路长官司土官副长官薛继良遣舍人薛志高等来朝贡马。

壬辰（二十日）［四川永宁宣抚司土官宣抚、九姓长官司土官长官遣人贡马］

四川永宁宣抚司土官宣抚奢苏、九姓长官司土官长官任爵遣把事梅受先等来朝贡马。

甲午（二十二日）［四川天全六番招讨司土官招讨使、广西南丹等州土官知州、湖广永顺军民宣慰使彭忠等贡马］

四川天全六番招讨司土官招讨使杨钦、广西南丹等州土官知州莫祯、湖广永顺军民宣慰使彭忠……来朝贡马。

乙未（二十三日）［乌思藏国师、大国师并大乘法王使臣朝贡］

乌思藏国师领占端竹阿木葛、大国师释迦也失，并大乘法王辅教王、阐化王使臣锁南领占等五百四十二人，贡马及方物。

丙申（二十四日）［贵州思州等府土官同知、湖广龙潭安抚司等衙门土官安抚等贡马］

贵州思州等府土官同知党礼、湖广龙潭安抚司等衙门土官安抚黄景中等来朝贡马。

丁酉（二十五日）［贵州龙里等卫土官千户、龙里蛮夷长官司土官长官、上马桥长官司土官长官与四川叠溪等长官司故长官等贡马］

贵州龙里等卫土官千户周斌、龙里蛮夷长官司土官长官何庆禄、上马桥长官司土官长官李庆，四川叠溪等长官司故长官郁书华弟白失结等来朝贡马。

己亥（二十七日）［广西庆远等府那地等州土官知州、四川沐川长官司女土官副长官及乌思藏哈立麻尚师朝贡］

广西庆远等府那地等州土官知州罗志通等、四川沐川长官司女土官副长官王氏，及乌思藏（合）〔哈〕立麻尚师等，来朝贡马及方物。

明宣宗实录卷六十一

宣德五年庚戌（1430）

正月

甲寅（十三日）［贵州新化蛮夷长官司长官、广西上隆州署州事土官知州母遣人贡马］

贵州新化蛮夷长官司长官欧林遣头目欧阳孙，广西上隆州署州事土官知州岑琼母陈氏遣头目罗善等贡马。

己未（十八日）［四川平夷长官司故长官女贡马请袭职］

四川平夷长官司故长官王宣女来朝贡马，奏请袭职。

［赐广西利州土官知州所遣族人钞、绢等物］

赐广西利州土官知州岑颜所遣族人岑忻等钞、绢有差。

癸亥（二十二日）［赐贵州、湖广、四川、广西等处官及乌思藏尚师钞、彩币表里等物］

赐贵州思州府土官同知党礼、龙里等卫土官副千户周斌、龙里长官司土官长官何庆禄、上马桥长官司土官长官李庆，湖广龙潭安抚司安抚黄景中、下爱茶峒等长官司长官冉暹，四川泥溪长官司土官壬凤、沐川等长官司女土官王氏、叠溪等长官司土官舍人白失结，广西那地等州土官知州罗志通等，及乌思藏哈立麻尚师……钞、彩币表里、纻丝等衣靴有差。

明宣宗实录卷六十二

正月

甲子（二十三日）［乌思藏剌麻高僧、灵藏都指挥、贵州湖耳蛮夷长官司长官所遣头目等贡马］

乌思藏必力工瓦等处剌麻高僧南哥监藏、灵藏都指挥桑尔结监藏……贵州湖耳蛮夷长官司长官欧景虎遣头目姚子云等，来朝贡马。

丙寅（二十五日）［招谕永昌千户所千夫长等顺服］

云南总兵官黔国公沐晟等奏：招谕永昌千户所千夫长刀不浪班等顺服。先是，刀不浪班等劫杀潞江安抚司人民，逐安抚曩璧奔金齿而据其地，晟与云南三司遣官招谕。至是，刀不浪班惧罪，尽还其所据地，复归旧居，当差如故。晟等因而抚之。

戊辰（二十七日）［赐贵州新化长官司、广西上隆州头目钞币］

赐贵州新化蛮夷长官司头目欧阳孙、广西上隆州头目罗善等钞币有差。

辛未（三十日）［出使乌思藏太监奏明遇“贼”奋力作战之官军姓名］

太监侯显奏：先使乌思藏，至邛部之地，遇贼劫掠官军马牛。随行官军与贼对敌，有勇敢当先者，有齐力向前者，有擒贼者，有斩贼首级者，有阵亡者，通四百六十余人，悉具名闻。上命行在兵部：擒贼及斩首与当先者，皆升一级。齐力向前者，加赐赉。阵亡者升用，仍恤其家。

明宣宗实录卷六十三

二月

乙亥（初四日）［赐湖广、广西、贵州、四川等处土官等钞、彩币等物］

赐湖广散毛宣抚司土官于斌、广西上林长官司头目黄昌、田州府头目萧原、贵州金筑安抚司头目田以得、四川芒部军民府土官弟普密戴、沐川长官司舍人悦福得……钞、彩币表里及绢、胖袄，有差。

丙子（初五日）［赐四川平夷长官司故长官女来朝贡者钞］

赐四川平夷长官司故长官王宣女来朝贡者钞。

丁丑（初六日）［贵州丹竹长官司土官长官等贡马］

……贵州丹竹长官司土官长官罗海等来朝贡马。

己卯（初八日）［赐贵州湖耳长官司头目及乌思藏僧等钞、彩币表里］

赐贵州湖耳长官司头目姚子云，乌思藏僧南哥监藏、灵藏都指挥桑尔结监藏……钞、彩币表里有差。

戊子（十七日）［广西万承州土官知州等遣人贡马］

广西万承州土官知州许永成等遣族人许永昌等贡马。

己丑（十八日）［赐四川军民府土官知府及乌思藏剌麻钞、彩币表里］

赐四川军民府土官知府沙白、乌思藏剌麻着失工藏等，钞、彩币表里有差。

壬辰（二十一日）［广西龙州土官知州所遣头目四川石砫宣抚司土官宣抚子等朝贡］

广西龙州土官知州赵仁政遣头目谢康，四川石砫宣抚司土官宣抚马应仁子镇等，贡马及方物。

［赐贵州丹竹长官司土官长官等钞、纻丝、彩币表里］

赐……贵州丹竹长官司土官长官罗海等，钞、纻丝、彩币表里有差。

癸巳（二十二日）［赐贵州、四川、广西、云南等地土官钞、彩币表里及绢］

赐贵州宣慰使安中弟嘉，乖西蛮夷长官司长官杨暹，四川石砫宣抚司舍人陈伯舟，乌蒙军民府土官禄昭，广西太平府土官知府张高，归德州土官知州黄高，云南楚雄府女土官设札……钞、彩币表里及绢有差。

明宣宗实录卷六十四

三月

庚戌（初十日）［赐广西万承州土官族人、龙州头目与四川石砫宣抚司舍人等钞、彩币表里、绢］

赐广西万承州土官族人许永昌等，龙州头目谢康，及四川石砫宣抚司舍人马镇等，钞、彩币表里及绢有差。

丙辰（十六日）［灵藏赞善王、乌思藏牙儿加寨朝贡］

灵藏赞善王喃葛监藏巴藏卜遣僧人舍剌藏卜，乌思藏牙儿加寨官结年遣头目管卜儿加等，贡马及方物。

壬戌（二十二日）［贵州乐平长官司副长官、广西南丹州土官知州所遣族人等贡马］

贵州乐平长官司副长官宋真，广西南丹州土官知州莫真遣族人莫铭……贡马。

乙丑（二十五日）［贵州宣慰使所遣舍人、四川播州宣慰使所遣长官、广西镇安府土官知府所遣头目朝贡］

贵州宣慰使安中遣舍人安此，四川播州宣慰使杨钦遣长官李钦，广西镇安府土官知府岑永寿遣头目岑昔等，来朝贡马及金银器皿、方物。

丙寅（二十六日）［赐广西、四川、云南、湖广等处土官、剌麻钞、彩币表里］

赐广西镇远州土官知州赵得茂，上下冻州土官赵庆隆，四川八郎等安抚司土官舍人阿儿结、牟力劫等簇剌麻乐觉先结，云南大理府河泊所土官杨定，湖广前安定军民宣慰司宣慰使剌大送用孙向海隆等，钞、彩币表里有差。

［广西总兵官山云上征剿柳州“蛮寇”斩首数］

广西总兵官都督佥事山云，上征剿柳州府蛮寇斩首之数。上谓尚书张本曰：蛮性好乱，自取死，可憎亦可悯。其令云善绥抚制驭，使不得为寇，亦所以保全之也。

戊辰（二十八日）［赐云南云南县故土官巡检弟钞、彩币］

赐云南之云南县安南坡巡检司故土官巡检弟李珍等，钞、彩币表里有差。

己巳（二十九日）［四川威州剌麻贡马］

四川威州剌麻伽瓦藏卜等来朝贡马。

明宣宗实录卷六十五

四月

壬申（初二日）［赐灵藏等处僧及乌思藏牙儿加寨头目钞、彩币等物］

赐灵藏等处僧舍剌藏卜，乌思藏牙儿加寨头目管卜儿加等，钞、彩币表里及金织纻丝、袭衣、僧衣有差。

癸酉（初三日）［广西向武州故土官知州子与云南太和县土人贡马］

广西向武州故土官知州黄谦昌子宗荫、云南太和县土人杨荣等贡马。

庚辰（初十日）［广西思明等府土官等贡马］

……广西思明等府土官知府黄堈遣族人黄明等来朝贡马。

辛巳（十一日）［广西大藤峡瑶人“行劫”，令山云治之］

广西浔州大藤峡瑶贼，合龙头山贼，行劫乡村，掠人财。守备都指挥陈全坐视，不率兵剿捕，巡按监察御史张善请正其罪。上命总兵官都督山云治之。

［四川龙州土官知州请改州为宣慰使司未果］

四川龙州土官知州薛忠义等奏：本州密迩番戎，旧无城池。近者番人作耗，率众征剿有功，乞改龙州为宣慰使司，置城堡垛，集土兵镇其地。上命行在兵部同吏部议，尚书张本等言：龙州自洪武初大军平蜀，开治建官，所管土民有警则征调，无事则耕种，行之已久，夷民服从。今忠义以镇番为名，欲改设衙门，增其品秩，且既筑城置军，将亦难制。上曰：卿等言是，只循旧规，勿有改作。

壬午（十二日）［赐贵州宣慰司舍人、四川播州宣慰司长官、广西镇安府头目钞、彩币表里及绢］

赐贵州宣慰司舍人安此等、四川播州宣慰司长官李钦等、广西镇安府头目岑昔等，钞、彩币表里及绢有差。

［乌思藏阐教王头目奏请居京自效］

乌思藏阐教王头目朵令遣来锁扎失思奏，愿居京自效。命为所镇抚，赐冠带、金织袭衣、彩币、钞、布，仍命有司给房屋、器皿等物如例。

戊子（十八日）［贵州贵竹长官司副长官所遣头目等朝贡］

……贵州贵竹长官司副长官刘荣等遣头目宋礼等来朝贡马及方物。

己丑（十九日）［命前四川石砫宣抚司宣抚子为宣抚］

命前四川石砫宣抚司宣抚马应仁子镇为宣抚。初，应仁有罪应死，贷死谪戍。至是上念其祖克用尝效力于先朝，命求其子孙之良者用之。至是其土人皆言，镇德性惇实，众所服从，故有是命。

壬辰（二十二日）［裁减贵州大万山长官司朱砂场局副使］

裁减贵州铜仁府大万山长官司大崖土黄坑水银朱砂场局副使一员。

明宣宗实录卷六十六

五月

壬寅（初三日）［四川石砫宣抚司所遣把事等贡马］

四川石砫宣抚司遣把事刘显昌……来朝贡马。

癸卯（初四日）［赐广西思明府土官族人、贵州贵竹长官司头目钞、彩币等物］

赐广西思明府土官族人黄明、贵州贵竹长官司头目宋礼……钞、彩币表里及绢有差。

丙午（初七日）［赐广西都康州土官知州及思陵等州护印土官子及头目等钞、彩币］

赐广西都康州土官知州冯斌，思陵、龙英、养利、忠州等州护印土官子韦昌，头目赵义、赵启、黄雄等，钞、彩币有差。

癸丑（十四日）［四川松潘祁命簇禅师贡马］

四川松潘祈命簇禅师出儿轮等来朝贡马。

癸亥（二十四日）［赐四川松潘祈命簇禅师钞、彩币、袭衣］

赐四川松潘祈命簇禅师出儿轮等钞、彩币表里、袭衣有差。

乙丑（二十六日）［置云南广益州及东山口巡检司］

置云南广益州及东山口巡检司。时中官云仙还自云南言，金齿广邑寨本永昌副千户阿干所居。干尝奉朝命，招生蒲五千户向化。今干令孙阿都鲁同蒲酋莽寒叔阿类诣京贡方物，且乞于广益置州，使阿都鲁代己掌州事，以熟蒲并所招生蒲属之。又言，阿迷州东山，其地冲要，夷僚贩鬻，多经于此。尔因蛮寇为患，暂遣营长普觉往来巡捕，非经久之计。诸夷皆请置巡检司于东山口，并请以普觉为巡检。事下行在兵部议，兵部请覆勘其实。上曰：地在边远，既是夷人慕化，不必覆勘，其悉从之。遂命都鲁为广益州知州，莽寒为同知，首觉为东山口巡检。行在礼部铸印给之。

明宣宗实录卷六十七

六月

辛未（初二日）［命云南楚雄已故土官知府女袭本府同知］

命云南楚雄府已故土官知府高政女袭本府同知。政初为同知，永乐中来朝降，时仁宗皇帝监国，嘉其勤诚，特升知府，仍命子孙世袭同知。政卒无子，其妻承袭。又卒，其女奏乞袭知府。上曰：皇考有成命，令袭同知。

壬申（初三日）［广西凭祥县土官所遣族人等贡马］

广西凭祥县土官李成遣族人李安……来朝贡马。

丙子（初七日）［置云南孟缅长官司及滇滩等五巡检司］

置云南孟缅长官司，及滇滩、木缚雷、傍哈丘、垄磨、孟伦五巡检司。时景东府奏：所辖孟缅、孟梳，地方僻远，屡被外寇侵扰。乞并孟梳于孟缅，设长官司，授把事姜嵩为长官，以隶景东，岁增贡银五十两。又茶山长官司奏：所辖夷民，悉居深山，而滇滩当小茶山瓦高之冲，寇常出没，人不能安。通事段胜颇晓道理，能安人心，乞以胜为巡检，置司于滇滩。又南甸州奏：先被麓川宣慰司侵夺其地，赖朝廷威力复之，若不置官司以正疆界，恐侵夺未厌。乞于木缚雷、傍哈丘、垄磨、孟伦四处，置巡检司以镇之。上命行在吏部除官，悉从所奏。

壬午（十三日）［改干崖长官司隶云南都司］

改云南金齿军民指挥使司干崖长官司隶云南都司。时长官刀美孟奏，乞援大候长官司例，升干崖为州。又奏，其地近云南都司，而岁纳差发银于金齿卫，路远，乞改隶云南都司，而输银于布政司为便。上问行在吏部：大（候）〔侯〕何以升州？对曰：以岁纳差发银多，故升。上曰：祖宗设置已定，不可易也，但可改隶云南都司，而令于布政司纳银以便之。

丁亥（十八日）［赐云南麓川平缅宣慰使所遣头目钞、彩币表里等物］

赐云南麓川平缅宣慰使思任发等，所遣头目刀门道等三百七十六人……钞、彩币表里、袭衣、纱、罗、绢、布有差。

戊子（十九日）［设云南腾冲州，置土官知州一员］

设云南金齿军民指挥司腾冲州，置土官知州一员。时腾冲守御千户所土官副千户张铭言：本所地方远在极边，麓川宣慰思任发不时仇杀，惊扰夷民。乞设州治，置官吏，与腾冲守御千户所相兼镇（怃）〔抚〕，庶得其民安业。上从之，就以铭为腾冲州知州。

庚寅（二十一日）［赐广西凭祥土官族人等钞币、金织袭衣］

赐……广西（平）〔凭〕祥县土官族人李安……钞币及金织袭衣有差。

丁酉（二十八日）［木邦侵掠麓川、缅甸土地人民，令沐晟与云南三司遣人往谕之］

以木邦宣慰使罕门法、麓川平缅宣慰使思任发，及缅甸宣慰使莽得剌，各贡象、马、方物，遣中官云仙等赍敕赐之冠带、彩币。时思任发、莽得剌皆奏，罕门法侵占其地，掠其人畜。敕总兵官黔国公沐晟及三司官曰：麓川、缅甸皆言，木邦侵掠土地人民。尔晟宜遣官与三司堂上官各一人，同云仙等往谕，如所言皆实，悉令退还。继今各安分保境，无相侵犯。如其不服，奏来处治。

明宣宗实录卷六十八

七月

戊申（初十日）［云南浪穹县下江觜巡检司故土官巡检子请袭职］

云南（狼）〔浪〕穹县下江觜巡检司故土官巡检何名子护等贡马，奏请袭职。

戊午（二十日）［贵州安顺等州土官同知遣人贡马］

贵州安顺等州土官同知阿宠等遣把事杨保等贡马。

癸亥（二十五日）［云南弥勒州故土官知州子贡马］

云南弥勒州故土官知州者克子樊习等贡马。

丁卯（二十九日）［四川建昌卫土官驿丞、广东德庆州瑶人朝贡］

四川建昌卫泸沽马驿土官驿丞杨兴祖、广东德庆州金林等乡瑶人盘奴爱等来朝贡马及方物。

明宣宗实录卷六十九

八月

庚午（初二日）［赐云南浪穹县下江觜巡检司土官舍人钞］

赐云南浪穹县下江觜巡检司土官舍人何护等钞有差。

辛未（初三日）［五开卫二指挥怀私争竞被惩治］

湖广按察司奏：五开卫指挥倪善、赵兴，各怀私心，不顾大体，凡有公事，不肯和平计议，动辄喧争，文书积滞，至有一事累月阁而不行者，请皆治其罪。上谕右都御史顾佐，令按察司俱治之。又谓佐曰：同僚有兄弟之谊，当情意相孚，可否相济，譬如操舟行车，虽众论不齐，但欲舟车可行而已，何必争竞？此辈皆胶于私意，以致妨废职务。若仓猝蛮夷有警，不能协和，何以济事？故不可不治以示儆也。

乙亥（初七日）［乌思藏大国师之徒等贡马］

……乌思藏大国师释迦也失之徒养答儿等贡马。

庚辰（十二日）［赐贵州、云南、四川等处土官及广东瑶人钞、彩币、袭衣］

赐贵州安顺州及小平伐长官司把事杨保、头目阿若等，云南弥勒州故土官舍人樊习等，四川建昌卫泸沽马驿土官驿丞杨兴祖等，广东德庆州瑶人盘奴爱等，钞、彩币表里、袭衣有差。

乙酉（十七日）［湖广施南宣抚司土官宣抚所遣舍人、前池着洞长官司等衙门故土官长官子朝贡］

湖广施南宣抚司土官宣抚覃逊遣舍人黄昌，前池着洞长官司等衙门故土官长官向铁钟子海栋等，贡马及方物。

甲午（二十六日）［四川建昌卫土官指挥使所遣把事、湖广前顺化等安抚司故土官安抚子、云南富州等衙门故土官知州子及族人贡马］

四川建昌卫土官指挥使安均遣把事张五十，湖广施南宣抚司前顺化等安抚司故土官安抚旺踵子墨言送，云南富州等衙门故土官知州沈弦经子政及族人沈郎安等，来朝贡马。

丙申（二十八日）［设云南府道纪司］

设云南府道纪司，置都纪、副都纪各一员。

［云南孟养地方为麓川宣慰所据］

云南孟养军民宣慰司土官同知刀玉宾奏：伯父刀木旦原任宣慰使，为土官刀木浪所杀，据有其地。后蒙朝廷遣官访求（王）〔玉〕宾，授以同知。又阻于缅甸土官，不得已寄居金齿二十余年。今孟养地方又为麓川宣慰思任发所据，乞遣人送回本土，以图报效。上命行在礼部遣之还，而命黔国公沐晟理之。

［贵州治古、答意二长官司长官石各野等起事，令总兵官萧授及贵州三司、巡按］

初，贵州乌罗府知府严律己言：所属治古、答意二长官司长官石各野等聚众出没铜仁、平头、瓮桥等处，诱胁蛮贼石鸡娘，并筸子坪长官司吴毕郎等作耗，招抚不服。缘其地与镇溪、酉阳诸蛮接境，恐相扇为乱，请调官军、土兵，分据其地，绝其粮道，且捕且抚。事平之后，宜置卫所巡司以守之。事闻，下行在兵部议。至是兵部请移文总兵官都督萧授，及贵州三司、巡按御史勘实，就令相机抚捕，及应否设兵守镇，待报而行。从之。

明宣宗实录卷七十

九月

乙巳（初七日）［赐四川建昌卫把事、云南富州土官舍人、湖广前顺化安抚司故土官安抚子等钞币表里］

赐四川建昌卫把事张五十等、云南富州土官舍人沈郎安等、湖广前顺化安抚司故土官安抚子墨言送……钞币表里有差。

丁未（初九日）［免天全六番招讨司岁办乌茶，只办芽茶］

天全六番招讨司奏：旧额岁办乌茶五万斤，二年一次运赴碉门茶马司易马。今户部令再办芽茶二千二百斤，山深地瘠，茶多枯死，艰于采办，乞减其数。上谓行在户部曰：边民当宽以抚之，悉免乌茶，止令办芽茶。

壬子（十四日）［四川董卜韩胡宣慰使所遣子及剌麻朝贡］

四川董卜韩胡宣慰使喃噶遣子奔卜，剌麻贾思叭、僧结等，来朝贡马及方物。

癸亥（二十五日）［乌思藏阐化王使臣奏请居京自效］

乌思藏阐化王遣来使臣孙竹奏，愿居京自效。命为所镇抚，赐金织袭衣、彩币、钞、布，仍命有司给房屋器皿等物如例。

明宣宗实录卷七十一

十月

己巳（初二日）［四川董卜韩胡宣慰使请致仕，以其长子为剌麻，次子代其职］

赐四川董卜韩胡宣慰使喃葛所遣子奔卜、剌麻贾思叭、僧结等，彩币表里、纻丝、袭衣等物有差。时喃葛奏乞致事，请以长子领僧众，次子治民人。上从之。遣镇抚沈羽等，赍敕及文锦、彩币、金织纻丝袭衣，往赐喃葛。命其长子班丹也失为剌麻，次子克罗俄监粲代为宣慰使。

［云南巡按杜琮奏土官犯法请以流官例提问，谕毋改］

巡按云南监察御史杜琮奏：土官有犯，例应奏请提问，本以宽待之，而蛮夷恃恩，愈益纵肆。每犯罪即以进贡为名，迁延避匿；或巡历乡村，横敛无厌，人多受害。请如流官例，五品以上奏请，六品以下听巡按御史、按察司提问，庶革奸欺。上以其奏示法司，且谕之曰：蛮夷不可以中国之治治之，琮所言过矣，其循祖宗成宪毋改。

甲午（二十七日）［黔国公沐晟奏称盐井卫土官已归还所侵掠永宁府土地人民］

云南总兵官黔国公沐晟奏：奉敕抚谕盐井卫土官千户剌马非，还所侵掠永宁府土地人民。已令都督同知沐昂，勒兵谕以祸福，今遵依敕旨，悉已归还，事妥民安。上曰：蛮夷作过常事，服则舍之。

［海南卫指挥剿起事黎人，败绩，令鞫之］

广东海南卫指挥黄瑀率兵剿黎寇，初逗遛不进，养寇纵恶。及进，不亲督战，致官军败绩。巡按御史陈汭奏请罪之。上曰：军官职在捕寇，遇小寇已怯不进，见大寇当如何？其令御史及按察司鞫之，果实，必杀不贷。

明宣宗实录卷七十二

十一月

己亥（初二日）［征剿广西忻城、马平等县“叛蛮”］

广西总兵官都督佥事山云奏：广西浔州、平乐等府，蛮贼屡出劫掠。调指挥佥事鲁义等，领兵追捕，斩贼首四百五级，归所虏男妇三十九人。又奏：自宣德三年至宣德五年，征剿广西柳州、庆远等府忻城、马平等县叛蛮，斩首七千四百十九级，归男妇一千五百三十人，给还亲还家。

丙午（初九日）［赐四川石砫宣抚司把事等、湖广前黔南道宣慰司故土官舍人等钞］

赐四川石砫宣抚司把事向添林等、湖广前黔南道宣慰司故土官舍人覃宣等钞有差。

庚戌（十三日）［赐贵州都坪峨异溪蛮夷长官司头目、云南浪穹县把事等钞］

赐贵州都坪峨异溪蛮夷长官司头目罗海金、云南浪穹县把事赵保等钞有差。

壬子（十五日）［“贼”焚元江军民府军民土官知府廨宇、印信，被获，发辽东安置］

云南总兵官黔国公沐晟奏：元江军民府土官知府那忠被贼刀正、刀龙等焚其廨宇及经历司印信。今获刀龙、刀洽解京，乞如永乐故事，发辽东安置，以警边夷。从之。命行在礼部铸经历司印给之。

甲寅（十七日）［广东琼山县、宜伦县故土官知县子贡方物］

广东琼山县故土官知县许志广子才、儋州宜伦县故土官知县黄侬苟子庆来朝贡方物。

癸亥（二十六日）［赐广东琼山、宜伦县故土官舍人钞币表里衣］

赐广东琼山县故土官舍人许才、宜伦县故土官舍人黄庆等钞币表里及衣。

明宣宗实录卷七十三

十二月

壬申（初六日）[乌思藏必立工瓦番僧剌麻等贡马]

……乌思藏必立工瓦番僧剌麻桑竹阿些儿等来朝贡马。

戊寅（十二日）[赐乌思藏必立工瓦番僧剌麻彩币、纻丝等物]

赐乌思藏必立工瓦番僧剌麻桑竹阿些儿等彩币表里、纻丝、绢、布、袭衣等物有差。

明宣宗实录卷七十四

闰十二月

庚申（二十四日）[广西总兵官山云奏请留贵州都司官军于广西，以防“山瑶”]

广西总兵官都督佥事山云奏：留贵州都司官军于广西，更代操备。时贵州都司言贵州累有苗寇，欲取回广西官军。云以广西浔州大藤峡等处，山瑶恃险为害，出没不时，若不加兵守备，切虑乘隙侵犯。上语尚书张本曰：二处皆有寇，而广西为剧，宜听云暂留。

[敕责四川总兵官陈怀耽酒误事，致松潘“番寇纵横”]

四川都司、布政司、按察司奏：松潘盗贼尚横，屡出犍为、永州、巴县劫掠。先是，按察司劾奏总兵官都督陈怀酣饮废事。上以为饮酒人情常事，但边方无警可恕，遂寝不问。至是闻贼屡出，降敕责怀曰：朕命尔总镇一方，须盗息民安，乃为称任。今番寇纵横，人受其害，皆由尔耽酒，不理军务，养成其患。敕至，即谋殄寇，毋纵丑类，遗害边方。

辛酉（二十五日）［敕四川总兵官陈怀速擒犍为县宣化驿“强贼”］

四川总兵官都督陈怀奏：四川嘉定州犍为县宣化驿强贼聚党缘河劫掠。已调兵往捕未获，余党逃入深山，负险抗敌，杀伤官兵。上曰：陈怀总兵在外，小寇不能戢，可耻。遂敕怀同四川三司，设法擒捕。过时不获，罪有所归。

明宣宗实录卷七十五

宣德六年辛亥（1431）

正月

丁卯（初二日）［罢湖广采木之役］

罢湖广采木之役。初工部奏，遣侍郎黄宗载、吴廷用，往湖广督采材木，并发民运旧所采木赴南京。至是，上闻湖广旱灾民困，遂罢其役，以敕谕之曰：比闻湖广旱灾，军民艰苦，而木皆在深山大谷之中，道路崎岖，猝难致力。若已出山在水次，及向之漂流已得者，令军夫运至龙山厂，其未出山与漂流未得者悉罢。又闻向所采木多是虚数，今宜以实闻，毋踵前非，以遗后患。尔等即日还京。

辛巳（十六日）［贵州葛彰葛商长官司请支用储粮］

贵州石阡府葛彰葛商长官司长官安宁奏：先以官钞收籴粮储，令蛮民守视。缘溪洞险僻，无所支用，恐岁久腐烂，陪纳实难，请以充有司祭祀、过使廪给之用。从之。

癸未（十八日）［赐湖广散毛、施南宣抚司把事等钞］

赐湖广散毛宣抚司把事黄能、施南宣抚司把事谭强等钞有差。

戊子（二十三日）［赐云南浪穹县故土官子等钞、彩币等物］

赐……云南浪穹县故土官子宁等，钞、彩币、绢、布及纻丝、袭衣有差。

明宣宗实录卷七十六

二月

戊戌（初三日）［广西上隆州女土官知州遣人贡马］

广西上隆州女土官知州陈氏遣头目黄荫等贡马。

丁未（十二日）［赐贵州宣慰司把事、四川播州宣慰司副长官等钞、彩币表里、金织袭衣］

赐……贵州宣慰司把事袁英等，四川播州宣慰司副长官陈恕……钞、彩币表里、金织袭衣有差。

庚戌（十五日）［贵州安隆长官司头目围攻慕吒寨等］

贵州都司奏：安隆长官司头目攻围慕吒寨等。事缘地连广西，请敕广西合兵剿捕。上谕行在兵部臣曰：蛮夷仇杀常事，但令都督萧授、山云，各遣人招抚，使安分循理。如其不服，然后加兵。

辛亥（十六日）［乌思藏大国师之徒贡方物］

乌思藏大国师释迦也失之徒剌麻罗卓促密等来朝贡方物。

癸丑（十八日）［云南顺荡盐井盐课司故土官副使孙等贡马］

云南顺荡盐井盐课司故土官副使杨星勇孙春等来朝贡马。

戊午（二十三日）［命湖广辰州卫指挥佥事仍镇筸子坪］

命湖广辰州卫指挥佥事杜亨仍镇筸子坪。以亨常镇其地，善绥抚，得夷民之心也。

壬戌（二十七日）［敕四川总兵官陈怀及三司剿捕四川南溪等县“强贼”］

四川南溪、富顺、犍为诸县，强贼白昼劫掠民财。总兵官都督陈怀及都司、布政司俱遣人捕之，官军被贼杀伤。时副都御史胡廙督采木于蜀，劾奏都司、布政司官，不能选人率兵剿捕，以致杀伤无辜，请治其罪。遂敕怀及四川都司、布政司、按察司、巡按监察御史曰：南溪、富顺、犍为等县屡有强贼劫掠，常敕尔怀或亲领兵，或遣官领军捕之，至今尚未宁息，反为贼所伤。尔怀及四川三司官罪可逃乎？其即会议，设法捕贼，如再稽延，一体论罪。

明宣宗实录卷七十七

三月

乙丑朔（初一日）［敕责四川都司旷职，致“蛮寇”出没四川宁番卫境］

四川按察佥事王处敬奏：比者蛮寇出没宁番卫境内，劫杀行旅。卫遣千户帅聚等巡捕，漫不用意，臣已移牒都司捕贼，请治聚等罪。上以都司旷职，降敕切责之，令督官军捕贼，不得贼不宥，仍命巡按御史治帅聚等如律。

丙寅（初二日）［广西田州府土官知府遣头目朝贡］

广西田州府土官知府岑绍遣头目刘广……来朝贡马及银器等物。

［贵州邛水一十五洞蛮夷长官司长官奏请免承差杂役等项］

贵州镇远府邛水一十五洞蛮夷长官司长官杨胜武奏：本司地极边方，与黎平、新化二府，赤溪湳洞等处接境，数被蛮寇乘间肆害，民不安业。除令蛮民如旧办纳秋粮金课，应充马驴夫役外，其佥充、承差、隶兵、杂役等项，皆乞蠲免。从之。

己巳（初五日）［贵州宣慰使遣人贡马］

贵州宣慰使安中遣把事何敬等来朝贡马。

乙亥（十一日）［广西驯象卫百户杀平民邀功，谕“罪之勿贷”］

行在右都督府奏：广西驯象卫百户周寿追捕蛮贼至上林县无所

得，杀横州平民二人，取其首以徼功赏，请罪之。上曰：官军不能捕贼，乃杀平民以徼赏，甚于贼矣！罪之勿贷。

丙子（十二日）［四川长河西鱼通宁远等处剌麻贡马］

四川长河西鱼通宁远等处剌麻金得伯等来朝贡马。

［赐云南顺荡盐井盐课司故土官孙钞、彩币表里］

赐云南顺荡盐井盐课司故土官孙杨春钞、彩币表里。

丁亥（二十三日）［赐四川长河西鱼通宁远等处剌麻钞、彩币］

赐四川长河西鱼通宁远等处剌麻金得伯等，钞、彩币表里有差。

己丑（二十五日）［松潘“生番”聚众抢掠，令再抚谕之］

总兵官都督陈怀奏：松潘北定簇长官司言，蛒匝等寨生番不遵管束，往往聚众被甲持刃，横截道路，杀伤运夫，抢掠粮布，攻击关堡，略不惧法。已遣人招谕，终不向化，请发兵讨之。上曰：番寇或叛或服，固其常情。遂敕怀及四川三司、巡按御史再抚谕之，如复不悛，必须剿捕，毋遗民患。

壬辰（二十八日）［云南孟艮府土官知府遣人朝贡］

云南孟艮府土官知府刀光遣头目招板陆等贡马及金银器皿、方物。

明宣宗实录卷七十八

四月

丙申（初二日）［赐金筑安抚司头目、上马桥等长官等钞、彩币表里等物］

赐……贵州金筑安抚司头目赵荣等、上马桥等长官方永寿等，钞、彩币表里、绢、布及纻丝、袭衣有差。

癸丑（十九日）［赐孟艮府土官知府所遣头目等钞、文锦等

物，并命内官赍敕及彩币往赐知府等]

赐云南孟艮府土官知府刀光所遣头目招板陆等五十四人，钞、文锦、纱罗、绢、布及金织袭衣有差，仍命内官杨琳等赍敕及彩币往赐刀光等。

戊午（二十四日）[设云南云南县僧会司]

设云南大理府云南县僧会司，置僧会一员。

癸亥（二十九日）[设云南澂江府关索岭巡检司]

设云南澂江府关索岭巡检司，置土官、流官巡检各一员。从总兵官黔国公沐晟所奏也。

明宣宗实录卷七十九

五月

丙寅（初三日）[广西思明府土官知府所遣头目、云南定远县把事贡马]

广西思明府土官知府黄𤩽遣头目冯偕，云南定远县把事杨得中等，来朝贡马。

[广西巡按尹崇高所行不法，令吏部别用之]

行在都察院言：监察御史尹崇高巡按广西，获瑶僮男女六人，悉留私家及他不法事，律应徒，当如例罚役复职。上曰：此有玷风纪，岂可复任？令吏部别用之。

辛未（初八日）［赐广西思明府头目等、云南定远县把事等钞、彩币表里]

赐广西思明府头目冯偕等，云南定远县把事杨得中等，钞、彩币表里有差。

庚寅（二十七日）[四川永宁宣抚司长官等贡马]

四川永宁宣抚司长官王瑄等来朝贡马。

明宣宗实录卷八十

六月

丙申（初四日）［云南禾摩村巡检司土官巡检等贡马］

云南禾摩村巡检司土官巡检王赐等来朝贡马。

［赐四川永宁宣抚司长官等钞币］

赐四川永宁宣抚司长官王瑄等钞币。

丁酉（初五日）［云南八百大甸军民宣慰司土官宣慰使等及诸长官司长官遣人朝贡］

云南八百大甸军民宣慰司土官宣慰使刀招散等及诸长官司长官遣头目板哀等贡象、马及金银器皿、方物。

癸卯（十一日）［赐云南禾摩村巡检司土官巡检等钞币］

赐云南禾摩村巡检司土官巡检王赐等钞币。

丁未（十五日）［广东官军攻破崖州罗活峒］

广东都司官军攻破崖州罗活峒，斩作耗贼首罗任等，生禽男妇三十八人械送至京。命付刑部。

癸丑（二十一日）［松潘卫诸寨番人聚众“行劫”，令四川总兵官陈怀剿捕］

行在兵部奏：昨巡按四川监察御史王翱言，松潘卫及所辖比定、新塘等关，屡被勒都、祁命等簇，空郎、柬路诸寨番人聚众行劫，杀死官军。其守关千百户孙礼，理卫事指挥王琰等失机。三司委官提调，关防不谨，请令总兵官都督陈怀相机剿捕。上从之，命失机者姑宥其罪。

乙卯（二十三日）［四川龙州儒学训导言“松潘蛮性，背服不常”，命抚谕之］

四川龙州儒学训导田琼言：松潘蛮性，背服不常，难于绥抚。其所居处山林深险，用兵实难，宜遣官军分守要害，使其春不得耕，秋不得获，彼既困乏，当自相图，然后纵兵击之，易以成功。上谓行在兵部臣曰：此言虽似可采，然天生此类，其性固殊，为人君者但抚谕之，使不为盗，在此者不罹其毒，在彼者亦得安生。此朕之心也，其令总兵官尽心区画，务在得宜。

明宣宗实录卷八十一

七月

乙亥（十三日）［赐广东文昌县故土官子等钞、彩币表里、袭衣］

赐……广东文昌县故土官子林丑等，钞、彩币表里、袭衣有差。

壬午（二十日）［云南武定军民府把事等并听袭女土官、四川马湖府沐川长官司把事等朝贡］

云南武定军民府把事张海等并听袭女土官萨本、四川马湖府沐川长官司把事夷朝宗等来朝贡马及方物。

癸未（二十一日）［赐四川保县番僧剌麻等钞、彩币等物］

赐……四川保县番僧剌麻南甲八等，钞、彩币、绢、布有差。

丙戌（二十四日）［四川长河西鱼通宁远等处国师、昌州长官司长官遣人贡马］

四川长河西鱼通宁远等处国师朵儿只监粲遣剌麻温卜卓思吉，四川昌州长官司长官阿寿遣把事业白等，来朝贡马。

戊子（二十六日）［云南木邦军民宣慰司土官宣慰使遣人朝贡］

云南木邦军民宣慰司土官宣慰使罕门法等遣头目刀叶放等贡象、马、金银器皿、方物。

己丑（二十七日）［云南镇南巡检司故土官巡检子贡马］

云南镇南巡检司故土官巡检子杨平等来朝贡马。

庚寅（二十八日）［广西全州千户激变瑶僮，令巡按鞫治之］

行在右军都督府奏：广西全州千户所百户黄玉，往象州哨瞭。

遇瑶人二，执送千户朱宁玉。又遇僮人，执其一。因激变瑶僮，射伤官军十数人，玉遂还其所执。宁〔玉〕乃杀前所执二人，诬其为寇，临阵杀之，以掩己罪。上谕行在都察院臣曰：边将但当防夷，使不为寇可也。夷本无事而激之为乱，天地鬼神岂可欺乎？令巡按御史鞫治之。

明宣宗实录卷八十二

八月

丙申（初四日）［云南广邑州土官知州赴任过限应罪之，不问］

云南按察司奏：广邑州土官知州阿都鲁等，赴任过限，于律应罪。上曰：待远人当略细故。罢不问。

甲辰（十二日）［四川威州故土官孙、云南定远县耆民贡马］

四川威州故土官孙董山、云南定远县耆民刘保等来朝贡马。

丁未（十五日）［五开黎平卫古州长官司“苗蛮”起事，令都督萧授及贵州、湖广三司抚谕之，不服则调兵剿捕］

行在兵部尚书许廓奏：湖广三司言，五开黎平卫古州长官司罗里诸寨苗蛮为乱，攻击傍近诸寨，焚庐舍，杀人掠财，请调兵剿之。上曰：姑缓发兵，令都督萧授及贵州、湖广三司抚谕之，顺服则已，不服即调兵剿捕。

庚戌（十八日）［赐云南木邦宣慰司头目等钞、彩币表里、袭衣］

赐云南木邦宣慰司头目刀叶放等三百二人，钞、彩币表里、袭衣有差。

辛亥（十九日）［赐云南镇南巡检司故土官之子钞］

赐云南镇南巡检司故土官之子杨平等钞有差。

丙辰（二十四日）［贵州安顺州土官同知遣人朝贡］

贵州安顺州土官同知阿宠遣把事杨保等来朝贡马及方物。

[敕沐晟及云南三司抚谕大侯知州、孟定府土官知府等]

行在兵部奏：云南大（侯）〔候〕知州刀奉汉强夺景东府土官知府陶瓒所管孟缅之地。又孟定府土官知府罕颜法与孟琏长官司刀坏罕，互侵土地，杀人掠财。敕总兵官黔国公沐晟及云南三司会议，遣官谕以威福，俾各归所侵掠，安分守职，勿贻后悔。

丁巳（二十五日）[以腾冲守御千户所隶云南都司]

以云南腾冲守御千户所隶云南都指挥使司。永乐中，析其地置南甸州。宣德初，又析置腾冲州。俱隶云南布政司，独腾冲守御千户所属金齿军民指挥使司。每有缓急，二州径达布政司，而千户所必由金齿始达都司，往复旬余，事多违误。至是奏乞径属都司为便。从之。

戊午（二十六日）[赐四川威州故土官孙、云南定远县入贡耆民等钞、彩币表里、袭衣]

赐四川威州故土官孙董山……云南定远县耆民刘保等，钞、彩币表里、袭衣有差。

明宣宗实录卷八十三

九月

丁卯（初六日）[四川都指挥赵得镇守松潘畏“贼”不讨，令其戴罪捕“贼”]

巡按四川监察御史王翱劾奏：四川都指挥赵得镇守松潘，贼斫伤旗军，得畏惮不率兵追讨，请罪之。上命姑戴罪捕贼，不获不宥。

辛未（初十日）[赐贵州安顺州把事等白金、彩币等物]

赐……贵州安顺州把事杨保等，白金、彩币、纱、罗、绫、绸、绢、布、袭衣有差。

明宣宗实录卷八十四

十月

甲午（初三日）［四川建昌卫土官指挥使、副千户、百户遣人贡马］

四川建昌卫土官指挥使安均遣弟金保，副千户安普化遣弟贵，百户马速忽遣子义等，来朝贡马。

甲辰（十三日）［四川黎州安抚司故土官左副使等贡马］

四川黎州安抚司故土官左副使马彪侄成……来朝贡马。

［总兵官陈怀讨平松潘诸寨“番寇”］

总兵官都督陈怀等讨松潘番寇，平之。先是，怀及四川都指挥邢安奏，松潘勒都、北定诸簇，东路空郎、龙溪诸寨，聚众截路，杀伤军民，欲攻关堡。上敕怀等相机剿之，怀遣安以兵二百略寇境，遣都指挥赵得以兵一千应援。寇合众迎敌，官兵稍却，寇乘胜追蹑，发悬竿转石以击官军，指挥安宁等三百余人，退北溺水死。怀亲督兵进，深入其地，攻革儿骨寨，破之。寇弃衣甲器械，遁入山林。又攻空郎、乞思洞诸寨，寇出迎敌，官军奋而前，斩首及追北坠崖溺水死者甚众。已而，革儿骨寇复聚西北诸寨生番四百余人，至安化设伏邀战，都指挥赵谅等觉之，剿戮殆尽。每破其寨，即毁其碉居，分其牛羊料麦，以劳诸军。贼首以徇，得其所虏军民男妇悉还其家。任昌、牛心、耳别诸寨生番闻之，皆惊怖来降，晓以祸福，俾安生业，群寇悉平。至是捷至，上喜曰：蜀民可免忧矣。遣使赍敕劳怀，且谕之曰：番寇之平，尔克效心力，良用嘉之。然此寇叛服不常，尔且于松潘镇守，遇有叛者即发兵剿捕，毋令滋蔓，来归者善绥抚之。

癸丑（二十二日）［广西左右江各土官衙门词讼由就近卫所理断］

总兵官都督山云奏：广西左右两江旧设土官衙门大小四十九处，蛮性无常，仇杀争夺，往往不绝。朝廷每命臣同巡按御史、三司官理断。缘诸处皆是瘴乡，兼有蛊毒，三年之间，遣官往彼死者凡十七人，事竟未完。今同众议，凡土官衙门，除军务重事径诣其处，其余争论词讼宜就所近卫所理之。左江太平、思明、龙州、崇善等处，于太平千户所。右江田州、镇安、泗城、上林等处，于奉议卫。思恩州于南宁卫。南丹、东兰、那地三州，于庆远卫。各令土官及应问之人，克期来集，以俟理断，庶免瘴患，事亦易完。上语三法司官曰：抚驭蛮夷，当从简略，若事有艰难，亦当择便议者，既以为宜，其从之。

丙辰（二十五日）［赐四川建昌卫土官舍人等钞、彩币表里］

赐四川建昌卫土官舍人金保、安贵、马义等钞、彩币表里有差。

己未（二十八日）［赐四川黎州安抚司故土官舍人等钞、彩币等物］

赐四川黎州安抚司故土官舍人马成等……钞、彩币、绢、布、金织纻丝、袭衣等物有差。

庚申（二十九日）［增置广西宾州安成镇巡检司土官副巡检一员］

增置广西宾州安成镇巡检司土官副巡检一员。

［黔国公沐晟奏云南都司所属卫所去岁收屯军子粒米数］

总兵官黔国公沐晟奏：云南都司二十四卫所，去岁收屯军子粒米四十九万二千一百石有奇，会计可足各卫旗军十一月粮……

［总兵官陈怀奏松潘卫屯军缺乏耕牛，乞拨四川所养官牛给之，不足则支官价买给］

总兵官都督陈怀奏：松潘卫屯军耕牛，比因番寇侵夺，存者无几，乞于四川布政司所属见养官牛内给之，不足则支官价买给。从之。

十一月

戊寅（十七日）［赐四川马剌长官司土官等钞、彩币等物］

赐……四川马剌长官司土官阿泰……钞、彩币、绢、布、袭衣有差。

癸未（二十二日）［乌思藏阐化王遣使朝贡］

乌思藏帕木竹巴阐化王使臣剌麻藏卜伯、僧人星吉领占等来朝贡马及方物。

乙酉（二十四日）［广东海南卫百户入黎村掠取财物，令按察司执而罪之］

广东海南卫管屯百户刘得，领军入文昌县黎村，掠取黎民财物，按察司奏请治之。上谓行在都察院臣曰：军民各有统属，军官不得无故扰民，况海外黎人，尤当抚恤。前闻黎人作耗，朕固疑其有扰之者，今此辈是已，其令按察司执而罪之。

明宣宗实录卷八十五

十二月

辛丑（初十日）［赐乌思藏阐化王使臣白金等物］

赐……乌思藏帕木竹巴阐化王使臣剌麻藏卜伯、僧人星吉领占等……白金、彩币、纱、罗、绸、绢、金织袭衣等物，有差。

甲寅（二十三日）［云南顺宁府故土官知府弟、千夫长侄等贡马］

云南顺宁府故土官知府猛英弟盖、千夫长阿里侄阿和等来朝贡马。

明宣宗实录卷八十六

宣德七年壬子（1432）

正月

己卯（十九日）[乌思藏刺麻贡马]

乌思藏朿藏刺麻琐南藏卜等来朝贡马。

癸未（二十三日）[免水德江长官司“夷民”绝户粮额]

思南府奏：所属水德江长官司，其地山溪陡峻，无田耕种，止办户丁折银粮三十八石有奇。近岁疫死者六十余户，粮额末除，皆见存之民代纳。又以钞法不通，市镇铺店亦如例征钞，岩洞深阻，商旅不至，市无交易，皆受佣外境办钞输官。夷民艰难，乞蠲免前项米钞。上命行在户部具免之。

明宣宗实录卷八十七

二月

庚寅朔（初一日）[云南鹤庆军民府土官千夫长弟等贡马]

云南鹤庆军民府土官千夫长高英弟山等来朝贡马。

辛卯（初二日）[广西龙州土官知州遣人贡马]

广西龙州土官知州赵仁政遣族人赵福盛等贡马。

乙未（初六日）[安隆长官司土官“今皆顺服”]

贵州总兵官都督萧授奏：初，安隆长官司土官孙岑俊及头目郎瑛聚众攻围慕叱寨。有敕令招抚，已同广西总兵官都督山云各委官抚谕，今皆顺服，各守疆界，不敢为非。上曰：蛮夷当宽抚之，但得其则已，不足深究也。

**壬寅（十三日）[赐云南鹤庆府土官舍人、广西龙州土官族人

钞]

赐云南鹤庆军民府土官舍人高山、广西龙州土官族人赵福盛等钞有差。

[四川播州草塘安抚司谷撒等寨“蛮长”聚众起事，敕总兵官陈怀遣人抚谕，不从则发兵剿之]

四川播州草塘安抚司所属谷撒等四十一寨蛮长个常徒等作乱，聚众二千余人，将攻牛场、乾溪等堡。事闻，敕总兵官都督陈怀遣人抚谕，如其不从，发兵剿之。

癸卯（十四日）[湖广施南宣抚司盘顺峒长、下散毛纳主峒土民为人所杀，令擒获凶徒赴京]

湖广施南宣抚司忠路长官司奏：盘顺峒长向墨杓耸为仰墨施前虎备等所杀。下散毛纳主峒土民驴拔送，为田大旺送等所杀。悉虏掠人口家财，请罪之。上命都督萧授及湖广三司、巡按监察御史，体覆事实，就禽治之，追所掠之物给还，仍解凶徒赴京。

乙巳（十六日）[赐四川平夷长官司通事钞、彩币等物]

赐四川平夷长官司通事刘胜等钞、彩币表里等物有差。

己未（三十日）[令总兵官萧授及贵州都司等抚谕贵州、湖广等地“生苗”]

巡按贵州监察御史陈斌奏：贵州所属治古、答意，及湖广所属筸子坪梗化生苗，累（律）〔肆〕劫掠。铜仁、乌罗等府及五寨等长官司，民被其害，不能安业。总兵官都督萧授尝设二十四堡，环其地以守之，人力既分，卒难捍御。今又四出劫掠，杀清浪卫守堡所镇抚叶受，势益猖獗，而都督萧授及备御都指挥张名，怙不为意。臣闻生苗之地不过三百余里，正在服化苗民之中，乞别遣良将，与授以湖广、贵州官军、土兵四面攻之，必可殄灭。上语行在兵部尚书许廓等曰：蛮人虽务劫掠，若防守严密，安能为患，何至便兴兵殄灭？天地生物，虎狼蛇蝎，何所不有，岂能尽灭之？但当慎防而已。且彼虽蛮夷，亦好生恶死。宜令授及贵州三司，差人抚谕，使改过（目）〔自〕新。如有不悛，发兵剿之。

明宣宗实录卷八十八

三月

壬戌（初三日）［改作思南府儒学］

改作思南府儒学，从巡按贵州监察御史陈斌言也。

甲子（初五日）［四川盐井卫土官副千户子等贡马］

四川盐井卫土官副千户绰甲子阿白等来朝贡马。

［赐湖广散毛宣抚司把事、云南宁州土官知州等钞币］

赐湖广散毛宣抚司把事覃忠、云南宁州土官知州禄庆等钞币有差。

丙寅（初七日）［四川播州宣慰使、云南江川县土民等贡马］

四川播州宣慰使杨昇遣侄忠，云南江川县土民李实等，来朝贡马。

［设云南金齿军民指挥使司及大理府道纪司］

设云南金齿军民指挥使司及大理府道纪司，各置都纪一员。

壬申（十三日）［调湖广、贵州、四川官军土兵剿捕起事苗人］

贵州总兵官都督佥事萧授奏：初，贵州所属治古、答意等长官司新郎等寨残苗吴不尔等，出没清浪卫地方劫掠，杀守（保）〔堡〕镇抚叶受。已令湖广备御都指挥张名，领兵擒捕，而吴不尔等遁入筸子坪，结生苗龙不登等，及纠合镇溪梢里顺苗贼众，攻劫湖广五寨长官司民寨白崖等处，为患滋甚。又令辰沅等卫添兵防御，缘筸子坪、治古、答意与贵州、湖广、四川接境。今请量调湖广、贵州官军，并贵州所属附近乌罗、铜仁、思南三府，湖广永顺、保靖二宣慰司，五寨长官司，同四川所属酉阳宣抚司，石耶、平茶二长官司，重庆卫邑梅长官司土兵，分路并进，并力攻剿，以除边患。上谕兵部尚书许廓曰：朕非欲用兵，但苗蛮肆恶，虑其伤人害物不已，不可姑息，其悉从之。

乙亥（十六日）［赐四川盐井卫土官舍人、播州宣慰司舍人与

云南江川县土民钞、锦绮、彩币表里]

赐四川盐井卫土官舍人阿白、播州宣慰司舍人杨忠、云南江川县土民李实等，钞、锦绮、彩（弊）〔币〕表里有差。

癸未（二十四日）[云南鹤庆军民府故土官知府妻与子贡马]

云南鹤庆军民府故土官知府高宝妻杨氏，同其子伦来朝贡马。

乙酉（二十六日）[贵州金筑安抚司头目等贡马]

贵州金筑安抚司头目王真等来朝贡马。

[广西总兵官山云奏斩广西桂平“蛮寇”]

广西总兵官都督山云奏斩获广西桂平等县蛮寇覃公专等首级之数。上顾尚书许廓曰：蛮夷害我良民，譬之蟊贼害稼，不可不去。然杀之过多，亦所不忍。廓对曰：兵以诛有罪，彼皆自取灭亡，非朝廷有意杀之。上曰：天地以生物为心，今虽杀贼，官军亦岂得无损？朕之意但欲两全之，庶几不愧天也。

明宣宗实录卷八十九

四月

辛卯（初三日）[贵州宣慰使等贡马]

贵州宣慰使安中等来朝贡马一百四匹。

己亥（十一日）[播州草塘安抚司所属四十一寨“蛮长”就抚]

四川总兵官都督陈怀奏：播州草塘安抚司所属谷撒等四十一寨蛮长个常徒等，皆招抚复业。上谓行在兵部尚书许廓等曰：蛮人亦好生恶死，彼其梗化，必有所激，宜令所在官司宽抚之。

丙午（十八日）[赐乌思藏番僧彩币表里]

赐乌思藏番僧容奴儿坚等彩币表里有差。

丁未（十九日）[赐云南鹤庆军民府故土官知府妻与子钞]

赐云南鹤庆军民府故土官知府高宝妻杨氏、子伦钞。

戊申（二十日）［四川长河西鱼通宁远等处剌麻番僧朝贡］

四川长河西鱼通宁远等处剌麻番僧出知星吉等来朝贡马及方物。

［赐贵州宣慰司宣慰使、金筑安抚司头目等钞、锦绮等物］

赐贵州宣慰司宣慰使安中等八十二人、金筑安抚司头目王真等钞、锦绮、彩币表里有差。

甲寅（二十六日）［贵州前卫镇抚奏都指挥佥事不法事］

贵州前卫镇抚龚海奏：都指挥佥事苏保僭用玉带，私造兵器；以私事役军，致溺河死；无故榜死架阁库吏。总兵官都督萧授委保率军赴广西听征，保妄奏普定蛮民作耗，意望存留。上以其章示右都御史顾佐等，佐请令巡按监察御史及按察司体实具奏。上从之。

明宣宗实录卷九十

五月

己未（初二日）［贵州思南府“夷民”课钞仍旧］

贵州思南府知府张谨奏：本府税课司，岁办课钞一万二千六百余贯。边夷之地，别无出产，商旅少至，课钞皆民陪纳。近户部以钞法不通，于课额外再加五倍。夷民贫困，虽鬻子女不能办，追责急则逃窜山峒，乞仍旧为便。上谕行在户部臣曰：贵州边郡，其可以中国例之乎？此盖卿等初议之失，其悉如旧。

辛未（十四日）［广东感恩县故土官知县孙等贡方物］

……广东感恩县故土官知县楼吉福孙鉴等贡方物。

丁丑（二十日）［赐四川邛部长官司把事等钞、彩币表里等物］

赐……四川邛部长官司把事李阿得等钞、彩币表里、纻丝、绢、布、袭衣有差。

丙戌（二十九日）［赐广东感恩县故土官舍人钞、纻丝表里］

赐广东感恩县故土官舍人楼鉴等钞、纻丝表里。

明宣宗实录卷九十一

六月

己丑（初二日）［贵州总兵官萧授获辰州河蓬等寨“蛮寇”，解京师下狱］

贵州总兵官都督萧授获辰州河蓬、彪金等寨蛮寇向摆婆等八十五人解京师。先是，摆婆与向锯脑等杀人劫财。事闻，上命授遣人抚谕，摆婆等负固不服，为恶滋甚，乃命授出兵剿之。兵入其地，贼据险拒敌，官军败之，多所斩馘。锯脑遁，遂擒摆婆等。授抚安其余党，而械摆婆等至京师，上命下锦衣卫狱。初，河蓬、彪金等寨无所统属，故纵恣犯法。至是，命属永顺宣慰司，俾善抚驭。

乙巳（十八日）［湖广江华等县“强贼”伏诛］

湖广江华等县强贼廖马孙等伏诛。初，马孙等从瑶人盘伯养等，伪称都副总兵、指挥，千百户名号，执刀枪，张旗帜，焚毁巡检司官署案牍，杀人劫财。攻围富川县，为守御官军所败。后攻秀峰寨，官军又败之，遂分处巢穴。总兵官萧授官军至，伯养等前后就擒戮，马孙逃富川山中，仍集众劫杀，授累遣人招抚，而窃据巢穴，崛强不服。至是并其家属俱就擒，械送至京，命悉弃市，凡幼男子悉宥之，俾隶锦衣卫习匠艺。

己酉（二十二日）［贵州大平伐等长官司头目等贡马］

贵州大平伐等长官司头目宋海等来朝贡马。

明宣宗实录卷九十三

七月

乙丑（初九日）［广西左州故土官舍人等贡马］

广西左州故土官舍人黄蕴亮等来朝贡马。

辛巳（二十五日）［贵州大万山长官司土官长官遣人贡马］

贵州大万山长官司土官长官杨光庆遣子海昌等贡马。

［赐广西左州故土官舍人等钞币、绢］

赐广西左州故土官舍人黄蕴亮等钞币、绢有差。

明宣宗实录卷九十四

八月

癸巳（初七日）［云南车里故宣慰使遣人朝贡］

云南车里故宣慰使刀更孟子霸羡遣头目召哀等贡象、马及方物。

丁酉（十一日）［赐贵州大万山长官司土官舍人等钞币］

赐贵州大万山长官司土官舍人杨海昌等钞币有差。

乙巳（十九日）［湖广木册、摇把洞长官司遣人朝贡］

湖广高罗安抚司木册长官司护印舍人田贤遣舍人谭潮美，东乡五路安抚司摇把洞长官司长官向墨古送遣把事黑牛送等，贡马及方物。

己酉（二十三日）［贵州安顺州等衙门土官同知遣人贡马］

贵州安顺州等衙门土官同知阿宠遣通事李宗等贡马。

明宣宗实录卷九十五

九月

丁巳（初二日）［贵州都匀卫陈蒙烂土长官司奏请调广西土兵镇守］

贵州都匀卫陈蒙烂土长官司副长官张勉奏：本司离卫遥远，地连古州八万生苗。广西苗僚洞寨与所属化从等寨长韦翁同等相诱为恶，叛服不常，累逋赋税，或出侵掠。闻官兵追捕，即据险抗拒，或奔窜远伏。官军既回，又出为害。乞如永乐故事，调广西泗城州土兵一千，立堡镇守，遇有缓急，即行剿捕，庶使蛮夷知畏，善良安业。命兵部悉从其言。

己未（初四日）［湖广卫镇南长官司副长官所遣人贡马］

……湖广施州卫镇南长官司副长官董全遣头目阿留备等来朝贡马。

［命云南车里故宣慰使舍人袭父职］

赐云南车里故宣慰使舍人刀霸羡所遣头目召哀等，纻丝、纱、罗、绢、布有差，仍命霸羡袭其父职，遣行人陆埙往赐冠带及织金袭衣、锦绮纱罗。

辛酉（初六日）［赐湖广木册等长官司、摇把洞长官司与贵州安顺州等入贡土官等钞、彩币］

赐湖广木册等长官司舍人谭朝美、摇把洞长官司把事黑牛送、贵州安顺州通事李宗等钞、彩币表里有差。

明宣宗实录卷九十六

十月

丁酉（十二日）［赐湖广容美宣抚司通事与广东新兴县入贡瑶僚钞、彩币表里］

赐湖广容美宣抚司通事黄家得等，广东新兴县瑶僚庞有清等，钞、彩币表里有差。

己亥（十四日）［云南太和县儒学生岁贡至京，两考不中，令归进学］

云南太和县儒学生段聪岁贡至京，两考不中，当充吏。聪奏：臣本夷人，性资愚鲁，乞仍归读书，以俟再试。行在礼部言：充吏今之定例。上曰：夷人难比内郡学者，姑令归进学。

明宣宗实录卷九十七

十二月

辛卯（初六日）［黔国公沐晟遣指挥贡马谢恩］

云南总兵官黔国公沐晟遣指挥董保贡马，谢祭其母、妻恩。

戊戌（十三日）［贵州都司各卫调往广西备御官军悉令还卫］

贵州按察使应履平……又奏：贵州僻在西南，地连云南、广西，密迩辰靖，（中）〔川〕播中率诸种夷貊，外悉嚣悍生苗，但宜示之兵威，未可绳以刑宪。今贵州都司各卫官军，原调广西备御者万余人，后分两班，每岁更代。如宣德五年二月，遣还五千余人，其中逃者二千八百有奇。今年亡匿辄取在卫者补之，明年亡匿又取在卫者补之，循以为常，殆见不数年后，贵州卫所军伍日空，迩者军政虽闻清理，卫兵未见足备。且贵州诸卫，城池二十有六，屯堡七百有余。山洞险阻，蛮人叛服无常，觇知守卒疏懈，辄乘虚劫掠境内，连岁被害，民不安居。矧今箪子坪蛮人作耗，尚未克复，广西总兵都督山云，不究远图，惟计近利，殊不知边兵边民，皆朝廷赤子，当广一视同仁之化，安有（被）〔彼〕疆尔界之分？诚恐积久军困民残，倘生边衅，咎将谁执？乞敕兵部，凡贵州调往广西官军，悉令还卫，非惟少息士卒往复之劳，实防边境不虞之衅。上善其言，命行在兵部移文都督山云，严责广西都司属卫，速取逃故军士为用。其贵州调来更代操备者，暂且留之，俟编发去军士足以调用，即尽遣还。

壬寅（十七日）［贵州贵竹长官司把事、水东长官司舍人及湖广石梁下峒长官司把事等朝贡］

贵州贵竹长官司把事罗源、（木）〔水〕东长官司舍人胡海，及湖广石梁下峒长官司把事唐思林等，来朝贡马及方物。

明宣宗实录卷九十八

宣德八年癸丑（1433）

正月

庚午（十六日）［赐四川、贵州、湖广等地土官等钞币］

赐……四川龙州土官知州薛忠义，泥溪等长官司把事王永寿，白马路长官司舍人薛志宣，大鱼等关舍人薛志，原贵州十二营长官司副长官萧琬，养龙坑长官司长官蔡昇，湖广散毛宣抚司舍人覃玘等，钞币有差。

辛未（十七日）［赐湖广、广西及四川等处土官钞币］

赐湖广唐崖峒长官司长官黄敏，广西东兰州故土官族人韦仲平、南丹州头目莫父隆，四川蛮夷长官文昌保、（文）〔汶〕川县寒水土官巡检高茂林、大平伐故长官舍人宋斌，云南鹤庆军民府土官知事董寿等，钞币有差。

甲戌（二十日）［贵州卧龙番长官司等衙门长官、金筑安抚司等衙门安抚所遣头目与广西龙英州土官所遣族人贡马］

贵州卧龙番长官司等衙门长官龙智保，金筑安抚司等衙门安抚的珠遣头目徐进通等，广西龙英州土官赵敬遣族人赵福等，来朝贡马。

［赐四川、湖广、贵州等处土官等钞、彩币表里］

赐四川马湖府故土官舍人安琦、平夷长官司把事杨冕，湖广镇南长官司舍人董景晟，贵州乖西蛮夷长官司舍人刘钊……钞、彩币表里有差。

戊寅（二十四日）［广东泷水、封川二县山瑶来朝］

广东肇庆府德庆州（龙）〔泷〕水、封川二县山瑶黄缘忠等从化来朝。赉之遣还，仍敕所在军民官司毋加扰害。

［赐四川乌撒军民府、石砫宣抚司把事与湖广永顺军民宣慰司舍人等钞、彩币表里］

赐四川乌撒军民府把事沙住，石砫宣抚司把事杨应才，湖广永顺军民宣慰司舍人彭敬……钞、彩币表里有差。

明宣宗实录卷九十九

二月

庚寅（初六日）［广西田州府土官知府所遣头目、贵州平伐长官司署司事舍人等朝贡］

广西田州府土官知府岑绍遣头目黄柱，贵州平伐长官司署司事舍人庭若等，贡银器及方物。

戊戌（十四日）［以四川乌撒、乌蒙二府土官知府争地仇杀，遣行人往谕，并敕四川三司官、巡按往平之］

以四川乌撒、乌蒙二军民府土官知府禄昭、尼禄争地仇杀，遣行人章聪、侯琎赍敕往谕，仍敕四川三司官及巡按御史往平之。

己亥（十五日）［赐四川永宁宣抚司把事等钞、彩币表里］

赐四川永宁宣抚司把事黄恕……钞、彩币表里有差。

辛丑（十七日）［赐广西田州府头目、贵州平伐长官司舍人钞、彩币］

赐广西田州府头目黄桂、贵州平伐长官司舍人庭若等，钞、彩币表里有差。

甲辰（二十日）［云南兰州土官知州等请发兵讨大营诸寨，命相机处置］

云南兰州土官知州罗牙等奏：大营诸寨首者保等，抢掠村寨，杀虏人民，不供赋役。昨蒙遣官招谕，者保等犷悍抗拒，请发兵讨之。上命总兵官黔国公沐晟，及云南三司、巡按御史，相机处置，毋缘细故激变夷人。

乙巳（二十一日）［赐四川东川军民府、播州宣慰司及广西思明府土官贡使钞、彩币等物］

赐……四川东川军民府土官叔阿圭等，播州宣慰司土官副使杨昌建等，广西思明府土官族人黄赵良等，钞、彩币、绢、布及金织袭衣。

明宣宗实录卷一百

三月

丁巳（初四日）［赐四川八郎、贵州平浪土官舍人钞、彩币等物］

赠……四川八郎安抚司土官舍人林正先结等，贵州平浪长官司土官舍人王珍等，钞、彩币、绢、布及金织纻丝袭衣、绢衣有差。

戊午（初五日）［设四川乌蒙军民府儒学］

设四川乌蒙军民府儒学，置教授一员，训导四员。先是，通判黄甫钺奏，本府前元时设立学校，今文庙犹存，每岁春秋府官祭祀，无教官、生员典礼。宜仍设学校，除授教官，选取土民俊秀子弟入学读书，庶使远人通知礼义，亦得贤才备用。从之。

甲子（十一日）［云南浪穹县十二关巡检司土官巡检贡马］

云南浪穹县十二关巡检司土官巡检张护来朝贡马。

丁卯（十四日）［贵州丰宁长官司土官舍人、广西镇远州故土官舍人等朝贡］

贵州丰宁长官司土官舍人杨震、广西镇远州故土官舍人赵得兴等来朝贡马及方物。

［赐广西镇安府土官族人等钞、彩币等物］

赐……广西镇安府土官族人岑福等，钞、彩币、绢、布及金织袭衣有差。

癸酉（二十日）［遣使招抚黑水西番及阿容等族］

遣使赍敕招抚黑水西番及阿容等族，盖其地近松潘，而俗喜剽窃，数引寇犯边，故拊循之，以息民患。

甲戌（二十一日）［四川茂州蓬簇等寨首目等朝贡］

四川茂州蓬簇等寨首目李小保等来朝贡马及方物。

［敕谕四川八郎、麻儿匝安抚司及思囊儿金牌等十四簇土官约束所辖，安分循理］

四川八郎安抚司、麻儿匝安抚司及思囊儿金牌等十四簇朝贡之使陛辞，令赍敕还谕其土官，俾约束所辖，安分循理，毋复作过，以取罪愆。

癸未（三十日）［四川盐井卫马剌长官司等衙门土官副长官、着藏簇土官百户、灵藏赞善王、都元帅与都指挥等遣使贡马］

四川盐井卫马剌长官司等衙门土官副长官阿你遣舍人阿别，着藏簇土官百户朵儿只秀遣舍人昝卜，灵藏赞善王喃哥儿坚藏遣番使且汪，都元帅汝奴监藏、都指挥阿尔结等遣头目锁南领占等，来朝贡马。

明宣宗实录卷一百一

四月

乙酉（初二日）［赐云南、贵州、四川、广西等处土官等钞、彩币表里］

赐云南浪穹县十二关巡检司土官巡检张护、贵州丰宁长官司土官舍人杨震、广西镇远州故土官舍人赵得兴、四川茂州蓬簇等寨首目李小保等，钞、彩币表里有差。

丙戌（初三日）［云南邓川州把事等贡马］

云南邓川州把事何懋等来朝贡马。

丁亥（初四日）［总兵官萧授剿捕治古、答意及筸子坪“叛苗”，久无功］

以总兵官都督萧授剿捕贵州治古、答意及筸子坪叛苗久无功，敕之曰：去年尔奏苗叛，请贵州、湖广、四川合兵剿捕，皆从所言。今经岁未见报，不知贼平当在何时？朕虑暴师久则怠心生，或有蹉跌，为蛮夷所笑。今贼势如何，果当进讨或当抚安，审机度势，斟酌而行。朕惟观成功，不从中制。

己丑（初六日）［云南德胜关驿故土官驿丞子与广西全茗等州土官弟、结伦州等衙门土官知州所遣族人等朝贡］

云南德胜关驿故土官驿丞子王钟，广西全茗等州土官弟许武贤，结伦州等衙门土官知州冯永高遣族人冯保等，来朝贡马及方物。

壬辰（初九日）［赐广西思同州土官族人、奉议州头目等钞、彩币表里］

赐广西思同州土官族人黄崇高、奉议州头目李泰等，钞、彩币表里有差。

丙申（十三日）［松潘官军仍分两番更代］

初，四川都司奏：本处官军，除旧操备九千五百余人，又有运粮守堡者千三百余人，又松潘调往六千八百余人，通计近二万人。

若依三番更代，馈给实难。兼守城军士不足，乞敕总兵官都督陈怀，以备御官军如宁夏例，分为两番，还取衣装。又以调征官军，量退其软弱，还助运粮守城。上从之。至是怀奏：松潘卫南至保县，东至江油，城池关堡三十余处，皆诸种生熟番蛮杂居。其官军分守，悉经奏准。且今叠溪双马诸寨番蛮，或肆攻劫，或声言聚众邀夺粮饷，或不肯出租赋、服徭役，已各遣人抚捕，及严饬哨备。近蒙令以备御官军如宁夏例，及以调征官军量退其软弱者。臣窃思诸处官军，今已分为三番，犹有番蛮出没为害，若从都司所奏，彼得以窥觇，为害益甚。况各堡相去迂远，栈道崎岖，倘有缓急，猝难应助。乞听仍为三番，调征官军，仍存操备。上谓行在兵部侍郎王骥曰：松潘昔无多军，城池未尝失守，番蛮亦不敢为非。比年以来，有总兵官领重兵镇守，番蛮乃时时出没，岂非不能抚捕之？故彼只利军马众多，略不思供给之难。尔即遣人驰驿谕怀，必如宁夏例，不许饰辞拒命。若蛮寇复出，责有所归。

［云南陆凉州女土官知州子、贵州十二营长官司故土官副长官妻等贡马］

云南陆凉州女土官知州沙共子资曹、贵州十二营长官司故土官副长官陇得妻色鸠等来朝贡马。

壬寅（十九日）［赐盐井卫马剌长官司舍人、广西结伦州土官族人、着藏族土官舍人、灵藏赞善王番使等钞币、绢等物，并令番使赍敕、文绮给灵藏赞善王］

赐四川盐井卫马剌长官司舍人阿别，广西结伦州土官族人冯保，着藏族土官舍人昝卜，灵藏赞善王喃哥儿监藏所遣番使且汪、头目锁南领占等，钞币、绢、布及金织袭衣等物有差，仍命且汪等赍敕及文绮赐喃哥儿监藏等。

己酉（二十六日）［四川汶川县番僧贡马］

四川汶川县番僧娑南令正等来朝贡马。

辛亥（二十八日）［赐云南德胜关驿及广西全茗州土官舍人等钞、彩币表里］

赐云南赵州德胜关驿故土官舍人王钟、邓川州把事何懋，广西全茗州土官舍人许武贤等，钞、彩币表里有差。

明宣宗实录卷一百二

五月

丙辰（初四日）［四川威州国师之徒、云南浪穹等县土吏等朝贡］

……四川威州妙智通悟国师之徒剌麻温卜加瓦藏、云南浪穹等县土吏张惟善等来朝贡马及方物。

丁巳（初五日）［平贵州乌罗府治古等长官司“残苗”］

贵州总兵官都督佥事萧授奏：比以贵州乌罗府治古等长官司残苗吴不尔等聚众作乱，敕令臣征剿。臣统率贵州、四川、湖广兵进至筸子坪，攻破新郎等寨，前后生擒贼首吴不跳等二百一十二人，杀吴不尔、王老虎、龙安轴等，斩首五百九十余级，皆枭以徇，余党悉平。得所掠军民男女九十八口悉给亲，所获贼属妇女幼弱一千六百一十二口，以赏从征官军、土兵。械送吴不跳等至京师，上命悉系锦衣卫狱，已而顾侍臣曰：蛮夷好乱，自取灭亡，然于朕心不能不恻然。

戊午（初六日）［贵州安顺州土官同知遣人贡马］

贵州安顺州土官同知阿宠遣把事陈庸等来朝贡马。

丁卯（十五日）［讨平广西宜山等县“蛮寇”］

广西总兵官都督佥事山云讨广西宜山等县蛮寇，平之。初，柳、庆等府宜山等县蛮寇结聚，杀掠乡村，云遣指挥使张珩等，领兵剿捕。至是擒杀贼首苏公夏等五十八人，得所掠男妇九十一口。余贼解散。

壬申（二十日）［四川总兵官陈怀请调官军进讨“番蛮”］

四川总兵官都督陈怀奏，番蛮叛服不常，请调陕西官军进讨，于四川起军民运粮饷。上重惜人力，敕怀还京师，别敕参将都指挥蒋贵曰：兴师动众，古人所慎。今专以命尔，尔宜熟计。果番蛮帖服，则择所领壮兵守备，而以其老弱运粮，庶几省费。果复猖獗，必须用兵，则于四川行都司、贵州都司、播州宣慰司，量调进剿。

事平即遣还，毋令久劳役也。

[云南路南州把事贡马]

云南路南州把事杨惠子祯来朝贡马。

明宣宗实录卷一百三

六月

癸未（初二日）[命方政充总兵官，蒋贵充副总兵，镇守四川松潘等处]

命左军都督佥事方政佩平蛮将军印充总兵官，参将都指挥同知蒋贵为左军都督佥事充副总兵，镇守四川松潘等处，四川都司、行都司所属卫所官军，悉听节制。敕曰：番蛮居险，用兵亦难，只宜静以抚之，毋自劳敝。凡其事宜，悉准五月二十日敕，尔其慎之。先是，番蛮复叛，贵尝率军深入，剿捕有功。故升之。

[四川酉阳宣抚司土官佥事遣人贡马]

四川酉阳宣抚司土官佥事冉应良遣头目冉福宗等来朝贡马。

庚寅（初九日）[命按永乐九年例给广西卫所军士月粮]

广西按察司佥事王恺言：天下卫所军士月粮，洪武间总旗月支米一石五斗，小旗一石二斗，军一石。永乐九年六月内奉勘合，月支米七分，钞三分。宣德八年五月内奉勘合，各卫所军有家属者月支粮六斗，无者月支四斗五升。臣切见广西具边卫，瑶僮草寇不时窃发，卫所正军征哨、戍守余丁各有差使，日用饮食、衣鞋军装，皆仰给月粮，别无资产，今更减支，实为贫难。上命如永乐九年例给之。

壬辰（十一日）[四川杂道长官司长官侄及番僧剌麻朝贡]

四川杂道长官司长官安白侄甲失伯、番僧剌麻偏那朵儿来朝贡（物）〔马〕及方物。

**己亥（十八日）[赐四川酉阳宣抚司头目、杂道长官司长官土

官舍人、番僧剌麻钞、彩币、纻丝袭衣]

赐……四川酉阳宣抚司头目冉福宗、杂道长官司土官舍人安甲失伯、番僧剌麻偏那朵儿等，钞、彩币表里及纻丝袭衣有差。

乙巳（二十四日）[四川马湖府平夷长官司因“火延公廨”请罪]

四川马湖府平夷长官司奏：比者火延公廨，凡朝廷颁降榜文、仓库税粮钱帛及案牍皆救免，乞宥罪并献马二匹。上曰：远夷能恭谨畏法如此，宜置不问。

丙午（二十五日）[乌撒、乌蒙二府划界息争]

四川都司掌司事都督徐甫等奏：比以乌撒、乌蒙二府土官知府禄昭、尼禄等争地仇杀，蒙遣行人章聪、侯琎奉敕，与巡按御史李实及三司官往谕之，皆悦服。盖所争者，初本乌蒙之地，为乌撒所据。今乌蒙耆老念其世亲，以所争地十之三让乌撒，治沟为界，永息争讼。上顾左右曰：蛮夷能让，亦是天理未泯，特患训谕不至耳。果能开诚布公，何不可化？

己酉（二十八日）[四川平夷长官司遣把事贡马]

四川平夷长官司女长官王氏遣把事王贵贡马。

明宣宗实录卷一百四

八月

癸未（初三日）[宥四川都指挥宫聚、赵谅罪，下邢安于狱]

宥四川都指挥宫聚、赵谅罪，下邢安于狱。先是，总兵官都督陈怀遣聚等夜袭叛蛮，安领军前行，聚次之，谅又次之。至则已曙，寇觉，率众迎敌，安畏寇众，麾军退。谅殿，寇发伏，谅所领二十余人力战不支，皆为寇所执。聚引军还斗，夺归所执者半，谅亦奋战，得免归。怀奏安、聚、谅皆失机。上命参将都指挥蒋贵，同巡按御史核实以闻。至是具奏其实，上以败由安，命独治其罪；

谅以众寡不敌致败，聚能赴救，故皆宥之。

戊戌（十八日）［广西浔州卫请修砖石城垣］

广西浔州卫奏：本卫西连大藤峡，北接武宣千户所，与瑶僮杂处，时被侵扰。城垣周围一千二百余丈，多未包砌，今欲悉以砖石修治，庶淂坚完，乞以附近军民协助。从之。

癸卯（二十三日）［除豁黎人“侵扰”之禄州等处秋粮］

广西思明府言：禄州、西平州、永平寨巡检司及古楼洞地方，今岁黎贼侵扰，民不安业，前认办秋粮四十五石，乞为除豁。命行在户部，如所言除之。

丁未（二十七日）［广西泗城州致仕女土官知州与袭职土官相争，命有司从公判决］

广西泗城州致仕女土官知州卢氏奏：袭职土官岑豹率土兵千五百余人谋害己，又弃毁故土官岑瑄塑像，所为不孝，难俾承袭。豹叔利州土官知州颜亦奏：豹兴兵谋杀卢氏，侵越地方，州民被害。总兵官都督山云奏：豹实故土官岑瑄侄，人所信服，应袭职。卢氏瑄妻，豹伯母，初借袭，今致仕，宜量拨田土，以赡终身，仍请敕谕豹，无肆侵扰。行在兵部请从云所奏，上命遣前使乌撒、乌蒙行人章聪、侯琎，赍敕与云并三司、巡按御史，究豹与卢氏是非，从公判决以闻。

明宣宗实录卷一百五

闰八月

壬子（初二日）［广西都指挥同知陈全罢职充军］

广西都指挥同知陈全有罪，罢充军。全于浔州防守蛮寇，受所部财物，不知为备。大藤山瑶贼掠去军士二人，不督兵追捕，而私以盐赎归。事觉，法司论全所犯，杖一百戍边。上曰：受所部财物尚可恕，岂有率兵守边，而为寇赎所掠者乎？命罢职充军，随参将陈濬立功。

甲子（十四日）［四川马湖府土吏及泥溪长官司土民等朝贡］

四川马湖府土吏李昭及泥溪长官司土民刘勉等来朝贡马及方物。

明宣宗实录卷一百六

九月

辛巳（初二日）［遣内官赍敕往木邦等处赐土官宣慰使等文锦等物］

遣内官云仙等赍敕往木邦等处，赐土官宣慰使罕门法等文锦、纻丝、纱罗有差。

癸未（初四日）［云南孟缅长官司土官长官、楚雄府把事，广东琼山故土官主簿子朝贡］

云南孟缅长官司土官长官姜嵩、楚雄府把事李熙，广东琼山县故土官主簿符通卿子忠得等来朝贡马及方物。

己丑（初十日）［置云南腾冲库杠关等并南甸州赖邦哈等八巡检司］

置云南腾冲州库扛关、库刀关、库勒关，古、涌二关，并南甸州赖邦哈、九浪莽、孟洞八巡检司。先是，腾冲州奏，本州路通麓川、缅甸诸处，人民逃徙者多，有误差发贡献。旧四百夫长隶腾冲千户所时，其库扛关等五处，皆军民兼守。今四百夫长已隶本州，止州民守之。乞于五处置巡检司，以土军尹黑、张保、李甫、郭节为巡检。又南甸州奏，其州与麓川宣慰司接境，旧十二百夫长在腾冲千户所时，赖邦哈等处亦令军民兼守，后麓川宣慰司侵据本州境土，不守者十余年。今蒙朝廷敕谕麓川还所侵地，窃恐再见侵据。又虑百姓逃移，乞于本州赖邦哈、九浪莽、孟洞三处亦各置巡检司，以土军杨义、赵得、赵荣三人为巡检。命皆下三司覆勘，至是咸奏为宜。遂置八巡检司，尹黑等悉授巡检。

壬辰（十三日）［赐四川马湖府土吏、泥溪长官司土民等钞、彩币表里及纻丝袭衣］

赐……四川马湖府土吏李昭、泥溪长官司土民刘勉等，钞、彩币表里及纻丝袭衣有差。

甲午（十五日）［遣使劳镇守松潘副总兵蒋贵及所部将士］

遣使劳镇守松潘副总兵都督佥事蒋贵。初，贵以都指挥为参将，率军深入贼地，杀番寇已，升都督佥事充副总兵，至是复赐金织纻丝衣一袭。所部杀获有功者一十五人，都指挥佥事赵得升都指挥同知，指挥佥事宰文升指挥同知，余百户，总、小旗皆升一级。凡同征效劳，虽无杀获者，皆赏之。敢勇当先，都指挥人钞一千贯、纻丝表里三，指挥人钞八百贯、纻丝表里二，千户人钞六百贯、纻丝表里一，百户人钞五百贯、绢三，总旗、舍人人钞四百贯、绢二，小旗人钞三百贯、绢、布各一，军人钞二百贯、布二。齐力向前，指挥人钞六百贯、表里一，千户人钞五百贯、绢三，百户所镇抚人钞四百贯、绢二，总旗人钞三百贯、绢、布各一，小旗人钞二百贯、布二，军人钞一百五十贯、布一。凡赏一千八百五十三人。

庚子（二十一日）［置云南临安府河底、威远州播孟二巡检司］

置云南临安府河底、威远州播孟二巡检司。先是，临安府亏容甸长官司奏：河底自洪武中官置渡船，以济往来，路通车里、八百诸长官司。近年军民有逃逸出境，诈称使者，逼令乘载，往往被害。又缘河时有劫盗出没，夷民不安。乞置巡检司，以故把事袁凯之子瑀为巡检。威远州奏：其地与车里诸宣（尉）〔慰〕司接境，累被各土官纵贼劫掠，播孟实当冲要，乞置巡检司，以把事刘禧为巡检。上命云南三司覆勘，至是奏以为宜，遂命建巡检司，授瑀等官。

戊申（二十九日）［置云南东倘长官司］

置云南东倘长官司，仍隶缅甸宣（尉）〔慰〕司。时缅甸宣慰昔得谋欲杀当荡头目新把的，而夺其地。新把的遣子莽只来朝贡象、马、方物，奏乞置司授官，庶免侵杀之患。从之，遂置东倘长官司，就命新把的为长官。东倘者，其地之名也。

十月

庚戌朔（初一日）［置云南曲石、高松坡、马缅三巡检司］

置云南曲石、高松坡、马缅三巡检司。初，瓦甸长官司言：曲石、高松坡、马缅，其地山高林深，寇盗出没，人民不安。乞置巡检司，以通事杨资、杨中、范兴为巡检。下三司及巡按御史审勘，至是奏以为便，遂置三巡检司，命资等为巡检，资于曲石，中于高松坡，兴于马缅。

［置云南钮兀长官司］

置云南钮兀长官司。钮兀、五隆诸寨在和泥之地，时其酋任者、陀比等朝贡至京，皆奏地远，夷民蕃多，请设官授职，以总其众。行在兵部请并五隆于钮兀，设钮兀长官司。从之，遂以任者为长官，陀比等为副。

辛亥（初二日）［置云南麓川平缅戛赖驿土官驿丞］

置云南麓川平缅戛赖驿土官驿丞一员。

癸丑（初四日）［广西恩城州土官知州所遣族人、四川石砫宣抚司舍人等贡马］

广西恩城州土官知州赵福惠遣族人赵文，四川石砫宣抚司舍人冉才英等，来朝贡马。

［遣内官往抚木邦等三宣慰司、孟定等三府、威远等七州、潞江安抚司、干崖等四长官司等处土官］

以木邦、麓川平缅、缅甸三宣慰司，孟定、景东、乌撒三府，威远、广邑、镇康、湾甸、南甸、大（候）〔侯〕、腾冲七州，潞江安抚司，（平）〔干〕崖、茶山、瓦甸、孟琏四长官司，土官各贡象、马、方物，遣内官云仙等赍敕往抚之。赐之纻丝、纱罗、绒锦有差。时木邦宣慰罕门法奏：麓川平缅宣慰使思任发等据占境土。思任发及缅甸宣慰莽得剌亦奏，罕门法称兵入境侵犯。孟琏长官司覆奏，孟定府侵占其地。上命总兵官黔国公沐晟及云南三司巡按御史，公具是非，明与剖决。

［复立孟养宣慰司］

复立孟养宣慰司，以故宣慰刀孟旦子刀孟塾为宣慰，及同知刀玉宾同抚军民，如旧贡赋。

甲寅（初五日）［置云南缅甸阿瓦驿土官驿丞一员］

置云南缅甸阿瓦驿土官驿丞一员。

丙辰（初七日）［起复四川茂州知州陈敏仍旧任］

起复四川茂州知州陈敏仍旧任。时敏以亲丧去官，本州岳希（篷）〔蓬〕长官司长官血只，同静州陇木头长官司长官，并各寨羌民一百七十余人奏言：茂州僻处边方万山之中，与松潘、叠溪生番接邻，累岁皆被其害。自知州陈敏到任，抚恤人民，制驭生番，然后各得安业。今敏去任，民失所赖，愿令本官复任。通政司以闻，故有是命。

己未（初十日）［置云南腾冲州僧正司僧正一员］

置云南腾冲州僧正司僧正一员，命土僧为之。

丙寅（十七日）［赐四川石硅宣抚司舍人、广西恩城州土官族人钞、彩币等］

赐四川石硅宣抚司舍人冉才英等、广西恩城州土官族人赵文等钞、彩币表里有差。

［改云南金齿永昌千户所为潞江州］

改云南金齿永昌千户所为潞江州，隶云南布政司，以千夫长刀珍罕为知州，刀不浪班为同知。

辛未（二十二日）［置云南潞江州吏目及清水关巡检司土官巡检各一员］

置云南潞江州吏目一员，设本州清水关巡检司，置土官巡检一员。

明宣宗实录卷一百七

十一月

甲申（初五日）［湖广保靖军民宣慰司土官舍人等贡马］

湖广保靖军民宣慰司土官舍人彭南木处……来朝贡马。

丁亥（初八日）［敕广西总兵官山云处置南丹州“贼”情］

敕广西总兵官都督佥事山云：尔前奏，庆远府莫往吉利等峒贼首韦公秾、黄公怅等五千余人流劫，已命随宜处置。今南丹州又以为言，则是尚未处置。受害之民，望官军如旱望雨，岂宜稽缓？朕俟捷奏，毋致寇滋。

戊子（初九日）［云南罗次县土官知县遣侄贡马］

云南罗次县土官知县杨正遣侄英来朝贡马。

辛丑（二十二日）［湖广麻寮千户所故土官舍人贡马］

湖广麻寮千户所故土官舍人向宣来朝贡马。

［赐云南罗次县土官舍人等钞、彩币等物］

赐云南罗次县土官舍人杨英等，钞、彩币、绢、布及纻丝袭衣有差。

丁未（二十八日）［改金齿广邑州隶云南布政司］

改云南金齿广邑州隶云南布政司，以前永昌千户所百户莽赛为州同知。

十二月

壬申（二十三日）［四川乌蒙军民府女土官遣人贡马］

四川乌蒙军民府女土官撒姑遣把事王如松等贡马。

明宣宗实录卷一百八

宣德九年甲寅（1434）

正月

戊戌（二十日）［四川会川卫迷易守御千户所故土官弟贡马］

四川会川卫迷易守御千户所故土官副千户阿哀弟阿你等来朝贡马。

庚子（二十二日）［云南丽江军民府故土官知府子及把事、沾益州土官知州所遣把事等贡马］

云南丽江军民府故土官知府木土子森及把事杨实、曲靖军民府沾益州土官知州斗南遣把事李英等来朝贡马。

二月

壬子（初四日）［四川长河西鱼通宁远等处军民宣慰司禅师、剌麻等贡马］

四川长河西鱼通宁远等处军民宣慰司禅师净智领占星吉，剌麻领占坚迁著藏……来朝贡马。

甲子（十六日）［以瓦甸长官司隶云南都司］

以云南瓦甸长官司隶云南都司。先是，瓦甸隶金齿军民指挥使司。至是，其头目刀怕赖等言，本司离金齿最远，而去都司实近。故改隶焉。

壬申（二十四日）［赐云南丽江、曲靖二军民府土官等钞币及纻丝袭衣］

赐云南丽江军民府土官舍人木森及把事杨实，曲靖军民府沾益州把事李英……钞币及纻丝袭衣有差。

甲戌（二十六日）［赐四川长河西鱼通宁远等处军民宣慰司禅师、剌麻钞及彩币等物］

赐四川长河西鱼通宁远等处军民宣慰司禅师净智领占星吉，剌麻领占坚迁著藏……钞及彩币、金织纻丝袭衣、绢、布有差。

［云南各地“强贼”出没，令黔国公沐晟及三司、巡按“剿捕”或“招谕”］

云南总兵官太傅黔国公沐晟及云南都司、布政司、按察司、巡按监察御史奏：楚雄府黑石江及泥坎村银场军民盗矿，千百为群，各执兵攘夺。又车里头目通事进贡，还至临安府石屏州，所得赐物悉为强贼所劫。又楚雄县贼者步等，纠合武定军民府贼者惟等，劫掠军民，杀死巡检张祯，射伤把事李忠。又定边县阿苴里等处，有强贼持兵劫掠景东等卫。又大理府蒙化州、楚雄府姚州等处，皆有盗出没。上以敕谕晟及三司并巡按御史曰：尔等镇抚云南，宜摧凶恶以安良善。今贼纵横如此，不能擒捕，所职何事？敕至，即计议设法，分调官军、土兵，相兼剿捕，或招谕俾之安业。期三阅月皆安静，过期不靖，方面官以下皆有罚。有能擒强盗首官，给赏如例。或盗能自首者，与免本罪，亦如例赏。

明宣宗实录卷一百九

三月

戊寅朔（初一日）［广西总兵官山云奏请增兵剿除思恩等地“蛮贼”］

广西总兵官都督佥事山云奏：广西思恩县蛮贼覃公寨等累年作耗，今委广西都指挥佥事彭英、署都指挥佥事鲁义，率兵剿捕，斩贼首覃公寨、梁公成、潘通天等首级一千五十五颗，枭之要路，仍督官军搜捕余党。上嘉之，赐敕谕之曰：诛剿蛮寇，足见尽心为国，区画有方，凡效劳官军即第其功状以闻。云又奏：庆远府郁林等州县蛮贼出没，必用剿除，而兵力不足。遂敕广东都司调附近属卫所精锐士卒一千五百人，委都指挥一员领赴广西，听云调遣，寇平即还原卫所。

壬午（初五日）［贵州都匀卫合江洲化从等寨“蛮民”为害，

令贵州总兵官萧授与三司计议，必在处置得宜］

贵州总兵官都督萧授奏：初，贵州都匀卫合江洲化从等寨长韦翁同等，纠集下高、大刀等寨蛮党，射伤催粮副长官张勉，抢掠人马，阻截道路，扇诱蔡郎等五十三寨蛮民皆不纳赋，又引广西贼首韦万良等恣行杀掠。遣都匀卫指挥佥事陈原，以兵禽捕，获贼首韦万良等三人，而韦翁同及合江洲大小十一寨已从招抚，惟落昌、蔡郎等四十寨，仍聚党拒敌。贼首韦万良弟韦李胡，又攻围陈蒙烂土长官司，焚庐舍，掠孳畜，为害滋甚。已遣署都指挥佥事事指挥同知顾勇，领兵同三司委官相机抚捕。上谓行在兵部臣曰：蛮之无状，非有远图。缓则鸱张，急则鼠窜。苟畏威顺服，便可宽以抚之，不足深究。遂敕授同三司计议，必在处置得宜，毋轻用兵，毋遗民患。

癸未（初六日）［贵州宣慰司宣慰使遣人贡马］

贵州宣慰司宣慰使安中遣把事胡珉等来朝贡马。

甲午（十七日）［攻剿浔、柳二府及思恩州“余寇”］

广西总兵官都督佥事山云奏：攻剿浔、柳二府及思恩州余寇，斩首七百三十六级。追还被虏男妇五百十一人，皆已给亲。

丙申（十九日）［赐贵州宣慰司把事等钞币］

赐贵州宣慰司把事胡珉……钞币有差。

戊戌（二十一日）［广西总兵官山云奏称坠马受伤，请以鲁义代之，帝令山云仍为总兵官］

广西总兵官都督佥事山云奏：臣近坠马伤右股，艰于步履，恐负守边重任。迩者蛮寇为害，屡遣广西都司署都指挥佥事鲁义率兵追剿，前后多所斩获，自今卒遇缓急，请命义将兵。上谕行在兵部臣曰：云镇边方，蛮寇畏服，军民按堵，非他将所及。坠马伤足，虽艰于步履，而谋略有用，可令总兵调度。义有勇略，能斩获蛮寇，功亦当升，其实授义都指挥佥事，听云调遣。敕云曰：卿镇广西，蛮寇慑服，朕深眷倚。虽坠马伤足，何妨坐谋？为将者顾方略何如，岂必躬效驰驱哉？卿其仍总兵镇守，善自摄理，以副朕委任之重。鲁义能竭诚效力，今实授广西都指挥佥事，听卿调遣，专职捕寇。凡将士有能同心戮力，殄寇安民者，具名奏来，朕不吝爵赏，以励武功。

明宣宗实录卷一百十

四月

辛亥（初四日）［云南老挝宣慰使、孟艮府土官知府遣头目朝贡］

云南老挝宣慰使刀缆掌及孟艮府土官知府刀光进等遣头目混论等，来朝贡马及金银器皿。

己未（十二日）［置贵州镇远州仓大使、副使各一员］

置贵州镇远州仓大使、副使各一员。

甲子（十七日）［贵州安顺州土官同知遣人贡马］

贵州安顺州土官同知阿宠遣寨长的萧等来朝贡马。

甲戌（二十七日）［赐云南老挝军民宣慰司头目等钞、彩币］

赐……云南老挝军民宣慰司头目混论、贵州普定军民指挥司安顺州寨长的萧、湖广高罗安抚司土官舍人田贵、广东昌化县黎首赵克宽等，钞、彩币有差。

五月

己卯（初三日）［行在刑部奏贵州纳米赎罪事例］

行在刑部奏贵州纳米赎罪事例。时贵州按察使应履平言：贵州所辖地方悉是蛮夷，刀耕火种，纳粮不多，军卫屯田，储积亦少，官仓所贮，不支半年。虽四川播州等处、重庆等府，转输馈给，不能依期，而至且累年，逋负甚多。请敕刑部，凡贵州三司并所属官吏军民，除真犯死罪强盗不在赎例，其余笞杖徒流，杂犯死罪，依在京事例，减轻纳米于本处官仓赎罪……

壬午（初六日）［云南浪穹县凤羽乡巡检司土官巡检孙等贡马］

云南浪穹县凤羽乡巡检司土官巡检尹宗孙瑄等来朝贡马。

癸未（初七日）［敕山云及广西三司督军缉捕郁林州等地“蛮贼”］

广西梧州府奏：郁林州及博白等县蛮贼劫杀人民，官军缉捕者亦被其害，民皆逃窜，官吏亦负印而遁。敕都督山云及广西三司督军捕之。

甲申（初八日）［置四川犍为县石马滩巡检司巡检一员］

置四川嘉定州犍为县石马滩巡检司巡检一员，以其地险，常有盗贼也。

丙申（二十日）［贵州金筑安抚司及上马桥等长官司遣人贡马］

贵州金筑安抚司及上马桥等长官司遣头目蒋政等贡马。

明宣宗实录卷一百十一

六月

己酉（初四日）［以木册长官司隶施州卫］

以木（栅）〔册〕长官司隶施州卫。木册本隶施州卫高罗安抚司，其长官田谷佐奏：高罗常倚势凌轹之，侵夺其土地人民。已蒙朝廷分理，然彼宿怨未平，恐复加害，乞径隶施州卫。上从之。

戊午（十三日）［升山云为右军都督同知］

升广西总兵官都督佥事山云为右军都督同知。敕云曰：卿昔在朕左右，小心敬慎，廉介有守。肆命镇守广西，益殚心力。宣布朝廷恩威，抚辑军民，区画边务，俱协时宜。官军感激思奋，杀贼有功，蛮寇慑服，边境用宁者，卿之功也。朕甚嘉之，兹特升为右军都督府都督同知，赐卿红织金罗衣一袭。卿其益思效职，以副朕眷注之意。钦哉！

**己未（十四日）［湖广施南宣抚司故土官左副使所遣头目、广

东昌化县故土官主簿子朝贡]

湖广施南宣抚司故土官左副使向万侄兴发遣头目向荣，广东昌化县故土官主簿符翰惠子贤儒等，来朝贡马及方物。

庚申（十五日）［赐谕升赏广西官军征剿“蛮寇”有功将士］

敕行在兵部议广西官军征剿蛮寇功赏。议上，赐敕谕有功将士曰：赏功褒劳，朝廷大公至正之典。尔等克遵号令，奋忠贾勇，剿杀有功，朕甚嘉之。今特遣人赍敕往劳，仍论功次升赏。一、湖广荆州卫指挥佥事许辅，遇敌当先，屡杀蛮贼并峒首，今升指挥同知，署湖广都司都指挥佥事，仍领军广西操备。其余杀贼首级三颗以上者，官、旗、军十二人俱升一级。桂林右卫指挥同知张昱升指挥使，军三名升小旗。桂林中卫总旗姜福升试百户，军二名升小旗。岳州卫指挥佥事朱缨升指挥同知，荆州左卫百户刘荣升副千户，宁远卫总旗吴保升试百户，长沙卫小旗一名升总旗，衡州卫军一名升小旗。一、杀获首贼首级军三名，岳州卫一名，桂林中卫二名，俱升小旗……

壬戌（十七日）［云南姚安军民府土官知府遣人贡马］

云南姚安军民府土官知府高贤遣侄官音禾等贡马。

［赐贵州金筑安抚司头目等钞币］

赐贵州金筑安抚司头目蒋政等钞币有差。

戊辰（二十三日）［四川宁番卫故土官子贡马］

四川宁番卫故土官作他子扒哥来朝贡马。

甲戌（二十九日）［赐云南车里靖安宣慰使所遣头目彩币等物］

赐云南车里靖安宣慰使刀霸供所遣头目刀法纽等，彩币及金织纻丝、纱罗袭衣有差。

七月

壬寅（二十七日）［顶营长官司故土官长官子、剑川州故土官千夫长等贡马］

（云南）〔贵州〕顶营长官司故土官长官阿庸子珩、鹤庆军民府剑川州故土官千夫长赵海子瑛……来朝贡马。

明宣宗实录卷一百十二

八月

戊申（初四日）［四川酉阳宣抚司后溪里洞数被湖广剌惹洞蛮"侵暴"，敕总兵官萧授及四川三司遣官抚谕，不服则剿之］

四川酉阳宣抚司奏：所属后溪里洞数被湖广施州卫大田军民千户所剌惹洞蛮向剌惹等侵暴，杀人掠财。敕总兵官都督萧授及四川三司遣官抚谕，如其不服，发兵剿之。

辛亥（初七日）［赐顶营长官司、剑川州故土官舍人等钞、币等物］

赐（云南）〔贵州〕顶营长官司故土官舍人阿珩，鹤庆军民府剑川州故土官舍人赵瑛……钞币、绢、布及纻丝袭衣有差。

乙卯（十一日）［四川威州故土官孙贡马］

四川威州故土官董志均孙泰等来朝贡马。

九月

丁丑（初三日）［贵州宣慰司、乖西蛮夷长官司及播州草塘安抚司所管坪寨苗人聚众"出劫"，令总兵官萧授及贵州三司遣官抚谕，不服则剿之］

贵州都司奏：贵州宣慰司所管谷王舟等六寨、乖西蛮夷长官司所管十四坪、崖底等十三寨，及四川播州草塘安抚司留坪等处，苗贼数聚出劫，杀虏人口，抢掠马牛，烧毁房屋。上敕总兵官都督萧授及贵州三司，各遣官体覆抚谕。若终不服，调兵剿之。

戊寅（初四日）［四川汶川县番僧贡马］

四川汶川县番僧温卜燕旦监藏等来朝贡马。

［赐云南楚雄府、定远县把事等钞币、绢等物］

赐……云南楚雄府把事段事、定远县把事王常等钞币、绢、布及纻丝袭衣有差。

己卯（初五日）［赐车里宣慰使及所遣头目彩币、文锦等物］

赐云南车里宣慰使刀霸羡所遣头目召哀等彩币、绢、布及金织袭衣、绢衣有差。命召哀赍敕及文锦、纻丝、纱罗，归赐刀霸羡。

壬午（初八日）［赐云南罗次县土官巡检、四川汶川县番僧钞币］

赐云南罗次县炼象关土官巡检王源、四川汶川县番僧温卜燕旦监藏等钞币有差。

明宣宗实录卷一百十三

十月

甲寅（十一日）［广东广州府吏招抚西家等瑶首］

以广东广州府吏董珖为广西怀集县典史。珖尝招抚西家等瑶首二百一十五户，出傅版籍。故授是职，俾专抚瑶民，不预县事。

乙卯（十二日）［四川长河西鱼通宁远等处番僧剌麻贡方物］

四川长河西鱼通宁远等处番僧剌麻班丹葛剌等来朝贡方物。

丙辰（十三日）［四川讨平松潘“番蛮”，升赏有功将士］

四川总兵官都督佥事方政等讨松潘番蛮平。先是，上敕政及副总兵都督佥事蒋贵，以番蛮所居险要，宜静以抚之；如不服，率兵剿捕。政等初榜谕祸福，威、茂诸卫所番蛮皆向化安业，惟松潘、叠溪所辖西北、任昌、巴诸、黑虎等寨梗化，攻围关堡，抢掠客商，肆恶不已。政等率官军、土兵分道而进，政以精锐兵三千五百击其西北大寨，破之。贵督兵四千余破任昌大寨，而都指挥赵得、宫聚等，各进兵以次讨平龙溪等三十七寨，前后斩首一千七百余级，坠崖赴水死者无筭，余寇帖服。政招抚其溃散逋亡者俾复业，遂班师，惟以四川官军五千分守旧设关寨。至是政等捷奏至，并上其将士功次。上览奏嘉之，升政、贵皆为左军都督府都督同知，各赐织金纻丝衣一袭。赐敕劳之曰：尔等同心协力，摅忠奋勇，规画有方，用靖边陲，朕甚喜悦。自今益宜恤军士，严备御，用苏转输之劳，永息征战之苦，则尤尔嘉所部将士，有功二次以上及功一次就阵亡者升一级。遂升四川都指挥同知赵得、宫聚皆为都指挥使，而命聚任贵州都司都指挥佥事。赵谅、万贵、陈荣皆为都指挥同知，署都指挥佥事指挥刘荣实授贵州都司都指挥佥事，指挥使唐谏、姚景升贵州都司都指挥佥事，王景、高广升四川都司都指挥佥事。其余指挥，千百户镇抚，总、小旗，军士有功，皆升一级。凡三百九十七人。有功而阵亡者升其子，坐事罢职从军而有功者复其官，仍赏币、帛、钞、布……以龙州为龙州宣慰司，升土官知州薛忠义为宣抚，以土官同知李爵为副使，判官王玺为佥事。升茂州知州陈敏为府同知，仍莅本州事。土官长官犹恭为安抚，仍莅长官司事。俱以从征有功也。

丁巳（十四日）［革云南车里靖安宣慰司，复设车里军民宣慰司］

革云南车里靖安宣慰司，复车里军民宣慰司。洪武中，尝设车里军民宣慰司，命土官刀暹达为宣慰使。刀暹达死，子刀更孟袭职。刀更孟死，子刀霸羡幼，叔刀怕汉借其职。刀怕汉死，其弟妇前夫之子刀弄又借职，夷人不服，逐刀弄，而军民宣慰司遂革。永乐十七年，别设靖安宣慰司，命刀霸供为宣慰使。宣德六年，刀霸羡既长，请于朝，袭父职，复设车里军民宣慰司。至是刀霸供言：靖安即车里旧地，若析为二，下人必有争夺之患，乞仍并为一，岁贡皆如旧例。上从其请，遂革车里靖安宣慰司，仍设车里军民宣慰司，命刀霸供、刀霸羡皆为宣慰使。遣使赍信符、敕书、文绮往赐之，且俾上所授靖安宣慰司印信、金牌。

己未（十六日）［四川总兵官方政奏便宜四事］

四川总兵官都督佥事方政奏便宜四事：一、威州初为蛮寇所焚，迁堡于关外，正当生番出没冲要之处，民不能安，请移复旧处以利民。一、黑水、阿容等寨生番招谕已出，随渠、不齐、梭城等寨亦闻风归附。惟杂谷安抚司未服，已遣人招抚。一、朝廷初调通州卫指挥夏春、隆庆左卫指挥吴迪于成都后、中二卫，令春掌茂州卫，迪掌威州守御千户所。今春已卒，威州守御副千户鲁明等三人，皆老成堪任，地虽极边，蛮寇畏服，请令迪还原卫。一、松潘等处军民指挥使司未立医学，军民有疾则往茂州医学请药，相去五百余里。乞开设医学，以本卫通医余丁夏宏任职。上皆从之。

庚申（十七日）［赐四川长河西鱼通宁远等处番僧剌麻钞币、绢等物］

赐四川长河西鱼通宁远等处番僧剌麻班丹葛剌等，钞币、绢、布及纻丝袈衣有差。

乙丑（二十二日）［召方政还，敕副总兵官蒋贵充总兵官镇守松潘等处］

召四川总兵官都督同知方政还。敕副总兵左军都督同知蒋贵佩平蛮将军印充总兵官，仍镇守四川松潘等处，操练军马，整理城池。其四川都司、行都司所属卫所官军，悉听节制。

明宣宗实录卷一百十四

十一月

戊寅（初五日）［置四川龙州宣抚司经历司经历、知事各一员］

置四川龙州宣抚司经历司经历、知事各一员。

［改龙州武平等驿隶龙州宣抚司］

改龙州武平驿、小河驿、水进驿、小溪驿、古城驿隶龙州宣抚司。

［乌思藏剌麻等贡马］

乌思藏剌麻锁竹乩……来朝贡马。

戊戌（二十五日）［赐乌思藏剌麻等钞币及僧衣等物］

赐乌思藏剌麻锁南劄思……钞币及僧衣等物有差。

庚子（二十七日）［并贵州新化府入黎平府］

并贵州新化府入黎平府。以新化、湖耳、亮寨、欧阳、中林验洞、龙里、赤溪湳洞七蛮夷长官司皆隶黎平府，以地狭民稀故也。

明宣宗实录卷一百十五

十二月

甲辰朔（初一日）［以监生李源为四川永宁宣抚司儒学训导］

以监生李源为四川永宁宣抚司儒学训导。源本永宁儒学生，以选贡入监。宣抚奢苏奏：本司儒学生员俱土僚夷人，朝廷所授教官，语言不通，难以训诲。源资质敦厚，文学颇晓，乞如云南鹤庆军民府儒学事例，授源教职，训诲诸生，庶有成就。上从其言，故命之。

辛亥（初八日）［乌思藏阐化王贡使以朝廷赐物易茶］

镇守河州西宁都督刘昭奏：比乌思藏阐化王所遣贡使乩藏等，以朝廷赐物易茶至临洮。临洮卫疑为私茶，拘留乩藏等，收茶于库，请释乩藏等还其茶。上命行在户部悉如昭所奏，庶不失远人之心。

丙辰（十三日）［以贵州新添卫舟行长官司侵占卧龙番长官龙知保之地，又攻猱平寨，命都指挥佥事李政抚谕之］

行在兵部尚书王骥奏：贵州新添卫舟行长官司故土官罗海男罗朝，扇诱寨长卜羊集逃民罗阿记等，侵占卧龙番长官龙知保之地。又攻猱平寨，焚庐舍，杀人劫财。昨诸土官屡奏，都指挥佥事李政镇抚有方，蛮民信服。近坐累逮至京，故诸蛮无所畏惧，今政已宥过还职，请令政躬往其地，审实抚谕，俾各守疆土，输纳贡赋。如仍不服，同总兵官萧授以兵擒其首恶，而抚定其余。从之。

壬戌（十九日）［云南顺宁府土官知府弟、土官千夫长及把事贡马］

云南顺宁府土官知府猛盖弟岫、土官千夫长阿多及把事马成等来朝贡马。

乙丑（二十二日）［广西浔州等府“蛮寇”“劫虏良民”，官军击败之］

广西总兵官都督同知山云奏：广西浔州等府蛮寇，劫虏良民。署都指挥佥事田真率兵于大藤峡等处，前后斩首九十六级，归所掠男妇二百三人。

附　录

明实录南方民族研究史料

二

伍新福　编纂

国家出版基金项目
NATIONAL PUBLICATION FOUNDATION

湘西民族文库

岳麓書社·长沙

目　录

明英宗实录

（附代宗实录）

明英宗实录卷一

宣德十年乙卯（1435）

正月

庚寅（十八日）［诏减贵州屯粮］

诏减贵州屯粮三之一。时贵州诸卫言，其屯所山多田少，地瘠水冷，刀耕火种，子粒（枇）〔秕〕细，鲜有收获，乞减其税。事下巡按御史及三司官覆验以闻，故减免之。

明英宗实录卷二

二月

丙寅（二十四日）［云南镇南州土官、云龙州把事与四川石砫宣抚司土官舍人、隆觉寺剌麻高僧等贡马］

云南镇南州土官段节、云龙州把事李祥，四川石砫宣抚司土官舍人冉才雄、隆觉寺剌麻高僧远丹藏卜等，来朝贡马。赐彩币等物有差。

［湖广新宁县荒歉缺食］

湖广宝庆府武冈州新宁县奏：去岁荒歉，民缺食者五百余家，已将预备仓粮给散赈济，俟秋成偿官。

明英宗实录卷三

三月

戊戌（二十六日）［云南邓川州等处土官知州等、贵州赤溪湳洞等长官司土官长官等各遣人贡马］

云南大理府邓川州等处土官知州阿永忠等、贵州新化府赤溪湳洞等长官司土官长官杨福等各遣人来朝贡马。赐彩币等物有差。

明英宗实录卷四

四月

壬戌（二十一日）［命湖广贵州总兵官萧授佩征蛮副将军印，吴亮充副总兵］

命湖广贵州总兵官都督同知萧授佩征蛮副将军印，升都指挥同知吴亮为行在右军都督府都督佥事，充副总兵。盖以授年老，故以亮副之。从巡按贵州监察御史阎肃言也。

癸亥（二十二日）［四川别思、阿容等寨寨首与贵州普定安顺州等衙门土官遣人贡马］

四川别思、阿容等寨寨首多儿者等、贵州普定安顺州等衙门土官遣人来朝贡马。赐彩币等物有差。

明英宗实录卷五

五月

乙亥（初四日）［设四川松潘等处军民指挥使司医学、云南大理府阴阳学］

设四川都司松潘等处军民指挥使司医学、云南大理府阴阳学，置医学正科、阴阳学正术各一员。

庚寅（十九日）［设四川别思寨安抚司、松潘长宁安抚司、阿容簇长官司吏目各一员，威州保子关巡检司巡检一员］

设四川别思寨安抚司、松潘长宁安抚司、阿容簇长官司吏目各一员，成都府威州保子关巡检司巡检一员。

明英宗实录卷六

六月

己酉（初九日）［徙威州治所］

松潘总兵官都督同知蒋贵奏：威州旧治凤坪里去威州千户所十五里，且阻大河，借二索桥以渡。宣德二年，蛮人作耗，断其桥，使官军不能策应，大肆焚掠，臣等乃议迁新治，七八年来，居民安堵。比者总兵官方政，凭凤坪里奸民言，新治狭隘，请复旧治，实为不便。臣按千户所城东门内有地闲旷，请徙治为便。从之。

明英宗实录卷七

七月

壬申（初三日）［四川暂停杂造军器等］

四川布政司奏：每岁杂造军器、盔甲、弓箭等件，收贮数多，乞暂停止。从之。

［铜鼓、五开等卫屯种余粮岁久陈腐，支销不尽，请于灾伤之处支借于军民］

湖广铜鼓卫百户陈覆奏：本卫并五开等卫，自永乐年间至今，于辰州、宣庆、武冈等处立堡屯种，余粮就彼收贮，所积稻谷岁久陈腐，支销不尽。乞敕该部移文湖广军卫有司，但有灾伤之处，各就近将屯仓所储，不分军民验口支借，秋成还官。上命行在户部议行之。

丙申（二十七日）［设云南景东府保甸巡检司］

设云南景东府保甸巡检司，置巡检一员。从土官知府陶瓒等奏请也。

丁酉（二十八日）［四川播州宣慰使所遣之人、天全六番故招讨使男贡马］

四川播州宣慰使杨昇遣人，并天全六番故招讨使男高凤，来朝贡马。赐彩币等物。

明英宗实录卷八

八月

丁卯（二十八日）［革湖广桂阳县河泊所］

革湖广郴州桂阳县河泊所。

明英宗实录卷九

九月

庚寅（二十二日）［四川龙州宣抚司献“瑞麦”］

四川龙州宣抚司以瑞麦来献，有一茎六穗、七穗者。上以所在旱蝗相望，独此瑞麦何以免民之饥乎？其令天下自今凡若此类毋献。

明英宗实录卷十

十月

乙巳（初七日）［松潘总兵官蒋贵奏请修理松潘东南二路关城木栅］

松潘总兵官都督同知蒋贵奏：松潘东南二路关城木栅，自蛮人作耗，悉皆倾毁。近已剿捕宁帖，欲将薄刀等十三处关城令存留守备官军修理，其龙州宣抚司城木栅令本司原操土民修理，庶蛮人无觊覦心。事下行在工部议行。

丙辰（十八日）［赐广西思明府都指挥、云南阿迷州故土官彩币、钞锭］

赐广西思明府都指挥黄（竑）〔竤〕、云南阿迷州寄住故土官陶瓘彩币、钞锭有差。

［四川重庆府知府言四事］

四川重庆府知府孙曰良言四事：一、本府杂造局不系额设衙门，乞革罢以苏民力。一、本府每岁儹运月盐二十五万余斤赴成都府仓交纳，相离路远，宜令成都等卫差军旗径自关给。一、本府所属巴县税粮，于小河守御千户所送纳，相去二千余里，宜就于本府广济仓交纳，俟农隙起夫儹运。一、本府有茶仓一所，每岁收茶仅六千余斤，其正副官当各省一员。上命行在礼部会官议行。

乙丑（二十七日）［四川乾藏寺国师遣番僧贡马］

四川乾藏寺灌顶弘慈妙济国师遣番僧贡马。赐彩币等物。

明英宗实录卷十一

十一月

丁丑（初十日）［敕车里、八百大甸宣慰使司遣人护送老挝使臣回本土］

敕孟艮府，车里、八百大甸军民宣慰使司，遣人送老挝使臣混伦等回抵本土，务在慎护优礼，以副朝廷柔远之意。

戊子（二十一日）［广东临高县故土官男并广西思恩州土官所遣之弟贡马］

广东琼州府临高县故土官男倪通，并广西思恩州土官岑瑛遣弟珵，来朝贡马。赐彩币等物。

癸巳（二十六日）［发广西都指挥彭英“充军立功”］

宥广西都指挥彭英死罪，发充军立功。先是，镇守广西总兵官都督山云奏，英遇贼畏缩失机，已命巡按御史究问。至是奏闻，故有是命。

明英宗实录卷十二

十二月

壬子（十五日）［松潘、叠溪诸处仓粮匮乏，命补给之］

松潘总兵官都督同知蒋贵奏：比因番人作耗，松潘、叠溪诸处仓粮支销殆尽，别无储积。上命行在户部于四川岁运之数，量益二分以给之。

丙辰（十九日）［云南宁州土官等贡马］

云南临安府宁州土官禄庆……来朝贡马。赐钞币等物有差。

庚申（二十三日）［贵州龙里卫指挥、四川马湖府蛮夷长官司土官等贡马］

……贵州龙里卫指挥徐徽、四川马湖府蛮夷长官司土官（丈）〔文〕昌保，来朝贡马。赐彩币等物有差。

癸亥（二十六日）［云南、四川、湖广、贵州诸处土官贡马］

云南腾冲卫守御千户所土官汪智，四川平茶洞长官司土官杨通衡，湖广九溪卫桑植安抚司土官黄潮端，四川播州宣慰司安抚犹恭，云南澜沧北胜州土官高瑛，贵州普定卫慕役长官司土官杜宣，俱来朝贡马。赐彩币等物有差。

甲子（二十七日）［以四川松、茂等处用兵，馈运烦夥，令馈运以十分为率，民运七分，兵运三分］

四川松、茂等处用兵，馈运烦夥，民兵各以劳苦为言。布政司、都司为上其事，行在户部定拟，馈运以十分为率，民运七分，兵运三分。从之。

明英宗实录卷十三

正统元年丙辰（1436）

正月

丙子（初十日）［贵州宣慰使司白纳等长官司遣人朝贡］

贵州宣慰使司白纳等长官司，俱遣人来朝贡马及方物。赐彩币等物有差。

［革贵州铜仁府税课司］

革贵州铜仁府税课司，以课少故也。

丙戌（二十日）[四川盐井卫召商中盐纳米]

四川行都司奏：盐井卫极边地寒，不生五谷，军储劳于挽运，支给不敷。乞召商中盐纳米，以省民力。事下行在户部议拟覆奏，淮浙盐每引米三斗五升，四川盐每引米四斗五升。从之。

[罢贵州铜仁府金场局]

罢贵州铜仁府金场局。以诏书停采办故，户部奏请罢之也。

乙未（二十九日）[四川盐井卫军民指挥使司指挥使、云南者乐甸长官司长官、贵州沿河祐溪等长官司长官等遣人贡马]

……四川盐井卫军民指挥使司指挥使董贵、云南者乐甸长官司长官刀谈、贵州思南府沿河祐溪等长官司长官张旺等，俱遣人来朝贡马。赐彩币等物有差。

明英宗实录卷十四

二月

壬寅（初六日）[四川永宁宣抚司土官同知言五事]

四川永宁宣抚司土官同知王瑄建言五事：一、天下卫所官军，多有父祖遗下义男女婿等项随住者，丁力渐多，为非不一。宜通行勘实，官留应袭亲属，军留应存余丁，其余悉发原籍当差。一、本司土民多被邻境军民掠去四川贩卖，乞行巡按御史查究，略卖之徒悉治其罪，被掠之民还业给亲。一、各处有司设有皂隶，不行采割薪刍，却令里甲逐日供应，病损小民。一、各府州县官亦有挟带弟侄男婿，放债兴贩，依势扰人。一、旧例都司卫所吏典，皆民间佥拨。近见各处于民吏外，每房又多设军吏二三名，科害军士，俱宜禁止。事下行在户部覆奏，从之。

乙巳（初九日）[以四川长宁安抚司改隶叠溪守御千户所]

以四川长宁安抚司改隶叠溪守御千户所。先是，都督方政平历日诸寨，设长宁安抚司，隶松潘指挥使司。至是，总兵官都督同知蒋贵言，长宁与松潘相去辽邈，难以管辖，而叠溪与之密迩，改隶为便。从之。

戊申（十二日）［贵州金筑安抚司头目及上马桥等十六长官司，广西奉议州、万承州、安平州土官知州与都康州土官男遣人贡马］

贵州金筑安抚司头目赵荣及上马桥等十六长官司，广西太平府奉议州土官知州黄宗荫、万承州土官知州许永诚、安平州土官知州李森、都康州土官男冯智海等，俱遣人来朝贡马。赐彩币等物有差。

辛亥（十五日）［贵州朗溪蛮夷司、乖西蛮夷长官司土官等遣人贡马］

贵州乌罗府朗溪蛮夷司土官田任泰、乖西蛮夷长官司土官杨暹等遣人贡马。赐彩币等物。

乙卯（十九日）［徙四川威州保子关巡检司于三岔口］

徙四川威州保子关巡检司于三岔口，仍命巡检董敏莅司事。从总兵官都督同知蒋贵言也。

壬戌（二十六日）［云南定远县、贵州十二营等长官司贡马］

云南楚雄府定远县把事男杨乐、贵州普定新添等卫十二营等长官司长官色鸠等，俱来朝贡马。赐彩币等物有差。

癸亥（二十七日）［革广西龙州递运所］

革广西龙州递运所。

明英宗实录卷十五

三月

戊辰（初二日）［贵州按察使应履平劾奏广西总兵官山云，宥之不问，仍降敕戒谕之］

初，贵州按察使应履平劾奏，广西总兵官右都督山云专弄权柄，擅作威福。上以所奏示云，令其自陈。云至是具实以闻，上以云既输情实，宥之不问，仍降敕戒谕之。

丙子（初十日）［免麓川平缅军民宣慰使司所欠差发银］

免麓川平缅军民宣慰使司所欠差发银。本司岁征差发银五百两，自宣德元年至七年，止纳银一千三百五十两，尚欠二千一百五十两。宣慰使思任发诉木邦侵占地方，百姓希少，所欠银无从办纳。事下行在户部言，系金牌信符催征之数，不可免。上念远人，命从诏书例免之。

己卯（十三日）［广西龙州、恩城州等衙门土官等与贵州新化、龙里等蛮夷长官司各遣人贡马］

广西龙州等衙门土官赵仁政等、恩城州等衙门土官赵福惠等，贵州新化、龙里等蛮夷长官司，各遣人贡马。赐彩币等物有差。

庚辰（十四日）［改建云南广邑州］

改建云南广邑州。先是，永昌卫千户所故土官副千户阿牙子都鲁奏：世居金齿广邑寨租干，永乐初招集生蒲五千余、马步官军一千七十余，请另立衙门掌管。宣德五年，准改寨为州，以都鲁为知州。既而本所千户杨广奏：都鲁以招集生蒲为由，希求升用，冒请立州，以军作民，畏惧征差。上命兵部移文都布按三司覆实。至是三司具奏：永昌千户所原管马步官军，分去广邑州者，宜还隶本所，其余丁户籍并生蒲五千余户，宜隶本州，并改建州治于顺宁府右甸地方为便。从之。

戊子（二十二日）［贵州八舟等蛮夷长官司、广西镇远等州、四川昌州长官司等土官遣使贡马］

贵州八舟等蛮夷长官司，广西镇远等州土官赵得兴等、太平等府州土官李谷等、永从蛮夷长官司，四川昌州长官司，各遣人贡马。赐彩币等物有差。

明英宗实录卷十六

四月

庚子（初四日）［安顺、永宁等长官司土官等遣人贡马］

安顺、永宁、镇宁、西堡、宁谷、十二营、慕役、顶营、康佐等长官司土官阿宠等，遣人贡马。赐彩币等物有差。

［命四川昌州长官司故长官子袭职］

命四川昌州长官司故长官阿寿子卢聚袭职，仍管司事。

［忠州儒学训导上言请将从祀先贤名爵位次颁行天下学校］

忠州儒学训导宋广言，欲将各处儒学从祀先贤名爵位次较勘明白，刊成图本，颁行天下学校，永为遵守。从之。

辛丑（初五日）［盐井卫召商中纳盐粮以充军储］

四川布政司奏：盐井卫极边，四时霜雪，五谷不生。乞如洪武旧例，召商中纳盐粮，庶军储不乏。上命行在户部议行。

壬寅（初六日）［更给车里宣慰使司等信符、批文等］

行在工部奏：云南车里军民宣慰使司等处，并日本等国，宣德年间分给信符，及编置批文、勘合底簿，今改元，例应更给。从之。

甲辰（初八日）［广东廉州卫与广西太平府结伦州等处、思明府等地表文过期］

行在礼部奏：广东廉州卫，广西太平府结伦州、结安州、镇远州、思同州、思明府，各遣人赍圣节、冬至、正旦表文，过期而至，请治其罪。上俱宥之。

乙巳（初九日）［云南易门县，广西思明府并上思州，贵州安顺州、新添长官司遣人朝贡］

云南云南府易门县故土官男王忠，广西思明府并上思州，贵州安顺州、新添卫新添长官司，俱遣人来朝贡马及方物。赐彩币等物有差。

丙午（初十日）［更换广东都司听调官军军器衣装］

行在兵部尚书王骥等奏：先因广西浔、梧等府桂平等县大藤峡等处蛮寇作耗，攻劫乡村，官军不敷。总兵官右都督山云等奏，调广东都司官军二千人来听调，今已年半，军器衣装损坏，欲照贵州都司调来官军事例，一年一换。从之。

丁巳（二十一日）［乌思藏剌麻、四川东川军民府故土官知府弟朝贡］

乌思藏剌麻锁南札等、四川东川军民府已故土官知府弟普得遣人贡马及方物。赐彩币等物有差。

［命天全六番招讨司故百夫长之孙等袭职］

命天全六番招讨使司故百夫长杨铭孙威、高显端弟显彰俱袭职。

明英宗实录卷十七

五月

己巳（初四日）［四川东川军民府、广西镇南府进贺表文俱失期］

行在礼部奏：四川东川军民府通事阿泽阿罗罗人阿慈，广西镇南府头目黄擎、马骏，赍进圣节、冬至、正旦表文俱失期后至。请治其罪，上皆宥之。

乙酉（二十日）［罢广西右参议胡永成为民］

罢广西布政司右参议胡永成为民，以巡抚等官劾其贪虐故也。

丙戌（二十一日）［云南景东、寻甸军民府、楚雄府与广西忠州等地土官等遣人朝贡］

……云南景东把事姜昆，寻甸军民府把事男杨恕，楚雄府把事王斌，广西忠州土官知州王志，并太平府左州，俱遣人来朝贡马及方物。赐宴并彩币等物有差。

明英宗实录卷十八

六月

戊戌（初三日）［湖广沅陵县奏称本县人民多以本户田产典借富人钱帛，请官为给价取赎］

湖广辰州府沅陵县奏：本县人民，多因陪纳税粮充军为事贫乏，将本户田产典借富人钱帛，岁久不能赎。产去税存，衣食艰难，欲令贫民自陈其实，官为给价取赎。事下行在户部覆奏，从之。

辛丑（初六日）［广西柳州卫百户、忠州土官舍人进贺表文后期］

（刑）〔行〕在礼部奏：广西柳州卫百户戴铭、忠州土官舍人黄笋等，赍捧圣节、冬至庆贺表文，后期而至，请治其罪。上皆宥之。

［降湖广都指挥佥事何贵为事官］

湖广都司都指挥佥事何贵镇守清良等卫，假以操练为名，数受士卒银两、纻丝、马牛等物，强夺良家妻女为妾。下都察院狱，拟罪当绞。上特宥之，降为事官，甘肃立功。

戊午（二十三日）［云南寻甸军民府土官妻、因罗必甸长官司土人与湖广永顺军民宣慰使司土官舍人贡马］

云南泰和县寻甸军民府土官妻仲，并因罗必甸长官司土人，湖广永顺军民宣慰使司土官舍人，俱来朝贡马。赐彩币等物有差。

明英宗实录卷十九

闰六月

甲戌（初十日）［命湖广永顺故宣慰使子袭职］

命湖广永顺军民宣慰使司故宣慰使彭仲子世雄袭职。

戊子（二十四日）［命四川灌县蚕崖关巡检司巡检复任］

命四川成都府灌县蚕崖关巡检司巡检杨节复任。是关当番夷往来之冲，节盘诘禁捕，勤慎有方，九年任满当调，羌民奏乞复任。故有是命。

明英宗实录卷二十

七月

甲午朔（初一日）［贵州“妖贼”攻各番长官司，官军击败之］

贵州妖贼卓马等攻各番长官司，夺其印。官军击败之，斩首数百级，生擒二十余人。

庚子（初七日）［广西容县守御千户等“纵贼劫杀”官民，诏宥死，戴罪捕“贼”］

广西总兵官右都督山云奏：容县守御千户龚政等纵贼劫杀官民，请治其罪。诏宥死，戴罪捕贼。

乙卯（二十二日）［贵州乌罗府薄收，民多缺食，发囚犯赎罪米赈济不敷，复贷富室积谷以继之］

巡按贵州监察御史陈嘉谟奏：乌罗府去岁薄收，今夏民多缺食，发囚犯赎罪米赈济不敷，复贷富室积谷以继之，俟秋成责偿，具以数闻。

明英宗实录卷二十一

八月

辛未（初八日）［广东都指挥佥事朱瑛贪赃恣肆，命鞫实斩之］

广东都指挥佥事朱瑛贪赃恣肆，挟私杖杀百户人等，又失机致贼杀死官军数多。法司以闻，上命鞫实斩之。

庚寅（二十七日）［湖广桑植安抚司故土官安抚子、土官同知子等朝贡驼、马］

湖广九溪卫桑植安抚司故土官安抚子向晟、土官同知子覃得和等，俱来朝贡驼、马。赐宴并彩币等物有差。

明英宗实录卷二十二

九月

癸卯（十一日）［四川建昌卫军民指挥使司土官指挥使照云南土官事例考复］

四川行都司建昌卫军民指挥使司土官指挥使安均奏：本卫所属白水等驿土官驿丞，俱乞照云南土官事例，三年、六年赴布政司考复，任九年通考赴部。上以建昌地远，艰于往复，从之。

丙午（十四日）［广西庆远府请召商中纳盐粮以充军饷］

广西庆远府奏：本府边临蛮地，瑶僮杂处，贼寇出没，杀虏人民，不能宁息。今总兵官都督山云调拨广西、贵州、湖广三都司官军，于本府地方分营哨守。本府仓粮无几，恐误军饷，乞召商中纳盐粮，定为则例。上命行在户部议行。

明英宗实录卷二十三

十月

丙寅（初四日）［以获起事瑶人功，升赏广西柳州卫等千百户］

升广西柳州卫正千户孙麒为指挥佥事，庆远卫百户王佛留、桂林右卫百户黄俊、湖广安陆卫百户邓富，俱为副千户，以获瑶寇功也。

明英宗实录卷二十四

十一月

甲辰（十三日）［麓川宣慰思任发“称兵扰边”，令黔国公沐晟等计议抚捕］

初，洪武间克平云南，惟百夷酋长思伦发未服。后为头目刀干孟所逐，赴京陈诉，命为宣慰，回居麓川。分其地设孟养、木邦、孟定三府，隶云南。设潞江、干崖、大（候）〔侯〕、湾甸四长官司，隶金齿。永乐元年，升孟养、木邦为宣慰司。孟养宣慰刀木旦与其邻境仇杀而死，缅甸乘机并其地。未几，缅甸宣慰新期加又为木邦宣慰所杀。是时思伦发已杀，其长子思行发袭父职亦死。次子思任发袭兄职，为麓川宣慰，狡狯逾于父兄，差发金银不以朝纳，朝廷稍优容之。适会缅甸之危，思任发侵有其地，遂欲尽复其父所失故地，称兵扰边。至是，云南总兵官黔国公沐晟奏：思任发侵占孟定府及湾甸等州，杀掠人民，焚毁甸寨。事下行在兵部，请令晟等计议抚捕，何者为便。从之。

丁未（十六日）［湖广容美宣抚司故土官佥事子署父职］

命湖广施州卫容美宣抚司故土官佥事向友亮子子贤署父职。友亮永乐间以罪死狱中，至是子贤援例告乞承袭。兵部以闻，故命之。

明英宗实录卷二十五

十二月

乙亥（十四日）［给金牌信符，送老挝军民宣慰使司头目回还］

给金牌信符，送老挝军民宣（御）〔慰〕使司头目混伦等回还。先，云南总兵官沐晟已遣人送混伦等回至其境，闻老挝土官卒，国人与八百国仇杀，晟请给信符护送。行在礼部尚书胡濙等因言：云南车里等衙门信符，今改元犯行造换，请俱付来使赍往，就督其未输常贡方物，仍取先朝原赐信符。从之。

丙戌（二十五日）［广东照广西、云南例，杂职衙门官员九年考满赴部］

广东高州府知府富敬奏：广东去京师万里，其布政司所属杂职衙门官员，三年、六年考满赴部，艰于往复。事下行在吏部覆奏，拟照广西、云南例，驿丞递运所大使三年、六年考满，许赴本布政司，至九年考满赴部。其余河泊所、税课司等衙门仍旧。从之。

明英宗实录卷二十六

正统二年丁巳（1437）

正月

壬寅（十二日）［设四川龙州明月巡检司］

设四川龙州明月巡检司，从宣抚司土官知州薛继贤奏请也。

己酉（十九日）［以获“蛮寇”有功升右军都督同知萧授等］

升右军都督同知萧授为右都督都督佥事，吴亮为都督同知，都指挥佥事郑通为都指挥同知，指挥使彭恭为都指挥佥事，指挥同知莫荣等二人为指挥使，指挥佥事翟亨等七人为指挥同知。以获蛮寇功也。

庚戌（二十日）［泗城州土官知州攻夺利州地方，令广西总兵官山云等相机抚剿之］

广西总兵官都督山云等奏：泗城州土官知州岑豹，攻夺利州知州岑颜地方，并掠其妻子财物。虽朝廷屡遣官抚谕，而负固不服，增兵据守，乞量调官军剿之。上敕云等曰：蛮夷违命梗化，罪固难容，而朝廷兴师动众，事亦不易。卿其更遣人谕之，彼能输款，即与自新，如尚稔恶不悛，即加剿灭。务俾事集人安，以副委任。

壬子（二十二日）［以征剿“蛮贼”有功给赏总兵官萧授及以下官兵］

行在礼部尚书胡濙等奏：总兵官都督萧授等征剿蛮贼有功，请差官于南京官库关领钞锭、布、绢给赏。总兵官钞二千贯、彩段四表里，都指挥各钞一千贯、彩段三表里，指挥各钞八百贯、彩段二表里，千户卫镇抚各钞六百贯、彩段一表里，百户所镇抚各钞五百贯、绢三匹，旗军、民兵各钞三百贯、绢、布各一匹。总旗生擒贼人及杀获首级者赏倍之，民兵斩获首级该升不升者，加钞一百贯、绢一匹。从之。

明英宗实录卷二十七

二月

壬戌（初二日）［四川长河西鱼通宁远等宣慰使司、湖广容美宣抚司遣人贡马］

四川长河西鱼通宁远等宣慰使司、湖广容美宣抚司俱遣人贡马。赐钞如例。

辛巳（二十一日）［命四川长河西鱼通宁远等处军民宣慰使司故宣慰使子袭职］

命四川长河西鱼通宁远等处军民宣慰使司故宣慰使喃哩子加八僧宜袭职。

丙戌（二十六日）［云南曲靖军民府知府言土官承袭等四事］

云南曲靖军民府知府晏毅言四事：一、土官承袭，或以子孙，或以兄弟，或以妻继夫，或以妾绍嫡，皆无预定序次，多致临袭争夺，以故仇杀连年，边方弗宁。乞敕该部移文所司，预为定序造册，土官有故，如序袭职。一、天下军官有阵亡者，或子孙懦弱，或有司欺蔽，仍袭旧职，不蒙升录，切惟崇德报功，明王盛典，于兹不赏，何以为劝？乞敕该部查照阵亡子孙，奏请升赉。一、俸禄所以养廉，今云南自布政司俸月一石，余皆六斗，学官、生员尤少，家给不赡。且四川有司官月俸二石，学官全支生员一石。乞敕该部于云南官俸悉如四川之例。一、天下户口田地，虽自洪武间已有定额，然当是时人少地多，家饶户足。自此以后，人众者安养弗赡，田荒者税粮无征。乞敕该部于此县户口众者，给与彼县荒闲之地，庶田无抛荒，人无艰窘，税粮无不足矣。事下该部议行。

明英宗实录卷二十八

三月

乙未（初五日）［鹤庆土官知府与其弟“屠戮士庶”，又与其母及叔“互相贼害”，责令其“输款”，不服则调军擒捕］

敕云南总兵官太傅黔国公沐晟、镇守云南都督沐昂，及云南都布按三司、巡按监察御史等官曰：比得副使徐训奏，鹤庆土官知府高伦同弟纯屡逞奸凶，屠戮士庶，及与母杨氏并叔宣，互相贼害，灭绝伦理。朕惟蛮夷争夺相杀，固其本性，而伦等肆恶如此，不容不理。尔等其公同勘实，谕使输款。如恃强不服，宜即调军擒捕，务在安妥人民。

癸卯（十三日）［增云南所属儒学师生廪米］

增云南所属儒学师生廪米。先是，以云南边储不足，师生月给米各三斗。至是，以曲靖军民府知府晏毅建言，遂增至六斗。

丁未（十七日）［改置雅州八步关巡检司于临关］

改置雅州八步关巡检司于临关，以临关地当冲要故也。

［湖广都司官军调戍广西］

广西总兵官都督山云奏：湖广都司调来广西官军内，都指挥许杰系有功保升，难以次（伐）〔代〕。其惯战手一千五百人，乞分作两班，每年存七百五十人，别委都指挥一员率以更代。从之。

庚戌（二十日）［给赏俘获贵州“蛮贼”有功官军］

赏都督佥事吴亮等四百八十人，钞及彩币表里有差。先是，贵州蛮贼阿迟卓马等僭称王号，聚众攻掠大龙等长官司，焚毁公宇，伤害人民。亮等躬率官军、土兵，直捣贼巢，俘获甚众，以捷闻。上命斩贼首阿哈等六人以徇，贼党俱宥死，谪戍广西。有功官军给赏，其所获幼男女妇并赐之。

辛亥（二十一日）［苗人入武冈等处杀伤官军，宥失机将领］

行在兵部尚书王骥等奏：湖广总兵官都督同知萧授、右副总兵都督佥事吴亮原举荆州右卫指挥使郑通哨备苗贼，授等以巡视操军为名，纵通回卫延住，故苗贼入武冈等处杀伤官军，请罪之。上姑释不问，仍令授等自陈。

己未（二十九日）［四川泥溪土官医学正科盗官藏丝钞，以马求赎］

四川泥溪土官医学正科田巩盗官藏丝钞，援永乐宣德时边夷有犯听赎马例求赎。上以土夷不谙国宪，许之。

明英宗实录卷二十九

四月

己巳（初十日）［建广西横州僧正司、云南定远县僧会司］

建广西南宁府横州僧正司、云南楚雄府定远县僧会司。

丙戌（二十七日）［四川盐井卫土官男及西番头目朝贡］

四川盐井卫土官男剌马佐并招抚至西番头目摆都塔他等来朝贡马及方物。赐宴并彩币等物有差。

明英宗实录卷三十

五月

癸卯（十四日）［命贵州、广西、云南、湖广、四川卫所官旗犯罪以立功、纳米赎罪］

命贵州、广西、云南、湖广、四川卫所官旗犯杂死并徒流者，俱送总兵官处，立功满日，各还职役。备边军人犯盗，及土官、土民与官旗轻罪者，俱于缺粮处纳米赎罪。从贵州按察使应履平言也。

甲辰（十五日）［广西怀远县“蛮寇”啸聚行劫，令先遣人抚谕，如不服再剿之］

广西总兵官右都督山云奏：柳州怀远县板江等寨蛮寇韦潮振等一千七百余人啸聚行劫，恐滋蔓为民患，宜调兵剿之。上敕云曰：治夷与中国殊，其先遣人抚谕，如肆恣不服，剿之未晚。

丙午（十七日）［贵州按察使应履平建言四事］

贵州按察使应履平建言四事：一食盐。臣所辖镇远等六府，洪武时俱隶湖广，食用淮盐；永乐中改隶贵州，食用川盐。且诸府去四川陆路月余，盐商素所不至，土民经年不知盐味。乞许其仍食淮盐。一军饷。臣所辖贵州等卫军粮，俱于重庆等府仓关运，缘彼舟楫不通，就易轻赍回卫给散，展转贸易，十耗八九，实非良法。今所属镇远等府土民，秋粮计五千四百六十余石，却于湖广清朗等卫输纳。乞运贮镇远府仓，听附近清平等卫关支。一杂办。臣所辖思州、镇远等处，已有额办黄蜡一千五百六十余斤，今又派黄白蜡于黎平、乌罗等府买办。夷民家无甔石，衣不掩胫，额办粮马已为重，难加派重买，（刀）〔力〕何能胜？乞为停免。一俸粮。贵州都布按三司开设之初，因粮储不充，都指挥每月关俸不及一石，布按二司官暂支食米一石。方今仓廪充足，况三司官员不过数人，乞每月人给俸米五石，就于官收赎罪米内关支。上从其言。惟俸米止给二石。

庚戌（二十一日）［重庆武隆县民多逃徙死亡，以四川、湖广所问罪囚应徒流迁徙者及家室迁往为民］

四川布政司奏：重庆府武隆县民逃徙死亡，乡落空虚，乞补编户以承租税。事下行在户部议，以四川、湖广所问罪囚应徒流迁徙者，连家室迁往为民。从之。

辛亥（二十二日）［贵州按察使应履平奏称郡邑郊野之外坟墓被发、骸骨委弃，命有司收瘗］

贵州按察使应履平奏：窃见所在郡邑郊野之外，或坟墓被发，或骸骨委弃，所司不为掩藏收（痊）〔瘗〕，有伤至仁之治。上即命行之，仍令按察司及巡按御史以时督察。

癸丑（二十四日）［四川平夷等长官司遣土吏贡马］

四川马湖府平夷等长官司遣土吏来朝贡马。赐宴并彩币表里等物有差。

明英宗实录卷三十一

六月

己未朔（初一日）［贵州都匀卫平州六洞长官司土官遣人贡马］

贵州都匀卫平州六洞长官司副长官杨平等并土官宣慰使安聚遣人贡马。赐彩币、文绮、钞、布有差。

癸亥（初五日）［徙陵水、万宁县治］

广东按察司副使贺敬等奏：万州陵水县治不利，居者死亡相踵，且其负郭田无水源不足耕，故民皆四散，县与儒学数遭劫掠。臣考元时县治在南山，其地居民颇众，且与南山守御千户所城密迩，请徙治为便。又奏万州万宁县多陈驿，山水险恶，不可居，请徙于县之莲塘。上皆从之。

癸酉（十五日）［湖广辰州卫奏请修筑镇溪千户所城垣］

湖广辰州卫奏：镇溪军民千户所，旧无城垣，但树木栅，易于朽坏，修补甚劳，乞筑城为便。从之。

乙亥（十七日）［广东肇庆府知府奏请禁民绑官］

广东肇庆府知府王莹请禁民绑官，违者谪戍边卫。从之。

［云南晋宁州郭外有大树，居人祈祷辄应，学正奏请立祠，不许］

云南晋宁州学正杨茂言：本州郭外地名塔墩，有大树颇怪异，居人因之祈祷辄应，因号为塔墩圣母，目其树为神树。永乐中，大风折其树，军人陈福海锯以为板。内有神像，戴冠执笏，容貌如画，人皆惊异，立祠以祀，乞加封号。上谓行在礼部臣曰：淫祀徼福，非礼也，其止勿听。

[命有司赎还黄州等府因旱灾被卖为奴者]

四川马湖府同知杨礼奏：湖广黄州等府连年亢旱，人民流移，其子女或为人奴，或被略卖，深为可悯。今年已丰稔，而向之为奴被卖者如故，宜命有司赎还，令得完聚。从之。

甲申（二十六日）[云南镇沅百夫长“抢杀人畜”，搅扰地方，令黔国公沐晟等相机抚捕之]

敕云南总兵官黔国公沐晟等曰：得奏，称镇沅百夫长刀瓮累次行凶，抢杀人畜，搅扰地方，不服招抚。请调附近官军五千、民兵三千，令右都督沐昂统率剿捕。此策固善，但蛮夷仇杀，乃其本性，可再差人抚谕，如彼听从，不必进兵。若仍肆凶顽，当少调精锐人马，用计擒捕，以除边患。尔等慎之，不可忽也。

明英宗实录卷三十二

七月

甲辰（十六日）[邛部长官司长官所遣把事、黎州安抚司土官男贡马]

越巂卫邛部长官司长官阿乔遣把事李阿得，并黎州安抚司土官男马麟，俱来朝贡马。赐彩币等物有差。

戊申（二十日）[革云南思印江长官司水银场局]

革云南思南府思印江长官司水银场局。其水银令本司照数煎办。

乙卯（二十七日）[松潘等卫无官监收仓粮，命增置四川按察司佥事一员]

巡按四川监察御史姚勉奏：四川都司及行都司所属松潘等卫系边境去处，无官监收仓粮，揽纳作弊多端，无所稽考。上命增置四川按察司佥事一员，巡收边储。

明英宗实录卷三十三

八月

甲申（二十七日）［敕剿广西义宁县“蛮贼”］

广西总兵官都督山云奏：义宁县蛮贼一千七百余人劫杀居民，招抚不服。上敕云严督广西、湖广、广东官军剿之。

明英宗实录卷三十四

九月

甲午（初七日）［发两广、云南、贵州新军于广西南丹、奉议等卫所补伍］

广西总兵官右都督山云奏：兵部移文将两广、云南、贵州勾补新军，发于广西南丹、奉议等卫所补伍。其地瘴疠特甚，军士至者多有死亡。乞暂留在城卫所支粮操练，待其渐习水土，然后发遣。从之。

乙未（初八日）［中都留守司署都指挥佥事陈鉴贪暴，斩以徇］

中都留守司署都指挥佥事陈鉴先坐罪谪调广西，总兵官山云委鉴备贼。郁林州贼四出抄掠，鉴复安坐不捕，惟大肆贪暴，州商贩甚众，辄以采访为名，迫取货物，不与即诬以罪。百户白旺、蒋斌调至，无所贽，以他事痛杖之，置酷日中暴之，相继死。卒有索酒食民家不赚，至拔刃杀其女。民来诉，鉴不听，复杖之。知州林长懋疏鉴罪以闻。上诏云覆之，果实，斩以徇。

辛丑（十四日）［设云南沾益州松韶巡检司］

设云南曲靖军民府沾益州松韶巡检司。从知府晏毅奏请也。

己酉（二十二日）［云南车里宣慰司、湖广施南宣抚司朝贡］

云南车里军民宣慰司、湖广施南宣抚司，俱遣人贡象、马及金银器等物。赐宴及绢、布、彩段、衣、钞有差。

乙卯（二十八日）［置广东石城、灵山千户所］

析广东雷州卫后千户所，置石城千户所于高州府石城县。〔析〕南海卫后千户所，置灵山千户所于廉州府灵山县。从按察司副使贺敬奏请也。

明英宗实录卷三十五

十月

戊午（初二日）［以左右江土官地方狼兵屯种大藤峡一带近山荒田］

广西总兵官都督山云奏：浔州府平南等县耆民赴臣处言，浔州切近大藤峡等山，瑶寇不时出没，劫掠居民，阻截行旅。近山多荒田，为贼占耕，而左右两江土官地方，人多田少，其狼兵素勇，为贼所惮。若选委头目起领，前来屯种一带近山荒田，断贼出没之路，不过数年，贼徒坐困，地方宁靖矣。臣已会巡按御史、三司等官计议，诚为长便。乞如所言，量拨田州等府族目、土兵，分界耕守，就委土官都指挥黄玹部领，遇贼出没，协同官军并力剿杀。从之。

己巳（十三日）［湖广施南宣抚司土官同知遣人朝贡］

湖广施南宣抚司土官同知覃敬遣把事向礼等来朝贡马及方物。赐彩币等物有差。

辛未（十五日）［麓川宣慰思任发侵夺南甸州土地，令黔国公沐晟从宜处置］

云南南甸州土官知州刀贡罕等奏：麓川宣慰思任发侵夺其所辖罗卜思庄等处二百七十八村，乞朝廷遣官赍金牌信符谕之，俾退还所侵地。上敕云南总兵官黔国公沐晟，俾其从宜处置，仍具以闻。

甲戌（十八日）[赐乌思藏禅师银印并僧帽、袈裟]

给赐乌思藏禅师札巴坚参银印并僧帽、袈裟。

明英宗实录卷三十六

十一月

己丑（初三日）[设广东徐闻县遇贤巡检司]

设广东雷州府徐闻县遇贤巡检司。

庚寅（初四日）[命故施南宣抚司宣抚子、东乡五路安抚司安抚子袭职]

命故湖广施南宣抚司宣抚覃选子彦昇、东乡五路安抚司安抚覃信子玉，俱袭职。

辛亥（二十五日）[董卜韩胡宣慰使、松潘番道等遣人朝贡]

董卜韩胡宣慰使喃葛、松潘番道商捌等，令剌麻撒力瓦也失等，来朝贡马及方物。赐彩币等物有差。

明英宗实录卷三十七

十二月

丙子（二十一日）[修筑太平府后千户所城垣]

广西南宁卫守御太平府后千户所言：所城临边，且近交阯，四面皆与土官衙门相接，往往弄兵，互相仇杀。近因雨水连绵，城垣坍塌，恐夷人乘衅窥伺，乞拨附近军卫工力修筑。从之。

辛巳（二十六日）[赏赐叠州陇卜等簇土官等]

赐叠州陇卜、革耶等簇土官副千户南葛监藏，引领吹麻头目陆牙等四十四人，及来降人罗卜般藏、巴沙二簇头目安班等十四人，钞、纻丝袭衣、靴袜各有差，命安班等于叠州居住。

明英宗实录卷三十八

正统三年戊午（1438）

正月

丁酉（十二日）［命董卜韩胡与松潘卫剌麻为国师］

命董卜韩胡剌麻班丹也失为妙智通悟国师，松潘卫剌麻罗只儿监藏为净戒弘慈国师，给诰命、银印、金织袈裟等物。

壬寅（十七日）［升广西思恩州土官知州为田州府知府］

升广西思恩州土官知州岑瑛为田州府知府，仍掌州事。以其从征蛮寇有功也。

癸卯（十八日）［湖广等处总兵官萧授请于清浪、靖州二卫储粮］

湖广等处总兵官右都督萧授奏：贵州靖州等处与广西接界，苗贼出寇不时。永乐、宣德间，常储粮数万石以备急用。比年少储，遇调运饷，贼每先觉而远遁，无由殄歼。乞于清浪、靖州二卫，除官军俸粮外，每卫增储五万石以备调用，庶边有备而机无泄。上命行在户部议行之。

甲辰（十九日）［设云南永平县上甸定夷关巡检司］

设云南永平县上甸定夷关巡检司。

丁未（二十二日）［命四川播州宣慰使司宣慰使孙代职］

命四川播州宣慰使司宣慰使杨昇孙炯代职。

戊申（二十三日）［命四川龙州宣抚司宣抚子代职］

四川龙州宣抚司宣抚薛忠义老疾，命其子志昇代之。

明英宗实录卷三十九

二月

甲子（初十日）［黔国公沐晟选良马送甘肃备用］

云南总兵官太傅黔国公沐晟，于平凉草场选其所有良马，送赴甘肃备用。上遣敕嘉劳，赐白金一百两、彩币十表里，纱罗称是。

明英宗实录卷四十

三月

辛卯（初七日）［以“夷人”能读书捷科目可嘉，免四川马湖府举人王有学吏役］

免四川马湖府举人王有学吏役。先是，有学由生员领乡荐，以疾不能会试，过期始至，例罚充吏。于是有学原籍长官司遣通事贡马，乞宥其罪，肄业太学。上以夷人能读书捷科目固已可嘉，特免充吏。

乙未（十一日）［赏湖广征剿起事苗人官军］

赏湖广征剿苗寇官军彩段、绢、钞有差。先是，（陕）〔广〕西蒙顾等峒贼首蒙再万等，乌合湖广武冈横岭等处贼人胡进拳等大肆剽掠，民弗能堪。总兵官都督萧授奉命帅兵剿平之，故有是赏。

庚子（十六日）［命贵州都指挥佥事镇御四川乌撒、芒部等处］

命贵州都指挥佥事唐谏镇御四川乌（散）〔撒〕、芒部等处。从巡按监察御史陈嘉谟等言也。

乙巳（二十一日）［松潘卫祈命等簇禅师、四川署天全六番招讨使司事贡马］

松潘卫祈命等簇禅师绰领、四川署天全六番招讨使司事高凤弟常……俱来朝贡马。赐彩币等物有差。

明英宗实录卷四十一

四月

壬戌（初九日）［贵州巡按邢端奏称贵州边卫多缺官守御］

巡按贵州监察御史邢端奏：贵州边卫多缺官守御，其指挥等官因比试袭职及公差者，多逗遛他郡以避征操，乞程递回卫。诏自今赦后违限三年者，降为事官，边卫立功。逗遛不还者，依律治罪。

癸亥（初十日）［裁省云南寻甸军民等六府同知等官］

裁省云南寻甸军民等六府同知、推官、知事、照磨、检校，共二十一员。

壬申（十九日）［云南按察司副使徐训奏请祀元云南行省平章政事赡思丁］

云南按察司副使徐训奏：元时云南行省平章政事赡思丁以萝槃甸叛，率兵讨之。及师临城，不忍加戮，卒致甸主感激出降，一城之命赖以全活。迨卒，老稚悲哀之声，连日不绝。后赠为咸阳王，谥忠惠，至今庙貌具存，人民怀仰。乞敕礼部定仪物，降祝册，俾春秋致祭。上命行在礼部议行之。

明英宗实录卷四十二

五月

丁亥（初四日）［以民少官多，革贵州镇远府附郭镇远州］

革贵州镇远府附郭镇远州。以本州所属镇远、施秉二长官司属府，改除本州知州何瑄为本府同知。以其民少官多故也。

庚寅（初七日）[革贵州乌罗府及所属治古、答意二长官司]

革贵州乌罗府。其所属治古、答意二长官司先经作耗，官军剿捕，残民无几，亦并革之。惟存乌罗、平头著可二长官司以隶铜仁府，朗溪蛮夷长官司以隶思南府。从贵州巡按监察御史及都布按三司会奏也。

[帝谕“蛮夷”未可全以文法绳]

都素蛮夷司副长官周源具陈都指挥何贵守御清浪之功，请还贵官。法司以贵荒纵酒色，贪酷不忠，幸已宥死黜官，源乃妄奏，必素与同恶者，宜正其罪。上曰：源蛮夷，未可全以文法绳，其宥之。

壬寅（十九日）[命云南南甸、腾冲二州，瓦甸、干崖二长官司，潞江安抚司隶金齿军民指挥使司]

命云南南甸、腾冲二州，瓦甸、干崖二长官司，潞江安抚司，仍隶金齿军民指挥使司。潞江州百夫长仍还永昌千户所，潞江州知州刀珍罕、同知刀不浪仍充千夫长。从云南总兵官黔国公沐晟等奏请也。

甲辰（二十一日）[云南鹤庆军民府、贵州宣慰使司、金筑安抚司、上马桥长官司与四川盐井卫贡马]

云南鹤庆军民府故土官妻杨氏、贵州宣慰使司土官安聚等各遣头目，并金筑安抚司头目赵子华、上马桥长官司头目韦田付、四川盐井卫通事剌麻他等，俱来朝贡马。赐钞锭、彩币表里有差。

戊申（二十五日）[以总兵官山云脚疾不痊，命自选头目赞理军务]

巡按广西监察御史张文奏：总兵官都督山云脚疾不痊，难于任事。况今蛮寇不时出没，乏人调度，恐寇乘隙，深为可虑。上命太医院择善医者驰驿往治之，复敕云自选廉能头目一人赞理军务，即以名闻。

明英宗实录卷四十三

六月

己未（初七日）［敕谕麓川宣慰思任发“革心向化”］

云南总兵官黔国公沐晟等奏：麓川宣慰思任发累侵南甸、干崖、腾冲、潞江、金齿等处。上敕晟等相机抚捕。又敕思任发曰：近者南甸等处皆奏尔侵占地方，虐掳百姓，抢象、马，害官吏，掠官船，守江口，仍筑山寨，以绝往来。镇守、总兵等官以尔不遵法度，屡请官军问罪，欲一鼓而扑灭之。朕体上天好生之心，虑大军一出，不免伤及无辜，离人父母妻子，于心不忍。兹特遣人抚谕，尔能革心向化，遵守成规，人民掳掠者释之，地土侵占者归之，则悉宥尔罪。若怙终不悛，必兴师征剿，尔追悔无及矣。

［命湖广散毛宣抚司故宣抚子“试职”］

命湖广施州卫散毛宣抚司故宣抚覃友谅子瑄试职。初，友谅以罪械赴京，中路叛匿，后官军获之，毙于狱。至是，本司以其子夷民信服，乞令袭职。上以友谅情犯深重，难令其子袭职，第以蛮夷之故，特屈法伸恩，令瑄试职管事。若踵前恶，必罪不贷。

乙丑（十三日）［以云南都布按三司官奉敕抚捕思任发，不亲临其地，移文切责之］

行在兵部左侍郎邝埜劾奏：云南都布按三司官奉敕抚捕思任发，不亲临其地谕以祸福，乃遣官属，职微言轻，不能敷扬圣化，遂致蛮寇愈肆凶顽，请治其罪。上以方面官不能安一方之人，罪之可也，但今彼处有事，若逮治之，不无误事，命姑移文切责之。

丁卯（十五日）［命柳溥代山云充总兵官镇守广西，田真为参将］

命安远侯柳溥佩征蛮将军印充总兵官镇守广西，都督佥事田真为参将。以都督山云有疾，命溥等代之也。

［设云南楚雄府、嵩明州阴阳学］

设云南楚雄府阴阳学，置正术一员；嵩明州阴阳学，置典术一员。

辛未（十九日）［革云南土官衙门通事、把事］

革云南土官衙门通事、把事一百九十九人。先是，监生段暹奏，云南极临边徼，俗杂蛮夷，诸衙门设把事、通事，夙有定额。迩年多以军民厮役不逞之徒，营求保充，恃其豪横，侵渔小民，贻患非小。乞量数存留，余悉省之。时巡按监察御史张鉴亦以为言。事下云南三司体覆，至是皆言宜革，仍疏名以闻。上命非额设者，悉革之。

［革云南潞江渡口等十六巡检司、南甸等四驿］

革云南潞江渡口、河底、九浪、莽孟洞、木缚、赖邦哈、甸头、库扛关、库力关、库勒关、古涌关、高松坡、马缅、曲石桥、播孟、清水关十六巡检司，南甸、孟哈、罗卜思庄、潞江四驿。

乙亥（二十三日）［以麓川宣慰思任发自立头目，命右都督沐昂率兵进讨］

云南总兵官黔国公沐晟等奏：麓川宣慰思任发自立头目，知州刀珍罕、土官早亨等助其凶暴，亲率蛮寇来侵金齿，势愈猖獗，已遣署都指挥佥事李友，发大理等卫所马步官军守备金齿，乞调大军剿之。上谕行在兵部左侍郎邝埜等曰：朕以蛮夷仇杀为常，今乃侵夺城池，长恶不悛，尔其会官举在京武职廉干善战者二员以闻。众举右都督方政、署都督佥事张荣。上命政与荣往晟处，协同镇守，右都督沐昂率兵进讨。

庚辰（二十八日）［敕谕木邦宣慰使罕门法率兵会讨思任发］

敕谕木邦宣慰使罕门法曰：迩者麓川宣慰思任发恣肆冥顽，擅率人马攻劫孟养等地方，朝廷将讨其罪。兹遣人赍敕及金牌信符谕尔。若我大军临境，尔即率兵会讨，或攻其背，或攻其左右，或捣其巢穴，俾贼就擒，朕则重加赏赉，俾尔贵富悠久，书尔功名于青史，岂不伟哉？故兹敕谕，宜体至怀。

明英宗实录卷四十四

七月

丙戌（初四日）［升应履平、戴新为云南布政司左右布政使，徐仲麟、陈璿、杨翰为云南按察司佥事］

升贵州按察司按察使应履平为云南布政司左布政使，云南布政司右参议戴新为本司右布政使。行在刑部湖广司主事徐仲麟，行在贵州等道监察御史陈璿、杨翰，俱为云南按察司佥事。从行在吏部会官举之也。

庚子（十八日）［麓川宣慰思任发以进贡为由行缓师之计］

兵部奏：麓川宣慰思任发先遣陶孟刀派本以金银器皿、象、马来贡，又遣其部属万余夺占潞江等处地方，杀死官军。其实假以进贡为由，阳为顺服，意在延缓我师，彼将得肆奸计。宜候其来使进贡毕日，押送云南总兵官沐晟处收候。如思任发改过顺服，即将来使放归，否则解京发落，并请敕晟等严谨提备。从之。

乙巳（二十三日）［升湖广武冈州城步巡检为本州判官］

升湖广武（岗）〔冈〕州城步巡检司巡检陈诚为本州判官，仍理司事。诚累获寇盗，当不次擢用。以邻境绥宁县知县陆文明奏保复任，故有是命。

丁未（二十五日）［敕黔国公沐晟急调军马征剿思任发］

云南总兵官黔国公沐晟奏：麓川贼思任发沿江造船三百艘，欲取云龙州等处。上敕晟等急调军马，相机征剿。

明英宗实录卷四十五

八月

癸丑朔（初一日）［以“夷民”苦于卫官、土官侵渔，调整贵州部分区划］

改贵州金筑安抚司，并镇宁州、永宁州、安顺州，俱隶贵州布政司。上马桥等十二长官司，并平坝驿，俱隶贵州宣慰司。木瓜等四长官司隶金筑安抚司。十二营、康佐二长官司，在城税课司，安庄驿，隶镇宁州。慕役、顶营二长官司，盘江巡检司，查城驿，隶永宁州。宁谷寨、西堡二长官司，普利驿，隶安顺州。增置金筑安抚司流官同知一员。以巡按监察御史陈嘉谟言，夷民苦于卫官、土官侵渔故也。

乙丑（十三日）［敕黔国公沐晟剿捕思任发］

云南总兵官黔国公沐晟奏：麓川贼思任发遣部属杀瓦甸、顺江、江东等处军余殆尽。上敕晟等曰：朕以贼势日甚，累敕尔等筹画剿捕，乃玩寇养患，至于如此。敕至，尔等宜恪遵前敕，相机行事，务出万全，一举而殄灭之。

明英宗实录卷四十六

九月

癸巳（十二日）［添四川诸卫军士月粮］

添四川诸卫军士月粮。先是，巡抚直隶侍郎周忱言，天下粮储颇足，两京军士既已添给，在外旗军未蒙会计。宜移文各处，有粮可给二岁者，如例添给。至是，四川都布按三司覆实，见粮可足五年，除松潘卫验口支粮者不添，其余卫所旗军，每月添给二斗。

从之。

乙未（十四日）［革贵州大万山长官司水银朱砂场局］

革贵州铜仁府大万山长官司水银朱砂场局，以其官多人少，地瘠课重也。

丙申（十五日）［湖广唐崖、四川泥溪长官司把事与广东宜伦县土官男等朝贡］

湖广唐崖长官司把事王政、四川泥溪长官司把事王埙、广东宜伦县土官男黄𬴂等，各来朝贡马及方物。赐彩币等物有差。

戊戌（十七日）［赏平广西义宁县“蛮贼”官军］

赏平广西义宁县蛮贼官军都指挥鲁义等，彩段、钞、绢有差。

己亥（十八日）［调贵州都司官军土兵往云南］

敕贵州都司调官军四千人、土兵二千人往云南，听总兵官沐晟调遣。

癸卯（二十二日）［敕谕麓川宣慰使思任发，令其无负优待之意］

敕谕麓川宣慰使思任发曰：昔我祖宗临御之时，尔能恭修职贡，朝廷恩待之礼，益久益厚。朕即位以来，祗体祖宗之心，抚辑华夷，无间远迩。比者云南总兵、镇守官奏，尔擅兴兵马，侵夺孟定、孟养等地方，杀虏人民，请发大军往问尔罪。朕体上天好生之德，虑大军一出，不免伤及无辜，离人父母妻子，于心不忍。已遣人赍敕往谕，冀尔悔悟，去逆效顺，则悉宥前罪不问。今尔遣头目陶孟刀派本等赴京朝贡，朝廷不逆尔诈，亦不忍罪尔。原来使臣姑遣之归，且令赍敕往谕，并赐尔及妻彩币。尔其省愆思咎，勉图自新，庶无负优待之意。

［升广西怀远县宜良镇、丹阳镇巡检司巡检俱为本县主簿］

升广西怀远县宜良镇巡检司巡检李诚，丹阳镇巡检司巡检叶新，俱为本县主簿，仍理司事。以获瑶寇功，从总兵官都督山云奏请也。

甲辰（二十三日）［云南大侯州土官知州、广东高要县瑶头等各遣头目朝贡］

云南大（候）〔侯〕州土官知州斗南、广东高要县瑶头田坐保等各遣头目来朝贡马及金银器皿等方物。赐宴并赐彩币、钞锭等物有差。

庚戌（二十九日）［赐云南大侯州土官知州金牌信符］

赐云南大（候）〔侯〕州土官知州刀奉汉金牌信符。初，奉汉令把事傅永瑶来朝贡马，奏欲与木邦宣慰使罕门法共起夷兵十万，协同征剿麓川，乞赐金牌信符，以安民心。故特赐之，仍降敕嘉奖刀奉汉及罕门法。

明英宗实录卷四十七

十月

乙卯（初四日）［发云南定远县土人杨斌戍边］

云南定远县土人杨斌初随南安州土官李保进贡，赂保荐为冠带通事，吏部请下所司核之。上命姑与冠带，仍令三司及巡按御史廉其实以闻。至是御史、三司言，州素无通事，斌实诈冒妄请。械赴京，法应斩。上曰：土人不谙礼法，宥其死，发戍威远。

丙辰（初五日）［广东感恩县土官知县遣人朝贡］

广东琼州府崖州感恩县土官知县楼鉴遣黎首符那康等来朝贡马及方物。赐钞、绢如例。

己巳（十八日）［广西巡按等奏报桂林中卫总旗图谋瑶人田产之事］

广西桂林中卫总旗唐肆见瑶人潘才贤等家富田饶，意图之。因随都指挥胡成征进，伪报才贤等隐贼当剿。成令百户章膑、叶马廉之，膑等从肆伪言，率军杀虏其人，分有其产。后膑等欲首，肆复纳赂使隐之。巡按御史等官以闻，兼劾成戒饬弗严。上诏成自陈，余命御史擒治如律。

明英宗实录卷四十八

十一月

甲申（初四日）［山云卒］

右军都督府右都督山云卒。云，徐州人，父青以奉天靖难功官至都督佥事，云为金吾左卫指挥使。从太宗皇帝北征有功，累升都督佥事。宣德间，佩征蛮将军印，镇守广西。时溪峒瑶僮叛服不常，云率兵讨之。贼轻视云，悉力迎战。云一鼓破之。贼退保山巅，山皆险峻，草木蒙密。贼以木挂于藤，垒石其上，官军至辄断藤，木石交下，无敢近者。云营山下，于夜半束火牛羊之角而纵之，贼为官军至矣，亟断藤。比明，木石皆尽，官军鼓噪登山，遂破贼垒，斩首数万级，招降并还所掠甚众。乃增筑四城九堡传舍九十余区，以镇要害。自是终云之世，十余年间，瑶僮无敢为孽者。以功升都督同知，继升右都督。及病，上遣医视疗，慰劳甚至。比卒，上嗟悼，辍朝一日，遣官赐祭，命有司治葬。赠怀远伯，谥忠毅，厚恤其家，命其子俊袭为府军前卫指挥使。广人悲号，立祠塑像祀之。云沉廉洁，便骑射，临敌多奇策。驭下严明，而善抚恤之，人乐效死，所至成功。先后镇广西者，多利土官馈遗，惟云分毫无取……

己丑（初九日）［四川播州宣慰使司土官宣慰使所遣安抚等贡马］

四川播州宣慰使司土官宣慰使杨炯遣安抚宋忠诚……俱来朝贡马。赐宴并赐彩币等物有差。

辛丑（二十一日）［四川岩州长官司土官侵杂道等地］

初，四川岩州长官司土官让达聚众侵杂道等地，焚掠居民，剽劫行道。杂道长官白诉于朝，上令四川三司往谕之。右参议王恪等亲诣其地，宣布敕旨。让达等畏服，悉归侵掠，敛众解仇。至是恪等以状闻。

壬寅（二十二日）［敕黔国公沐晟率兵进讨思任发］

敕云南总兵官黔国公沐晟等曰：览卿奏送麓川宣慰司译书，益知反寇思任发谲诈多端，不可怀服。即今清凉之时，卿等其率兵进讨，仍量调附近土官，各领精兵，协力剿除，以靖边境。务在号令严明，信赏必罚，庶使官军有所惩劝。

明英宗实录卷四十九

十二月

癸亥（十三日）［广西思恩州土官知州、云南阿迷州故土官知州、四川龙州土官宣抚、白马路长官司土官舍人遣人贡马］

广西思恩州土官知州岑瑛，云南阿（速）〔迷〕州故土官知州普觉妻沙济，四川龙州土官宣抚薛志昇、松潘白马路长官司土官舍人兴布，遣舍人岑玘等，俱来朝贡马。赐彩币等物有差。

丁卯（十七日）［四川酉阳宣慰司佥事、泥溪等长官司长官、广西泗城州土官知州遣人朝贡］

四川酉阳宣慰司佥事冉应良遣舍人冉兴明，马湖府泥溪等长官司长官王嵩遣通事王政，广西泗城州土官知州岑豹遣官族岑材等，俱来朝贡马及金银器皿。赐彩币等物有差。

明英宗实录卷五十

正统四年己未（1439）

正月

甲申（初五日）［云南邓川州、浪穹县，贵州葛彰葛商长官司，湖广东乡五路等四安抚司等朝贡］

云南大理府邓川州冠带把事杨旺、浪穹县土官典史王宁，贵州石阡府葛彰葛商长官司土官长官安宁，并湖广施州卫施南宣抚司东乡五路、忠孝、大旺、金峒四安抚司遣舍人、把事向兴隆等，俱来朝贡马及方物。赐彩币等物有差。

戊子（初九日）［广西罗阳县头目等朝觐违期］

行在吏部奏：天下朝觐官吏，例当去岁十二月到京。今广西太平府罗阳县头目官族唐安等十名俱违限，当置之法。又有在途托故丁忧官六员，称病官四员，逃回官二员，及违限未到官八十五处，俱当究治。上曰：唐安等远方土人，姑置不问。其未到者令具实以闻，逃回者逮治之，丁忧称病者移文体覆，若虚诈必罪不宥。

癸卯（二十四日）［湖广永顺宣慰使司、贵州宣慰使司、龙州宣抚司、云南者乐甸长官司土官朝贡］

湖广永顺宣慰使司土官宣慰彭世雄，贵州宣慰使司把事舍人者凤，龙州宣抚司宣抚薛志昇、都纲惠凯，云南者乐甸长官司土官刀谈，俱来朝贡马及方物。赐彩币、钞、绢有差。

明英宗实录卷五十一

二月

丁巳（初八日）［讨平计砂起事苗人与洪江“生苗”］

先是，贵州计砂苗贼苗总牌、苗金虫等纠集洪江生苗，伪立统千侯、统万侯名号，分据地方，肆凶劫掠。上命总兵官都督萧授调发湖广、贵州官军、土兵往讨之。授率众至计砂，苗总牌等据险迎敌。都指挥郑通等进攻三羊洞山箐，马晔等分攻黄柏等大山。贼奔窜山谷间，追捕之，生擒斩获无筭。都督同知吴亮领兵穷追至蒲头，洪江苗总牌等被剿戮，于是洪江生苗皆赴军门乞降，授等谕以祸福遣归。其首恶苗金虫等为千户尹胜等诱致之，斩以徇，其地悉平。捷闻，上赐敕奖劳，仍命行在兵部论功升赏。

己未（初十日）［贵州金筑安抚司、广西安平等州并木瓜等长官司贡马］

贵州金筑安抚司遣头目李存中，广西太平府安平等州遣官族李文质并木瓜等长官司土官副长官顾雄等，来朝贡马。赐彩币、钞锭有差。

辛酉（十二日）［铜鼓等卫所造军器数改月报为年报］

（广东）〔湖广〕都司奏：比令各卫所月具所造军器数以报，而铜鼓、五开、偏桥、施州、瞿塘、宁远、镇远等卫，远在边境，去都司三千余里，往复艰难。乞止令岁终一报。许之。

癸亥（十四日）［四川乌蒙军民府、云南寻甸军民府、关索岭巡检司等处贡马］

四川乌蒙军民府土官知府撒姑遣头目，并云南寻甸军民府土人阿卑、关索岭巡检司舍人李荣等，俱来朝贡马。赐彩币、钞、绢有差。

［黔国公沐晟等大败思任发］

云南总兵官黔国公沐晟奏：奉敕征剿麓川叛寇思任发。正统三年十一月间，臣会同都督沐昂、方政等统兵至金齿司驻札，累遣指挥车琳等往潞江招抚。贼沿江立栅拒守，政等造舟六十艘，渡江攻之，大败贼众。追至潞江安抚司，贼遁入景罕寨，指挥唐清、舍人方瑛等进击，贼溃散。指挥高远等复追抵高黎共山下，击败之，共斩首三千余级。上遣敕奖谕晟等，仍命整搠军马，捣其巢穴，俟贼平之日论功升赏。

辛未（二十二日）［黔国公沐晟奏称选调湖广、贵州、四川官军往云南征麓川，令其预备粮储］

云南总兵官黔国公沐晟奏：臣会同都督沐昂、方政等统兵征剿麓川。正月三日，政进攻旧大寨，破之。追至空泥，贼出象阵邀击，我军败绩，遂失政所在。今贼势益重，乞增调官军，以殄此寇。奏下廷臣议，英国公张辅等请如晟言，选调湖广官军三万一千五百人，贵州一万人，四川八千五百人，取回都督吴亮、马翔，统率之往听晟等节制。上然之。于是召亮、翔还京，分遣监察御史等官选军听调，仍敕晟等曰：即今蛮寇思任发作耗，必须用兵剿灭，若不预备粮储，（祇）〔只〕虑临期有误。已令户部查得正统二年十二月终，云南都司卫所见在仓粮五十四万一千五百四十余石，未知支过若干，其正统三年所收仓粮尚未有数。敕至，尔等即公同计议，将合用粮储预先会计，从便区画，设法儧运至金齿仓收贮，以备支给。如有不敷，即遣人驰奏定夺，不可怠缓。

丁丑（二十八日）［以征麓川事宜敕谕总兵官沐晟等］

敕总兵官黔国公沐晟、镇守都督沐昂等曰：先得奏，尔等渡江杀败贼众，攻破巢寨，可谓有功。又奏都督方政分路进兵而陷，盖尔等失于节制，而政贪功轻躁故耳，朕深惜之。朕虑此贼必益猖獗，尔宜量留军金齿操备。然万里之外，难以遥度，今命佥都御史丁璿、锦衣卫指挥倪正，往与尔议。若今冬进兵，必须云南选兵五万听调，其他处宜调若干粮草足用。几时并合行事，宜悉议以闻。

明英宗实录卷五十二

闰二月

壬午（初四日）［云南左布政使应履平等奏征麓川事宜］

云南左布政使应履平等奏：征麓川官军回驻金齿，支费甚多，日久难继。乞敕总兵、镇守管官，酌量存留偏裨，率领附近士卒，在彼备御。其余暂令回卫，以听调用。从之。

甲申（初六日）［赏湖广、贵州有功官军］

赏湖广、贵州有功官军。都指挥各钞一千贯、彩段三表里，指挥各钞八百贯、彩段二表里，千户各钞六百贯、彩段一表里，百户等官各钞五百贯、绢三匹，旗军、民兵人等各钞三百贯、绢、布各一匹。以杀败苗贼功也。

己丑（十一日）［萧授自贵州班师，苗人佛保等复聚众“攻劫”，杀伤官军，帝宥失机将领，令其相机抚捕之］

湖广贵州总兵官左都督萧授自贵州班师，苗贼佛保等纠集其党千余复肆攻劫。沅州卫千户黄端、百户徐瑾等领所部百余分哨，皆为贼所害。指挥王质等策应，杀贼九人，生擒三人，贼乃遁去。巡按御史时纪等劾奏，授及都指挥马烨于班师之际不设方略，留兵备御，以致贼势复张，杀害官军。乃妄称质杀退苗贼，掩饰己罪，皆当逮治。上曰：授罪诚如纪言，但先已有敕，责其用心设法，相机抚捕。今姑宥其罪，都察院其以朕命谕之。

庚寅（十二日）［四川、贵州、两广、湖广、云南等处土官朝贡］

四川东川军民府土官知府普得，贵州慕役长官司女土官适由，广西江州土官知州黄能政、万承州土官族许永铭、上林县土官舍人黄永高、永康县土官知县杨璚，四州土官知州黄宗广等各遣人，并广东阳江县瑶首方广，湖广九溪卫土官舍人向斌，云南罗次县土官舍人杨璿，贵州金筑安抚司土官舍人金镛，俱来朝贡马及方物。赐彩币、钞锭等物有差。

戊戌（二十日）［四川“生番”寨首等遣人贡马］

四川生番随渠等八百二十九寨寨首曲吾巴等各遣番僧雍仲等来朝贡马。赐币有差。初，出禅寨首捌低巴等贻书松潘守将赵得，言欲朝贡，被生番阻路不通，乞为开通道路。得以闻于朝，有旨令得措置。得遣其麾下千户鲁明等往抚谕，生番皆向化，遂相率来朝贡云。

明英宗实录卷五十三

三月

戊午（初十日）［贵州巡按李芳等奏留副总兵吴亮］

巡按贵州监察御史李芳等奏：贵州地方广衍，苗贼出没不常。自副总兵都督同知吴亮到彼剿杀卢番等处叛寇，军民得以安业，今取亮回，恐边患复作。上以亮暂令领军往云南杀贼，兵部移文贵州三司及巡按御史，尽心严饬军务，抚安夷落，不许怠（隋）〔惰〕误事。

甲子（十六日）[贵州金筑故安抚子袭职]

命贵州金筑安抚司故安抚金得珠子镛袭职。

丁卯（十九日）[命吴亮率湖广、贵州精锐官军征剿麓川]

敕都督吴亮：前命监察御史等官选湖广、贵州精锐官军，各委都指挥督操听调。今特命尔统往云南征剿麓川反寇，仍于所在有司给钞赍之。

[沐晟卒]

云南总兵官征南将军太傅黔国公沐晟卒。晟，黔宁昭靖王英之子也。洪武中，任后军都督佥事。英长子先卒无嗣，晟以介子袭爵西平侯，镇守云南……正统三年，麓川贼思任发反，敕晟统云南、四川、贵州诸道兵讨之。至潞江督军造舟，乘夜渡江攻贼栅，破之。追至高黎共山，连破数寨，斩首三千。以疾还，至楚雄峨崂驿卒。讣闻，追封定远王，谥忠敬，以其子俨嗣爵。

明英宗实录卷五十四

四月

乙酉（初八日）[广西太平府茗盈、都结二州与贵州黎平府蛮夷长官司各遣人朝贡]

广西太平府茗盈、都结二州，贵州黎平府蛮夷长官司，各遣人来朝贡马及方物。赐彩币、绢、钞有差。

辛卯（十四日）[命云南金齿司指挥使等署都指挥佥事]

命云南金齿司指挥使车琳，云南左卫指挥佥事卢钺，澜沧卫指挥佥事李福，六凉卫指挥佥事方瑾，俱署都指挥佥事事。从黔国公沐晟奏请也。晟又奏，征进麓川官军退驻金齿，粮饷不继。议令暂还各卫，淬厉械器，期八月至云南听调。臣于官粮区画儹运，以备支给。上赐敕从之。

癸巳（十六日）［以杀获“蛮寇”功升赏广西署都指挥佥事史雄等］

实授广西署都指挥佥事史雄为都指挥佥事，指挥、千户、百户孙麒等二十人俱升一级给赏。以杀获蛮寇功也。

戊戌（二十一日）［选调湖广、贵州、四川军士五万会集云南］

敕镇守云南都督沐昂等曰：得奏，征剿运饷方略筹画允当，已敕都督吴亮、马翔选调湖广、贵州、四川军士五万，期八月会集云南。卿其督运粮储以俟，务使人不劳而饷充足，庶副委任。

乙巳（二十八日）［赏广西杀“贼”有功官军］

赏广西杀贼有功官军。都指挥佥事田真等各钞一千贯、彩段三表里，指挥各钞八百贯、彩段二表里，千户各钞六百贯、彩段一表里，百户各钞五百贯、绢三匹，旗军、民兵人等各钞三百贯、绢、布各一匹。头目、兵款、官族家人于本赏外，仍加赏半倍。从总兵官安远侯柳溥奏请也。

丙午（二十九日）［追封沐晟为定远王］

追封太傅黔国公沐晟为定远王。诰曰：国家笃念勋臣，殁则赐之谥而进其爵，所以表行而崇功也。晟始以元勋之子进封公爵，历事列圣，恭慎小心。镇守南诏四十余年，士民悦服，边境底宁。比以麓川弗靖，劳我六师，方图成算，遽焉云殁。慨念元勋，良切于怀，特追封为定远王，谥忠敬。呜呼！崇德报功，国家令典。卿其有知，服兹宠命。并赐诰追封其夫人程氏为定远王夫人。

明英宗实录卷五十五

五月

戊申朔（初一日）［安远侯柳溥奏请调兵剿捕“蛮寇”，不许］

广西总兵官安远侯柳溥奏：蛮寇韦万川仍纠众侵扰，议率兵剿捕，请调广东或湖广官军一千来益之。上敕溥曰：蛮寇出没不常，为总兵者，宣布朝廷恩威怀服之，俾敛迹不敢犯为上策。若一一兴兵，徒劳人伤财，而所得几何，况不能得乎？敕至，其以所统官军各分要地固守，有警即相机剿杀，毋令滋蔓。

庚戌（初三日）［广西都康州所遣头目、四川酉阳宣抚司所遣把事并叠州番簇、广东化州瑶头等朝贡］

广西都康州遣头目闭进、四川酉阳宣抚司遣把事刘显，并叠州番簇烟丹监藏、广东化州瑶头兰茂春等，俱来朝贡马及方物。赐彩币、钞锭有差。

［以沐昂为总兵官征剿麓川思任发］

命镇守云南右都督沐昂为左都督，佩征南将军印充总兵官，右都督吴亮充副总兵，都督佥事马翔充左参将，署都督佥事张荣为实授都督佥事充右参将，统云南等都司官军，征剿反寇思任发。时黔国公沐晟卒，故命昂代之。

乙卯（初八日）［广西桂平等县“被贼劫掠”，其哨守指挥张海等官不即追捕，把总都指挥鲁义、阮智亦坐视其患，帝宥鲁义、阮智，命逮张海等鞫治之］

先是，巡按广西监察御史张文等奏：广西桂平等县被贼劫掠，其哨守指挥张海等官不即追捕，而把总都指挥鲁义、阮智亦坐视其患。俱宜治罪。上宥义、智，命逮海等鞫治之。

辛酉（十四日）［广西忠州头日、云南罗雄州把事朝贡］

广西忠州头目黄荣、云南曲靖军民府罗雄州把事阿古等来朝贡马及方物。赐彩币等物有差。

丁卯（二十日）［赏浔、梧、柳、庆等处杀“贼”有功官军］

赏浔、梧、柳、庆等处杀贼有功官军，指挥佥事夏霖等一百二十二人，钞二万六千贯、绢一百三十七匹。

甲戌（二十七日）［建四川资县银山镇等三巡检司］

建四川资县银山镇、简县资阳镇、泸州李市镇三巡检司。

明英宗实录卷五十六

六月

丁丑朔（初一日）［命湖广都指挥佥事张善代萧授镇守湖广、贵州等处］

命湖广都指挥佥事张善充参将权佩征蛮副将军印，代总兵官萧授镇守湖广、贵州等处。先是，监察御史章聪奏，授年几八十，筋力衰迈，边备不整。上召授回京，命行在兵部推举武臣一人代之。尚书王骥举善谋略可任，故有是命。

癸未（初七日）［重定云南中盐则例］

重定云南中盐则例。先因征麓川召商于大理、金齿中纳盐粮。至是师久米贵，商旅不至。乃损其价，令于大理府纳米二斗、金齿司纳米一斗五升者，给与白盐、五井二提举司盐一引。大理府纳米二斗五升、金齿司纳米二斗者，给与黑盐、安宁二提举司盐一引。俱不次支给。

庚寅（十四日）［省并儋、崖、万三州附郭县，调整马驿、巡检司、河泊所归属等巡检司等］

省广东琼州府儋州附郭宜伦县、崖州附郭宁远县、万州附郭万宁县，俱入本州。改古儋、田头、归姜、大村、大员五马驿，归姜、安海、镇南、白石四巡检司，并河泊所隶儋州。太平、潮源、德化、义宁、都许五马驿，抱岁、藤桥、通远三巡检司，并河泊所隶崖州。万全、多陈二马驿，莲塘巡检司，并河泊所隶万州。调宜伦县土官知县黄驩，县丞刘健、符显宗，主簿赵原于昌化县；宁远县土官县丞陈迪、邢京，典史王均于感恩县。俱仍抚黎，流官悉召回部。从本府知府程莹言，三州地狭民少故也。

甲辰（二十八日）［贵州安顺州等处土官同知所遣把事、四川长河西鱼通宁远等处尊胜等寺国师所遣刺麻、贵州宣慰使司土官同知所遣把事等朝贡］

贵州普定卫安顺州等处土官同知阿宠遣把事阿著、四川长河西鱼通宁远等处尊胜等寺国师簇克林遣剌麻也失朵儿只、贵州宣慰使司土官同知安瑛遣把事阿克等，俱来朝贡马及方物。赐彩币表里等物。

明英宗实录卷五十七

七月

壬戌（十六日）［以征剿麓川馈运艰难，令大理等卫府官军、土人出米赴金齿令交纳］

云南按察司按察使赖巽言：近因征剿麓川反寇思任发，馈运艰难，已召商中纳盐粮，及令布政司出库银收籴。然米价高贵，中纳者少，兼且籴买亏官。今大理等卫府官军、土人家多储积，宜令军官、土官能出米二百石赴金齿仓纳者量升一级，三百石升二级。土人、军人出二百石者，土人量与驿丞、河泊等官，军人授所镇抚。三百石者，土人县佐、巡检，军人试百户。庶使民省转输，官钱不亏，粮饷足用。上以军饷急务，宜从权措置，即命行在户部移文，如巽所奏行之。

甲子（十八日）［升赏潞江剿杀“蛮寇”有功官员人等］

行在兵部言：镇守云南右都督沐昂奏，潞江剿杀蛮寇有功官员人等八千三百六十四名。其都指挥同知陈荣等获贼首三级以上该升一级。署职、试职等官该与实授为事。立功官旗该复职役。长官司长官该升安抚，仍掌本司事。把事该升巡检，仍管把事事。阵亡者取勘丁男，照例升补。其余获贼首二级以下及杀象随征人等，宜定赏例。庶激励将士奋勇杀贼，以清边患。上命即行勿滞。

丁卯（二十一日）［赏征麓川蛮寇有功官军］

赏征麓川蛮寇思任发杀获人、象有功官军，左都督沐昂等八千三百六十四人，彩段表里、绢、钞有差。

**癸酉（二十七日）［广西南丹州知州言镇抚溪峒“诸蛮”事

宜]

广西庆远府南丹州知州莫祯奏：本府所辖东兰等三州土官所治，历年以来地方宁靖。宜山等六县流官所治，溪峒诸蛮不时出没。原其所自，皆因流官止能抚字附近良民，而溪峒诸蛮恃险为恶者不能钤制。及其出没，调军剿捕，而各县居民与诸蛮结交者，又先泄漏军情，致贼潜遁。及闻招抚，诈为向顺，曾未几何，仍肆劫掠。惟此之故，是以兵连祸结而无宁岁。臣切不忍良民受害，愿授臣本府土官知府，其流官知府总理府事，而臣专备蛮贼，务将溪峒诸蛮积年为害者，擒捕殄绝。其余则编伍造册，使听调用。据岩险者拘集平地，使无所恃。择有名望者立为头目，加意优恤，督励生理。各村寨皆置社学，使渐入风化。或三十里，或五十里设一堡，使土兵守备。凡有为寇者，臣即率众剿杀，如贼不除，地方不靖，乞究臣诳罔之罪。上览其奏，即遣敕广西总兵官柳溥等曰：今得土官莫祯所言除害靖边之事，其意可嘉，兹特录付尔等密看，如所言可行与否，仍密奏来。夫以夷攻夷，古有成说，使彼果能效力，省我边费，朝廷岂惜一官？要在有实效耳。大抵为将者宜用众人所长，不可专执己意，古之良将，莫不皆然。尔其勉之，用副委任之重。

明英宗实录卷五十八

八月

庚辰（初五日）［贵州新添长官司头目、平伐长官司通事与云南回蹬关故土官巡检子朝贡］

贵州新添长官司头目宋阿昇、平伐长官司通事阿正，云南回蹬关故土官巡检子杨震，俱来朝贡马及方物。赐彩币等物有差。

丁酉（二十二日）［移置广东陵水县乌石、顺潮驿，革去博吉驿］

移置广东陵水县乌石驿于其故地乌石乡，顺潮驿于南山千户所城边。革去博吉驿，分拨其马驴人夫于乌石、顺潮二驿。以其取道顺直、里数近远适均故也。

明英宗实录卷五十九

九月

丙午朔（初一日）［敕谕云南总兵官沐昂等，麓川“反寇”“狙诈百端”，不可以为易图而轻视之］

敕云南总兵官都督沐昂等曰：麓川反寇恃其地险山峻，狙诈百端，切不可以为易图而轻视之。务在同心协虑，博采群策，毋以人废言，毋以己妨众，期于成功，以副朕委任之意。

明英宗实录卷六十

十月

庚辰（初五日）［湖广忠峒安抚司、四川马剌长官司土官舍人并乌思藏所遣指挥朝贡］

湖广忠峒安抚司土官舍人田敬、四川马剌长官司土官舍人阿敬，并乌思藏遣指挥端岳竹巴等，俱来朝贡马及方物。赐彩币等物有差。

甲申（初九日）［广东德庆州诸山僮瑶朝贡］

广东肇庆府德庆州雷乡诸山僮瑶何应山等顺化隶籍，率类朝贡。及还，上命沿途所司应付口粮，仍命该管官司严禁，不许军民扰害之。

丙戌（十一日）［升广西思恩州为府］

升广西思恩州为府。先是，思恩州土官知州岑瑛杀贼有功，特升田州府知府，仍掌州事。而瑛辄欲兼管田州府事，与其知府岑绍交恶，各具以闻，事下总兵官及三司官计议。至是安远侯柳溥等请升州为府，俾瑛、绍各守地方，以杜侵夺之患。从之。

癸卯（二十八日）［四川泸州同知言三事］

四川泸州同知宗思宦言三事：一、请敕武臣子弟讲诵武经，演习武艺，俾智勇兼全，以待应敌。一、请择官军子弟入医学读医书，俾精其业，以备随征。一、近有著令，凡民家植桑、枣各二百株，且命宪臣督励，盖欲使民衣食丰足，以备凶荒也。但本州田土俱已耕植，虽有旷土在山谷者率兼砂石，在城郭者（久）〔又〕甚褊狭，其地不宜桑、枣，难及著令之数。诚恐四方亦多类此，乞令随地所宜，毋限桑、枣。凡菜果、麻苎、木绵之属，但可衣食养生者，督民广植，勿限其数，俾土无空旷，民无游惰。有旷土游民者罚之，斯为便矣。上皆从之。

明英宗实录卷六十一

十一月

辛亥（初七日）［以征麓川师众费多，再减米数，并召商纳米中四川井盐］

以征麓川师众费多，再减米数，召商于云南大理府、金齿司仓，纳米中四川井盐，大理每引米一斗五升，金齿每引米一斗，不次支给。

明英宗实录卷六十二

十二月

丙子（初二日）［四川按察司佥事王迪、镇守松潘都指挥使赵得等奏边备三事］

四川按察司佥事王迪、镇守松潘都指挥使赵得等奏边备三事：一、松潘卫并小河、叠溪二所俱置临极边万山之中，道路崎岖，不产米谷，不通舟楫，每岁定拨成都等府州县税粮四万五千三百余石，止足供给，别无余粮。虑有警急调发，缺粮应用，乞命四川都布按三司，每岁添拨税粮一万石于本卫收贮，一万石于小河、叠溪收贮，候积蓄既多，仍令复旧。一、新塘、归化、北定、蒲江四关，官军月粮例于松潘卫仓关支，镇平堡官军月粮于叠溪所仓关支。五处关堡俱系紧要，其至松潘、叠溪近者六十里，远者百余里，恐有声息，不能守营。乞命四川都布按三司，改拨五千九百四十石，分收归化、镇平二驿，官军就近关支，庶不离营。一、洪武中，松潘等卫每军岁给绵布三匹、绵花三斤，令自制袢袄。宣德二年，因番人作耗，尽数折钞。七年以后折半支给，军士艰难。乞命四川布政司，仍如洪武中例全给，使皆足以御寒。奏下行在户部议：所言添拨改拨粮米宜允，其请冬衣布花，宜如盐井等卫三年一次给赏。上以边地苦寒，军士当恤，其即移文四川三司及巡按御史，会议以闻。

丁丑（初三日）［命四川酉阳宣抚司土官佥事孙代职］

命四川酉阳宣抚司老疾土官佥事冉应良孙佐代职。

［发大军剿除松潘祈命簇“番寇”］

镇守松潘都指挥使赵得等奏：（祁）〔祈〕命簇番寇商巴，聚众邀劫粮夫。又刻木为信，约日攻城。官军捕之，擒商巴等十七人，贼众溃散。其弟小商巴复聚浦江、新塘等关，据险劫掠，焚毁归化驿、北定蒲江堡，敌伤官军，势益延蔓，乞发大军剿除。事下行在户部、兵部会议，尚书王骥等以为宜如得请。上命都督同知李安充总兵官，右佥都御史王翱参赞军务，兼督粮储。调四川都司成都左护卫官军、龙州宣抚司等处土军，及松潘见操官军，合二万余人隶安往征之。

戊寅（初四日）［命四川总兵官李安发兵征剿松潘“番寇”，令镇守松潘都指挥等尽心立功，以赎前过］

敕镇守松潘都指挥赵得等曰：尔昔奏番寇商巴反叛，比有言其非叛者，但所部邀我粮夫，尔乃不善抚治，诱而执之，致其余党纵横劫掠。信斯言皆尔等激变之罪，今姑记之。已命总兵官都督李安发兵征剿，尔等宜尽心立功，以赎前过。

［赏征剿松潘“蛮寇”有功官军］

赏征剿松潘蛮寇有功官军。都指挥钞各一千贯，指挥钞各五百贯，千户卫镇抚及长官钞四百贯，百户所镇抚及头目、把事钞各三百贯，总旗钞各二百五十贯，小旗钞各二百三十贯，军人、土军、土民人等钞各二百贯。

壬午（初八日）［起复贵州蛮夷长官司流官吏目张顺］

起复贵州蛮夷长官司流官吏目张顺。顺以亲丧去职，夷官及耆民言顺善绥怀抚恤，乞复其任。行在吏部言例不当复，上以蛮夷信服之，特命复任。

甲申（初十日）［升广西驯象卫指挥同知、柳州卫指挥佥事俱署都指挥佥事］

升广西驯象卫指挥同知范信、柳州卫指挥佥事项谏俱署本都司都指挥佥事事。从总兵官安远侯柳溥等奏举也。

丙申（二十二日）［赐乌思藏灌顶国师等彩币等物］

乌思藏指挥端岳竹巴等陛辞，命赍敕及彩币等物，归赐其灌顶国师吉剌思巴永耐监藏巴藏卜，并赐乌思藏三崖结吉寺住持班丹札等、宣慰司经历指挥寨官管事人千户戒师等，织金文绮、彩绢有差。

辛丑（二十七日）［四川松潘右千户所千户献剿除“反寇”三策］

四川松潘右千户所千户关琳赍奏至京，因言反寇小商巴等倚山为固，恣逞凶顽，今欲剿除，必先审其形势。臣居松潘岁久，筹之熟矣，谨献其略有三：一曰招。宜遣通事往言朝廷命将出师，旦夕当至，贼闻必惧。如其悔祸，即为抚定，令安生业。二曰诱。宜遣通事及向化土官、番僧，潜约贼酋，啖以货利，密令夜至我师，结言更加犒赏。或令内举，或言首贼所止。刻期进兵，多为奇伏，相机擒剿，苟获贼首，余党不足平矣。三曰剿。松潘居万山之中，止有东南二路可通，宜往茂州声言进兵，多张旗帜，贼必还保南路，我从东路龙州登高架梁，中通馈饷，兵食既足，根本益固，然后捣其巢穴。预遣通事赏赉向化土官，令各截其去路，俾贼退不得奔，进不得守，束手就擒。诛其首恶，抚其胁从，使知圣朝威德兼隆，诚为至计。上览其言，即令琳驰驿往与李安、王翱议行之。

[云南云南县请易县治]

云南大理府云南县奏：县治临水坑洞，每岁多雨，墙垣冲颓，虽即修筑，辄复损坏。永乐间曾开银冶，因置银库于县城内。今冶罢而库空，乞易为县治。从之。

明英宗实录卷六十三

正统五年庚申（1440）

正月

癸亥（二十日）[广西庆远卫奏言军器局所造军器不切于用，请减所造军器之不切于用者]

广西庆远卫言：军器局造弓箭、眉针、木翎、铳箭等器，不切于用，而军士所用盔甲、枪刀、团牌，率令自办，以故军益贫困。请减所造军器之不切于用者，以造盔甲之属。事下行在工部覆奏，从之。

明英宗实录卷六十四

二月

甲戌朔（初一日）［革云南临安府倘甸驿、宁远州者隆驿、蒙自县蒙自等三驿］

革云南临安府倘甸驿，宁远州者隆驿，蒙自县蒙自、花文、黎花旧市三驿。

庚辰（初七日）［以鹤庆府土官知府高伦妻等纠集罗罗摩些人众，歃血为盟，肆行凶暴，令云南总兵官沐昂等委公正官一人至彼勘实，并调军将“首恶”擒获解京］

敕云南总兵官左都督沐昂、右都督吴亮，参将都督佥事马翔、张荣，及云南都布按三司、巡按监察御史曰：比得云南按察司等衙门奏，鹤庆军民府为事土官知府高伦妻刘氏，同伦弟高昌，豪民洪春等，纠集罗罗、摩（些）〔些〕人众，歃血为盟，肆行凶暴，事觉不从拘问。敕至，尔等即委公正官一人，至彼勘实，量调操备官军，擒获首恶解京，诸所胁从，悉加宽贷，仍催提千户王蕙及高伦叔高宣，按察司原监囚犯刘刚等三人，亦解送来京，令与高伦质问，庶免冤抑。尔等尤宜审度事势，酌量人情，务在处置得宜，俾事妥人安，以副朕之委任。

己丑（十六日）［沐昂等征麓川思任发未能成功而返］

敕云南总兵官左都督沐昂、副总兵右都督吴亮、左参将都督佥事马翔、右参将都督佥事张荣：得奏，尔等领军征剿麓川叛寇思任发，已抵陇把地方，去贼巢穴甚近，未能成功而还，何以慑服叛寇之心？敕至，尔昂仍在云南总兵镇守，翔协赞军务，亮即驰驿赴京计议边务。荣失误事机，法本难容，今特宽贷，亦令还京。尔昂等严饬金齿哨备官军，谨慎防守。遇有警急，相机调度，毋致疏虞，仍提督云南都布按三司，转运粮饷，赴金齿仓收贮备用。务在斟酌人力，体量事情，俾人不劳而粮饷足，庶副委任之重，

［赐四川龙州宣抚司土官宣抚诰命］

赐四川龙州宣抚司土官宣抚薛志昇诰命。

癸巳（二十日）［广西奉议州土官知州“科敛劫杀”，并欲杀其母，令访验之］

广西奉议州土官知州黄宗荫科敛劫杀，甚至欲杀其母，母避之，杀母侍者以泄怒，为母所告。分巡左江道佥事邓义惧其贻害，密以闻。上敕广西总兵官安远侯柳溥等及都布按三司、巡按御史等官访验，如的，即械宗荫赴京，另择本族应袭者权署州事以俟。

明英宗实录卷六十五

三月

丙辰（十四日）［四川董卜韩胡宣慰使司遣人贡马］

四川董卜韩胡宣慰使司遣头目阿儿结等来朝贡马。赐宴并赐彩币等物有差。

［革四川播州宣慰使司长官司茶仓］

革四川播州宣慰使司长官司茶仓，以本司茶课折收钞故也。

丁巳（十五日）［敕谕云南麓川宣慰使司宣慰使思任发革心向化，并敕沐昂等谕令思任发改过］

遣敕谕云南麓川宣慰使司宣慰使思任发曰：尔远处边方，累修职贡，是以朝廷施恩有加无替。近尔遽变初心，擅兴兵众，侵掠邻境。在廷群臣咸请发兵讨罪。兵虽已出，朕又敕总兵、镇守等官，榜谕招抚，如尔能遵朕命，即令罢兵。后尔差陶孟刀等来贡象、锦等物，续又差忙孟放、刀并硬来贡，朕已知尔有悔过之心，今特遣人赍敕宥尔前罪。尔等宜皆革心向化，睦邻保境，依例遣人朝贡，庶几永享太平之福。如尔下情或有未达，亦许详具奏来，朕为处置。若不体朕心，违天逆理，大军复至，身家为戮，虽悔不可追矣。复敕云南总兵官左都督沐昂、左参将都督佥事马翔及云南都布按三司、巡按监察御史曰：往因麓川蛮寇思任发背逆不道，已命尔等率兵征剿。今得尔等奏称，分路进兵至陇把地方。思任发累遣人以象、锦等物来贡，是其悔过之心已萌，然而自新之路未启。今特降敕一道，悉宥思任发等罪恶，尔等即选有识见者二三人赍去谕令，改过自新，以为一方生灵之福。就察彼中人情事体，严饬守备，不许怠忽。其前所遣来陶孟刀派本等见留云南者，仍严切关防，毋致逃逸。

丙寅（二十四日）［命贵州都指挥佥事提督各卫军马操备］

命贵州都指挥佥事郭瑛协同参将都指挥佥事张善，提督各卫军马操备。以巡按监察御史王通等奏瑛历练老成，胆略有为故也。

明英宗实录卷六十六

四月

丙子（初五日）［调拨广西靖江王护卫、广东都司官军助剿广西罗城韦万川等］

广西总兵官安远侯柳溥奏：罗城县贼首韦万川等纠合僮贼，劫掠人民。欲于今秋率兵捣其巢穴，缘官军不敷，乞于广西靖江王护卫并广东都司调拨官军各五百人，协助剿灭。从之。

丁丑（初六日）［修筑广西富川守御千户所城］

广西富川守御千户所言：富川置所，所以控制瑶僮，而城未坚完。乞敕总兵官及布政司督发军民，协力修筑。从之。

辛巳（初十日）［赐黔国公沐俨诰命并封其故妻、继室］

赐黔国公沐俨诰命，并封其故妻张氏、继室徐氏，俱为公夫人。

壬午（十一日）［封帕木竹巴灌顶国师嗣其世父为阐化王］

遣禅师葛藏、昆令为正副使，封帕木竹巴灌顶国师吉剌思巴永耐监藏巴藏卜，嗣其世父为阐化王。赐之诰命、锦绮、梵器、僧服等物，并赐葛藏等道里费。葛藏等复私易茶彩数万以往，乞官为运送至乌思藏。礼部言：茶彩出境有禁。上以远人特许之，但令其自僦舟车。

癸未（十二日）［镇守松潘都指挥赵得等奏请岁给松潘军士绵布、绵花］

镇守松潘都指挥赵得等言：松潘边地苦寒，洪武时军士岁给绵布三匹、绵花三斤。宣德以后，始折半给赐。近又三岁一给，军士贫窘。今宜每岁一给，庶不失所。其小河守御千户所亦系边地，恩例当均。如四川布花不足，宜令于秋粮内折收给赐。事下行在户部覆奏，俱从之。

［松潘总兵官李安奏称剿捕松潘“番蛮”已宁妥］

松潘总兵官都督同知李安等奏：比者松潘番蛮作耗，奉敕剿捕，今已宁妥。上敕安暂留抚绥，原调官军俱发还各卫。

丙戌（十五日）［复命松潘祈命簇商巴为国师］

复命松（藩）〔潘〕（祁）〔祈〕命簇商巴为净戒弘慈国师。初，商巴与松潘镇守都指挥同知赵谅有隙，谅诱执之，发兵围其寺，掠其财畜，因与镇守都指挥赵得诬奏商巴叛。其弟小商巴遂率众攻陷关堡。上命都督李安、佥都御史王翺往讨之。既而巡按御史言其枉，敕翺等审度进退。翺至，出商巴于狱，遣人招其弟，具奏彼实无反谋，皆谅等生事所激。于是朝廷命安驻兵近地，而还商巴所领银印，使留松州俟命。至是，小商巴等皆就招，乃复商巴国师，使还故地。而诛谅，谪得戍广西。松潘遂平。

癸巳（二十二日）［湖广平溪等卫“仓粮不敷”，将摘拨输运官军发回原卫］

……湖广参将都指挥佥事张善奏：平溪等卫仓粮不敷，乞将摘拨输运官军发回原卫，与同征进麓川官军操练听调。从之。

明英宗实录卷六十七

五月

己酉（初八日）［以输粟金齿，云南大理等卫指挥佥事胡直等、正千户王宁等升职，旗军四十七人授职］

升云南大理等卫指挥佥事胡直、张磐、吴雄俱为指挥使，正千户王宁、魏兴为指挥佥事，旗军四十七人授职有差。以输粟金齿故也。

癸丑（十二日）［云南总兵官沐昂等征麓川受挫，被惩治］

先是，云南总兵官左都督沐昂、副总兵右都督吴亮、左参将都督佥事马翔、右参将都督佥事张荣，太监吴诚、吉祥，奉诏征麓川贼思任发。至金齿逗遛不进，昂等令荣率军先至芒部等处出哨。贼窥伺至营，荣但令都指挥卢钺与之敌，致贼杀败官军，荣悉弃符验、军器以遁。昂等相距甚迩，弗为策应。事闻，六科十三道交章劾之。上命记昂死罪，降都督同知，亮等械至京究治。至是三法司会群臣鞫实，议亮等应斩，上命固禁之。

乙卯（十四日）［贵州宣慰使司小程番等长官司头目等贡马］

贵州宣慰使司小程番等长官司头目程老绫等来朝贡马。赐钞币有差。

丙辰（十五日）［以征麓川败绩，降云南总兵官沐昂职］

敕谕云南总兵官都督同知沐昂曰：昔我祖宗之世，尔父黔宁昭靖王镇守云南，抚绥有方，蛮夷率服，边境用宁，朝廷赖无西南之虑。尔兄继之，亦克康靖。皆尔所见知也。比者思任发侵暴邻境，盖尔素乖拊循制驭之道，驯致猖獗，乃数请师讨之。朕以尔筹之必熟，处之必当，故命充总兵，统众十万，冀能成功，岂意尔怯懦无为，行师失律。夫兵贵神速，云南去麓川不为甚远，乃逗遛弥月而进，致贼得以从容为计，窥觇虚实，遂致我师败绩，辱国损威。非惟负朝廷委任，抑有忝尔父兄。今廷臣交章劾尔等罪，吴亮等已下法司究治，第念尔父兄之故，曲加宽贷，降尔职，仍充总兵。廷臣奏章封以示尔，其深省之，勉以自赎毋怠。

庚申（十九日）［命禅师赍诰命、敕书往乌思藏封阐化王等］

行在户部奏：禅师葛藏奉命带剌麻僧徒共二十名，赍诰命、敕书往乌思藏封（禅）〔阐〕化王等，官给与锣锅、帐房等物，并马、骡、犏牛驮载食用。自出境日为始，给与本色粮料一月，其余以官库之物折充，悉取给于四川布政司及行都司。从之。

丁卯（二十六日）［增给广西桂林中、右二卫马军月粮］

增给广西桂林中、右二卫马军月粮一石。总小旗余粮如例折钞。从总兵官安远侯柳溥奏请也。

戊辰（二十七日）［命故四川草塘安抚司土官同知子袭职］

命故四川草塘安抚司土官同知宋珪子广秀袭职。

己巳（二十八日）［云南金齿军民使司、大理府召商纳米中盐以广蓄积］

行在户部奏：云南金齿军民使司、大理府用粮数多，蓄积数少，宜召商纳米，中淮浙、云南盐各三十万引。金齿足食仓纳米者，淮浙、云南盐每引二斗。大理崇盈仓纳米者，淮浙盐每引一斗五升，云南盐每引三斗。上从之，令不次支盐，仍命云南布按二司各委堂上官一员，于两处仓提督收支，以革官攒侵欺之弊。

明英宗实录卷六十八

六月

辛未朔（初一日）［云南呵吒力僧纲司土官都纲、广东阳春瑶老等贡马］

云南呵吒力僧纲司土官都纲李久、广东阳春县瑶老黄汉山等，俱来朝贡马。赐袭衣、钞、绢有差。

壬申（初二日）［命右佥都御史丁璿赴云南金齿一路预备粮料］

敕谕行在都察院右佥都御史丁璿曰：今命尔往云南，同左布政使戴新及按察司廉干堂上官一员，自云南至金齿一路预备粮料。尔等同志协力，从长设法，务使官有储蓄，人不疲困。大抵云南频岁供给烦劳，人情厌苦，朕甚念之，故兹遣尔必推抚恤之诚，惇奖劝之道。金齿除军官准俸职田外，或有空闲田地，即勘拨附近卫所旗军屯种，如例征收子粒。但有豪强占据，治之如律，其余官民诉讼悉付巡按御史理之。军机边务，尔有所见便于事者，宜与总兵及三司官议协而行。凡事关大体及利害之当建革者，悉奏来处置，用副朕委任之重。钦哉！

[敕云南总兵官沐昂等抚恤来归“外夷”]

敕云南总兵官都督同知沐昂及云南都司、按察司并巡按监察御史：前已遣敕谕麓川，开其自新之路，如其能悔罪向化，即为奏达。凡外夷有来归服者，尔等须善抚恤，勿致失所。

丙戌（十六日）[湖广施南宣抚所遣把事、云南北胜州土官舍人、广东博罗等县瑶长朝贡]

湖广施南宣抚司宣抚覃彦昇遣把事向怀，并云南北胜州土官舍人章英、广东博罗等县瑶长李应山等，俱来朝贡马及方物。赐彩币、钞、绢等物有差。

乙未（二十五日）[四川长河西鱼通宁远宣慰司所遣剌麻与乌思藏剌麻朝贡]

四川长河西鱼通宁远宣慰司剌麻绰吉监参遣温卜三竺监参，并乌思藏剌麻远丹监错工加祝六等，俱来朝贡马并佛像、舍利、硼砂等物。赐彩币、袭衣、钞、绢有差。

戊戌（二十八日）[广东新会县瑶首等、贵州镇宁州土官所遣把事朝贡]

广东新会县北峰等山瑶首李总成等随抚瑶生员邓钺，贵州镇宁州土官色鸠等遣把事李刚，俱来朝贡马及方物。赐彩币等物有差。

庚子（三十日）[南甸、腾冲等州头目率众归顺]

云南总兵官左都督沐昂奏：南甸、腾冲等州头目刀贡罕等率众归顺，移置云南等卫宜良县等处，拨与空闲屯田耕种。及湾甸、路江等州土官知州景辨法等移于金齿司住，一体给与口粮，俟秋成后住支。从之。

明英宗实录卷六十九

七月

辛丑朔（初一日）［命番僧高日瓦为崇修禅师］

命番僧卓铺大戒律师高日瓦为崇修禅师，赐银印、袈裟、帽子，命剌麻结摄、剌麻巴领回给之。

丙午（初六日）［四川长河西鱼通宁远等处剌麻、威州土官舍人并麓川宣慰使朝贡］

四川长河西鱼通宁远等处剌麻锁南官着林木、威州通化里土官舍人董泰，并麓川宣慰使思任发遣陶孟刀乃贡扫等，俱来朝贡象、马及金银方物。赐彩币等物有差。

丁未（初七日）［命番僧桑儿者先结为都纲］

命番僧桑儿者先结为都纲，其徒长和尚为剌麻。以先结等化导番人，密报边情，曾效劳也。

［云南总兵官沐昂等进讨思任发］

云南总兵官都督同知沐昂奏：麓川贼思任发纠百夷数万众屯孟罗，杀掳人民，抢掠象、马，据者章硬寨，与官军抗敌。臣等督署都指挥佥事方瑾及指挥柳英、土官知府陶瓒等，率军进讨，破其寨，斩首五百级，余贼宵溃，而威远州土官知州刀盖罕亦败贼于威江。上敕昂等曰：寇虽稍败，然根柢尚存，尔其慎之。以夷攻夷，古之良法，尔其行之。有功官军，其具实奏闻。

己酉（初九日）［以征麓川有功加景东府土官知府官阶，封其祖母为太淑人］

加景东府土官知府陶瓒阶为太中大夫资治少尹，封其祖母阿嚢为太淑人。诰词曰：尔者麓川叛寇犯边，尔能奉承祖母之命，奋忠贾勇，躬率民兵，协同官军，斩馘贼徒，致其败走。朕甚嘉之，兹特隆恩命，加尔官封，并赐金带锦绮，以旌尔劳。尔其益建事功，永光朕命。

[授木邦宣慰为怀远将军]

云南总兵官都督同知沐昂奏：奉敕令谕木邦发兵，共剿叛寇思任发，遣使从间道赍敕谕之。近得木邦报，其祖母美罕板率其孙宣慰罕盖法、陶孟刀板放等，与叛寇战于孟弥、孟脸，杀贼首二十人，斩首三万余级，获象、马、器械甚众。请褒之，以为后来劝。章下行在兵部议，以木邦恭守臣节，尊事朝廷，乞如昂请，授罕盖法为怀远将军，封其祖母为太淑人，赉以金带、彩币。从之。

辛亥（十一日）[升孙敬为四川都司都指挥佥事]

升四川叠溪千户所掌所事指挥使孙敬为本都司都指挥佥事，提督松潘。掌茂州事府同知陈敏为四川布政司参议，赞理松潘军务。威州守御千户所正千户鲁明为指挥佥事，仍掌所事。先是，掌四川都司事都督同知徐甫等奏，敬等皆能抚安人民，蛮夷信服，乞加奖用。上命总兵官都督同知李安、佥都御史王翱及布按二司议之。至是安等奏：松潘、叠溪、威、茂，皆在极边，而敬等绥怀抚集，皆如甫言，宜从其请，故皆擢之。

壬子（十二日）[广东阳山县民请招抚瑶民]

广东广州府连州阳山县民邓亚贰等奏：臣邻境黄莲、大罗诸山，瑶民二百户有奇，素未驯服，时为民患。请遣官同臣等招之，俾附籍供役，则顽狠向化，良民得安。从之。

乙卯（十五日）[安远侯柳溥请发兵抚捕罗城“贼首”]

广西总兵官安远侯柳溥奏：柳州府罗城县贼首韦公振、韦万川等累年聚众，劫杀人民。数奉敕招抚，梗拗不服。近愈猖獗，请候秋凉发兵（抚）〔剿〕捕。从之。

己未（十九日）[设四川芒儿者寨阿角寨安抚司、潘干寨长官司]

设四川芒儿者寨阿角寨安抚司、潘干寨长官司。升芒儿者寨寨首多儿者少、阿角寨寨首酸南占藏为安抚司安抚，潘干寨寨首沙卜林占甲为长官司长官。先是，松潘百户汪凯言：臣近招出各番寨生番一万三千余户，乞设衙门辖之。上命总兵官都督同知李安、右佥都御史王翱，及四川三司议其可否。至是安等奏宜如凯请，故有是命。

乙丑（二十五日）［赏征麓川有功官军及土官、头目等］

赏征麓川叛寇思任发有功官军，旗甲人等凡一万二百六十二人。斩首三级以上，并阵亡都督方政各钞二千贯、彩段四表里。都指挥各钞八百贯、彩段二表里。指挥各钞七百贯、彩段一表里。千户各钞五百贯、绢三匹。百户各钞四百贯、绢二匹。旗军人等各钞二百贯、绢、布各一匹。斩首二级以下及失陷伤故指挥各钞六百贯、彩段一表里。千户各钞四百贯、绢二匹。百户各钞三百贯、绢、布各一匹。旗军各钞二百贯、布二匹。见在有功官军，都指挥各钞六百贯、彩段一表里。指挥各钞五百贯、绢三匹。千户各钞三百贯、绢二匹。百户各钞二百贯、绢一匹。旗军人等各钞一百贯、布一匹。并赏木邦土官宣慰使罕盖法及其祖母美罕板等各彩段五表里、绢五匹，景东府知府陶瓒并其祖母阿囊等各钞一千贯、彩段三表里，陶孟头目刀板放等各彩段三表里、绢三匹，巡检把事张忠等各彩段二表里、绢二匹。其阵亡者亦加赏一倍。

明英宗实录卷七十

八月

乙亥（初六日）［乌思藏剌麻奏求布施大寺院食茶等，不允］

乌思藏剌麻三竹藏卜等奏求布施大寺院食茶五万斤，刊印板的达语录祖师秘诀，及于番汉地面往来游方修行，并勘合护持。上不允。

戊寅（初九日）［敕董卜韩胡宣慰使保境睦邻］

敕董卜韩胡宣慰使克罗俄监粲等曰：容迭九簇和尚朵儿只领占等奏，尔所管道士湛剌葛剌坚，屡领军抢占锁簇等处，欲加害容迭九簇。凡地界相接，宜保境睦邻，岂可恃强凌弱？尔即戒之，勿长祸不悛，以速天讨。

己卯（初十日）［以往谕董卜韩胡等地“番蛮”，赐鸿胪寺通事钞］

赐行在鸿胪寺通事序班祁全钞五百贯。以全赍敕往谕董卜韩胡及杂谷、叠溪、茂州番蛮，多见信服也。

辛巳（十二日）［云南大理府浪穹县下江觜巡检司已故土官巡检子、乌思藏剌麻朝贡］

云南大理府浪穹县下江觜巡检司已故土官巡检男何镛、乌思藏剌麻锁南兀步儿等，俱来朝贡马及方物。赐彩币、袭衣等物有差。

辛卯（二十二日）［贵州安顺州西堡等长官司、湖广桑植安抚司贡马］

贵州安顺州西堡等长官司遣把事张理，及湖广九溪卫桑植安抚司土官舍人田亮，各来朝贡马。赐彩币等物有差。

壬辰（二十三日）［命四川杂谷安抚司进贡番僧为禅师］

命四川杂谷安抚司进贡番僧完卜乞罗思巴藏卜为净范禅师，给银印、衣帽。以右佥都御史王翱言其能劝化番人，众皆服从，宜量加封号遣回，以系番众之心也。

甲午（二十五日）［广西泗城州知州兴兵攻占利州地方，帝发敕晓以利害，又令安远侯柳溥等亲诣其地谕以利害，令悉还所侵掳，不服则相机擒捕之］

广西利州土官知州岑颜奏：本州原额地方二十五甲，被房侄泗城州知州岑豹兴兵攻占。母覃被囚，妻财被掠。累奉敕抚捕，反猖獗不服。头目黄祖亦奏：豹杀其弟，籍其家。故土官知州岑瑄女定亦奏：豹占夺土地人民，囚其母卢氏。上敕豹曰：尔世受朝廷恩命，乃不守礼法，灭绝伦理，连年构祸，遗害善良。屡遣人赍敕谕尔，令革心向化。使臣至日，尔即面从，及其回京，仍肆侵暴，反复诡诈，肆无忌惮。今利州知州岑颜等连词奏告，论尔之罪，即当调兵剿灭。朕体天地好生之德，悯尔无知，姑宥尔罪，特遣行人黄恕、朱昇赍敕谕尔，并敕广西、贵州总兵官及三司、巡按御史，各委堂上官来尔处，从实分剖，拘掳人口一一还之。尔宜思朝廷优容之恩，追省前愆，睦邻保境，俾福流子孙。如执迷不悛，必罪不贷。复敕广西总兵官安远侯柳溥、贵州副总兵吴亮等，及都布按三司、巡按御史，亲诣其地，谕以利害，令悉还所侵掳。如其不服，相机擒捕。不许因而生事，骚扰激变，违者重罪不宥。

乙未（二十六日）［四川长宁县土民通事招万里寨村头等来归贡马］

四川长宁县土民通事罗阿庆招万里寨村头阿舍等来归，各贡马。赐彩币等物有差。

丁酉（二十八日）［以破者章硬寨功升赏云南景东卫指挥同知等］

升云南景东卫指挥同知柳瑛为指挥使，正千户魏璧等五人为指挥佥事，百户秦通、所镇抚孙中等十三人为副千户，赏其破者章硬寨之功。从总兵官沐昂奏举也。

明英宗实录卷七十一

九月

壬寅（初三日）［敕谕云南总兵官沐昂等预备进兵麓川］

敕云南总兵官都督同知沐昂等曰：往因麓川、木邦自相仇杀，屡敕尔等抚谕，勿致骚扰。尔等不遵朕命，数请兵征讨。及方政奋勇当先，尔等不行应援，以致殒身于贼。尔等怯懦，又无智谋，劳师费财，不能成功。如今冬此寇不遣使请罪，来岁必须发兵。尔等熟计，当以何月进兵，兵分几道，官军、土军宜用几何，兵于何处调遣，粮于何处具办，领兵运粮当用何人。其详悉以闻。

［敕云南三司暂停免拖欠差发金银、马匹等项及追陪官物］

敕云南都布按三司曰：朕嗣位以来，惓惓以安养黎元为念。肆于民艰，屡用宽恤。矧云南边徼之地，所属多夷民。比因麓川弗靖，用兵征剿，转输供亿，民实烦劳。其正统四年以前，拖欠差发金银、马匹等项及追陪官物，敕书至日皆暂停免，煎盐囚犯亦令准纳米例减半。尔等皆朝廷慎选，付以方面之寄，宜体朕心，敬承毋怠。钦哉！

丁未（初八日）［云南车里、八百大甸军民宣慰使司土官宣慰使各遣头目朝贡］

云南车里军民宣慰使司土官宣慰使刀霸羡、八百大甸军民宣慰使司土官宣慰使刀招三，各遣头目来朝贡象、马、金银器皿及象牙、犀角诸方物。赐宴并赐彩币、钞、绢等〔物〕有差。

乙卯（十六日）［“夷民”进贡，依永乐年间例，令通事赍敕谕，依时催督，驿路令军卒护送］

八百大甸军民宣慰使司等司土官宣慰使刀招散、头目刀三板浩等奏：递年进贡象、马、方物、金银器皿等物，本土夷民不识礼法，不通汉语，乞依永乐年间例，仍令通事赍（棒）〔捧〕敕谕、金牌信符，依时催督进贡。驿路令军卒护送，庶无失所。上曰：今后有公事，总兵官务令公正官及通事同去，通达下情，不许因而扰害，违者不宥。其番人来朝贡者，亦宜沿途护送，毋致违误。

丙辰（十七日）［以杀获麓川“蛮寇”功，加授丽江知府为太中大夫资治少尹］

赐云南丽江军民府知府木森诰（民）〔命〕，加授太中大夫（赞）〔资〕治少尹。以杀获麓川蛮寇功也。

明英宗实录卷七十二

十月

壬申（初三日）［赐云南车里并八百大甸二宣慰使织金文绮、绒锦等物］

云南车里并八百大甸二宣慰使司头目刀三等陛辞，命赍敕并织金文绮、绒锦等物，归赐其宣慰使刀霸羡、刀招散及妻，嘉其勤修职贡也。

癸未（十四日）［思任发致“番书”于云南总兵官处谢罪，命遣敕责问，且宥其罪］

行在兵部言：麓川叛寇思任发致番书于云南总兵官处，谓始因潞江安抚司线旧法邀己以报仇，其后线旧法乃诬己为入寇，致是大军压境，不胜恐惧。今欲遣使谢罪，乞为使人导去，并代奏于朝，求赐哀怜，免加诛戮。臣窃谓思任发词虽恳切，然其历世荷国厚恩，授职宣慰六十余年，却乃侵犯边境，杀掳军民。师临其疆，犹敢逆命，及至班师，托言顺服。宜仍敕总兵官沐昂等，使人与其来使同归抚谕。如其诚心向化，即将前罪尽与洗涤。如其仍前梗化，具实奏闻剿灭。上命遣敕责问，且宥其罪，令改过自新。如不悔改，大军仍往征讨。

丙戌（十七日）［按常例宴赉麓川朝贡头目］

行在礼部言：麓川思任发为边患，其所遣朝贡头目陶孟、忙怕等，宴赉视常例宜有损。上曰：思任发久蓄不廷之心，已兴师往讨之矣，彼之朝贡岂诚心哉？不过欲窥事机，缓我师耳。然朕方以至诚治天下，故不逆其诈，不拒其来，庶彼万一感化。尔礼部其毋损常例，赉之，第不赐之宴，使知朝廷之明，不为其所罔也。

辛卯（二十二日）［敕谕麓川思任发及大小头目改过自新］

赐云南麓川宣慰使司宣慰使思任发及大小头目人等敕曰：朕为天下生民主，仰体祖宗仁爱之心，天地包含之德，故凡自作弗靖之人，多屈法伸恩，开其自新之路，未常即肆显戮。尔麓川自尔父思伦法、尔兄思行发，皆受我祖宗大恩，建立衙门，授以官职。尔父尔兄皆知感恩，恭修职贡，故得传袭及尔。尔宜体父兄之心，修父兄之德，敬恭朝命，和睦邻境，庶几保有爵土，永享安乐。乃逞不轨之谋，侵夺木邦、孟养、潞江等地，杀掠缘边人畜诸物。守将屡请发兵问罪，朕念造罪惟尔一人，而虑大军伤及无辜，故屡却所请，第遣敕谕尔，而尔罔有悛心。乃不得已，令云南总兵官沐昂率众至尔境抚谕，冀尔改悔，尔复恃险抗拒，原尔之罪，天地鬼神所共怒者。今总兵官遣人送至尔所遣忙怕刀线观并诉词一纸，朕观尔所言恳切，似有悔过之意，乃复遣敕，悉宥尔罪。尔果能改过自新，为一方之人造福，即归所侵掠，或亲身或遣子侄及亲信头目赴京朝贡，则朝廷待尔恩悉如旧，而尔子孙并一方之众，皆得永享太平之福矣。如尔情未达，心有欲言，亦详奏闻，朕为处置，必使尔等咸得其所。尔若不体朕心，不从朕言，敢率蚍蜉之众与王师角胜负，则我军贾勇而前，尔等于是时求免虀粉，胡可得乎！尔等其重省之。

丙申（二十七日）［云南大理卫故指挥使征蛮有功，其子袭升都指挥佥事］

云南大理卫故指挥使陈宣子俊袭升云南都司都指挥佥事，以宣征蛮有功也。

明英宗实录卷七十三

十一月

乙卯（十六日）［以云南维摩等州“土僚沙人”“作耗扰边”，令云南总兵官沐昂等相机抚剿之］

敕云南总兵官都督同知沐昂等曰：近得按察司佥事陈璇奏，维摩、阿迷、弥勒三州土僚沙人，写妖书，张旗帜，招集人马作耗扰边。朕惟朝廷寄尔一方重镇，军民赖以抚辑，贼势如此而略不以闻，何耶？其即遣三司官往彼宣布德威，谕以祸福，悉宥其罪，令还生业。如其不从，然后量调官军剿之。务在计出万全，慎勿轻动激变，以滋边患。又闻尔等平昔不以边备为重，纵下人恣为虐害，军政不修，民用日困，而风宪官又相比不言，是致边夷敢为侵侮。今后其各涤心改行，勉副委托。

壬戌（二十三日）［四川宣慰使司长官、广东高安县瑶首等贡马］

……四川宣慰使司长官韩仁寿、广东高安县瑶首黎福深等俱来朝贡马。赐宴并彩币等物有差。

［广南府、石砫宣抚司贺冬至表未至，误进贺正旦表］

行在礼部奏：云南、四川布政司类进广南府并石（柱）〔砫〕宣抚司贺太皇太后、皇上冬至表未至，而将正统六年贺太皇太后、皇太后正旦表误进，请治各官不谨罪。上曰：姑宥之，第移文示戒，若再不谨，必罪不宥。

乙丑（二十六日）[云南招诱“百夷”小待召等至金齿，令将小待召及头目二三人送京，余者留云南]

敕云南总兵官都督同知沐昂及都布按三司、巡按监察御史：近闻招诱百夷小待召等一百九人至金齿，其即遣人驿送小待召及其头目二三人来京。余留云南及先次遣回忙怕刀线观亦姑留之，俟小待召回日，一时遣去。但当赡其饮食，毋令失所，仍须严密防守，毋泄事情。

[褒赏云南瓦甸长官司长官早贵，以其忠顺升为安抚]

云南瓦甸长官司长官早贵为思任发所获，杀其守者十七人挈家来归。上嘉其忠顺，命所司褒赏。以早贵为安抚。赐彩币四表里，给授诰命。

[云南师宗州金郎刺等起事，败死]

云南师宗州贼金郎刺、金福、阿牟等伪称皇称后称总兵，诱聚州民及罗罗、白头蛮、农人、沙人数千为乱。总兵官沐昂与战于曰者乡，败之。追至发召寨，擒阿牟。至发交寨斩金福，并获其伪后。金郎刺奔贵州，为土官依郎举所败，众遂溃。昂以阿牟及伪后奏捷，上命诛之，枭其首以徇。

丁卯（二十八日）[云南总兵官沐昂等奏言进剿麓川事宜]

先是，上以麓川久无成功，敕云南总兵官都督同知沐昂等议所以攻取之策。至是，昂等言：麓川地方险远，夷情谲诈，必欲攻取，非十二万人不可。今官军、土兵原征、增调者，止有四万六千，其七万四千，宜于湖广、贵州、四川行、都二司选调。各委善战指挥率领，于秋尽冬初，分三道由湾甸、芒市、腾冲约日并进，直捣巢穴，并力合攻。其军粮金齿止有二千余万，宜于屯粮内借用十分之二。并图其山川险易之状以闻。章下行在兵部，集文武大臣议。太师英国公张辅等以为军马粮饷，宜如所拟，但三道进兵，兵分势孤，贼或据险邀我，恐非万全。宜推选智谋勇略武职大臣充总兵官，往云南训练军马，专其号令，责其成功，多方筹画，振我威武。贼闻惊惧，耕作失业，不过岁月，自然困敝，仍选廉干文臣会同总兵官相度地利，分布屯田，广积储蓄。贼苟革心悔罪，躬愿入朝，奏闻裁处；如其稔恶不悛，相机剿灭，以彰天讨。上览其议称善，命即行之。

明英宗实录卷七十四

十二月

己巳朔（初一日）［以云南官军操练及粮储事宜敕右佥都御史丁璿］

敕行在都察院右佥都御史丁璿：昨命尔兼提督云南各卫所官军操练，今以尔所理粮储事重，特命监察御史严恭专督选军操练。尔仍总督其事。近闻云南军士精壮富实者俱投托大官，或充伴当跟随，或私耕种田土，并不曾操练，须仔细查究，革其旧弊。其与土官衙门敕书一道，尔与总兵官沐昂等量度而行。若其所管土军、土民，除原调见操外，其余果有精壮可用者，再选一万名，或二万名，就令土官头目管领，于其本处操练听调。其馈运粮储一事，今得总兵官都督沐昂及三司、巡按御史计议，欲令云南军民相兼，量派馈运，及于屯田粮内十分借拨二分。尔与布政使戴新、按察使赖巽协同整理，务要相度人情事势，从长区画。或于官库支银收籴，务要足用，仍将已运到金齿等仓，及起运在途并见在未起运之数，具实奏来。尔为重臣，当以国事为心，但彼中合行事宜，及蛮夷事情，所见闻者，皆须奏来。用副委任，毋怠毋忽。

甲申（十六日）［云南丽江军民府及嵋峨县土官贡马］

云南丽江军民府土官知府木森，嵋峨县土官巡检易买……俱来朝贡马。赐宴并赐彩币等物有差。

丁亥（十九日）［敕四川三司与巡按议守备茂州事宜］

敕四川都布按三司、巡按监察御史：近得都指挥佥事王杲奏，茂州距松潘五百余里，道险城孤，番寇叛服靡常，而备御官军数少，有警猝难策应，欲分官往彼守备。尔等其公议，分守茂州与同守松潘，何者为便？务求至当，必使蛮人畏服，边鄙无虞，可为永久之计。或杲、广自分彼此，事有相碍，皆具实以闻。

戊子（二十日）［四川都掌等处“蛮贼”聚众劫掠，帝命官捕治之］

镇守湖广贵州副总兵都督佥事吴亮奏：四川都掌等处蛮贼聚众劫掠，商旅不行。上命亮及四川、贵州三司捕治之。

癸巳（二十五日）［革湖广永州府湘口等三关］

革湖广永州府湘口、太桥、百里洲三关。以有司言其不临要冲，而守者复虐害行旅故也。

乙未（二十七日）［四川松潘指挥使司经历上言请修造火器］

四川松潘军民指挥使司经历刘奎言：本司地临极边，番人杂处，叛服不常。今仓粮有备而兵器不足，且番人强梁，惟畏火器，乞敕该部令布政司修造送用。事下行在工部覆奏，请移文巡按御史及三司方面官议其可否。奏闻，从之。

明英宗实录卷七十五

正统六年辛酉（1441）

正月

壬子（十四日）［设四川会川卫七条沟及建昌卫分水岭堡］

设四川会川卫七条沟堡、建昌卫分水岭堡。从指挥佥事撒忠等奏请也。

［安远侯柳溥违法被弹］

广西总兵官安远侯柳溥违法被弹，上封其章以示溥，而宥其罪，仍命有司追溥所受银器及家人私贩盐价，溥祈免，乃贷之。

甲寅（十六日）［行在刑部右侍郎议剿抚麓川思任发事宜］

行在刑部右侍郎何文渊言：唐虞之时，有苗弗率，帝舜命禹徂征。三旬苗民逆命，帝乃诞敷文德，舞干羽于两阶，七旬有苗格。然彼不臣服于大禹徂征之时，而来格于帝德诞敷之日，此其慕义之心，终不可得而泯灭也。今麓川叛寇思任发，逞凶造祸，反道败德，廷臣合辞请兵征讨。臣窃以为麓川之在南陲，一弹丸之地而已，疆里不过数百，人民不满万余，以大军临之，同往无不克。然得其地不可居，得其民不可使，何若宽其斧钺之诛，兴我羽旄之舞？命云南总兵官都督沐昂，量调官军，同佥都御史丁璿于金齿操备，且耕且守，仍令云南都布按三司各委堂上官一员，躬诣彼处，宣扬圣化，使之感虞舜之敷德，同有苗之格心，计不劳征伐，而稽首来王矣。如是而更冥顽弗率，然后命昂等调发官军，相机剿绝。岂徒王法之所不容，而亦神人之所共怒也。事下行在兵部，尚书兼大理寺卿王骥等会同公、侯、伯、都督、尚书、侍郎、都御史等官，太师英国公张辅等议，文渊所言与今日事势似有不同，盖唐虞之时，去古未远，其地不过九州要荒之外，止于羁縻而已，然苗民来格，犹不免有三危之窜。今我国家混一四海，华夏蛮貊罔不率俾。思任发自父祖以来，荷国厚恩，授职宣慰，殆今六十余年，乃敢纠集丑类，屡抗王师，虽蒙贷罪贻恩，彼却怙终稔恶。释此不诛，诚恐木邦、车里、八百、缅甸等处，觇视窥觎，不惟示弱外邦，抑且贻患边境。乞于先选定西伯蒋贵、都督李安，并今选都督刘聚，都指挥宫聚、冉保内，命三员为总兵官，及左、右副将。其副将二员，分统南京、湖广、贵州、四川等处官军、土军人等，教习训练，仍命户部左侍郎徐晞，往来巡督。兵行之日，与先差佥都御史丁璿协同馈饷，然犹先遣彼处通晓夷语头目人等，谕以祸福，晓以顺逆。贼若革心，或诣军门输款，或遣子侄来贡，复还所掠，取自上裁。如其不然，会合各处军马，屯聚金齿。先期遣人赍敕谕木邦、车里、八百、缅甸、大（候）〔侯〕等处，起集夷兵，或分道，或并力，或左右夹攻，或内外相应，刻期并进，直捣贼巢，擒其渠魁，献俘阙下。诛其党恶，枭首藁街，以震天威，以靖边境。庶泄神人之怒，快远迩之心。此实臣等区区之至愿也。上从其议。

乙卯（十七日）［命蒋贵充总兵官，王骥总督军务，统军征讨麓川思任发］

命定西伯蒋贵佩平蛮将军印充总兵官，都督同知李安充左副总兵，都督佥事刘聚充右副总兵，都指挥使宫聚充左参将，都指挥佥事冉保充右参将，行在兵部尚书兼大理寺卿王骥总督军务，统率大军征讨麓川叛寇思任发。蒋贵、王骥先往云南会计军饷，相度方略。李安、宫聚统领四川、贵州官军，刘聚、冉保统领南京、湖广并安庆等卫官军，以俟调用，仍各以制敕授之。

丙辰（十八日）［行在兵部尚书兼大理寺卿王骥奏陈征剿麓川事宜］

行在兵部尚书兼大理寺卿王骥奏陈征剿麓川事宜：一、选得曾历战阵、可使领兵都指挥董斌、马让、王喜，指挥鲁全等十一人，千百户、旗军九人。一、访得勋卫陈仪出自将门，颇有才略。如分道进兵，可使参赞副将军务。一、云南官库见贮银两，令充赏有功官军。今彼处土官衙门数多，凡遇调遣土军、土人及僦运借办粮储，其所隶头目必须量加赏劳。乞令行在户部计议，先遣官运送彩段五百表里、布绢各五百匹，以备边用。一、云南、贵州、湖广、四川所属卫所官，多老弱阘（茸）〔茸〕及不谙武略。在任不能理事，临阵岂望成功？欲会同五府并各营把总官于见操多余官内，推选年力精壮、才识颇优指挥、千百户三百员随去。如遇彼处各卫所官不堪任事征差者，改调腹里卫所，带俸差操，就将随去官补缺任用，俟贼灭之日通行具奏，庶几边卫得人，粮赏不为徒费。一、云南、贵州、四川都司属卫军职、土官，及湖广边卫今征调军职、土官，如有老疾亡故子侄应袭替，及该比试官贫乏不能赴京者，乞照监督甘肃军务敕谕内事理，许臣召官舍保勘明白，就准袭。比领军征哨，其有无赖官旗为军民之害，并城池、屯堡、驿站等项不便军民事务，许臣从长计议，便宜处置，仍具实奏闻。庶号令可行，赏罚不僭，将士奋勇，灭贼有期。而臣亦罄竭驽钝，还朝有日矣。上览奏，命多余官止选一百五十人，布绢各加五百匹，余悉从所议。

戊午（二十日）［命行在金吾右等卫都指挥同知方瑛等从征麓川］

命行在金吾右等卫带俸都指挥同知方瑛、王斌，都指挥佥事徐定，署都指挥佥事李信、黄让，从征麓川。以瑛等先尝征讨故也。

辛酉（二十三日）［命丰城侯李贤等给征剿麓川官军兵器铠甲］

命南京守备丰城侯李贤等给征剿麓川官军八千员名铠甲兵器。

丁卯（二十九日）［革贵州铜仁府滑石江巡检司］

革贵州铜仁府滑石江巡检司。

明英宗实录卷七十六

二月

己巳（初二日）［云南定远县黑盐井巡检司、湖广容美宣抚司、贵州镇宁州十二营长官司等土官来朝］

云南定远县黑盐井巡检司土官巡检樊真，湖广容美宣抚司土官舍人黄瑛，贵州镇宁州十二营长官司土官舍人阿乌……俱来朝。赐钞、绢有差。

庚午（初三日）［命故贵州都指挥佥事子为指挥同知］

命故贵州都指挥佥事顾勇子能为指挥同知。勇，镇远侯成之子。初，以舍人授流官指挥同知，既而升都指挥佥事。比领兵征麓川，斩获贼首十余级。进攻刀招汉寨，与贼战死之。至是，能请袭父原职。行在兵部以勇原系流官，例不承袭。上曰：勇有军功，且死于王事，不准其子承袭，何以示劝？其令袭之。

甲戌（初七日）［以征麓川祭告天地、宗庙、社稷、山川，并敕户部左侍郎督运粮饷］

以征麓川叛寇思任发，遣〔官〕祭告天地、宗庙、社稷、山川，仍命行在兵部尚书王骥，祭告云南境内山川之神。敕户部左侍郎徐晞曰：兹命总兵官定西伯蒋贵、总督军务兵部尚书王骥等往征麓川叛寇。已令总兵官都督同知沐昂，镇守地方，兼督粮饷。特命尔于南京、湖广、四川、贵州直抵云南。大军经历之地，缘途整备刍粮，以备支用。进兵之日，仍与佥都御史丁璿分督转运。朕以尔廉能勤慎，故兹委任。尔其夙夜尽心，从长区画，务在人不知劳而粮饷给足。钦哉！

戊寅（十一日）［命云南木邦等长官司合兵剿麓川思任发］

给云南木邦、缅甸、车里、八百大甸、威远、大（候）〔侯〕、施甸各长官司信符、金牌各一，命其合兵剿麓川叛寇思任发也。

己卯（十二日）［赐征麓川将士钞］

赐征麓川将士钞。都指挥各一千贯，指挥、千户、卫镇抚、百户、所镇抚，旗军人等，递减一百贯。俱于南京库给之。

庚辰（十三日）［发四川丁壮转运官仓米，供给军饷］

命发四川丁壮转运泸州官仓米，赴云南曲靖军民府供给军饷。

辛巳（十四日）［礼部办事官王文等奏请姚安等府土官输军饷，并请发木邦等处“夷人”二十万，协同官军征剿麓川］

礼部办事官王文等奏：臣等俱云南土人，切见麓川寇叛，道路险隘，挽运艰苦，米一石易银四两。其姚安等府、司、州县土官，蓄积甚丰，请令各官人输军饷一万，事毕偿之。又言：叛寇负固，当以计破。窃意木邦、缅甸、孟艮、威远等处夷人，与麓川接境，不畏瘴疠，熟〔知〕道路。请遣官同臣等发二十万人，令自备象、马、米、刍，与大军刻日夷兵分投，从间道先进。大军从金齿、腾冲、潞江、景东诸道继进，捣其巢穴，则叛寇腹背受敌，必成擒矣。

癸未（十六日）［敕谕木邦宣慰司土官宣慰使协力征剿麓川］

敕谕木邦宣慰司土官宣慰使罕盖法曰：尔木邦自尔先代以来，世笃忠诚，恭修职贡，故朝廷眷待之恩，久而愈厚。比者麓川叛寇思任发背逆不道，侵夺邻境，抢掠人畜。朕初不忍加兵，但屡遣敕抚谕，彼终不悛悔，贪噬之心，未有厌足，必欲并吞尔等。此天地鬼神之所不容，已敕总兵官进兵剿灭。兹特遣人赍敕并信符金牌往谕，尔等宜预集人马，俟大军至日，即与协力，或径捣其（剿）〔巢〕穴，或夹攻其左右，或截其后路。俾贼首尾受困，进退无所，必成擒矣。如此则上天必祐尔忠义，朝廷旌尔功能，加尔官赏。尔之境土亦得永安，而尔之荣名伟绩载诸青史，传之无穷，与古忠贤之臣并矣。尔其钦承朕命，毋怠。

［以云南师宗等州“贼徒”联合起事，命云南总兵官沐昂及云南三司、巡按等官相机抚剿之］

敕云南总兵官都督同知沐昂，及云南都布按三司、巡按御史等官曰：得奏，言师宗州及广南府州贼徒阿罗、阿思等纠合行劫。盖自去冬维摩等州蛮寇作耗，已敕尔等捕其余党，今乃滋蔓如此。延玩之罪，姑置不问。敕至，尔等即从长计议，委的当官员前去招抚。俾还本土，悉宥前罪。如梗化不服，待平灭麓川之日，即与兵部尚书王骥等计议，相机剿灭。务俾寇贼屏息，边境安宁。

甲申（十七日）［敕谕定西伯蒋贵等征讨麓川思任发合行事宜］

总兵官定西伯蒋贵等陛辞，上敕谕之曰：今命尔〔等〕率师往讨麓川叛寇思任发，务在殄灭此贼，用安边境。其各竭忠殚虑，效谋奋勇，以成厥功，仍示下合行事宜：一、为将之道，不恃一己之见，必采众人之长，乃能成功，古之良将，率由此道。尔等既至云南，须广求有知能谋略、谙知夷情及道路夷险之人，以恩待之，与之计议，然后行事。所领官军及土官、土军有智谋出群者，亦加意待之，专心委任，必能效用。一、剿灭叛寇，兵行之际，惟在赏罚。若官军人等，有能奋勇当先杀贼，或巡哨得贼实迹，即录其功，具奏升赏。如有畏避偷安，及妄报功次、希求升赏者即拿问，发边卫充军。一、古之名将，皆与士卒同甘苦，饥不先食，渴不先饮。近闻头目人等不恤军士，多带行李，役占强壮者扛〔抬〕背负，以致其劳苦嗟怨。尔等宜深革此弊，但有犯者罪之。一、蛮夷之境，山岭险恶，气候瘴毒，不可久处。大军既入，须及时勇猛向前。为将者尤当作兴士气，一鼓而进，则功必成矣，不可逗遛，以误事机。若官军有故意躲避不前者，自都指挥以下皆斩之以徇。一、进军之际，或为一路，或分二路，须与众熟计而行，不可轻率。一、各处土官，多有忠义可用之人，顾尔等抚绥何如。若抚之不善，又或侵扰，以致激变，则尔等虽有功亦不赎罪矣。一、军机重务，最须慎密，万人效谋，一人泄机则败。云南多有夷人杂处，及军民之中亦有与蛮夷相通透漏声息者，以此贼得纵横。自今凡有军务谋议，尔须与总督、镇守官密切计议。古人有言，几事不密则害成。戒之戒之。一、云南卫所官军及舍人、旗军人等中，间有智谋出众、勇力过人、屈在下僚及居行伍者，许众推举，试验得实，悉听委用。务得真才，以成厥功，不许徇私滥举。一、尔等至云南，凡官军人等，不遵号令，沮坏军事，透漏事情，及遇贼退缩以致失机者，会总督、镇守等官，公同审实，就彼斩首示众，仍具奏闻。一、蛮夷专恃山谷深险，以装搪取胜。或于溪涧上流及路傍池沼、窟井置毒以害人。凡军士遇渴，令掘新井而饮，免堕贼计。一、都督沐昂久在云南，周知人情土俗，已敕其谨守城池，总督粮饷，相机策应。尔等至日，凡军马起行，粮饷供给，必须与之计议，取其所长，斟酌而行。一、为将务在纪律严肃，部伍齐整，器械锋利，衣甲鲜明，不许杂乱无统。将帅抚士卒必如父兄之爱子弟，士卒卫将帅必如手足之捍头目。上下一心，功必成矣。一、朝廷命尔为将，须以国事为务，不可以营己私。况云南数年用兵，供给频烦，军民困弊，朕甚念之。尔等切须守廉，尤当戒约下人，不许私取人财，或致激变，为尔之累。一、今敕木邦、缅甸、八百大甸、大（候）〔侯〕州、威远州、车里、施甸军民宣慰司等衙门土官罕盖法等，令其聚集人马，俟尔等进兵之日，会合征剿。今遣敕七道并信符、金牌付尔等，至彼选人分投赍去。尔等仍须审度各处人情事势，熟计可否，切勿偏执。一、国家兴师伐罪，以安民为本。云南连岁用兵，儧运粮饷，军民供给烦劳。况土官所辖夷民，易致激变，尔等尤须加意抚绥，务在事妥人安。一、土官、土军必抚绥得宜，不可纤毫侵扰，不许各官受其贿赂，亦不许下人需索，或致激变，犯者即以军法处之。一、军行以粮饷为先，宜督原运官员，务致充足。凡输运军民，宜厚加抚恤，毋令失所。一、云南近边城池，皆须守备严谨。守城官军，时加操练，以防不虞。一、云南所属卫府官员、军民，除叛逆不孝人命外，其犯徒流及杂犯死罪者，俱令戴罪官军，令杀贼立功。有功即复其职役，无功者徒流罪，依年限满日各复职役。死罪无功者，终身立功。文官、吏民，量其所犯轻重，令输粟金齿赎罪。一、敕书内该载不尽者，悉听尔等从长计议，便宜处置，具实奏闻。

庚寅（二十三日）［监察御史建言抚绥广西瑶僮之策］

监察御史韦广丁忧服阕至京建言：臣广西庆远人也。窃见广西自永乐二十年以来，宜山、思恩、忻城县瑶僮黄公檀、韦万广等伪称王侯、都督，入寇我境，大肆焚掠。时镇远侯顾兴祖率兵往征，贼皆奔入巢穴，俟官军既退，仍复入寇不已。后都督山云兴师进剿，斩获无算。忻城残贼，则委土人英贤抚化，至今听服。惟宜山县之莫往、清潭、南乡、述昆、皮罗、夷江等村峒，思恩县之川山、广南、中州、茆滩等里，犹复不悛。招抚则朝降暮叛，守备则出没不常，军民累世被其荼毒，无有宁息。盖此贼冥顽，难以德化，可以威服。乞敕总兵官安远侯柳溥，会同布按二司及巡按御史，大集官军，攻其巢穴，殄戮其渠魁。置长官司以抚安其余众，选土人之有智识兵力如莫贤者，俾为长官，从府管辖，则瑶僮畏服，地方宁谧，实为军民永远之利。不然，则贼患日深，将有不可测者矣。上嘉纳之。

壬辰（二十五日）［广东陵水县、崖州、宁远县藤桥巡检司土官舍人与郎温峒首等处土官朝贡］

广东陵水县土官舍人王茂、崖州土官舍人黎珉、宁远县藤桥巡检司土官舍人黄政、郎温峒首陈堡，俱来朝贡马及方物。赐彩币等物有差。

［思任发谋攻木邦］

云南总兵官都督同知沐昂奏：木邦宣慰司报，麓川叛寇思任发欲来攻劫，乞为开通孟定道路，率领官军前来救援。上命封昂所奏，示总兵官定西伯蒋贵、总督军务兵部尚书王骥，令其星驰赴彼，与昂等计议停当行之，不可逗遛。

明英宗实录卷七十七

三月

癸卯（初六日）［命广西柳州卫指挥同知署都指挥佥事］

命广西柳州卫指挥同知孙麒署都指挥佥事。初，监察御史韦广言，麒才略优长，招抚蛮寇有功。至是都司以缺官闻，故擢任之。

［设广西桂平县大黄江口巡检司］

设广西桂平县大黄江口巡检司，置巡检一员。从知县余璟言也。

己未（二十二日）［复云南定远县黑盐井巡检司土官巡检职］

复云南楚雄府定远县黑盐井巡检司土官巡检樊真职。真先以受赇事觉，法司论当死，遇赦免为民。至是，累陈其故父随征功，乞复职。上曰：边方土人，当宽惠以怀之，樊真令复职。若仍蹈前愆，不更贷也。

明英宗实录卷七十八

四月

壬午（十六日）［贵州宣慰使司舍人所遣把事、广东儋州昌化县土官县丞男等朝贡］

……贵州宣慰使司舍人安陇富遣把事阿意等，广东儋州昌化县土官县丞男符应乾等，俱贡马及方物。赐钞币有差。

癸未（十七日）［铸降松潘卫僧纲司印］

铸降松潘卫僧纲司印并护持敕给都纲桑儿者先结，令于本处建寺，管束番僧。时总兵官都督同知李安奏：本僧劝化番人，曾为乡导，及通报军情有功。请量加慰劳，故有是命。

甲申（十八日）［裁省广西龙州同知、判官各一员］

裁省广西龙州同知、判官各一员。永乐间征交南，以龙州当要冲，增置同知、判官，至是以事简省之。

明英宗实录卷七十九

五月

戊戌（初三日）［广西都指挥佥事史雄、马文等杀良冒功，命逮问之］

广西浔州有贼十一人，都指挥佥事史雄、马文等以兵剿之。虑所获者寡，功赏不大，因杀平民四百八十余人，悉诬以为贼。事觉，巡按御史上官尹按劾其罪，并劾参将田真亲总戎机，慢不钤束，总兵官柳溥身膺主帅，知不举奏，俱宜正之以法。上谓都察院臣曰：设兵剿寇，正以卫民，此辈反戕良民，以邀功赏，其令按察司同巡按御史逮雄等鞫状具闻处之。柳溥、田真俱令自陈，若复欺罔，必罪不宥。

己亥（初四日）［设云南云南府阴阳学］

设云南云南府阴阳学，置正术一员。

戊申（十三日）［征剿麓川官军驻彼日久，天向炎热，地多瘴气，暂还金齿操练］

云南总兵官都督同知沐昂奏：奉敕今冬进兵征剿叛寇思任发，命臣等儹运粮饷二十万石于金齿给军。臣等已设法雇僦人力，将云南属府见贮并属卫二分屯粮，如数运付收贮。今金齿见在并起运在途，及大理、云南、楚雄、曲靖等府，一路官军经过之处，实在仓粮，共计四十万九千三百二十九石。又奏：臣先遣署都指挥佥事李福，领兵八千前往哨瞭湾甸，兵至老姚，有火头莽周、通事杨宣，招到惰斯等十一寨，火头阿查四等率其五十九村民来迎。攻贼镇康州水寨及惰斯山寨，克之，斩头目控抗刀栾秤及从贼五十余级。至

(细)〔缅〕甸，贼据要不得进，分兵三路攻之，破贼十二寨，斩首一百五十级，获其戈甲弓弩。诸寨地方，分委火头及土官守之。官军驻彼日久，天向炎热，地多瘴气，议暂还金齿操练，俟秋再进。上允之。

己酉（十四日）［四川都司差百户陈渊等管送番僧赴京贡马，渊等未用心养饲，马匹倒死六十余匹］

行在礼部奏：四川都司差百户陈渊等管送番僧赴京贡马。渊等不行用心提督养饲，以致倒死六十余匹，宜执送法司究问追陪。上俱宥之。

壬子（十七日）［湖广偏桥等卫积粮甚少，供军不敷，令都司、布政司设法以官储轻赍量给接济］

湖广贵州副总兵都督佥事吴亮奏：湖广偏桥、清浪、平溪、瞿塘、镇远、九溪、永定诸卫，近因屯军选征麓川，秋粮又以旱伤除豁，所积甚少，供军不敷。今辰州、常德、长沙粮储稍积，乞敕有司量起人夫，暂运至诸卫，每处一万石，以备支给。事下行在户部覆奏：先因巡抚、侍郎会议，湖广馈运诸卫粮，溪滩险恶，舟楫不通，高山叠岭，挑负甚艰，故应征秋粮，半输金帛。今诸卫缺粮，止宜移文都司、布政司，设法以官储轻赍量给接济为便。从之。

［贵州都指挥佥事求白金、象牙等物于所属官军，被劾］

贵州都指挥佥事侯义求白金、象牙等物于所属官军，为监察御史吴镃所劾。上命黜为为事官，从总兵官蒋贵立功。如其无功，即留金齿充军。

乙卯（二十日）［迁广西南丹等卫所］

迁广西南丹卫于宾州千户所，奉议卫于平南县，向武千户所于守御贵县中前千户所。先是，总兵官安远侯柳溥奏：广西所属南丹、奉议二卫，向武千户所，城池俱在烟瘴之地，气候不正，官军相继死亡者不知其数。而存者百有二三，亦多疲病，不堪备御。乞迁南亢地方，以免其患。章下行在兵部，左侍郎邝埜等请令溥择其地以闻。至是，溥上所拟地方，故有是命。

丁巳（二十二日）［湖广唐崖长官司所遣舍人等贡马］

湖广唐崖长官司遣舍人黄通……来朝贡马。赐彩币等物有差。

[令泗城州土官退还原占利州地方]

广西总兵官安远侯柳溥奏：行人黄恕、朱昇同贵州都布按三司，委官抚谕泗城州土官岑豹，令其退还原占利州地方与土官知州岑颜。其时豹面从之，及各官回，复占如故。臣以蛮夷仇害，亦其常性。今颜欲以利州利甲等庄易泗城州古那等甲，开设利州衙门。宜如其请，发附近官军送颜赴彼，抚治夷民。傥豹仍前距逆，则率兵剿捕。从之。

[云南景东卫百户奏称指挥同知柳瑛等所奏破者章硬寨之功皆虚诈，命右佥都御史丁璿会云南布按二司、巡按察其虚实]

云南景（州）〔东〕卫百户李荣、李良奏：指挥同知柳瑛、正千户魏璧、土官知府陶瓒，前所奏破者章硬寨之功皆虚诈，乞治之，用警后来。上命右佥都御史丁璿，会云南布按二司及巡按御史，察其虚实以闻。

戊午（二十三日）[升刀怕便为云南干崖长官司副长官，升刀乌孟为龙川江百户]

升云南干崖长官刀怕便为长官〔司副长官〕，龙川江百夫长刀乌孟为百户，各赐彩币六表里。初，怕便、乌孟二人皆为思任发所拘，二人脱身归顺来云南，其家属又皆被害，后屡立功。总兵官都督同知沐昂请褒恤之，故有是命。

庚申（二十五日）[征麓川兵卒肆掠南京市，令约束之]

征麓川兵卒肆掠南京市，有殴人至死者。都察院上其状，且劾总兵官刘聚、监察御史曹玮不严钤束。事下行在都察院，请先收殴人者，论以军法，俟师还然后逮聚等罪之。上是其言，复降敕戒聚等，俾悉心钤束。如再蹈前非，连其统帅坐之，虽有功不宥。

明英宗实录卷八十

六月

丁卯（初二日）［四川播州宣慰使司土官舍人等贡马］

四川播州宣慰使司土官舍人杨纲等来朝贡马。赐绒锦、彩币、钞锭有差。

戊辰（初三日）［命四川播州宣慰使司故宣慰使叔袭职］

命四川播州宣（尉）〔慰〕使司故宣慰使杨炯叔纲袭职。

庚辰（十五日）［贵州宣慰使司土官宣慰使、广西利州土官知州遣人贡马］

贵州宣慰使司土官宣慰使宋斌遣舍人龙源等，广西利州土官知州岑颜遣判官苏祖旺等，来朝贡马。赐彩币等物有差。

辛巳（十六日）［“叛寇”亦保等屯兵孟定，云南总督王骥奏请“分路进讨”］

总督云南军务行在兵部尚书兼大理寺卿王骥奏：五月初七日，得木邦报，已起军马于境上，俟候接应官军。其孟定府刀奉来、刀门班等俱各来降，而叛寇亦保等皆屯于孟定，欲催大军攻之。臣等议以为盛夏多瘴，难于进兵，俟总兵官定西伯蒋贵兵至，即分路进讨。上敕贵等曰：比得骥奏，欲待尔等至日，合兵前进。尔等宜同心协和，精深计虑，务出万全，更须抚恤军士，甘苦同之，知人善任，奖励作兴，则大功未有不成者。勉之勉之！

壬午（十七日）［升张锐为贵州都指挥同知，李睿为按察司副使］

升大宁都司都指挥佥事张锐为贵州都指挥同知，贵州布政使司右参议李睿为按察司副使。先是，尚书王骥奏：贵州官军月粮皆于四川关支，相去甚远，舟车不通。各卫差一二人总领其粮，动以千数，皆贱粜之，而军士不过得盐一斤半斤而已。况四川之粮，皆百姓肩挑背负，积之甚艰，而出之甚贱，以致军士妻子衣食不给，皆剜蕨根度日。而亲管官员，又不矜恤，剥削万端。按察司及御史，以地方广阔，巡历不周，俾被害军士，饮恨吞声，无可控诉。切见贵州等二十卫所屯田池塘，共九十五万七千六百余亩，所收子粒足给军食。而屯田之法久废，徒存虚名，良田为官豪所占，子粒所收百不及一，贫穷军士无寸地可耕，妻子冻馁，人不聊生，诚为可虑。乞选堂上官一人，及推能干按察司副使或佥事一员，照陕西例，于行在锦衣卫管事官选调一员，署贵州都司事，使其提督卫所，镇抚蛮夷，经理屯田，询察贤否，庶几奸弊可革，边境宁谧。上曰：骥所言甚善，吏部即会官保举廉能公正官一人为按察司副使，兵部于都指挥指挥内推保廉干善抚恤军士者一人管都司事。至是吏部、兵部以锐、睿举，故命之。

明英宗实录卷八十一

七月

己亥（初五日）［以云南威远州土官知州出兵攻思任发，升其职，并封其母为太宜人］

敕云南威远州土官知州刀盖罕曰：叛寇思任发侵尔境土，遣人胁尔从逆。尔母招曩猛能秉大义，效忠朝廷，悉出金资分赉头目。尔母子躬擐甲胄，贾勇杀贼，斩其头目刀派罕，追逐余贼过江，溺死数千，斩首数百级，得其战舰战象，仍留兵守贼所据江口之地。忠义卓然，深足嘉尚。今特升尔正五品，授奉政大夫修正庶尹，封尔母为太宜人，俱锡诰命、银带及彩币表里，酬尔母子勋劳。陶孟刀孟经等亦赐赉有差。尔宜益勉忠义，以副朕怀。

己酉（十五日）［敕安远侯柳溥等剿抚大藤峡等“山贼”］

敕广西总兵官安远侯柳溥、参将都指挥田真及广西都布按三司、巡按御史曰：得浔州府奏，前年桂平县大藤峡等山贼时常出没。未及二年，所劫本县及平南、藤、容三县民五十余家，虏去男妇六十余人，牛羊近百，强占田土。然不闻尔等奏报，此事若果有之，尔等皆居显位，何忍坐视？又闻总兵官虽调湖广等处官军在彼哨守，其不服水土，病死亦多，以致贼无忌惮，民罹其害。敕至，即公同计议，各委堂上官一人，往彼会知府等官，斟酌民情事势如何。且遣人抚谕，如贼能革心顺服，还所虏男妇牛畜及退所占耕民田，则赦其前罪，谕令改过。如贼怙终不从抚谕，必剿除之，以安边民。用兵之际，须分别善恶，不可滥及无辜，以招天谴。慎之慎之。

[董卜韩胡宣慰使贡马受阻]

敕四川都布按三司曰：今得董卜韩胡宣慰使克罗俄监粲奏，其所进语录经文，已贮成都府兴福寺。马二百一匹，欲从保县前来，被杂谷瓦及谷敦之人，伐树塞路，不容经过。乞差原管进马沈镇抚男羽等往彼接取。此事虚实虽未可知，第夷人远来朝贡，不可为小人所沮。敕至，尔等即遣羽等或增选一二人，同其差来人前去接取，就访察杂谷瓦及谷敦之人，果不遵礼法，阻绝道路，即令谕以祸福利害，不许生事启衅。如彼执迷不从，尔等同议停当，奏来区处，不可视以为常，有失远人归向之心。尤须严饬所遣，毋得纤毫有所需索，搅扰番夷，取罪非轻。尔等其钦承朕命，毋忽！

甲寅（二十日）[以功加云南顺宁府土官知府勋阶]

加云南顺宁府土官知府猛盖勋阶为太中大夫资治尹，赐诰命及金带、彩币以褒之。其千夫长阿都思等三十人，各升赏有差。以讨麓川叛寇功也。

丁巳（二十三日）[给云南邓川州医学印]

给云南大理府邓川州医学印。

[因征剿思任发召盐商纳粮给军]

云南总督军务行在兵部尚书兼大理寺卿王骥言：近因调兵征剿思任发，召盐商纳粮给军。其淮浙、云南、四川，今年盐课中纳俱尽。惟四川盐课额尚多，乞复召商中纳。奏下行在户部议，请开中金齿足食仓，每引纳米一斗五升，大理崇盈仓二斗。从之。

明英宗实录卷八十二

八月

壬申（初八日）［四川盐井卫土官千户所遣把事等贡马］

四川盐井卫土官千户剌苴白遣把事日要……来朝贡马。赐钞。

乙亥（十一日）［设云南鹤庆军民府清水江巡检司、赵州干海子巡检司，移邓川州凤羽乡巡检司］

设云南鹤庆军民府清水江巡检司、赵州干海子巡检司，各置巡检一员。移邓川州凤羽乡巡检司于罗坪山顶。

己卯（十五日）［广西罗城县“贼首”韦万川被诱杀］

广西罗城县贼首韦万川为百户任芳儿诱出，总兵官安远侯柳溥等擅杀之，诈以生擒闻。行在兵部左侍郎邝埜等言，溥妄奏，宜治之。上曰：姑记溥罪，令其自陈。

辛巳（十七日）［设四川宁番卫冕山桥堡］

设四川宁番卫冕山桥堡，调本卫后千户所官军哨守。从四川都布按三司等官奏请也。

癸巳（二十九日）［令安远侯柳溥等相机抚剿桂平县石门等“山贼”］

敕广西总兵官安远侯柳溥、参将都指挥佥事田真、广西都布按三司并巡按御史等官曰：得奏，浔州府桂平县石门大信寨岭等山贼，仍前纠合，劫杀人民，招抚不服。欲俟秋征剿，未知尔等计虑当否？大抵人情莫不好生恶死，贼首不过数人，而胁从者众，兵戈之下，必伤无辜。敕至，尔等更须计议，不可贪功坏事。如再三抚谕不服，则遵前敕事理，相几剿灭。务俾地方宁靖，军民获安。

明英宗实录卷八十三

九月

庚子（初七日）［广西思恩府土官知府请迁府治］

广西思恩府土官知府岑瑛言：府治僻隘，桥利堡正当瑶寇出没之所，且有城垣公廨，乞徙置为便。上从之。

乙巳（十二日）［改贵州永从蛮夷长官司为永从县］

改贵州黎平府福禄永从蛮夷长官司为永从县，置流官知县、典史各一员。以本司土官李瑛故绝岁久，从按察使应履平奏请也。

戊申（十五日）［镇守湖广贵州副总兵吴亮奏留兵防备贵州“苗蛮”］

镇守湖广贵州副总兵都督吴亮奏：贵州苗蛮出没不常，各卫官军调征麓川。今广西总兵官柳溥，又遣人坐调备御广西。恐本处猝有警急，何以防备？事下行在兵部言：宜将贵州官军见在广西者，仍留在彼操备。其应轮番者，暂留原卫守御。候征麓川官军回日，轮番如旧。从之。

明英宗实录卷八十四

十月

丁卯（初四日）［贵州金筑安抚司及木瓜等五长官司遣头目贡马］

贵州金筑安抚司安抚金镛遣头目王瑄，及木瓜、大华、麻(向)〔响〕、大龙番、卢山五长官司遣头目阿春等，来朝贡马。赐彩币、钞、绢等物有差。

戊辰（初五日）［割贵州思州府新溪等十一寨隶黎平府赤溪湳

洞长官司]

割贵州思州府新溪等十一寨隶黎平府赤溪湳洞长官司，以其地里相近，易于统属。从行在户部奏请也。

癸酉（初十日）[云南总督王骥奏称云南按察司佥事徐观等馈运有方，乞量升擢，不允]

总督云南军务兵部尚书兼大理寺卿王骥奏：云南按察司佥事徐观、大理府知府贾铨、楚雄府知府冯郁率其犷悍之民以饷军旅，馈运有方，刍粟不乏，乞量升擢，以示褒嘉。事下吏部，尚书郭琎等言：宜如所请升之。上曰：观等诚有劳效，俟麓川平日超擢未晚。且征南将士俱未赏，不宜先升馈运之官，惟功成事集，而后叙功班赏，则人孰不悦服？朕非有吝也，盖思此耳，卿等以为何如？琎等顿首谢不及。

甲戌（十一日）[设云南大理卫下关等五堡]

设云南大理卫下关、永平、沙木河、样备上、样备下五堡，以大理等卫官军守之。从户部左侍郎徐晞言也。

丙子（十三日）[云南总督王骥等奏请兵分二路夹攻麓川思任发]

总督云南军务兵部尚书兼大理寺卿王骥等奏：叛寇思任发据守要害，修筑栅寨。江北（细）〔缅〕甸、昔剌等处系贼左臂，尤恐乘虚窃发，侵犯金齿，阻截粮道。合将大军分为二路，东路委右参将冉保，从（细）〔缅〕甸直取孟定，会木邦、车里夷兵夹攻。臣同总兵官蒋贵等由中路至腾冲与保会合，俾贼腹背受敌。上从之，敕骥等协力，务在成功。骥又奏：安宁州之安宁驿远州治而僻居小路，飞报军情，输运边饷，恐劳人误事，请徙之于州便。上曰：云南近事干戈，军民艰辛甚矣，改作能不劳力伤财乎？姑俟贼平民安之日可也。

辛巳（十八日）[户部员外郎奏请将重庆应拨粮米折收银布运去给军，并言丈量思南府屯田等事]

行在户部员外郎高佑奏：四川重庆府巴县及播州宣慰使司每岁定拨税粮一万余石，运赴贵州供给军士。路远艰难，乞将应拨粮米，折收银布运去给军为便。又贵州思南府土民，接连湖广镇远等卫，屯军相参居住，屯田旧无丈量文册，致土民得以昏占。乞敕风宪官一员，躬亲畎亩，逐一丈量，明白其数于官。庶使田无欺隐，边卫有储。又贵州、云南二都司并各卫所军职官员，不思保障军民，科敛土官、土民财物，以致逼迫非为，乞加禁约。事下行在户部议，悉从之。

丙戌（二十三日）［广西浔州卫指挥同知奏请迁治所］

广西浔州卫指挥同知马瑄奏：本卫衙门原系守御千户所，地势洼下，庭宇窄狭，不堪理事。卫之左有废仓隙地，臣等请捐俸督军余徙置之。上可其奏，而（械）〔戒〕其科扰。

明英宗实录卷八十五

十一月

辛丑（初八日）［广西岑溪与广东泷水瑶人“劫杀”岑溪县连城乡民，命安远侯柳溥及广东都司遣官捕治之］

广西总兵官安远侯柳溥奏：岑溪及广东泷水二县瑶贼骆宗安等二百余人，劫杀岑溪县连城乡民，死伤者五十余人，复火其仓。上命溥及广东都司遣官捕治之。

辛亥（十八日）［松潘番人“杀掠军民”，令相机抚捕］

敕镇守松潘都指挥佥事王杲等曰：得奏，番人杀掠军民，请调官军剿捕。朕惟驭夷之道，抚安为先，抚之不从，而后临之以威，斯为至当。尔等其精思熟虑，遣通事往各簇寨善为晓谕，务使安居边境，不致为非。尤宜整搠军马，于所守地方时加巡视，遇有劫掠，即为擒捕，仍戒饬官军，不得生事激变，以招边患。朝廷简命尔等，期在怀柔远人，靖安边境，必顺天道，协人心，斯副委任之重。

丙辰（二十三日）［令副总兵吴亮驻湖广而往来贵州严督兵备］

贵州卫指挥白斌等奏：副总兵都督佥事吴亮威镇边夷，今令其兼镇守湖广，恐夷僚乘间入寇，乞复亮专镇守贵州。事下兵部言：宜令亮驻湖广，而往来贵州。上从之，且戒亮严督兵备，不得怠慢。

己未（二十六日）［四川播州宣慰使司所遣长官、贵州安顺州等衙门所遣把事及盐井卫土官舍人朝贡］

四川播州宣慰使司遣长官张瑾，贵州安顺州等衙门遣把事阿遨，盐井卫土官舍人八八剌麻等，贡马及方物。赐绢、钞如例。

［故四川都指挥使子、广西都指挥同知子袭职］

命故四川行都司都指挥使陈荣子纲袭为指挥使，广西都司都指挥同知陈全子海袭为指挥佥事。

庚申（二十七日）［徙置四川荣经县儒学］

四川雅州荣经县儒学教谕何仕瑛言：本学地形褊窄，庙堂卑小，且滨水涯，夏秋涨潦，浸湿不堪。崇祀圣贤，训教生徒，欲更买民地徙置。从之。

明英宗实录卷八十六

闰十一月

戊辰（初五日）［赐贵州安顺州等衙门把事、四川盐井卫已故土官孙、播州宣慰使司土官等钞锭、彩币表里］

赐贵州安顺州等衙门把事阿遨，四川盐井卫已故土官千户八的抄孙男八剌麻、播州宣慰使司土官张瑾等，钞锭、彩币表里有差。瑾过期到京，如例减半。

辛巳（十八日）［云南总督王骥总兵官蒋贵等进剿麓川叛寇奏捷］

总督云南军务兵部尚书兼大理寺卿王骥、总兵官定西伯蒋贵等奏：十月初六日，大军将抵金齿，贼酋守镇康者陶孟刀门捧遣人乞降，臣骥等受之。令右参将冉保、勋卫陈仪率兵五千，由东路往攻缅甸湾甸水寨，入镇康。因令刀门捧集夷兵攻破昔剌寨，移攻孟通。十一月初一日，臣骥及贵统兵二万余，由中路至上江。初五日，操舟师于江，贼伏兵四起，守兵亦悉力来拒，官军大呼奋击，斩首千余级。余贼遁入寨，围之。初六日，内官吉祥、副总兵刘聚至。初九日，内官萧保、左参将宫聚自下江夹象石至。合攻之。贼拒守益严，铳弩飞石交下如雨。初十日，南风大作，顺风焚其排栅，火亘夜不息，贼随机拒御，臣骥等躬援桴督阵。又调都指挥赵伦等并兵合力，少卿李賁等亦亲督战。贼众穷蹙，自水门突出，伏兵截杀，无一脱者。上江寨遂拔，余贼千余犹操刃迎敌，官军骑步并进，以长戈蹴之。贼将刀放戛父子俱毙，刀招汉父子杀其妻孥，阖门自焚，生擒刀门项，前后斩馘五万余，横尸蔽野。贼所恃上江以为屏蔽，至是荡然矣。捷闻，上赐敕曰：得奏捷音，朕深嘉悦。卿等尤宜奖励将士，同心协力，以殄灭贼首为期，不可信其诳诈，有误兵机。古人用兵，好谋乃成，进兵之际，尤宜筹画精熟，用图万全，勿以一胜，辄有轻敌之心。况此贼谲诈百出，又其地瘴疠不可久居，宜乘时进取，以靖边境，以建功勋。爵赏之颁，朕不尔吝也。

丁亥（二十四日）［命四川龙州宣抚司故宣抚子袭职］

命四川龙州宣抚司故宣抚薛志昇子公辅袭职。

明英宗实录卷八十七

十二月

癸卯（十一日）［命湖广金峒、忠孝安抚司安抚之子代职］

命湖广施州卫金峒安抚司安抚覃添贵子友铭、忠孝安抚司安抚田大兴子敬俱代职。

丁未（十五日）［云南都指挥佥事等以杀获师宗州“反贼”功

升职]

升云南都指挥佥事李友为都指挥同知，署都指挥佥事卢钺实授都指挥佥事，千百户、旗军十三人俱升一级。以杀获师宗州反贼功也。

庚戌（十八日）[湖广施南宣抚司、高罗安抚司遣人贡马]

湖广施南宣抚司遣舍人向子昇等，高罗安抚司遣舍人谭永能等，来朝贡马。

癸丑（二十一日）[湖广龙潭安抚司、四川马湖府蛮夷等长官司、广西田州府朝贡]

湖广施州卫龙潭安抚司遣舍人黄敬亮等，四川马湖府蛮夷等长官司土官文昌保等，广西田州府遣土官头目黄理等，俱来朝贡马及银器、方物。赐彩币等物有差。

甲寅（二十二日）[革广西融县河泊所]

革广西融县河泊所。先是，本县奏，旧例各处岁收课钞三万贯者，设衙门，铨官吏。是所数未及万，宜革之。工部覆实以闻，故有是命。

丁巳（二十五日）[四川永宁宣抚司，云南十二关、乖西蛮夷长官司，贵州底寨、养龙坑长官司、贵州等处宣慰使司等贡马]

四川永宁宣抚司遣把事费真等，云南大理府十二关长官司长官李罗禾、乖西蛮夷长官司长官刘绍进，贵州底寨长官司长官蔡文昇，贵州养龙坑长官司长官蔡昇进、贵州等处宣慰使司遣把事杨瑾等，来朝贡马。赐钞、绢如例。

[命湖广忠路安抚司安抚子、高罗安抚司佥事子代职，高罗安抚司故副使子袭职]

命湖广施州卫忠路安抚司安抚覃英子亮、高罗安抚司佥事谭才子永清俱代职。高罗安抚司故副使崔汉卿子潮端袭职。

[设四川盐井等三卫仓]

设四川盐井、宁番、越（隽）〔嶲〕三卫仓，各置大使一员。

庚申（二十八日）[四川、广西、贵州等地土官朝贡]

四川等处芒部军民府遣把事阿务等，马湖、沐川、泥溪等长官司，东川、乌撒军民等府，石砫宣抚司，广西镇安府遣舍人岑全等，安（陆）〔隆〕长官司，上林长官司，贵州宣慰使司土官舍人安陇富遣把事阿卓等，平越卫麻哈长官司长官浦成，四川长宁县夷首罗阿庆等，来朝贡马及银器、方物。赐钞、绢如例。

明英宗实录卷八十八

正统七年壬戌（1442）

正月

己巳（初七日）［松潘麦匝等簇番人劫掠朝贡人马，令四川三司各委堂上官一名，会同国师罗只儿监藏，往谕当地部落］

敕四川都司、布政司、按察司，得镇守松潘都指挥王杲等奏：近遣通事人等，催八郎等十八簇土官阿性等赴京朝贡。行间被麦匝、山洞、阿用三簇土官蓝济等所辖番人掠去人马，及杀伤通事段银，请加惩治。且言旧例每遇朝觐之年，分遣官军八百人，给与粮料，往各番簇催所贡马。今该部又言：自永乐以来，未尝有番簇土官朝觐之例，不识王杲何从至此纷扰。敕至，尔等各委堂上官一员，同国师罗只儿监藏往谕蓝济等，晓以祸福，其所作过恶已在革前者皆不问，自今严饬下人，遵守法度，毋得聚众为非，以自取屠戮，仍令王杲、丘义等查考番簇朝觐事例，明白来闻。

乙亥（十三日）［命贵州宣慰使侄袭职］

命贵州宣慰使安聚侄陇富袭职。

丁丑（十五日）［广西思明府、思陵等州与贵州卧龙、番木瓜长官司等贡马］

广西思明府土官黄珊遣官族黄阳等、思陵等州土官知州韦昌等遣头目黄堂等，贵州卧龙、番木瓜长官司副长官李长等……来朝贡马。赐彩币等物有差。

戊寅（十六日）［赏云南维摩等州获“寇”有功官军］

赏云南维摩等州获寇有功官军人等都指挥李文等三百一十人，

彩币、绢、布有差。

壬午（二十日）［免广西贵县绝户田租］

免广西浔州府贵县绝户田土租税八百二十四石有奇。

甲申（二十二日）［如例赐贵州宣慰使安陇富金带］

贵州土官宣慰使安陇富自陈：其祖父以来，累朝皆赐金带。臣既蒙恩授职，乞如例赐予。从之。

己丑（二十七日）［云南总督王骥等平定麓川］

总督云南军务兵部尚书兼（太）〔大〕理寺卿王骥、总兵官定西伯蒋贵奏：去年十一月初十日，既破上江贼寨，由夹象石渡下江，通高黎贡山道。闰月初至腾冲，留左副总兵都督同知李安领军提备。臣等由南甸至罗卜思庄，令指挥江洪等率精锐八千人哨至杉木笼山。贼首思任发令陶孟靠者罕心等率其众二万余据高山，中立硬寨，左右山颠连环为七营，首尾相应。左参将宫聚、右副总兵刘聚，分左右（冀）〔翼〕攀缘山岭林木而上，攻之不下。臣等遂同内官萧保由中路进，左右翼亦贾勇夹击，贼遂溃，杀靠者罕心等，斩首数百余级，余贼遁归巢穴。乘胜进戛赖陇把至马安山，军势大振，于十二月初直捣贼巢。山冈陡峻，周回余三十里，立栅开堑，深广不可越。东南一面，傍江（璧）〔壁〕立。臣令前哨官军三千人，周视攻取地利。贼伏兵泥沟箐，驱象阵突起，为我军所败。贼复从永毛摩泥寨至马安山，潜出我军后，臣等令军中毋得擅动，即调都指挥方瑛等率军六千突入贼寨。贼首衣黄衣居帐中，麾众拒敌，我军击败之，斩首数百余级。贼投崖谷自相蹂践死者甚众。未几，贼驱象八十余复来冲阵，我军佯却，寻整队力战败之。而原委右参将冉保、勋卫陈仪报云，已从东路会合木邦人马，招徕夷民一十二寨，降孟通贼首刀门颠。元江府同知杜凯等亦报，率车里、大（候）〔侯〕夷兵五万，招降孟琏长官司亦保等寨，攻破乌木弄戛邦等寨，斩首二千三百九十余级，余党招刚、火头人等率夷民诣军门降，抚令复业者五千余户。差人守把西峨渡，以阻贼奔窜之路。就通木邦信息，俱刻期至麓川策应。臣等于是添造攻具，画图分定地方，期以环围齐攻，且遣人赍榜招谕。贼誓以死守，拒而不纳。遂令贵攻西中门，臣骥攻西北门，都指挥李信、内官吉祥攻西南门，宫聚攻西南、江上二门，萧保、刘聚攻东北门，冉保攻东北出象门，分遣少卿李蕡、郎中侯琎等往来督战。且令军士广积薪草，会西风大作，随风举火，烟焰涨天，死者不计其数，房舍库藏皆为煨烬。明日获思任发从者诘之，云：贼父子三人挈妻孥七人，象、马数十，从间道渡江往遁孟养等处。其余老稚数万人俱就溺，浮尸蔽江。获原给虎符、金牌信符、宣慰司印，及贼所虏掠腾冲千户所等衙门印三十二颗。随平其巢穴，抚其流散。臣等于是月十五日班师。臣惟自贼梗化，于今有年，虐杀酋长，吞噬部落，罪恶贯盈，神人共怒。臣等奉命伐叛，王师所至，无不克捷。虽贼首父子窜身草野，然夷丑皆其仇敌，终就夷灭。是（是）〔皆〕皇上圣德神武所致，实宗社万万年之福也。捷报至，上谓侍臣曰：穷兵黩武，非朕所喜闻。况兵行之际，不免害及无辜。其令蒋贵、王骥等，凡所招徕者，善抚存之，仍具有功官军以闻。

［命湖广保靖州军民宣慰使子袭职］

命湖广保靖州军民宣慰使彭南木处子舍怕俾袭职。

庚寅（二十八日）［以平麓川功升奉御萧保职，仍留镇守云南］

以平麓川叛寇功，升奉御萧保为都知监左少监，仍留镇守云南。召镇守云南右监丞吉祥还京。

［敕谕云南总督王骥、总兵官蒋贵等从长处置云南军务边备事宜］

敕总督云南军务兵部尚书兼大理寺卿王骥、总兵官定西伯蒋贵等曰：得奏，麓川已平，具见尔等竭忠效劳，奖励将士，以致成功，深用嘉悦。其遣还各都司官军，分委头目守备边境，处置皆善。然云南频年用兵，军民劳困，必加意抚绥，凡事与都督同知沐昂等，及云南三司公同计议。其守备边境官，必须选有谋略善抚军士者，令（都）〔督〕操备，以防余孽鼠窃之患。粮储并屯田，仍与昂及佥都御史丁璿等区处，务使边储足用。其璿所管屯田，区画已定，侍郎徐晞运粮已毕，皆令还京。尔等受朕重托，须尽心尽力，处国事如家事。凡云南军务边备合行事宜，须一一从长处置，具实以闻。尔等即皆还京，务在任用得人，军民得所，边境宁靖，经久无虞，庶副委任之重。

辛卯（二十九日）［令云南府州县市军需贮库］

巡按云南监察御史陈浩言：各卫所造军器，官给钞市物，而云南夷民交易，常用海肥、银、盐、布货，故造军器率令军士自办，甚者官吏假此侵削，奸弊百端。乞敕都布二司督令府州县，以赃罚杂货市军需贮之库。庶官无横敛，军无横扰。事下工部，请从其言，仍令卫所岁终具数以报。上曰：可。

明英宗实录卷八十九

二月

癸巳（初二日）［云南军储不足，军士衣装缺布绢关给，命折纳绵布，如例赐钞］

巡按云南监察御史陈浩奏：云南军储不足，乞命湖广、四川二布政司，各于所属拨粮五万石，运赴曲靖军民等府交纳，令云南军士转运缺粮仓廪备用。又军士衣装缺布绢关给，乞命江西、湖广、四川三布政司各于所属今年夏税内，折纳绵布三万匹，委官解赴云南布政司收贮以给。又云南等府滇池等处河泊所，鱼利绝少，课米办纳甚艰难，所司追征，多致逼迫逃窜，乞如例折钞。事下户部覆奏，宜敕总兵官都督同知沐昂及云南都布按三司、巡按御史会议。即今麓川平定，粮储若足，不得劳民，果有缺少，从长区画，务在利国便民。星驰奏闻定夺，折布宜如其请，鱼课请以十之五折钞。从之。

乙未（初四日）［以麓川平，遣官祭告天地、宗庙、社稷及山川等神］

以麓川平，遣官祭告天地、宗庙、社稷及山川等神曰：比因麓川叛寇思任发悖逆不道，侵夺邻境，毒害生灵，屡抗王师。已尝祗告，命将出师，往问其罪。天道助顺，人心协和，所至克捷，遂底成功。今既班师，谨用告谢。

丁酉（初六日）［命云南大侯州土官知州子袭知州］

敕谕云南大（候）〔侯〕州土官知州刀奉罕子刀奉送曰：比者麓川叛寇思任发悖逆不道，大肆凶残，拘虏知州奉外法，并其印章掠去。朕命将往征，尔刀奉送乃能屡率夷兵，协助官军，攻入贼寨，招集流民，忠义可嘉。今命尔袭大（候）〔侯〕州知州，赐以冠带、印章、彩段表里。尔宜各坚臣节，用绍尔父之忠。所属人民，久罹荼毒，尤宜〔宣〕布朝廷恩德，善加抚恤。尔其钦哉！

甲辰（十三日）［以松潘粟谷寨等处“蛮贼”劫掠馈饷，杀害官军，令四川三司官相机抚剿之］

敕四川都司、布政司、按察司曰：近得镇守松潘都指挥佥事王杲等奏，粟谷寨等处蛮贼劫掠馈饷，杀害官军，恣肆为恶。松潘孤城在万山之中，诚恐贼势滋蔓，遏绝道路。欲行剿捕，又虑番寨数多，军士数少，未敢轻动。朕以往岁龙沟子等处蛮贼为暴，已敕杲等相机行事。今所在累有警急，而杲等抚捕方略杳然无闻，其因循怠惰、防守不严可知。敕至，尔三司各委堂上官一员，会同杲及高广、孙敬、陈敏往勘事情。失机官旗俱取死罪招服，令戴罪守备，当先杀贼，以赎前愆。仍选通晓夷情之人，分往各寨开谕，俾遵法度，各安生业，则悉宥其罪。如尚生拗不从，即量调附近官军，令杲等统率征剿，务期殄灭。兵行之际，尤须详审，诛其有罪，不许徇私图利，延及无辜，以致激变。尔三司职掌方面，宜同心协力，靖安边境，庶副委任之重，仍以敕谕杲等戒慎之，已而巡按御史上官尹劾杲罪。上贷之，戒其再犯。

丙午（十五日）［广西浔州瑶人据大藤峡石门山险联合大信等山老山丁起事，千户潘智等诱执其十人，帝命斩之］

广西浔州瑶贼蓝受二等恃所居大藤峡石门山险，纠集大信等山山老山丁，或五（百）〔六〕百人，或三四百人，递年作耗。劫杀抢虏，累烦官军抚捕，辄拒避不服。至是，千户潘智等诱执其十人。上命即彼斩之，枭首示众，家口给赐有功之家。

癸丑（二十二日）［四川乌蒙军民府、广西奉议州遣人贡马］

四川乌蒙军民府遣把事夷则等，广西奉议州遣头目黄寿等贡马。赐彩币有差。

甲寅（二十三日）［云南总督王骥劾左副总兵李安“不遵纪律”“要功轻举”］

总督云南军务兵部尚书兼大理寺卿王骥等劾奏左副总兵都督同知李安，统兵防护潞江粮道，不遵纪律，乃听千户萧亮等要功轻举，为贼所败，杀死官军一千八百余人。乞逮至京师，明正其罪。上以安将还，命法司俟其至日以闻。

明英宗实录卷九十

三月

戊辰（初七日）［广南府土官通判与富州听袭知州互相妄奏，帝宥之］

云南总兵官都督同知沐昂等言：臣等奉敕体覆广南府土官通判依郎举及富州听袭知州沈政叛逆，俱无实状。盖郎举与政有隙，互相妄奏。兵部臣请治政等欺诳之罪。上曰：彼夷人也，宥之，但移文示戒可也。

庚午（初九日）［四川黎州安抚司、果化州遣人贡马］

四川黎州安抚司遣把事魏徇西，果化州遣房族赵聪等贡马。赐彩段、绢、钞有差。

乙亥（十四日）［设云南永平军民指挥使司］

设云南永平军民指挥使司，以广南卫官军实之。从总兵官都督同知沐昂等议也。

［复云南曲靖卫定南堡］

复云南曲靖卫定南堡。是堡立于洪武中，后革去。至是，兵部尚书王骥等言，平夷卫白水堡去曲靖辽远，且田土荒芜，宜复立定南堡，拨军屯守。从之。

［委都指挥胡志等九人分守金齿、蒙化等八处］

总督云南军务兵部尚书兼大理寺卿王骥等言：云南遐荒，蛮夷不时窃发。今大军将还，宜委都指挥胡志、李昇等九人，分守金齿、蒙化等八处。上曰：然，仍敕沐昂严督之。

丙子（十五日）［裁省四川乌撒军民府通判、推官、知事、检校各一员，并革司狱司］

裁省四川乌撒军民府通判、推官、知事、检校各一员，并革司狱司。

戊寅（十七日）［云南总督王骥等奏报木邦、缅甸宣慰起兵攻麓川"贼寨"］

总督云南军务兵部尚书兼大理寺卿王骥等奏：得木邦宣慰罕盖法报，遣陶孟刀坝送领兵攻麓川贼板罕贡章等寨，破之。追至孟蒙，获其女奴七人、象十三只。而思任发父子过金沙江走孟广，刀坝送驻兵麓川。缅甸宣慰卜剌当亦起兵夹攻之。叛寇窜身无地，殄灭可待。其胁从孟通、芒市等处夷民俱来降，已令指挥陈仪抚劳之。上曰：木邦、缅甸既愿自效，其敕总兵官沐昂仍加激励，俾图成功，果能生絷贼首来献，其麓川土地人民悉予之。

丙戌（二十五日）［四川石砫宣抚司舍人、云南阿迷州故土官知州、广东新兴县瑶首朝贡］

四川石砫宣抚司舍人马恭、云南阿迷州故土官知州普显宗叔婆沙达、广东新兴县瑶首林树广等贡马及方物。赐彩段、绢、钞有差。

明英宗实录卷九十一

四月

壬辰（初二日）［广西忠州、凭祥县、都康州官族与向武州头目等贡马］

广西忠州官族黄琳、凭祥县官族李青、都康州官族冯清、向武州头目唐玉等，来朝贡马。赐彩币等物有差。

甲午（初四日）［敕谕镇守松潘都指挥佥事王杲等革心改过］

敕镇守松潘都指挥佥事王杲、高广曰：王者一视同仁，固无间华夷。朝廷命将守边，惟严兵备，固封疆，禁暴乱，以安良善耳。前命赵得、赵谅同守松潘，纵私营利，枉害良善，致变外夷，已置重典，命尔二人代之。近者粟谷等寨蛮夷，劫粮杀官军，若兵备严，抚绥善，岂有此失？又闻尔等欲遣人入番，能不侵扰启衅？以若所为，皆杀身之道，与谅、得何异？敕至，宜革心改过，处以至公，务使远人畏服，疆场靖宁，以副委任。否则，谅、得之监不远，国家之法不尔宥，悔无及矣。

壬寅（十二日）［云南总督王骥奏报临安卫捕获“反寇”韦郎罗］

总督云南军务兵部尚书兼大理寺卿王骥等奏：臣等遣云南临安卫指挥使万城等，捕反寇韦郎罗，攻克其寨，贼溃散，获其妻孥族属数人。郎罗窜安南，安南国王黎麟遣兵擒之，槛至城营而毙。余党四千余人，悉从招抚复业。

甲辰（十四日）［广西万承州、结伦州官族与贵州金筑安抚司头目贡马］

广西万承州官族许永迪、结伦州官族冯坚等，贵州金筑安抚司头目何先等，来朝贡马。赐彩币等物有差。

丁巳（二十七日）［四川建昌卫土官指挥使、盐井卫土官与广西全茗州土官知州贡马］

四川建昌卫土官指挥使安均、盐井卫土官千户卜非，广西全茗州土官知州许式坚，俱遣人来朝贡马。赐彩币等物有差。

［四川加木隆地面番僧、长河西鱼通宁远宣慰司番僧剌麻朝贡］

四川加木隆地面番僧奴肉思、长河西鱼通宁远宣慰司番僧剌麻贾思巴藏卜等来朝贡马及佛像、璎珞。

［命给麓川凯旋将士沿途舟车廪饩］

命给麓川凯旋将士沿途舟车廪饩。敕总兵官定西伯蒋贵、总督军务兵部尚书兼大理寺卿王骥等曰：卿等跋涉万里，效谋奋力，平蛮寇，靖边方，朕深嘉念。今凯旋在途，特遣户部右侍郎王质，以羊酒迎劳。夏暑方殷，其善抚士卒，从容来归，用副朕意。

明英宗实录卷九十二

五月

壬戌（初三日）［以捕“反寇”功升云南临安卫指挥使为都指挥佥事］

升云南临安卫指挥使万琙为都指挥佥事，以捕反寇韦郎罗功也。

癸亥（初四日）［设四川纳溪县纳溪河口巡检司］

设四川泸州纳溪县纳溪河口巡检司，置巡检一员。先是，但设守卒，多奸弊扰民，故革之，而设司置官。

壬申（十三日）［以平麓川功封赏蒋贵、王骥等］

进封总兵官定西伯蒋贵为定西侯，封总督军务兵部尚书兼大理寺卿王骥为靖远伯，右副总兵都督佥事刘聚为左都督，左参将都指挥使宫聚、右参将都指挥佥事冉保俱为都督同知，总督粮储户部左侍郎徐晞为兵部尚书，都察院右佥都御史丁璿为本院右副都御史。赐贵、骥各白金一百两、彩币十表里、钞万贯，聚、保各白金八十两、彩币八表里、钞五千贯，晞、璿各白金六十两、彩币八表里、钞四千贯。以平麓川叛寇功也。

癸酉（十四日）［褒赠麓川死事将士］

褒赠麓川死事将士江洪等。洪，万全右卫千户，赠昭勇将军都指挥佥事。侯义，贵州都司都指挥佥事，赠镇国将军都指挥同知。任永，义勇左卫指挥使，赠昭勇将军都指挥佥事。张胜，金吾右卫指挥同知，赠昭勇将军指挥使。刘谦，以纳粟任楚雄卫姚安千户所镇抚，与子泰俱阵亡。李记儿，大理卫前所百户，与子辏俱阵亡。谦、记儿赠武略将军副千户，泰、辏俱镇抚。夏保子，彭城卫总旗阵亡，赠百户。各赐祭，优恤其家。

乙酉（二十六日）［宴征麓川有功将士］

赐征麓川有功将士宴。

丙戌（二十七日）［升云南总兵官沐昂为右都督］

升云南总兵官都督同知沐昂为右都督。赐钞五千贯、白金八十两、彩币八表里。以征麓川时，昂给饷不绝，协赞有功也。

明英宗实录卷九十三

六月

辛卯（初二日）［四川长河西鱼通宁远等处刺麻贡马］

四川长河西鱼通宁远等处宣慰使司刺麻贾思巴等贡马。赐彩段表里、衣服、靴袜有差。

［广西田州府上林县土官头目等贡马］

广西田州府上林县土官头目黄福等贡马。赐钞、绢有差。

［设云南鹤庆军民府医学］

设云南鹤庆军民府医学，置正科一员。

戊戌（初九日）［四川播州宣慰使等贡马］

四川播州宣慰使杨刚等贡马。赐钞、锦绮、彩段表里有差。

乙巳（十六日）［令思任发兄弟思机发赴京谢罪］

云南总兵官右都督沐昂奏：芒市陶孟刀放革遣人来诉，与叛寇思任发有仇，今思任发已远遁，其思机（法）〔发〕兄弟三人来居麓川者蓝地方，愿擒之以献。兵部言：思机（法）〔发〕、刀放革先与贼首思任发同恶，见今势穷，乃言结衅，其情谲诈，俱难凭信。宜再降敕谕思机（法）〔发〕，如诚意革心向化，令其父子兄弟一人赴京谢罪，仍谕刀放革，如能去逆效顺则，当密调土兵以助剿思机（法）〔发〕。上从其言。

丙辰（二十七日）［赐四川播州宣慰使诰命］

赐四川播州宣慰使杨纲诰命。

丁巳（二十八日）［四川董卜韩胡宣慰使司番僧辞，命赍敕及锦段表里归赐其土官等］

四川董卜韩胡宣慰使司番僧剌麻端谷禄坚迁等辞归，命赍敕及锦段表里归赐其土官喃葛等。

明英宗实录卷九十四

七月

癸亥（初五日）［云南金齿卫、四川天全六番招讨司遣人朝贡］

云南金齿卫遣千户何昱，四川天全六番招讨司招讨高凤遣土官高恺等，各贡象、马及方物。赐彩段表里、布、钞有差。

甲子（初六日）［敕谕云南总兵及三司、御史等洗心改过，同志协谋］

敕云南总兵及三司、御史等官曰：云南远在万里，蛮夷杂处。尔等宜布德威，以副怀抚之意。近年以来，因循苟且，非但落落不以经心，而纵容小人残害于下，甚者恣意渔夺，协同为非，兵备不修，纪律废坏，以致麓川拒命，将士罹其杀伤，边境为之骚动，言之痛心，谁实致此？已命将士驱除斯寇，尔等罪愆皆有不同，尚当洗心改过，同志协谋，庶使夷人信服，边境宁靖。

庚午（十二日）［广西思同等州县遣人贡马］

广西太平府思同等州县遣官族黄崇安等贡马。给赏有差。

戊寅（二十日）［四川董卜韩胡宣慰使请开杂谷瓦等处道路］

四川董卜韩胡宣慰使克罗俄监粲奏请开通杂谷瓦等处道路，求伴送军人、谙晓通事及起站马脚力、文书。上敕四川三司勘实所言，回奏定夺，遂赐克罗俄监粲及其父、其妻、其头目禳结儿等绒锦、彩币表里有差。

［命云南大理府阿叱力僧纲司土僧何清等为都纲等官］

命云南大理府阿叱力僧纲司土僧何清等为本司都纲等官。初，靖远伯王骥奏，征麓川时，何清等在彼结坛行法，将思任发及刀招汉父子缚藁为人，背书名字，枷镣刀箭，砍射驱魂，在坛昼夜咒魇。果有青蛇、花雀入坛，黄昏神号鬼哭。后随大军过江杀贼，持旛行法，直至贼门。呼风止雨、佐助火攻有验，宜录其功，事寝不行。至是，都纲董荣等仍奏保何清及请增设僧纲等司八处，兵部及礼部再言之。上不允其增设僧纲司，但令授何清等僧官，仍还本寺修其本教。

壬午（二十四日）［安远侯柳溥奏请于广西官仓岁给随行家人食米］

广西总兵官安远侯柳溥奏：臣随行家人日用食米，将欲取给于岁禄，则路远难致；将欲粜之于街市，则恐招物议。乞于广西官仓岁给米百八十石食用，仍于南京岁禄中扣除偿官。从之。

明英宗实录卷九十五

八月

戊子朔（初一日）［广西左州遣人贡马］

广西左州遣舍人黄英等贡马。赐钞、彩币表里有差。

己丑（初二日）［四川董卜韩胡宣慰使乞封王爵，不允］

四川董卜韩胡宣慰使克罗俄监粲遣使乞封王爵。上不允，第升镇国将军都指挥同知掌宣慰司事，给之诰命。

［发麓川头目充军大同］

发麓川头目陶孟、忙怕等四人，于大同在城卫分充军。

庚寅（初三日）［广西泗城州、利州土官互相仇杀，命吴亮及广西总兵、三司等官相机抚剿之］

湖广贵州副总兵官都督佥事吴亮等奏，广西泗城州土官岑豹与利州土官岑颜仇杀。上敕亮等及广西总兵、三司等官，如堪抚谕，宣布恩威，令各罢兵，否则会兵剿之。

辛卯（初四日）［交阯下思郎州土官侵占广西安平州地方］

先是，广西安平州土官赵仁政奏，被交阯下思郎州土官农原洪侵占地方，杀虏人畜。遣给事中汤鼎等往交阯追理，原洪反诈称被仁政占其地，虏其人。兵部言：宜敕广西总兵官柳溥等将彼此虚实情由，仍行安南国遣人拘原洪来所争地界，会勘追理。从之。

乙未（初八日）［敕四川三司官体实计议董卜韩胡朝贡往还道路］

敕谕四川都司、布政司、按察司官曰：董卜韩胡遣剌麻端竹监粲等朝贡，奏已后进贡，或令从威州古敦地方，或令从杂谷瓦普东来。缘董卜韩胡归化年久，屡来朝贡，其往还必有故道，但未知何者为便。尔等须体实计议，其无妨碍之处，奏来处置。

壬寅（十五日）［简选调补云南都司及各卫所军官］

先是，巡按云南监察御史等官言：云南都司及各卫所军官数，多正副千户及百户等官。一所多余有至二三十员者，亦有全缺员者。其间老成历练者少，贪暴柔软者多，乞加精选调补。又言：都司及各卫所官，宜照原额定员管事，庶得军政修举。上悉从所言。至是，敕总督云南军务兵部尚书靖远伯王骥，公同总兵等官简选调补。

［赏征剿大藤峡“蛮寇”官军并阵亡者］

敕南京户部，于该库支钞一十二万六千一百贯、绢三百九十一匹、绵布三百六十四匹，遣官运至广西浔州府，赏征剿大藤峡蛮寇官军并阵亡者。

乙巳（十八日）［开设云南曲靖军民府医学］

开设云南曲靖军民府医学，从本府知府张敏言也。

己酉（二十二日）［四川邛部长官司长官遣人贡马］

四川邛部长官司长官何乔遣舍人领阿寿等贡马。赐钞有差。

乙卯（二十八日）［乌思藏大宝法王遣剌麻朝贡］

乌思藏大宝法王哈立麻巴等遣剌麻锁南札等贡马及方物。赐彩币表里有差，仍命锁南札赍敕并金织纻丝表里等物，归赐哈立麻巴。

丁巳（三十日）［四川长河西鱼通宁远等处军民宣慰使司国师、乌思藏禅师遣人朝贡］

四川长河西鱼通宁远等处军民宣慰使司清修翊善国师簇克林巴遣剌麻绰思恭等，乌思藏禅师乐藏遣剌麻星吉藏等，贡马及方物。赐钞、彩段表里、袭衣、靴袜有差。

明英宗实录卷九十六

九月

乙丑（初八日）［改北胜州隶云南布政司］

改云南都司澜沧卫军民指挥使司北胜州隶云南布政司，设流官吏目一员。以州夷苦于卫司官军侵渔也。

乙亥（十八日）［安远侯柳溥等以“纵贼逃逸”罚俸］

广西总兵官安远侯柳溥、参将田真俱以纵贼逃逸罚俸两月，且令巡按御史责真罪状。

丙子（十九日）［置云南曲靖军民府医学及正科一员、直隶隆庆州永宁县医学及训科一员］

置云南曲靖军民府医学及正科一员、直隶隆庆州永宁县医学及训科一员。

己卯（二十二日）［四川长河西鱼通宁远等处宣慰使司剌麻朝贡］

四川长河西鱼通宁远等处宣慰使司本卜岗廉能寺剌麻磉杰让、乌答什寺剌麻畜吒、宁藏寺剌麻锁南伯等，来朝贡马及方物。赐彩段表里并僧衣、钞有差。

癸未（二十六日）［云南寻甸军民府冠带把事及大报恩寺土僧贡马］

云南寻甸军民府冠带把事郭荣、本府大报恩寺土僧圆林等贡马。赐彩段表里、钞。

明英宗实录卷九十七

十月

己丑（初二日）［云南总兵官沐昂遣指挥李祥等赍文分赴木邦、缅甸二宣慰司，责取思任发］

云南总兵官右都督沐昂等奏：叛贼思任发假息缅甸，臣等已遣指挥李祥等赍文分赴木邦、缅甸二宣慰司，责取思任发。而臣仍与右侍郎侯琎等量调旁近卫所官军，于金齿驻札，遥振军声。上从之。

辛卯（初四日）［湖广右布政使蹇贤奏请“兴举屯田”］

湖广右布政使蹇贤言：湖广岁费繁夥，军用不足，请兴举屯田。三司各设堂上佐贰官，专理其务。正军征操馈运之外，分为三七或二八，分守城屯种。军少地广，则以随营余丁补之。补又不足，则以与丁多田少农民耕种，俟有军仍拨与军。凡兴利革弊事，悉令管屯官从宜处置。从之。

癸巳（初六日）［敕谕四川三司审实朝贡番僧剌麻］

敕四川都布按三司曰：比来朝贡番僧剌麻，其中多有本地俗人，及边境逃逸无籍之人，诈冒番僧名目投托跟随者。尔三司全不审实，即便起送，以致络绎道途，紊烦官府，劳费军民。继今来者必审其果系本地番僧，方听赴京。然多亦不许过三五人，其假托诈冒者拘留，所在奏闻处治。所贡方物、马匹贵重上等者照例送来，寻常中下者就彼收牧，以给边用。其回日所带出关食茶，人止许二百斤。夫远人固当怀柔，国家军民尤宜矜恤，况其或假朝贡之名，经营己私，亦须节制。尔等皆朝廷简任，宜体朕心，酌量审处，开诚晓谕，使彼知朝廷欲彼此相安，用图长久之意。切不可纵令下人，托此欺侮凌辱，有失远人之心。

丁酉（初十日）［论功赐征麓川将士白金、彩币等物］

论征麓川将士功，赐白金、彩币。奇功者，都指挥白金二十两、彩币三表里，指挥白金十五两、彩币二表里，千户卫镇抚白金十两、彩币二表里，百户所镇抚白金十两、彩币一表里，旗军白金五两、绢二匹。头功者，各于其例减半。随征运粮、造船、摆堡等项官军，都指挥白金六两、彩币一表里，指挥白金四两、绢二匹，千百户等官白金二两、绢一匹，旗军人等白金一两、布二匹。阵亡伤故者，各于其例减半。凡三万四千五百一人。

己亥（十二日）[湖广都指挥佥事雍野自征麓川还，不即赴司被逮问]

湖广都指挥佥事雍野自征麓川还，不即赴司，辄延住原任永定卫逾五月。巡按湖广监察御史马恭劾其旷职，当逮问。从之。

辛丑（十四日）[除广西安平州二洞民租税]

除广西安平州烟花、隆二洞民租税。二洞民为交阯思郎州土官所并，税额未除，至是诏除之。

壬寅（十五日）[以“夷民”信服，命四川叙州府推官复任]

命四川叙州府推官杨节复任，升正六品俸。节九载任满当迁，巡按监察御史言，节理狱平恕，甚为夷民信服，乞留之。事下吏部核实，故有是命。

明英宗实录卷九十八

十一月

丁巳朔（初一日）[云南维摩州奏称“土民”不肯办纳秋粮]

云南维摩州奏：土民海轻等生拗，其该征秋粮等件，不肯办纳，累经招抚，愈肆猖獗。上命总兵官都督沐昂及云南三司官，宣布朝廷恩威，谕以利害祸福，以化服之。如果执迷，调官军剿捕，仍会同总督军务兵部尚书靖远伯王骥，详议行之。

甲子（初八日）[四川播州宣慰司、广西龙英州遣人贡马]

四川播州宣慰司并广西龙英州遣长官杨镇等贡马。

癸未（二十七日）[命湖广忠峒安抚司故土官佥事子袭职]

命湖广忠峒安抚司故土官佥事向珠子子良袭职。

明英宗实录卷九十九

十二月

壬寅（十六日）[以松潘“逃贼”纠合番寨为非，令官军协力殄灭，并晓谕各番官军止捕王永]

敕镇守松潘都指挥佥事王杲等曰：得四川三司、御史奏，番贼加悟等劫杀官民。及得尔等奏，系逃贼王永纠合番寨为非，已敕三司委官及巡按御史往同尔等量调官军，亲率会合，协力殄灭。先遣通事晓谕各番，使知朝廷调兵止捕王永，各番皆无干预。胁从者悉许自新，有能擒杀王永父子及加悟首贼来献者，重加升赏。党贼为恶者，悉杀不宥。

丁未（二十一日）[湖广散毛宣抚司所遣通事、四川长河西鱼通宁远等宣慰司番僧剌麻等朝贡]

湖广散毛宣抚司遣通事黄通，四川长河西鱼通宁远等宣慰司麻赛寺番僧剌麻擢吉藏卜……来朝贡马及方物。赐宴并彩币等物有差。

明英宗实录卷一百

正统八年癸亥（1443）

正月

壬戌（初六日）[免云南木邦宣慰司拖欠岁办差发银]

免云南木邦宣慰司拖欠岁办差发银一万四千两，以被麓川侵扰故也。

［敕云南总督王骥等擒捕思任发父子等］

敕总督云南军务兵部尚书靖远伯王骥等曰：今贼首思任发父子未就擒捕，余（孳）〔孽〕犹存。敕至，尔即同沐昂等计议，务在殄灭此贼，永绝边患。其有功官军（士）〔土〕兵，悉照前敕升赏。然须防闲左右，毋令妄报作弊，庶几爵赏一出至公。

戊辰（十二日）［命都指挥佥事张任、张景、刘镛、李铉为都司，于羽掌贵州乌撒卫事］

命都指挥佥事张任、张景任贵州都司，刘镛任四川都司，李铉任云南都司，于羽掌贵州乌撒卫事。先是，任等以征麓川功升职，至是始任司事。

庚午（十四日）［思机发遣其弟招赛朝贡谢罪，令姑遣还云南安置］

兵部尚书徐晞等言：麓川贼思机发今虽遣其弟招赛等朝贡谢罪，然又令其党涓孟车等来攻芒市，为官军所败，从金沙江遁去。乍降乍叛，谲诈难测，宜令锦衣卫收系招赛等，以俟其平。上曰：招赛既来朝，姑遣还云南安置，俟获其父兄至日，奏闻区处。

甲申（二十八日）［金齿司指挥使等以从征麓川升职］

升金齿司指挥使陈恺为都指挥佥事，正千户陈瑄为指挥佥事，所镇抚黎阿刚为副千户。以其从征麓川，能开通道路，直抵木邦，擒获贼属解京也。

明英宗实录卷一百一

二月

戊子（初二日）［征麓川京卫达官于云南按时支领用米并轻赍，在京该支俸粮亦不扣除］

云南总督军务兵部尚书靖远伯王骥奏：臣等原带京卫达官前来

云南平除残寇，蒙赐银、绢等物为路费，缘达官惟贪口腹，不知撙节，比到云南，费用殆尽，所得口粮，不足养赡，不能固穷，恐生盗心。臣会同镇守少监萧保、总兵官都督沐昂、参赞军务侍郎侯琎计议，欲将诸达官在京该支本色俸米，都指挥、指挥每月扣除一石五斗，千百户、所镇抚扣除一石，俱于云南有粮去处，本色轻赍中半兼支。每十日一次给与，官为撙节，庶无妄费，而彼之用度亦不缺矣。上报之曰：卿等所奏甚善。达官合用米并轻赍，卿等就彼酌量与之。朝廷除暴救民，岂惜小费？在京该支俸粮不必扣除，俟征进毕日，再为区处。

己丑（初三日）［云南缅甸宣慰司宣慰遣人朝贡］

云南缅甸宣慰司宣慰卜剌浪马哈省亦速剌遣人贡金银器皿……赐彩币等物有差。

［麓川思机发遣弟同头目朝贡谢罪，如例赏赐］

礼部言：麓川贼思机发遣弟招赛同头目来贡象、马、金银器皿谢罪。缘思机发仍旧潜逃，谋为边患，难照常例给与赏赐。上命仍如例赐之。

壬辰（初六日）［擢四川泸州知州为鹤庆军民府知府］

擢四川泸州知州林道节为鹤庆军民府知府。鹤庆本其土人高氏世为知府。至是，高伦以罪诛，而其族无可继者。兵部尚书靖远伯王骥奏，别推一员以代。上曰：抚绥远夷，不可以常例拘，其即推选老成廉（斡）〔干〕者任之。吏部以道节闻，故有是命。

丙申（初十日）［缅甸宣慰使报称擒获思任发］

敕总督云南军务兵部尚书靖远伯王骥曰：得奏，缅甸宣慰使卜剌浪等报称擒获贼首思任发，尔等已遣人谕令解京，具见用心。及览进到缅书，彼切切以麓川地方为言。盖论功行赏，国家成宪，如彼能擒思任发解京，恩赏之施，必不吝惜。尔等即将附近彼处土地人民，计议奏来处置。如彼党蔽贼首，固执不发，仍与总兵官沐昂等从长计议，或设法追捕，或量宜进取。务在擒杀此贼，永绝边患。尤须审度事宜，计虑周密，以图成绩。

己亥（十三日）［设云南邓川州医学］

设云南大理府邓川州医学，置典科一员。

甲辰（十八日）［敕四川、湖广运粮四万石赴曲靖量宜备用］

敕云南总督军务兵部尚书靖远伯王骥、总兵官右都督沐昂、参赞军务右侍郎侯琎，及云南都司、布政司、按察司曰：比者右布政使戴新奏，本处频年军饷艰难，已敕四川、湖广三司与户部差去郎中、主事及巡按监察御史计议，酌量起倩军民于附近仓关粮四万石，量加折耗，不作正数，运赴曲靖仓，听尔等量宜备用。然彼两处去云南颇远，湖广尤甚，转运实难。尔等严饬曲靖收粮官员，不许生事刁蹬。其军饷果有不敷，尔等左少监萧保会议，多方设法，于彼区画，务使人不搔扰，粮饷充足，庶副重托。

［云南木邦宣慰使贡物谢恩，敕谕其忠诚可嘉］

敕谕云南木邦宣慰使罕盖法等曰：比者麓川反寇思任发拒朝命，尔知顺天道，发兵攻之，朝廷已赐褒赏之命。今贡物谢恩，并献所获贼首家属，忠诚可嘉，特赐尔等彩币表里，以旌尔劳。尔尚意立忠勤奖，率部属剿捕贼首解京，用宁边境，尚有荣命以俟。尔其勉之。

丙午（二十日）［贵州各卫所官军占种田地，侵夺妻女，遂至不能聊生，聚啸为盗，命右副都御史丁璿前往巡察各卫所官］

云南总督军务兵部尚书靖远伯王骥等奏：贵州地方，诸种蛮夷所居。各卫所官军，欺其愚蠢，占种田地，侵夺妻女，遂至不能聊生，往往聚啸为盗。如安庄卫所镇抚卢聪及普安卫镇抚何鉴等肆为暴横，有芦里虎、何净街之号，上司不能控制。上谕吏部臣曰：为民除害，不可缓也。尔即选官往彼，巡察各卫所官员，就将卢聪、何鉴鞫问明白，并妻子械发云南金齿充军，但逃，处死不宥。于是尚书王直等举都察院右副都御史丁璿，上赐敕遣之。

明英宗实录卷一百二

三月

乙丑（初十日）［敕云南总督王骥等察勘云南卫所屯粮儹运于冲要仓分备用］

敕云南总督军务兵部尚书靖远伯王骥、总兵官都督沐昂、参赞军务右侍郎侯（琏）〔琎〕曰：得右布政使戴新奏，云南在仓粮少，请查云南左等卫所去年所收屯粮子粒，除军士足用外，有余则挨次儹运于冲要仓分备用。此军储重务，未审曾无与尔等计议及于彼事情当否？敕至，尔等即会同左少监萧保及云南三司、提督屯种署都指挥佥事张麟，公同计议，察勘前项余粮数多及今必须起调军马合用粮饷，不敷即着落所在军卫有司量起军夫，以近就近拨运，约量勾用即止，仍须严饬管运官员人等，加意抚恤军民，不许克害，逼迫逃窜，违者尔等即执罪之。比闻云南军民艰难，未得休息，或贼徒就擒，或地方处置停当，缘途粮不急缺，务在相度事情，随宜处置，庶几人不徒劳，事得其当。尔等为国大臣，受朕重托，必须同心协谋，从长而行。不许偏执己见，妨废公论，贻累军民。

戊辰（十三日）［湖广都司所属偏桥等四卫粮饷折银输纳］

湖广左参政吴存奏：湖广都司所属偏桥、镇远、平溪、清浪四卫，为极边之地。粮饷俱辰溪、靖州、常德、宝庆等处人民送纳，山路险远，运纳不前。其郴州并兴宁、宜章、桂东、桂阳四县，衡州府桂阳州并蓝山、临武、酃三县，永州府道州并宁远、永明二县，俱在万山之中，间有溪水，陡峻冲激，难为转运。请敕该大计议，移文湖广布政司，令前项州县，每年秋粮除存留本处足用外，每米四石折银一两，以备官军缺粮支用，庶省民力。事下户部覆奏：请将见储仓粮，并以后征收之数，会计三年支用之余，听折银备用。从之。

**乙亥（二十日）［四川盐井卫军民指挥使司土官千户、云南临

安府亏容甸长官司长官遣人贡马]

四川盐井卫军民指挥使司土官千户八的抄等遣把事剌撒等，云南临安府亏容甸长官司长官罗俊遣把事李斌等贡马。赐彩段、绢、钞有差。

明英宗实录卷一百三

四月

丁亥（初二日）[设云南芒市长官司“抚安夷民”]

设云南芒市长官司，以陶孟刀放革为长官，隶金齿军民指挥使司。初，放革从叛寇思任发，至是来降。靖远伯王骥请设司授官，俾抚安夷民，故有是命。

[设云南大理卫下关等五堡并赵州迷渡市巡检司]

设云南大理卫下关至沙木和等五堡并赵州迷渡市巡检司，各铸印给之。从靖远伯王骥奏请也。

癸卯（十八日）[云南镇南州等土官捐谷助官赈济]

云南镇南州土官同知段护、判官陈全，阿雄村巡检者歩，沙桥驿驿丞杨北极奴，广通县土官主簿段惟忠，定远县土官主簿李祥，太和县主簿溪瑶，大理卫指挥使郑俊、胡直，楚雄卫致仕所镇抚华雄，并旗军吏民六十五人，各出谷三百石，助官赈济。上赐玺书旌劳之。

明英宗实录卷一百四

五月

丁卯（十三日）[命云南总兵官沐昂子僖为副千户]

命云南总兵官右都督沐昂子僖为副千户，从昂请也。

[免云南属卫军负欠屯粮]

以云南属卫军多从征役，免其负欠屯粮五十九万四百石有奇。

己巳（十五日）[复命蒋贵充总兵官，调湖广等地官军、土兵听其节制征麓川]

复命定西侯蒋贵充总兵官，都督冉保、毛福寿充参将，兵部尚书靖远伯王骥总督军务，调云南、湖广、四川、贵州官军、土兵五万，听其节制征麓川。先是，骥奏数遣人往缅甸索贼首思任发，不报。盖彼以此贼为饵，要求土地。而贼子思机发复据麓川侵扰，臣欲大举前进，缘山高路险，粮糗有限，不能持久。况蛮夷谲诈，或诱我深入，恐为所侮，乞敕廷臣会议进止之方。章下诸大臣议，佥谓军机万变，难以遥度，请再命贵等往同骥相机筹画，庶出万全，故有是命。

辛未（十七日）[赐征麓川官军路费钞]

赐征麓川官军路费钞。都指挥一千贯，指挥五百贯，千户卫镇抚及长官四百贯，百户所镇抚及头目、把事人等俱三百贯，总旗二百五十贯，小旗二百三十贯。

壬申（十八日）[赏广西罗城等县杀"贼"有功官军人等]

赏广西罗城等县杀贼有功官军人等。都指挥钞三百贯、彩段半表里，指挥、知府钞二百五十贯、绢一匹，千百户、镇抚、同知、知州、知县、主簿、巡检、阴阳训术钞一百五十贯、绢一匹，旗、军、民兵人等钞一百贯、绢半匹。设计诱出贼首百户仟芳儿、军人盛官兴等加赏一倍。

癸酉（十九日）[遣官往湖广、贵州、四川理军饷]

命户部分遣属官往湖广、贵州、四川理军饷，时调诸处兵讨麓川故也。

甲戌（二十日）[定西侯蒋贵陛辞，敕谕再征麓川机宜]

总兵官定西侯蒋贵陛辞，命佩平蛮将军印，赐敕曰：兹以麓川叛寇思任发窜伏缅甸，其子思机发复据麓川侵扰。特命尔再率师征剿，务在殄灭穷寇，宁靖边方。其合行事例，悉如初征。该载未尽者，仍与王骥等计议，便宜处置，毋怠毋忽。又敕曰：缅甸得思任发已久，如拒执不遣，就令木邦等处夷兵剿之，缅甸地方与有功者。思机发据孟养，若孟养头目能执之来献，重加升赏，旧任宣慰子孙，俾之承袭，管领部属。如固拒不从，党蔽贼徒，即调夷兵进取，有功者亦以地方与之。然此非可遥度。今付尔贵及骥，审度机会，计虑周密。而行斯事，惟尔二人知之，勿轻泄也。

[敕谕缅甸及木邦、孟养宣慰使及大小头目交付思任发，并协助官军剿杀思机发等]

敕谕缅甸宣慰使司宣慰使莽德剌、头目人等曰：麓川叛寇思任发窜身逃命，苟延残喘，为尔缅甸所得。尔尝奏报，欲送与总兵官解京。及总兵官屡令人接取，尔乃云必俟擒杀其子思机发等，分拨与地方，然后送来。今遣总督军务尚书王骥、总兵官定西侯蒋贵等，统领大军前来接取，及剿捕思机发等。尔等即广起夷兵，躬亲统领，将思任发交付官军解京，仍协助官军剿杀思机发等。庶见忠顺朝廷之心，尔所得地方，悉令尚书、总兵官拨与尔管属，朝廷岂肯失信？况此贼切邻尔境，尔等尝被其害，今既投身于尔，是天以此贼付尔也。古人云：天与弗取，反受其殃。尔岂可惜一残孽故违朝廷，以贻一方生灵之害？若顺朝廷，除此一贼，足以广尔土，保尔安，为尔福。此人所易见，又何迟疑而不为？尔若外示忠顺，内怀疑贰，私相连结，党蔽贼首，则天道不宥，国法难容。大军至日，皆不可免，尔其深省之。复谕木邦军民宣慰使司土官宣慰使罕盖法、孟养宣慰使司大小头目人等：思任发被缅甸拘收阿瓦城，不即解京。其子思机发招集余孽，复据麓川。此贼素与尔为敌，今不绝去，终贻后患。敕至，尔即起集夷兵至贡章，与官军约进，追逼缅甸，将思任发解来，及剿捕思机发兄弟，务使凶恶殄除，良善永安。尔等果能奋忠贾勇，协助官军成功，所得地方即分拨与尔管属。朝廷以大义服天下，决不失信。如有不遵朕言，听信小人蛊惑，执迷不悛，甘从贼父子为恶，大军至日，一方之人皆不得安全，尔之境土亦不能保守。斯时虽悔亦无及矣。古人云：祸福无门，惟人所召。尔等其深省之。

庚辰（二十六日）[贵州宣慰使司遣人贡马]

贵州宣慰使司遣舍人宋昂、头目刘季暹等贡马。赐钞、彩币表里有差。

癸未（二十九日）［云南楚雄、大理等府、卫、所、县土官、军旗、民人等输谷赈济］

云南楚雄府土官陈全等五人、大理府土官溪琉等二人、大理卫小旗费成等七人、楚雄卫军安有常等七人、洱海卫军傅谅等十七人、澜沧卫军旗李留一等十二人、安宁等所军朱谦等七人、昆明县民罗绅等九人，各出谷三百石有奇赈济。赐敕奖劳之。

明英宗实录卷一百五

六月

甲申朔（初一日）［以征剿麓川“叛寇”功赏崔英等绢、钞］

赏府军后等卫军旗崔英等绢、钞有差，以征剿麓川叛寇功也。

丁亥（初四日）［翰林院侍讲刘球下狱死］

翰林院侍讲刘球下狱死。球上疏言：……如麓川连年用兵，死者十七八，军资爵赏不可胜计。今疮痍未瘳，又遣定西侯蒋贵总之，以从缅甸受其所拘首寇思任发。借使彼言果信，得寇以归，不过献诸廷，磔诸市，枭诸通逵而已。然彼挟以为功，必求与木邦分有麓川地。不与则致怨，与之则两夷土地人民各增其半，其势坐大，将不可制。是灭一麓川，生二麓川也。设有蹉跌，则兵争无已，死者必多。臣见皇上每录重囚，多悯之，宥令从军，仁心若此，真足与天地好生之心合矣。今欲生得一失地之窜寇，而驱数万无罪之众以就死地，岂不有乖好生之仁哉？况寇子思机发在麓川，已尝遣人来贡，非无悔过乞免之意。若敕靖远伯王骥遣人往谕缅甸，不必生致此寇，只斩寇首来献，即与厚赏，仍令思机发尽削四境之地，分与各寨新附之夷，许以小职，使守故处，则兵不用而一方自可宁。臣以为宜召还蒋贵，并止湖广、四川、贵州之兵，用全众万生灵之命，以顺天意……

辛丑（十八日）［赐广西田州府、四川东川军民府土官知府诰命，并封赠其父、母、妻］

赐广西田州府土官知府岑绍、四川东川军民府土官知府普得诰命，并封赠其父、母、妻。

壬寅（十九日）［移湖广沅州便溪冷水驿堡于旧地］

移置湖广辰州府沅州便溪冷水驿堡于其旧地。初以水土不宜而迁，至是以道里不均而复也。

癸丑（三十日）［广西安隆长官司长官、四川长河西鱼通宁远宣慰使司宣慰使与能骨等寺、松潘番僧贡马］

广西安隆长官司长官岑聪、四川长河西鱼通宁远宣慰使司宣慰使加思八僧宜并能骨等寺番僧促及藏卜、松潘番僧剌麻答儿麻细，来朝贡马。赐彩段、绢、钞有差。

明英宗实录卷一百六

七月

壬申（十九日）［云南总督王骥奏称思机发自孟养复回麓川］

云南总督军务兵部尚书靖远伯王骥奏：叛寇思机发自孟养复回麓川，寓书金齿，以表纳款之意。然恐贼奸诈，复立巢寨，纠聚犬豕，侵扰邻邦。已遣人赍书谕以利害，顺则使安故土，否则终必搜剿。上敕骥悉心整理。骥又奏都指挥佥事万城失机，上命宥城死，充为事官，领军当先杀贼。

壬午（二十九日）［命阵亡四川利州卫指挥使之侄袭升都指挥佥事］

四川利州卫指挥使刘华杀蛮贼阵亡，命其侄雄袭升都指挥佥事，仍本卫带俸。

明英宗实录卷一百七

八月

乙酉（初三日）［敕谕长河西地面因果寺高僧严谨戒律，用阐宗风］

敕谕长河西地面因果寺高僧簇克林藏卜曰：尔能敬顺天道，恭事朝廷，尊崇佛教，化人为善，忠诚可嘉。今特颁敕护持，听尔于汉人西番各寺院自行修行。尤宜严谨戒律，用阐宗风，以广慈化，俾人有所起敬，庶副朝廷眷待之意。钦哉！

甲午（十二日）［长河西鱼通宁远宣慰司国师等贡方物］

长河西鱼通宁远宣慰司国师绰丹剌卓儿巴藏卜等来朝贡方物。赐宴并赐彩币等物有差。

丁酉（十五日）［云南总督王骥等奏称缅甸宣慰使约期交送麓川思任发］

云南总督军务兵部尚书靖远伯王骥等奏：缅甸宣慰使卜剌浪马哈省以速剌遣人致书言，已获麓川贼首思任发，期以今冬约会木邦人马，送至贡章地面交与官军。臣等已与之刻期，先遣指挥使李仪等为前锋，领精兵通南牙山路，直捣贡章，体探事情缓急。至期臣与总兵官定西侯蒋贵等统率大军继进，仍留都督沐昂、侍郎侯琎督兵运粮，以为声援。复遣通事人等径造贼巢，宣布恩威，抚以信义。彼若来降，不劳再举。不然，俟贼首斯得，即会木邦人马，贾勇夹击，四面交攻，必以夷寇殄灭，地方宁靖为期。上敕骥等务同心协力，以成事功。

己亥（十七日）［以征进麓川，命总督王骥祭告云南山川之神］

以征进麓川，命总督军务兵部尚书靖远伯王骥，祭告云南境内山川之神。

甲辰（二十二日）［贵州金筑安抚司遣人贡马］

贵州金筑安抚司遣头目王玄明等来朝贡马。赐宴并赐彩币等物有差。

己酉（二十七日）［以四川威州民王永“劫杀”地方，命俟王永贡马者至审之，若“贼果未息”，即议剿除］

四川威州民王永始与土官巡检董敏以仇杀故，俱收问按察司。会赦，永得免，复集徒杀敏，夺其印。事闻，命三司抚之，永不服，命剿捕。永复恃险拒命，官军被杀伤甚众。后因永贡马赎罪，遂罢兵，然永劫杀犹自若。巡按御史冯诚言：今不治永，恣其猖獗，异日劳费必有甚于麓川。乞逮三司官纵贼失机蒙蔽者，俱正以法，仍敕廷臣议剿永之策，庶恩威远被，蛮夷畏服。上命俟永贡马者至审之，若贼果未息，即议剿除。三司官若更蹈前非，重罪不贷。

庚戌（二十八日）［修广西浔、梧、柳、庆等府城池以固边备］

广西总兵官安远侯柳溥言：广西所属浔、梧、柳、庆等府地方，瑶僮夷人叛服不时，所赖者城池濠堑耳。近为雨潦所坏甚多，请敕广西都布二司堂上官一员，每于农闲时月往来巡视，督工修筑，庶边鄙有备。从之。

辛亥（二十九日）［以征麓川遣官祭告天地、宗庙、社稷、山川］

以命将征讨麓川，遣官祭告天地、宗庙、社稷、山川。

明英宗实录卷一百八

九月

癸丑（初二日）［贵竹等长官司、水西寨头目等奏请以时祭祀已故镇远侯顾成］

贵州宣慰使司贵竹等长官司，水西寨头目永则、阿克等奏：贵州荒服之地，不通中国。自国朝开基，始创军卫，建置州县。彼时苗蛮虽被新化，终染旧习，时或梗叛，谋陷城池，焚烧驿传，劫掠乡村，军民不得安生。时有镇远侯顾成来镇兹土，能施方略，善布德威，相机剿杀，因俗抚绥，由是苗蛮慑服，边境清宁。今殁三十余年，有旧建祠堂，乞令土官衙门以时祭祀，庶几上以全朝廷优礼勋臣之恩，下以遂军民感慕遗德之愿。从之。

甲子（十三日）［麓川思机发乞仍守旧地］

总督云南军务兵部尚书靖远伯王骥奏：臣所遣通事董义，自麓川者兰旧寨回，贼子思机发令其徒招刚（力）〔刀〕门线随义来，哀恳乞仍守旧地，且言继遣其子哀准降款。义亦言贼势窘迫，闻知大军再举，必将奔遁金沙江戛里大古剌藏之地。臣等因遣义同刀门线等复往鐫谕思机发，俾俟大军至南甸、腾冲，亲身来见。臣等议于霜降后进兵，先令指挥陈仪等径趋贡章驻札，探听声息。上敕骥等相机处置，如哀准果来谢罪，即送赴京。

壬申（二十一日）［四川威州土官孙男贡马］

四川威州土官孙男王永来朝贡马。赐彩币、钞锭。

癸酉（二十二日）［设嵩明州医学］

设云南府嵩明州医学，置典科一员。

乙亥（二十四日）［广西左布政使揭稽等奏请于流官地方开设衙门，择立世袭土官］

广西左布政使揭稽等奏：所属土官地方夷僚帖然安靖，惟流官地方，内多瑶僮犽蛮数种，散居深山，不入版图，专事劫杀。虽有官军哨守，严则暂时退伏，缓则辄出攻掠。况兼岚瘴毒沴，戍卒染病死亡无算，军民日渐消耗，蛮贼日加猖獗。究其所由，盖无土官钤束故也。乞遣在廷重臣一员，来同布按二司堂上官遍历取勘，因其地方，择其类所信服者，立为世袭土官，开设衙门，庶为长治久安之计。设有顽梗不服土官统理者，就调土兵剿捕，以夷攻夷，万无不克。将见数年之后，尽为良民，军民可以安业，总戎亦可以班师矣。上命所司会议来闻。

丙子（二十五日）［封国师绰丹剌卓儿藏卜为灌顶弘慈妙济大国师］

封国师绰丹剌卓儿藏卜为灌顶弘慈妙济大国师，赐诰命并镀金银印。

明英宗实录卷一百九

十月

癸未（初二日）［四川董卜韩胡宣慰司尊胜等寺国师等各遣人贡马］

四川董卜韩胡宣慰司别思寨安抚司尊胜等寺国师簇克林巴等各遣人贡马。赐钞、绢如例。

甲申（初三日）［四川威州民王永遣侄贡马谢罪］

四川威州民王永与土官仇杀，遣侄源贡马谢罪。宥之。

丙戌（初五日）［思机发遣头目偕其子至金齿告降］

云南总督军务兵部尚书靖远伯王骥等奏：麓川贼子思机发遣头目刀笼肘等，偕其子哀准至金齿告降。臣等议遣其徒回谕思机发，以安其心，毋致逃逸。次第发遣官军，待霜降后进抵贼巢。上敕骥等，不可以贼怯弱而怠忽之。

丁未（二十六日）［广西泗城州土官知州遣人贡马］

广西泗城州土官知州岑豹遣人贡马。赐彩币等物有差。

明英宗实录卷一百十

十一月

戊辰（十七日）［广西宜山县民屡为瑶人“杀掠”，处置失机军官，仍令三司相机捕之］

巡按广西监察御史黄英奏：宜山县民屡为瑶贼杀掠，守备指挥孙春坐视不救，乞逮治之。章下兵部，尚书徐晞等谓，总兵官安远侯柳溥、参将都指挥佥事田真尝奉命严督剿贼，而贼愈肆，亦宜究问。上命杖春一百，令溥等具实自陈，仍令都布按三司相机捕贼。

丙子（二十五日）［革广东琼州等府定安等县宁村等九巡检司］

革广东琼州等府定安等县所属宁村、定南、铜鼓、兔颖、石山、归姜、白石、思良、九峰九巡检司。

庚辰（二十九日）［增贵州学官月俸］

增贵州学官月俸二石。原支食米住给余俸，于原籍如例米钞幓支。从巡按贵州监察御史杨刚奏请也。

明英宗实录卷一百十一

十二月

辛卯（十一日）［广西太平府结安等六州进表笺过期到部］

礼部奏：广西太平府结安等六州各遣头目土人黄贵、许三等，进万寿圣节并冬至表笺，过期到部，请治其罪。上以远人，悉宥之。

戊申（二十八日）［四川盐井卫通把事贡马］

四川盐井卫通把事余撒贡马。赐彩币等物。

明英宗实录卷一百十二

正统九年甲子（1444）

正月

丁巳（初七日）［命四川加木隆剌麻为灌顶国师］

命剌麻班丹伦竹为灌顶国师，赐诰命。从四川加木隆宣慰司奏请也。

丙寅（十六日）［裁四川行都司盐井卫军民指挥使司黑盐井副使一员］

裁省四川行都司盐井卫军民指挥使司黑盐井副使一员，以本卫税课局大使牛原等奏事简故也。

戊辰（十八日）［镇守松潘都指挥佥事奏称松潘黑虎等寨“番蛮”攻围松溪等关堡，兵部移文三司委官追回被掳军民］

镇守松潘都指挥佥事王杲奏：比者黑虎等寨番蛮，累次聚众攻围松溪、椒园等关堡，杀死军民二十人，掳去十余人。欲即擒捕，恐各寨惊疑。上曰：杲等不严守备，致贼抢劫，宜令从实自陈。兵部即移文都布按三司各委堂上官，前去追回抢掳军民，晓谕各头目及番人，有能擒获贼首者升赏不吝。

甲戌（二十四日）［设四川汉州三水关巡检司］

设四川成都府汉州三水关巡检司，置巡检一员。从本州知州白亨奏请也。

［以“民稀事简”裁湖广忠建宣抚司经历司知事一员］

裁省湖广施州卫忠建宣抚司经历司知事一员，以民稀事简故也。

乙亥（二十五日）［设云南昆阳州医学］

设云南昆阳州医学，置官降印。

丁丑（二十七日）［敕谕松潘地方黑虎等寨头目、番簇人等严束部落，毋作非为］

敕谕四川松潘地方黑虎等寨头目、番簇人等曰：尔等近处边陲，朝廷累敕守边官军，不许侵扰。尔乃不知感恩，近者聚众攻劫寨堡，邀截道路，杀伤军民，攘夺畜产。边将等官奏请调大军剿杀，朕念尔等为恶者少，为善者多，若举兵剿，不免伤及良善。今体天地好生之心，特命序班祁全赍敕往谕尔等，即挨捕贼首，追要原掳人畜送官。随从为恶者悉宥其罪，其擒拿贼首者，头目量功升赏，番簇人等量授以官。尔等自今宜安分守法，严束部落，毋作非为，庶为尔一方之人造福。尔等若不遵朕言，党蔽凶恶，恣肆非为，天道不容，国法难宥。大军捣尔巢穴，戮尔父母妻子，此时虽悔，亦无及矣，尔等其深省之。

［召云南总督王骥还京］

召云南总督军务兵部尚书靖远伯王骥还京。

己卯（二十九日）［贵州都指挥同知张锐等奏请将四川、贵州土官进贡马匹，给各卫所领养骑操］

贵州都指挥同知张锐等奏：本处接连夷境，征调缺马，请将四川、贵州土官袭替进贡马匹，给与旗军领养骑操，以备征调。其东川、芒部、乌蒙、乌撒、永宁宣抚司等处马匹，给与附近赤水、永宁、乌撒、毕节、普安、安南、普市七卫所。播州、贵州二宣慰司，思南等府，金筑安抚，贵竹等处长官司马匹，给与兴隆等一十三卫所，实为军民两便。从之。

明英宗实录卷一百十三

二月

壬辰（十二日）［以广西养利州判官“抚民有方”，令其永远在任莅事］

广西太平府养利州护印头目赵肆奏：本州判官汪浩抚民有方，乞令永远在任莅事，庶州民终受其惠。事下吏部，以为难从其请。上曰：治夷俗不可拘常例，其从之。

辛丑（二十一日）［四川巡按陈员韬奏称镇守官不严守备，致黑虎寨“蛮人”入境杀掠令处置失机军官］

巡按四川监察御史陈员韬奏：守把松溪、椒园等堡千户周鼎，百户阮得、王得，镇抚张义不严守备，致黑虎寨蛮人入境，杀死旗军，抢掳运夫。其提调巡视指挥佥事侯能、訾辅，掌茂州事右参议陈敏，掌叠溪千户所事都指挥佥事孙敬，镇守都指挥佥事王杲、高广等，俱不用心提备抚恤，宜治罪。上曰：王杲、高广、孙敬、陈敏，论罪难宥，姑置之，令其从实回奏。周鼎、阮得等俱取死罪招状，杖八十复职，再犯不赦。

丙午（二十六日）［设云南禄丰县医学］

设云南禄丰县医学，置训科一员。从本县奏请也。

［云南总督王骥总兵官蒋贵、都督沐昂征麓川奏捷］

总督云南军务兵部尚书靖远伯王骥、总兵官定西侯蒋贵、都督沐昂奏：臣等统领大军，会合木邦等夷兵前逼缅甸，追取贼首思任发，累战皆捷。缅人用大金楼船载贼首送至江上，因而觇视官军虚实、粮饷有无，却乃复用别船载回。臣等切思，缅人虽与木邦讲议送贼，缘彼以甥舅相亲，地方相近，木邦利缅人之盐利，缅人资木邦之水利，修睦邻好，相为唇齿。且其二处平昔为思任发父子侵害，力不能支。今缅人既得思任发，实欲官军东剿思机发，以麓川地方与木邦，西剿贼子招散，以孟养戛里地方与缅甸，才肯擒送思任发。若二贼子未剿，祸根犹在，恐其复仇，终不肯送。臣等因此直捣贼巢，杀败贼众，焚其船栅，擒思机发妻孥家属，并头目、从贼九十余人，象十一只，惟思任发、思机发未获。然其亲族离散，衣食不给，地方悉属他人，不投沟壑而亡，必遭执缚而献。是皆圣明神武之所致也，谨以捷闻。上命有功官军照例升赏，其余事待王骥、蒋贵等回定夺。

戊申（二十八日）［桂林等府荔浦等县韦贵等纠众起事，命定远侯柳溥及三司、巡按等官设法抚谕之］

广西总兵官定远侯柳溥等奏：桂林等府荔浦等县贼首韦贵等纠合贼徒，累次劫掠乡村，杀死人民，烧毁房屋。上命溥及都布按三司、巡按御史等官设法抚谕，如果冥顽不化，酌量事情，具奏定夺。

明英宗实录卷一百十四

三月

丁卯（十七日）［徙四川眉州鱼耶镇巡检司并水驿于两河口］

徙四川眉州鱼耶镇巡检司并水驿于本州两河口，从判官李瑛等奏请也。

壬申（二十二日）［湖广散毛宣抚司舍人贡马］

湖广施州卫散毛宣抚司舍人谭光宅来朝贡马。赐彩段表里。

甲戌（二十四日）［湖广平溪卫黄土堡并于鲇鱼堡］

并湖广平溪卫黄土堡于鲇鱼堡，以云南总督军务靖远伯王骥奏，二堡密迩宜并也。

乙亥（二十五日）［驻桂林官军分班次时月于柳州府操备］

广西柳州府知府曹衡奏：比年镇守、总兵等官皆屯兵桂林府，去柳州府窎远，蛮贼出没，卒难援救。每年九月至次年三月，天气清和，宜于柳州府操备。四月至八月，天气炎瘴，回桂林府驻札为便。上从之，命总兵官安远侯柳溥等选精壮官军，分定班次时月，令总兵、参将内一员统领守备，协力杀贼，务要边方宁靖。

明英宗实录卷一百十五

四月

壬午（初三日）［命云南布政司以库银折钞赏征进官军］

命云南布政司以库银折钞赏官军。时征进官军赏钞于本司取给，既而本司奏钞不足而库有银，故有是命。

丁亥（初八日）［命思恩府土官岑瑛带管广西宜山县大小安定等处］

广西庆远府宜山县奏：本县大安定地方因瑶僮作耗，拨与思恩府土官岑瑛管治，至今不敢为恶。今小安定等处复作耗弗靖，亦宜拨付瑛带管，其税粮仍属本县为便。奏下户部，行总兵、巡按等官覆实。从之。

明英宗实录卷一百十六

五月

辛亥（初二日）［宥贵州三司官、巡按御史罪］

宥贵州三司官、巡按御史罪。初，兵部尚书靖远伯王骥言：贵州各卫所官军肆为毒害，风宪官缩手钳舌如木偶人，乃命右副都御史丁璿往理其弊。至是璿案：都指挥同知张锐、洛瑄，佥事侯礼、张景，左布政使易节，左参议顾理，右参议汪泳，按察使林坦，副使朱理、李睿，佥事屈伸，巡按御史杨刚，皆旷职废事，请治其罪。上以锐等犯在赦前，命都察院移文责而宥之。

［靖远伯王骥等执思机发男等至京］

靖远伯王骥等执麓川叛贼思机发男菡盖等至京。命宥菡盖等四人死，没入御马监养马，余十二人谪戍口外边卫。

癸丑（初四日）［留思机发弟招赛安置云南，遣头目刀木立等归抚夷民］

敕云南总兵官右都督沐昂等曰：得靖远伯王骥及尔等奏，议留招赛及其母、妻安置云南，并遣头目刀木立、刀怕年归抚夷民，今悉如所言。招赛等量加优恤，毋令失所。刀木立等量与赏赐，晓以大义，令回原管地方，抚安妻子人民，仍令与恭项等，体念朝廷恩待之意，同心啚报，缉探残寇思机发父子声息，遇彼出没，乘机擒捕，以绝一方之患，有功必重升赏。

癸亥（十四日）［松潘“番寇”纠众劫杀军民，遣使谕抚并设堡守备］

巡按四川监察御史陈员韬等奏：番寇著少等纠众劫杀军民，臣等令指挥使徐贵同国师商巴等往各寨谕之，已从抚化。然蛮性不常，宜严守备。松潘南先结沟等处，皆贼人出没要路，请设平夷、靖夷、普安三堡，各拨官军二百五十人守之，半岁一更。其镇守官都指挥佥事王杲、高广，请令一员巡视各关堡，往来提督，一月一更，庶兵备整饬。又按察司佥事朱良巡察边务，兼理粮事，然地里辽远，不能周历，请设布政司官一员督粮。上曰：番人虽已从化，方面官仍以时巡视，尽心整饬。遇有不（清）〔靖〕，即与王杲等相机抚捕，毋贻边患。管粮设参议一员，吏部推选以闻。

庚午（二十一日）［令木邦宣慰遣人谕缅甸，俾俘献麓川思机发，管束夷民］

云南总兵官右都督沐昂等奏：缅甸党蔽贼首思机发，谲诈万状，欲再兴师征剿，缘海隅地僻，恃险负固，未易攻克。况军民连年征进，财力困弊，兼以旱涝相仍，粮饷亦乏，未可轻举。其麓川来降头目恭项等尝为我军乡道，深入贼巢，擒其妻孥，已与地方分守，宜令缉捕思机发，仍遣土官数人往木邦，令宣慰罕盖法遣人同至缅甸，谕以祸福，俾俘献贼首，仍令管束夷民。若固拒朝命，候粮饷有积，军民少苏，再议进取之策。上从之。

壬申（二十二日）［广东崖州守御正千户激变黎人］

广东崖州守御正千户陈政闻黎贼出没，同副千户洪瑜领军追捕，乃围熟黎村，黎首出见，政等辄杀之。又令军旗孙得等十五人，焚其庐舍，杀其妻孥数人，掳其财物，致各黎激变，政及官军百人皆为所杀。巡按监察御史赵忠鞫瑜等罪应斩。上命忠同三司再谳之，瑜果无冤，依律处决。孙得等俱宥死，杖一百，发充广西边卫军。

乙亥（二十六日）［裁革高县、筠连茶课司］

四川布政司奏：叙州府高县、筠连茶课司，茶不堪易马，连年收积无用。事下户部覆议，以为宜裁革茶课司。其原收茶每一斤折钞一贯，准作官员俸粮。从之。

丁丑（二十八日）［敕谕缅甸军民宣慰使司宣慰使将思任发押送云南］

敕谕缅甸军民宣慰使司宣慰使莽得剌男卜剌浪马哈省以速剌，及大小头目人等曰：近者尔奏，麓川叛寇思任发为尔所获，已监于阿瓦城中，即欲解来，恐中途为贼党所劫，乞官军于贡章接取。朝廷从尔所请，岂意尔等反覆不常，谲诈百出，令人佯报声息，窥觇虚实。总兵等官灼见尔情，拘留来人为质，待尔执思任发至，即皆遣还。尔乃率其党类，袭击官军，似此不忠不义，天地所不容，鬼神所共怒。今大小将士咸请兴师，往正国典。朕念大军所临，未免伤及无辜，姑遣敕谕尔，宜体念朝廷宽待之意，思保全尔一方生灵之命，即将贼首思任发押送云南，则宥尔罪，仍加升赏，恩待如旧。若复冥顽不悛，必命总兵等官统率精兵，顺江而下，分截海道，水陆并进，诛尔及尔父母妻子，戮尔人民，屠尔城寨，夷尔境土，此时虽悔，已无及矣。且尔缅甸自我祖宗以来开设衙门，除授官职，掌管地方人民，尔之祖父世效忠诚，恭修职贡，今尔甘心与贼为党，罪莫大焉。麓川贼首谋为不靖，父子窜身，妻妾不保，亡家丧土，殃及种类。尔等不以为鉴，而乃欲效之，是欲自取祸也。呜呼！敬天事大，保全生灵者，天必祐之。党恶构兵，殃及无辜者，天必诛之。尔一方生灵祸福，在尔等一转移之间。时不可暂失，恩不可再得，尔等其深省之。

［敕谕木邦军民宣慰使罕盖法开谕缅甸，执思任发来献］

敕谕木邦军民宣慰使司土官宣慰使罕盖发，及大小头目人等曰：尔木邦自我祖宗开设宣慰司以来，尔祖尔父世效忠诚。近因麓〔川〕贼不道，尔克遵朝命，躬率所部夷兵，协同官军杀贼，其忠诚尤为可嘉。今贼首为缅甸所获，缅甸党比匿藏，肆其狡恶，朕未忍加诛，姑遣敕谕尔等，宜体朕安边之心，及尔父、祖忠敬朝命之义，开谕缅甸，执贼来献，庶使边〔境〕永宁，官军不劳，彼处生灵得免重祸。尔之功劳足以光前振后，朝廷论功，必加非常之赏。尔等忠义之名，亦将传于永世矣。其钦承朕命毋怠。

［敕谕管守麓川地方大小头目擒捕思任发］

敕谕管守麓川地方大头目恭项等曰：麓川贼首思任发窜身缅甸，贼子思机发潜伏草野，苟图延缓。尔恭项等灼见大义，首来归降，又为官军向道，协力搜捕贼徒。特令管食地方，尔宜体朝廷眷待委用之意，仍哨探思机发声息。果彼诚心悔过，欲亲来朝，即差人伴送总兵官处，起送来京，量与宽贷。如冥顽不改，尔等能督率夷兵，设法擒捕解京，朝廷论功，重加升赏。切不可轻听奸谋蛊诱，阴相党蔽，弃尔前功自重祸，尔等其钦承朕命毋怠。

［云南总兵官沐昂等奏云南“连岁征进转输”，财力困乏，宜有以休养之］

云南总兵官右都督沐昂等奏：云南军民连岁征进转输，财力困乏，又值荒歉，米价腾涌，饥者尤众，宜有以休养之。其马匹倒死应陪偿者，军器折损应修置者，官私逋负应追还者，俱宜暂停止之。

明英宗实录卷一百十七

六月

己卯朔（初一日）［置广东归善县碧甲巡检司等，徙海丰县平安马驿等］

设广东归善县碧甲巡检司、阳江县海陵巡检司，各置巡检一员。徙海丰县平安马驿于茶亭铺，新会县沙村巡检司于崖山，吴川县硇洲巡检司于茂名县，更名博茂巡检司。俱从按察使郭智言也。

壬午（初四日）［广西思明府土官知府遣人贡解毒药味，广东兴宁县瑶首等贡方物］

广西思明府土官知府黄𤥒遣人贡解毒药味，广东兴宁县瑶首蓝子聪等来朝贡方物。俱赐彩币等物有差。

癸未（初五日）［升云南南甸州及干崖长官司为宣抚司］

升云南南甸州及干崖长官司俱为宣抚司，以南甸知州刀落硬为南甸宣抚，通判刘思勉为同知，干崖长官刀怕便为干崖宣抚，副长官刘英为同知。先是，云南总督军务靖远伯王骥奏南甸、干崖宜设宣抚司抚安夷民，刀落硬等屡从征剿，宜升任之。故有是命。

[云南总督王骥奏言云南控制“诸夷”，请严出入之防]

云南总督军务兵部尚书靖远伯王骥言：云南东南接壤交阯，西南控制诸夷。其在内地亦多蛮种，性习不侔，变诈不一。曩者麓川之叛，多因近边牟利之徒，私载军器诸物，潜入木邦、缅甸、车里、八百诸处，结交土官人等，以有易无。至有教之治兵器、贪女色留家不归者，漏我边情，莫此为甚。以故边患数生，致数年干戈不息，军民困弊。请严出入之防，复有犯者，必治以死，家属发烟瘴地面充军。按察司分巡官时时巡察，如此则边防周密，境土无虞。从之。

[免云南木邦宣慰使司正统七年岁输银两]

免云南木邦宣慰使司正统七年岁输银一千四百两，以屡调夷兵随征劳困故也。

丁亥（初九日）[敕总兵官沐昂及云南三司抚恤军民、严谨边备]

敕总兵官左都督沐昂、右侍郎侯琎暨云南三司，令抚恤军民，严谨边备。以四月间洱海、楚雄地震故也。

庚寅（十二日）[乌撒等十二卫所屯堡悉听贵州守备参将禁治]

右副都御史丁璿奏：贵州所辖乌撒等十二卫所屯堡，俱属四川、广西地方，与诸蛮杂处，蛮人不时出没劫虏，缘非统属，不服追抚。请以四川、广西土官衙门与贵州卫所相参者，悉听守备贵州参将都指挥同知郭瑛禁治。会总督军务靖远伯王骥亦以为言，欲令四川、广西布按二司，每岁委官一员巡视所属土官地方，遇贼出没，即同郭瑛相机抚捕。兵部尚书徐晞等覆奏，璿与骥所言皆是。上从之。

癸巳（十五日）[四川威州保子关土官巡检、贵州宣慰司宣慰使、广东东莞县大帽山瑶头各遣人贡马]

四川威州保子关土官巡检董敏、贵州宣慰司宣慰使宋昂、广东东莞县大帽山瑶头欧寿山各遣人贡马。赐彩币等物有差。

［广西荔浦等县“蛮贼”起事，令安远侯柳溥等相机抚剿之］

广西总兵官安远侯柳溥等奏：荔浦等县蛮贼莫公乔等作耗，臣等奉命遣人抚谕再四不服，不早除之，深为边患。议俟秋成，调官军、土兵分路进剿之。上曰：溥等既会议允当，其整搠军马，俟秋再遣人谕之。探其巢穴出没之所，果冥顽不服，总兵、参将内一人选都指挥一人统兵剿捕，布按二司各委堂上官一人协助之。务在殄灭，毋贻边患，仍严禁官军人等，毋得因此一概杀虏平人。违者处死，领兵官俱重罪。用兵杀贼是不得已，还令三司计议，以后抚安蛮夷长策以闻，敢有苟延岁月、规避利害者，俱罪不宥。

甲午（十六日）［贵州三千鹞、架花等处苗人“劫杀边民”，令贵州参将并三司等官量宜抚捕之］

兵部言：湖广参将都指挥佥事张善奏，贵州三千鹞、架花等处苗贼屡劫杀边民，贵州参将郭瑛并三司等官，已尝委官会勘贼情，不行奏报。上曰：瑛等姑宥其罪，其与善同选人往苗寨体贼情，量宜抚捕，务在事妥夷安。或蛮人自相仇杀，听依彼例陪偿，仍谕今后务各改过守法，再犯俱剿捕不恕。

丙申（十八日）［盐井卫土官千户等自愿从征，赏之］

命四川布政司给赏盐井卫土官千户剌黑马非等白金、彩段有差，以靖远伯王骥陈其自愿从征也。

戊戌（二十日）［宥云南总兵官沐昂、按察使赖巽罪，谪指挥陶昇戍广西］

宥云南总兵官都督沐昂、按察使赖巽罪，谪指挥陶昇戍广西。初，巽案昇纳赃纵贼，昇遂奏昂尝纵家奴与麓贼通。都督方政战死，昂拥兵不救。又受降贼赂，妄请升赏。因捕盗马龙州诸处，大肆杀掠。巽明知昂罪，不敢劾，至是巡按者验之，昂罪虚实相半，昇罪不诬。上曰：昂总兵，乃容夷贼与家人通，（选）〔巽〕风宪何得阿附不奏，论法皆难宥，今姑记其罪。昇受赃纵贼罪觉，反诬告人，其宥死充军。

癸卯（二十五日）［麓川来降头目遣人朝贡］

麓川来降头目陶孟恭项等遣人贡象、马、金银器皿，给赐有差。

甲辰（二十六日）［四川播州宣慰司宣慰使、云南缅甸宣慰司宣慰、贵州宣慰司宣慰使各遣人朝贡］

四川播州宣慰司宣慰使杨纲、云南缅甸宣慰司宣慰男卜剌浪马哈省以速剌、贵州宣慰司宣慰使安陇富各遣人贡马及方物。赐彩币等物有差。

丙午（二十八日）［遣人赍敕褒美木邦宣慰使等，并赐彩币］

遣敕谕木邦军民宣慰使司宣慰使罕盖法曰：麓川叛寇思任发侵害邻境，发兵征之，尔能协力剿捕。及思任发逃命缅甸，其宣慰使屡请官军接取，尔复率大陶孟刀板放等诣总兵官处听调，供给粮饷，为官军向道。虽贼首未就擒戮，尔忠诚之名彰彰不可掩，朕甚嘉之。今特遣人赍敕褒美，赐尔彩币表里，用酬尔劳。尔宜体朕眷待之意，益励忠勤，奖谕头目人等善抚部属，保障边境。如残贼有可乘之机，尔宜设法擒之，以除祸首。俾功昭于时，名垂于后，庶副朕之荣命，亦有光于尔前人，尔其钦承之。并敕谕大陶孟刀板放、刀垠送、思外法等，各赐以彩币表里。

明英宗实录卷一百十八

七月

戊申朔（初一日）［湖广木册长官司、贵州贵州宣慰使司遣人贡马］

湖广施州卫木册长官司遣舍人谭朝美等，贵州贵州宣慰使司遣把事何澄等贡马。赐钞、彩段有差。

辛亥（初四日）［命刑部右侍郎杨宁往云南代侍郎侯琎参赞军务，并提督云南都司各卫所］

敕刑部右侍郎杨宁曰：今命尔往云南代侍郎侯琎参赞军务，并提督云南都司各卫所，操练军马及预备粮储屯田等事。凡军机事务，尔须与总兵、镇守官商确处置，事干三司者亦须会议。务在同心合谋，从长而行，勿偏执己见，有妨事机。尔须廉勤公正，以身率人，毋惑于小人之言，毋慑于权要之势，毋安于怠肆而废弛兵备，毋狃于近利而贻患生灵。必使一方军民得所，夷人畏服，以副委任。尔其钦哉！

［赐云南干崖宣抚司并经历司印］

赐云南干崖宣抚司并经历司各印一颗。

［改贵州施秉蛮夷长官司为施秉县］

改贵州镇远府施秉蛮夷长官司为施秉县，设知县、典史各一员。以土官久缺，从巡按监察御史及布政司、按察司会议奏请也。

癸丑（初六日）［四川播州宣慰使遣人贡马］

四川播州宣慰使杨纲遣侄铭等贡马。赐钞、彩段、绢、布有差。

丁巳（初十日）［安远侯柳溥奏重地方官铨选、宽边民徭役、量增卫所官军等事宜］

广西总兵官安远侯柳溥奏：广西地方溪洞险恶，瑶僮杂居。府县城池或有或无，官军数少，哨守不敷。近年秋粮折银输京，边民粜米易银，不无艰窘，官军月粮不得全支，倘有缓急，转输尤难。况今有司不能抚恤夷民，以致从贼为非。乞敕该部重有司之选任，宽边民之徭役，免征折粮银两，量增附近卫所官军。庶获振扬威武，保障边陲。上曰：溥言良是，今后广西牧民官，吏部铨选，务得其人，若有政迹者，不次擢用。边民徭役，宜从宽恤。折粮银两，户部议奏闻。官军且不增，俟征进时调用。其抚安蛮夷经久方略，还令溥同三司集议以闻，毋推奸避事，贻患边〔方〕，以速后愆。

明英宗实录卷一百十九

闰七月

壬午（初五日）［四川沐川长官司女土官与广东阳江县瑶头、新兴县瑶首朝贡］

四川马湖府沐川长官司女土官王氏、广东肇庆府阳江县瑶头黄胜富、新兴县瑶首黄宗宥等，俱来朝贡马及方物。赐钞币、绢、衣等物。

［设云南大姚县医学］

设云南姚安军民府姚州大姚县医学，置训科一员。

庚寅（十三日）［云南发廪赈济楚雄等府卫饥民］

云南楚雄、临安、曲靖、大理诸府卫饥，总兵官左都督沐昂奏，发廪赈济，俟秋成偿官。从之。

癸巳（十六日）［设四川马湖府悔泥溪巡检司］

设四川马湖府悔泥溪巡检司，从泥溪长官司长官王嵩奏其地多强贼也。

丙申（十九日）［设云南新兴州铁炉关巡检司］

先是，云南澂江府新兴州知州郭钲等言：本州铁炉关路当冲会，而山峻险，蛮寇出没，劫掠行旅，请立巡检司，设土、流官兼理防捕，庶便往来。至是布政司覆实，从之。

庚子（二十三日）［四川董卜朝胡宣慰使司招出正乌地“生番”土官剌麻等贡方物］

四川董卜韩胡宣慰使司招出正乌地生番土官剌麻番僧也失朵儿只叭藏卜等贡方物。赐彩币、袭衣有差。

辛丑（二十四日）［命各处土官衙门应继儿男送官学读书乡试］

命各处土官衙门应继儿男，俱照军生例，遣送官学读书乡试。其相离地远者，有司计议，或二卫、三卫设学一所。从贵州思南府经历李骥言也。

甲辰（二十七日）［四川建昌卫土官指挥使遣人贡马］

四川建昌卫土官指挥使安均遣人贡马。赐彩币、袭衣等物。

乙巳（二十八日）［云南银坑年远坍塌，停止采办］

敕云南总兵官左都督沐昂等曰：得奏，言银坑年远坍塌，即今军民缺食，用人采办，有妨屯守。然朝廷重在恤人，利非所计。顷因言者以云南罢敝，虑军资民食不给，欲因山川之利，以资官民之用。今尔等具言地利人情如此，所得不偿所费，朕闻之恻然。敕至，即如旧停止，与民休息。尔等宜提督军卫有司，用心存恤军士，抚绥夷民。遇有缺食，即设法赈济，不许纤毫剥削克害，违者即加惩治，重者具实奏闻。尔等其钦承之。

明英宗实录卷一百二十

八月

辛亥（初五日）［命加木隆宣慰使司番僧为国师］

命加木隆宣慰使司番僧耶舍朵儿只巴藏卜为净修崇善国师。赐之诰敕。

甲寅（初八日）［四川建昌卫土官指挥使弟、昌州长官司所遣把事、董卜韩胡宣慰使司剌麻头日贡马］

四川建昌卫土官指挥使安均遣弟安金保等，昌州长官司遣把事阿苴等，董卜韩胡宣慰使司剌麻头目也失朵儿只叭藏卜等，俱来朝贡马。赐宴并赐钞、彩币表里、纻丝袭衣有差。

戊午（十二日）［停征云南广西府逋负税粮］

停征云南广西府逋负税粮课程，以累岁薄收故也。

戊辰（二十二日）［革广西桂林府、全州、阳朔县、灌阳县四河泊所］

革广西桂林府并全州、阳朔县、灌阳县四河泊所。

明英宗实录卷一百二十一

九月

丙子朔（初一日）［设四川富顺县赵化镇巡检司］

设四川叙州府富顺县赵化镇巡检司，从知县李真奏请也。

庚辰（初五日）［广西巡按黄瑛上言仍按旧式造军器］

巡按广西监察御史黄瑛言：工部新降大样军器，令各卫所〔遵〕式成造。然广西地方多高山深涧，恐不便于用。又况成造物料皆出诸民，既无实用，徒费民财。乞令各卫所将未完者，仍如旧式造完，其新样物料暂停，以苏民困。从之。

甲申（初九日）［革广西南宁府武缘县那马、博合二巡检司］

革广西南宁府武缘县那马、博合二巡检司。

己亥（二十四日）［立云南陇川宣抚司，以麓川头目恭项为宣抚使］

立云南陇川宣抚司，以麓川头目恭项为宣抚使。时麓川既平，恭项请除授官吏。总兵官左都督沐昂、麓川佥都御史程富等议奏，恭项首先归顺，屡效劳力，乞量授官职，于麓川故地开设衙门。上从所言，立宣抚司，设宣抚使、同知、副使、佥事各一员，以恭项为使，副使以下僚属，俱命恭项推举以闻。

壬寅（二十七日）［四川草坡"贼"以私忿杀巡检且"劫掠"，杂谷土官乞贷其死，帝令其自首免死，如顽抗则尽杀之］

初，四川草坡贼加悟以私忿杀寒水巡检，乘势劫掠居人，比追捕之，遁匿杂谷。至是杂谷土官朵儿思加为请于朝，乞贷其死。上以其既知悔罪，宜听自新。敕朵儿思加开谕之，如果服罪输情，躬诣所在官司陈首，归所侵掠，当贳其死。若顽拒不悛，必发兵剿捕，尽杀乃已。其有阴相比附，蔽护党匿者，罪并及之。

甲辰（二十九日）［令广西在城二卫罢软官，于操练之暇诵读经书，使知礼义廉耻及尊君亲上之意］

广西总兵官安远侯柳溥言：广西在城二卫罢软官七十八员，俱以幼年承袭，失于读书，不明义理，所以不堪委任。乞于操练之暇，令其读诵经书，讲解故实，庶知礼义廉耻，及尊君亲上之意，仍委通文墨指挥一员督教，及行提督学校佥事一体考校。从之。

明英宗实录卷一百二十二

十月

戊申（初三日）［乌思藏大宝法王遣剌麻朝贡］

乌思藏大宝法王遣剌麻锁南杰等献马及佛像、舍利等物。赐之彩币。

丙辰（十一日）［设广西思恩府在城、苏韦、古陵三驿］

设广西思恩府在城、苏韦、古陵三驿。

丁巳（十二日）［四川巡按俞本奏报威州王、董二姓结怨相争之事］

巡按四川监察御史俞本奏：威州古氐羌地，王、董二姓世为婚姻。曩者董敏以军功升巡检，王永不平，遂杀死敏人口。朝廷特宥永，而敏讼冤不已。臣访得永与杂〔谷〕夷人共类，敏与董卜韩胡共宗，若制驭不早，贻患匪轻。乞敕大臣一员，总督军务以控制之，庶消未然之患。上曰：不必命官，兵部移文四川三司暨巡按御史计议处置。如敏、永果各安分守法则已，万一聚众为非，即会官熟计，相机抚捕。期于事妥夷安，或他有方略，具实奏闻。

壬戌（十七日）［云南总兵官沐昂等奏称麓川头目来归］

云南总兵官左都督沐昂等奏：麓川头目曩涣来归，愿捕贼自效。上命其还守本土，抚民捕贼，俟有功升赏，自今凡来归者视此例。

庚午（二十五日）［缅甸欲遣人来归麓川思任发］

敕云南总兵官左都督沐昂等曰：得奏，缅甸欲遣人来归思任发，及尔等欲发莽剌札回云南，俟思任发至日，谕令还彼，以慰远人归化之意。悉从所言，但缅人谲诈，不可轻信。尔等一应军务，须博采众议，从宜审处，以图成功。卿等其敬慎之。

明英宗实录卷一百二十三

十一月

辛卯（十六日）［湖广靖州、贵州镇远府奏称岁歉缺食，已发仓赈民，贷以种子］

湖广靖州、贵州镇远府俱奏岁歉缺食，已发仓赈民，并贷以种子。谨具数闻。

癸卯（二十八日）［复设四川宜宾县横江镇巡检司］

复设四川叙州府宜宾县横江镇巡检司。

明英宗实录卷一百二十四

十二月

丁未（初三日）［广西思恩知府、湖广散毛宣抚各遣人贡马］

广西思恩府土官知府岑瑛、湖广散毛宣抚司宣抚覃瑄各遣人贡马。赐彩币等物有差。

壬子（初八日）［湖广保靖州宣慰司宣慰使、广东化州瑶首各遣人朝贡］

湖广保靖州宣慰司宣慰使彭舍怕俾、广东化州瑶首彭彦清各遣人贡马及方物。

乙丑（二十一日）［湖广、广西、云南、四川等土官各遣人朝贡］

湖广永顺宣慰司宣慰使彭世雄、施州卫施南等三宣抚司宣抚覃彦（升）〔昇〕，广西镇安等二府土官知府岑元气等、东兰等四州知州韦善等，并云南景东府知府陶瓒、寻甸军民府知府沙仲，四川酉阳宣抚司佥事冉佐，各遣人贡金银器皿及方物。

戊辰（二十四日）［四川、湖广、广西、贵州等处土官各遣人朝贡］

四川马湖府知府安颙并龙州等四宣抚司宣抚薛公辅等、沐川等六长官司长官悦福得等，湖广忠峒等六安抚司安抚同知秦忠等、木册等三长官司副长官谭温等，广西安平等三州知州李森等，及贵州都匀长官司试副长官王昇，各遣人贡马及方物。

明英宗实录卷一百二十五

正统十年乙丑（1445）

正月

辛巳（初七日）［贵州新化蛮夷长官司正长官欧霖等朝觐失期后至］

吏部奏：贵州新化府新化蛮夷长官司正长官欧霖等五人朝觐失期后至，又有在途托故称病官吏、把事二丨五人，丁忧官吏一丨一人，及失期未至衙门八十一处，俱当究治。上曰：欧霖等已至，姑宥其罪。称病、丁忧者令所在官司勘实，未至者令各按察司廉察明白奏来，果有托故者，逮（门）〔问〕不宥。

明英宗实录卷一百二十六

二月

戊申（初四日）［广西茗盈等州头目贺圣节等表文过期始至］

礼部奏：广西茗盈等州头目李玄等各赍圣节、冬至、正旦表文，过期始至，请治其罪。上以远人，悉宥之。

己酉（初五日）［者多等簇长官司土官等各贡马］

者多等簇长官司土官王儿者等各贡马。赐彩币等物。

庚申（十六日）［广西陆川县抚瑶老人并瑶头等贡方物］

广西郁林州陆川县抚瑶老人陈文应并瑶头林观生等来朝贡方物。赐钞及彩币有差。

丙寅（二十二日）［威州土官巡检潜住灌县白沙等处，欲报私仇，命四川三司并巡按设法抚捕之］

巡按四川监察御史姚鹏奏：威州土官巡检董敏率部落出灌县白沙等处潜住，欲报王永私仇，宜调军剿杀。上命都布按三司并巡按御史等官设法抚捕，务要安妥，不许聚众扰害边方。

明英宗实录卷一百二十七

三月

己卯（初六日）［以招抚番人向化之功，命番僧端竹为禅师，答儿麻失里为都纲，竺儿监粲为剌麻］

命番僧端竹为禅师，答儿麻失里为都纲，竺儿监粲为剌麻，俱赐敕命图书。以其在边有招抚番人向化之功也。

庚辰（初七日）［设云南腾冲军民指挥使司，筑城屯守］

设云南腾冲军民指挥使司。先是，靖远伯王骥、都督沐昂以腾冲为云南要地，宜置军卫以镇之，上命昂等详议。至是，昂同参赞军务刑部右侍郎杨宁，具屯守经久利便事宜以闻。上悉从之，仍命筑腾冲城，昂同宁及三司官提督用工，事竣起调官军屯守。务在酌量人情以抚恤之，勿逼迫失所。

[蠲云南南甸、干崖二宣抚司差发银两]

云南南甸、干崖二宣抚司先被麓贼侵扰，民未安业，拖欠差发银两。总兵官都督沐昂等以闻，上命蠲之，仍敕云南布政司官往彼省谕，待其安业之后，仍前科办。

[麓川思机发遣头目朝贡]

麓川思机发遣头目刀孟永等来朝贡金八十两、银一百八十两。且奏：先蒙朝廷调军征剿，已逃入缅甸地方。兹者悔过迁善，乞宥罪愆以全余生。上命受其所贡。

[“贼首”浪蛮等侵扰边境，据剌撒山寨，事官万城领兵破之]

云南总兵官左都督沐昂奏：贼首浪蛮等侵扰边境，据剌撒山寨，为事官万城等领兵攻围破之，贼众溃。追至甸尾，战败之，浪蛮遁走。我军驻甸尾数日，贼复聚千余人据洞索山，遂进兵拔其寨，大败之，斩首三百余级，生擒贼刀门欠等四十七人。上命枭刀门欠等首于甸尾。

甲申（十一日）[授陇川宣抚司头目刀木立等为百夫长]

授陇川宣抚司头目刀木立、刀怕年、曩换罕、贤歹俱为百夫长，仍赐冠带。从总兵官沐昂等言也。

戊子（十五日）[敕谕云南总兵官沐昂等令缅甸、木邦执送麓川思任发]

敕云南总兵官左都督沐昂、参赞军务右侍郎杨宁曰：得尔等进缅甸卜剌浪木叶书，约尔等及木邦罕盖法至贡章，付贼首思任发。而罕盖法书又称，卜剌浪欲讨地方，执送贼首俱未的确。敕至，如缅甸及木邦报至，尔等审察事情，酌量区处。不可擅动军马，或为所乘，堕其奸计。如有实报，亦宜遣书奖谕，令其解来，重加升赏。尔等为国重臣，宜严重持久，以待贼情之变，切不可轻忽，损国威令。惟熟思审处，务图万全，以副委托之重。

[升松潘卫正千户为指挥佥事]

升松潘卫正千户李鉴为指挥佥事，从夷民奏保也。

［命云南都指挥佥事为指挥同知，临安卫指挥使华嵩为副千户，俱守边卫］

先是，云南都指挥佥事万瑊、临安卫指挥使华嵩，俱坐罪降。瑊为事官，嵩充军立功。至是总兵官沐昂奏瑊等甸尾剿寇功，上命瑊为指挥同知，嵩为副千户，俱守边卫。

［诛四川黑虎寨“贼首”多儿太，协从者俱不问］

四川黑虎寨贼首多儿太尝掠茂州境，为官军所获，与誓而释之。未几，复（究）〔纠〕诸寨叛夷入掠。上命鸿胪寺序班祁全往谕诸寨，令擒多儿太来献者悉宥罪。至是擒至京，命集四川来朝番人，诛多儿太，枭其首行劫处以徇，协从者俱不问。以全有招抚劳，命升一级。

癸巳（二十日）［以擒“番寇”功升四川叠溪千户所正千户李荣为松潘卫指挥佥事，茂州卫百户谢真为副千户］

升四川叠溪千户所正千户李荣为松潘卫指挥佥事，茂州卫百户谢真为副千户。以擒番寇功也。

乙未（二十二日）［四川番僧潜自跟随国师朝贡］

礼部尚书胡濙等奏：四川都司承差伍守初伴送番僧剌麻星吉等赴京进贡，验其批文，无星吉之名。究其所以，未经四川都司起送，乃潜自跟随国师朝贡。兹又告乞支应下程，请俱送法司治罪。上曰：俱宥不问，番僧还与下程。

庚子（二十七日）［云南路南州土官知州、湖广桑植安抚司土官佥事各遣人贡马］

云南路南州土官知州秦福、湖广九溪卫桑植安抚司土官佥事谭潮等各遣人贡马。赐钞、彩币表里有差。

辛丑（二十八日）［命剌麻答麻监藏为崇善禅师］

命剌麻答麻监藏为崇善禅师。赐之敕命。

明英宗实录卷一百二十八

四月

辛亥（初八日）[乌思藏大宝法王遣剌麻朝贡]

乌思藏大宝法王遣剌麻锁南屯祝等贡舍利、氆氇等物。赐彩(弊)〔币〕等物有差。

[徙贵州安南千户所于罗渭山]

徙贵州安南千户所于罗渭山，从千户范喜言也。

辛酉（十八日）[车里军民宣慰司所遣头目、广东茂名县瑶首朝贡]

车里军民宣慰司遣头目，并广东茂名县瑶首林以成等，来朝贡金银器皿、象、马、香、蜡等物。赐钞币有差。

辛未（二十八日）[命四川威州土官巡检董敏还职治事]

四川威州土官巡检董敏先与州人王永仇杀累年，朝廷屡命抚谕，永既遣人谢罪，而敏尚率众屯聚灌县，不敢还职。上命御史赵敬偕三司官亲诣其地，令敏面受敕谕，还职治事。及以敕戒约永，不得仍前作过。且切责三司，言威州为成都近地，敏、永非生番远夷，而因循纵弛，无以制之，责任安在？宜及今计画，以靖边境。如复推奸避事，或措置乖方，重贻边患，罪必不宥。

明英宗实录卷一百二十九

五月

庚辰（初七日）[浔、梧等府“蛮寇”窃发，安远侯柳溥等率官军、土兵剿杀克捷，帝命升赏如例]

广西总兵官安远侯柳溥奏：浔、梧等府地方蛮寇窃发，剽掠乡村。臣躬率官军、土兵会同广西布按二司官，直抵古荣、林峒等处剿杀，斩首七百三十五级。又庆远等处蛮寇，亦肆攻劫。署都指挥佥事范信等率领官军民款剿杀。克捷，兵部请加升赏。上命升赏如例，其官军杀贼首二级，并土官、目兵、民款杀贼首三级已上者，加赏一倍。柳溥、田真指授方略有功，与玺书褒赏。把总、都指挥皆升署职一级，土官知府加从三品散官。

庚寅（十七日）［以松潘歪地寨番人听抚向化，令官军不必剿杀］

巡按四川等处监察御史姚鹏等奏：比者松潘歪地寨番人折儿挂尤恕等纠众劫掠，杀伤官军。臣钦承上命，会同都指挥周贵、左布政使侯轨、佥事王琦亲诣彼处，宣布朝廷威德，谕以祸福，番人俱听抚顺，然今虽向化，恐后复聚为非。乞令镇守松潘都指挥王杲等，量调附近卫所官军，遇其窃发，就行剿杀，庶得地方宁（谧）〔谧〕。上曰：彼既畏服，何用剿杀？兵部其移文于杲等，晓谕番人，毋得仍前为非，若稔恶不悛，仍具闻区处。

辛卯（十八日）［除广东昌化县河泊所死亡“蜑民”课米］

除广东琼州府儋州昌化县河泊所死亡蜑民五十三户课米九十三石有奇。

［广西囚犯纳米赎罪者由桂林仓收赴庆远府］

广西囚犯纳米赎罪者，旧于桂林府仓收。至是有司言，桂林府积粮既多，今庆远府蛮贼窃发，宜改赴庆远府为便。从之。

壬辰（十九日）［石砫宣抚司土官舍人、安顺州土官、长河西鱼通宁远等处宣慰使并乌思藏大善国师等遣人贡马］

四川石（柱）〔砫〕宣抚司土官舍人马喃、安顺州土官阿宠、长河西鱼通宁远等处宣慰使加思八僧宜、乌思藏大善国师加八言千等，遣头目阿松等贡马。赐彩币有差。

乙未（二十二日）［广东高要县学生六人偕所招瑶首朝贡］

广东高要县学生伍章等六人偕所招瑶首贡香烛至京。上谕礼部臣曰：生员当居学肄业，顾舍所学而趋干办，其志陋矣。礼部因请罪之，上曰：不必罪，姑戒谕遣之。而禁约诸瑶僚州县，毋得令生员招抚。

丙申（二十三日）［以平修仁、荔浦“蛮寇”赐安远侯柳溥等彩币、钞］

赐安远侯柳溥、都指挥范信、参议甄完、土官知府岑瑛等，彩币、钞有差，以其平修仁、荔浦蛮寇功也。

己亥（二十六日）［四川会川卫前所舍人奏称指挥聚集军囚夷僚开矿煎银，户部请移文四川三司勘实逮治］

四川会川卫前所舍人陈武奏：指挥李淳朋合势豪，聚集军囚夷僚一千余人，于密勒山银场挖开官洞取矿煎银，私立主事、行事、掌事并千、百长名色，持兵放铳，啸聚山林，渐成耗叛。奏下户部，请移文四川三司勘实逮治。从之。

明英宗实录卷一百三十

六月

乙巳（初三日）［贵州宣慰使等、西番尚师、赞善王、阐化王、崇教弘善国师遣人朝贡］

贵州宣慰使安陇富等遣舍人安阿朔，西番尚师哈立麻巴遣番僧锁南泥麻，灵藏灌顶国师赞善王喃葛监藏巴藏卜遣番僧干些儿，乌思藏灌顶国师阐化王吉刺思巴永耐监藏巴藏卜遣番僧札实星吉，崇教弘善国师班卓儿端竹遣番僧锁南班竹儿等，来朝贡马及方物。赐宴并彩币表里有差，命札实星吉等赍敕归赐阐化王等。

丁未（初五日）［以“善抚瑶僮”，升广西浔州府通判为本府同知］

升广西浔州府通判庞本厚为本府同知。本厚以九载任满当考绩诣京，总兵官安远侯柳溥等言其善抚瑶僮，乞量升擢，故有是命。

辛亥（初九日）［广西泗城州与利州土官纷争土地，命有司会勘明白，酌量事情］

广西泗（州城）〔城州〕土官知州岑豹奏：利州土官岑颜，兴兵占据地方。事下兵部，言豹与颜尝互相讦奏，已行广西总兵等官体勘，取二家情愿，将泗州城古那等地方兑换利州利甲等地方，管属已定。今豹又奏前情，乞仍行体勘处置。上曰：往者总兵官等既分拨地方已定，何又若是纷争？即移文广西、贵州总兵、参将及各三司、巡按御史会勘明白，酌量事情。如可抚谕，设法差人开谕，令各安分守法。或不可抚，从长计议处置方略奏来。务在经久便利，不许因循推托，贻患边方。

［贵州巡按虞祯奏称乌撒卫都指挥佥事“欺隐田税”及役军盗矿，请究其罪］

巡按贵州监察御史虞祯奏：乌撒卫掌卫事都指挥佥事干羽欺隐田税，及役军盗矿，宜究其罪。从之。

庚申（十八日）［四川长河西鱼通宁远等处军民宣慰使司、云南八百大甸军民宣慰使司头目朝贡］

四川长河西鱼通宁远等处军民宣慰使司、云南八百大甸军民宣慰使司头目孟董等来朝贡象、马及方物。赐宴并彩币表里、袭衣、靴袜、钞锭等物有差。

［敕封班丹监锉为灵藏灌顶国师赞善王］

敕谕灵藏灌顶国师赞善王喃葛监藏巴藏卜侄班丹监锉曰：尔灵藏地方，邈在西域。尔叔喃葛监藏巴藏卜封袭王爵，化导一方，恭修职贡，于兹有年。今尔叔奏称年老不能管事，尔班丹监锉乃其亲侄，克承梵教，恪守毗尼，多人信服，请代其职，特允其请。命正使禅师锁南藏卜、副使剌麻札什班丹等，同指挥斡些儿藏卜，赍捧敕谕诰命，封尔班丹坚锉为灵藏灌顶国师赞善王，代尔叔掌管印章，抚治番人，并颁赐尔锦段表里、僧帽、袈裟、法器等件。尔尚益坚乃心，益懋乃行，广布佛教，化导群迷。俾尔一方之人，咸起为善之心，永享太平之福。庶克振尔宗风，亦不负朝廷宠命。尔惟敬哉！

［云南大侯州土官与其弟共理州务］

初，云南大（候）〔侯〕州土官知州奉外法为思任发所虏，靖远伯王骥以其弟刀奉送代为知州。麓川既平，奉外法得归，与刀奉送共理州务。至是，遣弟刀奉办等来朝贡银器、马匹。具奏，本州原降金牌信符俱被虏去，乞量给赐。从之。赐宴并彩币表里等物有差，仍命刀奉办赍敕并纻丝、纱罗等物，归赐奉外法、刀奉送及其妻。

甲子（二十二日）［沐昂卒］

云南总兵官左都督沐昂卒。昂，黔宁昭靖王第三子，洪武中授散骑舍人，升府军左卫指挥佥事。永乐初，升云南都指挥同知。洪熙元年，升右军都督同知掌都司事。宣德十年，升右都督，奉敕镇守云南。正统三年征麓川，以功升左都督。寻命佩征南将军印充总兵官，率诸军复征麓川，败绩，降都督同知，仍镇云南。七年升右都督，从征麓川。师还，升左都督。至是卒，讣闻，遣官祭葬。

乙丑（二十三日）［免云南弥勒州逋负税粮］

免云南弥勒州逋负税粮。以寇盗劫掠，夷民逃徙，故有是命。

明英宗实录卷一百三十一

七月

甲戌（初三日）［云南楚雄卫指挥佥事贪赃，逼人致死，命杖一百，谪戍边卫］

参赞云南军务刑部侍郎杨宁劾奏：云南楚雄卫指挥佥事彭佐贪赃，因而逼人致死。上命杖一百，谪戍边卫。但逃，处死不宥。

［广东巡按奏请征剿高州府信宜等县瑶人］

巡按广东监察御史谯明并三司官奏：高州府信宜等县瑶贼出没，乞调大军征剿，无使滋蔓。上命兵部移文，令三司各推委能干堂上官，选谙晓夷情者，往各贼寨谕以利害，果改过即宥其罪。敢有仍前出劫者，即调官军剿杀。巡按御史往来提督，但推避误事者，俱重罪之。

辛巳（初十日）［安远侯柳溥等奏称广西瑶僮数多，乞添拨军伍，蓄积粮储，修理城池］

广西总兵官安远侯柳溥等奏：广（信）〔西〕瑶僮数多，乞添拨军伍，蓄积粮储，修理城池。上命兵部会同英国公张辅及五府、六部、都察院堂上官参看溥等所奏，计议处置经久方略。辅等奏：广西官军，每因瘴疠死亡逃窜，比之国初十无二三。已尝奏调贵州、湖广、广东官军共一万七千，前去轮班操备。续因征剿麓川，将贵州官军尽数放回。止存湖广、广东官军七千在彼。请仍调贵州官军二千、湖广官军一千，并原调共凑一万轮操。及查浔江南苏州等处清出广西军丁，多畏灾瘴，不肯前去，乞遣官督发补伍。况广西丁男四十八万余口，俱不畏瘴疠，乞照洪武垛军事例，约计丁数，量垛为军。至于蓄积粮储，除户部别行查理外，其各处城池当修理者，宜令军民相兼修理，军器当补者，宜令各卫陆续成造。上曰：贵州、湖广都司于附近广西卫所内，摘拨富实有丁官军去轮操。江南军丁待清军御史回查数，并查各处见清出待解实数来说。垛集民丁酌量处置，不许轻忽贻患。城池令三司各委廉能正、佐官同往各府卫拨军修理，果系紧要城池，军力不敷，于农闲时月，量起民夫协助。军器损坏者修理，缺少者补造。粮储今后不必折银解京，留紧要用粮处设法放支，毋令腐烂。柳溥及三司官、御史，敢有徇私废公，致贼恣肆，贻患边方者，俱罪不宥。

癸未（十二日）［四川盐井卫土官千户等贡马］

四川盐井卫土官千户剌麻非等来朝贡马。赐宴及彩币表里等物有差。

丙戌（十五日）［裁革顺州学，于北胜州开学设官］

参赞云南军务刑部右侍郎杨宁先奏：顺州夷俗僻陋，北胜州人烟辏集，乞将顺州学裁革，于北胜州开学设官，教诲生徒。事下礼部覆奏以为宜。上从之。

庚寅（十九日）［浔州、南宁、庆远俱“蛮贼”出没处所，安远侯柳溥等奏请选官补缺］

广西总兵官安远侯柳溥等奏：广西都指挥佥事彭瑛等不避艰险，战阵有功，欲荐举送京。缘守备边境要害地方，难使离职。浔州、南宁、庆远，俱蛮贼出没处所，缺官理事。访得桂林中卫千户张能、右卫千户吴昇、柳州卫千户余英，俱历练老成，乞升擢各卫管事。上曰：彭瑛等令溥及三司、御史调紧要地方把总提督守备，待有功升擢。张能、余英、吴昇升署指挥佥事，去浔州、南宁、庆远各卫管事。若怠慢误事，贪暴害人，重罪不宥。今后果系紧要卫分缺官，溥等仍从公推举，奏来定夺。

戊戌（二十七日）［芒市土官会木邦军剿杀思机发残党］

参赞云南军务右侍郎杨宁奏：芒市土官放革会木邦军，杀思机发残党刀怕囊等，斩首五百余级。上敕守备官省谕各蛮夷酋长，用心抚安人民。遇有警急，互相调兵策应，务要殄灭贼党，共守地方。有实功者褒赏，还体勘放革功次，奏来赏（劝）〔功〕。

辛丑（三十日）［摘淮浙、四川盐引召商纳粮，以给腾冲官军］

镇守云南太监萧保奏：近者开设腾冲军民指挥使司，量调官军一万员名筑城，日支口粮，岁计五万四千余石，俱赴金齿足食仓关支。然山路险阻，难为搬运。请摘淮浙、四川盐三十万五百九十引于腾冲，召商纳粮，以给官军。从之。

明英宗实录卷一百三十二

八月

壬寅朔（初一日）［公推董卜韩胡宣慰使司别思寨安抚司头目权掌印信，管治人民］

敕谕董卜韩胡宣慰使司都指挥同知克罗俄监粲等曰：近滑四川三司、巡按御史奏送尔克罗俄监粲文书到京，备称别思寨安抚司安抚饶蛤父兀惹朵儿只监，系尔父喃葛分与地方管属。后饶蛤代父管事，奏请朝廷开设安抚司，给与印信。近年伪造宣慰司印，诈称宣慰使，纠合杂谷瓦等处大姓，野蛮谋害尔父子，抢占尔驮窝地方。尔拘饶蛤，追出伪印，依番例剜去双目。然饶蛤造恶，法所难容，尔宜奏闻朝廷，庶见尔忠敬之心。今尔擅拘彼剜目，于理未当，但念尔平日忠事朝廷，又尝捕贼有功，姑宥不问。今特遣人赍敕晓谕尔，就公同差去人员于饶蛤族中，或司头目内从公推选堪任安抚者一人，令权掌原降安抚司印信，管治人民，具名奏来除授。尤见尔遵敬朝命，可赎尔前愆，其饶蛤宜付其家收养，以全其生。尔为彼中一方之长，必须谨守礼法，为民造福，斯享福于悠久。今后或有邻境侵夺地方，须从实开奏处置，切不可恃恩自恣，与人积怨构祸，擅动军马，贻患生灵，违者皆以国法重治不宥。盖天道虽高，视听则卑；鬼神虽幽，鉴察则明；祸福无门，惟人所召。尔其敬慎之。

［命黔国公沐斌佩充总兵官，镇守云南］

命黔国公沐斌佩征南将军印充总兵官，镇守云南。赐敕曰：朕以乃祖乃父世受节钺，镇抚斯地，民夷信服，特隆委任。尔宜以国事为心，体念尔前人建功累德之意。

［给云南八百大甸军民宣慰司金牌信符］

给云南八百大甸军民宣慰司金牌信符各一，以本司旧给牌符被暹罗国寇兵焚毁也。

乙卯（十四日）［路南州铜场“岁久铜乏”，减半输课］

云南布政司奏：路南州铜场岁久铜乏，欲以办课均分于附近弥勒等州产铜之处。工部令臣等勘视，缘弥勒等州虽有铜场，然极临境，且夷人拗悍，苟令输课，恐生边患。路南州（同）〔铜〕课岁千八十斤，诚艰办纳，但乞减其半，则民力少苏矣。从之。

戊午（十七日）［四川加木隆等处地面“生番”僧、嘉定州开化寺“土番”僧与云南晋宁州僧正司土僧朝贡］

四川加木隆等处地面多补等寨生番僧温卜贬出、嘉定州开化寺土番僧占朵儿，云南晋宁州僧正司土僧广缘等，来朝贡马及明铁甲。赐钞币等物。

明英宗实录卷一百三十三

九月

癸酉（初三日）［四川泥溪长官司土官等贡马］

四川马湖府泥溪长官司土官王嵩等贡马。赐彩币等物有差。

庚辰（初十日）［广西茗盈等州县土官舍人等、云南晋宁州土僧等贡马］

……广西太平府茗盈等州县土官舍人李懋宁等、云南晋宁州土僧广缘等贡马。赐彩币等物有差。

甲申（十四日）［设四川雅州道正司］

设四川雅州道正司，置官降印记。从判官李彬请也。

明英宗实录卷一百三十四

十月

辛丑朔（初一日）［云南岁征税粮数少，都指挥等官俸折色支海肥］

户部奏：云南岁征税粮数少，都指挥等官俸粮本色支米外，折色支海肥。今宜减米一石，添折色一石。旧时每石折海肥七十索，今米价腾涌，宜增三十束。从之。

甲辰（初四日）［贵州都指挥佥事坐匿税诸罪］

贵州都指挥佥事干羽坐匿税诸罪，法司论输赎还职。从之。

戊申（初八日）［免云南各卫征进军士屯粮］

免云南各卫征进军士屯粮。其军职占种屯田者，按察司拨还军士。如无军领佃，于各职征粮上仓。

［镇守松潘都指挥佥事擅执千百户，特宥之］

镇守松潘都指挥佥事王杲、高广擅执千百户，治以失机之罪，为巡按监察御史所奏。特宥之。

辛亥（十一日）［设湖广布政司偏桥等九仓］

设湖广布政司偏桥、镇远、平溪、清浪、五开、九溪、铜鼓、施州、永定九仓，俱置大使一员。先是，仓各隶本卫，委官收支欺弊。至是，以户部建明，故改设之。

壬子（十二日）［四川巡按赵敬言茂州、松潘诸驿夫马之弊］

巡按四川监察御史赵敬言茂州、松潘诸驿夫马之弊，请以四川文职官吏坐赃当赎徒为民者毋解京，即其处具马充驿递，驿五人。都察院以四川所解囚，道远日久，多脱逃，致扰官府累解人。敬所请诚是，宜定其期，流四年，徒各准其期，期满即人马俱释之。如数满，转发余者于各处煎盐摆站。从之。

乙卯（十五日）［命四川按察司委堂上官一员，协同布政司委官，巡督所属府州县负欠并该征税粮］

命四川按察司委堂上官一员，协同布政司委官，巡督所属府州县负欠并该征税粮。

丙辰（十六日）［广东海阳县民请于隆津等都开沟溉田］

广东海阳县民萧珐言：本县有溪，源出山麓，流抵海口，其长亘潮州府地，故登隆等都俱置沟通水溉田，民甚利焉。惟隆津等都，亦去溪不远而无沟，遇旱田无所赖，征税催输，民实艰苦。乞敕该部，令所司开沟，亦如登隆都为便。事下工部，核实于潮州府，府称如珐言善。上命府县各委官，率得利之人开挑，戒其勿概扰于民。

丁卯（二十七日）［广东潮州卫雨水淹伤、沙土壅塞屯田］

广东潮州卫奏：五月，雨水坏城楼铺舍，所属五千户所屯田俱被渰伤。而右前二千户所屯田，有被沙土壅塞，不堪耕种者。乞令潮州府改拨荒田，庶子粒有所出。上命户部遣人验视以闻。

明英宗实录卷一百三十五

十一月

辛未（初二日）［湖广五开卫指挥使以辱骂知府、枉法受赂，贬为事官，发广西杀“贼”立功］

湖广五开卫指挥使王通有衔于贵州黎平府知府吴璠，因纵所部入府詈辱之。事觉下狱，法司复诘出其枉法受赂，论赎绞还职。上曰：通情重，难以例论，命为事官，发广西杀贼立功，满三年复之。

丙戌（十七日）［免贵州程番等长官司土民绝户粮］

免贵州程番等长官司土民绝户粮五百余石，以其各被妖贼焉卜班等杀死无遗也。

丁酉（二十八日）［贵州都指挥佥事“敛军士、盗官储”被治罪］

贵州都指挥佥事常智数敛军士、盗官储，事觉，巡按监察御史请治其罪。从之。

己亥（三十日）［以“鼠伤禾稼”免镇远等三府、镇远等六长官司该征租税］

免贵州所属镇远等三府，镇远、金容、金达、蛮夷等六长官司鼠伤禾稼该征租税。

明英宗实录卷一百三十六

十二月

庚戌（十一日）［四川马湖府土官知府所遣通事、泥溪长官司把事与湖广桑植安抚司舍人等贡马］

四川马湖府土官知府安灏遣通事师义，泥溪长官司把事王秉，湖广九溪卫桑植安抚司舍人廖三……俱来朝贡马。赐彩币表里诸物有差。

丙辰（十七日）［云南千户王政诛思任发于缅甸］

云南千户王政诛麓川贼思任发于缅甸。先是，总兵官黔国公沐斌等遣政赍敕币，谕赉缅甸宣慰男卜剌浪马哈省以速剌，索思任发。卜剌浪马哈省以速剌犹豫不即遣，适昼晦二日，术者曰：天兵至矣。卜剌浪马哈省以速剌惧，于是发思任发及其妻孥部属三十二人付政。时思任发不食已数日，政虑其即死，遂戮于市，函首及俘驰献京师。

丁巳（十八日）［增广西桂林等府各巡检司兵］

先是，兵部及太师英国公张辅等议，以广西民丁垛集为军，下巡按监察御史、都布按三司议之。至是，监察御史周纪等言：广西地瘠民贫，稍有科差，辄皆逃避。若欲驱之军旅，必致惊疑为患。查得桂林等七府，旧有巡检司一百三十余处，若每司增弓兵至一百人，小牌十人，官给械器，慎训练。就于其中选力量服人者，授以副巡检，协同流官巡检，统领兵牌与官军一体哨守。不数年间，悉为精锐，退可以保障地方，进可以殄灭贼寇，庶得经久利便。上是其议，命兵部行之。

庚申（二十一日）［广西“蛮寇”出没，调来官军不服水土，令广西清出军丁，俱存本处卫所补役］

广西左布政使揭稽等奏：近年蛮寇出没，调来官军不便水土，多有死亡。广西清出军丁解发辽东等处，动经万里，中途亦多逃故。况广西地方，素有瘴疠，惟土著之人可以无虞。乞自今广西清出军丁，不限南北，俱存本处卫所补役，实为两便。上命今年十月以前者如所请，以后者仍发原卫。

壬戌（二十三日）［云南大理等府赵州等州县岁办马匹听折银两］

云南布政司奏：旧例所属大理等府赵州等州县，岁办差发马七十八匹，送云南都司给军骑操，然多倒死无益，乞折征银为便。奏下户部，言宜听每匹折银十三两，于官库收贮。如遇缺马，就给与军卫买用。从之。

[韦万王被杀]

广西贼韦万王伏诛。万王，庆远陆河村僮人。自永乐时称王，聚各峒蛮攻劫柳、庆、思恩诸城邑，指挥、御史皆为所害。后官军剿败之，万王脱走，更名公秾。至是，为安远侯柳溥所擒，并其徒八百余人，悉诛之。

乙丑（二十六日）[以“得夷民心”，广西太平府照磨升为试通判]

升广西太平府照磨揭冕为本府试通判。时太平所属土官及军卫官旗累疏保冕赞画勤慎，宽厚得夷民心。吏部具以言，上曰：军民土官既皆保冕，必其政有可观，姑升为试通判，令按察司官询察其政，俟三年后具实来闻，斯可实授。但扶同害民，悉论罪不贷。

明英宗实录卷一百三十七

正统十一年丙寅（1446）

正月

庚辰（十二日）[云南临安等府州县与武职官兑米完税粮，以马牛银两变卖粜米上仓]

云南布政司奏：所属临安等府州县部运税粮，为因山高路远，挑担艰难，止带马、牛、银两前去，变卖粜米上仓。近因米价高贵，不能完纳。勘得武职官多有职田，自买马牛操备耕种，乞将府州县赍到牛、马、银两等物，照时价两平，兑与武职官。每年自九月收成后起，至下年二月终止，准作俸粮。其余月分该支粮米，仍收本色上仓，按月挨陈支给。庶官民两便，税粮易完。从之。

癸巳（二十五日）[云南按察司佥事李璀言暂停修筑腾冲城垣等三事]

云南按察司佥事李璀言三事：一、比因麓贼犯边，设腾冲指挥使司，调官军一万修筑城垣，然连年兵戈未息，旱涝相仍，且工程浩大，仓廪空虚。乞暂停止，以苏罢困。一、残寇思机发窜伏孟养，遣弟招赛进贡乞怜。宜因其悔罪，曲垂宽贷，量与小职，协管地方，庶边境宁息。一、金齿、腾冲、景东、临安等处与交阯、车里、木缅诸夷接境，多有官军人等入番买卖，泄漏事情。宜如巡关及防倭事例，委云南三司官一员，往来提督巡视。上曰：朝廷整饬边备，抚安夷人，要在经久。兵部还移文总兵、镇守等官计议，务在地方宁靖，军民得所。毋得徇私偏执，贻患边陲。

明英宗实录卷一百三十八

二月

庚戌（十二日）［松潘松丫子、干沟子等处“番蛮”掳掠运夫，杀死官军，敕四川三司设法抚捕之］

镇守松潘都指挥佥事王杲奏：松丫子、干沟子等处番蛮掳掠运夫，杀死官军。上敕四川都布按三司，委堂上能干官同巡按御史会杲设法抚捕。还查各卫所可调征进官军、各仓见粮储及剿杀方略，奏闻区处。

丁巳（十九日）［广东瑶人“肆掠”石城、遂溪诸县，提问失机官员］

广东瑶贼八百余肆掠石城、遂溪诸县，巡按监察御史张子初奏：都指挥使何贵、署都指挥佥事张玉、左布政使吴扬、左参政龚篪、佥事杨辅不能协力剿捕。都察院请命子初提问。从之。

甲子（二十六日）［敕谕云南陇川宣抚司宣抚等体念朝廷大恩，使一方人民安妥，地方宁靖］

敕谕云南陇川宣抚司宣抚恭项、同知刀歪孟、副使刀落曩、佥事陇道并百夫长罕贤等曰：得云南总兵、镇守等官奏，该尔等请给印信及乞千户蔺愈抚治地方等情具悉。朝廷昔念尔等忠诚，特为开设衙门，颁给印信，除授职事。尔等不能奉宣国恩，乃致小人乘机劫掠印信，论尔罪在不宥，特宽置不问。今从尔等所言，铸造印信，命蔺愈赍去付尔恭项收掌，就令愈在尔陇川，协同尔等管治人民。尔等自今亦宜体念朝廷大恩，使一方人民安妥，地方宁靖，庶使副朕任使之重。尔等其钦承朕命毋怠。

明英宗实录卷一百三十九

三月

庚辰（十三日）［修理云南临安卫城］

云南临安卫奏：卫城先因地震二百余丈，其未坏者亦皆摇动，请修理。从之。

明英宗实录卷一百四十

四月

壬寅（初五日）［赏黔国公沐斌等钞、彩币］

赏云南总兵官黔国公沐斌、镇守太监萧保，钞各五千贯、彩币四表里。左参将冉保、右参将毛福寿、参赞军务侍郎杨宁各（彩）〔钞〕四千贯、彩币三表里。余俱赏有差。以斌等先分往腾冲、金齿给馈饷、张声援，接取麓川贼思任发，致得其首级也。

戊午（二十一日）［麓川思任发伏诛，其子思机发屡遣子弟及头目来朝服罪，宥之，令沐斌、杨宁等密察彼中虚实及众心向背］

敕云南总兵官黔国公沐斌、参赞军务右侍郎杨宁等曰：麓川贼首思任发兹已伏诛，贼子思机发屡遣子弟及头目来朝服罪，其果出悔过之诚而然，抑或势孤力弱，为苟延之计，或因缅人拘执其父，姑退身敛锐，为款兵之谋，皆未可知。今又遣陶孟刀克猛等贡金银器及象、马，乞赦万死。朕不逆其诈，体天地好生之德，姑宥之，仍馆谷使者遣回，令以朝廷宽贷之意谕思机发，若能躬诣阙庭，则加恩处之，务使得所。朕以至诚治天下，必不失信于远夷。如或冥顽不来，必剿捕无赦。刀克猛还至云南，尔其遣人偕往，申谕此意，密察彼中虚实及众心向背。如彼别无异图，则待其归化而抚之。或未易抚捕，则因其所有俾管辖之。彼或阴蓄报复之意，则令木邦、缅甸分取孟养，使贼无所容，以绝后患。此外别有经画长策，具举以闻。尔等受朕边阃重寄，其博询众情，审实筹度，务俾安境靖，朝廷无远顾之忧，庶副委托之重。

[赐敕奖谕云南芒市长官司土官放革，仍赐彩币表里]

敕谕云南芒市长官司土官长官放革曰：去年夏，尔放革能听边将调度，协力策应刀落曩等，斩杀贼徒首级，其忠劳可嘉。今特赐敕奖谕，仍赐尔彩币表里，以旌尔功。尔自今益宜勉竭忠诚，始终无怠，用保守境土，永享太平。或有残贼侵扰，即督率夷兵剿杀。庶见尔之功能，尔其钦承之。

明英宗实录卷一百四十一

五月

甲戌（初七日）[湖广江华县岁办香狸等皮，因地无出产，请改麂皮]

湖广道州江华县典史詹辉奏：本县岁办杂色皮二百八十张，除麂皮外，其余香狸、野狸、水獭、白额九节狸等皮，地无出产，俱往两广收买输官，多有狭小毛疏，收不以时，又被虫蠹。请将各皮改收麂皮。从之。

丁丑（初十日）[命故左都督沐昂孙璘为云南卫指挥佥事]

命故左都督沐昂孙璘为云南卫指挥佥事，仍随沐斌理事。

戊寅（十一日）［贵州思南府蛮夷长官司奏请土官衙门婚姻从土俗，悉令依朝廷礼法］

贵州思南府蛮夷长官司奏：土官衙门男女婚姻皆从土俗，乞颁恩命。上曰：贵州土官衙门或有循袭旧俗因亲结婚者，既累经赦宥，不究其罪，亦不许人因事讦告。继今悉令依朝廷礼法，如违不宥。

乙酉（十八日）［四川威州保子关土官巡检纵部下杀土民家人，令有司急抚捕之］

四川成都府威州保子关土官巡（简）〔检〕董敏初与灌县土民王永相仇杀，上命所司谕使解仇。至是敏又纵部下杀永家人，剖食其心。上复命巡按御史及三司谕之。御史严颐、都指挥同知周贵、左布政使侯轨、佥事刘敬言：敏不受命，反劫辱使者，请命总兵官擒治。上曰：尔等不能禁治其下，辄请总兵官，尔等所任何事？姑识其罪，三司官仍罚俸两月。宜急抚捕，再推延长恶，必罪无赦。

戊子（二十一日）［以"善抚蛮俗"起复贵州石阡府经历］

起复贵州石阡府经历杨彬。彬以母丧去职，耆民保彬律己奉公，善抚蛮俗，乞令起复任事。上从之。

己丑（二十二日）［四川歪地等寨番人起事，令先往抚谕，不顺再调兵剿捕］

初，巡按四川监察御史严颐言：去年秋冬以来，歪地等寨番人反叛。攻围城堡，劫掠无忌，而镇守都指挥王杲、高广略无捍御之策。乞推选智谋材勇武臣前来松潘，总率士马，相机抚剿，仍治杲等失律之罪。上曰：杲等姑记罪，令同三司、巡按御史抚捕。既而御史复言：诸蛮不从抚顺，仍前攻劫。杲、广委无御侮之才。上命兵部会同管军大臣，推选智勇超异，堪为总帅者二人以闻。至是尚书邝埜、太保成国公朱勇，同举都督同知宫聚、都督佥事陈荣。上终以抚循为意，命武臣且不差，即召山西副使寇深，同鸿胪寺署丞祁全，仍往抚谕。果再不顺，就令提督杲等调兵剿捕。

甲午（二十七日）［令贵州按察司副使李睿仍按治民事］

贵州永宁州知州邓裕等奏：本处所属诸种蛮夷，强梗难化。近赖按察司副使李睿抚绥有方，人皆乐业，今睿专理屯田，众情失望，乞仍令按治民事。从之。

乙未（二十八日）［赏征柳、庆、思恩等府桂平等县“贼”有功官军］

赏征柳、庆、思恩等府桂平等县贼有功官军、土兵人等一千八十六人。参议、指挥、土官知府等官，各钞八百贯、彩段二表里。千户、知州等官，各钞六百贯、彩段一表里。百户、知县等官，各钞五百贯、绢三匹。旗军目兵人等，各钞三百贯、绢、布各一匹。其斩首三级以上并阵亡者，倍赏之。

明英宗实录卷一百四十二

六月

丁未（十一日）［四川石硂宣抚司、广东昌化县土官舍人与清远县、新兴县瑶首朝贡］

四川石硂宣抚司土官舍人马应文，广东琼州府昌化县土官舍人符应乾、广州府清远县瑶首周保、肇庆府新兴县瑶首何凯明等贡方物。赐以彩币。

戊申（十二日）［广东化州等处“瑶蛮”“劫掠”乡村，令失机官员督兵设法擒捕，必欲擒获］

巡按广东监察御史张子初奏：广东高、雷等府化州等处瑶蛮出没，劫掠乡村，杀伤官军。顷者贼徒未炽之先，已常同三司推选都指挥何贵、左布政使吴扬、佥事杨辅等，督同指挥王杰等，带领官军酌量抚捕诸瑶。而贵等惟耽宴安，俱已回司，致令贼徒猖獗，为民患害，乞将贵等治罪。上曰：失机官正当重罪，但急于讨贼，姑记之。命御史责死罪状，令督兵设法擒捕，必欲擒获。若仍避事纵贼，必罪不宥。

壬戌（二十六日）［木邦宣慰使求麓川地方，令酌量与之］

镇守云南太监萧保奏：木邦宣慰使罕盖法求麓川地方。会同总兵官沐斌、侍郎杨宁等议，麓川地方已设陇川宣抚司，建官分管矣。惟余孟止一处，欲拨与木邦，未敢擅便。事下兵部，请移文斌等审勘，孟止与木邦相去几程，及与陇川宣抚司有无干涉。上曰：保既会斌等详议奏来，不须再勘。俟侯琎去时，会同保及三司酌量与之。如有碍，仍奏闻，朕自筹度。

明英宗实录卷一百四十三

七月

庚午（初四日）［设四川思曩日安抚司］

设四川思曩日安抚司，以头目阿思观为安抚，属松潘等处军民指挥使司管辖。先是，阿思观父端葛，洪武中归顺，朝廷给与金牌，令抚番人。至阿思观又能招抚生番，累有边功，故特置安抚司而授之职。

壬申（初六日）［禁出境结交夷人，令守备官严加巡捕］

云南总兵官黔国公沐斌等奏：按察佥事李璀言，宜停筑腾冲城。招抚贼子思机发，量与小职。事皆窒碍难行。其禁出境结交夷人，宜从所言。上曰：甃腾冲土城，起调官军，令侯侯（琏）〔琎〕去，同沐斌、萧保等从容整理，不许逼迫。并遣人去招谕思机发，令自来朝贡，朝廷推恩处置，否则调军剿杀。结交夷人者，令各守备官严加巡捕，但犯者不分官豪势要之家，如例治罪。

戊寅（十二日）［论斩获思任发功］

论斩获思任发功。升正千户王政等二级。其余三次二次下缅并协同斩获贼首者，冲冒瘴毒身故者，四次三次下缅并入木邦者，俱升一级，仍赏白银、彩币、绢、布有差。共一千二百三十六人。

乙酉（十九日）［乌思藏大慈法王、宁番卫剌麻、轴定等寺剌麻、长河西鱼通宁远等处剌麻等朝贡］

乌思藏大慈法王徒呆竺呃简参藏卜、宁番卫剌麻锁南峨瑟、轴定等寺剌麻锁南藏卜、长河西鱼通宁远等处剌麻腊缚札思巴等，贡马及方物。赐宴并钞、彩段、僧衣等物有差。

戊子（二十二日）［谕思机发赴京朝见，赦其前罪］

敕谕思机发曰：尔祖父以来，受朝廷大恩，设立衙门，授以官职，管治人民。尔父思任发悖逆不道，杀掠邻境。朝廷不得已命将率兵往问其罪，杀尔党类。尔父为缅人斩首来献，朝廷诛恶之典已行矣。朕复念罚弗及嗣，帝王盛德。况闻尔父为恶，尔累劝谏，及屡遣弟招赛等来朝请罪。近者又差陶孟刀克猛等朝贡到京，称尔欲亲身来朝，虑为恶已深，恐获重罪。然朕以大信治天下，岂肯失信于远人？已令该部及云南总兵、镇守等官，晓谕刀克猛等，并遣人护送回尔处。今特差人赍敕前去，悉赦尔前罪。尔即亲带头目人等赴京朝见，朕量授尔官职，拨与土地人民管属。如尔犹豫，不遵朕言，必命大将统率精兵，直压孟养，捣尔巢寨，此时虽悔无及矣。盖恩必加悔过之人，法不容怙终之类。朕悯尔累次恳求，特为推恩，保全尔生，实天道神明所共鉴也，尔其深省之。复虑孟养头目、人民内，有不知礼法之徒，或诱尔潜躲，或挟制尔不出，非特有害于尔，亦贻祸于彼生灵。并遣敕谕彼，令护送尔来朝，并将尔遗下家口、财产、部属等项，用心照管，待尔有定，一一交付，毋致纤毫疏失。朕不食言，敢有不遵朕命者，一体剿杀不赦，并谕尔知，故谕。

壬辰（二十六日）［四川石砫宣抚司土官舍人、广东电白县瑶头、湖广施南宣抚司土官舍人等朝贡］

四川重庆卫石砫宣抚司土官舍人马应文、广东高州府电白县瑶头陈池、湖广施南宣抚司土官舍人向潮暹等，各贡马及方物。赐钞、彩段等物有差。

明英宗实录卷一百四十四

八月

癸卯（初八日）［木邦宣慰、缅甸故宣慰子遣使献思任发首及诸俘馘至京，并进贡］

木邦宣慰罕盖法，缅甸故宣慰子卜剌浪马哈省以速剌，遣陶孟刀路猛等，偕千户王政等，献思任发首及诸俘馘至京，并贡金银什器、象牙、土锦等物。上命卜剌浪马哈省以速剌袭为宣慰使，赐路猛等宴并彩币表里等物有差。路猛等还，俾赍敕及彩币褒赐两宣慰，仍给赐卜剌浪马哈省以速剌冠带、印信。

［云南广南卫官军分两班轮流赴腾冲卫屯守并包砌城垣］

先是，云南广南卫千户邓镛奏：本卫去腾冲二千余里。兵部尚书王骥等奏，将本卫全伍调去腾冲，委是迁徙艰难。况彼处修造未完，难于守备；田地狭少，难于屯种。乞照广西例，轮流前去屯守。事下兵部，行云南总兵等官会审。至是覆奏，依违莫决。上命兵部移文侯琎等，将本卫强壮军编成两班，选廉干指挥提督，轮流往腾冲操备。就同本所见在军及各卫所拨去军匠相兼包砌城垣，务要尽心抚恤军士，以渐用工，不许私役剥削，致令艰苦逃窜，犯者重罪不恕。待包砌完日，琎同都司、按察司管屯官，去腾冲踏看附近堪屯种田地，画图贴说，仍与沐斌、萧保等通议起调屯守方略，奏来处置。务在事可经久，人不失所。

戊申（十三日）［云南生肄业南京国子监者例赐夏衣违时，命究治之］

云南生肄业南京国子监者，例赐夏衣。每岁先期工部制衣，礼部奏给。是岁秋半，南京始奏至。上以所司怠时废事，命究治之。

［命金齿司指挥使吴雄署都指挥佥事，兼守顺宁府五井、浪沧江等处］

镇守云南太监萧保言：云南永平地连顺宁府五井、浪沧江，俱系生蒲住居，野性强悍，山寨险峻，时出劫掠。今金齿司指挥使吴雄，历练老成，守御永平，蒲蛮畏服。乞量升其职，使兼守顺宁五井、浪沧江等处。事下兵部，请移文云南总兵、参赞等官会勘。上命不必会勘，准所奏。命雄署都指挥佥事，兼守其地。

辛亥（十六日）［云南木邦宣慰使罕盖法奏乞麓川地方与之管辖，又乞都指挥同知李昇、千户鲍照助其管辖地方］

云南木邦宣慰使罕盖法奏，乞麓川地方与之管辖。兵部言：麓川已开设陇川宣抚司衙门，难以与彼。宜仍敕云南总兵等官，遵奉前敕，体勘孟止地方，应否拨与木邦管辖。上从其言。罕盖法又奏，乞遣都指挥同知李昇、千户鲍照助彼管辖地方。上曰：李昇系都司官，不动。其令总兵、镇守官查以前曾无差官在彼事例，及鲍照应否差去，奏来定夺，务要事可经久。

癸丑（十八日）［广西镇远州土官知州、湖广木册长官司副长官贡马］

广西镇远州土官知州赵得兴、湖广木册长官司副长官崔贵潮等贡马。赐彩币及钞。

［裁四川乌蒙、东川二军民府知事、检校各一员］

裁省四川乌蒙军民府、东川军民府知事、检校各一员。以事简故也。

丁巳（二十二日）［安远侯柳溥等“坐藤县堡失机”降职］

宥广西总兵官安远侯柳溥、参将都指挥同知田真罪，降把总领哨。署都指挥同知郝真为指挥佥事，立功边卫。坐藤县堡失机，真怠于巡督，溥等失不参奏。为巡按御史所劾，覆得实也。

明英宗实录卷一百四十五

九月

甲戌（初九日）［云南芒市长官司长官所遣陶孟、乌思藏剌麻朝贡］

云南芒市长官司长官放革遣陶孟放袄，并乌思藏剌麻表殊言千等，来朝贡马及金银器皿、土锦、氆氇、刀甲等物。赐宴并彩币表里等物有差。

庚辰（十五日）［命缅甸宣慰使调度“夷兵”，擒献思机发］

兵部奏：云南木邦宣慰罕盖法先将金帛及割地与缅甸宣慰卜剌浪马哈省以速剌，易反贼思任发斩首级付官军来献，已蒙朝廷各赐敕褒赏。今卜剌浪马哈省以速剌又奏求孟养戛里地方，且请大军剿灭思机发兄弟，而已出兵为助。臣等以为思机发屡遣人纳贡悔罪，宜敕云南总兵等官抚谕，速其赴阙。若再推延，即遣人谕卜剌浪马哈省以速剌，令其擒缚思机发来献，乃可许以孟养戛里地方。上敕谕卜剌浪马哈省以速剌曰：尔能调度夷兵，南据戛里，北度金沙，置思机发于陷阱，可不战而成擒矣。至易之功，勿为他人所得，以膺重赏，以树茂功。时不可失，尔其勉之。

辛巳（十六日）［广东左参议杨信民奏言广西瑶人“劫掠”广东化州，乞暂调回广西官军，于两广交界之处设立营堡］

广东左参议杨信民言：广西瑶贼劫掠化州，执其知州茅自得，索取金银赎回，杀死千户汪义等官，焚劫致仕御史陈贞豫等家。窃原此贼皆自广西来劫广东，乞暂将原调广西官军取回，于两广交界之处设立营堡。事下兵部议，以为广西贼之巢窟，尤宜镇遏。信民言难从，宜行广东三司会议，果应立营，别调旁近卫所官军哨守。从之。

壬午（十七日）［四川宜宾县木用等寨岁纳茶米改令乌蒙征纳］

四川叙州府宜宾县奏：木用等寨夷民二百五十余户，洪武四年归附，占籍本县。岁纳茶五千七百余斤、米三百石。后开设乌蒙军民府，其民俱隶乌蒙，而茶、米仍于宜宾追征，乞改令乌蒙征纳。事下三司覆视，从之。

明英宗实录卷一百四十七

十一月

戊辰（初四日）［革四川乌撒军民府乌撒在城、乌蒙军民府黑章、永宁宣抚司赤水河并贵州贵州宣慰司毕节四递运所］

革四川乌撒军民府乌撒在城、乌蒙军民府黑章、永宁宣抚司赤水河并贵州贵州宣慰司毕节四递运所。

辛未（初七日）［云南孟琏长官司所遣之人并四川马湖府土僧朝贡］

云南孟琏长官司遣人并四川马湖府土僧妙容，来朝贡马及银器等物。赐宴及彩币表里有差。

丁丑（十三日）［贵州各卫站铺、旗甲、军余奏请免食盐钞］

初，贵州民奏免食盐钞。至是，各卫站铺、旗甲、军余又请如例免征。从之。

庚辰（十六日）［敕云南署都指挥佥事"提督屯种，征纳子粒"］

敕云南都司署都指挥佥事司韶曰：先因云南地方膏腴之田，多为权豪占据耕种，及将殷富军余隐占私役。命都指挥佥事张麟等取勘，颇有成效。今麟已故，特升尔职，同按察司提督屯种，征纳子粒。麟处置已停当者不许纷更，有废弛不便于军民者须与总兵等官计议处置。或有占据田地、私役军余、沮坏屯种者，依法究问。事重者奏闻区处。尔须持廉秉公，爱恤军士，务使仓廪充实，斯称任使。如尔不称，治罪不宥。尔其钦承之。

壬午（十八日）［以筑腾冲城，赏黔国公沐斌等及守备听调京官等钞锭］

赏云南总兵官黔国公沐斌等及守备听调京官、达官、旗舍人等一万五千九百八十二人钞锭有差，以修筑腾冲城也。

甲申（二十日）［以广西思恩府为思恩军民府］

以广西思恩府为思恩军民府，从土官知府岑瑛奏请也。

［停征安隆长官司原管垄光等寨逋负秋粮］

停征广西安隆长官司土官岑聪原管垄光等一十八寨逋负秋粮。先是，聪祖父以军功给赏各寨，递年供办粮差。至是聪奏，各寨被普安州土官隆本占据，自正统五年至今，每年秋粮三百七十石，无从营办，故命停征。

乙酉（二十一日）［云南木邦宣慰司、大侯州、镇康州、湾甸州土官等各遣人朝贡］

云南木邦宣慰司宣慰罕盖法、大（候）〔侯〕州知州奉外法、镇康州知州刀门光、湾甸州舍人景隆法等各遣人贡银器、象、马等物。赐币、衣服等物有差。

明英宗实录卷一百四十八

十二月

辛丑（初八日）［摘拨守城铺土军余丁耕种大理等卫所余地］

参赞云南军务刑部右侍郎杨宁奏：访得云南诸卫所，因修造军器，及供给往复，夷人军余不胜烦扰。各卫所俱有余地，请照事烦简量亩数，拨大理卫五百六十亩，澜沧卫二百亩，洱海卫三百亩，楚雄卫四百亩，金齿军民指挥司七百亩，腾冲卫指挥司并守御千户所三百亩。摘拨守城铺土军余丁耕种，收获子粒，官为收贮，支销应用，庶军余得免科扰。从之。

癸卯（初十日）［设广西巡检司三十六所］

设广西巡检司三十六所。梧州府苍梧县罗粒寨，藤县禤洲、周村、驿面、义昌，容县招贤、水源，岑溪县览山，怀集县兰峒，郁林州辛仓、陆云、横岭、鸣水、容山、抚康，博白县春台、安定、平山、北当寨，北流县都陇、清湾、中山，陆川县临厢、安宁、横山，兴业县平安、长宁，凡二十七所。浔州府桂平县罗秀里，贵县郭东、东博渡、瓦塘渡、桥头墟，平南县三堆峒、心大峡、平岭，凡九所。徙容县大洞巡检司于黄冲口，怀集县武诚乡巡检司于白沙，北流县双威寨巡检司于扶来，桂平县靖宁乡巡检司于岭头村，思隆乡巡检司于平田村，木盘浦巡检司于上犁村，贵县辛安寨巡检司于横根江，五州寨巡检司于白竹岭，平南县秦川乡巡检司于大零村。授土人蒙才等五十六人为土官副巡检。从广西都布按三司等官议也。

甲辰（十一日）［云南武定军民府、楚雄府沙矣旧巡检司与贵州金筑安抚司及木华等长官司土官贡马］

云南武定军民府把事李英、楚雄府沙矣旧巡检司兵牌头目李文广，贵州金筑安抚司及木华等长官司安抚金镛等，遣人来朝贡马。赐彩币等物有差。

［置铜鼓卫儒学］

置铜鼓卫儒学，铨官降印。从本卫奏请也。

戊申（十五日）［四川建昌卫署都指挥佥事设立土豪通事，所行皆不法，法司请令巡按与四川按察司并行都司堂上官查实奏闻］

四川行都司建昌卫土官把事刘华、严奴奏署都指挥佥事施祥设立土豪通事，起灭词讼，剥害夷民，殴人致死等事。法司请下巡按御史，会四川按察司并行都司堂上官，廉其实以闻。从之。

丙辰（二十三日）［令王杲、高广、寇深等擒董敏及同恶之人，解京区处］

敕镇守松潘等指挥佥事王杲、高广，提督兵备右佥都御史寇深等曰：得尔等奏，董敏赦后不悛前非，请为擒治，悉从所言。但此贼性素狡诈，多布耳目，若谋之不密，必致泄漏，捕之不勇，或致逃遁。尔等其多方密谋，擒敏及同恶之人，鞫问明白，解京区处，仍明以敏罪，谕彼人民，令安生业，毋致疑惧。

辛酉（二十八日）［添松潘、叠溪二卫所军士月粮］

提督松潘兵备右佥都御史寇深言：松潘、叠溪二卫所，地临极边，军士艰窘，难以责其效力。请不分人口多寡，月粮俱给一石。事下户部言：松潘原定拟十口以上者给一石，八九口者支八斗，七口以下自七斗递减之。叠溪军士俱给八斗，中间差拨哨守者又支口粮。若再添支，诚恐供运益艰。请已支一石并八斗者如旧，七斗以下，俱添至八斗。从之。

壬戌（二十九日）［命四川都指挥佥事徐贵等分守松潘等处地方］

命四川都指挥佥事徐贵、郭礼、孙敬，提督官军，分守松潘等处地方。贵自西宁关至平夷堡，礼自金瓶崖至靖夷堡，敬自永镇堡至新堡，俱听镇守都指挥佥事王杲等调遣。从提督兵备右佥都御史寇深奏请也。

明英宗实录卷一百四十九

正统十二年丁卯（1447）

正月

丙子（十三日）［云南鹤庆知府奏请限制土官家僮、庄户数量］

云南鹤庆军民府知府林遒节奏：所辖诸州多土官，其见任者家僮、庄户动计数百，不供租赋，放逸为非。请依品级，量免数丁，其余悉入编氓，俾供徭役，下可以纾百姓之力，上可消不虞之患。事下三司议：四品以上宜免十六丁，五品、六品免十二丁，七品以下递减二丁，其余悉入编氓。上曰：所议良是，然处置须安详，务俾夷民得所，不致惊疑，敢有托事侵扰者罪之。

丁丑（十四日）［四川杂谷安抚司向化番僧朝贡］

四川杂谷安抚司加撒等寨向化番僧加藏等来朝贡马及明铁甲。赐宴并彩币、僧衣等物。

己卯（十六日）［遣官军护送乌思藏使臣愿回者出境］

乌思藏答隆地面剌麻赏初坚铧巴藏卜等遣番僧奏称：宣德年间，遣来使臣国师哈力麻、指挥必力工等三百余人，分住于丹的寺等处，被达贼阻杀，至今未回，乞遣军马开通道路护送。上从之，仍谕礼部：宣德年间乌思藏来朝使臣亦有在河州居住年久，家业已成，不愿回者，今若一概逼迫出境，恐致失所。其领镇守西宁都指挥佥事汪清，同该卫官体勘见在人数，并各人实情。其愿回者，量拨人马护送出境，听其自回，仍严戒饬护送人，在途不许生事扰害，有失远人之心。

癸未（二十日）［湖广、贵州、云南等处哨堡“军士在逃，器械不备”，敕各处总兵、参将等严加禁约］

巡按云南监察御史段信奏：湖广、贵州、云南等处，哨堡官旗率不用心，以致军士在逃，器械不备。倘有不测，何以救应？宜敕各处总兵、参将等官，严加禁约，仍令都察院转行各处巡按御史，及按察司分巡等官，点视提督。如有仍蹈前非，执问如律。从之。

甲申（二十一日）［设云南宁州医学］

设云南临安府宁州医学，置典科一员。

辛卯（二十八日）［命湖广桑植安抚司安抚向思富孙袭职］

命湖广九溪卫桑植安抚司安抚向思富孙永政袭职。

明英宗实录卷一百五十

二月

甲午（初一日）［设湖广铜鼓卫儒学］

设湖广铜鼓卫儒学，置教授一员、训导二员。

乙未（初三日）［土官衙门进贡马匹，由总兵官会同三司办验毛齿等第］

礼部奏：各处土官衙门岁进马，存留给军。今贵州等布政司土官，每岁故将矮小老弱马呈送给军，以致瘦损倒死，令军买补。宜通行禁约，今后务要拣选进贡。待积有二千余匹，镇守总兵官会同三司办验毛齿等第，具奏给军。从之。

丙申（初四日）［升乌思藏头目为都指挥佥事］

升乌思藏头目札失坚锉藏卜为都指挥佥事。

丁酉（初五日）［敕谕陇川宣抚司宣抚及其子毋怀疑惧］

敕谕云南陇川宣抚司宣抚恭项并男长官（忝）〔恭〕立曰：比者总兵等官奏，尔与百夫长刀木立互相仇杀，人民怀怨，谋欲害尔父子。朕特命总兵官迁尔于云南，俾不失所。及遣官往陇川，起取尔家属完聚，待其宁靖，加恩处置。为恶之人，必治以法。尔父子宜体朕悯恤之意，毋怀疑惧。

己亥（初七日）［云南永平县夷民被官舍旗军倚势骚扰，令加以禁约，其扰害者治罪］

云南金齿军民指挥使司永平县土官县丞马震奏：本县地居边境，诸种夷民刀耕火种，先被本司官舍、旗军倚势骚扰，逼民逃窜。近又被附近永平千户所官舍、旗军放债取利，准折子女田产。又经过官军需索资物，稍有不从，辄遭荼毒。夷民愈贫，实为大患，乞将本县径隶布政司管辖。上命都察院出榜通行云南土官衙门禁约，及行巡按御史并按察司，廉其扰害者擒治如律。其欲以县径隶布政司，不允。

辛丑（初九日）［四川松潘卫白马路长官司贡马］

四川松潘卫白马路长官司头目吉笑等贡马。赐以彩币。

甲辰（十二日）［四川泥溪长官司长官奏请设巡检司，其弟“冒受官职”，至是事发，命革去巡检司，执长官等治罪］

先是，四川马湖府泥溪长官司长官王嵩奏：强贼行劫，为民人王弼捕获，乞于悔泥溪设巡检司，以弼为巡检。从之。至是，本府通事何良等奏：悔泥溪非关隘之处，弼乃嵩之弟，嵩朦胧奏请，冒受官职。下巡按御史等官会勘，如良等所奏，命革去巡检司，执嵩等治之。

丁未（十五日）［设广西思恩军民府儒学］

设广西思恩军民府儒学，置教授一员、训（道）〔导〕四员。从本府奏请也。

戊申（十六日）［置、革、移广西庆远等府州县巡检司］

置广西庆远府河池县都铭镇，柳州府洛容县章骆镇，柳城县廖峒镇、古清镇，罗城县中峒镇，融县西峒镇、大约镇、保江镇、理源镇，来宾县游岩镇，上林县思龙镇，象州尖山镇，十二巡检司。

革庆远府东兰州、文州隘口，目州隘口，宜山县述院镇，忻城县来苏镇，五巡检司。移庆远府河池县土堡镇巡检司于大山均峒口，柳州府马平县辛兴镇巡检司于穿山旧驿，归化镇巡检司于奉村，都博镇巡检司于火甲堡，洛容县平乐镇巡检司于大河村，柳城县古寨镇巡检司于东寨，洛好镇巡检司于马跑泉，罗城县莫离镇巡检司于东江莫埠，安湘镇巡检司于郭城隘，乐善镇巡检司于烦口，通道镇巡检司于高悬里，来宾县界牌镇巡检司于中望村，迁江县罗目镇巡检司于蓝径，武宣县廓镇巡检司于甜台村，周冲镇巡检司于长塘村，安永镇巡检司于冷水镇。俱从总兵官安远侯柳溥奏请也。

庚戌（十八日）［设云南宜良县医学］

设云南云南府宜良县医学，置训科一员。

癸丑（二十一日）［云南木邦宣慰使等朝贡谢恩，颁赐各官彩币等物］

敕谕云南木邦军民宣慰使司宣慰使罕盖法曰：曩因麓贼思任发悖逆，朕命将征剿。尔起集夷兵，协助官军。及思任发逃往缅甸，尔复捐地方，取贼首级解京。朕深嘉悦，已遣敕褒谕，厚加赏赉，并遣官谕祭尔母，以表其贤。今尔遣使赍金银器皿、方物来谢，益见忠敬之诚，特赐尔并妻彩币。尔奏请免岁办银八锭，特免三年，以后仍旧办纳。尔又奏讨麓川地方，朝廷先设陇川宣抚司，除官管治已定，仍念尔功，令总兵等官查孟止地方，果无违碍，听拨尔管食。尔又奏请孟撒、孟影、孟蒙地方，然彼处见差人来京谢恩，俱奏前项地方系其祖父世食之地。朕复命总兵等官覆勘，从公处置，庶彼此相安，不致乖违，切不可因贪小利，致有纷争，尔其钦承朕命毋怠。并敕罕盖法男孟定府守管地方罕郭法，大（候）〔侯〕州土官知州奉敬法、刀奉送，孟琏长官司故土官刀派罕男刀派乐，孟楞地方头目陶孟囊楪，镇康州土官知州刀孟广、判官刀控虐，湾甸州土官知州景隆法、判官刀匾垠等，及颁赐各官并其妻彩币等物。俱命来使赍与之。

丙辰（二十四日）［云南嶍峨县土官知县贡马］

云南临安府嶍峨县土官知县禄万钟贡马。赐以钞锭、彩币。

明英宗实录卷一百五十一

三月

癸酉（十一日）［云南武职就地会官比试］

参赞云南军务兵部左侍郎侯琎奏：云南去京师一万余里，其武职应比试者，多孤弱贫窘，路费不给。乞如守备官例，就彼会官比试为便。从之。

甲戌（十二日）［广西结安州、都结州、镇远州头目进贺表笺“过期”方至］

礼部尚书胡濙等奏：广西结安州头目黄玄、都结州头目覃召、镇远州头目赵宽，各赍捧庆贺圣节、冬至、正旦表笺，过期方至，应送法司论罪。上俱宥之。

［设云南和曲州小甸巡检司、南甸县干海子巡检司，革金齿司蒲缥镇夷关等六关］

设云南和曲州小甸巡检司、南甸县干海子巡检司，各置巡检一员。革金齿司蒲缥镇夷关、官市关、石龙砰关、山达关、永平御南关，及楚雄卫西关。

乙亥（十三日）［推选汉官掌腾冲指挥使司印］

参赞云南军务兵部左侍郎侯琎奏：新设腾冲指挥使司缺官掌事，其金齿司指挥佥事刘春、张善、土胜、冯睿、尹盛，俱腾冲土人，熟知夷情，请改任之。上命琎同总兵、镇守官，于金齿司推选汉官指挥能干者一员，掌腾冲司印。刘睿等协同视事。

戊寅（十六日）［四川茂州草坡寨首与苏村寨民仇杀先后贡马、铁甲，乞贷死，帝宥之，谕其再为恶仍调兵捕之无赦］

四川茂州草坡寨首加悟与苏村寨民仇杀，窜杂谷者数年。先是尝贡马，至是又遣其弟以铁甲六副纳官，乞贷死。右佥都御史寇深以闻，上命姑宥之，若再为恶，仍调兵捕之无赦。

壬午（二十日）［裁省云南武定军民府通判、知事、检校各一员，和曲、禄劝二州同知各一员］

裁省云南武定军民府通判、知事、检校各一员，和曲、禄劝二州同知各一员。

丁亥（二十五日）［蠲除云南所属云南等府州县五河泊所无征课米麦］

蠲除云南所属云南等府州县五河泊所无征课米麦二千七百五十七石八斗，以各处湖泊淤塞，人户死亡故也。

［云南姚安军民府故土官子、广西茗盈州土官舍人等贡方物］

……云南姚安军民府故土官知府高贤子嵩、广西茗盈州土官舍人李玄等来朝贡方物。赐以钞币。

明英宗实录卷一百五十二

四月

癸巳（初二日）［广东新兴县故土官典史男、云南北胜州土官舍人贡马］

广东肇庆府新兴县故土官典史廖谦男继祖、云南北胜州土官舍人章远能等来朝贡马。赐彩段表里等物有差。

甲午（初三日）［设四川简县龙泉镇巡检司］

设四川成都府简县龙泉镇巡检司，置巡检一员。从参议杨润奏请也。

己亥（初八日）［黔国公沐斌奏请谕木邦、缅甸诸宣慰司，令集“夷兵”，官军驻腾冲以助其势，攻伐思机发］

云南总兵官黔国公沐斌奏：臣遣千户明庸，招谕贼子思机发，思机发以其所遣弟招赛及男哀准不回，心怀疑惧，终不肯出。近缅甸卜剌浪为思机发掠其牛马、金银，欲进兵攻取。臣等议遣人分谕木邦、缅甸诸宣慰司，令集夷兵，刻期过江，分道并进。臣等率官军万人驻腾冲，以助其势，使贼四面受敌，成擒必矣。上遣敕允之。

辛丑（初十日）［黔国公沐斌等拒思机发所馈银两］

云南总兵官黔国公沐斌言：思机发遣夷首赍银一百五十两馈臣与太监，并参赞、侍郎等官，固拒之，恐生疑惧，已封识于公府。上命易粮，以备官军支用。

辛酉（三十日）［崖州千户洪瑜捕“贼”，为“贼”遮截，大败逃回，按察使郭智坐以重罪，佥事李铉奏请“乞全瑜生”，令其立功以赎，帝从之］

广东琼山县典史姚仲彝，以事如崖州，猝遇黎贼，杀死其从人。崖州千户陈政、洪瑜谓此必抱盈、匿材二村贼，发军围之。比夜反为贼遮截，杀官军七十余，政死，瑜从间道逃。按察使郭智、署都指挥杜信继往招抚，贼诣军降。智案瑜虏掠已降附黎人，利其所有，坐斩。佥事李铉谓：瑜因贼杀人，于职当捕。不幸多没官军，坐以重罪，可悯。此乃智欲希招抚功，故加瑜罪，乞全瑜生，令于本处立功以赎。从之。

明英宗实录卷一百五十三

闰四月

甲戌（十二日）［云南罗雄州土官等奏称土民因运粮、灾伤，各携老幼逃往广西等府，乞云南布按二司设法招抚，停免拖欠税粮］

云南曲靖军民府罗雄州土官沙陀等奏：本州土民累因馈运粮储，及被灾伤，各携老幼逃往广西等府潜住，遗下税粮累及见在人户。乞下云南布按二司，设法招抚，拖欠税粮亦乞停免。从之。

戊子（二十七日）［增置茂州同知］

提督松潘兵备右佥都御史寇深奏：掌茂州事四川右参议陈敏，往来抚恤番民，赞理军务，州事难于兼理，乞别除知州。事下吏部覆奏：敏久在茂州，熟于夷情。若别除知州代之，恐夷民卒未信服，但增置同知一员为便。从之。

明英宗实录卷一百五十四

五月

乙未（初五日）［户部奏称云南诸府往岁逃徙“夷民”复业者多，请自正统十三年起如旧额追征银两］

户部奏：往岁云南诸府夷民逃徙，奏免岁征银两。近闻复业者多，请自明年仍如旧额追征。从之。

丁酉（初七日）［命署都指挥佥事陈德往广东廉、雷、高、肇四府“抚治夷人”］

命署都指挥佥事陈德，往广东廉、雷、高、肇四府，提督官军守备，抚治夷人。敕曰：广东地连岭海，蛮夷杂处。近年都司官恃边防久安，兵备纵弛，以致夷人轻侮，出没为非。失机官旗，虽置于法，而受害者何赎？尔至，须整率士马，振扬威武。革积年因袭之弊，惩累岁退避之奸。事所当革当建者，尔同巡按御史及三司官会议以闻。尔尤须持廉秉公，以身率人，夙夜筹画，用副委任之意。

壬寅（十二日）［命云南金齿司输银及银碗诸物于腾冲，备赏赐有功官军］

命云南金齿司输银一万五千两及银碗、纱罗、绢、布诸物于腾冲，备有功官军赏赐。从参赞军务兵部左侍郎侯琎奏请也。

甲寅（二十四日）［四川建昌等五卫仓及冕山桥千户所仓隶布政司］

改四川建昌、盐井、宁番、越嶲、会川五卫仓，并冕山桥千户所仓，俱隶四川布政司。

乙卯（二十五日）［命思机发弟招赛为头目］

命思机发弟招赛为头目，给月粮、房屋，隶锦衣卫，其从人俱令驯象所供役。初，思机发遣招赛诣阙谢罪，上命居于云南。至是，其党涓孟车等复聚夷人作乱，被官军杀败，思机发亦逃窜，莫知所之，故取招赛来京，冀以招徕思机发也。

明英宗实录卷一百五十五

六月

壬戌（初二日）［四川沐川等长官司舍人、泥溪长官司土官弟、平夷长官司把事与云南洱海卫土官舍人贡马］

四川马湖府沐川等长官司舍人安乐、泥溪长官司土官弟王瑞、平夷长官司把事杨俊，云南洱海卫中左千户所土官舍人杨茂春等，来朝贡马。赐宴并彩币等物有差。

庚午（初十日）［湖广忠建宣抚司土官并广东清远县瑶首昌化县黎人“峒首”等朝贡］

湖广施州卫忠（徤）〔建〕宣抚司土官副使（潭）〔谭〕暹，并广东广州清远县瑶首黄庆名、儋州昌化县黎人峒首赵尧勇，云南楚雄府南安州土官判官李保等，来朝贡马及方物。赐钞、彩币表里有差。

庚辰（二十日）［四川松潘卫官军盗关布政司官钞］

四川松潘卫官军盗关布政司官钞一百万一千余贯，按察司佥事朱良勀都指挥使李荣、同知周贵、佥事张信、左布政使邢旭，不严防范之罪。上俱宥之。

辛巳（二十一日）［赐思机发弟招赛等月米、柴］

给赐麓川思机发弟招赛同陶孟刀木立等，每月米二石、柴一百斤。

戊子（二十八日）［陇川宣抚司同知为夷民信服，升为宣抚］

云南总兵官黔国公沐斌等奏：臣奉命体察得陇川宣抚司宣抚恭项暴杀无辜，刻虐夷人，同知刀歪孟为夷民信服。乞将恭项等安置别卫，而以刀歪孟代理其任。上谓兵部臣曰：恭项论法当处以死，但念来归之初，颇有微劳，特屈法宥之。同妻孥发遣曲靖府卫安置，保全其生。若再生事，必罪（必）〔不〕宥。刀歪孟既得夷情，即升为宣抚，俾掌印管事，保守地方，仍令总兵官遣官赍敕往谕之。

明英宗实录卷一百五十六

七月

壬辰（初二日）[以云南瓦甸等长官司、腾冲州等处催办差发金银，骚动“夷人”，云南按察司佥事李瓘奏请将原认金银一概罢免]

云南按察司佥事李瓘奏：云南初立木邦等宣慰司、孟艮等府，惟以羁縻远人而已。近改瓦甸等长官司隶布政司，又开设腾冲州，滥保土官，催办差发金银，骚动夷人，致使含怨报仇，遂成西南之患。臣以为金银有名无实，俱递年番臣横敛入已，朝廷不得其用。乞将原认金银一概罢免，惟令依期贡献方物，以彰朝廷柔远之恩，庶可杜绝边衅。奏下户部言：金银系洪武旧制，难为除免。惟行云南布政司，审其番臣横敛者，具奏处置。从之。

癸巳（初三日）[贵州普安州营把、“夷老”等贡马]

贵州普安州营把、夷老者纳等来朝贡马。赐钞币等物。

己亥（初九日）[祔太傅黔国公沐晟于其父庙以祀]

云南左等卫、昆明等县军民耆老言：太傅黔国公沐晟镇抚云南余四十年，夷夏悦服，边陲宁谧。往征交阯，以功进爵。北征麓川，卒于途次。已蒙恩加封定远王，赐谥忠敬。论其勋劳，宜有庙祀，以慰民望。下礼部议：晋将军卞壶以讨贼战死，立庙祀之。其二子眕、盱亦以战死，祔食壸庙。今晟先父黔宁王英宜如壸父子例，祔晟于其父庙以祀。从之。

辛丑（十一日）［置云南腾冲指挥使司经历、知事各一员］

置云南腾冲军民指挥使司经历、知事各一员。

丁未（十七日）［四川九姓长官司长官、泥溪长官司土官舍人等、湖广桑植安抚司把事贡马］

四川永宁宣抚司九姓长官司长官任爵、马湖府泥溪长官司土官舍人王遵等、湖广桑植安抚司把事谭彪来朝贡马。赐钞、彩币表里有差。

庚戌（二十日）［广西泗城州、利州因互相仇杀，递年拖欠秋粮，令二州依旧额办纳税粮］

广西总兵官安远侯柳溥等奏：广西泗城州、利州先因互相仇杀，递年拖欠秋粮一千九百三十余石。后虽分拨稍宁，然所负粮终不认纳。望曲加宽贷，停征所负，仍敕该部移文广西布政司，令二州各认原拨换地方额粮，依数办纳。如复不从，执问如律。从之。

明英宗实录卷一百五十七

八月

辛未（十二日）［董卜韩胡宣慰使司都指挥同知遣剌麻朝贡］

董卜韩胡宣慰使司都指挥同知克罗俄监粲遣温卜剌麻罗孤纳思等贡马及方物。赐宴并金织彩币表里等物。

［敕董卜韩胡宣慰使司指挥同知克罗俄监粲抚率部属，各安生业］

复敕克罗俄监粲曰：尔奏保子关巡检董敏，械系至京，乞为矜怜。并千户唐泰接受杂谷财物，通事徐受冒引番人朝贡，皆乞怜之事具悉。然朝廷赏功罚罪，务从公道。尔叔父也失监粲等皆修职奉贡，故我祖宗厚加赏赐。至尔又克效力捕贼，朕特重加官赏。此朝廷赏功之典也。今敏先与王永仇杀，遣官招抚，百诈拒命。赍敕往谕，仍肆奸谋。朝廷捕治，监候偿命。此诛恶之意也。尔等不以好恶公正为心，辄与之曲辞辩释，量必为敏党所诳故耳。尔自今宜深体尔父、叔忠敬之意，抚率部属，各安生业。其泰受山事，已令风宪官从公访察，俟其至日处置，并谕尔知之。

丙子（十七日）［湖广桑植安抚司所遣把事、四川泥溪长官司土官舍人朝贡］

湖广桑植安抚司遣把事谭彪等，四川马湖府泥溪长官司土官舍人王遵等，贡马、驼、方物。赐钞、彩币表里有差。

丁丑（十八日）［四川威州守备佥事郭礼克军士月粮，命巡按逮治之］

四川按察司奏：都指挥佥事郭礼守备威州，克军士月粮。上命巡按御史逮治之。

［敕云南车里、八百大甸、老挝三宣慰使］

敕云南车里军民宣慰使司宣慰使刀霸羡、八百大甸军民宣慰使司宣慰使招孟禄、老挝军民宣慰使司宣慰使刀板养等曰：尔等世居南徼，忠敬朝廷，进贡方物，已有定例。今却奏乞朝廷遣内臣赍敕往尔处催督，尔等受显职，管治一方，通为办理，何必推托。其钦承朕命毋怠。

乙酉（二十六日）［革湖广靖州河泊所］

革湖广靖州河泊所，以所办课钞少故也。

明英宗实录卷一百五十八

九月

庚寅朔（初一日）［四川松潘“番寇”“屡肆劫掠”，都察院请罪王杲、高广等，帝命姑记其罪，再犯不宥］

四川松潘番寇屡肆劫掠，都察院请罪镇守松潘都指挥佥事王杲、高广等。上命姑记其罪，再犯不宥。

甲午（初五日）［四川草塘安抚司安抚致仕，命其子代之］

四川草塘安抚司安抚宋忠诚以疾乞致（使）〔仕〕，命其子景春代之。

明英宗实录卷一百五十九

十月

乙亥（十七日）［贵州清水江等处设置关堡，控制“蛮贼”出没］

先是，巡按贵州监察御史虞祯奏：贵州蛮贼出没，抚之不从，捕之不得，若非设策控制，切恐重为边患。臣观贼所居清水江等处，皆是峭壁悬崖，仅通一径出入。彼得恃险以为恶，我亦得乘险以御之。若将江外山口尽行闭塞，江内山口并津渡俱设关堡，就调土兵守把，则在山者无从而出，在外者无从而入，虽欲纠结为非，不可得矣。又于要路立哨堡，调委官军守把，遇贼出劫，随即体究经何关堡，将守把之人问罪，仍乞推访蛮寨头目素有才干者，保为办事官，俾其提督土兵，劝喻蛮夷。盖彼通其言语，知其情伪，而夷性各从其类，不生惊疑，倘有他策，亦可集事。事下兵部覆奏。从之。

乙酉（二十七日）［黔国公沐斌等率官军往腾冲，督“夷兵”追捕思机发］

云南总兵官黔国公沐斌等率官军往腾冲，催督夷兵追捕思机发。思机发闻之，遣其徒来朝贡。上敕斌等曰：蜂虿有毒，古人善喻。此贼设计缓师，卿等即遣人谕以祸福，许以不死，趣其入朝。再有延缓，亟扑灭之，毋贻患将来。

丁亥（二十九日）［以“清谨有为，化服洞瑶”复黔阳县主簿职，罚审核不当官员］

湖广左布政使萧宽同巡按御史张文、副使邢端考辰州府黔阳县主簿古初，老疾送部。县民相率伏阙言：初到任期年，清谨有为，化服洞瑶，委非老疾，乞令还任。事下巡按御史等官覆核，果如民言，遂复初职，宽等俱罚俸半年。

明英宗实录卷一百六十一

十二月

戊午朔（初一日）［令户部议行豁免广东儋州河泊所蜑民无征鱼课米事宜］

广东儋州河泊所奏：本所蜑民原额船网等业二千二百余户。后因充军逃故，遗下无征鱼课米八百八十余石，积年负累里甲陪纳。乞如诏书例开豁，庶不贻民患。上命户部议行。

乙丑（初八日）［四川长宁安抚司土官遣其子朝贡谢罪］

四川长宁安抚司土官安抚剌麻儿遣其子游竹来朝贡蛮口、铠甲及马。先是，官军捕董敏，长宁诸寨惊疑，攻围城堡。指挥佥事庞瑄与战，败之。至是始来谢罪，上命赐宴并彩币。

戊辰（十一日）［守备松潘北定等关堡都指挥佥事盗官钞事觉，法司论当赎杖，调缘边都司，帝谕不必调］

守备松潘北定等关堡都指挥佥事徐贵尝盗官钞一百六万余贯。事觉，法司论在赦前，当赎杖，调缘边都司。上曰：贵见守边城，不必调。

庚辰（二十三日）［复置贵州镇远府税课司］

复置贵州镇远府税课司。其岁办课钞以本府带管，增其额至一万一千余贯。

壬午（二十五日）［除豁广西思恩军民府民人牛租］

除豁广西思恩军民府民人韦旺瑞等牛租四十余石。以其所领没官牛倒死故也。

明英宗实录卷一百六十二

正统十三年戊辰（1448）

正月

戊戌（十一日）［以征麓川功赏安陆卫后千户小旗等］

赏安陆卫后千户小旗刘广等三人，人银二两、布二匹。以麓川攻克上江刀招汉寨功也。

庚子（十三日）［广西太平州头目表文过期］

礼部尚书胡濙等奏：广西太平府太平州头目黄贵赍捧圣节冬至表文过期，宜罪不敬。上特宥之。

己酉（二十二日）［复设贵州镇远府税课司］

复设贵州镇远府税课司，置大使一员。

庚戌（二十三日）［云南新兴州奏称田土多被各卫豪强官军占种，户部请行云南都布二司勘实惩治］

云南澂江府新兴州奏：本州人少地多，被云南左等五卫豪强、官舍、军余占种。一办粮差，又有强以私债准折民田，不听归赎者。奏下户部，请行云南都布二司勘实惩治。从之。

明英宗实录卷一百六十三

二月

庚申（初四日）［广西左参议甄完奏称思明镇安龙州与交阯连接，有兵守把，无官提督，乞升指挥一员提督兵士］

广西左参议甄完言：所属思明镇安龙州与交阯连接，虽有兵守把，无官提督，年久不免懈怠。土民贪图微利，潜从小路往来交易，诚恐招致边患。乞推公正智勇指挥一员，量加升擢，令其提督禁约。庶边关谨严，地方宁妥。命兵部议行之。

辛酉（初五日）［仍许云南“夷人”纳马］

先是，云南三司以所属夷人差发马多不堪用，奏准马一匹折征银十三两，运库收贮。遇有征调，给军买马骑操。至是夷人各诉银价重，无从出办，愿仍纳马。上以远夷，许从其便。

丁卯（十一日）［云南邓川州奏称民田与大理卫屯田沿湖泽，水淹禾苗，乞疏浚之］

云南邓川州奏：民田与大理卫屯田相连，俱沿湖泽。每岁雨水流徙沙土，将湖尾沟渠淤塞，以致水不泄，禾苗渰没。乞命州、卫军民相兼疏浚。从之。

（乙）〔己〕巳（十三日）［麓川思机发遣头目朝贡］

麓川思机发遣头目刀克猛等来朝贡象、马及金银器皿、差发银等物。礼部议，令其赍彩币给与思机发并其妻。上曰：来朝头目，远路辛勤，待之以恩，宜给赏赐，其思机发赏赐姑止之，待其自来。

壬申（十六日）［湖广三千、平鹞等处苗头攻隆信等寨，令湖广、贵州二参将会同三司、巡按及谙晓“夷情”头目亲去设法抚捕］

湖广参将都指挥佥事张善奏：三千、平鹞等处苗头苗银凑等攻隆信等寨，烧毁房屋，虏掠财物，杀伤人命，不听抚谕。上命兵部速移文善及贵州参将郭瑛，会三司并巡按御史量带官军及谙晓夷情头目，亲去设法抚捕，务在事妥夷安。

己卯（二十三日）［令选官统兵，限期征思机发］

云南总兵官黔国公沐（晟）〔斌〕等奏：贼子思机发弃巢逃命，潜住孟养。荷蒙圣恩，屡降玺书，令其亲身朝见，宥以不死。思机发疑惧不出，累遣官调兵到金沙江贡章驻札，就彼缅船造桥，刻期过江攻取。而缅蛮与贼交构，心怀谲诈，逗遛不进，以致春气瘴发，江水漫阔，船只不敷，不能过江。况粮道〔不〕继，难以久驻，除将官军、夷兵放回，候今秋再调攻取，缘云南军士数少，实难措置。上曰：既是思机发逃遁，累抗朝命，其调南京各卫及各都司军，选官统领，限今年八月中到云南，听总兵官调度征进。

辛巳（二十五日）［**取茶陵等卫运粮官军守备五开等要害处**］

兵部尚书邝埜奏：今调湖广都司各卫所官军征进麓川，其要害五开等处，缺人守备。宜移文总兵、参将等官，查取（查）〔茶〕陵等卫运粮退出官军五千守备，如例支给行粮。候征进官军回日，仍发回各卫。从之。

明英宗实录卷一百六十四

三月

戊子（初三日）［**云南孟养军民宣慰使司大头目等隐藏思机发，敕谕擒捕来献**］

上以云南孟养军民宣慰使司大头目刀变蛮等隐藏贼子思机发，敕谕之曰：孟养乃朝廷开设衙门，尔刀变蛮等敢拒违朝命，一可伐。思机发系贼子，尔等故纵不捕，二可伐。尔孟养昔被思任发侵夺其地，逐尔宣慰刀孟宾，见在云南优养，尔等与仇为党，三可伐。云南总兵等官，世世管属尔地，兹奉朕命，接取贼子，尔等不从调度，四可伐。尔等不过以为山川道路险阻，官军未易遽到。又以为气候瘴疠炎热，官军不可久居。势强则拒敌，力弱则奔遁。殊不知昔马援远标铜柱，险阻无伤。诸葛亮五月渡泸，炎热无害。皆能破灭蛮夷，开拓境土。况今大将有决胜之机，前麓川之战已可知矣。尔等宜悔过自图，转祸为福，令思机发亲自来朝，朕依前敕授一职与一地，令归管食。如彼不肯出，尔等擒捕来献，为上策。若尔等拘思机发，报官军接取，为中策。若尔等代彼支吾延缓，或报彼逃遁别所，朝廷必命大将，统率大兵，直抵尔处，合围奋剿，此时悔无及矣。尔宜其深省之。

壬寅（十七日）［**命王骥、宫聚、张軏、田礼、方瑛、张锐统官军、土军征剿思机发**］

命兵部尚书靖远伯王骥总督军务，都督同知宫聚佩平蛮将军印充总兵官，都督佥事张軏充左副总兵，田礼充右副总兵，方瑛充左参将，贵州都指挥同知张锐充右参将，统率南京直隶及云南、湖广、四川、贵州官军、土军，征剿思机发。降敕谕王骥曰：贼子思机发遁于孟养，朝廷累遣敕招谕，冀其改悔，奈尚负固恃险，虽遣人请罪，心实不服。顷总兵官沐斌率兵至金沙江招之，托疾不与见。孟养头目又党恶不执来献，厥罪惟均。今命卿等统率官军，以行天讨。朕已敕责孟养刀变蛮等罪恶可伐之状，令其劝谕贼子，或执之来献。卿至云南，再遣人往趣之，就密察其动静虚实。如贼子计穷，亲自来朝，或孟养惧祸，献之军门，即与息兵。如仍不服，则决意进讨，务剿灭之。凡贼子及孟养族属，悉擒械京。胁从之人谕令复业，毋致惊变。卿以文武重臣，夙著劳绩，兹一切军机重务，将士赏罚激厉，俱从便宜行事。卿其秉诚效智，以副倚注之重。又（蜜）〔密〕敕骥曰：万一贼子远遁，猝难捕获，则先擒刀变蛮，平其巢穴。或逃入缅地，而缅人党蔽，亦相机擒之。庶夷人知所儆惧，大军不为徒出。此敕密示卿，不可漏泄于一人，以败大事。又敕谕云南总兵官黔国公沐斌：俾凡镇守城池，抚恤军民，总督粮饷等务，悉与骥等会议而行。又敕谕云南安置孟养旧宣慰刀孟宾，俾为向导。又敕谕木邦、缅甸、南甸、干崖、陇川等宣慰司使罕盖发等，各起兵备船积粮，以俟调度。

甲辰（十九日）［四川芒儿者安抚司土官弟、大邑县开化寺僧等贡马］

四川芒儿者安抚司土官弟先结藏、嘉定州大邑县开化寺僧桑向加星吉等来朝贡马。赐宴并钞币。

乙巳（二十日）［广东三千余瑶人“攻劫”泷水县，命处置失机将领，抚捕瑶人“余党”］

广东把总守备署都指挥佥事陈德奏：瑶贼三千余徒攻劫泷水县。哨守指挥同知王昱，遇贼退缩。是至烧毁廨宇仓粮，杀掠人畜。臣得报，委指挥佥事张玉等领军追捕，生擒四人，斩首十二级，复所掠一千六百余人。事下兵部，劾昱失机罪。上命三司及御史体覆逮问，仍令德抚捕余党，被虏之家有司优恤之。生擒蛮贼，鞫问明白，枭首示众，毋冤抑平人。

丙午（二十一日）［广西“蛮贼”“劫掠”广东廉州白石堡乡民，陈德、干羽以失机皆被劾，帝宥之，令设法缉捕］

广西蛮贼劫掠广东廉州白石堡乡民，把总守备署都指挥佥事陈德劾该管都指挥佥事干羽提督不严，都察院并劾德，请俱下巡按御史究治。上以捕贼方急，命姑记德罪，停羽俸三月，俾设法缉捕。若更怠慢，俱处死不宥。

丁未（二十二日）［命征进麓川军官俸粮三分折银］

命征进麓川军官，比在京军官例，俸粮三分折银，按季通类关支。从金吾右卫指挥使安顺奏请也。

己酉（二十四日）［设四川沐川长官司医学与射洪县僧会司、道会司］

设四川马湖府沐（州）〔川〕长官司医学，置训科一员。潼川州射洪县僧会司、道会司，置僧会、道会各一员。从本处奏请也。

［广东守备署都指挥佥事陈德奏称高州等府“蛮贼”“往来为害”，请于屯军内精选壮者，委官管领调用］

广东守备署都指挥佥事陈德奏：高州等府蛮贼往来为害，哨守官军残疾老弱者多。请于屯军内精选壮者，每百户三十人。每百名委官一员，管领调用。事下户部覆奏，请命广东三司会议选调。从之。

［四川长河西鱼通宁远宣慰司、乌思藏番僧剌麻等贡马］

四川长河西鱼通宁远宣慰司、乌思藏番僧剌麻锁南管著……来朝贡马。赐宴并钞币有差。

［广西“贼”劫掠广东高州府罗肥乡民家］

广西〔贼〕劫掠广东高州府罗肥乡民家，哨守指挥佥事陈聚等追及之，斩其一人，而官军九人为其所杀。把总守备署都指挥佥事陈德劾奏该管都指挥佥事孙旺及聚等。事下都察院，谓德亦难逭罪，请俱下巡按御史究之。上命御史执聚等，杖一百还职，旺停俸三月，德姑记罪。俱责令捕贼。

明英宗实录卷一百六十五

四月

戊午（初三日）［命户部右侍郎督运军饷，征取思机发］

命户部右侍郎焦宏督运军饷，陛辞赐之敕曰：今调官军往孟养征取贼子思机发，特命尔前往经过南直隶府分及湖广、贵州等都司，悉令积运粮料，以听支用。自云南至金齿等处粮料，从长区画，进兵之日，仍随军馈运。凡儧运军民、土人，尤须善加抚恤，不许管运头目人等纤毫侵害，致人嗟怨。尔须廉慎公正，凡事与三司协谋，事干总兵、镇守等官者，同议处置，务要粮道不绝，事妥人安，斯副重托。钦哉！

辛未（十六日）［广东巡按杨纲等奏称广东瑶人复攻泷水县，令兵部移文巡按、三司及陈德相机抚剿］

巡按广东监察御史杨纲等奏：瑶贼复攻泷水县，指挥张玉等率军擒捕，斩首一百三十余级，百户阎广等五人战死。贼退纠广西蛮贼，又聚瑶山。我军数少，敌捕不敷，已调广州及肇、高、雷、廉各卫屯田官军二千益之。上命兵部移文巡按御史、三司及陈德，添调官军，往彼操练。先榜谕贼徒，有因逼胁为非，能改过自新散回村寨者，俱宥其死。如仍前啸聚，即兵剿捕，务在殄灭。

癸酉（十八日）［广东泷水、电白等处瑶人起事，令广东官军会同广西官军夹攻］

广东署都指挥佥事王清奏：泷水、电白等处瑶贼大肆劫掠，臣与都指挥陈德各率精兵分路剿杀。缘地邻广西，贼徒互相往来，必会同广西官军夹（功）〔攻〕，庶易殄灭。命下兵部议：宜移文广西总兵官安远侯柳溥等，克期并进，以除边患。从之。

明英宗实录卷一百六十六

五月

庚寅（初六日）［以征思机发，官军限隔金沙江，请发运南京官库皮船以济军］

总督云南军务兵部尚书靖远伯王骥等奏：征贼子思机发于孟养，限隔金沙江，欲造舟航，动经旬月，恐贼徒得以远遁。比闻南京官库所收皮船，乞令发运以济军。上赐之敕曰：南京去云南极远，运送艰难，且虑皮船于彼所用非宜。况自古善用兵者，凡百军需必取给所在之地，其有山川限隔，尤须博采众长，随事区画，庶克有济。如彼渡江必须舟楫，尔等至云南，即先密令能官，提督附近守备官军土兵，及奖劝所在蛮夷头目，预于沿江上流酌量成造应用。

丁酉（十三日）［乌思藏赞善王遣人奏保番僧绰吉坚粲为大国师并求《大藏经》］

礼部奏：乌思藏灌顶国师赞善王遣人奏保番僧绰吉坚粲为灌顶弘慈妙觉大国师，及求《大藏经》并护持敕。上从之，寻赐绰吉坚粲诰命及镀金银印、僧帽、袈裟。

癸卯（十九日）［定云南腾冲指挥司中纳盐粮则例］

定云南腾冲指挥司中纳盐粮则例。时调发官军招抚征剿贼子思机发，命户部右侍郎焦宏预备粮储。宏等议，腾冲官仓积粮数少，乞召盐商纳粮。两淮并四川上流九井、云南安宁井盐，每引纳米四斗。两浙并四川仙泉井盐，每引三斗五升。云南五井每引六斗。黑、白二井，每引五斗。从之。

丁未（二十三日）［妙胜禅师等出使灵藏等处地面还，灵藏赞善王遣剌麻朝贡］

妙胜禅师锁南藏卜及剌麻札失班丹出使灵藏等处地面还，以灵藏赞善王班丹坚锉所遣南嘉寺剌麻桑儿结巴等朝见，贡马及氆氇、佛像等物。诏升锁南藏卜为国师，札失班丹为都纲，给诰命、敕谕、银印。赐宴并钞、彩段表里、僧衣、靴袜有差。以桑儿结巴为本寺都纲，给敕谕、印信。从赞善王班丹坚锉奏请也。

辛亥（二十七日）［广东都指挥佥事姚麟言二事］

广东都指挥佥事姚麟言二事：一、广东近年被蛮贼攻掠州县，沿海各卫以操守备倭为名，略不遣人策应。乞令今后遇贼逼近劫掠，一体听调策应，贼退仍回卫操守备倭。一、泷水、信宜、化州、廉州等处，正系蛮贼出没道路，守堡者多新袭官员，未经战阵，遇警恇怯，不能成功。比见广东按察司问发广州等卫指挥、千百户等官一百一十余员，俱发沿海卫分充军立功，其间多有勇锐，曾经征战。即今海道无虞，乞将前项立功人员，调发信宜、泷水、化、廉有贼处所哨守。彼思复职，必能奋勇杀贼。事下兵部，以所言深合事机。从之。

［右佥都御史寇深凿山引水，指挥杨徽请伐石纪功，不允］

初，四川叠溪守御千户所无水，军皆出城三里就饮马沟取水。宣德间为番蛮所困，人皆掬溲以饮。至是自饮马沟凿山引水入城，掌所事指挥杨徽，归功右佥都御史寇深，请伐石纪功。上以边备之常，不允所请。

壬子（二十八日）［置贵州道纪司］

置贵州道纪司。时有敕赐《道藏经》于贵州在城大道观，而其地未有道纪司，礼部尚书胡濙以为请，故有是命。

癸丑（二十九日）［松潘卫指挥与千百户等失机误事，宥死充军］

提督松潘兵备右佥都御史寇深奏：松潘卫指挥、千百户安昶等失机悮事，致贼杀虏官军，应斩。镇守都指挥佥事王杲不严提督，亦当究问。上宥昶等死，发紧要关堡充军立功。杲以守边事重姑不问，再犯不宥。

明英宗实录卷一百六十七

六月

乙卯朔（初一日）［广西“蛮贼”于浔、梧等处“恣肆杀掠”，令广东都司抚捕］

广西总兵官安远侯柳溥等奏：蛮贼纠合群丑，时于浔、梧等处恣肆杀掠。欲俟秋成之后，量调官军、土兵直捣巢穴。乞令广东都司于要害道路（堤）〔提〕调截杀，庶能成功。事下兵部议拟覆奏，上命溥等且依前抚捕。如贼徒顺抚，宜息兵严守，毋致疏虞。果再不服，进兵剿捕，悉从尔等之计。

己未（初五日）［“贼”破广东电白县治，地方官救护不力，令抚恤残毁兵民］

兵部奏：近者广东电白县被贼破县治，烧毁廨舍，杀掠军民，而把总、守备等官，不见督兵救护。本府知府易锐亦不躬亲存恤。上曰：守备及三司等官，本不可恕，但今急于抚恤残毁兵民，姑置不问。兵部即行巡按御史同三司审验，被杀之家给与粮、布优恤之。今后务俾盗息民安，若仍怠事失机，必重罪不宥。

庚申（初六日）［升云南蒙化州为蒙化府］

升云南大理府蒙化州为蒙化府，置知府、通判、经历各一员。

［革广东感恩、兴宁县二河泊所，蜑户鱼课由各县带管］

革广东琼州府感恩县、惠州府兴宁县二河泊所。蜑户鱼课，悉令隶各县带管。从广东布政司奏请也。

壬戌（初八日）［授高州、肇庆两府瑶首副巡检等官，专抚瑶人］

广东清军监察御史刘训言：高州、肇庆两府归化瑶人往往被信宜、泷水瑶贼诱引，四出攻劫。累遣人招抚，虽一时从化，终非经久之计。乞如琼州府例，拘集瑶首，推保有能抚管五百户以上者授以副巡检，一千户以上者授以典史，二千户以上者授以主簿，就于流官衙门到任，专抚瑶人。或有别项瑶贼出没，悉听总兵官调遣，同官军剿杀。上谓兵部臣曰：训所言即行巡按御史同广东三司从长计议，奏来处置。务在经久可行，毋得轻忽，贻患地方。或能擒捕蛮贼，依例升赏，仍令风宪官常川巡视抚恤，禁约诸人，毋得需索其财物，生事激变。

乙丑（十一日）［赐国师商巴罗只儿监粲等彩段、钞、绢］

赐国师商巴罗只儿监粲彩段二表里、钞五百贯，土官劳智彩段一表里、钞三百贯，通事张福保绢二匹、钞二百贯。以擒获番贼功也。

明英宗实录卷一百六十八

七月

己酉（二十五日）［普安州土官同知以马二十匹助官军征剿麓川，礼部议如往岁土官贡马例赏］

总督云南军务兵部尚书靖远伯王骥奏：普安州土官同知隆本，以马二十匹助官军征剿麓川，乞赐敕奖励。事下礼部议，尚书胡濙等以为朝廷敕书，必人臣有勋劳，皇上特恩颁给之。今隆本送马不多，别无劳效，宜但如往岁土官贡马例赏。从之。

明英宗实录卷一百六十九

八月

乙卯（初二日）［瑶人攻破泷水县治，广东都指挥佥事孙旺奏把总都指挥佥事陈德先行畏避，又谎报战功，请明正其罪］

广东都指挥佥事孙旺奏：瑶贼攻破泷水县治，有把总都指挥佥事陈德先行畏避，又掩取指挥张玉杀贼功以为己功。乞敕大臣前来体勘，明正其罪。上曰：其令巡按御史同三司公正官从公体勘明白，奏来处置。德等若再不同心协力，运谋效勇，致今秋蛮贼不靖，俱处以重罪不宥。

庚申（初七日）［命故四川石砫宣抚司宣抚子袭职］

命故四川石砫宣抚司宣抚马真子黼袭职。

乙丑（十二日）［设广西思恩县思恩仓大使、攒典各一人］

设广西庆远府思恩县思恩仓大使、攒典各一人。

辛未（十八日）［广西结伦州遣头目进庆贺表笺违制］

礼部奏：广西结伦州遣头目方杨，进万寿圣节、冬至、正旦庆贺表笺，俱违制不敬，请罪之。上以其远人，释不问。

丁丑（二十四日）［黔国公沐斌等以思机发所馈金银碗等及其头目送京师］

云南总兵官黔国公沐斌等以思机发所馈金银碗、驯象、夷口并其人使头目送京师。上命以其头目隶锦衣卫养象。

辛巳（二十八日）［令贵州布按二司委官巡视各卫所仓库］

巡按贵州监察御史冯靖奏：贵州地临极边，仓廪空虚，军食不继。原其所以，盖因出纳之际，关防不谨。乞令布按二司各委堂上官一员，轮流巡视各卫所仓库。谨其出纳，以革奸弊。从之。

明英宗实录卷一百七十

九月

丙戌（初三日）［徙四川天全六番招讨使司厅治于城东］

四川天全六番招讨使司奏：本司厅治倚山滨河，累被山水冲坏，不堪署事。愿自备工料，徙置于城东隙地。从之。

庚戌（二十七日）［改设四川松潘、叠溪诸仓隶布政司］

改设四川松潘、叠溪诸仓，俱隶布政司。

明英宗实录卷一百七十一

十月

乙丑（十二日）［以湖广溆浦县粮少役多，革去粮长］

湖广辰州府溆浦县考满知县潘衡奏：所辖三十四里，征粮一万五千余石，设粮长十二名领之。粮少役多，徒尔扰人，乞革去为便。事下户部覆实。从之。

己巳（十六日）［四川巡按张洪等奏称董卜韩胡假以进贡为名，开通道路，意在吞并杂谷，杀害唐泰］

巡按四川监察御史张洪等奏：董卜韩胡宣慰使司都指挥同知克罗俄坚粲移文四川三司，称杂谷安抚司故安抚阿漂小妻毒死其夫及子，并用银货赂威州千户唐泰，诬己欲叛。今其见备马匹方物来贡，欲从铜门山西罗朴头开山通道，乞遣官军于地名日驻迓之。臣等窃观，杂谷安抚司内联威州、保县，外邻董卜韩胡。杂谷虽弱，欲抗董卜，实倚重于威保。董卜虽强，欲通威保，却受阻于杂谷。以此仇杀，素不相能。其铜门山西罗朴头、日驻等寨，乃杂谷、威保交界要害之处。今董卜欺杂谷之妻寡子孤，瞰我军之远征麓川，故假以进贡为名，开通道路，意在吞并杂谷，杀害唐泰。事下兵部，请命镇守佥都御史寇深等官，从长处治。从之。

丙子（二十三日）［以广东化州及泷水、新会等县皆被“寇掠”，委官抚绥］

巡按广东监察御史杨刚等言：近年广东州县，多被寇掠，虽以地接广西之所致，亦由有司抚字之失宜，故化州知州，泷水、新会二县知县皆尝激变失机，虽已坐罪去官，亦何补于生民？今臣等访得广东都司经历司都事邓敏老成干济，布政司广丰库大使周刚练达勤慎，南海县典史杨杰刚方有断，咸堪委任，乞量加擢用。署敏于化州，刚于泷水，杰于新会，俾各尽所长，勤于抚字。则不惟末僚有所激劝，而斯民亦有所依归矣。疏闻，上谓吏部臣曰：此数处人民，皆创残之余，正须得人抚绥。今御史所会举者，必称任使，其不限资擢用之。

丁丑（二十四日）[四川杂谷安抚司、乌思藏贡马]

四川杂谷安抚司番僧南哥藏等、乌思藏温卜让伯等……来朝贡马。赐宴并钞币等物有差。

明英宗实录卷一百七十二

十一月

庚寅（初八日）[四川播州宣慰使遣人贡马，贺万寿圣节]

四川播州宣慰司宣慰使杨纲遣人贡马，贺万寿圣节。赐以钞币。

己亥（十七日）[广东茂名县瑶首贡马]

广东高州府茂名县瑶首李杏芳等来朝贡马。赐之钞币。

甲辰（二十二日）[松潘指挥使暴敛害军，降为事官]

松潘镇守都指挥佥事王杲初为指挥使丘义等奏其不能安边，见贼辄退缩。且私役军士，以茶与番夷为市。杲亦讦义等暴敛害军。巡按御史及三司核其事具实，论义等当赎罪还职，杲亦当逮治。诏特宥杲，降义等为事官。

乙巳（二十三日）[设云南元谋县医学]

置云南武定军民府元谋县医学，铨官降印。从本县奏请也。

丙午（二十四日）[四川杂谷安抚司番僧朝贡]

礼部奏：四川杂谷安抚司番僧南哥藏等来朝贡刀剑铁甲。稽旧例，番僧入贡，人赐钞六十锭、彩段二表里、折衣彩段四表里、靴袜各一双。今南哥藏系近边番僧，刀剑铁甲又非贵重之物，前例赏赐过厚。宜赐南哥藏等钞人四十锭、彩段一表里、折衣彩段一表里、靴袜各一双。南哥藏以旧例为言，不肯拜赐。上命罢其赏赐及下程，令住会同馆毋擅出。

明英宗实录卷一百七十三

十二月

戊辰（十六日）［湖广忠路安抚司、施南宣抚司遣人朝贡］

湖广忠路安抚司遣把事谭仕材，施南宣抚司遣舍人向治么等，来朝贡马及降香、佛像、舍利等物。赐彩币表里、钞锭有差。

庚午（十八日）［“山贼”赵音旺等称天贤将军等名号，“劫掠”泷水、电白二县，令安乡伯张安及三司、巡按相机抚剿之］

敕镇守广东廉、雷、高、肇地方安乡伯张安，及都布按三司、巡按监察御史曰：近有言山贼赵音旺等伪称天贤将军等名号，各率众张旗帜，鸣钲鼓，劫掠泷水、电白二县，焚毁官民庐舍，人民惊溃。尔等其密察赵音旺等果有实迹，宣布恩威，谕令改过。如不服抚谕，即调兵扑灭。

明英宗实录卷一百七十四

正统十四年己巳（1449）

正月

庚子（十九日）［贵州巡按陈鉴奏请专责沐斌擒剿思机发］

巡按贵州监察御史陈鉴奏：麓川叛贼思机发逃遁遐荒，苟延残喘。宜专责镇守总兵官黔国公沐斌擒剿，勿劳朝廷遣军。事下兵部，尚书邝埜等议：鉴所奏虽若有理，缘已命总兵官都督宫聚及靖远伯王骥统领大军前往征剿，思机发量已就擒。若聚等无成，宜如鉴言。上命鉴为云南布政司右参议，往腾冲招抚叛贼。

壬寅（二十一日）［蒋贵卒］

定西侯蒋贵卒。贵，直隶江都县人，躯干修伟，膂力过人，尤善骑射。洪武间从戎，太宗靖内难，贵累立战功，历官至指挥同知。永乐中，往征交阯，继征沙漠，擒斩虏寇。洪熙初，升都指挥佥事。宣德二年，命充参将，征四川松潘有功，升都指挥同知，寻命镇守密云。七年，仍充参将，镇守松潘，累平叛羌，升都督佥事充副总兵。复克三十九寨，升都督同知，佩平蛮将军印。正统初，升右都督，拜平虏将军……七年，命充总兵官，复佩平蛮将军印，往征云南麓川蛮寇思任发，攻破巢寨。进封定西侯，食禄一千五百石，子孙世袭。至是卒。

辛亥（三十日）［贵州“夷民”“性狠难驯”，令左参议顾理治之］

贵州所辖各长官司奏：夷民性狠难驯，少有斗争，辄相仇杀。近得左参议顾理，或依土俗和解，或以公法惩治，民始知惧，地方稍宁。乞令本官专一巡视民瘼，催办粮、马为便。从之。

明英宗实录卷一百七十五

二月

丙辰（初五日）［改贵州平越、都匀二卫仓隶布政使司］

改贵州平越、都匀二卫仓隶布政使司。

己巳（十八日）［云南总督王骥、总兵官宫聚奏报进军讨思机发，大败之］

总督云南军务兵部尚书靖远伯王骥、总兵官都督同知宫聚奏：同左、右副总兵都督佥事张軏、田礼，左、右参将都督佥事方瑛，指挥同知张锐，侍郎侯琎等，自腾冲整肃师旅，由干崖造舟至南牙山，舍舟陆行抵沙坝。复造舟至金沙江达岭，并哈、罕二渡口。贼子思机发于西岸埋栅拒守。臣等顺流而下，至管屯，适木邦、缅甸二宣慰，差大小头目各领夷兵十余万，沿江两岸驻札。缅甸陶孟者改等驾船二百余只搭桥，臣等率领官军渡江登岸，并力齐攻，砍开排栅，杀败贼众，生擒斩首者数百。官军乏食，纵其大掠三日，得稻谷四十余万石，军马充足，锐气倍增。贼子又于鬼哭山顶筑一大寨，两峰之上筑二寨副之。三寨之后，又筑七小寨，绵亘百余里。每寨排栅二层，拴大木石于栅上。臣等分兵夹攻，先破左寨，木石如雷，铳箭如雨。须臾南风大作，促薪纵火，烈焰烛天。将士乘势奋勇，蛮贼喊叫逃命，一时各寨俱破，斩杀及坠崖死者不可胜数。惟贼子思机发、思卜发遁去，虽未就擒，而贼党瓦解，难全活矣。上赐敕奖谕，命骥、聚、轨、礼回京，瑛留云南充参将，锐回贵州都司，琎留云南赞理军务。所擒贼解京，仍敕缅甸宣慰使卜剌浪马哈省以速剌管治孟养地方，缉捕逃命贼子思机发等。有功俱升赏不吝。

[四川松潘等五卫所老幼余丁投入民籍]

先是，鸿胪寺通事署丞祁全奏：四川松、茂、威、叠、小河等五卫所老幼余丁违弃军伍，投入民籍。乞选简精壮者，每户编副军一名，与正军协同守备。上命巡抚右佥都御史寇深，同都布二司查审以闻。至是深等言：五卫俱系极边，山僻地窄，无可耕种，各军所支月粮，养赡不敷。以故丁多之家，先于洪武、永乐间，分房于成都等府州县，附籍种田纳粮，既当民差，又贴军役。今发回各卫，无田可耕，供给不敷，愈见凋敝。宜令各卫正军，在营有余丁者，其民籍户丁如旧，应当民差。若在营无余丁者，其民籍户丁，专一贴备军装。从之。

[开设四川平夷长官司僧正司]

开设四川平夷长官司僧正司，从本司官奏请也。

辛未（二十日）[以麓川平，昭告昊天、厚土、七庙等]

以麓川平，遣太师英国公张辅昭告昊天上帝、厚土皇地祇，遣太保成国公朱勇告七庙、太皇太后、皇考宣宗章皇帝，词曰：曩因麓贼遗孽思机发逃叛孟养，结聚党类，仍谋不靖，已尝祗告，命将出师，征讨叛逆。仰赖洪恩，俯垂眷佑，兵戈所至，威武奋扬。贼党屏除，地方宁靖。兹已成功，恭伸昭告。伏惟鉴知。

明英宗实录卷一百七十六

三月

癸未（初三日）［靖州卫境为山洞苗人及广西苗僮“劫掠”，遣人分谕之，如不服则进剿之］

敕湖广参将都指挥佥事张善：得三司等官奏，靖州卫境为山洞苗人及广西苗僮劫掠。今敕布政使马谨、御史侯爵驰往靖州，遣人分谕，令各退散。尔善即整兵赴之，如不服，其同谨等计议进剿，务在殄灭。其敬慎之。

辛卯（十一日）［命湖广、广西、贵州官军、土兵会剿五开苗人及广西“僮蛮”］

湖广参将都指挥佥事张善奏：清浪、镇远等处近为五开苗贼及广西僮蛮劫掠。臣率守哨旗军及永顺、保靖、镇溪土兵往捕。上敕善及广西总兵官安远侯柳溥、贵州参将都指挥同知郭瑛，各率官军、土兵会剿之。

丁酉（十七日）［枭思任发、邓茂七首于京城］

枭麓川反贼思任发、福建反贼邓茂七首于京城。

戊戌（十八日）［右佥都御史寇深抚治有方，番人畏服，令留镇边方］

四川松潘国师商巴奏：右佥都御史寇深抚治有方，番人畏服，乞留永镇边方。适参议陈敏、指挥刘雄及诸土官亦皆以为请。上允之。

丙午（二十六日）［以苗人屡攻靖州、五开、铜鼓各卫屯堡及绥宁、会同等县，处置失机官员，相机剿捕起事苗人］

巡按湖广监察御史侯爵奏：靖州、五开、铜鼓各卫屯堡，及绥宁、会同等县，屡为苗贼攻劫，杀伤军民，势益滋蔓。其备御指挥张翀等托故避贼，不即追捕。总督守备参将都指挥张善，三司委官指挥高安、参议孙节、佥事陈胜通，又不往来提督，乞正其罪。上曰：善等且不问。其命御史取张翀等死罪状，人杖八十，戴罪还职。高安等亦取状记罪，俱令严督官军民壮，相机剿捕，务在边方宁靖。若仍前失误，必重罪之不宥。

明英宗实录卷一百七十七

四月

壬子（初三日）［四川播州宣慰使老疾，以子代之］

四川播州宣慰使杨纲老疾，以其子辉代之。

［敕总督军务兵部尚书王骥等沿途剿杀湖广、贵州边界起事苗人］

敕总督军务兵部尚书靖远伯王骥等：近者湖广、贵州边界苗贼，攻烧靖州土官衙门，流劫军民。又闻征麓贼官军回途有为苗贼掩杀者。敕至，尔等沿途相机剿杀，险阻之处，宜慎防之。如苗贼猖獗，尔等暂于武昌操兵，遥振军声，以挫贼势，以安人心，然后从容来京。尔其钦承之。

［苗人攻围得珉寨堡，湖广委官指挥使莫英等不出策应，被降充为事官，令当先杀“贼”］

贵州按察司王宪劾奏：湖广委官指挥使莫英守备清浪等卫，苗贼攻围得珉寨堡，而英不出策应。是致领军指挥石玉等畏避回卫，纵贼劫掠，烧毁屯寨。乞治其失机之罪。上命巡按御史取英等死罪状，降充为事官，当先杀贼，有功奏闻区处。

丁巳（初八日）［湖广保靖州军民宣慰司宣慰使与其族人互相讦奏，既而愿输米赎诬奏罪］

湖广保靖州军民宣慰司宣慰使彭显宗与其族人彭南木答等相讦奏，既而俱以土俗讲和，愿输米赎诬奏罪。从之。

戊午（初九日）［四川石砫宣抚司故同知子袭职］

命四川重庆卫石砫宣抚司故同知陈绍纲子宽袭职。

甲子（十五日）［设四川平夷长官司僧正司］

设四川马湖府平夷长官司僧正司，置僧正一员。

庚午（二十一日）［调四川、云南、湖广官军、土兵会剿贵州、湖广一路边城“诸苗”］

贵州按察司副使李睿奏：诸苗连结，动以万计，攻劫贵州、湖广一路边城屯堡，势甚猖獗。官军数少，守御不敷，请调四川、云南、湖广官军、土兵，会同剿捕。更命大将一员镇守，如都督萧(绶)〔授〕、吴亮事例，节制二都司官军，及选都指挥三四员，分地备御。章下兵部，尚书邝埜等议，乞敕靖远伯王骥及总兵官宫聚等同郭瑛、张善，或分据要害，或直捣巢穴，相机剿灭，以除民患。俟平，议留人镇守。从之。

［以征剿林峒等寨“蛮寇”功，赏赐广西总兵官等］

赏广西总兵官安远侯柳溥，并都指挥、指挥、千百户、军旗人等七百六十一人，彩段表里、绢、布、钞有差。以征剿林峒、沙田等寨蛮寇功也。

丙子（二十七日）［敕调官军、土兵会剿清浪、镇远起事苗人，安远侯柳溥奏请俟秋后量湖广、广东“贼”势缓急先后征剿］

广西总兵官安远侯柳溥奏：敕调官军、土兵会剿清浪、镇远苗贼。窃以广西地方辽远，官军分守要害，无从摘拨。恐出境远征，蛮夷乘虚窃发，何以御之？况两江土兵叛服不常，亦恐起调烦扰，致生他变，兼且深山穷谷，时方瘴疠，未可进兵。亦委署都指挥孙麟等量调官军，先往怀远，相机截杀。请俟秋后，量湖广、广东贼势缓急，先后征剿。上可其奏。

明英宗实录卷一百七十八

五月

癸未（初四日）［镇远等府洪江等处苗头聚众起事，“敌杀官军，攻围城堡”，命官军亟往会剿］

贵州参将都指挥同知郭瑛奏：镇远等府洪江等处苗头苗金台等纠集苗类，伪称顺天王等号，敌杀官军，攻围城堡。四川播州所属翁谷龙等寨苗僚，亦相扇作恶，延蔓侵掠。缘贵州都司卫所官军数少，捍御不敷。乞敕四川、湖广二都司，各调官军并土军前来会同勦杀。上命兵部驰文与郭瑛、张善及四川三司，各率所部官军，亟往会勦，若再稽延推调，必置诸重典。官军有功者升赏，退缩者以军法处治，毋事姑息。

辛卯（十二日）［四川松潘等处军民指挥使司镇守都指挥佥事王杲贪贿不法，激变番民，帝遣锦衣卫官往执之］

四川松潘等处军民指挥使司指挥使石俊等屡奏镇守都指挥佥事王杲贪贿不法诸事，且岁索茜草、酥油等物于诸番，因而激变番民，为边方患。上遣锦衣卫官往执之。

甲午（十五日）［四川甘藏寺、乌思藏等番僧朝贡］

四川甘藏寺番僧剌麻舍剌星吉、乌思藏番僧乍叭剌监参、尊胜寺番僧思漫剌藏等，各来朝贡马及佛像等物。赐宴并彩币表里等物有差。

庚子（二十一日）［贵州巡按黄镐奏称镇远等府苗民攻围城池，城中人民缺食，请设法运粮接济］

巡按贵州监察御史黄镐奏：贵州（庆）〔镇〕远等府苗贼猖獗，攻围城池，人民缺食，军储不充。请以湖广附近贵州之处仓粮屯粮，并折粮银、绢、布匹酌量鬻米，设法儹运以给。从之。

癸卯（二十四日）［云南右参议陈鉴以变乱旧章论斩］

云南右参议陈鉴初为监察御史巡按贵州，奏以四川播州安抚司并隶贵州。兵部劾逮法司，论变乱旧章当斩。从之。

丙午（二十七日）［云南威远州、楚雄府土官朝贡］

云南威远州土官知州刀盖罕遣头目刀宰，楚雄府南安州土官判官李保等，俱来朝贡马及金银器皿等物。赐宴并彩币表里等物有差。

明英宗实录卷一百七十九

六月

庚戌（初二日）［靖州等处苗人“流劫”淇溪寨及辰溪县、晃州等处，令官军击之］

巡按湖广监察御史侯爵奏：靖州等处苗贼流劫淇溪寨及辰溪县等处。官军往捕不胜，反被杀死都指挥高亮等。今又纠率丑类，来劫晃州等处。缘亮已死，无人领军。上命兵部驰文湖广都司，即选委老成惯战都指挥一员，亟督武昌、衡州各卫官军前去，并力击贼。有功者重赏，误事者必戮。

乙卯（初七日）［云南五井盐俱被金齿豪右中纳］

云南永平县并千户所言：云南五井盐俱被金齿诸处豪右中纳，每引时直米二三石，止输五六斗。今永平军民愿每引纳银三两于金齿仓，交收籴米。从之。

丙辰（初八日）［湖广备御靖州沅州卫指挥佥事奏称苗人“处处窃发，攻城劫掠”，令官军扑灭之］

湖广备御靖州等卫沅州卫指挥佥事杨茂奏：苗贼处处窃发，攻城劫掠，无日不至。臣与靖州知州苏忞协力备御，救援不至，智力困竭，乡村多为焚毁。今城将陷，乞早调大军来解倒悬。上命兵部驰文与宫聚等亟分兵往扑灭之。苏忞既有方略御贼，再加勉励立功，事定之日，论功升赏不吝。

庚申（十二日）［令总督军务王骥统率十万之师，剿杀湖广“生熟苗蛮”］

总督军务兵部尚书靖远伯王骥言：湖广西连贵州，东接广西，东西生熟苗蛮乘时蜂起，攻围清浪等处城池。虽有参将张善等官军，仅足护守城堡，不能荡平丑类。请于云南、四川两都司再选精兵二万八千，俾臣同张軏等帅领，剿杀西路苗贼；俾宫聚等帅湖广官军，剿杀东路苗贼。左右夹攻，庶除边患。上谓兵部臣曰：云南兵不必调，于四川调一万，湖广再起土兵、民壮二三万，通前十万之师，令骥等统率，必能灭寇。尔等即移文，令其速发，毋延缓误事。

壬戌（十四日）［命召商于湖广清浪、贵州兴隆二卫“中纳盐粮”］

命召商于湖广清浪、贵州兴隆二卫中纳盐粮。四川上流等井盐，每引米一石二斗。仙泉等井盐，每引米一石。云南黑、白二井盐，每引米一石五斗。安宁井盐，每引一石二斗。

丁卯（十九日）［四川会川卫儒学训导上言王骥、宫聚等玩法怙终，损兵失利］

四川会川卫儒学训导詹英言：曩因麓川贼子思机发复扰边陲，皇上命将出师，往正其罪，而靖远伯王骥、都督宫聚等官不体上心，惟纵己欲。行李二三百扛，动役五六百人，将带彩币等物，密散都司等官，以邀厚利。却敢故违祖训，擅用阉割之刑，以进为名，实留己用。及至行师，全无纪律，大军一十五万，俱从一日起程，蹂践伤残，略不悯惜。其运粮又不设法，每军运米六斗，搬负艰辛，何以养锐？以致自缢而死。又指驮粮为名，派马一千余匹，不知此马何施。及临贼境金沙江边，攻围不克，被贼杀死都指挥等官，却将降附渔户解作生擒，遂尔班师，将地方分与木邦、缅甸，反欲以败为功，欺天觊赏。切详王骥、宫聚玩法怙终，损兵失利，原其情罪，万死尤轻。昔唐南诏有警，侍御史李宓将兵七万击之，兵败，而杨国忠更以捷闻。范祖禹引《管子》之言曰：君门远于万里。言壅蔽之害深也。皇上尊居九重，岂知此弊？乞将骥、聚执付法司，明正其罪，先遣廉干官，前途盘阐各官行李，以谢天人之怒，以快士卒之心。事下兵部，会同刑部等衙门言：宜遣御史一员，沿途直抵云南，同彼巡按御史及三司官，从公审勘，有无前项赃私过犯，明白具闻。庶事得昭晰，罪有攸当。上以专任骥等征剿苗寇，特原之。谓英有识见，令从聚等自效。英恐不能免，遂匿于他所不往。

己巳（二十一日）［谕广东、湖广等处苗人“变恶为善”“安居住种”］

诏曰：……广东、湖广等处苗贼杂居边境之外，好生恶死，人情所同，先因首恶之人倡率，出没侵害边方。及福建贼徒，近被大军征剿，逃遁广东海道者，虑大兵所至，未免伤及无辜。诏书到日，果能变恶为善，各回原寨安居住种者，悉赦前罪，并免大军剿杀，仍令所司照例优恤，免其粮差等项。如或冥顽不改，听大军殄灭不宥。

辛未（二十三日）［革云南江川县河泊所］

革云南澂江府江川县河泊所，从知县张奎言也。

［广西怀集守御千户所土城甃以砖］

广西怀集守御千户所，以其城土筑，屡因雨水倾圮，请甃以砖。从之。

明英宗实录卷一百八十

七月

壬午（初四日）［苗人“劫掠”湖广武冈州及黔阳县，责令失机官杀“贼”自效］

苗贼劫掠湖广武冈州及黔阳县，官军不救。上命兵部移文王骥，将失机官各杖六十，记死罪还职，督令杀贼，再畏事失机，处死不宥。

明英宗实录卷一百八十一

八月

丙寅（十九日）［湖广三司奏言偏桥卫地方累被“苗蛮”“攻劫”，城内民人不能自存，令验口接济之］

湖广三司言，偏桥卫地方累被苗蛮攻劫，公私仓廪、人口、头畜杀掠将尽，即今城内饥饿死亡相继，不能自存。已行管粮参议宋钦等官，勘实本卫及附近仓粮，验口给济。从之。

戊辰（二十一日）[湖广奏报官军于武冈、绥宁等州县斩获苗人首级，追回所虏男妇]

湖广奏：官军于武冈、绥宁等州县斩获苗贼首级一百六十余颗，追回所虏男妇六十余口。

己巳（二十二日）[云南寻甸军民府土官知府等所遣把事、四川江安县土民等贡马]

云南寻甸军民府土官知府沙仲等遣把事李节，并四川泸州江安县土民冯贵等贡马。赐钞有差。

甲戌（二十七日）[升四川成都前卫指挥同知为署都指挥佥事，剿捕播州起事苗人]

令升四川成都前卫指挥同知陈贵署都指挥佥事，仍于播州地方剿捕苗贼。

[乌思藏那南等寺都纲、长河西鱼开化寺番僧与四川邛部长官司长官所遣把事等朝贡]

乌思藏那南等寺都纲朵儿只坚参，长河西鱼开化寺番僧剌麻铁纳星葛，四川行都司越巂卫邛部长官司长官领阿寿遣把事普仔等，来朝贡马及方物。赐彩段、绢、钞、僧衣、靴袜有差。

丁丑（三十日）[征南总兵官宫聚言“夷众”围困贵州、湖广所属地方，乞调兵、粮]

征南总兵官都督宫聚言：苗贼滋蔓，西至贵州龙里卫，东至湖广沅州卫，北至湖广武（岗）〔冈〕州，南至四川播州地界，夷众不下二十余万，俱已叛逆，围困贵州、湖广所属地方。臣所领官军不及二万，累遇贼阻，即行对敌，以故不能急解平越之围，罪当万死。乞调京兵五千、达军一千，并南京、云南原征麓川官军十万，前来征剿，仍命四川、湖广添运粮储。王令兵部会多官计议以闻。

明英宗实录卷一百八十二

九月

壬午（初五日）［督税粮运贮湖广、贵州各卫所，以俟大军支用］

靖远伯王骥言：乞于湖广、四川原运粮二十万石之外，添一十万石，并督今年税粮运贮湖广、贵州各卫所，以俟大军支用。王令驰文与王一宁等，设法儹运。

明英宗实录卷一百八十三（代宗附录第一）

九月

乙酉（初八日）［改拨湖广岳州等四府该运南京粮于靖州等处，以备征进官军支用］

改拨湖广岳州等四府该运南京粮十五万石于靖州等处，以备征进官军支用。

丙申（十九日）［以都指挥使田真充总兵官，代柳溥镇守广西］

升都指挥使田真为都督佥事，佩征蛮将军印充总兵官，都指挥佥事武毅为都指挥使充参将，镇守广西。以召还柳溥故也。

［云南楚雄土官舍人、四川长河西鱼通宁远等处军民宣慰使司剌麻等朝贡］

云南楚雄县土官舍人杨芳、四川长河西鱼通宁远等处军民宣慰使司剌麻达答等来朝贡马及方物。赐钞、彩币表里有差。

**壬寅（二十五日）［选调南京官军赴靖远伯王骥处以剿起事苗

人］

升都督佥事陈友为都督同知，往南京选调精壮官军一千员名，赴兵部尚书靖远伯王骥处听调，以剿苗贼。

丙午（二十九日）［靖远伯王骥奏都督宫聚“贪暴不仁”“累次失机”，帝令其尽心杀“贼”，以赎前罪］

总督军务靖远伯王骥奏：都督宫聚贪暴不仁，累次失机，陷官军一万六千有余，请治其罪。帝曰：今苗贼势众，宫聚且不问，令尽心杀贼，以赎前罪。

明英宗实录卷一百八十四（代宗附录第二）

十月

壬子（初五日）［以苗人逼近城府，镇南王徽煣欲迁居腹里地方，不许］

书复镇南王徽煣曰：得奏，苗贼聚众为恶，逼近城府，欲迁居腹里地方。具悉，今已命将出师，往彼剿灭此贼。叔祖当以藩屏为重，不可轻动。

辛未（二十四日）［云南孟艮府故土官舍人遣人朝贡］

云南孟艮府故土官知府舍人庆马辣遣头目孟赛等来朝贡马及银器、方物。赐宴并彩币表里等物有差。

明英宗实录卷一百八十五（代宗附录第三）

十一月

癸巳（十七日）［广东左参政黎琏奏称广州府近城“贼人”万余攻城，乞存留折银粮以备军饷］

广东左参政黎琏奏：广州府近城贼人万余攻城，四十余日不退。人民缺食，军粮不敷。乞将本布政司今年折银粮四十万石存留，以备军饷。从之。

明英宗实录卷一百八十六（代宗附录第四）

十二月

戊午（十二日）［升四川宁川卫指挥佥事李铭署都指挥佥事事，领兵剿杀起事苗人］

升四川宁川卫指挥佥事李铭署都指挥佥事事，领兵剿杀苗寇。从左参政吴昌衍奏请也。

辛未（二十五日）［广西瑶人“肆掠”广东电白县村堡，处置失机将领］

广西瑶贼肆掠广东高州府电白县诸村堡，焚县治，杀县官妻女。哨守官军惧不敢捕，巡按御史沈衡劾提督都指挥孙旺等罪。命执治之。

明英宗实录卷一百八十七（代宗附录第五）

景泰元年庚午（1450）

正月

癸巳（十七日）［广西“贼势”滋蔓，流劫远近，令官军剿灭之］

广西总兵官都督佥事田真奏：广西贼势滋蔓，流劫远近。乞调湖广、广东、贵州官军征剿。事下兵部议：各处官军俱在本地方杀贼，难以调发。宜令真调广西官军、土兵剿灭，仍令参将都指挥使武毅速平广东贼寇，回广西策应。从之。

丁酉（二十一日）［贵州起事苗人“猖獗”，赤水、毕节等处俱被阻截，命方瑛、宫聚率军剿杀，开通道路］

巡按贵州监察御史沈义奏：贵州苗贼猖獗，其赤水、毕节等处俱被阻截。乞令云南参将都督佥事方瑛，协同贵州总兵官宫聚，先将赤水至水西一带苗贼剿杀，开通道路，直至清平、平越，设法解围。从之。

［湖广武冈州诸“峒苗”“出肆虏掠”，宥失机将领］

湖广武冈州诸峒苗出肆虏掠。巡按御史奏：署都指挥佥事毕通失机。命责取其罪状，宥之。

癸卯（二十七日）［因苗人攻围城池，赤水卫仓廪虚竭，于四川儧运贵州粮内借拨万石］

贵州赤水卫奏：比者苗贼攻围城池，仓廪虚竭。蒙拨四川叙州等府粮一万石接济，然道路险阻，其运到者十无一二，乞于四川儧运贵州粮内借拨万石，于本城饷军。事下户部言：运道通塞，难以遥度，请遣官乘传赴彼区画。从之。

明英宗实录卷一百八十八（代宗附录第六）

闰正月

辛亥（初六日）［总兵官宫聚等勒取水西安宣慰金银、子女、马匹等，激变罗罗，令将其执问解京］

少保兼兵部尚书于谦奏：闻总兵官都督同知宫聚驻军水西，安土官深有效顺中国之心，愿出军马杀贼。聚不能作兴鼓舞，乃听信从随千户朱暹、欧观等，勒取安宣慰及毕节卫金银、子女、马匹等，以致激变。罗罗聚众十万有余，烧劫毕节卫各处屯堡房屋，抢杀人财。宜令巡按贵州监察御史及总督军务左侍郎侯琎，将聚等执问解京，明正典刑，以警将来。从之。

壬子（初七日）［命参将方瑛统云南兵二万赴贵州，协同剿“贼”］

兵部奏：先议遣都督同知毛福寿往云南，代参将方瑛回京。继准靖远伯王骥奏，命瑛率云南兵二万赴贵州协同剿贼，然瑛实未〔至〕。今福寿已改征贵州，瑛回至京。贵州贼复猖獗，骥在清浪，路阻不通，官军无人统领，仍恐误事，宜仍敕瑛驰往贵州，会同侍郎（候暹）〔侯琎〕统军杀贼，策应王骥。俟宁之日，具奏取回。从之。

戊午（十三日）［敕四川乌撒等府土官知府等各保境土］

敕四川乌撒等府土官知府普茂等：近者贵州等处苗贼聚众烧劫屯堡，杀掠人财，已命官军征剿。又尝颁诏肆赦，令各复业，已图自新，岂期各贼冥顽无知，为患不已。念尔等地方相近，恐其滋蔓受害，兹特遣人赍敕并给尔赏赐。尔宜严戒所属人民，各保境土，毋听贼人诱惑为非。如或前贼逼近尔处地方，尔即选调土兵，会官军并力剿杀。朝廷重加赏赉，必不尔吝。

壬戌（十七日）［赐贵州宣慰司土官宣慰使安陇富母子等织金彩币］

赐贵州宣慰司土官宣慰使安陇富母子并土官同知安英，织金彩币有差。

乙丑（二十日）［电白县瑶人“烧劫”县治，令官军剿杀之，并核失机军官罪责］

广东高州府知府易锐等奏：电白县瑶贼烧劫县治仓粮，杀官军人民。本县原无他调，拨惠州、雷州二卫指挥李福，及广州前卫千户麻清等，在彼守把路口，乃敢纵军逃回，以致军少不敌，宜治其罪。帝命左副总兵都督同知董兴、镇守都指挥同知姚麟等量调官兵、土兵剿杀，仍核福等果纵军逃散，即执问如律。

己巳（二十四日）［云南姚安府设流官知府］

云南总兵官黔国公沐斌等奏：姚安府宜设流官知府，协同土官视事，乞升楚雄府同知王让为之。吏部核让果有善政。从之。

［命大理寺右寺丞薛瑄往四川、云南，督运军饷于贵州］

命大理寺右寺丞薛瑄往四川、云南，督运军饷于贵州。

明英宗实录卷一百八十九（代宗附录第七）

二月

己卯（初四日）［都指挥姚麟纵“强贼”反狱，聚众攻围城池，贻两广忧］

广西总兵官都督佥事田真奏：都指挥姚麟先在广东都司管事，纵强贼黄萧养反狱，遂劫官库军器，乘时聚众，攻围城池，贻两广忧。乞将麟明正典刑，以警将来。兵部言：麟初下狱，遇赦还职，调大宁都司。以佥都御史杨信民荐，镇守广东，又不能灭贼，宜如真言逮治之，就令都督董兴镇守。帝曰：麟论法难治，但令广东朱宁姑责取罪状，令用心捕贼，时宁息以闻。

**庚辰（初五日）［免云南临安等八府并金齿等处拖欠“差发银

两”等]

免云南临安等八府，并金齿、腾冲、干崖、南甸、陇川、车里、孟养、木邦、孟定、孟（良）〔艮〕、威远、湾甸、镇康、大侯等处，拖欠差发金银、米、钞、海肥、马匹。从布政使贾铨等奏请也。

癸未（初八日）[调拨四川都司官军往贵州播州听调杀“贼”]

巡按四川监察御史成始终奏：四川都司官军已调拨二万二千六百人，往贵州播州听调杀贼。其所属一十四卫各城池关堡，见在官军止有一千六百余人，宜留守城，不必再调。从之。

戊子（十三日）[赏四川松潘等处指挥等绢、布]

赏四川松潘等处指挥李鉴等绢、布有差，以擒杀番贼功也。

[云南洱海卫千户数集军旗盗银矿，且欲杀上官，诏诛之]

云南洱海卫千户傅洪数集军旗盗矿于白塔、宝泉诸银场。事发，调之屯守腾冲，久不行。参赞军务侍郎侯琎自临促之，洪集众持兵入分司，欲杀琎。诸指挥、千户、土官力救之，琎得（兑）〔免〕，救者多被殴伤。总兵官黔国公沐斌以闻，诏即诛之，为从者杖戍广西。

明英宗实录卷一百九十（代宗附录第八）

三月

丁未（初三日）[云南布按二司及各府州县官三年考满者暂留管事抚民，并理边务]

总督（军）〔云〕南军务兵部左侍郎侯琎奏：方今苗寇未靖，用兵方殷。其云南布按二司及各府州县官三年考满者，乞暂留管事抚民，并理边务。进朝觐只令佐贰官，或首令赴京。边事宁息，仍循旧例。从之。

［四川天全六番招讨司土官招讨使奏其副招讨谋纠“后番”以叛，遂擒之解京］

四川天（金）〔全〕六番招讨司土官招讨（司）〔使〕高凤奏：其副招讨杨显昭闻上皇陷虏廷，谋纠后番以叛，因称王，自创法度。遂擒显昭，械如京。行至保宁，显昭构怨，恐所奏诬，凤不当擅械显昭，请命左副都御史寇深核其事。从之。

戊申（初四日）［调都指挥佥事孙斌等征剿四川“蛮贼”］

刑部右侍郎江渊奏：四川蛮贼屡劫叙州诸县，以命都司调兵征剿。缘都指挥缺员，而各卫指挥智勇者少，将非其人，功不易集。臣询知金吾右卫带俸都指挥佥事孙斌、忠义左卫指挥使廉恭俱有智谋，尝历战阵，乞调往率兵征战，庶免有济。从之。

庚戌（初六日）［洛瑄、翟亨攻孟养战死，褒赠赐祭］

靖远伯王骥言：贵州都指挥同知洛瑄、湖广九溪卫指挥使翟（享）〔亨〕，俱攻孟养战死，忠义可嘉，乞褒赠以劝将来。命赠瑄为指挥使，（享）〔亨〕为都指挥佥事，并赐祭，给米恤其家，升其子孙二级。

乙卯（十一日）［命筑四川南溪等县城堡］

命筑四川南溪、富顺、犍为、荣昌、大足、永川、内江等县城堡。时夷贼窃发，民无所蔽，故筑之。

壬戌（十八日）［命户部于四川松潘等卫召商纳米中盐］

命户部于四川松潘等卫召商纳米中盐，上流等盐每引七斗，通海、新罗盐每引六斗，福兴、华池、富义盐每引五斗。

癸亥（十九日）［贵州布按二司及府州、军卫土官衙门暂免朝觐］

总督军务兵部侍郎侯琎奏：方今苗寇未弭，乞令贵州布按二司及府州、军卫、土官衙〔门〕，暂免朝觐。其考满官当赴部者亦令抚安军民，招徕殃逆。俟边务宁息，循例考满。从之。

甲子（二十日）［四川董卜韩胡宣慰司官奏称松潘副都御史寇深勒索松潘诸卫及夷人金银财物，刑部请命巡抚、镇守四川诸官覆实，遇赦宥之］

四川董卜韩胡宣慰司官先是奏：抚治松潘副都御史寇深索松潘

诸卫金银几数千两，及受反羌并杂谷等寨诸夷人金银、金释迦佛、大西天毛狗、红白铁（刀）〔力〕麻诸物货尤众。且曰：此通四川军民所知者，但畏深暴酷不敢言耳。章下刑部，请命（镇抚守）〔巡抚、镇守〕四川诸官覆实。既而会赦，遂皆宥之。

己巳（二十五日）[命云南老挝故宣慰使子袭职]

命云南老挝宣慰司故宣慰使刀线歹子板推者袭职。

明英宗实录卷一百九十一（代宗附录第九）

四月

丙子（初三日）[云南木邦军民宣慰使司并孟定地方所遣陶孟与乌思藏剌麻朝贡]

云南木邦军民宣慰使司并孟定地方遣陶孟刀伦孟，并乌思藏剌麻官著姜察，各贡金银器皿、象、马氆毡等方物。赐宴并赐彩币、衣服有差。

庚辰（初七日）[敕黔国公沐斌等调官军赴贵州解安南卫之围]

敕云南总兵官黔国公沐斌等曰：得侍郎侯琎奏，贵州安南卫为蛮贼攻围已久。安南去云南甚迩，尔即调官军五千，委都指挥一人统率驰往。会同普安州土官隆本，协力杀贼，以解其围。

丁亥（十四日）[敕梁珤佩平蛮将军印充总兵官，代王骥统兵剿杀贵州起事苗人]

敕谕保定伯梁珤佩平蛮将军印充总兵官，统领官军剿杀贵州苗贼。先是，巡按监察御史黄镐等奏：苗贼攻围平越等卫，日久城中粮尽，官军逃亡者九千余人，存者日食草根、饿殍危困已甚。靖远伯王骥等早为进兵，以解孤城之危。章下兵部议，以骥老病，请别选总兵代之，故有是命。并敕都督同知方瑛充右副统兵，都督同知陈友充左参将，兵部侍郎侯琎、左都督毛福寿等，俱总督军务，副总兵、参将如故。遣兵部署郎中王高，调南直隶卫所官军二万益之。召骥还京。

辛卯（十八日）［苗人“攻劫”江永、永明县，兵部请行巡按取失机军官死罪状，令其严督官军剿捕］

巡抚湖广大理寺卿蔡锡奏：苗贼攻劫江（洋）〔永〕、永明县，杀伤人民。三司委官署指挥佥事毕通、右参政徐備、副使上官尹，畏缩怠惰，不即应援，乞逮治之。兵部请行巡按御史取通等死罪状，令其严督官军剿捕，以除民患，以盖前愆。从之。

丙申（二十三日）［“蛮贼”屡攻毕节、赤水等卫所，“白罗罗、土僚等蛮”又攻赤水，命总兵官梁珤驰往剿之］

巡按贵州监察御史周文奏：蛮贼屡攻毕节、赤水、永宁、普市卫及各千户所，城池、驿站、屯堡俱为烧劫。白罗罗、土僚等蛮又攻赤水，都指挥张祥率兵剿杀贼首百余人，生擒三人。然各卫僻，诸蛮蜂起，道路阻绝，军少粮尽，危在旦夕，乞调兵运饷拯之。命遣人促总兵官梁珤兼程驰往，以除民患。

明英宗实录卷一百九十二（代宗附录第十）

五月

乙巳（初二日）［湖广巡按侯爵奏称四月苗人“攻劫”靖州大坡、贯堡诸寨，又自溆浦等处“出劫”］

巡按湖广监察御史侯爵奏：四月，苗贼百余攻劫靖州大坡、贯堡诸寨，又千余徒自溆浦等处出劫。右布政使马谨、参将都指挥马晔连调官军击败之，斩首一百三十余级，及追还被掠人畜。

［官军解新添、平越之围］

征进贵州右副总兵都督佥事田礼奏：臣率兵克陇耸关，进攻瓮城河，斩贼三十余，徒众奔溃，遂解新添之围。又哨至令溪铺，贼合众迎战，官军复大败之，斩首七十八级。长驱至平越卫，贼众远遁，焚其寨百余，平越之围亦解。

丁未（初四日）［赏征天柱等处“苗蛮”有功达官达军］

赏征天柱等处苗蛮达官达军克罗俄领占等四百二十三人。都督各银五两、布五匹，都指挥各银四两、布四匹，指挥各银三两、布三匹，千百户等官各银二两、布二匹，旗军、舍人人等各银一两、布一匹。先是，靖远伯王骥奏：达官、达军征剿苗贼，率多有功，各不愿升，但愿父母妻子衣食丰足。乞敕该部量赏以安慰其心，故有是命。

［游方番僧随乌思藏进贡僧来贡］

有番僧三人游方四川，道遇乌思藏进贡僧，遂与俱来贡。事觉，刑部言其当赎杖还俗，但恐阻外夷归向之心。命俱释之。

戊申（初五日）［云南八百大甸军民宣慰使司宣慰使遣头目进贡并乞赐土官衣服］

礼部奏：云南八百大甸军民宣慰使司宣慰使刀板雅者遣头目雷内等贡象、马、方物至京，已循例赏讫。而内等又诉乞赐土官衣服，然故事，土官无加赐衣服者。诏加赐土官锦二段，纻丝、纱罗各四匹，土官妻纻丝、罗各三匹。

己酉（初六日）［升云南按察司佥事李瓘为布政司右参政，掌广南府事］

升云南按察司佥事李瓘为布政司右参政，掌广南府事。先是，黔国公沐斌言：广西近邻交阯，侬人性习犷戾，动辄仇杀，实难抚化。瓘刚果有为，夷情畏服，乞量升职以理府事，故有是命。

［云南提调学校副使姜濬上言学校、贡举二事］

云南按察司提调学校副使姜濬言二事：一曰学校乃育材之地，国家致治之源，古今所同重也。臣自受命以来，遍历云南各府、司、州县儒学，见生员多系僰人、罗罗、摩些、百夷种类，性资愚鲁，不晓读书，不知礼让。廪膳增广，俱不及数，或缺半者有之，或缺三之一者有之。欲将增广考补，百无一二，惟恐虚费廪禄，因循日久，学政废弛。其各卫所军生，多有人物聪俊，有志于学，缘不得补廪，无人养赡，难于读书，乞不拘常例，军民生员相兼廪膳，庶使生徒向学，不负教养。二曰贡举务在得人。云南地方，惟流官衙门，学校岁贡生员，依例考试。其土官衙门，止是选贡，所司更不论其贤否，一概挨次贡部入监。以此生员惟图侥幸，愈不读书，有负朝廷养贤盛意。请将今后选贡生员，亦当于食粮年深内，考选其资质端重，颇知大义，或书或算略通一艺者，起送充贡。如人物鄙猥，懵无所知，即黜罢之。庶使生徒激劝，贡举得人。从之。

庚戌（初七日）［夷民告保云南临安府知府徐文振“廉能公正”，乞夺情任事］

云南临安府知府徐文振丁父丧去任，夷民告保其廉能公正，乞夺情任事。左布政使贾铨等以闻，从之。

［户部奏称湖广偏桥卫遭苗人围攻，请蠲其赋并乞接济］

户部奏：湖广偏桥卫言，苗贼攻围城池，杀虏军民，劫夺牛马。原立屯堡，余粮子粒烧毁殆尽，牛种俱缺，不能耕种。请蠲其赋，仍乞馈运接济。宜移文湖广三司体覆停免，仍令侍郎王一宁，于附近处量运米粮以济其用。从之。

癸亥（二十日）［以擒获“蛮贼”功，赏四川高县生员、“夷民”等绢、布］

赏四川高县生员孙凤、夷民阿孟仰等人绢二匹、布四匹，旗军刘祥等人绢二匹、布三匹。以擒获蛮贼功也。

丙寅（二十三日）［解贵州新添、平越、清平、兴隆等卫之围，升赏总督军务侯琎等］

升总督军务兵部左侍郎侯琎为尚书右副总兵，都督佥事田礼、参将都督同知方瑛，俱为右都督。先是，贵州新添、平越、清平、兴隆等卫，围困已久。礼既进兵，解〔新〕添、平越之围，然道路犹梗。琎调署都指挥郑俊，攻都卢等寨，宣慰使安陇富剿水西贼，俱败之，斩首百四十余级，溺死三百余徒，水西至贵州路始通。又行云南总兵官，调兵由乌撒会兵，通毕节等路。调普安州土官隆本，率土兵援安南卫。指挥萧能出城夹攻，擒首贼二人，斩首七十余级。贼复集据紫塘等寨，琎破之，遂克弥勒、南窝等十余寨，降阿蒙等五寨。贼复围平越，琎等回兵击退之，遂分哨七盘坡、羊肠河、杨老堡等处，以解清平之围，仍哨清平迤东，至重安江，与靖远伯王骥兵会，自是兴隆抵镇远道路皆通矣。遣所镇抚许让奏捷至，故升琎等，并赐敕奖之。让亦升一级，赐纻丝衣一袭。

辛未（二十八日）［四川乌思藏等处番僧、都纲等朝贡］

四川乌思藏等处番僧混各星卜卓吒、都纲星吉藏卜等来朝贡马及方物。赐宴并钞、彩币表里等物。

明英宗实录卷一百九十三（代宗附录第十一）

六月

癸巳（二十一日）［四川叙州府奏请修建四川筠连等县城池］

四川叙州府言：筠连等县临边皆无城，每遇贼发，民皆惊惧。请于旧有城者修理，无城者随宜建立，以便固守。从之。

甲午（二十二日）［贵州宣慰司奏请免纳秋粮］

贵州宣慰司奏：苗贼猖獗，攻烧城堡，戕杀官民。所辖地方树艺稻谷，劫掠无遗，秋粮米一万三千二百六十余石无从征纳，乞暂停免。诏户部移文布按二司，会同巡按御史覆实蠲之。

丁酉（二十五日）［广东巡抚增俸，土官知府进阶］

命巡抚广东户部右侍郎孟鉴增俸一级，土官知府岑英进阶嘉议大夫，俱以剿杀贼寇功也。

戊戌（二十六日）［以乌撒卫剿“蛮寇”，赏云南巡按左璟等彩段表里等物］

赏巡按云南监察御史左璟、指挥丁显，并官军人等彩段表里、钞、绢有差。以乌撒卫剿戮蛮寇功也。

［贵州米价腾涌，拨运湖广、四川、云南粮米供给各卫所］

巡按贵州监察御史黄镐奏：贵州苗贼纵横，米价腾涌，乞将原拟湖广秋粮，折布住运，仍敕该部于湖广拨粮米五万石，运赴兴隆卫仓，供给兴隆、清平、平越、新添、都匀、黄平六卫所。四川拨粮米五万石，运赴贵州宣慰司丰济仓，供给贵州、贵州前、龙里、威清、平坝、普定六卫。二万石运赴永宁卫仓，供给永宁、赤水、毕节、乌撒、普市五卫所。再行云南布政司，于有粮之处量拨米一万五千石，运赴普安州普济仓，供给普安、安南、安庄三卫。俱以近就近，令纳户运赴。户部覆奏，从之。

明英宗实录卷一百九十四
（代宗附录第十二）

七月

甲辰（初二日）［云南蒙化州等儒学校官通经者升用，不通经者别用］

吏部言：云南大理府蒙化州等三十四儒学，俱系边远选贡学校。今后彼处校官考满，乞不拘举人有无，考其通经者升用，不通经者别用，如武学例。从之。

辛亥（初九日）［贵州“反贼”阿赵称“赵王”，“劫掠”清平等卫，被擒，送京师磔杀］

贵州反贼阿赵伪称赵王号，其党为总兵等官，劫掠清平等卫地方。官军获阿赵及其党三十余人，总督军务兵部尚书侯琎等遣人械送京师。法司讯验，命俱磔之。

壬子（初十日）［贵州思印江等三长官司请免纳秋粮等课］

贵州思印江并苗民、蛮夷三长官司奏：去年屡被苗贼杀害，人民不能耕种，应纳秋粮、水银、黄蜡等课，俱乞优免。诏户部移文所司，核实除之。

甲寅（十二日）［贵州安顺州土官同知出米助军饷］

贵州安顺州土官同知阿宠出米一百五十石助军饷。降敕褒异之。

辛酉（十九日）［贵州龙里等卫被贼攻围，将士饥馁，令湖广、四川、云南囚犯赴贵州纳米赎罪］

巡抚贵州大理寺右寺丞王恂奏：贵州龙里等卫，被贼攻围日久，将士饥馁。请令湖广、四川、云南、贵州罪人，俱发贵州各卫纳米，以济一时之用。事下户部议：贵州囚犯已有减轻纳米则例，宜令湖广、四川、云南囚犯俱准例赴贵州纳赎。从之。

［广西"蛮贼"生发，开中盐课，纳银于官籴米以筹军饷］

巡抚广西右侍郎李棠奏：广西蛮贼生发，而城内仓粮会计止足一年之用，恐误军饷，请开中盐课纳银于官籴米。奏下户部议：两淮盐每引银四钱五分，两浙盐银三钱五分，四川仙泉盐银五钱。从之。

［将南直隶、湖广等地"充军囚"，发贵州都司"补伍"］

巡抚贵州大理寺右寺丞王恂奏：贵州诸处卫分站堡军卒比年剿贼杀亡数多，有户绝无从勾补者，乞以见问囚当充军者补之。奏下刑部议：将南直隶、湖广、浙江、江西见问充军囚，暂发贵州都司补伍。从之。

丙寅（二十四日）［以"事简"裁云南广南府流官同知、知事、检校各一员］

裁省云南广南府流官同知、知事、检校各一员。以事简故也。

明英宗实录卷一百九十五（代宗附录第十三）

八月

壬申朔（初一日）［令水西等处头目阿忽等招抚所管"夷民"］

敕总督军务兵部尚书侯琎等：得云南总兵官黔国公沐斌奏，水西等处头目阿忽、阿堆、阿五、阿体、加纳、阿遣六家，所管人民俱系夷罗，性习犷戾，少知礼法。先因被害，聚众为恶，事非由己。今已出官陈诉归化，要乞曲垂宽宥，特从所请。敕至，尔等即抚拘阿忽等各头目到官，宣布朝廷恩威，谕以祸福，安其反侧，咸与自新，仍令招抚所管夷民，各安生业，照旧居住，不许仍前听诱为非，自贻后悔。如遇蛮贼未靖，仍令协同官军剿捕，以除边患，有功一体升赏。

[敕谕四川董卜韩胡宣慰使司宣慰使，进贡须选差谨厚僧徒]

敕谕四川董卜韩胡宣慰使司宣慰使克罗俄坚粲：尔等每岁遣人远来进贡，诚意可嘉，但所遣番僧中间，多有强悍不循礼法，或起程回还多索船马，辱骂官司，或沿途多买物货，一概诈称钦给之物，逼要有司起倩军夫运送。所过扰害，不可胜言，此皆已往不究。今后有进贡来京，务须选差谨厚僧徒，严加戒谕，令其遵守礼法，不许似前放肆，搅扰官府，虐害军民，有失敬奉朝廷之礼。特谕尔等知之，尔其如敕奉行。

[苗人“抢掠”辰州溆浦县及沅州等处]

总兵官保定伯梁瑶奏：苗贼抢掠辰州（叙）〔溆〕浦县及沅州等处，臣会同内使龚荣、参赞军务给事中刘清，议调左参将王斌等帅官军剿杀，清复率指挥王冕等策应，遇贼二千五百余人，官军奋力齐进，遂败贼众，擒贼首潘通良等十七人，斩首五百余级。

丁丑（初六日）[水西革勒寨头目阿忽等所统人民“已去逆效顺”]

云南总兵官黔国公沐斌奏：水西革勒寨头目阿忽等所统人民，素性顽犷，先因激变为非，今已去逆效顺，其田地未及耕种者乞量免其税。并令贵州都布按三司、巡按监察御史严加禁约有司军民，不许举放钱债，倍取利息，复致激变，庶使其永远向化，边境宁靖。从之。

[贵州都指挥同知张锐等奏称普定、兴隆等处屯堡仓廒被苗人“焚劫一空”，乞除免屯种余粮]

贵州都指挥同知张锐等奏：普定、兴隆等卫去年被苗贼将各处屯堡仓廒、种子、房屋、官牛、钱粮焚劫一空，乞除免屯种余粮。事下户部，请移文勘实蠲免。从之。

乙酉（十四日）［以调军征剿起事苗人，粮储不给，轻减中盐则例］

先是，湖广五开、清浪、偏桥等处苗贼生发，调军征剿，粮储不给。巡抚大理寺卿蔡锡奏乞轻减中盐则例，召商于清浪等卫仓纳米。事下户部议：中云南白盐井盐每引纳米一石二斗，比原则减三斗。安宁四川上流等井盐每引纳米一石，仙泉井盐每引纳米八斗，比原则减二斗。从之。

明英宗实录卷一百九十六（代宗附录第十四）

九月

癸丑（十二日）［升河南巡抚王来为右都御史，总督湖广、贵州军务］

升巡抚河南左副都御史王来为右都御史，总督湖广、贵州军务。敕之曰：湖广、贵州等处苗贼作耗，杀掠人民。虽屡命将出师征剿，而贼益炽，未能殄息。若非设法抚捕，必至师老兵疲，人民不安，边事不息。今特升尔职，尔即自河南往彼总督军务，自总兵、参赞以下，悉听尔节制。尔往会同保定伯梁珤并都督方瑛等，从长设法，务在刻期殄灭，以靖地方。尔为风宪重臣，受朕委托，必须持廉秉公，运谋设法，以成弭盗安民之功。尔其钦哉！

己未（十八日）［以累败“苗蛮”，量免黎平府土兵及沅、靖二州夷丁、洞民税粮］

巡按湖广监察御史侯爵奏：近见苗蛮累被黎平府土兵杀败，及沅、靖二州夷丁、洞民，俱骁勇惯战，已编成甲队，操守地方。乞量为免其税粮，俾奋勇杀贼。事下户部，请行湖广、贵州二布政司，量免二年租税。从之。

戊辰（二十七日）［以贵州偏桥、清浪等处战功，升赏将士］

以贵州偏桥、清浪等处杀苗贼功升赏将士。都指挥李震等二千一百一十七人，内获功四次至八次者四百一十六人，人升一级。一次至三次者一千六百九十七人给赏。阵亡四人，子孙袭升二级给赏。

庚午（二十九日）［因贵州剿“贼”，遣礼部侍郎等往湖广、四川、云南儹运粮饷］

户部奏：先因贵州剿贼，遣礼部侍郎王一宁、本部主事卢彬、大理寺右寺丞薛瑄，分往湖广、四川、云南儹运粮饷。犹恐不敷，又召商纳米，令囚赎罪，并定拟秋粮俱存本处给用。近闻各管粮方面官，多有避难不行，别委庸懦属官管运者，致使粮夫在途延缓或盗卖本色，或假称路阻逃回，官司莫能究实，粮饷被其侵费。乞差官驰驿移文一宁等，督同湖广、四川布按司官，将每处先次拟运并今拨运粮各十万石，趁时运赴贵州军前给用，毋得推避。如复误事，责有所归。从之。

明英宗实录卷一百九十七（代宗附录第十五）

十月

乙亥（初五日）［沐斌卒］

云南总兵官黔国公沐斌卒。斌，晟之子也，初名俨。正统六年嗣爵，赐名斌，继领父任。大军之征思任发也，斌皆在行。至是卒于镇。遣官谕祭，及有司营葬。

明英宗实录卷一百九十八 (代宗附录第十六)

十一月

乙巳（初五日）［赏贵州偏桥卫等处杀“贼”有功官军］

赏贵州偏桥卫等处杀贼有功官军一千七百人。都指挥李震等人银十两、彩段二表里，指挥人银十两、彩段一表里，千户、土官人银五两、彩段一表里，百户、长官人银五两、绢二匹，旗军、头目、甲兵、土民人银二两、布二匹。

癸丑（十三日）［命麓川阵亡府军后卫指挥同知马成子为本卫指挥使］

命麓川阵亡府军后卫指挥同知马成子骏为本卫指挥使。

甲寅（十四日）［令沐璘充总兵官镇守云南］

升云南署都指挥佥事沐璘为都督同知，佩征南将军印充总兵官，镇守云南。署都指挥使胡志为署都督佥事，充左参将，协同镇守。时黔国公沐斌既卒，兵部以镇守缺官请故也。

丙寅（二十六日）［赏孟养、金沙江等处“杀贼有功”官员］

赏孟养、金沙江等处杀贼有功官。右少卿龚永吉银十两、彩段一表里，郎中杜棠银五两、彩段一表里，主事段寔银五两、绢二匹。

［湖广宝庆等府有“苗寇窃发”，令朝觐之知府、知州、知县等官疾驰回任］

湖广按察司佥事程志学奏：近者宝庆、永州、衡州、辰州等府，每有苗寇窃发。今见知府、知州、知县等官徐珙等，起程朝觐，愈肆劫掠，人民惊遁，乞令各官疾驰回任。从之。

明英宗实录卷一百九十九（代宗附录第十七）

十二月

壬申（初二日）［苗人“劫掠”湖广安化、湘乡二县，命总督王来、总兵官梁瑶及三司调兵剿捕］

苗贼劫掠湖广安化、湘乡二县，命总督军务右都御史王来、总兵官保定伯梁瑶及都布按三司，调兵剿捕。

甲申（十四日）［免四川筠连等县、永宁宣抚等司景泰元年无征税粮，失采茶课并浙江金乡卫无征子粒］

免四川筠连等县、永宁宣抚等司今年无征税粮、失采茶课并浙江金乡卫无征子粒以其俱被贼劫扰惊散也。

辛卯（二十一日）［总兵官梁瑶等分四路进攻起事苗人，大胜］

总兵官保定伯梁瑶等奏：十月二十九日，官军分四路进攻苗贼。贼聚众迎敌，官军奋击之，贼弃兵奔溃。生擒四百八十余人，斩首七千余级，破四百八十余寨，获船七百五十余艘及被掠男妇一千七百有奇。帝降敕褒谕，仍命其乘势歼厥余党，毋恃胜自骄，以隳全功。副总兵官都督方瑛等亦奏，今年四月以来，屡破贼寨，擒斩甚众，及抚安余寇，令务生理，亦降敕褒之。

甲午（二十四日）［贵州各属卫府儒学多被苗人“攻劫”］

巡按贵州监察御史黄镐等奏：贵州各属卫府儒学多被苗贼攻劫，见在师徒救死不赡。乞将教官起送赴部别用，候边事宁息复设。从之。

明英宗实录卷二百（代宗附录第十八）

景泰二年辛未（1451）

正月

丙午（初六日）［广西柳州等府县民为“蛮贼”“惊散饥困”，赈之］

广西柳州等府县人民被蛮贼惊散饥困。事闻，诏发官粮赈贷之。

壬子（十二日）［贵州都指挥佥事陈祯率官军至青崖札营“酣饮高卧”，致“贼”窥伺无备，攻烧入营，陈祯论斩］

巡抚贵州大理寺右寺丞王恂等奏：都指挥佥事陈祯率官军至青崖札营，酣饮高卧，致贼窥伺无备，攻烧入营，杀伤官军，劫去器械。下巡按御史执问，论祯当斩。

癸丑（十三日）［四川马湖府蛮夷长官司把事等、龙州宣抚司土官副使等朝贡］

四川马湖府蛮夷长官司把事宋温等、龙州宣抚司土官副使李爵等来朝贡马及方物。赐钞、彩币表里有差。

丙辰（十六日）［征进贵州、湖广总兵官梁珤等征剿湖广、贵州起事苗人，以捷闻］

征进贵州、湖广总兵官保定伯梁珤、总督军务右都御史王来奏：臣等兵至靖州，遇苗贼万余出劫长沙、宝庆、武冈等处。臣等分道截杀，追入黄公冲，生擒贼徒伍林等三百七十七人，斩首二千七百余级，夺回被虏男妇一千四百二十五人及头畜辎重。越二日，各贼复来，臣等又督官军对敌，杀散贼众，官军复回靖州。寻据右参将都指挥佥事李震报，领兵往临口，督同都指挥佥事范真等，分兵五路攻锁儿、流源、石壁、罗乌、此口、芋头等寨，生擒贼首姚仲原等二百九人，斩首一千四百余级，夺回被虏男妇五百八十余人。又闻贼徒千余，在新添寨劫掠，臣等又督官军往彼截杀，斩首二百三十一级，生擒二十一人，夺回被虏男妇一百余人，牛羊财物无算。又遇回巢余党八百余徒，于本处占山列阵，官军夹攻，连战五次，又斩首五十余级，生擒十五人，各贼溃散。明日，复聚西卢等处，再督官军对敌，败之，斩首七十五级，生擒三人，夺回男妇二十余人，已将各次所获被虏男妇给与口粮，送回依亲。牛马等物，给有功官军人等。生擒苗贼，斩首枭于通衢。谨以捷闻。

壬戌（二十二日）［礼部奏湖广散毛宣抚司土官副使黄缙瑄谋杀亲兄，律应斩，其妻谭氏遣子忠等贡马赎罪，宜给钞，然缙瑄不可宥］

礼部奏：湖广散毛宣抚司土官副使黄缙瑄谋杀亲兄，律应斩。其妻谭氏遣子忠等贡马赎罪，然缙瑄逆理乱常，法不可宥，但宜给钞一百锭以酬其马直。从之。

丁卯（二十七日）［广西瑶人“劫掠”广东化州地方，诏广西总兵官等会合两广官军相兼剿杀］

镇守广东都指挥同知姚麟等奏：化州地方累被广西瑶贼烧毁仓舍，杀虏人财孳畜。诏广西总兵官等会合两广官军相兼剿杀，以弭边患。

己巳（二十九日）［就迁居事书复镇南王徽煠］

书复镇南王徽煠曰：王比奏本府地方，迫于苗贼，欲迁居腹里州郡。近得总兵官奏，征剿苗贼，不久当灭。况彼人民艰难，叔祖惟当固守藩疆，不可轻动，庶可以固人心。专此以报。

明英宗实录卷二百一（代宗附录第十九）

二月

壬申（初三日）［以广西“流贼”烧毁封川县县治，处置失机官员］

广东都指挥佥事王忠奏：广西流贼二百余人，至封川县张峒村劫掠。后又集聚四百余人，攻围城池，烧毁县治，杀死哨守指挥周智。其巡检等官毛宁、刘愈坚，千百户、所镇抚萧忠、徐宁等，各领军兵，不能策应，宜治其罪。事下兵部议，少保兼尚书于谦言：忠亦畏缩无谋，失机误事，宜责取死罪招状。其余官员，宜令巡按御史执问。从之。

戊寅（初九日）［封川县瑶人“入境抢掠”，都指挥同知姚麟不督军策应，令其当先杀“贼”自赎］

广东左副总兵右都督董兴奏：封川县瑶贼入境抢掠，杀指挥周智等。其都指挥同知姚麟正在肇庆府，密迩封川，亦不督军策应，宜治其罪。帝命巡按御史取麟死罪招状，令当先杀贼。

辛巳（十二日）［升阵亡九溪卫指挥使翟亨子为都指挥同知］

以杀苗贼阵亡功，升九溪卫指挥使翟亨子瓛为都指挥同知，湖广都司带俸。

癸未（十四日）［命都督同知陈友暂于兴隆等处调度官军剿杀“苗贼”］

命都督同知陈友暂于兴隆等处调度官军，剿杀苗贼，俟地方宁靖，仍回靖州等处守备。

［抚捕筠连等县“夷人”有功，赏四川指挥及官军、生员、民壮等彩段表里等物］

赏四川指挥邹瑄并官军、生员、民壮人等七十一人，彩段表里、钞、绢有差。以抚捕筠连、高、珙等县夷人功也。

丙戌（十七日）［贵州巡按汪琰奏称所属累被苗人“劫掠”，军民不得耕种，米价腾涌，乞出榜晓谕湖广、四川、云南吏、典并殷实军民运粮］

巡按贵州监察御史汪琰奏：贵州所属累被苗贼劫掠，军民不得耕种，米价腾涌。乞出榜晓谕湖广、四川、云南各处州县吏、典，并殷实军民之家，有能自备粮米一百石，湖广运至镇远府，四川运至播州，云南运至晋安州。完日，吏典冠带办事，依资格出身，军民就彼冠带，以荣终身。从之。

**壬辰（二十三日）［云南八百、车里、老挝三宣慰司宣慰使朝

贡]

云南八百、车里、老挝三宣慰司宣慰使刀招孟禄等来朝贡马及方物。赐晏并纻丝袭衣、彩段表里、绢、钞有差。

丁酉（二十八日）［敕总督军务王来等会兵抚捕贵州未靖地方］

敕总督军务右都御史王来、总兵官保定伯梁瑶等曰：得尔等奏，累调官军分哨五开等处，擒杀苗贼，抚安降蛮。湖广地方今已宁息，朕特嘉尔。尔等须乘此机会，将贵州未靖地方，会兵抚捕，以除民患。毋以一胜自怠，有失事机。候彼贼平之日，通将有功官军人等，从实取勘明白，通类造册奏缴，以凭升赏。

己亥（三十日）［四川马剌等长官司土官所遣冠带把事、盐井卫军民指挥使司土官副千户等所遣镇抚与云南姚安军民府土官照磨等贡马］

四川马剌等长官司土官阿敬遣冠带把事阿你，盐井卫军民指挥使司土官副千户剌苴白等遣镇抚答铁，云南姚安军民府土官照磨高人义等，来朝贡马。赐钞、绢等物有差。

明英宗实录卷二百二
（代宗附录第二十）

三月

庚子朔（初一日）［减四川永宁宣抚司税课局钞］

减四川永宁宣抚司税课局钞。本局原额岁办钞一万三千有奇，比因苗贼生发，客商路阻，景泰元年总计所收钞仅二千八百八十余贯。四川布政司以闻，事下户部议，以二年钞宜如元年数减征，俟盗宁商通之时仍旧。从之。

庚戌（十一日）［免湖广安福千户所来朝官运粮］

免湖广九溪卫安福千户所来朝官运粮，以其路远只身无力也。

乙丑（二十六日）［命云南按察司副使郑颙参赞军务］

敕云南按察司副使郑颙曰：云南远在万里，蛮夷杂处，控制惟难，已命都督沐璘充总兵官镇守，尔颙参赞军务。凡一切事机，须会计区处，务在至公，使一方军民有所倚赖。其卫所官员之中，有不遵法度，肆为贪虐，及旗军人等豪猾奸诈，不服差操者，就行逮问。轻则量情发落，重则监候奏请，务在宽猛适宜，奸贪知惧，兵备修举，边境肃清，以副朕委任。

丙寅（二十七日）［四川威州土官舍人遣人贡马］

四川威州土官舍人王永遣人来朝贡马。赐彩币及钞。

明英宗实录卷二百三（代宗附录第二十一）

四月

丁丑（初九日）［广西太平府养利等州官族头目贡马］

广西太平府养利等州官族头目苏七等来朝贡马。赐宴并钞、绢等物有差。

庚辰（十二日）［免武冈州并新宁县“抛荒无征”税粮］

免宝庆府武冈州并新宁县被贼冲散人民抛荒无征税粮七千九百六十余石、桑丝二十一斤。从湖广布政司核实奏闻也。

乙酉（十七日）［贵州韦同烈称“苗王”，率众攻平越、清平各卫，官军擒之］

总督贵州湖广军务右都御史王来奏：贵州贼首韦同烈伪称苗王，纠众数万，屯聚兴隆之截洞，复攻平越、清平各卫。总兵官保定伯梁珤自沅州发兵，由东路进，督西路都督方瑛会兵兴隆。贼众来迎，我军击败之，同烈等退据香炉山。山在平越、清平之中，险要不可攻。于是分调瑛兵由龙场进，都督陈友等兵由万潮山进，都督毛福寿等兵由重安江进，臣来及珤迤逦而进。诸将攻破黎树、翁满等三百余寨，斩首三千四百八十级，擒五百余徒。招抚衮水等二百余寨，复所虏一千七百余人。遂会兵香炉山下，列营四面，环绕攻击。贼众惧，缚同烈诣军门乞哀请降。臣罢兵，械同烈等赴京师。

己丑（二十一日）［“蛮贼”攻围宾州等处，敕调广东官军策应］

敕广东左副总兵右都督董兴等曰：得广西副总兵武毅奏，即今蛮贼攻围宾州等处，欲调广东官军策应。朕以两广相为唇齿，敕至，尔即将官军先发一班回广西，听毅调度。务在共济，以图成功。

辛卯（二十三日）［云南赵州土官兄弟巡检纳米贵州升职，仍管巡检司事，其弟授职，不许亲民管事］

云南大理府赵州土官巡检董祯兄弟纳米贵州，觊升本府土官。府民畏其豪横，合七百五十人诉于总兵官都督同知沐璘。璘以闻，事下户部议，宜升祯职，仍管巡检司事。其弟授职，不许亲民管事。从之。

癸巳（二十五日）［以生擒韦同烈等有功，赏总督王来等］

赏总督军务右都御史王来、总兵官保定伯梁瑶、左监丞梁达，人银五十两、纻丝五表里。内官阮黎，内使张贵、龚荣，左副总兵都督毛福寿，右副总兵都督方瑛，人银四十两、纻丝四表里。左参将都督陈友，右参将都指挥安顺、李震，参赞军务兵科给事中刘清，人银三十两、纻丝三表里。都指挥张任、任忠，副使邢端、李睿，人银二十两、纻丝二表里。以生擒伪苗王韦同烈等功也。

甲午（二十六日）［命故四川天全六番招讨使子、副招讨子袭父职］

命故四川天全六番招讨使高凤子崧、副招讨杨显昭子恺袭职。

明英宗实录卷二百四
（代宗附录第二十二）

五月

戊戌朔（初一日）［广西镇安等府恩城等州土官知府等官朝贡］

广西镇安等府恩城等州土官知府等官岑永寿等来朝贡马及方物。赐宴及彩币表里、钞有差。

甲辰（初七日）［敕贵州按察司副使张海专一“抚镇蛮夷”］

敕贵州按察司副使张海专一抚镇蛮夷，防范奸宄。

戊申（十一日）［镇南王徽煤奏乞葬父于腹里郡邑或旧封云南故地，诏就本地安葬］

镇南王徽煤奏：父岷王楩逝，蒙遣官营葬，然所择山地实苗贼出没之处，乞赐葬于腹里郡邑，或旧封云南故地。诏就本地安葬。

明英宗实录卷二百五
（代宗附录第二十三）

六月

戊辰朔（初一日）［免湖广武冈州课钞］

免湖广武冈州课钞，以苗贼作耗故也。

辛未（初四日）［贵州缺粮，令召商开中淮浙及云南盐以助边粮］

先是，贵州布政司奏缺粮，乞拨苏松等府折粮银十万两，分送湖广、四川二布政司籴粮接济。巡抚贵州大理寺右寺丞王恂亦奏，贵州米价腾涌，虽奉户部榜文召商中盐，然所定米数太重，浙盐全无人纳。臣已会三司官议，令各商中浙盐者，每引纳银三钱，准给军用。其平越卫见驻大军剿贼，乞将云南盐开中少助边粮。奏俱下户部，言苏松银系供给京师之物，难以拨运。宜令南京户部召商开中，淮盐纳银四钱五分，浙盐三钱五分，以其银运湖广、四川二处籴粮。其云南盐宜召商于平越卫，每引纳米三斗。从之。

丙子（初九日）［招抚柳、庆、浔、梧、桂林等府瑶僮］

广西左副总兵都督佥事武毅奏：柳、庆、浔、梧、桂林等府瑶僮贼徒，因见官军、土兵聚集，听从招抚。后土兵放回农种，贼徒随复出劫。乞将放回广东原戍广西官军二千五百，仍调前来更番守备。从之。

丁丑（初十日）［以杀“番贼”功赏四川盐井卫中千户所土官副千户等］

赏四川行都司盐井卫中千户所土官副千户剌苴白等一十六名钞、绢、布有差。以杀番贼功也。

己卯（十二日）［诏贵州各卫修举屯田］

诏贵州各卫修举屯田，有乏牛种者，官为措置。从巡抚贵州大理寺右寺丞王恂奏请也。

庚辰（十三日）［四川长河西鱼通宁远等处大国师等遣人朝贡］

四川长河西鱼通宁远等处甘藏寺清修翊善大国师初克林巴等遣人贡铜佛、马匹及方物。赐钞币等物。

甲申（十七日）［广西镇远州土官知州、上林县土官知县各遣人贡马］

广西太平府镇远州土官知州赵富谷、田州府上林县土官知县孙男黄永高各遣人贡马。赐彩币等物。

乙酉（十八日）［蠲湖广武冈州无征租税与新宁县被烧毁仓粮］

蠲湖广武冈州无征租税，并新宁县苗贼烧毁仓粮。

己丑（二十二日）［改贵州永宁卫仓为四川布政司永宁仓］

改贵州永宁卫仓为四川布政司永宁仓。时四川民粮及折布赴永宁卫仓纳者，多被本卫收粮官留难，及放军粮，复多减克。巡抚四川左佥都御史李匡察知其弊，会同三司官奏请改隶。且乞增置四川布政司都事一员，专令在彼监督出纳。从之。

明英宗实录卷二百六（代宗附录第二十四）

七月

己亥（初三日）［蠲湖广永明县、溆浦县税钞等］

蠲湖广永州府道州永明县、辰州府溆浦县税钞、桑、绢，以俱为苗贼破城所掠也。

甲辰（初八日）［乌思藏等处灌顶国师、阐化王并都指挥佥事、广西思明府上思州土官等遣人朝贡］

乌思藏等处灌顶国师、阐化王并都指挥佥事冏加里坚粲巴藏卜遣番僧剌麻札实新吉等，广西思明府上思州土官舍人黄英遣头目杨良等，贡马及方物。赐钞、衣服、彩段等物有差。

［官军克香炉山寨，移军清平并分兵都匀草塘等寨，诸苗降者数千人，诏兵部议一二大臣镇守抚民，余召还京］

征进贵州、湖广总兵官保定伯梁珤等奏：官军既克香炉山寨，遂移军清平，分调诸将及行巡抚四川佥都御史李匡并进都匀草塘、王都保等寨。诸苗闻大军至，具酒食迎于道左，诣军门来降者数千人，悉令复业，伏候敕旨旋师。诏兵部议一二大臣镇守抚民，余召还京。

乙巳（初九日）［设四川马湖府道纪司］

设四川马湖府道纪司，置都纪、副都纪各一员。

戊申（十二日）［四川东川军民府土官遣人贡马］

四川东川军民府土官宝斗等遣把事阿束等贡马。赐钞、彩币有差。

丁巳（二十一日）［左参将陈友奏称官军欲往平越、草塘等处

抚捕起事苗人，原调南京锦衣卫并应天府带管鞑官头目等畏惧脱逃］

左参将都督陈友奏：官军欲往平越、草塘等处抚捕苗贼，有原调南京锦衣卫并应天府带管鞑官头目等八十五员，畏惧脱逃。兵部议：宜行南京锦衣卫应天府作急挨补，追要原关马匹、军器，遣人拘送贵州总督等官处，量情惩治，仍调杀贼。从之。

癸亥（二十七日）［缅甸头目随兵部尚书王骥征剿有功，各赐彩段二表里］

缅甸头目五者纳等三十三人，随兵部尚书王骥征剿有功，各赐彩段二表里。从宣慰使卜剌浪马哈（息）〔省〕以速剌请也。

甲子（二十八日）［云南缅甸军民宣慰使司遣人朝贡］

云南缅甸军民宣慰使司遣陶孟答戛速等贡金银器皿、象等物。赐钞、彩段、纱罗、衣服、靴袜有差，仍命陶孟答戛速赍敕及钞、纻丝、纱罗、锦绮，归赐其宣慰使并妻。

明英宗实录卷二百七
（代宗附录第二十五）

八月

己巳（初四日）［赐缅甸军民宣慰使司阴文金牌信符］

赐缅甸军民宣慰使司阴文金牌信符。

甲戌（初九日）［命贵州新添等卫纳米千百户等升职］

命贵州新添等卫纳米千百户、镇抚、旗军陈玘等九十九名升职有差。

丁丑（十二日）［乌思藏番僧剌麻陛辞，命赍敕并彩币表里归赐阐化王］

乌思藏番僧剌麻札实新吉陛辞。命赍敕并彩币表里，归赐其阐化王昆葛列思巴永耐坚粲巴藏。

壬午（十七日）［命贵州湖广总督王来兼巡抚贵州］

命总督贵州湖广军务右都御史王来兼巡抚贵州。时来疏言：贵州多苗夷难治，加以官非其人，扰害激变，动劳王师，财殚民困。今虽颇宁息，恐不加意，患复如之。乞择方面中刚毅有为者，量升在京宪职巡抚，则官有所警而不肆扰，苗有所畏而不敢窃发矣。事下吏部，请就敕来兼之，故有是命。

甲申（十九日）［设云南昆阳州阴阳学］

设云南云南府昆阳州阴阳学，置典术。

癸巳（二十八日）［剿杀"叛寇"有功，赐云南缅甸军民宣慰使司土官头目等彩币］

赐云南缅甸军民宣慰使司土官头目五者纳等三十三人各彩币二表里。以剿杀叛寇有功，从土官宣慰使卜剌浪马哈省以速剌请也。

［缅甸宣慰擒获思机发、思卜发］

云南总兵官都督沐璘奏：缅甸宣慰卜剌浪已擒获贼子思机发、思卜发，不即解京，又将思卜发放回孟养管食地方。今欲督令起解，恐缅人贪利，视为奇货，需索无厌。但宜示以不急，听其来献，然后升赏。彼又报，若思不发再作不靖，要来乞兵协助征剿。此事尤难听从，恐开边衅。从之。

甲午（二十九日）［右军右都督田礼自陈随征麓川等"实迹"］

右军右都督田礼自陈：先同靖远伯王骥攻克麓川鬼哭等寨，又同侍郎侯琎攻破贵州苗贼，解困平越、都匀等卫，又同都御史王来攻围香炉山寨，生擒贼首韦同烈等。累有实迹，并无过犯。今王来因臣素不趋承，窃怀忿恨，奏臣昏愦，事无指实。臣年虽六十一，精力尚健，原无盲聋等疾，乞将臣听调杀贼，以图报国。命礼操练听调。

乙未（三十日）［广东海丰县瑶头等贡方物］

广东海丰县瑶头李总成等贡方物。赐彩币有差。

明英宗实录卷二百八
（代宗附录第二十六）

九月

戊戌（初三日）［云南洱海卫千户傅洪“盗矿”并欲谋杀参赞军务侍郎侯琎，论绞遇赦，降为事官］

云南洱海卫千户傅洪坐盗矿及欲谋杀参赞军务侍郎侯琎，论绞会赦，命降为事官，于腾冲卫操守。

［四川巡抚李匡与总督军务王来因合攻草塘苗人，互相讦构，帝责之］

先是，巡抚四川佥都御史李匡奏：总督军务右都御史王来，约臣合攻草塘苗贼。及至彼，而来已班师，致被贼众轻视孤军，遂来拒敌。臣督军奋勇力战，斩首四百余级，贼众败走。臣思来违约，非欲陷臣死地，实将损误军马。幸赖朝廷威福，大破贼众，全军而回。兵部因劾来挟奸玩寇，总兵官梁珤同恶相济，乞治其罪。诏令来自陈，至是来奏：匡欲臣合攻草塘，臣以为必须由清平、平越疏通粮道，然后可进，故不从其议。及臣围攻香炉山寨，匡欲来策应，臣止其来。匡又称四川军士守备年久，要先放回，臣亦不之允。匡衔臣累沮其意，以此加词遇毁。帝曰：来、匡各逞私忿，理当究问。今且令用心整饬边务，再互相讦构不宥。

癸卯（初八日）［贵州协赞军务按察副使李睿纳所部指挥女为妾，索取土官巡检马匹，被“究状械京”］

贵州协赞军务按察副使李睿纳所部指挥女为妾，索取土官巡检马匹，为巡抚右寺丞王恂等所奏。命总督军务右都御史王来治之，而都匀等长官司诸土官连奏保睿。来为闻其状，都察院言：风宪稍涉贪淫，即难录用，请仍命来究状械京。从之。

甲辰（初九日）［四川按察司佥事刘益等奏报松潘指挥同知等擒获“番贼”］

四川按察司佥事刘益等奏报，松潘官军指挥同知李鉴等擒获寒盻寨番贼。

乙巳（初十日）［以征麓川阵亡，赏贵州故都指挥同知等银、彩币、布］

赏贵州故都指挥同知骆瑄银二十两、彩币四表里，湖广九溪卫故指挥佥事翟亨银二十两、彩币二表里，故舍人翟玄银四两、布四匹。俱以征麓贼阵亡也。

己酉（十四日）［四川黎州安抚司土官吏目舍人、云南邓川州土官巡检舍人贡马］

四川黎州安抚司土官吏目舍人朱忠节、云南邓川州土官巡检舍人杨仲来朝贡马。赐钞、彩币有差。

壬子（十七日）［贵州归顺寨长率众助剿起事苗人，升职］

巡抚四川佥都御史李匡奏：贵州归顺寨长添保率众助剿苗贼，生擒贼首伪号普龙王金龙计等。宜量授土巡检，以示激励。从之。

甲子（二十九日）［徙贵州永宁驿于永宁卫教场］

贵州永宁卫奏：本卫当四川两界要路，云南诸番使客往来不绝。而永宁驿废坏，其地亦僻远不便，宜徙置于本卫教场空地。从之。

［四川长河西鱼通宁远等处护教赞善王遣番僧朝贡］

四川长河西（兼）〔鱼〕通宁远等处护教赞善王遣番僧绰思吉坚参等来朝贡马及方物。赐宴钞、彩币表里、纻丝袭衣等物有差。

明英宗实录卷二百九（代宗附录第二十七）

十月

丙子（十一日）［苗人数千“流劫”湖广武冈、靖州及通道等县诸团寨，命王来、梁珤等相机抚捕之］

苗贼数千流劫湖广武冈、靖州及通道等县诸团寨。命总督军务右都御史王来、总兵官保定伯梁珤等相机抚捕之。

明英宗实录卷二百十
（代宗附录第二十八）

十一月

庚子（初六日）［升调李鉴为云南署都指挥佥事往剿贵州起事苗人］

锦衣卫带俸指挥使李鉴升调云南署都指挥佥事，往剿贵州苗贼。鉴归，兵部奏下法司论赎杖还职，仍送原调处当先杀贼。从之。

甲辰（初十日）［除豁贵州平越卫各年无从办纳课钞］

贵州平越卫税课司言：正统十四年以来，苗贼蜂起，商贾不通。各年课钞无从办纳，请移文贵州布政司勘实除豁。从之。

丙午（十二日）［四川筠连、高、珙三县仍旧征茶，乌蒙军民府之民欲纳茶，亦从其便］

四川筠连、高、珙三县所产茶不堪易马，先命纳钞，民以不便为言。巡抚左佥都御史李匡请仍旧征茶，更请移文乌蒙军民府：民欲纳茶，亦从其便。从之。

［四川巡抚李匡言四川二事、贵州七事］

巡抚四川左佥都御史李匡奉命提督运四川粮于贵州供军，言四川宜为区画者二事：一、令行商出银以备籴买，其坐贾岂容全不介意？欲委官估其资货高下，定为四等。上等不过银十两，下等不过三两，劝令出备籴买。一、商贾既皆效力，居官者岂容坐视？请令四川除沿边不动外，其余司府州县儒学、仓场、库务、巡检、河泊、僧道等官，俱照月支本色米数，运一次于贵州交纳。又言贵〔州〕为宜节撙者七事：一、朝廷授方面官，本欲安利其民，奈何抚驭乖方，致使蛮夷窃发。挽运之劳，累及邻近，而亲管牧养，反若无事。请查正统十四年以前到任者，该支月俸俱为停止。各卫指挥以下亦撙其半。一、云南、四川调去贵州征进官员，每日止给行粮一升五合。其各处差使人员，俱支廪给五升。请不系总兵巡抚重任者，俱令支给行粮之数。一、贵州自苗贼作耗以来，法司不问理，有司无催科，其额设吏典虚费月粮，请都布按三司每房止留一名。一、四川征进官员所报马匹，如北京例关料夫。北京苦寒之地，冬无青草，当给菽豆。贵州各无积雪，四时青草不歇，何故援例支给？请自今以始，总兵、参将许报四匹、三匹，指挥以下止许一匹。一、贵州累岁令四川馈给，实为烦劳。请令贵州各卫老幼妇女不堪守城者，赴重庆府寄住，支给口粮，俟贼寇宁息，听为完聚。一、粮食既贵，奸盗必生。请移文贵州巡按御史布按司官巡视仓粮，有侵盗及以羡余虚卖通关者奏闻。正犯枭首于仓，经该官吏俱令除名。一、善用兵者，因粮于敌。今官军征进贵州已及三年，四川以运粮四十余万，师老财匮。请敕总兵等官，厉兵奋勇，蚤为夷灭，非独贵州得免（途）〔涂〕炭之苦，四川亦有息肩之期。事下户部议：臣所言固为有理，但边情难以遥度。宜移文巡抚、巡按及三司等官，斟酌便利，奏闻处置。从之。

丁巳（二十三日）［四川董卜韩胡宣慰司掌司事都指挥同知奏左副都御史寇深诸不法事］

先是，四川董卜韩胡宣（尉）〔慰〕司掌司事都指挥同知克罗俄监粲，欲于铜门山直抵保县、威州境通道入贡，镇守左副都御史寇深不从。克罗俄监粲奏深尝拘所部威、保、松、茂诸卫所及商巴国师诸土官，空牍自填保奏状，妄希升赏，及私通军妻为其拨置害人诸不法。命左侍郎罗绮、巡按御史黄溥，并四川三司官从公覆之。

明英宗实录卷二百十一
（代宗附录第二十九）

十二月

丙寅（初二日）［削广通王徽煠、阳宗王徽焟爵位，降为庶人］

削广通王徽煠、阳宗王徽焟爵，降为庶人。徽煠征至京，三法司、王亲司礼监官引段友洪等，面鞫于庭，徽煠具服，且言与徽焟同谋。会湖广总督军务右都御史王来、总兵官保定伯梁珤奏，徽煠家人陈添仔、蒙能招苗贼约二千，来武冈助徽煠。闻徽煠不在，还屯青坡、木洞等处。官军连击败之，擒斩五百余人，贼众奔溃，堕崖溺死者甚众。添仔被创，单骑遁去，能率苗兵逃之广西。来等并以所得徽煠与苗贼伪敕上之，由是二王反伏尽白，狱具。帝曰：徽煠、徽焟谋危宗社，论法本难恕，但念宗室之亲，屈法宽贷。其皆宥死，削王爵，降为庶人。留徽煠于京，其徽焟并两人家属，命内官陈安、内使阮僚同驸马都尉焦敬、锦衣卫指挥佥事卢忠，赍金牌往岷府起取，送凤阳看守祖陵，仍敕内官黎贤往凤阳，会同内官雷春并中都留守司、凤阳府，修理墙垣房屋门禁，与之居住，务在坚牢。每岁各家给米二百石，量与柴薪。其徽煠、徽焟所有地土田园、粗重物件在岷府者，与镇南王收用。徽焟原受王印、冠服等件，令镇南王差人进缴，并书报宗室各王知之。

庚午（初六日）［董卜韩胡宣慰使司请于旧威州保县地方开通道路出境朝贡］

敕镇守松潘左侍郎罗绮曰：得董卜韩胡宣慰使司奏，欲于旧威州保县地方，开通道路出境进贡。朕惟山川阻险，天所以限华夷也。既非旧路，岂可轻启夷人侵犯之心？况内官陈涓等曩已奏其不可。尔今即同会涓及佥都御史李匡等计议，或别有可令往来之路，相度以闻。

**戊寅（十四日）［镇守松潘刑部左侍郎罗绮奏请拨银为军士购

绵布御寒]

镇守松潘刑部左侍郎罗绮奏：松潘极边苦寒之地，守备军士连年无人更代，衣食艰窘，面无人色，实为可矜。臣往于四川督运贵州粮储，曾区画银六千余两贮之公府。请于内拨一千五百两，委官于产有绵布之处收买，运赴松潘，将年久贫难军士，人给二匹御寒，庶见朝廷体恤边情之心。从之。

甲申（二十日）[命贵州军民被“寇”逃亡诸处者复业]

命贵州军民被寇逃亡诸处者，督遣复业，沿途给粮。一应逋负俱免追征，仍为经理居址，赈给口食，春耕贷与牛种。

丙戌（二十二日）[户部请除免清平等卫抛荒屯田子粒]

户部奏：贵州苗贼各息，各卫屯田例应种纳。今清平等卫言抛荒日久，凋毙未苏，无力种办，请暂免其子粒。宜移文三司体覆除免之。

明英宗实录卷二百十二（代宗附录第三十）

景泰三年壬申（1452）

正月

壬寅（初八日）[命将守备贵州边境及兴隆等卫]

命贵州都指挥张任充参将，代都指挥同知郭瑛总督守备贵州边境。平越卫指挥同知赵信为署都指挥佥事，代张任守备（隆兴）〔兴隆〕等卫。时总督军务右都御史王来等奏举任等历练老成，有谋有勇，故有是命。

丙午（十二日）[平坝卫哨备指挥同知等“遇贼退避”，诏巡按贵州监察御史执问之]

总督湖广贵州军务右都御史王来奏：平坝卫哨备指挥同知方贤等率领官军会合署都指挥佥事张贵往捕苗贼。还至草场河麦坳寨，遇贼退避，以致官军被杀，俱宜治罪。诏巡按贵州监察御史执问之。

甲寅（二十日）［湖广、贵州军民疲困极甚，然军职公行贪虐，士卒受害，令各边巡抚、镇守、巡按并三司官严加禁约之］

总督湖广贵州军务右佥都御史王来奏：湖广、贵州久被苗贼作耗，军民疲困极甚。其军职尚不（惊）〔警〕惕，公行贪虐，士卒受害，往往逃避。比铜鼓卫千户李昂等坐侵欺军粮论斩，谪戍北方极边。乞下法司议，自今各边军职克减粮赏，贪虐害军，论斩绞者，宜悉如昂等例。奏下都察院议，谓宜行各边巡抚、镇守、巡按并三司官严加禁约。自今官旗军吏克减粮赏，贪虐害军，论斩绞者，俱革职后官。立功旗军舍余军吏，守墩哨瞭五年满日，各还职役，仍操练如常。若能奋勇杀贼有功者，别具以闻。从之。

明英宗实录卷二百十三
（代宗附录第三十一）

二月

丁卯（初三日）［广通王徽煠所封总兵蒙能等遁藏苗峒，诏令苗峒送出］

山东道监察御史刘孜奏：广通王徽煠所封（为）〔伪〕总兵蒙能、陈添仔、李祥等，尚遁藏苗峒，若不设法擒捕，恐诱苗贼出没，遗患边方。诏命总督军务右都御史王来、总兵官保定伯梁（瑶）〔珤〕等，榜谕苗（岗）〔峒〕，令将蒙能等送出加赏劳。若阳从阴叛，观望不决，听来等调军殄〔灭〕，以靖地方。

戊辰（初四日）［贵州有司请修理被毁布政、按察二司及山川社稷坛、仓廒、儒学］

贵州布政、按察二司及山川社稷坛、仓廒、儒学，为苗贼所毁，有司请修理。从之。

甲戌（初十日）［镇守松潘都指挥同知等奏请替换各关堡守备官军］

镇守松潘都指挥同知万广等奏：各关堡守备官军，四年之上未曾替换。乞以四川都司照数点选精壮之人，各带衣甲器械遣来更替，庶劳逸适均。从之。

戊寅（十四日）［云南剑川州民奏请疏浚海尾浅水种田］

云南剑（州）〔川〕州民奏：州治东南原有海子，周围四十余里。除立河泊所，其余空地二千余亩，岁为雨水泛溢，不得田种。乞发丁夫浚海尾浅水，令民田种。事下工部覆奏，令云南布政司勘行。从之。

己卯（十五日）［敕广西左副总兵武毅、提督军务刑部右侍郎季棠调兵会剿大藤峡等处“流贼”］

敕广西左副总兵都督佥事武毅、提督军务刑部右侍郎季棠：（令）〔今〕得尔奏，梧州府及（蔑）〔茂〕名等县大藤峡、炭山等处，流贼生发，杀伤兵款，烧毁关厢城楼，劫掠军民男女财物。具悉，已敕广东右副总兵都督董兴，将官军一千五百人差官管领来听尔调，仍命兴今秋统领大军来会尔，腹背夹攻，剿杀前贼。敕至，尔等务在同心协谋，毋或互相矛盾，及玩寇长奸，以贻后悔。

丙戌（二十二日）［以岷府广通、阳宗二王纵家人等“私通苗寨为叛”，诏令严加管束之］

先是，岷府广通、阳宗二王纵家人并乳母夫私通苗寨为叛。至是，右都御史李实请通行禁之。诏：各王府内官、内使、家人、小厮，审其年貌乡贯，造册付长史司。凡有出入，给与文凭执照。各王世子、郡主既长，自能饮食，乳母不许复入。若军民人等投充家人，影射差役，将窝藏同正犯一体治罪。

丁亥（二十三日）［升赏董卜韩胡宣慰司都指挥同知为都指挥使，并令其退还所抢杂谷等处土地人民］

敕谕董卜韩胡宣慰司都指挥同知克罗俄监粲：尔能敬顺天道，尊事朝廷，遣人远来朝贡，具见忠诚。今特升尔为都指挥使，仍掌董卜韩胡宣慰司事，以示嘉赏。尔宜益励臣节，保守境土，仍将向者所抢杂谷，并达思蛮人民地方，退还各人，令其照章管束，庶几释憾取和，永息争竞之风，共享太平之福。

明英宗实录卷二百十四（代宗附录第三十二）

三月

甲午朔（初一日）［大军驻贵州普定卫，粮储尚缺，云南文职衙门土流官员纳米给诰封］

参赞云南军务大理寺左少卿郑颙奏：云南山路崎岖，不通舟楫，粮储艰贵，甚于他边。今大军驻贵州普定卫，粮储尚缺，乞将云南文职衙门土、流官员，不分在任久近，果无赃犯，七品以上应封赠本身并父母妻室者，流官自备米四十石，土官五十石。八品、九品止给中身者，流官自备米二十石，土官三十石。俱赴普定卫仓交纳，请给诰封。从之。

丙申（初三日）［升四川宁川卫指挥使、成都右卫指挥同知署都指挥佥事］

升四川宁川卫指挥使李璿、成都右卫指挥同知李文，俱署都指挥佥事，璿掌都司事，文协同镇守松潘。从巡抚佥都御史李匡言也。

［湖广署都指挥佥事毕通等知徽煠等反状，故纵不奏，获罪］

湖广署都指挥佥事毕通守备武冈州，知庶人（微）〔徽〕煠等反状，故纵不奏。及其所部永州卫指挥同知梁忠、卫州卫指挥佥事朱瑄，俱为徽煠家人段友洪等诱进为及等物，亦不先事首状。法司鞫验，当通斩决不待时，忠等徒，听赎还职。诏特宥通死，谪戍开平卫。免忠等赎，俱降为事（管）〔官〕，俾随提督马营都都督孙安杀贼立功。

戊戌（初五日）［贵州永宁等卫及布按二司官佥事张溆等“妄费粮储”，命贵州巡按究治之］

巡抚四川左佥都御史李匡劾奏贵州永宁等卫及贵州布按二司官佥事张溆等妄费粮储等罪。事下户部覆奏，命巡按贵州监察御史究治之。其干碍五品以上及军职，仍其以闻。

乙巳（十二日）［四川按察司奏称松潘等处提督关堡都指挥佥事郭礼匿失机状不报，请治罪］

四川按察司奏：松潘等处提督关堡都指挥佥事郭礼，匿靖夷堡失机状不报，且因而脱放所获番贼三人，以泯其迹，请治罪。从之。

壬子（十九日）［命监察御史王允会同都督董兴、武毅等协力剿灭浔、梧、柳、庆“贼寇”］

敕监察御史王允曰：广西浔、梧、柳、庆连年贼寇流劫，边民荼毒，朕甚悯之。言者谓，必得两广合兵夹攻，庶几可灭。而广东又报茂名贼寇不绝，然两广贼势，未审缓急若何，遣将调兵，难以遥制。今特命尔驰往广东，如贼势少缓，即令都督董兴，量领大军并彼该调轮班官军，往广西会同都督武毅等，协力剿灭，以靖地方。如广东尚未宁，董兴难于调动，先拨轮班官军往应援。务在相机区画允当。

己未（二十六日）［命广西纳米授官，以济军食］

命巡抚广西右侍郎李棠及都布按三司，榜谕军民人等，有能出米五百石，于广西庆远等府缺粮仓分上纳者，就彼给与冠带，以荣终身。出一千石者，军余舍人授试百户，民授巡检，土人除本县佐。出一千五百石者，军余舍人授副千户，民授县佐，土人除土知县，仍命棠等，凡可以供军济急者，随宜施行。其应请旨者，即为驰奏。务在区画得宜，军不乏〔食〕。

［梁珤于湖广辰沅等处抚剿“贼寇”，触冒岚瘴有疾］

平蛮将军保定伯梁（瑶）〔珤〕，于湖广辰沅、清浪等处抚剿贼寇，触冒岚瘴有疾。命择医赍药驿驰往疗之。

明英宗实录卷二百十五（代宗附录第三十三）

四月

辛巳（十八日）[免贵州大万山长官司苗人扰害田地该征税粮等]

免贵州大万山长官司苗贼扰害田地该征税粮、朱砂、水银。

乙酉（二十二日）[湖广巡按李实奏请筑新化等八县土城]

巡按湖广右都御史李实奏：新化、新宁、祁阳、东安、绥宁、通道、溆浦、辰溪八县临边，每遇贼发，民辄奔散，宜各筑土城，以便守护。从之。

明英宗实录卷二百十六（代宗附录第三十四）

五月

癸巳朔（初一日）[贵州思南府奏请筑城]

贵州思南府奏：本府四面皆山，大小关隘五处，无城可守，乞发附近土军修筑。事下工部覆奏，都御史王来处置。从之。

戊戌（初六日）[尝调夷兵备粮助征，免云南车里军民宣慰使司“差发金”]

免云南车里军民宣慰使司土官宣慰刀霸羡景泰元年以前差发金，以征麓川时，尝调夷兵备粮助征也。

庚子（初八日）[以乌撒、毕节等儒学官军子弟“多鄙猥鲁钝，不堪教养”，令各卫儒学留教官一员、军生俊秀者三十五名，余皆发回卫所]

贵州按察司抚镇蛮夷副使张海奏：乌撒、毕节等儒学先选官军子弟入学读书，多鄙猥鲁钝，不堪教养。况近年各处被蛮贼烧劫，而精壮者冒名在学，缺人备御屯种，教官全设，虚靡廪禄。乞将各卫儒学，止留教官一员、军生俊秀者三十五名，如有成效，与民生一例科贡。余皆发回原卫所，备御屯种。从之。

丁未（十五日）［以抚化叛寇有功，赏四川威州守御千户所指挥佥事及土民彩币］

赏四川威州守御千户所掌事指挥佥事鲁麟、土民王永，各彩币二表里。以深入番寨，抚化叛寇功也。

壬子（二十日）［敕谕董卜韩胡宣慰使司掌司事都指挥使退还所占旧雅州地方，仍由保县掌管］

敕谕董卜韩胡宣慰使司掌司事都指挥使克罗俄监粲曰：近得四川巡抚等官奏，旧（维）〔雅〕州地方，原保县管辖，后为杂谷侵夺，今为尔董卜占据。朕念尔敬顺天道，遵事朝廷，恪守职贡，诚意可嘉。敕至，尔可即将旧时雅州地方，退保县仍旧掌管。毋惑听信下人之言，推调占吝，自启争端。

丁巳（二十五日）［广东万川土官、四川盐井卫番僧等贡马］

广东万川土官王篪、四川盐井卫番僧朵儿只星吉等来朝贡马。赐钞、彩币表里等物有差。

［广西浔、梧等府县瑶僮“时出抢掠”，副总兵武毅不能“祛除患害”，帝切责之］

起复山东按察司佥事李现智奏：广西浔、梧等府苍、（胜）〔藤〕等县与大藤峡肆雷、朋化、大黎、杨洞等处瑶僮相离不远，其性凶狠。乘间伺隙，时出抢掳，屠毒生灵。永乐宣德间，韩観、山云为总兵，时常出巡，闻有贼徒，随即调兵剿捕，民赖以安。近年总兵官拥兵自卫，不肯出巡，是以贼徒恣纵，下民受害。乞敕臣另推总兵官及都御史各一员，前来禁捕蛮寇，以救残民。事下兵部复〔奏〕：广西见有刑部侍郎李棠巡抚，不必再遣。其都督武毅见充左副总〔兵〕，不能祛除患害，宜于在京侯伯都督中及在外方镇都指挥内，推选一员往代之。帝曰：毅在彼年久，熟知夷情，但敕谕切责，令其用心整理边备。再若怠惰，坐视民患，必罪不宥。

己未（二十七日）［贵州湖广总督王来上言改鬻爵鬻僧为召商中盐］

总督贵州湖广军务右都御史王来言：近贵州、湖广用兵，急用粮饷。朝廷权一时之宜，行鬻爵鬻僧等例。如僧道纳米五石，遂给度牒，其间有亡命军囚并作耗应戮之人，乘机混执，莫能辨正，适以辟奸顽之路。文职纳米二十石，遂赐诰敕，其间富者蒙恩，笃行者沉没，亦无崇名节，而但启虏伪之端。况贼寇稍宁，道路通达，贵州止有平越、都匀、普定、毕节四卫缺粮，所用有限，止用召商中盐，减其则例，中纳者众，粮亦足用矣。事下户部覆奏：宜从来请，四川盐七万千八十余引，召商于平越等四卫米，仙泉井盐每引纳银二斗五升，上流等九井盐纳米三斗。从之。

明英宗实录卷二百十七（代宗附录第三十五）

六月

壬申（十一日）［广西结安等州土官子遣官族朝觐贡马过期］

礼部奏：广西结安等州署州事土官子张伯通遣官族张福朝觐贡马过期，赏宜减常例之半。从之。

己卯（十八日）［敕谕广东琼州府万州土官判官抚谕黎人，不许擅入村洞，扰害激变］

敕广东琼州府万州土官判官王琥曰：朝廷昔以尔祖父能招抚黎人向化，故特授以土官职事。尔能继承其志，荣授官职，亦既有年。兹特降敕付尔，赍回抚谕该管村洞黎人，务各安生乐业，永享太平之福。不许仿效别洞生黎，恣肆非为，自取罪愆，仍谕所在军卫有司官吏军民人等，不许擅入村洞，扰害激变，如违悉治以重罪。

辛巳（二十日）［湖广巡抚李实奏请停征遭“寇”死亡逃故食

盐米钞，从之，并令浙江、福建、广东遭“寇”之处如例停除］

巡抚湖广右都御史李实言：湖广民因苗贼生发，远运死亡，及被虏掠逃移过半，而征收食盐、米、钞岁有定额，俱是见在之人陪纳。乞将今年停征，明年以后令有司取勘，其死亡逃故即与除豁。从之，仍移文浙江、福建、广东遭寇之处，如例停除。

戊子（二十七日）［攻剿熬烟寨番人有功，赐四川松潘卫指挥千户等官彩段表里、钞］

赐四川松潘卫指挥千户等官丘义等彩段表里、钞有差，以攻剿熬烟寨番人功也。

明英宗实录卷二百十八（代宗附录第三十六）

七月

乙未（初四日）［湖广苗人犯武冈州，守备署都指挥佥事范真拥兵不出，令其捕“贼”赎罪］

湖广苗贼犯武冈州，守备署都指挥佥事范真拥兵不出，巡按御史张翰请治真罪。诏姑免问，令取死罪状，仍捕前贼赎罪，再误不宥。

庚子（初九日）［四川巡抚李匡奏言董卜韩胡宣慰使司求《大诰》等书］

巡抚四川右佥都御史李匡言：近令人谕董卜韩胡宣慰使司，令还所侵杂谷安抚司及达思蛮长官司之地，皆悉听命。但二司虽得地方，自今俱畏董卜韩胡，听其约束。其保县，旧雅州之地，尚为所据。且以银罂及金珀贶臣，求御制《大诰》《周易》《尚书》《毛诗》《小学》《方舆胜览》《成都记》等书，其词甚恭，非复故时诞慢之态。昔唐吐番遣使求《毛诗》《春秋》，于休烈以为与之以书，使知权略，愈生变诈，非中国之利。裴光庭言：吐番久叛新服，因其有请，赐以诗书，使渐陶声教，化流无外。休烈徒知书有权略变诈，不知忠信礼义皆从书出。玄宗从之。今董卜韩胡所求，臣以为与之便，不然则彼因朝贡之人，市之书肆甚不难。惟《方舆胜览》及《成都记》，形胜关塞所具，不可以与。从之。

丙午（十五日）［广东高州府奏广西瑶人“流劫”广东高州府地方，都指挥等“拥兵高坐”，令执付总督王翱治罪］

广东高州府奏：广西瑶贼入本府地方，流劫杀掠，而都指挥孙旺等各拥兵高坐，日设宴乐，不行剿除。事下兵部言：宜将旺等执付总督军务都御史王翱治罪，仍令翱等议剿前贼。从之。

戊午（二十七日）［镇南王屡被苗人攻围，欲求迁国，不许］

礼部奏：镇南王言，苗贼纵横，屡被攻围，寄命武冈，恐无生理。其意欲求迁国，今王已进封岷王，向者湖广三司请迁岷府，已奉旨：分封有定，不可辄移矣。今宜令守御武臣，严饬兵备，以卫王国。从之。

明英宗实录卷二百十九（代宗附录第三十七）

八月

辛酉朔（初一日）［广东都指挥佥事等于广州等府地方屡败“贼众”］

广东左副总兵右都督董兴等奏：广东都指挥佥事胡英等率领官军于广州等府地方，屡败贼众，斩首一千一百余级，生擒伪总管、元帅等贼首四十七人。

甲戌（十四日）［董卜韩胡宣慰司及长河西鱼通宁远等处寺庙都纲剌麻等朝贡］

董卜韩胡宣慰司及长河西鱼通宁远等处札木领占等寺都纲剌麻番僧南葛领占等来朝贡象、马及方物。赐宴并彩币表里、绢、布等物有差。

甲申（二十四日）[赏湖广武冈州民壮、军人钞、绢、布]

赏湖广武冈州民壮、军人周兴等十二人，各钞三百贯，绢、布各一匹。以斩获苗贼功也。

丙戌（二十六日）[令官员点视天下都司卫所防务]

贵州按察司副使张海言：平坝等卫所城垣摧颓，门禁怠弛。其守卫之人皆童儿，其备用之器皆朽。敕或遇巡按御史等官按临，始用精壮军旗、鲜明器械，及其既去，又复如前，故致蛮寇肆为攻略。诚恐天下都司卫所，或同此弊，宜令按察司官点视，道里远者委府州正官，其巡按御史往来提督，违者奏请惩治。从之。

戊子（二十八日）[增拓东安县土城]

增拓东安县土城，比旧加七十余丈。从都御史李贵奏也。

明英宗实录卷二百二十（代宗附录第三十八）

九月

庚寅朔（初一日）[调四川官军往松潘协助守备]

调四川官军一千人往松潘协助守备，以提督兵备刑部侍郎罗绮等奏，董卜韩胡土官克罗俄监粲招集西番，阴怀异图，故严为之备也。

乙未（初六日）[把总领哨指挥等于柳州府地方杀获“贼首”]

广西副总兵都督武毅等奏：把总领哨指挥高名等领军于柳州府地方，杀获贼酋韦多烹等首四十六级，夺回被虏男妇一百四十九口。

丙申（初七日）[湖广施州卫忠路安抚司瑶把等峒、高罗安抚司贡马]

湖广施州卫忠路安抚司瑶把等峒舍人向瑶把等，高罗安抚司舍人、把事谭文俊等，来朝贡马。赐钞锭有差。

乙巳（十六日）［官军于浔州等府地方杀败起事瑶人］

广西副总兵都督武毅奏报，指挥鲁琳等率领官军于浔州等府地方杀败瑶贼，斩首二百余级，夺回所虏男妇数百口。

丙午（十七日）［贵州军储急缺，将四川岁给贵州折粮布匹改征本色粮接济］

巡抚四川右佥都御史李匡奏：贵州军储急缺，请将四川岁给贵州折粮布匹改征本色十万石运去接济。事下户部覆奏，从之。

戊申（十九日）［贵州左布政使董和等奏称大军征剿“寇贼”日久，粮饷不敷，请遣官督运粮饷］

贵州布政司等衙门左布政使等官董和等奏：大军征剿寇贼日久，粮饷不敷。其湖广原奏，住运粮米五万石已于镇远仓，运二万石输于平越等仓，余三万石尚未起运。并原奏南京折盐银三万六千两，籴粮供给贵州，亦未有到。请遣官督运，仍于云南拨粮二万石运赴普定仓备用。事下户部覆奏，从之。

甲寅（二十五日）［免四川起事苗人惊疑州县食盐钞］

免四川苗寇惊疑州县去年户口食盐钞。

丙辰（二十七日）［总督军务右都御史王来请选“深知夷情者”总管地方火甲］

户部奏：总督军务右都御史王来言，贵州城内军民有先畜养人口，无食逃去者。及有土人潜到，窥伺事情，深虑暗出夜入，作细生奸。乞选替役老军深知夷情者，令总管地方火甲人等，常川巡视，庶不致害边方。从之。

戊午（二十九日）［免湖广“被贼侵略”州县岁办物料］

免湖广被贼侵略州县岁办物料。

明英宗实录卷二百二十一（代宗附录第三十九）

闰九月

壬戌（初三日）［调兵备防董卜韩胡］

提督松潘军务刑部左侍郎罗绮等奏：董卜韩胡于松潘迤西后门，欲立碉房，差人守把，实有觊觎之心。臣与镇守松潘都指挥同知周贵，议调龙州宣抚司土兵一千五百名赴松潘，操练以待。又将四川征进贵潘官军调二千员名来备冬，然恐粮储不足，今与右参议张如宗，查得四川盐课提举司景泰四年盐一十九万九千余引未曾开中。乞敕该部，备榜召商，中纳粮米……事下户部覆奏，从之。

丁卯（初八日）［乌思藏妙印禅师，尔能司指挥佥事、剌麻，董卜韩胡宣慰司生番头目等朝贡］

乌思藏妙印禅师办觉冷真朵鲁只，并尔能司指挥佥事畜吉坚粲、剌麻锁南藏卜，及董卜韩胡宣慰司生番头目领占德正等，来朝贡马、驼方物。俱宴赐之。

明英宗实录卷二百二十二（代宗附录第四十）

十月

乙未（初七日）［贵州平越等四卫见缺军粮，以四川盐引召商中纳］

户部奏：贵州平越、都匀、普定、毕节四卫，见缺军粮。请以四川盐课提举司景泰五年盐十万九千余引定拟则例召商，于四卫中纳其盐，配搭均平。华池上井，兼黄市溁下井，每引米四斗。通海、新罗、永通上井，兼云安、罗泉下井，每引米三斗五升。福兴、富义、广福上井，兼仙泉、郁山、大宁下井，每引米三斗。从之。

丙申（初八日）［葛藏禅师往乌思藏公干回还与其徒各贡方物，升葛藏为国师］

净修禅师葛藏往乌思藏公干回还，并其徒剌麻列巴禄竹等，各贡方物。升葛藏为国师。赐彩币、僧衣等物有差。

［以安顺为平溪等四卫管操都指挥佥事］

总督军务右都御史王来奏：湖广平溪、清浪、镇远、偏桥四卫与贵州接壤，密迩诸苗。其管操都指挥佥事陈节幼弱多疾，都指挥佥事安顺尝为参将，累立战功，谙晓夷情。乞以顺代节，庶边夷有所控制。从之。

戊戌（初十日）［召右都御史王来、保定伯梁珤班师还京］

命右都督方瑛镇守贵州，都督同知陈友镇守湖广。召右都御史王来、保定伯梁珤还京。以来等奏地方已宁，乞班师也。

明英宗实录卷二百二十三（代宗附录第四十一）

十一月

辛酉（初三日）［岷王徽煣恐苗人侵害，欲移府于湖广善地］

书谕岷王徽煣曰：得奏，以武冈州去苗贼所在仅六七十里，恐后被其侵害，欲移府于湖广善地。具悉，但祖宗分封，已有定制，为子孙者宜世世遵守，岂敢辄迁？况蕞尔苗民，何能为后来患？叔祖宜镇静以居，无过虑也。

戊辰（初十日）［剿平白石崖等处苗人，留云南、四川土达官军一万二千分守平越等处］

贵州右副总兵右都督方瑛奏：臣等累率官军攻剿白石崖等处苗

贼，擒斩二千五百人，招降四百六十寨，地方遂宁。然虑贼情叛服不常，议留云南、四川土、达官军一万二千，分守平越、都匀、威清、永宁诸处。其余悉令还卫休息，更番调守。事下兵部议行。

甲戌（十六日）［两广总督王翱奏请补支广西军士折粮钞］

总督两广军务太子太保左都御史王翱奏：广西军士正统十四年至景泰三年折粮钞，一向官库无钞支给。缘军士连年征哨蛮贼，不得休息，军器损坏，亦是自修，十分艰窘。切见广西布政司官库收赃罚银、铜钱、绢、布，乞依时价折钞与军。如或数少，乞支粜粮银补足。事下户部议：赃罚粜粮银俱不宜轻支，惟宜支铜钱、布、绢。其有不敷，宜将湖广金沙州、江西湖口县二处船料钞三百五十七万贯，运赴广西布政司，将直隶扬州、淮安二府船料钞三百万贯，运赴湖广布政司。以备各处官军月粮折色支用。从之。

乙亥（十七日）［番僧葛藏以奉使乌思藏有功升国师］

升番僧禅师葛藏为广善慈济国师，赐诰命、僧帽、僧衣、银印。以奉使乌思藏有功也。

戊寅（二十日）［四川马湖府僧纲司土僧贡马］

四川马湖府僧纲司土僧本松来朝贡马。赐彩币等物。

［以擒杀雪儿卜等寨“贼首”，赏松潘卫都指挥周贵等钞、彩段、绢、布］

以松潘卫擒杀雪儿卜等寨为恶贼首卓劳等，赏都指挥周贵等各钞一千贯、彩段三表里，指挥徐昇、参议张如宗等各钞八百贯、彩段二表里，千户等官各钞六百贯、彩段一表里，百户等官各钞五百贯、绢三匹，旗军人等各钞三百贯，绢、布各一匹。内张昇等二员生擒贼首，俱升一级。

丙戌（二十八日）［以杀贼功，赏广西临桂等县百户、巡检等钞、绢、布］

以广西临（林）〔桂〕、永福等县桐右市等巡检司杀贼功，赏百户并巡检各钞五百贯、绢三匹，旗军各钞三百贯、绢、布各一匹。从总兵官都督佥事武毅请也。

明英宗实录卷二百二十四（代宗附录第四十二）

十二月

庚子（十二日）[董卜韩胡宣慰使司退还保县朴头等寨，帝降谕奖之]

敕董卜韩胡宣慰使司都指挥使克罗俄监粲曰：尔自我祖宗以来，世守西番，职贡不缺，称为忠孝土官，又称为迤西第一座铁围山。近年以来，屡遣使入贡，益见忠勤。近又闻尔愿将杂谷原抢占保县管下朴头寨、党者木寨、夕兰寨、瓦石寨、金川等寨，退还保县纳粮，尤见尔敬慎朝廷之意。今特降敕奖谕尔，自今以往，益宜敬顺天道，尊事朝廷，保障边方，庶尔及子子孙孙永享无穷之福。

辛丑（十三日）[擒杀“番贼”有功，赏四川松潘卫指挥同知等钞、彩段、绢、布]

赏四川松潘卫指挥同知李鉴钞八百贯、彩段二表里，通事方昇钞三百贯、绢、布各一匹。以擒杀番贼之功也。

丙午（十八日）[思卜发遣使来贡，求管孟养旧地，不允]

孟养思卜发遣使来贡，求管孟养旧地。文武大臣议：孟养地方已与缅甸，决难移易。贼子思卜发怀奸挟诈，展转观望，难允所言。

丁未（十九日）[以征湖广起事苗人有功，升赏王来等官军一万六千余人]

命右都御史王来兼大理寺卿，升保定伯梁珤为保定侯，左都督毛福寿为南宁伯，右都督方瑛为左都督，都督同知陈友、都指挥使李友、都指挥同知李震、都指挥佥事安顺、监察御史焦宽，俱升一级。官军一万六千余人升赏有差。以征湖广苗贼功也。

明英宗实录卷二百二十五（代宗附录第四十三）

景泰四年癸酉（1453）

正月

辛未（十三日）［诱擒“贼首”有功，赏四川松潘卫指挥同知等彩段、钞等物］

赏四川松潘卫指挥同知徐昇彩段二表里、钞八百贯，总旗陈真钞三百贯、绢、布各一。以诱擒贼首腊仲功也。

［“蛮寇”未息，两广县官暂免朝觐］

总督两广军务太子太保兼左都御史王翱等奏：明年例该朝觐，广东、广西府州县蛮寇未息，乞存留各县官保障地方，仍造须知文册，付布政、按察二司及府州应朝觐官员类赍送部，以凭考究。从之。

己卯（二十一日）［四川天全六番招讨使司署招讨事所遣舍人、云南寻甸军民府土官舍人等贡马］

四川天全六番招讨使司署招讨事高崧遣舍人高昇，云南寻甸军民府土官舍人安英……来朝贡马。赐彩段表里等物有差。

癸未（二十五日）［赏广东大洲头征剿“贼寇”有功将士钞、彩段等物］

赏广东大洲头征剿贼寇有功将士一万四十五人。都指挥人钞八百贯、彩段二表里，指挥人钞六百贯、彩段一表里，千户人钞六百贯、绢三匹，百户等官人钞五百贯、绢二匹，旗军人等人钞三百贯、绢、布各一匹。其有不愿升者，视本等赏倍之。

明英宗实录卷二百二十六（代宗附录第四十四）

二月

戊子朔（初一日）［湖广五开、清浪等地苗人因见官军班师，复“啸聚劫掠”，命保定侯梁珤等相机剿捕］

敕保定侯梁珤：得湖广巡抚等官奏，近日五开、清浪等处地方，俱有苗贼生发，烧毁屯营，杀害官军，攻围城池。此必往者尔等（拨）〔扑〕灭未尽之贼，因见班师，复啸聚劫掠。敕至，尔珤仍充总兵官，王来仍总督军务，星驰往彼会同内官梁达、都督陈友、都御史李实并督湖广三司等官，速调官军人等，相机剿捕，仍令镇守贵州左都督方瑛等策应，务在克期尽绝，不许彼此推调，致令延蔓，如违罪有所归。

庚寅（初三日）［将湖广腹里卫所官军更番往靖州等边卫所守备］

巡抚湖广右都御史李实奏：欲将湖广腹里卫所官军一万二千七百余人，更番往靖州、五开、铜鼓、武冈等边卫所守备。又保都指挥佥事安顺仍充参将，协同都督陈友分守地方，剿杀贼寇。俱从之。

庚子（十三日）［以阿思贡招抚番人有功，赏四川松潘卫指挥佥事等彩币、布、钞］

赐四川松潘卫指挥佥事周刚并千百户人等，彩币、布、钞有差。以阿思贡招抚番人功也。

［董卜韩胡宣慰使司、乌思藏节塘寺剌麻等贡马］

……董卜韩胡宣慰使司温卜剌麻及乌思藏节塘寺剌麻番僧锁南川著尔、大崇教寺剌麻完卜锁南领占并剌麻失劳亦什等来朝贡马。赐宴并彩币表里等物有差。

乙巳（十八日）［兵科都给事中苏霖等奏劾梁珤、王来贪淫无耻，怯懦无为，令其用心剿灭“贼寇”，若再误事，不宥］

兵科都给事中苏霖等奏：总兵官保定（候）〔侯〕梁珤言，右都御史王来总督军务，积劳效勤，今止兼大理寺卿，乞特加旌异。臣惟来始为左副都御史，过蒙圣恩，特加右都御史，令其总督湖贵军务。今已年久，风纪之名扫荡，贪暴之声喧腾。静坐贵州，有贼寇而恬若不知。酷害军民，有困苦而安然不顾。右都督方瑛骁勇有为，本良将也，遭其捏词而妄奏。都御史李实奏贼未平，本实事也，被其虚诳以无虞。况奏请班师，谓可保无患于万年，而苗贼猖獗，何尝少间止于一日？荷蒙朝廷因其奏捷，既已厚赏金帛，又复官兼大理，恩至渥也。岂期来之行李才发于前，而苗贼之刀弩遽拥于后，地方愈加搅扰，军民益见凋疲，欺诳之罪，死有余辜。却乃阴嘱珤，以为所兼大理寺卿，不足以赏其功，意欲升授极品。珤斗筲小器，叨掌兵戎，贪淫无耻，怯懦无为，既不能运谋以除贼，却乃敢朋蔽以保来迹。其所犯厥罪惟均，宜将珤革去侯爵，来罢其兼官，令其戴罪杀贼，有功另行奏夺。帝曰：尔等言是，梁珤、王来论法本难容，朝廷已从宽发落。敕他再去整理，爵职且不革，令其速用心剿灭贼寇，若再误事，不宥。

甲寅（二十七日）［四川马湖府土人通事、云南楚雄故土官主簿妻贡马］

四川马湖府土人通事王虎、云南楚雄县故土官主簿普济妻设贵来朝贡马。给赏如例。

乙卯（二十八日）［免云南王弄山长官司夷民景泰四年以前逋负粮米］

免云南王弄山长官司今年以前夷民逋负粮米，从户部奏请也。

明英宗实录卷二百二十七
（代宗附录第四十五）

三月

癸亥（初六日）［命方瑛充总兵官镇守贵州］

敕镇守贵州左都督方瑛：尔居边廉能敢勇，民夷信服，故特命尔充总兵官，仍镇守贵州，操练军马，抚安民夷。选委能都指挥等官，分守要害，尔时往来提督，务在地方宁靖，军民获安。

戊寅（二十一日）［镇守湖广右都督陈友剿捕古城、远口等处起事苗人］

镇守湖广右都督陈友奏：苗贼出劫古城，臣率官军剿捕，斩首七十余级。又委千户吴征于远口设伏，斩首九十二级，溺死无算。苗贼又劫地湖等寨，臣督指挥刘信等击败之，擒杀共五百八十余徒。

辛巳（二十四日）［以十八团等处杀“贼”有功，升赏广西都指挥同知孙麟等］

升广西官军都指挥同知孙麟等五十二人俱一级，阵亡二十六人子孙二级，余三千三百七十人赏有差。以十八团等处杀贼功也。

明英宗实录卷二百二十八
（代宗附录第四十六）

四月

乙未（初八日）［广西柳城县尝“被贼”，民多逃亡］

广西柳城县奏：县尝被贼，民多逃亡。连年旱甚，田亩无收。人户所负夏秋税粮、屯田子粒，均乞蠲免。命户部遣人覆视之。

庚子（十三日）［命右副都御史马昂往两广总督军务］

命都察院右副都御史马昂往两广总督军务……敕曰：王政必济以兵，而后远人可靖。军令必出于一，而后大功可成。近年以来，广东、广西各处地方贼寇生发，往往命将出兵剿杀，盖不得已为此止盗安边之计。奈何总兵者多不得其人，或谋虑不逮，或号令不严，或拥兵坐视，纵贼殃民，或受命夹攻，互相推调，失机误事视为泛常，科敛钱财全无忌惮，故寇盗暂止而复作，军马徒敝而无功。此等将官，已加降黜。今特授尔总督关防，往广东、广西总督军务，所在总兵等官，并听节制，所有一应军务升赏，悉从尔等便宜。而行务在齐心协力，设策运谋，涤除宿弊，振起军威，除盗安民，肃清岭海。凡遇地方有警，即相机抚捕。若果官军调用不敷，广西则拘各该土官，宣明朝廷优待、授以爵位之意，量加奖劳，令起狼家军士，相兼官军调用。广东则将（士）〔土〕兵并各卫所舍人余丁，尽数选拣，协助官军守战。其广西狼家兵须许以有功之日重加升赏，必不吝惜。如军职官，自都指挥而下，敢有退怯怀奸误事，听尔等以军法从事，或径奏闻区处。尔为朝廷大臣，尤须持廉秉公，勤劳率下，庶人有所视效，如违责有所归。

丙午（十九日）［董卜韩胡宣慰司并乌思藏地方剌麻番僧朝贡］

董卜韩胡宣慰司并乌思藏地方剌麻番僧领占言千来朝贡马及方物。赐宴及彩币表里等物有差。

明英宗实录卷二百二十九（代宗附录第四十七）

五月

壬申（十六日）［敕谕董卜韩胡宣慰司掌司事都指挥使谨守地方，勿听诳诱］

敕董卜韩胡宣慰司掌司事都指挥使克罗俄监粲：近得四川镇守等官奏称，尔受故土官巡检董敏侄伯浩词状，欲调领番人擒捕王永叔侄，为敏复仇。永与敏仇杀之事，朝廷处置已定，如果敏有冤，其侄自宜赴镇守官处诉告，具闻定夺。尔董卜韩胡素守礼法，岂可启他人争竞之端，坏自己忠诚之美？敕至，尔宜幡然改悟，谨守地方，勿听诳诱，负朝廷平昔之眷注。尔其钦哉！

甲戌（十八日）［赏征剿湖广靖州等处起事苗人官军钞、彩币

表里、绢、布]

赏征剿湖广靖州等处苗贼官军，都督毛福寿等七千九百十七人，钞、彩币表里、绢、布有差。

丙子（二十日）[四川盐井卫，海洞、邑梅洞长官司与湖广木册长官司土官贡马]

四川盐井卫土官副千户剌速伯，重庆卫海洞长官司长官杨昌荣，邑梅洞长官司土官舍人遣头目伍永宗，并湖广施州卫木册长官司土官舍人田思敬等，来朝贡马。赐钞有差。

明英宗实录卷二百三十（代宗附录第四十八）

六月

己丑（初四日）[播州“被贼窃扰”，官军剿捕必用粮饷，复纳米参吏等例，召人上纳]

户部郎中徐敬奏：播州被贼窃扰，官军剿捕必用粮饷，缘今四川之民财殚力乏，乞以前所停纳米参吏等例，仍复拟数出榜，召人上纳为便。事下户部言：宜准其请。移文四川布政司，令吏典军民人等，能备粮米七十石到播州、三十石到贵州者冠带。文官退非赃罪，欲请给诰敕者二十石，僧道欲给度牒者五石。收参知印、盐课提举司司吏一百石，都行布按四司承差八十石，都布二司吏典五十石，役满升参通吏三十石，令史二十石，理问所、断事司、广济库、各盐课司、税课局及叙、重、夔三府，嘉、泸、忠三州，并万县七递运所，武宁、临江二巡检司，典吏四十石，升参司吏二十石，府州县司典五十石，阴阳、医士、僧道起送部冠带授职者一百石。收役阴阳、医生一十石。俱自备米赴播州缺粮仓分交纳。然路有远近，粮有贵（践）〔贱〕，或增或减，俱听本司会同郎中徐敬及都按二司官，酌量民情以行。从之。

壬辰（初七日）［四川盐井卫土官遣人贡马］

四川行都司盐井卫土官剌速伯遣把事与撒等贡马。赐钞有差。

丙申（十一日）［乌思藏剌麻番僧贡方物］

乌思藏剌麻番僧矣失言千等贡方物。赐彩币等物有差。

壬寅（十七日）［敕贵州总兵官方瑛今后遇有本境及附近“盗贼”生发，即将四川、湖广等处官军酌量调来，听其节制］

敕贵州总兵官左都督方瑛：尔谋勇，素为蛮夷信服。今后遇有本境及附近盗贼生发，即将四川、湖广等处官军酌量调来，听尔节制杀贼，务在悉心戮力，以图成功。各处紧要地方，缺守备、都指挥等官，听尔拣选任用。尔其慎之。

乙巳（二十日）［升广西思恩府土官阶为正议大夫，率本府狼兵于广西在城操练，听调杀“贼”］

敕通议大夫管广西思恩府事土官岑瑛曰：朕以尔亲率本府马步狼兵头目韦陈威等，于广西在城操练，协助军威。兹特升尔阶为正议大夫，给赐彩段表里。其韦陈威等亦俱令冠带。敕至，尔瑛照旧率兵操练，听调杀贼，以安边境。不许始勤终怠，候有军功，升赏不吝。尔其钦承朕命，毋忽。

［哨守柳州右参将孙麒等不严守备，致起事瑶人“纵横出没，掠虏人畜”，宥之，令总督马昂督之捕“贼”］

巡按广西监察御史沈义劾奏：哨守柳州右参将孙麒、庆远都指挥彭英、浔州左参将范信不严守备，致瑶贼纵横出没，掠虏人畜，宜究其罪。诏宥不问，令总督军务左副都御史马昂督之缉捕前贼。

明英宗实录卷二百三十一（代宗附录第四十九）

七月

庚申（初五日）［湖广、四川输贵州军饷，以米豆折银布］

巡抚贵州右佥都御史蒋琳奏：数岁贵州用兵，军饷皆仰给于湖广、四川之民，劳于输挽。今地方稍宁，请令该输米豆折收银、布，运赴贵州备用，庶几民力少纾。从之。

庚午（十五日）［兵科及兵部奏劾右军都督田礼妄陈功次，蒙蔽朝廷，诏不问其罪］

右军都督田礼奏：臣于湖广、贵州等处同保定伯梁珤等杀贼有功，珤等已皆进秩，乞为照例升赏。兵科及兵部言：礼先征云南，玩寇辱师，无功有罪，已为都御〔史〕王来所劾，后过蒙升右都督。今来所进湖广等处杀功册无礼名，礼乃妄陈功次，蒙蔽朝廷，法当问罪。诏不许礼请，亦不问其罪。

甲申（二十九日）［四川播州宣慰司土官宣慰使所遣办事长官、乌思藏剌麻番僧贡马］

四川播州宣慰司土官宣慰使杨辉遣办事长官赵暹，乌思藏剌麻番僧绰札等，来朝贡马。赐彩币、钞锭有差。

明英宗实录卷二百三十二（代宗附录第五十）

八月

乙酉朔（初一日）［达官达军在湖广等处杀败起事苗人］

征进湖广贵州总兵官保定伯梁珤奏：达官达军都督佥事克罗俄领占等在湖广等处杀败苗贼，累立□功。今仍留在彼操守，俸给有限，用度孔艰。乞敕巡抚湖广右都御史李实，将彼处每岁秋粮折色并赃罚银、布，按季送赴都督陈友处赏劳。庶使益效忠勤，以御边寇。从之。

庚子（十六日）［赏征剿广西柳州等府洛容等县“贼寇”有功官军、土兵人等钞、彩币］

赏征剿广西柳州等府洛容等县贼寇有功官军、土兵人等，一千三百五十三人。都督等官各钞一千贯、彩段三表里，都指挥等官各钞八百贯、彩币二表里，指挥等官各钞六百贯、彩段一表里，千户等官各钞六百贯、绢三匹，百户、巡检、典（吏）〔史〕等官各钞五百贯、绢二匹，旗军、土兵、民壮人等各钞三百贯、绢一匹。

甲辰（二十日）［四川董卜韩胡宣慰司番僧、国师、禅师、剌麻进贡，货买私茶及铜锡磁铁等器用］

巡抚湖广右都御史李实奏：四川董卜韩胡宣慰司番僧、国师、禅（司）〔师〕、剌麻进贡，毕日许带食茶回还。因此货买私茶至万数千斤，其铜锡磁铁等器用，沿涂多用人船载至成都陆路，起夫扛（台）〔抬〕。且如邛县十里、名山县二里、（营）〔荣〕经县四里、雅州十里，其间半系僰夷土民，不惯肩挑，多是背负送运。不全又令妇女扛抬，甚至四五百里之程。及其至日，诬以偷取茶物，逼令陪补。况岭险峻，人烟稀疏，日则野行，夜则荒宿，以彼蛮夷淫秽之俗，乱我华夏淳美之风。又经过驿站，重索酒食，稍有不从，辄用兵刃伤人，虽有伴送千百户，难于钤束。边民见其进贡得利，故将子孙学其言语，投作番僧通（士）〔事〕，混同进贡。请敕都察院禁约，今后私通番僧，贸易茶货、铜铁磁锡器物，及将子孙投作番僧通事者，俱发口外充军。四邻不首，坐以违制之罪。其番僧十名以下，不必遣官，止令军伴送。务必钤束严切，不许似前生事扰人，违者治罪。如此则外夷服化而绝放肆之为，良善获安而免凌虐之患。从之。

乙巳（二十一日）［兵部奏广西藤县“蛮贼生发”，请提问被俘复纵军官］

兵部奏：广西藤县蛮贼生发，都指挥罗震失机，把总指挥吴俊为贼所执，仍复放回，恐有交通贼寇情弊，乞行巡按御史提问。从之。

明英宗实录卷二百三十三
（代宗附录第五十一）

九月

己未（初六日）[董卜韩胡宣慰司都纲剌麻朝贡]

董卜韩胡宣慰司都纲剌麻阿儿夜吒等贡马及氆氇、舍利等物。赐宴并彩币表里有差。

乙亥（二十二日）[董卜韩胡宣慰司所遣番人乞赐敕招抚生番]

董卜韩胡宣慰司所遣番人阿儿加札巴等乞赐敕招抚生番。兵部议：掌宣慰司事都指挥克罗俄监粲，桀骜狡诈，近者诱纳董敏家属，欲为报仇，招致逃民谢证窥探边境。若允所请，必借声势以为暴横，不宜赐敕。从之。

明英宗实录卷二百三十四
（代宗附录第五十二）

十月

庚戌（二十七日）[免广西柳州等府柳城等县景泰三年“避贼抛荒”田地秋粮]

免广西柳州等府柳城等县景泰三年分避贼抛荒田地秋粮一万五百七十余石。

明英宗实录卷二百三十五（代宗附录第五十三）

十一月

戊午（初六日）［四川石砫宣抚司、泥溪长官司、云南路南州遣人贡马］

四川石（柱）〔砫〕宣抚司遣舍人冉翱，马湖府泥溪长官司遣把事王秉荣，云南澂江府路南州遣土官把事李旺等，来朝贡马。俱赐宴及彩币表里、钞、绢有差。

癸亥（十一日）［云南城东有水入滇池，造石闸以蓄水灌田］

云南总兵官都督同知沐璘奏：云南城东有水南流，其源发自邵甸会九十九泉为一，至松花坝，又分为二，一绕金马山麓流入滇池，一从瓦窑村流至云泽桥，亦入滇池。其间军民田亩不下数十万，旧于水之下流筑堤堰蓄水以灌田，但夏秋霖潦泛涨，则壅滞不得疏泄。臣欲起近水得利之家，出工料造石闸，以时启闭。从之。

辛未（十九日）［苗人“攻劫”白挑平等处，诏方瑛、蒋琳等抚捕］

巡按四川监察御史李周奏：苗贼数攻劫白挑平、赵三坝诸处居民，又声言欲攻西平、乐安水等处营所。诏兵部移文贵州总兵官左都督方瑛、提督军务右佥都御史蒋琳，勘议抚捕。

明英宗实录卷二百三十六（代宗附录第五十四）

十二月

丁亥（初五日）［杀获宜山、河池等处“贼首”有功，赏广西

官军彩段表里、钞等物］

赏广西征进官军都指挥范信等一百六十六人彩段表里、钞、绢、布有差。以杀获宜山、河池等处贼首功也。

壬寅（二十日）［四川天全六番招讨使司、永宁宣抚司、沐川等三长官司、成都府寒水巡检司与广西恩城州土官各遣头目朝贡］

四川天全六番招讨使司署招讨使事高崧、永宁宣抚司土官同知王瑄、马湖府沐川等三长官司长官悦福得等、成都府寒水巡检司土官巡检高隆，广西太平府恩城州护印官族赵陆等，来朝贡马。赐钞并彩币等物。

戊申（二十六日）［湖广永顺等三宣慰司、施南等三宣抚司、高罗等七安抚司、唐崖等五长官司，四川龙州等四宣抚司、泥溪等五长官司，广西那地等三州土官各遣头目朝贡］

湖广永顺等三宣慰司、施南等三宣抚司、高罗等七安抚司、唐崖等五长官司宣慰使彭世雄等，四川龙州等四宣抚司、泥溪等五长官司宣抚薛公辅等，广西庆远府那地等三州土官知州罗文愈等，各遣头目来朝贡马及方物。赐钞并彩币等。

明英宗实录卷二百三十七（代宗附录第五十五）

景泰五年甲戌（1454）

正月

癸酉（二十一日）［四川布政司东川军民等府通事朝觐失期，宥之］

吏部言，四川布政司东川军民等府通事呵卜等十人，朝觐失期后至，当置之法。诏以土人宥之。

明英宗实录卷二百三十八（代宗附录第五十六）

二月

戊子（初七日）［四川建昌等卫军士改铁甲为皮甲］

四川建昌等卫奏：各卫地方极边，西接生番、澜沧，东连东川、乌蒙、乌撒，北抵鱼通、宁远，南至云南、武定，山高岭峻，番蛮杂处，反侧不常。军士所造铁甲皆数十斤，不便披擐，乞改为皮甲。从之。

丙申（十五日）［赐四川乌思藏剌麻番僧等宴并彩币表里等物］

赐……四川乌（斯）〔思〕藏剌麻番僧矣失言千等宴，并彩币表里等物有差。

庚子（十九日）［广西思恩军民府新建庙学，请造祭祀乐器］

广西思恩军民府以新建庙学，请造祭祀乐器。从之。

明英宗实录卷二百三十九（代宗附录第五十七）

三月

乙卯（初四日）［四川黎州安抚司把事等朝觐失期］

吏部言：四川黎州安抚司把事李阿特等朝觐失期后至，当置之法。诏以土人俱宥之。

甲子（十三日）［广东赵音旺、周铁成称将军起事，官军讨平之］

总督两广军务右副都御史马昂奏：贼首赵音旺、周铁成伪称将军，啸聚山林，攻劫泷水等县。参将都指挥范信等进兵，攻函口关，破之，斩音旺及从贼首一千六百余级，生擒铁成等，俘献京师。命礼部遣官赍敕奖谕昂等，并于所在官库给钱帛赉之，其余论功行赏。

乙亥（二十四日）［四川威州土民寨首、广西左州等州官族头目朝贡］

四川威州土民寨首王纲、广西左州等州官族头目黄复清等来朝贡马及方物。赐钞有差。

庚辰（二十九日）［缅甸宣慰使执送思机发及妻孥至金沙江村，左参将胡志等将其槛送京师］

缅甸宣慰使卜剌浪马哈省以速剌执贼子思机发既久不发，至是来索旧地。左参将胡志等遣人谕以银戛等处地方与之，乃送思机发及其妻孥六人至金沙江村，志等槛送京师。南宁伯毛福寿等以闻，赐敕奖谕福寿等人，赐纻丝二表里、白金十两。其余通事官军人等，绢、布各二匹。

明英宗实录卷二百四十（代宗附录第五十八）

四月

辛卯（初十日）［以鬼赏溪擒杀起事苗人，赏贵州邛水长官司副长官等］

赏贵州镇远府邛水长官司副长官袁铨并总甲、小旗、民丁人等，钞锭、绢、布有差。以鬼赏溪擒杀苗贼功也。

［四川草塘苗人黄龙韦保称“平天大王”起事，官军讨平之］

四川草塘苗贼黄龙韦保，伪称平天大王，聚众攻劫播州西坪、黄滩等处屯寨营堡。贵州提督军务右佥都御史蒋琳、总兵官都督方瑛率官军会四川官军、土兵进剿。黄龙韦保据地泡山寨，其叔黄定千伪称都总兵，据水坪大寨。击败之，擒韦保及定千等，尽焚其巢穴，分兵破中潮山及三百罗等寨，其党旅潜伏者，遂搜捕之。贼皆据沼江崖箐抗敌，先克乖西，次克谷种，次克垂立，擒贼首伪王谷蚁汀等，余寨望风逃遁。凡斩首七千九百六十二级，生擒二百三十八人，追复所虏男妇一千七百三十四人。回军贵州，械韦保等送京师。

丙午（二十五日）［十八团等处杀“贼”有功，赏广西副总兵陈旺等］

赏广西副总兵都督佥事陈旺等官军三千四百五十五人，彩币表里、钞锭有差。以十八团等处杀贼功也。

明英宗实录卷二百四十一（代宗附录第五十九）

五月

甲寅（初四日）［升赏征湖广鹞麻大寨有功将士］

以征湖广鹞麻大寨功，升赏将士三百九十三人有差。内获功四次至六次者十三人，各升一级。战殁一人升二级。余三百八十人皆给赏。

庚申（初十日）［广西归德州等处头目朝觐违限］

吏部言：广西田州府归德州等处头目黄知等朝觐违限，当治罪。诏以土人宥之。

［陇川宣抚司遣夷兵更番守护木邦袭职宣慰使罕落法］

先是，木邦宣慰使罕盖法死，头目刀板放等以盖法长子罕落法保送袭职。族人思指法等不从，欲推罕落法叔罕送袭职，乃胁刀板放等聚众谋杀罕落法，罕落法避于孟更地方，而遣人赴云南总兵官处言状且求救。都督同知沐璘等以闻，诏左参将都督胡志调兵往抚谕之。志至其境，谕以祸福，思指法并刀板放等惧，志令依俗设盟而散。罕落法犹避居于孟都蛮地方，孟都蛮近陇川，志令陇川宣抚司遣夷兵二百，更番守护。事闻，诏总兵等官严兵以备之。

丙寅（十六日）［革云南河西县河泊所］

革云南河西县河泊所，以事简课少故也。

丁卯（十七日）［以剿“贼”效劳，升广西思恩府土官知府岑瑛阶中奉大夫］

升广西思恩府土官知府岑瑛阶中奉大夫，嘉其剿贼效劳也。

［令总督两广副都御史马昂等率士马剿捕广西古丁等洞“贼”］

广西古丁等洞首贼蓝茄、韦万山等纠合夷类，劫掠南宁、上林、武缘等地方。镇守副总兵陈旺等以闻，事下兵部言：此贼出没无常，屡为地方患害。宜令总督两广副都御史马昂等，量率士马，直抵巢穴，剿捕尽绝。从之。

癸酉（二十三日）［命总督两广军务右副都御史马昂兼巡抚广西］

命总督两广军务右副都御史马昂兼巡抚广西。敕之曰：朕惟弭盗莫先于安民，安民而盗自息；卫民莫先备兵，兵备而民自安。比闻各处盗贼生发，所在上下，禁御无方，皆因有司不知恤民，军卫不知操兵。加以贪暴之徒，横加侵渔克害，生灵受患，朕甚悯焉。已尝命尔总督两广军务，今复命尔兼巡抚广西地方，抚安兵民，操练军马，禁防盗贼。督令所司，凡遇人民饥荒，设法赈济；城池坍塌，用工修理。宣布朝廷之意，振作各司府州县奉公守法之官员中，有廉勤公谨者，量加奖谕。其贪酷徇私事迹显著者，除五品以上及军职具奏区处。民职六品以下并刁泼军民，尔即拿问如律。轻则就彼发落，重则械送来京。其有军民词讼，轻则量宜责罚，重则送发巡按御史、司府州县究问。凡事有便于军民者，听尔从宜处置具奏。尔为朝廷大臣，叠承重任，必须公勤廉谨，乃克有济，盗息民安，地方宁静。斯尔能若或处置乖方，惟尔不任。其钦承无怠无忽。

己卯（二十九日）［湖广九溪卫麻寮千户所、广西向武州贡马］

湖广九溪卫麻（辽）〔寮〕千户所土官冠带总旗向洪并广西向

武州遣头目陈亮等，来朝贡马。赐钞币有差。

明英宗实录卷二百四十二（代宗附录第六十）

六月

辛卯（十一日）［敕缅甸宣慰使不必穷讨思卜发］

敕缅甸宣慰使卜剌浪马哈省以速剌等：近云南总兵等官奏称，尔调大军同往剿孟养思卜发。此固尔之忠诚，但思机发首恶近已擒获，其思卜发今复远遁，是有悔过之意，不必穷讨，以示至仁。敕至，尔等宜益动忠诚，戒约部属，保守边方。毋或妄动，自取不靖。

明英宗实录卷二百四十三（代宗附录第六十一）

七月

丁巳（初八日）［广东清远等县瑶头等贡方物］

广东清远等县瑶头李应清等二百十七名来朝贡方物。赐纱绢有差。

丁丑（二十八日）［都察院右佥都御史李实自陈于巡抚湖广时剿抚苗人并范防广通王等谋逆等事迹］

都察院右佥都御史李实奏：臣先巡抚湖广，督运粮储几四百万。督调官军，擒斩苗贼首级五百余人，招抚拦牛等四十余寨苗人复业，并范防广通王等谋逆，不使得肆。近者因奏灾伤认罪，取回京师，若不陈前项事迹，无以自表。兵科勘实妄陈功次，要希升赏，乞治其罪。帝曰：……不必究其所言。

明英宗实录卷二百四十四（代宗附录第六十二）

八月

丙戌（初七日）［云南总兵官槛送思机发等至京］

云南总兵官槛送贼子思机发等至京师。

庚寅（十一日）［四川行都司盐井卫中千户所土官副千户所遣舍人、乌思藏番僧、广东归善县瑶首等朝贡］

四川行都司盐井卫中千户所土官副千户剌苴白遣舍人贾河等，乌思藏番僧乐竹星佶等，广东归善县瑶首蒙仕等，来朝贡马及方物。赐钞、彩币表里等物有差。

乙未（十六日）［四川董卜韩胡宣慰使司都指挥使遣剌麻贡方物］

四川董卜韩胡宣慰使司都指挥使克罗俄监粲遣剌麻领占瓒竹等贡方物。赐钞、彩币表里，归赐克罗俄监粲及其妻。

丁未（二十八日）［赏广东泷水等县杀“贼”有功官军］

赏广东泷水等县（亟）〔函〕口、亚鸡等处杀贼有功官军人等四百二十九人。总兵等官各钞一千贯、彩段二表里，指挥等官各钞六百贯、彩段一表里，千户等官各钞六百贯、绢三匹，百户并巡检等官各钞五百贯、绢二匹，旗军人等各钞三百贯、绢、布各一匹。

戊申（二十九日）［四川长河西、乌思藏番僧贡方物］

四川长河西、乌思藏番僧朵儿结星吉等贡方物。赐钞、彩币表里等物。

明英宗实录卷二百四十五
（代宗附录第六十三）

九月

庚戌（初二日）［云南缅甸军民宣慰使司土官宣慰使差人进贡，特颁锦绣纻丝罗并加赏彩币表里］

敕谕云南缅甸军民宣慰使司土官宣慰使卜剌浪马哈省以速剌：尔能敬天事上，固守边陲，恪修职贡。兹又差人以金银器皿、象牙、方物来进，及送贼子思机发至京，忠诚可嘉。特颁锦绣纻丝罗，用答尔意，复念尔劳，加赏彩币表里，悉付尔差来头目蛮寨等赍回。尔尚益摅忠守悃，永守藩邦。钦哉！

辛亥（初三日）［以征剿泷水起事瑶人，赏有功官员］

升都察院右副都御史马昂为右都御史，仍旧总督两广军务……广东按察司副使项忠，肇庆府知府郑暹、同知饶秉鉴，泷水县知县周刚，德庆府判官秦端、司狱傅正，高要县典（使）〔史〕蒋亮，俸各一级。俱以征剿泷水瑶寇功也。

己未（十一日）［以广东泷水等县擒斩“蛮贼”功，赏赐土官巡检等］

赐土官巡检张孟曙、陈亮等纱绢等物，以广东泷水等县擒斩蛮贼功也。

［以红布等寨杀“贼”功，赐镇守松潘都指挥等］

赐镇守松潘都指挥李文并土番牌头班仲等（纱）〔钞〕彩币等物，以红布等寨杀贼功也。

甲子（十六日）［四川播州宣慰使司遣人朝贡］

四川播州宣慰使司遣土官令狐昂等贡马及方物。赐彩币等物有差。

明英宗实录卷二百四十六
（代宗附录第六十四）

十月

甲午（十六日）［广东官旗军吏人等当立功守哨者发本处雷、廉、高、肇等处沿边］

广东按察司副使项忠奏：广东官旗军吏人等当立功守哨者，例发广西沿边。今广东地方水贼出没，海岛山瑶屡劫乡村，缺人调用。其官旗军吏人等发广西者，多怀思乡土，避难亡归，以此广西亦不得实用。乞如浙江、福建例，定发本处雷、廉、高、肇等处沿边为便。从之。

明英宗实录卷二百四十七
（代宗附录第六十五）

十一月

丙辰（初九日）［令安远侯柳溥与两广总督马昂务协心力］

广西总兵官安远侯（林）〔柳〕溥奏：总督两广军务右副都御史马昂奏，敕令臣等听其节制。臣以侯爵兼太子太师充总兵官，若听昂节制，亦恐蛮夷轻视。章下兵部议：总督、总兵委任俱隆，昂固难以节制溥，而溥亦不轻昂。宜令二人自今凡事务协心力，以图济理，不得自相矛盾，有坏边务。从之。

戊午（十一日）［官军于隆崩坡、鬼罗冲等处斩擒“苗贼”］

巡抚〔湖〕广工部尚书王永寿等奏：苗贼千余出劫，官军连击之，于隆崩坡、鬼罗冲等处，斩首九十余级，生擒十七人，械送京师。

癸亥（十五日）［停免广西思恩府土军景泰五年应纳田粮之半］

停免广西思恩府土军今年应纳田粮之半，以土军俱在桂林府听调杀贼，不得耕种。从总督广西军务太监班祐等奏请也。

明英宗实录卷二百四十八（代宗附录第六十六）

十二月

庚辰（初四日）［以广东泷水等县杀“贼”有功，升赏广西总兵官等及官军］

命升广西总兵官署都指挥佥事陈旺、左参政钱奂、按察司副使蒋诚及官军一百六十人俱一级，一千一百余人赏有差。以广东（龙）〔泷〕水等县杀贼功也。

戊子（十二日）［将廉州等四府罪囚发钦州仓纳米］

先是，巡抚广西刑部右侍郎李棠奏准，将广东巡按御史并司府州县卫所罪囚俱发广西平乐府官仓纳米至广东。廉州府奏：本府所辖钦州，接连交趾，瑶僚出没不常，而本州积粮储不多，恐有缓急，调集官军，无粮供给。乞将本府并附近雷州、高州、琼州四府罪囚，俱发钦州仓纳米，庶使边储有备，而盗贼不得窥伺。事下户部覆奏。从之。

壬寅（二十六日）［以征剿瑶人有功，升广西思恩府军民土官知府从二品散官］

升广西思恩府军民土官知府岑瑛从二品散官，以征剿瑶寇功也。

［命贵州副总兵苗贵改姓李］

命贵州副总兵都指挥佥事苗贵改姓李。从提督军务左副都御史蒋琳奏，贵自嫌其姓与苗蛮同也。

明英宗实录卷二百四十九
（代宗附录卷第六十七）

景泰六年乙亥（1455）

正月

己酉（初三日）[贵州巡抚蒋琳、副总兵李贵等请命方瑛永镇贵州，不允]

巡抚贵州左副都御史蒋琳、副总兵李贵等奏：往因苗蛮聚众为恶，事甚危殆。蒙遣总兵官方瑛，率兵前来抚捕，三四年间，边境获安，夷民帖服。今瑛蒙召回京，三司官及各卫土官、军民皆思慕之，乞命仍永镇守。诏不允，第命琳等设法抚安夷民，勿推托误事。

乙丑（十九日）[广西田州府土官知府等并恩城、上隆二州土官遣人贡马]

广西田州府土官知府岑鉴遣头目林寄等，并恩城、上隆二州土官各遣人来朝贡马。赐彩币、钞锭有差。

[乌思藏地面果加等寺喇麻番僧朝贡]

乌思藏地面果加等寺喇麻番僧班麻坚等来朝贡甲、氆氇等物。赐宴及彩币表里、食茶、钞锭有差。

乙亥（二十九日）[云南嵩明州知州奏请委官率附近土军捕“盗”]

云南嵩明州知州萧璟奏：本州近年以来盗贼生发，乞敕总兵、镇守等官，遇有贼盗，委云南中卫官一员，率附近土军缉捕。一月一换，候贼盗宁息，照旧回卫。从之。

明英宗实录卷二百五十（代宗附录第六十八）

二月

甲申（初八日）［芒市长官刀放革私置军器，欲谋反叛被擒，令将其即解来京］

敕云南总兵官都督同知沐璘、参赞运务右佥都御史郑颙，并镇守金齿、腾冲南宁伯毛胜等：尔等奏，芒市长官刀放革被其弟首称私置军器，收买象只，结构贼子思卜发并木邦陶孟思坑等，欲谋反叛，已被尔胜设计擒获。然恐土官人等各怀疑惧，别有煽动，尔等即会官计议，作急整饬军马，振扬威武，仍遣人抚谕土官人等，令其安心守分，保境恤民，毋自怀疑生衅，贻累身家。其所获刀放革，即解来京，毋致疏虞。

乙酉（初九日）［四川马湖府泥溪长官司把事贡马］

四川马湖府泥溪长官司把事任铭远来朝贡马。赐绢钞。

壬辰（十六日）［敕罗绮、周贵剿防“番贼”］

敕提督松潘兵备刑部侍郎罗绮、镇守都督指挥周贵：近知番贼麻答聂如等抢劫仓夫驴匹，扬言要攻城堡，搅扰地方。尔等须从长计议，如果势不能正，必须用兵剿杀，出兵之际保得其他夷（塞）〔寨〕不致惊疑，激变扇动。宜从勘酌相机行之事，若或别有妨碍，不可轻动，必须镇静抚绥，固守疆域，以安民夷。有功者升赏不齐，误事者获罪非轻。务在提备严密，计虑周详，毋或纤毫怠忽。

戊戌（二十二日）［湖广都司所属平溪、清浪等卫军少，无力剿捕“峒贼”，湖广巡按叶峦上言请革游食以实边卫］

巡按湖广监察御史叶峦言二事……其二曰：革游食以实边卫。臣闻，兵者国之所赖以保障，民之所恃以安生。今湖广都司所属平溪、清浪、偏桥、镇远等卫，官军见在者少，事故者多，较其原额十无二三。且各卫接连贵州、广西地界，密迩瑶僮苗夷诸种。往年各峒贼起，攻围城池，烧毁县治，致劳遣将出师，累年征剿，始获奠安。今仍出没不常，民被扰害。原其所由，皆因各卫军少，无力剿捕所致也。

明英宗实录卷二百五十一（代宗附录第六十九）

三月

丙午朔（初一日）［革四川建昌卫龙溪巡检司］

革四川建昌卫龙溪巡检司。以巡检王子华言，其路僻无盗故也。

戊申（初三日）［云南云南县楚场巡检司把事贡马］

云南赵州云南县楚场巡检司把事杨僧寿来朝贡马。赐之钞币。

丁巳（十二日）［苗人田总干等称“总兵”等项名目，联合洪江等七十二寨“苗蛮”起事，官军击败之］

湖广右参将都指挥同知安顺等奏：苗贼田总干等伪称总兵等项名目，纠合洪江等七十二寨苗蛮七千余徒，攻围清浪、镇远等卫城池，劫杀军民。臣等率官军进剿，攻破七寨，斩首二百余级，生擒十六人。

戊午（十三日）［云南孟艮府土官知府遣人朝贡］

云南孟艮府土官知府庆马辣遣人贡金银器皿、方物。赐以钞币。

明英宗实录卷二百五十二
（代宗附录第七十）

四月

乙酉（初十日）［镇远等处苗人起事，令失机之右参将安顺戴罪立功］

巡抚贵州左副都御史蒋琳奏：镇远等处苗贼出劫，右参将都指挥同知安顺领兵轻进，陷没官军三百余人，愈致贼势猖獗。顺复虚报功次，以掩己罪。乞罢顺守备，别选都指挥代之。兵部劾顺怀奸（愤）〔偾〕事，请执问如律。诏命姑宥之，仍命琳取顺死罪状，督令领军剿贼，以赎前罪，再误事必杀不赦。

戊子（十三日）［云南孟艮府头目等贡方物］

云南孟艮府头目板孟丙等来朝贡方物。陛辞，命赍敕及锦币等物，归赐其土官知府庆马辣及其妻。

庚子（二十五日）［以防董卜韩胡备用马匹，罗绮奏请各井盐召商纳马］

提督松潘兵备刑部左侍郎罗绮奏：董卜韩胡都指挥克罗俄监粲等谲诈无状，常有窥蜀之心。官军提备，用马为急，乞以明年上流等井盐召商纳马一千余匹，余盐纳粮。事下户部议，从其言。开中盐 十万引仍定则例纳马者，每匹上等马三十五引，中等马三十引，下等马二十五引。纳粮者，上流、华池二课司上井盐七分兼搭，黄市、滂井二课司下井盐三分每引五斗，新罗、通海、永通三课司上井盐六分兼搭，云安、罗泉二课司下井盐四分每引四斗五升，福兴、富义、广福三课司上井盐六分兼搭，仙泉、郁山、太宁三课司下井盐四分每引四斗。从之。

明英宗实录卷二百五十三（代宗附录第七十一）

五月

戊申（初四日）［革去湖广守备武冈州等处左右参将名目］

兵部奏：湖广守备武冈州等处左参将都指挥李震、右参将都指挥安顺，往往各持己见，妄报声息，摇惑人心，邀功生事。且参将之设，本为总兵之佐。今湖广止有都督陈友镇守，别无总兵，宜将李震、安顺革去参将名目，仍以都指挥分守地方，抚捕盗贼。从之。

乙丑（二十一日）［云南车里、八百大甸、老挝三军民宣慰使司土官宣慰使等各遣人朝贡］

云南车里、八百大甸、老挝三军民宣慰使司土官宣慰使刀霸羡等各遣头目招线靠等，来朝贡象、马及金银器皿等物。赐彩币、钞、表里、纻丝袭衣等物，仍命招线靠等赍敕并彩币表里，归赐其土官及妻。

［赏征湖广靖州等处有功官军］

赏征湖广靖州等处有功官军一千六百人。都督等官各钞一千贯、彩段三表里，都指挥等官各钞八百贯、彩段二表里，指挥等官各钞六百贯、彩段一表里，千户、土官长官、知州等官各钞六百贯、绢三匹，百户、判官、巡检、吏目、典史等官各钞五百贯、绢二匹，旗军头目、舍人、百长、吏典、民兵人等各钞三百贯、绢一匹。有擒斩贼级三、四、五名颗以上者，都指挥加彩段一表里，指挥等官加绢四匹，千户等官加绢三匹，百户、百长等官加绢二匹，旗军人等加绢一匹。

明英宗实录卷二百五十四（代宗附录第七十二）

六月

庚辰（初六日）［免思恩军民府调用土军秋粮］

免思恩军民府调用土军一千五百人秋粮二千三百余石。从广西总兵官安远侯柳溥奏请也。

壬辰（十八日）［复颁云南老挝、车里、八百大甸军民宣慰使司宣慰使与南甸宣抚司宣抚金牌信符、勘底簿，并赐锦币等物］

敕云南老挝军民宣慰使司宣慰使刀板雅者、车里军民宣慰使司宣慰使刀霸羡、八百大甸军民宣慰司使刀招孟禄、南甸宣抚司宣抚刀乐思等曰：尔等世守南服，夙坚臣节，屡修职贡，兹复遣头目乃吾等来贡方物，忠诚可嘉，特赐锦币，用答尔意。前者所降尔处金牌信符、勘〔合〕底簿，尔等因相仇杀，烧毁不存，论法本难容恕，但念尔等克修职贡，姑置不究，仍复颁降，今〔后再〕有疏虞，罪不轻宥。时威远州土官知州刀盖罕随乃吾等来朝贡，因命其管属本州人民，亦与金牌信符、织金文绮，赐敕谕遣之。

明英宗实录卷二百五十五（代宗附录第七十三）

闰六月

庚戌（初六日）［广西巡按沈琮等奏称湖广武冈州杨峒等寨苗人越境“杀掠”］

巡按广西监察御史沈琮等奏：湖广武冈州杨峒等寨苗贼杨通秀等纠率夷类越境，屡于全州及西延巡检司地方杀掠，为民患。把哨都指挥秦敏、哨守西延都指挥李敬等，不能防御，乞治其罪。诏姑不问，移文总督等官，廉察敏等失机事实及贼情如何，从实具奏处置。

辛亥（初七日）［广东高要、新会二县抚瑶人、瑶首等贡方物］

广东高要、新会二县抚瑶人谢守信、瑶首朱亚回等，来朝贡方物。赐彩币、纱绢有差。

甲寅（初十日）［总督两广军务太监班祐奏请调兵合剿湖广武冈州黄蓬等寨苗人］

总督两广军务太监班祐奏：湖广武冈州黄蓬、峒襕等寨苗贼，往往越境流劫广西全州地方，（北）〔比〕及调兵剿杀，则奔避岩壑。官军一退，（施得）〔旋复〕出没，以致经年累月，军士疲于守哨。欲令湖广总兵官及守备武冈参将等官，量率士马，与臣等克期会合，剿捕尽绝。从之。

［董卜韩胡宣慰使司都指挥使死］

董卜韩胡宣慰使司都指挥使克罗俄监粲死。提督松潘兵备刑部右侍郎罗绮等以闻。少保兼尚书于谦等言：克罗俄监粲谲诈，今称病死，未可遽信。宜再移文绮，遣人体察虚实否。从之。

壬戌（十八日）［广西博白县瑶首等贡方物］

广西博白县瑶首陈应文等来贡方物。赐钞、绢有差。

明英宗实录卷二百五十六（代宗附录第七十四）

七月

壬午（初九日）［云南湾甸等州头目并广东新会瑶首等朝贡］

云南湾甸等州遣头目刀索孟等，并广东新会县瑶首邓钺等，俱来朝贡马及方物。赐钞、彩币表里、纻丝、绢、袭衣等物有差。

壬辰（十九日）［云南木邦军民宣慰使司土官宣慰使、住守孟定地方土官宣慰使遣人朝贡］

云南木邦军民宣慰使司土官宣慰使罕落法、住守孟定地方土官宣慰使弟罕郭法遣头目刀邦闷等来朝贡马及金银等皿等物。赐钞、彩币表里、纻彩袭衣等物，仍命刀邦闷等赍敕并彩币表里，归赐其土官及妻。

明英宗实录卷二百五十七（代宗附录第七十五）

八月

己未（十六日）［湖广会同县苗人聚众“攻劫城池”，兵部请行湖广巡抚王永寿、镇守湖广都督陈友等相机抚捕］

镇守湖广都督陈友奏：会同县所属苗贼聚众攻劫城池，杀虏人畜。兵部议：行巡抚湖广工部尚书王永寿并陈友等严谨守备，遇贼出没，相机抚捕。从之。

乙（酉）〔丑〕（二十二日）［移徙贵州布政司署］

巡抚贵州左副都御史蒋琳奏：贵州布政司初开设时，暂以贵州驿舍为司。驿在城外，库隘不备。臣见贵州前卫居城中宽广，可改为司。其卫署有指挥谷瑄因贫难愿卖，可改为卫署。命三司勘实移徙。

明英宗实录卷二百五十八
（代宗附录第七十六）

九月

甲戌（初二日）［以输银给边饷，升授贵州安顺土官知州为朝列大夫］

升授贵州安顺州土官知州阿宠散官朝列大夫，以其输银给边饷故也。

庚辰（初八日）［云南巡按年俸奏南宁伯毛胜贪暴不法数十事］

巡按云南监察御史年俸奏：镇守金齿胜冲南宁伯毛胜贪暴不法数十事，谓胜犬羊余孽，狡猾恰似憸邪，且数与诸夷通，恐大贻边患。诏云南总兵等官覆之。

壬午（初十日）［以董卜韩胡都指挥使进番文，言词悖逆，令侍郎罗绮等严为边备］

兵部奏：董卜韩胡都指挥使克罗俄监粲进番文一道，言词悖逆，语涉妄诞。且侍郎罗绮等先奏克罗俄监粲已死，今详此奏所列官衔，亦与常时所奏不同，疑有行伪。宜令绮等严为边备，及遣人体实以闻。从之。

明英宗实录卷二百五十九
（代宗附录第七十七）

十月

癸亥（二十一日）［以能割爱效忠，升广西思恩军民府知府为右参政］

升广西思恩军民府知府岑（映）〔瑛〕为右参政。先是，瑛领土兵随军征调，而以子镔代为知府抚夷。镔招集无赖，饮血立誓，杀人为令，所为多不法，瑛举发其事，请于总兵等官回府治之。镔闻其父将至，自缢死。事闻，嘉其能割爱效忠，故有是命，且降敕谕之。

丙寅（二十四日）［广东都指挥同知与广西“流贼”战于肇庆白沙村，败绩，宥失机将领，令其击“贼”自效］

广东都指挥同知耿全与广西流贼战于肇庆白沙村，败绩，指挥倪广、李清等俱被杀。总兵官翁信帅兵往救，全复力战有功。审刑御史彭烈上其功罪，请裁决。诏宥全死，降为事官，击贼自效。

明英宗实录卷二百六十（代宗附录第七十八）

十一月

壬申朔（初一日）［蒙能纠集“生苗”攻龙里等城，兵部请移文湖广、贵州、广西总督、总兵等官相机抚捕］

镇守湖广太监梁达奏：岷府庶人徽煠家僮蒙能，以从徽煠谋反，窜伏苗蛮。今伪称蒙工，诈为妖书，纠集生苗三万余攻（隆）〔龙〕里等处城。兵部请移文湖广、贵州、广西总督、〔总〕兵等官，相机抚捕。从之。

乙亥（初四日）［苗人攻围龙里、新化、铜鼓诸城，命将调军往征］

镇守湖广右都督陈友、巡抚尚书王永寿等俱奏：苗贼攻围（隆）〔龙〕里、新化、铜鼓诸城，敌伤官军，事甚急，乞增调官军策应。事下兵部，集文武廷臣议：非谋勇素著、蛮夷畏服将臣，无以成功。因举南和伯方瑛、达官指挥使白玉以闻。于是命瑛佩平蛮将军印充总兵官，玉为署都督佥事充副总兵，太监阮让、陈瑄监军，户部侍郎孟鉴措置粮储，调武昌护卫及湖广等处土、达官军付瑛等往征之，仍命户部署郎中夏特、主事闫本先途措备粮草。

己卯（初八日）［南和伯方瑛征苗前安置家众］

征进湖广贵州总兵官南和伯方瑛奏：先蒙朝廷念臣在边日久，与军伴六十人轮递随从。今臣往湖广征苗，当退还原营操备，乞恩量留看守家业，其岁支南京本色禄米，乞存三十石于京城关支，赡恤家众。从之。

庚辰（初九日）［以征湖广“苗寇”师行，遣人祭告天地、宗庙、社稷］

以征湖广苗寇师行，遣魏国公徐承宗等祭告天地、宗庙、社稷。

甲申（十三日）［贵州乌撒卫地连年水旱成灾，令有司赈济］

巡按贵州监察御史伍星会奏：贵州乌撒卫地在万山之中，刀耕火种以给食，连年水旱相仍，田禾不收。今年二月至六月，淫雨不时，二麦苗稼渰损。七月殒霜，荞、菽、稻、禾俱不成实。夷民饥窘，无以自存，俱发掘蕨根、土瓜，采取栎橡、树蕈为食。已令有司于有粮仓分赈济，仍查本处官库收时赃罚银钞于附近之处易米接济，命户部知之。

丙（申）〔戌〕（十五日）［以征剿湖广五开等处苗人，户部整理粮储］

户部言：近因湖广五开等处苗贼弗靖，肆为劫掠。朝廷命将征剿，已敕本部侍郎孟鉴往彼整理粮储。臣等切惟广西、四川、贵州俱与五开接境，必于彼处存蓄，庶缓急有备。请驰传往谕巡抚都御史马昂、蒋琳，令其遣广西、四川、贵州布按二司官督属起运未完粮前去应用。其先于贵州开中淮浙等盐三十万五千八百八十余引，有纳米未完者，就令琳催完。又虑广西粮运或不能维，亦宜令昂酌彼时价，定立则例，召商中纳福建、广东、海北三处官盐各十五万引，及先次运去广西籴粮银五万八千五百二十两，并彼处原收在官赃罚银，俱令昂会同三司酌量籴米。此外别有长策，听彼各官便宜处置。从之。

己亥（二十八日）［起调汉达官军及各卫班军、土兵、民壮并

力“征苗”]

户部奏：湖广五开等处苗贼作乱，官军寡弱，不能剿捕。三司会议，欲将运粮回还官军一万一千七百八十余人，选调策应。缘应天、苏松等处灾伤，粮米停免者多，其间又或存留本处，或折纳银两，以此京粮比之往年十无六七。况今年十一月中粮米计已领运，若将运粮官军制掣回征苗，其粮必致消耗侵克。京师百万之众，皆倚给于江南，馈运积渐减少，诚非固本足国之计。请敕总兵等官如兵部原奏，将见在汉达官军，各卫有司、土官衙门原征进歇班军、土兵、民壮人等，尽数起调，并力征苗。如或不敷，许将武昌护卫，安庆、贵州、云南、四川诸处官军、土兵调用。从之。

明英宗实录卷二百六十一（代宗附录第七十九）

十二月

乙巳（初四日）［贵州副总兵李贵等奏称平越等处阿拿、王阿榜、苗金虎等称“苗王”起事，乞调云南、四川原征汉达官军会剿］

贵州副总兵都指挥佥事李贵等奏：平越等处黎从等寨贼首阿拿、王阿榜、苗金虎等，伪称苗王，造妖言惑众，攻劫诸处寨堡，实与湖广铜鼓等处贼势相倚。乞调云南、四川原征汉达官军，会合剿除。兵部请敕总兵官南和伯方瑛等亟往，相度二处贼情缓急，先后进兵。从之。

庚戌（初九日）［湖广巡抚王永寿奏称蒙能率众围攻龙里城］

巡抚湖广工部尚书王永寿奏：贼首蒙能率众攻龙里城，官军击却之。寻分遣贼众，攻破亮寨、司橘等屯寨，遂破铜鼓所及罗围堡。又为攻城梯，声言欲破龙里城，据为巢穴。都指挥汪迪率兵策应，官军六百余俱为所毙。况湖广军旅数兴，水旱相仍，军民极为疲困，乞简命文职大臣一员，来与臣协同济理。事下兵部，少保兼尚书于谦、右侍郎王伟各请行。诏待总兵官方瑛到日，奏来区处。

壬子（十一日）［以龙里蛮夷司城寨曾为苗人攻破，免当地民人景泰四年至景泰六年秋粮］

户部奏：贵州黎平府龙里蛮夷长官司，因苗贼攻破城寨，烧劫仓粮，人民流散。今招抚渐回，人力罢弊，所负景泰四年至今年秋粮二百六十九石有余，宜移文巡抚左副都御史蒋琳覆实停免，流移者亦令招抚复业。若虽被贼围，不曾抢劫者，令如数纳。从之。

明英宗实录卷二百六十二
（代宗附录第八十）

景泰七年丙子（1456）

正月

乙亥（初五日）［苗人“攻劫”沅州，命兵部移文南和伯方瑛“会剿”］

湖广沅州卫指挥使周勇奏：苗贼三千余徒攻劫州境，杀掳人财，烧毁房屋。臣同镇守太监梁达等，督汉达官军、民壮于杨溪等处对敌，杀伤甚众。各苗遁散山箐，命兵部即移文总兵官南和伯方瑛会兵搜剿。

己卯（初九日）［命兵部尚书石璞抚安湖广军民］

巡抚湖广监察御史包瑛先请湖广诸府因苗贼作孽，调军剿捕，起倩丁壮挽运粮饷，城守空虚，加以旱潦，民心惶惶。而襄阳府地方流民蚁集，诚恐一旦乘机窃发，为患非细，乞早预防，庶无后忧。帝嘉纳其言，命太子太保兼兵部尚书石璞，往抚安军民，禁御盗贼，听以便宜从事，俟苗贼平回京。

乙未（二十五日）［命将分别守备清浪、武冈等处］

命湖广辰州卫带俸都指挥佥事王英守备清浪等处，荆州左卫带俸都指挥佥事李景守备武冈等处。从巡抚湖广工部尚书王永寿等奏请也。

丁酉（二十七日）［四川威州旧州里土官巡检侄等贡马］

四川威州旧州里（王）〔土〕官巡检董敏侄董伯山等来朝贡马。赐钞锭有差。

明英宗实录卷二百六十三（代宗附录第八十一）

二月

壬寅（初三日）［将副使邢端等分往永顺等处起调土官、土兵，领送军前杀“贼”］

征进湖广贵州总兵官南和伯方瑛奏：欲将致事副使邢端、为事佥事沈庆等，戴罪分往永顺、保靖等处起调土官、土兵，领（逃）〔送〕军前杀贼，事完之日，奏请定夺。从之。

［四川按察使黄溥等奏请征还镇守松潘刑部侍郎罗绮］

四川按察使黄溥等奏：松潘虽地邻边境，洪武、永乐间，止是本卫官军自守。近差都指挥使周贵、都指挥佥事李文等，往彼捞捕，又有参议管运粮储，官民多扰，乞将镇守刑部侍郎罗绮征还。诏兵部计议以（开）〔闻〕，少保兼尚书于谦言，松潘诸种番夷骈居杂处，即今董卜韩胡克罗俄监粲虽已病故，而番簇尚多。及赞善王班丹监锉等，私造军器，交通虏寇，阴谋未测。正在用人提督防范，绮难以征还。从之。

甲辰（初五日）［云南楚雄卫千户所土官舍人贡马］

云南楚雄卫千户所土官舍人刘忠来朝贡马。赐钞。

庚戌（十一日）［南和伯方瑛奏称湖广辰州、沅州、靖州等卫俱缺粮饷，今起倩人夫输运，欲从各卫摘军一万防护］

征进湖广，贵州总兵官南和伯方瑛奏：湖广辰、沅、靖州，偏桥，镇远，铜鼓，清浪，平溪等处，俱缺粮饷。今起倩人夫输运，欲于各卫守城内摘军一万，令都指挥佥事杨茂统领防护。从之。

癸丑（十四日）［令守备武冈等处都指挥李震、清浪等处都指挥安顺等军前杀“贼”，以赎前罪］

先是，守备武冈等处都指挥李震、清浪等处都指挥安顺等俱犯罪征还。至是总兵官南和伯方瑛奏：震等智谋（骑）〔骁〕勇，乞令复守各该地方为便。帝曰：且令震等军前杀贼，以赎前罪。若再奸懒，仍旧执问。

甲寅（十五日）［靖州、清浪诸边用兵，粮储不足，令运粮备用］

户部左侍郎孟鉴奏：靖州、清浪诸边用兵，粮储不足。请以长沙、永州、衡州、荆州四府未运南京米二十万六千石有奇，改运各边备用，仍行总兵官南和伯方瑛拨军防护，及将江西折粮银三万两运赴军前给用。从之。

丙辰（十七日）［以“苗寇弗靖”，各府州县官减员朝觐］

吏部言：湖广按察司等衙门按察使等官冯诚等以苗寇弗靖，奏免大小衙门朝觐。缘朝觐乃祖宗旧典，不可以小有警辄尽废之。乞令湖广布按二司各府州县，原该当上官并首领官二员来朝者，止令一员带吏一名来朝。其裁减州县原该一员、吏一名，将须知文册送部，以凭考究。帝曰：朝觐是祖宗旧制，不可轻免。有苗寇地方如议，非苗寇出没府州县仍循例来朝。

壬戌（二十三日）［官军与苗人战于平越等处，帝命将有功官军明白造册］

巡抚贵州左副都御史蒋琳奏：统调官军于平越等处，与苗贼对敌，斩贼〔首〕四百三级，生擒贼并家属一百人。帝命兵部移文琳等，将有功官军明白造册，以俟平定之日升赏。

丁卯（二十八日）［浔州府大藤峡瑶人联合荔浦等处首领韦公海等起事，令安远侯柳溥等调军设法剿捕之］

总督广西军务太监班祐奏：浔州府大藤峡瑶贼纠集荔浦等处首贼韦公海等，劫掠县治，杀掳人财。命总兵官安远侯柳溥等，量调所在官军、土兵设法剿捕。

明英宗实录卷二百六十四（代宗附录第八十二）

三月

庚午朔（初一日）［贵州铜仁府平头著可长官司，乞立土城以“防苗”］

贵州铜仁府平头著可长官司奏：本司时有苗贼侵扰，乞立（王）〔土〕城，以固守备。从之。

壬申（初三日）［新会县刘三仔等起事，官军击破之］

总督两广军务右都御史马昂奏：新会县贼首刘三仔等伪称大将军，纠众烧劫乡村，屡行招抚不服。臣等分调都指挥胡英等，屯营要害，克期并进，攻破巢寨，斩三仔及从贼首级二千有奇，招抚复业者九千一百六十八人。

己卯（初十日）［苗人攻破晃州堡城，记失事将领罪］

巡抚湖广兵部尚书石璞奏：苗贼攻破晃州堡，杀千户郑铉等及官军余丁，烧毁厅廨仓驿无遗。右都督陈友、都指挥郑泰等不即救援，以致城陷，〔请〕治其罪。帝命兵部记友等罪，待宁靖之日奏闻处治。

壬午（十三日）［敕兵部尚书石璞总督“征苗”军务］

敕巡抚湖广兵部尚书石璞总督征苗军务，以辰、沅有警故也。

丁酉（二十八日）［云南楚雄府阿雄巡检司、湖广容美宣慰司土官舍人、贵州金筑安抚司吏目等贡马］

云南楚雄府阿雄巡检司土官舍人者齐等，湖广容美宣慰司土官舍人唐容，贵州金筑安抚司吏目熊涣等，俱来朝贡马。赐钞币。

明英宗实录卷二百六十五（代宗附录第八十三）

四月

甲辰（初五日）［以“地方不宁”，贵州奏请免朝觐］

吏部言：巡抚贵州左副都御史蒋琳奏，镇远等府苗寇流劫，地方不宁。又布按二司俱裁减衙门，乞不为常例，将大小衙门俱免朝觐须知文册，付布按二司首领官，赍赴本部，以凭考究。宜下琳覆勘，布按二司堂上官果有差委则免之，否则仍令来朝。余宜从琳所请。从之。

辛亥（十二日）［蒙能率苗人攻围平溪卫城，中火枪身亡，诏兵部知之］

征进湖广贵州总兵官南和伯方瑛奏：贼首蒙能纠苗贼二万攻围平溪卫城。守备都指挥郑泰等率兵出城，用火枪击之，中贼二千余人。贼败奔遁，官军乘胜追剿，斩获无算。时有被虏走还者数人皆云，能为火枪击伤，贼舁还寨而死。复遣人廉之，信然。诏兵部知之。

乙卯（十六日）［思任发子思卜发遣人朝贡］

思任发子思卜发奏：臣父思任发犯法时，臣犹幼小。及臣兄思机发犯法时，臣亦未有知识。臣今不敢如父兄所为，甚畏朝廷法度，谨备差发银五百两、象三只、马六匹，金银壶、台、盏共六副，土绵四段，象牙四枝，孔雀尾四把，鳞蚺胆四枚，遣人入贡，伏惟天皇帝主怜之。命赐其使钞帛。

［苗人围攻平溪城，湖广守备平溪等卫都指挥王英按兵不救］

湖广守备平溪等卫都指挥王英坐视苗贼围攻平溪城，按兵不救，平溪卫指挥景昇以闻，刑部请下巡抚兵部尚书石璞等收治。诏剿贼方急，俟贼平处之。

己未（二十日）［云南总兵官沐璘等奏请免州县官员朝觐］

云南总兵官都督同知沐璘等奏：云南各处禾稼薄收，人民饥窘，又调官军征剿湖广苗贼，乞免州县官员朝觐，抚安其民。从之。

庚申（二十一日）［广西义宁县中江等寨瑶人聚众“劫烧县廨、儒学、官仓，杀掳人民”，令兵部记失事将领之罪］

广西义宁县中江等寨瑶贼聚三十余徒，劫烧县廨、儒学、官仓，杀掳人民。总督军务右都御史马昂奏：义宁去广西城五十余里，总兵官安远侯柳溥、都督佥事陈旺坐视纵贼，误事失机，俱宜逮问。帝命兵部识之，俟地方宁靖处治。

［苗人攻破平溪卫鲇鱼堡，命兵部记失事军官罪］

湖广三司奏：苗贼流劫武冈州乡村，攻破平溪卫鲇鱼堡。守备署都指挥佥事李景、王英畏缩不援，乞治其罪。命兵部识之。

乙丑（二十六日）［四川马湖府、湖广施南宣抚司贡马］

四川马湖府土官通事蔡茂、罗虎，湖广施南宣抚司母乎岗长覃墨迪，来朝贡马。赐钞有差。

明英宗实录卷二百六十六（代宗附录第八十四）

五月

辛未（初三日）［镇守湖广右都督陈友诈报战功］

先是，镇守湖广右都督陈友屡奏官军杀获苗贼，乞赐赏赉。而铜鼓卫都指挥佥事蔡昇奏友诈报战功，朝廷疑之，命兵部移文总督军务兵部尚书石璞廉察以闻。至是璞言：友斩获苗贼不过三四十人，而失陷官军一千四百员名，以败为功，罪状显著。兵部请治友罪，降职立功。诏（有）〔友〕姑免问，仍令璞督友杀贼，俟贼情宁息之日，具闻处治。

癸酉（初五日）［升赏广东新会“杀贼”有功官军］

兵部奏：广东新会斗同等处山寨杀贼有功官军，宜依例升赏。

阵亡七人人升二级，获功五次一百九人人升一级，获功四次以下至一次一千二百八十四人，并督军儹运御史等官给赏。其镇守右少监阮能、总督右都御史马昂、总兵都督佥事翁信未蒙升赏，乞定夺。诏升能为左少监，昂为左都御史，信为都督同知。余如所请。

壬辰（二十四日）［敕谕湖广等处“贼寇”如能自散，听从复业］

敕谕中外大小文武群臣曰：……湖广等处贼寇，但有饥馑逼身，不得已而啸聚，情犯虽重，敕书到日，有能悔过自散者，悉宥其罪。听从复业，本分生理，诸人不许搜寻前事加害。如果敕书到日一月不能散者，仍究前罪。贼首蒙能若能赴官自首，待以不死，决不失信。

癸巳（二十五日）［广东英德县塔冈、高道、中潭等山瑶头等贡方物］

广东英德县塔冈、高道、中潭等山瑶头何福海等来朝各贡方物。赐钞、绢有差。

明英宗实录卷二百六十七（代宗附录第八十五）

六月

癸卯（初五日）［敕谕思卜发永坚臣节］

敕谕思卜发曰：尔能改过自新，遣陶孟孟刚等，以金银器皿等物来贡。朝廷体天行道，于凡有过之人能改即宥。兹因所遣使回，特敕谕尔，今后务须永坚臣节，不许仍前怀蓄异心，妄生觊觎，自取不靖，庶尔及子子孙孙永享太平之福。如违罪在不原，尔其戒之慎之。并赐思卜发及其妻，锦二段、纻丝纱罗二十一匹、绢三十匹。

癸丑（十五日）［以能通苗情，复湖广按察司副使邢端、佥事

沈庆职]

复湖广按察司副使邢端、佥事沈庆职。端、庆俱坐事，南和伯方瑛奏保其能通苗情，故命复职。

[**敕保靖、播州、酉阳、贵州、金筑土司调土兵“征苗”**]

以铜鼓、五开、黎平等处苗贼生发，敕湖广保靖军民宣慰使司宣慰使彭舍怕俾，四川播州宣慰使司宣慰使杨辉，酉阳宣抚司宣抚佥事冉廷璋，贵州宣慰使司宣慰使安陇富、宋昂，同知安宁，金筑安抚司舍人金如添，调土兵协助杀贼。赍送银一千两、彩段一百表里，赴总兵南和伯方瑛处，令给赏各官并头目人等。

壬戌（二十四日）［“妖人”李珍等潜入苗寨，诱苗人起事，被擒，诏械系赴京处置]

征进湖广贵州总兵官南和伯方瑛奏：妖人李珍、魏玄冲潜入执银寨，诱惑苗众，纠聚为非，官军以计擒之。诏械系赴京处置，仍令（英）〔瑛〕殄绝余苗，毋（遣）〔遗〕边患。

甲子（二十六日）［湖广水尽源通塔平长官司、广东河源县抚瑶人等贡方物]

湖广容美安抚司水尽源通塔（坪）〔平〕长官司，及广东河源县赤溪等都桂岭等山抚瑶人李广通等，各来朝贡方物。赐钞、绢、衣服等物有差。

明英宗实录卷二百六十八（代宗附录第八十六）

七月

壬申（初五日）［乌思藏剌麻、广东英德县瑶首等贡方物]

乌思藏剌麻坚千星吉、广东英德县瑶首黎志满等来朝贡方物。赐钞、彩币表里有差。

己丑（二十二日）［云南陇川宣抚司遣人朝贡]

云南陇川宣抚司宣抚多外闷遣头目多力法等，贡象及金银器皿等物。赐钞、彩币表里、罗、绢、袭衣等物，仍命赍敕并彩币表里归赐多外闷。

明英宗实录卷二百六十九（代宗附录第八十七）

八月

戊戌朔（初一日）［广西“流贼”破钦州，虏知州，令两广总兵官会兵剿杀，并治钦州守备官失机之罪］

广东廉州卫奏：广西流贼破钦州，虏知州姜原性。兵部议：宜行两广总兵官会兵剿杀，并治钦州守备官失机之罪。从之。

甲寅（十七日）［武冈州“蛮贼”攻全州］

广西奏，武冈州蛮贼寇全州地方，命广西、湖广总兵等官会兵剿捕。

丁巳（二十日）［四川乌思藏土官番僧贡马］

四川乌思藏土官番僧绰思加等贡马。赐钞、彩币表里等物。

明英宗实录卷二百七十（代宗附录第八十八）

九月

癸酉（初六日）［松潘提督罗绮奏称诛松潘“土番”王永］

提督松潘兵部左侍郎罗绮奏：松潘土番王永生长边陲，习性凶犷，肆顽骋恶，积有岁年。先曾杀害土官高茂等男妇五百余口，又杀故土官董敏子伯浩等二十余人。今又纠集番夷，欲行攻劫地方。臣与都指挥周贵等统领官军，直抵桑坪，已将永等诛死，凶酋殄灭，边境肃清。帝降敕嘉奖，赏银二十两、彩币三表里。

甲戌（初七日）［四川长河西鱼通宁远等处军民宣慰使司土官，乌思藏嗟堂等寺番僧、土官佥事，董卜韩胡等处土官等朝贡］

四川长河西鱼通宁远等处军民宣慰使司土官，并乌思藏嗟堂等寺番僧、土官佥事朱真，董卜韩胡等处土官查思把等，来朝贡马及方物。赐宴并彩段表里等物有差。

甲午（二十七日）［南和伯方瑛等由沅州兵分三路往征贵州苗人］

总兵官南和伯方瑛等奏：臣等奉命往征贵州苗贼，率领官军七万人，分为三路，已于八月二十七日发沅州。一路自清浪由朱砂堡进，一路自平溪由羊儿堡进，一路自镇远由马场坡进。克期于九月初七日次于贼境，会兵直抵巢穴。

明英宗实录卷二百七十一（代宗附录第八十九）

十月

壬子（十六日）［以“遵例输米”播州边仓，命给四川重庆等府僧度牒］

命给四川重庆等府僧胡德心等二百四十人度牒，以各僧遵例输米播州边仓，以足军饷也。

癸丑（十七日）［四川龙州宣抚司土官知事、播州宣慰使司土官同知及广东阳江瑶首等朝贡］

四川龙州宣（武）〔抚〕司土官知事康进忠、播州宣慰使司土官同知罗昱遣长官都忠，并广东肇庆府阳江县瑶首陈树信等，来朝贡马及方物。赐彩段表里、绢、纱有差。

明英宗实录卷二百七十二（代宗附录第九十）

十一月

壬辰（二十六日）［以“化导番俗”有功，升智中禅师为国师］

升禅师智中为国师，都纲远丹藏卜为禅师。以松潘镇守官罗绮等言其有化导番俗功也。

明英宗实录卷二百七十三（代宗附录第九十一）

十二月

己亥（初四日）［官军连破鬼板等苗寨］

征进湖广贵州总兵官南和伯等奏：官军连破苗贼鬼板等一百六十余寨，擒斩贼徒三千二百有奇，俘获男女、牛羊、器械无算。帝赐敕褒奖，劳以羊酒，仍谕其乘势殄绝，毋玩寇殃民。

景泰八年丁丑（1457）

正月

丁卯（初二日）［广西瑶人攻陷钦州及石城，令失机官员戴罪立功］

总督两广军务左都御史马昂奏：广西瑶贼流劫广东，攻陷钦州及石城。千户所把总指挥董聚、提督指挥凌沾等不能固守，宜治其罪。诏姑记其罪，令将前贼殄灭。

明英宗实录卷二百七十五

天顺元年丁丑（1457）

二月

己亥（初五日）［户部奏留户部左侍郎孟鉴、郎中董昱于湖广随军区画粮草］

……户部又奏：本部左侍郎孟鉴、郎中董昱亦系差往湖广随军区画粮草官，今湖广苗贼未平，边饷为重，宜仍留各官在彼区画供给，候贼平班师之日，即征回京。从之。

戊申（十四日）［广西养利州土官同知等官遣人贡马］

广西太平府养利州土官同知等官甘贵等遣人贡马。赐钞如例。

［安远侯柳溥会合官军、土兵击破柳、庆等府宾州等处“蛮贼”］

总兵官安远侯柳溥等奏：柳、庆等府宾州、上林、武缘等处，蛮贼猖獗，攻陷城池，荼毒乡村。张立旗号，伪称刬平王、都督、左右参将等官。臣会合各处官军、土兵，分布八哨，与贼对敌四十余日。贼势据险愈甚，臣等复设策出奇，令军士攀藤缘崖，鼓勇前进。各用铳炮火器，四方夹攻，克破贼（塞）〔寨〕，斩贼首伪刬平王黄公好等五百二十四人，生擒贼蓝万随等三十三人，夺回被虏男妇一百一十二人。其贼首首级已发各府州县要路枭示，生擒者监候，夺回人口给发宁家。上命兵部论功赏之。

戊午（二十四日）［南和伯方瑛、总督湖广军务兵部尚书石璞等“征苗”奏捷］

总兵官南和伯方瑛、总督湖广军务兵部尚书石璞等奏：臣等移兵天柱，抚捕苗贼，闻天堂等寨苗贼肆掠，遂分道并进。贼溃败奔遁，我军乘胜追杀。克破天堂、小坪、墨溪二百二十七寨，纵火焚烈房屋禾仓一万一千余间，生擒伪称开城侯、都督、尚书等贼一百二人，斩获伪称金虎侯等贼首一千四百九十八级，俘获贼属子女，并夺回原虏军民男妇一千三百有奇，牛马孳畜无算。上谓兵部臣曰：今虽奏捷，然苗贼叛服不常。其仍令太监阮让同方瑛，镇守湖广、贵州二处。都督陈友充左副都指挥，李震、安顺充左、右参将，仍各分守湖广边境。内官郑忠、都指挥李贵充右副总兵，张任充右参将，分守贵州边境。陈瑄、梁达、张贵、覃包、魏荣、白玉、石璞等，俱令回京。原领南北官军数内，除阮让、方瑛处各留一百人，郑忠处留六十人，其余悉令回原卫。其各处调到官军、土兵，令阮让、方瑛、石璞量留，分守城池，搜剿余贼。其余亦各令回原卫。其有功官军及土官、土兵，令石璞从公勘实，造册奏来。不许徇私滥报，如违皆重罪不宥。

庚申（二十六日）[车里宣慰使兄弟仇杀，令各罢兵，以息争端]

云南总兵官都督同知沐璘奏：车里军民宣慰司宣慰使刀霸羡自杀，其弟板雅忠等，已推兄三宝历代掌管地方。今板雅忠等又作乱，纠合八百，借倩人马仇杀。欲调官军抚安，而春暖瘴高，未宜动众轻进。上曰：三宝历代系庶孽夺嫡，谋害刀霸羡，以致板雅忠等借兵攻杀。璘等其差的当官员去抚谕板雅忠等，及体勘何人应袭宣慰职事，具奏定夺。令各罢兵，以息争端。

癸亥（二十九日）[湖广剌惹峒已故峒长之妻纳马为子赎罪]

湖广剌惹峒已故峒长向黑稍耸次子剌惹施，并侄麦昔等三人，以罪发口外充军。其母阿秦陈情，纳马一匹以赎罪。事下兵部议：土人犯罪，例该纳马二十匹，今剌惹施等三人止纳马一匹，宜当增加。上曰：朝廷一视同仁，念此远人，情有可矜，不必增加马匹。准其赎罪，放回宁家。

明英宗实录卷二百七十六

三月

甲戌（十一日）[湖广容美宣抚司宣抚子代父职]

命湖广容美宣抚司宣抚田潮美子保富代职，以潮美老疾也。

癸未（二十日）［乌思藏灌顶国师阐化王、四川平夷长官司土官舍人、广西龙英州族目等朝贡］

乌思藏（怕）〔帕〕木竹巴灌顶国师阐化王桑尔结坚昝巴藏卜等、四川马湖府平夷长官司土官舍人王廉等、广西龙英州族目赵昇等，来朝贡马及方物。赐宴并赐彩币表里等物有差。

明英宗实录卷二百七十七

四月

丁酉（初四日）［南和伯方瑛征苗再奏捷，候旨班师］

征进湖广贵州总兵官南和伯方瑛奏：湖广贼首蒙能等既诛，其党尚屯聚铜鼓、藕洞等处。臣等率师分路进剿，克一百九十五寨，斩首二千八百九十余级，擒获首从贼徒及其妻孥五百余人，孳畜、械器无算。覃洞、上隆诸苗，擒贼首数人诣军门乞降。都指挥李震进兵武冈，克栏牛等五十四寨，斩首一百五十三级。俱全师还武昌，伏候敕旨班师。上曰：班师前已敕之矣，兵部第驰文申命之。

戊戌（初五日）［召镇守湖广贵州左副总兵陈友还京］

召镇守湖广贵州左副总兵都督陈友还京。

［诛“反贼”苗良、响全等］

命湖广总兵等官诛反贼苗良、响全等九十余人。

乙巳（十二日）［命四川播州黄平安抚司安抚罗俊子代职］

命四川播州黄平安抚司安抚罗俊子赟代职。

甲寅（二十一日）［湖广施州卫五路安抚司舍人、广西永康县官族等贡马］

湖广施州卫五路安抚司舍人覃斌等、广西太平府永康县官族黄宗贤等来朝贡马。赐彩币、钞锭有差。

丙辰（二十三日）［黑虎、三姐等寨番人与董卜韩胡仇杀，遣

指挥周刚等率军巡视]

提督松潘刑部左侍郎罗绮奏：黑虎、三姐等寨番人与董卜韩胡仇杀，恐窥我边境，遣指挥周刚等率军巡视。至坝州，番人起塘迎敌，战败之，斩首三百五十余级，擒二人，克苏村等五寨。

明英宗实录卷二百七十八

五月

丙子（十四日）[广西古丁等峒“贼首”集“夷众”，“分劫”武缘等县，令当地官军土兵设法扑灭]

总督广西军务太监班祐奏：古丁等峒贼首蓝茄等纠集夷众万余，分劫武缘等县，渐逼南宁地方，已令参将范信等防御。事下兵部，请驰文总兵官武进伯朱瑛，严督所在官军、土兵设法扑灭，毋令滋蔓。从之。

己卯（十七日）[设四川马湖府沐川长官司僧正司]

设四川马湖府沐川长官司僧正司，铨官给印。

庚寅（二十八日）[升赏广西宾州杀获“蛮贼”有功将士]

兵部奏：广西宾州杀获蛮贼有功将士八百八十九人。指挥等官三十四人，人升一级，余皆给赏。其副总兵都督佥事陈旺、右参将都指挥使孙麒、布政司左参议田崇、按察司佥事朱骥未敢定议，乞请处分。命升旺为都督同知，麒为都督佥事，崇为按察副使，骥为布政司左参议。

明英宗实录卷二百七十九

六月

甲午（初二日）［乌思藏南连查等寺剌麻番僧朝贡］

乌思藏南连查等寺剌麻番僧庵配等来朝贡氆氇等物。赐宴并彩币、衣服有差。

甲辰（十二日）［四川沐川长官司土僧朝贡］

四川马湖府沐川长官司解结禅寺土僧守和等来朝贡马及方物。赐宴并彩段、衣服有差。

戊申（十六日）［升都督同知沐璘为右都督］

升云南总兵官都督同知沐璘为右都督。先是，军民耆老屡赴镇守巡按等官处，历言璘镇守以来，威惠远著，事安民安。乞具关增秩，以奖其劳。御史等言于朝，故有是命。

明英宗实录卷二百八十

七月

戊辰（初七日）［四川乌思藏剌麻、广东临高县土官舍人等朝贡］

四川乌思藏剌麻木牙温卜言粲等、广东临高县土官舍人倪泽等俱来朝贡马及方物。赐钞、彩币表里、袭衣有差。

明英宗实录卷二百八十一

八月

乙未（初四日）［召商于贵州等处中纳盐粮］

召商于贵州等处中纳盐粮。贵州城仓中淮盐每引纳米五斗三升，浙盐三斗五升，云南黑、白等井盐七斗五升，四川上流等井盐六斗。普安卫仓中淮盐每引纳米四斗，浙盐三斗，云南盐六斗，四川盐四斗五升。

癸卯（十二日）［四川董卜韩胡宣慰使司剌麻等、湖广施州等卫忠峒等安抚司所遣舍人等朝贡］

四川董卜韩胡宣慰使司剌麻也失罗等、湖广施州等卫忠峒等安抚司遣舍人杨三等来朝贡马及方物。赐钞、彩币表里有差。

庚戌（十九日）［赏征广西柳州等处有功官军人等钞、纻丝、绢、布］

赏征广西柳州等处贼寇有功官军人等，凡八百八十五人。太监钞一千贯、纻丝三表里，指挥各钞八百贯、纻丝二表里，千户、知州等官各钞六百贯、纻丝一表里，百户、巡检等官各钞五百贯、绢三匹，旗军人等各钞三百贯、绢、布各一匹。其土官、舍人、土兵有功并阵亡不应升者，倍赏之。

庚申（二十九日）［湖广保靖州军民宣慰司长官、永顺军民宣慰使遣人贡马］

湖广保靖州军民宣慰司长官彭武遣弟彭海等，永顺军民宣慰使彭世雄遣舍人彭礼等，来朝贡马。赐钞、彩币表里有差。

明英宗实录卷二百八十二

九月

壬戌朔（初一日）［湖广保靖等州军民宣慰使司所遣舍人、施州卫军民指挥使司僧人、广东广州等府清远等县抚瑶把总等朝贡］

湖广保靖等州军民宣慰使司遣舍人麦失，施州卫军民指挥使司圆通禅寺僧人子性，广东广州等府清远等县抚瑶把总袁珍等，来朝贡马及方物。赐彩段、绢、钞有差。

甲子（初三日）［广西瑶人起事，“攻劫”柳城、武缘等县，总兵等官奏拟于秋后进兵］

先是，广西屡奏：瑶贼自今年三月以来，大肆猖獗，攻劫柳州府之柳城、南宁府之武缘等县。所至杀虏居民，烧毁廨宇，其酋首至有称王者。兵部奏：请广西总兵等官，调集左右两江土兵诛剿。至是，总兵等官奏拟于秋后进兵。从之。

戊辰（初七日）［镇守广西左少监等奏请调兵剿瑶，不从］

镇守广西左少监朱详等奏：自天顺元年正月至七月，瑶贼千百余起，数万余众，大肆剽掠，烧劫县治，杀虏居民，半年之间，共计男妇六千余口，遂至田里荒芜，道路梗塞。失今不治，异日必为大患。乞借湖广、贵州二处征进官军，并发在京投降达军，付臣等统领，直抵贼巢，以靖边方。不从。

甲戌（十三日）［增董卜韩胡宣慰使司都指挥同知秩为都指挥使］

兵部奏：董卜韩胡宣慰使司掌司事都指挥同知札巴坚粲藏卜，上章乞封王爵，赐金印。于理难从，宜增其秩为都指挥使。从之。

丁丑（十六日）［乌思藏等处刺麻番僧朝贡］

乌思藏等处剌麻番僧温卜圆全等来朝贡马及方物。赐晏并彩段表里等物有差。

戊寅（十七日）［芒部军民府下白江“蛮贼”攻围筠连县治，命监察御史往会四川镇守及三司等官议捕之］

镇守四川奉御陈清等奏：芒部军民府下白江蛮贼一千余徒攻围筠连县治作乱。敕监察御史项憸往会四川镇守及三司等官议捕之。

明英宗实录卷二百八十三

十月

庚子（初十日）［命云南布政司输银于贵州购军粮］

命云南布政司输银三万两于贵州，收买粮米，以足军饷。从贵州总兵官南和侯方瑛奏也。

己未（二十九日）［四川天全六番招讨使所遣副招讨、湖广桑植等安抚司所遣舍人、广东海丰县抚瑶人朝贡］

四川天全六番招讨使高崧遣副招讨杨恺，湖广九溪卫桑植等安抚司遣舍人黄仲拳，广东惠州府海丰县九龙山等处抚瑶人林有通等，来朝贡马及方物。赐彩段表里等物有差。

明英宗实录卷二百八十四

十一月

甲戌（十四日）［田州府头目称“敌国大将军”起事，兵部请命武进伯朱瑛及土官都指挥岑瑛设法擒剿］

广西总兵官武进伯朱瑛等奏：田州府头目吕赵伪称敌国大将军，张旗帜，鸣钲鼓，率众劫掠南丹州，及占据向武州地方。事下，兵部请命瑛等及土官都指挥岑瑛设法擒剿。从之。

辛巳（二十一日）［木邦杀获“蛮寇”有功，升赏云南左参将等］

赏云南左参将都督佥事胡志、署都指挥佥事朱绅、左参议甘敬修、按察佥事罗澄及官军一千九百人各有差。一百余人升一级。以救木邦杀获蛮寇功也。

明英宗实录卷二百八十六

天顺二年戊寅（1458）

正月

庚辰（二十一日）［广西官军、土兵攻破永福县理定等处“贼巢”］

广西总兵官武进伯朱瑛等奏：率领桂林中、右等卫官军及土兵人等，直抵永福县理定、南乡、兰麻等处贼巢，与贼对敌，攻破贼寨。前后斩获首从贼陈公架等一千一百余人，夺回抢掠良民子女一百二十余口。上命兵部移文巡按御史，查理功次，以俟升赏。

辛巳（二十二日）［四川播州宣慰司宣慰使所遣长官等贡马］

四川播州宣慰司宣慰使杨辉遣长官夏琛等……来朝贡马。赐宴并彩币表里、袭衣等物有差。

明英宗实录卷二百八十七

二月

庚寅朔（初一日）［广西巡按王常奏称藤县累被大藤峡等山“蛮贼”攻劫］

巡按广西监察御史王常奏：梧州府藤县累被大藤峡等山蛮贼不时出没，攻劫县治，杀掳人民，烧毁房屋。若不早为扑灭，诚恐滋蔓，日久构成大患。上命兵部移文广西总兵、镇守等官，武进伯朱瑛并都布按三司及巡按御史，调度官军、土兵人等，亲抵贼巢，相机剿捕。

明英宗实录卷二百八十八

闰二月

甲子（初六日）［湖广施南宣抚司、贵州宣慰司、四川马湖府遣人朝贡］

湖广施州卫施南宣抚司遣峒长张亚送等，贵州宣慰司遣舍人、把事阿鲁等，四川马湖府遣舍人、把事向子昇等，各来朝贡马及方物。赐宴并彩币表里有差。

明英宗实录卷二百八十九

三月

戊戌（十一日）［四川盐井卫指挥等官、贵州宣慰司土官宣慰使等各遣人贡马］

四川盐井卫指挥等官董辅等、贵州宣慰司土官宣慰使宋昂等各遣人贡马。赐钞币如例。

己亥（十二日）［命故四川朵甘思宣慰使从子袭职］

命故四川朵甘思宣慰使绰思吉札思巴从子银敦札叭袭职。

辛丑（十四日）［广西柳、庆、象、武西峒等山寨“蛮贼”攻劫博白县及广东宁川］

广西守备浔州右参将都督佥事刘玉奏：柳、庆、象、武西峒等山寨蛮贼聚众七千余徒，过江南攻劫博白县及广东之宁川。臣同左参将范信领兵于石门山口，及天井岭、鸡公岭设伏截捕，斩首三百一级，复所掠男妇六百四十七人。

丙午（十九日）［广西“蛮贼”“流劫”广东，官军击败之］

广西蛮贼流劫广东，永安千户所参将都督佥事欧信率兵击败之，斩首一百四十八级，复所掠男妇一百二十四人。

壬子（二十五日）［广西巡按王常上章荐升土官岑瑛军职违制，命改为知县］

巡按广西监察御史王常因土官岑瑛擒贼有功，与总兵官朱瑛连名上章，荐升都司军职。法司以常违制，坐赎杖还职。上命吏部改为知县。

明英宗实录卷二百九十

四月

癸酉（十六日）［“东苗”干把猪等起事，敕南和侯方瑛等调兵进剿］

敕湖广贵州总兵官南和侯方瑛等：得奏，东苗十三番贼首干把猪等，僭称伪号，攻劫都匀等处，已敕云南、四川都司及蜀府，各调原征官军来尔处听调。复命右副都御史白圭赞理军务，尔等即将所在官军，及量调湖广、贵州并播州等处原调官军、土兵，严督操练，候各处军马至日，一同进剿。或分或合，相机取胜，克期殄灭，以除边患。

己卯（二十二日）［广东石康县“贼”攻破广西博白县，命右佥都御史叶盛与两广镇守、总兵等官酌量缓急，调兵剿捕］

广东石康县贼攻破广西博白县，杀典史、巡检及军民六十余人，虏去男妇千余人。左少监朱详以闻，兵部议，请移文两广镇守、总兵等官会兵剿捕。上曰：然，仍命与右佥都御史叶盛酌量缓急而行。

癸未（二十六日）［四川天全六番招讨司土官舍人、湖广施南宣抚司峒长等贡马］

四川天全六番招讨司〔土〕官舍〔人〕戴铭……湖广施州卫施南宣抚司峒长向万忠等来朝贡马。赐钞。

明英宗实录卷二百九十一

五月

戊子（初二日）［禁止乌思藏番僧夹带私茶］

命礼部移文四川布政司，今后乌思藏地方，该赏食茶于碉门茶马司支给，仍行湖广布按二司，如有番僧经过，不许官员、军民人等将茶私自卖与。沿途官司把隘去处，务要搜检。若有夹带私茶，通追入官，就将各犯依律问罪。从四川按察司佥事刘福奏请也。

甲午（初八日）［敕谕贵州都指挥同知陈原分守都匀地方控制“蛮夷”］

敕谕贵州都指挥同知陈原曰：今仍命尔分守都匀地方，提督操练军马，修理城堡。置办军器，整治屯田。抚安军民，控制蛮夷。遇有贼寇出没，即调各卫所地方官军、民兵，相机剿捕。或有平昔恃顽不服，差调官旗军余人等，必须设法清理，量加惩治。非奉朝廷明文，一军不许擅役，一毫不许擅科。尔尤须秉公持廉，运谋奋勇，严切守备，毋得畏缩怯懦及扰害军民。自取罪愆，朕不尔宥。

戊戌（十二日）［四川重庆等卫、石硅宣抚等司并湖广麻寮千户所各遣人贡马］

四川重庆等卫、石硅宣抚等司，并湖广麻寮千户所，各遣人贡马。赐彩币、钞、绢有差。

庚子（十四日）［命修湖广靖州卫东门城楼及金滩等处哨堡］

命修湖广靖州卫东门城楼，及金滩等处哨堡。从镇守湖广都督佥事李震奏请也。

明英宗实录卷二百九十二

六月

壬戌（初六日）［敕谕董卜韩胡宣慰使司掌司事都指挥同知“敬顺朝廷”］

敕谕董卜韩胡宣慰使司掌司事都指挥同知喃哩结者思叭言干巴藏卜曰：近得镇守四川右少监等官阎礼等奏，尔申文自陈父、祖以来尽忠尽孝，不敢叛逆为非等语。词意谆切，朕已洞察之矣。夫叛逆乃下愚无知，自取祸败灭亡者所为，非明哲达理者之所为也。往者麓川贼思任发，终至灭亡，其事可鉴。尔家世守西土，得以钤制番夷，安享富贵，皆赖我皇祖考之至仁厚恩，以此朝贡往来，有加无替。尔今袭承父、祖之职，当体父、祖之心，岂可背德忘恩，辄生意图？人虽有言，朕不轻信，尔乃欲究治言者，此亦过矣。古云：礼义不愆，何恤人言？又曰：弭谤莫如自修。继今以往，朕不尔疑，尔尚益励臣节，敬顺朝廷，务全忠孝之名，仍须戒约部落，各安本分，毋自主嫌疑，辄起衅端。庶尔身及尔子孙，永享太平之福。

乙丑（初九日）［沐璘卒］

云南总兵官右都督沐璘卒。璘，昂之孙也，正统十一年荫父职为云南左卫指挥佥事，荐升云南都司署都指挥佥事。景泰元年，黔国公斌卒，升璘都督同知佩征南将军印充总兵官镇守云南。天顺元年，军民耆老历言，璘耿介廉明，伟有谋略。历任以来，威惠远著，事妥民安，乞加升授，以慰军民之望。诏褒嘉之，升右都督，至是卒。璘起自勋戚，喜读书，平居恂恂若儒生。在镇七年，境内晏然。自号东楼居士，日披诵探讨。其上作为诗文，绘画亦可观。其始总戎也，人以为少年子易之。其后号令施设间，凛然有不可犯者，人方之古儒将云。

壬申（十六日）[命车里宣慰使司故宣慰使子袭父职]

命故车里宣慰使司宣慰使刀更猛子三宝历代袭父职。初，刀更猛死，三宝历代随母金氏嫁头目刀思弄，掌管车里地方。思弄死，其子霸羡遂袭其职。霸羡死，诸夷欲保三宝历代继之，而霸羡弟板惟忠等不从，遂构兵作乱。朝廷命三司官往抚之，且勘知其事，故有是命。

明英宗实录卷二百九十三

七月

辛卯（初六日）[镇守湖广贵州太监阮让等奏剿抚“东苗”事宜]

镇守湖广贵州太监阮让等奏：东苗为贵州诸种蛮夷之首，负固据险，僭号称王，其他种类多被逼胁。东苗平，则诸蛮莫不服从矣。臣会总兵官南和侯方瑛等，计议合行事宜，谨具以闻。一、调永顺、保靖等宣慰司土兵，乞量赍金帛赏劳，以奖劝之。一、东苗惯于马战，而我军步多骑少，乞给官价买马，分军骑战。一、调到各处官军，宜量加支官银，造成银碗银牌，验功给赏，以作士气。一、镇守靖州右参将李震所守地方，见今宁靖，乞调赴军前，领军进剿。

丁酉（十二日）[云南缅甸宣慰使司遣人朝贡]

云南缅甸宣慰使司遣头目剌亚等来朝贡象及金银器皿、方物。赐钞、彩币表里、袭衣等物，仍命剌亚等赍敕并彩币表里，归赐其土官及妻。

己亥（十四日）[敕调永顺、保靖、贵州、播州、酉阳、金筑诸处土司兵征“东苗”]

敕谕湖广永顺宣慰司宣慰使彭世雄，保靖宣慰司宣慰使彭舍怕俾，贵州宣慰司宣慰使安陇富，四川播州宣慰司宣慰使杨辉，四川酉阳宣抚司宣抚冉庭甫、佥事冉庭章，贵州金筑安抚司舍人金洳，曰：近因贵州东苗丑类负固据险，僭称伪号，聚众截路，攻劫城堡，已命镇守湖广贵州总兵官南和侯方瑛等，调集大军，克期进剿，以除边患。敕至，尔等即便选集精壮土兵，各带器械，躬亲统率，或委的当头目管领，前赴方瑛等处，听调杀贼，不许延缓误事。有功之日，重加升赏。贼平之后，即放宁家。朕复念尔累效忠勤，特赐银两、彩段表里，至可领也。

乙巳（二十日）［广东高要县瑶首等贡方物］

广东高要县瑶首邓钺等来朝贡方物。赐钞、彩币表里等物。

明英宗实录卷二百九十四

八月

己未（初四日）［四川永昌等州县土民等贡马］

四川行都司会川卫永昌等州县土民董祥等贡马。赐彩币等物有差。

丁丑（二十二日）［广西瑶人“烧劫”宾州，令失机都指挥立功赎罪］

广西奏：瑶贼五千余徒，烧劫宾州坊厢，杀死男妇四百三十九口，虏二千六十余口、牛马二千余匹。兵部奏请，姑记都指挥孙麟等罪，俾其立功赎罪。从之。

明英宗实录卷二百九十五

九月

乙酉朔（初一日）［广西思恩军民府存留甲军分三班轮流操练、耕种］

户部奏：广西思恩军民府存留广西甲军一千五百人操练，有误种田纳粮。乞分作三班轮流，五百人操练，免其粮七百七十余石；放回一千人耕种，征其粮一千五百四十余石。俟地方宁妥，俱放回全征。从之。

丙午（二十二日）［廉州府“贼势猖獗”，广东副总兵翁信坐视不肯进兵］

广东副总兵翁信奏，于廉州府木头峒杀获贼首二千一百余级。兵部言：前此贼势猖獗，信坐视不肯进兵。本部奏请催督进剿，仍请命巡抚两广都御史叶盛纠察具奏拿问，今信虽报捷而盛无奏章，乞行盛核实以闻。从之。

丁未（二十三日）［云南元谋县故知县弟、湖广忠建宣抚司所遣把事等贡马］

云南武定军民府和曲州元谋县故知县吾起弟超，湖广施州卫忠建宣抚司遣把事马主等，来朝贡马。赐彩币并钞有差。

明英宗实录卷二百九十六

十月

丁卯（十三日）［湖广唐崖长官司土官舍人、四川马湖府把事贡马］

湖广施州卫唐崖长官司土官舍人谭彦实、四川马湖府把事蔡颉来朝贡马。赐彩段表里并钞有差。

丁丑（二十三日）［命云南干崖宣抚司故土官同知子袭职，南甸宣抚子代职］

命云南干崖宣抚司故土官同知刘瑛子晟袭职，南甸宣抚司宣抚刀落硬子刀落盖代职。

辛巳（二十七日）［连山、贺县僮人“流劫”江华，命湖广、广西镇守、总兵等官设法剿捕之］

巡按湖广监察御史宋有文奏：连山、贺县僮贼约四百余，流劫江华县诸乡村，人民逃窜。命湖广、广西镇守、总兵等官设法剿捕之。

明英宗实录卷二百九十七

十一月

乙酉朔（初一日）［升陶孟刀思忠为云南干崖宣抚司副使］

升云南干崖宣抚司陶孟刀思忠为本司副使。

癸巳（初九日）［四川泥溪、贵州乌罗长官司长官等贡马］

四川泥溪长官司长官王辅、贵州乌罗长官司长官冉文质等来朝贡马。赐币等物。

庚子（十六日）［命镇守松潘四川都指挥使周贵充参将］

命镇守松潘四川都指挥使周贵充参将，仍旧镇守。

辛丑（十七日）［升高澄为四川按察司副使，抚治松潘“番夷”］

升四川按察司佥事高澄为副使，往松潘抚治番夷。

［复置云南南甸驿驿丞一员］

复置云南南甸驿驿丞一员，以土人为之。从南甸宣抚司土官宣抚刀落硬奏请也。

癸卯（十九日）［广西苗人“抄掠”湖广东安诸城堡，令失机

军官击“贼”自效]

广西苗贼从全州至湖广东安诸城堡抄掠，巡按湖广监察御史马文升案：永州卫指挥佥事欧刚、赵斌俱不能奋击，论罪当斩。都察院谓东安逼邻苗贼，刚、斌罪可矜。上曰：然。其各宥死降二级，令击贼自效。

甲辰（二十日）［杨宁卒］

南京刑部尚书杨宁卒。宁字彦谧，直隶歙县人，由进士授刑部主事。正统三年，随兵部尚书魏源巡视宣府大同边备。四年，出师征剿麓川，以中官监军荐宁偕往。至境，贼款军门约降，主将许之。宁曰：兵未加而敌降，是诈以诱我也，宜严兵以备之。已而贼众果至，以功特升郎中。六年，仍举麓川之师，兵部尚书王骥总军务，复荐宁往偕。攻破杉木笼山栅寨，捣其巢穴。师还，以功进升刑部右侍郎。九年，参赞云南军务，请置陇川宣抚司。又即腾冲险塞筑城，控制蛮夷。戊辰，巡抚江西，询求民瘼，士民畏服。景泰初召还，进礼部尚书。后以足疾，调南京刑部。天顺初致仕，至是卒。讣闻，遣官赐祭营葬。宁为人机警，负才能，善交权贵。麓川之行，虽已成功，而其不免于清议。亦以此云。

明英宗实录卷二百九十八

十二月

乙丑（十一日）［乌思藏番僧献佛像等物］

乌思藏番僧南剌师等献佛像等物。赐宴及彩币有差。

辛未（十七日）［命湖广布按二司每年轮差佐贰官监督铜鼓等仓收支粮料］

命湖广布按二司自明年为始，每年各轮差佐贰官，监督铜鼓、五开、天柱、（天）〔大〕庸、枇杷、安福、镇远、清浪、偏桥、平溪、施州、九溪、永定、桃川等仓收支粮料，禁革奸弊，整理边务。从左布政使萧晅奏请也。

壬申（十八日）［南宁伯毛胜、腾冲千户所千户藺愈强占招八地方田寨，命照数退还］

云南南甸土官宣抚刀落盖奏：南宁伯毛胜、腾冲千户所千户藺愈强占招八地方寨子田亩，分作庄户办纳银两、米谷等物，逼民逃窜。事下户部覆奏：请令云南都布按三司同巡按监察御史诣彼，从公体勘，所占地方田寨，照数退还。干碍毛胜、藺愈，径奏拿问。从之。

壬午（二十八日）［镇守广西左少监朱详、武进伯朱瑛奏称调往全州、兴安等处“剿贼”土兵不听约束，乞降敕切责之，不允］

镇守广西左少监朱详、总兵官武进伯朱瑛奏：议调左右两江土兵，往全州、兴安等处剿贼。奈其生拗，不听约束，沿途骚扰，而泗城州为甚，乞降敕切责之。上以详、瑛自不善抚治，不允。

［广西“流贼”越境攻破连山县，兵部请令武进伯朱瑛、都督同知欧信等调兵剿捕］

巡按广东监察御史吕益等奏：广西流贼四千余，越境攻破连山县，戕杀官军，已而复劫杀阳山县及连山诸村寨。兵部请令两广总兵官武进伯朱瑛、都督同知欧信等调兵剿捕。从之。

明英宗实录卷二百九十九

天顺三年己卯（1459）

正月

丁亥（初四日）［两广僮人攻破锦田千户所城，令失机军官当先杀“贼”，以赎前罪］

湖广贵州总兵官南和伯方瑛奏：锦田千户所被两广僮贼攻破城门，杀掳官军，抢掠财物。其原委哨守指挥王冕、乌通并守镇千户许瑛等，宜治以重罪。上曰：姑释不问，令冕等当先杀贼，以赎前罪。

壬寅（十九日）［茂州管下巴地等寨“番人出没”，令失机军官当先杀“贼”以赎罪］

镇守松潘等处都指挥使周贵奏：茂州管下巴地等寨番人出没，杀死官军，抢掠运夫。其提督关堡都指挥佥事徐昇、掌堡指挥佥事郭敬，宜治以重罪。上曰：姑免问，令当先杀贼以赎罪。

甲辰（二十一日）［敕朱瑛、陈旺戴罪进剿全州“贼寇”］

敕广西总兵官武进伯朱瑛、副总兵右都督陈旺：先因尔等冥顽执拗，不即会兵剿捕全州贼寇，已有敕切责。至今贼势愈加猖獗，尔所调土兵又沿途抢劫害人。兵部劾奏尔等，欲取回治罪。朕固留尔等，使图自新。且如都督山云往者镇守彼处，至今军民仰慕。尔等爵位不下山云，而行事何为远不相及？良由心怀奸贪，不知廉耻，故尔今后务要痛自改过，以公廉自励，以勇敢自奋，亲率官军，以靖地方，庶可赎罪。若仍蹈前非，必罪不宥。

丁未（二十四日）［以“东苗”聚众起事，敕贵州宣慰使协助剿捕］

敕贵州宣慰使安陇富：近因东苗等贼聚众为寇，已敕总兵、镇守等官相机剿捕，大抵为尔贵州地方除患。尔为土官，世受朝廷恩宠，袭守斯土。正当殚心竭力，输诚效劳，以助军饷，以佐兵威，殄灭苗寇，宁靖地方。今乃以偷安为计，既不依时运在仓粮米于普定等处，又不肯在司管事。常在水西居住，每遇节令，不来行礼，肆志妄为，自取罪戾。今闻尔出助马匹，准免运粮，似有悔过迁善之意，姑从宽贷。敕至，尔即痛革前非，务守礼法。若欲出抚所管地方，须由上司定限差委，方许前去，毋得似前擅离衙门，旷职废事。如违必重罪不宥，故敕。

癸丑（三十日）［广西庆远府同知率民兵击“贼”，为“贼”所杀］

是日，广西庆远府同知叶祯率民兵击贼，为贼所杀。祯，广东高要县人。在任廉介，导民以义，民乐为用。始贼逼旗山，略民男妇，祯率兵逐之，而长子公荣见杀。既而贼围各寨，祯请兵于都指挥黄钺，欲救之，钺不应。祯曰：民急矣，我为父母，不一援之，忍乎？乃率土兵三百人赴之。至则众寡不敌，与其侄并所率俱为贼所杀。其夜，大雷电，雪深一尺。贼大惊异，弃围而去，各寨民得保全者千余人。巡抚官上其事，诏赠为朝列大夫广西布政司右参议，守臣又为立祠于庆远。

明英宗实录卷三百

二月

甲寅朔（初一日）［两广“盗贼蜂起”，有言此为有司贪恣所致，命都察院揭榜禁之］

时广东、广西盗贼蜂起，雷、廉、高、肇之地，或数百里无人，有言此为有司贪恣所致。其间或保袭土官，或调遣土军，或输班官军交换，或豪富官军卖闲，千方百计，巧取财物，以致激变蛮夷，地方失守。命都察院揭榜禁之。

辛酉（初八日）［云南云南县、四川马湖府平夷长官司、广东新会县、四川盐井卫土官等朝贡］

云南大理府云南县土官把事张中等、四川马湖府平夷长官司把事罗添贵等、广东新会县抚瑶人梁谦等，并四川盐井卫千户所土官千户卜阿佐遣舍人约鲁些等，来朝贡马及方物。赐宴并彩币表里、钞锭有差。

明英宗实录卷三百一

三月

甲申（初二日）［广西副总兵陈旺等分剿灵川、义宁县“贼徒”］

镇守广西左少监朱详奏：副总兵右都督陈旺等分剿灵川、〔义〕宁县流峰、焦林等处贼徒，斩首凡三百三十五级，生擒一人。复所虏男妇三百四十一人。

［朱瑛有疾，命左都督刘深充总兵官镇守广西］

命左都督刘深充总兵官佩征蛮将军印，镇守广西。时总兵官武进伯朱瑛有疾，左少监朱详举副总兵右都督陈旺代理其事。上怒其专擅，不允。廷臣佥举深历练老成，才堪委任，故有是命。寻召瑛、旺还京。

己丑（初七日）［广西奉议州头目赍捧表笺过期］

礼部奏：广西奉议州头目黄昌赍捧去年圣节千秋、冬至并今年正旦表笺过期，宜治其罪。上以昌远人，宥之。

己亥（十七日）［两广巡抚叶盛等奏称连山、贺县僮人“流劫”湖广江华县，乞调官军克期剿杀］

巡抚两广右佥都御史叶盛等奏：连山及贺县僮贼纠众流劫湖广江华县，乞会调两广、湖广官军，克期剿杀。从之。

明英宗实录卷三百二

四月

壬子朔（初一日）［泷水县逍遥山瑶人联合广西“流贼”起事，官军讨平之］

巡抚两广右佥都御史叶盛奏：泷水县逍遥山瑶贼凤弟吉纠合广西流贼，劫虏人民，敌杀官军。臣会两广镇守、总兵、参将等官，统调官军，分路并进，擒凤弟吉及从贼十五人，斩首三百三十级。遣人槛凤弟吉等至京。

癸丑（初二日）［云南黑麻长官司、湖广容美宣抚司各遣人朝贡］

云南黑麻长官司、湖广容美宣抚司各遣人贡马及金银器皿。赐钞币有差。

己巳（十八日）［**右副都御史白圭等进剿“东苗”**］

赞理湖广、贵州军务右副都御史白圭奏：臣奉命同南和侯方瑛等进剿东苗，臣议以谷种等处山箐，诸夷杂处，乃东苗之羽翼，宜先翦除，遂分兵四进。臣同瑛兵进青崖，右副总兵都督李贵兵进牛皮箐，右参将都督刘玉兵进谷种，参将都督李震兵进鬼山。所向皆捷，克水车坝等一百四十七寨，斩首七百五十六级，擒获九百余人。诸将复会兵青崖，进攻石门山。克摆伤等三十九寨，斩首三百一十级，擒获二百七十人，仍分兵四路，进攻董农、竹盖及甲底一路。破下羡塘及金配、江瓮、摆省等四百三十七寨，擒斩首从贼徒五千二百有奇。贼首干把猪等势穷气丧，退据六美山、翁受河等处。遂檄各路会兵进剿，生擒干把猪等及从贼六百二十人，斩首四千七百九十级，俘获男妇五千五百余口，全师回营。械干把猪等二十人送京师，命磔于市。

［**广西“流贼”联合广东怀集县僮人攻破开建县，帝切责副总兵欧信等，令其设策剿“贼”**］

广西流贼纠广东怀集县三鸦、鸡笼岭等处僮贼，攻破开建县。杀知县、典史、巡检，劫官库钱钞，虏去哨守指挥傅贵。副总兵都督同知欧信等以闻，章下兵部言：信等失机误事，罪岂容逭？上赐敕切责，令其设策剿贼，以赎前愆。

辛未（二十日）［**桂林、梧州、浔州等府州县瑶僮苗人起事，兵部请行总兵、巡抚等官，督同孙麒剿捕尽绝**］

镇守广西左少监朱详奏：桂林、梧州、浔州等府州县瑶僮苗贼攻劫乡村城市，杀虏军民共一千九百余口。守备右参将孙麒率兵哨火山及麻陂、罗埠，斩获贼首一百三十一级，复所虏男妇百余口。章下兵部，请行总兵、巡抚等官，督同麒剿捕尽绝，毋贻后患。从之。

明英宗实录卷三百三

五月

庚子（十九日）［以广西“流贼”越境攻围广东肇庆等处州县，命阮能、朱祥、刘深、欧信等会合计议，督调兵马刻期剿之］

敕镇守广东、广西左少监阮能、朱祥，总兵官左都督刘深，副总兵都督同知欧信等：今广西流贼越过广东，攻围肇庆等处州县，劫掠乡村，为患不已。敕至，尔等宜会合计议，督调各处守备官军、土兵、民壮人等，刻期剿贼。务在同心协力，运谋设策，或捣其巢穴，或攻其要害，殄灭无遗，以靖地方。其领军官敢有畏缩误事失机者，听巡抚右佥都御史叶盛指实具奏，以凭究治，尔等慎之。

明英宗实录卷三百四

六月

丙辰（初六日）［四川茂州卫剌儿卜等寨寨首朝贡］

四川茂州卫剌儿卜等寨寨首只多儿等来朝贡明甲、腰刀、氆氇。赐彩币、钞、绢有差。

甲戌（二十四日）［广东泷水县瑶人起事，被械至京师凌迟处死］

广东泷水县瑶贼凤光山等七人，伪称总管，焚毁衙门，劫掠乡村，杀虏人财。被擒械京，法司坐凌迟处死。从之。

明英宗实录卷三百五

七月

壬午（初三日）［四川行都司所属卫所及松潘等处仓粮出纳“作弊多端”，命户部主事李玙、进士徐源会同四川巡按查算盘量］

敕户部主事李玙：近闻四川行都司所属卫所及松潘等处仓粮出纳，作弊多端。今命尔同进士徐源，会同巡按四川监察御史，亲诣各仓查算盘量。若有亏折及侵欺等弊，就将原经提督并各该官攒人等提问，追理应奏者具奏拿问。事完之日，仍将查盘过仓粮，开具实在亏折数目，造册奏缴。尔须关防严密，不许任私容情，如违取罪非轻。

己丑（初十日）［禁湖广军民人等“交通番僧，贩鬻私茶”］

禁湖广军民人等不许交通番僧，贩鬻私茶，违者治罪。从都察院左都御史寇深等奏请也。

戊申（二十九日）［四川行都司建昌卫土官舍人、广东英德县瑶首等朝贡］

四川行都司建昌卫土官舍人安铭、广东英德县瑶首夏永安等俱来朝贡马及方物。赐钞、彩币表里有差。

己酉（三十日）［湖广贵州总兵官方瑛等征“苗蛮”奏捷］

湖广贵州总兵官南和侯方瑛等奏：官军累次攻克苗蛮二百四十四寨，斩首二千三百六十七级，生擒伪都指挥张成等，并从贼四百六十三人，俘获贼属五百余口。

明英宗实录卷三百六

八月

庚申（十一日）［田州府头目称“太平王”起事，令总兵等官从宜区处］

巡抚两广右佥都御史叶盛奏：田州府头目吕赵杀知府岑鉴占据地方，伪称太平王，图谋岑氏宗族，冒袭知府职。事〔下〕兵部，言宜设法擒捕。上曰：擒捕方略难以预定，令彼总兵等官从宜区处，以靖地方。

戊辰（十九日）［湖广偏桥卫于大红屯立堡守备］

湖广偏桥卫奏：仓平堡地狭，不利屯营。大红屯去仓平半里，地颇高（埠）〔阜〕，可立堡守备。从之。

壬申（二十三日）［湖广施州卫木册长官司所遣把事、广东翁源县瑶首等朝贡］

湖广施州卫木册长官司遣把事可者送等，广东翁源县瑶首金善清等，俱来朝贡马及方物。赐钞、彩币表里有差。

甲戌（二十五日）［广西副总兵陈旺被劾奸贪失机，帝宥之］

兵部奏：广西副总兵右都督陈旺曩见全州贼势猖炽，不行剿击，乃假巡历柳州，脱身避难，因集土官求取财物，以致广西地方俱被贼众流劫。累为巡抚官所劾，今已征还，乞付法司，究其奸贪失机之罪。上曰：陈旺不才，本当问罪，今且宥之。

明英宗实录卷三百七

九月

甲申（初五日）［广西“流贼”“侵犯”广州府界，兵部请降敕谕两广巡抚叶盛，并总兵、镇守等官调军剿除］

镇守广东左少监阮能奏：广西流贼万余侵犯广州府界，即今珠场采办屡被惊扰，其势猖獗，流劫乡村殆遍。若不早为区处，窃恐贻患无穷。兵部请降敕谕巡抚两广右佥都御史叶盛，并总兵、镇守等官，调度所在官军、土兵、民壮剿除。从之。

壬寅（二十三日）［广西瑶人攻围化州，命失机守备都指挥戴罪杀“贼”］

巡按广东监察御史白侃奏：广西瑶贼攻围化州，守备都指挥孙旺不行救援，乞正其罪。上命旺戴罪杀贼，再犯必杀不宥。

乙巳（二十六日）［广东翁源县抚瑶总甲、广西南丹州土官知州等朝贡］

广东韶州府翁源县抚瑶总〔甲〕全善清，并广西庆远府南丹州土官知州莫必胜等，来朝贡马及方物。赐钞币有差。

明英宗实录卷三百八

十月

壬子（初四日）［广西南丹州土官知州所遣官族等、四川盐井卫土官舍人、湖广忠峒等安抚司所遣把事等贡马］

广西南丹州土官知州遣官族莫仕行等，并四川盐井卫土官舍人剌马贵、湖广施州卫忠峒等安抚司遣把事田思富等，来朝贡马。赐钞币有差。

甲寅（初六日）［敕谕都察院右副都御史白圭巡视湖广地方，赈济饥民］

敕谕都察院右副都御史白圭曰：先因贵州苗贼反叛，已敕总兵等官方瑛等，统兵剿捕。特命尔赞理军务。今彼处苗贼既平，但湖广所属各府州县卫所俱被旱干，及有襄水泛溢渰没者，人民饥窘。况彼处地方广阔，贼寇出没不常，亦有逃民潜住，恐因而相聚为非，遗患地方，兹复命尔巡抚。敕至，尔即不妨原理事务，督同湖广三司官员巡视地方，赈济饥民。务要设法措置，俾饥者得食，贫者受惠；或有盗贼，即便缉捕；或遇流民，从宜抚治。候军民有食，事妥人安，径自奏请回京。尔为朝廷宪臣，当劳心匪懈，安靖地方。毋得处事乖违，自取罪愆。

明英宗实录卷三百九

十一月

癸未（初五日）［方瑛卒］

南和侯方瑛卒。瑛，直隶全椒县人，都督政之子也，正统中袭为指挥使。累征贵州、湖广苗贼有功，封南和侯，子孙世袭伯爵，至是卒。讣闻，赐葬祭，加封赐谥。瑛为人谦和不矜，廉介有为，平居自处若怯。至于行师，则纪律明、赏罚信。临阵勇决，有可称者，尤善抚士卒。西南夷民深怀其惠，至今称之不已。

己亥（二十一日）［湖广镇南、四川平夷长官司遣舍人贡马］

湖广镇南长官司、四川平夷长官司遣舍人廖权凤贡马。赐彩币等物。

明英宗实录卷三百十

十二月

乙卯（初七日）［广西“蛮贼”出没不常，令遇“贼”即奏］

镇守广西左少监朱详、巡抚右佥都御史叶盛等奏：广西蛮贼出没不常，有司辄以奏报，烦渎圣听。臣等请自今贼徒众至一千，或攻劫城池者以闻，其余定限一年或半年类奏。章下兵部议，以为飞报军情，律有明条。况广西贼寇，不时流劫，而详等乃欲定限类奏，若允所请，非惟朝廷无由知彼贼情，而军民受害亦将无所控诉。宜令详等遇贼即奏，及调兵剿捕，以图安靖，不得畏罪隐匿。上从兵部议。

丙辰（初八日）［设四川太平堡］

设四川太平堡。从掌灌县守御千户所事指挥同知陆麒奏，其路通董卜韩胡，宜设堡以备番人窃出也。

辛酉（十三日）［湖广保靖州宣慰司等处与四川酉阳、龙州宣抚司所遣头目，广东兴宁县土官巡检及岷州番僧朝贡］

湖广保靖州宣慰司宣慰使彭显宗，永顺等处宣慰司宣慰使彭世雄，容美宣抚司、忠孝安抚司、散毛宣抚司、龙潭安抚司，四川酉阳宣抚司、龙州宣抚司，俱遣头目，并广东兴宁县土官巡检彭伯龄，岷州番僧指密舍捏等，各来朝贡马及方物。赐彩币表里等物。

壬申（二十四日）［以“贼寇”出没，田多荒闲，免广西宜山县税粮］

蠲广西庆远府宜山县税粮三千五百八十石有奇。以贼寇出没，田多荒闲故也。

明英宗实录卷三百十一

天顺四年庚辰（1460）

正月

戊子（初十日）［广西茗盈州头目赍表笺贺节过期］

广西太平府茗盈州头目农义原奏：本府令臣赍圣节、冬至、正旦表笺，行至柳州，遇瑶贼出没，道路不通，以致过期，臣当有罪。上宥之。

庚寅（十二日）［松潘等处参将周贵奏称茂州、叠溪等卫所番人聚众，“欲攻围关堡”，乞将四川盐课提举司天顺三年剩盐召商纳粮，预备军饷］

松（藩）〔潘〕等处参将指挥使周贵奏：近茂州、叠溪等卫所关堡累报，上下五簇巴䆉、双马、白苦、罗打等寨番人聚众，欲攻围关堡，阻截道路。今各卫仓粮止够官军两月支用，诚恐旦夕有警，军粮不足。乞将四川盐课提举司天顺三年分中剩盐召商纳粮，预备军饷。事下户部覆奏：定则例，上流等则井盐每引米五斗，新罗等井四斗五升，福兴等井四斗。从之。

乙未（十七日）［命过兴充总兵官镇守广西］

命右都督过兴充总兵官佩征蛮将军印镇守广西，时总兵官刘深卒，故有是命。

壬寅（二十四日）［四川余庆长官司等衙门土人头目朝觐失期］

吏部言：四川播州宣慰司余庆长官司等衙门土人头目刘宽等，朝觐失期后至，当论罪。上以夷人置不问。

明英宗实录卷三百十二

二月

庚戌（初三日）［湖广巡抚白圭奏称广西僮人“流劫”永州，攻破桃川、枇杷二千户所及永明、江华二县治，议调官军会剿，并请治失机官员之罪］

巡抚湖广右副都御史白圭奏：广西僮贼流劫永州，攻破桃川、枇杷二千户所，永明、江华二县治。议调武昌等卫官军，委都指挥陈彔统率往捕。及行左参将都督李震，量拨靖州卫官军协力剿杀。请治守备官员失机之罪。从之。

乙卯（初八日）［广西南丹州土官知州等、永康县护印土官族等贡马］

广西庆远府南丹州土官知州莫必胜等、太平府永康县护印土官族杨武昌等来朝贡马。赐彩币表里、钞锭。

明英宗实录卷三百十三

三月

壬午（初五日）［调官军、土兵剿捕广西田州府“反贼”］

协赞广西军务监察御史吴祯奏：臣奉敕剿捕田州府反贼吕赵，选调官军、土兵，分水陆路进攻。破功饶、婪凤二关，直捣府城。吕赵携妻子挟知州岑铎等宵遁。官军追至云南富州，夺回铎等，擒其子若婿，斩首四十九级，贼众悉降。赵以数骑走镇安府，追及之，斩赵及其子四人、从贼十八人，获其妻孥及伪太平王木印、无敌将军铜印、龙凤旗、盔甲等物。复委知府岑镛，仍掌府事，抚安人民，田州以平。上遣敕奖谕祯等，仍敕镛谨守法度，保全宗族。

辛丑（二十四日）［乌思藏番僧朝贡］

乌思藏等地方里仁等寺番僧洛般等来朝贡铜物及方物。赐彩币等物有差。

丙午（二十九日）［四川马湖府把事、天全六番司土官舍人等贡马］

四川马湖府把事萧致中、天全六番司土官舍人张雄等，皆来朝贡马。赐以钞锭、彩币。

明英宗实录卷三百十四

四月

庚午（二十四日）［贵州苗人王阿榜等复聚众再起，官军击败之，兵部奏言调兵搜捕王阿榜］

巡按贵州监察御史李志纲等奏：（首）〔苗〕贼王阿榜等，复聚众作乱，据险立寨，敌杀官军。副总兵都督佥事李贵等督令将士，奋勇攻破寨落，斩首二百三十余级，阿榜等遁去。地方颇宁，官军各还守备。兵部言：移文贵等，仍量调士马，设法搜捕阿榜，务在目下得获解京。不许因循，再致猖獗。从之。

辛未（二十五日）［四川建昌卫昌州长官司等处把事、土官舍人、番人与广东韶州府抚瑶总甲等朝贡］

四川建昌卫昌州长官司把事苗阿支、马湖府泥溪长官司把事王明德、天全六番招讨司土官舍人张雄、松潘等处双马等寨番人聂加，广东韶州府陈材等山抚瑶总甲杨福成等，来朝贡马及方物。赐以钞币。

明英宗实录卷三百十六

六月

丙午朔（初一日）［四川播州宣慰使遣长官贡马］

四川播州宣慰使司宣慰使杨辉遣长官张钦贡马。赐彩币等物。

壬申（二十七日）［免贵州都坪峨异溪蛮夷长官司“坍塌田粮”并天顺元年、二年无征秋粮］

免贵州都坪峨异溪蛮夷长官司坍塌田粮十三石，并天顺元年、二年无征秋粮七十石。

明英宗实录卷三百十七

七月

壬午（初八日）［湖广容美宣抚司遣头目进马］

湖广容美宣抚司遣头目进马。赐彩币、钞、绢。

己丑（十五日）［钦、廉濒海商贩与安南人交通，诱引盗珠，禁之］

敕广东副总兵都督同知欧信等曰：先因获到安南盗珠贼范员等四名，研审明白，有敕责问安南国王。今得安南国回奏，员等是迤东濒海村人，于海外捕鱼，潜与钦、廉贾客交通，盗氽珠池，互相贸易，已行惩治，本处头目不能检察及严加禁约。敕至，尔即出榜禁约钦、廉濒海商贩之人，不许潜与安南国人交通，诱引盗珠，仍令廉州等府卫原委巡视珠池官员，遇贼盗珠，务擒捕得获，送尔处究问，奏请发落。不许因循怠惰，视为人常，如违治罪不宥。

丙申（二十二日）［镇守武冈州都指挥佥事坐“贼入所守杀掠罪”］

镇守武冈州都指挥佥事潘鉴坐贼入所守杀掠罪，当充军。都察院谓，武冈苗汉杂处，民被杀掠与外番之侵入者不同。如概以充军论，鉴情可悯。上然之，命降三级于原卫带俸。

壬寅（二十八日）［命乌答寺住持番僧为灌顶国师］

命乌答寺住持番僧朵儿只领占为灌顶国师，赐敕诰、银印、衣帽。温卜叱失言簇袭为国师。从礼部奏请也。

明英宗实录卷三百十八

八月

乙巳（初二日）［四川长河西并乌思藏剌麻贡方物］

四川长河西并乌思藏剌麻官绰蒙等来朝贡方物。赐宴并钞、彩币表里、纻丝袭衣等物。

庚戌（初七日）［云南大侯州土官知州遣人朝贡］

云南大（候）〔侯〕州土官知州刀奉送遣舍人头目刀奉福等来朝贡马及金银器皿。赐钞、彩币表里、纻丝袭衣等物，仍命刀奉福赍彩币表里归赐刀奉送及其妻。刀奉送又名奉送法。

壬戌（十九日）［赐云南大侯州土官知州诰命］

赐云南大（候）〔侯〕州土官知州刀奉送诰命，从其奏请也。

明英宗实录卷三百十九

九月

甲戌朔（初一日）［广东巡按庄歙等奏称知县石坚等自廉州运珠至横州，中途为广西“流贼”所杀，请记不救知县之官军罪］

巡按广东监察御史庄歙等奏：知县石坚等运珠自廉州至横州，中途为广西流贼杀死。守堡官军不为救护，乞治其罪。事下兵部，尚书马昂等请姑记其罪，俟事宁之日，通计各官功过多寡，参酌奏请。从之。

辛巳（初八日）［兵部奏广西桂林等府兴安等县历年“贼”情］

兵部奏：自今年五月至七月，广西桂林等府兴安等县，累次申报贼情七十余起，杀虏男妇七百九十余口，抢去马牛等畜二百六十余头，烧毁官民房二百五十余间。及查广西地方，自天顺元年以来，至今未及三年，累报贼情不下四百余起，劫虏人口头畜三万五千有余，所属军卫有司被贼残破殆遍。其镇守、总兵等官过兴等，袖手坐观，略无御备之策，苟且因循，玩愒岁月。既不躬行勦捕，又不随即驰报，积至百十余起，方行总类开奏，以致缓不及事，失机误事。原其情罪，俱合通行究治。缘今地方不宁，缺人管理，乞行巡抚两广右佥都御史叶盛，会同过兴等计议区画，仍督同监察御史，查究领军哨守失机官员，将情重之人具实奏闻，以凭区处。从之。

癸未（初十日）［命乌思藏故都指挥佥事昝卜巴子袭职］

命乌思藏故都指挥佥事昝卜巴子安聘，袭其父职。

壬辰（十九日）［湖广李添保率苗人起事，至是为军官所败］

湖广贵州总兵官都督李震等率官军追截妖贼李添保，斩获首级三百七十五级，遣人以功状来上。添保，湖广麻城县人，初因逋赋税，假以卖药为由，逃入苗境。伪称唐太宗之后，僭王号，立故贼酋蒙能子聪为总兵官。得能所遗银印，伪作敕书，纠集苗兵万余，筑将台，高九丈余，悬黄白旗，服红袍，戴银顶帽，改元武烈。屡率苗兵攻城堡，声言欲攻武冈，直抵湖广，至南京登殿。至是为震等所败，添保仅以身免。兵部言：渠魁未歼，难以升赏。乞命震等用心勦捕，并行巡按御史核实所获功次以闻。从之。

壬寅（二十九日）［广东翁源县抚瑶头、云南寻甸军民府土官知府所遣把事贡马］

广东韶州府翁源县抚瑶头卢振成，云南寻甸军民府土官知府安晟遣把事刘瑾，来朝贡马。赐钞币有差。

明英宗实录卷三百二十

十月

丙寅（二十四日）［湖广忠峒安抚司等衙门舍人峒长、广西田州府并恩城州所遣头目等贡马］

湖广施州卫忠峒安抚司等衙门舍人峒长田墨得送，及广西田州府并恩城州遣头目黄瑛等，来朝贡马。赐钞币有差。

明英宗实录卷三百二十二

闰十一月

戊辰（二十六日）［广东按察司奏管屯署都指挥田积诸罪］

广东按察司奏：管屯署都指挥田积索所部粮价官银四百余两，及买部属女子为婢诸罪，乞置于法。命巡按御史执治之。

明英宗实录卷三百二十三

十二月

癸酉朔（初一日）［贵州西堡“蛮贼”聚众起事，令镇守贵州内官郑忠等相机抚捕］

镇守贵州内官郑忠、右副总兵都督佥事李贵等奏：西堡蛮贼聚众焚劫屯堡，杀掠人财。臣等议调贵州所属官军、土兵及云南、四川二都司官军，共三万五千，于今各启行至普定驻札，分二路进剿，仍调土官宣慰使安陇富，率土兵二万于西堡近地截杀。上命兵部移文忠等相机抚捕，毋纵毋滥。

辛卯（十九日）［广西“蛮贼”攻破藤县城，兵部请令镇守、总兵等官严督军官捕“贼”，并治失机军官罪］

镇守广西左少监朱详等奏：十一月二十四夜，蛮贼攻破藤县北门入城。哨守官军指挥张能等开南门而逃，贼遂纵火焚毁官民廨舍，公私财物子女劫掠无遗。事下兵部，请令镇守、总兵等官，严督官军捕贼，及巡按御史执能等究治如律。从之。

明英宗实录卷三百二十四

天顺五年辛巳（1461）

正月

戊申（初七日）［海南“贼”占据城池，令两广巡抚叶盛相机抚捕］

敕巡抚两广右佥都御史叶盛：得奏，海南贼五百余徒，占据城池，烧劫军民房屋财物。且此贼皆官合军余，必知虚实。若不速除，恐滋蔓为患。敕至，尔即督调官军民壮，驰往琼州，相机抚捕。毋因循怠惰，纵贼殃民。

丙辰（十五日）［湖广贵州总兵官李震征西堡“夷贼”奏捷］

湖广贵州总兵官都督佥事李震奏：统兵征西堡夷贼，克伐乍山寨，擒首从贼十一人，斩首三百五十九级。

癸亥（二十二日）［广西“贼”“流劫”化州，官军击败之］

广东副总兵都督同知欧信奏：广西贼流劫化州，臣与参将范信率兵往马里等村剿捕，斩首九十四级。贼复劫三合、遂溪等处，屯聚石城。我军分路并进，四面攻击，斩首九十六级，擒一人，复所掠男妇九百余口，余贼遁回广西。

甲子（二十三日）［筑四川石泉县城］

筑四川石泉县城。石泉逼邻西番，旧城颓圮，番人犯边，县民恒被其劫掠。守土者以为言，故命筑之。

［克复海南卫“贼首”所据城池］

广东副总兵都督同知欧信奏：海南卫贼首邵瑄等占据城池，署都指挥安福率兵攻围，瑄开门遁走，追斩之，尽获其党。瑄，故千户邵伟之子，中夜纠众行劫指挥石鉴家，卫府官仓卒闻变，遽弃城遁。瑄遂据城作乱，凡二十余日，至是克复其城。

乙丑（二十四日）［广西总兵官过兴征剿庆远等处“蛮贼”奏捷］

广西总兵官右都督过兴奏：臣统官军、土兵征剿庆远清潭等峒贼首韦召海等，斩首六百十二级，复所掠男妇一百五十口。又移师征古河毛峒蛮贼，斩首一百三十级。

丙寅（二十五日）［总兵官李震率兵剿捕湖广“妖贼”李天保，擒天保送京师诛之］

湖广妖贼李天保潜入贵州羌池及绞洞苗寨，扇惑诸苗，攻劫中林长官司及（隆）〔龙〕里所。总兵官都督李震率兵剿捕，擒天保送京师诛之。

明英宗实录卷三百二十五

二月

丙申（二十五）［命颜彪充总兵官，调兵剿广西大藤峡瑶人］

命都督佥事颜彪佩征夷将军印充总兵官，征剿两广瑶贼。先是，镇守广东右监丞阮随等奏：广西大藤峡等处瑶贼出没两广，为恶累年，迩来愈甚。虽尝会兵剿捕，缘地里辽远，且两广军马不相统属，未易成功。必大举兵，捣其巢（冗）〔穴〕，庶绝民患。事下兵部，请如随所言。上从之，故以命彪，仍调南京、江西及直隶、九江等卫官军一万隶之。

明英宗实录卷三百二十六

三月

丁未（初六日）［官军进剿西堡“夷贼”奏捷］

贵州右参将都督佥事刘玉奏：臣率官军进剿西堡夷贼，兵至阿果，擒贼首楚得，斩从贼三十九人，降吕墨等寨。又攻楚由、罗惟及阿叉等寨，擒贼二十四人，斩首一百九十余级。余贼奔据白石崖。遂分兵三路并进，破之，斩首七百余级，悉焚其巢寨，全师而还。

壬子（十一日）［以“夷民怀服”，起复广西庆远府试知府］

起复广西庆远府试知府周一清，仍旧任。一清以母忧去职，总兵官并协赞监察御史等，言其公而有为，夷民怀服，故有是命。

乙卯（十四日）［请赏征剿两广瑶人土官、土兵、达官人等］

都督佥事颜彪奏：奉命征进两广瑶贼，调用土官、土兵、达官人等，杀贼有功。该用赏劳银两等物，请令该部差官前去南京，或附近有银官库关支，运赴军前，听臣给赏。事下户部覆奏：查得两广布政司官库，见收赃罚等银共六万余两。宜行令两广布按二司掌印正官，各将在库银两煎销成锭，候彪等明文果有军功应给赏者，量数支给。从之。

丙辰（十五日）［四川黎州安抚司、邛部长官司、泥溪长官司与湖广水尽源通塔平长官司朝贡］

四川黎州安抚司并邛部长官司遣把事兰景荣等，马湖府泥溪长官司把事杨凤等，湖广容美宣抚司水尽源通塔平长官司舍人唐文宣等，来朝贡马及方物。赐宴并赐彩币表里等物有差。

戊午（十七日）［命给总兵官颜彪所带指挥人等行粮、马匹、草料］

命给总兵官都督佥事颜彪所带指挥人等行粮、马匹、草料，指挥、千百户、镇抚、书办吏日粮三升，舍人、总小旗军、报效吏日粮一升五合，家人日粮一升，马每匹料四升、草一束。

壬戌（二十一日）［云南孟琏长官司头目等朝贡］

云南孟琏长官司头目刀荡孟等来朝贡马及金银器皿。赐宴及彩币表里等物。

丙寅（二十五日）［湖广贵州总兵官李震率兵攻剿城步一路瑶僮奏捷］

湖广贵州总兵官都督佥事李震奏：臣等率兵攻剿城步一路瑶僮。山路险狭，分兵四进，破横水、城溪等寨，擒贼三十九人，斩首五百余级。进攻莫宜、中平等寨，贼据险拒敌，我军奋击，大败之，擒首从贼百人，斩首六百五十级。遂长驱至广西西延，会总兵过兴官军，夹攻十八团、山家等处瑶寨，尽克之，擒获斩首几千人。

明英宗实录卷三百二十七

四月

壬申（初二日）［命南京抚管夷人都指挥同知从征两广“流贼”］

命南京抚管夷人都指挥同知廉忠从征两广流贼。先是，上敕南京守备太监怀忠等，于安插夷人内谕令愿从征者听，得四百六十六人，而抚管都指挥廉忠、韦兴不预。忠、兴上书，愿备前驱。上从之，命忠往征，兴仍留抚管。

己丑（十九日）［乌思藏麦朋等寺都纲剌麻朝贡］

乌思藏麦朋等寺都纲剌麻番僧也失言千等来朝贡氆氇方物。赐宴及彩币表里、钞锭等物有差。

辛卯（二十一日）［兵部奏言广西北流县被“贼”攻破，请处置失机军民，并调兵剿“贼”］

兵部言：近得镇守广西左少监朱祥等奏，梧州府北流县被贼攻破，杀虏人民。守哨千户萧直辄先弃城遁去，此盖分守都指挥李端平昔不能申严号令，以致如此。乞行巡按御史执端、直问罪，仍乞敕祥等会议，调兵剿捕前贼，以宁地方。从之。

明英宗实录卷三百二十八

五月

癸丑（十四日）［湖广东乡五路安抚司舍人、峒长等贡马］

湖广施南宣抚司东乡五路安抚司舍人、峒长王相等来朝贡马。赐钞、彩币表里。

乙丑（二十六日）［云南孟艮府土官知府遣人朝贡］

云南孟艮府土官知府庆马辣遣头目谷鲁卜等贡银器等物。赐钞、彩币表里、纻丝袭衣等物，仍命赍敕并彩币表里，归赐其土官及妻。

明英宗实录卷三百二十九

六月

壬申（初三日）［湖广木册长官司土官舍人“代人书奏”，有“诽谤之言”被论罪］

礼部奏：湖广施州卫木册长官司故土官舍人谭文寿，在乡凶暴，代人书奏，词造不法诽谤之言，法司论罪当刑。今文寿母向氏进马以赎，如从之，恐土人无忌惮，仿效成风。上曰：国法不可以不正，向化之心亦不容以不纳。宜给钞百锭，以慰其母。其子犯罪者，仍锢禁之。

**庚寅（二十一日）［云南车里、老挝二军民宣慰使司遣人朝

贡]

云南车里、老挝二军民宣慰使司遣头目刀罕富等贡象、马及金银器皿等物。赐钞、彩币表里、罗袭衣等物，仍命赍敕并彩币表里，归赐其土官及妻。

乙未（二十六日）[乌思藏地方剌麻头目官等贡方物]

乌思藏地方剌麻头目官卓朵鲁只等来朝贡方物。赐钞、彩币表里、纻丝僧衣等物。

明英宗实录卷三百三十

七月

戊申（初十日）[修湖广镇远卫城垣]

修湖广镇远卫城垣。

明英宗实录卷三百三十一

八月

庚午（初三日）[乌思藏剌麻贡方物]

乌思藏剌麻温卜阿蒙葛等来朝贡方物。赐钞、彩币表里、纻丝袭衣等物。

辛卯（二十四日）[云南孟艮府土官知府、老挝军民宣慰使司土官宣慰使、车里宣慰使司土官宣慰使遣人朝贡]

云南孟（良）〔艮〕府土官知府庆马辣遣头目谷鲁卜等，老挝军民宣慰使司土官宣慰使招板雅兰掌遣头目板直等，车里宣慰使司土官宣慰使刀三宝遣头目刀罕富等，俱来朝贡马及金银器皿等物。

赐宴并彩币表里，仍命赍敕并彩币表里，归赐其土官及妻。

明英宗实录卷三百三十二

九月

癸丑（十六日）［诏两广官舍、军民、吏典纳米授官］

诏两广官舍、军民、吏典于廉、高、庆远三府纳米。官舍军民纳一百五十石授正七品，一百四十石从七品，一百三十石正八品，一百二十石从八品，一百一十石正九品，一百石从九品。以散官授之。吏两考满纳一百石者，赴部免办事考试，就拨在京补。三考纳一百五十石者，本布政司拨补三考赴部，免考试冠带办事听选。从巡抚两广右佥都御史叶盛奏请也。

庚申（二十三日）［四川石砫宣抚司等处、广西全茗州土官知州遣人贡马］

四川重庆等卫石砫宣抚司等处遣把事马琰，并广西太平府全茗州土官知州许望遣官族许伯崇等，来朝贡马。赐钞币有差。

明英宗实录卷三百三十三

十月

壬申（初六日）［命湖广都指挥同知杨茂充参将，协同总兵官徐恭攒运粮储］

敕湖广都指挥同知杨茂曰：今命尔充参将，协同总兵官右都督徐恭攒运粮储。循守旧规，提督湖广等都司及直隶卫所官军，各照岁定兑支粮数，依期运至京仓。遇有河道淤阻，随即督同委官设法疏理……尔为朝廷武臣，受兹重寄，凡事宜持廉秉公，庶不负委任之意。尔其慎之。

明英宗实录卷三百三十四

十一月

辛丑（初五日）［广西僮人于广东连山一带住种，于湖广江华锦田诸处连年“出没为患”，命镇守湖广太监郭闵会同各官刻期剿灭］

敕镇守湖广太监郭闵曰：得左监丞杨敬及总兵官都督颜彪奏，广东连山一带，见有广西僮贼于彼住种，切近湖广江华锦田诸处，连年出没为患。乞选调官军操习，刻期会合剿灭，已允所奏。尔即会同总兵、巡抚官，督同参将等官，各将所在官军、土兵、民壮选集，整饬器械，于衡、永等处操习听用。毋得推托误事。

戊午（二十二日）［兵部奏请选将充副总兵官，镇守松潘地方］

兵部奏：松潘地方与陕西、贵播、云南、四川边境相接，番苗杂处。又密迩董卜韩胡，最为要害。况今贼情警急，而参将都指挥使周贵一人独任，乞简命智勇老练、威望素著武臣充副总兵，同贵镇守。庶几边务有济。于是大臣共荐南京左军都督同知许贵材堪委任，命征贵来京。

明英宗实录卷三百三十五

十二月

己卯（十三日）［命四川布政司出榜召商于松潘等处纳米中四

川盐引]

命四川布政司出榜召商于松潘等处纳米，中四川盐二十一万三千五百三十六引。上流等二盐课司每引米六斗，通海等三司每引米四斗五升，罗泉等四司每引米三斗五升，黄市等三司每引米三斗，郁山司每引米二斗五升，大宁司每引米二斗，云安司每引米一斗。

辛巳（十五日）［命云南布政司岁办差发银照旧征纳］

命云南布政司岁办差发银照旧征纳。先是，内承运库缺金，奏令云南岁办差发银折纳金。至是，镇守云南太监罗珪奏：云南原不产金，若令夷民纳金，恐因而激变，为患不细，故有是命。

癸巳（二十七日）［命都督同知许贵充副总兵官，镇守松潘］

命都督同知许贵充副总兵官，镇守松潘。

明英宗实录卷三百三十六

天顺六年壬午（1462）

正月

辛丑（初六日）［程乡县“贼首”纠“海贼”攻烧揭阳、兴宁县治，围攻长乐，令总兵官颜彪调兵剿捕］

广东三司奏：潮州府程乡县贼首罗刘宁、张福通等纠海贼攻烧揭阳、兴宁县治，劫仓库及民财。复攻围长乐县。都指挥安福率兵追捕，射杀福通及从贼数人。章下兵部，请行总兵官颜彪调兵剿捕。从之。

壬子（十七日）［征进两广总兵官颜彪等征剿大藤峡等处瑶人，奏捷］

征进两广总兵官都督佥事颜彪奏：臣同两广总兵等官督率官军，进剿浔州大藤峡等处瑶贼，攻破七百二十一寨，斩首三千二百一十七级，复所掠男妇五百余口。上赐敕奖励彪等，令其益加奋勇，务尽殄灭，以息民患。

明英宗实录卷三百三十七

二月

庚寅（二十五日）［四川戎县“蛮贼”聚众起事，令镇守四川右少监阎礼躬亲驰往，督同原委官抚治］

敕镇守四川右少监阎礼：得尔奏，戎县蛮贼聚众行劫邻县，烧毁场堡。尔宜躬亲驰往，督同原委官抚治。如其势猖獗，所统官军不敷，许量调附近官军民壮并力剿捕，务除寇攘，以靖地方。

明英宗实录卷三百三十八

三月

辛亥（十六日）［叙州“蛮贼”出没为患，令松潘副总兵许贵相机剿捕］

敕松潘副总兵都督许贵曰：叙州蛮贼出没为患，已敕少监阎礼抚捕。今礼又奏贼情猖獗，比之松潘尤甚。尔宜驰往四川，会礼及三司官，议叙州、松潘贼情事势，孰缓孰急。即将原调官军、土兵、民壮，先其所急，相机剿捕。务在周密允当，以副委任。

明英宗实录卷三百三十九

四月

丁卯（初二日）［叙南“夷人”聚众屡于永宁宣抚司地方劫

掠]

兵部奏：叙南夷人聚众屡于永宁宣抚司地方劫掠，已敕都督同知许贵调兵剿捕。近日愈肆猖獗，而贵等兵犹未到，宜移文贵等，督官军亟行，以靖地方。从之。

庚午（初五日）[命番僧干丹藏卜袭灌顶国师]

命番僧干丹藏卜袭灌顶真修妙应国师。赐之诰命。

甲午（二十九日）[四川等处永宁等宣抚司土官舍人等贡马]

四川等处永宁等宣抚司土官舍人奢贵等来朝贡马。赐宴并钞。

明英宗实录卷三百四十一

六月

庚午（初七日）[过兴卒]

都督同知过兴卒。兴，顺天府宛平县人。永乐三年，袭父保保职，为副千户。正统元年，以征西功升指挥佥事。六年，以征云南功升指挥同知，寻破麓川升指挥使。十四年，以功累升至都督同知。景泰四年，奉敕充总兵官，佩镇朔将军印，镇守宣府。天顺四年，镇守广西，佩征蛮将军印。至是，取回京，行至沧州卒。

辛巳（十八日）[广西“流贼”劫掠雷州、肇庆等地，命兵部移文总兵官颜彪等分遣偏师讨之]

巡按广东监察御史李曰良奏：雷州、肇庆等府地方，俱被广西流贼越境劫掠，民不聊生。上命兵部移文总兵官颜彪等，分遣偏师讨之。

[升赏湖广绞洞、城步等处“剿苗”有功将士]

以湖广绞洞、城步等处擒杀苗贼功，升赏将士二千七十五人有差，内三百二十人升一级。太监郭闵、总兵官李震、左佥都御史王俭、左参将高端、右参将李文等，皆给赏。

甲申（二十一日）[湖广总兵官李震于云川等寨剿杀瑶人]

湖广总兵官都督佥事李震奏：躬率官军由锦田、江华直抵云川、桂岭、横江等寨。官军奋勇剿杀瑶贼，斩首二千五百余级，生擒三百余人。

癸巳（三十日）［云南木邦等处土官“作乱”，命官军回防］

云南总兵官都督同知沐瓒等奏：木邦等处土官罕落法聚众作乱，屡侵陇川等地方，欲将原调守备贵州官军八千放回防御。兵部言，官军调守已定，难允放回。上曰：事有缓急，不可执一。云南贼情既急，姑令放回其半，庶不两误。

明英宗实录卷三百四十二

七月

乙巳（十二日）［以征绞洞“贼寇”有功，升赏湖广按察司副使等官］

升湖广按察司副使沈庆、宝庆府推官刘文、武冈州城步巡检司巡检李经、顺天府带俸照磨沈珍等，俸各一级。俱以征绞洞贼寇功也。

丁巳（二十四日）［湖广忠建宣抚司舍人、四川乌思藏番僧朝贡］

湖广忠建宣抚司舍人黄全等、四川乌思藏番僧卓吉言千等俱来朝贡马及方物。赐钞、彩币表里有差。

明英宗实录卷三百四十三

八月

癸亥朔（初一日）［广州等府东莞等县大雨成灾，令赈恤之］

巡抚两广右佥都御史叶盛、巡按广东监察御史李曰良各奏，今岁五月以来，广州等府东莞等县，俱大雨水，伤害禾稼，百姓艰窘。上命户部速移文赈恤之。

庚寅（二十八日）[乌思藏地方都纲剌麻等、湖广永顺军民宣慰使司宣慰使所遣舍人等、四川马湖土官舍人等朝贡]

乌思藏地方都纲剌麻番僧朵日言千等，湖广永顺军民宣慰使司宣慰使彭显遣舍人答知送等，四川马湖府土官舍人王佐等，贡马及方物。赐彩币等物有差。

明英宗实录卷三百四十四

九月

乙卯（二十四日）[征进两广总兵官颜彪、赞理军务右佥都御史叶盛等奏捷，以潮州“反贼”罗刘宁、广西龙山等处瑶僮韦公立等首级来献]

征进两广总兵官都督颜彪、赞理军务右佥都御史叶盛等遣人奏捷。以所杀广东潮州府反贼罗刘宁、广西龙山等处瑶僮韦公立等首三十五级来献。

明英宗实录卷三百四十五

十月

壬戌朔（初一日）[松潘副总兵许贵等进讨长宁县“蛮贼”奏捷]

松潘副总兵都督同知许贵等奏：臣等于本年五月初八日，会兵于叙州府长宁县，进讨昔乖件、莫洞、都夜三寨蛮贼。分兵两哨，接战数合，贼众大败，我军全胜。前后克破硬寨四十余处，斩首一千一百余级，生擒并追获蛮贼八十四人。

［湖广巡抚王俭、贵州副总兵李安等攻“蛮贼”巢穴奏捷］

巡抚湖广左佥都御史王俭奏：会同贵州副总兵李安等统领官军，于本年七月二十一日直抵上落崖、而杯落卜利一带蛮贼巢穴。攻围累日，前后生擒首贼阿同等九名，斩获贼首二百余级。

甲子（初三日）［湖广忠路等安抚司把事等、贵州顶营长官司土官舍人等朝贡］

湖广施州卫忠路等安抚司把事仰启踵等、贵州永宁顶营长官司土官舍人阿伟等来朝贡马及方物。赐彩段表里、钞有差。

丁卯（初六日）［松潘“番贼”复起］

敕松潘副总兵都督许贵曰：比闻松潘番贼复起，阻绝粮道，杀害军民。敕至，尔即与佥都御史陈泰等计议。如果叙南贼寇宁息，即移兵西向，务俾两全，以靖边鄙。

明英宗实录卷三百四十六

十一月

戊申（十七日）［乌思藏剌麻等贡马］

乌思藏剌麻官绰领占藏卜……贡马。赐彩币等物。

明英宗实录卷三百四十七

十二月

丙寅（初六日）［敕总兵官颜彪等计议剿“贼”善后事宜］

敕总兵官都督佥事颜彪等曰：闻尔等屡报，杀败贼众，地方稍宁。朕虑其遁入深山者，难于尽剿，况地多烟瘴，官军不宜久留。其与两广镇守、巡抚等官，议度贼情缓急，分拨官军，据守要害，处置平妥，然后还京。

壬午（二十二日）［命贵州宣慰使司故宣慰使安陇富侄袭职］

命贵州宣慰使司故宣慰（司）〔使〕安陇富侄观袭职。

明英宗实录卷三百四十八

天顺七年癸未（1463）

正月

庚戌（二十日）［贵州贵州宣慰司、湖广施南等宣抚司、广西泗城等州县、四川泥溪等长官司各遣人朝贡］

贵州贵州宣慰司、湖广施南等宣抚司、广西泗城等州县、四川泥溪等长官司各遣人贡马及方物。赐宴并钞币等物有差。

癸丑（二十三日）［贵州、四川等布政司，黎平等府卫、新化蛮夷长官司等衙门朝觐“失期后至”］

吏部言：贵州、四川等布政司，黎平等府卫，新化蛮夷长官司等衙门土人头目、把事人等杨爲等二十二名，俱朝觐失期后至，当送法司问罪。上以土人，俱宥之。

丙辰（二十六日）［贵州洪江苗虫虾等称“王侯”起事，命抚捕之］

镇守湖广太监郭闵奏：贵州洪江苗贼苗虫虾等纠集二十余徒，伪称王侯，攻劫镇远囤寨，杀虏人财。屡遣官抚谕不服，第恐滋蔓为患，宜行所辖总兵官抚捕之。章下兵部，请行湖广、贵州镇守、总兵等官，各再遣人招抚。如旧仍不悛，会兵剿捕。从之。

明英宗实录卷三百四十九

二月

甲戌（十五日）［以尝被“寇掠”，蠲贵州宣慰司夷民逋负秋粮］

蠲贵州宣慰司夷民逋负秋粮米一万六百石有奇，以其尝被寇掠也。

丙子（十七日）［改定四川松潘中盐则例］

改定四川松潘中盐则例。初以粮储不足，召商中盐纳粮，则例颇重，商人趋之者少，故复改定，中上流、华池二盐课司盐者每引米四斗五升，通海、新罗、福兴三盐课司盐者每引米三斗五升，罗泉、富义、仙泉、广福、黄市、滂井、永通七盐课司盐者每引米二斗五升。

明英宗实录卷三百五十

三月

丙申（初七日）［广西田州府上隆等州遣人贡马］

广西田州府上隆等州遣族目张祥等来朝贡马。赐钞币有差。

明英宗实录卷三百五十一

四月

庚申朔（初一日）［广西“流贼”攻破岑溪县及郁林州，令官

军刻期剿灭]

敕镇守广西左少监朱详、总兵官泰宁侯陈泾、参将都指挥使范信、巡抚右佥都御史吴祯曰：得梧州府知府袁衷奏，流贼攻破岑溪县及郁林州，戕杀官民，剽虏财畜，已令巡按御史逮治。军官不能防御之罪，详其所自，盖由尔等平昔号令不严所致，乌得无罪？今姑宥不问。敕至，尔等即同心比力，督调官军，刻期剿灭前贼，以赎前愆，如仍玩愒，罪不尔贷。

辛酉（初二日）[命贵州、四川、湖广、云南军民，输米于贵州缺粮仓者给与冠带，囚犯纳米赎罪]

命贵州、四川、湖广、云南各布政司，出榜晓谕旗军舍余民人，有能输米百石于贵州缺粮仓分上纳者，就彼给与冠带，以荣终身。及命各都布按三司及所属问刑衙门，今后一应囚犯，照定去则例纳米赎罪。笞杖罪每等纳米五斗。徒罪一年纳米八石，每一等加米三石。流三等俱纳米二十五石，杂犯死罪纳米三十石。从巡抚湖广左佥都御史王俭请也。

己巳（初十日）[广西“流贼”数万越入广东，敕有司调兵会剿]

敕广西镇守、总兵等官泰宁侯陈泾等曰：近得广东副总兵欧信奏，广西流贼数万越入广东，流劫乡村。敕至，尔等会议，调集官军、土兵、民快等，先将浔、梧、怀、贺等处两岸山巢贼寇，痛加征剿。严令沿江用心防截，仍须约会广东镇守等官，督众合势夹攻。务须同心协谋，以靖地方，以安人民。毋得自分彼此，互相推托，重贻边患，以取罪愆。

明英宗实录卷三百五十二

五月

丁未（十九日）[湖广忠孝安抚司峒长、广西茗盈等州县所遣

舍人等贡马]

湖广施州卫忠孝安抚司峒长田忠，广西茗盈等州县遣舍人李玄等，来朝贡马。赐钞、彩币表里有差。

明英宗实录卷三百五十三

六月

癸亥（初五日）[四川乌思藏地方番僧贡方物]

四川乌思藏地方番僧绰令等来朝贡方物。赐钞、彩币表里、纻丝袭衣等物。

癸酉（十五日）[贵州思南府蛮夷长官司土官等贡方物]

贵州思南府蛮夷长官司土官安洛等来朝贡方物。赐彩币一表里。

明英宗实录卷三百五十四

七月

癸巳（初六日）[命番僧领占三竹袭净慧禅师]

命番僧领占三竹袭净慧禅师，赐诰命。

壬子（二十五日）[四川乌思藏剌麻贡方物]

四川乌思藏剌麻吒舍言千等来朝贡方物。赐钞、彩币表里、纻丝袭衣等物。

明英宗实录卷三百五十五

闰七月

戊午朔（初一日）［云南巡按张祚、程万钟以“贪淫”被执问］

巡按云南监察御史张祚、程万钟，以锦衣卫缉事者奏其贪淫，诏执问之。

［贵州佥事徐宗、四川都指挥张英被执问］

行事校尉言：贵州佥事徐宗为同年主事周英造进士牌楼，受指挥李信等科敛银二十五两入己。四川都指挥张英索所部指挥等官白金二百五十两，及奸淫。事上，命锦衣卫遣官往执之。

甲子（初七日）［以缉事者奏其“贪淫”，广东都指挥徐宁被执］

执广东都指挥徐宁，以缉事者奏其有贪淫状也。时锦衣卫缉事者遍满天下，媒蘖人过，所至索贿，稍不如意，辄滥及无辜，百司皆战兢度日云。

丙寅（初九日）［命故贵州都指挥同知陈祯孙灏袭为乌撒卫指挥使，广东都指挥同知高启子瑄袭为广州后卫指挥使］

命故贵州都指挥同知陈祯孙灏袭为乌撒卫指挥使，广东都指挥同知高启子瑄袭为广州后卫指挥使。

戊寅（二十一日）［敕贵州、湖广总兵官会剿“蛮酋”苗虫虾等］

镇守湖广太监郭闵等奏：蛮酋苗虫虾等不服招抚，欲来攻天柱等处地方。敕贵州、湖广总兵官会兵剿之。

明英宗实录卷三百五十六

八月

己亥（十三日）［湖广麻寮千户所土官舍人贡马］

湖广九溪卫麻寮千户所土官舍人唐冠贡马。赐钞锭有差。

戊申（二十二日）［乌思藏地方剌麻番僧贡方物］

乌思藏地方剌麻番僧人等沙加星吉等贡方物。赐彩币等物有差。

明英宗实录卷三百五十七

九月

癸酉（十七日）［敕松潘副总兵卢能“贼”平之后四川地方若有警，即偕都御史陈泰往来抚捕］

敕松潘副总兵署都督佥事卢能曰：近闻尔等亲督官军，分为六路，深入贼巢，杀获贼众，足见克称委任。贼平之后，如遇四川地方有警，即偕都御史陈泰往来抚捕。尔其益自勉励，用图成功。

甲戌（十八日）［敕广东、广西会兵剿“贼”］

敕镇守广东都督同知欧信、巡抚右佥都御史叶盛等曰：朝廷付尔等以镇守、巡抚之任，欲其防御贼寇，抚安人民。今尔等纵贼杀掠人民，攻陷城池，如蹈无人之境，略不究心，不知尔等在彼何为？怠慢之罪，姑置不究。今敕广西总兵等官发兵，与尔会剿。务在同心协谋，以图成功，以赎前罪。敢有彼此观望，祸及身家，慎之慎之。复敕广西总兵官泰宁侯陈泾、左参将都指挥使范信曰：比得广东奏，雷、廉、高、肇四府屡被广西流贼纵横攻劫，为害不已，皆从范信所守地越过而东。论其纵贼殃民，罪不容诛，姑置不究。今已切责广东镇守等官，克期与尔会兵剿贼，尔其调集所在军卫有司，并土官、土军，如期赴之，务在同心效力，以靖地方。

壬午（二十六日）［敕广东巡抚叶盛会合广西官军、土兵、民壮剿“贼”］

敕巡抚广东右佥都御史叶盛曰：近得尔奏，以贼势益大，欲调达军。朕惟祖宗随处设立卫所，自足以防御贼寇，保障居民，要在方略何如耳，岂必调军他处哉？况朝廷简任宪臣，以济镇守、总兵之不及。今尔在彼，徒弄虚文，全无实效。及观此举，尤见其才识无异于众，何以副朝廷委任？其仍照前敕，会合广西官军、土兵、民壮剿贼。如违，重罪不宥。

明英宗实录卷三百五十八

十月

丁亥（初二日）［以镇守广西等官两奏“贼”情，前后各异，姑记泰宁侯陈泾等罪，令其改过革非］

兵部奏：先是，镇守广西等官泰宁侯陈泾、佥都御史吴祯等言，瑶贼剿杀之余，已招抚陆续复业。又分调官军据守要害，以扼其出入之路。今两广地方稍宁，夷人各安生业。曾不两月，泾等又奏：贼徒千万成群，劫掠州县乡村。原其所由，盖是泾等闻知本部奏调官军，往会广东剿贼，故诡奏贼势猖獗，意在拥兵自安。似此沮坏军务，论法俱合究治，但今急切用人之际，宜姑记泾等之罪，俾其洗心涤虑，改过革非。如遇广东移文调兵，即便驰赴，毋误军机。从之。

［桂林等府州县禾稻槁死，乞免税粮］

巡按广西监察御史吴璘奏：桂林等府州县今年六月以来，禾稻槁死，人民失望。今年税粮无以办纳，量乞优免。上命户部处之。

**庚寅（初五日）［云南大理、澜沧等处“盗起”，令云南总兵

官沐璘等调官军相机抚捕]

敕云南总兵官都指挥都督同知沐璘等曰：今闻大理、澜沧等处盗起，流劫乡村，阻截道路。尔等宜调官军相机抚捕，务在目下剪除，毋贻民患。

丁未（二十二日）[以广西“贼寇”“流劫”广东，逼近广州，令广西巡抚吴祯驰赴广东，会同彼处镇守等官计议方略]

敕巡抚广西佥都御史吴祯曰：今广西贼寇流劫广东，日甚一日，逼近广州，势已危急。尔其驰赴广东，会同彼处镇守等官计议方略，其两广官军悉听节制。朝廷以尔有谋有为，特兹委任。两广安危，责任在尔，尔其尽心竭力，图称任使，毋忽怠于宦成。尚其勉之！

明英宗实录卷三百五十九

十一月

戊辰（十四日）[镇守云南右监丞寻取宝石等件朝贡]

镇守云南等处右监丞黎义奏：臣欲往云南寻取宝石，并装封槟榔礼物、马匹等件进贡，以效微勤。缘无公廨居住，臣见云南城内，原有参赞官遗下公廨空闲，乞与臣顿放进贡礼物为便。从之。

癸酉（十九日）[“流贼”夜入广西苍梧县城，宋钦被害]

致事左布政宋钦为贼所害。钦，广西苍梧县人。由举人授户部主事，进郎中，四转而至布政使，素以廉干称。至是居家，值流贼七百人夜入城，总兵官陈泾亦在城中，拥兵数千不敢与战，惟用以自卫。贼大肆劫掠，民不胜荼毒。钦出谕贼，遂被害。

明英宗实录卷三百六十

十二月

辛卯（初七日）［升赏征剿贵州东苗官军］

升征剿贵州东苗贼徒获功官军二千七百余人俱一级，赏土汉官军二千五百余人有差。

庚戌（二十六日）［以征“东苗”功升赏将士］

升带俸济阳卫都指挥使窦显为后军都督佥事、忠义前卫都指挥使牟林为前军都督佥事，俱仍带俸。以征剿贵州东苗功也。

明英宗实录卷三百六十一

天顺八年甲申（1464）

正月

甲寅朔（初一日）［广西“流贼”攻破新兴县及乐民、石城千户所，兵部请治失机军官罪，并请移文镇守、总兵、巡抚官，令尽心剿“贼”］

镇守广东左监丞阮随奏：广西流贼攻破新兴县及乐民千户所，守御指挥席珍等皆委城而遁，致贼大肆劫掠，烧毁庐舍，杀虏军民千余人。又破石城千户所，杀十二人，虏去五百七十人。把总指挥马政督官军、民壮战败之，斩首八十二级，尽复其所虏人口，余贼溃散。章下兵部，请治珍等弃城失机之罪。及移文镇守、总兵、巡抚官，责其号令不明，提督失律，令尽心剿贼，以盖前愆。从之。

丁卯（十四日）［四川乌思藏剌麻朝贡］

四川乌思藏剌麻陆竹巴母等俱来朝贡马及方物。赐彩币表里、纻丝袭衣等物有差。

戊辰（十五日）［广西“流贼”夜入广东清远卫城，兵部请令江西清军御史驰往广东，会同巡按，执问失机官员］

广西流贼夜入广东清远卫，守备指挥王瓒等委城走避。都指挥尹通、按察佥事王鼎为贼所执，指挥马龙被杀，军民死者甚众。贼烧毁城楼，尽劫官库及民财而去。既而通、瓒、鼎俱用银赎回。镇守左监丞阮随以贼攻破城闻，并乞治瓒等失机之罪。章下兵部，请令江西清军御史驰往广东，同巡按御史执问如律。从之。

［广西“蛮贼”破怀集县及守御千户所、梧州府城，兵部请记失机官员罪，责令相机剿捕］

镇守广西左少监朱详奏：蛮贼破怀集县及守御千户所，烧毁公廨，劫去官民财物。又破梧州府，杀县丞、主簿、学官。臣同总兵泰宁侯陈泾等，驻兵梧州，督官军战却之。斩贼首一百八十五级，官军死伤者八十余人。今柳州、宾州、上林、怀远、罗城、柳城等府州县俱有贼流劫，道路不通，势甚猖獗。臣等提督无方，罪当万死。章下兵部，以详等失机，法不可逭，但时方两广会兵，宜记其罪，责令相机剿捕。务在殄灭无遗，以赎前罪。从之。

附　录

国家出版基金项目
NATIONAL PUBLICATION FOUNDATION

湘西民族文库

明实录南方民族研究史料

三

伍新福 编纂

岳麓書社·长沙

目 录

明宪宗实录

明宪宗实录卷一

天顺八年甲申（1464）

正月

戊寅（二十五日）［广西都指挥佥事邢斌等奏请调兵征剿柳、庆“蛮贼”］

广西都指挥佥事邢斌等奏：天顺七年十一月，柳、庆蛮贼觇我大军俱会梧州，乘虚拥众攻劫上林县村社四十余处，杀虏男妇五百余人，马牛财畜无算。今桂林、平乐等府荔浦、富川等县贼巢遍地，民不聊生。虽有哨守分捕等，官兵少，猝难应御。事下兵部，请移文总兵官泰宁侯陈泾等，严督所在官军，固守城池，仍选将调兵往彼征剿。若广东贼已诛灭，速旋师广西捕贼安民。从之。

壬午（二十九日）［大藤峡“贼”夜袭梧州城，至是奏始至］

先是，天顺七年十一月十三日，大藤峡贼夜入梧州城。时总兵官泰宁侯陈泾驻兵城中，会太监朱详、巡按御史吴璘、按察司副使周璹、佥事董应轸、布政司右参议陆祯，都指挥杜衡、翟政，土官都指挥岑瑛等，于城中议调兵。是夜三更，贼驾梯上城，泾等不之觉，贼遂入府治，劫官库，放罪囚，杀死军民无数。大掠城中，执副使周璹为质，杀死训导任璩。泾等拥兵自卫，不敢发一矢，随军器械并备赏银货等物皆为贼所有。致仕布政宋钦时家居，挺身出，以大义谕贼，为所害。黎明，贼声言：官军莫或动，动则杀周副使。泾等乃遣人与贼讲解，晡时纵之出城。贼既出，乃纵璹还。时官军数千，贼仅七百而已。至是，掌都司事都指挥邢斌奏始至，上曰：梧州蕞尔小城，总兵、守镇、巡按、三司俱拥重兵驻城中，乃为小贼所蔑视，况遇大敌乎？尔兵部其区处之。钦，苍梧县人，英庙实录有小传。

［广西“流贼”夜入广东靖远卫城，至是奏始至］

先是，天顺七年十一月，广西流贼夜入广东靖远卫城，守城官军弃城遁。贼毁城楼庐舍，纵狱囚杀驿丞钟奎，掠官民男妇及财畜，凡三日始遁去。时佥事王鼎、都指挥佥事尹通在城中，不能拒御。至是，清远县知县谢智等奏始至。上命兵部勘实，罪之。

［敕泰宁侯陈泾等督调官军、土兵赴广东会合“剿贼”］

敕广西总兵官泰宁侯陈泾等曰：今得广东守臣奏称，贼势十分猖獗，约会尔等进兵往主梧州，久候不来，显是尔等不以地方贼情为重，迁延推托，不肯会调军马，以致贼势日甚，重为广东祸患。似此玩法偷安，纵贼殃民，本当重罪，但今正系杀贼之日，姑置不问。敕至，尔等即当洗心涤虑，改悔前失，督调官军、土兵人等，星驰前赴广东，会合剿贼，以靖地方，以赎违慢之罪，不许仍前延调，致悞事机，决不轻宥。

明宪宗实录卷二

二月

庚寅（初七日）［官军败“贼”于新会河村与藤县野狸岭］

巡抚广东右佥都御史叶盛等奏：天顺七年十二月内，守备新会指挥李祐遇贼于河村。广西左参将范信遇贼于（滕）〔藤〕县野狸岭，奋击败之，共斩首三百余级，追回被虏军民九百余人。

壬寅（十九日）［广西巡抚吴祯奏劾泰宁侯陈泾］

巡抚广西右佥都御史吴祯劾奏：广西总兵官泰宁侯陈泾会兵广东捕贼，却乃潜回广西，闻贼屡陷城堡，略不为意。事下兵部方议，移文趣之。而泾亦奏：自去冬以来，山洞蛮贼啸聚，纵横四出，桂林等府境内乡村寨堡屡被焚毁杀掠，又攻陷陆川县治，杀死吏民，如入无人之境。盖此贼觇知官军俱会左江，而右江一带空虚无备。今宜令左参将范信等会兵东征，右参将孙麒仍回宾、柳保障。上以御贼事已尝降敕督责，而泾奏词若是，仍下兵部审处之。

明宪宗实录卷三

三月

丙辰（初三日）［广西“蛮贼”入梧州北流等县］

广西蛮贼入梧州北流等县杀虏人口。

戊午（初五日）［广东按察司佥事毛吉因征伐功升副使］

升广东按察司佥事毛吉为本司副使。先是，广东总兵官欧信奏：吉分巡岭东道程乡县境，贼首曾玉、杨四据石坑峒，谢茔据龙归洞，杨辉据上宝龙、下宝龙，累年纠合福建上杭、江西安远等处贼，流劫福建之上杭、武平，广东之长乐、兴宁、龙川等县境，又攻破安远县治。吉至，调土兵，募勇士，躬抵贼巢，破石坑峒，斩曾玉，擒杨四。又破龙归峒及上下宝龙，斩谢茔，擒杨辉等，计先后斩获共一千四百二十七级。出奇制胜，功有可嘉。奏上，下于所司久之。至是，又以剿广西流贼有功，疏上，上特旨升吉为副使，且赐敕曰：朕惟朝廷设置官司，本为安养斯民。近两广贼寇猖獗，民被荼毒，而彼居官任职者，往往坐视不救，甚至以推奸避事为能，朝廷虽知其故，姑为宽容，期收后效，是以缓其诛责。惟尔以佥事分巡地方，累次督兵擒杀贼众，功勤显著，朕甚嘉焉。使人人效力如此，贼寇何患不平？今特升尔副使之职，仍赐敕奖谕，尔其益加奋励，用心杀贼，凡有剿贼安民良策，悉听尔公同守镇等官计议，从宜施行。事体重者，具奏处置。尔宜深体朝廷升用之意，殚心竭力，以平贼寇，以靖地方。功成之日，别有升赏。如或始勤终怠，事无成功，朕不尔贷，其（免）〔勉〕之。

甲戌（二十一日）［官军、土兵击溃广西“流贼”］

广西流贼入广东界，劫虏肇庆之新兴、阳江，及雷、廉、高州等处吏民财畜，仍围困城池，经年未散。巡抚都御史叶盛，及副总兵欧信，广西总兵官陈泾，及巡按三司等官，调官军、土兵击之，斩获首从贼二百八十级，夺回被虏千户赵篪、吴能，知县陈谅及官吏、军民男妇八百五十余名口，阳江县铜印一颗。

戊寅（二十五日）［广西郁林千户所军余何敬，联合龙山等处“蛮贼”，攻陷陆川、平南等县］

刑部奏：广西郁林千户所军余何敬纠合龙山等处蛮贼，攻陷陆川、平南等县，焚毁公廨，大肆杀掠。守备指挥许谅等不能防御，宜命所司逮问，依律定罪。从之。

庚辰（二十七日）［四川“强贼”流劫铜梁等县，命镇守、巡抚等官调兵剿捕之］

四川强贼流劫铜梁、定远、（江内）〔内江〕、永川、荣昌等县，烧毁廨宇，劫放狱囚，虏杀官吏人民。事闻，上命镇守、巡抚等官严督原委三司官，督同所在军卫有司，量调官军、民快剿捕之。

明宪宗实录卷四

四月

癸未朔（初一日）［广西“流贼”入广东石康等县］

广西流贼入广东石康等县，杀乌家驿驿丞林安等，执海北盐课提举司提举邹贤、翁良等，并劫虏官民男妇，共四百二十余名口。劫去海北盐课提举司，石康、盐仓、乌家、白石驿印四颗。

乙未（十三日）［广西大藤峡等处瑶僮“啸聚”，兵部请申敕镇守、总兵、巡抚等官设法抚捕之］

国子监生封澄奏：广西大藤峡渌水、横石等山，藤县太平等乡，瑶僮啸聚虏掠，甚为民害。乞选良将，多调官兵狼兵攻灭之。下兵部议，请申敕镇守、总兵、巡抚等官阮随、陈泾、叶盛等急督将官，量调官军、土兵人等，设法抚捕。从之。

辛丑（十九日）［广西总兵官颜彪等因“纵贼”被参］

户部照磨黎献奏：征进广西总兵官颜彪逗遛纵贼，参将范信杀降冒功，以致贼益猖獗，流劫肇庆、郁林等处，杀文武职官，及军民男妇无算，遂入梧州府城大肆杀掠，泰宁侯陈泾时驻兵城中不能御。献家男妇死者八人，伤者七人，即今两广生灵尚受毒害。彪、信等上欺朝廷，下贻民患，皆所目见者也。望明正罪，以警将来。先是，镇抚施杲亦以采访所得，奏彪、信事与献同。杲既得罪，而置彪、信不问。至是，献自梧州来奏，章下刑部，尚书陆瑜等以彪既还京受赏，信尚在军，献所奏皆赦前事，不当问，但请究问梧州失机之罪。从之。

明宪宗实录卷六

六月

乙酉（初二日）［乌思藏剌麻朝贡］

乌思藏剌麻僧桑儿结巴等来朝贡氆氇、铁刀、麻等物。赐衣服、彩段等物有差。

辛丑（十九日）［在京及两广等处官军因“剿平蛮贼”有功受赏］

以剿平蛮贼功，赏在京及两广等处官军钞币、布绢有差。

明宪宗实录卷七

七月

戊辰（十七日）［录两广斩获“蛮贼”功］

录两广斩获蛮贼功，升指挥等官昌聚等及旗甲人等四百一十三员名职役各一级。

己巳（十八日）［贵州都指挥使张锐以征东苗有功升级］

升贵州都指挥使张锐俸一级。锐以东苗功，当升都督佥事。其属卫暨宣慰司言，锐在任二十余年，奉公守法，得军士心，愿留之，故有是命。

明宪宗实录卷八

八月

乙未（十四日）［云南孟木陇扛陶孟遣人朝贡］

云南孟木陇扛陶孟刀派罗差刀卜劳等贡象、马、银器。赐衣服、彩段等物有差。

庚子（十九日）［录征两广阵亡功］

录征两广阵亡功。兴武等卫指挥等官李瓛等十八员袭其职者，俱升一级。

甲辰（二十三日）［以“剿贼”功，赏广西土官舍人］

赏广西土官舍人赵腾等布、绢、纱有差，以剿贼功也。

庚戌（二十九日）［四川都指挥使何洪以功升都督佥事］

以征东苗功升四川都指挥使何洪为都督佥事，于右府带俸。洪辞，欲仍掌都司事，不允。

明宪宗实录卷九

九月

丙寅（十六日）［命广西参将孙麒子瑜为指挥使，领兵剿“贼”］

命广西参将都督同知孙麒子瑜为指挥使，领兵剿贼。先是，广西总兵官泰宁侯陈泾言，瑜膂力过人，累立战功，可用。及巡抚、巡按官交章荐之，故有是命。

明宪宗实录卷十

十月

丁亥（初七日）［革贵州普定等四卫守备都指挥］

革贵州普定、毕节、威清、平坝四卫守备都指挥。

庚寅（初十日）［湖广平溪卫军李容自称总兵官，纠集苗人，协助蒙能起事，事觉被杀］

湖广平溪卫军李容伪称总兵官名号，纠集苗人，协助贼首蒙能共谋不轨，事觉伏诛。

戊申（二十八日）［广东海康县知县以击“贼”功升雷州府通判］

以击贼功，升广东海康县知县王麒为雷州府通判，仍命听调杀贼。

明宪宗实录卷十一

十一月

癸丑（初四日）［升四川都指挥使何洪为右府都督佥事，仍守地方］

升四川都指挥使何洪为右府都督佥事，仍守地方。洪以征东苗功升都督佥事，巡抚都御史汪浩奏：四川地临极边，盗贼见今流劫。洪素勇敢，军令严明，诸将无能及者。乞敕兵部填注府分，仍于四川支俸，操练军士，捕盗安民。从之。

丙辰（初七日）［两广三司官来贺万寿圣节，开陈“灭贼安民”筹策］

兵部尚书王竑言：两广三司官来贺万寿圣节，各官皆熟知两广山川险易、贼情虚实，其间必有定见，宜令开陈灭贼安民筹策，及各举骁勇智谋将官以闻。于是广东布政司右参议王英、按察司副使邝彦誉等共言：广东地方自永乐、宣德以来，素称殷富，间有土贼随剿随灭，不为大害。自正统十四年，黄萧养作耗，调发广西土兵征剿。因见民物繁富，而武备不修，自此始于近界劫掠，然不过五六十人，或百余人。迹其来，俱自浔、梧过境，而所掠财物，即于浔州河下货卖。守备官军受其货贿纵之，以致贼徒日众，遂至千百成群，越境攻围府城县治。比遣总兵官颜彪、都御史叶盛等统领汉达官军前来征剿，未能成功，遽奏班师。军犹未回，边报以至广东。虽有副总兵欧信督军拒贼，贼众军少，不能抵敌。况今各处民穷财尽，军疲气馁，兼以赏罚不明，人不效力，欲复调兵，恐难猝至，而粮草军需亦未易办。臣等以为，宜于地方要害处修立屯堡，选文武官之骁勇公正者分地守御，操习官军民壮，设法剿捕，有获功者即行升赏。然地方广阔，宜令总兵官范信统兵，于高、廉、雷一路往来截杀。委备倭都督佥事张通暂充参将，领兵于广州城以北，自三江口至封川县一带水路（堤）〔提〕备。遇警，二将各统游兵民快，两路夹攻，则广西之贼，不敢越过广东之界。又仍请申明失陷城池、失机误事之律，凡今后守土官军，有仍前怠事失职者，悉置重典，使其畏罪奋勇，则地方得人以守矣。今都指挥之中，难得全才，请于短中求长，智谋骁勇、堪任领军出战，有如都指挥佥事安福、徐宁者，历练老成、堪任守备地〔方〕，有如都指挥佥事姜铭安、姚英者。如此之人，亦可量才擢用，以当一面之寄。广西右布政使熊炼、按察副使袁凯亦言：宣德间，总兵官山云号令严肃，贼不敢犯。以后总兵者，多非其人，以致贼势滋蔓，越度广东地界，虏掠得志。天顺间，虽命总兵颜彪等前往征剿，不能成功，遽奏班师，贼因蔑视官军，转肆猖獗。窃惟广西地势险恶，非十四五万官军压境，不足以搜其巢穴。乞（间）〔简〕命大臣威望明信者为总兵，调湖广土兵，合两广土官、狼兵，刻期俱至梧州会兵运策，先剿在外贼巢。至八月会兵大藤峡，绝其粮道，则贼将自困矣。今广西都指挥之中，可任者孙麟、孙震、葛宗荫。事下兵部覆奏，以为两广方面官所言，皆御寇安民之策，宜令所司议行。其所举都指挥，亦宜随其所长，量才擢用。其广东备倭都督佥事张通，亦令充参将守地方，就令都指挥姜铭安代通备倭。

丁巳（初八日）［敕四川巡抚汪浩申严法令，振作人心］

兵科给事中孙敬等奏：臣等俱四川人，见本处地方盗贼生发，攻劫州县，居民惊惶不能安业。虽有都御史汪浩巡抚其地，须仗朝廷恩威，方能济事。况浩以本处方面擢用，人心恃旧，不无依违。乞赐诰敕，重其委任，俾三司官员勿得违抗。贼盗可抚则抚，可捕则捕，一应军民利病，听其便宜处置，庶可靖地方。上从其言，敕浩曰：四川贼寇不听招抚，愈加猖獗，皆由本处官员因循怠惰，不肯同心协力，以致滋蔓。尔宜申严法令，振作人心。其有逡巡畏缩、推奸避事者，自都布按二司而下，悉听尔拿问。失误事机者，以军法从事，然后奏闻。尔受朝廷委任，务须尽心竭力，公其举措，使人皆效力，则贼平可期。如或处事乖方，重贻地方患害，则罪有所归。贼平之后，即将此敕缴回。

庚午（二十一日）［户科给事中童轩等奏议征抚四川腹里“贼盗”］

户科给事中童轩等奏：四川腹里贼盗虽蒙招抚，然面从心异，乍服乍叛，且言我等是听抚官贼，谁敢激变？或以给领抚安榜文免帖背负在身，每下乡村，任意攻劫，军民人等皆为所制，莫敢谁何。又有见事势如此仿效为恶者，以此贼数愈众，攻劫各州县治，杀虏民财。臣等会议，将诚心听抚复业流民，行令有司，加意抚恤。其冥顽不听招抚，及仿效为恶之徒，督令三司等官度量贼情，务在计出万全，奖励官兵，相机擒剿。奏下兵部覆奏：以贼既听抚，复聚众为恶，不早督捕，恐为重害。宜请敕四道与阎礼、汪浩、童轩、何洪，令同巡按监察御史及都布按三司官计议，悉如轩等所拟行之，仍令官军人等，有功即为具奏升赏。上从之。

明宪宗实录卷十二

十二月

丙戌（初七日）［湖广总兵官李震等奏报广西瑶僮越过湖广界，“流劫”桂阳等州县，官军击败之］

湖广总兵官李震等奏：广西瑶僮越过湖广界，流劫桂阳等州县。臣等分军为三哨，遣官督战，生擒十有八人，斩首五百六十八级。又与贼遇于牛头岭，生擒一百五人，斩首七百一十三级，余贼由江华县遁回。臣等又分兵，生擒二十五人，斩首一百九十一级，遂皆败走。又有贼七千余徒，由平乐过江，欲攻劫湖南地方。缘湖南与广西连界，累被瑶僮越境残害，实因彼处官军不严加把截，而有司又不抚治，甚至受贼贿赂，纵容出境为患。乞行两广镇守、巡抚等官，严督所在守备官军设法截杀。事下兵部覆奏：震等杀贼有功，良可嘉尚，但今瑶贼见攻临武等县，待其扑灭尽绝之后，合并升赏，仍行两广镇守、巡抚等官，严督官军分守，毋令流贼出境，并追究纵贼官吏，以警将来。从之。

癸巳（十四日）［锦衣等卫从征两广、贵州“东苗”，大同杀“贼”获功阵亡官指挥同知锁住马之子管城等袭职升迁］

命锦衣等卫从征两广、贵州东苗，大同杀贼获功阵亡官指挥同知锁住马子管城、杨鉴子芳俱袭升指挥使。指挥佥事史能子瑀、沈忠子洪俱袭升指挥同知。正千户朱贵子昭范、转加奴子福受、苏智子瑾俱袭升指挥佥事。

戊戌（十九日）［乌思藏辅教王遣番僧进贡］

乌思藏辅教王喃葛坚参巴藏卜遣番僧领占禄竹等，来朝贡氆氇等物。赐衣服、彩段等物如例。

癸卯（二十四日）［湖广桂阳州守御千户樊琻等以失守地方，下法司究其罪］

湖广桂阳州守御千户樊琻、罗昇，以瑶贼流劫，失守地方，御史黄□劾之，下法司究其罪。

明宪宗实录卷十三

成化元年乙酉（1465）

正月

壬子（初四日）［广西瑶人夜入桂阳州城，兵部乞敕责湖广巡抚王俭等协谋捍御，并核实战守将士功罪］

巡抚湖广左佥都御史王俭奏：广西瑶贼流劫湖南境，夜入桂阳州城，杀掠军民。千户樊琉弃城遁，千户王凤御之不克，死。总兵官李震等率军追及于临武县，力战败之，擒斩二千余级，追回被虏男妇一千七百余人，马牛二百余匹。贼今拥众约有万计，势甚猖獗，所至骚动。良由哨守指挥刘政等，不加防遏，以致贼乘夜架梯登城。琉等失守城池，罪在不宥。总兵官李震等后虽有杀贼之功，前不能尤失守之罪，俱宜究问。震等亦以其事闻。事下兵部言：湖南流贼，累移文俭等严兵讨捕，今势益滋蔓如此，盖其平居玩寇弛备，临事乃互相归咎饰非，虽有追斩微劳，仅足以赎误事之罪。乞敕责俭等协谋捍御，并核实战守将士功罪，以行赏罚。从之。

辛酉（十三日）［广西泗城州土官岑豹聚众攻劫上林长官司，又杀土官岑志威，灭其族，劫其印，占据其境土，兵部奏宜行两广巡抚吴祯等相机抚捕之］

巡抚两广右佥都御史吴祯奏：广西泗城州土官岑豹聚众四万，攻劫上林长官司。既而又杀土官岑志威，灭其族，劫其印，占据其境土。虽经兵部移文，累令抚治，豹恃顽不服。事下兵部言：豹强犷如此，不早为之所，恐贻边患。宜行祯等，可抚则抚，否则调兵擒捕，明正典刑。从之。

甲子（十六日）［命赵辅充总兵官，往征两广“蛮贼”］

命中军都督同知赵辅佩征夷将军印充总兵官，右都督和勇充游击将军，浙江布政司左参政韩雍升都察院左佥都御史赞理军务，往征两广蛮贼。先是，巡按广东监察御史王朝远奏：广西流贼越过广东界，十郡疆域残毁过半，田亩荒芜，遗骸遍野，余民无几，道路几无人行，兵力衰微，民情惶惑。今贼徒日益延蔓，过广东者已至江西，在广西者又越湖广。虽两广各有总兵欧信、范信，巡抚都御史吴祯等官，但地广贼众，力不能支。乞敕廷臣会议，别选谋勇名将及有威望大臣，委以重权，责其成效，庶或有济。时副总兵范信亦会巡按三司等官奏称：贼党众强，又多乘马。我军单弱，反止步队，猝于平地遇贼，步不足以当骑。自来官军取胜，全借达军骑射。乞调达军，委都指挥廉忠统领，仍乞照广西事例，选卫所旗军有丁力者优免余丁三名，令自备鞍马，协同达军征讨。事下兵部言：两广地广贼众，而以都御史吴祯一人兼任两处地方，顾此失彼。初议调达军，亦以祯偏执而止。今宜如朝远等言，会廷臣推举文武大臣各一员，假以总制便宜之权，及达官中可将者一人，选领达军以往。事下多官议：佥举中军都督同知赵辅可充总兵官。浙江左参政韩雍素有才识，可提督两广军务。前军右都督和勇可统两京达军从征。上从之，故有是命。

乙丑（十七日）［论四川长宁等处平夷官军功］

论平四川长宁等处昔乖件、大坝等夷有功官军人等。一人擒斩四名颗者，例升一级，不赏。一人自擒斩三名颗者，俱量加赏赉有差。

庚午（二十二日）［命户部右侍郎薛远整饬两广军饷］

命户部右侍郎薛远整饬两广军饷。时兵部拟委郎中二人分督两广，上以征南军士，两京及江西、湖广共调万人，需费浩穰，非郎中可理，特以命远。

辛未（二十三日）［兵部尚书王竑条上两广剿“贼”安民事宜］

兵部尚书王竑条上两广剿贼安民事宜：一、两广之事，在此一举。赵辅、韩雍须假以赏罚重权，使得便宜行事，斯可望其成功。一、辅等至彼，须审度贼情轻重缓急。事轻而缓，委三司官谋勇可任者分道守御。重而急者，须躬亲率兵从事。欲于广西进兵，则先守浔州诸处要害贼奔之地。欲于广东攻贼，则先据贼之归路，务俾此贼进退无路，腹背受敌。一、贼闻我军既集，恐深遁不出，须筑堡立栅，图为围困之计。不可辄称贼退民安，即与班师。一、须严戒军士，不可斩杀幼儿妇女及被胁来归之人以为功，仍宜榜谕胁从之人，愿复业者，曲加赈恤。一、广西土官人等有能招集土兵、狼兵，杀败蛮贼，平定一村一寨者，即给与官带，具奏量与官职。其两广境内官吏、军民及致仕闲住等官有谙破贼方略，许询访举用有功，一例升赏。一、两广连年被贼扰害，民不聊生。今大军徂征，复累供给。其民间应买办解纳物料，并清解军匠及成化元年以前逋欠粮银、商税、钞贯，乞暂停止。凡军中巨细之务，共二十余事，上俱允纳，敕令赵辅等施行之。

[刑部主事冯俊奏言遣官招抚广西起事瑶僮余部]

是日，刑部主事冯俊亦言：生长广西，深识夷情。盖广西境内瑶僮数多，居民鲜少。洪武间设立田州、泗城等府州，选用其土人，以为土官，世相统摄，百年于兹。遇警悉听调用，效力居多，使之怀德畏威，良由处置得宜故也。其余种类，止令流官兼管，是以反侧靡常，近年益甚。今总兵官赵辅等奉命往征贼，平之后恐有遗孽远遁，一时不能悉诛，宜遣官招抚。或委令附近土官管束，或别立司府，推选其类为众所信服者，各授以世袭长官，俾从其俗以治之。事下兵部议，以俊言诚为远图，宜行。令赵辅、韩雍等平贼之后，杂议勘斟举行。从之。

癸酉（二十五日）[户部右侍郎薛远奏处置两广军饷七事]

户部右侍郎薛远奏处置两广军饷，凡七事。其一，两广大小衙门，三年、六年考满官员，许令纳米，就于本布政司给由。其二，两广两考役满吏典，有能纳米一百石者，送部免其办事，就拨京考。纳米三百石者，免其京考，冠带办事。纳米一百五十石者，于本布政司拨补三考，满日赴部免考与冠带办事。其三，两广军民舍余人等照纳米则例，运于用粮处所，给授散官。其四，两广及湖广、江西为民文职官，备米一百五十石运于用粮处所者，冠带闲住。其五，淮浙、广东等处盐运司、提举司，天顺七等年存积见在引盐，就彼定拟斗斛，出榜召商中纳。其六，两广等处放回依亲监生，坐监三年以上者，纳米一百五十石。未及三年者，纳米二百五十石。免其坐监，起送听选。其听选给假回还者，纳米一百石，不拘挨次，就便选用。其七，两广儒学考试不中生员，廪膳纳米五十石，增广纳米三十石，免其充吏，放回宁家。从之。

［甓广西灵川县土城］

甓广西灵川县土城。

甲戌（二十六日）［大学士李贤等录进翰林院编修丘濬条陈用兵事宜］

少保吏部尚书兼华盖殿大学士李贤等言：翰林院编修丘濬，见朝廷以两广贼势已极，遣总兵官调军讨之。濬，广东人，深知彼处贼情，因条陈用兵事宜于臣：谓今两广人心、物力、军马财用大，非总兵颜彪时比。当是时，贼徒未甚多，军威未甚挫，民财未甚竭，人心未甚离。自其行师无律，而我之军威始不振，自其纵兵虏掠，而民之财力始大屈。自其杀平民以为功，而人心始日离，贼徒始日盛。继其后者，非尽反其所为，决不能成功也。今日用兵之策，大要有二：曰逐、曰困而已。攻与战，则在乎因机制变，不可以遥度也。盖贼之在广东者，当逐之。在广西者，当困之。何也?广东本无贼，贼之来皆自广西，而后居民之无所依归者，为之驱胁耳。使广西之瑶僮尽归巢穴，彼必不能独立，此所以必逐之也。广西之贼，非不欲一鼓直抵其巢穴，兽狝而草剃之。但山径险狭，虽有百万官军，亦无所用之。此所以必坐困之也。一、逐之之策。盖广东十府残破者六，其地方相去或一二百里，或六七百里，或远至千里，或出此则贼往彼，我往彼则贼出此，巧相回避，迄难成功。若从一路逐之，必不可得。须分为四路：一路自广州三江口趋肇庆府，历四会、封川等县，溯流而上至藤江。一路自肇庆府之新兴过阳江，抵高州府界，捣电白、信宜，出茂名、化州，由间道径岑溪等县界。一路自藤县直溯比流江登陆，由郁林、博白、陆川出石城，抵雷州，复自石城往廉州之灵山下横州江。一路自广州之连州，径贺县出平乐府。四路之兵俱会于浔州，所至之处，必须穷搜极追，且招且剿，驱之出境而后已。然此亦约其大略而已。若分兵之或多或少，遇贼之或邀或伏，又在临时处置。一、困之之策。盖广西瑶寇处处有之，惟浔州大藤峡为大，大者既困，则小者不足平矣。峡前临河道，后抵柳、庆，左界昭、梧，右接邕、贵，中皆峻岭高山，惟借刀耕火种，蓄积有限。况所耕之田尽在山外，大军四面分守，截其出路，彼既不得虏掠，又不得耕种，不过一二年皆自毙矣。若然其余龙山、栗山等处，可以次第剪除。一、向时官军屡征大藤峡不能成功者，盖由每年霜降以后方才进兵，此时贼已收获，粮谷充盈，势不能困。今大军须以七月至彼，分兵亟出，蹂其青苗，使之秋成无望，出其不意，先夺其气，然后次第修葺营垒，以为久困之计。不然，则今年为徒行矣。一、屯军久守，所虑者春夏之交瘴疠不作，宜于四月还军浔州沿江一带分屯，至七八月间仍复屯守。一、今之贼徒所以倍蓰于前者，其祸起于前日总戎者之滥杀无辜也。盖此辈俱是平民，方无事时输赋税，供力役，养兵奉吏，将赖以为己之保障，一旦外寇入境，焚荡其室庐，戕杀其亲属，欲入城则闭门不纳，将入山则又与贼遇，四顾无依，不幸为贼所虏，姑从之以延须刻之命。贼劫持而虐使之，行贼使负担，息则樵爨，攻城则驱之以当矢石，反奔则弃之以遗官军。侥幸不死，贼去之后，仍趋官府，输赋役如常。其心固自忖曰，我之从贼，岂得已哉？他日贼平，我等固良民也。忽闻大军之来，喜得更生，谓可以复见天日。大军既至，具真为贼者皆相率遁入深山，了不可得。顾将不得已从贼者，甘言秘计，诱而出之，杀以为功。由是不得已从贼者，皆甘心为贼矣。兴言及此，诚可悯伤。今之为总帅者，宜深以前事为戒。既至，宜会三司官，设法遣官出榜，招谕明言。前人之失，必不效尤。或时召其父老人等至于军前，指天为誓，使其坦然不疑。虽其平日从贼明有显迹，若能翻然改过从善，亦曲加宽贷，或许其杀贼赎罪。一、两广之人，众口一词，皆不愿再调官军，其故何哉？盖惩前日官军之害，尤有甚于贼也。盖总兵等官，带去旗牌及挽弓报效等（顷）〔项〕名色，志在贪功营利，非真欲图补报。其在营哨则凌轹将卒，过州县则劫制官吏，当矢石则在后，报功次则争先多，致将领不协，军士离心。至如达军，虽曰鸷猛，然性颇淳朴，所以诱引为非，皆出此辈。今旗牌等官宜于见调官军中选用，其余假以试验报效为名者一切不用。必不得已，亦须编成队伍，与随征官军一例差遣。一、广州府为两广根本，无广州则无广东，无广东则无广西矣。尤宜加意抚绥。今两广用兵，百需皆出于此。若复不钳制旗牌达军，使其又如前日多方扰害，切恐有意外之变，又不止若瑶贼而已。一、以夷攻夷，策之上也。广西左、右两江土官衙门，自来皆服调遣，近来总兵处置失宜，以故调之多不时至。宜差廉能给事中一员，赍敕奖谕，使之加倍进兵，功成之日，重加升赏，给以诰命。一、所调各处土官既至，宜厚加犒赏，俾其各认地方，从所径便自抵贼巢。所得贼财尽以与之，官军人等不许抽分科夺，及所俘获贼属许得变卖，则人自为战，勇气百倍矣。一、广西素不产盐，而两江尤为艰。得宜严立私贩之禁，量为功次等则，以为赏劳土兵之资。一、贼中放回被虏军民，或知贼情地势，宜送军前用为乡导。其被害之人，有欲报仇，编为义兵，随军调遣。盖此贼猖獗，今余十年，狃于常胜，骄恣已甚。往时依山据险，乘间窃发。今则披毡乘马，张旗鸣鼓，略无忌惮。舍所长而用所短，此天败之时也。且其徒素无纪律，不相统率，一酋死，一酋立，非若宋之侬智高，元之黄圣许之徒，一败即散者之可比也。官军来则入山潜避官军，去则仍出劫掠，其为民害，罔有纪极。今日之举，如病剧而服附子，安危所决。倘军行未久，即虑饷运之劳、瘴疠之毒，稍有所获，便议罢兵，则亦无异于前日之颜总兵矣。此濬之言也。臣等见其所言，利害得失明切，详尽用之，必可成功。谨录上进，乞令总兵等官知会施行，是亦平贼之一助也。上嘉纳之，命所司录之，以示总兵、巡抚等官，使见之施行。

乙亥（十七日）［改命吴祯提督广西军务兼理巡抚］

改命提督两广军务右佥都御史吴祯提督广西军务，兼理巡抚。以廷议举浙江参政韩雍提督两广军务，而兵部又言，祯偏执不能兼两省故也。

［遣兵科给事中赍敕奖谕广西土官都指挥等，给赐银币］

遣兵科给事中王秉彝赍敕奖谕广西土官都指挥岑瑛，知府岑鐩、岑镛、岑元全，知州赵南杰等，并给赐银币有差。以兵部言其所部土兵、狼兵屡调剿寇有劳，及今有事大藤峡，又将调之也。

明宪宗实录卷十四

二月

己卯（初二日）［湖广巡抚王俭上言八事］

巡抚湖广左佥都御史王俭上言八事。一、奖励廉能。臣闻廉以律己则有守，能以致用则有为。乞敕所司，从公访察廉能之吏。其有清谨名著政绩在民沦没者，特加奖劝，以复其家。致仕者给与廪禄以（瞻）〔赡〕其身，见任者锡诰敕以旌异之，则贤才进而政事修矣。一、精择师儒。臣闻师道立则善人多，近年学官之选，往往以岁贡监生充之，此辈既无学识，安能教人？今后学官必用举人中副榜者为之，壮者不许辞职。缘事京官通经术者，亦降除此官，中有克举此职者，不次擢用之。及行提学宪臣，严加考校，而优以礼貌，则师儒得人而学校兴矣。一、遴选县正。各处亲民正官，多不得人。今后亲民正官，勿依寻常资格，务必学优仕久，然后擢除。及多取三甲进士，以任此职。一考之内，昭示劝戒，则人知重名，检有顾忌，而化民成俗之效可致矣。一拣选监生。近年以来，存省京储监生有依亲之例，在监日少，家居日多，无复留意修己治人之术。即今有司之职，半是此辈。求其正风俗、兴礼教，蔑如也。今后监生复监者，每年一次考选。如果年力精锐、才学可取者，照例挨次出身，年力衰迈、才识无取者发回为民，庶几壅滞疏通，他日得人任用。一、教养武生。南、北二京设武学，以教武臣子弟，即今宣力握兵，多出于此。乞别降学规，其官生年十五以上，二十五以下，令讲读儒书，使知仁义忠信之道，读讲兵书，使知制胜御敌之方，定为课试之法，每年一次，察其勤怠，第其优劣，以为赏罚。又于讲武之时，使观习进退疾徐之节，旌麾金鼓之仪，弓马驰射之法。庶几磨礲有成，一旦举而用之，则谙练已素，必有超然出众者矣。一、禁革淫祀。乞敕翰林院儒臣博采三《礼》及诸经传，自天子至于庶人当祀之神，纂集成书，刊示四方。凡天下鬼神，不系礼典所载，及当代祀典者，并宜撤其庙宇，毁其像设，仍乞禁革塑绘人匠，敢有违者，并付法司论罪，则礼制明而民志定矣。一、挨查僧道。我朝裁损二教，明示禁戒。今游手之徒冒名僧道，动计万千，乞敕所司如律禁革僧道，私自簪剃者，勒令还俗，解发原籍当差，仍严官民人等布施之禁，及云游行脚亦必给所司批文。其寺观潜匿者，有司里老一体重罪。如此则人少游惰，户口可增矣。一、清理屯种。旧例屯田，腹里卫所，二分操守，八分下屯。边境卫所，三分操守，七分下屯。近年以来，各都司卫所，原行文卷多有朽烂，间有存者，旋复改洗，以致无籍官旗人等，乘机作弊。屯田之制，日就消削。乞敕所司委明正官，亲诣屯所查理。其权豪势要霸种者，悉令退出，拨给新军，并空闲舍余。如军少田多，拨所在有力无田军民，照例起科。精会计之数，严侵渔之法，则豪强敛手而仓廪充矣。疏奏下所司议之。

壬午（初五日）［岷王世子膺钚乞迁长沙，不许］

岷世子膺钚奏：武冈州地连苗洞，府地浅隘，乞迁长沙。不许。

癸未（初六日）［湖广施州卫高罗安抚司差把事贡方物］

湖广施州卫高罗安抚司差把事来朝贡方物。赐衣服、彩段等物有差。

丙戌（初九日）［赏赐从征两广京营官军及达官、达军］

赐从征两广京营官军银人二两，达官、达军人三两。

己丑（十二日）［四川、两广官员因“流贼”攻毁州县被查究］

六科给事中袁恺等言：两广流贼攻毁州县，延蔓越境。四川流贼杀伤官军及都督何洪被害，匿不以闻。其三司等官都指挥邢斌、张瑛等守土失职，罪不可逭，及镇守、巡抚、巡按等官委靡不振，俱宜按问。十三道亦以为言。上曰：四川、两广累年寇盗不息，兵民被害，俱三司总兵、巡抚、巡按等官因循废弛所致，都察院其速查究以闻。

戊戌（二十一日）［四川府州县官免朝觐］

免四川府州县官朝觐，以川寇未平也。

［以征剿瑶僮有功赏两广官军］

赏两广官军人等，都指挥每员钞一千贯、彩段三表里。指挥钞八百贯、彩段二表里。千户钞六百贯、彩段一表里。百户钞五百贯、绢三匹。旗军目兵人等钞三百贯，绢、布各一匹。临阵阅视官钞八百贯、彩段二表里。文职、知府视指挥例。府同知、知州视千户。通判、推官、州同知、知县、县丞、主簿、巡检、驿丞等官视百户。内有功并阵亡土官吏典、生员、土兵头目人等，赏倍之，以天顺七年从总兵官颜彪等杀瑶僮有功也。

辛丑（二十四日）［敕芮成充总兵官镇守四川］

敕都督同知芮成充总兵官，镇守四川。时四川贼首赵铎屯聚未散，而山都掌蛮寇复肆攻劫。本省属卫军三万七千余人可备调遣，惟都督何洪阵亡，尚缺主将。于是兵部请于京营诸将中，推举可充总兵者一人、参将者二人，督兵往捕。未几，闻赵铎已抚安。廷议谓：铎等甫平，倘闻遣二大将，恐生反侧，止宜择一人充总兵镇守其地，庶无惊扰。佥举成可，故用之。

甲辰（二十七日）［云南孟养地方思洪法、威远州土官舍人刀朔罕遣人朝贡］

云南孟养地方思洪法遣陶孟刀板庆，并威远州土官舍人刀朔罕遣头目刀昔恩等来朝，贡象、马并金银器皿等物。赐衣服、彩段有差。

乙巳（二十八日）［以“失土失职”奏处两广、四川三司官并镇巡等官］

责两广、四川镇守、巡抚、巡按并三司官为为事官。先是，科道言两广、四川三司官并镇守、巡抚、巡按等官失土失职，委靡不振，请按问其罪。上以各官罪状轻重不一，命都察院、六部科道等官拟议。于是以总兵官颜彪等九人、都督和勇等二十四（于）人、指挥杜衡等五（人）〔十〕四人，所当坐者律具奏。诏皆从轻处之，其已免官，及历任未久者弗治，改任者停俸三年，在任者停俸莅事，仍命协力杀贼，俟地方宁静回奏。巡按官停俸一年。

丁未（三十日）［云南威远州头目等领新造阴文金牌信符、勘合底簿］

礼部奏准，令云南威远州头目刀昔恩等，领成化元年新造阴文金牌信符、勘合底簿。

明宪宗实录卷十五

三月

庚戌（初三日）［四川、贵州守臣奏称山都掌、大坝等寨“蛮贼”攻劫江安、永宁等地］

四川、贵州守臣各奏：山都掌、大坝等寨蛮贼千百成群，分踪攻劫江安等县、永宁等卫地方，势甚猖獗。兵部以闻，上命两处巡抚、都御史、副总兵等官会巡按监察御史并都布按三司官计议，严督原调官军，克期会合剿捕。

壬子（初五日）［国子监学录黄明善言平叙州山都掌“蛮贼”三策］

国子监学录黄明善言：叙州山都掌蛮贼屡为边患，而今日平之有三策：其一，窜徙邻境，以离其党。欲将都掌蛮民分窜乌撒等四府，仍敕各府土官督令迁徙安置抚恤，有不从者，许土官剿杀之，则兵不血刃而境土自安矣。其二，分属汉、夷，以别其类。都掌地与永宁、芒部犬牙交错，当因其地接永宁界者割隶永宁，接芒部者割隶芒部，而该县止管汉民，则汉、夷两分，各有统属矣。其三，据险固守，以待其毙。都掌北距马湖、叙州，无北走之路。今遣将领兵，宜由纳溪舍舟登岸，可二日而至永宁，由永宁可二日而至芒部，断其后门，使无可逃之路。如贼未逃，据高恃险，捣其巢穴，薰其寨门，断其溪径，则彼不敢下山求食，半年之内，皆为饿殍矣。事下兵部议，谓明善所陈宜窜、宜分、宜剿三策固为有理，但未审何策最良，宜行镇守、总兵、巡抚等官详议。其出于万全可以经久者，揆之事情，酌其可否，区处上闻，以凭覆奏举行。从之。

戊午（十一日）［翰林院侍读周洪谟陈平山都掌“夷贼”策］

翰林院侍读周洪谟言：四川江安等县山都掌夷贼攻破县治，杀虏人民，既叛复平，平而复叛，其故何哉？由乎征之者苟图招抚之近功，养成玩寇之深患也。且都掌之地，多不过二百寨，少不过百余寨，寨各有主，以统其众。乞敕该部转行四川总兵、巡抚、三司官亲临其地，择其寨主素有名望、为众所畏服者一人立为长官司，长官统各寨夷民，仍隶本府管辖，其戎县流官则专管汉民，而各寨夷民则专付长官司管束。统属既定，自然顺服，不劳兵革而边境自宁矣。上以其言有理，命兵部会议以闻。

甲子（十七日）［宥四川镇守右少监阎礼、户科都给事中童轩等失机误事罪］

兵部尚书王竑奏：镇守四川右少监阎礼、户科都给事中童轩等奉敕抚剿盗贼，失机误事，以致领军都督何洪、指挥杨瑛等被贼杀死，两月之余方才告报，其余失陷蒙蔽之事必多，比扶同隐匿，科道已连章纠举，法当究治。上特宽宥之。

丙寅（十九日）［宥广东都指挥同知徐宁死罪，降为指挥同知］

宥广东都指挥同知徐宁死，降为指挥同知。初，新兴县黄牛围为流贼攻急，总兵等官檄宁策应。宁率指挥潘玘等官军二千余，次于周村坪。观望退缩，遂致贼破围，大肆杀虏。为总兵官参究，下御史鞫问，拟宁死罪，玘等赎徒。上宥之，降宁官三级、玘等二级，听总兵官调遣杀贼。

［乌思藏乌宗等寺寨番僧朝贡］

乌思藏乌宗等寺寨番僧足都伯等，著丹高日等寺寨禅师星吉藏卜等，川各林等寺寨番僧蓄藏等，各来朝贡氆氇等物。赐衣服、彩段等物有差。

明宪宗实录卷十六

四月

壬辰（十六日）［四川巡抚汪浩等奏请调兵剿捕四川“强贼”赵铎，尚书王竑等请以李瑾为总兵官，韩斌为参将，帝令别举总兵官人选］

巡抚四川都御史汪浩等奏：强贼赵铎愈肆猖獗，乞敕兵部计议，调兵剿捕。尚书王竑等请以五军营管操襄城伯李瑾充总兵官，升辽东宁远卫指挥同知韩（赟）〔斌〕为署都指挥佥事充参将。请敕统率京营并陕西汉达官〔军〕剿捕之。上曰：韩斌如所请，李瑾不可动，兵部其别举之。

己亥（二十三日）［两广“蛮贼”“流劫”广东英德等县，官军剿捕之］

两广蛮贼流劫广东英德等县，杀虏人民。总兵官都督同知欧信等调兵剿捕之，前后斩获贼级五百四十颗，夺回被虏男妇四百二十九人。

丙午（三十日）［翰林院侍读陈四川“剿贼”方略六条］

翰林院侍读周洪谟陈四川剿贼方略六条：一曰阻绝路径，二曰先剿贼党，三曰固守重地，四曰广募土兵，五曰多用利器，六曰密行反间。事下兵部议，其言俱有理。上曰：移文四川总兵官广义伯吴琮、督理军务佥都御史吴琛斟酌采用之。

明宪宗实录卷十七

五月

戊申（初二日）［添设户部四川、湖广、贵州、广西四司及刑

部四川、广西二司主事各一员]

添设户部四川、湖广、贵州、广西四司及刑部四川、广西二司主事各一员，以六司事繁故也。

癸丑（初七日）[大藤峡“贼”攻陷南平县，命进兵剿捕之]

广西总兵官都督同知欧信奏：大藤峡贼三千余徒攻陷南平县，杀典史周诚，虏其妻子，并劫县印。上命进兵剿捕之。

丁巳（十一日）[乌思藏瓦西撒加等寺寨番僧朝贡]

乌思藏瓦西撒加等寺寨番僧阿旺札思巴等、表撒等寺寨番僧官竹藏等、董卜韩胡宣慰使司极乐等寺寨番僧根绰藏等……各来朝贡方物。赐衣服、彩段等物有差。

己未（十三日）[筑湖广桂阳县城，迁广安千户所治于城中]

筑湖广桂阳县城，迁广安千户所治于城中。

甲子（十八日）[“反贼”赵铎兵败被杀]

反贼赵铎伏诛。铎，四川德阳县人。称贷于人，以赂县官，求本县阴阳训术。文移展转，岁余不得，家益贫。自顾终不能偿所贷者，会与绵竹人徐贵有隙，贵告铎家匿群盗，县官捕之急，遂有逆谋。时天涧沟贼杨瓒、汉州贼僧悟昇等皆来从之。瓒等相继败死，铎凡再听招复业，辄复为乱，纠合番夷，四散劫略，有赵王及安将军、席评事诸伪号。官军屡击走之，铎趋彰明县，千户田仪等设伏梓潼道间待之。参将周贵兵直捣其巢，贼大败。是夜，铎与余党奔石子岭，仪侦知之，麾兵亟进。仪手刃铎坠马，斩之。传首成都，或传铎为龙州土兵所杀，不知其为铎也。仪旧识铎，长身黑面，左颊有刀痕，遂给土官，取为己功。好事者取铎首称之，重可十八斤。初铎起，杀都督何洪等，将士皆寒心。绵竹典史萧让率里长王志恭等数百人击败之，其党稍稍败去，势遂沮。既而录志恭死事，赠百户。而赏不及让，蜀人惜之。

明宪宗实录卷十八

六月

壬辰（十六日）［赏四川叙州等处杀“贼”有功官军］

赏四川叙州等处杀贼有功官军四百二十六人钞币有差。

辛丑（二十五日）［永康县土官纠合“峒贼”攻入宣化县地，命总兵官赵辅等擒治之］

巡按广西监察御史方佑等奏：永康县土官杨雄杰纠合峒贼二千余人，擅入宣化县地方劫虏，不胜残酷。且伪署官职，阉割人民，又虏去典史等官。上命总兵官赵辅等擒治之。

壬寅（二十六日）［湖广桂阳所千户樊琺坐失陷城池罪，律当处死，宥之］

都察院奏，湖广桂阳所千户樊琺坐失陷城池罪，状诉：分兵守城门，被贼与居民避难者混入，以致城陷，父母、亲属俱被害。茶陵卫指挥佥事刘政系邻境，不即救援。琺罪律当处死，政罪当充边卫军。上曰：琺罪虽应死，但父母俱被害，其情可矜，并政充军之罪，俱宥之，各降三级。

明宪宗实录卷十九

七月

丁未（初二日）［复命都督佥事李震总镇湖广、贵州］

复命都督佥事李震总镇湖广、贵州。震初领总镇之命，既而兵部以震一人总兵，而遥制二边，未免展转稽误。请命震专镇湖广，而以副总兵都指挥佥事李安守贵州。至是守备靖州都指挥同知庄荣又言：黎平府十四长官司，地连思州、思南、镇远、铜仁、石阡等八府。其地虽隶贵州，而经隔二十一驿，密迩湖广五开、铜鼓、靖州、清（良）〔浪〕等卫。今将臣既分彼此，则兵、夷不相统摄，遇有警急，难为调度。请因往年例，仍命大臣兼统，故复以命震。

戊申（初三日）［广东都指挥桂福守备连州，驭众苛急，命逮问如律］

广东都指挥桂福守备连州，千户管贤敛所部银二百七十两馈之。福阳未受，而驭众益苛急。旗军谭道坚率众逃避州城西山坡，书黄旗为“激变”字，令其党具状诉之。巡按御史涂棐差人抚治之，而劾奏福等罪。命逮问福如律。

己酉（初四日）［设四川邻水等四县］

设四川邻水等四县。邻水县隶顺庆府，乐至县隶潼川州，东乡县隶夔州府，资阳县隶成都府。时逆贼赵铎既剿灭，镇守巡抚等官言，古有此四县，俱要害之地，先年废革，请因其故址，复置县设官，以抚治人民。从之。

辛亥（初六日）［“流贼”“劫掠”阳江、海康等县，广东按察司副使毛吉、知县王麒、驿丞秦瑄随军杀“贼”，奋不顾身，皆死之，至是有司以闻］

赠广东按察司副使毛吉等官。先治两广，流贼数万劫掠阳江、海康等县。吉与知县王麒、驿丞秦瑄，随军杀贼，奋不〔顾〕身，皆死之。麒以功升雷州府通判，未闻命而死。至是，有司以闻，赠吉嘉议大夫广东按察使，麒奉议大夫雷州府同知，瑄将仕佐郎雷州府知事，仍赐诰敕，以褒其忠……

乙卯（初十日）［四川都指挥方斌提督坝州等堡，卖放边军，冒支月粮，命镇守松潘副总兵卢能等会官究问如律］

四川都指挥方斌提督坝州等堡，卖放边军，冒支月粮，为千户刘演等讦发。镇守松（番）〔潘〕副总兵都督卢能等以闻，命能等会官究问如律。

戊午（十三日）［湖广总兵官李震等奏获“贼首”苗虫虾］

湖广总兵官都督佥事李震等奏获贼首苗虫虾。上命抚治其党，勿因捷而弛防，勿邀功而生事。

**己未（十四日）［桂林等府，郁林、岑溪等州县“屡被流贼劫

杀”，命总兵等官赵辅等进兵剿之]

广西提督军务为事官佥都御史吴祯等奏：桂林、梧州、平乐、浔州等府，郁林、岑溪、博白、怀集、古田、阳朔、临桂、灵川、桂平等州县，屡被流贼劫杀。上命总兵等官赵辅等，速进兵剿之。

辛未（二十六日）［四川总兵官芮成等奏报剿戮赵铎“余党”王婆孙、王铭等]

四川总兵官都督同知芮成等奏获大峰山等地剿戮余贼王婆孙等五十六人，及崇庆等州县强贼王铭等一百四十七人，见获者监后处治。兵部臣言：婆孙、铭皆逆贼赵铎余党，当铎被剿之时，尚在他处劫掠，而成等遽言贼党尽获，地方遂宁，恐所奏多妄，宜加究治。然今用兵于山都掌，成等方各有事，请俟事平之日，核实其罪。从之。

明宪宗实录卷二十

八月

癸未（初八日）［湖广永顺军民宣慰司宣慰使、贵州宣慰司宣慰使与四川六番招讨司土官各遣人朝贡]

湖广永顺军民宣慰司宣慰使彭显英、贵州宣慰司宣慰使安观、四川六番招讨司土官杨恺各遣头目人等来朝贡马及方物。赐衣服、彩段等物有差。

乙酉（初十日）［广东按察使夏埙奏言抚绥两广瑶僮方略]

广东按察使夏埙言：两广地方，连岁弗靖。用兵征剿，未见成功。此如医之治疾，必先察其本源，乃可投之药饵。盖两广越在岭表，天生瑶僮，不可尽除。今乃乘威武不振之时，抚字〔乖〕方之日，逼胁平民，使为贼党。贼之纠合者仅有数百，民之胁从者毋虑数千。进则驱我民以当矢石，退则杀我民以抒怨怒，是害常在我，而利常在彼矣。况今用兵不已，供费日繁，以易摇之人心，供不已之军费，臣恐外患未除，而内变将作。诚宜于兵威振扬之顷，急为消弭防闲之图。慎选府州县官，善为（府）〔抚〕绥招致，俾见在之民怀惠而不动摇，被胁之众闻风而皆归。复又择方面官以兼总之，则力分而事专，势亲而人附矣。两广药石端在于此。奏上，下其事于兵部。

己丑（十四日）［广东高要县境屡被“流贼”攻劫，命巡按逮治失事将官］

广东按察司佥事邝彦誉奏：高要县境屡被流贼攻劫，杀虏人畜，而都指挥杨璟及指挥王芳、杨逊、姚玉、王珊等拥兵自卫，纵贼殃民，宜究其罪。上命巡按御史逮治之。

戊戌（二十三日）［命番僧且答儿黑巴为国师］

命番僧且答儿黑巴为精勤善行国师。先是，且答儿黑巴兄国师结卜以罪诛。至是，番簇为请于朝，故有是命。

明宪宗实录卷二十一

九月

戊辰（二十四日）［定乌思藏番僧三年一贡例］

定乌思藏番僧三年一贡例。礼部奏：宣德、正统间，番僧入贡不过三四十人。景泰间起，数渐多，然亦不过三百人。天顺间，遂至二三千人。及今前后络绎不绝，赏赐不赀。而后来者又不可量，且其野性，暴横奸诈。今乌思藏剌麻蜡叭言千等来朝贡方物，乞降之敕谕，使三年一贡，上从其请。因蜡叭言千等归，敕谕阐化王曰：尔父祖以来，世修职贡。洪武年间，三年一贡，来朝不过三四十人，往来道途，亦守礼法。近年以来，增加渐多，络绎不绝。（侍）〔恃〕朝廷柔远之意，所至骚扰。察其所以，多有四川等处不逞之徒，买求印信，冒作番僧，贪图财利，坏尔声名，尔居遐僻，何由得知？兹特敕谕尔，今后仍照洪武旧例，三年一贡。自成化三年为始，所遣之人，必须本类，不许过多。所给文书，钤以王印，其余国师、禅师等印皆不许行。惟袭替谢恩者，不在三年之限，仍戒来人，毋得夹带投托之人。朝廷已敕经过关隘官司，盘诘辨验，如有伪冒，就便拿问。如此则事有定规，人无冒滥，庶不失尔敬事朝廷之意。

明宪宗实录卷二十二

十月

庚辰（初六日）［广西大藤峡“蛮贼”夜入藤县城，兵部请行广西总兵官等急为剿平］

广西大藤峡蛮贼夜入藤县城，掠官库，劫县印。镇守总为事官欧信以闻，兵部请行广西总兵官及赞理军务都御史等官，急为剿平。从之。

甲申（初十日）［阳江等县“流贼”流劫乡村，命官军用心剿“贼”］

巡按广东监察御史陈相奏：阳江等县流贼数千，流劫乡村，略无畏忌。上命兵部遣人驿报总兵官赵辅等，速督所部兵用心剿贼，以息边患。

戊戌（二十四日）［命乌思藏故指挥佥事子袭父职］

命乌思藏故指挥佥事巴哈思家儿家子卓嵬袭其父原职，给敕谕，照旧抚御番夷。

辛丑（二十七日）［两广总兵官赵辅等奏报征大藤峡“蛮贼”方略］

两广总兵官赵辅等奏：臣等奉命统兵征广西大藤峡蛮贼，师次全州，适报湖广阳（洞）〔峒〕等处苗贼，从融江出兴安等县劫掠，已进兵剿杀。生擒贼徒四十五人，斩首五十四级，其余遁入山箐，死者不可胜数。今岭北一带地方宁靖，各处所调土兵俱集。臣等会议，广西山峒，大藤峡最险，为蛮贼巢穴，而以修仁、荔浦为之羽翼。今大军压境，首破阳峒，军威大振，拟欲乘胜长驱，先剿修、荔等县，以夺其气。因而直捣其穴巢，先声所至，彼已胆破，不暇支持，克期可以扑灭。大藤峡既破，然后分兵尽剿广东地方流贼，庶几用兵有序，大功可成。奏上，下兵部议，请敕辅与监督军务太监卢永、陈瑄，赞理军务都御史韩雍等，俱依所拟以行。从之。

壬寅（二十八日）［普安州寄籍民唆诱土官为非，宥死充军辽东边卫］

巡按贵州监御史任玺奏：普安州寄籍民余颎等十人，唆诱土官隆赛为非，意图不轨。事下都察院，坐以死罪。上宥其死，谪充辽东边卫军。

明宪宗实录卷二十三

十一月

乙巳朔（初一日）［四川、贵州官军土兵合攻戎县箐前、大坝等寨］

四川总兵官都督同知芮成奏：臣与都御史汪浩等率四川兵，由江安县进至戎县，攻箐前等寨。贵州副总兵李安等率贵州兵，一路由青冈关进，一路由绞车青进，俱抵金鹅池驻札，合攻大坝等寨。令都指挥周琥等分守上罗计等堡，指挥孙泰督芒部等府土兵截贼后路，永宁宣抚司土兵守落敖路口。贼计穷，潜引各寨蛮兵千余伏近山箐，（今）〔令〕阿圭等三十七人，诈来投顺，意欲偷劫营垒。阿圭等至，谒臣，即擒之。圭果袖出小刀，戳伤军士，官军乱砍杀之。臣遂发兵一万五千，分四路围入山箐。各蛮起伏对敌，官军奋勇，斩获贼首五百八十七级、镖枪四百五十二事、弩二百三十五张。分兵攻烧其三十余寨，又斩首一百七十三级，擒男妇大小六十七人。上命兵部移文成等与安协谋，并力刻期灭贼。毋彼此推调，致师老粮匮，以贻后患。

辛亥（初七日）［广西瑶人夜入广东廉州、高州二府城，劫去敕书并府印库物］

广西瑶贼夜入广东廉州、高州二府城，劫去守珠池内官敕书，并府印库物。兵部劾奏把总都指挥张浩、指挥许祥、知府饶（乘）〔秉〕鉴等失守城池罪，并劾巡按御史陈相。上命逮张浩问如律，陈相罚俸一年。

丁巳（十三日）［升广东连山、灵山二县知县试高、廉二州知府］

升广东连山县知县孔镛试高州府知府，灵山县知县林锦试廉州府知府。先是，二府为流贼攻陷，而廉州府印为贼所毁，知府饶秉鉴等弃城走。巡抚都御史叶盛及广东三司累疏言：镛等才力精健，且熟知地方贼情，宜加旌擢。至是，两府陷贼报适至，吏部遂请以镛为高州知府，锦为廉州知府，别铸印以给之，故有是命。

明宪宗实录卷二十四

十二月

乙亥（初二日）［贵州右副总兵李安奏请调贵湖等处官军土兵赴四川讨“贼”］

贵州右副总兵都指挥佥事李安奏：请以原调京营汉达马军并云南官军二万，贵州官军一万五千、土兵五千，四川行都司官军三千，湖广官军一万五千、土兵一万，俱调四川。乞敕镇守湖、贵总兵官李震并巡抚右佥都御史王俭，同臣等躬前进，与四川官军会合，并势讨贼。奏下兵部议：以安先被命调四川讨贼，累为贼所败，畏惧谴责，欲张大其事，故有是请，可勿许。上从之，但命王俭驰往，同安统原调贵州官军，会芮成等并力剿贼。

丙子（初三日）［四川总兵官芮成令都指挥宰用等统率官军、土兵进札西乖等乡，仍移兵珙县进讨山都诸寨］

四川总兵官都督同知芮成等奏：近令都指挥宰用等，统领官军、土兵进札西乖等乡。贼据险设伏，为梭竿悬礌石以拒我师。用等架梁修路，又以木竹造爬山虎，分兵四路攻围，贼下镖枪如雨，用等御以竹笆，攻以火枪，贼坠崖死者甚众。土兵攀崖齐上，斩贼首二十三级，擒男妇五人。明日攻阿哥硬等寨，破之。斩首三十六级，擒男妇八人。及军至卜昏等乡，贼起伏四处对敌。当令指挥陈瑄、土官陈宽等分兵四路攻之。贼败，又斩首三十九级。臣等益督兵与战，前后十余阵，斩贼首六百二十余级，获器械无算，仍移兵珙县，进讨山都诸寨。奏至，上命兵部移文成等同贵州总兵官李安并力剿之。

戊寅（初五日）［镇守四川总兵官芮成等与贵州副总兵李安等互相讦奏失机事情，命兵科给事中等往勘］

镇守四川总兵官芮成等与贵州副总兵李安等互相讦奏失机事情。上命兵科给事中秦崇等往勘，且督军讨贼。

明宪宗实录卷二十五

成化二年丙戌（1466）

正月

戊申（初五日）［以贵州永宁等三仓缺粮，开中云南盐课纳米］

以贵州永宁、普安、赤水三仓缺粮，开中云南黑、白、安宁、五井盐课七万引，每引纳米六斗五升。

丙辰（十三日）［命镇守湖广贵州总兵官李震专镇湖广，贵州副总兵李安专镇贵州］

命镇守湖广贵州总兵官都督佥事李震专镇湖广，贵州副总

〔兵〕都指挥佥事李安专镇贵州。以震奏湖广、贵州相去地远，事难遥制故也。

明宪宗实录卷二十六

二月

癸未（十一日）［泰宁侯陈泾、提督军务右佥都御史吴祯俱有罪下狱］

广西总兵官泰宁侯陈泾、提督军务右佥都御史吴祯俱有罪下狱。谪祯充辽东铁岭卫军。泾复爵，停禄三年。先是，祯以御史巡按广西，既而为巡抚都御史韩雍保留协赞军务，寻升都御史巡抚。以丁母忧至京，夺情提督军务。时陈泾领兵数千驻梧州城，不能御贼，致贼窃入城中，杀死致仕布政宋钦及军民无数。泾拥兵自卫，不敢动。恐祯发其事，讦祯贪婪淫乱违法等事，逮下法司，鞫问得实。都御史李秉议：祯例为民，泾犯在革前，免科复爵，停禄三年。上以祯贪淫欺诈，有玷风宪，谪充边卫军，泾如议……

明宪宗实录卷二十七

三月

己酉（初八日）［云南邓川州知州、四川泥溪长官司长官各遣把事贡马］

云南大理府邓川州知州阿昭、四川马湖府泥溪长官司长官王明德各遣通把事来朝贡马。赐钞有差。

甲寅（十三日）［四川黑虎、三姐等寨“番贼”攻保子关，官

军击走之，兵部请令人抚谕之]

四川威茂右参将都指挥佥事李文奏：黑虎、三姐等寨番贼千余来攻保子关，我兵击走之，斩首六十三级。事下兵部议：以残寇未殄，恐纠率各寨复至。宜令文等选委谙晓番情之人，往彼开陈祸福，令勿听残寇所诱，自取夷灭，并令沿边将士严备之。诏可。

己未（十八日）［以防“蛮贼”不严，四川守备都指挥等被执治］

兵部奏：四川守备都指挥吕昇、刘端，指挥陈琦防范不严，以致蛮贼伺隙杀掠军民男妇、财产甚众，宜令巡按御史执治之。其镇守右参将李文，军令不肃，以致悮事，亦宜究问。上曰：然。李文姑宥之。

壬戌（二十一日）［官军攻破广西大藤峡，改大藤峡为断藤峡］

征夷将军都督同知赵辅、赞理军务左佥都御史韩雍等破广西大藤峡贼。奏捷至，上以辅等平贼可嘉，降敕奖谕之。辅等奏：朝廷以广西瑶僮，久为民患，命臣等帅师讨之。惟两广久为盗区，而大藤峡乃其巢穴。臣等元年十一月，移师进驻大藤峡之前后，咨询众庶，皆云是峡天设之险，一夫守隘，万夫莫前。进击则难于成功，莫若围守，以待其自毙。臣等审度，峡之延广六百余里，虽有数万甲兵，岂能围困？乃谋深入直捣，以覆其巢穴，遂调广西总兵官欧信等，分兵五哨，取道山北以进。臣等督都指挥白全等分兵八哨，直抵浔州，以捣山南贼巢。复令广西右参将孙震等分兵二哨，从水路入。别遣指挥潘铎等，以兵分守诸山隘口。刻期十二月朔日，水陆并进，腹背夹攻。贼知我师将至，先移其妻子家属、钱谷入桂州横石塘等处藏之，乃于山南各寨立栅自固，用辊木礌石、镖枪药弩，凭险旅拒。臣等严督诸军，用团牌、扒山虎等器仗，鱼贯而进，骁勇先登，士殊死战。一日之间，斩关攻寨，其山南石门、林峒、沙田、古营诸处贼巢，尽击破之。纵火焚其积聚房屋，烟焰涨天，贼皆奔遁。于是踪迹贼所至处，督兵追蹑。夷山开道，直抵桂州横石塘及九层楼等山，层崖深箐穷高极险之处，贼已立栅数重，复用木石枪弩拒守。臣等多设方略，诱贼抛掷木石，乱发弓矢几尽。别遣壮士于贼所不备之处，高山绝顶，举炮为应。臣等躬率诸军，缘木扪萝，猿攀蚁附，分布而上。或击其前，或（纯）〔绳〕其后，或要其左右，四面夹攻。连日鏖战，至百数十合，贼不能支，随处大败。逾月之间，破贼大小巢寨三百二十四所，斩首三千二百七级，生擒七百八十二人，获贼属妇女二千七百一十八人。余贼战伤溺死者，不可胜计。臣等已将大藤峡改为断藤峡，刻石纪之，以见天兵讨贼，绝其根本，以昭示来世。兹实皇上神威圣武，使两广数十年之寇，一旦扫除，而臣等幸睹成功，不胜欣忭。上降敕奖谕辅等曰：此贼负恃险阻，流毒三广，为日已久。非尔等协谋奋武，用兵有方，安得成功如此之易？朕览捷报，实深嘉悦，特兹降敕奖谕。但山洞深峻，今虽平定，倘他日复聚，必为后患。尔等须计议长策，务在处置得宜，永绝后患。亟将高、雷、廉等处流贼，一一扫除，以安民生。待两广盗贼悉平，地方宁静之日，即具奏班师。有功官军宜实开报，以凭升赏。尔其毋怠毋忽。

明宪宗实录卷二十八

闰三月

癸酉（初二日）［湖广靖州、铜鼓、五开、武冈等处苗人起事］

湖广靖州、铜鼓、五开、武冈等处苗贼为患，先已令巡抚都御史王俭督兵讨之，而俭以奉敕会讨荆襄为辞。至是兵部奏：宜移文趣俭亟往讨贼，毋仍延避，以失机贻患。诏可。

丙子（初五日）［停四川都指挥同知赵雄、刘海俸，令讨“贼”赎罪］

停四川都指挥同知赵雄、刘海俸，令讨贼赎罪。以雄等守备纳溪等县，被贼入境，不能防御也。

甲申（十三日）［敕湖广总兵官李震调兵讨靖州等处起事苗

人]

敕湖广总兵官都督同知李震讨靖州苗贼。时靖州、铜鼓、五开等处苗贼为患，兵部已奏准，趣都御史王俭进讨。俭乃上言：苗贼之在靖州者，其势方张。而荆襄、两广，今俱奏捷。其湖广兵调征荆襄者宜以属总兵官李震，调征两广者宜以属左参将高端，俾还赴靖州等处讨贼。事下兵部，请敕震等，及移文端，令度彼此事势调兵。并劾俭前后依违，始则见荆襄已破之寇，欲依人以成功，今则惮靖州方张之寇，又欲委人以任责。并言其怀奸失机等事，请别遣官往代。从之。

丁亥（十六日）[广西田州府土官知府、四川酉阳宣抚司土官舍人遣人朝贡]

广西田州府土官知府岑镛遣头目方显等，四川酉阳宣抚司土官舍人冉云遣头目冯通文等，各来朝贡马并银器。赐彩段等物有差。

庚寅（十九日）[云南巡按王祥言四事]

巡按云南监察御史王祥言四事。都察院谓：其言禁治土官。宜移文云南、贵州、湖广、四川、两广巡抚、巡按、按察司官，今后土官有犯，除投降归附、随军征进得授土官，及纳米等项武职，并文职五品以上者，仍照旧例，奏请提问，其纳米等项，除授文职六品以下官员有犯，照流官六品以下文职律例提问，则律意不背，土官知警。其言崇重风宪。宜移文各处都布按三司，今后各司堂上官除公宴公事，许令会饮商确，或无故会饮游戏亵（押）〔狎〕，因而容奸长恶，有乖宪体者，听巡抚、巡按官参提。则体统不紊，贪暴知惧。兵部谓：其言推选军职。谓武臣廉能谋勇者少，贪污酷暴者多。近以简选之例行，颇知警厉。然而掌印理事者，后或放肆而妄为。其带俸差操者，后欲迁善而无路。又有新袭职者，亦欲治事而无由。乞定三年、五年一行简选，量为进退，以昭示劝惩。今宜允其所言，自成化二年为始，以五年为期，令各处巡抚、巡按等官，考选都司、卫所军职。或进或退，必须合乎公论。其言巡察夷情。谓云南夷僰杂居，种类不一，仇杀虏掠，习以为常。欲如旧例，专设按察副使，以时巡察，而抚安其俗，亦宜允其所言。移文云南总兵、巡按等官，就于本司按察官内，推举老成廉能干绰有风力者，具名以闻。议上，皆允之。

丁酉（二十六日）［以地处冲要，设广西武宣县东乡、贵县北山二巡检司］

设广西（宣武）〔武宣〕县东乡、贵县北山二巡检司。广西守臣言：东乡为断藤峡后门，北山为峡右臂，宜各设巡检司，每司添设副巡检一员，以土人为之。其旧设周冲靖宁乡、大宣乡、大黄、江口四巡检司，亦宜置土官巡检，以为之副。事下吏部，从其议。

明宪宗实录卷二十九

四月

辛丑朔（初一日）［以苗人入黔阳县境，武冈、沅州、溆浦境内俱有苗人“杀掠焚毁为患”，令总兵官李震等率军赴黔阳等处，与都御史罗箎协谋击“贼”］

兵部奏：湖广累报，苗贼入黔阳县境，杀掠居民，有避患岩峒者，亦被贼熏死，前后共四百余人。武冈、沅州、溆浦境内，俱有苗贼杀掠焚毁为患。宜令总兵官李震等，亟依前敕，各率湖广兵原征荆襄、两广者，亟赴黔阳等处，与都御史罗箎协谋击贼，毋致猖獗。诏可。

丁未（初七日）［以平贵州西堡等处功，赏太监并职官旗军、土官、土人］

赏太监郭闵彩段八表里、新钞四千贯，并职官旗军、土官、土人六百三十四员名，彩段、钞锭、绢、布有差。录其平贵州西堡等处功也。

癸丑（十三日）［湖广苗人联合广西瑶僮起事，焚毁溆浦县治］

湖广苗贼纠合广西瑶僮，在在攻劫，焚毁溆浦县治，杀掠军民男妇一千三百五十余人。兵部参奏镇守太监郭闵、巡按御史王瀛、三司掌印等官汪泽等及分巡分守官俱失机误事，宜置于法。瀛及泽等先因荆襄误事，俱已停俸。其分巡分守官亦宜如之。闵乃内臣，取旨裁决。上是其言，令闵用心殄贼，以赎前罪。

辛酉（二十一日）［四川总兵官芮成等奏报“蛮贼”攻劫南溪县境］

四川总兵官都督芮成等奏：近因蛮贼攻劫南溪县境，调兵击之，斩首五十二级，余贼远遁。随奉前降敕旨，遣人抚谕，服则绥之，叛则讨之。事下兵部议：宜移文给事中秦崇、御史吴瑞与都御史汪浩、李浩及成等，协谋合势，务殄残贼，以安军民。间有不为寇攘者，宜抚安之，亦勿纵恶以贻后患。诏可。

壬戌（二十二日）［以民多逃亡裁省湖广新化县县丞］

裁省湖广新化县县丞一员，以苗贼流劫，民多逃亡也。

乙丑（二十五日）［赵辅、韩雍等奏分兵进剿大藤峡“余贼”］

征夷将军都督同知赵辅、赞理军务都御史韩雍等奏：臣等奉命讨贼，既已破大藤峡，捣其巢穴矣，然其流劫四出，未尽剿除。今又分兵数道进击，臣等率大军以督战。都指挥夏鉴等至郁林等州博白等县，攻破五村、大帽山、铜鼓、白马堡、十二矶、陈坡等寨。都指挥白全等，至高州等府阳江等县，攻破黄沙、吴峒、那谷、莲塘等寨。随处搜戮，连日追获，共计斩首四千四百三十八级，生擒二百余人，获贼属男妇二百七十余人，夺回被虏男妇三千九百四十六人，并收贼所掠诸司印章四颗。首恶已擒，丑类就殄。其胁从之众，已遣官招抚。而户部侍郎薛远区画公用银一万两，议发雷、廉、高等府县，收买牛犁谷种，分给新附复业人民耕种。原调湖广、广西土兵寻已放还，汉达官军尚留境内，其未殄余贼，旋即戡定。捷闻，兵部尚书王复等请降敕嘉奖，且命剿绝余贼，以靖地方，无贻后患。从之。

戊辰（二十八日）［范信卒］

右军都督府都督佥事范信卒。信，密云县人，袭伯父指挥佥事职。宣德壬子，调广西驯象卫。正统间，以征桑江下龙寨及大藤峡有功，累升署都指挥使。景泰二年，充参将，镇守浔、梧地方。天顺元年，升都督佥事充副总兵，镇守广东。至是卒，命有司谕祭。

信骁勇，善用兵。在驯象时，多立奇功。及守浔、梧，为瑶贼所畏，乃受其赂遗，阴纵越他境，惟约不得犯其所守之地。故当时建议者，请徙信广东，而以欧信守广西。然瑶贼犯广东界如故，信语人曰：今贼过广东界，亦岂我遣之邪？或对之曰：贼虽非君遣，盖随君尔。

明宪宗实录卷三十

五月

丁丑（初七日）［从征“蛮寇”有功，给岑瑛、岑镛、彭显英、彭显宗父、母、妻诰命］

广西带俸土官都指挥使岑瑛、田州府知府岑镛，湖广永顺宣慰使彭显英、保靖宣慰使彭显宗，从征蛮寇有功，命给其父、母、妻诰命。以总兵官赵辅等奏：（英）〔瑛〕等倍兵赴调，攻克擒斩之功视众尤多。可从前编修丘濬言，给之诰命，以励其余故也。

壬午（十二日）［四川播州宣慰使司宣慰使、贵州上马桥长官司长官等遣人贡马］

四川播州宣慰使司宣慰使杨辉遣长官程善等，贵州上马桥长官司长官方勇等遣头目谷朝等，各来朝贡马。赐彩段等物有差。

癸未（十三日）［兵部尚书王复等虑两广“流贼余党”未平，请移文驰谕两广总兵官赵辅等会议方略］

兵部尚书王复等虑两广流贼余党未平，请移文驰谕总兵官赵辅等会议方略。从之。时辅等已平大藤峡及高、廉、博白、洛容诸贼党，罢遣原调湖广、广西土兵，令番汉官兵分布浔、梧、肇庆、广州诸郡县，剿抚残贼。至是，奏言地方稍宁，意欲班师。复言辅等前后奏词有不同者，又不详陈可以班师与否之故，宜令再议方略，遂移文谕辅，令会监督、赞理、游击等官详议。如两广果尽宁靖，保无后患，即区画治安之策及旋师之故以闻。或残贼尚未尽殄，则量留官兵协剿，必抚捕得宜，使无后患，庶副委任。

丙申（二十六日）［云南总兵官沐瓒等解送思任发孙思命发至京］

云南总兵官都督同知沐瓒等解送已诛麓川贼思任发孙思命发至京。兵部言：命发乃叛贼遗孽，虽待以不死，然不可处京师。请如降夷例，量授头目，传送沿海登州卫安置，月给米二石。从之。

［谪广东都指挥佥事张浩戍贵州边卫］

谪广东都指挥佥事张浩戍贵州边卫。浩守廉州府，流贼夜入城杀掠，为守珠池内使所奏，下御史鞫实定罪。至是遇赦，都察院援例奏请区处。上以浩情犯深重，不宜轻宥，故谪之，家属随住。

丁酉（二十七日）［罢贵州镇守副总兵李安，命毛荣充总兵官镇守贵州］

罢贵州镇守副总兵都指挥佥事李安，命南宁伯毛荣充总兵官镇守贵州。

明宪宗实录卷三十一

六月

甲辰（初五日）［两广“贼寇”平，命太监卢永、总兵官赵辅班师］

两广贼寇平，命监督军务太监卢永、总兵官都督同知赵辅班师，仍命太监陈瑄、镇守广东游击将军右都督和勇统达军留广东驻札。巡抚两广左佥都御史韩雍提督军务，抚剿残贼。

丁未（初八日）［广西万承等州及安隆长官司各遣人朝贡过期］

广西万承等州及安隆长官司各遣族人、头目人等朝贡过期。命减例赐钞币之半。

癸丑（十四日）［湖广忠路安抚司洗罗峒“蛮贼”围攻村寨，

杀虏土民，劫掠财产]

湖广忠路安抚司摇坝峒峒长向麦答踵奏：邻近洗罗峒长麦答洗楮等窥知本峒土兵调征两广，村寨无备，扇诱本峒原管上、中、下打撒蛮贼等，攻围村寨，杀虏土民，劫掠财产。乞调官军、土兵惩治之。事下兵部覆奏，谓宜行湖广总兵官李震、巡抚都御史罗篪等，令勘虚实，如所奏不虚，即调附近兵民及时扑灭。从之。

辛酉（二十二日）[广西都结州土官领土兵越境流劫，侵占腊浪等十七村命移文韩雍等覆实处分]

广西万承州土官族许彬奏：都结州土官农得安自称侬智高之后，图为不轨。亲领土兵八千余，越境流劫，侵占所守腊浪等十有七村。乞差官擒捕，俾归侵疆，仍正其叛逆之罪。上命移文提督军务都御史韩雍等覆实处分。

明宪宗实录卷三十二

七月

癸酉（初四日）[武冈、溆浦等州县屡被苗人“流劫”，命官军剿灭之]

巡按湖广御史王瀛等奏：武冈、溆浦等州县屡被苗寇流劫。上命总兵等官李震等速发兵剿灭之。

丁亥（十八日）[都指挥庄荣等于靖州龙堡追剿起事苗人]

巡按湖广监察御史王瀛奏：都指挥庄荣等官军于靖州龙堡追剿苗贼，生擒一百四十九人，斩首一千四百一十九级，夺还被虏男妇四百三十五人、牛畜五百余头，及镖、弩、挨牌等器仗无算。上命赐敕奖谕之。

己丑（二十日）[广西“流贼”入广东界，为官军所败]

征进两广总兵等官赵辅等奏：广西流贼入广东界，被官军杀败，溃散下海。官军追至徐闻县沙头洋，又至特程海洋，生擒贼五人，斩首四百七十二级，夺回被虏男妇一百八十四人，获器仗三百一十六事、贼船一十八艘，贼徒被伤赴水死者无算。

庚寅（二十一日）［四川、贵州官军合剿“都掌蛮”］

兵科给事中秦崇等奏：奉敕会同四川、贵州总兵等官芮成等，议得纳溪、江门、永宁地方，俱邻都掌蛮寨，而江门、芦延、三漕等处，又贼出没要冲，须两军会哨，遇便截捕。五月十七日，四川官军由纳溪进，贵州官军由永宁进，俱抵江门地界。二十五日，遇贼于小峰垭。两军合势，斩获贼首三百八十三级，生擒贼徒四人。次日，官军分哨至青岗坎、大峰山、旱峡口、宋江桥，复遇余贼，斩首一百九十二级。今贼徒为逆者既被痛剿，听抚者始知畏服。道路渐通，地方稍宁。兵部覆奏：蛮贼为患，已非一日，今虽被剿听抚，尚恐甫服旋叛。宜命总兵等官，甄别真伪，随宜抚捕。务为经久之计，勿徇一时之安。上是之。

［泸州地方“蛮贼”“聚众杀掠民财”，命官军剿捕之］

镇守四川太监阎礼奏：泸州地方被蛮贼聚众杀掠民财。命总兵官芮成等发兵剿捕之。

甲午（二十五日）［四川“山都掌蛮”累岁出没，杀掠良民，国子监学录奏请早定剿抚之计］

国子监学录黄明善奏：四川山都掌蛮寇累岁出没，杀掠良民。景泰元年，都御史李匡尝往招抚，不旋踵又复出没。天顺六年，都督许贵再往招抚，甫及班师，愈加猖獗。近者贵州总兵官李安又奏行委永宁宣抚奢贵赴大坝等处招抚，欲顺夷情，就属本司管辖。旷日持久，招抚未效。臣窃料之，若照匡、贵招抚事例，则玩寇养患，有损无益。若照李安所奏事情，则奢贵平日所辖土僚羿蛮，尚不能钤束，以致近日攻烧屯堡，杀掠军民，况能钤抚都掌之众乎？借使招抚已从，亦难凭信。又恐佯为听抚，意在复仇，则边衅愈开，为祸不已。今宜因大军之众，早为定计，庶几安民而除害，不至老师而费财。命兵部下其议于总兵等官审处之。

明宪宗实录卷三十三

八月

丙午（初七日）［命镇守贵州参将吴经兼督湖广平溪等四卫］

命镇守贵州参将吴经兼督湖广平溪等四卫。

己未（二十日）［乌思藏桑卜、南林吒等寺剌麻番僧头目朝贡］

乌思藏桑卜等寺剌麻番僧昆各伯等、南林吒等（番）〔寺〕剌麻番僧头目汪四巴等，各贡氆氇方物。赐衣服、彩段、食茶等物有差。

明宪宗实录卷三十四

九月

乙亥（初七日）［命故四川天全六番招讨使子袭父职］

命故四川天全六番招讨使高崧子文林袭职。

己卯（十一日）［云南车里并老挝、八百大甸宣慰司遣头目朝贡］

云南车里并老挝、八百大甸宣慰司遣头目来朝贡象、马。赐衣服、彩段等物有差。

丙申（二十八日）［给云南老挝及车里、八百大甸宣慰司金牌信符］

给云南老挝及车里、八百大甸宣慰司金牌信符，以原降者毁于火故也。

明宪宗实录卷三十五

十月

辛酉（二十三日）［四川威州保县金川等寺剌麻番僧朝贡］

四川威州保县金川等寺剌麻番僧锁南藏卜等来朝贡马并氆氇等物。赐彩段表里等物有差。

丙寅（二十八日）［云南孟琏长官司长官遣人朝贡］

云南孟琏长官司长官刀派栾遣头目板台等来朝贡马及方物。赐衣服、彩段等物有差。

明宪宗实录卷三十六

十一月

乙亥（初七日）［迁四川叠溪守御千户所城于旧城东北隅］

迁四川叠溪守御千户所城于旧城东北隅。旧城在万山中，逼临陡崖，甚狭隘，兵民多居于外。至是，从守臣言移之。

戊寅（初十日）［贵州巡抚李浩奏三事］

巡抚贵州右副都御史李浩奏三事：一、四川每岁该运贵州折粮银、布，每布一匹折米五斗，银一钱折米三斗，给与官军。而贵州见在多蜀人，往往与解户以乡里故徇私滥收。布或稀松短狭，银非原收足色。是以折支官军不蒙实惠，而解人多得其利。请自今贵州方面而下有缺，不宜专用蜀人，而有司差人部解，亦宜审择。一、贵州及四川边夷之处俱兼庸调之法。惟因地以收其租税，其运纳止于贵州卫所，无有远输之劳，而营粮官往往称为被灾，以希赦免。故容稽缓，以致军储不足。请定为程限，凡应纳贵州仓粮者，年终完足，否则如律究治。一、贵州所属每岁折纳夏税麻布，岁办官抽芽茶，俱于本布政司上纳，用折官军俸粮，但所收者多不堪用，请自今应输者俱收钞贯。户部议行其言。从之。

癸未（十五日）［定新招朵甘宣慰使司三年一贡］

礼部奏：巡抚四川都御史汪浩等奏，新招朵甘宣慰使司地方头目来朝。乞定与年限，请如乌思藏例，三年一贡。从之。

乙酉（十七日）［以两广平“贼”功，升左佥都御史韩雍等人］

以两广平贼功，升左佥都御史韩雍为左副都御史，游击将军右都督和勇为左都督，岁加俸米一百石。户部右侍郎薛远为左侍郎，加正二品俸。监察御史汪霖、刘庆为大理寺右寺丞舍人。除所镇抚生员徐都督府都事。其余升赏有差。

明宪宗实录卷三十七

十二月

甲辰（初七日）［国子监生言调土兵从征之害］

国子监生邓瑛言：荆襄等处贼寇生发，起调永顺等宣慰司、添平等千户所土兵从征。其土兵经过澧州、石门等处，沿途宰食接递马，抢掠财畜，奸污妇女，稍有不从，即用弓弩射死。所虏人口，动经千百，往往转卖与人。缘土兵生居山箐，性习不常，喜人怒兽。洪武二十四年，始建土官管束，及设九溪等卫，禁其出入。虽有征行，未尝调遣。近景泰年间，洪江贼发，按察副使邢端惟图近利，不为远谋，始起调之，不惟伤民害众，尤恐窥测内地。乞特命御史一员，会同湖广三司，亲诣其地体审。所虏人财尽数追出，资送还乡。后有征进，不复起调，则民庶安生，蛮夷率服。章下都察院议：请行巡抚、巡按等官，委官体勘。果有虏掠人口，即给与亲完聚。并行总兵等官，遇有警急贼情，起调土兵，必须申明号令，严加约束。从之。

庚申（二十三日）［两广提督韩雍奏称断藤峡“残贼”夜入浔州府城，官军击败之，兵科参其前后所言不一］

提督两广军务左佥都御史韩雍奏：断藤峡残贼侯郑昂等七百余人，架梯夜入浔州府城，焚军营房屋一百六十二间、城楼一座，夺百户所印三颗，杀男妇六十一人，虏男妇三十三人。右参将孙震、把总指挥张英率官军追击，斩获贼首六十八级，获艚船三十一艘，余贼回巢。奏上，兵科参（雄）〔雍〕等先以地方宁靖，奏请班师，今却又奏残贼入城焚掠，前后所言不一。兵部因并劾韩雍与前总兵官赵辅欺罔蒙蔽，及今总兵官欧信、参将孙震等失机之罪。有旨：赵辅宥之，韩雍、欧信令其自陈。

癸亥（二十六日）［以县偏民少裁省贵州施秉县典史一员］

裁省贵州施秉县典史一员。以县偏，民仅百四十五家也。

明宪宗实录卷三十八

成化三年丁亥（1467）

正月

丁丑（初十日）［命云南按察司副使吕洪专巡边抚“夷”］

命云南按察司副使吕洪专巡边抚夷。时云南诸夷互相仇敌，及盗掠边境。虽有分巡分守官，然往来不常，事多违误。巡按御史奏请于按察司官内推举一员专理，庶责有所归。事下兵部，会官廷议举洪，故命之。

戊寅（十一日）［广西番汉兵大败浔州“流贼”，广东官军追剿廖婆保等］

提督两广军务左佥都御史韩雍等奏：广西左参将都指挥佥事夏鉴、守备郁林等处署都指挥佥事林聪等各率番汉兵分道犄角，追捕浔州流贼，入（太客）〔大容〕山横岭等处，大败之，斩首四百余级，追获被虏男女四百余人。及广东按察佥事陶鲁、参将署都指挥佥事王瑛等，亦统兵分道追剿流贼廖婆保等，于化州陈村、钦州灵山畲禾岭等处，斩首及俘获甚众。事闻，俱降敕奖谕之。

壬午（十五日）［广西断藤峡“贼”攻破容县城］

广西断藤峡贼攻破容县城，焚毁楼堞官民庐舍，执典史谭安、巡检谢秀坚，杀致仕官伍思聪等男妇五十余人，劫库藏以去。副千户龚铎、领军百户马诚弃城走。都指挥葛宗荫、守备郁林署都指挥林聪俱按兵不赴援。提督军务都御史韩雍以闻，事下兵部谓：铎等弃城纵寇，宜治如律。葛宗荫等玩寇之罪，宜令停俸立功。韩雍先称贼退民安，今势益猖獗，可谓罔上。王定、欧信镇守不职，失陷城池。俱宜究治。上允之。但姑宥王定、韩雍、欧信罪，谕令尽心剿贼。

庚寅（二十三日）［广东巡按潘稹奏劾广东为事都指挥等“失机致寇”］

巡按广东监察御史潘稹奏：广东为事都指挥石鏴领军千人，追捕灵山流贼，观望不进。贼众大合，复还灵山，下东乡，攻掠甘源、流峒等村，势益炽。鏴失机致寇，宜逮问如律。事下兵部言：鏴固宜罪，若都御史韩雍、都督和勇、太监陈瑄者，俱以重臣出镇，流贼攻劫，匿不以闻，其罪尤大。上是之，令韩雍、和勇、陈瑄具实自陈。兵部复言：曩因巡按广西监察御史端宏等屡劾总兵等官赵辅、都御史韩雍等，妄奏邀功，旋师太早，致余寇陆梁攻掠浔州等处。参将孙震弛备失机，与知府孙暲等隐蔽，罪不可宥。但辅等被劾，已得旨裁处。而孙震、孙暲等尚宜究治如律，以为后戒。上曰：然。赵辅、卢永、陈瑄、韩雍、和勇，既经裁处不必问。

明宪宗实录卷三十九

二月

己亥（初三日）[以乌思藏等处番僧朝贡数多，谕灵藏赞善王“禁约诈冒”]

先是，乌思藏等处番僧朝贡数多，敕镇守洮州指挥汪钊，选游僧三人赍敕往谕灵藏赞善王，禁约诈冒。至是，还礼部，请每僧量赏彩段等物，以酬其劳。从之。

乙巳（初九日）[四川泥溪长官司、施南宣抚司遣人贡马]

四川马湖府泥溪长官司遣舍人王懋富等，施州卫施南宣抚司遣头目刘度等，各来朝贡马。赐彩段、宝钞有差。

丙午（初十日）[瑶人攻入北流县，兵部奏请督责两广总督韩雍等尽心剿“贼”]

总督两广军务左佥都御史韩雍等奏：瑶贼攻陷北流县，杀虏男妇五百八十余人。守城百户率兵御之，不克而死。左参将夏鉴等追捕至野狸山等处，屡战败之，擒斩二百四十余人，收获被虏男妇四百余口。宜治都指挥林聪守备失机、夏鉴避敌玩寇之罪，但鉴颇立功自效。兵部言：广西贼势横流不已，其抚治不职，弛备失机，恐不止聪等二人。宜并督责雍等，使尽心剿贼。从之。

壬子（十六日）[大慈恩寺灌顶国师遣剌麻赴乌思藏公干]

大慈恩寺灌顶净修弘治国师结列领占蒙遣剌麻著旦领占等乌思藏公干回，各贡氆氇等物。以彩段、钞贯等物给赐之。

[乌思藏木目等寺番僧违三年一贡之例]

乌思藏木目等寺番僧三丹坚昝等，来朝贡佛像、马匹等物。礼部奏：其故违三年一贡之限，辄由他道以来，所给彩段等物，宜减常例以示戒。从之。

丁巳（二十一日）[湖广官军征剿起事苗人，大胜]

湖广总兵官都督同知李震等奏：奉命征苗贼，统率诸军由铜鼓、天柱等处，分为四道以进。连与贼战，败之。抵清水江，因苗为导，深入其境。两月之间，捣其巢穴八百余寨，焚庐舍一万三千余间、地窖三千余处。得稻粮三万四千余石，生擒二百五十余人，斩首二千一百余级，俘获贼属子女六百余口、耕牛五百余只、军器衣服无算，收获被虏男妇五百余人。事下兵部言：宜令震等具有功将士以闻行赏，毋徇私滥冒。从之。

庚申（二十四日）［广西思明府上思州土官知州遣人贡马］

广西思明府上思州土官知州黄瑛遣头目黄祥等各来朝贡马。赐彩段等物有差。

辛酉（二十五日）［广东巡按潘积奏报征讨灵山等县与钦、化等州“流贼”之情形］

巡按广东监察御史潘积奏：灵山、石城、海康等县，钦、化等州，自去岁流贼攻劫，靡有宁日。而化州贼廖婆保者，势尤猖獗。都指挥滕汉、佥事陶鲁、雷州府试知府孔镛率番、汉军分道追讨，至圆州村败之，擒斩八十余人，收获被虏男妇一百余人。贼弃马牛辎重器械而遁，乞论功升赏。上以官军所败者，止廖婆保一宗，余贼尤未殄灭，岂宜言功？但令兵部移文积等，核实定赏，以劝其余。

癸亥（二十七日）［命免调贵州轮番操备广西军］

命免调贵州轮番操备广西军。先是，贵州岁调官军操备广西，后因征进麓川及本处土苗停调，今广西又行起调。巡抚贵州都御史李浩等奏：贵州军额旧十六万余，调遣亡叛事故，今止二万八千余人。地杂夷僚，出没不常。卫堡州城，分守不给。其迤东石头等哨，迤西永宁等卫，俱籍云南、四川分兵哨守。而土著之人，反令远守他藩，恐诸夷乘隙侵凌，猝难应御。事下兵部议：浩等所言良是，故免调。

明宪宗实录卷四十

三月

癸酉（初八日）［广西陆川县知县奏称“流贼”劫夺县印］

广西陆川县印为流贼所劫，知县谢坚以闻。礼部请益旧文曰陆川县之印铸给。从之。

己卯（十四日）［贵州白纳长官司长官、湖广唐崖长官司副长官各遣人贡马］

贵州宣慰使司白纳长官司长官周冕等、湖广施州卫唐崖长官司副长官黄敏等各遣头目、舍人来朝贡马。赐彩段、宝钞有差。

庚寅（二十五日）［广西瑶人越境“流劫”桂阳等州县，官军剿杀之］

湖广总兵官都督同知李震奏：广西瑶贼越境流劫桂阳等州县，杀虏人财。官军剿杀之，生擒一百余人，斩首三千八百六十颗。

辛卯（二十六日）［南宁伯毛荣奏三事］

贵州总兵官南宁伯毛荣奏三事：一、贵州都司原设旗军一十六万一千八百余名，今止有二万八千八百余名。乞行清军御史通行天下有司禁约，今后有人附籍者，必行原籍官司查勘无碍，方许寄籍。若系避役逃军，就问发极边远充军。其作弊卖放及容隐里老邻佑，俱一体发遣。一、旧例，月粮总旗一石五斗，小旗一石二斗，军一石。近都御史王俭奏准，俱三分折色，七分折钞。因贵州库无积钞，俱于湖广、四川二布政司关支。差官往复，动经年岁，不得关用。乞敕该部计议，贵州与极边去处旗军，月粮原支本色者，与本色原折银、布者，折银、布。三、常德府迤西，上至辰州府马驿大路六程，辰州府上至沅州罗旧堡马驿大路四程，俱无站堡。每遇递送进贡方物、赏赐军需，皆由陆路以行。常德府夫送至辰州，辰州府夫送至沅州，往回跋涉，动经旬月，民力不堪。洪武年间，辰州府下至常德府桃源县原有界亭、马底二堡，上至沅州原有麻溪、十里、中河三堡，每堡甲军二百名，俱于辰州卫多余军内拨守。又全调一所军人，分拨各堡，就彼开种田地，专一接递，就令守御地方，直抵云南。一路站堡，程程相接，民无劳力。后因征交阯，暂取调用，因而废弛。况彼处蛮人不时出没，深为地方之患。乞敕湖广巡抚等官，会勘洪武年间原设各堡去处，照旧于辰州卫摘拨多余军人摆堡，常川接递。每堡立百户二员管军，如或本卫军少，乞以内外法司问发充军囚犯发遣补辏。疏入，上以所言有理，命兵部参酌举行。

明宪宗实录卷四十一

四月

甲辰（初九日）［赏平两广“贼”有功官军］

赏平两广贼有功官军锦衣卫都指挥白全等一万六千六百五十八员名。都指挥每员钞一千贯、彩段三表里，指挥钞八百贯、彩段二表里，千户、卫镇抚钞六百贯、彩段一表里，百户、所镇抚钞五百贯、绢三匹，旗军、土兵、民快人等钞三百贯、绢布各一匹。亲临敌阵阅视纪功、儧运粮饷官钞八百贯、彩段二表里。其余知府、宣慰使视指挥例，同知、知州视千户，知县、县丞、主簿、训导、巡检、驿丞、仓大使、河泊、典史、长官司长官，并授七品舍人散官及省祭等官视百户。监生、吏典、生员视旗军。内奇功加赏者，本赏外加一倍。

丙午（十一日）［四川巡抚汪浩等奏报击败勒都、叠溪各寨“番蛮”］

巡抚四川左佥都御史汪浩等奏：勒都、叠溪各寨番蛮自去冬以来，累次于龙州、石泉等处杀虏人民。臣等随督官兵追剿，杀死者二十余人。余番闻之，皆潜走回寨。上命镇守总兵官芮成等及松潘总兵卢能等仍调兵剿捕之。

**辛亥（十六日）［广西“蛮贼”攻入浔州府城及北流、容二县

治，“流劫”广东吴川等县乡村，官军大败之]

提督两广军务左副都御史韩雍等奏：广西蛮贼入浔州府城及北流、容二县治，四散流劫广东吴川等县乡村。臣等督兵追剿之，屡于鸡冠山寨等处，擒斩首级七百四十五名颗，夺回被虏并俘获贼属八百四十九名口。又于瓦灶等处，擒斩贼四百一十人，夺回被虏并俘获贼属三百七十一人。上嘉其功，降敕奖谕之。

明宪宗实录卷四十二

五月

丁丑（十三日）[录平四川“戎县蛮”功]

录平四川戎县蛮功。升总兵官都督同知芮成为右都督，巡抚左佥都御史汪浩、右副都御史纪功给事中秦崇、监察御史吴瑀俸二级。贵州巡抚右副都御史李浩亦升俸一级，左监丞郑忠为右少监。官军升赏有差。

癸巳（二十九日）[四川骨鹿恶市等簇“番贼”联合“番蛮”起事，官军讨平之]

四川骨鹿恶市等簇番贼行盻青眼马白合儿者劳用等纠集番蛮作乱。镇守松潘都指挥周贵等率千户尧彧等讨平之。

明宪宗实录卷四十三

六月

辛酉（二十八日）[命李瑾充总兵官，调四川、贵州官军剿捕“山都掌蛮贼”]

四川戎县山都掌蛮贼聚众作乱，制谕襄城伯李瑾佩征夷将军印充总兵官，升兵部左侍郎程信为兵部尚书，提督军务太监刘恒为监督，调四川、贵州官军剿捕之。

明宪宗实录卷四十四

七月

甲子朔（初一日）［以朝廷遣将征四川“山都掌蛮寇”，兵部尚书白圭等条上剿“贼”安民事宜］

兵部尚书白圭等以朝廷遣将征四川山都掌蛮寇，谨条上剿贼安民事宜。乞降敕提督军务兵部尚书程信、总兵官襄城伯李瑾等遵行。一、四川、贵州官吏人等，有知破贼方略及能为乡道者，悉听举用，有功依例升赏。有自能集兵破贼者，先与冠带，事宁之日具奏授职。一、军士破贼所得财物悉与之，将官不得侵夺。一、所调将士务严约束，不得生事扰民，违者治以军法。一、将士有功者，先给赏劳。中有奇功出众者，即授职事，具实奏闻。若临阵畏缩，及妄杀冒功者，以军法治之。一、土官有殃民致寇者，随宜处治。督饷官有怠职误事者，一体逮问。一、军前用马，宜酌量数目，令湖广、四川、贵州支官钱买用。一、彼处民夷，有勇敢听募者给饷，随征有功，依例升赏。一、贼平之后，必须计议久安长治之策，明白具奏，乃许班师。

丙寅（初三日）［诏开中两淮等盐引招商，于贵州官仓纳米，以俟征进官军支给］

诏开中两淮、两浙及云南盐，共四十万引有奇，令商人于贵州官仓纳米，以俟征进官军支给。

己巳（初六日）［国子监学录陈征剿“夷寇”事宜］

国子监学录黄明善陈征剿夷寇事宜：一、宋时多刚县夷为寇，用白艻子兵破之。白艻子者，即今之民壮。多刚县者，即今之都掌多刚寨也。前代用乡兵平夷既有明效，今宜选熟知道路、识达民隐官一员，驰驿赴彼，招募民壮，协助官军。有功者依例升赏，无功者仍复为民，则壮士争奋矣。一、都掌所种水稻至十月大熟，若夷人收谷上寨，则难于围困。今宜差官督兵速赴江安等县取其田禾，则不过三月间，可使蛮贼为馁鬼矣。一、大军宜分三路。南路从金鹅池进攻大坝，中路从戎县进攻箐前，北路从高县进攻都掌。凡小寨易攻者先取之，则大寨亦从而破矣。一、大坝南百余里为芒部军民府界，西南二百余里为乌蒙军民府界，宜急颁敕二府土官，严守地方，毋党恶助奸，且量拨官军截其险要。一、夷人素无差徭，止纳税粮。今募民壮及差通事入寨，绝不宜用戎县一人在内，恐其漏泄军机，沮坏兵务。一、夷人所据高崖峭壁，虽有火器，难于施用。今宜用毒球、行烟、药矢以攻其寨。毒球所熏，口眼出血，行烟所向，咫尺莫辨，顺风而烧，自下而上，则寨门不守，大军可上矣。乌头药箭以射虎豹，中之即死，夔州、保宁等府皆善造之，今宜募工造用。一、播州、天全、永宁、芒部、乌蒙、乌撒、东川诸土官皆常调用，迩来总戎者处置失宜，多致推调减少。今宜赍敕奖谕，俾其加倍进兵，躬听调约。一、戎县附近高、珙、筠连、庆符、长宁五县，俱有夷人，未尝出没。今五县民快既为乡导，而夷人有能效力助军者，一体纪功，且宽赋役，以致其力。奏上，命行总兵等官参用之。

庚午（初七日）［以剿“贼”功，赏松潘副总兵卢能等并官军、番僧、国师、禅师等］

赏镇守松潘副总兵都督佥事卢能，整饬兵备四川按察司副使王用，并官军、番僧、国师、禅师等，彩段、布、绢、钞有差。以剿贼功也。

壬申（初九日）［赐征四川、贵州都指挥周海等官军银］

赐征四川、贵州都指挥周海、马鉴等官军银，人一两，凡三千三十六人。其达官舍余杨海等四百人，加赐一两。

甲戌（十一日）［四川天全六番招讨使司都事奏请修筑紫石、碉门等城关并奏不法千户、军士诸罪状］

四川天全六番招讨使司都事罗雍请修筑紫石、碉门等城关，及论奏千户廖颙、刘洪受赇玩法，军士蔡广等弃城通番诸罪状。上命巡抚宪臣及三司勘实处分。

丙子（十三日）［提督四川军务兵部尚书程信奏陈征都掌事宜］

提督四川军务兵部尚书程信言：都掌地方山势险恶，必得土兵乡导。请敕四川所辖东川、芒部、乌蒙、乌撒诸土官，各集兵以听调度，仍令各守地方，毋容贼徒逃窜隐藏。其湖广永顺、保靖二处土官，先拟调兵，请驰敕速之，毋致缓不及事。官军所用马，拟于湖广等处买用，恐一时措置不敷，请于南京见存马内先拨一千匹应用。上从之。

辛巳（十八日）［以杀“贼”功赏四川、贵州土官、土兵彩段、钞、绢］

赏四川、贵州土官、土兵人等彩段、钞、绢有差，以杀贼功也。

丁亥（二十四日）［命灵藏僧塔儿巴坚粲袭封为赞善王］

命灵藏僧塔儿巴坚粲袭封为赞善王。旧例，番僧封王者，赐诰敕并锦绮、衣帽诸物甚备，又遣官护送至彼给授。礼部以今西事未宁，事宜从省，乞降敕一道，惟赐袈裟、禅衣、僧帽各一，顺付来朝番僧赍回灵藏给授。从之。

癸巳（三十日）［湖广麻寮千户所，贵州上马桥等长官司，四川永宁宣抚司、天全六番招讨司土官贡马］

湖广麻寮千户所土官舍人向世英等，贵州上马桥等长官司头目方良彬等，四川永宁宣抚司土官舍人王钺等，天全六番招讨司舍人杨朝等，各来朝贡马。赐彩段、钞锭有差。

明宪宗实录卷四十五

八月

己亥（初六日）［以“山都掌蛮贼”入境焚掠，免贵州屯粮］

免贵州屯粮一万二百余石。时山都掌蛮贼入境焚掠，军士屡被其害故也。

庚子（初七日）［广东“贼”攻入化州城，守备指挥黑畯等“避贼失机”，命巡按究治之］

镇守广东太监陈瑄等奏：贼入化州城，杀知州黄智，掠官民男妇二百五十四人、牛马八十七头，劫去州学印记及官银钱钞，焚毁册籍房舍。守备指挥黑畯等避贼失机，上命巡按御史究治之。

丙午（十三日）［赏征进四川将士有功者］

诏于南京官库运钞、绢、布，往赐征进四川将士之有功者钞三十三万八千六百余贯、绢九百余匹、布一千五百九十余匹。

明宪宗实录卷四十六

九月

癸酉（十一日）［以“贼”平，贵州府州县诸司并军卫首领官恢复考绩］

贵州左布政使萧俨等言：贵州府州县诸司并军卫首领官，先以边境多事，暂免考绩。贼平，今尚仍旧请。自今诸司官在任三年、六年，各备牌册考语，转达吏部，待九年满黜陟之，庶人知所警，而政务修举。下吏部覆奏。从之。

癸未（二十一日）［移置广东电白县于神电卫］

移置广东电白县于神电卫。巡抚都御史韩雍议：高州府电白县城内居民仅三五十家。瘴疠毒甚，岁调守官军十亡四五，损军费粮。其所治德善、上下保宁三乡皆滨于海，而神电卫城适当县中。请以电白县移置神电卫城，而以茂名县地下博乡隶之。其旧城则置原设平山巡检司居守，山乡附郭等里改属茂名，庶粮无虚费，而城池、民差两便。从之。

丙戌（二十四日）[命减四川盐引纳米则例]

命减四川盐引纳米则例。时湖广、贵州、云南、四川官军日用粮草万计，兼以旱灾减免税粮。巡抚都御史汪浩请用四川上流等盐课司，成化二年、三年应征一十七万九千五百一十二引，量减则例，召商于叙州戎、珙各县用粮仓分上纳，以给军饷。户部遂减定：上流、华池盐引米八斗，通海、新罗、福兴六斗，富义、罗泉、广福、黄市、仙泉、涤井、郁山五斗，大宁、云安四斗，永通三斗。从之。

明宪宗实录卷四十七

十月

己未（二十七日）[诏暂闭四川密勒山银场]

诏暂闭四川密勒山银场。时有旨闸办银课，巡抚都御史汪浩奏：官军征剿都掌未息，兹复役占矿夫六百七十余名，兼以供亿之烦，民不堪命，乞暂封闭，以俟地方宁靖，照旧采办。从之。

[贵州巡按周源奏请增加贵州乡试解额]

巡按贵州监察御史周源奏：贵州士子赴云南乡试，登涉险远，动二千余里，而解额止十人。且贵州与广西俱为荒服，而广西取士至五十余人，乞照广西增解额。诏所司议之。

明宪宗实录卷四十八

十一月

甲戌（十二日）［增云、贵儒学乡试举人名额］

贵州左布政使等官萧俨等奏：云、贵二布政司儒学共五十余所，而科额共三十名，而贵州止得十名，宜量增名数，以励士风。礼部覆奏，准乡试举人量增十名，贵州六名，云南四名。

明宪宗实录卷四十九

十二月

甲午（初二日）［贵州瑶人“寇掠”湖广武冈州苗寨，命贵州巡抚罗篪等督军捕之］

贵州瑶贼杨光显等五百余寇掠湖广武冈州苗寨。巡抚都御史罗篪以闻，命篪等督军捕之。

辛丑（初九日）［番僧法王札巴坚参等以升职，乞给诰敕印章］

番僧法王札巴坚参、西天佛子札实巴、国师锁南坚参端竹也失、禅师班竹星吉礼奴班丹以升职奏乞诰敕印章。与之。

壬子（二十日）［诏免云南诸州县及长官司朝觐］

诏免云南诸州县及长官司朝觐，各府首领官有公事者亦免之。时云南连年灾荒，师旅数兴，守臣以为言，故有是命。

明宪宗实录卷五十

成化四年戊子（1468）

正月

辛未（初十日）［以地方用兵免两广府州县官朝觐］

免两广府州县官朝觐，以地方用兵也。

庚辰（十九日）［两广提督韩雍奏称上思州土官与宣化县僮民相互仇杀，请遣官勘实］

提督两广军务左副都御史韩雍奏：上思州土官黄瑛、宣化县僮民班刘记等互相仇杀，各执一词以告，宜遣官勘实。兵部覆奏，从之。

［究处广西郁林州、湖广兴安县等处失机官员］

兵部奏：广西郁林州沙胡山等处残贼，聪先期袭贼战死。援兵不至，士卒死者二十余人。湖广阳峒苗贼入兴安县，县丞傅琛战死于融江口。思恩府述昆乡贼入古邕堡，百户王祥战死于东寨村。请究守臣失机之由，重者按治如律，轻者停俸，立功自赎。其巡抚、镇守等官，都御史韩雍等，首膺重寄，不得无罪，并宜移文切责。从之。

明宪宗实录卷五十一

二月

癸卯（十二日）［提督四川军务兵部尚书程信等奉命出师平都掌“夷部”］

提督四川军务兵部尚书程信等奏：奉命出师，以十二月至蜀之永宁卫。佥议蜀自永宁抵江门、戎县一带，为川、贵、云南三处水陆喉襟之会。普市、芒部等处为三处肘掖腹背之所。而都掌夷部蟠据其中，实为大患，宜速进兵以平之。乃决策，克期令都督芮成由戎县进，都御史陈宜、参将吴经由芒部进，都指挥崔旻由普市水脑进。留参将郭贵护守城池。四川总兵官毛荣为左哨，由李子关进。都御史汪浩、参将宰用为右哨，由渡船铺进。臣与太监刘恒、总兵官李瑾，居中节制。左、右游击将军罗秉忠、穆义由金鹅池进。是月二十三日，毛荣进至李子关，伐木开路，叠石成桥，遣将分攻勇播等寨。贼登高倚险，镖弩、礌石乱下如雨。我军各用神枪、弩箭仰射力攻，贼被杀伤，遁入深箐中。我军乘风纵火，焚其屋庐畜聚殆尽。其各路兵进攻龙背、豹尾等百余寨，一一皆克。自二十三日至二十八日，共焚毁贼寨七百五十六处、禾仓三千八百一十一所，斩首一千五百九十余级，生擒三百四十余人，俘获贼属八百余口，追还被虏男妇一百人，马牛羊豕三千，钲鼓、镖弩等军器五千余事。上命降敕奖谕。所遣赍奏百户升副千户，舍人授所镇抚。

癸丑（二十二日）［以御用监太监钱能往镇云南］

云南总兵官黔国公沐琮奏：太监罗珪、梅忠二人同镇云南，今珪卒，乞免更差。盖二人同事，往往相持不决，反致违误。忠明敏不偏，可以独任。事下兵部议：其言可从。有旨：不必差官。令写敕与梅忠，用心总镇。越四日，内批召忠还，而以御用监太监钱能往代之。能，迤北人，兄弟四人俱居内侍，用计谋出镇云南，自此多事矣。

明宪宗实录卷五十二

三月

丙寅（初六日）［赏四川东乡县左右溪等处杀“贼”有功官军］

赏四川东乡县左右溪等处杀贼有功官军三十六员名。都指挥钞一千贯、彩段三表里，指挥钞八百贯、彩段二表里，千户钞六百贯、彩段一表里，百户钞五百贯、绢三匹，旗军、民快钞三百贯、绢布各一匹，理办军需等项布政、佥事彩段二表里，主簿绢一匹。

戊辰（初八日）[长河西鱼通宁远等处头目与乌思藏阐教王所遣剌麻“违例朝贡”]

礼部奏：长河西鱼通宁远等处头目剌麻番僧南合并乌思藏阐教王遣剌麻领卜车等违例朝贡。巡抚四川右副都御史汪浩失于禁止，宜降敕切责，及责都布按三司罪状。以后乌思藏番僧人等进贡，务遵原定三年一次限期，额数审有番王印信文凭，方许存留起送。其国师、禅师关文不得徇情滥收，所进方物仍须封记，及长河西鱼通宁远等处，每年亦须量数放入。务在抚驭开谕得宜，毋得因而激变生患。从之。

己巳（初九日）［命马良佩征蛮将军印充总兵官镇守广西地方］

命都督同知马良佩征蛮将军印充总兵官，镇守广西地方。

壬申（十二日）[以四川白草坝等寨“番蛮”聚众攻龙州、江油等处，处置失机官员，命镇守、总兵、巡抚等官整兵抚剿之]

镇守四川太监阎礼等奏：白草坝等寨番蛮纠合各种番簇，攻劫龙州、江油等处。指挥陈琦等不严守备，参将李文等不时督视关堡，致贼劫掠，事属失机，俱当究问。上命镇守、总兵、巡抚等官，严督所属，整兵抚剿之。且命巡按御史逮问琦等如律，李文等姑记罪杀贼。

乙亥（十五日）［西宁游僧赍敕往乌思藏阐教王等处开谕回还］

礼部奏：西宁游僧板尖恭尼麻绰失吉藏卜等赍敕往乌思藏阐教王等处开谕回还，宜赐番僧衣、彩段、靴袜，以酬其劳。其随去徒众贡马，亦宜如例给赐。从之。

［乌思藏阐教王、阐化等王遣番僧朝贡］

乌思藏阐教王遣番僧楚芹坚锉等，阐化等王遣番僧领占把藏等，各来朝贡马及氆氇、佛像、舍利等物。赐衣服、彩段等物有差。

戊子（二十八日）［复命韩雍专一总督军务］

复命提督两广军务兼巡抚左副都御史韩雍专一总督军务。以广东左布政使陈濂为都察院右副都御史，巡抚广东、福建。按察使张鹏为左佥都御史，巡抚广西。以雍奏两广地方广阔，军民事繁，一人不能遍历。乞各增文职大臣一员，分理巡抚，仍命文武重臣各一员，专在两广接界梧州府驻札，提督军务，总制军马。兵部覆奏，上以为宜如所请，于是命雍专一提督军务。其巡抚官，兵部会同吏部推举堪任者以闻，于是尚书李秉、白圭合举濂、鹏堪任，故用之。

明宪宗实录卷五十三

四月

癸巳（初四日）［兵部尚书白圭等奏报湖广宝庆、武冈、绥宁等处苗人起事，请治总兵官李震等罪，上宥之，令尽心剿“贼”］

兵部尚书白圭等奏：湖广宝庆、武冈、（彰）〔绥〕宁等处苗贼聚众抢虏人畜，焚毁房屋，大肆凶恶。总兵官李震、参将高端不能申严号令，以致失机误事。镇守太监郭闵、赞理军务都御史罗篪不严加督属，况又徇情隐蔽。请俱治其罪。上是之，姑宥震等，令尽心剿贼。

［提督四川军务兵部尚书程信等分兵进攻山都等处洞寨，杀败“贼”众］

提督四川军务兵部尚书程信、总兵官襄城伯李瑾等奏：臣等奉命徂征，恪遵庙谟，亲至大坝，令南宁伯毛荣、游击将军罗秉忠，都御史陈宜、汪浩，参将宰用、吴经，都督芮成等，分兵进攻山都等处洞寨，杀败贼众。既而合兵攻山都六乡，尽焚其诸寨。凡斩首三千一十七颗，生擒九百五十三名，焚寨一千四百五十七处、禾仓九百八十一所，获铜鼓六十三面，并牛马猪羊、盔甲、镖弩、牌刀、旗号、弓箭无筭。余贼奔遁山箐者，仍督兵搜剿，并按问九姓土僚平昔为恶者，再行奏报。臣等伏惟数百载剧贼，一旦殄灭，良由皇上威震八荒，明见万里所致。臣等获睹大捷，不胜欣跃，谨具以闻。上敕信等曰：比得奏报，具悉。此皆尔（等）〔筹〕画之良，故所向克捷，良用尔嘉，兹特奖谕，以慰勤劳。其未尽贼徒，尤须督兵设策剿捕，毋俾遗孽复贻民患。其九姓土僚并内地所有剧贼，亦须乘机抚捕，毋容滋长。若贼果宁息，尔其与镇守、总兵、巡抚等官，集议长策。或于某处可设置衙门、关堡防御，或于某所宜存留官军操守，务在处置允当，保无他虞，然后具奏班师。其钦承之。

甲午（初五日）［以征“山都掌蛮”，免四川州县官朝覲］

免四川州县官朝覲，以征剿山都掌蛮故也。

癸卯（十四日）［四川盐井卫军民指挥使司、贵州宣慰使司上马桥等长官司等遣人贡马］

四川盐井卫军民指挥使司土官副千户剌马能遣舍人你麻折等，贵州宣慰使司上马桥等长官司长官方勇等遣头目方先等，各来朝贡马。赐彩段、(纱)〔钞〕锭有差。

己酉（二十日）［提督四川军务兵部尚书程信等奏请班师］

提督四川军务兵部尚书程信等奏：臣等奉命同总兵官毛荣等率统官军深入贼巢，搜剿尽绝，地方宁靖，请令所统军马各还原卫。上曰：贼寇既宁，其班师还京。

庚戌（二十一日）［敕韩雍等整兵防御安南国］

安南国聚兵千余，立栅挑堑，占据广西凭祥县地方，提督军务都御史韩雍等以闻。上敕雍及镇守、总兵等官计议长策，严督所属整兵防御。

癸丑（二十四日）［迁泸州卫于渡船铺，增置江门、水流崖、洞扫等处关堡，改大坝为太平川，设太平长官司］

迁泸州卫于渡船铺，增置江门、水流崖、洞扫等处关堡，改大坝为太平川，设太平长官司。时提督军务尚书程信、总兵官李瑾等，以都掌蛮民素号难治，非瓜分其地、设官建治以控制之，殊非久安长治之策。事下兵部覆奏，以为宜。从之。

明宪宗实录卷五十五

六月

庚寅（初二日）［广西南丹州土官知州奏报“强贼”杀护送部粮头目等］

广西南丹州土官知州莫必胜奏：强贼莫晚等百余人在于大湾夹峡杀死护送部粮头目欧彦武等九人。上命兵部移文总督军务都御史韩雍等剿捕之。

甲辰（十六日）［镇守广东太监陈瑄等奏报琼州府地震］

镇守广东太监陈（宣）〔瑄〕等奏：今年三月十二日夜四更，琼州府地震。未震之先，有声从西南起，遂大震。既而复震，良久方止。事下礼部谓：地道以安静为体，动则为异，厥象为兵。今广东贼情未息，不可不为之备。宜行镇守、巡抚等官，戒饬所属，严加修省，操练军马，守护城池，提防贼寇，修明政事，以消灾咎。从之。

乙巳（十七日）［以廉州府试知府为广东按察司佥事］

以廉州府试知府林锦为广东按察司佥事。锦先为灵山知县，有能名。比试知府，盖修厥职，时领民兵往来巡历属邑，与士卒同甘苦。设策奋勇，多所杀获；招集流亡，动以千计。守臣交章荐锦于朝，请授宪职，令于钦、廉、灵山、石康诸州县抚治夷民，修浚城池，保障地方。下吏部覆奏，从之。

庚戌（二十二日）［湖广施南宣抚司峒长、舍人，保靖州军民宣慰使司长官、舍人等贡马］

湖广施州卫施南宣抚司峒长覃懋、舍人覃彦章，保靖州军民宣慰使司长官彭胜祖、舍人彭魁等，各来朝贡马。赐彩段、钞锭有差。

明宪宗实录卷五十六

七月

己巳（十二日）［以户口消耗，裁革广西兴安县县丞、主簿各一员］

裁革广西兴安县县丞、主簿各一员，以户口消耗故也。

丁亥（三十日）［革分守贵州迤西参将郭贵，谕赏永宁宣抚奢贵］

提督四川军务兵部尚书程信等奏：分守贵州迤西参将署都督佥事郭贵老耄无为，遣领兵开通河道，不能督军集事，乞革其参将，令闲住。永宁宣抚奢贵一介土官，乃能率兵开通运河，抵巢斩获贼首，乞特降玺书奖谕，量给赏赉。从之。

明宪宗实录卷五十七

八月

己酉（二十二日）［论平“山都掌蛮贼”功，升赏有功将士］

论平山都掌蛮贼功。加太监刘恒米岁二十四石。升左少监赵永为太监，岁加米十二石。兵部尚书程信兼大理寺卿，进襄城伯。李瑾为襄城侯。左都督都督同知佥事罗秉忠等并有功将士，各升赏有差。

明宪宗实录卷五十九

十月

丙午（二十日）［提督松潘等关四川都指挥佥事马云被劾奏鞫治］

提督松潘等关四川都指挥佥事马云因督兵护送给粮旗军至北定关，为守关指挥郭英款饮，醉归，被番贼掩袭，杀虏军夫骡马。时浦江关亦被番贼抢劫，杀伤旗军，云隐蔽不报。俱为总兵官所劾奏，下御史鞫治，赎杖复职。

丁未（二十一日）［贵州宣慰使司土官宣慰使所遣把事，四川天全六番招讨使司头目、舍人等贡马］

贵州宣慰使司土官宣慰使安观等遣把事王源等，四川天全六番招讨使〔司〕头目、舍人柳智等，各来朝贡马。赐彩段、钞锭有差。

明宪宗实录卷六十

十一月

丁巳朔（初一日）［“蛮贼”聚众攻广西峒心巡检司营寨，处置失机官员］

提督两广军务左副都御史韩雍奏：蛮贼拥众攻劫峒心巡检司营寨，杀死男妇千余，虏去者倍之。事下兵部覆奏：以都指挥李玉、梁泰，指挥张瑛，分守地方，不能督军御贼，宜行巡按广西监察御史逮问。都御史韩雍、张鹏，总兵官欧信，左参将夏鉴，不能严督所属，亦宜究治。但地方未宁，姑记其罪，令剿贼自赎。从之。

壬戌（初六日）［命故贵州金筑安抚司安抚子袭父职］

命故贵州金筑安抚司安抚金征子梂袭职。

己卯（二十三日）［松潘巡视指挥等与“番贼”战于庙子沟，兵部奏请令镇守松潘副总兵卢能等遣人抚谕，不从则剿捕，逮治失机军官］

镇守松潘副总兵都督佥事卢能奏：巡视指挥阎斌等，领军巡视边境。至庙子沟，番贼三百余突至，斌等与战，杀贼数众，我军死者亦相当。事下兵部覆奏：宜行能等遣人往番寨抚谕，使归所虏军民，仍以首贼依夷俗处治，以警其余。若贼置顽弗率，即相机剿捕，以靖地方。斌等失机罪，宜令巡按御史逮治。从之。

乙酉（二十九日）［四川官军与“番贼”战，先胜复退，命兵部移文四川总兵官芮成等尽心剿“贼”，令巡按逮问分守地方官］

四川总兵官右都督（芮）〔芮〕成等奏：谍报番贼欲攻小坝关，守关官冯和率兵探捕。至西云与贼遇，战败之，夺回被虏人畜，收军欲还。而贼五百余突出，杀死百户曹大等三十二人，溺水死者十二人，虏去十二人，夺回人畜复为所掠。上命兵部移文成等，令尽心剿贼，仍令巡按御史逮分守地方官鞫治之。

明宪宗实录卷六十一

十二月

丁亥朔（初一日）［户部议镇平、黎平二府秋粮不宜折征，仍征本色］

巡抚贵州右副都御史陈宣奏：镇远、黎平二府粮储积多，恐岁久腐烂。缘二府与湖广镇远、五开二卫，各共一城，请令二卫官军支给。移文湖广布政司，拨所属折征秋粮，解贵州补数。其二府粮，自今岁后以十分为率，黎平但收三分，镇远四分，余亦折价，庶粮不积于无用。户部以贵州夷苗弗靖，岁运湖广、四川之粮给军尚且不足，今概折收，恐致误事。宜仍征本色，拨纳缺粮仓分。

从之。

丁酉（十一日）［广西博白等县“流贼”逾山“攻劫”广东地，兵部奏请移文韩雍等设策剿灭］

提督两广军务左副都御史韩雍奏：广西博白等县蛮贼流劫乡村，闻大军将至，遂逾山劫广东地。游击将军廉忠等统军倍道追至苍梧县之牛岭山及，斩首七十四级，夺回被虏男妇一百四十余，贼奔遁。事下兵部覆奏：宜移文雍等设策剿灭余贼，毋贻地方患。从之。

壬子（二十六日）［四川龙州宣抚司土官副使奏“蛮贼”“累掠”大荫、旧州诸乡，兵部奏请移文总兵官芮成等督军扑灭］

四川龙州宣抚司土官副使李胤实奏：蛮贼三百余累掠大荫、旧州诸乡。本州四临贼寨，原额土兵一千五百。永乐以来，止守备本土。景泰中，提督松潘左侍郎罗绮奏分土兵为二班，更戍松潘，以致要害关隘缺兵防守，始为贼所侵劫。请以松潘备冬土兵，留守地方，保障居民，仍乞令总兵等官率兵剿灭为恶番贼，以息民患。事下兵部覆奏：番贼为恶，宜移文总兵官芮成等督军扑灭。其欲以松潘备冬土兵存留操守地方，宜令总兵、巡抚等官核实以闻。从之。

明宪宗实录卷六十二

成化五年己丑（1469）

正月

丁卯（十二日）［太监钱能出镇云南，从行官舍怙势横行，需索百端，令云南、贵州巡按严加禁治，不许数外多带官舍］

巡抚贵州右副都御史陈宣奏：少监郑忠、南宁伯毛荣各带京官舍人随行，纵其役占军伴，办纳月钱，奴辱有司，营求货赂，大为军民之害。顷者，太监钱能出镇云南，道经贵州，从行官舍怙势横行，需索百端，民吏骇窜。道路如此，属境可知。且云贵居民半系蛮僚，威刑所迫，恐致惊疑，宜将忠等所带官舍，悉取回京。兵部因言：近奏准镇守内外官，许带随从，人皆有定数。在云贵者五人，惟钱能十人，乃特旨所定，难以取回。宜行令二处巡按御史，严加禁治，不许数外多带，及禁约勿使仍前恣横为害。从之。

壬申（十七日）［以湖广容美宣抚司、五峰石宝长官司所贡方物秤较不足，停其赏］

礼部奏：湖广容美宣抚司及五峰石宝长官司土官田保富等遣人进贡方物，秤较不足，盖其所遣之人侵盗，宜停其赏，以赎其罪，仍移文布政使司，俾惩其后。从之。

丁丑（二十二日）［湖广施州等卫散毛等八安抚司奏朝觐贡马，诸卫收马文移不至］

礼部奏：湖广施州等卫散毛、金峒、施南、忠孝、龙潭、忠路、东乡五路、桑植八安抚司各奏：成化五年朝觐进马，已付边卫骑操，而诸卫收马文移不至，恐有虚诈，宜勘实而复，如例赏赐，虚则究治，庶赏不妄费，而虚诈者知所警也。从之。

乙酉（三十日）［以“流贼”“劫掠”归州、巴东县时拥兵不进，湖广都指挥使吉世英被降职］

降湖广都指挥使吉世英为指挥佥事。世英初守御归州，后调守巴东县，俱为流贼劫掠，拥兵不进，致贼杀死指挥、巡检等官，及延蔓别境。奏下，巡按御史问拟坐斩。至是，御史樊英辩：其拥兵不进者，以众寡不敌，恐顾此失彼也。罪固难辞，情有可矜。遂降为湖广属卫指挥佥事，带俸差操。

明宪宗实录卷六十三

二月

癸巳（初八日）［命云南、贵州、湖广、四川、广西等处“番夷”进马］

命云南、贵州、湖广、四川、广西等处番夷进马，印给边军骑操。

丁未（二十二日）［以听调杀“贼”，赐广西田州府土官知府诰命］

赐广西田州府土官知府岑镛诰命。先是，大学士李贤等以编修丘濬条陈事宜，奏准土官加倍起兵，听调杀贼。俟成功之日，重加赏赉，给以诰敕。至是总兵官赵辅等奏：镛能加（陪）〔倍〕起兵，依期赴军，谒诚尽忠，领兵当先，功勇可嘉。宜如濬言，给以诰命。吏部移文核实覆奏。从之。

戊申（二十三日）［云南干崖宣抚司、贵州宣慰使司土官遣人朝贡］

云南干崖宣抚司土官遣副使刀思忠等，贵州宣慰使司土官遣舍人安觉等，各来朝贡象、马及方物。赐衣服、彩段等物有差。

明宪宗实录卷六十四

闰二月

庚申（初五日）［广西浔、梧等府瑶僮聚众“攻劫州县”，兵部言应记巡守官罪，逮问分守将佐］

巡抚广西左佥都御史张鹏奏：浔、梧等府瑶僮千百成群，攻劫州县，杀虏人民。平南洞心寨居民几二千人杀虏殆尽，势甚猖獗。兵部言：流贼久未获平，实由巡守官等不能申明号令，严督所属捍御所致。宜姑记其罪，移文切责其分守将佐，宜行巡按御史逮问。从之。

甲子（初九日）［苗老潭被杀］

逆贼苗老潭伏诛。老潭初随贼首伪平定王苗虫虾等谋反，为官军所败，潜遁清水江。其党执送于官，下湖广巡按御史鞫治，至是以闻，命诛之。

己巳（十四日）［贵州夭坝干等寨苗人首领“听抚向化”］

贵州总兵官南宁伯毛荣等奏：夭（霸）〔坝〕干等寨久叛，苗酋赍果、银带、普朝六等俱以听抚向化，办纳粮马。兵部言：夷僚仇敌乃其常事，今虽暂听抚化，安知其不面从心异？宜移文内外守臣加意安抚。上是之。

辛未（十六日）［广西龙州并上石思州遣人朝贡过期］

广西镇安府龙州并上石思州各遣官族岑景、赵海等，来朝贡马及方物过期。赐彩币等物例减其半。

壬申（十七日）［裁广西桂平县儒学教谕、训导］

巡抚广西左佥都御史张鹏奏：浔州府桂平县，地逼断藤峡贼巢，居人连年被害，事简官多。乞将本县儒学教谕、训导裁减，生员并入府学肄业，候事平之日复设。从之。

壬午（二十七日）［以功赏四川松潘靖夷堡等处官军宝钞、彩币等物］

赏四川松潘靖夷堡等处官军人等十二员名，宝钞、彩币等物有差，以杀番贼有功也。

明宪宗实录卷六十五

三月

乙酉朔（初一日）［松潘白马路等簇“番贼”频年聚众攻围关堡，令四川镇守、总兵、巡抚等官相机抚剿之］

松潘副总兵都督佥事卢能等奏：白马路等簇番贼频年聚众攻围关堡，劫虏人财，阻塞粮道。请敕所司计议，多方抚捕。上命四川镇守、总兵、巡抚等官，严督所属，设法抚谕之。如或负固不服，量调官兵，相机剿捕。

丙戌（初二日）［裁革贵州思州府照磨、司狱各一员］

裁革贵州思州府照磨、司狱各一员。先是，思州府知府王常以本府屡被贼害，事简民稀，乞并于附近铜仁府带管。事下巡抚等官会勘，民情多有不便者，遂止裁革其官属。

乙未（十一日）［乌思藏辅教王下萨藏等寺番僧朝贡］

乌思藏辅教王下萨藏等寺番僧锁南伦竹等来朝贡马及佛像等物。赐彩段、钞锭有差。

庚戌（二十六日）［广西龙英等州头目奉表贺万寿圣节、冬至及正旦过期］

礼部奏：广西太平府龙英等州头目赵四武等各奉表贺成化四年万寿圣节、冬至及今年正旦，俱过期，当治其罪。上曰：土官系边方衙门，姑宥之。

明宪宗实录卷六十六

四月

丁巳（初四日）［兵部请令广西镇守等官设法抚捕“强贼”与起事瑶僮］

兵部奏：广西断藤峡等处及广东木头等峒强贼流劫，烧毁公廨，杀虏人财，及古田、灵川等县瑶僮作乱。镇守太监王定、巡抚右佥都御史张鹏等督调官军截杀，未见奏功。宜通行镇守、总兵、巡抚等官设法抚捕，务靖地方，毋贻后患。从之。

庚申（初七日）［云南缅甸宣慰使司宣慰使遣人进贡］

云南缅甸宣慰使司宣慰使卜剌浪遣陶孟剌牙等来朝贡金银器皿、象牙等物。赐宴及袭衣、彩段等物有差，仍命剌牙等，赍敕并文锦、纻丝、纱罗等物，归赐卜剌浪及其妻。

丁卯（十四日）［给四川太平长官司印］

给四川太平长官司印。先是，其地为流贼所据。至是，削平建官，故给之。

辛未（十八日）［命四川龙州宣抚司副使与佥事分守地方］

命四川龙州宣抚司副使李胤实，分守大荫、旧州等处地方，佥事王鉴分守白马路等处地方。

［四川巡抚汪浩奏称龙州宣抚司“番蛮”“频年出没”］

龙州宣抚司番蛮频年出没，巡抚四川右副都御史汪浩等以闻。上命留松潘备冬土兵操守本州，贼平之日，仍往松潘备御。

甲戌（二十一日）［四川巡抚汪浩等奏报白草坝“番蛮”纠合黄头等簇蛮攻劫龙州等处］

巡抚四川右副都御史汪浩等奏：白草坝番蛮纠合黄头、勒都等簇蛮二百余，杀虏人财，欲行攻劫龙州等处。分守都指挥刘端、守备指挥王璟等不能严谨防守擒剿，俱屡失机，请究治之。上命巡按御史究问刘端如律，仍命镇守、总兵、巡抚等官，并镇守松潘副总兵、副使等官，严督所属官军，用心抚捕。

明宪宗实录卷六十七

五月

丙戌（初三日）［广东南海卫指挥同知守广西藤县，“因公致死僮兵”被降职］

广东南海卫指挥同知周琼守广西藤县，因公致死僮兵二十二人。御史罗明坐以故杀，斩。都御史林聪言：其情有可矜，宜量为降调。上从之，降为浔州卫正千户。

己丑（初六日）［革贵州镇远府司狱司］

革贵州镇远府司狱司。以边方讼简，从守臣所奏也。

丁酉（十四日）［录平两广“蛮贼”功］

录平两〔广〕蛮贼功。赏太监陈瑄、王定，右副都御史韩雍，右都督和勇，都督同知欧信，都督佥事廉忠，都指挥夏鉴、葛宗荫，佥事陶鲁，俱从厚。余获功阵亡、被创官军、土兵、民快人等，凡四千二百六人，升赏有差。时两广地方连年用兵，田里荒芜，人民凋弊。瑶僮千百成群，如入无人之境。而守土官军动以捷奏，虚张名数，升赏日加，而盗贼纵横如故云。

明宪宗实录卷六十九

七月

甲申（初三日）［云南、贵州、广西、湖广、四川土官袭职，仍如诏例行］

镇守云南太监钱能奏：云南所属卫所军马、钱粮、屯田之属，自来任官分理，必由总兵官会议而行。比年掌印、管屯、管马、管操官员，独令巡按御史推选，及边夷土官袭职，布政司径为处置，总兵全不得与，深为不便。奏下吏部尚书姚夔等覆奏，谓先有诏，云南、贵州、广西、湖广、四川土官袭职者，本部移文三司，核实定名会奏，方许袭职。如有徇私不公，听巡按御史纠举罪坐。原核官遵奉诏旨，行之已久，今能又以为言，请进止。上曰：仍如诏例行。

丙戌（初五日）［命四川杂谷安抚司仍三年一贡］

四川都布按三司奏：保县僻在极边，永乐五年，开设杂谷安抚司，授以印章，俾安抚本司旧维州等处番寨，凡有进贡，从保县以达。后与董卜韩胡宣慰司仇杀，旧维州等处俱为夺占，贡路隔绝。今杂谷舍人耿著思吉，集众复取旧地，遣番僧朵儿监藏等来贡马、甲等物。因久不通，无年贡例，未敢发遣。礼部言：朝廷抚驭四夷，来则不拒，况杂谷宣抚司系先年开设，亦累曾进贡，虽隔绝年久，然能输诚纳贡，较之为恶作耗者不同，乞许其来贡。以后仍令遵三年一贡之例。从之。

丁亥（初六日）［广西断藤峡及忻城八寨等处“流贼”，累攻乡村，记失机官员罪，令其用心剿“贼”］

兵部奏：广西断藤峡及忻城八寨等处流贼，累次攻劫乡村，杀掠人畜。总兵官都督同知马良，左、右参将夏鉴、张寿，镇守太监王定，巡抚左佥都御史张鹏不能摅忠效力，息盗安民，俱请罪之。上曰：马良等坐视寇盗纵横，本当逮问，姑记其罪，令用心剿贼。若再误事，不宥。

庚寅（初九日）［四川巡抚汪浩奏请赐松潘、建昌参议敕，俾便于行事］

巡抚四川都御史汪浩等奏：松潘、建昌各有参议一员，提督边储。官军以参议非风宪官，多易之，请转宪职，庶可禁革奸弊。户部议：欲增置按察司副使、佥事各一员，专理其事，而取回参议谢绶、周达别用。吏部覆议：官不必增置，但请赐绶、达二人敕，俾便于行事。从之。

丙申（十五日）［四川安化关守备官军赴仓给饷，遭截杀，停失机将领俸三月］

兵部奏：四川安化关守备官军赴仓给饷，不严哨备，为贼所截，杀伤数多。镇守副总兵都督佥事卢能、左参将署都督佥事周贵号令不严，军威不振，俱宜究治。上命俱停俸三月，仍推堪代能镇守者以闻。

丁酉（十六日）［乌思藏赞善王等不依年例，入贡番僧人次太多］

四川都司奏：乌思藏赞善王等遣舍人阿别等率各寺寨番僧一百三十二起，不依年例入贡，兼无番王正印文书。今已量留十数名，在（被）〔彼〕守视方物，余皆遣回。乞定议，令各照年例进贡，或各具印信文书，会同进贡。礼部言：乌思藏地方广远，番王数多，若令各照年例进贡，则往来频繁，驿递不息，若令会同进贡，则地方有远近，难以齐一。宜令各王各具印信文书，于应贡年分，陆续来贡，不许人数过多，仍请敕各番王知会，令其永远遵守。所贡方物既至，宜令四川三司遣人省谕，准作成化六年分进贡起送赴京。或以礼发遣，令其依限前来。务在处置得宜，以尽怀柔之意。从之。

壬寅（二十一日）［赏从征四川、贵州官军］

赏从征四川、贵州官〔军〕二千七百五十九员名钞币有差，钞二十八万七千八百贯、绢二千六百九十余匹、布一千八百余匹。

戊申（二十七日）［四川总兵官芮成与巡抚汪浩相讦奏，诏锦衣卫差官逮之］

四川总兵官右都督芮成奏，巡抚都御史汪浩专权贪暴，及巡按御史冯斐受赂害人，共三十三事。命给事中虞瑶、刑部郎中何衷、锦衣卫千户金璋往按之。成继上二奏，皆讦浩。浩遂奏成贪淫不法四十四事。下刑部，覆奏：会都察院议请推选廷臣，代回二人听理。诏锦衣卫差官逮之。

明宪宗实录卷七十

八月

甲寅（初三日）［命宰用充左参将，镇守威、茂、叠溪等处地方］

命四川协同镇守参将都督佥事宰用充左参将，代刘芳镇守威、茂、叠溪等处地方。

丙寅（十五日）［以四川重庆、叙州二府云阳等县“强贼”“杀掠”民财，令三司分巡官及卫府州县捕盗官戴罪捕“贼”］

兵部奏：四川重庆、叙州二府云阳等县屡报强贼聚众杀掠民财。三〔司〕分巡官及卫、府州县捕盗官，各因循怠忽，致贼滋蔓。请夺其俸，俱令戴罪捕贼，以靖地方。从之。

己巳（十八日）［云南木邦军民宣慰使司土官宣慰使等、镇康州土官知州等遣人朝贡］

云南木邦军民宣慰使司土官宣慰使罕乐法等遣陶派线等，镇康州土官知州刀门戛等遣陶孟闷盖等，各来朝贡马及金银等器物。赐衣服、彩段等物有差，仍以罗、段付陶孟闷盖等，归赐其土官及妻。

明宪宗实录卷七十一

九月

丙戌（初六日）［四川石砫宣抚司宣抚、平夷长官司舍人，广西陀陵县官族、贵州宣慰司长官，湖润寨巡检贡马］

四川石砫宣抚司宣抚马黼、马湖府平夷长官司舍人王子昂，广西陀陵县官族黄明，贵州宣慰司长官谢富，湖润寨巡检岑帅，各来朝贡马。赐彩段、钞锭有差。

明宪宗实录卷七十三

十一月

甲申（初四日）［广东巡抚陈濂等奏高、廉、雷、肇四府及连州防御事宜］

巡抚广东右副都御史陈濂等奏：高、廉、雷、肇四府及连州，密迩广西，流贼出没，调遣官军，动经岁月。且或规避隐匿，行伍无定，劳逸不均，以故将不知兵，兵不识将。臣等议，欲分兵为四哨：新兴、泷水、阳江、新会等为左哨，灵山、永安为右哨，石城、信宜并雷州为前哨，德庆抵连州为后哨。每哨以四千人为率，用都指挥、按察司佥事各一员统之，分为八班，常以一班守廉州，一班守高、雷，互相策应。半年以次受代，大抵二班在边，而六班休息。或贼势众，则调一班或二班协佐。若大江迤南、迤北有警，则调六班赴之。如此则劳逸均，将士专，战胜攻克，可以为经久之法。事下兵部，请仍行各官覆核。从之。

乙酉（初五日）［升高州府知府为广东按察司副使，“抚治民夷”］

升高州府知府孔镛为广东按察司副使。镛以进士知连山县，擢知府事。广西蛮贼犯境，镛辄身先士卒往御之，不避艰险，或躬入贼巢抚谕之，多所感化。至是，广东巡抚都御史等官交章请授宪职，专守高、雷二府，抚治民夷，修浚城池。遇廉、肇邻境有警，率兵应之。下吏部覆奏，从其议。

丙戌（初六日）［云南陇州宣抚司遣人朝贡］

云南陇州宣抚司遣舍人多立法等贡象、马并金银器。赐宴并衣服、彩段等物有差。

乙未（十五日）［设总府于梧州府，总制两广地方］

设总府于梧州府，总制两广地方。时都御史韩雍以忧去，两广贼势复张。佥事陶鲁言：两广地势犹一人之身，今军政分而为二，如头目受害，而手足不可运使。近贼寇广西，臣同广东三司议调兵，一月未能决，以是贼入城池，掠乡村，无人任其责者。乞敕大臣一人，总督两广，如马昂、叶盛、韩雍故事，庶事体归一。巡按御史龚晟亦言：自雍去，贼复猖獗，事体牵制，迄无成功。宜立总府于梧州，简命大臣一人，兼制两广，则事统于一，而责有所归。兵部亦言：两广互为唇齿，广东借广西之兵力，广西借广东之粮储。今巡抚等官名位颉颃，议论之际，甲可乙否，宜如鲁等所请便。上命兵部会官议举其人以闻。

己亥（十九日）［命太监陈瑄总镇两广，韩雍总督两广军务兼理巡抚等］

命太监陈瑄总镇两广。起复右副都御史韩雍，升右都御史，总督两广军务兼理巡抚。南宁伯毛荣佩征蛮将军印充总兵官，镇守两广。升都指挥夏正署都督佥事充副总兵，镇守广西。都指挥同知杨广充左参将，分守高、雷、廉、肇。马良代毛荣镇守贵州。冯宗召还。巡抚都御史吴琛等俱令还京，都察院理事。兵部尚书白圭等言：近设总府于梧州，以大臣总督，命臣等会多官议，且举其人。臣等会太保会昌侯孙继宗、吏部尚书姚夔等议：广西浔、庆等处宜立副总兵一人，雷、廉、高、肇宜设参将二人。总兵冯宗、马良宜召还别任，且举副都御史韩雍等以闻，故有是命。

**己酉（二十九日）［广东巡抚陈濂奏海南、海北二道出巡事

宜]

巡抚广东右副都御史陈濂奏：海南、海北二道地里纡远，边方多事。按察司官更番出巡者多托故迁延，或到彼即回，以致所司事有申达者，往复旬月，动失机宜。自今各官承委一月之上不行，及一年未满或年满不俟更代擅回者，俱停俸一年。其分巡任内奸懒怠事者，罪之。事下都察院覆奏：如濂所言，非但广东为然，各处诉讼节行各按察司并分巡官勘问者，毋虑数千，久未完报。宜通行查考，并行巡抚、巡按，今后委分巡官必须因才干之优劣，酌事势之缓急，均其劳逸，稽其勤怠，限以程期，以凭考核。如此则官无旷职、事无废弛矣。从之。

明宪宗实录卷七十四

十二月

甲子（十五日）［广西副总兵夏正乞将"降虏"及谪戍者发广西补役］

广西副总兵右军署都督佥事夏正奏：洪武、永乐间，兵戍广西，至十五万。近逃亡物故，十去其九。乞后有降虏及谪戍者，俱发广西补役。京营指挥张钦及达舍、西番二十五人旧尝随臣出入行阵，乞许臣自随。兵部言，例止五人。诏特许之，不为例。

丙寅（十七日）［以"番贼"抄掠安、绵等处，将四川都指挥同知赵端谪戍边卫］

四川都指挥同知赵端守备安、绵等处，不设备，致番贼入境抄掠，敌伤官军。下巡按御史，奏拟谪戍边卫。从之。

壬申（二十三日）［四川杂道长官司卧剌等寨寺土官、番僧入贡］

四川长河西鱼通宁远等处军民宣慰使司杂道长官司卧剌等寨寺土官、番僧人等汪束等贡氆氇等物。赐宴并彩段、钞锭有差。

甲戌（二十五日）［右军左都督刘玉自陈征贵州西堡“蛮贼”有功］

右军左都督刘玉自陈：天顺四年与内官郑忠征贵州西堡蛮贼，平之。招抚阿姜等七十九寨，征剿狮子孔等二十九寨。后郑忠等俱进官，而臣以副总兵镇守凉州，未蒙升授。事下巡按御史核实，兵部以闻。上曰：刘玉升职未久，然既有西堡功，其加俸一百石。

明宪宗实录卷七十五

成化六年庚寅（1470）

正月

丙申（十七日）［湖广容美宣抚司土官宣抚遣舍人贡方物］

湖广容美宣抚司土官宣抚田保富遣舍人刘拳等来朝贡方物。赐彩段、钞锭有差。

癸卯（二十四日）［四川乌蒙军民等府、广西茗盈州进贺节表笺过期］

礼部奏：四川乌蒙军民等府、广西太平府茗盈州进成化三年至五年庆贺万寿圣节及冬至、正旦表笺俱过期，宜置其官吏并所遣头目人等于法。上以土官衙门，俱宥之。

明宪宗实录卷七十六

二月

甲寅（初五日）［云南南甸宣抚司遣人朝贡］

云南南甸宣抚司遣千夫长额近怕等，来朝贡马并银器等物。赐衣服、彩段等物有差，仍命赍敕并彩段等物，归赐其土官及妻。

戊辰（十九日）［广西思明府上思州遣头目赍捧庆贺表笺违例］

礼部奏：广西思明府上思州遣头目韦聪，赍捧庆贺成化四年至六年万寿圣节并冬至、正旦表笺，俱不赴本布政司类进，事属违例。宜行广西巡按御史，逮治韦聪及本州官吏。上曰：本州正官姑宥之，余如奏。

戊寅（二十九日）［赈济梧、浔、桂林等府所属州县饥民］

巡抚广西左佥都御史张鹏奏：赈济梧州、浔州、桂林、南宁、庆远各府所属州县饥民，凡二万六千八百八名口。

明宪宗实录卷七十七

三月

庚辰朔（初一日）［平江伯陈锐充总兵官镇守两广，奏请选达官舍余随行］

平江伯陈锐奏：臣奉命充总兵官镇守两广，乞选原征达官舍余三百人，并京卫官旗二十四人，随听调杀贼。上命选征东达官舍余一百人与之。锐复援例，请给赏，人各赐银一百两。

［四川曲山关等处“蛮贼”纠众出没，杀虏人民，令湛清等从速抚捕之］

镇守四川太监梅忠等奏：曲山关等处蛮贼纠众出没，杀虏人民。守关兵少，难以防御。兵部请令忠会巡按三司等官，量拨成都五卫见操官军协助。候春水泛涨，回卫差操，仍令镇守松潘等处都督佥事湛清督同参将守备官，速兵抚捕。从之。

甲申（初五日）［升监察御史涂棐为广东按察司副使］

升监察御史涂棐为广东按察司副使，提督兵备，分守琼州府地方。时巡抚广东都御史吴琛等奏：琼州孤悬海外，所辖州县凡十有三。原设海南一卫，及在外儋州等六千户所。去广城二千余里，分巡分守官经年不一至，遇有警急，猝难驰报。乞专任副使一员，提督兵备，防御倭寇。兵部为之覆请，故以命棐。

[以大水免湖广各府、卫及土官衙门秋粮]

免湖广各府、卫及土官衙门去年秋粮二十八万石有奇，以夏大水故也。

[赏太监郭闵、右都督李震、都御史罗篪及官军、民壮等]

赏太监郭闵、右都督李震、都御史罗篪各钞二千贯、彩段六表里。领军都指挥高端、吴经各钞一千六百贯、彩段四表里。都指挥各钞八百贯、彩段二表里。指挥钞六百贯、彩段一表里。千户长官钞六百贯、绢三匹。百户所镇抚、吏目钞五百贯、绢二匹。冠带头目、总小旗、舍余、千百夫长、洞长、民壮、老人、监生、民兵人等，钞三百贯、绢布各一匹。以湖广靖州、贵州赤溪等处杀贼功也。

己亥（二十日）[云南芒市长官司遣人朝贡]

云南芒市长官司遣舍人刀放彬、头目卜刀等来朝贡马并银器等物。赐彩段、钞锭有差。

明宪宗实录卷七十八

四月

丁巳（初九日）[贵州巡抚秦敬奏请本省从分官兼理贵州学校]

巡抚贵州右副都御史秦敬奏：贵州学校悉属云南提调佥事兼理，相去动经千里，往来考试不便。乞令本官专理云南学政，本省从分官兼理。从之。

丙寅（十八日）[松潘西坡等寨“番贼”起事，被官军击败]

西坡、禅定及麦市等寨番贼纠众作乱，为指挥使徐旻等所败，镇守松潘等处副总兵湛清以闻。兵部议，谓贼既被杀，必怀报复之举。请敕湛清及镇守、参将等官，严督所属，整饬兵备，随宜抚捕。从之。

己巳（二十一日）［广西皂岭、忻城等洞“首贼”黄公刚等入宾州安城等乡，攻破上团渌旧寨，兵部请行两广总督治失机军官，并令两广总镇等官督兵剿“贼”］

巡抚广西左佥都御史张鹏奏：今年二月以来，皂岭、忻城等洞首贼黄公刚等四千余徒入宾州安城等乡，攻破上团渌旧寨，杀虏男妇二百六十五人，烧毁仓舍，劫掠财畜。官军截杀之，斩捕十三级。事下兵部议谓贼势猖獗如此，巡哨等官失于防御，请行总督两广军务右都御史韩雍如律治之。其分守参将张寿，号令不严，亦令核实以闻，仍令两广总镇等官督兵剿贼。从之。

明宪宗实录卷七十九

五月

甲申（初七日）［修筑四川长宁县城］

修筑四川长宁县城。县人翰林院编修李永通奏：本县土城卑隘，地连蛮僚。自国初以来，累被攻毁县治，杀掠官民。乞下有司展筑旧城，甃之以石，以备后患。事下巡按四川监察御史核实，工部奏请。从之。

乙未（十八日）［乌思藏等处进贡番僧数多，赏赐从减］

礼部言：乌思藏等处番僧进贡，至者数多。赏赐彩段等物，酌议从减。从之。

乙巳（二十八日）［命四川筠连县“夷首”为岔口巡检司巡检］

命四川筠连县夷首阿坎培为岔口巡检司巡检，以四川守臣言，流官巡检不通夷语，阿坎培熟知夷情，众夷信服故也。

明宪宗实录卷八十

六月

癸酉（二十六日）［云南木邦孟密罕八法遣人朝贡］

云南木邦孟密罕八法遣陶孟放陇等来朝贡象、马及金银器。赐宴并衣服、彩段等物有差。

明宪宗实录卷八十一

七月

丙戌（初十日）［松潘官军剿杀麦市簇“贼首”麻惹儿，射杀其子］

松潘副总兵都督佥事湛清等奏：五月内，麦市簇贼首麻惹儿等纠众劫掠三岔子等处。议调官军剿杀，至黄盛草场遇贼，分兵夹攻。就阵射杀麻惹儿子，斩贼首五十二级，并获其长枪等物。

壬寅（二十六日）［四川朵甘思宣慰使司都指挥佥事、镇抚、都纲番僧等贡方物］

四川朵甘思宣慰使司都指挥佥事、镇抚、都纲番僧人等卓嵬等来朝贡方物。赐宴并衣服、彩段、食茶等物有差。

明宪宗实录卷八十二

八月

**庚申（十五日）［松潘别知、弋腊、热鸡等寨“番贼”攻镇革

堡、青土湾]

松潘副总兵都督佥事湛清等奏：别知、弋腊、热鸡等寨番贼聚众劫掠镇革堡、青土湾。指挥谢琳等率兵剿之，臣会右参将尧彧、副使沈琮统兵策应。就阵斩获贼级四十，生擒重伤一十四，并获其挨牌、铠甲等器。

明宪宗实录卷八十三

九月

丁亥（十二日）[以旱涝民饥，免云南所属长官司及裁减州县官成化七年朝觐]

免云南所属长官司及裁减州县官明年朝觐，以其地旱涝民饥故也。

[命黔国公沐琮仍旧例区处云南土官袭替]

总兵官黔国公沐琮奏：近奉诏书，土官袭替，止令御史、三司保勘。缘臣父祖以来，镇守云南，熟谙夷情，凡其世系部落，悉知其详。今御史三司多有不谙夷情，或听请嘱，以致土官争袭，甚至连年仇杀不已。乞仍旧例，令臣区处，庶事体归一。兵部议：袭职非军机重务，取旨裁决。上曰：琮先世为云南边夷信服久矣，今土官袭替，琮不与闻，人将致疑。其遵正统年间事例行。

明宪宗实录卷八十四

十月

丁未（初三日）[两广总督韩雍等奏断藤峡“残贼”夜入神电

卫城，兵部覆奏宜移文都御史、总兵等官整兵扑灭]

总督两广军务右都御史韩雍等奏：断藤峡残贼二百余徒夜入神电卫城，烧毁电白县治。兵部覆奏：宜移文都御史、总兵等官议剿贼方略，督属整兵扑灭，以安地方。从之。

明宪宗实录卷八十五

十一月

丁丑（初三日）[命吴经充总兵官镇守贵州]

命贵州参将都指挥同知吴经充总兵官，镇守贵州。

[广东高州府地震]

广东高州府地震有声。

丙戌（十二日）[云南大侯州遣人朝贡]

云南大（候）〔侯〕州遣舍人奉福等来朝贡马并银器。赐衣服、彩段等物有差，仍命赍敕并彩段等物，归赐其土官及妻。

丁亥（十三日）[四川按察使郭纪为蜀王所奏，下狱]

四川按察使郭纪为蜀王所奏，下狱。蜀府有护卫卒十五人，白昼攫人金于市中，众执以告。纪治之，杖而死者三人。王怒，因奏纪酷暴，并诬其乘轿不下端礼门，及叱骂守门千户等罪。诏巡视四川户部右侍郎黄琛，会巡按御史鞫之，逮下狱。罪当杖，遇赦得释。

明宪宗实录卷八十六

十二月

己巳（二十六日）[以会兵剿“贼”，免两广府州县官成化七

年朝觐]

免广东、广西府州县官明年朝觐。以两广岁荒民饥，且会兵剿贼也。

明宪宗实录卷八十七

成化七年辛卯（1471）

正月

庚子（二十七日）[贵州宣慰司并大龙番长官司土官宣慰使遣人贡马]

贵州宣慰司并大龙番长官司土官宣慰使安观等遣头目安伍等各来朝贡马。赐彩段表里等物有差。

明宪宗实录卷八十八

二月

丙寅（二十三日）[四川长河西鱼通宁远等处军民宣慰使司坚葛节等寺寨都纲、头目人等朝贡]

四川长河西鱼通宁远等处军民宣慰使司坚葛节等寺寨都纲、头目人等巴旦言千等，各来朝贡氆氇等物。赐彩段、钞、绢有差。

明宪宗实录卷八十九

三月

乙亥（初二日）［增给贵州军粮］

增给贵州军粮。总旗月八斗三升者给九斗，小旗六斗八升者给八斗，军有家室支五斗八升者给七斗，无家室四斗八升者给五斗五升。如粮不敷，以银布折给。

戊寅（初五日）［湖广保靖州军民宣慰使司宣慰使年老不任事，命其子代之］

湖广保靖州军民宣慰使司宣慰使彭显宗，老不任事，命其子仕珑代之。

丁亥（十四日）［两广总督韩雍奏称广西“流贼”进攻广东信宜、岑溪等县，官军击败之］

总督两广右都御史韩雍奏：广西流贼来寇广东信宜县，参将杨广及副使孔镛等率兵追至蓝村，克之。后流贼又分为五，寇岑溪等县。追至白石山。贼据险迎敌，复克之，贼夜遁。七年正月，贼营上霜山，游击将军冯昇与达官都指挥葛春等四面悬山而进。贼不意官军猝至，溃散。捣其巢穴，前后凡斩首六百十三级，追还被虏人民六百六十九，牛马、器械甚众。雍又奏：去年臣到两广，自春徂冬，遣将士分守要地，累战克捷，那蒲等村、冈萎等山、古平等峒，前后生擒八十人，斩首九百九十，夺还人口二千一百三十，俘获贼属六百三十九、牛马一千三百。上赐敕奖谕之。

庚寅（十七日）［两广总督韩雍等奏请于梧州宿以重兵，另筑城池］

总督两广都御史韩雍等奏：近诏立总府于广西梧州，然必宿以重兵，庶可威镇蛮僚。而梧州守御士卒止三百四十余人，乞移奉议卫官军驻梧州，以守城池。又梧州旧城，三面距江，内包高山，不足以容士马。城东南有教场遗址平旷，欲别立城，与梧州城联络相通，可以振军威而服蛮僚。事下兵部议，请令相度其宜行之。

诏可。

壬辰（十九日）［湖广总督项忠奏调保靖土兵及河南诸路兵于南阳招抚流民］

湖广总督军务右都御史项忠奏：近诏臣抚谕流贼，不必调土兵以扰民。臣等议，贼在万山之中，据险为势，敌杀官军。复有流民从之，将来之患，诚不可测，而分哨官军，多未尝亲履行阵。已行保靖土兵及河南诸路兵，刻期俱会南阳，且以诏旨谕其生路。流民携扶老幼出山，昼夜不绝，计四十余万。今若中止土兵，恐流民闻之，仍怀二心不去。且王彪虽授首，而元凶李胡子等鸟伏鼠窜，设复再聚，重调为难。事下兵部尚书白圭言：兵，凶器也，不得已而用之。必须宥其胁从，毋使玉石俱焚。今贼首已得，又招抚四十余万，则李胡子虽未即诛，亦且无能为矣。宜行项忠等，如土兵已到，仍严约不得扰民。其流民在山，眷恋生业，不至为非，从宜区处。诏曰：可，仍敕忠等用心设法抚捕，以靖地方。

明宪宗实录卷九十

四月

丙辰（十四日）［以地方多事免四川州县官成化八年朝觐］

诏免四川州县官明年朝觐，以其地方多事也。

明宪宗实录卷九十一

五月

癸未（十一日）［云南陆凉州掌州事宣慰使司土官副使年老不

任事，命其子代职]

云南陆凉州掌州事宣慰使司土官副使资曹年老不任事，命其子安代职，仍理陆凉州事。

丙申（二十四日）[重铸老挝军民宣慰使司印]

老挝军民宣慰使司印被贼焚毁，遣官验实铸给之。

明宪宗实录卷九十三

七月

丙申（二十五日）[以番僧怕思巴领占巴藏卜袭大国师]

以番僧怕思巴领占巴藏卜袭大国师，赐诰敕。

明宪宗实录卷九十四

八月

癸亥（二十三日）[镇守云南太监钱能等奏缅甸宣慰欲争据贡掌、孟养二地，兵部议宜令云南守臣移文戒饬之]

镇守云南太监钱能等奏：初，缅甸宣慰卜剌浪奏称，贡掌、孟养二地旧为所辖，欲争据之。寻奉旨往勘，贡掌系木邦、陇川分治，孟养系思洪发所掌，非缅甸地，难从所请。事下兵部议：宜令云南守臣移文戒饬诸夷。从之。

乙丑（二十五日）[四川双马等寨“番寇”拥众攻围实大关门，兵部议行巡按逮问失机军官]

四川整饬兵备按察副使沈琮奏：双马等寨番寇拥众连日攻围实大关门。守关指挥佥事张勋等力战御之，乃引去。所镇抚张深等二人被创死，守备威茂都指挥佥事庞福及守关指挥佥事章钦等，俱失防守致陷官军事，宜究治。兵部议：行巡按御史逮问。从之。

丁卯（二十七日）［儋州黎人攻毁村寨，兵部请行总镇、总督、总兵等官随宜举行］

广东整饬海南兵备按察副使涂棐奏：儋州黎寇攻毁村寨，乞诛首恶，以警其余。兵部请行总镇、总督、总兵等官勘议可否，随宜举行。从之。

明宪宗实录卷九十五

九月

辛未（初二日）［云南巡按温琮奏称“强贼”纠众出没临安青花等路］

巡按云南监察御史温琮奏：强贼王庆、阿利、普晟等纠集五百余徒，出没临安青花等路，抢劫人财，杀虏旗军。守备都指挥佥事吴瑢及巡捕指挥佥事戎俊不能防御，贻患地方，宜置诸法。兵部请行瑢究问如律，仍令镇守等官作急捕贼。从之。

壬申（初三日）［云南孟艮府土官舍人遣人朝贡］

云南孟艮府土官舍人招禄遣头目板新等来朝贡马及方物。赐衣服、彩段等物有差。

丁亥（十八日）［令两广官军抚捕宾州八寨等处起事僮人］

总督两广军务右都御史韩雍等奏：宾州八寨等处僮贼韦公童等二千余徒攻围大欧、小欧、古言三村，烧毁居民房屋，杀虏男妇九百余口，劫去牛二百五十余只。事下兵部请令两广镇守及总兵官与雍等，严督守备，官军设法抚捕。从之。

明宪宗实录卷九十六

闰九月

辛亥（十二日）［罢贵州守备兴隆等卫所都指挥佥事］

罢贵州守备兴隆等卫所都指挥佥事王聚，以都指挥佥事赵晟代之。

癸丑（十四日）［云南车里并八百大甸军民宣慰使司遣人朝贡］

云南车里并八百大甸军民宣慰使司遣头目招扫等来朝贡象、马并金银器等物。赐宴并赐衣服、彩段等物有差，仍降敕及文锦、彩段，付招扫等归赐土官及妻。

明宪宗实录卷九十七

十月

丙子（初八日）［复设四川富顺县税课局］

复设四川叙州府富顺县税课局。本局先以课钞不及万贯裁革，近年居民稠密，商货稍多，户部故请复设，以收商税。

丙戌（十八日）［选调达官旗舍等安插两广，听调杀“贼”］

总镇两广太监陈瑄等奏：两广自成化元年大军削平之后，奏留南、北二京达官。每遇征剿，借其骑射之力，当先破敌。近日尽数取回休息，今两广瑶僮不时出没，有警恐致误事。乞将南北直隶、山东、浙江、福建等处各卫安插达官、旗舍、军余内调选，与臣等调用。事下兵部，议谓宜于南京选调年力精壮、弓马熟闲者五十人，浙江一百人，福建并南直隶共五十人，许携家属赴两广安插随住，仍敕会同南京守备等官，并督同各该都司卫所官，依拟选调，给与军装脚力，量为犒劳，仍严加钤束，送赴广东分投安插，听游击将军调度杀贼。从之。

甲午（二十六日）［革广西阳朔县都乐墟巡检司］

革广西阳朔县都乐墟巡检司，以地方偏僻不当冲要也。

丁酉（二十九日）［复设湖广滑石江巡检司］

复设湖广滑石江巡检司。本司于正统间裁革。至是，巡抚都御史吴琛言系紧要防夷之处，故复设之。

明宪宗实录卷九十八

十一月

丁未（初九日）［广西万承州署州事吏目奏言都结州土官兴兵劫其村峒］

广西万承州署州事吏目廖善奏：都结州土官农得安兴兵劫虏本州村峒，杀虏无算。事下兵部请移文总督两广军务右都御史韩雍等，会勘所奏虚实，以为区处。从之。

乙卯（十七日）［设湖广守御宜章县后千户所］

设湖广守御宜章县后千户所。宜章界于广东阳山县松柏、蓉家二峒，民瑶杂处。洪武末有贼出没其间，因分调茶陵卫后所官军之半，设黄沙、栗源二堡以守御之。至是，以宜章武备渐弛，而茶陵地非要害，乃并调其所官军之半于宜章，俾之统辖二堡。建治立名，择本卫威望素著指挥一员往来提督。从御史江溯等议也。

明宪宗实录卷一百

成化八年壬辰（1472）

正月

壬子（十五日）［四川荣县“盗”攻破犍为县及三虎驿，兵部尚书白圭请敕镇守四川太监梅忠等严督三司官剿之］

镇守四川太监梅忠等奏：荣县有盗八十余，杀人攻县，劫库放囚，寻破犍为县及三虎驿。官兵捕之，多为所杀。事下兵部，尚书白圭言：往者四川贼赵铎、悟昇等聚众流劫，所司不能以时扑灭，酿成大患，至再用兵。今疮痍甫定，而盗复生发，不急治之，恐如前贻患。请敕忠同巡按御史严督三司官剿之，责以程限，违则停俸戴罪，令获贼以赎。果兵力不支，宜疾报威茂、永宁分守等官领兵协助，必剿灭乃已。报可。

丁巳（二十日）［录征剿长沟等寨“番贼”功］

录征剿长沟等寨番贼功。升镇守松潘署都指挥佥事尧彧为实授都指挥佥事。四川按察司副使沈琮、布政司右参议李衎，以督阵督饷，俱给赏。斩首三颗及阵亡官军五十四人，升一级。斩首二颗及被创官军四十五人，俱加赏。斩首一颗及当先官军五十五人，随军抚化剌麻国师、禅师二人，俱给赏。

戊午（二十一日）［广西瑶僮攻宾州及上林县等村峒，兵部请敕两广总督韩雍等官调军并力进剿］

镇守广西右少监黄沁奏：瑶僮贼首黄公刚等千百余人劫宾州及上林县等村峒，杀掠人畜，烧毁庐舍，男妇所为虏者以千计。事下兵部，请敕总督两广军务右都御史韩雍等官详议方略。如贼势众大，增调官军、土兵并力进剿，仍令雍察究杀虏之数，及失机误事官以闻。从之。

明宪宗实录卷一百二

三月

戊申（十二日）［黑虎寨“贼首”欲联合鸡公等寨“番贼”截夺粮运，令宰用相机抚捕之］

镇守威茂等处左参将都督佥事宰用等奏：正月间，黑虎寨贼首之卜等声言欲纠鸡公等寨番贼劫掠粮运。兵部请移文，仍令用相机抚捕。报可。

丁巳（二十一日）［四川都指挥佥事马云等督兵缉捕荣、犍等县“强贼”获捷］

镇守四川太监梅忠奏：都指挥佥事马云等督兵缉捕荣、犍等县强贼。至赖河坝，贼皆奔遁。又追至嘉定井研界上，已斩首五级，生擒五十六人。第原劫荣昌县贼未获，云等仍留兵百五十人协土兵捕之。事下兵部以为贼党未尽，请移文忠等缉捕。从之。

乙丑（二十九日）［广西镇安等府并泗城等州，云南老挝军民宣慰使司遣人朝贡］

广西镇安等府并泗城等州遣〔头〕目岑总等，云南老挝军民宣慰使司遣头目猛奴等，各来朝贡马及方物。赐彩段等物有差。

明宪宗实录卷一百四

五月

癸丑（十七日）［忻城八寨“峒蛮”入宾州永淳境内，山巢瑶僮入高、廉、雷、肇、浔、梧等处剽掠］

总督两广军务右都御史韩雍奏：忻城八寨峒蛮出劫宾州永淳境内。右参将都指挥张寿等，已攻破八寨。余孽遁入忻城等处者，复进兵追剿。前后斩获首虏五百六十二级，夺还被掠男妇五百四十四人。又奏：山巢瑶僮，散入高、廉、雷、肇、浔、梧等处剽掠者，游击将军冯昇等分道进击。前后斩获首虏四百七十一级，夺还被掠男妇六百六十九人。俱下兵部知之。

戊午（二十二日）［命广西布政司咨安南国勘定疆界］

命广西布政司咨安南国勘定疆界。先是，广西太平府上下冻州居民言：安南国太源州人树立排栅，占过上冻岗陇委村之田，今已撤栅归田矣。又，龙州居民言，与安南下思郎州接境，中有山岗横亘为界，山南石岭属龙州，山北土岭属下思郎州。今亦被交人植立排栅，以那攮、楞其二村田及叫磨、益、奄三村田，俱围占之。巡抚都御史韩雍以闻，且谓龙州与下思郎州各执一词，非彼此会勘，事终不白。于是兵部覆奏，宜令广西布政司移咨安南国王，谕以大义。令其保守故疆，不许侵越召衅。且令遣人来与广西三司官履勘明白，设立界址，永为遵守，故有是命。

明宪宗实录卷一百五

六月

丙寅朔（初一日）［徙湖广祁阳县永隆太平市巡检司于罗口营］

徙湖广祁阳县永隆太平市巡检司于罗口营。

己巳（初四日）［以矿脉微细，诏云南银课止如旧例煎办］

诏云南银课止如旧例煎办。先是，镇守太监钱能奏：各场矿脉微细，军民赔纳甚艰。乞暂停（彩）〔采〕办，以纾人力。至是，户部连引前此采办数例以请，故有是命。

辛巳（十六日）［以失机误事，下四川都指挥使刘芳于狱］

下四川都指挥使刘芳于狱。先是，荣县盗起，镇守太监等官委芳率兵偕布按二司官剿捕。芳托疾不行，为所奏。兵部因以失机悮事劾之，命锦衣卫官执芳至京师。下都察院，坐临敌后期律斩。狱上，有旨：芳免死，降官三级，发茂州卫带俸差操。

明宪宗实录卷一百六

七月

己亥（初四日）［四川“流贼”攻定远、永川等县］

兵部奏：四川流贼攻劫定远、永川等县，杀死千百户等官。宜停三司分守分巡官俸，令戴罪剿贼。制可。

戊午（二十三日）［广西镇安府土官知府侄纠集土兵，攻破府治，被擒杀］

广西镇安府土官知府岑永寿侄岑宗绍纠集土兵，攻破府治，杀伤嫡母兄侄，流劫乡村。巡抚等官抚谕不服，又复拒敌官兵，都指挥岑瑛擒之。坐斩。

庚申（二十五日）［命陈政充总兵官镇守两广］

命平乡伯陈政佩平蛮将军印充总兵官，镇守两广。

明宪宗实录卷一百七

八月

甲申（二十日）［广东按察司佥事陈贵免为民］

广东按察司佥事陈贵免为民。先是，贵奏总兵官平江伯陈锐玩寇纳贿诸不法事。锐亦奏贵贪酷，不听节制数事。都察院详议以闻，上宥锐，而下贵事于法司，令俟勘问处治。至是，巡抚都御史韩雍等勘贵事多实，遂坐免。

丙戌（二十二日）［命云南景东府土官知府子袭职］

命云南景东府土官知府陶瓒子洪袭职。

壬辰（二十八日）［升广东石城县知县为高州府通判，抚治“夷民”］

升广东石城县知县陈纲为高州府通判。纲，潮阳人，以监生授知县，有恩信及民，且善捕盗。总督军务都御史韩雍及镇守巡按官联章奏荐，遂擢用之，俾随副使孔镛抚治夷民。

明宪宗实录卷一百八

九月

庚戌（十七日）［升番僧也舍坚粲为国师］

升番僧也舍坚粲崇教广化国师。

明宪宗实录卷一百九

十月

丁卯（初四日）［湖广巡抚吴琛奏请量减湖广起运南京粮加耗］

巡抚湖广右佥都御史吴琛奏：湖广起运南京粮，每石加耗米至七斗五升，民不能堪，请量减其数。王府岁禄，俱征晚稻米，而湖广产少，民以常米易于他州，石加十之三四，不胜疲敝。请令概收常米，庶使旱荒之后，民困少苏。户部议：运粮加耗，待勘报处之。王府岁禄，宜令暂收常米。从之。

辛巳（十八日）［增设湖广常德府新店递运所］

增设湖广常德府新店递运所。

乙酉（二十二日）［云南署都指挥佥事守备永宁，纳部下贿赂，都察院请仍追原赃给主，令其还职带俸差操］

云南署都指挥佥事范宗守备永宁，纳部下赂。遣御史逮鞫宗左右得实，既而遇赦宥。都察院请仍追原赃给主，令还职带俸差操。从之。

辛卯（二十八日）［贵州九姓长官司土官与其族人相仇杀］

贵州总兵官都指挥同知吴经奏：九姓长官司土官蒙存，与其族人蒙理互相仇杀，攻毁司治，不遵抚治，乞加逮问。事下兵部言：蛮夷仇杀，恐因而煽惑为患。宜行镇守、总兵、巡抚三司等官悉心抚谕，如强犷不服，逮问如律。从之。

明宪宗实录卷一百十一

十二月

癸酉（十一日）［以擒斩保宁广溪沟“流贼”功，赏四川巡抚夏埙等及官军、民快］

赏巡抚四川右副都御史夏埙等及官军、民快，彩段、楮币有差，以擒斩保宁府广溪沟流贼功也。

明宪宗实录卷一百十二

成化九年癸巳（1473）

正月

癸丑（二十二日）［四川黑虎寨“贼首”攻劫关堡，官军击破

之]

巡抚四川右副都御史夏埙奏：黑虎寨贼首夜合等攻劫关堡，官军尝剿杀之，近聚众报仇。右参将都督宰用、兵备副使沈琮等督兵驰诣松溪堡，遇贼，败之，斩获夜合等，乘胜追入贼巢，前后共斩首三十六。下兵部知之。

丁巳（二十六日）［湖广施州卫金峒等七安抚司进贺冬至表文过期］

礼部奏：湖广施州卫所属金峒等七安抚司进贺冬至表文，过期始至。宜行巡按湖广监察御史，治以不敬之罪。上以土人，宥之。

明宪宗实录卷一百十三

二月

癸亥（初二日）［以官军征剿松潘等处，开中四川盐课以给军饷］

开中四川盐课十万五十八引。上流、华池盐每引纳米五斗，通海、新罗、福兴四斗，富义、罗泉、广福、仁泉、黄市、滂井、永通三斗，大宁二斗五升，云安一斗五升。时官军征剿松潘等处，户部因守臣言为请开中，以给军饷。又以守臣擅拟盐课，并劾奏其罪。上宥之。

己卯（十八日）［四川巡抚夏埙奏请“偏州小县”捕获“强盗”就地处决］

巡抚四川右副都御史夏埙奏：四川按察司狱舍严固，防守有人，近者尚致反狱。其余偏州小县反狱者易出，劫囚者易入，诚恐闻风流毒，为祸不已。今后捕获强盗，审无冤枉，宜就彼处决，以权一时之宜，绝不测之患。事下刑部议：埙所言非成宪，抑恐滥及无辜。其偏州小县，宜令附近军卫有司拨人防守为便。诏可。

辛巳（二十日）［以旱灾免湖广荆襄等十三卫所屯粮］

免湖广荆襄等十三卫所屯田子粒五万八千余石，以旱灾故也。

丙戌（二十五日）［广东化州“贼首”复攻劫村寨，兵部请命总督韩雍等随宜剿捕］

广东化州知州黄瓌奏：（聪）〔听〕抚贼首侯大六等近复屡劫村寨，杀掠人畜。事下兵部以贼既向化而复稔恶，苟非慑之以威，彼将（特）〔恃〕恩玩法，请命总督军务右都御史韩雍等随宜剿捕。从之。

明宪宗实录卷一百十四

三月

甲午（初四日）［四川都指挥同知何节初守备安县，“怠弛自肆，致番蛮为患”，降二级本处差操］

四川都指挥同知何节初守备安县，怠弛自肆，致番蛮为患，虏掠人财。后左参将等官抚追完聚，乃掩为己功。事觉，坐徒，例当谪戍，遇革降二级本处差操。

壬寅（十二日）［诏减云南银课十分之五］

减云南银课十分之五。巡按云南监察御史胡泾等奏：云南所属楚雄、大理、洱海、临安等卫军，全充矿夫，岁给粮、布。采办之初，洞浅矿多，课额易完，军获衣粮之利，未见其病。今洞深利少，而军夫多以瘴毒死，煎办不足，或典妻鬻子陪补其数。甚至流移逃生，啸聚为盗，以致军丁消耗。近曾奏乞停免，未见允行。切惟国用所以给军需，今因矿夫而日费粮、布，则国用虽足，而军储耗矣。国用所以养军士，今因矿夫而日耗军士，则国用虽充而兵备弛矣。请并停之。户部覆奏：诏减银课之半，矿夫称是。

庚戌（二十日）［录四川巴猪嘴等处斩获“番贼”功］

录四川巴猪嘴等处斩获番贼功。指挥曹敏等官军七十员名升赏有差，左参将都督佥事宰用、按察司副使沈琮，俱命给赏。

明宪宗实录卷一百十五

四月

壬戌（初二日）［四川威州知州升俸复任］

升四川威州知州何渊俸，命复任三年。威州所部多羌夷，叛服不常。渊兴利除害，抑强扶弱，众皆畏服。每番贼出没，辄亲督民壮往御之。尝有功升俸一级，至是九年，将代去。州人并守御千户所军士，诣巡抚都御史夏埙请留之。埙以闻，故有是命。

庚午（初十日）［湖广苗人“流劫”广西灌阳县等处，广西“蛮贼”“流劫”广东阳山县等处，帝命速剿除之］

两广总兵官平乡伯陈政等奏：湖广苗贼流劫广西灌阳县等处。把总都指挥马义等率兵剿败之，斩首共二十颗。广西蛮贼流劫广东阳山县等处，左参将都指挥杨广等率兵屡败之，前后斩获一百十五人。奏至，上以贼虽屡败，余党尚多，命政等速剿除之。

癸酉（十三日）［调兵剿广西忻城平田、风火等峒起事瑶人］

两广总兵官平乡伯陈政等奏：广西忻城平田、风火等峒瑶贼纠众流劫宾州上林等处。上命政等速调兵剿之。

明宪宗实录卷一百十六

五月

丁酉（初七日）［以旱灾免湖广辰、沅等六卫所屯粮］

免湖广辰、沅、岳、安陆、长宁、夷陵六卫所屯田子粒一万七千四百七十余石，以旱灾故也。

丁未（十七日）［赐威茂等处杀“贼”获功官军彩段、钞、绢等物］

赐威茂、叠溪、新堡子等处杀贼获功官军左参将都督佥事宰用等彩段、钞、绢有差。

明宪宗实录卷一百十七

六月

癸酉（十四日）[命贵州署都指挥佥事子袭父职，忠义右卫带俸都指挥同知从弟袭兄职]

命贵州署都指挥佥事刘芳子武袭父原职普安卫指挥使，忠义右卫带俸都指挥同知张忠从弟珍袭兄原职本卫指挥使。

明宪宗实录卷一百十八

七月

丙辰（二十七日）[金齿司委官指挥佥事卢安等抚退贡章等处仇杀“夷兵”，升卢安为署指挥同知]

镇守云南太监钱能奏：金齿司委官指挥同知侯勇、指挥佥事卢安等不避艰险，抚退贡章等处仇杀夷兵。而卢安屡取宝石入贡，其劳尤著，请量加升赏。兵部覆奏，上可之。特升安署指挥同知。

己未（三十日）[董卜韩胡宣慰使司都指挥使子袭都指挥同知]

命董卜韩胡宣慰使司都指挥使喃哩结者思八言千巴藏卜子绰吾结言千，仍袭都指挥同知。

明宪宗实录卷一百十九

八月

甲申（二十五日）［柳州及浔、梧等处“蛮贼”蜂起，兵部请移文总镇等官画策剿捕］

巡按广西监察御史何淳奏：三月以来，柳州及浔、梧等处蛮贼蜂起，杀通判郭晖等，又破石岭、张村二寨，杀虏一千余人。请治分巡等官失机匿贼之罪。兵部请移文总镇、总督、总兵内外等官，画策剿捕。其失机匿贼者，仍令巡按御史核实以闻。从之。

明宪宗实录卷一百二十

九月

己丑朔（初一日）［两广总督韩雍等奏“流贼为患”，破怀集县曾村等寨］

总督两广军务右都御史韩雍等奏：自春至夏，流贼为患。参将杨广等累报克捷，共擒斩八百余人，而贼复破怀集县曾村等寨，虏杀一百余人。事下兵部尚书白圭等言：近巡按御史何淳奏，广西柳、浔等府蛮贼，杀通判郭晖等，及杀虏石岭、张村二寨一千余人。今雍所报多寡不一，而掇拾微功，掩饰其败，宜行所司案之。诏可。

明宪宗实录卷一百二十一

十月

辛酉（初三日）［户部议陕西巡按范镁所奏茶马事］

户部议巡按陕西监察御史范镁所奏茶马事。一、粗茶不堪易马，欲行四川并汉中府，今后收课必须细茶，或将粗者二斤折收一斤，庶淂马用。一、照原差行人禁茶事例，仍敕御史一员巡禁私茶。于松潘各番买马，及提督各该州县岁办茶课。一、汉中等府州县宜专委官一员，各选精壮弓兵一百名，每卫所各委指挥，千百户各一员，各选精壮余丁一百名，专一统领巡茶。如此则私茶不得出境，而番马争趋以易矣。疏入，诏御史免差，止令巡抚、巡按官并行人禁严之。

壬戌（初四日）［以两广事重，不允两广总督韩雍致仕］

总督两广军务兼理巡抚右都御史韩雍以疾乞致仕，上以两广事重，不允所辞。善加调理，以副委任。

明宪宗实录卷一百二十二

十一月

甲辰（十七日）［松潘官军分剿白马等番寨获捷，赐敕奖谕之］

镇守松潘等处都指挥佥事尧彧奏：八月十四日，臣与四川按察司副使沈琮，亲督官军，分剿白马、路水、牛茹儿等番寨，大克之。既而白马残贼纠众复仇，令伏军要路与战，复克之。直抵贼巢，烧其碉寨，驱其牛马百余，斩首三百十六级。上赐敕奖谕之。

明宪宗实录卷一百二十三

十二月

甲戌（十八日）［设湖广滑石江巡检司］

设湖广滑石江巡检司，隶筸子坪长官司。

明宪宗实录卷一百二十四

成化十年甲午（1474）

正月

丁未（二十一日）［赐四川粟渴、黑虎寨等处杀“贼”有功官军彩段、钞贯、绢、布等物］

赐四川粟渴、黑虎寨等处杀贼有功官军，参将都督佥事宰用、四川按察司副使沈琮、布政使司右参议李衎，并旗军四百三十七人，彩段、钞贯、绢、布有差。

明宪宗实录卷一百二十五

二月

癸亥（初八日）［黔国公沐琮等奏报木邦宣慰司曩罕弄等聚众杀掠陇州宣抚司多歪孟境内］

云南总兵官黔国公沐琮等奏：木邦宣慰司夷妇曩罕弄等聚众杀掠陇州宣抚司多歪孟境内，累抚不悛，复纠结缅人攻劫贡章等处。

已遣人往谕缅人，毋助乱招悔，并行南甸、干崖、芒部等长官司整兵救援。事下兵部请令琮会同太监钱能，并巡按三司等官，抚谕诸夷，退兵自保。倘冥顽不服，宜所议举行。从之。

甲戌（十九日）［准乌思藏答都寺佑善禅师遣人谢恩并贡方物］

乌思藏答都寺佑善禅师锁南坚粲以朝廷颁赐诰印升职事，欲遣其徒诣阙谢恩并贡方物。事下礼部尚书邹干等言：旧有敕，乌思藏三年一朝贡，而禅师不得径遣。但夷人之情亦宜俯顺，取旨裁决。诏令五七人来，不为例。

己卯（二十四日）［四川石砫、湖广容美宣抚司并五峰石宝等长官司入贡］

四川石砫宣抚司土官佥事冉翱遣舍人马仲清等，湖广容美宣抚司并五峰石宝等长官司土官舍人田镇等，各来朝贡方物。赐彩段、绢、钞有差。

壬午（二十七日）［容县、武缘、泷水等处“蛮贼”攻毁村寨，命陈政、韩雍等速加除剿］

两广总兵官平乡伯陈政奏：成化九年秋冬之间，容县、武缘、泷水等处蛮贼攻毁村寨，杀掠男妇一百五十余人，牛畜钱谷无算。章下兵科劾政等守土不职，宜行究治。命政及总督军务右都御史韩雍等，速加除剿，及审勘失机之人以闻。

明宪宗实录卷一百二十六

三月

丙戌朔（初一日）［命两广总督韩雍致仕］

命总督两广右都御史韩雍致仕。先是，镇守广西右少监黄沁讦奏雍坐视瑶贼出没，隐匿不报，以致断藤峡贼复啸聚滋蔓，流劫郡县，且贪欲饮宴，滥赏妄费，事多违法。及副使范镛、佥事叶淇督调军马，不能防御，互相隐匿。武靖州知〔州〕岑铎无控驭之功，太平府知府郭本有贪淫之行，皆当究治。事下兵部奏差礼科给事中张谦、刑部郎中蔡麟往按。以其词虚实各半，复请上免雍罪，命致仕。镛、淇、铎俱宥之，本坐除名。雍在两广，威令素行，沁不得恣其欲。布政使何宜迂而固，按察副使张敩贪而暴，不为雍所礼。乃与沁媒蘖其短，捃摭其事，攻讦之。及差官往核，适委宜、敩行勘，竟酝酿以成其罪。盖雍未督军之前，贼势不独毒岭南，且越江西、湖南界。雍至，贼势大衄，虽不尽遏绝之，然功多于罪。至是为内侍所奏黜，公论为之不平，而两广人至今思之不置。

丁亥（初二日）［令镇守松潘等处右参将尧彧与整饬兵备按察副使沈琮抚治别智等寨番民］

镇守松潘等处右参将都指挥佥事尧彧等奏：西坡、双桥、麦儿寨番贼劫虏防护粮运官军。今年正月，别智寨番复乘夜攻毁金瓶堡门，守堡指挥葛晟率军败之。恐其失利潜谋报复，已调四川官军三千并力抚捕。事下兵部言：宜令彧及整饬兵备按察司副使沈琮设策抚治，如彼不服，方许调兵。从之。

壬辰（初七日）［剑州江油县“蛮贼”起事，令究治守备龙州都指挥佥事唐闻］

巡抚四川右副都御史夏埙〔奏〕：剑州江油县蛮贼杀掠居民六十余人，守备龙州都指挥佥事唐闻率兵御之。虽尝斩首一级，追获被虏十四人，而百户汤俊等二人战没。上曰：闻不得无罪，兵部其行巡按御史勘实究治之。

甲寅（二十九日）［以旱灾免湖广武昌、汉阳等七府秋粮、武昌、衡州等十一卫屯粮］

免湖广武昌、汉阳、黄州、常德、辰州、衡州、长沙七府成化九年秋粮五十三万五百余石，武昌、衡州、常德、靖州、沅州、五开、茶陵、黄州、长沙、铜鼓、辰州十一卫子粒二万九千六百余石，以旱灾故也。

明宪宗实录卷一百二十七

四月

丙寅（十二日）［增云南乡试举人名额］

增云南乡试举人五名。先是，总兵官黔国公沐琮等奏：云南、贵州虽在边鄙，久沾圣化，人才渐盛，往往与中州之士联中甲科。故事，乡试止取四十名，云南二十四名，贵州十六名。人才淹滞，教官亦难迁转，乞量增额数，故有是命。

庚午（十六日）［诏许乌思藏如来大宝法王遣徒进贡谢恩］

乌思藏如来大宝法王葛哩麻巴奏：成化五年，遣人朝贡，蒙回赐彩段表里等物过厚，欲遣其徒进贡谢恩。礼部议拟取旨，诏许遣四五人来京。

明宪宗实录卷一百二十八

五月

戊子（初四日）［四川巡抚夏埙等陈言松潘增兵与军职玩法二事］

巡抚四川右副都御史夏埙等陈言二事：一、镇守松潘参将尧彧等，奏请增兵三千。臣等议其不可者有三：四川卫所之兵，仅足以备各边番更，今欲增兵三千，则番更无兵矣。州县之民，久劳各边飞挽，今欲增三千人粮，则飞挽病民矣。此其不可一也。况番夷所畏者惟土兵，知客兵难以久留，且不识其地之险易，虽多不畏。〔此〕其不可二也。松、茂兵旧额一万八千五百有奇，使整饬有方，足可御贼。今不务此，而欲增兵，适足以为将令卖放之资。此其不可三也。今宜敕以见兵训练，毋役私门，击贼有功则必赏，纵贼贻患则必罚，若果番戎大肆，本兵难御，方许奏请增兵，则边将致力，而番戎畏威矣。一、四川军职玩法抵罪，多亡命者。若循例奏请，动经岁月，必得先逮系之而后闻奏，则奸宄知戒矣。上命所司知之。

庚寅（初六日）［以征两广功赏官军并达官指挥等］

以征两广功，赏保定左等卫官军并达官指挥柴茂等四百三十五员名，共绢一百二十八匹、布七百八十九匹。

明宪宗实录卷一百二十九

六月

辛未（十八日）［湖广九溪卫百户上奏辞升副千户］

湖广九溪卫守把细沙隘百户盛英，以南漳斩贼功升副千户。英以土官，不愿升，再上奏辞所升职，得旨允之。

丁丑（二十四日）［许贵州宣慰司宣慰使子代父职］

贵州宣慰司宣慰使安观子贵荣乞代父职。许之。

明宪宗实录卷一百三十

闰六月

丁亥（初四日）［云南孟养土司母子遣使朝贡］

云南孟养囊罕岳、思洪发母子遣陶孟刀板庆等来朝贡象、马及金银器。赐宴并衣服、彩段等物有差，仍命赍敕并文锦、彩段，回赐囊罕岳、思洪发。

明宪宗实录卷一百三十一

七月

庚申（初七日）［黔国公沐琮奏请节制云南三司，未允］

云南总兵官黔国公沐琮奏：请如镇守两广总兵官陈锐事例，节制云南三司。奏下，兵科参看云南旧有巡抚都御史，今宜复之。兵部覆奏，谓沐琮世守云南，与陈锐奉敕镇守两广事体不同，若令节制，事权太重，唐之藩镇可鉴也。或三司推避不理其事，宜如兵科言，复设巡抚官为便。上曰：国朝建官之制，文武相颉颃。虽尝暂敕总兵节制三司，乃一时权宜，难以著令。兵部议是，宜不允，巡抚亦不必设。

庚午（十七日）［以接境四川永宁宣抚司，命贵州普市千户所听四川参将统辖］

兵部言：巡抚四川都御史夏埙所奏，贵州赤水卫普市千户所与四川永宁宣抚司接境，宜听四川参将韩忠、副使颜正统治，已移文贵州巡抚都御史宋钦勘报为宜。遇有贼警，宜从调发，仍行贵州巡抚等官知之，不须展转会议，以致误事。诏可。

甲戌（二十一日）［云南孟养陶孟等朝贡还，遣通事一员伴送］

云南孟养陶孟刀板庆等朝贡还，奏乞遣官伴送。事下礼部覆奏：宜俯顺夷情，遣通事一员，伴送至云南布政司。从之。

明宪宗实录卷一百三十二

八月

丁亥（初五日）［以“夷兵”越境攻扰，敕谕安南国王］

敕安南国王黎灏，毋轻调夷兵，惊扰边境。时云南镇守等官奏，广南府富州与安南所属宣光等处接境。今被以军民啸聚窃掠为词，辄调夷兵万众，越境攻扰边寨，惊散居民。上乃降敕曰：今得云南镇守、总兵官奏，王国所属宣光卫、保乐州军民黄章马等啸聚为奸，所司调兵追捕，越过广南、镇安二府境界，因而攻劫边寨，惊散人民，已差官抚谕回还。朕惟奸民草窃，法本难容，而越境为虐，理亦当戒。已令云南、两广镇守、总兵等官，督同三司，各守境土，以备不虞。若遇前贼投我边方，即擒送本国，毋得容隐。王其体朕至意，尤须切戒宣光、保乐等卫州，急捕前贼，以靖地方。不许辄调夷兵，越境侵扰，惊疑良民。庶彼此生民各得安居，无有后患。王其钦承之，毋忽。

己丑（初七日）[令四川、贵州官军抚捕起事苗人]

敕责贵州镇守、总兵等官并四川镇守、巡抚等官，令抚捕苗贼，以播州贼赍果等累岁为患也。

明宪宗实录卷一百三十三

九月

己巳（十七日）[云南鹤庆军民府地震]

云南鹤庆军民府自寅至申地震十五次。有声如雷，坏廨舍民居，伤人畜。

戊寅（二十六日）[四川播州宣慰使奏请赴京朝贡，不许]

四川播州宣慰使杨辉奏准赴京朝贡，巡抚都御史夏埙等会议：播州地连诸夷，辉专守土，难以远离。辉复具请。事下礼部覆奏。上曰：既巡抚官议留，不必朝贡。

[四川播州宣慰使司所遣长官、石砫宣抚司所遣舍人，贵州宣慰使司金石番等长官司所遣头目，广东龙川县抚瑶人等入贡]

四川播州宣慰使司遣长官张渊等，石砫宣抚司遣舍人陈刚等，贵州宣慰使司金石番等长官司遣头目吴永总等，广东龙川县抚瑶人黄潮忠等，各来朝贡马及方物。赐彩段表里等物有差。

明宪宗实录卷一百三十四

十月

庚寅（初八日）［贵州安顺州土官知州与所属宁谷寨长官司长官争地仇杀］

贵州安顺州土官知州张承祖与所属宁谷寨长官司长官顾钟争地仇杀，相讦奏。事下巡抚等官逮治，承祖遣人贡二马，请赎罪。礼部为复奏，许之。都御史李宾等以承祖、钟事重，须更详审。请仍行巡抚等官体勘，若所犯果轻，宜从宽贷。诏可。

辛丑（十九日）［增设广东、广西布政司右参议各一员，按察司佥事各一员］

增设广东、广西布政司右参议各一员，按察司佥事各一员。先是，巡抚两广都御史吴琛等言：两广军士逃匿，缺人调用，乞暂增参议、佥事各一员，专理其事。事下兵部覆奏，从之。遂以户部郎中上泰为广东参议，南京礼部署郎中杨寿为广西参议，南京监察御史萧器用为广东佥事，刑部员外郎章甫为广西佥事。

明宪宗实录卷一百三十五

十一月

己卯（二十八日）［四川乌蒙军民府、石砫宣抚司与湖广忠峒安抚等司贺表过期不至］

礼部奏：四川乌蒙军民府、石硅宣抚司，湖广施州卫忠峒安抚等司，庆贺表笺俱过期不至，宜行所司逮问。上以土官俱宥之，令巡按湖广监察御史，责取忠峒安抚等司招状。

明宪宗实录卷一百三十六

十二月

乙酉（初四日）［升进贡禅师桑儿结藏卜为国师］

升灵藏赞善王所遣进贡禅师桑儿结藏卜为国师，并给诰命、印信。

戊子（初七日）［湖广巡抚刘敷奏劾靖州左参将私役军人、夺种屯田］

巡抚湖广左副都御史刘敷奏劾分守靖州左参将都指挥高端私役军人、夺种屯田等罪。都察院请下巡按御史逮治如律，从之。

己丑（初八日）［罢湖广宝庆等府县淘金］

罢湖广宝庆等府县淘金。时内费日侈，帑金渐乏，乃命湖广宝庆等府、武陵等县开原额金场，淘煎以进。巡抚等官命所属十二县开二十一场，岁役民夫五十五万有奇。而武陵之民伤于蛇虎，死于大水者无算，仅得金三十五两而已。巡抚等官乃奏，工多金少，徒害生民，请仍闭金场。第令有司取赃罚及设法以银易金一千两应用。从之。

庚子（十九日）［湖广容美宣抚司土官遣人贡马］

湖广容美宣抚司土官向镇遣舍人来朝贡马。赐以钞、绢。

乙巳（二十四日）［云南丽江军民府土官知府奏鹤庆军民府千夫长“累纠群贼”越境攻杀，命兵部移文云南守臣覆按区处］

云南丽江军民府土官知府木嵚奏：鹤庆军民府千夫长赵贤累纠群贼，越境困围九和等里，杀掠人民，乞调旁卫所官军擒剿之。上命兵部移文云南守臣，覆按区处。

明宪宗实录卷一百三十七

成化十一年乙未（1475）

正月

丙子（二十六日）［以地震，命云南鹤庆军民府致祭境内山川社稷之神］

礼部奏：云南鹤庆军民府去年地震，乞行所司致祭境内山川社稷之神。从之。

明宪宗实录卷一百三十八

二月

戊申（二十九日）［四川播州、贵州宣慰使与广西思恩军民府并田州等府、龙州宣抚司土官知府等各遣人朝贡］

四川播州宣慰使杨辉，贵州宣慰使安贵荣，广西思恩军民府并田州等府、龙州宣抚司土官知府岑璲等，各遣人来朝贡马及银器。赐彩段等物有差。

明宪宗实录卷一百四十

四月

癸未（初五日）［辰州府乌罗长官司“夷人”石全州起事，“洞苗”多应之，令镇守、总兵、巡抚等官设策抚捕之］

湖广总兵官左都督李震等奏：辰州府乌罗长官司夷人石全州妄称元末明氏子孙，僭称明王，纠众于执银一带作乱。邻近洞苗多聚众应之，议调官军剿捕。今石全州已于去冬就擒，而诸苗贼敌杀官军，攻劫未已。事下兵部，请敕镇守、总兵、巡抚等官设策抚捕之。上从其请。

壬辰（十四日）［贵州清水等处“苗夷”聚众“流劫”靖州、会同，敕贵州镇守、总兵、巡抚等官随宜抚捕］

贵州湖耳蛮夷长官司奏：清水、衮窝、茅坪等处苗夷聚众流劫靖州、会同等处，杀掠民财。敕贵州镇守、总兵、巡抚等官随宜抚捕。

明宪宗实录卷一百四十一

五月

庚申（十二日）［敕广西按察司副使张敩、佥事罗明等分驻郁林、宾州“御贼”］

敕广西按察司副使张敩、佥事罗明分驻郁林、宾州等境，专督兵御贼。

明宪宗实录卷一百四十二

六月

壬午（初五日）［四川龙州屡遭“蛮贼”入境“杀掠”，兵部请令巡按俟边境稍宁逮治之］

四川镇守太监梅忠等奏：守备龙州都指挥邹瑄、分守土官副使李胤实屡被蛮贼入境，杀掠人畜无算，虽有斩获，得不偿失，宜治其罪。兵部请令巡按御史俟边境稍宁逮治之。诏可。

[命四川播州宣慰使子袭父职]

命四川播州宣慰使杨辉子爱袭父职。旧制，土官袭职，必先三司按实奏请而后许。正统末，苗蛮聚众寇边。时辉父纲不任职，朝廷因土官安抚犹恭等请，特命辉越制袭职。至是，土官同知罗宏奏：辉有疾，欲援例令爱就彼袭职。兵部以其夷人，宜俯顺所请。上乃命爱袭职，仍敕爱与宏率土兵从总兵官剿贼。

癸巳（十六日）[两广巡抚吴琛等奏土官袭替事宜]

巡抚两广右副都御史吴琛等奏：天顺八年，诏广西土官袭职，令三司委官保勘，就彼冠带。间有徇私者，听巡按御史纠举。比年，保勘者惮其地方险恶，且嫌于馈送之谤，不肯亲临。其三司掌印官亦因循不理，甚至有十年未得承袭者，人无统束，事皆废弛。自今保勘者，乞限半年内定名会奏，违者总镇等官劾之。下吏部覆奏，从其议，仍行四川、云、贵等布政司，著为令。

辛丑（二十四日）[敕云南按察司佥事翁遂兼理屯田]

敕云南按察司佥事翁遂兼理屯田。先是，监察御史董韬以云南屯粮各随屯堡，惟任军职出纳，故或指荒歉折银私家，或在仓虚出通关。及事觉，畏法，则托故袭替。请专设按察司副使一员理之便。户部议，行诸守臣覆勘。上曰：不必覆勘，增官太冗，宜敕见任风宪官兼理之。遂有是命。

甲辰（二十七日）[湖广总兵官李震等奏请调京营及云贵川各省官军攻剿蔡溪、清水江等处起事苗人，未允]

湖广总兵官左都督李震等奏：沅、靖等边卫，控制川、贵、广西诸种蛮夷。顷见蔡溪、清水江等处苗贼攻掠获利，互相效尤，蜂屯蚁聚，千万成群，杀掠无算。虽已调兵捍御，但众寡不敌，卒难成功。欲如正统、景泰年间靖远伯王骥等事例，统调京营及云、贵、四川、南直隶官军，期于八月会兵攻剿殄灭，使无噍类。事下兵部覆奏，以为非宜。上曰：蛮夷猾夏，自古有之，要在边将羁縻得宜，使不敢越境为乱而已，曷尝以殄灭为快？其令震等与四川、贵州、广西参将土官人等，各督兵民分屯要害以御之，仍相度事机，彼或肆行拒敌则加剿杀，或闻风畏威则加抚谕。若将来贼势果炽，必欲统调官军，宜俟转输既足，具奏裁处。

明宪宗实录卷一百四十四

八月

丁亥（十一日）［裁革广西郁林等州县增设巡检司十六处］

裁革广西郁林、博白、陆川、兴业、北流等州县增设巡检司一十六处，从总督都御史吴琛等言也。

明宪宗实录卷一百四十五

九月

辛亥（初五日）［复设广西浔州府通判］

复设广西浔州府通判。先是，广西守臣以桂平等县兵燹之后，人民死徙，请裁革同知、通判、知事、检校四员。至是兵事稍定，流亡复业，巡抚右副都御史吴琛请复置通判。吏部覆奏，从之。

癸丑（初七日）［升广东信宜知县为化州知州］

升广东信宜县知县李时敏为化州知州。巡抚右副都御史吴琛言：化州地险恶，流贼窃发，实当要害。比虽招抚向化，然夷情反侧，兼兵燹之后，生业未就，知州事者宜得其人。茂名、信宜等县夷民俱称时敏堪任。下吏部覆奏。从之。

甲寅（初八日）［诏给四川叠溪千户所军士冬衣布花］

诏给四川叠溪千户所军士冬衣布花。时叠溪因番蛮阻塞，商旅不通，其军士艰苦与松潘小河同，而受赐独异。巡抚都御史张瓒以为言，诏暂给之，俟寇退之日仍旧。

丁巳（十一日）［以“峒蛮流劫”，免广西横州成化十年以前秋粮］

免广西横州成化十年以前秋粮米一千八百八十余石，以自景泰年后峒蛮流劫，田多荒弃故也。

己未（十三日）［为解仇杀，命广西荔波县改属庆远府］

命广西荔波县属庆远府。初，荔波属南丹州，土僮覃仕武苦夷法峻厉，与知州莫必胜构兵，累年仇杀。至是，总督军务都御史吴琛等乞以荔波属庆远，以解其仇，故有是命。

明宪宗实录卷一百四十八

十二月

壬辰（十七日）［析广东高要县地置高明县］

析广东高要县地，置高明县于高明巡检司。移巡检司署于太平都，改曰太平巡检司，隶高明县。

戊戌（二十三日）［开设四川东乡县儒学、阴阳、医学］

开设四川东乡县儒学、阴阳、医学。

明宪宗实录卷一百四十九

成化十二年丙申（1476）

正月

壬申（二十七日）［四川播州致仕宣慰使、云南孟琏长官司土官舍人遣人朝贡］

四川播州致仕宣慰使杨辉遣长官蒋信等，云南孟琏长官司土官舍人招哀遣头目罕宾等，各来朝贡马并银器。赐彩段、宝钞有差。

癸酉（二十八日）［升赏两广历年斩获“蛮贼”有功官军、土兵］

兵部言：总督两广军务都御史吴琛以成化三年至十年两广斩获蛮贼功次奏上，乞加升赏。但两广用兵以来，升赏官军动以万计，然皆朝廷命将出师，奏捷凯还者。今琛所具皆累年陆续斩获之数，与此不同。若照前斩获三人者例升一级，则其地用兵未已，升赏何有纪极？若俱不升赏，则其间达官效劳者多，恐怀怨望，后难调遣。今拟达官军六功已上者三十四人，宜升一级。加赏三功至五功一百六十人，升署职一级。二功以下及各处土兵征调者，不论功级多寡，惟阵亡官军二百四十四人，不分达官、土兵，俱升一级。庶几升赏有别，恩典不滥。诏悉依所拟。

明宪宗实录卷一百五十

二月

己丑（十五日）［广西“盗贼”频发，令总督等相机抚捕之］

兵部奏：广西境内，一年之间盗贼窃发，前后五十余党，杀掠军民男妇六百有奇。所司虽称调兵捕之，尚未宁息。宜令总督都御史朱英等，严督所属，相机抚捕。从之。

明宪宗实录卷一百五十一

三月

癸丑（初十日）［敕四川巡抚张瓒抚捕播州起事苗人，起播州

致仕宣慰使杨辉暂管事]

敕巡抚四川右副都御史张瓒抚捕播州苗贼，起播州致仕宣慰使杨辉暂管事。先是，辉等奏，所属天坝干地五十三寨及重安长官司湾溪等寨屡被苗蛮占据，乞令湖广、贵州移军征之。事下兵部请敕镇守、巡抚等官勘报。至是，报至，如辉等言。但辉已致仕，其子宣慰爱，年幼不堪重寄。请起辉，俾选调本司土兵，俟湖广、贵州征剿诸苗之际相机夹击。兵部覆奏，以为辉土官，难独任，宜敕右副都御史张瓒亲至播州理其事，并敕辉暂起土兵，振扬威武，遣人谕贼，俾还占据之地。若不从，命进兵讨之。调度方略，悉听瓒裁处。从之。

壬戌（十九日）［湖广总兵官李震等击破靖州起事苗人，报捷］

湖广总兵官左都督李震等破靖州苗贼，报捷。震等统兵次靖州，右副都御史刘敷，太监王定，左、右参将高端、彭伦，都指挥刘斌，各领一军，分为五道而进。三月之间，凡破寨六百二十一，擒贼四百有奇，斩首八千一百二十二级，获贼属男女一万六百七十余，其堕崖溺水死者不可胜计。捷至，上命遣敕奖谕之，升赍奏者各一级。

明宪宗实录卷一百五十二

四月

壬午（初九日）［命勘广西斩获“流贼”军功，并调靖江王府护卫兵“击贼”］

命勘广西斩获流贼军功，并调靖江府护卫兵击贼。时广西镇守等官，以蛮贼方炽，请益以靖江王府护卫军讨贼。而总兵官陈政乃以斩获流贼一百八十余级报捷。兵科参驳，以为报捷在正月间，而请益兵在二月，终显是贼势尚张，而政妄报以掩罪。况斩获之数较广西所失者百未及一，纵有功不足以赎罪。兵部亦言：请兵报捷之奏继至，彼此自相抵牾，虚实不言。可知政所报功次，不必查勘。宜从镇守等官所请，敕靖江王简阅精锐千人，俾与桂林等卫官军练习听调击贼。得旨：允之，仍令勘实功次以闻。

明宪宗实录卷一百五十三

五月

己酉（初七日）［以旱灾免贵州威清等卫新化等长官司成化九年税粮］

免贵州威清等卫新化等长官司成化九年税粮二千余石，以旱灾故也。

［平乐府并修仁县等处瑶人聚众起事，兵部请行总督等官督兵协力攻剿］

两广总兵官平乡伯陈政奏：平乐府并修仁县等处瑶贼聚众千余，四散劫掠。其巡哨府江署指挥佥事刘源、吴谦等弛兵玩寇，罪宜逮问。但用人之际，已从便宜锁项夺俸，令其戴罪立功以赎。事下兵部言：瑶贼构乱，源等至今尚未闻斩获一人，宜行总督等官，督兵协力攻剿，以弭边患。从之。

甲寅（十二日）［增设湖广会同县江东镇巡检司］

增置湖广会同县江东镇巡检司。镇守、巡抚等官言，其地切迩苗境，为水陆要途。永乐间设堡于靖州卫，调兵哨守，正统末废，故苗寇出掠无恃。今宜增立巡检司，仍于靖州调兵协守。从之。

乙丑（二十三日）［四川巡抚张瓒等奏称四川松、茂、叠溪等寨“番贼”聚众起事］

巡抚四川右副都御史张瓒等奏：松、茂、叠溪等寨番贼聚众四散，攻围县治，焚毁民居，杀掠人财，势甚猖獗。已严督所属，于诸路并兵攻剿。事下兵部，请令设策抚谕，擒治渠魁，宽贷余党，以杀其势。如其负固不服，宜速加兵。从之。

明宪宗实录卷一百五十四

六月

己丑（十八日）［四川西坡、禅定等寨“番蛮”聚众起事，兵部请行镇守、巡抚等官严督所司，倍加防守］

巡抚四川右副都御史张瓒等奏：西坡、禅定等寨番蛮屡聚徒众，杀掠人畜，焚毁庐舍，攻围县治。指挥秦宽、吴达，千户蒋雄，百户李彦明率军御之于仰天窝，战没，蛮众亦已因山水暴涨遁归。都指挥佥事吴荣不能预防，李镐失于策应，俱宜逮问。事下兵部言：荣、镐等宜令逮问。且诸番虽暂遁归，终复为害，请行镇守、巡抚等官，严督所司，倍加防守。从之。

庚寅（十九日）［云南蒙化等处“盗起”，令黔国公沐琮等选官抚捕之］

镇守云南黔国公沐琮奏：蒙化、洱海、鹤庆、大理、赵州、邓（州）〔川〕等处盗起，杀掠民财。事下兵部议，行沐琮等推举三司才能官各一人，严督所属，分道抚捕。从之。

明宪宗实录卷一百五十五

七月

甲辰（初三日）［湖广巡抚刘敷奏报靖州、武冈等处苗人“杀虏”之数并官军将士功罪］

巡抚湖广右副都御史刘敷奏：顷奉敕令覆实苗贼杀虏之数并将

士功罪。盖自去年二月以来，靖州、武冈等处，共攻破屯寨六十六处，焚毁官民庐舍、禾仓三千七百八十余间，杀死军民男妇一千五百二十余人，劫掠人畜共四千五百有奇。其左参将高端、都指挥使庄荣、都指挥佥事周斌等九十九人，俱守备不设，致贼乘虚劫掠，乃复拥兵坐视，不严截杀。而庄荣行师无纪律，致伤官军数多。俱宜逮问。及参将彭伦、都指挥铁坚，俱隐蔽贼情，酿成边患，不能无罪。以功言之，高端等一十九人各有三功，指挥等官宋英等三人各有二功、一功，可以赎罪。彭伦尝擒获贼首石全州并其家属，与铁坚俱功多罪少。周斌及指挥等官石虎等七十九人，无功可录，但曾遇赦例。事下兵部言：彭伦、铁坚功多罪少，宜俟论功之日定拟。高端等三功者许令赎罪，二功、一功者亦免逮问，俱无升赏。周斌等无功者，宜行所司究治如律。且高端分守之地被害为甚，庄荣临阵丧师，虽有斩获微功，恐未足以赎罪，乞更加核实。但俱犯在赦前，取旨裁决。上曰：功少并无功者，仍逮问之。

壬子（十一日）［设贵州程番府］

设贵州程番府。先是，巡抚右佥都御史宋钦会总兵、都布按三司官奏：金筑安抚司并上马桥、大龙番、小龙番、程番、方番、韦番、卧龙番、洪番、小程番、卢番、罗番、金石番、卢山、木瓜、大华、麻（向）〔响〕十六长官司俱隶贵州卫，后以金筑安抚司直隶贵州布政司，上马桥等十三长官司改隶贵州宣慰使司，木瓜、大华、麻（向）〔响〕三长司改隶金筑安抚司。其地距三司为远，公务难于督并，而程番长官司地势平旷，宜于此开设为府，名程番府。以金筑安抚司并上马桥等十七司隶之，仍别移一长官司与程番司同为附郭，设立城池府治，置官属学校如制。吏部覆奏。从之。

乙卯（十四日）［敕四川巡抚张瓒兼理松茂、安绵、建昌等处边务］

敕巡抚四川右副都御史张瓒兼理松茂、安绵、建昌等处边务。先是，四川按察佥事林璧奏：曩时松、茂等处有都御史寇深、侍郎罗绮专理其地，凡兵粮赏罚之权，攻守抚捕之计，皆得便宜而行，故各有成迹。比设参将二人，分守威、茂，凡遇寇警，彼此异谋。虽有兵备副使一人，然兵粮之计，动禀上司，千里往来，缓不及事。惟松、茂等边失守，故番贼得越入安绵、石泉、江油境内，长年流劫，莫可御防。徒有都指挥一人旧州备冬，一人安县守备。然既不据要地，又不属总兵、兵备统摄，俱肆志偷安，莫肯自效。乞视往例，或就命巡抚四川都御史兼督，或别选大臣一人专理松潘、茂、安等处边务。令总兵、兵备以下咸听节制，庶几职任崇重，可责成功。事下兵部议以璧言可用。从之。

明宪宗实录卷一百五十六

八月

乙酉（十五日）［命停湖广、四川、江西三司分巡分守官俸，令戴罪捕“贼”］

命停湖广、四川、江西都布按三司分巡分守官俸，令戴罪捕贼。先是，湖广、四川、江西盗起，巡抚都御史屡以为言。兵部累行所司责限追捕，日益滋蔓，未能殄灭。至是，奏请行查三处都布按三司官，凡经分守分巡者，俱夺其俸，戴罪捕贼。从之。

壬辰（二十二日）［松潘西坡、禅定等寨“番贼”“屡抚复叛”］

松潘等处副总兵署都指挥同知尧彧奏：西坡、禅定等寨番贼屡抚复叛，毁断桥道，复阻过修葺官军，致远近楄越不通。指挥谢琳等执其通事聂儿昂等三十七人为质。番簇聚众，亦执巡哨百户史雄、沈琳等，及突入新桥堡，劫掠仓粮，势益猖獗。寻遣抚夷崇化禅师子瑞率军往谕之，取史雄等众以还。事下兵部言：彧所奏不具被虏官军人数，必多隐匿之情，并史雄等失守之罪，俱宜令巡按御史勘问如律，仍督责彧等严加抚捕。从之。

己亥（二十九日）［四川荣经县罢瓮溪、飞水二关，增筑大坪隘口关堡］

先是，四川荣经县知县倪彻言：县境迤西，路通番界。虽有瓮溪、飞水二关，不据要害。其番罗每从大坪隘口出没，肆行劫掠，无所控制。宜革罢二关，于大坪立一关堡，仍于大渡河千户所调军一百户所，以为防御。事下兵部，行令镇守、巡抚、三司等官勘议覆奏，以为瓮溪、飞水二关系洪武间所立，一可裁革。大坪隘口宜增筑关堡，以为保障。从之。

明宪宗实录卷一百五十七

九月

丙午（初六日）［云南鹤庆军民府雨雪雹］

云南鹤庆军民府雨雪雹，其色青红，大者〔如〕鸡鹅卵。

庚申（二十日）［升赏征“靖州苗”有功将士］

升赏征靖州苗有功将士有差。加太监王定岁米二十四石。封总兵官左都督李震为兴宁伯，岁禄一千石，米、钞中半兼支。升右副都御史刘敷为左副都御史，参将都指挥使彭伦为都督佥事，巡按御史方中为河南按察司佥事。擒斩三名颗并阵亡伤死官军人等四百四十八人，俱升一级。擒斩二名颗并当先破敌官军人等一千一百四人，擒斩一名颗官军人等二千七百九十六人；土官擒斩四名颗者三十二人，擒斩三名颗者二百五人，擒斩二名颗者五百七十二人；土舍目兵阵亡者七十七人。俱量给赏赉。督运布政使等官十二人，擒斩首级知府一人、知州一人，亦量给赏。督战纪功副使一人、佥事二人，俱升俸一级。

丁卯（二十七日）［镇守松潘副总兵尧彧擅取董卜韩胡道官头目等入境］

镇守松潘副总兵尧彧遣人行取董卜韩胡宣慰使司道官头目札巴坚粲等五十余人至灌县，欲诣镇守、巡抚等官计禀边事。太监梅忠等初不与知，其至也，乃令彧抚而遣之，复以闻。章下兵部言：董卜韩胡所属番夷，性行狡猾，虽许其不时入贡，然未尝轻易拘审。

今或擅取道官人等入我境内，必有私弊，法宜究竟。第已抚还，宜姑记彧罪，令尽心设备。自后军务须会四川守臣熟计而行，若复任情启衅，必不轻贷。报可。

明宪宗实录卷一百五十八

十月

乙未（二十五日）［以民少役重，裁革广东高州等府县官吏及巡检司、驿］

裁革广东高州府知事、检校各一员，训导二员；吴川、石城二县训导，茂名、吴川二县主簿，石城县丞各一员；并革博茂、立石二巡检司，窦江驿。从巡抚都御史等官言，其地屡遭兵疫，民少役重故也。

戊戌（二十八日）［命湖广岁拨粮接济广西］

命湖广岁拨接济广西粮三万石，石收银三钱五分，解送广西布政收纳备用。从巡抚湖广右副都御史刘敷请也。

明宪宗实录卷一百五十九

十一月

庚申（二十日）［四川乌撒军民府流官同知刚正抚字有方，“夷民”信服，允再任三年］

吏部言：四川乌撒军民府土官知府陇旧等奏保流官同知刚正抚字有方，夷民信服。今已九年秩满，乞留再任三年，以慰群望。从之。

明宪宗实录卷一百六十

十二月

壬申（初三日）［复除广西阳朔县知县于旧任］

复除广西阳朔县知县杨纲于旧任。阳朔民言：纲多善政，以忧去官。今已制终，适知县缺，愿纲复任，以终其惠。巡按御史以闻，故有是命。

辛巳（十二日）［四川巡抚张瓒奏区画边储事宜］

巡抚四川右副都御史张瓒奏区画边储事宜：一、四川各属盐课，比少中支，积久消耗。其各井盐水微细，煎陪艰辛。今宜以成化元年至五年，开中所遗上流等十五盐课司引盐，量如两淮掣出，余盐卖银备用。六年至八年，见在盐课开中四千九百二十四万八千二十斤数内，流盐每引原拟米五斗，今减为四斗。云安每引原拟一斗五升，大宁二斗五升，俱加为三斗。自余华池、通流、新罗、福兴如旧四斗。富义、罗泉、广福、仙泉、黄市、滂井、永通、郁山俱仍三斗。悉于松、茂二卫叠溪、小河二千户所仓上纳。其松潘、叠溪每米一石，时价银二两。茂州、小河每米一石，银一两。凡民有欲参充三司知印、承差并冠带者，于松潘、叠溪纳米三十石。吏典二十五石，府州县吏典二十石。于茂州、小河纳米，则三十石递至二十数，各加倍。户部覆奏，从之。

癸未（十四日）［广东泷水县瑶人“累招累叛”，兵部请行两广总督朱英等督兵根捕，并行巡按奏处失机官员］

总督两广军务右副都御史朱英等奏：广东泷水县瑶贼累招累叛，近复聚众杀掠人畜。臣等已令参将杨广率领番、汉官兵，相机抚剿。章下兵部言：此贼出没不常，请行英等督兵根捕，并行巡按御史勘其隐匿之弊，失〔机〕官员听指实奏处。报可。

丁亥（十八日）［以剿除湖广八寨并贵州坪排洞起事苗人，赏有功官兵］

赏都指挥佥事张玉等官军四千八百四十六员名彩段、钞、绢有差。以剿除湖广八寨并贵州坪排洞苗寇功也。

甲午（二十五日）［以云南清出该解内地军丁畏惧远戍，俱欲逃之“夷境”，请将边境清出军伍自乞充军者仍留本地］

云南清军御史黄本等奏：清出云南该解内地军丁畏惧远戍，俱欲逃之夷境。乞如兵部旧所拟奏，凡边境清出军伍自乞充军者，仍留本地，以便征调。事下兵部言：云南、贵州去京师万里，其人有僰人子、百夷、罗罗、蒲蛮，种不一，俱无乡贯可稽，难于清解。间有解者，往往中途死亡，无济于用。宜从本言，移文二处清军御史，并三司官，自后清出军丁，应解千里之外者，及其家人、养子、赘婿，侨居年久自乞充军者，就编入附近边卫，仍行原卫除其名籍。若其人不系夷僚，不论远近，仍如旧解补。其有内地见军故逃还，以规援例改编近卫者不听。报可。

丙申（二十七日）［四川播州宣慰使、芒部军民府土官舍人与贵州宣慰使遣人贡马］

四川播州宣慰使杨爱遣长官郑旭等，芒部军民府土官舍人陇慰遣把事阿体等，贵州宣慰使安贵荣遣把事陈昂等，各来朝贡马。赐彩段、绢、钞有差。

明宪宗实录卷一百六十一

成化十三年丁酉（1477）

正月

壬子（十三日）［以“番贼”“攻劫”新桥等堡，协守松潘等处都指挥同知等被停俸］

协守松潘等处都指挥同知孙暠、四川都指挥同知刘昇俱停俸戴罪杀贼。以番贼攻劫新桥等堡，(堤)〔提〕备不严故也。

己巳（三十日）［录四川松潘写字崖等处斩获“番贼”功］

录四川松潘写字崖等处斩获番贼功。升参将署都指挥同知尧彧实授都指挥同知，其余将士一百八十七人升赏有差。

明宪宗实录卷一百六十二

二月

辛未（初二日）［免云南各长官司及裁减州县官朝觐］

免云南各长官司及裁减州县官朝觐，从总兵官黔国公沐琮等奏请也。

丁亥（十八日）［赏湖广、贵州“东苗”等处“杀贼”有功官军］

赏湖广、贵州东苗等处杀贼有功官军人等南京库绢五千二百余匹，湖广布政司布三千七百四十余匹、钞二十五万七百贯，贵州布政司布六十余匹，四川布政司布三百八十余匹、钞十一万六千四百贯。

乙未（二十六日）［湖广永顺宣慰使彭显英等以助讨起事苗人及石全州等功各进散官一阶］

湖广永顺宣慰使彭显英、保靖州宣慰使彭仕垄、两江口长官彭胜祖、四川酉阳宣抚冉云，以助讨苗贼及石全州等功，各进散官一阶，赐敕奖劳之。

戊戌（二十九日）［设四川安宁宣抚司并怀远、宣化二长官司］

设四川安宁宣抚司并怀远、宣化二长官司，以二司隶安宁，属播州宣慰使司管辖，从巡抚都御史张瓒等议也。

［四川巡抚张瓒奏报调兵进剿湾溪、夭坝干等处起事苗人情形，兵部尚书项忠等请降敕奖劳张瓒等，务令招安苗众］

巡抚四川右副都御史张瓒奏：湾溪、夭坝干等处苗贼占据田寨，抚谕不服。成化十二年十一月，督同都布按三司官及播州致仕宣慰使杨辉调兵进剿，败之。通计攻破山寨一十六，斩首四百九十六，抚出大小男妇九千八百三十七。事下兵部，尚书项忠等以为苗蛮听抚数多，宜量为处分。请降敕奖劳瓒等，务令招安苗众，镇靖地方，以绝后患。从之。

明宪宗实录卷一百六十四

三月

辛未（初四日）[开设四川东乡县阴阳学]

开设四川东乡县阴阳学。

丙申（二十九日）[乌思藏如来大宝法王及阐化王各遣国师等贡方物]

乌思藏如来大宝法王葛哩麻巴及阐化王昆葛列各遣国师温卜卧些言铿等来朝贡方物。赐宴并衣服、彩段等物有差，仍令赍敕并彩段等物，回赐其王。

明宪宗实录卷一百六十五

四月

丁巳（二十日）[平乡伯陈政奏报官军剿广西天河县山峒“蛮贼”获捷]

两广总兵官平乡伯陈政等奏：广西天河县山峒蛮贼频年恃险纠众为乱。议调副总兵白玉等统兵剿之，攻破贼寨，生擒一十六人，斩级九百一十五，夺获器仗三百四十二。奏至，兵部请赐敕奖劳，俾抚治余贼。从之。

明宪宗实录卷一百六十六

五月

庚寅（二十四日）［云南巡抚王恕奏称安南遣人潜入临安等处“探事”“市铜”，陈防备之策，并乞休致］

巡抚云南左副都御史王恕奏：近闻安南国时遣人潜入临安等处，窥觇事情；更于蒙自县莲花滩市我生铜，铸造兵器；又于交界之地设伪总兵等官，往来巡视，关防甚严。闻江西有王姓者皆曾冒籍云南，应举不得，随奔安南，受彼伪御史之职，凡所为僭越矫妄，多出其谋。间有军丁回自安南言：交人并吞占城时，遂欲乘胜入寇云南。其奸谋诡计，前后非一。明者睹未萌，况已著耶？今临安密迩安南，虽设一卫，见在城守官军仅二百余人。通计云南二十五卫，不过万三千人。地杂诸夷，赋税甚薄，官军粮饷，取给屯田。计所在仓粮，仅足一年之食，且比岁荒灾，今年尤甚。盗贼生发，殆无宁日；各处土官，连年仇杀；加以闸办银课，索取进贡，骚扰于民。而临安迤东曲靖、（六）〔陆〕凉，迤西洱海、大理等等，俱各缺人任用。乞于云南所辖二十二卫见操官军内，量调四千，分为二班，更番于临安戍守。复增设按察司副使一员于此，专饬兵备，及开中安宁、黑、白盐井盐课，以足军饷。暂止闸办银课、进贡宝石，以苏民困。臣材职凡庸，年力衰惫，更乞简命年力精强、才兼文武大臣一员，代臣巡抚，放归田里，以终余年。章下兵部议：以为交人入境探事、市铜，镇守等官故为故纵，而不以闻。其言王姓者，受其伪官，提兵巡边，伪设总兵等官。若遽调兵轮守，恐彼生衅，得以为词。如不加（堤）〔提〕备，又恐变起不测。必须计虑周密，外示优恤，内实严备。宜行镇守、巡抚等官勘议，临安等处地方宜设副使，及拨军戍守与否，皆令奏闻。又言：恕精力未衰，且近升右都御史，难遽更代。诏可其奏，命恕用心巡抚地方。礼部亦议，闸办银课并进贡宝石，宜暂停止。诏除岁办并常贡，其余务须禁革，毋令妄取扰人。

[两广清军监察御史丘山奏请将清出军丁发附近卫所差操]

两广清军监察御史丘山奏：广东如高、雷、廉、琼、肇庆五府，地僻民稀，而广西荒落残破尤甚。有司如例清解军丁远卫补伍，率多逃入贼中。且高、廉居民，多为贼所胁从，近因招抚，始来复业。若拘之急迫，必有意外之虞。况今两广寇贼出没，缺军调用，乞将两广清出军丁，暂发附近卫所差操，仍行原卫停勾为便。兵部覆奏，从之。

明宪宗实录卷一百六十七

六月

丁酉（初二日）[敕欧磐充右参将，分守广西柳、庆地方]

敕广东都指挥佥事欧磐充右参将，分守广西柳、庆地方。以巡抚等官言其材略可用，屡尝剿贼有功也。

明宪宗实录卷一百六十八

七月

乙亥（初十日）[云南巡抚王恕等劾奏镇守太监钱能及其从行指挥等罪]

巡抚云南右都御史王恕等劾奏镇守太监钱能罪，及其从行指挥卢安等。都察院复奏：差刑部署郎中钟蕃往会三司官按其事，并逮能还京，通治之。诏：能果有罪，奏来处分。初，能遣指挥使郭景奏事京师，以安南国有捕盗夷兵犯境为劫掠者，请敕国王戒约之，朝廷因命景赍敕以往。旧制，使安南者，道必由广西，而景乃取道云南。能以玉带、宝绦、蟒衣、罗段、犬马、弓箭、鞍辔诸物，附景私遗安南王，遂由云南至其国，受馈遗甚夥。及还，诱其贡使仍道云南。至中途，给以他语先行。及贡使至云南边境，守者阻之不容入。边民以为安南人入寇，相率惊疑，欲避之。总兵、三司官遣人谕贡使至再四，其人始还，朝廷未之知也。后三年有一男子自安南来归，言尝见一指挥从三十余人至安南，以犬马诸物馈王。诏下巡抚、巡按官究问。盖景自安南还后，能屡遣与指挥卢安、苏本，百户杨能等，遍历诸夷、干崖、孟密等宣抚司求索。景获其宝货，至逼淫曩罕弄孙女，许以开设衙门治事。还至金齿被逮，遂投井死。于是恕同巡按御史鞫景同行者，得其本末，始奏于朝云。

明宪宗实录卷一百六十九

八月

辛丑（初七日）［升贵州总兵官吴经为右军署都督佥事］

升贵州总兵官都指挥同知吴经为右军署都督佥事。先是，四川播州宣慰司杨辉等奏：经在贵州，得边夷心，乞升京秩。兵科给事中参驳，以为经品秩已崇，而为土官所保，必有营谋之弊，事遂寝。至是，巡按贵州御史吴祚复奏保之，事下兵部议：以为兵科之驳为名器惜，而祚等之奏为地方计，乞自圣裁，故有是命。经，吴绶之兄也。

己未（二十五日）［以苗人入境，降分守湖广靖州左参将高端等军官］

降分守湖广靖州左参将都指挥同知高端，都指挥庄荣、周斌，及指挥、千百户、镇抚等官，凡七十人。端等同分守武冈等处，前后苗寇入境，杀虏官军民人，焚毁官廨民居甚多。事闻，敕巡抚都御史刘敷同巡按御史，俟事早核其数，并核失机官有无功劳赎罪。至是，敷等拟端、荣罪皆当死。端颇有斩获功，荣功薄不足以赎，余皆罪有差。奏上，诏以端既功可赎罪，仍降官二级。荣减死充边军，斌亦降二级。余三十四人降一级，三十三人当徒者如所拟。

甲子（三十日）［云南巡抚王恕奏防剿事宜］

巡抚云南右都御史王恕奏：云南地方蛮夷杂处，家藏兵器，动辄百十为群，肆行杀掠。而守土将校或因轻进获罪，遇贼惟以退避为计，幸而得利，辄虚声妄报以觊赏。其或挫折，即匿情设辞以掩罪，况进则有死而无功，退则有生而无罪，丧师失律，率由于此。且云南盗贼恒十倍他处，岂徒习俗使然。多由土官纵使家奴，纠合部民庄户，诱引无籍军民而为之也。况其地去京师万里，非可朝发而夕至。所获盗贼，必俟奏报，秋后加刑。比至，则贼多死于囹圄，无以警凶恶而快人心。请敕所司议，凡官军死于敌忾者，厚赏以恤其家。将校督战者，有功则赏，无功勿罪。其有退避及坐视不救者，俱以军法从事。土官并庄户纵贼为非者，重罪之。盗贼佐验得情，即押赴市曹枭首示众。如此，则赏罚当而人知劝，法令严而贼自弭矣。章下兵部议，请视贼众寡与功之高下，以为赏格。其退避纵贼与当奏处者，咸如律例。诏从之。

明宪宗实录卷一百七十

九月

壬午（十八日）［云南巡按甄希贤等劾奏镇守太监钱能等罪］

巡按云南监察御史甄希贤等劾奏镇守太监钱能，及都指挥方明、周佐，布政司参议金酝，按察司佥事翁遂等罪。都察院请下希贤等，逮治明等。能俟再勘至日处分。诏可。先是，能左右时至矿场，有所求取。会有言守矿千户三人私矿银者，能不奏请，辄遣人械系之。三人者惧，共以官课千两馈能。能意不满，召明遂同临问，以巨梃杖之死者一人，明使其属以病死报，乃委遂偕酝竟其狱，复以赃罪诬死者。既而佐至矿场，以余课赐死者同事人，于是死者家人讼其事于朝。命锦衣卫官往会刑部审刑官暨巡按御史鞫得其实，通劾能等。事下都察院都御史王越畏能势，故独缓其事云。

辛卯（二十七日）［以原印为山水冲失，铸给贵州镇远府经历司等印记四颗］

降贵州镇远府经历司并照磨所、司狱司、阴阳学印记四颗。以原印为山水冲失，故增其文铸给之。

明宪宗实录卷一百七十一

十月

庚戌（十六日）［四川巡抚张瓒等奏分兵夹攻松、茂“番蛮”］

巡抚四川右副都御史张瓒等奏：松、茂南一带，番蛮反叛不常，臣等议分兵进讨。令副总兵尧彧往松潘，右参将孙暠往茂、叠、威，两路夹攻。且以其间修河西旧路为浮桥，治月城，以避偏桥栈道，则粮道无阻。兵部因请假瓒及太监梅忠以便宜之权，且言兵贵神速，使彼麦熟，则难以困守，乞速其进兵。从之。

明宪宗实录卷一百七十二

十一月

丁卯（初四日）［以旱灾免湖广长沙府长沙等六县成化十二年秋粮］

免湖广长沙府长沙、善化、茶陵、湘阴、醴陵、攸六县去年秋粮十万五千八百石有奇，以旱灾故也。

明宪宗实录卷一百七十三

十二月

庚子（初七日）［两广巡抚朱英奏罢广东左布政使周铎等］

巡抚两广右副都御史朱英奏罢广东左布政使周铎、按察司佥事诸正、广西佥事邵智、广州府知府高橙。以铎衰老，正等俱不谨也。

辛亥（十八日）［四川茂州地震］

四川茂州地震。

明宪宗实录卷一百七十四

成化十四年戊戌（1478）

正月

壬辰（二十九日）［四川酉阳宣抚司、贵州贵竹长官司土官宣抚等官各遣人贡马］

四川酉阳宣抚司并贵州贵竹长官司土官宣抚等官冉云等各遣人来朝贡马。赐彩段等物有差。

癸巳（三十日）［云南巡抚王恕所奏镇守太监钱能诸违法事皆实，都察院请治其罪，帝特宥能，降敕切责之］

刑部郎中钟蕃等勘报：巡抚云南都御史王恕所奏，镇守太监钱能遣指挥郭景，以玉带、蟒衣并狗马私通安南国王，又遣卢安、苏本等与干崖、孟密诸夷交通等事皆实。都察院请逮能等至京治罪，上特宥能，降敕切责之，曰：法司奏鞫尔违法事皆实，及尔所奏巡抚官事皆诬。罪状显著，本欲械尔至京，依律问拟。但念尔在边岁久，姑曲法宽贷。尔须以镇守职任为务，以地方人心为重，严束下人，毋得于所属军卫有司骚扰。况土官化外之人，祖宗以来但俾其以时纳贡，羁縻之而已，比之内地不同。今后有事须与黔国公沐琮并巡按御史、三司官公议，委三司廉干官员抚谕勘问。毋得任情擅遣无借之徒，仍前需索诈骗，以起衅召乱。万一有失，咎将谁归？尔其戒之慎之。

明宪宗实录卷一百七十五

二月

己酉（十六日）［增设云南按察司副使一员，整饬临安兵备］

增设云南按察司副使一员，整饬临安兵备，以监察御史何纯为之。时总兵官黔国公沐琮、巡抚都御史王恕等言其地近南安故也。

辛酉（二十八日）［赐故广西都指挥使岑瑛诰命，并封其妻］

赐故广西都指挥使岑瑛诰命，并封其妻。先是，有诏土官能领所部兵杀贼有功者，增秩赐诰，以宠异之。瑛初继父永昌知思恩州事，频年领兵于外，多所捕斩，历升知府、参政、都指挥使。年且八十，尚在军中。既卒，其子镃以诰请，故有是命。

明宪宗实录卷一百七十六

三月

癸亥朔（初一日）［敕四川巡抚张瓒督兵讨松、茂“诸蛮”］

敕四川巡抚都御史张瓒等，督兵讨松、茂诸蛮，从兵部请也。

己巳（初七日）［容县“盗”起，两广总督朱英等奏将发兵征讨］

总督两广军务右副都御史朱英、总兵官平乡伯陈政等奏：容县盗起，将发兵讨之。诏下兵部议行。

辛巳（十九日）［封闭乌撒卫天生桥等处银峒］

封闭乌撒卫天生桥、稻田坝、奈章场等处银峒，以矿脉微细，且密迩夷境，恐生边患。从巡抚都御史张瓒请也。

明宪宗实录卷一百七十七

四月

甲午（初三日）［四川巡抚张瓒等以破松、叠等处“夷寇”上章献捷］

巡抚四川赞理军务右副都御史张瓒等以破松、（垒）〔叠〕等处夷寇，上章献捷言：臣与副总兵都指挥尧（或）〔彧〕等调兵五万。始以成化十三年十月徂征，十一月，次松潘、（垒）〔叠〕溪等处，分哨并进，直抵巢穴，尽锐攻之。先后破贼二十二寨，斩首一千七十级，贼首撒哈等俱已诛灭。上命即降敕奖励之，所遣奏捷者升一级。

乙卯（二十四日）［改广西平乐县群峰寨、古眉寨两巡检司隶新设永安州］

改广西平乐县群峰寨、古眉寨两巡检司隶新设永安州，原在群峰寨者迁木茅村，古眉寨者迁陈村，以其地控扼南北贼路。从都御史朱英奏也。

明宪宗实录卷一百七十八

五月

壬戌朔（初一日）［广西守备荔浦指挥使徐清等以失机下狱，千户杜璇以死事录其后］

广西守备荔浦指挥使徐清等以失机下狱，千户杜璇以死事录其后。初，广西流贼攻破荔浦县龙村等寨，指挥徐清、刘源、吴谦等俱不能防御。杜璇领兵击贼，生擒四人，缚至广运堡，百户王彪识其为仙回峒僮人，纵之。其峒僮复纠各峒人数百，大肆劫掠，璇死焉。至是巡按御史谢显核实以闻，兵部参奏，清等皆坐失机，而彪纵贼，其罪尤甚，宜俱下御史逮治。璇没于王事，例升一级，以录其后。从之。

明宪宗实录卷一百七十九

六月

甲午（初四日）［设广东恩平县］

设广东肇庆府恩平县。先是，广西流贼侵轶广东，其路率由阳江县恩平巡检司。总督两广都御史朱英请于其地设立县治。从之。至是始析肇庆之新兴、阳江，广州之新会三县地为恩平县。而徙巡检司于那虔峒。

丙申（初六日）［四川赞理军务右副都御史张瓒等“平夷”班师］

四川赞理军务右副都御史张瓒等以平夷寇班师。上奏云：臣等先已破白草坝、西坡、禅定诸大寨奏报，后又移师叠溪、茂州等处，所遇诸夷，悉就招徕。惟曲山三寨负固不服，进兵复击破之，斩首二百一十八级，又攻破白草坝余寇，斩首九十余级，余党悉平。自叠溪抵茂州，道路桥栈被贼毁坏者悉缮修，拓展茂州城池，保卫居民，以免后患。增筑各处城堡，以屯戍兵。量地险易远近，分委都指挥等官巡守，使责有所归。东路自龙州铁索桥至松潘望山关，于小河及三令驿驻兵。自平夷堡至平定堡，于镇平堡驻兵。自永镇堡至新堡子，于叠溪驻兵。自实大关至七星关，并东路土地岭至石泉堡，于长宁堡驻兵。自龙州以东至安绵、石泉，于石泉县驻兵。自威州堡至保县堡，于坝州驻兵，仍令副总兵等官，时行巡视。臣等以四月二十七日班师，计前后破灭夷寇五十二寨，招纳降夷一百五寨，增置墩堡九处，新筑茂州城一所，条列以闻，命兵部知之。

癸丑（二十三日）［贵州普定等处“蛮贼”劫掠，总兵官吴经等欲发湖、贵、云南兵击之］

贵州普定等处蛮贼劫掠，总兵官都督吴经等欲大发湖、贵、云南兵击之。兵部以经乃吴绶之兄，避势欲准其奏。上曰：兵凶战危，岂可轻动？蛮夷为患，自古有之，但在防御有术而已。若大发兵，恐首恶未得，徒伤无辜。况贵州山箐茂密，纵使兵至，岂能得志乎？其敕巡抚都御史陈俨亟往，相度事情缓急，应否调兵征剿，奏来处置。

明宪宗实录卷一百八十

七月

乙丑（初六日）［以石屏州“强贼”出没，降旨切责失事官员］

镇守云南太监钱能等奏：临安府石屏州自去年三月以来，强贼不时出没，攻击数寨，劫掠居民。又围建水州乡村。事下兵部言：贼发半年，能等始会奏，其旷职怠事可知。宜降敕切责，令各记其罪。而三司官掌印、佥书者，俱停俸。有曾分巡于此，并所在军卫有司掌印、佥书者，俱令停俸戴罪，不许更代。敢有仍前轻玩者，听巡按御史举奏执问。庶人知所畏，而盗可息灭。从之。

戊寅（十九日）[黔国公沐琮奏土官袭替事]

云南总兵官黔国公沐琮奏：所属土官不能分别嫡庶，以致身死之后，或同族异姓与其应袭之子，互相争立。三司保勘之官，又各依违不决，恐生他虞。乞下所司，移文镇守、巡按等官，急为剖决，仍行布政司转行土、流官吏人等，公核在职土官宗派嫡庶始末，详具谱图，岁造册籍。遇有土官事故，借此定之，则事有定规，争端可息。事下兵部议：其言甚切，请行琮等督三司巡守官，凡土官争袭未定者，亟从公剖决，毋得仍前避事。兼行六品以下，如例入粟听用，免其至京。或三司等官，避事不决，听巡按御史察举。虽巡守满岁勿代，即以此著为定例，凡贵州、广西、湖广、四川皆遵行之。其册籍旧有者准造否，即减省为便。从之。

[以郁林州、容县等处数被“贼徒”李康、胡公明等杀掠，处置失机官员]

巡按广西监察御史谢显等奏：郁林州、容县等处，数被贼徒李康、胡公明等杀掠，死者及被虏者甚众。其提督副使张敩、分守参将马义，并哨守指挥等官李刚等十有六员，宜治其失机之罪。兵部谓：敩已逮问，义等宜行巡按御史究治，而副总兵都督佥事白玉、总镇太监顾恒、总督右副都御史朱英、总兵官平乡伯陈政俱号令不严，宜并治之。命如所奏，玉等宥不问。

己卯（二十日）[贵州陈蒙烂土长官司副长官奏请发兵抚剿夭坝干“贼首”赍果]

贵州陈蒙烂土长官司副长官张镛奏：夭坝干贼首赍果自正统以来，侵占土地无已。臣常七疏请兵，而三司委官不为处决，乞调兵以今秋抚剿之。于其所侵大陈、大步等寨设为一司，与臣所治，俱隶于安宁宣抚司，庶苗患可靖。事下兵部议：宜行贵州巡抚都御史陈俨等会官议处。从之。

明宪宗实录卷一百八十二

九月

乙酉（二十七日）［镇守云南太监钱能为指挥姜和、李祥乞恩免罪］

镇守云南太监钱能为指挥姜和、李祥乞恩免罪。从之。初，能在云南，数使其下往孟密等处索取金宝等物，为巡抚都御史王恕所奏，命官勘实。上既宥能罪，止罪其下九人，而和、祥尤怙势潜匿，不肯就逮，有旨令巡按御史就彼追问。至是，能复为二人求宥，称其不避艰险，有劳边方，且以恕等诬陷为词，竟从其奏。

明宪宗实录卷一百八十三

十月

壬辰（初四日）［黔国公沐琮等奏云南广西府土官知府与弥勒州千夫长互相仇杀］

云南总兵官黔国公沐琮等奏：广西府土官知府昂贵与弥勒州千夫长龙判等互相仇杀，累遣官抚捕，负固不服。上谕兵部臣曰：贵等构乱之初，使守土之臣因俗而治，必不稔恶至此。顾乃推托隐弊，以致边夷效尤，莫能禁止。宜移文并勘，凡其境内仇杀事情，如此类者，降敕镇守、巡抚等官，分委官属，躬亲处画。不竟者，毋辄更代，三司、府卫以下职官未停俸者，俱令停俸。

癸巳（初五日）［平乡伯陈政、右副都御史朱英等奏获后山“强贼”黄梨检等］

两广总兵官平乡伯陈政、右副都御史朱英等各奏：获后山强贼黄梨检等八十三人，请以便宜处决，枭首示众。都察院覆奏，从之。

庚子（十二日）［贵州总兵官吴经等奏请调官军、土兵征剿西堡等处“羯僚蛮贼”］

贵州总兵官署都督佥事吴经等奏：西堡狮子孔等处羯僚蛮贼四散屯结，不下万余，分道攻劫，杀伤官军，道路梗塞。先议调云南守备贵州官军八千协助战守，闻云南亦有寇盗，恐难远调。乞借湖广清浪、沅州附近诸卫军士五千应援。事下兵部，请从所拟。降敕贵州、湖广总兵巡抚等官，调官军土兵如初拟调之数，并力攻剿，仍敕云南守臣谨饬边界，以防奔突。从之。

明宪宗实录卷一百八十四

十一月

丁卯（初十日）［广西养利州、永康县改土归流］

裁革（陕）〔广〕西养利州土官知州、永康县土官知县，置流官知州、知县各一员。巡抚都御史朱英言：养利土官知州赵武高、子文安，往年尝有罪，籍其家。永康土官知县杨雄杰亦以罪置极典。其族人连年争袭，重为民患。今承平既久，声教日敷，乞裁革土官，置流官便，养利州流官同知、判官可并裁之。上从其议。

癸未（二十六日）［梧州总府总兵官陈政与总督朱英争座次］

总镇两广太监顾恒奏：往者梧州总府列坐，臣居中，总督两广军务右副都御史朱英居左，总兵平乡伯陈政居右。今政因兵部定议，凡镇守、总兵、巡抚等官列坐，总兵系伯爵以上者居左，巡抚系佥都御史以上者居右，遂欲据左。而朱英称系总督军务，与巡抚事体不同，争论未决。事下兵部言：总兵、巡抚列坐，累有奏行事例。但成化二年间，敕令总督、提督军务等官职，自佥都御史以上俱坐于总兵官、（候）〔侯〕伯之左，列名于前，已有定制。今朱英系总督军务，而总兵官陈政争坐，以紊成规，宜令序次如旧。上谕曰：朱英止令巡抚两广，改敕与之。

明宪宗实录卷一百八十五

十二月

癸巳（初六日）［升朱英为右都御史，仍总督军务兼理巡抚，并赏镇守太监顾恒、平乡伯陈政等］

升巡抚两广右副都御史朱英为右都御史，仍总督军务兼理巡抚，并赏镇守太监顾恒、总兵官平乡伯陈政等。兵部尚书余子俊奏：比因英、政争坐事议上，被旨令英止巡抚两广。窃见英等俱奏，自两广兵革之后，招抚瑶僮逋逃复业之人，共为户四万三千六百，丁口一（千）〔十〕五万，科复田粮一万五千有奇。又建立永安州治，边徼靖安。方欲以英等及部下勤劳官属，请旨论功行赏。且两广夷民杂处，叛服不常。往缘镇守、巡抚等官颉颃不一，设立总督之称，使上下协和，易于控制。英代居其任，悉心所事，渐有成功。今忽解去总督之柄，恐诸夷轻视，反侧复生。兵备一隳，难于再举。奏入，上曰：国家悬爵赏以待有功，诚所不吝，但不可以冒滥。而得顾恒、朱英、陈政，既有招抚劳效，边徼靖安。英升右都御史，仍总督两广军务兼理巡抚。恒、政各赐彩段四表里、银三十两，降敕奖励。既而子俊复言：恒等往奏参将都指挥同知杨广、都指挥佥事王辅、署都指挥佥事马议、孙震，左参政袁恺，右参政黄埙、车宁，副使陶鲁、范镛、张敩、林锦、孔镛，右参议谢绶，佥事罗明、赵弘，都指挥佥事潘椿，梧州府知府吴中，高州府通判陈纲等，俱奉宣德意，招抚安辑效劳。官属内鲁、镛、敩、中、纲、辅、震等冲冒瘴疠，涉历险阻，功勤尤大。窃见英比已进秩，恒及鲁等更乞裁处升赏，以为后劝，命俱赏彩段二表里，鲁等仍加银十两。

丙午（十九日）［贵州峰峒寨“蛮贼”联合烂土等处苗头及广

西荔波等县“流贼”起事，令两处镇守、巡抚等官多方抚化之]

贵州丰宁长官司土官副长官杨泰奏：峰峒寨蛮贼陆光翁等纠聚烂土等处苗头及广西荔波等县流贼，杀掠人民财畜，道路阻塞。乞调贵州、广西两处汉土官军并剿之。事下兵部言：比于安庄等处，用兵未毕，难更动调。宜行两处镇守、巡抚等官，严督所司多方抚化之。如其负固不服，具闻区处。从之。

丁未（二十日）［**云南都指挥佥事吴瑢等率军分进，并剿石屏州昌明里“夷寇”**］

云南总兵官黔国公沐琮等奏：比调都指挥佥事吴瑢、右参政姚旭、佥事邹儒等，率军分进，并剿石屏州昌明里夷寇。屡战败之，生擒八十四人，斩首四百三十六级，余党悉平。事下兵部言：顷缘石屏州寇盗未息，累责所司停俸戴罪抚捕，今宜行令支给如旧。杀贼功次，俟勘报定拟。从之。

明宪宗实录卷一百八十六

成化十五年己亥（1479）

正月

甲戌（十七日）［**四川乌思藏辅教王遣都纲等朝贡**］

四川乌思藏辅教王南渴坚粲巳藏卜遣都纲沙加星吉等三百六十三人来朝贡氆氇方物。宴赉如例。辅教王乞升沙加星吉等职，不允。沙加星吉等乞将赐赉物于湖广荆州境内市茶，人六十斤。许之。

庚辰（二十三日）［**广西上石西州改设流官知州一员**］

广西思明府上石西州改设流官知州一员，以土官知州何仕弘故，无应袭之人。从布按二司奏请也。

明宪宗实录卷一百八十七

二月

庚寅（初三日）［以旱灾免湖广秋粮］

以湖广去岁旱灾，免秋粮米、麻豆七十九万二百石有奇。

庚子（十三日）［宜山县峒民户口钱粮并归思恩府，忻城县仍以土官知县治之］

总督两广右副都御史朱英奏：近监生徐友坦言，欲以宜山县地方属思恩府者复隶于县，而革忻城县土官。缘宜山峒民时常作耗，故以思恩土官辖之，盖以夷治夷也。然其田粮户口，仍旧属县，赋役不便，今宜并归于府，不必复还旧县。忻城土官初以瑶僮劫掠，不服流官，故举宜山土官千户莫敬诚抚治。后因瑶僮向化，授敬诚以世袭土官知县。今归服已久，实难更动。户部议如其奏，从之。

壬寅（十五日）［广西守御太平千户所获安南国谍者逃脱，以防范不严之降守御千户职］

广西守御太平千户所获安南国谍者七人，系之镇抚司狱中。有民人与之识者，走报其家。赂守狱卒，皆脱其械使亡去。事觉，民及狱卒俱坐罪死。镇守等官各奏其事，并言守御千户赵邦防范不严之罪。法司覆请重惩之，有旨：赵邦守御不谨，赎罪毕降官二级，本卫差操。

明宪宗实录卷一百八十八

三月

丙寅（初十日）［以旱灾免贵州都司所属卫所屯田子粒］

免贵州都司所属卫所屯田子粒七千七百石有奇。以去岁旱灾也。

明宪宗实录卷一百八十九

四月

癸卯（十七日）［韩雍卒］

都察院右都御史韩雍卒。雍，字永熙，直隶长洲县人。正统壬戌进士，授监察御史……成化初，两广寇大作，命将征讨，而总理难其人。兵部尚书王竑请曰：非韩雍不可。遂改左佥都御史赞理军务。师进至全州，擒其苗酋，严刑示众。次桂林，数其失机指挥罪而斩之，军威大振，乃分兵为二十五哨，直抵大藤峡。平贼，改大藤为断藤，奏徙上隆州于峡内，更名武靖，设土官领之。规画既定，乃刻石纪功而还。至广西，大犒将士，而先所遣将士分剿广东流贼者亦大捷。至是，两广悉平。捷闻，上赐敕奖谕，升左副都御史，提督两广军务。奏增巡抚都御史二员，分莅两广。未几，雍以父丧守制去。言者为两广地利害相关，分则难于保障，宜于梧州喉襟处，设总府制之，诏从其请。罢二巡抚，起复雍升右都御史总督两广军务兼理巡抚。疏乞终制，不允。至梧，筑城增兵，据要害以节制四方，民夷畏伏。既而为镇守广西太监黄沁所劾，以本官致仕。

明宪宗实录卷一百九十

五月

甲戌（十九日）［贵州程番等七长官司长官贡马］

贵州程番府程番等七长官司长官程昊等各来朝贡马。赐彩段、绢、钞有差。

丙子（二十一日）［贵州总兵等官吴经等以平西堡“蛮贼”报捷］

贵州总兵等官吴经等以平西堡蛮贼报捷。先是，蛮贼阿毛、坚娄等聚众杀掠，烧毁屯堡。诏招降之，不服，经等请兵讨之。分兵为五路，直抵巢穴，斩其酋坚娄、阿五等，焚其寨。余贼奔积蟒等洞，进兵攻之，复斩其酋阿毛、果韶等。其余潜石洞者，塞其门以毒药薰之，皆死。贼酋卜著记复保聚众据白石崖，崖高而险。募敢死士，夜半冒雾，衔枚先登，夺其所据，贼遂大溃，多投崖死，余贼擒斩殆尽。前后焚毁贼寨五百七十八，攻破洞五十四，斩首二千一百五十二，生擒一百三十四，俘其老幼七百二十四，获兵器、牛羊数千。捷至，上命驰敕奖励之，升报捷人各一级。然是役也，蛮夷固小有盗窃，因劫赴任云南参政姚昶家属，吴经遂欲大举兴兵灭之。及奏至，上命都御史陈俨，往彼相度事势为进止。而俨特畏经弟绶之势，竟迁延矛家，以致经大肆杀戮，地方疲敝，冒滥功赏，人莫敢非议云。

己卯（二十四日）［以水旱灾，免湖广常德等府州卫所及永顺等处军民宣慰使司米豆子粒］

免湖广常德、辰州、衡州三府，郴、靖二州，无征米、豆十二万二百二十三石。常德、辰州、靖州、九溪、永定、铜鼓、茶陵、沅州八卫，澧州、长宁、夷陵、枝江四所，及永顺等处军民宣慰使司，子粒四万一千一百一十余石……以去年水旱也。

庚辰（二十五日）［责罚广西署都指挥佥事马义等］

广西署都指挥佥事马义，初充参将分守浔、梧地方。部下指挥李刚等各守容、贵等县。累被瑶贼攻劫村寨，杀伤官军，虏掠男妇，不能追剿。巡按御史劾其罪，坐刚等十四人俱谪戍，义赎杖还职。诏免刚等谪戍，各降二级差操，义停俸半年。

壬午（二十七日）［四川长宁安抚司土官、杂谷安抚司署印舍人各遣番人朝贡］

四川长宁安抚司土官坤卜、杂谷安抚司署印舍人耿著思吉各遣番人来朝贡马及盔甲等物。赐彩段、绢、钞有差。

明宪宗实录卷一百九十一

六月

己丑（初四日）［湖广东乡五路安抚司安抚、桑植安抚司安抚等各遣人贡马］

湖广施州卫东乡五路安抚司安抚覃能、九溪卫桑植安抚司安抚向世英等各遣人来朝贡马。赐彩段、绢、钞有差。

丙申（十一日）［增设广西忠州同知一员］

增设广西思明府忠州同知一员。从巡抚及布按二司官奏请也。

癸卯（十八日）［云南官军征剿铁索箐“蛮贼”奏捷］

云南总兵官黔国公沐琮等奏：铁索箐蛮贼王通海等群聚劫掠。臣等将兵讨之，分道而进，连战累捷。生擒三百九，斩首一百三十九，俘获一百三十三，其投崖及饿死者甚众，获畜产、兵仗无算。奏至，上赐敕奖励之。

明宪宗实录卷一百九十二

七月

甲子（初十日）［以水灾免广东雷州府遂溪、海康二县成化十三年秋粮］

免广东雷州府遂溪、海康二县成化十三年秋粮米一千九百六十余石，从巡抚副都御史朱英奏，有水灾故也。

丁丑（二十三日）［广西太平府崇善县民刘佛进等以“妖言伏

诛”]

广西太平府崇善县民刘佛迓等四人，以妖言伏诛。初，佛迓善巫术，既而拾得铁印，遂伪称李王出世，造妖语以扇诱愚民。为安平等州所擒，至是伏诛。

壬午（二十八日）［四川长河西鱼通本部儿思刚等处、哈思牒等寨头目贡方物］

四川长河西鱼通本部儿思刚等处、哈思牒等寨头目端竹（己）〔巴〕等各来朝贡方物。赐宴并彩段、绢、钞有差。

明宪宗实录卷一百九十三

八月

辛卯（初八日）［增设贵州按察司副使一员，整饬威清等处兵备］

增设贵州按察司副使一员，整饬威清等处兵备，兼理粮储、屯种，以监察御史何淳为之。从巡抚都御史陈俨等议也。

甲午（十一日）［乌思藏阐化王、朵甘宣慰使司遣禅师番僧贡方物］

乌思藏阐化王遣禅师都纲远丹坚参等、朵甘宣慰使司遣番僧舍剌星吉等，各来朝贡方物。赐彩段、绢、钞有差。

壬寅（十九日）［增置广东英德县主簿一员］

增置广东韶州府英德县主簿一员。从巡抚都御史等官言其户口日繁故也。

明宪宗实录卷一百九十四

九月

辛酉（初八日）［贵州“黑苗”赍果等起事，命起致仕播州宣慰使会兵讨之，而以川、贵二镇附近兵为助］

贵州黑苗赍果等叛，命起致仕播州宣慰使杨辉会兵讨之。先是，辉因夭坝干既平之后，即其近地湾溪奏立安宁宣抚司。烂土诸夷恶其逼己，至是赍果等既攻陷夭漂、靖南城堡，遂围安宁宣抚司。时辉子爱袭宣慰未久，力弗能支，求援于川、贵二镇。各奏至，于是兵部请起辉统播州土兵剿杀，而以川、贵二镇附近兵为助。从之。

丙寅（十三日）［云南缅甸宣慰使司，贵州程番府、金筑安抚司、洪番长官司，湖广金峒安抚司各遣人朝贡］

云南缅甸宣慰使司，贵州程番府、金筑安抚司、洪番长官司，湖广施州卫金峒安抚司，各遣人来朝贡象、马并金银器、西洋布等物。赐宴并衣物、彩段等物有差。

明宪宗实录卷一百九十五

十月

乙酉（初三日）［缅甸求孟养、贡掌地，不许］

缅甸求孟养、贡掌地，不许。缅甸宣慰卜剌浪等奏：昔麓川思任发叛，朝廷敕有能擒获者，以麓川孟养地与之。后臣擒思任发其妻子以献，而不蒙赐地。今思洪发复欲夺贡掌地，贡掌乃缅甸朝贡驻泊之所，乞与缅甸。且今所遣金齿卫军余李让，乞今为冠带把事，以备役使。兵部尚书余子俊等，以为思任发族属累经赦宥，思洪发不闻有过，岂可夺其土地？李让中国人，而与为把事，是变于夷也，宜勿许。上令兵部谕其使臣曰：朝廷一视同仁，无间华夷，凡经赦不再犯者，俱不复治。孟养、贡掌是尔朝贡往来之所，已诏边臣谕思洪发，凡尔使经过，不得阻滞。李让听该管官司专遣，伴送往还，勿令奸人搀夺规利。尔其体悉朕意，毋得复有所望。

壬寅（二十日）［给云南缅甸宣慰使司阴文信符一道］

给云南缅甸宣慰使司阴文信符一道。

明宪宗实录卷一百九十六

闰十月

丙寅（十四日）［云南按察司副使陈骐、镇抚俞铨、巡按陈斌被镇守太监钱能所诬获罪］

云南按察司副使陈骐忤镇守太监钱能意，能因镇抚俞铨奏其不法，从而挤之，且以巡按御史陈斌与骐交通为奏，遣刑部员外郎徐霖等勘问，俱诬，仍坐骐尝笞死人，并（珷）〔斌〕听其请托罪。事下都察院覆奏，得旨：发铨广西边卫立功。骐既酷刑，赎罪完日原籍为民。俟斌代还，执问如律。

庚午（十八日）［乌思藏辅教王、阐化王并牛儿寨行都司指挥佥事遣剌麻随僧录司入贡］

乌思藏辅教王、阐化王并牛儿寨行都司指挥佥事班卓儿坚参等，以朝廷遣僧录司觉义绰吉坚参往赐诰敕礼物，各备佛像等物，遣剌麻掌结等，附绰吉坚参入贡。各赐衣服、彩段、钞有差。

明宪宗实录卷一百九十七

十一月

庚子（十九日）［四川播州宣慰使司、湖广高罗安抚司各遣人贡马］

四川播州宣慰使司、湖广施州卫高罗安抚司各遣把事人等来朝贡马。赐彩段及钞有差。

［贵州巡抚陈俨等奏请调湖广、四川、广西官军剿播州苗人赍果等，未允］

巡抚贵州右副都御史陈俨等奏：播州苗贼赍果等转横，乞调湖广、四川、广西附近官军共五万五千，克期同会贵州，听臣等节制，直抵贼巢，以除后患。兵部尚书余子俊等言：贼作于四川，而贵州守臣自欲节制诸军，恐有邀功之人主之。且四川、湖广连遭凶荒，岂可重手足而轻腹心？兴师五万，以三月计之，则用军储六万七千五百石。以半年计之，则用一十三万五千石。况两藩山路，舟楫不通，肩担背负，必得二十七万之众，俟其运至，则天时渐热，瘴疠方盛，此心腹之忧也。上是其议，令行贵州守臣不得轻率。

辛丑（二十日）［以西堡狮子孔既平，贵州巡抚陈俨等上议赏罚］

巡抚贵州右副都御史陈俨等以西堡狮子孔既平，上议以为赏罚者劝惩之典。西堡蛮夷之叛，盖由署都指挥佥事管立不能先事防御，长官温铠恣意贪黩，署都指挥佥事蔡英等不能往来遏截，宜治其罪。贵州宣慰使安观致仕，家居不至城市。近因用师，臣等以观所治水西，与西堡接壤，且老于事体，夷人畏服，令守水西后路。观初称疾退避，已而幡然思效，亲率其子宣慰贵等，统所部士卒二万，进攻白石崖，四旬而克。其所辖士卒，家自馈饷，不劳官司。及班师，径归卧于家，臣等屡以礼招徕，卒不至，宜加旌擢，以劝来者。于是命逮管立等五十六人鞫治如律，给观正三品昭勇将军诰命。

明宪宗实录卷一百九十八

十二月

辛酉（初十日）［乌思藏阐化王遣剌麻乞升国师］

乌思藏阐化王遣剌麻锁南领占乞升国师，命升为禅师，不为例。

丁卯（十六日）［礼部右侍郎周洪谟奏言四川叙州府“夷”情，请设土官“以夷治夷”］

四川叙州府奏：白罗罗、羿子与都掌大坝夷相攻。礼部右侍郎周洪谟言：臣，叙人也，叙之夷情，臣固知之。戎、珙、筠、高四县，在宋元时皆立土官，以夷治夷，羁縻而已。国朝代以流官，不通夷语，不谙夷情，其下因得肆行苛刻，激变其党。洪武、永乐、宣德、正统年间，四命大将徂征，随服随叛。景泰初年，势益滋蔓。得汉人缚之于树，乱射之，曰：尔害我亦已久矣。天顺、成化间，累出为恶。臣于是时尝言剿之，不能抚之，不从。唯立土官治之，为久远之利，诸夷忻然悦服。都御史汪浩徼幸边功，诬杀所保土官及寨主二百七十余人，诸夷怨入骨髓，以为官军诱杀之，转肆虏掠，后兵部尚书程信统大兵仅能克之。臣谓虽不能如前代设总管府、长官司，亦合设冠带把事分抚各寨。令夷人自推公平宽厚者一人为大寨主，许以世袭，其有不任，别选贤者代之。如此，则汉不扰夷，夷不仇汉，可相安于永久矣。又言：白罗罗者，相传为广西流夷，有寨数十，有众数千，无所统属。景泰初，纠戎、珙夷人，攻破长宁等九县，今又侵扰都掌。其所居崖壁峭险，林箐深密，既难剪灭，亦宜以长官司治之。其地与芒部相近，宜改隶芒部。羿子者，永宁宣抚所辖。而永宁乃云南、贵州之要冲，南跨赤水、毕节六七百里，以一柔弱妇人，制数万强梁之众，故每肆劫夺。臣以为宣抚土僚，仍用宣抚奢资治之。其南境夷寨近赤水、毕节要路者，宜立二长官司，仍隶永宁宣抚。夫土官有职无俸，无损乎国储，而有益于边备。大小相维，纲目相系，数年之后，不假卫堡备御，而诸夷自靖矣。兵部具议其便，从之。

辛未（二十日）［升四川按察司佥事戴宾为副使，整饬松潘兵备］

升四川按察司佥事戴宾为副使，整饬松潘兵备。初，巡抚右副都御史孙仁等奏：松潘为四川西陲重地，深居番境，外则东通任昌、蜡梅、南林、董卜韩胡，西连乌思藏界，北接羊峒、洮州，中则大、小二姓寨簇，部落弥满山林，环据险固。而东南两路，一线相通，我军关堡连络参杂。夷性犬羊，叛服靡定。我朝自洪武初年克服以来，或兴师征讨，或宿兵防备，所遣皆重臣名将。正统、天顺间，奉命镇守皆侍郎、都御史，职位尊崇，故威令易行。厥后镇守太监阎礼，会保佥事高澄以为副使，由是因循，率以副使整饬。较之侍郎、都御史，职位既殊，事多掣肘。今见调佥事李廷璋于此整饬兵备，则其职位与副使又有不同，将来行事尤为掣肘。乞于廷璋及佥事戴宾两人中，擢任一人以为副使，仍赐敕谕专理兵备，庶得职位颇重，边务修举。吏部覆奏，从之。

明宪宗实录卷一百九十九

成化十六年庚子（1480）

正月

戊子（初七日）［禁云南边境军民交通“外夷”］

禁云南边境军民交通外夷。时总兵官黔国公沐琮奏：金齿、腾冲为诸夷喉襟要地，比土人多以违禁货物与之贸易宝石，乞加禁止。从之。

丙申（十五日）［四川巡抚孙仁等奉敕尽除黑虎等寨“番人”］

巡抚四川右副都御史孙仁等奏：曩奉敕令，尽除黑虎、三姐、巴猪三寨番贼。比尝抚安各簇番人三千有奇，其黑虎寨贼仍聚于松溪堡境内杀掠，右参将傅泰等率军御之。指挥周相就阵擒斩贼首白眉毛，余党奔溃。官军乘胜分道进攻之，共斩首三十七级，焚其硐寨百余处以还。事下兵部，乞降敕奖励仁等，以示激劝。从之。

明宪宗实录卷二百

二月

戊午（初八日）［以富禄等峒杀“贼”功，赏广西镇守太监顾恒等及都司、卫、所官军、民快、土兵等］

赏广西镇守太监顾恒、巡抚右都御史朱英、总兵官平乡伯陈政、都督白玉各彩段二表里、银二十两，参议谢绶、知府杨冠、知州罗杰各彩段一表里、银十两。并都司、卫、所官军、民快、土兵等共二千三百一十七人彩段表里、钞贯、绢、布有差。以富禄、德谨等峒杀贼功也。

甲子（十四日）［开设四川忠州僧正司］

开设四川忠州僧正司。

［以征“生苗”及天坝干“黑苗”，开盐纳粮，以备军饷］

户部臣奏：贵州都匀等处欲征剿生苗及天坝干黑苗，请预开中云南白、黑井，并四川盐课共一十七万五千六百余引。令贵州巡抚官定拟则例，召商上粮中纳，以备军饷。从之。

壬申（二十二日）［安南国遣“夷兵”越云南蒙自县境，兵部言宜令云南守臣严兵备御］

镇守云南太监钱能奏：成化十五年闰十月，安南国遣夷兵八百余人越云南蒙自县境，结营筑室，称欲扼险以捕盗。虽责令撤还，然恐其反侧未安，宜加禁制。事下兵部言：宜令云南守臣严兵备御，徐观其所为，奏闻区处。从之。

己卯（二十九日）［以“贼情未息”，免两广所属府州县官成化十七年朝觐］

免广东、广西所属府州县官明年朝觐，以其地贼情未息也。

明宪宗实录卷二百一

三月

甲申（初四日）［以“岁饥盗发”，增设四川嘉定等州、成都等县判官、主簿各一员，专抚民捕“盗”］

增设四川嘉定等十四州，成都等九十六县，判官、主簿各一员，专抚民捕盗。先是，巡抚都御史孙仁言：叙、泸、重庆一带岁饥盗发，乞各增官一员，抚民捕盗。候二三年地方宁靖，听补额设缺员。从之。

己丑（初九日）［以“岁饥盗起”，免云南所属长官司及裁减州县官朝觐］

免云南所属长官司及裁减州县官朝觐。以岁饥盗起，留官抚治故也。

甲午（十四日）［降广西浔州府知府为云南丽江军民府同知］

降广西浔州府知府史芳为云南丽江军民府同知。先是，芳奏巡抚两广右都御史朱英受土官岑应等重赂及奏按察司佥事陈琳等违法事。且言英等假敕行奸，贪污欺罔，朋党害民。诏刑科给事中刘清等往勘之，清等言：芳造哨舡，擅征物料于属邑，为英所责，遂怀小忿，罗织入罪。都察院亦奏：芳诬奏上司官数多，理难轻贷。诏降二级边远用。

癸卯（二十三日）［敕协守松潘右参将傅泰充副总兵分守松潘等处］

敕协守松潘右参将都指挥同知傅泰充副总兵，分守松潘等处。先是，巡按四川监察御史翟庭蕙奏：威州番寇屡肆剽掠，关堡失守。副总兵尧彧衰老，总督无方，宜加究问革罢。彧亦上章自陈，老病乞罢。事下兵部言：宜行巡按御史，逮彧鞫问如律。如无重罪，许令致仕。先行推举可任者一人代之，佥谓泰可，故有是命。

明宪宗实录卷二百二

四月

甲寅（初四日）［以抚捕广西“叛寇”功，赏广西左参将等］

赏广西左参将马义，都指挥同知谢宁、王玺、白玉，左布政使沈敬，按察使张黼等人，彩段三表里、钞一千贯。以抚捕广西叛寇功也。

乙卯（初五日）［以频年灾荒，军饷劳顿，免四川诸州县官吏并各府、直隶州首领官朝觐］

免四川诸州县官吏并各府、直隶州首领官朝觐。以频年灾荒，及各边军饷劳顿故也。

明宪宗实录卷二百三

五月

癸未（初四日）［协守松潘等处参将孙鬲被劾降职］

协守松潘等处参将都指挥同知孙鬲，成化十三年十一月调军御贼于黑虎寨。道出绵、斗二簇寨下，贼乘高下石，官军死者四十一人，百户朱广为贼所得。既而有茂州民妇先被掠者，自贼中亡归。谍传贼语，必得此妇乃归广。领军都指挥李镐谋于鬲，并右参政吴樻、按察佥事俞泽，遣送民妇与贼，贼释广还。民往讼于巡按御史，镐惧，以货赎妇还之。于是御史以闻，朝廷命别将代鬲，下御史问状。鬲罪当充军，因奏其狱，并劾樻、泽、镐罪当逮治，都察院为复请。诏从之。免鬲充军，降官二级，原卫差操。

己丑（初十日）［两广总兵官陈政、总督朱英以擒田州叛目黄明及平蒋江八寨奏捷］

两广总兵官平乡伯陈政、总督军务右都御史朱英以擒田州叛目黄明及平蒋江八寨奏捷。上降敕奖励之。

壬辰（十三日）［免贵州布按二司及所属卫、府州司正官朝觐］

免贵州布按二司及所属卫、府州司正官朝觐，以时方用兵征捕苗贼也。

丁未（二十八日）［四川保县金川寺入贡番僧，奏四川布政司所给茶不堪用］

四川保县金川寺演化禅师班丹藏卜遣番僧领占藏等入贡。因奏：往年四川布政司所给茶不堪用，乞如旧例给与彩段表里。礼部覆奏，命仍折茶，令巡按御史同布政司官监放是，如不堪用，参奏治之。

明宪宗实录卷二百四

六月

癸亥（十四日）［置四川海棠坪等守御千户所］

置四川海棠坪等守御千户所，调越嶲卫后千户所官军隶之，仍设镇西仓。从四川镇守、巡抚等官奏请也。

己巳（二十日）［以激变“夷僚”，处置广西按察司副使张敩、范镛及郁林同知黎廉］

广西按察司副使张敩代副使范镛于郁林州等处抚安夷僚。有断藤峡贼党为镛所招抚，分居桂林等县。敩牒郁林同知黎廉往招抚谕，遣散归故地。贼时已（恳）〔垦〕田为家计，而欲去强逐之，且焚其居。因聚众挈其孥，突出容县界，杀千户一人、旗军丁夫百二十人。总督都御史闻之，遣镛往郁林招抚。贼有诣镛自言其事者，镛以报总督都御史朱英等会官具奏。下巡按御史，逮敩及廉等问状，敩、廉罪俱当充军。敩、廉各上奏申辩，会镇守广西内官、副总兵等奏敩前后招抚功迹，请以赎罪，并下英覆按之。英言：敩等罪俱以奏事不实，当徒例赎复官，且有招抚功迹可赎。镛当招抚时，因私忿以公事罪其属官，亦当治罪。都察院覆奏，有旨：敩、廉赎罪毕冠带闲住，镛下巡按御史逮治之。

丁丑（二十八日）［乌思藏阐化等王所遣进马番人奏乞援例给赏］

乌思藏阐化等王所遣进马番人三丹藏卜等奏：先于成化十三年朝贡，行至岷州，因生番窃发，曾承巡抚等官省谕劝化归顺，边境以安。乞照前乌思藏端岳藏卜等从洮州来贡例，人给绢四匹、纻丝绫衣各一袭。事下礼部议，宜俯顺夷情。从之。

明宪宗实录卷二百五

七月

庚子（二十二日）［云南车里、老挝二宣慰司奏通事王平“下番有功”，欲乞一职，不许］

吏部奏：云南车里、老挝二宣慰司头目乃贡等合奏，通事王平累年下番有功，欲乞一职。先是，二司土官招板雅兰掌等亦以为言，本部令通事审问，乃贡等皆不知，盖平私教人为之也。因奏：宜移文云南布政司，待平伴送夷人还日议之。有旨宥平，而寝乃贡等奏。

辛丑（二十三日）［云南车里、老挝、八百大甸三宣慰使司土官宣慰使各遣人朝贡］

云南车里、老挝、八百大甸三宣慰使司土官宣慰使刀三宝等各遣头目招孟捕等，来朝贡金银器及犀角、象牙等物。各赐彩段、表里等物有差，仍以文锦、彩段回赐土官及其妻……

明宪宗实录卷二百六

八月

庚戌（初三日）［四川右参将傅泰复破番寨，降敕奖励之］

四川右参将都指挥同知傅泰复破番贼（己）〔巴〕猪等寨。事闻，降敕奖励之。并敕镇守、巡抚等官协谋，以收全功。

辛亥（初四日）［以水灾免云南府卫成化十四年秋粮子粒］

免云南府卫成化十四年秋粮子粒，共二万三千八百石有奇。以是岁水灾故也。

乙卯（初八日）［云南巨津州金沙江北岸山体滑坡，堵塞江流］

云南镇守、总兵官等奏：丽江府巨津州金沙江北岸有白石雪山一带，约高三四百丈。本年四月初二日，山忽断裂，约六里许，下塞江流，两岸山相倚合，山上草木皆不动。江水不流者三日，两岸禾麦尽为所没。已而其下渐开，水始通泄。事下礼部议：山附于地，以安静为体。今断裂移走，是山失其体，而地道不宁，为异非细。况丽江密迩西番，民皆夷习。宜行云南诸司，严加修省，抚恤军民，整饬边备，以弭灾异。从之。

丁巳（初十日）［四川越嶲卫地震］

四川越嶲卫地震，有声如雷，日七次。自是日至十五日，连震二十余次。

丙子（二十九日）［广西郁林州、广东琼山县地震］

广西郁林州地震有声。同日，广东琼山县地亦震，屋宇皆摇。

明宪宗实录卷二百七

九月

辛丑（二十四日）［四川威州地震］

四川威州地震有声。

癸卯（二十六日）［灵山县“贼”起，广州卫指挥等不为备御坐罪］

广东都司都指挥佥事杨武守备钦、廉地方，按察副使林锦亦奏敕提督抚治。锦以疾，委广州卫指挥周瑄督军巡哨，百户金成分守团河堡。既而灵山县贼起，攻劫村寨，杀虏人畜。瑄等不为备御，武乃调百户邹富、刘雄引兵策应。富等延缓不行，竟为贼所攻围。事下巡按御史鞫实，各坐罪以闻。上宥富、雄死，谪戍广西边卫。武、瑄、成各降等差操，锦赎杖还职。

明宪宗实录卷二百八

十月

丙寅（二十日）［贵州陈蒙烂土等长官司奏乞调兵剿山苗、“蛮贼”］

贵州陈蒙烂土等长官司长官张镛等奏：四月以来，山苗贼首赍果等纠聚九姓、丰宁，并广西荔波县等处蛮贼万余，攻毋投等寨，苗民死伤甚众，乞调兵剿之。事下兵部言：比尝两敕贵州、四川、广西守臣区处抚捕，今镛等奏至，而贵州守臣未闻驰奏，非土官欺罔，必守臣偷安。宜仍行贵州、四川，并两广总督重臣，如前敕亟行抚捕。兼行户部查究粮草虚实，设法措置。及行贵州巡按御史查究，毋投等寨有无被杀事情，奏闻处画。报可。

戊辰（二十二日）［四川松潘恰列等寺、杂道长官司甘藏等寺寨剌麻、禅师朝贡］

四川松潘恰列等寺剌麻多惹等、长河西鱼通宁远等处杂道长官司甘藏等寺寨净条禅师头目舍剌星吉等各来朝贡佛像、氆氇等物。赐宴并彩段等物有差。

明宪宗实录卷二百九

十一月

辛卯（十五日）［湖广保靖军民宣慰使司、四川播州宣慰使司、贵州卧龙番等长官司各遣头目朝贡］

湖广保靖军民宣慰使司、四川播州宣慰使司、贵州卧龙番等长官司各遣头目来朝，贡马及方物。赐彩段等物有差。

明宪宗实录卷二百一十

十二月

壬戌（十七日）［广西思恩军民府土官知府、云南孟艮府土官舍人遣人贡马］

广西思恩军民府土官知府岑鐩遣弟岑贤，云南孟艮府土官舍人招禄遣头目那法等，各来朝贡马。赐彩段、钞锭有差。

癸亥（十八日）［两江口长官违例进贡，免执问，令巡抚、镇守等官抚谕之］

湖广保靖军民宣慰使司宣慰彭仕珑奏：两江口长官彭胜祖违例进贡。事下礼部覆奏：宜移文所司执问。上命彭胜祖免执问，但令巡抚、镇守等官抚谕之。

丁卯（二十二日）［增置贵州布政司右参政一员］

增置贵州布政司右参政一员。巡抚等官会奏都匀、黎平等处贼情未宁、官少事繁故也。

壬申（二十七日）［广东巡按袁祯等奏报琼山县人畜多疫死并地震］

巡按广东监察御史袁祯等奏：是年七月以来，琼山县人畜多疫死。至八月二十九日地震。事下礼部覆奏：宜移文所司，务加修省预防。从之。

明宪宗实录卷二百十一

成化十七年辛丑（1481）

正月

庚寅（十五日）［户部定拟云南巡抚吴诚所言救荒则例］

户部定拟巡抚云南都御史吴诚所言救荒则例。一、保任阴阳、医学、僧道官者，纳米一百石，或银一百二十两。承差、知印者，米八十石，或银一百两。一、各衙门问拟有力赎罪者，每杖一十，米五斗，或银七钱。徒一等，米二石五斗，或银三两。一、军民、舍余、客商，纳米给授冠带散官者，米四十石或银五十两。给冠带，米五十五石，或银七十两。与从九品，米六十五石或银八十两。正九品，米七十石或银九十两。从八品，米八十石或银一百两。正八品，米一百石或银一百二十两。从七品，米一百二十石或银一百五十两。一、军职并总小旗，纳米免赴京比试。并枪指挥，米四十石或银五十两。卫镇抚、千户，米二十四石或银三十两。所镇抚、百户米一十六石或银二十两。总小旗，米八石或银一十两。其役满土吏，例不叙用者，纳米五十石或银六十两，则给冠带。议上。从之。

乙未（二十日）［云南大侯州土官知州遣人朝贡］

云南大（候）〔侯〕州土官知州奉吉利法奉送法遣头目人等来朝贡马及银器。赐彩段等物有差，仍令赍敕并文锦、彩段，回赐土官及妻。

［命故四川永宁宣抚司宣抚子袭职］

命故四川永宁宣抚司宣抚奢贵子钺袭职。

［四川守臣奏越嶲卫及威州灾异，礼部覆奏应令四川所司“上谨天戒，下修人事”］

四川守臣奏越嶲卫及威州灾异。礼部覆奏：考之传记，夷狄犯华，小人道长，阴盛民劳，则淫雨伤稼。寒不以时，地震有声。盖地道为阴，雨雪寒气皆阴之属，夷狄小人亦阴之类。四川乃坤维之首，越嶲卫为羌夷边方。自成化十六年七月至八月初旬，雨雪交作，寒气若冬，苗秀不实，是时不当寒而寒。八月初十日，地震七次，声响如雷，至十五日，昼夜不时通震二十余次，是地不当动而动。况又合卫军民染患瘴厉，灾异示戒，莫此为甚。其威州地方，亦于本年九月二十四日地震二次，有声。揆厥所由，皆人事不修所致。乞行四川所司，上谨天戒，下修人事。凡时政有害于军民者，即改革之；有利于军民者，即举行之，仍广储蓄，饬边备，抚绥夷民，以戒不虞。从之。

明宪宗实录卷二百十二

二月

癸丑（初九日）［乌撒等卫都指挥佥事以失机被谪戍］

谪乌撒等卫带俸都指挥佥事管立、蔡英，充广西边卫军。立等初守备安庄卫等处，失于防御，致蛮贼入境，杀掠人畜财物数多。会添调官兵平贼，而立等因有功，至是都察院疏其功罪以闻。上以其功不足赎罪，宥死谪戍，家属随住，其所部指挥等官降革有差。

乙卯（十一日）［云南大侯州土官知州等乞降给阳文信符］

云南大（候）〔侯〕州土官知州奉吉利法等乞仍降阳文信符。礼部言：大侯州在云南极边一万二千余里，原降与阴阳文信符二面。三年进贡，以符缴换。成化六年，本州遣人进贡缴符，本部因其旷贡一十五年，又不具每年差发银两足否，以故止给与阴文符一面。经今十年方来进贡，乃奏称因阳文符存留不降，致欠差贡。夷人谲诈，恐自后因此得以借口。宜从旧制，给与阳文信符赍回，责以催办银两，依期奉贡。从之。

庚申（十六日）［命云南提督银场参议金酝专理黑、白、安宁等井盐法，禁革假盐、封闭私井］

改命云南布政司提督银场参议金酝专理黑、白、安宁等井盐法。初，巡抚副都御史吴诚奏：各井盐课经年不纳，贩卖私盐，略无忌惮。欲请提督银场参议金酝、佥事翁遂二员内改委一员，专理其事。禁革假盐，封闭私井。户部覆奏，故有是命。

壬戌（十八日）［户部覆奏宜通行天下守臣查盘递年官库赃罚之物，造册缴报，有侵欺借贷者置重典］

户部覆奏：巡按云南监察御史樊莹所言，云南司府官妄费官银，致库藏空虚。恐他处亦然，宜通行天下守臣，督同司府掌印官，查盘递年官库赃罚之物，以收贮支用及存积之数，造册缴报。果有侵欺借贷之弊，重置宪典。从之。

癸亥（十九日）［四川播州、贵州土官宣慰使各遣人贡马］

四川播州土官宣慰使杨爱、贵州土官宣慰使安贵荣各遣人来朝贡马。赐彩段、钞锭有差，仍令赍文锦、彩段回赐土官。

癸酉（二十九日）［令云南土官衙门应袭子进儒学读书，以化夷俗］

巡抚云南右副都御史吴诚奏：乞令土官衙门各边应袭子于附近府分儒学读书，使知忠孝礼义，庶夷俗可变，而争袭之弊可息，仍禁约学校师生，不许索其束脩馈送。礼部覆奏：以为益风化，事在可行。如地远年幼者，督令开一社学，延邻境有学者以为之师，仍听提学官稽考。上曰：然。云南土官世修职贡，无敢违越，但争袭之弊，往往有之。盖虽由于政，而未化于教也。其令土官各遣应袭子就学，如巡抚官及尔礼部所言，使蛮貊乖争之风潜消，而华夏礼义之化远暨。顾不美欤？

明宪宗实录卷二百十三

三月

戊子（十四日）［乌思藏阐化王、辅教王各遣番僧贡马］

乌思藏阐化王、辅教王各遣番僧失劳乩等来朝贡马。赐彩段等物有差，仍令赍彩段表里，回赐其王。

明宪宗实录卷二百十四

四月

乙丑（二十一日）［广西田州府土官知府等、万承州土官知州等与四川芒部军民府署府事舍人等各遣人贡马，过期］

广西田州府土官知府岑溥等、太平府万承州土官知州许瑢等、四川芒部军民府署府事舍人陇慰等各遣人来朝贡马。以过期减例赏钞币之半。

壬申（二十八日）［以广西府土官知府毒杀其伯母，云南巡按、三司等官俱坐罪］

都察院臣言：巡按云南监察御史樊莹奏，广西府土官知府昂贵袭职后，为家人告发毒杀伯母等情，究问是实。原保任贵巡按云南监察御史及都布按三司等官，俱当坐罪。缘都指挥陈俊、方明，布政使吕困，参政俞铎，佥事敖和、张凯，御史董韬，俱已致仕。按察使钱琎升福建右布政使，御史胡泾升陕西副使，郭瑞佥事。俞泽闲住。合将见任及改任、致仕官逮问如律，闲住官照例免问。从之。

明宪宗实录卷二百十五

五月

丁丑（初三日）［四川乌思藏阐教王遣剌麻朝贡］

四川乌思藏阐教王遣剌麻温卜班丹舍剌等……各来朝贡马及盔甲等物。赐彩段、绢、钞有差。

甲申（初十日）［总督朱英、总兵官陈政等帅兵进击两广瑶僮］

初，两广瑶僮群起，攻破乡邑，钞掠日甚。总督军务右都御史朱英、总兵官平乡伯陈政等帅兵击之。乃于十六年冬十一月，由灵山、石隆等处数道进（京）〔兵〕，贼走保岩谷。复于十二月，引军驻郁林、容县等处分道进击，遂克诸寨。前后二战，计生擒贼党六百九十五，斩获首从二千八十九，夺获被虏牛畜四百四十六、器械一千六百八十三。奏至，得旨：英等既累有战功，即驰敕奖励之。升奏捷人各一级。

丙申（二十二日）［广西结安等州土官知州等遣人贡马后期］

广西结安等州土官知州张伯通等遣官族张明等来朝贡马，以后期如减例赐钞币之半。

［云南木邦、孟密等处遣人朝贡］

云南木邦、孟密、宝井、孟木、陇扛曩罕弄思柄法遣陶孟扫硬等各来朝贡象、马及金银器。赐衣服、彩段等物有差。

己亥（二十五日）［四川长河西鱼通本部儿思刚等处灌顶大国师并哈思牒等寺寨千户番僧等朝贡］

四川长河西鱼通本部儿思刚等处灌顶弘慈妙济大国师绰丹剌卓儿巴藏卜并哈思牒等寺寨千户番僧汪束等，各来朝贡方物。赐彩段表里等物有差。

壬寅（二十八日）［以征苗人缺饷，诏贵州盐引减米上纳］

诏贵州中剌黑、白井盐四万七千余引，每引减米一斗。初，引米六斗，商人艰于上纳。至是，御史陈俨以苗贼猖獗，急缺饷，户部为请于上，故减之。

明宪宗实录卷二百十六

六月

戊申（初五日）［四川石砫、酉阳宣抚司土官等各遣头目朝贡］

四川石砫宣抚司土官马澄、酉阳宣抚司土官冉云等各遣头目来朝贡马并银器。赐彩段、纱、绢有差。

明宪宗实录卷二百十七

七月

己亥（二十六日）［开设云南纳更山巡检司］

开设云南纳更山巡检司，铨土官巡检守之。初，宁远、建水二州，俱隶临安府。后宁远为安南所陷，其所辖黑脚百夷，岁尝越境侵扰车里村寨。诏守臣图上边界以闻。至是，巡抚都御史吴诚等言：（右）〔石〕崖、拍敢二山乃二州交界，黑脚百夷率由此入境扰边。宜凿断其要害之处，以绝往来，水路以蛮汪寨沿河为界。昔商人由此贩货往莲花滩，与交人互市，宜于此设巡检司，而官其土人为便。事下兵部请如所奏。从之。

庚子（二十七日）［四川乌思藏如来大乘法王遣都纲、头目等

贡方物]

四川乌思藏如来大乘法王遣都纲、头目独蜗儿坚粲等来朝贡方物。赐衣服彩段等物有差，仍命赍敕并彩段表里回赐其王。

明宪宗实录卷二百十八

八月

乙卯（十三日）[**张瓒卒**]

都察院左副都御史张瓒卒。瓒，字宗器，湖广孝感县人。正统戊辰进士，授工部主事……擢右副都御史，巡抚四川……在四川处置多乖方，民多怨之。播州宣慰杨辉以所嬖庶长子友不得袭，欲为之所，乃谋称夭坝干生苗乱，乞举兵克平，增置官司控之。瓒为之请立安宁宣抚司，以友为宣抚。其实夭坝干初未有乱，亦非克平也……

明宪宗实录卷二百十九

九月

甲申（十三日）[**命四川都指挥刘昇、指挥使陶亨分守雅州、越嶲地方**]

命四川都指挥刘昇、指挥使陶亨分守雅州、越嶲地方。时四川巡抚都御史孙仁等议：雅、黎二州并越嶲一带，獐懒坡、相公岭为襟喉要路，番汉杂处，夷罗纵横，宜设官分守。雅州碉门、紫石至大（度）〔渡〕河，令刘昇守之。越（雋）〔嶲〕至大（度）〔渡〕河，令陶亨守之。事下兵部覆奏。诏可。

庚寅（十九日）［析四川铜梁、遂宁二县地为安居县］

析四川铜梁、遂宁二县地为安居县，仍隶重庆府。其地乃商贾聚集之处，去县远，数遭贼寇焚劫。至是，分铜梁县六里、遂宁县一里，合为一县。

辛卯（二十日）［给乌思藏诸番王及长河西鱼通宁远等宣慰司敕书勘合，以便验放番僧朝贡］

给乌思藏诸番王及长河西鱼通宁远等宣慰司敕书、勘合。礼部奏：乌思藏地方在长河西之西，长河西在松潘、越嶲之南。三处地界相连，易于混淆，难以辨别。乌思藏大乘法王，阐化、辅教、赞善番王，旧例三年差人一朝贡。彼因道险少来，而长河西番僧往往伪作印信番书，以冒赏赐。乞立为定制，除大乘法王无地土外，阐、教等四王人各赐敕一道、勘合二十道。该贡之年，道经四川、陕西，比号既同，仍有王印奏本，方许放入。其长河西鱼通宁远等处，朵（干）〔甘〕及董卜韩胡诸宣慰司，亦各给勘合六十道。其入贡道经四川，比号验放，一如例。若该贡之年，偶值道梗不通，后不许补贡。其四川松、茂州土著番僧来朝者，边官亦照例验放，不许过多。从之。

明宪宗实录卷二百二十

十月

戊午（十七日）［广西巡按戴中以“蛮贼”“屡寇”梧州博白、藤县，奏劾失机将官］

巡按广西监察御史戴中奏：蛮贼屡寇梧州博白、藤县，杀虏人畜甚众，因劾参将马义及指挥丁瑞等不饬武备之罪。兵部并劾副总兵白玉，诏夺玉俸三月，义等逮问。已而，中又奏：广西瑶僮方公强等共五十余处，所虏人口财畜动以千计。劾失机守备都指挥梁泰等二十八人。兵部并劾太监顾恒、都御史朱英、平乡伯陈政、都督白玉、副参将欧（盘）〔磐〕之罪。诏玉既夺俸，仍记罪。盘、泰逮问。恒、英、政姑宥之。

明宪宗实录卷二百二十一

十一月

己卯（初九日）［贵州程番府知府奏称本府新立学校，乞岁贡一人］

贵州程番府知府邓廷瓒奏：本府新立学校，土官土人子弟在学者，乞岁贡一人，如选贡例。上曰：朕以蛮夷率化，既建学置徒，比之内地，但科举之业未可猝成，宜岁贡生员一人，俾观我国光，相劝于学，以称立贤无方之意。

戊戌（二十八日）［开设广西田州府儒学］

开设广西田州府儒学。

明宪宗实录卷二百二十二

十二月

丙午（初六日）［录广西天河县富禄、德谨等峒战功］

录广西天河县富禄、德谨等峒战功。官军死事者四十六人，升一级，余九百九十六人加赏。时镇守广西副总兵白玉奏：成化十二年冬，征富禄、德谨等峒，斩贼首韦谏诚等九百余级，将士有功者多未录。而巡按御史戴中言：既征之后，贼首韦公剌复肆行虏掠，民人未宁。兵部亦谓：其功年久积累，非大众刻期成功之比，故止加赏。

乙卯（十五日）［录广西融县八寨功］

录广西融县八寨功。死事官军三十三人，升其子各一级。初，广西参将马义、欧磐进讨八寨，以捷闻。既而巡按御史戴中言：既征之后，贼犹纵横，且其间有杀同行军士以为首级。而银牌、银碗之赐已不赀矣，其所奏功宜勿录。上曰：朝廷念军功之难，未尝吝惜官赏。顾各边将士不体朕心，往往有冒功希赏者。今八寨报捷之后，贼势未衰，情弊已著，难从功，拟惟重之典，兹不复咎，已往亦勿录其功。惟死事之人，深可悼念，其子孙荫职代役者，可各升一级。

丙辰（十六日）［重建湖广偏桥卫学］

重建湖广偏桥卫学。以所司言旧学毁于兵也。

癸亥（二十三日）［定云南户口商税等课钞法］

定云南户口商税等课钞法。时所司奏云南乏钞，请折收海肥。户部定拟十分为率，三分仍征本色，其七分以海肥一索，折钞一贯至三贯有差。从之。

明宪宗实录卷二百二十三

成化十八年壬寅（1482）

正月

庚寅（二十一日）［设四川马湖府宁戎巡检司］

设四川马湖府宁戎巡检司，除土人为巡检。从镇守太监梅忠等奏也。

丁酉（二十八日）［四川乌思藏阐化王使臣、长河西鱼通宁远宣慰司岩州长官司寨官，及董卜韩胡宣慰使司大兴教寺、德沾等寺寨番僧朝贡］

四川乌思藏阐化王遣使臣星吉等，长河西鱼通宁远宣慰司岩州长官司寨官郎葛汪聘等，董卜韩胡宣慰使司大兴教寺番僧温卜容中言千巴藏卜等、德沾等寺寨番僧札思巴等，各来朝贡氆氇等物。赐宴并衣服、彩段等物有差。

明宪宗实录卷二百二十五

三月

丙子（初八日）［以云南巡抚吴诚奏请，准动用官钱修水利］

巡抚云南右副都御史吴诚奏：云南东、西二沟水，发源松华坝、黑龙潭，直抵西南柳坝、南村等处，灌田数万顷。每岁修筑沟埂、坝闸，用银七百余两，例以官钱给赏。今巡按御史樊莹奏，令官钱自军需赈济外，不许动支，而二沟水利不可废。请以都司公田所收租鬻银，及余粮银给用。户部为覆请，上曰：水利，有司急务。况云南边方蓄积甚寡，使田被水患，岂惟民食不给，而军需亦无从出矣。用官物以预为堤防，有何不可？其亟行之。

明宪宗实录卷二百二十六

四月

癸卯（初五日）［开设广东德庆州都城巡检司］

开设广东德庆州都城巡检司。

甲辰（初六日）［云南孟养金沙江思六发遣人朝贡］

云南孟养金沙江思六发遣陶孟刀捧卜等来朝贡象、马及金银器等物。赐宴并衣服、彩段等物有差。

明宪宗实录卷二百二十七

五月

辛巳（十三日）［云南老挝宣慰使司土官舍人、四川龙州宣抚司土官佥事各遣人朝贡］

云南老挝宣慰使司土官舍人招赛、四川龙州宣抚司土官佥事王鉴各遣人来朝贡马及方物。赐彩段、钞、绢等物有差。

壬午（十四日）［四川巡抚孙仁等奏请发兵剿捕松潘、叠溪、茂州空心、恶札等寨“番贼”］

巡抚四川右副都御史孙仁等奏：松潘、（垒）〔叠〕溪、茂州空心、恶札等寨番贼多据要途，劫掠粮饷。臣等欲以计抚之，如不听，则当发兵剿捕。事下兵部谓松、茂二路番寨猥多仁等，已尝剿其甚者，今又欲用兵于空心等寨，于计非宜。上曰：兵犹火也，不戢将自焚。松潘贼已尝剿戮，其渠魁亦知警矣，若又纵兵恣杀，彼番寨猬聚，岂能悉灭乎？贪功以启边衅，诚非计。宜令仁等乘兵威方振之余，遣人抚谕，果负固不服，乃用兵剿之未晚也。

甲申（十六日）［设四川洪雅县］

设四川洪雅县。以守臣言夹江县洪川等六乡去所治远，山林险恶，流民猥多，难于禁捕故也。

丁亥（十九日）［特旌贵州慕役长官司故长官礼福海妻适由女土官贞节之门］

特旌贵州慕役长官司故长官礼福海妻适由女土官贞节之门。时长官司奏，适由年二十二，以夫死于非命，守节五十余年而死，欲乞旌表，以励夷风。上曰：适由以蛮夷之妇而能守节，盖渐染中国礼义之化所致，虽其人已死，难拘常例，其特与旌表，以为诸夷之劝。

乙未（二十七日）［四川乌思藏禅师遣其徒贡方物］

四川乌思藏禅师锁南坚参遣其徒朵儿只星吉等，来朝贡方物。赐宴并彩段、绢、纱有差。

明宪宗实录卷二百二十八

六月

壬子（十五日）［云南八百宣慰司奉命救护老挝，已退交兵］

云南总兵官黔国公沐琮等奏，得八百宣慰司报云：奉命救护老挝，已退交兵。又译报交人尝以伪敕胁诱八百，八百毁敕，以象蹴之。因言夷官用命互救，以此交兵未尝得利。但老挝初无公文，且指挥潘祺等使老挝未还，交兵已还与否，未得其实。事下兵部请仍行琮等严饬边备，俟祺还，以所处画来上。从之。

明宪宗实录卷二百二十九

七月

庚午（初三日）［起右副都御史程宗勘处云南木邦“夷”情］

起右副都御史程宗勘处云南木邦夷情。时云南总兵官沐琮等奏，木邦宣慰司孟密夷妇曩罕弄，本故木邦宣慰罕揲法之女，嫁本司头目思外法。其地有宝井，因畀之管食。罕揲法卒，孙罕落法嗣其职。曩罕弄自恃尊属，不服管束，（族）〔嗾〕族人与之争官，互相仇杀。景泰中叛木邦，逐宣慰，据公署，杀掠其邻境陇川、孟养等处地方殆遍，威力日盛，自称天娘子，其子思柄自称宣慰。顷委三司官往抚之，而彼为部下酋长所惑，执迷不服，且闻其往结交阯，欲借兵杀略木邦、八百诸处。今遽欲加兵，则恐粮饷不继，宜先行榜谕，令彼省躬改行，其又不从，必发兵剿之，以除夷患。事下兵部，尚书张鹏等主用兵之议。诏以此事所系重大，仍下府部大臣集议。于是议者皆谓，驭夷之道，所宜慎重，况琮等明言粮饷不继，兼以老挝累与交人仇杀，未可用兵。第宜以榜文或玺书赍付琮等谕之，若彼能去逆效顺，还所侵村寨，与木邦、陇川绝嫌修好，则前罪悉置不问。果执迷已甚，然后加兵未晚也。会内阁臣万安、刘珝亦题其事，谓孟密止是与木邦挟仇，争占夷境村寨，与我边境无预，况于差发进贡未尝有缺，所以众议只以抚谕为重，不可遽轻易加兵。其处置于事理最当，但言写敕付云南守臣，遣人往彼抚谕，臣等切详彼处所遣之人，俱系卫所指挥等官，惟喜兴兵，不喜抚谕。盖抚谕则不费钱粮，不劳人力，不用爵赏，于朝廷有益。兴兵则得支钱粮，得掠子女金币，归则又获升赏，乃于武臣有利。今若从所议，则彼必仍谓抚谕不从，而兴兵决矣。一兴兵劳费固不足惜，只恐一不利必至于再，再不利必至于三，兵连祸结，势不容已。况交人觊觎已久，别生他患，追悔莫及矣。伏望简命有才识大臣一人，带领熟知夷情语人员，去与守臣亲诣彼处，宣谕朝廷不忍加兵之意。宥其强横并头目拨置之罪，令其革心向化，退还所占村寨。倘彼欣然能从抚谕，则云、贵、川、广各省地方，民免转输之劳，兵免戍战之苦，百万生灵得免肝脑涂地，实圣明大德所赐也。若彼执迷不听抚谕，则是曩罕弄思柄罪恶贯盈，天讨所不容已。然后量时度势，举兵征剿之。于计为得所，议适与众同。上可其议，仍批遣大臣一人，率译者（特）〔持〕敕往会琮等亲诣其地，抚谕孟密诸夷，已往悉宥不问，令归所侵木邦地方。因审处疆域所隶，务使宁妥，仍奏闻处置。时宗丁亲丧，将服阕，众举其可任，遂命驰传与译者苏铨以往。

乙亥（初八日）［广西思明州土官孙黄义家为其族人所杀］

广西思明府土官知府黄道等奏：所辖思明州土官孙黄义家为其族人黄绍所杀，乞发兵剿捕。事下兵部议，移文趣两广守臣处画。从之。

戊子（二十一日）［广东灵山县瑶人入杨苗等四村“杀掠”，守备官杜洪不救，降二级］

广东灵山县瑶贼入杨苗等四村，大肆杀掠。村民告急于守备官都指挥杜洪。洪坐视不救，巡按御史王弁奏拟洪罪当戍边。命宥之，特降二级为广州后卫指挥同知。

明宪宗实录卷二百三十

八月

庚子（初四日）［云南孟琏长官司土官舍人遣人朝贡］

云南孟琏长官司土官舍人刀派虐遣人来朝贡马及银器。赐衣服、彩段等物有差。

甲辰（初八日）［给乌思藏灌顶国师诰命并镀金印］

命给乌思藏灌顶国师桑而结卜藏诰〔命〕并镀金印等物。

庚戌（十四日）［大坝山水都掌“蛮夷猥多”，四川守臣请以都指挥提督叙、泸］

四川守臣言：大坝山水都掌蛮夷猥多，叙、泸属县与之接壤。指挥使韩雄今任提督，名位稍轻，难以约束僚属。宜令守备莅事，如都指挥为便。事下兵部覆请，从之。

明宪宗实录卷二百三十一

闰八月

壬午（十六日）［两广总督朱英等奏安南国事情］

总督两广右都御史朱英等奏安南国事情。谓钦州报缘边界上绝无外警，而龙州及凭祥县则报交人整兵，恐有异谋。又谓交人之亡命入境者，言其王吞老挝，征发甚急。二处所报不同，莫得其实。盖彼自受敕之后，亦尝遣使陈谢，而我已谕遣之矣。使今所报果实，必以来使未还，怀忧惧罪。然我边土官素与外夷有隙，今所报矛盾，其间情伪亦可知矣。宜复以敕责谕其王，使之解怨释疑，以保境息民。事下兵部言：比者云南勘报，亦以为夷言多诈，玺书未可轻降。今宜通行云南、两广守臣，令严督所属，整饬边防。果外夷犯顺，则相机战守，兼遣人奏报。其广西守臣仍戒约龙州等夷，谨守封界，勿招亡纳寇，以启边衅。报可。

明宪宗实录卷二百三十二

九月

癸卯（初八日）［以“贼”杀掠广西浔州等处，处置失机官员］

广西署都指挥佥事刘政等守浔州等处地方，为贼杀掠人畜，前后无算，巡按御史贺元忠拟罪。奏上，命政等九人情重者发戍边卫，余以情轻各降二级，原卫差操。

明宪宗实录卷二百三十四

十一月

壬寅（初八日）［四川播州宣慰司、湖广忠孝等三安抚司、贵州小龙番长官司各遣人朝贡］

四川播州宣慰司，湖广施州卫忠孝、大旺、高罗三安抚司，贵州程番府小龙番长官司，各遣人来朝贡马及方物。赐彩段、绢、钞有差。

甲辰（初十日）［以梧州等处瑶人屡入境“杀掠”，处置失机官员］

广西布政司左参议唐盛分守梧州等处，按察司佥事萧仓、陈琏先后分巡其地。自成化十六年正月以后，瑶贼数入境，杀掠人畜。巡按御史劾奏守备指挥张灏、丁端，百户王胜、许铭，不能御敌，屡失军机，因劾盛等暨梧州府知府陈棫不能督属（堤）〔提〕备之罪。都察院覆奏，上曰：朝廷设布政、按察官，令分地巡守，设知府令画境而治，本以卫民保境也。比年各边屡有失利，罪止武臣而不及藩郡，以故视为泛常，恬不知戒。盛等四人可下巡按御史逮治其罪。若边将失机，自有常典，灏等四人俱如拟发边卫充军。

癸丑（十九日）［四川巡抚孙仁等荐李镐为左参将，协守松潘东路］

巡抚四川右副都御史孙仁等奏：松（藩）〔潘〕东路自小河以下，直抵龙州、安绵、石泉，系蛮贼出没要地。旧革罢协守参将，兵备废弛，仍宜增设。事下兵部，请令仁等举堪任者以闻，至是仁等以四川都指挥使李镐名上。上曰：边将必用本土之人，庶知彼兵势地利，易于成功，而可用者，亦惟其主帅能察识之耳。可从仁荐，用镐为左参将，协守松潘东路。

明宪宗实录卷二百三十五

十二月

乙亥（十一日）［四川泸州及长宁等县地震］

四川泸州及长宁等县地震，有声如雷。

明宪宗实录卷二百三十六

成化十九年癸卯（1483）

正月

壬寅（初九日）［诏四川岁运茶十万斤，分贮陕西茶马司，以

给番僧]

诏四川岁运茶十万斤，分贮陕西茶马司，以给番僧。先是，巡抚副都御史阮勤奏：陕西岁办茶止二万六千余斤，而给赐进贡番僧岁或至四五万斤，遂致各僧候支，有迟至一二年者。日费廪饩，坐耗边储。乞岁运四川保宁所收茶课十万斤，付陕西接界官司，转运各茶马司给之。其余则以为招番易马，给军士骑操之用。事下户部覆奏。从之。

丙辰（二十三日）[增置云南北胜州流官知州一员]

增置云南北胜州流官知州一员。洪武中州隶澜沧卫，正统间改隶布政司。至是，澜沧千户孙源等奏，欲仍隶本卫，或设流官知州治之。吏部移文巡抚等官，议设流官便。从之。

壬戌（二十九日）[命云南陇川宣抚司宣抚子代职]

命云南陇川宣抚司宣抚多歪孟子亨法代职。

明宪宗实录卷二百三十七

二月

己卯（十六日）[以“流贼”入守地，分守湖广靖州等处孟英等降职]

分守湖广靖州等处左参将都指挥同知孟英、守备都指挥佥事吴敏、五开卫指挥李俊，各以所守地方为流贼杀人，下巡按御史验问。英等法当充军，都察院具始末覆奏。有旨：俱免充军，降官一级。

己丑（二十六日）[升四川邛县为州]

升四川邛县为州，以蒲江、大邑二县属之。从巡抚右副都御史孙仁请也。

明宪宗实录卷二百三十八

三月

乙巳（十三日）［四川火掌坝等寨“番蛮”起事］

四川火掌坝、（印）〔邛〕部、天全六番、贾弓等寨番蛮纠众作乱，命巡抚都御史孙仁统率官军剿之。

丙辰（二十四日）［复设四川壁山县］

复设四川壁山县。壁山古有县，后并入重庆府之巴县。里民诉称，其地去巴县三百余里，在万山之中，乞仍设县。镇守等官勘奏以为宜，从之。

丁巳（二十五日）［四川巡抚孙仁等奏请除石砫宣抚司岁办铅课，封闭矿峒］

四川巡抚右副都御史孙仁等奏：石砫宣抚司岁办铅课五千一百三十斤，正统以后停纳，而邻近军民假以征课，乘机窃取，致相仇杀。请除其课额，封闭矿峒，仍移忠州临江巡检司于酆都县南宾里之姜池，以便防守。从之。

庚申（二十八日）［黑苗纠众为乱，攻围都匀杨安堡，命镇守、总兵、巡抚等官设策抚捕之］

巡抚贵州右副都御史陈俨等以黑苗纠众为乱，攻围都匀杨安堡，杀掠人民。驰奏，命镇守、总兵、巡抚等官设策抚捕之。

壬戌（三十日）［火掌坝“番蛮”纠聚为患，命四川巡抚孙仁亲赴彼处，节制军事］

敕巡抚四川右副都御史孙仁曰：得尔与太监蔡用奏，火掌坝番蛮纠聚为患，尔等恐将来酿成大患，阻绝粮道，难于控守，欲调汉土官军万人，候瘴消之日攻剿。该部覆奏，已从所言，但动调大军，不可无大臣节制。除蔡用留守成都，听节制别项警急外，兹特命尔亲赴彼处，节制军事。然朕详尔等言，此贼止是报仇截路，不曾流劫乡村。况所称招讨高文林、杨芳辈有忠孝礼义等语，若果如此，尔到彼即提兵压境，切勿轻动，先遣人往宣朝廷恩威、杀伐利害。设法擒献，罪止其人，免令地方受害，谅必听从。如此弭除边患，较之用兵劳费，首恶未必能得，徒伤无辜，致生他变者，不其伟欤！如蛮众不肯听从，然后照该部所拟进兵未晚也。尔宜从长干济，必公必慎，毋惑群议。务使地方宁靖，无意外之虞，斯不负任，使尔之功亦有在焉。尔其钦哉！时番夷小，蛮本为报复私仇窃掠，而蔡用欲兴兵以邀功，嗾孙仁共奏其事。兵部覆请，业已许其用兵矣。上复疑之，故敕意专责成于仁，及后招讨司果擒其首恶十余人以献，枭以示众，地方宁谧。迄不用兵，亦无他患云。

明宪宗实录卷二百三十九

四月

甲子（初二日）［以地方未靖，免云南临安、元江二府并裁减衙门及长官司官成化二十年朝觐］

免云南临安、元江二府并裁减衙门及各长官司官明年朝觐。巡抚都御史吴诚等奏，地方未靖故也。

戊辰（初六日）［赏松潘镇平堡杀“贼”有功官军］

赏松潘镇平堡杀贼有功官军彩段、绢、布及钞，命四川布政司给之。

己丑（二十七日）［贵州宣慰使司、湖广忠峒安抚司各遣人贡马］

贵州宣慰使司、湖广忠峒安抚司各遣头目、把事等来朝贡马。赐彩段、绢、钞有差。

明宪宗实录卷二百四十一

六月

丁卯（初六日）[四川茂州地震]

四川茂州地震。

丁丑（十六日）[汉达官军、土兵进剿广西桂林、平乐等府“蛮贼”]

总督两广军务右都御史朱英等驰奏：广西桂林、平乐等府蛮贼攻围城邑，杀掠人畜，所在嚣然。总兵官陈政等部分汉达官军、土兵为十二路，刻期并进，直抵贼巢与战。攻破黄姜、桂山等峒一十六，擒斩首从二千一百二十四，夺回被虏男女三十七。奏至，上曰：政等讨贼有功，可赐敕褒勉之。奏捷人各升一级，仍赏钞一千贯。

明宪宗实录卷二百四十三

八月

癸未（二十三日）[长河西灌顶国师所遣入贡番僧人数过多，四川巡抚、守臣劾其违例]

长河西灌顶国师札思八坚粲遣番僧奴日领真等一千八百人进贡。四川巡抚、守臣劾（具）〔其〕违例。事下礼部议：宜俯顺夷情，止许五百人入贡，仍令所司谕札思八坚粲，既为国师，岁宜与各寺寨轮贡，数止百人。从之。

甲申（二十四日）[云南木邦、孟密等遣使奏事并进贡]

云南木邦、孟密、宝井、孟木、陇扛曩罕弄、思柄法遣陶孟扫硬等来朝奏事，并贡金宝、牙象等物。赐宴并衣服、彩段等物有差，仍令赍敕并罗段等物，回赐曩罕弄等。

明宪宗实录卷二百四十四

九月

己亥（初九日）［云南孟密曩罕弄奏请别立安抚司，朝议不决］

云南木邦宣慰司下孟密曩罕弄奏：累为木邦所扰，乞别立安抚司。事下兵部，尚书张鹏等言：太监覃平、都御史程宗抚谕各夷，已有成绪，仍敕二人往金齿，亲召曩罕弄母子，与木邦宣慰谕之。谓尔等连年构怨，守臣请兵殄灭，朝廷以天兵一临，恐横及无辜，故遣大臣谆复抚谕，俾各安生。若各夷听命，孟密仍隶木邦。或其势不可复合，别设安抚司；或别有长策，令具以闻。诏从之。因敕平、宗等曰：曩罕弄等所奏，自述累年敬顺之诚，历数木邦侵杀之害。欲别设衙门，不受木邦管束。朕曩敕尔等，所谓格心听抚，即须议处，盖谓此也，而迄今未见定理。原彼初心，岂敢不听抚谕？但被奸人中沮，尔兹者又来进贡，情已明白。敕至，尔等即与总兵官黔国公沐琮、巡抚都御史吴诚，并巡按、三司等官，议定方略。候瘴消之日，尔平尔宗偕往金齿，会同太监王举，督三司原委官并序班苏铨、通事人等，先往彼处抚谕。尔等或去腾冲、陇川取便驻札。招出曩罕弄母子等，面会木邦罕空法等，委曲抚谕。已往罪愆，悉宥不问。各将原占村寨退出，拨付应得之人管隶，仍须宣谕干崖、南甸、陇川、孟养等处土官素与曩罕弄等有隙者，弃怨解仇，不许再争。因而审机观势所以处置之者，当加以何等恩典，当称以何等名目，或仍隶木邦管辖，或别设衙门统领，斟酌事体，务归至当，具奏区处。抚谕之事，先后敕内该载不尽者，听尔等便宜而行。万一此夷不听抚化，别有长策，亦须计处来闻。尔等内外大臣，同受阃外重寄，必同心协虑。若人怀异同，酿成祸害，责有所归。倘有奸人仍复阴谋沮坏其事，指实奏来，重罪不宥。初，曩罕弄窃据孟密，畏其邻境土官不平，欲伐之，乃潜遣人从僻路抵云南至京，进献宝石黄金，奏乞开设衙门，径属布政司辖。兵部为之覆奏，下内阁臣议。学士万安欲许之，刘珝、刘吉不然，曰：孟密，木邦所管地方，今曩罕弄叛，而请命于朝。若许之，则凡土官宣慰闻之，谁不解体？是即周天子命三晋之意，不可从也。安曰：不从是矣，闻有欲兴兵大举伐之以邀功者，往日麓川之事，不可不戒。珝等曰：何以伐？为曩罕弄果弗靖，但敕云南守臣严谨边备，而敕其旁干崖、孟养等宣慰，令合兵从之。以夷攻夷，彼蕞尔小丑，亦何能为。事遂寝，既而吉以忧去，朝廷因云南守臣之请，起程宗抚谕。而序班苏铨承受安风旨，以露于宗。曩罕弄复具奏，而有是命。议者不以为然。

壬寅（十二日）［四川播州宣慰使、石砫宣抚司宣抚与贵州金筑安抚各遣人贡马］

四川播州宣慰使杨爱、石砫宣抚司宣抚马徽，贵州金筑安抚金楸，各遣头目人等来朝贡马。赐彩段、宝钞有差。

明宪宗实录卷二百四十五

十月

丁丑（十八日）［宥广西右参将欧磐］

宥广西右参将广东都指挥同知欧磐。分守柳、庆，寇至失利，应坐充军律。至是，镇守等官奏：磐所守浔、梧等处为广西重镇，峡山瑶僮反侧不常。比者首恶胡公返聚众杀掠，磐悬重赏，致敢勇士夜入贼巢，擒斩公返，至今威震其地。其他调度可称道者，非止一二。今理前罪，论法固宜，原情可悯，乞从轻处治，以激厉边将，使知朝廷以功赎罪之意。上曰：古人谓使功不如使过，赏罚操纵，自有权度，所以鼓舞众志，而使人乐于效命也。欧（盘）

〔磐〕既功可赎罪，宜从守臣之言，姑宥之。令复旧任，悉心杀贼，以收后功。

明宪宗实录卷二百四十六

十一月

丙申（初七日）［四川巡抚孙仁奏请如四川成都、松潘例，岁给茂州守备旗军布、绵花］

巡抚四川右副都御史孙仁奏：四川成都、松潘等处守备旗军每岁上班人给布二匹、绵花一斤，惟茂州不给，请如例给之便。户部覆奏，从之。

明宪宗实录卷二百四十七

十二月

戊辰（初九日）［黔国公沐琮等奏请减银场采办额，不允］

云南总兵官黔国公沐琮等以复开新兴、黄矿、南安、荆山等银场矿脉微细，而课额近增至十万二千三百余两，况矿洞愈深，中有积水，矿夫采取愈难，因而致毙者不可胜数。官司必欲登其岁额，追迫陪补，破产鬻子，甚至自经而死，况各场（簿）〔薄〕近交阯，设有边患，无以控御。请如天顺二年或成化九年例，办五万或二万余两，庶人力宽，地方无虞。户部以琮等所陈宜从，命不必减，如额采办。

丁亥（二十八日）［黔国公沐琮等奏临安府、建水州与安南国边界事］

云南总兵官黔国公沐琮等奏：临安府并建水州所辖有大小五邦之地，与安南国接境。其绥阜州移文，别称其地为轴上、轴下、林徇旺等名，乃其所属，世纳其税，累相争讼。臣等已移咨本国，令加戒饬，且责其词有鄙悖。比本国亦咨臣等，言两处村寨俱朝廷土地，两处人民俱朝廷赤子，已戒有司，不得越境生衅。若文词鄙悖，乃陋俗狃常，宜无足责。今按大小五邦形胜险阻，正控制蛮夷之要地，初未闻有轴上、轴下等名，恐彼阴有掩袭之谋。已下所司整饬边备，谨具以闻。事下兵部覆议，以为交人多诈，或姑为巽辞，缓我边备，宜再申戒饬。上从其议，且命诸州县，今后如遇此等事情，止许申达上司，以俟区处。毋得轻与移文往来，致起边衅。

明宪宗实录卷二百四十八

成化二十年甲辰（1484）

正月

己亥（十一日）［减云南、四川岁办银课］

减云南岁办银课三万两，四川五千两。

明宪宗实录卷二百四十九

二月

癸亥（初六日）［四川乌撒军民府土官知府遣人贡马迟误］

四川乌撒军民府土官知府安伯关遣人贡马，乃十七年正旦该贡者。礼部言过期已久，况今又及朝贡之期，所遣人亦过期不至，乞照例减赐钞币之半，仍请禁其迟误。从之。

戊辰（十一日）［广西上下冻等州县，四川岳希蓬等长官司、贵州宣慰司金石番长官司与湖广容美宣抚司，各遣人朝贡］

广西安隆长官司上下冻等州县，四川岳希蓬等长官司，贵州宣慰司金石番长官司，湖广容美宣抚司，各遣人贡马及方物。赐彩段、绢、钞有差。

明宪宗实录卷二百五十

三月

壬辰（初五日）［四川播州土官宣慰使、广西镇安府土官知府等各遣人朝贡］

四川播州土官宣慰使杨爱、广西镇安府土官知府岑钜等各遣人来朝贡马及金银器。赐彩段、钞锭有差。

丙午（十九日）［裁革广东雷州府将军驿，移英利驿］

裁革广东雷州府将军驿，移英利驿于中路遇安营。

明宪宗实录卷二百五十二

五月

甲辰（十八日）［敕贵州按察司副使方中整饬兵备于贵州迤东地方］

敕贵州按察司副使方中整饬兵备于贵州迤东地方。贵州原设兵备副使二员，俱在迤西。至是，巡抚都御史谢（昶）〔昹〕奏：迤东、龙里等七卫所，思南等六府，与四川、湖广、广西诸苗寨相邻，欲专令副使一员，往来提督，故有是命。

甲寅（二十八日）［命车里等宣慰司与孟艮等府“慎固封疆”，以防交人入寇］

兵部尚书张鹏等奏：乞命云南镇守、总兵、巡抚等官覃平等，督令车里、八百、老挝等宣慰司，孟艮、元江等府，各慎固封疆，整饬武备，以防交人入寇。不得轻与文移，咨衅纳侮。从之。

明宪宗实录卷二百五十三

六月

庚午（十五日）［设云南孟密安抚司，以曩罕弄子为安抚］

开设云南孟密安抚司，径隶布政司。以夷妇曩罕弄子思柄为安抚。巡抚都御史程宗等奏：曩罕弄与木邦仇杀已久，势难再合。已抚谕诸夷，示以朝廷宥其罪恶开设衙门之意，令还其所侵土地，皆踊跃奉命。又谕木邦，亦以听服，乞遂行之。兵部尚书张鹏等议：孟密本木邦所辖，曩罕弄母子背叛宗主，残害地方，罪不可贷。而朝廷以不治治之，宗等亦能祗承德意以消边患，宜从其议，仍敕曩罕弄毋恃恩肆志，再肆侵陵。敕木邦美其听命，以慰其意。诏可。时木邦为孟密所侵，兵力积弱，不能报复，虽屡尝奏诉，而孟密方据宝井之利，资为结纳当道者，力主开设之议，故其事竟不直云。

明宪宗实录卷二百五十四

七月

己酉（二十五日）［升赏云南抚“夷”官军］

升赏云南抚夷官军。巡抚云南都御史程宗等以曩罕弄退还所占村寨境土奏闻，命加赐太监覃平、王举食米岁十二石，程宗升左副都御史加俸一级，黔国公沐琮赐彩段二表里，御史汪山一表里，序班苏铨升鸿胪寺主簿。其余都指挥佥事周佐等四十九人，各给银、布、帛有差。

癸丑（二十九日）［四川芒部军民府、广西恩城州遣人朝贡］

四川芒部军民府土官舍人陇慰遣把事阿库等，广西太平府恩城州遣官族头目赵禄等，来朝贡马及方物。赐彩段、钞锭有差。

明宪宗实录卷二百五十五

八月

乙亥（二十一日）［云南八百大甸军民宣慰使司土官宣慰使遣人朝贡］

云南八百大甸军民宣慰使司土官宣慰使刀揽那遣头目板细嫩等，来朝贡象牙、犀角等物。赐宴并衣服、彩段等物有差，仍命赍文锦、彩段归赐其土官及妻。

明宪宗实录卷二百五十六

九月

丁酉（十三日）［赏广西杀“贼”有功官军彩段、钞币］

赏广西杀贼有功官军六百八十六人彩段、钞币有差。

明宪宗实录卷二百五十七

十月

己未（初五日）［黔国公沐琮加授太子太傅］

赐征南将军黔国公沐琮加授太子太傅诰命。

丙寅（十二日）［云南守臣奏请加强八百、老挝地方对“交人”之防备］

云南守臣奏：老挝、八百各具缅书，称交阯已还兵本国，但恐诇报夷情者，得之传闻，翻译夷文者，成于傅会，难以为据，宜令缘边有司一体防守。事下兵部，请如其议。且言：八百、老挝去云南甚远，万一交人佯遁，乘隙复来，则二境必先受害。宜仍行守臣下令诸夷，各饬兵备，兼督内地，加谨防御。而临安府卫尤宜约束我民，使不得出境以启边衅，讥察彼民，使不得入境，以来轻侮。从之。

己巳（十五日）［以云南南甸县径隶武定军民府］

以云南南甸县径隶武定军民府。县附府郭，乃外隶和曲州，县民以为不便，巡抚右副都御史程宗为之奏请故也。

辛未（十七日）［复云南嵩明州旧治］

复云南嵩明州旧治。先是，罢所属杨林县，迁州治居之。至是，以所司奏民情安土不便，命复其旧。

明宪宗实录卷二百六十

成化二十一年乙巳（1485）

正月

癸巳（初十日）［广西太平府地震］

广西太平府地震有声。

明宪宗实录卷二百六十二

二月

庚午（十八日）［置云南腾冲军民指挥使司儒学］

置云南腾冲军民指挥使司儒学。腾冲旧无儒学，从指挥同知陈鉴请置，止除教官一员。

明宪宗实录卷二百六十三

三月

甲申（初三日）［四川朵甘宣慰使司并新招抚五蜡等寨“生番”头目朝贡］

四川朵甘宣慰使司三呆札叭并新招抚五蜡等寨生番头目三竹等各来朝贡珊瑚、氆氇等方物。赐宴并衣服、彩段等物有差。

乙未（十四日）［赏两广横、贵、灵山等处有功官军钞、绢、布等物］

赏两广横、贵、灵山等处有功官军九百八十九员名，共钞二十五万七千一百贯、绢一千一百三十四、布六百六十五匹。

明宪宗实录卷二百六十四

四月

戊午（初七日）［录剿平恶札族小寨子等“番贼”功］

录剿平恶札族小寨子等番贼功。赏分守松潘副总兵都指挥同知傅泰、整饬兵备按察司副使东思忠，各银五两、彩币一表里。其余将士三十一员名升赏有差。

明宪宗实录卷二百六十五

闰四月

壬寅（二十二日）［朵甘思宣慰司以道远请三年一贡］

朵甘思宣慰司以道远不能如新例一年一贡，乞如乌思藏例三年一贡。礼部请顺夷情，从之。

明宪宗实录卷二百六十六

五月

丁卯（十八日）［四川乌撒军民府土官舍人、云南孟艮府署事

舍人各遣人朝贡]

四川乌撒军民府土官舍人宇通、云南孟艮府署事舍人招禄等各遣人来朝贡马及方物。赐宴并彩段、绢、钞有差。

明宪宗实录卷二百六十七

六月

壬寅（二十三日）[灵藏赞善王数遣番僧入贡，违例]

灵藏赞善王数遣番僧入贡，礼部言其违例，赏宜从减，仍请移文赞善王使知之。诏可。

明宪宗实录卷二百六十八

七月

乙卯（初七日）[湖广高罗、东乡五路二安抚司遣人贡方物]

湖广施州卫高罗、东乡五路二安抚司遣冠带峒长、把事田洪等，各来朝贡方物。赐彩段、绢、钞有差。

明宪宗实录卷二百七十

九月

甲戌（二十六日）［以乌思藏法王所差剌麻五人为灌顶大国

师、禅师、都纲]

以乌思藏法王差来剌麻札失藏卜领占五人为灌顶大国师、灌顶国师、禅师、都纲，赐诰敕、印、帽、袈裟等物。

明宪宗实录卷二百七十一

十月

丁亥（初十日）[云南车里军民宣慰使司遣人朝贡]

云南车里军民宣慰使司遣头目招扫等来朝贡象、马并金银器等物。赐衣服、彩段等物有差，仍命赍敕并文锦、彩段，回赐其土官及妻。

[以旱灾免四川成都等七府汉州等六十州县、重庆等三卫二所及酉阳等五宣抚司成化十九年夏税屯粮]

以旱灾免四川成都等七府汉州等六十州县并重庆等三卫二所、酉阳等五宣抚司十九年分夏税屯粮，共五十一万五千三百余石，绵花九十余斤。

明宪宗实录卷二百七十二

十一月

丁巳（初十日）[监生徐节等奏越嶲卫事，以出位妄言杖三十]

监生徐节等奏：原籍四川宁番等六卫夷汉杂处，而黎州为喉襟要地。今任越嶲卫指挥使陶亨，威名素著，番夷畏服。乞命亨守备六卫兼黎州地方，庶边境可保无虞。有旨：徐节等出位妄言，法当究治，姑宥之。命锦衣卫于午门前杖之三十。

甲戌（二十七日）［礼部奏四川起送乌思藏如来大宝法王国师及牛耳寨寨官等给赏太滥］

礼部奏：四川起送乌思藏如来大宝法王国师并牛耳寨寨官进贡谢恩招抚、袭替各项，共一千四百七十员名。除回赐国王等官并到京番僧外，其存留在边者若一例赏之，共该彩段一千四百七十表里、纻丝僧衣二千九百二十二袭件，折绢一万一百六十四匹、钞一十四万七千锭、食茶八万八千二百斤，其数太滥。除法王、国师及正贡来京者照例给赏，其余在边一千八名，欲量以该赏衣二件，共折彩段一表里与之，食茶令四川茶马司照数给散。从之。

明宪宗实录卷二百七十三

十二月

己丑（十二日）［四川播州宣慰使司宣慰使、贵州宣慰使司宣慰使遣人朝贡］

四川播州宣慰使司宣慰使杨爱遣白泥正长官杨玉等，贵州宣慰使司宣慰使安贵荣遣舍人安沐等，各来朝贡马及方物。赐彩段、宝钞有差。

［命降迤西“降夷”职］

命降迤西降夷职。广西桂林左卫安置指挥同知舍列克等为正千户，指挥佥事牙的干等为副千户，正千户皮儿迭力迷失为百户，副千户哈丹等所镇抚，百户阿黑麻等俱冠带总旗。时舍列克等西来降，兵部以为皆近关夷人，且其敕年久，真伪难辨，故递降之。

庚寅（十三日）［命安远侯柳景充总兵官镇守两广］

命安远侯柳景佩征蛮将军印充总兵官，镇守两广。

明宪宗实录卷二百七十四

成化二十二年丙午（1486）

正月

甲寅（初七日）［湖广都指挥佥事及武昌等卫所等官，以“漕运违限”被停俸］

户部奏：湖广都指挥佥事柴皞及武昌等三十卫所指挥、千百户等官漕运违限，俱令停俸。上曰：去年河道阻滞，违限两月以内者免停俸。

丁卯（二十日）［以“盗贼”未宁，免两广府州县官朝觐］

免广东、广西府州县官朝觐，以巡抚都御史宋旻言盗贼未宁故也。

明宪宗实录卷二百七十五

二月

辛巳（初五日）［云南嶍峨县民矣成等聚众起事，被擒杀］

云南临安府嶍峨县民矣成等聚众流劫乡村，拒敌恣杀，已而被获。巡按御史等官奏上，命所司审实，戮成等于市，并籍其家。

丁亥（十一日）［贵州都指挥佥事受土官财物，纵令仇杀，被逮］

巡按贵州御史邹鲁奏：贵州都指挥佥事王溱受土官财物，纵令仇杀。都察院请仍行鲁逮（秦）〔溱〕鞫治，从之。

明宪宗实录卷二百七十七

四月

戊戌（二十三日）［清平、都匀苗人聚众起事，贵州巡抚谢昶等奏请调四川、湖广官军、土兵征剿］

巡抚贵州右副都御史谢昶等奏：今年二月，苗贼拥众万余，杀掠人畜，焚毁庐舍，占据土田，势甚猖獗。盖自天顺四年以来，据鹅浦等寨五十余处，迫逐梅花等峒熟苗一百二十余寨，不办粮差，杀虏都匀、清平、丹溪等屯堡人畜，不知其数。累尝请讨，蒙令调军抚捕，因兵少敌众，未能轻举。恐日久蔓延，用力愈倍，乞量调四川、湖广播州等处近卫官军、土兵四万余人，俟秋成之时，因粮于彼，协力进剿，仍敕广西、湖广邻境防其奔突，以除后患。事下兵部言：蠢尔小夷，殄灭为易，但恐三军所至，戮及无辜。宜敕昶等且抚且捕，如必不得已，欲动调大军，更为议奏。乃敕昶及镇守太监张成、总兵官都督佥事吴经、右参将都督佥事彭伦，及巡按御史、三司官曰：尔等先奏清平、都匀二卫苗贼猖獗，已议调迤东龙里、平越等卫屯操官军，及迤西普定、普安等六卫官军，各二千五百人，分令尔伦及都指挥李缙管领，相机截杀。又据清平卫、安宁宣抚司各报：苗贼高南、苗老平等起调生苗千万余众，及贼首重雪，拜立不知姓名一人，号为军师，与恶龙洛道等，约在三月内同劫舟溪等处，欲为大乱。今贼势滋蔓，渐近城池，事势甚急。尔等又议调湖广、四川附近官军、土兵，并贵州官军，共四万五千，各委都指挥、指挥、宣慰、宣抚等官管领，于今年八月内，俱会于清平，听尔节制调度，大加剿灭，以靖地方。合用粮饷、银、段等物，俱已措备足用。朕惟苗贼肆恶，出师扑灭，固地方至计。但念前此亦尝兴师致讨，屡以捷闻。然率兵方出，而贼觉即逃，兵甫归，而跳梁如故。盖缘苗性叛服不常，又依险负固，征之不得。贪功之徒，未免伤及无辜，民愈受害。朕意惟欲尔等严督见调官军，悉心抚捕，以全天地好生之德。今又得奏，兵部覆议：谓若明白进兵，则彼据险不出，徒费粮运，无益于事。宜令尔等分布要处，遥振军威，仍招谕各夷。谓尔久听抚化，又复攻围抢杀，是何堡寨军民与尔有仇，明白诉告，照依夷俗体例为尔处分。如贼执迷不从，即于贵州属卫并尔伦所辖卫所，再调官军、土兵一万，密切计议。或乘彼不备而捣其巢穴，或据彼要害而绝其粮食，务出万全，勿堕贼计。若畏威输服，即仍抚定，庶不滥及无辜，亦免贻地方及邻境意外之患。尔等其钦承之，毋忽。

癸卯（二十八日）［四川长河西宣杂等寨寨官、头目等朝贡］

四川长河西宣杂等寨寨官、头目温目等各来朝贡马及佛像、氆氇等物。赐彩段、绢、钞有差。

明宪宗实录卷二百七十八

五月

辛亥（初七日）［以思恩军民府苗人“攻劫”柳、庆等处青山等村堡，治领哨指挥失机之罪］

巡按广西监察御史程春震奏：正月中，思恩军民府苗贼覃召管等，攻劫柳、庆等处青山等村堡。领哨指挥戚琬等与战，官军阵亡者十有八人。事下兵部，请移文两广守臣抚捕，并行巡按御史逮琬等，治失机罪。从之。

癸酉（二十九日）［赐敕贵州土官宣慰使，令悉心管束“夷民”］

贵州土官宣慰使安贵荣世居水西，管苗民四十八族。宣慰使宋然世居贵州城侧，管水东、贵竹等十长官司。皆设治所于贵州城内，衔列左右。而贵荣掌印，非有公事不得擅还水西。即还，须禀知守臣乃听。而苗民首领永则等请敕其不妨司事，以时巡历所部，趣办贡赋。总兵官吴经亦为之请。事下兵部谓：国家之于土官，不轻降敕，宜移文谕令如旧供职，有事听暂还水西，以印付然管之。

得旨：许赐以敕，令悉心管束夷民。

明宪宗实录卷二百七十九

六月

乙亥（初二日）［泷水县瑶人“负固为恶”，令两广总督宋旻等“从宜抚捕”］

总督两广军务右都御史宋旻等奏：肇庆府泷水县乃两广交界，山深路险，瑶贼负固为恶。兵进则潜遁，兵还则复出。近益猖獗，自称元帅、将军、总管、游击等名。必施杀伐，以示天威。第今瘴发，未可轻举，宜以秋月，动调汉达官军往剿之。事下兵部，请行旻等画谋抚谕，如果不服，则听量调官军捣其巢穴。上是之。报曰：两广俱有贼情，其令旻等善审事势，从宜抚捕。

壬辰（十九日）［贵州宣慰使司与湖广容美宣抚司、高罗安抚司遣人贡马］

贵州宣慰使司遣舍人安得等，湖广容美宣抚司并施州卫高罗安抚司遣峒长田墨踵等，各来朝贡马。赐宴并彩段、钞锭有差。

明宪宗实录卷二百八十

七月

丙午（初三日）［贵州大万山土官长官奏乞纳马赎罪，许之］

贵州铜仁府大万山土官长官杨显祖犯法，奏乞纳马赎罪，以图自新。下都察院议：以化外人犯法者，并依律拟断。今显祖所奏，乃近例也，难擅处治。命许之。

己酉（初六日）［云南腾冲卫余丁“欺取”土官金宝，且诱之“兴兵仇杀”，令将其及家属解京发遣之］

云南腾冲卫余丁刘通欺取曩罕弄金宝等物，且诱之兴兵仇杀。事觉，论谪戍辽海卫，而事在赦前，当宥。兵部言：宥之恐复逃入诸夷，启衅贻患，宜不拘常例，并其家属械送谪所。有旨：即遣人解京发遣之。

壬子（初九日）［云南孟琏长官司头目、四川东川军民府小土官贡马］

云南孟琏长官司头目麻郎等、四川东川军民府小土官安杰等各来朝贡马。赐彩段、钞锭有差。

己未（十六日）［诏以云南黑、白、安宁等提举司盐课召商中纳，以备兵荒］

诏以云南黑、白、安宁五提举司盐课三万四千一百余引，召商中纳，以备兵荒之需，其则例每引银四钱五分。从巡抚都御史程宗之请也。

丙寅（二十三日）［设四川青川守御千户所儒学］

设四川青川守御千户所儒学。

丁卯（二十四日）［云南金齿卫地震］

云南金齿卫地一日再震，二十六日复震，俱有声如雷。

戊辰（二十五日）［广西瑶人累入庆远境，分守参将王玺等被究治］

广西瑶贼自正月以来累入庆远境内，虏军民五十余人，杀千户二员、旗军六十三人，烧毁仓房三百八十余间。其时分守参将王玺拥兵坐视，哨守指挥张玑等逗遛不进，分守参议潘洪、分巡佥事萧苍托故避罪。至是，巡按御史程春震按实请究治之，事下兵部，并劾镇守太监刘（昶）〔汞〕、都督佥事王受调度无方，罪亦当治。有旨：玺等俱逮问，（昶）〔汞〕、受姑记其罪。

己巳（二十六日）［戍守清浪湖广官军，听清浪参将“相机调度”］

兵部言：清浪地方皆属贵州，而操戍军士则隶湖广，盖犬牙相制之法也。比参将彭伦奏谓：居守清浪，去湖广隔远，倘仓卒之间贼寇出没，必俟二处会计用兵，恐缓不及事。湖广戍守官军宜听其相机调度为便，是固不可悉从，然亦须以权处之。今年贼势甚炽，而清浪地无警报，则宜令伦调度所辖卫所土兵及戍兵，画谋邀击之。事毕之日，军还原镇，以后遇贼小发，仍如旧会议发兵，或大发则驰奏处画。从之。

明宪宗实录卷二百八十一

八月

甲申（十二日）［设湖广宜都县普通巡检司］

设湖广宜都县普通巡检司。

甲午（二十二日）［云南孟密安抚司遣人朝贡］

云南孟密安抚司曩罕弄安抚思柄遣人贡象及金宝器。赐宴并彩段、钞、绢等物，仍令赍彩段表里回赐曩罕弄等。

戊戌（二十六日）［遣监察御史邓庠、兵部员外郎费瑄勘处贵州边事，招抚都匀、清平苗人］

遣监察御史邓庠、兵部员外郎费瑄勘处贵州边事。时贵州总兵官吴经、巡抚右副都御史谢昺及巡按、三司等官，各奏烂土等处苗贼洛道等，负险稔恶，不听抚谕。比纠众称王，置造梯柜，攻围舟溪、杨安等堡，敌杀官军十有余人。又声言欲犯都匀、清平诸卫，其势甚炽，非调兵剿之，则其间熟服夷寨闻风扇动，贵州一境难保无虞。乞调辰、沅等卫并参将彭伦所属轮戍官军八千，永顺、保靖并两江口、镇溪、茅冈等土兵九千，播州土兵五千，期今年九月内会合剿之。事下兵部谓：苗贼为恶，果如经等所奏，固宜讨之。但详审各官近日奏词，自三月以来苗所攻者不过一二寨，所杀者不过一二人，夺掠牛羊及烧毁庐舍俱不见数目实迹，而传报苗语，率皆无稽之言。原其衅端，特以夭（霸）〔坝〕干筑立城堡之后，互争田土，夺掠人畜之故，未尝远入侵犯。而数年以来，所司连请征剿，章凡数上，今宜遣官至彼，按视审处抚剿之方。于是命庠、瑄往，赐之敕曰：比贵州守臣奏，谓苗贼为恶，欲增兵致讨，事难遥制。特命尔等诣彼，访察为恶者何苗，结构种类几何，被害者何（赛）〔寨〕，及在我有启衅之端与否？若止鼠窃犯偷，他无重恶，尚可招抚，即会守臣宣布恩威利害，听其改过自新，各安本业，共享太平之福。万一逆徒执迷，不听抚谕，非痛剿不可，且剿之保无意外之患，仍檄湖广、四川镇守等官，如数调兵，刻期于清平合力共剿。夫兵凶器也，用之不可不慎。尔等俱以老成，受兹委任，必秉公持廉，上体朝廷好生之心，下念生民烦费之苦，广询博采，审度事机。勿据偏词，轻调大兵，以邀功启衅。倘致偾事，罪不轻贷。尔等其慎之重慎之。既而庠、瑄至贵州，亲诣都匀、清平按视，苗实无称王诸状，第稍侵我边田土，而守臣希觊升赏，皆主用兵之议，辄出危语以劫持之，庠、瑄不从。遂招抚苗众，众亦知朝廷无剿除之意，各出听抚谕，归所侵田土，于是兵不果用。后庠、瑄还奏，因举参将彭伦知谋老成，乞假以阃外之权，移守偏桥；劾都督吴经、太监张成、守备都指挥王通，不能抚驭之罪。诏从其议，停通俸三月，仍敕责成、经，俾勿怠事。

明宪宗实录卷二百八十二

九月

庚戌（初八日）［以水灾免广东广州等府卫所成化二十一年夏麦秋粮］

免广东广州等府卫所二十一年分夏麦秋粮，共一十一万六百余石。以水灾故也。

辛亥（初九日）［四川成都府所属州县地震］

四川成都府所属州县，地或五六震，或七八震，俱有声。次日复震。

明宪宗实录卷二百八十三

十月

癸巳（二十二日）［申广西备御官军失班之禁］

申广西备御官军失班之禁。初，总镇两广太监刘偶奏：湖广长沙等卫领军指挥张钰等过期不到，欲照例罚班，仍扣违限月日，停支俸粮，及追究各卫所掌印官不行促代之罪。事下兵部议宜如偶言，故有是命。

明宪宗实录卷二百八十五

十二月

丙戌（十五日）［以水灾免广西梧州等三府、苍梧等七州县夏秋税粮］

以水灾免广西梧州等三府、苍梧等七州县，夏秋税粮二万三千五百余石。

丁亥（十六日）［命云南左卫指挥同知提督屯田］

命云南左卫指挥同知马铉提督屯田，以都指挥体统行事。从兵部奏请也。

乙未（二十四日）［命广东分巡海南道按察司官须及一年方许回司］

命广东分巡海南道按察司官须及一年于本道交代，方许回司。初，总镇两广太监刘偶等奏乞增设副使一员，专守琼州。事下兵部议，不必增设，故有是命。

己亥（二十八日）［命云南、两广镇守、巡抚、总兵等官严修边务，以备安南］

命云南、两广镇守、巡抚、总兵等官严修边务，以备安南。从兵部奏请也。

明宪宗实录卷二百八十六

成化二十三年丁未（1487）

正月

庚午（二十九日）[以旱灾免湖广长沙等府州县及岳州等卫所成化二十二年秋粮]

以旱灾免湖广所属长沙等府州县，岳州等卫所去年秋粮九十一万九千三百余石。

明宪宗实录卷二百八十八

三月

辛亥（十一日）[云南孟养金沙江思六发遣人朝贡]

云南孟养金沙江思六发遣陶孟刀肯痕等来朝贡象、马及金银器。赐宴并彩段、钞锭有差。

癸丑（十三日）[刑部左侍郎何乔新等勘奏播州宣慰使之父欲废嫡立庶之事]

刑部左侍郎何乔新、锦衣卫指挥刘纲勘奏：播州宣慰使杨爱父辉溺爱其庶兄友，欲授以职。长官张渊、阿顺之安抚宋韬等谓杨氏家法立嗣以嫡，辉所亲信吏颜珪亦以言，议乃定。辉既致仕，爱代其职。辉欲割地，授友以官，谋于渊，言夭坝干本州怀远故地，今被生苗占据，请兵讨之。容山长官韩瑄以土民安辑日久，不可。渊与辉计，执瑄杖杀之。前巡抚都御史张瓒受辉嘱，以其地奏设安宁宣抚司，冒以友任宣抚。辉立券，以所积金玉器用、锦绮、服饰并庄田，召诸子均分之。辉既殁，渊乃与友潜谋刺爱，渊弟深亦与谋，不果。友奏爱房屋服饰器用僭拟朝廷，而又交通唐府，密书往来，私习兵法天文，潜谋不轨。事皆诬。奏上，诏以渊捏造妖言，谋害人命。深奸占妇女，诬奏亲王，俱斩。友烝淫谋嫡，侵盗官钱。爱信谗薄兄，因公擅杀。俱当重治，但世系土官，犯在革前，姑从轻典。爱赎罪复任，友迁发保宁府羁管闲住。原分产业照旧供给，爱毋得昏占。都指挥杨纲、参政谢士元、副使翟庭蕙，勘事不谨，各赎杖还职，仍敕乔新等从宜处治。

明宪宗实录卷二百九十

五月

戊申（初九日）［贵州丰宁长官司土官与把事有隙，诱至广西泗城州以依兵于铁坑等寨杀掠，贵州镇守、巡按等官未亟驰奏之，受责罚］

贵州丰宁长官司土官杨泰与把事杨和有隙，诱至广西泗城州，(农)〔侬〕兵九千于铁坑等一百一十七寨杀掠子女，焚毁庐舍。守臣遣人拘治不伏，巡抚都御史谢昺移文兵部处分。时昺已被劾去任，兵部请移贵州、广西镇巡等官究治，上然之。泰等即令二处守臣拘治，不许纵恶，因责问贵州镇守、巡按等官不亟驰奏之故。已而太监张成、总兵官都督佥事吴经、巡按御史王鉴之咸伏罪，且言勘处未明，未敢轻奏，曰昺乃不俟核实，辄动移文兵部。诏谓：勘处边事，不会同具奏，法当究治。但既伏罪，姑宥之。成仍驰敕切责，经、鉴之俱停俸三月。其事速令完报。

壬子（十三日）［命故四川行都司署都指挥佥事子袭父原职］

命故四川行都司署都指挥佥事黄章子鳌袭父原职建昌卫指

挥使。

庚申（二十一日）［广东番禺、新会等县地震］

广东番禺、新会等县地震。

乙丑（二十六日）［命故四川都指挥佥事子袭父原职］

命故四川都指挥佥事刘芳子山袭父原职成都中卫指挥使。

［安远侯柳景调集两广汉达官军、土兵进剿郁林、陆川等处“贼巢”，获捷］

镇守两广总兵官安远侯柳景等奏：郁林、陆川等处贼首黄公定、胡公明、谢彦举等伪称大小总管，率众三千余徒，所至杀掠人畜。臣等调集两广汉达官军、土兵，令参将欧磐、按察使陶鲁等分兵五路进剿，共攻破贼巢一百三十八处，生擒九十三人，斩首一千九百八十五颗，夺回被虏男妇二百九口，俘获贼徒八百二口，并器械一千六百九十二件。奏至，上命驰敕奖谕，奏捷人赏新钞一千贯。

明宪宗实录卷二百九十一

六月

癸未（十五日）［广西按察司佥事李珊分巡柳、庆一年已满，军民奏乞留任］

广西柳、庆府卫军民奏：按察司佥事李珊分巡一年已满，乞仍留提督柳、庆地方，抚治民夷。守臣都御史宋旻等以闻，兵部请如其奏。从之。

戊子（二十日）［命故云南都指挥佥事子袭父原职］

命故云南都指挥佥事王裕子轨袭父原职贵州卫指挥使。

己丑（二十一日）［增设四川重安长官司重安仓］

增设四川重安长官司重安仓。

壬辰（二十四日）［以“番贼”二次越入阜康城，治当事官员

罪]

巡抚四川都御史刘璋奏：二月，魏磨得失罗得等寨番贼二次越入阜康城，杀掠人财。请治茂州卫掌印指挥王凤、提督指挥马聪、茂州知州吕琼等玩寇饰非之罪。而右参将沈运失于防御、兵备副使柳应辰怠于巡视，亦宜逮治。兵部以闻，上命巡按御史治凤、聪、琼等罪，运与应辰宥之。

明宪宗实录卷二百九十二

七月

乙巳（初八日）[四川昌州长官司并湖广忠峒盘顺安抚司俱遣人贡马]

四川昌州长官司并湖广忠峒盘顺安抚司俱遣人来朝贡马。赐彩段、宝钞有差。

明宪宗实录卷二百九十三

八月

庚午（初三日）[四川长宁安抚司遣番人朝贡]

四川茂州卫长宁安抚司遣番人多日藏等来朝贡马及牌甲、氆氇等物。赐彩段、绢、钞有差。

癸酉（初六日）[云南老挝宣慰使司土官舍人遣使臣朝贡]

云南老挝宣慰使司土官舍人遣使臣召补彰等，来朝贡牙象及方物。赐衣服、彩段等物有差，仍以敕并文锦、彩段付使臣，归赐其土官及妻。

己丑（二十二日）［帝遗命广东、广西、四川、云南、贵州所属府州县并土官等俱免进香］

上崩。遗诏……遣官代行广东、广西、四川、云南、贵州所属府州县，并土官及各布政司、南直隶七品以下衙门，俱免进香。诏谕中外，咸使闻知。

明孝宗实录

明孝宗实录卷三

成化二十三年丁未（1487）

九月

己未（二十三日）［四川巡抚刘璋奏请“余丁”番上之日即以卫所所贮器械给之］

巡抚四川右副都御史刘璋奏：松潘、茂州二卫，叠溪、小河、威州三所，密迩番寨，岁遣正军备冬，复以余丁助之。其人各诉贫窘，甲胄、弓矢之类不能自办，而各卫所岁造军器，收贮既久，亦多朽钝。请自今余丁番上之日即以所贮器械给之，下班则验收入库。如有损失，令各丁修补还官。事下工部覆奏，从之。

明孝宗实录卷四

十月

戊寅（十二日）［礼部请量给乌思藏阐化王及辅教王所遣入贡番僧口粮、脚力，仍令每三年一贡］

礼部请量给乌思藏阐化王及辅教王所遣入贡番僧扎失罗竹等口粮、脚力，仍令今后每三年一贡，差人不许过百五十名，仍填写原给勘合，至各该官司比号。如无番王印信番字奏本咨文，及贡期烦数、来人过多者，俱却回，并裁减给赐之数。从之。

明孝宗实录卷六

十一月

戊戌（初三日）［江西“流贼”攻破广东揭阳县治，命两广、江西、福建镇巡等官］

总督两广军务都察院右都御史宋旻奏：江西流贼千余人攻破揭阳县治，劫掠库银，脱放囚犯，纵火杀人，请合兵剿捕。事下兵部覆奏，以为强贼流劫，巢穴不定，恐老师糜财，无济于事。宜敕两广及江西、福建镇巡等官，各精选官军、民快人等，于交界地方就粮驻札。或合兵夹攻，或分路围困，镇巡等官仍各身亲督责，相机区画。从之。

庚子（初五日）［长芦运司前存积盐课召商报中，于原拟之价各递减银二分］

户部言：长芦运司前存积盐课已得旨召商报中，但正统五年至成化十六年盐课年代既远，又近例不许越境鬻盐，以故商人益不愿报中。请于原拟之价，各递减银二分。从之。

壬寅（初七日）［两广布政司仓库积贮颇多，籍取金器、珍珠等物至京备用］

户部言：前命给事中御史查盘两广布政司仓库，积贮颇多。除银两、钱钞、硝黄等物仍留本处存贮，其金器、珍珠、珊瑚、鹤顶、玳瑁、象牙、香药、蔷薇露之类，请籍取至京，以备供用。从之。

戊申（十三日）［增设云南景东府税课司］

增设云南景东府税课司。

明孝宗实录卷八

十二月

癸酉（初八日）［设分守参将、兵备副使各一员于江西会昌县］

设分守参将、兵备副使各一员于江西赣州之会昌县。初，巡抚副都御史李昂言：赣州界福建、广东、湖广之间，流劫之贼，动以千计，云合鸟散，去来无常。将殄之以威，则道路崎崄不便用武。将守之以兵，则士苦暴露飞挽为难。请于本府之会昌县设行都指挥使司，分福建之上杭、武平、汀州前三千户所，升江西会昌、信丰二千户所为卫，并南安一所隶之，分兵瞭守，使犬牙相制。设巡检司于安远县之双桥、龙南县之下历，并隶行都司，使互为掎角。庶盗贼可除，而地方以安。兵部覆议，谓江西地狭兵寡，难以置司。请如梧州中制两广之意，设分守参将、兵备副使各一员于会昌县，以福建三千户所，江西南安、瑞金二千户所隶之。益选民快六七千人分屯操守，于事为宜。其双桥、下历二巡司如议开设。奏上，悉从之。

癸巳（二十八日）［以四川库银借解贵州、广东库银借解广西，以备边用］

……以四川布政司库银二万五千两借解贵州，广东布政司库银七千五百两借解广西，以备边用。

甲午（二十九日）［四川播州宣慰使遣人庆贺谢恩，湖广容美宣抚司遣人进香］

四川播州宣慰使杨爱遣安抚犹滽等庆贺并谢恩。湖广容美宣抚司遣把事刘源进香。俱赐彩段、钞锭有差。

明孝宗实录卷十

弘治元年戊申（1488）

闰正月

丁卯（初二日）［命马俊充副总兵镇守广西，王麟充左参将分守雷、廉、高、肇，韩雄充右参将协守松潘］

命都督佥事马俊充副总兵镇守广西，署都指挥佥事王麟充左参将分守雷、廉、高、肇。升泸州卫指挥使韩雄为署都指挥佥事，充右参将协守松潘。

庚辰（十五日）［以水灾免征云南黑、琅二井盐课］

免征云南黑、琅二井盐课司各年盐课三万六十六引有奇，以水灾故也。

甲申（十九日）［遣太监蔡用往广西访取孝穆皇太后亲属］

遣太监蔡用往广西访取孝穆皇太后亲属，仍敕总镇两广太监韦眷、总督军务巡抚右都御史宋旻、总兵官安远侯柳景，并镇守广西太监刘尿、巡按监察御史、都布按三司等官曰：今特命太监蔡用，会同尔等计议。除尔眷等各守地方，尔旻及巡按御史、三司掌印官，即随同去平乐府贺县，督委官员拘取本县桂岭乡迎恩里龙堂村耆老人等，到官询访孝穆皇太后宗支的有无。见在果有存者，尔用等即差的当人员，将当房家小，起拨船只人夫，应付廪给口粮，沿途照管来京，毋或疏虞。此实重事，毋纵容下人徇私受嘱，将异姓、外族、军民人等冒报顶补，紊乱宗姓。亦不许指此为由惊扰人民。其慎之慎之。故敕。

丙戌（二十一日）［广东布政司奏请“被贼残破地方”照旧解纳本色皮张］

广东布政司奏：乞将被贼残破地方照旧解纳本色皮张。免其折造胖袄，以省民力。工部覆奏，从之。

明孝宗实录卷十一

二月

癸卯（初九日）［广西“流贼”“杀掠”宜山等县，处置失机军官］

先是，广西流贼前后聚众至六十余人，杀掠宜山等县，其备御等官下所司逮问。至是，都察院拟奏其罪，领军指挥佥事张机、千户陈瑛，不依期策应，致失事机，应处斩。参将王玺，寇至闭门不出，指挥使戚琬、指挥同知柳绍守备不设，虽有微功，不能赎罪，应免杖充军。命机、瑛各依律处决。玺等免充军，玺降二级，琬、绍各降一级。

庚戌（十六日）［黔国公沐琮上疏辞任，不允］

镇守云南总兵官太子太傅黔国公沐琮上疏辞任。上曰：卿勋旧世臣，宜用心镇守，不允所辞。

甲寅（二十日）［增设贵州重安守御千户所］

增设贵州重安守御千户所，命四川播州宣慰司岁调土兵一千以助戍守。

甲子（三十日）［湖广保靖、永顺宣慰使司宣慰使与施南宣抚司宣抚遣人贡马］

湖广保靖宣慰使司宣慰使彭仕珑遣土官舍人彭清等，永顺宣慰使司宣慰使彭世麟遣舍人彭程等，施南宣抚司宣抚（单）〔覃〕泰遣把事田志英等，来朝贡马匹。赐彩段、钞锭有差。

明孝宗实录卷十二

三月

壬申（初八日）［广西融县雨雹］

夜，广西融县雨雹，坏城楼垣及军民屋舍，男女伤死者四人。

明孝宗实录卷十三

四月

丙申（初三日）［增设广东按察司副使一员］

增设广东按察司副使一员，整饬琼州府兵备。从礼科都给事中李孟旸言也。

壬戌（二十九日）［调四川酉阳宣抚司经历为四川按察司知事］

调四川酉阳宣抚司经历王勉为四川按察司知事。勉先任行人，因言事降外任。吏部奉诏例奉调也。

明孝宗实录卷十四

五月

丙寅（初三日）［四川嘉、泸、邛、南溪、内江、洪雅等州县地震］

四川嘉、泸、邛、南溪、内江、洪雅等州县地震。

己卯（十六日）［给贵州龙里等站所甲军行粮］

给贵州龙里、威清、永宁、赤水、关索岭等站所甲军行粮，每日人一升，本色与折色间月关支。从巡抚都御史孔镛等请也。

［命镇守等官加意抚捕云南顺宁府“蒲贼”，审度“夷”情，慎重行事］

云南顺宁府蒲贼频年为患，杀掠军民。兵部请申命镇守等官加意抚捕。从之，仍命审度夷情，慎重行事，务以地方为念，毋贻后虑。

明孝宗实录卷十五

六月

戊申（十六日）［广东崖州故土官县丞之孙率黎首人等朝贡］

广东崖州故土官县丞陈迪之孙冠带舍人崇佑率黎首人等贡土产、方物。赐钞锭、段、绢、衣服有差，以崇佑能抚黎人逋逃复业者千三百六十余户也。

［赐国子监云南、贵州、四川军民生夏衣］

赐国子监云南、贵州、四川军民生夏衣如例。

辛亥（十九日）［四川乌撒军民府、贵州韦番长官司、湖广散毛宣抚司各遣使贡马］

四川乌撒军民府、贵州程番府韦番长官司、湖广施州卫散毛宣抚司各遣使贡马。赐宴并彩段、钞锭有差。

明孝宗实录卷十六

七月

戊子（二十七日）［镇守云南太监王举欲贡金厢宝石帽顶，谕止之］

巡按云南监察御史何悌言：陛下即位以来，节冗费，去珍玩，又诏天下毋得违例贡献，天下臣民无不仰戴。今镇守太监王举，欲贡金厢宝石帽顶，不宜受之，以玷新政。上曰：进贡事已禁止，举又何得妄为？礼部即谕止之，并通行各镇守官毋得违犯。

［命夏仕麒充左参将，分守靖州］

命湖广都司都指挥佥事夏仕麒充左参将，分守靖州。

明孝宗实录卷十七

八月

壬寅（十一日）［四川汉、茂二州地震］

四川汉、茂二州（也）〔地〕震，仆黄头等六寨碉房三十七户，人口有压死者。

［四川德阳、石泉二县地震］

四川德阳、石泉二县地震。

丙辰（二十五日）［减云南银矿岁课］

减云南银矿岁课二万两。

明孝宗实录卷十八

九月

己巳（初九日）［以起送孝穆皇太后亲属至京，赏前两广总督宋旻等金币］

赏前总督两广军务右都御史宋旻及巡按御史唐相、都指挥纪英、左布政使侯英、副使林符、佥事黄（錀）〔钥〕、知府李廷芝等金币有差。以起送孝穆皇太后亲属至京也。

乙亥（十五日）［广西恩城州土官贺圣节表过期］

广西恩城州贺圣节表过期始至，礼部请逮问其官吏。诏以土官，特宥之。

丙子（十六日）［以皇亲纪贵、纪旺为锦衣卫指挥同知、佥事］

命皇亲纪贵为锦衣卫指挥同知、纪旺指挥佥事，仍赐诰命，赠其三代。寻又赐奴婢人役及第宅、庄田、金帛器物甚众。时太监蔡用奉旨往广西访求皇亲，以二人驰驿至京，云是孝穆皇太后再从兄弟，且具其考妣葬所以闻，故有是命。

乙酉（二十五日）［云南缅甸宣慰使司宣慰使遣人朝贡］

云南缅甸宣慰使司宣慰使卜剌浪遣头目打戞苏等来朝贡象并象牙、金银器皿等物。赐宴并衣服、彩段，及回赐卜剌浪文锦、彩段有差。

明孝宗实录卷十九

十月

乙未（初五日）［命四川守臣以见收盐价银等赈济成都等府被

旱灾者]

命四川守臣以见收盐价银四万五千六百余两，及召商报中各盐井中剩盐四十四万一千余引之半，赈济成都等府之被旱灾者。

丁未（十七日）[云南缅甸军民宣慰使司宣慰使奏请赐金牌信符等]

云南缅甸军民宣慰使司宣慰使卜剌浪奏：成化间，蒙给金牌信符，不戒于火，乞并批文底簿及勘合给赐。礼部言：弘治元年，该给缅字号批文底簿一扇、甸字号勘合一百道，请就给之。其金牌信符，俟云南布政司勘报至日再让。从之。

戊申（十八日）[监察御史以湖广、四川各处饥民多流移荆襄，乞令巡抚、巡按等官赈济安插]

监察御史王嵩等因疏陈修省五事。一、谓近自夏秋以来，各处奏报灾伤者络绎不绝，而湖广、四川尤甚。各处饥民多流移荆襄等处，荆襄地方亦无所仰给。若不早为之所，恐啸聚为盗。乞敕巡抚、巡按等官，设法赈济安插。待岁收之后，省令各回原籍。凡有救荒良策，从宜处置……

辛亥（二十一日）[追录四川茂州斩获“番贼”功]

追录四川茂州斩获番贼功。镇守太监刘雅、巡抚都御史刘璋、右参将都指挥沈运各升一级。璋时已升侍郎，仍赏纻丝二表里。其余官军人等二百五十余人升赏有差。

癸丑（二十三日）[广西全州西延杨峒苗人入湖广零陵县“劫掠”，令失机军官姑戴罪，俟事宁日奏闻处治]

先是，广西全州西延杨峒苗贼入湖广零陵县劫掠，杀官军。兵部请逮治守备都指挥佥事冯缙，及永州卫指挥梁玉、翟宣，衡州卫指挥丁鉴等。得旨：姑令戴罪，俟事宁日奏闻处治。

乙卯（二十五日）[兵部请复设四川松潘巡抚]

兵部奏：四川松潘番夷杂处，窃掠不常。旧有专设巡抚官，迩年革去，止令腹里都御史兼之。今地方多灾，恐生他变，请增置巡抚官一人，专理军务，抚治地方。从之。

[赈济湖广、四川灾伤]

时湖广、四川灾伤，言事者屡以为言。户部尚书李敏请量出帑银赈济。因条上召商中盐、入粟补官赎罪之策，并请借贷于蜀府，及马湖诸土官，以助有司赈济。上从之，仍命送太仓银五万两于四川，命浙江送折粮银十万两于湖广。

戊午（二十八日）［以旱灾免湖广武昌等卫屯粮］

免湖广武昌等卫屯粮五千二百五十石有奇，以旱灾故也。

明孝宗实录卷二十

十一月

庚申朔（初一日）［升太常寺卿童轩为都察院右副都御史，提督松潘等处军务，兼理巡抚］

升太常寺卿掌钦天监事童轩为都察院右副都御史，提督松潘等处军务，兼理巡抚。赐之敕曰：四川松潘远在万山之中，所管威、茂等州，叠溪等处，与番夷巢穴杂处。粮运经行，多被阻截，往往克减军粮，置办酒食、布匹犒劳买路，而后得进。其守备等官，不能宣布朝廷威德，抚驭无方，以致番人轻视，聚众劫掠军民，攻围关堡。近闻四川荒旱，军饷缺乏，万一戍卒逃散，孤城失守，地方贻患，可为寒心。兹以尔才识老成，特升宪职，前去巡抚兼提督军务。督令本处官军，修理城池，整饬兵备，操练军马，抚治番夷。副总兵、参将等官俱听节制，尔须审察夷情事势，相机而行。贼寇生发，即督兵剿捕，毋令滋蔓。前巡抚官所行政绩，果有益于军民、无扰于番夷者，毋事更张。或有窒碍不便当更改者，亦须酌量审处而改之。至于粮饷一事，尤为紧要。尔先将仓粮见数，撙节用度，仍与腹里巡抚、巡按、三司官计议，多方设法，防护儹运。必不得已，饥荒不接，蛮寨不靖，度量本处官军可以摘拨，只以护运为名，如古移民移粟之计，亦可暂为施行。然须思虑万全，毋或疏失。余事有该与各官会议者，从长计议，不许偏执违拗。官军人等犯罪，当拿问者拿问，当奏请者奏请，当量情责罚者责罚。及其余庇利军民、禁革奸弊之事，悉听尔从宜处置。尔其钦承之。故谕。

壬申（十三日）［四川建昌卫，湖广容美宣抚司、龙潭安抚司与木册、水尽源通塔平长官司各遣人进香］

四川建昌卫土官遣通把赵阿恭等贡马，及湖广容美宣抚司、龙潭安抚司、木册长官司，并水尽源通塔平长官司，各遣峒长、把事、舍人田端等进香。赐彩段、钞锭有差。

辛巳（二十二日）［给国子监云南、贵州、四川军民生冬衣］

给国子监云南、贵州、四川军民生冬衣。

壬午（二十三日）［两广总镇等官奏“流贼”平］

两广总镇等官奏流贼平。兵部言：先报贼众数多，今斩获未及其半，且擒获者之罪状、听抚者之名数俱未开，疏请遣官核实。得旨：不必遣官，即令总镇等官会审以闻。

明孝宗实录卷二十一

十二月

甲午（初五日）［四川建昌、越嶲、宁番等卫，并成都等府、潼川、遂宁等州地震，是日乃止］

四川建昌、越嶲、宁番等卫，并成都等府，潼川、遂宁等州，同时地震，并雷电、雨雹、阴霾。自辛卯至是日乃止。

庚子（十一日）［云南缅甸宣慰司头目入贡还，奏请遣官护送至境］

云南缅甸宣慰司头目打戛苏等以入贡还，具奏：此行路经孟养地方，恐为思六发所沮，乞遣官护送至境。礼部请准成化十八年例，止令原伴送千户及通事官送回云南，转令镇巡官择人护送出境。从之。

明孝宗实录卷二十三

弘治二年己酉（1489）

二月

辛卯（初三日）［四川布政司请以该输贵州折粮、布银存留备用，并乞停征户部原派供应物料银］

四川布政司奏：往年湖广饥，曾借四川银二万五千两充岁输贵州军饷之数。今四川饥，乞以弘治元年该输贵州折粮、布银二万四千两存留备用，且以补原借之数。其成化二十三年至弘治元年，户部原派供应物料银一万五千两有奇，更乞停征，以俟年登补解。下户部覆议，从之。

己亥（十一日）［以地方灾伤，召湖广、四川清军御史还京］

召湖广、四川清军御史还京，以地方灾伤也。

辛丑（十三日）［命发银给四川成都等府饥民为耕种之具，并于四川、陕西、云、贵纳米授官］

命发银二万两给四川成都等府饥民为耕种之具。其四川吏典，有纳米二十五石以助赈给者，初役准送部免考就办事。一考者就拨京考，两考者就给冠带，依次选用。承差著役一年者纳米三十石，二年者二十五石，三年者二十石。未参候缺一年者五十石，二年者四十五石，三年者四十石，四年者三十五石。俱送部免办事给冠带，入选知印，比承差递加米五石。陕西、云、贵吏典，每等各递减五石。阴阳医官、僧道官有缺，许堪补者，纳米二十石，送部免考选用。凡该纳米而愿纳银者，每石银二两。军民人等纳银至一百两者，授正七品散官。八十两者，正八品。六十两者，正九品。愿照时值纳米与谷者，听年终而止。

壬寅（十四日）［四川威州地震］

四川威州地震，有声如雷。

甲辰（十六日）［开设广东从化县］

开设广东从化县，属广州府。割番禺县之狮子岭、南海县之慕德里二巡（简）〔检〕司隶之。

［命原遣户部郎中江汉、王宏分别赈济四川成都、叙州等府州县］

命原遣户部郎中江汉，专赈济四川成都、顺庆、保宁、潼川，及嘉定、眉、邛、雅、龙诸州县。别遣郎中王宏分赈叙州、重庆、夔州、马湖诸州县。从左都御史马文升言也。

丁未（十九日）［以四川旱灾，暂停本年织解生绢］

以四川旱灾，暂停本年织解生绢。

戊申（二十日）［准移漕粟至夷陵州济四川饥民］

兵部尚书余子俊等言：近户部奏准，移漕粟二十万石至夷陵州，济四川饥民。但湖广亦饥，恐四川未获济，而湖广待哺之民或生他变。请敕漕运参将郭鋐整兵护送，冀于万全，仍请敕抚治郧、荆襄、湖广镇巡等官，加意饬兵备用，固南京上流，庶几有备无患。从之。

庚戌（二十二日）［命再运太仓银于四川以助赈济］

命再运太仓银三万两于四川，以助赈济。

辛亥（二十三日）［长河西宣慰司番僧冒称乌思藏所遣到京朝贡］

长河西宣慰司番僧绰思吉领占把藏卜等七百人冒称乌思藏所遣朝贡到京。礼部译得其情，请量减赏赐，以示薄责之意。从之。

明孝宗实录卷二十四

三月

己巳（十一日）［万安卒］

致仕少师兼太子太师吏部尚书华盖殿大学士万安卒。安字循吉，眉州人。正统十三年进士……先是，云南曩罕弄据宝井以叛木邦。木邦时告急，上下方拟讨之，以地远不即决。至是曩罕弄乃遣使以重赂啖安，求自立。时大学士刘珝、刘吉皆谓不可。安利其赂，乃力主以安抚司授之，由是边患迨于今不息。

[设广东从化县及从化守御千户所]

开设广东从化县及从化守御千户所。总镇两广等官太监韦眷等奏：广州、番南二县，杨武、已由等都，大朗、郭塘等堡，山势凶恶，人性强梗，贼徒流劫不时，官司遥远，难于抚治。横潭村在诸堡之间，山川秀丽，水路并通，四五里程，袤广周围。约欲于其地添设从化县治，儒学、阴阳医学，以治教之，仍设从化守御千户所，即调广州左右等卫千百户童英等十二员，领军屯守。事下户、兵二部覆议。从之。

[广西地方有警，拨宝庆等三卫官军守柳州，九溪等三卫官军守梧州，长沙等四卫官军留广西城]

兵部奏：先以广西地方有警，奏调湖广官军万余人，分为两班赴浔州、柳州断藤峡等处哨守。类多死于瘴疠，幸而生者，往往逃窜，人情畏惧，如就死地。本部曾移文两广总镇等官，欲量减上班官军到班之日，俱留广西城操，而广西在城并邻近官军，发边防御。总镇等官会奏，以为广西贼寇最为猖獗，军士最为凋敝。况湖广苗蛮、广西瑶僮互相侵扰，故湖广官军虽戍广西，亦所以自为，难从量减。但地方瘴气有无、轻重不同，宜将湖广轮班官军，原在瘴轻地方者仍旧。其宝庆等七卫之在梧州、九溪等三卫之在柳州者，通行掣出。内拨宝庆、宁远、永州三卫官军守柳州。又拨九溪、永定、常德三卫官军兑全州、灌阳等处土住官军守梧州。其长沙、衡州、岳州、夷陵四卫所官军，俱留广西城，以时更替，巡哨府江一带。若声息有缓急，官军有多寡，止许于前项地方相机增减，仍各造营房，拨医士，使居处得所，疾病有托。庶几人情相安，边守不废。其言可行。从之。

甲戌（十六日）[令右参将韩雄协守提督六关堡地方，左参将白珍协守小河等处，应于松、茂边方应援]

巡抚四川右副都御史谢士元移文兵部，言：亲历松、茂一带边方，右参将韩雄住茂州，去土地岭、茅香、小关、神溪、土门、桃坪等六关堡甚近。左参将白珍住小河千户所，去六关堡千余里。猝然有警，应于应援。乞以六关堡地方，令韩雄协守提督，令白珍协守小河、安绵等处，至坝应堡为止。兵部覆奏。从之。

明孝宗实录卷二十五

四月

丁未（十九日）［湖广容美、散毛宣抚司及大旺安抚司、唐崖长官司各遣人贡方物］

湖广容美、散毛二宣抚司及大旺安抚司、唐崖长官司土官等各遣把事人等来朝贡方物。赐彩段、钞锭有差。

己酉（二十一日）［以地方有警，免贵州布按二司首领官及所属官弘治三年朝觐］

免贵州布按二司首领官并所属官明年朝觐。以地方有警，从镇巡等官奏也。

明孝宗实录卷二十六

五月

戊午朔（初一日）［湖广木册长官司护印冠带舍人、容美宣抚司致仕宣抚进马，为土人赎罪］

湖广木册长官司护印冠带舍人田贤及容美宣抚司致仕宣抚田保富各进马，为土人谭敬保、秦墨古送赎罪。刑部言：旧制，夷人纳马赎罪，盖以情罪稍轻，不欲尽法。若情犯深重、罪状明白，亦难准赎。请行巡抚等官查处以闻。从之。

壬戌（初五日）［四川成都府地连震］

四川成都府自庚申至是日，地连震有声。

戊寅（二十一日）［逮云南巡抚章律至京治之］

先是，监察御史何悌劾奏巡抚云南都御史章律贪声大著，谓保袭土官惟求贿赂奖与，庶职多取谄谀。与前布政使周正朋比为奸，视镇守太监家人纵横，恬不能治。怒一人而住全卫之俸，馈一官而罚参吏之银。今边鄙未宁，蒲夷作乱，如律者一筹莫展，安能倚以成功？上命巡按御史刘洪鞫勘，所奏多实。刑部尚书何乔新等疑洪附于悌，议命巡抚都御史王诏等重核之。科道等官陈璚等因劾乔新等庇律，上命（建）〔逮〕律至京治之。乔新等自疏请罪，宥之，仍罚俸两月。

辛巳（二十四日）［命四川、松潘二路开中盐课，召商纳米，以济军饷］

命四川、松潘二路，开中成化二十二年各井盐课四万九千七百七十四引，二十三年六万九千七百七十四引，弘治元年九万七千四百六十九引。召商纳米，以济军饷。

明孝宗实录卷二十八

七月

丙寅（初十日）［四川播州宣慰司、邛部长官司与湖广容美宣抚司，忠峒、高罗二安抚司，镇南、石梁下峒二长官司各遣人朝贺贡马］

四川播州宣慰司宣慰使杨爱及越嶲卫邛部长官司，湖广容美宣抚司及忠峒、高罗二安抚司，镇南、石梁下峒二长官司，各遣通事、峒长人等朝贺贡马。赐宴并彩段、钞锭有差。

庚辰（二十四日）［长河西番僧请袭授都纲之职］

长河西番僧领占星吉等各请袭授其师都纲之职。从之。

明孝宗实录卷二十九

八月

丙申（十一日）［广东番禺县后“山贼”平，兵部议上巡按等官功过］

广东番禺县后山贼平。兵部议上巡〔按〕等官功过，得旨：以分巡按察司佥事周启、分守布政司右参议周宏及广州府捕盗通判李亮等功多过少，宥之。停广州右卫指挥使刘炜等俸三月。

丁酉（十二日）［命成都等府被灾者量免税粮，流移复业者免杂役三年］

命四川镇巡等官查勘成都等府卫，自去岁赈恤之后命府库之余积几何，收成之分数几何。如犹有被灾者，宜再量免税粮。其流移复业者，免杂役三年。

［广东“流贼”攻揭阳县，势颇张，至是守臣平之］

初，广东流贼千余人攻揭阳县，劫库释囚，势颇张，至是守臣始平之。奏上，兵部覆议。得旨：潮州府推守姚继、潮州卫指挥佥事张端功过相等，宥之。揭阳县知县吴锵、主簿田禄各降一级，典史黄誉调边远用。

庚子（十五日）［云南八百大甸故土官宣慰使孙贡方物，求袭祖职］

云南八百大甸军民宣慰司故土官宣（尉）〔慰〕使刁揽那孙刁岳整赖贡方物，求袭祖职。兵部言：八百远离云南，瘴毒之地，与各处地方不同，宜特免重勘，许其袭职。从之，仍给赐冠带及表里等物。

壬寅（十七日）［谕孟密曩罕弄尽返木邦侵地，听木邦钤束］

云南守臣奏：孟密安抚司夷妇曩罕弄，先后占夺木邦地二十七处，又阴诱其头目放卓孟等叛木邦，木邦孤弱，不能自立，其势必尽吞木邦乃已。乞请给旨意榜文一道谕孟密，俾尽返木邦侵地及头目放卓孟等，令听木邦钤束，庶保全身家，免贻后悔，仍乞敕八百宣（尉）〔慰〕司，俾与木邦和好，敦唇齿之义，互相救援。亦敕木邦宣尉罕乞法收复人心，亲爱骨肉，勿使孟密得以乘间诱叛下人，自致孤弱。如孟密听谕，方许曩罕弄孙思栱保勘承袭，如复稔恶不悛，则议别处。兵部覆奏，请如所拟行云南守臣，如遇榜敕至日，须亲诣金齿地方，严督所委，前赴各该衙门，开读晓谕，使朝廷免劳兵革，斯为上策。如复生拗不服，则议用兵方略以闻。从之。

癸丑（二十八日）［官军捕获云南顺宁府“蒲贼”，械系至京］

云南顺宁府蒲贼莽丘等聚众流劫乡落，多杀虏人口。官军抚谕不服，至是捕获之，械系至京。命凌迟处死者一人，斩者六人，给功臣之家为奴者三人，并发通事王璘等三人广西烟瘴地充军，以尝受贿通情也。

明孝宗实录卷三十

九月

辛酉（初六日）［四川酉阳宣抚司，湖广忠建宣抚司、金峒安抚司、木册长官司各遣人贡马］

四川酉阳宣抚司，湖广忠建宣抚司、金峒安抚司及木册长官司各遣把事人等来朝贡马。赐彩段、钞锭有差。

壬戌（初七日）［木邦、孟密累岁仇杀，镇巡等官不能抚治，降敕诘责］

时，木邦、孟密累岁仇杀，上以镇守云南黔国公沐琮、太监王举、巡抚都御史王诏不能抚治，降敕诘责之，曰：孟密逼凌木邦旧主，侵夺其地，累抚不从。究其所由，虽曩罕弄强横无道，亦尔等平昔威武不振、号令不严所致。且闻尔等委去抚谕官员，往往暗受夷赂，召侮启衅。孟密小夷，乃敢为恣肆如此，尔等恬不介意，岂不甚孤朝廷委托之重？论法皆难辞罪，姑从宽降敕切责。自今尔等宜痛加警省，整搠军马，振扬威武，申严号令，以詟服夷众。其孟密事情，可抚则抚，可剿则剿，审实具奏，以凭区处。务使木邦侵地可复，孟密旧恶可消。事安夷安，地方宁靖，斯尔等之能。如或仍前姑息，纵其交恶，以贻后患，宪典具存，朕恩难再。尔等其慎之。故敕。

明孝宗实录卷三十一

十月

丙戌（初二日）［以贵州苗人攻烧杨安屯堡，处置失于防御之军官］

初，贵州苗贼攻烧杨安屯堡，指挥佥事杨通等与战不利。兵备副使陈揆率军往应之，贼始遁。守臣请治通等失于防御之罪，命逮问守备都指挥佥事丁辉及通等十人。以揆尝设法安抚，免其罪，停俸两月。

壬辰（初八日）［户部郎中江汉、王宏归自四川，各上赈济事迹］

户部郎中江汉、王宏归自四川，各上赈济事迹。汉领成都、保宁、顺庆三府，嘉、(梅)〔眉〕、潼、雅、邛等五州，及龙州宣抚司，成都、利州、宁川等六卫，保宁等五守御千户所，抚赈过饥民、流民四万一千二百五十户，八十七万八千七百五十八口，米若谷共支过二十二万五千八百二十余石，银九万九千四百五十余两。本部原拨湖广兑运粮二十万石，及江西、云南原折色银二十万两，尚收贮以待支用。宏领叙、夔、重庆、马湖四府，泸州及永宁、酉阳二宣抚司，九姓长官司，赈过饥民十四万一百七十户，百六十九万九千六百九十九口，米谷支过二十四万九千四十六石，银十六万三千三十九两。

丁酉（十三日）［两广总督秦纮上言安远侯柳景与分守雷廉等

处左参将王麟为地方二害]

总督两广都御史秦纮言：臣至两广，闻地方之害有二：总兵官征蛮将军安远侯柳景侵夺民利，欺隐官课，剥削贪饕，私通夷〔人〕，交易番货，党助土官，滥杀无辜，其害遍于两广，分守雷廉等处左参将署都指挥佥事王麟，掊克害众，怨讟并兴，其祸遍于一方。二害不除，则两广军民终无安日。巡按御史周南示以为言，命驰传行文，取景至京治之。巡按监察御史逮麟等讯实以闻。

壬寅（十八日）[以四川松潘“番寇”杀伤平夷等堡官军，处置失机军官]

四川松潘番寇杀伤平夷等堡官军，巡按御史劾巡抚守备等官失律之罪。时兵备副使李敩方受委未至，上释敩不问，并宥都御史童轩罪，其指挥萧晟等十一人皆逮治。

戊申（二十四日）[四川杂道、达司蛮二长官司番僧朝贡]

四川杂道长官司都纲番僧奴日蒙等、达司蛮长官司番僧要别等，各来朝氆氇、铁刀等物。赐宴并衣服、彩段等物有差。

己酉（二十五日）[湖广杨峒苗人“流劫”广西全州，官军击败之]

湖广杨峒苗贼流劫广西全州，广西镇守等官率官军讨之，斩首三百七十六级。事闻，命官军三百一人升赏有差。太监刘（昶）〔汞〕赐彩段二表里，分巡佥事陈嘉谟、桂林府知府罗珦各一表里。

辛亥（二十七日）[命户科左给事中孙珪、监察御史滕祐往广西贺县访察孝穆皇太后宗支的派]

命户科左给事中孙珪、监察御史滕祐往广西平乐府贺县访察孝穆皇太后宗支的派，并纪贵、纪旺等事虚实以闻，仍给敕与之。

明孝宗实录卷三十二

十一月

乙卯朔（初一日）［命镇远侯顾溥充总兵官镇守湖广］

命镇远侯顾溥挂平蛮将军印充总兵官镇守湖广。

癸酉（十九日）［四川威、茂二州地震］

四川威、茂二州同日地震有声。

己卯（二十五日）［赐国子监云南、贵州、四川军民生冬衣］

赐国子监云南、贵州、四川军民生冬衣如例。

明孝宗实录卷三十三

十二月

戊子（初五日）［广西柳州卫进贺冬至表违例］

广西柳州卫进贺冬至表不由本都司。礼部请罪其经该官吏，从〔之〕。

癸巳（初十日）［乌思藏番僧进贡违例］

礼部奏：乌思藏番僧三竹等进贡，不赍原降勘合，又不经边关验送。请却其方物，并罪边关及沿途之失于盘验者。诏以番僧既到京，姑纳其贡遣之。

丙申（十三日）［以红崖关等处“番蛮”杀掠军士，停分守松潘副总兵李镐、兵备副使柳应辰俸各二月］

停分守松潘副总兵李镐、兵备副使柳应辰俸各二月，以红崖关等处番蛮杀掠军士，失于防御故也。

［广东阳春县地震］

广东阳春县自壬辰地震，甲午再震，至是日又震。皆有声。

己酉（二十六日）［以流民已安，裁革湖广抚民参议一员］

裁革湖广布政司抚民参议一员。以流民已安，从巡抚都御史奏也。

明孝宗实录卷三十四

弘治三年庚戌（1490）

正月

辛酉（初八日）［四川汶川县地震］

四川汶川县地震，有声如雷。

庚午（十七日）［湖广容美、施南二宣抚司及忠孝等八安抚司、镇南等八长官司及四川酉阳宣抚司各遣头目进贡谢恩］

湖广容美、施南二宣抚司，并忠孝、大旺、金峒、龙潭、剑南、高罗、忠峒、东乡五路八安抚司，及镇南、椒山玛瑙、上下爱茶峒、木册、石梁下峒、水尽源通塔平、施溶溪八长官司，及四川酉阳宣抚司，各遣头目进贡谢恩。赐彩段、钞锭有差。

丙子（二十三日）［乌思藏辅教王遣番僧保送大乘法王袭职入贡］

近例，乌思藏番僧三年一贡，令四川布政司，比号相同，并有番王印信、番字奏启方许。其法王卒，止用本处僧徒袭职，不由廷授。至是辅教王遣番僧锁巴等，保送大乘法王袭职入贡，乃欲自洮州而入，洮州守备官据例阻回。以其事闻，下礼部议，谓有前例，宜行洮州守备官，于锁巴内令四五人赍执勘合，前往四川布政司比号。果系原降辅教王处勘合，字号相同，本司宜即差人具奏并给与印信文书，仍令回至洮州，守备官再行审验。其大乘法王处所差者，许令入贡，然不许其奏请袭职。若辅教王处所差者，准作弘治三年一贡，沿途量起人夫，护送方物至京。如其字号不同，及有诈冒别情，宜从四川镇巡官并洮州守备官，径自奏闻，以凭区处。

从之。

明孝宗实录卷三十五

二月

癸未朔（初一日）［贵州镇巡等官奏请拟调湖广、四川、云南官军、土兵征剿苗人，不许］

先是，贵州镇巡等官奏：欲会兵征剿苗贼，拟调湖广、四川、云南官军、土兵刻期以进。兵部覆奏，令别议长策。未至，而镇巡等官复力请用兵，兵部仍以为未可，止请行参将等官调兵操练，布政司预积粮储，示若欲用兵者，以警慑之。从之。

戊子（初六日）［四川茂州地震］

四川茂州地震，有声如雷。

壬辰（初十日）［以贵州有警，募民纳银备军兴之用］

以贵州有警，募民纳银备军兴之用。一百二十两者授正七品散官，八十两者正八品，六十两者正九品，四十两者与冠带，从本布政司奏也。

庚子（十八日）［广西恩城州土官知州逐田州府土官知府，令土官知州解兵释怨，不听则相机进讨之］

广西田州府土官知府岑溥为恩城州土官知州岑钦所逐。两广守臣委官护送其子猇入府，复为钦所遏，不得入，暂居浔州府。兵部言：此系国体轻重，宜停原委官俸，仍令按察使陶鲁等督官军三千次南宁府，调思恩府知府岑濬等各率土兵助之。谕钦令解兵释怨，不听则相机进讨之。

壬寅（二十日）［四川越嶲卫地震］

四川越嶲卫地震有声。

明孝宗实录卷三十六

三月

乙卯（初三日）［命四川成都等府、邛州等州县、建昌等卫、永宁宣抚等司以银折茶输松潘关堡］

命四川成都等府、邛州等州县、建昌等卫、永宁宣（府）〔抚〕等司，自成化十一年至弘治元年，拖欠茶课三百一十八万六千二百五十九斤，每芽茶一斤追银二分，叶茶一斤追银一分，输之松潘关堡，以充军储。从四川布政使邢表言，宿逋难偿，而官茶陈积故也。

丙辰（初四日）［以地方灾伤，免四川思曩日等安抚长官司弘治四年朝觐］

免四川思曩日等安抚长官司一十六处明年朝觐，以守臣言地方灾伤故也。

戊午（初六日）［升刑部员外郎刘杲为四川按察司佥事，提督水利，疏浚修砌都江堰］

升刑部员外郎刘杲为四川按察司佥事，提督水利。先是，巡抚都御史丘鼐言：成都府灌县旧有都江大堰，乃（汉）〔战国〕李冰所筑溉民田者，其利甚博。后为居民所侵占，日以湮塞，乞增设宪臣一员，专领其事，俾随处修筑陂塘堤堰，以时蓄泄，庶旧规可复，地利不废。工部覆奏，从之。敕曰：成都府灌县地方旧有江都大堰，近年以来，多被官校人等创造碾磨，或私开小渠，决水捕鱼，以致淤塞水利，旱伤田禾。及本省所属州县，平旷地土数多，随处皆可修筑塘堰，蓄水灌田。兹特命尔提督成都府佐贰官，并郫、灌等州县各卫所官，将都江堰以时疏浚修砌，严加禁约，势要官校旗军人等不许似前侵占阻塞，仍督同各州县卫所抚民、捕盗、管屯等官，相兼管理，相度地方，兴举水利，务臻实效，无事虚文。敢有不遵约束、沮坏水利之人，拿问如律。应参奏者奏请处治，毋得因而科扰，有损无益，致人嗟怨。如违，罪不轻宥。

故敕。

己未（初七日）[四川嘉定州地震]

四川嘉定州地震，有声如雷。

甲子（十二日）[命故贵州都指挥同知洛经之子袭职]

命故贵州都司都指挥同知洛经之子忠袭贵州前卫指挥使。

明孝宗实录卷三十七

四月

辛丑（十九日）［安远侯柳景与巡抚秦纮相讦奏，令官往勘之］

总镇两广安远侯柳景为巡抚都御史秦纮所劾，因奏纮不法事。命户科给事中屈伸、刑部署郎中秦瓛往，并勘之。

癸卯（二十一日）［广西思明府等处、四川石砫宣抚司等处、湖广木册长官司各遣人贡马］

广西思明府并万承等州县及陀陵县、龙州、江州土官知府等，四川重庆卫石砫宣抚司，茂州陇木头并静州及岳希蓬长官司，湖广施州卫木册长官司，各遣官族、头目人等来朝贡马。赐彩段、钞锭有差。

明孝宗实录卷三十八

五月

壬子朔（初一日）［两广总督秦纮劾奏总镇等官诸多不法事，请立广州等四府社学，并请增设按察司佥事守备其地］

总督两广都御史秦纮言：两广总镇等官多纵私人以扰商贾，居私家以理公政，滥杀无辜，交通土官为奸，请严加禁绝。广、潮、南、韶四府多盗，请设社学以训诲其子弟，编保甲以约束其强梁，仍增设按察司佥事一员守备其地。从之。

庚申（初九日）［两广总督秦纮奏言两广总府赏功弊端］

总督两广军务都御史秦纮言：两广总府设有赏功，所积储钱物数万。岁委府县首领等官典守，费出无经，弊端百出，宜悉从都御史或总镇、总兵勾稽，非赏功不得妄用。从之。

辛酉（初十日）［以“灾伤民穷”，命湖广出布政司并各府州赃罚等银代民买纳坐派内府供用物料］

命湖广今年以前坐派内府供用物料，出布政司并各府州赃罚等银代民买纳。以巡抚都御史郑时言灾伤民穷故也。

己卯（二十八日）［广西泗城等州并上林长官司土官知州等遣人朝贡过期］

广西泗城等州并上林长官司土官知州等官岑应等遣官族岑铭等朝觐，并贡银器、马匹。礼部以过期至京，请减半给赏。从之。

庚辰（二十九日）［广西古田僮人数出“剽掠”，命逮问哨守指挥等官，宥副总兵马俊等］

广西古田僮贼数出剽掠，守臣奏其事，命逮问哨守指挥等官，副总兵都督佥事马俊、分守左参政李聪、分巡佥事李延姑宥之。

明孝宗实录卷三十九

六月

壬午朔（初一日）［广西泗城州官族头目等朝觐违限］

广西泗城州官族头目岑铭等朝觐违限，吏部请治其罪。上以土官，俱贷之。

甲申（初三日）［广东廉州府地震］

广东廉州府地震，有声如雷。

己丑（初八日）［赐国子监云南、贵州、四川军民生夏衣］

赐国子监云南、贵州、四川军民生夏（布）〔衣〕如例。

明孝宗实录卷四十

七月

癸亥（十三日）［以虫、旱灾免贵州永宁卫弘治二年屯粮］

以虫、旱灾免贵州永宁卫弘治二年分屯粮二千三百四十石有奇。

乙丑（十五日）［治纪贵、纪旺等诈冒皇亲罪有差］

治纪贵、纪旺等诈冒皇亲罪有差。初，孝穆皇太后尝自谓广西贺县人，家姓纪氏，亲族幼弗能知也，太监郭镛闻而识之。上在东宫时，太监陆恺者，本姓李，自称为孝穆皇太后亲兄。镛心知其伪，弗发。恺尝托镇守两广太监顾恒，访其叔李福边与兄以来。恺姊婿韦父成，知其家无人，乃冒承之，得官田数顷。府县遂以戚畹目之，而增设其所居里名曰迎恩。纪贵者，亦本李姓，名父贵。及弟祖旺谋于田主邓璋曰：韦乃异姓，犹可冒以致富。我同姓，顾不可乎？璋遂与伪撰宗系图，上之府县，且讦父成之伪，府县亦莫之辩也。上即位，遣太监蔡用往访，求无所得。里老遂妄举父贵、祖旺以对，用欲取悦于上，弗复究实，遂与都御史宋旻、太监韦眷、安远侯柳景、御史唐相、布政使侯英、按察使林符、都指挥纪瑛、知府李庭芝、通判俞玑共成之，以二人至。诏改父贵为纪贵，祖旺为纪旺，授官赐第，并金帛、庄田、奴婢甚众。父成歆艳其贵，因从至京争辩。上命镛偕恺审验，镛比用力为弥缝，令父成驰驿归。未几，上命镛往祭纪氏先（茔）〔茔〕，且焚黄，继命工部郎中顾余庆修治茔墓。湖广监生蒋灏、周绅，知父贵等诈，乃挟其佃户连山县僮人李友广偕来，教之争诉，以徼后福。时听选知县廖宾，广西平乐县人，计右父贵为之奏辩。会以友广为诈，下户部发遣，而尚书李敏亦言其可疑。上命司礼监内阁及多官会审，竟莫能辩，乃遣户科左给事中孙珪、监察御史滕祐往廉之。灏与绅恐珪等去得其情，又令江西分宜县人高龙往连山，诈称锦衣卫百户潜来侦察，虚喝县人具友广贯址供状，冒为孝穆皇太后族。俟科道官至，但据此上之。珪等至贺县，微行遍询于人，悉其伪也，乃还，劾用等罔欺下狱，命多官鞫治。法司议拟以闻，得旨：纪父贵、祖旺诈冒母后宗支，滥受官职。高龙诈称私行体察事务，扇惑人民。俱依律处决。郭镛本知其伪，党比蔡用，欺罔不言，亦当诛，姑宥之，黜为小大者南京新房闲住。周绅、蒋灏、廖宾俱为民。李友广摆站陆恺，致起伪端，法尤难宥，但尝有奉侍陵寝劳勤，发茂陵司香。既而翰林院侍读曾彦、都御史屠镛等，请宥李父贵、李祖旺、高龙之死，以为其情可矜。上从其言，以父贵、祖旺充福建镇海卫军，高龙充辽东铁岭卫军。

己巳（十九日）［命欧磐分守广西柳、庆，刘英守备贵州都匀、清平地方］

命广东都司都指挥同知欧磐充右参将分守广西柳、庆，贵州都指挥佥事刘英守备都匀、清平地方。

明孝宗实录卷四十一

八月

壬午（初二日）［施州“蛮寇”为梗，命调均州防守官军改调施州卫操守］

初，以湖广均州流民相聚为患，命瞿塘卫调官军二百五十人防守。至是，湖广镇巡等官言，均州已宁，而施州蛮寇为梗，请以其军改调施州卫操守。从之。

辛卯（十一日）［四川播州宣慰司，湖广容美、忠峒二安抚司

与水尽源通塔平等三长官司遣人贡马〕

四川播州宣慰司，湖广容美、忠峒二安抚司，水尽源通〔塔平〕、椒山玛瑙、蛮夷三长官司，各遣头目、把事人等贡马。赐彩段、钞锭有差。

壬辰（十二日）〔云南监察御史上言土官舍人保袭、纳谷以省借贷二事〕

先是，云南监察御史刘洪言二事：一、请便保袭以省烦琐。谓近例土官舍人应袭者，俱由三司堂上官会同保勘明白，方得承袭。但边方瘴（励）〔疠〕险远，三司多不亲诣，往往转委属官行勘。或以贪赂，或以避嫌，彼此展转，有十余年承袭者。乞预取土官舍人应袭替者姓名，三年一造册收贮，仍照黔国公沐琮所奏，依军职袭替例，各该衙门保送，布政司查勘，荫叙文册相同，别无他弊，转呈抚按官核实，行令具奏定夺。若有争袭不明者，许抚按推委三司堂上官一员，亲诣保勘结报，布政司即为具奏。若徇私阻滞，听巡按纠奏。一、便纳谷以省借贷。谓近例土官袭五品以上者，纳谷三百石，六品以下者纳谷一百五十石。是固储蓄良法。缘土官职有大小，家有贫富。如知府等职，亦有借贷完纳者。冠带之后，即便科取派还。其驿丞巡（简）〔检〕等职人不肯借，以此经年不得袭任，诚为可悯。乞不拘事例，许巡抚、巡按官会同三司掌印官，访察各官贫富，斟酌处置，量为减免。奏下，吏部议，谓土官袭替，宜令云南巡抚、巡按官依拟施行。土官纳谷，专为备荒设，宜令抚按、三司掌印官从公斟酌，不必拘定数目，不许全免。从之。

明孝宗实录卷四十二

九月

癸丑（初四日）〔四川松潘卫白马路长官司与湖广容美等二宣抚司、高罗等五安抚司、木册长官司各遣通事朝贡〕

四川松潘卫白马路长官司，湖广（美容）〔容美〕、散毛二宣抚司，高罗、龙潭、忠孝、忠峒、大旺五安抚司，并木（栅）〔册〕长官司，各遣通事来贡。赐彩定钞有差。

庚申（十一日）［云南干崖宣抚司土舍起兵，劫宣抚司印，四年始还，至是事闻，兵部请诘责总兵官沐琮、巡抚王诏等］

云南干崖宣抚司土舍刀怕愈，欺其侄刀怕落之幼，将谋夺宗，而蛮众不附，遂起兵相攻，劫去宣抚司印者四年。按察司副使林俊等因他事过其地知之，遂同参将沐详等，移文谕以祸福，始释兵归印。事闻，（知）〔兵〕部请诘责总兵官沐琮、巡抚都御史王诏等久不奏报之故。上曰：是干崖地方不宁，琮等若罔闻，又不以时奏报，有负委任，法当究问，（始）〔姑〕宥之。

戊寅（二十九日）［复设广东按察司副使一员］

复设广东按察司副使一员，整饬雷、廉等处兵备。

［并云南邑市县于路南州］

并云南邑市县于路南州。

［改广西永安州为长官司］

改广西永安州为长官司，罢流官。

［裁革云南、大理二府及邓川州儒学训导各二员］

裁革云南、大理二府及邓川州儒学训导各二员。

明孝宗实录卷四十四

十月

庚申（十二日）［升广东按察司佥事为副使，整饬雷、廉等处兵备］

升广东按察司佥事戴中为本司副使，整饬雷、廉等处兵备。

壬戌（十四日）［广东肇庆府地震］

广东肇庆府地震，有声如雷。

明孝宗实录卷四十五

十一月

乙酉（初七日）［赐国子监云南、贵州、四川军民生冬衣］

赐国子监云南、贵州、四川军民生冬衣如例。

乙未（十七日）［四川威州地震］

四川威州地震，有声如雷。

明孝宗实录卷四十六

十二月

庚申（十三日）［云南广西府知府有善政，升本省右参政］

升云南广西府知府贺勋为云南布政司右参政，仍理府事。以巡抚都御史王诏言勋在官有善政，今九年秩满，府民相率借留故也。

明孝宗实录卷四十七

弘治四年辛亥（1491）

正月

辛卯（十四日）［四川茂州地震］

四川茂州地震有声。

丙申（十九日）［贵州巡按汪律请改命贵州兵备副使带管贵州学校］

巡按贵州监察御史汪律言：贵州学校以云南提学佥事兼领，地远不能遍历，请改命贵州兵备副使带管。礼部覆奏，从之。

庚子（二十三日）［命两广开中广东及海北盐引，以备赈济］

命于两广开中广东及海北二盐课提举司盐二十五万引，以备赈济。广东十五万引，广西十万引。从总督都御史秦纮奏也。

明孝宗实录卷四十八

二月

己酉（初三日）［命云南都指挥佥事方玺提督屯田，云南左卫指挥使马铉分守迤西地方］

命云南都司都指挥佥事方玺提督屯田，云南左卫指挥使马铉分守迤西地方，从镇守太监覃平等请也。

甲子（十八日）［命广东广州右卫指挥同知夏纲、指挥佥事张祯松潘卫充军］

命广东广州右卫指挥同知夏纲、指挥佥事张祯松潘卫充军。先是，增城县贼流劫乡堡，镇守官委纲、祯领军于流溪、李田埔驻札截捕，为贼所破，军士死者二十余人。至是镇巡等官奏：当纲、祯充军，则律无正条，拟赎杖还职，则情浮于罪，乞敕兵部从重查处。兵部覆议：纲、祯以畏愞取败，死伤颇多，拟当充军，虽律无正条，而原情实当。况今广东后山强贼猖獗，正宜重惩，以励有功。诏特从之。

庚午（二十四日）［致仕礼部尚书周洪谟曾上疏言十事，至是疏闻］

先是，致仕太子少保礼部尚书周洪谟上安中国、定四夷十事：……一、剿广寇。谓汉顺帝时，日南、象林蛮反，乃募蛮夷，使自相攻，岭外悉平。唐明皇时，西原蛮黄乾耀等叛，诏募环古酋领方子弹、甘令辉等讨之，遂斩乾耀。今广西左、右两江知府，土兵不下四五千万，若夷人出没，不调中国军马，止募土兵征剿，转输金帛，以资粮饷。如通把事有功者，升为（官）〔管〕带；通把事又有功，许子孙世袭；又有功，升为随司长官；又有功，许子孙世袭。若土官，知县有功升知州，知州升知府，知府升宣慰；又累有功，则历升而上，以至都指挥都督。则人皆尽心，无不可破之贼矣。一、征剿西南夷及吐蕃。谓汉昭帝时，西南夷姑缯叶榆杀蓝州太守，乃召钩町侯亡波击之。唐德宗时，吐蕃入寇，乃召南异牟寻击之。今贵州苗贼，即古西南夷，如其出没，则调贵州、四川各宣慰司土兵以征之。松潘番人，即古之吐蕃，山路极险，百姓运粮常被夷人抢劫。此四川之大害也。乞将松潘官军，留一半守卫，移一半于山麓之下，庶省一半运粮之苦，仍召松潘所辖四宣抚司长官与之约，能剿捕羌夷者，升赏皆出常格，则四川大害可去矣。一、征剿云南边境。谓云南老挝等处，其地瘴气甚毒，进者必死。若不得已而征之，必须调各处土兵，资以馈饷，约以升赏，如唐之调云南异牟寻以征吐蕃，远在境外尚成大功，况近在云南者也。一、经制云南境外地方。谓云南临安县南有野人一区，内不属云南，外不属交阯，宜善谕其酋长，与之建立衙门，使自推寨主堪任知府等官者，奏请定夺。止许三年贡马，免其一应差发，则内可以屏障云南，外可以捍蔽交阯。一、经制湖广溪峒诸蛮。谓宋太祖时，辰州夷人秦再雄，武略勇健，擢辰州刺史，终太祖世，边境无患。今辰州苗贼地方，宜因克平之后，如宋太祖故事，使各洞酋长自择某溪峒可立宣抚长官司并土官知府等官，则可使如宋之无边患矣。一、经制四川都掌大坝。谓太祖高皇帝经制云南、贵州及四夷边境，设立土官宣慰、宣抚、知府、知州、知县等官。独广西蛮蜑县分、湖广苗蛮溪峒、四川都掌大坝三处，未尽设立，所以三处每有夷人出没之患，乞如祖宗成宪，设立土官为便。至是疏闻，上命所司议处。时洪谟已卒于家矣。

[乌思藏番僧冒称辅教王使者来京朝贡]

乌思藏番僧麦南三竹桑节答儿冒称辅教王所遣使来京朝贡。礼部议奏：自河州至京师，毋虑数千里。麦南三竹等不由驿递传送，沿途关隘何以得过？是必有中国人与之交通，乞下法司根究其情。

从之。

明孝宗实录卷四十九

三月

甲午（十八日）［遣将进剿广东陵水县黎人］

广东陵水县黎贼陈那洋等流劫乡村，杀虏居民二百余人。两广镇巡等官请于朝，遣左参将姚英等进剿。英分汉达官军及黎兵、民壮为三哨。中哨由热水江旦凡胆等路进，左哨由白石塘对户南藁等路进，右哨由大坡变摆加拜等路进，分击诸村。中哨抵五指山下，余皆穷其巢穴。凡擒贼六十二人，斩九百五十四级，俘获四百八十一人。至是捷闻，赐报捷者三人各衣一袭。

辛丑（二十五日）［贵州宣慰使司土官宣慰使、中曹蛮夷等长官司土官副长官与云南孟养土舍等遣人谢恩贡马］

贵州宣慰使司土官宣慰使安贵荣，及中曹蛮夷等长官司土官副长官刘铎等，并云南孟养、金沙江土舍思六法遣头目人等，谢恩贡马。俱赐彩段、钞锭有差，仍回赐安贵荣、思六法锦段等物如例。

明孝宗实录卷五十

四月

辛未（二十六日）［以旱灾免湖广汉阳等府及武昌等十四卫弘治三年秋粮、草子粒］

以旱灾免湖广汉阳等府及武昌等十四卫弘治三年秋粮、草子粒有差。

明孝宗实录卷五十一

五月

戊寅（初三日）［治李文贵冒孝穆皇太后宗支狱］

初，李文贵之冒孝穆皇太后宗支也，皆其田主邓璋及子宗茂为之谋，而贺县知县黄琏、守御千户房顺与知其事不能举。及太监蔡用访求，都御史朱旻檄广西佥事黄钥代副使林符保勘，与太监韦春皆依附不能辨。给事中孙珪、御史滕祐廉其伪，乃并劾之，下巡按监察御史逮问。至是狱上，得旨：邓璋造意运谋，并家属发陕西庄浪卫充军，财产没官。黄琏、房顺四川松（藩）〔潘〕卫充军。邓宗茂等发陕西驿递摆站，黄钥冠带闲住，林符降二级调别任。余四十人杖而释之。韦春以老疾免逮问，降左少监，回京闲住。于是降符为广东南雄府知府。

甲申（初九日）［昔刑部尚书吴云奉使往谕元梁王遇害，云南巡抚王诏奏请赠谥］

巡抚云南都御史王诏奏：昔者元运既终，惟云南遗孽梁王弗庭，高皇帝不欲动兵远征。洪武五年，遣翰林（侍）〔待〕制王祎往谕之，不听，明年竟被害。至八年，复遣刑部尚书吴云往谕以天命大义，俾图归顺，无贻百姓害。时梁王使其徒铁知院等二十余人使漠北，为我军所获，械至京，上释之，命与偕至云南沙塘口。铁知院等谋曰：吾属奉使不达，中道被执，罪必不免。乃百官说云，欲令胡服辫发，诈为元使，又逼令易制书贻梁王。云誓死不从，铁知院等知不可夺，杀之。梁王闻其事，遣人具棺收云骸，殡给孤寺。臣惟云仗节死义，与（侍）〔待〕制王祎后先相望。正统间，祎以子孙请于朝，获赐赠谥秋祭，显名天下。云在永乐间，虽曾蒙恩归葬于江夏之金口，且录用其子黻为交阯知县，后子孙湮微，复无人为举。乞依唐张巡、许远双节故事，请加云赠谥，与祎同享一祠，庶于风化所关，人心知励。礼部议，以为宜。上曰：吴云死节既同王祎，准复赠资政大夫刑部尚书，谥忠节，改祠额为二忠祠。

戊子（十三日）［升云南按察司佥事贺元忠为副使，整饬腾冲地方兵备］

升云南按察司佥事贺元忠为本司副使，整饬腾冲地方兵备。赐之敕曰：近该巡抚云南都御史王诏等奏，腾冲地方远在西南极边，接连芒市、南甸、陇川、干崖、木邦、孟密等处，诚要害之地。往昔因彼处人与麓川贼交通，遂致边患数年不息。今虽有参将管辖，但本官常居金齿，巡行疏阔，故官军纵肆，不知法度，往往与夷人交通。其官豪之家，又多在夷方置立庄所，役使夷民，倚势剥削。甚至透漏事情，无所钤束，乞添设兵备副使一员以控制之。今特升尔前职，专在腾冲驻札，往来金齿地方，纠察奸私，整饬兵备，操练军马，修理城池。一应军民词讼，悉与听理。务多方设法蓄积粮储，仍禁约官豪军民人等，不许擅往夷方置庄搅扰，及私与夷人交通，透漏事情，贩卖军器火药等项。如有犯者，尔即执问，轻则量情发落，重则奏闻区处。凡事有应与参将计议者，公同计议停当而行，仍听镇巡官节制，不许偏执违拗，乖方误事。故敕。

明孝宗实录卷五十二

六月

戊申（初三日）［官军征剿广东德庆州等处起事瑶人奏捷］

广东（广德）〔德庆〕州等处（摇）〔瑶〕贼邓饭主等，自成化间，聚众二千余人流劫州县，杀虏官民八百余人，烧毁民居无算。总镇太监王敬、总督都御史秦纮、总兵官毛锐等奉命征剿，以所调汉达官军、土兵人等分为五哨，五路并进，令参将陈皞、按察使陶鲁领之。都指挥白玉自鱼子水口进，马义自泷水江口进，指挥孙璧自三州进，安纪等自辣头、扶旋、思麻等埠进，李寅自南乡埠进。各与贼遇，连战败之。袭至云孚太山，与贼鏖战，贼大败，擒者十一人，斩首五百二十八级，俘获贼属百四十人及获器杖诸物。

捷闻，上命赏奏捷者新钞千贯，总镇等官赐敕奖励。

戊辰（二十三日）［赐国子监云南、贵州、四川军民生夏衣］

赐国子监云南、贵州、四川军民生夏衣如例。

辛未（二十六日）［四川茂、眉二州地震］

四川茂、眉二州地震有声，动摇庐舍。

明孝宗实录卷五十三

七月

庚辰（初六日）［广东增城县蓝粪等“山贼”平］

广东增城县蓝粪等山贼平。生擒四（千）〔十〕一人，斩首二千二百二十七级，俘贼属一百五十九人，获器杖一千余事，追还被虏男妇二百七人。两广总镇等官以捷闻，命奏捷者各赏钞五百贯。

壬辰（十八日）［以广东翁源县“流贼”“入劫”湖广宜章等三县，处置失机军官］

湖广镇巡等官奏：广东翁源县流贼三百余人入宜章、兴宁、桂阳三县，流劫人民一百六户，杀百户一人、军民六十五人。因劾守备都指挥马能、指挥高世麟等十四人，并参将史瑄之罪。兵部覆奏：贼来自广东，经历千余里，越州县十余处。军卫有司罪固难逃，若使湖广所在有备，亦岂容白昼长驱，如蹈无人之境？宜行湖广、广东镇巡等官覆实，其分守分巡并守备官俱停俸，责限剿除，毋使滋蔓得志。从之。命高世麟等俱逮问，史瑄戴罪捕贼。

明孝宗实录卷五十四

八月

庚戌（初六日）［罢分守金齿腾冲右参将沐详回云南闲住］

罢分守金齿腾（衡）〔冲〕右参将署都指挥佥事沐详回云南闲住。先是，干崖宣（府）〔抚〕司土官刀怕开卒，嫡长孙刀怕落幼，庶子刀怕愈与争印，俱赴诉于详。详家人受贿，为之蒙蔽，以致杀扰地方。镇守总兵黔国公沐（宗）〔琮〕劾详御下不严，酿成此变。上令详自陈状，至是具疏服罪，故有是命。

戊午（十四日）［勘处安远侯柳景侵欺枉法案］

两广镇守总兵官安远侯柳景既为都御史秦纮所劾，又为科道官所劾，下狱。刑部拟其罪斩，景屡奏称冤，命法司覆勘。报至，从公辩问，给事中屈伸等还勘，景侵欺枉法，强索银万八千四百五十余两，苏木三百担，铜钱万三千四百文，及沮坏盐法、交通土官、撇栖番货、杖杀军职诸事。谓纮所奏，亦有一事不实，及不避私嫌，于任所款留亲旧，皆不得无罪。刑部覆如所拟，景不输服。刑部请谓官廷鞫之，命锦衣卫逮纮至京对簿。比至，府部等官具实以闻，诏以景贪残不法，侵索赃物数多，又挟私杖死二人。原情拟罪，宜置重典，但念其祖有劳王家，姑宥死，令带头巾闲住。赃物系赦前者免追，赦后者查数以闻。秦纮令致仕。其为景通贿者百户陈谦等二人降小旗，吴兴福等二人及为景通买番货二人，俱发陕西凉州卫充军，家属随住。

［四川播州宣慰使司土官宣慰使、贵州金筑安抚司及上马桥长官司土官舍人、云南孟琏长官司护印舍人等遣头目朝贡］

四川播州宣慰使司土官宣慰使杨爱、贵州金筑安抚司及上马桥长官司土官舍人金福庆、云南孟琏长官司护印舍人刀派沾等各遣头目朝贺，贡马并银器等物。赐彩段、衣服、钞锭有差。

己巳（二十五日）［增设成都府通判官一员］

增设四川成都府通判官一员，专驻松（藩）〔潘〕，监收粮料。

明孝宗实录卷五十五

九月

戊寅（初五日）［以旱灾免广西桂、梧、浔、南、柳、庆六府及南丹、柳州等卫所弘治三年秋粮、子粒］

以旱灾免广西桂、梧、浔、南、柳、（度）〔庆〕六府及南丹、柳州等卫所弘治三年秋粮、子粒有差。

甲申（十一日）［广西都指挥佥事以索贿、殴伤属官，为巡按所劾］

广西都司都指挥佥事王玺以索贿、殴伤属官，为巡按御史所劾。命逮治之。

明孝宗实录卷五十六

十月

丁未（初四日）［以广西庆远府八寨等峒“贼首”韦七旋等“攻劫”宾州等处，处置失机军官］

广西（遣）〔庆〕远府八寨等峒贼首韦七旋等攻劫宾州等处，杀虏人众。守备都指挥佥事贾濬、哨守指挥同知方圆，坐守备不设，各降三级，带俸差操。分守左参将陈皞及哨守指挥刘锐等四员，命巡按御史逮治。

癸丑（初十日）［命王震、洪福分守永、道与靖州等处］

命衡州卫指挥使王震守备永、道等处，平溪卫指挥使洪福守备靖州等处，俱以都指挥使体统行事。

丙辰（十三日）［兵部疏上四川擒剿野王刚功过］

兵部疏上四川禽剿邻境野王刚功过以闻，得旨：以按察司副使董龄等八人，功多过少，俱复职。主簿李鉴等六人，功过相等，罚俸三月。指挥胡铠过多功少，降一级。通判戴琚等八人，有过无功，降二级。知县钱润降四级，典史蒋杰冠带闲住。以镇守太监林槐、巡抚都御史邢表、巡按监察御史欧阳旦有督厉功，各赏银币二表里。都指挥刘昇、参政郑龄、佥事宋德有督捕功，各一表里。其余官兵人等，有功及阵亡者，给赏有差。

辛酉（十八日）［广东万州地震］

广东万州地震，有声如雷。

戊辰（二十五日）［贵州起事苗人攻围杨安屯堡］

贵州苗贼七千余人攻围杨安屯堡，都指挥刘英领兵往觇之。卒与贼遇，互有杀伤，为贼所困。贼声言，秋成时直欲率众杀占七司地方。事闻，命镇守等官率兵往援之。

明孝宗实录卷五十七

十一月

戊子（十六日）［广东后山及增城县瑶人起事，按察使陶鲁、都指挥马义至是讨平之］

初，广东后山及增城县瑶贼流劫乡村，掠杀官军。守臣剿捕几平，贼首姚观祖等潜遁山谷，复哨聚为患。至是，按察使陶鲁、都指挥马义分讨，平之。

明孝宗实录卷五十八

十二月

戊午（十六日）［贵州苗人乜富架等称王起事，帝命守臣增兵

防用，积粮待用］

镇守贵州太监汪德奏：苗贼（七）〔乜〕富架等僭称王号，杀掠都匀、清平诸处，请讨之。下廷议，兵部尚书马文升等议：先调兵一万应援，如贼果猖獗，则命将出师剿之。户部尚书叶洪等言：苗寇出没，是其常态，大兵未可轻动。且贵州险远，刍粟安能飞挽？于是文升等复言：征讨不服，自古有之。况臣等所议，止是增兵防守，积粮待用，未尝轻许用兵。若徒以备粮借口而不增兵，是不以朝廷疆土为念，而以一己责任为忧，非至计也。上曰：苗贼恃险为恶，守臣平时既不能防守，有警又不能调度，以致失悮事机，却乃请兵掩饰。科道官其记之，待事宁日疏闻。增兵防用，积粮待用，皆如所议行。

戊辰（二十六日）［兵部疏报擒捕云南大理寺“强贼”各官功过］

初，云南大理寺强贼周林等五百余人，先后流劫村寨，守臣擒捕之。兵部疏各官功过轻重，以请命住俸。参政刘元、副使许晟等支俸如过。罚指挥程珍、百户王俊俸三月，指挥王钰、李汉，知府任弘俸两月。土官主簿张大伦等五人俱逮问。降千户杨祯等四人各一级。余有功官军人等，俟巡按御史勘报处置。

明孝宗实录卷五十九

弘治五年壬子（1492）

正月

丁酉（二十六日）［裁革广西贺县龙塘巡检司］

裁革广西贺县龙塘巡检司。先为守视孝穆皇太后祖茔而设，及李父贵事败，坟亦毁，并巡〔检〕司革之。

明孝宗实录卷六十

二月

甲辰（初三日）［勘处广西恩城州与田州府土官相攻仇杀事］

先是，广西恩城州知州岑钦与田州府知府岑溥相攻，钦匿泗城州知州岑应所，总镇等官檄应捕之。钦因借兵于应，仍欲亲据田州，应不从。钦会饮应所，遂并其子杀之。已而应弟岑接佯以兵送钦至田州界，亦杀其父子以报。事闻，兵部奏：岑钦连年构兵，积恶已甚，而应党之复占据上林长官司及贵州镇宁等处，流祸不少。今天厌夷祸，假手相残，实地方之幸。但恩城州乃新设，宜裁革。岑应所占邻壤及土官印信数多，亦宜勘断，以除祸本，并令岑接退还侵地及印信，即许承袭。泗城州地广兵众，亦欲选委头目授以知州等官分管，以杀其势。俱乞下所司议处。命总镇等官用心整理，不许坐失事机，巡按御史仍密加访察具奏。

癸丑（十二日）［以调兵剿捕“寇盗”，广西左布政使李孟旸请减免或缓征黑铅等］

广西左布政使李孟旸言：本省为西南边徼，所统流官州县数仅五十，实计人户不能六百余里，特江南一大县而已，而诸司文职凡六百六十余员，靖江王府自将军而下凡二百三十余位。桂林等卫、全州等所凡二十七处，岁用禄米俸粮多至三十五万余石，每岁徭役亦不下二万余丁。此外岁输香药诸物及杂出民间者不可胜筭。今寇盗窃发，方议调兵剿捕，馈运犒赏之费又不可缺。顷者工部移文，采办黑铅二万余斤，疲瘵之民，其何以堪？欲乞从宜减免，或暂为停征，俟境内宁谧，如数补纳，仍乞令今后诸司，凡坐派物料之类，酌量分减。非惟民不告劳，而事亦易集。命所司知之。

乙卯（十四日）［裁革贵州铜仁府照磨、司狱各一员］

裁革贵州铜仁府照磨、司狱各一员。从本府乌罗长官司护印老人罗宪奏也。

壬戌（二十一日）［云南清查各卫司所屯田］

巡抚云南都御史张诰，清查各卫司所屯田盗报有司田二万八千余亩，仍给还各卫屯种，以复原额。其民田册内照数开豁，仍请令二年一次，行委管屯官员清理。盗报者罪，以盗卖官田过者、收者，仍各罚米一百石入官。户部覆奏。从之。

明孝宗实录卷六十一

三月

戊寅（初八日）［以册立皇太子，诏免福建、两广、云南、贵州等处“贼徒”逃避山泽者之罪］

以册立皇太子礼成诏告天下。诏曰：……福建、两广、云南、贵州等处，近年有未获贼徒逃避山泽者，许出官自首，悉免其罪。有罪仍加抚恤，俾安生理。其执迷不复者，听镇巡、总兵等官剿杀。

丁亥（十七日）［以贵州都匀苗人“未靖”，免贵州布按二司正官并府州县官弘治六年朝觐］

以贵州都匀苗贼未靖，免布按二司正官并府州县等官明年朝觐。从巡抚都御史奏也。

辛卯（二十一日）［官军剿广西古田县起事僮人失利，副总兵等死之，帝处置失事官员，令速议用兵剿“贼”方略］

两广总镇太监王敬、总督都御史闵珪、总兵官毛锐，以广西古田县僮贼为梗，调兵剿之，分四哨以进。副总兵马俊一哨，自临桂县入，贼伏林箐中射之，俊及参议马铉、千户王珊等俱死。事闻，上以贼害总兵方面，此事甚大。三司守土官平日既不能抚治，有警又不能赞画，俱停其俸。广西镇守太监王廉逗遛误事，同哨领军都指挥宋宁、麻林坐视不救，俱革去冠带。王敬、闵珪、毛锐指示无策，并巡按御史郑惟桓，各停俸三之二，并戴罪杀贼，事平之日奏处。其用兵剿贼方略，命速议行之。

明孝宗实录卷六十三

五月

壬申（初三日）［四川乌蒙、乌撒军民府土官知府遣舍人朝觐后期］

四川乌蒙军民府土官知府禄溥及乌撒军民府土官知府安得遣舍人朝觐，后期始至，礼部请从减例给赏。从之。

癸酉（初四日）［四川石砫宣抚司土官宣抚、贵州金筑安抚司署事舍人各遣使贡马］

四川石砫宣抚司土官宣抚马徽、贵州金筑安抚司署事舍人金福庆各遣使贡马。赐彩段、钞锭有差。

戊子（十九日）［裁革广西北流县大同马驿］

裁革广西北流县大同马驿。

庚寅（二十一日）［重给云南威远州土官印］

重给云南威远州土官印，以旧印失于兵火也。

丙申（二十七日）［贵州巡按冯玘奏请命官用兵征剿贵州起事苗人，约束湖广平溪等四卫官军，复给贵州哨守官军行粮］

巡按贵州监察御史冯玘言：贵州苗贼频年作乱，民困转输，请亟命官用兵征剿。又，湖广平溪等四卫与贵州有司地方（大）〔犬〕牙相衔，卫所官军率为民害，请令贵州都御史等官兼治之。又，贵州哨守官军及余丁以近例革去行粮，益多逃亡，乞不分远近，但哨守者，俱复给行粮。兵部覆奏，从之。

明孝宗实录卷六十四

六月

甲辰（初五日）［复改广西永安长官司为永安州］

复改广西永安长官司为永安州。州自成化间始设，后都御史秦纮欲以夷治夷，奏改为长官司。至是，土民言其不便，复改为州。

［四川按察司知事奏请内府及光禄寺等衙门供应之物，除白粮之外，其余悉暂停解］

四川按察司知事王勉奏：天下岁办白粮、木植、颜料、皮张、纸札、布绢之类甚多，民困于转输。而内府或有余，京城亦可以买办。乞令内府及光禄寺等衙门供应之物，除白粮外，其余悉暂停解。惟收其直，庶公私两利。从之。

明孝宗实录卷六十五

七月

乙亥（初七日）［命云南都指挥使赵晟充右参将协守贵州，兼提督清浪等处］

命云南都司都指挥使赵晟充右参将，协守贵州，兼提督清浪等处。

丙子（初八日）［以贵州有警，开中云南、四川盐课以备边饷］

以贵州有警，开中云南盐课四万八千余引，四川一万九千七百余引，俱听于都匀、清平等仓上纳，以备边饷。从本布政司参政沈棨奏也。

**丁丑（初九日）［以古田僮人射杀副总兵、参议等官，广西巡

按参奏失事军官]

巡按广西监察御史郑惟桓以古田僮贼前射杀副总兵及参议等官，参奏当时在哨把总都指挥麻林、领哨指挥马胤等三十五人坐视不救。别哨把总都指挥宋宁等五人相去不远，不行领军剿捕，请并究问。从之。惟指挥邢胜以在阵被伤，特宥之。

戊子（二十日）［四川播州宣慰司土官宣慰使遣人贺万寿圣节]

四川播州宣慰司土官宣慰使杨爱遣长官蒋辅等贺万寿圣节。赐彩段、钞锭有差。

甲午（二十六日）［以“番夷”攻劫寨堡不能防御，降协守松潘署都指挥佥事魏启等官职]

降协守松潘署都指挥佥事魏启，指挥赵启、李实官各二级，指挥佥事周相官一级。以番夷攻劫寨堡，不能防御也。

明孝宗实录卷六十六

八月

戊申（初十日）［吏科给事中叶绅、刑部郎中顾源自广西勘事回，上言军民利病十事]

吏科给事中叶绅、刑部郎中顾源自广西勘事回，言军民利病十事：一、广西钱粮日亏，兵力日寡，苟官不得人，将有不可救者。近年以来，以广西为远方，凡选除府州县正佐官，多以愿告远任者授之。为贫而仕，岂肯尽职？乞将广东、湖广、江西等处附近当升用人员，选其政绩著闻者，越次升授。其本地大小官员，果能勤劳职事，弭盗安民，抚按官奏闻，一体升用。一、洪武、永乐年间，广西官军至十二万，今止有万八千人，且官多庸懦，士多老弱。军政不修，兵威不振，无怪盗贼纵横，恣行劫掠。乞令选募壮勇，籍为土兵，大郡二三千，小郡一二千，卫官指挥以下，一听知府节制。大州县五六百，小州县三四百，千户以下，亦从知州、知县约束。州县分领其人，府则总统其众。三时务农，一时讲武。农事少暇，则授以兵器，分立队长，使与官军同行操练。地方有警，则各正部伍，给以行粮，使与官军同行截杀。一、两广连年用兵，钱粮匮于供亿，民力困于转输。广东盐利归于权势之门，军中犒具荡于无名之费。乞差部属一员，梧州驻札，专理两广粮储。凡税课盐利，悉听职掌。收支用度，俱有簿记。如徇情滥费，许巡按御史纠举。一、广西瑶贼奔窜山薮，依阻岩壑，可以计取，难与力争。如以北方不习水土之人、不识地形之将，与决胜负于篁丛林薄之间，其不至于颠踬者，几希矣。乞今后广西军职，自参将以下有缺，将本省及广东、湖广等处附近都司、卫、所考居优等官员升授。其指挥、千百户、总小旗军人之内，如有谋勇著闻、堪为将帅者，亦许巡抚、巡按官保举擢用。一、武职专为管军守城而设，虽为事问革，亦令带俸随操。今两广武职，多不习武艺，惟托权门以求安逸。各处发来调卫立功者，亦不著原发卫所，营求差遣，生事扰人。乞敕镇守等官，今后止许将不该袭替之人，听候差遣。其已袭职，并应袭舍人及调卫立功者，俱令在卫操习，听候调用。巡按等官，时加查点，如违，听其纠举究问。一、往年巡抚都御史朱英，惟务姑息，不顾大体，将一应哨守征进失机官军，妄奏悉照军门体例量情责罚，遂使官军骄恣，盗贼益横。今后如有见贼畏避、临阵退缩，以致损军杀民者，除众寡不敌，余悉依律拟断，不许仍照军门体例发落。一、土官袭替，俱有旧规。迩来准令纳谷冠带管事。窃念恩威予夺，朝廷大柄。矧土官衙门僻处边方，夷习尚存，若止依前例纳谷冠带，则彼非惟不知国体，抑恐浸废旧章，渐启乱阶，贻患非细，近日岑应等可为明鉴。乞仍令赴京袭替，若保勘已明，所司留难阻滞者，治以重罪。一、广西所属府州县户口既稀，人才亦少。其有司官多不全设，而学官乃独全设，乞量加裁省。一、两广军职袭替，俱赴四川纳银，免比试实授，盖因四川先年灾荒故也。今广西兵荒尤甚，乞令今后俱赴广西布政司纳银，准其实授。一、广西土官衙门，例三年一次赴京进马。后兵部奏准，止送本布政司交收，以待边用。及取用之日，瘦损倒失，十无一二存者，徒费无益。乞准每马折银十二两，解赴本司交纳，如遇用马，支价收买。巡按广西监察御史郑惟桓亦以为言。命俱下所司知之。

明孝宗实录卷六十八

十月

乙巳（初八日）［程宗卒］

致仕南京工部尚书程宗卒。宗字源伊，直隶常熟县人。景泰二年进士……抚夷于云南，寻巡抚云南……初，曩罕弄者，木邦宣慰使罕宄法之女也，归陶孟司歪守孟密。盖木邦本以孟密有宝井，故私厚之。景泰初，曩罕弄遂据孟密以叛，而每以金宝求通朝廷欲自立，为守臣所抑，不许。成化间，守臣贪赂入其使，遂得以重宝啖大学士万安，安乃力主设立，议遣大臣抚治。时朝士畏清议，莫肯往者，乃即宗家起之。宗既承安风旨至云南，首为说以右孟密。时巡抚都御史吴诚以为不可，宗大怒，阴使人让诚曰：彼不欲为巡抚矣。诚遂不敢言，宗乃会守臣往。凡木邦诉告者，皆杖遣之，而曩罕弄使至，皆犒赉殊厚。又独逾南山，再就见之，且命之坐。曩罕弄揣知宗意，略不及木邦故地，且求索他侵地，宗皆许之。归遂以退地为奏，实无寸地归木邦也。时边人莫不忿惋，吴诚竟以忧卒。而宗遂巡抚云南，益骄倨不事事。凡土官衙门关节，皆以子通，而子尤暴横，莫敢谁何。既而开立孟密安抚司，而宗遂升刑部侍郎矣。先是，曩罕弄之叛木邦，犹畏中国，故侵地止什四。自宗右之，遂尽屠木邦，至掘罕宄法父祖冢，夺其金牌信符，罕宄法弃妻子走孟乃，西南诸夷皆窃睥睨，以轻中国。孟养因兹跋扈，致频年抚夷，老幼罢转输，少壮死瘴疠，至今不已者，其祸皆始于宗也。说者谓宗虽承安风旨，使当其时苟能以大义折曩罕弄之叛，必欲退其侵地，然后以衙门畀之，犹之为近。顾乃贪懦不敢出一语，而汲汲奉之，唯恐失其欢，此所以遗无穷之患也。故滇人历数巡抚于其土者，皆羞及宗云……

丙午（初九日）［湖广永顺宣慰司土官宣慰使、四川石砫宣抚司土官宣抚遣使进马庆贺］

湖广永顺宣慰司土官宣慰使彭世麒、四川石砫宣抚司土官宣抚马徽各遣使进马庆贺。赐彩段、钞锭有差。

壬戌（二十五日）［遣镇守湖广镇远侯顾溥等统兵八万，征讨贵州起事苗人］

贵州苗作乱，命镇守湖广镇远侯顾溥充行军总兵官，巡抚都御史邓廷瓒提督军务兼理粮饷，镇守太监江德监督军务，都督王通协同统军，巡按御史黄玹随军纪功，率官军并土兵八万人讨之。

明孝宗实录卷六十九

十一月

癸酉（初六日）［户科给事中奏四川事宜］

户科给事中王玺奏四川事宜：一、备储蓄。谓四川累遭荒旱，逃亡者众，乞将各府州县赋税及官库存留银两十留其一，以为籴本，仍令里社各立义仓贮散。一、输边储。谓转输军储，宜量地里远近。如重庆、保、顺等府，去松潘为远，宜征价银每石二两二钱。成都、叙马等府，去松潘为近，宜征本色。其军士支米者，仍旧每月一石，支银者每石支银一两五钱，内减七钱，以备别用。一、省冗员。谓松潘大坝，边境要害，堪设兵备官各一员，整饬兵备。余如绵州、达县等处，兵备、水利、管粮、捕盗等官，乞俱裁革，以惜民费。一、更备御。谓广安守御千户所，宜令兼备达县地方，而州县民兵，通行停止。其松潘守御，别于附近卫所量拨。一、褒忠节。谓宋季合州守王坚、张珏，先后捍御北虏有功，宜令血食兹土，以为忠于所事者之劝。一、革贪暴。谓顺庆府北津渡巡检司实为要津，为巡检者假公规利以困商人，乞行裁革，仍查天下关隘，凡有此弊者通行禁约。上命所司看详以闻。

戊寅（十一日）［湖广苗人白犒俾等聚众起事，官军讨之］

初，湖广苗贼白犒俾等聚众谋杀诸司土官，掠其印。至是，参政李琮、副使陈孜、都指挥夏仕麒率指挥满瑄等出兵讨之，擒贼首五十四人。兵部请升琮等三人官，瑄等十七人给赏。内革职指挥李清，乞令复职带俸差操。上命李琮等照例加赏，满瑄等量赏之。李清革职事由，仍查实以闻。

明孝宗实录卷七十

十二月

甲寅（十八日）［广西思恩军民府土官知府、泗城州土官弟各遣官族、头目朝贺］

广西思恩军民府土官知府岑濬、泗城州土官弟岑接各遣官族、头目朝贺。赐彩段、钞锭有差。

甲子（二十八日）［命乌思藏来贡番僧袭禅师］

命乌思藏来贡番僧阿旺札思叭袭崇化禅师，仍赐宴如例。

明孝宗实录卷七十一

弘治六年癸丑（1493）

正月

辛卯（二十五日）［四川朵甘思直管招讨司袭职番舍等来贡］

四川朵甘思直管招讨司袭职番舍阿答儿等来贡。赐宴并彩段、衣服等物如例。

癸巳（二十七日）［四川播州宣慰使司、酉阳宣抚司、平夷长官司、湖广保靖军民宣慰使司各遣人谢恩进马］

四川播州宣慰使司、酉阳宣抚司、马湖府平夷长官司，湖广保靖军民宣慰使司，各遣头目、把事等谢恩庆贺，进贡马匹。赐彩段、钞锭有差。

明孝宗实录卷七十二

二月

乙巳（初十日）［云南顺宁府、四川马湖府平夷等长官司与广西上石西州官吏、头目朝觐后期］

云南顺宁府、四川马湖府平夷等长官司、广西思明府上石西州官吏、头目，俱朝觐后期。吏部请治罪，宥之。

辛亥（十六日）［以征苗缺粮，命贵州都司所属卫所指挥、千百户等官及总小旗纳米免比试并枪］

命贵州都司所属卫所指挥、千百户等官及总小旗，纳米免比试并枪。以征剿苗贼急缺粮饷，从巡视都御史邓廷瓒奏也。

丁巳（二十二日）［广西太平府利州等州、田州府归德等州并上林长官司遣人朝觐后期］

广西太平府利州等州、田州府归德等州，并上林长官司上林县等处，各遣官族人等朝觐后期。俱减半给赏如例。

明孝宗实录卷七十三

三月

丁卯（初二日）［裁革贵州石阡府照磨所照磨与苗民、葛彰葛

商长官司吏目]

裁革贵州石阡府照磨所照磨，苗民长官司、葛彰葛商长官司吏目各一员。

戊辰（初三日）[贵州土官宣慰使遣人进马，贺册立东宫]

贵州宣慰使司土官宣慰使安贵荣遣土舍人等进马，贺册立东宫。别遣人进岁贡马。赐彩段、钞锭有差。

己巳（初四日）[故广西布政司参议马铉征古田瑶僮被杀，特赠右参政]

故广西布政司参议马铉征古田瑶僮，为贼所杀。其子效才上疏乞赠父官，并量加录用。吏部覆奏，上曰：国家于死事之臣，必加褒恤。其遏敌御寇，死于锋刃者，尤可悯悼。马铉可特赠本布政司右参政，赐以诰命，遣官谕祭，仍令其子效才为国子监生，以为后劝。

[广西瑶人“流劫”泷水县，革分守左参将姚英冠带戴罪，广东都指挥王永等停俸杀“贼”]

广西瑶贼流劫泷水县，杀官军四十余人。命分守左参将姚英革去冠带戴罪。广东都司都指挥王永，布政司左参政伍希渊、詹雨，按察司按察使陶鲁，佥事陆远，知府黄琥等各停俸杀贼。

乙亥（初十日）[广西田州府、镇安府知府与泗城州知州遣官族人等朝贡，镇安府知府别遣人进金银器贺册立东宫]

广西田州府知府岑溥、镇安府知府岑金、泗城州知州岑应遣官族人等各来朝贡，岑金别遣人进金银器贺册立东宫。俱赐彩段、钞锭各有差。

明孝宗实录卷七十四

四月

戊戌（初四日）[贵州将有征苗之役，户部请命湖广、四川发

银易米，以备军饷］

初，贵州将有征苗之役，户部请命湖广、四川各发银万两，易米于偏桥、播州以备军饷。贵州抚臣虑远不能及，请先发贵州清平诸仓米三万余石，以布政司折粮银雇人运之都匀仓。而以贵州附近辰、沅、重庆、常德各府州仓粮，乞运于清平诸仓，以补其数，仍开中四川、云南盐课万引备运纳之费。从之。

壬寅（初八日）［开设云南大理府宾川州及大罗卫］

开设云南大理府宾川州及大罗卫。云南镇巡等官奏：宾川、大罗城，诸种夷罗所聚，盗贼所穴。官军疲于戍守，民夫困于转输。乞置一州，割赵州、云南太和县普莿等十二里界之，设知州、吏目各一员。并增置一卫及左、右千户所。户、兵二部覆奏。从之。

丙午（十二日）［云南、贵州、湖广、四川、广西、陕西诸司官员朝觐逾期］

吏部言：云南、贵州、湖广、四川、广西、陕西诸司朝觐官，未到者凡八十三处，俱当治罪。第恐中途有故，乞下各巡抚官勘报。从之。

明孝宗实录卷七十五

五月

丁卯（初四日）［广西思明府忠州等衙门朝觐违限］

广西思明府忠州等衙门官族黄胜等，朝觐违限月久。吏部请送刑部问罪，从之。

辛未（初八日）［以广西古田渐平，准按察使陶鲁等以功赎罪］

广西镇巡等官以副总兵马俊等古田之败，皆停俸杀贼。至是，贼渐平，巡按监察御史上其事。兵部覆奏：祸机之发自马俊一哨，其余三哨兵〔分〕道远，猝难应援。况按察使陶鲁等今亦有功，可以赎罪，宜令支俸自效。得旨：陶鲁等哨功可赎罪者，令支俸如故。

甲戌（十一日）［以广西古田“贼平”，处置失机军官］

广西副总兵马俊等之死，都指挥佥事麻林等皆在俊部，失于救援。及贼平，林等亦有擒斩功，下巡按御史议其情罪轻重。兵部覆奏：请如律例充军者麻林以下十五人，决杖者指挥舒洪以下十二人。得旨：免充军决杖。麻林等六人有功降一级，千户陈纪等九人无功降二级，俱原卫所带俸差操。舒洪等八人，准以功赎罪还职。指挥使马胤等四人无功，各罚俸三月，带俸差操。

丁亥（二十四日）［四川朵甘思宣慰使司寨官头目等朝贡］

四川朵甘思宣慰使司寨官头目答儿坚粲等来贡马匹、方物。赐彩段表里、衣服有差。

癸巳（三十日）［镇守湖广平蛮将军顾溥充行军总兵官，请令各官军预支俸粮、自办军装］

镇守湖广平蛮将军镇远侯顾溥，既受命充行军总兵官，当选调湖广、云、贵官军，有事于贵州。请令各官军俱预支俸粮，自办军装。户部议：指挥全支两月，千百户、镇抚三月，旗军六月，银米或布匹各随便支给。不为例。从之。

明孝宗实录卷七十六

闰五月

戊戌（初五日）［裁革广东整饬雷、廉等处兵备按察司副使一员］

裁革广东整饬雷、廉等处兵备按察司副使一员。

乙巳（十二日）［南京户部员外郎上言征讨桂林、柳州等处“为恶”瑶僮三策］

南京户部员外郎周琦言：广西桂林府古田县、柳州府马平县，皆山势相连，瑶僮恃以为恶。我军北进，贼即南却，西进即东走，军退复即巢穴，如石投萍，随散随集。故兵屡进，贼转多，民困日深，资粮浪费。且广西各府仓粮库藏，俱无余积。往时进征古田，军饷多出借办。兵既不利，财又不足，臣恐广西之地，十年不治，民将无地，二十年不治，地将无名。臣切以为征讨之策有三：乞令各府州县，审勘有僮人处所，某处旧系僮村，今某为恶。某处旧系民村，今某占据。中间孰为首恶，孰为胁从。孰为流民，孰为流僮。何处可容，何处可剿，以定去留。照成化元年例，请兵二十余万，四面夹攻，连进三年，使民安堵，方令班师。其旧县僮村者，招抚残僮居住。村少者附各该州县管束，村多者立为土官管理。旧系民村者，招集逋民复业，或地多民少，令各处招发流民填实。如本地招发见在流住外处人民，广东招发广州等府南海等县砍山流食瑶人，俱无籍产，止有瑶长管率。并招南雄、韶州等府江西流住做工听顾之人。荆州、襄阳、裕州、临清、刘家隔、金沙洲等处，招发递年在外流食之人，及安置虏人，并内外该流人犯，俱发填塞剿过被占民村，给与土田，各免税粮三年、差役六年。可为久安长治之策，免致岁劳兵力，月费民财。其接济仓粮，亦照成化元年，乞运湖广、江西、广东等处仓粮应用。此为远图者一也。若止调两广官军及田州、思恩、泗城、南丹等处土兵，则往年多于秋尽调兵，冬尽方到，春初进山。彼时，贼人米谷既藏，雨水又多，进则难攻，困则难破，兼有瘴疠，岂能久驻？及夏散军，招抚残徒。纵有牛具种子，无春可耕，岂不更加猖獗，复攻百姓，流劫道路？今乞六月调兵，九月取齐，霜降进山，庶可成功。十一月冬至以后散军，十二月招抚残徒，次年正月安置，则残徒各得借助牛具种子，及春耕种，可以聊生，必不掠民。此为近利者二也。又全剿不如独攻，明捕不如暗执。总镇、总督、总兵固总其纲，而副总兵、参将等官亦皆奉敕剿捕贼寇者。若各该地方遇有贼情，俱待呈禀三府，移文调兵，方行剿捕，孰肯坐以待毙？宜令会同分守分巡或府州县正官，即统所辖官军并土兵，不拘时月扑灭，不必反复行移，以致惊疑。且每年进兵，多资田州、思恩、南丹、泗城等处兵力，其间官目会有愿出兵报效者，多因公事相绊，自守地方，宜行巡抚等官查审事情，为之处治。令各出兵报效两江各三千余名，属左江者左参将听调，属右江者右参将听调。重则两江会调，以资独攻暗执之举。所获功次，重加赏劳，则瑶僮知惧，兵自得利。此兵力不劳，钱粮不费，而事济者三也。疏下兵部覆奏：以琦生长其地，深知寇情，三策反复详尽，切中事宜，乞下两广守臣议拟以闻。从之。

己酉（十六日）［四川邛州、嘉定州及叙南卫地震］

四川邛州、嘉定州及叙南卫地震有声。

壬戌（二十九日）［赐国子监云南、贵州、四川军民生夏衣］

赐国子监云南、贵州、四川军民生夏衣如例。

明孝宗实录卷七十七

六月

壬申（初十日）［总镇两广太监王敬、都御史闵珪等奏称官军讨平广西古田县起事僮人］

总镇两广太监王敬、都御史闵珪等奏：前此广西古田县僮贼掩杀副总兵马俊等，臣等调军征剿桐木、唐背等七巢，咸破之，斩捕四百余级，其擎江、古塔等百余巢亦就招抚，地方颇宁。奏下，兵部差次其功，请赎前罪。上曰：既地方颇宁，功可赎罪。王敬、闵珪等俱宥之，诸司官凡停俸者，令仍旧支给。

壬午（二十日）［云南八百大甸军民宣慰使司宣慰使所遣头目、四川朵甘宣慰使司寨官头目贡方物］

云南八百大甸军民宣慰使司宣慰使刀岳整赖遣头目蓝卜等，四川朵甘宣慰使司寨官头目答儿坚粲等，来朝贡方物。赐宴并彩段等物有差，仍回赐刀岳整赖彩段，付蓝卜领给。

明孝宗实录卷七十八

七月

甲辰（十二日）［分守广西右参将欧磐以疾乞致仕，不允］

分守广西右参将都指挥同知欧磐，以疾乞致仕。上曰：磐久任边方，谋勇素著，朝廷方将擢任。正当勉图事功，岂可遽以疾求退？所辞不允。

庚戌（十八日）［广东归善县民吴氏兄弟乐善好施，特旌为孝义之门］

广东归善县民吴宗益及其弟宗义皆好施，频出私财助有司赈济，得授其父冠带。宗义卒，其子璋能承父志，周急举义。会岁歉，以其父所遗白金千余两送官，以充赈贷。更舍私地十余亩籍之于官为义冢。设义学三，延师以训乡人子弟，岁时资给之。水乡民无屋者，与之船，病者授药，死者给棺。望仙诸桥、观泽诸路多其所修筑者。守臣疏上其事，上曰：旌别淑慝，使民知为善，而不为恶也。故古之士，有一节一行者，无不褒表于世。吴宗益、宗义兄弟，既有诸善，良可嘉尚，宜特旌为孝义之门，俾民皆知所劝。

明孝宗实录卷七十九

八月

庚辰（十八日）［以孟密“屡抚屡叛”，云南守臣奏请将其改隶云南布政司］

云南守臣奏：孟密侵夺木邦，兵连祸结四十余年，屡抚屡叛，势愈猖肆，请调兵讨之。事下兵部会官议，谓孟密安抚司初隶布政司，今改隶木邦，政令不一，其不听抚，意或出此。请行云南镇巡等官，仍令孟密改隶布政司，以此谕之，俾释仇怨，或可冀其退听。如复不悛，则具进兵之期以闻。从之。

明孝宗实录卷八十

九月

丁酉（初六日）［以将用兵孟密，命云南筹备军饷］

命云南有司转运腾冲、金齿仓粮六万余石，贮之陇川、南甸等处。并开中云南盐课提举司弘治三年、四年存积盐课十八万一千余引，召商上纳银米，以备军饷。以孟密土官思楪稔恶不服，将用兵于其地故也。

［旌表云南孟琏长官司土官舍人刀派罗之妻，“弘名教以变夷俗”］

云南孟琏长官司土官舍人刀派罗死。时其妻招曩猛年二十五，守节二十八年无玷。云南都指挥使司奏其事，礼部覆奏，以为宜出常例，不俟核实，即与旌表，以顺夷情。上曰：朕以天下为家，方思弘名教以变夷俗，其有趋于礼义者，恶可不加奖励？孟琏刀派罗妻招曩猛贞节既可嘉，宜即令所司显其门闾，庶使远夷益加向化。

己亥（初八日）［行取四川番僧国师领占竹来京］

太监韦泰传旨：行取四川光相寺番僧国师领占竹，来居大慈恩寺。

癸卯（十二日）［礼部尚书倪岳等言免令行取番僧国师领占竹来京］

礼部尚书倪岳等言：四川光相寺国师领占竹，先于成化二十三年，给事中韩重、监察御史张毂等俱尝劾奏，已蒙发遣原土，今又行取来京。臣等查无行取番僧国师事例，且道途万里，骚扰驿递，惊骇耳目。况当时同遣回四川、陕西诸处国师番僧不下二百余人，幸门一开，夤缘效尤，不可杜塞，则于皇上初政之清明不无亏损。

伏望暂寝新命，免令行取。得旨：尔等既以为言，领占竹令自备脚力来京，沿途不必应付。

丁未（十六日）［广西思明府并万承州差人贡马朝觐］

广西思明府并万承州各差官族贡马朝觐。赐彩段、绢、钞有差。

［四川长河西鱼通宁远等处军民宣慰使司暖巴等寨，威州保县金川等寺遣剌麻番僧朝贡］

四川长河西鱼通宁远等处军民宣慰使司暖巴等寨都纲沙剌言千等，四川威州保县金川等寺演化禅师遣剌麻番僧，来朝贡佛像、马匹。赐宴并彩段、钞锭有差。

戊午（二十七日）［命四川国师领占竹仍自备脚力来京，途次不许扰人］

礼科左给事中夏昂等劾奏：四川国师领占竹先因献顶骨数珠、骷髅、法碗叨冒升赏。皇上御极之初，已革职遣回原寺，远近称快。今又行取来京，礼部以为惊骇耳目、骚扰驿递，虑乘机干进，幸门复开。而圣旨许其自备脚力以来，夫礼部岂为区区应付惜哉？特以邪正向背之机，实治忽兴废之原，世教所关，不可不严为之防，恐累圣德而损初政耳。伏望皇上俯从群议，亟止其来，使左道害政者，无觊觎之心……时，监察御史张祯等亦以为言。上命领占竹仍自备脚力来京，途次不许扰人。

明孝宗实录卷八十一

十月

乙丑（初四日）［苗人入境，湖广都指挥佥事等被降职］

湖广都指挥佥事冯缙守备永、道州等处，苗贼入境，失于防御。下巡按御史逮问，当发边远充军。上宥之，命降缙及指挥使梁玉、翟宣、丁鉴各三级。

戊辰（初七日）［裁革四川夔州府瞿关巡检司，改大昌巡检司］

裁革四川夔州府瞿关巡检司，改大昌巡检司。

辛未（初十日）［罢行取番僧领占竹来京之命］

先是，行取番僧领占竹等来京，礼部及科道官交章劾之，不允。工科给事中柴昇复上疏，极论其蠹政惑世之害，乞正其罪，以雪众愤。既而科道等官论列不已，上曰：领占竹妄诞欺罔，夤缘来京，其罢行取之命。

明孝宗实录卷八十二

十一月

辛丑（初十日）［云南维摩、弥勒二州改土归流］

改设云南维摩、弥勒二土官知州为流官知州。以土官知州无后，土民愿得流官抚治故也。

明孝宗实录卷八十三

十二月

己巳（初九日）［迁广东从化县并守御千户所于太平营］

迁广东从化县并守御千户所于马场田之太平营。以其地据要害，足以控制盗贼也。

癸酉（十三日）［以广西副总兵马俊等死于“贼”，兵部列上其部下领军指挥柳绍等功罪］

初，广西副总兵马俊等死于贼，其部下领军指挥柳绍等不能救护。既而贼平，兵部列上其功罪，谓绍及百户陈宣、许健、张琳应充军。后绍、宣有功，上其功罪，宜各降一级。健、琳无功，各降二级。俱免充军，原卫所俸带差操。千户曹晖等四人情罪稍轻，宜赎罪还职。奏上，从之。

［云南孟艮府、孟琏长官司各遣头目贡方物］

云南孟艮府署府事舍人招帕雅、孟琏长官司护印舍人刀派沾各遣头目猛笼等来朝贡方物。赐彩段、衣服等物有差。

丁亥（二十七日）［广东泷水县瑶人“攻劫”古城寨，杀官军指挥等，至是讨平之］

先是，广东泷水县瑶贼三十余人攻劫古城寨，杀指挥蒋绎等。至是贼平，兵部疏上官军功过，谓各官有功过相等者，有功多过少者，请以为宥罪之差，命革去冠带。左参将姚英及住俸都指挥王永等六人，俱复职，仍各罚俸三月。其患病守城及征调去任者宥之。

明孝宗实录卷八十五

弘治七年甲寅（1494）

二月

丙子（十七日）［复设广西按察司副使一员，整饬柳、庆兵备］

复设广西按察司副使一员，整饬柳、庆兵备。以其地去省治悬远，民夷杂居故也。

丁丑（十八日）［云南曲靖军民府地震］

云南曲靖军民府地震，有声如雷，震倒军民房屋二百余间，压死三人。

明孝宗实录卷八十六

三月

癸巳（初四日）［贵州会调官军、土兵征剿都匀“寨苗”，讨平之］

贵州苗贼平。镇守贵州太监江德、总兵官顾溥、都御史邓廷瓒、都督佥事王通等会调官军、土兵，征剿都匀长官司寨苗乜富架、长脚等，分路并进。兵备副使吴倬等遣熟苗诈降乜富架，诱令入寇。因伏兵擒之，并执其二子。诸路乘胜深入，抵其巢穴，擒长脚并其子阿网。凡破一百一十余寨，斩首俘获万余。捷闻，命降敕奖励德等。奏捷人升锦衣卫所镇抚，赐衣一袭、钞一千贯。

己酉（二十日）［贵州巡抚邓廷瓒以年老乞归，不允］

巡抚贵州都御史邓廷瓒以年老乞归，上曰：廷瓒剿平叛夷，朝廷方有敕奖谕，何为遽欲乞归？其令用心治事。

明孝宗实录卷八十七

四月

乙亥（十七日）［增设云南陆凉州流官知州、元谋县流官知县各一员，改设马龙州流官知州一员］

增设云南陆凉州流官知州、元谋县流官知县各一员，改设马龙州流官知州一员。以巡抚都御史张诰等言陆凉、元谋土官知州、知县俱有故未袭，马龙州土官知州故绝也。

戊寅（二十日）［四川长河西古墩地面尊胜等寺寨贡方物］

四川长河西古墩地面尊胜等寺寨清修翊善大国师帕思巴领占巴藏卜遣禅师领占星吉等……来朝贡方物。赐宴并衣服、彩段等物有差。

己卯（二十一日）［广西守臣以计擒古田僮人“首贼”］

初，广西守臣前后捕斩古田僮贼之杀前副总兵马俊等者已垂尽，惟首贼黄鉴成一人久不获。至是，分守柳、庆右参将欧磐以计擒之。总镇等官上其功，并言：分守参政程廷珙、分巡佥事陈烓，亦与有劳，请各量赏之以示劝。兵部覆奏。从之。

明孝宗实录卷八十八

五月

己亥（十二日）［以击败四川松潘空心寨“寇边”“番贼”，奖有功官军］

先是，四川松潘空心寨番贼寇边，分守都指挥佥事李镐督军败之，获首级四十三，器械牛羊颇众。至是核实，赏镐彩段二表里、银十两。守备指挥徐勋以下升一级者十有五人，其余官军百三十七人给赏有差。

戊申（二十一日）［设贵州都匀府，升九名、麻哈二长官司为独山、麻哈二州，改清平长官司为清平县］

开设贵州都匀府，升九名、麻哈二长官司为独山、麻哈二州，并改清平长官司为清平县。州县皆属于府，府带管都匀、邦水、平州、平浪四长官司。其烂土、丰宁二长官司，独山州领之。县及平定、乐平二长官司，麻哈州领之。府设知府、推官、经历、司狱各一员。独山州设知州一员，流官、土官同知各一员，吏目一员。麻哈州设知州一员，流官同知及土官吏目各一员。县设知县、典史各一员。并改都匀卫儒学为都匀府儒学，仍旧止设教授一员。从巡抚都御史邓廷瓒奏也。

明孝宗实录卷八十九

六月

甲子（初七日）［以四川靖夷堡百户私役军士出境，被“番贼”杀虏，处置失机官员］

四川靖夷堡百户翟深等私役军士出境，被番贼杀者十四人，虏者十五人。镇巡官奏其事，并劾分守副总兵李镐、兵备副使江源因循坐视之罪。上命罚镐、（原）〔源〕俸各三月，翟深等皆逮问。

甲戌（十七日）［四川董卜韩胡宣慰使司遣番僧国师、松潘商巴寺番僧贡方物］

四川董卜韩胡宣慰使司遣番僧国师镇南札叭等、松潘商巴寺番僧罗儿星吉等，来朝贡方物。赐宴并彩段、衣服等物有差。其札失藏卜等，请袭其师切旺坚参禅师都纲之职，从之。

丁丑（二十日）［改贵州思南府印江长官司为印江县］

改贵州思南府印江长官司为印江县，设知县、典史各一员。原土官正长官张鹤龄以有罪革罢，其副长官杨德胜改调为随府办事土官，不许干预县事。从巡抚都御史邓廷瓒奏也。

己卯（二十二日）［录平贵州起事苗人功］

录平贵州苗寇功。加行军总兵官镇守湖广镇远侯顾溥太子太保，仍岁增禄米二百石。赐监督军务镇守贵州太监江德禄米，岁二十四石。升提督军务巡抚右副都御史邓廷瓒为右都御史，仍巡抚地方，协同统军镇守。都督佥事王通署右都督，随军纪功巡按御史黄玹为南京大理寺右寺丞。又升领兵右参将赵晟为都督佥事，守备都指挥佥事刘英为都指挥同知，都指挥同知王宁为都指挥使。其余官军及土官人等九千六百四十余人，升赏有差。

明孝宗实录卷九十

七月

癸巳（初七日）［以平定贵州起事苗人时有劳，升赏湖广巡抚及贵州二司等官］

录平贵州苗寇功。以巡抚湖广都御史韩文督饷有劳，赐敕奖谕。贵州按察司副使吴倬、俞俊领军有劳，倬升二级，俊一级。布政使张廉等十六人，并崇庆州知州邵棠等三十六人，各给赏有差。

己酉（二十三日）［广西泗城州署州事舍人遣头目贡马谢恩］

广西泗城州署州事舍人岑接遣头目贡马谢恩。赐彩段、钞锭如例。

明孝宗实录卷九十一

八月

庚申（初四日）［以平定起事苗人有劳，奖谕土官宣慰彭世麒、杨爱等］

贵州镇巡等官奏：近者剿平苗贼，土官宣慰彭世麒、杨爱等皆与有劳，然难于加秩，请各赐敕奖谕。从之。

戊辰（十二日）［命四川都指挥佥事守备叙、泸等处］

命四川都司都指挥佥事张宁守备叙、泸等处。

己卯（二十三日）［四川叙州府大疫，至是奏至］

四川叙州府自春以来民间大疫，死者三千余人。至是，巡抚都御史梁璟奏至，下所司知之。

辛巳（二十五日）［旌表云南蒙化府土官知府祖母，以励“夷俗”］

云南蒙化府土官知府左铭奏称，祖母张氏自其祖父刚死后，守节无玷，乞赐旌表，以励夷俗。下云南布政司覆勘，如所奏。礼部仍议，行风宪官核实。上曰：夷方节妇，诚所难得。张氏守节实迹，所司既已勘实，即与旌表，以励其俗，不必再核。

明孝宗实录卷九十二

九月

辛亥（二十六日）［四川东川军民府署府事土官舍人等遣人朝贡］

四川东川军民府署府事土官舍人阿佐等遣头目沙沮等来贡，赐彩段、钞锭等物有差。

明孝宗实录卷九十三

十月

戊午（初三日）［贵州守臣请于本处开科未允，只增云贵乡试解额］

贵州守臣奏：本布政司生员旧于云南布政司乡试，其试录止名《云南乡试录》，所取举人名数通四十五名。今请于本处开科，以免合试，增解额以激士心。礼部议，谓旧制不可改，止拟改试录为《云贵乡试录》，及稍增解额名数。上从之，命云南增举人二名、贵州三名。

癸亥（初八日）［免四川太平长官司旧逋茶课］

免四川太平长官司旧逋茶课，因命补种茶树。至弘治十一年以后，始如额征之。

戊辰（十三日）［以湖广起事苗人入靖州关硖堡，处置失机官员］

湖广苗贼入靖州关硖堡，杀百户一人、军十人，并虏掠居民孳畜。兵部请逮问守备都指挥房昂等十六人，及分守左参将史瑄、知州何东。且言镇守太监刘雅、巡抚都御史韩文亦当治罪，命房昂等巡按御史逮问。史瑄、何东各罚俸三月，刘雅等姑宥之。

明孝宗实录卷九十四

十一月

戊戌（十三日）［以孟密土舍思楪“复叛木邦”，“窃据木邦分地”，令官抚谕之］

初，孟密土舍思楪之复叛木邦也，因其宣慰使罕纪法亲往孟乃寨纳妇，乘虚袭之。窃据木邦分地二十七处，诱降其头目高答落、信蛮等。信蛮又为思楪聚兵阻路，罕纪法不得还，依住孟乃寨者三年。于是巡抚云南都御史张诰等会奏，议遣都指挥佥事刘镛、参政毛科、副使荆茂等，诣孟密抚谕，思楪犹不服。复遣参政方守、佥事周凤、署都指挥佥事马铉督理粮饷，参议黄东山、副使赵炯、都指挥佥事窦俊等督率陇川、南甸、干崖三宣抚司，积粮开路，示以必征之势。又令汉土官各耀兵以威之。高答落等闻之惧，复归罕纪法，思楪杀之。罕纪法令人调其土兵，合陇川等三宣抚夷兵，至蛮遮寨共图之。思楪惧，乃罢兵，木邦人遂从孟乃寨迎罕纪法以归。至是诰等奏其事，且言：抚谕等官，冲冒瘴疠，备历险阻，乞赏之，以劝有功。兵部议，谓罕纪法虽还木邦，思楪犹未见悔过服罪，其逆顺从违尚未可知，如遽行赏，恐将来夷患未息，亏损国体。请谕守臣，再委官亲诣其地，召思楪出见，令与罕纪法歃血同盟，尽还侵地，尽归叛酋。自愿承袭父职，不复再启争端，然后论功行赏。从之。

癸卯（十八日）［以贵州征苗功，进湖广永顺宣慰使司宣慰使阶为昭勇将军、四川酉阳宣抚司宣抚阶为明威将军］

湖广永顺宣慰使司宣慰使彭世麒、四川（酋）〔酉〕阳宣抚司宣抚冉舜臣各以贵州（往）〔征〕苗功奏乞升职。兵部言：土官例不升职，请进世麒阶为昭勇将军，舜臣阶明威将军，仍各赐敕以示褒嘉。从之。

明孝宗实录卷九十五

十二月

戊寅（二十三日）［命分守广西参将欧磐充副总兵，镇守广西］

命分守广西参将都指挥同知欧磐充副总兵，镇守广西。

癸未（二十八日）［命湖广行都司署都指挥佥事康泰充右参将，分守广西柳、庆等处］

（今）〔令〕湖广行都司署都指挥佥事康泰充右参将，分守广西柳、庆等处。

明孝宗实录卷九十六

弘治八年乙卯（1495）

正月

庚子（十六日）［四川建昌卫地震］

四川建昌卫自寅至卯地震有声。

丙午（二十二日）［湖广桑植安抚司、贵州中曹蛮夷等长官司与广西结伦等州各遣人来贡］

湖广桑植安抚司，贵州中曹蛮夷、方番等长官司，广西（佶）〔结〕伦、镇远二州，各遣通事人等来贡。赐彩段、钞锭有差。

己酉（二十五日）［裁革广东儋州大员驿］

裁革广东儋州大员驿。

壬子（二十八日）［以旱灾免四川成都等府州、重庆等卫所弘治七年秋粮子粒之半］

以旱灾免四川成都等府州及重庆等卫所弘治七年秋粮、子粒之半。

明孝宗实录卷九十七

二月

甲戌（二十日）［裁革广东儋州判官及大员马驿驿丞各一员］

裁革广东琼州府儋州判官及大员马驿驿丞各一员。

［广西上思州头目赍冬至表笺过期，特宥之］

广西上思州头目黄政赍弘治七年冬至节表笺，过期始至，且不由本布政司类进。礼部请治其罪，上曰：上思州去京师道里辽远，进表笺过期，兼不由布政司类进，不为无罪，但念其远人，其特宥之。

［录广东破“贼”功］

录广东破贼功。自成化二十二年至弘治五年，前后九次，官军人等万八千二百余人升赏有差。

壬午（二十八日）［都匀卫独山巡检司及在城税课局，并来远、都镇二马驿，俱改隶都匀府，都匀卫军民指挥使司改称都匀卫指挥使司］

巡抚贵州都御史邓廷瓒，以都匀既开设府治，请以原隶都匀卫之独山巡检司及在城税课局，并来远、都镇二马驿，俱改隶都匀府。其都匀卫原是军民指挥使司，请节去军民二字，于新降印信篆文，止称都匀卫指挥使司。从之。

明孝宗实录卷九十九

四月

丙辰（初三日）［两广总镇闵珪奏调官军征剿广西永安州府江山巢僮人］

总镇两广右都御史闵珪等奏：广西永安州西乡府江东西两岸等处山巢僮贼，久为边患，猖獗滋甚，欲调兵征剿。其该剿地方，周遭数百里，道路错出，必布置周匝，庶克济事。见调军兵，仅足分布前项山巢。其先拟高州云炉贼，隔涉尤远，若分兵进剿，恐势分力寡，难于应援。况其贼近已抚定，被虏人口陆续送还，可姑俟后图。臣等酌量山巢险易、贼徒众寡，将官军、土兵分为四哨：一哨兵万一千六百人，副总兵郭鋐、副使武清将之，自理定、荔浦进剿府江西岸。一哨兵万七千二百四十四人，左参将毛伦、佥事刘信将之，自平南、伍屯进剿西乡。一哨兵万七千六百五十人，右参将欧磐、左参议吴昭将之，自象州、修仁进剿陆峒。一哨兵万三百五十人，游击将军王永、佥事王本俭、指挥使谢谦将之，自平乐、广运进剿府江东岸。又调署都指挥佥事孙璧、佥事黎鼎兵七千二百，自贺县进，备贼东遁，合王永夹攻，克期齐抵山巢，按图扑剿。臣等就近往来总理其事，巡按御史樊廷选照例纠举，右布政使黎福、右参政徐镛、副使向荣、佥事陈烓、指挥佥事杨观军前措置粮饷，阅验功次，防截江道。务将山巢首恶痛加剿灭，以靖边方。事下兵部覆奏，从之。

癸酉（二十日）［以成都等府额办茶课“陈积无用”，四川巡抚邢表奏请以征收本色折银］

先是，巡抚四川都御史（形）〔邢〕表以成都等府额办茶课陈积无用，请自弘治四年为始，以三分为率，征收本色一分，折银二分。每芽茶一斤，折银二分五厘；叶茶一斤，折银二分。价重民病，岁课积欠数多。至是，巡抚都御史冯俊奏拟每茶一斤各量减一分。从之。

[湖广按察司佥事冯镐奏请修整各处预备仓]

户部议覆：湖广按察司佥事冯镐所奏，各处预备仓，请移文抚、按等官，督令所属修整，署省编号，揭其年分米谷数目于上。两司巡守官以时查盘，侵欺毁折者罪之。其操军月粮，宜令巡按御史递年审。下班未回者，除其月粮，照册查究。从之。

明孝宗实录卷一百

五月

乙酉（初三日）[四川建昌卫地震]

四川建昌卫地震。

己丑（初七日）[四川灌县及威州地震]

四川灌县及威州地震，有声如雷。

甲午（十二日）[湖广永顺宣慰使司土官宣慰使、四川酉阳宣抚司土官宣抚各遣人贡马谢恩]

湖广永顺宣慰使司土官宣慰使彭世麒、四川酉阳宣抚司土官宣抚马徽各遣把事人等贡马谢恩。赐彩段等物如例。

丁未（二十五日）[以僮人攻乡县、杀官军，广西巡按林廷选劾奏哨守指挥等失机官员]

巡按广西监察御史林廷选以僮贼剽掠乡县，射死官军，劾奏哨守指挥马胤等不能备御，及分守右布政使黎福、分巡佥事王本俭、副总兵都指挥郭铉、桂林府知府梁铎等罪。时铉已迁漕运总兵官，福已迁广东左布政，铎已调镇远府知府。奏上，得旨：铉等既去任，宥之，仍各罚俸三月。马胤等俱逮问如律。

明孝宗实录卷一百一

六月

戊午（初七日）［四川威州、灌县、汶水县地震］

四川威州、灌县、汶水县地震有声。

壬戌（十一日）［四川播州、贵州宣慰使司宣慰使及小程番长官司长官各遣使来贡］

四川播州宣慰使司宣慰使杨爱、贵州宣慰使司宣慰使安贵荣，及程番府小程番长官司长官程英，各遣使来贡。赐彩段等物如例。

己巳（十八日）［乌思藏阐化王贡使与大乘法王贡使相遇于扬州广陵驿，寻衅伤人］

乌思藏阐化王贡使锁南短竹等回至扬州广陵驿，遇大乘法王贡使锁南札进北上，相与杀牲饮酒，三日不去。见他使舟至，则以石投之，不容泊。知府唐恺呼其舟人来驿中戒之，锁南短竹等持兵仗拥入驿，恺避去，郡民力格斗乃免，民为所伤者甚众。巡抚都御史李蕙等以闻，刑部请治通事奈显、伴送百户杨相等罪，仍请榜示沿途驿递严加禁约，别遣通事谕其王，令各治贡使之罪。从之。

明孝宗实录卷一百二

七月

戊子（初八日）［镇守广西副总兵欧磐率汉达、土兵击平乐府永安州西乡等处瑶僮］

镇守广西副总兵都指挥同知欧（盘）〔磐〕等率汉达、土兵六万，击平乐府永安州西乡等处瑶僮。分道并进，破其村寨、岩峒一百八十六处，斩首六千七十级，俘贼属八百余人，追还被虏男妇四十余人、器仗二千余。捷闻，命所司知之。

甲午（十四日）［治纪功巡按黄玹等罪］

先是，镇远侯顾溥、都御史邓廷瓒之征贵州苗贼也，南京大理寺寺丞黄玹以巡按御史纪功，湖广武昌左卫指挥李玉、谢凤，贵州前卫指挥徐璘、守备都指挥丁辉俱随军听调。玉希玹意，携其侄讯来军中，玹因留不遣。既而讯及徐璘，俱买他人所获首级冒功，又与谢凤各以贱直买俘，获男女十余人，玹皆不禁。至都匀，玹宴劳将士，自受银花二枝、彩币十匹，及军资食用余物封识之，留贮清平卫分司，付镇抚周源与门者守之。源给门者，盗取殆尽，玹复自贵州归，无所得，乃下源于狱。丁辉班师后，留都匀两月不还。有监生倪宽者，恨玹不容其父报功，又被杖死，而璘等皆冒功升职，奏其事，下云南巡抚都御史张诰按治皆实。狱上，刑部覆奏：拟璘与讯应革新授职役，调卫差操。凤赎罪还职，玹就南京刑部狱。辉、玉各就所在巡抚官逮问。上以璘与讯情罪深重，并家属发边远充军，余从所拟。初，溥师无纪律，廷瓒虽有才略而性疏阔，御下不严，官军多杀良民以为贼，避难山谷及道路负贩之人，遇则见杀，虽随行舆皂，稍后者亦不能免，民甚冤之。玹得赂以千计，托源为腹心囊橐，悉寄其家，遂为所盗。宽之奏玹大略皆实，诰不穷竟，故其狱词止是玹自度罪不能逭，遂不赴任，托丁忧逃去，缙绅耻之。

丙午（二十六日）［四川乌思藏大乘法王、阐化王各遣国师番僧朝贡］

四川乌思藏大乘法王、阐化王各遣国师番僧销南著六竹等来朝贡。赐彩段、钞锭等物有差。

明孝宗实录卷一百三

八月

戊午（初八日）［以地方旱潦、苗僮“侵扰”及修造王府须正官督理，免湖广武昌等府州县正官弘治九年朝觐］

免湖广武昌、长沙、衡州、德安、安陆等府州县正官明年朝觐，以巡抚、巡按奏言地方旱潦、苗僮侵扰及修造王府须正官督理也。

庚申（初十日）［裁革云南布政司矿参议及曲靖、鹤庆二府土官知事等，迁富民县利浪驿，以宜良县汤池驿并之］

裁革云南布政司矿参议，曲靖、鹤庆二府土官知事，安宁州东桥、金齿司浪沧江二巡检司巡检，金齿司蒲缥、宜良县汤池、姚安府螨蛉三驿驿丞，云南府滇池鱼课司大使，及景东府、安宁州二税课司大使，嵩明州河泊所官，各一员。迁富民县利浪驿于板桥堡，改名板桥驿，隶云南府，仍以宜良县汤池驿并之。

辛未（二十一日）［礼科给事中言湖广“灾变异常”，请许臣僚陈弭灾之道，并遣官循行郡县］

礼科给事中屈伸言：湖广灾变异常，请许中外臣僚各陈弭灾之道，并遣大臣往彼循行郡县，问民疾苦，以便宜行事。发仓廪，宽逋负，平冤狱，黜贪残，罢不急之役，停无名之征，减田租之赋，弛山泽之禁，庶民心悦而天意可回。礼部覆奏：今灾变迭见，工役繁兴，民力困竭，不独湖广一处为然。请简命大臣二人，遍行抚慰处置；其地方僻远者，则委之镇巡等官。上曰：既各处俱有灾伤，官且不必遣。但敕各镇巡等官，用心抚安军民，访察利病，有可兴革者一一条奏，罢行之。

乙亥（二十五日）［四川松潘“番贼”“入寇”，处置失机军官］

四川松潘番贼入寇，虏去会哨官军三十六人，溺死者四十七人。命分守都指挥李镐及指挥萧晟等六人，俱下巡按御史逮问。以兵备副使王存礼到任未久，宥之，仍罚俸三月。

戊寅（二十八日）［四川马湖府土官知府安鳌以罪伏诛］

四川马湖府土官知府安鳌有罪，伏诛。鳌性残忍暴虐，其民计口赋钱，岁得银以万计，其所征丝麻并板价数亦如之。每祭祀、进贡，则又缘以掊克，奸民王大经等左右之。土人有美妇女，多淫之，将嫁必禀命于鳌，有至老不敢适人者。尝遣沐川土民四千余人运木于大汶溪，岁暮逃归，疑为夷祥庆所诱，令叔骆率家僮杨党等百余邀于途，执而支解之，杀其从者九人，弃尸水中。祥庆即鳌妻之父也，其弟祥佐告于巡抚都御史。鳌绐骆，独任其辜，又令人从旁曲证之。后惧事露，又遣党等执骆子孙及家人妇女四十二人，悉囊沙压死以灭口，骆遂瘐死狱中。鳌以祥佐尚在，必欲致之死，闻妖僧百足能为魇魅之术，乃于郊外生采割一人，依其法咒之，亦不验。亡僧有周姓者，曾讦奏其祖，鳌衔之，掘墓粉其骨。把事萧孟宣不与党恶，则髡而漆之。遣蛮夷长官司长官文昌保诬奏一佥事，昌保不从，而畏鳌灭其家，投缳而死。其子博告袭，鳌遂夺其官以与仲子，屡遣王闰富等杀之，不得。后令土吏杨思贤持书与弟鲢，令杀博。思贤实不知，有司受鳌贿，乃坐思贤死罪。鳌闻思贤妾欲称冤，遂并虏其妻，强配于人，而禁之出入，投其二子于河。又令王鸿等杀平夷长官司长官王大庆，大庆知而避之，乃杀其二弟。又有百户曹璿者，追捕他囚入其境，鳌以为仇家婿，夜遣人杀之。土人前后遭鳌杀害者无虑数百人，冢墓遭发掘者百八十余所，庐舍遭焚毁者三百四十余家。仇家屡奏其事，下有司验治，多为之掩护迁延，狱不能决者余二十年。最后，巡按御史张鸾、按察佥事曲锐檄叙州知府吴愈按得其实。鳌屡欲污之，而鸾、锐治之益力。鳌自度罪恶深重，私造甲胄兵戈，招土人为拒捕计，久之无肯应者，乃就擒。至是，都察院具狱以闻，鳌所犯凌迟罪八、斩罪十二、绞罪三，应凌迟处死。鲢等五人应斩，闰、富等二人应绞，大经等四人应赎。上从之。以大经等情重律轻，并家属械发边卫，永远充军。安氏自唐宋以来世据马湖，国初有安本者归附，遂命为本府知府，子孙世袭，至鳌已五世矣。民苦鳌之毒而不敢言，虽缙绅仕于朝者，亦易姓名，占籍他郡以避祸。至是以罪诛，一方之民若解倒悬云。

己卯（二十九日）［复设广西横州海棠桥递运所］

复设广西横州海棠桥递运所。

［贵州安南卫连日地震］

贵州安南卫连日地震。

明孝宗实录卷一百四

九月

乙未（十五日）［命四川马湖府改设流官知府］

命四川马湖府改设流官知府，增设府同知一员。

辛丑（二十一日）［迁广东从化县并守御千户所于番禺县马场田，开设龙门县于番禺、增城二县之交］

迁广东广州府从化县并守御千户所于番禺县之马场田，裁革县丞、主簿各一员，原所属狮岭巡检司改隶番禺县，别以番禺之流溪巡检司及南海李石岐马驿隶之。又开设龙门县于番禺、增城二县之交，而迁所属龙门巡检司于县东之黄沙凹，设知县，典史，儒学教谕、训导，阴阳医学训术、训科各一员。其龙门巡检司增设土官副巡检一员。

丁未（二十七日）［贵州程番长官司土长官遣头目来贡］

贵州程番长官司土长官程汉遣头目来贡。赐彩段、钞锭有差。

明孝宗实录卷一百五

十月

壬子（初三日）［增设四川酉阳宣抚司俊宁江巡检司］

增设四川酉阳宣抚司俊宁江巡检司。

己未（初十日）［开设云南广西府儒学］

开设云南广西府儒学。

戊辰（十九日）［乌思藏大乘法王遣番僧来贡，灌顶国师遣番僧谢恩袭职］

乌思藏大乘法王陆竹坚参巴藏卜遣番僧札乩藏卜等来贡，及灌顶国师藏卜领占遣番僧绰哲教等谢恩袭职。赐宴并彩段、衣服有差。

明孝宗实录卷一百六

十一月

己丑（初十日）［命云南五井盐课提举司、顺荡井盐课司改设流官副使一员］

命云南五井盐课提举司、顺荡井盐课司改设流官副使一员。初，二司皆土官管领，前土官副使杨暹有罪，抵刑绝嗣。镇巡等官请改设流官为便，从之。

壬寅（二十三日）［给国子监云南、贵州、四川军民生冬衣］

给国子监云南、贵州、四川军民生冬衣如例。

明孝宗实录卷一百七

十二月

乙卯（初六日）［四川长河西鱼通宁远宣慰使司土官宣慰使以袭职遣使贡方物谢恩］

四川长河西鱼通宁远宣慰使司土官宣慰使观卜巴以袭职遣使贡方物谢恩。赐彩段、衣服如例。

辛酉（十二日）［湖广“流贼”百余人攻陷桂阳县城，命兵部移文江西巡抚、两广总督等官督捕，停失机官员俸，重惩弃城并妄报者］

湖广流贼百余人攻桂阳县，入其城，劫库及狱囚，杀虏吏民，焚毁庐舍，劫学印，虏县官家属，转劫村落。广安守御千户蔡隆等皆弃城去。事闻，命兵部移文巡抚江西及两广总镇等官督捕。守备、兵备、巡守等官俱停俸，责限擒捕。其弃城并妄报者，从重罪之。以湖广守臣后期不奏，命都察院阅实以闻。

乙丑（十六日）［广西思恩军民府土官知府遣人入贡］

广西思恩军民府土官知府岑濬遣官族头目岑淳等来贡，赐彩段等物如例。

丁卯（十八日）［广西瑶人攻平乐县昭平堡，副总兵郭鋐等率兵斩捕之，命逮治其守堡者，宥郭鋐等］

广西瑶贼寇平乐县昭平堡，杀男妇八十二人，虏掠二百五十人。副总兵郭鋐、右布政黎福、知府余玉等率兵斩捕之。兵部分别功罪以闻，命逮治其守堡者，鋐等俱宥之。

甲戌（二十五日）［乌思藏大宝法王遣国师入贡，番僧请袭其师原职，许之］

乌思藏大宝法王葛哩麻巴遣国师札失藏卜领占等来贡。因为番僧桑儿结俄些儿等六人请袭其师原职，许之。回赐法王，及宴赐札失藏卜领占等各如例。

丙子（二十七日）［南京监察御史上两广事宜］

南京监察御史万祥上两广事宜：一、两广副参将官，因听总镇等官节制，凡有贼情，必待申报。及行，贼已先觉，坐失事机。宜令副参将官于所守地方，先期侦察各村善恶，及贼所常劫之地，密画地图，预申上司。贼发即酌量事势追剿，不必待报。一、两广地方贼巢固多，中间有被贼胁从可抚谕者，有屡恶不悛可征剿者，有山小峒浅可攻者，有山大峒深不可攻而可困者，有地广人稠足供赋税可设为县治者，有地险田少可设为屯所者，有应创立土官衙门者，有应拨附近土官带管者，有应编排成甲、保举土民管束者，请敕总镇等官酌处成功。一、梧州总府有总镇、总兵官，柳庆、浔州各有分守参将等官，广西在城又有镇守及副总兵官。官多民扰，除分守官外，请暂各取回一员。若以广西接连诸番，宜将梧州总镇、总督、总兵官俱移广西城中，广西镇守及副总兵官悉取回；或以广西镇守等官即充两广总镇，将总镇等官取回。一、广西府江，自平乐以下、昭平以上，俱有官军守堡。但府江每秋后水落河窄，舟行近岸，多为瑶贼所劫。军堡隔远不能趋救，而守堡并守备柳州地方湖广官军，各因不服水土，死亡数多。宜罢府江守堡者，内分一半在于昭平，半在平乐，遇水涨则分驻地方，水落则更番巡哨。其守备柳州者，则存留广西城，柳州缺人调用，别为区处。一、广西大藤峡口，近设五屯千户所于口外，又设永安州于五屯之内，切近峡口，每岁调拨官军戍守。而千户所在无用之地，柳城县近设永宁堡，僻在深山，不当要冲。其拨来州堡戍守官军多致死亡，而五屯千户所接连永安州，旗军皆本地僮人，服习水土，宜将五屯千户所并永宁堡革去，将本所官军拨守永安州，其原拨戍守州堡官军俱取回。而五屯城池宜改设土官衙门，仍将其地属永安州。一、桂林中、右二卫军士，定拨哨守各地方，因数少不得轮班，未免逃亡，又惧罪不敢出首，宜行广西巡守等官宽限一月，许自首免罪。一、广西设迁江屯田千户所，专为迁江县八寨僮贼生发，欲得各土官督目兵入屯，伴土僮住种，以安地方。今各官将各屯田悉与土僮佃种，纵目兵散住浔、梧等处，其子粒令总甲人等收纳。各僮因被科扰，未免为盗，而高、周二屯，至今不听管束。宾州旧有南丹卫官军足以守备，续增柳州卫所，虚糜钱粮，宜令守、巡等官将高、周二屯仍属迁江所，令各土官督目兵入屯。其迁江城池，宜调拨柳州卫所官军守备，其目兵愿为民者附籍该县，给与土田，愿充军者收集该所，入伍食粮，将各屯拨与附近土官衙门管理。一、广西柳、庆、南宁及广东增城等处河道，近被僮人掠过舟财物，遂致阻塞。宜令守巡等官，于柳、庆至永福沿河滩分量设军堡，编集僮民防守。其副、参等官须协同巡哨行事，遇有盗贼，量调土兵追捕，仍禁约缉事并出哨官军勿得骚扰。一、广东河源县黄峒流民来居，尽将峒田强占，及逃民入峒盗住为盗，官军阻险，不能进征。而河源地方设有水源屯，与黄峒接地，多大族，人有谋勇。信宜等县卫所官，亦有谋勇为土僮所服者，宜令各帅所部兵款设计擒获，仍将本峒立为屯田，或设千户所，或立县治。章下兵部覆奏，以祥所言皆宜，请移文两广守臣次第议行之。惟苏疲困一事，难于更张。盖两广罢二巡抚，建总府于梧州中制之处，以制两广。始得兵粮，易于处置。而广西三面接连夷境，特设镇守、副参等官以临之。经画已详，宜仍其旧。议上，从之。

明孝宗实录卷一百九

弘治九年丙辰（1496）

二月

己巳（二十一日）［录广西杀“贼”功］

录广西杀贼功。加总镇太监王敬禄米岁二十四石，总兵官伏羌伯毛锐禄米岁二百石，总督都御史闵珪、唐珣俱赏纻丝四表里、白金二十两，副总兵署都督佥事郭铉实授都督佥事，巡按监察御史林廷选加俸一级，参政徐镛、佥事陈烓各赏纻丝二表里、白金十两，镇守广西太监张瑄纻丝三表里、白金十两。官军人等升赏有差。

明孝宗实录卷一百十

三月

壬午（初四日）［广西“流贼”攻劫广东信宜县，击败官军，令失事官员戴罪杀“贼”］

广西流贼二千余人劫广东信宜县，官军御之，为贼所败，指挥以下及军士死者二十人，男妇被杀虏者八十余人，掠耕牛百余。巡按监察御史劾奏参将姚英及分守参议孙珩、参政姜英、分巡佥事舒玠，及管哨指挥孙铭等罪。兵部覆奏，以地方用人之际，英等俱请令戴罪杀贼，俟贼平，徐考功罪处治。其阵亡官军，乞量加赈恤，以慰人心。从之。

丙戌（初八日）［湖广金峒安抚奏请将鬻杉木之银三千两解部用］

湖广金峒安抚司安抚覃彦龙奏：本司境内土产杉材，尝鬻之得银三千两，见贮官库。今彦龙年老且死，子惟一人，恐身后土人有争夺之患，乞命湖广守臣取之，解部用，杜后患。下工部覆奏：其银既非职贡，受之无名，且夷情多诈，虑有他故。请移文巡抚等官，喻以朝廷威德，及轻利重义之意。因戒其土人，各安职分，毋得互构衅端。若有他故，亦疏闻裁处。从之。

明孝宗实录卷一百十一

闰三月

癸丑（初六日）［以时有“盗贼”之变，湖广兵备副使治所由衡州移治郴州］

总督两广军务都御史邓廷瓒奏：湖广郴州、桂阳时有盗贼之变。兵备副使治所在衡州，去桂阳甚远，难以防御，请移治郴州。从之。

戊午（十一日）［两广官军征高州府云炉、大桂起事苗人，多杀良民取首级报功］

时，两广官军征高州府云炉、大桂苗贼，多于近城村路杀良民，取首级报功。巡按监察御史陈铨以盘粮至其地，廉得其事，奏为苗贼据山为叛，官军不能抵巢攻敌，却于远地驻营，坐视群盗劫掠郡县，师久无功，乃抢杀良民为首级，或卖与随征官旗。随征者皆权贵子弟，官司因其掣肘，欲为泯灭，民冤何以得伸？雷州卫指挥王戬、千户王理实纵令军士为恶，宜置重典。左参将姚英、署都指挥佥事孙璧号令不严，二司分巡分守官亦坐视民患，不行禁止，乞皆治以罪。下兵部会官议，上命遣科道官往阅实以闻。

明孝宗实录卷一百十二

四月

壬辰（十五日）［增设广东香山县小黄圃巡检司］

增设广东香山县小黄圃巡检司。

明孝宗实录卷一百十三

五月

乙亥（二十八日）［赐国子监云南、贵州、四川军民生夏衣］

赐国子监云南、贵州、四川军民生夏衣如制。

明孝宗实录卷一百十五

七月

庚戌（初五日）［冯俊卒］

巡抚四川都察院右副都御史冯俊卒。俊字士彦，广西宜山县人。天顺四年进士，授刑部主事。历员外郎、郎中……改湖广整饬沅、清、偏桥等处兵备。偏桥屯戍数万，饷给陆运甚艰。俊至，设法凿石河以通漕舟，造浮桥以济徒涉，军民称便。进广东按察使，寻升江西布政使，擢右副都御史，巡抚四川。时总兵松潘者怙势骄惰，俊奏黜之。马湖土官知府安鳌，虐毒其民，前此巡抚者，皆莫敢治。俊与巡按御史张鸾、按察佥事曲锐议合执之，置于法。奏设流官，以抚其民，蜀人快之。至是，卒于官。

甲子（十九日）［贵州巡按丁养浩言贵州卫所成造军器之弊］

巡按贵州监察御史丁养浩言：贵州卫所成造军器自国初至今，敝坏者动以万计，其新造者又为官吏匠作侵渔料价，或以旧改新，其数苟完，实不堪用。每遇征行，顾令士卒临期自办，弊不可言。请遣官核实，凡新造坚好者藏之，年久敝坏者弃之。若未坏而可修者，必阅其实数，会其料价，严为之限。造必如法，完必如期，庶财不妄费，而人不徒劳。工部覆奏：旧例，军器按季成造，五年一核实，若有侵涣及造不如法者，官各降级，军各谪调极边。今宜申明禁约。从之。

丙寅（二十一日）［升古其然为广西副使，整饬府江等处兵备］

升贵州按察司佥事古其然为广西副使，整饬府江等处兵备。

明孝宗实录卷一百十六

八月

丁亥（十三日）［贵州巡按丁养浩奏言清理豪强所占屯田］

巡按贵州监察御史丁养浩言：贵州有军无民，修造供馈，其费皆出于军。国初，原额屯田正数之外，不下数万顷。军有流亡，田则具在，但为豪强兼并。宜令守臣清出，不必加赋，岁收余租，发于各卫所，别建仓贮之。如遇修造供馈诸费，量为支用。从之。

［裁革广西游击将军一员］

裁革广西游击将军一员，从镇巡等官奏也。

壬辰（十八日）［以湖广“流贼”攻陷桂阳县城，处置失事官员］

初，湖广流贼黄瑛等聚众至百余人，攻劫桂阳县治，后以次就擒。巡按监察御史曾昂以闻，因劾守备署都指挥佥事王震、兵备副使冯錤、分巡佥事傅金、分守左参政章锐、茶陵卫指挥使周翯不能预防，请治其罪。都察院覆奏，诏黄瑛等依律处决，王震、冯錤皆逮问，章锐、傅金、周翯免逮问，各罚俸三月。

己亥（二十五日）［以酷刑激变，云南广南卫指挥佥事等被奏处］

初，云南广南卫指挥佥事张宗以巡抚右副都御史张诰委董筑堤之役，用刑太酷，众弗能堪，尝诣黔国公沐琮白事。军人李正等率众持杖，欲执而棰杀之，宗觉遁去。明日往诉于诰，正等复集千余人大声索宗，门者诃之不止，诰令闭门，不退，仍怒殴门者，并投石碎其门。巡按监察御史金献民会镇守、总兵同往戒谕，且命羁宗于按察司，以息其乱。正等复要宗于路，棰之几死。众遂逃匿金马山坡。镇巡官抚之至再，谕以罢工免罪，并革宗不治事，始散归。既而千户杨震等察知正等十三人为首，乃白于上官，欲治其罪。正等复持兵聚众，大掠千户等家，久之乃就擒。献民奏宗酷虐召乱，诰委任非人，琮失于钤束，皆当究问。都察院覆奏，谓宗宜逮治，诰及琮事请令镇巡官复（戡）〔勘〕以闻。至是，镇巡官奏：正等十三人法当处斩，宗当赎杖还职。掌印都指挥刘镛、云南中卫指挥张经等，皆失于钤束，法当究问。诰与琮非知而故犯，请薄其罚。得旨：李正等情罪深重，即处斩，枭首示众。张宗酷刑激变，免赎杖，降三级调边卫差操。刘镛、张经等皆逮问。张诰、沐琮俱宥之。

壬寅（二十八日）［以旱灾免湖广汉阳等七府、岳州等四卫弘治八年秋粮］

以旱灾，免湖广汉阳等七府、岳州等四卫弘治八年秋粮有差。

[两广总督邓廷瓒奏广西瑶僮防抚事宜]

总督两广右都御史邓廷瓒等言：广西土官瑶僮数多，流官、土民数少，兼各卫军士十亡八九，凡有征调，全倚土兵。乞令东兰州土官知州韦祖鋐次子一人，领土兵三五千人，至古田、兰麻等处，拨田耕守。俟克平古田，因改设长官司以授之。田州土官知府岑溥，方以罪革职，比来随征有功，乞复其冠带。有警令领土兵万五千人赴梧州听调。泗城州土舍岑接，往年随征都匀府江等处，皆有功。乞略其父、祖执印侵地之过，令承袭世职，以图报效。宾州八寨为寇贼往来必由之地，旧设迁江所土官百户八员理之。后因流贼为患，改隶思恩府，已而复归迁江所分理，其患仍旧，乞以属之思恩为宜。镇安府之归顺峒，旧为州治，洪武初裁革，今其峒主岑瑛，每效劳于官，乞设州治，授以土官知州。凡出征，令备土兵五千，仍岁领土兵二千赴梧州听调。平乐府之昭平堡，界梧州、平乐二府之间，瑶僮数出为患。乞令上林县土官知县黄琼、归德州土官知州黄通，各选子弟一人，领土兵各千人，驻札本堡，仍于本堡筑城，设长官司，署领兵马舍为长官，拨平乐县仙回峒闲田与之耕种。其冠带千〔户〕长龙彪，改授昭平巡检司土官巡检，造哨船三十，使之往来府江巡哨。流官停选。事下兵部，集廷臣议，谓古田县密迩省治，虽有瑶僮，亦多良民，其间土地皆良民世业。若克平之后，遂以韦祖鋐次子为土官，恐数年之后良民田税皆非我有。即欲设长官司，亦止可于本处土民中选补。执印侵地，虽岑接父、祖之过，然再四抚谕，岑接尚不肯归之于官，似未有改图之意，遽使之袭授，则志转骄溢，亦非驭土官之法。思恩府兵力已盛，若更易以宾州八寨，恐渐不可制，止可于本府土舍中，择众所推服者署为长官，设长官司，径隶广西布政司。其本府甲军、土兵，照数分派听调。迁江所百户覃德等，止理本寨瑶僮。土兵不得与长官司事，以生嫌隙。昭平堡系腹里地方，若增设土官衙门，是以夏归夷，恐贻后患。况府江一带近已设按察副使一员，整饬兵备，其土官黄琼等子弟，不必差遣，止令每岁各出土兵一千，听兵备副使提调。其余岑溥之复职致仕，归顺峒之改为州，岑瑛之改授知州，龙彪之改授昭平堡巡检，请俱如廷瓒等所奏。归顺州仍增设流官吏目一员，共理州事。议上，从之。

明孝宗实录卷一百十七

九月

庚（辰）〔戌〕（初七日）［沐琮卒］

镇守云南总兵官征南将军黔国公沐琮卒。琮字廷芳，昭靖王英之曾孙，荣康公斌之子。琮幼失父，从兄璘袭公爵。璘卒，璘弟瓒继之。成化元年，琮始入朝袭爵。三年，命还镇云南，仍俾王瓒赞理。琮性勤慎，公退不入私室。冠带终（目）〔日〕，苞苴无敢及门。每朔望谒孔子庙，必使诸生执经讲解。有举乡试者，必设宴以示优奖。留意屯田水利。马隆、丽江、剑川、顺宁、罗雄诸处蛮夷弗率，累讨平定之。又以平荞甸贼功，加授太子太傅……琮于武经、阴符、奇门诸书，阴阳、卜筮、星命之术，多所涉猎。善草书，诗歌乐府皆可观。在镇三十余年，为政务持大体，御下宽而有制，夷人安之。

壬子（初九日）［增设广西庆远府永安长官司］

两广总镇等官言：庆远府天河县旧十八里，后渐为獞贼所据，止余残民八里，请分设一长官司治之。下兵部覆奏，遂增设永安长官司，仍隶庆远府。授土人韦万妙为正长官，韦全保、韦公利、覃应填为副长官，并置流官吏目一员。

癸酉（三十日）［云南木邦宣慰司宣慰使、孟密安抚司土舍各遣人来贡］

云南木邦宣慰司宣慰使罕乞法及孟密安抚司土舍思楪各遣陶孟人等来贡。回赐罕乞法及思楪锦段等物，赐陶孟人等宴并彩段等物各如例。

［四川长宁安抚司头目、舍人、番僧等来贡］

四川长宁安抚司头目、舍人、番僧王泰儿等来贡。赐彩段表里等物有差。

明孝宗实录卷一百十八

十月

丙子（初三日）［四川汶川县及威州地震］

四川汶川县及威州俱地震有声。

辛巳（初八日）［监察御史言广东雷、廉、高、肇四府防御事宜］

监察御史陈铨言：广东雷、廉、高、肇四府，西接广西诸峒瑶僮，东抵海洋诸番。高州之云炉、大桂等处，又有流贼啸聚，动以万计。往年有兵备副使林锦专守其地，招抚流亡，控制盗贼，父老至今思之。后继者不得其人，旋亦裁革。今虽有参将、守备等官，率老懦不职，分巡分守官亦不时至，武备废弛，职此之由。乞仍旧设按察司副使一员，整饬四府兵备。又广西贼多军少，轮戍不足，每有警，守备官往往婴城自守，不敢出应。及至误事，动加重谴，老成者尽被降黜，乃以新袭少年代之，不教而杀，尤非所宜。自今两广军职，惟失陷城池、损折大众者，请仍治以守备不设之罪。其余止令住俸杀贼，责以年限，使得以功自赎。兵部覆奏，谓增设兵备副使，宜如所请。军职或因守城军少，势虽出战，被贼杀虏不多，或仓卒遇贼，众寡不敌，致损折军士数少者，法家往往拟以守备不设之罪。其间诚有情轻律重及情可矜者，请如近例，奏请处分，或充军，或降级。其应调卫者仍注本卫，或功可赎罪者亦与明白具奏，若犯失机有赃者仍带俸差操。如此，庶几得用法之平与使过之义。上曰：律设大法，而情有不同。若失机者，不原其情而概坐以守备不设罪，不可胜诛矣。卿等所言，得原情定罪之意，其如所拟行。

丁亥（十四日）［裁革广西忻城县流官知县一员，留土官知县

掌印管事]

裁革广西庆远府忻城县流官知县一员，止留土官知县掌印管事。从总督、都御史等官奏也。

乙未（二十二日）[赈四川泸州及新津诸县水灾]

命赈恤四川泸州及新津诸县民之被水患者。

明孝宗实录卷一百十九

十一月

辛酉（十八日）[升肇庆府知府为广东布政司参政，增设番禺等七县捕盗主簿]

升肇庆府知府黄琥为广东布政司参政，分守肇庆地方。增设德庆州判官、泷水县主簿各一员，广州府所属番禺、南海、东莞、顺德、新会、香山、增城七县捕盗主簿各一员。俱从总督、都御史邓廷瓒等奏也。

壬申（二十九日）[录广西破“贼”功]

录广西破贼功。官军二千九百七十九人升赏有差。镇守太监刘(昶)〔杲〕、王廉各赏彩段二表里、白金十两。右参政王霁、洪汉，副使徐瑁、佥事黄钥，都指挥杨玉、宋宁、杨观，知府罗珦各二表里。巡按御史郑惟桓、佥事刘信、陈嘉谟各一表里。

明孝宗实录卷一百二十

十二月

丁丑（初四日）[赐国子监云南、贵州、四川军民生冬衣]

赐国子监云南、贵州、四川军民生冬衣如例。

辛卯（十八日）［四川董卜韩胡宣慰使司署事舍人遣国师等来贡，乞袭职］

四川董卜韩胡宣慰使司署事舍人喃呆遣国师、禅师、都纲、剌麻、番僧沙剌藏等来贡，乞袭职。从之，回赐喃呆锦段等物，赐沙剌藏等宴并彩段、衣服有差。

明孝宗实录卷一百二十一

弘治十年丁巳（1497）

正月

己巳（二十七日）［乌思藏阐教王遣番僧并瞿昙等寺禅师番僧来贡］

乌思藏阐教王遣番僧著吾等并瞿昙等寺禅师番僧桑尔加端竹班著尔坚参等来贡。赐宴并彩段、衣服等物如例。

辛未（二十九日）［贵州巡抚张廉奏拟黎平府军民词讼事宜］

巡抚贵州右副都御史张廉奏：黎平府去贵州布政司治所甚远，而与湖广铜鼓、五开等卫相交错。军民词讼，例两省会官勘问，动经岁月，殊为非便。请自今黎平词讼，听贵州巡抚、巡按官行湖广兵备副使问理，民有径赴兵备告理者，听之。惟事情重大，干系地方者，仍两省会官勘问。从之。

［广东高州府地震］

广东高州府地震有声。

明孝宗实录卷一百二十二

二月

癸酉朔（初一日）［以黔国公沐琮有“平苗”功，其妻奏请追封王爵，未允］

故镇守云南太子太傅黔国公沐琮夫人王氏奏：琮曾有平苗贼功，乞追封王爵。吏部言：琮功已加太子太傅及银币之赐，此外别无奇功可录，于例难以追封。从之。

壬辰（二十日）［四川茂州地震］

四川茂州地震有声。

戊戌（二十六日）［以四川松潘番人据险阻路，往来者必得以钱“买路”，令巡抚官每半年在边治理，令内官不许无故劳扰地方］

巡按四川监察御史荣华奏：四川松潘自茂州入为南路，自油安入为东路。比者，番人据险，南路不通，其东路往来者必用钱买路。守备诸军往往为番人种田。田功毕，复追偿所食过粟。又每肆劫掠，军士以是疲困。巡抚官以用威慑为启衅，遂专务持重，不事巡理。幕府月取军粮买酒、布与番人，名曰赏番，其实买和也。中国畏番人如是，数年后恐番（盖）〔益〕横矣。自今乞令巡抚官如故事，每半年在边治理。其镇守太监，常在省城守护藩国，无事不许出巡。庶彼此不至观望推调，地方可以无虞。下兵部覆奏，得旨：从之，仍谕令内官，不许无故劳扰地方。

辛丑（二十九日）［四川威州地震］

四川威州地震，有声如雷。

明孝宗实录卷一百二十三

三月

乙巳（初三日）［贵州巡按奏贵州地方官考核事宜］

命贵州三年、六年考满官，惟方面知府赴部给由。余止赴布政司考核，造册类缴，候九年赴部通考。从巡按御史奏也。

戊午（十六日）［茂州至松潘道路常为“番蛮”阻截，户科给事中涂旦疏言另辟通道］

户科给事中涂旦奉命四川查盘粮储回，上疏言：茂州至松潘路二百里，阻塞难行者几五十里。番蛮不时据险阻截人行，名曰架嘴，故行者必以钱买路。臣见所入路，亦有在石崖下行者，地虽近番，亦不能害。若诸路山嘴，或凿通，或烧断，因形势以为阻，则番人无所施其计而粮运可通。命所司知之。

庚午（二十八日）［增设贵州黄平、普市二千户所兴隆仓，平夷、摩尼等所赤木仓副使各一员，普济州普济仓副使二员］

增设贵州黄平、普市二千户所兴隆仓，平夷、摩尼等所赤木仓副使各一员，普安州普济仓副使二员。

明孝宗实录卷一百二十四

四月

丁丑（初六日）［四川朵甘思宣慰使司遣人来贡］

四川朵甘思宣慰使司遣寨官头目银橙、汪聘等来贡。赐彩段等物有差。

明孝宗实录卷一百二十五

五月

戊辰（二十七日）[镇守湖广镇远侯顾溥乞解职，不允]

镇守湖广镇远侯顾溥乞解戎务。上曰：卿老成练达，正兹委任，宜尽心镇守地方，所辞不允。

明孝宗实录卷一百二十六

六月

壬午（十二日）［四川威州保县金川等寺演化禅师遣剌麻番僧、茂州加渴瓦寺番僧剌麻入贡］

四川威州保县金川等寺演化禅师郎哈监藏遣剌麻番僧贾思叭等，茂州加渴瓦寺番僧剌麻三蓝等来贡。赐宴并彩段、茶、绢等物有差。

庚寅（二十日）[赐国子监云南、贵州、四川军民生夏衣]

赐国子监云南、贵州、四川军民生夏衣如例。

明孝宗实录卷一百二十七

七月

乙巳（初六日）［命广西都指挥佥事马胤充右参将，分守柳、庆等处］

命广西都司都指挥佥事马胤充右参将，分守柳、庆等处。

癸丑（十四日）［命雷士旃提督柳、庆、南宁等处兵备］

命广西按察司副使雷士旃提督柳、庆、南宁等处兵备。

［增设广州等五府通判各一员］

增设广东广州、高州、肇庆、惠州、潮州五府通判各一员，提督捕盗。

丙辰（十七日）［命贵州土官应袭子孙免纳谷，就彼袭授］

命贵州土官应袭子孙免纳谷，就彼袭授。从宣慰使宋然等奏也。

己未（二十日）［改贵州镇远金容金达蛮夷长官司为镇远县］

改贵州镇远金容金达蛮夷长官司为镇远县，设流官知县、典史各一员。以土官何碖父子得罪论死，守臣言土人思得流官治之故也。

明孝宗实录卷一百二十八

八月

癸未（十四日）［云南大甸军民宣慰使司宣慰使遣头目入贡］

云南大甸军民宣慰使司宣慰使刀揽那遣头目来贡。回赐宣慰使锦段等物，并赐头目彩段、衣服有差。

明孝宗实录卷一百二十九

九月

乙卯（十七日）［四川朵甘思直管招讨司土官、朵日龙角等寨

头目及杂道长官司番僧入贡]

四川朵甘思直管招讨司土官番僧阿答儿等并新招抚朵日龙角等寨头目朵思札叭等，及杂道长官司番僧容中答等各来贡。赐宴并彩段、绢、钞等物有差。

辛酉（二十三日）[广西思明府况“村贼”黄绍侵占思明等地方，谋杀知府，命下总督等官勘处以闻]

广西思明府况村贼黄绍侵占思明、上石、下石三州地方，复谋杀知府黄道父子。道妻赵氏等累诉于朝，且谓节经委官勘问，俱被赂免不结，乞请兵诛之。命下总督等官勘处以闻。

明孝宗实录卷一百三十

十月

丙子（初八日）[礼科给事中奏广东高州府云炉、大桂二山口防御事宜]

礼科给事中吴仕伟奏：广东高州府云炉、大桂二山俱当贼冲。电白县治旧在云炉山口，因避贼迁神电卫城内，其城堡遗址尚存，请以平山巡检司移置其中，仍调官军一哨，给与田业，使之耕守。有警人自为战，以免调发之劳。其大桂山口亦如之。又，神电、高州当雷、廉、肇庆各府之中，有警易于应援。神电原设参将一员，高州设兵备副使一员，近因泷水有事，参将暂移肇庆，遂为常居之所，而兵备副使往来他处无定在。请命参将还住神电，兵备副使专守高州，以便居中调度。又，两广官军擒斩贼级，例不升赏，以故人不用命，请照例升赏，以励士气。又，两广军伍空缺，他省清解至者，多为瘴疠所伤，乞以两广军应戍他省者两易之。事下兵部覆奏，从之。

乙未（二十七日）[命黔国公沐昆岁支禄米三千石]

命黔国公沐昆岁支禄米三千石，折色仍旧。

［云南北胜州土舍纠集“番贼”越界杀死刀丙寨“夷民”，兵部请逮治失机官员，仍令责限擒捕］

巡抚云南都御史张诰奏：北胜州土舍章锐纠集番贼，越界杀死刀丙寨夷民百五十余人。兵部覆奏：请逮治澜沧卫指挥陆嵩、秦铁及北胜州知州朱广等失于防御之罪，仍令责限擒捕。从之。

明孝宗实录卷一百三十一

十一月

己酉（十二日）［以沐昆初袭公爵，兵部奏请敕镇守、巡抚等官同心协赞］

兵部奏：云南险远，黔国公沐昆初袭公爵，遽充总兵，恐少不更事，为群下所诱，不能拊循其众。请敕镇守、巡抚等官同心协赞，以济边务。凡有公事，须就原设总府厅事会议处置。其平蛮将军印，除调兵外不得轻用，用时亦须就会议之日，用毕封之，以革盗用之弊，仍谕令昆亲贤取善，修德进学，俾不坠前烈。从之。

甲寅（十七日）［命给湖广靖州、九溪等卫所轮戍军士月粮］

命给湖广靖州、九溪等卫所轮戍军士月粮，有家口者八斗，无家口者六斗。以先因节省，止给本色六斗，余四斗折钞也。

明孝宗实录卷一百三十二

十二月

壬申（初五日）［治两广官军杀良民为功者罪］

治两广官军杀良民为功者罪。初，广西瑶僮匿高州山巢，流劫诸村寨。总镇等官奏委参将毛伦、姚英，布政使陶鲁，率都指挥佥事孙璧，指挥白瑛、孙铭、张瑀、任倖等分道进剿。璧违令先发，贼遂惊遁。璧逗遛不前，铭等至，皆列营自守，遣将士四出搜山。有陈朝晏者，诬怨家为贼，铭不察，并其妻子杀之以为功。自是，奸民乘势杀人报功而分其财，瑀、倖等皆不禁，又侵盗所得赏银，为巡按御史所劾。上命给事中吴仕伟、御史邓公辅即其地阅实。至是，奏其狱。凡贼所劫化州、茂名、石城等五州县梁家、沙堡等五十余村，前后有至十五次者，官军死伤者甚众，斩贼首止八级，而所杀良民几三十人，奸淫妇女及掠卖者无算。都察院议拟以闻，上以诸人奉命征剿，不能灭贼，而乃杀良民以为功，厥罪深重。命诛其所遣将士潘熊、李真等三十有四人。除瑀、倖等七人名发边卫充军，璧、铭及姚英已死，降其承袭者三级。余各治罪有差，陶鲁等下御史逮问，总镇太监王敬、总兵官毛锐姑宥之，降敕切责，仍罚锐俸三月，并榜示各边有犯此者，必罪不宥。

己卯（十二日）［湖广左布政使兼按察司副使陶鲁奏请定土官、土舍、族目人等有功升赏之例］

湖广左布政使兼按察司副使带管广东岭西道陶鲁奏：比年两广用兵，多借土兵之力，其土官、土舍、族目人等有功，乞定为升赏之例。兵部议，谓土兵有功止于行赏，例不升官，但其愿赏者固多，愿升者亦有之。若概不加升，恐无以示劝，欲赏官世袭，又事体难行。请自今族目人等有功，仍旧给赏。土官、土舍则听守臣第其功伐，闻奏升授，止终本身。如长官升宣抚、知州升知府者，仍旧管长官、知州之事，衙门不得更易。从之。

壬午（十五日）［赦擅封乌思藏阐化王番僧死罪，充军，副使以下宥之］

初，乌思藏阐化王死，其子班阿吉汪束札巴乞袭封阐化王。上命番僧剌麻叁曼答实哩为正使，锁南窝资尔副之，同剌麻札失坚参等十八人，共赍诰敕并赏赐彩段、衣服、食茶等物往封之，行三年至其地。时新王亦已死，其子阿汪札失札巴坚参巴班藏卜即欲受封，并领所赍诰敕诸物。叁曼答实哩等不得已授之，遂具谢恩方物，并其父原领礼部勘合、印信、图书、番本，付叁曼答实哩等赍回为左验。至四川，巡抚官劾其擅封之罪，逮至京，坐斩。至是屡奏乞贷死，上以为番人不足深治，特免死发陕西平凉卫充军，副使以下宥之。

辛卯（二十四日）［云南孟琏长官司故土官之子遣人朝贡谢恩］

云南孟琏长官司故土官刀派虐之子护印舍人刀派沾遣头目刀派绊等贡银器、马匹谢恩。赐彩段等物有差。

明孝宗实录卷一百三十三

弘治十一年戊午（1498）

正月

庚申（二十四日）［苗人入靖州境，守备都指挥等受惩处］

苗贼入靖州境杀虏军民。（佥）〔命〕罚参将史瑄及知州何东俸各三月。镇巡（第）〔等〕官姑宥之。守备都指挥房昂、指挥陶武等俱下巡按监察御史逮问。昂以失悮军机拟处斩，哨守指挥周景等十一人以守备不设，拟免杖充军。有旨：昂、武并家属发边永远充军。景等各降三级，带俸差操。

明孝宗实录卷一百三十五

三月

戊申（十二日）［以地方未宁，免贵州布按二司及所属正官、都匀府所辖州县官弘治十二年朝觐］

免贵州布按二司及所属正官明年朝觐，止令佐贰官并首领官朝觐，其都匀府所辖州县并长官司官则通免。以巡镇等官言地方未宁故也。

辛酉（二十五日）［据两广总督邓廷瓒等考察，吏部奏请调黜琼州府知府等官］

吏部覆奏：总督两广军务都御史邓廷瓒及巡按广东监察御史王哲考察不谨、老疾等官琼州府知府张桓等五十三员、才力不及广州府经历黄本听等十员，请如例调黜。归善县主簿梁纪历任未及二年，请仍留办事。从之。

明孝宗实录卷一百三十六

四月

庚午（初五日）［录广东云炉、大桂等处杀“贼”功］

录广东云炉、大桂等处杀贼功。官军升一级者十二人，其余一千一百三十三人给赏有差。

明孝宗实录卷一百三十八

六月

乙亥（初十日）［四川长河西等处灌顶大国师死，其徒来贡请袭职］

四川长河西等处灌顶弘慈妙济大国师绰丹剌卓儿巴藏卜死。其徒禄竹领占巴藏卜来贡，请袭职。从之，赐晏并彩段等物如例。

［贵州亢阳不雨，火灾大作］

贵州自春徂夏亢阳不雨，火灾大作，毁官民屋舍千八百余所，男妇死者六十余人，伤者三十余人。

丙子（十一日）［广西桂林府民周道兴家园地陷］

广西桂林府民周道兴家园地先连响数声，隐隐如雷，已而陷穴九处，大者围十七丈，次者七丈，小者三丈。

丁亥（二十二日）［广西思明府“强贼”黄绍集众起事，两广总镇等官奏请进剿］

广西思明府强贼黄绍集众数千人焚劫乡村，据思明等三州，屡抚不服。两广总镇等官请进兵剿捕，兵部覆奏，从之。

明孝宗实录卷一百三十九

七月

甲辰（初十日）［协守松潘右参将以不习水土乞改别任，兵部请置于法，帝宥之］

协守松潘右参将都指挥同知周英到任甫六日，自陈不习水土，乞改北方别任。兵科参其怀奸避难，兵部因请置于法。命姑宥之。

壬戌（二十八日）［南京浙江道监察御史奏两广瑶僮分布与调集官军土兵分途剿抚事宜］

南京浙江道监察御史万祥奏：两广地自景泰初年调广西官军从征广东，各山洞贼乘机窃发。高山之瑶日下平地，深洞之僮时近近村，天顺、成化以来大肆猖獗。今古田、通县尽为贼有，以次蚕食义宁、永福、洛容等县村落。时于深定、理定等处江路行劫，又与始龙江贼交通，修仁旧县西乡亦为贼据，新县东乡仅存良民数十余家。今贼穴在桂林者古田、始龙江、西延三处，在平乐者荔浦、修仁、府江三处，在永安者西乡一处，在柳、庆者则白牛、上油、肆滴、二都、三都、四五都等，巢非止一处，在广州者十三材、后山、蓝粪、流溪四处，在惠州者黄洞一处，在高州者云炉、大桂、平地、石羊、冬爪、八岭六处，在廉州者母鸡山、木头洞二处，在肇庆者罗傍山、大潭坑二处，联络州县，贻害地方。又闻古田、永安与峡山、泷水贼各万余，荔浦、修仁数不及万，始龙江二千之上，府江不至五百，大潭坑并云炉各有数百，十三村、黄洞各几一千，大桂不及一百，柳、庆最多，难以数计。即今生民日促，贼势渐强，须及时经略，地方始得宁息。但两广军少，又须调土官亲领土兵随征，方克济事。乞下两广总镇等官密议，两广有贼之处，不难于征，惟难于守。往年征进，贼闻风先走，及军到巢，草深尺许，此征之不难也。才闻军退，贼即四出行劫，此守之所以难也。今欲成功，当先蓄粮如往年都御史朱英之征木头洞等处，饬兵如往年总兵山云之剿三都等处。有事古田则调广西省下与广东官军各四千，湖广官军，镇安、归顺、向武土兵各三千，奉议、都康各三千，桂林夫款五千，平乐三千，共调三万之上。有事峡山则调浔州官军二千，广东四千，田州土兵一万五千，泗城一万二千，思明、太平、武靖各三千，龙州二千，江州一千，共调四万之上。有事柳、庆则调柳、庆与湖广官军各二千，思恩土兵八千，东兰六千，南丹三千，迁江、安陆各二千，那地、永顺、安顺各一千，柳州夫款三千，庆远二千，共调三万之上。其领兵土官，责委各该参将、巡守官督率，依限出征。其古田统兵，责在副总兵，峡山、柳庆各责参将。其抚治官，酌量地方重处坐委督兵总府重臣，同心计画，随宜调度。其总镇官，坐守梧州重地，中制两广。其总督、总兵官往来军前，督视犒赏，以作士气。以九月霜降刻期进取。古田分布官兵，在于洛容、柳城、临桂、义宁、永福、怀远、融县一带要处。峡山分布官兵，在于浔州、象、武、平南、贵县一带要处。柳、庆分布官军，在于宜、融、柳城、马平、忻城、来宾、象、武一带要处。营垒连络，声势振动。若贼闻征逃遁，守至次年二月，就将所在贼村谷米牛只给与随征土兵充饷耕种，所收准作月粮，额税暂除豁。若田少兵多，将各土官衙门该纳秋粮准与兑支，且耕且守。若兵少田多，拨与土官熟僮，同住耕种。所在营寨应修理者及时修理，道径应开通者及时开通，险阻应平治者及时平治。各该土官俱要亲身在营，督兵固守，使贼不得回巢。若违令误事者，悉以军法从事。其随征官军应下班者，听令休息，各守城池。该班者古田退出桂林、平乐、洛容、兴安等处，峡山退出浔州、贵县、平南、郁林等处，柳、庆退出所在府县去处，各防守听调。若屯兵地方有僮瑶窃发者随处，副总兵而下，径自量调所统军兵，从宜剿捕，呈报总府知会，不得仍前彼此推调，坐失事机。所获地方，照前经略。若贼听招抚者，选深知夷情素所信服之人，拘集山老、村老人等到官，谕以利害，令将被虏并在逃男妇报官，各发原籍复业。如先年都御史朱英所行，其土人愿为土兵者编入武靖州，愿为民者处之相应浅山平地住种。顾惟事功重大，必须三年有成。遇来秋霜降，仍复照旧行事。若三年之后果有成功，可无后患，则古田之兵可移修仁、荔浦，下及府江，上至始龙江、西延等处。峡山之兵可移永安，上至贵县、龙山，下至平南、小田等处。柳、庆之兵以次可移，县复一县，州复一州。广西事妥，优养将士，顺流广东，攻取罗傍山、大潭坑、十三村、黄洞、云炉、大桂等处贼巢，迎刃而自解矣，仍须严禁军器，抚过村分，有收长枪、腰刀、盔甲、药弩，并私造、私贩、私用军器者，俱治以重罪。其论功不必专在首级，有能抚散贼巢男妇二十口以上者，亦准一功。其总镇等官，果能同心戮力，宁谧地方，即同攘除之功，俱照军功重加升赏。若无功滥冒贻患地方者，听巡按御史劾奏，严加显戮，巡按御史不得干预征进事务。如此，庶使地方宁息而成功久远。兵部覆奏，命两广守臣议处以闻。

明孝宗实录卷一百四十一

九月

乙巳（十二日）［贵州宣慰使司并四川石砫宣抚司各遣人入贡］

贵州宣慰使司并四川石砫宣抚司各遣把事人等来贡。赐彩段、钞锭有差。

明孝宗实录卷一百四十三

十一月

丁巳（二十五日）［以旱灾免广西浔、梧等府及南宁等卫所弘治十一年分秋粮、子粒］

以旱灾免广西浔、梧、柳、庆、南宁等府及南宁等卫所弘治十一年分秋粮、子粒有差。

明孝宗实录卷一百四十四

闰十一月

丁卯（初六日）［以旱灾免广东广州、肇庆等六府秋粮］

以旱灾免广东广州、肇庆等六府今年秋粮有差。

甲戌（十三日）［赐国子监四川、云南、贵州军民生冬衣］

赐国子监四川、云南、贵州军民生冬衣如例。

辛卯（三十日）［命湖广镇远卫带俸指挥佥事守备永、道、郴、桂等处］

命湖广镇远卫带俸都指挥佥事许辅，守备永、道、郴、桂等处。

明孝宗实录卷一百四十五

十二月

丙午（十五日）［乌思藏番僧来贡］

乌思藏番僧三竹札失等来贡。赐宴并彩段等物如例。

丁未（十六日）［停免两广采办圆眼木］

停免两广采办圆眼木，从监察御史张天衢等言也。

庚戌（十九日）［广东大台、水尾二山瑶人劫粮］

广东大台、水尾二山瑶贼抢劫民粮，护送旗军死者十九人、伤者十一人。都指挥佥事钱章等率兵剿之，斩首十七级。总督、都御史以闻，命下其奏于所司。

明孝宗实录卷一百四十七

弘治十二年己未（1499）

二月

壬辰（初二日）［湖广巡按王恩奏请各王府庄田由有司征租送府，以免横敛］

先是，巡按湖广监察御史王恩奏请湖广各王府庄田，俱令有司征租送府，以免横敛之害。既得旨，至是兴王奏本府庄田与他府有粮民田不同，请得自征。复从之。

壬子（二十二日）［四川建昌卫地震］

四川建昌卫地震有声。

丙辰（二十六日）［设广东泷水县守御千户所］

设广东泷水县守御千户所，隶肇庆卫，正副千户各一员，百户五员，吏目一员。

戊午（二十八日）［贵州宣慰使司宣慰使遣人入贡］

贵州宣慰使司宣慰使安贵荣遣舍人安享等来贡，回赐贵荣锦段等物，并赐安享等彩段、钞锭如例。

［董卜韩胡宣慰使司，四川达思蛮、邛部二长官司各遣人入贡］

董卜韩胡宣慰使司及四川达思蛮长官司、越嶲卫邛部长官司，各遣头目、把事人等……来贡。赐宴并彩段、衣服等物有差。

明孝宗实录卷一百四十八

三月

甲申（二十五日）[孟密安抚司土舍侵据木邦地不归，云南镇巡等官调兵积粮征剿]

初，木邦宣慰罕空法迎妇孟乃为部下信蛮所遮，不得归。孟密安抚司土舍（司）〔思〕楪因侵据木邦地，云南镇巡等官岁遣官抚谕不悛，乃议积粮开道，铸造军器，以备征剿。令分守参议黄东山、兵备副使赵炯任其事，左参政毛科、副使荆茂等皆同抚理。会思楪攻围蛮遮急，宣慰妻求救孟养思陆。思陆者，麓川反寇遗孽，约非总兵军符征发，不许过江。至是，自请效力剿捕思楪，而夷俗相传孟密素畏思陆之兵，抚夷者以为然，遂为请于总兵、镇巡官，许之。孟养军未至，思楪闻之，亦解去。别部有执信蛮以献者，罕空法得归故土，诸夷部落稍附之。未几，复贰于思楪，罕空法以告。有千户尹铭者，尝从抚夷，因言思楪可擒之状，前举以抚夷官不协，自失机会。于是总兵沐琮、太监刘（昶）〔暴〕、巡抚都御史张诰，议发孟养兵，并檄夷部归附者，令戮力捕思楪。又移令炯、东山及科，量调官民兵万二千人防护，察各夷动静，随宜抚理。炯、科得檄，皆会腾冲。东山先之陇川储粮，科欲自为军备，令罪人纳赎米，并征转输费。又追征潞江土舍侵用岁例银，皆随军收贮。炯遂与科会，为檄令蔺昂发孟养兵。又以陇川逼近蛮莫，复增发陇川、南甸、干崖三宣抚兵，欲借此挟抚以成功。既复遣尹铭往赐赍思陆，且促之发兵。思陆乃遣大陶孟伦索领夷兵、象、马过江。时科营戛勒河西，炯营其东。思楪闻之亦起兵，令陶孟思英等栅守蛮莫。东山别发腾冲操兵三百人，将往营邦杭。会与炯议事不合，留止干崖，戒各仓毋与军士粮，两军喧哗，科乃以所支赏功官银，及自所贮备给军，约扣各卫月粮偿官。顷之，科过炯议事，指挥戴继家人失火，营毁，丧军器以千数，科狼狈移营。逾月，引兵驻南牙山，与孟养兵会。伦索既过江，指鹰谓蔺昂曰：我曹犹此鹰，夺得地土即管食之耳。科闻之，忧懑不能寝，使人促炯会蛮莫。时孟养兵营蛮莫寨前，科与炯议遣尹铭及他把事（昭）〔招〕降思英，思英不从，伏兵伤孟养一人，杀二人，悬首栅上，又射伤武定哨兵五人。已而炯令夷兵（东）〔登〕高骂之，思英等闭寨不出。复遣人往谕之，乃以缅书来言，愿与宣慰讲和。孟养兵闻约降，颇有怨言。是时，军士无粮，皆采芭蕉心食之。科见思英不出，又念伦索前语，遂引兵往营孟都，炯亦以无粮引还，止南牙山。科、炯既去，伦索亦惧思英绝其归路，领兵取道干崖而还。军皆饥疲，且闻蛮莫追者在后，争走相蹂践死者莫知其数。科至孟都，思椳使头目曩方来请事。科责令备象二匹谢宣慰，退所侵地，仍备方物纳贡，偿官军粮饷费，曩方听从而去。时云南传言蛮莫栅上有死人首，科、炯用兵失利。总兵、镇巡闻之惧，即召科还，且戒令孟养还兵，各守境界。然孟养自是遂犯约，数兴兵渡江，与孟密战矣。科既还思椳，令曩方随科使与宣慰讲和，镇巡以二夷未尝面服，复委茂及东山往谕之。未几，思椳及罕乞法所贡方物皆至，于是镇巡等官奏请录茂、炯、东山及科之功，并以科营失火闻。又以人喧传杀伤多，孟养数腾缅书言兵败，屡遣官勘视。科时进表之京，以孟密归顺，皆己与炯挟抚之功。顾欲参究失火，并勘视死亡兵数。茂等归顺后，才往面谕，功反居首。乃具奏，乞辩明功过，下巡按监察御史查勘。而炯亦以孟密纳贡及所行便宜，赋诗十二首以进。兵部劾之，下巡按御史逮问，坐奏事不实赎徒，寻以科道论之，降盐运司同知。时御史余本实捕系尹铭及诸从抚夷者拷问。铭等因希指言科谋图抚夷，对敌杀伤夷兵百余人，又滥征银两。本实遂奏科、炯罪状，请逮科治系，炯再论，并劾张诰、刘（昶）〔泉〕等之罪。于是科复奏辩，并讦本实、东山私事。都察院奏遣兵科给事中东思恭、刑部员外郎彭泽往按之。置对，皆言科、炯奉总兵军符发兵，多调二万二千余人，实提兵挟抚，未尝对敌。孟养死亡兵数，前后缅书自相矛盾。况思陆方侵据蛮莫、贡章地，抚谕未退，若往查询，彼必更以为辞，不可据信。本实所奏，多不如章。乃奏拟科那移官钱还充官，用律当徒，炯仍原拟。且言科、炯虚张剿捕，擅调夷兵，轻举深入，欲坐以徒，仍尽将帅擅调军马，本法庶为允当。但既非将帅，所调又夷兵，且奉檄而行，较之内甸及各边无警擅调者不同，若止以常例处之，又无以为边官喜事徼功之戒。铭希求升用，倡思楪易剿之谋，冀减罪名，诬陇川杀伤之数，其情尤重。东山既同署檄催调夷兵，乃因私忿，临事推避。本实勘事既不核实，参奏亦属太重。诰、（昶）〔彔〕谋议不详，及御史张泰干预军事，俱宜逮问。但思楪侵凌木邦有年，今讲和纳贡，数人亦有微劳可录。事下都察院议，以诰等所犯俱在赦前，且诰致仕，泰迁官，本实丁忧，例应免问。科、炯及铭功罪相等，东山功无可录，罪亦微轻，均俟上裁。得旨：科、炯、铭免问罪，各降一级。东山下巡按御史逮问。

明孝宗实录卷一百四十九

四月

辛卯（初二日）［工部郎中奏请盖造王府所委官应以清流公廉、有风力者为之］

工部郎中童琥奏：四川之地诸夷杂处，今松潘、茂州、建昌、大坝等处，军疲于守御，民困于转输，加以不时灾伤，财力俱耗，公私两困。朝廷以盖造王府重事委任臣等，又委三司共任其劳，三司又分委府州县等官各专其事，又立总委官二三员以统摄之。但各工所委官多以吏目、驿丞，总委官以经历、知事，官卑职微，众心不服，以故受制于所官人等，听其渔猎，莫敢谁何，甚至阿从依附，互相容隐。今后各工所委官专用府通判、推官，州同知、知县，总委官用府同知、知州，俱选出自清流公廉、有风力者为之。一则职任颇重，可以畏服人心；一则能砥砺名检，不肯苟同，以图近利。命所司知之。

癸巳（初四日）［裁革贵州贵州卫知事一员］

裁革贵州贵州卫知事一员。

甲午（初五日）［平定广西田州府土官之乱］

初，广西田州府土官知府岑溥为其子猇所弑，猇亦自杀。次子猛方四岁，溥母岑氏及头目黄骥护之，赴总镇等官告袭职。归至南宁，头目李蛮遣兵来迎。骥意蛮欲分己权，怒之，杀其人。蛮率兵迎猛继至旧田州，骥惧，诬蛮将为变，复告遣官军护送，及调思恩府土官知府岑濬率兵同送至府。（睿）〔濬〕受骥赂，纳其女，约分其府武龙等六甲地，遂携猛去，至思恩幽之。事觉，总镇等官委副总兵欧磐等摄濬，久之乃出猛，发省城下寄居，蛮屯兵自守以待猛。会得奏，命猛袭知府。骥、濬怒，要泗城州土舍岑接、东兰州土官知州韦祖鋐各起兵攻蛮。接兵二万人先入田州府，杀掠男女万四百余人，劫烧仓库民庐，劫府学及横山驿印记，遂据归仁。祖鋐兵五千据（兼）〔廉〕州，杀掠男女八百余人，驱之溺水死者无算，括府库，放兵大掠，城郭为墟。濬兵二万攻旧田州，遂据之，杀掠男女五千余人，劫龙州印，纳故知州赵源妻岑氏。蛮逃去，副总兵欧磐、参政武清等诣田州府勘治，遣兵送猛还府，骥惧罪，匿猛家。先是，濬筑石城于丹良庄，屯兵千余人，截江道以括商利。官命毁之，濬以兵拒，不从。会副总兵等自田州还，即督所统官军毁其城。濬兵来救，杀官军二十余人，官军败之，俘其目兵九人。总镇等官及巡按御史合奏，请治濬等罪，参政清持两端。时濬叔业少从中官京师，仕为大理寺副内阁书办，三府总镇等官因奏请敕业往谕。事下兵部覆议，以濬等稔恶，业其宗人，难责以善，万一不从，则损威致侮。或诸夷有变，又将遣何人谕之？宜敕镇巡等官，召集濬等至军门，谕以朝廷威德，罪其首恶，令反侵地，纳所劫印并官私财物乃已。若不服，则熟计其便。从之。初，蛮之迎猛无他意，及猛在外，蛮守土以待其归。骥首乱，濬、接、祖鋐党恶，以致兹变。清受濬等金宝以万数，濬贻书清称恩父，每遣人至省城，必居宿清所，清以是曲佑之，诬蛮占据府治，阻兵弄权，互相仇杀，事竟不直。蛮颇有威信，且思效顺，识者方欲属以招徕之事，而已不逮矣。后清虽以贪暴黜，亦未得正其罪云。

戊戌（初九日）［广西古田瑶僮起事，总督邓廷瓒等请发湖广等地汉土官兵进讨］

先是，广西古田瑶僮作乱，袭杀副将、参议，守臣请讨之，兵部集议不许。久之益猖獗，遂寇洛容、永福、临桂西乡等处，杀掠人民，夺据田土，去省城百里而近，道路为梗。刑科给事中张文、南京户部员外郎周琦等皆以为言。总督都御史邓廷瓒等，因请发湖广、四川、贵州、广西汉土官兵九万，期以明年九月进讨，并上备粮方略。事下兵部集议，以古田瑶僮贼不过数千，乃欲动调四省官兵至九万。今湖广灾荒，军民困弊，贵州苗贼时发，广西土官仇杀未宁，势难调发。且征剿瑶僮，全借土兵，彼待秋收方来，贼已先清野，藏于万山，据险以守，我兵益进，而彼益远遁。迨至春耕，土兵皆散归，不可禁治。自前至今，皆袭此弊。宜移文守臣，遣官诣贼村寨，宣布朝廷威德，审察诸村寨善恶，密调邻近土兵，掩其不备，剿其一二，贼必慑惧。若果不悛，发兵未晚。从之。

壬寅（十三日）［四川小河守御千户所地震］

四川小河守御千户所地震，有声。

丙午（十七日）［以水灾免湖广长、岳、衡、永四府，宁远、茶陵等十一卫所弘治十一年分税粮、子粒］

以水灾免湖广长、岳、衡、永四府，宁远、茶陵等十一卫所弘治十一年分税粮、子粒有差。

明孝宗实录卷一百五十

五月

丙寅（初七日）［广东韶州府捕斩湖广宜章、临武二县“贼首”江钦等］

劫掠湖广宜章、临武二县贼首江钦及其党苏瑛等转劫他所，久不获。至是，广东韶州府捕斩钦等二十八级，俘瑛等四十五人。巡抚江西都御史金泽上其事，命下所司知之。

**丙戌（二十七日）［四川酉阳宣抚司土官宣抚奏请剿捕宋农诸

寨“洞蛮”，兵部请移文四川守臣及三司官各一员赴酉阳抚谕，不听则剿之]

四川酉阳宣抚司土官宣抚冉舜臣奏：宋农寨蛮贼纠胁诸寨洞蛮杀掠人财，焚毁夷舍，乞下所司剿捕。兵部覆奏：请移文四川守臣及三司官各一员，赴酉阳体量，仍遣人抚谕贼首，令改过自赎。如不听，驰调重庆等卫官军并酉阳土兵合剿。从之。

明孝宗实录卷一百五十一

六月

辛卯（初三日）［四川宁番卫地震］

四川宁番卫地震。

己亥（十一日）［都匀“残贼”起事，兵部覆奏请遣通事诣“贼寨”招抚，不听则进兵］

巡抚贵州都御史钱钺等奏：都匀残贼作乱，杀掳人民五百七十余人，据民寨六十九处，请调川、广土兵，合贵州番、汉兵五万讨之。兵部覆奏，谓都匀自弘治八年用兵，至今甫四年。闻各贼止因田土争夺，未有攻城截路大患，兼贵州去岁旱疫，民困未复，储积未充，兵难再举。即今苗贼方务农业，亦非出没之时，请令协守清浪参将赵晟，选所部官军三千，以八月初旬赴都匀屯驻。钱钺及总兵官焦俊选平越等卫官军三千并驻都匀邻近处所操候，遣通事诣贼寨招抚。若不听，乃议进兵，止剿首恶，其余宜以次抚捕。若果贼势猖獗，宜调大兵进讨，令速奏取旨。从之。

癸卯（十五日）［普安州故土官妾米鲁等起事，调官军防备］

巡抚贵州都御史钱钺等奏：故普安州土官隆畅妾米鲁及营长阿保等作乱，谋杀隆畅子隆珀而据其地，聚众至五千人，杀掳夷民千余，攻毁夷寨百三十六处。近又攻围新兴站，驻兵营盘山，变且不测。已议调普定、安庄二卫精兵，与安南普安守城官军相兼备御，仍于新兴站夷贼出没之所创立哨堡，益兵防守。事下兵部覆奏，请移文镇巡等官议处。从之。

乙巳（十七日）［命贵州开中云南、四川盐课并纳银、米授官，以备边储及赈济之用］

命于贵州开中云南弘治六年见在盐课十一万引，四川弘治七年见在盐课四万引，以备边储及赈济之用。其军民舍余愿纳银、米者，授七品以下散官。阴阳医生愿纳银、米者，补阴阳医官。从户部奏也。

壬子（二十四日）［贵州巡抚钱钺奏请土官应袭子孙送儒学读书习礼及纳米赈济事］

巡抚贵州都御史钱钺奏：贵州土官渐被圣化百三十余年，污俗已变，但应袭子孙未知向学，请令宣慰、安抚等官应袭子孙，年十六以上者，俱送宣慰司学，充增广生员，使之读书习礼。有愿习举业者，比军职子孙补廪充贡出身。至袭职之时，免委官保勘，止取亲管并学官结状，其不由儒学读书习礼者不听保袭，庶可以变夷俗之陋，杜争夺之源。又贵州比年荒旱，加以疫疠，人多缺食。今储蓄空虚，赈给无备，请申明先年军职，总小旗纳米免比试并枪条格。指挥三十石，千户、卫镇抚二十二石，百户、所镇抚十五石，总旗七石，小旗三石，于都、清二仓上纳，以备赈济。事下兵部覆奏，谓纳米赈济，宜如所请行之，至明年而止。土官应袭子孙，宜视近例，十岁以上者俱送附近宣慰司或府州县学。至袭授时，则如钺所拟，其补廪充贡，请下吏部更议。从之。

明孝宗实录卷一百五十二

七月

丁丑（十九日）［贵州巡按张淳奏请贵州生员单独开科乡试］

巡按贵州监察御史张淳言：贵州古荒服之地，我太祖高皇帝肇造区夏，列在疆域，于时设行都司，令四川带管，各学生员应试亦附四川。太宗文皇帝时，虽设都布按三司，亦未及开科，但应试生儒改附云南，其额始自五名，累至十六名。弘治七年，以镇巡等官会奏，又增三名，然尚附云南应试。窃见贵州学校至二十四处，生徒至四千余人。前科赴云南乡试者逾四百之上，且每科中经魁，并前列者往往有之。科场之费，则镇远、永宁二处商税银岁至一千三百余两，赃罚等项又可二千五百余两，用之有余。况本城内旧有公馆一座，地势轩敞，少加葺补，堪作试院，请各自开科为便。命下所司知之。

戊寅（二十日）[四川播州宣慰使司遣长官贺万寿圣节]

四川播州宣慰使司遣长官张楷等来贺万寿圣节。赐彩段、钞锭有差。

甲申（二十六日）[广西土官袭职，令三司与巡守等官保勘具奏，不许迟误]

广西按察司佥事黄肃奏：广西土官袭职时，虽经巡守等官保勘明白，而布政司避嫌犹豫，不与奏袭，以致旁枝异姓竞起争端，互相杀掠，乞赐裁处。兵部覆奏，谓肃所奏不独广西为然，云贵、四川、湖广亦有此弊。请通行各三司官毋蹈前失，违者巡按监察御史察举其罪。上从之。令今后遇有土官袭替，即与保勘明白具奏，不许似前迟误。

丁亥（二十九日）[四川邑梅副长官联合“苗蛮”起事，酉阳宣抚司与保靖、永顺二宣慰司奏请发兵讨之]

四川酉阳宣抚司土民冉通等，并保靖、永顺二宣慰司彭仕珑、彭世麒并奏：邑梅副长官杨胜刚父子谋据酉阳，结构俊倍等洞长杨广震等，号召宋农、后溪诸蛮，聚兵杀掠，荼毒夷民。请发兵讨之。兵部先据酉阳宣抚冉舜臣奏，已遣抚谕发兵。至是再议，谓酉阳苗蛮溪洞连络，易相扇动，不蚤为区处，恐各洞蜂起，卒难剿平。请行镇巡官谕之，如不听，仍如前奏，发重庆等卫官军，并播州、酉阳宣慰司土兵，耀武以威之。终弗靖，则行令湖广守臣，发永顺、保靖二宣慰司土兵合剿。从之。

明孝宗实录卷一百五十三

八月

戊子朔（初一日）[以贵州人才渐盛，东宁伯焦俊奏请自开乡试，未允]

镇守贵州总兵官东宁伯焦俊奏：贵州人才渐盛，请自开乡试取士，不必附于云南。礼部覆奏，旧制不可轻改。从之。

丙申（初九日）[云南老挝军民宣慰使司应袭舍人遣人来贡，请给冠带及金牌信符]

云南老挝军民宣慰使司应袭舍人招揽章遣头目乃刀等来贡，请给赐冠带及金牌信符。命回赐招揽章锦段等物，及赐乃刀等彩段、衣服等物如例。其金牌信符待袭职后，镇巡等官保勘至日给之。

辛亥（二十四日）[云南巡按谢朝宣奏抚谕孟养“夷酋”事宜]

巡按云南监察御史谢朝宣奏：孟养夷酋思陆，本麓川叛贼遗孽，窜居迤西金沙江外。成化中，尝据缅甸之听盏。弘治七年，征调其兵渡江，遂复据腾冲之蛮莫。又率木邦起兵攻烧孟密安抚司，杀掠夷民二千余人，劫象、马、金宝，有并吞孟密、觊觎故土之志。迤西人恭们、腾冲人段和亡命为之谋主，屡抚不听。指挥黄昇承委两至夷方，取到缅书，词多矛盾，疑涉交通。屡行都指挥李增、副使王槐勘抚，止据缅书回报，别无一辞区画，以致夷情狃诈，未可轻处。臣窃见云南会城去腾冲、孟养隔远，声势难接。朝廷故于金、腾等处，添设镇守太监，为抚夷安民之计。但在会城者，权分于不统；在金、腾者，事失于怀私。虽尝阳却思陆之贽，边方官军受害亦多矣。臣闻太监吉庆到任以来，贪暴无状，私设牢狱，酷用刑法，群小为之腹心，私敛所部，私觌仪物，锢死军职，卖放金齿操军四百名，使纳银具。尝因抚夷渡江被惊追责，潞江安抚司出银赎魂。征求峻急，逼逐夷民，逃窜异土。尝至腾冲，擅作威福，絷系官舍，军士惊扰，众相鼓噪，几致他变。以此观之，前日思陆所以敢于馈送者，安知不因其贪以饵之也。所以却之者，安知不有待于后也。臣闻蛮莫等处，乃水陆会通之地，夷方器用咸自此出，货利之盛非他方比，以故陆屡抚不退。况迩年以来，透漏边情，不止恭们、段和而已。又有江西、云南大理逋逃之民多赴之，盖镇夷关巡检司，职微势轻，不能禁治故也。云南官员一差抚夷，即谋多赍违禁货物，往彼馈送互市，漏我虚实，为彼腹心。臣愚计之，孟养甲兵不能当中原一二大县，以云南之势临之，易于压卵，奈何奈何！一调即来，屡抚不退。皆镇巡等官失之于初，逋逃奸人谋之于中，抚夷官员坏之于后。失今不制，必成痈肿。伏望陛下怜悯边民困苦，云镇守太监止存一员，取回一员别用。革除镇关巡检司，专委守备都指挥，或指挥一员拒守，以备奸人逃亡，兼盘诘抚夷官赃货，捕系以闻。抚夷官有能抚谕思陆，退还地方，照拟军功升赏。若蛮莫等处归之木邦，孟密犹启争端，请移腾冲司于蛮莫，或量分二三所以为守御。如思陆仍不听抚谕，然决于用兵，使无噍类，以为土官不法之戒。事下兵部议：太监吉庆先已奏留镇守如故，请移文庆等，及今瘴消时，令金、腾二司操练军马，蓄积刍粮。并行附近陇、干等处土官衙门，一体整搠夷兵，以示必征。其余事宜，亦行庆等议拟以闻。从之。

丙辰（二十九日）［广西陆川县地震］

广西陆川县二十四日地震，有声如雷。是日又震数次。

明孝宗实录卷一百五十四

九月

乙丑（初八日）［前任云南右参政李韶上疏言四事］

福建右布政使李韶以前任云南右参政，颇知土俗事宜，上疏言四事：一谓澜沧卫与北胜州同一城，地域广远，与四川建昌西番、野番相通。迩年西番土舍章锐、高连等恃倚山险，招服野番千余家为庄户，遂致各番生拗，动辄杀人，而州官无兵，不能禁制。卫官且大废军政，恬不加意。又姚安府、大罗卫、宾川州地方，有贼穴六七处，军民受害甚切。请添设兵备副使于澜沧城，以姚安、大罗、宾川、鹤庆、丽江、大理、洱海、景东府州卫所属之。于野番则用抚流民法，于贼巢则用立保甲法。朝夕经理，不出数年，章锐、高连之颈可系麾下，野番贼巢之恶可弭大半矣。一谓孟养思陆，乃麓川叛贼余孽，正统间讨平麓川时怜其幼，驱置江外，盟誓不许过江。厥后遗种滋蔓，往年过江，夺据孟密所管孟木、贡章、蛮莫诸村寨，累抚不从。臣料思陆之势，可以胁抚，亦可以切责，可以征剿。胁抚之策，观其所行文书，俱用汉字，麓川残伤，言犹股栗。若胁以兵威，抚用间谍，则彼将慑服矣。切责之策，闻其求贡乞地，其事若（抗）〔亢〕，其辞则卑。若降玺书遣官切责，以伐其谋，则亦可不战而屈其兵也。又征剿之策，思陆所居，仍在江外孟矿。其过江者五六千人，悉是头目夷兵，所恃枪弩，无甲胄火器之利。若调发大兵，列阵江岸，一面问思陆之罪，一面征占寨之夷，则可即伏矣。方今各夷新集，众心未定，产业未成。用此三策，而仍于金、腾、干、陇广积米谷，于干崖广造战舰，示以必征，俟瘴消时月征进。夫金、腾，云南之藩篱，干崖、陇川，又金、腾之藩篱，去蛮莫、孟木甚近。思楪存时，尚被其蚕食，今思楪已死，其势渐弱。木邦与相交通，缅甸道路险远，干崖、陇川之兵不强，臣恐思陆之志不在孟密、木邦，而在干崖、陇川也。若曰两夷相攻，中国之利，姑置度外，宽假数年，则彼生聚教练，当有将来之祸。虽劳百万之师，费亿万之财，亦无及矣。一谓广西府旧有土官知府，后改建流官，所属皆僰人、罗罗，此类野人，难化而易制。本府前有干海、后有平壤一带，有水利可开屯田，请于会城广南卫量拨二所，赴彼守御屯田以制之。一谓云南曲靖卫军多路僻，平夷卫当贵州要冲，军少事繁。请以曲靖卫屯田附近平夷者，调拨二所以属之。兵部覆奏，请设兵备副使一员，驻澜沧城内，统制姚安等处。其余事宜，移文镇巡官会议，相机区处以闻。从之。

丙寅（初九日）［命云南左参政毛科为按察司副使，借留抚“夷”］

云南左参政毛科既降级别用，镇巡等官奏：科前调兵思陆胁抚思棵，议者率谓其虚妄，然日久益见其勤劳，且思陆颇亦听其指麾，今欲抚顺本夷，非科不可。请暂留抚理思陆，责令退地，俟事竣，照所降资遣之。兵部覆奏，请移咨吏部，拟定职事。于是拟科为云南按察司副使，借留抚夷。从之。

丙子（十九日）［以乌思藏并长河西宣慰使司入贡人数太多，礼部请令四川镇巡等官不许滥送］

礼部以乌思藏并长河西宣慰使司各遣人来贡，一时至者凡二千八百余人，俱应给赏，所费不赀。请行四川镇巡等官，以后不许滥送。务查先年敕旨，及本部勘合事例，有碍者径自阻回，无碍者奏请定夺。其今次滥起送官吏，请令巡按监察御史逮问。从之。

壬午（二十五日）［贵州普安州米鲁、阿保起事始末］

初，贵州普安州土官判官隆畅既老，子礼幼而代职，听营长阿保等之谗，由是父子相仇。畅有妾曰米鲁，乃沾益州土官安民女，尝以罪见逐。后乃依礼同居，礼及阿保皆通焉。畅遂毁阿保居室，掳其财物。阿保乃与礼等借兵作乱，焚畅所部寨舍仓廪，杀其从者。久之，畅遣兵诛礼，阿保见礼既死，欲助米鲁攘窃其柄，乃与其子阿鲊莫、阿歹儿等率兵攻畅，破其寨百余，杀掠人畜甚众。畅惧，逃之云南亦佐县。镇巡等官召阿保等与畅会盟，戒以息兵。既散，米鲁潜令人掖畅上马归。畅中毒而死，既而阿保、米鲁等为乱滋甚，数攻寨堡，杀伤官军，屡抚不听。畅有庶子珀，与其母居安南卫城中。阿保欲害其母子，乃于安南城外筑阿先硬寨，自率兵守之。又筑普墨硬寨于普安城外，令阿歹儿守之。又筑猴场硬寨于拖长江东，令阿鲊莫守之。又于拖长江外筑查剌硬寨，据险以自固，四寨相去凡三百余里。复号猴场寨为承天寨，出入僭用黄旗，自称无敌大王。镇守贵州总兵官东宁伯焦俊、巡抚都御史钱钺、巡按御史张淳，命都指挥刘英率兵往捕，为贼众所拒。贼乃益肆猖獗，劫掠军民，焚烧屯堡，声言欲攻普安、安南二城。镇巡等官乃发十卫官军，及诸长官司土兵万有三千七百余人，分命刘英与都指挥王璋、李雄等领之。英、璋由普安卫分道往捕，雄等由乌撒后所直抵拖长江，截其后路。先期以檄招谕诸胁从者，由是贼党归顺者八百余人。阿保父子逆战于猴场寨，兵溃，奔查剌寨。已而复渡江劫营，官军击却之，贼徒死伤甚众，阿保等皆逃去。雄召沾益州知州安民赏之，使访贼所在。民乃率土兵为先锋，追斩阿保于查剌山箐。未几，阿歹儿亦为民所执，官军复深入箐洞，擒阿鲊莫，米鲁亡走。俊、钺等奏言：凶贼阿保等弄兵十一年，先后据顺复夷寨百三十余，杀纳税夷民，掠人畜财物不可胜计，至于僭立名号，杀伤官军。臣等调发汉军、土兵分道进讨，首恶阿保、阿鲊莫、阿歹儿或授首辕门，或系颈犴狱。但米鲁及从贼张保容等实肇乱阶，今悉逃匿云南沾益州土官安民家，若不乘胜追剿，窃恐后将蔓延。乞敕云南镇巡官委守巡、守备等官亲诣沾益州，追责安民，执送米鲁、张保容等，以歼余孽。其从贼夷民阿昌毡儿等罪固当诛，但多由胁从，且事干人众。昔永乐间，随从宣慰田琛恶党尝蒙宽贷充军。今所俘盗贼，乞容臣等详审，罪恶深重者处以极刑，情犯稍轻者遣戍西北边卫。贼所遗田土，除给主赏功外，悉分给邻近屯堡官军，从轻起科。事下兵部覆奏，言阿鲊莫等宜令审问明白，就彼行诛，枭首贼路要冲示众。其余情罪稍轻者发辽东边卫充军。俘获妇女给配有功营长及附近听抚村寨无妻者。其督军运粮承调诸有功者，并阵亡、阵伤官军，令核实奏闻。土舍隆珀等及归顺僰人，宜加意优恤。米鲁、张保容等，仍移文云南镇巡等官督安民捕送。从之。

明孝宗实录卷一百五十五

十月

辛卯（初五日）［镇守广西副总兵欧磐积功升职］

升镇守广西副总兵都指挥使欧磐为前军都督府署都督佥事，仍旧镇守。以巡抚都御史邓廷瓒言其先后征郁林等处瑶贼，积功颇多，赏未酬劳故也。

壬辰（初六日）［云南镇巡等官议处孟养思陆“侵地不退”

事]

先是，镇守金齿太监吉庆言：孟养思陆欲贡方物，兵部议不可许。既而庆等及巡按监察御史谢朝宣等言：思陆有吞并孟密、图复故土之心，有画胁抚、切责、征剿三策以进者。俱下云南镇巡等官议处以闻。至是，巡抚都御史李士实等奏：往年以孟密思楪侵据木邦地，因调兵思陆以胁之，思楪始退地听抚。不意思陆于渡江之后，即据思楪之地，兵争不已，重劳抚谕。然思陆虽据地未退，亦备方物进贡。臣闻所司有请却其进贡者，又有请降敕切责者。以臣观之，未为得策。何也？往年思楪朝贡俱废，今思陆心虽未知，名则近正，若遽沮之，是逆其诈且示不广也。有如贡却而地不退，将何以处之？思陆缅书，止云我调众陶孟夷兵过江，到我陇刚，只为思楪，别无嫚词。有如敕至而地不退，又将何以处之？且思楪占据木邦地方二十七处，抗违朝命四十余年，财力为之耗损，官军为之疲敝，逆节若此，死有余辜。一旦听抚，朝廷即弃其过，不复追论。思陆今据思楪地方，不为无罪，然其助兵胁抚思楪，于我有功。议者于木邦奏调思陆之事，讳而不言思陆助兵胁抚思楪之功，弃而不录亦过矣。臣愚以为，今日之处思陆，贡不必却，敕不必降，当先录其功次，纳其贡，然后责其退地，务使功过不相掩。此而不从，则执辞问罪，彼亦无以借口。又，今思楪已死，其子幼，其弟思落护印，请给冠带，乞赐俞允。盖孟密地方，兵力与孟养略足相当，诚赐之冠带，使两夷相持，各自为敌。而又申饬陇川等三宣抚司并金、腾等处，严备保境，自可破思陆觊覦之谋。候瘴消时月，臣等督遣三司抚夷官，亲诣抚谕，如或不听，后举可图，而国威亦无损也。且思陆今日之事，虽不可视为乡邻之斗，然终是以夷攻夷，恐无劳缨冠之救也。事下兵部议，谓先是云南守臣奏思楪听抚，归其侵地及头目，誓不再犯。未尝及思陆胁抚之功，无凭可录，就使思陆有功，亦当归本土以候朝廷处分。奈何乘机过江，夺占蛮莫、贡章等地，分兵迭守，则与思楪占据木邦地方何异？若再不听抚，则当兴师问罪，奚可先录其功？其备方物进贡，意在缓我加兵，别蓄异谋，觊覦麓川故土也。若纳其贡，彼必以我为利其贡物，略其罪责，侵地终不可复。兵争何时得息，边境何时得安？其称以思落护印，请给冠带，俾为防守之计。但夷性变诈，父子兄弟争地相杀，乃其常态。恐思落既得冠带，临治其地，久之视为己物，戕害思楪妻子，因篡取之，则又启争端。请移文云南守臣，令金、腾、陇、干等处整兵秣马，蓄粮造船，以备征调。兼督令抚夷副使毛科等往抚，谕以朝廷威德，若思陆果不听抚，即合加兵。所司宜会议征兵若干，及用兵方略以闻。其孟密宣抚司印，令思楪妻子典掌，仍令思落同土舍陶孟招刚等协辅行事，以制夷落。候思楪子长，令袭职。议上，从之。

丁未（二十一日）［允乌思藏萨剌达哈、宁佗等寺番僧袭其师国师、禅师、都纲等职］

乌思藏萨剌达哈等寺番僧藏卜坚参等七人，宁佗等寺番僧星吉坚锉等三人，请各袭其师国师、禅师、都纲等职。从之。

明孝宗实录卷一百五十六

十一月

戊午（初二日）［给湖广清浪等四卫站堡甲军日各口粮一升、月粮三斗］

给湖广清浪等四卫站堡甲军日各口粮一升，仍月粮三斗，本色、折色兼支。从巡抚都御史阎仲宇奏也。

庚申（初四日）［允长河西纳龙等寺番僧袭其师禅师、都纲等职］

长河西纳龙等寺番僧族秤伯等六人各具方物来贡，请袭其师禅师、都纲等职。从之，赐宴并衣服、彩段等物如例。

乙丑（初九日）［广东广州前卫指挥使以高州等处“平贼”功升职］

升广东广州前卫指挥使刘勋为都指挥佥事，仍本卫带俸。追录高州等处平贼功也。

癸酉（十七日）［两广总督邓廷瓒等奏请剿捕思恩土官知府岑濬］

总督两广都御史邓廷瓒等奏：思恩府土官知府岑濬极恶穷凶，屡抚不服。请就彼起调官军、土兵，分哨逐捕按问。如集兵拒敌，相机剿杀，并将田州府土官知府岑猛乘此区处，以安边境。兵部覆奏：今广西所在苗贼蜂起，自来征讨，多借土官率兵效力。今岑濬似有不臣之迹，若不剿捕，未免益肆凶顽，远近效尤，贻患非细。请驰檄总督等官，行广西镇守副总兵欧磐、分守参将张麒及三司守巡等官，议调官军、土兵，亲诣思恩摄抚。若不服，遂行逐捕，重按其罪，降其府为州。若构兵拒命，则相机剿杀。从之。

甲戌（十八日）［广西“流贼”入湖广宝庆等处“杀掠”，兵部请按核都指挥佥事谢文等罪］

广西流贼入湖广宝庆、长沙、武冈、新宁等处杀掠，兵部请按核都指挥佥事谢文等罪。从之。

丁丑（二十一日）［给国子监云南、贵州、四川军民生冬衣］

给国子监云南、贵州、四川军民生冬衣如例。

明孝宗实录卷一百五十七

十二月

己丑（初四日）［乌思藏遣禅师来贡，并为日莫等寺番僧请袭其师禅师、都纲等职］

乌思藏遣禅师桑儿结吒巴等来贡，并为日莫等寺番僧喃哈星吉藏卜等五人请各袭其师禅师、都纲等职。从之。

［云南云南府地震］

云南云南府地震。

庚戌（二十五日）［保靖宣慰使彭仕珑擅率兵攻长官彭世英，令镇巡等官勘处］

湖广永顺宣慰司奏：保靖宣慰使彭仕珑，旧与长官彭胜祖互相仇杀。近仕珑复擅率兵攻长官彭世英，杀掳人财，烧公私庐舍。乞遣官按抚，或发兵追剿。兵部覆奏，谓仕珑、胜祖仇杀数年，奏行守臣按问不报，致仕珑长恶如此。请移文镇巡等官，限三月内勘处闻奏。从之。

明孝宗实录卷一百五十九

弘治十三年庚申（1500）

二月

乙酉朔（初一日）［升广西梧州府知府张吉为广西按察司副使］

升广西梧州府知府张吉为广西按察司副使，整饬府江等处兵备。

庚寅（初六日）［四川董卜韩胡宣慰使司及汶川县加渴瓦等寺番僧来贡，请袭职］

四川董卜韩胡宣慰使司番僧昆各藏卜，及（文）〔汶〕川县加渴瓦等寺番僧三蓝等各来贡，乞袭职。从之。赐宴并衣服、彩段等物有差。

戊戌（十四日）［广西思明府遣人来贡］

广西思明府遣官族王忠等来贡。赐彩段、钞锭有差。

明孝宗实录卷一百六十

三月

庚申（初六日）［乌思藏以一岁两贡违旧例］

乌思藏大宝法王遣番僧锁南坚参等及瞿昙、三竹等寺禅师番僧桑尔加端竹等各来贡。赐宴并彩币、钞、绢等物。礼部以乌思藏一岁两贡，非旧例，请减节其赏。从之。

癸亥（初九日）［四川乌撒军民府土官知府遣小土官来贡，过期始至］

四川乌撒军民府土官知府安得遣小土官沙也等，以岁例来贡。礼部以沙也等过期始至，请如例减赏赐之半。从之。

甲戌（二十日）［湖广守备都指挥佥事等坐前“守备不设”各降二级］

湖广守备都指挥佥事曾铎等五人，坐前守备不设，下巡按监察御史逮问，拟充军。上以情轻律重，各降二级，带俸差操。

庚辰（二十六日）［四川乌蒙军民府土官知府遣人来贡］

四川乌蒙军民府土官知府禄涛遣把事王受元等来贡。赐彩段、钞锭有差。

明孝宗实录卷一百六十一

四月

辛卯（初八日）［命朱廷充右参将，协守松潘等处］

命四川行都司都指挥佥事朱廷充右参将，协守松潘等处。

己酉（二十六日）［乌思藏朵甘思宣慰使司等各遣使来贡］

乌思藏朵甘思宣慰使司并杂谷安抚司及直管招讨司各遣使来

贡。赐宴并彩段、衣服等物如例。

明孝宗实录卷一百六十二

五月

丁卯（十四日）[四川韩胡碉等寨番僧、寨首来贡]

四川韩胡碉等（塞）〔寨〕番僧、寨首来贡。赐衣服、绢、钞等物有差。

明孝宗实录卷一百六十三

六月

乙未（十三日）[邓廷瓒卒]

总督两广军务都察院左都御史邓廷瓒卒。廷瓒字宗器，湖广巴陵县人。景泰五年进士……时，贵州初开设程番府，夷僚杂处，吏部难其人，特荐廷瓒为之守。至则疏节简目，因其俗而治之，民夷以安……拜右副都御史，巡抚贵州。复丁母忧去，服阕，适贵州黑苗叛命，奉敕往视，兼提督军务，寻改巡抚。苗贼平，因条上十一事，多见采纳。遂进左都御史，召掌南京都察院事。复敕提督军务于两广，兼理巡抚事，升左都御史。至是卒。赐祭葬如例。廷瓒性不喜自修饰……其后程番之迹，久而益著，遂连有迁擢，以至大用。其平日设心平易，人罕怨之者。其征贵州，功虽伟而纪律不严，部下多妄杀冒功者，人不能无议云。

明孝宗实录卷一百六十四

七月

辛未（十九日）［赐国子监云南、贵州、四川军民生夏衣］

赐国子监云南、贵州、四川军民生夏衣如例。

壬申（二十日）［四川播州宣慰使司宣慰使遣人贡马］

四川播州宣慰（司使）〔使司〕宣慰使杨斌遣安抚犹浦等贡马谢恩。赐彩段、绢、钞等物有差。

癸酉（二十一日）［复设广东海康县儒学］

复设广东海康县儒学。天顺间，广西盗起，海康被残，县学并入府学。至是，人才复盛，所司以请。礼部覆奏，从之。

辛巳（二十九日）［云南巡抚李士实、贵州巡抚钱钺以地方灾异，请暂取回清军御史］

巡抚云南都御史李士实、巡抚贵州都御史钱钺以地方灾异，各请暂取回清军御史。从之。

明孝宗实录卷一百六十五

八月

甲申（初二日）［以四川“番贼”入松潘坝州坡底关等处，处置失机官员］

四川番贼入松潘坝州坡底关等处杀虏人畜，命逮问巡视指挥杨纲等八人罪，罚分守副总兵颜玉及兵备副使王存礼俸各（月两）〔两月〕。以协守参将周英既革任，宥之。

壬辰（初十日）［以云南安宁州罗次县径隶云南府］

以云南安宁州罗次县径隶云南府。

丙申（十四日）［增设广东翁源县黄峒巡检司流官、土官巡检各一员］

增设广东翁源县黄峒巡检司流官、土官巡检各一员。

己亥（十七日）［云南木密所等处“盗贼”频起，敕镇巡等官用心督兵剿捕］

云南木密所等处盗贼起，一岁至六十余发，杀官夺印，流毒人民。守臣以闻，兵部覆奏，请调兵征剿。上从之。敕镇巡等官用心督兵剿捕，务令尽绝。

庚戌（二十八日）［除广东海康县儒学教谕、训导］

广东海康县儒学，自天顺间流贼劫掠之后，久不除官，止令雷州府儒学训导一员署其事。至是，布政司请裁革府学训导，除县学教谕、训导各一员。从之。

辛亥（二十九日）［湖广腊惹、田家等洞长官司遣使贡马谢恩］

湖广永顺宣慰司腊惹、田家等洞长官司遣使贡马谢恩。赐彩段、钞锭有差。

明孝宗实录卷一百六十七

十月

乙巳（二十四日）［孟养思陆遣人越金沙江，占夺孟密等处，黔国公沐昆等画上剿抚三策］

镇守云南黔国公沐昆等奏：孟养思陆遣人越过金沙江，占夺孟密、蛮莫、贡章等处，抚谕日久，不听。而木邦宣慰罕列年幼不能自立，意欲协思陆以报孟密向日侵夺宿愤。其木邦陶孟毕松阳虽畏法逊避，阴亦与思陆结党，逆节已彰，欲集大军剿之。因画上三策：其一，正名义以行天讨为上策。则差官数员督调缅甸、八百、孟密夷兵九万、象七百，云南等府卫州县汉达、土夷官兵三万，由密都允肆进，以送戞里二子还复故土为名，以二戞里人心，分思陆之势。又将孟夷兵二万在光铙者，并各处土兵一万，同陇川夷兵为一路，由蛮伦等处进。又将兵五千与南甸夷兵为一路，由南牙山进。五千同干崖夷兵为一路，由结养进。其二，励兵威以昭旷度为中策。则差官统调缅甸夷兵二万、象二百，由整古来合孟密夷兵二万、象二百，并汉达、土官兵二万、象一百，分为三路，由蛮伦等处进，攻其东。调缅兵二万、象二百，孟密兵二万、象一百，由密都进，攻其西。东则责取蛮莫诸地，西则责取听盏诸地。其三，植疑党以逸边民为下策。则差官于缅甸，督令起兵协助孟密，但遇思陆声息，务并力救助，防守地方。待霜降之后，再督抚夷官员仍去抚理。命下廷议，于是群臣议上：云南盗贼生发，上下疲劳，况各夷地方广阔，兵卒难调。土官衙门恐不可尽信，而钱粮措备转输艰阻。又，思陆罪恶虽形，未敢侵犯，闻我军一出，必将退去。既退复来，迥隔江流，艰难万状，老师费财。夷兵失约，进退两难。虑外夷未平而内患复作，其忧尤有大于思陆。请姑用其下策，从之。

明孝宗实录卷一百六十八

十一月

乙丑（十五日）［以永寿侯徐锜挂平蛮将军印充总兵官，镇守湖广］

命永寿侯徐锜挂平蛮将军印充总兵官，镇守湖广。

明孝宗实录卷一百六十九

十二月

戊戌（十八日）［赐国子监云南、贵州、四川军民生冬衣］

赐国子监云南、贵州、四川军民生冬衣如例。

明孝宗实录卷一百七十一

弘治十四年辛酉（1501）

二月

丙戌（初七日）［命贵州都司都指挥佥事王璋守备湖广武冈等处］

命贵州都司都指挥佥事王璋守备湖广武冈等处。

戊子（初九日）［四川乌撒军民府所进贺节表笺逾期至京］

四川乌撒军民府所进去年万寿圣节及千秋、冬至二节表笺，至是始至京，礼部请罪之。上以其远人，且前后所遣赍表笺者皆有，故宥其罪不问。

辛卯（十二日）［四川汶川县地震］

四川汶川县初八日地震，至日复震，俱有声如雷。

明孝宗实录卷一百七十二

三月

丙辰（初八日）［以“夷人作乱”，免贵州布按二司并各府州县正官弘治十五年朝觐］

免贵州布按二司并各府州县正官明年朝觐。以地方夷人作乱，从巡抚都御史钱钺请也。

己巳（二十一日）［以“贼寇窃发”，免两广各府州县正官弘治十五年朝觐］

免两广各府州县正官明年朝觐，以巡抚官奏地方贼寇窃发也。

乙亥（二十七日）［云南缅甸宣慰司宣慰使遣人来贡，帝命今后边关验放“夷人”务加研审］

云南缅甸宣慰司宣慰使卜剌浪遣头目思完等来贡。回赐卜剌浪及其妻锦段等物，并赐思完等宴及彩段等物如例。礼部验其从人，有不籍姓名于批文中者，因请逮治原伴送、验放等官罪。从之，仍命今后边关验放夷人，务加研审，有徇私纵容者，必罪不宥。

明孝宗实录卷一百七十三

四月

乙巳（二十八日）［两广总督刘大夏乞致仕，不允］

总督两广军务都察院右都御史刘大夏乞致仕。上曰：刘大夏才望老诚，特兹简用，宜尽心职业，以副委任，所辞不允。

丁未（三十日）［以地方灾伤暂罢两广清军］

暂罢两广清军，以地方灾伤故也。

明孝宗实录卷一百七十四

五月

庚戌（初三日）［升广东肇庆卫指挥同知为署都指挥佥事，守备泷水等处］

升广东肇庆卫指挥同知左英为署都指挥佥事，守备泷水等处。

乙卯（初八日）［四川盐井卫黑盐井盐课以米、麦折银］

初，四川盐井卫黑盐井盐课例折纳马匹，成化中令折纳米、麦，岁四百石，而夷地山多田少，纳者苦之。累奏分豁，未有定处。至是巡抚都御史刘缨请依屯田子粒例，每米、麦一石折征银三钱为官军俸粮。户部覆奏，从之。

丙辰（初九日）［命云南都司都指挥佥事卢和充左参将，分守金、腾等处］

命云南都司都指挥佥事卢和充左参将，分守金、腾等处。

戊午（十一日）［以“地方灾伤”“苗僮猖獗”等因，免湖广府州县正官弘治十五年朝觐］

免湖广武昌等府州县正官明年朝觐，以地方灾伤、苗僮猖獗，与修盖王府，从巡抚等官请也。

庚申（十三日）［云南缅甸宣慰使遣头目来贡］

云南缅甸宣慰使卜剌浪遣头目思完等来贡。回赐卜剌浪及其妻锦段等物，并赐思完等宴及彩段、衣服等物如例。

壬戌（十五日）［湖广武冈州苗人李再万聚众起事，敕镇巡官相机进剿之］

初，湖广武冈州苗贼累肆劫掠。至是，贼首李再万等僭称伪号，纠众掠绥宁等县，执青坡巡检刘浩妻子，遂杀浩，夺其印。又杀硖口巡检杜良、长沙卫百户李俊及官军二十余人。镇巡等官请发本地兵，并调广西汉土官军会剿之。兵部会议，以为可行。上从之，敕镇巡官用心调度，相机进剿，以靖地方。

明孝宗实录卷一百七十五

六月

戊寅（初二日）［命湖广靖州卫指挥佥事守备郴、桂等处］

命湖广靖州卫指挥佥事邓旻守备郴、桂等处，以都指挥体统行事。

甲申（初八日）［调贵州、云南官兵会讨普安州“贼妇”米鲁及福佑等］

调贵州、云南官兵会讨普安州贼妇米鲁及福佑等。初，阿保既败，米鲁亡入沾益州，匿其侄土官安民家。安民假以蛮兵五百，夜袭杀其故夫隆畅妾适乌以下十余人，执其子隆珀、隆瑎以去，寻亦杀之。至是，营长福佑迎（来）〔米〕鲁归故营，攻劫诸寨，大肆杀掠。且言欲据普安，胁其州卫毋得申奏。贵州守臣建议讨之，兵部以为宜，故有是命。

［以湖广武冈州苗人起事，罚分守参政涂旦、参将刘英等俸，逮问指挥王震等］

以湖广武冈州苗贼窃发，罚分守参政涂旦、参将刘英等俸各三月。指挥王震等，下巡按御史逮问之。

壬辰（十六日）［湖广永顺宣慰彭世麒请自帅土兵赴延绥助官军讨“贼”］

湖广永顺宣慰司宣慰彭世麒以北虏犯顺，请自帅土兵一万，赴延绥助官军讨贼。兵部议以为不可许，命赐敕奖谕，并赐奏事人路费钞一千贯。

癸巳（十七日）［湖广武冈州守备以剿苗有“微功”，得赎罪］

先是，湖广武冈州苗贼窃发。有旨，令守备都指挥荀铠以下俱俟捕，事宁逮问。至是，镇巡等官奏，铠部下有获贼首及斩获二十余级之功，请赏之。兵部议，谓铠之功微，仅可赎罪。宜量赏其部下之有功者，以励士气。从之。

己亥（二十三日）［四川叠溪守御千户所地震］

四川叠溪守御千户所地震，有声如雷。

明孝宗实录卷一百七十六

七月

丁未朔（初一日）［四川播州宣慰使司宣慰使遣人来贺万寿圣节］

四川播州宣慰使司宣慰使杨斌遣头目郑鋆等来贺万寿圣节。赐宴并彩段、衣服等物如例。

壬戌（十六日）［免云南五品以上土官弘治十五年朝觐］

免云南五品以上土官明年朝觐，以地方多事，从巡抚等官奏也。

癸亥（十七日）［贵州官军为米鲁、福佑等所败，命南京户部尚书王轼往贵州提督军务］

贵州镇巡等官调军往剿贼妇米鲁及福佑等，营于阿马坡，为贼所败，官军死者三十四人，虏都指挥吴远，放兵剽劫，普安州几陷。镇守太监杨友、总兵官丰润伯曹恺、巡抚都御史钱钺请发湖广永顺、保靖，四川酉阳、播州，广西泗城州及贵州宣慰司土兵，会官军克期进讨。既而杨友复奏，谓初调兵擒剿，出巡抚、总兵官意，使官军轻率失利，都指挥吴远被虏，臣意在躬亲招抚，掣我官军，赚出吴远，然后请兵征剿。巡抚、总兵等官不用臣言，使掣肘难行，亦尝会奏请兵，乞分豁臣罪。事下兵部覆议，谓守臣当贼势未盛之时，不能蚤图扑灭，米鲁、福（祐）〔佑〕逃遁，不行追剿。既知其复归普安，纠众弄兵，戕害其夫及其子女，绝其宗裔，杀戮人民，势已猖獗。遣兵临敌，不知设备，致贼劫营，官军被杀，将官为虏，丧师损威，罪实难逭。杨友、钱钺、曹恺俱宜取回治罪，但今方有事，姑令戴罪自劾。杨友镇守一方，调度军马必与总兵、巡抚议行。每奏皆友为首，今事败之后，乃妄言巧饰，冀免罪戾。今湖广苗寇未宁，其保靖、永顺及泗城土兵方在调用，不可再调。请止调播州土兵五千，酉阳及湖广两江口长官司土兵各三千，与贵州宣慰使司土兵二万讨之。云南汉土官军五千，则营于界上要地，截其归路，仍请大臣一员，提督军务。巡按监察御史纪功，禁革奸弊，仍令核实贵州官军偾事之由及云南守臣失擒米鲁之故，俟事平按罪。上从之，于是命南京户部尚书王轼兼都察院左副都御史，往贵州提督军务，赐敕遣之。

乙丑（十九日）［四川巡按姚祥奏请于松潘等处增设巡抚都御史、参将各一员，以临制“番夷”，又言考选军官之法］

巡按四川监察御史姚祥请于松潘等处增设巡抚都御史、参将各一员，以临制番夷，使有警易于应援。又松潘、茂州、叠溪诸卫军官，畏避防边，多属人伪告赃罪，改调别卫，图以自全。今后请令提督大臣考选，或状貌雄伟、膂力过人、才谋出众、军夷推服者，虽犯应充军并调卫仍留本卫应带俸者，仍留管事，有功一体升赏。再犯并不中选者，不在此例。兵部覆奏，谓所言可采。命分守参将仍旧，都御史不必增设，余从所议。

丙寅（二十日）［赐国子监云南、贵州、四川军民生夏衣］

赐国子监云南、贵州、四川军民生夏衣如例。

戊辰（二十二日）［长河西剌思岗地方番僧来贡］

长河西剌思岗地方番僧朵鲁只等各来贡。赐宴并彩段、衣服等物如例。

明孝宗实录卷一百七十七

闰七月

己卯（初三日）［命韩雄充左参将，协守松潘东路］

命守备安绵四川都司都指挥佥事韩雄充左参将，协守松潘东路。

己丑（十三日）［云南守臣请移平夷卫于多罗驿之地］

云南守臣请移平夷卫于多罗驿之地，以便戍守，并筑城以处之。其本卫中千户所旧调于曲靖卫者，请仍改为本卫右千户所。从之。

壬辰（十六日）［四川汶川县地震］

四川汶川县地震，有声如雷。

戊戌（二十二日）［云南巡抚陈金奏孟养思陆剿抚事宜］

巡抚云南都御史陈金奏：臣等奉命督调缅甸、孟密及干、陇、南甸三宣抚司夷兵，并象、马、器械、战船悉具，又已聚粮十二万。候瘴消时，遣官率兵二三千往抚孟养思陆，然闻思陆方治兵，脱再冥顽旅拒我军，万里请命，其何能及？乞听臣等以便宜从事。或令缅甸之兵，攻取听盏。又督孟密之兵，攻取蛮莫。两地牵制，彼势必分，庶追攻易于为力。若彼止未掣兵退地，别无拒敌之心，臣等当持重审处。事下兵部会官议，谓思陆虽聚兵据地，然未敢侵我边方。且自称所据前地止归于木邦，不敢私有，亦不归之孟密，是犹有畏恶名、慕中国之意。且云南连年灾异迭见，未可骤尔加兵。请仍敕镇巡等官，择委布按二司官亲行榜谕。若思陆果肯退地，归于木邦，则亦赦罪罢兵，不尔则驰奏再请裁处。从之。

癸卯（二十七日）［以听调从征，免永顺、保靖两宣慰司土官弘治十五年朝觐］

免永顺、保靖两宣慰司土官明年朝觐，以听调从征，从巡抚等官请也。

（已）〔乙〕巳（二十九日）［改设云南景东府三叉河哨房为三叉河巡检司］

改设云南景东府三叉河哨房为三叉河巡检司。

明孝宗实录卷一百七十八

八月

戊申（初三日）［四川邛部长官司遣人来贡］

四川邛部长官司遣通把事李苗额等来贡。赐钞锭、绢匹有差。

丙辰（十一日）［改云南马龙他郎甸长官司为新化州］

改云南马龙他郎甸长官司为新化州，设流官知州、同知各一员，以原设长官司吏目为州吏目。时长官普源死，无嗣，土人争袭，仇杀不已。巡抚等官请改为州，从之。

乙丑（二十日）［长河西剌思岗地方番僧来贡，请袭其故师之职］

长河西剌思岗地方番僧桑呆禄来贡，请袭其故师清修翊善大国师怕思巴领占巴藏卜之职。从之。赐宴并彩段等物如例。

庚午（二十五日）［免贵州宣慰使朝觐］

免贵州宣慰使宋龙朝觐，以自陈保守夷民也。

明孝宗实录卷一百七十九

九月

乙未（二十日）［贵州宣慰使司土官宣慰使遣人入贡，试令其子代职］

贵州宣慰使司土官宣慰使安贵荣老疾，遣舍人安武等来贡，试令其子佐代职。回赐贵荣父子锦缎表（礼）〔里〕等物，并来贡人钞锭等物如制。

明孝宗实录卷一百八十

十月

乙卯（初十日）［贵州“贼妇”米鲁及福佑攻围普安安南城，守臣请调兵剿捕之］

初，贵州贼妇米鲁及福佑因守臣招抚，许云欲降。至是，聚众攻烧宝甸铺，复益兵进围普安安南城，断绝盘江道。安南城门闭，城中樵汲者亦不通，死伤甚众。时提督军务尚书王轼犹未至，守臣以闻，因请增调协守右参将赵晟，领湖广戍兵并镇远等四卫官军掎角讨贼。兵部覆奏，请趣轼随宜剿捕，仍如所奏，请敕晟领兵三千往援。从之。

明孝宗实录卷一百八十一

十一月

辛丑（二十七日）［敕遣永顺宣慰、保靖宣慰领土兵赴贵州征米鲁及福佑等］

贵州贼妇米鲁及福佑等复杀掠实甸，攻围安南卫城。兵部奉旨会廷臣，谓米鲁等恶已稔盈，流毒边境，若不益边，早图扑灭，恐致滋蔓，所害不小。请敕湖广镇巡官永康侯徐锜等，遣永顺宣慰彭世（旗）〔麒〕、保靖宣慰彭世珑，各领土兵三千赴贵州，听尚书王轼节制，沿途令有司供（顷）〔项〕。至贵州，人给犒银三两。若粮饷不敷，令贵州所司移文于四川、湖广二布政司支给。从之。

癸卯（二十九日）［四川威州“番贼”攻坝州堡，令镇巡等官随宜调度剿捕］

四川威州番贼二千余人攻坝州堡，入其城，杀掳军民，劫掠仓库，烧公私庐舍。守臣以闻，兵部请行镇巡等官选调精兵，令右参将朱廷统之抚捕，仍行巡按御史按失机启衅之人，并诸所亡失及贼众多寡状以闻。上是之，命镇巡等官从长计议，随宜调度剿捕，毋怠忽误事。

明孝宗实录卷一百八十二

十二月

丙辰（十二日）［四川小河叠溪守御千户所及威、茂、汶川等州地震］

四川小河叠溪守御千户所及（葳）〔威〕、茂、汶川等州地再震，有声如雷。

（己）〔乙〕丑（二十一日）［贵州米鲁、福佑“日肆猖獗”，调广西泗城州、湖广清浪、云南平夷卫及四川播州、酉阳、（西）〔两〕江口（吐）〔土〕兵四面夹攻］

贵州贼妇米鲁及福（祐）〔佑〕等，自官军失利于阿马坡之后，日肆猖獗，劫屯堡，攻城池，云贵道梗。至是拥众万余，劫官军营，虏统兵镇守太监杨友以去。右布政（司）〔使〕闾铤、按察使刘福，并都指挥李宗武、郭仁、史韬、李雄、吴达等俱被害。提督军务尚书王轼既至以闻，因言贵州汉土官军数少，且疲敝不足用。其宣慰安贵荣止助驮粮马匹，宣慰宋然亦无兵可调。云南官军又止依原拟，屯于二界之间，不敢过界杀贼。今总兵官丰润伯曹凯称病不出，臣谨从便宜，调广西泗城州土舍岑接，自领土兵二万来营于寨布河，并调守备湖广清浪参将赵晟领兵，营于盘江东岸。又行云南镇巡官移镇平夷卫，而选委谋勇官领原调汉土官兵四万，刻期过界，与播州、酉阳、（西）〔两〕江口三（吐）〔土〕官之兵万五千四面夹攻，庶克有济。事下兵部，集廷臣议，谓轼所拟调遣土兵俱得宜，但岑接等未奉朝廷明文，恐不乐于趋赴。请敕岑接并播州宣慰杨斌、酉阳宣抚冉庭甫、永顺宣（尉）〔慰〕彭世麒、保靖宣慰彭世珑，并云南镇巡官皆如轼奏，各督官兵刻期往赴，听轼节制。岑接、杨斌令自备粮饷两月，即准其本土该纳税粮之数。云南自备所遣官军行粮，以省贵州挽运之苦。其余粮饷赏犒之需，令贵州所司自处。致仕都督王通，习知贵州夷情，请敕赴军中助轼赞画，仍别差监军纪功御史一人，按其首祸偾事者。总兵曹恺临事畏避，请革其岁禄之半。兵备副使周凤等八人设备不严，俱停俸戴罪杀贼。命并如议行，仍敕轼用心调度剿杀。

明孝宗实录卷一百八十三

弘治十五年壬戌（1502）

正月

癸卯（三十日）［湖广、广西、四川冠带舍人、头目、族目、通事朝觐违限，俱宥之］

湖广、广西、四川冠带舍人、头目、族目、通事朝觐违限。(人)〔命〕俱宥之。

明孝宗实录卷一百八十四

二月

癸丑（初十日）［广西南丹等州、四川太平长官司与贵州程番长官司土官朝觐违限，俱宥之］

广西南丹州、思陵州、都康州，四川永宁宣抚司太平长官司，贵州程番长官司〔土〕官朝觐违限。命俱宥之。

戊辰（二十五日）［四川建昌卫军民指挥使司与昌州等长官司土官朝觐违限，宥之］

四川建昌卫军民指挥使司、昌州长官司、普济长官司、威龙长官司〔土〕官朝觐违限。命宥之。

明孝宗实录卷一百八十五

三月

丁丑（初五日）［靖州苗人李再万等“流劫”乡村，镇守太监刘雅等调汉土官军人等分哨截杀，讨平之，至是奏闻］

先是，湖广靖州苗贼李再万等负其险固，数流劫乡村，抚之不服，捕之则遁。至是，镇守太监刘雅、总兵官永康侯徐锜、巡抚都御史闵仲宇等调汉土官军人等分哨截杀。自冬徂春，破贼寨四十余处，斩获贼首李再万等一百三十九人，就擒者二（十）〔千〕七百七十余人，俘获幼男妇女暨追回被虏人口九百有奇。事闻，命降敕奖励雅等，赏奏捷人各纻丝衣一袭、新钞一千贯。

［追录云南官军剿捕师宗、弥勒等州“盗贼”功］

追录云南官军剿捕师宗、弥勒等州盗贼功。升一级者五十一人，署一级者一人，余五百六十二人给赏有差。加镇守太监刘泉禄米岁十二石，总兵官沐昆岁一百石。升巡抚都御史李士实、前布政使陈金、参政徐节，俸各一级。副使王臣、致仕〔副〕使陈嵩，都指挥佥事孙辅、刘桓、张骥，官各一级。陈嵩仍致仕，土官知府凤英升散官一级。

庚辰（初八日）［四川天全六番招讨使司等处土官各遣人朝觐］

四川天全六番招讨使司等处土官各遣人来朝觐。赐彩段、锭钞等物如命。

［给事中张文、监察御史叶永秀奏湖广等处边方急务］

给事中张文、监察御史叶永秀因按湖广边储，奏边方急务，谓贵州总兵官曹恺奸贪大著，临敌畏避，不宜用。其贼妇米鲁之党，中间必有胁从者，宜悬赏示信，令斩鲁等以自赎，余皆宥之，以彰朝廷不杀之威。前保甸铺之败，官军被难虽同，然与死事者殊科，宜遣官核实，以分别赏罚。又兴隆等卫从征军士，家无空丁，岁无宁日，兼之淫雨为灾，劳苦万状，宜量给赏赉，以济其困乏。(人)〔又〕，贵州临近各种蛮夷，及应调各处土兵，或乘机窃发，或玩法恣肆，统御防闲，不可不慎。又，普安故知州隆畅阖门被难，宜访求应袭之人，或改设流官，以杜窥望。其起调土兵，所过骚扰，宜令经过有司军卫，沿途守护，及量加犒劳，以慰远人之心。兵部议拟覆奏，上曰：曹恺不职，推素有谋勇者代还，余从所拟。

癸未（十一日）［长河西剌思岗地方番僧来贡，请袭其师大国师、禅师、都纲等职］

长河西剌思岗地方番僧桑呆禄竹等五人各来贡，请袭其师大国师及禅师、都纲等职。从之，仍赐宴并彩段、衣服等物如例。

甲申（十二日）［升分守松潘署都指挥佥事颜玉为署都督佥事充总兵官镇守贵州］

升分守松潘署都指挥佥事颜玉为署都督佥事，充总兵官镇守贵州，兼提督平、清等卫。

甲午（二十二日）［徐锜卒］

永康侯徐锜卒。锜，直隶合肥县人，成化十八年袭祖安爵……〔弘治〕十三年，挂印充总兵镇守湖广。十四年，平靖州、武(岗)〔冈〕等处苗贼，锜与有功，被玺书奖励，及白金、文绮之赐。锜之出镇，不由廷荐。及至任，不胜索债之扰，因得疾卒。

乙未（二十三日）［广西左州、思同州等衙门官朝觐违限］

广西太平府左州、思同州等衙门官朝觐违限，命俱宥之。

［兵部奏请革去腾冲地方内臣，不允］

时有旨命御马监左监丞孙叙镇守云南金齿、腾(衡)〔冲〕地方。兵部覆奏：腾(衡)〔冲〕地方内臣所宜革去，巡抚、巡按等官相继论列，未蒙宸断。今太监吉庆病故，一旦复有此命，物论不能无款。乞特赐裁革，毋重贻地方之害。不允。

明孝宗实录卷一百八十六

四月

丁卯（二十六日）［行取四川彭县光相寺寄住番僧领占竹来居于大慈恩寺，礼部尚书张昇等奏请令其于四川居住］

时有旨行取四川彭县光相寺寄住番僧国师领占竹，来居于大慈恩寺。礼部尚书张昇等言：我陛下即位之初，领占竹自法王佛子降为国师，斥令远去。近岁奏乞回京，又得旨不允。传之天下，无不称颂圣德。不意今日忽有此举，臣等不胜疑惧，伏乞收回成命，仍令于四川居住，庶不为圣德之累。不允。

明孝宗实录卷一百八十七

五月

乙亥（初四日）［湖广按察司副使黄肃陈广西地方事宜］

湖广按察司副使黄肃陈广西地方事宜：一、险除恶以靖地方。谓思恩府知府岑濬袭职以来，不思图报，擅筑石城，密造战舰，杀虏人财，占据土地，自为富强之计，以济跋扈之急。须重兵压境，督令悔罪，如负固不（竣）〔悛〕，督兵剿除。一、施恩威以服土夷。谓土官不畏国法，土兵不听调用，皆由恩威未施所致。请将广西应袭土官，尽数查出，会保奏请袭职。其中为恶渠魁，请乞剪除一二。一、通江道以便往来。谓府江两岸，山势壁削，树木丛密，盗贼伏藏，劫害商舶，戕贼居民。宜裁革兵备副使，专令广西副总兵，往来平乐府提督江道，处置调度。一、除蛮寇以安腹里。谓广西近年无处不宜用兵，今岑濬倡率各处土官，同恶相济，各处土兵，皆不依期听调。请调汉达官军并附近土兵，责付廉干官员统之，先擒岑濬及党贼黄绍治罪，庶各处土官畏法听调，其他可次第举行。一、振军威以慑蛮夷。谓广西官军数少，不足征调，土兵复不听调遣。夷寇所畏者，惟汉达官军，宜量调保定等府达官军舍二千人发广西安置，听调杀贼。兵部议，谓量调达官军舍，所言窒碍难行。余请再行镇巡等官勘处回奏。从之。

［广西南丹州土官知州莫继恒乞行处治东兰州土官知州常祖铉］

广西庆远府南丹州土官知州莫继恒奏：东兰州土官知州常祖铉擅调人马、强占地方及杀人支解等事，乞行处治。命两广镇巡等官勘处以闻。

丙子（初五日）［湖广容美宣抚司并石梁下峒等长官司各遣人来贡］

湖广容美宣抚司并石梁下峒等长官司各遣人来贡。赐绢、钞等物如例。

庚寅（十九日）［命镇守广西署都督佥事挂印充总兵官镇守湖广］

命镇守广西署都督佥事（殴）〔欧〕磐挂平蛮将军印充总兵官，镇守湖广。

明孝宗实录卷一百八十九

七月

甲申（十四日）［湖广“流贼”李再万等被杀］

湖广流贼李再万等伏诛。

己丑（十九日）［尚书王轼调集官军土兵进剿米鲁、福佑，奏捷，米鲁、福佑被杀］

贵州贼妇米鲁及福佑等伏诛。太监杨友既见虏，贼分据各（塞）〔寨〕，势益猖獗。提督军务尚书王轼至，调集官军、土兵，分八道以进。轼督令都指挥李政等为中军，参将赵晟为左哨，自大盘江进。都指挥张泰、李堂为右哨，自小盘江进。都指挥崔铎、侯宇为中哨，入旧盘江。兵备副使周凤督同都指挥黄京为后哨，入寨布河，总兵官曹恺等驻盘江东岸。正月，左哨攻破六坠寨，斩首三十余级，贼遁过大江。二月，右哨渡江击之，斩首一百八十余级。指挥刘怀等寻亦架浮桥过江，解安南卫围。三月，攻阿保、利硬诸寨，俱破之。总兵曹恺军克阿满等寨，斩首五百余级。致仕都督王通击破芦塘等五十余寨，斩首千余级。都指挥李政破阿保等五十三寨。米鲁退攻平夷卫及大河扼勒等堡，都御史陈金等以云南兵克之，贼遁去。福（祐）〔佑〕围乐民千户所，复战退之，破其黑松林等寨。贼奔归大寨，佥事王懋中、土官知府凤英等追之，破数寨。复走马尾笼寨，我军攻围之。米鲁谋欲（宾）〔宵〕遁，先使人觇路，为逻者所获。诸兵悉进攻，米鲁、福佑出战，凤英等临阵格杀之，余党悉平。是役也，凡用五月，破一千余寨，擒一百九十人，斩首四千八百余级，俘男妇一千人。捷闻，命降敕奖励轼等，升奏捷指挥王运等三人官各一级，仍各赏纻丝衣一袭、新钞一千贯。

辛卯（二十一日）［赐国子监云南、贵州、四川军民生夏衣］

赐国子监云南、贵州、四川军民生夏衣如例。

明孝宗实录卷一百九十

八月

癸丑（十四日）［广西右参将等督军败广西思恩县“群盗”］

初，广西思恩县群盗劫掠民居，至杀伤官军。右参将都指挥佥事张麒、分巡副使陈崇德、分守参议林璿督军败之。巡按监察御史陈策以麒等始虽失于防御，而卒能擒贼，似可赎罪。守备都指挥金堂、千户张熊等有罪无功，请量功罪以示罚。命麒等既功可赎罪，贷之；堂等仍罚俸两月。

己巳（三十日）［提督贵州军务南京户部尚书王轼再乞致仕，不允］

提督贵州军务南京户部尚书兼都察院右副都御史王轼再乞致仕。上曰：卿老成练达，剿贼有功。顷引疾乞休，已有旨，不允再固辞。

明孝宗实录卷一百九十三

十一月

壬申（初三日）［广东琼州府黎人符南蛇“反”，户部主事奏平定之策］

广东琼州府黎贼符南蛇反，镇兵讨之不下。户部主事冯颙奏：本府远在大海之南，中有五指山峒，黎人杂居，外有三州十县一卫十一所，周三千里。国初民黎安堵，永乐间军民潜通贸易，始从招抚，置土官知州、知县等，分属节制。寻皆革罢，犹统其属，抚安如故。成化间，黎人作乱，三度征讨，将领贪功妄杀，残及无辜。弘治间知府张桓贪残私敛，大失黎心。继以知府余濬，贪刻尤甚，黎人苦之，相聚为乱，致有今日符南蛇之祸。二人已经罢黜。南蛇等先后所为，或自相攻击，倚山阻险，剽掠村落而已。有司不察，过于传报，以致兴师动众，百姓死于锋镝，血肉膏于野草，诚可悯恻。臣生长是土，亲所见闻，其五指山林箐深密，川泽险阻，兵不可入。黎众聚散不常，攻之则不能穷其巢穴，置之则伤我官军。今虽称窜避，实则侵掠未已。乞勾考原设土官应袭土舍熟知夷情险易者，给之赏犒，使各集土官，可得万数。期集五指山，听分巡分守官节制奋击，有能擒斩首恶符南蛇者复其祖职。此以夷攻夷之道，不烦军旅，而数月之间当有献俘之报。不然，臣恐师旅之兴无已日也。兵部覆奏，谓颙言可采，请下镇巡官议处，（迨）〔逮〕激变首恶者以闻，及请增设广东按察司副使一员，专整饬琼州府兵备，且荐廉州府知府王继可任其事。从之，遂升继为按察司副使。

丙戌（十七日）［四川董卜韩胡宣慰使司、达思蛮长官司、乌思藏番僧及云南孟养金沙江陶孟卜送等来贡］

四川董卜韩胡宣慰使司加渴瓦寺番僧那洛思等、达思蛮长官司番僧阿太等、乌思藏番僧锁南竹等，并云南孟养金沙江陶孟卜送等各来贡。赐彩段、帽、钞等物如例。

甲午（二十五日）［给国子监云南、贵州、四川军民生冬衣］

给国子监云南、贵州、四川军民生冬衣如例。

明孝宗实录卷一百九十五

弘治十六年癸亥（1503）

正月

戊寅（初十日）［分守松潘副总兵韩雄奏请改镇守，不许］

分守松潘副总兵都指挥佥事韩雄奏：松潘旧有镇守副总兵，节制东西二路参将，后改东路参将为守备，遂亦改松潘镇守为分守，近东路复设参将，而臣所奉敕内未有节制东路之文，难于调遣，兼以〔分〕守名分不崇，致四川都、行二司俱与（杭）〔抗〕衡。乞仍改分守为镇守，而令东路与南路参将悉听节制，都、行二司皆许调用。兵部覆奏：松潘分守之名已定，不可改易，而节制调用，宜如其请。从之。

癸未（十五日）［云南孟养思陆听抚，退地撤兵］

云南分守金腾参将都指挥卢和同布政司参议郭绪、按察司副使曹玉抚谕孟养思陆。和先行至腾冲，孟养陶孟卜送闷立遣人来投缅书，并致方物，以觇我虚实。和谕以祸福，使归语思陆，掣兵过江，归所占蛮莫等地，且调陇川、干崖、南甸三宣抚司夷兵、象、马一千，偕官军操练，示以必征。时绪、玉赍敕谕榜文来会干崖，而卜送闷立听招而至，遂（友）〔又〕复开谕，使语思陆，谓肃昔听调而来，本（月）〔自〕效顺之心，虽为孟密所困，其所摧败亦足相当。今乃占据我土，不肯过江，实尔之罪，能及时听抚，则悔祸从福之机也。思陆始遣陶孟罕曰猛怕莫投缅书，兼献银器等物。和等分道进至金沙江孟赖，思陆仍遣大陶孟伦索怕卓等，再率所部来见，和等如前谕之，思陆听命，退还前所据蛮莫等地十三处，掣回马、象、夷兵，过金沙江而归。又（边）〔遣〕陶孟招刚等贡象六只、银六百两，并金银酒器、金鞍金钩、象牙、土锦、孔雀尾等方物纳款。镇巡等官以闻，因言蛮莫等地原隶（本）〔木〕邦，成化间始为孟密所有，至弘治十年又为思陆所据。连年构祸，今始平定。其地既不可复与木邦，孟密又不可割畀陇川、干崖、南甸三宣抚司。欲开设卫门，则地方悬远，瘴疠难守。宜暂于腾冲岁拨官军四百，分番往守，以俟更议。其思陆前有助平思（揲）〔楪〕之功，今有悔祸纳款之顺，请赐以名目冠带，仍降敕奖谕之。兵部会议：蛮莫等处本木邦分地，在大义宜归之木邦。今镇巡等官乃欲俯徇思陆之情，止拨官军轮守，恐失朝廷之体。请仍敕镇巡官裁以大义，斟酌奏处。其冠带名目之锡，则贡使已言思陆不愿，不宜轻畀。请降敕奖励而厚劳其使者。若抚夷官之有劳者，当次第升赏。从之。

明孝宗实录卷一百九十六

二月

戊戌朔（初一日）［贵州巡按戴乾奏称镇守贵州都指挥使颜玉居官廉公，乞量加旌赏］

巡（抚）〔按〕贵州监察御史戴乾奏：镇守贵州都指挥使颜玉居官廉公，乞量加旌赏，以励其余。命所司知之。

戊午（二十一日）［守备湖广武冈都指挥以擒斩“苗贼”功赎杖还职］

守备湖广武（岗）〔冈〕都指挥荀铠坐苗贼寇掠、擅自离职下狱，当革任带俸。已而论其擒斩苗贼功，命赎杖还职。

辛酉（二十四日）［重定贵州等省土官承袭例］

巡抚贵州都御史刘洪奏：旧例，贵州土官宣（尉）〔慰〕使以下，不拘职之大小，皆至京承袭。自天顺以来，始有就彼冠带袭职及照品级并兑纳粟之例。缘兹荒服之外，惟宣慰使及府佐官职任颇崇，袭替不废。其各长官司俱居深山，所统夷民多不过四五里，各正副长官及随司办事土官、巡检、百户贫窘者多，无力纳粟。及拘近例，土官病故十年之外，不准承袭。（诸）〔请〕自今土舍袭职，如系宣慰使、同知及府同知、通判、推官照起送赴京例，如安抚及州同知、判官照纳粟免赴京例，其正副长官及随司办事长官、巡检、百户照通免纳粟赴京例。本布政司具奏冠带。其年远无力纳粟未袭土舍，别无罪犯，俱许承袭。兵部覆奏，请通行贵州、云南、广西、四川、湖广各长官司正副长官、随司办事长官并土官巡检、土舍应袭者，俱免纳粟，止令本布政司照例具奏，就彼冠带。其无力纳粟久未承袭者，亦照例准袭。从之。

壬戌（二十五日）［增设云南府昆明县儒学］

增设云南府昆明县儒学，铨教谕、训导各一员。

［云南巡按何琛奏称广南府通判、临安卫指挥等征剿普安“反贼”，多妄杀良民报功］

巡按云南监察御史何琛奏：广南府通判文献、临安卫指挥陈勋等征剿普安反贼，多妄杀良民报功，亦有买功图赏者，乞下所司按问。兵部覆奏：妄杀之罪，已差给事中等官按复。其冒报功次，亦宜并令勘报。从之。令先遣官用心访究以闻。

［命两广总镇等官抚剿起事黎人时不许妄杀良民］

命两广总镇等官抚剿叛黎，不许妄杀良民，以贻边患。时以黎人符月南之叛，调两广官军进剿，有妄杀向化黎人以报功者。事闻，令核实坐罪，复有是命。

明孝宗实录卷一百九十七

三月

辛巳（十四日）［以“僻在贼巢”，裁革广西巡检司十七处］

裁革广西巡检司十七处：柳州府之安湘镇、乐善镇、乐目镇、李广镇，象州之尖山镇、鹅颈镇、东乡镇、周冲镇、归化镇，桂林府之盐沙寨，庆远府之思农镇、归仁镇、归恩镇、吉定镇、三寨镇、金城镇、都铭镇。以诸镇僻在贼巢，从总督都御史奏也。

丁亥（二十日）［开设湖广城步县］

开设湖广城步县，隶宝庆府，置知县、典史各一员。调靖州卫官军一百人守御，以备苗寇。

［云南巡抚陈金奏请裁革金、腾镇守太监，不允］

巡抚云南都御史陈金奏：云〔南〕远在万里，而金、腾地方尤为逼近外夷。太监王举骚扰之后，吉庆继之，剥害尤甚。巡抚等官奏乞裁革，已得允命，又遣左监丞孙叙〔代〕之，闻者骇愕，以为地方之害复生。且金、腾去省不远，有镇守云南太监刘（昶）〔泉〕处之以靖，总兵官黔国公沐（混）〔昆〕守之以常，而臣以巡按御史绳之以法，已足控制诸夷，抚绥边徼。若又添官镇守，诚为多事。即使孙叙到彼，全无渔猎，然每日供应，未免劳人。若更科索骚扰，则军民必至逃亡，边夷将有他变，乞仍如前旨裁革。兵部覆奏，不允。

明孝宗实录卷一百九十八

四月

丁巳（二十二日）［增设云南宁州流官知州及嶍峨、蒙自二县

流官知县]

增设云南临安府宁州流官知州及嶍峨、蒙自二县流官知县各一员，其土官知州、知县，止令专管巡捕。从巡抚都御史陈金奏也。

明孝宗实录卷一百九十九

五月

甲申（十九日）[增设四川按察司副使一员]

增设四川按察司副使一员，整饬威、茂兵备，兼理本道粮储。

戊子（二十三日）[云南景东卫、陇川宣抚司及宜良等地灾变非常]

云南景东卫自弘治十五年正月以来，畜疫死者不可胜计。至十一月十九日以后，云雾黑暗，不辨人形，昼夜不别者凡七日。又，陇川宣抚司十月大雨雹，大者如手掌，小者如鸡卵，尽杀田禾。六年正月十八日，宜良地再震，有声如雷，摇动房屋。二月初三日，宜良复黑气迷空，咫尺不辨人形，狂风昼夜不息，地中雷隐隐有声。又正月至二月，曲靖火发者七次，毁军民房屋甚众。巡抚都御史陈金以闻，因引咎治罪。上曰：云南灾变非常，所司即议处以闻。

[以“灾变”异常，遣官往云贵巡视]

礼部覆奏：云南灾变，自古所无。近年以来，往往官不得人，自以弃之荒远，鄙夷其民，上下效尤，攫取无厌，以致小民含冤抱恨，郁抑之风，上干天和。宜敕两京文武臣痛加修省，凡政务民情，切于时用，可以消弥灾变者，各罄所见以陈，仍简命大臣诣云南，祭告山川，问民疾苦，考察官员，以泄人神之愤。从之。遂命南京刑部左侍郎樊（营）〔莹〕兼都察院左佥都御史，巡视云南、贵州地方。

明孝宗实录卷二百

六月

己亥（初四日）［四川白马路长官司进马过期］

四川松潘卫白马路长官司进马过期，照例减赏之半。

庚子（初五日）［广东巡按华琏奏请于海北、岭西二道置按察司官各一员，整饬兵备，兼理分巡］

巡按广东监察御史华琏奏：广东海北、岭西二道，界于广西云炉、大桂诸山，瑶贼纵横劫掠。分巡分守官交代不常，每至误事。欲请每道遴选按察司官一员，敕令在彼驻札，整饬兵备，兼理分巡，三年一代，不得别有差委。兵部覆奏，从之。

［分守广西浔梧等处左参将杨玉疏乞致仕，不准］

分守广西浔梧等处左参将杨玉疏乞致仕。兵部谓玉分守日久，夷民信服，且浔州为断藤峡之襟喉，正须得人，所请宜勿许。上曰：杨玉不准致仕，令用心分守。

乙巳（初十日）［兵部、都察院议处保靖彭氏土司仇杀纷争事］

初，保靖蛮酋彭万里以洪武六年归附，即其地设（堡）〔保〕靖宣慰司，授万里宣慰使，领白岩、大别、大江、小江等二十八村（塞）〔寨〕。万里故，子勇烈嗣〔小江〕。勇烈故，子药哈俾嗣，年时尚幼，万里弟麦各踵之子大虫可宜，讽土人奏己为副宣慰，同理司事，因杀药哈俾而据其十四寨。事觉，逮问，死狱中。革副宣慰，不许承袭，而所据寨如故。其后勇烈之弟勇杰嗣，传子南木杵。孙显宗鲁、孙仕垄与大虫可宜之子忠、忠子武、武子胜祖及其子世英，代为仇敌。而武以正统中随征有功，（援）〔授〕两江口长官。胜祖成化初亦以功授前职，并随司理事，无印署。弘治初，胜祖自以老而世英无官，恐仕垄夺其地，援例永世袭，奏行覆实。仕垄辄败之，以是仇恨益甚。两家所辖土人亦各分党类，相仇杀。永顺宣慰使彭世麟娶胜祖女，复左右之，以是互相攻击，奏疏无宁岁。弘治十年，巡抚都御史沈军令世英入粟嗣父职，将以平之，而仕垄奏讦不止，日寻干戈，已解复结。是时，敕调世英贵州随征，而兵部移文有“两江口长官司”字。仕垄疑世英得设官署，将不听约束，复奏言之。于是巡抚都御史阎仲宇、巡按御史王约等合前后奏词及各官勘报，议处以闻。下兵部、都察院议，请令世英（令）〔分〕所据小江七寨于仕垄，止领大江七寨，听仕垄约束。其原居两江口系各夷喉襟，请调清水溪堡官军来守，而（徒）〔徙〕世英于沱埠，以绝争端。以后土官应袭子弟，悉令入学，渐染风化，用革〔冥〕顽。如不入学者，不准承袭。世麟党于胜祖，法当究治，而从（证）〔征〕湖贵，颇效忠勤，已有旨以功赎罪。仕垄、世英并先死，请逮问胜祖，照常例发遣。奏上，悉从之。

己酉（十四日）［顾溥卒］

太子太保镇远（候）〔侯〕顾溥卒。溥字崇泰，直隶江都县人。成化九年，袭祖爵……弘治元年，果勇营坐营管操，寻充总兵官镇守湖广。既而以贵州苗不靖，命充行军总兵官率师征之。事平，加太子太保，岁增禄米二百石，仍镇湖广。寻召回提督三千营及团营，掌前军都督府事。至是卒。

［提督贵州尚书王轼请拨云南附近卫所官军分番戍守贵州，至是云南巡抚陈金奏言云南军士不宜远为贵州防守］

先是，提督贵州尚书王轼以晋安、安南二卫并平夷四所军士数少，奏请量拨云南附近卫所官军四千分番戍守。至是，巡抚云南都御史陈金言，云南军士不宜远为贵州防守。从之。

［湖广桂阳州知州有罪，发广西南丹充军］

湖广（贵）〔桂〕阳州知州敖敏元有罪，发广西南丹卫充军。敏元在桂阳，专事科罚。弘治三年，州民李怡坐监守自盗，追赎未完。会有以怡兄祖胜名告敏元不法事者，而怡又别坐威夺人财被告脱逃。敏元因逮怡，将治以罪，而祖胜率众（人）〔入〕州夺怡去，且殴伤敏元。因穷治其事，所遣卒徒执祖胜及怡父宗衡、佣工人萧仁远送州，缘途榜棰伤困。及州，敏元又加以杖，相继死狱中。怡弟祥仔为僧百福寺，以捕追急继死。怡与敏元遂更相奏讦，检复连年。狱成，所司当敏元威力主使人殴打而致死者，为首绞律。寻以宗衡无罪，拟故勘平人律所，敏元累词称冤。法司议，敏元迹虽协私，事实因公，以情可矜。疑奏，命刑部郎中周洪、锦衣卫千户林泉，会巡按监察御史复审。言敏元科罚过当，残酷招尤，秉恕用刑，致伤人命，宜正典刑。第原其初，实由怡及祖胜累犯不悛，以致殃及其父宗衡，先被吏卒欧伤，后遭敏元杖责。今吏卒（瘦）〔瘐〕死五人，存者久逃无获。敏元独坐斩罪，（以）〔似〕可矜疑。奏上，命法司重加详审，皆请如洪等议。上从之，命杖一百，发充军。

庚申（二十五日）［云南巡抚奏请以云南左等卫官军驻戍广南府，防御“交人”，并上安定之策］

巡抚云南都御史陈金奏：云南广南府设一卫五所官军，保障沿途驿站哨堡接送。其后官军（若）〔苦〕于瘴疠，奏调回城，遂致城郭空虚，头目、通把、目老、百姓逞毒肆害，流官不敢赴任，侨寓临安。印信（常）〔掌〕于〔土〕舍侬士英，官吏寄住，不相管摄。恐因循岁久，则所属富州之地，且见并于交南，不复为中国有矣。今云南左等卫并曲靖、越州、陆（京）〔凉〕、宜良等卫所，每岁轮调官军一千人，守备临安，防御交人。但临安距交阯犹远，广南距交阯百里（面）〔而〕近，宜令改守广南。每卫各推指挥一员管领，使该府官吏籍之随进。至于城垣楼铺倾圮废坏，则先委官督工修筑，仍追侬（世）〔士〕英所掌印信，给流官掌管，待一二年人心各安，事体渐定，但存一半于彼轮守。（甚）〔其〕富州原额税粮，则如例征收，以为官吏俸给并官军口粮。本府及维摩州、阿迷州所属诸驿，俱委官修理，并追给马匹、马夫接递。又维摩州，乃入广南道路，虽属广西，莫能制御，今宜改属广南。若当盛夏瘴疠盛行，则令暂回临安。侬士英自今改过自（亲）〔新〕，听受约束，则令保送承袭。总兵官沐（混）〔昆〕、巡按监察御史何琛亦以为言。事下兵部覆奏，请再令镇巡等官，专委兵备巡守等官，亲至其地，覆勘审处，如经久利便，即依所议次第举行。从之。

明孝宗实录卷二百一

七月

庚午（初六日）［广东发汉达官兵并土狼兵讨琼州符南蛇等，奏捷］

广东镇巡官发兵讨琼州贼符南蛇等久不下，至是请调汉达官军并土狼兵讨之。官军渡海遇风，溺死者二百六十余人。及遇贼，都指挥何清战死。诸军殊死战，乃败符南（揽）〔蛇〕，死，斩首二千五百六十有奇，平贼巢一千二百余所，俘其属千四百人，追回被虏者一百十五人，获器械一千九百六十有奇。捷闻，命赐敕奖励镇巡等官，升奏捷者三人官各一级，并赐衣一袭、钞一千贯。

辛未（初七日）［湖广永顺宣慰使司南渭等州土官知州等以袭职进贡谢恩］

湖广永顺宣慰使司南渭等州土官知州彭定等以袭职遣人进贡谢恩。赐彩段、钞锭如律。

明孝宗实录卷二百三

九月

壬申（初九日）［湖广安陆州地震］

湖广安陆州地震。

癸未（二十日）［四川巡抚林元甫奏请宁番卫官员如建昌、会川二卫例一体支给俸米］

旧例，四川各卫官员有准俸田地者，其三分本色俸米不再支给。至是，巡抚都御史林元甫言：宁番卫官原无准俸田地，而本色俸米亦不获关支，请如建昌、会川二卫例，一体支给。从之。

明孝宗实录卷二百四

十月

丁酉（初四日）［四川巡抚林元甫奏请祀宋臣赵抃］

巡抚四川都御史林元甫奏：宋臣赵清献公抃两守成都，始终一节。妖言聚众，抃擒首恶诛之。羌酋结盟，以人为牲，抃谕以三牲代之，众皆悦服。昔秦守李冰、汉守文翁、宋守张咏各有功德于蜀，至今春秋秩祀，名曰三公庙。若抃之遗泽高风，揆之三子，未可多让，而独未得与，似为缺典。宜令礼官考议升抃之祀，与冰等同，更名四公庙。命下其奏于礼部。

辛丑（初八日）［刑科给事中奏请湖广武陵县起运辰、沅等仓粮米，不许在“加耗”外再扣“余积”］

刑科给事中杨褫言：湖广武陵县起运辰、沅等仓粮米，例每石加耗四斗。除支用外，近仓扣收二斗六升，远仓一斗七升，号曰余积，致累里长陪纳，或仍倍取于民。宜将各仓远近水程派定耗外，船脚之费令里长、粮户自备运纳，勿更收余积。户部覆奏，从之。

戊申（十五日）［以频年灾伤，湖广巡抚韩重奏请将湖广起运南京仓粮折银解交］

巡抚湖广都御史韩重言：湖广频年灾伤，民穷财竭，欲将明年以后起运南京仓粮及往年积逋，每石折银六钱解南京，少苏民困。户部议，南京根本重地，若通征折色，万一乏粮，何所取给？惟将旧所逋者，依拟折银解彼，以备官军间月支给。从之。

明孝宗实录卷二百六

十二月

丁酉（初四日）［录湖广武、靖等处“征苗”功］

录湖广武、靖等处征苗功。都指挥王闰等十三人俱升署一级参将，刘英等百二十六人给赏有差。

戊戌（初五日）［巡抚等官请以镇远府税课司及永宁宣抚司税课局余税税银两为贵州各官折俸］

初，贵州诸司文职官折色俸粮，俱行原籍关支。至是，巡抚等官以为非便，请将镇远府税课司及永宁宣抚司税课局余税税银两为各官折俸，并修理各府卫城池仓廒之用。户部覆奏，从之。

辛丑（初八日）［湖广永顺宣慰使司及木册长官司各遣人来贡］

湖广永顺宣慰使司及施州卫木册长官司各遣人来贡。赐彩段、钞锭等物如例。

丙午（十三日）［松潘“番贼”攻杀指挥、千户等官，守臣劾奏失机官员］

先是，松潘番贼攻杀指挥王禴、千户朱铠等。守臣劾奏分守副总兵韩雄、兵备按察司副使郝天成失于防御。得旨：下巡按御史逮问。

［以累遭兵荒，贵州巡抚刘洪请将卫所军器减半征办］

巡抚贵州都御史刘洪等奏：贵州累遭兵荒，乞将所属卫所军器，自今年以后，减半征办物料，成造一分，待三五年人力全盛，照旧二分成造。工部覆奏，从之。

甲寅（二十一日）［贵州巡抚等官奏言贵州各卫官军造册违限，止应罪经该官吏，不应概扣折色俸钞］

先是，贵州各卫官军折色俸钞，令造册委官于湖广关支。成化二十一年至弘治九年，以造册违限，例扣不与。至是，贵州巡抚等官奏：边徼土瘠军疲，其造册违限，止应罪经该官吏。今概扣不给，诸人何辜？请勿拘前例，仍听补支，自今每岁约算银数，差官领回，然后令各卫如期造册来支，仍收其余，以备续添官军支给。户部覆奏，从之。

明孝宗实录卷二百七

弘治十七年甲子（1504）

正月

乙丑（初三日）［宥云南沾益州土官知州安民罪］

宥云南沾益州土官知州安民罪，准赎徒复职。贼妇米鲁，安民之姑也。初谋叛，匿安民所。是时，民已嗣职，两省以捕贼委之，民杀阿保并其党送贵州，受赏，仍匿米鲁于家，又转致他所，福佑遂以兵入普安，杀适乌及其二子，营于拖长江，迎米鲁与居。民阳不知，以被虏告。逮问不出，以兵擒获之，犹不肯言。福佑等遂劫阿马坡及盘江等营，其势愈炽，民犹上章自辩。及大军压境，始于狱中移文，调家奴民兵擒斩贼党二百余人以自解。故贵州论者，以米鲁等谋叛，皆安民主之。左布政使李韶、按察使王弁、右参政俞深、佥事范玶坐民谋叛、知情故纵、隐藏罪绞。民累章诉辩，其妻海谷及营长思保等皆讼其冤。给事中张维新等会镇巡等官覆问，改坐民知人犯罪藏匿不行捕告律，减等杖一百，徒三年，输谷还职。而劾韶等议罪不当律，合逮问。是时，云南镇守太监刘杲等奏：南方诸夷，惟土官是服。安民罪虽应死，恐夷民无人管束，致生他变。况大兵征剿，亦有微功，可以赎罪。都察院议，亦以米鲁叛逆之状，始著于阿马坡，尤甚于盘江。前此固难轻论安民，此时果在狱中，救死不暇。主谋助兵，理有可疑，各官覆按，且无实迹。欲并行勘官，详为议处。至是，遂与兵部奏请，如维新等言，命安民准辩，赎罪复任。李韶等免逮问，各罚俸一月。

丙子（十四日）［四川威州及汶川县地震］

四川威州及汶川县地震，有声如雷。

壬午（二十日）［四川守臣奏请征剿松潘“番贼”］

四川守臣奏：松潘番贼剽劫居民，势日猖獗，乞进兵征剿。下兵部会议，以讨贼事不可缓，但任事在人。巡抚都御史林元甫虽善抚驭，而用兵攻战非其所长，乞别选人代之。上从其议，命会举才望素著、熟谙军务者二员以闻。

壬辰（三十日）［随“土俗称呼”，定“土苗”族类姓氏］

巡抚贵州都御史刘洪奏：所属土苗，族类渐蕃，混处无别。乞以百家姓编为字号，赐之汉姓。兵部覆请，上曰：华夏自有定分，可随其土俗称呼，定与姓氏，不必用百家姓。

明孝宗实录卷二百八

二月

癸巳朔（初一日）［广东归善县清溪等处山产铁矿，土人就山采炼，“因啸聚为盗”，官军讨平之，至是以闻］

初，广东归善县清溪等处山产铁矿，有巫琮招古三仔等，就山煽铁，因啸聚为盗。官军捕之，琮逃去，而获三仔等。知府涂畴误以三仔为胁从，颂系于外。会番禺民张文俊、罗时等奏请立官炉纳课，行勘未报，土人射利者，争来立炉。有唐大鬓者，亦率其党与，马知府余经不之禁，且令文俊等领课事。文俊等于课外索赂，大鬓等憾之，遂入乌洋潭欲为盗。三仔遂逸去，与大鬓合，据险立巢，大肆剽杀，徒党日盛。分巡佥事徐纮、分守参议张谟、守备指挥马义等督军捕之，不克。守臣以闻，命守巡等官各停俸杀贼，于是督捕益力，贼遁入深山。总督都御史刘大夏驰榜招之，贼听命，而赍榜者索赂不已。时守巡等官更代不常，拊循失所。大鬓复叛去，纠合三仔及刘耗神等，劫乡村，焚庐舍，掠妇女，死者不可胜计，官军多被杀伤。乃调惠州等卫汉达军，及委广西都指挥金堂统领龙英州土兵并民兵，分哨进剿，破大鬓栅，生擒之。三仔、耗神等败走，寻获之，余党悉平。至是以闻，法司上其狱。三仔、大鬓各凌迟处死，耗神处斩。并劾守巡及守备等官不能无罪，但去任及升任者多，且其中亦有功过相准者。命三仔、大鬓、耗神依律处决，文俊时发贵州都匀卫充军。各官功过相等、略等者贷之，余问如律，升任、去任者置勿问。

乙未（初三日）［贵州巡抚刘洪、贵州巡按匡翼之交章劾按察司副使刘福幸功生事，乞追还所赐祭葬并其子入监之命］

巡抚贵州都御史刘洪、巡按监察御史匡翼之交章劾按察司副使刘福幸功生事，刚愎自用。贵州之祸，皆起于副使周凤，而成于福，乞追还所赐祭葬并其子入监之命。兵部覆议，从之。

丁巳（二十五日）［以科敛不法罢湖广守备永道都指挥佥事］

守备永道都指挥佥事蔡绅，以科敛不法罢。命湖广都司都指挥佥事潘勋代之。

明孝宗实录卷二百十

四月

辛丑（初十日）［免贵州所属州县及宣慰司等衙门土官正官弘治十八年朝觐］

命贵州布政司所属州县及宣慰司等衙门土官正官，俱免明年朝觐，止令佐贰首领官来朝，其都匀府并所属则并佐贰、首领官免之。从镇巡等官奏也。

［命调三广兵征剿广西思恩府土官岑濬］

广西思恩府土官知府岑濬与田州府土官知府岑猛，积不相能，累肆攻劫，转掠上林、武缘等县，死者不可胜计。至是，濬攻破田州府，猛仅以身免，其家属百五十人皆为所虏。两广总镇等官以闻，兵部请调三广兵剿之。上从其议，命各饬兵以听调用。凡进兵机宜，仍令两广总镇等官计处停当，毋轻忽误事。

丁巳（二十六日）［云南缅甸军民宣慰使司奉旨遣头目伴送精通缅字人来京］

云南缅甸军民宣慰使司奉旨，遣头目恩完等伴送精通缅字人孟香等三名来京。赐宣慰使纻丝彩段二表里，并赐头目人等钞锭等物如例。

明孝宗实录卷二百十一

闰四月

乙丑（初五日）［四川天龙溪“蛮”攻陷松潘坝州堡］

四川天龙溪蛮攻陷松潘坝州堡，协守参将朱廷督兵复之，斩首五级。下巡按监察御史勘问，坐廷守备不设，应边远充军，而叙其后功。得旨：命以功赎罪。

戊辰（初八日）［追治贵州普安州败军之罪，惩处失机官员］

追治贵州普安州败军之罪。初，土官隆畅之死于米鲁也，其妾适乌数以贿求立，并请兵讨贼。及米鲁、福佑之杀阿纪、适乌也，亦数以贿求听抚罢兵。都御史钱钺，副使周凤，都指挥刘英、吴远及指挥任礼、张英、杨芳皆受之。少监杨友、总兵官焦俊及周凤至，移文坐取，而所遣人又需索侵牟，赃秽狼籍。既杀阿保诸人，遂自以为功，谓米鲁等益远遁，有旨令云南镇巡官捕之。贵州按察使刘福自诡知兵，钺恐云南之分其功也，遂倚福以擒贼，友及总兵官曹恺皆以为然。任礼先以情报贼，兵至阿马坡，贼已出怨言，吴远又使人索赂，贼许之，而兵益进。福祐怒，谋劫营，千户谢忠以告，而远不信。礼与张英各窃马以逃，贼至无备，军遂败，杀伤百余人，远走坠崖折足死。远等既败，朝廷责钺等，而命南京户部尚书王轼督其军。友又恐轼之擅其功也，乘其未至，促刘福使进兵。恺亦依违不敢言，至安庄称病。巡按监察御史陈恪以贼众兵寡追及，友等力止之，不听。既渡盘江，以旗榜招贼，与右布政使间钲张乐宴军中。原调泗城州土官黄琚求赏不得，以其众先退。福佑之党觇知，谋劫营。军士罗城以告，指挥史韬请移军，皆不听。都指挥李堂、黄京以疾卧营中，指挥王通等遁去，副使周凤微服先渡江。贼至无备，军又大败。史韬拒敌死，杀伤、溺水者千六百余人，杨友被执，福与间钲及李雄、郭仁、李宗武皆死，军资器械为之一空，于是贼势转盛。时王轼已奏行云南镇巡官刘昶、沐昆、陈金会兵进剿，部分未发，而贼攻平夷所。千户张晟告急，金所委指挥刘桓，先已招贼受其赂，不应，贼遂破平夷，晟等皆走，军民老幼被杀掠者，又三百四十人，至诸道合兵，而后始克。参将赵晟，又纵贼不尽击，然盘江两岸所杀获几二千人，良家之被获者稍稍得还，而受害者不可胜计。巡按贵州监察御史戴乾、黄珂相继奏其事，且劾恺、钺等败军之罪，而以平夷失利，并请罪云南镇巡等官。诸人又各上章自辩，礼科给事中张维新等按之，具得其罪状。于是都察院、兵部会议，坐任礼、张英及李堂等一十八人俱处斩。谓礼与英情重律轻，李堂等情轻律重，拟龚泰等四人与李雄等二十八人俱充军。又谓龚泰等尚应重治，李熊等宜量为区别，钱钺、周凤、刘英等九人，张晟、刘桓等四人，曹恺、赵晟等十一人，俱合逮问。刘（昶）〔杲〕等二十三人亦宜惩戒。而谓钺、凤等违法实多，昶等功浮于过。又言杨芳、吴远宜降其后嗣袭职，刘福宜夺其旧官。史韬、李雄等宜加恤典，仍分列其等第以闻。得旨：任礼、张英并依律处决。李堂等宥死，发广西充军。李熊等获三功者降一级，一功以上降二级，无功者降三级。钺、凤等依拟。杨芳、吴远从兵部，史韬等从巡抚官，议处以闻。刘福免追夺，刘杲以下并释不问。初，隆畅父子不和，诸营并请革土官，从流官约束，已下巡抚官议处矣。巡按监察御史张淳从刘英议擅立其妾适乌，逐米鲁，而不听其讼，故米鲁忿而杀阿纪。淳又信周凤之诈，纵福佑而不诛。故言者谓：淳首事不臧，罪与钺等，请明正典刑。至是始与钺并问云。

明孝宗实录卷二百十二

五月

己酉（二十日）［裁革贵州独山州流官同知、都匀府司狱各一员］

裁革贵州独山州流官同知并都匀府司狱各一员。

甲寅（二十五日）［升广西庆远府河池县为州］

升广西（镇）〔庆〕远府河池县为州。设知州、吏目及儒学学正、阴阳医学、僧道司官各一员，仍隶（镇）〔庆〕远府。从总镇等官奏也。

明孝宗实录卷二百十三

六月

丁丑（十八日）［录广东官军剿平“黎贼”功］

录广东官军剿平黎贼功。升一级者一百八十四人，署一级者三十三人，其余八千五十一人给赏有差。加总镇太监王敬禄米岁十二石，加伏羌伯毛锐太子太傅，升右都御史潘蕃为左都御史，各赏纻丝四表里、银三十两。佥事王希旦升俸一级，赏纻丝一表里、银十两。副使胡富、佥事方良永、左参议管琪、知府石璧各纻丝一表里。

明孝宗实录卷二百十四

七月

己酉（二十一日）［以“征番”，免四川松、茂等处府州县正官弘治十八年朝觐］

免四川松、茂等处府州县正官明年朝觐，其全设衙门令佐贰官、裁减衙门令首领官来朝。以方征剿番贼僨运边粮故也。

明孝宗实录卷二百十五

八月

壬戌（初五日）［四川松潘将用兵，命贵州总兵官颜玉充行军总兵官］

时，四川松潘将用兵，命贵州总兵官署都督佥事颜玉充行军总兵官。升松潘卫指挥同知杜英为署都指挥佥事，与都指挥佥事马聪俱充游击将军。

庚午（十三日）［命云南临安兵备副使兼领澂江等四府并陆凉等卫所］

命云南临安兵备副使兼领澂江等四府并陆凉等卫所，从巡抚都御史陈金等奏也。

［会勘云南都指挥等督兵剿捕米鲁之党时妄指“邻夷”为贼，滥杀无辜，以冒功赏之事］

礼科给事中张维新等会勘云南都指挥孙辅，千户王洪，通判文献，指挥张楗、陈勋等，承委督兵剿捕贵州贼米鲁之党，乃妄指邻夷为贼，擒斩以冒功赏。辅所部土舍复搜捕山谷，杀虏男女，有惊走溺河死者。拟王洪、张楗等三十五人罪当斩，文献、陈勋等十二人当绞。孙辅已死，其子孙宜降官。因劾巡抚都御史陈金委任非人，总兵官黔国公沐昆不能申严禁约，布政使李韶、副使包裕淹禁无辜，日久不决。纪功副使王臣听容冒报给赏。巡按监察御史何琛、参政俞深、佥事范玶虽审勘洪等妄杀之事，然追究欠详。请并治其罪。至是，三法司会同兵部议奏，谓勘官所拟死罪囚或有未明，张楗、文献又皆上疏称冤，请再命巡按监察御史董钥会三司官审之。沐昆、陈金、李韶、包裕虽不能无罪，然平贼之功亦不容掩。何琛、俞深、范玶审勘虽有失漏，然首发隐伏，申明冤滥，亦足以盖其失。又，王臣已迁官，范玶已更调，例宜纪录。包裕已致仕，宜勿论。孙辅情罪深重，其子孙承袭，或降或革，宜听兵部查处。上从之。王洪等命巡按等官从公审拟，呈详待报处决。张楗、文献、陈勋及诸情罪未明者，再问明白奏闻。沐昆、陈金、俞深、范玶、包裕、李韶、王臣皆宥之。韶仍罚俸两月，臣三月。孙辅子孙袭职事，兵部具奏定夺。

明孝宗实录卷二百十六

九月

庚寅（初三日）［四川朵甘思宣慰司与长宁、杂谷安抚司各遣番僧来贡］

四川朵甘思宣慰司、长宁安抚司及杂谷安抚司各遣番僧来贡。赐彩段、绢、钞等物如例。

丁未（二十日）［两广镇巡等官请兴兵剿思恩府土官知府］

两广镇巡等官以思恩府土官知府岑濬不服拘抚，请兴兵剿之。因以军前纪功官为请，敕巡按广西监察御史颜颐寿就纪其功。

明孝宗实录卷二百十七

十月

壬戌（初五日）［以地方未宁，免云南元江等四府土官知府明年朝觐］

免云南元江、蒙化、丽江、镇沅四府土官知府明年朝觐，以巡抚都御史陈金言地方未宁故也。

乙亥（十八日）［以剿平“夷黎”功，升致仕琼州府知府石璧为广东左参政］

升致仕琼州府知府石璧为广东布政司左参政，仍致仕。初，璧以不职考察去官。至是，自陈其在任时尝有剿平夷黎之功。吏部议，谓功过不相掩，故有是命。

明孝宗实录卷二百十八

十一月

戊子（初二日）［云南巡抚陈金奏言云南银场“矿脉微绝”，近减银课，乞革原设佥事一员］

巡抚云南都御史陈金奏：云南旧有银场矿脉微绝，近减银课。岁征银三万一千九百余两，然皆出于矿夫及军余陪纳，矿场所取者仅足供加耗纲解之费。其原设佥事一员，乞革去为便。从之。

戊戌（十二日）［乌思藏大乘法王并护教等王各遣人来贡］

乌思藏大乘法王并护教、辅教、阐教等王各遣人来贡。赐宴并彩段、衣服等物有差。

乙巳（十九日）［四川长河西鱼通宁远等处宣慰使司遣番僧来贡］

四川长河西鱼通宁远等处宣慰使司遣番僧剌麻吒失藏等来贡。赐宴并赐彩段、衣服等物有差。

明孝宗实录卷二百十九

十二月

庚申（初四日）［以广西苗人“流劫”湖广武冈州界，处置失机军官］

广西苗贼流劫湖广武冈州界，杀虏男妇九十余人，焚毁民居一百余间。守备都指挥谢文及指挥马镇、千户赵洪等失于防御，下巡按监察御史逮问，俱拟边卫充军。得旨：赵洪等五人依拟。谢文等四人免充军，各降二级，带俸差操。马镇等三人仍令查勘以闻。

乙丑（初九日）［协守贵州右参将赵晟科以科斂贿货等罪被斩］

协守贵州右参将赵晟科斂贿货，及占官民园地，营造私第，擅役军卒，坠压伤死者数人。又以私忿杖杀平溪卫指挥李清之子，清奏其事，晟亦累疏自辩。俱下湖广、贵州巡按监察御史鞫之，未报。巡抚湖广都御史韩重复请差官勘问。命户科右给事中艾洪、刑部郎中褚祈往会官就治之。狱上，（当晟罪斩）〔晟罪当斩〕。导之为恶者荆州左卫指挥张忠等，俱边卫充军。清浪卫指挥孙仲英降三级致仕。余坐罪有差。从之。

己巳（十三日）［广西思明府上思州改土为流］

改广西思明府上思州土官为流官，徙州治于旧治之东，隶南宁府。从总督都御史潘蕃等奏，土官知州争夺族绝也。

庚辰（二十四日）［录平米鲁功，升赏云南官军］

录云南官军平反贼米鲁功。升二级者一人，一级者八百四十五人，升署一级者十七人，余一千九百八十八人给赏有差。升提督军务南京户部尚书王轼为太子少保，总兵官黔国公沐（英）〔昆〕岁加禄米一百石，都御史陈金、监察御史黄珂各升俸一级，监察御史戴乾、左布政使李韶、右参议张瑸、左布政使黄琏、右参政罗安、左参议王杲、副使王臣，佥事龚嵩、朱仪，右参政张朝用、副使包裕、佥事王懋中、右都督王通，各赏彩段二表里、白金十两。李韶、王臣先所罚俸，皆宥之。

明孝宗实录卷二百二十

弘治十八年乙丑（1505）

正月

甲寅（二十八日）［增设云南寻甸军民府儒学］

增设云南寻甸军民府儒学。

乙卯（二十九日）［以“频年灾伤”，湖广巡抚韩重奏请减免派征物料］

巡抚湖广都御史韩重奏：地方频年灾伤，民贫财竭，请自今年以前已派未征物料，量从减免。工部覆奏，从之。

明孝宗实录卷二百二十一

二月

癸亥（初七日）［宥广东感恩、昌化二县并湖广、广西、贵州、四川诸土官衙门朝觐违限者］

宥广东感恩、昌化二县，及湖广、广西、贵州、四川诸土官衙门二十四处之朝觐违限者。

乙酉（二十九日）［广东“流贼”攻劫福建漳浦县南诏城驿

库，镇守福建太监邓原以闻，且请移漳州卫千户所为南诏城守御千户所]

广东流贼二百余人攻劫福建漳浦县南诏城驿库，放遣囚徒，肆掠居民货物。男妇死者五人，被执留者三十余人。镇守福建太监邓原以闻，且请移漳州卫千户所为南诏城守御千户所，以便防御。兵部覆奏，谓所言可行。请并行福建、广东各镇巡官，悉心缉捕盗贼，务在得获。从之。

明孝宗实录卷二百二十二

三月

癸卯（十八日）[刑科右给事中劾奏思恩府土官岑濬“结党兴兵”]

刑科右给事中邹文盛查盘两广钱粮，劾奏思恩府土官岑濬，世受国恩，今乃结党兴兵，攻据田州府，跳梁跋扈，惟乱是崇。究其致乱之源、助乱之党，则按察使武清、内阁制敕房书办参议岑业二人是也。盖田州乃广西之障蔽，而土人李蛮者，田州之干城土官。岑猛惑谗弃勇，致蛮与头目王骥互相仇杀，骥因贿濬，协谋图之。是时，武清以参政处分田州事情，复受濬、骥之贿，计杀李蛮。于是田州无干城，而府库人民为贼所有，广西无障蔽，而宾州、上林为贼所掠。兵连祸结，远勤王师，此所谓致乱之源也。岑业于濬，骨肉至亲。业在京师，则假彼以为资给；濬在荒裔，则援此以为声光。后濬逆节已形，业既不能先事首发，俾朝廷制其萌芽，反为之随事弥缝，而机密辄行传泄。是以我之为谋虽周，彼之待我先备。害成损重，贼势益张。此所谓助乱之党也。请先治此二人之罪，然后可以正濬、骥之诛。既而总督两广都御史潘蕃、巡按御史杨璋，亦以是为请。都察院覆奏，谓文盛所言宜从。兵部复议，下岑业于狱，令致手书谕濬。俟濬能改图迁善，乃还业旧职。上皆不允。

甲辰（十九日）［广西泗城州土官族人为岑氏之后奏请袭职，命将其押回镇巡官处收查发落］

广西泗城州土官族人岑九仙奏：自始祖岑彭以来，世袭土官。至岑豹子知州岑应，罹恩城州知州岑钦之祸，子孙灭亡殆尽。其弟岑接，众推护印，累著劳勚，乞令袭职，俾掌辖夷众。兵部尚书刘大夏等议：故知州岑豹，乃叛臣余孽，与其子应俱相沿袭职。既而吞并邻壤，与恩城知州岑钦同谋，侵占田州地土，自取灭绝。今岑接者，人皆传称为梁接，非岑应亲枝，不知岑九仙又是何等逋逃，冒为奏扰。臣大夏先在两广，见岑氏谱系，云始祖木纳罕，于元至正年间，与田州知府之祖伯颜一时受官。今岑九仙妄援汉岑彭世次，尘渎圣听，请治其罪。其岑接应袭职与否，前已行令镇巡等官勘报奏处。其岑九仙虽曰夷人，难以深究，亦当谪发，以破其奸。上从之，命押回镇巡官处收查发落。

辛亥（二十六日）［广东南海县十三村“遗贼”复起，令地方官相机逐捕之］

广东南海县十三村遗贼五百余人复肆劫掠，有司莫能禁。巡按监察御史聂贤请兵讨之。兵部议，谓观聂贤所奏，则是近省之地无处无贼矣。两广帅府职专兵民之寄，而乃无一言及此。今虽有事思恩，然内郡地里，岂可委置不顾？且清远等处贼势渐炽，通因言者建议，增设兵备佥事一员。即今恐未到任，宜即降敕两广总镇等官酌量缓急，若广西思恩之事已有成效，即可移兵东出。如彼事方殷，或暑气尚炽，辄难轻动，可督令新任佥事吴廷举暨广东三司掌印、巡守等官，相机逐捕。凡军中事机，听以便宜从事。上曰：地方贼情猖獗，总镇等官何为隐匿不奏？可降敕切责，令计处剿除，不许怠忽误事。

明孝宗实录卷二百二十三

四月

庚申（初五日）［四川天全六番招讨司及湖广水尽源通塔平等长官司各遣人来贡］

四川天全六番招讨司及湖广水尽源通塔（坪）〔平〕等长官司各遣人来贡。赐绢、钞等物有差。

［调兵征讨四川松潘各寨“番族”］

四川镇守太监石岩、巡抚都御史刘洪等奏：松潘等处各寨番族，尝为边患，杀指挥王禴等数十人。朝廷命镇守贵州都督颜玉为总兵官，调兵征之。番族闻之，皆悔罪乞哀，自斩元恶首级以献，请姑罢兵。惟令松、茂副参、兵备递相抚化，游击等官分番防御，亦可以坐收安集之功。其副总兵以下诸拊循有功者，请量加升赏。兵部议，所言宜从。命赐敕奖励岩洪等，仍令兵部看详岩等所奏事宜，并阅实有功官军以闻。

甲子（初九日）［都康等四州并永康县入贡］

都康、思陵、归顺、上下冻等四州并永康县各遣人来贡。赐彩段、钞锭有差。

乙丑（初十日）［工科给事中张文、监察御史袁仕奏四川松潘防御事宜］

工科给事中张文、监察御史袁仕奏：顷岁松潘强贼之变，陛下忧勤特甚。臣等因公干到蜀，往还询访，见彼处人情事故，大可骇愕，请举一二言之：松潘南路，国初以来固已有之，其后沿途增置墩堡，开设仓廒，遂为天险。自牛尾巴失利之后，每岁饷夫戍卒须南行者，多具银货买路方行，稍不满欲，擂石一下，立为齑粉，故蜀人号南路为死亡城。是则此路之得失，系松潘之利害如此，其不可不复也明矣。此路既复，其间麻答答椏蔳险要之处，据高设堡，添拨防军，以遏贼冲，此亦现恢全蜀之遗策，虽费不得已焉者也。又松潘兵备副使张翼等，近以西披列柯等寨献出元恶首级，并俘获甲马奏闻，臣尝疑之。其称此首级是杀王禴者，今擒斩来献，祈免征剿，事亦难信。盖彼既能败我师，徒杀我将士，则其勇悍智力乃彼中所以为强者，岂忍自相屠戮，以示削弱？故道路沸腾，咸谓此非死囚降虏，必斗争剽劫者，就使生擒，犹当辩诘，今函首而献，何所据依？况王禴等同日死者，无虑数十人，岂止二贼首可献，余皆不必问邪？原其情，一以款我王师，一以要我厚利，欺诈昭然，只宜不受。顾乃奏上其奏，动色相庆。翼不必道也，彼镇等官，从而张之，欺蔽甚矣。且王禴等之死，固由副总兵韩雄轻敌所致，雄之罪恶，又谁致之？都御史林元甫不得辞其责矣。彼元甫者，既知韩雄奸贪，众心不附，必致败事，何不表其罪，请于朝而黜之。心不得已，亲临松潘，抚循士卒，开谕蛮民，戒敕韩雄，使图自新亦可也。而端坐会城，及至事败，乃归罪于雄，尚何及耶？臣谓元甫之罪，去雄无几，今雄下狱，致辟有日，而元甫调任云南巡抚如故。况云南重边，方亦有事，岂容此辈复坏之哉？宜将林元甫、韩雄等均逮来京，大示厥罚。又松潘两路粮运，每为蛮贼阻索，其所费率三十钟而致一石。臣闻由松潘而运至西宁、金瓶等九仓者，止运至松潘城仓。由茂州而运至新桥镇夷等七仓者，止运至茂州城仓。定与脚价，递雇熟番土民转运各仓。如此庶几事体稍便，民力稍宽。又南路官军，在堡一年，为蛮虐苦，而每月银、米又太半克减，为赏蛮买路之数，是食尚不足，而欲望其竭力御敌，难矣！乞令每岁银、米许其中半兼支，每石各照州县征解价数支发。若有蛮贼，听其乘便遏杀，所获首馘，均视边功升赏，则士皆轻生，而捍边有人矣！又臣闻外卫轮戍南路，官军不习地势，请令于松、茂操备，而于松、茂等卫所官军内选取如数戍守。以近相就，俾宫室田宅若常居然，庶几气习相近，而赴敌不畏。又有谓南路之蒲江关，地势稍平，介乎松、叠之间，极为要害。今若聚兵屯粮，筑城固守，三路联络，什伍相保，卒然有警，松、叠声援可立应也。命所司看详以闻。

附　录

国家出版基金项目
NATIONAL PUBLICATION FOUNDATION

湘西民族文库

明实录南方民族研究史料

四

伍新福　编纂

岳麓書社·长沙

目　录

明武宗实录

明武宗实录卷二

弘治十八年乙丑（1505）

六月

丙辰（初三日）［思恩府土官岑濬起事，两广汉达官军及土兵讨平之］

思恩府土官岑濬作乱，讨平之。岑氏世守思恩，至濬袭府事，肆为不法，屯兵聚粮，劫杀万计，攻夺田州府治，土官岑猛遂弃城遁。官司屡抚谕之，愈恣。总督两广左都御史潘蕃及太监韦经、总兵官毛锐等会奏，请讨之，调集两广汉达官军，左右两江官目、土兵，及湖广官军、土兵，合十万八千余人。分为六哨：副总兵毛伦、右参政王璘由庆远。右参将王震、左参政王臣及湖广都指挥官缨由柳州。左参将杨玉、佥事丁隆由武缘、荒田。都指挥金堂、兵备副使姜绾由上林、那学、通感。都指挥何清、右参议詹玺由丹良。都指挥李铭并泗城州土舍岑接目兵由工尧。各取道共抵巢寨。贼分兵据险拒敌，我军奋勇直前，援崖而进。濬势蹙，遁入旧城。诸军合围之，破其外城，进薄内城。急攻之，濬死，城中献其首于军门，思恩遂平。是举凡前后斩捕首虏四千七百九十，俘男女八百人，得思恩府印二、向武州印一。自进兵及班师仅逾月，捷闻，上以蕃等有功，赐玺书劳勉之，奏捷者各升赏如例。其后，广西右布政冯镐赴任，上言：前调土兵往返道途，所在杀略，其害甚于岑濬。欲乞昭示宪度，以为不法者之戒，仍乞以后土兵不许轻易奏调。上下其事于兵部。

己未（初六日）［处置征福佑、米鲁死事、失事各将官功罪］

赠贵州都指挥佥事史韬、郭仁、李宗武，都指挥使李雄，俱特进荣禄大夫。同知都督府事韬子涌仍袭升都指挥使。降安南等卫指挥同知等官李熊等八员各一级，指挥佥事等官杨纲等九员各二级，指挥使等官马武等十一员各三级。故都指挥佥事吴远、指挥佥事任礼、指挥同知张英应袭子各降祖职三级，仍调卫都指挥佥事杨芳、指挥同知刘武、都指挥同知孙辅及指挥同知于泰、指挥佥事龚泰应袭子，各降祖职二级。初，镇守太监杨友之征福佑、米鲁也，营于盘江西岸。谍报贼首阿方车将聚众劫营，韬请友避敌移东岸。友与按察使刘福、右布政使闾钲议，皆贪功不从。明日，贼果至，虏友去，钲、福、雄、宗武、仁俱遇害，官军死者千三百人。韬出与贼斗，亦堕水死。议者谓：韬谋果用，必不败。雄、宗武、仁死亦可悯，故赠之。熊等罪应谪戍，则以各有斩获功，乃递降。礼、英已论斩。龚泰、于泰已编配远方。武、辅已物故，则以其横索夷贿，酿成祸患，情罪深重，虽军职典刑谪戍者之子孙，例得仍袭祖职，乃议特降之，各永远不许袭补。

明武宗实录卷三

七月

戊戌（十五日）［增置云南宜良县儒学］

增置云南宜良县儒学，设教谕一员。从巡按御史耿明言也。

明武宗实录卷四

八月

己未（初七日）［思恩、田州二府改设流官］

兵部集议两广巡抚等官奏：思恩府土官知府岑濬以叛诛，不宜再录其后。田州府土官知府岑猛，世济凶恶，自陷府治，亦宜降徙。拟降猛千户，徙福建沿海卫分带俸。而以二府改为流官衙门，遴选才望熟知夷情者，假以方面职衔莅之，仍锡之敕，以重其权。

上是之，命吏、兵二部公举堪任者以闻。于是以云南知府张凤、平乐知府谢湖俱为广西布政司右参政，掌二府事，凤思恩，湖田州，各赐之敕。

明武宗实录卷六

十月

壬戌（十一日）［普安州土官争袭，致仕贵州巡抚钱钺、分守靖州参将刘英启衅失事，黜为民，谪贵州兵备副使周凤戍近卫］

宥致仕巡抚贵州右副都御史钱钺、分守靖州参将署都指挥使刘英罪，黜为民。谪贵州兵备副使周凤戍近卫。先是，普安州十官隆畅既老，自以疑忌杀其应袭子隆礼，妾适乌二子隆珀、隆瑎。有米鲁者，亦隆畅妾，见疏，谋杀之以争袭，土夷阿保、阿佑阴附之，遂各相攻。隆畅寻以米鲁魇魅死。时英守备都清，抚按官檄令勘处。英索适乌金银数百两，俾其母子管事，米鲁复集夷兵攻劫不已。弘治十二年，钺巡抚贵州，与镇守少监杨友议征米鲁等以邀功赏。英领兵败于阿仙硬寨，会凤至，亦索适乌金赂数百，乃与英进兵，擒斩阿保等。福佑听抚，凤复受其赂，许不复追捕。钺因奏张其功，且言米鲁窜匿沾益州，请令云南镇巡官捕之。说友及总兵东宁伯焦俊，皆奏如所云。友、俊各索适乌馈谢，后适乌屡告米鲁等戕害，钺若弗闻者，乃进厚赂钺，许以复用兵。米鲁寻杀适乌，并虏其二子以去。钺欲进剿，又恐云南兵先入，功不归己，乃与友、俊议缓师期。十四年春，始令按察使刘福统兵以进。凤为福佑所胁，辞病不行。福至阿马坡，贼夜夺营，官军大败，自都指挥吴远以下死者甚众。事闻，乃以南京户部尚书王轼提督军务，而令钺致仕。轼未至时，贼兵围布政使闾钲于安南，友、福及凤救之。钲得出，遂大饮。会贼兵猝至，杀福，执友去，凤独以豫觉走免，贼遂陷平夷。轼督兵分路进攻，米鲁势蹙，始出友。其党亦杀米鲁、福佑以降。于是巡按御史黄珂劾钺等启衅失事，钺等亦饰词奏辩，朝廷凡再遣御史、郎中等官按验得实。时友、俊已死，钺、英、凤逮系至京。法司论三人罪，俱当谪戍边卫。有旨：复令会兵部议。谓钺、英部下皆有擒斩功，与其罪略相准。凤则罪浮于功。议上，英、钺仅革职为民，凤亦改附近卫。

甲子（十三日）［木邦军民宣慰使司宣慰使遣人进贡］

木邦军民宣慰使司宣慰使罕列法遣陶孟刀塞珀等贡象、马、金银器。赐彩币、绢、布有差，回赐罕列法及其妻锦段、彩币。

明武宗实录卷七

十一月

己丑（初八日）［以马隆充右参将，协守松潘南路］

以署都指挥佥事马隆充右参将，协守松潘南路。

甲辰（二十三日）［云南孟养金沙江思陆遣人进贡］

云南孟养金沙江思陆遣陶孟卜送等贡象、马、金银器等物谢恩。赐宴并文绮等物有差，回赐思陆及其妻锦绮如例。

明武宗实录卷八

十二月

丁巳（初七日）［广西兵备副使姜绾奏言建置思恩、田州二府事宜］

广西兵备副使姜绾言：思恩府土官知府岑濬，以悖逆诛灭，而族众率皆党恶，无可立者。田州知府岑猛结怨仇杀，失地窜身，宜落职安置别境。兄弟子侄亦无可立之理。请如四川马湖府例，一切改为流官，庶可变夷为夏，而免他日之忧。前此三年，臣尝送猛还，水行，由南宁溯流上丹良，逾果化，过工尧、婪凤，直抵田州。今年春，臣领兵陆行，自宾州进拔通感，下古陵至思恩、捕往、那马、定罗，径捣旧城，获濬。间得遍阅两府山川形胜，唇齿柳、庆、南宁，田地沃衍，人烟稠密。水道下通广东，上达富州，陆路控引云南、四川，百货辐辏，故田州城东，市廛盈百。思恩亦在丹良筑城取税，盖广西第一区也。今流官府治宜仍旧基，盖取地位居中，便于摄制四境，而废堞空壕，亦或有可因者。思恩所属，以通感、古陵、那马、丹良地方为附郭。古陵县南海旧城定罗顺山，于旧城立定罗州。夷江、都阳、安定地逼东兰，立州都阳以防侵占。田州所属，以工尧、婪凤、安得、万峒地方为附郭。田阳县恩城、上隆并为恩城州。归仁、里定被泗城蚕食，芝山、兼州、凌时、合凤皆东兰吞噬，当逐一追还，立为武隆州。以上州县官吏，俱宜全设。惟果化州、上林县僻在一隅，如旧裁减，仍于二府各立税课司，税水陆货物，以供两府军需，免劳于民，修理驿递，一如原额。儒学、仓库、阴阳、医学、坛庙，并依制度为之。防守地方，则以南丹卫迁至思恩府，奉议卫移回田州府。各州县查点土兵，编为款夫，立参将一员驻田州，往来思恩，提督训练。添设一道分巡分守官，如例岁一更代，庶几纲纪相维，体统相承，而可久安长治也。但田州荒弃日深，思恩甫经兵燹，修筑之费，动以万计。与凡分定地界，里量田亩，造报图（叛）〔版〕，均平赋役，草创之初，一不合宜，恐浮言乘间，生疑造谤，不怀远图，脱或中止，取笑四夷。乞敕下廷臣会议，定日简命大臣一员驰来总理，凡事悉听便宜处置。府州县正官，亦当慎选以充，方可责以成效，免朝廷南顾之忧。时已改两府为流官，命张凤、谢湖以参政知府事矣。章下兵部言：绾备陈二府地方之要，与夫制度因革之宜，图远虑周。宜移文两广总督都御史，行令广西二司掌印兵备，会同新掌府事参政，参酌议处，毋徇举小遗大之见，必求久安长治之策。庶使镇巡等官有所凭据，拟奏合宜。又言思恩之剿平，虽系于镇巡，而勘处创谋实由于绾。今绾改升河南，未有继者，吏部宜查访素知彼地夷情、谙晓事体者一人补之。令其兼程往会各官，议处前事，虽员外添置可也。上从之。

壬戌（十二日）［朱廷、张翼招抚松潘南路“番夷”兵部欲行覆勘］

加四川镇守太监石岩禄米岁十二石。升巡抚右佥都御史刘洪为右副都御史。副总兵朱廷、兵备副使张翼，并岩侄文义，各升一级。先是，松潘南路番夷据险为梗，而空龙、列柯二寨复杀虏官军，方请调兵征剿。无几何，廷与翼忽自言：番夷见镇巡官榜谕，已愿自归免罪，而二寨各函送其凶逆之首矣。奏闻，兵部据空文为核实，遂有是命。文义者，本阳和卫人黄添祥，冒姓名为岩侄。岩为陈其抚谕效劳，兵部欲行覆勘，诏特与之云。议者以为，松潘番夷上道劫掠，盖常事也。岩与洪始欲因与为功，遂张大其事，请兵于朝。既知功之不可幸成，蜀人亦以用兵为难，乃有榜谕之奏，且厚饵其酋长，造为函首投献之说。不知边吏之力，果能制其死命否？盖岩有奥援主之于内，蜀人皆知其伪而不敢言，上下相蒙，甚矣！

己卯（二十九日）［抚定孟密与木邦辖地之争］

赏云南镇守太监刘泉、总兵官沐昆、巡抚都御史陈金，各纻彩二表里、银二十两。升左参议郭绪俸一级。赏知府王嘉庆、张凤等二十五人有差。初，孟密宣抚司之开设也，实割取木邦宣慰司之地。既而孟密思楪复于界外侵木邦地二十七处，累抚不以见还，乃调孟养宣抚司夷酋思陆以兵胁抚，思楪始还所侵地，又多杀孟养兵。思陆仇之，发兵越金沙江，夺据木邦原割属孟密、蛮莫、贡章等地十三处，彼此构怨不已。敕云南守臣抚处，思陆悔悟散兵，还所据孟密地。兵部议覆畀木邦，思楪之弟思真犹执迷不服。至是守臣遣嘉庆、凤往谕乃听，思陆与木邦宣慰罕立法感恩，各进方物来谢。上嘉各官抚定之功，故有是命。

明武宗实录卷九

正德元年丙寅（1506）

正月

甲午（十四日）［赐敕奖谕云南孟养“夷”思陆］

云南孟养夷思陆先是奉命归蛮莫、贡章地于木邦，所司欲给以冠带，不受。至是遣陶孟卜送入贡，觊得宣慰司印。兵部会议：思陆乃前麓川宣慰司任发之裔，其祖以逆诛，已分其地为干崖、陇川、南甸三宣抚司，余孽尽逐之江外矣。今欲得印，似将觊觎旧物，难以轻与。若别有署置，万一彼不乐受，有亏国体。但当厚其来使，遣官伴送，比进贡常例之外，重加宴赏，以慰其心，仍赐敕奖之，勉其保终，毋蹈前辙。命镇巡官察其向背，议所以署置之宜。诏兵部再议。兵部言：思陆归地修贡，亦既革心，今宣慰之欲，既难轻许，若不少示褒嘉，何以慰之？今不必别赐之敕，惟于例赐敕中，累加奖谕，以坚其忠顺之念。余悉如前议而行。从之。

癸卯（二十三日）［升李昂充总兵官，镇守贵州兼提督清平等卫地方］

升协守贵州右参将都指挥佥事李昂为署都督佥事，充总兵官，镇守贵州兼提督清平等卫地方。

［以“福佑之乱”，勘处云南守臣］

初，福佑之乱，云南守臣委都指挥刘桓领兵至贵州平夷卫戍守。桓见贼势盛，阴与连和，寓平夷卫指挥曹孟吉家，拥兵自防。贼攻劫近卫站堡及平夷千户所，千户张晟屡求救于桓，皆不应。孟吉亦坐视，无一言赞请发兵。城遂陷，晟脱走，其母妻弟妹男女杀虏者九人。至是巡按御史董钥坐晟斩，桓罢职充军，孟吉赎杖还职。又言原情则晟有可矜，桓、孟吉俱难轻贷。都察院覆奏，当桓永远充军革世袭，孟吉降级。诏是之，免晟死，与桓俱谪戍南海卫，孟吉降三级带俸差操。

明武宗实录卷十

二月

乙卯（初五日）［达思蛮长官司遣人朝贡］

达思蛮长官司遣头目番僧贾舍僧吉等各贡氆氇等物。赐宴。赏彩段、绢、钞有差。

庚申（初十日）［改广西荔波、思恩二县隶河池州］

改广西荔波、思恩二县隶河池州，仍属庆远府。镇巡官奏：河池初由县改州，孤处东兰、那地、南丹三州间，土地人民多被侵掠，而二县与河池接壤，改隶以为羽翼，则可互为应援。从之。

辛酉（十一日）［设浦江关守备军民千户所］

设浦江关守备军民千户所，仍隶松潘卫。

［录剿归善县“贼首”古三仔功］

赏广西都指挥佥事金堂银十两、彩币二表里，录其剿归善县贼首古三仔之功也。获功汉达官军，土兵，舍余人等一千二百八十人赏有差。

壬戌（十二日）［以索“夷人”金宝等不法事，分守金腾参将卢和等拟斩］

分守金腾参将卢和性贪暴，挟索夷人金宝以万计。纳孟养、思陆赂，以孟木等村夷寨畀之。民女有已聘为人妻者，百计夺为妾。吏民小忤辄至死，殴而死者二人，毒而死者一人，畏威而缢死者五人。为分守内官孙叙所讦，而叙亦多索夷人金宝。初，以平戛寨卖于莽勒，既而勒之叔辉纳赂，又改畀之，且令人至夷地市宝石。和与之互讦，又邀截其奏。下巡按御史验问，俱拟斩。和所用千户李纶坐与夷通市，叙所用土官镇抚谢宏、赵钺坐强索财物，俱拟永远充军。都察院覆奏：和及纶、宏、钺如拟，叙减降充军。诏是之，发叙充孝陵神宫监军。

甲戌（二十四日）［湖广永顺宣慰使及四川酉阳宣抚各遣人入贡］

湖广永顺宣慰司宣慰使彭世麒等及四川酉阳宣抚司宣抚冉舜臣，各遣通把事人等贡马朝贺。赐彩段、宝钞有差。

明武宗实录卷十一

三月

丁亥（初七日）［云南获功官军应赏布、绢、钞锭，于本处库内支给］

户部奏覆：云南获功官军应赏布、绢、钞锭，若如旧自南京内库支出赍送，则道远甚劳，请于本处库内支给。或无见贮，绢每匹折银五钱，布半之，钞每贯折银三厘。自后给赏，各边俱如此例而行。从之。

［以从征有功，赐永顺宣慰使大红织金麒麟衣］

赐永顺宣慰使彭世麒大红织金麒麟衣一袭，以其从征有功故也。

丁酉（十七日）［普安州女土判官袭夫职事，遣使贡马］

普安州女土判官适擦袭夫职事，遣使贡马。赏如例。

丁未（二十七日）［停取湖广、四川杉、楠大木］

六科十三道俱言：频年以来，征敛无艺。土地所产者，既疲于额外之供；所不产者，复困于陪纳之苦。湖广、四川杉、楠大木宜停取，凡非土产者宜勿浪派，他工料亦宜以荒旱暂停。工部会议言：近年工役繁兴，民力甚困，今后凡不急之工，俱不许奏扰修理。其非得已者，听本部酌量派办。湖、川木植已到水次者，可以渐解京。余大木及尚在山中未出者，俱暂停止。从之。

明武宗实录卷十二

四月

乙丑（十六日）［四川石砫宣抚司宣抚遣人贡马入贺］

四川石（柱）〔砫〕宣抚司宣抚马徽遣把事陈济等贡马入贺。赐宴并钞锭、彩段有差。

庚午（二十一日）［广东官军征剿南海、清远、四会、番禺“诸瑶”］

初，广东南海县之丰湖、乐塘堡诸村盗魁禤玄祖等，及清远县之池水乡黄华峒、四会县之马山都、番禺县之石马村诸瑶，各结聚肆掠，稔恶弗悛。总督军务都御史潘蕃等以闻。时广西方用兵，先帝敕蕃等审度事势，必不容已，即移从征汉土官军征剿之。及上即位之诏，听群盗自归免罪，于是蕃等令乡老谕之。玄祖等知罪无可宥，寂无一人吐实。乡民尝被其毒者，又往往以剿请，乃议进兵。先丰湖、乐塘，而后及于马山等处。左参将马澄、佥事许晅攻蒋岸等八村，都指挥同知王永、佥事吴廷举攻望冈、宗屋等十一村，都指挥佥事何清、左布政使柴昇攻军营等三村，都指挥佥事王春、右参议罗荣攻上李坑等四村，俱破之。移兵马山、池水，复破之，黄华、石马诸瑶亦惧而遁，乃罢兵。最所斩获首从三千六百七十五人，俘其属一千二百四十七人。至是，蕃以捷奏，上赐敕褒之，及太监韦经、总兵官毛锐。升其奏捷者各职一级，仍赏文绮衣一袭、宝楮千贯。

明武宗实录卷十三

五月

辛卯（十二日）［四川巡抚刘洪奏松潘、叠溪御“夷”九事］

巡抚四川右副都御史刘洪奏松潘、叠溪御夷（八）〔九〕事：一、平险阻。松潘至茂州三百里，山觜险恶，一蛮掷石，百人不能过也，且其路随河曲折，蛮下山抢掠为易。前副总兵姚彧尝削其坡陀为陡坎以制之，而今渐平夷矣。又小东路一带偏桥陡峻，人马时坠而没焉。宜凿其未通山觜，如彧法，划削其坡辟路，令广立桥。令固险阻既去，夷无所恃矣。一、查袭土官。祈命族等八长官司所摄番夷，多者至三十寨，少亦二十余寨，环布松、叠两河。其土官已故，子孙自相承管，未尝请袭。宜命查勘，有原降印信者，必请而袭。自相承管者，别为处置，以尽羁縻之道。一、修关堡。松、叠、茂所辖关堡，城垣多卑坏，营房多倾圮。宜委官查勘，循次修理，务坚实可久，以壮边方之观。一、肃纪纲。凡遇官军上班，无令包揽州县人民粮米，及严敕通事不许通番借钱，及伪立军人借番银两文约，无主名者不许代还。如番据险横索，究该管通事交通之情，如律重治。一、修东路。松潘天寒地瘠，物产不多，负贩者皆以险远难。其东路自江油县入山口，至彼七百余里。如猪儿觜、野猪山等处甚险，然俱可开通偏桥。如七里阁、黑漩窝、泥儿湾等处甚危，然有可改河移之彼岸者，有可用石叠为堤者。又松潘新开一路至水草坪，与旧路接，当立一墩，宜相度修改。非惟粮运便益，而物价亦稍减矣。一、恤舍余。松潘、茂州二卫，叠溪、小河二所舍余，已简其精者练习。其简退者，多遇于各州县屯所，每年各出银一两五钱，宜征银输之兵备发各卫所，将见操舍余无人供送者量给之。一、重仓储。安绵兵备宜如松茂兵备兼管仓粮，又叠溪仓奸弊尤甚，乞委官收放。一、据形胜。泸州卫原设于泸州，成化初调于渡船铺，以御大坝蛮夷。然泸州当长江之中，资江永宁之口，滇蜀之冲。乞取卫回州城，守渡船铺，量留五百户所官军，及抽选余丁守之。一、定体式。副、参、游击公会出入坐次行移，乞定与体式，游击将军宜听副总兵节制。章下兵部覆议，宜行四川镇巡会官查奏。其游击将军、参将俱听副总兵节制侍坐，由傍门出入，其行移如例。从之。

丙申（十七日）［以善于抚驭瑶僮，升肇庆府泷水县知县为本府同知］

升肇庆府泷水县知县翟观为本府同知，仍知泷水事。泷水与瑶僮邻，号为难治。观善于抚驭，民僚感畏。寻以丁忧归，前巡抚都御史刘大夏访其服将阕也，奏加俸二级还旧任。至是，以疾求退。巡抚都御史潘蕃言：观每亲抵贼巢，推诚抚谕，冀其悔悟。有强梗不服者，又能用计督兵，相机擒剿。干办公事，必尽其心，在县令中勤能最著，宜升职以旌之。吏部乃请如蕃奏，升观前职。

明武宗实录卷十四

六月

己巳（二十一日）［四川松潘副总兵韩雄克减赏番布帛，致“番夷”起事，韩雄并妻子被充军，临阵先退之千户马昂坐斩］

四川松潘副总兵韩雄克减赏番布帛，致番夷截路，杀伤守备官军。令千户马昂督敌，而昂临阵先退。镇巡官劾夺逮问，昂坐斩，雄当充边军。都察院覆奏，得旨：昂如拟，雄并妻子谪陕西固原卫。

丙子（二十八日）［湖广平溪等四卫大疫］

湖广平溪、清浪、镇远、偏桥四卫地方大疫，死者甚众。

明武宗实录卷十五

七月

癸未（初六日）［以地处极边，四川行都司奏请军职犯笞杖罪止罚俸及米以赎］

四川行都司奏：本都司并所属建昌等六卫，地处极边。军职犯笞杖罪者乞依云贵例贷问，止罚俸及米以赎。兵部覆奏，从之。

庚子（二十三日）［废云南南甸、石旧二县］

废云南武定军民府所管南甸、石旧二县。南甸之户口田粮，并所属干海子巡检司、医学，俱改隶和曲州。石旧之户口田粮，并所属普渡河〔巡〕检司，俱改隶禄劝州。

明武宗实录卷十六

八月

是月［贵州程番等处时疫大作］

是月，贵州程番等处时疫大作，民多死者。

明武宗实录卷十七

九月

甲午（十八日）［湖广永顺宣慰使等遣人贡马谢恩］

湖广永顺宣慰使彭世麒等遣冠带通把事向文等贡马谢恩。赐晏。赏彩币、钞锭有差。

丁酉（二十一日）［命总镇等官议征剿广东连州“贼”］

广东连州贼梁苟龙等越湖广、广西之境，劫掠为患，府江两岸道梗不通。守臣以闻，上命总镇等官亟议征剿，不许因循贻患。

戊戌（二十二日）［乌思藏阐教王差禅师贡方物］

乌思藏阐教王差禅师族秤伯等贡方物。赐宴并彩币、钞锭等物有差。

明武宗实录卷十八

十月

丙午朔（初一日）［四川播州宣慰使遣人贡马贺万寿圣节］

四川播州宣慰使杨斌遣长官刘彬等贡马，贺万寿圣节。赐宴。赏彩段、钞锭各有差。

乙卯（初十日）［官军剿平广东惠、潮二府“土贼”］

广东惠、潮二府土贼陈锦等为乱。佥事胡恩，都指挥何清，知府吕大川、张时泽等剿平之。初，锦纠合江西瑞金县贼戴进受等攻县城，破之。已而避于河源、程乡等县山中，有众约二千余，时出肆掠。至是平，凡擒斩千三百二十六人，俘获三百一十七人，获被掠者百二十二人。于是总镇太监潘忠、总兵官伏羌伯毛锐以捷闻，上降敕奖励忠等，赍奏人赏钞千贯。

明武宗实录卷十九

十一月

丁酉（二十二日）［乌思藏大宝法王遣僧徒贡氆氇方物］

乌思藏大宝法王遣僧徒畜吉叭藏卜等贡氆氇方物来朝。赐宴。赏衣服、彩段等物，仍令赍敕并彩段表里等物，回赐大宝法王及留边诸僧。

明武宗实录卷二十

十二月

乙丑（二十一日）［降兵部主事王守仁为贵州龙场驿驿丞］

降兵部主事王守仁为贵州龙场驿驿丞。时南京科道戴铣等以谏忤旨，方命锦衣卫官校拿解未至，守仁具奏救之。下镇抚司考讯，狱具，命于午门前杖三十，仍降远方杂职。

壬申（二十八日）［云南巡抚陈金奏请寻甸军民府添设学校，未允］

先是，巡抚云南都御史陈金议奏寻甸军民府添设学校，孝宗皇帝允之，而左布政使周宏疏言未可者有三：寻甸一府，民皆夷罗，习于纵肆，但宜镇之以静。况木密、平夷、武定地方，灾变非常事，宜预防。今若兴作，未免起倩夫役，动淹岁月。万一民不堪命，逃移失所。其不可一也。买办物料，雇觅人工，府库空虚，小民困极。本司库藏，俱系解京备边等项，额数难以动支。其不可二也。兼以税粮不及三千，人民止有七里，学校一设，师生俸廪、祭祀乡饮之费、斋膳门库等项，皆不可缺。加征则无粮可取，加役则无人可充。其不可三也。乞停止。礼部议覆，上曰：寻甸既系羁縻之地，又多灾伤，儒学其勿设。

明武宗实录卷二十二

正德二年丁卯（1507）

闰正月

丙午（初二日）［广西参政谢湖奉敕往莅田州府事，岑猛仍据府廨不去］

广西参政谢湖奉敕往莅田州府事，故土官知府岑猛已降福建平海卫千户，迁延不行，及湖至，复陈兵自卫，拥据府廨，挟改府佐官职。两广总镇等官以闻，兵部言：猛之祖母岑氏又奏，乞容猛于广西极边率部下立功，以便祭养。宜移文总镇等官详议，驰奏裁处。从之。

壬子（初八日）［故灵藏赞善王弟遣使朝贡］

故灵藏赞善王弟端竹坚昝遣使臣番僧剌麻星吉等来朝贡方物、马匹。赐钞锭、彩段等物有差。

乙丑（二十一日）［广西郁林州及北流等县、梧州府、浔州卫地震］

广西郁林州及北流、博白、陆川县地震，有声如雷。梧州府、浔州卫并地震有声，摇动军民房屋。

癸酉（二十九日）［许故灵藏赞善王弟袭兄爵］

故灵藏赞善王喃葛坚粲巴藏卜之弟端竹坚昝乞袭兄爵。许之。

明武宗实录卷二十四

三月

癸丑（初十日）［贵州土官宣慰使安贵荣以普安功授右参将］

贵州土官宣慰使安贵荣以普安功进昭勇将军，复乞改授职衔，以便公会行礼。兵部拟授都指挥佥事散官，有旨：特命为右参将。

癸亥（二十日）［云南师宗州土民阿本等起事，巡抚吴文度调兵征之］

云南师宗州土民阿本等作乱，巡抚都御史吴文度调兵征之。先是，云南、贵州巡抚都御史及临安、腾冲兵备副使俱拟裁革，及闻是警，乃命暂存之。

明武宗实录卷二十五

四月

丙子（初三日）［广东巡按陈霖奏称官军进攻广东连山县起事瑶人，先败后胜］

巡按广东监察御史陈霖奏：官兵以正月二十九日进剿连山县瑶贼，贼乘夜袭韶州府同知韩铣营，铣死焉，我兵死者无筭。是后诸军与战，乃颇有斩获，计首级一百八十七颗。命有司知之。

丁丑（初四日）［以旱灾免贵州地方税粮］

以旱灾免贵州地方税粮四万四百三十余石。

［开云南散官冠带纳银例］

开云南散官冠带纳银例，以备本处军饷。

己丑（十六日）［贵州宣慰使司土官宣慰使宋然遣人贡马庆贺］

贵州宣慰使司土官宣慰使宋然遣舍把宋璇等贡马庆贺。赐彩段、钞锭有差。

明武宗实录卷二十六

五月

甲辰（初二日）［以累有军功。赏云南武定军民府土官知府钑花金带］

云南武定军民府知府土官凤英以有军功升布政司右参政，仍知本府事，至是请乞金带。礼部查无例。上以英既累有军功，准赏钑花金带一束，不为例。

丙午（初四日）［湖广永顺宣慰使司土官知州张宗保等遣人贡马，贺立中宫］

湖广永顺宣慰使司土官知州张宗保等遣舍人彭文等贡马，贺立中宫。给赏如贺即位例。

［广西官军进剿贺县起事僮人］

总督两广军务右都御史熊绣、总兵官伏羌伯毛锐、镇守广西副总兵都指挥佥事康泰各奏：今年正月进剿贺县僮贼，两月之间，擒斩二千八百余人，俘获四百余人。得旨：并太监潘忠、张瑄等，俱赐敕劳之。赍奏人各升一级，仍赏绮衣一袭、新钞千贯。

癸丑（十一日）［四川邛部长官司长官贡马］

四川越嶲卫邛部长官司长官领阿福人贡马匹。给赏钞、绢如例。

甲寅（十二日）［以地方旱疫，免贵州所属镇远等卫府州县及宣慰、安抚二司正官朝觐］

免贵州所属镇远、龙里、镇宁、婺川等卫府州县及宣慰、安抚二司正官朝觐，以地方旱疫故也。

明武宗实录卷二十七

六月

丙子（初四日）［湖广龙潭安抚司护印致仕安抚差人贡马，马坠崖死，诏减半给赏］

湖广龙潭安抚司护印致仕安抚田正差把事崔林等贡马，而马坠崖死。礼部劾其不由布政司起送，坐违例。诏减半给赏。

明武宗实录卷二十八

七月

戊申（初七日）［云南官兵进剿师宗州“贼首”阿本等，获大捷］

云南师宗州贼首阿本等不听抚谕，率众敌杀官军。镇守太监崔安、总兵官沐昆、巡抚都御史吴文度、巡按御史陈天祥等，议遣左参议陈一经等督兵二万余人，分为三哨，自师宗州、罗雄、弥勒三路并进。又于盘江贼巢后路，分兵守截。前后斩获四百七十六级，生擒一百二十九人，俘获贼属三百九十一人，牛马器械甚众。自首贼首二人，听抚投降四百九十五人，惟贼首阿本未获。捷至，诏安等俱写敕奖励，差来人各赏绮衣一袭、新钞千贯。

庚戌（初九日）［湖广散毛宣抚司宣抚等遣人朝贡］

湖广散毛宣抚司宣抚覃显琮等遣把事黄子虎等庆贺，贡马及方物。赐宴并钞锭、彩段等物有差。

丙寅（二十五日）　［以广西富、贺等县及广东连州等处平“贼”，升赏有功官军］

升赏广西富、贺等县，广东连州等处，平贼有功官军五千九百五十三人有差。太监潘忠岁加米十二石，总兵毛锐四十石，巡抚都御史熊绣已致仕。赏文绮二袭、白金十两。都指挥李铭、王春，纪功御史张津、陈霖，各文绮一袭、白金五两。参政王臣、翁健之，副使郑岳，佥事吴廷举，各文绮一袭。参政管琪，参议钟文俊，佥事丁隆、李希颜，各白金三两。

明武宗实录卷二十九

八月

庚辰（初九日）［命安远侯柳文充总兵官，镇守两广地方］

命安远侯柳文充总兵官，镇守两广地方。

壬午（十一日）［广东韶州府同知征僮人战死］

广东韶州府同知韩铣征僮贼战死。诏赠朝议大夫广东布政使司右参议，赐之诰命。

丁亥（十六日）［四川天全六番招讨使司土官招讨使遣人贡马谢恩］

四川天全六番招讨使司土官招讨使高勋遣舍把高文璧等贡马，谢受职恩。赐宴。赏宝钞、彩段、马价如例。

壬辰（二十一日）［以广西修仁、荔浦二县田塘被僮人占种，请暂停粮税，并令僮人将所占田塘还主］

巡按广西御史张津奏：广西修仁、荔浦二县田塘顷亩节被僮贼占种，致粮多逋负，遗累官民。请暂停粮税，并行总督等官从宜抚捕，其占种田塘，责令还主，庶几不失原额。户部议覆，从之。

丁酉（二十六日）［升播州宣慰使杨斌为四川按察使，仍莅宣慰事］

升播州宣慰使杨斌为四川按察使，仍莅宣慰事。旧制，土官有功，惟赐衣带或旌赏部下人，无列衔方面者。斌狡横，不受两司节制，讽安抚罗忠等上屡平普安蛮贼功，阴重赂瑾，故有是命。后数年，卒致支爱、凯离之乱。

［以那端袭元江军民府土官知府］

以那端袭元江军民府土官知府。

明武宗实录卷三十

九月

丙午（初六日）［韩胡碉寨恰列寺番僧遣弟朝贡请袭职］

韩胡碉寨恰列寺番僧领占朵儿只遣其弟小和尚来朝贡，因请令袭其职事。许之。

［威、茂州卜南村、曲山等寨番人来归，乞为“白人”，兼请衣巾，愿纳粮差］

镇守四川太监罗籥奏：威、茂州所辖卜南村、曲山等寨，自弘治四年叛，不服征徭十七年矣。至是来归，乞为白人，兼请衣巾，愿纳粮差。白人者，其俗以白为善，以黑为恶也。礼部覆议：番人既知向化，宜照例量令入贡给赏，以示恩威。镇守等官，亦请少加赏劳。诏是之，岁给籥禄米十二石，赐大红蟒衣一袭。巡按御史王璟、参将马隆，各赐文绮二袭。

壬子（十二日）［裁革广西郁林州、横州、宣化县、贵县税课局］

裁革广西郁林州、横州、宣化县、贵县各税课局，从总督两广军务都御史陈金请也。

明武宗实录卷三十一

十月

丙申（二十六日）［以“土疆弗靖”，免云南武定等府、罗雄等州及罗次县掌印官朝觐］

免云南武定、丽江、蒙化、景东、镇沅等府，罗雄、沾益等州，及罗次县掌印官朝觐，以抚按官奏土疆弗靖故也。

明武宗实录卷三十二

十一月

癸卯（初四日）［云南阿迷州东山口仍置土官巡检］

巡抚云南右副都御史吴文度奏：阿迷州东山口与广西、维摩等府州王弄山等长官司接境，宣德间设巡检司，以土官簇人普觉为巡检。后因罪废止，委官署印，屡致盗起，乞以州民普纳继任前职。吏部请移文文度裁酌，送部除授。或地方有警，即授以冠带，令其莅事。从之。

己未（二十日）［广西布政使俞深请留解京赃罚银备用，未允］

广西布政使俞深奏：地方连年用兵，费用浩繁，乞将未解赃罚银三千七百余两存留备用。诏仍解京库交收。

辛酉（二十二日）［田州岑猛悔罪听抚，诏准改附近卫所］

总督两广军务右都御史陈金等奏：岑猛占据旧巢，要求府佐，不欲赴平海卫。累遣参政王臣、副使郑岳往田州抚之，许为奏改近地，顷已悔罪听抚，将赴军门从征自效矣。因劾掌田州府事参政谢湖，受官之后不即赴任，为猛所拒，纳其馈遗，而徇其要求。宜逮问，以为旷职者之戒。臣岳等受委招抚，能服强夷，宜有以赏其功。事下兵部覆议，诏以猛既悔罪，准改附近卫所，听征杀贼。臣等赐敕以奖励之，湖令锦衣卫遣官校逮系至京考讯。

丙寅（二十七日）［两广总督陈金以用兵剿“流贼”，请量留解京银两，以备有警支用］

总督两广军务右都御史陈金奏：近差司礼少监韦霦会科道查盘两广岁报底册，欲将各司、府所贮银两、货物解京。其梧州盐粮军赏银两，量留三分之一，余亦解京。臣等查得梧州盐粮银凡四十万七千两有奇，广东广丰库内银凡三十七万四千两有奇，尽数输送入京，以资国用，未为不可。但今两广流贼聚众抢劫，而柳、庆地方猖獗尤甚，方议用兵分剿，非粮无以给饷，非赏无以劝功，前银乞各量存十五，以备有警支用。诏以边方既有事，准五十万解京，其余留备军需之用。自后凡新旧收支数目，每年终备细开奏以闻。

明武宗实录卷三十三

十二月

乙酉（十六日）［云南邓川州土官知州差人贡象］

云南邓川州土官知州阿骥差人进象四只。赐骥及其妻绮罗绢匹，差来人赏衣服有差。

丁酉（二十八日）［宥云南都司已故都指挥同知罪］

宥云南都司已故都指挥同知刘桓罪，许其子玺承袭指挥使。先是，桓以都指挥佥事领兵征进贵州，坐失陷平夷所，问拟谪戍。其母奏辩，移巡按御史勘报，谓桓有斩获功可录，平夷所非其统属，罪可原。兵部具奏，乃得是命。

是岁［湖广靖州等处大疫］

是岁，湖广靖州等处自七月至十二月大疫，死者四千余人。

明武宗实录卷三十四

正德三年戊辰（1508）

正月

丙寅（二十八日）［湖广、四川、贵州、广西土官衙门各遣人朝贡］

湖广、四川、贵州、广西土官衙门各遣通把头目贡马及降香等物。赐宴及彩段、钞锭有差。

明武宗实录卷三十五

二月

戊子（二十日）［给董卜韩胡宣慰使司灌顶圆通妙济国师诰敕］

给诰敕于董卜韩胡宣慰使司灌顶圆通妙济国师札失短竹等，共六道。

辛卯（二十三日）［永宁宣抚等司及南丹等州入贡］

永宁宣抚等司及南丹等州各差通把、官族、头目龙大川等贡马及方物。赐宴及彩段、钞锭有差。

明武宗实录卷三十六

三月

辛亥（十四日）［广西忠州等州县土官遣人贡马］

广西忠州等州县土官遣族目人黄绍等来朝贡马。赐宴并彩段、宝钞有差。

己未（二十二日）［湖广容美宣抚司、石梁下峒等长官司遣人朝贡］

湖广容美宣抚司并石梁下峒等长官司遣通把张世宗等贡降香、方物。赐宴并绢匹、钞锭有差。

明武宗实录卷三十七

四月

己巳（初二日）［贵州宣慰使司土官右参政遣人贡马］

贵州宣慰使司土官右参政安贵荣遣舍人安宗等贡马。赐锦段表里等物，及赐安宗等彩段、钞锭有差。

癸巳（二十六日）［赏云南师宗州豆温乡等处获功官军］

赏云南师宗州豆温乡等处获功官军指挥佥事王晟等纱绢布匹有差。

明武宗实录卷三十八

五月

壬子（十五日）［贵州赤水卫火灾］

贵州赤水卫火，毁军民庐舍三百十六家及城楼一座、仓廒二座，男妇死者二十人。

癸丑（十六日）［裁革云南宁州流官知州］

裁革云南宁州流官知州。旧额惟土官，弘治十六年新添流官知州。至是，巡抚都御史吴文度以夷方地狭，奏请裁革。从之。

丁巳（二十日）［贵州朗溪蛮夷长官司长官以疾免，其子请代］

贵州朗溪蛮夷长官司长官田稷以疾免，其子庆嘉请代。从之。

［升赏招抚四川用中蓬、黑虎寨各番有功官将］

镇守四川太监罗（仑）〔籥〕奏：用中蓬、黑虎寨各番叛逆久矣，今皆归顺，请录深入招抚、不避艰险者之功。诏升千户王玉、单英等二十七人各实授一级，指挥章玺等五人各署一级，威州知州崔哲等三人各俸一级。赏参将马隆等五人各银十两、文绮一袭，巡按御史陈威银十两、文绮二袭。加仑禄米岁十二石，仍以玺书劳之。

明武宗实录卷三十九

六月

己巳（初三日）［兵科给事中潘希曾、监察御史刘子厉奉敕盘查贵州、湖广边储］

兵科给事中潘希曾、监察御史刘子厉奉敕查盘贵州、湖广边储，劾奏施州卫千户蒋廷玉、舒良臣受赇骫法。户部覆奏，诏并查经管官员。于是希曾、子厉以查参未明，责其回护欺罔，遣官逮系，下镇抚司考讯。湖广巡抚右副都御史汤全、管粮右参议华福，管屯副使金献民、刘逊，都指挥佥事张埙，并廷玉、良臣，俱令巡按御史逮系至京并鞫。时全已致仕，福、献民已去任，皆即其家捕之。其接管巡抚右佥都御史刘缨，已升南京大理卿，亦令自劾。

乙亥（初九日）［分守湖广行都司太监奏擒获“强贼”田思明等，乞录有功之人］

提督太岳太和山兼分守湖广行都司太监韦兴奏：擒获强贼田思明等二千九十余名，乞录有功之人。事下兵部覆言：据兴所奏，皆类报之例。若以为功，则盗息民安，在在皆然，而要功挟赏者多矣。锡予之典，不可轻授，况镇巡官并无奏报，宜行巡按御史核实。得旨：允兴奏，不必行查。于是舍人韦钟升实授一级，韦聪、龚珊升署一级，韦昂等给赏有差。

明武宗实录卷四十

七月

己亥（初三日）［两广总督陈金等各遣人献“柳、庆之捷”］

总督两广都御史陈金、太监潘忠、总兵官毛锐、广西副总兵康泰、太监蔡昭等各遣千户等官来献柳、庆之捷。先是，柳州府马平、洛容二县僮贼数万为患。金等会调两广汉达官军、土兵，并借湖广官军，分为四哨，委泰等从柳州三江铺等地方四路进剿，共擒一百二人，斩六千六百三十余级，俘一千五百余人，柳、庆遂平。捷上，诏赐敕奖励，赍奏者升赏如例。忠、昭仍各岁与禄米二十四石，金升左都御史，泰升实授一级。时纪功巡按御史卢翊已迁官，而代者未至，金等恐造册稽误，升赏后期，士卒解体，以为请。乃命翊俟造册完日乃赴任。

辛亥（十五日）［乌思藏阐教王并王子遣番僧朝贡］

乌思藏阐教王遣番僧头目坚昝札挂等并王子遣番僧你麻藏卜等，各贡马及佛像等物。赏彩段、衣服有差。

明武宗实录卷四十二

九月

壬寅（初七日）［乌思藏辅教王、大乘法王、阐化王等遣番僧等进贡朝贺］

乌思藏辅教王遣番僧札失藏卜、大乘法王遣番僧锁南以失、阐化王遣番僧札失坚参，并剌思刚撒结瓦、长河西等处护国师印拔思巴藏卜遣都刚剌瓦藏卜等，各进贡朝贺。赐彩段等物有差。

丁未（十二日）［贵州都匀长官司长官与其族土舍争袭仇杀］

贵州都匀长官司长官吴钦与其族土舍吴敏争袭，互相仇杀。镇巡官以闻，兵部揭查武官贴黄簿，盖钦之曾祖赖，洪武年间立功为长官，后阵亡，而其子琮尚幼。敏之祖名贵，赖弟也，暂令借职。琮既长而袭，传三世至钦矣，于法敏不得妄争。诏可之。其仇杀事情，仍令镇巡官议处以闻。

辛酉（二十六日）［以田州府土官知府岑猛“构乱”事，惩处原兵部尚书刘大夏等］

田州府土官知府岑猛以构乱降福建平海卫千户，恋旧治不行，累令其祖母及土酋奏乞复为府佐。改设流官，以参政知府谢湖惧猛恶，托送母以归，亦迁延不即赴任。及至，则猛以回据府治矣。事闻，累移守臣抚处，乃改猛附近卫所，听立功自效。而逮湖至京，下诏狱考讯。湖讼冤，以为激猛叛者，由镇守太监韦经、总兵官毛锐、巡抚都御史潘蕃也。经复讼冤，以为猛之初叛，由巡抚都御史刘大夏激之。于是经、锐、蕃、大夏俱遣官校捕送诏狱。狱上，坐大夏为兵部尚书时，不能从镇巡官降猛为同知之议，而力主调发，以拂夷情；蕃任巡抚时，不能抚猛，及闻迁官之命，遂委而去，致猛得肆其恶。得旨：令三法司、锦衣卫仍会五府六部科道官鞫处。遂拟大夏、蕃及锐，比抚驭无方，致所部军人反叛之律，俱追夺诰敕，发边远充军。经送司礼监奏请发落，湖赎徒还职，猛令以同知莅府事。复得旨：数大夏、蕃罪当死，姑从轻永戍肃州。锐革太子太傅并禄米五百石，经降二级革禄米，俱闲住。湖为民，猛如拟。大夏在兵部，尝请查革勇士为近幸所恶，时已致仕，复褫职为民矣。瑾必欲致之死，故因猛事罪之。廷臣会问亦徇瑾意，无有申救之者。及发遣，瑾又令人防察，亲识故旧皆引避不敢饯送。时大夏年已七十有三，垂老远谪，士论莫不伤之。既而湖奏辩，又止降官二级。

明武宗实录卷四十三

十月

丁卯（初三日）［四川播州宣慰使司差人贡马］

四川播州宣慰使司差长官何烜等贡马。赐彩段、钞锭有差。

乙亥（十一日）［赐金齿、腾冲等处参将沐崧织金飞鱼文绮］

赐金齿、腾冲等处参将署都指挥佥事沐崧织金飞鱼文绮一袭，从其请也。

丙子（十二日）［云南百夷、缅甸及宣慰土官衙门三年一贡］

礼部以大通事王喜奏：云南百夷、缅甸及宣慰土官衙门，例应三年一贡，今皆不通，宜移文镇巡等官以时促之。上曰：土官贡赋自有旧制，其勿纷扰，仍行各省镇巡官知之。

壬午（十八日）［四川酉阳宣抚司护印舍人遣人贡马］

四川酉阳宣抚司护印舍人冉廷玺差人贡马。赐彩段、钞锭有差。

［四川杂谷安抚司并抚回上草坡寺部等寨番僧头目进贡方物］

四川杂谷安抚司并抚回上草坡寺部等寨番僧头目进贡方物。赐彩段、衣服有差。

明武宗实录卷四十五

十二月

壬午（十九日）［命湖广长沙卫带俸都指挥佥事王震备御广西］

命湖广长沙卫带俸都指挥佥事王震备御广西地方。

己丑（二十六日）［令下荆南、上湖南、湖北三道分巡官各携家驻其地］

湖广守臣奏：下荆南、上湖南、湖北三道地方险远，宜令分巡官各携家驻其地，二岁一更。从之。

明武宗实录卷四十六

正德四年己巳（1509）

正月

壬子（十九日）［广西苗人“四出寇钞”，令广西、湖广镇巡等官设法抚捕，随宜防御］

巡抚湖广右副都御史张子麟奏：广西苗贼四出寇钞，恐越境为害，宜暂调武冈轮戍下班指挥佥事王真所领官军一千一百员名，驻永州操候，以听调遣，如贼遁散即掣回。兵部覆请，诏从之，仍令广西、湖广镇巡等官，各设法抚捕，随宜防御，勿致滋蔓，以靖地方。若延纵如前，罪不贷。

戊午（二十五日）［兵部上广西柳、庆平“贼”功次］

兵部上广西柳、庆平贼功次。首列有功当升二级者，锦衣卫正千户魏英等十四人升一级，量赏者副千户吕天瑞等七人升一级，不赏者正千户王良等六十四人。次及广西等都司官舍并阵亡旗军应升一级者四百二十六人，升署一级者十人，应赏者九千六百二十八人，乃以总理调度等官太监潘忠、都御史陈金等应加赏典请。有旨：英等十四人、良及百户李清等四十一人，如拟升赏。千户毛汉等十七人各加赏不升。广西等都司官舍、旗军各如例升赏。忠岁加禄米十二石。金赏银二十两、彩币二表里。广西镇守太监蔡昭、副总兵康泰赏如金。纪功御史卢翊赏银十两、彩币一表里。分守参将马澄、金堂、官缨赏如翊。协同监督进剿官左参政王臣，左参议林璿，右参议钱灏、罗荣，副使陈崇德，佥事蔡炼、王秩。赏彩币如翊，而银半之。锦衣卫公差千户李钺以非奏带之数，不准升赏。兵部所拟升一级不赏者，内有余珞等五人，盖指挥余置家僮，而梁次摅则学士储之子也。瑾以其夤缘冒功，俱押发原籍为民……

庚申（二十七日）［两广总督陈金等奏请广东连山县迁回旧治］

总督两广军务左都御史陈金等奏：广东连山县旧治乃洪武初年建置，土地衍沃，山水环绕，且通舟楫，足以御防夷寇。天顺中，为贼攻毁，暂迁小水坪岭，险阻多瘴，居民不便。宜迁复故址，岁拨官军、民壮千人分番戍守。从之。

明武宗实录卷四十七

二月

癸亥朔（初一日）［令四川威州打剌儿寨头目照例三年一贡］

四川威州打剌儿寨头目用中蓬乞授职修贡，镇巡等官以闻。礼部议覆，上令照例三年一贡。

辛未（初九日）［乌思藏阐化王遣番僧朝贡］

乌思藏阐化王遣番僧札失坚参来朝贡。赏彩段、绢、钞有差。

明武宗实录卷四十八

三月

壬寅（初十日）［以“在边事简”，裁革广西太平府通判、知事、检校并所属税课司递运所大使各一员，仍令各处抚按核其事简者一体裁革］

裁革广西太平府通判、知事、检校并所属税课司递运所大使各一员，以都御史陈金奏其府在边事简故也。仍令各处抚按核其事简者一体裁革。

壬子（二十日）［以平柳、庆二府“贼”，升赏两广汉土官军人等］

升赏广西、广东汉土官军人等九千五百八人有差，以平柳、庆二府贼功也。

明武宗实录卷四十九

四月

甲子（初三日）［四川达思蛮长官司遣番僧入贡］

四川达（司）〔思〕蛮长官司遣番僧镇郎藏卜等各来贡。赐宴给赏有差。

丁卯（初六日）［论广西柳、庆功，赏总督陈金玉带］

论广西柳、庆功，赏总督军务右都御史陈金玉带一束。

己卯（十八日）［以旱灾免贵州等六卫等地秋粮］

贵州等六卫、普市千户所、程番府，各以旱灾免秋粮有差。

辛卯（三十日）［张廉卒］

右副都御史张廉卒。廉字孟介，浙之归安人。成化丙戌进士，历刑部主事员外郎、郎中……转贵州按察使。奏诛印江豪酋，置县官。及迁左布政使，与征都清苗寇有功。请增贵州解额自廉始。擢右副都御史巡抚贵州，疏言：属府黎平僻远，而五开军卫牵制两省。宜令湖广兵备副使听节制，及削镇远土官，置县官如印江例。皆从之。廉刚方梗直，好面折人过，动与物忤，由是被论劾致仕。行之日，父老军夷无虑千数遮留之。年七十有六，卒于家。既卒，家无厚产，乡人以此重之。

明武宗实录卷五十

五月

丙申（初五日）［儋州“熟黎”与“叛黎”相攻，至是巡抚陈金、巡按袁仕谳之］

初，儋州熟黎符那月所管富莪村，本天顺间叛黎符那南巢穴。其后那南侄南蛇屡征不浔，复又为那月及儋州同知陈珉因事科扰之，发忿作乱，与那月相攻，破那月村，杀其家五十余人。遂流劫昌化、澄迈二县村镇，众至数千。那月逃居儋州，攻围儋及昌化县城，焚掠无筭。及大军平南蛇，那月以乡导有功受赏。其后镇巡等官推致乱故归罪珉等，那月亦以与南蛇相攻时杀二人坐斩，因屡奏诉冤。至是，巡抚左都御史陈金会巡按御史袁仕谳之，直其冤，并劾佥事王希旦失入，副使王机专擅释放。前御史华琏、聂贤，左参政王纶不能平反，而仕与金亦以失劾原问官。都察院以闻，上命释那月，而罚贤、纶米人三百石，琏、金人二百石。机以致仕免仕，候巡按满日以闻。按察司并瑗州府原问官，其具以名上。

戊午（二十七日）［马平县地方“贼寇”平，两广镇巡等官图善后之计］

户部覆议两广镇巡等官潘忠等奏：马平县地方贼寇既平，当图善后之计。乞于要害之地霍山、归思、覃河、白面等堡，添设敌楼，起盖官厅，调拨官军，轮班防守。其合用粮饷，查得二三等都贼人所遗田地数多，宜召人领种，照依民田起科纳粮，仍于堡内起盖仓廒，委官收放，及将佃户俱免一年粮差，以示宽恤。从之。

明武宗实录卷五十一

六月

庚午（初十日）［以“番蛮”扰边“守备不设”，降马骢为茂州卫指挥佥事］

降分守松潘游击将军都指挥佥事马骢二级，为茂州卫指挥佥事。先是，空笼、木垒等番蛮扰边，骢坐守备不设，又以给赏故多盗官物。都察院拟谪戍，然以其所部颇有斩获功，故宥其罪而降之。指挥使孙仁等七人皆以提督守备不能分军助敌，下巡按御史逮问。指挥同知田禄等六人则以斩获功，命兵部查例赏之。

己卯（十九日）［诏四川镇巡等官覆勘播州宣慰司地方旱灾］

诏四川镇巡等官覆勘播州宣慰司地方旱灾，蠲其应免粮税。从户部覆请也。

戊子（二十八日）［湖广镇溪所“洞苗”聚众起事］

四川酉阳宣抚司护印冠带舍人再廷玺及重庆卫邑梅洞长官司土官杨秀璿，各奏湖广镇溪所洞苗聚众攻劫村寨，杀虏男女牛马数多，乞行湖广镇巡官调兵征剿。兵部言：若如所奏，实非细故。宜移文各镇巡官勘实，议抚剿孰便，仍参究隐匿误事者罪。从之。

明武宗实录卷五十二

七月

庚申（三十日）［四川守臣奏议抚管松潘南路“番寨”事宜］

四川守臣奏：四蜀之西，松潘独当一边，且与吐蕃接境，甚为蜀患。松州南下叠溪、威、茂为南路，东出江油为东路。自江油而入者，道路颇宽，番寨稍远，间有出没，我军犹可为备。惟南路由灌县而入，以溯叠溪，地势险隘，番寨相联，粮夫经行，多被剽掠，不惟边人告病，而内地亦困。自洪武、永乐以来，虽迭用大兵，终请平而罢。今各寨颇知向化，而南路之防为急。欲令每寨择其众所信服者，立为牌头、老人名色，就令管束诸蛮。凡遇粮夫、使客、商贾经行，并官军送哨往还，各会同番僧剌麻，官军逐程护送。朔望赴所辖卫所，听参将、兵备官查审用命不用命，量给茶、酒、布匹以抚恤之，庶或因事救弊，而道路可通矣。事下兵部议，如其言。诏从之，仍令再行详审，务在得宜，以靖地方。

明武宗实录卷五十三

八月

戊寅（十八日）［广西柳州府知府以“远迎上官”，过水康崖遇“贼”被俘，死之，处置失事军官］

广西柳州府知府刘琏以远迎上官过水康崖，遇贼为所虏，遂愤怒死焉。守臣以闻，且言指挥张鏊不沮琏远出，参将官缨等有地方之责，皆当逮问。诏姑停鏊、缨等俸，限捕贼三月必得乃已，仍核琏死情实上之。

**己卯（十九日）［以提备、防范欠严，降松潘卫指挥佥事史

宽，罚原分守左参政马懋、分巡副使匡翼之]

巡按四川御史陈钟奏：小关堡守备松潘卫指挥佥事史宽，(堤)〔提〕备欠严，被贼抢虏，当充军。及查参分守左参政马懋、分巡副使匡翼之防范欠严，俱宜逮问。时懋已升福建右布政，翼之已坐事降桐庐知县矣。得旨：宽从轻降一级，懋、翼之既迁官去任，免逮问，各罚米二百石。

明武宗实录卷五十四

九月

丙申（初七日）[原安宁宣抚杨友从保宁府城中脱逃，逮问知府等，至是四川守臣奏称杨友难遽获，诏复知府等职]

先是，革罢安宁宣抚杨友与其弟播州宣慰爱有隙，发保宁府城中羁管。后逃回，知府崔侃等以羁管不严逮问，且欲系之，候获友具狱以请。至是四川守臣奏：友难遽获。诏复侃等职，各输赎罪米二百石，仍命抚拘友到日并以闻。后友纵兵攻劫播州，镇巡官奏请会剿，竟以四川鄢、蓝盗起而寝其事。

己亥（初十日）[乌思藏袭封阐化王及袭职完渴都指挥进贡方物及遣人数超过定额]

礼部言：乌思藏袭封阐化王阿吉汪束札失札巴坚参巴藏卜及袭职完渴都指挥暖精藏卜，进贡方物及遣人数多出于例外，意图厚赏。今宜准其多者，为次年贡数，如例给赏。指挥无年贡者，裁其赏赉之半。其陕西河州卫指挥使王锦等违例起送，俱当究治。诏从之，仍令今后违例进贡夷人，俱拘留在边，不许滥放，违者治罪。

明武宗实录卷五十五

闰九月

癸亥（初四日）［贵州宣慰使司土官右参政遣人贡马贺万寿圣节］

贵州宣慰使司土官右参政安贵荣遣舍人安居等贡马，贺万寿圣节。赐彩段、宝钞有差。

癸酉（十四日）［贵州宣慰使司土舍遣人贡马贺万寿圣节］

贵州宣慰使司土舍宋仁遣舍人宋銮等贡马，贺万寿圣节。赐宝钞、彩段有差。

明武宗实录卷五十六

十月

乙未（初七日）［湖广容美宣抚司、椒山玛瑙长官司进贡之人“沿途需索”，姑宥之］

湖广容美宣抚司并椒山玛瑙长官司通事土人刘思朝等，来京进贡，多起关文，沿途需索，为侦事者所发。自鲁桥以北应付过银千余两计，鲁桥以南又当数倍。礼部议：宜究治诸应付者，以戒将来。上以进贡土人，姑宥之，仍令礼部有谕及行文本省处治奏闻。经该起送等官，批文容呈名数不及，以致土人乘机添捏，皆夺俸两月。诸应付者通查职名及所支钱粮，仍榜示后来，不许妄行应付。

明武宗实录卷五十七

十一月

甲子（初六日）［四川乌蒙军民府土官知府遣人贡马］

四川乌蒙军民府土官知府禄溥遣人贡马。赐钞锭、彩段等物有差。

戊寅（二十日）［湖广散毛宣抚司并五峰石宝、水尽源通塔平等长官司土官遣人贺节后期］

湖广散毛宣抚司并五峰石宝、水尽源通塔（坪）〔平〕等长官司土官，各备方物遣人来贺万寿节。礼部言，俱后期而至。赏赐例裁其半。从之。

［复广东茂名县学］

复广东茂名县学。县旧有学，成化间以兵燹并入高州府。至是，生员杨节等奏请复旧。礼部议覆，从之。

明武宗实录卷五十八

十二月

戊子朔（初一日）［命朵甘思宣慰使司副使孙、万户重孙俱袭其祖职］

命朵甘思宣慰使司副使答儿麻坚粲孙锁南叫列思麻、万户剌麻监藏重孙扳麻藏，俱袭其祖职。

［升赏湖广潜江等县“获贼”有功官军］

赏湖广潜江等县获贼有功官军一百二十四名有差。升义官杨伏会为巡检，知县石瓒一级，都指挥同知樊烨署一级。赏工部侍郎毕亨银五两、纻丝一袭。阵亡者官军各升署一级，民与子侄一人参充农吏。

庚寅（初三日）［裁革广西太平府通判一员、平乐县教官二员］

裁革广西太平府通判一员、平乐县教官二员。

明武宗实录卷五十九

正德五年庚午（1510）

正月

乙亥（十八日）［浔州峡山瑶人掠官舟，官军讨之，败绩，事闻，处置失事军官］

初，浔州峡山瑶贼掠官舟。分守参将金堂遣指挥杨溥及千户冯绅、百户尚昇等捕之，驻兵南渌江。又遣指挥施震助溥，溥所部不戢，土瑶苦之，遂诱杀绅、昇及军士二人。溥众溃，争渡舟覆，溺者七十人，震部下亦有死者。事闻，溥谪戍云南洱海卫，震降一级，堂以委用失人，夺俸三月。

明武宗实录卷六十

二月

丙午（二十日）［命官军征剿四川“贼首”蓝五等］

四川守臣奏：贼首蓝五等有众二千余人，转掠重庆、夔、保间。其东乡、开、达、大宁、大昌、新宁、通、巴等县，又邻境汉中、荆、襄，故三省流徙之徒，易聚为患，去来出没无常。请命大臣总制三省官军，并调酉阳、石硅土兵，协助征剿。兵部议上，诏总制官不必差土兵，准拟调用都御史林俊并各省镇巡官，令各严督所部，互相策应，务期成功。

乙卯（二十九日）［勘定永顺宣慰使与保靖宣慰使土地之争，处罚办事不力官员］

初，永顺宣慰使彭世麒与保靖宣慰使彭翰争村寨相攻，数奏诉于朝，下所司勘处，累年不能决。至是抚按官议，以家腊、竹江、新寨宜仍归永顺，捝车、不齐二村归保靖。令各从其土俗，歃血割契，以杜后争。且谓世麒、翰倚强暴悍，宜加罚治，并劾先任参政夏暹、佥事赵璧等二十余人承勘顾避之罪。得旨：世麒、翰各罚米三百石，承勘官各二百石，已去职者罚半之。

明武宗实录卷六十一

三月

壬戌（初七日）［调官军及永顺、保靖土兵讨四川“流贼”］

湖广总兵官都督毛伦奏：近奉敕防御四川流贼，而所属官兵不堪调用。诏许调蕲、黄等卫所下班官军及永顺、保靖二宣慰司土兵，随宜截捕。

甲戌（十九日）［分守柳庆参将官缨等“失于防御”，致柳州府知府身亡，被惩处］

两广镇巡官奏：柳州府知府刘琏出城，为贼所虏，忿悒而死。分守柳庆参将官缨、柳州卫指挥使张鳌等失于防御，俱有罪，但限内能擒贼四十六人，地方已宁。事下兵部议：各官平时不能防御，贼虽已擒，终属误事，宜逮治。得旨：鳌、缨等免逮，各停俸五月。传（旨）〔闻〕谓琏死，贼刳其腹，实之以盐。守臣不敢以闻云。

癸未（二十八日）［乌思藏大乘法王差剌麻违例从陕西河州卫入贡］

乌思藏大乘法王差剌麻绰吉我些儿等八百人从陕西河州卫入贡。礼部以其违例，宜减赏，及究河州卫指挥使徐经不行审验之罪。上命巡按御史逮经治之，仍令是后宜加审验，不许重冒起送。

甲申（二十九日）［两广巡按江万实上言边务］

巡按两广御史江万实上言边务：一、南安、南雄中间梅岭，山涧险隘，不逞之徒聚散无常，凡往来者必设备而后行。欲于两界地中，立城栅，宿防兵，时出巡视。一、广东民兵，素无教法，雇募打手，皆游食之徒。今欲量加选集，以足民兵，时加教阅，目为总甲壮丁。以见贮打手钱易米，而廪之月差，其数不过岁糜数十百斛而兵强矣。一、顷因林贵逋诛，调用狼兵，所过剽掠劫杀，鸡犬不遗，谋之不（藏）〔臧〕，莫甚于此。然事已无及，愿自今勿轻调用。兵部议覆，从之。

明武宗实录卷六十二

四月

辛亥（二十六日）［湖广忠建宣抚司遣人贡马］

湖广施州卫忠建宣抚司遣把事马主等来贡马。赐钞锭、彩段如例。

明武宗实录卷六十四

六月

癸巳（初九日）［四川巡抚林俊奏川陕“贼”情］

巡抚四川右副都御史林俊奏：贼首刘烈，本名臬，眉州人。尝匿保宁山中，冒为举人，寻复逃匿，或传由云南入外番矣。其川东贼蓝五、廖麻子等，僭称王号，伪铸印信。近为官军所败，斩首三千余级，俘九百余人，退保陕之西乡，愿听抚，但贼情叵测，宜且抚且战。已调酉阳诸处精兵，期以初秋夹攻。乞令湖、陕、四川交界处互积刍粮，仍于清军巡盐御史中命一人纪功。事下兵部请命总制尚书洪钟，驻三省交界处督治兵粮，纪功官听钟委用。从之，且令核所奏功次以闻。时川陕中汹汹，多窃名刘烈者，俊尝募能擒烈者赏银二千两，至图形以购之，竟不知所在云。

丙申（十二日）［董卜韩胡宣慰使司加渴瓦寺都纲等朝贡］

董卜韩胡宣慰使司加渴瓦寺都纲番僧哽滕领占等来朝贡。赐宴及赏彩段表里、绢、钞有差。

辛亥（二十七日）［官军讨平惠州河源等地及潮州程乡“贼首”林贵等］

先是，惠州之河源、龙川、兴宁，潮州之程乡，贼首林贵等啸聚攻劫，久而滋蔓，流劫邻境，远近绎骚。乃命总督军务右都御史林廷选等，发兵五万人讨平之。捷闻，廷选及太监潘忠等俱赐敕奖励。奏捷人升赏如例。

明武宗实录卷六十五

七月

己巳（十五日）［广西瑶人“流劫”郴、永，湖广巡抚王纶统兵剿平之，捷闻］

先是，广西瑶贼流劫郴、永日久，上命巡抚湖广都御史王纶统兵抚剿。纶分布参将黄焘、都指挥宋英屯桂阳，许时、卢震屯宜章，俱出广东界邀击，擒斩千余级，坠溺死者无算。捷闻，兵部请议功过赏罚。得旨：纶写敕奖励。有功官军并各项事情，令巡按御史勘报。赍奏人赏纻丝衣一袭。

己卯（二十五日）［命卢震守备郴、桂地方，宋英仍守备武冈地方］

命靖州卫带俸都指挥佥事卢震守备郴、桂地方，署都指挥佥事宋英仍守备武冈地方。

辛巳（二十七日）［以镇箪等处苗人起事，免贵州铜仁等四府、婺川等二县正官朝觐］

免贵州铜仁、石阡、思南、思州四府，婺川、印江二县正官朝觐。时湖广镇箪等处苗贼为乱，铜仁等府县与之密迩故也。

癸未（二十九日）［广西郁林州陆闭山山人韦观敬等自称系盘瓠子孙，请入贡］

广西郁林州陆闭山山人韦观敬赴京奏：祖韦本聪等，系七贤峒盘瓠子孙。先年采办土产降香、蜂蜜进贡，缘本州无应付脚力，岁久废贡，乞如例应付进贡。礼部议，以流官地方山总、山老，旧无贡例。观敬，边方山民，宜省谕遣还，毋指进贡为由，科扰其众，仍行广西有司随宜抚驭。从之。

明武宗实录卷六十六

八月

辛卯（初八日）［总镇两广太监潘忠等以广西“瑶僮出没”，请留湖广轮戍官军防御］

总镇两广太监潘忠等以广西瑶僮出没，请留湖广轮戍官军万人防御。兵部议，从之。

明武宗实录卷六十七

九月

乙丑（十二日）[复设四川建昌等处兵备副使凡五人]

复设四川建昌、威茂、叙泸、安绵、东达等处兵备副使凡五人，皆为刘瑾所革者。守臣以盗贼蜂起，请复添设。兵部议，从之。

丙子（二十三日）［四川官兵与罗回、石砫等兵，剿平“流贼”蓝廷瑞等］

四川流贼蓝廷瑞、鄢本恕等作乱。廷瑞与廖惠等欲据保宁，本恕等欲据汉中，攻郧阳，由荆襄而下。巡抚都御史林俊，议发兵防通江。惠等果至，破其城，佥事钱朝凤等各遁走。会官兵自他县回，贼疑援兵至，亦遁。左参议公勉仁闻变，退屯右垭。俊益发罗回、石砫等兵，谍报贼至，朝凤惊坠渠中，欲复走，有乡夫者抗声让之，乃止，督罗回与战。勉仁亦引兵自右垭来，列营赤日中。会龙滩河涨，贼半渡，罗回奋击之。贼败，擒斩八百余人，坠崖及溺死者甚众。俊又遣知府张敏、何珊等，追至门镇子，斩首亦如之。廷瑞死，惠被擒，余党遂入陕西西乡。总制尚书洪钟及俊各以捷闻，赐敕奖励。赏奏捷者如例。各官功罪，令巡按纪功御史勘报。

癸未（三十日）［两广镇巡官奏“盗贼”连年为乱，军饷不支］

户部覆议两广镇巡官奏：谓盗贼连年为乱，军饷不支。乞将正德三年、四年抽过番货，除贵重若象牙、犀角、鹤顶之类解京，其余粗重如苏木等物估价，该银一万一千二百有奇，宜变卖留充军饷。报可。

明武宗实录卷六十九

十一月

癸丑朔（初一日）［贵州宣慰使司土官右参政差舍人贡马，贺万寿圣节］

贵州宣慰使司土官右参政安贵荣差舍人贡马，贺万寿圣节。赏彩段、钞锭有差。

丁丑（二十五日）［仍旧置云南金齿、腾冲军民指挥使司］

云南金齿司，国初置永昌府金齿卫贰之。洪武二十三年，革去府，改卫为军民指挥使司，腾冲亦置司如金齿。弘治中，抚按官请复永昌府，增置腾冲县，改司为卫，文武并用，稍变夷风。议久不决，至是守臣会议，国初已有州郡，后以军多民少，改置二司，各设儒学，科贡不乏。又有守巡参将统御抚绥，地近边夷，所宜安静。目今税粮仅足公家之用，若抚设府，建官增俸，给民甚不便，请宜仍旧。诏从之。

明武宗实录卷七十一

正德六年辛未（1511）

正月

甲戌（二十三日）［贵州宣慰使司土官参政差人贡马］

贵州宣慰使司土官参政安贵荣差舍人安仁等贡马。赐彩段、纱绢有差。

［四川成都后卫指挥使、播州宣慰使以贿刘瑾升职，至是被劾］

初，四川成都后卫指挥使陆震、播州宣慰使杨斌常贿刘瑾。震授署都指挥佥事，斌授按察使。至是，为巡按御史俞缁奏劾。诏皆裁之，仍原职。

乙亥（二十四日）［升高崇熙为右副都御史，征剿江津、播州“蛮寇”］

升四川左布政使高崇熙为都察院右副都御史，巡视四川，征剿江津、播州蛮寇。

庚辰（二十九日）［湖广、四川、贵州、广西所属土官差人贡降香］

湖广、四川、贵州、广西所属土官差通把、头目人等汪哈等来朝，各贡降香。赐彩段、宝钞有差。

明武宗实录卷七十二

二月

乙未（十四日）［四川巡按俞缁奏四川剿抚“盗贼”事宜］

巡按四川监察御史俞缁奏：四川自正德四年以来，盗贼群起。副都御史林俊奉命剿抚，行且十月，虽累报功次，然蓝五之党尚万余人，势犹猖獗，保、顺州县奔窜殆尽。陈三等贼数千，随抚随叛。乐至、洪雅、青神、彰明、大邑所获贼徒，真伪相半。崇宁、金堂、双流者督捕未获，而播州杨友尤为难制。各府州县仅存居民，役无虚日，或运粮饷，或载军器。一夫出力，举家出钱，卖田鬻产，供输无度。加以（折）〔拆〕寺穿井，设立社长、社正等，游僧野衲无地自容，贪官污吏倚法侵削，怨声嗷嗷，众不堪忍。请别遣谋勇将官，调集湖、陕永保、江口等处官兵，会总制、巡抚戮力剿杀，杜绝根株。量发钱粮补助，以苏民困。选进士举人，以补守令，严限赴任，抚恤伤残，仍命风力大臣一人，亲莅播州抚勘杨友事情，从长议处，以释远人疑惧。其额外庵堂寺院不下数万，折卖入官，固不为过。然行之今日，不免驱而为贼。山中涧水随取随足，穿井似亦可缓。社长、社正每月二次沿门搜讨，放贼扰民，宜皆暂停。不然，臣恐前贼未灭，而后贼随起，川民之患，无时而可除矣。礼部尚书费宏覆奏：四川连年不靖，蓝五、杨友相继杀掠官军，流劫乡落，民物凋瘵，远近惊扰。前此星陨地震，山崩城裂，皆阴盛阳微，盗贼窃发之应。顷当穷冬闭藏，复有雷电交作，变不虚生，必有其故。缁奏语虽过激，意在责备。宜备行（被）〔彼〕处镇巡等官，务令克己省愆，同心修政。凡被灾州县，加意抚恤。其折卖额外寺院庵堂，在平时实足以崇正道而辟异端，在今日恐不免驱游僧以增贼党，亦合斟酌缓急，以俟盗息民安，另为区处，仍督令各该地方官员，一体修省，拯患弭灾，务期贼类殄除，以回天变。从之。是时，川盗方盛，防御不暇，而俊且驱军民赴穿井（折）〔拆〕寺不急之役，故缁以为言。

壬寅（二十一日）［巡视四川都御史高崇熙奏请召募土人，调川南、川西之兵］

巡视四川都御史高崇熙奏：四川土汉官民兵不过二万，已属都御史林俊。今无见兵，请召募土人及以川南、川西之兵专听调用。杨友骨肉相残，较之江津诸寇不同，欲谕以利害，许令立功赎罪。下兵部集议，谓杨友叛逆已著，不先摄之以威，而遽欲柔之以德，恐纲纪懈弛，蛮夷效尤，宜合诸军示以必征意。若友父子悔过畏威，束身归罪，然后驰奏定夺。其召募土人及调二川兵，皆可许。诏如议。

丁未（二十六日）［官军土兵征剿四川“流贼”曹甫等，捷闻］

初，四川流贼曹甫等攻劫郡县，积年讨捕不获。至是移营黄舣驿，将攻泸州。都御史林俊抚谕之，甫等阳听命，因令弟琯流劫小市厢。指挥李荫等拒之，斩琯首，诸贼移江津。分七营将攻重庆，荫进至江津，俊督发酉阳、播州土兵助之，破贼四营，斩获甚重。贼败入民家，土兵围而焚之，乘胜进攻老营。贼发伏，指挥汪洋为所杀，我兵稍却，贼并入大营。荫复进兵至合山坪，去贼十五里而军。甫侦江津空虚，以疑兵缀我，将袭江津，数十骑先行，道遇荫兵而败，贼弗知也。遂合兵围其营，贼仓卒闭门，土兵四面纵火，贼大溃，斩甫等五百余人，捕虏七百余人，死于火者七百余人。捷闻，上以俊有功，并巡按御史俞缁，俱赐敕奖励。奏捷人升一级。赏衣一袭、钞千贯。洋命有司给棺殓之，其子袭升一级，为署都指挥佥事。诸将士赏赉有差，死者仍恤其家。

明武宗实录卷七十三

三月

丁巳（初七日）［四川董卜韩胡宣慰使司遣国师贡方物］

四川董卜韩胡宣慰使司遣国师昆各儿藏来朝贡方物。赐宴并赏彩段、绢、钞有差。

乙丑（十五日）［赏调征广西获功湖广官舍、旗军］

赏调征广西获功湖广官舍、旗军彩段、钞锭有差。阵亡者给其家。

己卯（二十九日）［升杨宏充总兵官，镇守四川］

升分守松潘副总兵署都指挥佥事杨宏为署都督佥事，充总兵官镇守四川。

明武宗实录卷七十四

四月

乙未（十六日）［录广东乐昌等县平“贼”功，奖有功人等］

录广〔东〕乐昌等县平贼功，升赏官舍旗军等一千六百二人有差。都御史刘洪、安远侯柳文，各赏银二十两、彩币二表里。太监潘忠、都御史林廷选，各银三十两、彩币三表里。御史王昊，银十两、彩币一表里。布政李思明、参政罗荣、佥事江潮，银五两、彩币一表里。

［贵州乖西苗人起事，守臣请调湖广、云南附近汉土官兵协征］

贵州乖西苗贼阿杂叛，守臣请调湖广、云南附近汉土官兵协征。从之。

戊申（二十九日）［以“贼”未平，四川巡抚林俊自劾，并请别议长策］

巡抚四川都御史林俊以贼未平自劾，且请下廷臣别议长策，及听总制洪钟便宜升赏优恤，以期成功。于是兵部集议，谓自四川用兵，庙谋已悉。往者贼势渐衰，使俊不掣兵，岂有营山、苍溪之失？若钟肯躬临督剿，安有梓潼、剑州之□？况调集土兵而制驭无方，徒增骚扰，以致师老无功，咎其谁归？宜降敕切责，令钟即赴保宁，会俊及总兵杨宏，并力攻守。播州土官之乱，暂以委之太监韦兴、都御史高崇熙。其升赏优恤条格，议拟上请：一、官旗军舍有能擒斩剧贼一人者升一级，世袭。从贼三人亦如之，不及三人者给赏。一、军民人等能擒斩贼首蓝廷瑞者，授世袭指挥使。赏银五百两；鄢本恕者，世袭正千户、银三百两。有官者于原职上加升，贼党自相擒斩者，升赏亦如之。一、生员廪膳获功五增附十，俱充贡入监。监生获功三，依亲者免坐监，即与拨历候选者即选用。一、吏典、承差、省祭官获功三，吏典准一考，承差免外役送部，省祭官即选用。阴阳医生获功同者，需次补官。里老人役随军有功不愿升赏者，给与冠带。一、擅杀平人冒报功次，三名以上者凌迟处死，二枭首示众，一抵命。一、阵亡者子孙照近例升一级，不愿升者给冠带，复其家。诏如议，钟、俊俱降敕切责。

明武宗实录卷七十五

五月

乙亥（二十六日）［令韦兴会同林俊、杨宏夹攻“盗”蓝廷

瑞，高崇熙提督松潘军务兼理巡抚］

总制都御史洪钟奏：盗蓝廷瑞等每遇官军，辄先遁去，地广山深，遽难殄灭，且四川兵无将领，乞改总兵昌佐统之。协同征剿。太监韦兴奏：松潘绰岭寺番僧雪郎王出作乱，谕之弗顺。官军击斩之，其党遂聚众焚红花屯，指挥胡宁与战被执。复据黄土坡山，杀千户史宽。俱下兵部议，令韦兴会都御史林俊、总兵杨宏，夹攻廷瑞等，而改巡视都御史高崇熙提督松潘军务兼理巡抚。从之。

戊寅（二十九日）［赏广东乐昌等处获功官军］

赏广东乐昌等处获功官军三千三十人钞、绢、布有差。

明武宗实录卷七十六

六月

己卯朔（初一日）［命叶昙守备清浪地方］

命贵州都指挥佥事叶昙守备清浪地方。

庚辰（初二日）［升四川茂州卫、会州卫指挥同知俱为署都指挥佥事］

升四川茂州卫指挥同知邹庆、会州卫指挥同知李燧俱为署都指挥佥事，庆四川都司佥书管事。

己丑（十一日）［四川“盗”方四等入贵州，湖广巡抚陈镐奏调永顺、保靖土兵征剿］

四川盗方四等自江津之败奔綦江，众仅四百人，流入贵州石阡李崖井，抚之不从。复奔花水，与盗任俸舟合，纠诸亡命者，遂至二千人，号万人，其势复张。指挥李辕及土官杨再珍、汪誉与战不利，遂陷婺川龙泉坪，焚乌江屯寨凡四十，巡抚湖广都御史陈镐奏调永顺、保靖土兵征之。时以官兵弱，有警辄征土兵，然所至剽掠，甚于流贼。故贼尝谓居民曰：我来梳汝，兵来篦汝矣。盖谓其取之密也。

明武宗实录卷七十七

七月

癸酉（二十五日）［广西思恩府更设流官，改编里甲］

广西思恩府以岑濬之乱，既更设流官，守臣议请知府而下设同知一人，清军兼督粮。通判一人，捕盗。附郭设县，名凤化，知县、典史各一人。白山等十四堡改编里甲。革府知事，改设照磨一人，司狱一人。府学增训导一人，及设阴阳医学。迁古陵驿于荒田堡，即名荒田驿。南海等四堡选置头目，及招集原额土军，令通判管领防守。岁贡银炉、马匹，土官已革，宜寝。下兵部会议，俱从之。

明武宗实录卷七十八

八月

戊寅朔（初一日）［贵州请兵于湖广，合兵御四川“贼”］

四川贼任倖舟、罗万等，合贼首蓝三、蓝四等二万余人入贵州。营李崖井，攻破婺川县龙泉坪长官司，及烧毁乌江屯寨。镇守贵州右参将白珍请兵于湖广，镇巡议遣副使侯启忠、都指挥潘勋，合贵州兵御之。

己丑（十二日）［贵州乖西苗人起事，巡抚魏英等统兵征剿］

贵州乖西苗贼阿杂等倡乱，集数千人攻劫屯堡。巡抚都御史魏英、巡按御史徐文华督副使陈恪、佥事陆健、都指挥洛忠等统兵攻破谷乖赏等六百三十余寨，擒斩千余人。以捷闻，英、文华赐敕奖励，升奏捷者一级。赏纻丝衣一袭、钞千贯。

**癸巳（十六日）［以地方多事，兵食艰乏，贵州各卫并川、湖

附近卫所官旗照例纳米]

贵州守臣奏：地方多事，兵食艰乏，请以贵州各卫并川、湖附近卫所官旗照例纳米。指挥五十石，千户、镇抚四十石，百户、所、镇抚二十石，总旗十石，小旗五石，输石阡、思南二府，或兴隆、清平诸仓，免其比试并枪。应袭土官，量其贫富，如宣慰安贵荣、孙万钟一千石，宋然侄储五百石。其余视职崇卑，五品以上二百石，六品以下百石，令其冠带管事。兵部议覆，诏暂许之，不为例。

明武宗实录卷七十九

九月

己酉（初二日）［广西怀、贺等县起事瑶人平］

广西怀、贺等县瑶贼平。初，贺县贼首覃公浪、吴父昊等纠合怀集县贼覃父敬、连山县贼李公旺等，杀劫乡村，遂引平乐县鱼狗等峒贼，出府江东西两岸，钩劫官商船货，为患凡三年。总兵安远侯柳文会都御史林廷选、太监潘忠，督副总兵张文渊、左参将金堂等以兵讨之，攻破岩峒巢寨二百七所，擒斩四千四百七十余人，俘获千二百三十余人。捷闻，赐敕奖励，仍升赏奏捷者如例。

乙丑（十八日）［播州宣慰使杨爱等进讨“贼”方四，破之］

贼方四等既败于江津，散入贵州思南、石阡，复入四川境攻劫。镇巡官议令播州宣慰使杨爱等进讨，破之，奔贵州。都御史高崇熙以捷闻，赐敕奖励，升赏奏捷者如例。

庚午（二十三日）［广东瑶人破湖广酃县，令失事官停俸戴罪杀“贼”］

广东瑶贼破湖广酃县，杀虏四百余人。守臣以闻，令总制陈金等会兵剿杀。失事官俱停俸戴罪杀贼，事宁之日，并究功过以闻。

明武宗实录卷八十

十月

辛巳（初四日）［命巡视四川都御史高崇熙移驻重庆，督兵征思南等处“流贼”］

命巡视四川都御史高崇熙移驻重庆，督兵征思南等处流贼，从巡抚都御史林俊请也。

甲申（初七日）［四川播州宣慰司、贵州宣慰司遣人贡马朝贺］

四川播州宣慰司杨斌遣长官郑鋆等，贵州宣慰司宋储遣舍把宋宪等，各贡马朝贺。赏彩段、钞锭有差。

戊戌（二十一日）［“贼”方四等自贵州石阡，复入四川］

贼方四等四千余人自贵州石阡逾马瑙关，复入四川境劫掠。巡抚都御史林俊奏请调总兵杨宏，会都御史高崇熙剿贼。兵部议请，从之，仍令总制及各巡抚官协谋以靖地方，马瑙关失事官查奏处治。

甲辰（二十七日）［云南洱海卫等处地震］

云南洱海卫、大理府、邓川州及鹤庆府、剑川州各地震，而鹤庆、剑川尤甚，崩毁城垣房廨，人有压死者。

明武宗实录卷八十一

十一月

乙丑（十九日）［“贼”方四等复陷南川、綦江，处置失事官员］

四川镇巡官奏：贼方四等复陷南川、綦江，都指挥庞凤，指挥杜宗、常策等三十三人，俱宜逮问。百户柳芳、义官曹腾死于贼，宜恤其孤。分守参政曹祥、兵备副使冯杰、知府刘思贤亦与有责。兵部覆奏，谓佥事吴景之死，凤不能援，已奉旨逮问。宗、策等请如近例，革其冠带，停其俸，与祥等俱戴罪杀贼。芳、腾升其子若孙一级，世袭。从之。

丙寅（二十日）［复除按察副使王纯于云南］

复除按察副使王纯于云南，整饬腾冲等处兵备。

明武宗实录卷八十三

正德七年壬申（1512）

正月

癸亥（十七日）［四川“盗”麻六儿越百丈关以向川东，副使冯杰战死，事闻赠恤之］

四川盗麻六儿越百丈关以向川东，副使冯杰率兵追击于苍溪县，俘斩颇众。日晡，移营铁山关。贼乘夜冲突，兵溃，杰死之。时总兵官杨宏、按察使公勉仁、副使张敏、参议钱朝凤等失于应援。事闻，赠杰按察使，赐祭葬，谥恪愍，荫其子汝皞为国子生，寻改荫百户世袭。宏姑宥罪，勉仁等停俸，令自效。

癸酉（二十七日）［官军土兵屡败“贼”方四等，四川巡抚林俊奏捷］

巡抚四川都御史林俊奏：贼方四等自江津之败亡命思南，复乌合数万，伪称总兵、御史、评事名号，攻南川、綦江，以窥泸、叙。臣会巡抚都御史高崇熙、镇守太监韦兴、御史王纶等，益调酉阳、石砫、播州、建始土兵，令副使何珊、李钺等由合江、江津分道以进。贼屡败，走綦江。追至东乡霸摇橹关，乘隘击之，多坠崖以死，余党复走思南。凡斩首千四百五十余级，俘获千八百余人，踣死者又几万人。俊、崇熙、纶俱赐敕奖励，奏捷人授之官及赏如例，仍令兵部查有功及阵亡者以闻。

明武宗实录卷八十五

三月

丁未（初二日）［赐敕奖励捕抚四川“残贼”方四有功人员］

贵州守臣奏：四川残贼方四等突入思南、石阡二府，已捕斩千三百余人，招抚又万余人。赐敕奖励获功人员，令巡按御史勘奏升赏。

己酉（初四日）［四川官军追“贼”，败于苍溪，究问失事官员］

巡按四川御史王纶奏：官军追贼，败于苍溪，佥事王纶、知府皇甫录俱宜究问。总制尚书洪钟远驻郧阳，而于川陕之役弃之不顾，尤为有罪。兵部谓：钟近已莅川陕，纶、录宜如例停俸。诏停纶、录俸，戴罪自效。钟既亲诣川陕，其督兵以励成功，如再延误，罪有所归。

癸丑（初八日）［四川巡按王纶奏报四川“贼”麻六、方四等“复炽”情形及失事官员］

四川巡按御史王纶言：贼麻六、方四等复炽，由领兵者狃于小胜，急于班师，以致遗祸未已。佥事郝绾、马昊，参议陶照，都指挥徐勇等，副使范镛等，知府曹恕及都御史林俊、高崇熙，尚书洪钟，俱宜罪。兵部议覆，诏停绾等俸，以敕切责。钟、崇熙、俊已致仕，已之。

丙辰（十一日）［以“贼”方四复攻贵州婺川等处，处置失事官员］

贼方四复犯贵州婺川等处。都指挥洛忠等坐降一级，魏纪等降二级，镇守太监孙叙、总兵官李昊、都御史魏英俱宥之。

明武宗实录卷八十六

四月

丙戌（十二日）［吏部左侍郎刘春以四川“盗”未平奏言五事］

吏部左侍郎刘春以四川盗未平言五事：一、今领军出哨，委都指挥、指挥、千百户，多畏缩托疾不行，乃以吏典、义官充之，则平日爵禄此辈者，将何为哉？自今领军官托疾者，请革其职，子孙袭替亦递降。一、迩者东、达、江津之功，总制等官俱升赏，而领军者都指挥方面，知府而下皆不及。乞量为升赏，以励人心。一、近调川、湖各宣慰宣抚司土兵，效劳居多，乞量授职衔，阵亡者亦加优恤。一、何定、何士昂以吏役在东、达、江津，俱有奇功，而赏格未及，宜如军职例升赏。一、茂州卫带俸指挥马聪旧充参将，曾经战阵，坐累不用。乞查访，果有才能如聪者，不拘年老退闲，俱得起用。兵部议：凡军职承委领兵而托疾者，勘问革职，子孙袭替调边卫。土兵有功给赏，阵亡优恤，宜加厚其头目。有奇功应升级者，总制官奏处。所举马聪，查访起用。何定量授署千户，（注）〔驻〕重庆右所，食粮一石，仍领军。从之。

辛卯（十七日）［云南调兵会剿安南长官司那代等］

云南镇巡、黔国公沐昆等奏：安南长官司那代等叛，调兵会剿，破其寨，擒那代并其党七十余人，斩首三十七级。赐敕奖励，奏捷人升赏如例，有功及阵亡者，巡按御史查勘以闻。

壬辰（十八日）［录贵州讨阿杂功］

录贵州讨阿杂功。镇守太监孙叙加禄米岁十二石。巡抚都御史魏英赏银二十两、纻丝四表里。巡按御史徐文华半之。布政使翁健之，参政朱巩、陈一经，副使王经、陈恪，佥事陆健。赏有差。官军升赏者凡千一百四十三人。

［纪功给事中言所调湖广汉土官军“纵肆荼毒”］

纪功给事中吴玉荣奏：所调湖广汉土官军及招募僧兵纵肆荼

毒，所过骚然，甚于流贼。总兵官方寿祥、都御史李士实纪律不严，宜切责之……降敕切责土兵，令严加约束，不许生事害人，重困地方。

明武宗实录卷八十七

五月

辛酉（十八日）［广西兴安、全州瑶人起事，焚杀千户谢表等，至是事闻，赠恤谢表，逮问失事军官王濬等］

初，广西兴安、全州瑶贼为乱，千户谢表率官军营于石铳。守备指挥王濬称病不行，以曹武代守，武复弛备。千户张昇等亦不赴调。贼觇表兵寡，夜斫营纵火，表（文）〔及〕旗军二十九人俱焚死。事闻，赠表指挥佥事，仍令其子世袭。濬等俱逮问。

癸亥（二十日）［镇守云南总兵官沐昆、巡按张羽奏请封闭新兴等银场］

先是，镇守云南总兵官沐昆、巡按御史张羽各奏：新兴等银场，因镇守内臣自令其下率人采取，伪称矿脉微细，岁课不足，遂将军夫口粮逼令折银，掊克扰害。乞如福建等处例，一切封闭，而释军夫。已得俞旨。至是，镇守太监张伦又奏：云南绝徼，再无别税，比浙江、福建内地，事体不同。且各场夫役，又皆四方流移，仰给于此，一旦封闭，恐生他变。乞容臣自备工役，采取如旧。户部以为不可，乃仍从昆、羽议。

［兵部议防调征土兵所过骚扰之策］

初，四川、江西、湖广、河南、两广盗起，皆调用土兵，所至残害，又甚于贼。至是，给事中王良佐言：土兵骚扰，由土官纵之，请降敕约束。又口粮止于原调名数，而一人所携不下二三人，亦宜量资给之。兵部议，请敕五道付总制、总兵等官誊黄，遍谕各土兵头目，约束所部，不许扰害地方，违者执军门斩首。所携家属，许留一人给之行粮，多者遣还。如有功厚赏。从之。

丙寅（二十三日）［诏查汉土官军于罗田、麻城、蕲水擒斩“贼”功次］

巡抚湖广都御史李士实、抚治郧阳都御史刘琬奏：汉土官军于罗田、麻城、蕲水，擒斩贼五百八十余人，其焚死并溺河者无算。诏纪功官速查功次以闻，生擒者再审无冤，斩之。

明武宗实录卷八十八

闰五月

庚辰（初七日）［磔“贼首”方四于市］

获贼首方四磔于市。方四，四川仁寿县人，本王姓。佣于同里方克古，因冒其姓，徙居贵州思南，业耕贩。避杨友兵，复徙石阡之龙泉坪。后与曹甫等作乱，为土官所击，奔真州，及南川，江津盗汪长孙应之，其势益张，遂破江津县，伪称行军都督，营于鹤山坪。施州土兵与战失利，乘胜破綦江，佥事马昊率罗回土兵击败之。奔婺川，复劫梁山。阴与甫不协相攻，众遂散，乃变姓名，潜走开县，义官李清获之。总制尚书洪钟以闻，赐敕奖励，清授土官巡检。赏银百两。昊以礼奖劳。

明武宗实录卷八十九

六月

癸卯朔（初一日）［“贼”方四余部与“苗蛮”合攻官军，官军败北，诏失机军官戴罪杀“贼”，赠恤死难官员，令都御史洪钟、

蓝章协谋灭“贼”]

贼方四余党四千人奔宁羌，遂犯沔县。副总兵阎纲督都指挥黄正、刘毅，指挥苏澍等击败之于木竹垭，乘胜遂追至老马山。贼与苗蛮合攻之，纲被伤，毅及千户黄虎等死。都御史洪钟以闻，且言纲等寡谋深入，以致挫衄，但越险履危，亦有微劳，乞免逮治，以责后功。毅、虎等宜加优恤。巡按御史王廷相亦以为言，并劾都御史蓝章及钟调度失策。兵部议覆。诏纲、澍等戴罪杀贼。毅赠署都指挥使，子袭升一级，并虎等各给棺敛。钟、章姑免究，令协谋灭贼，不许交相猜忌，再误事机。

明武宗实录卷九十

七月

丁丑（初六日）[升赏调征四川有功、阵亡官军及永顺、保靖土官]

升赏四川有功、阵亡官军二千七百二十七人有差。死事都指挥使樊烨、推官吴伯钧，各赠二级，赐祭一坛。永顺、保靖土官正赏外，仍各赏银三十两、纻丝二表里，仍给永顺宣慰彭明辅诰命。

壬辰（二十一日）[录广西平乐、梧州，广东连山等府县及湖广锦田等处功]

录广西平乐、梧州等府县，广东连山等县，湖广锦田等处功。升赏官军七千九十六人有差。太监潘忠、都御史林廷选、总兵官柳文各赏银二十两、纻丝三表里。御史陈奎、王昊，副总兵张文渊，左参将金堂各银十两、纻丝二表里。布政王倬，参议黄清、孙烱，按察使翁茂南，副使江潮，佥事张芝、陈阳，都指挥吴坤、王佐各银五两、纻丝一表里。

明武宗实录卷九十一

八月

甲子（二十三日）［命徐勇充右参将，协守松潘南路］

命四川都指挥佥事徐勇充右参将，协守松潘南路。

己巳（二十八日）［云南腾冲地震］

云南腾冲地震。次日复大震，自丑至申，城楼及官民廨宇多仆者，死伤不可胜计。既而地裂涌水赤，田禾尽没。

明武宗实录卷九十二

九月

戊寅（初七日）［四川雅州等处地震］

四川雅州及荥经、名山二县，嘉定州夹江县，各地震有声。

丙申（二十五日）［以四川“贼”陷铜梁、荣昌，趋内江等县，直入乐至等县，召四川总兵杨宏还，以陈珣代之，停高崇熙俸］

召四川总兵杨宏还，以都督陈珣代之。停都御史高崇熙俸。四川贼自合州渡江，陷铜梁、荣昌二县，杀驿丞侯忠等，遂趋内江、遂宁、安岳，直入乐至、中江、金堂等县。巡按御史王纶以闻，因劾总制尚书洪钟、都御史高崇熙、总兵杨宏、副使马昊等十二人纵贼失事，副总兵王宪伪病，俱宜罪。兵部议，以钟既取回，昊等宜革冠带，并崇熙俱停俸，而举珣代宏，恤忠如例。从之。会钟等奏：宪等于渠县磨子溪等处，擒斩贼千六百二十余人，为乡兵所夺去五百五十余级，投降六十六人。宏等擒斩七百八十余人，且陈二余党抚散尽，惟廖麻子千余人疑惧不从，殄灭非难。兵部复以具请，得旨：斩获功次并乡兵抢夺之故，纪功官勘明以闻。未获残贼令总制都御史彭泽速督镇巡、总兵等官剿绝，以安地方。

明武宗实录卷九十三

十月

辛丑朔（初一日）［发太仓银于四川，以给军饷］

发太仓银十万两于四川，以给军饷。

丁卯（二十七日）［贵州宣慰司应袭土舍遣人贺万寿圣节，贡马］

贵州宣慰司应袭土舍宋储遣舍把宋炫等来贺万寿圣节，贡马。赐彩段、宝钞有差。

明武宗实录卷九十四

十一月

壬申（初二日）［四川总制彭泽奏报讨“贼”事宜］

总制四川军务都御史彭泽奏讨贼事宜，其略谓：蜀盗凶狡，非增兵选将不足以折其奸谋。请选京营长箭神枪手一千，统之以都指挥张洪、指挥解恒。调河南镇守总兵官时源所部千人，及陕西洮岷等卫官军二千，合源与洪，皆假以领兵名目，庶可制贼。又恐贼穷蹙，必奔云贵，请令两省守臣严兵防御，并听节制。总兵杨宏虽被劾罢，尚堪策励，可仍留之。军饷则宜再发内帑十万，以员外郎张嘉谟、主事马应龙调度。赏格亦宜视擒斩刘七等例而行。兵部议覆：泽言多可从，惟京军不必遣。宏已罢归，洪留别用。诏是之，乃命源挂平贼将军印充总兵官，提督四川军务。延安卫都指挥同知阎勋充游击将军，协同讨贼。发太仆寺银五万两给之。擒获廖麻子者。赏银五千两，世袭指挥同知，职官升五级。余皆如奏。源复以所部军已疲惫，请还镇更选千人以从。许之。

明武宗实录卷九十五

十二月

壬寅（初二日）［兵部以湖广总兵官方寿祥、佥事郭韶功罪及死事都指挥曹鹏等议请］

兵部以湖广总兵官方寿祥、佥事郭韶功罪及死事都指挥曹鹏、指挥吴勋等议请。得旨：寿祥已停俸，既有斩获功，仍赏银二十两、纻丝二表里。韶准赎罪，仍停俸三月。鹏等赐祭，其子令袭升土兵头目，各给赏优恤。

甲寅（十四日）［以斩获“番贼”功，升赏四川兵备副使高江、副总兵杨宏及部下官军］

赏四川兵备副使高江、副总兵杨宏各银五两、纻丝一表里。部下官军升赏者六十七人，以斩获番贼功也。

壬戌（二十二日）［添设广西苍梧县东安巡检司］

添设广西苍梧县东安巡检司，以本县监生甘思忠为藤县县丞领之。守臣奏思忠世为民夷所信，故用之也。

己巳（二十九日）［“流贼”廖麻子等攻破绵竹、乐至、金堂县，四川纪功给事中等奏报宜赠恤、究问、罢黜之官员详情］

四川纪功给事中王萱、御史汪景芳、巡按御史王纶各奏：流贼廖麻子等攻破绵竹、乐至、金堂县，千户陶玘、知县刘本翊等四人失守，宜械治。都指挥许凤、指挥殷辅、千户尹佐等十四人战死，宜赠恤。巡抚都御史高崇熙、副总兵王宪、分守分巡马昊等十四人剿捕无功，宜究问。总制尚书洪钟乐游纵饮，致贼猖獗。总兵杨宏丧师逃遁，见执于民。二人举动若此，岂堪重任？乞速罢黜，别选贤能，以靖地方。上皆下兵部议。时贼势甚张，官军畏之，日潜行蹑贼后，掇其所杀人馘以为功。土兵扰民尤甚，故有“贼如梳，军如篦，土兵如剃”之谣。然方急于剿平，每捷上辄厚加褒赏，钟等益得计。至是，兵部犹以钟等颇有功。钟已致仕，崇熙招抚事方有绪，不宜易置，惟取宏回京而已。诏俱从之。先是，凤已被恤典矣。辅赐祭，仍赠一级，听其子升袭。尹佐等死事及各官功过，令纪功等官并核以闻。

明武宗实录卷九十六

正德八年癸酉（1513）

正月

辛未朔（初一日）［升卢翊为四川按察司副使］

升四川按察司佥事卢翊为本司副使，整饬松潘兵备。

辛卯（二十一日）［赏四川松潘斩获“番贼”有功官军］

赏四川松潘贼乱斩获番贼有功官军周凤等四十二人钞锭、布、绢有差。

明武宗实录卷九十七

二月

辛丑（初二日）［四川“贼”廖麻子等率其党降］

四川贼廖麻子等率其党千余人降。巡抚都御史高崇熙等请散遣其众，处之临江市，官授廛地，赐复三年。兵部议从其请。既而都御史彭泽又言狡贼难信，给事中安邦亦言宜防变诈。复下兵部议，令泽等察其诚伪，以为抚剿之宜，廖麻子等敕司羁管。从之。

乙卯（十六日）［天全六番招讨司土军聚众起事，佥事卢翊擒其首，其众解散。赏四川镇守太监韦兴、巡抚高崇熙、巡按王纶及卢翊］

四川镇守太监韦兴、巡抚都御史高崇熙、巡按御史王纶各奏：天全六番招讨司土军聚众千余，焚掠州县，既而元恶就擒，余党解散，皆佥事卢翊筹画，乞旌赏。兵部议覆：翊功宜赏。诏兴、崇熙各赏银二十两、彩币二表里，纶半之。翊升俸一级，仍赏银十两。

明武宗实录卷九十八

三月

癸巳（二十四日）［四川“贼首”廖麻子“复叛”，命逮系巡抚高崇熙至京治之］

四川贼首廖麻子复叛，命逮系巡抚都御史高崇熙至京治之。初，贼伪听招抚，崇熙信之，遣副使张敏等于开县临江市买田安置。比至新宁，贼以为诱己，遂执敏，屠杀数百人。是时汉土官军悉罢，总制都御史彭泽、副总兵时源奏请益兵，乃调延绥兵千八百人，升指挥同知杭雄为署都督佥事统之。宁夏、庆阳、固靖三镇兵共千五百人，委署都指挥佥事杨义统之，听泽源节制。以崇熙偾事，不俟命罢兵，逮赴狱。敏等革冠带，并镇守、三司掌印官，皆令戴罪杀贼。

明武宗实录卷九十九

四月

癸卯（初五日）［镇筸等处苗人“构乱岁久”，都御史沈林、总兵李昱等分四路攻破其巢］

初，镇筸、五寨、平头、乌龙等处苗贼龙童保、龙麻阳等构乱岁久。湖广、贵州镇巡官调汉土官军攻之，擒麻阳以归。至是，都御史沈林、总兵李昱率都指挥张泰等，分四路攻之，破其巢，擒童保等六十余人，俘斩又千余人，孟溪等九十七寨皆降。捷闻，赐敕奖励。贼首命即所在诛之，仍抚安降者。既而镇巡官以夷性变诈，请添设守备官，乃以辰州卫指挥同知王爵守备镇筸地方。

丙午（初八日）［升赏贵州、川、湖等处获功锦衣卫总旗等，并赏纪功左参政朱玑等］

升赏贵州、川、湖等处获功锦衣卫总旗萧俊等八百二十人有差。纪功左参政朱玑、右参政卢宅仁、佥事张腾（宵）〔霄〕、督饷右参政陈一经，各赏银五两、彩币一表里。

己酉（十一日）［谪发湖广行都司都指挥使康泰充军贵州平坝卫］

谪发湖广行都司都指挥使康泰于贵州平坝卫充军。泰为湖广副总兵，不遵总制调遣，失误军机，故罪之。

乙卯（十七日）［云南安南长官司土舍那代伏诛］

云南安南长官司土舍那代伏诛。初，代助其亲党争官，杀知县禄仁，执仁子卿匿之，诡称病死。官司廉得其情，谕使出卿，代固云无有，且赂勘事者。知府姚鏽、知县陈寿、指挥郑凤等为之庇，寻复杀卿以灭迹。有为卿讼冤者，官司屡征代问状，代辄以兵拒。且恃其地接交阯，遂谋叛，焚劫村寨，道路不通。于是巡抚都御史顾源、镇守太监张伦调兵剿之，擒代。诏凌迟处死，其党坐斩者四十五人，徒流及没入为奴者又百九十余人。鏽、寿、凤皆发边卫充军。

乙丑（二十七日）［四川“贼首”廖麻子兵败被斩］

四川贼首廖麻子兵败，斩之。总制都御史彭泽、总兵时源等督兵进讨，累败贼。游击将军阎勋追至汉州平坝，贼夜走黄连垭，众溃为二。喻老人奔金堂，总兵陈珣追之。廖麻子奔罗江，勋追及于剑州之青林口，贼弃马奔山拒战，为勋所射而伤焉。边军黄回儿等争扑之，斩其首。泽等以捷闻，赐敕奖励，奏捷人各升赏如例。既而纪功给事中王萱乃言，麻子之入山也，龙州土官把事王臣实为勋乡导，且用铁爬击仆之，回儿等始争取首级以去。兵部请覆勘，诏不必勘，依为从格升赏。

明武宗实录卷一百

五月

丙戌（十九日）［升赏征剿湖广郴、桂“蛮贼”获功官军］

升赏湖广郴、桂征剿蛮贼获功官军副千户张仕文等九百九十八人有差。

明武宗实录卷一百一

六月

戊戌朔（初一日）［录斩廖麻子功］

录斩廖麻子功。以兰州卫军黄回儿为世袭指挥同知。赏银五千两。总旗胡胜等五人为世袭所镇抚。赏银五十两。其领军把总管队官俟事宁查拟以闻。

己亥（初二日）［升赏四川泸州富顺破“贼”有功官军］

升赏四川泸州富顺破贼有功官军陈沧等一百七十六人有差。

壬寅（初五日）［宥贵州致仕宣慰使宋然死，革去冠带为民］

宥贵州致仕宣慰使宋然死。然分管陈湖等十二马头地方，贪淫科害，激变苗民阿杂等，而程番宣慰使安贵荣复诱之，遂作乱。众至二万余，署立名号，攻陷寨堡，杀掠不可胜计。袭据然所居大羊场，然仅以身免。先是，贵荣欲并然地，故诱阿杂等，复屡以然激变状上，冀令己抚安之。会阿杂党泄其情，官军进讨，贵荣惧，自率所部为之助。反贼平，贵荣已死，以尝有功准赎罪，追夺参政职衔。然坐斩，既而然奏世受爵土，因贵荣图并所管地，诱贼令反。今贵荣止削衔，而身坐重辟，乞分释。下都察院议：然本远夷，难尽以中国之法治之。且阿杂之乱虽然所激，而贵荣乘机扇祸，厥罪亦钧。然宜从末减，依土俗量纳米谷赎罪，仍革去冠带为民，庶情法两尽。诏如议。

乙巳（初八日）［以四川抚“夷”有功，赏泸州卫指挥等］

赏四川抚夷有功泸州卫指挥韩恩等二十二人。太监韦兴、都御史高崇熙，各赏银十两、彩币二表里。副使何珊、参政邵賁半之。

丁巳（二十日）［革蒙自土官，改安南长官司为新安守御千户所］

云南蒙自县土舍禄祥争袭父职，安南长官司土舍那代助之。鸩其嫡兄禄仁，遂作乱，守臣讨平之。事闻，遂革蒙自土官，改安南长官司为新安守御千户所，调临安卫中所官军戍之。

辛酉（二十四日）［户部覆广东左布政使罗荣所奏地方军民利病事］

户部覆广东左布政使罗荣所奏地方军民利病事：其一言高、肇、雷、廉所属州县地方抛荒，流民土瑶易为啸聚，请募民开垦，劝课农桑。二言岁办厨料等项，其不系土产，征价起解者，请令批内开写价数，不许揽头高估，逼民陪补。三言本处广丰库内，止有永乐、弘治二项铜钱，数少。合暂免起解，存留在司，以备边用。四言广东因非运粮去处，原无降给斤斗秤尺，宜行工部铸造，较勘平准，发回应用，以绝弊端。五言南雄府保昌县多系山田，雨潦冲崩，无征虚粮计有七千三百余石，宜查勘除豁。六言洪武、永乐间，原佥富户于两京，年久困绝。宜于各处均徭人户内审编，众轻易办，仍每户以三两为则，类总差官解部。其言多切时弊。诏从之。

明武宗实录卷一百二

七月

庚午（初四日）［四川金川寺演化禅师差人朝贡］

四川金川寺演化禅师耿哈监藏等差剌麻番僧七秤等，贡氆氇等物。赐宴并赏彩段、绢、钞有差。

辛巳（十五日）［四川搜剿“余贼首”喻老人、王长子等］

四川总制都御史彭泽、总兵官时源奏：四川流贼败灭，但余贼首喻老人、王长子等二百余人奔入通巴山，恐其遗患他日，已委官搜剿，期于尽绝。所获功次，送纪功官造册奏缴。兵部覆议：未获残贼，宜令泽等协力追捕。四川地方阔远，保宁、开、达等处，各宜添设守备一人。各处村镇编佥总、小甲巡视。流民未安置者，查荆襄旧例处置，务令得所。汉中、郧阳或有旷地可设官守者，议处奏闻。诏俱从之。

癸未（十七日）［云南八百大甸军民宣慰使司宣慰使差人朝贡］

云南八百大甸军民宣慰使司宣慰使招揽那差头目板官罕等，贡象、马及金银、象鞍。赐宴并赏锦段、纱罗等物。

［广西“盗”李通宝等“作乱”，官军讨平之］

广西盗李通宝等作乱，都御史林廷选讨平之。初，通宝以妖术诱众，聚至数千，结寨六青山广中。廷选以土官岑墍等讨之，通宝败死，其党胡扶香等还据山险，副总兵金堂等分路进攻，破之，俘斩及降者凡五千余人。捷闻，赐敕奖励，仍升赏奏捷者如例。

壬辰（二十六日）［以地方弗靖，免广西镇安等府所属，并思

陵等三十三州土官来朝]

免广西镇安、思明、田州、庆远、（寻）〔浔〕州、南宁、太平等府所属，并思陵、都康、泗城、向武、奉议、龙、利等三十三州土官来朝。以地方弗靖故也。

明武宗实录卷一百三

八月

丙申朔（初一日）[广西宣化县地震]

广西宣化县地震。

甲辰（初九日）[广东雷州府流星大如月]

广东雷州府流星大如月，起东南，没于西北，声如雷。

明武宗实录卷一百五

十月

己亥（初五日）[调湖广官军及永顺等处土兵剿江西“余贼”]

提督军务都御史俞谏奏：姚源及东乡余贼久未平，乞催原调湖广官军二千人，及永顺、两江口等处土兵二三千人会剿。兵部覆请，许之。且令禁约土兵，所过毋侵扰，犯者即斩以徇。

壬寅（初八日）[四川酉阳宣抚司俊溪洞土民夷老差通事贡马]

四川酉阳宣抚司俊溪洞土民夷老冉文质、什勇毗等差通事冉景忠等贡马。赏彩段等物有差。

甲寅（二十日）[贵州宣慰使司应袭土舍差人贡马]

贵州宣慰使司应袭土舍安万钟差舍把人等来朝贡马。赐彩段等物有差。

丙辰（二十二日）［四川容美宣抚司护印土官差通事贡马，违例］

四川容美宣抚司护印土官宣抚舍人田世爵差通事田广等贡马。减其赏之半，以不由布政司起送违例也。

甲子（三十日）［命龙里卫都指挥佥事守备永宁等卫地方］

命龙里卫都指挥佥事王木守备永宁等卫地方。

［添设贵州铜仁府等处守备官］

添设贵州铜仁府等处守备官，以贵州前卫都指挥佥事李宗佑充之。

明武宗实录卷一百六

十一月

丙寅（初二日）［老挝军民宣慰使司宣慰舍人遣使贡方物］

老挝军民宣慰使司宣慰舍人招怕雅揽章遣使贡方物，赐（绵）〔锦〕绮、彩段等物有差。礼部因言：招怕雅揽章本系舍人，未授职事，辄僭称宣慰使，云南三司官冒奏违错，俱宜治罪。上宥之。

己巳（初五日）［姚源“贼”王重七等时怀反侧，命调浦城土兵以备征剿］

江西纪功给事中黎奭奏：姚源贼王重七等不下数千人时怀反侧，东乡诸处皆将煽动，而温处、南赣之兵，多病死逃回，所恃者惟边达官军，然止长于骑射，不能舍马而战，且师老力疲，乞增调附近永顺、保靖等处精锐土兵三千人相为掎角，庶贼可以尽殄矣。兵部议，以夷情叵测，辄难动调，必欲益兵，则福建浦城县民快亦骁勇可用。上是之，命调浦城土兵一千，选二司官一人统领，仍给赏如例。

壬申（初八日）［旌表四川战没兵勇，并授省祭官吏及土官正七品散官、冠带荣身］

准旌表四川兵勇王隆生、孙添舟、贺才、张添寿、王仲举、何本清、萧伯瑜、杨甫政忠义之门。授省祭官陈锭，吏岳万春、姚永瓒，土官把事王臣，土巡检义官李大荣、曾世魁、杨相、向济、向景凤，正七品散官。土舍悦保光，应袭土官职事老人袁自浩、陈子辉、王金柳和杨讪冠带荣身。以隆生等没于战，锭等奋勇剿贼，从总制都御史彭泽请也。

癸酉（初九日）［四川马湖府地震］

四川马湖府地震。

辛巳（十七日）［南海县梁次摅等谋田杀人案始末］

南海县民谭观福者，有田百余顷。后坐事诛，其田为富家杨端等所侵占。观福之子振遂以献之大学士梁储之子百户次摅、故工部尚书戴缙之子仲明，及豪民欧阳元、李闰成为业，并以端田混献之，各招瑶人为佃甲承种。端遂率众攻谭氏，杀谭振等四人。自是仇杀无已，而他受献者及佃甲皆借次摅势，欲谋杀诸杨，以绝其害。招瑶人林闰等同行，次摅许之。闰等率其党及佃甲攻端，尽杀其居民各姓凡三百人。又焚其室庐，掳其财畜。杨氏妇有匿塘水中，以栎刺自蔽者，得免。遂诉于所司，转呈抚按官勘问，于是科道交章劾奏储纵子杀人。乃命给事中刘禔、刑部郎中张大麟会巡抚都御史林廷选、巡按御史高公韶勘之。既至，拘闰等讯治。闰等俱称谋出次摅，次摅亦输服。禔等乃奏，拟闰等二十名谋叛，当籍没其家，余论罪有差。次摅、仲明虽未行，实为谋主，请所坐乃下三法司议拟。左都御史陆完、刑部尚书张子麟等覆奏，各犯依拟，次摅仍行镇巡官逮问。诏仲明、次摅所犯虽系从而不行，但情重律轻，难以常例处之。仲明发南宁府编管。次摅发边卫立功，五年还职，带俸差操。余准拟。是狱也，凡屠灭居民三十余家，烧毁二百余人，村社为墟，生灵愤怨，止坐以杀一家，非死罪三人，律已为失实。而次摅辈竟免于死，盖当时守土之臣及执法之官怵于权势，无有为冤民力争者，可慨也已。

明武宗实录卷一百七

十二月

戊戌（初四日）［四川成都府、重庆府、潼川州、邛州俱地震］

四川成都府、重庆府、潼川州、邛州俱地震。

辛丑（初七日）［四川“贼”喻老人等走匿大巴山，请罢遣延、绥、洮、岷等处官军］

四川总制都御史彭泽等奏：廖贼已诛，喻老人率数十人走匿大巴山，川陕之兵已足搜捕，请罢遣延、绥、洮、岷等处官军，还边操守。兵部覆请，从之。人赏银二两。

［广东高州府地震］

广东高州府地震。

明武宗实录卷一百八

正德九年甲戌（1514）

正月

戊寅（十四日）［广西思恩军民府土官岑濬余党复叛］

广西思恩军民府土官岑濬余党覃恩等复叛，命总督都御史会总镇等官剿抚，仍令巡按御史查勘激变事情以闻。

壬午（十八日）［四川播州宣慰使司宣慰使差人贡马］

四川播州宣慰使司宣慰使杨斌差长官都勋等来朝贡马。赐彩段等物有差。

己丑（二十五日）［乌思藏故大乘法王侄差使臣朝贡，求袭职］

乌思藏（蔀）〔蓓〕释迦巴故大乘法王洛竹坚参巴藏卜侄完卜锁南坚参巴尔藏卜差使臣班蓝端竹列思巴求袭职，及灵藏赞善王端竹坚参、剌麻赏竹巴等赍保勘承袭番文，各来京贡马匹、渗金佛、氆氇方物。赐彩段等物有差。

明武宗实录卷一百九

二月

癸丑（十九日）［官军剿捕四川“贼”喻思俸等，平之，喻思俸重创死］

四川贼喻思俸等，思俸即喻老人也，既为官军所败，奔入通巴，仅百余人，据险时出虏掠，势复张。总制都御史彭泽、总兵时源等督诸军围之，贼穷蹙，降散略尽。思俸复率其亲党，走匿西乡山中，巡捕老人杨讪并指挥石璠等追至木竹沟，夜擒之，并斩其党数十人，思俸重创死。泽、源及都御史马昊、张淳、蓝章，及纪功官王萱、何棐，先后以捷闻，各赐敕奖励，升赏奏捷者如例。于时泽驻汉中，请班师。命未下，局内江贼骆崧祥等复炽，泽又督军讨之。擒崧祥，再请班师。萱、棐及御史王汝舟皆言：贼党虽散，若大军悉还，恐复啸聚，则意外仓卒之变，不无可虞，宜暂留泽镇抚其地，以便宜从事。下兵部议，宜从汝舟等言。诏泽暂留保宁等处镇抚，俟地方全安，乃具奏召还。源先以所部官军还京，游击将军阎勋还陕西都司听用。京边官军人赏银三两，散遣归伍。应留防守者，听各官选择量赏。崧祥等械至京。诸有功者，纪功官亟核实以闻。

明武宗实录卷一百十

三月

庚午（初七日）［以剿平四川“流贼”赏有功将官］

太监温祥传旨：四川地方流贼为患已八九年，生灵荼毒，军民困苦。今贼首俱已擒斩，余党解散尽绝。总制提督官功绩茂著，各镇守、巡抚、分守、抚治及纪功巡按等官，亦俱有劳。都御史彭泽、总兵官时源各赏银五十两、彩币四表里。太监韦兴、廖堂，都御史马昊各银四十两、彩币三表里。太监刘祥，都御史蓝章、张淳各银三十两、彩币二表里。纪功给事中王萱，御史何棐、汪景芳，巡按御史王镗，兵备副使张敏各银二十两、彩币二表里。中军都指挥解恒银十两、彩币一表里。其写敕差行人一员，赍赴军前给之。其余领军、督粮文武官员人等待班师之日别议升赏。

丙子（十三日）［升赏四川抚散“贼众”有功官吏、旗舍、耆老等］

升赏四川抚散贼众有功官吏、旗舍、耆老等李爵等四十九人有差。

戊寅（十五日）［四川叙州府地震］

四川叙州府地震。

明武宗实录卷一百十一

四月

甲午朔（初一日）［四川叙州府地震］

四川叙州府地震。

**戊戌（初五日）［赏四川仪陇河坝诸处有功官吏、旗舍、士民

人等]

赏四川仪陇河坝诸处有功官吏、旗舍、士民人等彩段、钞、绢有差。

癸卯（初十日）[录四川平贼功]

录四川平贼功。升总制太子少保右都御史彭泽为左都御史，加太子太保。总兵右都督时源为左都督，岁加俸百石。镇守四川太监韦兴，岁加禄米十二石，并泽、源各荫子侄一人为世袭百户。升巡抚四川佥都御史马昊为右副都御史。陕西镇守太监廖堂，加赏银三十两、纻丝三表里。升巡抚陕西副都御史蓝章及巡按御史王镗，各俸一级。纪功给事中王萱为通政司右参议，御史何棐为南京太仆寺少卿，汪景芳为按察司副使。擒斩喻老人并前后有功官军，令核实以闻，各官住俸戴罪者俱复之，泽具奏还京。时堂先已赏，章已升，棐已为副使，因论功复及之。

己酉（十六日）[命大田军民千户所土官正千户子为土官指挥佥事]

命施州卫大田军民千户所土官正千户冉霦子舜卿为土官指挥佥事，仍不支俸。舜卿应代父职，自陈其父四川讨贼有功，乞加升。兵部议覆，许之。

明武宗实录卷一百十二

五月

丙子（十四日）[云南巡抚洪远奏请停免镇守内臣贡献方物，不从]

巡抚云南副都御史洪远奏：镇守内臣贡献方物，虽称自备，无烦官民，然去京万里，输送之劳，供亿之扰，民情实有不堪，乞停免。礼部议如所请，不从。

丁丑（十五日）[以“贼”破江津、陷綦江，处置失机官员]

初，贼之破江津也，四川署都指挥佥事庞凤领兵，弗能御。及守綦江，遂以县委贼。而署都指挥佥事廉英于江津败后，承委调军，乃潜自离营。俱为镇巡官所劾逮问，拟凤斩，英赎杖还职。都察院议覆，诏如拟。

庚辰（十八日）［四川总制彭泽以“贼”平请班师，“诸盗”复炽］

先是，四川总制都御史彭泽以贼平奏请班师，诏泽仍暂住保宁。泽乃疏辞总制，止以常职行事。得旨：卿杀贼成功，地方宁尽，已诏取回京矣。初，贼之入蜀也，有援赵铎、刘千斤故事，皆缘班师太早，逋党复乱为言者。泽自谓居蜀十年何害，及贼甫平，遂驻汉中，亟请回京。命犹未下，而骆崧祥诸盗复炽，虽竟借剿平，然于诸士大夫之望有未惬焉。

明武宗实录卷一百十三

六月

癸巳（初二日）［云南楚雄府地震］

云南楚雄府地连震。

丙申（初五日）［贵州程番府江告等寨“贼首”邓先等聚党起事，官军擒斩之］

贵州程番府江告等寨贼首邓先等十人聚党僭号，攻劫府治。署都指挥使张泰等擒斩之。镇守丰城伯李旻、巡抚都御史陈天祥、巡按御史邝约以闻，赐敕奖励，赍奏者升赏如例。

［以都指挥佥事吴坤充副总兵，分守松潘等处］

以协守松潘东路左参将都指挥佥事吴坤充副总兵，分守松潘等处。

乙卯（二十四日）［令云南依先例采办银矿，以镇守太监梁裕等管理］

云南澜沧卫军丁周达奏：云南银矿，如大理之新兴、北崖，洱海之宝泉，楚雄之南安、广运，临安之判山，及罗次县之铜锡青碌，皆可采办，以益国课。奏下，户科谓：达谋起利端，法不可贷。于是户部执奏银矿之弊，类派贫民赔纳，而利归奸门，况近年封闭已固，岂可复开？宜如户科所驳，治达之罪。诏不许，令如先年崔安例采办，且以镇守太监梁裕等管理。

明武宗实录卷一百十四

七月

庚午（初九日）［覃恩之乱平，命广西南丹卫都指挥佥事甘霖守备思恩府地方］

命广西南丹卫都指挥佥事甘霖守备思恩府地方。初，覃恩之乱既平，两广总镇官请增设武臣守备，且荐霖可用。从之。

己丑（二十八日）［赐敕奖励镇守贵州太监史泰，罢总兵官李旻］

赐敕奖励镇守贵州太监史泰，罢总兵官丰城侯李旻。巡抚贵州都御史陈天祥奏言：贵州地远民穷，泰颇安静，乞留泰以慰众望。兵部覆请，乃褒泰，并罢旻归。

明武宗实录卷一百十五

八月

丙申（初六日）［宥广西左参将房润等罪］

宥广西左参将房润等罪。先是，妖贼李通宝，攻破郁林州等城寨，焚掠库藏，润及守巡官以下皆当坐罪。至是，贼平，巡按御史条别功过以闻。润及右参将金堂、参议杨玮、佥事曹闵、知县曹琚皆功罪相准。参政张吉，参议黄清，佥事万廉、陈阳，都指挥彭铎皆已迁官，各宥其罪。惟通判李实等四人罢归。

丁酉（初七日）［命贵州巡抚萧翀调土兵讨贵州“平头苗”、湖广“五寨苗”］

巡按贵州御史邝约奏：平头苗纠合湖广五寨苗，时出剽掠，两省相隔，难于追捕。命巡抚贵州都御史萧翀兼制湖广湖北道，四川酉阳、平茶、邑梅亦听节制，各调土兵讨之。

［贵州“平浪苗”猛朔攻其长官，巡按邝约等抚平之］

贵州平浪苗猛朔与其长官王连争田，遂聚兵攻连。巡按御史邝约及副使李麟、参将洛忠抚平之。诏赐约等银币有差，而宥失事指挥周吉、（孛）〔李〕凤罪。

己亥（初九日）［乌思藏阐教王、辅教王遣人朝贡］

乌思藏阐教王遣禅师昆各札失等，辅教王遣禅师镇南班舟等，各来朝贡氆氇、盔、刀等物。赐彩段、钞锭如例。

甲寅（二十四日）［四川茂州地震］

四川茂州地震。

明武宗实录卷一百十六

九月

乙丑（初六日）［云南十八寨“贼首”阿海等起事，处置失事官员］

云南镇守太监梁裕、巡按御史李元以十八寨贼首阿海等作乱，劾奏临安兵备副使王昊、宁州知州禄俸、临安卫指挥吴经等轻率进兵，致启夷衅，及守巡参议周炯、佥事吕翀、督捕都指挥张春之罪。兵部议覆，诏昊等令巡按御史逮问，炯等俱停俸。其抚剿事宜，镇巡等官仍议处以闻。

戊辰（初九日）［贵州巡抚沈林等奏请将贵竹等处设府改流］

先是，巡抚贵州都御史沈林等奏：乖西苗贼阿杂等之叛，由宣慰宋然激之。今然既罢职，复使其子侄承袭，恐夷民不安。宜将贵竹、平伐等七长官司，并洪边十二马头地方、金筑安抚二司，总设为府。洪边、贵竹各设县，皆以流官抚理。然侄储及长官宋齐，改授军职。兵部请下镇巡等官详议。至是，巡抚都御史陈天祥等复奏：各长官司夷民不愿开设府县。况贵竹二司旧隶水西宣慰安万钟，金筑等司旧隶程番、龙里府卫，初非然所部，储及齐宜各袭授原职。兵部覆奏，诏曰：夷俗有不可尽以常法治者，储、齐准仍袭原职，令与万钟等用心管束夷民，毋得科害激变。再有违犯者，劾奏罪之。

丁亥（二十八日）［董卜韩胡宣慰司护印舍人及镇安府土官知府所遣官族朝贡］

董卜韩胡宣慰司护印舍人容中切旺加立卜巴藏卜等，及镇安府土官知府岑鎏差官族岑麟等各来朝贡马匹、银器。赐彩段等物有差。

戊子（二十九日）［云南十八寨“叛贼”平，云南巡抚王懋中奏报当事官员功罪］

云南巡抚都御史王懋中奏：十八寨叛贼阿海、者革等既已削平，乞于要害之处置立城堡，分军守备，以图永久。其戴罪参议周炯、佥事吕翀、都指挥佥事张春，功可赎罪，宜令支俸管事。佥事史良佐，都指挥同知方略，知府戴鳌，通判周宪、李升，宜量加奖励。兵部议：如其言，仍行懋中等相度夷情，从宜抚处。从之。

明武宗实录卷一百十七

十月

己亥（初十日）［升许诏为都指挥同知，白凤为指挥使］

升湖广都司都指挥佥事许诏为都指挥同知，镇远卫指挥同知白凤为指挥使。录其有擒斩贼级功也。

庚子（十一日）［四川播州宣慰使遣人贡马］

四川播州宣慰使杨斌遣长官冯俊等来朝贡马。赐宴并彩币、钞有差。

明武宗实录卷一百十八

十一月

丙寅（初八日）［以“平苗”升赏湖、贵土汉官军］

升赏剿平苗贼湖、贵土汉官军指挥周勋等五百八十六人有差。镇守贵州太监史泰、总兵官丰城侯李旻，巡抚贵州都御史杨茂元、沈林，巡按贵州御史张祐各赏银二十两、纻丝二表里。贵州左参议方天雨七人半之。思州府知府高节银五两、纻丝一表里。四川酉阳宣抚冉舜臣、舍人冉仪令巡按御史以礼奖劳。

丙戌（二十八日）［广西苍梧县“流贼”攻马冈、大圳等村，令失机官员戴罪杀“贼”，责总督等官严督所属擒捕］

广西苍梧县流贼六百余人劫掠马冈、大圳等村，指挥李镇、倪明等御之，镇中流矢死。总督都御史周南等以闻，因劾明及左参将房润、右参将左唐、佥事孙徽、知府曹（踞）〔琚〕等罪。兵部覆请，得旨：停明等俸，令戴罪杀贼。责总督等官严督所属擒捕，以安地方。失误事情，巡按御史勘报。

明武宗实录卷一百十九

十二月

乙未（初七日）［四川酉阳宣抚司土官等遣人贡马］

四川酉阳宣抚司土官石镇等遣通事石崇等贡马。给赏有差。

甲寅（二十六日）［升赏广西梧州北流等县剿“贼”获功官军］

升赏广西梧州北流等县剿贼获功官军，桂林中卫指挥门祖荫等二千二十五人有差。总督两广都御史林廷选、总兵官郭勋各赏银二十两、纻丝二表里。巡按御史舒晟，副总兵金堂，参将房润、张祐半之。参政蔚春，参议杨伟、左唐，副使翁茂南，佥事曹闵、薛金，各银五两、纻丝一表里。

丁巳（二十九日）［兵部覆总督彭泽议处四川地方三事］

兵部覆总督军务都御史彭泽议处四川地方三事。一、添设关隘以严巡察。谓苍溪县八字堡、火井坝二处，宜各设巡检司防守。云阳县铁檠巡检司，宜改设于五溪坝，更名五溪。达县明通巡检司，宜改属新设太平县提调。一、简练官兵以肃武备。谓四川官兵久不练习，今后领军官员，务令时常整搠，守御地方。州县佥选民壮，相兼会操，以备调用。川北、川东二道守巡官，宜令携家久驻要害地方，往来督视。一、量增驿站以苏民力。谓广元县问津水驿宜改为水马驿，添设马匹，以节龙潭、沙河二驿之劳。内江县安仁驿改入县城，以便接递。从之。

明武宗实录卷一百二十

正德十年乙亥（1515）

正月

丙寅（初八日）［楚雄府地震］

楚雄府地震。

辛未（十三日）［广西思明府土官知府遣人贡马朝觐，以过期减赏］

广西思明府土官知府黄旸遣其族黄海等贡马朝觐。以过期如例减赏之半。

明武宗实录卷一百二十一

二月

庚寅（初二日）［楚雄府地震］

楚雄府地震。

辛卯（初三日）［云南孟琏长官司土官母、土舍等差人朝贡］

云南孟琏长官司土官母招囊猛并土舍刀派兰差头目康浩等来朝贡马匹、银器。赐宴赏彩段、衣物，并给赐土官母、土舍纻丝罗各有差。

甲午（初六日）［黔国公沐昆辞所加太子太傅］

镇守云南总兵官黔国公沐昆辞所加太子太傅。疏入，允之。

［番僧遣人朝贡，乞袭封大乘法王］

番僧完卜锁南坚参巴尔藏卜遣人朝贡，乞袭封大乘法王。许之。

乙卯（二十七日）［贵州金石番长官杀其兄，联合苗人起事，

被擒]

贵州金石番长官石承隆与其从弟承玺谋劫其兄承暹，杀之，遂纠苗贼作乱。守臣擒之，承隆死狱中，磔承玺以徇，仍令举石氏族属可承袭长官者以闻。

明武宗实录卷一百二十二

三月

庚辰（二十三日）[录贵州程番府平“贼”功]

录贵州程番府平贼功。升赏有功及阵亡官军田锦等一百六十八人有差，镇守太监沈泰加禄米十二石，巡抚佥都御史陈天祥升俸一级。时御史邝约所报功籍，又有官舍钱明等百二十人，皆中官及权幸子弟，不在原奏劳之数者，兵部亦依违以请，悉得升赏。内廖铠者已革为民，复以冠带舍人冒升去。

明武宗实录卷一百二十三

四月

癸卯（十六日）［兵部覆广东巡按高公韶奏广东“盗贼”情形］

兵部覆巡按广东御史高公韶奏：广州之新宁、清远及新会之白水、番禺之后山，肇庆之恩平、阳江，德之逯水、罗傍，惠之河源、龙川，潮州饶平之瀸洲、清远，负山滨海，民夷杂居，盗贼啸聚，频年不已。皆地方任事之人，利于用兵征剿，而不利于扑灭故也。盖扑灭于始发，其为力易，为费少，而军门之功不显。俟其猖獗，而后调兵征之，则有功而升赏行矣。殃民养乱，皆由于此。乞敕两广总督、镇守等官，凡遇贼发，即责限督捕。有功亦议升赏，必不得已。至于用兵，须画定地方贼首姓名，毋令含糊延蔓，以图报功。其有仍蹈前弊者，劾奏重治，则人皆自奋，盗贼可除，而用兵之惨可少舒矣。从之。

明武宗实录卷一百二十四

闰四月

己未（初二日）［礼部议韩胡碉番僧入贡人员超额事］

分守松潘副总兵吴坤奏送韩胡碉番僧纳麻思结等，赴京贡方物，并补正德五年至七年贡。下礼部议。故事，松潘等处番僧贡岁不过五十人，补贡又有禁例。今坤所奏送至二百五十人，且干补贡之禁。若概阻之，恐孤向化之心。若与全赏，则无以遏将来之弊。请止给初来贡者七人全赏，其存留二百四十二人，杀其赏之半，并治坤违例之罪。诏如议，坤姑宥之。

明武宗实录卷一百二十五

五月

壬辰（初六日）［云南地震，逾月不止］

云南地震，逾月不止，或日至二三十震。黑气如雾，地裂水涌，坏城垣、官廨、民居不可胜计。死者数千人，伤者倍之。地道之变，未有若是之烈者也。

乙未（初九日）［松潘大悲寺僧徒等贡方物］

松潘大悲寺僧徒远丹领占……贡方物。赐宴。赏彩段、衣服有差。

戊戌（十二日）［定四川松潘诸佛寺朝贡例］

礼部尚书刘春奏：西番俗信佛教，故我祖宗以来，承前代之旧，设立乌思藏诸司，阐化、阐教诸王，以至陕西洮岷、四川松潘诸寺。令化导夷人，许其朝贡，然每贡止许数人，贡期亦有定限。比年各夷避远，莫辨真伪，至有逃移军匠人等，习学番语，私自祝发，辄来朝贡，希求赏赐。又或多创寺宇，奏乞名额，即为敕赐，朝贡不绝。以故营建日增，朝贡愈广。此皆借民财以充宴赏，继继不已，虽神输鬼运，其何能应无穷之用哉！乞酌为定例，严其限期，每寺给勘合十道。陕西、四川等处兵备，仍给勘合底簿，每当贡期，比号相同，方许起送，其人数不得过多。自后再不得滥自营造，则远夷知戒，民财可省。诏显、庆等二寺及洪福寺，以后番僧来贡者。赏赐视宝净诸寺例。余如所议行之。

庚子（十四日）［授播州土舍杨弘冠带］

授播州土舍杨弘冠带。弘，故革职宣抚友之子。初，宣慰使杨辉嫡子曰爱，友其庶也。辉既令爱袭其职，复溺爱。友奏析凯离之地以居之，授为宣抚，俾分理苗寨。由是兄弟交恶，奏讦不已。朝廷遣大臣勘处，革友职，置之保宁城。及辉没，爱横敛以贿刘瑾，得加授按察使衔。又怨友征取于凯离者独苛，同知杨才居安宁，乘之朘剥尤甚。诸苗皆愤怨，凯离民为友奏复官弗得，乃潜入保宁以友还，纠众作乱，攻播州，焚爱居第及公私廨宇略尽，遂杀才，多所残戮。爱屡奏于朝，上乃命四川镇巡等官调兵征之。会友死，而川兵方征蓝、鄢，总制尚书洪钟及贵州镇巡官俱请缓师抚处。兵部议：友虽已死，而其子弘尚存，宜敕川、贵镇巡等官先调兵食，示以必征之威，继加抚谕，开其自新之路。若弘束身归罪，具奏上裁。至是，四川镇巡等官勘奏：弘父友构乱，法固难宥，但友构乱时，弘尚童稚，今年渐长，能悔过自新，且善抚驭，诸苗夷愿听其约束。况友前所焚杀死者，俱已随土俗折偿，及还所侵夺于官。乞授弘以冠带，名为冠带土舍，协同播州经历司抚辑诸夷。其家众安置保宁者，俱还之，仍隶播州管辖。且谕宣慰杨斌与弘协和，不得追仇相残。兵部议覆，从之。

丙午（二十日）［授为民土舍安宇为土官巡检］

授为民土舍安宇为土官巡检。宇父鳌，故马湖土官知府也。以罪死狱中，宇安置广西，遇赦不原。及蜀盗起，宇率家丁御之，有功。四川镇守太监韦兴为宇请升级，兵部难之。诏宇功罪不相掩，乃授巡检，并赏其家丁获功及死者百余人。

明武宗实录卷一百二十六

六月

丙辰朔（初一日）［贵州西堡阿得等“革僚”据沧浪六寨，不供常赋，巡抚萧翀责其输赋］

贵州西堡阿得、狮子孔、阿江三种，皆革僚也。初，据沧浪六寨，不供常赋。土官温铠惧催征，自经死。其子廷玉嗣请免赋，不获，乃往征之，为其寨长乜吕等所杀。阿得把事阿惯亦以征赋，其众潜纠乜吕等杀之。廷玉弟廷瑞奏诉，且请兵征剿，时正德六年也。守臣恐其为变，故缓之。至是，乜吕死，指挥杨仁抚谕其党，俱服罪。巡抚都御史萧翀请因其俗罚赎，而责其输赋，免用兵征。从之。

戊午（初三日）［四川播州土官安抚奏请赐宣慰使敕，令每年巡视边境，抚绥土民］

四川播州土官安抚宋淮奏：贵州凯离烂土夷婚于凯离草堂诸寨，阴相构结，诱山苗为乱。乞赐宣慰使杨（赟）〔斌〕敕，令每年巡视边境，会湖、贵镇巡官抚处。兵部议：土官旧无领敕出巡例，乃命镇巡官谕斌以朝廷优待至意，从宜奖劳。继今果能抚绥土民，辑睦亲族，许复以请。

己巳（十四日）［升吴坤充总兵官，镇守四川］

升分守松潘等处副总兵都指挥佥事吴坤为署都督佥事充总兵

官，镇守四川，以陕西绥德卫都指挥佥事张杰充副总兵代之。四川旧无镇守总兵官，会亦不剌走入四川境，将掠（彰）〔漳〕腊。坤以副总兵兼镇守欲避虏，乃言：松潘去省城远，势难两及，请更设总兵一人。且私赂本兵者，遂以命坤。

庚午（十五日）［加授四川播州致仕土官宣慰使杨爱昭毅将军］

加授四川播州致仕土官宣慰使杨爱昭毅将军，给诰命，仍赐麒麟衣一袭。时爱之子宣慰使斌，为其父请进阶及服色。礼科驳之，礼部因奏：服色等威所系，不可假借。兵部以爱旧有剿贼功为言，遂皆许之。既而斌复为其子相请入学，得赐冠带云。

戊寅（二十三日）［以征镇筸功，升铁宝为都指挥同知］

升湖广平溪卫都指挥佥事铁宝为都指挥同知，以征镇筸功也。

己卯（二十四日）［云南潞江安抚司土官线捧夺其从弟庄寨，死于狱，其子诏及党与皆斩］

云南潞江安抚司土官安抚线捧夺其从弟掩庄寨三十八所。掩屡讼于官，未尽复。捧遂集夷兵至掩寨，纵火屠掠，掩母子妻妾及夷民男妇死者八十余人，因屯据自保。云南镇巡官遣兵诱执之，具上其状。捧寻死于狱，命仍戮尸枭首。其子诏及党与皆斩。

［铜仁、镇溪苗人起事失败，龙童保等被杀］

初，贵州铜仁府铜仁长官司与湖广镇溪千户所筸子坪长官司，四川酉阳长官司、梅洞长官司地犬牙相入。弘治八年中，镇溪苗民龙麻阳等，与铜仁苗头龙童保聚徒攻劋，杀虏人畜，及焚荡官民庐舍，不可胜筭。土官李椿、段昂、田宗玺等实纵之，而筸子百夫长龙真与之同谋，营逼司府。其后遂率众千余四出，三省之民骚然，屡奏告急。前后镇巡惟务抚谕，终莫能制。正德七年春，贼闻将会兵征之，乃分路出掠，入大山深箐中，为拒守计。其冬，巡抚都御史刘丙率土汉官兵进攻，三日破其诸寨，余党走据天生崖及陆龙山。后都御史沈林继至，连攻破之。前后所擒童保等百九十五人，斩首八百七十四级，俘男女三百八十二人。湖广都指挥潘勋，破镇筸亚西、亚保等处，擒贼龙麻阳等百六十三人，斩首七百五十八级。至是，都御史萧翀、御史邝约上其事，请诛童保等，其家口及幼弱皆论如叛法，且言龙真宗强服众，宜释而严饬之，俾统余党。反贼者椿等及镇溪所百户孙继勋纵贼，皆宜罪。诏诛童保等枭首示众，宥龙真罪。令湖广巡抚官戒谕，使约束诸夷，毋更侵乱。继勋并椿等俱逮治。

甲申（二十九日）［复给湖广忠峒安抚司、忠建宣抚司、高罗安抚司印，以“夷舍”田隆等掌之］

复给湖广忠峒安抚司、忠建宣抚司、高罗安抚司印，以夷舍田隆、田本忠、田万金掌之。永乐间，施州等处民谭文昌、谭暹、廖汝凤、秦忠亡入高罗、忠建、镇南、忠峒，各从其土官入贡，诈称为前土官裔，袭授倅职。归乃诱夺其印，子孙遂冒袭。弘治间，守臣擒之，印贮于官。至是，巡抚都御史秦金奏：隆在忠峒，本忠在忠建，万金在高罗，皆真夷种，故给之。而镇南长官司，为汝凤所冒者。至是夷种尽亡，其司遂废。

明武宗实录卷一百二十七

七月

壬辰（初七日）［以天全六番招讨使司应袭舍人为副招讨］

天全六番招讨使〔司〕应袭舍人杨世仁贡马，赐彩段、钞锭有差。随命世仁嗣为副招讨。

庚子（十五日）［御史劾奏分守松潘副总兵吴坤等有罪反升］

御史李素言：迩者分守松潘，则副总兵吴坤奏，兼管镇守不便，特授署都督佥事充总兵。坤畏松潘之艰险，图内地之安逸，既不罪之而反升之，是遂一夫之愿，而轻一方之责也。又南京太仆少卿何棐先任御史，纪功四川，变卖夺回人畜，支销未明，失机误事，未问参究。施、永土军所过，鸡犬一空，皆棐助之。如棐之奸谀，岂可骤升要秩？成都后卫指挥使陆震，通江失守，白沙败绩，乃佯狂脱罪，纳贿进阶。如震之奸恶，岂宜宽贷？乞下廷议，伸国法。兵部议覆，诏推用将官，并调遣土兵，已有旨矣。震功过，其查核以闻。

明武宗实录卷一百二十九

九月

庚寅（初七日）［广东封川县、德庆守御千户所，广西苍梧县、藤县、梧州守御千户所无云而震］

广东封川县、德庆守御千户所，广西苍梧县、藤县、梧州守御千户所，各无云而震。

辛卯（初八日）［云南巡抚王懋中奏言罢革金腾镇守等官等事］

巡抚云南右副都御史王懋中言四事：一、云南设镇守总兵、太监二员，又增金腾镇守参将、太监二员。金、腾本云南西北一隅之地，军士不满一万，民户不及一二里。科扰之害，已为困极。乞将金腾镇守等官，并赐罢革……

乙未（十二日）［云南大理府地震］

云南大理府地大震，四日乃已。

乙巳（二十二日）［广南府知府廖铉擅离府治，府印并经历司印为家奴所窃］

巡抚云南都御史王懋中奏：广南府知府廖铉避瘴于临安，以府印令故土官同知侬仕英子添寿护之。添寿死，家奴跛朋窃之，并经历司印，以逃归于其族叔侬仕祥。于是通把季福等，以仕英亲弟仕獬例得袭职，请追印与之。仕祥遂献地于泗城州土官岑接，与之连婚，欲构兵以灭仕獬之族。未几，仕祥死，其子琳遂以府印送之接，而经历司印仍为琳弟琼所匿。臣等方调兵积饷，以为攻计。琼始出印，归于通判周宪。会承差李志聪道经泗城，接调问我兵虚实。志聪晓谕之，接惧，遂以府印付志聪归。琼等今皆服罪，已就约束，请从宽宥之。事下兵部议，以为琼、接等党恶抗命十有余年，罪亦难宥，但边夷素远声教，况已输服，似亦可矜。宜令镇巡官，谕以守护境土，不得更为党恶，以自取殄灭。宪、志聪宜各犒赏，以酬其劳。铉擅离府治，以启祸端，该道守巡失于抚处，俱宜治罪。诏从之。铉已去任，守巡官已遇赦，皆勿究。

[赏朱皋镇有功官兵、永顺宣慰司宣慰等银两]

赏朱皋镇有功官兵、永顺宣慰司宣慰彭明辅等银两有差。

明武宗实录卷一百三十

十月

丁巳（初四日）[贵州巡按刘士元劾按察司佥事张腾霄以迷失子女通贿土官]

贵州巡按御史刘士元劾按察司佥事张腾霄以迷失子女通贿土官，令冠带闲住。

己未（初六日）[贵州宣慰使差人贡马贺节]

贵州宣慰使安万钟差人贡马，贺万寿圣节。赏彩段、钞锭。

己巳（十六日）[四川纪功给事中等奏先年剿抚“蓝、鄢等贼”当事官员功过]

四川纪功给事中王萱等奏：蓝、鄢等贼其初甚微，官司不急剿捕，以致延蔓，所在骚动，死亡无算。而总制等官方务招抚，随抚随叛，至贻朝廷之忧。命将出师而后克，然生灵亦病甚矣。其先后用兵，三司等官布政使黄瓒等一百四十五人，及先总制尚书洪钟、总兵阎纲等各有功过，乞差别轻重，以示惩劝。兵部覆请，诏误事者法当究治，但今盗贼已平，姑从宽典。其应重治者，下巡按御史逮问。功足掩过者，宥之。若有余功可升赏者，仍查格奏处。钟既致仕，已之。先年奏报稽迟等官，俱勿究。

**壬午（二十九日）[四川巡抚马昊奏请调曹恕为松潘兵备按察

副使]

巡抚四川都御〔史〕马昊奏：松潘兵备按察副使卢翊赋性柔弱，军旅未谙，副使曹恕慷慨有为，弓马闲熟，宜更调。从之。

明武宗实录卷一百三十一

十一月

丁亥（初五日）[贵州宣慰使司应袭土舍差舍把贡马贺节]

贵州宣慰使司应袭土舍宋储差舍把宋纨寺贡马，贺万寿圣节。给赐彩段等物有差。

辛丑（十九日）[以广东“流贼”入郴、桂境而不能捕，拟斩守备郴桂都指挥佥事卢震]

守备郴桂都指挥佥事卢震以广东流贼入境，畏缩不能剿捕。贼退，又执平民为盗，多死者。下巡按御史逮问，拟斩。都察院覆奏，诏如拟，监候。

己酉（二十七日）[命司设监太监刘允往乌思藏赍送番供等物]

命司设监太监刘允往乌思藏赍送番供等物。时左右近幸言，西域胡僧有能知三生者，土人谓之活佛，遂传旨，查永乐、宣德间邓成、侯显奉使例，遣允乘传往迎之，以珠琲为旛幢，黄金为七供，赐法王金印、袈裟，及其徒馈赐以巨万计，内库黄金为之一匮。敕允往返以十年为期，得便宜行事。又所经路带盐、茶之利，亦数十万计。允未铨，导行相续，已至临清，运船为之阻截。入峡江，舟大难进，易以艒艒，相连二百余里。至（城）〔成〕都，有司先期除新馆督造，旬日而成。日支官廪百石，蔬菜银亦百两。锦官驿不足，傍取近城数十驿供之。又治入番物料，估直银二十万。镇巡争之，减为十三万。取百工杂造，遍于公署，日夜不休。居岁余始行，率四川指挥、千户十人，甲（仕）〔士〕千人俱西。逾两月至

(期)〔其〕地，番僧号佛子者，恐中国诱害之，不肯出。允部下人皆怒，欲胁以威。番人夜袭之，夺其宝货器械以去。军职死者二人，士卒数百人，伤者半之。允乘良马疾走，仅免。复至成都，仍戒其部下，讳言丧败事。空函驰奏，乞归。时上已登遐矣。

明武宗实录卷一百三十二

十二月

丙辰（初四日）［监察御史奏谏遣太监往乌思藏迎佛］

监察御史徐文华言：近太监刘允往乌思藏赍送番供。议者谓陛下本欲迎佛，复讳之耳。且西域岂真有所谓佛子者，特近幸欲售其奸而无由，乃神其术以动圣听。陛下以为实，然遂欲迎之，亦误矣。乌思藏远在西域，山川险阻，人迹少通，溪谷丛篁之间，多蝮蛇猛兽，瘴疠山岚之气，触之者无不死亡。臣恐迎佛有日，报命无期也。今盗贼甫宁，疮痍未愈，乾清被烬，营建方兴，天下苦之，而蜀土尤甚。今复益以迎佛之扰，凋弊余黎，何以堪命？不转死沟壑，则复啸聚为盗而已。或有奸人伺衅鼓乱，如元季白云宗、弥勒教、白莲会之类，纷然而起，将何以救止之邪？伏望亟罢中使，将造言起事之人置诸刑戮，以正罔上之罪。不报。

庚申（初八日）［礼部尚书毛纪奏请追寝遣使往乌思藏赍送“番供”成命］

礼部尚书毛纪言：顷者，乌思藏大宝法王违例差大国师锁南坚参巴藏卜进贡，蒙恩不加深究，量减赏赐。本夷觖望，又求全赏及求五彩佛轴等物，复俱赐给。今又奉特旨，遣人赍送番供。大宝法王，一番僧尔，何乃上廑宠遇之隆如此！且闻自京师至乌思藏，约三万余里，往返动经三五年，供应烦费，不可胜言。又闻自四川雅州出境，过长河西，迤西至乌思藏，约有数月程，皆黄毛野达子之地，无州县驿递，亦无市镇村落。一切供应钱粮、护送军马，俱四川都布二司，并各土官衙门出办差拨。四川连年用兵，即今流贼稍平，而西番蛮贼复起，其财用之乏，军民之困，比之他处尤甚。若重加此累，恐生意外之变，咎将谁归？伏望皇上轸念四川重地，追寝成命，将番供等物，照例请敕付原差大国师领还，生民之福也。不报。

丁丑（二十五日）[湖广永顺致仕土官宣慰使献大木]

湖广永顺致仕土官宣慰使彭世麒献合式大木三十余根及次木二百，且请亲督运送。其子宣慰使明辅亦奏如之。俱赐敕奖励，进奏人赏钞千贯。

明武宗实录卷一百三十四

正德十一年丙子（1516）

二月

癸丑（初二日）[以北定寨“番夷”入四川红岩关“虏掠”，处置失机官员]

巡抚四川都御史马昊奏：北定寨番夷入红岩关虏掠，先任副总兵吴坤、兵备副使卢翊及千户陶铎等，俱宜罪。兵部议覆，得旨：铎等逮治，翊夺俸二月，坤已迁任，宥之。

[白若寨“番夷”入四川威茂东路执缚官军]

马昊又奏：白若寨番夷入威茂东路，执官军二十余人，既而以兵备等官抚谕得释。千户王纶、张锦、何英，参将李荫，兵备副使杨惟康，及指挥侯琛等，亦宜罪。诏逮问琛等，而宥荫与惟康。

[以松潘修墙栅五十余里，边城有赖，奖有劳官员]

巡抚四川都御史马昊等奏：松潘孤城，鸟道崎岖，番夷往往阻遏粮运，仓廪空乏。先任参将张杰身率官军，自三舍堡至风洞关，修完墙栅五十余里，边城有赖。右布政使伍符、参政吴晟、参议张绎、副使曹恕、左布政使胡宗道、按察使何珊、署都指挥佥事韩恩等各协力有劳，宜加奖劝。兵部议如其请，且言昊督理之绩。得旨：杰赏银二十两、纻丝二表里，符银十两、纻丝一表里，晟等各纻丝一表里，昊写敕奖励。

癸亥（十二日）［赏赉抚辑铜仁、镇筸诸苗有劳官员］

巡抚贵州都御史曹祥等奏：抚辑铜仁、镇筸诸苗，参政戴敏，副使李麟翁，理参王荩，佥事丁沂，参将任洛，守备叶昙、李宗祐、王爵，各有劳。兵部覆议，请量赏赉。且言祥委用得人。得旨：祥赐敕奖励，敏赏银二十两、纻丝二表里，宗祐、爵各银十两、纻丝二表里。余各纻丝一表里。

辛未（二十日）［董卜韩胡宣慰使司加渴瓦寺等差人入贡］

董卜韩胡宣慰使司加渴瓦寺等差都纲七庆等入贡。赐宴并给赏如例。

明武宗实录卷一百三十六

四月

庚申（初九日）［黔国公沐昆厚赂中官及兵部尚书王琼得进秩，自此遂挟以自大］

镇守云南黔国公沐昆有母丧，乞扶柩归葬南京。兵部尚书王琼覆奏：昆守重镇，难以离任。宜差官护送，令有司给其道里费。又称：昆能继承先德，安靖地方，且事母纯孝，恳求归葬，诚可嘉尚，宜赐敕褒奖。诏如所奏，加太子太傅，并赐之敕。昆厚赂中官及琼，得进秩，自此遂挟以自大，欲布按二司官从旁门入见，皆琼假之也。

己巳（十八日）［以采运大木免荆州等八府正官朝觐］

免湖广荆州、岳州、辰州，四川重庆、叙州、马湖，贵州思南、铜仁八府正官来朝，以采运大木故也。

**甲戌（二十三日）［贵州巡按李显论劾巡抚曹祥轻调土兵及

“纵苗为患”]

巡按贵州御史李显论劾巡抚都御史曹祥愎而自用，疏而寡谋。当都匀苗兵仇杀之初，使能拊循，未至为善，顾轻信戴敏之言，辄调永、保等处土兵。时侍郎刘丙、都御史秦金皆谓未可，祥独发檄迫遣土兵，贪暴无纪，遂恣凶残，所过清平、兴隆等卫，强夺军器，焚毁署舍，已不忍言。至进哨之后，又杀虏独山州民二百余人，各（塞）〔寨〕财物被劫一空，铜仁、龙里、威清皆不得免。且故纵苗贼，得以乘机烧毁清平屯堡十有八处、关厢庐舍二千八百四十余间，死者七十七人，逐窜者百四十余人，掠仓谷千一百九十余石，其在民者不可数计。今虽遁入香炉山寨，而地方之受祸亦惨矣。祥乃托疾闭门，束手无策，所调土兵莫肯用命者，祥于此将何所逃责耶？况纵书吏受赃，又自纳土官赂，为请袭职。其不法尤多，乞即罢黜，别选贤能以代，庶苗患可除。吏部议覆，乃召祥还京，仍令法司以显所奏，详勘议处。

明武宗实录卷一百三十九

七月

乙酉（初六日）［贵州车碗寨苗人阿傍等聚集各寨苗人起事，命调土兵剿之］

贵州车碗寨苗贼阿傍等纠各寨苗，为乱于清平、平越卫地方，杀指挥王杞，遂盘据香炉山，转掠湖广偏桥等处，道路阻绝。守臣以闻，命湖广总兵官杨英、巡抚都御史秦金诣湖、贵境上，会贵州镇巡官督各参将、守备、兵备三司官，整备兵粮，仍调永顺、保靖、播州、酉阳土兵剿之。以贵州巡按御史纪功。

己丑（初十日）［以“苗叛”用兵，免湖广有关州县正官来朝］

免湖广道、沅、靖、武冈四州，蓝山、临武、永兴、宁远、会同、绥宁六县正官来朝，以苗叛用兵故也。

辛卯（十二日）［以“地方多事”，免广西有关府州县正佐官来朝］

免广西平乐等五府，宾州、思恩等九县正官，永安等八州、阳朔等三十四县正佐官来朝，以抚按官言地方多事故也。

己亥（二十日）［以“盗贼”未宁，免广东有关州县正官来朝］

免广东连山等十一县正官来朝，雷州府、德庆州及潮阳等四县以佐贰官代之。钦、崖等五州，清远等二十二县以首领官代之。皆以盗贼未宁故也。

明武宗实录卷一百四十

八月

庚戌朔（初一日）［四川“僰蛮”聚众于落亥堡等处起事，兵部议令四川守臣相机抚剿］

僰蛮聚众于落亥堡等处为乱。事闻，兵部议，令四川守臣抚处。不听，即合诸路兵讨之，以巡按御史纪功。奏可。

乙卯（初六日）［凯离苗人与土舍仇杀，木佬攻破清平杨老堡］

巡按御史唐龙疏论巡抚都御史曹祥。初，以凯离苗人阿南等与土舍王通仇杀，即倡征剿之议，浪费帑银七万余两、米十二万余石，所向败绩，绝无寸功。及至大军既散，木佬转相惊疑，攻破清平杨老堡，指挥王杞并官兵二十五人同时遇害。祥坐省镇，付之不知，其罪宜黜，下其章于吏部。

壬戌（十三日）［四川乌蒙军民府土官知府差吏把贡马，以违限减赏］

四川乌蒙军民府土官知府禄溥差吏把孟大成、罗尚玉来贡马。

以违限减其赏之半如例。

明武宗实录卷一百四十一

九月

己卯朔（初一日）［广西忠州冠带土官遣人贡马］

广西思明府忠州冠带土官黄瑚遣黄孟等来朝贡马。赏彩段等物有差。

丙午（二十八日）［诛潞江安抚线俸，委金齿前所正千户侯镇署掌安抚司印］

巡抚云南都御史王懋中奏：潞江安抚线俸既诛，请以安抚司印委金齿前所正千户侯镇署掌，而以土舍线樑佐之，仍谕肆岗、招岗、招扒、陶猛诸夷民听其约束，以供赋役。兵部议，从之。

丁未（二十九日）［播州宣慰使遣人贡马］

播州宣慰使杨斌遣长官并把事都勋等来贡马，贺万寿圣节。赐宴并赏彩币等物有差。

明武宗实录卷一百四十二

十月

丙辰（初八日）［云南曲靖军民府地震］

云南曲靖军民府地震。

庚申（十二日）［升鲁儒为都指挥佥事］

升四川叙南卫指挥同知鲁儒为都指挥佥事，以其父忠征蓝、鄢有功未升而卒故也。

明武宗实录卷一百四十三

十一月

壬午（初五日）［平湖广“贼”贺璋、罗大洪等］

湖广贼贺璋、罗大洪等平。初，璋等聚众肆劫嘉鱼，知县陆槐招之。未几复叛，义官方宸诱璋至其家，格杀之。其党拥众拒敌，宸遇害。后贼党皆就擒，大洪亦为蒲圻知县张珮所获。事闻，诏太监杜甫、都御史秦金、总兵官杨英，各赐敕嘉奖，仍各赏银二十两、彩币四表里。巡按御史及守巡官半之，槐、珮及诸有功者量加赏劳。宸杀贼功多，死事，无后，特赠府检校，立石表其墓而赐之祭。

［掣回安陆卫轮戍靖州旗军，于武、沔、安福等卫通融拨补］

巡抚湖广都御史秦金奏：安陆卫右所官军先年调襄阳护卫，前项运船未有所处。乞将安陆卫轮戍靖州旗军二百三十六名，掣回本卫讫，免其上班，并将奉例改编新军数内，摘拨以足二百二十五名之数，照例支料修船，分拨委官管运。其靖州缺班，仍于武、沔、安福等卫通融拨补。户部覆奏，从之。

癸未（初六日）［广东“海洋贼”屡入广海卫城劫掠，指挥赵莹、朱椿辄纵之，至是置莹等于法］

初，广东海洋贼数百人，屡入广海卫城劫掠，无敢捕之者。间捕得送官，指挥赵莹、朱椿辄纵之。至是，巡按者置莹等于法，且劾守巡参政张恩、副使汪鋐、兵备佥事程文隐匿贼情，及都指挥欧儒、布政使方良节、按察使汪获麟不能举察，俱当究治。诏宥之，仍停俸有差。获麟以迁任免。

［广东廉州府地震］

广东廉州府地震有声。

乙酉（初八日）［湖广巡抚秦金奏言应对钱粮缺乏之策］

巡抚湖广都御史秦金奏言：湖广地方大水，加以征苗用兵，钱粮缺乏。乞请淮盐十万引，并借该解户部备边事例银二万四千四百余两，以济目前之急。及停征被灾州县钱粮，查复各王府奏讨山场湖荡税课局、河泊所诸项课税，仍拟还官，以备郡王以下禄米。其湖广省城，各处盐商凑集，仍照先年旧规，俱赴武昌府挂号。每舡纳银二两，或三两，入官贮库，按季类解布政司，以备不虞支用。户部议覆，从之。

明武宗实录卷一百四十四

十二月

己未（十三日）［云南楚雄、大理二府，蒙化、景东二卫俱地震］

云南楚雄、大理二府，蒙化、景东二卫俱地震。

庚申（十四日）［湖广容美宣抚司宣抚子以争袭杀其父及弟］

湖广容美宣抚司宣抚田秀爱其幼子世宗，将谋逐其兄白俚俾，而以世宗袭职。白俚俾恨之，诱强贼杀其父及世宗。事闻，下镇巡等官验治，凌迟处死。土官唐胜富、张世英等为白俚俾奏辩，当坐。诏以夷僚异类，难尽绳以法，令戒饬之。

明武宗实录卷一百四十五

正德十二年丁丑（1517）

正月

庚辰（初四日）［湖广听选监生擒斩“强贼”，招抚“贼首”，升赏之］

兵部奏：湖广听选监生程仑率家众擒斩强贼十三人，复招抚贼首宋玉淮等，例宜升赏。命吏部选用仑，视考定资格加三级。

辛巳（初五日）［播州宣慰使有父丧，诏仍旧掌印管事］

播州土官安抚罗忠、宋淮等以宣慰使杨斌有父丧，欲如文臣例守制，奏斌素得夷心，乞勿令守制，以弭边患。诏斌仍旧掌印管事，且降敕奖励之。

乙酉（初九日）［以“扰民生事”裁革贵州永宁等处右参将张泰］

裁革贵州永宁等处右参将张泰，回贵州都司带俸。从抚按议，以其剩员无益且生事扰民也。

乙巳（二十九日）［广东连山县野火延烧入城］

广东连山县野火延入城，毁官廨民居殆尽，老弱死者甚众。

明武宗实录卷一百四十六

二月

戊午（十二日）［漕运总督丛兰奏请取回刘太监等往乌思藏取佛人员，不报］

总督漕运右都御史丛兰言：比闻有刘太监者，往乌思藏取佛，所需船五百余艘，夫役万余人，供亿不赀，所过骚扰日甚。营建巨木，方行进贡，快船续至，比屋派夫，数犹不足，加之以此，民将何堪？况当灾盗荐臻之余，公私匮竭，费何所给？今淮扬诸属告急于臣，哀号苦楚，不忍见闻。臣叨重寄，若默而不言，万一致有他虞，则上负圣恩，其罪愈大。伏望尽将所差人员取回，以安人心。疏入，不报。

丙寅（二十日）［以清平苗人“猖獗”，贵州巡抚邹文盛劾都匀守备周吉不能任事］

巡抚贵州副都御史邹文盛以清平苗贼猖獗，劾都匀守备周吉不能任事。且举先仕都指挥今逮问邵鉴可用，请令鉴戴罪自效，而还吉于原卫。兵部驳奏：鉴之逮问，吉之委用，皆由抚按劾治考举。而文盛欲将劾治者委用，考举者黜退，辄擅废置，宜究诘其罪。其都匀守备暂令都指挥佥事权继武代管，鉴仍逮问，并吉俱下巡按御史治之。诏如兵部议，文盛免究。

明武宗实录卷一百四十七

三月

丙子朔（初一日）［云南木邦军民宣慰使司宣慰使遣人朝贡］

云南木邦军民宣慰使司宣慰使罕列法遣头目陶孟茂歪等贡象、马及金银等器。给赏彩币、锦缯如例。

癸卯（二十八日）［湖广郴州地震］

湖广郴州地震，声如雷。

明武宗实录卷一百四十八

四月

丁卯（二十二日）［设云南寻甸军民府儒学及阴阳医学］

设云南寻甸军民府儒学及阴阳医学。寻甸旧属土官，成化间改设流官，亦无州县。至是，从知府戴鳌奏，始建学。夷民窘于工力，咸怨之。

明武宗实录卷一百四十九

五月

乙亥朔（初一日）［四川叙州僰人子普法恶等起事，官军平之］

四川叙州僰人子普法恶等作乱，平之。……普法恶身长七尺，通汉语，晓符箓，以此自负，潜怀异志。尝与夷妇米浪通，遂以米浪为王母孙弥勒佛出世，自称蛮王，扇诱诸夷，从者日众。略傍近居民，肆其荼毒。巡抚都御史马昊先后抚谕之，不从。乃调兵征之，进攻青山下峰崖小寨。普法恶率众来援，单骑冲阵，中箭坠马歼焉。诸蛮大奔，凡斩首一千五百余颗。昊及总兵官吴坤以捷闻，各赐敕奖励。赍奏者升赏如例，有功人员，令兵部议处以闻。

丁亥（十三日）［云南宁州土官知州纵“贼”分赃、挟仇挑衅，坐斩］

初，云南宁州土官知州禄俸潜匿强贼数百人剽掠境内，而分其有。既而生隙，复请于兵备副使王昊，愿会兵剿之。贼乘险拒敌，指挥吴经、孙锐、尚麒与战，大败，百户牟祯死焉。事闻，昊等及俸俱下巡按御史逮问。狱上，俸以纵贼分赃、挟仇挑衅坐斩。昊轻信寡谋，以平贼有功，准赎徒还职。经、锐、麒俱谪戍边卫。祯以阵亡，令其子袭升一级。

［发兵征讨湖广郴、桂瑶峒“贼”龚福全等］

湖广郴、桂瑶峒贼龚福全等叛，巡抚都御史秦金等奏调兵征剿，又以总兵官杨英往征贵州，乞留以统兵，而以巡按御史王度随军纪功，仍敕两广总督、南赣巡抚等官陈金等，期以八月会兵进讨，而以陈金充总制，得便宜行事。兵部议：留英如所请。贵州兵别以协守郧阳都指挥李瑾统之。陈金如原敕总督军务，调兵策应。八月期迫，宜令以九月会衡州。诏从之。既而英道卒，金等复请，以兵暂属分守靖州参将史春，以俟代英者。

己丑（十五日）［革平乐等五府添设通判］

革平乐、柳州、南宁、庆远、思恩五府添设通判。

丁酉（二十三日）［镇守湖广太监杜甫假郴、桂“流贼”为名，奏乞巡历地方，台谏劾之，不报］

六科都给事中汪玄锡等言：镇守湖广太监杜甫假郴、桂流贼为名，奏乞巡历地方。兵部谓不可，陛下特允所请，不知甫何以得此？况湖广困穷已极，始以侍郎韩福之科敛，继以剧贼刘七之扰攘。今水旱交作，瑶僮窃发。采木之役，征调之费，譬如人身百病，精血已竭，饮以善药，犹恐不保，况可毒之乎？且甫在镇一年，迹其所行，不过牟利自殖，无补分毫。今使出巡，有司馈遗，仆从骚扰，仓卒生变，则楚之可忧不独瑶僮而已。《易》曰：履霜，坚冰至。他日（尚）〔倘〕怀不轨，假名托义，以窃兵柄，如汉唐叔世之为者，亦将许之乎？今十三省皆有镇守，亦有盗贼，诚恐旬月之内，皆援甫例，奏牍纷至。是甫不独祸一方，又将祸天下矣。先朝虽添设镇守等官，未尝许其巡历。惟逆瑾擅政，乃许接受民词。瑾之败诛，孽亦坐，此甫可不知所惩乎？伏望念祖宗之盛宪，恤百姓之困穷，停罢敕书，仍治甫欺诈之罪，以戒不忠。十三道御史陈良玉等亦言：甫欲巡历弭盗，岂知官吏馈遗，里胥供张，科敛百出，适促之为盗也。昔太监廖堂在河南违制听讼，考察官吏，而河南盗起，流毒至今。今甫又欲违制巡历，则湖广之祸殆未可。陛下姑顺一人，而大咈天下之情，臣所未喻也。疏入，俱不报。

明武宗实录卷一百五十

六月

乙巳朔（初一日）［革贵州守备毕节等卫都指挥、清军兼管马都指挥等］

革贵州守备毕节等卫都指挥王楫、清军兼管马都指挥刘麟，任命指挥朱衣代楫暂管守备。麟缺不复补，以员冗故也。

癸亥（十九日）［广西镇安府土官知府等朝贡］

广西镇安府土官知府岑鎏等来朝贡马及方物。赐宴给赏有差。

［广西泗城等州、上林长官司并程县遣人入贡后期］

广西泗城等州、上林长官司并程县各遣官族岑洪等来朝贡马匹、银器。以后期减其赏之半，惟泗城所贡厚，乃全给之。

戊辰（二十四日）［云南新兴州、通海、河西、嶍峨等县地震］

云南新兴州地震，大雪雹伤禾稼。通海、河西、嶍峨等县地震，坏城楼房屋，民有压死者。

明武宗实录卷一百五十二

八月

甲辰朔（初一日）［设云南平夷卫儒学］

设云南平夷卫儒学，从黔国公沐昆请也。

辛酉（十八日）［以贵州采办大木，停免清平等卫所正德十一、十二年额造军器］

以贵州采办大木，停免清平等卫所正德十一、十二年额造军器。

丁卯（二十四日）［治湖广郴、桂等处失事罪］

治湖广郴、桂等处失事罪。参将史春、指挥胡昂等俱逮问，左布政使周季凤、按察副使恽巍、署都指挥佥事文恭夺俸三月。

明武宗实录卷一百五十三

九月

辛卯（十八日）［四川长宁民陈聪纠“羿僚”者岳等“作乱”］

巡抚四川都御史马昊奏：长宁民陈聪转鬻于芒部，遂入于乌撒，诡言天仙赐之神枪，更名保答，纠羿僚者岳、者穷作乱，营于结夸。始掠周泥站，次掠七星关，次掠野马川，土舍安宁率众击之，者岳执保答请降。诏巡按御史审核以闻。

明武宗实录卷一百五十五

十一月

丁亥（十五日）［四川两河口沟“番蛮”攻围城堡］

先是，四川两河口沟番蛮聚众千余，攻围城堡。副总兵张杰、松潘兵备副使胡丰、参将王伟率指挥张伦等败之，斩首五十九级。事闻，诏赏杰银二十两、纻丝二表里，丰、伟各银十两、纻丝二表里。伦等功次，核实以闻。

［以平浪“苗夷”阿向等“构乱”之事处置不当，追究失事官员责任］

初，平浪苗夷阿向等之构乱也，自言为土官王阿童子孙，而三连者本其家奴所出，乃世冒袭职，与之争。连复攘效无厌，阿向不能堪，遂纠拽苗民数千，攻劫村寨，欲必得官印乃已。时巡抚都御史曹祥檄都匀府卫议处抚剿之。宜都指挥司继先、知府张禧等皆受连赂，诬阿向僭称王号。祥辄信之，调永保、酉阳、镇溪土兵进剿，兵无纪律，所过肆掠。阿向等屡出迎敌，我军多死伤者，仅得苗徒胖林等四人以还。于是巡按御史李显劾祥罪。诏审录郎中张元电并按之。元电具奏：处置失宜，固祥之罪。而镇守太监史泰、总兵官李昂、巡按御史刘士元，及参政胡濂、佥事许效廉，尝与用兵之议，且显亦两（特）〔持〕，俱难辞责。继先、禧纳赂，及贪功者十四人宜逮治。连激变胖林等从叛，俱拟斩。因请断革官印，俾悉隶都匀府管理，以绝争端。刑部议覆，得旨：连及胖林等如拟断，先等逮问。泰已调任，祥致仕，免究。昂、显、士元、濂、效廉各夺俸四月。官印应否断革，仍令镇巡官议处以问。

明武宗实录卷一百五十七

闰十二月

戊戌（二十七日）［乌思藏辅教王、阐化王与韩胡碉恰列寺番僧朝贡］

乌思藏辅教王遣番僧领占吒失巴藏等，阐化王遣番僧端竹札失等，韩胡碉〔恰〕列寺番僧寨首小和尚等，各贡方物、马匹。各赐宴并赏彩段等物有差。

明武宗实录卷一百五十八

正德十三年戊寅（1518）

正月

壬寅（初二日）［录贵州凯离囤等处功］

录贵州凯离囤等处功。太监史泰、都督佥事李昂、都御史曹祥，各赏〔银〕二十两、纻丝三表里。布政陈雍、参政胡濂、按察使张琮、副使李麒、佥事许效廉各五两、纻丝一表里。升赏官军六十六人。

［贵州巡抚邹文盛等上芒部“强盗”罪状］

贵州巡抚都御史邹文盛等上芒部强盗陈聪罪状。因言：参政林茂达、按察使林繁、都指挥顾恩有功，宜奖劳。阵亡百户徐兰等宜优恤。土舍陇寿政兄弟相仇，宜令守巡、兵备官从长抚处。各土官骄纵不法，量为戒饬。累年拖欠粮马，定与则例，令即完纳。兵部议文盛与太监李镇、总兵李昂、巡按御史周文光功。得旨：文盛等写敕奖励奖，茂达等以礼奖劳。总处决失事并获功、阵亡者，亟为勘奏。余悉从之。

［两广总督陈金奏广东饶平之捷，录巡按等官之功］

总督两广都御史陈金奏：广东饶〔平〕之捷，斩获贼一千二百七十八人。录巡按御史陈言、参议张简、佥事顾应祥、都指挥杨懋等功。兵部覆，因言：今太监宁诚、总兵官郭勋亦宜录。得旨：金、诚、勋，近以府江功升荫矣。言等升一级。其余功次，令巡按御史勘奏升赏。

癸卯（初三日）［以征剿四川“僰蛮”，升赏有功官军舍土兵］

升赏征剿四川僰蛮普法恶等有功官军舍土兵一千三百三十四人有差。巡按御史江良贵，布政胡宗道、张琮，按察使叶琏，参政胡晟，都指挥张杰各赏〔银〕五两、纻丝一表里。

壬子（十二日）［乌思藏大乘法王差使臣贡方物］

乌思藏大乘法王差使臣锁南札失等，来朝贡方物。赐宴赏如例。

明武宗实录卷一百五十九

二月

戊戌（二十九日）［贵州起事苗人阿傍等平］

贵州苗贼阿傍等平。初，贵州、湖广之交，群苗啸聚，连寨相望。而香炉山周围四十里，高楼百寻，四面斗绝，其上下衍，阿傍等据之，纠寨苗作乱。巡抚都御史邹文盛、总兵官李昂、湖广副总兵李瑾率参将洛忠、都指挥叶昙等，分汉土兵为伍，以副使李麟等监视。进克其前栅，贼矢石交攻，兵稍却。乃密遣人援崖先登，杀贼守路者，众附蚁而下，焚贼巢，擒阿傍。余贼犹坚守不下，（中）〔忠〕等诡言招抚，乃自山后击而歼焉。遂移师龙头、黎兰等寨，悉破之，斩首六百二十人，俘获三百二十三人，抚下者三百七十五寨，招抚一万三千九百九十八人。捷至，兵部议上其功。诏镇守太监李镇岁给禄米十二石，昂、瑾级一升，文盛升俸一级，仍各荫子侄一人为世百户。巡按御史周文光亦升俸一级，候缺推用。其余官军并土官有功、阵亡者，查奏升赏。且以兵部尚书王琼运谋制胜，降敕奖谕，仍赏银三十两、纻丝三表里。侍郎及本司郎中而下。赏各有差。

己亥（三十日）［官军剿平起事瑶人龚福全等］

巡抚湖广都御史秦金、镇守太监杜甫、巡按御史王度以瑶贼龚福全等〔平〕，请以俘献。诏嘉其功，降敕奖谕。甫岁加禄米十三石，金升俸一级，荫子侄一人为世袭百户，亦度升俸一级。奏捷人升赏如例。有功官军及阵亡者，令核实以闻。福全等即在所诛之。初，福全等据江西上犹、广东乐昌等县山峒，出没剽掠，毒流三省，而湖广郴、桂之间受害尤甚。屡招复叛，乃命金等剿之，以度纪功。会两广、南赣镇抚官，亦以兵至，擒斩贼二千余人，遂平。

明武宗实录卷一百六十

三月

辛酉（二十二日）［以平苗功，升李昂为都督同知，李瑾为都督佥事］

升镇守贵州总兵官李昂为都督同知，协守湖广郧阳副总兵都指挥使李瑾升都督佥事，以平贵州苗寇功也。

丙寅（二十七日）［裁革广西向武州同知、判官］

裁革广西向武州同知、判官各一员，以边徼务简也。

丁卯（二十八日）［湖广永顺宣慰使等献大楠木］

湖广永顺宣慰司使彭世麒等献大楠木四百七十余根。赐所遣土官把事向晟等彩币有差。

明武宗实录卷一百六十一

四月

丙戌（十八日）［以“僰蛮”平，改四川高县为州，并增设白水渡等巡检司］

改四（州）〔川〕高县为州，移治中坝，领筠、珙二县。增设白水渡、热坝沙坝、牛鼻三巡检司。以僰蛮初平，从镇巡请也。

［以进大木，诏赏永顺致仕宣慰使彭世麒及其子明辅］

永顺致仕宣慰使彭世麒及其子明辅进大木，以备建营。诏世麒升都指挥使。赏大红蟒衣三袭，仍致仕。明辅授三品散官。赏飞鱼衣三袭，写敕奖励，仍令镇巡等官宴劳之。

明武宗实录卷一百六十二

五月

甲寅（十六日）［命张祐充右副总兵镇守两广地方］

命都指挥右参将张祐充右副总兵，镇守两广地方。先是，两广都御史陈金奏：广西民夷杂处，盗贼出没。今员缺，若候推补，恐缓急失事。参将张祐、牛桓见任本地，夷情边务皆所谙素，若简命一人以充之，则将领得人，地方有赖矣。兵部议：凡总兵之缺，例该会官推举，请自上裁。今镇巡官擅拟委用，有乖大体，不可许。既而兵部会举，复以属祐，乃有是命。

[总督陈金奏请于招平堡创建守备衙门及分司，摘拨广东各卫所官军及桂、平、柳、梧所属民款分番防守，以弥广西府江之患]

总督都御史陈金奏：广西江北抵桂林，南连梧州，其中上下八百余里，两广舟船必由之路，民夷杂处，居无城廓之限，苗贼据险出没，江道阻塞。近虽调兵征剿，而林箐深密，不能尽殄，时复潜出为患。臣等访询众议，欲于招平堡创建守备衙门及分司，辟其城垣，中置仓廒及官军营房，移守备平乐都指挥居之。摘拨广东各卫所官军居之二哨，并桂、平、柳、梧所属民款二千人，分番防守。又增昭平巡检司弓兵百人，及哨舡二十只巡捕，仍听守备官提督，仍调柳、庆土民及田州土兵三四十人，分拨沿江一带，耕种荒田，牛种暂给行粮，五七年之后量科税。立总、小甲联络管束，无事则耕种立业，有警则互相应援，则一方获安，而府江之患弥矣。兵部议：金所言虑远法详。俱从之。

癸亥（二十五日）[四川天全六番招讨使劫质民财，乌思藏直管招讨夹带私茶，诏姑免逮问]

初，四川天全〔六〕番招讨使高继恩为雅州奸民所诱，劫质民财。又所部番僧，多娶州民女为妻妾。其后，乌思藏直管招讨高管等袭职回，得赐番茶六万斤，遂同继恩把事夹带私茶，至六倍所赐，而贿带商茶尤多。所司诘治得实，并发继恩等诸奸利事。既坐党附者罪，因请逮治二招讨。都察院议覆，诏继恩姑免逮问，降敕令镇巡官戒谕之。

明武宗实录卷一百六十三

六月

己巳朔（初一日）［云南大理府及赵州、邓川州、浪穹县、蒙化府地震］

云南大理府及赵州、邓〔川〕州、浪穹县、蒙化府同时地震。

明武宗实录卷一百六十四

七月

己酉（十二日）［都御史王守仁督将进剿，江西“畲贼”并广东浰头“诸贼”悉平］

江西畲贼、广东浰头诸贼悉平。先是，江西、广东、湖广之交，溪峒阻深，江西上犹等县畲贼谢志山等据横水、桶冈诸巢，广东龙川县贼池仲容等据三浰头诸巢，与瑶贼龚福全等联络，亘千百里，时出攻剽，势甚猖獗，将连兵乘虚入广。都御史王守仁既受命提督军务，遂督兵备副使杨璋、知府季敩等，先攻大庾贼巢，潜兵入险，乘夜纵火，我师大捷。志山攻南安府城，敩等败之于小梅关，前后斩获贼九百六十级。时十二年九月也。既而朝议，请令三道会兵，夹攻江西。以巡抚都御史孙燧主兵食，巡按御史屠侨纪功。调官民兵万二千人，总于守仁，分为十哨。知府邢珣、唐淳、季敩，都指挥许清、郏文等领之，以冬十月分道进攻横水。守仁自率亲兵，进屯近地，坚壁不战，潜遣精兵卷旗篝火出贼背，登山绝顶。比交刃，火光四起，呼声动天地。贼惶骇不测，遂大溃败。移师桶冈，伪招之，贼持议未决，而我兵已冒雨度险矣。乘胜奋击，破巢穴八十余，斩获二千八百有奇。会湖广兵逐福全残党千余人突至，复邀之，擒斩且尽。始守仁虑仲容助横水贼，因抚谕以离之。至是大享将士，声言罢兵，仲容部下稍稍来降。春正月，以计诱执仲容，复督兵急攻其巢。先于要害设伏，及贼败溃，四出遇伏兵，皆就擒，逾月班师。是役也，又破贼巢三十八，斩获二千有奇，三道积年逋寇于是悉平。初，大庾捷闻，诏赏守仁银二十两、彩币二表里，升璋俸一级。继论小梅关等功。赏守仁金织绮衣三袭，璋彩币二段，敩等遇缺举用。横水、桶冈捷闻，复敕奖守仁，升右副都御史，及镇守江西太监许满，各荫子侄一人为锦衣卫世袭百户。太监毕真及燧各赏银三十两、彩币二表里。侨加俸一级。又敕奖兵部尚书王琼及侍郎陈玉、王宪，各赏银三十两。职方郎中以下有差。浰头捷闻，仍敕奖守仁。赏银四十〔两〕。赏彩币二表里，荫子如前。璋、侨再加俸一级。前后获功及阵亡吏、士升赏者，凡八千一百八十人。守仁所赍奏锦衣千户毕镗升指挥佥事，毕大经荫世袭百户。镗即真侄，大经又镗子也。守仁之改提督，实结琼得之。故凡奏捷章疏，专归功于琼，极其谀佞。琼亦甚加称奖，奏请无壅。赏赉稠叠，权谲相附，识者鄙之。然守仁驱不教之民，剪滋蔓之寇，不及数月，遂成大功，其智略亦不可少云。

明武宗实录卷一百六十五

八月

戊寅（十一日）［增设广东和平县，改和平巡检司为浰头巡检司］

增设广东惠州府和平县，割龙川、河源之地以隶之。改和平巡检司为浰头巡检司。

明武宗实录卷一百六十六

九月

癸丑（十六日）［湖广郴州民奏称永顺致仕宣慰使彭世麒征瑶，号令严明，秋毫不犯］

湖广郴州民奏称：永顺致仕宣慰使彭世麒征剿瑶贼，号令严明，所过之地，秋毫不犯，乞加赏劝。兵部覆奏，诏以世麒忠勤可嘉，写敕奖励。时恩赉多出干请，故远人亦效尤焉。

［升赏剿平郴、桂瑶人龚福全等获功官民土兵］

升赏郴、桂地方剿平瑶贼龚福全等获功官民土兵，都指挥刘宗仁等二千三百七十人有差。佥事王济并布政方璘等各升俸一级，内有余功者仍加赏，参将史春升实授一级。都指挥赵明等各赏银十两、纻丝二表里。指挥张清等半之。致仕宣慰使彭世麒与正二品散官服色、诰命，再写敕奖励。

己未（二十二日）［湖广永顺宣慰使司头目为致仕宣慰使乞蟒衣玉带］

湖广永顺宣慰使司头目彭芳等为致仕宣慰使彭世麒乞蟒衣玉带。兵部议，不可。乃已之。

癸亥（二十六日）［四川播州宣慰使司宣慰使遣长官贡马贺节］

四川播州宣慰使司宣慰使杨斌遣长官李镜等贡马，贺万寿圣节。赐宴并赏彩段等物有差。

明武宗实录卷一百六十七

十月

甲申（十八日）［永顺宣慰使司前宣慰使等差人贡马谢恩］

永顺宣慰使司前宣慰使致仕彭世麒等差通舍把事向晟等贡马谢恩。赐彩段等物有差。

庚寅（二十四日）［四川总兵官吴坤奏征松潘等处“番夷”，请令三司及各守巡管粮官随军行赏］

四川总兵官吴坤奏：征松潘等处番夷军前之赏，欲关白巡抚官处，或致稽迟。请令三司及各守巡管粮官，随军行赏。兵部议，许之。

明武宗实录卷一百六十八

十一月

癸亥（二十七日）［云南曲靖、寻甸等处“强贼”起事，有司督擒之］

云南曲靖、寻甸等处强贼阿空宰等为土官知州安慰所残害，遂纠土舍安白等劫掠村屯，杀巡捕千户徐宗。布政使席书、都指挥杨仁等督擒之，凡百余人。事闻，诏慰逮问，书、仁量加赏劳，宗优恤如例。

乙丑（二十九日）［贵州宣慰使司应袭土舍差人贡马贺节］

贵州宣慰使司应袭土舍宋储差冠带舍人宋墉等贡马贺万寿圣节。赐彩段等物有差。

［以四川西革、干沟歪等地“番蛮”聚众起事，兵部议副总兵张杰戴罪自效，指挥钮恩等逮问］

巡抚四川都御史马昊奏：西革、干沟歪等地番蛮端竹白等纠众攻掠，因劾副总兵张杰、指挥钮恩等失于防御，宜罪。兵部议：杰宜令戴罪自效，恩等逮问。征剿事宜，仍下镇巡官酌处。从之。

明武宗实录卷一百六十九

十二月

辛卯（二十六日）［升赏四川松潘偏堕儿等处斩获“番贼”及阵亡官军］

升赏四川松潘偏堕儿等处斩获番贼及阵亡官军七百八十六人有差。

［四川“僰蛮”复起，攻破高县、庆符县］

四川僰蛮攻破高县、庆符县。巡按御史卢雍劾守备都指挥杜琮启衅失机，指挥黄应文等不行策应，俱宜治罪。巡抚都御史马昊、镇守太监王保、总兵吴坤，及守巡参议崔旻，佥事王芳、田荆亦宜查究。且言致衅之由，谓昊上年既平僰蛮普法恶等，不留兵将以镇压之，而珙县知县步梁承昊风旨，诱杀阿尚，遂失招抚大信。又委指挥魏武等丈量田地，将降贼旧业别给军民，使之失所。又将高、珙、筠连三县额粮，加增一千八百余石，及升州立县。民夷愤怨，今复作乱，皆昊之罪。先朝名臣周洪谟习知夷俗，尝言流官治夷之非，惟宜设长官司，以夷治夷，为久安计。

明武宗实录卷一百七十一

正德十四年己卯（1519）

二月

丙寅（初二日）［湖广巡抚秦金等奏洞庭湖区兵备防御事宜］

先是，巡抚湖广都御史秦金等言：洞庭湖四通江流，一望无际，不逞之徒易于啸聚为患。虽原设指挥一员巡视，但所守限于本湖。其沿江军卫、巡司官兵，多无统摄，每遇贼发，辄互相观望，不免误事。请自湘阴、沅江、监利至嘉鱼等处，俱听巡视指挥，严督官兵（堤）〔提〕备，仍降敕责令遵守，庶事体归一，而地方无虞。时廷议以格于例，不果行。至是，金等再奏，兵部覆议，从之。

辛卯（二十七日）［广西龙州土官争袭相攻，令总督等勘处以闻］

初，广西龙州土官知州赵源卒亡，嗣妻岑氏诈以家人子为子，冒姓赵名璋，欲袭源职。既而州民保源庶兄子相袭职，岑氏与璋逃入田州。至是，璋复谋夺相位，阴求助于田州土官岑猛、太平州土官李珧，赂镇守太监傅伦、舍人王祥等，诡称锦衣舍人，奉旨调兵，送璋入州。猛等遂各起兵，共万余人，攻破州治，相惊惧潜遁，地方骚然。总都御史杨旦以闻，因劾分守参政彭夔、分巡佥事李淳，坐视激变，隐匿不报，及都指挥戴仪、左布政使何珊、按察使宋玺、前分巡佥事杨誉俱宜究治。兵部覆议，得旨：夔、淳下御史逮治，仪、珊、玺、誉姑停俸，祥等责伦捕治之。土官争袭仇杀，令总督等勘处以闻。

明武宗实录卷一百七十二

三月

丁酉（初四日）[赏湖广郴、桂地方获功官军]

赏湖广郴、桂地方获功官军人等银两、彩段、绢、布等物有差。

甲辰（十一日）[贵州苗人攻入都清卫等处]

贵州苗贼入都清卫等处杀掠。守备都指挥周吉不能捍御，因归咎于前守备都指挥邵鉴，鉴亦诬吉弃城逃回。下巡按御史勘实，吉坐守备不设，发边卫充军。鉴诬告，降一级。

明武宗实录卷一百七十三

四月

壬（申）〔午〕（十九日）[以御马监太监李禄分守四川建昌行都司并川南道等处地方]

太监李英传旨：……以御马监太监李禄，分守四川建昌行都司并川南道等处地方。

明武宗实录卷一百七十四

五月

丙午（十四日）[以采大木，免湖广、四川、贵州九府正官来

朝]

免湖广荆州、岳州、辰州，四川重庆、叙州、马湖，贵州思南、铜仁、镇远九府正官来朝，以方采营建大木故也。

丁未（十五日）[宥贵州都指挥佥事周吉香炉山失事罪]

宥贵州都指挥佥事周吉罪，令复职。吉坐香炉山失事，当谪戍，自陈有功，遂宥之。

丁巳（二十五日）[以地方弗靖，免广西桂林府等府州县正官来朝]

免广西桂林府等府州县正官来朝，以地方弗靖故也。

己未（二十七日）[录广东乐昌及连州等处剿起事瑶人龚福全等功]

录广东乐昌及连州等处会剿瑶贼龚福全等功。升赏分守左参将都督佥事陈义及汉达官军，土官、头目、乡夫五千四百六十七人有差。非奏带者，仍令巡按御史查勘以闻。

明武宗实录卷一百七十五

六月

甲子（初二日）[以茂州核桃沟等处“番蛮”与白若等寨“生番”联合起事，大败官军，令四川巡按覆勘巡抚马昊等用兵进止机宜，仍令镇巡官审处]

初，巡抚四川都御史马昊掣松潘兵攻小东路番寨，而茂州核桃沟、上下关子番蛮惧，遂纠白若、罗打鼓诸寨生番，攻围城堡。游击将军张杰、参将員锡率兵讨之，兵败，杀指挥庞昇、千户何英、百户李高，及军士死者四十余人，杰亦死。巡按御史黎龙因劾昊及锡等失机罪。得旨：昊等姑宥之。令龙覆勘其用兵进止机宜，仍令镇巡官审处。

丁卯（初五日）[升赏潮州箭灌禾村等处获功官军、民壮等]

升赏潮州箭灌禾村等处地方获功官军、民壮、乡夫、瑶兵广州右卫都指挥佥事杨懋等二千四百二十七人有差。

戊寅（十六日）［广西副总兵张祐奏土兵承调多不依期，乞如先年赏例，量加赏劳］

广西副总兵张（佑）〔祐〕奏：瑶僮之害，其来远矣。先年征剿，皆动调左右两江土兵及汉达官军，故所向成功。今土兵承调，多不依期，缘赏不酬劳，未免觖望。乞如先年王翱奏准赏例，量加赏劳。兵部议，如其请，仍发广东饷军银五万两于广西，俟有功即军前给赏。应授冠带散官者即授之，应袭职者勿令赴京，有罪者并免。其不听调遣及纵贼者，各以轻重罚之。奏可。

辛巳（十九日）［诏逮四川巡抚马昊，令总兵官吴坤等杀“贼”赎罪］

初，巡抚四川都御史马昊、副总兵张杰、兵备副使胡澧率兵征松潘南北二路番寨，官兵损折者三千余人，昊匿不以闻。及都指挥杜琮击筠、高贼首谢文义于平蛮堡，兵败，死伤者又七百余人。时总兵官吴坤、佥事王芳驻兵筠连，佥事田荆驻泸州，皆不赴救。至是，巡按御史黎龙劾奏其罪。诏推有才望者代昊巡抚，而逮昊至京治之。坤等姑令杀〔贼〕赎罪，仍令龙具查前后失事，并所隐匿以闻。

乙酉（二十三日）［以征香炉山苗人失事罪，治贵州参议等官罪］

治贵州参议蔡潮，都指挥王言、满弼等罪。初，香炉山苗贼构乱，潮遣百户顾恒潜赂贼曹朗者，约举火为应。既而，守备权继武兵至，朗背约，遂杀继武，官军死者一百六十五人。至是贼平，巡抚都御史邹文盛奏潮等功足赎罪，且为乞升。兵部议：潮轻信间谍，擅调官军，以致覆军杀将，其罪重。言等俱功微，难以准赎。乃命御史逮问。

［沐昆卒］

黔国公沐昆卒。昆字元中，黔宁王第三子武襄伯之六世孙也。又诚尝为锦衣卫都指挥，充参将守金齿。卒，昆袭为指挥佥事。黔国武僖公无子，立昆为嗣孙，颇事问学。武僖薨，昆袭爵，佩征南将军印。弘治三年，以征龟山竹箐梁王山盗有功，岁加禄百石。十四年，复孟养夷酋思六所夺孟密三十余寨。十五年，以平夷妇米鲁乱，岁加禄米百石。其后赂通权近，日肆骄恣，凌轹二司，言官论之，因以窜黜，昆亦不能自安矣。以疾薨，年三十有八。追赠太师，谥庄襄。

明武宗实录卷一百七十六

七月

辛亥（二十日）［录四川松潘地方征剿“番蛮”功］

录四川松潘地方征剿番蛮功。给赏有功并阵亡官旗军舍人等银币、绢布、钞锭有差。

明武宗实录卷一百七十七

八月

丙寅（初五日）［永顺宣慰司致仕宣慰使征郴、桂“贼”有功，为其立坊，名曰“表劳”］

永顺宣慰司致仕宣慰使彭世麒，以征郴、桂贼有功辞赏。因镇巡官请立坊，赐名曰“表劳”。

明武宗实录卷一百七十八

九月

甲寅（二十三日）［监察御史言云南四事］

监察御史胡洁言云南四事。一、弭盗贼。云南百姓淳朴，本不为盗。比因各处土官袭职，反覆查驳，事以贿成。及方面有司，诛求旁午，民始去而为盗。乞敕抚按衙门，今后土官告袭，令府县急为勘报起送，不许索财。及访方面以下，但有受土官贿，与差人骚扰地方者，俱照例参问。苞苴既遏于上，则盗贼自息于下。一、广储蓄。云南地方，高有山场，下有原野。先年牧养马匹，谓之马场。成化以来，马政废弛，人皆占为己业。宜令抚按官，委廉能官逐亩清查。其多占者，许令改正。影射者，照例没官，仍各照亩量起科差，则一岁之间，通省可得钱粮数万。虽有兵荒，亦无患矣。一、禁侵欺。云南各所屯粮，计有民粮十分之九，皆七分屯种者所纳，以供三分城守者之用。今粮有定额，军无定数，侵渔等弊日滋，以故岁入不足以供岁用。乞令抚按官选委廉能官，于各卫所收支，每月行取军士实数，照名支给。其逃亡事故者扣除，仍每米一石，各扣算耗席五升，另廒收贮，则一二年间，可得附余米数万，以备不虞。一、清职田。云南武职折俸外，又给以田：指挥百四五十亩，千户百二十亩，百户百亩。朝廷之恩既优且渥，而武职子孙，辄将职田典卖，及罹赃罪，往往牵连买田者为之陪偿。以是累犯不悛，善良受害，乞令巡按御史查究禁约。兵部覆议：洁，云南人，深知其弊，言皆可行。宜令抚按官依拟，从实举行，不许虚应故事。诏从之。

明武宗实录卷一百七十九

十月

甲子（初四日）［赏四川播州宣慰使差来朝贡长官等］

赏四川播州宣慰使差来长官胡渊等彩段并钞有差。

甲戌（十四日）［四川雅州地震］

四川雅州地震。

甲申（二十四日）［命湖广施州卫署指挥使守备武冈等处地方］

命湖广施州卫署指挥使童彔守备武冈等处地方。

［勘处湖广保靖宣慰司与所属两江口土舍相争仇杀事］

先是，湖广保靖宣慰司两江口土舍彭惠祖大虫可宜，永乐间与宣慰使彭药哈俾同管司事，谋杀彭药哈俾坐死。其子孙占居两江口，累因调征有功，暂授冠带为长官，世与宣慰有隙。惠既例不得袭，复因镇巡官檄还其小江七寨于宣慰司，积怨益（顺）〔深〕。而永顺宣慰使彭明辅与之连姻，助以兵力，遂与保靖宣慰使彭九霄，往复仇杀，数年不息，死者五百余人，前后讦奏累八十余章。守巡官系惠于狱，明辅率其众劫之以去，寻复系之。事闻，诏都御史吴廷举勘处。廷举乃会镇巡等官议，以为惠罪当诛，但土夷难尽治以法。今宜徙置辰、常城中，而令九霄出价，以易两江口故地，仍用文官左迁者二人为首领官，以劝相之。俟数年后，革心向化，则请敕奖谕，仍擢用为首领者。下兵部集议，以惠徙内地，恐贻后患，仍令廷举再勘。于是廷举等复请以大江之右五寨归靖，大江之左二寨属辰州，设大剌巡检司，令流官巡检一人主之。惠免迁徙，仍居陀步，以土舍名目协理巡检司事。十年之上，能改过自新，或听调有功，则量授土官副巡检。又言：辰州知府杨玮、指挥傅铭等防守不严，致土兵劫狱，皆有罪。兵部议覆，诏如廷举言，明辅及玮等仍逮治。既而，明辅令永顺蛮民奏其从征屡有功，乞悉辞香炉山应得升赏，以赎逮治之辱。乃并玮等俱置之。

明武宗实录卷一百八十

十一月

丁巳（二十七日）［达思蛮长官司剌麻番僧贡方物］

达思蛮长官司剌麻番僧耿勺监藏等贡方物。赐彩段、钞锭等物有差。

明武宗实录卷一百八十二

正德十五年庚辰（1520）

正月

甲辰（十五日）［广西副总兵张祐等击瑶人于临桂、灌阳等处，获捷］

广西副总兵张（佑）〔祐〕、镇守太监傅伦、巡按御史曹珪等率都指挥沈希仪、土官知州罗廷龘等，击瑶贼于临（淮）〔桂〕、灌阳等处，斩首五百余级。事闻，诏祐、伦、珪各敕奖励。有功官军人等，令纪功官事查奏。余贼命提督都御史萧翀、总镇太监王堂、总兵官朱麒，并祐等，仍征调土兵，克期剿绝。

明武宗实录卷一百八十三

二月

庚午（十一日）［四川播州宣慰使遣人贡马］

四川播州宣慰使杨斌遣长官、把事王祐等贡马。赐锦绮、钞币有差。

庚辰（二十一日）［四川都指挥佥事廉瑛领运大木，以“侵克官价”被逮治］

四川都指挥佥事廉瑛领运大木，侵克官价。命巡按四川御史逮治。

戊子（二十九日）［汤全卒］

右副都御史汤全卒。全字完之，松江府华亭县人。成化壬辰进士，授刑部主事，历员外郎、郎中，断狱明允，升贵州按察司副使。普安夷酋弗靖，全往谕服之，升湖广按察使。武（岗）〔冈〕知州以抗直为岷府所诬，全据法（守）〔司〕辨其无罪。升云南右布政使、贵州左布政使、右副都御史，巡抚湖广。寻致仕，卒。

明武宗实录卷一百八十四

三月

丙申（初八日）［云南安宁等处地震］

云南安宁、姚安、大理、宾川、蒙化、鹤庆等处俱地震。蒙化震二日，仆城垣庐舍，民有（厌）〔压〕死者。

己酉（二十一日）［四川忠孝安抚司遣人贡马］

四川施州卫忠孝安抚司遣通把事田清送等贡马。赏彩币、钞锭有差。

明武宗实录卷一百八十五

四月

辛酉（初四日）［四川署都指挥佥事廉瑛起送杂谷安抚司来贡者过旧额多至千，礼部乞行四川巡按逮问廉瑛］

四川署都指挥佥事廉瑛起送杂谷安抚司来贡者过旧额多至千，年赏费数倍。礼部言，不为之处，恐四夷无忌，益长贪饕，乞行彼处御史逮瑛问，从之。

辛未（十四日）［户部奏请贵州养龙坑长官司茶课三年一解］

户部言：贵州养龙坑长官司岁解茶课不过十余斤，而万里劳费，请自今三年一解。从之。

丙戌（二十九日）［四川巡抚盛应期奏请调土汉官军及兵勇征剿“僰蛮”］

巡抚四川都御史盛应期奏：僰蛮之乱既久，请调土汉官军，并泸、叙、嘉、眉兵勇，及时征进，以芒部、乌蒙二府兵截其后路。兵部议，从之，仍令贵州镇巡官协议防剿。

明武宗实录卷一百八十六

五月

甲午（初七日）［广西龙州等州、贵州中曹蛮夷等长官司、湖广盘顺安抚司各遣人朝贡］

广西龙州等州、贵州中曹蛮夷等长官司、湖广施州卫盘顺安抚司各备方物遣人来朝。赏彩段表里、钞锭有差。

丙午（十九日）［革广西分守柳庆参将甘霖任］

革广西分守柳庆参将甘霖任，以巡按御史劾其诱土官克军士之罪也。

庚戌（二十三日）［云南大理府地震］

云南大理府地震。

明武宗实录卷一百八十七

六月

丁巳朔（初一日）［李瑾卒］

都督佥事李瑾卒。瑾，山西全宁人。正德三年，袭指挥使……复推湖广副总兵，协守郧阳。率土汉官军征贵州香炉山，克破苗寨，擒其酋阿傍。事宁召还……至是卒，赐祭葬如例。

庚申（初四日）［湖广、广西、贵州、四川容美等宣抚司遣人朝贡］

湖广、广西、贵州、四川容美等宣抚司差通把事人等覃万本等来朝，贡马匹、方物。赏彩段、钞锭如例。

甲戌（十八日）［以获镇南军民府古印，湖广容美宣抚司同知奏请升宣抚司为军民府］

湖广容美宣抚司同知田世瑛奏：获镇南军民府古印，为始祖田思政开熙二年颁给，乞改升宣抚司为军民府。礼部议：我朝永乐间开设宣抚司，颁印已久，难以改更，古印宜缴进。从之。

明武宗实录卷一百八十八

七月

丁亥朔（初一日）［云南弥勒州十八寨阿勿、阿革等纠众起

事]

云南弥勒州十八寨盗阿勿、阿革等纠众数千，焚掠宁州、通海诸村寨。广西知府张缙假征剿名，敛民财数千两。事觉，弃任而逃。通判王鐈署事，乃与指挥查俊等集兵胁抚，阿勿负固拒之。巡抚都御史何孟春因奏：诸夷杂种，异禀殊俗，恶不可化。为今之计，宜调象、马等兵一万人，以图进取。运银二千，以备赏犒。聚粮数千，以供馈饷。选取文武职官四十人，以充将领。但天道人事，既难猝举，而乘间何时，亦应早虑。兵部尚书王琼议曰：镇巡、兵备官，皆以防边卫民为责。今贼势如此，而副使吴便若罔闻知，且纵缙科扰。孟春才非统驭，号令不行，既图征进，又持两端。宜令巡按御史逮治便、缙，而切责孟春。令再详议，或抚或剿，期于果断，毋误事机。从之。

丁酉（十一日）［四川“绰领番”端竹白等犯松州，败降］

巡抚四川都御史盛应期奏：绰领番端竹白等犯松州，副使胡澧、副总兵张杰克之。复犯雄溪屯，指挥杜钦败之。由是，烟崇、蜡卜、安观等寨俱降，兵威益振。端竹白惧，亦纳款，愿还地土。乞量录杰、澧等之功。兵部尚书王琼议覆：番贼请降，皆都御史马昊修复关堡，有以慑之，岂杰、澧所能化谕？宜令巡按御史查核。诏可。时昊坐事被逮至京，厚结于琼，故琼每称其功如此。

［四川巡按黎龙奉旨勘处天全六番事］

巡按四川御史黎龙奉旨勘处天全六番事，谓：招讨高文林父子称兵为乱，抚谕不悛。知县屠峦不惩小忿，贾祸于民。副招讨杨世仁，亦有党恶之迹。并劾都御史马昊，太监王保，总兵吴坤，守备张麟，参议董旻、卢纶，佥事王芳、刘成德，抚处无功，罪俱难逭。又谓：松茂游击将军曹昱才可兼制六番，与建昌兵备，俱宜并统黎、雅巡守官。宜岁历雅州三月，以为常。土官皆宜令参谒，以听约束。文林、世仁宜调兵擒捕，明正其罪，别选立其宗贤而代之。兵部议覆，诏革文林等职，取应继者理司事，仍谕夷民，宥其胁从。若世仁能悔过，械送文林等，准赎罪。麟等逮治，坤、成德夺俸四月。其去任者贷之。余如议。

［议赏平四川芒部“僰蛮”功］

议赏平僰蛮功。初，四川芒部府土舍陇政、陇寿，与妇支禄争印仇杀。其所部僰蛮阿又磉者唾者鸠等，乘机流劫。命给事中、刑部、锦衣卫官各一人，会抚按等官议处。至是，贵州参政傅习、佥事徐海、都指挥许诏，督率永宁宣抚司女土官奢爵等，擒获阿又磉者唾者鸠等四十三人，斩首一百一十九级，余党悉平。巡按御史周廷用以闻，因言：习、海、诏及指挥张仁、土官金洪等各有抚剿之功，宜量加赏劳。奢爵宣威效顺，宜赐敕奖励。四川参议崔旻、佥事王芳临事推避，诿祸于人，皆当惩戒。且请假贵州迤西守备事权，止设一人，不必更增。令四川叙泸守备、兵备，兼制芒、永、东、乌等处，有警协力抚捕，勿自分彼此。兵部议覆，诏：者鸠等俱诛之。习等以礼旌奖，奢爵等量赏。有功官军及失事者，仍令巡按御史核奏。余俟川贵所遣郎中报至，并议以闻。

［抚处四川凯里土舍与重安土舍引诱“苗夷”相仇杀事］

初，四川凯里土舍杨弘与重安土舍冯纶等有怨。弘卒，纶等诱苗夷攻之，更相仇杀，侵轶贵州境。巡抚贵州都御史邹文盛言状，且请移文四川，会官抚处。逾岁不报，文盛乃遣参议蔡潮入播州，督致仕宣慰杨斌抚平之。因言：宜复安宁宣抚司，俾弘子弟袭之。斌未衰，宜仍起任事，以制诸夷寨。潮抚夷有劳，宜量旌擢。兵部尚书王琼议：安宁宣抚裁革已久，不可更复，以启争端。斌子既代职，亦不可复起。土官应袭与否，属之四川，潮不俟会勘专之，且方以诱杀失事逮问。宜令四川镇巡等官，戒谕斌父子及弘子弟，各畏法安分，毋信奸人，妄起事端。如潮抚处乖方，听据实劾奏。报可。文盛所请虽难行，而抚夷之功实不可诬。琼责四川守臣避难坐视，顾以专擅为潮罪，且因以撼文盛，其任情无忌如此。

甲寅（二十八日）［四川巡抚盛应期议征“僰蛮”，诏令应期候代离任］

先是，巡抚四川都御史盛应期议征僰蛮，兵部既从之，会巡按御史黎龙劾应期才非所宜。镇守太监王润亦言，春深江涨，师未可进，而应期适以丧去位。于是兵部尚书王琼覆议，谓应期谋事未合舆论，宜移守臣详议可否，毋得妄动，致有后艰。诏如琼议，仍令应期候代离任。

明武宗实录卷一百八十九

八月

丙辰朔（初一日）［广东苏峒等处“盗”平］

广东苏峒、十八山、青龙冈、帽子峰等处盗平。破巢寨二百一十处，擒斩首从万一千二百三人，俘其属四千一百四十八人。提督两广军务都御史杨旦、镇守太监王堂、总兵官朱麒等以捷闻，赐敕褒励，升其赍捷者职一级。

癸亥（初八日）［贵州巡按周廷用奏报普安州“夷贼”攻适竹，后降］

贵州巡按御史周廷用奏：普安州夷贼阿则妻适腔、子隆泉统兵数千攻适竹，虏其女左参政高节等。及都指挥杨仁密令适竹行贿于隆泉部下，鸩隆泉死，适腔遂降。兵部议，加节等旌赏。从之。

丙寅（十一日）［湖广、广西、四川忠峒安抚司等土官差人贡马］

湖广、广西、四川（土官忠峒安抚司等）〔忠峒安抚司等土官〕各差通把事来朝贡马。赐宴并赏彩段、钞锭有差。

明武宗实录卷一百九十

闰八月

壬子（二十七日）［长宁安抚司番僧、寨首等贡方物］

长宁安抚司番僧、寨首方保等贡方物。赐宴并赏彩段、绢、钞有差。

明武宗实录卷一百九十一

九月

甲申（三十日）［赏湖广大旺等安抚司入贡通把事等］

赏湖广都司施州卫大旺等安抚司差来通把事谭彦等彩段等物有差。

明武宗实录卷一百九十三

十一月

己巳（十五日）［以松潘西革寨“番蛮”屡肆“抢掠”，令巡抚盛应期常往松潘出巡，令张杰充副总兵镇守松潘］

巡按四川御史黎龙奏：松潘西革寨番蛮，屡肆抢掠。副总兵等官秩任偏小，乞令巡抚都御史盛应期以春夏驻松潘，秋冬巡腹里，庶事有责成。兵部议覆：应期已会总兵官吴坤征剿僰蛮，况天全六番亦当有事，宜量加副总兵张杰职级，改为镇守，令其相机战守。兵备副使胡澧改别用，推有才力者代之。应期俟征僰蛮事毕，常往松潘，有事出巡腹里。诏升杰为都督佥事，仍充副总兵镇守。余如议。

明武宗实录卷一百九十四

十二月

**庚子（十六日）［诏广西田州府土兵遇有征调，每户仍留丁耕

种]

诏广西田州府土兵，自今遇有征调，夏秋仍户留一二丁耕种，以供常税，勿尽丁俱发。其从征者久劳于外，亦量为赈恤，或停免其税。从掌府事指挥岑猛奏也。

明武宗实录卷一百九十五

正德十六年辛巳（1521）

正月

庚辰（二十七日）[两广提督萧翀等奏新会、新宁等县之捷]

提督两广军务都御史萧翀、镇守太监王堂、总兵官朱麒各奏新会、新宁等县之捷。赐敕奖励，升奏捷者人一级。

[命指挥佥事张伦守备四川坝底地方]

命指挥佥事张伦守备四川坝底地方，以都指挥体统行事。初，总兵官吴坤奏，坝底为番蛮喉襟，全蜀藩屏，最为要害。而守备官时出镇巡檄委，责任不专，难以责效，宜简武臣一人守备。兵部议，从其请，始命伦为之。

明武宗实录卷一百九十六

二月

丙戌（初三日）[录广东新会、新宁二县平“贼”功]

录广东新会、新宁二县平贼功。总督都御史萧翀、总镇太监王堂、总兵官朱麟各赏银三十两、纻丝三表里。巡按御史程昌银二十两、纻丝二表里。三司掌印参政左唐、副使陈祥、都指挥崔灏各银五两、纻丝一表里。佥事王大用，升本司副使，仍理兵备分守。参政章拯、分巡佥事王宗源各升俸一级。

辛卯（初八日）［贵州宣慰使安万钟为“夷民”所杀，其弟与头目内斗，至是状闻］

初，贵州宣慰使安万钟骄纵不法，听汉民张纨及头目乌挂等教诱，每游猎酒酣，辄射人为戏。尝挞夷民角药、抹鬼、阿内、抹葱等四人，因为所杀。无子，其三从弟万镒宜袭。乌挂与纨等请之，万镒以凶犯未获，恐后坐累，固辞。乌挂等遂谋保其疏族普者，冒为万钟亲弟万钧告袭。指挥胡永远、朱蕃、祖勋前后承勘，受其贿，匿情报镇巡等官，遂暂委万钟妻奢播摄事，待普者年长继袭。于是万镒悔不得立，使人说乌挂，不听，恨之，乃借所亲云南女土官奢爵兵，并己兵共数千人，将诣省城投牒。及乌挂界，乌挂觉之，亦募兵数千人与仇杀。而角药、抹鬼、阿内三人适在境内，为乱兵所毙，惟抹葱逃免。乌挂因诬万镒杀万钟，而万镒亦诬万钟为乌挂所杀。凡数十疏，皆下镇巡等官按之。至是，巡按御史胡琼等上其状，言万镒宜袭，但与乌挂互相诬讦，宜各宥，令输赎。纨以汉人结交夷人，宜谪永远戍边。蕃、勋、奢爵宜逮问。角药等枭首示众，抹葱令万镒捕之。因劾左布政赵文奎纳赂，为普者游说。都指挥许诏亦纳乌挂等赂，皆宜显罚。兵部覆上，诏如议。诏仍俟问明及文奎俱奏处。镇巡等官稽于勘报，令各具罪状以闻。

癸巳（初十日）［副总兵张祐等讨平广西古田县“蛮贼”］

广西古田县蛮贼为患，副总兵张祐等讨平之。前后擒斩俘获，共四千七百有奇。事闻，兵部议：都御史萧翀、总镇太监王堂、总兵官朱麒、镇守太监傅伦及祐，俱有功。而祐首画兵谋，亲履戎行，其功尤著，宜各加禄秩恩荫。御史曹珪、屠尧各建议纪功，及参政彭夔、黄衷，副使张祐、刘灏，佥事姚鹏，参将吴溥、甘霖，都指挥吴启宗、戴仪、沈希仪、钱勋，各分哨督军。布政使王启、参议丁仁、梁亿，佥事陈纲，各区处粮赏。佥事杨必进、副使刘节，都指挥欧儒、于大经，各能用命，亦宜量加升赏，用示激劝。有旨：加堂、伦禄米岁十二石，麒四十石。升翀俸一级。祐署都督同知，及伦仍各荫子侄一人，为世袭百户。珪、尧及夔等五人，亦各俸一级。溥、霖、启宗、勋、儒，升都指挥同知。仪、大经都指挥使。希仪署都指挥同知。

甲午（十一日）［黔国公沐昆子绍勋袭爵，充总兵官镇守云南］

命镇守云南总兵官黔国公沐昆子绍勋袭爵，仍充总兵官镇守云南。

己亥（十六日）［云南巡抚何孟春等讨平弥勒州十八寨］

初，云南弥勒州十八寨夷阿寺、阿勿等交纳宁州土舍禄世爵，为居民害。都给事中刘洙屡以为言，于是命巡抚云南都御史何孟春、巡按御史陈察，以兵讨之，擒寺斩，俘其党千七百余人，诸寨悉平。孟春、察以捷闻，赐敕奖励。赏奏捷者如例。

明武宗实录卷一百九十七

三月

甲寅（初二日）［录云南十八寨平“夷贼”功］

录云南十八寨平夷贼功。镇守太监史泰岁加禄米十二石，巡抚都御史何孟春升俸一级，仍各荫子侄一人为百户。都给事中刘洙，巡按御史陈察，参政邓相、晁必登，副使王忠，佥事周愚，都指挥方仲、方略，各升俸一级。布政使方璘、按察使陈洪谟、佥事潘沐，都指挥刘玺、刘宗仁，各赏银五两、纻丝一表里。

［赐播州宣慰司致仕宣慰使蟒衣、玉带］

赐播州宣慰司致仕宣慰使杨斌蟒衣、玉带。

丙辰（初四日）［广东清远、四会“遗贼”聚众复起，兵部议宜令都御史萧翀会总镇、总兵等官督军剿捕］

广东清远、四会二县遗贼复纠集余党至千人，纵横流劫。都御史萧翀等以闻，兵部议：广东连年用兵，亦尝屡致克捷。如杨旦、萧翀等所奏，则二县已平。今未及一年，何以又称盗贼复炽？宜令翀会总镇、总兵等官，督军剿捕，刻期殄灭，以赎前罪。若仍蒙蔽贻患，决难轻贷。俟事宁日，巡按御史仍通核前后失事者，具以状闻。从之。

庚申（初八日）［四川流民谢文礼、谢文义联合“诸种僰蛮”起事，官军讨平之］

初，四川流民谢文礼、谢文义犯罪亡命，聚党千余，纠合诸种僰蛮，据白水江以叛。巡抚都御史盛应期、总兵吴坤率指挥何卿等，并乌蒙、芒部土兵讨之。贼屡败，土巡检安宇，刺文礼于阵死焉。寻以江涨罢兵，贼势复振。至是，应期等复督兵进，卿败贼于滴水崖，乘胜渡江，捣其巢，斩文义，又诸酋助恶者百余人。群蛮乃皆听抚，余党悉平。应期以捷闻，赐敕奖励。赏赍奏人如例。卿等功次，下兵部看详。

明世宗实录

明世宗实录卷一

正德十六年辛巳（1521）

四月

辛亥（三十日）［四川威州金川寺剌麻、番僧等来贡人数超额］

四川威州保县金川寺剌麻僧曾称藏卜等，并新旧招抚番僧共五百一十名，各具方物来贡。旧制，金川寺三年一贡，每贡不过一百五十人。弘治以来，僧以希赏增多，朝廷止照旧额给与全赏，其余每人裁去绢二匹。至正德间，全赏者或增至三百余名，费不赀矣。至是，礼部请如弘治年事例给赏，而治四川都指挥佥事廉瑛违制起送之罪。得旨：廉瑛姑免究，以后来贡人员，务照旧额。

明世宗实录卷二

五月

甲寅（初三日）［复四川松潘等处镇守副总兵］

复四川松潘等处镇守副总兵，仍为分守。

甲子（十三日）［赐黔国公沐昆祭葬如例］

赐故征南将军太子太傅黔国公沐昆祭葬如例，谥庄襄。昆卒于正德己卯，至是，礼部为请恤典，故有是命。

明世宗实录卷三

六月

壬午（初二日）［讨平四川松潘卫“熟番”］

四川松潘卫熟番八大禳等作乱，指挥同知杜钦讨平之。

乙未（十五日）［剿平天全六番招讨司“乱夷”］

四川抚按官奏剿天全六番招讨司乱夷，斩招讨使高文林，擒招讨使高继恩。诸夷初与芦山县民争田构衅，知县屠峦处置失宜，遂致叛乱。用兵数年，至是始平。

辛丑（二十一日）［升致仕广西按察司副使刘潮为本司按察使，仍致仕］

升致仕广西按察司副使刘潮为本司按察使，仍致仕。潮在广西，曾计擒巨贼韦朝威。抚按官上其状，兵部议，破格超用。未及行，潮以考察落职。至是，乞追录前功，故有是命。

明世宗实录卷四

七月

丙辰（初七日）［广西古田等处僮人入境，杀指挥朱铠，帝令将失事军官充军］

初，广西古田、荔浦等处僮贼入境，杀指挥朱铠。守备指挥同知李文山当坐守备不设戍边，自言有斩贼首、夺卤获功。御史屠尧核勘，谓其罪应赎。兵部覆奏，谓宜如御史言。上曰：文山守城，贼至不能御，铠死不能救，罪大功微，岂足相准？更命核实以闻。兵部乃当文山附近充军，报可。

乙丑（十六日）［乌思藏大乘法王差番僧入贡方物］

乌思藏大乘法王差番僧失劳陆竹等，弘化寺番僧著巴藏卜等……俱入贡方物。诏赐文绮、靴袜有差。

戊辰（十九日）［乌撒军民府遣使贡马］

乌撒军民府遣使贡马，以其过期，止给半赏。

乙亥（二十六日）［礼部参奏剌麻禅师领占札巴等及通事序班金通诸不法事，发烟瘴地方充军］

礼部参奏，剌麻禅师领占札把等二十七人及通事序班金通诸不法事，请逮治以彰国法。上乃命抚按官械送法司严鞫，既而狱具，法当论死。得旨：俱发烟瘴地方充军，遇赦不宥。

明世宗实录卷五

八月

辛丑（二十二日）［云南巡按陈察劾奏太监刘玉等党恶害民］

巡按云南监察御史陈察言：云南金齿、腾冲地系极边，既有总兵官、巡抚都御史统摄，又有指挥使司兵备副使分治镇守，太监不必兼管。因劾奏太监刘玉及分守都督佥事沐崧，党恶害民，请俱行裁革。该部议覆，从之。

明世宗实录卷六

九月

己酉朔（初一日）［录巡抚萧翀、副总兵张祐等平广西瑶僮功］

广西瑶僮平。录巡抚都御史萧翀、副总兵张（佑）〔祐〕等功。赐翀敕奖励，赉（佑）〔祐〕等彩币、银两有差。

壬子（初四日）［广西太平府地震］

广西太平府地震有声。

壬申（二十四日）［贵州永宁卫地震］

贵州永宁卫地震。

明世宗实录卷七

十月

庚辰（初二日）［湖广保靖宣慰使、桑植安抚司土官安抚各差人贡马］

湖广保靖宣慰使彭九霄、九溪卫桑植安抚司土官安抚向绶各差人来朝贡马。给赐彩段、钞锭有差。

壬午（初四日）［四川酉阳宣抚司土官宣抚等差舍人贡马］

四川酉阳宣抚司土官宣抚冉仪等差舍人冉鹏等来朝贺贡马。赐彩段、钞锭有差。

癸未（初五日）［古田县“蛮贼”聚众起事，巡按曹珪建议用兵，平之，兵部上其功］

广西古田县蛮贼聚众为乱，有司匿不以闻。巡按御史曹珪建议用兵，卒致殄灭。兵部上其功，升俸一级，珪辞。上从之。

壬辰（十四日）［云南巡抚何孟春以剿“贼”功加俸荫子］

巡抚云南都御史何孟春，以剿贼功加俸，荫子，上疏辞免。上嘉其廉让，许之。

明世宗实录卷八

十一月

辛亥（初三日）［湖广散毛宣抚司宣抚遣把事来贡］

湖广散毛宣抚司宣抚覃斌遣把事惹木来贡。

壬子（初四日）［升钱勋为右参将，分守柳、庆等处地方］

升广西驯象卫署都指挥佥事钱勋为右参将，分守柳、庆等处地方。

［添设芒部军民府白水江簸酬坝长官司等］

添设芒部军民府白水江簸酬坝长官司，白哈坝、晏家坪、么姑坝、孔雀溪四巡检司，以土舍郃坐署长官事，夷民郭鸾、李浩、阿卯味、苏钦，各试土巡检。白水江去芒部数百里，势难遥制，僰蛮每啸聚为患，筠连、高、珙诸县苦之。正德十年，土舍陇寿奏，请立长官司于簸酬坝以断贼路，立巡检司于白哈坝等处以扼要害。下镇巡等官勘议，称便。至是，兵部上其事。从之。

戊午（初十日）［以“事简官多”，革云南鹤庆军民府同知、推官、检校、照磨四员］

革云南鹤庆军民府同知、推官、检校、照磨四员。初，鹤庆领六州，后改兰州隶丽江，北胜、蒗蕖、永宁隶兰沧，而鹤庆所辖仅剑、顺二州，事简官多，巡抚都御史何孟春请裁其员。从之。

庚申（十二日）［平贵州香炉山苗人］

贵州香炉山苗贼平。布政司右参议蔡潮、都指挥佥事王言等，各赎罪还职。

乙丑（十七日）［逮四川巡抚马昊至京下狱］

逮四川巡抚都御史马昊至京下狱。泸州卫指挥佥事黄应文，成都右卫指挥同知常策，叙南卫指挥同知王齐、金正、廖永，各纳赎还职。先是，白水江僰蛮普法恶等，以妖言蛊乱。富顺人谢文义、文礼阴助之，数寇掠为患。都指挥杜宗与战，败绩。文义夺其胄以去，千户胡翱、百户潘辅死焉。于是巡抚都御史马昊，督指挥曹昱、张麟等讨之，获首功一千五百余级，蛮遂请降。其后议为之置吏、增赋，蛮不安思变。杜宗又憾文义、文礼，募人潜杀之。文义等惧，嗾诸蛮复叛。众议咎宗，宗遂以重贿讲于诸蛮，然自是旋复旋叛，�连、高、珙之间无宁岁。陷高、庆符二县，宗按兵不敢援战，数失利。应文尝遇贼，即弃仗奔策。齐、正、永战败，冒部下士首功。及巡抚都御史盛应期至，乃用守备指挥佥事何卿剿贼。贼三出，卿辄率兵败之，直捣其巢，前后擒斩甚众。追歼文义于头发山，抚其余党。事平，追究其初启衅偾事者。时宗已死狱中，昊及应文等遂就逮。总兵吴坤及兵备、守巡等官，皆以先免官或调任，不问。

丙寅（十八日）［以诱杀“熟夷”“启边衅”等，罢四川松潘副总兵张杰］

罢四川松潘副总兵张杰。杰以江彬为内援，大肆残墨，赃累巨万，所棰杀千户以下凡五百余人，诱杀熟夷上功，遂启边衅。又尝率家众遮击兵备副使胡澧，澧为闭阁者两月。至是，给事中熊浃奉使四川，疏杰不法状，遂褫其职，边人快之。

戊辰（二十日）［广西税粮，所入不足以给所出］

广西左布政使王启、右参政黄衷言：广西税粮，初四十二万〔石〕有奇。顷以户口流亡，土官不服输纳，每岁实征仅二十三万余石。而宗藩及官军禄粮，且三十五万〔石〕。所入不足以给所出，今又奉诏蠲租，禄粮无措。乞行议处，上命发本布政司盐银五万两赈之。

己巳（二十一日）［更定征剿“蛮贼”赏格］

更定征剿蛮贼赏格。一人自禽斩三贼者，升实授一级，不中率者给赏不升。六贼以上论功加赉，不进级。领兵官部下禽斩百者，升署一级，三百者实授一级，四百以上者亦止加赉。

辛未（二十三日）［湖广散毛宣抚司宣抚遣人朝贡］

湖广散毛宣抚司宣抚覃斌遣把事黄应才等来贺，献马及方物。赐钞币有差。

甲戌（二十六日）［罢广西香贡］

罢广西香贡，仍遍谕各处镇巡、守备官，凡额外之征皆罢之。

初，中官镇广西者，岁以零陵香进，费至二千金。上即位，诏却诸献，而广西征香贡如故。至是，布政使王启等请并罢，诏从之。

明世宗实录卷九

十二月

壬辰（十四日）［四川巡抚胡世宁奏控制松潘群番之策］

巡抚四川都御史胡世宁奏：国初，设松潘军民指挥使司，控制群番，为全蜀障蔽。松城内外，地皆熟番，为我服役。故有八郎等四安抚，北定等十七长官司。其南路至（垒）〔叠〕溪千户所，又有郁郎等二长官司。再南至茂州卫，又有静州等三长官司。其东路至小河千户所，再东至龙州，则近白马路长官司。皆受约束，为我藩篱。及后任用非人，抚御失宜。熟番多叛，松城四外尽皆仇敌。而东南二路，仅一线之通。景泰间，添设总兵官、都御史，专治松潘。然四川会城又设巡抚，彼此牵制，难于行事，以致旧维州之失竟不能复，董卜韩胡之强终不能制。然彼时东南二路，犹皆可通。及后去都御史，分设兵备副使三员。一治松潘，一治叠溪、威、茂，一治茂州以东坝底、徐塘等堡，路抵龙川，谓之小东路。而住札绵州参将二员，分治东南二路。游击二员，往来于中。每岁二、八月中，松潘总兵与茂州参将会议一次。松潘兵备与茂州兵备会议一次，每会皆游击率兵与偕，军威犹振。以后因事革去游击，弘治间承平日久，巡抚官惟事保守，务为欺隐。军杀一番，则罪以擅杀激变；番杀一军，则罪以玩寇失机。由是官军丧气，惟扣粮闭口以赂番，或弃兵械为番役矣。以是番人日横，邀劫道路，残破关堡，官皆不问。边堡有报，匿不以闻；不幸败露，事闻于朝，则反以隐匿之罪诿之下吏，曰彼未报也。因循岁月，坐致部堂称为老成。南路阻塞，则职此之由。今欲通之，要在威信兼立，抚治兼施。又在用人才，添兵将，更赏罚，足财用，四者而已。其曰添兵将者，欲如旧制。于松潘、叠茂各设游击一员。除见任曹昱管辖松潘，另增一员专管叠茂。令其各选领精兵二千，常在会城就粮屯操，仍依旧规，不时轮往松潘巡察，以振威武。或他边有警，腹里寇发，量其事势轻重调遣，朝报夕发，早行扑灭。其曰更赏罚者，一则欲不以首级论升，恐致贪功而取败。一则欲惟以匿报为罪，酌量失事而置刑。事下兵部条议，谓添兵将事，宜如所请。校首虏论功，乃国家定制。若舍首级不论，则巧立名色，冒滥功赏，其弊愈滋。惟在抚按等官核验得实，则自无弊。其镇巡等官隐匿、失事不报，及纵容势要人员夺功买功者，俱听巡按御史劾治。至于抚御之策，大率以信为主，而恩威并施。招来熟番，使为我用，则可不烦兵饷，而道路自通，番夷畏服矣。议上，从之。

丁酉（十九日）［开设云南十八寨守御千户所与捏沼、革泥二巡检司］

开设云南十八寨守御千户所，捏沼、革泥二巡检司。设文职吏目一员，巡检二员，武职正千户三员，副千户三员，镇抚二员，百户十二员，旗军五百名，操备三百名。屯种科屯粮三千四百一十三石一斗六升，除原额夏秋粮一百二十三石三斗。以地当夷隘，从镇巡等官奏也。

辛丑（二十三日）［命都指挥何卿驻札永宁，提督四川叙、泸坝底及贵州迤西等处守备］

命都指挥何卿提督四川叙、泸坝底及贵州迤西等处守备，于永宁驻札。先是，巡按贵州御史胡琼奏：芒部毋响等寨苗贼数越后箐等处烧劫，道路不通，乞行区处。事下兵部议，谓毕节等卫，地属贵州，而该道守巡、兵备等官，俱属四川。事干两省，彼此推托，以致误事。查得四川叙、泸大坝地方，与乌川、芒部等府密迩。芒部夷贼出劫，必经永宁。乞命卿提督前项地方，操练军马，禁戢夷贼。抚出土官奢爵，土舍陇寿、陇政等，将应袭之人，具奏请袭，以绝争端。令土官并把事人员抚谕各夷，俾之自新。如其不悛，即率兵剿之。上俞其议，故有是命。

（编者按：乌川可能是乌撒或乌蒙的误写）

**戊申（三十日）［奏请广西龙州地方禁绝私易“番货”及违禁

缎匹等物]

福建怀安县知县（幸）〔韦〕邦相奏：广西龙州地方接壤安南，先年设守备指挥，协同土官知州，严把各隘，禁绝私易番货，及违禁段匹等物。又令于界口外夷馆，安款进贡使臣，验其贡物，其本差官押送至京，所以柔绥远人甚密。近守备不由保举，多以贿得，以致生事多端，私通货易。及夷使至界，不即验入，需索夫价银两以数千计，又私买番物，勒价不给出关。复如之，堂堂天朝，守臣垄断市利如此，能不取议外国？又容外境商人，将私货混同夷人过关。及擅拿彼处守关官兵征取商价，以致启衅，外夷杀害人民。又，太平、龙州河埠，各有船税，每年约二千余两，俱入私家。乞入之官，以供两江调兵船脚费。事下兵部，请行镇守、抚按官，公同推举守备，务在得人，仍将奏内情弊严加禁约。从之。

明世宗实录卷十

嘉靖元年壬午（1522）

正月

庚戌（初二日）［广西“蛮贼”攻袭临桂等州县，命降敕切责总兵朱麒等]

广西蛮贼梁公当数千人，寇掠临桂等州县。镇守太监傅伦以闻。时巡抚张嵿久未抵任，总兵朱麒、副总兵张祐，皆因循观望。左右两江兵，骄骜不受调。上命降敕切责麒等，其略曰：此贼岁勤王师，尔等数以微功受赏，不能为国长虑，攘除凶孽。今永安、荔浦、修仁、洛容诸寇，焚劫横行，生灵受害。麒因循坐视，若罔闻知。祐假托公务，逗遛思州。嵿闻命即安，不时赴任。皆怠玩失职，罪各有归。念当用人之时，姑从原宥。自后宜悉心思过，以图后功。敕至之日，嵿星驰赴任，与麒等严督张（佑）〔祐〕及土汉领军官员，分布要害，相机抚剿。务出万全，毋贻后患。

癸亥（十五日）［调拨云南官军新建十八寨守御千户所］

调拨云南陆凉卫后所千百户、镇抚等官于十八寨新建守御千户所。

丁丑（二十九日）［四川黎州安抚司副使、湖广容美宣抚司宣抚使各遣使进香］

四川黎州安抚司副使马云、湖广容美宣抚司宣抚使田世爵各遣使进香。给赏钞、绢如例。

明世宗实录卷十一

二月

癸未（初六日）［两广查盘御史郭楠劾抚宁侯朱麒“贪懦宜黜”］

两广查盘御史郭楠劾总兵官抚宁侯朱麒贪懦宜黜。兵部议，以广西方用兵，麒未可易。所劾事情，行广西巡按御史勘实以闻。上是其议，命麒与总镇等官，同心协谋，督兵剿贼，称朝廷使过之意。

戊戌（二十一日）［设云南弥勒州十八寨首守御千户所］

设云南弥勒州十八寨首守御千户所，从镇守、抚按官奏也。

明世宗实录卷十二

三月

甲子（十七日）［广西荔浦等县“贼”潘公银等“流劫”桂林、阳朔等处］

广西荔浦等县贼潘公银等流劫桂林、阳朔等处，杀临桂县主簿曹时、古田县典（吏）〔史〕陈祚。抚按官以闻，兵部言：都指挥同知吴启宗、左布政使王启、按察使张祐等失于提调，宜逮问。上特命宥之。

丁卯（二十日）［复设云南宁州流官知州］

复设云南临安府宁州流官知州，调通安州知州坚昂补之。州故有土官知州，职专巡捕，州事则流官知州掌之。正德初，土官禄俸阴贿逆瑾，罢革流官，遂交通弥勒十八寨强贼为害，捕得诛之。其子禄世爵，复以罪论死。抚按因请罢袭土官，仍设流官。吏部议覆，从之。

癸酉（二十六日）［黔国公沐绍勋乞赐披戴其父盔甲腰刀］

黔国公沐绍勋乞留父沐昆原给盔甲、腰刀，仍赐披戴，以镇服诸夷。许之。

乙亥（二十八日）［以擒“贼首”，升桂林卫指挥使为都指挥佥事］

升桂林卫指挥使冯琚为都指挥佥事，以（擒）〔擒〕贼首韦朝威及临桂县擒斩贼级功也。

丙子（二十九日）［升广西署都指挥佥事沈希仪为实授都指挥同知］

升广西署都指挥佥事沈希仪为实授都指挥同知，以古田、临桂等处获贼功也。

明世宗实录卷十三

四月

己卯（初三日）［湖广金峒安抚司护印峒长差把事贡马］

湖广施州卫金峒安抚司护印峒长覃彦刚差把事陶万贵来朝贡马。

辛卯（十五日）［湖广龙潭安抚司安抚等进香贺圣节］

湖广施州卫龙潭安抚司安抚田永富等各进香并庆贺圣节。礼部奏其过期，命仍给赏钞、绢如例。

［兵部核奏征剿广西古田“蛮贼”获功官军］

兵部核奏征剿广西古田县蛮贼获功官军桂林中卫都指挥佥事冯琚等。得旨，各升赏有差。总兵官抚宁侯朱麒，太监王堂、傅伦，都御史萧翀，副总兵张祐，前已加禄升级，其子侄叙荫，俱照例查革。

乙未（十九日）［赐播州宣慰司儒学《四书集注》一部］

赐播州宣慰司儒学《四书集注》一部，从宣慰使杨相奏也。

明世宗实录卷十四

五月

丁未（初二日）［以吴溥充副总兵，镇守广西地方］

以浔梧参将都指挥同知吴溥充副总兵，镇守广西地方。

甲戌（二十九日）［改云南大理府赤石厓等巡检司辖属及驻地］

改云南大理府所属赤石厓、神摩洞、蔓神寨、白羊市、金沙江五巡检司，仍隶宾川州。迁备溪江巡检司于江口，十二关长官司于一泡江之西，赤石厓巡检司于俄打喇只蓂之间，你甸巡检司于石沉江自羌浪十字路官道之间。从云南巡抚何孟春奏也。

明世宗实录卷十五

六月

辛卯（十六日）［以贵州地方多事，免石阡府、普安州正官朝觐］

以贵州地方多事，免石阡府、普安州正官朝觐。

明世宗实录卷十六

七月

戊申（初四日）［以广西瑶僮“窃发”，免龙、凭祥二州正官朝觐］

两广镇巡官，以广西瑶僮窃发，请留龙、凭祥二州正官免朝觐。从之。

辛亥（初七日）［两广“蛮寇”频年不靖］

两广蛮寇频年不靖。镇巡官都御史张嵿等请给饷补伍，调军征剿。下兵部覆议，上责嵿等，弛备玩寇，妄杀冒功，致贼患滋蔓，贻害地方。令诸臣协心体国，储饷练兵，相机雕剿。宁日分别功罪以闻。

辛酉（十七日）［东川军民府署印舍人诉称“僰苗”梗路，故违贡期］

东川军民府署印舍人禄庆屡违贡期，诉称僰苗梗路，不得达。上命减所遣阿贯等给赏之半，下抚按官核其事，仍征补贡马。

戊辰（二十四日）［初设平溪卫学］

初设平溪卫学。湖广平溪、清浪二卫军生旧附贵州思州府学，至是平溪请自立学。从之。

壬申（二十八日）［湖广东乡五路安抚、容美宣抚等各遣把事朝贡进香］

湖广土官施州卫东乡五路安抚覃龄、容美宣抚田世爵等各遣把事朝贡进香。赐绢、钞如例。

明世宗实录卷十七

八月

甲戌朔（初一日）［广西巡按张钺劾抚宁侯朱麒贪懦不职］

巡按广西御史张钺劾镇守两广总兵官抚宁侯朱麒贪懦不职。依凭逆瑾余党朱瀛，夤缘差遣，及镇守两广，即奏带瀛冒官舍，纵其掊克，事皆取决。亟宜罢斥，仍治其罪。兵部议，革麒任。上责令自陈，而以瀛等下巡按御史按问。

丁丑（初四日）［诏广西用兵，免桂林等五府及所属州县正官朝觐］

诏广西用兵，免桂林、平乐、浔州、梧州、南宁五府并所属有事州县正官朝觐。

癸未（初十日）［四川播州宣慰使遣人贡马，贺万寿圣节］

四川播州宣慰使杨相遣长官韩晞等来朝贡马，贺万寿圣节。赐彩段、钞锭有差。

［建立广东和平县］

建立广东惠州府和平县，仍添设捕盗主捕一员。先是，都御史王守仁奏：惠州府龙川、河源等县和平都浰头等处，皆深山穷谷，屡为盗据。今幸剿平，宜建立县治，以绝祸萌。报可。至是，户部以县名请，并乞选官铸印。遂有是命。

甲申（十一日）［乌撒军民府护印冠带土舍遣人贡马］

乌撒军民府护印冠带土舍安宁遣通把事阿奢等，进贡十四年分马一十六匹。赐钞锭、彩段，减旧例之半，以后期也。

戊子（十五日）［广西上思州夷目黄镠等聚众攻破州城，都御史张濵等以状闻，并陈督兵会剿之策］

广西上思州旧为土官治所，中更设流官，故土人常为乱。夷目黄镠等聚众攻州，欲夺其印。都御史林廷选捕镠，下浔州府狱。已而越狱，复率众攻州。官军御之，乃诈降，副总兵张祐不为备。四月，镠复攻破州城，守臣走。都御史张濵等以状闻，并陈督兵会剿之策。兵部覆议，报可，仍命巡按御史，查先年致镠纵脱者，逮问治罪。

己亥（二十六日）［湖广东乡五路安抚司安抚遣人贡香］

湖广东乡五路安抚司安抚覃龄遣土官吏目向杰等来朝贡香。赐钞锭、绢匹减半，以后期也。

明世宗实录卷十八

九月

癸丑（初十日）［命杂谷安抚司故安抚同知职事子袭职］

命杂谷安抚司故安抚同知职事格兜伽子旺伽，就彼袭职。从巡抚四川都御史勘奏也。

癸亥（二十日）［四川酉阳宣抚司遣人贡马］

四川酉阳宣抚司冉仪遣人贡马。赐彩币、钞锭。

己巳（二十六日）［以剿平云南广西府十八寨“强贼”，赏赐巡按罗玉银币，升赏有功官军］

以剿平云南广西府十八寨强贼功，赐巡按御史罗玉银币，及有功官军升赏有差。

明世宗实录卷十九

十月

壬午（初十日）［复设云南永昌军民府］

复设云南永昌军民府。从户部议覆，云南抚按官奏也。

癸未（十一日）［录平广西府十八寨功］

录平广西府十八寨功。荫云南巡抚何孟春一子百户，仍与巡按御史陈察俱升俸一级。孟春、察各具疏辞免，许之，各赏银币有差。

明世宗实录卷二十

十一月

甲辰（初二日）［命芒部军民府护印土舍袭土官知府］

命芒部军民府护印土舍陇寿袭土官知府，免其赴京。故事，土官九品以上，皆保送至京，乃得袭替。是时，寿与其庶弟及兄妻争袭相攻，不敢离任。镇巡官以状闻，得旨：令就彼袭职。

丙午（初四日）［诏徙云南河西县曲陀巡检司于新安所，和曲州和曲驿于武定军民府，敕贵州守备都指挥张悦兼理云贵交界沾益州等处地方］

诏徙云南河西县曲陀巡检司于新安所，和曲州和曲驿于武定军民府。敕贵州守备都指挥张悦兼理云贵交界沾益州等处地方，督捕盗贼。

戊申（初六日）［礼部条奏议处土官朝觐五事］

礼部条奏议处土官朝覲五事：一曰定赏例。请自今土官遣人至京，若弟侄及男进马四匹以上，及方物重者。赏钞币以衙门品级高下为差。其进马一二匹，及方物轻者，与杂职同赏。若通事、把事、头目人等，止以马匹方物多寡为差。凡进香、茶、黄蜡，每杠五十五斤，由布政司传送者，所赏生绢照数递加，违例者罢其赏。二曰革宿弊。言近年各土官宣抚等司，差来人数太多，皆非旧额。所赍降香，重不过七八斤，而冒廪饩及绢、钞之赏。至有伪造印信、私增批文者。自今请申明故事，凡违例者，所在有司遏使勿入。其非布政司真印批文，沿途不得资给。即越赴京师，皆还其贡物，罢其赏赐廪饩。或奇民附和为奸者，以重论。三曰处进马。言先朝土官进马，就所在布政司辨验，易银贮库，以备买马。今容美宣抚等司，贡马至京，往来骚扰，亦非旧制。自今有犯者，皆罢绝之。四曰明进收。言顷者湖广忠建宣抚司等土官遣把事进香，鸿胪寺遽引赴内府交收，即有违例，概得给赏。自今土官遣人至京，鸿胪寺既引见，上其奏，仍赴本部验进方物，庶有所稽考。五曰防欺伪。言各土官职事，原有等级，间或诈伪，得赏赐归，则以恐喝夷众。中国自有纪纲，不可堕其欺伪。宜令吏、兵二部，将已袭授土官职名，查报本部，未袭者行巡抚亟为奏补，以安夷民。上皆允行之。

辛亥（初九日）［广西思明“贼”黄镠等被杀］

广西思明贼黄镠等伏诛。总督、镇巡官以捷闻，上命赏张嵿及镇守太监韩庆、总兵朱麒、巡按御史张钺银币有差。土官男黄廷宝，先助贼攻城，后擒镠自赎，得旨免罪，仍给冠带犒赏。

己未（十七日）［贵州巡抚杨沐上议预制土官等事宜］

贵州巡抚都御史杨沐上议：一、预制土官。言今土舍私相传接，支系不明，争夺由起。宜如军职贴黄例，岁终令土官各上其世系履历，及有无子状于布政司。三岁当入觐，则预上其籍于部。其起送袭替及争袭奏扰者，按籍立辨，可以消争夺之衅。一、作养世禄。欲令土官应袭三十以下者，得入学习礼。不由儒学者，不得起送承袭。其族属子弟愿入学者，听补廪。科举与军民、武生一体，则可以大变其俗。一、清查军伍。请以五年为率，通计天下卫所军士。旧在新勾以科逼在逃者，指挥以下各下多寡议罚，都司参问。其清军御史，不但清坐勾军丁，亦当兼理缺乏军伍，宜令所在有司，各开报解发收伍名籍于都布二司。二司呈送清军及巡按御史，彼此参证，诸弊可尽革。兵部覆奏，沐议皆可行。上从之。

明世宗实录卷二十一

十二月

丁亥（十五日）［四川酉阳宣抚司土官宣抚等遣使贡马］
四川酉阳宣抚司土官宣抚冉仪等遣使贡马。给赏彩段有差。

明世宗实录卷二十二

嘉靖二年癸未（1523）

正月

庚午（二十八日）［四川播州宣慰使贡马］
四川播州宣慰使杨相贡马。赐相文锦、彩段及差官钞币有差。

明世宗实录卷二十三

二月

丁酉（二十六日）［两广总督张嵿言广西浔州等府瑶僮纵横九要害，乞敕按察司副使一员驻札太平］

总督两广都御史张嵿言：广西左江道所辖浔州等府瑶僮纵横九

要害。乞敕按察司副使一员，驻札太平，兼管分巡兵备，其思明等处守备宜裁革。兵部覆议，从之。

明世宗实录卷二十四

三月

庚戌（初九日）［云贵巡按熊允懋言补救军伍缺乏之策］

巡按云贵御史熊允懋言：永宁、赤水、毕节、乌撒四卫军伍缺乏甚多。乞申明军政例条，三犯逃者斩，连坐其邻里。有司清军不及三分者，降黜有差。因言：云贵系穷边，乞顺夷情，凡应戍远者，悉发二省缺军卫所。又宜稍增月粮，以恤站军。兵部覆，皆如议。〔从〕之。

壬戌（二十一日）［四川董卜韩胡宣慰使司加渴瓦寺都纲等入贡方物］

四川董卜韩胡宣慰使司加渴瓦寺都纲那洛思坚粲等入贡方物。

己巳（二十八日）［四川坝底参将何卿请兵诛芒部“叛夷”陇政、支禄等］

先是，四川坝底参将何卿请兵诛芒部叛夷陇政、支禄等。诏各镇巡官议闻。于是巡抚四川都御史许庭光，请发汉土兵二万五千人，命贵州参将杨仁等将之，受何卿节制，相机进剿。而密谕土舍陇寿，及安抚却坐等寨，使为内应。贵州镇巡官都御史杨沐等言：土舍陇政，土妇支禄、阿黑罪当诛。顷佯乞绥师听抚，而潜令贼党掠我周泥站七星关。后虽悔祸，终未詟服。宜敕川贵镇巡官，先集兵粮备征，而后弛檄谕之。若果诚心畏服，献首恶，归流民，撤兵请命，方释其罪。不者，即令参将何卿率所集兵尽剿无赦。其守备指挥陈武等，宜逮问。兵部覆请。上是之，诏两省镇巡官会同议处，毋执己见。武等且勿逮，令杀贼自赎，事平悉查功罪以闻。

［“都掌蛮”出没为患，四川太平长官司土官黄道上言请修城

堡为备]

四川太平长官司土官黄道言：都掌蛮出没近地为患，倮罗猖獗。本司在万山险峻蛮寨之中，乞修城堡为备。诏下所部知之。

辛未（三十日）[户部上言严茶马交易，禁私茶私税]

户部上言：国家令番夷纳马，酬之以茶，名曰差发。非中国果无良马，而欲市之番夷也。亦以番夷，中国藩篱，故以是羁縻之耳。自金牌制废，私贩盛行，各番不中马而自得茶，边吏不能禁顾，私委所属抽税马。且贩者不由天全六番故道，私开小路，径通嗒葛，而松、茂、黎、雅私商尤多。自是茶禁日弛，马政日坏，而边方曰多事矣。今宜严禁私茶，陕西责之巡茶御史，四川、湖广责之守巡、兵备。一切市茶未卖者验引，已卖者缴引截角。凡引俱南京户部印发，郡县无得（檀）〔擅〕印。痛革私税，一归于批验茶引所、茶课司。其总镇、守备家人头目豪贩者，抚按论劾无赦，仍以《大明会典》及律例所载，申明榜示。从之。

明世宗实录卷二十五

四月

甲午（二十三日）[田州府土官率兵攻泗城州土舍]

初，田州府土官岑猛率兵攻泗城州土舍岑接，拔其六寨，进薄州城，克之。接告急军门，言猛无故兴兵攻寨。猛亦言，接非岑氏后，据其祖业，欲得所侵地。时方以上思州之役征其兵皆不至，总督右都御史张嵿以状闻。兵部言：夷情叵测，若连兵不解，酿成大患，则滋蔓难图。请下总督及镇巡官勘奏，别俟议拟。诏如议行。

[命两广总督张嵿相机剿抚广西“逆贼”黄镠余党]

御史黎贯言：广西逆贼黄镠虽平，余党尚多猖獗。请敕巡抚督责诸守巡将官，预严防捕。仿占堡伍意之谕，令乡民互相卫援。凡有功罪，一体赏罚。又言：都御史张嵿可任，请假一便宜行事，勿令牵制文移，坐失军机。又请选募精兵，量调土兵约万人，养于军门，管领操练，而汰诸弱卒之粮以给之。遇警则用韩雍剿捕法，随在扑灭。有功类奏，无俟滋蔓，以布升赏。兵部覆请，如御史议。上然之，命自今两广总督都御史俱遵敕旨，便宜行事，严督所属，相机剿抚，事重大者以乃闻。

明世宗实录卷二十六

闰四月

乙巳（初五日）［四川马湖府土巡检安宇奏乞改注官职，不允］

四川马（胡）〔湖〕府土巡检安宇自言：从征年久，累获首功。奏乞改注职官。兵部覆：宇，故土官知府安鳌之子，法当安置广西。先因四川用兵，暂留间行。虽有功，止宜随例给赏。今宇乃辞赏乞升，阴为复土官之地。先朝岑猛、岑濬之事，可为明戒，法当禁绝。上然之，命如原拟加赏，不许再行渎奏。

庚申（二十日）［吏部覆都御史张嵿所奏“相兼选用”广西、云、贵三省与广东雷、廉、高、琼四府首领杂职，及土官衙门并千户所吏目等］

吏部覆：都御史张嵿奏，两广去中州崄远，民夷杂处，人不乐君。自今，广西、云、贵三省，及广东之雷、廉、高、琼四府，各该首领杂职，及土官衙门并千户所吏目，将本省隔别府县，及各省临近听选人员，相兼选用……报可。

甲子（二十四日）［四川董卜韩胡宣慰司入贡番僧数增至倍］

四川董卜韩胡宣慰司起送番僧舍利卜等一千七百余人入贡。礼部奏：弘治以前，入贡番僧多不过千人。今数增至倍，日甚一日。若复照例给赏，恐将来愈不可继。请量裁其赏赐三分之一，仍行抚按官查提起送官吏治罪。上从之，命自今进贡人数，悉如弘治以前例行。

明世宗实录卷二十七

五月

庚子朔（初一日）［四川威州、茂州地震］

四川威州、茂州地震。

辛未（初二日）［湖广容美宣抚司土官等遣人入贡］

湖广容美宣抚司土官田世爵等遣使人入贡。

明世宗实录卷二十八

六月

丙午（初七日）［抚宁侯朱麒自劾求退，命如旧镇守］

镇守两广总兵官抚宁侯朱麒为御史张钺、郭楠前后论其贪懦，因自劾求退。上宥之，命如旧镇守。

明世宗实录卷二十九

七月

乙酉（十七日）［四川播州宣慰司宣慰使请如文臣例“守制”，未允］

赐四川播州宣慰司宣慰使杨相母俞氏祭，相乞如文臣例守制。礼部议，土官无守制例。诏从部议。

明世宗实录卷三十

八月

辛（丑）〔酉〕（二十四日）［裁云南五井盐课提举司同、副提举各一员］

裁云南五井盐课提举司同、副提举各一员，给督屯官关防。从巡抚都御史王启奏也。

明世宗实录卷三十一

九月

癸酉（初六日）［广西镇宁府土官知府、田州府土官同知各差人入贡］

广西镇（守）〔宁〕府土官知府岑埅及田州府土官同知岑猛各差官族岑荣等来朝贡。赐宴及彩段、钞锭有差。

辛巳（十四日）［云南巡抚王启条奏处置土官事宜］

巡抚云南都御史王启条奏处置土官事宜。请令今后土官应袭替者，该管府州县并守巡官即为勘明，具呈抚按，批送三司。比册相同，免其参驳。除杂职及妇人代为具奏外，其品官衙门设在腹里地方宁靖者，照旧赴部袭替，俱免纳谷。其设在边远兼有争竞仇杀者，抚按等官勘实，代为奏请，就彼袭替，仍依原（侧）〔例〕纳谷备赈，其六品以下有贫乏者，听该管官审实量减。若应袭土舍有罪未结，或争袭未明者，各官速为勘处。若延至一年之上不为勘结，或本部转行覆勘一年之上不行回报者，听抚按及本部查参治罪。或土舍恃顽延至十年之上方告袭者，不准承袭。或因为事及查勘迟延至限外者，不在此例。若土官举宗朋恶，相应改设流官者，抚按酌处。具奏定夺。议上，报允，仍著为令。

庚寅（二十三日）［两广总督张嵿请免海南等卫所余丁调拨］

总督两广军务（在）〔左〕都御史张（岭）〔嵿〕奏：海南等卫所每年轮班梧州听调余丁俱有名无实，虚费粮米，乞免其调拨杀贼。兵部覆言之，策一举数便。（数）〔从〕之。

明世宗实录卷三十三

十一月

己巳（初三日）［添设云南整饬曲靖、寻甸、马龙、木密、沾益等处兵备副使］

添设云南整饬曲靖、寻甸、马龙、木密、沾益等处兵备副使一员，兼管晋安、东川地方。从云南镇巡官请也。

丁丑（十一日）［贵州宣慰司应袭土舍差人贡马并贺圣节］

贵州宣慰司应袭土舍安万鉴差舍把安然等贡马，并贺圣节。赐锦段、彩段、绢、钞有差。

丙申（三十日）［达思蛮长官司进贡并庆贺登极人员超限数］

礼部言：达思蛮长官司差来进贡并庆贺登极人员多至四百余名，乞行限制。禁约每贡限百人者，革去赏赐，并究起送官治罪。报可。

明世宗实录卷三十六

嘉靖三年甲申（1524）

二月

丙申朔（初一日）［乌思藏阐化王、辅教王直管招讨司等奏请入贡］

乌思藏阐化王、辅教王直管招讨司、朵（耳）〔甘〕宣慰司、长河西、雅州杂道长官司、天（前）〔全〕六番招讨司，及三十六种大小番司，奏请入贡。礼部议：雅州各番入境之地，不隶贡职，及称大小番司三十六种，不具地方族氏。诏抚臣核实以闻。

壬寅（初七日）［诏各边“有事地方”巡抚，免赴京议事］

诏各边有事地方巡抚俱免赴京议事。

明世宗实录卷三十七

三月

庚午（初五日）［两广“贼”平，奖励张嵿、朱麒］

两广贼平。总督巡抚都御史张（鼎）〔嵿〕、镇守总兵官抚宁侯朱麒各赐敕奖励。

明世宗实录卷三十八

四月

丙申（初二日）［官军讨平广东新宁、恩平“贼”］

以广东新宁、恩平贼蔡猛三、严阮等平；诏嘉镇巡等官功劳。赐都御史张嵿、总兵官朱麒、巡按御史涂敬，各银币有差。其余功次，及地方事宜，候查议至日以闻。是役也，用官、土、民兵三万八千余人，前后共破贼巢一百九十九处，擒斩贼首从一万四千一百五十二人，俘获贼属五千九百八十二人。自来岭南用兵，以寡胜众，未有若此者。

明世宗实录卷三十九

五月

丁丑（十三日）［兵部覆贵州巡按陈克宅“议处苗情”，以“弭边患”五事］

兵部覆巡按贵州御史陈克宅议处苗情，以弭边患五事：其一，谓土官俱系溪洞蛮夷，开国之时，酋投降授以官职，令其钤束部落，羁縻不治。近年土官强盛，有叛逆之心。今欲仿古制，分封子弟，使其削弱，但无事举行，未免惊疑。况夷情易动难安，恐生他变。若土官有不守国法，犯属大逆，调兵剿灭者，临朝议处。其二，谓土官职级，俱系祖宗旧制，而善恶未别，难以激观。乞行抚按官，察其粮马早完，贼盗不行者，以礼奖劝。或误事害人，盗贼不息者，量戒治以警之。其三，谓各司苗民有变，须究衅端所由始，若干碍土官，奏请定夺首从，随宜抚剿。毋轻动官军，贻害地方。其化外生苗，聚众为恶，不在此例。其四，言土官袭替，皆头目各辅亲厚之人，相为依倚，致生仇杀。今欲概与头目冠带，责令各回管辖，诚恐事体变更，土人生疑，须从便宜议处。其五，言土夷轻生善斗，其词讼官司不为理直，怠于出巡，巧于避事，致各夷冤不能伸，酿成大患。宜一切轻重事情，悉与准受，轻则讲断，重则亲提，则苗民不平之情，有所赴诉矣。诏议行之。

明世宗实录卷四十

六月

甲辰（十一日）［调兵征剿芒部“逆贼”］

贵州按抚官前后奏报：芒部逆贼陇政、阿（核）〔劾〕等纠集苗夷，剽掠毕节卫等处，杀伤官军、毁官民房〔舍〕甚众。兵部言：贼势猖獗，宜大加征剿。请敕湖广守臣，听都御史杨一（英）〔渶〕调取永、保土官。云南守臣部署曲靖等处土兵三千，屯截要地，防贼奔逸。上从之。其湖广土兵，当调与否，命杨一渶酌议行，不得轻动，以扰内地。

明世宗实录卷四十二

八月

戊午（二十六日）［四川播州宣慰使司宣慰使差长官贡马进贺］

四川播州宣慰使司宣慰使杨相差长官令（孤）〔狐〕爵贡马进贺。赐彩段、钞锭如例。

明世宗实录卷四十三

九月

丁卯（初六日）［官军剿芒部“叛贼”陇政，陇政败奔乌撒，久未获，帝切责诸臣，并处置失事军官］

参将何卿等率兵剿芒部叛贼陇政，斩首二百余级，俘二十余人，降其众数百。政败奔乌撒，卿令乌撒土舍安宁、土妇奢勿擒以献。安宁等许诺，久之，乃献阿勍、那达等尸，竟不出陇政。兵久不解，都御史汤沐等言状，且列诸将官守臣功罪以请。兵部言：卿虽有斩获功，然渠魁未擒，宿兵未解。诸饷损费，地方惊疑。及守巡官皆轻信寡谋，罪责难免。请下都御史，宣谕安宁等奉法，听以便宜，剿平余寇。上然之，乃切责诸臣轻信寡谋之罪，革何卿冠带，及守巡毛思义等，皆令戴罪剿贼自赎。命镇守官宣谕安宁、勿等，俾改过效顺，擒献陇政及其余党。如仍前挟诈党恶，即一并剿除。事定后，议功罪以闻。

甲申（二十三日）［裁革浔州、庆远二府通判，融县县丞，思恩县主簿，思恩军民府照磨、儒学训导各一员］

裁革浔州、庆远二府通判，融县县丞，思恩县主簿，思恩军民府照磨、儒学训导各一员。从广西巡按御史汪渊奏也。

［思恩土目刘召“叛”，调集汉土官兵剿抚］

初，思恩土目刘召叛，令其党黄安等夺定罗堡，掠良民。兵备副使等檄田州土官岑猛剿捕之，猛佯许而按兵境上不进。都指挥佥事孙震直前立营抚之，为贼所执。守巡数遣人省谕之，召诡言，掣回田州兵乃出震，守巡不得已从之。义欲尽掣思恩守城兵，守巡不可，召亦（境）〔竟〕不出震。而是时，诸州土官皆党逆观望，莫肯用命。总督都御史张嵿等调湖广永顺、保靖土兵各万人，与本省官兵剿之，仍留折粮银二十万，以给军饷。事下兵部，覆言：永顺、保靖世仇，难于共事。调兵太多，则所过骚扰。宜敕都御史盛应期及太监、总兵先遣官抚谕，令亟出震。不则选调两广汉土兵及永顺土兵五千、两江土兵三千剿之。其奏留军饷，亟令户部议处。又言土兵岑猛党逆多诈，都指挥孙震寡谋被执，兵备、守巡等官皆有地方之责，法宜究治。第用兵之际，姑责以后图。俟事定，令纪功御史具功罪以请。上皆从之。

明世宗实录卷四十四

十月

甲辰（十三日）［贵州、四川抚按官等条上议处芒部事宜］

贵州、四川抚按官杨一汉等条上议处芒部事宜：一、谓地方虽已粗安，但贼首陇政窜逃乌撒。土舍安宁等送出死躯，未辨真伪，祸本犹在，不可不防。今宜修筑芒部军民府治，令土官知府与流官通判杂居，增城浚池，建学兴礼，以阴夺其鄙野不庭之志。一、请调毕节卫所官屯军戍本府，而以指挥丁明领之。一、请宽二年额赋，以恤夷民。各驿站供应，不得仍前逋旷，贻累站军。一、请覆设整饬威、清等处兵备。副使常在毕节住札，宜以云南沾益州，四川乌撒、乌蒙、芒部及永宁宣（府）〔抚〕司，凡军民词讼悉以委之。兵部覆议，俱从之。

甲寅（二十三日）［以中贵州乡试，加镇远府推官俸二级］

加镇远府推官杨戴青俸二级。戴青以土舍袭职，尝中贵州乡试。巡抚杨一渶请如武举袭荫之例，加升一级，以为远人向学者之劝。吏部覆：土司额设定员具各在任，难以加升。宜于本卫量加俸给，著为例。报可。

丙辰（二十五日）［复云南腾冲司为腾越州］

复云南腾冲司为腾越州，属永昌军民府。从知府严而泰之请也。

明世宗实录卷四十五

十一月

乙丑（初五日）［贵州宣慰使妻贡马入贺万寿］

贵州宣慰使安万钟妻奢播贡马入贺万寿。赏其使安儒等钞锭、彩段有差。

明世宗实录卷四十六

十二月

己酉（十九日）［四川江口“强贼”“劫袭”婺川等县］

四川江口强贼一百余人劫婺（州）〔川〕等县，守臣以闻。上命提问守备都指挥李宗祐，夺思南府知府周举俸三月。

明世宗实录卷四十八

嘉靖四年乙酉（1525）

二月

甲辰（十五日）［芒部土舍陇寿与陇政、支禄争立，陇政、支禄与乌撒土舍安宁等诱杀陇寿，帝命镇巡官戒谕安宁，即缚陇政、支禄及诸助恶者，不服则讨之］

芒部土舍陇寿与陇政、支禄争立，朝廷以嫡故立寿。自陇政、支禄以乌撒土舍安宁等数为乱，使人诱杀寿，收其印。四川巡抚王轨、巡按刘濈各上其事。濈言，从夷情立支禄便。轨以陇政、支禄，怙终稔恶，戕朝廷命吏，罪不可赦。上从轨言，命镇巡官戒谕安宁，即缚致陇政、支禄及诸助恶者以自赎。不服，则会川、贵兵讨之。

明世宗实录卷五十二

六月

壬辰（初四日）［以广西用兵，免镇安等处土官男等朝觐］

以广西用兵，免镇安等处土官男岑真宝等朝觐。

明世宗实录卷五十三

七月

乙未（初二日）［官军获“贼首”陇政等于水西，捷闻］

四川巡抚都御史王轨、巡抚御史马纪奏：官军以获贼首（龙）〔陇〕政等于水西，追夺芒部印信。前后斩获六百七十四级，生擒一百六十七人，招抚白乌石等四十九寨。捷闻，诏加轨等功，俱写敕奖励。差人各赏绮衣一袭、新钞千贯。

丁卯（初十日）［以剿平“土贼”陇政等功。赏四川镇守太监、巡抚等官］

赏四川镇守太监杨应、巡抚都御史杨一渶、总兵官牛桓、前巡抚四川都御史杨沐、巡按御史范永銮白金、文绮有差，仍岁加通广禄米十二石，升轨、一渶俸一级。以剿平土贼陇政等功也。

**癸酉（十六日）［剿平思恩府“叛贼”刘召，诏赏总兵官朱麒

等]

思恩府叛贼刘召平，凡擒斩贼首从一千七十九人，获牛马器械甚众。镇守总兵官抚宁侯朱麒以捷闻，并上参将李璋等供状。诏降敕奖励麒，仍与镇守太监郑润、提督军务侍郎盛应期，俱赐银四十两、纻丝四表里。巡按御史谢汝仪，二十五两、二表里。奏（揵）〔捷〕人升俸一级。赏绮衣一袭、新钞一千贯。余功罪，令兵部议闻。

明世宗实录卷五十四

八月

乙未（初八日）[四川播州宣慰司宣慰使遣人贺节贡马]

四川〔播州〕宣慰司宣慰使杨相遣长官冯俊等来贺圣节，贡马。赐钞锭、彩币有差。

庚子（十三日）[湖广大旺安抚司护印冠带安抚、木册长官司护印舍人等各遣人贡方物]

湖广施州卫大旺安抚司护印冠带安抚田大胜、木册长官司护印舍人田保俾等，各遣人贡方物。

[四川越巂卫邛部长官司署印妻遣人贡马]

四川越（隽）〔巂〕卫邛部长官司署印妻宅氏革哨遣人贡马。各赐绢、钞有差。

壬寅（十五日）[云南永昌军民府、腾冲军民指挥使司地震]

云南永昌军民府、腾冲军民指挥使司各地震。

癸卯（十六日）[录贵州㓷平阿沙坝“洞贼”功]

录贵州㓷平阿沙坝翁擦寨萝卜等洞贼功。赏巡抚都御史杨一渶、太监杨广、总兵官牛桓、巡按御史钟卿密、参政于湛、佥事杨薰、都指挥刘璘等各银币有差。

戊申（二十一日）[乌思藏阐教王、长河西鱼通宁远等宣慰使

司贡方物]

乌思藏阐教王遣国师舍剌班丹，长河西鱼（迩）〔通〕宁远等宣慰使司遣禅师都纲札失星吉等，长宁安抚司遣头目番僧方保等，各贡方物。

甲寅（二十七日）[贵州宣慰使司宣慰使妻遣人补贡马匹]

贵州宣慰使司宣慰使安万钟妻奢播遣舍把安元等来补贡元年马匹。给赏钞币有差。

明世宗实录卷五十六

十月

辛卯（初六日）[贵州巡按刘廷簠请核实平芒部所获“首恶”真伪]

贵州巡按御史刘廷簠言：乌撒卫先所验那达、阿（核）〔劾〕二尸及顷验水西所生陇政者真（为）〔伪〕莫辩，未可尽信。芒部虽平，万一首恶尚在，不无后患，请核实。诏下兵部。

己酉（二十四日）[乌思藏、长河西、长宁安抚司入贡番僧数超过例额]

礼部言，乌思藏、长河西、长宁安抚司各入贡番僧，过例额者九百四十三人，并应减赏。诏以各番既经边臣验入，听给全赏，自后毋得额外过多。

明世宗实录卷五十七

十一月

辛酉（初六日）[田州土官岑猛起事，两广提督盛应期等条上

征调事宜]

先是，田州土官岑猛叛。提督两广兵部右侍郎盛应期、巡按御史谢汝仪，议大征猛，条上征调事宜：一、请调湖广永顺、保靖宣慰司土兵。一、请取湖广荆州等卫、枝江等所歇班官军。一、请留广东嘉靖四年分解京粮银十万两，以备军饷。一、言泗城州官孙岑施应该承袭，请先将本州印信给与掌管，以安人心。令其整搠土兵，听候调用。一、言云南雷州土官沈贵，素与猛结好，宜行抚按，严加戒谕，不许助兵党恶。一、言东兰州、镇安、龙州等处，先年俱被猛占夺戕害，宜调其兵夹攻，有功一体重赏。一、言归顺那地、向武、奉议等七州，各先助猛攻泗城，乞许自新，令其出兵讨贼，以功赎罪。兵部覆议，已得旨允行。后应期奉有别旨，自陈去任，以都御史姚镆代之。镆复条奏用兵事宜，上令如前议，相机进剿，仍命镆出榜晓谕地方，止课首恶猛等数人，其胁诱误（谄）〔陷〕者不问。有生擒猛出献者。赏银三千两。斩首来献者，二千两，仍分给财产，量受官职。

明世宗实录卷五十八

十二月

辛卯（初七日）［四川打喇儿寨头目差番僧来贺即位，贡方物］

四川打喇儿寨头目用中蓬差番僧伽革儿藏卜等来贺即位，贡方物。赐宴赏如例。

明世宗实录卷五十九

闰十二月

庚午（十六日）［广东奏报平恩平等县“巢贼”］

广东奏：恩平等县巢贼严沅、蔡猛山等平。兵部以闻，诏赏布政使江潮等银币有差。

明世宗实录卷六十

嘉靖五年丙戌（1526）

正月

丁酉（十四日）［四川宁番等卫专设守备都指挥一员以统摄之］

四川抚按官王轼等奏：宁番、越（隽）〔嶲〕、冕山桥、镇西等卫地皆要害，宜专设守备都指挥一员，以统摄之。因惟大渡河守御所指挥使曹元可任，兵部覆请。从之。

乙巳（二十二日）［东川军民府土官知府弟替职］

命东川军民府土官知府禄宽弟禄庆替职，免其赴京。

明世宗实录卷六十一

二月

乙卯（初二日）［广东参政李锐当瑶人起事之际诈称有病离

任，布政使梁材知而故纵]

提督两广都御史姚镆劾奏广东参政李锐当瑶贼之乱，诈称有病，离任遽归，避难旷职，无人臣礼。布政使梁材知而故纵，并宜究治。得旨：锐、材俱下巡按御史按问。

庚午（十七日）[官军讨广西土官岑猛]

贵州巡抚右副都御史熊一渶言：官军讨广西土官岑猛急，猛必逃于他土官所。他土官固不在议讨中，又或以亲戚故，匿猛不出。师老费财，势所必至。请令诸土官，有匿猛者以同逆论，不待奏报，移兵诛之。有敢借猛以兵者，革其世袭，庶势孤援绝，猛必就擒。兵部覆：如一渶议。从之。

明世宗实录卷六十二

三月

己丑（初六日）[诏给四川静州长官司土舍冠带、印信]

诏给四川静州长官司土舍车匀冠带、印信。先是，匀兄节贵以叛诛，本司印信亡失。兵部言：叛人子孙，法当废革，但车匀颇著勤忠，宜特与承袭，统摄羌、苗，仍照例纳谷五千石，免其赴京。报可。

明世宗实录卷六十三

四月

己未（初七日）[平四川芒部陇氏，改设镇雄府]

兵部奏：四川芒部陇氏衅起萧墙，骚动两省。王师大举，始克荡平。今其本属、亲枝已尽，无人承袭。请改为镇雄府，设流官知府统之。分属夷良、毋响、落角利之地，为怀德、归化、威信、安静四长官司。使陇氏属阿济、白寿、祖保、阿万四人统之。其原进贡马匹，及额办税粮，尽行停免。但令多置驿马，以供走递。官吏、军人俸粮，暂于布政使司别处，或永宁税课司关支。待二年之后，生齿渐繁，然后计亩征租，随俗编差，以为永久之计。又言：兴革首务，贵在得人。重庆通判程洸、松潘参将何卿皆识略过人，习知彼中事体。洸可升试知府，卿可令提督修城。上皆从之。

癸亥（十一日）［云南永昌军民府、腾冲军民指挥使司及腾越州地震］

云南永昌军民府、腾冲军民指挥使司及腾越州同日地震。

［贵州安南卫地震］

贵州安南卫地震，声如雷，坏城垣。

壬申（十六日）［四川加渴瓦寺番僧等乞将赏赐衣物折给银两］

进贡夷人四川加渴瓦寺番僧都纲七措等乞将应赏衣段折给银两。上初不许，已而请之至再。部臣以闻，得旨：今次暂准折银，后来者但照先例给赏。通事人员敢有通同乞请无厌者，奏来重治。

［贵州安南卫地复震］

贵州安南卫地复震。歹苏屯等山崩，压官田二十亩，坏民舍。

乙亥（十九日）［广西兵讨平思恩府反目刘召等，捷闻］

广西兵讨平思恩府反目刘召等。捷闻，兵部条上诸有功及失事状。得旨：奖赏、按问、准赎有差。

明世宗实录卷六十四

五月

癸未朔（初一日）［诏设广东三水县］

诏设广东三水县于广州、肇庆二府之间，仍属广州府管辖。从都御史姚镆奏也。

甲午（十二日）［广东瑶人“大掠”肇庆府所属州县］

广东瑶贼大掠肇庆府所属州县，杀守备李松等。提督两广都御史姚镆以闻，因论分守参政李锐失事罪。得旨：令锐等俱住俸戴罪捕贼，事宁之日，分别功罪具奏。

明世宗实录卷六十五

六月

丙寅（十五日）［贵州芒部改镇雄府，令所辖四长官司土官三年一贡］

礼部尚书席书言：贵州芒部剿平，已改为镇雄府，设流官。而所辖四长官司皆土官，法宜朝贡，如程番府例。上从之。令三年一入朝，贡马一十二匹。

戊寅（二十七日）［广东新会县“贼”吴子明等聚众劫掠城邑］

广东新会县贼吴子明等聚众至数千人，劫掠城邑，杀虏男妇以千计。按察使周宣以闻，因论守御百户吴良辅失事状。都察院左副都御史张润言：盗贼猖獗至此，良辅罪固莫逭，但上而统理有守巡、兵备等官，下而亲临有府县卫所等官。今皆一筹莫展，坐视民患，而莫为之所，乃独罪一百户以塞责，余皆置之不问，岂朝廷设官立法之初意哉？上然其言，诏发吴良辅戍边。因责地方守巡、府、县各官，盗发不能（堤）〔提〕防扑灭，以致百姓受害，令抚按官按问以闻，仍命都察院通行各抚按有司，凡遇盗贼窃发，务同心戮力，即时殄灭，以安民生。毋因循坐视，玩寇殃民，自取重谴。

明世宗实录卷六十六

七月

甲辰（二十三日）［达思蛮长官司遣人来贡，其贡使视额数过多］

达思蛮长官司遣都纲番僧沙加藏等四百三十八人来贡。礼部以其贡使视额数过多，请减半给赏。从之。

明世宗实录卷六十七

八月

壬申（二十一日）［贵州宣慰司及湖广容美宣抚司土官各贡方物贺万寿圣节］

贵州宣慰司及湖广容美宣抚司土官宋储、田世爵各贡方物贺万寿圣节。给赏如例。

乙亥（二十四日）［以旱灾免四川潼川、仪陇等州县及泥溪等长官司税粮］

以旱灾免四川潼川、仪陇等四十三州县及泥溪等长官司税粮有差。

戊寅（二十七日）［刻期会兵进剿岑猛］

兵部言：迩者提督两广军务都御史姚镆刻期会兵进剿岑猛，而猛乃具本奏辩，乞行遣官体勘，必因大军压境，故捏词以缓我师。乞速下提督等官，再行审度。若岑猛差人奏诉之后，委能遵照前旨，悔过请罪，携其男邦彦投赴军门，及将韦好、陆绶、王绅等解官听理。即审验真正，查照先次事理监候，驰奏定夺。如或仍前执迷，拥兵稔恶，便严督副参、守巡等官，统领调集官兵，相机进剿。不许听诱怠缓，以致贻患。得旨：岑猛果能束身归命朝廷，自从宽处。抱本人卢九等，暂且拘留，待事宁闻奏。

明世宗实录卷六十九

十月

丁卯（十七日）［诏裁革湖广桂阳州河泊所、武冈州税课局］

诏裁革湖广桂阳州河泊所、武冈州税课局。

庚午（二十日）［贵州土官奏献楠、樟大木］

贵州土官汪誉奏献楠、樟大木，请给服色、诰命，上嘉其劳，特许之。

明世宗实录卷七十

十一月

甲申（初五日）［以贵州剿平“逆贼”。赏巡按钟卿密］

以贵州剿平逆贼吴上贤等功。赏巡按御史钟卿密银二十两、纻丝二表里。

丙申（十七日）［录四川讨平宜宾“夷贼”功］

录四川讨平宜宾夷贼阿狗戎等功，赉巡抚都御史郑毅、镇守太监萧通各银三十两、文绮二表里，巡按御史曹弘银二十两、文绮二表里。毅、弘仍赐敕奖励。死事马湖府照磨卢廷相，赠经历，荫一子为国子生。

明世宗实录卷七十二

嘉靖六年丁亥（1527）

正月

己卯朔（初一日）[两广总督姚镆调集土汉兵及永顺、保靖二宣慰司兵攻田州，诱斩岑猛]

总督两广御史姚镆调集土汉兵十万余，及永顺、保靖二宣慰司兵，分五哨攻田州。首破工尧隘，杀岑猛子邦彦。猛惧，弃田州走。都指挥沈希仪说归顺州土舍岑璋诱斩之。璋，猛妇翁也。镆以捷闻，并上诸文武官功状。诏赐敕奖镆，令兵部速议功次以闻。

癸巳（十五日）[论平岑猛功，升赏姚镆等人]

论平岑猛功，升提督两广右都御史姚镆为左都御史，加太子少保，荫子一人。镇守两广太监郑润，岁禄十二石，荫弟侄一人。总兵官抚宁侯朱麒，加太子太保，荫子一人，俱锦衣卫百户。广西巡按御史刘颖，升俸一级。广西镇守太监傅伦、副总兵王伟，及诸有功先后抚按、三司官，俱赉金币有差。

己亥（二十一日）[平四川横江“叛贼”]

四川横江叛贼阿狗戎平。巡抚都御史郑毅以闻，上嘉其功，赐敕奖励，镇巡而下，各赉银币有差。

辛丑（二十三日）[录湖广土官擒斩岑猛功]

录湖广土官擒斩岑猛功。永顺宣慰彭宗汉、保靖宣慰彭九霄、归顺官男岑嶂，各给银二千两，如初定赏格，仍命宗汉及九霄次子良臣，俱替袭，免其赴京。时九霄长子虎臣战死，赠指挥佥事。升九霄湖广右参政致仕。永顺宣慰致仕土官彭世麒，自领报效，及宗汉父明辅，各赐银三千两、币二表里。土官男岑嶂以猛妇翁，受密计擒猛，赐冠带及地土耕牧。

明世宗实录卷七十三

二月

己巳（二十二日）［两广提督姚镆条陈善后七事］

提督两广军务右都御史姚镆以田州府岑猛平上言：叛逆既诛，反侧已定。宜将本府改设流官，除授知府、通判、推官、经历、知事各一员，分理政务，仍加知府以参政职衔，给敕书以便行事。因条陈善后七事。一、该府诸夷杂处，叛服不常，宜选任参将一员，练兵防守。一、大小头目名称不一，宜从汉法，易以千、百长之名。其所食租税，仍旧分给，量为节减。一、学校久废，亟宜设立官师，修明教化，以变夷风。一、建置官署、仓庾，即撤贼党屋材治之。其合用工费悉出公帑，毋得科扰。一、兵戈之后，公私匮竭，宜将嘉靖四年以前未运税粮，悉与蠲免，五年以后暂许停征。一、改设流官，必有仓库、司狱、阴阳、医学，宜各给印记，以全体制。一、奉议州土官自为岑贼所杀，遂绝不嗣，止设判官一员。今田州既改流官，宜并除奉议州知州、吏员各一员，其原设判官裁革。兵部覆议，从之。

明世宗实录卷七十四

三月

庚辰（初三日）［以广西兵荒，暂停刷卷］

以广西兵荒，暂停刷卷。

辛巳（初四日）［改设广西田州府流官］

改设广西田州府流官。升福建延平府知府陈能为广西布政使司右参政，管府事。全州同知张华为同判，宣化县丞沈注为推官。俱从两广提督姚镆奏也。

乙未（十八日）［岑猛余党再起兵，陷田州府城，令各官相时度势，计议抚剿事宜］

初，岑猛既诛，都御史姚镆已奏将田州府改设流官，而留参议汪必东、佥事申惠、参将张经，以兵万人镇其地。知州王熊兆署府事，会必东、惠皆移疾他驻，独经、熊兆在府，而兵渐分散，防守稍懈。于是其党卢苏、王受等乃为伪印，诳言猛在，且借交阯兵二十万，以图兴复。夷民信之，聚薄府城。经开门出击。兵少不敌，欲引还，而城中人阴为内应，呼噪四出。官军腹背受敌，力战不支，因突围渡江走。贼逼其后，争舟（若）〔溺〕死者甚众。贼沿江置阑索，伏药弩，夹岸并起。官军且战且行，抵向武，而军所亡失军士三四百人。贼遂据府城，烧军饷仓粮以万计。御史石金上其事，颇委罪前督抚盛（期应）〔应期〕生事启衅，而给事中郑自璧因请仍檄湖广调永顺、保靖夷兵，并力剿贼。兵部覆议上，上曰：两广官、土、民兵不下数万，夷兵方归休，岂可再调？其令各官相时度势。如不可，已许以便宜行事。其余抚剿事宜，总镇、提督官计议以闻。

乙巳（二十八日）［调湖广永顺、保靖土兵及江西畲兵进剿田州“遗贼”］

田州遗贼卢苏既据府以叛，佯为听招。遣人迎署府事王熊兆，而其党王受等乃纠众万余，攻思恩府城入据之。执知府吴期英、守备指挥门祖荫等。已而释期英等，投牒上官，亦愿听招。都御史姚镆以兵力未集，姑檄府招安之。听依流官土俗，各立城头管理，缓其谋。遣谍者责东兰、归顺、镇安、泗（武）〔城〕、向武等土官，各勒兵自効。及督失事守巡、参将等官，立功自赎。复疏请调湖广永顺、保靖土兵，江西汀、赣畲兵，俱会于南宁，并力进剿。兵部覆奏，上曰：变夷为乱日久，镇守巡等官受命大征，未及殄绝，辄奏捷散兵，使余孽复滋，扇动邻境，计虑疏缺，罪难容逭。第念前功，姑置勿问，俱令剿贼，立功赎罪。南赣都御史发畲兵五千，监以兵备官赴援。不足，再调永、保土兵各三千助之。御史石金纪功。

明世宗实录卷七十五

四月

己酉（初三日）［广西洛容、古田“蛮贼”起事，命提督都御史姚镆会同总镇等官亟议征剿］

广西柳州洛容、古田蛮贼反，巡按御史石金以闻。上命提督都御史姚镆会同总镇等官亟议征剿，毋致滋蔓。

明世宗实录卷七十六

五月

丁亥（十一日）［诏起原任南京兵部尚书王守仁讨广西岑猛余党］

以广西岑猛余党卢苏、王受等复炽，诏起原任南兵部尚书新建伯王守仁兼左都御史，总制两广及江西、湖广邻近地方军务，督同巡抚都御史姚镆等讨之，仍令巡按御史石金纪功。

辛丑（二十五日）［诏四川盐课“召商中纳”，以佐采木之费］

诏四川盐课，自元年至三年凡二十七万七百八十余引，召商中纳，以佐采木之费。从抚按官郑毅等请也。

［赠荫广西古田县死事典史］

赠广西古田县死事典史陈祚为本县主簿，荫其子度为国子生。祚，莆田人，正德末年，荔浦蛮寇发，祚率兵捕御，力战死之。

明世宗实录卷七十七

六月

甲子（十九日）［湖广巡抚黄里言广西、南赣之兵“自足剿除”岑猛余党］

巡抚湖广都御史黄里言：卢苏等乃岑猛余党，贼众不多，广西、南赣之兵自足剿除。永顺、保靖土兵素无纪律，所过骚扰，恐生他衅，请毋调遣便。疏下兵部覆言：臣等初议调兵，正欲相为犄角，以亟平蛮贼，而里等自分彼此，为推托之说。宜令王守仁视贼势缓急，以为调兵进止。上从之，命守仁以便宜从事，饬湖广镇巡官协心体国，不得自分彼此。

辛未（二十六日）［芒部“余贼”攻陷镇雄府城］

芒部余贼沙保等叛，攻镇雄府城，陷之。执试知府程洸，夺其印，所杀伤数十百人，洸奔毕节。事闻，兵科都给事中郑自璧等言：镇雄设流官，夷情未服，变诈可虞。而镇巡等官，幸旦夕之安，失先事之策，不亟收贼裔陇胜，而令沙保等得拥孺子，以煽祸一方，贻患不细。宜亟发土汉官军万人，令总兵何卿等并力攻剿。遣谕乌撒、盐仓、水西等界，戒不得借沙保兵。募能斩贼首献者给重赏，饬云贵邻省各严兵为备。又劾知府程洸、守备邓良、守御指挥李翰、分巡分守佥事张云鹏参议姚汝皋、都御史郑毅、镇守太监萧通等，宜各以轻重议罪。于是兵部覆言：往者芒部既平，以陇胜非真陇寿子，故议设流官，众心甫定，而巡抚、将官辄复升改，抚循失策，遂生叛乱。今沙保等罪不容诛，亟当剿灭。而何卿方守松潘，势难相援。宜亟趣都御史王廷相之任，同贵州都御史袁宗儒，会行总兵官牛桓，居中节制。或添设参、游等官，选调两省土汉官军，并力合剿。务擒首恶，还印信，以靖地方。其戒谕邻封及购募之令，宜皆如给事中言，仍令两省御史，各以原职兼管纪功。其失事诸臣，候事平之日，各以功罪议行赏罚。巡抚、将（令）〔官〕以下，吏、兵二部不得迁改，庶可以责成功。上从其议。

明世宗实录卷七十八

七月

癸卯（二十八日）[采木侍郎黄里条上买运大木事宜]

采木侍郎黄里条上买运大木事宜：其一，欲令诸臣分理，或催运，或征银，务责其成。虽有迁转，不得委去规避。若木已征发在途，所在诸司严程催发。其一，欲谕宣抚司土官得大木者，先给半直。若有祈袭替、服色、进阶、诰命等类，奏请颁给。其一，欲以四川、湖广四年、五年岁派料价，如药物、皮币、弓矢之类，俱留备用。自六年为始，乞尽免之，以准夫直。其额派钱粮，若内府供用及王府婚礼等类不可缺者，量移邻省出办。云南赎罪及缺官柴薪等银，每岁发二万两解贵州。复发淮浙余盐，或各省事例银，或开中引盐，给湖广、四川、贵州备用。其一，欲出湖广所积赎金三万五千二百余两，类输本布政司。其一，欲括各处鱼课、盐利、门摊商税等银，为王府及镇守所侵管者，各令还官。其一，欲行各土官，拨夫护送商民贩木出境，仍严禁土夷邀截。其一，欲以湖广每岁坐派庐州、安庆折粮银万两，及庐州府粮五千石，暂留本省。疏下所司议，工部言：木已征发时，当添委部官一二员，自荆州抵仪真，自仪真抵临清，往来催督。其各省事例银，原有别用，难给。户部言：淮浙、山东、河青、长芦引盐俱开尽，而余银亦无存者。惟四川盐课积有三年，共二十七万七百十七余引，可令召中解用。至于庐州、安庆，见被灾伤，旧派钱粮，以资军饷，亦难改留。得旨：鱼盐等税，为各王府、镇守官奏请管业者，不必还官。内府供用及王府婚礼等类钱粮，仍旧输入。余如议。礼部则言：药材不可缺，物产各有宜，存留改派之议不便。请自嘉靖五年以前，凡奉诏书者皆免，未解者听留六年以后，追征解部如故。上乃断自四年以前及五年以后。凡药材蠲免、存留、征解，皆如部议。

明世宗实录卷七十九

八月

乙丑（二十日）［广西田州“贼党”王受等为乱］

初，广西田州贼党王受、卢苏、（刑）〔邢〕相等为乱。受入思恩，执知府吴期英、千户魏琼等，封其库藏，以贼兵守之，而自攻逼武缘。守巡官邹锐等方调兵议招抚思恩。于是千长韦贵、徐伍等遣壮士，由间道入城为内应，夜引兵夺门，杀守者二十余人，收获府印及库物，护送期英等于宾州，因招抚城中未下者。时受攻武缘甚急，参将张经等坚壁拒守，镇守头目许用与战，斩其渠帅一人，众皆披靡。贼见援兵大集，乃遁去。都御史姚镆以捷闻，上以田州、思恩贼锋虽挫，首恶未擒，仍命王守仁会同守臣，亟督兵剿抚，以靖地方。韦贵、徐伍、许用及土官、土民有功者，皆先给赏，仍戒云南镇巡等官，勿逸贼以贻后患。

［黔国公沐绍勋上言土官承袭事宜］

黔国公沐绍勋言：云南地方多事，所属土官，或病故坐事未结，及祖贻累久未承袭者。查不系叛逆子孙，请行布政司令，戴罪暂给冠带，而督趣有司保勘袭职，或请敕谕听臣区画。事下兵部言：土官袭替，载在令典。自弘治以来，皆抚按及三司核实奏请，总兵官不得与其事。绍勋所请，未可轻许。其土官不得承袭，及勘官展转避嫌者，宜下抚按亟为议处。上曰：云南不宁，皆因土官不得承袭，令夷人无统，遂至生事。及酿成大患，未免用兵征剿。抚按官行三司会勘奏保，往往避嫌推调，展转驳勘，动至十数年。或缘为奸利，岂朝廷绥怀远人之意？镇守总兵，即不得专至，岂尽不得预事？今自承袭事宜，皆令镇守、抚按会行三司，如例催勘，有蹈前弊者罪之。后绍勋复奏：兵部覆言，土官子孙有能抚戢土民者，听其自诉，不待保勘之至，抚按、三司，暂为奏请承袭。报可。

明世宗实录卷八十

九月

戊寅（初四日）［芒部夷酋沙保复叛，敕四川、贵州抚臣共图抚剿长策］

先是，芒部夷酋沙保，谋复立土官陇氏，逼逐镇雄府知府程洸，夺其印符。贵州、四川守臣使使招抚之。沙保乃送出镇雄府印乞降，然尚持两端，欲复立土官如故。四川抚按官议，以为保等狡悍，终不可驯。檄叙泸守备丁勇击之，又遣使劳赐芒部抚夷郤良佐，使计擒沙保以献。保怒，复叛。贵州巡抚袁宗儒因奏：保等虽包藏祸心，缘臣等节行抚谕，未敢轻犯城堡。而四川该道官，不能协心共事，乃独遣一军，尝敌侥幸，以致纷纷若此。乞明令两省会兵压境，以彰示国威，为万全计。事下兵部议：川、贵二省，道里隔绝，军书未能卒达，故彼此异同，因而误事。今宜敕各该镇巡官，务同心戮力，相机处置，以安地方。上从部议，敕两省抚臣共图抚剿长策，毋得观望推诿。已，宗儒言贵州右参将杨仁谋勇可任剿贼。上从之。

癸卯（二十九日）［吏部左侍郎方献夫上言，乞以思恩、田州专属王守仁统御］

吏部左侍郎方献夫言：思恩、田州比岁称乱，皆由统御非人、制服无术所致。乞专以属之王守仁，而罢镇守太监郑润、总兵朱麒。因荐珠池少监张赐可代润，前副总兵张祐可代麒。且乞特设一都御史，与总兵官共驻田州，悉听守仁节制。上以其言关系地方大计，即令郑润回京，命兵部举代麒者以闻。其所荐总、镇之臣，候朝廷自行简用。都御史添设可否，属守仁议之。

明世宗实录卷八十一

十月

戊辰（二十四日）［云南楚雄“贼”额出等平。赏镇守太监杜唐等］

以云南楚雄贼额出等平。赏镇守太监杜唐、原任巡抚都御史傅习、总兵沐绍勋、巡按御史沈教等银币有差。

明世宗实录卷八十二

十一月

戊寅（初四日）［平四川横梁寨“番贼”］

四川横梁寨番贼为乱，巡抚都御史郑毅、按察司副使陈克宅讨平之。

庚辰（初六日）［录贵州剿平“夷酋”王阿藤等功］

贵州巡抚都御史袁宗儒奏：剿平夷酋王阿藤等，请录副使沈霁、佥事朱珮、守备狄远、都指挥周吉等功。兵部覆请，诏升赏霁等有差，镇巡等官赐敕奖励。

明世宗实录卷八十四

嘉靖七年戊子（1528）

正月

壬辰（十九日）［云南土舍安铨起事，击败官军，陷寻甸、嵩明，令处置失机官员，令官军严兵夹剿］

六年冬，云南土舍安铨作乱，侵掠寻甸府嵩明州木密、杨林等处。巡抚傅习檄守巡、兵备官参政黄昭道，副使周奎、欧阳席以兵讨之。大败，贼遂陷寻甸、嵩明，杀指挥王昇、唐功，千户郭彬、赵俸等，知府马性鲁弃城走。事闻，诏停三司掌印官俸，昭道、奎、席并革去冠带管事，令杀贼自赎，仍切责沐绍勋发夷汉兵讨之。敕川贵镇巡官严兵夹剿。地方官功罪，俱俟事宁奏处。

明世宗实录卷八十五

二月

癸卯朔（初一日）［湖广忠峒安抚等司各差人贡马进贺］

湖广忠峒安抚等司各差土官同知田自男等贡马进贺，以违期给半赏。

明世宗实录卷八十六

三月

辛巳（初十日）［敕贵州威清兵备副使改驻毕节，兼制云南沾益州、四川乌蒙等府及永宁宣抚司］

敕贵州威清兵备副使改驻毕节地方，兼制云南沾益州，四川乌蒙、乌撒、东川、镇雄四府，并永宁宣抚司。

癸巳（二十二日）［云南武定军民府土舍凤朝文起事］

云南武定军民府土舍凤朝文作乱，杀同知已下官吏，劫夺府州印信，举兵与安铨合攻围云南省城。抚臣以闻。是时，安铨未平，朝文复起，滇中大扰。于是上命廷臣会举威望素著、谙晓夷情大臣一二人，督兵往讨。兵部举都察院右都御史伍文定、刑部左侍郎梁材。诏以文定为兵部尚书仍兼右都御史，提督云、贵、川、湖等处军务，调四镇土汉官军讨之。以梁材为户部左侍郎兼左佥都御史，督理粮储。户部给银三十万两，差属官一员随带前去，备买粮草及军前犒赏。

甲午（二十三日）［贵州芒部、乌撒毋响“苗夷”陇革等“攻劫”毕节屯堡，命贵州、四川镇巡官督兵剿之］

贵州芒部、乌撒毋响苗夷陇革等攻劫毕节屯堡，焚烧庐舍，杀掠土民。守臣以闻，兵部覆请，得旨：兵备、守巡以下，俱住俸戴罪。命贵州、四川镇巡官督兵剿之。

乙未（二十四日）［兵部据王守仁疏，覆议审处田州岑猛父子五事］

新建伯南京兵部尚书兼都察院左都御史王守仁上疏曰：臣惟岑猛父子固有可诛之罪，然所以致彼若是者，则前此当事诸人亦宜分受其责。盖两广军门，专为诸瑶僮及诸流贼而设，若使振其军威，自足制服诸蛮。然而因循怠弛，军政日坏，一有警急，必倚调土、官、狼兵若猛之属者，而后行事。故此辈得以凭恃兵力，日增桀骜。及事平，则又功归于上，而彼无所与。兼不才有司，需索引诱，与之为奸，是以始而发征愆期，既而调遣不至。上嫉下愤，日深月积。至于有今日，加以叛逆之罪，而欲征之。夫即其已暴之恶，诚宜加诛，然所以致彼若是者，亦当反思其咎。姑务自责，使内治外攘，而我有余力，则彼将自服。顾不复自反而一意愤怒之，夫所可愤怒者，不过岑猛父子及其党恶数人而已。其下万余之众，固皆无罪之人也。今岑猛父子及其党恶数人，既云诛戮，天讨已行。乃又不胜卢、王二酋之愤，遂不顾万余之命，竭两省之财，动三省之兵，骚然涂炭者两年于滋。然而二酋之首未得，徒尔兵连祸结，民困益深。无罪之民，死者十已六七。山瑶海贼，乘衅摇动，穷迫必死之寇，既从而煽诱之。贫苦流亡之民，又从而逃归之。其可忧危，何啻十百于二酋者哉！不此之虑，而汲汲于二酋，则当事者之过计矣。臣以为，且宜释此二酋之罪，开其自新之路。姑务息兵罢饷，以休养疮痍之民，绝觊觎之奸，弥不测之变。迨区处既定，德威既洽之后，二酋若改过自新，则我亦何必固求其罪。如尚不悛，执而杀之，不过一狱吏之事，何足重烦天兵，以泄愤于小丑！或者以为征之不克，而遽释之，则纪纲疑于不振。臣窃以为不然，夫天子于天下之民物，如天覆地载，宁有与蕞尔小丑争愤求胜，而谓之振纪纲者？昔苗顽不即工，舜使禹、益徂征，谓宜不终朝而克捷。顾历三旬之久，而复至于班师，自今言之，其不振甚矣。然终致有苗之格，而万世称圣。古之所谓振纪纲者，固若是耳。臣谬膺重命，猬总制四省军务，以从事偏隅之小丑，非不知可以侥幸成功，苟免于怯懦退避。然必多调军兵，多伤士卒，多杀无罪，多费粮饷，又不足以振扬威武，信服诸夷。仅能取快于二酋愤，而忌其遗患于两省之民。但知邀功于目前，而不知投艰于日后。此人臣喜事者之利，非国家之福，生民之庇，臣所不忍也。臣又闻流官之设，徒有虚名，而反受实祸。思恩未设流官之前，土人岁出土兵三千，以听官府之调遣；既设流官之后，官府岁发民兵数千，以备土人之反复。流官之无益断然可睹，但论者以为，既设而复去，恐启人言而招物议。是以宁使一方之民，久罹涂炭，而不敢明为一言，宁负朝廷而不敢犯众议，甚哉！人臣之不忠也。苟利于国而庇于民，死且为之矣。而何人言物议之足计乎？田州切邻交阯，其间深山绝谷，皆瑶僮之所盘据，动以千百。必须仍存土官，则可借其兵力以为中土屏蔽。若改土为流，则边鄙之患，我自当之，自撤籓篱，非安之计，后必有悔。思恩、田州处置事宜，候事平之日另行议奏。但臣既有所闻，不敢不先陈之，使朝廷之上早有定处，浔一意奉行，不致往复查议，失误事机。疏下兵部，覆议言：守仁之疏，是或一见。以臣等观之，窃恐目前之效，片檄可收，事后之机，他时难料，且中途询访，未经会议，亦非的然处置之方。臣等因发其语意，所当审处者有五：田州既改土为流，因其叛乱而尽易之，朝令夕改，无以示信。须查照别府州事例，土流兼置而后可。一也。岑猛父子职级，因罪降革不当，仍复府制，宜降五品，衙门择人分管，庶法纪不致陵夷。二也。卢、王二酋，有名首恶，不应独使幸免。若果能向顺，执献同恶，投赴军门，乃可待以不死，听候安置。三也。思恩府，弘治末年建置，安定已久，非田州比似，未可一概改易。倘虑流官增编里甲，妄肆科罚，岂无法制可禁防乎？四也。本部题准事例，生擒岑猛并斩首来献者。赏银有差，仍分给罪人财产，量授地方官职。今银两虽尝赏给，而财产未见议拨，无以激劝有功。必照依功力轻重，分割地产给赏。一以杀雄据之势，一以励忠勇之心。散利辑众，亦兵家所急。五也。宜令守仁会同总领太监张赐、总兵官李旻，新旧巡按纪功御史，据理审时，详情度势，不急近功，再加远图。应抚应剿，或剿抚并行，不宜偏执。应土应流，与土流兼设，尤在浔人，并将臣等所陈五事，酌量采行。务使德威相济，信义俱兼，庶边务有益，国体无损。上从部议，以守仁才略素优，论奏必有所见，但未经询谋佥同，恐非定论，令与镇巡等官熟计以闻。其应施行者，亦许以便宜从事。

戊戌（二十七日）［云南“土夷”安铨等“构乱”，大学士杨一清等各列上请抚剿事宜］

大学士杨一清等言：近者云南土夷安铨等构乱，仰廑圣怀，兼设总制督储大臣，且责镇巡失驭，命御史纪功，集四镇之兵，以剿一隅之寇。庙谟宸筭，已无遗策。顾兵凶战危，事变难测，扑之不早，则有兵连祸结之忧。窃以云南荒服，前代不入版籍。我太祖高皇帝，始命西平侯沐英克服之。又以诸夷杂处，易动难驯，故因其酋长有功者，设立为土官，各令统其所部夷人，子孙世袭。而命西平侯子孙今袭黔国公者，世镇其地以控制之，如身之使臂，臂之使指，凡所调遣，莫敢不服。盗贼生发，责在土官，遣一介之使临之，即时奏功。此以夷制夷之法，汉兵不过壮声势，以固根本焉耳。数十年来，土官病故，子孙应承袭者，官司不肯保结，上官往复驳勘，有二三十年不淂袭职者。止令土舍管事，下人不畏。强陵众暴，无所不为。黔国公虽有总兵之名，不淂自专。凡事必与太监、抚按、三司会议，然后淂行。积之既久，土官以上官为不足凭恃，亦复慢令玩法，无所忌弹。待其罪大恶极，然后动兵征剿，以致军民日困，地方日坏。谁之过欤？臣等切思，云南各处土官，夷兵人马众多。丽江、景东之外，如（沅）〔元〕江、邓川、北胜、姚安、鹤庆、宁州、罗次、亦佐、蒙化、姚（川）〔州〕之类，俱有官兵。若肯听调用，命殄灭二贼不难，不烦他省兵力。但中间多系不淂承袭之人，亦有缘事见在提问之数者，怀怨畏罪，难保必无。倘闻大兵压境，致生疑惧，阴助党逆，恐二患未平，又生他患。故今日急务，宜先收土官之心，阴破从逆之党。提督大臣，二三月方到云南，调取各镇兵马，必数月方能聚集。使其疑心不释，贼党益坚，我势自弱。宜先差在京官，强干有精力、谙晓夷情者，请敕一道，并赍执圣旨、榜文，令其星驰前去。限其四十日到彼，令镇巡官差能言知事者，分投传谕。各谕土官人等，宣示朝廷恩威，晓以二贼自作凶孽，法不可赦。尔等土人皆世受国恩，享有土地人民，宜殚忠摅诚，天兵到日，各出兵马，协心讨贼，一体先行厚赏。有应承袭而不淂起送者，有功听提督官具奏，就彼袭职，免令赴京。有罪未结者，除谋逆外，悉从赦宥。若大军未到之先，有能剿杀二项逆贼，加倍赏劳。其擒拿首恶者。赏银千两，于本职级外加升二级。其余官军人等，擒斩首恶并余贼功次，依兵部所拟升赏条格施行。二贼部下有能自相解散，或赴官投首者，悉宥其罪。若将二贼擒献，照常人例给赏。如此行之，贤于用数万兵矣。夫兵固有先声后实者，若无动调大兵之声以先之，则此策行之无益。今大臣既遣，大兵既调，先夺其气，后慑其心。用力少而成功多矣。

其差去官员，仍留在彼，与巡按御史协同纪功，仍请敕镇守太监杜唐、总兵官沐绍勋，责其既往之失，勉立将来之功，并抚按官申严号令，将调到土汉兵马，分布防御，相机抚剿。不可倚称提督大臣将至，迁延推诿。其合行事宜，谨条列上请。乞敕兵部查议奏覆，并行差去大臣遵照施行：一、夷民虽悍，最重者信。近年官司处之，往往失信。有事则招之使来，事毕则绳之以法。土人所以自生疑沮，不为我用也。宜待贼平之时，差去大臣，仍留一员，与镇巡、三司等官，将该袭土官、土舍催勘应袭之人，具结呈缴吏部，照例袭职任事，不必展转驳勘。一、省城仓廪所积，岁入不足岁用。加以动调客兵，将何支给？附近迤西州县，贼亦经行，军民逃避，无粮可买。其迤东州县未经残毁，可以籴买者，宜令督饷大臣，委官分投买运，仍设官领兵，巡逻道路，护送车脚。其价比之时估量增数分，使积谷者有利，籴运者无虞。然险阻艰难之秋，官买终难收效，宜照尚书王骥征南事例，榜示各都司、卫、所，官有纳粮百石者升一级，袭一辈。多者递加升级，许袭至三辈而止。定拟规格，仍给札付千余道，交付督储大臣收掌，填给送部铨授。此外，如承差、吏农散官等例，亦令查照举行。一、近访得云南都司止有都指挥一员，宜令镇巡官访举都指挥数员，择其尤者以备军政，奏请铨注。一、云南附近州县，多被残害，迤西人民皆逃入省城，弃其室庐。即今城廓丘墟，传闻夷方，益长其轻侮桀骜之气。宜量发官兵居守，令各民复业，仍验其被伤轻重，量为周济。一、省城迤东，如沾益州土官安慰一族，贵州镇雄、四川东川等府，地方要害，且与安铨连姻。今安慰已死未袭，提督官至曲靖，即宜召其酋长，量加赏劳，令所司早为保勘袭替，使可统摄土人，仍戒谕不许通贼指引，自取罪责。曲靖宜宿重兵，断贼奔路。一、贵州威、清等处兵备，所统辖皆三省蛮夷出没之地，宜行吏部，推用老成慎重、精力强干者为之，庶接境地方有所倚赖。疏入，上深以其言为然，俱如所拟，令提督大臣与镇巡等官，计处行之。

明世宗实录卷八十七

四月

甲寅（十三日）[兵部覆贵州巡抚袁宗儒所条三事]

兵部覆贵州巡抚袁宗儒所条三事：一、议处舍余以济军数。谓贵州原额军士逃亡者多，宜将各卫所舍余，不拘疏远旁枝，但愿从军者，审果精壮即收伍食粮，以备操练。一、抽余丁以益军伍。谓军士生息日蕃，投苗助乱往往有之。宜将诸卫所见在正军户内余丁，尽籍报抽选，充实营伍。一、查理老疾官军。谓诸卫所官，多年壮而托疾告退，军亦避徭而托故替役。宜并查核复其职役。三事俱切于御寇，诏如议行。

[遣提督尚书伍文定会兵剿镇雄府“逋贼”普奴等]

宗儒又言：镇雄府逋贼普奴等纠合乌撒、毋响、陆肇、水西诸夷民，攻劫毕节，并索镇雄府土官印为乱。请行四川镇巡等官议处。得旨：令提督尚书伍文定会兵剿之。文定既奉命征南，因上疏言：臣与梁材仰仗天威，以顺讨逆，势当必克，但国体所关，不可算有遗策。思昔麓川之役，命将四五人，调兵四五万，始克平定。今宜下廷议，选择挂印武臣，统领畿辅诸处劲卒，星驰而前，与臣共事，仍悯云、贵、川、广见有用兵，及采木之役，民疲财匮，量颁内帑，以助饷给。上曰：文定等所奏，亦欲以全取胜，但已有敕旨，谕沐绍勋推诚处置。今宜兼程前往，会在所镇巡官，协力抚剿，不可自生疑怯，有辜重托。应行事宜，与梁材熟计以闻。

明世宗实录卷八十八

五月

丙子（初六日）［贵州巡按施山奏处镇雄府知府程洸等］

兵部覆议贵州巡按御史施山奏：沙保之乱，由于改设流官，致生疑畏。镇雄府知府程洸，处置乖方，激变于先，而惧罪脱逃，成乱于后。守备丁勇贪功泄机，游击陈爵轻躁失策。均宜治罪。该道守巡官姑革去冠带，令戴罪。镇雄府印应设土、流掌管。亟行提督都御史伍文定，熟计具闻。诏以程洸等下御史按问，余俱如拟。

壬午（十二日）［新建伯王守仁报思、田“贼平”，疏言“罢兵行抚”之“十善”］

提督两广等处军务新建伯南京兵部尚书兼左都御史王守仁报思、田贼平。其疏略曰：臣奉命于去年十二月，至广西平南县，与巡按纪功御史石金及藩臬将领等官会议。思、田祸结两省，已逾二年。今日必欲穷兵尽剿，则有十患；若罢兵行抚，则有十善。何为十患？方今皇上推至孝以治天下，惟恐宇内一物失所，而以数万无辜赤子，穷搜极捕，伤天地之和。一也。自用兵以来，未尝与贼交一战，而所费银米数十万。今梧州仓库空虚，馈饷不给。二也。调兵久戍，疫死逃亡者接踵。若复驱之锋镝，必有土崩瓦解之势。三也。兵连两省，民不得耕织。事久，虑易乱乃滋甚。四也。征调各土兵，无能宣布主上威德，明示赏罚，而徒以市井狙狯之谋，诱之驱敌，彼因挟此贪求恣肆。五也。两广盗贼瑶僮巢穴数千百计，军卫、有司营堡关隘之兵，时常募补，然且不敷。今复尽取而聚之思、田之一隅，傥有他虞，奚以待之？六也。军旅一动，馈运之夫，骑征之马，皆取办于南宁诸属县。民困已极，非盗则死。七也。两广土官于岑猛之灭，既各怀唇齿之疑。其各州土目，于苏、受之讨，又皆有狐兔之憾。是以迟疑观望，莫肯效力，所恃独湖兵耳。然前岁之疫，湖兵死者过半。其间固多雇倩而来，兵回之日，死者之家例有偿命银两，费亦巨万。今兹复调，道路怨苦，势必逃逋，虽诛之不能止。因一隅之小愤，而重失三省土人之心。伏忧隐祸，殆难尽言。八也。田州外捍交阯，内屏各郡。其间深山绝谷，皆瑶僮所盘据。若必尽诛其人，异时虽欲改土设流，其谁与守？非独自撤藩篱，抑亦借膏腴之田以资瑶僮，为边夷拓土开疆。九也。既以兵克，必以兵守，岁岁调发，劳费无已。秦时胜、广之乱，实兴于闾左之戍。且一失制驭，变乱随生。反覆相寻，祸将焉极？十也。何谓十善？活数万无辜之死命，以明昭皇上好生之仁，使远夷无不感德。一也。息财省费，畜其赢余，以备他虞，民免重困。二也。久戍之兵得有所归，无疾病死亡之惨。三也。又得及时耕种，不致穷迫为盗。四也。罢散各土官之兵，归保境土，使知朝廷自有神武不杀之威。既以消彼桀骜之气，阴以折天下反侧之奸。五也。远近之兵，各归旧守，穷边沿海，咸得修复，无顾此失彼之患。六也。息馈运，省夫马，解百姓倒悬之苦。七也。土民释兔死狐悲之憾，土官无唇亡齿寒之危，莫不安心定志，涵育德化。八也。思、田遗氓得还旧土，招亡复业。因其土俗，仍置酋长，俾人自为守。内制瑶僮，外防边夷，中土胥以安枕。九也。土民既皆悦服，不须复以兵守。无调发之费，有安居之乐。近悦远来，德威覃被。十也。夫剿抚之利害，明白易见如此，乃当事者莫敢言抚，何哉？盖其间又有二幸四毁焉。下之人，幸有数级之获，以要将来之赏。上之人，幸成一时之捷，以盖前日之愆。是谓二幸。始谋请兵而终鲜成效，则有轻举妄动之毁。顿兵竭饷而得不偿失，则有浪费财力之毁。聚数万之众，而竟无一战之克，则有退缩畏避之毁。徇土夷之情，而拂士夫之议，则有形迹嫌疑之毁。是谓四毁。二幸蔽于其中，四毁惕于其外。是以宁犯十患而不顾，弃十善而不为。夫人臣事君，杀其身，苟利于国且为之，岂以侥幸之私，毁誉之末，而遂挠吾志哉？为今日计，其宜抚也明矣。众皆曰然。臣抵南宁，遂下令尽撤调集防守之兵，数日内解归者数万。惟湖兵数千，道阻远不宜即归，仍使分留南宁，解甲休养，待间而发。未几，卢苏、王受先遣其头目黄富等诉告，愿得扫境投生，惟乞宥免一死。臣等喻以朝廷威德，令赍飞牌归巢省谕，期以速降无死。苏、受等得牌，皆罗拜踊跃，（劝）〔欢〕声雷动。寻率众归南宁城下，分屯四营。

苏、受等囚首自缚，与其头目数百人，赴军门请命。臣等复谕之曰：朝廷既赦尔等之罪，岂忍失信？但尔等拥众负固，骚动一方，若不示罚，何以泄愤？（放）〔于〕是下苏、受于军门，各杖一百，乃解其缚。又谕之曰：今日宥尔死者，朝廷好生之仁；必杖尔者，人臣执法之义。众皆叩首悦服，谓朝廷有再生之恩，当以死报，各乞愿杀贼立功赎罪。臣随至其营，抚定其众七万余人。复委右布政林富等安插，于二月二十六日悉令归业。是皆皇上至孝达顺之德，昭格上下，神武不杀之威，震慑鬼神。是以未期月而蛮夷率服，不折一矢，不戮一卒，而全活数万生灵。即古舞干之化，奚以加焉？臣谬承任使，幸免罪责，谨具疏以闻。其地方一应经久事宜，再计具奏。上览其疏，深嘉之曰：守仁受命提督军务，莅事未久，乃能开诚宣恩，处置得宜，致令叛夷畏服，率众归降，罢兵息民，厥功可嘉。其赐敕差行人赍去奖励，仍赏银五十两、纻丝四表里。太监张赐、御史石金各赏银二十两、纻丝二表里。其余有功三司等官，俱赐赉有差。其经略善后事宜，仍许守仁以便宜从事。应奏请者，亟奏定夺。

癸未（十三日）［从新建伯王守仁奏，设副总兵专驻田州］

提督两广军务新建伯王守仁奏：比者侍郎方献夫建议于田州暂设都御史，同广西副总兵专驻其地，抚绥诸夷。臣近因苏、受等归降，行委右布政使林富，及闲住副总兵张（佑）〔祐〕，抚定其众。窃见富慈祥岂弟，识达行坚，祐闲于将略，其才俱可使。请以林富量改宪职，俾巡抚思、田，张（佑）〔祐〕复其旧职。其一切廪饩舆马之费，悉取办于南宁府卫，于军饷内支给，不以干思、田之人。俟岁余经略有次，思、田止责知府理治；或设兵备宪臣一人于宾州，或以南宁兵备兼理。而柳、庆见缺参将，瑶贼窃发，防守可虞。今驻田州参将沈希仪旧在柳、庆，素谙夷情，仍可改任柳、庆。兵部覆：如守仁议。得旨：张（佑）〔祐〕即准复充副总兵，协同镇守思南地方，专在田州驻札，往来提调官军，抚安土人。巡抚不必设，凡事专责成守巡、兵备等官。沈希仪暂令柳、庆带管，待新任参将至日，从宜委任。

［卢苏、王受之乱平，两广提督姚镆论巡按石金阻挠兵权，养

寇遗患]

原任提督两广军务都御史姚镆奏称：前卢苏、王受等之乱，已急于剿平，为巡按御史石金所沮。因论金阻挠兵权，养寇遗患，及参将李璋、参议邹锐，佥事申惠、张邦信党附布政严纮、奸贪等罪。金亦言：镆劳师费财，冒功奏捷，夷孽复叛，不自引咎。且忿其先后论劾事情，多方构毁。以其子姚涞斡于内，而太监郑润构陷于中。故敢肆为欺（同）〔罔〕若此。兵部覆议，言二臣以意见不同，遂生嫌隙。今地方渐平，所诋辞俱浮诞，宜置不问。得旨：姚镆嫉忿渎奏，法当究治。但念其曾有斩获功，姑革职闲住，夺其子恩荫。所奏石金事情，不必查究。李璋等功罪，令巡按御史勘实以闻。

甲申（十四日）［黔国公沐绍勋会同巡抚等官调发汉土官军，分道进剿安铨、凤朝文，乞敕兵部授以方略，并请宥各土舍往罪］

镇守云南黔国公沐绍勋上疏言：臣奉命会同巡抚等官调发汉土官军，分道进剿叛贼安铨、凤朝文，复多方抚谕，宣示恩威。而诸贼抗逆，执留所遣官军蒋铨、丁全二人。所调集各土舍又重自疑畏，不用命。臣谨以便宜榜示各土舍，先给与冠带，待后奏请承袭，众始感奋。于二月初十日，进兵击斩强贼十余人。贼势挫，遂执杀蒋铨、丁全，奔遁寻甸、武定府。乞敕该部，授臣方略，俾获便宜行事。并请宥各土舍往罪，凡有功者，俱许承袭，以作其敌忾之气。兵部覆：如议。上嘉绍勋功，赐敕奖励。命会同提督尚书伍文定，计擒首恶，余党随宜抚剿。调来土舍，照前旨准令勘明袭替，免其赴京。蒋铨等优恤升赏，悉如例行。

明世宗实录卷八十九

六月

丙午（初六日）［新建伯王守仁以思、田既平，议处经略事

宜]

提督两广尚书新建伯王守仁，以思、田既平，议处经略事宜。一、议特设流官知府，以制土官之势。请改田州为田宁府，因其城池修置府治，设流官知府、同知、经历、知事各一员。其思恩府，设流官知府，宜仍旧，惟令土目各以土俗自治。一、议仍立土官知州，以顺土夷之情。谓岑氏世有田州，民心系恋。今请仍建一州，以立岑氏之后。查得岑猛有子二人。长邦佐，自幼出继为武靖州知州。武靖当瑶贼之冲，邦佐才足制驭，宜复旧职。而今所建州，请以猛幼子邦相，授吏目，署州事。俟后递升为知（知）〔州〕，以承岑氏之祀。若思恩府，则岑濬之后已绝，不必更设土官知州矣。一、议分设土官巡检，以散各夷之党。谓田宁府地，除割八甲立州外，余四十甲请分设十九巡检司，每司立土巡检一员。而以土目之能服众，如卢苏、王受等十九人为之。其办纳（丘）〔兵〕粮，与连属制御之道，悉隶之流官知府。而其官职地土，令得传之子孙，庶人知自爱，而不轻犯法。其思恩府各目甲，亦宜仿此建置。一、议用人。言田宁府旧有知府陈能，奉敕以广西布政司参政署府事。而左布政使严纮不遵敕旨，待以属吏，能遂弃职还籍，今并宜提问。访得广东化州知州林宽才识通敏，请升为田宁府同知。待有成绩，擢为知府，或别选老成廉靖者，仍以参政奉敕掌田宁府事。其思恩府知府林期英屡次奔逃，难以临下，宜与陈能一体送部调用。而柳州府同知桂鳌，近委经理府治，民甚信向，宜即升为思恩府知府，以顺夷情。兵部覆议，上悉从之。惟以岑猛子名数，与前抚按所报各异，令再核以闻。

丙寅（二十六日）［升张钺为广西右参政管田宁府事，林宽为同知］

升金华府知府张钺为广西右参政，管田宁府事。吏部尚书桂萼言：王守仁区画田宁事宜，土目先试以巡检，知州先试以吏目，知府先试以同知，试三年而后实授。其荐林宽为同知，盖试知府也。朝廷既假之便宜，宜遂从其议。上以为然，命宽以同知掌府事。俟三年有成，即升知府。钺仍旧职。

丁卯（二十七日）［平云南叛舍安铨、凤朝文］

云南叛舍安铨、凤朝文既败于会城，其党稍稍解散。初，朝文绐其众，谓武定土知府凤诏母子已戮，朝廷且尽剿除武定夷众。至是，诏同其母率众自会城往，夷民相顾错愕，咸投诏降。朝文计无所出，绝普渡河而走。官兵追及，复败之。朝文率亲信、家奴数人，取道沾益州，拟奔东川，至地名汤郎箐，为追兵所及，裂其尸而死。铨众犹盛，逃驻寻甸故巢，列寨数十。官兵分哨夹攻之，诸寨先后俱破，乃并力攻其必古老寨，溃之。铨亡奔东川，未知朝文先死，拟纠入芒部，为土舍禄庆所执，云南以平。是役也，生擒渠贼及党逆一千有奇，斩获首虏二千九百有奇，俘获贼属男妇一千二百有奇，抚散夷党二万有奇，夺获器械牛羊无筭。于是镇巡官黔国公沐绍勋等以捷闻，诏加绍勋太子太傅，岁加禄五十石。太监杜唐，荫弟侄一人为锦衣卫百户。及都御史傅习、欧阳重，御史沈教、周煦，各赐银币有差。教升按察司副使，煦升俸一级。四川、贵州各镇巡官，以邻境防御，亦赐银币。各三司、知府、守备及土官、土舍兵，转饷、守土有功者，令抚臣分别犒赏。布政使吕经，吏部推用。按察使徐瓒，升云南左布政参政。黄昭道俟勘明改用。诸失事官戴罪者，复之。应袭土舍擒斩首恶者，犒赏外，仍照原拟加赏，免其赴京，就彼袭职。各官功罪行续差巡按御史论次上之。首恶就彼枭示，官籍其产，家属解京，仍行提督尚书伍文定，同镇巡官，赈恤残伤军民。修明武备，搜捕遗党。一切善后事宜，并听以便宜处分。

明世宗实录卷九十

七月

庚寅（二十一日）［天全六番招讨司土官招讨使遣土舍贡马］

天全六番招讨司土官招讨使高继先遣土舍高继业来朝贡马。给赏如例。

明世宗实录卷九十一

八月

辛亥（十二日）［新建伯王守仁奏请征剿广西八寨及断藤峡等处起事瑶人］

新建伯王守仁奏：思、田既平，而八寨瑶贼及断藤峡、牛肠、六寺、磨刀等处犹猖獗，劫杀未已。所调湖广永、保二司土兵，今将班回，其归途所经，去贼巢不远。又思、田新附土目卢苏、王受，感激生全，愿杀贼自效。乞乘此兵威，令左江道守巡、参将等官，监统永、保二司土兵，分剿牛肠、六寺、仙台、花相等贼。令留抚思、田布政使及右江分巡、兵备等官监统思、田土兵，分剿八寨贼兵。部覆议，诏可，仍谕守仁，严督副总兵以下官，相机攻剿，务绝宿寇，以靖地方。

丁巳（十八日）［以湖广容美宣抚司、龙潭安抚司朝贡“夷人”所过扰害，礼部申明定例］

湖广容美宣抚司、龙潭安抚司朝贡夷人率皆千余，所过扰害。巡抚凤阳都御史唐龙以闻，于是礼部申明定例。言天下诸夷朝贡，俱有定期额数。腹外者，边官验放；腹里者，都布二司起送。是以贡物有秤盘检辨之详，人数有阻回存留之异。惟湖广土人来往自由，止执本土官批文，蓦越前来，驿递村店，悉被其害。今宜申严前例，每岁万寿圣节，止宣慰、宣抚、安抚司袭授执事者，差人庆贺，每司不过三人。三岁入觐之期，自土官以下，每司二人。大约连宣慰等司，多不过百人。起送赴部者，不过二十人，余皆存留本布政司听赏。并从都布二司会验贡马，就彼易银贮库。方物验中如数，并具人名物数，给与咨批关文，遣官伴送至京。物不中贡，及人过其额，即为阻回。定以限期，圣旦以节前朝觐，以岁终本部查其奏抄，与都布二司咨批相同，方与赏赐应付。无咨批者，下法司论罪。顺天府给引照回，仍行镇巡等官，令有司刻木榜悬之所过驿递。巡司等衙门严加讯察，虽有本土官文，而无都布二司明文者，即系越度，执送所在官司究问解回。擅与应付，及不觉察者罪之。诏如议行。

戊辰（二十九日）［贵州镇雄府沙保之子普奴“复乱”］

初，贵州镇雄府沙保之乱，官军进捣其巢，谓沙保已死。未几，其子普奴复纠众为乱。御史施山、总兵牛桓因各疏：传闻沙保尚存，恐复如陇政故事。下兵部议，行提督尚书伍文定，移文川贵镇巡等官，严访存亡，督兵搜捕，并擒获其子普奴。从之。

己巳（三十日）［左都御史李承勋疏陈川贵芒部事务］

左都御史李承勋疏乞休，且陈时事所急曰：……川贵芒部之役，连年用兵，再胜再叛，必其处置乖方，有不能服其心者。顷又欲调永顺土兵进讨，所过剽窃，惨于盗贼。且新自广西放还，又闻远调，不免怨咨。念兹数省比年兵荒，军民困毙。今又争蛮夷无用之地，强置流官，使腹里良民陷于涂炭。臣窃哀之。宜命提督尚书伍文定，深惟安攘之远猷，毋一意于用兵。远人安则边境安，而数省之民举安矣！

明世宗实录卷九十二

九月

甲戌（初五日）［新建伯王守仁督兵讨平广西诸寨“叛贼”，功成告病还乡，不许］

新建伯王守仁督兵讨广西诸寨叛贼，悉平之。先是，断藤峡等处瑶贼，上连八寨，下通仙台、花相等峒，连络数十余巢，盘亘三百余里，流劫郡县，屡征不服。急则入万山丛箐中。自浔、梧上下，军民横罹锋镝者数十年。至是，守仁既招降思、田叛目卢苏、王受，责之剿寨贼自效。罢还永顺、保靖二司土兵应调至者，密授方略，使指挥唐宏等部，护乘归途之便击之。守仁止南宁，偃旗仆鼓，示不为备，度贼已懈，督官兵四面围之，永顺攻牛肠，保靖攻六寺诸巢，以四月三日合战败之。明日破仙女山寨，又明日破油榨、石壁、大陂等巢，断藤峡平。乘胜进攻仙台、花相、白竹、古陶、罗凤等巢，悉破。布政使林富率卢苏、王受等由别道邸八寨，突破石门，贼遂奔溃，我兵分道搽剿。于是古篷、周安、古钵、都者峒、黄田、铁坑等寨相继殄平。余贼仅千余人，且战且走，趋渡横水江，会大风，溺死大半，其脱身入山者多投坠崖谷死。会守仁病甚，乃上书请告，略言其状曰：迩者谬蒙陛下过采大臣之议，授臣以军旅重寄。自知才不胜任，病不任劳，具疏辞免，方虞显戮，而温旨慰谕有加，伏读感泣，不复能顾其他。既而矢死就道，日夜危惧，而病愈甚。不意旬月之间，两府顽民帖然来服。其间虽有数处强大贼巢，素为广西众贼之渊薮，屡尝征讨而不克者，亦就湖广撤回之兵，用两府新附之民，遂皆歼厥渠魁，荡平巢穴。窃自喜幸以为庶借此免于覆败之戮，不为诸臣荐扬之累足矣。而臣之病益增剧，百疗无施，殆功过其事，名浮于实，福逾其分。所谓小人而有非望之获，必有意外之灾者也。近八寨既平，议于其中移设卫所，以控制诸蛮，又冒暑舆疾，上下岩谷，出入茅苇之中，竣事而出，遂尔不复能兴。夫今日之两广，比之异时，庶亦可谓无事矣。臣虽病废而归，可无去后之忧者。夫竭忠以报国，臣之素志也。受陛下之深恩，思得粉身齑骨以自效，又臣近岁之所日夜切心者也。病日就危，尚求苟全，以图后报，而为养病之举，此又臣之所大不得已也。惟陛下鉴臣一念报主之诚，固非苟为避难以自偷，而悯其濒危垂绝不得已之至情，容暂回籍调治，幸存余息。鞠躬尽瘁，以事陛下，尚有日也。疏入，上曰：卿才望素著，公议推服。近又身入瘴乡，荡平剧寇，安靖地方，方切倚任。有疾宜在任调治，不准辞。

[贵州宣慰司土官宣慰使遣人贡马贺圣节]

贵州宣慰司土官宣慰使宋储遣舍人宋堪等来贺圣节并贡马。诏给赏如例。

甲午（二十五日）[贵州诸军讨芒部“沙保之乱”，数年无功，兵部尚书李承勋以专主用兵为失计，极言用兵之弊]

贵州诸军讨芒部沙保之乱，数年无功。兵部尚书兼左都御史李承勋以伍文定专主用兵为失计，尝于乞休疏中及之。至是复极言：

远夷无用之地，不足烦兵。臣访得陇胜的为陇寿之子，夷人重骨脉，共有推戴之义。近据御史戴金言，乞授胜佐贰职衔，以收夷心。于毕节专设兵备一员，与永宁参将同镇其地。臣窃以金言可用也。下兵部议，请命文定及镇巡等官查议以闻。得旨：云南地方已宁，未尽事宜，命沐绍勋等区处。芒部夷情，止命川贵镇巡官查照先今拟奏，访勘明白，酌量处分。事体重大者，具奏定夺。伍文定取回京。

明世宗实录卷九十三

十月

庚子（初二日）［御史奏言四川芒部改土易流不如“以夷治夷”］

御史杨彝奏言：四川芒部先因抚臣处置乖方，贻患至此。改土易流，不如以夷治夷之为长策。又闻时下调兵征剿，大饥之年，小民救死不赡，可使之趋战阵乎？所调土兵，经过地方，不无残害，宜罢兵以救荒。疏入，上亦轸念灾伤，令罢芒部兵，仍诏两省镇巡官从宜抚处。如果夷酋执迷不悛，调兵征剿，待年岁有收人民稍安之日，会奏定夺。其地方先已议设流官，今复有异议，朝廷举措，似不可轻。令镇巡诸臣，详计其便以闻。

甲辰（初六日）［工部覆云南道御史所言奏停运木事］

工部覆云南道御史杨彝奏停运木一事，言：买运大木，已经本部题减，数少而事易集。但已采新代之木，弃之山泽，必致浥烂，赔偿看守，反为民患。当此荒歉，民赖官价得以聊生，是亦不赈之赈也。但原行停止之数，不许分寸加增，则大工不致废阁，而军民亦得苏息矣。诏如所拟。

癸亥（二十五日）［议立岑猛之后于田州］

初，提督两广军务新建伯兵部尚书王守仁奏言，岑氏世有田州，人心久服。岑猛虽殁，有子二人，诸夷莫不愿得复立其后。议于开设流官知府之外，就于该府四十八甲内割其八甲，降设田州。立岑猛之子邦相，授以署州事吏目，隶之知府，三年著有劳绩，照流官升转，以承岑氏之祀。时部议，岑猛四子，而守仁止言存者二人，与前奏不合。且猛次子邦彦，生有嫡长男娇童，又娶卢苏女，生子一人，俱不言所在，事属未明。诏令覆勘。至是守仁奏言：臣初议立岑氏后，该府土目及耆老皆言岑猛四子：长邦佐，妻张氏出；次邦彦，妾林氏出；次邦辅，外婢所生；次邦相，妾韦氏出。猛嬖溺林氏，而张失爱。故邦佐自幼出继武靖，而以邦彦承袭。今邦彦既死，宜立邦佐。时臣等窃议，武靖地方正当瑶贼之冲，而邦佐出继已久，民心归戴。况其才力足以制御各瑶，今欲更立一人，殊难其代，兼恐失武靖各目之心，则于地方又多生一事。莫若仍还邦佐于武靖，而立其次子邦辅。时各目执称邦辅外婢所生，名实不正，惟邦相系猛正派，质貌厚重，众心归服，继岑氏者，莫如邦相。臣等因议，土官之立，专为不绝岑氏，以顺诸夷之情也。今众心若此，宜可俯顺。故当时直断邦辅非岑猛之子，而止谓岑猛之子存者二人，亦所以正名慎始，杜后日之纷争也。乞敕该部俯从原议，立邦相于田州，以曲顺各夷之情。其岑邦辅者，听其以官职名目随住，庶几人心允服。得旨：既查勘明白，岑邦相准授田州署州事吏目，仍听流官知府控制，后有勤劳，依拟升擢。岑邦辅听于本州随住。其岑邦彦的有子嗣与否，还查明具奏，毋得隐漏，致有再词。

丁卯（二十九日）[迁云南寻甸府治于凤梧山下，并设凤梧守御千户所]

巡抚云南都御史欧阳重议奏：寻甸府先年草创土墙，故为叛贼所陷。近询之居民，佥谓凤梧山下地形颇便，及此兵燹之后，未有屋庐。宜即迁立府治于其地，仍设守御千户所，则文武并用，可以久安。窃见嵩明州等处有云南左、右、中、前四卫，马步土军三千九百余人，设有本管土官指挥、千百户，且多没官田地，可以建屯。若准令设所，分拨官军，令其三分操守，七分屯种，岁入租赋，以供军饷，人不告扰而乐从矣。得旨：俱如议行。名其所为凤梧守御千户所。

戊辰（三十日）［总兵沐绍勋等奏言抚处云南缅甸、木邦、陇川、孟密、孟养等处忿争仇杀事宜］

初，云南缅甸、木邦、陇川、孟密、孟养等处土夷忿争仇杀，岁久未平，各以其情具奏，下镇巡等官按问。总兵沐绍勋、巡抚都御史欧阳重会、参政王汝舟、知府严时泰等，遍历诸夷，譬以祸福。诸夷皆伏罪，退还侵地，而木邦宣慰司罕烈、孟养贼孽思伦，各贡牙象、土锦、金银器物求赎。陇川逆舍多鲸，亦听还职兄子多参。至是，绍勋等奏言：木邦、孟养戕杀无辜，多鲸手刃兄、母，律以王法，罪不容诛。但边徼诸夷，忿争仇杀，乃其常态。今既输服，请姑贳其罪，许令进贡自赎，仍请戒孟养思伦，毋交通猛别，侵扰缅甸。戒木邦罕烈，毋党助多鲸，争夺陇川官职。孟养安抚司土舍思真以孤军抗二强敌，竟收捍御之功，宜加赏励。缅甸土舍莽启岁因祖效忠构怨，遂遭惨毒，宜令袭职，以全宗祀。陇川多参、孟定罕忽宜令各还本境，招复夷民。其蛮莫、猛母等十三处地方，土地宽广，诸夷历年所争。初议属之腾冲司，拨军轮守，则烟瘴可虞；欲属之木邦，则地势辽远，夷心不顺。莫若仍属孟密管食，岁征差银一千两，而割孟乃等七处仍归罕烈，则分愿均而忿争息矣。章下兵部议：绍勋等抚处事宜，区画周尽，俱宜如议。而知府严时泰，通判殷相、周昆，参政王汝舟，佥事郭叙，副使唐胄，指挥马鸣凤、王训等，与有劳绩，宜各叙录以劝忠勤。上曰：云南缅甸、木邦、陇川、孟密、孟琏、孟定等处土夷节因忿争仇杀，土民受害。致劳官司抚处征调，数十余年不得宁帖。既该镇巡等官，督委司府卫所等官抚停，当恩威兼尽。思伦、罕烈能畏威效顺，俱准赎罪。多鲸罪逆尤重，但远夷不足深较，姑令悔悟自新。罕烈原备方物，许其进贡，仍敕戒思伦、罕烈，令守疆界，以图保全，不得越境生事，自取诛灭。思真敌御凶强，保全境土，令镇巡官赏励。莽启岁厚加存恤，并思真俱准袭职。多参、罕忽各授以冠带，令各归本土，保管地方。其余蛮莫、猛乃等处夷情俱依拟处置。严时泰吏部擢用。通判、指挥等官，镇巡官，分别奖劝。有奇功者，核实另奏。王汝舟等，该部纪录擢用。

明世宗实录卷九十四

闰十月

己巳朔（初一日）［论处寻甸安铨事件功过］

初，寻甸安铨之叛也，参政黄昭道，副使周奎、欧阳席，参议黄禖，佥事邵炼，知府茅贡，都指挥方仲、金章、胡章等俱坐失事，为御史所劾。已而铨诛，昭道等所部擒斩俱不下数百人，而土舍高仑、安正、禄庆各引兵督战甚力。兵部以闻，且谓提督尚书伍文定，虽未亲战阵，然夷猓荡平，亦其先声所制，而御史刘臬、主事苗汝霖则尝奉使效劳者，均宜录叙。上然之，诏厚赉仑等，给之冠带。其失事诸臣，准以功赎。见任者止夺俸三月。惟昭道、奎则以前多亡失，特令调用。而文定、臬、汝霖，各赏银币有差。

庚午（初二日）［以遭兵乱，蠲免云南寻甸等府赋］

云南寻甸等府新遭兵乱，民多失业，抚按官疏乞蠲赋以苏之。户部尚书邹文盛等言：大军之后，委宜优处，请令彼处抚臣，分别灾伤轻重以闻。其军储例难蠲免者，以布政使司应动钱粮补之。报可。

辛巳（十三日）［云南岁办年例金千两，而“诓估搀银，其弊多端”，户部覆言严徇私横索之禁，而彼处无得加派大户］

云南岁办年例金千两，虽原定金数足色二百，九色三百，八色五百，而诓估搀银，其弊多端。官为转输，计路费止用银三十六两。正德间，解官不胜内库需索，始派大户四名，加银二百八两，作验金批收使用。至是，巡抚都御史欧阳重疏言：该局成造金册，止用七成色。若依此数，岁可省银二千余。如足色必用，则以八色、九色者，俱作七成色买解，亦可省银一千六百余〔两〕。且岁输额金于户部转发乃库，而裁省大户岁派银两，庶疲民少苏。〔户〕部覆言：内库交收，岁有常规。今第严徇私横索之禁，而彼处无得加派大户，则浪费自省。报可。

戊子（二十日）［新建伯王守仁以讨平断藤峡诸寨奏捷］

新建伯王守仁以讨平断藤峡诸寨捷闻。因自言：用计招抚思、田叛目卢苏、王受等，以夷攻夷，故所向克捷。而我军仅湖广掣还之兵八千人，深入三百余里，俘斩三千余贼。永除百余年来两广腹心之患，盖劳费不及大征十一，而成功倍之。此皆由我皇上乾纲内断，任人不疑。而廊庙诸臣，咸能推诚举任，公心协赞。故己得以展布四体，共成此功。宜先行庙堂协赞举任之赏，次录诸臣御侮折冲之劳。兵部覆奏，上曰：此捷音近于夸诈，有失信义，恩威倒置，恐伤大体。但各洞瑶贼习乱日久，劳亦不可泯。王守仁姑赐敕奖谕，有功人员下巡按御史核实以闻。宣慰彭明辅等，远调瘴乡，身亲陷阵，优加赏赉。官男彭宗舜、彭荩臣，就彼冠带袭替。卢苏、王受既改过立功，先行军门犒赏，待始（络）〔终〕无过，方与冠带。奏捷人赐新钞千贯，余赏不行。今后宜务实行事，以副委托。

戊戌（三十日）［兵部覆新建伯王守仁议处八寨瑶人便宜二事］

兵部覆新建伯王守仁议处八寨瑶贼便宜二事：其一，谓八寨之贼，每寨有众数千，首尾联络，为柳、庆诸贼渊薮。而周安一堡，正当八寨之中，宜筑城置戍，据其腹心，而移设南丹一卫于其间。盖宾州故有南丹卫军，坐食无所耕牧。若移彼就此，令与迁江八所狼兵犄角而守，分耕贼田，则柳、庆日重，而八寨可无它变。其一，谓断藤峡诸贼既平，正宜休兵散屯，招徕向化之民。惟五屯正当风门、佛子诸夷巢穴，最为要害。旧虽有千户所，官兵见存不满二（日）〔百〕，宜设一镇，增筑高城，而设守备衙门，取回五百兵，分调哨守。其他所之兵及潮州调到协守者，归之原伍。避役逃亡者，以附近土寨目兵补之。诏如议行。

明世宗实录卷九十五

十一月

癸丑（十五日）[董卜韩胡宣慰司宣慰使差人进贡方物]

董卜韩胡宣慰司宣慰使容中短竹等差国师摄次藏卜等进贡方物。给赏如例。

明世宗实录卷九十六

十二月

甲戌（初七日）[湖广忠孝安抚司入贡违例]

湖广忠孝安抚司把事田春等数十人称入贡，伪造关文，骚扰驿传。应天巡抚都御史陈祥以状闻，兵部议谓：土夷违例入贡，所过横索，且有他虞。宜严其禁，自今请著为令，万寿圣节，止许宣慰、宣抚职事者差人庆贺。三年朝觐，方许土官、长官、峒老、峒长、舍人、把事人等进贡。俱要经由都布二司，照依礼部原定名数，挨次填入，从大江正道所过驿递，廪粮马匹皆预为定数，令伴送者以次关给，贡回亦如之。或不以时贡，多从人役，及枉道骚扰者，夷人安置西北边，伴送者各治罪。上可其议。田春等姑宥之。

丙子（初九日）[董卜韩胡宣慰司番僧入贡]

董卜韩胡宣慰司番僧入贡。诏以例赏，折银给之。

庚辰（十三日）[四川边地所设流官，“惮险远”多弃官归]

巡按四川御史戴金言：四川边地，故设流官，与土官相制。乃铨授者率惮险远，辄弃官归。缺员至九十余人，或更数十岁不补。请自今流官皆即邻省，或本省本府除用，于人情便。吏部议可，诏从之。

癸未（十六日）［四川巡抚唐凤仪奏芒部改流与立陇氏之后诸事］

巡抚四川右佥都御史唐凤仪言：乌蒙、乌撒、东川土官，故与芒部为唇齿。自芒部改流官，诸夷内怀不平，反者数起。今怀德长官阿济等，虽自诡擒贼，其心固望陇胜得一职，以存陇氏之后。臣请如宣德中复安南故事，俯顺夷情，则不假兵力，祸源永塞。又贵州迤西兵备，及永宁参将，宜皆移驻毕节，以备不虞。时巡按四川御史戴金、巡按贵州御史陈讲亦奏，与凤仪同。但金言：普奴之乱，初攻毕节关厢者，不过百人，实他夷种因缘为盗。而兵备副使王濬、参议杨仪、佥〔事〕龚亨，都指挥李宗佑，仓猝无备，即许以官印，恐祸及己，乃虚张贼势，致勤王师。宜亟罢黜，以戒人臣诳言误国者。讲言：合兵之日，宜择近寨首恶如毋响祖保等，相机剿灭，以折其骄气，然后下抚处之。令许其生献沙普、保奴，待阿济等以不死。然后复陇胜故职，或降为知州，其长官或当因革，或当分隶，再行议处。疏并下兵部，尚书胡世宁等复言：革流官而复陇氏一节，事体重大，擅难轻议。查得芒部自成化、弘治以来，数自仇杀，时攻剽毕节界上，固非以设流官也。今陇政以争袭诛死，陇寿立又死，而陇胜方幼，诸夷皆云非陇氏子。故前都御史王轨不得已奏设流官知府，分四长官司，各统其众。会轨等迁去，知府程洸迂暗，不能拊循，故芒部复乱。今诸夷辄易其词，云胜真陇氏子，愿复其职。夫寿、政皆亲陇慰子，犹相争杀二十余年。今胜非真寿子，一旦得立，使阿济得弄诸股掌，其他三长官司所统各寨不服，各寻一陇姓者求立，则昔日战争之祸，今复始耳。臣以为立陇胜复土官不便。议者谓，乌蒙诸土官咸内不平，及土人终惮流官约束。臣请敕镇巡传谕四川、贵州诸土官以仍旧世袭，不复改设流官之意，然后收芒部府旧印，及镇雄府新印。告谕四长官司及各寨头目，能守法奉职三岁不为乱者，听径属布政司，不复制以府治。或愿立土官知府及流官统辖者，皆随所愿。若一人叛，三人共灭之，听分其地。有功者得除安抚以上，不者有显戮。其陇胜令布政司羁留教育，以俟别处改用。程洸等以示不复立府，则彼必心服，地方自定。王濬等请下吏部议治。上然之。乃敕四川、贵州镇巡官，宣谕诸土官，或有定乱长策，仍详议以闻。夺王濬、龚亨俸三月，以杨仪属吏部考察，革李宗佑回卫闲住。

明世宗实录卷九十七

嘉靖八年乙丑（1529）

正月

乙巳（初八日）［云南盐课每年召商中纳］

巡抚云南都御史欧阳重奏：云南盐课僻在万里，与内地不同：欲积以待支，则折阅无算；俟地方有事，奏请开中，则缓不及事。请自今为始，将岁办盐课六万一千五百七十八引，每年召商中纳，酌估价值，输之官库，以备不时支用，年终造册类缴。户部核奏，诏从之。

辛酉（二十四日）［命四川董卜韩胡宣抚使司进贡番僧锁南藏卜等各袭授都纲职事］

命四川董卜韩胡宣抚使司进贡番僧锁南藏卜等十四人各袭授都纲职事。

明世宗实录卷九十八

二月

戊辰（初二日）［吏部奏称王守仁道死南安］

吏部奏：故新建伯王守仁因病笃离任，道死南安。方困剧时不暇奏请，情固可原，愿从宽宥。

乙亥（初九日）［兵部、都察院覆云南巡按沈教条奏便宜诸

事]

兵部、都察院覆云南巡按御史沈教条奏便宜：一谓孟密土舍思真，虽效顺受赏，而恃强易变，终不可测。宜令腾冲、干崖等处，多为设备。一谓云南六卫千百户，尽为总兵田牧私人，倚势害民，无所不至。宜严行禁约，量选端谨者执役帅府，余悉归卫。一谓土民构讼求直，守巡官宜躬亲听断，不得转委下司，俾冤不得达。且其民不通汉语，通事率多颠倒是非，宜兼用数人，以防欺蔽。一谓土军兼当民差，一切供应咸取给焉，力困不堪，请申明律例，严行禁革。其拨贴土官军数，亦须裁酌多寡，著为定式。一谓武定府、澜沧卫，皆边地安危所系，制驭宜严。请令守巡官驻札于武定，兵备官驻札于澜沧，管辖地方，以时巡历，违者听抚按参究。一谓近年奸人深入夷巢，构引兴讼，虚词渎奏。宜敕法司详问，严禁治之。得旨：俱如议行。

甲午（二十八日）［兵部覆提督云贵川广军务尚书伍文定议处播州、凯里三事］

兵部覆提督云贵川广军务尚书伍文定议处播、凯三事：一、凯里旧属播州，自杨氏兄弟分争，互相仇杀，且地距四川二千余里，势难遥制。宜改隶贵州清平卫，则地近民便，且别疏其兄弟，可以息争。一、凯里土舍杨张权轻，无以服众。宜署为安抚，以流官吏目佐之，使得抚驭五种蛮夷，永绝后患。一、凯里流苗杨阿美等原占草塘等处地土，及播州原占夭漂、夭坝等寨，俱宜归还，以杜争端。惟黄平安抚司久住夭苗，专隶则争，兼统则乱，当再行彼处镇巡官勘处。命如议行。

明世宗实录卷九十九

三月

辛亥（十六日）［命四川、贵州巡按访勘斩获沙保真伪］

兵部左侍郎王廷相前巡抚四川，征剿叛夷，奏称斩获沙保，实据土官阿济所报。嗣以沙保男普奴称乱，御史施山疑保之死非真。已而巡抚御史唐凤仪复称，阿济斩获沙保，献出军门。于是廷相具疏认罪，诏下兵部参详。部议：前后报获沙保，皆出阿济一人之言，其真伪委未可知，宜行川、贵巡按访勘。廷相督兵剿抚，功在地方，乞贯其罪。上从之。

己未（二十四日）［以芒部改流生变，伍文定、王轨被罢职，令致仕］

初，御史戴金言：往者芒部改流之议，川贵藩、臬诸臣坚执不可，而都御史王轨不听。盖惑于程洸小（夫）〔人〕之言也。洸今就逮矣，轨得晏然而已乎？沙保称乱，皇上命尚书伍文定往。时夷人惧罪，势尚可抚，而文定决意进兵，一无顾惜。师旅穷于川贵，军声动乎滇楚。飞挽粮饷，累数十万。及有诏罢师，尚不肯已，而又极论阿济等罪，军民讹言，几复生变。臣愚以为轨与文定皆当罢。章下所司知之，已而上谕辅臣曰：朕详御史戴金疏，甚协公论，批答殊略，无以尽劝惩之道。后有此事，谁为我言之？其谕吏、兵二部会议奏处，勿徇私姑息。于是吏部尚书方献夫会兵部尚书李承勋覆议：王轨素称廉正，而轻改芒部，致贻边患，不能无罪。文定好大喜功，伤财动众，罪浮于轨。上曰：轨虽可用，而致患之本，则有所在，其与文定俱令致仕。

辛酉（二十六日）［四川巡按戴金勘上平芒部功罪］

四川巡按御史戴金勘上平芒部功罪。计斩贼首沙保等八人，生擒其属七人、（卿）〔乡〕道九十五人。有功则参议姚汝皋、副使韩士英，佥事杨鳌，副总兵何卿，参将魏武，都指挥余承恩、曹元，协守余方，舍人魏寅，宣抚奢爵。而武与寅爵之功尤多，官舍张鸾等并土舍奢豹功次之，官舍宋师夔等并土舍王凤昇等又次之。有罪则四川参政王遵、佥事张文奎、主事苗汝霖。兵部覆言，姚汝皋七人并奢爵宜赏，魏寅及张鸾等候勘明议处。张文奎已调任，王遵、苗汝霖失事稍轻，当宥之。都御史唐凤仪、御史戴金能奉庙谟，抚安夷众，功当首论。上命先赏姚汝皋及奢爵等，其余候勘。赐唐凤仪、戴金银币有差。

壬戌（二十七日）［四川巡抚唐凤仪、巡按戴金会奏议处芒部七事］

巡抚四川都御史唐凤仪、巡按御史戴金会奏议处芒部七事：一曰因地方以定土流。言芒部异域，夷性异类，不必执改流之说，拂其故性。二曰顺夷情以续绝世。言陇胜乃陇寿所出，为部落推服，当顺其情而复之。三曰尊威令以示惩戒。言既改芒部为镇雄府，今其官可复其名，不必更。四曰存四司以专责任。言芒地延袤数百余里，难以约束，当存四长官司分理之。五曰明赏罚以定夷情。言阿济之罪，可以功赎。若以往者伪报沙保，必欲究治，恐失其心。六曰严守备以塞祸源。言毕节为诸夷出没之所，川贵之藩篱也。当命整饬威靖兵备，驻札安庄，以制安南一带。而于贵州添设佥事一员，专制毕节等处。七曰下重令以戒联结。言诸夷姻媾，往往相助，以生仇怨。若水西之于陇寿，乌撒之于陇政，而沙保犯毕节，亦由水西诱引。宜严饬之，以离其党与。兵部覆议：陇氏受命累朝，传自祖考，非有叛逆大罪，不当利其土地，绝其世官。今仍宜布昭信义以怀远人，使知子孙为恶，则罪在必诛，念及先臣，则继其绝世，可以服土夷之心。其所陈抚处事难以悬断，乞敕川、贵二省守臣，详议具奏。上命俟贵州镇巡官奏上裁定，不必再勘。

癸亥（二十八日）［御史言云南土官“干纪者”处置事宜］

刑部覆御史沈教言：云南番夷杂处，故设土官，使以夷治夷。其干纪者，必绳之以法。顷缘安、凤二贼扇乱，诏惟罪其谋逆，余悉宥原。盖一时之权宜也，非谓自是以后，杀人及盗皆不抵罪，乞敕所司宣谕之。上曰：然。肆赦恩命，皆谓颁诏之前，非著令也。今后土官有犯，仍照律例科断。但宜亟为谳决，毋得留狱，以失夷情。

明世宗实录卷一百

四月

辛卯（二十六日）［两广提督林富引疾乞休，不允］

提督两广军务兵部右侍郎兼右佥都御史林富引疾乞休。不允。

明世宗实录卷一百二

六月

壬申（初九日）［命云南都司掌印都指挥同知方仲充右参将，协守贵州，兼提督清浪等处］

命云南都司掌印都指挥同知方仲充右参将，协守贵州，兼提督清浪等处地方。

丙子（十三日）［四川巡抚唐凤仪以灾异自劾求罢，不允］

巡抚四川都御史唐凤仪以灾异自劾求罢。不允。

［广东巡按邵豳请将岁派料银编入合省秋粮内均派征解］

广东岁派料银，旧例出办于里甲。至是，巡按御史邵豳奏请，编入合省秋粮内，均派征解布政司贮库。遇派到料物，给发领买解进。户部覆议，从之。

明世宗实录卷一百三

七月

**戊申（十五日）［云南巡抚欧阳重言大真人张彦頨扰害“夷

方"]

大真人张彦頨遣其属下余称采取遗经、供器进上。乘传诣四川、云南诸省，复以玉带、蟒衣遗镇守官。巡抚云南都御史欧阳重言其扰害夷方，惑众罔利，请治之。上命江西巡按查访具奏，而以重疏差写尊号字样，诘令对状。

丙辰（二十三日）［增设云南都司守备指挥二员］

增设云南都司守备指挥二员。一守备安普、临元二道，一守备金沧、洱海二道。

明世宗实录卷一百四

八月

乙丑（初二日）［两广提督林富上言请缓广东采珠事宜，不允］

提督两广侍郎林富上言：迩者诏下广东采珠。臣闻祖宗时，率数十年而一采，未有隔两年一采，如今日者也。盖珠之为物也，一采之后数年始生，又数年始长，又数年始老。故禁私采数采，所以生养之也。自天顺年间采后，至弘治十二年方采，珠已成老，故得之颇多。至正德九年又采，珠亦半老，故得之稍多。至嘉靖五年又采，珠尚嫩小，故得之甚少。今去前采仅二年，珠尚未生，恐少亦不可得矣。五年之役，病死溺死者五十余人，而得珠仅八千八十余两。说者谓以人命易珠。今兹之役，恐虽易以人命，珠亦不可得矣。今岭之东西所在，饥民告急，申诉纷纷，盗贼乘间窃发。乃复以采珠坐派府县，恐民愈穷，敛愈急，将至无所措其手足，而意外之变生矣。臣闻内库尚有扁小余珠，犹可备用，未至甚乏。如少俟数年，池蚌渐老，民困少苏，徐取而用之，其于爱民之仁，用物之节，似为两得。疏入，报如前旨采办进用，无得迟误。

明世宗实录卷一百五

九月

庚申（二十八日）［湖广巡抚朱廷声等奏言以布政司贮库缺官银赈济］

湖广巡抚朱廷声等言本省灾伤重大，请暂留布政司贮库缺官银一万一千两赈济。许之。

明世宗实录卷一百六

十月

己巳（初七日）［诏湖广唐崖长官司土舍袭曾祖职］

诏湖广唐崖长官司土舍覃万金袭曾祖彦实职，为正长官。万金祖友铭未袭卒，父富目疾，而万金以嫡曾孙承袭。

［四川石砫宣抚司土官同知有疾，请以其子替职］

四川石砫宣抚司土官同知陈表有疾，请以其子蓰替职。许之。

丙子（十四日）［侍郎林富上言议广西思、田与八寨设置迁卫事］

先是，广西思、田既平，新建伯王守仁议设流官知府以制之。及平八寨，又议移南丹卫于八寨，改思恩府城于荒田，改设凤化县治于三里，添设流官县治于思龙，增筑守镇城堡于五屯。及侍郎林富继之又言：田州界居南宁、泗城，旁通云贵、交阯。为备非一，改设流官，则边防之守，我独当之。昔思恩未设流官之前，岁出兵粮备用。及流官既设，非惟兵粮不出，反设守备官督兵千余守之。二十年来，叛者数起，为鉴不远。且岑猛本无叛情，身既伏诛，长子为戮，情法相当。若借其土疆，刑浮于罪，何以服诸夷之心？臣以为宜降府为州，即以猛子邦相知州事，止选一吏目佐之。分设土巡检司，使各世其地。无事则犄角而守，有事则彼此相防为便。八寨不可迁卫有四：顽山绝地，商贩不通。一也。瘴疠疾疫，人无固志。二也。生理亡聊，易驱从恶。三也。凌险孤居，缓急无援。四也。况南丹卫设在宾州，既不足以遥制八寨，迁诸八寨，又不得以还护，设县者可迁南丹卫于此。夫设县则割宾州之地，以益思恩，是顾彼而失此也，迁卫则扼八寨之吭，以还护宾州，是一举而两得也。周安堡居八寨之中，四方贼巢，道路所会，宜筑新城，立守备官，分南丹卫军为两班，番休递戍，仍如守仁议，徙迁江四所精锐于其中，而募附近右江土舍、土目，使率其众与所迁军分耕贼地，三年而后起科。其舍、目能报效者，使世土巡检，则守备戍兵渐可撤回三里，第往来督察而已。八寨听抚残徒，令编排甲，每五十立一村老约束之。朔望参守备官，听耕如故，而复其身。募其精壮，以隶什伍。如此，不惟资其实用，亦可杜其他谋。至于荒田、思龙、五屯，守仁诸议皆当。而凤化县徒寄空名，无益事体，臣以为可裁革。上林县扼八寨而蔽两江，臣以为不可割属思恩。南丹虽迁卫，其地本属上林，与上林属宾州，臣以为宜各仍旧。思龙必须建立县治于那久地方者，非独可以便小民粮差赋役，亦足以镇据要害，消沮盗贼也，然不宜属于田州，而仍属南宁为便。其议与守仁稍有异同，事下兵部言：周安堡守备戍兵不必设。岑邦相止授判官署州事，俟其劳著而后授之。余悉如富言。诏可。

辛卯（二十九日）［云南总兵官沐绍勋、太监杜唐等庄户为盗，巡抚欧阳重请究治主者］

初，云南省城近地，群盗纵横。都御史欧阳重言：今为盗者，皆总兵官沐绍勋、太监杜唐等庄户，请究治主者。兵部议遣科官往勘。上曰：官不必遣，即敕绍勋、唐及新抚按官，协心督捕，亟令尽绝，以靖地方。毋得徇私误事，有负委托。

明世宗实录卷一百七

十一月

壬子（二十日）[禁开大理府太和仓山奇石]

云南巡抚右佥都御史欧阳重奏：大理府太和仓山故产奇石，可作石屏、石床。黔国公沐绍勋、镇守太监杜唐、知府刘守绪、去任副使邵有道擅发民匠，攻山取石，土崩压死不可胜计，请永为封闭，不许复开，仍切责绍勋及唐，逮问守绪等，以惩贪残。从之。

明世宗实录卷一百八

十二月

戊辰（初六日）[四川泥溪长官司正长官王镇一废疾，请以庶次男王祥銮替职]

四川马湖府泥溪长官司正长官王镇一废疾，请以庶次男王祥銮替职。许之。

庚午（初八日）[贵州宣慰使司土官宣慰使安万铨袭职，遣人贡马]

贵州宣慰使司土官宣慰使安万铨袭职，遣冠带舍人安玉等贡马六十匹。给赏如例。

庚辰（十八日）[湖广巡抚朱廷声奏请相兼铨补各土官衙门经历、吏目等官]

湖广巡抚都御史朱廷声言，各土官衙门经历、吏目等官请得以本省别府及邻省近地，听选人员相兼铨补便。从之。

辛巳（十九日）[贵州土官宣慰使安万铨求钑花金带、彩色品服]

贵州土官宣慰使安万铨求（级）〔钑〕花金带、彩色品服。礼部议，例有带无服。诏如例给之。

[云南巡抚欧阳重劾奏黔国公沐绍勋混占民田，请究治之]

云南巡抚欧阳重劾奏：黔国公沐绍勋任千户何经管庄，诱引投献，混占民田，宜究治之。诏戒饬绍勋，下经巡抚逮问。

明世宗实录卷一百九

嘉靖九年庚寅（1530）

正月

甲辰（十三日）[颁御制敬一等箴于湖广长沙府岳麓书院]

颁御制敬一等箴于湖广长沙府岳麓书院。从知府孙存奏也。

庚戌（十九日）[巡按刘臬上言暂停采买云南宝石]

先有旨采办云南宝石，巡按御史刘臬言：孟密地方产有宝井，为土酋思真所辖。其境与西洋番舶相通，乞取以营重利。且此酋以木邦叛竖遗孽，窃据此土，自恃富强，吞噬缅甸、木邦、孟养。又密迩腾冲，窥我境内虚实，较诸夷尤黠。往年采办之役，故违稽迟。又地极瘴疠，俗尚蛊毒，往年采取人役，多被中伤。况抚处数十年，至今始顺。虽朝廷宥其罪过，而夷性叵测，若再行采取，或启戎心。宜暂停三四年，候夷情宁靖，另行采买。户部覆议，报如前旨行。

[刘臬奉旨查勘黔国公沐绍勋庄田]

臬又言：黔国公沐绍勋庄田，近奉旨查勘，而奸恶管庄之人凭借声势，始而侵占投献，终则劫掠乡村。动以激变，嫁言阻挠。有司惧变束手，而绍勋且屡以奏乞分豁为词。及今不处则蓄乱宿祸，贻害地方，非世臣子孙之福。户部覆议：总兵庄田，原有额赐，宜委守巡官老成练达者一员清查之。其额外无文籍可据者，即属侵占投献，宜悉归军民。庄户有犯窝盗违法者，所司明正其罪。诏如议行。

明世宗实录卷一百十

二月

甲戌（十三日）［云南巡抚欧阳重、巡按刘臬奏劾镇守太监杜唐］

云南巡抚右佥都御史欧阳重、巡按御史刘臬劾奏镇守太监杜唐役占军余，巧肆渔猎，每岁科取民财以万计，因极言镇守内臣当裁革。诏下抚按官勘实以闻，唐回京听勘。

乙亥（十四日）［以李璋充总兵官镇守贵州］

升镇守广西副总兵署都指挥佥事李璋为署都督佥事充总兵官，镇守贵州。

戊寅（十七日）［兵部言土官袭替事宜］

兵部言：土官袭替，自顺天以来，事例不一。有起送赴京袭替者；有将应袭之人预勘造册，及报名上司，待其亲故起送者；有令就彼冠带者；有地方灾荒，令其纳谷备赈者；有免其纳谷，仍起送赴部者；有因极边地方不宁，免其来京及许就彼冠带，仍旧纳谷者；有以报效有功，许就彼袭替者。或出一人之建白，或系一时之权宜，以故条例纷纭，持循靡定，而贪险者得缘以为奸，非国体也。宜因续修会典之时，著为画一之法。请得会同吏部详议以闻。报可。

明世宗实录卷一百十二

四月

癸亥（初四日）［湖广五开卫指挥奏本卫军伍多缺］

湖广五开卫指挥王载奏：本卫地系极边，军伍多缺，乞将埋没寄操等项军旗严行清解，并请抄誊南京后湖军册备照。事下兵部议，谓自南北改编，及逃军自首，许改附近之例设，而军政紊乱。至有既改之后，原卫已除，而所改卫分亦无名位者，盖不特五开一卫为然也。宜行清军御史，将天顺六年以后改调军役严加查究。若有妄引事例，通同里胥，擅将边卫改作近卫者，究出解发原卫。着后若事涉未明者，仍转行本部，查对格眼文册定夺。诏可。

乙丑（初六日）［革镇雄府流官知府，复授芒部土裔陇胜为通判，署镇雄府事］

革镇雄府流官知府，复授芒部土裔陇胜为通判，署镇雄府事。初，芒部自陇寿、陇政平后，守臣勘称陇氏已绝，故改土为流。未几，夷目沙保奉寿孽子胜叛，攻镇雄破之。累讨累叛，于是御史戴金言：芒部夷穴，地不可守，乞俯顺夷情，复立土官便。诏下川贵镇巡官勘处。至是，都御史唐凤仪等奏：胜实寿私通长官阿济妾奢即所生子。夷俗重重骨脉，众所向服。宜量授府佐，令统束四长官司，仍选流官经历如旧。三年之后，果能率职奉贡，准覆知府旧衔，仍铨补流官通判。章下兵部议覆：如凤仪等言。故有是命。

甲申（二十五日）［兵部会吏部议上土官袭职条例］

兵部会吏部议上土官袭职条例。请通行各镇巡官转行土官衙门，将见在子孙尽数开报，务见某人年若干岁，系某氏所生，应该承袭。某人年若干岁，系某氏所生，系以次土舍未生子者，候有子造报。愿报弟侄若女者，听以后应袭之人告袭，再行司府覆勘无碍，方与奏请除杂职。妇女照旧就彼袭替外，其余连人保送赴部袭替。若有违碍，即与辩明。傥各官避嫌推调，逾一年者即住俸限完。虽有升迁等项，务待事毕方许离任。保送之时，若有紧急军情，已奉调遣，难以擅离，及先人有功，嗣子幼弱，未可远出者，镇巡官酌议奏请，候有成命，行令冠带管事。及地方宁息，每岁长成，仍保送赴京袭替如例。其他纳谷弊政，一切禁革，仍请纂入续修会典，著为令。诏可。

明世宗实录卷一百十三

五月

甲寅（二十五日）［镇守广西思田副总兵张祐等破封川等处“贼巢”，广西“瑶僮稍平”］

镇守广西思田副总兵张祐所部兵破封川石砚、鸡峒等巢瑶贼，斩获二百一人。左参将张经破浔州断藤峡，斩首一百七十级。副总兵李璋破永福、灵川七都、板塘等巢，斩首六十二级。右参将沈希仪破象州、武宣、融县古雍、梅果等巢，斩首一百一十一级，俘获贼众及所虏掠称是。其他村寨皆听抚治，于是瑶僮稍平。提督侍郎林富及总镇太监张赐、镇守总兵官仇鸾各言功状。上嘉富及赐鸾勤劳，各赏银十两、纻丝一袭，仍下御史核实以闻。

明世宗实录卷一百十四

六月

丙子（十八日）［黔国公沐绍勋乞免查勘田土］

镇守云南黔国公沐绍勋以有清查勋戚田土之命具奏，乞免查勘。上以绍勋世守边陲，优诏许之。户部尚书梁材等执奏曰：圣明御极首纳辅臣之言，特诏清查勋戚田土，盖欲正王法、恤民穷、厚国本也。绍勋世膺厚禄，正宜首先将顺，却乃设词规避，抗违明旨。今荷圣慈，免其查勘，命令所关，渐不可长，宜遵照先旨，按籍清查。上曰：朕念边镇勋臣，故推诚待之。彼必益加自励，不负朕恩。可如前旨行。

明世宗实录卷一百十五

七月

庚戌（二十三日）［刑部议覆湖广巡抚朱廷声条陈“区别夷夏”等应议事件］

刑部议覆巡抚湖广都御史朱廷声条陈应议事件：其一，申明例禁，以涤烦苛。言条例所称喇唬名色，除平素凶恶之人犯，该前罪照例问发。其余斗争等项常事悉依本律断拟，不许妄引前例，滥及无辜。其一，区别夷夏，以正婚姻。各边军职与土官有统属防御之责，乃交构姻娅，不惟紊夷夏之体，一或争竞作耗，或泄露事情，或互相容隐，贻患将来，实非细故。宜严加禁约，不分官军土民，俱照例充发。得旨允行。

明世宗实录卷一百十六

八月

乙亥（十八日）［四川播州宣慰使遣人贡马贺节］

四川播州宣慰使杨相遣长官杨守等贡马，贺万寿圣节。赐赉如例。

明世宗实录卷一百十七

九月

壬辰（初六日）［裁革云南镇守太监］

诏裁革云南镇守太监。巡按云南御史毛凤韶言：镇守太监，非洪武、永乐年间旧设，扰害地方，不可胜言。近蒙皇上明见万里，将太监杜唐取回，夷民欢颂，有若更生。更乞追复祖制，将续差太监停止，以苏边徼之民。疏下，兵部议覆：云南自古羁縻之地，夷性难驯。近年用兵，军民困苦，省官节用，正今日所急。况镇守太监，原非祖宗旧制，宜如御史议，裁革便。报可。

乙未（初九日）［以右参将刘麟协守贵州兼提督清浪等处］

以都指挥佥事刘麟为右参将，协守贵州兼提督清浪等处地方。

明世宗实录卷一百十八

十月

戊午（初二日）［木邦军民宣慰使司宣慰使遣人贡方物］

木邦军民宣慰使司宣慰使罕烈法遣陶猛怕落等来朝贡方物。给赏如例。

辛未（十五日）［伍文定卒］

致仕兵部尚书兼都察院右都御史伍文定卒……文定，湖广松滋县人，弘治二年进士，初授常州府推官……久之，以疾致仕。寻起为兵部左侍郎，升都察院右都御史。属云南有安、凤之乱，升兵部尚书兼右都御史，提督云、贵、川、湖军务，未入境，贼平。时芒部屡不靖，文定欲乘兵力剿之，以伸威百蛮。乃四川按臣戴金力言其非，上遽降旨罢兵，召文定还督团营。文定因乞休，许之，至是卒。

壬申（十六日）［贵州宣慰使遣人进马来贺］

贵州宣慰使安万铨、宋储遣舍把安儒、宋绘等进马来贺。

明世宗实录卷一百二十

十二月

丙寅（初十日）［四川永川县民李绍祖等以“左道惑人”，聚众起事］

四川永川县民李绍祖等左道（感）〔惑〕人，聚众为乱，重夔兵备佥事刘隅捕平之。兵部列上地方诸臣功罪，谓隅督捕之功应赏，叙泸兵备佥事李际元，分巡佥事蔡乾、戴亢，分守左参议何鳌，功罪亦略相当。叙泸左参将魏武罪应罚治。指挥刘胜等及重庆、叙州二府掌印官，俱宜逮治。被杀指挥佥事范祯、百户王贤等杀身未足赎罪。惟圣明裁之。上命赏刘隅银币，而夺李际元俸三月、魏武一年。刘胜等及重、叙二府掌印官俱下巡按御史勘问。范祯、王贤既为国捐生，情实可悯，其量优恤之。

甲戌（十八日）［四川巡抚唐凤仪奏议剿抚鹅儿等寨“番蛮”］

四川巡抚右佥都御史唐凤仪奏：鹅儿等寨番蛮诱杀守堡百户仵勋，且诸番需赏扰边，肆恶多端，一向羁縻养患，为其地险难征耳，请下廷臣集议制御长策。兵部言：松潘各寨番蛮，抚驭有年，近为地方之害，固其变诈不常，亦由控制失宜所致。请行抚按、三司、镇守总兵官，省谕各寨，将杀官恶番擒献，许其改过自新。若积恶不悛，仍前为害者，镇巡等从长计议奏请，但使元恶就擒，地方不扰为善。命如议。

辛巳（二十五日）［诏改广西果化州隶南宁府］

诏改广西果化州隶南宁府管辖。果化原属田州府，至是田州府降为州，故命改隶。

明世宗实录卷一百二十四

嘉靖十年辛卯（1531）

四月

戊辰（十四日）［平云南蒙自县“蛮”］

云南阿迷州蒙自县蛮才古等为乱，守臣平之，擒斩九百四十余人，俘获九百六十余人，夺获牛马器仗甚多，降抚三千四百六十余人。捷闻，兵部请录总兵官沐绍勋，御史毛凤韶，左参政孟廷柯，副使高第，佥事贾启，都指挥樊泰、冯立、孙玺，知府倪霈等，及土官资徽等功。上从之。降敕奖励绍勋及凤韶，各赏〔银〕二十两、纻丝二表里。廷柯等半之，余付镇巡犒赏。

明世宗实录卷一百二十五

五月

丁酉（十四日）［贵州军饷大半仰给川、湖，逋欠数多，请委官专管征解］

户部覆贵州巡抚刘贵元奏：贵州军饷大半仰给川、湖，正德以来，有司因循，逋欠数多。宜令川、湖每岁定委府州县佐二官一人，专管征解，仍听贵州抚按荐劾。报可。

庚子（十七日）［论擒斩广东“海贼”黄秀山等功］

论擒斩广东海贼黄秀山等功。赏提督两广都御史林（福）〔富〕、镇守太监张赐、总兵官仇鸾，巡按御史李美、杨绍芳，海道副使江良才等，各银币有差。备倭都指挥陆桓等，听以功赎罪。

明世宗实录卷一百二十七

闰六月

甲申（初二日）［裁革湖广省各府州县检校、通判、训导等员］

裁革湖广按察司屯田、水利副使二员。布按二司武昌、荆州、岳州、衡州、襄阳、长沙、辰州、常德、永州九府各检校一员。武昌、荆州、岳州、衡州、汉阳五府各通判一员。永州府通判二员。澧州同知一员。荆门、茶陵、澧三州各判官一员。大冶、蒲圻、罗田、广济、松滋、石首、潜江、耒阳、蓝山、溆浦、会同、房十二县各县丞一员。江夏、当阳、衡阳、郧、郧西、房六县各主簿一员，武昌、汉阳、荆州、岳州、衡州、襄阳、长沙、辰州、常德、永州、德安、宝庆十二府，兴国、荆门、蕲、随、茶陵、（澧）〔夷〕陵、澧、均、武冈、桂阳、道、沅、安陆、沔阳、郴、靖十六州，江夏、武昌、嘉鱼、崇阳、当阳、大冶、蒲圻、通山、通城、黄冈、麻城、蕲水、黄梅、广济、罗田、孝感、应城、松滋、江陵、公安、石首、潜江、耒阳、监利、枝江、兴山、巴东、远安、巴陵、临湘、平江、华容、蓝山、安乡、石门、慈利、襄阳、长沙、善化、湘乡、湘潭、醴陵、攸、浏阳、衡阳、湘阴、宁乡、益阳、安化、新宁、新化、衡山、安仁、酃、常宁、临武、零陵、东安、祁阳、宁远、永明、江华、沅陵、卢溪、黔阳、武陵、桃源、龙阳、京山、景陵、溆浦、会同、永兴、兴宁、桂（杨）〔阳〕、宜章、桂东、绥宁七十八县各训导一员。武昌、金口二批验茶引所，澧州税课局、水东递运所，各大使一员。通化马驿、明山水驿各驿丞一员。三江口镇巡检、乌翎河泊所官各一员。楚府等府长史、司郡王伴读工副并仓库副使各一员。

己亥（十七日）［裁革广东府州县通判、检校、训导等员］

裁革广东按察司海道副使一员，检校一员，都司都事、副断事各一员。广、惠、高、（诏）〔韶〕、南雄五府，各通判一员。广、潮二府各知事一员。广、惠、潮、(诏)〔韶〕、肇庆五府各检校一员。阳江、海康、遂溪三县各县丞一员。始兴、合浦二县各主簿一员。潮州府惠来、大(浦)〔埔〕二县各训导二员。惠、高、韶、肇、南雄、琼州六府，连、德庆、崖、儋、万五州，龙门、从化、新宁、清远、香山、连山、阳山、归善、博罗、海丰、河源、龙川、长乐、〔新〕宁、电白、石城、潮阳、海阳、揭阳、程乡、饶平、曲江、英德、翁源、乳源、仁化、乐昌、保昌、始兴、高要、四会、新兴、阳春、高明、阳江、恩平、广宁、泷水、封川、开建四十县，各训导一员。惠州、肇庆、雷州三府，德庆州，各税课局大使一员。龙川、大埔二县，各递运所大使一员。肇庆广备、廉州广储、雷州广积、钦州永丰四仓，副使各一员。廉州府，钦州，增城、博罗、海丰、河源、龙川、程乡、封川、海康、(逐)〔遂〕溪九县，各河泊所官一员。广东、海北二盐课司各同提举一员。广盈库，川、白石、新村、石康四盐仓，石桥、小江二场，各大使、副使各一员。黄田(伤)〔场〕大使、武郎场副使各一员。市舶司副提举一员。南海、清远、广海、惠州、(竭)〔碣〕石、潮州、肇庆、神电、雷州、廉州十卫，各知事一员。

明世宗实录卷一百二十八

七月

壬申(二十一日)[礼部上言限制西蜀番僧来贡人数]

礼部上言：西蜀番僧来贡人数添增太多。赏赐冒滥。请以所进方物退还，仍行巡抚官查提起送官吏不遵旧制，交通贿赂情弊，问拟具奏。今后贡人数不许过六百名，著为令。从之。

己卯(二十八日)[以苗人不时出没，贵州抚按请以兵备副使分巡各处]

贵州抚按官刘士元、郭弘化议，以贵州界连别省，苗贼不时出没，宜以威清等处兵备副使，分巡安平道，兼制泗城、沾益。以佥事一员改毕节等处兵备，分巡贵宁道，兼制乌撒、镇雄、永宁等府司。都清等处兵备副使，分巡新镇道，兼制广西南丹等州，平、清、偏、镇、铜鼓、五开等卫。以佥事一员改思（右）〔石〕兵备，兼制镇筸、平茶、播州等处，各领敕行事，仍添设贴堂副使一员专理清军。吏部覆请，从之。

明世宗实录卷一百二十九

八月

壬寅（二十一日）［以四川“白草番”平，兵部议上诸臣功罪］

兵部以四川白草番平，议上诸臣功罪，言：巡抚都御史（朱）〔宋〕沧、巡按御史熊爵、镇守太监萧通督率调度，其功居最。兵备佥事俞夔、指挥杜钦、知县萧雄功次之。参将张伦功足赎罪，都指挥吴吉等功亦当录。百户许仁战死，宜加优恤。王舍、李桧等十四人失事，宜令巡按御史逮问如律。其地方建堡立官、拨军防御事宜，请下巡按同三司等官酌议以闻。诏沧、爵各赐白金三十两、纻丝三表里。夔、钦、雄各二十两、二表里。夔等仍下吏、兵部计资擢用，余如所拟行。

乙巳（二十四日）［以广东新会等县“山贼”平。赏赐有功诸臣］

以广东新会等县山贼平，诏赐都御史林富，太监张赐，总兵官仇鸾，御史李美、吴麟，副总兵张祐，及各司道有功人员银币有差。

明世宗实录卷一百三十

九月

丙子（二十六日）［两广提督林富等以新宁“巢贼”靖，立营堡设民屯］

提督两广军务右侍郎林富等议以新宁巢贼靖，增立营堡，诸雇募哨守之兵，所费不赀。请以会、宁二县田为贼所据及抛荒无主者，凡数百顷籍之官，以为民屯。募贫民骁健者，使各佃种，人十五亩，三年之后，乃输正粮，免其杂徭，仍设义长约束，俾以时习武。度田百五十顷，可练民兵千人，此因赋得兵，可省供亿之费。又谓新宁遭寇奔（徒）〔徙〕之余，补逋税种无可征者，请悉除以予民，招还流移，复使其业。即诡称被贼以逃逋税者，亦宜宽除其罪。及赦后当输者，仍许石折银三钱。及新会、恩平诸县，皆如令。户部议以为便，从之。

明世宗实录卷一百三十一

十月

己丑（初九日）［剿平四川真州“盗”周天星等］

先是，四川真州盗周天星、王打鱼、张东阳等皆蓝、鄢余孽，有众数万，剽掠真、播，转攻南川。守臣招降之，不听。巡抚都御史宋沧乃督都指挥丘岌、参议林豫等调兵剿之，斩天星等，贼党悉平。凡斩贼首千七百余级，俘贼酋三百余人，及男女五百八十余人，马牛器械称是。沧等以捷闻，上嘉其功，赐敕奖励。晋沧右副都御史如故。太监萧通、御史熊爵及他领兵督饷者，皆赏赍有差，仍令巡按御史查核功罪以闻，死事官军皆优恤之。

辛卯（十一日）［诏免凯里安抚司贡马七年］

诏免凯里安抚司贡马七年。时贵州抚按以凯里新土官，苗夷初附，请止令岁进表文，免其贡马，以示柔远之德。上乃许暂免，令七年后如例通贡。

明世宗实录卷一百三十三

十二月

壬寅（二十三日）［改云南腾冲军民指挥使司为腾冲卫］

改云南腾冲军民指挥使司为腾冲卫。

明世宗实录卷一百三十四

嘉靖十一年壬辰（1532）

正月

己巳（二十日）［以灾伤免四川重庆等府属税粮］

以灾伤，免四川重庆、顺庆、保宁、叙州、马湖等府属税粮有差。

丙子（二十七日）［赐太子太傅丰城侯李旻祭葬，谥武襄］

赐太子太傅丰城侯李旻祭葬，谥武襄。旻，正德三年嗣侯镇守贵州，尝擒思南、石阡流贼及平定苗蛮有功，赐敕褒奖。历掌南京中、左二府，协同守备提督五军营，挂印镇守湖广、两广。召提督十二团营，并五军营操练。十年六月十六日卒。

明世宗实录卷一百三十五

二月

丙午（二十七日）［广东阳春西山“贼”攻入高州府，令失事官员戴罪督兵剿捕］

广东阳春西山贼赵林花、黎广深等攻陷高州府，大掠而去。巡按御史吴麟以闻，因劾总兵官咸宁侯仇鸾、巡抚都御史林富，及参将、司、府诸臣失事之罪。诏停鸾、富等俸，戴罪督兵剿捕，务速殄除，以靖地方。

明世宗实录卷一百三十六

三月

庚午（二十一日）［四川、广西、湖广所属长官、宣抚等司土官各遣人贡马过期］

四川、广西、湖广所属长官、宣抚等司土官各遣通把、头目人等贡马。以过期减赏如例。

明世宗实录卷一百三十七

四月

癸未（初五日）［广西田州、龙英等处土官遣使入贡］

广西田州、龙英等处土官遣使贡马及方物。赏赉如例。

辛丑（二十三日）［四川乌蒙军民府女土官遣人贡马过期］

四川乌蒙军民府女土官实贤遣头目人等贡马。以过期减赏如例。

明世宗实录卷一百三十八

五月

甲子（十七日）［云南巡抚顾应祥奏报剿平昆阳、新兴“强贼”］

巡抚云南都御史顾应祥奏剿平昆阳、新兴强贼，部议，归功御史毛凤韶、左布政使陈轼。得旨：赏凤韶、轼等币钞有差。黔国公沐绍勋准以功赎罪，以盗多绍勋庄户故也。

明世宗实录卷一百三十九

六月

辛丑（二十四日）［以真、播等处“剧贼”平，四川巡抚宋沧条陈善后事宜］

巡抚四川都御史宋沧以真、播等处剧贼平，条陈善后事宜：一、设墩堡。谓地方旷远，大盗屡发，宜于诸要害之地，建堡编夫，使闾伍有等，守望相助。一、移巡司。谓綦江县东溪巡检司，地非总隘，宜移置赶水镇便。一、明统属。谓播州、酉阳、平茶等司，宜仍旧制，属四川重庆府抚民官管辖，不当令贵州思石兵备等官兼制。兵部悉覆如拟，惟明统属一事，下二省抚按官酌议。报可。

癸卯（二十六日）［以广东“海贼”袭虎头门，进薄省城，处置失机官员］

先是，广东海贼许折桂等聚众流劫，有旨责令地方官戴罪剿贼。已，贼势益炽，佯求抚以缓我师，大肆卤掠。指挥刘瀚督戴罪指挥焦钰、柯荣入海抚谕。贼执钰、荣以袭虎头门，遂薄省城，所残伤不可胜数。巡按御史吴麟以闻，上以镇巡等官玩寇，令兵部覆状奏。乃罢巡抚林富，与原任分守参议王洙俱为民。海道副使江良材，分巡佥事龚大稔，都指挥欧儒、王兰俱褫职闲住。总兵官仇鸾及两广巡抚陶谐俱戴罪刻期杀贼自效。其余文武官有地方责者皆停俸。以吴麟不从实参奏，令自陈状。麟上疏引罪，命夺俸半年。

丙午（二十九日）［移贵州永宁州、镇宁州治所］

移贵州永宁州治于关索所，镇宁州治于安庄卫。先是，二州设在打罕火烘夷域。其地毒瘴，官吏皆僦居普定卫城，去治境且二百里，寄空衔而已。至是，巡按御史郭弘化请移治于二城，以便统摄。诏可。

明世宗实录卷一百四十

七月

壬子（初六日）［贵州都匀府岩埋寨苗首征咬等“恃险为乱”，官军袭剿之］

贵州都匀府岩埋寨苗首征咬、阿毛、阿买等恃险为乱，都匀诸苗寨效之，所在为梗。至是，咬等拘执官舍，官司抚谕不服。兵备副使张庠督兵袭剿之，斩咬、毛等首三十余级，生擒买等。因胁谕诸苗寨，悉震惧奉约束。贵州抚臣以状上，上嘉庠功，先以银币劳之。诏守臣戮买等于市，其卤获贼属应给功臣家为奴者，以道远令鬻价入官。

癸丑（初七日）［裁革贵州麻响长官司吏目］

裁革贵州程番府麻（向）〔响〕长官司吏目一员。

丙辰（初十日）［官军平昆阳州“贼”］

云南抚按官奏：官军擒获昆阳州贼首李贤，余党悉平。前后斩捕千六百余人，俘获贼属亦千六百余人，抚降夷贼男妇三千六百余人。诏戮贤等于市，贼属应给配者，官鬻之。

明世宗实录卷一百四十二

九月

丁未（初二日）［设云南永平、保山二县儒学］

诏设云南永平、保山二县儒学。

壬子（初七日）［兵部覆咸宁侯仇鸾条陈两广地方事宜］

兵部覆镇守两广总兵官咸宁侯仇鸾条陈地方事宜：一、广东旧募打手听军前调遣，多以亡命无籍之徒充之，无救缓急，宜令所司核实精选。一、广运、足滩、昭平诸堡原设官军各五百人，哨船二十只，更番巡护。今军船皆不及原数之半，宜亟行调补。一、瑶僮贪索无厌。宜如昔年副使张祐议，尽革河利、盐米、银两，一以截杀为主。各滩冲遇有瑶贼突出，钩劫客商者，剿捕无赦。军官或科取启衅，重治之。其诸瑶中有实心向化者，令约束所部，期以月日赴该堡，量以鱼盐犒赏费。即取之船税，不足则以官银佐之。一、两广截杀雕剿之功与大征等赏格，不宜独轻。请悉仿南方蛮贼事例，一体升赏。一、总兵官受一面之寄，责任匪轻，大小文武官有抗违阻挠者，听总兵官参奏。上命如议。

明世宗实录卷一百四十三

十月

己卯（初五日）［贵州丰宁长官司土官杨桓杀本司土官杨宽，后又毒杀贵州抚按所遣官，官军剿平之］

先是，贵州都匀府丰宁长官司土官杨桓利本司土官杨宽地，募盗杀之。宽子添禄寻袭父冠带，执杀盗以复父仇。桓复借兵于其妻兄广西南丹土官莫振亨，合〔攻〕添禄寨，破之，屠其族属及旁寨数百人，夺寨十有八所。添禄及弟实仅以二百余人遁去。桓遂割近南丹州地二十二寨畀振亨，与之相倚为乱。添禄以其事诉于官，抚按屡遣官省谕不服，反毒杀所遣官二人。于是抚按官檄兵备，都司督指挥徐鸾、张韶等会广西官军剿之，斩桓及其党百余级，执其妻莫氏及头目普志等。守臣以闻，诏以普志等论如律，张韶等下抚臣颁赏。添禄为父报仇，特贳其擅杀之罪。未获莫振亨等下兵部议处。

丙申（二十二日）［御史郭弘化疏请罢采大木、采珠之役，被黜为民］

先是，御史郭弘化疏言：按《天文志》，井居东方，其宿为木。顷者彗星出于井，必土木繁兴所致。臣闻四川、湖广、贵州之采大木者，江西、浙江之采杉木者，（山西）〔直隶〕真定等府之采杂木者，劳顿万状。应天、苏、松、常、镇五府，又以成造大砖，民间耗费不赀，而窑户之逃窜过半矣。至于广东以珠池之役，激穷民为盗，攻劫屠戮，逼近会省。凡此皆有戾天和，上干星变者也。请停不急之工，罢采木、采珠之令，则彗灭而前星耀矣。章下户部，尚书许瓒等言：近以工兴，采木烧造之役半天下，且五年间凡三采珠，物力易屈，民困日深，弘化言宜听。上怒曰：采珠旧例，非朕所增。弘化泛言奏扰，如曰彗灭前星耀，则朕未立嗣，专以采珠致耶？尔等不以为非，乃更附和其说，何故？于是责弘化对状，黜为民，诏吏部锢勿用。

明世宗实录卷一百四十七

嘉靖十二年癸巳（1533）

二月

乙酉（十二日）［以云南灾伤，诏留布政司缺官银赈济］

以云南灾伤，诏存留其布政司所贮缺官银一万四百余两应解兵部者赈济。

丁酉（二十四日）［增设云南永昌府抚夷同知，金齿卫仓为永昌府军储仓］

增设云南永昌府抚夷同知，金齿卫仓为永昌府军储仓。

明世宗实录卷一百四十八

三月

丁卯（二十四日）［抚按官请设湖广总兵官，如故用侯伯］

初，湖广总兵官以前巡抚凌相、巡按刘濂建议裁革。至是，抚按官汪珊、余鏳言：湖广地里险远，夷苗杂处。先朝设总兵镇守，为虑深远。今以承平久顿革之，一旦地方卒有不虞，万里请命，势何能及？宜复之使。章下兵部议：总兵诚不可阙，但先年所用，俱勋爵类纨裤子，不解事，大为地方害，改议革之。今宜选用谋勇，不必拘定勋臣。得旨：总兵官如故用侯伯。自今各镇守不许妄议裁革。责凌相、刘濂令对状。

明世宗实录卷一百四十九

四月

丙戌（十四日）［移贵州清平卫中左所于香炉山］

移贵州清平卫中左所于香炉山。山险要，为一方最，下有田有耕，频年多为盗据。至是，抚按官请因人情之便，设险屯守。兵部覆议，从之。

丙申（二十四日）［增设广西隆安县］

增设广西南宁府隆安县。

明世宗实录卷一百五十

五月

丙辰（十四日）［四川黑虎五寨“番贼”起事］

四川黑虎五寨番贼反，攻围长安堡急。巡按御史朱廷立以闻，上命松潘副总兵何卿统兵驻威、茂讨之，令廷立督三司官协剿。时巡抚宋沧以病予告，命部吏亟推抚臣往代之。

明世宗实录卷一百五十一

六月

甲戌（初三日）［贵州巡抚徐问奏言贵州按察司不宜兼管屯田水利］

初，贵州按察司提调学校及兼管屯田水利。至是，巡抚徐问言：学宪造就人才，厥职甚重，且比来贵州多士，视（数昔）〔昔数〕倍，每岁巡历考校，尚有未周。屯田水利，宜责成各分巡道经理为便。户部覆议，从之。

明世宗实录卷一百五十二

七月

甲寅（十三日）［贵州总兵牛桓被革职］

右军都督府署都督同知牛桓再被镇守贵州总兵之命，抵任，以疾告。兵部为请，上曰：贵州方多事，故擢桓镇之。所宜图报，乃自叙功勤，诈疾辞避，其令抚按官核实纠奏。兵部不行查究，反加奖借，何乃徇私若是？亟以状对。于是尚书王宪等具疏认罪。诏夺宪及侍郎钱如京俸各三月，职方司署郎中熊汲降二级调外任。及贵州抚按核状报，上乃革桓职，令回卫闲住。升清浪参将杨仁为署都督佥事代之。

壬戌（二十一日）［云南巡抚顾应祥陈地方三事］

巡抚云南右副都御史顾应祥陈地方三事：其一，谓新化州事务稀简，州同知宜革。其二，谓景东府廪无余积，景丰仓副使宜革。其三，谓陆凉州僻在山野，漫无城廓防守，宜徙置陆凉卫，以寓文武相维之意。部覆：二事如应祥言。独州卫相距甚迩，昔人不并设一域，有深意。且迁徙一兴，骚然繁费，宜仍命应祥会巡按诸臣详计便利以闻。诏如议。

明世宗实录卷一百五十四

九月

癸卯（初四日）［四川播州宣慰使、贵州上马桥等四长官司遣使贡马］

四川播州宣慰使杨相、贵州上马桥等四长官司遣使贡马。各赏赉如例。

庚戌（十一日）［提督侍郎陶谐奉诏调兵破广东高州府阳春西山诸处“巢寨”］

广东高州府阳春、西山诸处巢贼赵林花等纠众攻城，劫库杀人，与德庆州东山、南乡诸巢贼首凤二全等相倚煽乱有年。提督侍郎陶谐奉诏调兵定画，分道克日同进。破巢寨一百二十五，擒斩三千八百人，俘获男女三千七百余人。以捷闻，且叙御史周煦以下诸臣之功。上曰：此举斩获七千余徒，功诚可嘉。第其初，贼势猖獗，皆由抚按、守巡、兵备、守备等官，因循避难，不为地方之虑所致，不独两广为然。其先赏谐及总兵仇鸾，各银二十两、纻丝二表里，周煦十两、一表里。亟令新任巡按御史，备查先年养寇官员，并今功次罪状以闻。

明世宗实录卷一百五十五

十月

辛卯（二十二日）［贵州独山“贼”蒙钺结苗“为乱”，官军讨平之］

贵州独山贼蒙钺结苗为乱，巡抚都御史徐问、参将杨仁等讨平之。诏赏问、仁及巡按御史周禈等银币。

明世宗实录卷一百五十七

十二月

壬申（初四日）［董卜韩胡宣慰使司加可瓦寺都纲番僧人等贡方物］

董卜韩胡宣慰使司加可瓦寺都纲番僧人等来朝贡方物。赐宴赉如例。

辛巳（十三日）［四川乌都、鹁鸽等番起事］

四川乌都、鹁鸽等番为乱，巡抚杨守礼、副总兵何卿攻破之。因进兵破遮花、高黄、脊鱼三番，又破鹅儿、刁农、鸡公等番，降其余寨，斩首二百余级。捷闻，上嘉赏卿、守礼等银币，及赎赏所部有差。

癸巳（二十五日）［复设湖广衡州府捕盗通判］

复设湖广衡州府捕盗通判一员。

明世宗实录卷一百五十八

嘉靖十三年甲午（1534）

正月

己未（二十二日）［云南巡抚顾应祥被革职闲住］

巡抚云南都察院右副都御史顾应祥闻母丧辄回籍。及问例当候代，复驰还任，因上章自劾。会巡按御史杨东论其往来轻率，宜加罪。上谓：巡抚以地方为重，迩来多违例辄归。应祥革职闲住，仍著为令。

明世宗实录卷一百六十

闰二月

甲子（二十七日）［云南临安府地震］

云南临安府地震有声。

明世宗实录卷一百六十一

三月

癸巳（二十七日）［盗窃四川布政使司经历司印并历日印］

盗窃四川布政使司经历司印并历日印。巡按御史邢第劾左布政使潘鉴。有旨：下巡按御史逮问。已，礼部奏请铸给。因言天下都布按三司，南北直隶十三省府，俱设有经历司，而经历即掌印之官。近年以来，经历印信，俱是各该都布按掌印官知府收掌，竟不入经历之手。不惟典守互移，易致疏虞，而文移违错，又一概枉坐以罪，非朝廷设官定制。今宜通行更正，违者听巡按御史纠举。上从其言，令一体通行改正。

明世宗实录卷一百六十二

四月

丁巳（二十一日）［贵州巡抚徐问奏请急征解川、湖二省输贵州钱粮］

贵州巡抚徐问奏：贵州物力素诎，所恃以济缓急者，在川、湖二省耳。乃今旧赋已逋，而新逋复无解发之期。此之所急，彼之所缓，卒有非常，何以应之？宜令贵州布政司选委廉干官员，会同二省管粮等官，查系嘉靖九年以前钱粮在民者，亟为征解，在官而为奸民所侵匿者，严行追赔。其嘉靖十年以后，悉其在官之数，依期输发。湖广宁乡等州县业以灾（侵）〔祲〕议免，亦宜责令该省通融议处，务足原额。其湖广岁派之数，籍报贵州布政司差官会征，仍行两省司道，岁委府佐一员总部。若仍前不委部运，及部运官迟延稽期者，听各抚按官参治。部覆，从之。

明世宗实录卷一百六十六

八月

丙申（初二日）［诏免广东琼州、高州二府正官朝觐］

诏免广东琼州、高州二府正官朝觐，以地方有警政也。

丁酉（初三日）［广东琼山县沙湾“洞贼”黎佛二等聚众，攻劫营栅，杀伤官军甚众，两广提督陶谐奏闻，并列失事官员罪状］

广东琼州府琼山县沙湾洞贼黎佛二等聚众千余，攻劫营栅。典史李士奇死之，虏千户杜盛、百户杨荣以去，所杀伤官军甚众。提督两广军务兵部左侍郎陶（阶）〔谐〕以闻，因（烈）〔列〕守巡副使（浙）〔游〕琏、参议陈端甫、知府萧晚等失事罪状。兵部请各停俸，令（补）〔捕〕贼自（杀）〔效〕。从之。

明世宗实录卷一百六十八

十月

庚申（二十七日）[以地方有警，贵州巡按王杏请免布、按二司正官朝觐]

巡按贵州监察御史王杏以地方有警，请免布按二司正官朝觐。〔得旨：朝觐重典,〕近来抚按官假以有事，奏留正官，专市私恩。贵州果有事，王杏何不预奏？令自陈状。

明世宗实录卷一百六十九

十一月

癸未（二十一日）[贵州宣慰使、冠带应袭舍人各遣人贡马]

贵州宣慰使安万铨、冠带应袭舍人宋夔以庆贺圣节各遣舍把人等贡马，宴赉如例。

丁亥（二十五日）[贾英、沈德元俱署都指挥佥事充游击将军]

升威远守备指挥佥事贾英、叙泸守备指挥使沈德元俱署都指挥佥事，充游击将军。英宣府，德元四川松潘东路。

[咸宁侯仇鸾以病请回籍]

镇守两广总兵官咸宁侯仇鸾以病请回籍调理。许之。

明世宗实录卷一百七十

十二月

乙卯（二十三日）［贵州宣慰使及四川、广西所属土官衙门各遣人贡马］

贵州宣慰使安万铨及四川、广西所属土官衙门各遣通人、把〔事〕等贡马。赉赏如例。

明世宗实录卷一百七十一

嘉靖十四年乙未（1535）

正月

乙酉（二十四日）［广东阳江县地震］

广东肇庆府阳江县地震，有声如雷。

明世宗实录卷一百七十二

二月

癸巳（初二日）［广西全州知州奏请以民财置田收租备赈，以违例被降职］

先是，广西全州知州林元秩奏请立社仓，置田收租备赈。时州民赵希尹输谷五千石（马）〔为〕经费，元秩言于巡按御史郑濂，为请建坊或赐秩，以旌其义事。下户部查例，请量加职衔。上曰：

纳粟事例止于加散官职品，濂、元秩请官为竖坊，必有交通情弊，令巡抚查核以闻。于是巡抚都御史陶谐言，濂与元秩意在奖励俗，非有他也。户部覆议：买田备赈，终非良法。宜将所置赈田，还给希尹，其储蓄事宜，官自区处，毋烦百姓。得旨：近例命有司积谷备赈，非欲用民财买田立仓也。元秩违例擅行，本当重究，姑从宽降二级，调远方用。余如拟。

明世宗实录卷一百七十四

四月

癸丑（二十三日）［贵州金筑安抚司、湖广忠路安抚司、四川泥溪长官司差人朝贡过期，给半赏］

贵州金筑安抚司、湖广忠路安抚司、四川泥溪长官司各差通把、族目赴京朝贡，以过期给半赏。

明世宗实录卷一百七十五

五月

丁亥（二十七日）［革四川提督叙泸参将胡璋职］

革四川提督叙泸参将胡璋职，回籍听勘。命革任参将魏武代之。

戊子（二十八日）［叙广东新会等县剿“贼”功］

录广东新会等县剿贼功，升赏官军王文昇等二千九百八十人。

［广西义宁、古田等县招狼兵屯牧］

提督两广都御史陶谐言：广西义宁、古田等县在万山盘礴中，民苦瑶僮久矣。乃者副总兵张经修建营堡，招狼兵分布要害，清绝户田粮，使之屯牧，地方甚便，请加经五府职衔，用劝有功。兵部谓：经非有勘定殊勋，第宜厚赉。上从部议，命赏银三十两、币三表里。

明世宗实录卷一百七十六

六月

庚子（十一日）［诏调永顺土兵征湖广“强贼”］

湖广强贼傅万受等流劫宝庆等处，诏调永顺土兵征之。从巡抚都御史翟瓒奏也。

明世宗实录卷一百七十七

七月

戊辰（初九日）［录广西宾州等处擒斩“强贼”功］

录广西宾州等处擒斩强贼功，升赏汉土官军彭明辅等二百六十四人。

丙子（十七日）［四川乌蒙军民府、广西思明府、湖广桑植安抚司等贡马］

四川乌蒙军民府土目杨统等、广西思明府土官黄能等、湖广桑植安（察）〔抚〕司通把向连等……各来朝贡马。赏赉如例。

己卯（二十日）［云南永宁府土舍借兵与四川盐井卫土官千户相仇杀，至是黔国公沐绍勋会同两省巡抚勘处始定］

先是，云南永宁府土舍阿和与四川盐井卫土官千户剌马仁攘夺村寨。丽江府土官知府木公者，阿和亲也，以兵助之，相仇杀者数年，屡经会勘未决。至是，镇守总兵官黔国公沐绍勋，同两省巡抚胡训、潘鉴，巡按董珊、邹尧臣，各督官勘处始定，地方以宁。绍勋等上其事，请申明旧制，土官不得借兵仇杀。兵部覆议，上从之。赏绍勋及抚按官银币有差。

明世宗实录卷一百七十八

八月

庚子（十二日）［贵州巡按王杏请贵州乡试单独开科］

先是，贵州乡试附于云南，道里不便，给事中田秋建议，欲于该省开科。下巡按御史王杏勘议，称便，因请二省解额，命云南四十名，贵州二十五名，各自设科……

明世宗实录卷一百八十

十月

辛亥（二十三日）［割四川川南道所属州县卫所设上川南道］

割四川川南道所隶邛、雅、眉三州八县，建昌等六卫十所，天全、黎州七土官衙门为上川南道。以建昌兵备副使胡仲谟兼分巡，督粮右参议李瑜兼分守。从巡按御史邹尧臣请也。

明世宗实录卷一百八十一

十一月

戊午朔（初一日）［裁云南楚雄府儒学训导二员］

裁云南楚雄府儒学训导二员。

辛巳（二十四日）［以旱灾免四川达、涪等州存粮］

以旱灾免四川达、涪等州存留粮有差。

明世宗实录卷一百八十二

十二月

戊子（初二日）［官军剿平广东连州“盗”］

广东连州盗文兴隆等起。佥事吴玭、参将程鉴等剿平之。

丁未（二十一日）［广西田州土目杀本州州判为乱］

广西田州土目卢苏杀本州州判岑邦相，因纠归顺州土官岑瓛，构引夷兵攻（镇毁）〔毁镇〕安府，自民遇害者以万计。巡按御史曾守约以闻，兵部言：卢苏先年（扒）〔拨〕置岑猛作乱，后蒙朝廷宽恤，授以官职，自当尽忠图报，今乃杀逐官男，构引外夷，荼毒生灵，为地方患，法当诛戮。但土夷族类，狼子野心，争官仇杀，乃其常习，虽系建立衙门，比之腹里，自是不同。若因仇杀之故，辄兴问罪之师，驱吾子弟，攻彼虎狼，杀戮之惨，（俱）〔徭〕役之繁，萧然糜费矣。当相机处治，先降诏切责，宣布恩威，开其自新之路。若苏等能自缚投顺，或宜少宽其诛，否则调兵剿杀毋赦。上从部议，命守臣亟为议处。

戊申（二十二日）［讨平湖广九溪湾等处“峒贼”］

湖广九溪湾等处峒贼平。捷闻，上嘉其功。命升巡抚都御史习瓒俸一级，总兵新宁伯谭纶岁加禄米四十石，各赏银五十两、彩币四表里。巡按御史沈一定三十两、二表里。佥事张素、参议刘恩、布政使易瓒、按察使张钺、副将崔桐、佥事王爚等俱赐赉有差。指挥同知沈经等，下御史逮问。

癸丑（二十七日）［以水灾免广东肇庆、广西梧州等府税粮］

以水灾免广东肇庆等府、广西梧州等府税粮有差。

明世宗实录卷一百八十三

嘉靖十五年丙申（1536）

正月

壬戌（初六日）［湖广分置下江防道和上江防道］

改湖广上湖南道分巡佥事为兵备佥事，驻札蕲州，专管汉阳而下，至蕲、黄、德安等处，名曰下江防道。原驻札岳州佥事，专管武昌而上，至沔阳、岳州、常德、长沙等处，名曰上江防道。各给敕书、关防行事。从兵部覆湖广巡抚都御史翟瓒请也。

庚午（十四日）［乌思藏辅教、阐教、大乘各王并长河西鱼通宁远等处军民宣慰使司进贡人数逾额］

乌（斯）〔思〕藏辅教、阐教、大乘各王差国师短竹札失等，长河西鱼通宁远等处军民宣慰使司差寨官桑呆短竹等，各进贡。凡四千一百七十余人，诏以人数逾额，如例减赏。并下四川巡按御史，逮治都布按三司官违例验进之罪。

壬午（二十六日）［录广西桂林府鲁奔等雕剿僮人功］

录广西桂林府鲁奔等巢（鹏）〔雕〕剿僮贼功，升赏副总兵张经等及官旗军目七百七人有差。

明世宗实录卷一百八十四

二月

辛丑（十六日）［诏添设湖广督粮参政一员］

诏添设湖广布政司督粮参政一员。

明世宗实录卷一百八十五

三月

己巳（十四日）［官军剿平广东琼山县“贼”］

巡按广东御史戴璟勘上剿平琼山县贼黎佛贰等功状。诏赏提督侍郎陶谐、镇守总兵仇鸾等各银币有差。

明世宗实录卷一百八十六

四月

戊子（初四日）［兵部覆贵州巡按王杏条陈“土官赴京袭替”等地方事宜］

兵部覆巡按贵州御史王（店）〔杏〕条陈地方事宜：一、土官赴京袭替，祖宗旧制，顷开入粟冠带之例，大伤国体。乞申嘉靖九年事例禁之。一、土官受职于朝，而无禄俸定制，以致科剥无常，民受其害。宜令抚按官议制常禄。一、贵州思南、石阡等处旧无馆驿，顷因添设兵备，遂为冲途。请官为制驿，以苏里甲供应之苦。

卫所军士，职在操守，非以应付送迎，乃令朋买马匹走递，于事体非宜，请行禁革。一、各衙门既有六房吏典以司公移，而卫所复立军吏、操吏、屯吏、总吏，不惟冗赘，且需扰百出，宜一切汰革。一、屯军出粮，操军养马，制也。顾责军屯余军养马，以偏累逃窜，宜禁谕抚恤，以救其弊。一、武官多贪残无忌，请令抚按官分别贤否，籍报本部，仍按季稽其行事。诏悉如议。

明世宗实录卷一百八十八

六月

戊子（初五日）［增置湖广盘顺安抚司吏目一员］

增置湖广施州卫盘顺安抚司吏目一员。

丙申（十三日）［四川威、茂浑水“番夷”攻掠茂州、长宁等处，诏以便宜整兵防御］

四川威、茂浑水番夷以其众千余人，掠茂州、长宁等处。守臣以闻，诏以便宜整兵防御。

明世宗实录卷一百八十九

七月

丙子（二十三日）［广西梧州府地震］

广西梧州府地震。

明世宗实录卷一百九十一

九月

丙辰（初四日）［四川播州宣慰使遣人贡马，贺万寿节］

四川播州宣慰使杨相遣把事吴廷炬等贡马，贺万寿节。赏给如例。

丁丑（二十五日）［以分守雷廉高肇参将移驻神电卫城］

兵部覆两广抚镇官钱如京等奏请，以分守雷廉高肇参将，移驻神电卫城，往来阳春等处剿捕盗贼。岭西分官移驻高州城，彼此应援。旧电白与信宜二处各委神电卫指挥一员，添拨军壮更番守哨。诏如议行。

明世宗实录卷一百九十二

十月

（辛）〔丁〕亥（初五日）［录四川擒斩周天星余党功］

录四川擒斩周天星余党梁八等功。升赏指挥李葵等及汉土官兵张冲等一千六百余人。

丙午（二十四日）［四川剿平威、茂等处深沟、浅沟、浑水等寨“番贼”］

初，四川威、茂等处深沟、浅沟、浑水等十余寨番贼纠众据险，邀阻粮运，分兵攻犯茂州及长宁等堡，安求抚赏。副总兵何（乡）〔卿〕，乃密与副使朱纨定方略，先筑茂州外城以坐困之，寻以剿平浅沟、浑水碉寨，斩捕首虏甚众。于是诸番震惧，争执首恶以献，刑牲（软）〔歃〕血，或断指割耳，誓不复叛。乃与刻木结约，部分其众，画地为守，由是松茂之路遂通。巡抚都御史潘继、巡按御史陆琳，列上诸臣功状。上深嘉之，赐卿、纨各白金三十两、彩段三表里，鉴、琳各一十两、二表〔里〕。

戊申（二十六日）［以贵州平浪长官司“叛苗余党”再起，处置失事诸臣］

贵州平浪长官司叛苗余党王总等纠众袭夺凯口囤，据险抗敌官（共）〔兵〕。参将李宗佑，指挥陈佐、周钟，并百户、军舍人等三十余人俱被执。抚按等官以闻，因参失事诸臣之罪。诏革总兵官杨仁职，罢任巡抚都御史陈克宅任回籍，下土官王仲武于巡按御史狱，俱俟勘明处分。停监军副使陈则清、兵备副使林茂竹俸，令戴罪视事。左布政使张峨、宣慰使安万铨俱行戒饬。其守备等指挥官铁冠、王达、周人等十四人及李宗佑等十一人俱褫冠带停俸，戴罪杀贼，俟事宁裁夺。

明世宗实录卷一百九十四

十二月

己亥（十八日）［故黔国公沐绍勋子朝辅嗣爵］

命故黔国公沐绍勋子朝辅嗣爵，岁禄三千石，本折中半兼支，仍挂印充总兵官，镇守云南地方。以朝辅年幼，凡地方事情，令巡抚都御史区处。

丁未（二十六日）［四川杂谷安抚司遣都纲番僧进贡，人多违例］

四川杂谷安抚司遣都纲番僧叶儿监藏等进贡，多至一千二百六十四人。礼部以为违例，请给赏至京十五人，及留边百五十人如例，余皆裁半，仍敕所司，以后不许违例起送。从之。

明世宗实录卷一百九十五

闰十二月

癸亥（十二日）［令云贵等处土官袭替，暂免赴部］

上御奉天殿，以初定庙制，上两宫徽号，颁诏天下曰：……云、贵、广西、湖广、四川等处土官告袭者，诏书到日，各该三司官员作速体勘明白，定明具奏。暂免赴部，行令就彼袭职，后不为例。

明世宗实录卷一百九十六

嘉靖十六年丁酉（1537）

正月

庚子（二十日）［命武定军民府土官知府瞿氏掌印］

命武定军民府土官知府瞿氏掌印。初，本府印自洪武以来俱土官掌管。正德间，有司议以流官同知署印，土知府职专巡捕、征钱粮而已。自此继袭二十余年，俱未掌印。及凤诏故，瞿氏以母袭子官，而所辖四十七马头阿台等数请以印属瞿氏。有司勘议，非便。吏部覆言：土官掌印系旧规，宜如其请。从之。

乙巳（二十五日）［田州岑氏土司争袭仇杀］

初，田州卢苏乱后，朝廷因立岑猛庶子邦相抚定之。而邦相故兄邦彦有子芝，依大母林氏。瓦氏居官，给养田。其后，邦相恶苏专权行事，密与头目罗玉等谋诛苏及芝。苏知之，会邦相又侵削二氏原食庄田，二氏遂与苏合谋，以芝奔避梧州，就军门告袭。苏又为芝疏请。寻令人刺邦相，邦相觉，杀行刺者，而苏遂伏兵杀罗玉等，乘势伏兵围邦相宅，计诱邦相出而缚之。是夜，苏及瓦氏以弓弦勒邦相死。而武靖州土官岑邦佐者，亦猛庶子，先年出继武靖。至是，镇安府官男岑真宝，说邦佐入田州，因约泗州官男岑施，共以兵内邦佐而归顺州。官男岑瓛，苏婿也。与向武州官男黄仲金，皆怨真宝。真宝既入田州，苏令瓛、仲金合兵袭镇安，破之。真宝闻乱走还，苏令目兵追围之武陵寨。瓛等遂发真宝父母墓，焚其骸，分兵占据诸洞寨。真宝诉之军门，督谕瓛等不退，久之乃解，官军归。真宝而诸目民或告瓛，或告真宝，及卢苏等互相讦奏。于是军门以岑芝承袭未定，田州无主，致令邻封觊觎，当给札付与岑芝，收领管事。苏又请早给岑芝冠带，以抚田州，而身自悔罪，愿裹粮立功，以赎前罪，及追补累年所逋粮。巡按御史诸演以闻，且言土夷兽类，当以兽畜之，彼自相仇杀，无敢犯华。请从末减，卢苏革官，许令自备兵粮，立功三次，方准赎罪复官。拖欠秋粮，照数补纳。岑真宝、岑瓛、黄仲金革去冠带。真宝、瓛俱立功二次，仲金一次，方准赎复。岑邦佐责令改过自新。岑芝听袭，俟有功乃给冠带。余皆免究。兵部覆：如御史言。从之。

明世宗实录卷二百一

六月

丁卯（二十日）［贵州“土苗”王聪“叛”］

贵州土苗王聪复以凯口囤（贩）〔叛〕。诏贵州总兵官李璋等，统湖广保靖宣慰司土兵一万及酉阳、清浪等处土汉官军五万讨之。

明世宗实录卷二百二

七月

乙酉（初八日）［广东巡按陈大用奏请于保昌县丈地均粮］

广东巡按御史陈大用以南雄府保昌县地多虚粮，民苦赔赋，请如河南事例，丈地均粮，通融洒派。部覆，得旨：准行勘处，毋得一概丈量。

明世宗实录卷二百四

九月

乙巳（二十九日）［贵州“凯口苗”平。赏都御史汪珊等］

贵州凯口苗平。赏都御史汪珊等银币有差。先是，都御史陈克宅既平阿向之乱，余党王聪、杨免等复夺而据之，官兵与之敌，辄败。都御史汪珊遣使抚谕再三，终不降。乃调安万铨兵至，以指挥李木佐之，都指挥朱文协谋。前后土汉官兵三万有奇，皆集囤下。万铨亲率花枪手与贼相距，贼败走，渡河，万铨兵尾其后，朱文等三面并进，因树招降旗，贼党走旗下者五百余人。贼据险下矢石，我兵殊死战，遂破其囤，斩免等，聪冒雨溃围出，为万铨部兵所执。已而贼酋王枯等复入据囤，随执之。前后首虏二百六十三级，降苗洞一百五十余寨，夷民男妇二万余口。捷闻，上嘉其功。赏都御史汪珊及宣慰使安万铨各银三十两、彩币三表里。珊仍升俸一级。巡按御史倪嵩、前巡按御史杨春芳、总兵官李璋、都指挥朱文、督饷参政喻茂坚各二十两、二表里。监军副使陈则清、林茂竹，布政使张峨，副使陈赞，都指挥佘大伦，守备潘继祖，知府牟泰各十两、一表里。参将李宗佑等二十二人，皆以功自赎。指挥李木以下将领、有司人员，抚臣分等犒赏。其余获功官军，按臣勘报。

明世宗实录卷二百五

十月

己酉（初三日）［以广西弩滩“残夷”劫营，广西巡按诸演劾安远侯柳珣、分守浔梧左参将孙继武］

巡按广西御史诸演劾镇守两广总兵官安远侯柳珣、分守浔梧左参将孙继武武备不设，致弩滩残夷劫营杀掠，请治以法。诏革继武回原卫听勘。珣方有事安南，令用心镇守，以图后功。

癸丑（初七日）［以梁鼎充左参将，分守广西浔梧等处］

命广西都司掌印都指挥佥事梁鼎充左参将，分守广西浔梧等处。

明世宗实录卷二百九

嘉靖十七年戊戌（1538）

二月

戊申（初四日）［湖广西阳宣抚等司土官差人入贡］

湖广西阳宣抚等司土官差通把、土舍何正表等入贡。给赏如例。

明世宗实录卷二百十

三月

甲申（十一日）［四川播州宣慰使司、乌思藏朵甘思直管招讨司、都康等州、石硅宣抚等司，广西田州等处朝贡］

四川播州宣（尉）〔慰〕使司土官杨相遣把事程致等，乌思藏朵甘思直管招讨司寨官领占朵日等，都康等州，石硅宣抚等司通把陆昂等，广西田州署印土官岑泛、官族岑经等……各朝贡。诏各给赏如例。

壬寅（二十九日）［诏赐黔国公沐朝辅玉带等］

诏赐镇守云南黔国公沐朝辅玉带、蟒衣、斗牛服各一袭。从其请也。

明世宗实录卷二百十一

四月

戊申（初五日）［贵州中曹蛮夷长官司遣人入贡］

贵州中曹蛮夷长官司遣人入贡。给赏如例。

明世宗实录卷二百十二

五月

**庚辰（初八日）［裁革湖广公安、华容二县巡检司，改设于衡

山县草市、临湘县玉门，辰沅兵备兼制贵州黎平府]

诏裁革湖广公安、华容二县巡检司，改设于衡山县之草市、临湘县之玉门。辰沅兵备许兼制贵州黎平府。俱从巡按御史冯震奏也。

丙申（二十四日）[云南永昌军民府地震]

云南永昌军民府地震。

明世宗实录卷二百十四

七月

戊戌（二十七日）[贵州土官宣慰使以功请升职，不允]

贵州土官宣（尉司）〔慰使〕安万铨以破都匀凯口囤功，辞所赏银币，而乞升参政职。兵部言：赏功自有定格，名器不容滥与。万铨逾分妄求，当罪之。上念万铨功不罪，而令其逮（沾）〔治〕其拨置者，仍令其受赏。

明世宗实录卷二百十五

八月

庚申（二十日）[四川酉阳宣抚献大木，其男袭替免赴京]

四川酉阳宣抚冉玄献大木二十根，乞准男维翰袭替，免其赴京。许之。

明世宗实录卷二百十六

九月

癸酉（初三日）［云南地震］

云南地震。

明世宗实录卷二百十七

十月

丁卯（二十七日）［湖广巡抚言各卫所官军轮戍广西等处等事宜］

巡抚湖广都御史顾遴言：湖广各卫所军（论）〔轮〕戍广西等处者，多疲于征发，宜为酌处。武昌当以城操为重。夷陵、施州等卫令其自保。辰、沅则止守本城，不得赘聚。靖州戍广西者，不得分拨烟瘴（保）〔堡〕哨。武昌县金牛界上，山荒湖漫，离县远，民难遥制，宜复设一巡检司。兵部议覆：设巡检司如其言。处班军事，当下湖广、广西抚镇官议（镇）〔之〕。从之。

明世宗实录卷二百十八

十一月

辛巳（十一日）［添设四川泸州嘉明镇城堡］

添设四川泸州嘉明镇城堡，以叙州府通判一员住札其地，防御盗贼。从抚按官奏也。

明世宗实录卷二百二十

嘉靖十八年己亥（1539）

正月

己卯（初十日）［命新任参将孙仁、汤庆分守湖广靖州等处，广西柳、庆等处］

命直隶新安卫都指挥佥事孙仁、扬州备委署都指挥佥事汤庆俱充参将。仁分守湖广靖州等处，庆分守广西柳、庆等处。

明世宗实录卷二百二十五

六月

辛丑（初五日）［乌思藏阐教等王差国师贡方物］

乌思藏阐教等王差国师短竹札失等贡方物袭职，宴赏如例。

明世宗实录卷二百二十六

七月

庚寅（二十五日）［云南楚雄等三府地震］

云南楚雄、临安、广西三府地震，临安民有压死者。

明世宗实录卷二百二十七

闰七月

甲寅（十九日）［广西断藤峡弩滩诸巢“贼”平］

广西断藤峡弩滩诸巢贼平。凡斩首一千三百五十余级，俘其众四百五十余人，抚瑶僮二千九百有奇。捷闻，上嘉其功。诏进总兵官安远侯柳珣太子太保，岁益禄米三十石。提督兵部右侍郎蔡经升左侍郎兼右副都御史，仍加俸一级，荫总镇太监马广弟侄一人为锦衣卫所镇抚，各赏银五十两、彩币八表里。副总兵张经，副使翁万达、梁廷振，都指挥高乾，参政林士元，参议田汝成各升一级，仍与两广巡按邹尧臣、陈储秀，副使萧晚，及三司掌印官祝续、陆铨、余恩，参将沈希仪等各赏银币有差。

明世宗实录卷二百二十九

九月

癸丑（十九日）［以旱蝗，免湖广郧阳等府、靖州等卫及保靖宣慰司税粮］

以旱蝗，免湖广郧阳、襄阳、荆州、德安、承天、武昌、常德、荆州、岳州、衡州等府所属州县，及靖州、沔阳二卫，保靖宣慰司税粮如例。

明世宗实录卷二百三十

十月

戊子（二十四日）［分守四川松潘副总兵何卿以功升职］

升分守四川松潘副总兵都督佥事何卿为署都督同知，分守如故。以其克靖诸番，有保障功也。

明世宗实录卷二百三十二

十二月

甲申（二十一日）［湖广荆门州地震］

湖广荆门州地震。

明世宗实录卷二百三十五

嘉靖十九年庚子（1540）

三月

乙巳（十三日）［湖广江华县苗人廖道坚等起事，被捕杀］

湖广江华县苗寇廖道坚、罗田，竹溪县盗郭仲才、张友忠等作乱，杀主簿张文英、巡检许昂。事闻，诏责总兵官谭（论）〔纶〕、巡抚陆杰、兵备戴时宗等俱令戴罪剿贼。未几，报贼俱捕得，诛之。

**辛亥（十九日）［贵州巡抚张钺以都匀、思南、铜仁等府旱

灾，请令有罪武官纳米赎罪］

贵州巡抚张钺以都匀、思南、铜仁等府旱灾，请令武官有罪应立功者，纳米五十石自赎。刑部以为便，诏从之。

壬子（二十日）［杂谷安抚司差人入贡“逾贡额”，诏颁赏递减，起送官员参治］

杂谷安抚司差都纲刺麻头目番僧定日藏等，来朝贡方物，宴赏有差。内逾贡额至一千一百九名，诏颁赏递减，起送官员参治。

明世宗实录卷二百三十六

四月

辛未（初十日）［永宁宣抚司九姓长官差把事补贡马匹］

永宁宣抚司九姓长官任钰等差把事李果等，补贡马匹。赐宴，以过期给半赏。

明世宗实录卷二百三十八

六月

戊辰（初八日）［两广提督蔡经以崖州等地黎岐起事，请添设参将］

提督两广都御史（葵）〔蔡〕经以崖、万等州黎岐叛乱，攻逼城邑，有司不能支。奏请添设参将一员，驻札崖陵，分守琼州地方及兼管琼、雷、廉州海洋备倭。其原设总督备倭官，仍驻札东莞，止令专管广、惠、潮、高海洋备倭。兵部覆言：琼州悬居海中，延袤三千里，黎峒盘处，犷险难制。而崖州、陵水去黎（由）〔尤〕

近，虽有督备，指挥势轻。况今黎贼构乱，难以弹压，诚宜改设参将。若广东备倭，旧有都指挥一员，为之总督，虽驻札东莞，与琼、雷、廉西路海洋稍远，而经岁不至，以弛其防，则总督之旷职，非官不备也，宜不可改。上乃听增琼州参将，令事宁之日，镇巡议存革以闻。

庚辰（二十日）［添设贵州婺川县儒学］

添设贵州思南府婺川县儒学，掣回见在府学生员实之，额贡如例。从巡按御史倪嵩请也。

明世宗实录卷二百三十九

七月

甲寅（二十五日）［诏增湖广解额］

诏增湖广解额。先是，湖广乡试额八十五名，巡按御史姚虞奏请增额，以崇表帝乡，作兴士类。礼部覆请，上曰：湖广，朕皇考德化所及之地，解额增足九十名。

明世宗实录卷二百四十

八月

戊寅（十九日）［敕黔国公沐朝辅与巡抚汪文盛“同议事”］

镇守云南总兵官黔国公沐朝辅初袭封时年尚少，敕一应地方事务，暂令巡抚处分。至是，都御史汪文盛言：朝辅稍长，读书习礼，有祖父风。请改敕，谕与臣等同议事如故。上从之，命仍赐朝辅制敕。

明世宗实录卷二百四十一

九月

乙巳（十七日）［四川播州、贵州宣慰使各差人补贡贺万寿圣节］

四川播州宣慰使杨相差长官张焕等，贵州宣慰使安仁差舍人安边等，各补贡贺万寿圣节，宴赉如例。

明世宗实录卷二百四十二

十月

辛酉（初三日）［命贵州、湖广调兵剿捕湖广镇溪、筸子坪起事苗人］

贵州抚镇官奏：铜仁、平头二司接湖广镇溪、筸子坪苗寨，苗贼依凭险阻，时出虏掠。而镇筸守备朱衣、铜仁守备邵鉴、辰沅兵备副使李瑜威信素乏，以致贼炽，俱宜下吏。上命贵州、湖广抚镇调兵剿捕，务令绝其祸本。朱衣、邵鉴、李瑜等各住俸戴罪立功。事宁之日，御史核实以闻。

明世宗实录卷二百四十三

十一月

庚子（十三日）［设广西隆安县儒学］

设广西南宁府隆安县儒学，从提督巡抚都御史蔡经请也。

明世宗实录卷二百四十四

十二月

壬戌（初五日）［四川韩胡碉恰列寺番僧头目等、长宁安抚司所差番僧头目等各进贡方物］

四川韩胡碉恰列寺番僧头目纳乞等，长宁安抚司差番僧头目波纳等，各进贡方物。赐宴，给赏如例。

明世宗实录卷二百四十七

嘉靖二十年辛丑（1541）

三月

癸丑（二十七日）［以官军擒获镇溪苗人龙老桔等，升赏有功官员］

巡抚湖广贵州都御史陆杰、韩士英等奏：擒获镇溪苗贼龙老桔等，余党抚定。因别上诸臣功罪，诏赐兵备副使李瑜，佥事徐九皋、戈谏，参议胡松、赵叶等，清浪参将马金，指挥高冈凤、傅启忠、尤钦、周宝、周楫等，各银币有差。辰州府知府吴嘉祥等令巡抚官给赏。守备铜仁署都指挥佥事邵鉴、铜仁府知府魏文相许以功赎罪。诸臣停俸者复之。杰、士英升俸一级。及总兵官（谈）〔谭〕纶、李璋，巡按御史陈豪、杨时泰，皆赐银币。

明世宗实录卷二百四十九

五月

己丑（初四日）［四川泥溪长官司及宁戎巡检司土舍等贡马过期］

四川马湖府泥溪长官司及宁戎巡检司土舍王明汉、王舟等来贡马。以过期给半赏。

乙卯（三十日）［四川漳腊地方增设守备一人，提调谷粟等堡］

兵部议覆四川抚按官勘奏：漳腊地方宜增设守备一人，提调谷粟等九堡、御寇等十九堡，戍兵千人，每兵给银二两，仍建仓廥，岁贮粮二千石饷之。有斩获功，如陕西三边例升赏。诏如议。

明世宗实录卷二百五十一

七月

壬辰（初八日）［广西泗城州官族等朝贡］

广西所属泗城州官族岑听等来朝贡马及方物。给赏如例。

明世宗实录卷二百五十二

八月

己卯（二十六日）［以“平瑶”功，升广西副总兵张经官职］

升镇守广西副总兵署都指挥使张经为署都督佥事，左军都督府带俸，以总督两广都御史蔡经疏其剿平瑶贼有功也。

明世宗实录卷二百五十三

九月

乙酉（初二日）［黔国公沐朝辅遣人朝贡谢诰封］

镇守云南总兵官黔国公沐朝辅遣人来谢敕谕诰封，进马及方物。

明世宗实录卷二百五十四

十月

己卯（二十七日）［改四川九永守备驻施州卫］

改四川九永守备陶戬福驻施州卫，从湖广抚按官陆杰等奏也。

壬午（三十日）［四川酉阳宣抚司宣抚献大木］

四川酉阳宣抚司宣抚冉玄献合式大木二十根。诏量加服色酬赏。

明世宗实录卷二百五十五

十一月

丙申（十四日）［以灾伤免四川潼川等府县税粮］

以灾伤免四川潼川、广安、（篷）〔蓬〕各州，遂宁、蓬溪、乐至、安岳、中江、盐亭、富顺、内江、西充、仪陇、渠、威远、南充、（火）〔大〕竹各县税粮有差。

明世宗实录卷二百五十七

嘉靖二十一年壬寅（1542）

正月

丁亥（初六日）［湖广应解楠杉板木一万余根，所需银两不足，令将本省未解事例等留济急用］

督木都御史潘鉴奏：湖广该楠杉板木一万余根，应费银五十七万两，今仅得七万两。乞将本省未解事例，并赃罚军饷，及应解两京料价段匹银两、太和山香钱、荆州抽分商税，俱留济急用。诏许之，仍令（州）〔川〕贵通行。

明世宗实录卷二百六十

四月

壬子（初二日）［酉阳、永顺二司以采木相仇杀，令川、湖两抚臣会勘抚戢］

湖广巡抚陆杰言：酉阳、永顺二司以采木相仇杀，而保靖又扇惑其间，大为地方患，请委官勘处。兵部以闻，得旨：令川、湖两抚臣会勘抚戢，毋各私所属，激酿成患。若强犷不服，即请兵讨之。

庚辰（三十日）［贵州土官宣慰使遣差人贡马］

贵州土官宣慰使安仁差舍把安义等来贡马。给赏如例。

[平定思恩军民府属九巡检司]

先是，思恩军民府既改流官知府，仍分设九巡检司，用土目分理之。兴隆司土巡检韦贵、安定司土巡检潘良者，贪淫残虐，为众所怨恨。土民刘现、卢回等，因诱众作乱，声称欲尽除九司之官，复流为土，势颇猖獗。提督两广军务右侍郎蔡经会总兵安远侯柳珣，议遣副总兵张经、参政翁万达等，督田州各土兵剿之。副使陈茂义抚辑其众三千余人，至是且三年，九司悉平。巡按御史何赞勘上诸臣功次，诏经、珣赐敕奖励，仍各赏银币。张经升一级。翁万达、陈茂义升俸一级。及参政顾遂、副使许路、佥事莫同、参将李兰、都指挥白泫、田州土舍岑芝，各赏有差。守备王锐准以功赎罪。

明世宗实录卷二百六十二

闰五月

乙卯（初六日）[平湖广邵阳县“妖贼”]

湖广宝庆府邵阳县妖贼平。赐敕奖江川王膺鐩。赏巡抚都御史陆杰银币。带管分巡道右参议潘九龄，勒令致仕。指挥刘森闲住，总兵官谭纶免究，知府陈楠等准赎。

己未（初十日）[原任贵州巡抚陈克宅、总兵官杨仁以议“处苗”功复职]

诏原任贵州巡抚都御史陈克宅、总兵官杨仁俱复职，克宅已故，仍赐恤典。以议处苗贼王阿向等功也。

明世宗实录卷二百六十四

七月

丁巳（初九日）［董卜韩胡宣慰使司差人贡方物］

董卜韩胡宣慰使司加渴瓦等差都纲番僧懒革儿坚灿等，来朝贡方物，宴赉如例。

乙丑（十七日）［君臣议川、湖、贵州采运大木事宜］

总督川、湖、贵州大木工部侍郎左副都御史潘鉴奏请久任采木官，暂住升迁，兼免其给由，仍行川、贵、湖广巡抚，责令各官专理木务，不得营求别差。待讫工之日，分别久近，并叙升赏。上曰：采运大木，关系匪轻，委宜专任。责成同知赵远等，吏部待事完，叙久近升转。已，巡抚四川都御史刘大谟秩满，诏就彼复职，仍令庙材采取事竣，一并升擢。工部尚书甘为霖因言：庙工运木在途，漫无统摄，稽延漂失，弊端难以枚举，乞差官查催。于是差工部员外郎吴源自里河至仪真沙稷，自长江至湖广，各查运木所至，有司违误者参究，仍谕各抚按官协心干理，定出入境界日期，以验迟速。

明世宗实录卷二百六十六

九月

戊辰（二十一日）［云南巡按包节奏府州县正官铨补事宜］

巡按云南御史包节奏：云南僻界荒服，去京万里而遥。其法废民困，皆由有司之不得人，而徒以告就远方充之。夫愿告远方者，非迟暮之年，则家贫亲老之辈也。云南虽远，然去川、贵切近，去江西、湖广不过数千里。今虽不能尽绝告远之途，然凡遇府佐及州县正官，诚于四省正选科甲中相兼铨补，而首领佐贰姑授之告就远方者，以充其员，则在在有循良之长，而选法亦未尝不通也。事下吏部，覆言：远方吏治之弊，云南、两广皆然。自今各省远方正官缺，率如御史包节所言，于相近正选中铨补。其有考察不及者，亦宜酌议，不至多调。从之。

庚午（二十三日）［设云南禄丰县儒学］

设云南马龙州禄丰县儒学，从巡抚刘渠、巡按包节请也。

甲戌（二十七日）［广西巡按奏剿抚桂、柳等所属州县瑶僮］

兵部议覆广西巡按御史何赞奏：桂、柳、平、梧所属诸州县，瑶僮盘据，屡闻警变。宜亟命两广抚镇，选将征兵，渐与剿除，仍令科道官各一员，调度纪功。其余党听抚者，则檄有司编置保甲拊循之。并敕抚镇诸臣，于古田、融县建置长官司，择土官子弟二人，给之冠带，领兵万余名守之。马平、洛容、怀远、荔浦设立大军堡，择土舍数人，领兵五千名守之。凡已剿贼巢，悉属安插。俟数年后，民夷安业，土官给印实授，土舍以冠带终其身。至于八寨，则以分隶思恩九巡检司。一寨不靖，罪坐一司；九司失事，罪坐守备及府提调者。议入，上命即行抚镇官蔡经、柳珣等，筹画兵粮，约期进剿。其相机招抚议处长官司事，俱如赞议行。即令赞纪功。

明世宗实录卷二百六十七

十月

己丑（十三日）［四川乌蒙军民府贡马违限］

四川乌蒙军民府差舍、司、通、把阿珠等来贡马，以违限给半赏。

明世宗实录卷二百六十八

十一月

庚申（十四日）［贵州宣慰使差人贡马］

贵州宣慰使安仁差冠带舍人安菊等来贡马。给赏如例。

明世宗实录卷二百六十九

十二月

乙酉（初十日）［以张经充镇守贵州总兵，兼提督清平等卫以万表充镇守广西副总兵］

命广西副总兵张经充镇守贵州总兵，兼提督清平等卫。以浙江都司署都指挥佥事万表充镇守广西副总兵。

明世宗实录卷二百七十一

嘉靖二十二年癸卯（1543）

二月

壬辰（十八日）［云南镇守沐朝辅奏请饬抚按官勿侵越职权］

镇守云南黔国公沐朝辅言：父祖世守兹土，上下相承，体（铳）〔统〕不紊者，有司多纷更典制，关臣职守不使与闻，甚者侵及庄田家事，揖见不循旧制。臣迹远孤危，动多掣肘。且先臣绍勋，常以庄田事奏，奉旨免查勘，令抚按官勿侵扰之。乞赐申饬诸臣，悉仍其旧。上曰：沐朝辅世受朝廷重寄，控制南夷，地方赖以抚定。凡职务体统，抚、按、司、府等官，务循旧规、遵前旨，毋为更变侵越。

明世宗实录卷二百七十二

三月

乙卯（十一日）［起万镗为右副都御史，勘处湖广“夷”情］

起原任南京都察院右都御史万镗为右副都御史，勘处湖广夷情，敕趣行视事。先是，兵部以两省苗寇未宁，守臣陈请各异，请敕科道官一员监督。上曰：征苗事连两省，各巡抚官俱以意见分彼此，何能戡定？可遣才望大臣一员，驰往视之，剿抚机宜，（聪）〔听〕其奏闻区处。且命即会推其人以上，兵部推得郎张汉、王玮及镗。时镗为氏家居，新奉起用旨，上命特用镗。

辛酉（十七日）［以蜡尔山苗人“作孽”，贵州巡按奏劾湖贵两省巡抚］

巡按贵州御史赵大佑言：蜡（佘）〔尔〕山苗贼，先年啸聚作孽。该湖广巡抚陆杰、贵州巡抚韩士英会题征剿。当时止获从贼数辈，乃即张皇功奏讨赏赉。曾未逾年，逆节复（崩）〔萌〕，聚（中）〔众〕数万，流劫酉阳等寨，月（虚）〔无〕虚日。士英寻迁去，杰复付之罔闻。优游顾望，害流两境。乞亟罢杰，另选才杰代任，以舒民患。部覆：两省夷情，已特遣大臣往勘。须奏报至，乃可议二臣功罪。诏从之。

戊辰（二十四日）［升广西左参议为云南按察司副使］

升广西布政使司左参议吴鹏为云南按察司副使，提督学校。

甲戌（三十日）［柳珣卒］

镇守两广安远侯柳珣卒。赐祭葬如例，赠太（堡）〔保〕，谥武襄。珣袭封，即镇守两广，剿瑶贼，降安南，定海南黎寇，屡有功。俱赉金帛，乃敕奖加御，至少保兼太子太傅。至是卒。

明世宗实录卷二百七十四

五月

己酉（初六日）［四川董卜韩胡、长河西鱼通宁远宣慰等司差人朝贡］

四川董卜韩（湖）〔胡〕、长河西鱼通宁远宣慰等司差国师领直藏卜等来朝贡马及方物。赐宴给赏如例。

己巳（二十六日）［沐朝辅奏乞钦赐书籍］

镇守云南黔国公沐朝（弼）〔辅〕奏乞钦赐书籍。以《五经四书大全》诸书予之。

壬申（二十九日）［贵州镇宁州十二营长官司应袭土舍袭文职］

命贵州镇宁州十二营长官司应袭土舍陇时康袭文职，不支俸。

明世宗实录卷二百七十五

六月

辛卯（十八日）［乌思藏护教王，朵甘思宣慰、招讨等司各遣使朝贡］

乌思藏护教王，朵甘思宣慰、招讨等司各遣使朝贡。赐宴有差。

明世宗实录卷二百七十六

七月

丁未（初四日）［以采木免四川叙州等三府及铜梁县、湖广荆州府及澧、靖二州与贵州思州等五府正官朝觐］

以采木免四川叙州、马湖、夔州三府及铜梁县，湖广荆州府及澧、靖二州，贵州思州、铜仁、镇远、黎平、都匀五府各正官来朝。

［以王良辅充副总兵官镇守广西地方］

敕广西柳庆右参将都指挥同知王良辅充副总兵官，镇守广西地方。

明世宗实录卷二百七十七

八月

癸酉朔（初一日）［以“苗寇”免贵州麻哈等三州、永从等二县正官来朝］

以苗寇免贵州麻哈、安顺、永宁三州，永从、清平二县正官来朝。

明世宗实录卷二百七十八

九月

丙午（初五日）［贵州提学副使蒋信有病乞休，不待报回籍，

黜为民]

贵州按察司提学副使蒋信有病乞休，不待报回籍。巡按御史魏洪冕参奏其状，上以信任情玩法，黜为民，仍谕各方面知府等官，自今在任有疾者，候抚按题允，然后许归，违者同僚官连坐治罪。

明世宗实录卷二百七十九

十月

壬申朔（初一日）[永顺军民宣慰使司土官宣慰使以进楠木加阶]

总督采木都御史潘鉴奏：永（顾）〔顺〕军民宣慰使司（王）〔土〕官宣慰使彭宗舜进合式（南）〔楠〕木二十根。请于原职上加给服色一阶，以示激劝。从之。

明世宗实录卷二百八十一

十二月

甲戌（初四日）［以湖广、四川、贵州“采木工完”论功行赏]

上以采木工完，升总督湖广采木工部尚书樊继祖为太子少保，提督川贵大木右都御史潘鉴为工部尚书，各回籍遇缺推用。先任总督川贵大木右副都御史今大理寺（乡）〔卿〕戴金为都察院右都御史，仍管大理寺事，巡抚四川佥都御史刘大谟为左副都御史，仍各赏银五十两、纻丝四表里。贵州巡抚右副都御史刘彭年、先任湖广巡抚今兵部侍郎陆杰各赏银三十两、纻丝二表里。巡抚湖广都御史车纯银二十两、纻丝一表里。采木工部郎中方明悦、王之臣，川贵右参议周宗镐、蒋芝各升一级。赏银二十两，俱回京候缺推用。巡按御史石永、桂荣各赏银十五两。大谟寻卒，上恤其劳，诏赐三品祭葬。

乙亥（初五日）［勘处湖广贵州夷情都御史万镗疏言“苗酋”龙求儿等已束身归款，命万镗督诸守臣相机剿捕］

勘处湖广贵州夷情都御史万镗疏言：苗酋龙求儿、龙母叟，胁从龙柳补等近已束身归款。第其党与如龙（郎）〔朗〕七等尚流劫地方，执留抚使，梗化如故。今兵屯粮足，宜乘时进讨，戡定南服。上命镗督诸守臣相机剿捕，务歼元凶，毋使滥及良善，流毒邻境。朗七等倘能悔祸，仍与自新。事宁，分列俘获功罪以闻。

明世宗实录卷二百八十三

嘉靖二十三年甲辰（1544）

二月

戊寅（初九日）［贵州宣慰使司宣慰使遣人贡马过期］

贵州宣慰使司宣慰使安仁遣人贡马，以过期给半赏。

明世宗实录卷二百八十六

五月

丁未（初十日）［四川等处沐川、蛮夷等长官司及向武等州土官遣人入贡］

四川等处马湖府沐川、蛮夷等长官司及向武等州土官遣人入贡。给赏如例。

辛亥（十四日）［长宁安抚司、韩胡碉恰列寺头目番僧贡方物］

长宁安抚司头目番僧波纳等、韩胡碉恰列寺头目番僧纳乞等各来朝贡方物，宴赉如例。

［勘处湖广贵州夷情都御史万镗奏“殄除”镇筸、铜平“叛苗”，陈善后七事］

勘处湖广贵州夷情都御史万镗言：镇筸、铜平叛苗以次殄除，请掣大军，量留土兵，分布戍守。贼首龙求儿、龙母叟虽听抚出降，然皆稔恶元凶，宜正重典。遂陈善后事宜七事：一、往年湖北止设守、巡二道，后缘夷警，增设兵备。彼此牵制，当革分巡，专令兵备兼理。又分守岁一更代，事难责成。当选参政一人，专守湖北。其贵州新镇思仁道，亦专选参议一人，令各抚苗夷。一、湖广麻阳、贵州铜仁，当设参将一人，兼部两省汉土官兵，往来控制。一参将既设在湖广，则常德等六卫，永顺等宣慰，施南等宣抚，筸子坪等长官司，及镇筸、九永二守备隶焉。在贵州则铜仁等长官司守备。他如四川酉阳宣抚，平茶、邑梅等长官司，皆隶焉。有司不得阻（侥）〔挠〕行事。一、掣取湖广辰沅、武昌四卫，轮戍清浪，哨内军各五百五十人，改戍麻阳。或于沅州卫所调一所守御，更选湖广镇溪等处土兵一千五百人，贵州铜、平等处土兵、义兵一千人，以备缓急。一、土官往往诱苗行劫，当谕戒之。其不悛者降削，忠顺无过者时加抚赏。一、贵州铜仁等处无城可守，所隶各长官司亦尽残破。当为筑砌城垣，缮造楼橹。一、湖广旧设湾溪、安江十六堡，贵州设亚寨、地架十堡，而岁久变更，堡军逋逃。至若湖广丫剌关等处，尤为要区。当命所司查勘，随宜裁并增设。一、诸苗既降，即当安抚。有欲复业投寨，或耕田支饷者，悉听从之。而尤须解怨弃责，销讼固盟，以结其心。兵部覆：皆如其议。因言二凶系先事抚出，非在阵俘获者，比当待以不死。上曰：逆苗恃险乱常，构祸数年。今既平定，各该贼犯并诸功罪，查明具奏。龙求儿、龙母叟，发辽东安置。防守事宜，俱如议行。镗回京听用。已，南京试御史缪文龙劾镗欺罔，谓铜、平、镇筸苗贼，屡抚屡叛，不复知有朝廷之法，不可终抚。镗至辰州，一筹莫展，听诸司土官之诱，以千百四员往质其寨，招出龙求儿，却以法绳之，而置质官于度外，致使叛苗将护去头目杀死，而幸存其官，乃多用金银以赎之。求儿等原非抚出人数，庸鄙无谋，取侮小丑。既而旷日持久，縻费老师，不得已借此一求儿、母叟以塞明命。旋师之后，跳梁益甚。既不能讨，又不能抚，罪不可原。且铜、平、镇箪弹丸之地，环峙诸司，若果无招纳之弊，旦夕成擒矣。为今之计，惟在以夷攻夷。别选谋略大臣往督其事，会同抚、按、兵备等官，量调诸司土兵及屯戍官兵，重压其境，刻期讨平。将龙求儿、龙母叟枭首军门，以正元恶大憝之诛。诸司兵马行粮，不必㐌运，即以折色倍给，使其自备，仍许其平荡之日，即照地方割地与之，以偿其劳，使自相为守。他日或有反侧，则因地方以挨部落，因部落以责头领。彼将畏威怀惠之不暇矣，乞仍将万镗速赐罢黜，以为大臣欺罔不忠之戒。奏入。上命各该抚按官，从公勘议，作速具奏。万镗待勘报至日具请。

明世宗实录卷二百八十七

六月

甲申（十七日）［广西镇安府署府事土官、贵州龙里长官司头目等入贡］

广西镇安府署府事土官岑真宝、贵州龙里长官司头目唐贤等入贡。给赏如例。

癸巳（二十六日）［湖广椒山玛瑙等长官司遣人入贡过期］

湖广容美宣抚司椒山玛瑙等长官司遣人入贡。以过期给半赏。

明世宗实录卷二百八十八

七月

壬寅（初五日）［将湖广等处采木余剩并事例银两清查解部］

工部尚书甘为霖言：湖广、四川、贵州采木余剩并事例银两，宜清查解部，以济工用。从之。

己酉（十二日）［万镗等上俘获“逆苗”功罪］

勘处湖广、贵州夷情右副都御史万镗等上俘获逆苗功罪。兵部议覆，上嘉镗等功，诏升镗兵部右侍郎，回部管事。丰城侯李熙，巡抚车纯、刘彭年，总兵张经，参政郑重、王积、蔡云程，参议魏良辅，参将高冈凤等，守备周宝等，布政使陈则清等，俱赏银币有差。良辅、云程仍升俸一级。副使李义壮等准以功赎罪。守备王廷光等下御史按问。

壬戌（二十五日）［广西等处泗城州土官及上林等长官司各遣人入贡］

广西等处泗城州土官岑施及上林等长官司各遣人入贡。给赏如例。

明世宗实录卷二百九十

九月

己亥（初三日）［升郑登高、曾焜职］

升云南按察司副使郑登高为湖广布政使司右参政，专守湖北道。四川按察司佥事曾焜为贵州布政使司右参议，专守新镇思仁道。各管抚苗夷。从勘处夷情都御史万镗奏也。

丙午（初十日）［以“托病规避”褫贵州总兵官沈希仪职］

以起用贵州总兵官沈希仪托病规避，诏褫其都督职衔，勒令赴部听用。

己未（二十三日）[以旱灾免永顺、酉阳土司秋粮]

以旱灾免湖广永顺宣慰等司、酉阳宣抚等司秋粮有差。

明世宗实录卷二百九十一

十月

甲戌（初九日）[以王良辅充总兵镇守贵州]

升广西副总兵王良辅为署都督佥事，充总兵镇守贵州。以琼州分守右参将程鉴充副总兵代之。

明世宗实录卷二百九十三

十二月

壬申（初八日）[龙子贤复起，湖广巡抚车纯奏请三省合力剿抚]

巡抚湖广都御史车纯等言：苗贼龙求儿、龙母叟已就缚，而龙子贤复肆叛逆。虽万镗严督冉玄等计处，终不可获。但其事在贵州，其权在四川，必使三省事权合一，或抚或剿，然后成功。兵部覆言：三省皆为朝廷封疆，不当自分彼此。而总兵诸臣，俱有防御之责，何待督责？惟即严敕湖、贵守臣车纯、刘渠，会集将领，整搠土汉官兵，相机剿捕，仍檄四川守臣王大用，督酉阳、平茶土兵遏截后冲，以防奔突。总兵李熙暂驻辰州府，王良辅暂驻铜仁府，先声弹压，事必克济。其土官彭宗舜、冉玄等，能戮力奏功，即以土地分给充赏。抗违者重罪之。得旨：如议行。

明世宗实录卷二百九十四

嘉靖二十四年乙巳（1545）

正月

癸丑（十九日）［云南蒙自县地震］
云南蒙自县地震有声。

明世宗实录卷二百九十五

闰正月

乙酉（二十二日）［兵部奏请分责贵州、湖广两省抚臣抚处铜、平之苗，抚剿镇筸之苗］

兵部覆巡按贵州御史张涣奏：本省铜、平之苗，顷已就抚，不当与湖广镇筸之苗一体议剿。乞分责两省抚臣，将铜平就抚者，加意抚处。其镇筸未服者，相机抚剿，务底宁谧。有如猖獗不悛，势必进兵，宜令两省互为声援，不得自分胡越。诏可。

明世宗实录卷二百九十六

二月

丁酉（初四日）[乌思藏辅教王差使臣入贡]

乌思藏辅教王差使臣国师番僧坚锉等入贡，宴赏如例。

明世宗实录卷二百九十七

三月

癸未（二十一日）[诏勘处夷情都御史万镗回京管事]

诏勘处夷情都御史万镗遵前旨回京管事。先是，镗被命勘处铜仁、镇筸二苗，业已平定。无何，贼首龙子贤复率其余党为乱，于是御史缪文龙劾镗欺罔。上命湖广、贵州抚按官勘明具奏。至是，二省抚按官车纯等各言镗抚剿得宜，无欺罔状，其苗夷复叛俱参将李经等之罪，于镗无预。乃有是命。

明世宗实录卷二百九十九

五月

庚午（初九日）[杂谷安抚司差人入贡]

杂谷安抚司差都纲剌麻头目耿勺定日等入贡，宴赏如例。

己卯（十八日）[乌思藏辅教大宝法王、阐教大乘法王各差国师入贡]

乌思藏辅教大宝法王、阐教大乘法王各差国师坚锉等入贡，宴赏如例。

明世宗实录卷三百一

七月

乙酉（二十五日）［广东封川县与广西马平、来宾二县僮人起事，令失机官员戴罪杀“贼”］

巡抚两广都御史张岳奏：两广僮贼窃发。广东则有封川县苏公乐等，广西则有马平、来宾二县覃朝解等，各肆卤掠，敌杀官军。封川尤急，请亟进兵歼灭之。上曰：僮贼肆逆，如议剿绝，毋得滥及无辜。参将、守巡等官，平日防范不严，俱令戴罪杀贼。通候事宁之日，具奏定夺。

明世宗实录卷三百二

八月

丁巳（二十七日）［革云南按察司副使江一桂职，仍命所司逮治之］

革云南按察司副使江一桂职，仍命所司逮治之。以一桂先任广西太平府知府，赃污不职，为巡抚都御史张岳论劾故也。

明世宗实录卷三百四

十月

戊申（十九日）［贵州龙里卫长坡山箐苗人起事，命逮问失事军官］

贵州龙里卫长坡山（菁）〔箐〕苗贼作乱，拒伤官军。抚按官参奏守备都指挥使王韶及指挥陈继武、兵备副使茹鸣金等失事状。上命革韶、继武任，俱下巡按御史逮问。以鸣金新任，宥之。

明世宗实录卷三百五

十一月

庚申朔（初一日）［贵州宣慰使差人贡马］

贵州宣慰使宋夔差舍把宋墙等贡马，贺万寿圣节。赐钞（弊）〔币〕如例。

明世宗实录卷三百六

十二月

庚子（十一日）［革湖广永州府抚民通判、税课司大使各一员］

裁革湖广永州府抚民通判一员、税课司大使一员。

丙午（十七日）［贵州宣慰使差人贡马贺万寿圣节］

贵州宣慰使司宣慰使安仁差舍把安克等，贡马贺万寿圣节。晏赏如例。

明世宗实录卷三百七

嘉靖二十五年丙午（1546）

正月

己卯（二十一日）［四川播州宣慰使差官贡马］

四川播州宣慰使杨烈差官贡马，补贺万寿圣节。给赏如例。

［元江军民府土舍杀土官知府，命镇抚官发兵剿之］

元江军民府土舍那鉴杀土官知府那宪，夺其印及封，收因远驿印记。鉴，宪叔也。巡抚云南都御史应大猷等以闻，上命镇抚官发兵剿之。

庚辰（二十二日）［兵部覆贵州巡抚刘渠于云贵界中增建哨堡之请］

兵部覆贵州巡抚刘渠奏：云贵界中，曲靖之东为普安，西为乌撒，道里绵远，夷丑狼扈。已就彼议建哨堡，拨军防御。盖缘设无专官，事难责成，请增守备一人，于迤东一路以兼制之。诏从其议。

明世宗实录卷三百八

二月

壬子（二十五日）［广西守臣奏平封川县起事僮人］

广西守臣奏：封川县僮贼首恶苏公乐、张公蕊等平，斩首二千五百七十级，俘获七百人。上嘉其功，诏加镇守总兵官陈圭太子太保提督军务，副都御史张岳升兵部右侍郎兼都察院左佥都御史，各赏银五十两、彩段四表里。副总兵程鉴升一级。赏银四十两、彩段三表里。余有功者给赏赎罪有差。

明世宗实录卷三百九

三月

戊辰（十一日）［四川“白草番”起事，命守土诸臣戴罪立功，何卿充副总兵官分守松潘等处］

四川白草番为乱，攻陷平番堡及奠酒关，虏把总丘仁，杀百户耿爵，流劫村寨。兵部都给事中扈永通劾副总兵高（岗）〔冈〕凤昏慵不可用，都御史王大用惟务裁节，误撤藩篱。所减省才万之一，而丧失无算，皆当罢黜。刑科给事中诸葛岘因言：何卿、沈希仪皆川广良将，可代。上用兵部议，罢大用、（岗）〔冈〕凤，严饬守土诸臣戴罪立功，而命卿以署都督佥事充副总兵官，分守松潘等处。既而工科都给事中张元冲劾兵部尚书路迎，用卿不以会推而于题覆，废乱典章。上曰：卿已有成命，自今本兵用人，毋废会推。

明世宗实录卷三百十

四月

甲午（初八日）［镇守湖广总兵官移驻辰州］

国初，设镇守湖广总兵官挂平蛮将军印，节制各边卫及宣慰等土官衙门，弹压溪峒苗僚，驻札常德府以便调度。后常德分建藩封，总兵官乃移驻武昌，遂与各溪峒隔远。一遇蛮寇窃发，往往失于策应，议者谓其非便。先年巡抚汪珊言，宜迁驻辰州。至是，给事中李棨因夷警不时，请用珊议，移总兵驻辰州，而罢见任总兵官丰城侯李熙，更选才勇者代之。报罢。

庚戌（二十四日）［命调土汉官兵相机抚剿四川“白草番”］

四川巡抚都御史张时彻奏：川蜀之地，民夷错居。往者番奴一族，流入石泉县白玉诸乡，号白草番。于时我军不即剪荡，徒扼要而守之，今奠酒、平番关堡是也。比者游击周庚，作威妄杀，召怨启衅。而亡命奸人导诱抢劫，于是关堡陷没，守将俘虏，而贼势愈昌矣。且二关堡者，番寇之咽喉也，我既失险，贼乃得逞。羊肠鸟道，纵横出入，而全蜀为骚动矣。夫不大创者不久惩，不一劳者不永逸。为今之计，莫如量调土汉官兵三万，分布要害，直捣巢穴，尽歼丑类，以张（大）〔天〕讨。如番蛮畏威纳款，献还掳掠人口，擒送首恶，情愿筑立关堡、分地认守者，听臣等便宜抚处。兵部覆其议是。上许之，令相机抚剿。

明世宗实录卷三百十二

六月

丁亥（初二日）［广西巡按冯彬奏言瑶僮剿抚事宜］

巡按御史冯彬言：广西之患，莫甚于瑶僮。征之无道，或贻远忧；抚之不服，适足取侮。克敌制胜，要在有兵，广西兵不满万，而贼有数万。每岁必召募以防贼，不若召募以剿贼。盖剿贼之费有限，而防贼之费无纪也。诚宜申明职守，于桂林增设抚夷副使一人，协同副总兵以理桂林之贼。左右两江原设有兵备、参将者，责令协同以理两江之贼。岁给饷二十余万，募兵分布，设长统驭，时发而禽剃之，据其巢，耕其土，联络为势，互为犄角。盖贼之所穴，皆美田肥土，我兵无不愿得之者。因其愿而令之，蔑不胜矣。章下兵部，以为广西岭徼荒服，大率一省狼人半之，瑶僮三之，居民二之。以区区二分之民介蛮夷之中，事难猝举。渐次除治，计非不善，而举一惊众，势或有之。且免差应调，土狼积习，今日应募以平贼，安知他日不各据其地，转而为贼也。宜下抚按诸臣杂议以闻。上从部议。

明世宗实录卷三百十三

七月

戊午（初四日）［诏增贵州乡试定额］

初，贵州乡试原附云南，额取二十一名。嘉靖十四年，始于本省开科，定额二十五名。至是，抚按官王学益、（肃）〔萧〕端蒙等奏，本省人才加盛，近又附湖广镇远等五卫军生，乞量广解额。诏增至三十名。遂为例。

壬（子）〔午〕（二十八日）［以湖广“苗患”未靖，诏免辰州、常德二府及所属州县正官入觐］

以湖广苗患未靖，诏免辰州、常德二府并所属州县正官入觐。

明世宗实录卷三百十四

八月

庚戌（二十六日）［以瑶僮“窃发”，奏留桂林、太平等府应朝官］

提督两广兵部右侍郎张岳以瑶僮窃发，奏留桂林、太平等府应朝官员。许之。

明世宗实录卷三百十五

九月

乙卯朔（初一日）［以灾伤及“苗夷未靖”奏免成都等府州县正官入觐］

四川巡抚都御史张时彻以地方灾伤，苗夷未靖，奏免成都等府，潼川、宜宾等州县正官入觐。许之。

癸酉（十九日）［贵州铜、平及湖广镇筸“诸苗”复起，巡抚条陈经略事宜］

贵州（司）〔铜〕、平等司及湖广镇筸诸苗复叛，巡抚王学益条陈经略事宜：一、严军令。言贵州官军任战者少，各（上）〔土〕司目兵亦缘征戍频繁，纪律漫弛。幸得以军法便宜行事，庶可整齐。一、定赏格。言大兵合剿，与出奇雕剿，及贼党自为擒斩者，功虽有差而赏不当异。或恐贪功之徒，假借雕剿之名，妄行杀戮，旧无赏典，意盖如此，乞听从宜量赏。若犯难出奇，歼厥巨魁者，具奏优赏。一、禁党匿。言永、保、酉、（年）〔平〕诸土司，实环诸苗境外。正德以来，诸土司赴调，多倩此苗为先锋，而土人且与苗为婚姻，故今日进剿诸苗，无所捕获。不得已而抚，则诸苗（侍）〔恃〕土司之庇，索求非分，或向或背。至使近苗之民畏苗，而或为之用矣。今不重禁土司之党匿，不可以靖苗。宜令戴罪勉立后功，不悛，听参奏处治。一、协谋力。言诸苗虽界分湖广，而巢峒相接。往者诸省异同，机会乖左。乞敕湖广、四川抚镇，务体师和之义，以图共济之略。一、处向顺。蛮夷之性，叛服不常。俟其威稍振，选用王舍人等，省谕苗棋。有输情归顺者，籍其姓名，付之统率。期以有效，其奏处分。其迷顽不悟，必加天讨。一、慎守御。言抚剿一日未宁，则两省征调未息。请征各卫戍军，授以营房，随以妻子。且渐收军余舍与寄籍人户充之，咸与廪饩。各乡建堡团聚，募民徙实，亦保甲之遗意也。一、明兼制。言湖广之湖北一道，及四川之酉阳、平茶、邑梅等司，密迩贵州，夷情军务，俱属相关。旧敕贵州巡抚兼制，今湖北之官，无复文移相摄。而酉、平之长，每以客兵自处，威令废格矣。宜安明敕谕行川湖各官，凡遇贵州动调兵粮，系干苗情者，咸听受节制。兵部议覆，从之。

[责令各土官领土兵会官剿抚镇筸、铜平起事苗人]

巡抚湖广都御史姜仪言：镇筸、铜平苗贼，屡抚屡叛，流毒地方。推原祸本，皆各土官故纵漏殄所致。宜严行宣慰彭荩臣、彭明辅，土指挥田应朝等，督令土兵，会官抚剿，仍行贵州巡抚王学益，即拘冉玄、杨再显，添兵给饷，责令亲领剿抚，悉照湖广一体施行。其参将、守备诸臣玩愒，俱宜治罪。兵部议覆，得旨：苗夷屡经抚剿，至今叛服不定。各官法当究治，姑依拟令两省抚镇官，责限各土官同心戮力，务在克平。如因仍贻患，治罪不宥。

[平柳林、马平诸县“巢贼”韦金田等]

兵部覆两广抚镇张岳、陈圭等奏：柳林、马平诸县巢贼韦金田等平。前后擒斩四千余级，俘获二百余人，听抚二百余人，获马牛器械称是。参政郑纲，副使魏良辅，参将戚振、孙继武，都指挥李霁，闲住柳州知府江满，副总兵程鉴劳绩为多。参政张（烜）〔烜〕、陈茂义等先后协谋，拘宜并叙。得旨：岳升俸一级，圭（如）〔加〕太保，各赏银五十两、丝段四表里。纲、良辅、鉴、振、继武、霁各升俸一级，银二十两、丝段二表里。满升一级致仕。烜、茂义等。赏银币有差。

戊寅（二十四日）[云南、两广、四川等处有土官十余年不得袭，令今后延缓不报土官袭替之事者指名参治]

时云南、两广、四川等处土官，有十余年不得袭者，皆相率北京奏乞，章疏纷委。吏部奏言：此皆抚按官避嫌远怨，不与给勘所致耳，请立严限促之。得旨：土官袭替事闻，地方夷情，所司视为泛常，漫不加意。姑贳其罪，令速勘以闻。今后有延缓不报者，经该各官及抚按官，该部指名参治。

明世宗实录卷三百十七

十一月

庚申（初七日）［增置湖广衡山县草市、临湘县上门二巡检司］

增置湖广衡山县草市、临湘县上门二巡检司。

戊辰（十五日）［四川永宁宣抚司女土官献大木，乞给诰命］

四川永宁宣抚司女土官奢禄进献大木，乞照例请给诰命。许之。

辛巳（二十八日）［陶谐卒］

致仕兵部左侍郎陶谐卒。赐祭葬如例，赠兵部尚书，谥庄敏。谐，浙江会稽人，弘治丙辰进士……正德间抗疏劾奏刘瑾、丘聚等擅权乱政……谪戍肃州。瑾诛，得释还家。嘉靖初召用，累升都察院右副都御史，巡抚南赣。迁兵部右侍郎，总督两广。剿平峒贼，前后斩俘以数万计，招降亦数十万。

明世宗实录卷三百十八

十二月

癸巳（初十日）［命两广总督张岳、河南巡抚柯相各供职如旧］

初，两广总督张岳已升刑部右侍郎，以河南巡抚柯相代往。巡按广西御史徐南金奏：岳在两广，御众有恩，将士乐为之用。近奉命久任，剿里隆下九寨，经略机宜，方有次第。一旦迁去，恐弃垂成之功。矧古田、阳朔剧寇方张，宜乘胜设奇，亟图扑灭。俟粤西大定，夷党悉平，积功累劳，不次超擢未晚也。上是其言，命张岳、柯相各供职如旧。

明世宗实录卷三百十九

嘉靖二十六年丁未（1547）

正月

甲戌（二十一日）［沈希仪以“谙熟夷情”充副总兵官镇守广西，仍命以后将领生自两广、云贵、四川者，不得推入京营及西北边用］

兵部言：广西缺副总兵宜补，而江防总兵官沈希仪，生长粤西，谙熟夷情，先防柳、庆，夷僮畏服。今各夷未尽划除，宜调用以抚定之。得旨：希仪准改充副总兵官镇守广西，仍命以后将领生自两广、云贵、四川者，不得推入京营及西北边用，著为令。

壬午（二十九日）［湖广腊壁长官司、盘顺安抚司差人朝贡，以疏内印文诈伪革去赏赐］

湖广（蜡）〔腊〕壁长官司、盘顺安抚司差把事人等，各以朝贡至京。礼部验其疏内印文诈伪，诏革去赏赐，下巡按御史勘问。

明世宗实录卷三百二十二

四月

壬午朔（初一日）［增设四川阆中县五路递运所、广元县宁仓递运所］

增设四川阆中县五路递运所、广元县宁仓递运所。

乙巳（二十四日）［会兵进剿四川白草“番蛮”］

初，(曰)〔白〕草番蛮据险称乱。诏罢巡抚都御史王大用、副总兵高冈凤，而用都御史张时彻、副总兵何卿。二臣请会兵进剿，上允之。时彻等乃议分石泉、坝底、龙州兵为三哨，既复调天全招讨使高继光、马湖长官王祥銮等，率土兵俨回及建昌诸卫兵助之。生擒首恶黑杀、白石、撒剌等，斩首六百九十三，俘获男女二百七十七，克番寨四十七，毁碉房四千八百七十余，牛马器械储积以万计。捷闻，下兵部议，尚书陈经等言：张时彻、何卿功当首论，王大用前有斩获功，亦当并论。但时彻、大用方候勘，请俟勘明录之。其纪核效劳者，则巡按御史袁凤鸣。克捷当赉者，则都指挥丁勇、孔仁，参政宋宜等。赞理有劳者，则布政使严时泰等。功罪可准者，则佥事陈（乙）〔宜〕等。得旨：升时彻兵部右侍郎，卿署都督同知，仍与王大用，各赐银币有差。

明世宗实录卷三百二十四

六月

庚寅（十一日）[革添设分守琼州参将]

革添设分守琼州参将，从提督两广侍郎张岳奏也。

庚子（二十一日）[沐朝辅卒]

镇守云南总兵官太子太保黔国公沐朝辅卒。赠特进光禄大夫右柱国太保，谥恭僖。赐祭葬如例。

[以“白草番”初平，四川巡抚张时彻条上善后事宜]

先是，巡抚四川都御史张时彻以白草番初平，条上善后事宜：一、原设松潘东路参将，驻小河千户所，僻在东北，去大印等处数百余里。平时调度不及，有警策应难全。游击住龙州，缘龙州原属安、(锦)〔绵〕，而游击则隶松潘。宜移游击镇小河，而以参将镇龙州，庶便防守。一、安、绵道关堡旷远，虽设守备，未有主兵。宜选拔利、保、青川精锐官兵千人，专付操守。一、松、茂两路参将，信地互分，多不并力。欲令兼制，复恐绎骚。宜敕抚镇，督令遇警协心防御。一、石泉诸处有谙夷情为众所信服者，宜选二三人为通事。量给冠带月粮，令其宣布恩威，传达番情。俟历有年劳，量授职事。一、降番靴保等十八寨，畏威输罪，退地认赋，愿受约束。宜各立之长，俾率群番，每岁如所认输纳。其附近市易盐、布者听。一、龙州西双溪、大鱼关、壕洰沟三处皆通番要路，宜增筑城堡防守。一、安、绵路当贼冲，既无额兵，又无专将。故番蛮倡乱，束手莫支。宜尽留利、保、青川兵戍松，着巡守本地。而以成都等卫所戍安、绵，并大渡河兵，分发松、茂贴守。不敷者，仍于五卫补足。一、先年安、绵防御茂州诸番，故分布关堡。自坤儿十五姓熟番向化，（榴）〔擂〕鼓泙九处皆可（撒）〔撤〕防。宜听召募乡勇，（兑）〔充〕足额军，于睢水、曲山、小坝、绵堰四处，量留千人。其余并额兵，俱增戍石泉要地。一、守备民快散征州县，数多逃者，不若土兵便习可用。宜征其佣，募土著壮丁充之。一、龙州宣抚司土官薛兆乾、李蕃、王枋世受国恩，宜督令修饬武备，保障地方，及静州三长官司有警，俱听抚臣调遣。兵部议覆，得旨允行。

明世宗实录卷三百二十六

八月

丁酉（十九日）［裁革广东琼州府澄迈等八县儒学训导各一员］

裁革广东琼州府澄迈、临高、定安、会同、乐会、陵水、昌化、感恩八县儒学训导各一员。

明世宗实录卷三百二十七

九月

丁巳（初九日）［“湖贵苗”连岁“作乱”，命两省合兵进剿］

湖贵苗连岁作乱，流劫沅州、麻阳诸处。虏清浪参将杨钦，杀沅州卫百户陈恩等。巡抚湖广都御史姜仪上章自劾，并（效）〔劾〕诸将领。且言方与贵州守臣会兵，期以九月进剿。兵部言：苗寇播恶，屡命二省协剿，而抚镇官王学益、白泫、姜仪、李熙，或愆期缓师，或纵寇剽卤，坐违庙算，（宴）〔实〕难辞责。参将苗恩、守备李英、（王）〔土〕官田兴邦等失事，俱宜罪。上曰：兹苗久叛，已有成命，促两省守臣协心剿平，何乃玩愒至今，反致虏将戕官，猖獗愈甚？王学益故违明命，怠误军机，假以建议支吾，坐视苗患，姜仪、李熙既提兵莅境，顾漫无筹策，恣寇纵横，又不明举贵州失期之罪，并宜重治。但念地方事宜，姑从宽。学益、（法）〔泫〕、仪、熙各停俸任事。其失事参将苗恩等，土官田兴邦等，亦俱停俸戴罪杀贼。两省官仍遵前命，即合兵进剿，务克期荡定。若以前偾事，各巡按官以实参奏，俱执赴京重治。

明世宗实录卷三百二十八

闰九月

辛卯（十三日）［湖广巡按贾大亨、贵州巡按萧端蒙奏言征剿铜仁、镇筸起事苗人诸事宜］

巡按湖广、贵州御史贾大亨、萧（瑞）〔端〕蒙各言：铜仁、镇筸叛苗未平，二省抚镇官讨贼不力，动相咎让，事机相左，大有可虞。今湖广虽调兵六万，运饷二十万，而贵州之师期而不至，则湖广兵难独进。进师无期，势必久屯。见饷二十万，奄忽坐销，更须继运。民益劳而变且生，兼将卒虽多，率骄惰难用。如此而责战于土官，又偃蹇不肯听。苗知我之易与也，从而乘之，则六万人可一呼而溃。臣所谓大可虞者，以此。又四川酉阳实镇筸、铜仁后门，今止责成湖广，不及四川，则苗易逋窜，师将罔功。臣窃计征苗，非合三省力不可，欲合三省力，非设总督重臣不济，惟上裁察。事下兵部，集诸臣会议：近奉明命，切责二省守臣，讨必奏功有日。若复留候总督，不惟庙谟前后背驰，抑恐诸臣彼此观望。老师匮财，坐失事机。况湖广已调兵六万，贵州闻亦集师四万。合十万之众，止征三千之苗，果能并力夹攻，势如（柆）〔拉〕（杇）〔朽〕，即日奏捷，未可知也。今止宜责成三省守臣，而严饬诸土官，戮力用命。得旨：总督官不必增设。兹苗寇令两省抚镇官，遵照明旨，协心克期剿平。如或仍前观望，抵牾（愤）〔偾〕事，罪在不赦。四川抚镇官，亦令督兵防边策应。诸土官有怀奸不用命者，抚臣以实参奏贬削，重罪之。各巡按御史专随军纪功，有罪者即时劾奏，毋泛言隐护，致缓军机。尔部臣亟驰檄谕之。已，端蒙复论分守参议杨僎、守备指挥吴时春养寇罪。上命停俸剿贼，俟事宁奏处四事。巡按御史袁凤鸣劾贵州巡抚都御史王学益养寇玩兵，以致苗夷猖獗，流毒异省。诏锦衣卫差官校，逮至京鞫治。

甲辰（二十六日）［以故黔国公沐朝辅子融袭爵，以弟朝弼暂代镇事］

命故镇守云南总兵黔国公沐朝辅子融袭爵，与半禄优给。以朝辅弟朝弼为都督佥事，暂挂印充总兵官代镇云南。一应重大事务，仍命巡抚官协同处分。先是，朝辅卒，夫人陈氏奏，融甫四岁，乞照先世沐琮、沐璘例，准令融承袭祖爵，赐以优给，而量授朝弼职衔代镇。待融出初日，具奏定夺。抚按官应大猷等奏保亦同。事下吏、兵二部议，谓宜如所请。弟朝弼亦弱龄，未堪专阃，宜命都御史协同管理，故有是命。

明世宗实录卷三百二十九

十月

癸丑（初六日）［湖广抚按官以“会兵剿苗”，乞委官代视显陵，不许］

先是，上命湖广抚按官，每岁阅视显陵宫殿二次。至是，巡抚都御史姜仪以会兵剿苗贼，乞委官代之。诏令事完阅视，不许委代。

壬戌（十五日）［四川戎县“都蛮”聚众“劫掠”，命所司分兵防守，逮问失机军官］

四川（我）〔戎〕县都蛮聚众劫掠。守臣以闻，并论都指挥丁勇等罪。上命所司分兵防守，而逮问勇等。

明世宗实录卷三百三十二

嘉靖二十七年戊申（1548）

正月

丁酉（二十日）［湖广、贵州“集兵夹剿”起事苗人，久不克］

湖广、贵州集兵夹剿苗贼，久之不克。纪功御史孙文锡以闻，诏革都指挥李宗佑、王廷光、朱文任，俱逮问。总兵白泫、监督佥事范爱等各停俸戴罪剿贼。

［建四川竹箐山等五巡检司］

建四川竹箐山、沙子关、金子山、铜锣关、羊圈山五巡检司于洪雅等县，以防峒贼。从巡抚张时彻议也。

明世宗实录卷三百三十三

二月

戊午（十二日）［广东连山等县瑶人起事］

广东连山等县瑶贼苏德贵等作乱。命抚镇官协图剿捕，毋得怠缓。

壬戌（十六日）［贵州宣慰使差人贡马］

贵州宣慰使安仁差舍把安乐等来贡马。给赏如例。

明世宗实录卷三百三十四

三月

庚寅（十五日）［降湖广巡抚姜仪为广东左参议，罢征苗兵］

降巡抚湖广都御史姜仪为广东布政司左参议，罢征苗兵。初，麻阳苗乱，仪请征兵剿之，久无功。先后巡按御史贾大亨、萧端蒙，俱谓大兵宜撤，请增设湖贵总督，绥靖其地。而御史黄洪毗亦请罢兵，未报。至是，仪奏上贼屡战败溃，已散入山箐中。方春水涨，我师不可穷追，乞暂撤兵，以图再举。诏责仪老师费财，假功掩过，令降三级调外任。撤兵事宜，下巡按御史再议。兵科都给事中胡叔廉言：大兵久罢，粮馈且尽。若必待该省奏报，动逾旬月，不如径从中罢之。诏可。

癸卯（二十八日）［初建云南广通、定远二县儒学］

初建云南广通、定远二县儒学，从抚按官奏也。

明世宗实录卷三百三十五

四月

戊午（十三日）［云南武定军民府女土官知府差人贡马］

云南武定军民府女土官知府瞿氏差（道）〔通〕把马得荣等，来朝贡马。给赏如例。

明世宗实录卷三百三十七

六月

丁未（初四日）［命都察院右都御史张岳为总督官，节制三省“讨苗”］

巡抚贵州都御史李义壮奏：苗贼龙许保等猖獗日甚。永顺、保靖、酉阳、平茶诸司与苗接境，备知彼中要领，宜督率所部，为大兵前驱。而土官彭明辅、彭荩臣及其属张文宪等，阳顺阴逆，莫肯用命。以故师老财匮，而功弗成，宜加责治，以惩不恪，仍添设总督，节制三省。令其得以军法从事，然后苗夷可平。得旨：明辅等前罪姑宥之，令各立功自效。增设总督事宜，下兵部再议。既而义壮复奏：四月中，官军与贼遇于龙鱼寨，指挥张韶、百户钱用为贼所执。事下兵部，请治失事诸臣罪。因覆义壮前议可行，上是之，命都察院右都御史张岳充总督官，驰往视事。义壮及总兵白泫，俱令戴罪剿贼。以铜仁守备吴时春拥兵不救，下巡按御史问。

辛亥（初八日）［四川长宁安抚司、韩胡碉恰列寺各差人来贡方物］

四川长宁安抚司差番僧头目尹石短竹等及韩胡碉恰列寺差番僧头目纳乞等，各来贡方物。赐宴赉如例。

明世宗实录卷三百三十八

七月

辛巳（初八日）［两广提督张岳等调军进剿贺县、连山县“诸巢”，大破之］

初，广西贺县贼首倪仲亮、连山县贼首李金等，各盘据弓山、黄南诸巢，抄掠郴、桂、衡、永各州县三十余年，官军数出讨之不克。至是，提督两广侍郎张岳、总兵平江伯陈圭议调广西土兵及两广、汉达官军、民兵七万余人，分哨进剿。檄湖广会兵夹攻，大破，平之，擒斩三千一十九级，俘获二百八十六人。捷闻，下兵部议赏格。覆称在两广督兵入贺县巢，则副总兵沈希仪、佥事俞则全。入连山巢，则参议朱宪章、都指挥梁希孔。总理饷馈，则参议朱道澜、佥事奚良辅。阅视功次，则副使沈宏、黄光昇。在湖广应援夹击，破鞍马、白石二巢，则副使潘子正、参议洪世文诸臣。功俱当录。而希仪决策指麾为诸将先，并张岳、陈圭俱当以首功论。巡按御史萧世延、杨以诚、黄如桂后先协赞，亦宜量赏。得旨：升岳为都察院右都御史，圭荫一子为锦衣卫百户，仍赏银五十两、纻丝四表里。希仪升实授都督佥事。赏银三十两、三表里。世延、以诚、如桂、宪章等以下各赏银币有差。

戊子（十五日）［复以顾应祥巡抚云南］

复以原任云南巡抚右副都御史顾应祥巡抚云南。

明世宗实录卷三百三十九

八月

辛未（二十九日）［贵州白纳长官司差人贡马］

贵州白纳长官司差通把陈瑚章等来贡马。给赏如例。

明世宗实录卷三百四十一

十月

癸卯（初二日）［命永顺、保靖土司分辖镇溪、筸子坪各苗寨］

巡按湖广御史贾大亨奏：湖广十年之内，两举征苗，师疲于久役，财匮于供亿。而卒未奏荡平之绩者，则由土官、土军不用命故也。且各土官，先非大勋劳于国也，特以颇习夷情，力能制御，故世之爵土，借为外藩。乃今享富贵而忘其所自，居官守而旷其职业。不唯不能治苗，且纵苗为恶，挟苗为重，剿苗则不克，抚苗则即听舞智罔利，非一日矣。臣巡行地方，见闻颇真。盖土官之力，实能制苗死命，今欲使苗驯服不叛，唯宜于土官责之。臣谨与各该守臣计议，拟以筸子坪各寨苗夷，分属保靖宣慰彭荩臣约束。镇溪各寨苗夷，分属永顺宣慰彭明辅，督同土指挥田应朝约束。以后各苗或有不靖，即勘系何寨分，将该管土官坐以故纵之罪，而易置黜削之，则苗患当自此鲜矣。且今荩臣、应朝亦复起倩苗夷，擅兵仇杀，更乞天语严谕切责，仍敕巡抚衙门体勘。如其畏威息兵，防夷著效，请薄罚而姑宥之，以观其后。若仍习乱干纪，扰苗起衅，即当治以重典，用儆其余。部覆：大亨言是。诏荩臣等悉遵所分苗寨，用心管摄。其应朝等仇杀事情，下抚臣勘处具奏。

戊午（十七日）［以水灾免湖广承天等三府所属州县田粮］

以水灾免湖广承天、长沙、宝庆三府所属州县田粮有差。

戊午（十七日）［以川贵新设督府，湖广请留运南京仓米为兵饷］

湖广抚臣以川贵新设督府，请留二十六、七年该运南京仓米二十万石为兵饷。诏以十五万给之，不为例。

己未（十八日）［吏科给事中陈言湖广川贵设总督，贵州巡抚可省］

吏科给事中郑廷鹄应诏陈言：……湖广川贵总督既设，则贵州巡抚可省，请行三省巡按御史协议。倘总督张岳经略就绪，苗贼荡平，或即令坐镇贵州，或令回京别用，或就加巡抚以总督之权，俾控制三省。

明世宗实录卷三百四十二

十一月

丙申（二十五日）［贵州宣慰使遣人贡马］

贵州宣慰使宋夔遣人来贡马。给赏如例。

明世宗实录卷三百四十三

十二月

乙卯（十四日）［以听调有劳，诏广西向武等三州土官男袭替免赴京］

诏广西向武州土官男黄仲金、那地州土官男罗廷凤、泗城州土官男岑施，各就本处袭替，免赴京。以其尝听调有劳也。

丙辰（十五日）［两广总督张岳、总兵陈圭督兵击破“连山贼余党”］

两广总督都御史张岳、总兵平江伯陈圭督兵击连山贼余党，破之，凡擒斩四百二十四级，俘获一百一十人。捷闻，兵部乞录抚镇官，并参议朱宪章、署都指挥佥事梁希孔等功，而治靖远守备张廷佐、徐濬，广州府知府胡凤等失事之罪。得旨：岳、奎各赏银四十两、纻丝三表里。宪章、希孔二十两、一表里。廷佐等逮问。

明世宗实录卷三百四十六

嘉靖二十八年己酉（1549）

三月

甲午（二十四日）［以征剿“苗夷”，免辰州等九府、靖州等三州各正官及所属州县正官来朝］

以征剿苗夷，诏免湖广之辰州、常德，贵州之铜仁、思南、石阡、思州、镇远，四川之重庆、夔州九府，及靖州、独山、麻哈三州各正官及所属州县正官来朝。

明世宗实录卷三百四十八

五月

壬辰（二十三日）［礼部奏乌思藏等处番僧袭职进贡事宜］

以乌思藏等处番僧领占坚参等三十八名，各袭国师、禅师、都纲、剌麻职事，驳回查勘喃哈坚参等三十一名。礼部因奏：今岁入贡番僧中，多去年已赏，今次复来，或同一师僧而袭职异名，或同一职衔而住坐异地。请以后新袭诰敕，俱开住坐地方，及某师某名，不得混冒。又诸番节年袭职，守候诰敕日久，辄令带原赍诰敕回番，待后入贡之年赴京补给。以故诸番得假借冒顶，夤缘行私。及今不处，则旧诰旧敕终无销缴之期，非但夷情怠玩，抑且国体未尊。请以后番僧袭职，令将原赍诰敕纳还内府，不得如故赍回。其新给诰敕，速与关领，庶绝弊端。又各处番僧袭职进贡，本部立文簿一扇，将各僧赍到旧给诰敕，所载师僧职名，颁给年月，及今袭替僧徒名字，住坐地方，分别已未领有新诰新敕，逐一登记，备行布政司照式置造。如系应贡年分，即以前册查对。如系年代久远，果有老病，方得起送承袭。如已袭未领诰敕，许起送一二人，其余无得滥放。报可。

明世宗实录卷三百四十九

六月

庚戌（十二日）［命广西桂林分巡道副使兼理“抚夷”］

命广西桂林分巡道副使兼理抚夷。先是，巡按御史冯彬以广西夷寇频兴，请于桂林增设抚夷副使。事下抚按议，都御史欧阳必进、御史萧世廷等议，府江、桂林山川险恶，为群盗薮，即今日尽歼之，易以良民，不数年间不能保其无变，要在拊揗得人耳。兹左右两江既设二参将，又设二兵备，而桂林一道独缺。增之则官冗而动多牵制，莫若以分巡道兼抚夷，庶于事任为便。兵部覆如其议。从之。

辛酉（二十三日）［湖广川贵总督张岳请以荆、岳、长、衡四府运南粮接济粮饷］

总督湖广川贵右都御史张岳奏：贵州铜仁今征苗调兵，粮饷无措，请以湖广荆、岳、长、衡四府岁运南粮，量留接济。户部覆：留八万石给之。第当由辰、沅取道，溪峻水浅，转漕甚难，而铜仁土军入山剿捕，给米不若轻济为便。宜半运本色，半解折色，庶为彼此两利。得旨允行。

明世宗实录卷三百五十

七月

乙亥（初八日）［湖广川贵总督张岳条上会兵“讨苗”事宜］

总督湖广川贵都御史张岳言：贵州诸苗旋抚旋叛，湖苗因之贰心。若贵苗不诛，则湖苗抚之不固。因条上会兵讨苗事宜：一、三省辽隔，提兵督饷，分哨转输，例用方面府卫官。在川、湖二省，宜委接壤贵州分道者，本道缺乃及他道，本省缺乃及他省。军需诸费各省自供。期以八月兵集，湖广集辰州，四川集彭水，贵州集镇远，稽慢者罪之。一、往者调土兵以平寇，而土官乃募寇以充兵。如长官杨和以巨酋龙老课五十人赴敌者，宜分北之。奖其善，惩其不率，庶土官知畏，贼乃向风。杨和仍令杀贼赎罪。一、三省征兵，刻期千里之外，要在必信。宜申明约束，凡领军、监军等官失期不至者，自指挥以下即按军律，三司等官奏请论治。一、三省纪功存削稍异，必有后言，请令各巡按暂驻近地，纪验监察。其军前所费钱谷，并得磨勘以闻。报可。

丁亥（二十日）［以黎人未靖，免广东儋、崖二州，海康等八县及新会县等正官来朝］

以黎贼未靖，免广东高、琼、雷、廉四府所属儋、崖二州，海康、遂溪、徐闻、合浦、琼山、澄迈、文昌、临高八县，及广州府新会县……各正官来朝。

明世宗实录卷三百五十一

八月

庚申（二十三日）［给事中上平定“黎患”之策］

是时，广东崖州有黎患。贼首那燕聚众至四千人，流劫乡寨。诏发两广汉达、土舍兵九千剿之。已而贼构感恩、昌化诸处岐贼，势益狂炽，至攻毁城郭。给事中郑廷鹄言：琼州诸黎，盘踞山峒中，而州县反环其外。其地彼高而我下，其土彼膏腴而我咸卤，其势彼聚而我散。故自开郡来，且千六百余年，而无岁不遭黎害，然无如今日甚矣。曩时黎俗惰耕喜猎，以悍力相雄长，不相听命。乃令渠魁要胁，椎牛歃血，人人保其约结，与官府抗矣。曩者贼每出战，人挟数矢，勇气甚厉。比矢尽力穷，辄兽奔鸟伏，窜身荆棘中，故见兵辄走。今则鸣钲击鼓，藐视郡县，僭称名号矣。曩者贼见大兵，慑若雷霆，有群缚于旗鼓下以服招者。今则诱之不能携其党，却之不能分其势，反致传箭邻村，一时（向）〔响〕应，杀人数千，膏血遍野。怙终负固，骄不可招矣。臣生长其方，见闻颇确。今日黎患，非九千兵可办。若添调狼土官兵，兼召募打手，共集数万众，一鼓而四面攻之，然后可克尔。臣又惟成功在勇，图揆以谋。克捷虽难，经略为上，尝考今昔，剿除黎患，其大举有二：元至元辛卯，曾空其巢穴，勒石五指山矣。其时虽建屯田府，立定安、会同二县。惜其经略未尽，故所得者旋多失之。嘉靖庚子，又尝大渡师徒，攻毁巢峒，无处不至矣。于时议者谓贼巢德霞地势平衍，拟建城立邑，招新民耕而守之。业已举行，中道而废，毁弃成功，旋为贼资，以致复有今日。夫螂臂虽张，其技有限；蚁封虽密，其险可夷。以陛下神武，文武将士奉庙谟，督大众以临，蠢尔之寇，其势必克。第恐不戒前车，更贻后日悔耳。臣不胜款款之愚，谨以先事所当图揆，后事所当经略者，各条为三事，乞下之当事诸臣从事焉。一、崖黎三面郡县，唯东面连郎温、岭脚二峒。岐贼实当万州、陵水之冲。崖贼被攻，必借二峒东讧，以分我兵势。计须先分奇兵攻二峒，而以大兵径捣崖贼，使贼彼此自救不暇，莫能相顾，则歼灭可期。一、传闻贼首那燕已入凡阳，构集岐贼。此必多方误我，且讹言摇惑，以坚诸部助逆之心。宜有以开示安慰之，用解狐疑之党。一、黎无奸细，而能知我军机动静，则内辖土舍实为之由。各土官以贪暴失黎众心，故此辈反古黎而仇我，防杜转移，不可不慎。至于发军兴制，所贵不扰，首功之数，不可预定。凡此皆先事所当图揆者也。一、献馘之后，请招集新民，定以约束。兴学官，置子弟，严为挟弓矢兵械之禁，以渐易介鳞而衣冠之，久久当与内地无异矣。若复置之不为经略，恐兵兴无宁期，往事可殷鉴也。一、隋唐郡县舆图可考，今多陷入黎中，荡平之后，宜悉行恢复。并以德霞、千家、罗活等膏腴之地，尽建州县，设立屯田，且耕且守，仍由罗活、磨斩开路以达定安，由德霞沿溪水以达昌化。道路四达，井邑相望，非徒慑奸销萌，而王略盖开拓矣。一、军威既振，宜建参将府于德霞，联络州县，许以便宜行事，以镇安人心。其新附之民中犹有异志者，或迁之海北地方屯田，或编入附近卫所戎籍，如汉徙潳山蛮故事。又择仁明慈惠之长，久任而安辑之，则琼人受万世利矣。此皆后事所当经略者也。疏下兵部覆：其议甚当。诏悉允行。

[剿平四川叙州府戎、珙等六县“都蛮”]

兵部奏：四川叙州府戎、珙等六（乡）〔县〕，都蛮为害已十年。原任巡抚张时彻、应大猷，今巡抚严时泰相继运筹，乃克底平。计前后克寨一百八，毁营二百四十，俘馘首虏四百八十余。落卜等四乡余（蘖）〔孽〕，悉从抚定。请录诸臣劳绩。诏时泰升俸一级，并时彻各赏银三十两、纻丝二表里。大猷获功既多，才亦堪用，命吏部查议以闻。参将龚锐，指挥刘镗、王岫云，参政翁溥，佥事杨逢春、王三聘等赏有差。游击曹克新等准以功赎罪。

[诏张岳严督三省抚镇官协心征讨“叛苗”]

贵州巡抚都御史李义壮、巡按御史张雨各上疏言铜仁叛苗猖獗状，大段如总督张岳（祈）〔所〕陈，且参分守新仁抚苗参议杨儒、铜仁守备指挥胡宁、知府邹廷泽等罪。因言诸苗势连三省，非合兵一大创之，为患无已。上以苗贼久征不平，兹益猖獗，诏总督张岳，严部三省抚镇官，协心征讨。敢以抗挠偾事者，按臣论治其罪。夺儒等俸，令戴罪杀贼，事宁定夺。

明世宗实录卷三百五十二

九月

甲戌（初八日）［以调兵征“崖黎”，免广西太平等府正官来朝］

以委勘安南及调兵征崖黎，诏免广西太平、南宁、梧州、思恩各府正官来朝。

乙亥（初九日）［湖广川贵总督张岳奏请借支云南库银］

总督湖广川贵都御史张岳奏：贵州地接三省，岁用之需仰给湖川。今二省用兵，额运多缺。乞比正德年间征剿香炉山事例，借支云南库银接济，候事宁之日，如数抵还。户部议：以云南布政司所贮赃罚并盐价银四万两给之。报可。

明世宗实录卷三百五十三

十月

癸卯（初七日）［湖广川贵总督张岳奏征抚湖贵“诸苗”事宜］

总督湖广川贵都御史张岳奏：贵州频年困于诸苗，上下相蒙，以贼为讳，酿成骄恣，不容不讨。前已疏陈其状，第恐议者以山险贼劲，惮于用兵，则其所称制驭良策，不过曰抚，曰守，曰割地，以委土官，使自为守已耳。此皆似是而无当于事理也。往者布政使石简尝抚之矣，赐以鱼盐、牛酒、花币，又（许）〔计〕口而给之粮，冠带其酋首，衿弁其子弟，应其所需，如奉骄子。不旋日而又叛且掠矣！此抚为无益，徒养寇之明验也。往者掣兵之后，尝调汉土官军，戍小桥、毛口诸要害矣。二地孤悬贼巢，道路险远，馈饷不继。不逾月，土兵辄自散去。此守为无益，徒耗蠹之明验也。至若设立土官，割地自守，则湖贵诸苗，旧有所隶土官矣。当其纠结为难，固不能制，或力屈就抚，则非旧管不附。兹欲舍其旧而从其新，不惟诸苗未即甘心，亦恐旧管阴相煽激，致生他虞耳。今镇筸就抚诸苗，已听本管约束。独贵州、铜仁二处，其众不及二千。若分兵直捣其巢，歼其元恶，余党当必震栗。乃遣旧管往抚之，势必弭伏。于时招还流亡，使之复业，以厚土官之势，久则当自戢尔。故臣以为，必以兵力一大创之，然后抚可定，守可固。外此，则非臣之所能策矣。兵部覆：其议是，报如议。令总督、抚镇诸臣，协谋进讨。

戊午（二十二日）［黔国公沐融母弟巩袭爵，沐朝弼代政］

命故优给黔国公沐融母弟巩袭爵，与半禄优给。融病殁，融叔都督朝弼，以黔国（大）〔夫〕人陈氏疏请立巩。巩时甫三岁，朝弼代政如故，仍命朝弼及抚按三司官，护视巩成长，（奉）〔奏〕请领镇。

明世宗实录卷三百五十四

十一月

乙亥（初十日）［罢贵州巡抚李义壮回籍听调］

罢贵州巡抚都御史李义壮回籍听调。下提督清浪右参将铁冠湖广按臣逮治。以总督张岳劾义壮阴阻兵计，屡乏军兴，冠嗜利无度，损重辱师故也。

明世宗实录卷三百五十六

嘉靖二十九年庚戌（1550）

正月

辛卯（二十六日）［广西巡按萧世延奏本省军多失伍、田粮失额之状及补救之策］

广西巡按御史萧世延奏：本省军伍日耗，岁额多亏，二者皆将来缓急之虑。顾救弊不自其源，虽岁遣清军之吏，日（永）〔咏〕均赋之法，徒足扰民，无益于用。臣窃谓军多失伍，由谪军远戍，非死即逃，宜止于两广地方，随便谪发。不惟水土相安，且令有司易为勾理。至于田粮失额，当行抚按官清查。强僮占种不输租者，势豪逋欠，里胥诡奇飞洒者，有司催征不完者，悉治以法，仍募人开垦荒田，务足原额。疏下所司议可，俱行之。

明世宗实录卷三百五十八

三月

辛未（初七日）［以贵州苗人龙许保攻破印江县，处置偾事诸臣］

贵州叛苗龙许保袭思南府印江县，破之，虏知县徐文伯。因行劫朗溪司鬼溪等处以去。事闻，兵部奏请治偾事诸臣，总督张岳，原任巡抚李义壮，总兵白泫，思南府知府李梦祥，副使林斌，参议杨儒，参将石邦宪、李宗祐，守备张大儒之罪。上以苗寇日深，切责岳经略无状，并夺泫职，各令戴罪立功自赎。梦祥等下巡按御史问，义壮、宗祐、大儒候事宁之日奏处。

癸酉（初九日）［增设参将于崖州，弹压“蛮黎”］

提督两广右侍郎欧阳必进言：琼州孤悬海外，所属十三州县，地大且远，蛮黎蟠据其间，数持吏短长为变，非一副使所能弹压。请增设分守一人于儋州，参将一人于崖州，而复设一守备于琼州感恩，以为声援。兵部覆：增设参将当如议，守备不必设，第当择指挥知兵者充感恩把总，以防不虞。从之。寻命钦州守备署都指挥使俞大猷充右参将，往守琼崖。其分守官，以吏部覆其非计，已之。

明世宗实录卷三百五十九

四月

甲寅（二十日）［四川达思蛮长官司都纲头目等贡方物］

四川达思蛮长官司都纲头目番僧郎哈监藏等贡方物。宴赉如例。

壬戌（二十八日）［贵州苗人攻破印江县、石阡府，兵部议奏处置失事官员，赏有功官员］

贵州苗既破印江，月余又攻破石阡府，虏推官邓本中，焚掠帑藏、狱市，夺照磨所印，知府张邦瑞抱印逃。副使林斌、都指挥徐效节等兵入战，夺还所掠男妇五十人，斩首数百级。事闻，下兵部议奏：镇官张岳、李义壮、白泫先有处分，未尽其咎。邦瑞业以考察罢，仍与本中等俱逮问。其徐效节等功次，候覆勘行赏。得旨：岳住俸，亟遵前旨调兵剿贼。义壮、泫革职任听勘。余如议。

明世宗实录卷三百六十

五月

甲子朔（初一日）［太平等州、程番等长官司、宁戎巡检司各

遣人入贡]

太平、思州等州，程番、小平伐、新添等长官司，宁戎巡检司，各遣头目李闰等入贡。给赏如例。

明世宗实录卷三百六十一

六月

丁巳（二十四日）[故黔国公沐勋妻奏请送子入京]

故镇守云南总兵官黔国公沐勋妻李氏奏：故庶长男朝辅次子巩，蒙许袭祖爵。不幸四岁而孤，为庶次男朝弼所忌，常百计凌逼之。弱母幼儿，朝不保夕。乞如五世祖沐琮例，遣官护巩赴京，待其成长领镇，少图报效。得旨：沐巩孤幼，情词迫切，其令锦衣卫千户将巩母子行取来京，俟巩年长还镇。未几，巩病故，朝弼奏乞留母侍养。议者以远臣事可恕，复从之。所差千户取回。

明世宗实录卷三百六十三

七月

甲辰（十三日）[以“苗寇”“猖獗”，命贵州总兵沈希仪尽速赴任]

初，贵州苗乱，分守铜仁参将石邦宪坐印江、石阡失事逮问，以署都指挥佥事樊世鲸代之。至是，总督张（兵）〔岳〕奏：铜仁系苗夷出没之所，邦宪谋勇素闻，乞暂留本镇。其新任参将樊世鲸，止令驻札麻阳，防御湖广镇（草）〔筸〕一带。诏可。时贵州总兵沈希仪尚未赴任，称疾乞休。给事中任有龄言：今苗寇猖獗，如彼朝廷之属任希仪如此，乃壮士裹疮决命之秋，何暇言病？夫人臣之义，使不宿家，行不俟驾，平时且然，况军偬偬。九重日夜四顾，急如拯溺，而乃百计迟回，十旬高卧。有臣如此，将焉用之？乞显斥希仪赴任，如有推避，抚按官参奏重治。

庚戌（十九日）［湖广川贵总督张岳奏邻近土官以被掠居民斩级冒功］

兵部覆湖广（贵州）〔川贵〕总督右都御史张岳奏：比年苗贼为患，凡居民被掠者，辄为邻近土官所留，至调征之时，则斩级冒功。渐不可长，宜严行戒谕，今后能送出被虏人口，男子十六以上六十岁者一口准一功，老幼妇女二口准一功。赏银如例。有仍前不悛者，必置之于法。诏可。

丁巳（二十六日）［湖广川贵总督张岳奏土官立功如两广例叙赏］

总督湖广川贵右都御史张岳奏：川贵地方连岁多事，其土官宜如两广例，令其领兵立功。已实授者，查核功次，量加散官。未实授功多者，免赴京袭替。功少者，令就彼冠带，钤束夷民。事下兵部议：以土官保送袭替，乃累朝御夷之成法。今兵兴之际，固宜从权，然不得滥叙无功及未尝听调者。制可。

明世宗实录卷三百六十五

九月

辛丑（十一日）［湖广川贵总督张岳奏湖贵用兵经费浩繁，请诏各卫所官旗赴京比试者许纳银米免试，部议纳米纳银规则］

总督湖广川贵军务右都御史张岳以湖贵用兵经费浩繁，请诏各卫所官旗赴京比试者许纳银米免试，以济军储。部议：二方土利饶堉不同，各卫官军贫富亦异，定请为规则。如贵州指挥使捐米八十石，指挥同知七十石，指挥佥事六十石，正千户五十石，副千户、卫镇抚四十石，百户、所镇抚三十石，总旗二十石，小旗十五石。湖广指挥使一百石，指挥同知九十石，指挥佥事八十石，正千户七十石，副千户、卫镇抚五十石，百户、所镇抚四十石，总旗三十石，小旗二十石。俱运辰、沅、铜仁等仓。纳银者，每石折银五钱，赴各布政司交纳，转解给军。诏如议。

癸丑（二十三日）［广西桂林府瑶人杀阳朔知县，官军擒斩之］

广西桂林府瑶贼莫良朋杀阳（翱）〔朔〕知县张士毅，官军计诱良朋擒之，诏斩以徇。

［以擒“叛贼”劝奖赏安南应袭都统］

命两广提督侍郎欧阳必进等奖赏安南应袭都统莫宏瀷，以擒叛贼范子仪等功也。

明世宗实录卷三百六十七

十一月

己亥（初十日）［云南元江军民府土舍杀土官知府，令有司征剿之］

云南元江军民府土舍那鉴杀土官知府那宪，擅府事，惧朝廷见讨，密约交夷武文渊谋乱。抚按官胡奎、林应箕，总兵沐朝弼以闻，因请用副使李维、参政胡尧时督兵剿之，改设流官知府，以弭后患。章下兵部复：请令奎等调集土汉官军，相机征剿。维、尧时听便宜委用，仍悬赏格购鉴等（请）〔诛〕首恶，宥其协从者，余俟事宁议处。制可。

明世宗实录卷三百七十一

嘉靖三十年辛亥（1551）

三月

丙申（初八日）［湖广川贵总督张岳督集三省汉土兵“剿苗”奏捷］

总督湖广川贵右都御史张岳督集三省汉土兵分哨剿苗。湖广分栗凹、狗脑等七寨，四川分吕蜗、普杓等八寨，贵州分鬼提、麦地等十五寨，约以去年九月三日，三哨并进。至十一月终，贵苗三十寨俱破，共斩获六百余级，余苗多溃窜林箐及有凭险聚保者。兵乃进驻铜仁府，督兵搜剿。至今年正月间，人擒斩九百七十余级。乃以捷闻，谓自大举以来四月有余，擒斩贼且一千八百有余。其逃伏林箐饥饿死者且众。虽贼首龙许保、吴黑苗（木）〔未〕获，而其母妻子弟悉已就缚。其捕诛余寇，得穿山漏网入于土司地方者，计亦不多。时下春深，宜暂遣土兵归农，量留精粹旗军、打手，及附近土兵防守，并挨捕不服，招抚残党。其湖广蜡尔山诸苗寨纠同贵苗作孽，屡抚不从，怙终已甚。臣严行永、保、酉阳各土司合兵攻剿，地方暂平，其一应善后事宜，臣等酌议具奏。诏兵部知之。

明世宗实录卷三百七十二

四月

癸亥（初五日）［增设贵州铜仁府抚苗通判一员］

增设贵州铜仁府抚苗通判一员。

庚午（十二日）［龙许保、吴黑苗等突袭思州府城，责湖广任事之臣听抚之误，令其戴罪讨“贼”］

贵州铜仁苗寨既破，其贼首龙许保、吴黑苗等窜匿湖广。镇(阜)〔筸〕苗寨乃纠同蜡尔山、冷水溪及四川小平茶落寨苗，许保等亦约结残苗男妇七八十人，俱服土兵衣甲，诡言永、保二司兵出哨者，突入思州府。知府李允简方视事，执之，并知事王月谦、经历卢惠。劫狱出囚，尽攫仓库、居民财物，杀戮极惨，纵火焚烧而去。允简寻逸归，以忧死。巡按御史董威以其事闻，因参守土诸臣都御史任辙、总兵官沈希仪、参议刘望之、佥事俞冲、参将石邦宪等，俱失事当罪。且言除患者必追其所由，察恶者必究其所主。贵之苗患，蔓延而不息者，以湖广永、保，四川酉阳各土司以养苗为利，招藏泄漏，独贻患于贵州故也。而湖广任事之臣，始终执迷，以挠军门，而曰苗可抚。以今观之，其可抚与否，昭然明矣。盖今之任事者，即前之议抚者，不过期遂必抚之私，以饰前日之罪，而不顾贵州之害耳。惟陛下申诫都御史张（兵）〔岳〕，勿泥前议，期于必剿，仍削土司冠服，以彰朝廷威信，地方幸甚。得旨：苗寇攻陷府城，失事不细。贵州地方官并湖广不肯进兵之由，兵部会都察院该科，从公参究以闻。于是尚书赵锦等会都察院兵科参论，辄希仪等皆夺俸，戴罪剿贼，仍请切责张岳及檄湖广、贵州巡按御史，会勘湖广不肯进兵之由，即星驰具奏。至于永、保、酉阳各土司彭明辅、彭荩臣、冉玄，俱褫其冠带，令戴罪自効。大学士严嵩亦言：总督张岳前议调集汉土官兵十万，约会三省分哨进剿。又奏贵苗已剿，湖苗听抚，似为无事。今乃有此，据董威所奏，则由岳听抚之误也。盖苗寇虽分湖贵，其实巢穴相通，须并征剿，苗无所逃，方得平定。今湖苗初曰听抚，而不时出冲营寨。贵苗虽曰征剿，而首恶龙许保等未获，有且藏在湖苗寨内，同出攻劫思州。似此失事，张岳岂能辞责？但今用人方（息）〔急〕，本官在彼既久，事体已熟，未可轻易，宜姑示罚治，以责后效。上曰：朝廷设置总督，欲其事权归一，以尽除苗患。张岳原奏分哨进兵，又称湖苗听抚，乃今失事重大，即宜逮治。念系紧急用人，姑令以兵部右侍郎兼右佥都御史职衔，戴罪任事，仍与沈希仪俱住俸立功。任辙革职冠带办事。余失事人员，俱如拟逮问住俸。湖广听抚误事官，令巡按御史速查回奏。赵锦等不从实究论，又泛言塞责，何有计安地方之意？其自陈状以闻。锦等伏罪。上曰：尔等不思地方残破，酿成（臣）〔巨〕患，犹自朦胧掩饰，甚非人臣之道。锦及左都御史屠侨、都给事中何光裕，各夺俸三月。已，巡按湖广御史谷峤亦参论岳及湖广镇巡、该道与麻阳哨把总林泽等。得旨：地方诸臣轻信苗寇听抚，致贵州失事，法本不赦。念用人之际，姑令自劾。泽等及参议张景贤、副使刘天授、参政陶钦夔各住俸戴罪立功。原任巡抚屠大山亦住俸，仍以旧职巡抚地方，协力征苗，俟事宁并议。原任总兵李熙以去任弗问，仍夺禄俸半年。

丁丑（十九日）［兵科都给事中何光裕等言土官“党苗”情状］

兵科都给事中何光裕等言：南苗作孽，恃诸司土官为之党庇也。土官凭借威灵，据有名器，而敢怙终十纪养寇自殖者，总督大臣赏罚失当，无以震慑其心而制其死命也。诚降敕切责土官，悬分地之赏，严削夺之罚，而又令总督张岳稽核功过，以鼓舞之，则未有不为我用者矣。至于湖广、四川征苗官，宜令吏、兵二部，毋擅推用，俟事竣方许迁秩。（撤）〔撤〕兵之后，或总督不可常设，则以湖广麻阳、靖州等处守备，辰沅兵备，四川酉阳、平茶等司土官，俱隶贵州巡抚节制。汉土官兵亦听贵州总兵调遣为便。又知府李允简奋激捐躯，忠义当录。其余官吏被虏者，与居民受害者，悉宜查勘以恤其家。兵部议覆，得旨：土官党苗为患，不畏法度。总督官宜宣布朝廷恩威，令其擒斩首恶，有功一体加赏。如再违玩，革职削地不宥。三省干系用兵文武职官，不许擅推及夤缘差遣避事。允简死事，行按臣查奏优恤。余有拟行。

明世宗实录卷三百七十三

五月

壬寅（十五日）［裁革广东琼州府乌石等三驿，移牛岭巡检司

于乌石驿旧址]

裁革广东琼州府乌石、长岐、宾宰三驿，移牛岭巡检司于乌石驿旧址。从提督两广都御史周延奏也。

明世宗实录卷三百七十四

六月

乙亥（十八日）[元江府土舍那鉴戕云南左布政使徐樾，降敕切责沐朝弼等，令克期擒斩那鉴等]

先是，云南元江府土舍那鉴既杀土官知府那宪，朝廷屡命官审勘，抗不奉诏，益纵兵攻劫村寨。诏镇巡官调集汉土官兵讨之。于是镇守总兵官沐朝弼、巡抚都御史石简督调武定、北胜、亦佐等土汉兵，分为五哨，各监以二司官，以左布政使徐〔樾〕督饷。兵既集，朝弼、简进驻临安府，分部进兵，破（未）〔朱〕龙寨，招降甘庄，贼势渐蹙。那鉴乃遣经历张维及生儒数人，诣南羡哨监督佥事王养浩所乞降。时樾以督饷历诸哨至南羡，适与维遇，樾迂暗不知事，闻维言则谓鉴诚计穷畏死，欲自取以为功。乃与维约，翌日令鉴面缚出城，樾亲来受降。樾所亲信及养浩等咸谓夷诈不可信，樾不听，如期率百余人往。至元江南门外，鉴不出。樾方责问间，鉴纵象马夷兵，突出城冲之。樾及左右悉死，所领卒仅一二脱者，时四月十四日也。于是巡按御史赵炳然以其事闻，并参朝弼、简及养浩等，俱失事当罪。谓樾虽轻率败谋，心实为国，当恤。部覆，得旨：逆贼戕害守臣，失事官本宜重治。始念用人之际，朝弼降敕切责，令克期擒（斯）〔斩〕首恶逆党那鉴、张维等。简褫职闲住，养浩等各住俸戴罪剿贼，樾恤录如例。已，赠樾光禄寺卿，赐祭葬，录其子为国子生。

[苗人攻石阡府失利，龙许保被诱擒]

贵州（番）〔苗〕龙许保、吴黑苗等既破思州，复纠诸寨残苗，随同湖广蜡尔山苗，突出平头司，欲攻石阡府。不克，还过省溪，千户安大朝等，伏兵猫儿囤遮击之，斩获大半，尽夺其牛羊器械，于是残苗益惧。原任参将石邦宪乃购栗凹等顺苗麻得盘等，诱许龙保擒之。总督湖广贵州都御史张岳以闻，言：苗自去岁残破，亡死十七，碉寨毁焚，妻子戮系，残孽游魂，所余无几，而乃购结湖苗、不时扇动者，以首恶漏网故也。今兵威既振，许保乃为其党缚至军门，祸根以除，众心解散，地方兵祸可冀销寝。其龙许保宜械至京师，伏法市曹，以昭天讨。诏许保即于贵州枭之。其诸臣功罪，通候事宁核奏。

明世宗实录卷三百七十五

七月

丙申（初十日）［董卜韩胡宣慰使司加渴瓦寺差都纲头目等入贡，人数超额］

董卜韩胡宣慰使司加渴瓦寺差都纲头目容中五步儿入贡，宴赉有差。始（误）〔诸〕夷应贡者，例不过百五十人，至是乃有五百人。而以招抚为名者，复二百六十人，溢故额远甚。礼部申明旧例，请以百五〔十〕人为额数，给全赏，其余半给之。自后以例外至者，诫关吏无入。报可。

壬寅（十六日）［云南镇巡官沐朝弼等讨那鉴失利，遂班师，帝处置失机诸臣，并令沐朝弼会同新抚臣鲍象贤鸠兵讨“贼”］

云南镇巡官沐朝弼、石简既督集五哨兵环元江而壁。五月一日，令南羡哨督兵渡江，选路通哨、甘庄哨各精兵二千佐之。那鉴瞷知二哨精卒悉归南羡，潜遣兵象乘虚冲路通哨。我兵不意贼至，仓卒烧营走。监督参将郝维（兵）〔岳〕奔入甘庄哨，甘庄初望见路通火起，众心已惶骇。比维岳至，遂大溃，督哨副使李维亦遁。时是贼势甚炽，惟余南羡一哨逼城而军。武定府土官知府瞿民、宁州土舍禄绍先、广南侬兵头陆友仁等咸恨那鉴戕主夺嫡，誓死不退。督哨佥事王养浩因激奖之。翼日，鼓噪攻城，贼兵迎战，则大败。遂闭门不敢出，我兵围之，鉴乞降。我兵惩徐樾之败，不应。城中樵采路绝，拆屋而爨。斗米价至银三四钱，人畜多饿死。值瘴毒起，大兵乃复撤，期秋末征之。朝弼、简以其事闻，巡按御史赵炳然乃参论二哨失事诸臣之罪，以李维为首。维初不欲分兵，简强激之，则怒骂其使。简以是憾维，谓维受那鉴金，因沮败师，徒以成贼势，故炳然重劾维。给事中黄元白遂谓置维显戮。疏俱下兵部议覆：维当从重治，余功罪宜悉如御史言。得旨：维宪臣，乃甘贼贿偾师，罪在不赦，其先行革职，下按臣核实奏报。维岳褫其冠带，令戴罪自效。瞿氏、禄绍先、陆友仁等行抚臣厚加赏赉，仍给敕朝弼，会同新抚臣鲍象贤鸠兵讨贼，以靖地方。余悉如拟。

明世宗实录卷三百七十七

九月

己亥（十四日）［贵州思南等四府与都匀等三府、龙里等七卫所分由左右参议管理］

诏贵州思南、石阡、思州、铜仁四府，属新设抚（苦）〔苗〕（在）〔左〕参议管理。都匀、镇远、黎平三府，及龙里、新添、平越、清平、都匀、兴隆、黄平等七卫所，属额设右参议管理。

明世宗实录卷三百七十八

十月

癸未（二十九日）［广东高州府地震］

广东高州府地震，声如雷。

明世宗实录卷三百七十九

十一月

庚戌（二十六日）［镇守云南总兵官沐朝弼进银助边］

镇守云南总兵官沐朝弼，进银三千两〔助〕边。

明世宗实录卷三百八十二

嘉靖三十一年壬子（1552）

二月

戊寅（二十六日）［贵州宣慰使差官贡马过期］

贵州宣慰使安万铨差官贡马，贺万寿圣节。以过期给半赏。

明世宗实录卷三百八十三

三月

壬辰（初十日）［四川抚按官上茶政三事］

四川抚按官上茶政三事：一、茶法、水利原总属一佥事统理，后益以驿传，职守不专，以致奸弊日滋。请复旧规，改驿传属之协堂副使便。一、年例茶引五万道，额派黎、雅一万，松潘二千，余皆行之腹里。今黎、雅、松潘兴败浮于引（日）〔目〕，而腹里引目则常积于无用。请断自今年，分腹里茶引于黎、松二所，各视其原数倍之。一、番僧入贡赏茶，宜给以勘合照支，仍令所过关隘，严加盘验，以革夹带之弊。下户部覆：可，从之。

明世宗实录卷三百八十五

五月

辛卯（初十日）［四川九姓长官司、太平司土官等各差人贡马］

四川九姓长官司土官任钰、太平司土官黄明臣等各差人贡马。给赏如例。

明世宗实录卷三百八十六

六月

辛酉（初十日）［广东电白县地震］

广东高州府电白县地震。

己卯（二十八日）［广东海康等县风雨海潮成灾］

广东雷州府海康、遂溪等县风雨震雷。有火光如球，自西南起升至中天星散，海潮涨溢，坏官民庐舍及人畜田禾甚众。

明世宗实录卷三百八十七

七月

丙午（二十六日）［增贵州宣慰司儒学廪额］

增贵州宣慰司儒学廪（领）〔额〕为四十名，从巡按御史董威奏也。

明世宗实录卷三百八十八

八月

乙丑（十五日）［以“苗夷”未靖，免贵州思南、石阡等府正官来朝］

以贵州思南、石阡等府（番）〔苗〕夷未靖，免正官来朝。

明世宗实录卷三百八十九

九月

乙巳（二十六日）［以广西“瑶乱”，免桂林等三府、阳朔、荔浦等县正官入觐］

以广西瑶乱，免桂林、南宁、思恩三府及阳朔、荔浦等县正官入觐。

明世宗实录卷三百九十

十月

（己）〔乙〕亥（二十六日）［任辙卒］

原任巡抚贵州都察院右副都御史任辙卒。在贵州坐征苗无功革职，（官）〔冠〕带莅事。及卒，诏复原官，赐祭葬如例。

明世宗实录卷三百九十一

十一月

辛卯（十三日）［翁万达卒］

原任兵部尚书翁万达卒。赠太子少保，赐祭葬如例。万达，广东揭阳县人，嘉靖丙戌进士，历户部主事、员外郎中，广西梧州府知府，皆能其官。升广西按察使司副使，画赞督府蔡经讨平土舍，破左江断藤峡瑶蛮有功。升浙江右参政，改广西。平莫登庸之乱，称首功。

（乙）〔己〕亥（二十一日）［升石邦宪充总兵官，镇守贵州，兼提督平、清等卫］

升铜仁分守参将署都指挥佥事石邦宪为署都督佥事，充总兵官，镇守贵州，兼提督平、清等卫。

辛丑（二十三日）［湖广川贵总督张岳奏报“苗患”平息］

总督湖广（州）〔川〕贵兵部右侍郎张岳以擒获首恶，地方事宁奏报。诏三省巡按御史核实功罪，籍具以闻。初，岳于二十九年冬，督集三省兵，会剿诸苗，夷殄甚众。入春散兵后，遂以捷奏。是时，贼首龙许保、吴黑苗未获，乃借湖广蜡尔等寨苗兵，并其残党数百人，乘虚袭入思州，焚掠而去。朝议遂哗然，谓苗实未平，岳虚张功捷为欺诳。诏切责之，夺其右都御史职，岳殊自恨。未几，将石邦（虑）〔宪〕等（被）〔破〕群苗于猫儿囤，遂督兵于（龙）〔龙〕塘、鬼捷等地，穷搜山箐。余苗震惧，悉（求）〔束〕身听抚，献还所掳思州男妇、印信。俄而，生缚（能）〔龙〕许保以献。八月，湖广兵讨诸叛苗，平之，获其首恶李通海、苗羊仔等磔于市。于是苗情大定，恐恐奉约束，刻期入郡邑为市。其党有讼，亦出就官司质平，不敢复相仇杀，三（垂）〔陲〕晏然。且岁终，岳以黑苗未获，惩前思州事，未敢报。诸镇巡司道官与岳俱停俸如故。是年八月，邦宪以计购乌朗土官田兴邦等，斩黑苗囊首以献。黑苗初有众百余，悍鸷冠诸部。比临诛，惟余三人，悉歼之。自多故来，凡恶酋有名称者咸屠刈，无所漏脱，苗患自是遂熄。

明世宗实录卷三百九十三

嘉靖三十二年癸丑（1553）

正月

丁酉（二十日）［云南巡抚鲍象贤集土汉兵讨平元江“叛贼”那鉴］

巡抚云南都御史鲍象贤既至镇，调集土汉兵七万人，广集粮运，将克期分哨进剿元江，为必取计。逆贼那鉴大惧，仰药死。象贤檄百户汪辅入城，抚谕其众，众咸稽首奉命，擒斩戕土官知府那宪者阿捉，及杀布政使徐樾者曰光龙、光色首以献。鉴子恕输退所占那昕、封銮等村寨，并出所质镇沅府印，纳象十二只，代累岁逋赋。象贤命阖府官民，推那氏当立者，众举前土官那端从孙从仁。象贤乃疏言其状，请废恕，贷其死。命从仁暂统其众，加汪辅以千户职事督视之。其参政郝维岳、佥事王养浩，都指挥陈蘖、贺凤，守备贺景，始虽失事，继亦有劳，乞复其俸。兵部覆：如象贤议。从之。

(己)〔乙〕巳(二十八日)[张岳卒]

提督湖广川贵军务兵部右侍郎兼右佥都御史张岳卒。岳，福建会安人。正德丁丑进〔士〕，授行人……进右副都御史，总督两广军务。讨封川文德、大猾脑诸巢，平之。进兵部右侍郎。明年，平阳、怀远诸僮进攻马鞍、鱼窝，平之。召改刑部，为御史奏留，不果行。又明年，平连山僮，寻进右都御史。时镇筸、铜仁诸苗叛乱，朝议请遣大臣一人视师。诏以岳往。岳筹度苗情，谓前时主抚守皆非计。乃大集土汉兵，檄诸将分道进剿，斩获以数千计。会有思州之败，诏夺一官。未几，恶酋尽殄，首恶龙许保等前后就擒。三方底定，功未上而岳卒。其后，兵部核上其功，复右都御史，赠太子少保，谥襄惠，赐祭葬如例。

明世宗实录卷三百九十五

三月

戊戌(二十二日)[割雷、廉二府属海南右参将管辖，令左参将兼管韶、广]

两广提督侍郎应槚等言：岭西左参将驻肇庆兼管雷、廉，相去几二千里。控制既远，策应尤难。海南右参将驻琼州，与雷州隔海，直止五里，去廉州不及五百里。乞割雷、廉二府辖右参将，而令左参将兼管韶、广。兵部议复，从之。

明世宗实录卷四百一

八月

戊戌(二十四日)[官军进剿广西桂林、平乐瑶僮，至是讨平

之]

先是，广西桂林、平乐瑶僮据险肆乱，杀知县张〔士〕毅，伤百户曹恩，焚劫岁无虚月。提督两广侍郎应槚、总兵官顾寰督兵进剿。至是讨平之，凡擒斩四百八十四，俘虏男女三百四十四，牛马器械甚众。守臣以捷闻，并上佥事茅坤，参将王宠、朱昇，都指挥钟坤秀，参政张谦，百户吴通等功状。上嘉诸臣劳绩，命槚荫一子入监读书，仍与寰各赏银四十两、纻丝二表里。坤升二级，宠、坤秀各一级，昇银十两。谦已去任，升一级致仕。通等给赏有差。

明世宗实录卷四百四

十一月

甲辰（初二日）［湖广龙潭安抚司“土夷”起事］

湖广龙（浑）〔潭〕安抚司土夷黄俊、黄忠等作乱，占据奉节、云、万三县土田，聚党千余，杀土夷、居民以百数。总督侍郎屠大山以闻，并劾守备王（伦）〔纶〕，指挥杜过、李宏，及四川重夔兵备副使曾子拱，湖广参政王朝贤、副使孙宏轼失事罪。诏大山督两省官速行剿捕。王纶革任，杜过等停俸，曾子拱等戴罪任事，候事宁并奏。

丁未（初五日）［广西田州“伪孽”莫苇及土官岑施“构乱”］

提督两广军务侍郎应槚奏：广西田州土官岑芝死，子太寿方四岁，伪孽莫苇冒岑姓，及土官岑施相煽构乱。乞命思恩守备张启元，暂驻田州镇之。报可。

明世宗实录卷四百五

十二月

辛丑（二十九日）［补录张岳、万镗等湖贵平苗功］

湖广川贵巡按御史胡宗宪应宿麟、王本固奏：苗寇渠魁龙许保、吴黑苗就戮，余党悉平。戴罪诸臣，如总督侍郎张岳、巡抚都御史任辙，先已病卒。其湖广、四川、贵州抚臣屠大山、张素、王学益，兵备副使赵之屏，参将李英等七人，功俱尚录。参议刘望之、佥事龙遂、布政使周采等三十八人，参将石邦宪、守备吴时春等，亦当并录。先任都御史万镗，首议有劳，乞加叙荫。得旨：岳、（辄）〔辙〕准复原职，仍给应得恤典。大山、素、学益，各赐银三十两、纻丝二表里。之屏、英等升俸一级。望之、遂各银十五两，采等十两，邦宪二十两。时春等俱准赎。镗荫一子入监读书。

明世宗实录卷四百六

嘉靖三十三年甲寅（1554）

正月

戊午（十七日）［升湖广巡抚冯岳为湖广川贵总督］

升巡抚湖广右副都御史冯岳为兵部右侍郎兼都察院右佥都御史，总督湖广川贵军务。

明世宗实录卷四百八

三月

癸丑（十三日）［诏镇守云南总兵官沐朝弼袭封黔国公］

诏镇守云南总兵官沐朝弼袭封黔国公。初，朝弼父绍勋，娶夫人李氏，无子。妾贺氏生子朝辅、朝弼。绍勋卒，朝辅袭爵。生子二人，融、巩，夫人陈氏出也。朝辅卒，融、巩尚幼。诏许融承袭优给，授朝弼都督佥事，代镇其事。未几，融、巩俱夭，母夫人李氏奏请袭爵。事下抚按官勘实，许之。

辛酉（二十一日）［桂阳瑶人赵天通等起事，巡按朱瑞登以闻，令失机官员停俸戴罪视事，令抚臣亟图抚剿］

桂阳瑶贼赵天通等坐与居民舒廷昌争田，系蓝山县狱，久之得释。(文)〔天〕通遂聚众纠连山贼千余人作乱，拒伤官军。巡按御史朱瑞登以闻，因请治蓝山知县古时俊失出重囚，及守备郴桂指挥俞钟瑞等不能捍御之罪。诏时俊等各停俸戴罪视事，仍令抚臣亟图抚剿毋缓。

明世宗实录卷四百九

四月

癸酉（初三日）［湖广抚按官以辰州新建督府疏请兵费］

湖广抚按官以辰州新建督府疏请兵费。户部议：将该省邻近派剩秋粮，应天五千五百二十三石，徽州二千三百石，宁国八百石，太平一百六十三石，广德二千二百四石，池州七千八百石，江西二万六千二百一十石，俱改安庆、庐州二府，以抵湖广原运之数。从之。

乙亥（初五日）［湖广衡、永等处“盗起”］

湖广衡、永等处盗起，杀戮官民。巡按御史朱瑞登以闻，因请治失事官罪。诏下，指挥范烨、通判李初等吏，指挥胡用中等戴罪剿贼。

明世宗实录卷四百十

五月

丁未（初八日）［乌思藏辅教王等各差国师番僧贡方物］

乌思藏辅教王、阐化王、阐教王、大乘法王、大宝法王各差国师番僧札吧坚参等来朝贡方物，宴赉如例。

明世宗实录卷四百十一

六月

己卯（初十日）［云南安宁州地震］

云南楚雄府安宁州地震有声。

庚辰（十一日）［录擒剿四川“苗夷”功］

录擒剿四川苗夷碑曾等功。赏兵备副使陆稳、参议郑光溥银币。

癸未（十四日）［裁革湖广荆门等州县州判、县丞等员］

裁革湖广荆门州州判一员，靖州绥宁县县丞一员，郴、靖二州及远安、安化、枝江、兴山、巴东、石门、安乡、临（德）〔湘〕、华容、常宁、衡山、酃县、永兴、兴宁、桂阳、宜章、会同、卢溪一十八县儒学训导各一员，武昌县乌翎湖、孝感县注泉湖河泊所大使各一员，沔阳州汉津驿驿丞一员，宁乡县税课局大使一员，卢溪县河溪巡检司巡检一员。

甲申（十五日）［录四川地架、腊尔等处斩“贼”功］

录四川地架、腊尔等处斩贼功，升赏指挥石承弼等官军三百四人各有差。

戊子（十九日）［云南巡按黄中奏请禁止土官越境置田］

户部覆云南巡按御史黄中奏请，禁土官越境置田，以杜侵紊之端。复文官额，给马、丁，以均体恤之惠。俱从之。

甲午（二十五日）［兵部议覆云南土官承袭事例］

兵部议覆云南抚按孙世祐等言：土官传袭，固其先世有功，亦国家羁縻边徼，以夷治夷之法，不容废者。比岁保勘承袭，俱不及时。盖外则苦入京之烦费，内则处各族之仇争，故土舍多无爵秩，遇警征调，其部卒莫肯用命者。乞照（洪）〔弘〕治以来，土舍袭职纳米折银之例，量增其数，每石当银五钱。若从三品宣慰使，富者原纳米八百石，今增二百石，该银三百两。自知府而下，至检讨、典史、驿丞、盐课司副使，以次递加输。布政司类奏承袭，免其赴京。布政司每岁输银于部，转发太仆寺，贮以鬻马。其贫甚者，稍从减免。而富厚能赴京者，仍循旧规。其或先世有罪，而为之后者请袭，则视前所增倍之例，至四十年终止。诏可。

明世宗实录卷四百十二

七月

己亥朔（初一日）［金川寺演化禅师差人贡方物］

金川寺演化禅师差都纲头目番僧阿藏等，来朝贡方物，宴赉如例。

乙丑（二十七日）［总督张经奏调广西狼兵往浙、直御倭］

从总督张经奏，起原任贵州总兵白泫及广西都司都指挥邹继芳，俱充游击将军，往田州、归顺、南丹、东兰、那地，调狼兵五千人，合帅至浙、直御倭。

明世宗实录卷四百十三

八月

丁酉（二十九日）［改永宁宣抚司儒学总隶贵州］

改永宁宣抚司儒学总隶贵州。

明世宗实录卷四百十四

九月

己酉（十一日）［湖广抚苗参政被降二级别用］

命降湖广抚苗参政赵之屏二级别用，坐升任回籍日久，为巡抚冯岳所纠也。

明世宗实录卷四百十六

十一月

壬子（十五日）［敕令湖广川贵总督冯岳节制容美十四司］

诏更赐总督湖广川贵侍郎冯岳敕，令其节制容美十四司。初，容美土官田世爵与把隘土官向元楫累世相仇。元楫幼，世爵佯以解仇为名，遣女嫁之，谋夺其产，因诬元楫以奸。有司恐激变，令自捕元楫下狱。世爵遂发卒尽俘向氏，并籍其山场土田，皆没入之。久之，抚按知其谋，责与元楫对状。世爵不出，阴聚众自备，与罗峒叛舍黄中等通。于是湖广巡按御史周如斗奏请移荆南道分巡施州卫以便控制，掣回广西清浪等处轮戍官军以实行伍。疏下督抚冯岳等议：施州地势孤悬，不可久居，戍军亦非一时可尽掣，但当移荆瞿守备于施州，九永守备于九溪，仍申明旧例，以上荆南道守巡官更替巡历。至于世爵骄横，有司力不能摄治，而独久系元楫何为？今宜出元楫于狱，假督臣节制容美之权，问世爵抗违之罪。若再不悛，即绳以国法。兵部覆奏，从之。

明世宗实录卷四百十七

十二月

庚午（初四日）［四川播州宣慰使差人贡马］

四川播州宣慰使杨烈差长官都春等来朝贡马。给赏如例。

甲戌（初八日）［命调永顺、保靖宣慰司土兵赴苏松剿贼］

命调永顺宣慰司彭明辅、保靖宣慰司彭荩臣各帅所部土兵三千人，前赴苏松剿贼。先是，总督张经议调广西狼兵及湖广民兵，尚未至，而苏松自十月后，新倭继至者又万余人。经至是告急，因复以调兵请。许之。

乙亥（初九日）［湖广、四川守臣诱擒龙潭安抚司“叛夷”黄俊及其党，施州平］

湖广、四川守臣诱擒龙潭安抚司叛夷黄俊及其党李仲实等。俊子中，诣军门降，施州平。初，俊据支罗洞寨，贪暴不法，以睚眦杀人，坐告系狱。会白草番反，中因为父请贳罪立功，及自求为副。安抚黄轨后、指挥杜过入其贿，为言于军门，许之。俊出，益骄，乃与中及群盗李仲实等逆命，横行四川奉节、云阳、万县间。

官军捕之，反为所败。至是，副使熊逵、参议万文朝、佥事陈其乐等计擒俊与仲实等。俊死狱中，中惧，肉袒诣同知田助降，执俊余党谭景雷等自赎。抚按官以闻，上从部议。俊追戮枭示，仲实等论斩，中免死谪戍，过等俱下御史问。逵等各赏银十五两、一表里。助与府县官，各赏银十两。

明世宗实录卷四百二十

嘉靖三十四年乙卯（1555）

三月

己亥（初四日）［增设云南姚安府通判一员，裁革广西府通判一员］

增设云南姚安府通判一员，于石崖驻札，督捕盗贼。裁革广西府通判一员，移赤石崖巡检司于温册村。

庚子（初五日）［贵州、四川、广西三省苗人起事，贵州总兵官石邦宪等督兵雕剿，诸苗听抚，事闻，赏有功官员］

先是，贵州台黎等寨苗贼苗关保首乱。四川之容山苗高伏等，广西之洪江生苗，相煽并起，流劫三省。守臣屡行抚剿未定，至是三月余矣。贵州总兵官石邦宪等督调湖、贵二省官兵，分部雕剿，俘斩七十八人，遂檄谕十八寨苗，许其执渠首赎罪。于是诸苗听抚，设盟受约束而还。事闻，诏赏邦宪银三十两、纻丝二表里，总督冯岳、巡抚张鹗翼各二十两、一表里，兵备副使刘望之而下各赏银币有差。

癸卯（初八日）［平湖广蓝山县起事瑶人］

湖广蓝山县瑶贼平。督抚官冯岳等论奏诸臣功罪，诏赏参议胡尧臣等币有差，革千户陈孟元任。

甲寅（十九日）［敕分守湖广镇筸参将移驻五寨长官司］

敕分守湖广镇筸参将，悉提所部汉土兵移驻五寨长官司。初，大征湖、贵苗，设分守镇筸参将一员，驻札麻阳，去乾州、五寨各越百里外，以其遥制之难，苗情间作不靖。至是，乌牌寨苗龙亚七等以仇执镇溪所千户宋钦。总督湖广川贵侍郎冯岳等因言，五寨系湖、贵接壤，寸土皆苗，宜移镇筸参将驻此，适麻阳、乾州之中，以便控制。且寨东有蜜（峰）〔蜂〕寨，西有牛拗脚，又诸苗出入之冲，宜各立哨堡一座，分兵防守。兵部覆其议便，从之。

明世宗实录卷四百二十一

四月

戊辰（初四日）［广西田州土官妇瓦氏领兵应调至苏州］

广西田州土官妇瓦氏引土狼兵应调至苏州，总督张经以分配总兵俞大猷等杀贼。奏闻，诏赏瓦氏及其孙男岑大寿、大禄各银二十两、纻丝二表里，余令军门奖赏。

辛巳（十七日）［湖广容美宣抚司土官献大木］

湖广容美宣抚司土官田世爵献大木五十根，备承天工所应用。诏赐银二十两、彩段二表里奖之。

壬午（十八日）［云南丽江军民府故土官知府男袭职］

诏云南丽江军民府故土官知府木公男高袭职。

癸未（十九日）［永顺宣慰司官舍彭翼南、保靖宣慰使彭荩臣等各统兵至松江］

永顺宣慰司官舍彭翼南、保靖宣慰使彭荩臣各统土兵三千名，及致仕宣慰彭明辅、官生彭守中等报效兵二千名，俱至松江。

甲申（二十日）［游击白泫及田州瓦氏兵遮击柘林倭寇，败溃］

柘林巢贼分众三千余过金山卫，总兵俞大猷督游击白泫及田州瓦氏兵遮击之。贼鼓众来冲，我兵大溃，死亡无算，贼遂奔犯浙江。

戊子（二十四日）［保靖土兵攻破三丈浦倭寇贼巢］

三丈浦倭贼分众掠常熟、江阴村镇。兵备任环督保靖土兵千余，及知县王铁、指挥孔焘分统官民兵三千，攻其巢破之，斩首百五十余级，烧贼舡二十七只。余贼奔江阴。

明世宗实录卷四百二十二

五月

甲午朔（初一日）［保靖、永顺土兵浙江抗倭，获王江泾大捷］

柘林倭合新倭四千余人突犯嘉兴，总督（强）〔张〕经分遣参将卢镗等，督（粮）〔狼〕、土等兵水陆击之。保靖宣慰使彭荩臣与贼遇于石塘湾，大战败之。贼遂北走平望，副总兵俞大猷以永顺宣慰司官舍彭翼南兵邀击之。贼奔回王江泾，保靖兵复击急其后，贼之大溃。诸军共擒斩首功凡一千九百八十人有奇，溺水及走死者甚众。余贼不及数百，奔归柘林。自有倭患来，东南用兵，未有得志者，此其第一功云。

己酉（十六日）［诏锦衣卫遣官校逮总督张经］

诏锦衣卫遣官校逮总督南直隶浙福军务右都御史张经及参将汤克宽，械系来京问。以侍郎赵文华劾其畏巽失机、玩寇殃民故也。倭自去岁据松江柘林、川沙洼二处为巢，纵横肆掠，周回数百里间，焚屠殆遍，水陆兵无敢近者。本年三月初，广西田州土官妇瓦氏及东兰、南丹、那地、归顺等州狼兵六千余名，承经调治。狼兵轻慓嗜利，闻倭富有财货，亟欲取之。居民亦苦倭寇暴，朝夕冀幸一战。文华既至嘉兴，屡趣经亟檄狼兵剿贼。经曰：贼狡且众，今檄召四方兵，独狼兵先至耳。此兵勇进而易溃，万一失利，即骇远近观听。姑俟保靖、永顺土兵至，合力夹攻，庶保万全。文华再三宫经，终守便宜不听。文华乃疏言，经养寇糜财，屡失进兵机宜。

惑于参将汤克宽谬言，欲俟倭饱载出洋，以水兵掠余贼，报功塞责耳。宜亟治，以纾东南大祸。疏至，上以问大学士严嵩。嵩对具如文华言，且谓苏松人怨，经不可复留，宜与（充）〔克〕宽俱逮京鞫讯，以惩欺怠。经、克宽遂并得罪。寻升巡抚应天右佥都御史周珫为兵部右侍郎，仍兼原职，代经总督。

庚戌（十七日）［参将卢镗督兵攻倭，胜于张庄，败于后港］

参将卢镗督百户上江等兵及宣慰彭荩臣土兵、四川指挥陈元正蜀兵，攻倭于张庄。贼见兵众，闭垒不敢出。元正以兵挑之，贼出战。诸军四面攻击，纵火焚其垒，贼奔（逊）〔遁〕，我兵追击之。及于后港，贼反军迎击，诸军皆溃。

乙卯（二十二日）［苏松兵备任环督兵败倭于陆泾坝］

苏松兵备任环督总兵俞大猷等官兵，及永顺官舍彭翼南等土兵、苏州府县乡兵，进攻陆泾坝贼，败之，斩首二百七十有奇，焚贼舟三十余艘余。贼奔溃。

丙辰（二十三日）［以王江泾之捷命赏永顺宣慰彭翼南等］

察视浙直军务侍郎赵文华上疏报捷。谓前月倭犯嘉兴城，御史胡宗宪先中以药酒，击败之。俞大猷率永顺宣慰彭翼南等又败之于王江泾，擒斩千余人。参政任环又败之于常熟，斩首一百五十级，焚其舟二十七。而金山卫等处斩获亦不下二百。贼众荡平有期矣。兵部言：据此捷奏，兵威稍扬，人心正奋。然在浙江，则余党未遁；在松江，则旧巢犹在。宜乘胜逐北，以靖地方，请先赏将士用命者。上命赏永顺宣慰彭翼南等四人银各二十两、纻丝二表里；余令军门颁赏。

明世宗实录卷四百二十三

六月

丙子（十三日）［江阴县知县统“狼民兵”御倭寇，殉职］

倭进据江阴蔡泾闸，分众犯唐头。知县钱錞统狼民兵御之，遇贼于九里山。时已薄暮，雷雨大作。贼伏兵四起，狼兵悉奔，惟余錞及民兵八人，尽死于贼。巡按御史周如斗上其事，诏赠錞为光禄寺少卿，荫一子国子生。赐祭一坛，立祀死所，有司岁时享祀。

癸未（二十日）［以陆泾坝之捷敕奖保靖宣慰彭荩臣等］

察视军情侍郎赵文华言：始者，贼绕松江也，宣慰彭荩臣等与贼相持十昼夜。贼遁苏州，荩臣及俞大猷、任环合兵追之于陆（经）〔泾〕坝，斩首五六百级。兵势稍振，顷二司兵失利，而贼遂散逸。一犯常州宜兴，一犯湖州长兴，势复猖獗。良由我兵寡势分，士气不扬耳。臣以为荩臣等报效之勤，宜势寇至苏州，我军尽亡大路，委诸贼中。而又海上福沧等舟七十余艘，皆为贼毁。臣以为诸臣失事之罪宜问。兵部覆议，上命降敕奖励。彭荩臣、彭明辅各赐银二十两、纻丝一表里，官舍彭翼南准实授，生员彭守忠与给冠带。其福沧兵船被毁失事，令按臣核实以闻。

明世宗实录卷四百二十四

七月

癸巳朔（初一日）［讨平四川宜宾县“夷民”“诸巢”］

初，四川叙州府宜宾县肆圄夷民阿康返等恃险为乱，有司虑得罪不闻。久之贼势盖炽，众至数千人，焚屠（材）〔村〕镇。巡抚张臬督佥事焦希、程臬土汉兵二万余，讨平之，擒康返，诸巢皆破。武生刘显、安得禄战甚力。显所生擒（省）〔首〕恶三人，斩首五十余级，以是遂知名于时。臬以其事闻，诏赐臬银三十两、纻丝二表里，升俸一级。巡按御史段锦银十两、纻丝一表里。升希、程秩二级，授显秩二级，给得禄冠带。余颁赏准赎恤录有差。

己酉（十七日）［川贵总督冯岳等平播州李保之乱，上善后四条］

初，四川播州宣慰杨烈仇杀长官王黻。黻党李保等治兵相攻，剽掠民夷，为害且十年。至是，总督川贵侍郎冯岳督总兵石邦宪讨平之。岳俱以闻，且陈播州善后（世）〔事〕宜有四：一、建立哨堡，以（厄）〔扼〕险阻。欲于三省接（瓖）〔壤〕民苗之冲，若四川余庆之（是）〔走〕马坪、播州之三渡关、贵州石阡之龙泉司，各立哨堡一座。于重庆、偏桥等卫，委指挥三员，督兵防守。一、更置参将，以便统驭。欲拟铜仁参将于石阡，移思（右）〔石〕守备于龙泉，控扼播州，犬牙相制。一、添设流官，以肃政纪。言播州土民，苦所司掊克，请增设重庆府通判一员，驻札龙泉，抚顺该州民夷，督理粮税。一、责成该道，以时巡历。谓重夔兵备、川东守巡，宜更番时按播州，弹压边镇。兵部议覆，上嘉岳功，诏荫一子为国子生。贵州巡抚张鹗翼升俸一级，并四川巡抚张臬、湖广巡抚汪大受各赏银三十两、纻丝二表里。邦宪及副使刘望之、佥事刘景韶、都指挥何自然各升一级。副使赵希夔升俸一级。余俱如拟。

丁巳（二十五日）［总督张经上疏辩陈督土狼兵等抗倭实情，不报］

总督直隶浙福军务右都御史张经、浙西参将汤克宽逮系至京。诏下法司议罪，经上疏自理曰：臣自昨岁十二月，受总督之任，于时倭方盘据柘林、川沙洼，其众且二万余。吴会民兵脆弱，无可制御，臣乃奏调（由）〔田〕州、东兰、那地、南丹、归顺等州狼兵五千名，永顺、保靖二宣慰司土（千）〔兵〕六千名，盖欲合力并势，为必胜之算尔。今岁三月初，田州土官妇瓦氏及东兰等州官舍各兵继至。臣从宜分布，以瓦氏其配总兵俞大猷，屯金山卫，为捣巢西路。以东兰、那地、南丹三州兵，配游击邹继芳，屯闵行，为捣巢北路。以归顺兵及募至思恩兵、广东东莞打手，配参将汤克宽，屯乍浦，为西路右哨。各令相机战守。及三月末，侍郎赵文华至松江，大赉诸将，趣令进讨。然远调之兵，新至之将，贼情地利皆所未谙。游击白泫以田州兵千余往探陆哨，遇贼伏卒，杀其头目钟富，损兵大半，则狼兵之不宜骤用明矣。及四月二十日，永顺、保靖兵至，（具）〔是〕日巢倭四千余，突犯嘉兴。臣即委参将卢镗，督保靖兵援嘉兴；委俞大猷督永顺兵，由抑湖间道趋平望，以扼贼路；令汤克宽引舟师，从中击之。一战而胜，凡斩馘一千九百有奇，焚溺死者无算，贼气遂馁。此臣日夜苦心审几（虏）〔虑〕胜，岂有一毫怠事之念哉？自臣莅任方半年，前后俘斩且以五千计。惟是智略（䬸）〔浅〕短，不能使积年剧寇，俄顷扫荡，此则臣之罪也。疏入，不报。经、克宽竟论死系狱。

明世宗实录卷四百二十五

八月

癸酉（十一日）［以灾伤免贵州铜仁等六府、独山等五州县及凯里安抚司、龙泉等十四长官司正官朝觐］

以灾伤免贵州铜仁、石阡、思南、镇远、黎平、都匀六府，独山、麻（合）〔哈〕、镇宁、婺川、印江五州县，及凯里安抚司、龙泉等十四长官司正官朝觐。

明世宗实录卷四百二十七

十月

己卯（十八日）［令贵州乡试不再附科湖广五卫、四川永宁宣抚司］

先是，贵州开科，附以湖广五卫。无何，又以四川永宁宣抚司学附焉，未尝限其名数。由是四方游食逋罪生儒，皆冒五卫、永宁籍求试，贵州生儒亦既憎之。其后，云南、广西学校近贵州境者，且复求附科。至是，御史孙襄请行禁（正）〔止〕。部覆，报允。

令贵州乡试，不得复请附科五卫、永宁，中式勿得过三名。

壬午（二十一日）［直隶巡按周如斗奏言苏松抗倭军务事宜］

巡按直隶御史周如斗言：方今苏松流突之寇已殄，屯聚之寇，其势已孤。诸军宜乘胜并力，灭此余烬，不宜迁延养寇，使巢成谷登，新倭代至，复致曩者柘林之患。且近日直隶斩获，悉本地乡兵之功。其狼、苗二兵，自浙江衄败后，一无足用。苗兵前犹有王江泾、娄门之捷，若狼兵则徒扰地方，无纤毫战守力。至于川兵，虽未见可用与否，第万里趋调，东西异宜，恐亦未足恃也。近取用原任总兵何卿、沈希仪，以其知兵，令督率川广调至之卒，展（刀）〔力〕取效，顾皆昏眊衰愞，一筹莫（惜）〔措〕。近日功捷，二人者绝无所与，将焉用之？请罢遣二臣，并停征兵之令。申饬督、抚诸臣，督励乡勇，亟除残寇。上曰：地方残寇未靖，令督、抚等官速计剿绝。卿及希仪，令革职回卫闲住。

明世宗实录卷四百二十九

闰十一月

癸亥（初二日）［诏赐保靖、永顺宣慰三品服色］

诏赐保靖宣慰彭荩臣、永顺宣慰彭翼南三品服色，调令统兵剿贼。

癸酉（十二日）［蜀中土汉兵击倭于嘉定，两战皆败］

川兵游击曹克新击倭于嘉定之高桥，斩首二十八级，鏖战自辰及未，酉阳兵先溃，诸军遂败。越二日，克新复督蜀中土汉兵，分三哨追剿。左哨天全土兵及�连弩手奋统冲贼，迎斩七十余级。右哨酉阳、邑梅等兵复溃。我（运）〔军〕遂乱，为贼所乘，杀大渡河千户李灿、成都卫百户郑彦昇，川兵伤亡及溺死十四，诸军夺气。

明世宗实录卷四百三十一

嘉靖三十五年丙辰（1556）

正月

壬戌（初二日）[敕令黔国公沐朝弼仍节制土汉诸军]

赐黔国公沐朝弼敕，令其节制（玉）〔土〕汉诸军，抚按官不得擅调，诸司白事及移文、谒见礼仪，俱先镇守而后抚按，违者以名闻。初，朝弼自都督袭封，又先以事被勘。有司薄其为人，稍夺之事权。至是，援父祖例许之。

癸亥（初三日）[容美土司田九霄等兵歼灭倭寇一部]

福建倭寇流入浙江界，与钱仓寇合。原任留守王伦督容美土司田九霄等兵，扼之于曹娥江，贼不得渡，还走。官军追及之，于三江民舍连战，斩首二百级，复追至黄家山尽歼之。

明世宗实录卷四百三十二

二月

己亥（初十日）[罢总督杨宜]

罢总督南直隶浙福军务南京兵部右侍郎杨宜。先是，三十四年十二月，苏松兵备任环、都司李经、守备杨缙率永顺、保靖土兵追剿新场倭寇。时贼众二千人，皆伏不出，而诈令人举火于数里外，若将引去者。保靖土舍彭翅引军先入尝之，不见一人，于是永顺头目田菑、田丰年等争入。伏起，我军四面为贼所围，翅等与其所部俱死之。御史邵惟中以闻，因言旬月之内，酉阳、永顺兵再战再北，皆由督抚经略失宜，将领观望畏怯所致。乞饬宜与都御史曹邦辅，俾无再误，而究治环及经、缙，并褒恤翅、菑、丰年等。得旨：宜调兵万余，不能平贼，屡失机宜，今又多所亡失，大负委任，姑革任回籍闲住。邦辅、环、经俱夺俸，戴罪剿贼。翅等各赠一官，仍赐以棺殓具。

戊午（二十九日）［以官军败绩，杨宜、曹邦辅被参劾］

巡按直隶御史周如斗以正月（官间）〔间官〕军御倭，败于四桥事闻。因参总督侍郎杨宜、提督都御史曹邦辅轻率寡谋，致川兵败于东沟，苗兵败于新场，东兵、葫兵败于四桥。乞将宜罢黜，邦辅罚治。

明世宗实录卷四百三十三

三月

壬戌（初三日）［以浙江黄家山捷，录容美应袭宣抚田九霄等功］

总督胡宗宪以浙江黄家山捷闻，请录容美应袭田九霄、舍人田九章及原任留守王伦功。上从部拟，命九霄袭宣抚职，以红纻衣一袭赐之。九章给冠带。伦复原官，仍将兵杀贼。

明世宗实录卷四百三十四

四月

丙午（十八日）［革铜仁守备张铉职，以贵州平越卫千户安大朝代之］

革铜仁守备张铉职，下总督按问，以贵州平越卫千户安大（臣）〔朝〕代之。先是，二月十一日，川、贵叛苗千余人攻瓮必、猫儿等寨。铉婴城自守，独大朝与战，却之。于是贵州抚臣言，大朝素为诸夷畏服，宜使代铉，而按铉罪。兵部覆请，从之。

明世宗实录卷四百三十五

五月

戊午朔（初一日）［以王江泾平倭功诏进保靖、永顺宣慰使官阶］

巡按浙江御史赵孔昭上王江泾平倭功次。诏赏赵文华、胡宗宪各银四十两、纻丝二表里，进保靖宣慰使彭荩臣、永顺宣慰应袭官舍彭翼南阶，俱昭毅将军……

明世宗实录卷四百三十八

八月

辛亥（二十五日）［官军大破海寇徐海等于梁庄，浙、直倭寇悉平］

官军进剿海寇徐海等于梁庄，大破，平之。初，海既缚献陈东等，退屯梁庄听抚。时索舡索赏，进退未决。其部众无所得食，稍稍出营卤掠。至是，官军四面俱集，保靖、容美兵自金山至，永顺兵自乍浦至。赵文华遂欲乘势剿海，执海众劫掠为词，使人责问之。海知有变，乃阻深堑自守，为迎战备。信好既绝，我师遂薄贼营，会大风，纵火，诸军鼓噪从之，海等穷迫，皆阖户投火中，相枕籍死。于是浙、直倭寇悉平。

明世宗实录卷四百三十九

九月

己未（初四日）［以水旱相仍，免湖广武昌诸府、靖州诸州、武昌诸卫所，并五寨、九溪宣慰长官诸司秋粮、屯粮］

以湖广武昌诸府、靖州诸州、武昌诸卫所，并五寨、九溪宣慰长官诸司，各水旱相仍，免秋粮、屯粮有差。

辛酉（初六日）［四川播州宣慰使遣人贡马］

四川播州宣慰使杨烈遣人贡马贺圣节。给赏如例。

戊寅（二十三日）［四川董卜韩胡宣慰司、别思寨安抚司、乌思藏朵甘思宣慰使司、直管招讨司、乌思藏护教王各贡方物］

四川董卜韩胡宣慰使司遣国师领占札什等，别思寨安抚司遣禅师吊瓦容中等，乌思藏朵甘思宣慰使司遣寨官札失卧紫等，直管招讨司遣国师呾叭坚锉等，乌思藏护教王遣国师锁南岭直等，各贡方物，宴赉如例。

明世宗实录卷四百四十

十月

丁酉（十二日）［论川、贵、湖广讨平播州起事苗人功］

论川、贵、湖广讨平播州苗贼卢阿项等功。升总督军务侍郎冯岳为右都御史，兼兵部右侍郎。总兵官石邦宪署都督同知，总督镇守如故。湖广参政林懋和、四川副使雷逵各一级。贵州副使刘望之等、参将李英等各俸一级。参将徐效节、宣慰安万铨而下各赏银币有差。土舍蒙继武等三人免赴京，金凤免纳银，俱令就彼冠带。

明世宗实录卷四百四十一

十一月

丁丑（二十二日）［“峒贼”陈以明等起事，广东官军讨平之］

广东官军讨峒贼陈以明等，平之。督抚侍郎谈恺以捷闻，因追论佥事林璧等失事之罪。诏荫恺一子为国子生，加总兵官靖远伯王瑾太子太保，参政王国祯而下文武官，各升赏有差，璧革职闲住。初，广东新宁、新会、新兴、恩平之间，皆高山丛箐，径道险仄，奸民亡命者，辄窜入诸瑶中，吏不得问。久之，众至万余人，推以明为王，号承天霸王，流劫高要、高明、阳江、德庆等处，官军讨之数败。是年春，恺等乃檄诸路土目兵进剿，破之，斩其骑将伪飞虎将军伍廷章等，乘胜入贼巢，斩以明及伪指挥白德元等。官军遂分道攻各巢，俱平之，生擒伪北峰侯李元良等，共前后擒斩五百五十有奇，余党听抚者二千五百余人。

明世宗实录卷四百四十二

十二月

己亥（十四日）［御史奏永顺、保靖土兵自浙江平寇还，所过“肆掠商民”，帝令今后不得轻调客兵］

永顺、保靖二宣慰司兵自浙江平寇还，骄甚，无复纪律，所过肆掠商民，缘江上下多被焚劫者。御史屠仲律以闻，请治诸将彭荩臣、彭翼南罪。兵部议覆：荩臣等平贼有功，新受恩赏，遽加罪黜，恐孤远人效劳之意，止宜口责之，并治其部兵之首乱者。得旨：土兵沿途骚扰，本宜治罪，但念杀贼获功，荩臣等姑勿问。今后浙、直督抚官各遵前旨，团练乡兵御贼，不得轻调客兵。

明世宗实录卷四百四十四

嘉靖三十六年丁巳（1557）

二月

己酉（二十五日）［设参将衙门于广东新兴县，以岭南道兵备辖南、韶二府州县］

兵部覆提督两广侍郎谈恺奏：广东新兴县塘宅堡为广、肇二府喉舌之冲，瑶贼出没之地，宜修筑城垣，创建参将衙门，令参将钟坤秀，移兵屯驻其地。又，广、肇二府地方旷远，山峒联络，兵备官督理难周，宜如御史戴璟议，以岭南道兵备兼分巡，辖南、韶二府，并广州府属连州连山、阳山、清远一带，相连州县卫所。以岭南道分巡官兵备，辖广州府及所属番禺、南海、东莞、三水诸县及各卫所，各就近督理行事。从之。

明世宗实录卷四百四十五

三月

戊午（初五日）［麻寮、桑植二司兵攻克舟山倭巢］

江南自乍浦、沈庄捷后，浙、直之倭悉靖，唯宁波府定海、舟山倭据险结巢，我兵环守之不能克。是时，土兵、狼兵及北兵、葫兵悉已遣归，而川、贵所调麻寮、大剌、镇溪、桑植等兵六千人始至。总督胡宗宪乃留防春汛，分布浙、直要害，而简麻寮、桑植二司杀（于）〔手〕几百人，隶总兵俞大猷，令经营舟山之贼。会十二月二十日夜大雪，大猷乃督兵官及桑麻兵，环巢四面（改）〔攻〕之。贼悉锐出敌，杀土官莫翁送，诸军益怒竞进，贼大败，归巢拥栅自固。我兵积薪草以棕蓑卷火掷之，贼四散溃出。诸军共斩首一百四十余级，余悉焚死，被掠男妇得出者百余人，贼遂平。捷闻，上命赏宗宪及巡抚院鹗银四十两、彩段二表里。升大猷署都督同知，兵备副使王询官一级。赏都指挥路良、把总指挥张四维银十两。桑植安抚向仕禄、麻寮千户唐臣，各与四品服。赠翁送为安抚，给葬如例。

明世宗实录卷四百四十七

五月

癸亥（十一日）［大学士严嵩奏言川、湖、贵三省采木事宜］

大学士严嵩言：臣查得先年采木，用大臣二员，一在四川，一在湖、贵，但木产多系三省连界，彼此互争采买，反致嫌隙。彼时即已并为一员，今次差去大臣，专在荆州适中去处总理，而以时巡历三省，会同各巡抚官计议采办，又添设郎中二员、副使二员，分省专理，听大臣节制。此处亦当矣。

明世宗实录卷四百四十八

六月

乙酉（初四日）［官军击倭于安东县，参将率苗兵直前冲贼］

淮扬兵备副使于德昌督水陆兵击倭于安东县。参将刘愿率苗兵直前冲贼，亲斩其渠首，贼众披靡。诸军鼓噪继进，贼走争舟，我水陆兵夹击之，斩首百余级。贼多焚溺死者，余众乃驾舟奔遁，退泊于云梯关，寻自刀门港遁。

明世宗实录卷四百五十

八月

癸卯（二十三日）［采木工部右侍郎刘伯跃条陈大工事宜］

采木工部右侍郎刘伯跃条陈大工事宜：一、酌处木价。将户、工二部开纳事例，令就本省输纳，以资价值。一、分任责成。将分派木数，责令该管守巡，严督所属掌印官，刻期报运，及将各巡抚、布政使司，久任协力采办，以便责成。一、申明旧例。先年都御史潘鉴因庙建，题请土官献木恩典，以购大木……并将前项献赎恩例，通行两广、四川、云、贵凡有土官之处。工部复议，从之。

明世宗实录卷四百五十一

九月

壬子（初二日）［长宁安抚司、韩胡碉恰列寺等入贡］

长宁安抚司并韩胡碉恰列〔寺〕等各差都纲、头目麻儿列等入贡，宴赉如例。

明世宗实录卷四百五十二

十月

丙午（二十七日）［四川播州宣慰使差长官贡马］

四川播州宣慰使杨烈差长官杨宠等贡马，补贺万寿圣节。给赏如例。

明世宗实录卷四百五十四

十二月

庚寅（十一日）［两广汉达官、军剿平扶藜、葵梅等山“峒贼”］

广东扶藜、葵梅等山峒贼平。先是，贼首冯天恩、李汝端等负险据巢，招纳亡叛，流毒一方者数十年。是年三月，总兵靖远伯（壬）〔王〕瑾等调两广汉达官军，分哨进剿，斩首七千八百余级，破巢二百余处所，俘获八百余人，夺获牛马器械称是，地方以宁。提督军务侍郎王钫等叙别诸臣功罪以闻。

明世宗实录卷四百五十六

嘉靖三十七年戊午（1558）

二月

丁亥（初九日）［抚按官奏贵州采木“费巨役繁”，请两广等省相助］

贵州抚按官高翀等奏上本省采木经费之数，当用银一百三十八万余两，费巨役繁，非一省所能独办。乞行两广、江西、云南、陕西诸省，通融出银助之。工部覆：各省俱多灾伤，难以加诸。将广东、云南、江西、山西原派盐课大工银，督发应用，仍留本省文武官应献助俸银，抚、按、司、道、府官应解赃罚并事例，悉听抚按官动支。此外，别有权宜良策，令多方计处以闻。上从部议。

明世宗实录卷四百五十七

三月

乙卯（初七日）［广东潮州府地震］

广东潮州府地震。

丁巳（初九日）［广东潮州地震］

广东潮州地震。

明世宗实录卷四百六十一

七月

丙辰（十一日）［以“费多入少”，云南巡抚王昺请罢云南铸铜钱］

巡抚云南都御史王昺奏：云南额派铸钱三千三百一万二千一百文，以盐课银二万两为工费，后因物料艰难，转输不便，盐银之外又加赃罚银一万一千两，止铸钱二千八百七十四万七百文。费多入少，乞罢之。疏入，户部覆：昺议是。上以云南产铜，不宜惜小费以亏国用，命给银铸钱如故。

明世宗实录卷四百六十二

闰七月

丁酉（二十二日）［以采木免贵州思州等六府州县正官入觐］

以采木免贵州思州、思南、石阡、铜仁、黎平、镇远六府各州县正官入觐。

明世宗实录卷四百六十四

九月

辛卯（十八日）［广西巡按龚恺奏劾两广总兵王瑾等］

巡按广西御史龚恺劾两广总兵王瑾贪耄，原任广西左布政使熊洛庸鄙，参政洪朝选残酷，俱不职当罢。得旨：令瑾闲住，洛致仕，朝选调用。

乙未（二十二日）［川贵湖广总督王崇奏报贵州官兵擒斩“叛苗”功］

总督川贵湖广侍郎王崇报上贵州官兵擒斩叛苗功。三十六年十二月，破地隆阡苗四寨，擒斩巨苗龙老三等。三十七年三月，破答千蚁窝杨四屯等苗，斩首三十五级，擒十九人。诏赏崇及总兵石邦宪，各银四十两、纻丝四表里，邦宪仍升一级。巡抚高翀二十两、二表里。参将刘彩、布政杨守约、参政游震得、参（仪）〔议〕刘景韶、守备安大朝等赏赉赎罪有差。

明世宗实录卷四百六十六

十一月

壬午（初九日）［复湖广巴东县运天、石硅二巡检司］

复湖广巴东县运天、石硅二巡检司，从守臣请也。

明世宗实录卷四百六十七

十二月

辛亥（初九日）［四川越嶲卫邛部长官司土官差人贡马］

四川越（旧）〔嶲〕卫邛部长官司土官领柏差人贡马。给赏如例。

明世宗实录卷四百六十九

嘉靖三十八年己未（1559）

二月

乙巳（初三日）［江西抚按官何迁、郑本立奏征调广兵过境如同寇攘，兵部覆言征调之兵沿途骚扰，宜行各抚官悉心计处之］

江西抚按官何迁、郑本立奏：浙、福征调广兵，往返络绎，咸取道江西，既漫无名数可稽，又未有专官部领，以致所过骚然，有同寇攘。乞行总督及浙福及提督两广军门，自后调取广兵，量其多寡，选委府佐或守巡官一员部领，仍籍其名数，先期移文江西，俾预集舟舰廪粮，兼便稽核。凡途路往返，有仍前恣纵为民害者，所部领官坐以失职之罪。疏下兵部覆言：自兵兴以来，征调四出。在山东则调民兵、枪手，在直隶则调保河民兵及山西游兵，在河南则调毛葫芦及睢陈兵，在湖广则调永顺、保靖、容美、麻寮等土兵，沿途骚扰，惨不可言。宜行各抚按官，将调遣事宜悉心计处，制驭有方，斯为得策。报可。

壬戌（二十日）［湖广川贵总督王崇奏剿平地隆阡、板凳等寨“叛苗”功次］

总督湖广川贵侍郎王崇上去年八月中剿平叛苗功次。先是，地隆阡苗龙得奎、龙老三等，龙停寨苗小龙老夭，（扳）〔板〕凳寨苗石章保等结连地崩岭、彭朵等寨叛苗，纵兵剽掠，执石耶洞土官杨仁妻冉氏以归。寻发兵攻邑梅、平茶土司，官军要之于路，擒龙老三及其党龙友和、龙得鲊等。得奎走免，仍同老夭等攻破平南营囤。总兵石邦宪侦知冉氏在老夭所，乃阳言议赎，而潜以兵掩其不备，老夭战死，官军遂入龙停寨，并执（扳）〔板〕凳苗长龙老丙，令缚献章保与其党石浪济等自赎。于是诸叛苗悉请降。捷闻，兵部论功。上命赐巡抚贵州都御史高翀白金二十两、纻丝二表里，副使周镐、参议鲍龙、佥事顾柄、指挥柳笔谏等各十两，指挥史淮等各五两。有功官军付军门犒赏。

明世宗实录卷四百七十

三月

戊子（十六日）［广东苏罗“峒贼”攻袭惠州归善县等处］

广东苏罗峒贼约结和平、龙川、河源各贼徒，流劫惠州府归善县等处。惠州府通判洪章纠乡夫数百迎剿之，比遇贼，乡夫奔溃，章为贼所执，既而放还。提督两广侍郎王钫以闻，诏以章付巡按御史逮问，府同知何宗鲁等，俱停俸戴罪杀贼。

明世宗实录卷四百七十一

四月

庚戌（初九日）［贵州普安卫安南所屯军李昂等被擒杀］

初，贵州普安卫安南所屯军李昂等聚众行劫，拒捕杀人，流毒川、贵者且七年。至是，昂等渠魁九人就擒。巡抚贵州都御史高翀等以闻，及称贵州军民鲜少，多系江西、川、湖流民侨居生事，宜申明保甲，以稽土著。上嘉翀功，赐银三十两、纻丝两表里。昂等悉依例处决，其余事宜依议行。

明世宗实录卷四百七十三

六月

戊午（十八日）［贵州巡抚高翀参贵州都司何自然托疾规避采木之事］

巡抚贵州都御史高翀参都司何自然以采木工急，托疾规避，宜治其罪。诏革自然任，付抚臣逮问具奏。

明世宗实录卷四百七十六

九月

戊寅（初十日）［贵州剿平白洗崖头龙三寨、养鹅等寨“苗夷”］

兵部覆巡抚贵州都御史高翀奏：剿平白洗崖头龙三寨、养鹅等寨积岁为恶苗夷，获苗首王阿听、张仰保等，擒斩一百五十余人，安辑囤苗百十余寨，列上文武诸臣功罪。诏荫翀子一人监读书，总兵官石邦宪等各升俸一级，布政杨守约等各赏银十两，守备梁高等各五两，土官蒙继武十两，指挥王申等准赎。指挥袁宗文等，令总督官犒赏。土官杨廷章等逮问。恶苗王阿听等，就彼枭示。原任总督王崇，许复原职闲住。

明世宗实录卷四百七十七

十月

戊戌朔（初一日）［添设广东广宁县，于潭圃开设县治］

添设广东广宁县，隶肇庆府。先是，提督两广都御史王钫、巡按御史潘季驯等奏：迩者揆梅、扶黎诸巢，实四方亡命渊薮，纠盘流劫，比比为地方害。虽时加剿荡，旋复聚结，盖由山峒深僻，奸盗易匿致。然今当大兵龛定之余，宜为地方善后之计。请于潭圃地方开设县治，分割四会县大平、相榄、大圃等地方十一图隶之，设县官，建儒学。如裁减例，用以据险守要，防遏夷酋。仍于龙口水立屯田千户所，移四会后千户所官军，并肇庆二卫中前二所屯军，驻彼耕守。移金溪巡检司于双车圃，以控龙口之东，而厚集兵卒于南绥辅之。移扶溪巡检于扶落口，以防龙口之西，而厚集兵卒于鹭鸶坪辅之。俱改属新县，庶便弹压。诏俱从之，赐县名曰广宁。

癸卯（初六日）［湖广川贵总督石永以“恶苗攻劫”奏劾清溪堡千户、镇筸参将等］

总督湖广川贵侍郎石永以本年三月内恶苗攻劫营哨，杀死官军，劾奏防守清溪堡千户武安邦弛备无勇，全军几覆。守备镇筸沅州指挥使史淮、参将李明元等，俱欺罔失援。诏以安邦等付按臣逮问。

戊午（二十一日）［两广提督王钫等剿捕泷水、阳春等州县“夷瑶”］

提督两广侍郎王钫言：广东肇庆府泷水、阳春等州县黄三坑附近铁场、石人等巢夷寇梁德业等，瑶贼盘永贤、刘世正等，恃险啸聚，流劫有年，官兵屡征不克。近因倭寇已平，其所调协剿目兵方至。臣计同知府卢璘出夷瑶不意，顺督前兵，密行雕（巢）〔剿〕，擒其有名首恶，余党解散，地方以宁。谨列上诸臣功罪，请分别赏罚，以示惩劝。兵部覆议，上命升佥事殷从俭俸一级。赏原任佥事经彦采、分守参政吴桂芳各银十两，知府卢璘等准赎，千户谢一奇等付按臣逮问。

明世宗实录卷四百七十八

十一月

丙申（二十九日）［四川抚按官黄光昇等与贵州巡抚高翀奏争播州与思石兵备地方归属］

先是，四川抚按官黄光昇等言：播州各司并贵州兴、平等卫所军屯夷寨，自嘉靖年间起苗拨寨之后，分隶凯里，属贵州，播州属四川。及真州盗贼剿平以来，军夷安靖，若复分隶贵州，一苗两属，终不输服。今分巡川东道驻札重庆，与播州相近，宜令不妨原务，带管该州，并所属黄平等八司地方，另请不坐名敕书一道，以便行事。于是巡抚贵州都御史高翀争之曰：播州与贵州思石兵备地方，犬牙相制，封疆密迩。坐派额办贵州税粮一万六百余石，每年恃居异省，逋欠数多，军饷告乏，所以思石兵备奉敕，有兼制播州之说。若缴回兼制之敕，别给川东分巡以不坐名之敕，令往来于此，是犹朔斗者舍同室，而求救于千里之远。此则狙公之术，以愚黔首者，贵州边防自此决裂矣，请仍隶本省便。事下兵部覆议，以为四川之奏止恐夷情未服，贵州之奏则拳拳以地方参错、钱粮关系为言，且兼制颇久，似应仍旧。但事难遥度，请行总督侍郎石永，会同各官议处。从之。

明世宗实录卷四百八十一

嘉靖三十九年庚申（1560）

二月

己未（二十三日）［湖广竹溪县地震］

湖广竹溪县地震有声，民家地出血。

明世宗实录卷四百八十二

三月

丁丑（十一日）［丽江军民府知府进买木银］

丽江军民府知府木高进买木银二千八百两。诏加高文职三品服色，并给应得诰命。

癸未（十七日）［广东香山、新会二县地震］

广东香山县、新会县同日地震，声如雷。

明世宗实录卷四百八十三

四月

辛酉（二十六日）［升四川巡抚黄光昇为湖广川贵总督］

升巡抚四川右副都御史黄光昇为兵部右侍郎兼都察院右佥都御史，总督湖广川贵军务。

明世宗实录卷四百八十四

五月

甲戌（初九日）［议处四川东川军民府土官知府争袭事件］

初，四川东川军民府土官知府禄庆死，子位幼，妻安氏摄其府事。有营长阿得革者，颇擅权谋，夺其官。因先求烝安氏不得，仍纵火焚府治，走武定州，为土官所杀。得革子堂，奔水西，以贿给乌撒土官安泰入东川，囚安氏，夺其府印。贵州宣慰安万铨故与禄氏姻连，乃起兵攻阿堂所居寨，破之，堂妻阿众携其幼子奔沾益州。土官安九鼎时时相与治兵攻击堂，兵且侵及罗雄州境。于是九鼎及禄位与罗雄州土官知州者濬等，各上书讼堂罪。诏下云、贵、四川抚按官会勘，于三十八年三月，堂听勘于车洪江，具服其罪，愿献还府印，其节年劫掳沾益、罗雄人口牲畜，量为退归补偿，侵据地土，悉行吐退贷死。是时，禄位及其弟僎俱死，官府因问讯禄氏所当承袭者，堂复以其幼子，诡姓名为禄哲以报，占府印不发，又复与九鼎治兵，相寻益急。九鼎乃诉之云南巡抚都御史游居敬，谓堂怙乱，请兴兵致讨，且自诡当率所部兵为前锋，必擒堂以献。居敬信之，遂上疏言：堂稔恶不悛，请专意进剿，为地方除害。下兵部议，请行川贵抚臣从长审实，如必不可赦，听协同川贵总督及各该总兵商夹攻移（穋）〔掺〕捕。从之。

己卯（十四日）［湖广溆浦县龙潭上中峒瑶人起事］

湖广溆浦县龙潭上中峒瑶贼沈亚当等啸聚麻塘山为乱，格伤官军。总督湖广川贵侍郎石永，檄贵州总兵石邦宪督兵讨之，斩首四十一级，生擒亚当等一百七十人，夺所虏男女八十四人。捷闻，兵部覆：永、邦宪俱首功，而督饷副使李心学，指挥陶成，将兵守备袁宗文、周应桢，土官刘世奇，功亦宜录。得旨：赏永银三十两、纻丝二表里。邦宪升俸一级，仍赏银二十两、一表里。心学、成、宗文等各十两。其余官军俱令总督甄别，论功赎罪有差。

明世宗实录卷四百八十六

七月

甲申（二十日）［广东吴川县地震］

广东吴川县地震，有声如雷。

明世宗实录卷四百八十八

九月

甲戌（十一日）［准云南景东府土官孙、指挥子袭职］

准云南景东府土官陶炳孙金，指挥纪纲子连道、杨炯子世臣，各袭祖职。先是，嘉靖十八年，炳坐杀子降级，事连纲、（絅）〔炯〕，亦坐降级调卫。至是，炳、纲俱死，炯年老而贫，炳孙金当承袭，为炳讼冤，且称与纪氏、杨氏解仇。云南抚按官游居敬、王大任以闻，因言陶氏内乱，患不及地方，而纲、炯世居景东，今使其子孙离坟墓，捐亲戚，亦非人情。请一切赦之，追复祖职，与之更始。从之。

壬辰（二十九日）［以水灾免湖广承天等府所属州县与显陵等卫所屯粮］

以水灾免湖广承天、荆州、岳州、衡州、武昌等府所属州县，显陵、沔阳等卫所屯粮各有差。

明世宗实录卷四百八十九

十月

乙未（初三日）［以轻调土汉兵剿东川，原云南巡抚游居敬被械系至京讯治］

诏锦衣卫械系原任巡抚云南都御史游居敬至京讯治。初，居敬请剿（阿川东堂）〔东川阿堂〕，奉旨令会川贵抚按勘明具奏。居敬不候会勘，即调土汉兵五万余，费以数万计，进兵剿之。云南承平久，一旦兵暴动，督趣严急，赋敛百出。诸军卫有司及土官、土舍等，乘之为奸利。由是人心嗷嗷，远（尔）〔迩〕骚动。巡按御史王大任言于朝，曰：逆堂夺印谋官，于法在所当诛。第彼犹借朝廷之印以约土夷，冒禄氏之宗以图世职，而西川之差税办纳以时，云贵之邻壤未见侵越。此具非叛明矣。其与安九鼎治兵相攻，彼此俱属有罪。居敬乃信一方之辞，而敢违三省会勘之明旨。轻动大众，以蹈不测，用冀不可必成之功，恐生意外患。且外议籍籍，皆谓居敬入九鼎重贿，欲为之雪怨，兼受各土官金银，及攘盗帑积，皆有实迹，请亟罢居敬，暂停征剿，趣三省诸臣，亟如前旨，勘上抚剿所宜戢兵时动为便。疏入，诏吏部会都察院参看，言居敬轻率，当夺职为民。上谓云南非他处比，特命还讯之。

明世宗实录卷四百九十

十一月

乙酉（二十三日）［总兵石邦宪剿平铜仁、都匀二府“叛苗”］

初，贵州（同）〔铜〕仁、都匀二府苗夷劫掠居民。时总兵石邦宪方出溆浦，闻变驰还铜仁率守备安大朝等剿之。以二月中进兵，先破彪山寨，乘胜略定诸寨，擒其首恶龙老罗、王三等，余党悉降。捷闻，兵部议上功次。诏赏总督湖广川贵侍郎黄光昇、巡抚贵州都御史高翀及邦宪银币。守备安大朝等准赎。叛苗系首恶被擒者处斩，余党听抚者勿治。

辛卯（二十九日）［黔国公沐朝弼言云南巡抚游居敬擅兴师旅，激变“夷民”］

镇守云南黔国公沐朝弼言：巡抚云南都御史游居敬议征东川叛夷，一切调兵支饷，并不关臣。夫巡抚赞理军务，盖自鲍象贤始。是时，元江兵乱之后，臣未袭爵，始加是敕，为一时平乱计耳。今总镇事权既有所归，而居敬犹偃然妄以军门自处，擅兴师旅，激变夷民。臣知而不得谋，谋而不见听，祖父二百年来职掌荡然矣，惟上裁察。得旨：居敬已逮问，镇巡官职掌，下兵部详议以闻。部覆：云南巡抚例当户部请敕，后以元江之变，暂加赞理军务，原不为例。今当仍旧革去兼衔，令与总兵官协恭共济，计安地方。其阿堂等叛逆事情，仍行川、贵、云南督抚、巡按，速勘以闻。制可。

明世宗实录卷四百九十二

嘉靖四十年辛酉（1561）

正月

壬戌朔（初一日）［发原任云南巡抚游居敬戍边，治副使黎遵训等通“夷”启衅罪］

发原任云南巡抚都御史游居敬充边远军。初，居敬既被逮，御史王大任因并论黔国公沐朝弼身为镇臣，漫无可否。参议林一新督饷无状。参政宋国华，副使黎遵训、徐楚、沈桥驭兵无纪。而遵训先通夷贿，酿成衅端，尤宜首问。其都司、参将等官潘雄、曹宗岱等七人及知州郭大治俱有罪。朝弼复上疏，委罪居敬。疏俱下兵部，部覆：朝弼两疏论列，情在可原。居敬首祸及诸臣，均宜治罪。得旨：宥朝弼。夺国华、楚、桥俸三月。下一新、遵训及雄等八人于御史问。会居敬逮至，拷问实无他赃。法司乃坐居敬擅调军马者律，谪戍边。

庚寅（二十九日）［云南老挝宣慰司土舍差人朝贡］

云南老挝宣慰司土舍帕兵招差舍把人等贡象及龙涎等香。给赏如例。

明世宗实录卷四百九十三

二月

辛卯朔（初一日）［湖广致仕宣慰使彭明辅和宣慰使升云南右参政彭翼南献大木，云南丽江军民府土官知府木高献木值银］

湖广致仕宣慰使彭明辅宣慰使、升云南右参政彭翼南各献大木三十株。云南丽江军民府土官知府木高献木值银二千八百两。诏加明辅、翼南二品武职服色。高三品文职服，仍于知府原职上进散官一级，授亚中大夫。各给诰命。

明世宗实录卷四百九十四

三月

癸亥（初三日）［以广东惠潮“山贼”攻袭海丰等县，攻破甲子门千户所，诏总镇、守巡等官亟督兵扑剿］

广东惠潮山贼黄启荐等众数千，流劫海丰、碣石、归善等县，攻破甲子门千户所，杀百户魏祚。总督抚按官郑絅等以闻，因劾参将李勋等弃城纵寇之罪。诏总镇、守巡等官亟督兵扑剿。其胁从人等，随宜招抚。勋等下按臣逮治。

乙酉（二十六日）［播州宣慰使献大木］

播州宣慰使杨烈献大木四十株。诏赐二品武职服色，给诰命。

明世宗实录卷四百九十五

四月

辛丑（十二日）［旌故蛮夷长官司副长官田菑及子耕，建坊］

旌故蛮夷长官司副长官田菑及其子耕，建坊于所居，表曰“忠义”。菑，永顺宣慰司属目也。初以征倭进攻新场巢穴死之，子耕复父仇，斩获有功。已，赠菑官，给殓银百两。耕疏辞给银，而请追袭其祖职张思明溪蛮夷长官职事。诏下守臣勘实，则张思明溪者，系酉阳地界，非永顺境也，其耕所称祖职亦无可的据。乃覆称授耕职非便，宜仍给赏功银两，并建坊一座以褒录之。报可。

戊申（十九日）［四川董卜韩胡宣慰司、别思寨安抚司、乌思藏朵甘思宣慰司各差人贡方物］

四川董卜韩胡宣慰司差国师札什坚参等，别思寨安抚司差禅师舍蜡藏卜等，乌思藏朵甘思宣慰司差禅师那儿藏等，各来朝贡方物，宴赉有差。

明世宗实录卷四百九十六

五月

甲子（初五日）［湖北乾、麻沿边冷水溪等二十八寨苗“听抚”］

总督湖广川贵右侍郎黄光昇言：湖北乾、麻沿边一带，修完墩台、烽堠、堑坑，及招抚（糖）〔塘〕上、冷水溪、上下岩洞等寨，恶苗二十八寨，听谕者六百六十余人。因上效劳诸臣功，诏赏光昇银三十两、纻丝二表里。总兵石邦宪等、参政万士和等、参议颜嘉会等，各赏有差。

乙亥（十六日）［东川“叛夷”阿堂被杀，云南巡按王大任奏善后事宜］

东川叛夷阿堂为其营长者阿易所杀，其子阿哲就擒。初，堂闻大兵至东川，走逃深箐。诸将分于新旧等城，窘搜不获，而地方民夷，大遭屠掠。于是营长者阿易谋同堂心腹人母刺阿济、鸡苴等，掩堂于戛来矣石之地而杀之。哲时年八岁，堂所冒姓为禄哲，谋夺土官者也。于是贵州宣慰安万铨取东川府印藏之。以府经历印畀罗雄土官者濬，而以宁著女妻者濬子，仍留水西兵二千于东川，为宁著防卫。水西与东川邻，万铨本水西土官，故议者籍籍，谓万铨有阴据东川之志。巡按云南御史王大任以诛阿堂闻，因言东川地方残伤，而该府三印悉为土官私相部置。请通敕川贵总督及各抚按官，按究各土官私擅标署实迹，从公更正。访禄氏的派为土人所信服者而立之。招抚流亡，赈恤伤困，并议所以处阿哲者。部覆，报可。

明世宗实录卷四百九十七

闰五月

戊午（二十九日）［以四川容山土舍联结川贵“生苗”起事，大败官军，处置失事官员］

四川容山土舍张问、韩甸等纠合川贵生苗为乱，侵掠湖广境。贵州总兵石邦宪督诸军讨之，斩获百余人。问潜出探军被执，我军乘胜入甸巢，会暮大雨，迷失道，守备叶勋、百户魏国相等，俱陷伏中死之。于是湖广抚按官劾邦宪及参将郭元失事罪。章下兵部覆：邦宪先有擒张问功，宜准赎罪，仍责以督擒韩甸等诸苗，乃并论其功。元褫职待勘。勋、国相各袭升其子二级。报可。

明世宗实录卷四百九十九

七月

癸卯（十五日）［故黔国公沐朝辅夫人献银助大工］

故黔国公沐朝辅夫人陈氏献银三千两助大工。赐银四十两、彩段三表里，诏云南抚按官以礼奖谕。

明世宗实录卷五百

八月

乙酉（二十八日）［以“土夷”仇杀，免思南等府州县各正官入覲］

以土夷仇杀，免贵州思南、都匀、镇远、安顺、镇宁，〔广西〕泗城、南丹等府州县各正官入覲。

明世宗实录卷五百一

九月

戊子朔（初一日）［广西三饶“山贼”攻陷福建南靖县城］

广西三饶山贼张琏等袭攻福建南靖县城，陷之，燔烧县学、仓库，执县丞金璧等去。

甲午（初七日）［岷王定燿奏称王府密迩“洞苗、土人”，渐染“夷风”，乞重降敕谕，奉以从事］

岷王定燿奏：臣府僻在边隅，密迩洞苗、土人，故为夷风所染，不习礼义。比者宗仪繁衍，日就骄佚。或收方外术士，烧炼丹汞；或强掠良人子女；或诈索军民财物；或追收息钱，侵夺民利，格死平人；或结无赖恶少，游猎畋渔；或击鼓弹丝，夜游城市。本府一切公事，故称疾不来，来又喧哗不敬。臣以前后敕谕，宣示禁约，历年久远，欺玩如故，且敕有定制，事变无穷。乞重降敕谕，俾臣奉以从事。上从之，令改敕赐王，严加钤束。

甲辰（十七日）［命四川巡抚罗崇奎总督湖广川贵军务］

命巡抚四川右副都御史罗崇奎以原职总督湖广川贵军务。

明世宗实录卷五百三

十一月

癸丑（二十七日）［乌思藏阐化王、护教王、朵甘思直管招讨司差人贡方物，阐化王方物粗恶，不以国师领贡，招讨司宣慰部落不附本司进贡，皆裁其赏］

乌思藏阐化王差剌麻锁南板著等，护教王差国师班丹坚参等，朵甘思直管招讨司差国师舍蜡藏卜等，各来朝贡方物，宴赉有差。以阐化王方物粗恶，不以国师领贡，招讨司宣慰部落不附本司进贡，皆裁其赏，仍申谕边臣，自后各番进贡，有违式者不得验入。

明世宗实录卷五百六

嘉靖四十一年壬戌（1562）

二月

癸亥（初九日）［播州宣慰使、土舍及程番长官司、凯里安抚司舍人等各遣人来朝贺］

播州宣慰使杨烈、土舍安国亨及程番长官司、凯里安抚司舍人安个等各遣人来朝贺。给赏如例。

壬申（十八日）［令抚按官护送故沐朝辅妻陈氏还南京］

云南总兵黔国公沐朝弼奏：故兄朝辅之丧已归葬南京，二侄融、巩又相继殁。今寡嫂陈氏留居府第，郁郁不乐，乞送还南京，以便祭扫，臣以其租入奉之。诏从其请，令抚按官护送，仍给以养赡田产。

［以广东饶平用兵，留应解军饷］

以广东饶平用兵，留三十九年应解军饷十万两于军门支用，四十年以后半留。

己卯（二十五日）［两广提督张臬调狼兵与福建、江西会兵剿“逆贼”张琏］

提督两广侍郎张臬奏：逆贼张琏势甚猖獗。臣以调集狼兵十万，与福建、江西会兵进剿，分定信地。臣臬驻惠、潮，巡抚福建都御史游震得驻漳州，南赣都御史陆稳驻永定。得旨：如拟，仍令协力进兵，克期殄灭，不许延玩。张琏者，本饶平县乌石村人，以殴死族长惧诛，亡命入窖贼郑八、萧雪峰党。后郑八死，琏与雪峰分部其众，而琏为最强。知县林丛槐尝亲至其巢约降，给以冠带。琏益骄甚，与雪峰兵合，纵掠汀、漳、延、建及江西之宁都、连城、瑞金等处，攻陷云霄、镇海卫、南靖等城，三省骚动。先是，守臣以琏巢介三饶之间，四面皆山，未敢从言剿之。琏虽叛，犹扬言听抚，以（援）〔缓〕我师。至是，臬等始议大征云。

（编纂者按：连城为福建所辖）

明世宗实录卷五百七

三月

戊子（初四日）［四川成都府地震］

四川成都府地震。

庚寅（初六日）［总兵石邦宪剿播州容山长官司韩甸，擒之］

初，四川播州容山长官司副长官土舍韩甸，与其正长官土舍张问治兵相攻。甸屡败问兵，夺其印，遂无畏忌，纠众横行湖、贵境中，官司不能制，为害且二十余年。至是，总兵石邦宪始大破平之，擒甸并其妻子。捷闻论功，诏复听调总督都御史董威任候用，升邦宪右都督。赏贵州、湖广前后巡抚鲍道明、赵（銭）〔钎〕、张雨，新任总督罗崇奎等银币。守巡官李迁、李心学等十七人，张廷柏等十二人，各给赏升俸有差。甸等各斩首枭示，甸妻子定发安置。

明世宗实录卷五百九

五月

戊子（初五日）［兵部复贵州巡抚赵钎议处地方三事］

兵部复贵州巡抚都御史赵钎议处地方三事：一、施秉县旧无城池，止以哨军二百五十人守之，请移偏桥哨军属之清浪守备，专驻其地。一、容山长官司原系张氏为正管大江，韩氏为副管小江。迩者二族相仇，土官张问遂至失职播越，而宣慰（禓）〔杨〕烈坐视不理，请治烈罪。将二族原定职守，通行改正。一、铜仁木桶等处营哨官军五千，先因镇筸之变，权时增设，后遂不减，以致兵多粮缺。请行总督、镇巡官议处。从之。

明世宗实录卷五百十

六月

己未（初七日）［诏铸四川东川府印，命故土知府禄位妻署掌］

诏铸四川东川府印，命故土知府禄位妻宁著署掌。授禄氏族子阿采为土府同知，承位嗣，俟长以府事归之。初，阿堂既诛，索府印不获，人疑为水西安万铨所匿，及是屡勘，印实亡失，而禄位近派悉亡绝，惟同六世祖有幼男阿采。于是抚按官雷贺、陈瓒请以采袭禄氏职，姑予以同知衔，令宁著理府事。后果能抚辑其众，仍进袭知府。其东川府印不获，请别立府名，更铸新印，给宁著护守，以防奸伪。疏下部覆，得旨：府名不必更，余如议。

甲子（十二日）［户部覆贵州巡抚赵钪言二事］

户部覆巡抚贵州都御史赵钪言二事：一言贵州额粮仅及十万，一切军需，尽仰于四川、湖广，而有司自分彼此，无悉心催办者。乞行两省抚按官，严督所司，校其多寡完欠，以定赏罚。一言重庆府添设通判，专驻龙泉，督催播州税粮。迩来不乐夷地，动求别委。请行抚按官申严职掌，毋复他委，升迁之日，查其任内粮完，方许离任。报可。

庚午（十八日）［广东报捷，兵部请以“贼首”槛送京师，不许］

广东捷闻。兵部请以贼首张琏、萧雪峰槛送京师，献俘正罪。余党未平者，亟行所司抚剿，并令巡按官详核功罪以闻。得旨：悉如拟。已，上复谕内阁曰：献俘一节，祖宗久不行……可即彼地刑之，首枭三省，以雪民怒为正。遂罢献俘。

丁丑（二十五日）［沐朝弼等进矿金、矿银］

镇守云南黔国公沐朝弼等进矿金四百两、矿银一万两。

明世宗实录卷五百十二

八月

己卯（二十七日）［贵州、广西、四川、湖广等处土官各遣人朝贡］

贵州宣慰使宋一清，及白纳长官司、新添卫小平伐长官司、青山长官司，程番府木瓜、麻（向）〔响〕、大华三长官司，广西镇安府土官男岑缘，田州土官男岑太禄，泗城州、上林长官司、向武州，四川茂州岳希蓬长官司，马湖府沐川长官司土舍悦承宗，湖广容美宣抚等司土官各遣人贡马及方物。给赏有差。

明世宗实录卷五百十三

九月

丙午（二十五日）［以播州仍隶四川］

初，播州土司原属四川统辖征税，而其地多在贵州之境。嘉靖初，诏改属贵州思石兵备矣。已而夷情以为不便，二省守臣各异议，有诏下总督罗崇奎勘处。至是，用崇奎议，仍以播州隶四川，分属川东守巡、重夔兵备三道。而贵州思石兵备道照旧兼制播、酉、平、邑等土司，仍改给敕书，重事权以弹压之。

明世宗实录卷五百十四

十月

丁巳（初六日）［论平“广贼”张琏功，升赏提督两广侍郎张臬等官员。赏永、保二土官银币］

论平广贼张琏功。升提督两广侍郎张臬右都御史，荫一子国子生。加总兵平江伯陈王谟太子太保，荫一子锦衣卫百户，俱仍提督镇守。提督南赣副都御史陆稳升兵部右侍郎兼右佥都御史，仍巡抚。纪功御史段顾言于今升副使上加一级。副总兵俞大猷等各升一级。佥书张冕等升俸一级。总督胡宗宪、巡抚江西胡松、参政谭纶等各赏银币有差。已故参政贺镂赠光禄寺卿。指挥任恺等下御史问。仍赏湖广永、保二土官银币。

庚辰（二十九日）［广东官兵捕获程乡“贼首”林朝曦等］

广东官兵追捕程乡贼首林朝曦等，获之。初，张琏等平，独朝曦据巢不下，率其党从银场坑间道出，攻程乡城，知县徐甫宰严兵待之，乃计遣主簿梁维栋入贼中招安，因而说散其党。朝曦穷急弃巢遁，官军追擒于阴那山，并其弟朝敬等，于是潮寇悉平。

明世宗实录卷五百十五

十一月

癸未（初三日）［福建官兵擒斩龙山“贼”苏阿普，“山寇”悉平］

福建官兵擒龙山贼苏阿普斩之。阿普，龙岩县人，故贼首蓝松山、范继祖之党。初，松山既为程乡县所擒，阿普惧求降，同知邓士元受之，安置其党于龙岩、漳平二县间，然劫掠如故。七月中，阿普为龙岩人所擒。漳平人欲要以为功，相竞于途中，为其党乘间夺去。阿普因结巢西溪，以拒官军。久之，会继祖亦败，阿普势穷，龙岩知县刘源涌乃悬重赏购执之，斩首以徇。于是山寇悉平。

壬寅（二十二日）［广东添设把总、巡检，移潮州和柘林守备驻地］

添设广东岭脚社把总一员，白堠、大产、云落径、鹅埠头、乌槎、虎头、砂潘、田磁、灶村各巡检一员。移潮州守备驻永冈，柘林守备驻南澳。

明世宗实录卷五百十六

十二月

甲子（十四日）［以捕“巨盗”功，升广东程乡知县官职］

升广东程乡县知县徐甫宰，添注广东按察司佥事。以御史段顾言，荐其督捕巨盗林朝曦有功也。

明世宗实录卷五百十七

嘉靖四十二年癸亥（1563）

正月

丁未（二十八日）［两广提督张臬、纪功御史段顾言各条陈广东善后事宜］

提督两广都御史张臬、纪功御史段顾言各条陈广东善后事宜，户部覆行三事：一、潮州海阳之辟望，为倭奴入寇门户。宜设一全县，以增潮南之藩篱……一、饶平县之弦歌，大埔县之清远，程乡县之溪南、松源、石屈、龟浆诸都，向为巨贼所据，今虽剿平，田多抛荒，宜将六都钱粮，自三十九年至四十一年，尽数蠲免，其余量免其半。一、程乡县延袤千里，原额止一十八图，豪猾营充千长、隘官名色，凌轹乡民，起盗之源，实由于此。惠、潮二府所属诸县皆然。宜及今大造之年，添设图分，增立里长，督办租役，其他名色，悉为除革。疏上允行，乃设澄海县于辟望所，普宁县于泧水。

明世宗实录卷五百十八

二月

丙子（二十七日）［以水旱灾，免湖广麻阳等县及九溪、枝江二卫所田粮］

以水旱灾，免湖广麻阳、当阳、醴陵、湘乡、溆浦、辰溪，及德安千户所，九溪、枝江二卫所，田粮有差，仍命所司设法赈济。

明世宗实录卷五百十九

三月

庚寅（十二日）［增设云南迤西守备一员］

增设云南迤西守备一员，属洱海道。从巡抚都御史曹忭奏也。

辛卯（十三日）［云南武定土官知府凤诏死，无嗣，其母与妻争权］

初，云南武定府土官知府凤诏死，无嗣，母瞿氏袭。瞿氏老，举诏妻凤索林自代，既而悔之。比索林袭官，遂失事姑礼。瞿氏大恚，乃收异姓儿继祖入凤氏宗，图挟其甥婿贵州水西土舍安国亨、四川建昌土官凤氏力，欲废索林，以继祖嗣职。不克，则具疏自称为索林囚禁，令继祖诣阙告之。继祖归，即诈称受朝命袭职，驱目兵逼夺府印，索林抱印奔会城。时抚按官苟冀无事，使人谕解之，归索林武定，令视事如故，而复听留继祖瞿氏所。由是姑妇嫌隙日深，左右复各从曳之。索林将诛继祖，谋泄，继祖遂大发兵围府，行劫和曲、禄劝等各州县，格伤各路调至土官王一心等兵。索林复抱印奔省，于是巡抚都御史曹忭议，以夷性犬羊，不当尽绳以法。乃下令收索林印，逮其左右郑竑系狱，令瞿氏暂理府事而代继祖，责其自新。巡按御史孙用独以为，方继祖发兵围府之时，守臣既已名之为贼，调兵会剿。今乃先议郑竑之罪，是幸而继祖擒，则众将以为功。不幸而败，则郑竑独任其咎也。一竑何足惜，独不念为诸夷笑乎？即今者麻、者继荣，争赘于沾益，尼继光、高钦跳梁于姚安，与夫干崖、南甸之仇杀，顺宁、永平之侵扰，所恃以詟服之者，以朝廷之法耳。继祖罪逆显著，若置而不问，诸夷效尤，恐遐荒自此多事矣。因上疏请亟议剿灭，与忭疏并入。部覆：武定乃镇城肘腋，抚剿之计，当令守臣悉心议处，以靖地方，仍移檄申诫安国亨等，不得阴行党助，自贻罪谴。从之。

明世宗实录卷五百二十

四月

壬子（初五日）［云南进宝石］

云南进宝石，青、红、黄三色，三百六十两有奇。

甲寅（初七日）［广东进龙涎香］

广东进龙涎香六十二两有奇。

癸亥（十六日）［两广提督张臬以擒斩“峒贼”奏闻，并叙功］

提督两广都御史张臬以（摛）〔擒〕斩英德大陂、蒲昌等峒贼卓文昌、何子爱、李富来闻，并叙参政冯觐、佥事贺泾等功，论指挥汪克振等罪。诏下巡按御史勘实奏报。文昌、子爱巢大陂，众约二千余，占峒凡二十九所。富本河源小长江巨贼李亚元之党徒据蒲昌，三十六年大征时，文昌等畏诛，皆佯受招安。师旋，即攻掠如故。去岁，张琏、林（道）〔朝〕曦既平，议者请因旋师之便，袭取文昌、子爱，夷荡诸峒，移师扑灭富，则亚元势孤，异日议剿亦易。总督张臬不能用。比大兵既解，文昌等益披猖，四出流劫乳源、翁源、曲江等处。是时，又有大小罗山贼数百突劫曲江之黄村，遇参政冯觐舟，环而拥之，挺刃索赏，觐以所携酒米金帛倾舟予之而去，闻者丑之。觐乃执诸郡邑所获贼谍冯应科等数人，指为围舟胁赏者，戮于市以自解。既而购得文昌、子爱、富，抚按官遂盛张功伐，以为觐劳，然是时英德、河源诸巢峒贼鸱张如故，文昌等虽亡，其势不为衰减也。

乙亥（二十八日）［广州府新会县地震］

广东广州府新会县地震。

明世宗实录卷五百二十一

五月

辛卯（十四日）［增设广东南韶守备一员］

增设广东南韶守备一员。以镇巡官张臬等言地方界连江西、湖广，寇贼啸聚，宜设官控制故也。

明世宗实录卷五百二十三

七月

壬辰（十六日）［云南布政司进宝石］

云南布政司进青、红、黄宝石六千七百六十九颗。

明世宗实录卷五百二十六

十月

癸丑（初八日）［乌思藏阐化等王请封］

乌思藏阐化等王请封。上以故事，遣番僧远丹班麻等二十二人为正副使，以通事序班朱廷对监之。比至中途，班麻等肆为骚扰，不受廷对约束。廷对还白其状，礼部因请自后诸藏请封，即以诰敕付来人赍还，罢番僧勿遣。无已，则下附近藩司，选近边僧人赍赐之。上以为然，令著为例。封诸藏之不遣京寺番僧，自此始也。

明世宗实录卷五百二十七

十一月

壬辰（十七日）［诏以贵州思石参将改属四川］

诏以贵州思石参将改属四川，移镇播州，兼制思石等处，仍与重庆、思石二兵备道联络防守，控制苗夷。从巡抚都御史赵（釴）〔钇〕奏也。

甲辰（二十九日）［沐朝弼奏献法书］

黔国公沐朝弼奏献法书。上纳之，赉以金币。

明世宗实录卷五百二十九

嘉靖四十三年甲子（1564）

正月

辛巳（初七日）［四川雅州等处地震］

四川雅州等处地震，有声如雷。

丙申（二十二日）［四川雅州地复震］

四川雅州地复震。

癸卯（二十九日）［贵州、四川播州宣慰使各差人贡马，贺万寿圣节］

贵州宣慰使安国亨、四川播州宣慰使杨烈各差人贡马，贺万寿圣节。以过期给半赏。

明世宗实录卷五百三十

二月

甲辰朔（初一日）［云南进宝石，帝嫌其碎小，令再献］

云南进宝石七百六十余两。上嫌其碎小，命更采青红色二寸、黄色径寸，并紫英等（在）〔再〕以献。

己未（十六日）［贵州永宁、九姓长官司土官等各遣人来朝贺贡马］

贵州永宁、九姓长官司土官任钰等各遣人来朝贺贡马。给赏如例。

壬申（二十九日）［云南巡按王诤奏抚处武定州土舍争袭之事］

巡按云南御史王诤以抚处武定州土舍凤继祖来闻。初，继祖既逐索林，据州治，巡按御史孙用请讨之。诏下抚按议，会都御史敖宗庆代任，乃集土汉兵击之，杀其弟继英，众溃，继祖乃逃避江外。镇巡官议留土兵二千名，令都指挥王世科、守备金堂将之守武定。是时，武定民为继祖积威所劫，日夜数惊，索林竟不敢居府治，避处富民，继祖乘虚复入武定。于是镇巡议覆大征土汉兵，继祖闻之惧，请献赎罪银一千五百两，愿分普渡河外四庄自赡，永奉约束。镇巡官许之，诤遂以其事闻，且叙世科等及副使殷正茂等功，请贳其罪，令支俸如故。兵部覆上其议，许之。

明世宗实录卷五百三十一

闰二月

甲申（十一日）［以湖广德安等府原派乾、麻军饷兼隶贵州］

从巡抚贵州都御史吴维岳议，以湖广德安、黄州、岳州、汉阳、武昌、长沙、宝庆、衡州、承天、荆州、永州、郴州，各原派乾、麻军饷，兼隶贵州。巡抚岁终类考殿最以闻，著为令。

明世宗实录卷五百三十三

四月

戊寅（初七日）［贵州巡抚吴维岳招降“土酋”杨珂，都匀府

平州改土为流]

巡抚贵州都御史吴维岳招土酋杨珂降之。先是，都匀府平州长官杨进雄贪残凶忍，土民苦之。进雄初无子，以其兄杨继禄子珂为嗣。后生子治安而疏珂，珂怨望，进雄欲杀之，不果，乃尽夺财产，并其父子逐之。珂用事久，得土民心，一旦见逐，遂与群苗为乱。据唐宿囤，再攻进雄，进雄败走，屠其家而有之。于是进雄、珂各上疏讦奏，诏下抚按官勘处。都御史赵（钺）〔钍〕以进雄不法失众，逮之狱，檄独山土酋蒙继武禁谕珂，令归命，而许司民更土为流以安之。治安计不便，乃阴许以司辖六洞地赂继武，借兵自护。继武乃发兵攻珂，斩首二百级，复平州。珂走广西泗城，继武遂耕垦六洞地。六洞民不服，复助珂与继武相攻。久之，继武兵疲，转饷亦不继。于是珂复据平州，然创残之后，不复能军矣。及是，维岳遣都匀府推官胡校招之，许以不死，先降其父继禄及苗长四人，珂乃自缚诣军降，六洞遂安。至是，维岳上功，且请改土官为流，以绝后患。兵部请就升胡校为本府同知，而赏维岳及总兵石邦宪等，且令宣谕珂与六洞之民及议善后事宜以闻。报可。维岳等各赏银币有差。

壬午（十一日）[初建湖广龙潭安抚司学]

初建湖广施州卫龙潭安抚司学，从抚按官徐南金等奏也。

明世宗实录卷五百三十五

六月

庚子（三十日）[以贵州铜仁、思石、印江等处兵饷不足，复开吏承纳银事例]

以贵州铜仁、思石、印江等处兵饷不充，复开吏承纳银事例。都布按三司均为一等知印，纳银五十两，布政司加十两，承差四十五两，都司减五两，吏典三十二两，都司减二两。其三司首领、府州卫及宣慰司吏典，俱作二等府，纳银二十两，余皆十六两。府、司、县、所、库、局、驿递长官司，及仓场等衙门，俱作三等，各纳银十两，俱照等第查拨挨参。各衙门吏典，一考役满，免历二考、三考者，纳银四十二两；两考役满，免历三考者，纳银二十一两；若三考役满，从七品纳银十两，正八品九两，从八品八两，从九品与杂职七两。初考已历一年以下者，纳银六十两，二年以下者五十二两，三年以下者四十五两。二考一年以下者纳银三十八两，二年以下者三十二两，三年以下者二十五两。三考一年以下者纳银十八两，二年以下者十四两，三年以下者十两。内通吏外递加银二十两，各起送赴部，免其考试，就与冠带办事，各照资格出身。其三司知印已历一年以下者，纳银五十两，二年以下者四十五两，三年以下者四十两。承差一年以下者，纳银四十五两，二年以下者四十两，三年以下者三十五两。候缺三年以上者，知印纳银七十两，承差六十两；六年以上，知印纳银六十两，承差五十两，俱起送赴部照旧办事。如愿外加纳银三十两者，免其办事，各照资格，挨次选用。吏典有愿纳初考历二考，纳二考历三考者，俱照前一考、二考、三考免历银数上纳。若愿外加银七两者，免其考试，俱照等第，仍于本衙门听候挨参。

明世宗实录卷五百三十六

七月

己酉（初九日）[贵州宣慰使宋一清、安国亨各遣人贡马，贺万寿圣节]

贵州宣慰使宋一清、安国（享）〔亨〕各遣人贡马，贺万寿圣节。给赏如例。

明世宗实录卷五百三十七

八月

辛未（初二日）［以征苗免都匀、镇远等府，安顺等州县正官入觐］

以贵州征苗，免都匀、镇远等府，安顺等州县正官入觐。

明世宗实录卷五百三十八

九月

庚申（二十一日）［贵州、四川播州宣慰使各遣人贡马，贺万寿圣节］

贵州宣慰使安国亨、四川播州宣慰使杨烈各遣人贡马，贺万寿圣节。以过期给半赏。

辛酉（二十二日）［以两广兵荒，诏留原派蓟州军饷银］

以两广兵荒，诏留嘉靖四十年原派蓟州军饷银三万两，四十一年五万两，四十二年十万两，于本省备用。

癸亥（二十四日）［以贵州“瑶乱”，免思明、镇安等府州司县正官入觐］

以贵州瑶乱，免思明、镇安等府州司县正官入觐。

明世宗实录卷五百三十九

十月

丙子（初七日）［云南捕诛嶍峨县“叛酋”］

云南守臣奏：捕得嶍峨县叛酋王（道行）〔行道〕，伏诛。赏有功参议卢岐嶷银二十两，宁州土官同知禄诏先银十两。准嶍峨土舍禄应宗赎罪。王行道者，始祖土巡检王敬，高祖纳粟主簿王添祥，已限满革职，父惟精已坐事论死。既而行道复私称巡捕土舍，为群盗主，行劫临安数郡间，有司屡捕不获。至是，岐嶷檄诏先等追至陆纳山，遂擒行道诛之。

明世宗实录卷五百四十一

十二月

甲申（十六日）［诏边臣起送番僧进贡，限数入边］

诏自今边臣起送番僧入贡，悉遵成化、弘治故事，限数入边，如有违例滥送者，罪之。时番僧蛇牙藏等入贡至一千一百余人，礼部以人多请量给赏，而严各边传送之禁。因有是命。

壬辰（二十四日）［广西古田凤凰山“贼”乘夜缒城入桂林，杀署印参政，劫库银］

广西古田凤凰山贼自永福突桂林，乘夜缒城而入，进劫布政司库。署印参政黎民衷闻变，以为宗室也，出而谕止之，为贼所杀。凡劫库银四万两有奇及金珠各若干，仍取原道缒城而去。

明世宗实录卷五百四十二

嘉靖四十四年乙丑（1565）

正月

己未（二十一日）［老挝宣慰使司土舍遣人进舞牌、牙象、母象、犀角］

老（檛）〔挝〕宣慰使司土舍怕雅兰章遣人进舞牌、牙象二、母象三、犀角十。云南守臣以闻，下礼部议：本夷虽非贡期，无汉缅公文，第来路险远，跋涉逾年，宜破例受其所献，给赏遣之，无令赴京。报可。

明世宗实录卷五百四十三

二月

己巳（初二日）［夺吴继爵禄米，罚吴桂芳、吴百朋俸，令其剿平“贼党”］

夺镇守两广总兵官恭顺侯吴继爵禄米，提督军务侍郎吴桂芳、南赣巡抚都御史吴百朋俸各二月，仍趣令剿平贼党，以靖地方。初，继爵等以守备贺铎、指挥蔡允元死事闻，而奏内不详贼情。给事中邢守庭言：闻群盗有众二千，骚动二府，铎等死事，在贼发数月之后。今镇巡官熟视地方之残破、人民之虏掠，悉置不言，而首以恤录死事闻，使臣等茫然不知事所从始，怀欺匿罪，非忠臣也。疏入，兵部覆：当罚治，因有是命。已，桂芳上疏自劾，且言南夷北虏事体不同：北虏声势重大，其来有时，其去难剿，故奏报宜速。南方民夷错杂，易于蠢动，须责成扑灭，功罪始定。故奏报或缓，非敢隐蔽也。因称疾求退，不许。

明世宗实录卷五百四十五

四月

庚辰（十四日）［四川龙州宣抚薛兆乾叛，官军讨擒之］

四川龙州宣抚薛兆乾（判）〔叛〕，官军讨擒之。巡抚都御史谷中虚以闻，因请治失事参将贺麟见等罪，录督战指挥王诏等功。诏先赏中虚银币，下麟见等于御史，问兆乾并诸臣功罪，俱俟勘实奏处。

（己）〔乙〕未（二十九日）［云南讨平“叛夷”阿方等］

云南叛夷阿方、李向阳等平。巡抚右都御史吕光洵以捷闻，诏升光洵兵部尚书兼右副都御史，巡抚如故。总兵黔国公沐朝弼准赎，仍赏银三十两、纻丝二表里。参议卢岐嶷、佥事萧鸣邦等各一级。佥事胡廷兰已闲住。赏银二十两。失事楚雄卫指挥郭振等俱下御史提（闻）〔问〕如律。初，四十三年闰二月兵起，先攻易门所，派劫（熠）〔嵋〕峨、昆阳、新化各州县，（潜）〔僭〕号称王，约土官王一心、王行道为援。一心后悔，诣军门请讨贼自效，光洵许之。寻出榜招降其党数百人，督土汉兵分道俱进，先擒向阳，乘胜攻大小木址二寨，克之，斩阿方首，余党悉平。

［四川“贼”黄中据罗山寨起事，巡按郑洛乞令抚臣协心督率所属，克期会剿］

四川贼黄中据罗山寨，劫掠奉、云、万三县。官军讨之，不克。巡按御史郑洛言：川、贵二省自分彼此，而湖广诸道勘处耽延，以致贼久不服。乞令抚臣协心督率所属，克期会剿，毋得仍前推调。诏从之。

明世宗实录卷五百四十六

五月

癸卯（初八日）［两广提督吴桂芳奏上古田失事诸臣罪状］

提督两广侍郎吴桂芳奏上去年古田贼劫库杀人诸臣失事罪状。总兵、巡闸等官桂林卫指挥王冕等，桂林府署印同知成相等，指挥金策、都指挥袁爵、佥事朱安期等，皆玩寇失守，当重论。参政陈其乐虽以出巡不与，始失（堤）〔提〕防，亦宜薄罚。诏罚其乐一月，宠降实职二级。爵革任，仍与冕、相下按臣逮问。又谕：近来各官往往隐蔽盗贼，养寇殃民。今后抚按臣务要严加访究，指实奏闻，如有姑息容纵，该部并科道官一体纠劾。初，参政黎民衷之被杀也，贼乘夜遁出城，宠等遣兵追之不及。久之，临（林）〔桂〕、永福各县兵，始捕得贼党扶嫩、王婆显等三十余人于各山寨中，然其首恶竟未获也。

甲寅（十九日）［有矫诏往云南鸡足山建醮者，命锦衣卫缉捕重治之］

先是，有矫诏往云南鸡足山建醮者，自称为大真人。府赞教梁廷材、巡抚都御史吕光洵信之，因令有司致斋供具。及是事竣以闻，上大怒，命锦衣卫缉捕重治之。

戊午（二十三日）［罢云南铸钱议］

罢云南铸钱议。先是，令云南每岁将户部盐银二万两，鼓铸嘉靖通宝。已而钱法壅滞，公私交病。于是云南巡按御史王诤言：制钱不行，恐多积未通，所制且利少费多，不若且征银解部，俟钱法疏通日再议。部覆：停止铸钱之魗，宜从事今钱法，所以壅滞者，由宣课司收税。近议折钱，每一分准钱七文，京师用钱无穷，而宣课所收有限，遂使奸民乘机阻挠。钱多则滥恶相欺，钱少则增直罔利，故禁愈烦，而钱愈滞。自令准折，宜从民便，不必定其文数，宣课司收税各衙门折俸且俱用银。上从部议。

明世宗实录卷五百四十七

六月

庚辰（十五日）［两广提督吴桂芳奏请设立营堡以控制广东肇庆东山“诸瑶”］

提督两广军务侍郎吴桂芳言：广东肇庆府德庆州上下江一带，地名罗旁，渌水介东西二山之间，竹木丛翳，素为瑶贼渊薮。其罗旁西山瑶人，先年都御史韩雍经略（堤）〔提〕防，颇就安辑。惟东山诸瑶，阻深箐而居，时出剽掠。有司每岁发戍卒之，费广力疲，无益实效。今一劳永逸之计，莫如聚兵召商，随山刊木，设立营堡，将就近田地给与戍兵耕种，以省给饷诸费，庶可扼其从出之涂，绝其潜伺之计。耕守既定，控制斯严，北岸营兵以次渐减，此足食足兵，治以不治之上策也。兵部议覆，诏从之。

明世宗实录卷五百四十九

八月

庚午（初六日）［广东官兵讨平“山贼”卓文胜等］

广东山贼卓文胜等拥众劫掠乳源、英德等县，结巢板坑南。诏兵备佥事刘稳、游击将军戴冲霄、乳源县知县李继芳督兵讨之。连破三巢，生擒文胜等一百余人，斩首四百余级。捷闻，兵部以稳先有擒斩黄朝用功，请加升宪职，仍旧兵备。冲霄等请先赏银币，其功次候勘明议处。从之。

明世宗实录卷五百五十

九月

辛亥（十八日）［添设云南武定军民府通判一员］

添设云南武定军民府通判一员。

明世宗实录卷五百五十一

十月

乙酉（二十二日）［平贵州龙里卫龙山、偏坡等“诸苗”］

贵州龙里卫叛贼阿利等伏诛。先是，龙山、偏坡、摆龙、罗容、喈利、瓮蓬诸苗凭险拥众，劫夺龙里卫印，格伤官军。总兵官石邦宪、巡抚都御史吴惟岳、督兵备副使祁清、参将安大朝会兵剿之，杀数百人，生擒利等，余党悉解散。事闻，诏赏邦宪等银各十两，斩阿利等枭示。

癸巳（三十日）［添设四川成都府通判一员］

添设四川成都府通判一员，驻札建昌。

明世宗实录卷五百五十三

十二月

（己）〔乙〕亥（十二日）［云南临安府同知、河阳县知县以贪酷被黜为民］

云南临安府同知何启蒙、河阳县知县严杰俱以贪酷为按臣所纠。诏俱黜为民，仍以杰下巡按御史提奏，因谕吏部都察院曰：贪官不治，百姓不安。今后犯赃数多者，俱照出例行，不许息纵。都察院通查，先令奉旨逮问，文武官催行，各御史刻期问结，于回道考察日，明开已未完件数奏请，毋淂隐护，仍命该科记之。

癸未（二十日）［贵州巡按部光先条议“仿中土保甲”等地方事宜］

巡按贵州御史部光先条议地方事宜：一、苗夷犷悍，作梗冲路，宜令土司酋长所部境界，略仿中土保甲之法，互相觉察。如遇盗贼窃发，责其捕获解官。如有容纵等情，究治。一、本省驿站疲困，皆因供应云南之繁。今后各道应用宪牌，俱于巡按御史稽查起解银扛，不许夹带私物。其该省扣减驿递银两，俱宜豁免。一、将一省每岁出入之数，通较有无盈缩，严督催征，务使赋额不亏，军饷充裕。一、夷性至诈而可以信孚，夷性至贪而可以廉感。请申明赏功罚罪之条，罢减馈遗宴会之费，使法度纪纲翕然振举，则狼子野心可不烦兵而服。一、本省乡试费用钱粮，原无定额，每科动支巡按赃罚等银，用至七千余两。今前项赃罚系奉旨起解之数，而边省困穷，乞将当科之年姑免解部，以为定规。所司议覆，俱从之。

明世宗实录卷五百五十四

嘉靖四十五年丙寅（1566）

正月

戊午（二十六日）［四川官兵讨平“妖贼”］

四川官兵讨妖贼蔡伯贯等，擒之，降其众七百余人。伯贯，大足县人，本以白莲教诳众，其后从之者日盛，遂挟众为乱，伪号大唐大宝元年，旬月之间，连破七州县。诏停巡抚刘自强及守臣俸，讨之。贼以妖诞相诳惑，虽群党向应，所在蜂起，然实乌合无纪律，遇官兵辄败衄不支，一时瓦解，诸首恶多被擒戮。伯贯惧，还走大足旧巢，官军破巢擒之，余党悉降，伯贯举事三十六日而灭。捷闻，会自强升户部右侍郎。上从部议，先令自强开俸，候代至之日还京。伯贯等讯实处决，其余功罪，下巡按御史勘实以闻。

庚辰（二十八日）［裁革湖广沅州添注判官、原设税课局大使、卫知事各一员］

裁革湖广沅州添注判官一员、原设税课局大使一员、卫知事一员。

明世宗实录卷五百五十五

二月

甲戌（十二日）［广东听抚“贼”王西桥等“复叛”，击败官军，令失机官员戴罪立功，督抚官仍密图剿“贼”］

广东听抚贼王西桥等复叛，劫掠东莞县。都司刘世恩、肇庆府同知郭文通引兵击之。贼袭败我军，杀百户王铣等，执文通为质求抚，提督吴桂芳等许之，文通乃得脱归。事闻，诏世恩、文通姑准戴罪立功自赎。督抚官仍密图剿贼，以靖地方。

丁亥（二十五日）［湖广“山寇”黄中降，诸臣议当事官员赏罚事］

湖广山寇黄中降。中，四川万县人，从父俊入湖广支罗山为盗，既而听抚，（击）〔系〕俊狱中死。脱归旧巢，筑牛栏平寨守之，广袤六十里，自号天城，流劫奉节、云阳等处。四十四年十月，川湖会（丘）〔兵〕夹剿，中惧，乃诣湖兵降。湖广巡抚谷中虚驰疏告捷，称首恶面缚，余党悉平。四川抚按官刘自强、李廷龙恨其背约受降，乃上言：黄中实挟楚中重质，非以穷降，且余党方焚劫奉节县，夺南浦军粮，湖兵实阴助之。劾参将洪逵、守备汤世杰等罪。诏下所司问状，仍令二省守臣协心抚剿，以靖地方。会中虚、自强俱升，兵科都给事中（刑）〔邢〕守庭乃追论其同事异词，非人臣协恭体国之义。户科给事中郑钦亦言：中虚奏捷不实，中虽得诱降，然官军为盾于牛栏坪者，陷没几千百人。自强但知与湖兵争一黄中，而纵蔡伯贯等连破七州县，咎各有归，请切责二臣，令其削平余寇，方许交代离任。上从部议，诏川、湖二省巡按御史，从公会勘以闻，斩中枭示，胁从者贳之，养廉、晓逵、世杰俱以属吏。既而中虚闻川臣破坏其功，复奏：臣初定议降中，先遣指挥马图入寨抚谕，乃以诱贼，非为质也。中既约降，我兵不亡一矢，何名陷没？楚中所调，止永顺兵一枝，径抵支罗，未尝入四川界，何名助贼？逵、（士）〔世〕杰皆受计于臣，（劾）〔效〕劳有功，何得与养廉等同罚？疏入，上以其言并下二省勘官核实具奏。

明世宗实录卷五百五十六

三月

壬寅（十一日）［贵州巡抚陈洪蒙言贵州驿站夫马事务］

巡抚贵州右副都御史陈洪蒙言：贵州丛山复岭，其驿站夫马，皆倚办军丁，日疲奔命。请佐贰以下，与云南一省就近互相选除，裁革勘合。兵部覆议：远方勘合，乃朝廷优恤小臣至意，革之非是。得旨：驿递非卑官所能骚扰，其通行抚按官缉治豪右，及禁止所属参谒，以苏民困。不如命，重罪之。

明世宗实录卷五百五十七

四月

壬午（二十一日）［云南增设参将一员、副使一员］

裁革云南临元守备，增设参将一员，节制临安通海卫、新安十八寨二所。改安普分巡道为兵备道，添设副使一员，整饬安、普等六卫军马钱粮，兼管分巡。割澜沧道所属武定府易门所，道远不便遥制者，悉以隶之。从抚按官吕光洵等奏也。

明世宗实录卷五百五十八

五月

戊戌（初八日）［四川巡按李廷龙勘上龙州“逆酋”并地方诸臣功罪状］

四川巡按御史李廷龙勘上龙州逆酋薛兆乾并地方诸臣功罪状。兆乾伏诛，籍其家，母陈氏及其党二十二人皆以同谋论斩。兆乾，四川龙州土官宣抚也。初与本司土官副使李蕃相仇讦，兆乾率众围执蕃父子殴杀之，抚按檄兵备佥事赵教勘其事。兆乾惧，遂与母陈氏及诸左右，纠白草（蕃）〔番〕众数十人，分据各关隘拒命，绝松潘饷道，胁土官佥事王烨，不从，屠其家，居民被焚掠者无算。四十四年春，与官军战不利，求救于上下十八族番蛮，皆败去。兆乾率其家属奔至石坝，我军复追及之，就擒，余党悉平。初，兆乾既杀李（番）〔蕃〕，参将贺麟见、王恩，千户王逵、百户盛恩，受其赂，许而赦解。已而不效，兆乾报，麟见囚之，指挥刘兆熊等乘乱纵（壬）〔士〕卒为奸利。至是皆发，惟王恩后有斩获得免。逵、恩（嫡）〔谪〕戍边，兆熊等下御史问。巡抚谷（水书）〔中〕虚、参将绍及副总兵程规，参政魏文焲、孙应鳌，成都府同知刘良采，指挥田茂盛等，各赏银（弊）〔币〕有差。

己亥（初九日）［增设贵州程番府通判，驻省城］

增设贵州程番府通判一员，驻札省城，专管支放军粮。

明世宗实录卷五百六十

七月

辛卯（初二日）［湖广添设按察司佥事及荆州府抚夷通判］

从湖广抚按官议，添设按察司佥事一员，整饬荆、瞿、施州等处兵备。添设荆州府抚夷通判一员，常驻施州，听兵备道差委。

明世宗实录卷五百六十一

八月

己卯（二十一日）［南赣提督吴百朋奏请讨广东、江西界三巢“贼”］

先是，广东和平县岑冈贼首李文彪与江西龙南县高沙保贼首谢允樟、下历贼首赖清规自三十五、六年间，相与结党构乱，号为三巢。时时劫掠近巢郡邑，居民前后具奏请剿，无虑十余疏，以倭患方棘，广、福多故，不暇及也。至是，文彪已死，其子珍与谢、赖二贼势益猖炽，每约期分道四出，攻城略邑，众且数万。于是提督南赣都御史吴百朋决计（封）〔讨〕之。上疏曰：三巢依险作乱，根盘深固，僭拟称王，四方群盗率以倚为声势，迥非张琏、林朝曦辈崛起新贼可比。且逞其故智，往往愚弄官府，寻招寻叛，自为淂计。臣每宣扬朝廷德威，曲加慰谕，冀其自新，乃怙终不悛，跳梁如故。即今广东之和平、龙川、兴宁，江（两）〔西〕之龙南、信丰、安远诸县，（叛）〔版〕图业已蚕食过半。一应钱粮词讼，有司不敢诘问者，积有年矣。及今不亟行驱除，将来之祸，有不可胜言者。臣目击时艰，亟欲讨贼自效。顾两省官民，为群盗即威所劫，但议征剿，闻者咋舌，即讯之老将知兵者，亦以为积年（臣）

〔巨〕寇，必须（各）〔合〕四省之师夹攻之，兵非三十万，银非百万，不可，展转推避，莫肯直任。臣窃以为，运用之妙，在将不在兵；驭兵之要，贵精不贵多。臣任事三年，朝夕筹画，其于地形之险夷，人情之向背，察识已真。训习将士，历试可用。兼以近日民心内属，贼党渐离，率其子弟，（政）〔攻〕其仇雠，出其不意攻之必矣。（弟）〔第〕寇垒有坚瑕，用兵有先后，先其坚者，则瑕者盖瑕。三巢之中，如高沙谢允樟等，则已质其妻子，帖然听命。岑冈李珍、江月照等畏威骇不敢妄动。（推）〔惟〕龙南、下历贼首赖清规纠同熟水贼首徐仁标、汶龙贼首王凤阳、胡坑贼首胡应川、小石保贼首吴珊、大石保贼首杨明甫、洪保贼首刘乔嵩、信丰上里贼首袁尚信、广东龙川羊石寨贼首李世柏、鐐钹寨贼首宋伯颗等，跨据江、广六县，时众负固逆命如昨。故议用兵，必先自下历始。机有可乘，时不易得，臣已移镇信丰，部置将士，专委岭北守巡（葵为）〔蔡文〕、李佑，同知李多祚等监督，刻期分道，直捣其巢。强寇既举，则弱者自服，岑冈、高沙渐次可平矣。惟陛下专付臣以讨贼之任，不效则治臣之罪。臣又惟师行粮从，士不宿饱，不重赏，而能却敌者，未之闻也。请自今将南赣府县库贮银，悉容臣权宜贷用。或令江西布政司协济十余万两，以充军前粮赏之需。今参政蔡文督理之，其钱粮出纳，擒斩功次，乞（勍）〔敕〕江西巡按御史成守节稽查，以免侵冒之弊。疏下兵部议覆：三巢毒流两省，固王法所必诛。百朋志锐讨贼，不烦调兵，方略已定，本部难于遥制，即令督蔡文、李佑等，相机图之。钱粮行户部计处。从之。

甲申（二十六日）［广东官兵讨平“山贼”李亚亢等］

兵部覆巡按广东御史陈联芳奏：山贼李亚亢等毒掠河源、（河）〔和〕平诸县。是年二月，提督吴桂芳、吴百朋各调集官兵，分为五哨，使原任总兵官俞大猷督之，直捣其巢，擒斩一万四百余级，俘一千余人，夺归八万余人，招降一千二百余人，听抚四千余人，贼党悉平。大猷向以失事革任，当议赎。桂芳、百朋指授方略，总兵官吴继爵协谋（其）〔共〕济，参政郭应聘、李佑，副使张子松、刘稳、王化，佥事李偕，参将王诏、蔡汝兰，游击魏宗瀚、戴冲霄等，分哨兵功俱当叙。诏先赏桂芳、继爵、百朋、大猷各银币，大猷复原职听用，其余有功者，御史核实以请。

乙酉（二十七日）［两广提督吴桂芳与原任福建巡抚汪道昆各以万桥山澳捷闻］

提督两广侍郎吴桂芳、原任巡抚福建汪道昆各以万桥山澳捷闻。道昆据佥事毕竟初立报，称吴平已生擒，桂芳独疑之，以为平素号猾贼，必不肯自投传应嘉哨内以就显戮，今初报生擒之妄，已不待言，即自沉一说，亦止据贼党供报，彼时风火之中，昏黑莫辨之际，何由知其必死也。因劾应嘉妄报当罪，而汤尧宽不能乘胜穷追，亦当议罚。疏并下兵部，尚书杨博等复言：据闽、广诸将续报，则平已定死，桂芳止以初闻不实，复有此疑。今各道兵舡劳费日久，倘贼已荡平，而复内自犹豫，非计之得也。请令广东巡按御史严查吴平，果系自溺，余党悉平，即具列两省诸臣功罪，奏请赏罚，并议安南助兵剿贼之功。上从部议。

明世宗实录卷五百六十二

九月

甲午（初七日）［以四川仁寿县"盗"夜入城，处置失机官员］

四川仁寿县盗二百余人，夜入城劫库杀人，寻趋永、播遁去。巡抚（谈论）〔谭纶〕、巡按李廷龙以闻，因劾佥事吕荫、知（事）〔县〕周大绣等，各失事罪。且言永、播实为盗主，请切责永宁参将安大朝讨贼自效，而令播州参将周表改驻川、贵适中之地，毋使偏累播州一司。得旨：夺荫俸一月，下大绣等于御史问。守土事宜，令纶悉心计处以闻。

戊戌（十一日）［广西古田僮人韦银豹等降，提督军务吴桂芳言善后事宜］

古田僮贼韦银豹等降。时银豹久据古田，与诸僮分其地为上下里居之。银豹两犯省城，独下四里，人从之。提督军务吴桂芳因以其间遣典史廖元入上四里谕降诸僮，诸僮复业者一千九百余人。于是银豹势孤，亦请降。桂芳即以古田平闻，因言：古田自弘正来，县令未尝入城。令与吏廖元恢复已有次第，宜量升本县主（薄）〔簿〕，俟其政成，即擢为令。又本省副总兵止以都指挥充之，不兼制柳、庆，权轻位下，凡事辄为抚夷道所特令。诸僮虽纳款，犬豕之性，难保其终。欲为地方长久之计，莫如稍重将权，则选材勇堪任者，代门崇文镇守，仍守其便宜行事。兵部覆：从其言。于是革崇文职听调。改设总兵一员，加都督职衔兼制柳、庆诸僮。廖元升擢俱如拟。

甲辰（十七日）[给事中上言川、湖抚剿“土寇”黄中功罪情形]

川、湖抚剿土寇黄中功罪久不（缺）〔决〕，给事中舒化奉使由楚入蜀，（其）〔具〕得其状，乃上言：贼巢在楚蜀之交，仇杀之害在蜀不在楚，故川必主于剿，湖必主于抚。川主于剿，然大兵数举，未尽得利，仍遣千户李景葵、监生陈一言等往察招抚。楚主于抚，然间谍虽行，首恶未出，仍督宣慰彭翼南、舍把彭宗贤等进兵攻杀。惟两省抚剿互用，于是黄中投降之志始决。其所以不（知）〔之〕川而之楚者，以结怨在川，川必杀之，无怨于楚，可求生耳。今议者徒见楚实得贼，妄置低昂，虽楚、蜀当事诸臣亦然。故其奏捷也，在楚则无抚之功，贼党俱散，而不推功于蜀。在蜀则曰剿之功，讳言于抚，而谓余党尚存。其实支罗自黄中降后，余党千余人皆已就抚。（推）〔惟〕两省持论不决，故降人稍自疑惧，潜有异谋。而四川南岍之民必欲尽灭支罗之族，每过为播扬，有司亦因此借口，以证抚者之为非，剿者之为是，皆非公言也。臣谓两省抚剿相资助，当并论。支罗余民既已听抚，惟一宽恩亟处，而地方无事矣。兵部覆议：两省诸臣，身在功罪之内，故其言私化。身在罪之外，故其言公。今黄中既诛，当悉放其妻子弟侄并诸党与，以慰小夷之心，全国家之信。至于两省抚剿二议，原未相悖，仍令巡抚谭（论）〔纶〕、杨豫孙会各巡按御史从实勘奏，不得偏信所属，仍前争辨，致误机宜。报可。

癸丑（二十六日）［改设整饬荆夔兵备湖广按察副使，不设总督］

改设整饬荆夔兵备湖广按察司副使一员，专驻施州，以湖广荆州等处，四川重庆、夔州等处属之，兼听川、湖、贵州抚按官节制，仍分重庆、夔州二府为上下川东二道，以整饬。下川东道副使，即兼守巡，仍驻达州，专辖夔州府卫州县，并石（柱）〔砫〕（上）〔土〕司。分巡上川东道佥事，即兼兵备，专辖重庆府卫州县，并播州、（有）〔酉〕阳等土司。其分守涪州参议，令兼理忠州、长寿、（塾）〔垫〕江、南川、酆都、彭水、武隆、黔江九州县。初，土寇黄中既平，吏部已覆湖广抚按官谷中虚等奏，添设兵备佥事于施州矣。既而给事中邢守庭、主事罗青霄、贵州巡抚陈洪蒙，俱请复设川湖贵州总督。洪蒙又请改添设佥事为副使，重其事权。独给事中何起鸣以为设总督不如专设兵备副使便宜。下兵部，行四川巡抚谭（论）〔纶〕会议，竟从起鸣言。

明世宗实录卷五百六十三

十月

庚辰（二十三日）［云南官兵征剿武定土官凤继祖］

初，云南武定新城（武）〔成〕，巡抚吕光洵遣前投住省城土总管郑竑回府复业。郑竑者，前为土官凤索林谋杀凤继祖者也。继祖闻之，大恚，遂执竑杀之，纠众攻新城。临安府通判胡文显、土百户李鳌、土舍王德隆等兵进援，至鸡街子隘道遇伏，鳌及德隆等俱败死。时佥事张泽分督寻甸哨兵，见新城围急，亟催该哨土官海宇定兵，不至，乃督各马大头土兵二千余驰救之，兵败，泽及千户刘裕俱被执杀，禄劝州置印知事高心、千户李躬行，失亡士卒无筭。于是镇巡官趣诸道兵并进，（传）〔傅〕新城，逼继祖东山贼寨（为）〔围〕之。继祖惧，携泽及凤索林走照姑。已，复杀泽，遁入四川会（里）〔理〕州，依其党阿伽男阿五。于是巡按御史刘思问以败状闻，并劾巡抚吕光洵、总兵沐朝弼失律偾事之罪，因请恤录泽等，而严治失事诸臣守备王存孝等。疏下兵部议覆：朝弼、光洵宜停俸戴罪剿贼。存孝等宜（剿）〔勘〕问。继祖奔遁（川东）〔东川〕，患且未已，宜令云南镇巡官便（官）〔宜〕调兵夹攻。严禁水西土司，无乘隙助逆，自干国法。诏俱如拟，仍切责朝弼、光洵，令协心剿贼。赠泽光禄寺少卿，荫一子为国子生。其余阵亡失事人员，下按臣核勘。

明世宗实录卷五百六十四

闰十月

丙申（初九日）［云南、四川官兵讨平“逆酋”凤继祖］

云南、四川兵讨逆（西）〔酋〕凤继祖，平之。初，继祖被（遣）〔迨〕急，由直勒渡过江，趋四川会理州，依东川妇家阿科等，土官凤世初亦与之通。已而见二省官军与汉土官舍禄、照先等兵皆会，乃（皆）〔背〕继祖发（平）〔卒〕七千人来援，继祖益穷。至是，贼帅者色遂赴绍先营降，斩继祖以献。余党姚安府同知高钦及其弟高钧，并谋主赵时杰等，亦为姚州土官高继先所擒。

明世宗实录卷五百六十五

十一月

癸酉（十七日）［以“有善政”或“御寇有功”，诏加一知府、

二知县服色俸级]

诏加湖广荆州府知府赵贤三品服色俸级，四川蓬溪县知县张希范、广东大埔县知县张孔修五品服色俸级。贤以等郡有善政，希范、孔修俱御寇有功也。

明世宗实录卷五百六十六

十二月

壬辰（初六日）［宣抚薛兆乾“悖逆”被诛，改四川龙州宣抚司为龙安府］

改四川龙州宣抚司为龙安府。先是，巡抚谭纶言：宣抚薛兆乾悖逆伏诛，薛氏不可复立。宜如马湖事例，创建府治，改设流官知府、同知、推官，及照磨、司狱官吏。其原设宣抚司副使、佥事，改衔通判。兆乾（第）〔弟〕兆芝降为知事，俱世袭。令辖生熟番夷，不得与有司政事。土民散处宁羌、利、保等处者，悉入版图，且割保宁、成都二府所属江油、石泉二县，并青川所隶之，而总隶于川西安绵道。户部覆：如其言。乃诏易今名云。

［初设四川隆昌县］

初设四川隆昌县于泸州，富顺、荣昌县之中，属叙州府。先是，三州县中有驿曰隆桥，居山谷间，为盗渊薮，设重庆府通判一员，督军守之。至是，守臣建言设通判不如设县治，令事有专统，可以责成，然后地方无患。部覆，从之。

明穆宗实录

明穆宗实录卷三

隆庆元年丁卯（1567）

正月

壬午（二十六日）［董卜韩胡宣慰使司加渴寺国师侄袭职］

董卜韩胡宣慰使司加渴寺崇教翊善国师贾思八领占侄南伽儿贾思八袭职，赐诰命敕谕。

明穆宗实录卷五

二月

甲辰（十八日）［达思蛮长官司遣人入贡方物］

达思蛮长官司遣都纲积格兜等人贡方物。给赏如例。

庚戌（二十四日）［平云南土酋凤继祖之乱，抚臣奏土官功］

先是，云南土酋凤继祖作乱，攻围武定，执杀宪臣，势甚猖獗，守臣会川贵土汉兵数万人讨平之。至是，云南抚臣吕光洵奏上土官禄绍先、段一玑、安素仪、那恕、高忠、刺世麒、刺昆等功，请先加赏赉。四川抚臣谭纶言：土官凤氏班师抵家，为仇家所刺，宜加优恤。上命给凤氏棺敛银三十两，绍先等各赏银五两、纻丝一表里。两省功罪，下御史核实以闻。

明穆宗实录卷六

三月

辛未（十六日）［置云南禄劝州撒里巡检司］

置云南禄劝州撒里巡检司。

癸酉（十八日）［贵州宣慰使司土舍遣人贡马］

贵州宣慰使司土舍安国亨遣人贡马，如例给赏之半。

丙子（二十一日）［诏建云南江川县儒学］

诏建云南新兴州江川县儒学，除学正、教谕各一员。以礼部覆巡按御史刘思问奏也。

明穆宗实录卷七

四月

丙戌朔（初一日）［云南巡按刘思问奏请免该省积负盐课］

云南巡按御史刘思问奏请以该省积负盐课。自嘉靖三十一年至四十四年，查系灾伤失误借解别年者，悉与蠲免，以惠灶丁。黑、白、安宁等井提举盐课司官多课少，事简费繁，宜将安宁盐课司改属安宁州带管，其提举司等衙门设官并行裁革。户部议：盐课姑免二岁，余仍带征。安宁提举司仍留正提举一员管事，余从汰省。得旨：如议行。

明穆宗实录卷八

五月

癸亥（初九日）［以擒斩广东“贼首”升赏总兵官俞大猷等］

以擒斩广东贼首王西桥等，升总兵官俞大猷为署都督同知，提督侍郎吴桂芳俸一级，分巡副使张子弘为按察司按察使，管伸威兵备事分守参将王诏、游击将军魏宗瀚各一级，仍与分守等官陈祀等，各赏银币有差。其失事指挥等官任元相等，下御史逮问。

明穆宗实录卷十

七月

丙寅（十三日）［录贵州镇远府剿平起事苗人功］

录贵州镇远府剿平苗贼功。赏前巡抚都御史陈洪蒙、总兵石邦宪、兵备林烶章、参将梁高、参议高负图等银币有差。

明穆宗实录卷十一

八月

癸未朔（初一日）［免四川新设龙安府知府、同知来朝］

免四川新设龙安府知府、同知来朝。

明穆宗实录卷十二

九月

丙寅（十五日）［广西巡按朱炳如奏言僮人占据古田县，请令总兵官俞大猷会同总督张瀚征剿，又请治不职军官罪］

广西巡按御史朱（丙）〔炳〕如奏言：僮贼占据古田县，杀官劫库，势日猖獗。请令总兵官俞大猷会同总督张瀚征剿。又言：古田守备指挥佥事卜祯、兴安守备指挥使甘棠不职，乞罪之。报可。

戊辰（十七日）［免贵州、思明、镇安等府州县司土官来朝］

免贵州、思明、镇安等府州县司土官，及佐贰首领、同知等官来朝。

［命原任浔梧左参将鲁国坚等备古田］

命原任（巡）〔浔〕梧左参将鲁国贤等备古田。

己巳（十八日）［录赏贵州剿平伯泥司“土番”功］

录贵州剿平伯泥司土番杨赟等功。赏巡抚都御史杜极、总兵石邦宪及布政使姜廷熙等、守备薛守宸等，各银币有差。

明穆宗实录卷十三

十月

壬午朔（初一日）［湖广保靖宣慰司土官遣人贡马］

湖广保靖宣慰司土官彭养正遣人庆贺贡马。〔赏〕币钞如例。

明穆宗实录卷十五

十二月

丙申（十六日）［复设贵州永从县训导一员］

复设贵州永从县训导一员。从抚按官庄拯、王时举请也。

丁酉（十七日）［贵州青山等十二长官司贡马］

贵州青山等十二长官司通把蔡志禄等来朝贡马。给赏如例。

丁未（二十七日）［四川酉阳宣抚司、贵州凯里安抚司各遣人贡马］

四川酉阳宣抚司、贵州凯里安抚司各遣人〔入〕朝贡马。赏赉如例。

明穆宗实录卷十六

隆庆二年戊辰（1568）

正月

丙辰（初六日）［贵州宣慰司土舍、播州宣慰使遣人贡马］

贵州宣慰司土舍安国亨遣土目安和等，播州宣慰使杨烈遣土目赵士贤等，各来朝贡马，宴赉如例。

丙寅（十六日）［四川越嶲等卫长官司遣人贡马］

四川越（隽）〔嶲〕等卫长官司遣土目李春等来朝贡马，宴赏如例。

癸酉（二十三日）［四川乌撒军民府、贵州宣慰司、广西南丹等州土官贡马入贺］

四川乌撒军民府土舍安承祖、贵州宣慰司土舍宋一清、广西南丹等州土目族莫怀等贡马各入贺，宴赉如例。

丁丑（二十七日）［两广总督谭纶等条陈招抚广东岑冈“巢贼”善后事宜］

两广督抚等官谭纶等言，广东岑冈巢贼江月照等招抚初定，宜亟为安集。因条陈善后事宜：一、修复防守军兵。谓和平县乌虎镇与岑冈为邻，故有隘兵防御。今渐废不振，请查复原额，慎简将官，统领弹压之。一、编立党正保甲。谓岑冈上下陵地近高沙诸巢，势成犄角，遂为逋逃薮。宜将近抚新民严立保甲，以消意外之变。从之。

明穆宗实录卷十七

二月

癸未（初三日）［四川泥溪长官司、湖广永顺宣慰司、贵州贵竹长官司土官贡马］

四川马湖府泥溪长官司土舍王承谟等、湖广永顺宣慰司土官黄廷正等、贵州贵竹长官司通把宋京等，各来朝贡马。诏以承谟后期，予半赏，廷正等如例。

乙未（十五日）［以贵州擒斩平州“贼”功赏巡抚陈洪蒙等］

以贵州擒斩平州贼杨珂功。赏巡抚都御史陈洪蒙、兵备副使祁清，及指挥王道行、土舍莫承俸银两有差。

丙申（十六日）［广西太平等府、贵州镇雄府、四川平夷长官司、湖广保靖司土官贡马］

广西太平等府土官族目许全等、贵州镇雄府土官胡美等、四川平夷长官司土舍王良用等、湖广保靖司通把田仕等，各来朝贡马，宴赉有差。

明穆宗实录卷十八

三月

乙卯（初五日）［立广东和平县岑冈等处社学］

立广东惠州府和平县岑冈等处社学，从抚臣李佑请也。

己卯（二十九日）［四川乌蒙府土官、天全招讨使司土舍，广西太平府头目、龙英州官族等贡马］

四川乌蒙府土官阿琦、天全招讨使司土舍高玉等，广西太平府头目黄猛、龙英州官族赵福等，各贡马，宴赏如例。

明穆宗实录卷十九

四月

己丑（初十日）［剿平贵州地隆阡等寨“苗夷”］

先是，贵州地隆阡等寨苗夷龙力水等聚众卤掠，执邑梅土舍杨正直等去。总兵石邦宪率兵剿之，诛力水等，其酋龙老略等窘急请降。上命赏邦宪及巡抚都御史杜拯、副使张任等银两有差。

乙巳（二十六日）［命师宗州故土官同知妻暂袭祖职］

命广西府师宗州故土官同知珑玟妻海氏暂袭祖职。

明穆宗实录卷二十

五月

辛亥（初二日）［剿广西泗城州“侬夷”善后事宜］

先是，广西泗城州侬夷黄豹、黄豸等据贵州程番府麻（向）〔响〕、大华等司，时出卤掠，官军剿之，豹等遁去。至是，巡抚都御史杜极等条上善后事宜：一言程番夷俗犷悍，难于控摄，而近设通判，止寄空衔，供事会省。宜及事平，添设通判，令驻该府，责以抚夷捕盗。一言程番等十三司旧有应捕土兵三百七十人，选委土官二员为小巡捕，听本府经历提调，岁久废弛。宜查复原额，听新设通判提调。一言卢山本官等司里没于二侬，寨户逃徙，今流移渐复，宜遣官抚恤，蠲三年之征。一言程番府乌萝至卢山二十五里系者贡、翁忙等寨，四通贼路，旧有金筑司交马一哨，以寇乱废，道梗不行。宜令本司土舍修设，给以近田，免其杂徭。一言黄氏族繁，声势相倚，诸土司多与连姻，借兵报仇，衅有此起。乞行禁约，自今婚姻毋越境，有与侬缔婚者，以重论。兵部上其议，上允行之。

壬子（初三日）[广西镇安府土官遣人贡方物]

广西镇安府土官岑缘遣人贡方物。宴赉如例。

丙辰（初七日）[四川叠溪、郁即二长官司遣人贡马]

四川叠溪、郁即二长官司遣人贡马。赏赉如例。

壬戌（十三日）[命四川叠溪长官司土官袭职]

命四川叠溪长官司土官郁伯什袭职。

明穆宗实录卷二十一

六月

己卯朔（初一日）[贵州抚按官杜拯、王时举言以湖广沅、靖二州及平溪等六卫、四川酉阳等三土司隶贵州等事]

贵州抚按官杜拯、王时举言：湖广沅、靖二州，平溪、清浪、偏桥、镇远、铜鼓、五开六卫，四川酉阳、播州、永宁三土司，皆去省城甚远，而贵州兼制亦不便，宜专隶贵州。又，各省会城府县并置，而贵州独阙。军民讼谍、徭役诸事皆委之三司首领，两卫指挥及宣慰司官类多不谙政体。宜移程番府入省城。其贵竹长官司所辖皆流寓子孙，与夷民不同。平（代）〔伐〕司长官庭希印诛削已久，尚无所属。宜改为二县，附之程番为便。章下兵部，请以分割川湖州卫事，下川湖抚按官议，其他皆如所请。从之。

戊子（初十日）［广西泗城州土官遣人贡方物］

广西泗城州土官岑绍勋遣人入贡方物。宴赉如例。

辛丑（二十三日）［颁云南四夷、车里宣慰等司金牌］

颁云南四夷、车里宣慰等司隆庆年号金牌勘合十道。

明穆宗实录卷二十二

七月

戊申朔（初一日）［贵州小平伐长官司等处各遣人进马］

贵州小平伐长官司，木瓜、麻响、大华三长〔官〕司，金筑安抚司，四川沐川长官司，罗番、金石二长官司，洪番、卢番二长官司，各遣人来朝进马。赏赉如例。

庚戌（初三日）［升赏广东广州、肇庆等处剿“蛮寇”获功、阵亡官军］

升广东广州、肇庆等处剿蛮寇获功、阵亡官军郭汝琼等九十二人。

乙卯（初八日）［广西田州土官遣人贡方物］

广西田州土官岑大禄遣人来朝贡方物。赏赉如例。

己巳（二十二日）［张瀚言总督、巡抚权责划分事］

总督两广军务兼巡抚广西侍郎张瀚言：故事，两广止用督臣兼辖。近因分设广东巡抚，而总督遂为虚位，一切举措皆不与闻，猝有缓急，恐彼此异同，有妨安攘大计。乞下兵部，查仿三边事例，一体申斥之。报可。

丙子（二十九日）［广西田州、归顺州及四川石砫安抚司各遣人贡马］

广西田州、归顺州，四川石砫安抚司，各遣人贡马。赏赉如例。

明穆宗实录卷二十三

八月

己卯（初二日）［云南“叛酋”凤继祖伏诛］

云南叛酋凤继祖伏诛。先是，继祖与寻甸土舍郑竑争袭，参政卢岐嶷使使谕解，不听，反执杀竑，而兵围武定府城不克，还袭通判胡文显、周良卿等兵于鸡街子、陆块山。佥事张泽死之，知府周赞等率兵迎击于法江渡，亦败。澜沧兵备副使杨守鲁等乃大集土汉兵，与贼遇于会江里州堡，连战破之。贼溃走，至青鸡罗山，坠崖谷死者不可胜计。官军追及之，因止壁淄筒河，纵反间入贼中，购以重赏，于是贼党者色遂斩继祖首，诣军门降。事闻，上命赏巡抚云南兵部尚书吕光洵、巡抚四川都御史谭纶、总兵沐朝弼、右参政陆纶等银币。升杨守鲁一级，下失事百户任绣等御史问，余各赏罚有差。是役也，计擒斩一千五百余人，破山东直勒等洞三十一处，焚贼舍三千余间，招抚叛夷四百六十余种。而土官助战效劳者，禄绍先而下十余部。惟易门县土官县丞王一心，阴与继祖合约为内应，会事露，为百户韩世赏弟生员世仕所擒。与继祖捷音先后列上，上仍命加赏光洵、朝弼银币，世仕送监读书。

乙未（十八日）［广西归德州、上下冻等州土官各遣人贡马］

广西太平府归德州、上下（陈）〔冻〕州土官各遣人贡马。赏赉如例。

丙申（十九日）［云南丽江军民府土官遣人朝贡］

云南丽江军民府土官木高遣人贡马及方物。宴赉如例。

明穆宗实录卷二十四

九月

庚戌（初四日）[兵科给事中条陈两广事宜]

兵科给事中陈邦颜条陈两广事宜：一、重县令。谓广东兵患相仍，县官当以进士选任。而推升行取，则视其地之难易为差，不以豪强中伤，辄议斥罢，亦不以催征未完，一概参降。一、蠲民赋。谓海阳等县闾里萧条，一切新旧逋税，宜酌量减免。一、处兵饷。谓川、浙原借饷银，当行巡按御史亟将查盘。数内不系京边钱粮者，照数转发广东接济。一、专责任。谓广东一省而三总兵，有暂调用之俞大猷，有立功之汤克宽，又有钦赏之郭成。政出多门，将士无所取信。宜以合省水陆兵分属郭成、俞大猷，各守信地，庶责任专，而后可以成功。一、明功罪。谓往者柘林之役，克宽兵败，不以实闻。今又阴行曾贼重贿，纵令报水，激变居民，侵突会省，宜正典刑。疏入，得旨：下该部议覆。悉如其言。克宽仍令巡抚都御史逮系至京问。

乙亥（二十九日）[两广总督张乾、广东巡抚熊桴奏两广军务]

总督两广军务侍郎张翰会巡抚广东都御史熊桴奏：广东山寇七十二巢，海寇四种，而林道乾、曾一本最为陆梁，不一大创之，恐岭南之乱，终不能已。谨条具其事如左：一、申谕各官兵，凡陆地战胜者，擒斩仍依赏格。若海上战胜者，擒贼一名，即赏银四两，斩首一级，银二两。冲锋虽无首级，而能夺获一舡者，一百两。其有斩获曾一本、林道乾首恶者，加赏银一千两，生擒者三千两，仍赏实授一级。其兵卒临阵退缩者，即斩首以徇。将领逗遛观望如魏宗瀚、王如澄者，宜首正国法，以示劝惩。一、总兵郭成长于陆战，俞大猷长于水战，宜分地责成，俾无推诿。而分守惠、潮及雷、琼、廉参将，宜亟行处补。一、全广有官兵、乡兵、狼兵、募兵、抚兵，又加以闽、浙之兵，多而不精，何以应率？追置水寨六所，练兵同知六员，宜令造舡剿贼之后，将舡兵分配六寨，有事听调，无事听练。同知不许谋管印信，把总不许他委避难。而巡海、海防、海南、海北兵备四道各给敕书，委以训阅之责，视其勤惰而赏罚之。一、惠、潮之间，百姓伤残特甚，或逃或叛，里社为墟。乞将嘉靖四十三年以后带征起存钱粮暂行停免，其被患尤惨者，臣等量行赈恤，庶孑遗之民犹有更生之望，而喜于自新。兵部覆议，从之。其议处分守一事，桴则恐侵总兵之权，欲以把总代之。翰则谓雷、琼、廉所属地方辽远，又琼州孤悬海外，岐黎叛服不常，非参将不能弹压。上两视之，诏裁革惠潮参将耿宗元，而以浙江把总潘吉调补惠、潮，如桴言，以宗元补调琼、廉，如瀚言。

明穆宗实录卷二十五

十月

乙酉（初十日）［四川威州都纲头目等来朝贡方物］

四川威州都纲头目安朋等来朝贡方物。给赏如例。

甲午（十九日）［四川董卜韩胡宣慰司国师、别思寨安抚司番僧贡方物］

四川董卜韩胡宣慰司国师舍纳也舍等十人、别思寨安抚司番僧札巴领真等八人各进方物称贡。赏赉如例。余一百九人，行四川守臣一体抚赏。

明穆宗实录卷二十七

十二月

甲申（初十日）［诏立云南武定军民府儒学］

诏立云南武定军民府儒学。时凤氏之乱甫平，黔国公沐朝弼等请即其旧址为学，以变夷风。从之。

明穆宗实录卷二十八

隆庆三年己巳（1569）

正月

辛未（二十七日）［广东惠州府增建长宁等县及巡检司］

以广东惠州府河源县、归善县地广多盗，增建长宁县于鸿雁洲，永安县于安民镇。长宁设作坪、长吉、黄峒、象冈巡检司四，割河源、英德、翁源田粮三千三百七十六石与之。永安设驯雉、宽仁巡检司二，苦所驿一，割归善、长乐田粮四千二百四十七石与之。从巡抚都御史熊桴奏也。

明穆宗实录卷二十九

二月

壬辰（十八日）［兵部覆南京湖广道御史等条陈广东用兵事宜］

兵部覆南京湖广道御史尹校等条陈广东用兵事宜：一言将士玩寇，乞责实效，以期剿灭。一请令广东巡抚坐镇惠、潮，两广总督暂驻广省。原设神威兵备专驻潮州，兼管漳、泉官军，便于调遣夹击。一言闽兵通贼，必不可用，乞练土著或调浙兵用之。一言广东方造舡于闽，日久未成。成则取道贼所，虑有不测，宜谨伺之。一言波罗海乃省城门户，宜增兵分哨，以固内地。得旨：如议行。

明穆宗实录卷三十

三月

丁未（初三日）［贵州新迁程番府更名为贵阳府］

更名贵州新迁程番府为贵阳府，铸印给之。

辛酉（十七日）［四川巡按王廷瞻覆勘剿平凤继祖功次］

四川巡按御史王廷瞻覆勘官兵剿平凤继祖功次，上命赏前建昌兵备副使叶应乾、上川南道右参议吴文华、成都府通判何朝佩、利州卫经历黄清等，各银两有差。

庚午（二十六日）［勒黔国公沐朝弼闲住］

勒云南总兵官黔国公沐朝弼闲住，以其子昌祚暂领镇事，候勘明承袭。时朝弼既以抗违明旨，屡被论劾，常称疾不视事，其嫂陈氏复以疾为解，不愿南行。又诏书名捕蒋旭等不获，事未及竟。抚按官陈大宾等乃奏乞罢朝弼，令其子昌祚暂领镇事务。遣宁（夏）〔阳〕（候）〔侯〕夫人张氏亲至滇中，就陈氏办验情实，另行议处。于是兵科给事中张卤言：朝弼罪恶多端，其大者在拘留母嫂，匿旭等不出。今两事俱不如诏，而徒以袭替一事迁就塞责，则朝廷之法纪安在？宜仍行抚按勘结，必朝弼之情罪既明，处分已定，乃许伊男承袭，不得复持两端。兵部是其议，请革朝弼任。而已昌祚领镇事可否，俟上裁决。上以为可许，故有是命。

明穆宗实录卷三十一

四月

丁丑（初四日）［黔国公沐朝弼庄户多不法］

云南抚按官奏：黔国公沐朝弼庄户多不法，乞将寻甸、嵩明、三泊、澜沧十八寨等府州县、卫、所原属有司地方者，令官为征税，以纾民害。诏可。

戊寅（初五日）[铸定南县及儒学印记各一颗]

铸定南县及儒学印记各一颗。

乙卯（初六日）[刑科给事中条上两广用兵事宜]

刑科给事中魏体明条上两广用兵事宜：一、选将领。谓海寇曾一本猖獗，而倭奴复巢碣石、平山等处。惠州危急，师久无功。宜选拔将才，勿拘常格。一、募土著。谓客兵害多利少，不必再募。东莞、新会、顺德、香山、惠、潮沿海之民习水战，知地利，可召为兵。令以其七出战而三屯耕，以省粮饷，且暂免其租。一、议征剿。谓海寇日（帜）〔炽〕，皆有司招抚之说误之。如贼首五端黄世桥辈，旋伏旋起，遂成不制。今宜勃守臣一意征剿，而宥其胁从者。一、预海防。谓广中御寇，多资新会、顺德、东莞等处乌艚横江等舡。在昔舡户有轮差之便，无纳税之苦。今既课其税，而复役之如故，民不能堪。宜复其轮差，而不入其税。一、核功实。谓军中虚张捷报，隐匿失事，争取首级，妄杀平民，皆宜亟禁。一、专责成。谓广中军法不振，荡平无期，宜责督抚申明纪律。今后有怯敌偾事，都指挥以下斩首阵前，总、副等官取死罪案奏请。而督抚等官不能策励荡平者，纪功御史论之。御史故纵者，科道论之。上采用焉。

明穆宗实录卷三十二

五月

辛亥（初八日）[官军会兵进剿广东平安山大峒等处，捷闻]

初，广东叛将之杀耿宗元亡入贼巢也，贼屯兵平安山大峒等处，入掠海丰县，从鹿境渡河。会总兵郭成等方率兵进剿，而南赣巡抚张翀亦遣参将蔡汝兰等兵至，于是共趋大（浦）〔埔〕白云屯，以入平山夹攻之。凡月余，各部共擒斩一千三百七十五人，内生擒真倭酋丘吉所一人，从倭一百余人，夺归被虏通判潘槐而下六百余人，（判）〔叛〕将周云翔溃围出走，成部卒擒之。捷闻，上命先赏蔡汝兰，而下兵部议功。至是，部言郭成、蔡汝兰执讯获丑，张瀚、熊桴运筹制胜，张翀救灾恤邻，其功均宜先叙。而藩、臬有司官张子弘等，坐营守备李峨等二十四员，并其余获功官兵，乞行纪功御史勘奏。丘（古）〔吉〕所及周云翔等即令枭示，以正国法。得旨：张瀚复原职听用，熊桴等俱开俸，桴仍与郭成、张翀各赏银三十两、纻丝二表里。余悉如议。

丁卯（二十四日）[湖广抚按官刘悫等奏裁荆瞿兵备道佥事等事]

湖广抚按官刘悫等奏：土寇黄中等既平，请裁革荆瞿兵备道佥事，而已分巡上荆南道摄之。更赐之敕俾整饬，旋归兵备。其瞿塘中州卫所原隶湖省，凡考选、屯粮诸务，俱属本道督理。而四川重、夔（三）〔二〕府州县及石砫（上）〔土〕司，仍旧分隶川东兵备，亦令无制施州，往来弹压。或土司争构，地方盗起，则两兵备夹剿之。兵部覆奏，报可。

明穆宗实录卷三十四

闰六月

壬子（初十日）[诛云南武定“叛酋”凤历]

云南武定叛酋凤历伏诛。历，武定府土官知（官）〔府〕凤索林支属。先年凤继祖叛诛，索林坐削籍安置省城，改设流官代之，犹不欲绝凤氏后，授历子思尧经历，给庄田百余处。历以不得知府怨望，阴结四川七州及水西宣慰安国亨谋作乱。知府刘宗寅数遣人抚谕之，不听，遂聚众称思尧为知府，夜袭府城。城中严备，不能入，退屯鲁（虚）〔墟〕。宗寅夜出兵斫其营。贼溃，追至（骂）

〔马〕剌山，擒历余党，悉解镇巡官以闻，并上文武诸臣及土司总管头目功罪状。且言国亨谋叛未发，乞宥其罪，下贵州抚按官戒饬。兵部覆奏，上命诛历，而升宗寅俸给，与诸臣有功者各赏银币有差。

辛酉（十九日）［番僧违例进贡］

以番僧违例进贡，坐起送官罪。（讨）〔罚〕四川三司赏印官署都指挥佥事槐寅等俸各二月。

明穆宗实录卷三十五

七月

癸巳（二十二日）［沐昌祚暂充总兵官镇守云南］

命黔国公沐朝弼子昌祚为都督佥事，暂充总兵官镇守云〔南〕。先是，昌祚奉旨暂领镇事，而未授职。御史刘思贤以为不便行事，故有是命。

明穆宗实录卷三十六

八月

乙巳（初四日）［贵州黎平、都匀二府知府征粮米未足额］

先是，贵州黎平府知府刘汝顺、都匀府知府薛绍皆征粮（米）〔未〕完七分以上。抚臣赵锦以闻，奉旨各降一级。既而锦言该省苗夷杂处，急之则乱，有司催科，难以尽法。请宽汝顺等罚，仍以原官改调。诏复从之。

丙辰（十五日）［叙四川平草坡番人功］

叙四川平草坡番人功。赏巡抚都御史陈炌银二十两、纻丝二表里；兵备副使莫如善、薛曾，参将盛愈谦，各十两；游击将军沈鲸五两。

明穆宗实录卷三十九

十一月

乙酉（十六日）［吏部议覆四川抚按官严清等所奏调整四川诸道设置事宜］

吏部议覆四川抚按官严清等奏：请以四川按察司屯盐水利、茶法二道合为一道，建昌兵备道改为兵粮道，叙泸兵备道改为下川南兵备道，俱兼管分巡上川南。分巡道当移驻雅州，分守道当移驻嘉定州。从之。

明穆宗实录卷四十

十二月

丁巳（十九日）［徙和曲州为武定府附郭］

巡抚云南都御史陈大宾等言：武定府治已徙，而和（典）〔曲〕州故无城垣，密迩寇贼，州民避之府城，归者如市。即不迁州治，而迁者过半矣。宜及今并徙州为附郭，听民居之，以安残黎之心，杜狂夷之望。兵部覆奏，报可。乃命和曲驿俱附府治，改州治为巡捕馆，令吏目领民兵守之。

戊午（二十日）［以广西古田用兵，发太仓银为军饷］

以广西古田（川）〔用〕兵，命发太仓银四万两给之，为军饷之费。

明穆宗实录卷四十一

隆庆四年庚午（1570）

正月

庚辰（十二日）［两广总督奏报官军斩获荔浦等处“巢贼”］

两广总督刘焘奏报官军斩获荔浦等处巢贼韦公海等一百一十人。上采部议，诏增兵殄灭余寇，而令巡按御史详核〔功〕次以闻。

丁亥（十九日）［贵州巡抚赵锦请均平贵州宣慰司、贵阳府儒学生额］

贵州巡抚都御史赵锦言：贵州宣慰司儒学诸生受廪于官者凡四十人，而贵阳府学止予二十人，多寡不均，宜量为加损，俾各以三十人为率。礼部议覆，从之。

明穆宗实录卷四十二

二月

己亥朔（初一日）［四川戎县“都蛮”阿大等“寇掠”高、筠等县，官军讨之］

四川戎县都蛮阿大等寇掠高、筠等县，掳百户张汝昆等，势张甚。巡抚都御史严清、巡按御史王廷瞻，各奏请大发兵讨之。清又举贵州总兵安大朝，可任讨贼之事。而劾叙泸参将卢梁、守备吴启东，皆懦不堪用，宜以游击周宗代梁，守备谢崇爵代启东。兵部为请，上命清会同大朝，督率各该守巡将领等官，克期征剿。务令靖寇，以安地方。卢梁等俱依拟。

庚子（初二日）［贵州宣慰使司土舍等各遣人贺万寿圣节］

贵州宣慰使司土舍安国亨等各遣人贺万寿圣节。给赏如例。

甲辰（初六日）［湖广金峒安抚司土舍起事，命巡抚刘悫严督所司相机抚剿］

湖广金（岗）〔峒〕安抚司土舍覃（壁）〔璧〕作乱，拒伤官军。巡抚都御史刘悫、巡按御史雷稽古请治失事诸臣罪。兵部覆：本卫孤悬境外，事起仓卒，宜从宽贯，以责后功。上然之。即命悫严督所司，相机抚剿，以安地方。前事姑勿问。

明穆宗实录卷四十三

三月

庚辰（十三日）［广西忠州土官黄贤相等起事，左江兵备佥事谭维鼎使永康典史李材诱擒之，事闻，赏总督刘焘及谭维鼎，升李材职］

广西忠州土官黄贤相等据南宁府属四都地方作乱。左江兵备佥事谭维鼎使永康典史李材计诱其党，缚献贤相以降。事闻，上命赉总督刘焘及维鼎银币，材超升三级。

乙酉（十八日）［迁贵州思南府城于平溪卫］

迁贵州思南府城于平溪卫。以巡抚王诤言旧治府地狭民少，无以控制苗夷故也。

丙戌（十九日）［裁革永州、辰州、沅州等地通判、巡检等］

从湖广抚按官刘悫、雷稽古议，裁革永州府巡捕通判、辰州府抚民通判各一员，黄州府罗田县训导一员，岳州府巴陵县鹿角、杨林河泊所官各一员，永州府湘口递运所大使、永明县白象巡检司巡检各一员，衡州府税课司大使一员。辰州府沅陵递运所大使，高岩、镇溪，辰溪县渡口、杜望、阴隆江，沅州西关渡口巡检，各一员。常德府桃源县白马渡巡检一员。添设黄州府黄安县管粮主簿一员。

明穆宗实录卷四十四

四月

甲寅（十七日）［发兵讨贵州宣慰土舍安国亨，失利］

先是，贵州宣慰司土舍安国亨仇杀其叔祖故宣慰使安万铨之子信，逐信母疏穷及其兄智于安顺州别居。智母子因告国亨谋反，前巡抚赵锦檄毕节兵备杨应东治之，未决。会巡抚王诤至，有言应东受国亨贿阴持两端者，诤遂疏请罢应东听勘，而发兵诛国亨。诏从之。智喜，为总兵安大朝画进剿策，且约以兵粮数万为内应。诤意愈决，于是大集汉土兵万余人，属大朝统之，仍奏留大朝，毋应调四川。二月初七日誓师，至陆广河，智兵粮无一助者。诤惧，仍令人抚谕国亨，而密止大朝毋轻进兵。会大朝已渡河至水西，国亨使其守隘目把阿弟得费等，诈以三千人请降，大朝信之，遂深入贼巢，我兵绝食。二十九日，贼合围外攻，三千人内应，我兵败死者过半。是役也，大朝子荣在行率所部苗兵卤掠，师无纪律，故轻进而败。于是诤上疏自劾。巡按御史蔡廷臣请治失事诸臣罪，因并劾诤，兵科都给事中温纯亦以为言。得旨：令大朝革职，戴罪杀贼。诤回籍听调，而下荣等御史按问。

明穆宗实录卷四十五

五月

庚辰（十三日）［裁广东巡抚官，以两广总督李迁为提督，兼两广巡抚事］

裁革广东巡抚官，改两广总督李迁为提督，兼〔两〕广巡抚事。先是，都给事中光懋言：两广总督建置已久，开府苍梧，坐镇东西两省，居上游之地，握要害之区。调兵转饷，势若（连）〔建〕瓴，盖责成专则推诿无词，事权重则掣肘勿虑，号令一则耳目不分。今更设二抚臣，不惟多官多费，适滋纷扰，而于人情驰骛，事势牵挽，尤为多端。盖两广钱粮兵马止有此数，向尝以一提督用之则有余，今以二巡抚参之则不足。况号多门，一遇有警，辄彼此相仗。在提督则曰彼有专职，我难以遥制也。在巡抚又曰彼乃兼统，我不可专制也。宜革抚臣，复提督便。御史苏士润亦言二粤势如辅车，总督居中控制。在广西不足于粮饷，则资广东以转输。在广东不足于战士，则调广西以应援。不惟声援联络，且事体归一。章并下吏部覆可，故有是命。

辛卯（二十四日）［命沐昌祚袭黔国公挂印充总兵官］

云南抚按官陈大宾等覆奏：宁阳侯夫人张氏至滇中，会沐朝弼嫡母李氏及嫂陈氏两夫人于公馆，俱自诉年老多疾，仍愿留滇终养。各庄田已属有司处分，每岁纳其租入于陈，以为侍姑养老之资。其素助朝弼为恶者，惟蒋鉴未获，余党俱已会逮勘明。于是吏部以朝弼子昌祚袭职为请。上许之，命昌祚袭黔国公，挂印充总兵官，赐之制敕。已而兵科都给事中温纯言：蒋鉴未获，则朝弼罪状犹属未明，其子不宜遽袭。上谓昌祚已有旨矣，朝弼罪，姑令执送蒋鉴自赎。如更不悛，听抚按官参治。

明穆宗实录卷四十六

六月

甲辰（初八日）[筑湖广宜章香口岭城]

筑湖广宜章县香口岭城，命衡、永二府每岁委府佐一员，更番戍之。以巡抚刘悫言其地远杂夷故也。

明穆宗实录卷四十七

七月

丙子（十一日）[复设云南临元参将]

复设云南临元参将，从抚按官请也。

明穆宗实录卷四十八

八月

丁酉（初二日）[以贵州用兵，免布政司及贵阳等府和长官司朝觐]

以贵州用兵，免布政司正理问，贵阳、思州、黎平三府知府，韦番、木瓜、程番、卧龙、卢山、上马桥、大龙、小龙、金石、大华、贵竹、平伐、曹（谪）〔滴〕洞、古州、亮寨、中林验洞、潭溪、湖耳、欧阳、新化、铜仁、省溪、施溪、康佐、新添、把平寨、札佐、水东、中曹、底寨、乖西、白纳、青山各长官司吏目朝觐。

甲子（二十九日）［两广总督李迁等议上征剿古里事宜］

总督（南）〔两〕广兵部侍郎李迁等议上征剿古里事宜：一、区处钱粮。言督抚诸臣原借四川采木银十万两、浙江兵饷八万五千两及广东积欠广西精兵银七万两，宜严限催解，以济军兴之乏。一、调任兵将。请调广西土官目兵十四万人及募鸟铳等兵七千七百人，分七大哨，用司道官监督各将官领之。一、分别抚剿。言古田县上四里为良僮，宜抚。而其中如韦银豹者，则不可纵。下六里为恶僮，宜剿。而亦有未尝劫库者，犹有可原。一、进兵机宜。谓宜令诸军先夺三厄牛河之险，然后分道并进。其入山之时，不许辄行杀戮，致惊内贼。即峒口有名恶贼，亦俟出山之时剿之。一、邻省堵截。谓湖广、贵州宜谨守分地，以防奔溃。一、防守策应。以广西召募打手二千人，广东召募一千人，专守广西省城，及为营中策应之助。待班师（彻）〔撤〕之。一、善后事宜。言贼平之后，宜建置桐木、富禄、长安三镇土巡检司。各高筑城垣，择其素所惮服，如南丹、那地、东兰强大土族官男部领目兵防守。俟三年有功，许其受巡检世袭。其守卫县治，宜设守御千户所，改桂林中卫千户一员、百户二员，率哨守军百人，及兴龙卫寄操军百人守之。兵部覆奏，报可。

明穆宗实录卷四十九

九月

乙酉（二十日）［以广东“寇乱”免相关府县正官及首领朝觐］

以广东寇乱，免惠、潮、琼、高四府，新会、归善、博罗、潮阳、新兴五县各正官，和平、兴宁、长宁、永安四县各首领，及琼州府同知朝觐。

明穆宗实录卷五十

十月

丙申（初二日）［以广西古田用兵免桂林府全州等州县及镇安等府上林等长官司土官朝觐］

以广西古田用兵，诏桂林（管府）〔府管〕全州等州县各正官、佐贰、首领，及镇安等府、上林等长官司各土官，俱免朝觐。

明穆宗实录卷五十一

十一月

乙亥（十一日）［录广西进剿都亳等功］

录广西官军进剿都亳等功，升副使郑一龙、游击将军丁山俸各一级。

明穆宗实录卷五十二

十二月

癸丑（二十日）［茂州卫朝胡碉恰列寺都纲头目入贡］

茂州卫韩（朝）〔胡〕碉恰列寺都纲头目纳它等入贡，宴赏如例。

明穆宗实录卷五十三

隆庆五年辛未（1571）

正月

乙酉（二十二日）［以“土寇”覃璧平，湖广抚臣刘悫等条议五事］

湖广抚臣刘悫等以土寇覃璧平，条议五事：一议处监制。请以川东道所辖巫山、建始、黔江、万县行川湖抚按会议，改属湖广上荆南兵巡道。凡汉土官民词讼兵粮，悉听经理。及湖广有应隶川东者，并议改属。一议处移置。谓荆州去施州卫道里险远，不便巡历。夷陵以西，有国初颍国公傅友德所辟取蜀故道名百里荒者，抵卫仅五百余里。请移巴东之石硅巡检司于野三关，施州卫之州门驿于河水铺，三会驿于古夷铺，俾闾井联络。而于百里荒及东卜陇，仍创建哨堡各一，令千户一员，督夷陵、长宁二所班军各百人更番戍守。一议军民职掌。谓施州卫三里延袤甚广，物产最饶，而卫官每肆朘削，致民逃匿，诸土司为乱。宜裁革抚夷通判，更设同知一员，俾抚治民夷。岁额钱粮外，有该卫公费必不可废者，仍依军三民七例，审编均徭册，报分守道核实征派，卫官不得额外横索。一议金（筒）〔峒〕管辖。谓覃氏世官，不忍遽绝，宜姑贷覃胜罪，削安抚司职，改为峒长，听支罗所百户杨伟提调。有抗违及故纵土民生事，即置之法。一议防制土司。谓国初施州卫所辖十四土司官舍应袭，俱令赴部。迩因卫官交通奸徒诱引，率皆私擅名号，无所顾忌。请严行抚按守臣访治，凡诸土司应袭官舍，必关白该道两院，始许承替，署理司事。兵巡道每岁巡历施州，亦预行守备，调集各官舍量示奖谕，并令赴学观礼。兵部覆奏，俱从之。

庚寅（二十七日）［以四川“蛮贼”攻掠高县等处，处置失机官员］

四川抚按官以蛮贼攻掠高县等处，势益猖獗，请推择谋勇主将一员，委以剿灭。因劾叙泸参将周宗、游击谢崇爵、守巡参议包汴、佥事田应弼等罪状。得旨：宗、崇爵姑令戴罪杀贼，汴、应弼各夺俸二月。遂调广东总兵官署都督同知郭成于四川。

明穆宗实录卷五十四

二月

丁酉（初五日）［黔国公沐昌祚以袭封进马匹、仪物谢恩］

镇守云南总兵官黔国公沐昌祚，以袭封进马匹、仪物谢恩。赐银五十两、彩段四表里。

明穆宗实录卷五十五

三月

乙亥（十四日）［四川叠溪等长官司、石硅宣抚司遣人贡马］

四川叠溪等长官司、石硅宣抚司遣通把事郭成等来朝贡马。以过期给半赏。

丙戌（二十五日）［升广西古田县为永宁州］

升广西古田县为永宁州，割义宁、永福二县属之，仍隶桂林府。

明穆宗实录卷五十六

四月

壬子（二十一日）［以广西古田用兵诏留库贮钱粮等］

以广西古田用兵，诏留嘉靖四十五年以后布政司库贮钱粮，并隆庆四年赃罚事例、度牒等银万一千余两。从巡按御史李良臣奏也。

明穆宗实录卷五十七

五月

壬戌朔（初一日）［叙广西古田平“寇”功］

叙广西古田平寇功。升提督侍郎李迁为都察院右都御史，仍兼兵部左侍郎、总督如故。巡抚右佥都御史殷正茂为兵部右侍郎，仍兼都察院右佥都御史，荫一子为国子生，暂留巡抚。镇守总兵官俞大猷实职二级世袭，仍各赏银币有差。先是，古田僮贼攻劫会城，戕杀官吏，连岁苦之。其最黠者韦银豹、黄朝猛，据凤凰、潮水二巢，险固不可拔。至是，正茂与迁谋，调思明等处土兵及汉兵共十万，令大猷统之，直抵诸巢，合营进剿。凡斩首七千四百六十余级，俘获男女一千三百余人，抚其不为寇者六百六十余所。正茂之功居多。捷闻，上嘉三臣首功，乃有是命。其诸有功当录者，命巡按御史勘闻。

丙寅（初五日）［四川、贵州所属永宁宣抚司、沐川等长官司各遣人贡马］

四川、贵州所属永宁宣抚司、沐川等长官司各遣人来朝贡马。给赏如例。

丁卯（初六日）［广西巡抚殷正茂以古田既平，“欲修举盐法”］

巡抚广西都御史殷正茂以古田既平，欲修举盐法。在广东行盐，在湖广衡、永诚令官出资本，岁买盐三百艘。逐时估消息，收其奇赢，可以不烦朝廷，不用民力，而广西岁饷数万金，充然有余。且十年之后，舳舻交通，货物充牣，广西遂为富藩矣。因条上八事：一议法守，一明赏罚，一计工本，一造官船，一谨防范，一限时月，一禁私贩，一明职掌，一谨始事。户部是其议，请饬正茂及时修举，兼行两广提督、湖广巡抚及各巡按御史，协心共济。所议船只，或酌量兴造，或暂雇民船。俟通行更议，有未尽事宜及掣肘不便者，令各讲求长策，以图永久。上是之。

明穆宗实录卷五十八

六月

戊戌（初八日）［设镇雄府儒学教授］

设镇雄府儒学教授一员。

丁未（十七日）［铸给古田守御千户所印］

铸给古田守御千户所印。

明穆宗实录卷六十

八月

乙巳（十六日）［以土巡检为长官司长官镇守思吉等八寨及龙哈等二处“降夷”］

广西守臣言：思吉等八寨及龙哈、咘咳二处降夷乞以那马土巡检黄旸充长官司长官，领兵六百镇之。给土舍黄昌冠带，住守龙哈，巡检韦观住守咘咳，各率所部兵二百，听思田守备调度。报可。

丙辰（二十七日）［铸给广西思吉等十寨长官司印］

铸给广西思吉等十寨长官司印。

明穆宗实录卷六十一

九月

辛未（十二日）［录广东惠来林樟等处功］

录广东惠来林樟等处功。升赏官军郭文等九百八人。

庚辰（二十一日）［广西古田僮人韦银豹父子起事，失败被杀］

磔广西逆贼韦银豹，并斩其孙韦扶僮于市，仍传首夷方。银豹，广西古田僮民，其父朝威自弘治间与其伯朝猛占据县治，拒杀副总兵马俊、参议马铉。正德间，银豹尝随朝威攻陷洛容县。朝威诛死，银豹乃挟其五子，四出掳掠，屡败官兵。隆庆元年五月，银豹兄银站恐为己累，密送款巡抚殷正茂，执银豹以降。传诣京师，上以付吏，论银豹谋反律，与扶僮俱伏诛。其家属党类，下抚臣论治如律。

明穆宗实录卷六十二

十月

己亥（初十日）［贵州中曹等长官司、广西归德州土官差人贡

马]

贵州中曹等长官司、广西归德州土官差通事人等来朝贡马。给赏如例。

辛丑（十二日）[贵州宣慰司土舍安国亨降]

贵州宣慰司土舍安国亨降。守臣以闻，上命赏巡抚都御史阮文中、佥事沈闻、参议曹司贤、知府李濮等八人银币有差。初，安大朝兵既败，国亨惧大诛，勒兵自守，而遣使哀辞乞降，朝廷未之许也。会文中受代，乃移檄各道名捕诸反者，而密使人谓国亨曰：今大兵且至，能尽出所匿奸徒，束身请罪，割地以处安智母子，赔还所费兵粮，则朝廷当待尔以不死。命尔子及智子各代领父任，而安氏世世无患矣。于是国亨听命，执献其党阿弟、吴琼等以降。上果赦不诛，而官其子民及智子国贞，具如文中等言。斩阿弟等于市，且戒两族今后勿复相攻，自取诛灭。

明穆宗实录卷六十三

十一月

丁卯（初九日）[云南巡抚曹三旸言沐朝弼“怙恶不悛”，帝令沐朝弼还镇闲住]

巡抚云南都御史曹三旸上言：革任〔黔〕国公沐朝弼怙恶不悛，虐害地方，人心危惧。请因其乞假葬母，留之南京不遣，以杜后患。兵部覆：朝弼事已前决，今因其自至而留之，非所以明国威、昭大信也。上以为然，令遵前旨，还镇闲住，戒以痛自省改，不得生事虐民。

甲戌（十六日）[录广西平古田等处战功]

录广西平古田等处战功。升指挥黄应甲、王世科、门崇文、钱凤翔、丁山、董龙各实职二级。

明穆宗实录卷六十四

十二月

辛卯（初三日）［再议古田失事各将官罪状］

巡按广西御史李良臣再议古田贼越省城劫库杀官，各失事将官罪状。上从部议，发总兵王宠、都指挥袁爵戍边，降指挥于灿、李可久、朱瑞、哈国贤各实职一级，准守备金策、指挥麻凤以功赎。余悉降罚有差。

明穆宗实录卷六十五

隆庆六年壬申（1572）

正月

己未（初二日）［诏云南、广东采办珠宝］

诏云南、广东采办珠宝，岁进宝石二万块、珠八千两，三年而止。户科都给事中张书等、江西道监察御史刘世曾等，疏乞节采办、崇俭德，以苏民困。报闻。

癸酉（十六日）［许云南仍依年例纳金］

云南抚按官曹三旸等言：该省年例金二千两，已苦难办，今又加派三千两，夷民骚然，莫知所出。请每金一两输银八两，召买京师中便。户部覆：请征解年例如故，余暂停止，候采进宝石年限完日别议。许之。

甲申（二十七日）［录征剿广西古田等处功］

录征剿广西古田等处功。升赏桂林中卫署指挥佥事范实等官军六千八百六十人有差。

明穆宗实录卷六十六

二月

己丑（初二日）［初置广西新宁州］

初置新宁州，属广西南宁府。先是，提督两广侍郎殷正茂等言：南宁所属四都，界思明、忠州、罗阳、陀陵诸土司之间，为白沙渠黎诸贼出没之地，去府甚远，不便约束。宜添设州治，铨除知州、吏目各一员，分割忠州故所侵宣化县那投十五村，并如禾一二四图渠乐寨土巡检司，皆以隶之。可以一政令、杜衅端，于地理民情甚便。户部请从其议，上曰可，乃命名曰新宁。

甲午（初七日）［治“广寇”流劫惠州失事罪］

治广寇流劫惠州失事罪。总兵府坐营都指挥同知李峨论斩，军门坐营都指挥金丹、白沙寨把总宋天爵充军，总兵官郭成罚俸三月。先是，峨部兵剿曾一本余党，违误师期失利，乃纵所部妄杀良民二百余人报功。丹承委抚贼，受取贼贿五十金，又从天爵所借商船遗贼，引与为市。已而贼犯崖陵，天爵复坐视不救。巡按御史赵焞勘实以闻，并劾成委用非人，故有是命。

壬子（二十五日）［广东巡按赵焞奏“岭海多盗”］

巡按广东御史赵焞言：岭海多盗，陷城池，杀吏民甚（银）〔众〕。宜敕督抚官议征剿防御之略，选用将领，计处兵饷，久任而责其成。事下兵部覆言：广东无日无警，无地无贼，诚有可虑。（弟）〔第〕今日所当破格者，莫急于钱粮。濒海之地，为豪右侵夺，逋税至十余万。一查核则以为生事，一催征则以为激变，积弊已久，宜令侍郎殷正茂务修举，一切选将、用兵、理饷诸务，及当更张查核者，毋避劳怨，毋恤利害，有梗挠者参奏如法。其地方功罪，下巡按御史勘报。从之。

明穆宗实录卷六十七

闰二月

庚申（初四日）［广西巡抚郭应聘奏请抚处怀远瑶人情形，乞动支募兵银修建怀远城池、公署，并调兵防守］

巡抚广西都御史郭应聘奏：抚处怀远瑶贼，清出田粮二百余石，收复残民三千余人。乞许动支募兵银一千八百九十两，修建城池、公署，并调融县千户所原戍旗军五千名及抽取民兵七千名防守。其知县马希武，请加服色，令其久任。从之。

丁丑（二十一日）［两广提督抚按官殷正茂等奏言两广总兵“不当裁”］

两广提督抚按官殷正茂等议以两广总兵不当裁革，因奏言：广西设总兵所以弹压安南，约束土官，非独为区区瑶僮，且系祖宗旧制，安得计小费而议变更？此揆之国体，终不可革者也。广东总兵虽近时增设，但连岁用兵，未有休时。水陆将士，尽属总兵统领，责其次第剿荡，俟诸巢尽（珍）〔殄〕，地方敉宁，更从议革，亦未为晚。此方今时势未可遽革者也。宜敕本部，亟推补广西总兵，而革坐营中军官。其广东总兵，容臣等督令征剿，候事宁别议。兵部覆请，从之。

己卯（二十三日）［两广提督殷正茂条议四事］

提督两广军务右侍郎殷正茂条议四事：一、分信地。言巡守、兵备各官移徙不常，故董治靡及，百务废弛。宜令广东巡视海道，驻东莞南头城。分守岭南道，驻省地。分守岭东道，驻惠州府城，往来海丰。分守岭西道，驻高州府城。分守海北道，驻雷州府城。广州兵备兼分巡道，驻新会县城。岭西兵备兼分巡道，驻肇庆府城，往来德庆、泷水。南韶兵备分巡道，驻韶州府城。惠州兵备分巡道，驻长乐县城。海防兵备分巡潮州道，驻〔潮〕州府城。海南兵备分巡道，驻琼州府城。海北兵备分巡道，驻廉州府城。监军道随军调度。自后推补各道员缺，即于文凭内明驻各分驻地方，使便行事。一、议问遣。言漳、泉、兴化之人，以罪谪戍边者，例编戍岭表。滨海诸郡，乃其人率生事喜乱，每倭夷入寇，辄为向（道）〔导〕，是腹心之疾。宜更置濒海之戍，戍云、贵、川、湖诸地，他濒海诸郡不得编发，以杜勾引之患。一、议召募。言土兵利水战，浙兵利陆战。而广人多言练土著，将领多言募浙兵。臣以为兵在训练，何异彼此？愿训练之效其于他日，而寇盗之患急在目前。请召募浙兵六千人，合土兵万二千人，分三十营，以备征剿。一、议民壮。言各府县编佥民壮，动以抽解济边为辞，不知抽解之议起于往时隐占干没，故取其赢余以济边耳。今既设官操练，编成队伍，皆为民兵，与曩时异。而岭海之急甚于九边，安得复泥前说？宜暂停抽解，候事宁别处。章下部议，皆以为可。上乃允行之。

明穆宗实录卷六十八

三月

辛丑（十六日）［广西“逃侬”者念“聚众为乱”，官军讨平之］

先是，广西逃侬者念窜投安庄集，聚众为乱，势（寝）〔浸〕猖獗。父子僭称王，流毒贵州安顺等处。巡抚都御史阮文中乘刘显兵至，决策进剿，先擒一百二十七人，斩首四百余级。贼平，文中奏捷，乞录诸有功者。都给事中梁问孟请追治前此抚按官玩寇殃民之罪。兵部覆议：文中及显并宜升录，余有功者俟御史勘上，前此抚按官宜令部院查核以闻。上乃命升文中俸一级、显祖职一级，仍各赏银四十两、纻丝二表里，余皆如议。已而吏部查覆，应天府府尹杜极、工部左侍郎赵锦皆先任贵州巡抚，有旨各降一级。

明穆宗实录卷六十九

四月

己未（初四日）［广西土官遣人入贡方物］

广西土官岑绍勋遣人入贡方物，宴赉如例。

甲子（初九日）［两广提督殷正茂请减广东采珠数额］

提督两广侍郎殷正茂言：广东山海之寇日益充斥，民疲于奔命，死徙过半。陛下岁令采珠八千两，必三年然后已，计所费至三千万金。今军兴，一切尚苦不（瞻）〔赡〕，岂复能办此？即上供不可缺，宜稍杀之，改千为百，宽三年为十年。其银（朱）〔珠〕、铜蜡诸物，郡县兵荒者可罢征，以苏重困之民。户部覆奏，上从之。

己卯（二十四日）［广西府江、右江诸瑶僮“复乱”，兵部覆言处置之策］

广西府江、右江诸瑶僮复乱。巡抚都御史郭应聘请给兵饷剿除之。兵科都给事中梁问孟以贼党甚众，不可尽灭，宜令守臣熟计。兵部覆言：府江自正德十二年，都御史陈经征讨之后，且六十年。而右江北三、比五等巢素未惩创，生齿日烦，遂肆猖獗。顷者大征古田，各巢咸畏威敛戢，独府江、右江恃险为乱。若复纵之，非惟无以固八寨怀远之招，亦恐以启古田携二之渐。臣以为剿之便，但兵在万全。宜即以科臣所虑，备行两广提督侍郎殷正茂及广西抚按郭应聘等相机行事，毋贻后患。其调兵给饷诸务，悉听便宜。上是之。

癸未（二十八日）［四川乌思藏朵甘思宣慰使司番僧入贡］

四川乌思藏（垛）〔朵〕甘思宣慰使司番僧刺麻温等入贡方物。赏赉如例。

明穆宗实录卷七十

五月

乙酉朔（初一日）［湖广巡按勘上平覃璧之乱功次］

巡按湖广御史陈子阶勘上金峒贼覃（壁）〔璧〕之乱，官军破三寨，斩首三百级，降五百余人。叙巡抚刘悫、监军参政冯成能、副使张大业等功。会悫已卒，上命赐悫祭一坛。赏成能等银十五两。

丁亥（初三日）［复广西灌阳县编户］

复广西全州灌阳县编户。国初，灌阳编户十四里，以瑶寇残破，居民流（徒）〔徙〕，田多荒芜，仅存八里。又调他卫军屯田，许自占田垦种，田租归军卫者十六七，民籍日减，存者仅六里。至是，抚臣郭应聘以古田贼平，清丈田亩，请以军余承种民田者，时入有司，以复十四里之额。从之。

戊子（初四日）［克复“巨贼”者念巢，暂设坝阳守备］

巡抚贵州右佥都御史阮文中言：巨贼者念巢虽经克复，而降夷疑畏未定。惟坝阳乃诸路之会，宜暂设守备一人以镇压之，至三年后事宁则议罢。报可。

［以赃污不职，惩治镇筸参将汤世杰等］

革镇筸参将汤世杰、贵州都司署都指挥佥事王月任，下都匀卫指挥周天麒等御史问。以巡抚阮文中劾其赃污不职也。

壬辰（初八日）［以广东用兵，免高、雷等五府当年部分田租］

以广东用兵，诏免高、雷、廉、惠、潮五府是年田租十之三及旧逋未完者。

附　录

明实录南方民族研究史料

五

伍新福 编纂

国家出版基金项目
NATIONAL PUBLICATION FOUNDATION

湘西民族文库

岳麓書社·长沙

目　录

明神宗实录

明神宗实录卷一

隆庆六年壬申（1572）

五月

辛亥（二十七日）［升湖广辰州卫指挥佥事守备镇筸］

升湖广辰州卫指挥佥事芮潮以都指挥体统行事，守备镇筸地方。

明神宗实录卷二

六月

甲戌（二十日）［两广提督殷正茂奏称剿平河源、从化、英德等处“贼党”］

提督两广军务兵部右侍郎殷正茂奏：剿平河源、从化、英德等处贼党，前后擒斩六百七十二名颗，招降六十六名。疏推前督臣李迁分布方略，及南赣抚臣督同协剿，因叙总兵张元勋、佥事何子明，诸察王化及参将、把总等战功，以及府县学与有劳勚者。疏下兵部。是役也，凡用兵一万三千余人，其乡民兵不与焉，自五年十月至今〔年〕闰二月乃竣役。

乙亥（二十一日）［贵州巡抚蔡文条奏急切三事］

巡抚贵州都御史蔡文条奏急切三事：一、选用科目，以抚疲民。言所属府州县官，多以谪调贡监处之。人有欺玩之心，官无振拔之志。贵阳、思南、普安颇属繁剧，安顺贼患初平，政务猬兴，其推官、知州决非甲科不可。其余地方，亦宜选举人有年力志向者，以充其任。一、补足军伍，以坚保障。言所属二十卫所，额军一十三万七千余名。今见存者仅一万八千零，行伍十分空虚，地方不堪保障。乞行各省直遇本省清勾文册至日，严行清军，各官作速清解。其附近省分，但有充发军犯，俱解本省填伍。其本省拟配，亦酌量地里远近充发。一、催解钱粮，以济匮乏。言本省夏税秋粮及屯科粮米，每岁所入，不足供一二月支费。所仰给者，湖广额解粮银三万七百余两，四川三万七千余两。近拖欠数多，解发迟后，乞行二省抚按官严督所属，岁完一岁，不得后期。以前拖欠，严并完解。旨下该部。

[殷正茂奏增设雷、廉、潮、惠等处参将、守备等]

提督两广军务兵部右侍郎殷正茂奏：岭海之间，道路辽远。虽设有营兵陆将，然惠、潮往返，必经月余，雷、廉之于琼崖，渡海远涉，恩平、阳江相隔数百里，既无县治，又无将领，皆有难于兼治。水路虽设陆寨，然自潮至琼，东西相距，延袤五六千里。各寨所管信地，远者千余里。其间海洋浩荡，港澳多门。使各寨兵船合宗巡哨，则顾此失彼，势既难周。分港防守，则船少势孤，力又不足。是以各贼乘虚登岸，防截为难。议欲东西设立游兵参将二员，及雷、廉、潮、惠等地方各添设参将、守备、把总等官，庶分布既密，剿捕无难，山海之间，盗贼自息。因荐参将晏秋元等堪任……部覆，从之。

丁丑（二十三日）[朵甘思宣慰司番僧进贡]

朵甘思宣慰司番僧剌麻温等二起共一十六人进贡。俱赏赉如例。

明神宗实录卷三

七月

丙申（十三日）[广西巡抚郭应聘奏剿大屋等村“贼”]

广西巡抚郭应聘奏：官兵斩获大屋等村贼首黄金鼎等五十八级，各贼畏威向化。僮老担（堡）〔保〕残僮，地方宁靖。

明神宗实录卷四

八月

癸亥（初十日）［黔国公沐昌祚奏进驯象］

镇守云南黔国公沐昌祚奏进驯象十只。

丙寅（十三日）［云南抚按奏黔国公沐朝弼罪状］

云南抚按先后奏黔国公沐朝弼罪状，请正法典，及兵科亦以为言。章并下兵部。

壬申（十九日）［差缇骑逮沐朝弼来京］

兵部覆奏：黔国公沐朝弼凶恶久著，奸逆日萌，天恩优容，不知悔改。抚按开谕，愈肆猖狂。蹈无将之戒，怀不轨之情，（素）〔弃〕国法如弁髦，视人命如草菅。通夷占军，谋财夺产，贻害地方，不止一端。况滇南远在万里，夷视攸关，若复再从姑息，恐益酿成祸阶。乞奋乾断，以安遐方。上命差缇骑逮朝弼来京问奏。

乙亥（二十二日）［命四川官军相机剿杀“九丝都蛮”］

兵部奏：四川总兵官刘显称立功悉（伏）〔仗〕火铳，欲令原任常镇参将田应山，选募铳手三百五十名，亲统来蜀训练。查应山被参，提问未结，遽难委用。九丝都蛮据巢恃险，出没无常，但以见在之兵分布防守，相机剿杀，自足为用。且闻总兵郭成所带广兵一千，颇为蜀中之患，若复招铳手，益增多事。但命显将土著之兵加意练集，不必借兵别省，仍查郭成广兵作何处置，或招致军中充用，或设法区处散归，勿致滋蔓，扰害地方。上是之。

明神宗实录卷五

九月

壬辰（初九日）［四川达思蛮长官司差人朝贡］

四川达思蛮长官司差都纲头目及番僧等凡到京及留边共四百三十四人贡珊瑚等物。给赏段、绢、银、钞有差。

明神宗实录卷七

十一月

丙午（二十四日）［发沐朝弼于南京为民］

发沐朝弼于南京为民。朝弼逮至法司，以罪状显著论死。上下其奏于内阁，张居正言：朝弼稔恶有年，谋害亲子，擅杀无辜，揆其情罪，处死不枉。但其始祖三世皆有大功于国家，非有反逆实迹，似应稍从宽宥。夫因其有罪而逮问之，既是破奸宄之胆。念其先功而宽释之，又是彰肆赦之恩。国法皇仁，两得之矣。上乃赦朝弼。

明神宗实录卷八

十二月

癸丑朔（初一日）［两广提督殷正茂奏岭海兵机事］

两广提督殷正茂奏岭海兵机：议事者主剿黜抚，当事者则权宜于剿抚之间。今日之抚，视先年情势迥异，随时酌势之机，权惟当事者得以通变。臣先任广西，不行召募，盖以狼制僮，譬之以猫捕鼠。广东则海贼、山贼、倭贼、番贼、狼贼、瑶贼、里海贼，其种不一，非浙兵必不能冲锋。议水陆约用兵三万，募浙兵八千，余悉募土兵。俟教练既成，堪以冲锋，渐汰浙兵。计用银三十余万两，因请本省额运钱粮停解三年，以充饷费。户部言：金花、颜料、蜡茶、果品等银，系供上用，难以轻议。其盐课、铁税、赃罚事例银，虽系济边，但该省急缺军饷，酌停解二年，并以前拖欠者，共八万七千六百两有奇。报可。

癸亥（十一日）［令黔国公沐昌祚照旧供职］

兵部覆云南总兵官黔国公沐昌祚自陈，言昌祚青年美质，雅志淳心，克盖前愆，无忝重任，宜令照旧供职。从之。

丁丑（二十五日）［以播州宣慰司舍人杨应龙承替播州宣慰使，不世袭］

以播州宣慰司舍人杨应龙承替宣慰使，仍不世袭。

戊寅（二十六日）［铜仁守备妄杀冒功，被革任，行抚按提问］

革铜仁守备杨煜任，行抚按提问。煜妄杀平民冒报功次也。

明神宗实录卷九

万历元年癸酉（1573）

正月

辛丑（二十日）［四川播州宣慰司应袭土舍杨应龙献马贺登极］

四川播州宣慰司应袭土舍杨应龙差献马匹，贺上登极。

明神宗实录卷十

二月

乙卯（初四日）［播州宣慰使司应袭杨应龙差人进马贺登极］

播州宣慰使司应袭杨应龙差杨美等进马二匹，贺登极。赏表里、钞绽如例。

壬戌（十一日）［四川金川寺演化禅师差人进贡］

四川金川寺演化禅师差都纲头目二百七十五人进贡珊瑚等物。宴赏如例。

甲子（十三日）［给播州宣慰使司新袭宣慰使杨应龙敕书］

给播州宣慰使司新袭宣慰使杨应龙敕书，统抚夷民。

壬申（二十一日）［兵部覆贵州擒斩“苗贼”阿大等功次］

兵部覆贵州擒斩苗贼阿大等功次，请行巡按御史体勘具奏。

癸酉（二十二日）［贵州擒斩土舍罗奇等，抚臣上功次］

贵州抚臣蔡文奏擒斩丹行长官司土舍罗奇等功次，请叙录守备刘天庆及各效劳官。下兵部行巡按御史覆勘。

甲戌（二十三日）［广西巡抚郭应聘奏报府江之捷］

广西巡抚臣郭应聘奏报府江之捷，言府江瑶僮恃险稔凶，肆行杀掠，兵备副使刘稳请调大兵剿灭。应聘等题奏，督各州司土官兵为四大哨。参将王世科统三峒哨，副使金柱监之。参将钱凤翔统东岸哨，佥事夏道南监之。都司董龙、王承恩统西岸并水哨，副使郑茂监之。以总兵官李锡为都统哨，居中调度。参政胡直总理粮赏，委各州县等官分理诸务，清军副使刘廷举随军纪功。以隆庆六年十月按图进剿，至今年正月，克破数十巢寨，擒斩杨钱甫等十首贼，徒从四千六百六十七，俘获贼属四百四十人、牛马二百三十三、器械二百一十九。两粤之通途无梗，万民之积愤已纾。效劳人员乞敕覆。议上，请用彰劝典，以励人心。疏下兵部。

［兵部覆给事中李熙劾四川总兵官刘显疏，言宜裁撤四川总兵官］

兵部覆给事中李熙劾四川总兵官刘显疏。因言四川总兵专为剿都蛮设，事平即宜裁革。今以数千都蛮之故，专设一总兵官，频年株守，老师费财，甚非长策。请行抚按一并查处，从之。

戊寅（二十七日）［四川金川寺演化禅师差都纲头目进贡］

四川金川寺演化禅师差都纲头目进贡珊瑚等物。

明神宗实录卷十一

三月

乙酉（初五日）［以府江首功诏赏提督殷正茂等官］

兵部奏优异府江首功。诏赏提督殷正茂银五十两、纻丝二表里。巡抚郭应聘升俸一级，荫一子入监读书。总兵官李锡升实职二级，赏银三十两。

庚子（二十日）［以府江功升赏广西总兵官李锡］

升广西总兵官李锡实职二级，为新安卫都指挥同知，赏府江功也。

明神宗实录卷十二

四月

乙卯（初六日）［四川金川寺演化禅师差都纲头目进贡］

四川金川寺演化禅师差都纲头目进贡珊瑚等物。赏彩段表里、绢纱、银两如例。

丁巳（初八日）［诏增兵进剿广西怀远县起事瑶人］

诏增兵进剿广西怀远县瑶贼。先是，抚臣郭应聘等言诸瑶杀官夺印，稔恶已极。今原失印信虽已取还，而杀官之罪终不可贷。但因雨雪阻进，暂尔休兵。又原议进剿近县数村瑶贼耳，所调之兵不过三万。今瑶寇转多，非少增益，恐非万全。请将该省应调诸兵再加征调，及调湖广钩刀手三千，浙江鸟铳手五千，相机督进。兵部覆：如应聘等议，仍令应聘等计议钱粮、师期。

乙丑（十六日）［提督殷正茂奏岭东“平寇”功次］

提督侍郎殷正茂奏岭东平寇功次。言潮、惠贼寇随灭随起，党类愈繁，流毒愈炽。查得大贼首蓝一清等分其所统贼首，各据寨巢，蜂屯蚁聚，远近凭依，声势相应。又有剧贼徐仁器等各据险巢，互为雄长，阳招阴肆，大逞凶残。既以七年之病，非旦夕可疗，况乏三年之艾，将何所惜乎？臣备将钱粮兵将缕析条分，东括西搜，截长补短。法程既定，事有恒章，行据各道诸司，会议进剿。即有贼众相率乞降，臣亦姑示抚处，误以多方。随檄广西左右两江，动调土兵二万，合本处营兵，分为六哨。移咨南赣军门，发兵堵截，以防各贼奔逸。克定隆庆六年十二月初二日开刀。陆续据总兵官张元勋等报，各贼据险拒敌，官兵奋勇大战，冲锋历险，所向无前。通获大贼首六十一人，次贼首六百余人，荡洗大贼巢五十余所，小贼巢五七百所，俘馘一万二千余众。岭东一路，贼无一人不获，贼巢无一所不破，则众无一处不平。两府二十县瘴雾重清，闾阎安堵，诸乡绅人等佥谓地方荡平，可保百年无事。乞将效劳各官，议超格升赏，以明激劝之典章。下兵部覆奏，升正茂右都御史，荫一子锦衣卫副千户，赏银四十两、飞鱼纻丝衣一袭。元勋升署都督同知，荫一子本卫百户。并李棠，方弘静，参将唐九德，副使吴一介、苏烈，参将李诚立等，各升赏有差。

丙子（二十七日）［户科给事中条上广东善后四事］

户科给事中李戴条上广东善后四事：一、清税额。师行粮从，额外之派，势不得不然。今兵革既息，繁费自省，正税固当仍旧，余宜厘正。无因一时权宜之法，致百姓永久之害。一、重撤兵。盗平则兵宜散，但广东之盗盘据甚久，故兵之聚亦甚多。一旦散之，以勇悍之夫挟易骄之气，又处之无可聊生之地，欲其守本分不为盗谋，得乎？宜多方善处，庶进为官兵，退不失为良民。一、塞盗穴。山野之民，不知王法，盗巢虽平，能保不复啸聚？宜逐一计处。如地方广阔，立镇巡钳束之，狭小者编为保甲，分属各州县统辖之，谕以国法，驱之生理。一、勤抚恤。岭东之兵虽以全取胜，然破荡之家未复，践踏之害未归，疮痍未起者或不能自给，胁从复返者或不敢自安。男女仳离，宁无故土之思？骸骨暴露，宁无盖藏之愿？其他颠连哀苦之状，不可胜穷，宜急为安集，以慰未苏之望。户、兵二部俱覆，行之。

明神宗实录卷十三

五月

辛巳（初二日）［命两广提督新升都察院右都御史殷正茂仍兼兵部右侍郎］

命两广提督新升都察院右都御史殷正茂仍兼兵部右侍郎职衔。

丁亥（初八日）［叙平岭东功］

叙平岭东功。原任广东左参政吴一介、唐九德，右参政兼佥事陈奎、副使苏愚、左参议顾养谦，各升一级。

［兵部覆科臣两广善后事宜］

兵部覆科臣蔡汝贤两广善后事宜。言盗贼初起，官不为戒，及其滋蔓，则官以招抚愚贼，图缓焚掠之惨。贼以听抚愚官，用免征讨之师。已而贼势日盛，乃议大征，视初起更难百倍。今后盗贼生发，无论新旧，即行剿灭，不得养寇殃民，以贻后患。至于良民被胁，实非得已，比其脱归而穷治之，是绝其生路，驱之为盗。宜审来历，令其回籍复业，不得罗织以虐无辜。从之。

己丑（初十日）［发兵征剿四川“都蛮”］

兵部覆四川抚臣曾省吾奏：都蛮叛逆毒害生灵，今发兵征剿，土司奢效忠首在调用之列。贵州土司安国亨与效忠互有仇隙，请将国亨等俱暂听总兵官刘显节制，令不得借口复仇，妄有骚动。又请借用坝阳守备所领鸟铳手，及原任总兵官郭成、安大朝取充为事官，各领兵协剿。上从其请，而因责成于省吾、显。

辛卯（十二日）［以广东惠、潮二府“兵伤”，停各项差徭，罢一切不急之务］

以广东惠、潮二府兵伤，行布政司调停各项差徭，及寝免一切不急之务。

癸巳（十四日）［兵部议剿广西怀远起事瑶人］

兵部又议剿广西怀远瑶贼。言国事当论缓急，用兵宜假便宜。岭东乘破竹之势，事贵急图。怀远乃问罪之师，功不必速就。客兵调募与师期迟速，俱听督抚便宜，不从中制。其借募浙江鸟铳手、湖广勾刀手，行该巡抚依数督发。如岭东事定，因此及彼，客兵可以不调，亦听从宜中止。俱报可。

乙未（十六日）［开通广西府江水陆诸路，改复四土巡检司］

开通广西府江水陆诸路，改复四土巡（简）〔检〕司。寻改昭平都司为参将，以约束之。从提督殷正茂议也。

丙午（二十七日）［户部覆提督殷正茂等条陈三事］

户部覆提督侍郎殷正茂等条陈三事：一、酌处兵费。言府江南岸三洞议覆土司并设各堡，合用兵饷及听用员役廪粮、各项建置、开山通道等费，议动平乐府及贺〔县〕库贮，及借布政使司与梧镇饷银，共二万一千余两。一、预定县治。言自平乐至梧镇五百余里，声教不通，法令不行。议于昭平对江西岸，设复县治，割平乐、富川、贺三县地，并（先）〔仙〕回土司田粮属之。一、处田粮。言瑶僮所占三洞两岸仙回田土，除清还民外，尚七万余亩议拨今立土司募兵领，每名十亩，头目量加。初年给饷，并处牛种，三年后量科亩三升。其防守调征外，一切差徭，尽行蠲免。报可。

明神宗实录卷十四

六月

丁巳（初九日）［刑部奏云南抚按问拟沐朝弼事］

刑部奏云南抚按问拟沐朝弼事：斩罪四名，充军三十名，徒二十五名，杖三十一名。朝弼与嫂通奸生子事情，再行体勘。诏：朝弼已有处分，以前暧昧事情，不必深究，以存朝廷保全勋旧之体。余俱依拟。

丁丑（二十九日）［赏岭东获功土官银币］

赏岭东获功土官银币有差。

明神宗实录卷十五

七月

戊子（初十日）［兵部覆四川擒斩凌霄“贼首”阿苟等］

兵部覆四川擒斩凌霄贼首阿苟等，言六乡都蛮久为叙南之害，盖因据有九丝岩险，又据凌霄城相为犄角，凌霄可上，则九丝在吾目中。险隘既分，则都蛮犹指掌上。其功诚有足嘉，但丝蛮众，有徒尚繁，计穷势迫，必至死斗。请行抚镇官多方筹箅，一举荡平。诏：蛮寨既破，着曾省吾、刘显督率文武将士乘势运谋，奋勇进剿，务扫除尽绝，以靖地方。

丁未（二十九日）［四川总兵官刘显戴罪进剿“都蛮”］

留四川总兵官刘显戴罪进剿都蛮，从抚臣曾省吾请也。

明神宗实录卷十六

八月

戊申朔（初一日）［以征“都蛮”免叙州等官朝觐］

以四川征剿都蛮，免叙州、嘉定、宜宾、江安、富顺府州县正官明年朝觐。

庚戌（初三日）［兵部议剿“都蛮”赏格］

兵部议剿都蛮赏格。各路分为三锋，头锋冲锋陷阵，不得斩级，二锋、三锋相率继进，兼取首级，大捷后通计首功。先以十二分头锋，然后合三锋共分之。零斩小捷，赏照旧格。一人擒斩三名颗者升一级，不愿者每名颗给银十两，幼男妇女亦一体分给。阵亡者给赏十两，重伤一两，轻〔伤〕五钱。

明神宗实录卷十七

九月

丙戌（初九日）［升王天爵广西副使分巡桂林道，兼管抚夷佥事］

升河南卫辉府知府王天爵为广西副使，分巡桂林道，兼管抚夷佥事。

戊子（十一日）［四川长宁安抚司贡珊瑚等］

四川长宁安抚司差番僧被只等三百人贡珊瑚等方物。给赏绢、钞如例。

［兵部覆征剿府江功次］

兵部覆征剿府江功次。兵备副使郑茂等、分守参将杨世科等各升赏有差。

戊戌（二十一日）［贵州宣慰使司庆贺违限］

以贵州宣慰使司庆贺违限，减半给赏。布政使司官（夫）〔失〕于简正，各夺俸一月。

明神宗实录卷十八

十月

己酉（初二日）［隆平侯张桐缴敕失仪被罚］

镇守湖广总兵官平蛮将军隆平侯张（恫）〔桐〕缴敕失仪，罚住禄米一月。

辛亥（初四日）［赏四川长宁安抚司进贡“夷人”］

赏四川长宁安抚司进贡夷人段、绢、银、钞如例。

丁卯（二十日）［升云南副使刘志伊为广西右参政］

升云南副使刘志伊为广西右参政，分守岭西。

明神宗实录卷十九

十一月

庚子（二十四日）［四川万里箐寨贡马］

四川万里箐寨魏文荣进贡马匹。给赏如例。

明神宗实录卷二十

十二月

丁未朔（初一日）［赏四川马湖府蛮夷司进贡土舍］

赏四川马湖府蛮夷长官司进贡土舍彩段表里、钞锭如例。

癸亥（十七日）［升赏广西征府江“蛮贼”官军］

兵部覆广西按臣，勘上征剿府江糯峒巢等处蛮贼功次。升赏官军四千五百五十八员名。

甲子（十八日）［四川九省长官司及酉阳宣抚司差人贡马］

四川九省长官司及酉阳宣抚司，各差通事、头目等贡马匹。赏宴如例。

丁卯（二十一日）［以广西怀远用兵，准留边饷银］

以广西怀远用兵，准留事例等项边饷银三万六百两，凡三年。从抚臣郭应聘请也。

［兵部覆广西抚臣郭应聘疏移师征古田事］

兵部覆广西抚臣郭应聘疏言：夷狄之性，变诈不常，固不可穷兵以干和，亦不可玩寇以酿患。怀远之役，期十一月进兵，成算以定。但古田余孽乘机为患，其怙恶不悛，既难礼义怀服，非厚集师旅，又难一鼓即下。今欲怀远既举之后，即移师及之，恐强弩之末，不足当殊死之寇。宜听抚镇诸臣相机权度，如兵力尚锐，即乘势荡平。不然，必再议征调，乃克万全。上是之。

戊辰（二十二日）［兵部奏四川征剿“都蛮”捷报］

兵部奏四川征剿都蛮捷报。五月朔克凌霄城，六月丁卯克都都（塞）〔寨〕，八月上旬进兵。总兵官刘显同监军道副使李江，督同前总兵官郭成，参将张泽，守备沈茂、吴宪等，分布汉土官兵为五大营，并力齐攻。九月丙戌夜，先锋一千乘雨露衔枚扪萝密取。一路以飞梯连接，上九丝城。黎明，各营兵上下夹攻，自子至午，贼始披靡。我兵〔乘〕胜焚寨房数千所，烧死恶蛮无算。显复同三道，督发于贵州大盘山，生擒蛮王阿二。是役也，克寨六十余处，擒斩俘获共四千六百一十五名口颗，内称王酋首阿大、阿二等三十六名，招安二千三百八十一名，拓地四百余里。又得获诸葛铜鼓九十三面，古文铜铁锅各一口，及梭标、弩、皮鼓、牛、羊、犬、谷穗等项甚多。都蛮负固称乱，历二百余年，今始荡平。计出万全，功收一举，诚为大捷云。

辛未（二十五日）［赏四川各长官、宣抚司进贡人］

赏四川各长官、宣抚司进贡人彩段、钞锭如例。

明神宗实录卷二十一

万历二年甲戌（1574）

正月

甲午（十八日）［录四川荡平“都蛮”功］

录四川荡平都蛮功。升巡抚右佥都御史曾省吾为右副都御史，荫一子，照旧巡抚。总兵官刘显为都督同知。左布政使罗瑶等，各升赏有差。

丁酉（二十一日）［四川、贵州、广西各宣抚、安抚、宣慰等司差人朝贡］

四川、贵州、广西各宣抚、安抚、宣慰等司各备马匹，差土舍、族目等朝贡。赏彩段、宝钞如例。

明神宗实录卷二十二

二月

壬子（初七日）［兵部覆四川抚按曾省吾、孙代题经略平蛮六

事]

兵部覆四川抚按曾省吾、孙代题经略平蛮六事：一、建城垣。旧寨恶名悉宜更改，九丝城为平蛮城，凌霄城为拱极城，印靶山为文印山，吊猴山为降蛮山，鸡冠岭为金鸡岭，内官寨为武宁山，都都寨为定都寨。而武宁山地土宽平处就可建城，设总兵、兵备衙门。其戎县县名，亦应钦定更换。一、移守御。泸州卫中、前二所官军，割并守御千户一所，移守新定镇城内。即查叙南卫有屯田附近九丝者，听改拨新所差操，其所名恭候钦定。一、扼要害。巢穴虽空，犹虑逃匿并土夷人等构衅。即将险要地方建筑墩堡，分兵防守。一、起民兵。蛮方险远，应有戍兵。一面督兵谨守，一面招集居民，授田耕种。每粮二石，起壮丁一名，即便更替募兵。一、通道路。平蛮地方，东西北可通陆路，南广一道可通水路。合严督官兵，将道路作速开辟。该县编抽夫马司兵，建设公馆、铺舍。一、设社学。新所设立社学一处，大书圣祖教民榜文，选年高有德者二名，为教读塾师，令新集之地朔望听讲。奉旨：县名改做兴文，所名与做建武。余俱如议。

[命四川总兵官刘显悉心经理善后事宜]

命四川总兵官刘显仍留镇守，悉心经理善后事宜。从巡抚曾省吾请也。

甲寅（初九日）[户部覆四川抚按曾省吾、孙代条陈“都蛮”善后二事]

户部覆四川抚按曾省吾、孙代条陈十事内隶本部者二事：一、理疆土。都蛮田土分别肥瘠三等，招集军民佃种。至二年后，各照定额征收，为本镇官吏俸给、军民月粮之用。其茶场属官佃，每亩征银一钱。戍守官员量给田亩，以供薪菜马料。一、恤民困。高、筠、戎、珙、(度)〔庆〕、长六县，被都蛮荼毒最深，凡钱粮特从蠲免，仍动军前支剩米豆四万石赈济。其余水次州县，皆有转运办理之累，各应量免。诏可。

己未（十四日）[兵部覆吏科左给事中条陈四事]

兵部覆吏科左给事中张楚城条陈四事：一谓（彬）〔郴〕、永瑶苗劫杀之害，须择险要，大立营堡，选指挥一人操演巡历。其杀手工食，总约三年之费，买田给种。一谓分巡照旧住（彬）〔郴〕州不当，移住衡州内地。一谓常德、湘潭、益阳皆近洞庭，多剧盗，及他县邑镇市冲要者，皆当鸠创城郭。一谓去春靖州军夷仇杀，道路阻塞，欲移靖州参将、守备，一住五开，一住铜鼓，联辑众志。俱合行湖广抚按从长计议具奏，报可。

癸亥（十八日）［四川巡抚进献平九丝城等寨所获铜鼓、铜铁锅］

四川都督刘显等荡平九丝城等寨，得铜鼓有声者六十四面，铜铁锅各一口。锅两耳如山，制类鼎，可函牛，蛮甚宝之。鼓有声者最上，易千牛，次易七八百牛。皆刻鹭雕螭，奇文异状。相传谓诸葛制以镇蛮之物，鼓去则蛮运终。巡抚特表以进。礼部覆，进内府。从之。

癸酉（二十八日）［准贵州照旧纳事例银］

户部题：先该题准贵州开纳事例，限至万历元年十月终止。今巡抚蔡文、巡按杨允中复题，该省地兼民夷，额赋不敷，所赖川、湖协济。今拖欠钱粮，复奉恩诏蠲免。前项事例，合行照旧召纳，专备铜仁、思石并新设坝阳等处军饷，限万历四年十月终止。从之。

明神宗实录卷二十三

三月

丙子朔（初一日）［录进剿广西“侬贼”与贵州麻响、大华二司功］

录进剿广西侬贼汪约与贵州麻响、大华二司功。钦赏巡抚贵州都御史蔡文银币，总兵官吴国等各赏银有差，守备刘天庆升一级。

丙戌（十一日）［四川按臣孙代请复设按察司兵备佥事一员，叙州府添设安边同知］

四川按臣孙代以都蛮既平，请复设按察司兵备佥事一员，叙州府添设安边同知。

庚寅（十五日）［以贵州剿平“叛贼”汪约，赏有功官员］

赏巡抚贵州都御史蔡文银两、表里，副使刘行素、守备刘天庆各赏有差。从巡按贵州御史杨允中题勘剿平叛贼汪约、逆贼罗奇功次。赏巡抚蔡文银二十两、纻丝二表里。吴国、刘行素、刘天庆各十两，天庆仍升俸一级。刘守爵、陆东、蒙天春各五两。

辛卯（十六日）［四川处治伪造印信、传信“邪说”者，禁止“招赘后夫”］

刑部覆巡按四川御史孙代题将四川人民犯伪造印信、传信邪说者尽法处治，招赘后夫者立法禁止。查得妖言惑众与叛逆同科，决不待时……至于招赘后夫，举居室、田产、子女、婢仆，前夫所遗，尽以归之后夫，比之娼优卖奸，尤为不同，盖不特廉耻扫地，抑且酿祸最烈。合从重拟断，通行禁谕。得旨：所奏干系法纪风俗，都依拟行。齐房等着巡按御史依限查奏。

明神宗实录卷二十四

四月

丁巳（十三日）［兵部覆广西剿平怀远“诸瑶”功次］

兵部覆广西剿平怀远诸瑶功次。提督右都御史殷正茂、巡抚广西副都御史郭应聘、巡抚湖广都御史赵贤、巡抚浙江都御史方弘静、巡抚贵州都御史蔡文、总兵官李锡等，各赉银（帑）〔币〕有差。

戊午（十四日）［四川题请剿绝九丝都蛮等处“残蛮”］

兵部覆兵科左给事中蔡汝贤、巡按四川御史孙代题：九丝都蛮遗匿山箐尚多，及谷炮寨、小落明等处残蛮，与苗兵争竞撕杀，及今不剪，滋蔓难图。合行总兵官刘显，严督官兵，尽行剿绝。如或玩寇老师，致贻后患，国法具在。报可。

乙丑（二十一日）［宴赏乌思藏大乘法王并法藏、鲁班等寺进贡国师、剌麻番僧等］

宴赏乌思藏大乘法王并法藏等六寺、鲁班等七寺差来进贡国师乌竹笑等，剌麻番僧相竹领占、领上端木等如例。

丙寅（二十二日）［两广提督殷正茂、云南巡抚邹应龙、广西巡抚郭应聘各报剿“贼”与善后情形］

兵部覆户科左给事中陈渠题：两广提督殷正茂、云南巡抚邹应龙、广西巡抚郭应聘各报剿贼，宜加详核及善后事宜。查殷正茂先次受赏，实为惠州之功。今诸良实已倾巢穴，但林凤尚在潮州。广西多盗之区，即再奏大捷，善后为难。云南之师出自便宜，先未请征，辄报荡平，未妥虚的。合咨行殷正茂，会同福建巡抚，严督官兵，将林凤克期剿灭，仍与邹应龙、郭应聘，各画善后事宜，以图一劳永逸。其云南、广西功次，行巡按御史严加核实。从之。

明神宗实录卷二十五

五月

癸未（初十日）［建左州、新宁州儒学］

建左州、新宁州儒学，各设学正一员。从两广督抚殷正茂等题称二州改土为流，正用夏变夷之机也。

明神宗实录卷二十八

八月

辛酉（二十日）［兵部覆两广抚按殷正茂等题惠、潮善后事宜

三事]

兵部覆两广抚按殷正茂等题惠、潮善后事宜三事：一、重撤兵。散遣狼兵，给与路粮犒赏，仍责成土官押回，并无沿途骚扰。一、塞盗穴。移惠州参将于新田，以本府捕盗通判同住调度之。移惠潮守备于南岭，以惠州府抚民通判同住调度之。一、勤抚恤。海丰、永安、长乐、河源诸邑被贼害尤甚，合行赈蠲。报可。

癸亥（二十二日）[兵部覆两广提督殷正茂题善后事宜四事]

兵部覆提督两广都御史殷正茂题善后事宜四事：一、训练土兵。近年剿贼，率调浙兵。今设练兵参将一员，招募土人，就中择出把总、哨官、哨队长，编成队伍，练成二十营，视远募实为得策。一、制造战船。沿海六寨船只，时或漂溺，方行议造，缓不及事。合于肇庆府治近郭建置船厂，鸠工庀材，预行制造。一、定格升赏……一、申明连坐。捕获盗贼，并其父兄、户长从重究罪。以上俱如原议。

甲子（二十三日）[兵部覆广西抚按郭应聘等题怀远、洛容二县善后八事]

兵部覆广西抚按郭应聘等题怀远、（雒溶）〔洛容〕二县善后八事：一、移设县治。改怀远治于民居环集处所，而（雒溶）〔洛容〕仍旧补葺。一、联束民瑶。瑶寇漏刃（贱）〔贼〕徒，抚处已定。责令各该官互相钤束，以保无虞。一、慎固兵防。镇安府湖润寨、思恩土司，田州、江州上映、二雷二峒，分作四年一次，戍省城。泗城、归顺、都康、向武、奉议等州，上林县、思明府、思明州、迁隆峒、龙英、忠州，分作五年一次，戍梧镇。一、缮修城堡。各府州县城池，既皆低薄，营堡率皆木栅，覆以草茅。一闻有警，辄使弃去。今令大加修葺，务堪保障。一、责成守令。瑶僮每村巢立一僮老钤束，州县官不时自赍供饩，亲历村落，以通其情，剪其强悍者。一、申饬兵巡。巡守官员，不时巡历州县，一切民情夷情，俱从（轻）〔经〕画。一、申明体统。融、（雒）〔洛〕二县，仍旧属右江兵备参将专辖。一、议行雕剿。瑶僮为患，乘其初发制之。千百劲卒，一鼓可擒。各将官怠缓失事者，从重究治。上允行之。

乙丑（二十四日）［广东巡抚郭应聘题请于怀远兴礼施教，以变“夷风”］

广东巡抚郭应聘题称：怀远习犷悍之余，沦于夷貊，不知礼义久矣。兹者地方荡平，正其改观易听之时，可以兴礼施教之会。合将县内外各立社师，择其嗜学敦行者，凡残民八岁以上，俱入学听其教诲。其子弟内有谙晓文字者，县官申请学道给与衣巾，以示激劝。其社师果训迪有方，亦听本县申请提学，准其充附帮补。若子弟不率教及社师虚冒名目者，亦听县申处。庶残民知所向方，夷风繇此丕变。其于粤西善后之策，亦大有裨矣。

［四川杂谷安抚司进贡］

四川杂谷安抚司都纲头目番僧更哈监藏进贡，宴赏如例。

己巳（二十八日）［诏立广西怀远县社师三名］

诏立广西怀远县社师三名。以抚按题本县久沦夷貊，新复生理，正兴礼施教之日也。

明神宗实录卷二十九

九月

丁酉（二十六日）［准云南镇沅土官知府刀恩袭祖职，不世袭］

准云南镇沅土官知府刀恩袭祖职，仍不世袭。

明神宗实录卷三十

十月

壬子（十一日）［九疑山建营房，靖州守备移驻五开、铜鼓等

处]

湖广抚按官赵贤等题：先吏科给事中张楚城条议，谓九疑山僻在边隅，适当要害，宜建营房。其各兵召募工食，照旧征银，并选官主其操练巡历。分巡道移驻柳州。至常德、湘潭等处冲要县邑，原无城郭，今宜鸠创。靖州守备移驻五开、铜鼓等处。请如议。部覆，报可。

丙寅（二十五日）［广西巡按唐炼奏称广西总兵官李锡破“贼”有功，乞留久任］

巡按广西御史唐炼言：广西总兵官李锡一年破贼二百一十四巢，获级一万二千余颗，乞留久任。部覆，报可。

明神宗实录卷三十一

十一月

辛未朔（初一日）［广西巡按唐炼勘征剿怀远功次］

巡按广西御史唐炼勘过征剿怀远功次，参将王世科等、副使沈子木等，各应升赏有差。从之。

明神宗实录卷三十二

十二月

己酉（初九日）［广西巡按唐炼奏追征钱粮事宜］

广西巡按御史唐炼奏：广西原额夏秋二税，共该米四十三万一千三百五十七石，屯粮六万一千二百石。国初如数输纳，军需不匮。近来民间拖欠，完纳者不足三分之一。其间贼占抛荒固多，有借以为名民隐其九者，有指荒为词未荒而免者，有势豪吞占莫可谁何者。宜行司、府州县、都司、卫所，将一应额办钱粮，如法追征。以十分为率，每年带征二分。若怠玩拖欠者，照例参奏降罚调卫。中间贼占抛荒，宜设法整理，俾不失业。部覆，从之。

甲寅（十四日）［兵部覆广西巡按唐炼条陈］

兵部覆广西巡按唐炼条陈：一、议武备。谓广西军兵不下五六万，所贵训练，以戒不虞，合如议行。一、议扼险。迎恩堡设兵一营。一、议劝农。广西民田禁与瑶贼佃种。俱应巡抚勘议，从之。

丙寅（二十六日）［准四川土舍杨正魁袭父职，不支俸］

准四川土舍杨正魁袭伊父杨仁原石耶洞长官司，仍不支俸。

明神宗实录卷三十三

闰十二月

戊戌（二十八日）［广西巡按李采菲勘剿洛容等处功次］

巡按广西御史李采菲勘过顺剿（雒）〔洛〕容等处擒斩首从贼徒功次。提督殷正茂、巡抚郭应聘、总兵李镇等，各升赏有差。

明神宗实录卷三十四

万历三年乙亥（1575）

正月

辛亥（十一日）［四川总兵官郭成冒匿军粮，以平“都蛮”免于追夺］

四川总兵官郭成先年镇守广东，以征剿都蛮故改任四川。成所带广东兵千人入蜀，颇多逃散。巡按广东御史赵焞发其冒匿广东兵粮及所经过行粮状、奉旨革任，行四川查追，该银九百余〔两〕。而成亦荡平都蛮，更奉旨复职矣。于是巡按四川御史孙代疏成冒领广粮，虽有状，而所自募健儿三百人，原未开支。意其所冒实为此曹犒赏之资，不尽干没也。且新功业至千级，而追完亦且及半，其余未完似可以情完功准者也。上乃免成追夺。

甲寅（十四日）［四川移洞门巡检司、改置建武盐水坝巡检司等］

四川巡抚曾省吾奏移洞门巡（简）〔检〕司，改置建武盐水坝巡（简）〔检〕司，改置歇马坝都宁驿，改置上罗堡。俱得旨。

己巳（二十九日）［广西怀远县“土瑶”复聚起事］

先是，广西怀远县土瑶作梗，占据地方，驱逐邑吏。大征古田之后，瑶颇悔祸。知县马希武亲诣招抚，各瑶俱喜，愿比编民。希武因建议筑城，督役过峻，作者怨望。近城瑶入贸易者，匠役恫喝之，俟筑城毕，剿若曹耳，遂复纠聚为乱，希武及典史徐冕等俱遇祸。按臣李采菲言，希武及冕等死事，宜加赠恤。而论防守百户任邦祚、镇抚朱万世，俱革冠带，戴罪立功。上以希武激夷取祸，岂可与死事者同？不许赠恤。其余依拟。

明神宗实录卷三十五

二月

戊子（十九日）［云南巡按郭廷梧勘报剿平铁索箐“夷贼”功罪］

巡按云南御史郭廷梧勘报元年剿平铁索箐夷贼罗平功罪。首叙巡抚侍郎邹应龙、总兵官沐昌祚及澜沧兵备副使汤仰，金沧佥事田应弼、屠宽，姚安府通判孙光祖、推官刘朴等四十四员，土舍高应骐等二十员，功各有差。论原任副使许公高妄报、千户张术私逃罪。得旨：沐昌祚、邹应龙各赏银三十两、纻丝二表里，汤仰赏银二十两，田应弼等各十两，刘朴等各五两。许公高罚俸三月，张术行巡按提问。

丙申（二十七日）[升赏剿广西洛容等处起事僮人官兵]

论广西剿（雒）〔洛〕容等处僮贼功。指挥靳懋勋等、官兵徐守信等，各升赏有差。

明神宗实录卷三十六

三月

癸亥（二十四日）[云南顺宁府土官知府进贡]

云南顺宁府土官知府猛寅进象只、马匹、方物。命本省镇巡给赏如例。

明神宗实录卷三十七

四月

丙子（初八日）[茂州刁农等“夷”内附]

茂州刁农等夷一千二十九名口，愿内附纳税，比于编民。四川巡抚曾省吾以闻，许之，仍命量加赏恤。

己卯（十一日）[议撤广西靖、桂戍兵以卫荆州，未行]

巡抚郧阳都御史王世贞题称：荆州郡城之内，藩封布列，步武之外，沙市辐辏，俱为盗窥。城内单薄，议将荆右二卫千人之戍广西靖、桂者撤回五百，以卫荆州。该府所属江陵、公安、松滋、石首四县，额编民壮、弓兵抽扣工食银两，以备该镇赏功之费者，拖欠数多。该镇费原有余而四县水灾频仍，民壮宜减编一半，以示宽恤。止编精壮实力一半，留该县操备。又称襄枝卫所番戍之卒，倘广西等处寇警少缓，亦宜量减三分之一。章下兵部，兵部以广西山岩险阻，瑶僮窟宅，土司分割，编民稀疏，一切防守兵饷，仰资邻省。至于湖广靖州、郴、桂等处，亦系苗夷杂处之地，一旦减撤番戍，于本省之计得矣，要害重地夷寇乘虚不无可虞。宜咨行湖广、广西巡抚衙门覆议以闻，惟四县民壮减编示恤，存留操备，应如原议。得旨。

甲申（十六日）［贵州麻响、大华二司“夷民”“激变”］

贵州麻（向）〔响〕、（太）〔大〕华二司漏贼阿利纠合董昂、董粑等焚劫太华、古阳等处。巡抚都御史罗瑶动调土舍官兵七千余、苗兵六百，付守备刘天庆督率，擒剿贼，寻逃散。天庆颇有所斩获，罗瑶以功状闻，而巡按御史杨允中极论刘天庆指挥严督，激变夷民，轻动大众，妄杀贪功。并连抚臣罗瑶、道臣林澄源轻听搒山，均不能无罪。事下兵部覆：行贵州接管按臣，勘奏以闻。

明神宗实录卷三十九

六月

庚寅（二十三日）［以云南临安地方土官普崇正起事，议改土为流］

先是，云南临安地方土官普崇正勾引侬贼，杀占地方，拒败官兵。抚臣邹应龙议调兵剿殄，削平之后，改土为流。兵部议覆，以为崇正等猖乱弄兵，罪诚不赦。该镇宜出奇擒剿，以绝祸根。至于改土为流，似亦善后长策。然祖宗时平定寰区，力屈群雄，岂不尽天下土宇而郡县之？而不尽然者，良有深意。譬之蜂蚁，令之以类相从，亦王者不深治之意。改流之说，宜令新抚臣王凝议妥以闻。上然之。

明神宗实录卷四十一

八月

戊寅（十三日）［建武守御千户所创建儒学］

四川抚臣曾省吾疏：奉节县儒学宜复，建武守御千户所儒学宜创。礼部覆：奉节人林（夫）〔未〕甚盛于昔，而建武原系荒秽，就新荡平，设学造士，诚用夏变夷之良法。建武当创，而奉节可无复也。从之。

庚寅（二十五日）［达思蛮长官司遣使入贡］

达（司）〔思〕蛮长官司遣使入贡。赐钞币如例。

明神宗实录卷四十二

九月

己亥（初四日）［敕谕黔国公沐昌祚与云南司府等官一应事体俱照旧规］

给镇守云南黔国公沐昌祚敕谕，仍行该省司府等官，一应事体，俱照旧规，毋得再行紊乱。

［云南巡抚王凝奏称广南府土舍擒献“贼首”］

巡抚云南都御史王凝奏：广南府土舍侬文举差兵头季成俸等，将贼首擒献正罪。余党尚蓄疑心，乞开一面之网，恕胁从之罪。章下兵部。

甲辰（初九日）［兵部覆郧阳巡抚王国祯条陈，施州卫军民指挥使司所属土司承袭应赴部领文］

兵部覆抚治郧阳都御史王国祯条陈地方职守事宜……一、施州卫军民指挥使司所属，俱父故子继，不赴部承袭。宜令土司应袭，自文书到日，限一年以里告卫请详，保送赴部承袭。领文回司，方许冠带，掌印管事。从之。

丁未（十二日）［广西忠州改属南宁府］

先时，广西忠州原隶思明府，因历年仇杀，议改直隶布政司。土官黄贤相遂恣肆作孽，为害地方。提督两广殷正茂具奏：忠州宜就近改属南宁府，庶便制驭。部覆，如议行。

己未（二十四日）［赏擒斩安文有功官员］

赐四川巡抚曾省吾银二十两、纻丝二表里。建昌兵备道杨芷、行都司掌印颜寿、指挥徐韶文等升赏有差。以行都司城下，擒斩安文等功也。

甲子（二十九日）［四川板桥巡检司移两河口］

四川抚按官曾省吾等奏：改板桥巡（简）〔检〕司移两河口地方，另选把总一员领兵二百名协同防范。部覆，如议行。

明神宗实录卷四十三

十月

戊辰（初四日）［以云南巡抚邹应龙两次偾事，革职为民］

初，云南临安地方侬寇猖獗，巡抚邹应龙两遭败衄。其后复以致仕，径离地方，侬贼乘之，益肆冲劫。兵科臣裴应章论应龙误国状，章下令云南按臣勘报。彼中回奏，为应龙末减。部覆再勘。上切责：你每既说邹应龙两次偾事，损伤威重。该科及巡按御史又劾他擅离信地，前后所奏，应龙情罪已明，如何曲为回护，再行查勘。着革去原任为民。

［云贵抚镇“抚驭”失宜，“土夷”地方屡起兵端］

又，近来云贵各土夷地方，屡因小衅，辄起兵端。皆由各有司官贪污朘索，骚动夷情，抚镇官抚驭失宜，要功生事，以致祸结兵连，反费朝廷处置。今后再有这等的，你部里并该科参来处治。

癸未（十九日）［贵州宣慰司宣慰使、宣慰土舍各差人朝贺万寿圣节］

贵州宣慰司宣慰使宋德懋、宣慰土舍安民各差人赴京庆贺万寿圣节。赏钞币如例。

甲午（三十日）［两广总督殷正茂题广东各卫所屯田事］

两广总督殷正茂题广东各卫所屯田事。理为通省原额凡一十三万九百有奇，今消耗逃亡已十万有奇。见在支粮食俸官军只三万有奇，添设军余不满七百，而岁支食粮，须米三十五万二千余石。查计原额屯田七千一百二十四顷有奇，纳米一十八万九千六百二十三石。是以原额之屯，供今日消耗之官军，尚且不足，而必取资于民粮，况国初官军全盛之时乎！则有军有田之说，或当时经略详于九边，而略于边海，未可知也。至于边海地方，其田非坐近山溪，则枕连卤海，隔绝零星，括地总筭之法，有所难行。惟所谓抛荒遗失等项，要多奸豪隐占之弊，当催各属执法清查，不避嫌怨。虽未尽合于原行，而积玩亦可少饬。奉旨：该部知道。

明神宗实录卷四十五

十二月

癸酉（初九日）［两广提督殷正茂条陈进剿罗盘瑶人事宜］

提督两广殷正茂奏称：岭西肇庆府地名罗盘，水陆延袤六七百里，系两广咽喉，瑶贼渊薮，剽掠劫杀，为祸日惨。条进剿事宜十事。部覆，从之。

庚辰（十六日）［兵部覆四川巡抚曾省吾荡平“都蛮余孽”］

兵部覆：四川巡抚曾省吾荡平都蛮余孽，擒斩一千一百七十二名口，清出原占民田给主三万六千八百余亩，丈出蛮田并地一十四万八千余亩，拨给州县军民领种。钦赏曾省吾银三十两、纻丝二表里，总兵刘显二十两、一表里，参政李江等银各十五两，守备吴鲸等各八两。

明神宗实录卷四十六

万历四年丙子（1576）

正月

戊申（十四日）［改广西洛容县治于灵塘，移庆远守备驻河池］

改广西（雒）〔洛〕容县治于灵塘，以旧城为堡，留兵百名守之。移庆远守备驻河池，征东兰、南丹、那地三州兵，各五百名戍柳州。从广西巡抚郭应聘议也。

癸丑（十九日）［以岭西双鱼等捷赏总兵坐营官杨桂、杨继武等］

以岭西双鱼、儒洞、甲子、电白、赤墈等捷，赏总兵坐营官杨桂、杨继武以下银两有差。

明神宗实录卷四十七

二月

辛未（初七日）［以剿平岭东“山贼”功赏指挥等］

以剿平岭东山贼蓝一清、赖元爵等功，指挥杨桂以下，各升赏有差。

［禁滇南土司越境购田置庄］

巡按云南御史郭廷梧言：滇南土官每遇邻境田土，辄悬高价饵之，夷民争为投售，以故田即庄田，民即庄兵，良民受侵，粮差逋负。宜严行各土司，越境置庄，或奸徒投售，先将田产及价值没官，仍从重典。从之。

癸酉（初九日）［以岭西地方旷远，分高肇韶广参将为二］

两广总督凌云翼言：岭西瑶浪渊薮，地方旷远，非一参将所能备御。又土兵每遇倭警，冲锋陷敌，不若浙江。其以高肇韶广参将分为二：一专守高州，一专守肇庆、韶、广，而另选游击专练兵。疏入，上命陈璘守高州，陈典守肇庆、韶、广，而练兵事务调松潘游击张延廪补之。

乙亥（十一日）［命广西总兵官李锡统辖全省一应"夷情兵务"］

命镇守广西总兵官李锡统辖全省一应夷情兵务。先是，（寻）〔浔〕、梧、南、太、思恩，原非所辖，故有是命。

丁丑（十三日）［贵州巡抚言贵宁、安平、新镇三道职守］

巡抚贵州佥都御史严清言：贵宁、安平、新镇三道，知有兵巡而不知有分守。夫守、巡并设，必贤否互相斟酌机宜，互相谋议；一应委用官员，互相呈请。兵、刑主于兵巡，分守参之；钱粮主于分守，兵巡参之。庶事有责成，官无尸旷。诏如议。

乙酉（二十一日）［两广总督凌云翼题请添设靖夷道，未允］

两广总督凌云翼言：原任广东副使李材，尝愤地方荼毒，集兵蓄粮，分哨据险，创议大举。前督臣殷正茂具题方略，皆其手笔。宜即起补添设为靖夷道，以备谘谋。下部覆请，上曰：该省既增设靖夷道，则镇西兵备所管何事？寝之。

明神宗实录卷四十八

三月

甲午朔（初一日）［以惠州琼崖雷廉参将，分守该府陆路等处兼管海防］

以惠州琼崖雷廉参将，分守该府陆路等处，兼管海防。改西路巡海参将为阳电海防参将。其增造舡只并募兵等费，悉于该省章程余饷内动支。

丁未（十四日）［两广因大征罗旁募用浙兵］

总督两广侍郎凌云翼以大征罗旁，议借蓟镇下班浙兵三千。部覆：以在蓟发回之兵，即守在浙防汛之地，不可借。惟委官赴浙召募，巡抚及司道如期督发，必使人人精勇，以济实用，毋分彼此。得旨：浙兵暂行募用，不许因而扰民。

己酉（十六日）［以有罗旁之役，不允新升广东都司佥书留坝阳］

巡抚贵州右佥都御史严清议留新升广东都司佥书刘天庆于坝阳。上以广东有罗旁之役，不允。

甲寅（二十一日）［两广总督凌云翼以大征罗旁，议借盘盐、赃罚等银］

总督两广侍郎凌云翼以大征罗旁，议借盘盐、赃罚等银四万，事例银二万，及工部料价银四万，俟事定解还。户部覆：以盘盐等银为济边急用，不当借。上曰：该省用兵，姑以盘盐、赃罚银四万，及前发户部银七万支用。务令稽核，毋致虚费。

明神宗实录卷四十九

四月

乙亥（十二日）［复设昭平县］

以府江积寇平，复设昭平县。

明神宗实录卷五十

五月

乙未（初三日）［礼部覆广西养利州以改土为流建学事］

广西督抚按合言：养利州旧与左州均属改土为流，隶太平，左州辟聚素出养利下，业建学，而养利顾无，不宜独异。下礼部覆：如议。建学铨官，仍令提学加意土著，严禁附籍。生员名额不必取盈，俟人文渐开，酌议起贡。其云南、四川，凡改土为流州县，及土官地方建学者，一以养利州为例。从之。

［四川静州长官司招致岐山沟口等寨“生番”］

四川静州长官司招致岐山沟口寨生番日勺伯什巴只等、鸡公寨生番库思铁牙麻子儿子库别等、木部如寨生番儿卜债贺儿特布血大等皆以愿充编氓请。于是巡抚右副都御史罗瑶言：威茂古维州地，在宋元为羌番所据。我朝混一华夷，独此犹置之籍外。迩遇皇上神武布昭，倭虏效款，西徼羌夷亦知向化，诚东西一尉之盛也。下兵部，覆言：蛮夷慕义，作我藩篱，应加拊恤，仍给赏以示怀柔。报可。

丙申（初四日）［四川乌思藏护教主差国师、番僧进贡］

四川乌思藏护教主差国师喃哈星吉等、番僧锉吉等，各贡珊瑚、方物。给赏如例。

甲辰（十二日）［四川朵甘思等宣慰使司国师、番僧进贡］

四川朵甘思宣慰使司国师喃哈孟剌麻温等及番僧锁南领占等，又董卜韩胡宣慰使国师喃呆扣思扒著乌坚参等及番僧领占吒什等，各备珊瑚、方物进贡。赏给如例。

乙巳（十三日）［四川乌思藏阐化王等差国师、番僧进贡］

四川乌思藏阐化王差国师短行藏卜等、番僧藏卜等，大宝法王差国师喃哈锁南等、番僧喃哈等，长河西鱼通宁远等处军民宣慰使司差国师撒坚锉等、番僧恭卜等，各备铜佛、珊瑚、方物，赴京进贡。赏银币如例。

壬子（二十日）［广西剿平庆远南乡、柳州陆平等三都及周塘、板寨“诸贼”］

巡抚广〔西〕右副都御史吴文华奏报：右江诸贼凭险负固，顷借三战余威，稍各敛戢。独庆远之南乡，柳州之陆平、陆谷、蒲水三都，及周塘、板寨，犹然桀骜，为地方忧。因令参议陈应春、参将倪中化等便宜调度。土舍韦万快以大义灭亲，歼其兄侄韦伏海等，又一鼓而灭二百年梗化之板寨，不费斗粟，不遗片镞，共擒斩三百七十名颗，功倍寻常，应特加赏赉。下所司。

明神宗实录卷五十一

六月

乙亥（十四日）［贵州“逆贼”天界、老巷“倡乱”］

贵州逆贼天界、老巷负固倡乱。按臣获以报，枭之。

辛卯（三十日）［改贵州猱平等寨隶贵阳府］

改贵州猱平等（塞）〔寨〕隶贵阳府。先是，抚按严清等言猱平等二十四（塞）〔寨〕原隶卧龙司，乃屡为丹行司罗继袖所占，争夺仇杀，至勤抚剿，不如竟属贵阳府，而以大龙司土舍龙见图领之便。得请。

明神宗实录卷五十二

七月

辛亥（二十日）［两广总督凌云翼奏报岭南雕剿事］

总督两广侍郎凌云翼奏报岭南雕剿，赏佥事姜忻、徐汝阳，总兵陈璘有差。

明神宗实录卷五十三

八月

癸未（二十三日）［礼部覆贵州抚按奏裁永从县儒学事］

礼部覆：贵州抚按严清等奏裁永从县儒学，以清冒滥。上以建学来历原自欠明，今姑勿问。如议，即裁生员，量留籍贯行止无碍者十余名附府学，余悉屏黜。

明神宗实录卷五十四

九月

辛卯（初二日）［以剿贵州“叛寇”赏巡抚罗瑶等］

以剿贵州叛寇莫继恩功，赏巡抚罗瑶、总兵吴国、布政使李心学等各银币有差。

壬辰（初三日）［四川加渴瓦寺都纲头目等入贡］

四川加渴瓦寺都纲头目领占藏等各备腰刀、珊瑚等物入贡。命赏赉如例。

辛丑（十二日）［以征“蛮”功授土官宣抚使奢效忠官衔］

以土官宣抚使奢效忠征蛮有功，授正四品散官，加三品服色，终其身。

明神宗实录卷五十七

十二月

丙寅（初八日）［两广总督凌云翼奏进剿罗旁“诸瑶”］

总督两广侍郎凌云翼奏：罗旁诸瑶，盘瓠遗种，党类日繁，益肆猖獗。今已督集诸路兵，择十一月进剿。一切机宜，一面举事，一面具闻。兵部言：进兵计出万全，荡平固可指日。惟是万山联络，贼易潜藏，务严搜捕，毋滋孽。其投降残喘，押发沿海卫所。既待以不死之仁，当兼为事后之虑。上曰：征瑶机宜，凌云翼审定而动。其严督各文武将吏，协心奋勇，务奏荡平。毋虚费财力，仍贻后患。

明神宗实录卷五十九

万历五年丁丑（1577）

二月

乙丑（初七日）［以广西饥荒，留事例银赈济］

以广西饥荒，留万历四年事例银三千九百余两赈济，并留五年以前税课柴薪，以助兵饷。

丁卯（初九日）［清理广西民、屯二粮］

户部覆两广总督凌云翼奏：广西民、屯二粮俱存留备用，较之他省起运尤急。迩年隐没多端，其弊已极。议将桂林、平乐附近民粮仍听粮道，屯田仍听驿传带管，屯田道督理清查。其属浔、南等府卫所者，行各守巡就近查理，务使民不得指为屯地，军不得指为民田。造册既定，仍归粮、屯二道专理。从之。

明神宗实录卷六十一

四月

乙酉（二十八日）［贵州召募标兵千名，以资弹压］

兵部覆贵州抚按何起鸣等奏：该省军门止有军余标兵四百名，遇有征战，动调土兵，每泄事机，夷酋无所畏惮。请选坝阳红兵二百名，召募川兵或土著四百名，共足千名为一营。令游击统领训练，而以清军道副使监督清查，庶文武相制。得旨：标兵准选足千名，以资弹压。但闻该省驿传多役军丁，以致行伍消耗，战守无人。今宜痛革冒滥，抚恤贫军，就中抽选丁壮，以充标兵。比之远募浮游，有裨实用。余如议行。

明神宗实录卷六十二

五月

癸巳（初六日）［广东罗旁平］

广东罗旁平。计克瑶狼贼巢五百六十四处，擒斩俘获、投降夺回，共四万二千八百有奇。自出师至凯旋，凡四阅月。

丙申（初九日）［兵部覆两广总督凌云翼条奏罗旁善后事宜］

兵部覆两广总督凌云翼条奏罗旁善后事宜：一、建设州县。东山黄姜峒、西山大峒原系贼巢，今虽荡平，难保必无遗孽。遽欲建官设县，恐贻后艰。请先升泷水县为州，其二峒各筑营城，选委将领，屯兵驻札，伺有贼出，许其便宜抚剿。果无他虞，题请建县。目下各峒地方，通属新州管辖，其南乡、富霖、封门、函口设千户所四，调官军防守。一、专设宪臣。改惠州伸威道副使为岭西兵巡，岭西兵巡道佥事为泷水兵备。其潮州海防兵备兼管惠、潮两府兵巡。一、更置将领。添设参将二员，分守二峒。德庆守备移驻泷水，高肇参将径行裁革。一、议处戍兵。拨江道并各营堡兵补足营伍，余留江堡哨守。一、充实官军。就近省卫抽拨不足，以问遣新军充之。若土民、狼僮愿受田隶所者，即以补伍。一、调用官员。一、开辟道路。改寿康驿置南江口，东亭驿置晋康，新昌驿置泷水，恩平驿置莿沟，西平驿置平豆，立石驿置掘冈，那夏驿置大陵，以通水陆。一、经费钱粮。一、程课殿最。得旨：设县，该抚按再加详议。如果贼巢尽拔，保无他虞，即请设官建治，不必以年月为限。余如议行。

丁未（二十日）［廷臣贺岭西大捷］

上御皇极门，廷臣以岭西大捷称贺。

己酉（二十二日）［叙平罗旁功］

叙平罗旁功。凌云翼升都察院右都御史兼官总督如故，荫一子锦衣卫副千户，赏银及飞鱼衣。广东总兵张元勋升右都督，改荫锦衣卫世袭。广西总兵李锡实授都督同知，荫一子本卫所百户世袭。各赏银币。道参等官赵可怀升二级，陈璘加副总兵衔，余升赏有差。尚书殷正茂始事有功，升俸一级，赏银币。原任尚书谭纶予恤典。本兵王崇古赏银及蟒衣。侍郎梁梦龙、曾省吾及该司郎中升赏有差。初，兵部以罗旁叙功及辅臣张居正等。居正拟票，乃差第诸有功者，各赏赉，而不及阁臣。是日，中官传谕改票来行，于是居正等疏言：前已奉旨，以后边功不许叙及辅臣，臣等又岂敢身自犯之？请赐停寝，以安微分。上乃从之，仍赐居正银百两、蟒衣、彩段，调阳、四维各银币。

明神宗实录卷六十三

六月

辛酉（初五日）［两广总督凌云翼奏广西剿平“黎贼”功］

两广总督凌云翼奏上广西剿平黎贼功。计擒斩贼级一千三百七十六名颗，俘获贼属二百十五名口，叙列与劳诸臣。命广西巡抚吴文华、副使徐作、昭平参将韩文启、参议陈应春、参将吴京等，各升赏有差。

壬申（十六日）［加升云南右参政徐作为本省按察使］

加升云南右参政徐作为本省按察使，以前剿广西昭平僮贼功也。

明神宗实录卷六十四

七月

戊子（初三日）［云南巡按陈文燧条上制御“土夷”十事］

初，云南巡按御史陈文燧条上制御土夷十事：一、檄诸夷。谓缅甸莽酋与孟养、思个相构，木邦罕拔与干崖怕文为仇赶杀，地方渐不可长。宜宣谕处分，旧追缅甸诸司印信、金牌，听请承继，仍颁以大统历日。如再侵扰，定行诛剿。二、抚三宣。谓三宣外捍六慰，内拥金腾，迩来各多内难，兵力衰弱，无能钤束地方，宜加意抚恤。在南甸则断刀落参之田，以结其心；在陇川则扶多忠之寡，以固其存；在干崖则定宣更之嗣，以正其继。三、设将领。于三宣适中设参将一员，屯兵驻札，就近勘处夷情。临安参将移驻红果哨，适中练兵设防，以制莽酋。四、筑城垣。腾冲城南筑外围一座，三宣令各筑城。五、足兵食。六、禁通夷。七、宽承袭。谓土官世袭，因诸司驳查，吏胥勒诈，遂生异心。宜行抚镇，但遇夷司告袭，即行参守亲勘，仍与宽假，以便替补。应纳例银，或减半征谷。其报生应袭，幼给冠带，长授职级。正枝无嗣，旁枝有能约束地方者，照例与之，不必重勘。八、宽迤西。谓思个与莽世仇，近更归顺。罕拔虽附莽逆，颇有悔心，宜授以原职，还其牌印，以招来之。九、择官司。十、议功罪。谓先年抚镇辑睦，所向功成。嘉靖中抚臣权重，镇臣遂萌推诿。年来兴师制寇，率不与谋，始事不与同功，偾事得以诿罪，宜一体责成。部覆：牌印一节，先臣刘健尝议孟养事状。谓思禄有官犹可制，即无官其僭自若也，不如因而官之。此真御夷上策，而抚远夷自近夷始，处夷情自内治始，皆请如议。报可。

明神宗实录卷六十五

八月

丁巳（初二日）［广西泗城州等处差人朝贡］

广西泗（洲城）〔城州〕服色土司知州岑绍勋及所属程县、上林长官司，差岑海等赴京进贡马匹、银器。给赏有差。

己卯（二十四日）［四川总兵官定为额设］

先是，隆庆五年，因四川（判）〔叛〕蛮猖獗，议设总兵。贼平之日，另议裁革。至是，总兵刘显剿平九丝，引疾求去。且言本镇新设，事无成规，州县动经阻挠，缓急恐有误事。部覆：该省镇臣定为额设，有司阻挠致误者，会同巡抚指名参究。得旨：刘显照旧供职。祖宗朝委任总兵官，体统原重。近来有司往往不服节制，非礼抗违，殊非政体。有仍前违玩者，许令径自参奏处治。

明神宗实录卷六十六

闰八月

己酉（二十五日）［黔国公沐昌祚请奔父丧，不允］

黔国公沐昌祚因父沐朝弼于南京病故，疏乞奔丧。上不允。

［云南土官兄弟构争仇杀，兄所召募之侬兵留住“夷寨”不去，邹应龙两讨皆败，王凝以计平之，至是按臣勘实以请，令凌迟作恶之杨守廉，赏赉王凝、沐昌祚等］

先是，云南土官普崇明、崇新兄弟构争，崇明召募广南侬兵，崇新勾引黑脚交兵，互相仇杀。告官听勘间，交兵引去，惟侬兵恋住夷寨。巡抚邹应龙轻信中军杨守廉等，移兵进剿。守廉等遂劫杀良民，抄掠村寨，侬寇乘之，两致丧师。及应龙致仕，抚官王凝计擒元恶，抚处残侬，地方始安。至是，按臣勘实以请。得旨：杨守廉凌迟处死，传首作恶地方，以泄众愤。王凝、沐昌祚等各赏赉有差。

明神宗实录卷六十七

九月

庚申（初七日）［论劾贵州总兵吴国贪庸欺纵十大罪］

兵科都给事中裴应章论劾贵州总兵吴国贪庸欺纵十大罪。得旨：吴国既有罪状，该抚按知之必真，何无一言？而科疏乃历历有据。其革国任，按臣勘实以闻。

明神宗实录卷六十八

十月

甲午（十一日）［贵州“逆犯”继王被杀］

先是，贵州逆犯继王窃据山泽，劫杀横行。至是伏诛。

乙未（十二日）［议改广西南宁府、思恩府、梧州府、庆远

府、河池州等处区划调整与官职添设等事宜]

广西思恩府自弘治中岑濬叛后改土为流。嘉靖初，土酋王受作乱，新建伯王守仁抚平之，始迁府治于荒田。割南宁府武缘县止戈一二图编户，裂思恩旧治为九土巡（简）〔检〕司，而统于府。至是，两广总督凌云翼以九司种类日悍，蔑视汉官，府治编民甚少，缓急难恃。议改武缘一县全属思恩，以资弹压。又言梧州地方辽阔，守、巡二道共驻府城，临警不及策应。欲将巡道移驻郁林州，分辖北流等县。庆远府西德胜镇逼近峒贼，欲将府同知移驻督捕。河池控扼东兰、南丹、那地三土州，以屏蔽庆远，颇称要害，请添设州同一员，居中抚驭。户、兵二部覆奏：如议。从之。

己酉（二十六日）[以李应祥充参将，分守广西思恩等处]

以广东都司署都指挥佥事李应祥充参将，分守广西思恩等处。

明神宗实录卷六十九

十一月

壬戌（初十日）[以广东澄迈“强贼”劫库，勘上失事将官]

先是，万历四年，广东澄迈县强贼劫库。至是，勘上失事将官。命下王克振等于御史问，吴良知革任回卫。

丙寅（十四日）[行勘贵州安氏土舍仇杀事]

先是，贵州土舍安国亨、安智互相仇杀，已经十年。至是，奉旨行勘，二酋始听处分。抚按官何起鸣等因条上善后八事，部覆：如议。得旨：国亨等务感恩悔祸，各保疆土。如违约启衅，剿除不赦。

明神宗实录卷七十

十二月

壬辰（初十日）［广西岑溪、连城等地瑶僮“酋首”求抚，赏总督凌云翼等］

先是，广西岑溪六十三山、七山、那留、连城等处，与罗旁接壤，瑶僮啸聚为患。至是，贼首潘积善等畏威求抚，愿归地输粮。总督凌云翼以闻，并请于连山等处设指挥、千户五员，分兵屯守，以防芽孽。部覆：如议。命赏云翼、巡抚吴文华银币，参政王原相、佥事王一卿、参政蔡汝贤、副使徐时可升级有差。

己亥（十七日）［以吴子忠充副总兵，分守四川松潘等处］

以分守湖广镇筸参将吴子忠充副总兵，分守四川松潘等处。

明神宗实录卷七十二

万历六年戊寅（1578）

二月

辛卯（初十日）［广西临桂县地裂陷］

申时，桂林府临桂县江头村田中土忽拥起，青烟一道直上，地随裂丈余，地内鼓声响，陷民房十余间，大树大石皆陷入地。

甲辰（二十三日）［乌思藏阐化王贡方物求敕封］

乌思藏阐化王男札释藏卜，差番僧来西海，见其师僧活佛。在西海与顺义王子孙等说法，劝化众达子为善，因托顺义王俺答代贡方物，请敕封。礼部覆议：帝王之驭夷狄，每因其有求而制其操纵之术，乘其向化而施以爵赏之恩。今札释藏卜等，乃以毡裘之类，知慕天朝封号之荣，化桀骜之群，俾尊中国贡布之约。顺义王俺答能使相率归化，复代贡请，以效款诚即有苗之格舞干，越裳之至重译，不是过矣。合无依拟授职赏赉。上谓：番僧向化，抚虏恭顺，可嘉。因各授大觉禅师及都纲等职，赐僧帽、袈裟及表里、食茶、彩段有差。

明神宗实录卷七十三

三月

甲寅（初三日）[追论剿杀黎平府洪州“叛苗”李富功]

追论剿杀黎平府洪州叛苗李富功。赏都御史何起鸣银二十两、纻丝二表里，知府吴家吉等三员各十五两，兵备宿度等五员各十两。

明神宗实录卷七十四

四月

乙未（十四日）[豁免四川、湖广各府州未完钱粮]

减四川报存边腹未完钱粮，自隆庆二年至万历二年，共三十八万六千六百九十四两。其湖广武、汉、黄、岳、承、德、长、宝、衡、(水)〔永〕、辰、常、(彬)〔郴〕、靖等府，并夷陵、归州、枝江、宜都、远安、长阳、巴东、兴山等八州〔县〕，自隆庆二、三、四年未完者，尽数豁免。

明神宗实录卷七十五

五月

辛未（二十一日）［剿平湖广木壕寨，以其田召民佃种戍守］

湖广木壕寨黄廷全等负固流劫地方，官兵设计擒捕，斩获廷全等。议将厘坪寨移于木壕寨，以其田地召令里民佃种纳粮，免其均徭里役，通令各家编佥壮丁八十名，协同该堡戍守，仍将贼居改造衙门营房。其指挥马希孔等，分别奖赏，纪录不一。

甲戌（二十四日）［广宁县知县以城孤人少借住四会，广东巡按龚懋贤劾之］

巡按广东御史龚懋贤题：该省广宁一县居当大罗山之下，为两省盗贼之冲，先年议省，良有所见。乃知县叶寿春谓其城孤人少，借住四会三年，且构衙廨，设库狱，以图久远，则是显然弃城矣。守巡道蔡汝贤等均有察吏之责，各以升任、丁忧去，不能觉举。其应否罚治，听自上裁。得旨：寿春旷职玩法，革了职为民。汝贤等罚俸半年。今后若有扶同欺蔽的，一体重究不饶。

［录征剿广西昭平等处斩获功］

录征剿广西昭平等处斩获功。赏平乐府署印同知林焜章等各银十五两，黄保等各十两。

丁丑（二十七日）［复思州府治，仍旧建在都坪司］

复思州府治，仍旧建在都坪司。工料等费，即于该府剩银支用。

明神宗实录卷七十六

六月

丙午（二十六日）［永顺土司宣慰捕获投递“妖书”之靖州生员］

湖广靖州学生员贾邦奇先后私传妖道金云峰、曾光等捏造《大乾起运录》等妖书，诣永顺、保靖、酉阳三土司投递，纠合猖乱。未几，为宣慰彭龟年所获，曾光逃窜。抚按以闻，得旨：贾邦奇等会官审决，曾光严拿奏结。彭龟年赏银十两，余者吏部纪录叙用。

明神宗实录卷七十七

七月

壬子（初三日）［南京贵州道试御史条陈“劳劝”流民复业、建立社仓等事宜］

南京贵州道试御史王廷稷条陈：当此东作之时，宜令有司劳劝流民悉报复业，游惰悉驱耕作，田地荒芜者令民开垦，堰塘湮塞者到处疏浚。其或凶年，钱粮不能尽完，尤要斟酌缓急，毋专事催（料）〔科〕，妄连无辜赔纳。其各地方建立社仓，以备荒歉。或劝富民量力输纳，或令徒流等罪情犯稍轻愿输纳者，有司申请准令输免。每社择殷实公正社长，司其出纳，官给印簿稽察。得旨。

丙辰（初七日）［广西征剿河池瑶人，“杀掠甚惨”］

广西汉土官兵征剿过河池咘咳、北三等瑶贼，斩首四千八百四十级，获牛马贼仗千计。总督凌云翼以捷闻，上嘉其功，荫云翼子世袭锦衣卫副千户，赏银四十两、纻丝二表里。巡抚吴文华荫一子入监，赏银三十两、纻丝二表里。兵备吴善升一级，参将王瑞应袭儿男加升二级，参政蔡汝贤俸一级，副使徐时可、陈俊等升一级，仍各赏赉有差。说者谓：瑶贼原无叛逆，凌云翼喜事邀功，此举杀掠甚惨，殊失朝廷抚绥之意，荫袭过滥，至今议之。

癸亥（十四日）［录赏贵州捕擒“妖犯”功］

录捕擒妖犯金云峰功。赏贵州都御史何起鸣银三十两、纻丝二表里。先今任湖广都御史陈瑞、王之垣，各赏银二十两、纻丝二表里。土舍杨治安升一级，赏银十两。宣慰彭（永）〔龟〕年，再赏大红狮子纻丝衣一袭、彩段二表里。其副使彭富等各录赏有差，仍敕各土官司守法，无得藏匿奸徒，事发重治不贷。

癸酉（二十四日）［川贵巡抚奉旨勘处乌撒、乌蒙安氏土司仇杀事］

先是，乌撒地方与本省永宁宣抚司、乌蒙军民府，并贵州水西，及云南沾益州，境土相连，世为亲戚，并无衅隙。既而安国亨杀死安信，信兄安智结永宁宣抚司土官奢效忠报仇，彼此相攻，厮杀不已。比有安国亨部下吏目，俱与安智有亲，恐为国亨杀害，各带夷兵，逃投安路墨。路墨诈称本府土知府安承祖职衔，赴京代奏。已而，国亨亦将伊男安民姓名具本，并奢效忠各行奏。奉勘，合移行川贵巡抚委官勘处。国亨等所犯情罪不一，照夷俗罚牛外，仍谕奉旨处分之后，务要感恩悔祸，各安原土。邻界夷民，俱各责管事头目、汉把省谕，消释仇怨，共保宗族，不得背盟起衅。

明神宗实录卷七十九

九月

癸丑（初五日）［广东捕擒大庙、陈黎等巢“剧贼”］

广东大庙、陈黎等巢剧贼，依山负险，纠党横行，突出英（得）〔德〕、清远等县地方，劫财杀人。各官兵奋勇捕擒，斩首一百三级，俘获一百四十九名，及器仗、牛马诸物。上嘉其能，巡抚凌云翼等各赏银有差。

乙卯（初七日）［两广总督凌云翼题大庙之役善后七事］

总督两广都御史凌云翼题：大庙各巢山深林密，贼易盘据，剿灭之后，尤当预防。列为善后七事：其一，议白芒山下置造营房、教场，将韶州、清远二营之兵，更番哨守。一应材木工费，随于本山土产酌量处分。其二，议选韶州、清远卫所才能武官一员，训练营兵，比照营兵事例，半年一替，以资弹压。其三，议将大庙各贼没官田租二千余石，除量给业主粮差外，收割分取，以为建创兵营之资。其四，议将三水寄庄民田，责令英德附近排年承买，令其各自佃种，以便觉察奸萌。其五，议今受田之民，自新村以至上下二汰二十里内，分筑土围十余，以安新集之众。其六，议令英、清二县排年，自河傍直通上下二汰，开路筑桥，以通往来。其七，议集编氓，联为保甲，置备器械，以助守望。从之。

乙丑（十七日）［贵州巡抚何起鸣奏称贵州宣慰司安氏头目违约］

兵部题覆贵州巡抚都御史何起鸣奏：贵州宣慰司头目安智、安国贞听奸拨置，背违安插，妄奏入府当差，似当重处。但犬羊无知，姑免剿除，将二酋治以首先违约之罪，仍戒谕安国亨、禄氏，遵照旧款，毋得故违。其亨、智二酋，敢先生事启衅、扰乱地方者，听参奏剿除。上曰：安智父子安插已定，乃敢违约妄奏，姑从宽处。该省抚按官再行晓谕，今后与安国亨各要遵约，如再有听奸拨置，启衅生事，定剿灭不宥。

明神宗实录卷八十

十月

己丑（十二日）［迁广东四会千户所于广宁县城，改为守御广宁千户所］

迁广东四会千户所于广宁县城，改为守御广宁千户所。

明神宗实录卷八十一

十一月

壬子（初五日）［礼部题报各处“夷人”进贡，赏赐段、绢多有纰恶，宜敕令织造官员严查稽核］

礼部题：各处夷人进贡到京，俱该臣部题请给赐段、绢、衣服。然而沿袭日久，纰恶实多，夷人每每忿掷喧哗，上亵国体，下失夷情。以后宜敕令织造官员严查稽核，毋令匠役人等克减工料，致将不堪之物朦胧混进。已而工科给事中王道成亦以为言。上报可。

癸酉（二十六日）［云南“犃獛诸夷”劫掠地方］

云南犃獛诸夷纠党啸聚，劫掠地方。该官军斩获首级不上千人，而杀掠男女七百六十名口，而放火焚烧木瓜等处，污辱士女，劫夺货财，屠戮之状，惨不可言。抚院勘实以闻，上命巡按御史将本州同知张思贤拿问正罪，仍恤录被难官军有差。

乙亥（二十八日）［四川乌思藏法王遣人进贡］

四川乌思藏法王遣锁喃元旦等一十六员进贡。宴如例。

明神宗实录卷八十二

十二月

丙戌（初十日）［以贵州分守贵宁道兼制四川乌撒等五府，每年督催四川乌撒等府米银等］

以贵州分守贵宁道兼制四川乌撒等五府，及每年督催额纳贵州仓库米银，不时巡历贵前二卫、贵州宣慰司地方。一应事宜，仍与毕节兵巡及迤西参备公同计议而行。给敕书与之。

明神宗实录卷八十三

万历七年己卯（1579）

正月

丁巳（十一日）［金沧守备移驻腾越协同勘处“夷情”］

云南御史陈文燧议，欲复设参将驻札三宣。兵部题覆，谓永昌自裁革分守参将，复设知府、同知之后，夷民安堵。三宣设将，更欲何为？其临安参将，原为防缉㹊獛，弹压安南，非以制莽。今东夷底宁，守备足制，参将已为虚设。议将金沧守备移驻腾越，协同抚夷同知勘处夷情，无事则督率永昌、腾冲操捕官训练汉土官军，夷兵，以振军威，仍责成金腾兵备副使巡历稽查功罪。从其议。

己未（十三日）［兵部题署都指挥佥事李长荣加守备衔统摄水西］

兵部题：水西安氏二酋，虽就处分，终属犷悍，制驭统摄，须在得人。请敕署都指挥佥事李长荣加衔守备，坐镇卧这等处，指挥王道亨管理的都。从之。

丁卯（二十一日）［平洲六洞长官司土舍袭职、加服色］

命准平（州）〔洲〕（陆）〔六〕洞〔长〕官司土舍杨治安就彼袭职。又因先擒获妖逆有功，准加从五品服色。

己巳（二十三日）［贵州总兵吴国以“贪纵欺冒”革职］

贵州总兵吴国以贪纵欺冒，被劾革职。

［以抚驭无方，发遣广东罗道中路守备官戍边］

发遣将官黄道、朱甫等戍边。黄道系广东罗道中路守备，抚驭无方，及朱甫克匿军粮，致激倡乱。俱犯（堤）〔提〕备不严，抚驭乖方，致有所部军人反叛者律。

壬申（二十六日）［兵部以云南按臣条陈事节参详抚镇王凝等会议］

兵部以云南按臣条陈事节参详抚镇王凝等会议：其一略曰夷俗难绳汉法，今欲给还印牌，颁赐历日。无故传檄，徒惊疑耳，且缅甸印牌见贮永昌，思个印信久已追夺，俟其来归，请给请继亦为非晚。二云三宣与腾越相去不远，展转矫诬，乃其恒性。今已收之困踣，曲与招携，固不必许以声援，啖以赉予，唯当薄示羁縻，自足安枕。三云夷方兴筑，财力俱难，止将腾冲要害增堡增城。其三宣等处，各从其便，更当时加简谕，以示招徕，俾其乐于效功，外杜侵轶。四云积谷招兵，宜将饶死永远军犯，发充本境。准募土著，分投屯操。五云通夷之禁固宜严，而违禁之条尤当分别轻重。若关给文引，恐易生事端，惟当时加盘诘，杜绝奸人。至于重大夷情，毋得隐匿不报。六云夷官承袭，惟腹里司分照旧输纳。其六慰三宣等处，量减其半。有贫无力者，尽数免征，并预造文册，裁省覆勘。七云思个果能款贡，即宜与题请冠带承袭。其木邦罕拔，原系内属，近稍惊疑，惟徐图抚谕。大都欲详内略外，治以不治，其于殊俗夷情，为稳妥简便。从之。

癸酉（二十七日）［贵州“夷民”归附，长牛等寨认纳粮马］

宥贵州降夷等罪，赏巡抚何起鸣。夷民光赛、光见、蜡谢、军凹等负固流毒有年，闻抚归附。与长牛、阿田等寨诸夷，并毛口、(陆)〔六〕坠四大寨夷民，各认纳粮马。兵部题何起鸣抚处之功，故有是命。

明神宗实录卷八十四

二月

辛卯（十六日）［命张居正勉纳乌思藏僧人馈物］

命辅臣居正勉纳贡夷人乌思藏僧人锁南坚错等馈物。僧锁南坚错，即虏酋顺义王俺答所称活佛者也。去年虏酋以迎见活佛为名，意图西抢，因教以作善戒杀，阻其西掠，劝之回巢。又因而连合西僧，向风请贡，且以番书一纸并压书礼物遗居正。居正上言：臣系辅弼近臣，参预密勿，义不与外夷私通，不敢私受。上以居正辅理勋猷，宣播遐迩，戎狄宾服，宜勉纳所馈，以慰远人向风慕义之诚。

癸巳（十八日）［赏赐“贡夷”］

赐贡夷乌思藏自称阐化王长男札释藏卜、次男札释坚参，藏僧锁南坚参、星吉藏卜等，封授赏赉有差，并给代乞顺义王俺答之赏。札释藏卜称系阐化王长男，然不知其父何名，袭封何年，又所称与前王通贡年月互异，宜候查核。但以其慕义来王，化虏有功，姑先赏赉，以慰夷情耳。

乙未（二十日）［广西巡抚吴文华题招抚昭平等处“民贼、蛮贼”］

广西巡抚吴文华题：上年六月内招抚过昭平等处民贼、蛮贼二百三十七村，计男妇二万二千六百余名口，俱经编甲当差。其负固不悛者，擒斩首从贼级三百四十一名颗，俘获贼属一百五十二名。于是兵备副使陈应春、参同都司韩文启、平乐知府罗黄裳、同知林焜章升赏有差，总制凌云翼、吴文华各赏银三十两、纻丝二表里。

丁酉（二十二日）［升广西思恩军民府知府为广西副使］

升广西思恩军民府知府侯国治为广西副使，整饬苍梧兵备。

明神宗实录卷八十六

四月

辛巳（初六日）[四川罗打鼓等寨“生番”内附]

四川巡抚王廷瞻题称，罗打鼓、那竹等（塞）〔寨〕生番血热等，住牧边外，负固难驯。因九丝荡平，刁农内附，遂率一百六十二户援例附籍。兵部题覆，准其附入编户，一体当差，仍量行给赏一次。

乙未（二十日）[邛水长官司建四哨“以威诸苗”]

镇远府邛水长官司僻在一隅，接壤楚蜀，苗贼出没为患。贵州巡抚何起鸣请于紧要关隘处建设四哨，添兵弹压，以威诸苗。部覆，从之。

明神宗实录卷八十七

五月

辛未（二十七日）[四川巡抚王廷瞻备叙雕剿四川“番蛮”功次]

四川丢骨、人荒、没古等三寨番蛮，节年入犯荼毒。松潘兵备副使杨一桂、总兵刘显、副总兵吴予忠等，雕剿首恶，群夷纳款。巡抚王廷瞻备叙功次。部覆，谓王廷瞻运谋决策，尤宜首赉。得旨：赏王廷瞻、杨一桂、刘显等银币有差。

[四川巡抚王廷瞻以地方民贫词简，请减各府州县积谷]

四川巡抚王廷瞻言：本处地方民贫词简，所属府州县难以照额积谷，似应量减。部覆：积谷备荒，本以为民，若要取盈，势必重罚，则是以惠民者虐民也。宜行各省直，分别地方贫富、词讼繁简，定为上、中、下则，以便责成。报可。

明神宗实录卷八十八

六月

乙亥朔（初一日）［董卜韩胡宣慰使司加渴瓦寺等进贡］

董卜韩胡宣慰使司加渴瓦寺等赴京进贡。赐给如例。

辛卯（十七日）［以四川傀厦“番夷”“肆劫”，革处守备等官］

上以四川傀厦番夷肆劫，皆由地方官处置失宜，威信不立。命革宁越守备丘绍先，提问守御巡捕千百户官蔡伟、吴嘉谟，调副使景承芳别用，罚都司张万年、郭科俸半年，仍敕禁约奸私，相机剿抚。

明神宗实录卷八十九

七月

癸亥（十九日）［以江濬铨注云南都司掌印管事］

分守临元参将陈世忠称病乞休，许之。又以临、元乃苗夷杂处之地、云南要害之区，命亟推补。以云南都司佥书江濬铨注云南都司掌印管事。

明神宗实录卷九十

八月

丁酉（二十四日）［四川抚按会题风村、白草等番寨“抚化”机宜］

先是，四川风村、白草等番二十八寨，盘据为患，控驭恒难。至是，率男妇八千余众来降，且约期供蜡，听习汉仪。抚按会题，抚化机宜，须原官经理，久任责成，方克有济。议将石泉县知县李茂注衔龙安府，仍管石泉县事。坝柢守备宗绶升授都司职衔，仍管坝柢守备事。前番收入石泉版籍，责令通事管束，渐变夷风，仍严督官兵加谨防守。部覆，得旨：依拟，仍以巡抚王廷瞻拊缓有功，命吏部纪录，并安绵兵备佥事黄德洋录赏。

明神宗实录卷九十一

九月

癸亥（二十日）［罗旁两山等“余孽”起事，两广总督刘尧诲请免究治失事各官］

罗旁两山等余孽突行杀掠。副总兵陈璘、罗定兵备道侯应爵及东安县知县萧元冈等均当法论。总督两广侍郎刘尧诲以两省夹剿事宜在会议间，而各官久任地方，习知地利，疏免究治。令其策励供职，以图后功。兵部覆奏：如议。

丙寅（二十三日）［广东巡按龚懋贤议剿罗旁两山“余孽”］

巡按广东御史龚懋贤议剿罗旁两山余孽。部覆，谓收兵未久，又议调发，诚未易办，止宜相机抚降，悉心措画，以终前功。若有负固不悛者，密行剿捕，诛首恶，赦胁从，以散其党。从之。

明神宗实录卷九十二

十月

丙戌（十四日）［升赏、革罚贵州将裨］

兵部题覆巡抚贵州右佥都御史何起鸣奏：所辖将裨郭成、张奇峰等二十员应升赏，李鸣凤等四员应革罚，各有差。如议。

戊子（十六日）［两广官兵攻破郁林等处“巢贼”］

广西郁林等处巢贼流劫杀虏无数。该督臣调发两广官兵，攻破贼巢，斩获甚众。总督侍郎刘尧诲叙大小文武官王原相、朱汝贤等共四十三员，奏升赏纪录有差。得旨：以面授方略，功在总督，同心调度，功在巡抚，仍厚赏刘尧诲、张任等银币。

乙未（二十三日）［许进剿广西八寨“僚瑶”］

广西僚瑶盘据八寨，肆毒几载，叛服无常。抚按张任、顾钤等，会同总督刘尧诲奏议进剿，仍以贮解盐银五万七千二百余两，留充兵饷。报可。

丁酉（二十五日）［广西抚按官张任等疏请赈柳州府所属五州县灾］

广西抚按官张任等疏言：柳州府所属五州县旱灾，饥民当赈。欲以贮库银一千四百五十余两，留以赈荒，并协济武宣粮银二百九十六两，暂与停缓。部覆，从之。

明神宗实录卷九十三

十一月

壬子（初十日）［四川抚按王廷瞻等题报剿抚大渡河“南北番”事宜］

四川抚按王廷瞻等题为照建昌地方被番烧劫站军，杀虏人口，已经奉旨率督该道剿抚。但雕剿大渡河南番，河北番必然助逆，而河北官兵原非该道所辖，调遣不便。若使暂听节制，事权归一，庶可慑北番之心而孤南番之势，剿抚易为成功。但云暂听，终属携贰，至用兵讨贼，尤难互分彼此。以后通南北各道，如或番贼扰乱，遇有调遣兵马策应，防守追捕，不分南北，悉听主兵该道节制，功罪同之，永为定例。部覆：允行。

己未（十七日）［兵部题覆两广总督征剿除八寨起事瑶人事宜］

兵部题覆总督两广侍郎刘尧诲题剿除八寨瑶贼事宜，已奉明旨：惟称广西巡抚咨请加兵四营，与全军所用器械、火药等项，俱委东省处办，所费不赀。今江右岁歉米贵，必增籴广储，方克有济。容督行广东布政司及监军道，量支解发，调处给用。今据征剿瑶贼大兵克期进举，并候命下行彼处巡按，令风官一员，随营纪验功次，勿得委官虚应，以致枉滥。报可。

甲子（二十二日）［四川杂谷安抚司都纲头目等进贡］

四川杂谷安抚司都纲头目更哈监藏等赴京进贡。给赏如例。

丁卯（二十五日）［四川杂谷安抚司差都纲头目进贡］

四川杂谷安抚司差都纲头目一千二百七十四名，各备珊瑚等物进贡。给赏如例。

明神宗实录卷九十四

十二月

癸酉（初二日）［麻哈州土同知之子恣行不法，被抚按所劾，论死］

巡抚贵州右佥都御史王缉题参麻哈州闲住经历宋儒。儒乃本州土同知宋珠子也，伪籍定州，中顺天乡试隆庆辛未进士，选庶吉士。倾险败类，被谪家居，恣行不法，窝盗强奸，伪印诈财发兵，流毒一方，所杀无筭。盖其父已老，即以儒之子嗣官。土夷不用汉法，自其常态。（主）〔至〕是，为抚按所劾论死，远近称快。第不知当时何以得进，使禁署清华，列一无赖夷虏，亦一异也。

明神宗实录卷九十五

万历八年庚辰（1580）

正月

癸卯（初三日）［播州宣慰司差长官进马匹庆贺万寿圣节］

播州宣慰司杨应龙差长官杨正芳进马匹，庆贺万寿圣节。赏给钞、段。

壬子（十二日）［四川建昌傀厦等寨献“凶酋”来降］

四川建昌傀厦、洗马、姑宰、猥铁口等寨，献凶酋葵咱呷等一十九名、首级一颗，并被虏男妇一十二名来降。抚臣王廷瞻上诸臣功状及失事者，兵部具覆，命升王廷瞻俸一级，赏总兵刘显飞鱼衣一袭，参政房楠、按察使吴善，各赏银十五两，守备刘天倖等各十两，而革都司佥书郭科、掌印张万年任。皆如部议。

明神宗实录卷九十七

三月

甲子（二十五日）［四川长宁安抚司等差头目进贡］

四川长宁安抚司并韩胡碉恰列〔寺〕等各差头目赴京进贡。如例宴赏之。

明神宗实录卷九十八

四月

丙戌（十七日）［广东罗旁道州地方“盗”起］

广东罗旁道州地方有盗三十余人，突出劫掠，夺儒学印。巡按御史参诸失事者。总兵官陈璘照旧戴罪杀贼，兵备佥事侯应爵等策励供职。

明神宗实录卷九十九

闰四月

庚申（二十二日）［平广西十寨起事瑶人］

广西十寨瑶贼平。先是，诸贼据有八寨，凶黠特甚，以方有事古田，始因其乞抚羁縻之。继复杀逐龙蛤螂咳长官司占成十寨，其恶愈炽。督抚诸臣节奉明命，调发汉土官兵剿之，擒斩首从九千一百余级，俘获男妇六千七百余名，破其坚巢，遂平。

明神宗实录卷一百

五月

辛巳（十三日）［以广西大捷祭告郊庙］

上初御文华门视朝，以广西大捷，遣定国公徐文璧等祭告郊庙，鸿胪寺宣奏捷音，收回脯酒赐三辅臣。

癸未（十五日）［四川金川寺演化禅师进贡］

四川金川寺演化禅师差都纲等赴京进贡。宴赏如例。

［叙剿平广西十寨功］

叙剿平广西十寨功。赏总督刘尧诲、巡抚张任、总兵王尚友各银币有差。

辛卯（二十三日）［两广总督刘尧诲等奏议十寨善后事宜］

两广总督刘尧诲，广西巡抚张任、巡按胡宥奏议十寨善后事宜：一、设三镇以重弹压。八寨地形四（寨）〔塞〕，官难制服，应照古田三镇事例，以周安、古卯为一镇，思吉、古钵、罗墨为一镇，都者、古蓬、剥丁为一镇。均其田里，各建一城，设土巡（简）〔检〕守之。总于思恩参将，而隶于宾州。一、屯三里以树声援。三里地形险要，实为八寨门户，先年议改思恩参将驻札于此，以资弹压，因兵数未足，城垣未缮，署舍未葺而止。今既值荡平，宜定原兵之数，令参将移驻，居中坐镇，增兵筑堡，互为声援。一、分信地以重责成。贼寨虽平，镇城虽设，然漏刃之余孽尚怀反侧，新集之兵力未足备防。宜令参将李应祥统领标兵，调度倪中化等各画地分守。残贼投生者就便安插，不听约束者即行擒治。一、迁卫所以振武威。南丹卫先年（增）〔曾〕议改于三里，已筑有城，后因移入周安寨，事复中止。宜照原议，将该卫见存官军移于三里，与参将同城，仍建造卫所衙门，量给迁家银两，使兵力合聚，以成居重驭轻之势。一、议屯田以示优恤。南丹卫既移住三里，则各里残破之地不拘军屯民产，割自杨渡水为界，尽作南丹卫屯田。尚存残民，亦难准充为耕兵，人给田三十亩，岁纳子粒六石，三年之后，方照数开征。一、开道路以通险阻。谓寨贼所恃为梗者，以四面阻山，人迹不到。今巢穴虽平，而险阻如故，宜开阻塞，令庆远、宾州途径可达。招募土民，设堡屯种，使思恩三里声势连络。往来之人迹既通，而负固之隙穴自杜。一、议钱粮以裕经费。谓善后合用等费，为数不赀，而西粤贫瘠之地措处甚难。宜就大征支剩兵饷内，凑给初年之用，次年则于本省续获盐利，及府江兵备道节缩年例饷银内，通融给发。如不足，则严追两江各土府州司应解折粮补支。该部如议覆请，皆报可。

［贵州麻哈州土同知以纵子犯大辟，革任］

贵州麻哈州土同知管州事宋珠纵子犯大辟，革其任，易以流官。令其子孙以州同知职衔，于都匀府办事，不许干预州事。

明神宗实录卷一百一

六月

丙午（初八日）［赐播州故宣慰使祭葬］

赐播州故宣慰使杨烈祭葬，从其子杨应龙请也。

己酉（十一日）［以剿平十寨效有成劳，加广西右参议姜忻副使衔］

加广西右参议姜忻副使衔，照旧管江右道事。忻剿平十寨，效有成劳，且方议善后事宜，责成正殷，故加秩留之。

明神宗实录卷一百二

七月

丁丑（初十日）［以剿平广西十寨赏罚各土司］

以征剿广西十寨平，赏罚各土司岑大禄等，岑洪、黄正等，功罪有差。

明神宗实录卷一百四

九月

丙戌（十九日）［以广西武宣县“盗”“越城劫库”，降处分守江右参议姜忻等］

广西柳州府武（定）〔宣〕县有盗越城劫库。降分守江右参议姜忻、本府知府（季）〔李〕遇春各一级。革分守参将倪中化任，及本县知县饶养浩、指挥同知李惟聪，俱褫职革任，下抚按问拟。

丁亥（二十日）［敕贵州巡抚严查兵粮总征定数，刊成一书，永为遵守］

敕贵州巡抚严查兵粮总征定数，刊成一书，永为遵守，岁终奏报。有巡抚、兵备等官无故虚縻者，核实参处。

明神宗实录卷一百五

十月

庚戌（十四日）［诏复故黔国公沐朝弼爵］

诏复故黔国公沐朝弼爵，从其子昌祚请也。

辛亥（十五日）［谕乌撒府知府如数纳贵州秋粮］

戒谕乌撒府知府安承祖，以后额纳贵州秋粮，每年如数征解，以充军饷，无亏额以取参治。

明神宗实录卷一百六

十一月

丙子（初十日）[升广东琼州府知府为兵备副使兼摄学政]

升广东琼州府知府唐可封为本省海内道整饬琼州兵备副使，兼摄学政。

[贵州苗坪、夭漂“夷酋”归附纳贡]

贵州苗坪、夭漂夷酋党银、阿盖等归附纳贡，改其地名归化，编入版籍。赏抚臣王缉并前抚何起鸣各银二十两、纻丝二表里，道臣苏愚等各十五两。其余赏赉有差。

戊寅（十二日）[复贵州土舍安国宁冠带]

复贵州土舍安国宁冠带。国宁先以东川勒兵，有罪参革，既而悔祸，立功自赎。抚按为请，故复之。

乙丑（二十三日）[录剿平广西十寨功]

录剿平广西十寨功。升督臣刘尧诲俸二级，优恤死事抚臣张任如例，及副总兵王尚文、副使侯国治等，升赏有差。

明神宗实录卷一百七

十二月

癸丑（十八日）[以剿平广东龙川县猴岭巢“逆贼”，升赏刘尧诲等]

先是，广东龙川县猴岭巢逆贼鲍时秀等四出剽掠，督臣檄行该省官兵剿平之。捷闻，上命赏刘尧诲银币，升总兵黄应甲职二级，参将李金一级，仍与参议刘倬、副使张尧年等，赏各有差。

明神宗实录卷一百八

万历九年辛巳（1581）

正月

辛卯（二十六日）［兵部覆两广总督刘尧诲具题二疏］

兵部覆总督两广侍郎刘尧诲具题二疏：其一，谓东山等处已招瑶浪各贼出没剽掠，夺印杀吏。戴罪副总兵陈璘领官兵深入搒剿，擒斩俘获三百六十六名。请复璘俸，免令戴罪。其一，谓倭、番二寇并犯，镇守广东总兵官黄应甲领官兵追剿，斩获倭首二十五级，番贼一百八十六级，夺回被掳男女二百六十九名口，船二十余只。请赐优叙，其余文武效劳有功诸臣，及军丁、甲长阵殁、中伤人等，俱宜量行奖赏。上以尧诲节次获功，命录一子入监读书。余俱如拟。

明神宗实录卷一百十一

四月

癸丑（二十日）［乌思藏朵甘思宣慰等司国师等进贡方物］

乌思藏朵甘思宣慰等司国师喃哈孟喇麻温等进贡方物。宴赉如例。

明神宗实录卷一百十三

六月

丁酉（初五日）［令新升四川松潘副总兵李应祥仍督理广西十寨善后事务］

诏新升四川松潘副总兵李应祥以副总兵职衔仍管思恩参将事，督理善后事务。从广西督抚按官刘尧诲等言，十寨方平，应祥谙熟夷情，不宜轻离地方故也。

明神宗实录卷一百十四

七月

乙酉（二十四日）［裁革广西司府州县佐贰、杂职等官］

裁革广西司府州县佐贰、杂职等官，共四十九员。

明神宗实录卷一百十六

九月

壬戌朔（初一日）［贵州宣慰司土舍差人贡马，贺万寿圣节］

贵州宣慰司土舍安国亨差舍人安乐等三名贡马，贺万寿圣节。

丁卯（初六日）［叙剿平广西十寨“蛮贼”功］

兵部覆叙万历七年剿广西十寨蛮贼功。汉土官旗军民郑以忠等七千六百五十员名，升赏有差。

庚辰（十九日）［兵部覆议五开卫处置事宜］

兵部覆议五开卫处置事宜。言五开接壤苗仲，款久滋弊，宜更张者六事：一、移靖州参将于五开，以资弹压。二、移辰州通判于靖州，专司粮饷。三、责成卫官以戢罪本。四、严捕首恶以遏乱萌。五、辰沅道兼制黎平，通五开血脉。六、更调兵备龙宗武、张思忠。疏上，得旨：该卫去年擅逐守备，逼死职官，本当剿除，念作恶止款首数人，且着陈省严督兵备等官，责令该卫将首恶胡国瑞等执献正法，余党姑与维新。余如议行。

［兵部覆云南巡按刘维题土舍袭替事］

兵部覆：云南巡按刘维题称，土舍袭替，有司驳查延缓，吏胥乘机横索，遂有甘心不袭者。今后凡有告袭，布政司勘明代题，即就彼处冠带。抚按衙门仍将代题年月日咨部，以凭查考。如有愿自赴京及献驯象、土物者，准与并疏奏闻。其纳谷折银事例，悉行停免。从之。

癸未（二十二日）［移广西浔梧参将于岑溪县连城乡］

移广西浔梧参将于岑溪县连城乡，为抚插瑶僮也。

丙戌（二十五日）［增云南武定府学生员名额］

增云南武定府学生员廪、增各五名。武定于隆庆元年设学，人材骤盛，巡按御史刘维以寻甸事例请，故有是命。

明神宗实录卷一百十七

十月

戊戌（初八日）［兵部覆两广总督刘尧诲等会题修举十寨善后事宜］

兵部覆两广总督刘尧诲等会题修举十寨善后事宜：徙南丹卫，设参将一员、土巡检三员。开辟道路四百一十里，大熟田二万七千九百五十亩，照亩起科。事毕，上效劳员役职名。尧诲又奏：拓广东罗旁两山，复田五万八千四百一十亩。上命兵备刘世赏、徐时可以下给赏有差。

辛丑（初十日）［设宜善巡检司于广东连山县］

设宜善巡检司于广东连山县，以瑶目莫京彪等愿附编氓故也。

壬寅（十一日）［贵州苗坪、夭漂等寨苗民归附］

贵州苗坪、夭漂等一百五十六寨苗民党银、阿盖等，相率归附。更其寨为归化，编入都匀府版籍。

庚戌（十九日）［定广东东安、西宁两县起科田土，免其缺额荒粮］

户部题：广东东安、西宁二县田土原系德庆等七州县征粮额地，因附近罗旁两山贼人侵占，以致田粮失额，岁久无征。万历五年，凌云翼荡复旧疆，建设二县，时方草昧，尚无的额。今查九年为始，实在起科田地三十七万一千四百余亩，定籍两县丁粮一万五千四百八十三两，俱作两县存留支销。其七州县缺额荒粮，悉与豁免。诏依拟行。

明神宗实录卷一百十八

十一月

甲子（初四日）［播州宣慰使遣人贡马贺万寿圣节］

播州宣慰使杨应龙遣长官赵仕贤等三员贡马，贺万寿圣节。赏赉如例。

丁亥（二十七日）［增云南岁进金额数］

增云南岁进九成金一千两。云南旧不贡金，自嘉靖元年派进一千两，十三年后加成色金一千两，寻奉〔旨〕停止。至是，奉旨再加二千两，该部备陈采办之苦，输贡之艰……上是之。然终以宫中岁用不敷，命且着加九成金一千两。

明神宗实录卷一百二十

万历十年壬午（1582）

正月

己巳（初十日）［两广总督刘尧诲题减广东均徭银］

两广总督刘尧诲题减广东均徭银力，并均平民壮驿传额编添编，及原漏报扣充饷银五万四千三百四十两有奇，以宽民力。将八年以后，见存驿传余银二万六千五百二十二两零，并续征完各年拖欠，与九年支剩银二千九百余两，俱抵十年支应充饷。全省免编半年。其未完银两，自元年至四年，姑念兵燹蠲免；五年至八年，分三年带征。报闻。

壬申（十三日）［四川巡抚张士佩奏川省卫所银差太重］

四川巡抚张士佩奏：川省卫所银差太重，民力不堪。除火器、火药、操赏、祭需等项额银一千六百三两有奇，及茶、绢、布仅各足用，俱照旧征收外，其余纸札等项额银八千九百四十九两有奇，减二千三百一十七两有奇。力差、军伴、识字，额设四千八百一名，减一千九百五十一名。又革把总、千总、家丁等项二百二十四员名，每年省本色米一百三十六石零，折色银一千四十七两有奇。部覆：如议。

壬午（二十三日）［两广总督刘尧诲题裁减常饷军需］

两广总督刘尧诲题：清查过广东通省总、副、参、游、守、把、都司、卫所、营路等官，一应常饷军需，共裁减银四万二千三百一十一两有奇，革去食粮余丁本折米七百六十三石。清出占用旗军三百四十三名，舍余四百五十三名。报闻。

明神宗实录卷一百二十一

二月

壬寅（十三日）［勘议蜀之播州八司及楚之平、清、偏、镇四卫等地归属］

兵部题：贵筑一区，蜀之播州八司襟带于前，楚之平、清、偏、镇四卫联络于中，而贵、思、石、铜、镇五府反环抱于外，黎平一府又在辰、沅间与五开卫同城，颇有鞭长不及腹之虑。今巡按马呈图欲割播州八司，平、清、偏、镇四卫，尽隶贵州，及镇雄、乌撒、东川、乌蒙四府官吏，悉入贵州巡按考察举劾。乞行湖广、四川各抚按勘议会奏，后及雕剿事宜。报曰可。

明神宗实录卷一百二十二

三月

戊辰（初十日）［改四川巴州米仓关巡检司于南江县大坝］

改四川巴州米仓关巡（简）〔检〕司于南江县大坝。

明神宗实录卷一百二十三

四月

戊戌（十一日）［题请于广西贺县里松八峒建置土司］

兵部覆广西督抚右侍郎郭应聘、刘尧诲题：贺县里松八峒与樊屯、势江等瑶僮往盘据万山中，时肆流劫。顷年就抚输粮，愿为编户。樊屯、势江俱已建立土司住守，迄今宁谧，惟里松八峒延袤百里，界联三省，奸徒逋逃于中，招主吓骗于外。里（排）〔松〕利其膏腴，往往告兵征剿。诸夷身虽向化，心尚怀疑。乞照樊屯例，于适中处所建立土司，即以名色把总犁邦伯移家住守，管束僮民。三年之后，果地方安靖，各准以副土巡（简）〔检〕职衔，世守其土，若失策误事，据法处治。仍于本峒界近湖广江夏等处堤口设立一堡，移兵把守，以资弹压。上然其言。

壬寅（十五日）［广西马平等处僮人起事］

广西马平等处僮贼韦王朋等谋乱，杀死抚安千总，留报罢官二人，及谋劫仗量县官。总督刘尧诲、巡抚郭应聘、总兵王尚文等督兵讨平之。是役也，擒斩俘获以千计。兵部行巡按御史覆勘以闻。

戊申（二十一日）［陇川宣抚司头目夺占原宣抚爵土］

云南巡抚刘世曾等题：陇川宣抚司逼近腾、永，外捍诸夷，借为内地藩屏。自宣抚多士宁物故，头目岳凤久蓄异谋，其子曩乌辈济恶，遂投附莽莫，杀害士宁妻子，占据士宁爵土，假称传幼传贤，攘执印牌勘合，法不容诛。宜先选差通事员役，谕以朝廷威德，开陈祸福。令将印信、金牌、勘合底簿交还明白。查（王）〔立〕应继之人，为该司宣抚。或（待）〔贷〕凤不死，以广自新。如冥顽负固，即调集土汉官兵，并力剿捕，枭凤父子，传示边隅。兵部覆请，上可其奏。

甲寅（二十七日）［问贵州铜仁守备擅监"熟苗"之罪］

下贵州铜仁守备李应南于巡按御史问。应南擅监熟苗龙木恰，恶苗借口声冤，纠众攻孟溪一带。寻虽解散，起衅殊可罪也。故治之。

明神宗实录卷一百二十四

五月

庚午（十三日）［云南奏免加金］

户部以云南抚按奏免加金覆请。上不允，命文书官田义至阁持前旨。大学士张居正等因言：云南原不产金，每年收买，徒苦小民。彼中连岁不登，夷情骚动。臣等每见抚按奏揭，窃以为虑。盖云南古西南夷，我朝始入版图，夷倮丛居，原无起运钱粮，间有不靖，往往以兵定之，殊縻中国财力。赖圣明在御，稍觉宁谧。陇川、木邦等处乱櫱已萌，若征役繁兴，民不安业，裔夷之地，易扰难驯，异日恐烦圣虑。乞俯听臣言，如议罢免。若以岁用偶缺，或如抚按言，准其解价来京，令户部如数买进。从之。

明神宗实录卷一百二十五

六月

癸丑（二十七日）［凭祥州土官、土司抢劫安南“贡扛”，总督陈瑞以闻］

先是，安南贡使还，差官范可久伴送。至凭祥州，土官李德胜需索不遂，难之。可久不可，德胜不听，率土司陆珠等，抢劫通事贡扛。夷人入关，遂大乱，可久死之。总督尚书陈瑞以闻。

明神宗实录卷一百二十六

七月

癸亥（初八日）［贵州清丈民田、屯田、科田］

贵州巡抚王缉题：该省应丈民田三十二万八千五百二十九亩，屯田三十三万五千九百六十四亩，科田八万八千二十六亩。节年失额，民田四千二百三十亩，屯田四万七千五十一亩，科田五百一十二亩。今次丈出隐占等项各除抵补外，尚有余剩民田一十四万二千三百一十四亩，屯田一万七千一百八十一亩。遵议不得增粮，应于额田通融摊派。至于普安、永宁、赤水、毕节、乌撒五卫，被夷占去屯田。计其丈出之数，不足抵补，就于丈出五卫新垦科田，七千二百七十七亩内摊粮，拨补足额。尚有贵前、龙里等卫，余剩科田一千九百一十五亩，查系军舍新垦，在不屯田数内，该起粮一百三石零。又清丈出贵州前卫故（纯）〔屯〕地三十六亩有奇，该起粮七石零。其普安州夏税地，清丈止有二千三百二十七亩，而黄册以亩作顷，明系差讹，相应改正。其先悮增前卫屯军余田浮粮一十一石九斗，应与豁除。及将参政史樌等纪录，知州赖万玙等分别罚治。部覆，可之。

甲子（初九日）［广西清丈田粮］

户部覆广西巡按郭应聘题，清丈过该省田粮，除补足国初原额外，多余官、民田七百六十八顷八十七亩零，该粮三千八百九十八石零。于内余粮不多者，并入实征；原科过重，均摊减轻。如富川县多粮，割属昭平县征收者，今恐岁费不敷，仍听征输。其余州县卫所节年隐占失额田粮俱清复完足，赋役条编悉照旧额。外有兴安、融江六峒诸瑶，丈复田粮已加数倍，若复科重，恐有不堪。议照各府每石纳银三钱五分，免其杂差，以安夷心。及将右布政使吴善等循资擢用，知县何士瞿等分别降罚。俱如议。

甲申（二十九日）［湖广巡抚陈省题议五开及湖北一带善后十三事］

湖广巡抚陈省题，会议得五开卫及湖北一带善后十三事：一、移驻镇。议抚臣事权宜重，凡遇有警，即亲赴征调。一、整兵防。议五靖镇筸、清浪两参将，辰沅常德兵备、守、巡三道，各驻札统辖之地，居常弹压，有事防剿，俱不可无兵。应撤武、左、蕲、黄等卫所官军及溆浦、会同各县打手之无用者回卫，另募选补，即以所撤各兵粮饷给之。一、分卫所。一、重事权。议改贵州黎平府为黎平军民府，以五开卫所军舍听其专制。而以该府属官贤否，听湖广抚按举劾。一、更卫官。一、革巡司。一、清军伍。五开、靖、铜等卫，天柱、汶溪等所，刁徒丛集，为患叵测，应查情罪重轻，分发著伍。一、拨哨班。一、定赏格。一、酌调遣。议永顺、保靖二司土兵，原无堪用，调至未见有功，而沿途杀掳，惨不可言。以后各省寇乱，不得擅议再调。一、设坐镇。一、核兵饷。议该省各卫所官军月粮，先尽各该卫所屯粮放给扣算，不足，方于民饷银内凑支。各哨募兵，仍于饷银内支领。其原派银两与扣追民壮等银，自十年为始，每年免派银三万二千两、米一万石，停派三年，仍旧全派一年。其各属未完银米，俱系万历七年以前，应一体蠲免。一、严参罚。议武、汉、荆、黄等府及各卫所民粮拖欠，应照本部见行查参事例，严行催督。部覆：惟移驻镇、分卫所、更卫官、革巡（简）〔检〕司、拨哨班、定赏格、设坐镇七事，仍应照旧，不必纷更。其余如议，从之。

明神宗实录卷一百二十七

八月

壬辰（初七日）［铸给云南分守安普、金沧等道关防］

铸给云南分守安普、金沧、洱海、临元各道关防。

明神宗实录卷一百二十八

九月

庚午（十五日）［贵州新归化苗头贡马］

贵州新归化苗头阿呀等贡马。赏钞锭有差。

乙亥（二十日）［贵州宣慰使司宣慰使贡马］

贵州宣慰使司宣慰使宋德懋贡马。赏币钞如例。

庚辰（二十五日）［云南令各府州县建仓贮谷］

户部覆云南巡按董裕题：云南地气暑湿，积聚稻谷易于腐烂，亏折赔累，小民不便。议令每府州县建仓廒以贮谷，春夏之交，酌量放给各衙门在官人役，扣其工食银两，贮库以备赈恤。是之。

明神宗实录卷一百二十九

十月

癸丑（二十九日）［清丈湖广武、郴等府州田地］

〔湖〕广巡抚陈省题：清丈过所属武、郴等府州官、民田地山荡湖，共八十三万八千五百二十五顷四十六亩零。除补足失额九千五百六十七顷二十四亩外，尚多五十二万六百八顷六亩零。通融减派起存官民夏税麦一十三万二千〔石〕有奇，秋粮二百三万二百八十石有奇，鱼课银七百一十二两有奇。武左等卫屯田地山塘堰七万七千七百五十六顷二十一亩零，除补足原额屯粮三十九万六千一百二十石有奇，尚多地三万一千二百九十五顷四十八亩零，应科屯粮五万一千八石有奇。及将左布政钱蕖等纪录，知县吴邦达等分别罚治。户部覆，上曰：楚地广远，省等综核详密，甚副平赋便民之意。与钱蕖等俱纪于录。

明神宗实录卷一百三十

十一月

戊午（初四日）［四川巡抚张士佩题减派田赋、赏罚官员事］

四川巡抚张士佩题：所属军民田地，除补足原额及豁无征虚粮、水滩沙压粮外，尚多余田地二十七万四千五百二十余顷，通融减派。及将左布政蔡汝贤等、知县张燧等，分别赏罚。部覆，是之。

丁卯（十三日）［四川永宁宣抚司奢氏土妇争印仇杀，总兵郭成、参将马呈文处置失当，令其戴罪立功］

先是，四川永宁宣抚司土妇奢世统，与掌印土妇奢世续争印仇杀，各奏行勘。总兵郭成、参将马呈文假会勘为名，发兵千余，深入落红，欲利所有，世续亦发兵尾其后。沙卜拒敌，我军颇有伤者。成等复差官目索沙卜于世统，卜不从，杀把总黄希忠等三人，拘审指挥禹嘉绩，仍聚苗兵万余，欲攻永宁泄忿。巡按御史宋仕劾成等徼利启衅，伤众损威。部覆：郭成戴罪，马呈文革职，降充为事官，该道万一贯量罚。上怒其轻率损威，如拟。责呈文、成带罪抚戢，一贯夺俸三月。

明神宗实录卷一百三十一

十二月

丙戌（初二日）［叙平广西马平起事僮人功］

叙广西马平僮贼功，赏总督刘尧诲等银币有差。

壬辰（初八日）［两广清丈官民田地及屯田］

户部覆两广总督陈瑞题：清丈过所属官、民田地山塘，共三十二万九千六百顷三十亩零。除补足原额二十五万九千五百五顷七十二亩零，尚余七万九十四顷五十八亩零。都司所属屯田地塘，共七千九百六十九顷四十八亩零。除补足原额六千八百五十一顷四十二亩零，尚余一千一百一十八顷六亩零。其节年失额停征、水冲沙压等项官、民田地二万四千五百四十六顷七十三亩零，屯地六百八十九顷三十四亩零，通融摊派，照则减征。及将左布政李江等纪录擢用，知县王荣等罢斥。从之。

明神宗实录卷一百三十二

万历十一年癸未（1583）

正月

癸未（二十九日）［四川永宁宣抚司已故宣抚妻妾讦奏争袭，令贵州巡抚官会勘］

贵州巡抚刘庠、巡（抚）〔按〕傅顺孙各题四川永宁宣抚司已故宣抚奢效忠妻妾奢世统、奢世续讦奏事情，原止争给冠带，掌管印信。总兵郭成勘处，差指挥禹嘉绩轻入夷寨，被其拘留。又差伊男名色把总郭天心等，横行需索，致世统纠集夷兵万余，围住永宁。后巡按亲临禁谕，夷兵方散，嘉绩放出。乞将郭成罢斥，与郭天心、禹嘉绩俱行抚按究问。奢世统讦奏事情，听四川另委廉能官员勘处。上令贵州巡抚官会勘，郭成戴罪供职。

明神宗实录卷一百三十三

二月

壬寅（十九日）［复赐西山阳洞长官司酋长冠带］

赐西山阳洞长官司酋长韦昌金冠带。先是，属贵州黎平府，正统间叛。今昌金率众来归，复赐之。待三年后果能输纳粮差，准与承袭祖职。

［两广总督陈瑞等题凭祥等州善后三议］

总督两广尚书陈瑞、巡抚广西侍郎郭应聘，各题边关凭祥等州善后三议。先是，通事范可久伴送安南夷使还，凭祥土官李德胜索夷礼物，以致各夷攘夺，混失范可久批文，可久自刎。行广西巡按查勘，德胜已监故，地方道府罚治有差。至是，陈善后事宜：一谓夷使入贡，广东海北、广西左江二道，宜亲履地方，严饬防范。一谓凭祥逼近交南，不便改设流官，宜将官族李仁管理州事，仍隶思明府。一谓诸夷馈送，致启衅端，宜严行禁止。得旨：如议行。

明神宗实录卷一百三十四

闰二月

甲子（十一日）［“莽酋”犯永昌、腾越，抚臣刘世曾请设将募兵防御］

缅贼莽酋犯永昌、腾越。先是，永昌参将已裁革，永腾独守备一人。抚臣刘世曾请以湖广参将邓子龙为永昌参将，南京小教场坐营刘綎为游击，管腾冲守备事，使之募兵防御。报可。

丁丑（二十四日）［“莽酋”犯陇川，兵科都给事中张鼎思等献防剿之策］

兵科都给事中张鼎思等言：莽酋内犯陇川，岳凤助逆，贼势已极，抚镇诸臣方请设将添兵，其策似缓。宜责镇臣沐昌祚速当出驻近地，调度土兵，据守要害，及时防剿，一应粮赏，许于议留矿课及备边等项租银内动支。三宣、木邦等司势虽附莽，未必皆其本心，宜听立功自赎，果能剿平莽、岳二酋，即加叙录，以旌其伐。报可。

明神宗实录卷一百三十五

三月

乙酉（初三日）［沐昌祚以“莽酋”进犯讨火牌、号纸］

镇守云南总兵官黔国公沐昌祚以莽酋犯顺军机奏报，请讨火牌、号纸。许之。

癸巳（十一日）［准贵州乖西蛮夷长官司、葛彰葛商长官司土舍袭祖职］

贵州乖西蛮夷长官司土舍刘宗正、葛彰葛商长官司土舍赵世忠，各准袭祖职。

甲午（十二日）［四川巡抚孙光佑、巡按宋仕题处永宁宣抚司奢氏土妇争袭事］

四川巡抚孙光佑、巡按宋仕各题永宁宣抚司土妇奢世统，与奢世续争印仇杀。总兵官郭成奉文勘处，乃听义子把总郭天心受贿，携家移镇永宁驻札。世续私宅宝货（般）〔搬〕运，仍索金银万两。又发官兵，调各夷，声言亲勘，掩杀烧毁，尽将世统九世所积，抢劫一空，遂启沙卜等，邀借水西兵马报仇取复，致被失屯破寨，覆军损威，兵夷愤恨。乞将郭成先行革职，仍容会同贵州抚按官将成并郭天心等提问，奢世统、奢世续争袭事情一并勘处。该省抚臣节制一方，事权宜重，应加提督军务职衔，另换敕书一道，赍赴行事。兵部覆：如议。独谓土夷法纪未正，而止以主将提问，是使奸夷益无忌惮也。上令郭成回卫听勘，郭天心等抚按官提问具奏。

明神宗实录卷一百三十六

四月

甲子（十三日）［云南抚镇题称“莽酋”率“诸夷”入寇］

云南抚镇刘世曾等各题称：莽酋应里用罕，度岳凤之计，以酋叔阿瓦猛别率领诸夷分道入寇。又用附近奸夷为内应，如刀落参兄弟谋袭腾越，放正堂叔侄父子拥兵潞江，景宗、真放、国忠辈谋袭顺水，四面皆兵，动称数万。幸二刀三放，天夺其魄，随已就擒。各隘将士倚险出奇，顺宁、平戛土舍猛效忠、莽惠，力抗贼兵，二月之内，所获功次三百五十余颗。正拟具题，忽有都司王三聘，贼兵方退，辄为猛淋之移。轻信寡谋，损威伤重。乞将所报功次，与失事官员，通查功罪，奏请定夺。土舍猛效忠、莽惠重加奖赏。上命：王三聘着巡按御史提问。有功有罪人员，并重勘具奏。

辛未（二十日）［兵科都给事中张鼎思等言“缅贼”入犯顺宁，镇臣应与抚臣协谋相机战守］

兵科都给事中张鼎思等言：缅贼入犯顺宁，烧毁村寨猛林，伤毙将领，罪不专在兵备、都司等官，抚镇亦难逭责。镇守庄兵颇称可用，沐昌祚宜挑选精健，委官统领，与抚臣协谋，分布要害，相机战守。兵部覆：如议。

壬申（二十一日）［贵州蛮夷司长官土舍替授祖职］

贵州蛮夷长官司土舍安国臣，准就彼替授祖职。

戊寅（二十七日）［广东巡按罗应鹤言查勘征剿东西二海等处“倭、蛋二贼”，功与原报首功互异，免究当事官员］

广东巡按御史罗应鹤言：查勘过官兵征剿东西二海、翁厓、潭洲、凤凰山等处倭、蛋二贼功次，与原报首功互异。总兵官都督佥事黄应甲、兵备副使朱秉光、广州推官陈绍功，功固可录，罪亦难辞。合将前项功次免行再叙，念其劳绩，姑与免究。部覆，从之。

[四川董卜韩胡宣慰使司进贡]

四川起送董卜韩胡宣慰使司加渴瓦差来都纲头目（那）〔剌〕麻强灿等，贡珊瑚等物。恩赏如例。

明神宗实录卷一百三十七

五月

甲申（初三日）[南京给事中言土司承袭及募调汉兵事宜]

南京给事中冯景隆言：迩来有司贪墨，土司承袭必重勒货贿。莽酋习知其故，邀从彼处替袭土司，不知有朝廷矣。今宜开其自新之路，使效顺归正。重悬赏格，使攻莽酋自效。则莽酋之党自孤。且用兵之不能取胜者，以专用土兵，无汉兵以为之督率也。浙江、福建、广东等处，皆有久练之兵，地方无事，分调云南，所谓一举两得者。近该新升游击刘綎，许令选募武勇而裹粮无资，赍办火器而符验未给。游击与参将，品职不甚相悬，宜使协力行事，不宜听参将节制。疏下兵部。兵部覆：远调汉兵，不能速济。目前刘綎许带家丁，不论多寡，其行粮与赍运火器脚力，着彼处补给。余如议。

壬辰（十一日）[改贵州平越卫清平驿属清平县]

改贵州平越卫清平驿属清平县。

丙午（二十五日）[永顺、保靖等土司隶镇筸参将]

湖广抚按李江等题：永顺、保靖二司原隶镇筸参将，因未载敕书，以致事权未重，威令难行。乞将二司，并荆瞿守备、施州卫施南等宣抚司各官，照旧听镇筸参将节制，载入敕书。其永安、强虎、筸子、洞口、镇溪所、乾州等哨舍把，俱用土官亲枝，听参将选委防御。兵部覆：如奏。

明神宗实录卷一百三十九

七月

甲申（初五日）［贵州巡抚刘庠言铜仁府以“各苗猖獗”募兵一千，兵饷乞于该省开纳事例处给］

贵州巡抚刘庠言：铜仁府兵势寡弱，各苗猖獗，总兵标下应募兵一千名。每名月饷九钱，除将裁革打手银抵充外，尚该银八千两，乞于该省开纳事例处给。户、兵二部覆：如议。

［录贵州擒斩贵州仲民功］

录贵州擒斩仲民老顶宋等功。赏巡抚刘庠以下银币有差。

丁亥（初八日）［广西巡按马呈图、户科都给事中萧彦等言广西官盐利弊］

巡按广西御史马呈图言：广西官盐通湖广衡、永地方，取息为古田兵饷。广东韶、连引目，每年议折三千六百道以给之。今督臣私折引一万道给连、韶之商。连、韶之盐多，则衡、永之商去，是西盐不禁而自禁也。户科都给事中萧彦等言：两广督臣刘尧诲谓，官盐行十年间，减去梧镇额饷及纳堂牙利等项，大约十一二万金，得不偿失。官盐利于夹带，军饷当其名，而奸豪享其利，不可不议覆也。今两广督〔臣〕郭应聘，先任广西巡抚，两省利弊皆其周知，宜责成应聘画十全之策。户部覆：如给事言。

明神宗实录卷一百四十

八月

庚戌朔（初一日）［贵州巡抚刘庠条陈巴香、狗场“善后事宜”］

贵州巡抚都〔御〕史刘庠条陈巴香、狗场诸贼善后事宜：一、设镇坐官，以严防御。将陆广防御官兵改移巴香，更添兵五十名，属把总驻镇。一、分立管摄，以安余党。言各寨夷人，设立土舍分管，听把总约束。一、编立保甲，以示约束。言保甲当如汉法，使不得为非。一、禁科扰，以安夷庶。言正籍之后，不许土司科敛剥削。兵部覆：保甲一事，恐夷性初驯，难绳以腹里良民之法。余俱依拟。

癸亥（十四日）［平、清、偏、镇四卫仍隶湖广，播州八司仍隶四川］

兵部言，湖广平、清、偏、镇四卫，与贵州接壤，实系全楚藩篱，改隶贵州，事多牵制。播州八司，虽在贵州平溪襟带之前，实在重庆、綦、南腹心之内，改隶贵州，亦属不便。况系国初建设旧制，岂可变更？既经湖广、四川抚按官勘议前来，均应依拟照旧。从之。

庚午（二十一日）［贵州宣慰使贡马庆贺万寿圣节］

贵州宣慰使安国亨、宋德懋等贡马，庆贺万寿圣节。给赏如例。

乙亥（二十六日）［兵部覆广西巡按马呈图疏言土司僮瑶不宜更言大征］

兵部覆广西巡按御史马呈图疏言：粤西土司瑶僮，各保界宇，并无侵犯。中有彼此仇杀，多系地方官贪残喜功所致也。今户口虚耗，生理未复。宜休兵息民，培养元气，不宜更言大征。报可。

明神宗实录卷一百四十一

九月

丙午（二十八日）［黔国公沐昌祚奏土官袭替等事］

镇守云南总兵官黔国公沐昌祚奏：一谓土官袭替，保勘繁难。

动经年岁，纳谷无力，承袭衍期。一谓藩臬司道等官，揖见迎送坐次公文，与巡抚衙门相同。今礼体紊废，文移并不申呈。一谓随征官军廪粮行催愆期，家人口粮自备不赀。一谓臣祖贻规，每选家人教习武艺，后因被论，无复修举。乞许令教演，置造兵器。得旨：该省总兵官专制遐方，体统原自隆重。前已奉有敕谕，各司道官如何通不遵依？及边境有事，亦不关白，殊失朝廷委任责成之意。这本内所奏的，着彼处抚按官查参来说，今后有这等的听尔指名参奏处治。余下所司。兵部覆：土官承袭，即于申呈内明开查勘年月。如迟岁月，即系勒索，从重参究。余俱依拟。报可。

明神宗实录卷一百四十二

十月

癸丑（初五日）［广西田州土官知州等差官进贡］

广西田州土官知州岑太禄等差官贡马及银香炉等件。给赏如例。

壬申（二十四日）［以贵州“九股苗夷”归顺，赏巡抚刘庠等］

以贵州九股苗夷归顺，赏巡抚刘庠，前巡抚王缉、李江，参政项思教、苏愚等银币有差。

明神宗实录卷一百四十三

十一月

癸未（初五日）［云南巡按崔廷试言“岳酋”“犯顺”，宜相机

剿抚]

云南巡按御史崔廷试言：岳酋犯顺，秋凉瘴消，正宜相机剿抚。滇境迤南有三江口一路、哀牢山一路，虽为崎岖，乘虚潜入，极为捷便，乞令多方戒备。上曰：该省贼情叵测，一应剿抚防御机宜，着沐昌祚、刘世曾悉力殚心，遵照前旨行事，务保万全。

乙未（十七日）［四川播州宣慰使司宣慰使贡马庆贺万寿圣节］

四川播州宣慰使司宣慰使杨应龙贡马，庆贺万寿圣节。给赏如例。

壬寅（二十四日）［谕兵部差人传示云南镇巡官处置云南战守机宜］

谕兵部：云南缅贼猖獗，战守机宜，镇巡官作何处置？尔部里马上差人传示彼处，着沐昌祚、刘世曾务遵前旨，同心僇力，共保无虞。兵饷事宜，会同户部即与设处。腾、永等处有无声息，总兵官一月一报，如系紧急，半月一报。候事宁止应给火牌，便查与他。

丁未（二十九日）［云南巡抚刘世曾题奏永、腾募兵防剿“莽酋”］

云南巡抚都御史刘世曾题：永、腾设在滇西之极，莽酋猖乱，两处各募兵三千名防守，备多力寡。乞将永、腾募兵各加二千名，以足五千之数，操练防剿。目今主客兵饷，除库贮堪动银五万五千九百二十九两，仍将节年未解扣罚官俸、盐课等项及矿课等银五万一千一百八十三两，留凑支用。万历十二年以后募兵粮饷，将额解抚按赃罚等项银共七万三千三百四十七两俱存留，与扣剩备边税粮等银相兼支给，仍乞行川、湖二省，各借库贮官银十余万两协济，以补不足。兵部覆：如议。从之。

明神宗实录卷一百四十四

十二月

丁卯（十九日）［云南巡抚刘世曾言查探“夷情”事］

云南巡抚刘世曾言查探夷情事。莽瑞体于万历八年檄招腾越州卫职官往见兵备道，恐出木邦罕拔诈计，乃密差通事募小坑等五人，携币帛鞍马，入缅侦探。不意道为罕拔所执，拔遂益以人文送之摆古。小坑等至，即罄所携物自馈莽贼，贼内而遣归，附以毡、段、锦、布数种。狂悖语具在竹叶书中，无款贡意，且求贡之文甫至，而易置宣抚窥伺腾、永之文继之，一时二事自相矛盾。随委通事谕以告文，优以金帛，兼奖异罕拔，俾终贡事。适莽酋死，子应里嗣，不见使，不受汉赏。且怒罕拔贰己，囚之而攻袭其地，此其悍悖明甚。今但当多方设策图之，不必区区以彼之贡不贡为也。上曰：先年莽酋桀骜，侵夺土司，地方官漫不经心，偷安养乱，以致藩篱尽撤，边境多事，却又捏称本酋献物求通，好生饰虚罔上。以前经该官员，着该科即便查参来说。

庚午（二十二日）［处置“莽酋”事件不当之地方官被治罪］

兵科都给事中张鼎思等言：莽酋父子雄据摆古，蚕食土夷。抚慰诸司输款于莽，为彼向道，已非一日。地方诸臣酿祸养寇，差使侦探，而附以重币，是贼不求通于我，而我先求通于贼也。竹叶书中原无款贡之文，而遽议行赏，竟为所却。如此而又捏称献物，欺罔之罪，其又何辞？乞分别治罪。上以各官误事罔上，巡按刘维、副使胡心得革职为民，巡抚饶仁侃冠带闲住，黔国公沐昌祚策励立功自赎，按察使魏体明罚俸半年，都司赵琼提问具奏。布政使陶承学已致仕，免究。

明神宗实录卷一百四十五

万历十二年甲申（1584）

正月

己丑（十一日）［两广总督郭应聘请会勘安南与下雷等州峒地界］

两广总督右都御史郭应聘请会官勘处安南与下雷、归顺等州峒地界。或退还安南，或立石定界，庶杜彼此之争端，一华夷之大分。从之。

明神宗实录卷一百四十六

二月

己酉（初二日）［兵部覆云南屡败“莽酋”斩获功］

兵部覆云南屡败莽酋斩获功。抚臣刘世曾升右副都御史，照旧巡抚。总兵官沐昌祚赏银币，邓子龙升一级，与傅宠、姜忻各赏银有差。

壬申（二十五日）［初铸湖广荆州府抚夷同知关防］

初铸湖广荆州府抚夷同知关防。

甲戌（二十七日）［湖广巡抚李江议处五开机宜］

湖广巡抚李江议处五开机宜，事下法司。

明神宗实录卷一百四十七

三月

戊寅朔（初一日）［兵部覆处置奢氏土妇争印仇杀事］

兵部覆：四川巡抚孙光祐、贵州巡抚刘庠各言主将致愤招衅，土妇奢世统、奢世续，争印仇杀。乞将二妇俱给冠带，各管原住地方，其宣抚司印信，令伊子奢崇周收掌，候出幼赴袭理事。总兵郭成应提问。从之。

己卯（初二日）［叙广东东山、石牛等处有功官员］

叙万历八年广东东山、石牛、青水、道州、抱虎、福永洞、鼓湾等处有功官员。千户刘应朝等各升赏有差。

壬午（初五日）［叙雕剿柳州东欧等处功次］

叙雕剿柳州东欧、桐具、姨娘、早岭等处功次，指挥王天爵等各升赏有差。

戊子（十一日）［给赏广东雕剿石城等处功次］

给赏广东雕剿石城、乌兔、多浪、二阜等处功次，官旗朱大振等银两有差。

己丑（十二日）［擒斩“附莽”之耿马“贼”］

兵部覆刘世曾言：耿马贼罕（处）〔虔〕附莽有年，弄兵无忌。今参将邓子龙擒贼八十二名，斩级三百九十六，俘获贼属三百余，战象、马牛殆百。其生擒贼人，相应处决枭示。报可。

明神宗实录卷一百四十八

四月

甲寅（初八日）［四川马湖府土舍奏言异姓冒袭祖职］

四川马（瑚）〔湖〕府土舍王命奏言，异姓冒袭祖职。章下兵部。

丁巳（十一日）［岳凤听抚，官兵于陇川剿平“附缅”“莽贼”］

先是，岳凤屯陇遮，见我兵声大振，遣侄岳亨诣腾永军中听抚。抚臣选委游击刘綎宣谕朝廷威德。岳凤遂遣妻刀氏及幼子喃歇请降。綎率兵至腊底，擒获贼谍，言缅人散夺已知我动静。綎乃兼程前进，抵陇川。岳凤率妻子弟侄及所部夷人等于道左迎降。而散夺则已于先日驾象遁去，但留遮改四人，并随从数十名驻陇川而已。綎既分兵驰追散夺，乃身督将士，四面围陇川窠。岳凤从中而应，各贼突围而出，綎跃马擒其贼首，官兵竞前，所留余贼三十六名悉就缚。夺获缅书、缅碗、缅银、缅伞、缅袱、蟒牙、衣甲、刀枪、鞍马等物甚众。蛮莫知岳凤已内附，即飞报莽贼，约各土司将会兵寇陇。綎乘胜长驱，整兵三道并进，掩蛮莫所未备击之。贼仓皇败走，我兵追入贼窠，贼窘甚，因乞降。綎以五事：一、擒陪臣。二、追获罕民并干崖印信。三、献伪篆。四、夺回被虏人民。五、招徕迤西。限以五日。贼遂生擒缅人一十八名、象一只、马五匹，并莽酋所给伪关防一颗，诣军前投献。云南抚镇官刘世曾、沐昌祚以捷闻。上谕：镇巡官相机处置一应善后事宜，以前功次，巡按御史速勘奏闻。

壬申（二十六日）［兵部覆云南镇抚官刘世曾、沐昌祚奏剿平罕虔余部及招抚孟养等三司事］

兵部覆云南镇抚官刘世曾、沐昌祚奏报：剿平罕虔余孽及招抚孟养、孟密、木邦三司，勘明功次。莽咩阿借等请就彼审决枭示。从之。

明神宗实录卷一百四十九

五月

丁丑（初二日）［兵部覆云南巡按崔廷试言“莽贼之乱”］

兵部覆云南巡按崔廷试言：莽贼之乱，一则养衅于平时，一则失守于临变。所据猛淋前项失事及有功员役，既该按臣分别功罪具题，臣等详参，事情明的，轻重适中，俱应依拟。诏：张继武监候详决，王三聘发遣，赵守臣、高玉戴罪立功，猛效忠准袭祖职，莽惠给与冠带。余悉如拟行。

丁亥（十二日）［云南巡抚刘世曾题生擒岳凤父子，克复陇川，兵部覆应献俘阙下］

云南巡抚刘世曾题：游击刘綎生擒岳凤父子，兵不血刃，陇川已陷之境一朝克复，手缚渠魁，应献俘以彰天讨。兵部覆：岳凤父子本以华人，甘为逆党，三宣六慰，远近震惊，实神人所共愤，王法所必诛者，委应献俘阙下。并先擒获逆犯罕虔等十五名，如监候未决，均宜献俘。报可。

己亥（二十四日）［云南孟密安抚司与“莽兵”交战失利，报闻］

云南（猛）〔孟〕密安抚司与莽兵交战失利，巡抚刘世曾报闻。诏镇巡官严督各该将领，相机协力，防御剿杀。

辛丑（二十六日）［以协剿“恶苗”金道侣等，赏湖广巡抚李江等］

湖广巡抚李江分别参政项思教、佥事夏良心、参将邓子龙等协剿恶苗金道侣、王伽俄等功。兵部覆：如议。命赏李江等银币有差。

明神宗实录卷一百五十一

七月

壬午（初八日）[旨赏云南有功军士]

兵部覆：云南巡抚刘世曾奏，缅贼拥众犯边，游击刘綎等有功，应叙。得旨：该省屡奏捷功，巡按不即勘报，以致赏赉稽迟，人罔知劝。如议，令巡按官于矿课银内动支五万两，查犒先后有功军士。

明神宗实录卷一百五十二

八月

丙午（初三日）[乌思藏护教王番徒进贡]

乌思藏（获）〔护〕教王番徒喃哈坚参等五起进贡。

戊午（十五日）[兵部题擒“逆贼”岳凤等，相应祭告郊庙，宣捷献俘]

兵部题：云南巡抚刘世曾擒拿逆贼岳凤等，相应祭告郊庙，宣捷献俘。报可。

明神宗实录卷一百五十三

九月

乙亥（初二日）[西南平定，午门献俘]

上御午门楼，刑部以云南俘获缅贼岳凤等献。诏磔之，文武百官致词称贺。是日，磔岳凤于市，曩乌、招色、尚著、喇渺慢、莽縻哑、晏得皮等皆伏诛。凤父、祖，江西抚州人，商于陇川。凤黠而多智，因投宣抚多士宁为记室，士宁妻以妹。凤媚士宁而夺其权，与三宣六慰各土舍罕拔等，（插）〔歃〕血谋叛。乃诱士宁往摆古，见缅酋莽瑞体，凤与子曩乌鸩士宁，杀之，并杀其妻子，夺其钦颁金牌、印信、勘合，因受莽酋伪命，自称宣抚。莽瑞体死，其子应里立，凤父子诱我师败之。献故主士宁母胡氏及族亲六百余人于应里，尽杀之；又谮陷罕拔，投之水。密约刀落参同心助逆，而说莽酋以大兵压境。凤与参各起象兵数十万，分道内侵，攻雷弄、盏达、干崖、南甸、木邦、老姚、思甸等处，据地杀人。窥腾冲、永昌、大理、蒙化、顺宁、景东、镇沅、元江等郡，又寇顺宁，烧毁府治，遂破盏达，掳男妇八百人。又令曩乌率缅兵六万，突（主）〔至〕猛淋，指挥吴继勋、千户杨维垣、百户徐应彩战死之。邓川州土知州何某者，与凤为寮婿，遣通事等招凤，凤缚献莽酋。七月，应里催凤父子进兵入犯，东寇姚关，北据湾甸、芒市。何知州开谕百方，与之盟誓。九月，凤始差头目入见，继令兄子亨赴永昌投见，各道俱厚赏遣回，游击刘綎遣人谕以祸福。十二月，方遣妻子及大头目陇汉等，率夷民九十六人来见。綎差张把总责取敕书金牌，许以招降蛮莫、（猛）〔孟〕密赎罪。二十六日，綎以送凤妻子回陇川为名，遂分兵于沙木笼山诸处。凤度四面皆兵，欲遁无门，明年正月朔，凤诣军门降。綎复分兵追缅，擒能改刻里、乜腿莽恼等，又率大兵直捣陇川，曩乌亦降。乃携凤父子攻降蛮莫，招抚（猛）〔孟〕养等处。莽阔母答乘象走，我师追之，斩百余人，亲缚莽阔母帅乜、莽縻哑、晏得皮、喇（慢渺）〔渺慢〕等，及杀缅贼百余，擒乃剁等，获贼象、战马、伪关防等。綎又督兵围猛脸猛擒尚著等。罕虔子招罕、招色等据三尖山，参将邓子龙袭击之，擒招色等。西南平。是役也，凤以一叛民，篡故主而攘其印，结连土舍，勾引缅夷，分道入寇，伤残数郡，蹂躏一方，白骨青磷。人至今切齿云。

戊寅（初五日）［以擒岳凤功，诏升刘世曾等官］

以擒岳凤、罕虔功，诏升刘世曾右都御史兼兵部右侍郎，照旧巡抚。沐昌祚加太子太保、岁加禄米一百石。各荫一子锦衣卫百户世袭，仍各赐银币。世曾飞鱼衣，昌祚蟒衣，各一袭。邓子龙、刘綎各加副总兵职衔，照旧管事，各升实职二级世袭……

壬午（初九日）［云南巡抚刘世曾奏称以“反正”并力拒莽，宜升赏“诸夷”舍目］

云南巡抚刘世曾奏：诸夷舍目向为莽胁者，一旦反正，并力拒莽，颇多俘斩。不烦征调，坐派十万之众，作我长城。宜破常格升赏。兵部覆：候核实行。得旨：先行给赏，仍从优议处以闻。

明神宗实录卷一百五十四

十月

壬子（初十日）［贵州参议金从洋疏报有苗慕义来格］

贵州参议金从洋疏报：有苗慕义来格。章下该部。

壬戌（二十日）［抚按舒应龙等言贵州采木之苦、钱粮措处之艰，请以广东一省协济，且请通融帮补］

先是，采木之苦，川、湖、贵三省约略相同，而贵筑钱粮措处之艰，视三省尤甚。酌减定价值雇募等费，该银八万两，库贮止二万。其六万两，抚按舒应龙等请以广东一省协济，且言大木猝难尽得，欲遵前旨通融帮补。而采运艰难，经费倍昔，视二省量增。可之。

甲子（二十二日）［查处平乐府稽迟粮饷激变事］

平乐府知府周祈就逮，严讯不伏。镇抚司上状，上遣宋坤语内阁：周祈稽迟粮饷，激变军情，今既不伏，宜并逮武应龙、叶朝阳面证。于是申时行等言：皇上念遐方之变动，悯军士之死伤，欲重惩稽饷之臣，以戒后来。德意所向，臣等敢不将顺！臣等私忧过计，以为国家统驭四海，全是纪纲。以上临下，以寡制众，使军民稍有强暴之气、愤怨之事，唯听上官区处，然后官法可行，天下可治。未有一拂其意，辄敢群起噪呼，杀人行劫。今周祈给饷稍迟，诚为有罪，然各官军止应诉于抚按司道，岂可遽杀人行劫，叛入瑶侗？盖此辈皆召募乌合之众，骄悍难驯，适闻广东饷厚，遂致叛散，而归以稽饷为名，实非有累月欠粮追迫无聊之情也。既已背叛，岂得不行诛戮？非尽周祈之罪。若因此一事，既逮知府，又逮守备、兵备等官，远方军士闻之，皆谓司府在其掌握，稍不如意，动辄噪呼。将来司府官畏军士如狼虎，不敢约束，天下自此多事矣。且非独平乐一府，广西一省，即今九边军士数十万余，其军饷支放不等，有后月支前月者，有后季支前季者。若此声一传，各边军士效尤而起，督抚皆束手蹙额，恐生意外之变。窃谓周祈宜付法司从重拟罪，而免应龙、朝阳，方于纪纲有裨。上览毕，令中官传谕云：先生言是。遂放周祈为民，褫应龙职，贬朝阳下法司拟罪。

明神宗实录卷一百五十五

十一月

戊戌（二十六日）［贵州新归化苗头差人来贡方物］

贵州新归化苗头楞仰等差头目宋祥、通事陈文瑞来贡方物。

明神宗实录卷一百五十六

十二月

庚戌（初八日）［两广总督吴文华、广西巡抚吴善各疏广西瑶人“纠党为患”，应相机扑剿］

广西饥。两广总督吴文华、广西巡抚吴善各疏瑶贼纠党为患，相机扑剿，以靖地方。留中。

戊午（十六日）［广西巡按黄钟报“瑶贼”“出劫”，诏抚按官相机堵剿］

广西巡按黄钟报瑶贼出劫，诏抚按官相机堵剿。

明神宗实录卷一百五十七

万历十三年乙酉（1585）

正月

辛卯（十九日）［四川建武所标下兵乱，抚臣雒遵不能制，驿上其事］

四川建武所，故九丝地也，以平都蛮置，始立军府镇之。其标下兵恃功而骄，总兵沈思学至镇，骤绳以法。士有受杖荷械以殉者，革逐偏裨，悉补亲信。众遂不堪，焚思学于廨舍，或投以戟，中脑及肩，得不死。声言索其子弘猷，欲杀之。坐营周尺、守备王继先谕之，方退。越三日，复聚歃血，竖大旗阻兵观变。抚臣雒遵不能制，驿上其事，且请暂示安辑，如浙兵故事。革思学任，推就近官莅事。朝廷并从之，仍责遵等相机处置。

丁酉（二十五日）［命李应祥充总兵官镇守四川］

命南京左军都督府署都督佥事李应祥，以原官充总兵官镇守四川。

明神宗实录卷一百五十八

二月

甲辰（初三日）［补叙云南原任巡按等官“莽酋之役”功］

莽酋之役，原任云南巡按御史陈文燧、屯田副使罗汝芳、兵备副使胡心得与焉，而皆被废。吏科给事中杨文举疏讼其功，略曰：文燧按滇，莽瑞体凭陵思个，抚臣王凝讳兵养寇。文燧独抗疏条上十事，预策于五年之前，而悉验于五年之后。此曲突徙薪之功，故文燧当叙也。汝芳理学名儒，其代署金腾兵备，严哨守，练土著，精间谍，军声大振。抚臣忌之，旗牌之遣，一日五至，而汝芳之兵撤。又其在永昌、腾越、昆阳，皆著水利之功。故汝芳当叙也。心得单骑入腾，有盏西之捷、腊底之捷。且计擒张大本父子，斩刀落参，而岳凤失势，其妄报莽贡，则罕拔误之，罪不足掩其功。故心得当叙也。吏部独覆文燧擢用，而谓汝芳已老，不宜复烦吏事。上为诘责前之论汝芳者，而不果用，与心得并勒致仕。

戊申（初七日）［置云南六驿十三堡］

置云南六驿十三堡。驿曰：小保场驿、老姚关驿、景永驿、邦曩驿、猛哈驿、蛮莫驿。堡曰：小保场堡、老姚关堡、蜡底堡、愠木堡、布岭堡、戛赖堡、甸头堡、景永堡、邦曩堡、猛哈堡、蛮莫堡、盏达堡、海漫堡。

戊辰（二十七日）［录贵州“平苗”功］

录贵州平苗功。赉巡抚都御史舒应龙、先任都御史刘庠、镇守总兵都督佥事张澡、都清兵备副使洪邦光银币有差。初，贵州都匀府平定司苗阿韶、乐平司苗乐三，以土官宋瓒科索为名，攻陷司治，杀戮甚惨。抚臣舒应龙檄参将张奇峰讨之，斩首一百九十八级，获阿韶以下十有四人。夷中有险地曰者牙寨，贼所保也。至是，立营驻兵，为防守之计焉。

［录云南平“莽酋”功］

录云南平莽酋功。赉巡抚都御史刘世曾、黔国公沐昌祚银币，荫世曾子缥、昌祚子叡世袭锦衣卫百户。授名色把总高国春，世袭本卫副千户。（猛）〔孟〕密土舍思化四品服色。游击刘綎、刘天俸，参将邓子龙，优叙，余文武吏士升赏有差。是役也，国春以五百人破贼数万，解五章之围，穷追旬日，连摧六营，为西南战功第一。

明神宗实录卷一百五十九

三月

己卯（初八日）［中林长官司内斗，黎平府知府处置失当，苗人“逆命”，辰沅兵备副使管稷调兵平之］

初，黎平府属中林长官司土官杨相科敛无度，弟栋欲夺其官。因众之怒，纠管内苗，候其父子至寨戕之。事露，栋毙于狱。相父子既死，遗妻龙氏抚其孤孙。龙氏妇人，信任左右，遂致娄罗寨之乱，杀其用事者数人，脔食之，而龙氏以谋杀其孙诉府。知府王事圣者遽檄守备周弘谟、永从县知县陈常临之以兵，苗遂逆命。始闻于辰沅兵备副使管稷，调靖、铜、（伍）〔五〕三卫，合三千人讨平之，改娄罗寨为平罗，而首恶逃逸。湖广抚臣李江以闻，赏稷银十两，事圣以先削籍去，不问。

明神宗实录卷一百六十

四月

丁未（初六日）［诏减湖广长、衡等府，铜、五等卫及永顺宣慰司军饷米、银］

诏减湖广长、衡、荆、辰、靖等府，铜、五等卫，永顺宣慰司，军饷米二千九百石有奇、银七千六百两有奇，酌为定数，刊入《赋役全书》。从抚臣李江之请也。

明神宗实录卷一百六十一

五月

辛巳（十一日）［杂谷安抚司头目、法藏等六寺番僧进贡］

杂谷安抚司头目藏伽等、法藏等六寺番僧相竹领占等各进贡珊瑚、氆氇、盔甲、画轴诸方物。赏给彩段、绢匹有差。

丙申（二十六日）［云南车里宣慰力糯猛来降］

云南车里宣慰力糯猛来降，献驯象、金瓶花、象齿、西洋布、缅盒、旃檀诸物。以（沅）〔元〕江府土舍那恕招之也。有诏受之，听袭祖职，仍与那恕各赏银币有差。

明神宗实录卷一百六十二

六月

壬寅（初三日）［诛建武所“乱卒”］

建武所乱卒范大龙等伏诛。先是，科臣王致祥言：建武之乱，军人乘夜犯门，戮伤主将，玺书旗牌丧失大半，其变不小。若（祇）〔只〕谕以温词，许预给月粮，非军政也。有旨切责抚臣雒遵，于是始分兵捕斩大龙，缚李德等十人正法，传首所部。遵等亦得叙功矣。

戊午（十九日）［贵州“土夷”安国亨以请撤马鞍山防御官兵

被劾，部覆令其采木自赎]

贵州土夷安国亨以窃砂不便越奏，请撤马鞍山防御官兵，抚臣舒应龙劾之。部覆，以国亨从征叛苗有微劳，薄其罪，令采木自赎。许之。

明神宗实录卷一百六十三

七月

癸酉（初四日）［蛮莫安抚司安抚出奔金沙江，抚臣刘世曾上其事］

蛮莫安抚司安抚思顺出奔金沙江。抚臣刘世曾上其事，且请以临元游击刘天俸代副总兵刘綎。有旨严诘将领致新附远夷之叛者。

乙亥（初六日）［赏恤云南“征缅”官军，并赏腾越知州］

录云南征缅官军，随营官黄怀节等四十二员，阵亡兵甘维曜等二十五名，阵伤兵揭文等百二十六名，赏恤有差。腾越州知州今致仕何钰，诱制岳贼功多，给赏银二千两。

明神宗实录卷一百六十五

九月

壬申（初五日）［“夷酋”求复抚赏并请佛经、盖庙、图记］

夷酋长昂遣其姨母土阿等叩关服罪，求复抚赏，许之。并请佛经、盖庙、图记三事。兵部题覆：独经像可与耳。夷言图记，其实印也，国朝惟忠顺、顺义二王得之，他无故事，不许。

辛巳（十四日）［广东程乡县“妖人”立“无为教社”，官军

攻之，其首逃逸]

广东程乡县妖人刘青山立无为教社，聚党为乱。官军攻之，斩获七十余人，首恶逃逸。

明神宗实录卷一百六十六

闰九月

戊戌朔（初一日）[**两广并叙进剿金鹅、黄沙诸峒及府江之捷之功**]

广东之开建县，广西之怀、贺二县，界联金鹅、黄沙诸峒，贼首严秀珠等纠众流劫。总督吴文华会两省官兵进剿，斩首七百九十一级，俘贼属二百人，马牛、资贿、甲仗称是。而广西复有府江之捷，府江者，粤中孔道，江之西岸，峰峦幽翳，瑶僮居之。勾连洛、容、象州诸贼巢，出没为乱。官军讨之，斩首九百三十四级，获李婆兰等一百有九人诛之，俘贼属七百余。于是两省并叙。总督吴文华，荫一子国子生。兵备王泮、陆万钟等，游击沈茂等，广西巡抚吴善、总兵呼来朋、兵备郭棐等，各升级赏赉有差。

明神宗实录卷一百六十七

十月

甲申（十八日）[**大学士申时行等言剿抚松潘等处大小粟谷诸寨番人事宜**]

先是，巡抚四川都御史雒遵言，松潘等处大小粟谷诸寨番人，攻堡戕职官，找架七稍炮，依险为乱。请讨之，而蜀于是乎用兵。

既遵调任，代者未至，声息寂然。兵科给事中王致祥奏：番人乱者，止麦儿一寨，遽用大师，未免张皇。总兵李应祥以新将御悍卒，所征播州、天全诸土司兵未易集，亦调度需人。部覆，以为失策。于是大学士时行等言：松潘、叠茂，即古维州吐蕃地，本朝置戍屯兵，略示羁縻之意。然山谷险远，粮运艰难。丑夷聚如蜂蚁，散如鸟兽。其道在以剿为先声，抚为权术。如一种作恶，则整搠镇军，出其不意，歼厥渠魁，或毁其碉房，或烧其青稞，名曰雕剿。其余各种，并不搜求。故番人怀德畏威，虽小有草窃，旋即底定。此制御诸番之要术也。今该省官轻率寡谋，一闻有警，辄欲征调大兵，番人闻知，得以为备。且四川近有采木之事，民间骚动，军饷又已空虚，若兵连祸结，为患非小。谨拟进传帖一道。明日，谕兵部曰：前日四川抚按官奏称，松潘等处番贼为患。即今有无宁息，一应剿抚事宜，新推抚镇其相机制置。务保万全，无生事贪功，无匿情养乱。尔部马上差人，传彼中知之。

明神宗实录卷一百六十八

十一月

癸卯（初七日）［黎平苗人奉银等囚执本管土舍，事闻］

黎平苗人奉银、唐乔等囚执本管土舍杨天爵。事闻，上以属湖、贵两省抚臣措置。

戊午（二十二日）［蛮莫思顺出逃缘由］

蛮莫思顺之逃也，事繇刘綎。初，綎以将家子，有父显故，时部曲颇多健儿，綎拥以自雄。征缅之役，勒兵金沙，筑将台于王骥旧址，纠合诸夷，收功斩馘，与高国春五章之捷相亚。然性贪，御下无法。兵还至腾，皆甲而噪。以把总廖文耀、王化龙等克削军粮为讨，焚城中居民一百七十余家，州官系印于肘。綎时在蛮莫行署，闻之，驰至腾，以五百人自卫，兵不敢动，亦莫肯还伍。乃出私财犒之，并与兵备傅宠谋动支饷银五十两，人与一金，始定。复至行署，而思顺逃。至是，抚按官奏，副总兵綎受思顺金宝、牙锦诸物，又纵把总谢世禄、夏世勋、陈其正等淫其妻妹，使其情甚不堪，仓皇出奔。宜治綎罪。上念其功，从轻降为游击将军，革任听用，而以谢世禄等属抚按逮讯。兵备傅宠、同知陈一化、通判陈晨降黜有差。

明神宗实录卷一百六十九

十二月

庚午（初四日）［四川宣慰使遣人贡马及献巨木］

四川宣慰使杨应龙遣长官何邦卿等来朝贡马三十匹。赐锦二段、彩币六有副，及其长官钞币如例。时应龙又以开采献巨材六十。

辛巳（十五日）［云南丽江军民府知府贡马，求旌额］

云南丽江军民府知府木旺贡马，求旌额。礼部以无故事，乃赐之敕书。

［乌思藏大乘法王等入贡，工部将例赏推四川藩司给之，番僧上诉，诏仍于工部给之］

乌思藏大乘法王及长河宣慰使司番僧吧蜡领真等入贡，例赏约九千三百两有奇。工部以节慎、库空虚议，移之四川藩司。番僧诉于礼部，引万历六年奉旨事例为言。诏仍于工部给之。

明神宗实录卷一百七十

万历十四年丙戌（1586）

正月

甲寅（十九日）［令云南抚镇相机剿处罗雄县“逆舍”］

巡抚云南刘世曾题：罗雄县逆舍者继宗僄狡锋侠，骛悍狂悖，自以垂手过膝，潜蓄异谋，祭炼甲丁，刻镂符篆，广招亡命巨奸、鸡鸣狗盗之雄，又蓄养川、贵、江西等处兵勇三千余众，日演象阵。凡硝黄、铁器禁入夷方之物，罔不充盈武库。劫掠邻境，以广积储，无一处不遭其凶残。告案山（崇）〔积〕，勾牌海逝，即三尺童子莫不知之，而思啖其肉也。弑父、妻母之后，逆谋益急，不惟不出听勘，又阴借兵水西。幸为贵州缉获，移咨于臣，臣但禁安酋勿得假兵于贼，置不问，岂玩此门庭寇哉？窃逆肘腋心腹间，固难措手。复谓滇西疮痏甫平，脱再征调，民且弗堪。意欲反侧于回心输款以自赎也。乃贼罪孽贯盈，逆计愈决，擐甲援旂，枭獍万状。声犯师宗，则居民奔溃，四野无烟；声犯广西，则郡城震悸，画相矍视。臣今开诚安抚，（翼）〔冀〕犹可以暂寝邪谋。贼竟尔负固，威羁往抚职官，恣杀资氏夷众，毁其村寨。更分其兵为七哨，各路犯顺之势，勃不可遏。盖贼有不虚生之殊骨，故有不可返之雄心。贼地称独险，跨三省之襟喉。计复多年，兼万端之变诈，跳梁伏穴，皆有所资。而我患切剥肤，稍难为力。除便宜选集近兵，调度防御，及与按臣多方筹画，相机处剿，合先驰奏。有旨：这土夷凶顽叛逆，地方官如何不先制驭，致令猖獗，姑不查处？着令抚镇臣相机剿处，以靖地方。

丁巳（二十二日）［夺云南总兵官沐昌祚禄米］

夺云南总兵官沐昌祚禄米二月，以大计不行自陈也。

辛酉（二十六日）［兵科都给事中顾九思疏言改程番为州，贵竹、平伐二司为县］

兵科都给事中顾九思等疏言：贵州抚按官舒应龙、毛在谓，贵州会城，有藩臬而无府县，隆庆间设有贵阳府，县犹未备。今议改程（蕃）〔番〕旧治为州，就彼弹压诸司。及以贵竹、平伐二土司并归化、新哨二里，改入会城为县，率以流官治之。程（蕃）〔番〕改府为州，改通判为知州等官，虽名色稍变，而事体无更。又城池、学教、公廨等项依然具在，无烦改作。彼中人情，似亦相安，是计之得者。若贵竹、平伐二司，昔以土司世世相承，而今流官矣；昔以土司雄长一方，而今丞簿矣。规制一更，其情或有所不便；体统少杀，其心或有所不堪。而番苗杂处，狼子野心，未必人人贴服，遵我文告。可为土人虑者一。县之设于会城也，尊官大吏环而临之，不下数十辈。而地当滇南孔道，轮蹄络绎，土司各分其疆，而县官拥一虚位，供亿繁冗，何以应之？此为县官虑者二。库贮之钱价有限，营运之费用不赀，能不那借官帑、取办民财乎？可为全省虑者三。且今滇南不靖，蜀复多故，而贵阳与二徼接境，其可虑不又有大哉！章下所司。

乙丑（三十日）［云南巡抚刘世曾题兵备官遇升迁事必候交代］

云南巡抚刘世曾题：兵备官遇有升迁事故，必候交代。乃南中叵测，夷情与西北埒，而兵备之任亦不为不重。顾候代之例，未有奉行，脱去后有事，谁任其咎？乞敕查议。上曰：边方兵备官候代离任，已有明例，该省如何不遵？令该科查参。

明神宗实录卷一百七十一

二月

乙亥（初十日）［令勘报四川永宁宣抚司奢世统阻挠坐镇及安国亨谋夺职之情形］

四川永宁宣抚司土舍奢崇周、代职抚子女土官奢世续奏：部目沙卜蒸奸阿著，拨置凶淫，更名奢世统。故违明旨，阻挠坐镇。

(四)〔东〕川军民府土官知府禄荣奏：安国亨因借兵不从，怀恨诬奏，且谋夺职。上俱令抚按勘报。

丁丑（十二日）［兵部覆贵州程番府改州，贵竹、平伐二司改县事］

兵部覆：贵州程番府改州，贵竹、平伐二司改县事，依科议行。抚按虚心体勘，处置得宜。上从之。

庚寅（二十五日）［贵州新添、乌撒二卫修理城垣，普安州治移入卫城］

贵州新添、乌撒二卫坍圮城垣兴工修理，将普安州治移入卫城，官舍互换。从抚按请也。

明神宗实录卷一百七十二

三月

癸卯（初八日）［云南原孟琏长官司护印土舍进象称贡，赏之］

兵部题：云南抚镇官刘世曾等题称，莽酋僭号摆古，并吞诸夷。顷仗天威，一旦恢复，惟是老挝、八百、孟艮、孟琏犹怀观望。内孟琏长官司原系属夷，颁有印信，岁输差发，后因莽酋猖獗，遂尔外附。今护印土舍刀派真悔过归顺，进象乞降称贡，乞将所贡象二只差官代进。土舍刀派真加以厚赏，查立应袭之人，以坚外藩，仍将副总兵邓子龙加厚赏纪录。上从之，赏刀派真、邓子龙银有差。

丙午（十一日）［工部请量免川、贵、湖广三省采大木数及停止南方采办木竹等项］

工部题：……至采木之役重为三省之累。乞将川、贵应采办二分内、湖广未采木数内，再行量免一二。又言：南方采办木竹等项，即价值所派无几，而远途跋涉，往来络绎。有价止一金，费至数十金者。其于地方为害匪细，乞行停取……上览奏嘉纳，但以工作所需，及供用难缺者，候足用之日议处。

乙卯（二十日）［改贵州程番为定番州］

改贵州程番为定番州，属贵阳府管辖，设知州、同知、吏目各一员，儒学、学正各一员。

明神宗实录卷一百七十三

四月

丁丑（十三日）［以灾伤轻重分别蠲免广东琼山县及文昌等十二州县钱粮］

户部覆：巡按广东御史汪言臣奏称，查勘过琼山等县灾伤轻重，应分别蠲免。议将极灾琼山县及文昌等一十二州县，递免见征十三年分存留，并暂停带征十二年未完存留。其暂停带征钱粮，俟今岁成熟照数征补。所免存留缺少岁用，准于查出减免贮库银四千五百八十六两有奇充补。赈恤事宜，听将存贮前项备赈银米，委官分头散给，使嗷嗷待哺之众得沾实惠。至于议补水冲沙压田税，并虚心查核议处，补足原额，不得轻议豁免，致损常赋。俱依拟。

明神宗实录卷一百七十四

五月

丙午（十二日）［四川抚按题将建武所儒学生员间年起贡］

礼部题：四川抚按官徐元太、陈瑫名题将建武所儒学生员，比照叠溪、青（州）〔川〕二所事例，间年起贡，使其有出身之途，庶不虚作养之意。其建昌、越巂、会川、盐井、宁番、松潘六卫，以前贡期或一年，或间年，并无定例，嗣后通以间年为期。至于廪、增、附生员名额，毋得过滥，提学官仍严加禁约。从之。

庚戌（十六日）［录贵州罗雄功］

录贵州罗雄功。刘世曾升俸一级与应得诰命，与沐昌祚各赏银四十两、纻丝四表里，舒应龙银二十两、二表里，文作、程正谊、禄华诰等各有差。

明神宗实录卷一百七十五

六月

甲子朔（初一日）［贵州巡按毛在题贵州土酋往往潜住京师窥探］

巡按（云南）〔贵州〕御史毛在题：贵州土酋颇难驾驭，而安国亨为甚。此酋大都被奸人为祟耳，往往有潜住京师、窥探消息者。一有琐细事情，辄敢蓦越叩阍诉辩，必指盘费打点，科敛夷民，为害不小。乞敕下缉事衙门，如有土司奸徒潜住京师窥探者，严行拿究，庶奸谋永杜，关系一方不小。有旨：是土司夷民事情，今后都听抚按官问理，重大者奏请定夺，不许蓦越妄奏。

丙寅（初三日）［礼部覆广西布政司起送泗城州上林长官司及土官知州等进贡］

礼部覆：广西布政司奏，起送泗城州上林长官司及土官知州岑绍勋等进贡马匹、香炉等物。马匹本政司变价缴部，其银炉等物，已经具题进收。例应给赏。从之。

戊辰（初五日）［思州府城嘉靖三十年为铜仁“生苗”攻陷，有烈妇烈女殉节，命总建一方旌表之］

礼部题：巡按贵州御史毛在题，思州府于嘉靖三十年，铜仁生苗猖獗，白昼突陷府城，一时居民男妇杀戮受辱甚多。其徐万谦妻范氏等十人，周廷珪女八姐，皆义不受辱，或投河，或被杀，孱然女妇，慷慨徇难，有烈丈夫之风，真足植纲常而维世教者。相应奖表，上命总建一坊，用阐贞烈。

丁丑（十四日）［云南道御史上言有待更张之事］

云南道御史毛在巡按贵州事竣，以利弊关系之重、势有待于更张者上言：一、守巡分驻之当更。铜仁苗情难制，故抚之不足而用急于兵，宜改驻兵道整饬之为便。思南土司易驯，故兵无所用而道在于抚，似宜改驻抚苗道安戢之为便。一、边卫兼制之当改。偏桥、镇远近于新镇，而平溪、清浪密迩思仁。宜以平、清二卫改属思仁道兼制，而偏、镇二卫受制新镇如故，庶责成甚便，觉察无难。一、军职袭替之当恤。贵州去京万里，军卫土司替袭最难。止令于本地方查勘保结具奏，不必亲赴省城，致多费用，管事管军不至十分剥削。又有优给一项，与替袭不同，似宜听本处抚臣查明类咨，议给其俸，庶为长便。部覆：惟替袭依拟，优给照旧。而分驻兼制之当改，则俟查议。上从之。

庚辰（十七日）［云南道御史条陈贵州四事］

云南道御史毛在条陈贵州四事：一曰有司选择之当精，一曰方面品格之当定，一曰督粮裁减之当复，一曰朝觐增添之当省。吏部议覆，上谓督粮道既裁革，不必复设。余依拟。

癸未（二十日）［升陈严之为云南副使，整饬腾冲等处］

升云南永昌军民府知府陈严之为云南副使，整饬腾冲等处。

丁亥（二十四日）［车里宣慰使及土舍进象，率部来归］

云南抚镇官刘世曾等题称：车里宣慰使刀糯猛及土舍罕哄各进象二只，率部来归。（猛）〔孟〕密宣抚司忠母罕烘畏威反，已征缅有功，已蒙升锡。今感恩进象。兵部覆，得旨：象只解进。

明神宗实录卷一百七十七

八月

丁卯（初五日）［以童元镇分守永宁地方］

以游击管分守广西昭平参将事童元镇，为分守广西永宁地方参将。

［兵部覆以魏宗瀚分守广东东山地方］

兵部覆：总督两广都御史吴文华咨称，原任惠潮海防参将今管东山参将事魏宗瀚，相应准复署都指挥佥事，分守广东东山地方参将职衔。从之。

明神宗实录卷一百七十八

九月

壬辰朔（初一日）［兵部覆两广督抚等题称与安南划界事宜］

兵部覆：两广督抚等官各题称，下雷、归顺各州峒接壤安南地方。先年陈、黎相继之际，因启彼此侵越之端，距今世代已更，人心已定，相辖相安者非一日矣。乃都统使莫茂洽，侈意贪求，奏渎天听，已经多官勘处，断归一百二十余村，尚为自恣之图，犹肆无已之请。所谓得陇望蜀者，洽诚有甚焉。此不可偏徇曲从，致有纷更之患。所据前项疆土，或以穿岩为界，或以江水为限，各照原断管业，无容委曲调停。中有吟邦、龙蒲二村，民类夷状，岜米、孤古二村地近石林，再议分给。俾各遵守，相应依拟。上曲从之，以示优待远人之意，仍令行文宣示，今后不许越分陈乞。

癸巳（初二日）［云南抚镇官刘世曾等题称罗雄州建城并置千户所］

兵部题：看得云南抚镇官刘世曾等题称，罗雄州向为者酋窃据，虽设流官并治，惟寄居府城。今逆贼已平，要将本州相度地形，建筑砖城一座，改流管摄，仍移曲靖卫中左一所汉土官军调赴防御。该所另颁印信，直隶都司，旧印奏缴，所名请乞钦定。其各官应用俸粮即于者酋私庄租银清出，自足支给。修筑城垣等项工费，共该银三千二百七十九两四钱。查有变卖粮米、土官房店、各年局料，并逆贼赃赎等银，共一千九百三十八两，堪以充用。外欠即于布政司库贮兵饷动发。州所公署等项工料银两，于该州应纳年例银内征收，照数酌量动用。土舍者继仁姑以冠带巡捕，量给庄田养赡，不许干预州事。相应依拟。有旨：该州准建城移所，改设流官管理，所名与做定雄。

庚戌（十九日）［贵州原任宣慰使安国亨奏乞诰封加衔］

贵州原任宣慰使安国亨奏称：采进大木比例，乞恩诰封加衔，赐给服色。上令工部查例，先与赏赉。

明神宗实录卷一百七十九

十月

丙寅（初五日）［叙征剿松茂“番蛮”功］

叙征剿松茂番蛮功。巡抚徐元太升兵部右侍郎兼都察院右佥都御史，照旧巡抚，仍荫一子。余司道镇将等各升赏有差。兵部堂司官各赏银币有差。

戊寅（十七日）［以“平番”功升赏松潘兵备副使等］

以剿平番贼功，升松潘兵备副使王凤行为四川右参政，仍兼按察司职衔。威茂兵备参议谢诏为按察司副使，仍各管理原任地方事务。

壬午（二十一日）［追叙云南罗雄之役功］

兵部覆云南抚按官刘世曾等题：罗雄之役，刘綎住在沾益，甚为罗人惮服，故其赴调进兵，卒能破贼献绩。比后核功之际，有谓私夷财物者，因置不叙，而徐访竟无实迹，其罪似有可原，其功委难遽泯，相应追叙优录。上命赏银二十两，遇缺推用。

明神宗实录卷一百八十

十一月

癸巳（初三日）［四川白草等处“诸番”贡甲马输诚］

兵部覆：四川抚按题称，白草等处诸番与松茂硐寨联络，声势相依，素称强悍。自昔大征之后，犹怀不逞之心。今晓谕再三，既以释其疑畏，官兵四集，复以伐其奸萌，因贡甲马以输诚，且进荞粮而效顺。实繇皇威丕振，圣德诞敷，坐收不战之功，茂著非常之烈。该边效劳人员，合量升俸级，纪录赏赉。将前项降番载入版籍，时察向背。至于所贡荞蜡，甚毋分遣征收。盖中国之驭外夷，要在志意之潜孚，不必方物之毕献。惟各当事之臣，加意抚绥焉耳。有旨：周嘉谟等升俸纪录有差。

辛丑（十一日）［照例蠲免广东保昌县沙压淹没田等粮银］

户部覆巡按广东监察御史喻文伟题：保昌县沙压淹没田若干亩，照例蠲免外，卫城河坝永不成业田三十四顷三十三亩有零，每年该征粮银一百四十二两一钱零，准与豁除，别无措处。准将旧裁盐包等税一十四项内，摘其经久堪抽者二三款，量抽银一百四十二两一钱，自十五年为始，永与代纳。不许将前恩诏已裁之税一概混复，以滋商困。从之。

丁未（十七日）［湖广指挥因贪诈不法调贵州乌撒卫］

调湖广指挥姚世卿于贵州乌撒卫，以其贪诈不法也。

明神宗实录卷一百八十三

万历十五年丁亥（1587）

二月

乙丑（初六日）［四川巡抚徐元泰条陈“番蛮”防御之要］

巡抚四川兵部右侍郎徐元泰奏：各（塞）〔寨〕番蛮，自春夏荡平后，凡经剿仅存者皆股栗而改图，有纳降全活者，悉输稞以明感，似可无烦过虑。顾蜂虿不测，桑土宜先。臣谨条防御之要以渎圣聪：一、添置守备，以专弹压。照得松（藩）〔潘〕南路黄沙坝，当诸番环列之冲，最称要害。左右皆羊肠一线，而此独宽平约二里余，故每肆猖狂，必纠聚于斯。兼以往来松、叠，隔城百里，稍据险阻，声援立绝。本处须设守备一员，见于原留修守兵内挑选三千名，再于该路抽拨主戍军兵五百名协守西宁关起，至平定堡止，一十五关堡往来巡视，管束汉土夷民。一、训练民兵，以（庄）〔壮〕军威。属地濒夷，米盐生竞，易以启衅。今吐番西玁，夷倮南惊。夫兵不预练，旋调土司，道里辽阔，未易朝檄夕至。该臣业督布政司，将通省民兵，查以旧编名数，经减者量复，经增者量裁，务在不逾旧额，挑选精兵，以充训练。各道有卫所者，则益以军兵，就听该道督各操捕官团练。省会则益以成都等卫军兵，委一将职，专理团操，亦听分巡川西道为之监督。事下部覆：依议。

明神宗实录卷一百八十四

三月

壬子（二十三日）［户部覆云南巡抚刘世曾以两遭兵燹请免罗雄州两年税粮事］

户部覆：云南巡抚刘世（增）〔曾〕题称，罗雄州两遭兵燹，民罹荼毒，要将十四、十五两年税粮蠲免，以苏民困。罗雄为滇省遐荒，先遭屠戮，复值逃匿再叛之殃，始为内应以脱州官，既为向导以杀逆贼，悉系效死之民，尤当加惠。该州每年额征税粮五百三十余石，两年共该一千有奇，悉行蠲免。准以巡抚赃罚银两，照数抵补。得旨。

明神宗实录卷一百八十五

四月

庚午（十一日）[工部覆宣慰杨应龙升授职衔事]

工部覆：宣慰杨应龙地方进献大木七十根，内多美材。先经赏赐飞鱼、采段，加升职级，亦云厚矣，乃复比例陈乞，委属过求。所引伊祖杨斌得赐蟒衣，原系克服叛苗，出自朝廷特恩，未可为例。上以应龙既赏过服色，准升授都指挥使职衔，仍给与诰命。

己卯（二十日）[改罗雄州为罗平州]

改罗雄州为罗平州，换给印信。从巡抚刘世（增）〔曾〕、〔黔〕国公沐昌祚之请也。

明神宗实录卷一百八十六

五月

辛丑（十二日）[户部覆广西抚按题奏右江怀远、十寨二处善后饷银留支事宜]

户部覆：广西抚按题，右江所属怀远、十寨二处善后饷银，先年俱于大征支剩军饷及奏留银内支用。今前银已尽，要将该司见贮税亩、缺官、柴马、商税、鱼课、酒税，共银一万零四十二两二钱三分三厘二毫，请留本省凑支。夫粤西先年因用兵饷、缺官各项银两，屡经奏留。近官地方宁谧，营兵既减，馈饷不繁。况今太仓告匮，边费难支。前项银两原系解京济边钱粮，似难准其尽留。该布政司自万历十三年正月起，至十四年十二月终止，见贮岁亩银六千六百五十五两二钱二分六厘，缺官、柴马银二千二百二十八两七钱二分一厘八毫。以上二项，准留该省凑支怀远、十寨兵食……以后一应解部钱粮，俱要尽数起解，不得再议留用。从之。

明神宗实录卷一百八十九

八月

丙寅（初九日）［户科给事中奏言川蜀“制夷”宜调用土司兵］

户科给事中李廷谟奏：往者松潘大举选将练兵，如林之士，非不足用，第募兵所习者行伍成列，而不闲于升坂走峻。惟土兵生长箐峒，视险如夷。蜀之制夷，兼用汉土，势则然也。全蜀土司错置森列，若播州、酉阳、天全诸种，号称忠勇，松、叠荡平，曾用其力。今当失事，仍宜调而用之。川蜀三面滨夷，钱粮存留司库者甚多。窃计松师所费不过数十万，今所余尚数倍也。但值偾败浪费之秋，辄尔请饷不免顾忌，抚镇有是心而不敢持其议。皇上诚叮咛而责成焉，则其任事之勇当有倍于前，建寇不足平，腻夷不足创矣。章下兵部议覆，从之。

明神宗实录卷一百九十

九月

乙巳（十九日）［夺“土酋”安国亨飞鱼服，令其戴罪立功］

夺土酋安国亨飞鱼服，命戴罪立功。初，国亨报献大木，遂行赏赉。至是，查验无实，故夺之。

戊申（二十二日）［四川永宁宣抚司奢氏二土妇构兵仇杀，命抚按官勘奏］

兵部覆贵州巡抚舒应龙题：四川永宁宣抚司土妇奢世统、奢世续，构兵仇杀。水西土舍安国亨、播州土酋杨应龙贪贿助兵。原任迤西参将马呈文巡捕防守，无禁戢之能，乞行勘处。上命抚按官勘奏。

明神宗实录卷一百九十一

十月

己未（初四日）［四川播州宣慰使差人贡马庆贺万寿圣节］

四川播州宣慰使杨应龙差长官何汉良等贡马二匹，庆贺万寿圣节。给赏如例。

壬戌（初七日）［四川巡抚徐元泰题报剿处建昌祠槽、越嶲黑骨等夷］

四川巡抚徐元（太）〔泰〕题：剿处建昌祠槽、越（巂）〔嶲〕黑骨等夷。自十四年十二月初六日起，至十五年七月二十八日止，擒斩功级并俘获幼男妇女共二千八十六名颗口，夺回被虏军民男妇五十名口，招安过投降夷倮、大小西番约三十余名口，夺获器仗一千九百余件、牛马猪羊六百一十余头只，烧毁夷房一千五百余间。见监恶犯大老虎必他等，审决枭示。下兵部覆行。

癸酉（十八日）[四川杂谷安抚司都纲番僧贡方物]

四川杂谷（按）〔安〕抚司都纲番僧板伽监藏等贡方物。给赏如例。

明神宗实录卷一百九十三

十二月

辛酉（初七日）[贵州新归化上下二牌苗头差头目贡马]

贵州新归化上下二牌苗头阿保等六名差头目袁文进贡马六匹。给赏如例。

戊寅（二十四日）[乌思藏阐化王差人进方物]

乌思藏阐化王差番僧领真等六百名进方物。给赏如例。

明神宗实录卷一百九十四

万历十六年戊子（1588）

正月

乙未（十一日）[贵州土司普定、平坝、定庄、安南生儒俱附有司提调]

命贵州土司普定、平坝、定庄、安南生儒，俱附有司提调，土司不得争执。从都御史萧彦请也。

甲辰（二十日）[四川巡抚徐元泰奏辩吏科右给事中张养蒙论劾川南事，并请罢斥]

巡抚四川右佥都御史徐元泰奏辩吏科右给事中张养蒙论劾川南

事，并请罢斥。上命遵前旨视事，不准辞。先是，四川杂夷曰腻酋者，邛部种，与黑骨诸夷连结，为抚臣请兵征剿。科臣劾其松潘得利之故，寻师建越，波及腻夷，为幸功生事。已有旨切责抚臣，令策励供职，竣事平通论功罪矣。至是，奏辩云：奉命征腻，为救边民于水火。兵已入山，建越之平，旦夕可卜，故有是命。

明神宗实录卷一百九十六

三月

辛（酉）〔丑〕（十九日）［改土司思明州属太平府辖治］

改土司思明州属太平府辖治。时思明土舍黄拱圣阴谋夺袭，纠多凶杀母兄黄拱极五命，而思明知府黄承祖乘乱掠其村寨，为之援。抚按请以黄拱圣及多凶正法，思明州改属流府，革黄承祖名爵，立功自赎，而追其所掠。更令族人黄恩护、拱极妻许氏，抚遗孤世延，待其长官之。

癸卯（二十一日）［云南巡按苏酂言“破缅”功次虚妄］

巡按云南御史苏酂勘劾破缅功次虚妄不可信者七：一、查前报，四月内缅兵数万见札遮浪。五月十七日，迤西、蛮莫合兵杀死者无算，随领部众至腾冲，贡象归款。今乃云，向往未知。至六月初五日，即报缅兵已到密堵。夫密堵离腾越四十五程，去摆古约三十程，何往来不及一月也？一、查（河）〔阿〕瓦江在（猛）〔孟〕密南，威缅隔冈勒北，原非策应顺路。道臣李材向于永昌创院讲学，七月十七日，乃其生日，游击刘天泽以初九日赴贺，府官悉与面见。疏内发兵次日，未尝离腾越一步。今乃云，贼栅以阿瓦江为险，本道移驻腾越，刘游击进驻威缅，何也？一、查密堵正迤西败缅之地，原无城守，与遮鲁、博薛等处皆村寨，或傍密堵，或近蛮哈，相去远甚。缅兵从在败归，夷酋方来投报。今云七月初八日发兵，东破遮鲁八城。十三日至密堵，大战当在何时也？一、据报破缅众万，擒斩三千余级，炎瘴难运，标积听验。今查，见级不满一千，其余俱称思化烧毁。夫首级未运，应在密堵，运回应在腾冲。思化、江屯相去各数百里，未尝交战，何从被毁也？一、据报夺回夷民一千二百四十名口，生擒六百八十九名。今查，夺回者未见给还何部，生擒者未见安插何所。诘之，第云各夷不肯解出。夫既系官兵夺回，何被各夷执留？明乎擒夺原出各夷，而安插尽属饰说矣。一、据报遮鲁八城，每城约兵二千。密堵精兵二三万，战象数百，乘胜追杀，尸横遍野。果尔，则器械亦应山积矣。今查，所获象二只、夷器六十三件而已，岂数万贼兵皆张空拳就死耶？一、据报连克八城，拓地千里，似皆归受约束矣。今查，（猛）〔孟〕密为缅兵屯据，蛮莫为思化驱略，三宣以外，尚未詘服。岂诸夷倔强尚在数百里内，而开拓顾逾千里乎？总繇道臣李（村）〔材〕，虚望骤跻，急欲以边功自见。抚臣且为所欺，而郡将又何论也。疏上，命部科参看来说。

明神宗实录卷一百九十七

四月

戊午（初六日）［以欺罔逮治云南按察使李材等］

兵部题：云南远在炎荒，诸夷杂处。自莽酋倡乱以来，增兵添饷，设险营城，通血脉于三宣，固唇齿于六诏，业不遗余力矣。用是蛮莫诸酋，曩为缅贼所劫者，今皆合兵攻缅，以树功一时。将吏宜奖录示劝，使之鼓舞向化已耳。乃原任按察使李材、副使陈严之等，张皇攘窃，饰虚为实。如勘臣苏酂纠劾七事，将何词以自解乎？请究斥如律。上怒其欺罔，命逮治材等。镇臣沐昌祚夺禄米一年，抚臣刘世曾斥。余依拟。

［大学士申时行奏请从轻处置边臣］

大学士申时行奏：滇南功次原系蛮莫罕送拒敌缅兵之功，事在土夷，宜从实奏报。乃刘天俸既贪其功以为已有，李材又张其功以报上官，陈严之附会饰虚，宋儒、陈克侯扶同结勘，罪诚不宥。至于刘世曾、沐昌祚虽会本报捷，原请行御史勘覆，盖一时轻信之失，情有可原，罪当末减。臣又思，云南万里，耳目难真。欲张其功固易于夸称，欲文其罪亦易于谤毁。先年因循养患，以致缅寇猖獗。近年选将用兵，擒获岳、罕，边境始安。盖皇上委任边臣，展布之明效也。今处分太重，则土司有轻边臣之心，边臣遇事，务为引避，谁复有血诚任事之人哉？臣等以为，李材、陈严之既已去位，即镌秩已不为轻。刘天俸辈行御史提讯，亦不为纵。若缇骑四出，殊骇听闻，请霁威矜宥。上弗许。

[广西巡按孙愈贤以兵戈饥馑，条上四事]

巡按广西御史孙愈贤奏：西南地方，虽不至如山陕之久旱、吴越之洪水，而兵戈饥馑之苦，千里萧条，宜随事加恤。条上四事：一、裁减地方，免其入觐，以省道途之费。一、禁盘仓库，妄报羡余，以免波累之苦。一、远官文凭，咨院行巡按衙门给发，以杜赍索之弊。一、盗劫严为捕捉，无滋宽纵之害。章下所司。

辛酉（初九日）[广东巡按蔡梦说勘核岭东剿平岑冈功次]

广东巡按御史蔡梦说勘核岭东剿平岑冈功次，擒斩二百四十六人，俘获贼属四十口，夺获器械、牛马若干，安插男妇一千五百五十丁口。俘虏除审决及监故外，惟有江梁彩等四名，俱幼监候，待长发边远充军。调度文臣吴文华等及将士洪梦鲤等，以次议赏。报可。

[兵部覆云南按臣苏酂条陈制驭缉宁之策]

兵部覆云南按臣苏酂题：躬览地势，参酌时宜，分别南北夷虏之情，权衡制驭缉宁之策，条为四事：一、并将权。请于腾越置参将一员，统兵二千，为迤西等司声援。姚关、顺蒙各改守备一员，俱听节制。一、省兵费。请命腾永、临安二参将所辖兵食，随地取给，不烦远运。土司岁纳差发，即令改米分贮，以充行粮。一、毋广边地。请以户撒等田悉给陇川，猛卯等田悉给多俺，盏西、岳元等寨悉归本酋。蛮夷祸本已伏，速应扶立罕送，俾之统集部落，招抚夷民。而参将驻兵遥为之势，一切远戍驿卒并皆报罢。一、毋轻边任。请于金腾、临安精择兵备二员，金腾道并辖顺蒙，澜沧道移驻北胜，以便调遣而资弹压。三年一查核，一切擒斩小捷，不得要功混报。诏依议行。

辛未（十九日）[兵部奏覆南赣抚按议岑冈善后事宜]

兵部奏覆南赣抚按议岑冈善后事宜。凡五事：一、兼节制以便机宜。盖虔岭虽分两省，而盗窝连结，有同舟之义。故惠州之和平、龙川、兴宁，潮州之程乡、平远，与赣之龙南、定南、长宁，实相唇齿，应以惠、潮五邑听赣抚节制。一、添官兵以扼要地。赣镇长宁县新设，营兵无几，而声势阻绝，难以防御。宜加募土民，合之足五百名，内分二百名哨守丹竹楼地方。一、置巡司以守隘境。大墩巡司，先移于丹竹楼，后移于张千寨，今宜改移于丝茅坪，与丹竹楼营兵为犄角。一、复额兵以资捍卫。会昌、羊角、水堡，地交闽广，乃盗贼出没之区，而额兵久耗，缓急难以分防。宜量加足四百五十人之数，粮饷照各营土兵例给。一、移营兵以防不虞。东桃直达广东翁源诸处，实要害之冲，宜拨大营兵二百人，以千夫长统领守之，庶得防门庭以固堂奥之策。诏如议行。

明神宗实录卷一百九十九

六月

甲寅（初二日）［原任云南金腾兵备李材奏辩会剿“缅贼”事］

原任郧阳巡抚右佥都御史今逮问李材奏辩御史苏（瓒）〔酇〕论劾事。大略谓：臣任云南金腾兵备，见岳凤虽擒，缅贼犹肆，土夷（猛）〔孟〕养、蛮莫皆叛附之，岁为边患。臣思二酋不归，边无息肩之日。多设间谍，谕以祸福，令其诛缅自效。大朗长者，缅腹心也；散夺，缅官目也。二酋入间前来受计，既而缅贼果遣兵三万，驻札遮浪，前来报仇，（猛）〔孟〕养惶惧乞救。臣命游击刘天俸等领兵星赴会剿，乃有遮浪之捷。刘天俸初报获功数可盈万，生擒五千。值臣叨升郧抚，陈严之就近交代理，难久羁，不及候级到矣。越月，而巡抚刘世曾省验情实，乃以上闻。将吏之结勘，抚臣之验奏，皆臣行后事。臣待罪家居，忽接邸报。按臣苏（瓒）〔酇〕论臣欺罔，谓土夷合兵（功）〔攻〕缅，不属天兵。夫以夷攻夷，听我调度，即我兵耳。前者蛮莫叛三年，（猛）〔孟〕养叛三十年，一旦而为我杀缅，谁使之？陈严之乘破竹之势，收抚送速、遮些儿五十余处，皆二酋归附之余威也。若曰杀虏夷商，彼蛮江（漳）〔瘴〕毒，千里无人，矧兵争之日，声息久传，夷商何为送死战场侧耶？臣先年叨任广东，以一道之力，破斩海倭山寇四千有奇。卒以忤时投闲畎亩，兹臣犹前志也，自甘枉死，能不令边臣灰任事之心哉！疏入，上切责：李材奉旨提讯，应候到日问理，何得辄先奏辩？疏下所司。

明神宗实录卷二百

闰六月

癸巳（十二日）［礼部奏报四川起送韩胡碉恰列等寺僧进方物］

礼部奏：四川起送韩胡碉（哈）〔恰〕列等寺僧目多惹等，至京及存留在边，共四百三十八人，进方物。

壬寅（二十一日）［四川巡抚疏参安国亨，安国亨亦参抚臣委商抢木，大学士申时行上疏理之］

四川宣慰使杨应龙进献大木。土夷安国亨闻之，亦具本献木。四川巡抚官具疏参之，安国亨遂参抚臣委商抢木。上怒，欲加切责。大学士申时行上疏理之：夫国亨一待罪土夷耳，前疏自称（安）〔宣〕慰，而再疏复称土舍。贵州三运验无本酋大木，半年之后，方云起运在途。且商人深入土司采木，则前后左右皆为土人，商人何能肆抢？乃巡抚参论土司，原有弹压之体，而土司遽参巡抚，可谓辱宪体、轻朝廷矣。矧国亨凶狡之迹详隆庆实录，献木情形应令彼地查问。奏上，如阁臣议。

明神宗实录卷二百一

七月

壬子朔（初一日）［四川总督徐元泰奏平“腻乃诸夷”功次］

总督四川兵部尚书徐元泰奏平腻乃诸夷功次。谓腻乃久据凉山，地近马湖，黄（郎）〔朗〕、雷坡皆马湖编氓，为之羽翼。又有瓜姓数支，实其党与。而瓜夷中最狡黠者曰白禄，与西姑摆、扬九乍结姻，共掠马湖诸处，杀边将，侵入西宁堡，流黄川两河口，猖獗已极。会经具题，准剿而不立诛者，缘九丝甫平，重于再举。姑设堡屯兵，潜修战具，彼当悔过远遁矣。顾乃出没无常，鸱张益甚，且当建越用兵之时，复有结党藏叛之状。议待邛师克捷，方整旅夹攻。不意偏将轻进以败，因议用兵五万，分三哨：一自马湖，一自中镇，一自建昌。及播州、酉阳、平茶、邑梅、天全、乌蒙诸土司，并行调集。马湖将郭成、朱文达、万鳌、田中科，中镇将周于德、滕国光，建昌将边之垣、宰调元、王之翰、杨师旦，而总兵李应祥随马湖营，居中调度。道臣则李士达、武尚耕、周光镐、张孙绳、周嘉谟，分路统之。自十五年十一月二十三日兵进，白禄惊觉，率倮众迎敌。中镇兵夜袭之，斩阿额等，白禄遁。二十五日，周于德分天全兵攻官寥河，酉阳兵击西鸡坪，大败之。十二月十三日，至马蝗。山势险峻，夷倮聚守于上，下礌石，我兵不得上。持五日，营西河，搒其窖藏以益军实，进据大鹰崖、杀马溪，险益甚。将士攀藤上，倮众亦解。十九日，杨九乍与撒假，率众万人，据山接战。播州官兵奋勇斩贼首一人，战益力，贼走。明年正月八日，中镇营进攻木瓜夷。白禄从大赤口约众千余来拒，中矢死，兵败。腻乃始惧。二月初七日，中镇兵发木瓜，进至利济山。雪深数尺，道将悬赏以激之。周于德率先士众，直达山顶。而万鳌一枝攻大木瓜，东县维屏一枝攻大赤口，中路兵至二道水，皆捷。西姑摆凶瓜一带夷巢，悉为我有。十一日，建昌兵宰调元一枝直冲梅古河。十二日，朱文达攻凉山，破撒假于大田坝，斩普咱等。中镇四面围捕，大赤口诸巢并破，群倮皆伏深箐。于是周于德密檄滕国光潜札木瓜，绝其归路。身繇虎背崖进，杨应龙破深沟，王嘉言擒阿咱。盗魁皆授首，独马、水二营凶尚逸。及万鳌探知撒假挈妻子据鼠囤，发禄荣乌蒙兵攻之，擒撒假妻子并其亲信。至四月十九日，郭成督兵直抵三宝山，大战。郭进忠斩撒假，平其地。二十六日，郭必德擒西姑摆等。安兴自度势穷，聚众袪里密等巢，为固守计。朱文达、万鳌督同土汉兵，于二十九日分路直捣其巢，悉擒其母妻亲属。安兴沿路掷金，以缓追者，故得脱。自五月初九至二十日，连战深入，各路兵会溪喇古，擒安兴以下，平其巢穴。是役也，斩撒假，擒安兴、白禄。首恶既得，惟扬九乍存亡未卜耳。计群倮擒斩俘获，为类颇多。役经二载，兵协数路，亦西偏之快捷也，乞敕查叙。章下兵部覆请，得旨：行巡按御史查核具奏。

甲寅（初三日）［赏长宁安抚司进贡夷人］

礼部题四川起送长宁安抚司进贡夷人，给赏物有差。

乙卯（初四日）［贵州宣慰司土舍奏抚臣舒应龙携私阻抑贡大木］

贵州宣慰司土舍安国亨奏，抚臣舒应龙携私阻抑，补贡大木以明不欺。部议：罪其非法，拟革冠带。上谕：令省改，冠带免革，木着验收。

己巳（十八日）［贵州巡抚萧彦奏平答干“叛酋”阿其功次］

巡抚贵州右佥都御史萧彦奏平答干叛酋阿其功次。阿其者，都匀府答干寨黠苗也，凭恃险远，屠戮恫喝，殆无虚日。虽蒙诏为土司长，不能制。道臣杨寅秋上其事，为必剿之策。会同蒙诏父子，计擒阿其，而后纵兵捣其巢穴。答干平，寅秋之力居多焉。疏下兵部。

乙亥（二十四日）［量移湖广戍守柳州、永州、宝庆官军改戍

思恩]

兵部覆：广西抚按官刘继文等题，思恩军民府既改为流，初无仓库，狱囚亦无周防卫所。议将湖广额调戍守柳州、永州、宝庆官军，各量移一百人，改戍思恩，加设职官一员统之。至于上下班期，同至柳州践更往返。行粮建营诸务，抚按酌行，庶守备严而兵饷亦无加设。诏如议行。

丙子（二十五日）［刑部尚书李世达等会审犯官李材等“缅捷”事］

刑部尚书李世达等、都察院左都御史吴时来、大理寺左少卿李栋会审犯官李材等缅捷一事，反覆先后章疏。李材、刘天俸因孟养之请援，即发兵以策应，壮土夷合战之力，败缅贼方张之势。设谋用间，以夷攻夷，其功良不可泯，但急于报捷，过于夸张，斩级擒生，原非实数，破城拓地，尤属溢词。志在贪功，迹涉虚伪，罪复何辞？至于杀夷割尸，罪在军士，不肯首服，论惟轻惟重之议，故应以疑而宽。况外夷新附之初，尤当以功为主。李材、刘天俸当褫夺拟徒，陈严之、宋儒等当降级待用。上怒其情词互异，革镇抚司李登云等回卫，令材等从重拟坐。

明神宗实录卷二百二

八月

壬午朔（初一日）［御史奏平“腻夷”善后事宜］

御史陈效奏：腻夷就平，善后宜毖。都匀原设总兵，驻建武所，今议移驻建越，当马湖冲要。叙、马、泸旧设兵备一道，驻长宁，近年裁革，今议覆设，专驻马湖，而叙、泸之属，并在整饬，与建越总戎文武同事。泥溪、平夷、蛮夷、沐川四长官司，延袤数百里，夷汉相杂，往议改设流官。既恐未便，不若即以额设同知一员移镇赖因、荣丁之间，与参、游共承兵道节制，成臂指之局。此弹压之要图也。其次议兵。雷坡杨九乍存亡未可知，倮僚叛服叵测。先事为防，则荣赖、利店、梁山、赤口、西河等处，设兵墩堡，互相守望，挑选土戍不足，练民兵以益之，是密协守而杜窥伺之策也。其次议饷。就复还侵占之地，起屯募种，粮额从轻，因籍丁壮为乡兵，委官操练，兵道时为稽查，此寓兵于农之法也。至建镇之孤悬，泸江之烟瘴，往来稀阔，萌孽易生，则（避）〔辟〕途宜急。今查叙、马、嘉、峨，古犍为邛笮地也，自峨眉中镇至建昌为青衣道，司马相如持节开越（巂）〔嶲〕所凿，嘉靖间议开中罢。乘兹安（缉）〔辑〕之会、威信大行之时，开荒伐木，辟其故道，使建越沿途联络，关堡议兵扼守，又一策也。而最要莫如择将。试思马湖往事，非运筹不臧，第用兵者自偾耳。昨阅抚臣报疏，所称参将郭成等擒斩多级，庶几将材，宜简置蜀边，分地而守，则良将拔之历练，而虎豹当关，膻裘夺气矣。疏下兵部。

丙戌（初五日）［兵部题巡按何倬勘报平“腻乃”功］

兵部题巡按御史何倬勘报平腻乃功。其俘获验其壮年改入生擒，生擒审系被虏改入全活，并枯级女功幼功，例不准功外，验实凡擒斩一千六百九十五名颗，俘获七百三十名口，全活被虏三百三十四名口，投降二千二百三十八名口。退还原占地凡六百七十五里。罪决枭示如令，功次别叙。其南京刑科给事中徐桓疏免再勘。

明神宗实录卷二百四

十月

乙未（十五日）［云南巡抚萧彦奏报孟养宣慰司遣使朝贡］

云南巡抚萧彦奏：孟养宣慰司遣使贡方物、驯象。上命差官伴送夷人至京，以广朝廷怀柔之意。

明神宗实录卷二百五

十一月

庚申（十一日）［广西巡抚刘继文条上制驭粤西“土夷”切要四事］

巡抚广西右佥都御史刘继文条上制驭粤西土夷切要四事：一、训官男以移土习。谓官男自幼不学，耳目闻见，不过杀戮之事、淫乱之行，故争斗易生。宜令各土司生子，报名道府，因定嫡庶长幼之序焉。稍长，送入府学读书习礼，凡三年，乃得依序承袭。庶教化行而驯服易，伦序明而争端可息也。一、立村长以约僮丁。谓瑶僮素为民患，迩来（额）〔颇〕知向化。然类聚群争，易启衅端。宜于错居村落，编成排甲，立一甲首，使明约束，不率者禀究。庶夷俗可以渐变，而边圉可以永安也。〔一〕、正典刑以惩逆目。土夷俗无上，如田州、思恩之乱，皆逆（日）〔目〕倡之，则以汉法不行，而敢于狂逞耳。宜定为律：土目擅杀本管土官者，除主谋下手外，但同族与谋俱比部民律骈斩，则逆目知畏法，而土司赖以保全矣。一、立社学以教僮竖。谓瑶僮俗固骜悍，然性亦犹人，间有良者，颇知向学。往岁社学虽设，而督率尚无责成，宜行提学道查建申饬。庶渐磨之，久夷风可永革也。疏下兵部。

［广西巡抚刘继文题东兰州土官暴戾不仁，欲调兵征剿之］

巡抚广西右（副）〔佥〕都御史刘继文题：东兰州土官韦应龙暴戾不仁，废长立幼，残害族属，生六子而杀其三。弟应虬惧，避之南、那二州。龙遂杀其妻子家属，无噍类。虬怒，纠二州之兵相仇杀，臣禁止之，而恶目陈星、陈蒙欲乘机以龙幼子文略袭。龙不从，乃执龙并其第四子文奎，幽于武篆寨，匿州印。臣行拘龙、虬、奎、略，至搜获州印，数其罪，度不能尽以汉法治也，量惩之，而送文奎还州视事。乃星、蒙辈自知罪大，又立文奎非其意，遂集众屯武篆山寨隘峒，阴刺文奎，尽取龙子女、宝玉，献田州土司岑太禄为之援。于是臣等不得不遵敕议剿矣。业发镇守总兵张澡，调集营兵数千，及泗城、思恩等土州官兵，分为三哨，令参将熊文济、刘绖，佥书汪弘器领之。按察使彭应时、参议陈性学监督军事。俟事定分别功罪以闻。章（以）〔下〕兵部。

癸酉（二十四日）［四川乌思藏及安抚、宣慰使，朵甘思招讨司并宣慰使司各遣人等进贡方物］

四川乌思藏及安抚、宣慰使各遣国僧阿喃坚参等十四人，朵甘思招讨司并宣慰使司各遣国僧喃哈孟等十六人，进贡方物。

明神宗实录卷二百七

万历十七年己丑（1589）

正月

戊午（初十日）［云南孟密宣抚司土同知占争蛮莫，兵部议平定之策］

云南（猛）〔孟〕密宣抚司土同知思化占争蛮莫，聚众暴横。抚镇官萧彦等欲相机剿除，乃称蛮莫乃罕送旧土，欲扶立罕送，仍归蛮莫，以系夷心。兵部议：腾冲以三宣为护卫，三宣与蛮莫为接壤。三宣安内地得宁，蛮莫靖外藩可固。今思化乘思顺奔窜之隙，凭陵蛮莫，势将不支，〔不得〕不兴问罪之师。如三宣动摇，后益难制，尤不得不靖震邻之难。惟兵加于播告之后，则出为有名。议定于询谋之同，则衅可永杜。至谓立罕送以系蛮莫，（因）〔固〕可制思顺而遏（猛）〔孟〕密，此中俱难遥度。合咨抚镇官严谕思化，晓以顺逆。若能悔过效顺，即与休兵；若果稔恶怙终，即行挞伐。其一应调度兵饷及扶立罕送事体，悉听便宜行之。报允。

明神宗实录卷二百八

二月

壬午（初五日）[以剿琼州"生黎"和"罗定瑶"功赏前两广总督吴文华等]

以剿琼州生黎、罗定瑶贼功，赏赉前总督两广吴文华等银币有差。

癸未（初六日）[兵部覆云南巡抚萧彦条议四事]

兵部覆云南巡抚萧彦条议四事：一、并将权。当定将领体统节制，俾臂指可以相使。一、省兵费。腾永兵粮每年预发饷银，丰则籴贮。一、毋广边地。户撒等田还之陇川，猛卯等田给之多俺，盏西、岳元等寨归之本酋。一、毋轻边任。金腾、临安二道，假之便宜，宽之岁月，成功者加级，积劳者殊擢。报允。

辛卯（十四日）[两广总督刘继文调兵剿平东兰州]

东兰州土官韦应龙废长立幼，残害族民。其弟韦应虬逃入南、那二州，纠兵报仇。土司陈星等欲乘危立应龙幼子文略不遂，缚应龙，匿其印。总督两广刘继文鞫治应龙、应虬，追还州印，以韦文奎承袭。星等复集党据寨，将应龙妾女及珍宝、土地献田州土司岑太禄，太禄发兵助之，劫（目）〔田〕州泗峒。继文调泗城等诸土司及各标兵进剿，获星并获其党黄淋等，〔东〕兰州平。继文请录有功道将。亡何，广西巡按孙愈贤言：星等就缚，非真擒也。参将熊文济纳其贿，留其妇女槛致以为功。〔得〕旨：革文济职，命御史鞫审以闻。

壬辰（十五日）[户部、兵部覆云南抚按萧彦等疏，户部覆二事，兵部覆五事]

部覆云南抚按萧彦等疏。户部〔覆〕二事：一言临元、金沧、洱海三守道，各有矿场，宜照属分管，不必专属临元。一言丽江不得市剑川界内夷田民田。兵部覆五事：一、将武定、云南二府军务俱属普安道管辖，即改为兵巡道。一、将沾平守备听临安参将节制。一、土司袭替，有司司道不得多方抑勒，任意迁延。一、令各该兵备道将土官员下未袭土舍，逐一查明，照依嫡庶长幼次序，开立简明文簿，后遇告袭，便于保勘。一、将土官量行举劾，足示劝惩。俱如拟行，惟土司举劾寝之。

明神宗实录卷二百九

三月

丙辰（初九日）［吏、户、兵三部覆四川抚按条议川南善后事宜］

吏、户、兵三部覆四川抚按条议川南善后事宜：一议马湖府荣、赖二乡，添设安边通判一员。一议建昌行都司，添设抚夷通判一员于成都府，带衔管理宁越二卫军伍、粮饷、词讼。一议黄（郎）〔朗〕地方，设一巡（简）〔检〕司，即立贾积马土巡检，听蛮夷司提调。一议将见在军中任事通判汪京加同知衔，管安边。知县邹凤仪加通判衔，管抚夷。知县张邦敬，调繁难于新设县。典史张廷贵为（蛾）〔峨〕眉县主簿。一议雷坡本属马湖亲管，一旦叛马湖而附腻乃，今既破巢，一切差粮依界种办。一议中镇一带地方，委官丈出四千六百亩有奇，令土民开荒。三年后，照屯田籽粒分别纳米。其六牌村土民既入县籍，旧额马匹公费等项，照数认办。一议大河坝复业流民二百余家，应在马湖府城中建立一县，设知县、县丞、典史各一员。其泥溪等司里甲钱粮，皆属县管理。一议将叙马泸兵备移驻马湖。一议马湖大河坝逼近贼巢，设守备一员，建堡筑城，令其驻札，留兵三营，营各六百，仍于西宁、水池各留兵一营，以为犄角。一议邛部长官司已故土官岭柏，遗有一孙，年幼势弱，扶立甚艰。而柏妻沙氏奸夫之子岭凤起，颇为夷人所推，议将土司印信暂令凤起署掌。柏孙后果成立，能得夷心，不妨改正。一议建昌五卫，设居极边，于建昌置兵一千四百名，越

（巂）〔嶲〕置兵一千九百名，宁番置兵八百名，会川盐井二处置兵六百名，共该四千七百名。原设关堡应修石城者五，修土城者七，因旧而增修者十。先尽见在兵二千二百名，分拨把戍，不敷者酌量召选。一议嘉、峨、建、马一带，三面皆受夷患。令于官廖山新建一堡，委才力武职防守。又于茜鸡坪修葺旧堡，委峨嵋县佐贰一员，统兵拊民。建二小墩于西河水漕，以便往来探报。裁鱼耶、黎头湾二巡（简）〔检〕，即取弓兵工食以饷戍兵。一议腻夷已平，将戍守班军撤回本卫。一议会川夷类杂处，守备责任匪轻，将指挥佥事张可大推补。得旨：新设通判驻札镇名新乡，新设县名屏山，巡（简）〔检〕司名龙源，叙马泸兵备官往来建武、马湖整理弹压，不得专驻一城。余各如拟。

癸亥（十六日）［云南腾、姚两营兵大哗］

云南腾、姚两营兵大哗于行间。先是，腾、永夙号乐土，自岳、罕倡乱，始议募兵，所募皆川、蜀、楚、粤间亡命也。设腾、姚两营，刘綎将腾，邓子龙将姚。两将不相能，两营兵因而角斗。刘天俸被逮，邓子龙以副总兵兼统之。腾兵亦隶麾下，子龙始稍稍自戢，兵将相安。至半年后，瑕衅复萌，每以工作虐使腾兵。暨用师陇川，两营皆在，子龙故为低昂，椎牛飨士，姚倍于腾。姚兵又挟主将以凌腾，腾不堪极矣。三宣岁丰谷贱，石米八钱，兵利给银，而子龙必给米，兵愤恚日甚。亡何，有讹言罢子龙者，腾兵欢噪，欲结队归。兵备姜忻令木元瑞摄腾兵，因抚定之，而子龙还姚营。姚兵久为子龙所骄，因索饷汹汹。子龙欲俟腾营散遍，乃给姚营。众遂奋臂大呼，至教场张大纛，杀掠居民，夺其马，声言要赏。且聚众至永昌，城门尽闭。黔国公沐昌祚以闻，章下兵部。

明神宗实录卷二百十

四月

戊寅（初二日）［广东琼州“贼”李茂等据海岛进攻万州、陵水，总督刘继文先后以闻］

广东琼州贼李茂、陈德乐等与林凤各据海岛，肆行劫掠。林凤不知所往，茂等阳就招抚，尚拥众据住海南铺前。其党屡盗珠池，有司计散之。留者买田归农，茂自投督府宥罪，久之为盗如故。所司收其船器，拆毁庐舍，移居府城，终弗悛也，因捕治之。参将陈居仁、杨友桂各利其资纵去。贼党扬帆入海，袭破清澜城，又犯万州、陵水，毁民居及兵船、商舶。总督刘继文先后以闻，兵科都给事中张希皋〔数〕友桂可罪者四，贼势可虑者四。俱下兵部。

癸未（初七日）［罗雄克捷叙功］

罗雄克捷叙功，还原任巡抚刘世曾冠带，沐昌祚等赏赉有差。

乙酉（初九日）［“妖僧”李圆朗谋乱于广东始兴县，被擒杀］

妖僧李圆朗谋乱于广东始兴县。先是，圆朗居朔源下洞水宝庆庵，造妖书煽动人心。言有易死还生、先天演禽，及剪纸为人马，夜则飞动，并飞劫杀人诸秘法。诡称翁源人王子龙，为黄巢之后，有巢遗金十二窖，愿从者瓜分之。又言子龙乃弥勒降生，子丑年天有大灾，鬼将啖人，捐资自投者给朱符可免。因聚众数百人，分兵至东桃隘、饭罗峒，刲牲祭纛，鸣金下令，东桃人惊走，因肆焚劫。又犯南雄府，有司集乡兵以御之，斩子龙，擒圆朗，余党悉平。南赣巡抚以闻，赉耀等有差，圆朗伏诛。

丁亥（十一日）［广西巡按孙愈贤言总兵移驻宾州及田州改流建驿］

广西巡按孙愈贤言：粤西抚镇同在会城，两江皆属遥制。以宾州为两江门户，议将总兵移镇其地。又言：各省皆四通八达，惟云贵仅一线之路。粤之田州，经行十三程可达普安，由普安入云走贵，往来甚便。故道可寻，驿站可复。议将上驿改流，建哨榷税，其利有五。从之。

甲午（十八日）［铸给四川新设新乡镇安边、抚夷各通判关防］

铸给四川新设新乡镇安边、抚夷各通判关防。

明神宗实录卷二百十一

五月

己巳（二十三日）［兵部条议“平蛮”功次等事例］

兵部条议邦政事例……平蛮功次。南蛮与北虏迥异，旧例止升级，将罗旁立功子孙袭替一级者准袭，二级以上止袭一级。余俱查革……

明神宗实录卷二百十二

六月

丁丑（初二日）［云南副总兵邓子龙以酿成兵变被革职］

云南抚镇萧彦等参劾副总兵邓子龙，约束无术，酿成兵变。旨革子龙，以顺蒙参将刘招桂代之。

丙戌（十一日）［宴赐加渴瓦寺入贡番僧］

宴赐加渴瓦寺入贡番僧加舍领占等三员名、罕东左卫入贡头目拜把的等一十二名如例。

己丑（十四日）［云南平姚营兵乱，至是以闻］

姚营乱兵势甚张，所过剽掠妇女，前驱传呼，趋市肆，具酒食，墐户不内者毁垣入之。从大理至澜沧，澜沧道所征调夷兵渐集，乱兵稍稍惧，而数千为群，方行如故。过会城，彼猖益甚，屯杨林，与官兵相持。土同知禄华诰斩其五人，因诡降以缓我师。次日冲围出，宁州、武定、临安、云南、寻甸兵夹攻之，败于土主山，又败于大河口。馘斩八十四级，擒获四百余人。宥余党，许自新。至是，巡抚萧彦以闻。得旨：邓子龙提问，姜忻调用，文武官奖赏有差。见在乱兵，分别拟罪。

明神宗实录卷二百十三

七月

庚申（十五日）［乌思藏、长河西鱼通宁远等处宣慰司各遣人贡方物］

乌思藏、长河西鱼通宁远等处宣慰司各遣人贡方物。赏赉如例。

丙寅（二十一日）［宴乌思藏辅教等王遣来之入贡者］

宴乌思藏辅教等王遣来入贡国师琐喃远丹等四十员名如例。

明神宗实录卷二百十五

九月

乙巳朔（初一日）［命云南抚按议黔国公与司道相接礼仪］

黔国公沐昌祚每与司道官竞礼。昌祚曾获姚营乱兵五人，发按察司收锢，不纳。比抚臣同三司于教场会谳兵噪事，昌祚又不预，遂不胜愤，上疏言状，因求罢。旨慰留，特命抚按议该镇与司道相接礼仪。

丁卯（二十三日）[湖广辰沅“草坪苗”与“天星苗”争田积畔，杀百户，“地青苗”与官兵协讨]

湖广辰沅草坪苗与天星苗争田积畔，抚按委官行勘。百户黄钟音扬兵以喝之，为苗所杀。地青苗与官兵协讨，擒其酋杨庆和等。湖广巡按甘士价以闻。

明神宗实录卷二百十七

十一月

乙卯（十一日）[湖广永州府营兵噪起，守备仅以身免，抚按请按律罪遣]

湖广永州府靖西、小水、永明三营，额设军丁六百五十名，指挥周国望等贿免二百余名。守备彭显谟借事核查，军士噪起，显谟仅以身免。抚按请按律罪遣，章下兵部。

明神宗实录卷二百十八

十二月

甲戌朔（初一日）［两广总督刘继文上琼南抚安防御要机八事］

两广总督刘继文上琼南抚安防御要机八事：一、绥戢安业抚民，不令携贰。一、遣逐流寓奸徒，不为盗媒。一、墟废铺前房舍，不为巢窟。一、设法稽查保甲，不致窝盗。一、议增水寨分总，以广游哨。一、议覆陆路督备，以振武威。一、选练乡勇壮丁，以销客兵。一、设添哨兵协守，以固要地。部覆：悉如所拟。

丙戌（十三日）［云南巡抚萧彦等议募兵事宜］

云南巡抚萧彦等言，滇为极边，而腾、永为滇极边。其伺我如缅，其构夷如岳、罕之俦，不少也。滇不可无兵，而议兵当先议食。查得腾、永募兵增至一万有奇，岁饷银约一十七万有奇，于是有减兵之议。今除顺、临外，腾、永之兵尚六千，饷不下十万。至内地运饷之苦，又有不忍言者。大理、鹤庆、蒙化、姚安、楚雄五郡邑，无遗村遗户不死而徙耳，客兵不除，本色不免，则五郡、永昌必不可苏。顷议留六千，则既举两营而留之。腾兵鼓噪，方借姚兵为制，姚兵动于邪谋，空营而出。谕以犒赏，而悍者散，悍而狡者留，潜回者且伺吾消息以为动止，具包藏祸心，视叛散者且甚。而永昌之民，往往识其姓名，恨不剸刃其胸。此而复留，恐永昌之变不发于兵，而必发于民。臣等乃量给路费以归之，欲留之而不可也。腾、永皆边地，而腾最孤悬，近以罕景诸酋，勾缅入犯，焚施甸，窥永昌，故姚始称重与腾等。腾营见在募兵计二千二百余员名，姚营既空，乃事体更新之会，亦以二千名为率，抡选新兵，俱尽土著，不足则选之乡兵，又不足则选之地方之军民，又不足则选之附近之丁壮，而四方流徙不与焉。然兵贵于精，法尚乎练，当选教师二名教之武艺，毋使偷安营伍，糜费钱粮。会操之日，较其能否以行赏罚，不出一年，皆为边徼有制之兵矣。遇有警报，通两营之兵，悉听参将调度。此兵议也。姚营新兵既系土著，除把总、哨官等项俱照旧规，及该道原议队长二百名、土兵一千八百名，各每日增银三厘，全给折色，令自籴买，以省转运之费。腾营改补土著后，亦照行焉。此饷议也。再照滇自有事以来，无不资力土兵。即如迤西之征，邓子龙攀花枝之战，赖（此）〔北〕胜、蒗蕖之兵冲锋，而其土司至今以将官掩功为恨，则土兵之于滇南固未可外视之矣。诏允如议。

己亥（二十六日）［酉阳宣抚献大木，赏之］

四川巡按傅霈言：酉阳宣抚冉维屏献大木二十根，价逾三千，当照例量给服色。工部覆：本官见授正四品散官服色，今应加武职从三品服色终身，合钦赏表里，以为土官输诚之劝。从之。

明神宗实录卷二百十九

万历十八年庚寅（1590）

正月

癸丑（初十日）［兵部题请奖赏剿“叛酋”有功参将郭成等、纪录土知府禄荣等］

兵部题剿叛酋杨九乍等有功参将郭成等、纪录土知府禄荣等，分别奖赏。从之。

明神宗实录卷二百二十

二月

乙亥（初三日）［户部详议屯政之弊］

先是，都给事中王继光条上屯政诸事，命户部详议。至是，户部言：各边屯政之弊非一。或将官假养廉而侵夺其膏腴之地，或卫官挟本（官）〔管〕而占种其逃亡之田，甚至豪右影射种无粮之屯地，旗甲包纳赔无地之屯种。而又督理清查无责成之专官，每岁参罚，尽阘（茸）〔茸〕之武弁，申饬虚文，未臻实效。议令各该衙门严核侵占影射之弊、实逃实荒地亩，查堪种者，招抚开垦，抚按官年终奏报。诏如议行。

明神宗实录卷二百二十一

三月

丙午（初五日）［以擒“叛贼”功升赏两广总督刘继文，文武官叙赉有差］

以擒叛贼李茂、陈德乐等功，升两广总督刘继文俸一级，仍给银币，文武官叙赉有差。

［孟养宣慰司贡牙象等方物］

云南镇抚差解孟养宣慰司贡牙象、银瓶、金碗、绒锦诸方物。按孟养土司自缅酋不逞，入贡之典，历世久废。至是，抚臣萧彦以为请。部覆，宴赏如例。

乙卯（十四日）［车里宣慰司土官差头目贡象牙、犀角等方物］

车里宣慰司土官刀糯猛差头目赍象牙、犀角，及缅盒、缅布、绒锦等物来贡，仍传莽哒喇归顺之意。巡抚云南右佥都御史萧彦题：宣慰刀糯猛者，臣附中国有年，而地近莽，为其所逼而之莽者亦已有年。后以元江那恕之招，回心内向，备物献琛。伏蒙皇上赦其前愆，准以承袭，优之赏赐。数年以来，感恩益深，图报无地，日欲招莽以为己功。今莽酋悔祸归顺，虑其不宥，其不敢即通中国，而托之车里、元江。其情诚宜有之，然臣等以为中国之于夷狄，虽尝假以宽大之恩，而未始不严其冠履之分，惟去来任彼。斯远人之来益固，必操纵在我，则中国之体常尊，自古制御上策，未有易此。莽之归顺，出车里、元江口耳，既无莽夷可审，又无莽文可据，而车里、元江乃欲赍我赉以释莽之疑，夫安能必其为诚而先赏之乎？我先之，是损国体也，然车里、元江之夷言之甚力，又安能逆其为伪而径绝之乎？径绝之，是携夷心也，揆之事理，参之众论，仍令车里、元江传谕朝廷恩威，许以自新。彼自怀我好音，遣使输忱，姑被以解网之仁。如终于冥顽，托之空言，则仍拒以闭关之义，俟有的据，乃敢上闻。至于车里方物之进，诚无当天府之一毛，而原其向化之诚，固已征帝德之无外，臣亦安敢不为转闻于君父也。礼部覆：请赏赉如例。从之。

癸亥（二十二日）［以擒斩“黎贼”论功赠赏］

以擒斩黎贼论功，原任总督吴善赠官，佥事许国瓒等各赏有差。

明神宗实录卷二百二十二

四月

戊子（十七日）［礼部议孟养土司进贡需取其番文译奏，欲上书陈奏则应将表章实封投进］

礼科都给事中胡汝宁等奏言：孟养土司来贡，止凭抚按代奏，夷情不获上闻。请今后土司进贡，取具彼处番文投进译奏。部覆：以四夷朝尊事例不一，徼外土官贡无定期。每夷使赍到申文，译审明白，抚按官代为奏进，此系旧例。今本夷从叛日久，一旦慕（议）〔义〕来庭，如虑奏内情节有所未尽，宜令今后孟养土司进贡，照例据申文译审代进，但奏内不妨备载原词。如欲上书陈奏事情，即将番文表章实封投进。疏入，报可。

己丑（十八日）［广东督抚按奏调东山、西山参将及中路守备驻地］

广东督抚按奏言：东安、西宁二县为两山根本，而掘峒为罗定要地。议以东山参将改驻东安县城，西山参将改驻西宁县城，中路守备春夏驻札州城，秋冬专驻掘峒。兵部覆奏，从之。

甲午（二十三日）［添设龙安县治，命县名为宁武］

四川抚按奏请添设龙安县治，并请钦定县名。命县名为宁武。

丁酉（二十六日）［大学士申时行等为云南边臣报功失实罪奏辩］

大学士申时行等奏言：刑部热审罪犯李材、刘天倖，未奉圣谕处分。二犯报功失实，诚属有罪。但臣等参酌事情，访问众论，皆谓孟养土司见在礼部，二犯出兵救援，招来久叛夷人，功有可录。其所报首级，止是数目不对。原参止云割死尸，未曾杀平〔民〕，罪亦可原。且二犯监禁已及二年，当此天恩浩荡之时，乞将材等与矜疑罪囚，一体发遣。不报。

明神宗实录卷二百二十三

五月

丙寅（二十六日）［兵部覆两广督抚请调思恩参将驻札宾州三里事］

兵部覆两广督抚奏：广西总兵原驻省城，移镇宾州三里，实为未便。乞敕停罢，于本省参将内选谋勇兼资、夷情惯熟者思恩参将，驻札三里。诏可。

己巳（二十九日）［下雷峒土官以功改升州判官］

兵部以下雷峒土官男许应珪父子建功，乞改升州，应珪升州判官。命依拟。

明神宗实录卷二百二十五

七月

庚子朔（初一日）［户部奏请征解云南赃罚、矿课二银］

户部奏言：云南赃罚、矿课二银原为济边之需，后因莽酋猖乱，权留给军，已十年有余。今该省号称宁谧，宜将前二项银分别征解，仍敕以后非军情大事，不可动辄议留。从之。

明神宗实录卷二百二十六

八月

庚午朔（初一日）［云南巡按杨绍程参沐昌祚贪纵不法诸状］

巡按云南御史杨绍程参黔国公沐昌祚贪纵不法诸状。部议请上裁夺，令罚禄米半年，原参人犯巡按官提问。

丙子（初七日）［开设罗平州学］

开设罗平州学，从云南抚按请也。

甲午（二十五日）［四川达思蛮长官司都纲头目等进贡］

四川达思蛮长官司都纲头目番僧加蓝藏等四名赴京进贡。宴赏如例。

明神宗实录卷二百二十八

十月

壬申（初四日）［四川巡抚李尚思疏陈松潘防御事宜］

巡抚四川都御史李尚思疏称：插儿蝉虏达已破尔阿坝寨，虏势渐逼松潘。臣已檄造火器甲仗解贮松潘，及一应修守盘诘，选将厉兵，犒番积饷事务，次第举行，仍遣标下游击万鳌将兵协守，参将郭成等各移驻近地，以便策应。又召天全等土司兵马，候警调遣，令三道亲督战守。臣即提兵巡边，居中调（庭）〔度〕，誓靖疆场。部议覆：依拟。因言松潘以（此）〔北〕、（暲）〔漳〕腊以南，山势险峻，虏难长驱，其间番寨土达亦多劲悍。若我及时联络，谕以利害，使为犄角，因以精兵骁将，所在设伏，可使匹马不返。是我失利于陇，取偿于蜀也。至狡虏叵测，仍咨西镇督抚，凡二（川）〔州〕虏情缓急俱报四川，以便防御。上然之，令该省督抚等官，用心防御，务保无虞。

己丑（二十一日）［黔国公沐昌祚以杨绍程论劾奏辩］

镇守云南黔国公沐昌祚以御史杨绍程论劾奏辩。有旨：沐昌祚被劾事情，朕念系勋胄，已从轻处分。着遵旨慎加省改，照旧管事。

明神宗实录卷二百二十九

十一月

壬戌（二十四日）［广西巡抚蔡汝贤奏报靖江王府中尉经扣等不法事］

巡抚广西都御史蔡汝贤奏称：自靖江王薨逝，中尉经扣等结党横行，昼夜若狂，聚众殴按察使顾问几死。臣差官往解，乃突围救出。又逼勒程布政改换禄帖，言词悖慢，抢夺财物，殴打平民，一城震惊，人心汹汹。乞分别情罪重轻，将首恶经扣并庶人经訑，同恶经谭、经谊等，奏请治罪。部覆上请，诏革经扣为庶人，并经讹都照例发高墙。经谭等俱革为庶人，发闲宅禁住。邦薀姑着〔本〕府严加戒饬，墩锁一月。以后本府管理，及抚按官，务要同心钤束，不许疏纵。

明神宗实录卷二百三十

十二月

辛巳（十三日）［兵部以四川合江县“大盗”“劫掠”，请治地方官隐匿罪］

兵部以四川合江县大盗黄朝甫等聚众劫掠，请治地方官隐匿失事罪。奉旨：隐匿盗贼，屡奉明旨，载在条（梧）〔格〕，有司官乃敢故违。知县陈良遇革职提问，刘惠乔系兵备官，罚俸半年。

癸未（十五日）［贵州巡抚叶梦熊、巡按陈效各疏论播州宣慰杨应龙凶恶诸事］

先是，贵州巡抚都御史叶梦熊疏论播州宣慰杨应龙凶恶诸事，并参川东道副使朱运昌容情故纵，不行会勘。巡按御史陈效则历数杨应龙十二大罪，而复次其怙凶阻勘之状。及四川抚臣李尚思议防御松潘，宜调宣慰司土兵，令备协守。而按臣李化龙亦疏请暂免勘问，俟征兵御虏之后再为议处。部覆：以应龙革职，仍戴罪立功，会勘改限。朱运昌罚俸。久之，两省抚按各疏奏辩，在四川则谓应龙无可剿之罪，在贵州则谓四川有私昵应龙之心。于是都给事中张希皋、给事中陈尚象各具疏，以事属重大，两省利害亦岂漫不相关者？乞敕下从公会勘，或剿或宥，毋执成心。俱下部议。

甲申（十六日）［黔国公沐昌祚以军政考察自陈］

镇守云南总兵官黔国公沐昌祚以军政考察自陈，上谕令供职如故。

［论剿平曹滴司“叛苗”功］

论剿平曹滴司叛苗功，巡抚舒应龙以下各赏银币有差。

丁亥（十九日）［云南巡按杨绍程奏言沐昌祚骄横僭窃］

巡按云南御史杨绍程以前参劾黔国公沐昌祚骄横僭窃诸事，反彼蔑诬，自求罢斥，并乞俯察昌祚狂悖，使无恣肆。部覆：以绍程无罪，宜令安心供职。昌祚遵前旨，戴罪管事，加意省改。拨置人犯，该巡按官速行提问。从之。

壬辰（二十四日）［贵州土舍进献大木］

贵州土舍安国亨进献大木，援例乞恩。上令给与追夺原赏银两、服色，俟再有功劳，抚按官题请授职。

［令黔国公沐昌祚应袭长男在昆明读书习礼］

礼部覆御史何选奏言：黔国公沐昌祚贪淫不法，请比照诸勋胄事例，将昌祚应袭长男选国子监习读，待三五年后，德进学修，方准出学。上令就彼读书习礼，免其起送。

明神宗实录卷二百三十一

万历十九年辛卯（1591）

正月

丁巳（二十日）［以神枢三营参将分守湖广黎平、五靖等处］

以神枢三营参将郑维藩〔为〕分守湖广黎平、五靖等处参将。

癸亥（二十六日）［兵部覆御史题革黔国公沐昌祚服色，不允］

兵部覆：御史何选题革云南黔国公沐昌祚服色，俟其改省，方准复给。不允。

明神宗实录卷二百三十二

二月

戊辰朔（初一日）［升黎国耀为广东琼崖等路海防参将，张先声为贵州都司军政佥书，柴时泰为兴都留守司军政掌印］

升湖广掌印都司黎国耀为广东琼崖等路海防参将，云南迤东等处守备张先声为贵州都司军政佥书，湖广都司佥书柴时泰为兴都留守司军政掌印。

［以李应祥为南京右军都督府佥书，科臣疏论其显黜不久，乞赐罢斥，遂令李应祥回卫听用］

以原任镇守四川总兵官李应祥为南京右军都督府佥书。科臣薛三才疏论，李应祥向任四川总兵，虚营冒粮，已乃以千金行贿求脱，为按臣傅霈论罢，显黜未久，不应复膺留都重寄，乞赐罢斥。部覆，得旨：李应祥着回卫听用。将官既不堪起用，如何交章举荐。今科道抚按官会荐，都要详慎，你部里务斟酌行。

［四川抚臣李尚思调兵剿威茂“诸番”，报捷］

威茂诸番纠合攻破新桥，乘势围普安等堡。四川抚臣李尚思随檄诸路兵追剿过河，普安诸堡幸以保全。兵科张栋因言：河西列镇正为隔限番虏，自俺酋留种依海为巢，火真渡河蟠踞二（川）〔州〕，遂与并巢而处。今杨柳等寨诸番无故犯顺，恐势与虏合，蔓延未已也。按臣李化龙亦言：松潘为蜀藩屏，叠茂为松潘咽喉，番夷作梗，则松潘不支，是宜移四川总兵于松潘以为防御。先是，奉旨：番夷猖獗，着抚总等官整搠兵马，相机剿处。于是节报参将朱文达、边之垣追剿，陆续皆有斩获。番众降者亦斩其酋首黑卜白什儿子等献功赎罪。部覆：请酌将吏功罪，各番分别顺逆，多方制驭。至于防虏要害，尤当戒严。其各官有激番生衅者亟为究处。报可。

己巳（初二日）［以湖广、四川、贵州三省采运大木事完，加恩效劳各官］

以湖广、四川、贵州三省采运大木事完，加恩效劳各官。其抚臣舒应龙给与应得诰命。李江、孙坤、徐元泰各赏银二十两、纻丝二表里。按臣徐养心等各十两、一表里。余官各赏银、升服俸有差。

丙子（初九日）［柳庆参将熊文济被革回籍为民］

以广西按臣饶位题参柳庆参将熊文济功罪，相准革回原籍为民。

己卯（十二日）［广西巡按饶位与抚臣会荐将材］

广西巡按饶位与抚臣遵议会荐将材。见任总兵官张澡宜久任，以戢地方。副总兵童元镇、参将刘綎各智勇兼资，堪任将帅。事下部覆：纪籍酌用。得旨。

乙酉（十八日）［部覆贵州议募“土夷”为兵，须与经略酌处，所请轻车神炮听速置造］

部覆：贵州巡抚叶梦熊请募贵州土夷为兵，须与经略从长酌处。所请轻车神炮听速置造，如法演用。诏可。

丙戌（十九日）［“叛夷”勾引“缅贼”入犯，“诸夷”求救，令云南镇守、巡抚官相机援剿］

兵部题：猛广孤悬，实为三宣门户。今据镇守云南黔国公沐昌祚及抚臣吴定等疏称，叛夷思个勾引缅贼，拥众犯侵迤西。其（猛）〔孟〕养土官思远节经报急，先遣把总刘朝前去声援，势大不敌。缅贼进攻猛广等处，诸夷力不能支，纷纷求救。永、腾震动，为恶匪浅。宜令镇抚臣许以便宜从事，移驻有警近地督率催调。镇臣不得以被论退托，致误边计。上令该镇守、巡抚官悉心筹画，相机援剿，以靖地方。

戊子（二十一日）［奉旨会勘杨应龙逆恶］

贵州抚臣叶梦熊与按臣陈效疏劾杨应龙逆恶，已奉旨会勘。而四川按臣李化龙欲宽应龙之罪，复题应龙罪犯必诛，其所辖五司与土同知俱背之来归，愿属重庆。众叛亲离，何至有不测之虑？且五司等既无归路，将驱而归之应龙，保无悉怛谋境上之惨。乞特遣科臣公勘。章下，部覆以应龙未见抗命而不服会勘，四川按臣未尝庇应龙而执不会勘，查勘还属之两省，科臣可无议遣也。其五司等苗，果否愿属重庆，作何安插，相应详加议处。上曰：杨应龙已有旨了。归附人众安插改属事宜，着该抚按从长计议停当具奏，毋得推诿。

甲午（二十七日）［“缅贼”突犯腾、永，起邓子龙管事立功］

以缅贼突犯，腾、永危急。其革任提问原任游击邓子龙先年破虏有功，谙熟夷情，准免勘问，管事立功。

明神宗实录卷二百三十三

三月

乙巳（初九日）［柳州地震］

是夜柳州地震。

丁未（十一日）［以萧彦总督两广军务］

以郧阳右副都御史萧彦总督两广军务，兼理粮饷盐法，巡抚广东地方。

丁巳（二十一日）［贵州均丈杨义土司苗民与清平二卫田亩］

贵州杨义土司田亩原属苗民管办差银。续以半属清、平二卫官舍买种，半属该司苗民自耕，致推闪差役，交争讦告。抚按官奏从公均丈，分别等则，以田定赋，其差银军舍、苗民分认。军舍贾如垣与土官金世忠等，以田粮渎奏，彼此多虚，各拟徒杖有差。部覆，报可。

戊午（二十二日）［以剿广东番禺县“积贼”功纪录各官］

以剿广东番禺县积贼杨彦明等功，各官张大忠、郑维新等依拟纪录。

明神宗实录卷二百三十四

闰三月

庚午（初五日）［以“缅贼”内侵，沐昌祚乞“暂免提问”］

云南镇臣沐昌祚因其左右被劾，乃以边警陈乞暂免提问，候事宁定夺。科臣题参：今缅贼内侵，孟养失守，镇臣不急为地方立功，而乃请为免罪，何其忘公而急私也！亟宜调度兵马，削平缅乱。不得因言退托，并乘机渎奏。候事宁之日，将原参人犯奏请定夺。部覆，从之。

辛未（初六日）［四川抚按官会荐将材］

以四川抚按官李尚思等会荐将材，除李应祥、陈璘参革外，将朱文达、陈琳、刘綎、万鳌、边之垣、王之翰、周于德，附记将籍升用。从之。

庚辰（十五日）［沐昌祚以骄横被参，着立功自赎］

沐昌祚以骄横被参，抚臣因置造板榜，备誊明旨，及会参情节、禁革事件，竖于布政司之东，在其府第南。忽于正月十九日，移镇征缅之前夜，将前榜撤去。抚臣吴定复疏参题，有旨：沐昌祚着策励省改，立功自赎。

癸未（十八日）［以“莽酋”逼近永、腾，云南合省征兵，粮饷无从措办，议咨四川、南京解给］

莽酋犯顺，逼近永、腾，合省征兵，粮饷无从措办。于是抚臣吴定议咨四川，将库贮应动银一十万两速解接济。复咨南京户部动支库银十万两解给，并乞查屯田有无开垦，土兵有无精练，土司军民有无捐资尚义，逐一议处。报可。

丙戌（二十一日）［广东新会县知县以贪问徒］

广东新会县知县苏眉山以贪问徒，现在追赃未完。香山县典史陈大章假借按臣同乡，私令家人陈时二、串棍黄凌一等，收其银五百两，欲与行贿，为按臣程达之男觉发。程达奏行江西巡按提问正罪。部覆，从之。

明神宗实录卷二百三十五

四月

戊戌（初三日）［议勘播州杨应龙事宜］

议勘播州杨应龙事宜。时贵州抚臣叶梦熊主议五司改土为流，悉属重庆，而四川按臣李化龙意与相左，遂因小嫌求斥。部覆：化龙比士计吏及期，不得引嫌思去。其会勘杨应龙并改属五司，从长计议。报可。

庚子（初五日）［两广总督刘继文题改渠吞等十六村属新宁州管辖］

总督两广刘继文题称，渠吞等十六村原属武黎废县，界于思明府忠州、江州之间，遂为忠州占据，后为江州贿夺。今既设新宁州治，而以武黎四都隶之，则此十六村当属新宁管辖。但江州原出戍兵，见存九百名，曾派之该村。今村既改属，宜减三百名，以示轻省。土官黄河汉姑行戒饬，庶户籍可定，争端永杜矣。部覆：着减率兵二百名。余依议行。

明神宗实录卷二百三十六

五月

乙亥（十一日）［云南官兵堵截“缅酋”有功，令从优叙］

云南缅酋入寇，官兵堵截有功，令从优叙，仍议以秋冬遣使宣谕暹罗牛达喇，令其夹攻。从镇抚吴定之请也。

壬午（十八日）［四川巡抚李尚思剿平四川四哨“番贼”，请叙功］

四川四哨番贼作乱，巡抚李尚思大举兵剿，斩获七百余级，巢穴尽空。请叙功有差。部覆，从之。

明神宗实录卷二百三十七

六月

己亥（初六日）［四川巡抚李尚思题清查益州营田］

四川巡抚李尚思题：益州沃野膏腴，兵食所资，营田为急。节因豪右侵占影射，丁苦逃窜，致屯亩抛荒。今该道府锐意清查，仅历三时，遂告竣事。副使陈文焕应纪录优叙。部覆，从之。

壬寅（初九日）［官兵攻剿四川叠、茂“诸番”］

巡按四川御史李化龙题：叠、茂诸番纠结为乱，势甚猖獗。官兵奋勇攻剿，先后俘馘已八百有余。获功首从人员，通候事完勘验过功级，合先题报。

甲辰（十一日）［四川巡抚李尚思奏剿松坪“恶番”］

四川巡抚李尚思奏剿松坪，恶番屯据大雪山顶，总计擒斩俘获共二百六十五名颗，连前共一千九十七名颗，功次悉听验核。

戊申（十五日）［湖广、贵州各卫所官旗许纳银、米，免赴京比试］

时湖广、贵州用兵，经费浩繁。上从总督张岳议，将各卫所官旗赴京比试许纳银米济边免试。

庚戌（十七日）［兵科给事中言宜移腾越参将驻陇川，以联络“诸夷”控制六慰］

兵科给事中张应登……又言：逆贼思个纠缅为乱，接得永腾等处听选教谕揭帖称：缅罪当征，陇川最大，北接金腾，南通缅甸，西傍迤西，东邻木邦。宜移腾越参将驻札彼中，筑城屯田，团练乡兵，以联络诸夷，控制六慰。

明神宗实录卷二百三十八

七月

乙丑（初二日）［广西南澳地震］

广西南澳地震。

庚午（初七日）［兵部题四川巡按李化龙奏称新桥堡失事，提问失职千百户］

兵部题四川巡按御史李化龙奏称：新桥堡失事，审获逆番阿呼等，俱言受鄷承业扰害，故恣狂逞，宜加重辟，以服番心。于是新桥堡千户梁继武、宁（州）〔川〕卫百户谢继祖，以寇来疏防逃窜罪，掌所印百户陶克孝以索取番货惹祸罪，至指挥曹守爵怯懦不前，千户张启轻信掣军，各着巡按御史提问。

甲戌（十一日）［兵部覆总督两广刘继文等题称，“诸黎”“归命”，以琼州府通判带衔抚之］

兵部覆总督两广刘继文等题称：琼南黎岐错居，始因（上）

〔土〕舍庄佃之克剥，复以安贼逃兵之交通，纠党出劫，杀掳男妇。乃显示诛剿，乘机安抚，一时诸黎归命恐后。所据与事各官，宜分别叙论，仍咨吏部，将琼州府通判带衔抚黎。及咨礼部，请铸关防赍发行事。从之。

丙子（十三日）［以贵州“苗夷”骁勇，陕西召募苗兵三千，部覆统领等宜应酌议停妥］

陕西巡抚叶梦熊题称：贵州苗夷骁勇，欲募三千以充选锋，已经部覆，移文经略从长酌处。乃议奏，未见报，而苗兵三千各已于四月内起程，自备银米盘费进陕境矣。于是科臣王德完劾奏梦熊轻召苗兵，请加敕罚。上令免之。而经略郑雒以苗兵赴义，难以阻回，奏乞犒赏并处月饷。部覆：以统领、安插、教习、调辑一切事宜，俱当酌议停妥。从之。

明神宗实录卷二百三十九

八月

癸巳朔（初一日）［抚镇官久相矛盾，滇中“夷贼”乘机“蠢动”］

科臣王德完题：近云南所报，夷贼乘机蠢动。又接福建所报，贡夷附报倭衅。在滇惟患缅酋，与丁苴、白改不同，且患沐昌祚骄纵，与抚按藩臬久相矛盾也……上曰：滇中夷寇纷扰，皆守土之责。抚镇官共事地方，岂可自相矛盾，致误军机？务在同谋，力图戡定……

甲午（初二日）［云南巡抚吴定请发土汉官兵夹攻丁、改等处“贼”］

丁、改等处贼首普应春、霸生等剽劫村寨，流毒州县。巡抚吴定请发土汉官兵，令杨威攻其东，邓子龙攻其西，而移檄元江土舍那（怒）〔恕〕擒解逋逃，毋令窜匿。诏从之。

丙午（十四日）［云南巡抚吴定劾奏沐昌祚悖戾偾事］

巡抚云南都御史吴定，劾奏总镇沐昌祚悖戾偾事。近罕处之子贺正勾引缅兵作乱，经部题准，购得首级者破格升赏。昌祚已督责将官，约刻日进兵。忽飞递密帖，内称此系籽粒良民，勿取后悔。贼亦于黄旗上写“籽粒良民”四字应之，诸将遂尔退师。此其专擅之罪可知。镇臣须选勇略武臣暂摄，而定亦自乞去位。上曰：地方有事，文武守臣（政）〔正〕宜协心。吴定着照旧任事，沐昌祚姑令痛自省改过。这本内拨置人犯，着巡按御史严行提问具奏。

癸丑（二十一日）［沐昌祚骄恣玩法，被革去服色］

兵科署科事给事中王德完，题云南总兵沐昌祚跋扈骄蹇，种种恶状。宜仿肃皇帝逮治沐朝弼故事，令昌祚安置南京，使其子继父爵。或优以藩王之例，解其兵柄。即采抚臣议，别遣忠勇大将为总兵摄之，仍令昌祚胄子送国学读书，数年后始听归滇，庶处置得宜，足服其心也。部覆：昌祚罪既浮于朝弼，法当严于逮问。如科臣、抚臣所云，亦裁抑保全之道也。上曰：昌祚骄恣玩法，屡戒不悛，着革去服色，听候处分。其首恶李时孝等，着锦衣卫差官（较）〔校〕拿解审问。余党听抚按官提究。

明神宗实录卷二百四十

九月

戊寅（十六日）［发遣贵州铜仁长官李永边卫充军］

发遣贵州铜仁长官李永边卫充军。其土官事，该府委官暂理，候其子袭替接管。陈胜一等各追赃赎，完日发落。以抚按参论故也。

明神宗实录卷二百四十一

十月

壬寅（初十日）［兵部奏四川斩获白泥、杨柳等“番”］

兵部奏：四川斩获白泥、杨柳等番。宜将差来韩邦宁等，引至御前，宣读捷音，并赏奏捷员役衣服。从之。

乙卯（二十三日）［以四川擒斩“番贼”捷音祭告］

以四川擒斩番贼捷音祭告。南郊遣公徐文璧，北郊遣侯吴继爵，太庙驸马万炜，各行礼。

丁巳（二十五日）［以擒斩杨柳、白沙等处“番蛮”功，赏赐四川巡抚等官］

赐四川巡抚李尚思银三十两、纻丝三表里，仍荫一子入监读书。总兵李纲银三十两、纻丝二表里。李士达、来经济各升一级，赏银二十两、纻丝一表里。朱文达实授副总兵。余各升职有差。以杨柳、白沙等处擒斩番蛮有功，故有是赏。

明神宗实录卷二百四十二

十一月

甲子（初二日）［以管志道起补湖广佥事］

以原任广东佥事管志道起补湖广佥事，专在靖州并天柱所等处整饬兵备。

乙酉（二十三日）［湖广巡抚李祯奏请裁省湖广科举额征银两］

湖广巡抚李（桢）〔祯〕题：该省科举，额征银一万二千两，近岁多一千八百一十三两。议将试官员领鹿鸣等宴，及杂费等项，又会试举人及教官作兴长夫等项，通行裁省，共银四千一百余两。行布政司刊刻成案。部覆：如议行。

明神宗实录卷二百四十三

十二月

戊申（十六日）［兵部覆兵科给事中劾两广总督等妄杀邀功之事］

兵部覆：兵科给事中王德完劾总督两广刘继文所称澳党李、陈二贼之捷，乃妄杀无辜以充数。妖贼王子龙之捷，则子龙实未死，迨后擒获，欲毙之以灭口，致惠州知府孙光启托疾求去。合行御史勘各府县有无被杀良民，并各司道将领罪状轻重，王子龙擒死真伪，从实具报。得旨：妄杀邀功，事情重大，刘继文、孙秉阳、沈茂都革任，与总兵李栋等通候勘明议处。杨寿甫、刘世懋等，着巡按御史勘问，毋得畏避容隐。以后按臣勘覆功次，奏报不实者，事发一体治罪。

明神宗实录卷二百四十五

万历二十年壬辰（1592）

二月

甲辰（十三日）［两广总督刘继文疏辩科臣之劾］

两广总督刘继文为科臣王德完论劾疏辩：剿叛摧关，并无妄杀一人，妄取一物，乞遣官会勘。兵部覆请，上命广东巡按御史确勘以闻。

明神宗实录卷二百四十六

三月

甲子（初四日）［宴四川杂谷安抚司进贡者］

宴四川杂谷安抚司进贡都纲头目番僧申思坚藏等八名，赏赉如例。

丁卯（初七日）［刑科给事中等言云南抚、按、镇臣忌成没功］

刑科给事中王建中等言：滇南僻在遐徼，土司蛮僰，抚则驯，摈则（判）〔叛〕，全赖抚按镇巡诸臣戡定而联属之。乃者献琛竟以妒匿，致梯航阻而功罪淆。如抚臣刘世曾、镇臣沐昌祚、按臣苏酂，可恨也。顷，云南举贡朱万元等呈称：原任金腾按察使今罪犯李材，收蛮莫，抚孟养，破缅扬威，孟养贡象归款，实感天朝发兵杀缅之恩。时按臣参疏已发，欲文致李材之罪，遂匿不以闻。然夷文则三堂三司、分巡道府皆有之，镇、抚二臣扶同欺隐，忌成没功，俱宜究治。得旨：法司会议，仍着抚按官勘确以闻。

明神宗实录卷二百四十七

四月

乙巳（十六日）［兵部覆称杨应龙罪在嗜杀，非叛，宜令解职听袭］

兵部覆科臣王德完题称：杨应龙罪在嗜杀，非叛也，宜令解职听袭，待以不死。主谋冯时熙、李斌等宜服上刑。归附之众，宜酌量安插改属。请行川贵抚按勒限勘奏。从之。

明神宗实录卷二百四十八

五月

壬戌（初三日）［升杨威为湖广分守镇筸参将］

升四川都司杨威为湖广分守镇筸参将。

己卯（二十日）［以张璧为广西佥事，整饬江左道］

南京兵部郎中张璧为广西佥事，整饬江左道。

辛巳（二十二日）［准黔国公沐昌祚恢复服色］

黔国公沐昌祚以骄恣革蟒玉半载，具疏乞复。科臣吴鸿功等参奏，昌祚未闻省改，辄敢乞恩。如果恪职，宜听该省抚按核实以闻。兵部言：近据抚臣吴定叙功疏，亦称昌祚能自新，独御史勘报未至。上曰：昌祚既经抚臣疏称省改，姑念镇守远方，准与服色，以便行事。如仍不悛，抚按参来重究。

甲申（二十五日）［升李同芳为湖广右参政，李国士为云南副使］

升浙江副使李同芳为湖广右参政，整饬岳州兵备道。广西参议李国士为云南副使，分巡临（沅）〔元〕道。

明神宗实录卷二百五十

七月

乙亥（十八日）［命四川副总兵万鏊分守建武地方］

命四川副总兵万（赘）〔鏊〕，以原官分守建武地方。

乙酉（二十八日）［以刘守圭为四川松潘南路参将］

以山东都司刘守圭为四川松潘南路参将。

丁亥（三十日）［以王一麟为云南腾冲参将］

以游击管贵州清浪参将事王一麟为云南腾冲参将。

明神宗实录卷二百五十二

九月

己卯（二十三日）［论四川威茂参将边之垣侵冒罪］

论四川威茂参将边之垣侵冒罪，徒四年，追赃发边方立功。指挥使李长庚等下巡按御史问。

明神宗实录卷二百五十三

十月

戊戌（十二日）［以征剿云南丁、改等十寨功，升赏抚镇等官］

征剿云南丁、改等十寨功，巡抚吴定升右副都御史，荫一子入监读书，黔国公沐昌祚加少保，参将邓子龙复副总兵仍管金山参将事，杨威实授参将，布政文作、佥事袁应文各升俸一级，副使杨寅秋升俸一级，与佥事施懋以今官调用，中军杨思忠等三员、同知李辨等二员升职、复职、纪录，仍各赏银、纻。本兵石星、侍郎王基等，该司郎中等官及布政使林乔相等，并赏银币有差。

丁未（二十一日）［宴四川进贡番僧］

宴四川进贡番僧，命侯吴继爵待。

［以擒斩“缅贼”功赏云南抚镇等官及土官］

论擒斩缅贼一百七十余颗功，赏巡抚吴定、总兵黔国公沐昌祚、副使张文燿、布政使文作、同知漆文昌、土官多思化等，银币各有差。

明神宗实录卷二百五十六

万历二十一年癸巳（1593）

正月

甲戌（十九日）［以卢一麟为贵州副使］

以云南参议卢一麟为贵州副使，整饬毕节兵备。

明神宗实录卷二百五十七

二月

辛卯（初六日）［以许国威为中都留守司掌印，王梦吉协守四川松潘右参将］

以广东都司佥书许国威为中都留守司掌印，四川巡抚标下练兵游击王梦吉协守四川松潘右参将。

明神宗实录卷二百五十八

三月

己卯（二十四日）［大学士王锡爵等以金沙之捷为犯官李材

辩，不报]

大学士王锡爵等题：见刑部议覆云南抚按官勘报李材功罪疏，因念前此救材诸臣，不核实事，不持平心，而但以人品学问为功伐，宜乎？其说愈长而愈激愈忤，且愈重材罪也。夫皇上所以怒材，为其欺冒耳。今据材原勘疏，当孟养告急时，材实曾遣兵助战，获金沙之捷。孟养进贡夷文，又明称天朝赏发天兵，则其功不可谓不出于材矣。至于多报首级，不过据将官之报失加查核，轻为人叙功，而未尝自以为功。此其虚冒乃实多虚少之事，律以《周官》八议，正在所可议者。皇上于罪中原情，或为民，或充军，使万里驰驱之旧臣，数年缧绁之余命，获保首领以没。亦见皇上慈悲，无量功德耳。不报。

明神宗实录卷二百五十九

四月

壬寅（十八日）[以湖广副使刘玉成为云南右参政兼佥事，整饬腾冲]

以湖广副使刘玉成为云南右参政兼佥事，整饬腾冲。

明神宗实录卷二百六十

五月

丙辰（初三日）[四川都司起送乌思藏护教王并董卜韩胡宣慰使司等各差国师进贡]

四川都指挥使司起送乌思藏护教王，并董卜韩胡宣慰使司、别思寨安抚司，及朵甘思直管招讨司、宣慰使司，各差国师进贡方物。

明神宗实录卷二百六十一

六月

丙戌（初三日）［兵部催覆“缅甸夷情”条陈］

大学士王锡爵等题：臣等连日出阁，至朝房与各部诸臣相见。兵部则催下原覆薛继茂条陈缅甸夷情……

［宴赏乌思藏护教王等入贡者］

宴赏四川入贡乌思藏护教王、朵甘思阿喃坚参等三十名。

［云南巡抚吴定表进莽应里贡象等］

云南巡抚吴定表进莽应里贡象、金盒、金段。

己丑（初六日）［云南抚按奏“缅贼”声势甚炽］

户部覆：云南抚按所奏，缅贼声势甚炽，设兵防御，馈饷不备。乞将该省见贮南京、四川银二十万两内，暂准支用，并将前项加增例金特允量免，令以买金钱粮佐军兴经费。上量减例金一千两。

庚寅（初七日）［释前云南巡抚李材］

释前云南巡抚李材于狱。

丙申（十三日）［礼部议“缅酋”贡方物求赏赐、封号事］

礼部议：缅酋莽应里因缘黎京桂一通把进贡方物，又无金叶缅文，止托孟琏土司代进，而又求赏赉，求差使，颁谕封号。台臣薛继茂欲允其贡，嘉与更始。科臣张贞观欲遣京桂等，诘以已贡而复构兵之繇，语以已赏而复暂停之故。无非慎重驭夷远虑，合移该抚按从长计议。或先颁已行之赏，以示我信，而后责其背盟之故，以察彼情。果真有乞贡之意，亦必申明约束，以后毋得肆毒属夷，借口未犯天朝为解。即孽缘别部不得以不知为辞，然后徐议封贡。

从之。

明神宗实录卷二百六十二

七月

己未（初七日）［户部覆酌定云南西井、崖泉等盐井课银］

户部覆：云南西井原额盐课，减去实征定数。崖泉、新兴二井既废，课银明与除豁。其东新井照今议，每岁征银，如数尽作新增入额充饷。以后废井复兴，及别地产卤，不许隐匿私窃。傥盐卤先盛后衰，即当勘议酌处，以苏灶困。从〔之〕。

庚午（十八日）［兵部覆四川巡按王象蒙参土官杨应龙，帝令不必差官往谕］

兵部覆：四川巡按王象蒙参土官杨应龙。上以应龙既无叛逆重情，彼处抚按行提，酌量情法具奏，不必差官往谕。

丁丑（二十五日）［以刘承嗣镇守四川等处总兵官］

以协守洮岷副总兵署都指挥佥事刘承嗣为镇守四川等处总兵官。

明神宗实录卷二百六十三

八月

壬辰（十一日）［兵部议提杨应龙到官查勘］

兵部议将杨应龙提到官，逐一查勘。从南御史萧如松言也。

明神宗实录卷二百六十五

十月

辛丑（二十一日）［户部覆湖广宝庆、长沙、荆襄等处以水患议改折等四事］

户部覆：湖广抚按及郧阳巡抚，报宝庆、长沙、荆襄等处水患异常，议改折、缓征、蠲免、赈济四事。上依议行。

明神宗实录卷二百六十六

十一月

丙寅（十六日）［“缅酋”进贡方物］

缅酋莽应里等进贡方物。

［杨应龙抗拒不出听勘］

四川巡抚王继光等题：杨应龙抗拒不出听勘，大张虐焰，监奏民家属，造各色兵具。旋贵州抚臣称其招集恶苗，杀虏人畜，前恶既盈，后恶益炽。乞会同贵州抚臣，相机酌处，止擒首恶，不及无辜。上以凶酋既不服勘问，难再姑息，该抚按官便宜擒治，正法朝廷，为民除害。罪止一人，胁从自归者咸与更始，不许贪功妄杀。

戊辰（十八日）［以杨应龙不赴听勘，兵科右给事中言应对之策］

兵科右给事中吴应明言：杨应龙残杀多命，纵恣欺罔，贿赂公行，此其罪已不容诛矣。明旨屡奉听勘，而迁延愆期；官司亲谕祸福，而扼险誓众。诚自取天诛者也。第兴兵大事，而服戎要在攻心，其不赴勘綦江，而犹住插旗山。虽屡闭门托疾，而犹令子朝栋出见，则其逆命之中，实乃畏死之意，与哱贼未可同日语也。苟处之者弗当，则兴师动众，虽足纾目前之忧，即改土为流，容或有意外之患。为今计，固不得专务姑息以成不掉，亦不得径事扑灭以致俱焚。所宜集兵境上，以夺其气，不厌委官，单车诣州，以察其情。如果俯首服罪，则姑从末减；抑或党类缚献，则诛止元俘。若今拥兵设卫，伤敌王师，则彼之不听莅勘，再复何辞？而我之爰整其旅，要非得已。重兵压境，明慎用刑，固今日处应龙之道也。大抵天下事，最不可狃近虑而忘远忧，方应龙羁勘重庆时，明正其罪，不过一吏足矣，奈之何听调征倭，纵虎出匣。今日议释，明日议征，举棋不定，何以胜耦？徒为幺麿之窃笑耳。臣又闻，川有杨酋，贵有安酋，夷狄内讧，庶几相制。今无一外惧，难免后忧，则拒虎进狼之说，不可不知。若果灭此朝食，置余党于编民，臣又恐非我族类，其志终异，两川从兹多事，善后事宜又不可不长虑却顾之也。下所司议。

明神宗实录卷二百六十七

闰十一月

癸巳（十三日）［云南巡抚吴定解进镇康州土官贡象及方物］

云南巡抚吴定解进〔镇〕康州土官刀闷恩贡象及方物。

明神宗实录卷二百七十

万历二十二年甲午（1594）

二月

壬申（二十三日）［云南“缅贼”侵犯蛮莫、等练诸处，云南

巡抚陈用宾告急]

云南缅贼侵犯蛮莫、等练诸处，巡抚陈用宾告急。许借川省库银十万两充饷，敕该巡按并力协济。

甲戌（二十五日）[调集土汉官兵平“缅患”]

先是，云南以缅患闻，部议责令沐昌祚父子戮力调剿。至是，复如抚臣议，以都司钱中选、张先声为裨将，同知姚允升为监军，协同参将王一麟戴罪立功。晓谕附近土司，激厉土汉官兵，奋勇杀贼，仍命抚按便宜行事，务保全〔胜〕。

丙子（二十七日）[广东琼山、文昌地震]

广东琼州琼山、文昌皆地震。

[云南巡抚陈用宾复请滇饷]

云南巡抚陈用宾复请滇饷，着给发南户部库银十万两。

明神宗实录卷二百七十一

三月

辛巳（初三日）[以伍让为广西府江兵备]

复除原任贵州佥事伍让为广西府江兵备。

戊子（初十日）[以杨应龙拒杀官兵，查参失事各官]

播酋杨应龙拒杀官兵，四川巡按吴礼嘉查参失事以闻。部议：参将郭成、游击丁光宇戴罪。副使胡应辰、同知汪京重罚。总兵刘承嗣，甫任非辜。巡抚王继光，候代宜免，然未离地方，责难委卸，仍促新抚谭希思刻期赴任，檄问罪酋，务得真情转奏，军中一切，悉听便宜。上以巡按所报与本酋奏辩悬殊，仍令查确。川省会同贵州抚镇，相机征剿。余如议行。

甲午（十六日）[乌思藏阐教等王遣国师等进贡]

乌思藏阐教等王遣国师番徒畜竹坚参等四十员名进贡。宴赏如例。

明神宗实录卷二百七十二

四月

辛亥（初三日）［命贵州、四川两省会剿杨应龙］

兵部以贵州抚按林乔相等请，严责四川抚按协剿杨应龙，因言：应龙初本效顺，后乃暴虐。四川以功故而援之，贵州以罪故而窘之。本犯有可宽之条，朝廷无必诛之意，（祇）〔只〕缘再提结案，遂尔计出无聊。将谓负险可幸脱樊，不思行（賂）〔赂〕反塞解网。王师既抗，剪灭何疑？并谕土司安疆臣等，共效忠猷。如应龙父子悔祸，许自缚请罪，即与奏闻定夺，否则罔赦。上命两省会兵擒治，惟除首恶，以靖地方。

己巳（二十一日）［升吴显忠为云南腾冲参将］

升广西游击吴显忠为云南腾冲参将。

庚午（二十二日）［灵藏赞善王差番僧进贡］

灵藏赞善王差番僧锁南瓦秀等二十名进贡。各赏给之。

辛未（二十三日）［乌思藏护教王、董卜韩胡宣慰等各进贡］

乌思藏护教王并董卜韩胡宣慰等各进贡。给赏有差。

明神宗实录卷二百七十四

六月

乙卯（初八日）［四川金川等寺都纲头目等进贡］

四川金川等寺都纲头目窝熟监藏等四员名……进贡。给赏、伴送如例。

明神宗实录卷二百七十六

八月

丁巳（十二日）［杨应龙奏乞戴罪立功］

四川播酋杨应龙奏：何恩之诉，七姓之词，皆属仇陷。乞戴罪立功。不允。

明神宗实录卷二百七十七

九月

辛巳（初六日）［广东琼山、文昌二县地震］

广东琼山县地震。文昌县地震，雷鸣，怪风作。

庚寅（十五日）［黔国公沐昌祚以病请由子承爵］

镇守云南黔国公沐昌祚以患病乞闲，请将应袭男沐叡承爵。章下兵部。

明神宗实录卷二百七十八

十月

癸丑（初九日）［令川贵抚臣整兵备饷、选总督以剿杨应龙］

先是，命川贵协剿播州土官司杨应龙，久无结局。黔抚林乔相称：自西路违制失律，遽尔撤兵，酋势益（蹶）〔獗〕。屡谕不从，终不悔祸，势必动兵。贵州仓库有限，军困民窘，若（协）〔杨〕

应〔龙〕再举，则军士嗷嗷，何以鼓其戮力？若不协应，则责臣秦越相视，何以自解？惟大柄握自朝廷，庙谟独断，臣下可以遵行。巡按薛继茂称：贵州贫瘠，兼以饥馑师旅，民何以堪？况播州原辖于川，未尝侵及于贵，何劳民伤财，剜腹心而事肘腋？且远道移会，必误军机。宜令川省自为收局，而贵州量调土兵防守要害。川抚谭希思称：杨应龙所居之地，虽辖四川，其部内五长官司钱粮兵马，则供贵州。总之，两省兵士，皆朝廷赤子，财物皆朝廷积贮。合则兵力全，而奸酋之向风有日；分则大体亵，而反侧之归命难期。必须贵州抚臣协力共济。礼科给事中杨东明谓：应龙负固纵杀，问罪之师诚不可罢。然向者两调征剿，所在血战，及部民讦告，拘之即至，械系经年。甫释缧囚，即请征倭，进退惟命。第重庆之狱未结即放，既放旋提，我多反覆，至生其疑，非真有叛状，而遽请用兵。遂据险出掠，冒难逭之诛，皆处置失宜之过也。两省之事，宜责两省之臣，乃在黔已无同心共济之义，而在蜀又无独力敢任之能，则专制之臣所宜蚤遣。速令就近省分整备兵马刍粮，以应缓急。特选才望大臣一员往勘，事有可原，即赦其死。不悛即总督军务，调发川、湖、云、贵之兵，便宜行事。更立赏格，以募酋部之能斩应龙出献者，将不数月，悬首阙下矣。部覆：如科臣议。上以杨应龙负固拒敌，罪无可赦。令川贵抚臣整兵备饷，协心剿除，以安地方。刘綎、李如柏星夜前去，并推才望大臣以为总督。

己未（十五日）［以南京兵部右侍郎邢玠总督川贵军务］

以南京兵部右侍郎邢玠为左侍郎兼右佥都御史，总督川贵军务。着依限前去，事完回京。

甲戌（三十日）［铸给邢玠总督川贵军务关防］

铸给邢玠总督川贵军务关防。

明神宗实录卷二百七十九

十一月

壬午（初八日）［四川巡抚谭希思、巡按吴礼嘉奏剿抚播州之策］

四川巡抚谭希思、巡按吴礼嘉言：土酋杨应龙负固抗拒，已入不赦之条，乃两次差官诘谕，而本酋再四申说，恳究诬枉，请官临勘，潜遣人奏辩，臣等尽得其状。如集总镇将士，岂难殄灭？独念一人作孽，万姓何辜。大军所至，宁无横罹锋镝者。惟先将应龙宣慰衙门职衔削除，再行化谕。如本酋缚赴綦江，俾五司无改旧业，七姓悉还故区，祖宗原锡土田入册者，照前赴管。未入者清丈均粮，招良民佃种。该司表贡文移，止写播州土司。姑将伊子杨朝栋降充为事土舍，督催粮马。俟五年后，能守法奉公，听保举袭职。如或谕之不出，首恶不献，即会同贵州合兵进剿，以涤妖氛，以彰国法。诏如拟行。

明神宗实录卷二百八十

十二月

丁未（初四日）［免广西全州、阳朔等处垦荒虚粮，开府江等水陆险阻］

免广西全州、（杨）〔阳〕朔等处垦荒虚粮。前是，抚按以垦田多寡为有司殿最。而深山穷谷，多不可耕，率伪增田数，虚粮遗累。兹下所司查豁，并开府江、桂林、苍梧水陆险阻，斩木划石，决淤疏湍。俾瑶夷不得出没丛薄，江流无冲激之患。从抚按陈大科、涂宗濬请也。

明神宗实录卷二百八十一

万历二十三年乙未（1595）

正月

丙戌（十三日）［四川总兵官刘綎以私馈按臣被革去原功］

兵部议覆：倭寇朝鲜，刘綎以五千川卒请行。窃嘉其勇敢，遂因经略疏题，升加府衔，令綎戍守朝鲜。已奉旨撤兵，适播酋抗拒王师，四川缺镇守。綎旧为川将，谙播事，复升四川总兵官。乃綎觊勘功优叙，私馈按臣宋兴祖，随彼参劾，法应褫革。第念其朝鲜二年苦戍，功难尽掩。相应候旨，将綎革去原征云南岳凤功级，仍旧管事。其王京以后功次亦不准收录，以示惩罚。按臣宋兴祖举发私馈，有裨风纪，并乞敕吏部纪录。上报可。

癸巳（二十日）［以屡遭"叛劫"，豁除桂林等五府万历十年以前充发之各省军丁］

兵部覆：广西一隅，嘉、隆以来，屡遭叛劫，频罹兵燹，军民逃窜，十室而九，而桂、平、浔、梧、柳五府独甚。自后各省直勾单查，系五府军丁，自万历十年以后充发者照例发勾，十年以前者尽数豁除。其南宁、太平、庆远、思恩四府，不得援引为例。诏从之。

明神宗实录卷二百八十二

二月

壬子（初九日）［以"犬夷"互相仇杀，移文湖广、四川详勘］

兵部议：犬夷互相仇杀，朝廷处置贵宜。夷官马斗斛擅操兵戈，致部民马邦聘等相图报仇。而覃玉鉴、覃文瑞等与斗斛姻亲，轻自举兵助虐。应移文湖广抚按严行禁谕，仍行四川抚按选委廉干官员，虚心详勘。务在分别曲直，俾夷情帖服，永杜兵端。诏从之。

乙丑（二十二日）［四川巡按王慎德议剿“播酋”事宜］

巡按四川监察御史王慎德议，剿播酋宜蚤。先是，慎德奏，播酋杨应龙抗杀将领，叛逆已彰，特列征播三议：一曰国体当重。奸徒徐宗达，兵部念与应龙有旧，差同赵梦龙等往播州宣谕。大似讲解，辱国非宜。一曰赞画宜罢。杨酋虽负固川贵间，一孤雏耳。设总督已属张皇，至赞画将安用之？一曰党与宜剪。贵（川）〔州〕宣慰司、酉阳宣抚司原与播司相唇齿，阳顺阴助，岂能得其死力？宜有以离其势而绝其援。奏入，尚书石星因言：徐宗达为应龙入京打点，律有明条，臣何敢庇？惟是赞画二员业已奉命前驱，遽为议罢，似亦非体。张国玺资俸既深，相应查有川省兵备员缺，就近铨补。刘一相赞画事毕，查缺另用为便。若乃催邢玠之赴任，责土司以大义，悬封赏以分茅，相应一听按臣从宜处置。上诏：勘剿播酋，着抚按官相机行。余如拟。

明神宗实录卷二百八十三

三月

丁丑（初四日）［沐昌祚患痼疾，兵部题请以其子替袭］

兵部题：滇南镇臣沐昌祚委患痼疾，伊男沐叡堪以替袭。诏本部与吏部议奏。

戊戌（二十五日）［川贵总督邢玠入川，宣谕朝廷恩威，牌催两省刻期整饬兵粮］

总督川（广）〔贵〕邢玠题：臣依限入川，传闻土酋杨应龙借口官兵仇害，不肯听勘。臣一面宣谕朝廷恩威，一面牌催两省刻期整饬兵粮。如其负固，自当议剿，仍俟臣等细察情形，临时具奏。

庚子（二十七日）［四川韩胡碉恰列寺都纲僧目等来贡］

四川韩胡碉（哈）〔恰〕列寺都纲僧目多惹等四名来贡。照例赐宴，命伯费甲金待。

明神宗实录卷二百八十四

四月

壬子（初十日）［国子监博士奏言处置杨应龙方略］

国子监博士杨景淳奏：杨应龙历代土司，淫纵杀戮，固其常态。当事诸臣，过听七（一）〔姓〕奏讦，后先屡误。一误于勘，再误于纵，又再误于剿。误之故有三：以喜事误，以纳贿误，又以避嫌误。乃今之议者，惟抚与剿，而未及处分。夫应龙负嵎之虎也，广幅千里，四面皆山，食足兵强，非可旦夕下。即使需之岁月，无不成擒，而所伤实多，国家何利于此？督臣邢玠猥云：令杨酋速出听勘。夫彼原以听勘逮系，百计脱去，今尚肯复出以就死乎？臣谓今日之事，不过一使人任，而诸臣未之及也。诚下一诏，明正其罪，从宽治之，贬其爵，削其土，仍袭其子，治其首恶拨置之人，彼无不俯首听命。今督抚奉命而往，功必欲己收，地方诸臣并力经营，又皆视以为奇货，而必俟滋蔓以图之。若然，则人臣之利岂国家之福哉？伏乞皇上下询贵州有无杀掳之状，如臣所云，酌量行之，仍敕诸臣，以不战而屈之者受上赏，而严贪功喜事之戒。诏下兵部议。

丙辰（十四日）［广西思明等府、万承等州贡马违限，减半给赏］

广西思明等府，万承、归顺、安平等州各备贡马，差族目入觐。以违限减半给赏。

明神宗实录卷二百八十五

五月

乙未（二十三日）［两广总督陈大科奏请更调两广总兵］

总督两广陈大科奏请，更调广西总兵王化熙于广东，而调广东总兵童元镇于广西。以化熙常镇浙江，习于海道，而元镇旧历柳、庆诸地，熟于箐麓要害故也。诏下兵部议之。

戊戌（二十六日）［以辰沅属卫哨兵借缺饷倡众呼庚，处置失事官员，奖抚谕有功之知县罗俊民］

辰沅属卫哨兵张胜豪等借缺饷为名，倡众呼庚。参将奇德、守备袁时泰不能禁。麻阳县知县罗俊民出城抚谕，犒以牛酒，借动库银给散，尚未肯戢。所过毁公署，胁各哨劫掠，几叵测。既守道陈性学给示，宣谕朝廷恩威，晓以祸福，访获首乱张胜豪等三人正法，余释罔治。抚按以闻，兵部覆：请将该管指挥蔡国镇等，行抚按提问。时泰革任，德降调。性学亦以地方失事，量加罚俸。俊民宜加纪录。诏如议。

明神宗实录卷二百八十六

六月

癸卯（初二日）［两广互调总兵官］

改广西总兵官王化熙署都督同知，镇守广东，改广东总兵官童元镇以原官挂印镇守广西，以元镇习于西镇，故互调以尽所长。从兵部请也。

丁未（初六日）［以川省军兴，云南抚按官陈用宾、李炳奏称省饷银税粮以协济］

云南抚按官陈用宾、李炳奏称：清汰虚冒老弱之兵，岁可省饷五万三千二百八十两，并清出新增矿盐二课、庄粮等项银三万三千余两，并旧额税粮等银，约勾官兵饷银十二万九千余两。自此兵以渐消，饷以渐积，而川省军兴协济之银或可免借。户部具覆，报可。

庚戌（初九日）［诏云南土官思化驻蛮莫，不得轻挑“缅衅”］

诏云南土官思化仍驻蛮莫。令约束部落，不淂轻挑缅衅，以启兵端。

明神宗实录卷二百八十七

七月

壬午（十一日）［以擅杀妻妾，贵州巡按捕治木瓜长官司副长官］

贵州定番州木瓜长官司副长官顾宸擅杀妻黄氏、妾阿纪，下巡按官捕治。

甲申（十三日）［湖广偏桥卫前所百户、贵州都司卫所千户侵克，俱下所司治之］

湖广偏桥卫前所百户何梦熊侵克兵饷，贵州都司卫所千户韩邦先侵克害民，俱下所司治之。

甲午（二十三日）［广西泗城州并程县、上林长官司朝贡“逾限”仍“全赏”］

广西泗城州并程县、上林长官司备银器、马匹，各差族目岑荣等朝贡。（谕）〔逾〕限，奉旨照近例，仍准全赏。

明神宗实录卷二百八十八

八月

乙巳（初五日）[以副总兵刘綎充镇守临洮总兵官]

以副总兵刘綎充镇守临洮总兵官。

壬子（十二日）[升分守四川松潘副总兵为四川总兵官]

升分守四川松（藩）〔潘〕副总兵万鏊，为镇守四川充总兵官。

癸亥（二十三日）[广西分守昭平参将白斯清擅剿贵县“五山贼”失利，拟遣戍]

广西分守昭平参将白斯清擅剿贵县五山贼失利，贼遂焚劫四出，分巡左江副使杨寅秋，设方略定之。巡按御史黄纪贤以闻，法司拟遣戍。从之。

戊辰（二十八日）[陕西巡按李楠奏禁湖南茶引以绝夹带]

先是，陕西巡按李楠奏禁湖南茶引，以绝夹带。至是，巡按刘景辰谓：禁其新报，不当追其旧给。从来茶引，必三四年后方得茶到。若前引尽追，则旧储既空，新招未至，空乏可虞。户部以请，从之。

明神宗实录卷二百八十九

九月

戊寅（初九日）[云南元江卫署印指挥以上行馈遗被提问]

云南（沅）〔元〕江卫署印指挥孙继美上行馈遗，临安兵备副使李瑞发之，下巡按提问。

乙未（二十六日）[兵部覆川贵总督处置播州事宜]

兵部覆川贵总督邢玠处置播州事宜：一、议处五司节制，以杜侵陵。黄平、草塘、白泥、余庆、重安五司，旧隶播州，袭替表贡必假该司印信，不若将五司改隶黄平通判管理。一、议处七姓奏民，以安流离。七姓自奏（许）〔讦〕以来，恐杨酉加害，远徙川贵。而无辜播民惧天讨或加，亦因转徙。今拟罢剿，则当分别优恤，令有司给照安插。一、增设安边府官，以资弹压。娄山以北，松坎以南，颇称乐土。顷以播司构难，相率逃移。非设官拊循，民将何归？应将重庆府捕盗通判，改为抚夷同知，移驻前项地方。听其不时巡历，设法招抚。一、议发避住土官，以复故业。播州土同知罗时丰与应龙同籍同官，仇隙未深。因去岁议剿，移驻贵竹土司。今应龙已俯首听勘，时丰当听督抚差官押送故土。诏悉从之，仍谕以夷性无常，详慎善后，敕邢玠作速勘处。

明神宗实录卷二百九十

十月

癸卯（初四日）［黔国公沐昌祚以病乞以长男承袭］

镇守云南总兵官黔国公沐昌祚称病，乞以长男沐叡承袭。上以本纸不合旧式，下所司核之。

丁巳（十八日）［贵州督抚邢玠等勘问杨应龙罪状，令其纳银赎罪，革职为民］

贵州督抚邢玠等勘问播酋杨应龙罪状。照昔年安国亨例，令其纳银赎罪，革职为民。伊子杨朝栋姑以土舍署印管事。候善后四事与其赎银完日，方许次子杨可栋放回。其首恶黄元、阿羔等如律处决。兵部覆请，上曲意从之。

己未（二十日）［黔国公沐昌祚以病解任，子叡代管镇守事］

镇守云南总兵官黔国公沐昌祚以病解任，诏以其子叡代管镇守事务。

甲子（二十五日）［升重庆府知府为四川副使等］

升重庆府知府王士琦为四川副使，分巡上（东川）〔川东〕道。裁重庆府捕盗通判，改设抚夷同知，驻松坎。移安溪巡（简）〔检〕司于松坎，听抚夷同知管辖，改为松坎巡（简）〔检〕司。

明神宗实录卷二百九十一

十一月

癸未（十五日）［升沈尚文充镇守贵州总兵官］

升四川松潘副总兵沈尚文为署都督佥事，充镇守贵州总兵官。

明神宗实录卷二百九十二

十二月

辛丑（初三日）［宴达思蛮长官司进贡番僧］

宴达思蛮长官司进贡番僧南哈坚藏等四名，侯吴继爵待。

甲辰（初六日）［以“播酋”受勘升赏督抚等官］

以播酋受勘，升总督邢玠都察院右都御史，仍与巡抚谭希思、林乔相各赏银币有差。其文武将吏各升赏有差。

己酉（十一日）［“缅酋”莽应里托词拒受赏赉，抚臣陈用宾以闻］

缅酋莽应里既托孟琏、孟银二土司求纳款，且致方物。议者遂令原官差官黎京桂等，赍银（弊）〔币〕往赐之。至境，托词不受。抚臣陈用宾以闻，敕下云南抚按等官，从长计议。礼部覆请，言：缅酋阻我使人，却我赏赉，罪不胜诛。然当初惟据黎京桂往来转说，及琏、银二司转申之文，其于缅酋原无的据。京桂原系首事，宜从重问拟，以为贪功纳侮之戒。上诏如部议。

明神宗实录卷二百九十四

万历二十四年丙申（1596）

二月

己亥（初二日）［礼部奏广西象州等衙门庆贺表笺破坏差错］

礼部奏：广西象州等衙门庆贺表笺破坏差错。上命各该巡按御史提问。

［四川抚按谭希思等奏勘“播酋”处置事宜］

四川抚按谭希思等奏：播酋已勘，敬陈处置事宜。加升开封府通判蒲林重庆府同知职衔，重庆府通判李培根以原官改住黄平。章下吏部。

明神宗实录卷二百九十五

三月

戊子（二十一日）［户部题议减广东琼州府澄迈县秋粮］

户部题：广东琼州府澄迈县民谢大成奏称，本府增饷条鞭税亩，峒黎及灶户冒免田粮数事，俱系假公济私。惟有增派秋粮一款，委涉偏累。今议减去秋粮银五百九十七两，以示宽赦。从之。

己丑（二十二日）［户部题蠲济广西恭城等州县］

户部题：蠲济广西恭城、永福、阳朔等州县。从之。

明神宗实录卷二百九十六

四月

丁酉朔（初一日）［川、贵、湖广等处采办楠杉大木］

工部题：鼎建乾清、坤宁宫门座、围廊等项，该用木石等料，上紧造办……楠杉大木，产在川、贵、湖广等处，差官采办……

明神宗实录卷三百

八月

壬寅（初七日）［贵州宣慰司副宣慰考较诸生儒遭殴辱］

贵州宣慰司安疆臣奏：副宣慰宋承恩以考较生儒，为该学教谕熊梦祥率诸生殴辱，并求更定祖制。下所司。

明神宗实录卷三百一

闰八月

己巳（初五日）［四川“叛酋”越境擅杀职官］

四川护印土舍安云翔、女土官者氏陇松各奏：叛酋安绍庆越境擅杀职官，乞敕擒剿。章下兵部。

癸未（十九日）［四川播州土司杨应龙父子进大木］

四川播州土司杨应龙、子杨朝栋，各进大木二十根，以备大工之用。下兵、工二部。

明神宗实录卷三百二

九月

戊戌（初五日）［云南巡抚马鸣銮奏停止开矿］

云南巡抚马鸣銮奏停止开矿。上敕：用心防护，随宜区处，毋致滋乱。

壬寅（初九日）［云南巡按李炳奏称云南左布政使杨芳却丽江府土官知府贿银，乞赐表异］

云南巡按李炳奏：左布政使杨芳却丽江府土官知府护印听袭土舍木青贿银一千两，乞赐表异，以风群吏。章下吏部。

明神宗实录卷三百四

十一月

己亥（初七日）［兵部题乌撒土官袭替诸事］

兵部题：乌撒应继土（宦）〔官〕，以安效良为掌印知府，照例世袭，暂令禄墨（妄）〔妾〕安氏抚养。安咀旧为冠带知府，令其催集钱粮，并奉朝廷纲纪，不得相倾。并勘安绍庆有无助逆，仍责令擒献阿备正法，以赎前罪。如再桀骜，定行剿处。乌撒印信责奢陇高献出。从之。

明神宗实录卷三百六

万历二十五年丁酉（1597）

正月

己酉（十八日）［工科给事中乞量宽楚、蜀、黔三省采木限期，不报］

工科给事中杨应文奏：以大工经营业已就绪，乞量宽楚、蜀、黔三省采办限期，以恤民艰。不报。

庚戌（十九日）［工部覆四川、湖广、贵州采木事宜］

工部覆四川、湖广、贵州采木事宜。川广各于原派木数内，先采运十分之六，限以六年分作三运。川西道副使刘卿加衔久任，专督该省采运。贵州地险民夷，夙称空乏。先采运十分之三，仍限六年，分作三运。协济银两，坐派福建、广东各五万，南直、浙江各三万，江西、河南、山东各二万，山西一万。命依拟行。

明神宗实录卷三百七

二月

癸亥（初二日）［以洮河“火酋”突犯，四川抚按谭希思、王明奏请加强松潘防御］

先是，洮河火酋以三千余骑突犯松潘。四川抚按谭希思、王明奏言：松潘一镇在蜀为极边，从来未有虏患者，以临洮足以饱溪壑，吐番足以备捍蔽也。今关中之兵势振矣，势不得不舍彼而趋此。各番之弱者抢掠尽矣，势不淂不逾番而内向。蜀之（堤）〔提〕防有不可一日弛者。条议五事：一、移置关帅。总镇移驻松潘协守，松潘副总兵改为游击，移驻建武。一、增修墩堡。一、募兵买马。一、集饷制器。一、留用边需。部覆，报可。

丙子（十五日）［贵州乌撒土知府被谋杀，其弟之子袭职］

先是，贵州乌撒土知府安云龙妻陇氏与安国正谋杀云龙。遗腹子官保，以非真子不当立，而云龙亲弟绍庆之子效良宜为后。绍庆阴令阿备拥效良，兴兵据盐仓以请。部议，以效良世袭，责绍庆擒献阿备以自新。至是，效良率阿备来降。抚臣江东之虞绍庆尾大不掉，阿备怙终不悛，请严旨禁约，责令绍庆钤束阿备，以弭后患。报可。

丙戌（二十五日）［屏山县火灾］

马（瑚）〔湖〕府屏山县灾，烧毁民房八百九十余家，烧死男妇二十四名口。

明神宗实录卷三百八

三月

丙申（初六日）［兵部覆广西总督陈大科奏岑溪善后事宜］

兵部覆广西总督陈大科奏岑溪善后事宜：一、议札信地以重弹压。将浔梧参将驻札大峒，永福守备改为浔州。一、分割山界以便管辖。上七山专隶岑溪，下七山改隶藤、容二县。一、拓修城垣以资保障。得旨：依议行。

明神宗实录卷三百九

四月

甲戌（十四日）［四川巡按王明、巡抚谭希思勘报功罪持议不

合，谭希思乞休，不许]

先是，四川巡按王明勘报功罪，与巡抚谭希思持议不合，弹章不令与闻。于是希思具疏乞休。得旨：令照旧供职。抚按官公心体国，自无异同，今后不浔各持意见，致悮正事。

丙戌（二十六日）［兵部左侍郎李祯言松潘防御“虏患”之策］

兵部左侍郎李祯言：川陕接界，而松（藩）〔潘〕向无虏患者，以吐蕃为之屏蔽也。自俺酋西牧，遗孽两川，全陕残扰，迄无宁日。近西镇戒严，舍陇趋蜀，将川上鲜宁谧之期矣。臣阅地图，自北界作儿革迤西，至杀鹿塘、毛儿革地方，其间番族为虏所挟者，十有八九是我之藩篱，已与虏共。而间道可达内地者，多不隔三舍，所幸中有层峦叠嶂，屹然天险。如镇虏堡为（獐）〔漳〕腊门户，虹桥关为松城咽喉。堡关之外，或岭或崖，皆可据守。守阿玉岭，则虏必不能越出哑际而窥镇虏；守黄胜场，则虏必不敢逾绝塞墩而寇虹桥。以至外而横山子不竟日可抵，寡石崖二十里即达。松城镇尤为要害，皆当亟为防御。请行该抚镇计画以闻。报可。

明神宗实录卷三百十

五月

癸巳（初三日）[总督邢玠请调川湖各土司兵援朝御倭]

总督邢玠言：往岁救援朝鲜，经略宋应昌督兵七万有奇。今倭兵不下十余万，而前督臣抽调各兵，总计不及三万。欲再行召募，恐乌合之众，教习为难，事定之后，解散不易。议选调川东施州卫八司，酉阳、石砫土司，邑梅、平茶二长官司，湖广永顺、保靖土司兵一万名。不足，再于叙马泸道属土司土妇奢世续下选补。分为三营，令参、游吴文杰等三员，各领一枝，而以临洮大将刘綎统之。以川东副使王士琦监之，并用府佐吴良玺、李培、汪京三员，随营查督。然土兵必须土官随行，如无土官，必不可入选。行分作三截，将官专管约束，文官稽查虚冒，更请将刑部尚书萧大亨速补本兵，以便调度。章下所司。

辛丑（十一日）［四川茂州、保县地震］

四川茂州地震有声，保县同日震。

庚戌（二十日）［兵部覆总督邢玠量选土兵调用］

兵部覆总督邢玠调兵事宜，言：督臣议增调川湖土兵一万，诚为淂计。但查川夷叛服靡常，应量选六千员名。所调用文武各官及分营定限，一切事宜，皆请如议。得旨：刘綎以原官充提督土汉官兵。御倭总兵官王士琦加参政监军。将官吴士杰等俱准调用。同知吴良玺、通判李培根、长史汪京，准加衔及改原官用。该部差官守催，不许推托稽延，以悮战守。

明神宗实录卷三百十一

六月

甲戌（十五日）［总督邢玠复疏请调土司兵援朝］

总督邢玠复疏陈调兵事宜，言：……土兵则土司所以自卫，其人以兵为业，以战为事，以立功报朝廷为荣。先年，调征九丝、腻乃、黄中等处，累立战功。即征倭、征虏亦皆调之。及其〔获〕胜凯旋，各归其业，非若四方无籍之徒，原无归着者比。臣在川贵时知之甚悉，而或者谓其悍而难制，是在驭之耳……请将已准发六千员名，分为二营先后进发。续选三千三百名为一营，挨次起行。文武将吏以各兵之扰不扰为功罪……上是其言，各兵依议调发……

明神宗实录卷三百十三

八月

甲子（初六日）［宴乌思藏阐化王进贡番僧］

宴乌（斯）〔思〕藏阐化王进贡番僧朵尔等一十五名，侯徐文炜待。

己巳（十一日）［御史奏请改尽用建昌杉木之令，听民就近采取］

时四川采木建昌，去省城三千余里，采运人夫历险渡泸，触瘴死者积尸遍野。御史况上进疏陈其状，言：川民各就本地采木，业有次第，而陡有尽用建昌杉木之令。此贪吏以杉木为奇货，假公济私耳。请行抚按官，听民就近采取，惟期坚实可用，不必拘定地方。并将官价令司道官先期给散，无假手吏胥，以滋干没。部覆，从之。工科给事中杨应文亦以建昌采木事，论劾参政刘卿。旨下吏部。

明神宗实录卷三百十四

九月

丁未（十九日）［四川加渴瓦寺都纲番僧入贡］

四川加渴瓦寺都纲番僧查麻领占等六名进珊瑚等物。给赏如例。

明神宗实录卷三百十五

十月

甲戌（十七日）［录剿平广西岑溪七山“峒贼”功］

录剿平广西岑溪七山峒贼功。陈大科升右都御史，照旧总督，赏银四十两、大红纻丝三表里。戴燿升兵部右侍郎，照旧巡抚，赏银三十两、纻丝三表里。童元镇准实授都督佥事，银币与巡抚同……

［杨应龙复肆行杀掠］

先是，播酋杨应龙经勘革职。至是，复肆行杀掠，缚去官舍，烧砍木厂。按臣以闻，并参游击翟孔开、张本不能禁戢。得旨：降革开、本。其应龙事，着查勘具奏。

明神宗实录卷三百十八

万历二十六年戊戌（1598）

正月

戊戌（十二日）［广西、浙江总兵官对调］

调广西总兵童元镇于浙江，调浙江总兵李应诏于广西，各镇守。兵部言：关酋发难，佥谓捣巢可以牵其内顾。童元镇熟识岛情，往年曾与捣巢之议。李应诏清介不扰，适与抚蛮相宜。故互相更调。从御史唐一鹏之议也。

癸卯（十七日）［永宁、陇木头等土官贡马］

四川、贵州永宁、陇木头等土官各贡马。赏段、钞如例。

明神宗实录卷三百十九

二月

壬戌（初七日）［四川巡抚谭希思乞罢，不许］

四川巡抚谭希思乞罢，不许。先是，播酋杨应龙之犯合江也，抚臣意主勘抚以安地方，委道臣勘实，呈详以闻。而按臣王明密疏先发，颇张大其事，且语侵抚臣。故希思以病请，上以川中事务繁重留之。

庚辰（二十五日）［四川、湖广、广西、贵州等处阿角等族长官司并贵州宣慰司安疆臣等差族目贡马］

四川、湖广、广西、贵州等处阿角等族长官司，并贵州宣慰司安疆臣等，各备贡马，差族目三十六人入觐。各给赏如例，并回赐安疆臣锦段六表里。

壬午（二十七日）［以剿平“峒贼”功升广西巡抚戴燿官职］

论剿平峒贼功，升广西巡抚右副都御史戴燿为兵部右侍郎，巡抚如故。

明神宗实录卷三百二十

三月

丙申（十一日）［改贵竹司为新贵县，不许“夷司夷目”妄生异议］

兵部署印左侍郎李祯题称：贵州土司安疆臣，先因改贵竹司为新贵县，土目夜莫等叩关渎奏。本部行抚按查酌及抚臣参题行勘，疆臣即宜听拘陈恩、王嘉猷到官静俟处分。不谓庇护不出，诡言献木为解，倔强若此。按臣所以有渐不可长之虑，而议革服正罪也。

且改县已历多年，朝廷版图，孰得易之？请移文抚按，严诘安疆臣，将陈恩等勒限献出，听候勘结处分。若仍前庇护，奏革冠带，俟勘明之后另行议处。其改司为县，照新定版籍，不必再勘，以后不许夷司夷目妄生异议。有旨：依拟行。

壬子（二十七日）［广西镇安府土官朝贡］

广西镇安府土官岑奇凤贡银器、香蜡等物。赏给如例。

［广西、湖广、四川等处土官贡马］

广西、湖广、四川等处太平府龙州等土官贡马。各赏给如例。

明神宗实录卷三百二十一

四月

戊午（初四日）［论贵州讨平都匀土司功］

论贵州讨平都匀土司功。原任贵州巡抚林乔相、副使郭廷良、参将王鸣鹤、知府王珽、推官李珏、知县魏自强、土官蒙天眷等，纪录赉金有差。

庚午（十六日）［改铜仁土司为铜仁县］

改铜仁土司为铜仁县。以土官李永授贪酷殃民，罪既贯盈，势难久贷。从抚按议也。

明神宗实录卷三百二十二

五月

戊子（初四日）［广西太平府安平等州差人贡马违限］

广西太平府安平等州各备贡马，差目把李雄等朝觐。违限，仍给全赏。

丙申（十二日）［以纳贿纵“贼”逮云南参政李先著来京］

命逮云南参政李先著来京究问，以本省巡抚陈用宾、巡按张应扬交章劾其背旨误机、纳贿纵贼也。

癸卯（十九日）［以云南蛮莫奏捷升赏陈用宾、沐叡等官］

以云南蛮莫奏捷，加陈用宾右副都御史、沐叡署都督同知，各赏金币。余各给赏有差。

明神宗实录卷三百二十三

六月

庚午（十七日）［贵州巡按应朝卿叙剿捕贵州“山苗”功］

贵州巡按御史应朝卿奏叙剿捕劫掠山苗功。江东之、詹起东等各赏银有差，杨治安、蒙诏各加服色一级。

明神宗实录卷三百二十四

七月

丁亥（初四日）［兵部据贵州巡抚江东之揭题称贵州“土酋”安疆臣跋扈之状，议处置办法］

兵部据巡抚贵州江东之揭题称：土酋安疆臣以烧毁官廨、劫掳家财，为故土官安国贞次子安定所告，疆臣使其党陈恩、王嘉猷等杀定。按臣参革疆臣冠带，责令献出党犯听勘，而疆臣不服。其跋扈之状、戕杀之惨，稔恶怙终，六师可移，有不止于褫服严罚而已者。近获其差遣走京之使，得书鞫情，谓贿职方司员外刘一澜，求免革冠带；贿车驾司郎中马怡，求献木差回勘合填写钦赏字样。臣部细加查核，俱不根之言。至于安国贞长子安邦，查有先年宣慰使安万铨为安国亨所杀，奉旨安插其孙安国贞于织金卧这地方，设官坐镇事例，应令安邦仍居故地坐镇。官廨烧毁，责令疆〔臣〕重修。安插安定妻子于着陇私庄，俾得所依。王加（臣）〔猷〕等变夷归夏，应收充坝阳营兵，俾得实用。如安疆臣仍前抗违，抚按官驰奏重处。上曰：土司奸诈多端，用贿事情既无根据，不必究。余依拟。

庚寅（初七日）［兵科题贵州“土酋”安疆臣及广西瑶人“逆节渐萌”］

兵科张辅之题：贵州土酋安疆臣及广西瑶贼，逆节渐萌，宜行各抚按相机制驭。从之。

丙午（二十三日）［广西田州冠带土官等差人朝贡］

广西田州冠带土官岑懋仁等差族目岑元等朝贡。赏给如例。

［以瑶人“倡乱”，诏广西副使林廷陛等戴罪剿“贼”］

诏广西副使林廷陛、推官江中南等俱戴罪剿贼，指挥朱庆元、巡按御史提问，候事平定夺。以瑶贼纠党倡乱，为巡抚戴燿所奏也。

明神宗实录卷三百二十五

八月

丙辰（初三日）［命戴燿以原官改总督两广军务］

命戴燿以原官改总督两广军务，兼理粮饷，带管盐法，巡抚广东地方。

乙亥（二十二日）［云南巡抚陈用宾议云南顺宁改设流官］

云南巡抚陈用宾议：顺宁荡平，宜改设流官，以顺民情。下该部议。

明神宗实录卷三百二十六

九月

丙申（十四日）［宴待四川乌思藏四王并长河西宣慰司进贡国师等］

命侯陈良弼宴待四川乌思藏四王并长河西宣慰司五起进贡国师蓄竹简参等。

乙巳（二十三日）［李江卒］

南京刑部侍郎李江卒。江，山东武定人，嘉靖己未进士。授庐陵知县，入为陕西道御史。升四川监军副使，荡平九丝蛮。历升右副都御史巡抚湖广，有平苗功，两受金绮之赏。寻告病归，未几卒。照例与祭葬，以军功加祭二坛。

庚戌（二十八日）［贵州宣慰使差舍人贡马庆贺万寿圣节］

贵州宣慰使宋承恩差舍人贡马，庆贺万寿圣节。赏给如例。

［广西巡按龚文选劾府江兵备林廷升诸贪状］

广西巡按龚文选劾府江兵备林廷升诸贪状，且云事以人误，动多乖张。宜革任闲住，而以苍梧道副使张文燿代之。章下吏部。

明神宗实录卷三百二十七

十月

辛酉（初九日）［初添设云南路南州学官一员］

初添设云南路南州学官一员，从抚臣陈用宾奏也。

庚辰（二十八日）［浔州五山守备林武直卒，当地“夷民”咸为号泣］

浔州五山守备升任湖广行都司佥书林武直提兵征瑶，抚定叛夷数万人。披棘卧瘴，竟卒于军中。事平，两广总督戴燿以闻，诏赠官一级，寻加赠骠骑将军都指挥使。武苴，福建晋江人，万历壬辰武进士。卒之日，五山夷民咸为号泣，立祠岁时祀焉。盖威信之感人云。

明神宗实录卷三百二十八

十一月

丁酉（十六日）［四川巡按赵标上言近年采木受阻情景］

四川巡按赵标上言：大工肇兴，采办方始。须材于蜀，多在夷方。往年止携盐茶绢布给赏，任我出入，无复阻搪。近者西南诸夷酋，在在离心解体。无论播酋负恩稔恶，杀掳内地，所有木枋闭关，禁绝往来，即建昌、永宁，素称产木之地，原派木植全未完解。倘当事竟尔因循，狂酋藐无畏惮，攘臂雄据，不惟阴阻大工，亦且明弃疆宇。臣所以腐心蒿目，不容不直陈也。章下该部。

明神宗实录卷三百二十九

十二月

壬子朔（初一日）［杨应龙构乱，巡按赵标陈处置机宜］

先是，播酋杨应龙梗化构乱，屡经诸臣具题，奉旨勘处，迄无定议。巡按赵标乃直陈逆酋杀掳之实据及处置之机宜。大略不过剿、防、抚三策，而吃紧尤在足饷。今川省当采办之时，竭膏尽髓，不能更有所出以养兵。所可处者，议抽民兵、弓兵工食，即留以为防播之饷，则饷不加而兵可敷。及查綦江，播之大门户，当添一参游。合江与播错壤，亦当添一游守。加各道府所属卫分操兵以足之，以蜀兵守蜀地，事甚简便易行。惟在将得其人，严加简练，务成精兵，使屹然足为地方保障耳。于是兵部覆称：本酋因夷目投田构隙，谋动干戈，特遣督臣勘处。辄尔违断称兵，必有奸徒拨置。覆议，责令禽献首恶，以听处分。今据题称，仇杀五司，僭立巡警。其焚杀陵轹之惨，僭逾凶悖之极，非止流毒于蜀之一隅，且骎骎然及于黔矣。黔蜀唇齿相依，不一为之禁遏，则豺狼无厌，长此安穷？议增兵将，亦事体之宜急者，合行抚按择将统兵，驻扎五司要害，毋令祸及黔省。上曰：应龙前蒙朝廷宽处，如何尚敢负恩肆劫。其令抚按官悉心处置，责令擒献恶目正法。

丁巳（初六日）［诏云南路南州创设儒学］

诏云南路南州创设儒学，从抚臣请也。

甲子（十三日）［铸给老挝军民宣慰司印］

铸给老挝军民宣慰司印。

丁卯（十六日）［贵州巡按应朝卿奏称杨应龙稔恶不悛，并劾四川巡抚谭希思］

贵州巡按应朝卿奏：夷酋杨应龙稔恶不悛，蓄谋日久。招九股生苗，张其爪牙。复诱五司夷目，自相鱼肉。夫夷性好劫，又得逆酋为主，遂云合响应，弥山遍野，因粮于我，所到为墟。五司尽，则及北连之屯塞；屯塞尽，则及府卫之腹心。流离塞路，血肉膏涂，乃谬宣言曰：我非叛朝廷，第为五司复仇也。其谁信之？黔中饷微兵寡，所恃四川协同防御，使有畏忌。今秋冬以来，羽书狎至川中，当事之臣，竟不闻发偏师以禁遏，亦不闻遣一官以晓谕之。虽经该省新旧按臣参题，俱置不理，以至此酋无虑于西，而益并力于东，攻围我城邑，虔刘我民人。非独民生之荼毒堪怜，而国体之陵夷已甚。臣在镇远月余，檄报一日四五至，未尝不怒发上指，恨此逆酋，并恨夫纵逆酋者，窃谓四川巡抚谭希思可罢也。下兵部。

［以“播酋”目把何汉良统兵万余围城，指挥陈天宠、陶应龙开门延入，守备伍万钟策应后时，提问陈天宠、陶应龙，伍万钟革任戴罪立功］

初，播酋目把何汉良统兵万余，到本卫教场札营围城。指挥陈天宠、陶应龙等开门延入，守备伍万钟策应后时。该部题准，陈天宠着巡按御史提问具奏，伍万钟革任戴罪立功。

明神宗实录卷三百三十一

万历二十七年己亥（1599）

二月

戊辰（十八日）［工部覆四川抚按题称三殿木料采运事宜］

工部覆四川抚按题称：三殿木料二运之木，业已采就。在未奉旨停折之先，工费钱粮不可名状。乞俯念蜀民之苦，重弃已集之材，自三号而下，估照先年事例，通融折筭，仍乞显派役夫，以恤民力。上命已采集者姑许折筭，以后务责令依式采进，不得仍前借口，以误工作。其派役民夫，听便宜行。

甲戌（二十四日）［诏征倭总兵刘綎率土汉官兵还四川防剿］

诏征倭总兵刘綎，以所部土汉官兵还四川防剿，提督如故。以前战功及今次撤发事宜，命督抚详加议处以闻。

乙亥（二十五日）［兵部覆黔抚江东之议军务诸事］

兵部覆黔抚江东之议：请令川湖各扼要害，以为犄角。滇省那移银两，以备募赏。所参都司舒文俊等革任回卫，所举王纳忠调补贵州都司佥书，镇守湄潭。杨惟中量加都司职衔，照旧管事。上是其议，仍申饬各官不许玩寇。

明神宗实录卷三百三十二

三月

乙酉（初六日）［兵部覆四川抚按会题防播事宜］

兵部覆四川抚按会题防播事宜：一、设将领以固要害。议于綦江、合江各设游击，驻札安稳、冈门二处，以防贼冲。一、议兵饷以资战守。二江既设将领，一切兵食，綦江责之上〔川〕东道，合江责之下〔川〕南道。核实训练，该游多方侦探，遇警驰援。一、分疆界以便责成。川黔接壤播界，其中（巡）〔川〕东、思南二道各有信地，失事不得他诿。近议改设总督，兼制川、贵、湖广三省，正虑两地推诿之故，方在奉行，无庸再计矣。其杨酋乘机窥探，所宜严防。内地官民，有仍前勾引作奸，悉如所议，擒拿治罪。上然之，令着实举行，不得因循悞事。

丁亥（初八日）［以郭子章为贵州巡抚，兼督理湖北等处］

以郭子章为都察院右副都御史，巡抚贵州，兼督理湖北等处。

乙未（十六日）［云南“土夷”沙、侬等称兵焚掠，抚臣陈用宾调兵相机抚剿，获捷，酌议功罪以闻］

云南土夷沙、侬等称兵焚掠。抚臣陈用宾调集汉土官兵，遣道府臣刘庭蕙等相机抚剿，生擒矣年、大苏等二十三名，余党悉就招抚。抚臣酌议功罪以闻，部覆如议。上命赉道臣刘（廷）〔庭〕蕙、府臣陈忠禄等白金有差，矣年等监候正法。

［贵州平坝卫地震］

贵州平坝卫地震，大雨雹。

己亥（二十日）［以李化龙总督川湖贵州军务巡抚四川］

起李化龙以原官总督川湖贵州军务，兼理粮饷，巡抚四川地方。

明神宗实录卷三百三十三

四月

庚午（二十一日）［兵部题请行查贵州用兵失事缘由］

兵部题请行查贵州用兵失事缘繇。先是，贵州巡抚江东之欲复五司，遣都司杨国柱等率兵营中场等处，为播酋所袭，国柱被虏，全军皆没。抚臣以失事闻，而语多隐匿。兵部言：臣等详疏内失事重大，大都狃小胜，忽万全，皆幸功之心为之。乞行贵州按臣备查有无隐情，及应参处议恤者，速奏以凭覆请，仍求天语叮咛新任督抚李化龙、郭子章，星夜驰赴。倘新任未能猝至，旧任者尚难弛担。宜责令查照先今题议事理，益简兵选将，加谨防御，以保无虞。及咨川湖抚臣，移近调度应援。上可其奏。

［贵州按臣宋兴祖上言黔省事务失机之状，帝命按臣严勘启衅失事情由，催新督抚刻期赴任］

贵州按臣宋兴祖上言：昔年总督西事者，好大寡谋，以五司属黄平通判。夫五司在彼为必争之地，在我无尺寸之益。迄今官民杀逐殆尽，张虚名而贾实祸，不可不虑。又言：安疆臣颇守臣节，臣至其部，迎谒甚恭。虽土司形迹难凭，而中国驾驭贵善。且彼自谋杀安定，何与中国事，而必以汉法绳之？宜赦陈恩、王嘉猷，以结疆臣之心，仍催新督抚李化龙等，兼程视事。疏下兵部，覆议上请。上命按臣严勘启衅失事情繇，具奏定夺。李化龙、郭子章、刘綎俱催令刻期赴任。其有区处未尽者，酌议以闻。

明神宗实录卷三百三十四

闰四月

壬午（初四日）［四川巡抚谭希思奏留余积为防播、采木之费］

四川巡抚谭希思奏，乞留余积及抽减民兵岁银，为防播、采木之费。许之。

癸未（初五日）［褫贵州总兵沈尚文职，勘科董一元等］

褫贵州总兵沈尚文职，董一元等命勘科分别拟奏。从兵部覆科臣之请也。

乙未（十七日）［云南抚按陈用宾等会勘边将之狱］

云南抚按陈用宾等会勘李先著、吴显忠之狱，谓先著受猛廷瑞金，迹涉可疑，然功亦难掩。吴显忠有功无罪。刑科参驳，谓先著诚因循纵寇，然其赃先发寄县，其心亦可原也。若显忠纵抢夷人财物，安得谓之全无罪？宜再行巡按覆勘。刑部两存以请。上命不必再勘，着三法司虚心会鞫，勿枉勿纵。

己亥（二十一日）［直隶巡按萧重望条陈安黔五策］

直隶巡按御史萧重望条陈安黔五策，事关兵部者三，部覆以闻：一、清尺籍。谓贵州所辖有上下各六卫，西四卫宜将各卫额军核实清查。简壮勇，汰老弱，务收实用。一、议督镇。原议督臣，平时驻札四川上游，遇警移驻邻近，有事去处调度，则黔、蜀皆得随便驻节，无容更议矣。惟是移铜仁总兵于偏桥，移清浪参将于铜仁，普安增兵将以备应援，龙泉设府佐以资协守。事体既属更张，举动不厌详慎。应行总督、抚、按会议具奏。一、拓疆圉。谓黔省蕞尔单弱可虑，拟待事定，既割楚之偏、镇、平、清以专黔辖，又割蜀之永宁、乌镇以拓黔壤。但版图久定，恐有窒碍，应通行三省总督，详加商确。上然之。

［兵部言黔方用兵，大将事权宜重］

兵部上言：黔方用兵，大将事权宜重。请令总兵如巡抚例，湖北、川东军卫土司俱听节制调遣。上从之，仍令广西、云南协力捣援，不得互分彼此。

明神宗实录卷三百三十六

六月

戊寅朔（初一日）［兵部言川中土汉等兵入关后日夜击斗纷扰，请令领兵之刘綎速来随营］

兵部言：近日东师返旆，先后入关。沿途俱称安静，惟川中土汉等兵，营聚通州，日夜击斗纷扰，以俟总兵刘綎为词。及查，刘綎已久入关，乃沿途尚尔缓进，合无严催速来随营，宣谕督率前发。如营官果有扣克，宜从公处分，以服其心。倘系各兵要挟，仍申行军令，毋得逗遛观望。上曰：川兵留聚纷扰，其素无纪律可知。既称欲待刘綎，便催令前来督发。中间如有扣克要挟等情，小则随宜处置，大则军法从事。不许迁延容缓，罪有所归。

甲午（十七日）［行顺天巡抚衙门严谕川兵速归］

兵部以川兵四散，屡谕未戢，恐始而惧听招募，既而遂生疑畏。宜行顺天巡抚衙门，严谕速归，仍令刘綎简将率领，肃队前进，归伍归农，听其自便。如故违抗令，所在官司严行捕拿，重者军法从事。随营将领有玩愒掊克等弊，据实参奏。上从之，仍令通行与各抚按知之。

己亥（二十二日）［兵部题参川兵游击王之翰愆期不进］

兵部题参川兵游击王之翰愆期不进，潜入京师，致营兵失伍离次，乞革任别委。曹希彬司懋官，私相交代，迟迟其行，念其远征，姑不深究。令押兵速发，并乞移文缉事衙门及前途地方严查申饬。各兵回镇之日，四川抚按具报日期，以凭查核。上从之，仍戒谕：近来将吏往往在京假托潜藏，心怀叵测。着厂卫城捕衙门，挨访缉拿，有违犯者坐之。

［大学士沈一贯题东征川兵流入畿辅，京师应倍加戒严］

大学士沈一贯题：臣惟东征川兵不服发回，四散东行。闻其内土官多姓杨，必应龙之族，其兵必应龙管下之兵。夫应龙今方议剿，而此辈精健矫捷，腾跃如飞。流入畿辅，又无纪律。今大工正兴，军匠喧杂。倘此辈中有乘机混入，或为细作，或肆狂图，惊动宸严，大非稳便。伏乞皇上慎重起居，申严门禁，京城内外，倍加戒严……上览奏褒嘉，命传示各衙门申饬举行。一贯复上言：臣此揭原为杨酋而发，事关军机，宜加密秘。今若显传，嫌示此酋以弱。倘蒙皇上特发一谕，俾兵部遵行，尤见圣明孜孜夙宵图治至意。上然之。

［杨应龙陷綦江］

杨应龙陷綦江。参将房加宠、游击张良贤死之。时綦江新募兵不满三千，应龙以兵八万奄至。张良贤率家丁五十人，入其大众之中，杀大酋鹿罕一人、兵百余，冒围突出，仅损家丁十二人。援绝城破，犹巷战以死。贼遂移檄重庆，守臣恐，缚送奏民何邦卿等，归其质子尸，厚贿之，仅诿罪于一指挥以自解云。

丁未（三十日）［辅臣沈一贯极言罢贵州税课差官］

置贵州税课，遣内官张庆往，以辅臣沈一贯极言罢之。时大小臣工谏者连章未已，上患之，因谕次辅曰：贵州税课差官，非专为货财，欲访彼中军民之利病、起衅之繇耳。既闻卿言，复念兵事方殷，已从停寝。但大臣义同休戚，尤当仰体调停镇静，何乃纷纷渎扰，其如国体何？特谕知之。

明神宗实录卷三百三十七

七月

辛亥（初四日）［四川按臣赵标上言刘綎所部土兵大半难用，兵部覆议归伍归农各从其便］

四川按臣赵标上言：刘綎所部土兵，大半难用，且先事骤聚，反起戎心。宜俟新督抚至日，图上方略。兵部覆议，以为按臣所虑，诚为有见。试观近日入关情形，便知他日临阵光景。已该本部题奏，钦依归伍归农各从其便。合再移文四川督抚，悉心裁酌，图谋万全。其兵马钱粮，或更置，或增补，亟行计处。一切军机，俱听便宜行事。从之。

癸丑（初六日）［命四川总兵仍旧移驻建武］

命四川总兵仍旧移驻建武，协守副总兵驻松潘，裁建武游击。

甲寅（初七日）［承运库监称云南年例金成色不足］

云南进年例金，各色五千两。承运库监称成色不足。上责经管官侵欺冒破，夺孟绍庆等各俸一年。

戊辰（二十一日）［大学士沈一贯揭奏杨应龙破綦江，重庆危急，言应对之策］

大学士沈一贯揭奏：臣接四川督抚及巡按各揭言，杨应龙已叛。臣面审各承差，皆言綦江已破，重庆危急。此酋久雄三巴，汉兵胆落，土兵狐兔有情。必须调募陕、浙马步万余，以为主兵。又工部侍郎赵可怀系重庆人，昨同本兵会臣言：酋实劲敌，蓄志不小。为今之计，一曰兵，二曰饷，川中皆乏。户、兵二部宜破格区处。三曰官，有事地方不可但用文墨之士，宜将各司、道、府、县官，就近选调谙练机宜者充之。庶群材毕集，地方可保。惟皇上加意密谕遵行。上曰：朕居深宫，倚任文武将吏平治天下，何乃倭方退遁，虏即侵犯？今杨酋又大肆跳梁，官民被其惨害。中国兵饷何以连年堪此？其彼处督、抚、镇巡等官，职任安在？卿忠君爱国，可益竭心思，筹画缓急，即便拟一传谕来行。

己巳（二十二日）［大学士沈一贯请罢矿税及川贵湖广“采木”］

大学士沈一贯臣恭绎圣谕，责成文武将吏，严督所及洞弊源矣。云、贵、川、广原系远方，宦于是者谓之劣处。今日之事大，宜更调才贤，特加激励。天下矿税扰民，即未能俱罢，亦宜先罢四川。盖采木之苦已深，用兵之累益甚，虽不撤回，亦无所得，反滋其乱，不如早撤以安人心也。皇上命臣益竭心思，筹画缓急。今各部院良策亦尽有可采者，谨拟上传旨一道，恭候圣明裁定施行。

［以“播酋”大举入犯，募兵调将防剿］

兵部上言：近据川贵总督李化龙揭称，播酋大举入犯，綦江、合江所在危急。向奉旨募兵，已经半载。綦江道臣莫睿已如数募完，合江道臣王贻德一兵未募。贼锋已迫，刘綎尚未入蜀。乞严敕刘綎刻期赴任，毋得逗遛误事。一切防剿兵饷、处治方略，听督抚便宜举行。紧要司道，令吏部就近遴选，以佐分猷。上曰：应龙狂逞，彼处抚镇文武等官，何故任其窃发，不早侦报？原议招兵，何故至今未备？欺蔽玩纵，莫此为甚，该科便参看来。李化龙许便宜行事。刘綎世受国恩，今叙功在迩，特寄重任。待之不薄，何为迁延逗遛？其驰骑催之。司道官凡系用兵处所，吏部就近遴才更调。府县官许抚按于本省内拣选调用。

辛未（二十四日）［左都御史温纯等陈防播六事］

左都御史温纯等陈防播六事：一、慎择司道。一、搜罗异才。一、简收将领。一、厚集兵饷。一、多炼火器。一、广悬重购。上嘉其筹国忠猷，令该部议行。

癸酉（二十六日）［重处谭希思、江东之、王贻德等人］

张辅之等参：四川听调抚臣谭希思怠玩军情，一筹莫展。贵州致仕抚臣江东之贪功浪战，毒众生戎。均应褫夺，以为奉职无状之戒。王贻德奉旨，半年不募一兵，忽简书而轻民命，当置削籍之条。莫睿城虽阽危，兵犹尽募，宜以不及重加降处。上命：谭希思、江东之俱褫职为民，永不叙用。逮王贻德来京究问，降莫睿三级调用。以后各官，不论升迁降黜、丁忧署管，凡未经交代，一日不许推诿误事，责有所归。

甲戌（二十七日）［大学士赵志皋以杨应龙之叛，奏请罢榷采额外之征］

大学士赵志皋上言：臣伏枕服药间接四川揭报，知綦江已陷，西蜀危在旦夕，不觉愤懑欲绝。何物杨酋，敢于悖逆至此！彼盖窃窥中国之虚耳。及今若不早收人心，以固根本，将来诚不忍言。然所最吃紧者，无如简用阁臣，广开言路，体养民生，裁省縻费。盖简阁臣，则帷幄运筹之有资。开言路，则耳目聪明之有托。养民生，则内地久安之不摇。节糜费，则帑藏备用之不乏。其云南、川陕、全楚等处，一概榷采额外之征，俱乞罢免，以安人心，则圣政一新，王威孔赫。无论杨酋鼠窜之不遑，即西南诸夷，无不仰颂中国之有圣人矣。

乙亥（二十八日）［户科疏言川省播患方殷，收拾人心为急，乞召回中使，不报］

户科李应策、姚文蔚各疏言：川省播患方殷，收拾人心为急。乞召回中使，停止矿税。不报。

［兵部陈防播六议］

兵部陈防播六议：一、申明节制。谓三省用兵，节制参差，难以联属。宜并假川贵督臣事权。一、储用监司。议于川、贵各该监军二员，敕下吏部就近推调，或于田间有才望者起补，勒限任事。一、备用兵将。将则原任总兵李应祥、参将李经等，兵则河南之毛兵、天津之壮士，宜檄令赴黔，以备折冲。一、增置中军。谓贵州总兵向无中军，似非事体，宜如例添设。一、慎重战守。谓播虽小丑，但我兵未集，宜扼险保境，俟厚集其阵，相机图之。毋轻举浪战，致堕贼狡计。一、悬赏格。谓应龙背逆，华夷共愤。请悬购募之令，无论吾人、土人，有杀贼立功者，或宠以世爵，或畀之分土，仍督责有司，于各关津去处，设法稽查，但有播贼奸细，即便擒拿。获功人役报部，以凭优赏。上俱如议，仍令该部明白开列擒斩播酋赏格，风示天下。兵部复条议：凡汉人、土人，或擒斩应龙父子，或斩将破敌，各以轻重定封爵有差。上命通行颁示。

丙子（二十九日）［调荆州俊为四川副使，魏养蒙为四川左参议，命兼程赴任］

调陕西副使荆州俊为四川副使，湖广右参议魏养蒙为四川左参议，各命兼程赴任。

［大学士沈一贯题请早罢四川中使］

大学士沈一贯题：前者贵州矿税，蒙皇上涣发天心，即赐停止。今四川尤急，杨酋界在湖广、川、贵之间，腹心之患。若猖獗不休，则无川贵，无川贵即无云南。三省若失，则内地震动，危矣。故川省内使所宜早罢，顾臣犹有忧焉。姑毋论中原民心摇动，将有乱虞，而大可忧者，又已形之云南矣。云南孤悬天末，自唐宋不入版图，而我朝乃比于内藩，第以处置得宜故也。今皇上遣中使往，夷夏交被其殃。臣初犹恃彼抚按或能善加调停，不意中使与抚按大相抵牾。彼远地之民，既无抚按足恃，而夷僚之性，又苦中使诛求。若一旦变告，尤难措手。播方烦兵，又安能以余力余财越贵州一线路，而为万里云南计乎？必不暇矣。臣中夜绕床而走，不敢不为皇上早言也。

明神宗实录卷三百三十八

八月

丁丑朔（初一日）［川黔用兵，太仓匮甚，户部请速调解湖广太仓银、四川转解陕西年例银］

户部上言：今川黔用兵，太仓匮甚，且钱粮浩大，地里辽绝。臣等思之，与其仰给于远，不若取办于近。查湖广解京钱粮，有节年派剩太仓银一十六万一千四百五十两，听总督速发尺檄，取解军前。及查川省每年转解陕西年例银十万四百有奇，蜀方有事，不得馈秦，一并留用，以纾目前之急。上从之，仍命预处黔饷。

［四川綦江既陷，督臣李化龙急征诸道兵］

四川綦江既陷，用督臣李化龙议，急征诸道兵。科臣张辅之上言：征发虽多，顾逗遛不时至，犹于蜀无救也。宜各镇笃同心之义，朝廷严后至之诛。计今征兵地方，量度道里，责限日期。某省近，某省远。近当某日发兵，某日至。远当某日发兵，某日至。发遣迟，罪地方官司。到日迟，罪各该将领官司。自督抚而下，听臣等查参，将领自副总而下，听督抚重处。无已尚方之剑，不可特赐，如宁夏、朝鲜故事乎！盖事大则权不得不重，势急则法不得不严。至于刘綎、吴广、陈璘等，各兼程入蜀。后期者必罪不宥。上然其言，命兵部驰骑守催诸镇精兵，违玩者罪之。刘綎等督令兼程前进。总督李化龙赐剑，以重事权，不用命者以军法从事。

［兵部覆左都御史温纯等条陈防播四事］

兵部覆左都御史温纯等条陈防播四事：一、搜罗异才。军旅之兴，需才为亟。宜通行各省抚按，一体咨访，果有智谋摧锋之选，破格收罗。一、简收将领。所议增设中军及急调将领，已经臣部列名上请外，至刘綎屡奉催督，明旨森严。毋论綎不敢遽欲弛担，即臣部亦何敢临事易将，以长避难之风也。一、多炼火器。中国长技惟三眼枪、大将军铳、涌珠炮为最。近闻各边多有，应如议移文查取解用，仍令川贵多方募工制造，以收全胜。一、重悬重购。臣部近已题开赏格，乞明旨颁示遵行。诏如议。

［兵部言讨“播酋”预处兵饷诸事宜］

兵部言：播酋逆恶滔天，惟陛下独断，恭行天讨。顾兴师之费，必为预处。乞令户部先发四十万，兵部二十万，酌给川贵收贮。臣亦曾与督臣李化龙、抚臣郭子章约，将士可调则调，无妄调以（縻）〔糜〕饷。财赋可用则用，毋滥用以困国。有不足者，或于近省掺发，或明白开请。其五司七姓奏民，赴诉日久，留之无益，似当悉发。川贵督抚衙门，令其号召各血属亲识之。陷在贼中者，或就中取事，或相率附降，或为我向导，或间彼腹心，亦攻心伐谋之一策也。上曰：应龙怙恶，亟宜问罪。朕心独断，更无矜疑。一切兵饷事宜，不时开请裁夺。军中用人，务求实用。谈士游徒，（縻）〔糜〕财无益，勿得滥收。奏民俱发回，听督抚从宜鼓舞，仍密防诈冒反覆等情，有潜留京师者，禁之。

戊寅（初二日）［发延绥兵马赴蜀］

发延绥兵马二千赴蜀。

［吏部题推四川、贵州监军道各二员］

吏部题推四川监军道二员：原任四川左布政李士达、陕西副使张栋，贵州监军道二员：广西兵备张文耀、河南副使龚懋贤。上命用栋、文耀，而罢士达、懋贤，以二人为吏科项应祥论劾也。

辛巳（初五日）［兵部覆工部侍郎赵可怀亟练土著之议］

工部侍郎赵可怀条陈防播事宜，内一款请亟练土著以备缓急。兵部覆言：臣观近日承平日久，讳言兵事。及卒然有变，束手无策。今播事危急，督臣分投议调，事势难已，而要非经久之策。应如所议，责成督抚行各该有司，于地方民丁，设法挑选。各以州县之大小，定为差等。取其里籍年貌造册，送道转解军门收练。不许滥用脆弱市滑充数，即以汰退之多寡，定该道州县之贤否。不月余而可得壮丁数万。其领兵之将，即用练兵之官。厚其粮饷，利其器械，则人自为防，家自为战，而且地利便物情宜，足以持久，而无老师匮财之虞矣……诏如议。

[兵科右给事中乞敕严催刘綎、陈璘赴任]

兵科右给事〔中〕刘道隆上言：蜀方用兵，大将不宜逗遛。乞敕兵部严催刘綎、陈璘赴任。各经过地方，有司具出境入境时日驰报，以凭稽考……

乙酉（初九日）[“播酋”杨朝栋遣人贿兵部尚书之子]

兵部尚书田乐家任丘，播酋杨朝栋遣人密投贿揭，乐子尔耕捕其人送县，驰状白乐。乐具以闻，且乞罢斥。上优诏褒嘉，令乐益殚猷略，以肃邦政。所获人犯，逮京究问。党与潜伏者，广捕严缉，毋令漏网。大小官员及军民人等，有能觉察告捕者，倍加酬赏，纵容者一体治罪。乐复再疏求罢，上慰留之。

丙戌（初十日）[兵科都给事中张辅之言征剿杨应龙事宜]

兵科都给事中张辅之上言：杨酋区区幺么，一面分兵以扰贵州，一面投贿以溷司马，纵横颠倒，真不知有天日也。黔蜀方用兵，而苦于乏饷。近议兵部处二十万，户部四十万，酌以三十五万济贵州，而以二十五万济四川，所议诚当。顾势若救焚，无容缓步。猥曰取偿于滇之十二万，误矣，堂堂天朝司农，岂不能多方设处，以赡三军？至大司马当逆酋含沙溅血之日，政宜主张挞伐，如裴度之誓不与贼俱生，无忧累自阻，而堕贼计中也。上曰：兵饷着料理实济急用。本兵业已奖谕，以后有拿发贼人，都以功论，不得言累。

丙戌（初十日）[云南巡抚刘会疏言靖乱安边之策]

云南巡抚刘会疏言：顷入省偶闻，在监重犯周时清等串通原奏官千户张国臣，微服暗入，会草奏本。其遗落草稿，为同监犯人毛大忠所拾，因而出首。臣取其奏草阅之，则皆论抚臣事，大都为被逮李先著、叛酋猛廷瑞求脱。又以吴显忠、木元瑞事，诬抚臣以受贿。此其事情自有帝鉴，臣亦无所容喙。独其稿得之于狱中，而奏则欲假之于税使，万一群奸之计中，抚臣之祸从滇始矣。臣向未至滇，不习滇事，亦常以目论而耳食之。今巡历将遍，乃知滇千艰万艰之状，而抚臣之所以处滇者，亦罄其千辛万苦之思也。以通省钱粮仅止十一万余，而数十营兵饷取给于此，数千两岁金取盈于此，二十郡六十五州县各官吏俸钞取办于此。军兴不测之需，买象采石不时之费，又一切皆措置于此。臣见抚臣无日不为陛下理财节用计也，七载以来，鞠躬尽瘁。今年略三宣，明年复蛮莫，又明年则讨平顺，又明年则计擒多俺、计复猛密，而六诏尽以还定。至建八雄关于猛卯之外，辟地千里，营屯田万亩，此皆事事闻之，陛下所钦嘉而褒赏者。臣见抚臣，无日不为陛下靖乱安边计也。三十年仕途，皭然不滓，至今居仅旧庐，田仅饘粥。而葵藿一书，皆激将率以忠义，劝官吏以清勤。臣见抚臣，无日不为陛下正己率属计也。以抚臣任封疆重寄，而李先著、周时清、猛廷瑞等结党煽凶，谋欲自脱不赦之罪，先加抚臣不白之冤。而张国臣以原奏长随受嘱报，复辄欲假貉珰之气焰，以甘心于抚臣。他日流毒缙绅，汉唐末季之乱，即在此旦夕间。伏乞大振乾断，独彰法纪，将猛廷瑞、周时清等亟正典刑，李先著速照近拟，张国臣严拿回京，仍谕该监慎严关防，无滥用匪人，则庶乎国是定而人心安矣。

戊子（十二日）［户部议处征播兵饷］

户部言：臣顷者议处征播兵饷，将湖广应解京库银及川省解陕年例、云南原借川银总计共五十余万，俱系解部正赋，名虽外解，实出帑额，既省跋涉转输，又便邻近接济。但恐滇楚司道等官，秦越相视，起解濡迟，缓不及事。合再请旨严催，如有支吾推诿，致（务）〔误〕军机者，指名参奏。从之。

壬辰（十六日）［命广西抚按动支饷银接济贵州］

命广西抚按动支饷银十万，接济贵州。其四川运粮编派，照丁出办，毋以优免亏损小民。户部覆工部侍郎赵可怀之议也。

［贵州巡抚郭子章疏乞于福建动支贮库银，以济急需］

贵州巡抚郭子章疏言：军饷不敷，乞于福建动支贮库银十万两，以济急需。部覆，从之。

丁酉（二十一日）［云南税监杨荣因被殴疏参抚臣陈用宾］

云南税监杨荣以生员聚众殴辱，疏参抚臣陈用宾。上命奏内生员行提学官戒饬，巡抚官推诿阻挠姑不究。杨荣亦勿偏听拨置，致启衅端。

甲辰（二十八日）［科臣言杨应龙系重庆时曾行贿辅臣赵志皋得脱］

先是，缉获杨应龙投贿人犯，内有赵春台，系辅臣赵志皋族人。科臣桂有根因疏劾志皋，且言：应龙系重庆时，以数千金遗志皋得脱，今复受应龙行贿。上发其疏于次辅沈一贯，令之拟票。一贯言：首辅供事左右最久，而皇上洞察表里甚真，知臣莫如君，宜仰烦乾断处分。志皋因上疏力辩，且乞廷鞫以昭极冤。上曰：卿事朕多年，老成清亮，朕素鉴知，浮言诬诋，不必深辩。赵春台所司究问自明，何烦廷鞫？宜安心调摄，以需痊可辅理。

明神宗实录卷三百三十九

九月

己酉（初三日）［兵部覆御史涂宗濬征播四议］

兵部覆御史涂宗濬征播四议：一、正辞伐罪，以彰天讨。杨酋众叛亲离，第缘议剿未决，尚属观望。今虽一意专征，而犹恐有改土为流之说，坚其狐兔之心。乞明诏诸夷以讨逆大意，诛止首恶，尺地不爱。若安氏及七姓五司沿播诸苗，有擒杨酋以献者，即裂分其地，使各世守。一、议移抚臣，以便策应。平、清、偏、镇等处，乃入黔要害之区，且白泥、飞练，正播门户。自辰沅转输，必经其地，非得重臣，无以弹压，乞命湖广抚臣移驻沅州。一、酌调土兵。我兵新练，未习地利。而山岚溪涧，步骑之所不可驰骋者，非借土兵，未易得志。议行广西抚臣，于南丹、东兰、泗城诸土司选其精壮者，每州三千，合之可得万人，听四川督臣调发进征。以夷攻夷，深为便策。一、宽假便宜。播虽弹丸，险阻足恃。今欲进剿，迟速之间，皆当酌量。且阃外机宜，难以遥度。乞行督抚，悉心料理，图上方略，进止俱听便宜，不为中制。上曰：杨应龙负恩犯顺，自干天顺，诛止首恶，更不株连。土司自我朝开设以来，因俗而治，世效职贡，上下相安，何必改土为流，方是朝廷疆宇？其宣谕朕意，共鼓忠愤。有能俘应龙以献，即许代其世职。若合谋成功，各裂土酬赏。一切用兵机宜，俱听督抚便宜行事。余如拟。

辛亥（初五日）［兵科都给事中张辅之等上言川贵督抚疏揭地方诸臣畏“酋”甚于畏法，镇道守备寥寥无人］

兵科都给事中张辅之等上言：臣近接川贵督抚疏揭，在四川，则綦江蹂躏，重庆震邻。一时镇道府县诸臣，不闻出一奇，乃怵于虚声，归尸棺，献钦犯。惟酋之所索是听，即加货与之勿惜焉，是畏酋甚于畏法也。在贵州，则镇道守备寥寥无人，新总兵童元镇在途不前，旧总兵沈尚文杜门不出，捧赍者还镇无期，升任者裹足莫往。是宁干天子之法而不难冒杨酋之难也。乞明查勘之实，严规避之条，申饬诸臣，或令戴罪自赎，或令克期前往。有不如诏者，三尺绳之勿贷。疏下该部。

乙卯（初九日）［改东征游击为四川总兵标下游击，恤四川阵亡军官］

改东征游击许国威为四川总兵标下游击，恤四川阵亡军官杨大材等各有差。

［赐总督李化龙尚方剑］

赐总督李化龙尚方剑。

丁巳（十一日）［大学士沈一贯请尽罢矿税，不报］

大学士沈一贯奏：今天下可忧者，播患方殷，虏警日闻，然犹边境之患也。据各抚按奏报，则山陕、两河、齐楚三辅，无处不灾。京师米价涌贵，不啻三倍。贫人满前，宁能枵腹待毙？恐有奋梃持耰而为乱者矣。夫一处有乱，尚可扑灭，自京师以至四方，无不被灾，无不思乱，谁能扑之？伏祈皇上大发慈悲，以救天下之急难。即未能尽罢矿税，亦宜先将各处米粮一切免税。盖祖宗定制，税课各色有税，惟米粮农具无税，所以厚民生、奠国本者如此。今不遵祖制，一概抽分，四方之米贩不来，而农人之生业荡废。此绝民生而戕国本也。乞轸念穷民，亟覃圣惠，仍敕户部议，所以佐元元之急。不报。

壬戌（十六日）［户部言以云南原借川饷余银不足，请暂将见在银两先解赴贵州应用］

户部言：云南原借川饷十万，业经题奉钦依俾解赴贵州应用。今据回称，止有征缅余银六万有奇。合无暂将见在银两速行先解，其余随即凑足，务要同心共济，无分彼此。从之。

癸亥（十七日）［南京监察御史陈防播四议］

南京监察御史王藩臣陈防播四议：一曰申军令，以作将士之气。谓自应龙叛逆以来，庙议遣将至亟，而总兵刘綎犹然托病濡缩。宜申严号令，风示诸阃，果能奋不顾身，建立奇功，即封拜不吝。如仍前推诿，三尺具在。二曰严近幸，以塞奸细之门。谓迩来四方不职官民，猬集辇下，表里中官，窥测意旨。甚至有不繇通政司，径彻御览。气焰烜赫，踪迹诡秘。遐方奸细突焉而入，切恐皇上举动，枢臣筹画，皆得窥伺透漏，可不为寒心哉！乞丕振乾纲，重堲谗说。凡上书不繇通政司，援引内臣言利希宠者，即付法司推鞫。庶几憸壬敛迹，禁地肃清。三曰循故策，以收土司之用。谓土司虽声势相倚，而夷性猜忌。假令应龙得志，如黔之安，蜀之奢，岂甘心出其下乎？诚智而使之，谋而间之，如沈希仪之于岑璋甚善。即不尽然，亦见朝廷不以应龙之故，遍疑诸土司，阳收我羽翼之用，而阴离彼唇齿之盟，亦一策也。四曰明大谊，以服远人之心。谓朝廷之讨应龙，非利其土地而郡县之，直以逆天残人，法不容赦耳。宜宣明此旨，播告远近，凡邻近土司及所属头目，能擒杀应龙归命者，即以应龙之爵爵之。又或应龙诸子不肯助父为逆，束身归命，更宜优给廪食，待事平之日，令其袭职故土。尺土一民，我无利焉。若然则其邻必有韩魏肘接之谋，其下必有藩镇易帅之举，其骨肉间必有安史之祸。或者大兵不烦而渠魁授首，未可知也。疏上留中。

明神宗实录卷三百四十

十月

丁丑朔（初一日）［帝言“逆酋”称乱缘处置失宜，令立限严查］

兵部言：川贵督按题称，重庆缚献奏民，贿送尸柩，媚贼损威，辱国已甚。乞查当日系何官主持及綦江失事有罪人役，勘明具奏。上曰：逆酋敢行称乱，亦缘处置失宜。今各官但知畏贼，不知畏法，何繇讨逆正罪？其令立限严查，不得徇情欺隐。

丙戌（初十日）［以征播乏饷，命四川、湖广地亩加派］

以征播乏饷，从户部议。命四川、湖广地亩，权宜加派。总督于三省通融支用，仍禁有司豪右巧避侵渔等弊，毋累穷民。兵罢之日，即行蠲免。

［命总督李化龙移驻重庆，调度三省镇道官兵］

改四川总兵刘（缇）〔綎〕为南京右军都督府佥书。褫总兵万鏊、游击紫尚仁职，行巡按御史提问究罪。命总督李化龙相机移驻重庆，调度三省镇道官兵。所需兵饷，户部亟行处发，仍禁漏泄处播军情。时万鏊所部建武兵，多有虚冒，道府以法绳之，鏊怒，与尚仁纵家丁鼓噪分剽，几酿大变。督按以状闻，并纠其通夷纳贿事情。刘綎受命赴蜀，逗遛不进。建议征播必用精兵二十万人，倍其饷。不许损伤，不限年月，不繇中制，不许指摘，隆权重体，惟其所为。于是科道交章论之，且言兵贵精不贵多，今督臣以兵少迟留，恐误疆事，乞催令移驻重庆。兵部覆议上请，故有是命。

戊子（十二日）［制诏贵州抚按，安疆臣既称忠顺朝廷，令其感恩图报］

制诏贵州抚按：安疆臣既称忠顺朝廷，嘉与维新。其谕令感恩图报，如能歼贼，不爱非常之赏。陈恩、王嘉猷俱许纳赎。

癸卯（二十七日）［大学士沈一贯上言矿税使出易生乱］

大学士沈一贯上言：臣惟自矿税使出，而天下举疑皇上为好货。皇上圣明天纵，岂为区区货利乎？或谓顷岁以来，国家多难。倭虏交讧之余，杨酋又见告矣。脱复有变，安可无防？皇上盖为万年无穷计耳。然设聚敛之策，而伤乐生之民，则乱未必弭而反以生乱，未可为远猷完策也……

明神宗实录卷三百四十一

十一月

戊申（初三日）［四川按臣赵标疏言播事大略］

四川按臣赵标疏言播事大略。谓杨酋穷凶稔恶，有不赦之罪。且众叛亲离，有可乘之机。乞朝廷独断进剿，委托督臣以讨贼削平之效。一切攻守机宜，进止迟速，俱勿遥制。文武诸臣有不用命者，听以尚方从事。而疏中复参新任总兵刘綎，与原任抚道邢玠、王士琦等。谓綎跋扈，玠等酿衅，均不可不问。疏下，兵部覆议，以为刘綎业奉处分，邢玠姑免议外，其委任督臣，责成文武，悉当如按臣所陈。至播酋惯行贿赂，有暗货通贼者，尤宜廉实重处，以肃人心。上曰：朕以西事付督臣，进止机宜原不中制。诸将吏有逗遛失机者，听以军法从事。朝廷赏罚明信，责在按臣，毋循情偏听，致有参差。逆酋善贿，举首者功之，隐匿不发，即以通贼论如法。

［兵部上言调兵制播不必尽天下而骚动之］

兵部上言：督臣李化龙议调各处兵马，除宁夏尚未报发，延绥、甘、固三镇各已报发二千，浙三千，山东及王芬所统者几四千，吴广原带之兵不下数千，庄志傅调广西土司兵三万。安疆臣闻已奉诏出兵，云贵选练调遣数亦逾万。陈璘、钱中选、王鸣鹤诸将，分布犄角。湖广抚臣亦已移驻沅州。夫以调集者如彼，简募者如此。苟能矢志审机，激发地方之同仇，鼓舞地方之豪杰，以四五省之材官，制此弹丸一隅之小丑，似不必尽天下而骚动之。臣以为，所议南兵可缓调也，惟是应发粮饷，共计一百五十万有奇。半欲取之冏库，半欲取之中都、南直、闽、广等处，顾冏藏所贮几何？且东请西发，日不暇给，乌可执以为常？况户七兵三之例，已经停止，臣等前疏已明言之，乞敕户部从长酌处，臣部毋与焉。上命调兵如议，协助饷银，二部屡次互执，恐悮军需。其会同都察院，虚心定议以闻。

乙丑（二十日）［诏征播机宜，皆责成督臣各官］

诏征播机宜，悉皆责成督臣各官，宜协谋共济。有妄生机械，流言游说，颠倒是非，荧惑耳目者，在内听部院科道，在外听总督抚按，不时参处。兵部覆总督李化龙之请也。

己巳（二十四日）［处置川贵总督李化龙所参将官］

川贵总督李化龙参新任总兵童元镇畏敌如虎，逗遛不进。原任总兵沈尚文托病杜门，拥兵三千，仅发百人赴急。游击曹希彬等并蓄缩观望，乞赐处分。兵部请论如法，且荐原任四川总兵李应祥勇略可用。上谓童元镇法当逮问，念用兵之际，姑褫职充为事官，管总兵事，立功赎罪。沈尚文逮治如律。曹希彬、梅鼎臣俱褫职提问，李应祥以原官起贵州总兵听用。国家养士甚厚，酬功不薄。各官近日骄蹇，遇警畏缩，巧择便利，玩法负恩，军令宜肃。以后有故违不遵者，督臣即以赐剑从事，毋得姑息。

［兵部覆广西抚按条议四事］

兵部覆广西抚按条议四事：一、分布将领，以资弹压。大略谓北陀、田冲、荔浦三处，均属贼冲。议将昭平参将统兵一千札守北陀，原任都司鲁儒以兵三百戍田冲，梧州所副千户杜熊兆以兵三百戍荔浦，仍听参将统领调度。一、筑建城垣，以固保障。北陀既有兵将，而无城垣，不惟平时无所栖止，即有警亦难捍卫。议于北陀甘水地方建城一座，合用料价，计费支给。一、设复驿官，以苏冲疲。平乐、昭平适中之地，原有广运旧驿，既经裁革，往来夫役取用堡兵，供亿不便。议欲仍旧复驿，夫马廪给通融酌处。诏如议。

［兵部覆湖广抚按会题征播二事］

兵部覆湖广抚按会题征播二事：一、调募兵士。南兵可调与否，应行查议。其施州、麻驿、镇筸等处募兵三万及调集本处各土司土著官兵，俱如所议。听陈璘统领，督抚布置，但在遴选精壮中，申严纪律，毋令虚縻骚扰。一、荐用将领。原任都司吴时乔，游击柳邦奇、王一桂等据称谋勇素裕，堪置行间，应如议起用，功成之日分别叙擢。报可。

辛未（二十六日）[户部题留湖广本色漕粮，以充征播军饷]

户部题留湖广本色漕粮二十一万二千二百六十五石，并耗尖米十六万一千三百余石，以充征播军饷。从科臣李应策之请也。

明神宗实录卷三百四十二

十二月

壬辰（十七日）[贵州黄平镇盘获杨应龙奸细]

贵州黄平镇盘获杨应龙奸细郭大禄等，供系浙江龙游人。搜橐中有天文地理、火器攻城、《大明一统〔志〕》诸书。按臣以闻，兵部言：应龙奸党四布，此其志不小。请敕内外严加访缉，其从逆之家，仍行原籍抚按查审有无知情。上然之。

乙未（二十日）[督催各省协济黔省兵饷]

户部言：黔省贫瘠，军兴俱仰给他省。已发闽粤二十万金，及滇蜀助过九万二千有奇，尚虞不敷。近该都察院会议，将凤阳应解马价十万两，又借支广西桂林、梧州二府库贮二十万，共足三十万。以十万饷四川、广西，而以二十万饷黔，乞敕该省如期督发。上命所议各处协济银两，兵部便驰骑守催，如数如期。有支吾推诿者，该部科参来重处。

明神宗实录卷三百四十三

万历二十八年庚子（1600）

正月

壬子（初八日）［贵州巡按宋兴祖条奏六事，不报］

贵州巡按宋兴祖条奏六事：一、严期限。总兵童元镇违限，今后用兵官员，限外不赴任失事，与见任同罪。一、责立功。临敌易将，兵家所忌。綦江城陷，全蜀震惊。方用刘綎，复调南京。且綎善练兵，为贼所畏。应留与童元镇犄角进兵。一、一将心。须严明约束，令幸功者不得躁进，巽懦者不得退缩，儇巧者不得观望。一、假便宜。兵家之变，应在呼吸。道里险远，难待禀复。一、停木运。土薄民穷，不堪两役，乞暂停专力讨贼。一、重成命。原旨云南镇守驻沾益，广西镇守驻泗城，乞趣二镇亟移信地，互为唇齿。不报。

癸丑（初九日）［“播酋”日肆狂梗，命各路官兵协力进剿］

兵部题贵州巡抚郭子章揭称：播酋四出劫掠，羽书沓至。贼势重大，动号数万，连营结寨，窥我卫城，塞我官路。而我兵通省不及三万，分布之，则一城不过数千，众寡相悬已甚。且分理在司道，而各道空虚无人。统领在主帅，而主帅多观望不至。捍卫在卒伍，而卒伍军弱不振。兵士既集，所需在粮饷，而粮饷每缺乏不继。以此用兵，鲜不偾事者也。惟湖广原调三万之兵并总兵陈璘、副使王应霖速赴偏桥，云南、广西原调一万七千之兵速赴贵阳，云南总兵沐叡速驻沾益，广西总兵李如樟速驻泗城，湖广抚臣移驻沅州。各该道并移近地。贵州总兵童元镇速赴贵阳，以资弹压。其畏怯不前者，从重参处。则师中之气联为一心，我之声灵克壮，贼之授首可期矣。奉旨：贼日肆狂梗，各官着作速移驻部属地方，协力进剿。如有观望逗遛误事，国法凛然，有沈尚文例。督抚部科，从重参处。

丙辰（十二日）［兵科左给事中题川贵总督李化龙乞速发饷

银，不报]

兵科左给事中桂有根题，川贵总督李化龙揭称：播酋狂逞未已，贵州物力难支。乞处慉将，给饷金，以图全胜。贼锋四出，道路阻塞。（董）〔童〕元镇、陈璘、吴广尚未履信地。楚抚支可大高坐省城。前疏调兵四万，见在偏桥止五千人，单弱如此，难与争衡。然总督已移驻重庆，黔抚亦移驻兴隆。即诸将或有迁延，而彼中如李应祥，智勇可用，故无将犹非所患也。至（千）〔于〕户部之饷，原议须蜀二十万者，竟属乌有。即广西、福建之银，安能朝发夕至，以济枵腹？惟有发帑金一十万，或暂借老库银，星速给发至黔，则三军尚可激励耳。不然驱饿民当强贼，将不可胜讳也。不报。

丁巳（十三日）[户部题贵州巡抚郭子章以需饷甚急请于滇蜀借银]

户部题：贵州巡抚郭子章，以播寇突出，需饷甚急。闽越之银，路远到迟。欲就近于滇蜀借银二十万，即以闽粤照数解补。倘再不敷，凡邻省堪动钱粮，听总督先动后题，各省官不许支吾推委。从之。

[兵部题四川巡按崔景荣参刘綎观望逗遛之缘由]

兵部题：四川巡按崔景荣参刘綎骄恣侮慢，观望逗遛，因诛其心。一、与应龙通家两世，不忍操兵相向。一、因东征叙功，居陈璘之下，升赏不满初心（缺）〔觖〕望心懟。一、恃身称宿将，用兵非彼不可。以故多方要挟。一、应龙惯于用贿，或起行之日，先通厚贿，以续旧盟，罪不容诛。按臣宋兴祖顾欲留之治兵，綎岂甘处人下，不险图相倾邪？宁不速合播酋并吞蚕食邪？如谓应龙所惧惟綎，又安知不用间，而以连衡处事邪？故綎断不可留，所当革任回卫者也。上从之。

戊午（十四日）[阁臣沈一贯题请特命一大臣视师]

阁臣沈一贯题：川贵总督李化龙以同舟之义（贵）〔责〕成〔督〕抚是也。但楚地辽远，其民轻心易动，移驻西偏，不无顾此失彼之虞。陈璘拥重兵于偏桥，亦非一二道臣所能制。不如特命大臣一人视师，事平与总兵一同裁撤为便。

己未（十五日）［兵部题川贵总督李化龙奏川黔楚协调征播事宜］

兵部题川贵总督李化龙揭：贼自残（被）〔破〕綦江，皇上赫然震怒，大发海内之兵，责臣以讨贼。臣竭驽钝，东向以图之。以土兵难全恃也，故请大发边腹之兵；以三省难自给也，故请多发内外之饷；以招苗之路宜绝也，故请制偏桥之帅；以黔省之力不足也，故请责全楚之供。盖庶几出于万全。又一面行二省镇道，严为备御，一面令安疆臣、奢世续直捣其巢。黔抚亦发安民省城防守之兵万余，令王嘉猷将之往援。播非水西之敌，贼势似已少敛，道路似已渐通。外省兵河南二千、陕西六千，及浙江、云南、广西兵，俱已次第入境矣。乃尚有所当请者三：则懦帅之当处也，黔饷之当议也，楚省之当同心也。沈尚文、童元镇俱黔帅也。尚文巽懦，重处固宜。元镇新帅，而踵旧帅避事之登，何可不革职而令带罪自（续）〔赎〕也。黔中惟无饷放，未敢多募兵。今云南、广西之兵旦暮且至，其能枵腹而应敌乎？则必闽广二十万，俱为实数，更益以别省见银一二十万，而后不虞脱（中）〔巾〕也。（大）〔夫〕偏桥走全省之道，偏桥不守，则祸中于楚。今戮（才）〔力〕会剿，为黔即为楚也，非舍己耘人之比也。奉旨：川贵总督、抚、道俱已近播弹压，惟湖广兵将不齐，饷又未备。倘致失期，巡抚岂逃其责？楚地辽远，抚臣顾管难周，欲添差一员督理监视，该部院议处来看。童元镇逗遛太久，着戴罪管事，俟杀贼后题覆。如再推诿懦怯，不待失事，总督便（销）〔锁〕扭来京。副将以下不〔听〕命者，即以赐剑立斩徇众。总督无得疑畏，致误事机，罪有攸归。

庚午（二十六日）［兵部覆贵州巡抚郭子章应援贵州事宜］

兵部覆贵州巡抚郭子章题：黔省僻在西南，为通滇一线之路。地方辽长，在在邻贼，而兵微饷寡，单弱已极。自播贼煽虐以来，议兵议饷，累牍连章，亦既虑竭思殚矣。无奈调兵不能骤齐，转饷不能卒至，兼之将领玩愒，不急趋事。彼贼见孤黔之可乘，纠结生苗，分道突犯于许花、王嶰，盘据于三跳、翁岩，孤危之势，诚岌岌矣。抚按欲于原议之外，再行募兵三万，分屯东坡、烂桥、重安，以固要害而通喉舌。急催湖广滇粤永保之兵，救偏桥、思石、兴黄、贵阳一带，以卫地方而壮声援。且虞粮饷之难处，必欲如数解发。将领之规避逗遛，查参究治。此其心良苦矣。第无兵则攻守之难，有兵则供亿之难。议行多募，恐一时难集，亦未必精且练也。童元镇逗遛半年，交代逾月，鼠伏铜仁，恇怯偾事。若不究惩，岂复知有三尺法哉？今如已任事，容令戴罪自效。或尚观望，听督臣解扭赴京治罪，其员缺即以听用总兵李应祥补之。奉旨：贵州孤危，着总督与镇抚上紧应援。兵马若少，准再酌量调募，另给粮饷与他。广西、云南、湖广各兵，俱要齐赴信地战守，不许逗遛观望。童元镇堪否策励，及应拿应换，总督务遵屡旨从实行，不得姑息。陈寅等如再不到，参来重处。朝廷不中制，该督抚宜协心力任，相机行事。

辛未（二十七日）［以“播酋”猖獗，兵部题请调兵集饷］

兵部题：播酋猖獗，势所必诛。调兵集饷，急如星火。不得已将庐、凤、淮、扬万历二十七年分应解马价六万七千两，又将二十八年折色马价扣除三万三千两，凑足十万，暂济川贵之急。今淮抚李三才称，候为价解发，必悮〔军〕机。先借漕库船料三万两、盐课五万两，并庐州府二十七年马价二万两起解，而以前议未解马价抵补。此权宜之计也。从之。

壬申（二十八日）［都察院左都御史温纯题报“播酋”、云南情形］

都察院左都御史温纯题：云南巡按御史刘会报满，请以浙江道李以唐代差。因言：播酋豕突于兴隆、黄平之间，将断贵州之道，为图云南之计。云南内有二心之顺宁，外有垂涎之播酋，实危急存亡之秋。以唐此行，道经贵州而察贼势之强弱，入云南而建备御之长策。其有裨于国不亦多乎！又力请考选行取之臣。俱不报。

明神宗实录卷三百四十四

二月

乙亥朔（初一日）［以军兴，就近推补四川司道等官］

以军兴，就近推补四川司道等官。副使马朝阳升右参政，分守川北道。右参议史旌贤升副使、马（瑚）〔湖〕兵备。陕西右参政张悌升按察使兼参议，分守川东。真定知府秦璘晋升副使，分巡兵备川西。河南副使王嘉谟升右参政，分守川南。凤翔知府（江）〔汪〕应泰升副使，备兵松（藩）〔潘〕。原任四川按察使周嘉（读）〔谟〕起补原官，分巡川北。其川贵湖司道有司，悉听督抚举劾，举作正荐。俱依总督李化龙请也。

［以军兴急人，调补贵州右参议和贵阳知府］

以贵阳知府张文奇为贵州右参议，分巡新镇道。升南京工部郎中刘冠南为贵阳知府。依巡按郭子章请也。知府调参议为绌级，以军兴急人故破例。

［以川黔用兵，偏沅添设巡抚］

以川黔用兵，偏沅添设巡抚。上用江铎为都察院右佥都御史，巡抚偏沅等处地方，提督军务，兼理粮饷。

［吏部覆贵州巡抚郭子章等题奏整饬各地兵备事宜］

吏部覆贵州巡（按）〔抚〕郭子章等题：分守思仁副使陈与相，整饬都清兵备。副使袁应文整饬威清兵备。副使简继芳久未到任，已经本部移文严限督促。但（蔄）〔简〕继芳由浙赴黔路远到难，恐误军机，拟将原任山东参议王邦俊起补，而以继芳调云南副使，分守安普。并以原任按察使梁云龙起补湖广右布政兼佥事，整饬岳州九永兵备。原任副使袁弘德起补湖广副使，整饬荆西兵备。原任副使张天德，降补湖广右参议兼佥事。职方员外郎冯应京升湖广佥事，整饬武昌兵备。本省副使杨现调清军驿传道，而以参政陆长庚升湖广按察使，管荆州兵备事。各刻期催赴任。从之。

［升胡桂芳为湖广按察使，同魏养蒙俱管监军事］

升参政胡桂芳湖广按察使，同荆西道参议兼佥事魏养蒙，俱管监军事，一随抚臣赞理机务，一与总兵随营运筹。时总督李化龙欲用桂芳与湖北兵备副使王应霖，（西）〔而〕巡抚支可大欲用养蒙与守分湖北参政詹启东。故部参用之。

［督催川湖各省接济征播粮饷］

户部以征播之兵大集，黔省粮饷不支，且道路阻塞，飞挽无从，应于楚蜀库藏现银那借凑用。间关万里，寇贼梗路，数数奏请，耽延岁月。乞严敕川湖各省，遵照接济。奉旨：粮饷用兵紧务，难待奏报转展。邻省应解的着总督严行催取，该抚按不许执留短少，致误军机。以后不敷，任总督便宜征发，不必一一奏请。

丙子（初二日）［兵部尚书田乐上六事］

兵部尚书田乐以偏桥接轸播界，逆贼素所垂涎，先该总兵专驻以资弹压，时设巡抚督理。第官系新设，事无专责，乞酌议详明，以便注措，因上六事：一、议驻札。抚臣之设，原为督兵理饷。湖广通省尽属提辖，远驻偏桥，鞭长不及马腹。况偏桥地僻城小，既驻总兵，衙署供亿，力必不支。宜令抚臣移镇沅州，而守巡历清、平、偏、镇，以便就近策应。一、议分辖。黔地界在楚蜀之间，湖北、川东犬牙相错。抚臣建节偏沅，则湖省与川贵附近等处，悉应分辖。庶画地而守，不致推诿误事。一、议节制。抚臣既已裂疆定界，凡调到各处兵将，俱当会同总督分布调发，随宜应援。其有执拗逗遛，抗违不用命者，悉以军法从事。至于军民词讼有关军饷者，俱得听理。其余不必侵越。一、设中军。巡抚标下例有亲兵，一切饬整戎旅，传布号令，职在中军。此臂指之义也。偏抚新立，合于所属挑选精锐才兵千余，以资护卫。添设中军游击一员，以便承宣。事宁之日，并行裁革。一、议严期限。礼君命不宿于家，况播贼匪茹兼，当灭此而后朝食。今新抚江铎，见任易州参政，伏望严饬就道，刻期上任。一、议供应。闽广任重体崇，将（较）〔校〕、胥吏、员役必多廪给、纸札、犒赏等项，岂容猥琐溪刻？合行湖广督抚预为计处，派解听用，无致临时缺乏。奉旨：俱依拟。偏沅用兵，原是湖广巡抚之责。朝廷念其地广难遍，特设经理，以分其劳。除征播军机系专责外，其一切合用兵马钱粮取给通省。着该巡抚与经理同心，上紧催儹接济，不许推诿误事。所辖文武官吏，如有抗违，着不时参来重处。

戊寅（初四日）［云南巡按刘会请暂留起解钱粮，抵给贵州紧急军需］

云南巡按刘会请暂留起解钱粮，抵给贵州万分紧急军需。不报。

辛巳（初七日）［蓟辽经略邢玠奏辩科臣追论播事失策不剿始末］

总督蓟辽经略尚书邢玠奏辩科臣李应策追论播事失策不剿始末，因乞休，上谕留之。先是，杨应龙为讨贼放还。廷议遣玠往，先勘后剿，谓悔罪出勘，情法并伸，如仍负固，方行剿灭。后应龙三具文请勘，一出播川，再出松坎，三出綦江之安稳驲。应龙认纳赎银四万两，质其子可栋于重庆。后因可栋死于非命而再叛，则玠复命后事也。

癸未（初九日）［户部题请查理征播官兵关支粮饷］

户部题：科臣李应策奏，节省兵饷，今日急务。乞行各该巡按御史，将在征播官兵关支粮饷，悉心查理。敢有侵冒，查出指名参究。上从之。

甲申（初十日）［以黔省饷急，令将云南应解、应还银解赴贵州充饷］

户部以黔省增兵防御，饷甚紧急。滇黔唇齿相依，势宜相救。合将云南应解本部撙节公费、税契商税、事例空月柴马等银四千二百有奇，解赴贵州充饷。其应还四川内未完二万九千二百余两，搜刮别项官银凑足解黔，不得推诿。上从之。

乙酉（十一日）［兵部覆川湖总督李化龙题“播贼”腹心已溃，着督抚率镇将并力进歼］

兵部覆川湖总督李化龙题：贼破綦江以来，锋不可当。今汉土诸兵各有擒斩，寨长、生苗望风投降，腹心已溃，道路渐通。但师以久玩，兵以胜骄。新抚未到，湖广抚臣自宜急趋偏（元）〔沅〕，督率诸将并刀箭进歼彼贼党，救民水火。以后投降人众，仍当察其真伪，勿致轻信，中贼奸计，方保全胜。奉旨：西师既有擒斩俘降，机会宜乘。着督抚率领镇将，分道进捣。务要齐心并力，不许违误节制。偏桥系支可大（侯）〔信〕地，着遵旨前往督兵。待江铎到，分督兵饷，共成大事，不得推诿。如有失期，重罪勿饶。投降人等还审察真伪安插，毋堕狡谋，亦不失招徕分势之计。

己丑（十五日）［兵部尚书田乐条上八事］

兵部尚书田乐以戎务久弛，饥荒兆乱，条上八事：一查额兵，一简民壮，一练乡兵，一严保甲，一禁左道，一议应援，一勤训练，一信赏罚。上俱允行之。

［督臣李化龙题请用刘綎领兵剿贼］

又题：督臣李化龙称，刘綎父为名将，立功蜀中。綎结发从戎，屡有战功，播人惮其威名。况经改南以来，深切（魏）〔愧〕悔，思得自效，以雪前耻。且其部伍整肃，器仗精利。欲以川东一路属之，与吴广分道并进。科臣则以綎骄蹇逗遛，悻悻恃功，怏怏矢志，无人臣礼。且闻其在荆州，受杨酋六积之馈，心迹叵测。必欲用綎，亦应照童元镇例，革衔受事，以观后效。如其狡狯观望，偾军误国，尚方剑在，（河）〔何〕辞杜邮之诛？庶不负朝廷使过之仁，并不负督臣破格之举。奉旨：刘綎已经参论革任，既总督说进兵在迩，分布已定，一力保来。准充为事官，领兵剿贼，报效有功，一体叙赏。如再负恩，骄纵误事，（望）〔重〕罪不饶。

［兵科桂有根题奏播事情形］

又题：兵科桂有根具题二事……一谓播事，既许应龙自缚，傥得首恶，余民深当抚辑。闻应龙蓄养形貌肖己者甚多，必其预防势穷力屈，辄施纪信之计。若幸功心多，防奸意少，致元凶诡脱，不惟见笑丑夷，抑恐留衅将来。又湖广抚臣支可大应移驻偏桥，新设抚臣江铎宜刻期赴任。奉旨：辽东先调西兵，便着分队撤还。一面亟选本镇军人充称，以备不时战守。毋得推诿，致误边计。西征机宜，朝廷既不中制，着督抚审度处置，毋贻后悔。江铎限一月内星驰赴任。此系权设衙门，一切应付，着各官预与处给，不必待他讨请。

［兵部覆四川巡按崔景荣条奏六事］

兵部覆四川巡按御史崔景荣条奏六事：一、重间赏以省杀戮。

杨贼狡黠，如先年白石之役，遣人（诏）〔招〕降。声言应龙已逃，又言被仇执缚，诱哄各军乱进无次，入于伏中，尽被杀害。昔狄青不认衣金龙衣者为侬智高，正防其诈。故间不可不审也。一、禁骚扰以安内地。各兵聚集，土汉杂处。土民犷悍，好斗轻生，切宜禁约。一、议应援以防伏兵。播境险阻，恐贼出间道，势须策应。一、宽文法以杜欺隐。法重难行，人怀顾忌，事鲜实闻。惟当不狃小胜，不责小败，务令据实奏报。一、禁杀虏以散逆党。临阵斩级，登簿升赏。若原非战斗而持级报功，即系妄杀，立斩以徇。一、议赡养以抚降人。宜严禁吓诈以广招徕之路，给仓谷以息争夺之风。奉旨：用兵深戒妄杀，尤当敬慎终始。不但进取之时须相犄角，即克胜之后亦宜整队肃防，毋徒姑息疏脱，致堕狡计，仍禁戢各将，毋得争妒参差，纵暴扰掠，违者虽有功亦以罪论。督臣还须定方略，详申法禁，使人有所遵守，但不得过为掣肘，令失机会。威福朝廷大权，自有斟酌，功必不遗，罪必不宥。以得罪首为期，苛细亦所不计。

庚寅（十六日）［辅臣沈一贯题请帝应“大沛弘仁”，以收楚民之心，不报］

辅臣沈一贯题：陈奉入楚，始而武昌一变，继之汉口，继之黄州，继之襄阳之光化县。又青山镇、阳逻镇，又武昌县仙桃镇，又宝庆，又德安，又湘潭，又（已）〔巴〕河镇。变经十起，几成大乱。今奉衔命征收地方，倘一动摇，激变之罪何逭？且民情一变，亦已可畏，况于屡变。既已屡变，而犹穷治乱党，深督有司，则民益无所恃，而变愈急。不惟岁额因之日减，抑惧大衅结而莫解。楚民轻剽易动，楚地湖山辽阔，哨聚易匿难搜。况征播军兴，家家增赋，处处添兵，而复迫之，适驱使从贼耳。恳惟皇上大沛弘仁，以收楚民之心。不报。

庚子（二十六日）［兵部覆偏沅巡抚江铎所上剿防条议］

兵部覆偏沅巡抚江铎条议：一、坚庙谟以一人心。凡狡狯为贼所贿，簧鼓煽惑，疑阻军心，即以通贼之罪罪之。一、设副将以资战守。即于原议四方之内，挑选精锐三千名，听其统领操练，遇敌策应。一、选锐卒以壮军威。保定忠顺营原系永乐间降虏，人颇骁勇。须精选三百名，即以该营百户卢希孔统领西发。及原任易州道标下家丁、快手，俱勇敢可用，量（帝）〔率〕五十名，即以中军指挥刘允康统领前进。其安家行粮，俱于该府借给。上允行之。

明神宗实录卷三百四十五

三月

甲辰朔（初一日）［户部题严催福建等省火速接济贵州兵粮］

户部题：贵州巡按宋兴祖称，（免）〔克〕日进兵，粮饷至急。今福建十万尚无影响，广西十万方到沅州，恐后不继，致脱巾之变。奉旨：协助兵粮，着火速严催接济。有再借口支吾的，总督抚按指名参来重处。

［官军誓师进兵征播］

贵州巡抚郭子章咨总督李化龙，已于正月十五日誓师，贵州亦以二月初三日誓师。进兵有期，而总兵李应祥，副总兵陈寅、王鸣鹤俱未到。今副总兵陈良玭守偏桥二月，调度有方，可摄婺（州）〔川〕参将，督兵从龙泉进。原任参将杨显魁梧勇武，为永顺所信服，可起游击摄兴（龙）〔隆〕参将，督永顺兵从（王）〔黄〕平进。从之。

乙巳（初二日）［户部题偏沅巡抚江铎请暂借用湖广条鞭银两事］

户部题：偏沅巡抚江铎以大兵云集，恐楚中加派钱粮，一时遽难完解，请以该省见征条鞭银两，权宜借用，候征补完，仍将应运黔省充饷钱粮，先期督解，以济紧急。如有迟缓，听抚臣查核参处提问。从之。

丙（子）〔午〕（初三日）［于王家楼添置太平驿］

兵部题：麻城距光山二百四十余里，供亿不便。该都御史支可大议于王家楼添设一驿。上从之，赐名太平。

戊申（初五日）[礼部题报四川进扇粗糙不合式]

礼部题：四川进扇，粗糙不合式。传旨经管官各降一级。

[令湖广如京式铸钱，禁私铸]

先是，腾骧右卫百户李鋆奏：湖广地阔人稠，兼有矿洞。乞特差内官开矿采铜，设局铸钱。已得旨允行。至是，工部请发宝源局见在钱样二百文，令其如式铸造。奉旨：钱法阻滞，因有私铸，低假淆混。又因官不收钱，止责民间行使，安能流通？遵守造钱式额，与内官陈奉，务探四火黄铜依样铸造，不许与京式纤毫参差。凡存留钱粮及各官员、师生俸廪，各役工食等项事例银钱，兼收其工费等项，悉遵旨通融处给。若有私铸的严行禁治，不许因而纵奸滋弊，扰害地方。

壬戌（十九日）[以“播酋”督率马步兵数万攻破龙泉司，处置失事官员]

兵部题：贵州巡抚郭子章报称，播酋督率马步兵数万，于正月初五日，杀破龙泉司，将土官安民志、吏目刘玉銮绑掳去。守备杨惟中先期托言参谒守道，潜避鹦鹉溪。据惟中称：龙泉切近播境，系贼出入之路，贼所必争。职兵不满二千，贼兵动称数万，众寡难支，但惟中以公出思南为解，而恳留不允，事不避难之忠未尽。又副总兵陈良玭以急守偏桥为词，而屡催不至，同舟共济之义则疏。今据总兵陈璘未到，良玭犹属代庖，难以苛责。龙泉原无城郭可守，而惟中坚守二年，微有斩获。故论其恇怯，善弃信地，即拟重辟非过。特今元凶未扫，或开使过之门，犹淂戴罪自效。奉旨：童元镇、陈良玭姑记过，候事完通议。杨惟中本当拿问，姑革职，取无罪招繇戴罪管事。近来军纪不严，明旨申饬，不啻再三，各兵将通不遵守，何望克敌成功？李应祥等是何缘故，至今未到？着各抚按严查飞奏，不许徇情回护。

[总督李化龙题报分布八路进剿，并录神誓文与军誓以进]

总督侍郎李化龙题报，分布八路进剿，形势部署、官将名目，并录神誓文与军誓以进。上深然之。其誓神之词曰：《春秋》之义，人臣无将。汉法所诛，大逆不道。逆贼杨应龙，本以夷种，世厕汉官，被我官裳，守（被）〔彼〕爵土。辄敢忘天朝豢养之恩，恣鬼国凶残之性。初但殃及骨肉，继乃祸遍蒸黎。婴儿孕妇，概被诛夷；杀将屠城，以为常事。虐焰燔于五司七姓，淫毒渐于九溪三巴，天地不容，神人共愤。皇帝痛兆人之失所，杜列辟之效尤，遂伐暴以安民，乃兴师而问罪。某等共以职守，减在戎行，坚除凶雪耻之图，奋戮力同心之谊，庶几共奖王室，乃可必得罪人。兹将鞫义旅以徂征，敢用对明神而作誓。夫惟忠可以报主，惟公可以服人。惟敢死不二，可以徇国家之急；惟积白无欺，可以树掀揭之勋。凡在行间，请事斯语。若督、抚、镇、道及副、参、游、守、府、县衙所，大小文武等官，有怀奸饰诈，罔上行私，干没军资，枉残民命。或假公事以报私仇，或介小嫌而妨大计，或以是为非，或以非为是，任一己之见，而失三军之心。或当进不进，当援不援，偷一时之生，而戕万民之命。或怀忠不尽，退有后言，或临事避难，转生枝节。或赏罚功罪之不明，或南北汉土之异视。或挟机械变诈之术以利己，或造疑似影响之说以倾人。有一于则，即为负国，明神殛之，死不旋踵，永绝其嗣。夫神护国佑民，以食其报者也。神不明则士不奋，贼不灭民不安。不能充礼于神，亦有不利焉，惟明神实图利之。其誓军禁约各官，及条诫各兵临阵。俱恳切详明，闻者感动。

癸亥（二十日）［湖广巡抚支可大辩督臣李化龙揭奏］

湖广巡抚支可大引疾乞休，辩督臣李化龙揭奏：高坐省城，当以不及罢斥。实因税监陈奉遵有民变，千人鼓噪，亲冒矢石，抚辑旬日。又待会问兴国州追金事，后滞半月。又言楚中征兵措饷之难。上以地方用兵，留之。

丙寅（二十三日）［兵部题山西道御史所言黔中处饷之难、征兵之难、驲递之难］

兵部题山西道御史李时华极言黔中处饷之难、征兵之难、驲递之难，而请朝廷宽文法，诸臣秉公心。奉旨：军中事悉付总督，朝廷不从中制。今正进兵，着李化龙慎重周详，勿得率易偏听，严申法纪，齐合众心。如有观望逗遛、妒害携贰的，即时处置。驲递马匹，着从长设处行。

戊辰（二十五日）［吏部题贵州巡抚郭子章因上司查参失事将

官，求去]

吏部题：贵州巡抚郭子章以播贼残破，上司查参失事将官，因认罪求去。上以兵事方殷，不许。

庚午（二十七日）[户部题报援黔粮饷事宜]

户部题：御史李时华以黔中用兵，多方议处粮饷。惟是进兵取捷，期难预定。前饷若尽，后饷未接，事系安危。御史所以击目抚心，切切恳请也。近查南京户部银库二十七年分，有实在银三十七万，合于内支取十万两。又查河南一省有二十七年分应解京库银九万零，洽改拨解黔，以济实用。至于所留漕粮，委应本色。楚地饶米，最苦输（艮）〔银〕。黔中乏食，艰于得米。第荆、襄等府距黔较远，江运险逆，陆挽费多，又当通融酌处耳。若卫所驿递，诚当优恤，然非今日之力所能及也。悉允行之。

明神宗实录卷三百四十六

四月

丙子（初三日）[官兵剿平云南顺宁府、大侯州“逆酋”]

兵部尚书田乐题：云南巡按御史张应扬称，顺宁府逆酋猛廷瑞凶残淫恶，招兵帮助大（候）〔侯〕州逆酋奉学为乱。攻劫州治，焚烧桥梁，官兵进剿荡平。又该巡按御史刘会称，顺（天）〔宁〕地方猛、奉余孽复叛，招窃名号，共谋不轨。官兵进剿，各有斩获人畜器仗等功。其报捷人员，例应升赏，但擒斩止三百五十余级，即以三倍计之，仅及小捷。各边获功七十名颗以上，赍奏员役并未给赏衣服。且报捷止应一人，未有二人共报一捷之例。乞将于从龙、狄应麟各赏衣服一套，于内府关领。宣捷之日，御前奏给，庶于旧典不爽。从之。

庚辰（初七日）[加云南中军张澍游击职衔，统兵八千援黔]

加云南中军张澍游击职衔，统兵八千援黔。

乙酉（十二日）［川湖总督李化龙题报广兵、陕兵互相杀伤］

川湖总督李化龙题：广兵、陕兵因事忿争，互相杀伤。总兵吴广不能约束，全无（犯）〔纪〕律，欲并其赴任违限，从重罚治。上仅夺其俸三月。

［偏沅巡抚江铎奏报入境日期］

偏沅巡抚江铎奏报入境日期。上谕以协心平贼，以副简注。

［蓟辽总督邢玠勘处"播酋"系奉敕行事］

总督蓟辽尚书邢玠以先奉旨勘播，乃因人言，咎其不剿，引罪乞休。上曰：邢玠勘处播酋，奉敕行事，何必自陈，着照旧供职。

丁亥（十四日）［以剿黎平府"皮林苗"轻进取败，参将被参革］

湖广巡抚支可大参：黎平府皮林苗戕杀官将，挟银退兵。参将黄冲霄轻进取败，失机辱国。乞将冲霄革任提问。从之。

己丑（十六日）［贵州宣慰使奏陈忧谗畏讥，令毋得自生疑阻］

贵州宣慰使安疆臣奏：播警方殷，令剿在即，（堇）〔谨〕陈忧谗畏讥之私，以息群猜。奉旨：推诚布公，赏罚明信，微功必录，岂负忠义之臣？安疆臣奋忠讨逆，奉公灭私。朕方嘉悦，谁敢妄生谗毁，有何嫌忌？着他上紧进兵报（放）〔效〕，毋得自生疑阻。成功之日，一依原格行赏。

［湖广巡抚支可大揭称两省合兵共捣，贵州兵将迁延不赴］

湖广巡抚支可大揭称：两省定约合兵共捣。今楚兵一进，辄有斩获，而贵州兵将迁延不赴，恐贼渡江设伏，大兵无路可进。乞敕诸将，并力一心，以图灭贼。奉旨：两省既约合兵，贵州何为不赴？以后着首尾相应，以图万全。不许借托迁延，长奸（滛完）〔玩寇〕。着各巡按移札近境，纠察奸弊奏闻。各路官兵众多，恐有推缓争妒等情。各官务要同心协力，功成同赏。若互分彼此，致误事机，决行重处不宥。

壬辰（十九日）［贵州巡抚郭子章报"播贼"掳去防御宣慰宋承恩］

贵州巡抚郭子章报：播贼掳去防御宣慰宋承恩。先是，承恩与应龙翁婿之情，安能不往来？近始与之绝。其被掳也，顺逆之情尚未可知。所遗该司土民尚多，恐杨贼别生诡计。相应于亲族中择能抚驭之人，责令招合绥辑，不致为贼收用。上命巡按查奏。

［兵科左给事中参总兵童元镇等失机诸状］

兵科左给事中桂有根参：总兵童元镇兵无纪律，丧师万余。游击谢崇爵望风奔逃，并监军杨寅秋赞理失策，巡抚郭子章调度乖方，及刘綎、安疆臣伪称扼险以固封疆，实欲驱寇以祸邻国。事下兵部。

乙未（二十二日）［内臣差官严刑逼勒，激变新会县民］

广东巡按顾龙祯为激变流殃，非常大异。市舶税务内臣李凤，差官陈保往新会县，拘锁平民，严刑逼勒，以致士民数千鼓噪县堂，税棍林权等率党相持。自午至戌，挤踏死伤于县门者五十余命。窃惟新会迫在海滨，民轻易动。而李凤以垄断之计，开告密之门，无影无踪，忽兴大狱。其甲获罪，则曰某乙某丙实指唆之，株连所及，几至竭泽。类解稍愆期，则曰抚按所阻挠也；指县官之风力者，则曰而予我海澳之税余；指府佐之清白者，则曰而予我夷舶之常例；指司道之赤心者，则曰而予我裔夷之琛赂。罗织善良，钳制命吏，招集海盗，驾使大船截海商，登岸劫杀。在在见告，惨于夷寇，波水为红。臣愚以为不撤李凤、不尽法陈保等，海隅万里，将不可胜讳也。疏入不报。

明神宗实录卷三百四十七

五月

丙午（初四日）［兵部题川贵总督李化龙等奏报乌江之败其失有六］

兵部题：据川贵总督李化龙、巡抚郭子章所报，乌江之败，其失有六：兵分八路，该路止宜聚兵乌江，而设疑于河渡可也。乃分而为二，相去辽远。我分彼合，众寡相悬，为贼所乘。失一。既兵分矣，幸得破关，宜合兵以待大军，而河渡方且攻囤，乌江亦未治垒。失二。关在前，江在后，是背水阵也。法宜死战，而见贼辄走。失三。欲觅退步，必须守桥，庶竞可前可却。乃无一夫之守，奸细得而断之。失四。换旗合哨，非仓卒事，既知有奸，即宜整备。而悠悠忽忽，遇敌先乱，岳家军殆不如是。失五。土汉错处，缓急异指。一失驾驭，岂得调和？积妒成争，自分胡越。失六。夫将者三军之司命也。童元镇自为大帅，舆尸（愤）〔偾〕事，所应扭解赴京，从重究罪。谢崇爵偷安误事，望风奔逃，宜赐剑处斩，以肃军心。张秉、张澍虽失律丧师，犹身在行间，情略可原。姑令戴罪杀贼，仍行督抚申斥将领，及宣谕安疆臣、刘（铤）〔綎〕等，各奋忠勇，合力灭贼。其元镇总兵缺，以李应祥充补。上一一从之。

己未（十七日）［兵科都给事中侯先春言李化龙平播部署已定，功右垂成，闻丁忧，伏乞皇上勉留］

兵科都给事中侯先春言：督臣李化龙部署已定，功右垂成。今闻丁忧，伏乞皇上勉留，以发平播之功。命下部议之。

［工科都给事中王德完言西川三大苦状］

工科都给事中王德完极言西川困苦之状：一曰大木，二曰大税，三曰大兵备。极悲惨，可为流涕。疏入不报。

［官兵攻破青蛇囤］

偏沅巡抚江铎奏报攻破青蛇囤大捷，上报闻。

癸亥（二十一日）［阁臣沈一贯题请优赏镇雄府土知府陇澄］

阁臣沈一贯题：科臣为黔帅报捷，乞优赏陇澄。查澄系镇雄府土知府，即安尧臣子，兄宣慰使疆臣同母凤氏所出。安民奉皇上抚谕，澄持枪督阵，斩获播酋万余，戮其爱子，复诱之议抚，擒送其腹心尚义等二十四人，具见忠义之心。今议赏澄金币，臣谨票拟，并详始末以闻。

［安疆臣之兵征播需饷甚急，命各抚按定限催解］

户部题：科臣侯先春言，逆酋就僇可期，而安疆臣之兵，需饷甚急。征播拮据数季，方有破竹之势。若复以缺饷隳功，偾事之诛，谁其任之？上命各抚按定限催解，毋得怠缓误事。

乙丑（二十三日）［令督臣李化龙荡平贼巢后回籍守制］

吏部题：督臣李化龙忽遭忧制，乞令从权管事。奉旨：军旅事大，李化龙正值督兵决胜，当从权移孝，力图报国。待荡平贼巢，处置悉备，方听回籍守制。切勿顷刻杜门，致妨机务。

［刑部题请查勘总兵沈尚文失事之状］

刑部题：据贵州督臣参总兵沈尚文握兵三千，托疾杜门，止发百人赴援。及据尚文辨疏称，总镇额设标兵，仅止百名，抱病移驻偏桥，并无失事。特以新总代任愆期，病臣概及可悯。事在彼中，乞行抚按查勘明确，以便定罪。从之。

丙寅（二十四日）［阁臣沈一贯题报督臣李化龙言播贼腹心内溃，因言有功官兵所宜破格酬赏］

阁臣沈一贯题：据督臣李化龙揭言，贼势穷蹙已极，腹心内溃，父子相疑，擒在旦夕。因言有功官兵所宜破格酬赏。

丁卯（二十五日）［兵部题请严敕征播各总抚镇将“刻期并进，早奏荡平”］

兵部题：征播三报捷音，正宜乘势合力会剿，不可泄泄从事，有误军机。乞严敕各总抚镇将，刻期并进，早奏荡平。从之。

明神宗实录卷三百四十八

六月

戊寅（初七日）［征播之兵松门垭失利，王芬、陈大纲、杨愈战死，赠恤之］

兵部题：征播之兵松门垭失利，都司王芬、守备陈大纲、副招讨杨愈战死。并参刘綎疏防缓救。奉旨：各官忠勇死战，恤录宜优。王芬赠都督佥事，荫一子。副千户陈大纲赠署都督佥事，荫一子，实授百户。俱世袭。杨愈赠宣慰司副使，杨时和先准承袭父职。余如议。

壬午（十一日）［总督李化龙以考绩加右都御史］

总督侍郎李化龙以考绩加右都御史，恳辞不允。

［四川巡按崔景荣参犍为知县、平武知县］

四川巡按崔景荣参（捷）〔犍〕为知县刘惟一为民，平武知县陈尚贤降调。不报。

丙戌（十五日）［广西思同州土官无嗣，归并为永康州］

户部题：广西思同州土官黄天锡故，绝（劝）〔幼〕无应继之人。今将本州归并永康县，升作一州。钦定州名，铸颁州印，铨选知州。从之。即以永康名州。

丁酉（二十六日）［川湖总督李化龙乞守制，未允］

川湖总督（専）〔李〕化龙闻讣，乞守制。奉旨：守制固孝子至情，但贼势垂亡，兵机尤急，关系西南，倚托最重。近该部科公疏请留，朕已有旨。宜抑情遵命，视国如家，事完终丧有期，慎毋哀毁妨误。

戊戌（二十七日）［着督抚严催各路汉土官兵合剿］

兵部题：科臣侯先春疑西兵报捷已逾四旬，是后情形杳无声耗，恐或有所牵制（雇）〔顾〕虑及畏忌要挟，或失事机，并军饷之当急措，陇兵有功之当先赏，皆西事之吃紧者也。奉旨：西师屡次报功，破关齐（八）〔入〕，如何未见令捷？八路进兵，恐有牵制观望等情。着督抚严催合剿，不许怠缓，以失事机。兵饷着马（止）〔上〕差人守等起解，毋得短少迟误。陇澄先登敢战，以报朝廷，深可嘉尚。先赏银三十两、大红纻丝二表里，用卞特恩，成而之日，还与优叙，仍宣示各汉土官兵，俾其激励奋威歼贼。

［兵科陈征播事宜，不报］

兵科侯先春为灭贼有日，伐谋贵全。恐人心不一，懦者逗遛，贪者行私，刚愎者自用，而廉勇者复为贪懦者所妒。宜令督臣移驻播城三犹，各至境上，以便调度。困兽犹斗，则设防不可不密；枵腹难支，则措饷不可不预。而又出奇以夺其谋，此全胜之道也。不报。

己亥（二十八日）［兵部题报各路合攻破海龙囤，杨应龙势急

自尽]

兵部题：偏沅巡抚江铎塘报，六月初六日，各路合攻，破海龙囤，杨应龙势急自尽，生擒伊妻子，并逆（堂）〔党〕何汉良等。一鼓荡平，功收底定。上报闻。

[杨应龙败亡，札谕赦宥无辜，抚安地方]

阁臣沈一贯题，奉御札：逆贼杨应龙已就天落，此实仰赖天地洪庥，祖宗佑助。大小文武将士，溽暑之时，成此大功，朕心嘉悦。其赦宥无辜，抚安地方事宜，卿可传示该部议拟（其）〔具〕奏。特谕卿知。且恭捧攸漏，皇上独持成断，密运机筹。历世跋扈之雄，数月削平。皇上一闻戎捷，即念人劳，谓溽暑成功，事非容易，并加怜恻，形于诏词。又令臣等议拟赦宥抚安，合行事宜。直天地长育，父母生成，远近闻之，（推）〔谁〕不感（注）〔泣〕？臣即传示施行。

明神宗实录卷三百四十九

七月

壬寅朔（初一日）[四川巡按崔景荣奏劾四川总兵官吴广等贪“酋”贿赂等罪]

四川巡按（雀）〔崔〕景荣奏：四川总兵官吴广贪酋贿赂，甘堕术中。赞理监纪马埛、知府蔡宗宪，同奸相济，共谋缓兵，欲受贼降。刘（珽）〔綎〕、周国（桂）〔柱〕，膺一路之司，应援不速。均属有罪。兵部覆：吴广革总兵职衔，量充为事官，戴罪杀贼自赎。刘綎、周国柱案，候事完通论。从之。

甲辰（初三日）[以杨应龙已灭，兵部议上善后事宜]

先是，上以逆贼杨应龙已灭，令条上善后事宜。至是，兵部议上诸状：一、宥无辜。言兴师伐罪，上诛元凶及有名恶党。凡汉土诸人，不得已先从者，不必株连蔓引。一、安地方。言五司七姓陆续所收降中，宜加意抚绥，设法赈济，（今）〔令〕得其所。一、禁豪强。言地有分王，廛有定居，遭变诸人，事平而反。虽照旧基承认，暴横者不得多取。一、议蠲恤。言兵兴以来，被害之惨者，无如綦江诸处，而川蜀运粮之家，尤可矜悯。即播州之内，自逆贼梗化，逋欠甚多。受降之人，既属编（岷）〔氓〕，自应宽免数年。而我民之以征调累者，宜行督抚诸臣，酌议蠲恤。一、夷险隘。言逆贼衡命，以天堑为险。今虽建置郡邑，其他峭壁木植，悉宜削除剪伐，可耕之地，因而开垦。一、议撤留。言兴师十万，日费千金。今贼已荡平，应撤者与少行粮犒赏，应留者亦须安置得法。至永、靖诸番横恣，似当趁此撤留未定之时，酌议剿处。一、慎勘叙。言逆酋非出生擒，赏格似宜酌议。须以各官莅任之久近，杖其功次之大小，兼以功罪之有无，定其叙录之轻重。一、明功罪。言将领中有以死罪令自赎者，有革去见衔戴罪立功者，宜行总督、抚、按衙门备查功罪，明（祈）〔析〕妥当。立有新功者，始以宽其旧慝。即获功无多，所犯难贷，须公平定拟，无使幸漏法网。一、禁揭害。言人心险巇，戈矛易生，甲可乙否，泾渭混淆。一切从征员役，不得妄具揭帖，以乱视听。一、计善后。备查播地，地处与与处连区接轸，作何分隶？隶处与与处，应设之府州县，作何安置？将领作何统辖？流移作何招练？务令犷悍不毛之地，尽入范围，抚驭之中。其未尽事宜，仍令彼中督抚诸臣，议妥具奏。得旨：元凶既殄，凡胁从免治，流移招复。毋许豪强乘机兼并，仍优加赈恤，以安新定地方。兵马久戍劳苦，酌量次第撤还。永、靖诸苗，横恣逋诛，就着撤回兵马剿处，可即便宜行事。军中一应有功人员，俱从公叙来。余俱依拟。

戊申（初七日）［诏与原任南京兵部尚书张经祭葬，仍加祭二坛并谥］

诏与原任南京兵部尚书张经祭葬，仍加祭二坛并谥。经福建闽县人，正德十二年进士。（筮）〔初〕任知县，授给事中、历都给事中、大理寺少卿、都察院右佥都御史、兵部右侍郎提督两广军务。会莫登庸与思恩土夷刘现相继叛逆，经区画征剿，并讨黎瑶诸寇，先后斩获讦者功六千有奇。三荷褒纶，加兵部尚书兼右副都御史，荫一子。丁艰起复南京户部尚书，寻因御倭，改南京兵部总督浙直等处军务。经奏调广西田州、东兰、瓦氏、那地、南丹、归顺狼兵，并湖广永顺、保靖二宣慰司土兵，斩获倭功四千八百有奇……

［广西巡抚杨芳以本省遐荒瘠薄，请减免税额］

广西巡抚杨芳奏言：顷皇上念经费浩大，内帑匮乏，榷税之使遍及域中。即广西弹丸远服，亦复定以四万之税。臣等具疏恳免，未蒙省发。无何，榷臣沈永寿至，冬春两季，尽各府锱铢商税，悉以征收。正得一万五千二百两有奇。榷臣必欲取盈二万。不得已将额充兵饷盐利（奏）〔凑〕与四千七百八十余两，共逆二万。窃计粤西岁支兵饷及经费等项，共该二十七万一千九十两。通（者）〔省〕田地，多荒山沙卤，正得折粮银十三万三百两有奇。益以广东、湖广协济，及岁得盐利、商贾诸税，总前四项所入，仅足一年所出之数，非有分毫堪动之余也。前榷臣所征商税盐利，皆兵饷经费额内正数。若下半年必不能取饷以充税，即榷臣求之臣等，必无以应。况本省环境皆夷，万一仓卒窃发，无饷可以养兵，无兵可以守土。乞皇上念遐荒瘠薄之区，四万原额必不能足，特赐免减。疏上留中。

甲寅（十三日）［户部议停征播加派税粮］

户部议停征播加派税粮。凡四川、湖广各布政司所属加派银两，未征者即行停止。已征在官者，另项收贮，不得侵渔隐匿。如议。

戊辰（二十七日）［兵部覆偏沅巡抚江铎当与湖广抚臣及川贵督抚计处善后事宜妥当后方可守制回籍］

兵部覆：偏（洗）〔沅〕巡抚江铎守制回籍。一切善后事宜，当与湖广抚臣及川贵督抚计处妥当，方可东归。其添设巡抚衙门，贼既荡平，宜如原议允之。

明神宗实录卷三百五十一

九月

辛丑朔（初一日）［四川巡按崔景荣查勘播功］

兵部覆：四川巡按崔景荣查勘播功，不必避嫌，仍会同湖贵按臣，（东）〔秉〕公实核。允之。

甲辰（初四日）［大学士沈一贯疏陈播州善后事宜］

大学士沈一贯疏陈播州善后事宜，言：总督李化龙忧归，众举京营尚书王世扬往代，而以贵州巡抚郭子章陪，因其有功也。适化龙书来，宣慰安疆臣恃有前功，妄冀厚赏，不可无以裁之。臣等固思，安（民）〔氏〕与杨氏接壤世姻，声势依倚。杨氏发难之时，天下疑安氏为助。而安氏又与贵州甚近，安若助杨，无论杨不可诛，而贵州省城亦不可保。故一面使郭子章于贵州，竭力鼓舞，推心结纳，令其建功以报朝廷。而一面李化龙征兵四方，恭行天讨，以示朝廷用兵不必借土司之力。盖总督裁之以法，而巡抚收之以恩，两相济而后安（民）〔氏〕始入掌握中也。夫威之入于恩也易，恩之入于威也难。子章之于安氏，方以恩收之，岂可遽以法裁之乎？不裁必恃恩以多求，裁之则生怨而启事。故子章之为总督，势甚不便。（推）〔惟〕特遣以重望大臣往，则可以据理而折衷，奉法而定制。子章亦可因而操纵，行其控御之术。此定西南之长策也。仰祈皇上用世（杨）〔扬〕总督，子章照旧巡抚为便。盖杨氏未灭则爱杨氏，杨氏既灭则爱安氏，天下之事，善始不若善终，臣等不敢不尽言耳。上曰：览奏，具见为国筹画详慎。王世（杨）〔扬〕可用，但协理京营，亦系重任。郭子章着照旧巡抚。卿可传（世）〔示〕该部另行会推忠实才望的二员来用。

丁未（初七日）［贵州宣慰使贡马庆贺万寿圣节］

贵州宣慰使安疆臣以万寿圣节贡马庆贺。赏宴如例。

庚戌（初十日）［监军按察使杨寅秋患病暂归，其平播功听督抚优叙］

又督川贵督按李化龙、宋兴祖会题：监军按察使杨寅秋患病，疏言本官拮据贵竹，劳苦功高。而思亲成病，似非假托，宜令暂归调理。其平播功绩，听督抚优叙。痊日起用，以酬其劳。允之。

[两广总督陈大科贪纵不职，被勒令致仕]

吏部尚书李戴等会覆：南京刑部主事欧阳东凤论勘两广总督陈大科贪纵不职。疏言：大科身为督臣，所参诸事，远在粤中，难以〔遽〕断。若不先行按实，议处无凭，重之覆盆，轻之漏网。令据两广按臣钱梦得、顾龙（桢）〔祯〕逐款勘回。如受参游之节仪，取郡县之赎银，侯总兵之退赃，前按臣之靡都，种种贪滥，事属乌有。第其生自世家，洊登膴仕才，虽是以集事俭，不足以佐廉。列屋皆被绮纨，每食必陈水陆，穷奢极欲，众所见闻。若大臣如此其豪华，即小臣安责其廉静。大科（秦巴）〔奏已〕回籍听勘矣，宜令休致，以彰清议。章下，勒大科致仕。

己巳（二十九日）[四川加渴瓦寺等番僧进贡]

四川加渴瓦〔寺〕等番僧桑藏等八名赴京进贡，筵赏如例。

明神宗实录卷三百五十二

十月

辛未朔（初一日）[湖广巡按王立贤疏请平播总兵陈璘会剿皮林苗]

兵部覆：巡按湖广监察御史王立贤疏请平播总兵陈璘，搜简精卒，会剿皮林诸恶苗。宜允所奏，仍令偏沅巡抚江铎墨（襄）〔衰〕临戎，协心共济。其黎平籍系黔属，广西地当后劲。各该督抚共图扑灭，无分（被）〔彼〕此。诏如议行。

丙子（初六日）［阿瓦、猛密“土夷”进方物，并祈宝井专敕］

云南税监杨荣奏：阿瓦、猛密土夷效顺，恭进宝石、象牙、布毯诸方物，并祈宝井专敕，以便开采。上令方物贮库，敕如请予之。

庚寅（二十日）［大学士沈一贯催点用川贵新督臣，不报］

大学士沈一贯题催：川贵总督（不）〔平〕播州之役二三年来，百方拮据，始奏此捷。善后诸务，正在目前。不意督臣李化龙忧归，廷推贾待问、王象乾二人为代，既一月矣，尚未钦定。昨得内省按臣书揭，咸云播称沃野，人人垂涎。今当鼎革之时，原有地者思欲多占，原无地者亦思妄认，漫无统纪，至相争杀。黔既不敢问，蜀又不复言，日久月深，患在眉睫。其言若此，则彼处望新督臣之至情甚急矣！伏祈即赐点用，令其刻期到任，以图善后长策，以纾西顾圣忧。不报。

壬辰（二十二日）［兵部覆湖、贵抚按支可大、郭子章、王立贤、宋兴祖疏言两省合剿皮林苗人］

兵部覆湖、贵抚按支可大、郭子章、王立贤、宋兴祖会剿叛苗疏言：皮林恶苗戕杀官兵，攻劫县治。罪既在于罔赦，法难缓夫六师。惟是深林茂箐，中伏可虞，则进取之实难。府卫同灭，楚黔分隶，则控制之匪易；地通九股，后联西粤，则奔突之当防。二省联兵，嫌忌易起，则心志之当一。此抚臣等所以相继而有言也。据称，督臣虽云兼制，而驻札相距三千。偏沅虽仅四百，而抚臣忧制将去。贵阳、武昌俱离窎远，鞭长不及，实切隐忧。宜合抚臣江铎暂驻偏沅，会同总兵陈璘相机进剿。湖广、川、贵、广西各督抚，移邻近地，搜兵措饷，协力夹攻，或遏旁奔，或阻后逸，仍申严大小将领，各释成心，共襄国事。如有挟忿睚眦、秦越相视者，听督抚按臣廉实，指名从重参究。诏如议行。

明神宗实录卷三百五十四

十二月

庚辰（十一日）［偏沅巡抚江铎请为“征苗”诸臣纪功］

兵部覆：偏沅巡抚江铎所请征苗四臣，梁云龙督饷，魏养蒙、张天德左右监军，王应霖纪功。宜如所议。其荐胡桂芳及云龙自代，临敌易将，兵家所忌。容移文抚臣，合遵旨进剿。俟地方乂安，听其释负，以全孝思。允之。

壬午（十三日）［槛送杨应龙妻子族党至京，告庙宣捷］

兵部覆：督臣李化龙，槛送〔播〕酋杨应龙妻子族党六十九名口，行法司拟罪献俘。礼部择日告庙宣捷。上御门受贺。其所获器物赴内府交纳。允之。

乙未（二十六日）［御午门楼受“播俘”］

献播俘阙下。上御午门楼受俘，付所司行刑。

［诛杨应龙，并叙播州杨氏土司由来与征播始末］

逆酋杨应龙伏诛。应龙先世山西太原人，唐乾符间，始祖端讨南诏乱，授武略将军，遂据播地。历宋元，世有其土。国初，名铿者纳土归降。高皇帝还其地，授宣慰使，予敕印。令世抚诸苗，子孙相继不绝。隆庆中，父烈死，应龙嗣。应龙生而雄猜阴狠，嗜杀无忌。所辖地略楚、蜀、黔三省间，延袤千里，田畴丰美，诸苗剽悍敢斗。应龙自恃富强，又累从征调，习川兵军弱，阴有虎据全蜀之志。会其妾田唯凤，妖淫善妒，诬妻张氏与人乱。应龙信而杀之，并及其母弟臧获之，在播者无遗类。自是益以杀人立威，小有睚眦，辄诛灭之。所杀伤无数，州人不堪其苦。所属五司七姓之民，及张氏家奏诉之。下川（者）〔省〕抚按逮问，系重庆狱，坐大辟。诡言征倭自赎，得脱归。归而有诏止其兵，应龙益骄蹇不用命。再逮不复至，蜀抚臣发兵挟之。应龙不与战，诱之深入。至白石口，纵兵尽杀之。事闻，遣经略大臣至，应龙佯为不知，委其事于诸苗。特东酋方苦用兵，因就抚之。应龙滋益横，居处服饰僭拟乘舆，扁其门曰半朝天子，立子朝栋为后主。日夜与子朝栋、惟栋，弟兆龙、从龙，党何汉良、何廷玉等为逆谋。分兵四掠，石阡、兴隆、江津、南川等县卫，无不被残害。至偏桥，获原奏诸仇家，少壮支解，取其妻女，对夫与父，令诸苗淫嬲之，或裸体坐木丛射笑乐，或烧蛇入阴穿腹（两）〔而〕毙。其凶淫不道如此已！复攻破綦江，戕参游，执县令，焚劫库狱，杀军民无算，投尸于江，江流为赤。西南震动，羽书交驰。上赫然霆怒，命三抚臣会剿，而以督臣李化龙统之。征兵转饷，几半天下。应龙自知逆节不宥，求智谋兵士，得武清无（奈）〔赖〕生孙时泰，立为伪军师。时泰教以首据重庆，次占成都。官兵未集，乘虚直捣。应龙惧失巢穴，拒不从，（卒）〔率〕兵四（方）〔万〕焚东坡烂桥，梗湖首路，陷黄嶰囤，杀男妇甚众。攻龙泉司，守备杨惟忠败走。已而大兵继至，八路夹攻。应龙令朝栋、惟栋统众出綦江，据险拒战，总兵刘（铤）〔綎〕大败之。诸将士乘胜直进，连夺关寨，应龙父子遁归海龙囤。戈矛云集，四面重围，更番迭攻。城破，应龙穷蹙自经，逆党尽擒，槛车送京师，至是狱具。献俘毕，戮应龙尸。兄弟、亲属、党与各论磔斩戍遣有差。

明神宗实录卷三百五十五

万历二十九年辛丑（1601）

正月

丁未（初八日）［礼部题请豁免征播加派钱粮］

礼部题称：播贼荡平，大兵尽撤，望皇上特涣纶音，嘉与休息。但系播事加派钱粮，尽数豁免。其川贵之民死于锋镝者，大加宽恤。自正月以前，徒杖等罪，无论已结未结，悉行赦宥。上是之。

**辛亥（十二日）［以征播事平，调用湖广、四川、贵州各监

军］

调湖广监军按察使胡桂芳为广东按察使，四川监军左参政谢诏为四川左参政，贵州监军右参议张存意为河南右参议。桂芳等监军征播，事平乞归，故议调用，以待覆叙。

壬子（十三日）［帝以平播功诏天下］

上御午门楼，以平播功诏天下。诏曰：……惟此播州，故有杨氏为夷长，率受我冠裳，子孙之仍籍有年，朝廷之覆露良厚。夫何末胄应龙者，安忍无亲，大逆不道？当其嬖宠戕嫡，淫刑祸民，毒痛一方，凶残百姓，国人皆曰可杀。朕心不忍加诛，因其汉官，疆以戎索，曲从赎使，为得甚弘。而乃下愚不移，肆行无忌。敢为嫚辱，妄意荐窥。既逋重庆之囚，遂决跳梁之志。收藏亡命，构煽苗夷，震骇两川，恫疑四海。朕犹时覃在宥，未即移师。而贼顾因抚成骄，因骄成乱。内则（僭）〔僭〕越王章，无复人臣之礼；外则矜诩物力，有轻中国之心。掩不备于綦江，梗道涂于湖贵。为臣若此，孰其堪之？夫帝王之道，推亡固存。迩来东西之故，胡不闻焉。是用一劳师，徒四征馈饷。天休人力，雾涌云屯。发蜀、楚、黔、滇土著之兵，下秦、楚、晋、吴如林之甲。娄山崖门之隘，平地九衢；湄潭河渡之深，崇朝〔一〕（韦）〔苇〕。狡徒鼠窜伪社，飙焚穴捣涂穷。登高塞向，犹自谓重关百仞，可敌万夫，困兽千群，堪资一战。岂知天心既吐，地险何凭？死斗不能，诈降不可。百道围而飞鸟绝，九攻合而蹇兔啼。突士尽而鼓声衰，骓歌悲而艳妻别诀。夫应龙以极恶就经一死，安赎是命？锉尸传首，荼天严诛。其妻孥、党与七十余人，槛来阙下，重者分裂，轻者钳奴。自余在播者，下附近狱，有司讯治。千年守土，一旦丘墟。伊谁实然，岂朕之意？於戏，汉唐远矣！代有弃置。蛮夷君长，人安与安。惟虔刘无度，予一人实不忍于赤子，亦明天地虽广，日月无私。秽无远而不疏，恶无微而可蕴。苟有昏暴淫虐，蔑常乱纪，朕虽欲赦，如天弗容。其明告中外，有土有身，视为前车，各戒尔后。氛慝初消，疮痍未起。师之所处，荆棘生焉。邑里萧条，哀此茕独。凡蜀、楚、黔、滇，有因用兵加派钱粮，及一切可缓积逋。若诖误轻条，并令所司酌量蠲宥，救乏振滞，荡涤烦苛，咸与维新，安生乐业。布告中外，俾共闻知。

辛酉（二十二日）［酌定广西协剿“叛苗”兵饷］

户部覆奏：广西协剿叛苗兵饷，听彼中抚按计进兵若干，酌量路费，不相遥制。事平核实报部。从之。

壬戌（二十三日）［兵部覆奏广西巡抚杨芳协剿皮林“叛苗”五事］

兵部覆奏广西巡抚杨芳协剿皮林叛苗五事：一、议增兵。谓叛苗徒众，而怀远县西江外处与贼相连，已移曾镇，臣调集汉土官兵一万三千把截。今既议攻，议于那地、南丹等州土兵，再调一万，以振军势。一、禁妄杀。一、务协力。一、明赏罚。其议饷则属户部职掌，命依议着实举行。

癸亥（二十四日）［升王象乾为川湖贵州总督，以开设郡邑，抚慰“降人”］

升巡抚宣府右副都御史王象乾为兵部右侍郎兼右佥都御史，总督川湖贵州军务，巡抚四川。时播地初定，督臣李化龙有父丧。巡按御史崔景荣言：开设郡邑，抚慰降人，非亟推新督臣不可。吏部以贾待问及象乾上请，特用象乾云。

乙丑（二十六日）［以剿“皮林苗”，置督饷、左右监军］

以剿皮林苗，命上荆南道右布政梁云龙督饷，征播右监军魏养蒙升湖广副使为左监军，张天德升副使为右监军，辰沅副使王应霖照旧纪功。礼部铸给督饷、监军关防。先是，偏沅巡抚江铎丁忧，上命墨（缞）〔缞〕临戎，事完守制。兹从其请云。

明神宗实录卷三百五十六

二月

癸酉（初四日）［户部请免四川夏税秋粮，不报］

户部以川省采矿，并兴大军并集，请从总督李化龙之请，该省夏税秋粮蠲免有差。不报。

甲午（二十五日）[镇守湖广总兵陈璘督诸将进兵讨“叛苗”]

镇守湖广总兵陈璘督诸将进兵讨叛苗。命副总兵李遇文、宣慰彭养正自罗寨进，征赖洞、岑朝等处。游击董献策自孔团寨进。都司沈弘猷自小枷柏进。璘统中军，指挥陈九德等自罗寨、水堡进。先夺潘老寨，据其险。李遇文破赖洞、岑朝等大小三寨，董献策、沈弘猷会兵破口团。偏沅巡抚江铎以闻。

丁酉（二十八日）[贵州宣慰司、四川镇雄府、广西向武等州差人朝贡]

贵州宣慰司安疆臣进马三十匹，四川镇雄府，广西向武、归德、都康州等十一州，各进马匹，差土舍安宁等四十四名赴京朝贡。各赏绢纱，并回赐安疆臣锦缎彩缎六表里。

[广西镇安府土官差人朝贡]

广西镇安府土官岑奇凤进炉花瓶、香蜡等物，差族目岑□等赴京朝贡。给赏如例。

明神宗实录卷三百五十七

三月

戊申（初十日）[令湖广监税太监陈奉查勘湖广通省税银额数，并指名奏报抗违官员]

湖广监税太监陈奉以孤忠势莫自奋，宸命日耀难承上请。奉旨：湖广通省税银额数止于六万两，前锦衣卫千户王体仁揑奏，湖广遗漏船料每岁可得七万两。尔今查明，本省船料通省仅有万余。武功右卫百户谢应魁妄奏郧襄采木之事，尔亦查明，费不偿值，且山场皆自民间置买，今一概取之，嗟怨载道。尔既通行查勘的确，据实奏来。其每年船料准征收银一万两，一应解进应用。采取大木，特准停免。及奏内同知卞孔时、通判邸宅抗违怠玩，邸宅已有旨了，卞孔时姑且降一级调下。千户王体仁、百户谢应魁姑着撤回。如有仍前鼓躁、坐视观望、不行禁戢的，准尔指名奏来，该地方官一体重治。

辛亥（十三日）［四川、贵州各长官司差人进马］

四川、贵州各长官司差头目、指挥等三十四员进马朝贡。各赏给绢纱如例。

丙辰（十八日）［广西思陵等州及安隆长官司各差人进马匹］

广西思陵、思明、上下冻、太平、万承等州，罗阳县安隆长官司，各进马匹。差族目等二十员，各赏给马价、绢纱。

辛酉（二十三日）［川贵总督李化龙题播州善后事宜二款］

户部覆奏川贵总督李化龙题播州善后事宜二款：一、丈田粮。环播幅员千里，田地数千万亩，旧额粮岁以五千八百石输贵州。盖夷方赋税原轻，至应龙出而后考取民财，定为新法，名曰等赍。每田一亩，征银数钱。初犹敛其钱以招苗，后并夺其地以养苗，而赋法荡然矣。今既改流，自当纯用汉法。第额粮轻重，蜀无定规。查克平九丝，丈量田地，分别上、中、下三等。每亩上田四升，中田三升，下田二升。今宜仿之，以清播田，定为等则，务令均平。二年之后，方起科征收。一、限田制。播土旧民，仅存者什之一二，遗弃田地，往往冒认影占。若不为限制，恐将来田地阔而人民少，不能成府县之规。今应将播之旧民，号杨保子者，仍给田三十亩。其余无主之田与没官者，许三省之民占籍授田，各为限制。奉旨：授田先尽原住人民，招抚流移复业。果有无主没官田土，方许外人占籍。毋令豪强奸狡乘机冒夺，致归正之人失所。

乙丑（二十七日）［以平府江“叛瑶”加赏辅臣］

以府江叛瑶平，加元辅赵志皋兼太子太师，次辅沈一贯兼太子太傅，各荫一子，赏赍有差。俱三疏立辞，不许。

明神宗实录卷三百五十八

四月

庚午（初三日）［叙平府江“叛瑶”功］

叙平府江叛瑶功。升两广总督戴燿为右都御史，仍总督原任。总督陈大科等、总兵侯国弼等赏赉有差。

壬申（初五日）［帝命不许擅杀“九股诸苗”］

上命：如偏沅抚臣议，九股诸苗别分顺逆，不许一概擅杀，以伤天和。

己卯（十二日）［户部覆奏川湖总督李化龙播州善后事宜］

户部覆奏川湖总督李化龙播州善后事宜：一议四川湖广协济。一议赈恤残民。命如议行。

壬午（十五日）［陈璘、刘綎二总兵差官至总督、巡按家，致赍谢银，被却，刘綎被革任］

川湖总督李化龙言：近得家书，陈璘、刘綎二（纵）〔总〕兵先后差官至臣家。刘綎所致谢银一千两、金一百两、玉带一束、祭礼银二百两。臣母怒来逐之，其人不得已去，仍至按臣崔景荣家，景荣之父骂而逐之。陈璘差官闻之亦去。璘，臣所请置者也；綎，臣所排群议而留之者也。今而成功矣，二臣欲以货财报臣，臣亦欲以名节报陛下。乞下兵部议处，以戒奸贪。景荣亦上疏，言綎差人赍银六百两、金五十两、玉带一束，送至臣家，臣父挥之门外。兵部言：綎宜计赃问遣，但征播有功，姑照前议革任，永不叙用。其所用开金银等物，行江西抚按照数追出，以助大工。化龙、景荣特加纪录。从之。

癸未（十六日）［督理云南矿税太监杨荣进金银宝石］

督理云南矿税尚膳监太监杨荣进银一万五千二百四十余两、金二十两、样银一百六十余两，又进红宝石一百一十三块、青宝石一十七块。命内库查收，仍会同抚按，严追侵隐课羡店户黄存等，不许推诿迟误。

乙酉（十八日）［大学士沈一贯力辞府江加恩］

大学士沈一贯力辞府江加恩。允辞，免升官，仍荫一子。

［兵部覆奏李化龙播州善后事宜］

兵部覆奏李化龙播州善后事宜：一、设屯卫。议于白田坝建置一卫，设立指挥、千户等官。安插官军，立屯防御。卫名候钦定。一、设将领。议将松潘副总兵改设总兵一员，仍旧镇守四川，驻于适中之地，西控松潘诸夷。其新设总兵，驻札播地，专理播事。事平再议。一、急选调。一、复驿站。一、正疆域。播左连水西，右通永宁。地址虽若犬牙，彼此原有疆界。但夷性犬羊，互相雄长，侵克无常，既改土为流，当清疆界，永杜争端。原系播州者，归我版图；原系永宁、水西者，归之奢、安二氏。勒碑立界，永为遵守。上命卫名威远，余如议行。

丁亥（二十日）［兵部覆奏播地分属事宜］

兵部覆奏播地分属事宜：一、更易辖属。川贵诸臣谓黎平、永从近楚，而反属于黔；平、清、偏、镇近黔，而反属于楚。议欲就近改辖，而湖广抚按执以为不可，仍行川、广、贵、湖、沅诸臣会议，更辖具奏。一、裁将留兵。一、驿传协济。从之。

辛卯（二十四日）［大学士沈一贯言遣赵可怀抚戢湖广军民鼓噪事］

大学士沈一贯言：窃见古人遇有难处之事，必先择一了事之人。湖广军民鼓噪，臣引先年遣张佳胤之例，因思群臣可堪此任者亦少，若外者则恐稽迟。廷臣若官阶已崇，及曾经用兵者，又恐百姓惊疑，而成他变。臣与部院商确，惟用工部左侍郎赵可怀最为妥当。本官曾任陕西、应天巡抚，遇事善处，动中机宜。若令照张佳胤故事，往代支可大，巡抚湖广。朝廷授以方略，令彼便宜从事。限五日以内前臣去，知其到彼，必能宣布恩威，解散乱民。访察不职官员，歼首恶，释胁从。不致枉纵，而事可立办也。往时张佳胤原是特旨钦遣，不繇部推，故臣与部院议定，密已上闻。早遣一日，则有一日之效，不复仍候会推典用。其湖广司、道、府、县等官，缺而未补者，部臣复推相应人员，星驰赴任，并乞圣明早赐点用。臣谨再题僭拟谕帖一道，惟皇上裁择施行。是日，上谕吏部曰：朕思湖广激变，固因陈奉而起。其该地方官如何不行抚戢，职守安在？巡抚支可大着革职闲住。赵可怀改兵部侍郎兼提督军务，限五日内起程赴任行事，务在宣布德意，抚戢军民，俾各安生乐业，毋得再行喧聚，以取重罪。文武官员不职的，及地方应处事宜，着不时拟议奏来。

丙申（二十九日）[播地分置郡县]

命分播地为二郡，以关为界，关内属川，关外属黔。属川者曰遵义，属黔者曰平越。遵义领州一，曰真安。县四，曰遵义、绥阳、桐梓、仁怀。平越领一州，曰黄平。县四，曰湄潭、余庆、瓮安、安化。先是，李化龙平播之后，议改土为流。至是，吏部覆奏，请于上而行之。播白田坝，沃壤数百里，即遵义改县，今建府治，设县附焉。真州即古珍州，土地平衍，今复为真安州。桐梓当綦、南之冲，走川贵道也，旧为夜郎县。望草南接婺、思，北达真、涪，故绥阳县，今复为绥阳。仁怀滨播枕永，襟合带泸，故怀阳县，今改怀仁。平越东境与黄平相连，黄平川贵要区，故设府治。黄平旧设抚苗通判，列衔重庆府，今改为黄平州。湄潭地里广邈，尽三里七牌，设为湄潭县。余庆、白泥共设余庆县。瓮水、草塘兼重安之地，合为瓮安县。龙安所属石阡，今改龙泉县。二府二州及附郭县正佐首领全设，余以次减。府州县名俱钦定。其二府与贵州贵阳府，俱加军民二字，以便兼摄。其地西南，左接水西，右逼永宁，犬牙相错。水西向侵播州水烟、天旺及它瓯脱颇众。川黔争执经界，数少始定。

[吏部议播地新设郡县添设官吏]

吏部议：播地新设郡县，既分隶川贵，其统辖监司，委不可缺。于四川按察司添设佥事一员，分巡兼兵备，驻札白田坝府城，整饬新复郡县。并重庆卫忠、黔二所，永宁、酉阳、石砫、平邑等土司兵务。其重庆府巴县、綦江、南川、涪州、武隆、彭水邻近地方，悉听管辖。并平越府州县，与贵州（山）〔水〕西宣慰司，兼听节制。又播州诸司均奉我正朔，渠魁既僇，中有率先归附正者，即宜分别录叙。以真州正长官改为该州土同知，副长官即为土判官。江外诸司安抚与正长官，即为土县丞，副长官即为土主簿。同知罗氏即为新府土知事。其上赤水里、下赤水里、仁怀里、安罗二村头目，授以镇抚、总旗等职衔。皆从之。

明神宗实录卷三百五十九

五月

己亥（初二日）［以原任镇守贵州总兵官童元镇发烟瘴地面充军立功］

以原任镇守贵州总兵官童元镇发烟瘴地面充军立功。初，元镇受命征播，拥兵铜仁不全进。上怒其逗遛，命带罪管事。及赴偏桥，分八路进剿。元镇统水西安疆臣、镇雄（泷）〔陇〕澄等兵，繇乌江入坝阳。永顺兵先登，克乌江、河渡二关。元镇不设备，贼复破河渡关，乘胜突乌江，诈称水西兵，与陇澄会哨，以诱永顺兵，断浮桥，淹死我师无算，守备陈云龙俱战死。上怒元镇失律，逮至京。（致）〔至〕是，法司会问，以元镇兵败后，催督安、陇进兵，复两关。又部下将先登凤凰嘴破囤，且元镇前平府瑶有战功，从末减云。

甲子（二十七日）［准征播死事总兵官吴广复原职并加赠二级］

命镇守四川总兵官都督佥事吴广准复原职，仍加赠二级。从兵部覆请也。广征播时，率蜀兵自合江进，而永宁曹希彬受广节制。广击斩贼大将郭通绪，夷崖门关以入。转战分水关，营水牛塘，与贼力战三日，却之。与（宁永）〔永宁〕兵合营囤下，贼诡令妇人乞降，哭于囤上，复诈为应龙仰药死报广，广信之。已，觇知其诈，乃急攻之。烧二山，夺三关，绝贼樵汲，诸将合兵攻围囤。既破，广先登，获应龙子朝栋及其妻田氏。出应龙妻于烈焰中，中火毒失声，几绝，顷而苏，卒以岚瘴病胀卒。广死虽在播平之后，然比诸死事之例，亦无（馈）〔愧〕焉。

乙丑（二十八日）［印江县建学设教谕］

巡按直隶监察御史萧重望题称：思州、思南，故为田氏两酋据。国初，虽纳款奉宝，而煽虐梗化，致廑天讨。永乐间，改流建学，（寖）〔浸〕成礼让之俗。二百年余年，无复夷患。近日故总兵石邦宪劝诱苗酋吴佬佐，以儒冠衣被服其子，而归命恐后，明效昭然。播氏之敢于从逆者，良繇积威所劫，人不知方，而犷悍如故无感也。今印江县介在酋播、镇筸之间。青衿既满百，而寄学思南，又称不便。以故洞寨子弟，即有向化之心，往往患苦跋涉，弦诵中辍。该县官民佥谓印江建学，其有益于化民甚巨。臣熟其庙庑、廨署、祭器、廪饩诸费，种种备具。第以疆事倥偬，抚按官未遑题请耳。相应比照先年婺川县及近日云南路南州事例，准其建学。其兴隆卫生徒止数十人，乃教授、训导兼设，殊属冗员。合无裁革该卫训导，改设印江县教谕。颁给条记，劝率氓夷。将文德洽于遐壤，而椎结尽冠裳，无复有顽梗为乱者矣。报可。

明神宗实录卷三百六十一

七月

己亥（初四日）［皮林起事苗人既平，奉旨不宜多杀］

兵科覆兵科给事中桂有根疏：一、皮林恶苗既以剿平，一切善后事宜，令三省督抚议妥具奏，仍严禁将领不许杀降邀功……奉旨：皮林叛苗既诛，不宜多杀，以伤天和。

辛丑（初六日）［两广总督戴燿疏辞新命，不许］

总督两广右佥都御史戴燿疏辞新命。不许。时以府江瑶平，加升燿右都御史，仍总督云。

［兵部覆御史李时华播州善后事宜］

兵部覆御史李时华播州善后事宜：选留大帅，更置郡县，清理疆界，优恤驿站，修筑城池，府官移镇，议归楚地。凡七事。命如议行。

癸卯（初八日）［以剿平云南“逆酋”升赏诸官］

以云南逆酋猛奉等剿平，升巡抚陈用宾为右都御史，兼兵部右侍郎，照旧巡抚。总兵官沐叡升右都督。各荫一子锦衣卫百户。致政公沐昌祚、本兵及文武将吏，各升赏有差。

丙午（十一日）［颁诛“皮林苗”赏格］

命颁诛皮林苗赏格。分别汉土首从，照例升赏。从偏沅巡抚江铎之请也。

戊申（十三日）［发遣播州人张世爵等充军，杨朝栋及妻田氏等为奴］

命发遣播州人张世爵等为甘肃、辽东极边卫所永远充军。杨（胜）〔朝〕栋及妻田氏等分给功臣家为奴，仍严加管束，不许婚配。

壬子（十七日）［以广东“岛夷”失防，夺道府诸臣俸，命柘林守备等革任提问、戴罪杀“贼”有差］

以广东岛夷失防，夺道府诸臣俸，命（拓）〔柘〕林守备马如电等革任提问、戴罪杀贼有差。

［按臣李时华参论高州府通判擅杀良民］

按臣李时华参论高州府通判顾元绍拥兵自卫，先后擒面生人三十余人，不分真伪，俱砍臂断指，械死者数人。贼退后，擅杀谢超等八人，悬首西门外。八人之中，有六人者皆富厚称良民者也。临刑之时，天日黪黑，万口称冤。请究问如律。

甲寅（十九日）［两广总督戴燿奏言宜于水蕉、大会二营建城，又设新所以防“残黎”］

总督两广戴燿言：小幢、居碌等峒乃黎穴腹心之区，恐残黎生聚，复为后患。宜于水蕉、大会二营之中，建筑城垣，移驻兵将。又水蕉、大会离郡邑城颇远，议照罗旁事例，设一新所，增军三百名，以资防守。兵部覆奏，从之。

明神宗实录卷三百六十三

九月

乙未朔（初一日）［琼州府添设抚黎通判一员，又于定安县青宁屯地方设立巡检司衙门，裁革文昌县青澜仓大使］

吏部覆两广总督奏：琼州府添设抚黎通判一员，驻札水蕉、大会，抚戢黎岐。编甲立籍，开设虚市。又于定安县青宁屯地方设立巡（简）〔检〕司衙门。其文昌县青澜仓大使永议裁革。报可。巡检司与名清宁。

丙午（十二日）［广东巡按李时华言广东界在岭外，禁纲常疏，吏奸法弊，望严旨申饬］

广东巡按李时华言：广东界在岭外，禁纲常疏，吏奸法弊。条鞭之后，仍用甲首均平，所编尽入私橐。上下相蒙，恬不为怪。伏望严旨申饬，严贪官问遣之例，重道府连坐之条。遵行一年，可救民间无名之供二十余万。从之。

癸丑（十九日）［贵州巡抚郭子章以地震、水旱灾请赈济］

巡抚贵州右副都御史郭子章言：六月十八日，贵阳府定番州地震。自酉至戌，有声如雷。黔东诸府卫及黄平五司，自正月不雨，至于六月。思南府大雨，婺川县大雨，至冰雹交作，城内水深数尺。去年苦兵，今年苦饥。黔东忧旱，黔南忧水，斗米四钱，军民重困。议将湖广、四川二省协济拖欠钱粮，如数征解，以赈全黔。户部如议请，报可。

癸亥（二十九日）［云南矿监杨荣进金内库］

是月，云南矿监杨荣进金内库。凡税银一万五千四百余两，矿金三十两，矿银一千九百三十七两。

明神宗实录卷三百六十四

十月

丁丑（十三日）［令曹希彬驻遵义、周敦吉驻仁怀、邢官驻真安，分别监修城工］

以副总兵曹希彬降参将管游击事，驻遵义地方，监修该府都司。周敦吉管守备事，驻仁怀地方，监修仁怀、桐梓二县。守备邢官驻真安地方，监修真安、绥阳二州县。各照拨定兵马信地，分役督理城工。从川湖总督王象乾之请也。

明神宗实录卷三百六十五

十一月

己酉（十五日）［以永从县并十二长官司隶湖广，平溪等四卫隶贵州］

命以黎平府永从县并十二长官司，改隶湖广。平溪、（浪清）〔清浪〕、偏桥、镇远四卫，改隶贵州。先是，隆庆元年，巡抚杜拯、巡按王时举言：沅、靖二州与平溪、清浪、偏桥、镇远、铜鼓、五开六卫之去湖广，酉阳、播州、永宁三土司之去四川，俱二千余里。遥属于二省，而兼于贵州。所谓十羊九牧，甚不便也。如革数州县土司，专界贵州，其便有十。意不果行。及播州既平，川湖贵总督李化龙、贵州巡抚郭子章、巡按宋兴祖皆言，黎平近楚之沅州，去黔千五百里而遥，四镇近黔之镇远，去楚二千余里而遥。犬牙相制，彼此推诿。播州酋犯偏桥，而楚不能救。皮林苗犯黎平，而黔不能援。即黔一播患，而黎平、永从无一夫一粒之助。鞭长不及马腹，势也。不如以黎平、永从隶楚，平、清、偏、镇四卫隶黔，统辖调遣，最为两便。部议以为是，而湖广抚按力言其不可。至是，总督王象乾查议覆奏，以为改隶之议，在穆庙初年，通计道里、赋税、人情、土宜，大略相当，以改隶为便。兵部据以覆请，其议始定。

[获谢朝俸、尚守忠]

获播州余贼谢朝俸、尚守〔忠〕。初，播酋伪立七统制，所设提调巡警七人，而朝俸、守忠为首。朝俸多智，守忠有力，酋以为左右手。飞练、龙泉、东坡之役，屠僇无算，杀我都司杨国柱、长官安民志。播州破，朝俸逃入蔺州，守忠入里燕林箐中。至是被获，僇于市。

明神宗实录卷三百六十六

十二月

丁卯（初四日）[磔皮林苗首吴国佐、石纂太于西市，其余决遣有差，“诸苗悉平”]

磔皮林逆苗吴国佐、石纂太于西市，其余决遣有差。吴国佐者，洪州司特洞寨苗也，始祖曰奋儿，洪武中，反沅、靖间，诛死。其后裔在贵州，有吴大荣者，骁勇养死士，以不轨伏诛，国佐之叔也。国佐性桀黠，逾淮走泗，通汉语，略知书义。大荣死，国（荣）〔佐〕收其妾龙氏，黎平府持之急。国佐素有异志，上下皮林等苗彭举、尚马等，咸推服之。至是遂反，自称天皇上将。阳听招抚，而阴观播酋胜负，持两端。石纂太者，亦自称太保，杀百户黄钟音等百余人，与国佐合兵围上黄堡。二十八年二月，参将黄冲霄、守备张（守）〔世〕忠讨之。国佐谍知虚实，命吴之臣诱降。伏兵起，我师大败。冲霄走永从县，苗兵追之城下，杀我溃师千余人，溪水尽赤。执世忠生炙其肉，使自食，世忠骂不绝口，与诸苗磔而啖之。遂略水井、燕窝等七十余屯堡，焚五开南城，破永从县，围中潮所。总兵陈良玭、陈璘合黔楚兵来讨，良玭兵失利，退守靖州，国佐益横。二十九年正月，巡抚江铎出镇靖州，命陈璘率副将李遇文等，分七路进剿。璘师擒苗党银贡等，游击宋大斌破特洞，诸苗据险不出。璘纵火焚之，诸苗多死。国佐逃天浦四十八寨，复入古州毛洞，追获之。石篡太逃广西上岩山，指挥徐时达诱而缚之。杨永禄率苗万余屯白冲，游击沈弘猷、董献策夹攻，擒之。诸苗悉平。

甲戌（十一日）［以荡平云南十三寨，升赏云南巡抚陈用宾等］

以云南十三寨荡平，命巡抚云南右都御史兼兵部右侍郎陈用宾升俸一级，原荫儿男升一级，世袭。少保黔国公沐昌祚、镇守总兵官沐叡，及文武将吏，升赏有差。云南十三寨矣堵诸夷，即志所称蒲蛮者，虽名十三寨，高垒深堑，绵亘数百里，即百寨不止也。所居天险，强弩毒药，为诸夷之最。董瓮、亦革雒、亦璧等寨诸夷莽凹、歪列、哈喇梗等遂连结为乱。杀指挥、千百户等官数十人，夷汉人归顺者皆歼之，剖腹刳肠，以令于众。且言胜则据顺蒙，攻腾、永，败则西勾缅，东走播，中国其如我何？上震怒，决计讨之，假抚镇臣便宜行事。二十七年九月，腾兵从右甸入，姚兵从湾甸入，顺蒙兵从澜沧路富都牛街入。土汉毕集，分道夹击，诸夷首尾不相救，莽凹等酋皆授首，十三寨悉平。是役也，兵部覆奏，以为兵不过二万，期不过七月，擒斩计一千八百八十七名，降附安插至一万二百六十有奇，视先年丁、改之役，不啻过之。

明神宗实录卷三百六十七

万历三十年壬寅（1602）

正月

壬戌（二十九日）［偏沅巡抚江铎条奏“遏苗”善后］

偏沅巡抚江铎条奏遏苗善后十事，隶兵部者有六：一谓沅州西邻贵竹，北距五、靖。议于沅州添设游击一员，统兵防御，管辖辰、常、平、清、偏、镇六卫，兼制清镇守备。如移设总督，即可用为中军，以洞庭守备朱桂芳任。一谓苗夷之变皆汉人激之。议将起衅罢官赵思谦、生员王延年提问正法，以警将来。一谓远近苗变皆因府县卫所官吏皂役索骗，兼之土司乡导。议各苗构讼，但以财行求者，苗犯与过付之人，各加所罪三等。官员受贿轻重异科，文则充军罢斥，武则揭黄革任。吏书皂壮，论赃如律。但勒索激变者，皆斩以徇。一谓各夷少履城邑皆通事牟利起端。今后推官、知县以巡行问苗疾苦利害，咸与兴除，道府亦不许转委匪人。务省驺从供亿，严禁下役擅动夫马。一谓苗夷跳梁皆汉人勾引。当各苗复业之初，尤宜申饬。议将附苗人户，按籍注名，稽其出入。如有私通苗夷，拟以重辟。乘机需索，遣戍。汉人投苗者，不许容留，擒送治罪。一谓夷部实繁有徒，游击钤制难周。议于中潮所设守备一员，统兵一千驻札分防。更令清复屯地，不许汉夷相争。申明职守，责令土官不得庇护。以常德卫指挥徐时远任中潮所守备。兵部覆议，俱报可。

明神宗实录卷三百六十九

闰二月

甲午朔（初一日）［贵州巡抚郭子章请将长沙府及乌撒等四土府未完粮银解黔赈济］

户部覆贵州巡抚郭子章议：贵州地瘠产微，力难自给，矧值播事之后，重以灾祲？以川湖应解银抵为赈济，又非分外之征。既蒙钦允，经征各官任行。拖逋者应各罚治，以惩违慢，仍乞天语叮咛川湖抚按诸臣，将长沙府属未完粮银先那三万两，并乌撒、乌蒙、镇雄、东川四土府未完本色米一十二万六千余石、银一万两，刻期立限通发黔省，赈饥支用。其余未完协济粮银，务要一并完解，毋得视为秦越，如前推诿。诏从之。

癸丑（二十日）［升洪澄源为贵州右参政］

升贵州副使洪澄源为右参政，分守思仁道。

明神宗实录卷三百七十

三月

庚午（初八日）［四川副使分巡下川南道王贻德以募兵申报稽迟被劾，咨送吏部量调地方，以责后效］

原任四川副使分巡下川南道王贻德，因播酋杨应龙侵犯内地，募兵申报稽迟。值杨酋破綦江，为抚按所劾。有旨逮系法司鞫之，再三不服，行抚按查勘。回称，底册所开募兵数目、食粮、月日，与贻德原投册相同。且綦江原属川东地方，贻德所辖并无失事，情似可矜。刑部拟将贻德纳赎完日，咨送吏部量调地方，以责后效。得允。

甲戌（十二日）［升傅光宅为按察司副使，驻遵义，整饬新设郡县］

升四川成都府知府傅光宅为按察司副使，驻札遵义府，整饬新设郡县事务。

甲申（二十二日）［云南腾越州税监委官“虐民”“激变”，被焚死，令访拿“真正首恶”，依律处治］

云南腾越州税监委官张安民播虐官民，地方激变，烧毁厂房，安民焚死。抚按以闻。诏：前屡有旨，各差人员，安静行事。张安民既激变致死，有何足惜？但倡乱之徒，宜正法典。姑念人众，令该抚按同税监，访拿真正首恶，依律处治。其余胁从，都免追究。

明神宗实录卷三百七十一

四月

辛丑（初十日）［兵部覆云南巡抚陈用宾所上御“缅酋”三策］

兵部覆：云南巡抚陈用宾疏言，缅酋雍罕纠结夷兵十万，仇蛮莫土官思正，势甚猖獗。思正若败，必内奔。天朝若闭关不纳，则思正为虏，恐失蛮莫而撤我藩篱；出兵往援，则贼众我寡，恐酿祸衅而罢内地。当兹顾此失彼之时，画为因势利导之计，条〔滇〕南三策：一、遴选胆勇间谍之人，晓谕缅酋以顺逆祸福，令撤兵回巢，各保疆土，静听处分。如其抗违，则当大彰天讨。一、责思正以死战。果败而逃，则声其罪而执之。另择素有夷望土舍住管其地，俟缅兵解后，将思正归请于朝，生杀放流唯命。一、缅情最狡，倘或虏思正而据蛮莫，则当置陇蜀于度外，急图内治。分营列戍，战守耕屯相兼用。贼入则遏其来冲，贼出则袭其归路，使彼进无所掠，退有所惧。旷日持久，不死即逃矣，仍严禁大小将领，不许贪功轻举。如果计退缅贼，保安地方，即与首虏同功，从优录叙。惟是缅孽拥众十万，情甚叵测，其情形忽有出于三策之外，似又不可以执一为者。况滇南万里而遥，奏报一时难到。一切剿处机宜，并动支各项粮饷，应听从长计议，但期成功，不为中制。诏从之。

明神宗实录卷三百七十二

五月

己巳（初八日）［云南沙、侬攻杀土司、逼近临安，兵部覆议

调兵征剿事宜]

云南沙、侬攻杀土司，逼近临安郡县。抚按以闻，乞假便宜，酌调附近兵马剿处。兵部覆议：沙、侬二种与思佗等九司错趾而居。其人固智高之余孽，其地盖广陵之绝徼也。今轻听逆舍勾唆，戕我外藩，逼我内地，勤兵于远，势不容已。但举动固图万全，而机宜有难中制，总期以奉扬天讨，绥靖地方，俾不大为滇患足矣！所有调兵进剿事宜，并究起衅失事等议，俱听彼中相机处置。应用行粮，酌量给发。报可。

[遣官勘处荔波县与独山州地界之争，令荔波县正官入县驻扎]

广西荔波县被贵州独山州土酋蒙天眷与其姻亲南丹州土酋莫之厚统兵据甲站地，截县出路烧金竹隘，阻县进路，射伤职官，杀死军兵，劫虏人畜。督、抚、巡按以闻，请选委风力文武职官，刻期约会，亲临黔粤适中处所，将前项事情从公勘处。责令二酋，尽擒有名首恶，及投州恶犯并蒙天凤，一一解出正罪。原占地方与杀虏人畜逐一吐退赔偿，侵筑寨分勒令拆毁，仍取以后不敢侵犯各印信，结状缴报，立石定界，永为遵守。如怙终不悛，声罪致讨。庶恶酋知警，边地获安。且有县必有官，而荔波县正官因地方瘴疠时作，道路险阻，又无城郭，向僦居郡城，殊非设官之意，应责令县官即入县驻札。其筑城建宇辟道等务，容臣等行督该道，及时修举，则官有攸居，民得永安矣。兵部覆：如议。报可。

明神宗实录卷三百七十三

六月

癸巳（初三日）[宴四川阐教等王进贡番僧]

宴四川阐教等王进贡番僧蓄竹坚参等四十名，命侯常胤绪待。

己酉（十九日）[云南澜沧兵备道副使杨秉钺以不及降一级调用]

云南按察司澜沧兵备道副使杨秉钺以不及降一级调用，从巡按御史劾也。

[总兵李遇文、刘绖被劾，不许叙用]

诏：监生吴中彦监候处决，李遇文、刘綎不许叙用。先是，吴中彦诱总兵李遇文、佥书刘綎巨资，入京钻刺，为言官所劾，下所司拷问。至是，刑部具狱上请，故有是命。

甲寅（二十四日）[广西东兰州土官为土舍所杀，夺其印，总督戴燿令人谕其送印请罪]

广西东兰州土官韦文第为思吉镇土（余）〔舍〕韦文灿所杀，夺其印。主之者则那地州土官罗谦端，通同叛目黄来及汉人吴扬也。抚按委官审勘，文灿据寨不出。总督戴燿疏言：文灿挟印逞凶，据州劫杀，法所必诛。臣同抚臣檄行该道并柳庆参将甘霖，酌带土汉官亲诣东兰，谕文灿送印请罪，及解叛目黄来听鞫，仍委指挥一员统兵至（邦）〔那〕地州，明示谦端，不许助恶，并擒恶目罗力萃等候按。如再执迷，会兵进剿，谦端一并议处，以安地方。

明神宗实录卷三百七十四

七月

壬戌（初三日）[缅人结连木邦等“夷”侵犯蛮莫，云南巡抚陈用宾疏言请罢宝井、采买之役]

云南巡抚陈用宾疏：缅丑阿瓦结连木邦等夷，拥众十余万，直犯蛮莫。其执辞曰：开采使令我杀思正以通道路。彼时边疆将吏，奉臣令声正酋罪，使阿瓦无他，当如檄卷甲回。阿瓦乃留兵据守蛮莫，何为哉？若蛮莫地失，必无三宣，无腾、永，全滇之祸当自开宝井启之。夫司戎兵者，唯边疆是问，贼入欲击；司采买者，惟宝石是问，贼入不欲击。其势必至掣肘，掣肘不已，壅蔽弛备。缅骑长驱，即有知勇，何能为谋？以采买之虚名，贾边疆之实祸，臣知陛下不为也。伏望锐发乾断，罢宝井、采买之役，使边疆将吏得一意讲求战守，庶西南犹可保全矣。不报。

癸亥（初四日）［贵州巡抚郭子章言勘处播州、水西地界等事，请辞］

贵州巡抚郭子章以巡按毕三才言其同总督王象乾因勘处播州、水西地界，各差官责令宣慰使安疆臣退地为亵体，上疏自劾，曰：水西固臣属地，遵义亦臣兼制之地。臣原不敢有成心主于胸中，惟播州故民与水西夷人，自分畛域则有之，此督臣所以有勘处之议也。然经年不决，田土失耕，议论烦兴，夷情骚动。按臣西巡，耳而目之，其责备臣何说之辞。顾臣待罪黔中三年，其奉职无状，得过地方不止是者。夜郎即灭，而遵义、贵阳斗米四钱，道殣相望，臣不能饭。皮林即歼，黎平大疫二月，城内死六百人。兴、黄、新、龙之间，十室九死，臣不能药。铜仁之苗假天潢者，虽已擒缚，而洪水为灾，湮城堕垣，在在而是，臣不能捍。九股之苗，昔助播者虽已稍戢，而道路饥苗，坐草劫商，往往窃发，臣不能缉。平越、黄平之田，瓮安、龙泉、余庆等县之城已丈已筑，而垣濠未就，赋役未派，庠序未设，臣不能竟。臣年已六十，久在行间。顷已告病，未蒙俞允，勉强支持，年来益甚，岂能为皇上敉甫定之边陲，拯极罢之穷民，绥辑顽悍之土夷乎？乞速赐罢斥，无妨贤路。温诏留之。

庚午（十一日）［论海南“平黎”功，赠赏原任总督、总兵等］

论海南平黎功。赠原任总督陈大科为兵部尚书，给祭葬。升总督戴燿为兵部尚书兼右副都御史，仍旧总督，原任总兵侯继高纪录，各赉银币。升按察使林如楚职一级，参将邓钟为副总兵，仍旧管事。布政王仁等，知府李多见等，各赉银有差。恤阵亡百户王应雷，加祖职一级世袭。贼犯黎马屎等十一名，行总督衙门即便处决枭示。蒙善等勘审发落。

甲戌（十五日）［黔国公沐昌祚托名会稿，遨游东粤，遭弹劾］

黔国公沐昌祚托名会稿，遨游东粤，骚扰地方，为巡按御史李时华所劾。上切责之，令行该抚按官，严加戒谕。若再妄动招尤，决不轻宥。各驿递但有借行，勘合踪迹可疑者，许该地方即拿盘诘，申详根究，奏来处治。

乙亥（十六日）［凤阳人徐应龙流入贵州铜仁府苗寨，诈称亲王作乱］

凤阳人徐应龙亡命流入贵州铜仁府苗寨，诈称亲王，屡传伪令，恐喝诸夷，召号党类，出没劫掠者九月。为地方官所觉，多方悬构擒之。抚按以闻，乞将参政尤锡类、守备葛如锦、指挥蒋崇贤、知府等官何大缙等，分别叙录，以劝有功。徐应龙监候会审详决。兵部覆：如议。诏从之。

明神宗实录卷三百七十五

八月

庚寅朔（初一日）［兵部以遵义、水西地界争执，请行川贵督抚查勘］

兵部以贵州巡按毕三才、给事中洪瞻祖、御史杨廷筠各言川贵督抚争执遵义、水西地界，覆请移文贵州总督、抚、按衙门，备查安疆臣先年所占播州地委果若干？前开水烟、天旺果否退出？后开刀靶、桃溪果否侵占？后议岩孔等处果否续还？沙溪有无巡司颁印，有无凭据，粮马有无上纳？一照原议，属播者归之四川，不属播州者归之安、奢二氏。见今作何结局，日后作何禁制？乌江南北界址作何分属？从公勘议，限十一月内完报。御史康丕扬疏又议及请并行总督、抚、按，严限勘议。报可。

明神宗实录卷三百七十六

九月

丙寅（初八日）［升四川副使庄懋华为右参政兼佥事］

升四川副使庄懋华为右参政兼佥事，分巡下川南道。

癸未（二十五日）［升四川按察使周嘉谟为右布政使兼佥事］

升四川按察使周嘉谟为右布政使兼〔佥〕事，分巡上川东道。

明神宗实录卷三百七十七

十月

己丑朔（初一日）［兵部署部事刑部尚书萧大亨等覆川贵总督王象乾疏言黔蜀分疆事］

兵部署部事刑部尚书萧大亨等覆川贵总督王象乾疏，言：督臣按已往之成案，考近地之人情，定黔蜀之分疆，完拓地之全局。尤恐长跋扈之志，以遗身后之讥。其用心亦良苦矣！惟是水西侵地，始于安万铨而非始于安疆臣。安氏迫取于杨相丧乱之时，又非擅取于应龙荡平之后。今为时已久，旧制数更，世远人亡，难于究诘，无惑乎水西之得以借口，而当事者之不能立决也。督臣身任善后，职总川贵，原无分彼此。如以蜀省论，则守沙溪诚不如守乌江之为险。而以两省相提而论，则与其较量土地而树敌结怨于诸夷，孰若曲为抚处而令诸夷感德畏威，得此相安之为得也。臣意老成谋国者，当必有权衡于其间矣。至议请科臣往勘，是欲尽祛成心，付之公论。但自京抵播，程几万有余里，道途往返，时日耽延，恐议论逾多，事机坐失。讵若身亲目击、就近查勘者之真切耶？似应仍责令两省按臣，会同勘报，庶为两便。盖督抚身在事中，意见有参差，议论不无同异。臣按臣，身在事外，其侵地之应还与否，地方之有无利害与否，固可片言而决，移时而定也。今日之事，第愿诸臣以保境安民为上，以招携柔远为急。而以党同伐异、挑衅酿祸为戒。则播事从此得善其后，水西从此得保其终，而在事者从此亦得免于纷纷之议矣。上然之。命川贵各巡按御史会督抚官，遵屡旨从公查勘，务求画一之议，具奏定夺。

癸巳（初五日）[兵部覆议川贵地界仍限两省按臣同督抚公勘为便]

试御史康丕扬言：川贵以播疆渐（俊）〔竣〕，河臣以议纷未定。一时臣工咸欲遣科臣往勘，近督臣亦有请矣。国家设外重臣，莫逾镇抚。因抚臣各为其地，议论不一，改添设督臣以总理之。有如督臣又不足凭，则何人可信？自朝鲜役兴与河淮南决，曾两遣科勘，而今遂为故事。夫事易则已居其名，事难则人当其谤，人谁不借此幸免？今为川贵计，直以勘事付总督，而抚臣佐之；为河工计，直以勘事付总河，而抚臣佐之。庶两臣得一意担当，而善后与荒度可不崇朝决矣。兵部覆议：川贵仍限两省按臣同督抚公勘便。上是之。

庚子（十二日）[兵部覆云南巡抚陈用宾，令严防缅兵]

兵部覆云南巡抚陈用宾疏称：思正世居蛮莫，为我属夷。乃尔凌轹邻邦，怨结仇深。雍罕等酋纠缅报复，败之。奔突入关，缅兵尾追，委而弃之不可，护而拒之不能。孤城安危，在此一举。不得已戮思正以雪众愤，驱缅兵以保弹丸。盖遵奉明旨，便宜从事，虽不能丕振国威，庶几少解危急。在事文武各官，似当分别议赏。但缅丑犹然窃据，安插尚费处分，必须外寇尽除，内地安妥，方可课功行赉。请严行道将等官，整搠兵马，加谨提防，务保万安，无容一失。固不可挑衅速祸，亦不可召侮损威。一切事机，仍遵前旨，悉听便宜，不为中制。俟事体大定之日，通论前劳优叙。若或弛备偾事，及调度失宜，致贻后患，听巡按御史指名参奏施行。报可。

戊申（二十日）[四川分守松潘副总兵周国柱弃职夜逃，诏巡按究问]

四川分守松潘副总兵周国柱弃职夜逃。诏巡按御史严提究问。

本卫指挥尧咨等，各罚俸三月。

明神宗实录卷三百七十八

十一月

庚申（初三日）［川贵总督王象乾疏言安疆臣征播功不实，又占地未还］

川贵总督王象乾疏言：安疆臣征播，谭者莫不推为首功矣，臣请悉其概。报捷称，疆臣及陇澄大创杨兵，杀死伪提调、把总五十余人，贼兵及万，歼其领兵第四子杨惟栋。及破囤之日，总兵吴广搒箐，擒获惟栋。疆臣乃称，大水田杀死者系何元保，即一惟栋而五（千）〔十〕之提调，可知杀贼万余，而解验之首级何在？若非督抚严查，将终执为瓜分之地矣。此水西大水田之概也。佯败卖阵，迹已昭然，送药往来。又经会勘，水西围守四十余日，而囤如故；官兵攻两日，而囤即平。倘终靠疆臣把守后门，阴相犄角，逆酋无剪灭之期矣。此水西让路之概也。噫！疆臣欺君助逆，得保首领，幸矣！犹尔喋喋言功，岂果济江而后逆酋上囤乎？夫八路皆于二月十二日进兵，而水西兵屡催不出。至二十四日，疆臣方札马庆水曹，几何时，而捷报私回。安兵尚未抵播，而官兵已追酋入囤矣，岂以其擒斩之多乎？八路皆三万为率，七路擒斩多者五六千，少者不下三四千。土司中如冉龙御兵八千，擒斩不至八百。马千乘兵三千，擒斩八百七十五名颗。千乘之妻秦氏，报效不支饷，兵五百，擒斩一百一十七名颗。而二家且首夺桑木、大滩等险关，竟不言功。何其勇且顺也！水西提兵三万，擒斩仅三百八十。夫以兵数与擒斩之数较，疆臣不可谓有功矣；以诸臣之揭与督臣之檄较，又不止于无功矣。即疆臣而功，贵州之拟赏未为不厚，必胙之土而后为报乎？还我侵地，不究既往，已属浩荡之恩。若因其挟而与之，彼得之不以为惠，我与之止以示怯，德与威两失之。窃恐今而后，求无不获，欲无不遂，恣睢暴戾，愈无所忌惮也。至于水东之使臣执而囚之，亦自有说。去岁臣牌行守东道，张悌查复播地。疆臣窥见奢世续无子，以妻之幼弟阿利，改名奢承宗，入继奢氏。彼其视永宁固囊中物也，遂听李希胜诸奸目之计，语世续曰：宁费万金，不让寸土。永宁奸目胡承颜等乘机骗银一千三百余两，违例入京放债，被锦衣卫缉获，债单历历可查。臣窃谓世续可原，承颜等侵费之罪终不可释也。疆臣又差李甫等数人，携带金银数千，四出营干。臣差官追至荆襄，李甫等闻风逃遁，拿获吴奇、艾天培等，搒出金银，见寄荆成都官库。臣拨置奸徒，酌量处置，实遵奉敕书，而谓无因而囚之，则传闻之误也。至谓抚臣亲许爵土之赏，此盖剿逆之初，无兵无饷，不得不笼络悍酋，无使为我梗耳。疆臣果能缚首功以献，臣与抚臣亦何敢爱此尺寸之土，以食前言。今酋既已避嫌，而又欲借口瓜分，是明旨之所禁也。即抚臣与臣之咨文书札，并无瓜分一字。臣固信抚臣，非执硁硁之小信，以成狡酋之要挟者。况酋既无功，不与之地，正所以成抚臣之信也。伏乞谕令速出视事，以慰士民之望。如臣谬以三省重臣，一旦蕞尔土酋簧鼓，若此无能之效，彰彰明甚，并望皇上矜放。兵部覆议：遵义、水西地界，经诸臣交章论列，本部议覆，屡奉旨责令会勘，勒限完报。今督臣因占地未还，历数安酋征播之事，以听公论。其为封疆虑诚慎，但以人言纷至，前局未了，后效未章，辄尔抗疏乞休，似乎诿责于己，而贻难于后者，亦非皇上所以责成督臣之深意矣。至于安疆臣功次，统俟勘叙到部，另行酌议类核。水西目把李希胜等拨置争占，罪诚难逭，然地界未定，亦应俟事体勘完，分别处治。永宁夷目胡承颜等，业经刑部具题，递回原籍，听彼中总督查照处分。诏：播州、水西地界，已专奉旨会勘毕，具奏朝廷，自有处分。王象乾身任督臣，播州新造善后事宜，方在经理。何得为此一事，辄议抗疏乞归。令仍旧供职，其余依拟。

辛酉（初四日）［云南巡按宋兴祖言边事］

云南巡按宋兴祖疏：臣自入滇，闻蛮莫宣抚同知思化之子思正素勇悍，戕各夷以残陇川，挑动木邦、阿瓦，连诸夷兵逼蛮莫。思正不敌，驱象携家奔腾越，以求我援。阿瓦、木邦大兵尾之，历三宣，越诸关，直抵黄连关，而阵距腾越三十里许，境内大震。副使漆文昌、参将孔宪卿，虑州城不保，给思正杀之。我兵取其首，令阿瓦取一膊。此一时济变，万不得已之计。顾臣心窃有忧者，蛮莫当缅水陆之冲。有蛮莫则外蔽三宣，内障腾、永，远通六慰。一旦授之阿瓦，六慰皆失，三宣任铄，卒有蠢动，征调何及？昔年思化，众议处治，抚臣陈用宾特主容留以（悍）〔捍〕缅。寻以征缅功授土同知，思化殁而思正内属仍旧。（令）〔今〕急而不救则已，且杀之，凡为属夷，将必生心，曰：内附不保首领、土地，而附缅得安全。是我连各夷之交，而长其敌仇也。臣闻洞酋有猛力者兵强，与思正善，出兵残木邦，以牵其内顾，而阿瓦、木邦遂疾去，以保巢穴。倘思正三日不杀，阿瓦亦去，我有救属夷之名，而思正重德，我因内御外，忍不殚力。矧思正部下强兵二三万，足当一面。此事大类杀悉怛谋，不无可惜。大率缅夷连兵压境，势甚阽危。有地方之责者，谓何爱一酋，不以保全境。仓卒筹画，惟是杀思正可救缓急，臣何敢以事后议其非。但臣闻阿瓦据金沙江，修造船只，且欲杀洞吾猛乃修。往年同天朝杀缅之怨，滇无兵往救，又蛮莫既阻，无路可通。倘所并诸夷，尽服缅而为缅用，是缅昔在数千里外，今与我错壤而居，得无烦备御者？昔止一缅，今诸夷皆缅。而我只一滇省，强弱殊违。以无险、无兵、无法、无食、无蔽之滇，当诸夷连合横结之势，或一蠢动，则祸中门庭而腾、永危。又顺义系缅路缓冲，新城兵弱，酋或繇此问道，而蒙化、大理危。为滇南计，惟有豫裕兵食、急杜衅孽两端而已。环滇皆土司，有事率调土司兵，以夷攻夷也。调之非行粮不行，既行非日粮不养。滇在万里外，奏请必半年乃达。一有缓急，待请饷而后调兵，势已不可为。臣谓滇之矿税，悉宜尽扣留滇中，以备兵食。傥缅酋数年帖服不动，前项矿税当如数解进，以备上供耳。臣闻阿瓦追思正时，声言奉上司命来，说者指买宝石参将吴显忠也。显忠久奉明旨，准回籍，税使杨荣縻留，役使往阿瓦开宝井。显忠实以厚利饵夷人，而为之换宝石，宝井在缅服中，远数千里，夷有以为利，又岂待中国税使而后开？卒启杀属夷、拆藩篱之祸，弃内附土地人民，而使缅与我比邻剥肤。皇上神圣，思此役可停否？且宝石是蠢然石块，止（偷）〔愉〕一时观玩，无益天下国家。开宝井与保边疆，孰得孰失？故臣愿停开采，而急杜衅孽也。伏望皇上速降明诏，取回杨荣，敕下预计兵食，防于未然，滇南庶几无患。不报。

明神宗实录卷三百八十二

万历三十一年癸卯（1603）

三月

丁卯（十一日）［播州“旧逆”聚众再起］

播州旧逆吴洪、卢文秀、卢文政、张承贤、卢里受、谭里保、罗志、杨邦俊、王金义、张汉臣等，恶汉法严密，潜谋不轨，假杨应龙儿子为名，恢复旧疆。因内江县举人晏鸣鹿乞邻坟，侵田土，遵义县知县萧鸣世素失众心，此事又失处分，洪遂激怒旧民，聚众首乱。总兵李应祥、副使傅光宅等率修防官兵捕之。陆续擒获首从刘尧等，洪逃奔水西，黔抚郭子章责安疆臣缚献。洪为疆臣把目王宗舜斩首，擒获贼党，止逸一二。总督王象乾以闻，兵部覆言：洪自祖父及身，为杨氏亲信长官三世。刘尧者，逆龙之腹心书记。而罗志、谭星保、卢文政等，皆逆龙之爪牙也。平日倚附逆龙，今虽逋诛。包藏祸心，徘徊故国，视杨三老为奇货，借水西为声援，投间抵隙，所须者时耳。而豪势之武断，悍吏之淫刑，又大拂乎人心。遂欲假以激怒沙溪之众，操戈（关）〔开〕弓，快于一逞。是其谋叛之本意，虽不尽由人，实借之资也。今虽就缚启衅人员，法当究治。诏以逆首吴洪等传级示众，谭里保等枭示。未获者严加缉捕，以绝祸本。萧鸣世、晏鸣鹿行御史究问。有功员役，勘明定夺。

［以何伟为广东副使兼参议，陈濂为广东副使］

以惠州知府何伟为广东副使兼参议，分守岭东。肇庆府知府陈濂为广东副使，分守岭西。

丁丑（二十一日）［以崔应麟为四川左布政，王嘉谟为四川右布政，梁祖龄为四川副使］

以四川右布政崔应麟为本省左布政，管遵义兵备。按察使王嘉谟为右布政，分守川西道。参议梁祖龄为副使，分巡川北道。

戊寅（二十二日）［以许国瓒、凌嗣音为广西副使，分别整饬右江兵巡道，分巡桂林兵备］

以桂林府知府许国瓒为广西副使，整饬右江兵巡道。梧州府知府凌嗣音为广西副使，分巡桂林兵备。

明神宗实录卷三百八十三

四月

戊子（初二日）［以韦文灿等就擒，议处所斩获"贼首"真伪、获功伤亡官军多寡与东兰州土官应袭事］

兵部以韦文灿等就擒，并获印信，请下广西巡按御史勘问，并责罗谦端擒献恶目罗力萃、黄九德等正法。所斩获贼首真伪、获功伤亡官军多寡，并东兰州土官应袭，俱听总督、抚、按议处覆行。上是之。

庚戌（二十四日）［议定平、清、偏、镇四卫仍归属湖广省］

播地荡平后，黔督、抚、按议将平、清、偏、镇四卫改隶贵州，已得旨行之矣。湖广抚臣复谓，目前舆情必难强从，将来钱粮又费区处。于是兵部上言：黔抚兼督湖北思仁、思石两道，节制清平，则四卫固在统辖之中。而在楚护偏桥以卫黔，在黔援黎平以控楚，则湖贵又得辅车之势。与其纷更辖属，事体归一，宜如湖广抚臣议，将黎平府永从县并十二长官司仍旧属之贵州，平溪、清浪、偏桥、镇远四卫仍旧属之湖广。而贵州抚臣例衔兼督，亦各照旧，仍明谕两省诸臣，毋以分隶为嫌。附近卫所有警，彼此亟相策应。若有抗违推诿者，不妨遵照敕书，从重查参。上从之。

辛亥（二十五日）［准云南土舍侬应祖承袭土官同知，不世袭］

准云南土舍侬应祖承袭土官同知，不世袭。

明神宗实录卷三百八十四

五月

戊寅（二十三日）［以杨登山充总兵官，镇守四川等处地方］

以杨登山署都督佥事充总兵官，镇守四川等处地方。

明神宗实录卷三百八十五

六月

丙戌朔（初一日）［四川新谷安抚司差人贡方物］

四川新谷安抚司差都纲番僧仰羊坚藏等八名，贡珊瑚、左髻等方物。各赏给绢、钞、食茶。

己丑（初四日）［兵部上言勘明播州、贵州宣慰司地界事宜］

初，播酋之平也，播民谓沙溪、渭河原系播地，安酋称渭河驿隶贵州宣慰司。未有官设于水西，而地属于播州者。乃下巡按会督抚从公勘明之，而制督二臣意见枘凿，川贵诸道多怀观望。于是四川巡按李时华以桑梓嫌辞，贵州巡按毕三才以身在事中辞。兵部上言：台臣按部一方，职专风纪，义重纠绳。兹清理地界，上关军国安危，下系夷情向背。乃相与引嫌思避，而请科臣往勘，臣等不许也。但臣等窃念兹事非会勘之难，而处置之难。合令川贵督臣王象乾会同贵州巡抚，各秉公虚，悉心查理，可复则复，可与则与。务要上尊国体，下服夷情，处置停妥，永无后患，斯为完局，仍行各该巡按御史，俟处置事定，即从公评议，会本具奏。如有不妥，不妨明白声说，分别议处，请旨定夺。从之。

明神宗实录卷三百八十六

七月

壬戌（初八日）［兵部勘明荡平云南金、腾等处地方功次］

兵部以云南金、腾等处地方荡平功次，勘明上请。将吴世德等照款升赏、赎罪，其应赏官舍查赏格给予。从之。

甲子（初十日）［贵州巡按毕三才奏纳款“苗夷”秋粮定额］

户部据贵州巡按毕三才奏：纳款苗夷共四千八百七十户，男妇共一万六千七百六十名口。认纳秋粮三百零二石二升八合，内二十三石六斗三升八合，每石折银五两，共折银一百一十八两一钱九分，马馆银二百零三两七钱二分。俱以三十年为始，照数征收。其金台盘等七十二寨付土舍刘一方，滚水、崖理等二十二寨付土舍何鳐，各管理约束，所供粮马即属（注）〔驻〕镇兴隆同知督责上纳。瓮柄等三十二寨土舍张体乾，瓮谷等二十寨付土舍冯国瑞，各管理约束，所供粮马应附黄平州征纳。至于附近镇远府梁上、巴野等二十四寨，每年认纳草米二千七百八十秤。既未附籍，当差尤宜预防不测，仍将前项户口钱粮，增入各项图册报部，以便稽查。从之。

丁丑（二十三日）［再次勘处永宁宣抚争袭事］

先是，永宁宣抚奢效忠既死，嫡妻世统无子，妾世续有子崇周。二妇争印仇杀，自万历十二年始，屡经川贵抚臣议处，二妇俱给冠带，分地赡养。宣抚司印给崇周收掌候袭。既而崇周复死。奢崇宁者，效忠亲弟尽忠子也，幼孤，依世统避地抚养一十三年。至是，送之永宁，世续遗之毡马，出印结事已定。而诸奸目昔年从世续逐世统，杀沙卜，惧崇宁立而复前恨，遂附水西，立阿利以自固。安疆臣阴阳其间，以收渔人之利。于是夷兵四出，焚劫屯堡，参政王应麟等不能禁。总督查勘以闻，因请兵部移咨黔抚，切责安疆臣取回阿利与防护世续之兵，仍与二妇和处，分地养老。并谕奢崇宁，蠲夙恨以收人心。王应麟等失事情罪，暂从宽贷，俟事定酌处。兵部如议具覆，悉报可。

明神宗实录卷三百八十七

八月

甲申朔（初一日）［兵部议增兵，于青圳等处防守梁上、巴野各寨“生苗”］

兵部以九股诸苗乞降，既俾入籍征输，就便分管，但夷情叛服靡常，梁上、巴野各寨生苗，虽已编立保甲，尚未附属当差，尤不可不严为之防者。据议，应增兵三十名，同原额官兵于青圳等处，往来防守，且廪饷取办，输粮不足，责之耕食，应如所议。至于分管征收，亦当严示约束，不许分外科求、拘扰起衅，以贻后患。从之。

乙巳（二十二日）［广西总兵王鸣鹤奏留镇安府土官免觐］

广西总兵王鸣鹤奏留镇安府土官岑奇凤免觐。

戊申（二十五日）［准云南嶍峨县土舍禄崇功袭父职，不世袭］

准云南临安府嶍峨县土舍禄崇功，就彼袭授父职，仍不世袭。

己酉（二十六日）［川贵总督王象乾疏言播州新置州县官员、驿站钱粮、军屯田地等事］

川贵总督王象乾因户部咨其丈田粮、限田制，兵部咨其设屯卫，遂疏令夜郎、乘凤、乐源、乐道、永镇、儒溪、永定七处，皆各州县达府要路。深山邃谷，远箐茂林，一有往还，动逾旬日。宜各设驿站，以协济夫马之奔驰，以联属遐方之脉络，诚所当增。其余一切经费，除府卫首领及县佐学驿查系冗员，另疏议，裁其真安训导、廪生，遵义、桐梓、绥阳、仁怀儒学师生、吏役俸廪，及门库铺兵、渡夫，并夜郎等七驿驿丞支应、伞轿铺陈等项。虽后不可终废，而目前尚可缓。道府州县团操民壮，守护城池，看守仓库，腹里犹然，况新设州县，夫岂可少？姑于防兵数内，每州县量拨三百名，以供防守。暂停者，共计停一万四千二十两有奇。每粮一石止征银一两三钱九分八毫有奇，实征粮银二万四千三百一十两，丁银内酌量加添实征丁银五千八百八十两九钱有奇。通共丁粮银三万一百九十两有奇，以备各项经费。播、真旧粮岁止银三千一百两，今加三万一百九十两有奇。武弁俸廪既薄，夷方米珠薪桂，养廉田地，应照九丝事例，酌量官职崇卑分拨，以示优恤。屯军五千名，该田一十五万亩。水边屯田尚未设立，臣恐目前藩篱不固，将沙溪五里半之地暂改屯田，以备守望。该边旧民及真安州申文，纷纷告称不便。其贵州仓粮共计六千二百石，系户部经制额数，毫不可少。今亦无可征办，应俟地辟民聚之后，另行加派。其养廉、屯田、黔饷三项，共该田地八千三百八十一顷，候两省按臣查明疆界之日，另行拨补编征。此外，又有防兵八千名，岁饷八万余两。窃计全播经费岁不过四万四千有奇，除裁削外，尚有停征待编者一万四千有奇，不能自给。此八万之岁饷，可复望之播乎？容臣另议具疏。乞敕下吏、户、兵三部，将前应增、应裁、应停等项，官员驿站钱粮及所少将领军屯田地，并协济贵州仓粮，作何区处，逐项覆加查议，上请施行。下部知之。

[贵州巡按毕三才题处四川永宁宣抚司奢氏争袭事]

巡按贵州监察御史毕三才题：四川永宁宣抚司土妇奢世续，即有冤枉，当上奏下告，以图伸雪。乃轻信奸逆，动兵称乱，肆虐生灵。本当剿削，姑念实系奸目拨置，本妇量加罚治，奸目阎宗传、田应龙等严行提究。奢世统、奢崇宁既称枝明派正，亦当俟题候旨，而后入城。乃竟入永宁之域，遽启累世之藏，逼处其宫，攘夺其财，世续之心岂甘乎？而目把袁初、舒自清等，黩货无厌，激变有自。世统母子当量加罚治，袁初等并行提究。永宁卫武举苏民心以奢崇宁为木偶，奢世续为奇货，实为戎首，委称罪魁。普市所百户周应魁当夷兵劫虏之际，助饷馈遗，以张其恶，当查实并究，以正其罪。若思仁带管毕节道参政洪澄源、同知张羽鸿等，应量罚以儆厥后。再乞天语叮咛川贵督臣，毋瞻前顾后而贻祸胎。下部知之。

明神宗实录卷三百八十八

九月

甲寅朔（初一日）［改平越、普定二卫学为平越、安顺军民二府学等］

改平越、普定二卫学为平越、安顺军民二府学。设黄平州学正一员，即将所裁平越训导俸薪移给。设新贵县教谕一员，即将所裁宣慰司训导俸薪移给。余庆、湄潭、瓮安三县子弟，附黄平州学。龙泉县子弟，附石阡府学。平越、安顺廪额二十名，一年一贡。黄平、新贵各廪额十名，三年一贡。黄平等州县新民子弟，稍通文理者，准入学不准应试。以万历三十年为始，起贡须十年外，应试须二十年外。其各府州县儒学印，铸造给发。

戊午（初五日）［云南巡按宋兴祖奏称采臣杨荣欲责丽江土官退地听采，因言丽江位置之重要］

云南巡按宋兴祖奏：采臣杨荣欲责丽江土官退地听采，又参通判史论与龚铭恣肆抗横。龚铭、史论遵旨听勘，虚实自明，臣等无容置喙。惟是丽江，古荒服之地，历代不臣，我朝始率众归附。太祖高皇帝令木氏世知府事，守石门以绝西域，守铁桥以断土番。国家自有云南以来，免西戎之患者，皆该府藩蔽之力也。其地金沙江之东，接壤永宁郡，曩以经界混淆，岁岁构争，至二十四年而始勘定。丽江不肯割，（宁永）〔永宁〕不能守，天朝亦以有御吐番功，不甚责备。今若欲退地听采，必失酋与所部之心。彼府远处黑水之外，与（土）〔吐〕番邻，使臣等谕之，而阳顺命听采也。国家当岁岁有吐番之防，万一不听谕，或蓄一种祸心，其害有不可胜言者。必如杨荣议，当听杨荣自勘利害，臣等不敢干预，以误封疆。

丁卯（十四日）［广东巡按林秉汉奏留钦州等州、香山等县正官免朝觐］

广东巡按林秉汉奏留钦州等州、香山等县正官免觐。下部知之。

戊（申）〔辰〕（十五日）［以林桐充总兵官镇守四川等处地方］

敕神机营右副将都督佥事林桐，以原官充总兵官，镇守四川等处地方。

辛巳（二十八日）［江铎卒］

巡抚偏沅右佥都御史江铎卒。铎，浙江仁和人，万历甲戌进士。历刑部主事、兵部员外、福州知府、苏松常镇兵备、淮安监军、扬州参政，升右佥都御史巡抚偏沅。杨应龙造逆，黔蜀骚动，三楚震惊。庙议楚地辽阔，非重臣驻偏沅，无能节制。添设巡抚，特简铎往。铎主一切料理器具，指授方略，分布要害，移镇险阻，不遗余力。终始三月间，馘斩俘获招降无筭，事竣守制。及再起，又破潘老、皮林等寨。抵家，未几而卒。

明神宗实录卷三百八十九

十月

戊子（初六日）［户部覆川贵总督王象乾疏议新定“夷方”钱粮宜轻并清查原贮银粮事］

户部覆川贵总督王象乾疏议：新定夷方田粮宜轻，各州县学、驿经费，宜停减者停减。其播、真原额，贵州粮银三千一百两，播地既经川贵分豁，粮银亦应二省均摊。与夫军屯养廉田地，候勘明疆界之日，补拨编征，另行具奏。又题称：委官清查过司、府州县各库，原贮征播扣回支剩，并加派地亩夫价，见征未完银，共九十八万五千五百四十两有奇。内除抵补蠲免协济湖广赈灾，借给播民牛种外，尚有银五十万五千一百六十七两有奇，米一十万七千二百九十二石有奇。自二十八年十月起至三十年十一月止，官兵月粮、添设官员驿站夫马、修筑城池等项支销，共用银四十三万九千三百八十四两七钱有奇。计所剩存并见征未完银，七万九千五百六十两八钱有奇。共用米一十万八十一石一斗有奇，豆麦二千七十七石四斗有奇外，剩存变价还官米六万一千七百六十六石一斗有奇。俱行该司，将未完者追纳，见存者备用。其支过银米径自开销。俱从之。

丁酉（十五日）[户部覆川贵总督王象乾条议四事]

户部覆川（广）〔贵〕总督王象乾条议四事：一、议兵饷以免加赋。防御官兵八千员名，岁计饷银八万七千五百有奇。抽取川省民兵扣其工食仅足一年，原编松坎民兵工食继之，带征拖欠税粮。若吏承纳班与见征税契，遵义事例，悉取措括，以足兵饷，兵撤停止。一、缓催征以苏新附。今年赋税再停免一年，总俟三十二年征纳。一、豁田价以恤残民。没官田土，尽当蠲免价值，以安新集。一、酌事例以便参拨。新纳吏丞，悉照黔中见行事例。府吏纳银二十两，六房十两，库狱州吏十六两，六房县司府首领、仓巡驿十两。俱准收参，三考满日，径行起送到部。上俱从之。

戊申（二十六日）[贵州巡抚郭子章乞终养，不允]

巡抚贵州右副都御史郭子章以亲老独子乞终养。诏以该镇用兵之后，尚须辑理，不允所请。

辛亥（二十九日）[兵部覆四川督抚编设保甲，定水西地界]

兵部覆四川督抚王象乾：编设保甲，无养兵之费，得胜兵之用，即古寓兵于农之意，应悉如议举行。但地界一定，则华夷相安，军民乐业，即兵防亦可渐撤，水西地界，尤当亟议。诏以沙溪地界，作速勘议，妥当具奏。未尽事宜，逐一裁酌，令永远可行。该地方夷汉错杂，当以简易相安，不必过为烦扰。

明神宗实录卷三百九十

十一月

乙亥（二十三日）［礼科都给事中张问达参麻哈州知州纵子冒籍，幸中青州乡试］

礼科都给事中张问达参麻哈州知州张镕纵子宗厚冒籍，幸中青州乡试。镕应照不谨例惩，其子宗厚宜革褫原籍为民。下部知之。

明神宗实录卷三百九十一

十二月

庚戌（二十九日）［兵部以平播请祭告并宣捷］

兵部请以平播功，择日祭告郊庙，并宣捷音。报可。

明神宗实录卷三百九十二

万历三十二年甲辰（1604）

正月

己巳（十八日）［大学士沈一贯等请上御文华殿宣播捷］

刑部等衙门拟二十三日请上御文华殿，举大班纠劾。又钦天监拟二十六日请上御文华殿，宣播捷。大学士沈一贯等言：皇上延见来朝官员，面宣训敕，自万历二十三年后未尝有举。平定播州，御楼受俘，乃二十八年事，至今未经宣捷叙赏。兹以玉帛会同之期，而有干戈辑宁之庆，两大典礼，一时遇合，修明久旷之仪，复还观听之旧。凡在臣工，有同冀望。如以数御为烦，或将二事并于一日，乞令所司具仪举行，仍免朝。

辛未（二十日）［四川、湖广、贵州沐川长官司等衙门差人朝贡］

四川、湖广、贵州沐川长官司等衙门各备马匹，差土舍悦咸慰等一十一名赴京朝贡。各给赏如例。

丙子（二十五日）［云南巡抚陈用宾奏称开采内使激变滇民］

云南巡抚陈用宾题参开采内使杨荣，罗织滇民，情急倒悬，激变屡形，调停无策，列款以进。不报。

丁丑（二十六日）［上御文华殿宣播捷，受朝贺］

上御文华殿宣播捷。遣公张惟贤祭南郊，朱应槐祭北郊，驸马都尉万炜祭太庙。受文武百官及四夷朝贡使朝贺。

明神宗实录卷三百九十三

二月

丁亥（初六日）［初建贵州夜郎巡检司］

初建贵州夜郎巡（简）〔检〕司，因播地荡平也。

甲午（十三日）［云南抚按陈用宾、宋兴祖等奏报矿监与有司之矛盾］

云南抚按陈用宾、宋兴祖等奏：云南矿课，原有定议，旧洞矿竭，势必凿新补旧。有司方见请详，而该监即占为己洞，使有司束手。新洞既不敢凿，旧洞亦从告闭，矿税全难，物力大诎。且本年夏秋二税，臣等已竭尽心力，该监犹求备无已，阻回不收。乞明谕该监遵旨，收解其原开矿洞，归一有司开抽，免其掣肘推诿，仍照一分充金价，一分充兵饷，庶可支撑万一。上允之。

甲辰（二十三日）［镇安府、泗城州土官差族目进贡］

镇安府、(四)〔泗〕城州土官岑奇凤等差族目赴京进贡。给赏如例。

明神宗实录卷三百九十四

三月

甲子（十四日）[阿瓦与猛乃聚兵相攻，云南巡抚陈用宾题处置机宜]

云南巡抚陈用宾题：阿瓦与猛乃聚兵相攻，事在夷狄，利在中国。猛乃约暹罗以敌阿瓦也，为天朝也，顺也；阿瓦挟木邦以攻猛乃也，为复缅也，逆也。倘以祖宗之灵，陛下之福，瓦酋歼于猛乃之手则幸矣。万一猛乃败绩，瓦酋收拾缅党，蚕食内地，此时不先事预防，及至缅骑长驱，如思任发故事，可不寒心？臣等业便宜选智略之士，繇便道往猛乃及暹罗、浡泥诸国，订之并力灭缅之日，不靳裂地而封。再谕木邦不许助逆。倘瓦酋先得猛乃，即饮马于金沙之江，我兵岂可不行迎击？然在腾冲，兵不满七千，势必调惯战夷兵，少亦当以二万为率，则当用二十万饷，滇力竭矣。乞敕户、工二部，权于附近粤西、四川两省，各借十万金备缓急，庶几不致临敌而呼庚癸也。随该兵、户二部会覆两省，各量借五万两。如绝用夷攻夷，原银随即解还。倘有内犯情形，飞檄前来，再为酌处。惟是猛乃归汉，为我藩篱。彼所必争，我所必救，调兵聚饷，相机征剿。一面宣谕猛乃连属各夷，竭力堵截；一面严趣木邦，协力从征；一面移会两广督臣，檄行暹罗、渤泥、（古）〔占〕城等国，并力夹攻。瓦酋荡平，升赏裂地，俱所不靳。如或瓦、猛俱各罢兵，亦须整搠士马，加意提防。固不可挑衅以启戎心，尤不可玩(冠)〔寇〕，以贻后患。报可。

明神宗实录卷三百九十五

四月

壬寅（二十二日）［宴灵藏赞善王进贡使臣］

宴灵藏赞〔善〕王进贡使臣锁南瓦秀等十九名，永康侯徐文炜待。

庚戌（三十日）［大学士沈一贯等言播州、皮林叙功事］

大学士沈一贯等言：国家自哱承恩倡乱于西夏，继以朝鲜东倭之警征发旁午，杨应龙席其父祖之余力而跳梁于播州。朝廷屡加宽恩，拒不受命。至于破县陨将，震动川南。于是徐州则赵吉元，辽东则金得时，西陲则火落赤等虏，两广则群瑶群僮，皆倜然蠢动，弄凶造妖，摇动元元之心。幸赖皇上赫扬威武，以次削平。大者告郊庙，诏天下，余亦论功叙赏，盛矣！原其所自，正因赏罚有章，靡有留命，是以谋臣战士鳞踊翼奋，而为国用也。播州之役，以半年之中集师二十万，进兵百日即奏凯音。策不虚发，动必中机，将士有进无退，虽却犹前，杀不妄加，而罪人咸得。盖自恭行天讨以来，未有如此之快心惬意者。是以师出而人无异议，师还而人不告疲。余饷余力，移诛皮林，假息游魂，骈首就戮，而天下反目之子，始啮指相戒。即四夷八蛮，靡不震动心颜，知天威之不可犯，国灵之不可干，至于今不敢生异心，则此播州、皮林一战之力也。因川、贵、湖广三巡按御史，各叙一方之功，而川中巡按久缺，致使勘报迟缓，战士功臣盖有物故而不瞑目者矣。今年春，兵部始克覆奏，而经今数月未奉恩（俞）〔谕〕。此曹渴望之心，何繇慰乎！今兵部之所覆，臣等之所禀，皆铢铢两两有减等而无加等。人心之所厚望封拜者，不过与一锦衣，亦甚靳矣。天下之事莫大于平祸乱，人臣之功莫难于出死力，而久不之恤，则后来祸乱，其谁与平？后来死力，其谁与出？皇上以宵旰忧之，而以宴安忘之，必不然矣。臣等念此，日夜踧踖，伏望稍辍万几，将兵部所覆播州、皮林叙功二本，蚤赐批发。疏未得旨。

明神宗实录卷三百九十六

五月

壬子（初二日）[四川巡按李时华题报勘界事]

四川巡按李时华题为勘界事：查得沙溪、渭河，播州、水西皆有之，载在通志。当杨相出奔时，播、水已互相讦，两省勘卷，断令退还，责取印信。谓非播地，其谁信之？此督臣所以绘图而进，奉旨清疆也。然水西侵疆，非自安疆臣作俑。疆臣袭祖宗之遗，止知前田地为水西故物。当贵州危于累卵之时，无兵无饷，不得不倚借疆臣，抚臣曾与之盟，许其擒酋裂地。今即不得过望裂地，而反令之割地。此抚臣之所以万难处置，而用心危苦也。臣以为今日之事，惟在上裁，或予或夺，政体自一。但念失之土司，得之土司，播固输粮，水亦纳赋，勘处之大略可见矣。章下所司。

己未（初九日）[礼部覆四川督、抚、巡按等官会题遵义军民府、真安州入贡和廪增生名额事]

礼部覆四川督、抚、巡按等官会题：遵义军民府儒学改建虽新，而生员作养已久。应自万历三十年为始，二年一贡。真安州学系新建，原无旧廪，应照建武事例，以十年之后开贡。府学廪增各三十名，州学各二十名，附学不拘名数。其桐梓、绥阳、仁怀三县廪增名额，待建学之日另题。报可。

明神宗实录卷三百九十七

六月

[兵部等衙门覆总督王象乾、巡按李时华水播分界事两疏]

兵部等衙门覆总督王象乾、巡按李时华水播分界事两疏。在象乾谓：水播分疆，以渭河中心为界。其原属播地，水西侵占者，必宜尽还。设置流官，照遵义起征，征利自公费外，悉充黔饷。在时华则谓：征播之役，水西不惟假道，且又助兵。刹失之土司，得之土司，原非分我内地。播固输粮，水亦纳赋，未必尽属空虚。假令以土地之故，伤字小之仁，恐我疮痍初起之民，从此多事，不可不为之深虑。臣等窃谓，据法而论，无论盗卖之地当复，凡播州故土畴不当尽数退还，以明朝廷之威。平心而论，无论渭河之地在所当予，即千工堰至乌雅尾诸处，查系嘉隆以前侵占，亦应稍加曲处，以示朝廷之宽仁，宜再行巡按酌覆。上曰：遵义、水西地界如何，尚未处定，国家以安边静民为重，岂得畏避嫌疑，因循持久？着行与该督、抚、巡按，遵照议处来还立限。与他钱粮加派悬编，原非久计。革屯裁官等事，一并酌议以闻。

［兵部覆皮林“剿苗”功次］

兵部覆皮林剿苗功次。上曰：皮林恶苗肆乱，将士宣威剿除。楚黔既宁，合宜班赏。戴燿升俸一级，杨芳升兵部右侍郎兼佥都〔御史〕，照旧巡抚。各赏银币，荫一子入监读书。其余文武将士，各升赏赠恤有差。

壬午（初三日）［大学士沈一贯等言皮林、播州叙功事］

大学士沈一贯等又言：顷蒙皇上行皮林之赏，推念阁臣。臣等既已合疏恳辞，未蒙谅允，但阁臣不预军赏，臣安敢不谨守此约？皇上纵十命，臣必十辞。惟及蚤收回成命，免臣聒渎，幸甚幸甚！且臣于此又有不容不渎者，夫皮林之功与播州之功，虽云异地，而其时其人则彼此相因，不可分而为二，故兵部以两本同叙，臣之拟票亦通融于两本之间。皮林本中，柄其事而功最大者，巡抚江铎与总兵陈璘也，二人之功于播尤著，故并叙于播。而于此本中但叙其次，若戴燿、李如樟等。今皮林之叙下，而播叙犹未下，见者不察，必疑以为遗铎而叙燿，遗璘而叙樟，舛错不伦，臣岂能须臾苟安哉？论功则皮林小而播州大，论时则皮林后而播州先。两功之成三年而始叙之，然犹一行一留，何以慰忠劳之心，为后来之劝？伏望将兵部叙播功本即赐简发，臣一辞一请，皆出恳迫，冀垂矜允。上曰：皮林之捷，卿实居中运筹，加恩非过。既恳恳固辞，特允所请，以成卿劳谦之美。播州叙功疏，朕因细览，尚留旦夕，即当简发，并谕卿知。

庚寅（十一日）[云南巡抚陈用宾奏应对“强贼”之策]

云南巡抚陈用宾奏：南安、嵋峨等处强贼突起，借名号僭服色。缅寇未除，盗贼复发，外侮内衅，一朝并临。知州、参将等官蒋守迪等，合令戴罪讨贼。司道郡守，乞行点用。得旨允行。

明神宗实录卷三百九十八

七月

壬子（初三日）[大学士沈一贯等言播州大功四载未叙赏]

大学士沈一贯等言：今阙政之大者二事。播州大功今已四年，而叙赏之典尚格未下。功臣之死者无以慰，生者无以劝。后来有事，谁肯出力？臣等所拟，止有减薄，并无冒滥，似可允从。倘有未合圣意，宁求改窜，万勿因一二人，而没百十人之功，失亿兆人之望也。各项缺官悉宜允补……乞将此二事先赐发行。不报。

辛酉（十二日）[宴乌思藏进贡番僧]

宴乌思藏进贡番僧呵喃坚参等三十名，永康侯徐文炜待。

明神宗实录卷四百

九月

壬戌（十五日）[礼部覆称“属夷”内附]

礼部覆陈用宾疏：属夷弃缅内附。章下所司。

丙寅（十九日）[裁减桂林、梧州额兵]

减桂林额兵六百名、梧州额兵一千名，从两广督臣戴燿议也。

明神宗实录卷四百一

闰九月

乙巳（二十八日）［谕内阁题叙平播升赏事］

谕内阁：平播功大，乃平定一国，开疆展土，奇勋懋绩，如何题叙升赏，内无一当封侯伯世爵，使朝廷威镇华夷。激劝大典，不尽宣扬，何以显忠劳之臣、血战之将，传行天下后世？彼时欲即传出，恐奸佞借言，鼓簧之辈，诬害善良，故尔迟缓。先生每可体朕意，详拟改票来省。

丙午（二十九日）［以平播功，议优厚升赏在事各官］

大学士沈一贯等言：昨日文书官传示圣谕，仰见皇上嘉奖军功，激劝后来至意，正臣等所久欲赞襄而不可得者，敢不祗承？随于本日出阁时，到朝房内约同兵部官虚心面议。俱言平播一功，开疆展土，奇勋懋绩，诚如圣谕，委宜从厚升赏。惟是遍查旧例，如宣德九年平松潘功，总兵官方政止加升左都督。成化三年平都掌蛮功，提督程信止加兼大理寺卿。万历二年平九丝蛮功，巡抚曾省吾止加升侍郎，总兵刘显止加升都督同知。此皆四川最著军功，并未有封侯伯世爵者。若近年李成梁封宁远伯，则以辽东虏功，与苗蛮功不同。又系积功累级，历数十年而后得，非以一次大功便与封爵。且成梁系一身独将，非有二三同事也。今播功虽大，而在事各官有一总督、三巡抚、五总兵，俱同功一体之人。概行封拜，人将谓之滥；择一特加，人又谓之偏。不若于原升赏上，各加优厚，使与者受者于心皆安。臣等仰体圣意，拟议再三，窃谓文臣中，调度忠劳，总督为首。武臣中，行间血战，总兵为首。将督臣李化龙，原拟加太子太保，今改拟少保；原拟世荫指挥佥事，今改拟指挥使。总兵刘綎原拟复官，陈璘原拟加右都督，今俱改拟左都督，仍将原荫副千户，俱改拟指挥使。马孔英降虏起身，吴广、李应祥武生起身，原拟袭升职级，今改拟世荫正千户。郭子章、江铎等，俱于原拟量行递加。夫文官至少保，已列公孤之尊；武职至左右都督，可称侯伯之亚。而荫（至）〔指〕挥使世世承袭，与国同休，抑又邻于勋爵之崇。此番恩典，极为优异，近年宁夏、朝鲜、松山诸功，皆未有此，足以播之青史，夸之外夷，传之天下后世，为不朽之大业，昭代之盛举也。得旨：朕览卿等奏揭，改票议加封爵条例未备。今播功虽大，而督抚、总兵众多，世爵难以尽封，文武李化龙等，俱拟加升职荫，具见恭敬忠慎，仰体朝廷优恤开疆展土血战之意。朕已知悉，依拟即行。卿等为朕辅弼股肱，朝夕赞襄，运筹调度，勋劳懋著，当有恩赉劝酬。拟谕来行，丕显天朝武功，毋得逊让推避。

明神宗实录卷四百二

十月

壬子（初六日）[准贵州土舍安大贵等就彼袭职，不支俸]

准贵州土舍安大贵等就彼袭职，不支俸。从贵州巡抚郭子章请也。

甲寅（初八日）[以平播升赏有功各官]

署兵部尚书萧大亨覆：天威远震，逆寇荡平，叙平播有功官员升赏。得旨：李化龙升兵部尚书加少保，给与应得诰命，荫一子锦衣卫指挥使世袭。郭子章升右都御史兼兵部右侍郎，照旧巡抚，给与应得诰命，荫一子锦衣卫指挥佥事世袭。支可大准复原官，荫一子入监读书。江铎赠兵部右侍郎，给与祭葬，仍荫一子锦衣卫指挥佥事世袭。刘綎、陈璘升左都督，各荫一子本卫指挥使世袭。吴应、李应祥、伊男俱准世袭本卫正千户，李应祥仍赠左都督。张栋、杨寅秋各赠太仆寺卿，荫一子入监读书。萧大亨改兵部尚书，准复原荫，仍加一级世袭。各赏银、纻有差。

明神宗实录卷四百三

十一月

庚辰（初四日）［四川左布政崔应麒、总兵林桐以擅受安顺臣降被参］

四川巡按李时华疏参左布政崔应麒、总兵林（侗）〔桐〕不宜擅受安顺臣降，以开夷衅。殷鉴不远，即在杨酋。留中。

癸未（初七日）［户科右给事中题播、水地界不宜受安顺臣投献］

户科右给事中梁有年题为播、水地界，断不宜受安顺臣投献，乞敕督臣王象乾刻日遣还，务持大体。其勾引开衅之人，行按臣李时华尽法处治，以安夷心。留中。

甲申（初八日）［巡抚郭子章、总督王象乾会勘播界］

兵部覆：巡抚郭子章、总督王象乾会勘播界，务上不损国威，下不拂夷情，众论佥同，事情画一。并将已退者，果否可以建县设流，清摊起科；未退者，今后作何输粮派马，以及看守听调。一并确勘，改限次年三月以里具奏。诏行与抚按官平心议定，毋得参差，贻误边计。

戊戌（二十二日）［以叛宗既获停止各处调兵］

湖广巡按吴楷题：叛宗既获，省会稍宁。乞止各处调兵，并分布本省兵防守。从之。

［兵科给事中题请即日遣回安顺臣］

兵科给事中田大益题：播界不决，衅端日滋。请即日遣回安顺臣，其取予裒益，统惟圣明独断。留中。

明神宗实录卷四百四

十二月

戊申（初三日）［予江铎祭葬］

予原任偏沅巡抚右佥都御史江铎祭葬，准照特恩例给与。以平播靖苗功也。

丙辰（十一日）［兵科疏播界不明等事］

兵科疏播界不明等事。上曰：播界积年不决，以致奸衅日滋。屡旨令安边靖民，有何难决？兵部即着议以闻。

明神宗实录卷四百五

万历三十三年乙巳（1605）

正月

甲午（十九日）［以播界纠纷事，革处四川遵义兵备崔应麒等官］

革四川遵义兵备左布政使崔应麒任，回籍听勘。褫原任遵义兵备参议徐仲佳及遵义府通判邓弘烈职。夺总兵官林桐俸二月。先是，播地既平，清疆议起，屡敕两省会勘，累年不决。督臣王象乾以遵义民罗学茂等向在水西，熟知疆事，令千总周世禄询之。学茂与其党熊守学等，述卖界侵地状，历历有据，因共留麾下与谋议。学茂遂与守学及王应学等计画往来，诱致宣慰安疆臣弟顺臣，以献还侵地为名，携众四百人及西民七百余房来归。疆臣勒兵追之，且言学茂等诱致状。蜀按臣李时华捕学茂及应学下狱，掺其家，得一切往复手札，及先今道臣谕帖，并通判邓弘烈书。遂疏劾应麒、弘烈比昵奸人，生衅酿祸；林桐职〔司〕外阃，举动周章。且引先年吴洪之变，及知府刘安仁之投缳，知县萧鸣世之被逮，与近日奢崇宁之冒袭，画谋造意，种种皆学茂等所为。而刘安仁之死，则仲佳与有力焉，亦应追论。并乞严谕督臣，处以虚公，行以易简，无避弃地之嫌，致为群小所中。疏下兵部，会吏部、都察院议：麒清望素著，候勘明议处。仲佳、弘烈革职，桐罚治，学茂等听御史尽法究拟，并奢崇宁事一并查明具奏。安顺臣拒回，责疆臣加意抚恤，不致伤害。并西民七百余房，安插故也。其地界事，各捐成心，拟议妥确，勒限奏报，毋得再渎。从之。

乙未（二十日）［以风气大开，四川巡按李时华请吏部增置两广、云、贵主事官］

四川巡按御史李时华言：故事，吏部司官两广、云、贵共一员。吏科右给事中梁有年，奏为四省一员为数太隘，欲于四司十四员之外，增置主事一员，以待云贵官之相应者。俱未奉旨，迄今三年有余，前缺尚悬未补，臣窃惑之。夫铨司之随地置员，非备官也。盖一〔省〕之官评吏治，一省之人闻见必真。祖宗创制立法，原有深意。至于两广、云、贵共置一员，多因先年风气未开，人文未盛。年来渐染圣化，风气大开，比隆各省。解额渐增，制科接武，选馆行取，未尝乏人。则科臣所谓设官分职，宜令四方宽然，各尽其材，不宜使一隅有偏枯之叹。请广新额，增置一员，俾云贵共之，所费无多，所关者大。疏下所司。

丙申（二十一日）［贵州巡抚郭子章奏辞播功加恩］

巡抚贵州右副都御史郭子章奏辞播功加恩。以有成命，不允。

甲辰（二十九日）［准四川长官司土舍何绍尧就彼袭授祖职，不支俸］

准四川长官司土舍何绍尧就彼袭授祖职，仍不支俸。

明神宗实录卷四百六

二月

丙午（初二日）［以地多瑶僮、产矿不多，请免广西河池等州县“包银”］

先是，开采内监沈永寿，以广西地多瑶僮，所产金银铅锡，皆在险崖蛮洞之间，采取无多，而夫役往往瘴死，乞令有司包解。上命会抚按司道，酌派河池、永康等州，富川、思恩等县，岁包银一千三两有奇。巡抚右侍郎杨芳因言：广西地狭民穷，频年师旅，疮痍待尽，办纳实难。其间河池、富川等州县，虽产矿不多，尚为有说。若永康、思恩等州县，原无矿洞，亦尔派及。至有汰兵扣饷，以足供额者，尤为不可。乞赐豁免，以惠遐方。不报。

丙寅（二十二日）［以贪纵激变，革四川漳腊游击等任，行巡按提问］

革四川漳腊游击余世威等任，行巡按御史提问。以贪纵激变，为总督王象乾所劾奏也。

明神宗实录卷四百七

三月

丁酉（二十三日）［裁革马湖等府通判等官］

准川贵总督王象乾奏，裁革马（瑚）〔湖〕等府通判等官。

［降云南楚雄卫指挥佥事为本卫左所正千户］

降云南楚雄卫指挥佥事杨继祖为本卫左所正千户，从巡抚陈用宾议也。

明神宗实录卷四百八

四月

庚戌（初六日）［以云南土舍罗万象袭土知州职衔，不世袭］

以云南土舍罗万象袭土知州职衔，仍不世袭。

丁卯（二十三日）［兵部、都察院会奏黔蜀清疆一事，奖惩当事各官］

兵部、都察院会奏：黔蜀清疆一事，督、抚、按纷纷持议，五年于兹矣。幸皇上洞见万里，明旨森严。诸臣剖破藩篱，协谋共议。佥谓地予安氏，粮纳黔省。此议出而彼此异同之说折于片言，数年不决之疑剖之一旦，朝廷之体统尊而大信不渝，两省之议论消而衅瑕永杜矣。因条上派（辩）〔办〕纳、裁将领、汰防兵、设屯田诸议。又言：总督王象乾调停善后，功在封疆，先以叙功奉旨回部，俟服阕之日，抚按官奏请起用。总兵官林桐免议。道臣崔应麒数载勤劳，不无可惜，行吏部酌议覆请。徐仲佳、邓弘烈虽经革职，应从宽处，并行吏部酌量降调。安疆臣、陇澄督兵剿逆，大义灭邻。在疆臣应加职衔，在澄准其承袭土职，并伊母凤氏恤典，俱行督、抚、按查明议题。陈恩柯、阿个等，并温希舜、李保等，各候查回赏赉。罗学茂等，俟四川巡按问明之日，转解贵州，追还木价，以儆奸民。两省地界，各照旧住种，不许争扰，绥、湄地界，俱以原题为正。至于安插安顺臣，并刘胜盗卖情节，及奢崇宁蔺州事宜，统候按臣勘明另覆。得旨：凤氏生前有功，特与祭一坛。余如拟。及吏部覆议，应麒复原官，仲佳降三级，各调用。从之。

明神宗实录卷四百九

五月

丁亥（十四日）［云南巡按宋兴祖奏辞播功加恩］

云南巡按宋兴祖奏辞播功加恩，不许。

己亥（二十六日）［贵州铜仁县平头等司以“红苗”“猖獗”，乞会兵剿除］

贵州铜仁县平头等司里民沈祥等以红苗猖獗，杀掳官民，奏乞会兵剿除。敕兵部行该抚按勘议具奏。

辛丑（二十八日）［赏长宁安抚司进贡番僧］

给长宁安抚司进贡番僧被只等三百名，例赏食茶、绢、钞。

［广西陆川县地震］

广西陆川县地震，声若崩山，震塌城垣房屋，压死居民男妇无筭。

明神宗实录卷四百十

六月

己酉（初六日）［湖广以九溪卫指挥升补中军守备］

兵部覆：湖广巡抚梁云龙咨议添设标下中军守备一员，以都指挥体统行事。即将九溪卫指挥陈一启升补。从之。

庚戌（初七日）［防守蛮莫、迤西地方以弭边患］

兵部言：蛮莫、迤西为三宣之襟喉，腾越之肘腋。先因阿瓦结连诸夷，仇杀思正，使逆党多罕占据蛮莫，塞我襟喉。今复追袭思轰，意在鲸吞迤西，荐食内地。今抚镇筹画于上，道将协谋于下。先击多罕，逆酋望风宵遁。后助思轰，缅贼倒戈而逃。则蛮莫已复，迤西已救，腾、永之间少可息肩矣。第恐多罕不战而走，阿瓦不援而守，其间情形有难逆料，故议守之策，不可不预计也。官兵戍守，费饷实多。思正子弟，缅仇有素，招集旧目，协以官兵，皆非良策。抚臣议择属夷思礼牧种，又欲权用夷民住守，集众思，决二策，以冀善后。臣等窃思，抚臣身在事中，目击必真，筹画必善，且能得之于先，必能保之于后。相应悉如所议，择其便者行之。至于失事守备李天常，已经行道查确另议。防守之兵必俟秋冬无警方可量撤；其效劳员役候三年之内干戈宁息，照例议叙。庶人心知所劝惩，边患从此消弭耳。制曰可。

庚午（二十七日）[广西灵川县社坛地陷]

广西灵川县社坛地中忽有声如雷，黑气上腾，陷地十余丈，深丈余。

明神宗实录卷四百十一

七月

辛卯（十九日）[礼部言“贡夷”领赏多不如期]

礼部言：贡夷领赏回还，俱有定限，载在会典。又廑明旨，令作速给发。乃迩来以缺乏为词，多不如期。然迟之旬日，终亦必与，徒令夷人稽留，光禄烦费。无论驭夷大体，即为国计，不应如是。伏乞申饬各该衙门，一应赏夷段、绢、银钱、衣服、靴袜等件，本部咨文到日，依限半月以里简发，无再延缓。得旨：贡夷应得赏赐，各该衙门俱宜遵照典制，及奉过明旨，先期办理完备。事毕当即颁给，以见朝廷怀远之意，毋得仍前迟误。

丙申（二十四日）[贵州巡按毕三才题请依式鼓铸制钱，户部覆言应酌夺土俗，如可以行钱，则依式鼓铸]

先是，贵州巡按毕三才题称，贵州山多田少，额赋甚俭。虽赖川湖协济，而岁出浮于岁入。目今仓库空虚，官军俸粮，历一二年不支，无从措处。乞行本布政司，依式鼓铸制钱，以济民用、裕国计。户部覆言：立法者贵宜民不贵强民，贵因俗不贵逆俗。今举黔地从来未有之物，一旦责之以必行，恐于民俗不无少梗。又况各省铸钱通行未几，盗铸群起，铅锡搀杂，轮廓肉好，不能如式，以致货物腾贵，商旅不通，旋即议罢。今复行之黔省，恐蹈前辙，终成画饼。合咨本省抚按，转行司府州县，酌夺土俗，如果可以行钱，依式鼓铸，每铜一斤铸钱百四十文，每钱百文当银一钱，街市贸易俱令银钱并用，仍通行府、卫、州县等衙门，一应条折榷税、援纳赎罪等项，以十分为率，三分纳钱，七分纳银。其该给官军俸粮、各项工食马价亦如之。敢有把持阻滞以及盗铸者，听抚按官问以违例之罪。倘其中民情土俗果万分掣肘，不妨再议。从之。

辛丑（二十九日）［以躁进失律，云南腾冲参将王廷光等被革任］

革云南腾冲参将王廷光、蛮哈守备李天常任，廷光仍行巡按御史提问。以躁进失律，为巡抚陈用宾所劾奏也。

明神宗实录卷四百十二

八月

丁巳（十五日）［广东惠潮兵巡道朱东光被盗失印，总督戴燿奏闻，并议调用朱东光，请铸给新印］

广东惠潮兵巡道右参政朱东光，被盗失印，逾月获之井中，而篆文舛错，系属伪造。总督戴燿据实奏闻，并议东光调用，及请铸给新印。下部院覆议，从之。东光寻调贵州分守新镇道。

明神宗实录卷四百十三

九月

壬申朔（初一日）［兵部覆贵州巡抚郭子章奏裁兴隆参将、清镇守备移驻偏桥卫等议］

兵部覆：贵州巡抚郭子章奏，裁兴隆参将，新推参将萧孟京听候别用。清镇守备移驻偏桥卫，兼管兴隆。都清守备移驻杨老站适中巡历，并汰革新兵，建置公署。悉如所议。孟京寻补广东潮州参将。

庚辰（初九日）［兵部、都察院会覆处置杨应龙余党事宜］

兵部、都察院会覆：四川巡按李时华会审过播酋杨应龙余党杨守隆等七十九名口，处斩、发边远安置、释放、变卖纳价各有差。依拟。

［从轻处置征播失事守备等官］

兵部又覆：贵州巡按金忠士勘过原任守备杨惟中、叶明远，一则遇寇先逃，一则临阵退缩，厥罪惟均，拟斩不枉。但惟中之失龙泉也，无兵可恃，无城可守，当逆龙猖獗之日，仅仅以千百之卒，欲其当数万之虏，不格明矣。明远之失河渡也，大兵在谢崇爵，重权亦在谢崇爵，彼以白衣之身，当主将奔溃之后，欲其御方张之敌也，必无幸矣。况惟中后有破囤之功，明远前有夺关之勋。在昔兴兵征播之时，固当按法以肃军中之令；在今平播奏功之后，尤当减死以示法外之仁。改拟边戍，诚法之平也。土舍安其位牛酒相迎，乃是缓兵之迂计。士民代诉，具见盖棺之公评。应从抚臣郭子章前议，改土为流，录其子一人为土主簿，薄诛其饷逆之罪，不斩其先世之泽者也。诏从之。

丙戌（十五日）［处置陇川土舍多罕，发永昌府拘留］

兵部言：陇川土舍多罕先系汉臣，后投狡缅，导引阿瓦逐杀思正，据蛮莫而有之，及我兵三路薄城，乃率众而逃之。卡坎请兵阿瓦，意图再逞，此真王法所不容，天讨所必加者。顾其人最狡，其种最强，我追彼去，我撤彼入。欲大创则苦于兵力之不支，欲久防又苦于粮饷之不继，昔日麓川之役可鉴也。幸而抚、镇、道协力筹画，各将吏深入不毛，宣布恩威，谕以祸福。而目夷蛮怕等，始戮猛戛等三人，挟多罕等家口，并带夷物象只，函首来归。法所谓不战而屈人兵，微文武将士之戮力不及。此第复地擒酋之功，固有足纪，而善后戍守之议，尚费调停。有功员役，应俟地方宁谧之日，另行优叙。至于多罕论罪，在所不赦，原情似属杀降，恐解诸酋向化之心，姑从抚镇远流之（情）〔请〕。其蛮怕等，系思折子孙，属夷世系，今复拒缅戮逆，可见终不忘汉，应于蛮莫地方，安插住种者也。得旨：多罕既畏威投顺，姑饶死，发永昌府拘留，以彰朝廷不杀降之仁。其余依拟。

辛卯（二十日）［吏科都给事中侯庆远言播地已置郡县、定疆界，罢三省总督］

吏科都给事中侯庆远言：臣看详章奏，见贵州巡按毕三才条议，欲罢四川督臣，复抚臣之旧。而改贵抚为督，开府湖广之沅州，提衡三省。吏部不肯专决，请令督、抚、按会议所便，已得旨行矣。臣反覆思维，总督之设，大都繇兵兴也。往嘉靖中以征苗故，改贵州抚臣督之。旋以苗平议罢，但令贵抚建提督军门之号，及得兼制湖北、川东耳。迩者以征播故，改四川抚臣督之，亦出一时权宜，借之联三省兵力耳。今播地已成郡县，中剖而隶川贵，帖然无耸。即播水疆界，亦迁就申画，不复争持矣。斯亦罢督复抚之日也，盖督臣罢则水西无复惊疑。便一。省湖广、贵州文移期会驰骛之烦。便二。七姓构播未定之奸，无所更凭而旁寻衅端。便三。虚悬节制之名，轻重不得易成凿枘。若均体平衡，则自和调而相与共济。便四。蜀之无事于督，而仍当为抚，与湖贵鼎立而治，似亦时势之宜然者。乃若罢督臣于蜀，而更设督臣于黔，臣短昧不知其可。何也？改黔抚为督，则播人必惧而狼顾。不便一。沅府久废而复兴之，其浩费何从出？不便二。黔抚嫌于夺人以自与，抑人以自尊。不便三。无大征讨之举，而骇人听闻。不便四。事贵安常，蜀督罢则罢耳，黔督可无置也，事理昭然，无庸外问。陛下专委吏、兵二部，令之确议至当，勿持两可，取自上裁，夫何难于立断？若令三省会议，非互相推诿，则人伸其说，滋作舍之惑，成不决之策，迁延岁时，疑忖互生，玩弛日积，非计之得者也。臣愚谓川督宜复旧为抚，贵抚不必变易为督，惟陛下财察。下吏部覆议：如科臣言。从之。

壬辰（二十一日）［贵州水德江长官司改土设流］

吏部言：贵州思南府水德〔江〕长官司正长官张辂年老乏嗣，本房子孙张治贵、二房子孙张治安争继，多年未有定一。据称，治贵非出的派，治安广财行贿。二房均难承袭，似应于三房张栩子孙，择其长者袭之，以守先绪。但思南为黔中首郡，文风渐盛，华民日繁，以夷官治华民，体统实不相称。抚、按二臣议改土设流，深得用夏（蛮）〔变〕夷之意。合无将水德〔江〕长官司改为县治，恭请钦定县名，礼部铸给印信。容臣部铨选知县一员、典史一员，原额钱粮、站马、差徭，悉归县纳。其正长官张栩子孙，择一人降为土县丞，副土官杨一龙降为上主簿。查照铜仁县例，量给夫马伞盖银两，俱不许管捕管粮。所有吏目一员，应合裁革。制曰：可。其县名与做安化。

明神宗实录卷四百十四

十月

丁未（初六日）［贵州宣慰使遣人进贡马匹，恭贺万寿圣节］

贵州宣慰使安疆臣遣通舍安瑞汉等进贡马匹，恭贺万寿圣节。赏彩段表里、钞锭如例。

戊申（初七日）［云南抚按陈用宾、沈正隆请诛税监杨荣］

刑科言：云南抚按陈用宾、沈正隆揭称：税监杨荣积岁贪残，惧奏，奉钦解张宗仁到京攻发，故蔑明旨，酷置之死。臣闻宗仁罄资为荣营差，滇人欲食其肉而寝其皮，死何足惜。惟是奉旨拿解，则钦犯也。荣所参宗仁侵费进御银七千余两，俟宗仁逮至，自有着落。今自发而自灭之，玩弄朝廷，等于儿戏。皇上奈何因货利之私嗜，任宵小之公行，摧刚为柔，屈法从欲。至欲生致一罪人，迄半载而不可得，不亦羞祖宗而轻社稷哉？臣谓即宗仁一事，而杨荣可诛也。况先后抚按参论，如所云（减）〔藏〕匿宝石，欺隐税课。杖毙无辜，抄没平民，告密滥禁，私占矿场，郁死有司，激变良善。种种恶迹，罄竹难书。伏祈亟行逮问，明正厥辜，仍收回榷采之命，与民苏息，则国法伸而皇仁溥矣。疏入，不报。

甲寅（十三日）［贵州巡抚郭子章奏请集汉土官兵征剿“苗仲”］

巡抚贵州郭子章言：贵州一省苗仲杂居，国初虽设贵州、新添、平越、威清等十四卫，分布上下，以通云南之路。而一线之外，北连四川，东接湖广，南通广西，皆苗仲也。近自征播以来，粮饷欠缺，军兵困苦。兼以征播各兵不能归籍者窜入各寨，潜为勾引。往岁间一出没，今则无日不出劫，且一日而劫数起矣。往岁止数十成群，今则动辄数百，且近年千余矣。往岁昏夜潜出，今则聚集山箐，白昼公然无忌矣。往岁止劫客商，今则劫及官员，尽其盘费、衣服、诰命、文引矣。往岁尚窃发于山谷旷野，今则窥伺府卫州城，且逼近省会矣。道路官商不敢往来，屯堡军民不敢出入，贵州数百里之境，顿成盗薮。今士民请剿之词，无日不诉。府县请兵之文，无日不上。又据三司会议，贼恶已稔，正当天讨之辰。臣谨遵照敕书，调集汉土官兵、宣慰使安疆臣兵一万，分将吏东西夹击，捣其巢穴，遮其奔逸楚粤之路。若臣七年于黔矣，讨夜郎之后，继斩吴洪。讨皮林之后，继芟罗海。臣非不知国小民罢，财竭力殚，顾事有无可奈何，势有万不获已者，不得不仰仗天威，纠率义旅，以拯此一方生灵。况今年黔中颇稔，田禾被野，正因粮于敌之候。而安疆臣地界已明，母凤氏恩赐恤典，亦其努力报国之时。臣与按臣谋议佥同，又与总兵官陈璘分布稍定，乃敢驰疏以闻。下兵部覆议。得旨：苗恶既稔，天讨宜加。一切征剿事宜，俱许便宜从事，务保万全，以安远人。

己巳（二十八日）［因杨应龙事件勘处原重庆府知府、綦江县知县］

吏部覆：川贵总督王象乾、四川巡按李时华，勘得原任重庆府知府历升河南左布政使降二级用王士琦，出守重庆，在万历二十三年杨酋出勘安稳之日，至二十七年酋陷綦江，薄重庆。按臣乃因而追论之。彼时正酋奏准征倭回巢，朝廷待以不死，责以出勘。于势非渝城之俘系于罪，无綦江之逆萌，而可责守土之臣以不倡剿议哉！况海上之劳，屡经题叙，核功可以准过，论才难以弃瑕。原任綦江县知县马效武，既无御寇之能，复失死绥之义，偷生苟免，罪无可原。得旨：王士琦着于原降二级外，再降一级用。马效武行原籍抚按官提问。具奏。

明神宗实录卷四百十五

十一月

壬申（初二日）［兵部覆两广督抚官戴燿等题思明府善后事宜］

兵部覆两广督抚官戴燿等题：思明府叛目成擒，地方无人管理。土官黄应雷纵仆启衅，弃印在逃，断无复官之理。黄应宿争地屠戮，六哨成仇，具系螟蛉，岂应袭爵？黄应聘系承祖幼子，目民具结，阖府归心，似应准袭，以存黄氏宗祀。所有未尽事宜，条为六款，上请定夺：一、定袭爵以安目民。谓应雷有罪当革，应宿不宜袭，应聘当袭，无容议矣，但降府为州，事属未妥。应令应聘仍袭知府，则各项事宜，可免于更张，而该府目民，不致于反侧。洵仍旧之便计也。一、处罪人以杜乱阶。谓应雷既废，不宜同城，应降为土舍。其后有子，止袭土舍，籍田养赡，制其出入。应宿仍管故业，俱属思明府节制。则不惟寓存恤于今日，抑且杜乱阶于将来，此别嫌防微之长虑也。一、摄府篆以控边地。谓应聘应袭土知府，因年甫七岁，不能管事，暂令流同知署掌，待至十五岁，交印接管。其俸薪事务，俱应照旧，则军民控驭得人，而一切事务有攸赖矣。一、分流土以远嫌忌。谓流土不宜同城，但应聘年幼，流官远住六哨，恐有他虞，仍应同城，各署公移列衔。俟应聘长成，仍移六哨。以原题银两创建衙宇，料理四寨地方，提调六哨等处。则奸人无罅隙之可乘，而管辖无掣肘之后患矣。一、顺夷情以绝觊觎。谓思明府赋税，取办于六哨。若割五哨以属流，则赋税无出，恐起争端。今应仍属土官，严禁暴虐，事务不致于纷更，而地方相安于无事矣。一、建学（较）〔校〕以广风教。谓学（较）〔校〕之设，乃用夏变夷之意。该府应设教授一员，量设廪生六名，其寄附太平府者，悉归本学。嗣后续增其统属营缮、祭祀、廪饩之用，悉如所议，则斯文可以渐兴，风俗可以渐化，仍移文吏部，增设铨选，合用印信，照例请给。悉诏从之。

明神宗实录卷四百十六

十二月

癸卯（初三日）［准吏部覆播功拟叙各官］

准吏部覆播功拟叙各官。崔景荣升太仆寺少卿，宋兴祖升大理寺右少卿，各添注管事。赵标加太仆寺卿，仍管四夷馆少卿事。胡桂芳加广东左布政使，仍升俸二级。张文燿加四川左布政使，支正二品俸。尤锡类加贵州左布政使，洪澄源加贵州按察使兼参议，各照旧管事。高折枝升户部四川司主事，添注管事。陈尚象以原官起用。其余加衔、复职、致仕等官，各如拟。

丙辰（十六日）［赐湖广永顺宣慰飞鱼服色］

赐湖广永顺宣慰彭元锦飞鱼服色。

明神宗实录卷四百十七

万历三十四年丙午（1606）

正月

癸巳（二十四日）［户科给事中疏劾两广总督、云南巡抚］

户科给事中沈凤翔疏劾：两广总督戴燿老迈卑庸，不足弹压。云南巡抚陈用宾贪功冒赏，母逼期颐，而绳营不已。并当罢褫。不报。

明神宗实录卷四百十八

二月

辛酉（二十二日）［命“蔺州夷”奢崇明承袭祖职，管宣抚职事］

命蔺州夷奢崇明承袭祖职，管宣抚职事。时川湖总督王象乾奏：永宁官职，先经多官保勘审，据统、续二妇及各目把人等众口一辞，议立奢氏亲枝崇明承继。业奉明旨，先给冠带，追与印信。今已逾年，承袭可无他说矣。惟是世续老妇痴愚，听奸拨置。加以强邻阴诱，致怀异心，犹欲谋立阿利，以故愆期不决，占印不交。此其意盖以旨内有一暂字，又以崇明未经实授，奸徒从中鼓惑。如陆登瀛者，一监生耳，既骗世续多金，复索崇明谢礼。又索目把刘国恩等庄田不遂，盗用通学官生姓名，刻揭造谤。若使其计得行，蔺地水火益深益热，殆有不忍言者。矧阿利乃安疆臣妻弟，欲冒蔺司官职。先已逐回，今又潜住该抚内里，尚欲何为？加之黠夷阿猪、姜转儿等，一则敢于窝住阿利，朋比为奸；一则因余瑞林带有该道告示，禁戢世续目把，使无复唆拨世续。晓谕蔺地夷民，使知政出崇明，遂致白昼杀于禁城，支解分尸，倍极酷惨。至阎宗传单，一闻追印，辄聚多夷，而水西亦发兵目前来看护，据此无将即当请命擒剿。因念蔺地兵燹之余，势难复堪。第思世续妒悍成性，诸奸怙恶不悛，若不早为计处，蔺州之祸，何时可已？臣反覆思维，惟有蚤使崇明实授祖职，名正言顺，则人心自定矣。至于控辑之权，系于道将。查得兵巡下川南道，驻札泸州，原有整饬之责，且距蔺司甚近。宜令该道移驻永宁，兼督镇雄、乌撒、乌蒙、东川等府，会同贵州毕节道，并两省坐镇将官，协心抚治，用为唇齿，仍乞并将永宁、赤水、毕节等卫与夫五土司俱载在该道，钦奉敕书，庶有责成。而川贵迤西游击周敦吉才勇兼备，宜加参将职衔，责其久任。疏奏，悉从其议，仍命兵部行贵州抚按，严谕土妇奢世续勒限归印，毋怙终取剿。并禁安疆臣不许阴助阿利，致生衅端。

明神宗实录卷四百十九

三月

己卯（十一日）［云南指挥贺世勋、韩光大等杀开采太监杨荣，抚臣陈用宾上其事］

云南指挥贺世勋、韩光大等杀开采太监杨荣，焚其尸。荣居滇日久，恣行威福。府第僭拟，人称之曰千岁。杖毙数千人，滇人侧目。至是，怒操捕指挥樊高明后期，捕至私第，榜掠数人，至于筋绝，仍囊三木示众。已，又从管堡指挥贺瑞凤取马四十匹，怒其不敷，又捕系瑞凤。而荣用事指挥于可继等，宣言当尽捕六卫印操诸员，人人自危。于是指挥贺世勋等，及军民数千人，拥集荣第，纵火执荣杀之，投尸烈焰中。抚臣陈用宾上其事，且言于灰烬中盘获金银等物，及马驴变价解进。其税课请命四川税使丘乘云带管类解。上以杨荣孽繇已作，死不足惜。惟命抚按、总镇会鞫首凶，余无所问。而解纳余烬及丘监带管，皆如用宾议云。

庚辰（十二日）[兵部尚书萧大亨辩诬，言贵州宣慰司土官宋承恩未从杨应龙叛乱]

御史冯奕垣劾兵部尚书萧大亨为刑部侍郎时受播婿宋承恩七千金，诡法开释。大亨开辩：向年平播献俘，内有宋承恩者，历经贵州巡按宋兴祖、兵科给事中侯先春及川、贵二土司诸疏，并云实非从叛。时臣在刑部具题，以承恩系贵州宣慰司土官，四岁时杨应龙将今已故长女许配。应龙造逆，承恩累告，准令绝婚。会其自带(去)〔土〕兵协守乌江，遂为应龙暗袭，监禁承恩于囤。是以绝婚于前，擒虏于后，情罪可原。随奉钦依，宋承恩着放回籍。不意当时以此诬臣受贿，今御史冯奕垣又以为口实，不思承恩与众俘为伍，囚以木笼，百夫环守，密不交通，多金从何至哉！不报。

明神宗实录卷四百二十

四月

乙巳（初七日）[贵州巡抚郭子章讨平“贵州苗”]

贵州巡抚郭子章讨平贵州苗，斩获酋领吴老乔、阿伦、阿皆等十二人，俘斩苗众三千余名颗，招降男妇一万三千三百四十余名口。先是，东西二路苗名曰仲家苗，盘踞贵、龙、平、新之间，为诸苗袖领。在水硍山介于铜仁、思石者曰山苗，红苗之羽翼也。窥黔自平播后，财力殚竭，有轻汉心，经年剽劫无虚日。子章请命于朝，敕相机进剿。子章于是画谋，命总兵陈璘、参政洪澄源率汉兵五千，益以土兵五千，攻小垠山。监军布政赵健率宣慰安疆臣夷兵万人，使游击刘岳等督之，攻西路。皆九十余日而克。二寇既平，乃专责总兵陈璘，率汉土兵五千移营新添，进攻东路苗，设奇奋勇，不一月克，其六箐诸苗尽平。盖自八月至正月，仅半年功成振旅，亦近所未有也。

[安疆臣图占沙溪等里田土始末]

先是，播事既平，奉旨清查疆界。贵州宣慰司安疆臣图占沙溪、五册、水烟、天旺、力靶等里田土。惧督抚参题，乃听其党吴奇等谋辇金数千，行贿内地，为五溪里民罗学茂所告。督臣王象乾下令捕获吴奇等五人，及金物千余，吴奇等遣配有差。罗学茂者，始祖罗锦绣，唐乾符间同杨端开播授官，世为播民。祖居黄土坎、沙溪一带，后其地为水西所据，学茂依土随住，即疆臣亦视为部夷矣。迨播平改流，学茂与其党徐万高等，于万历二十九年携家还播。会水西夷安顺臣者，与疆臣不协，避难来奢。疆臣既怒学茂发吴奇贿事，又疑其勾引顺臣之来，乃申牒贵州，诬学茂盗骗官买大木五千两，乞追赃抵官。贵州按臣金忠士信之，奏请械解学茂还黔，得旨。象乾以为不然，疏言：疆臣侵占播界六百里，听奸营谋，捕讯得实。学茂以播人归播土，安顺臣自来避死，非其勾引。疆臣以学茂习知播事，恐其证己，而借口木价解还黔中，将甘心焉。如不察而执还之，是天朝之法不行于土夷，而土夷之法得行于天朝也，恐播民从兹解体。乞免学茂解黔，仍听遵义道拨田安插，以全其命。疏奏，如议。

丁未（初九日）［水西“酋领”“寇劫”遵义府界，乡民与之格斗，被杀数十人，督臣王象乾上其事］

水西酋领韩显华、张守忠等寇劫遵义府界。乡民宋永富等率众格斗，被杀数十人，获贼十二人以归。督臣王象乾上其事，因劾知府察凤梧、同知尹志伊、指挥使周大谟弛防纵贼。又言：播州与水、蔺二司，各有分地。在水西以乌江、渭河为界，在蔺州以河西、儒溪为界。臣奉命清疆，查得蔺州侵占儒溪、河西等里八百余里之地，水西侵占五册、沙溪等里六百余里之地。臣据法清理，岂真为尺寸壤土计？盖阻据河险而易守，正以杜土夷侵凌之渐也。讵意仅复蔺地，设官安屯，且耕且守，自儒溪至黎民村八百余里之间，数十帖然安堵。若夫水边侵地，该屯田三千八百分竟为乌有，而遵义之藩篱撤矣。今计欲遵义奠安，在四川应于沙溪屯兵五百，在贵州应于东隆屯兵三百，各该军官统领防守，互为犄角。四川合用防兵，即于总兵标下抽取，庶兵无增饷之扰，而民免锋镝矣。章下兵部，部覆：凤梧、志伊夺俸半年，大谟降一级戴罪缉贼。至添设兵将，行二省更议。从之。

明神宗实录卷四百二十一

五月

癸未（十六日）［诏捕云南曲靖府土官同知资世守，行抚按会问］

诏捕云南曲靖府土官同知资世守，行抚按会问。以抚按交参世守侮（侠）〔挟〕流官、横科夷寨诸不法云。

戊子（二十一日）［广西全州知州征粮稍急引发事变，事闻，下都察院议覆］

广西全州知州刘日旸以（惩）〔征〕粮稍急，乡官蒋成材等聚众植旗鸣变。事闻，下都察院议覆。

丁酉（三十日）［加杂谷安抚司贡番口粮］

加杂谷安抚司贡番口粮。时计番口共一千二百七十四人，旧额赏本不（簿）〔薄〕。至是，番酋请益。枢臣萧大亨言：该司北抵黄毛鞑虏，东抵孟梁诸寨。历年恶番狂逞，皆赖率众救援。原与长宁渴瓦寺等司不同，而食粮反居其下，宜其有是请也。兹议以后每十二人给粮一分，每分八斗，俱于该边附余银米内支给。从之。

明神宗实录卷四百二十二

六月

辛酉（二十四日）［贵州巡抚郭子章奏“平苗”善后事宜］

贵州巡抚郭子章奏平苗善后事宜三事：一、增将官。新添为贼之冲，欲禁其喉，先扼其吭，当设参将一员。龙里之大小平伐司，平越之虾蟆塘，贵前之羊马场、马鞍山，为贼之穴。欲沮其出，必窒其穴。平伐、平越当设坐镇官一员，羊马场、马鞍山当以操捕都司带管。一、添哨兵。龙里、新添、平越、清平一路，羊马场、马鞍山二处，每十里为一哨，每哨用兵一百名。虾蟆塘箐竹深密，四十余里不见天日，凡喇哑、都炉、平伐诸贼以为巢穴，须立一大营，用兵三百名。纱帽山亦系贼巢，羊乃其咽喉，应立一营，用兵一百名。牛伤系巴香、昆主等贼出没要路，应立一营，用兵一百名。大小平伐司、道都司，勾西道，通定番。盗贼之袭土司，业与猫鼠，力不能制。应立一营，用兵二百名。一、资兵饷。贵饷资于川、湖，每年该饷一万五千。民贫计无所出，应照前按臣毕三才议，仿广西例市盐楚蜀，取息以充军饷。大约每百两可得息四五十两，须用母银三万两，半委官市盐于楚，半委官市盐鱼于蜀。在楚蜀无毫毛之损，在黔得军兴之资。章下兵部。

明神宗实录卷四百二十三

七月

戊辰朔（初一日）［以顺宁府云州城工告竣，云南巡抚陈用宾、巡按沈正隆条上经理四事］

云南顺宁府云州城工告竣，抚臣陈用宾、按臣沈正隆共条经理四事：一、增立御土所，以资控制。二、建设新郡儒学，以兴教化。三、改云州属府，以益辅车。四、议裁巡司、建仓狱，以裨实用。从〔之〕。

甲午（二十七日）［平“㹧獛”后云南巡抚陈用宾条议善后］

云南巡抚陈用宾等以㹧獛既平，条议善后七事：一建县，二建哨，三勘田，四宽赋，五工费，六哨役，七择官。俱允行。

明神宗实录卷四百二十四

八月

丁酉朔（初一日）［命特减广东税额及停解广西盐税银，以留充兵饷］

广东、广西、山西督、抚、按各上税课额数。广东正额一十五万九百二十三两，加方物公费银三万两。广西正额五万一千八百二十余两，加方物公费六千三百八十余两。山西正额四万五千二百两，加方物公费五千七百一十七两。命特减广东岁各一万两，停解广西盐税银一千一百五十六两，留充兵饷。皆从抚按议请也。

戊戌（初二日）［云南巡抚陈用宾请罢税］

云南巡抚陈用宾言：顷者，税使杨荣以掊夺取祸，今荣死而税犹在也。滇省无商，从民取盈，急之则变乱又作。且国家最重之征，莫过云南输金一事。陛下知此五千之金，岁入内帑者，公私之费几何？臣简阅案牍，布政司岁给金值三万二千两，民间贴买亦如其数。计二十年，滇力当竭。若加征无艺，窃恐金税两穷，则欲滇民勉力输金，又不得不罢税也。伏望皇仁罢税，首从滇始，次第以及天下。不报。

明神宗实录卷四百二十六

十月

丙午（十一日）［贵州巡抚郭子章因被劾自辩，并力言安疆臣征播功］

先是，川湖贵督臣王象乾参论贵州安疆臣仇害五旬。兵科右给事中吕邦耀因劾贵州巡抚郭子章受疆臣私贿，纵奸长恶。至是，子章上疏陈辩，略云：臣于万历二十七年，蒙皇上拔抚全黔。是时，播州贼龙已叛。臣自豫章入楚，沿途讯问贼情，辄云：杨氏与安氏唇齿相依，合之则蔓，离之则溃。及至黔，询之按臣宋兴祖及司道，无不佥同。已，督臣、枢臣合谋，又无不佥同。臣念彼八百年之交，而欲以一二日之恩携之，其势甚难。惟怵以国威，啖以爵土，或可得其要领。乃始之檄文，继以谕帖，至再至三。臣又遗之古剑，歃血与盟，疆臣乃自疏讨贼，明旨奖励。此臣用安氏之始末也。未几，安陇澄有大水田之捷，疆臣有播州衙之烧，有尚意、黄继枝等之擒。又未几，开路于后囤，让路于官兵。乃合三省之力，破海龙，醢逆龙，征播之役始竟。臣叙其兄弟之功，督臣李化龙又总叙其兄弟，及其母凤氏助发军饷千石之功。已而按臣覆勘，兵部覆议。得旨：安疆臣兄弟、母子各赏银币，仍候地界勘明，另加优异。此叙安氏功之始末也。已，为地界牵缠，四年不决。比奉圣断，贵州认粮七百余石，疆臣认粮一千二百石，地界照旧掌管。会路苗纷起，臣复令疆臣专剿西路，斩获六百余级，始为叙征苗之功，并结征播之局。不过仰遵明旨，示信于夷人耳。科臣乃言：杨贼至贵州城下，臣感疆臣全活之功。夫使贼果临城，疆臣能令贼不杀一人，不独臣当感之，即贵州百万生灵，亦当感之。而贼实未临城，今贵州士民，及征播各官将士可问也。且夫播州未破，则欲臣作使安氏用之，惟恐其不速；播州既破，又欲臣裁抑安氏远之，惟恐其不疏。臣一人耳，即与人盟，不能复与人仇。臣心知疆臣本一孺子，原无他肠，处之有道，自是爪牙，不然兽穷必攫。夫土司仇杀，自其常态；夷狄相攻，中国之利。若蜀夷而仇黔，黔为黔夷而仇蜀，是为夷狄而罢中国也。因求去甚力，上慰留之。

明神宗实录卷四百二十八

十二月

癸亥（二十九日）［兵科右给事中疏言“红苗”剿抚及“交夷”都统承袭事宜］

兵科右给事中宋一韩疏言：臣闻定乱之主，不希销锋息马之烈，而以锄暴绥良为威；耀德之朝，不务招携纳款之名，而以闭关谢质为武。窃见贵州铜仁府红苗不（清）〔靖〕，朝廷轸念遐方，诏以议处。抚臣曰：苗依山阻箐，不可绳以汉法。已之便，臣固心韪之，然犹以为有未尽者，则剿抚之策当决，主客之兵当议，而首从之罪当分也。夫征苗之役，世宗朝有行之者。万镗主抚，养恶滋深；张岳主剿，除恶几尽。抚可常恃乎？该抚臣哓兵多算，诚亦张岳其人。顷者山路贰苗之捷，计能因粮于敌，成斩首四千之功。岂其蠢兹红苗，独难言之。（失）〔夫〕铜仁之苗，黔剥（虏）〔肤〕之灾也，则宜以黔为（王）〔主〕；邑梅、麻阳之苗是助黔为虐者，则宜以川湖为客。调集土汉官兵，犄角并进，虑无不破竹。一百二十里之小丑，即不烦三省之力可也。交夷不庭，自黎维潭复国，不通贡者十年。子维（嗣新）〔新嗣〕立，一旦叩关，请袭都统之封，朝廷尚未之许也，无何而贡献至矣。抚臣曰：来享来王，自是清朝盛事。许之，使臣等亦心韪之。然犹以为有未尽者，则印信之予太急，贡献之许太亵，而安插之令太徇也。夫中国所以尊于四夷者，止此封爵印信耳。今维新尚在候袭，而印信突已颁之，又何以示中国重乎？或曰该国进贡表文，非印不可。不知其既臣则为贡，其未臣则名为赂，焉有堂堂天朝而可以赂遗乎？则代身之金人，补过之方物，其事不经见也。今宜责成贵州抚臣，如张岳之委任（不）〔石〕邦宪，搜捕首恶龙许保、吴黑苗。庶其涂炭可拯，而中国之威常震。又责成广西抚臣，力能谢总则谢绝之。即不能谢绝，亦当待维新承袭都统之后，收其贡献。其议安插莫氏，亦须督抚悉心计虑，无使朝君暮仇，一方重罹荼毒。庶其条笼在我，而中国之势常尊矣。上令兵部详议以闻。

明神宗实录卷四百三十

万历三十五年丁未（1607）

二月

甲午朔（初一日）［礼部左侍郎李廷机奏处置四川叙州府儒童鼓噪事之法］

礼部左侍郎李廷机以四川叙州府儒童鼓噪事上言：士风骄横，凌轹有司，辱及学使。一年之间，楚浙相继，蜀复效尤。不一大创，后将安极？宜将富顺、双流二县儒童比常熟事例，停其岁考。首犯俱发口外为民，并申饬各省，秋试罢大收事。从之。

戊戌（初五日）［“交酋”攻云南教化八寨，总兵官沐叡等帅师御之］

交酋武德成攻云南教化八寨。总兵官沐叡等帅师御之。

壬寅（初九日）［贵州巡抚郭子章议增设参将及立哨增兵］

贵州巡抚郭子章议称：贵州东西二路新添等处六卫地方，皆苗贼渊薮。近虽渐见廓清，恐班师之后复生反侧。沿途哨兵，计三千七百有奇。而东路将官，止一都清守备，职小权轻。议于新添地方增设参将一员，移漳腊游击刘岳补之。自省城至羊马场、马鞍山一带，责刘岳。自新添至龙里省城一带，责原任参将刘效节。自平越至清平、兴隆，责清浪参将董献策。俟地方稍宁，仍还清浪。又议添设哨兵，自虾蟆塘、养马寨，及牛场、大小平伐司，立为四营，大小不等。以里十为哨，哨用百名，新募八百名，合旧兵二千二百为三千人，分布三百里内，足扼全黔之要矣。部议方覆上，未下，又再疏请革都清守备，以都清守备李大谏坐镇虾蟆塘，董献策不必移镇。平越、新添参将专辖龙、新、平、清、都、兴、黄平七卫所。及所设营兵多寡，处所又大率不同。部议亦覆，上从之。皆草创不定之谟云。

癸卯（初十日）［湖广巡按史学迁论溆浦知县贪酷投贿事］

湖广巡按史学迁论溆浦知县朱之聘贪酷投贿事。溆浦固难治，之聘为县民所告，方行会审，而阴遣人投三百金巡按家中。故巡按发之。

明神宗实录卷四百三十一

三月

庚午（初七日）［云南巡抚陈用宾请蠲各省小税，不报］

云南巡抚陈用宾以地方重灾，请蠲各省小税。不报。

明神宗实录卷四百三十二

四月

乙未（初三日）［云南举人请辟牂牁故道］

云南举人杨提等请辟牂牁故道，改云南驿递，由广西府入广南府，由广南府径抵粤西田州，由田州入富川，至三江口，可以水道下留都，可以陆道达湖广常德。不唯宽夷足，容九轨，且较之走贵州者捷近三千里。因言新道一开，其便有五：士夫商（买）〔贾〕舍险入平，舍远就近，愿仕其国，愿出其途。便一。金石之贡，一切赍奏，不必西涉长江，东防险巇。便二。贵州素乏钱粮，赖滇、楚、蜀三省协济。每至觐期，驿递疲苦。至移文云南，愿开新路。此路开则贵州物力可以息肩。便三。黔中苗贼充斥，皆垂涎商贾，商贾既由新途，则贼自阻绝。诸苗窟穴，不剿自无。盗息，地方无复追捕赔偿之苦。便四。云南远出贵州，所以唐末五代不通中国，为此一路迂回万山耳。天下万一猝有缓急，窥伺之徒以丸泥塞贵筑之扼，不待玉斧，一画自断为异域矣。如新道开，则东北者由贵州，西南者由粤西，并行不悖，可使藩篱永设，而黔滇俱存也。便五。朝廷心存其议，事下该部，自是多谈粤道者。然滇道之出普安，则实以黔故。物力不通，则黔中荒绝。而滇北之道，自嵩明以达马湖，武定以达建昌。滇南之道，自广西以下广南，广南而抵田州。繁剧相等，各历夷徼。度其中道不如贵筑，而谈者终以岐向不决。

丁未（十五日）［蔺州"夷目"攻掠永宁等处］

蔺州夷目阎宗传等攻掠永宁、普市、摩尼等处。自奢效忠死，陇、续二妇治民相攻。世续匿印以私阿利，朝廷必得印以授崇明。无臣遣帅下蔺州问匿印事，世续傲不承也。都司张神武遂执世续，世续言印在镇雄陇澄处。陇澄者，水西安尧臣也。陇氏垂绝，尧臣入赘，遂冒陇姓。方平播州，叙大水田功状时，皆称陇澄，不知其为尧臣也。尧臣既外怙播功，内伏水西，有据镇雄制永宁心，而蜀抚按以尧臣非陇氏种，无授镇雄意。尧臣以是怀两端，阴助世续，意世续得授阿利，则己据镇雄益坚。又朝廷方厌兵，宗传、阿利等驿骚，已可卧取陇氏也。而阎宗传等每焚掠，必称镇雄兵，以怖诸部。川南道梅国楼所获俘蛮丑者，言镇雄遣将鲁大功，督兵五营屯大坝小西。兵已渡马铃堡，约攻永宁，而普市遂溃，宗传等以空城弃去。奢崇明又言：尧臣所差目把彭月政、鲁仲贤、周宗岐、阿德等六大营，助逆不退。声言将抵（溆）〔叙〕南，攻永宁、泸州。于是总兵侯国弼、游击周敦吉、都司张神武等，皆归恶于尧臣。巡抚乔璧星、巡按孔贞一先后暴尧臣所党逆状。请敕尧臣撤兵还巢，并献诸漏恶。而张神武、周敦吉等，亦多所斩获，前后所得唤者、朗者，皆镇雄夷目，以责尧臣，无辞也。而黔中抚按，以西南多事，兵饷不支，无意取镇雄。尧臣因是以普市、摩尼诸焚掠，皆归之蜀将，而谈者亦以贪功启衅为蜀将罪。

［茂州参将等以"抚番失宜"等行巡按"提问"］

茂州革任参将金秉钺，及把守指挥王继祖等十八员，俱以抚番失宜，科敛有据，行巡按御史提问。

甲寅（二十二日）［兵部疏议开广南入田州新路］

兵部覆杨提等疏曰：云南孤悬天末，万里而遥，出入往来，必由贵州。贵州在万山中，一线之路，蛮峒夷僚出没其间，宦辙旅装时遭劫掠。虽使命邮筒，往往阻绝，其为行路之难久矣。万一有警，或扼吭而闭其息，则滇中声援，上下阻绝。此数千里幅员，岂中国有哉？云南举人杨提等请开新路，由广南而入田州，良以新路既通，分驰自便。猝有窃发，彼窒则此通。滇南赖以无恐，贵州借以无患，于封疆计最深远。但据所奏，事关三省，一应建置驿递费用，必经画周详。使粤无代滇受敝，滇无使粤坐困，是滇粤所当共为计者也。至如新涂已辟，而故道尚存，每岁协济，遂难秦越，滇固不能不斟酌其间。若夫裁永昌之兵饷，酌钱粮之加派，此滇之边务民情关系甚重，非臣等所能遥度也。盖提等多滇南人，不乐走建昌一路，议裁永昌养闲之兵，兵部故难之。上命各抚按从长计议，毋自分疆域，坐失远图。

明神宗实录卷四百三十三

五月

丙寅（初四日）［叙泸参将张名世与临元参将刘熙对调］

调（溆）〔叙〕泸参将张名世守云南临、元等处地方，临元参将刘熙调守（溆）〔叙〕泸灞底及贵州迤西等处。

庚辰（十八日）［四川巡按孔贞一请停止征榷税监新增盐税，未允］

四川巡按孔贞一言：蜀之有盐，与河东两浙迥然不同。皆傍山依岭之民，缒深出险，以贸衣食，非有自然之利也。且井无不塌，盐非常获，而课终不可减。一有逃亡，则丁粮受累。昔之包赔，犹出有井之家；今之征榷，并及无商之户。恳发德音，将盐茶二税万余两，自万历二十七年以来，系税监征榷未归有司者，悉行停止。令商民照旧征纳，依原额以助陕边。不从。

明神宗实录卷四百三十四

六月

乙巳（十四日）［四川巡按孔贞一论安尧臣党助阎宗传］

四川巡按御史孔贞一论安尧臣党助阎宗传。事下兵部，以黔议未定，不覆诸将领功次。

壬子（二十一日）［改凯里宣抚司为长官司，降宣抚为正长官］

改凯里宣抚司为凯里长官司，降宣抚杨燧为正长官。杨燧，故应龙族也。播州已定，粮田各属部县无哗矣，杨燧以草塘庄田隶其世业，构于有司。欧阳坤等导之，遂迫居民与守备抗。部议：以燧漏网逆族，妄造兵端，律以无将，当为剿处。但逆节未著，姑贬秩示警。欧阳坤等党附恶酋，共为不道，宜行抚按依律提问。所有五十二寨等处庄田，仍分隶重、越各州县，不许杨燧越境侵占。如复争竞，即行剿处。从之。

庚申（二十九日）［四川巡抚乔璧星疏言永宁土妇仇杀事］

四川巡抚乔璧星以阎宗传等未靖，又上疏曰：永宁土妇之相仇杀，已有年矣。奢世续占印怙终，自干国宪，实阎宗传等误之也。傥诸恶于世续被执之时，即弃甲投戈，泥首请命，印出而局得完，亦量加惩艾可也。而漏网狂奔，纠夷猖獗，焚劫我屯堡，虔刘我人民，要挟鸱张，托言为主。夫世续被执，已成釜中之鱼，挟之坚者乃速之死，安在其为主之心耶？臣意此皆安尧臣之狡谋，尧臣欲篡镇雄，垂涎蔺地。当此追印正严之时，占之则辞不真，献之则心不甘。托为狐兔之悲，冀收蚌鹬之利。诚欲我杀世续，则既得以灭寄印之口而快其私，又得为报复之言而惑其众。使阎宗传等情穷势极，必折而入水西，则安氏三窟之势成，而西南之患重矣。臣观宗传之恃镇雄，犹镇雄之恃水西。臣近取有安疆臣不助兵结状，虽夷情叵测，而逆孽未成。请令贵州抚按调兵，与臣等会剿。傥尧臣稔恶不悛，党逆如故，臣等即移师击之。毋使弗摧之虺复为蛇，弗窒之罅复为河也。疏上，廷议无敢决用师者。久之，阿利死，真印亦出，而蜀中欲逐尧臣之论，卒不可解。黔蜀议兵又如聚讼矣。

明神宗实录卷四百三十六

七月

甲寅（二十四日）［云南镇守总兵官沐叡、云南巡抚陈用宾以教化八寨捷闻］

云南镇守总兵官沐叡、巡抚都御史陈用宾以教化八寨捷闻。初，教化三部私相仇杀，龙胜安、张德胜兄弟支解白氏一家，白麟奔就侬氏。侬应祖者，广南酋智高之后，与酋舍李世茂谋召交南兵，取三部自益。时交南酋武德成者颇以兵自雄，据交冈，与南丹盗张仲林、牛羊寨酋侬金贵合，遂拥兵象号十万。攻临安、教化、八寨三长官司，尽躏其地。巡抚屡遣谕，不退，蒙、迷、临安诸郡县几摇。提学道范允临、参将张名世等，以交夷入内地，势不可久，宜因诸酋力奋击破之。时武酋自称安南都节制，历称弘定七年，诸从贼皆称王公。骤用兵汰甚，度诸酋不可定，且去。我师乘之，斩其清郡公黄文通，缚叛舍李世茂，降其勾贼者白麟，所俘斩百四十五，而武德成、张仲林、侬金贵皆不可得。咸咎侬应祖之党助，无能究其详者。

丁巳（二十七日）［贵州巡抚郭子章告病，许之］

贵州巡抚郭子章告病，许之。上以子章久习边事，难听其遽去，但屡疏陈情，辞意恳切，许回籍养亲，以俟起用。

明神宗实录卷四百三十七

八月

己卯（十九日）［以蔺州、镇雄事久未结，大学士朱赓、李廷机疏言“驭夷”之道］

是日，大学士赓、廷机以蔺州、镇雄事久未结，复上疏曰：臣闻苏轼曰，夷狄不可以中国之治治也，求其大治，必至于大乱。此非书生常谈，万世用兵驭夷之道，无以易此。况今天下何如哉？顷边饷告急，户部求借马价三十万，太仆与兵部连章苦之，姑令括老库及东西二库十五万与之。此区区十五万者，其苦难已如此矣。加以处处水灾，所在空竭，即欲用兵，试问川贵能自饷乎？抑取之太仓乎？将再取之太仆乎？抑令别省协济乎？此极穷极馁、救死不(瞻)〔赡〕之民，髓尽肉枯亦能不招而来，不食而战乎？武臣好事喜功，瞋目语难，乃其常态。如侯国弼、张神武辈，利在自封。计画未必可从，才勇未必可用。即一二兵道，不过儒臣文吏，临敌当几，或非所长，则又谁与领此者乎？臣等窃见，安（民）〔氏〕功不可泯，而罪尚可贳。印已献矣，崇明已管事矣，兵已撤、路已通矣，即与崇明怨恨未消，仇杀未免，此皆可以勿问。大都今天下事势，如人患虚症，只宜将息。昔贾谊诮绛、灌诸臣曰：毋动为大耳。其言欲系单于之颈，笞中行说之背。然文帝卒不用，而用绛、灌忍匈奴谩书之辱，谕南粤以共弃细过，偕之大道，诚有味乎毋动之旨也。自后光武闭玉关，谢西域，宋称仁宗，兵以不试为威，其旨皆本于所谓无事治天下者。况国家当多事之后，今年征倭，明年征播，生灵陷于锋镝，帑藏竭于转输。方且日寻干戈，唯敌是求，孔子所谓季孙之忧不在颛臾，而在萧墙之内者也。盖是时阿利已死，安尧臣度印必出。托言得之阿野，遂还崇明。黔抚谓真印已出，即可结局，阎宗传、安尧臣皆可赦不问。而蜀抚以尧臣之篡，必不可赦，再疏请用师。廷议未决，会有边饷告匮之事。辅臣计征播时费二百万，今骤安所出？于是切责蜀将张神武等，其意盖与黔合。而给事中王元翰以辅臣之揭，只宜告于密勿，不可以播远迩，请勿发抄。于是又有发抄之禁，并禁诸讪君沽直、乱政市名、疑辞谩语、排挤良善者，以为皆不可传。而禁发抄之议自此始。

乙酉（二十五日）［云南巡按周懋相奏云南贡金事］

云南巡按周懋相称：云南贡金岁五千两，每岁发价给商，往川陕等处采办。计司发直，岁几三万二千两，而民间互相贴办，数亦如之。边徼赋税无多，兵饷金价俱仰矿税。自嘉靖间开采，垂百年于兹，十二营之兵饷，与五千之贡金，额不可减，则矿难终闭。自去岁禁封，搜括库藏，以完金饷。今库藏已空，穷民失业，亡命潜聚，夷盗日滋。采该司之议，询众庶之情。如石羊等二十四场，累民者诚不可不闭。而表罗普古郎、永盛、新兴、西山凹、礁石、白塔、北衙、中场、明直、蒙孜，共十场之有济者，势未可终封。宜为酌量，照例开采，以济贡金、兵饷之费。从之。

己丑（二十九日）［命释放奢世续并赦阎宗传等罪，议处蜀黔之争］

命释放奢世续并赦阎宗传等罪。访求陇氏子孙为镇雄后，并令安疆臣约束尧臣，归本土司听遥授职衔，不许冒袭陇职。方黔蜀之议日久不决也，朝廷已意休兵，而蜀议厉甚。贵州巡按冯奕垣乃劾四川都司张神武贪功启衅，流毒黔中。谓普市、摩尼诸奔溃，皆神武迫之也。蜀抚乔璧星疏言：神武以营兵十三人，入蔺州劝谕世续，非有启衅之心。世续不悛，嫡庶内讧，神武因而执之，以谓人执，则印与俱存。至于先此而印匿镇雄，后此而宗传狂逞，亦神武所不及知。今舍篡叛之贼臣，而究疏失之将佐，过矣。又言：时有早晚，势有轻重。当世续未执之先，则追印为亟；及宗传狂逞之后，则擒治首恶为亟；今首恶俱匿镇雄，而镇雄益肆，则又问罪镇雄为亟矣。当此兵粮俱集之时，乘彼人心离散之际，仗义执言，驱之出境，则阎宗传仅一孤豚，可空手搏也。意锐甚如欲一决者，盖是时狃于余胜，将士以破贼相艳。而黔抚郭子章独以兵穷饷竭为忧，亦以安疆臣故，微护尧臣，蜀中不服也。自冯奕垣疏上，蜀抚争之益力。又驳毕节道佥事顾起淹，以诋张神武。于是四川巡按孔贞一又上疏曰：臣观黔蜀之论，一激一反，苟不协心，虽数十年未有定也。盖川南土府，籍隶蜀藩，而饷归黔省，在黔者欲因其利，在蜀者欲正其名。黔以安疆臣实长诸司，输供征调，若视为不可携之附庸；而审时度势，又视为不可开之瑕衅。故以视疆臣者，宽疆臣之弟。此在黔言黔，不特数年前如是，即数十年后亦犹如是也。蜀以安尧臣为黔土舍，乘隙而据蜀芒部，逐蜀土司，杀蜀王民。规蜀宣抚使为蜀者，今日议防，明日议战，不欲以世续之婿，篡陇清之族。此在蜀言蜀，不特数年前如是，即数十年后亦犹如是也。使黔蜀二臣互相更调，则蜀抚何以计黔，黔抚又何以计蜀乎？今黔责蜀以生事喜功，而蜀责黔以养寇酿祸；蜀责黔以不约束、不并力协助，而黔责蜀以不安静、不虑患虞灾。此何异于盗至而同室操戈，涉险而持棹相击者乎！夫置之则藩篱之内，长桀骜而挫国威；讨之则兵革之后，动两省而勤睿虑。如使尧臣罪在必讨，讨之而可刻期奏捷，则宜与蜀以讨贼之柄，责黔以协力之义。劳一时而安百姓，犹若可为也。如蜀不可重困，兵不可尝试。宜特赐乾断，责成贵州抚臣，仿土司袭职例，起送尧臣赴部。核其功，赦其罪。或令自陈平播夙劳，授之官爵，或土或流，则予夺出之天朝。而镇雄诸司，安置随我，反侧可以自安，异论可以不作矣。疏下兵部，亦谓兵不可动，而于尧臣之应否驱逐，镇雄之应否流土，则犹让不敢议也。而政府意趣召尧臣，尧臣必不至，于是有遥授之议。嗣后宗传降，尧臣请避，黔督遂请撤师，与政府议合。

明神宗实录卷四百三十八

九月

癸巳（初三日）［阎宗传来降、陇澄告退，黔抚郭子章疏言处置事宜］

以阎宗传来降、陇澄告退，命四川撤兵。从黔抚郭子章议也。子章为蜀议不合，既四请告得旨矣。尧臣恐子章去，蜀兵遂不可解，欲献阎宗传等以息兵端。先是，七月丁未，阎宗传子大丙、王应奇子明芳，皆归命侯国弼军中，而宗传时亦就降。顾蜀抚意，不仅在宗传也。尧臣日遣人播川兵所骚扰状，又为辞谩。子章曰：陇澄之入继镇雄，致仕知府陇富承袭水西，名安陇富，则安、陇之为一家旧矣。今陇已绝嗣，取澄继袭，司道互结，抚按勘明。继立之与私篡大不同科。且方征播之时，调取陇澄奖率部落，澄屡奏战功，两奉题叙。只以水播地界之故，责兄疆臣并阁其功。又以蔺州真印未出，疑澄助逆。今澄已追获真印于夷目阿夷处，验交两省，给奢崇明矣。而川师久集不撤，将谓欲擒阎宗传等正法，则各恶乌合，不过匹夫，何烦大师？将欲（躯）〔驱〕逐陇澄，则澄素怀忠义，非梗化者比。今澄即栖栖不去，恐川兵临境，则镇雄无辜，难免池鱼。欲即行，而镇雄印信接管无人，部落哀留，未容出境。乞咨达四川两院，勿以陇澄之故，劳费殃民。澄必不回视镇雄，自取觊觎之戮矣。于是郭子章遂上疏曰：臣观蔺州之所以发难者，在真印未献、首恶未擒。四川之所以罪镇雄者，以陇澄为世续婿，疑其藏印。今印已献矣，世续已擒矣，阎宗传已降，陇澄已具文退避请官交代矣。又据营中申报，阿利已死，则蔺州一事，业已结局。而川兵久驻未撤，西南诸夷日怀戒心。有言将蔺州改流者；有言改流镇雄，并及四土府者；有言因兄及弟，并罪安疆臣者。即四川未实有此，而道路纷传，夷酋惊骇。永宁、赤水、毕节一带诸夷，距四川远而于贵州近。若兵连祸结，南夷骚动。在四川直封疆之乱，在贵州为眉睫之急。则其祸岂直如前蔺州已哉？臣为父病，方寸已乱，已非用兵之人。黔中连年师旅，库藏如洗，亦非用兵之地。今蔺事已定，又非不得已之时。乞皇上轸念西南，敕部院会议。将奢世续、阎宗传等行四川抚按议罪。将陇澄发回贵州，与按臣查核功罪，从公奏请。庶兵不血刃，而诸夷乐业，边境以安矣。盖是时尧臣犹在镇雄，候官交代，蜀中以尧臣既非命官，则有驱逐无交代之理，而尧臣又实以交代诳黔抚。故撤兵之旨虽下，而蜀抚犹未班师。

甲午（初四日）［兵部请行云南巡按勘克获“交夷”功状］

兵部请行云南巡按勘克获交夷功状，从巡抚陈用宾之请也。八寨之捷虽大首未得，而黄文通已斩，李世茂就擒，白麟已降。巡抚议：以（溆）〔叙〕泸参将张世名、提学佥事署临安兵备范允临，出奇制胜，例应优叙。广南土酋侬应祖，容留逆贼，接应交夷，法应重处。但地震之后，进兵不祥。宜责令擒侬金贵并李世华赎罪，免其征剿。阵亡官兵舒起龙等，及阵伤兵舍，并宜恤赏。从之。

明神宗实录卷四百三十九

十月

己卯（二十日）［以前綦江等处功奖授四川官旗八十员为百户］

授四川官旗吴英等八十员各百户，以前庚子岁綦江等处功也。

乙酉（二十六日）［贵州布政赵健为石阡长官司安燕孙请承袭］

贵州布政赵健为石阡长官司安燕孙请承袭。从之。

明神宗实录卷四百四十

十一月

庚寅朔（初一日）［湖广巡按史学迁请罢商税、撤矿务］

湖广巡按史学迁请罢商税、撤矿务，以苏全楚。不报。

己亥（初十日）［四川巡抚乔璧星再上疏请讨伐安尧臣］

四川巡抚乔璧星以镇雄之讨朝议未决，又上疏曰：兵贵有名，师直为壮。安尧臣篡据镇雄，要君之罪已不容诛。即与宣抚司提衡而论，奢世续以女土官占匿印信，阎宗传以一目把倚势披猖，犹然擒治剿处之。矧安、陇异姓，黔蜀异省，土府世爵等于侯封，岂容孽夷篡而有之哉？自尧臣为逆以来，（溆）〔叙〕泸以南，毕节以东，据掠生口，日不绝警。又杀土知州，杀土经历，杀威信、安靖二长官司。苟复任其鸱张，必纵为蚕食。是朝廷之威令不能行于土夷，使负固崛疆者皆效尤自相君长也。臣待罪封疆，为蜀计，何能为尧臣计？黔中动以兵饷为难，然如咨文所云，则尧臣朝去，臣即暮为班师。假令不然，则兵老财匮，谁任其咎？盖是时蜀抚未奉撤师之命，尧臣既称退避请官交印矣，而又有委官坐镇之请，冀朝夕撤师，则陇后不立，镇雄终非蜀有。于是蜀抚持之益坚，上仍命依前旨从事而已。

壬寅（十三日）［全州乡官庄成材、伍大成等以抗讦州守，论杖赎为民］

全州乡官庄成材、伍大成等以抗讦州守，论杖赎为民。刘日旸之为全州，颇察察有能声，而设坐都皂隶，使里长自为马户，诸乡绅不便之也。持之稍急，诸乡绅遂竖旗噪之。广西巡抚杨芳以庄成材、伍大成等皆尝为州县，而唱乱无法，俱拟决遣。副都御史詹沂言：以州官故遣众乡绅，亦抑扬稍过。议遣其持讦者，而改庄成材等杖赎为民。从之。

丙寅（二十五日）［两广总督戴燿劾雷州卫指挥佥事贪婪不法］

两广总督戴燿劾雷州卫指挥佥事赵梦凤贪婪不法，行巡按提问。

明神宗实录卷四百四十一

十二月

癸亥（初五日）［查议陇氏有后，安尧臣不得据镇雄］

命查议陇氏存绝，并覆安尧臣功状。从兵科诸臣之请也。自蜀抚坚为立陇之说，而群议惑于流言，咸云陇氏已绝。兵科宋一韩等言：陇氏闻已无后，尧臣变诈多端，如求陇氏子孙，尧臣不令所亲者冒之，必利其非陇氏之种者。宜改土为流，以绝其念。又先是，处置尧臣，有遥授之旨。今予职不任事者，谓之遥授，恐尧臣惶惑，反生他心，宜俟退日予职任事，以安其心。顾上知陇氏有后，尧臣不得据镇雄也，仍申前旨。盖明年而尧臣始退，又明年而陇氏之后始立。

明神宗实录卷四百四十二

万历三十六年戊申（1608）

正月

乙未（初七日）［铸给云南督粮盐法道关防］

铸给云南布政使司督粮盐法道关防。

丙申（初八日）［四川地震］

四川地震，有声如雷。

明神宗实录卷四百四十三

二月

乙丑（初八日）［准北胜州土舍承袭土府同知］

准北胜州土舍高世懋承袭土府同知，加四品服色。

［兵部覆云南巡抚陈用宾奏“凤夷”事］

兵部覆云南巡抚陈用宾奏：凤夷逆节，盖三见矣。向凤朝文叛，杀同知袁倖被诛，立酋族凤继祖，复袭杀佥事张泽。讨平，改土为流，垂四十年。今阿克即凤腾霄，乃其苗裔也。所居在东川、会川、水西之间，生齿日繁，枭雄跋扈，其欲复攘故土久矣。今特借名报马解二姓之仇，然有郑举等为内应，东川诸夷为外援。是以一鼓而破武定，困推官白明通，杀武臣金守仁、王应爵，屠戮居民以四百五十余计。劫狱劫财，叛逆已成，此天讨所必加者也。惟是滇中兵饷俱缺，又远在天末，一切征兵用饷，或于本省处置措办，或于邻省川贵借请，通俟抚臣斟酌径行。其四川抚臣谕东川、会川，贵州抚臣谕水西各土官，俱禁戢土民，毋得助逆。诏如议行。

［贵州巡抚郭子章奏请各省直协济贵州采办大木价银］

贵州巡抚郭子章言：坐派贵州采办楠杉大木板枋，一万二千二百九十八根块，共该木价银一百零七万七千二百七十一两四钱七分六厘。计作四起查给：一给于开山垫路，二给于运到外水，三给运至川楚大河，四给到京交收。大约该运价二万零二百二十两，见存在库，应追还官，及各省直未到银，通共九万八千一百五十六两六钱四分有奇，尚少九十九万九千三百三十四两八钱三分有奇。本省无从措处，乞分派不采木省直，起解协济，再议宽限，庶巨材不致稽误，而疲民得以输运矣。

丁亥（三十日）［云南巡抚陈用宾乞要南京、两广协济银两］

兵部言：云南巡抚陈用宾乞要南京、两广各动发五万两，以济急用。臣愚以为不可赖以应猝，请先发冏金五万两，差官星驰解至军前应用。其户、工二部所议，仍行一并续发，收复人心，保全滇省。从之。

［以“凤酋”发难，令抚镇诸臣戴罪讨贼］

兵部尚书萧大亨言：凤酋发难，一鼓而克武定，破二州，直薄省会，索冠带印信，抚镇藩臬诸臣竟与之。夫抚臣秉节建牙将，以抚安全省；镇臣握符世守，将以摄服百蛮。藩臬诸臣皆一方大吏，均有旬宣屏翰之责者。居恒既不能镇戢抚绥，以致生心事发，束手无策，任其虔刘迫胁，餍欲而去，国威国体不既已大失乎？诸臣应即究处，但念军旅方殷，各令戴罪讨贼，务使剿灭。从之。

明神宗实录卷四百四十四

三月

戊子朔（初一日）［令安尧臣退还镇雄，并以征播功授土知府职级］

兵部覆贵州候代巡抚郭子章等奏：土舍安尧臣之承继镇雄，积有年矣。自永宁争立，说者疑尧臣庇奢世续、阎宗传而助之逆，且□其印。于是蜀抚始兵之。迨于印献罪降，庙议撤兵，令尧臣退还镇雄，就居贵省，仍论征播前功，授以土知府职级，则贵州抚按题请，固以完昔日之叙功，尤以信今日之诏旨。若（者）〔奢〕氏请归尧臣供养，此自老妇哺乳私情。然而立陇之旨，业已中外昭悬，谁能易之？今日之事，尧臣与其妻孥，径当全归贵阳，乃为始终畏慎。至于水西携带原人，蜀抚欲令尽出。惟是尧臣幼继陇姓，已离水西，镇雄固其巢穴，彼原随把目，十年生聚，一旦飘摇，不能无虑计。惟有该省抚臣谕令安疆臣，谊念手足分割一隅，令尧臣率众安居，毋令两失所依，所以终圣恩而消隐祸者也。得旨：如议行。

［广西巡抚杨芳题报禄州“夷官”袭擒东海“贼首”以自赎］

广西巡抚杨芳题：禄州夷官韦德庆袭擒东海贼首潘都该以自赎，交夷莫敬恭生缚酋首裴宗奇等。不事征兵费饷，渠魁一时俱歼。所有在事文武诸臣，先后功罪，宜加旌处。章下兵部。

己丑（初二日）［户部定接济云南军前粮饷饷银数额］

户部定接济云南军前粮饷，南京户、兵二部共凑三万两，两广五万两。从之。

庚寅（初三日）［敕云南抚按、镇臣及贵州抚按飞报“凤夷”紧急声息］

敕云南抚按、镇臣及贵州抚按，但有凤夷紧急声息，通行飞报。

戊戌（十一日）［令访寻陇氏真子孙立为镇雄土司］

兵部议立镇雄土司。旨令抚按官访寻陇氏真子孙，为众推服者，保举定夺。

辛丑（十四日）［户部为滇蜀乞撤税减金］

户部言：滇南变乱，西蜀凋疲，乞撤税减金。不报。

己酉（二十二日）［兵部言“凤酋”来袭，滇中州邑诸吏闻“贼”至咸先去］

兵部言：凤酋俶扰，视杨酋构难尤甚。道路之口竞云：滇中州邑诸吏，一闻贼至咸先去，以为民望。独禄丰县知县苏梦旸、嵩明州吏目韦宗孝，以守城被害，而宗孝受祸尤惨。至于推官白明通，实假以取印脱身，引贼至省，仓卒祸变，俱繇于此。余失事府州县各官，亦有不至军前讨贼，冒功掩罪者。若劝惩不明，则生者何幸，死者何辜？恭请明旨，切责抚、镇二臣，是否隐匿并死事、失事等官，俱行巡按御史作速勘奏，以凭处分。从之。

辛亥（二十四日）［大学士朱赓等题国家三处军情，一时告急］

大学士朱赓等题：国家三处军情，一时告急。其一为云南凤夷攻陷城郭，残杀官民。其一为广粤交夷乘虚突入，城中失守。其一为辽左建夷，蓄谋甚久，跋（邑）〔扈〕可知。臣等谨拟敕一道，请皇上裁改，亟发兵部，以振法纪，以收人心。其各处用兵，监军纪功，实惟巡按御史之责。考选一事，尤其急之急者，统乞鉴察允行。谕兵部：朕虽静摄宫中，心未尝不念周天下。其于柔远安迩，诘戎振武之事，尤惓惓焉。昨见滇夷作孽，扑灭非难，何至日久蔓延，任其焚劫，失郡失邑，戕官杀民，如入无人之境。抚镇官平居防守何为，临事制御何策？陈用宾、沐叡都着住了俸，戴罪杀贼自赎。如纵寇遗患，并治不贷。其保身失事、为国死事官员，了无分别，奚以激励人心？着巡按御史作速勘来处分。又粤地远在万里，易行掩饰，交夷窃发，果否遁逃，作何防剿？失事地方，作何保御？着抚按也从实勘报。其辽东建酋，不思国恩，不遵贡典。招亡纳叛，意欲何为？地切陵京，岂容如此怠忽？该督抚镇巡等官，务要申饬军令，严戒将领，毋习故侵克以失军心，毋自弛威严以生戎心，若有疏虞，责有所归。尔该部即便马上行文与他，每知道前余懋衡阅视条奏边事，业已有旨，未见奉行具奏，仍还传谕各边守臣，一体振刷，以称朕意。故谕。

［四川巡抚乔壁星请留本省解赴陕西济边钱粮，不许］

四川巡抚乔壁星请留本省解赴陕西济边钱粮。不许。

明神宗实录卷四百四十五

四月

己未（初三日）［云南抚镇再报各路捷音］

兵部言：据云南抚镇再报各路捷音，并前次通共斩获二千九百五十名颗。旨令文武官用心进剿，务期翦灭，以收全功。

乙丑（初九日）［以疏失之罪，处置副使、原任都司等］

兵部覆云南巡抚奏：自凤酋倡乱，逆贼大理保杨礼以安铨遗孽，乘时飙起，几陷寻甸，此天讨宜并诛者。副使罗希益与原任都司张先声等，不能侦探情形，竟堕计中，致令损威挫锐，殒官杀兵。疏失之罪，亦复何辞？但众寡悬殊，情有可原，相应责成，以示曲全。得旨：张先声等着革去祖职，充为事官。罗希益住俸。俱戴罪杀贼。

［诏令贵州遵旨安插安尧臣，蜀抚择立镇雄陇氏之后］

四川巡按钱桓言：安尧臣归黔，自宜挈家而去。乃妻子尚留镇雄，是阳回水西，而阴以妻操府柄，其意可知也。蜀中查取陇氏宗枝，彼乃陈兵阻遏，是明绝（龙）〔陇〕氏之后。今查陇氏子孙，尚有阿固、阿菊，累累不乏。尧臣以黔中土舍，越蜀入赘，占据土府，戕杀焚毁，待以不死。更念微劳，将授之职，望外之恩，宜何如感激也者。尚复垂涎镇雄，以抗王命乎？诏令：安疆臣即遵前旨安插，毋负恩生衅。陇氏既有支派，蜀抚慎所择立，以明天朝兴灭继绝之义。

己巳（十三日）[工科右给事中言辟由金沙江通马湖与由普安通田州路]

工科右给事中王元翰言：阿克小丑，一旦猖獗，致地方破坏，生灵遭戮，惨不可言。盖承平日久，民不知武，故一发决裂乃尔。若夫招乱之繇，则以滇中贿赂公行，阘（葺）〔茸〕成政，其最为害者，莫如贡金、榷税两者，是以室室空虚，人人喜乱。闻会城焚劫之日，纵火之人，盖有不尽出于贼手者。离心结怨，使贼酋借为师名。即二贼扑灭，而虐政不湔，滇之为滇，未可知也。云南去京万里，往来之途，仅黔中一线。滇境西有金沙江，可一苇直通四川马湖。东有西粤路，繇普安至田州，不过添设数驿，途平水便，可以达金陵，可以出荆襄。事定之后，亟宜疏辟，则入滇之道，中繇黔，东繇粤，西繇蜀，水繇江，四途并进，诸酋不剿，自失其负固之势矣。疏留中。

癸酉（十七日）[云南巡抚陈用宾奏报擒斩及追获印信功]

云南巡抚陈用宾奏报：今次擒斩共一千四百四十四名颗，并前三次疏报擒斩通计四千三百九十四名颗，节次追获印信七颗。又查参永腾参将朱鹤龄、陇把守备鲁重礼，各令戴罪管事。以其所部陇川宣抚多安民，阴怀异志，交通缅丑也。俱下兵部。

己卯（二十三日）[兵部言云南抚镇报捷不实]

兵部言：臣惟滇南之事，以得贼复印为第一义。乃昨接云南抚镇报捷，咨揭斩获有差，而阿克、郑举尚未有定踪；获印七颗，而武定府印尚未有着落，种种皆可深疑。人谓贼党已经过江外，所杀获者恐非前日真正之贼。又科臣王元翰论参将张名世，河下交阯之役，屠民抵贼。今得无犹踵故智，即当日而今日可疑，即一人而诸人可疑。安可任其叙报，而不为勘也。上曰：贼首未擒，府印未复。戕戮甚惨，师老无功。乃犹屡报捷音，岂无掩杀避罪之弊？且张名世报功独多，尤属可疑。着巡按御史一一从公勘来。其抚、镇二臣，姑着戴罪杀贼，必以获酋复印方可自赎。

[起原任总兵官刘綎于云南]

起原任总兵官刘綎于云南。

乙酉（二十九日）［吏科右给事中劾云南巡抚陈用宾失事已甚］

吏科右给事中翁宪（详）〔祥〕劾云南巡抚陈用宾失事已甚，祈速推新任抚臣明白往代，姑令用宾戴罪听勘。更祈戒谕廷臣，勿得徇情滥举，复误地方。

[铸给刘綎云南讨贼总兵关防]

铸给刘綎云南讨贼总兵关防，事平即缴。

明神宗实录卷四百四十六

五月

丙戌朔（初一日）［云南巡按苏茂相请动节存备赈银两赈恤，并请豁免税征、贡金，不报］

云南巡按苏茂相请动节存备赈银两赈恤，并请豁免税征、贡金，以延民命。俱不报。

己亥（十四日）［兵部覆以后除紧急之际外总兵俱由廷推］

先是，兵部起用总兵刘綎，不繇会推，科臣宋一韩疏驳。部覆：以后推用总兵，不论正缺特用，俱繇廷推。惟紧急之际，督抚坐地坐名奏请者，部与题覆，永著为令。从之。

甲寅（二十九日）［因疮痍之后宜加靖绥，以云南左布政薛梦雷为巡抚］

以云南左布政薛梦雷为云南巡抚右副都御史。敕谕：疮痍之后，宜加靖绥。即交代管事。

明神宗实录卷四百四十七

六月

戊午（初三日）［铸给贵州新设贵定县印］

铸给贵州新设贵定县印。

壬戌（初七日）［兵部请令巡按勘阿克生死真伪］

兵部言：阿克生死真伪，滇中并无奏报，是何情弊？乞诘问抚臣，仍令巡按御史严勘具奏。从之。

乙丑（初十日）［工科右给事中论劾辽东巡抚赵楫、贵州巡抚郭子章］

工科右给事中王元翰论劾辽东巡抚赵楫、贵州巡抚郭子章。楫因朝鲜议立未定，欲取而郡县之，妄意开疆，启属国携贰之志。子章于土舍安尧臣越据镇雄，不耆之以国法，坚意割地，贻西南深处之忧……楫可逮，子章可斩。不报。

丙子（二十一日）［四川巡抚乔璧星疏论授安尧臣土知府职衔将为镇雄他年之祸］

四川巡抚乔璧星疏论贵州抚臣郭子章题授安尧臣土知府职衔，为镇雄他年之祸，宜改遥授武职。章下兵部。

戊寅（二十三日）［铸给广西平乐县儒学记］

铸给广西平乐县儒学记。

（乙）〔己〕卯（二十四日）［增设大平伐地方守备一员］

增设大平伐地方守备一员，以原任守备贵州前卫指挥使薛绍瑄署管，仍俟有绩，方与实授。

甲申（二十九日）［云南“削平”武定、寻甸等处“大贼”］

云南巡抚陈用宾言：武定大贼有六，阿克，郑文、郑举，丘相，鲁偰，尧司，杨藩是也。寻甸大（赐）〔贼〕亦有六，杨礼、大理保、招补、阿白、者则、阿把是也。我师次第削平。在武定者，郑文、丘相、鲁偰、尧司、杨藩则生擒，阿克则斩首，今只郑举逃遁。在寻甸者，大理保、招补、阿白、阿把则斩首，杨礼、者则则生擒。今次并前，通计擒斩六千一百零三名颗。谨奏捷音。候通获一并覆勘。章下兵部。

明神宗实录卷四百四十八

七月

辛卯（初七日）［以滇南兵事渐平，令刘綎不必至滇］

滇南兵事渐平，诏撤刘綎，不必至滇。

丙午（二十二日）［云南巡按苏茂相奏称嵩明吏目、禄丰知县抗贼殒命］

云南巡按苏茂相言：嵩明陷而吏目韦宗孝力战捐躯，禄丰屠而知县苏梦旸抗贼殒命，表表忠义，日月争光。遵旨：查勘，据实奏闻。

丁未（二十三日）［郴州封矿，“群盗”“劫取”，至是以闻］

先是，（彬）〔郴〕州封闭矿峒，忽有群盗千余，肆行劫取，旋经擒捕解散。湖广巡抚张问达以闻，命治失事各官有差。

明神宗实录卷四百四十九

八月

癸亥（初九日）［治滇南失事诸臣罪］

治滇南失事诸臣罪状。抚镇陈用宾、沐叡解送至京问拟，布政薛梦雷回籍听查，司道彭应时降三级调用，杨俊臣降俸二级，罗希益降二级调用，都司汪如渊、范继斌革任听勘。府州县官陈典、白明通、黄榜、毛文彩扭解来京究问。余革调有差。

甲戌（二十日）［查勘镇雄陇氏后裔以立陇后］

兵部覆：镇雄之事，大要有二，曰归尧臣、立陇后已耳。黔归尧臣不归，则罪在黔；蜀立陇后失立，则罪在蜀。边疆大事，庶有完局。二臣安事日解辩为哉？得旨：安尧臣及随从人员已归贵州，陇后自应速立，该省巡抚官详勘真正后裔，具奏定夺。安尧臣不得再有觊觎，启衅取罪。

辛巳（二十七日）［沐叡被逮治，令其父昌祚暂行管摄滇南总兵事］

兵部言：滇南镇守总兵官沐叡已经逮治，命其父原任告闲昌祚暂行管摄。得旨：该省镇守缺人，姑着沐昌祚暂行管摄，务要优恤疮痍，恪恭任事。待叡子出幼，抚按官请袭管事。

明神宗实录卷四百五十

九月

丁亥（初三日）［云南巡按周懋相条议设武备以严防御等七事］

云南巡按周懋相条议事关兵部者：设武备以严防御，清隐占以广训练，复汰折以实行伍，重兵备以修边防，复北营以壮威武，宽文法以绥土夷，札邻夷以绝边衅。部覆，允行。

甲午（初十日）［获“滇贼元凶”阿克、郑举］

四川巡抚乔璧星奏：滇贼元凶阿克、郑举俱获自蜀中，解自滇省。章下兵部。

乙未（十一日）［阿克等解京，并议处妄杀报功参将］

兵部言：逆贼阿克等宜生缚阙下，亟正显诛。并议处妄杀报功参将张名世、参将康梦相。得旨：阿克等俱解京正法，献俘事临时再议。张名世、康梦相事情，并失去印信，巡按御史作速勘报。

癸丑（二十九日）［贵州巡按冯奕垣乞严敕当事诸臣勒令东川禄寿刻期献出府印］

贵州巡按冯奕垣言：东川禄寿冥（完）〔顽〕负固，罪不容诛。乞严敕当事诸臣勒令刻期献出府印，不则诛剿不赦，毋得仍以金赎，再骄其志。章下兵部。

明神宗实录卷四百五十一

十月

甲子（初十日）［云南巡按周懋相疏列死事官员，请恤录］

云南巡按周懋相疏列死事官员：知县苏梦旸、吏目韦宗孝、指挥金守仁、千户王应爵、百户杨祖胤，各应厚加赠录，以表精忠。学正龙旌，千户戚贵卿、梅应时、黄桂，镇抚金荣高，各应恤录，以励死节。章下所司。

庚午（十六日）［两广总督戴燿奏称擒获“交夷”渠魁］

两广总督戴燿奏：奉旨讨贼自赎，擒获交夷渠魁扶安、仝扬、扶忠三名。章下兵部。

明神宗实录卷四百五十二

十一月

丁亥（初四日）［贵州宣慰使及宣慰司护印土舍庆贺万寿圣节愆期］

礼部言：贵州宣慰使安疆臣及宣慰司护印土舍宋真相，各庆贺万寿圣节愆期。得旨：真相拟罪具奏，疆臣姑策励供职。

己酉（二十六日）［四川巡按钱桓建言以“水西弃地”设府安置安尧臣］

四川巡按钱桓言：归安立陇，各有专责。水西弃地，原非安疆臣故土，即以此地与安尧臣，足以成府。是在皇上赐之有名，在疆臣无让地之迹，在尧臣非分兄之有，一举三得焉。彼狡酋犹不知足，即以三尺加之可也。旨下该部，并看以闻。

明神宗实录卷四百五十三

十二月

癸酉（二十日）［大学士李廷机特辩受云南巡抚陈用宾贿情］

大学士李廷机特辩受云南巡抚陈用宾贿情。上曰：卿正直公清，朕所素亮，岂有受贿之理？不必以此介意。

明神宗实录卷四百五十四

万历三十七年己酉（1609）

正月

庚子（十八日）［达思蛮长官司都纲头目等进贡］

达思蛮长官司都纲头目山查坚藏等备方物进贡。赐宴，赏改钞有差。

壬子（三十日）［贵州巡按冯奕垣奏“仲夷”起事］

贵州巡按冯奕垣以仲夷劫杀地方奏闻，下兵部。

明神宗实录卷四百五十五

二月

甲寅（初二日）［施州卫民奏土酋“劫杀荼毒”，命兵部看了来说］

施州卫民牟海容等奏，土酋覃寅化等劫杀荼毒。上命兵部看了来说。

丙辰（初四日）［云南巡抚薛梦雷以“逆酋”阿克、郑举生擒奏闻］

云南巡抚薛梦雷以逆酋阿克、郑举等生擒奏闻。上命兵部会同三法司审确，献俘正罪。

己未（初七日）［“仲贼”起事定番、金筑间，贵州巡抚郭子章迟报，且未参处失事官员，兵科给事中宋一韩劾罪之］

仲贼阿牙等作乱定番、金筑间，杀略颇惨。贵州巡抚郭子章久之始行奏报，且无参处各官失事者。兵科给事中宋一韩劾罪之。

**癸亥（十一日）［“滇贼”就擒，云南原巡抚陈用宾请以立功

赎罪，命候旨听问］

滇贼之就擒也，旧抚陈用宾请以立功赎罪例贷死。上命候旨听问，不许渎辩。

甲戌（二十二日）［云南“逆贼”阿克等俘至京师］

云南逆贼阿克等俘至京师。克，凤氏，嘉隆间已剿叛酋凤继祖之侄。原徙金沙江外，叛贼郑举等数诱克，复为土官。克因结江外七州诸夷为姻亲，号召四十七马，直陷武定。既又胁取武定印。于是克自立为土知府，署先锋、总管等官，所在焚劫。大兵始复嵩明、全寻甸，既复元谋，复武定，复禄丰。克始遁走东川，为土酋禄寿兄弟所获，槛致九人，级五颗。

明神宗实录卷四百五十六

三月

壬寅（二十一日）［命故贵州土官安疆臣弟安尧臣袭职］

命故贵州土官安疆臣弟安尧臣袭职，于原司到任管事，仍着安静地方，守法钤束夷民。不得别生事端，有负朝廷恩德。

明神宗实录卷四百五十七

四月

乙丑（十四日）［以擒定番、金筑“仲贼首恶”阿包等，贵州巡抚郭子章奏功］

定番、金筑间仲贼首恶阿包、阿牙等就擒。巡抚郭子章以总兵马孔英功闻。

丙寅（十五日）［议覆乌思藏等“八番”入贡］

议覆乌思藏等八番入贡。先是，四川巡按御史以番人混冒方物滥恶，所奉敕书洗补可疑，而通使岁诱为奸。于是尽革乌思藏大乘、大宝、长河西、护教、董卜等八番，而止存阐教、辅教二番。抚按乔壁星等复言：各藏王皆以不得贡为辱，呶呶苦辨，实滋疑畏。但令贡有定期，人有定数，物有定品，印信有定据，毋失祖宗羁縻之意，而十番不至于阻化。礼部覆上之。

丁卯（十六日）［滇南之役，广南侬兵掠杀鲁南三村］

初，滇南之役，百户赵存仁奉檄撤兵，乘机掠杀鲁南三村。乡导李志举等以广南侬兵弗谙内地村寨，指引滥杀果东诸村，枉死者九十六。兵部以存仁、志举当为首正法，土同知侬应祖治兵无律，指挥杨世恩、李大谏驭夷乖方。俱合行巡按御史分别奏夺。从之。

己巳（十八日）［以钦州之役“首恶就擒”，查勘安南都统使黎维新功次］

原任两广总督戴燿勘言：钦州之役，首恶就擒。查安南都统使黎维新并头目郑松，始解献贼首扶安等三名，足见恭顺。继征其兵未至，及我兵至，彼方有水兵数十船到于海上，但未见有擒献功次，恐是虚应故事，庇护其党。容行文该国，诘问其未获武永祯。原报身未亲来，止有徒党同行。今虽解献贼从三名，未足赎罪，亦容行该国缉拿。至于前项应处及获功人员，乞统行巡按御史勘明上请。章下兵部。

辛未（二十日）［公讯滇城诸失陷罪］

公讯滇城诸失陷罪。巡抚陈用宾、总兵沐叡、知府陈兴、知县毛文彩并论斩。推官白明通从贼，律无正条。刑部尚书沈应文等共议增定律例。凡大小文武官员，被贼攻陷城池，不即抗敌，而辄怯死从贼，导引焚劫，有显迹者斩，秋后处决。请旨。

（己）〔乙〕亥（二十四日）［韩胡碉恰列寺差人进贡］

韩胡（雕）〔碉〕（硆）〔恰〕（利）〔列〕寺差番僧勺阿太等，备方物进贡。赐宴赏有差。

丁丑（二十六日）［云南禄丰知县被“贼”执杀，其子请恤录］

故云南禄丰知县苏梦旸男苏万民疏乞恤录。武定之陷也，梦旸为贼所执，责以不降，悬杆射之，越日被杀。

[云南巡按周懋相请另铸武定新印，并戒谕东川土官]

初，武定印失，克、举擒，自言印埋。法干朝廷，责东川禄寿寻献，迄弗获。云南巡按周懋相因请更铸，兼言禄寿、禄哲兄弟相残，既擒献克、举，受重赏，略无顾忌。今且时纵土夷，出没缅甸乌龙箐等处，乞严行戒谕，仍将抚臣敕书内，增入节制该府，如建昌、毕节事例以请。

戊寅（二十七日）［以滇事未宁，云南巡抚周嘉谟请蠲豁贡金］

云南巡抚周嘉谟以滇事未宁，武定增兵一千，元谋、寻甸等处共增兵一千五百，省城两营共增兵一千。饷无所出，异时两广借滇中银五万，钦州之变，见在讨贼，业题请免解。乞以滇岁贡金五千两，费司帑银三万余两者蠲豁，数年俟事平乃复。不报。

明神宗实录卷四百五十八

五月

乙酉（初五日）［刑部复请处决“滇贼”阿克等］

滇贼阿克等业谳上请决，积日不得旨。刑部复以为请。

[四川巡按钱桓言访立陇氏后裔事宜]

安尧臣之篡据镇雄，而以朝命逐回水西也。时访立陇后，陇清嫡妻老女官（者）〔奢〕氏会同九扯夷目，公举陇氏亲枝阿章长子阿固，应袭祖爵。已而，母养等投诉，有遐龄系陇亲枝。又已而，有拥立阿女子普德者。四川巡按钱桓谓：陇氏亲枝无逾阿章父子，其余俱系尧臣把持妄捏。但阿固阅历尚疏，不若阿章老成练达。且名载部文，而子不先父。今阿章改名陇自得，宜将镇雄知府官职准令承继。至该府印信，业为尧臣携去，刻意索取，必滋多事，不如改铸新印，而印文省军民两字便。又言：府属四长官司，惟归化司官，乃尧臣私立，汉把曾百福管理。怀德司官，系尧臣令夷目糯索权管。俱系陇自得任后，查访有无应继人丁，或择陇氏子孙亲近强有力者，另文承袭。其尧臣之妻禄氏，饰词不归，恋住镇雄。加以黠目糯索多夷牙爪，恐镇雄终为弗静，仍应议委将官一员，量带军兵二千，诣彼坐镇，俟事体大定，即行议撤。章下兵部。

辛卯（十一日）［黔省盐饷空竭，命从盐本、饷本取息］

先是，黔省盐饷空竭，官民故无生息。巡抚郭子章以节省二万余金，留充前项资本。户部请责成各该府卫县官将备开盐本、饷本，每年将本取息，除息扣本，不许那移侵欺。各官升日，将本息存支，开明交代。从之。

壬寅（二十二日）［安宁州“贼”屡“行劫”，令失事官员住俸捕“贼”以闻］

安宁州贼屡行劫，皆系元江府夷民提举叶光岳者自琅井移家，行为贼所掠。因言课银并失，云南巡按周懋相责令赔补。以知州王贤卿、指挥董天常、土官知州董希文各失事，拟令住俸捕贼以闻。

癸卯（二十三日）［以滇“贼”已除，滇患未息，御史上安民弭“盗”二事］

御史杨师程言：滇贼已除，滇患未息，上安民弭盗二事。以为牧民之官，当除以甲科，优以异等，捕盗之人，当用彼土司，鼓以恩信。又言：滇中盗贼，类多东川之夷。良以东川地方，于蜀远，于滇近，乃反隶蜀，而不隶滇。所以统驭既分，事权掣肘，则节制不可不兼也。粤西、滇南疆界唇齿，乃仅通商贾，不通仕宦。只今黔山走险，舍故道而弗繇。舆论虽同，明旨久阁，则粤路不可不通也。滇中善后之策，无出此者。

乙巳（二十五日）［辅臣李廷机等、刑科给事中杜士全请赦诏狱诸臣，不报］

刑部以热审逾期为言，辅臣李廷机等因言：囹圄幽囚，与死为邻，而云南叛贼犹滞天诛，将使人以皇上不忍于逆贼，而反恝然于可矜之狱囚。刑科给事中杜士全亦言：滇贼不决，举朝莫测其故。至诏狱诸臣，冤状甚白。乞乘此时，亟行肆赦。不报。

明神宗实录卷四百五十九

六月

庚戌朔（初一日）［行贵州巡按审明枭示苗人阿包、阿牙等］

行贵州巡按御史，以所获苗贼阿包、阿牙等审明枭示。

壬子（初三日）［四川巡按钱桓劾守备薛经妄杀幸功］

先是，守备薛经受事会盐，克、举已遁矣。目不睹贼，妄称连营十里，浮筏蔽江，淹死数万众，招降六千人。乃呈解阿列等十三名，并首级十六颗，捕杀无辜，以实己言。四川巡按钱桓劾之。至是，兵部言：薛经妄杀幸功，应行提问。监理通判欧阳炳、该道蔡守愚，宜从降罚。得旨。

戊午（初九日）［贵州改食淮盐］

以巡抚郭子章请，命贵州改食淮盐。如户部覆议。

［越嶲指挥等以没饷论斩］

越嶲指挥陈文龙、百户周福，没饷逾二千，论应骈斩。行四川抚按问奏。

［广西巡抚蔡应科言本省当亟处者二事］

广西巡抚蔡应科言：粤西当亟处者二事。其一，靖江王府宗室三千余，禄俸不支。其一，汉土军兵四万五千余，有广东及湖广衡、永二郡协济措饷。自榷使搒括，割商税以充国税，饷额遂缩，兵食坐匮。谓宜停国税以还兵饷，还饷外尚可以给宗禄，给禄外尚可以蠲细民。不报。

己未（初十日）［四川巡按钱桓疏请留应解税银，充采木之用］

四川巡按钱桓疏请以蜀中应解内帑税银，并土产铺垫，共三万三千两，岁留充采木之用。

庚申（十一日）［广东巡按李应魁以“交夷”“蠢动”，请撤税监］

广东巡按李应魁请撤回税监李凤，并罢粤中税额一十八万两。

以交夷蠢动未息，人心思变也。

［贵州赤水卫生员等奏阿永沾千户通夷谋变状］

贵州赤水卫生员宋国勋等奏阿永沾千户程良筹通夷谋变状。言良筹以所聘妖道刘旦玄，送与叛贼阎宗传，伪立军师，将库局军器千余件，尽鬻与宗传。而先是土妇奢世续之乱，良筹不行拒敌，反令人迎接抄掳。下该部院。

壬戌（十三日）［兵部覆言立陇之议］

兵部覆言：立陇之议，支派已确，有当详者三焉。一、父子先后异议。当初议时，何以舍阿章而立其子？议之二年，何以舍阿固而立其父？一、镇雄府印难弃。印见在（者）〔奢〕氏老女官手，犹世守也。或安尧臣擅佩入黔，则当谕之献还。或有别情，则当使（者）〔奢〕氏明言，所以失印之故，而后更请铸给。一、蜀兵移驻未宜。陇后之立，本以弭兵，而又以兵立之，使夷（果）〔倮〕心服，则一纸贤于万师。若犹未也，则遣将移兵，徒速之衅。不妨仍行该抚按，并会同贵州抚按，覆议奏夺。上是之。

甲子（十五日）［广东巡按李应魁追论抚臣戴燿钦州养乱］

广东巡按李应魁追论抚臣戴燿钦州养乱，言：万历三十五年间，莫党翁富拥众四千，移文借居澌凛峒，设场粜米。贼得犯钦，全从此始。及其〔一〕犯再犯，愈掠愈惨。据黎维新所解贼首扶安等三名，实非因谕而解者。是时，钦州劫后，黎所遣贡使未回，恐留质其人，故擒献此三贼。比贡黎出关，即檄兵而不来，兵来而不剿。今翁富贼首尚在逋讨，苟且塞责，奉旨为民，夫复何辞！至于戴罪从征，诸不在失事内者。今日之举，万万不可言功。祸起有因，得不偿失。略前罪而夸后劳，非臣之所敢知也。

庚午（二十一日）［兵部覆言建昌诸臣失事罪］

兵部覆言建昌诸臣各失事罪。因言：建昌之变，土官被弑，夷倮无主。禄氏以外家之羽翼，借口索仇，阴图易姓，总以禄承爵故耳。今那固已杀，夫仇已报，若薄开一面，诘责承爵，令献首谋以正国典，夷妇将悔祸不遑。如奢世续故智，亦以息肩蜀人也。有旨：地方官千户李应春等提问，通判刘冲降调。该道蔡守愚、佥书张洪烈等并戴罪。其剿抚机宜，巡抚官悉心处置。务保万全，以靖地方。

辛未（二十二日）［贵州巡按冯奕垣疏结黔事］

贵州巡按冯奕垣疏结黔事。安尧臣之离镇雄也，诸夷目执留其妻禄氏，不肯放。黔中诸臣数遣人阴向禄氏，谕以祸福。至是，禄氏给诸目归，督尧臣取回水西。

丙子（二十七日）［刑部请处武定“从贼胁印”推官］

武定推官白明通之从贼胁印也，法司公讯，律文未备。于是具疏增一死律，以为明通罪案疏久不下。至是，刑部覆以为请。

明神宗实录卷四百六十

七月

壬午（初三日）［云南抚按请免嘉靖后所增贡金］

云南抚臣之请暂免滇中贡金也，按臣邓渼复言：滇中所产止铜锡矿砂，金非自有之。赋二千两之派，始自嘉靖十三年，非祖宗之制也。五千两之加，始自万历二十年，非肃宗皇帝之旧也。今民穷财尽，即不敢望全蠲，乞以嘉靖年间为例。不报。

乙酉（初六日）［以陇川宣抚“背汉投缅”，重治永腾参将、陇把守备］

革永腾参将朱鹤龄任，陇把守备鲁重礼行巡按提问。先是，陇川宣抚多安民背汉投缅，以寡谋启衅，责令戴罪抚处。至是，按臣周懋相复言，重礼等贪残不简。故重治之。

辛卯（十二日）［四川巡按钱桓言蜀中七事］

四川巡按钱桓言蜀中七事：一、用正途以重提举。一、减课额以苏穷灶。一、裁冗员。一、议土鞑。一、改折蜀中方物。一、遵、桐、绥、仁等县各置儒学。一、川省每年解赴陕西边饷银，依旧解部交纳。

己亥（二十日）［四川巡按劾革松潘副总兵］

以四川巡按劾，革松（藩）〔潘〕副总兵黄钟任。

甲辰（二十五日）［以“剿苗”功，原黄平知州加俸］

加登州府同知曹进可俸一级。进可旧为黄平知州，以剿路山两苗功叙。

丁未（二十八日）［多安民自缅甸来归］

多安民之自缅来归也，业奉有明旨：查明应袭人员，奏请定夺。安民雄据蛮湾，尚怀疑畏。云〔南〕巡抚周嘉谟，请以腾冲卫指挥陈于阶为陇把守备，行令责成抚处。至本酋悔祸有奇，天朝待以不死，正治以不治之策。章下兵部。

明神宗实录卷四百六十一

八月

己酉朔（初一日）［云南三司缺官，令作速推补］

云南三司缺官，抚按议以布政司理问赍进万寿表文。礼部言：皇上于推升方面官员，概多迟留，以致官不必备用，辄称乏。且每年进表，关系本地方各官贤否，而借用首领官，非便。上曰：庆贺大典，首领官权代，甚为非宜。姑念乏人，暂准。今后方面官缺，着作速推补，以待点用。

己未（十一日）［贵州宣慰司知府等进马］

贵州宣慰司知府安尧臣、土舍宋真相各备马庆贺。赐彩段有差。

乙亥（二十七日）［以专兵起衅罪处治四川都司张神武、永宁参将周敦吉］

治四川都司张神武及永宁参将周敦吉专兵起衅罪。先是，朝廷以奢崇明袭四川宣抚，其印为酋妇奢世续匿去。神武奉檄入永宁追印，与敦吉谋，矫旨集兵千数，掠其积聚子女，擒世续以归。酋党阎宗传起夷兵，以求主母为名，永、赤、屠、摩等处，焚劫如洗。

久之，宗传降，蔺印始出。上以神武贻祸地方，着革任，与敦吉俱行川贵巡按官严勘具奏，毋得偏护。

[贵州巡按冯奕垣参奏书办唐蒙卖假官，新添卫指挥何鼎臣下该部]

贵州巡按冯奕垣参奏书办唐蒙卖假官，新添卫指挥何鼎臣下该部。

丁丑（二十九日）[以“通苗罪”杀无辜军将，贵州总兵马孔英被革任]

贵州总兵马孔英者，先以黄柏山苗岁出劫掠，欲因建营，调集官兵袭而灭之。事泄，苗攻陷我兵，不以报，仍将诱捉苗头石阿四，捏称阵擒，冒求升赏。以通苗罪杀无辜军将方应明、张朝相，贵州巡抚胡桂芳劾罢之。兵部因言孔英轻举失律，兼言苗蛮出没，自古已然，惟应议防议抚，若用兵力，委有未遑。上命革孔英任。其剿抚机宜，抚按官计议停当来说。

明神宗实录卷四百六十二

九月

己卯朔（初一日）[户科给事中请蠲湖广、川、贵三省木价之半]

户科给事中韩光祜言：内监陈永寿所派三殿木植大工钱粮，至九百三十余万，比嘉靖间三门午楼之费，尚增一（培）〔倍〕。乞明诏天下，蠲湖广、川、贵三省木价之半。不报。

乙未（十七日）[原任两广总督戴燿条言钦州善后四事]

原任两广总督戴燿条言钦州善后四事：一、钦州防城应添设陆兵六百名，牙山、龙门、尖山、墩台，应添设水兵八百名。以罗定州原设陆兵十营，于内抽减二营。涠州游击原设水兵，于内抽取五百名。各防守。其廉州府城原设陆兵三百名，合增至五百名，专备守城。一、添设守备一员。以罗定中路守备何斌臣调移钦州。凡系水兵仍属涠州游击节制，陆兵仍属雷廉参将节制。一、钦州四峒，原立峒长。即假以名色把总空衔，使之约束峒民。编立保甲，互相查察。一、防城互市，屡为祸胎，宜即时停罢。又广西上思州一带土司往岁以私通贸易启衅，所当并行多方禁戢。章下兵部。

明神宗实录卷四百六十三

十月

戊午（初十日）［黔国公沐昌祚以老病请辞］

上以黔国公沐昌祚管摄镇守，昌祚疏言老病。兵部言：沐之子姓非无可以承袭祖爵者，恐骄稚成习，仍复偾辕，不若求旧为便。上仍着昌祚遵旨管事。

丙寅（十八日）［革云南总镇坐营中军李大谏任，并指挥洛献图、李永忠，俱行提问］

革云南总镇坐营中军李大谏任，并指挥洛献图、李永忠，俱行提问。先是，大谏统依兵剿滇贼，妄杀鲁南诸村民，已经勘处。贵州巡按冯奕垣复言：大谏奉文征苗，索贿纵贼。受蒙诏银（壶）〔壶〕，拥兵观望，以致官军败绩。又得路苗家资，仍杀贼灭口，酿成苗祸，流毒黔土。兵部覆治，得旨。

明神宗实录卷四百六十七

万历三十八年庚戌（1610）

二月

戊申（初二日）［四川杂谷安抚司都纲头目等贡方物］

四川杂谷安抚司都纲头目板弟坚藏等贡方物。赐宴及段、绢、银钞有差。

明神宗实录卷四百六十八

三月

壬午（初六日）［广西凭祥等州县、长官司土官差人贡马违期］

广西凭祥州、江州、龙英州、向武州、龙州、安隆长官司、罗阳县（主）〔土〕官，各差头目李一鸾等来朝，并各贡马匹不等。以违二月十五前到部之例，减半赏。

［四川长宁安抚司都纲头目等贡方物］

四川长宁安抚司都纲头目一舍思等以方物进贡。赐宴赏如例。

丁酉（二十一日）［初以四川东川土司听云南巡抚节制］

初以四川东川土司并听云南巡抚节制，从云南巡按邓渼请也。先是，渼疏言：滇中四面皆夷。西邻缅甸，南界陵冈，皆悍夷也。东北接壤黔蜀，一二土司皆受我约束。缅甸尚有三宣，为我藩篱，而陵冈亦越在九长官司之外，未敢公然入犯。惟是蜀之东川，逼处武定、寻甸诸郡，仅隔一岭，出没无时，朝发夕至。其酋长禄寿、禄哲兄弟，安忍无亲，日寻干戈，而其落部以劫杀为生，不事耕作。蜀辖辽远，法纪易疏，滇又非我内属，号令不行，是以骄蹇成习，目无汉法。往者凤克、大理保之乱，阴相结约，遣助兵马，罪已不可胜诛。贼既败走，开门纳叛。要挟重赂，方许献解。按情定罪，不在逆克等下。止以大乱初平，讳寻兵端，俸稽天诛。不谓志气愈骄，寇劫日甚。为今之计，止有改敕滇抚兼制东川。是说果行，有三利，亦有三不足疑：一、新敕初宣，夷人丧胆，体统既正，窥伺潜销，利在滇。一、蜀道二千，鞭不及腹，借我近力，释彼俎制，胜无形，利在沿滇之边民。议者或以此疆彼界，各不相逾。不知东川乃不毛之地，梗我王化，向来隶蜀，仅同羁縻。此虽兼制，亦是虚声，非割其疆土人民而归之我也，于蜀无损，于滇有益。不足疑一。或又以十羊九牧，虑生事端，不知东川在诸夷中，最称桀黠，凶悍难制。旧制，蜀中虽设通判一员管理府事，实未尝亲履其地，土司专制自如。纵许滇省兼辖，犹虞犬羊猝难驯伏。边吏苟以得免侵扰为幸，宁复求多？不足疑二。或又以各省直疆界相连，犬牙相制，一凡所请，援例纷纷，不知东川与蜀隔绝，而距滇伊迩，其骄纵不道，又各土夷所未有者。异时黔抚以楚中协济兵饷隔属，不便查催，请得兼制湖南、湖北，卒蒙廷臣覆允兼听举劾。况东川原无道府，有司事权更置而祸生肘腋，又不独黔中之害而已，他省事体原殊，讵得比例卖请？此不足疑三。滇省延袤二千里，土府居其十四，调停费力，岂又求益邻境，自取多事？弹丸土司，险僻荒凉，即令取一与一，在蜀无所靳，而在滇亦无所利，况所请止于节制乎？至是部覆：宜如御史言，合将东川土司并听云南巡抚节制，明载敕书，一如四川抚臣行事。如夷酋悔祸恭顺，宜捐细过，与之相安。如攻剽罔悛，抚臣便宜行事。得旨允行。

明神宗实录卷四百六十九

闰三月

丙辰（十一日）［四川永宁宣抚司等处、广西太平府陀陵县等

处差人朝贡逾期]

四川永宁宣抚司、太平长官司差小土官黄朝用等，广西太平府陀陵县，思明、万承、思陵、顺等州，各差官旗黄拱奎，官族许宁、黄承运，族目韦伦楷、岑正等，各备马匹来朝贡。以违二月十五前到部例，减半赏。

明神宗实录卷四百七十

四月

乙酉（初十日）［四川酆都县民奏告石砫宣抚司宣抚劫夺、杀虏及诸不法状］

兵部尚书李化龙言：顷四川重庆府忠州酆都县民谭良佐等奏，石砫宣抚司宣抚马千乘倡兵劫夺，杀虏多命，及诸不法状。随据该司遣人疏辩，言不忿部民减户口额数，紊田土经界，务永守民土，填实黄册。而擅兵杀掠之虚实及抗拒会审之有无据，其自辩未能昭晰其中情状，臣部有难悬断。宜行彼中抚按，严为查勘。马千乘是否兴兵妄杀？谭良佐等是否图谋财产？并奏内事理虚实，逐一勘明具奏。务令处置详委，使汉土心服，遏绝祸蔓。报可。

壬寅（二十七日）［贵州永、赤地方雷雨暴雪成灾］

贵州永、赤地方雷风雨异甚。俄暴雪，形如土砖，至夜方止。房屋坛庵等片瓦无存，田禾悉深入泥。

明神宗实录卷四百七十一

五月

癸亥（十九日）［金川寺演化禅师差人贡方物］

金川寺演化禅师坚藏利差都纲头目用虫坚藏等贡方物。赐宴及赉段、绢、银钱有差。

己巳（二十五日）［命云南茶甸长官司土舍普延龄、四川石耶洞长官司土舍杨先都袭祖爵，不支俸］

命云南茶甸长官司土舍普延龄、四川石耶洞长官司土舍杨先都俱袭授祖爵，仍不支俸。

壬申（二十八日）［贵州巡按冯奕垣核“平播功”，处治“阵逃”“假功”者］

贵州巡按冯奕垣奏劾：站军李邦举升本卫实授百户、三级世袭，阵逃。总旗尤尚国升今卫副千户、三级世袭。皆假功，宜亟究治。章下部，部覆：二弁叙升，以先后按臣平播核功，及覆勘二印册为据。如御史言，合无行彼中按臣，查当日原册，有无功次，勘鞫自明，仍解本犯起京，送法司审验。因言：武臣效力策勋，其大小功次详载内外黄选，而尤严妄保官揭黄之例者，以汗血固难泯，而名器尤当重也。今叙功并升之始，反不载此例。夫朝廷命将出师，设有监纪。当其露布以闻，不过定首从，计多寡，验男妇，防诈冒耳。乌合出身始末，谁则知之？迨至按院查核，抑且信军前为实录，稍汰冒滥，大都而已。若本部武选所藏，试百户以上，黄选可考，总小旗以下，则黄选不载，是以假冒踵告。今后注为定例，续入邦政。其以军舍叙升者，无论以小旗、总旗，报功者俱繇本卫所保结前来。一如袭替舍人规式，申文本省院道，本部验有按院查核无碍字样，方与题升，不然概不与叙。上是之。

明神宗实录卷四百七十二

六月

甲申（十一日）［赐丽江府土知府三品服色］

赐丽江府土知府木增加三品服色，从其请也。

丁亥（十四日）［奏勘四川乌撒军民府与云南沾益州土官承袭事］

先是，四川乌撒军民府云南下禄哲之妻实卜与其夫弟阿哥二人，率众归顺。故授实卜以乌撒土知府，授阿哥沾益土知州。其后，此绝彼继通一家。万历元年，沾益州女土官安素仪无嗣，奏将土知府禄墨次子过继本州，即安绍庆也。已而禄墨及长子安云龙，与其两孙俱故。安绍庆奏，欲以其次子安效良归宗，仍袭土知府。安云龙之妻陇氏即镇雄女土官（者）〔奢〕氏之女也，陇氏以云龙虽故，尚有遗孤，且挟外家兵力，与绍庆为敌。而绍庆则以陇氏所出，明系假子，亦倚沾益兵力，与陇氏为难。彼此仇杀，流毒一方，以致土民连名赴奏，事行两省会勘，历十四年久不结。本年安云翱奏称，陇氏有子官保，今已长成。效良倚父兵强，图谋篡据，杀戮无辜。又引川南道参词，以禄哲之子孙尚众，乌撒之宗派甚明。绍庆既已出继，明有一州，暗袭两府，极言效良不可立者四事。至是，兵部覆言勘之，说有三：一、辨陇氏子之真假。二、查安氏族之亲疏。三、察土司民情所向背。限本年终具奏，毋延缓，及各偏执启衅。若安效良序虽当立，果有不遵王法，兴兵劫虏，往来云贵大道，擅杀民命等情，则亦不宜附虎以翼，借寇以兵。宜议剿。得旨：令该抚按官勘明具奏。

癸巳（二十日）［兵部覆贵州抚按官胡桂芳等条陈六款］

兵部覆贵州抚按官胡桂芳等条陈六款：其一，兵力宜增者，以贵州总兵标下兵不满三百，平头、思石二守备所部兵不满百也。议该镇标兵增至二千以上，二守备各增兵五百以上。然后训练改观，防御有备。相应依拟，然查旧抚臣疏内称，贵州铜仁总镇标下，有兵四千九百七十三名，三十年新增兵六百名。今云标兵仅三百，数目缘何互异？仍行查核，务要声说明白，毋得欺隐。其一，邻资宜借者，增一兵必有一饷。而黔土迫蹙，饷难聚加。今议以川湖之苗，同为贵州之害。欲于楚镇筸、蜀遵义，各量拨兵五百，共足一千，以为黔用。合无准行川湖两省，如议协济。或调额兵，或输额饷，各从其便。其一，同事宜协者，兵事固有掣肘之戒，而文武贵有同心之谊。据议欲令该镇总兵官，于该道有应会同者，仍与计议停当，然后行事。庶得举动相闻，议论相质。允宜申饬，以戒专恣。其一，信地宜严者，楚、蜀、黔三省，在在有苗。治苗各有土司，御苗各有营哨。自法寝弛，土司不能管束，且与交通。营哨不能御贼，专习欺隐，戎心用长。今议通行湖北、辰沅、川东、思石、思仁各道，将所辖土司，定其封域。所督营哨，明其疆界。傥有失事，各查所辖信地，明正其罪。其土司若湖广之筸子坪、五寨等司，四川之酉阳、平茶、石耶、邑梅等司，贵州之乌罗、平头、提溪、省溪等司，俱有责任。如有桀骜，不遵明旨，纵容恶苗，戕害官民者，许抚按官据法参奏。其一，首恶宜诛者，凡苗众蜂屯蚁聚，肆为寇暴，必有一人为之纠合，除恶务本，不在窘杀。合无通行三省，后遇有苗患，查系某苗为首，于某寨宰牛集众，该管道镇即举兵加诛。不惟用力简易，抑以使属苗无反侧之心，而余党无旅拒之势。其一，激劝宜行者，苗贼猖獗，势同倭虏，使夷方将吏，不得比于边境叙录，谁肯殚心力于毒淫深箐之间？据议，文职则思石、思仁、湖北、辰沅、川东，各守巡道以下。武职自总兵、参将、守备、把总以下。除有功特叙外，若任三年内，其所辖地方不受苗害者，从优升擢，略照边方道将例。土司官能约束苗众三年不犯者，与加衔赏赉。其营哨以下官，年终甄别，以有无失事，分别殿最。有劳绩者，题授守把等官。是不专执治法而责治人，鼓舞人心，莫便于此。报可。

庚子（二十七日）[兵部覆原两广总督戴燿征黎善后四议]

兵部覆总督两广兵部尚书、今革职为民戴燿征黎善后四议：一、议增兵以固防御。钦州界连夷地，今既受创，仇憾必深。委宜设兵守御，以防报复。据议，钦州添设陆兵六百名，牙山添设三百名，龙门水口添设四十名，共足水兵八百名。及查广之东山、西山各参将，中路守备，统领官兵共四千五百员名目。今地方宁平，议于内抽减二营，共兵九百名，移往钦州。内五百名札守州城，百名哨守防城。其三百名改为水兵，发守牙山哨巡鳌头等处。又查有涠洲游击，原设水兵一千四百名，专为防守珠池。今珠已取尽，盗亦解散。议于内抽取五百名，分札龙门、水口等处。且系珠池西界，有警亦足应援。是饷不加派，而兵已足用矣。至廉州府城，滨临巨海，东连日本，西接交南。原设仅陆兵三百名，委未足用，议增兵二百名。就于该府廉州卫旗军精壮余丁内抽出五十名，合浦县抽出精壮民兵五十名，又召募新兵一百名。与同旧兵合营训练防守，遇警〔应〕援。所有新兵月粮，于该司贮库各府州县旷饷银内，酌量裒益，通融支给。一、议设将官以重弹压。钦州地方边海，宣德初年，设有守备坐镇。后因承平撤兵，止存一守御千户所，旗军不满二百。遇有警息，驰报雷、廉、涠州，俱离辽远，虽星驰赴援，不能及事。今议将罗定守备调移钦州，其廪粮、杂役、工食等项，即以罗定二营额定饷银移支。凡系水兵，仍属涠州游击节制，该游移驻白龙厂，就近防守。陆兵仍属雷廉参将节制。该参将照旧驻札，往来调度。一、议覆峒官自相钤制。钦州四峒僻居西境，接壤十万大山，习染夷风，汉法难施。先朝设立土司，给以印牌世守。至国初易以峒长。宣德年间，叛入交夷。嘉靖二十一年，始复版图。岁纳丁银，屡年逋欠。而峒中奸民，往往勾夷为患。皆繇峒长名位卑微，不能钤束。今议每峒设一土司，就将峒长行广东布政司，给与名色把总空衔札付，如长官体统。使之约束峒民，不得世袭。但札付给与该司予夺，一经题请，彼将挟以为重。是该省无故而添二十四土司把总，久之跋扈相仍，据为世袭，谁能禁之？且中国奸民，因而营充峒官，设财役贫，启衅生事，有不容以不顾虑者。一、禁罢互市以绝祸萌。钦州防城夷汉互市，岁收额税银二百两。第近年防商货物屡被劫夺，商人遂移货城内。夷寇垂涎，纠众劫城，实因贸易以为祸胎。今议防城互市即时停罢，仍严禁各处隘口，不许私通往来。但岭南夷汉互市，其来已久，今一旦遏绝，彼既不得贸易之利，将益逞其不肖之心。固宜多方以禁缉，尤必设法而戒严。以上后二议，合行督臣及广西巡抚衙门覆议，是否妥便，具奏定夺。从之。

明神宗实录卷四百七十三

七月

甲寅（十一日）［因妄报军情、擅入土府等事，南太参将贾祥被参劾］

广西抚按奏劾南太参将贾祥。部覆言：祥大罪有三，而需索赃过不与焉。一、妄报军情，惊动汉土，大违军法。一、率众擅入思明土府，逼逐署官，违听抚镇节制之敕谕。一、殴辱县官，挟兵鼓噪，擅放巡按访拿思明监犯张朝选，蔑视朝廷。如此跋扈凶人，本法所不贯。但以在任日浅，姑革任回卫，永不叙用。上是之。

丙寅（二十三日）［以献助大工加授永顺宣慰职衔］

赐永顺宣慰司彭元锦加授二品都指挥使职衔，给蟒衣一袭。妻汪氏封夫人。以其献助大工嘉之也。

壬申（二十九日）［以陇川多安民投缅事，永腾参将周会等被革任提问］

云南巡按邓渼会同巡抚周嘉谟，劾都司署永腾参将事周会，指挥陈于陛、马廷辅，俱应革任提问。先是，陇川多安民以守将索赂，背叛投缅。既酋阿瓦听我宣谕，将安民送归。安民久据蛮湾，桀骜愈甚。周会素怯懦，信奸人李朝选诡称内助，轻调夷兵七千，及官军三千。遣二指挥于陛、廷辅以进而已，遥驻陇川百里外。时缅目已归华线，助守之兵已撤，官兵两日克二栅。我兵据高，贼在下，第周会不在行间，各军进止无所禀承。及蛮莫遣兵助逆，指挥自溃。会闻，连夜奔入户碗，又奔入杉木。安民乘胜逐北，多所焚杀。故抚按交劾之，至是部覆言：周会轻举偾事，罪固难赦，抚道亦不能无责。盖三宣、六诏，无非土酋辅车相倚，狐兔共悲。所恃镇压而詟服之者，恃有朝廷之威命在，兵法明其为敌，贼乃可服。安民虽系叛酋，逃而复归，牌印在手，犹袭汉官名号。傥谕不听，抚不可即，当明正其罪，请行天诛。若何以征讨大柄，付之细人署将之手，以军事为儿戏。且土司不声罪致讨，而轻兵袭杀。戮一安民之事小，使蛮落官长人人自危，甚为非计。今此酋已逆我颜行，不得不诛。为今计，宜正多酋叛国投夷，及不服抚处之罪，以播告夷土。善处土妇罕氏及土舍多安靖等，示必得立，以收拾江外人心，仍遣谕阿瓦，毋得复受安民投附，以取天朝征讨。然后檄调汉土官兵，扼险据要，相机征剿，动出万全。其该道黄文炳调兵有檄，难尽委于不知，相应责令带罪管事，俟剿抚结局，并议功罪。抚臣周嘉谟，弹压一方，节制在手，道将之过亦其过。西南自此多事，乞明旨责成与该道同心讨贼。多安民敢肆悖逆，该镇抚官作速计议具奏，仍一面相机便宜行事，务出万全，以收后效。

[命云南师宗州土舍袭祖职]

命云南广西府师（琮）〔宗〕州土舍珑有光袭祖职。

明神宗实录卷四百七十四

八月

乙亥（初三日）[广西田州、泗城州土官差人朝贡]

广西田（洲）〔州〕、泗城州各土官岑懋仁等各备银器香蜡，差官族岑宁等赴京朝贡。赏给如例。

戊寅（初六日）[贵州宣慰使司差人进马贺万寿圣节]

贵州宣慰使司安尧（民）〔臣〕差长官蔡应富等以四马进贺万寿圣节。赐钞锭、彩段如例。

庚辰（初八日）[以处置永宁宣抚司争印事激变，当事官员被革任勘问]

贵州巡按张尔基疏请速正罪弁张神武、周敦吉擅兵激变之罪。先是，永宁宣抚司蔺妇奢世续与奢崇明争印。妇（印匿）〔匿印〕不出，万历三十五年正月，四川巡抚乔璧星遣都司张神武，往追其印。神武与镇守永宁参将周敦吉谋矫旨集兵，突将奢世续新旧二居所有尽掠之，得数十余万。又俘奸其子女，置印不问，止擒世续归讯。恶党阎宗传等以救主母为名，各起夷兵，烧劫杀掳永、赤二卫，普、摩二所地方甚酷。敦吉、神武坐视不救，顾杖请兵者以死。本年巡按冯奕垣两疏劾奏，部覆得旨：以二弁行川贵抚按衙门会勘，明白具奏。第永宁宣抚司与永赤二卫错处一城，隶四川所辖，事权两掣。前此川贵各御史建议，皆谓宣抚司宜改隶黔，以便约束。未决，是以二弁会勘，官蜀地黔，二省互相延委，几四年不结，致城破军亡，田无粮逋，奢酋概未计产赔偿。贵州生员军民等，怨愤赴阙申诉，胪列二弁罪状。再奉旨：张神武擅兵激变，贻祸地方，令革任，并周敦吉，俱行川贵官会同严行勘问，具奏毋得偏护。迨问官已集，二弁抗不至勘，亦异同不决。至是，尔基请严敕当勘诸臣，秉公持正，从长议处，以结积案。章下所司。

明神宗实录卷四百七十五

九月

己未（十七日）［云南巡抚周嘉谟疏奏“夷民”“同叛激变”罪状］

云南巡抚周嘉谟以夷民同叛激变罪状，疏奏完勘。初，马化龙者，其先为凤氏仆。自凤继祖等相继叛乱，改土设流，化龙等遂世占田庄，积成巨富，素把持府州，拨置启衅。万历三十四年，有阿也占兄阿克妻，郑举代仇之，杀阿也死。化龙旧与郑举隙，挟禀本州，捕举不获，声言动文剿杀，故举等疑畏。后化龙又与偰尧司、郑文争（奸）〔讦〕。尧司既问罪降责，文以被殴告州，州偏向化龙，致文怨恨，遂与郑举等图报仇，诱阿克复土官，借兵江外、会川二处，逆谋已决。适黄知州署禄劝州，条陈查复差田。又纵化龙、一龙营管环州等二十七马钱粮。旧额每斗二钱，加至七钱。举等愈有辞，立克为主，拉从逆者约期共举。郑文入府城为内应。克等用先世所传调土兵小木牌，号召四十七马，统贼数千，于三十五年十一月二十三日逼武定，经过残虐。贼薄城下，郑文潜间北门纳贼，马一龙、化龙递出，指挥金守仁，千户梅应时、黄桂、王应爵，镇抚金荣高死之。各贼惨戮城中男女，劫库放狱一空。时陈知府携印在省，郑举念无印信，难以号召。劫白推官，使至省代请给冠带印信。各贼于西南二门，恣焚杀拒守者三昼夜。贼因风纵火，攻甚急。镇抚惧，差人以府印给之。贼喜，退入武定府，伪立阿克为土知府，复计窥全滇。会镇抚调集各处土兵，五路进剿，陆续克复武定、元谋、罗次、禄丰、嵩明等处州县。贼败奔，先后擒斩俘杀殆尽。郑文死于狱，械克、举等并家属至京。刑部论阿克、郑举、偰尧司等谋反律，磔于市，家属给功臣家为奴。以丘仕鲁诳称冤，发回滇审实，即于本处，同马化龙及诸监候者正法。至是，巡抚上其状，仕鲁同叛情真，已枭示。其余斩徒有差。一龙狱毙，化龙依激变良民律立斩。章下所司。

［云南巡按邓渼奏上倚兵妄杀诸将领及土官罪状］

云南巡按邓渼奏上倚兵妄杀诸将领及土官罪状。初，武、寻叛贼猖獗，鲁南等处军民奉示，会立牛丛，各于村屯防守。时临安卫指挥杨世恩，统领广南府土官同知侬应祖兵，中军李大谏、左卫指挥迷东升统官兵往。贼败，奸徒李志举等与乘机杀掠，妄称赵鸣鹤所集牛丛军民为贼，掩击之，毙鲁南上下二村多命，仍级虏畜请赏。无辜诉院，行府门报闻。其沐总镇所遣试百户赵存仁，统兵于嵩明崛峄等处征剿，已撤回在道。奸徒徐敖等亦妄称，鲁南、甸中二村良民潘大学等为贼。存仁与冒功掠财，以鸣鹤所寄官铳三座为赃证，杀掠其村，俘妇女、牲畜请赏。大学妻沙氏声冤，因尽得其状。前按臣以二事闻，奉旨：行巡按御史邓渼类鞫之。至是，渼论指挥杨世恩、迷东升钤束不严，应祖知情故纵，杖流如律。以职官例纳赎，完日还职。赵存仁在监、李大谏在外各毙，免究。李志举、徐敖等立斩。余徒杖有差。章下所司。

明神宗实录卷四百七十六

十月

丙戌（十五日）［贵州宣慰司冠带权目差舍人进马贺寿逾期，来役又不辞朝而回，被提究拟罪］

礼部奏：贵州宣慰司冠带权目宋师相差舍人宋一润备马庆贺圣寿，于九月二十八日见朝，既逾期后至，来役又不辞朝竟回。宜行本处巡按衙门，将土司、差役一并提究拟罪。从之。

［贵州宣慰使贡马贺万寿圣节］

贵州宣慰使安尧臣备马四匹，差舍人安若石进贡，〔贺〕万寿圣（郎）〔节〕。赏给彩段、钞锭。

明神宗实录卷四百七十七

十一月

丙辰（十五日）［鲁班等七寺剌麻番僧等及董卜韩胡宣慰使司加渴瓦寺都纲头目等入贡］

鲁班等七寺剌麻番僧边爵尖卒等及董卜韩胡宣慰使司加渴瓦寺都纲头目那麻思结等，各备方物、马匹入贡。赐宴赉如例。

戊午（十七日）［敕遣总兵官挂印镇守广西］

敕遣镇守南直隶江南副总兵郑印，挂印充总兵官，镇守广西等处。

明神宗实录卷四百七十八

十二月

庚子（二十九日）［四川乌思藏阐教等王及长河西等处、杂道长官司遣人朝贡］

四川乌思藏阐教、辅教、大乘、大宝，长河西等处遣番徒蓄竹坚参等，及年久未贡杂道长官司遣番徒吒吧锉等，各备珊瑚、方物来贡。赐宴赉如例。

明神宗实录卷四百七十九

万历三十九年辛亥（1611）

正月

丙辰（十五日）［命四川、云南勘处安氏“二酋”争夺官职事］

兵部等衙门尚书等官李化龙等奏：为异省土舍篡据乌撒，该臣会同左副都御史许弘纲，议照安效良与安云翱争夺官职，杀掠地方，为害甚惨。先该臣等据奏，备查先后事情，覆请严限蜀滇抚按，年终勘明奏报，续又据咨移文黔省并勘。盖欲速妥夷情，蚤完勘局耳。今该贵州抚臣，以二酋争官在川云，而为害在黔蜀。恐狡夷变诈隐匿，蜀滇远隔难知。复将二酋节次劫杀根缘、道府批评卷案备陈并勘。及查，乌撒与云南无干。其府属川，其卫属贵。在云南止宜戒谕安绍庆，无纵兵助（依）〔伊〕子安效良耳。若复行三省会勘，地隔人遐，终无归结之期矣。宜行川、贵二省，委官会勘。要见安效良应否为土知府，安云翱应否为答应知府。如果伦序相应，即令安职守土，办纳粮马，毋得再行称兵构害。如伦序不应，即取所谓官保及武仙者立之。二酋各罢归，不得妄争生事。如违，定行剿处。上谕：川贵抚按作速勘报，毋得迟延。

明神宗实录卷四百八十

二月

丁丑（初七日）［四川杂谷长官司差禅师进贡］

四川杂谷长官司差禅师叱吧坚锉等五名赴京，进盔甲、氆氇等物。给赏靴袜、绢、钞。

戊寅（初八日）［云南抚按奏沐昌祚多占庄田，横征暴敛，宜归并有司征解，兵部疏催，不下］

先是，云南抚按奏：沐昌祚庄田自钦赐外，多至八千余顷。横征暴敛，以致庄户劫掠公行，该庇之，滇民如在水火。宜归并有司征解，明国法以苏民困。兵部疏催，不下。

己卯（初九日）［湖广宝庆府地震］

湖广宝庆府地震。

甲申（十四日）［四川巡按朱万春极言增兵助黔之困，部臣云应责土司以制苗人］

巡按四川监察御史朱万春极言增兵助黔事，谓：必有余而后可以问人之不足，又必无兵患而后可以恤邻国之患。黔不足制苗，借资于蜀。蜀不制苗，更借资于谁？腴黔而疲蜀，非剿无以成抚。部臣云：纵苗以残百姓不可，诛苗而敝中国尤不可。两议并得制苗之长策，而有最肯綮处，惟责土司以制苗人，用明法以绳土司，似为（轻）〔经〕久可行。若竭土腴之，征取不毛之地，非计之得也。伏乞赐免所增黔中兵饷，全蜀幸甚。下所司议。

己亥（二十九日）［铸给广西思恩等县州儒学记］

铸给广西思恩县、桂平县、永康州各儒学记。

明神宗实录卷四百八十一

三月

丁巳（十七日）［土官陇鹤书承袭镇雄府知府祖职］

巡按四川御史米万春会同御史乔璧星题：将土官陇鹤书承袭镇雄府知府祖职，以明世守陇。阿固照夷俗充掌衙管事。章下兵部。

明神宗实录卷四百八十二

四月

壬申（初三日）［兵部尚书李化龙上滇南善后事宜］

兵部尚书李化龙上滇南善后事宜：陇川、南甸、干崖三宣抚并峙，为我腾、永藩篱，实西南一隩区也。宣抚多安民，背汉投缅，罪不容诛。天厌元凶，一朝授首。多安靖，安民弟也。顾恋豢养，大义灭亲。遵令所部，同心讨贼，功有足录，以其父祖之故地而畀之无疑矣。但年幼势孤，地〔方〕诸臣有多思谭协立之议。多思谭者，其族属也。世授陇川土同知，住居遮放，兵力颇强，人心附焉。说者遂欲立之，恐启他日凭陵之渐。惟定立安靖，给与冠带管宣抚事，而思谭仍以土同知协理，则名分定而夷情亦安。惟思谭人众土狭，而江外旷土，如湾腰树诸处量给之。比于芒布放应职抚放廷臣事例，待安靖长成，限年退还。如有功即割予之，似不为滥，而又责成南甸、干崖保任，俾思谭无狡焉之患。其宣抚印信，暂贮腾越州，听候明旨颁给。或有司道所议，待安靖能自立始予之，庶可杜觊觎而消衅蘖。至于衎忠寓居蛮西有年，盖为思线恃缅占据蛮莫之故。彼力不足以支思线，而我兵仅守汛地，又无深入防护之理，则权宜安插于猛卯城外屯营之所，任其垦闲田纳屯种。又以其兵慑多太、多安邦诸夷，于守城亦有裨。俟其力足以当蛮莫，然后徐图恢复。况每岁省饷数百金，而镇远营兵可渐撤矣。腾营防川之兵，瘴疠难以久处。且夷汉杂居，不无骚动。杉木陇据险少瘴，宜以本戍兵移建营房于此，内固腾、永之藩蓠，外为陇川之策应。且足杜骚扰而惬夷情，亦计之得者。夫三宣僻在一隅，盘据数千里，部落数万众，岂势力所能服哉？惟驭之得其道耳。参将、守备衙门，譬之郡守、县令也，多安民惧而逃，逃而开此大衅，烦我师旅，非守备一人激之乎？死有余辜，可为殷鉴。抚臣欲依九边秋防阅视例，于腾、永一路道将官，分别功罪黜陟之，亦励人心、奠边境之要务也。从之。

丁酉（二十八日）［四川巡抚乔壁星奏剿建南土官妻禄氏之乱］

巡抚四川乔壁星奏：建南自土官安世隆被刺后，其妻禄氏以争继为名，阴纵部夷，所在蜂起。去岁，禄氏又故其党，仍以拥立禄祈为名，各寨结夷，乘机倡乱。甚至劫掠职官，戕伤吏卒，而披猖极矣。合将四川总兵官移驻越（巂）〔嶲〕，会同该道，便宜相机擒剿。清复村屯，葺理关堡，务期敉宁。其行都司屯局佥书，改为建南游击将军，即以威茂参将陈策调补。操捕佥书张洪烈革任回卫，永不叙用。即以屯局佥书庄安世改补，仍兼屯局，员缺免铨。其遵义、威茂参将，俱听兵（补）〔部〕除补。募兵粮饷，如别议抽解。庶法纪严而人心奋，遏荒赖之矣。兵部覆请，从之。

明神宗实录卷四百八十三

五月

癸丑（十四日）［宴灵藏赞善王贡使］

宴灵藏赞善王贡使藏卜坚昝等十七员。

己未（二十日）［颁赏乌思藏阐化王贡使］

颁给乌思藏阐化王贡使坚锉朵尔等十五名，各段、绢、银（纱）〔钞〕。

辛酉（二十二日）［黔国公沐昌祚请休致］

镇守云南总兵官黔国公沐昌祚，以军政事陈俯容休致。兵部以闻，命照旧供职。

明神宗实录卷四百八十五

七月

庚子（初三日）［兵部尚书奏言黔国公沐氏诸事］

李化龙又奏：黔国公世守云南。顷者克、举之乱，沐叡虽逮，仍起沐昌祚于闲废。傥能深念国泽无替其先，则沐氏与滇民永休矣，抚按何求焉。近日抚臣周嘉谟、按臣邓渼疏言：该镇总庄，横征暴敛，以致劫夺蜂起。昆阳、南安、易门、宁州、嶍峨等数十处，大盗公行，惨于夷虏。无非该镇庄户、生员、军民，纷纷告讦，或受投献，或勒契券，问徒遣戍，罪状山积。无非该镇羽翼，群小壅蔽，犹曰陷于不知，饰辞强辩，则是显为逋主。伏乞严敕，戒谕敛戢，仍准御史议将该镇庄田，尽数清核，酌议每亩收税若干。责令有司征解，布政司转给。一如在京勋戚事例，庶可弭盗安民矣。诏曰：该镇世受厚恩，当以弭盗安民为重，岂得纵容恶辈，贻害地方？以须加意约束，毋生事端。该地方官也着遵守旧规，务存体统。余依拟行。

明神宗实录卷四百八十六

八月

戊辰朔（初一日）［改授平播土官土舍军功职级］

播州平后建设屯卫，以土官舍军功及献土一事，分别改授职级填补。新卫罗天冠原四品土同知，准授指挥佥事。袁见龙、袁起龙以所镇抚因献土加二级，各改授副千户。刘谦、王宪以冠带总旗加一级，改授试百户。石良授冠带总旗，至子孙革去冠带，照总旗管伍，各移住威远卫任事。一应军政考察等项，及折俸田亩，悉照原议查行。

己丑（二十二日）［两广总督张鸣冈以大水成灾请撤税］

两广总督张鸣冈奏：兹岁五月积雨，粤西水涨，灌乎粤东沿江州县。田禾概被渰没，庐舍漂沉，人民溺死无算。臣据广东布政司呈报，业具疏奏闻，待勘恤矣。伏念粤去天方万里，望济无及，即议赈议蠲，为惠几何？展转思维，辄敢以撤税为请。盖人见粤税以十七万余金计，以为粤实殷饶致，然而不知皆割之军饷也，饷不足而仍加之民也。重灾之后，有司尤日敲月扑，以逃参罚；小民犹日朘月削，以应诛求。势穷时迫，擢筋未足言通，累卵未足言危。宜亟议罢撤，以苏民命。留中。

甲午（二十七日）［黔江千户所试百户、泸州卫百户冒滥职级被革职］

四川巡按御史朱万春奏革黔江千户所试百户左云翼、泸州卫百户王明第职。先是，分巡上〔川〕东道王士琦监军援朝鲜，云翼等以门吏窜名兵籍中，冒滥级职世袭，至是为人发觉也。

［以擅杀平民冒功，四川建昌守备被论斩］

四川建昌守备署指挥佥事薛经论斩。建昌会盐地方与云南武定界比壤。三十五年，武定有阿克、郑举之乱。薛经住札姜州堡，距金沙江三百里。是时，克、举已遁矣，经贿结土夷戈备，买首级十二颗，俘十三人，虚张捏报，以为当阵擒获阿克党贼。两省抚按觉察，往覆勘明，引擅杀平人及被虏人口冒作贼级报功例，并夺袭。该道右布政蔡守愚罚治，通判欧阳炳降调。

明神宗实录卷四百八十七

九月

丁巳（二十一日）［贵州宣慰使等差人进贺万寿节］

贵州宣慰使安尧臣、护印权司宋（相师）〔师相〕各备马匹，差舍人安邦俊等进贺万寿节。赏彩段、钞锭。

明神宗实录卷四百八十八

十月

壬午（十六日）［云南抚按官条上事宜四款］

云南抚按官为遐方吏治未兴、民生久困，条上事宜四款：一曰方面劝惩。万历二十年明旨，松潘、茂州二兵备，遇升转考满时，抚按官照九边例，保留加衔久任。今几何时，抚而二道之加衔久任绝响矣。宜令各抚按，将两广、云、贵、川、湖邻番、邻虏、邻苗、邻缅、邻倭道分，查确具奏下部。另立边远俸簿，照九边例酌量优处。其初补也，务要资望相应，以盘错别利器；其升迁也，间以边腹互转，以调济平人情。如或规避逗遛，照新例重处。一曰有司升取。七省抚按官，会查所属府州县要地方，某堪科甲，某堪乡贡，酌议具奏。部中注明缺册，将进士、贡举酌量道里远近，相兼选补。政成之日，行取推升，视腹里务加优异，仍先立边远有司俸簿，另计升迁。如堪久任者，或宠以服色，加以职衔，或就近题转。不问科贡他途，听其精核题请，即与议覆。一曰斟酌降调。调简官员，唯拘省分之大小，不论事务之繁简，以致云贵、两广用兵之地，四川、山陕邻边之所、守巡郡县，多用衰颓，降调整刷难前。宜行各省抚按，将所辖府州县正佐，但紧用要地方，不宜处以降调者，查确具奏，部册注明。凡遇缺出，务选道里相近、才力优长之人除补，不得复以衰颓降调者充数。贤者得小省，则当另算资俸，优以升转。若右迁善地者，不得与之较深浅。题本之时，一用今疏朱语，一用降调官员，则不致混而无别矣。一曰永恤卑官。云、贵、广西土司吏目多无衙门，驿丞多无廪粮，岁俸不满十金。或被夷倮劫掠，或跋涉不前，人不愿赴。宜行各抚按，将所属土司吏目可裁者，巡驿可归并典史带管者，附郭县分有府仓而县仓可革者，或官难议革情可体恤者，或近报转，或量与周给，仍于邻近风土相宜互相除授，亦平铨政之急务也。吏部覆闻，上曰：边远地方，关系最重。近来选转迁选，不得其平，以致人情厌薄，官偷民困，无以称朝廷轸念远方致意。依议着实行，以后不得因循玩视，复成寝阁。

明神宗实录卷四百八十九

十一月

癸丑（十八日）［以贵州剿“苗仲”，祭告郊庙宣捷］

兵部奏贵州剿苗仲功，请择日祭告郊庙宣捷。报可。

乙卯（二十日）［以云南讨克、举公叙，赏将士及恤死事者］

以云南讨克、举公叙，赏将士及恤死事者。

明神宗实录卷四百九十

十二月

甲戌（初九日）［宣贵州剿苗“捷音”］

宣贵州剿苗捷音。遣官祭告郊庙，文武百官称贺。

庚辰（十五日）［李化龙卒］

太子太保兵部尚书李化龙卒。化龙直隶长垣县人。万历二年进士，授南工部主事，调南吏部主事，繇，郎中升河南提学佥事，复升山东提学副使。历太仆寺卿、通政使，以佥都御史巡抚辽东。东虏深入，伏兵大破之。升兵部侍郎，荫一子锦衣卫千户世袭。二十五年，告病回籍。起总督川贵，巡抚四川。杨应龙反，征七省兵分道讨之。闻父丧，夺情视师。播州平，请于播州设二府分隶黔蜀，以黎平、永从改隶楚，以楚镇远四卫改隶黔。三十一年，起右都御史兼工部侍郎，总督河道，开泇河。寻丁母忧。三十二年，以播功升工部尚书，加少保，荫一子锦〔衣〕卫指挥世袭。服阕，起兵部尚书，协理戎政。三十七年回部，以御虏捷功加少保兼太子太保。至是卒。

明神宗实录卷四百九十一

万历四十年壬子（1612）

正月

癸丑（十八日）［四川达思蛮番僧入贡］

四川达思蛮番僧甲杀坚藏等四百三十八名贡献方物。给赏如例。

己未（二十四日）［贵州巡抚参贵阳知府和贵州总兵］

吏部覆：将贵阳知府钱策改调，总兵陈寅行巡按御史勘夺。以贵州巡抚胡桂芳参策屑越职守，肆意妄行。策亦奏总兵寅借盗婪赃。俱奉旨下部。至是，部院会勘。策径情直行，致使院司难乎为上，应调无疑。至所论陈寅与巡抚疏异，宜行勘定夺。从之。

明神宗实录卷四百九十二

二月

乙亥（初十日）［云南大理、武定、曲靖、倘甸等处地震］

云南大理、武定、曲靖等府地大震有声。连震，次日又震。倘甸亦震。河忽溢，干泉俱涌。

己卯（十四日）［大学士奏请点用四川抚臣］

大学士叶向高题目前急务三款……一、四川重地，顷以兵荒之后，各处告变，人情岌岌。所为弹压拊循，惟抚臣是赖。乔璧星候代之人，岂肯复任地方事？且人情玩视，号令亦必不行，岂非西南之大忧？伏望皇上即将吏部推疏点用。

辛巳（十六日）［大学士叶向高请速简发贵州、湖广、辽东、江西、云南、福建巡按］

大学士叶向高请下考选，言：贵州巡按缺已数年，湖广、辽东俱皆见缺。至于江西、云南、福建按臣，皆在地方三四年，情绪困苦所不堪言。而考选守候诸臣，虚坐长安中，不沾寸禄。岂但诸臣困，即臣与部院之催请，困乃更甚。伏望圣明，概赐简发。

辛卯（二十六日）［以川贵清疆善后、平叛征苗功加赏有功各官］

以川贵清疆善后、平叛征苗功，加王象乾太子太保诰命，荫一子锦衣卫指挥佥事世袭，赏银五十两、大红纻丝蟒衣一袭。崔景荣等三员，各赏银二十两。景荣给与新衔诰命，李时华升俸一级，毕三才于调外任加升各一级用。周嘉谟等三员，各赏银二十两。嘉谟、崔应麒各升俸一级。张文耀咨吏部酌处。余文武将吏各升赏有差。内周世禄及有亲斩部功者，查升实职。张悌等从优赠恤，李应祥等十四员并恤。李化龙赠少师，原荫锦衣卫正千户儿男，加一级世袭，恤典优给。余俱如部拟。

明神宗实录卷四百九十三

三月

辛丑（初七日）［补给老挝宣慰印信］

云南老挝，六慰之一，自缅甸失守，与车里二宣慰同心内向，实中土之藩篱也。先年颁给印符，永为世守。万历二十六年，相率款贡。老挝以印信战失，允其请补。今更称被毁于火，复乞补给。据译情词卑恳，理有可原。部为议覆：请如抚镇诸臣言。从之。

丙午（十二日）［金筑安抚司改土为流］

吏部题：贵州巡抚胡桂芳奏，金筑安抚司土舍金大章乞改土为流，已经差官议行。设官建治，钦定州名，铸给印信。及见任贵州前卫经历包一鸣，拟改新州判官。金筑司吏目秦一才，新州吏目原缺应裁。大章改授土知州名目，仍加以四品服色，不许管事。子孙承袭，免其赴部，听抚按代题。州治应属贵阳府管辖。从之。

乙卯（二十一日）［寻甸戍军撤归嵩明］

兵部覆：云南举人段师文请将寻甸戍军撤归嵩明。今该省抚按谓，宜以二分守府，一分守州，庶为两得。从之。

明神宗实录卷四百九十四

四月

乙丑朔（初一日）［兵部覆贵州抚臣胡桂芳所奏金筑土司改流应拨营兵防守之议］

兵部覆：贵州抚臣胡桂芳奏，金筑土司改流，应每年选拨营兵八十名防守。从之。

癸酉（初九日）［令黔国公庄田子粒仍自行征收］

大学士叶向高题：今日蒙发下黔国公沐昌祚为庄田子粒疏。传旨令自行征收。臣惟此事，该省抚按官以庄丁为盗之故，屡次疏争。兵部覆奉钦依，令有司代征。今若复与该镇地方，必复纷纭，内外必复争执。且诏旨前后相违，朝行夕改，甚非事体。

戊寅（十四日）［云南临安府地震］

云南临安府地震。

庚辰（十六日）［请将永宁宣抚司改土为流，未行］

旧制，永宁卫隶黔，土司隶蜀。自奢从周死，奢世统与世续争印。水西助续攻统。川抚遣张神武、周敦吉御安索印，时已立奢崇明矣。水、蔺交攻，官兵因焚劫诸堡，军民激变。自三十七年行勘未报，摩尼、普市千户张大策等，复疏请将永宁宣抚改土设流。兵部言：无故改土为流，置崇明何地？宜照东川改隶滇省例，将黔抚及该道敕书内，增入永宁宣抚司，并听节制，仍责令川贵抚按官，将张神武等作速勘明，按法定拟。并将改隶事果否妥便，一同回奏。从之。

癸未（十九日）［宴四川番僧］

宴四川番僧如例。

明神宗实录卷四百九十五

五月

丁酉（初四日）［以“贵州路山西苗”功，升赏当事各官］

兵部以贵州路山西苗功，擒斩四千余级，非常大捷。请加叙录。得旨：郭子章升兵部尚书兼都察院右副都御史，给与应得诰命终养，仍与原荫儿男上升一级世袭，赏银四十两、大红飞鱼衣一袭。陈璘赠太子太保，荫一子本卫百户世袭。赵健升通政使，仍管光禄寺事，给与应得诰命。金忠士升一级。各赏银币有差。冯奕垣、洪澄源着吏部拟赠相应京职。安疆臣赠三品职衔。萧大亨着该部给与恤典。宋一韩子应降职，升一级南京用。赵拱极复原职，改南京用。余文武各赏升赠录，俱依拟。

戊戌（初五日）［四川建昌兵备准作边道，仍督建昌等所学校］

吏部覆：四川巡按朱万春议增邻番紧要司道，将建昌兵备准作边道，仍督建昌等所学（较）〔校〕。从之。

［云南大理、曲靖、云南等府地震］

云南大理、曲靖、云南等府地大震有声，又连震坏屋。

癸卯（初十日）［光禄寺卿赵健辞叙“平苗”恩赉］

光禄寺卿赵〔健〕辞叙平苗恩赉，仍申引革之请。不允。

甲辰（十一日）［致仕四川巡抚乔壁星乞速点新推抚臣］

四川巡抚致仕乔壁星奏：剧病交攻，五恳免代，并乞速点新推抚臣，以奠封疆。

明神宗实录卷四百九十六

六月

癸酉（初十日）［“交夷”航海飘入内地，守备被参革］

兵部覆：两广总督张鸣冈奏交夷航海飘入内地，参原任广海守备夏士昌，宜革任回卫。并请严旨切责安南都统使黎维新，饬禁诸夷，毋得仍前飘入汛地。有旨：责问黎维新如何纵夷屡侵内地，以后着严行约束，不得违犯。

明神宗实录卷四百九十七

七月

己亥（初七日）［录平“滇寇”功］

录平滇寇功。升右佥都御史周嘉谟为兵部右侍郎，兼巡抚如故，黔宁伯沐昌祚，各赏银四十两、二币。黄文炳、董献策各赏银二十两。文炳仍升职一级。刘之龙等文武官员，各赏银有差。内刀定边准加服色，其纪录候用。优处优恤，及行抚按官量赏等项，俱从部拟。

丙午（十四日）［兵部题覆钦州失事功罪］

兵部题覆钦州失事功罪。先是，夷人武永祯等屡犯钦境。是年灾荒，突以千人乘船，从鳌头、龙门抵孟埔登岸。分为三枝，径从坍城攻入，杀伤军民，学正李加谕死之。次日，复入城大掠，晚烧东门城楼，及沿河居民。防城把总周举、龙门哨官林起龙，俱坐不赴援。逾月复逞，从鳌头蜂拥至龙门，官兵祝国泰等独撄其锋，将卒俱没。直抵城下，觇知城中有备，遂罄掠城外三乡而去。追论失事根繇，则原任知府涂巍，先任海防十年于兹矣，视边州利害若秦越，然撤藩诲盗，巍实祸始。至于原任都司刘宗汉、赵应科之袭捣涂山，抚夷以欺当事。坐营张国威，纵兵妄杀古森洞属夷，若刘草菅。倘置之不问，何以泄死者之冤？督臣戴燿一味贪婪，百务废弛，绸缪无策，隐匿不闻。贪残偾事者方以姑息蔽罪，慷慨死难者竟以掩败埋功。纵献馘献囚，差慰边民公愤而远。勤两省兵力，动费金钱何止四五万，米亦称是，边境之间肝脑地，业已得不偿失矣。除道臣蔡梦说功有足录，曾遇衷烶然情有可原，杨应春、张继科功浮于罪，俱如御史言。免议涂巍，若不追惩，何以警后？张国威等，着行勘处。戴燿照原旨行。

辛酉（二十九日）［方万山卒］

云南按察使方万山卒。万山，徽州府歙县人，成万历丁丑进士。以行人选授南京河南道御史，尝论斥抚臣之隐匿边事者。巡视四门，纠中官不法，两都肃然惮之。豁屯田坍江虚粮六千余石，罢马政赎锾岁八百缗。迁四川提学副使，造士为盛。历任广东、江西，晋四川参政。安、陇未靖，滇抚方议兵，万山谓一勘可定。李文节以为然，蜀事以宁，升云南按察使。武定之变，汰首功五万余级，省费累巨万。叙平陇功，赐白金一镒。万山持己清峻，履仕严明，以劳瘁卒，滇蜀多见思。

明神宗实录卷四百九十八

八月

癸未（二十二日）［四川巡按彭端吾备陈“倮、番、夷”等形势］

四川巡按彭端吾奏：建昌两河黑骨倮罗素称桀骜，近者纠集逆党，突出烧劫越嶲卫南关并南所屯。共杀死男妇八十余人，掳去二百余人，烧毁房屋一百六十三家。臣惟建昌五卫，古邛笮地，广袤三千余里，内环九种倮番，夷巢十居八九，汉地十之一二。泸水迤南，青草黄沙，腥风毒露，瘴雨蛮烟，别是一般景界。古号不毛，荒服远徼。考之往牒，叛服无常。稽之近事，亦无十年不兵者。即皇上在宥以来，数见挞伐。全凭抚臣筹画，调度兵饷，用能拓疆开土，奠安黎庶。今旧抚臣乔壁星业已奉旨致仕一年四月矣，全蜀在在阢陧。土司如石砫宣抚马千乘，民夷互构，印信追贮夔州府库，见烦勘处。酉阳则红苗犯境，掳掠一空。永宁之事尚嚣，乌撒之夷犹狡，又有建昌番倮，累卵坐困之危。皇上何独忍于西南生灵，使不得比诸要害之地耶？乞亟下抚臣新命，以拯危属。

辛卯（三十日）［四川参政戴廷诏奏贵州千户"煽夷为害"］

兵部覆：四川参政戴廷诏奏，贵州千户张大策煽夷为害，惧罪越奏，排陷勘官，乞敕法司究处。因议黔所拟大辟周敦吉、张神武皆蜀人，蜀所拟大辟张大策、周应魁、杨启明皆黔人，此两情所以不平也。不知神武擅兵劫掠，大策等城池失守，各有应得之罪，岂宜以黔蜀起念？今诸臣自相构讼，结局无期。请令两省巡按御史，虚心会勘。得旨：这事情屡奉明旨，乃两省官相持不决，成何法纪？依拟作速勘明具奏，不得再迟。先是，三十一年，安尧臣谋为奢世续立阿利，普市、摩尼已为夷目阎宗传焚劫，游击周敦吉因夷人之愿，奢崇明请，竟得承袭。世续匿印镇雄，累追不出。三十五年，尧臣助兵攻打永宁，四川巡抚遣都司佥书张神武往。值尧臣兵败，因执世续。宗传等纠合水西、镇雄，愈益猖獗，复焚劫摩、普二所甚惨。崇明又与高文灿等互相仇杀，印终不得。朝议另给新印，谕夷众解散，不从则剿。黔乃归罪神武、敦吉激变。称神武贪括财女，贻害地方，行勘未结。三十七年，摩、尼二所军民张大策等，复有川弁矫命兴师起衅之奏，并请将永宁宣抚改隶黔省，于是神武革职听勘。三十九年，再奉旨，敦促贵阳知府钱策，议敦吉、神武、（宜）〔宗〕传激变（艮）〔良〕民，因而聚众反叛、失陷城池者律斩。崇明不应赎杖，宗传遗田变银三千两赔偿。刘国用、傅廷銮等，照夷例共罚银二千两。蜀拟大策、应魁、启明，以掌印操捕弃城失陷，律应斩。余各戍遣有差。会问官以讲钧礼逊却，大策遂奏廷诏翻然回川，为崇明行贿。廷诏疏陈前后两省往复招详甚核，大意言：神武轻事召衅，罪诚有之。使世续不擒，尧臣不逐，永宁至今犹未定也。科臣又谓，大策失守之罪虽不容诛，然激变之者谁耶？部乃谓蜀黔之相角，自争播地始矣。黔欲畀土酋而取沙溪为界，以安氏故。今尧臣已主宣慰，直以尝立阿利遗祸到今，亦以安氏故。宜令巡按御史各捐成心，据实勘奏，勿复别委，以开纷竞。从之。

明神宗实录卷四百九十九

九月

丙申（初五日）［原任贵州巡抚郭子章辞平苗恩命］

原任贵州巡抚郭子章辞免平苗恩命。不允。

戊戌（初七日）［广东巡按王以宁以“盗”杀江浦巡检刘清闻，又言三殿采木费用事］

广东巡按王以宁以盗杀江浦巡（简）〔检〕刘清闻。且奏印盗并获，请将道府县卫等官分别议罚。以宁又言：三殿采木，广东应派协楚银二十五万两。粤滨海之国也，额供一十三万。一切章程兵饷，不过四十万有奇。今自十八年以来，如解旷饷，助大工，协黔木价，办龙涎香，协东征西征，征黎征夷，及军兴清藏、岁税等项，总计三百六十七万矣。物力几何，二十年间，堪此剥削？惟有分解工部税银六万五千四百余两，原奉协助大工之旨，请以五万两如部议，解五千以足前派。

［兵部覆两广总督张鸣冈条防海五议］

兵部覆两广总督张鸣冈条防海五议：一、虎头倭寇出没，居水陆冲，钦总不足捍御，致有先年倭犯，应移总兵扎镇。一、澳夷狡猾叵测，宜将虎头钦总改札鹰儿浦，仍于塘基湾等处垒石为关，守以甲士四百人，余兵棋布缉援。一、旧营雍陌、香山、濠镜间各五十里，议掣都司海道兵，足以四百，选将肄武，更班守汛，与钦总所辖各兵营田以戍。一、严防住牧内地。佛良诸夷，仍申市禁，否则绝之。一、添广州东、西、中三总哨里海把总，俾有统属责成，而任以谋勇武科。俱依议行。

甲辰（十三日）[贵州宣慰司舍人等庆贺愆期]

贵州宣慰司舍人宋一润等庆贺愆期，廷臣请加罚治。下所司议。

[以“番夷”烧劫建昌，革四川总兵侯国弼职级候勘，论处宁越守备、越嶲卫指挥]

革四川总兵侯国弼职级候勘。宁越守备刘世兆，越（隽）〔嶲〕卫指挥方泰、陈其略提问。以番夷烧劫建昌，巡按御史奏国弼逡巡不前，致启疑衅。世兆以失事，泰、其略以不设备御论。兵部覆请，从之。

甲寅（二十三日）［云南临安、贵州思南等府州县各正官免觐］

吏部覆：云南抚臣周嘉谟留临安等府州县，贵州抚臣胡桂芳留思南等府州县各正官免觐。从之。

明神宗实录卷五百

十月

辛酉朔（初一日）[议以永宁土司之兵，雕剿四川“倮夷”]

兵部覆：建、越在边外，延袤三千里，九种之夷，实环居之。自土官安世隆被弑之后，统御无人。或因部曲勾引，或自倮夷突犯。抢杀劫掳，殆无虚日。若欲大加征讨，则穷荒极域，不胜其诛。若复宽假斧钺，则流毒地方，亦何可言。抚臣悉心会议，以兵马议之永宁土司，钱粮转之附近州县，兵限期年，剿抚互用。参于盈虚之势，以为征进之宜。此诚御夷之至计也。请行四川抚按等官，调集兵马，振扬武威，相机雕剿。务使夷倮畏我兵威，敛迹远遁，妖氛永绝，斯称完局。至于失事将领，已经提勘。斩级有功员役，候事完总议。有旨：夷倮狂逞，这雕剿事宜依议。行地方官用心料理，不得怠忽。

丙子（十六日）［礼科给事中请急点用四川抚臣］

礼科给事中亓诗教言铨法二事：……一曰推升不通其变。蜀抚之推曹楷也，亦既称得人，然催请更烦，乃竟不克收补赎之效。今四川夷倮作乱，方议剿抚，转饷调兵者谁，运筹握策者谁？倘制御之失宜，将反侧之立见。破残五卫，骚扰三巴，可惧也。乔璧星五日京兆，三载淹留，事权旁落，衅孽丛生。巴蜀父老望抚臣如望岁焉，就使即点，尚难促到，而况杳乎？其未有期也。酝酿既深，决裂必大，一旦变生，悔将何及，可念也。似不妨酌量另行推举，速请点用，庶不误事。因言礼部郎中鲍应鳌之推，吏部始而首推，继而单推。几及三年，何啻百疏，然启事徒勤，留中如故，祠司清秩。应鳌深资，尽可养望待迁，何必占缺候调……

丁亥（二十七日）［沐昌祚解任，以其子启元充总兵官］

予镇守云南黔国公沐昌祚解任，加沐启元为都督佥事，充总兵官。〔以〕昌祚称病告休，部为覆请也。

明神宗实录卷五百一

十一月

壬辰（初二日）［大学士叶向高以“夷倮之变”，请亟点用四川抚臣］

大学士叶向高言：四川夷倮之变不及今扑灭，其势必更猖狂。原推巡抚曹楷既未当圣意，当于添推吴用先等亟赐点用，以安地方。

戊申（十八日）［升吴用先为四川巡抚，命上紧到任］

升浙江布政使吴用先为都察院右佥都御史，巡抚四川。且以该省有事，着兵部马上差人限催，上紧到任。

辛亥（二十一日）[起原任四川总兵刘綎以原官镇守四川等处地方]

起原任四川总兵刘綎以原官镇守四川等处地方，仍命兵部勒限赴任，不得迟延取罪。时以建夷叛乱，四川巡按驰奏南蛮虐焰愈炽，乞特起大将以奠封疆。上下所司速议：旧镇臣侯国弼升转多时，新镇臣杨应光见在造病，请如抚按二臣言，以刘綎往。且言綎居闲既久，必能悔其既往，以励忠勤。勿虚縻，勿骄蹇，勿侈大。深自砥砺，以功名显。是綎之所以能自振，而无负特起之殊恩者也。綎后至建昌，骄蹇贪黩如故，然夙有虚声，苗多匿窜去，亦小有捕斩，建昌旋定。

甲寅（二十四日）[云南镇康州、车里宣慰司土官各献方物]

云南镇康州并车里宣慰司土官各献方物，赏给如例。

丁巳（二十七日）[云南巡抚周嘉谟奏谢叙录平陇功]

云南巡抚周嘉谟奏谢叙录平陇功，辞免升兵部右侍郎新衔。不允。

明神宗实录卷五百二

闰十一月

壬午（二十三日）[兵部题参杨定国等冒支军粮，请将其革任，仍行巡按提问正法]

兵部题参庄浪参将今升宁夏副总兵杨定国履任庄浪已经九载，与同中军千把总冒支军粮，每年约二千余石，武弁剥削未有甚于此者。请将杨定国、曹世武、徐公辅、李希靖俱革任，仍行巡按御史提问正法。报可。

己丑（三十日）[考功司郎中以违越为土官加级被夺俸]

夺原任吏部考功司郎中王宗贤俸半年。故事，土司奏讨升赏必繇抚按代题。先是，万历三十八年，云南丽江府土官知府木增以从征顺大等夷，助饷二万余两，乞比北胜州土司同知高承祖、姚安府土舍高光裕等事例加级。宗贤时为验封员外，遂题覆加三品服色。及抚臣周嘉谟、按臣邓渼参其违越，宗贤乃具疏请罪，自悔失于行查。部议当重加罚治，并追夺新加木增服色，如抚按言，以惩蓦越，且申明旧例。从之。

明神宗实录卷五百三

十二月

丁酉（初八日）［兵部陈征剿建昌“番倮”机宜十款］

兵部陈征剿建昌番倮机宜十款：一、简群材。请于省直诸镇，选调勇略果敢、熟知西南夷情地利者数员。或注见缺，或拟虚衔，以备军中调遣。一、酌兵力。一、偫粮饷。川中连兴大役，频岁荐饥，万难加派。宜查滨江州县仓粮，繇嘉定溯游而上，直抵雅州。去江远者，查在库银两，各府委官沿江籴运。至于自雅入黎，则羊肠鸟道，输运之难，视播尤甚。宜令黎、雅、宁、越、建、会召（暮）〔募〕脚夫，或三十里、五十里，酌其定数。一官管领，接次挽输。此地有负板负盐山民，惯于涉险，稍厚其值，必争先赴役。既可活穷山之孑遗，亦可节川民之劳费，两利之计也。一、明间谍。汉、番异类，势禁形格，非间谍何繇得情。天全六番以及瞿马之裔，熟番之众，言语衣服与番倮无异，往来相习，是所谓乡间也。宜厚其赏赉，委以腹心，而后虚实险易动息毕知。一、扼险要。建昌介在夷域，崎岖千里。中通一线，寄咽喉于黎、会之间，二山皆碉房也。番夷向来止于劫掠，浸渍之久，遂至攻城杀将。自知罪在不赦，（梃）〔铤〕而走险，势所必至。宜据晒经关、打（节）〔箭〕（泸）〔炉〕，以防其内侵。守相岭鹿闸，以制其旁溃。守金沙江中庆，以备其南逸。中扃既固，然后以大兵临之。直捣巢穴，草薙兽（獮）〔狝〕，以无贻后患。一、广招徕。碉房错杂，不无顺逆之分。宜诛其元恶，贳其徒党。如有率众来降者，不独待以不死，随其部领之众寡，立为头目，俾为我前锋。有功与土兵同赏，事定与熟番并抚。一以散彼逆党，一以增我兵势。此以夷攻夷之道也。一、杜骚扰。向来东援西讨，以及荡播诸将中，能约束部伍不为民害者，才二三人耳。居常犹不能约束，况当大敌能挥之直前，畏我而不畏寇者乎？宜行各道，于经过州县，储偫以待，无使匮乏。观其兵之静治纷嚣，而将之能否可知。各道从实呈报，以凭分别议处。若夫土兵，蜀之蔺东、伍司与石、酉、平、（浥）〔邑〕，黔之水西，滇之沾益，或繇禄马而会宁越，或繇元谋而渡金沙，或沿江干而直抵雅州。不独困敝之川民可免凌逼，而随事约束，将令严明，卒徒服习，亦行兵之一要也。一、辑众心。一、重根本。蜀地险僻，家鲜盖藏。迩有荡播、善后、皇木三大役，加以榷采朘削，水旱频仍，民力尽矣，而役不休。万一奸宄乘之，少有动摇，便难收拾。窃计番倮原无统率，族落星散，驱之则去，置之复来。宜深入不毛，歼渠宽从。置墩筑堡，画地屯田。为一劳永逸之长筭。一、核功实。年来东西用兵，赏罚之间，亦容有不慎者。姑以川事言，杀降人以凑数，扑饷夫以报功。如吴文杰等之所为，殆亦不少。若夫白碱之战，逆酋开关迎敌，我兵逡巡失色。石硅土官冉茋以老母幼子托之监军，一跃七尺，逾涧溪而过之，手刃五贼，众兵继渡，遂成桑木关之捷。为平播摧陷首功，而茋转战不休，身为齑粉，竟以土夷遗佚未叙，蜀人迄今怜之。此皆监军之责也，宜令监纪官员躬履行阵，系当阵斩获真正番酋，即刻验明给票。有延挨时日、希图混冒者罪无赦，不但功无幸赏，罪无逭罚，而深山穷谷之细民，庶几不至涂锋刃而膏原草也。奉旨：依议行，地方官用心料理。

明神宗实录卷五百四

万历四十一年癸丑（1613）

正月

乙亥（十七日）［贵州定番等州县、程番等十六长官司并宣慰使差官贡马］

贵州定番、广顺二州，新贵、贵定二县，程番、卧龙等十六长官司，并宣慰使安尧臣等，各差官来朝贡马。赐钞、段有差。

乙酉（二十七日）［云南巡抚周嘉谟、巡按毛堪言沐氏横肆状，兵科给事中麻僖请裁镇守，设总兵，不报］

云南巡抚都御史周嘉谟、巡按御史毛堪言：自沐献替职之后，一城之中突建新旧两镇，与其父昌祚各用爪牙，各收亡命，剥削土司，几失全省。今昌祚仍踵诈病告休之故习，奏其孙启元自代取旨。若寄行，见祖孙之横肆，复如沐献之世矣。时兵科给事中麻僖请裁革镇守，设立总兵。不报。

明神宗实录卷五百五

二月

戊戌（初十日）［赐邢玠祭葬如例］

赐故太子太保南京兵部尚书邢玠祭葬如例。玠，山东益都人。隆庆五年进士，授密云令，召为监察御史。历河南佥事，陕西、山西右布政。擢右佥都御史，巡抚大同地方。计擒叛酋安免，升右副都御史。又升兵部右侍郎，总督川贵。以平播功，晋兵部尚书，总督蓟辽。保定东征大捷，加太子太保，荫一子世袭锦衣卫指挥佥事。寻致仕，卒于家。玠历任四十年，强半在边方，盖所谓积劳之臣也。播事则议抚，东事则议战。虽功效不同，而其谋略为世所重云。

乙巳（十七日）［赏赐乌思藏护教主等］

赐乌思藏护教主、董卜韩胡宣慰司、别思寨安抚司、朵甘司宣慰司直管招讨司国师阿折孟等三十名织金文绮、钞锭有差。

明神宗实录卷五百六

三月

壬戌（初四日）［四川马湖府、沐川等长官司贡马］

四川马湖府、沐川等长官司来朝贡马。赐钞、段有差。

辛巳（二十三日）［四川、广西陇木头等长官司土官贡马］

四川、广西（拢）〔陇〕木头等长官司土官贡马。赐钞、段有差。

明神宗实录卷五百七

四月

乙卯（二十七日）［宴金川等寺进贡番僧］

宴金川等寺进贡番僧占时坚藏等四人。

明神宗实录卷五百八

五月

癸未（二十六日）［贵州巡抚胡桂芳条陈防剿“苗仲”事宜］

兵部尚书王象乾议覆巡抚贵州副都御史胡桂芳疏陈地方切要事宜：一曰酌营哨建置之官，以便防守。苗仲盘据，所在为梗，而沿路哨多兵少，反为贼制。合将土兵守哨，募兵尽取回省训练。俟训练既熟，分布于龙新等处，画地防守，庶苗害其少戢乎！坝场原设有守备一员，近颇宁谧，而平坝至于新添卫，参将亦属虚设，合行裁革，而于龙新、平兴各设守备一员。至清镇守备，向无一兵，欲议添。清浪参将兵亦无几，欲议裁。事系湖贵两省，俟会议具奏者也。一曰辨苗夷顺逆之情，以行操纵。苗仲虽平，制驭未备。渠魁虽戮，反侧未安。水砚、黄柏、牛角三山等苗，在思南、石阡、铜仁、思州四府之中。诱我逋人，私相接济，缓则为狡兔之营，急则为困兽之斗。虽其志止于得财，而其患乃在剥肤。合行该省抚镇设法，分别示以威德，晓以祸福。如各苗悔祸，不妨抚恤。如或不悛，议调集各处营兵及四府乡兵，分路并进，一举而歼灭之可也。报允。

乙酉（二十八日）［乌撒土舍安效良与安云翱争立，四川巡抚吴用先、巡按彭端吾各上其事，云宜仍立效良］

乌撒土舍安效良与安云翱争立，朝廷以嫡派故立效良。自是云翱数为乱，谋逐效良，焚劫乌撒。四川巡抚吴用先、巡按彭端吾各上其事。用先等以效良为安云龙亲侄，云翱乃其堂弟，亲疏判然，宜仍立效良。云翱扰害地方，欺罔朝廷，罪不可赦。或以蠢夷为奸人主使，情似可原。姑准复冠带，照旧答应。下所司议可，从之。

丙戌（二十九日）［广西泗城州土官等来贡方物］

广西泗城州土官岑云汉等来贡方物。赏赉如例。

明神宗实录卷五百九

六月

甲辰（十七日）［黔国公沐昌祚陈请其孙袭替，不报］

万历三十七年间，因武定失守，逮黔国公沐献至京，仍以父昌祚暂署府事。俟献子启元出幼，抚按官奏请袭替。至四十年八月，昌祚径为启元陈乞，得旨。兵部、兵科咸以未经抚按查核为言，不报。

己酉（二十二日）［两广总督张鸣冈言钦州善后事宜］

总督两广兵部右侍郎张鸣冈言：钦州壤接交夷，水陆洞达，杳无隔限。一经大创，防范倍难。酌议善后事宜，以图永安边徼：一、议覆峒官。四峒俱隶钦州，仍每峒从夷旧俗，置一峒官。责令约束峒民，征纳丁银，编立保甲。毋令私通外夷，勾引为患。又令各相联属，互为策应。三年无过，始请详二院，给予冠带。一、罢互市。利之所在，人各有心。况狡夷狺狞，既投之骨，而欲禁其不争，得乎？惟是豪丫、啼鸡、松径三村属夷，向倚通市为命。一旦禁绝，能无怨心？但既给有牛种，资其生理。又多方绥怀，销其携贰，彼亦乐为内附，而无狡焉思逞之患矣。一、议琼崖参将移驻崖州，以压黎夷。崖州在琼岛尽头，最称危险。水陆官兵不满五百，州官之外，止有千百户数员与一二名色把总。又无将领以弹制之，万一倭番猝至，黎寇蜂起，众寡不敌之形，顷刻立见。合令该参移驻，仍量带扬威营兵，兼同原兵，加谨训练。一遇有警，悉听该参相机调度。下所司议。

乙卯（二十八日）［广西思明州等土官入贡违期］

广西思明州等土官入贡违期，减半给赏。

明神宗实录卷五百十一

八月

己丑（初四日）［“生黎”罗活等“剽掠”儋、崖、琼、定诸郡，“熟黎”因官军骚扰亦倒戈，至是兵部褫革、降罚有罪官员］

生黎罗活等剽掠儋、崖、琼、定诸郡。熟黎歃血自盟，纠合抱由、多港数十（材）〔村〕，协力剿之。院道令知州林应材等宣谕招抚，材故违节制，领兵深入，屯驻骚扰。于是诸黎疑为掩袭殄灭，倒戈相向，杀伤官兵。事闻，下广东督按勘报。至是，兵部据勘词列上罪状，褫革、降罚有差。

甲午（初九日）［命云南永宁府土知府袭爵］

命云南永宁府土知府阿铨袭父爵。

明神宗实录卷五百十二

九月

丁巳（初二日）［贵州抚臣奉敕剿处蜡业、阿袍，克之］

贵州抚臣奉敕剿处蜡业、阿袍，克之。初晋安卫指挥王嗣统单骑追贼，为贼首蜡业、阿袍所害。抚臣因其阻险，党众未可猝制，许以归款，为之请命。二酋阳顺阴逆，剽掠官商，劫害差役，叛乱益甚。于是抚臣胡桂芳檄宣慰安尧臣等，会同副总兵陈寅，协力讨之，擒（所）〔斩〕功级二百余名颗，招抚庄寨百有余处。列文武将吏功次以闻。

甲戌（十九日）［广州“盗”杀巡检并劫其印，被擒获］

广州盗杀江浦巡（简）〔检〕司巡（简）〔检〕，劫其印以去。获之，巡缉官兵罚治有差。

乙亥（二十日）［以水西安尧臣越境擅兵，命兵部议］

以水西安尧臣越境擅兵，命兵部议。先是，乌撒土舍安旧咀，谋逐安效良，实水西主之。至是，旧咀已死，尧臣竟以追印为（民）〔名〕，遣目把鲁仲贤等领兵数万，从径路长驱入滇，直薄沾益州城。兵卒所过，焚烧劫掳，备极惨毒。巡抚云南都御史周嘉谟奏闻，故有是命。

戊寅（二十三日）［老挝、车里二宣慰司及镇康州土官各进方物］

老挝、车里二宣慰司，并镇康州土官，各进象只、银器、缅席等方物。赐纻绸表里、纱罗有差。

己卯（二十四日）［贵州宣慰使、冠带把总贺寿逾期被申饬］

贵州宣慰使安尧臣、冠带把总宋师相各庆贺圣寿逾期。行布政司申饬。

明神宗实录卷五百十三

十月

癸巳（初九日）［广西田州土官来贡方物违期被革赏］

广西田州土官岑懋仁来贡方物违期，革赏行饬。

丁酉（十三日）［四川各土府仍隶蜀，不隶黔］

初，巡抚贵州都御史胡桂芳以四川土府协济银两亏额不继，议照湖南事例，兼管遥制。四川抚按官吴用先、彭端吾极言其不便，且虑安民陆梁已久，倘各土府不隶蜀而隶黔，恐西南之土司半属安家之私人，作奸犯科，谁贻之患？至于协济银两逋欠不前，俟各官考满升迁之日，明注已未完分数，严为考成。因其功罪而殿最之，为有司者其何敢秦越相视，自甘不职之罚哉！兵部覆：如用先等议。上从之。

己亥（十五日）［四川巡抚吴用先呈报进剿“番倮”机宜］

四川番倮自万历十四年扫平之后，余（孳）〔孽〕跳梁，近益劫堡屠屯，戕官梗道。前抚臣乔璧星奉旨雕剿，随抱病杜门，未经举行。至是，巡抚吴用先发檄安抚，愈肆猖狂，决计讨之。因报进攻机宜：议用兵四万，师期半年。请发帑金数万，允留额税二年，以给军需。从之。

明神宗实录卷五百十四

十一月

癸酉（十九日）［广东水灾，巡按周应期请停重税或准留税银赈恤］

广东水灾，巡按御史周应期请停重税或准留税银赈恤。

丙子（二十二日）［四川打喇儿寨番僧遣头目献珊瑚等并补贡］

四川打喇儿寨番僧差头目雨木六等二百五十名各献珊瑚、氆氇，补进三十七年、四十年分贡。倍给绢、钞、食茶。

己卯（二十五日）［增设南直隶、湖广学臣各一员］

增设南直隶、湖广学臣各一员。礼部言：士子者，国家储之以为后日用也。学臣者，所繇濯磨士子，以为国家后日用也。往时岁考令严，一时士子罔不服习经传，简约身心，彬彬称得人矣。迩来学政堕窳，功令不信。有数年不经岁考，甚至有十八九年者。岂尽怠弛哉？疆圉甚广，而势不暇给也。夫南都者，是高皇帝之所奠鼎也，江淮襟带之区，何止数千里，而济济南士，星散于江渚楚地者，是世宗皇帝之所龙兴也。荆岐、衡阳之域，亦何止数千里，而翘翘楚材遍伏于云湘，毋论较雠，实难措手，即凭轼而空行，亦不下半年矣。臣等广諏通国之舆论，博询两省之士绅。其在南直隶也，议西自庐、凤连应、安六府，滁、和、广三州，属一学臣。东自徐州、淮、扬连镇、常、苏、松，属一学臣。其在湖广也，亦议二员并设。即以洞庭为界，属武、汉、黄、承、德、荆、岳、郧、襄九府，在洞庭以北者，专设一员。属常、长、宝、衡、辰、永六府，在洞庭以南者，另设一员。地有所分，则力无不给。俾两畿三楚，与天下共守岁考之制。自后各省直学臣，定简有文名端方者，令之亟正士习，尤世运文运之吃紧处也。

明神宗实录卷五百十五

十二月

丁亥（初四日）［以广西水灾，巡抚吴中明、巡按穆天颜请发内帑金钱，或留本处税银赈恤］

广西水灾。巡抚都御史吴中明、巡按御史穆天颜请发内帑金钱，或留本处税银赈恤。

癸巳（十日）［铸给老挝军民宣慰司印］

铸给老挝军民宣慰司印。先是，老挝宣慰司差夷目先伦等赍贡方物，因言先年所颁印符被毁于火，抚镇为请补给。从之。

戊戌（十五日）［录钦州功］

录钦州功。蔡梦说、林梓、王佐、汪道亨等升赏有差。

己亥（十六日）［给事中言土崩之象已著，揭竿之变将作］

给事中李瑾言：臣闻治不忘乱，安不忘危。今乱形已种种见矣，请悉数之。滇属夷倮作难，闽粤倭氛时警，西虏虽云就款，而银定、歹成等酋常肆跳梁。北虏虽云受封，而白洪、明暗等酋未忘要挟。东方之虏豕突如常，迩又杀我偏裨，得志以去。而建酋狡桀，阳为恭顺，阴实叵测，日者质子玩我，计几得售。而我之浅深，已为所窥。此乱形之见于边鄙者也。穷檐小民，实邦之本。自内使横征，无处不播虐流毒；更自时政烦苛，无处不剥肤竭髓。如秦之绒，潞之绸，滇之金，苏杭之段，以暂派为常供，累官病民，害且未已。如白粮解一切内库钱粮，解以铺垫如正额。鬻产捐躯，苦不可言。至于今岁，淫水稽天，胥溺遍地，真从来未有奇灾。各该抚按为民请命，不啻救焚。乃该部覆疏屡上，竟若罔闻。其何以起沟瘠之余，令思君实生我乎？土崩之象已著，揭竿之变将作。此乱形之见于闾阎者也。奉命之学臣，可以数年不任，而多士如不系之舟。法司之勘事，可以经年不结，而两造委道傍之筑。股肱耳目之臣，可以径行秉钺持斧之任，仅同儿戏。九列半系代庖，七抚悬缺未补。此乱形之见于有位者也。自税使李道、马堂等狼贪无厌，犹辱皇上之简书。彭进朝、杨应吉辈负嵎无忌，擅殴皇上之馆甥。而近日邢洪、金进朝等墉隼肆恶，翼虎相济，敢于谋杀皇上之柱史。此乱形之见于肘腋者也……种种俱见，尚可泄泄视之乎？

明神宗实录卷五百十六

万历四十二年甲寅（1614）

正月

乙丑（十二日）［总兵官刘綎、监纪道王之机督兵剿平四川“倮夷”］

南蛮平。先是，倮夷作叛，总兵官刘綎、监纪道参政王之机分兵八路，亲督进剿。随克桐槽、沉渣，续攻阿都、厦卜、越北等险寨。大小五十六战，共斩获过三千三百二十六名颗，俘获被虏九百七十五名口，牛、马、羊二千八百四十二，获夷仗共一百五十八件。恶倮凶番，巢穴一空。巡抚吴用先先后报闻，旨下兵部。

戊寅（二十五日）［刘綎殴知府，罚俸］

诏马湖府知府詹淑，移咨吏部，改调别用。刘綎先行罚俸六个月，仍戴罪立功。先是，刘綎因争小嫌，殴知府詹淑。抚臣吴用先、按臣彭端吾，先后劾奏。下兵部议复，报可。

明神宗实录卷五百十七

二月

丁亥（初五日）［以苗人“出劫”镇远卫，勘失事官军罪状］

兵部覆巡抚贵州都察院右佥都御史张偲，勘上四十一年七月，苗贼出劫镇远卫失事官军罪状。

戊子（初六日）［兵部题覆贵州龙里等六卫营哨建置］

兵部题覆贵州龙里、新添等六卫营哨建置之宜：一、原驻坝阳守备移驻平坝。以坝阳偏僻，而平坝为各卫适中之处。一、原议裁添参将，今仍用一意防守。麻哈州系都匀第一要害，添设守备，廪粮无出，应以本省在营指挥拔其勇略者委任之。上依议行。

壬子（三十日）［以广东罗活诸黎起事，巡抚张鸣冈疏劾失事官员］

广东罗活诸黎乱。巡抚张鸣冈疏劾副总兵杨应春、游击张守贵、监军道副使姚履素等诸失事状。下部议。

明神宗实录卷五百二十

五月

壬子朔（初一日）［四川道御史疏言整饬纲纪］

四川道御史田生金疏称：纪纲倒持可虑，圣明整饬宜先。是非曲直，国家磨钝之大操柄也。从来无两是，亦无两非，无两直亦无两曲……安尧臣窃据（雄镇）〔镇雄〕，残其孤而据其土。此天讨所必加者。朝议以蜀非用兵之时，姑从宽政。使当尧臣袭替宣慰之日，仗义驳之曰：汝为属夷，窃据邻封。朝廷以汝征播有功，不忍加戮，姑准土舍戴罪管事。俟陇局既结，方许实授。犹足以慑其心，计不出此，姑且养奸，此纪纲之当饬者六。国家文武两途，虽各宜其用，而武弁所以不敢大逞者，犹赖文吏约束之。副总兵陈寅之在黔也，苗夷浊乱地方，不能一矢戡定。而又纵其爪牙，择人而食。知府钱策按法绳之，竟被劾去。近日刘綎效之，遂有詹知府之殴矣。此纪纲之当饬者七……疏入不报。

己未（初八日）［贵州巡按潘濬劾四川都司张神武等贪纵淫暴，激变“夷人”］

巡按贵州御史潘濬疏覆：四川都司张神武奉委追印，利夷妇玉帛、子女，听周敦吉邪谋，矫命兴师，虏掠（黔）〔虔〕刘，贪纵淫暴，因激变。目把（闫）〔阎〕宗传等焚劫杀虏，永、赤、摩、普数百里内，荡为丘墟。前任按臣冯奕垣、张尔基等题奏已详，臣巡历其地，见城厢屯堡、公馆铺舍，煨烬瓦砾。普市一所，狼狈尤甚。二凶之罪，真穷奇莫喻其毒，而豺虎不食其余者。先是，二省会勘，坐以索夷生变，比激变律斩。此非贵州知府钱策偏词也，四川知府孙敏政亦不能为讳矣。以朝廷之公法，定二凶之公案，了此何难？不谓矛盾愈甚，至今日而转棼也。总之，此事颠末，在定川弁罪案。川弁罪定而刘国用、傅廷鸾、奢崇明等应议之罪名、应输之赔偿，无所不定。闻川弁赴审，俯首称罪该万死，哀求一线之路。奢崇明子奢寅，亦称永、赤受祸委烈，愿甘照原议赔偿。彼作事凶横，良心未泯如此，而承问者愿欲宽之。倏坐以索夷激变，倏坐以失陷城池，彼此务求适均，是岂为法之平哉？臣所守者，会勘激变事情，必不敢模糊迁就，使国家有不行之法纪，凶弁有不正之刑章也。旨下部院。

明神宗实录卷五百二十二

七月

辛未（二十一日）［贵州巡抚张偲等雕剿新添、平越等地“苗

夷”]

苗夷猖獗，巡抚张偲等定计雕剿。新添、平越两起共擒斩阿民、阿农等五百五十三名颗，俘获贼属阿扣、阿赛等三百二十一名口，招降苗仲阿落、罗奇等三千七百六十名口。又三山、六龙山，前后共擒斩一百零五名颗，安庄卫共擒斩四十四名颗。时抚臣张偲劳瘁以殒，巡按潘濬疏闻，下所司。

明神宗实录卷五百二十五

十月

辛丑（二十二日）[以荡平陇川，云南巡抚周嘉谟奏请纪录升赏有功官员]

巡抚云南兵部右侍郎兼右佥都御史周嘉谟题称：缅夷为滇南患有年矣。陇川迫近缅甸，即古之麓川也。其地为滇西门户，一或失守，则三宣危，三宣危则腾、永危。幸仗天威，一鼓荡平。该道黄文炳及副总兵麻镇等官，殚心极虑，例应纪录升赏有差。下部议。

明神宗实录卷五百二十六

十一月

己巳（二十一日）[赏达思蛮长官司进贡番僧]

赏给达思蛮长官司进贡番僧阿豆坚藏等四百三十八名各折绢银两。

明神宗实录卷五百二十九

万历四十三年乙卯（1615）

二月

庚辰（初三日）［两广总督张鸣冈叙“平黎”之绩］

总督两广兵部右侍郎张鸣冈叙平黎之绩，言：万历四十二年十二月，崖黎作乱。初议专剿抱𧿹，羁縻罗活。故臣屡次遣官入峒招抚，而罗活则欲挟以同抚，抱𧿹情甚叵测。随该道镇分兵八路，东西协剿，半攻抱𧿹，半守罗活，绝其应援。俱用新制竹笆抵箭，又用各色火器冲击。贼始不支，自折栅出，遇箐即逃。兹奸民刘一信就缚，二峒首恶或擒或斩。余党虽窜伏穷山，我皆据其巢穴，资其糗粮。黎在今日，犹釜鱼阱兽。敬先驰报，以慰圣怀。章下兵部。

甲申（初七日）［监察工程兵科给事中言川蜀运木事］

监察工程兵科给事中吴亮嗣言：川蜀采木，皆在夷方二三千里，所经途路绝险。至于运木，必用车户。车户平居多负人钱，及领出官钱，辄为富人扣子母，钱去而空手以归。往〔往〕宜运不运，日迁日委，至春水涨而漂流可惧。乞严敕工部，将运价发至通惠河当官收贮，或便寄通州官库，查其有车有骡马者，随到随给。臣等亲至厂中查核，有无迟速，或别有索倩克银之弊，容臣参奏处治。其已到厂之木，乞敕工部司官盖藏收贮，不致为风雨泥泞所坏。则他日大工之兴，不复为楚蜀之累矣。

甲午（十七日）［云南巡抚周嘉谟以平“逆”功升职］

以云南巡抚周嘉谟平逆有功，且三品六年考满，升为都察院右都御史，仍遵新命总督。

壬寅（二十五日）［命云龙州改土设流］

命云龙州改土设流，从云南巡抚周嘉谟之议也。

明神宗实录卷五百三十

三月

丙辰（初十日）［兵部奏原任贵州巡抚张偲竭忠殒身，清风素著，乞行贵州抚按衙门查勘回奏］

兵部奏原任贵州巡抚张偲竭忠殒身，清风素著，乞行贵州抚按衙门查勘回奏，以彰殉国之臣。许之。

壬申（二十六日）［以辰沅“苗夷”“各处犯劫”，惩治失事将领］

兵部覆湖广巡抚梁见孟疏言：国家以辰沅与苗夷接壤，设十八营哨，统以参将守备。岁饩各郡邑数万金钱，自将领以克饷为得策，遂致各兵离次。且乘势与苗合，而蹂躏内地。自四十二年七月丑陀之失，至九月、十月内各处犯劫，通计前后杀死官兵十六名，烧死户口三十七命，掳去男妇二百六十余名、牛马五六百只，烧毁房屋一二百里。拟将失事懦弁边土将等，分别提问，革任、戴罪、住俸、降调有差。宣慰彭象乾纵苗猖獗，罪亦难逭。严提舍把目兵究治，以正法纪。报可。

明神宗实录卷五百三十一

四月

丁丑朔（初一日）［云南巡按毛堪道经贵州，言沿途“苗夷”形势］

巡按云南御史毛堪言：臣于役云南，取道贵州。目击苗夷杀官殒命，伤心惨目。因沿途咨访，有谓川湖之协济宜议者，黔最瘠薄，兵即不可撤，饷又无所出。协济本自额派，奈何秦越相视，藐催檄为具文，以逋负为得策，独令黔中为无米之炊。又有谓水西之纵寇宜惩者，水西向与播州相倚，然两雄不能相下，犹可互为牵制。自播平而水西兼并其地，时出其绪余饵不肖有司，计甚巧而祸渐深，久且为播州之续矣。至于滇中开广西路之说已久，迄无成议。闻其便于粤，稍不便于黔。在滇久则与其孤悬于一线，孰若两利而俱存？然此一役，非捐数万金钱，费数年心力，难以乐成。滇之帑藏，臣与抚臣加意节省，稍可措办。独难于安心久任一力担当之人，此则臣等所不及为，而以望之将来者也。章下所司。

庚寅（十四日）［云南巡按吴应琦言处置东川“夷首”禄寿、禄哲争袭之策］

初，云南巡按吴应琦言：东川夷首自禄寿、禄哲争袭以来，互相仇杀，各纵部夷越境劫掠。三十七、八年内，按臣疏请增敕兼制。圣明俯从，特于抚臣敕内开：若夷酋悔祸守常，畏威恭顺，宜蠲小过与之相安。如其攻剽不休，怙终不悛，许尔竟自调兵剿除。乃二酋竟蔑视敕旨，拥众千余，剽掠两府。浃旬之间，村屯若扫。且其地联络蜀土，千蹊万径，我兵进而彼已远遁。又滇自（龙）〔陇〕川平后，财殚力竭，向来不敢谭兵。但臣目击曲、寻边民遭其荼毒，数年来无如今日之甚。安可坐视养寇，委敕书于弁髦？谨将禄寿等节次杀掳滇民罪状，据实上闻。乞敕下部议，或责成四川抚按，先将寿、哲争袭事情，勘议归一，使夷民有所统辖，滇境不致受害。如其稔恶不悛，或责成臣等遵照敕书，相机擒剿。并行四川抚按官，调遣汉土官兵，协力堵截剿擒，诛此大憝，以靖滇民腹心之害，以雪地方神人之愤。至于改属之议，蜀或以无故割地为嫌，在庙堂自有讦谟长计，非臣等所敢擅议也。兵部据议题覆，上曰：这争袭事情，着四川抚按官勘议具奏。如再不悛，两省便协力相机擒剿，以靖地方。

明神宗实录卷五百三十二

五月

戊午（十三日）［以平“崖黎之乱”，御史劾两广总督张鸣冈“招寇”］

先是，崖黎之乱，两广总督张鸣冈调兵剿除，已报功收一鼓矣。迨御史鲁之贤劾其招寇媚珰，因疏辩：副将张万纪之死，罪繇黎失。阮昇入粤，无一字相及。其三千金，乃藩司见其奢索铺垫，往复较量，止给以水脚银两。所减已多，且亦非臣一人所能专主。然臣心虽明，臣罪难解，乞圣明亟褫，以为边溺职之戒。上曰：所奏辩事情，已知之矣。卿新简留刑，宜遵命赴任供职，不允所辞。

［礼科给事中疏参督臣张鸣冈征黎失事之罪］

礼科给事中姚永济疏参督臣张鸣冈：始则遣州官林应材拘监抱繇，为其所诳，轻与歃盟。乃一出监，而歼杀我兵殆尽，则有始祸之罪。既而征剿，发客兵、土兵共一万二千四百人。一月之内，三战三北，杀伤无算，则有败衄之罪。疏谓东遏罗活，西剿抱繇，先后获级四百有余。昔黎以六百之众，杀我二三千人，今此四百余级，尚未偿我数分之一，况阵亡隐匿，又不知其数。师行七路，毒流千里。而反夸称满纸，滥叙多人，则有功过未足相当之罪。乞将张鸣冈罢归，并申谕广东按臣细勘黎事始末，分别上请。不报。

明神宗实录卷五百三十三

六月

戊子（十三日）［广西巡按董元儒言防御交南“夷寇”之策］

巡按广西御史董元儒言：粤西逼近交南，今夷寇日骄，土司日削。土司尽，而内地且从之。臣与共事诸臣所夙夜踌躕者：一、议增兵。夷贼入犯，西则上下石当其冲，南则思陵扼其吭。宜于上石之界，增设汉兵五百名，并就近抽思明等州土兵五百名，协力防守，即移龙州督备官以镇之。又宜于思陵之界，增设汉兵五百名，亦就近抽思明等土兵五百名共为犄角，仍别选才望卫官充督备官以领之。其提调简阅责之南大参将，稽查考核总之左江巡道。无事则屯牧驻守，有警则声息互应。一、议处饷。汉土兵共计饷银一万八百两，荒徼困残，安能突增前余岁额？独有粤西商税，原系昔年充佐禄州饷物。近为榷使征入内帑。惟圣明轸念边陲，比照粤东减税近例，慨然蠲此万余金，岁为养兵之需。官不烦措处，民不必加派，实为百年长策。一、议土司。夷贼之敢于辱官焚治，皆土司不能恤其民。民贫举债，甚或阳结夷酋，阴图私利。亟宜申饬各土司，勤修内治，抚揖穷民，一应债累苛扰，悉与禁除。务使大小相恤，缓急依倚，则削弱可转为强盛。斯又联属汉土，以永固边圉之便计也。户部据议具覆。

明神宗实录卷五百三十四

七月

己酉（初四日）［四川巡抚吴用先辩言建南一役减兵省饷之事］

四川巡抚吴用先因科臣郭尚宾参劾，上疏自辩，言：督师雅州，彼时军旅戒严，何从给募缘之札？若建南一役，费尽心力，减兵省饷，幸而平贼班师，此赖将士戮力，司、道、府、县之协赞。从例甄叙，以鼓将来。何敢以犁庭扫穴自居，而妄为徼赏！又谓自揣无能，惟有一去。上优诏留之。

甲寅（初九日）［令抚按臣议筹兵饷，以征剿贵州“苗仲”］

初，巡按贵州御史毛一鹭疏言：苗仲披猖，天诛难缓，而川湖协济钱粮，其拖欠至数倍于正额。请皇上慨发内帑十万金，使得征兵充饷，分道并进，贻黔中数百年之安。傥不可得，则惟有敕抚臣先相机行事，而后分道酌议，或犹可支旦夕。何谓相机行事？盖此时大举不能，姑待不可，姑择一二肆毒最惨者，以计雕之。兵不足暂借力于土司，饷不足或因粮于贼寨。此抚臣可以径行者。何谓分道酌议？请就楚、蜀、滇、粤分画疆圉。如平溪、清浪、镇远、偏桥一带，虽系黔境，实属楚地，议征剿则合兵力于楚，楚不得以协济借口而缓调发。毕节、永宁、赤水、乌撒一带，虽系黔地，实为川属，议征剿则合兵力于蜀，蜀亦不得以协济借口而缓调发。若都匀、定番、广顺、坝阳数处，粤西所遗之孽种也，议征剿则资兵力于粤，粤果调发不便，亦当酌议协济，以分黔之痛。普安、普定、安庄、平坦等处，滇南所驰之孔道也，议征剿则资兵力于滇，滇〔果期〕会不便，亦当酌议协济，以苏黔之疲。盖在四省，不过捐涓滴以自为其封疆，而在黔则可以为救焚拯溺之策。此非抚臣可以径行者。兵部题覆，谓用兵大事，难以遥度，通省剿杀，事非容易。必众论佥同，抚按合疏，而后臣部可据以酌议。至如总兵邓钟因循玩寇，协守陈寅秦越异视，龙万化之观望不前，李一鸣之未闻声援，作何分别议处，毋贻主上南顾之忧。上曰：苗仲流毒地方，亟宜剿处。一应兵饷事宜及应处各官，着抚按臣会议停当具奏。

乙丑（二十日）［两广总督张鸣冈题“平黎”善后事宜］

总督两广张鸣冈题平黎善后事宜：一、议屯守险巢。抱毲、罗活二巢既捣，须以重兵扼其险要。议于原调官兵量留一千三百，并（主）〔土〕兵四百，此原有月粮，无烦措办者。又添募精兵五百，所有月粮应从长计处者。又召耕兵千余名，此在半年以后给田耕食，无俟月粮者。罗、抱既降，余孽安插原峒五里外，计口给田耕种。其峒田附兵营者给兵，附黎村者给黎。其余听民承种，就以田赋所入为兵月粮。一、议添设守备。黎地罗活崖人号为黎胆。今国家既据其穴，拟于罗活改名乐安营。添设守备官一员，练兵弹压。即以所裁通判薪俸工食等项，为添设守备之资。一、议分札各峒。德霞地面平如康庄，官民俱议设县，但今时诎行之甚难。兹议招兵屯种，一如罗活，其德霞拟改名归德营，抱毲拟改名乐定营。二峒各用名色，堪用把总防守而皆隶于守备。三处鼎足，虽无建县之费，而有建县之安。一、议荡洗山（菁）〔箐〕。黎夷所恃惟山（菁）〔箐〕，蛇虫毒兽纷藏，其中道路阻塞。今既建营，每季必大焚山一次。其各营兵，亦以开路砍山分定地界，责成委官查验。如某道路茀，某山林蔽，即治该管兵之罪。每岁查盘官至，并载入查核一款。一、议怀柔熟黎。熟黎之害有三：商人鬻贩而给之，土舍欺蔽而侵之，官吏贪墨而激之。而挑衅其中者，又内地之逃民也。以后闽广各商，止许于交界互市。有酬价不登，或竟不偿值者，许黎人告理。往时黎岐不见官，须土舍为通。土舍代将钱粮，侵而不纳。官黎两病，须令黎自立里长，轮流出见官府，不用土舍各官。无艺之征，曰丁鹿，曰霜降鹿，曰翠毛，曰沉速香，曰楠板，曰花黎木，曰藤蜡，曰黎米，曰麖皮，曰蚺蛇胆。黎何堪此重困？是不可不竖牌禁者。至逃民入黎村，无事则激之流劫，有事则示以虚实，尤当重法绳之，毋启戎心。兵部议覆，上曰：黎寇荡平，善后宜亟。这所奏驭制长策，便行与该地方官着实举行，以图久安。

明神宗实录卷五百三十五

八月

乙亥朔（初一日）［云南楚雄府地震］

云南楚雄府地震。其声如雷，居民惊殒。

戊子（十四日）［云南进金五十两］

云南进金五十两，命验收。

壬寅（二十八日）［以被劾昧心颂功等，两广总督张鸣冈上疏自辩］

总督两广今升南京刑部尚书张鸣冈因科臣姚永济责其昧心颂功，且损失土、客兵，及烧兵粮无算，上疏自辩，并求罢斥。上慰留之。

明神宗实录卷五百三十六

闰八月

己未（十五日）［贵州巡抚张鹤鸣奏“苗仲”情势与剿抚机宜］

巡抚贵州右佥都御史张鹤鸣奏：黔营哨兵，合之虽有一万三千有奇之数，分之则星散势孤，难以御贼。川湖每年应解贵州，合贵州额入，才九万六千六百八十三两有零。即尽数解入，犹不能充所出，况四川节年拖欠。又查贵州额入粮米一十六万六千二百七十三石。乌撒二土府节年拖欠，军屯民寨被仲贼残破，强半抛荒，以致军粮不继，将银给抵，至有历四五年未支者。夫仲乃广西瑶僮遗种，流入黔中。分则为民，纠则为盗。环会城及滇孔道，大约寨有一千四百七十余处，人约三万有奇。红苗者，环铜仁、石阡、思州、思南四府，东连楚，西接蜀，周匝二千里有余，种类殆将十万。而镇远、清平之间，有大江、小江、九股等种，皆杨应龙遗孽，近至万余，出没行劫。至于土官之仇杀，安、陇之构衅，十三州流贼之狐号鸱啸，乃黔中从来未有之事。此增兵增饷万不可已者也。往日雕剿，多借各土司兵，原无纪律。贼入深箐，我苦无饷，遂尔班师，贼即纠党劫杀愈甚。我于是不得已犒之牛、酒、花红，彼备知我兵乏饷缺，是以敢于跳梁无忌。为今之计，不过于贼出没险要之处，酌量增兵，每年非得京运十万饷不可。臣岂不知司农告匮，然即年增十万饷，较九边不及百分之一，而西南半壁可保百年无事。如复苟且支吾，至于横溃决裂，三省震动，恐百万不能即定，悔无及矣。谨厘九条，上陈御览：一议添兵饷，一议设将官，一议中军改衔增兵，一议设火药火器，一议建立烟墩，一议设夜不收侦探，一议剿处红苗，一议申饬土司，一议酌剿抚机宜。疏下部院覆之。

庚午（二十六日）［云南抚按周嘉谟、毛堪疏请处置沐昌祚祖孙袭替事］

兵部覆云南抚按周嘉谟、毛堪疏言：查世禄定例，身终听袭，年老听替，载在令甲。沐昌祚先年授其子献，多行不义，激成武定之变。皇上赦不深诛，谕令省改恪共，勿得仍踵愆尤。待献子出幼，抚按即奏请袭替管事。明旨炳然，而昌祚复行私请代，盖出于沐启元之逼胁，然启元乳臭，必贻滇患。今据抚臣奏列诸不法状，比其父献罪恶不啻什伯。若非亟为变置，滇民怨怒，睨隙而起，西南半壁，真可寒心。且两镇并建，体多倾轧，闻昌祚亦悔于厥心，稍加钤束，至祖孙不相容，近则萧墙萌隙，远则危亡，贻衅亦大，非沐氏之利也。上命：沐昌祚照旧镇守云南，务要恪共任事，绥靖地方，以副朝廷责成至意。沐启元待昌祚年老，抚按官奏请袭替，不许再行渎扰。

明神宗实录卷五百三十七

九月

己亥（二十六日）［湖广巡抚梁见孟请于武昌、长沙分设学道］

湖广巡抚梁见孟以全楚十五郡二州人文繁盛，较阅难周，于是有增学臣之请。寻奉部咨：据多官会议奏言，全楚学臣可添设，而清军、驿传、屯田、盐法各道，未可归并。惟是画地分疆，则以武、汉、黄、承、德、郧、襄七府属一学道，仍驻武昌。以荆、岳、长、宝、衡、永、辰、常、郴、靖八府二州属一学道，于长沙府建置新署，则道里适均，人材相匹。各给敕印，分猷共念，以弘新櫆之化。所有俸薪工食，另行议处，不敢繁渎庙堂。疏下部议。

明神宗实录卷五百三十八

十月

甲辰朔（初一日）［广东巡按田生金奏广西归德州“狼目”越界争罗定承粮之田未果，聚众起事被擒］

巡按广东御史田生金奏：广西归德州狼目黄贵屡持伪契，越界混争罗定四十年承粮之田。业节经官断无据，贪谋未遂。适各兵抽调征黎之时，遂聚众扬旗放炮，传箭封刀，以从征为名，以争田为实。繇是瑶僮附从，不过数日，有众二千，焚劫掳掠。此其意固将不利州城，幸我兵声援已集。自知不济，犹图再举，立食血同盟之誓，传刻日交战之书，伪印伪票，纷然四出。若非蓝村计窘，中流被擒，终为患于异日。故首恶之就缚可快心，而坐困之机权尤得策也。黄贵难辞叛逆不道之诛，韦用、黄保等均为助逆，并拟伏辜。其黄贵妻龙氏，照例没入功臣家为奴。刑部题覆。上从之。

庚戌（初七日）［户部覆贵州巡抚张鹤鸣请添兵增饷事］

户部覆贵州巡抚张鹤鸣疏称：苗仲劫官截商，焚屯掠堡。该抚欲于贼众出没隘要之处，添兵设将，每年请京运十万金。此诚久安长治之至计，而不知京运取给于各省直额派。今天下所在告饥，外解不至，岁额四百万之入，原只足供九边之需。黔饷乃经制所不载，查得先年播州之役，曾协借于邻封，加派于本地，未有议及京运者。今既欲增兵设将，合无请敕该省抚按，会同川湖抚按，从长计议。或于协济黔省额饷外，另行措处，亦恤邻之谊宜然也。又查得楚蜀等处，见今积欠黔饷至二三十万九千有奇，又欠米至八万三千一百七十六石有奇。惟正之供载在令甲，不意有司忨愒，逋负累万。合无仍照考成新例，严加查参。庶目前可救缓急，将来足垂永久也。

（编纂者按：“二三十万九千有奇”不通，应有衍文，待考）

庚午（二十七日）［云南巡抚曹愈参言镇臣袭爵不由勘奏之利弊］

云南巡抚曹愈参疏言：镇臣沐启元袭爵不繇勘奏。部臣奏袭，擅削抚按勘明之旨，以图幸成，此其干纪悖常大有足异者。臣窃以为，勘之益四，而不勘之害五。绳以礼法，所以宠异而玉成之。一益也。勘而后袭，所以释猜疑而协舆情。二益也。既悔前非而请勘，亟与以令终之图，则愆尤可涤，功伐可期。三益也。曲径旁窦非进身之梯，正正堂堂乃行师之律。范我驰驱，名正言顺。四益也。然则勘何足以累镇臣耶？臣请以不勘之害陈之：事莫大防微，微之不防，其究为骄奢荡佚。害一。官莫重于始进，始不以让，则长傲从怨，靡所底止。害二。患莫甚于作俑异日者，庶孽乱宗，乃借口今日不勘之例。而夤缘欺罔，谁实贻之？害三。牂牁以西，群夷错绣，孰非世官？傥亦援此不勘之例，而扶同冒袭，则流毒有不可胜言者。害四。朝廷居重驭轻，徒以法制为堤防。一事逾闲，则事事瓦解，一人倡始，则人人阶乱。凡享茅土之封者，将不知纪纲法度为何物，渐成尾大不掉之势。害五。然此犹可言也。皇上居尊则天也，赫赫明旨，谁敢增损一字？抚按勘奏，乃明旨所以彰大信。该部奏袭之日，敢于削去天语，儌幸图成。夫纶綍可以意损，则天下无不可舞之文。勋贵可以贿投，则天下无一可执之法。乞皇上简发前疏，敕部覆议速行，臣等补勘具奏。振国体以全功臣，肃朝常以慑荒服。所关系岂浅鲜哉！疏下部议。

明神宗实录卷五百三十九

十一月

辛巳（初九日）［云南巡抚曹愈参乞停贡金为灾民请命］

云南巡抚曹愈参奏：乞停四十四年贡金五千两，为灾民请命。上曰：这奏内贡金已有旨，系年例成造各项典礼及各节宫分钱粮所需，尚且不敷供应。还遵前旨照数解进应用，（徒）〔待〕足用即行减免。

己亥（二十七日）［刑科给事中疏陈闽事］

刑科给事中姜性自闽差还，疏陈闽事，内言：闽自巡抚金学曾奋三捷以应东师，倭不敢窥闽。独无禁通倭旨，实繁今倭又收琉球矣。琉球归命中国，无岁不来。兹钦限十年一贡，贡以十年，则衣物无所资，是驱之倭也。说者谓十年一贡，以守明旨。其他岁宜令市易海上，以示羁縻。贡则许入内地，市则定于小埕地方。此倭患之当议者。闽之有转运司久矣，但查闽课二万二千有奇，非若淮浙长芦之有五六十万也，既设一运使矣，又一运同，一运副，一运判，又佐以经历、知事，摩肩接踵，止为此区区课额。昔人谓省事不如省官，曷不仿四川及广东事例，政设提举。此转运之当议者也。

明神宗实录卷五百四十

十二月

甲寅（十二日）［云南总兵沐昌祚恳辞镇守，帝留之］

云南总兵沐昌祚恳辞镇守。上曰留之，命其尽心任事，以奠遐荒。

明神宗实录卷五百四十一

万历四十四年丙辰（1616）

正月

壬辰（二十一日）［兵科给事中言“苗仲”、六诏情形］

兵科给事中熊明遇言：……贵州荒僻之区，兼多反覆。近苗仲剽盗如云，菅艾职官，燔烧村堡，商旅之涂几塞。而监司强半挂绶，藩臬两署几空，吏三年无俸，军五岁无粮，将终置此遐方度外乎？夫六诏，西南大都会也。此道不通，万一有庄蹻、赵佗窃据其间，岂所以大一统乎？乞敕兵部，借发马价六万两，户部区处四万两，即日解发。其抚臣张鹤鸣所请增兵增饷诸议，不妨从长处置。川湖协济改入京运，如各边考成通例，庶几有济。不报。

丁酉（二十六日）［贵州巡抚张鹤鸣奏称“红苗为患，蹂躏三省”，请敕楚、蜀二抚征兵助饷，并行楚抚严责永、保二司，令其自赎］

巡抚贵州佥都御史张鹤鸣奏：红苗为患，蹂躏三省。若四川酉阳、石耶、平茶、邑梅四司，受祸尤酷。今四司不胜义愤，会兵剿贼，而兵力寡弱，旋致挫折。又湖广永顺宣慰彭元锦、保靖宣慰彭象乾阴纵湖苗越河助贼，故贼势益张。四司本隶川省，因距成都遥远，一切事机，不报于蜀。惟近恳于黔臣，以兼制土司，诚不敢秦越异视。但乞皇上敕楚、蜀二抚征兵助饷，并行楚抚严责永、保二司，令其平苗自赎，务其扑灭，以安封疆。兵部覆请，得旨：依拟行。

明神宗实录卷五百四十二

二月

丙寅（二十五日）［湖广巡按彭宗孟言“苗患”情形］

湖广巡按彭宗孟言：剥床切肤为贵州心腹之患者，仲苗也，川湖不与焉。往来剽剠为偏镇肘腋之患者，镇筸〔苗〕也。在黑苗则贵患急而湖患缓，在镇筸苗则湖患急而贵患缓。川不与焉。盘据联络为三省范篱之患者，红苗也。川省土司较急，贵省为缓，湖又次之。此苗患缓急之大概也。今贵州巡抚张鹤鸣欲合从连兵，图一大创，此其关系颇巨矣。湖北自道将更置以来，经理绸缪，边圉渐固。然鸱张豕突，梗逆时闻。镇筸纵有参备，其部兵分别十八营哨二百余里之地，尚廑襟肘之虞。一旦越省远征，将委辰沅于虎吻乎？若永、保二司纵苗之罪，实所当问。湖苗为二司所担承，岁给达部。宜先罪其约束之不效，庶彼无辞。若大征之举，在湖省外无巨寇之凭陵，内无军兴之储（峙）〔偫〕。进无必胜之形，退无善息之步，则何如逆剿顺抚，保境息民之为善也。

明神宗实录卷五百四十三

三月

庚辰（初十日）[命兵部发马价银六万两解济黔师]

命兵部发马价银六万两，解济黔师。自平播后，销兵太多，营哨非旧。而各种夷贼，生齿日烦。贵州上六卫平定、铜仁、大江、小江等处，无日不报苗警。而苗仲杀虏职官，焚劫屯堡，延袤数百里，受祸尤惨。诸苗南抵滇，西抵蜀，东南抵西粤，种类实繁，然皆属土司管辖，而土司不能制。且纵其劫据，而阴利其资，不欲剪除仲苗，孤己羽翼也。黔抚张鹤鸣以为大创之，则黔之为黔，旦夕难保。欲创之而黔兵不满千，且事关三省，非贫黔所能独举。乃与各道臣募兵一万，调土司兵二万四千余人。议先剿平定，后定两江，然后分兵十路，截仲贼之路而洗其巢，计一年可收廓清之功。而粮饷不继，恐募兵旋散，请发帑金十万两。兵部议覆，乃以马价六万两与之。

壬午（十二日）[升总兵李阶等为署都督佥事，分镇贵州、广西、四川]

升总兵李阶、黄越、黄守魁为署都督佥事。阶镇守贵州，越广西，守魁四川。

癸巳（二十三日）［安尧臣病死，命其妻奢氏以宣慰职衔理事]

贵州宣慰司安尧臣病死，遗子尚幼。命其妻奢氏以宣慰职衔理事。

明神宗实录卷五百四十四

四月

庚戌（十一日）［湖广巡抚梁见孟疏请减原派湖广大木数］

湖广巡抚梁见孟疏议，酌催大木以济殿工，言：三殿肇工，万国同庆。凡有血气，愿效子来。湖广原派大木二万四（十）〔千〕六百，后以灾疲减派十分之三，五运起解。查督木道合川、贵、湖三省新运，几足七分之数。初运业已交厂，二运报解在途。今部咨，复派金柱三百八十根，各长六丈四尺，围 丈五尺。明梁等一百六十余根，各长五丈五尺，高三尺五寸。皆异常巨材，而又责限于一年之内。窃念楚非产木之区，从来求之黔蜀，而巨材所生，必深山绝箐，人迹不到之地。阅千百年而后成材。商民冒毒瘴，履蛇虺，万人邪许，排岩批各，经时历月，始达江河。然此等异材，自嘉靖年间已不可得。今采伐凋残，山穷水远，即搜取一二犹难，况三百之多乎？故为数甚奢，而减派宜议也。取材甚异，而帮折宜议也。勒限甚促，而宽假宜议也。乞敕部覆，或量减株数，照嘉靖年题准帮折之例，如长足度而或歉于围，围可合而或歉于长，与夫长围虽合，而本末欠匀，及木无疵窳而长围稍逊者，俱准起运，仍稍宽限，以便购取。则大工无妨，地方不致重困矣。

丙辰（十七日）［云南巡按吴应琦请给陇川宣抚司印信］

云南巡按御史吴应琦疏请，给陇川宣抚司多安靖印信。言国家驾驭夷狄，不过刑赏两端。向者多安民背汉投缅，自甘天诛，而多安靖大义灭亲，归心王化。因夷地初平，印信暂贮腾越州，俟安靖成立，再请颁给。今安靖已长，诸夷豫附，宜乘时予印，以示怀柔。

庚申（二十一日）［云南耿马安抚司土官朝贡］

云南耿马安抚司土官罕们罕贡象只、金杯、土锦等物。

明神宗实录卷五百四十五

五月

壬申（初三日）［广东巡按田生金请蠲豁监税］

广东巡按御史田生金言：东粤僻在一隅，五岭阻隔，市镇贸易，抽税几何，不知二十余万之议，谁生厉阶？至今恩减再三，尚存监税十万余两俱系移饷抵充。于是有议收汛裁饷者，削减船价者，停补兵缺者。搜括日穷，戎伍日虚。（有脱）〔脱有〕不虞何以待之？乞赐蠲豁，以还兵饷之旧。不报。

明神宗实录卷五百四十六

六月

丁卯（二十八日）［贵州巡抚张鹤鸣报擒斩“苗仲”千四百名，并请暂息兵］

贵州巡抚张鹤鸣报，擒斩苗仲千四百名。时暑雨，军士多病，请暂息兵，俟秋再举。从之。

明神宗实录卷五百四十七

七月

（己）〔乙〕酉（十七日）［贵州巡抚张鹤鸣疏议“红苗”事］

巡抚贵州都察院右佥都御史张鹤鸣疏议红苗事，言：红苗之流毒湖北、川东、贵州三省，所从来矣，而近日尤甚。三省边民苦于苗患，日夜冀得一举，以雪夙愤。诚能同心协力，集数万之兵，请数十万之饷。设一督臣，如嘉靖张襄惠岳事例。十路并进，扫荡丑类，裂其地而郡县之。此上策也。湖广设一副将，驻十三哨中，设兵三千，严截江上，使川贵之苗不得东入，湖苗不得西过。四川设一副将驻酉阳，提兵三千，贵州铜仁总兵增兵二千，各出兵雕剿，日蚕食之。苗党不合其势坐困，然后以三省之力攻湖苗，亦不战而自毙矣。此中策也。若责成楚道将并永顺、保靖二司，坚意杜截，不许湖苗过江助川贵之苗。四川遇酉阳四司进兵，助火药，集兵将，为四司犄角。贵州思铜总兵稍增兵马，思石守备移驻于要隘之地，封固疆圉，来则攻截，去则不追，以为目前之计。此下策也。但三省并举，动分彼此。即湖北分守道蔡复一已百计推阻，又安望异日同心协恭，以平数百年之巨寇哉？则臣之下计，乃今之上策也。上下其疏于部院。

明神宗实录卷五百四十九

九月

庚寅（二十二日）［广西田州、上林县土官差族目朝贡，因表文字细受究饬］

广西田州并所属上林县土官岑懋仁等差族目岑宝贡马及银器。

上以表文字细，谕该部移文究饬。

明神宗实录卷五百五十二

十二月

甲寅（十八日）[广东巡按田生金再请留税赈灾，不报]

广东巡按御史田生金再请留税赈灾，言：水旱之灾，有一于此，民已不堪，而东粤一岁之中盖两罹也。先是，五月间洪水为虐，淹浸城市，坏庐舍，漂人民，殊为数十年未有之变。迨后七月不雨，至于十有一月，民间树艺粒米无收。臣等发仓廪，瘳库藏，审贫赈急，籴粟平粜，修城郭以防盗，筑圩基以聚民。而钱粮苦于无凑，多方移借以充之。至于带征者且缓，存留者议蠲，苟可拯民，惟力是视，而赈粜有限，修筑无资。那移者易穷，而蠲停终难抵也，非乞恩于皇上之留税，将焉能哉？夫此一税也，以活亿万之命则宜留，以弭意外之变则宜留，皇上当必辨此矣。不报。

癸亥（二十七日）[土司韦酋结引“交夷”入侵内地，两广督抚周嘉谟等疏请筑营增饷]

土司韦酋结引交夷数千人侵犯内地，所过乡落，残破殆尽，直薄上思州城，官军力拒之始退。两广督抚周嘉谟等疏请于受降城筑一大营，募兵三千，分布要害，增饷非二万余金不可。宜将该省榷税留充兵饷，仍行各土司岁拨目兵，戍守苍梧等处。得旨：令该部议覆。

丙寅（三十日）[加强镇筸等处“红苗”防御]

自嘉靖初年，镇筸等处红苗叛乱讨平，设立乾州、五寨、洞口、靖疆、清溪、长宁等大小十八营哨。每哨兵卒或二三百名，或百名，委辰沅等各卫指挥千百户督兵防御，又该参、守各一员统制弹压。自万历十六年以来，各哨将官，不简练壮勇，皆以贿收。及闻苗出犯，哨官无计，率给苗粮乞和。又地方失事不报，克饷进贿，参、守彼此弥缝，以致兵弱。我民亡命者，复告以内地虚实，潜相勾引。至四十二年七月后，苗贼入大章、龙潭等处，明年入大小伍冲等处，杀掳之惨，无日无之。各营官巽懦观望，来不侦探，去不堵截。抚臣梁见孟参罚失事官陶正阳、王可大等。后虽有冲果、苏木溪之小捷，然终不能一大创，苗益炽矣。

明神宗实录卷五百五十三

万历四十五年丁巳（1617）

正月

丁丑（十一日）［两广总督周嘉谟以水旱乞免广、肇等六府监税，不报］

总督两广周嘉谟以粤省水旱，乞蠲广、肇、南、韶、潮、惠六府监税。不报。

明神宗实录卷五百五十四

二月

甲寅（十九日）［贵州巡按杨鹤奏请申饬用人之法］

贵州巡按杨鹤奏请申饬用人之法。大约谓：黔中八番之地，犬牙相错，夷汉相参，四方亡命，实繁有徒。且一切粮差驿站供亿之烦，皆出于卫军。卫之所官，十羊九牧，日削月割，以致于尽。历稽讼牒，其间苗仲出劫，未有一事无从人引脚者。欲化夷先从汉始，欲化汉从选用良吏始：其一，重郡守弹压之权。其一，重州县有司之选。其一，重司道方面之任。又言：黔中无处非夷人。今人动言大创，不知内帑之金钱不继，川湖之额饷不来，纵有韩白，其何能为？目前之计，急在治标，大创是也；长久之计，急在治本，用人是也。请兵请饷，尚费庙堂处置；用人之法，不过吏部一转间耳。疏上，不报。

庚申（二十五日）［添设湖广学臣］

添设湖广学臣。升九江府知府邹志隆为湖广副使，提督荆、岳、长、宝、衡、永、常、郴、靖八郡二州学政。

明神宗实录卷五百五十六

四月

戊戌（初四日）［乌思藏阐化王差国师等进献珊瑚、氆氇等物］

乌思藏阐化王差国师锁南坚参等一千名进献珊瑚、氆氇等物。给赴京并在边番僧各贡赏绢、钞。

己亥（初五日）［贵州巡按杨鹤奏请将乌撒改隶于黔］

巡按贵州御史杨鹤言：乌撒道里本在黔中，去川南叙州府一千一百五十里而遥。所设同知一员，既无一事管理，亦无官舍可栖，土官更无一人为之弹压。自土知府安云龙物故后，安咀旧与安效良争官夺印、日相仇杀者二十年，夷人无主、盗贼蜂起者二十年，绑掳军丁、烧毁屯堡者二十年，劫掠行商、西路道梗者二十年。是争官夺印者，蜀之土夷也，而蹂躏糜烂者，黔之地方、黔之赤子也。蜀既久不能定，黔亦忍不敢言。若改隶黔中，则黔中之地，黔中便于控制。一便也。黔中之官，有军节道，有府厅，有迤西守备，有卫有所弹压，不患无人。二便也。黔中驿递，黔中自任调停。三便也。钱粮、马馆责之安效良，不敢不如期办纳。四便也。禁仇杀则仇杀可禁，禁盗贼则盗贼可禁。军屯免于涂炭，道路可使廓清，无所不便也。又天桥哨两山之间，间产银气，汉人不得采，而夷反窃之，失策甚矣。曷若取充兵饷，不费帑金，而坐收天地自然之利，此天以之赐黔也。又言：乌撒者，滇蜀之咽喉要地也。臣繇普安入滇境，七日始达乌撒。见安效良之父安绍庆据沾益，中当曲靖之门户。效良据乌撒，又扼滇蜀之咽喉。两雄并立，父子各据一方，且壤地相接，无他郡县土司以隔绝之，将来尾大不掉，实可寒心。嘉靖间，乌撒夷妇奢勾谋叛，纵夷人四出劫掠，擅折六驿四司官仓，改立私宅，夺占军屯，掘乫濠堑，插夷字牌面，反形渐著。幸赖抚臣徐问先觉，调集三省汉土官兵，防御截杀，逆谋乃寝，非殷鉴乎？犬羊叛服不常，蜀中有遥制之名而无其实，黔中有可制之势而无其权，臣以为不如改隶黔中便。上命所司速议之。

丙午（十二日）［贵州巡抚张鹤鸣疏报湖川土司堵截“红苗”功次，并请严禁土司杨光斗挑祸起衅］

巡抚贵州右佥都御史张鹤鸣疏报，湖广、四川土司彭象乾、冉跃龙等堵截红苗功次，并请严禁土司杨光斗挑祸起衅。章下所司。

明神宗实录卷五百五十七

五月

癸酉（初十日）［兵部左侍郎崔景荣言贵州大小两江苗众攻围施秉县城］

兵部左侍郎崔景荣言：贵州大小两江苗王望烈等纠聚苗众，攻围施秉县城。查嘉靖四十一年，以施秉一县切邻四川客山土司，将偏桥卫哨军一百九十名改设本县。与原设哨军二百五十名，相兼防守，移清浪守备驻县统之。至万历四十二年，湖北道并其军二名为一，改募民兵龙老晚等四十四名。各兵历饷于楚，龙老晚等以缺饷求退，守备亦移出，镇远县遂孤悬。为今之计，非照会与移驻守备于施秉，如旧拨戍不可。请令两省酌议，已汰军丁作何勾补，守备军资作何措办。上是之。

庚辰（十七日）［兵部覆贵州抚按请将乌撒土府改隶于黔］

兵部覆贵州抚按疏：乌撒为滇蜀咽喉，夙称夷方重地。所设土府及卫，犬牙相临，彼此牵掣。祖宗立法固有深意，乃疆土错文黔域，府卫并在一域，而卫则属黔，府则属蜀。其间驿站之供亿，官属之统辖，粮马之征收，盗贼之窃发，未免有便于彼不便于此，宜于昔不宜于今者。今据贵州抚按欲将乌撒土府，改隶于黔。区画便计，最称苦心。但事关两省夷情，舆论未审，会同候命。下臣部，移文四川、贵州抚按，从长会议妥确，具奏定夺。

戊子（二十五日）［湖广“叛苗”诱杀指挥魏绳武，巡按彭宗孟以闻］

湖广叛苗龙滔诱杀指挥魏绳武。巡按御史彭宗孟以闻，下兵部，治生衅同谋把舍张良谟等罪。

明神宗实录卷五百五十八

六月

庚子（初七日）［贵州巡抚张鹤鸣奏克平洪边十二马头之捷］

贵州巡抚张鹤鸣奏克平洪边十二马头之捷。计擒斩共一千二十七名颗，俘获贼属六百四十三人。抚剿有功知府孙崇先、守备孙开祚、指挥王建中等。章下所司。

庚戌（十七日）［以剿平“路苗”“山苗”，赠赏原贵州巡按冯奕垣］

赠原任巡按贵州监察御史冯奕垣光禄寺少卿。奕垣巡按贵州，于三十四年十一月内，剿平路苗、山苗两寇，核功已明。寻以积劳身故，随奉旨准赠。至是，奕垣子钟奇奏请。上如部议予之。

癸丑（二十日）［云南巡按吴应琦奏请“起袭人员”免赴部］

巡按云南监察御史吴应琦言：天下最穷苦者，无如世职，而滇中为甚。道路往返，数倍他省，百舍重跰，始一得至司马门。若一经驳回，其不为沟中瘠者鲜矣。以后起袭人员，除旁枝借袭，及自愿赴京者，仍旧给文起送外，其余勘查无碍，免其赴部。俱行都司造册，附搭两院承差，投递府部，查明贴黄，奏准替袭。其造福于遐荒者，非浅鲜也。如曰祖制必不可废，或先据册查定，应否准袭。随即札取赴部，验黄比试，然后授官，斯于令甲不悖。巡按贵州监察御史杨鹤言：黔省远在天末，又当苗仲猖獗，频年用兵，公私交困。卫职官员先世并无田土，止靠俸粮度日。近因川湖缺饷，数年不得关支。以故通省袭舍，多系一贫彻骨。查其违限之故，或因伶仃孤苦，年幼不能赴袭；或因家道贫难，无力起文告袭；或勘结详允，疾殒中途，人文未经到部。种种情节，实有可原。伏乞垂怜远方，破格优恤，仍照恩诏，宽以二十年之内，勿拘邦政条例，事下兵部，以为驳查。跋涉之苦当怜，而岁月之耽延尤可虑。凡应袭舍人保勘无碍者，该卫所照旧填造供结宗图并号纸，投巡按衙门随便顺赍投部。应准者立限札取，该省巡按即给文起送。或札到该省，而按臣偶缺，不妨按察司呈报，勒限起送。文给本舍亲赍，俱要或巡抚或巡按印信，则文移不致耽延，而穷弁亦早沾一日之禄矣。此赍册之迟速当讲也。驳查之法宜宽于远弁，而姑息滋弊尤宜严之始事。凡起送舍人，遵照邦政条例，该道悉心逐一结勘。毋令卫所官扶同作弊，必使结册与黄选合。然后札取收选，则真赝分而侥幸之心息矣。此起送之关头当慎也。至于文到之日，但在十年限内，便不以违限论。及札取之后，虽本身到，在十年限外所不问也。如此则不靳宽，而自无不宽矣。上是其议。

明神宗实录卷五百五十九

七月

壬午（二十日）［贵州巡抚张鹤鸣疏奏猱坪、摆朋坉之捷］

巡抚贵州右佥都御史张鹤鸣疏奏猱坪、摆朋坉之捷。猱坪即捞坪，峰攒如削。上有仰天窝，窝有九井，地平衍，可容数千人。坉后负河，环河山叠，通三路，各有三关，飞石擂下，人不得度。黄土寨贼首老蜡鸡八十房入踞，勾集石头等寨贼首阿寅等各数十房，及逸贼窜贼多匿其中，共（惟）〔推〕老蜡鸡为王，老贯鹅等为军门、总兵等官，凭险负固。本年三月，内监军安平道谢参政，集奇营、川营、贵营、镇筸营兵，及原任都司张鹤翀等，三路并进。奋臂大呼，各夺三关。贼据本坉，猖悍如故。复令土舍王国奇等，共图用间。因召降仲罗童等埋伏，斩百余，跌崖落水死者不计其数，老蜡鸡等同时授首，计擒斩三百七十七人。其改过听抚仲民，行令复业。恐稔恶不悛，犹思蠢动，不敢遽撤大兵，令汉土官兵分守险要。其上六卫毛口、六（队）〔坠〕、安庄、普定等处，下六卫都〔匀〕、麻哈、黄平、高寨、六牌、平定、两江等处，另议另举。奏至，章下兵部。

壬辰（三十日）［兵部左侍郎崔景荣请颁给陇川宣抚多安靖司印］

兵部左侍郎崔景荣请给陇川宣抚多安靖司印。先是，云南巡抚官以安靖不从叛逆，论功论序，应予宣抚之职。只因幼弱，议将司印暂贮州库，俟其长成请给。今安靖成立，夷情共戴，委应遵照成命颁给。上如部议予之。

明神宗实录卷五百六十一

九月

乙丑（初三日）［四川巡抚饶景晖请州守县令多用甲科］

四川巡抚饶景晖言：川省僻在西徼，最称险远。州守、县令不下一百三十余人，甲科仅四五人，而府正佐不与焉。酌议地方，或荒远积羸，夷汉杂错，或孔道冲烦，民情刁悍。均应选授甲科，以振吏治。

乙亥（十三日）［宴进贡番僧］

宴鲁班等七寺进贡番僧札挂吉星等三十二名。

己卯（十七日）［以征剿“苗仲”功，特予原贵州巡抚张偲祭葬］

予原任巡抚贵州都察院右佥都御史张偲祭一坛，给半葬。偲，江西新建人，隆庆戊辰进士，授苏州府推官。升刑部，历任藩臬闽粤间，有惠声，随以终养归。起湖广右辖，晋左辖，巡抚贵州。适苗仲猖獗，新添、平越之际通路为梗。偲决策征剿，擒斩首功七百有奇，纳降三千七百有奇，地方以宁。卒于任。故事，四品未满者，不与祭。以其军功特予之。

明神宗实录卷五百六十三

十一月

癸亥（初二日）［贵州巡按杨鹤奏请加强土司地区钱粮户口控制］

巡按贵州杨鹤奏：臣奉命入黔，值仲贼猖獗，有查核功罪之责。抚臣一出洪边，再收定广，一鼓下之。数月之后，寂然不哗。独都匀、麻哈之间，平定、吴王二司之贼，出劫官道，岁无虚月。此往来必经之地，不容不一剪除。乃堂堂省会，兵不满千，何以东西策应？上下官道，营哨寥寥，不免顾此失彼。增兵设饷，皆黔事之然眉者也。水西安氏尾大不掉，臣欲得其户口、隘塞之数，与头目汉把主名，为驾驭地。乃檄下所司，查取粮马册籍。中间四十八枝头目管辖地方，土地、人民、贡赋、钱粮之入，与汉把姓名先世来历，备载无遗。先年安贵荣骄蹇不法，欲变祖制，擅减诸驿，先臣王守仁，止用片言折之。以后安疆臣听奸拨置，阻挠改县。诡称欲将各司钱粮，岁岁解京，或隶别省。当事者委曲迁就，不知费几许调停，始得苟且结局。臣今欲趁安氏寡妇孤儿仰我鼻息之日，因而收拾之，此亦治未病之意也。宣慰司逐年办纳粮马，布政司并无册籍可查。今总撒俱有定额，将来谁敢变乱？且汉把姓名一一籍之于官，便可行互结连坐之法。其地又有内水、外水之分，内水不容一贼，外水九司六目专一窝藏仲贼。臣欲令之内外更调，业已注册甚明。第仓卒尚未举行，谨以一册达部，愿责成之于后来者。得旨：征仲已有次第，其土司诸事，着抚按官再加详议，以安地方。

乙丑（初四日）［金川寺、加渴瓦寺番僧朝贡］

金川寺、加渴瓦寺番僧容中出等十名进献珊瑚、氆氇等物。给赴京并留边贡僧，各赏给绢、钞。

辛卯（三十日）［调湖广副使张邦俊为郴桂兵备］

调湖广副使张邦俊为郴桂兵备。

明神宗实录卷五百六十五

万历四十六年戊午（1618）

正月

壬申（十二日）［大学士方从哲言两江苗人攻围施秉甚急］

大学士方从哲言：湖广巡按彭宗孟，申报两江叛苗攻围施秉甚急……

丙子（十六日）［贵州巡抚张鹤鸣奏催调济征两江苗人兵饷］

贵州巡抚张鹤鸣奏：自黔建藩以来，官军俸粮仰给川湖。平时犹苦不济，况当苗仲匪茹，征需从何措办？仰荷皇上沛发冏金，又借解三省饷银，职得以肃将天威，破坉捣巢。其调用宣慰司罗兵、土兵，查照会典，川湖调用田土兵例，量给行粮。今定广、洪边虽平，而善后尤为多费。且今下卫匀哈、高塞平定两江恶苗，上卫安（菁）〔箐〕、毛口（云）、〔六〕坠不时告儆，须次第举动。所募官兵，或住定广，或调入营，与贼相持，遽难议撤。乞敕该部，严行各省，遵照明旨，充数解发接济。今将已解到马价等项银一十万五千两，支销存剩数目造册具题。乞下该部，查核施行。

明神宗实录卷五百六十六

二月

乙巳（十五日）［贵州抚臣张鹤鸣请饷剿两江］

贵州抚臣张鹤鸣以平定两江倡乱日甚，请饷剿之。上曰：各省饷银，着遵前旨，速解协济。楚抚俟即点用。

明神宗实录卷五百六十七

三月

乙丑（初六日）［议开毕节、乌撒铅厂］

初，贵州毕节、乌撒二卫军民王应星等，奏开彼处铅厂，以充兵饷。上以会经抚按勘明，准照原题开采。该科议，乌撒原隶蜀，而迩于黔。自土府效良为其本姓，争官夺印相仇杀，蜀省遥不能制。其父绍庆又跨有沾益之地，当滇南门户。将来恐尾大不掉，故黔抚欲改隶黔疆而开采，特带言之。今不定分辖而言开采，恐一旦两省棍恶夷汉盘据为乱，谁资弹压？是在户、兵二部移文两省详议，毋遽听奸人生事也。

明神宗实录卷五百六十八

四月

辛卯（初二日）［贵州“两江苗”围攻县城，协调黔楚会剿］

贵州两江苗攻破总场，已围巴团哨，围县城。巡抚张鹤鸣奏：苗氛剿亦无难，若平定就绪，去两江不过三四百里，将云集之兵，沿江而下。楚但有一旅，为觭角之势，期一月可以荡平。而湖广巡按彭宗孟三疏，谓张鹤鸣未经会议，擅开兵衅，责楚一时难办之役。于是鹤鸣请集九卿科道会议，并乞罢斥。上曰：两江苗患方殷，正宜乘机进剿。两省各官都要协心任事，应会议者仍俟抚按会议。鹤鸣照旧供职。

癸巳（初四日）［以苗人“攻劫”镇远各堡，铜仁总镇参将龙万化等被罚治］

贵州巡抚奏：本年正月初七日，苗劫镇远曾旗堡，虏去男妇一百二十三名口，杀死二十九名口，烧毁房屋米仓无数。其黄家堡、河背堡、瓮济堡，杀掠烧毁称是。乞将铜仁总镇事新添参将龙万化、署清浪参将事牛可耕、中军周承爵，各加罚治，戴罪立功。下部议。

丙申（初七日）［广东巡按田生金上平黎功次］

广东巡按田生金上平黎功次。共擒斩六百零一名，收抚残黎一万五千三百五十九名，筑堡分屯其地。先是，黎处琼中，恃险屡为琼患。百户曾国栋、知州林应材，轻议进剿。一败官坊，再败多涧，最后副将张万纪又以遇伏败，以故黎患益张。至是，督臣命八路官兵大征，乃克之。御史以捷闻。

明神宗实录卷五百六十九

闰四月

癸未（二十五日）［升童仲揆为遵义参将，李崇荣为芦塘参将，陈应钟为临元参将］

升四川都司童仲揆为遵义参将，安边参将李崇荣为芦塘参将，云南都司陈应钟为临（沅）〔元〕参将。

明神宗实录卷五百七十

五月

乙未（初八日）［命刘时行承袭贵州黄道宣慰司］

命贵州黄道宣慰司土舍刘时行承袭宣慰司。

戊戌（十一日）［四川、湖广、贵州三省“红苗”“啸聚”攻会溪等屯堡］

贵州巡抚张鹤鸣奏：四川、湖广、贵州三省红苗啸聚，寇劫会溪等屯堡，流毒甚惨，乞敕三省协助抚剿。上命饷银着三省如数完解，以充新兵之用……

庚戌（二十三日）［四川永宁与贵州水西土司争地仇杀］

四川永宁宣抚司奢崇明，有子奢寅，年少犷悍，与贵州水西已故土官安尧臣妻奢社辉争地。辉寅之姑也，言寅造用铁鞭，鱼肉百姓，逼逐兄弟奢辰等及土民五百余家。见在水西，请官勘治。于是两家大相仇恨，安兵马十倍于奢，而奢之兵马精狡可恃，故两相持。两省抚按不能决，列状以闻。上命兵部议之，尚书薛三才请将奢寅革去冠带，责令改图，并责社辉，速将奢辰及土民等发回故土，不许奢寅暗害。所争地如系社辉侵占，责令退还；如系安尧臣存日所管地〔方〕，日谕令照旧管业。其逃犯及拨置人犯，尽数提出，会审正法，庶夷情服而乱萌杜。上从其议，命抚按官将水西所争地，即与查明管业，不许再构争端。

明神宗实录卷五百七十一

六月

壬戌（初五日）［调川贵之兵及永顺、保靖土司兵赴边镇以资战守］

署兵部尚书薛三才言：前月二十一日，经略抵关，奏欲征兵边镇，以资战守……川贵之兵，埋伏攻击，俱称便捷。且鞍马器械多其自办，刘綎盛称可用。湖广永顺、保靖土官征播、征倭时调用，请如臣部前议，各调发四千，以一骁将统之。一切安家行粮，或支本处钱粮，或动解京军饷，皆有成例可考。恳移咨户部，并督抚各衙门遵照施行……

丙寅（初九日）［贵州毛口、六坠“贼”据险“剽掠”，官军剿平之］

贵州巡抚张鹤鸣奏：毛口、六坠贼据险剽掠，督师剿平之。共擒斩七百三十三级。

丁丑（二十日）［令依议申饬、着实举行黔饷催解事宜］

户部题：黔抚张鹤鸣奏，四川所辖土府、土司积欠协济钱粮，自三十五年起至四十五年止，共四万六千三百九十两零。因条议责成协征、稽核、申明严禁诸款。上曰：这黔饷催解事宜，依议申饬，着实举行。

明神宗实录卷五百七十二

七月

庚寅（初四日）[改铸大理府印信及云龙州学记]

改铸大理府印信及云龙州学记。

乙巳（十九日）[湖广巡按彭宗孟奏请查勘贵抚张鹤鸣]

湖广巡按彭宗孟奏：两江挑难已深，论贵抚张鹤鸣摭诬脱卸，开衅规避。乞下部查勘，以责成功。

辛亥（二十五日）[四川巡按吴之皡奏乌撒改隶贵州诸事]

四川巡按吴之皡奏：先黔抚张鹤鸣议割四川之乌撒军民府改隶贵州，欲开采天桥矿厂以充军饷。奉旨，下部行臣等会议。随据乌撒军民府土知府安效良称：卑府自隶川省二百余年，一旦闻改隶开采，夷民俱不乐从。说者谓王应星等为水西暗用细作，欲借此生变，故有是奏。臣等为边疆虑，不得不详察其利害。上下部院议。

[四川巡按吴之皡奏叙州知州等官应选授甲科]

四川巡按吴之〔皡〕奏，叙州知州等官以后应选授甲科。下部议之。

甲寅（二十八日）[廷臣议调土司兵马赴辽]

兵部尚书黄嘉善言：经略杨镐咨称，奴酋精兵约六万余，而辽东全镇额兵不过六万……今刘綎议调各土司马步兵丁，通计二万有奇，皆本官统驭旧人，矫捷善战，然其中有不得不裁者。如严宗传之羁囚，奢寅之跛扈，并平茶、邑梅、石耶罗华、罗用、王朝臣等兵，云南李倖部兵象奴五十人，广西识杀药解药四十人，苗刀三千柄，并可免调，以省琐屑。总计征调汉土官兵共九千八百二十九名，即以参将吴文杰等分统之，星夜兼程赴辽。一切安家行粮，或借支本处堪动银两，或那给解京钱粮，庶于危镇有济。上曰：这议调土汉官兵，便移文，马上星夜行与该省抚臣。务要挑选精锐，曾经战阵的，即刻期调发，依限赴辽。毋得徒取充数，虚糜粮饷。领兵官（日）〔目〕要严加钤束，不许沿途骚扰。事平一体从优叙，赉其安家行粮。犒赏等项俱依议。

明神宗实录卷五百七十三

八月

乙亥（十九日）［贵州巡抚张鹤鸣乞严敕禁谕，切责水蔺安置陇氏祖孙，以息兵端］

贵州巡抚张鹤鸣奏：土酋酿祸日深，仇杀欲起。乞严敕禁谕，切责水蔺安置陇氏祖孙，以息兵端。

己卯（二十三日）［广西巡按俞诲奏加强南宁一带防御事宜］

广西巡按俞诲奏：臣巡历南宁，见邕城距上思仅数十里。羽檄交驰，筑营列戍，势不容缓。是以有那堂、平从、那懒之役，下石西等州久困蹂躏。是以有卜筑馗毒岭之役，而饷诎兵单，孤城难固。不得已始募兵三百，留戍梧兵四百，添戍那堂等营。又拨募兵四百，调土兵一千，安插馗毒岭一营。然目前尚有应议者二：曰定征发以（寒）〔塞〕不轨。申饬各土司，分别大小远近，出兵防守堵截。不用命者罪无赦。曰别功罪以坚内附。每遇三年贡期，令开报管理禄州职司，有无纵贼入犯，听左江巡道查劾，以别劝惩。从之。

庚辰（二十四日）［广西巡按俞诲奏盐政事宜］

广西巡按俞诲奏：粤西兵饷全借盐利。臣入境查得四十二运衡、永、（保）〔宝〕庆不到商名，总缘积棍诡名观望。合行预报殷实各商的名，照股分派，依期领运。如违限愆期，管盐官移会究革，召新商顶补。而又置造大船一百五十只，以需督运之往来搬驳，使官得操其柄。又仿漕规，设立限单，生还限三四个月。一年两运可复，而水脚亦省。督运官以迟速分别举劾，庶于盐政有裨。

癸未（二十七日）［云南巡按潘濬奏请蠲免贡金］

云南巡按潘濬奏：滇金自嘉靖十三年始，岁贡二千两。至万历二十一年，加三千两。共五千五十两，岁支粮差等银，采买加派，凑处以足之。商人裹半岁粮，穿虎豹窟，往市于川陕远方。计盘费铺垫杂用，每金一两，几费银十两。查弘治元年，镇守太监王举欲金镶宝石帽顶，御史以为言，敬皇犹亟为谕止，奈何骚扰百姓，以供朽蠹之积。乞将贡金蠲免，或照嘉靖初年例，以纾全滇之困。不报。

明神宗实录卷五百七十四

九月

辛丑（十六日）［贵州铜兵缺饷鼓噪，“红苗”乘机起事，令贵州巡抚张鹤鸣用心安抚处置］

贵州巡抚张鹤鸣奏：铜兵缺饷多年，因而鼓噪，红苗乘机劫掠地方，乞斥臣以为误边疆者之戒。上曰：军士鼓噪，苗众劫虏，大为地方之害。张鹤鸣着用心安抚处置，毋得推辞。楚蜀饷银都着作速发解，不许稽迟悮事。

己酉（二十四日）［广西巡按潘一桂奏报广西八寨三里瑶人纵横，“两江为梗”，乞推补督抚道将，并请抚臣林欲厦照旧供职］

广西巡按潘一桂奏：浔、贵、宾、迁间八寨三里之地，瑶贼纵横，两江为梗。除一面抽拨相机处置外，乞推补督抚道将，命抚臣林欲厦照旧供职，以资调度剿处。下兵部。

辛亥（二十六日）［贵州巡抚张鹤鸣奏催湖广积欠协济粮饷］

贵州巡抚张鹤鸣奏：黔饷全赖协济，湖广积欠甚多。乞敕该部议定，将屡奉明旨应解五万之数，准作三十五年以前逋欠之数，不拘恩例，以救遐荒，仍令速将三十五年以后带征，及四十一年以后正征，严限前来，以济急需。庶黔地宁而三省赖以奠安。

乙卯（三十日）［四川巡抚饶景晖奏称水西兵违旨深入蔺地，乞敕行禁撤］

四川巡抚饶景晖奏：水西违旨，擅兵深入蔺地。乞敕行禁撤，以靖边圉。

明神宗实录卷五百七十五

十月

戊寅（二十三日）［因亢旱，广西巡按潘一桂奏请留税银赈济］

广西巡按潘一桂以粤西亢旱，赤地千里，奏留税银四万余籴粟备赈，并额征全税尽数蠲免，以救边荒。

己卯（二十四日）［云南巡按潘濬请减免贡金］

云南巡按潘濬奏：贡金困累已极，滇民羸敝不堪。上以年例贡金，系成造各项典礼及各节令宫分所需，还着照数解进，俟稍足即行减免。

癸未（二十八日）［广西巡抚林欲厦以大旱成灾乞停税蠲赈］

广西巡抚林欲厦奏：柳州、浔南、太平、梧州、庆远及（乐平）〔平乐〕、桂林、思恩各府，亢旱为灾。乞赐停税蠲赈，以慰遗黎。

明神宗实录卷五百七十六

十一月

辛卯（初六日）［两广总督许弘纲奏请蠲免粤税，不报］

两广总督许弘纲奏：广东十府一州额设官兵四万五千七百八十七员名，岁支饷银并修战船、军器杂费，共用银四十六万余两。而岁入止四十三万六千九百一十八两，即征及九分之上，已自不敷。况税监入粤，复拨前饷二十余万充税。遇各路请饷，该司局且支吾。自万历二十八年至四十六上半年，共借过税契、户口、盐税、引纸、俸粮、盐钞、矿税、船税、水脚、吏农、纳班等银五十八万二千五百四十七两。今库无可借之银，民无可加之赋，省无可汰之兵，惟望皇上悉蠲粤税，抵还缺饷。或念粤税重于他省，再为减免。不则将解部税银三万六千九百余两，新增盐课银一万一千五百余两，借留一二年，少济缺乏。庶所司不至空匮。不报。

壬寅（十七日）［广东巡视海道副使罗之鼎议防御“澳夷”］

广东巡视海道副使罗之鼎言：香山蠔镜澳为粤东第一要害。以一把总统兵六百防守，无裨弹压，可移罗定东西一将，抽兵六百助守澳门。而罗定道言：罗旁万山联络，瑶僮杂居。万历初年讨平，布兵防守。迩来拨减过半，移将或有通融，抽兵未敢轻议。布按二司谓：以澳视罗定，则罗定为稍缓。以西山较东山，则东山又稍缓。宜以东山改设守备，隶西山参将提调。移其兵四百于鹰儿埔，合原兵为一千。而以香山寨改为参将，增置营舍，大建旗鼓，以折乱萌。于是总督许弘纲、巡按御史王命璿奏：澳夷，佛郎机一种，先年市舶于（奥）〔澳〕，供税二万，以充兵饷。近且移之岛中，列屋筑台，增置火器。种落已至万余，积谷可支战守。而更蓄倭奴为牙爪，收亡命为腹心。该澳去渭城咫尺，依山环海，独开一面为岛门，脱有奸雄窜入其中，一呼四应，诚为可虑。该司权酌时宜，庶几未雨彻桑。其广州海防同知，原议驻札雍陌，今似可以无用。并乞敕下兵部覆议。从之。

癸丑（二十八日）［户部主事请发帑金以赈滇饥民，不报］

户部主事洪启初以滇闹事竣上言：滇之害无如贡金一事。其采买起运之苦，按臣言之已详。而六月中护金兵役，渡盘江死者五十人。况兼兵火之后，继以旱虐，（厉）〔疠〕疫盛行，槥车相望。从来上天降割未有至此极者。伏睹皇上四十四年曾谕抚臣，马价六万之请，得以料理兵食，功成安攘。今前效已睹，后局当收。伏望慨出帑金数万，以赈饥民，饷贫军。不则于滇抚捐资二万输将在途，允转赈黔淍辙，亦足小苏也。不报。

明神宗实录卷五百七十七

十二月

丁卯（十二日）［兵部奏“狡夷”“杀掠”屯民，参游击杨于渭等］

兵部奏狡夷杀掠屯民，参游击杨于渭等。上曰：杨于渭等着查实正法，胡咸宁等分别重处。

［贵州巡抚张鹤鸣奏参土官莫俊逞兵越境，应审勘治罪］

贵州巡抚张鹤鸣参土官莫俊逞兵越境，凭陵州官，应审勘治罪。又言参将马如锦，力捍孤城，病亡异域，乞为优恤。上下部议。

辛未（十六日）［贵州巡抚张鹤鸣备陈两江情形，催请兵饷］

贵州巡抚张鹤鸣备陈两江情形，催请兵饷。上曰：饷银已奉屡旨，着作速解发。

明神宗实录卷五百七十八

万历四十七年己未（1619）

正月

辛卯（初七日）［云南巡按潘濬言灾异叠臻，宜修政挽回］

云南巡按潘濬言：灾异叠臻，挽回宜急。昨岁九月二十八日，本省（征）〔澂〕江地震有声。是月（秒）〔杪〕，彗星见东方，长数百尺。月下射，射末曲而锐。未几而见于东北方，又未几见于西。金星光芒四映，大类月景。十月二十七日，轰雷陨电，变出异常，兼以饥馑兵凶，所在思乱。用人行政，良非缓图。如青宫之储训宜勤，皇孙之册立宜早，扉纶之枚卜宜举，卿贰之大僚宜补，考选散馆之宜下，累臣久困之宜释。乞赐转圜，以回天变。不报。

明神宗实录卷五百七十九

二月

壬午（二十八日）［云南丽江军民府土官知府输银，助充辽饷］

云南丽江军民府土官知府木增输银〔一〕万两，助充辽饷。

明神宗实录卷五百八十

三月

庚寅（初七日）［四川布政司官员所进扇柄粗恶、样数少，被夺俸］

四川布政司恭进上用扇柄，以粗恶不堪，样数短少，各夺俸三月，仍命该省抚按究原委，通判李檠等赃罪以闻。

明神宗实录卷五百八十一

四月

乙卯（初二日）［广西南丹、东兰二州与湖广永顺宣慰司贡马，俱以后期减赏］

广西南丹、东兰二州，湖广永顺宣慰司各备贡马，差族目莫可当等赴京朝觐。俱以后期减赏。

丙辰（初三日）［四川宣慰司奢崇明奏“西酋”违旨抗宪］

四川宣慰司奢崇明奏西酋违旨抗宪，参奢社辉等。下部院知之。

戊辰（十五日）［兵部尚书黄嘉善题请楚、蜀、黔三省联防“红苗”］

太子太保兵部尚书黄嘉善题：三省红苗流毒，黔民被害独惨。恳乞严敕三省，照界防缉，以杜黔乱。略曰：楚、蜀、黔三省俱邻苗穴，然楚蜀辖苗虽多，各有土司为之领袖，不能侵入，其势犹缓。若黔则界于二省苗夷之中，辖苗虽少，逼近巢穴。以故掠堡焚〔屯〕，罹祸为甚。及其三省失事，又互相推诿，竟未有擒缉以靖匪茹者，是黔以一省而独受三省红苗之害也。今黔抚议三省各照所辖苗寨要隘，委官设兵，严加防守。分辖属以严责成，究出劫以惩横暴。至不得已而用兵，三省亦各照苗寨多寡，派出兵饷，则合各省之力，自收一鼓之功。既经具题，相应覆请，合升候命。下臣部，移文四川、湖广、贵州抚按衙门，各照所属要隘严加防守。遇苗出劫，在湖广即令湖北道行永、保二宣慰司，在四川即令川东道行酉、平、邑、石四土司，在贵州即令铜仁道镇，可抚则同抚，可守则同守，可征剿则同征剿。防守视失事之有无，功罪视地方之安否。臣愿诸臣之无过为分别也。从之。

明神宗实录卷五百八十二

五月

戊戌（十六日）［广西思明等府与向武、阳承等州土官差人贡马后期，减赏］

广西思明等府，向武、阳承等州土官差族目黄濯等，各备贡马入觐。以后期减赏。

庚子（十八日）[两广总督许弘纲、广东巡按王命璿交章劾总兵麻镇贪婪无厌，胪列赃迹以闻]

两广总督许弘纲、广东巡按御史王命璿交章劾总兵麻镇，贪婪无厌，物议沸腾，胪列赃迹一十三款以闻。下其章于兵部。

丁未（二十五日）[贵州巡抚张鹤鸣奏“土夷”争袭构乱]

贵州巡抚张鹤鸣奏土夷争袭构乱。章下部院。

明神宗实录卷五百八十四

七月

甲申（初三日）[以酌议雕剿“苗夷”等功，原贵州巡抚张偲受谥赠]

予原任贵州巡抚张偲祭一坛，仍给半葬。准谥赠都察院右副都御史。先是，万历四十二年七月内，该贵州巡按御史潘濬题内称，四十一年因苗夷猖獗，原任抚臣张偲酌议雕剿。查其疏稿所开，平伐两起擒斩阿民等五百五十三级。又三山剿六龙山贼，共擒斩一百五级。安庄卫共擒斩四十四级。称偲剔历两朝，始终一节。吏部覆允，故有是命。

甲辰（二十三日）[征调永顺、保靖土兵赴山海关，土兵逃散甚多]

兵部尚书黄嘉善题：万历四十六年六月，原调湖广永顺、保靖土司兵四千兵。据该省巡抚咨称，彭元锦发兵三千名，委土知州田万年、都司刘庭藩统领。正月二十六日起程，半载未见抵关。顷见王御史疏内：六月二十九日土兵到关，止七百六名。到部为照领兵官田万年、刘庭藩中情怯懦，到处留连。乞敕下臣部，行总督及经略按法究处。奉旨：土兵逗遛不进，逃散甚多。领兵官约束何在？田万年、刘庭藩依议从重究处。

明神宗实录卷五百八十五

八月

丙子（二十六日）［广西上下冻州等十一州土官差人贡马缓期，被革赏］

广西上下冻州等十一州土官各备贡马方物，差官族赵国胜等赴京朝贡。以缓期革赏。

明神宗实录卷五百八十八

十一月

戊子（初九日）［征调湖广、四川、贵州土司兵二万援辽］

兵部左侍郎杨应聘覆辽东经略熊廷弼题为酌调土兵，以资征战。奉旨：该部速议具奏。钦遵到部，为照本部前议，调土兵四万，以资征剿。业奉谕旨，檄行彼中选发矣。经臣虑其调多则参杂不精，人众则安置不便。又虑安奢、水蔺互为仇雠，同征非宜，于是有精锐二万之议。科臣祝耀祖亦谓，水、蔺二族怨深莫解，同调固虞见敌而驯戢之难，单调又恐空巢而吞噬之易。皆远见也，俱应如议，以免他衅。至择选各兵，加秩土官，以示鼓舞，均属允当。既经具题前来，合候命下，移文各该抚按。调湖广永顺宣慰司兵八千，都指挥使彭元锦亲统。调保靖宣慰司兵五千，宣慰彭象乾亲统。调酉阳宣抚司兵四千，宣慰冉跃龙亲领。石（柱）〔砫〕宣抚司兵四千，应袭马祥麟同秦邦屏亲领。以遵义参将童仲揆统之，仍将四川副总兵陈策升援辽总兵官，责成统领。两省抚按仍各议，委道臣一员监兵。兼程前来，沿途不得骚扰迟滞，仍望速赐批发，以便遵行。从之。

明神宗实录卷五百八十九

十二月

戊辰（十九日）［以贪残，罢广西思恩参将赵庭、都司佥书张九法］

罢广西思恩参将赵庭、都司佥书张九法，从巡抚林欲厦奏劾贪残也。

明神宗实录卷五百九十

万历四十八年庚申（1620）

正月

甲辰（二十五日）［加升彭元锦、彭象乾官职，各统兵援辽］

加升湖广永顺土司都指挥使彭元锦为都督佥事，保靖土司宣慰彭象乾为指挥使，各统兵援辽。

戊申（二十九日）［户部覆湖广巡抚徐兆魁，将四卫、五寨、黎靖一带府州县义社等仓积谷一半粜卖济饷，一半及藩司可用银两分赈饥民］

户部覆湖广巡抚徐兆魁疏言：湖广连年荒旱，如四卫、五寨、黎靖一带，所借以御诸苗、卫全楚者，尤宜体恤。议将该府州县义社等仓积谷，一半粜卖济饷。其存剩一半及藩司有可那动银两，听抚臣便宜酌处，以分赈饥民。从之。

明神宗实录卷五百九十二

三月

辛丑（二十三日）［以广东钦州“被劫”，令巡按王命璿勘处各官功罪］

初，广东钦州被劫，按臣王以宁将失事官知府涂巍等重拟。得旨：着行勘处。接任巡按王命璿再勘具奏，言各贼劫赃有据，则诸将非妄杀无功。坐营都司张国威兵过古森，森夷鸠众突射，各兵因而格斗。是谓应兵，拟以擅杀罪人律，亦属非纵，倘削功不录，又加重罪，不令豪杰解体乎？廉州府知府涂巍府治，与钦州遥隔，原非同住一城。虽先未与曲突之谋，后难逭稽督之议。职既褫革，似无可加。死难学正李嘉谕，挺身抗敌，义不避难，相应优恤，以鼓人心忠义之气。部覆：得旨依议。张国威等准令照例纳赎，完日张国威附过还职。涂巍发落为民，李嘉谕优恤。

明神宗实录卷五百九十三

四月

辛亥（初四日）［加四川石砫司援辽女官秦氏等官衔］

加四川石（柱）〔砫〕司援辽女官秦氏正三品服色，氏子指挥佥事马祥麟加指挥使，氏兄秦邦屏加都司佥书，弟秦明屏加守备各职衔，俱充秦氏委用。其随领官兵给银二千两，听其分别犒赏。

丙寅（十九日）［命遴选土兵八千，由湖广永顺土司彭元锦亲领援辽］

先是，湖广永顺土司彭元锦闻援辽调兵三千，以为不足立功，愿以万兵往。朝廷嘉其忠义，加升都督佥事，锡以飞鱼服色。既而部檄调兵八千，仅以三千塞责，又上疏称病不行。该省巡抚徐兆魁特疏劾之，通政使姚思仁再为参驳。事下部覆，得旨：责其称病不行，忠义何在？原调土兵，姑令头目代领前去。经略熊廷弼复直陈其罪，言：元锦本无病而托病，是挠国法也。刘廷藩押兵不效，而又押兵，是坏军法也。亟移书兵部、兵科，责元锦以忠义，勒令统兵亲来，以为众土司望。而不意该部参疏，遂欲听其择忠勇头目代为统领，以赎前愆也，是遵何法哉？元锦不应如此骄恣，该部亦岂应如此宽假？且以一司推调，阻各司报效之诚。一时曲徇，长异时桀骜之渐。臣实为朝廷惜之。况土兵苗性难驯，决非汉官所能管押，头目所能统领。即今三千已到辽阳者，知州田万年老惫不能约束，又不听舍把彭宗卿等约束。若此后再有发遣，而统领仍无主将，平时问谁弹压，临敌问谁调度？纵使一万五千皆帖耳听调而来，以此塞援辽之数则可，而实用何在？伏乞严敕彭元锦，遴选精兵务足八千之数，亲统领星夜前来，毋挠法以自隳忠义。上曰：彭元锦素负忠义，议调援兵，还着亲统赴辽，毋得仍前托病取罪。

明神宗实录卷五百九十四

五月

甲午（十七日）［石砫宣抚司统兵女官秦氏奏请增兵加饷］

石砫宣抚司统兵女官秦氏奏：臣蒙皇上加臣并子，以土汉援将三品服色，加臣兄弟邦屏、明屏都司、守备职衔。一家受此鸿恩，敢不捐躯图报！惟是臣所将之兵止三千三十员名，又自成一类，恐军声不甚振。欲将在川土兵三千五百余名陆续前来，共成一臂之力。然后请皇上假臣战车，给臣火器，半步半马，奇正相兼，惟经臣指纵。又臣土兵自川抵辽，一概计费每名不过四两，比照川将周世禄、湖广土司彭元锦所领土司兵安家之例。况安家银两，名为安家，实与各兵备置器械，以御敌用。臣兵跋涉万里，若非器械颓损不堪，何敢喋喋比恳！倘蒙允臣续调，必先颁赏安家，以鼓前军之气，而结后众之心。臣志得展，忠义得伸。疏下兵部。

壬寅（二十五日）［贵州巡抚张鹤鸣疏言赤水卫白撒所与当地“夷民”争田地之事，请地方官踏勘，退还白撒所被占田地］

巡抚贵州张鹤鸣疏言：赤水卫白撒所乃国初创建，以屏翰诸夷，额设田土，所军耕种，办纳粮差。各军因贫，误将本所东山堡、吴家沟等处田地，受诸夷财物，私为典当。当时不即正买卖军屯之律，耽延至今，强夷遂其巧计，霸占不休。虽各军将典当原价退还，夷众恃恶，不肯退还田地。即未经典当者，亦公然占据，改为私庄。原额粮差负固不纳，致寥寥孤军，贻累难完，只因畏其劫杀，莫敢谁何。虽经本所官军控诉，两院会题，委官勘断，而逆酋奢崇明、奢寅不遵依原断处分，听信权奸者务等挑拨，招纳伙盗龙仲、者个、者拨等千房，复占近城桃园堡、白蜡园等处田地，房屋、谷粟任其焚劫。若不题请会勘，追断明白，则白撒一所不复为黔所有。而蔺酋鸱张横肆于黔腹中，黔抚按不得制，川抚按不肯制，尾大不掉，恐四卫皆非黔有矣。异日者，川之勘官护前不勘，又如川南道不勘水西故智，则黔之酿祸，不知所底。止乞敕户、兵二部，移行四川、贵州抚按诸臣，行委两省该道亲自踏勘，将永宁宣抚司奢崇明、奢寅纵令恶夷及旧占新占白撒所田地勒令一一吐退，给还该所各军领种。占住夷民，责令搬移别地。其挑祸恶夷者，务以安田应龙等严行重处，逋欠粮差责令赔还。崇明父子敢再仍前抗违，不遵处断，公为叛逆，听臣据实参奏，改土为流，庶土夷知警。上命兵部知之。

明神宗实录卷五百九十五

六月

甲寅（初八日）［援辽土兵、浙兵争斗杀伤］

兵部奏：援辽土兵、浙兵争斗杀伤。乞赐严旨，切责领兵各官，以肃军纪。上以各兵争斗杀伤，领兵官钤束何在？着听地方官从公查理，仍各率众星速赴辽，如再逗遛生事，依议从重究处。

庚午（二十四日）［长宁安抚司差人贡方物］

长宁安抚司差头目番僧更八等来朝贡方物。宴赏如例。

明神宗实录卷五百九十六

七月

癸未（初八日）［兵科给事中奏保靖彭象乾援辽土兵率多脱逃］

兵科给事中薛凤翔条议四款……一、援兵出关，率多脱逃。顷保靖彭象乾之兵逃，又以三千告矣。象乾以宣慰授指挥，虽加实贬。宜亟敕兵部，责成该司星夜招回逃兵，一面请加衔以安其心，庶几散者可聚……

丙戌（十一日）［保靖宣慰彭象乾因病留涿州，土兵逃散，帝令监军道严督各官设法招抚］

兵部奏：湖广押兵守备邹汝联、监军参政王世德称，永顺司土兵三千、保靖司土兵五千，奉调援辽，俱到通州。昨兵部每兵给赏五钱。永顺兵见过通州而北，保靖宣慰彭象乾病在涿州未至，其兵于初三日夜，忽报逃散三千余。据供，众兵疑象乾称病告归，故一旦解体，在象乾统领攸属，招抚之责，夫将谁诿？押兵等官，职在弹压，听象乾之濡滞居停，责亦难辞。上以土兵脱逃，全无约束，统兵官责任何在？着监军道严督各官，设法招抚，务令尽数回营。彭象乾等待事完议处。

癸巳（十八日）［云南巡抚沈儆炌奏报镇雄、水西、乌撒土司内乱情形］

巡抚云南沈儆炌奏：臣奉命抚滇入境，访问地方夷情。据沾益州土舍安远报，万历四十七年七月内，官保统领镇雄、水西、乌撒大兵万余，追叔安效良至州界札营，沿村剽掠，欲安效良并前妻活菩萨与印信，回贵州勘。因效良偏爱前妻，致安疆臣女生隙，阴构昔乌撒土妇陇氏，买养官保，与效良讨印管事。随带四营夷兵、水西阿地等兵、乌撒阿梯等兵，杀虏殊惨。又按臣称：十月十九日，乌撒贼首戈破、李鸣鸾等夷贼三营，勾连水西、镇雄约一万五千众复越境，分兵至乐农纵进札营。寻杀效良，夺印信，（菩萨抄抢）〔抄抢菩萨〕一带地方，将薄州城。方策领官兵、安远领家丁防护。贼分为七路，直冲营中，前后不能相顾，我兵溃乱，方策、安远仅以身免。夫一逞不已，至于再逞，悖逆之状，真所罕睹。安效良承继乌撒，原经三省会勘，奉旨准袭。效良即淫虐寡恩，致起衅端，然官印岂可擅夺，兵端岂可擅兴？官保思以吕易嬴，遂敢耽耽虎视，借兵长驱，任意纵横。水西以女之故，敢助逆逐夫。乌撒头目敢叛主，声言挟印。沾民何辜，横罹此祸。彼水西即自恃富强，自揣与播州孰愈，不鉴杨酋之覆辙，敢于狂逞若是耶？总之，法令不信于桀酋，刑威不肃于远徼。是以狡夷扬扬得志，复肆披猖。倘会勘旨久不下，三省迁延观望，尚缓天诛，则狺狺诸夷生其戎心。乞敕该部，亟行川贵抚按道将，毋分彼此，毋务推诿，将官保并有名水西叛目阿乌密等、镇雄白屈等、乌撒扯出乌等，各数十名，听四川川南二道，贵州贵宁、毕节，云南曲靖，各道委官，分投勒限擒拿。约于适中地方，会问正法，大示惩创。并水西奢社辉及镇雄土官，重加贬爵降级，以为弄兵助逆诸夷无将者之戒。安效良贪淫不道，不能宜家。安氏牝鸡长鸣，争宠构隙，均应并究。庶朝廷无不震之威矣。上命兵部知之。

明光宗实录

明光宗实录卷二

万历四十八年庚申（1620）

七月

丙子朔（初一日）［罢天下矿税］

罢天下矿税。令旨：先年开矿抽税，为三殿两宫未建，帑藏空虚，权宜采用。近因辽东奴酋叛逆，户部已加派地亩钱粮。今将矿税尽行停止……

辛丑（二十六日）［广西巡抚陈邦瞻奏广西田州岑茂仁肆虐属邑等不法罪状］

广西巡抚陈邦瞻奏：田州岑茂仁本叛猛罪孽，肆虐属邑，纳上林县土官黄德勋叛弟黄德隆、叛子黄祚胤，谋袭其城，破之。三凶同恶，推刃德勋，夺印信，掳妻妾子女玉帛以去。事闻，抚道府问状，而茂仁党庇二逆，捏德勋为病死，以祚胤为当继。法应声罪致讨，即四境土司亦思共伸义举。第西粤惫极，未可以师。然隐忍不以时闻，且成尾大之势。谨据实题参，伏乞下部覆议。敕臣等随宜计议，调度兵食，以图善后。事下兵部。

明光宗实录卷四

泰昌元年庚申（1620）

八月

庚戌（初五日）［赏赐石砫、保靖、酉阳等土司援辽土官］

敕经略于前发金一百万两内，照例颁给。于是赏……援辽土司石砫司女官秦氏、保靖宣慰彭象乾二员，各银三十两、一表里。援辽土司酉阳领兵加衔守备冉天胤、石砫领兵指挥使马祥麟、永顺司领兵官汪一龙三员，各银二十两。

明光宗实录卷六

八月

甲子（十九日）［贵州巡按沈珣巡行，遇苗人掠吏役衣装而去，疏劾牛可耕、周承爵二将失职］

贵州巡按沈珣巡行石阡路濑地方，遇苗贼于野，矢及于舆，掠吏役衣装去。疏言：路濑为黔楚之交，夷盗猖獗，守备诸臣宜提兵防护。乃清镇守备牛可耕名为护行，而不携一卒，遇贼鼠伏草中。左镇坐营中军署思石守备事周承爵既不出迎，亦不发兵防护。二将俱应革任，以儆失职。奉旨下部。

明光宗实录卷七

八月

丙寅（二十一日）［贵州巡按沈珣言黔中道臣多缺，请补］

贵州巡按沈珣言：迩来以黔中多故，道臣多缺。即补者不来，来者求去，去者不返。若威清兵巡道副使李思恭，去春以入贺离任，今已年半，当照例径行罢斥，其缺有铜仁知府陈尧言堪补。前与抚臣会题，而部已别推，乞即敕部以尧言补思恭之缺，庶为两便。奉旨下部。

［镇守云南总兵沐昌祚疏议军务及预处“夷贼”］

镇守云南总兵沐昌祚疏议军务及预处夷贼。下兵部。

明光宗实录卷八

八月

壬申（二十七日）［兵部覆言酉阳土司援辽兵多逃亡］

兵部覆：酉阳土司冉跃龙向以援辽调兵四千，令之亲统赴援，加指挥佥事新衔。而中途托疾，其子领兵出关，逃亡几及四百。故巡抚饶景晖题参示罚，宜追夺新衔，勒限补足原调兵数，以伸法纪。从之。

癸酉（二十八日）［丽江土官斩获“黄毛达子”］

巡抚云南沈儆炌题：滇省介在西南，而丽江又在滇西北，境接番达，频年为患。该府土官木增父子奋勇斩获黄毛达子五十二颗，收降男子一千有奇，并收卜花村鲁台寨，安插降民。认纳每年牦银八十一两零，黑大麦二千二百梆，具题入额。请于知府上量加三品服色，以旌其劳。部覆，从之。

明熹宗实录

明熹宗实录卷一

泰昌元年庚申（1620）

九月

丙戌（十二日）［以张懋勋调管广西浔梧参将事］

以咨加统练南兵游击张懋勋调管广西浔梧参将事。

丁亥（十三日）［命四川永宁土司听贵州节制］

命四川永〔宁〕土司照依会典，听贵州节制。从贵〔州〕巡抚张鹤鸣奏也。

甲午（二十日）［两广总督许弘纲奏称田州土官岑懋仁遣人攻破上林土县，擅杀土官，乞正其罪］

两广总督许弘纲奏：田州土官岑懋仁肆恶启衅，窥占上林土县，纳叛黄德隆等，纠众破城，擅杀土官黄德勋，掳其妻女印信。乞正其罪。得旨：岑懋仁着速献印信，执送各犯，听按臣分别正法。如再抗违，便随宜进剿。毋得姑息养乱，贻害地方。

丙申（二十二日）［湖广巡抚徐兆魁以土兵脱逃参永顺宣慰司宣慰使彭象乾］

巡抚湖广右佥都御史徐兆魁以土兵脱逃参宣慰司彭象乾。又言：永顺土兵先调八千，费逾十万，而一至通州，闻三路败衄，辄望风奔溃。今复调遣，虚糜廪费，不如罢之。得旨：俱下所司。

明熹宗实录卷二

十月

丙辰（十三日）［升湖广辰州府知府为靖州兵备］

升湖广辰州府知府武图功为本省按察司副使靖州兵备。

丁巳（十四日）［刘綎继妻奏言亡夫事功］

原任援辽总兵官添注左府佥书左都督阵亡刘綎继妻罗氏为夫请恤，言：綎束发从戎，克绳先志。如初年征九丝蛮，擒其酋长阿大。捕建昌贼，获其首恶蔡咱。缅贼肆而歼厥渠魁岳凤，罗雄乱而计缚叛酋陈星。随调征倭，堵剿著功。复镇临洮，直抵挽工莽剌。釜山猖獗，帅师海上。播酋思逞，领督川兵，克关平播，功皆第一。南蛮煽焰，深入不毛，擒剿夷倮，茂绩昭著。顷家食无几，又调援辽，奉经略杨镐檄，直趋宽奠，统领精兵，四路并入。惟綎直抵贼巢，率义男刘招孙等，奋勇毕力，以药箭杀酋子火狐狸，用火炮杀贼无算。兵寡力单，援救不至，殒身沙漠，骸骨无存。功多祸烈，而不得与张承胤同蒙恤赠。游魂久栖于塞外，忠肝饮恨于重泉，当亦圣明之所怜悯也。事下所司。

癸亥（二十日）［贵州巡抚李榑奏称"饥仲"啸聚水西，劫诏使］

贵州巡抚李榑奏：饥仲啸聚水西。诏使中书于纬行装中途被劫。奉旨：诏使被劫，法纪凌夷，防御安在？贼党尽数擒获正法。土司抗违庇护，参来重处。

甲子（二十一日）［蠲云南贡金二千两］

蠲云南贡金二千两。巡抚沈敬炌言：辽饷督催甚急，贡金措处维艰。上曰：先帝即位之初，轸念几省凋废，着罢税务以苏民困。今既称地方加派辽饷，措处烦难。朕心悯恻，特允所请。准将每年贡金，蠲免二千两，仍进三千两，以备成造各大典礼钱粮急需，以昭朝廷恤念小民德意。

明熹宗实录卷三

十一月

庚辰（初七日）［以贪秽罢湖广镇筸参将续蒙勋］

罢湖广镇筸参将续蒙勋回卫，以巡按广东御史王命璿劾其贪秽也。

明熹宗实录卷四

十二月

壬戌（十九日）［录丽江土知府御“寇”拓土之功］

录丽江土知府木增御寇拓土之功，赏银二十两、纻丝二表里。其子懿及舍目等，各赏银有差。辽患方殷，增尝捐万金助饷，不独功在滇南也。

辛未（二十八日）［云南巡按杨春茂疏陈滇事四款］

巡按云南御史杨春茂疏陈滇事四款：曰守令之选宜重，曰存留之饷宜宽，曰贡金之数宜减，又曰界限之防宜严。言黔蜀抚按均守王土，各宜钤束属夷。凡有背义侵邻者，下令戒谕，或擒解正法。毋漫无区处，而徒以滇为壑。章下所司。

明熹宗实录卷六

天启元年辛酉（1621）

二月

癸卯朔（初一日）［裁云南大理府白崖通判及金齿等三巡检］

裁云南大理府驻札白崖通判，金齿、打牛坪、云龙甸三巡（简）〔检〕。

明熹宗实录卷七

闰二月

甲戌（初二日）［云南莽甸“巨魁”就抚，设兵镇守之］

先是，云南巡抚沈儆炌、巡按杨春茂同奏：莽甸巨魁畏威就抚，不设官兵以控制之，恐戎心复起，非所以为绸缪计。宜于法古甸等处增兵五百名，分营扼隘，设一守备总辖，而以哨官分布把截，为犄角之势。蛮哈守备杨明廷建营募兵，皆经其手，即宜加都司佥〔书〕职衔，管莽甸添设守备事。蛮哈员缺，亦腾、永要害之地。查有署所镇抚会武、薛继周，可就近升补。一转移间，而两地得人，防御均赖。至是，兵部如议具覆。从之。

乙亥（初三日）［贵州新贵县学生两年一贡，平溪、偏桥二卫学生三年两贡］

命贵州新贵县学学生两年一贡，如各省例；平溪、偏桥二卫学生三年两贡，如黔省例。从巡抚贵州张鹤鸣之请也。

庚辰（初八日）［兵部覆四川巡抚饶景晖条陈建南善后八款］

兵部覆四川巡抚饶景晖条陈建南善后八款：一、核边额。谓建南五卫八所，额设官兵十减六七，盖繇粮田干没于豪强，以致官兵日见消索耳。今议措饷开荒，为足食计，又于大渡河至金沙口，修旧五十六营，增新七十七营。定额据冲，以壮藩篱。一、精器械。谓蜀兵长技固多，但以岁久皆成钝敝。今议以逃故军兵所扣积者，节次修补，仍委材弁，严督置造，载诸循环，以备查验。一、阅信堡。谓大渡河之外，昔为夷巢，今已收入版图，设营置戍，且耕且守。第地方数千里，阅视稍疏，前功坐废。宜令两厅，协同指挥官，躬亲阅历。稽馆舍之治否，田畴之荒辟，戍守之勤惰，备册送道，通详两院，以凭举劾。一、画信地。谓地方辽阔，界畛不分，必致互相推诿。今议分为五信：一自镇夷堡至木托营，一自土城营至旧关坪，一自金沙江至小高桥，一自河西营至安乐营，一自镇蛮堡至土桥营。信各一将，画界而守。一、修险隘。谓建昌为五卫腹心，业石其城而守之。独德昌、建盐、二打冲三城，四面邻夷，岁久城圮，宜及时修举。至于盐之河西，建之泸沽、铁厂、松林，越(巂)〔嶲〕之南关、桐站，项背皆夷，当于隘口各筑石城，庶重关一设，隐然金汤。一、严夷禁。谓建边民夷杂处，不严为之防，勾引潜通，贻祸匪细。宜申明保甲之法，犯者连坐，但不得生事扰害，以开边衅。一、励将领。谓建边一带岩岭瘴乡，虽安堵已苦不堪，况日夜不忘枕戈者乎？诚欲作干城之气，惟有激扬一法。应比防海事例，岁终类叙有功者，破格显擢，不则重加究处。上命依议行。

明熹宗实录卷八

三月

辛亥（初九日）［三省会勘乌撒土知府争继事］

兵部言：乌撒土知府安效良繇沾益入继。当时三省会勘，安云龙庙食不可斩。土舍安官保非其血胤，不可立，舍效良无可与承祧者。即其人刑家无法，遇夷寡恩，胡不讼之抚按。乃官保借援修怨，挟弄水西、镇雄、乌撒诸夷，剸刃命吏。声言夺官劫印，追逼长驱，杀官兵，攻城邑。是役也，总皆以助官保为名，实以效良之弃妻虐目、府怨开隙为射的。乞敕川、贵、云南抚按，严行委官于三省适中处所查照，各疏参题情郎据实勘究。责令安效良回往盐仓，与安效和好，永勿恋妾别居可渡。安氏亦勿怀旧忿，复图戕逐。并谕效良抚戢乌撒夷目，上下相安。着落镇雄解献孽竖，官保依律正罪。其抢掳沾益军民屯寨人财，烧毁房产，逐一赔偿。水西、乌撒、镇雄助兵恶目各数十名，擒拿正法。及安氏奢社辉等，各加罚治。如有冥不悔祸者，会请合兵剿除。而三省主勘承各官务捐成心，无执偏词庇护。庶几宪纪昭明，干戈殄熄也。得旨：三省会勘各官，着秉公核实。务须处置得宜，詟服夷心，以靖疆域。

癸丑（十一日）［云南永腾游击、贵州龙新参将等贪弁被参革职］

兵部覆：云南巡抚沈儆炌、贵州巡抚李檩、广西巡按潘一柱各疏参本省贪弁原任云南永腾游击吴德行、原任贵州龙新参将龙万化、贵州都司掌印今取援辽参将王兴业、贵州军门标下坐营都司许敬、所分守浔梧游击将军傅汝霖，俱革职回卫。

丁卯（二十五日）［调四川马湖等土兵援辽］

兵科都给事中蔡思充疏言：顷据塘报，辽阳已危……四川土司兵业已议调。据宁川卫镇抚邓懋官，系阵亡将官邓起龙之子，奋不顾身，为国报仇。据开应调之兵，如马湖府土官夏德懋等，共二万六千名，骁健敢战。当令星驰回籍，着该省抚按调发，鼓舞激劝，即日就道……

明熹宗实录卷九

四月

戊寅（初七日）［四川永宁宣抚司宣抚奢崇明声称愿调精兵援辽］

四川永宁宣抚司宣抚奢崇明上疏，愿调马步精兵二万直捣奴巢……是时，奢崇明已蓄异志，借调兵以行其逆谋……

丙戌（十五日）［贵州巡按沈珣条陈地方切要事宜］

贵州巡按沈珣条陈地方切要事宜：一、议黔楚易地。谓平溪、清浪、镇远、偏桥，黔地也，而隶于楚。黎平、永从，楚地也，而隶于黔。事事阻碍，宜易地以便统辖。一、议道臣驻镇。谓普安去普定隔远，民悍俗浇。宜令威清道春夏驻普定，秋冬驻普安。往来巡察，以广弹压。一、议改附土司。谓先年葛彰土司长官安其位附叛革职，其孙安长治孤幼未袭，疆土无主。议将葛彰地土附龙泉县管辖，改长官安长治为土主簿，责以催粮捕盗。其副长官改为土典史。悉听龙泉令钤束。一、议改县为营。谓施秉县逼临苗穴，居民稀少，名为县治，实同旷土。议改为营，裁县令，而以清镇守备移驻镇守。一、议裁革幕官。谓普安州原设州判官一员，事无职掌，实同赘员。议裁去，一以免卑官远涉之艰，一以省冗费虚縻之禄。吏部覆奏，谓移驻道臣、改附土司、裁革幕官三款，俱当如按臣议。惟黔楚易地，事关两省，应行楚中抚按会议具奏。改县为营，属巡抚事，俟移咨覆请施行。上俱从之。

壬辰（二十一日）［赠贵州兴隆卫捕“贼”死事指挥佥事官衔，予世袭］

赠贵州兴隆卫指挥佥事余洪烈指挥同知，予世袭。恤其捕贼死事也。

明熹宗实录卷十

五月

癸卯（初二日）［乌思藏阐教王等及长河西宣慰使司等各贡方物］

乌思藏阐教王等及长河西宣慰使司等，各贡方物如例。

壬子（十一日）［云南道御史言调募有三患］

云南道御史丘兆麟言：调募有三患，一患鼓噪，二患脱逃，三患扰害。宜选择将领，申严纪律。得旨：严行申饬。

明熹宗实录卷十一

六月

**丙子（初六日）［广东巡按王尊德具奏拆毁香山“澳夷”新筑

青洲岛事，且叙道将之功]

广东巡按王尊德以拆毁香山澳夷新筑青（州）〔洲〕岛，具状上闻，且叙道将冯从龙、孙昌祚等同心任事之功，乞与纪录。部覆，从之。按：澳夷所据，地名蠔镜。在广东香山县之南，虎跳门外海滑一隅也。先是，暹罗、东西洋佛郎机诸国入贡者，附省会而进，与土著贸迁，设市舶提举司税其货。正德间，移泊高州电白县。至嘉靖十四年，指挥黄琼纳贿，请于上官，许夷人侨寓蚝镜，澳岁输二万金。从此，雕楹飞甍，栉比相望。番舶往来，有习于泅海者，谓之黑鬼，刺船护送。万历三十四年，于对海筑青洲山寺，高可六七丈，闳敞奇秘，非中国梵刹比。县令张大猷请毁其垣，不果。万历四十二年，始设参将府于中路雍陌营，调千人守之。至是，稍夷其居，然终不能尽云。

甲申（十四日）[叙贵州“征苗”功，升赏张鹤鸣兵部尚书等内外文武官员，并赏及土官妇奢社辉等]

叙贵州征苗之功。升张鹤鸣兵部尚书，荫一子锦衣卫正千户世袭，赏银六十两、大红纻丝四表里，给与诰命。其余内外文武官员，监军道陈禹谟、毛一鹭等，总兵陈寅等，优升纪录、赠恤及赉银币各有差。并赏及土官妇奢社辉等。

[以黔功加恩辅臣]

以黔功加恩辅臣。前任首辅见今召用叶向高，进中极殿大学士，与原任首辅方从哲，各荫一子中书舍人。见辅一爌、爌加少傅兼太子太傅，进建极殿大学士，各荫一子国子生。四辅俱赉银五十两、彩段四表里，以新衔给与应得诰命。

[御史言“苗捷”可宣，“辽耻”不可不雪]

御史傅宗龙上言：苗捷可宣，辽耻尤不可不雪。大凡功同赏者，罪必同罚，今强以苗赏加辅臣，是欲其受辽之罚也。既而诸辅臣各先后力辞，上许免恩荫，命银币祇承。

明熹宗实录卷十二

七月

庚子朔（初一日）[秦拱明以父邦屏援辽战殁，请重恤]

四川石砫宣抚司加衔守备秦拱明奏：父邦屏奉命援辽，尽鬻家产，以为军资。沈阳之役，先登杀贼。父既齑粉，而三十口妻孥留滞京华，行乞求助，乞给偿所费金，以赎产业。其重庆卫所与臣接壤，绝军屯地，尽没豪右，乞查驭拨二三十顷，以赡孤寒。更念同父阵亡部落，从重给恤。部覆：绝军屯地，抚按查明无碍，给作祭田，其优恤银照例给散。报可。

甲辰（初五日）[贵州巡按史永安言黔省贫瘠，采木皆资省直协济，乞敕各省抚按勒限催解银两赴黔]

巡按贵州御史史永安言：殿工鼎建，臣等叨任采木之区，敢不早为儹运。惟黔最贫瘠，从来采木皆资省直协济，黔不过招商采办、催督起运而已。查万历二十四、三十五等年，所派各省直协济止三万九千两，余令本省设处。近蒙拨荆关税银三万两接济，催取未至。即至，不敷三分之一。乞敕各抚按勒限催解赴黔，补给各商木价，以便责成。下工部。

丁未（初八日）[湖广巡抚熊尚文请复设湖广总兵]

先是，湖广旧设总兵，外控苗夷，内辖土司，然尝以勋臣领之。万历八年，给事中姚学闽题革。十年复设，十四年赵光远镇守。以郧阳兵变，光远推病杜门，抚按题革总兵，不许，止撤光远回京。二十七年，以都督同知陈璘充总兵。旋以征播迁贵州，而总兵府亦遭回禄，遂复停推。湖广巡抚熊尚文言：查楚中总兵，挂平蛮将军印，各土司皆听调发，各参、游、守备兵皆属统领。添一总兵，即添有十万师矣。皇祖不遣勋胄赵光远辈，特旨简用流官陈璘，真可谓万世法。乞择推廉勇任事者，俾充总兵。庶西南半壁，屹有干城。从之。

庚戌（十一日）[实授冉跃龙宣慰职衔]

加四川酉阳宣抚司冉跃龙实授宣慰职衔及妻舒氏诰命，仍恤阵亡千七百余家。跃龙于万历四十七年，令男冉天胤及文光等，领土兵四千赴辽。札虎皮、黄山等处三载，解奉集之围。再援沈阳，以浑河失利，冉见龙等战死千余人。撤守辽阳，又以降夷纵火，冉文焕等战死七百余人。兵部张鹤鸣言：跃龙遣弟万里勤王，见龙杀身殉。跃龙又自捐金二千两，运军器十杠至山海关。赈苦招魂，有足多者。臣在贵州时，跃龙亦自捐粮饷征红苗，屡建奇功。题准加衔副宣慰司，妻舒氏诰命。今又著节于辽，宜优恤见龙等，而实授跃龙宣慰，仍封舒氏，以风忠义。从之。

明熹宗实录卷十三

八月

庚午朔（初一日）［湖广巡抚熊尚文遣麻镇、五寨司土司领兵援辽］

巡抚湖广右佥都御史熊尚文以麻镇、五寨司土司张大忠等领兵援辽闻报，所发兵数并具启行程期以闻。

甲戌（初五日）［急调四川、贵州水西、湖广兵援辽］

兵部覆经略熊廷弼事本难而视愈易、势已急而应愈缓一疏，谓：经承臣所责望三部者，总一言尽之曰应急。臣等身在同舟，恶得不急？宜严令各镇援兵，专委道将督发。如逃窜扰民者，罪道将。如抽简不精、逗遛愆期者，罪督抚镇。其四川调兵五万四千名，议先发三万名，安家银十五万两。除户部扣兑该省加派外，本部找解四千两。贵州调水西兵五千名，安家银二万五千两。湖广调兵二万名，安家银十万两。二项皆免支湖广钱粮。至三省兵衣甲器械，每兵八两，听工部支给……得旨：依议行。其湖广土兵，该省巡抚拣委道府督同调发，不必遣官。

乙酉（十六日）［石砫女将秦良玉奏请优叙浑河之战为国捐躯

者]

女将四川石砫宣抚司掌印秦良玉奏：臣兄弟邦屏、明屏，统兵援辽。浑河之战，邦屏先登杀贼，为国捐躯。族兵数百、部目千余同时战殁，凄惨天愁。乞从优叙录兄子，大赉亡族之家，仍将在官久戍残兵，尽发归臣司，以便新兵前进，臣即亲押赴关。又言：臣自征播以来，所建之功，不满所妒之口。贝锦含沙，故怨未消，新忠难树。更乞天恩，炯照兵部尚书张鹤鸣言：浑河血战，杀奴数千，皆石砫、酉阳二司土兵之力。邦屏等既陷阵，秦氏先遣人来京，作绵袄一千五百件给与残兵。又自押兵三千至关，上分公家之难，下复饮血之仇，更可嘉焉。宜录邦屏子，大赉死事，而与明屏实缺。至其谗口自伤，功高招忌，势有固然。自宜力为保全，断不令忠义之士负戟长叹。报可。

[贵州镇远等处大水]

贵州镇远、思州、铜仁、偏桥、平溪等处大水。

明熹宗实录卷十四

九月

乙卯（十七日）[四川永宁司宣抚奢崇明叛]

四川永宁司宣抚奢崇明叛，戕巡抚徐可求等，遂据重庆。初，崇明与其子奢寅久怀逆志。因调兵援辽，遣其婿樊龙部党张彤等领兵至重庆，久驻不发。而巡抚徐可求为调兵科道明时举等所挟，移镇重庆。是日，于教场内点发各兵，而樊、张二恶，以增行粮为名，乘机作乱。杀抚臣及道府各官孙好古、骆日升、李继周、章文炳、洪世科、熊嗣先、王三宅、段高选等，总兵黄守魁，别将万全、王登爵皆遇害，明时举、李达逃窜得脱。分兵攻合江、纳溪，破泸州及富、内、资、简，遂攻成都。伪号大梁。

戊午（二十日）[刑部右侍郎邹元标奏言黔患情形]

刑部右侍郎邹元标言：黔患不尽在苗，其为道路梗者，苗十之三耳。播弄尚有数端，一曰马店户。凡自楚入黔者，必由沅州、晃州、清浪、平溪、镇远而上。由滇入楚者，必由平夷，亦资孔普安州、安南、新兴而下。辎重若干，马户、店户尽在阿堵中。客未起程，线索先通，节节位置，未有能出其彀中者。出劫于道，则有浙江、江西、川、湖流离，及市鱼盐瓜果为生者搀入其中，久之化而为苗。苗倚为命，弄兵徂诈，多出其手。而诸红兵哨兵，又与之猫鼠。今欲令道路无虞，不必用兵。盖苗东西徙倚，不可方物。彼侦大兵来，深山大壑，便足藏身，大兵不能久持，一退彼便复至。惟在处置得宜，服其心耳。凡苗诸寨，缙绅武弁多置佃焉，与刻木为信，数年不爽，岂有能奴使之，信成之，而不能治之耶？臣谓不必另设将官，宜以清浪、新添两参将，都清、镇远两守备，于六卫互相巡视。朔望令马户、店户各递执结查比，令要害处各建敌台一座，仍市红白布并杂缯入垒，宣示国家恩信，然后设苗总甲，以总苗事于孔道。责令熟苗聚处如保甲，然（而）〔后〕辟地与之市，凡三日一市。令各土官如独山、平州、丰宁、凯里、司乐等，各画界为治。有犯者问诸土司，土司法视汉更严也。若两江苗，则责成思石道、镇远府、施秉县，可抚则抚，可剿则剿。红苗责成宣慰彭元锦，邻楚者责楚，近蜀者责蜀，近贵者责贵。三省时夹攻，时独攻，临期斟酌。不然，我杀愈多，彼恨愈深。杀机一动，势必蔓延。有开辟即有此苗，能尽血洗之乎？威谕恩抚，彼虽顽冥，未始无性命之忧，家室之恋。果未驯服，用兵何难？往者播苗之祸，亦好大喜功者挑之，入其疆满载而归，不遂者恶语流传。官为所悮，兵连祸结。今虽开疆辟土，然元气先受伤矣。黔最贫苦，四面皆山，刀耕火种，所取几何？协济几何？臣熟知黔事，丛棘深箐，半臣足迹，故不忍忘并州。下部确议具覆。

明熹宗实录卷十五

十月

戊子（二十一日）［以“奢酋”发难，郧阳巡抚杨述中奏留援辽川兵守巴东，未允］

郧阳巡抚杨述中以奢酋发难，奏留援兵守备薛来征兵七千，并工部川饷六万两于荆州，以守巴东。下部议覆，兵部张鹤鸣言：臣抚贵时，知此酋巢穴，其众不过五万，而精兵不及万人。以发难则有余，以分路进取则不足。川中物力，犹可措手坚壁以待之，分布犄角以挠之，酋且坐困。至湖广，不必过虑也。辽事方急，工部银及已调在辽兵万不可留。上然之，命川贵抚按设法剿平。湖广各官用心提备，协力进讨。川兵依议催来，如彼中事急，再行酌请。

癸巳（二十六日）［广东勘“交夷”入犯思勒地方罪］

广东勘四十六年交夷入犯思勒地方罪，游击王熙仍革任回卫。

甲午（二十七日）［贵州巡抚王三善奏筹兵饷，以剿奢崇明］

贵州巡抚王三善言：言臣受命，未出都门，惊闻川变。永宁地方，实逼臣属。虽明旨有抚剿两议，臣以为止有剿之法，庶可以振国威而扬武略。但黔兵之饷，一切仰给川湖。今川既有事，湖亦震邻，钱粮征解，未必如期。军需紧急，卒不能待，乞慨发帑金三十万，并云贵贡金一千五百两，折银赐黔，以佐军兴。再严敕川、湖、贵三省，将额饷七万两，新增湖广折银一万四千余两，云南盐课银三万五千五百两，及四川乌撒、乌蒙、东川、镇雄四土府，每年应解米折银共三千七百两，本色米共一万二千三百二十四石，依期征解，无淂后时。其有延缓拖欠者，准照新例，重加参罚，则饷充而兵强。臣虽不才，愿从诸臣后，纾敌忾之志，尽获叛人之党。上嘉其慷慨任事，着作速前去，协力剿平。所取兵饷，该部斟酌议处。

明熹宗实录卷十六

十一月

辛丑（初四日）［敕川、湖、云、贵巡抚督厉土司冉跃龙等举义灭贼］

援辽川兵已抵中州，闻蜀警，欲急归自救。兵部言：川兵，奴酋视为动静，河西倚为进止。今已抵中州，去蜀远，去关近，乞敕河南抚按速催赴关，仍敕川、湖、云、贵巡抚，督厉土司冉跃龙、奢社辉等举义灭贼。从之。

己酉（十二日）［兵部请支给川湖等兵安家马价银］

兵部以川湖兵三万二千七百余名将到，及调蓟、保、山西兵四千五百名，该安家马价十四万一千九百两，乞于前发帑银动支。下总理酌议。

庚戌（十三日）［御史奏报马湖等处兵闻蔺兵之变欲归］

御史施梁奏：……河南巡抚张我续言，马湖四土司暨镇武、建武营土汉官兵，行至新乡，忽闻蔺兵之变，相对垂泣。急归内顾，决意不前。不如因势利导，给以资粮，俾南还杀贼。而兵部则以督催赴关，具覆闻报。而急家难既有不解之情，踵未举而神先往。又有难遏之势，所争只转不转之间。宜熟筹者一……

丙辰（十九日）［差人奖谕秦良玉忠义可嘉］

礼科给事中李精白言：……秦良玉，妇人耳。不请兵，不请饷，不烦尺一诏，而督兵勤王，志歼樊贼，尤足为须眉退怯者劝……得旨：秦良玉奋勇讨贼，忠义可嘉。着先行马上差人奖谕，事平破格升赏。余该部议奏。

丁巳（二十日）［贵州巡按史永安疏言土司承袭陋规及调兵防剿奢崇明之策］

贵州巡按史永安疏言：黔中土司莫大于水西。向累从征调，曾效忠勤。近奢社辉以妇人掌其事，而呈详土舍安位应袭，臣屡催该道申详，而竟不报也。闻司道陋规，有黄金百两之说，署印副使邵应祯故避嫌卸担。不知何年何人，作俑至此，堂堂藩臬，至有受金定例，身之不法，下将何观？况奢酋发难，虑与水西百计联合。其间机括关系最巨，乞速催安位承袭，仍将土司袭谢陋规严行禁革，犯者听臣参劾，究赃治罪。此外，各土官土舍，俱催次第承袭，庶砺臣子清修之节，亦坚夷官向化之心。兵科都给事中蔡思充亦言：安位宜速与承袭，从前司道陋规严行清革。至各指挥千百户应袭书役，亦多需索，尤当一概禁革。又言：全黔危急，滇臣沐昌祚，宜提兵弹压安酋，使戮力于贵州。楚抚熊尚文，宜令发兵二三千，隶薛来征，合原部兵为一队。约结秦氏，使并力于重庆。至栈道虽隔远，而秦蜀万不可断，宜令秦抚调兵设防，以壮声援。一切粮饷，滇楚权那支给，无悮师期。遵义府通判袁任，抱头先窜，法宜逮治。从之。

戊午（二十一日）［兵部尚书张鹤鸣奏称四川请发帑金以佐军需，敕川贵剿“蔺酋”］

兵部尚书张鹤鸣言：蔺酋招纳播孽，势已猖獗。四川请发帑金三十万以佐军需，委不可少。遵义去贵州止隔一乌江，遵义既破，贵州益危。十万之饷，兼御蔺酋，万万不能，合再发帑金五万于贵州，方克有济，仍严敕川贵抚臣，相机荡平。事半功倍，正在此日。然臣又有说焉，蔺酋狡诈百出，捏造变幻，摇惑人心，恐两省各官议出招抚，堕其计中，为祸不小。岂有杀巡抚镇道多官，据城抢掳，犹信为崇明父子不知哉！更乞严敕彼处抚按，洞破其奸，勿以迟疑偾事，灭此亦有何难！上令四川准于帑金内先发十万两，其奢崇明父子逆情，着川贵抚按查明，如能缚献叛目，另议宽处。其或依违观望，即行进剿。

甲子（二十七日）［“叛酋”已渐逼成都，四川巡按薛敷政乞解帑饷以解燃眉］

巡按四川御史薛敷政以重庆死难文武诸臣，及兴文知县张振德阖室自焚，合州知州翁登彦、江津县知县周礼嘉婴城固守，具状上闻。且言叛酋渐逼成都，乞将前发帑金二十万速解，以济然眉。得旨：川饷先发帑金十万，并邻省协援。昨已有旨，仍着新任巡抚用心料理，及早戡定。有司官竭力固守，及望风先逃的，据实奏闻。

其兵变以前，发有帑饷，已到与否，一并查明具奏。

［石砫土司女将秦良玉奏发兵讨叛军］

石砫土司女将秦良玉奏：永宁奢酋戕杀各官，雄据渝城，大逆不轨。臣闻怒发上指，誓不与贼俱生。随即首倡大义，部精兵万余，自裹行粮，同弟明屏及兄邦屏子翼明、拱明先发兵四千，卷甲疾趋，倍道兼行，潜渡渝城。扎营南坪关咽喉之地，以扼群贼归路。伏兵夜袭两河，砍烧贼船，以阻东下。臣亲统杀手六千，令明屏督阵前锋，沿江而上，水陆夹攻。又留兵一千，多张旗帜，护守忠州一带地方，以为犄角。移文夔州府把守瞿塘上下，星夜进兵。乞加明屏、翼明一衔，以便军前效用，俟捷音另行飞报。得旨：土兵作乱，秦良玉率众讨贼，忠义可嘉。已有旨差官奖谕，还着用心征剿，务底荡平，朝廷自当破格优叙。奏内秦明屏等升授职衔，该部作速议覆。部请加明屏参将，翼明、拱明等各守备职衔。从之。

明熹宗实录卷十七

十二月

壬午（十五日）［云南镇康州土官进牝象、方物］

云南镇康州土官刀闷枳进牝象、方物。巡抚沈儆炌乞以象及方物解进，即抵本省采买朝象之数。报可。

丙戌（十九日）［川湖总督张我续请设副总兵等］

川湖总督张我续援征播救鲜例，请设副总兵一员、游击二员以充中军，守备二员以充标兵，并乞浙江、福建、广西兵将悉听酌调。下部。

壬辰（二十五日）［命贵州土官安位袭宣慰使］

命贵州土官安位袭宣慰使。

［给石砫土司秦良玉夫人诰命］

给石砫土司秦良玉夫人诰命。时值洗宝日期，特用宝颁给。以良玉方率兵剿奢，劝忠义也。

甲午（二十七日）［贵州巡抚史永安极陈黔事危急］

贵州巡抚史永安极陈黔事危急，乞就近募兵，并措处饷银，推择将领。下部。

明熹宗实录卷十八

天启二年壬戌（1622）

正月

戊戌（初二日）［翰林院检讨等奏蜀中形势及防剿事宜］

翰林院检讨王应熊奏：自辽左连年用兵，忧时者知祸不在辽而在中国。不谓首难于蜀也，蜀中空匮已久，乱形数见，采木征兵，又加之毒。识者知天下之变犹远，而蜀变近。不谓首难于重庆也，重庆居蜀心腹，最为要害。一为贼据，天险遂失。自重庆以上，水则江津、合江、泸州、纳溪、江安皆震，且薄叙州。陆则永川、壁山、荣、隆、富、内、资、简皆震，且薄成都。惟川北一带未犯，然亦无恃也。下川东一带，自忠州抵夔州无恙，则以石砫、酉阳、平茶、邑梅各土司居其间，不肯即相下，贼亦以髋髀视之。然地居下流，乘之甚顺。此今日蜀中之形也。及此时有兵有饷有人，摧之即易，何也？奢贼即倾巢计兵不过万余，半据重庆，半游掠窥成都，半守窟穴。其起而附之，皆所在奸民，及迫胁相从、狱中罪犯与白莲教之徒，乌合耳。所遇攻剽，皆州县官弃城捐印，委而付之贼，非能逐处置守也。掳掠子女，挟持金帛，负重而行无人之境。傥得有制之兵，击其骄惰，当即披靡。此今日蜀中之情形也。所亟者，惟兵饷耳。蜀兵酆都、忠州、万县、云阳俱有，南岸民兵，气决善斗，但无饷不能募也。即石砫当先出兵，而平茶、邑梅、酉阳继之，苟无饷亦不能持久。今财赋饶沃之地，已为贼区。蜀藩捐助与布政司之藏，亦不能出成都门。计惟工部主事王登庸所解援辽帑金，可权为用，及秦楚协济而已。臣以为夔门一路宜责楚，剑阁一路宜责秦。以蜀之势论之，成都头颅也，泸、渝脾腹也，保宁、梁、达一路其脊项，而夔州其命门也。今脾腹坏矣，头颅病急矣。秦不疾入剑阁以保脊项，则害与秦共。楚不疾入夔门以通命门，则害与楚共。近荆州缉获奸细，则楚尤急。岂惟楚，即长江易瑕，而事且多矣。此时急推督臣，总制五省，控居上游，使秦扼其西，楚扼其东，滇黔促其后。道府将佐就近移调，刍粮甲仗就近征取捐资。格限时日，破藩篱，治推委，便可荡平，吃紧惟速一字。得旨：蜀事已有屡旨，着作速行，不得迟缓。同时，蜀绅原任太常寺少卿倪斯蕙、养病尚宝司司丞刘时俊各有条陈，大略谓：成都宜急救，原调之兵宜发回，监军御史宜添设，土司兵宜量调。同知余新民、陈思虞，州判胡平表，都司佥书胡明臣，废闲游击王之翰等宜擢用。新推按臣宜速令赴任。有司之守城、弃城者宜分别议处。兼请练民兵、积仓谷。禁左道以消乱萌，通驿递以达羽书。疏俱下部。兵部尚书张鹤鸣覆议，以为成都民物丰阜，贼所垂涎，必急救会城，而后可以渐次芟除。今李仙品、岳具仰之兵俱已发回，当一从河南走栈道，一从郧阳达沔县，径趋成都，则倒悬可解也。宁夏、播州之役，俱遣御史监军，应如梅国（祯）〔桢〕、陈效事例，听该部院题委。土司女将秦良玉及侄拱明，素怀忠义，可以朝调夕至。同知余新民等，都司胡明臣等，果有御侮之才，应加破格之用。新推按臣，一切激扬之权，勘核之责，胥是焉赖。委宜星言速驾，毋得稽延。有司官佩绶握符，应与城存亡。但仓卒之际，完节难求。应查被兵州县，孰为望风逃窜，孰为婴城固守，又孰为贼至而避，贼去而返，逐一分别议处。苟情有可原，不妨开一面之网。至于练民兵、积仓谷、禁左道、通驿递，则在彼中任事诸臣严缉而预防之。时刑科给事中刘弘化、南京户科给事中欧阳调律等亦各以所闻具奏。部覆言：科臣所陈，诚为硕画。但据近报，情形又日异而月不同矣。机关难以预定，应听督抚相机而行，以收胜算。

癸卯（初七日）［“蔺酋”肆逆，成都告急，敕催总督张我续等速赴救援］

刑科署科事右给事中孙杰言：蔺酋肆逆，成都告急。总督张我续、总兵杨愈懋奉旨已久，自宜速赴救援，乃一则优游梓里，一则踌躇原任，甚非拯溺救焚之义，乞敕催赴任。其一应任蜀诸臣，有稽迟凭限者，与地方失事同罪。章下所司。

丁未（十一日）［川湖云贵总督张我续请调延绥总兵杜文焕至四川平叛］

川湖云贵总督张我续请以延绥总兵杜文焕调至四川，同新任总兵杨愈懋协力讨贼。从之。

丁巳（二十一日）［四川募兵科道明时举等以“奢酋之变”上闻］

四川募兵科道明时举等以奢酋之变上闻。上责其起衅，命该省抚按严行查勘具奏，不得容隐。

己未（二十三日）［川湖云贵总督张我续奏言奢崇明广觅奸细，散赴各处“密探”，请有司缉拿］

总督川湖云贵张我续言：近获蔺贼黄国用供称，奢酋广觅奸细，散赴河南、湖广等处密探。遵义、马湖等兵流传听荧，恐有潜居京邸，造流言以弄机械者。乞敕五城并厂卫缉事衙门，多方体访。更望皇上明谕大小臣工，凡蜀中事情，悉以抚按奏报为据。急思设法以措饷，勿听流言而缓兵，则灭贼可期。疏入，报闻。

［候代贵州巡抚李橒疏言灭“蔺、播二贼”需合数省之兵、聚百万之饷］

贵州巡抚候代李橒疏言：蔺、播二贼，谋既阴连，势亦遥应。蔺借播孽之盘踞，以断我援蜀之路。播借苗仲之狂逞，以增我内顾之忧。所恃者，死守湄乌以防其合，驾驭安氏以携其交。此黔中一线生路，然而防江之兵，犹虞单弱，计非募数万不可。而刍饷无办，脱中可虞，不得已求救滇楚，幸滇以二万金至，楚以二万五千金至。随差官召兵，镇筸、铜仁以万余计。此四万五千金仅足供数月之需，要以扼关隘、清道路，为旦夕固圉之谋耳。若以复播灭蔺，非合数省之兵，聚百万之饷，设总督以专征，简道将以分阃，其何能济？皇上切勿谓辽事重、黔事轻，如臣前请饷之疏屡上屡寝，付封疆于一掷也。命所司知之。

乙丑（二十九日）［成都围解］

成都围解。先是，逆寅攻城急，阴约其党刘训等为内应。会事觉，皆伏诛。灌县知县左重率兵赴援，战败死之。贼造云梯及旱船，昼夜薄城，我师用炮石击毁之。相持百日，会贼先锋罗乾象遣人具贼情密报，欲杀贼自效，约营外大起为号。是夜，乾象纵火焚营，贼兵自乱。奢崇明父子狼狈夜奔，衣帛、谷米委弃山积，穷民赖以存活。乾象因率其党胡汝高等俱来降。

明熹宗实录卷十九

二月

丁卯朔（初一日）［四川巡按薛敷政以成都围困已久，驰疏告急］

四川巡按御史薛敷政以成都围困已久，驰疏告急。请敕黔、滇、秦、楚救援，仍乞发帑金二三十万两，以佐军需。上报援兵并饷已遣发，着速催前去，能奋勇破贼者，破格封赏。

癸酉（初七日）［水西土同知安邦彦叛，围贵阳］

水西土同知安邦彦叛，围贵（州）〔阳〕。先是，以奢酋之变，调兵水西。安邦彦素怀异志，宣慰使安位幼弱不能制。又有盐仓土目安效良者，沾益土官安远叔也。先以谋袭沾益不遂，伺安远公出，遣叛目阿借等伏途截杀，遇救得免。滇抚沈儆炌闻于朝，檄责效良，俾缚阿借等以献。效良不悛，复纠东川土官禄阿伽，焚掠新屯，阴与邦彦谋叛。正月二十八日，安酋率兵二万至毕节。阳称报效，阴袭毕节。守将知其谋，固守不下，效良助之，遂陷毕节。分兵攻破安顺、平坝、沾益、龙里等处，遂围贵阳。

辛巳（十五日）［贵州抚臣李橒疏报官兵讨“蔺贼”战绩］

贵州抚臣李橒疏报：十一、十二两月间，官兵与蔺贼大小百余战，前后杀贼不下万余，绥阳、遵义、湄潭、真安、乌江、桐梓次第恢复。因叙文武道将总兵张彦芳，平越监军道朱芹，提学佥事刘锡玄，监纪通判万编、徐清，绥阳县知县任宠，都司许成名、黄运清、商士杰、徐用宾，守备焦瑞麟等征剿防守之功。上命效劳文武各官，候事平优叙。还益加奋力，务底荡平。

辛卯（二十五日）［贵州巡按史永安疏请拨帑集兵，以剿平叛乱］

贵州巡按史永安疏言：仲苗之为黔患，与黔相终始者也。抚不能安，剿不能尽。蔺酋未叛之前，尚能督责营〔哨〕，申饬备捕，以通滇黔一线。自永宁逆酋起，而黔之普、尼、永、毕受敌矣。自遵义之逆孽应，而黔之乌、湄、余、瓮受敌矣。贼之薄湄、瓮者，尝扰黄滩关。薄乌江者，三犯江关。苗仲伺隙，勾引猾贼，破城陷地之惨，哨报日闻。此际而不议大创之，不惟黔不成黔，抑且滇难为滇。但大创非大兵不可，而大兵非大饷不可。日闻皇上发帑金二百万，分为东西之用，将吏军民无不手额庆更生。而仅蒙十万之给，嗷嗷待哺，所济几何？请再发三十万，庶可以招集大兵，剿除诸逆，救全黔于水火之中。章下部议。

明熹宗实录卷二十

三月

乙卯（十九日）［发新饷银十万两解湖广］

发新饷银十万两解湖广。从巡抚薛贞请也。

丁巳（二十一日）［安邦彦迫攻省城，急调湖广、云南、广西土汉官兵应援］

黔省之困于安酋也，抚按音问不通。原任总兵张彦芳飞揭告急，谓调附近邻镇精兵救援。至是到部，掌兵部事孙承宗覆言：安酋乘我多事，陡肆凶逆，迫攻省城。黔省兵力单薄，非比成都。见今抚按处围城之中，薪水易竭，支撑难久。救援稍缓，是以省会予酋也。除总兵张彦芳揭请邻近精兵，祈明旨申严各该抚镇星速应援外，湖广土汉官兵应调二万，云南镇臣沐昌祚部下马兵应调一万，广西泗城、南〔丹〕州共调一万，繇都匀径道疾趋救援。但兵必须饷，饷须速给。合行湖广抚臣，即于新饷内就近动支，分发应用，庶克有济。得旨：黔省拯救宜速，便着马上差人行各该总镇等官，相机援剿，务令克期济事。该省巡按官，即着监军查纪功罪，事完一体核叙。

[急发帑金应援川贵兵饷]

以川贵并急发帑金三十万为援剿兵饷之用，从户部题请也。

明熹宗实录卷二十一

四月

壬申（初七日）[合州知州以保全孤城升职]

以合州知州翁登彦保全孤城，升四川威茂道按察司佥事。

癸酉（初八日）[议调广西狼兵及泗城、南丹土兵赴山海关援辽]

先是，监军袁崇焕欲调取广西狼兵五千，举林翔凤往。又欲调泗城、南丹一万，广西抚臣何士晋言：狼兵轻生敢战，亦土酋之性。而今亦不然矣，即每岁檄之戍梧、戍桂、戍艚营，十不二三，率以雇替应点阅，未几尽逃。而土酋按籍索饷，则必如其额。而所过骚扰，又不可言。至于泗城、南丹，粤之土司，弱者奄奄，强者桀骜，兵之难调甚明。即欲调二土司，似不必取盈一万。其领兵赴山海，第专责林翔凤。平乐府推官袁玉佩乞留为地方之用……

丙子（十一日）[巡抚朱燮元驰报讨奢崇明捷音]

成都自正月解围后，我师乘胜长驱。资阳、内江等县，简、泸等州，并各卫所，共四十余处俱已恢复。惟重庆尚为贼据，攻之未下。巡抚朱燮元驰报捷音，并追述奢酋围城始末，与文武将吏、乡绅、土司人等战守勤劳之状。得旨：逆酋败逃，州县尽复，朱燮元并武将及乡绅、土司人等，忠劳懋著，候事平优叙。还先宣谕朕意，以示劝奖，仍着同心奋力，相机剿抚。务除凶逆，以安地方。

丁丑（十二日）［贵州巡抚王三善以黔事危急乞饷募兵］

贵州巡抚王三善以黔事危急，募兵需饷，乞将所属湖南五府旧额京边新饷二十四万，尽数与黔，以供军储。疏下部议，户部尚书汪应蛟题覆：请以一半解贵州，充目前募兵支费，一半仍旧解部，俟蜀平再行酌议。上从之。

乙未（三十日）［奢崇明攻四川兴文县，知县阖家死难，诏给祭葬，建坊祠］

初，奢酋攻四川兴文县，知县张振德阖家死难。诏给祭葬，建坊祠与谥，其妻钱氏等旌表祔祠。

明熹宗实录卷二十二

五月

戊戌（初三日）［四川桐梓等县“妖贼”聚众“焚劫”］

四川桐梓等县妖贼白仙台等乘奢酋之乱聚众焚劫，皆报就擒伏诛。

庚子（初五日）［贵州进士自请赍敕往谕“安酋”］

贵州进士田景猷自请赍敕往谕安酋。许之。

丁未（十二日）［以水西告急，兵部请发大兵急救］

云南巡抚沈儆炌以水西叛逆驰疏告急。兵部请严敕贵州新抚及湖广总戎，速发大兵疾驰急救，而西粤与滇南比壤，声息可达。并着彼中抚臣，就所部士卒或营兵或狼兵，亟发一二万，统以廉勇将官，间道星驰，合力接济。第滇中粮额既薄，库藏如洗，乞即发帑金十万。不独师行粮随，滇可壮兵威，而天末瘴人尚得与皇上罢金之命，同颂天恩也。上从之。

**己酉（十四日）［湖广巡按舒荣都驰报黔省之围，帝令相机应

援协济]

湖广巡按舒荣都驰报黔省之围，且言：黔为楚之藩蔽，黔危而楚不得独安，臣以戒黔之心戒楚，而以忧楚之心忧黔，真有食不下咽者。从来戡定祸乱，不出人与财两端，应援接济，惟皇上加意。上以楚黔接壤，着相机应援协济，饷银作速解发。

庚戌（十五日）［以统兵剿奢崇明功，加秦良玉及其子侄官衔］

先是，石砫宣抚司掌印女土官秦良玉有奋义剿贼、获解重围一疏。继统兵剿贼，参将秦明屏同侄加衔游击秦翼明、加衔都司秦拱明合词，有扑灭劲虏、备陈微劳之疏。俱下部，敕从优议覆。至是，兵部题覆：奢酋之初发难也，凶焰大张，全蜀鼎沸。秦良玉兄弟奋不顾身，先扼樊贼之吭，旋解省城之围。忠义聚于一门，勋伐昭于众口。功懋懋赏，谁曰不宜？虽例叙边功，必繇督抚题奏，巡按查核。而当此多事之日，欲以鼓舞豪杰，不可尽持汉法。秦良玉准加署都督佥事，其父若母，当从良玉官爵伊子焉。祥麟准授宣慰职衔。秦明屏等功次，行彼中查明。回奏之日，应加衔者加衔，应实授者实授。庶懋赏之中，不废课功之典。上从之。

庚申（二十五日）［刑科给事中疏纠川贵总督张我续］

刑科给事中薛大中疏纠川贵总督张我续，言：我续承命而优游观望，就道而纵兵残害。成都被围，逗遛不进。抚按解围，飞报捷音。碌碌因人，一筹莫展。至安酋自侈罗甸国王，叛逆显著，而揭称其义举。望贼锋而识迷，见逆文而胆破，安能舒皇上西顾之忧哉？上以督臣任事方新，不得遽尔苛求。

癸亥（二十八日）［官兵复重庆］

官兵复重庆。先是，樊龙据渝城，扎营佛图、二郎关。石砫宣慰司女将秦良玉率秦明屏等夺据二郎关。贼退守佛图关，为总兵杜文焕所破，进围渝城。奢寅遣其将周鼎等，分道来救。鼎败走，为合江民所缚。官兵与平茶、酉阳、石砫三土司合围重庆，城中乏食，樊龙自出欲降，三土司争而杀之，张彤为乱兵所杀，生擒樊龙子友邦、友臣、友国及其党张国用、石永高等。黑蓬头先降，戴君恩伏诛。遂复重庆。

明熹宗实录卷二十三

六月

庚午（初六日）［议开通自粤西田州达滇之广南驿路］

云南巡抚闵洪学以黔警方棘，滇道中梗，自粤西田州可达滇之广南，议通一线之路。中间应设驿递，隶粤西地方者，其公馆、夫马、廪粮，一一滇为之任，不敢累粤。在此际黔路艰危，既为救急。在他日夷氛已靖，何妨两存。敕所司速议。

癸酉（初九日）［贵州巡按史永安续报安邦彦叛逆情形，乞多发兵饷救援］

巡按贵州御史史永安续报安酋叛逆情形，且言：安顺府推官徐朝纲、广顺州知州郑鼎俱死于贼。黔省危急，乞多发兵饷救援。上勉以督率将吏，共保危疆。死事之臣，候事平优恤。

［以挺身护印、集众破奢崇明部叛军，四川富顺县教谕获从优升用］

先是，四川富顺县乡绅工部郎中程嘉宾等，公举富顺县教谕卢安世，言：奢贼先遣伪党孟兜山二十八人入县，迫胁取印。署县通判陶明道弃印先逃，举人教谕卢安世，已束装将上公车，挺身取印，磔杀孟兜山等。贼兵数万奄至，安世单骑格斗，手刃贼首三十余人，星驰道府请兵，仍纠集毛头铺乡民，并调荣县莲花寺勇僧，共四五千人，破贼复城，士民赖以更生。乞加不次之擢，俾专钺一方，相机防变。疏下兵部，掌部事大学士孙承宗言：安世计偕孝廉，非有守土之责也。使其飘然北上，既无金革之危，兼有清华之望，谁能厚尤之者？而安世不尔也。其护印如怀璧之相如，叱磔贼党；其请兵如泣庭之申胥，还定城池。非尝之人，当有非尝之赏。宜如乡绅所请，授以监军之任，畀以专敕，使本官得展其所长，而人心竞勉于报国。得旨：卢安世从优升用。

丙子（十二日）［贵州巡抚王三善疏请催运援黔楚饷］

贵州巡抚王三善疏言：臣当在道，一闻黔报，恨不飞渡贵阳。

惟是无兵不敢言战，无饷不敢言兵。然黔饷一切仰给于楚省，自辰沅至镇远，可通舟楫，而水浅不胜重载。自镇远至会城，峻岭不通车马，止借人力担负。故臣向以辰尝产米无多，议留湖省水次兑米，而楚藩运船已督过淮矣。向以黔官不能催楚饷，议将楚粮道移驻沅州督饷，而今并督漕过淮矣。两者俱不能得，臣何计以济黔？今臣募兵买米，已离沅西上，恐臣去而楚臣玩愒如故，以坏黔事，恳乞亟敕楚抚移驻辰州，庶呼号可以相闻，缓急可以相告。然长沙、衡、永距黔三千余里，须有专官督催，乃不悮事。而沅州知州霍尚仁，虽经计处，尚在地方。乞补（尝）〔常〕德通判，督催三府粮饷。本官黔人，庶急于桑梓，而无悮也。部覆如议。

辛巳（十七日）［奢崇明部伪总兵等擒伪丞相以降］

奢酋伪总兵张武等，擒伪丞相何若海以降。

明熹宗实录卷二十四

七月

乙未朔（初一日）［川湖云贵总督张我续奏参赞画太仆寺少卿刘时俊通敌］

总督川湖云贵张我续参赞画太仆寺少卿刘时俊，言：大兵攻克佛图关，樊龙自城垛投诉，称为乡官刘时俊投密书所误。彼时即馈以金刀、护膝等物，同盟兴师。臣料时俊必不为此，但各道见其门下兵船二十余只，与贼交通，送米、盐、火药，俱莫之禁。物议纷起，乞令暂卸兵权回籍。上以时俊素受国恩，逆贼诉词，未可轻信。着暂回籍，仍行抚按官查实回奏，以凭处分。

辛丑（初七日）［川湖云贵总督张我续以恢复重庆报捷，且言事权归一］

川湖云贵总督张我续以恢复重庆报捷。且言：贼所以久未克者，事权不一也。自监军、赞画以及乡官、举人，人各拥兵，甚有传赞画公子纵兵以米盐资贼者。臣因檄令监军及乡官、举人，悉以兵归杜、薛二大将统领，又檄令有接济贼营者枭斩，凡七日而樊龙就擒。此亦事权归一之明效也。上览其奏，敕赞画、监军兵都着归并总兵官，本省乡官、举人不许领兵，仍谕山海等处赞画、监军兵，也着归并总兵官统束。

壬寅（初八日）［发帑金于滇，命督抚官协剿“蔺贼”］

发帑金十万于滇，命督抚官协剿蔺贼。兵部覆御史潘濬疏，以重庆已复，捣巢宜速也。

甲辰（初十日）［四川总兵官杨愈懋败殁，叛军陷遵义］

四川总兵官杨愈懋败殁。先是，松潘道宪副李忠臣家于永宁，为贼多陷，阴募死士，密通愈懋，约俟大兵至日为内应，事泄遇害。贼仍用其家僮夜出通信，以诒我兵。愈懋信之，至江门为贼所袭，愈懋与推官郭象仪、同知宋柱国，及将官吴民望等俱死之。贼乘胜攻大坝，建武游击龚万禄父子俱战死。遂陷遵义，杀推官冯凤雏。总督张我续、巡抚朱燮元俱以状闻，上命所司议恤。我续、燮元复引罪求斥，上勉以相机调度，殚力讨贼。

己酉（十五日）［贵州巡抚王三善奏入黔行程，并言贵阳已粮尽难支］

贵州巡抚王三善奏：臣初疏拟驻沅州，以沅州黔楚之交，便于期会，为饷计也。再拟驻镇远，以新募楚兵必使入黔，然后可勠实归伍，待粮米运至镇远，然后可提大兵而至，一举荡平。今闻会城之内，粮尽难支，臣若不进，傥有不测，谁任其咎？极知力不能进，势不可进，而不容不进者也。既进则不能退而虑饷，乞敕贵州新按臣董翼提督楚饷，驻札镇远。章下该部。

庚戌（十六日）［四川巡按张论具列蜀中州县官员功罪］

巡按四川张论具列蜀中州县功罪，言：自奢酋发难，婴城固守，鼓义杀贼者，四十州县内止有四人焉。真安州知州杨汝昇兼复桐梓，合州知州翁登彦兼复安居，铜梁县知县吴弘业兼复大足，南川县知县韩应龙兼复綦江。次则遂宁知县曹元龙、彭县知县冉崟、中江县知县钟文焰、什邡县知县谢奇举，防范有方，城守无虞。均当分别叙录。若江津县知县周礼嘉、富顺县署印教谕卢安世，屡抗强贼，力屈而走，旋能借援复城。安岳知县翟学程、荣县知县蒋守洵、江安县知县陈达道、绥阳县知县任宠、威远县知县董养中、新繁县知县王国治、双流县知县刘鼎新，初虽弃城以避贼锋，后亦据众而守其地。此外，各州县未有不逃者。但逃一耳，而逃之情景不同，库印之存否又不同，复城之先后又不同。除遵义府通判袁任、叙州府通判陶明通、内江县知县何起蛟弃城先逃，永川县知县蒋承皋开门纳贼，已经逮究外，其余俟确查奏报。下部议覆。

辛亥（十七日）[广西太平、思明等州各土司遣人朝贡]

广西镇安府太平、思明等州各土司备马，遣族目岑元庆等赴京朝贡。〔宴〕赏如例。

戊午（二十四日）[加四川总兵杜文焕总理职衔]

加四川总兵杜文焕总理职衔，督同各总兵官协力讨奢贼，并颁敕印，以便行事。

庚申（二十六日）[贵州援兵溃于新添之瓮城河]

贵州援兵溃于新添之瓮城河。时贵州会城围急，诸将至瓮城河与贼相持。食尽，参将范仲仁兵六千先逃，贼遂乘虚横击，诸兵并溃。巡抚王三善时在平越以闻，得旨：援兵轻进溃散，巡抚官节制安在？王三善姑着策励据守要害，调度应援。将吏违令的，听以军法从事。

[帝谕户、兵二部贵州围困日久，援兵失利，会城益危，命分路进援]

谕户、兵二部：贵州围困日久，援兵失利，会城益危。该部便行文四川总督官张我续督同诸将，急发土汉官兵，分路进援。捣巢应接，相机行事。候代抚按官着殚力捍御，务保孤城。其粮饷急需，前奉旨：湖广布政司支饷银十万两，并抵还帑金五万两，及该省留漕本色，着巡抚官速行解运。其余兵饷，未尽事宜，两部悉心商确，咨行督抚各官并总督官。新颁敕谕一道，火速差人赍发施行。

[兵科左给事中劾王三善，并请调广西狼兵入黔]

兵科左给事中朱童蒙劾王三善濡滞楚沅、丧师平越之罪，乞责令讨贼自赎，仍言广西南丹、泗城狼兵不便援辽，宜调之入黔。章下该部。

[贵州巡按侯恂请便宜行事，以免坐误事机]

贵州巡按御史侯恂言：黔中往复，动经半载，必待奏请，坐悮事机。请许巡按便宜行事，仍乞赐以兼督川湖军饷专敕。部覆，从之。

壬戌（二十八日）［浙江巡盐御史傅宗龙奏言蜀滇合力征剿“奢贼”］

浙江巡盐御史傅宗龙言：蜀滇两急，疆事方殷。虽幸援兵四集，沾、平收复。然兵以无饷而难聚，贼以无兵而复滋。乞慨赐帑金二十万，责令蜀抚差官转运入滇，为滇兵续命之剂。次乞严谕督臣张我续，乘取重庆之声势，速剿奢贼。若奢贼未即就擒，亦须分兵，从镇雄、乌蒙先平东川，为臣乡除腹心之疾。再谕蜀抚按开通建昌，必建昌无梗，而后有入滇之仕绅。必滇与蜀气脉流通，而后可合力图贼。若以会川改隶云南，听其制置，而自建昌至黎雄，责之蜀中，尤觉便益。以会川至滇仅九日，而至蜀必一月，远近之势异也。今日之势，似蜀急而滇缓，然滇亡则蜀必不能独存，奢贼一穷，不入建昌，则走东川，故滇之可虑，犹在蜀上也。通建昌以安滇，实以破奢酋之后窟。滇蜀合而俱安，无忧黔矣。下部。

明熹宗实录卷二十五

八月

丁卯（初四日）［川湖云贵总督张我续乞罢，不许］

总督川湖云贵张我续乞罢。上命速督兵援黔，不得因言推诿。

［添设云南弥勒州学正等，裁弥勒州同知等］

添设云南弥勒州学正一员，富民、阳宗二县训导各一员。裁弥勒州同知，昆明县河泊所河泊，蒙化卫知事，蒙化府甸头巡（简）〔检〕，及云南、澂江二府儒学所改训导各员。从云南抚按之请也。

己巳（初六日）［授四川降将等职衔］

授四川降将罗乾象游击将军职衔，胡汝宁、汝高及生员邹蔚然、范祖文、胡肇虞各都司佥书职衔，何正光、刘养鲲等各守备职衔。乾象等首先纳款，破贼解围，养鲲等捐资结客，督阵冲锋，故授职以示鼓舞。从四川巡抚朱燮元之请也。

辛未（初八日）［湖广巡抚薛贞请敕四川、云南、广西协济黔饷，偏沅添设军门］

湖广巡抚薛贞请敕四川、云南、广西三省协济黔饷，偏沅添设军门。事下部议。

癸酉（初十日）［四川合州乡官倾资募众守城，抗奢崇明叛军，殉难，赠恤之］

赠四川合州乡官、原任安定县知县董尽伦光禄寺少卿，荫一子外卫正千户世袭，仍立祠岁祀。奢酋之变，尽伦倾资募众，与合州知州翁登彦婴城固守，手刃索印之吏，屡挫贼锋。及奉檄援渝，义不反顾，竟以身殉。南京户科欧阳调律等为请恤典，故有是命。

乙亥（十二日）［云南请兵饷］

向高等复为云南请帑，言：前此所发，皆川贵之饷，云南未沾分毫。况辽民赈济银复那作屯田之用，今户部所请十万，虽充云南兵饷，实留此赈济辽民。即将两广辽饷抵解云南，是亦两利之道也。谨将原票改正，请旨。上从之。以许发云南帑金五万两留赈辽民。命该部行文两广总督官，于辽饷内对支五万两解给云南。

己卯（十六日）［云南丽江土知府御“虏”致疾，准致仕］

云南丽江土知府木增御虏致疾，告替入山。准加本省（本）〔布〕政使司左参政职衔致仕，以劝忠义。

庚辰（十七日）［令祁继祖、龙万化领兵赴遵义剿贼］

起原任庄浪游击祁继祖，以原官游击为正领兵官，湖广黎靖副总兵龙万化为副领兵官，督率各兵赴遵义剿贼。

壬午（十九日）［湖广总兵官薛来胤被褫职听勘］

黜湖广总兵官薛来胤回卫，仍严行勘奏。来胤奉命援蜀，偃蹇荆门，及督抚屡催，始不得已就道。抵渝五日，樊龙已降，（哆）〔侈〕口言功。迨再檄赴黔，遂称病径去。总督张我续、郧阳抚治杨述中各疏纠之。部覆：褫职听勘。

乙酉（二十二日）［四川巡抚朱燮元备述被奢崇明叛军所害诸臣，请优恤］

巡抚四川右佥都御史朱燮元备述文武殉难诸臣，请优恤以慰忠魂，言：奢酋变起仓卒，一时披靡。其间仗节死义者，如兴文知县张振德之一家盛服，赴火自焚。南溪知县王硕辅之城陷自尽，被贼肢解。桐梓知县洪维翰之谊不受辱，甘心陨首。灌县知县左重之提兵血战，膏身原野。已经前疏题明。此外，如建武所掌印指挥李世勋以城陷挈妻赴火而死。兴文县署印教谕刘希文骂贼不屈，夫妻殒命，仅遗七岁幼孙，为家仆背负走脱。合州乡官、原任凉州屯兵同知董尽伦倡举义兵，保全州城，督兵至重庆，中途为伏贼刺死。富顺县举人聂绳昌召募义勇，御贼战死。泸州监生吴长龄自率义兵，恢复泸州，后中贼伏，父子俱战死。兴文县乡官、原任龙阳县丞胡一夔被虏不屈而死。其余如指挥瞿英、韩应泰，镇抚都联芳，百户袁中绣、张羽，材官雷安庶、边一礼，训导赵恺，生员周清儒等皆以御贼捐躯。乞厚加褒恤，用慰忠魂。章下所司。

［朱燮元报闻擒获奢崇明所委伪丞相何若海］

朱燮元复以擒获奢贼伪丞相何若海及伪相印报闻。若海自言遵义府人，先年潜入京师，以卖诗字篆刻为生。因见东事孔亟，屡赴各衙门条陈，不用。遂乘催调之差，前往蔺州，投入崇明父子，献上三策，谋图大事。逆贼从其下策，遂据重庆，围成都。只是土兵无纪律，致有此败。并言丞相印系水西、乌蒙、乌撒、东川（西）〔四〕夷府共铸授之。盖自古奸雄游侠，中国不能用，而为夷狄用。如宋张元之徒，非一人矣！

明熹宗实录卷二十六

九月

壬子（十九日）［川湖云贵总督张我续请候驻辰沅，以便救黔］

总督川湖云贵张我续以蜀事少宁，黔难未纾，请移驻辰沅，以便救黔。上许之。

丙辰（二十三日）［川湖总督张我续议留四川行都司佥书陈廷对加游击将军管事］

川湖总督张我续议留四川行都司佥书陈廷对加游击将军管事。

［傅宗龙陈四川、贵州、湖广三省情形］

……宗龙又略陈三省情形，言樊龙虽擒，奢崇明父子尚在，蜀事深可忧，勿以容易狃之。黔抚王三善以临敌易将取败，若死守平越，尚可冀桑榆之收。若诿于力之不及，轻下平越，则黔中疆土一掷无遗，不可救也。楚抚薛贞弹压会省，未敢轻动，偏沅宜更设一巡抚。总兵薛来胤，豪华子弟，不复有腾跃之志。领兵援蜀，观望徘徊，宜即行贬削，敕该部妙选以代之，仍乞发帑措饷，以厚为三省计。得旨：王三善着策励讨贼。湖广总兵官已新推，添设偏沅巡抚，仍确议具奏。

［贵州巡抚王三善请给新铸关防］

巡抚贵州王三善请给新铸关防，因言：黔地去天万里，奏报维艰，乞假臣便宜。其随征文武将吏，臣得分委府佐州县监纪、督运等职，以专责任，印给加衔参、游、守备、赞画、参谋等札，以作勇敢。庶几仰借成命，俯鼓士心。上从之。

［以辰沅离黔太远，命张我续于近便地方调度］

川湖云贵总督张我续报已移镇。御史徐卿伯言：总督不当驻辰沅，于援黔不便。上亦以辰沅离黔太远，着于近便地方调度进兵，不得违悮。

明熹宗实录卷二十七

十月

己巳（初七日）［以守城御贼功，加四川巡抚朱燮元兵部右侍郎衔］

加巡抚四川都察院右副都御史朱燮元兵部右侍郎，仍候捷叙。以其守城御贼，懋著勤劳也。

［云南巡抚沈儆炌查死事诸臣，以备恤录］

云南巡抚沈儆炌查死事诸臣，以备恤录。内言：都司李天尝在盘江救出贵州都司许成名，保全普安，以误中贼计而殁。参将杨明廷守毕节，斩安酋二头目及数百人，以力屈而陷。乞俟事定，查明优恤。章下所司。

庚午（初八日）［黔省受围已久，粮尽援绝，巡按御史史永安以蜡书告急］

黔省受围已久，巡按御史史永安以粮尽援绝，蜡书告急。乞严旨切责督抚镇臣，刻期赴援。因言：臣瓜期已逾，闻按臣董翼久住宜都，以候臣代。臣几欲冲围，又恐摇动人心。然既与官民同患难，誓与官民同死生。当此兵民相食之日，触目痛心，只为朝廷一块土，挨延以待援兵。无奈圣意自急，援者自缓，如再迟延，当为睢阳之厉鬼杀贼。不然而万一枵腹脱巾之众，食臣之肉，饮臣之血，臣亦甘心无恨。词甚激烈。得旨：该省危困，甚轸朕怀。着兵部马上差人，再催张我续等上紧设法，剿贼解围。其粮饷等事，着该部作速议覆。

［兵部署部事左侍郎陈邦瞻覆贵州按臣史永安告急疏］

兵部署部事左侍郎陈邦瞻覆贵州按臣史永安告急疏言：黔之困，其一无兵，其一无饷，而其一尤在人心之不振。征兵征饷，则黔初发难时臣部已备言之。若夫急难图存，临机制胜，全赖督臣以一片肝胆、全副精神，为我皇上保此西南半壁。凡兵饷不给，观望不进者，甚则军法随之，谁复有中制旁格者？而谊切被发，情同救焚，尤愿邻藩各抚之有同心，无袖手也。伏乞敕令督臣张我续速回辰沅之辙，以复遵义，仍同新抚王三善戮力赴援。一切兵饷事务，俱听便宜行事，无复别寻退路。时兵科给事中朱大典、工科左给事中周士朴皆以黔省垂危，责总督张我续、新抚王三善以观望不救。上曰：救黔已有屡旨，各官稽缓耽误，傥封疆有失，罪责难逃，还立限申饬。

壬申（初十日）[云南巡抚沈儆炌两报捷音]

云南巡抚沈儆炌两报捷音：一称将士奋勇，大挫贼锋，保全寻甸、武定、嵩明三城，乞急发饷银接济。一称官兵并力收复沾、平二城，参失事将官尹启易等戴罪立功。又言陆凉州知州郭俊乂，殒身贼锋，乞赐赠恤，以慰忠魂。章俱下所司。

甲戌（十二日）[以黔省城守劳苦，加贵州巡抚李樗、巡按史永安官衔]

以黔省城守劳苦，加贵州巡抚李樗兵部右侍郎兼都察院右佥都御史，巡按御史史永安太仆寺少卿添注，仍着协心战守，务保万全。其余文武将吏，俟解围日一并优叙。

丙子（十四日）[加滇南诸土司忠顺者职衔服色]

录滇南诸土司忠顺者那天福，复土知府世职，仍加从三品服色。沙源掌安南旧印世袭长司官禄溥，加从四品服色。龙在田普名声加土守备职衔，增赐银币，仍给本品服色衣一袭。

[加贵州领兵都司等职衔]

加贵州领兵都司杨明楷参将、守备王建中游击。原募将才刘志敏、刘超等，各加守备。俟有功再行议叙。巡抚贵州王三善以危疆戮力，先示鼓舞也。

丁丑（十五日）[以督兵援辽，加授湖广保靖土司宣慰使彭象乾都督佥事，赠彭象周等都司佥书]

加授湖广保靖土司宣慰使彭象乾都督佥事。赠彭象周、彭鲲、彭天祐各都司佥书。以其督兵援辽，浑河之役，一门战殁，义烈可嘉也。

戊寅（十六日）[刑科给事中奏参川贵总督张我续，请以蜀抚朱燮元代之]

刑科给事中傅櫆参川贵总督张我续，言：我续不疾趋遵义，以扼川黔之中，防奢、安之合，而请驻辰、沅。夫辰、沅去黔千里之遥，鞭长难及。乃又借移镇之说，为请命之辞。如此支吾躲闪，亟宜按情定罪。如虑总督不可无人，臣谓蜀抚朱燮元守蜀已见成劳，今已加衔，即令代张我续，速赴遵义视师。至蜀中抚臣，则司道中林宰、戴爗、胡承诏等，皆壮猷方叔。简其一代燮元，驾轻就熟，计无便于此者，愿皇上决择之。上以黔事危急，所奏该部即从长确议，限三日内回奏。

辛巳（十九日）［造给杨述中巡抚偏沅等处兼督兵饷关防］

造巡抚偏沅等处兼督兵饷关防，给杨述中。

丁亥（二十五日）［总督张我续再疏言四川赞画太仆寺少卿刘时俊“通夷”事］

四川赞画太仆寺少卿刘时俊先以总督张我续题参通夷，已蒙逮系。至是，我续复具疏，持平以备廷谳，言：时俊家于荣昌，恐贼蹂躏其室庐，故不难卑辞厚币以贺之，适足见时俊之卑污，而非大逆不道也。至于城头之诉，出于贼口，未必情真。章下所司。

［命给沐昌祚敕书，加沐启元职衔］

命给黔国公沐昌祚敕书，以便宜行事。加沐启元应得职衔，责令调度援黔。其该镇庄店仍归管业。从南京礼科杨栋朝之请也。

辛卯（二十九日）［川湖云贵总督张我续遣监军诣阙献俘］

川湖云贵总督张我续以擒斩逆贼樊龙、张彤、黑蓬头首级，并生擒伪相何若海等三十名，遣监军道佥事戴君恩诣阙献俘。命礼部择日举行。

明熹宗实录卷二十八

十一月

癸巳朔（初一日）［令川湖云贵总督张我续上紧援黔］

总督川湖云贵张我续题：敕旨命臣援黔，科议欲留臣平蜀，敬陈两省阽危近状，以听圣裁。上令其上紧援黔，倘赎前愆，仍以功论。不淂借口科议，观望耽延。

甲午（初二日）［刘时俊复疏辩冤］

原任川湖赞画今被逮刘时俊复疏辩冤。上以戴君恩既有揭刻，又见到京，着从公讯结。

［四川监军道佥事戴君恩奏辩刘时俊父子通贼事］

四川监军道佥事戴君恩奏：始臣督兵城下，见贼投词，谓时俊曾与有口血。斯事体重大，不淂不揭报于督抚按臣。初未指定为谋逆也，迨时俊部卒私卖米粮火药，时俊又不肯斩。臣等又不淂不揭报于督抚按臣，亦未指定为谋逆也。先是，时俊在成都举动乖张，督抚诸臣见揭到，遂不淂不交章参劾。皆为封疆过虑，非苛求于时俊也。乃时俊谓揭报独出臣手，反口诋臣，此则臣所不敢受。臣之所恐者，时俊父子实未必有谋逆心，而或成不白之狱，则臣等罪乃滋大矣。淂旨：这所奏辩甚悉，面质问结。已有旨。

丙申（初四日）［以四川献俘，祭告南北郊和宗庙］

以四川献俘，遣抚宁侯朱国弼祭告南郊，惠安伯张庆臻告北郊，驸马都尉侯拱宸告宗庙。是日，四川监军道戴君恩献逆犯樊友邦等，上御楼阅俘。刑部奏请分别磔斩如律，从之。时首犯何若海已先故，以提牢疏玩，夺刑部主事石维岳俸三月。

癸卯（十一日）［兵部覆川贵总督张我续所言招兵、议饷之议］

兵部覆：川贵总督张我续疏言，救黔必当招兵，招兵必先议饷。请以附近之楚饷留给黔兵，仍以本省之抚臣兼督楚饷。上报可。

乙巳（十三日）［御史再疏言更置川贵总督事］

御史徐卿伯疏言：督臣张我续逗遛观望，弹章交集。屡奉严旨，更置总督，而静听至今，未见启事。顷冢宰语臣云：政府有不欲设总督意，臣乃极言其不可不设之状，而冢臣亦首肯者。久之既复，问臣以谁堪总督，谁堪蜀抚，语娓娓犹可忆也。而不意此政府也，阳将顺于皇上，以丝纶而赐玦，阴密授于冢宰，以反汗而鬻权。究使皇上移予夺之威福，吏部失用人之职掌。而平章军国者，以封疆徇体面，以兵机等儿戏，臣诚不淂其解。得旨：川贵总督官屡奉明旨，何久不覆？封疆大计，岂容以稽缓为慎重，着便从长作速议奏。

戊午（二十六日）［偏沅巡抚杨述中陈援黔紧要事宜］

巡抚偏沅杨述中陈援黔紧要事宜：一（摧）〔催〕总兵，一拨副将，一定监军，一定粮储，一许便宜，一议滇犄角，一议定粤饷。章下该部速议。

己未（二十七日）［以连接瑶峒，衡州府设同知驻桂阳］

先是，湖广巡抚薛贞、巡按舒荣都以衡州府所属禾仓堡，界联西粤，勾连瑶峒，巨寇丛生，为全楚害。议设官驻札弹压，既复以建署维艰，查桂阳州见有旧署，不俟营造，议升衡州府通判陈维智为同知，移驻桂阳，每月躬临禾仓堡，操演军法。裁临武县县丞，以俸薪益之，仍请铸给关防，以重事权。疏下该部，兵部覆言：蓝山、宁、武之间，贼盗渊薮，设官弹压，于地方甚宜。第初议驻禾仓堡，旋改桂阳州，则佐议者，视村落荒凉，已不免有厌薄不前之意矣。时久渐渝，何以善后？今宜敕抚按臣严谕条格，何以使兵快尝川无废，何以使阅视不为具文？而陈同知亦应并行申饬，使尝驻信地，抚绥其民而觉察之。无徒养安于会城，而奔命于参谒。庶几诘戎防盗，胥淂之矣。上是之。

辛酉（二十九日）［令王三善、张我续戴罪督兵，解黔省城之围］

巡按贵州御史史永安以困守经年，粮尽力竭，复驰疏告急。因参巡抚王三善、总督张我续等观望不救之罪。兵部覆言：黔围浃岁，爨骨易子，民无叛心，洒血登陴，士有斗志。以久应淂代之抚按，甘心与张许作友。有臣如此，虽鬼神犹为饮泣，况共为王臣，共肩黔事者乎！乞敕下臣部，令王三善、张我续戴罪督兵，刻期解围。杨述中协力进剿，朱燮元相机应援。其滇、粤二处，俱令各报师期。至按臣史永安与抚臣李槿，经年固守，事平破格优叙。上俱从之。

［以杨述中、朱燮元分别总督贵州、四川］

以偏沅巡抚杨述中为兵部右侍郎兼都察院右佥都御史，总督贵州，兼制湖广辰、常、衡、永十一州并云南军务，兼理粮饷。四川巡抚朱燮元为兵部左侍郎兼都察院右佥都御史，总督四川，兼制湖广荆、岳、郧、襄四府，陕西汉中一府，督理粮饷兼巡抚四川地方，仍令该部上紧救黔，不淂以设官了事。

明熹宗实录卷二十九

十二月

壬戌朔（初一）［工科给事中疏荐原任贵州左布政使、原任三边总督］

工科给事中方有度疏荐原任贵州左布〔政〕使加升通政使赵健、原任三边总督右都御史刘敏宽，言：赵健在黔八年，民夷怀之，且有德于安氏最深，授以黔钺，可传檄而定。敏宽久历边疆，肤功累奏。近虽身处田间，而志在吞胡。当此疆场多事，圣明拊髀之日，恐未可以老而置之。得旨：赵健等着该部酌量叙用。

甲子（初三日）［四川达思蛮长官司进贡方物］

四川达思蛮长官司进贡方物，赴内府交收。

丁卯（初六日）［贵州官军袭谷龙司，焚毁“贼巢”］

贵州署总兵事刘超等袭谷龙司，焚毁贼巢。总督张我续以闻，并具报前后所遣援黔兵将。上奖勉之，令督催已发援兵，协力荡平。

戊辰（初七日）［加四川降将宋武等职衔］

加四川降将宋武、张令参将职衔，鄢玠等游击将军职衔，冉世洪等守备职衔。宋武等既执伪相何若海以降，其祖坟家属在永宁者，为奢贼焚戮甚惨。四川巡抚朱燮元言：其为国破家，情殊可悯，请加衔以示鼓舞。从之。同时，又有原任松潘道参政李忠臣者，家于永宁，为贼所陷。会同胡称宁、称藩、称臣三家，各捐千金，募力士何枝等密禀蜀抚，欲为内应。事觉，李忠臣等阖门俱被害。又有举人胡縛者，预策奢贼必反，具状白之藩司，后为贼所获，严刑收禁。其弟纬罄数千金转求安氏得脱，即奋志擒酋，纠合义徒，屡有斩获。宋武等执何若海以降，縛之谋居多。部署堵截，自当一面。不意在茅舍中夜弹烛花，悮触火药，兄弟俱死，蜀人怜之。

己巳（初八日）［贵阳围解］

贵阳围解。本月初三日，贵州巡抚王三善率监军道向日升、副总兵刘超等破贼于龙里毕铺。乘胜长驱，斩首万余级，获安邦彦亲弟阿伦等。追至老（鹘）〔鸦〕关，遂解贵阳之围。先是，贵阳城中，军民无虑数万人，及解围之日，存者仅二百余人而已。乡官潘润民仅有一女，亦为兵士烹食。周思稷自杀以飨士。盖食人炊骨，民无叛心，即睢阳未足比烈也。

庚午（初九日）［革贵州安顺参将回卫］

革贵州安顺参将史良将回卫。以其规避安顺，求改清浪也。

壬申（十一日）［以率土兵援黔，广西思恩知府等获加职衔］

兵部覆广西巡抚何士晋疏言：思恩知府葛中选忠义激发，为泗城、田州二司所信服，宜加副使职衔，暂委监军，节制土司。都司佥书陈照加游击职衔，督押狼兵，协同进剿。泗州土司峰云汉以知州量加都司职衔。田州土司岑懋仁免其提问。各率土兵援黔有功，一体优叙。上从之。

甲戌（十三日）［造给杨述中、朱燮元关防］

造总督贵州云南兼制湖广辰衡等府军务、管理粮饷关防给杨述中。总督四川兼制荆岳郧襄汉中军务、管理粮饷关防给朱燮元。

乙亥（十四日）［差户部主事解帑银赴贵州］

差户部贵州司主事王仪解帑银三十万赴贵州。

辛巳（二十日）［兵部覆四川死难诸臣并核功罪］

兵部覆四川死难诸臣并核功罪，以明劝惩。议将徐可求改荫一子本卫指挥佥事世袭。骆日升、李继周赠光禄寺卿，荫一子本卫实授百户世袭。郭象仪赠光禄寺少卿，荫一子本卫正千户世袭。熊嗣先、洪应科、宋国柱、王三宅、段高选，俱赠尚宝司卿，荫一子本卫试百户世袭。王硕辅、左重、洪维翰，俱赠尚宝司卿，荫一子本卫正千户世袭。徐大礼赠重庆府同知，荫一子本卫实授百户世袭。黄启鸣赠重庆府通判。赵恺赠重庆府同知，荫一子本卫试百户世袭。董尽伦改荫一子本卫指挥佥事世袭。杨愈懋赠左都督袭升三级，仍荫一子本卫正千户世袭，赐与祭葬。龚万禄赠都督佥事，荫一子实授百户世袭。余各赠爵及袭升改级。翁登彦、杨汝昇、吴宏业等听吏部优升。袁中绣、雷安庶等勘明优恤，余失事诸臣袁朝华等行勘另议，周礼嘉等勘明定夺，何起蛟等巡按御史提问。得旨：俱依议。朝廷恤典，以待忠义之臣，原自从厚。但死节、死事当有分别，若一概滥予，何以示劝？以后吏、兵二部，还酌量行。

癸未（二十二日）［吏部尚书张问达等覆御史联络蜀滇黔粤四省疏］

吏部尚书张问达等会同兵部尚书董汉儒等覆御史王会图联络四省疏，言：黔瘠国也，今孤城久困，自非借力于邻省，唇齿相依，首尾相应，则黔必不救。故原议督黔者辖辰、（尝）〔常〕、衡、永等十一府，而兼滇南，以资征调。督蜀者亦议辖荆、岳、郧、襄四府并汉中一府。不惟专力可以自保，亦且欲其分余力援黔。惟是滇与偏沅，既云相去数千里，而自滇至偏沅，必繇建昌一路。是滇必借力于蜀，而后能毕力于黔，则凡文告之往来，军资之递转，蜀必加意为滇。乃所以为黔计，蜀督臣必有以辨此矣。至广西已到之兵，将既属偏沅调发，则未来之接济，尤宜俟偏沅借资。傥嗣后或偏沅督臣大声疾呼，臣知广西抚臣义在急公，必不以节制所未到，而膜外视之，容臣部移咨申饬施行。得旨：蜀、滇、黔、粤，声援相及，心力宜协。依议行督抚各官一体遵行。

［川湖云贵总督张我续疏言成都解围与克复重庆之功］

总督川湖云贵张我续二疏：一言成都解围之功，一言克复重庆之功。备叙文武有功员役，以彰激劝。俱下兵部。

明熹宗实录卷三十

天启三年癸亥（1623）

正月

乙未（初四日）［浙江巡按傅宗龙奏言云南军情］

巡按浙江御史傅宗龙言：滇南孤悬万里，土司环四面而居，人人有割据之意。今春，东川一出，而会城遂有不守之虞，且获旦夕偷安，属有天幸。又奢酋未能得志于蜀，安酋未能得志于黔，故豺狼蛇豕之群，暂藏形而伺衅耳。盖滇与蜀、黔壤地相错，故三省之贼纠结，披猖不安，滇则不能援蜀救黔，而不讨蜀、黔之贼，则滇不得安。臣请言贼可讨之状：今日为武、寻等处之患者，禄千钟也，口尚乳臭，且伊继母与之不睦，每阴输其情，可袭而虏也。为沾、平等处之患者，设科及其党李贤辈也。一淫妇人，强盗行劫，可扫而灭也。攻围普安，为滇黔门户之患者，龙文治之妻，其党尹二也。兵原不多，且不惯战。可击而定也。因安南据关岭者，沙国珍与罗应魁等也。国珍有母，颇知顺逆。今年正月间，送还被虏男妇百八十余，且二酋俱听安邦彦之号令，非能自与中国为难也。都司李天长与之相持一月，情见气衰，轻蹈虎口，以致覆没。夫先自败，且若以劲兵临之，或利之，或害之。两捷之后，可解而散也。因乌撒者安效良也，臣前年过乌撒，效良不出迎，臣呼而切责之，汗流息喘，以臣视之，一行尸走肉耳。管良相以只身与之抗，每出战必有所杀伤，特以外无援兵，不能逞志，若以三千人助之，效良可攻而溃也。臣虽不肖，此数贼者皆非臣敌也，若蒙皇上不弃，而以讨贼之任授之，愿假臣以四川巡按之衔，而赐之以贵州监军之敕，建昌属辖也。东川、盐仓，蜀之土司也，臣之令得行于蜀，而后建昌之路可早通也。龙文治之妻与沙国珍等，皆黔之土司也，臣之令得行于黔，而后可剿抚并行，且驱之为用也。然欲讨黔蜀之贼，必须用滇人。黔国公沐昌祚老矣，其孙沐启元尚少不更事，为抚按所参，且两镇并建非制也，故旧抚臣周嘉谟论罢之，诚老成之长虑也。今时易事殊，不妨用其一臂之力。宜令伊祖仍总兵事，坐镇会城，而启元暂充副总兵官，领兵与臣各当一面，其军仍许臣并监之。以启元而帅沙源、那天福等，以当各贼，亦自易易耳。臣欲乞一监军，督饷之道臣，则见任台州府知府张允登之沉毅精严，可用也。其领兵官，则臣前疏所举原任参将陈文炀之聪明英敏，可使也。至于应用军饷，乞敕工部借臣以料价二十万金，容臣从建昌输运铜铅，以佐宝源局之缺乏，而取其余值以佐军需。不过一时转移之间，而国家得铸钱之利，臣乡亦得养兵之利。再乞皇上颁敕于沐昌祚，嘉其忠义，而谕令再捐私积十余万金，则饷亦稍可支应矣。若徼皇上之威灵，得毕小臣之愿力，群贼或灭或散，而滇兵得过盐仓。东窥水西，西瞰蔺州，使奢酋彷徨而内顾，则楚蜀之兵，可蹑瑕而进。是兵家批吭捣虚、形格势禁之术也。如此，则滇安若泰山，而蜀贼可图，黔省亦可保矣。上嘉其言，下部速议。

丙午（十五日）［四川巡按温皋谟条安蜀八议］

四川巡按御史温皋谟按蜀陛辞，条安蜀八议：一曰帑饷不宜兑给。自有蜀事以来，皇上涣发帑金共九十五万矣，解至蜀者仅四十五万，其余五十万则计臣那移别用，而以楚饷兑给楚饷不知几何，然非如帑金见发可知。又滇、黔、粤、蜀皆仰给焉，是以空文悮蜀也，故未解帑金当如数发解无疑。即或借支已多，遽难凑补，亦应立解三十万金，限三月之内照数补完。一曰盐法宜通融。蜀中之盐，常私贩于荆襄各郡。盖蜀盐精美过淮盐，地近而省费，价又半于淮盐。民情权贵贱而趋奸徒走死地如（鹜）〔骛〕，虽厉禁之不能止。请将蜀督抚所辖荆襄等府改食蜀盐，淮饷减若干，蜀饷即量增若干。而于夔江馆驿之处，设一盐司盘验，使私盐之利尽佐军兴。一曰钱法宜通行。蜀与滇邻，铜所聚也。向所鼓铸之钱，缘不肖有司克铜添铅，低假难用。且钱粮之征纳，不肯收钱。或收十放八，出入不一，此钱之所以不行也。合无依京制钱式，务加精美。每十文准银一分，上下通行，不得增减。征解钱粮及给散兵饷工食，与民间交易田产，俱银钱各半。其零星贸易，则一切用钱。有司或有侵克阻挠者，访出参提，以误军兴从事。一曰大将宜亟选。昔年平（番）〔播〕之役，赖有陈璘、刘綎相为犄角。今欲捣巢，必须分路叙泸、遵义，当建大将旗鼓，提重兵而前。枢臣宜懋拣廉勇谋断之人，推毂而往，务胜其任。一曰官宜多选甲科。近日有司视蜀为畏途，懦者惮以身殉，官婪者甘以身殉贿。铨司如为地方计，必应多选甲科于蜀。即科贡亦须择年力壮劲、克堪军旅者，方行升选。一曰功罪宜亟明。土司秦良玉奋不顾身，其弟明屏忠贞廉慎，首功宜录。至于死事之臣，若徐可求、孙好古、董尽伦、郭象仪、左重、杨愈懋等，应于重庆教场立祠报祀。其薛来胤已被指摘，及杜文焕托病狼狈，子女玉帛驼载累累，应敕在事诸臣，虚心查核，提问追赃。一曰蠲恤宜裁酌。蜀民困苦极矣，不惟被残州邑不任鞭敌，即贼锋未及，或毁掠于过兵，或奔命于转运。今虽不能尽蠲，宜令司道府细加参酌。某处全未被兵，量酌增饷若干。某处半被兵，且征其尝赋。某处全被兵，应为减豁。各俟事平之后，或全免三年，或半免三年，以苏其困。一曰藩功宜优异。蜀王忠孝文武闻于天下，当省会围困之时，王躬履行间，拊循士卒。锦城之危而获安，得于捐助居多。贡献一节，已奉旨特免数年。尤望遣使奉玺书金帛往嘉劳之，并吊问先王之坟园。作其后忠，俾得以其余力，仍佐饷募兵，防守城池。疏下所司。

庚戌（十九日）［湖广道御史奏言黔省奏捷之报不实］

湖广道御史徐卿伯言：近黔省奏捷之报，其披靡大败者，或云十万，或云三十万，即安邦彦仅以身免，亦几尽贼之噍类矣。然何以不报贼之回巢，而曰追至老鸦关也？老鸦关在省城之北，离城只五里。然则所谓披靡者，只五十步之走耳。夷情叵测，恐尚费绸缪，臣愿抚臣乘破竹之势，扫荡诸丑类，以奏廓清之烈。且闻彼中疫疠盛行，粮糗亦诎，一鼓而尽歼其众，转祸为福，黔可百年无事。即不然，陈兵境上，勒令奢社辉母子，缚献罪魁安邦彦、李希尧、陈玄默等，仍削其地，以陆广河为界，而设一副将，统兵五千以戍其地。此亦可以贻黔数十年之安，不然草草结一援剿之局，如向日渝州初复即议撤兵，则无策甚矣。下其疏于部。

壬子（二十一日）［川贵总督张我续塘报贵阳围解，大破贼兵］

川贵总督张我续塘报贵阳围解，言：贵州抚臣王三善于二年十二月初一日，同监军道向日升，亲率副总兵刘超，参将杨明楷、刘志敏、孙元谟、王建中，中军都司陈嘉谟等众将，于初三日进龙里，当斩贼级二百余颗。初四日早，三战三捷，大破贼兵十万，安邦彦仅以身免。烧毁贼众帐房无数，斩获大头目十余人，部下罗贼千有余级，死伤战马不计，生擒大头目一名阿得。初七日，进各脚铺，安贼兵阻毕铺，大战。参将孙元谟、杨明楷、刘志敏、李世将、马之将，大破贼兵三十余万，斩贼首万余级，得获战马千余匹，焚烧营房一百二十余座，斩获头目邦彦亲弟阿伦等数十人。直进至老鸦关，贵阳围解。初八日，抚臣王三善进省，随即出城，督率各将官攻克宅溪。其老鸦关、襄阳桥俱系我兵把守。米粮络绎运入城内，犁扫指日可期。得旨：览捷奏，深慰朕怀，各文武官劳绩，候巡按官奏到叙录，还着用心剿抚，以安地方。

戊午（二十七日）［云南巡抚闵洪学奏言通滇道路情形］

巡抚云南都察院右佥都御史闵洪学奏：宇内各省靡不四通八达，滇之受病，正以靠点一线耳。臣于粤蜀筹之主熟，彼此得失，亦略相当。自金沙趋建昌，计程半月可至，诚不若粤土司界中，逾数旬之逶迤。然蜀止会川一隙，而粤田州、归顺、泗城、安隆在在可走；蜀之东川方煽逆弄戈，而粤诸酋素号恭顺。是粤之与蜀，各有利害，各有难易，其交难专倚政，其不容偏废者也。以蜀言之，建昌、会川之间营哨棋列，特向非通涂，或名存实亡。夫马廪粮多所缺略，今亡者应议修复，缺者应议添加。若会川以南数站，原无营哨，则烦从新规画。乃盗贼出没，须于要害设兵置防。至粤中所疑，但谓土酋不欲我于其地张官置吏、召夫养马耳。今但于所经去处，量建公所，即募土人看守。我往来其间，遇而不着，而又徒御供亿，一切自备，秋（亳）〔毫〕于彼无涉，彼又何嫌何难？通行之后，商贾熙攘，彼更从而利之矣。此路在滇界十之七八，在粤止二三，惟粤费出额外，不容不协济。今议该省驿传道，特置滇差簿，分发州邑，必真正勘合火牌，方准应付登注。岁终道核其数，而滇偿之。乞敕二省抚按，为滇造命。得旨：既说滇路可通，着行与该省抚按官，作速料理。

明熹宗实录卷三十一

二月

癸亥（初三日）［以沐启元充援黔副总兵］

命镇守云南黔国公沐昌祚孙启元以原加署都督佥事充援黔副总兵。从御史傅宗龙请也。

甲子（初四日）［湖广巡按舒荣都言卫所屯田事宜］

巡按湖广监察御史舒荣都言：全楚卫所六十有二，屯粮三十九万五千有奇，分隶三都司。省城都司所辖二十七万五千有奇，行都司辖七万六千九百有奇，兴都留守司辖四万二千有奇。子粒之数，按籍可知，而军屯概不可问矣。军之不可问者，以逃亡故绝居十之三，而以失屯因以失伍者强半。祖制，以军垦屯，以屯赡军。每军一名，占粮六石，计田六十亩。以上、中、下三等通计之，自种自收，每亩可得谷三石，则六十亩可得百八十石，俯仰有余，无奈日削月剥，以几于尽也。盖有一军而生三子者，即以六石之粮三分之，军差亦准于（比）〔此〕。久之三分复折而为八九分。强者兼人，弱者兼于人，苦于著役，各思他徙。贫军之田为富民有，绝军之田为军官有，自是军屯骎骎化为乌有矣……章下所司。

甲戌（十四日）［云南道御史奏言黔滇军情］

云南道御史王尊德言：逆贼安邦彦攻围省城，尽掘坟墓。其西三卫、龙里卫并上六卫、各府州，除威、清、平坝三卫，余官民俱杀尽。改元僭号，建立宫殿，预令各官行君臣之礼。又云，破辰、常，下荆州，直抵中原。宝、靖之间，人心汹汹。先是，总兵张彦芳入援，至龙里卫，被围绝粮，抚臣王三善拮据于沅，继驻平越卫。将官寡谋失探，以致瓮城河未接刃而争溃，于是贼势愈炽。八月间，省城食尽，收兵自守。逆妇奢社辉屡次封剑来催，邦彦力攻，城内誓死力守。两院监军将有米之家，设法搜出，均堆养兵。先是，城外并乡间入城男妇将四十万，至十一月末，俱死尽矣。逃出者万分之一，存者乡宦四五家，各不过七八人。合两院各官与士民之存者，不过二百余人。抚臣望粤兵、川兵不至，乃单骑持刀督阵，斩退缩把总二人。于是将官刘超等率选土兵、镇筸兵拚死冲杀。从龙里径抵省城，斩逐罗贼，占据宅溪，得其粮三四万石。今已追奔过陆广河，仲苗亦已招抚。破竹之势，灭贼有日。然军士过期无粮，声言欲溃。万一脱巾，势必难反。乞发帑金一百万两，火速解赴，以收成功。又言：安氏与奢盘联紧靠，唇齿甚固。故忘仇同谋，作逆无忌。今重庆虽复，而此酋势在方张，眈图不已。安效良勾引东川、乌蒙、武定诸夷，横行于滇。曲靖、寻甸等府俱已被围，至沾益、罗平、马龙、陆凉、嵩明、富民、亦佐等州县闻俱已破。沐昌祚调兵不应，会城累卵，至延颈贵州消息，以为存亡。逆酋今幸退败，若乘此时饷足兵足，又合招抚之仲苗，待其未来未备，宿饱鼓行，灭贼甚易。安贼既灭，奢贼羽翼已孤，自然扑灭，云南自然宁谧，三省无恙，而以招示奴酋，胆必寒矣。播事费至四百余万两，麓川三大役，骚动几半天下，则今逆酋之费，又可知也。又言：逆酋攻围十个月，更番添兵。至于折桥列栅，烽火连天，喊声震城。城内米一斗用银十九两，军民食人肉且尽，而坚守愈厉。抚按诸臣书吏、门厨、皂隶共止存一人，余俱饿死。各官群坐城楼，吃草饮水，刺血写书。至于今而人民虽尽，疆土犹存，自非异赏不足以酬异劳。又言：沅州弹丸小城，总督各衙门驻札于此。前后楚兵来过，民皆安堵。独粤兵远来，至州即行劫抢。毛兵效尤，不减于粤。督臣张我续所带亲兵三千余，在城中各家歇宿，每日酷索奸淫。又有中军白世爵者，访查某家有银有马，令众兵大抢而去，次日又报劫黔阳城外矣。沅人切齿憾之，请行督臣立斩市中，以舒沅人之郁愤。又湖北一带夫马络绎，烈于风火，而沅州为甚。前将官骑驿马径至贵州，俱不发回，差役需索日益无艺，宜令督臣严行禁戢。至于进士田景猷慷慨奉敕，深入水西贼巢，今全未见消息，并乞敕督抚各官设法探取。又都司蒙土官，前安贼连次金银聘礼勾引，本官将原礼缴报两院，出兵助援，今当先行加衔旌赏。并乌罗杨土官首阵败贼，（觊）〔凯〕里杨土官出兵报效，均当一体先行嘉赏，以为土司忠义之劝。疏入，俱下所司。

乙亥（十五日）［贵州副总兵刘超、永宁参将秦明屏大败“安

贼”]

贵州副总兵刘超以前十二月二十二日，大败安贼于陆广河。永宁参将秦明屏以二十四日，大败安贼于干沟，破阿王等五大寨，焚一洞而还。

辛巳（二十一日）[铸给沐启元援黔副总兵官关防]

……又铸援黔副总兵官关防给沐启元。

己丑（二十九日）[贵州巡抚王三善遣兵进剿“安酋”，失利]

贵州巡抚王三善遣兵分路进剿安酋。副总兵刘超、参将杨明楷等率兵五万繇陆广河。总兵张彦芳、副总兵秦明屏等率兵六万繇鸭池河。楚粤兵繇黄沙营。贼阳为无人，诱我深入，阴联蔺酋奢崇明及乌撒安效良大众，于正月十日攻败陆广。官兵战死，水陆凡四万余。参将杨明楷被擒，王成名等战殁。贼复并力攻鸭池，官兵大溃。总兵张彦芳等及黄沙营兵，俱退保威清卫。督抚报急，因言：事势危迫，须得兵二十万、饷三百万。乞速发帑金百万，及行楚中抚臣、司臣，亟将天启三年辽饷、京边天启二年漕粮，及邻省河南、江西、广东、南京辽饷，大为协济，星夜解运。督臣又以楚饷不至，宜即以楚抚薛贞督饷。另设兴平巡抚，以督粮道杨楷为之用，备缓急。平越府同知万编、推官李若楠，各升佥事，分驻平越、兴隆。疏奏，上命督抚官督率道将，调度汉土官兵，相机战守。鲁钦、麻镇、龙万化等，及施南、泗城各将兵，都速催策应，不得逗遛。湖广题留兑支并近省协济饷银，该巡抚、藩司官速解接济，不得推诿。其余督饷、用人等事，下所司速议。

[贵州巡按侯恂奏两路失利，“苗仲诸夷”蜂起，急请兵饷]

贵州巡按侯恂奏：逆贼狡谋，据险邀击。陆广、鸭池两路失利，至黄沙渡一路，更不知作何状矣。此时贼势鸱张，人心摇动。苗仲诸夷，蜂起助恶。龙里一带，复为土司何中蔚所据，都司章有功退守新添，咽喉断绝，馈运不通。抚臣被发缨冠，以救人者反望于人矣。黔事中变至此，虽繇轻敌锐进自蹈危急，然饷不乏兵必不溃，兵不溃贼必不振，则剿洗大举，自非饷足兵足，（草岂得草）〔岂得草草〕？诸臣所请兵饷，审时度势，真不待再计而决矣。章下兵部。

[兵部覆贵州督抚按请援疏]

兵部覆贵州督抚按疏言：黔事危急，皇上轸念封疆，必不难俞发帑金三十万。但道路间关，未易猝至。合无于湖广一省，将天启二、三等年，不论京边、南粮等（顷）〔项〕，悉行运至黔中，以济急需。用过数目，以帑金补之。严敕楚抚，提兵星速接应，一以壮黔之声援，一以固楚之疆圉。其粤西原调兵马，听督抚严督前往。沐启元本以援黔加衔，且相距甚迩，并听督臣督催赴援。臣又闻乡绅赞善王祚远，亟称安顺府土司原任福建都司崔翀，饶有勇略，曾恢复本府，阴结邻近土司，约有兵十万。应责令崔翀率众速救贵阳，功成从优叙录。其添设巡抚、道臣，听吏部议覆。上从之。

明熹宗实录卷三十二

三月

丙申（初六日）[广西巡抚何士晋疏言奖赏招叛有功并各恭顺土司]

广西巡抚何士晋疏言：援黔之役，广西调泗城、南丹土兵共一万。臣见原议用狼兵者，共推兵部主事林翔凤。故请遣林翔凤恭赍宣谕两江土司一敕，比照秦良玉加恩事例，明载敕中，到此开读。则凡垂涎爵赏者，即桀骜必且向风。已奉旨俞允，臣于是告之两江，圣天子念及尔辈，特遣职方传宣德意，各土司靡不举手加额。近报翔凤复留，夫土司向背，每伺朝廷之恩信。今已昭布丝纶，喧传中外，乃候经累月，成命虚悬。向所借为鼓舞之术者，各土司还而问之臣，臣无辞矣。即如泗城招降叛党三万二千余众，内顶营司罗应魁、慕役司礼思明，犹与叛酋温如璋、李希尧同恶相济。关（领）〔岭〕、安庄一带，酷遭其毒者，今不费朝廷之寸铁斗粟，全营解散，可谓非泗城之功、宣谕之效乎？皇上毋谓黔事易结，粤忧之不大也。省围即解，而水西之险，三窟可营。黔西即平，而安顺之失，一时难复。近如南丹从安谋叛，出兵三千，柳、庆诸郡惊徙欲空。设非天幸就诛，两江蹂躏，几为黔续。是不但援黔欲用土司，即安粤尤欲善用土司，而用之之法，惟在恩与信，则臣又安得不恳求皇上毋屯膏、毋渝盟也。疏入，上允将招叛有功并各恭顺土司，先行奖赏，仍给敕书，着该地方官宣谕。

［广西南丹州土官莫俊凶狂不法，其祖母命诛之］

广西南丹州土官莫俊凶狂不法，党于安酋。至是为其部下所杀，称奉俊祖母韦氏之命。督抚以闻，上以韦氏灭亲除祸，忠义可嘉，命兵部即议褒奖，并酌行承袭善后等事。于是部覆：莫俊孽繇已作，罪合天诛。其祖母韦氏，大义灭亲，一妇人而能独断不挠，良足嘉已。宜咨行督抚，将韦氏旌表，其品服等项，一如其夫。至于善后事宜：一曰承袭。莫俊既以叛逆为名，又无子，应及其弟莫伋，事在不疑。一曰取印。东兰州印信，朝命给也，安得私夺之而私与之？应令该司送印抚院，召州目给与。一曰抚谕。非尝之变，群心骇疑。宜亟谕邻司及诸头目，有挺身报效者必录，迁延乐祸者必诛。上皆从之。

甲辰（十四日）［四川巡按张论奏言成都解围后进剿奢崇明事宜］

巡按四川御史张论言：先是，成都围解，抚臣繇省城发叙州，督总兵杨愈懋以逐贼之大队。督臣繇保宁发重庆，督总兵杜文（涣）〔焕〕以复我之溃城。迨重庆既复，叙南廓清，恨不旦夕系崇明父子之颈，致之阙下。独督臣张我续以犁庭扫穴未可侥幸，而各土兵俱饱欲而思还，势不可挽。乃姑顺其意，撤令宁家，俟入秋饷集，择其驯者而檄调之，以毕捣巢之局。其移会抚臣及臣之文，可按而证也。不虞总兵杨愈懋志贪望奢，以贼之入巢为弱，思穷追而乘其弊，又以各道将之复重庆，已不得与其功为耻，思跨越而据其前，谬定师期，以七月初十日，齐集永宁城下。盖所调发而约会者，皆叙南之兵，而重庆之一兵一将不与也。臣既入叙州，得见此檄，不觉大骇。随向抚臣计议，会催督臣，发重庆之兵应援。其后，督臣亦遣杜文焕会兵于纳溪，而杨将蚤于初九日败殁，缓不相及矣。蹶将损兵，声势大恶，此其真情状、真病痛，不可掩也。所为刻期者，叙南之将，所谓督发者，叙南之兵，于督臣何与？而今似尽举而坐之督臣，以为（哆）〔侈〕口捣巢，何不相蒙也。至于遵义为黔后门，去重庆尚有十余日之程。督臣发兵二万援黔，今逾半年，尚未望黔之藩，则众贼盘踞，粮运艰难，万不可骤进之明验也。若更以大兵十万，取道此中，肩挑背负之众，山路阻绝，日行不过三十里，一人所携不过三斗余，非更得十数万人尝尝馈运，立见其匮耳。今报总督军门，繇辰、沅进而大胜矣，安邦彦等遁归大方矣，此岂假遵义始胜乎？大抵蜀无事，则繇遵义以救黔，犹未见可。蜀多事，则繇遵义以救黔，万万知其不可。蜀之饷不能供蜀之用，蜀之夫不能运蜀之饷，而能越二千里外，以及于诸贼隔绝之黔，则犹如呓语也。得旨：据奏，江门情罪甚晰。其遵义收复等事，听督抚官相度便宜行。

乙巳（十五日）［兵科给事中奏言黔蜀军情］

兵科给事中赖良佐言：黔抚王三善前此慷慨誓师，挺身而入平越。平越去会城仅百八十里，出其不意，一举而夺其气，即当据险扼要，集兵聚饷，除器修备，赈抚流移，以固根本。然后命将出师，我之力能制其死命，则用奇用间，用剿用抚，惟所操纵。乃渡河深入，遂落逆酋彀中。陆广之败，败于兵骄也。以节制律抚臣，抚臣无以自解，然而忠义固已见于天下矣。今会城民少兵寡，虽已发银买米，尚未运到，龙里咽喉，又为何土司中梗。所望缨冠之救，督臣而不任，谁当任者？乃督臣杨述中疏请添设抚臣，专驻兴、平也。楚抚移偏沅，代为督饷也。夫此羸者黔也，弹丸疆域，宁堪十羊九牧耶！楚地多隐忧，楚抚即才周四应，宁能舍己而耘人，前矛后颈悉诿他人？而自以其身中置于不痛不痒之间，于以卸担则巧矣，如封疆何？且所贵于总督者，望其指授方略于咄嗟之顷，非望其占风候气于二千里之外。督臣即欲借口儹饷催兵，自有各道臣任其责。夫现有饷而听其焚抢，现有兵而听其溃逃。假令督臣蚤驻兴、平弹压，亦何至此！若不速下严旨，责成杨述中，一如前日之责成张我续，恐观望失机，黔之为黔未可知矣。臣又见四川按臣张论疏云：遵义大头目赵国玺等率四千余人归降。羽翼既剪，贼胆已寒，顾枭獍未必革心，须安察停妥，方无后患。至于请乞另颁料饷，欲奉降酋如骄虏，不识此法可尝继否？又一疏极言蜀中有事，遵义一路万万不便进兵。此与督臣杨述中责成总镇鲁钦驻遵义，意见互异。夫黔蜀去京师万里，事难遥度，臣等何敢臆决，以掣其肘，但愿当事者谋策万全而已。上览奏深然之，诏责杨述中，新膺专任，何乃逡巡不前，动请添官自便。着作速移镇前进，督同抚道兵将，相机援剿，不得仍前推诿。奉旨：粮饷作速移文催儹协济。其处置土司及遵义进兵，听酌裁便宜行。

丙午（十六日）［兵科给事中赖良佐疏言刘锡玄守城、张孝督师之功］

兵科给事中赖良佐言：自水、蔺既讧，川黔之民如在汤火之中。赖文武戮力同心，渝州献俘，贵州保城。今纪功疏内，尽人优恤，独遗刘锡玄、张孝二人。锡玄督学黔中，原非守土之官。当安贼之发难，锡玄以出巡行矣，乃闻变急返，誓同抚按及推官徐清三人，婴城固守。至于食尽矢穷，析骸易子，民无叛志。此其营苦，岂在抚按二臣下乎？至于张孝之督楚师援蜀也，亲戚丘墓，情既切于剥肤，山川险易，彼已虚实，形更洞于列眉。其他秘谋奇计，未能罄述。乃二臣不言功，功亦不及。锡玄尚加参政衔，而张孝止量移一级，又置之滇南，几何不灰任事者之心乎？当冲圣宵衣旰食之日，岂臣子弄舌角口之秋？从前几番失事，经抚道将辟则俱辟。乃闻受罪抚金钱者，妄欲以偏爱偏憎，行其觭轻觭重之谋。题借蔓引，代人驱除。甚至举顾命大臣，而亦昧心诬蔑之。臣不知此噏噏呰呰、葛藤不断者，为公乎？为私乎？臣愿诸臣以威福还之明主，以是非听之公论。上殿之争，不失下殿之和。奉公守职，且不暇多言乎哉！得旨：刘锡玄、张孝着该部即勘叙，议论宜省，已有屡旨，以后已明事情，不得纷纷渎辩。

己酉（十九日）［贵州总督杨述中奏言征“安酋”之“五难”］

贵州总督杨述中奏：臣伏稽总督李化龙征播已事调兵三十余万，运夫三十万，用饷八百余万，大将十余员，偏裨三十余，（万）〔又〕有贵州抚臣郭子章、偏沅抚臣江铎，三省司道府县印官一二百员。几举海内之全力以供之，始得调度应手，一年而成功。今安酋之幅员延袤，交通勾引之羽翼，过杨酋十之九。而我之征兵计饷、时势物力之艰难，皆不及征播十之一。以获丑执讯，不亦难乎！以今日之汉兵言之，征播曾调固原、延绥、甘肃、云南、广西等处兵马二十万，而楚蜀之在营中者不与焉。今则全靠募之本省近地，率多乌合，未经战阵，不溃则逃。此汉兵之难也。以土兵言之，征播时土司用命，曾调酉阳、石砫、天全、镇雄等十六司，得其一臂之力。今之土司，每怀狐兔之悲，暗中佐敌，浸成不掉。此土兵之难也。以将言之，征播时有大将刘（綖）綎、陈璘、陈寅、马孔英等十余员。隶以偏裨，统各家丁，军威丕振。今贵州总兵张彦芳，败走省城，金、秦二副将亦皆星散，已无将矣。止总理鲁钦繇平越（人）〔入〕，不过带家丁三百名。麻镇繇粤西入，不过带家丁二百名。臣到沅，一面多方招练部署鲁钦，一面移会粤西部署麻镇，率皆捉襟露肘。此将帅之难也。以饷言之，征播时四川一省物力可供，又加之楚、粤、滇三省各处协济，金钱成阜，米粟如山，不难布置。今黔省一无所出，蜀中自顾不遑，滇南从中隔绝，止赖湖广十一府。而辰、（尝）〔常〕、沅，近又请免加派，入孔一而出孔百。此处饷之难也。以饷道言之，征播时水路输挽，四通八达，各路可供。即偏桥、镇远苗未作梗，不致缺乏。今之饷道，止有平越一路，别无可通。苗一阻塞，军士饥馁。此运道之难也。有此五难，臣巨略长才，恐不能作无米之炊，而况绵弱如臣，安能胜此而愉快乎？然而召募汉兵，鼓舞土民，搜罗将才，招抚苗仲，扫清饷道，俱非异人任也。顾其难，则在饷之一事耳。臣按部咨，惟发帑一十八万，确确可望，今尚未到。至于云南镇守总兵沐昌祚应（益）〔移〕驻沾益州，广西总兵纪元宪应移驻泗城州，湖广总兵马炯应移驻偏桥，以为犄角。并望天语叮咛，庶免逗遛耽悮。若兵马一节，止募于邻近地方，实难足用。惟望敕下兵部，酌量边镇缓急，议调三四万有马军丁，统以原管将领，速来合剿。务要精劲可用，方免糜饷。昨者两路失利，皆云步兵不能当贼。宜修马战，诚亦今之急着也。章下兵部。

庚戌（二十日）［云南道御史奏言征“奢酋”“安贼”形势］

贵州乡官云南道御史王尊德等奏：陆广、鸭池、黄沙之溃败，计各路杀死者一分，溺死者一分有余，共已去其一半。今所存于省城者，不过四万余人而已。时在正月二十七八日，斗米已近五钱。今消息不通，光景又不知何如。于是仲苗闻风，不肯就抚。何土官复出占据龙里，从龙里以至镇远，节节有乱苗出劫。而重安江为甚，日夜屯聚，银米不能上行，地方官纷纷请兵防守。贼兵蓝缨旗号，皆系奢酋之兵。又闻邻近之兵，亦起而助之。昔播酋兵力止安酋十分之一，而当时实在汉土官兵近五十万，用饷连贵州所贮四百万，共八百余万，仅乃克之。以安贼之强，复助以奢贼，益以苗仲，欲议剿又当先议守。既为战守计，又当先为清除运路劫贼计。其兵岂止十余万，其费饷岂止数千万？而今日事势艰难，更百倍于征播时也。此时专望内帑十八万，然尚未解到。南京十万，方在行催。楚饷五十三万，去年解过黔蜀者已九十余万。今所望者，天启三年辽饷耳，然方春尚未开征，而每解一起不过一万余。此二万余者，一以为解运省城，一以为沅州招募。顾彼则少此，补前则缺后，转瞬贼众大举，岌岌孤城，将何所恃？今定当得数百万源源而至，应手分派。然后兵多而气可鼓，路通而粮可进，诸苗畏势就抚，逆贼力弱就剿，疆事乃有济也。得旨：黔饷已有屡旨。这所奏该部悉心议覆，不得动指请帑，中外观望，以致悞事。

壬子（二十二日）［贵州总督杨述中疏议黔饷］

贵州总督杨述中疏言：黔饷原奏题留南粮一十四万三千九百石，截留漕粮五万一千石，粜买并仓谷碾办七万五千石。内黔抚院改折六万石，运黔二十万石。自旧岁五月食费至今，所存亦止一万余矣。大举灭贼，尚有未敷。夫用兵二十万，每人日给一升，每月该米六万石。以半年计之，该三十六万矣。此计口授粮，断不可少者。今米止有此数，何以足食？而痛恨黔变，转加楚中，物力已竭。今米价涌矣，仓谷尽矣，转展思维，惟有请留天启二年南粮、漕粮一着。势急呼天，知圣明所必不靳。然南粮留矣，水运至镇远，历千里之险涛，楚粮道事也。陆运至贵州，历七站之跋涉，黔各道事也。惟是黔中残破塞阻，运夫亦不能多得，黔道转运不前，各兵无粮，正坐于此。黔不能运，不得不借资于楚，兵取之楚也，饷取之楚也。夫今又取之楚，岂不为楚人疾首拊心？第为皇上封疆，万不得已耳。上令该部详议。

［云南巡抚沈儆炌奏言滇中军情］

巡抚云南右副都御史沈儆炌言：水、蔺通谋，结连同叛。计谓奢贼攻蜀，安贼攻黔。而东川、乌撒暨沾益叛酋，纠合寻、武悍夷攻滇。一时蜂起，维时臣东西两路进兵，俱为贼阻。虽不能大助于黔饷、蜀饷，而臣被发缨冠之谊则已竭尽无遗。至于滇中，臣调兵先期预备。当东川逆贼禄千钟之攻寻、（高）〔嵩〕也，则参将袁善、知府周仕国、知府王有德督土官沙源等兵杀退。张世良之攻武定也，则参将李思忠、知府胡其总督土官禄溥等兵杀退。设科等之屡犯曲靖也，则监军副使黄似华、同知沈仰督参将尹启易等兵杀退。各郡幸得保全，会城赖以无恙，平夷、沾益以次收复，俱经题报。谓内地渐清，可分兵以救普安、乌撒，而不虞补鲊复逞，犯亦佐，犯越州，犯罗平，远近三四百里之间，乞无宁处。遂使寻甸、临安等郡招集援普之兵，未敢鼓行以向普安。而罗平、越州等处大有斩获，詟服群丑，则皆诸兵之力也。此时川贵之事未敢料理，而在滇言滇，则夷氛渐息矣。章下兵部。

明熹宗实录卷三十三

四月

庚申朔（初一日）［加云南土官沙源官职，酬其捍御“交酋”之功］

加云南土官沙源为土守备世袭，管理安南长官司事。酬其捍御交酋之功也。

甲子（初五日）［兵部尚书董汉儒等覆贵州总督杨述中请兵请饷疏］

兵部尚书董汉儒等覆贵州总督杨述中疏，谓黔围解而复急，督臣蒿目于无饷无兵，且援征播故事以请。第播州捣巢，不妨以持久困之。黔则呼吸危亡，万难停待。征播当全盛之日，兵饷自易凑手。今各处民穷财尽，调发一空。若必待调兵满三十万而后举事，此无救于黔，而祸已中各边腹矣。现在楚报兵五万，粤西报兵二万余，酉阳、石砫土兵及黔之余烬应不下三万。黔南亦屡报赴援，谅不下二三万。督臣宜急走（庆）〔镇〕远、平越之间，联三路声势，通会城消息。多方赴援，出之水火。前臣请帑金三十万，尤恳皇上慨发，以解西南半壁之悬。至督臣请令滇南镇守总兵沐昌祚移驻沾益州，广西总兵纪元宪移驻泗城州，湖广总兵马炯移驻偏桥，以便进取，以壮声援。亟祈明旨申饬，若逗遛悮事，责有所归。得旨：贵州望救甚急，奏报见在。各兵着总兵官作速督发，移镇调度。邻省总兵官提兵就近，以便策应。不得违悮。

丁卯（初八日）[贵州危急，巡抚王三善求援]

巡抚贵州右佥都御史王三善备陈贵州危急，乞将偏沅督臣移驻平越为声援，仍速调猛将精兵，使其勒限前来。毋再如杜文焕、薛来胤辈，借病息肩。得旨：总督官调度进援，已有屡旨。兵将等事，该部既与覆行。

戊辰（初九日）[广西巡按贾毓祥疏论王三善，乞罢斥]

巡按广西御史贾毓祥疏论王三善，狃于龙里之捷，骄而自矜，藐视安酋，以致陆广河之败，数省兵饷，损亡殆尽，封疆之事，岂堪再悮？乞将三善罢斥听勘，急推才望有谋略者更代料理，仍敕令总督及邻省巡抚各官，协力应援，毋使蔓延。得旨：王三善已令策励调度。总督及邻省巡抚各官，都着协力策应，功罪一体论叙。

[云南巡抚沈儆炌条陈七款]

巡抚云南右副都御史沈儆炌上言：滇南遐荒万里，兼以水、蔺交讧，东西路阻，人人视为畏途。已至者投劾而思去，未来者裹足而不前，非破格鼓舞，无以激人心。条陈七款：一、方面积劳，优以京堂开府。一、升迁流转，兼移名邦善地。一、司道历俸，宜照边例，三年加升二级。一、郡县行取，勿概平迁，课最者列之华选。一、察典宜恕。如临安同知杨道臣等，均以循良罹幽黜，宜与昭雪。一、凭限当查。如副使陈继芳等力求一差以规避，竟不赴任。一、铨除宜就近。滇南之官先尽川贵人材，然后及于别省。部覆：如议。上命著为条格，务在必行。

辛未（十二日）［大学士叶向高等复请亟发帑金以济黔］

大学士叶向高等复请亟发帑金三十万，以济黔急。上以内频发将尽，命官于内库搒括十万两，再于邻省措处十万，着南部协济十万，作速解赴军前。经管员役不许仍前朦冒侵欺，仍传示该部，严行各省直将逋欠金花银两，勒限速解前来接济急需。不得专靠请帑，以误军机。

［贵州巡按史永安揭叙文武诸臣保守危城之功］

巡按贵州监察御史今升太仆寺少卿史永安揭叙文武诸臣保守危城之功。文臣则监军驿传道佥事徐清等，武臣则总兵张彦芳、屯田都司佥书黄运清等，乡官则原任四川建昌道参政潘润民等，死事则毕节道副使申在廷、都司方策、乡官督兵知县杨鸣高等。又言，监军学道刘锡玄固守于前，易节于后，始终判若两截，功罪各不相掩，乞付廷议。章下所司。

［工科给事中乞罢庸懦督臣杨述中］

工科给事中杨所修上言：贵州危困，乞罢庸懦督臣杨述中，以旧抚臣李㮮代之。上命该部看议具奏。

乙亥（十六日）［兵科给事中疏论黔事］

兵科给事中沈应时疏论黔事。以为黔之所患，不在无兵，而在无饷。饷之所患，不在折色，而在本色。即本色之存镇远者，约有十万，目前之患，尚不在无米，而在无运米之夫。今既奉有明旨，责成督、抚、巡按严行该地方官，协济儧运。自当遵奉惟谨，顾其间有不可不急议者。据湖广布政司报称，节次分解黔蜀者，已盈九十二万六千一百六十余两。今查抚臣李㮮，在围城经年，所用之饷，疏在御前，似未尝分毫用楚。再查抚臣王三善疏称，自用兵以来，楚饷实解到军前者共十二万五千有奇，其余皆属拖欠。楚以为实解，黔以为拖欠，不可不急议查催者也。援黔之师，必方略素定。据旧抚臣李㮮、按臣史永安条议，其言急着，在疏龙里、清平饷道，除河中、蔚兴、重安等处恶苗，蜀兵捣红岩以牵蔺，滇兵捣乌撒以牵安效良。粤兵繇泗城复普定，楚兵移住偏桥，以牵各叛夷，使疲于奔命，然后能灭此朝食。计非设五省总督不可，彼中督抚如朱燮元、何士晋、蔡复一，皆足胜其任。史永安以百练才猷，备尝险阻，即以近省巡抚之任优之，必有大造于地方。李樗先事虽失绸缪，而临难尤能固守，条议黔事，晓畅机宜，岂宜听其解任？至于抚臣王三善所请猛将精兵，若第循资论俸，而以不谙夷情、不识地理者，聊且应之，必无幸矣。此尤枢臣所当熟议者也。三善身在危城，自当为固守计。在督臣杨述中，宜急移平越，为三善计。在邻省唇齿相依，督抚功罪一体，尤当厉兵秣马，早为全黔计者也。再查合省土司，忠顺者多，助逆者少，怀观望者强半。宜有宣谕敕使，明指顺逆之路，详开祸福之门，令知畏威怀德，不敢身为戎首。此亦激劝之大机也。得旨：所奏着该部议覆。宣谕各土司，已有屡旨敕谕，着马上赍去。

戊寅（十九日）［兵部奏史永安、李樗所陈平叛之策］

兵部奏：黔事再亟。旧按臣史永（光）〔安〕疏陈彼中危急之形与救急之着，极其详切。今言兵，则舍催督三路之外，更无别法。然报起程几万几千，纸上之貔貅耳。须各令勒限到黔，如过逗遛不到者，将领听督臣提问，仍祈严敕各省抚臣，督促星赴，以解然眉。言饷则除留楚兑南粮，及楚新饷外，不足尚多，舍请帑更无别法。伏乞允臣三十万之请如数发部，即令户部亟行近省，将应解该部钱粮如数兑完，刻期解黔，毋稽时日。迩吃紧尤在通运道，疏新添、龙里之道，则会城通。疏兴隆、清平之道，则平越通。节节咽喉，着着要害，非以宿将提重兵镇之不可。今责令总理鲁钦，领施溪兵二万，急翦何中蔚，以去龙里之梗，为会城之援。责令总镇张彦芳，招募铜兵，合所部及新调兵约可一万，往来偏、兴、清、平一带，以防孙家坟、重安等处恶苗之窃发，而为平越之援。然滇黔之气脉宜通也，责成总兵麻镇督泗城等兵复安顺。约会将领许成名、土官于腾龙等，相机定计，堵截罗沙诸寇，以通滇黔之路。蜀黔之声息宜接也，敕谕四川参政戴君恩，速提兵二万恢复遵义，屯驻于此，兼防诱伏，以扼水、蔺之交。若滇南屡奉援黔之命，沾益一带乃黔接壤，可听安效良出没而不行剿乎？则整兵秣马，或从间道，或出不意，以（朴）〔扑〕效良，以约师期，镇臣沐昌祚之责不容缓也。若四川督臣与滇粤抚臣辅车唇齿，必不作秦越之视。至贵州采粮之说，尤兵家所戒。采之于诸苗是坚其叛也，采之于居民是甘为戎也，愿督抚严戢将士，毋蹈覆辙。又接旧抚臣李槚揭帖，内称：兵之堪用者独铜兵、奇兵、亲兵，余乌合之众不足恃。今铜、奇、亲兵死亡略尽，贼所畏者，惟滚牌子、定番州药弩手，及鸟铳、百子铳。应令加衔守备江映，及把总范之茂等精募三四千，不足则招铜仁、都匀、天、邦等惯习弩手充之。又借两广铳手，令之教习新兵。尤便其滚牌，则招威清、平坝、普定一带，责成窦官堡把头萧国宝等，就便精募，不足则借两广团牌手千人助之。今两广见有援兵，可备调度。浙中道远，召募为难。技精饩优，在督抚酌之。臣又闻凯里土司杨氏有举人杨世芳者，已列科目，可就羁縻。至蒙诏新添、邻司乐平等司，不尽助逆。若能多方以驭之，以土夷攻土夷，且悬厚赏以待，必有应者。是在督抚诸臣联络操纵，结之以威信，运之以机宜，庶事可济。上命俱如议行。

乙酉（二十六日）［得代贵州巡抚李槚具奏王三善解围之功］

（抚）〔巡〕抚贵州得代李槚具奏：新抚王三善解围之功如望洪涛而投足，睹烈焰而引手，非有一段血诚侠骨，谁能强之？夫以数月迟留之兵，捷发于一旦。及龙里而贼不知，及关坡而会城不知，可不谓奇？抚臣一书生耳，将孤军深入，而不顾苗仲之截，不虑糗粮之乏，可不谓险出奇冒险。以二万师当十余万众，屡战屡捷，岂尽天幸？倘如臣所云，立志之一，发机之迅，坚定之识，敢勇之气，决策之审者，非耶？伏乞皇上褒扬优异，专任责成，仍敕谕抚臣，集思广益，用谋勇之将，兼用练习之将，收一战之功，并收万全之功。而各省催兵催饷，毋以畛域掣其肘。一时小胜小败，毋以议论挠其成。则不负新抚一番之敢战，亦不虚臣等经年之苦守矣。得旨：王三善解围奇功，岂得轻议？着益殚猷略，以保封疆，不必因人言介意。

［李槚再为死事诸人请恩恤］

李槚又以死事诸人前疏未备者，续请恩恤，言：安顺军民府推官徐朝纲，新任即署府篆，适值安酋之难，被执骂贼而死。阖门二十余人，屠戮甚惨。其时普定卫掌印指挥黄明重闻变，仰天痛哭，遂自缢。人称为文武双烈。广顺州知州郑鼎，贼至，人劝之走定番。鼎叹曰：吾守土官也，义当死之。与土官金灿同坐，为仲贼陈良所害。吏目胡士统亦被贼执，不屈而死。龙里卫被围，城中士民，或逃或降，独训导刘三畏，兀坐萧斋，遂遇害。原任守备刘皋，领兵守龙里，与贼格斗，众寡不敌，伊子武生刘景武闻难赴救，并死之。人称龙里三刘。威清卫指挥丘述尧，平坝卫指挥金绍勋，俱以号召把兵，被贼掩袭，父子皆死。坝阳把总简登，讨贼兵败被执，见贼不跪，骂贼而死，此弁义烈，尤为一时之冠。乌撒卫指挥管良相，蔺酋之变，臣召之听用标下，密策奢酋、安酋必相继而反。议招兵积粮，为固守计。后良相以祖母病乞假去，又泣曰：乌撒孤城，且与安效良相仇，水西有难，祸必首及。逾月，果如所料。乌撒既破，良相自缢而死。此外，如贵阳乡宦知县周思稷，原系白纳司土官之族人，皆疑之。思稷忿恚，不难杀身自明。御史刘述祖妻罗氏，事姑最孝。姑在围城病亡，围解之后，述祖抱病(尝)〔常〕德，有劝罗氏往问者，泣曰：姑柩在堂，宁死不去。后有经纪其丧者，柩得所而后就道。过龙里，值苗出劫，罗氏正色斥之，慷慨婴白刃而死。臣前过龙里，又访知云南已故吏部主事陈爰诹柩归，抵本卫，为安贼所劫，毁其骨骸，伊子咸厚恸哭死于柩旁。且闻咸厚母王氏，随赴火死。嗟嗟！徐朝纲等死于忠，罗氏死于节，陈咸厚死于孝，皆一时表表可以流芳百世。乞敕部院查访，从厚优恤。以维风教，以植纲常。得旨：据奏，死事诸人，情甚可悯。着与酌量褒恤。

戊子（二十九日）[总督杨述中奏王三善大水塘之捷]

贵州巡抚王三善塘报大水塘之捷。我兵阵斩助逆渠魁宋万化，擒其妻丁氏及其子女，歼其伪军师刘洪祖等。总督杨述中以闻。章付兵部。

[杨述中奏遣将攻龙里，肃清运道]

述中又奏：自两河失利，我兵收保，而龙里咽喉为何中蔚占据。臣移书黔抚，檄行镇道，先攻龙里，而何中蔚败走。臣密布道将，遣发官兵，繇重安江、孙家坟、杨老冲一带，将群苗相机剿抚。运道肃清，一时道将贾勇用命。祈敕部立案，事平一体纪叙。

上命兵部知之。

明熹宗实录卷三十四

五月

庚寅朔（初一日）［贵州巡抚王三善具疏报捷］

巡抚贵州右佥都御史王三善具疏报捷，言：臣自解围以后，分兵渡河。因采浮粮，为贼所乘，是以有陆广河之失。安酋探知，纠党复谋内犯。臣先其未集，遣游击祁继祖、参将王建中等分道进兵。一捷于莲花坉，而龙里路通。再捷于青岩，而定番路亦通。又捷于姑荡革，而宋万化旋就擒。四路既清，苗仲争附。邦彦大惧，不敢复肆猖獗，第据险自守而已。大都逆贼伎俩有限，第恨我兵力不加，更苦粮饷不足。若得四五十万金，一时解到，不旬月间，可募苗仲精兵十万。夫此十万兵，皆系土著，不烦跋涉之劳。一便也。自食其有米粮，不须代运。二便也。道路习熟，深知地利。三便也。我成指臂，贼丧羽毛。四便也。计人给饷，毫无虚冒。五便也。或者患夷情叵测，不知省围未解之先，苗仲畏安酋，故附安酋。省围既解之后，苗仲于酋远，而于我近，故苗仲附我。况又啖我之利，谁不乐从？即有反侧，我夹汉兵而用之，其孰敢生心？乞先敕湖广抚臣，于布政司库中，不拘何项银两，借解五十万，必有以制逆酋之死命。得旨：据奏，黔省屡战多捷，道路颇通。着会同总督官尽心调度，务保封疆。粮饷已有屡旨，还着该部确议具奏。

［贵州巡抚王三善奏请重处广西、四川私逃官兵］

巡抚贵州王三善又奏：广西援黔监军周世匡、参将王慎德等官兵，乘夜私逃。四川援黔副总兵秦明屏等亦复效尤逃去。乞将周世匡等，重加议处。秦明屏重加惩治，以责后效。得旨：周世匡等已有旨。秦明屏姑留用，着策励立功，以赎前罪。

辛丑（十二日）［四川巡按张论疏报永宁之捷］

巡按四川监察御史张论疏报永宁之捷。逆酋奢崇明父子败走红崖，积聚尽焚，殄灭在即。上曰：览奏，知贼平有期，朕心甚慰。其益督发兵将，奋勇擒剿，务获元凶，及早戡定。有功文武将吏人等，事平破格优叙。

[四川总督朱燮元亦以捷闻]

总督四川朱燮元亦以捷闻。上批答如前旨，仍奖朱燮元调度之功。

[贵州巡按侯恂奏滇、川、粤兵援黔事宜]

巡按贵州监察御史侯恂奏：逆酋狂逞肆毒于黔者，至矣。然而百年逋寇，一旦扑灭，此非黔之独力所能办也。计必滇兵出曲靖，以断贼之臂。川兵出遵义，以扼贼之吭。粤兵出泗城，以冲贼之胁。而后陆广、鸭池可以长驱直进，而得志于酋。顾界滇粤咽喉之间者，普安、安南等卫也，爰自会城被围，安顺一带尽遭蹂躏。臣方心念各卫幸存，可以呼吸滇粤，而制贼之要害。乃普安又报失守矣，普安失而唇亡齿寒，安南危若朝露，能无为普安续乎？臣于是而叹逆酋之未易图也。顷者督臣闻粤抚议欲撤兵，将伯助予不胜殷殷共济之望。故既措饷银接济，复有疏请天语叮咛，速催粤兵援黔，仍敕沐启元亟领大兵，直下盘江，如再迟延，容臣纠劾。遵义一路，臣前议川中总兵移驻其地，而以节制听之黔督，惟庙堂断而行之。得旨：黔省协援已有屡旨。这所奏粤抚督发道将，并沐启元领兵策应，着上紧行催，不得迟悮。四川总兵移驻节制等事，该部即与议覆。

壬寅（十三日）[贵州巡按侯恂条奏军中弊窦，并请赐敕便宜从事]

巡按贵州监军侯恂条奏，军中弊窦当严革者四事：一禁虚冒，一禁观望，一禁逃溃，一禁扰害。又言：分路进剿，事属各省，岂容以秦越视之？合无假臣事权，一应紧要机宜，酌量处分，并得便宜从事，仍乞特赐敕书，以便奉行。上命各款俱如议行。各省调兵，不遵约束，成何纪律？其文武将吏，听监军官一体督催查劾，不得违玩。

癸卯（十四日）[以营兵逃溃，革援黔练兵都司佥书职]

革援黔练兵都司佥书李师沆职，行贵州巡按提问具奏。以总督杨述中劾其纪律无闻，致营兵逃溃也。

[以其募兵沿途骚扰，革征南都司等职]

革征南都司汪负龙等七员职，行贵州巡按御史提问正法。以陕西巡抚孙居相劾其募兵，沿途骚扰需索也。

丙午（十七日）［川贵总督朱燮元以长宁、纳溪等诸路官兵“捣巢”报捷］

川贵总督巡抚朱燮元以长宁、纳溪等诸路官兵捣巢捷音奏闻，上命兵部知之。

[何中蔚就擒，总督杨述中奏闻]

初，安酋以其党宋万化、何中蔚等分据要害，截我粮道。万化既伏诛，至是何中蔚复就擒，总督杨述中驰疏报闻，且言：月饷不足，犒赏无资，乞敕该部措处。得旨：据奏，逆党就擒，贼势益孤。着督抚各官，调度兵将，相机剿定。功赏饷银，着遵旨催解，毋悮急需。

戊申（十九日）［贵州巡按侯恂疏请楚中协济运饷夫役］

贵州巡按侯恂疏请楚中协济运饷夫役，敕该地方官上紧催趱。湖广巡抚薛贞又谓：夫派于各省，则众擎易举；派于一楚，则独力难支。下部酌议，户部尚书陈大道言：楚之民必不可重劳，而黔之夫亦岂容议废？全楚见额屯田，共粮三十八万七千五百四十五石四斗四升，以每石八分筭，天启元、二年，共该银六万二千三两六钱。此项银两，乞严谕经管屯田诸臣解赴，督臣于就近地方募夫。尚忧不足，或每石再加二分夫价，即宽然有余也。上命依议行。如屯粮方在催征，仍先借别项见银，通融凑发，勿悮耽悮。大道又恐召募不敷，议以湖广天启二年额解太仓银六万七千六百余两，令楚中速解于黔。以济督臣之用。报可。

己酉（二十日）［准留楚省漕粮以充黔饷］

准留楚省漕粮八万石以充黔饷。

辛亥（二十二日）［贵州道御史疏叙蜀中官兵剿“奢酋”功］

贵州道御史徐吉疏叙蜀功。以为自奢酋攻围省城之时，血战百日，保孤城于朝露者，则督臣朱燮元与左右布政林宰、周著，道臣戴爆、冯劳谦、胡承诏及段师文也。樊龙荼毒重渝，出奇诱贼，收两地于既烬者，则参政卢瑛田、副使徐如珂，与监军杨述程也。日者直捣永宁，生擒周邦泰，则按臣张论、参政闵梦得、副使李仙品、推官胡平表，率领张邦纮、秦国俸等也。第鸟穷必啄，兽穷必攫。山囤以西，防其突冲，盖有三捷径焉。其自遵义冲也，不数百里而再窥重渝。自建武冲也，亦不数百里而径达叙府。其自泸州、江安、纳溪冲也，亦不数百里而直犯省会。宜备三道之兵，兼画万全之策。此时宜固守，不宜挑战。盖固守不动，贼之粮饷断绝，人将相食，或有擒酋而希宥罪者矣。又帑金之发，前后兑支邻省共九十余万，而见前报解入蜀者止四十五万。其余尚有五十万在楚，未及补凑。乞敕部速催楚饷儹运入蜀，以免枵腹荷戈之苦。得旨：逆酋拒险，已有旨着总督官相机擒剿，仍再行申谕，务保万全。楚饷兑补未发，着严行速解。本内各官功次，一并查明议覆。

癸丑（二十四日）［兵科右给事中疏论时事］

兵科右给事中周之纲疏论时事。言兵家之事，胜败相转。欲以桑榆之收，而振东隅之失，则黔事是已。黔自解围以后，陆广再溃。今又报龙里通矣，宋万化、何中蔚一鼓成擒矣，羽翼已剪，贼势渐孤，岂非天幸？惟是苗夷叛服无常，胜则附我，败则扬去。虽青崖、红边颇以捷报，而普安之陷，安南震恐，能保其无他虞乎？况黔所急者，不在兵，而在饷。千里转输，担负几何？运夫数万，楚疲奔命。但黔处穷蹙之势，仅此咽喉一线，仰给全楚，唇齿相联，救黔也亦所以自为也。胜局已成，恐以困兽之斗，而防投鼠之虞，则川事是已。据督、按二臣所报，始自麻塘坎等处，与奢酋转战。虽头目生擒，投降民多，然前此水西助兵，我军之杀伤，亦复不少。即今所栖红崖，尚有天台、木脚七囤相连，能保其无间道他出乎？能保其不投奔水西结连番酋乎？大都安、蔺相连，一败则两败，兵食既足，可有胜而无败矣。所当严谕粤楚，催兵运饷，并敕勉蜀中相机擒剿，以收全胜者也……上谕以俱已有旨，命该部知之。

甲寅（二十五日）［革援黔都司职］

革援黔都司黄运清职，行贵州巡按问罪追赃。以御史侯恂劾其贪残枭恶也。

丁巳（二十八日）［总督张我续献阵获战象，并报捷音］

总督川湖云贵等处兼制河南陕西张我续以阵获战象上献，并报捷音。上命兵部知之。

明熹宗实录卷三十五

六月

庚申朔（初一日）［石砫司总兵官秦良玉自陈奉命征剿“奢酋”之功］

石砫司总兵官署都督佥事秦良玉自陈：奉命征剿奢酋，部署将领秦翼明、拱明等，提兵裹粮，奋勇前进。先后红崖墩、观音寺，及青山墩之捷，擒斩多功。乞敕兵部案候事平之日，将臣部下获功员役，量行升赏，以励众心。合用火牌，照例颁给，以便差遣。又言：（授）〔援〕川诸将，未睹贼是何面，攘臂夸张。及至对垒，闻风先遁。败于贼者惟恐人之胜，怯于战者惟恐人之勇。如李总兵渡河一战，败衄归营，反闭门拒臣，不容一面。以六尺躯须眉男子，忌一巾帼妇人，静夜思之，当愧死矣！得旨：秦良玉奋勇竭忠，朝廷屡行奖赏，各道将官当加优礼，岂得疑忌？览奏，知破贼有劳，还着用心协剿，候事平优叙。火牌准量给。

甲子（初五日）［湖广道御史疏论黔川兵事］

湖广道御史吴之仁疏论时事……其一，谓策黔者欲用苗兵，非计也。毋论狐兔之悲，情殊叵测，即使其无他，而三十万金之抚，谈何容易。今惟有简兵将，备糗粮，据要害，时张疑兵，令其不暇为蔺酋之援，而其进止一听蜀中之声息。如红崖已破，奢贼就擒，该省督臣即便移会川，督两省夹攻，宜可得志。不者且按兵不动，不可轻出以偾事也……着兵部即议覆。

壬申（十三日）［贵州总督杨述中疏叙有功诸臣］

先是，贵州总督杨述中以土孽何中蔚就擒，疏叙有功文武诸臣。兵部覆：请道臣李若楠，行吏部总理鲁钦及总兵张彦芳等。行臣部各与纪录，待事平破格升赏。上从之。

癸酉（十四日）［黔国公沐昌祚奏请缓期援黔］

镇守云南黔国公沐昌祚奉旨援黔，奏言：滇省近日土酋外伺，叛目内讧，见在兼行抚剿。又普安失守，隆贼猖狂。藩篱未固，何暇救邻？俟臣将诸务稍清，滇陲宁谧，刻日应援，不敢濡滞。疏下该部。

丁亥（二十八日）［四川总督兼巡抚朱燮元奏捷报］

总督四川兼巡抚朱燮元奏：据道镇各告捷塘报，红崖、天台、白崖、楠木等囤为逆酋三窟，俱已攻克平定。酋之伪相、伪将多被生俘，印信一时俱获。永宁土地人民已强半还朝廷矣，独二酋奔入古蔺，复有投入水西、结连再出之说。我兵虽渐逼进，而粮不接济，为可虑耳。今五路渐入，相机进剿。一切功次，乞敕部一体案候纪叙。上命该部知之。

明熹宗实录卷三十六

七月

辛卯（初三日）［户部覆山西道御史之议］

户部覆山西道御史杨芳盛议：滇远在天末，逼邻虏穴。滇以黔为咽喉，存滇即以存黔也，然用兵必先措饷，屡奉明旨议处，即匮乏已极，臣部敢不仰抒皇上西顾之忧。但道路阻绝，梗塞为虞。即前发帑六万，尚未知抵滇接济否？臣部即计能措处，而转输不前，是邀西江以苏涸辙，能有济乎？顷明旨着抚按官权宜计处，则又无出台臣之条议者。其一，清贡赋之孔。查云南一省，除夏税秋粮及差发等项，原系存留其应入太仓者，商税、赃罚、事例、税契、盐课等项，共五万四千二百余两，自万历十一年留用至今。又辽饷加派一万六千一百余两，贡金五千两，俱近题准免。数十年来，国家未得滇锱铢之用，而此数项，岂无有十数年之羡积为盈余者乎？又岂无有有司已征在官而未解报者乎？至各场矿课所出不赀，倘委贤能任事、洁己奉公之宪臣，力为综核，不至干没，尽可佐军兴之万一也。其一，开自然之利。夫铸山煮海，国家富强之术，即在无事之时，无妨于民，有益于国，尤多方生殖，况在匮乏已极之秋乎？滇南唯矿、盐二课为利滋大，伏龙井既经前臣开煮，滇人称便，而今何不议开，以佐悬釜之用？台臣桑梓关切，耳目既真，据所条议可以佐滇者，亦无以先此。至于遐方险远，法网久疏，贪墨暴横，阶之为祸。如多赎锾加火耗，积为苛政所煎，致尤宜申饬，以安地方。得旨：如议申饬行。

壬辰（初四日）［川湖总督朱燮元类报总兵李惟新等招降擒斩功次］

川湖总督朱燮元类报总兵李惟新等招降擒斩功次，并侦奢寅父子随水西败卒走入龙场客仲坝。离永宁已二百余里，峭崖插天，深洞无底，道远箐深，实难轻率。官兵以数月无粮，又天降大疫，死者如林；洪水大发，沿江居民漂流不可胜计。只得分布各将，据险固守，相机擒剿，迟速殊难豫定。章下该部。

甲午（初六日）［贵州巡按侯恂疏言征兵转饷与进剿事宜］

巡按贵州御史侯恂疏言：逆酋凭险负固，我征兵转饷，猝未得其要领。以勾连党与实有为之狐兔者，故必滇兵下盘江，以断贼之臂。川兵出遵义，以扼贼之吭。粤兵进泗城，以冲贼之胁。此全局也。至目前急着：一在屯（六）〔陆〕广。（六）〔陆〕广者，大方之正路，期会未齐，不宜轻进。法当于干沟、札佐等处，分兵截守。部署大军，直逼（六）〔陆〕广。使贼火烟地租半无所收，而因以相机擣剿，则坐困之道也。一在清上卫。普安久陷，安庄一带危同朝露。然李希尧、沙学辈么麿小丑，得一大帅，鼓行而前，不走则就缚耳。而因以驻镇其间，接引滇粤之师，三面环攻，则立蹙之计也。一在守乌江遵义。咽喉之地，黔督节制所不能及，是川黔分而水蔺合也。故必守乌江，近以招徕宅溪散贼党，远以连合（绥）〔绥〕阳、白羊诸军断贼路。而因以进沙溪，瞰大方，为

(六)〔陆〕广之策应，使贼首尾受击，则冲决之象也。而用兵计必需饷，兼必需米。皇上动念危黔发帑者，再又以楚赋益之，何敢复言乏饷。然楚既难于征解，黔安望其接济？则终忧饷也。黔本乏米，计惟徼惠楚之南漕，然不得楚夫，飞挽不前。楚既爱力役之征，黔安收粟米之用？则终忧米也。乞敕蜀督及滇粤抚臣，共奋同舟，申明功罪一体之令。并敕楚抚刻催黔饷，湖南、湖北原派夫役，照数督发。尤望严敕黔中督抚，乘时图贼，克终黔局。诏如议行。与督、抚、镇各官悉心料理，黔饷着楚抚上紧处给。其军前进止，俱听相机便宜行。

[贵州巡按侯恂题奏黔督黔抚辄思卸担]

巡按贵州御史侯恂题为黔事未结，黔督、黔抚辄思卸担。乞严旨立敕二臣，矢志图贼，以奠封疆。得旨：督抚职任封疆，如何辄思卸担。王三善离任，着巡按即参来究处。杨述中着尽心任事，不得言去。朝廷法度，违的重治不饶。

丁酉（初九日）[贵州巡按侯恂疏纠清平参将等]

巡按贵州御史侯恂疏纠清平参将金章观望违限及马伦、张琳募兵侵饷。诏下金章于监军御史提问，马伦等仍会同督臣查追。

明熹宗实录卷三十七

八月

壬申（十四日）[贵州总督杨述中、巡抚王三善以安邦彦叛军伪总兵等俘献]

贵州总督杨述中、巡抚王三善以安酋伪总兵何中蔚等俘献。下法司拟罪，孙玮等具爰书以上。中蔚等皆水外各目通判，党受伪官，据要冲，阻粮道，大逆情真。依谋反律，诏磔何中蔚、何应良、陈胜八三人于市，宋步玉、何年弟、宋祖胤、丁氏等伏诛。

丁丑（十九日）[四川巡按张论疏言西蜀情形]

论又疏西蜀情形，言：臣从督臣之未拮据行间，幸而斩樊龙、张彤等之头，系何若海、周鼎等之颈，馘鲁仲贤、罗奇等而歼其徒，降安銮、赵国玺等而收为隶属。近传樊虎亦死于乱兵，赵国璧亦投有降状矣。年余之内，州县克复，夷巢荡焚，蛮洞归附。蔺州一带逆土逆民，定者已十之九。惟是二贼尚假息游魂于水西界上，稍缓烹刳，未报成事。此贼酋之情形也。东川、乌蒙、镇雄各土司，皆以前日助贼作梗，或观望骑墙，心怀疑惧。贼今又恐喝以天讨之不贷，云乌蒙亦未造反，朝廷也要剿他。何况于我水西，报降于黔，复聚兵称一百八十营，札于境外。臣料安位母子，降服情真，而邦彦等罪重恶极，枭音未息。今又有报云，上司果真抚，每目出银一万两，必要并蔺俱抚方允，等语。此各土司之情形也。我兵兼用汉土，汉兵则乌合，柔脆难战，土兵则骄悍，文法难施。抢掠不得，以饥饿而逃；抢掠满载，又以转送而逃。口称缺饷，情实要挟，且其每每要挟之状，皆在机会可乘之时。如成都解围，而不速救重庆，重庆复而不速赴江门，永宁、蔺州破而不速擒二贼。盖彼以为贼擒事完，则彼皆无用月饷住支，掳掠亦不可行。臣所为每每痛恨而欲生啖之者，竟亦无可奈何。此兵之情形也。聚兵十六万，每日费银四千两、米二千四百石，皆四川百姓点点膏血也。且每一路用夫二三万名，或一二万名。每一县派夫或四五千名，或二三千名。蚁附不绝，攀山缘崖，霪霖弥月，河水泛溢。或夫去而米存，或米去而夫存。民不得息，军不得食，僵仆盈壑，非饥死则疫死，非溺死则毒死，酸目伤心。此饷之情形也。百姓逃者未复，复者无为栖泊；地土荒者未艺，艺者无为牛种。今日催饷银，明日催饷米，又明日催运夫，又明日催器具。鬻田产无人货买矣，弃妻子无人收留矣，产尽人亡，鬼邻影吊。甚至州县正佐各官，以银米、以运夫忧死、病死、奔走死、愁苦死者，近十五六人矣。此吏民之情形也。夷倮蛮洞，千百成群。兵至则降，兵退而叛。或有矜香火之小仁，贪降人之重贿，宁忍兵士饿莩，不许因食于贼。今各路报称，我兵无粮退回，蛮贼潜出邀杀。夷性反覆，小仁害义。此蛮民之情形也。各军额饷，缺者三年矣。番倮纵横，道路断绝。松潘内地逆书腾播，总以借饷饷兵，戍士枵腹之故耳。盖天启元年之银以救省会费尽，二年、三年之银以追贼捣巢费尽，徒有蠲之名，未沾尺寸之惠，且不惟不给饷，而又以屯粮加派反征其人，何恃不乱乎？此边军之情形也。夫以逆贼之情形，同病相怜既如彼。而我军之情形，兵民交讪又如此。则今日缓急之数，亦略可见矣。急之而无银无米无夫无兵，又复募，又复调，又复派运，扰扰不休。其谁与我？此不能急之大较也。缓之而贼首犹在，何以称剿毁其成而怠其终？智者不为此，亦不能缓之大较也。臣与督臣再三筹画，督臣曰：龙场坝离大方止五十里，我兵若进，水西即不救奢，亦必自防。今日者兵力不厚，粮饷不集，必不可遽进也，臣深服其顾虑之长远。皇上诚不视为可缓之事，慨然沛发五十万金钱，以付督臣，责其两三月内，了当此事，必能系贼首以传示九边，布告中外。若以缓局视之，将来变态必不可保。惟在皇上与阁部大臣佥谋，而蚤断之耳。至于向后事宜，复设土司终贻不掉之患，改设流官又恐束缚太急，致生他虞，且经费不赀，尤此时所难。或即以其地屯田布种，隶以卫所之官，使其袭而替之。有土官之遗意，而收掌印信、黜陟贤否，一如内地之制。择其贤者而用之，则名位相轧，上下相维，不费中国一钱，不失中国大体，或尚可为也。得旨：这所奏逆酋、土司及兵饷、军民情形，便着该督抚各官相机剿抚、调剂、安辑，早奏平定之绩。军饷急须该省题留及邻省协兑钱粮，催儧给用，不得以请帑借口，误事卸责。设官屯卫等事，着该部从长议覆。

[四川镇平堡地震]

四川镇平堡地震。

戊寅（二十日）[四川道御史奏言奢安之乱时李橒、王三善等守城、解围诸功绩]

四川道御史张应辰言：贵州婴城死守、卒保封疆者，原任抚臣李橒、按臣史永安也。永安已擢用，橒亦奉旨议叙，而该部未叙也。夫橒何如功也，安酋数十万之众顿城下，举国震虢。橒与按臣遇变不惊，分兵五门，人守一堞。自八月至十一月，运道断绝，城中粮尽，杀人食肉，人心汹汹，奸宄四起。然且以身殉城，效死弗去。以一片山河还之朝廷，真所谓国士无双，宜与永安一体并擢，檫何以独异耶？问谁解围，抚臣王三善也。引兵深入巉岩密箐之中，三战三捷，斩首万余，重围遂解。无何臣力已竭，一疏有移赴镇远交代等语，台省交章。今又计斩宋万化，生擒何中蔚等，酋仲胆落矣。三善所谓触锋利剑，百死一生者也。至如按臣侯恂，调兵措饷，指授擘画，军声因之大振。四川按臣张论当成都被围，不拘例限，三月七驭栈道中，舍车而骑，疾驰成都。已而观师纳溪，督兵重庆，复〔渝〕城，破酋巢，皆其发纵指使之力。二臣之功，亦可并垂不朽者。疏入，下该部知之。

丁亥（二十九日）［新抚臣王三善劾贵州都司佥书贪残不法］

贵州都司佥书黄运清以解围叙功。新抚臣王三善，劾其贪残不法。纵所部军士搒取乡绅富户，一概攫夺。又匿所支领仓米，纵军士鼓噪，每米一升，动勒黄金数两。城中珍奇段匹、少女名姝，尽为运清及其部下所掠，士民争欲食其肉。杀以济贪，罪不容死。拟追赃二十万，以济黔饷。从之。

明熹宗实录卷三十八

九月

乙未（初八日）［松潘南路地震］

松潘南路地震。

乙巳（十八日）［贵州巡按侯恂查明两河失利事］

巡按贵州御史侯恂，查明两河失利事。先是，抚臣王三善奋戈解围，军声大振，以为罗鬼技止此耳，盖不无轻敌之心焉。又念饷粮匮诎，利在速战，于是决计进兵。一路出陆广。以题升总兵刘超建旗鼓，杨明楷、李世将等诸将隶汉土官兵共三万，都清道佥事杨世赏监之。一路出鸭池。以总兵张彦芳建旗鼓，黄运清、秦明屏等诸将隶焉。汉土官兵共三万，贵宁道副使何天麟监之。又一路出黄沙渡。以加衔都司蓝补衮统卢光祖等，会合广西之兵，分道攻取，克期捣巢。抚臣谓虏在目中矣，岂意贼谋甚狡，贼党甚众，驱饥卒而摧强寇，致有意外也哉？三路惟黄沙渡系全师撤回。陆广一路，连战报捷，斩级二千七百余颗。因糗储不继，独山州土官蒙诏暗交贼贿，卖阵先逃，官兵大败，争退渡河，辎重尽弃。是役也，杨明楷被执不屈，为贼缚去。王之将、姚旺等二十七员以力战死，官兵杀伤溺死者三千人。贼随并力往攻鸭池。鸭池一路，亦先斩贼级百余颗，夺获战象二只，贼众大集，杀伤相当。无奈秦兵原属犬羊，终悲狐兔。石砫部下加衔游击覃宏化借口枵腹，纠众同回。随（撒）〔撤〕兵冲杀而归，官兵死者百余人，余尽溃去。此臣确查情形最真最悉者，因分别督抚道将以下罪状，下其疏于部。

辛亥（二十四日）［治贵州官生从逆罪］

治贵州官生从逆罪。革贵前二卫指挥千百户顾从新、黄昇、朱国安、李元勋职，仍与生员王纳文、王家翼、王锡明，俱下巡按御史究拟。从兵部覆按臣侯恂奏也。

癸丑（二十六日）［加吴光义右布政职衔，专理钱法，兼管巡西事务］

加四川兵巡川西道按察司副使吴光义布政使司右布政职衔，专理钱法，兼管巡西事务。

明熹宗实录卷三十九

十月

丁卯（初十日）［兵科给事中疏陈黔事］

兵科给事中胡永顺疏陈黔事，言：当今黔围之解，我兵喘息未定，遽渡陆广。此其失，失在欲剿太急。及两河失利，胜负兵家之尝，遽议招降。此其失，失在欲抚太急。业已抚矣，因其狎而狃我两端观望，然后兴问罪之师，乍抚乍剿，犬羊有以窥我矣。此所谓先后着乱者也。今黔人意专主于剿，庙堂之上半出于抚。第言剿者，但知贼之当剿耳，不顾我之能办剿与否也。言抚者，亦但知我之力未能剿耳，亦不问贼之当抚与否也。臣以为莫善于捣虚，莫妙于用间，莫逸于困守，莫急于擒贼擒王。夫陆广、鸭池皆进兵之道路，而遵义正当贼之肩背，尤为吃紧。扬兵于陆广、鸭池之间，堂堂正正，鼓行而前。我欲进陆广，贼不得不备陆广；我欲进鸭池，贼不得不备鸭池。且前且却，迭出以疑之，多方以误之，悉精锐于遵义，直走西溪趋大方，以正兵为疑兵，以奇兵为正兵。东征西击，使之腹背受敌，首尾牵制，贼必破矣。此之谓捣虚。向者贼内外隔绝不通，今招降之，使与乞降之贼往来数数矣。出鱼于千仞之渊，饵香也，独不可用千金行反间乎？蜀中成都之围，亦以贼将罗乾象为我内应，火起营中，然后奢寅逃遁。此即黔事之榜样也。故贼之腹心，即我之耳目，一夫之力，贤于百万之师。不然师老财匮，终无益也。此之谓用间。夷俗素鲜蓄积，贼年年用兵，室如悬磬，野无青草，良田沃壤尽在水外，六目我尽得而有之。贼三面受敌，无所得食，犹有蔺酋与安效良耳。蔺酋方立槀于枯鱼之肆，安效良恋夷妇之爱，舍乌撒而垂涎沾益，且欲与沙如玉为难，日寻干戈，何暇顾贼？故贼昔日之所以困我，即我今日之所以困贼者也。此之谓困守。安邦彦一幺么贼子耳，称兵僭号，名为罗甸国王，号召西南半壁，远近响应。安位母子与其目把欲降而不得者，制于邦彦耳。故今日擒邦彦，则贼今日可平。不去邦彦，黔难未已。抚剿之局，俱不得结也。故曰：莫急于擒贼擒王。凡此皆黔事一定之情形，而抚剿必然之胜着也。然其要在督、抚之同心，封疆何事而可以意见相为水火乎？闻诸道路欲得水外六目之地，而削其势者抚臣也；不欲得地而欲得安邦彦者督臣也；欲得地并欲擒安邦彦正法者按臣也。三人之议，当以按臣为正，而一欲割地，一欲正罪，督、抚两人又何尝不各成其是，合之双美乎！伏望圣明独断，计出万全。严敕督、抚二臣，勿争意见以误封疆。疏入，下所司知之。

[原任贵州巡按史永安疏陈黔事]

原任贵州巡按御史今升太常寺卿史永安疏陈：近来黔事议论纷纭，皆繇提学道刘锡玄为臣所劾者，而抚臣叙之，近南科臣又申救之。都司佥书黄运清，先为乡官御史王尊德之所劾，而臣犹叙之。

臣叙之，而今按臣复劾之。守备尚宗袭亦为臣之所叙，而近南科臣纠之。劾叙参差，将致劝惩难凭，不能不将臣之劾叙功罪大意，再一申明之。锡玄在围城八月以前，委于城守有功，第至于末路，见势穷难守，遂变心败节。臣特以事关封疆，不得不劾之耳。黄运清为人机智莫测，而所以叙之者，特为初时赴援之勇，及末路防御之勤，有功于成守耳。虽已有乡官御史王尊德所劾，然臣为封疆计，不得不据实叙之。今按臣亦云不忍没其功，亦不敢宽其罪，是其罪其功不妨并陈。今南科臣所纠之守备尚宗袭，亦自遵义赴援至省者。据其胪列之罪状，即臣阅之，恨不手刃之。第派守次南门，其调度尽自老练。臣为封疆计，又不淂不据实叙之。要之城守功罪，原自分明，而所以起纷纭议论者，大端有二：一起于献城买路之群奸，恨诸文武之誓死不与己谋者，积羞成怒，百计而倾陷之。一起于出城之士民，不甚言兵将抢掠之罪，无以掩投贼之失。大抵臣之所以违众独断者，惟以封疆为主，而不顾己之身名也。得旨：这所奏功罪，着部院并议具奏。史永安守城有功，着即前来供职，不必疑阻。

甲戌（十七日）［贵州总督杨述中报捷］

贵州总督杨述中塘报：遣副总兵左世选等攻破安贼碗哈坉、羊雀坉等处，擒斩计一千二百余名颗，俘获人畜无筭。得旨：贵州大捷，朕心欣慰。便行与督抚各官，督率将吏，协心奋力，务早荡平。有功人员，先与纪录，事平优叙。

［广西巡抚何士晋奏言调粤土兵援黔事宜］

广西巡抚何士晋言：臣前遵奉明旨，将调发过汉兵、狼兵俱移咨援黔，已经奏闻。今遵旨调发土兵，臣谓土司以仇杀为性，自川黔继变，狐兔生心，其情更为叵测，未信其真可用也。故百计鼓舞，幸泗州出兵一万二千，去冬即入黔境。监军林梦琦救安南庄，有报破软口寨，以解新城围，有报此足为泗兵入黔之证也。田州出兵六千，亦于去冬即入滇境。滇之叛目李保，听安酋嗾使，拒阻田兵。监军葛中选以事关邻封，不敢纵田兵擅杀。故调安隆司兵，见救安笼所。安笼即黔地也，其剿狼羊斩获多功，亦有报此，足为田兵改调入黔之证也。但臣自五月奉旨交兵交饷，尽归黔督，今已五阅月矣。黔中业题委总兵麻镇，专督泗、田土兵，随檄行副使林梦琦、葛中选，取有二土官交兵文结。则粤之兵事交割甚明。若饷则自搒括本省五万给发汉兵外，土兵原奉旨有湖广四万，该省并无解粤。又题请有粤东五万，户部不准开销。及会议粤西有二十一万，又令总解黔督。则粤之饷分毫无有，亦已甚明。今臣即奉旨催督，止能催督于粤属之道将，不能催督于黔属之麻镇也。从古来未有饷不及而能用兵者，土兵离粤五阅月矣，今一饷未到军前，欲令其就食于黔省，岂能越贼巢天险而飞渡耶？近见黔中按臣疏云：异省之兵，不应分发见在之饷，则粤之二十一万，见在黔中者，恐不能及粤之土兵。督臣又屡次差人索饷于粤，不知粤之无饷，而责臣无米之炊。不知粤之隔远，而责臣长鞭之及。臣安能从数千里外，果饥者之腹，缚溃者之足乎？伏乞严谕麻镇，专督泗城等兵，宁少无多，克期前进。勿更侈言十万，徒骇荒服之人心，无益危疆之实用也。疏下兵部，部覆言：粤兵入黔，则去粤远而去黔近，给饷以就近为便。粤兵援黔，则黔为主而粤为客，饷客以就主为宜。其土兵只以原调已发之数为额，更不宜侈言十万，重激土司，以为粤患也。上是之。

丁丑（二十日）［加升随征领兵将领官衔］

兵部覆贵州总督杨述中：加升随征领兵参将秦明屏为副总兵，领兵都司王观国为参将。加衔游击李犹龙、王尚德、杨愈光、张弘道、周文盛、万炼、杨士武、张好生、李廷师，俱实授游击。加衔都司鲁宗文、马烜，俱都司佥书。从之。

明熹宗实录卷四十

闰十月

壬辰（初六日）［兵科都给事中赵时用奏言楚济黔饷及进剿“贼巢”情形］

兵科都给事中赵时用言：济黔楚额欠五十余万，屡催不应。宜责成楚抚及楚藩司，暂那别项转发，限以日期，令其回奏。第恐楚额未足了黔事，则非发帑别无可望。又言：调发之兵，泗、田诸土司狼子野心，不可倚信。宜如粤抚何士晋议，止用板角、安龙两路官兵，间道以分贼势。而遵义为水蔺之冲，须以重兵扼之。大兵则从陆广而入，渐逼贼巢，贼乃局而不得展，此时或剿或抚，惟吾所命，今未可遽议抚也。得旨：楚省应给黔饷如议行，余该部议覆。

乙未（初九日）［总督朱燮元报各路奏捷情形］

总督四川等处兵部右侍郎朱燮元塘报：七月十七日，监纪李仙品、刘可训等，报官兵于龙场坝，将崇明父子巢穴上下两街旧衙，放火焚毁，烧死男妇不知其数，以致二酋栖止无定。该镇随督参将林兆鼎等，领兵至楠木坪、白水尾等处，斩获伪都司王么儿等三十六颗、苗级四百五十七颗，生擒伪都司陈清等四名口。又遵义路副将秦衍祚等，各率兵攻打茶园、横山箐等处，斩获奢寅伯父奢阿东、蜡九父子三人，大头目四名，苗级三百八十四颗。生擒伪总兵王朝臣，夷苗七十九名口。招降高寨大头目王廷、彭家营，头目赵汝安，及苗夷四十余名口。又绥阳路加衔都司傅元勋等，攻打白荡、毛台等处，斩获黑苗大头目阿猊、李狗儿，苗级二十一颗。又于杜包等处，招降伪守备李廷相等，苗夷五十余房。所据各路擒斩招降，贼势渐迫。总兵李维新移住古蔺，催兵逼进，只俟银米稍凑，即便过河。下所司知之。

丙午（二十日）［录四川死难总兵杨愈懋长男袭升佥事，次男为千户］

录四川死难总兵杨愈懋长男祚隆袭升潼关卫指挥佥事，次男祚盛本卫千户，俱世袭。

乙卯（二十九日）［云南地震］

云南地震。

明熹宗实录卷四十一

十一月

丁丑（二十一日）［吏科都给事中程注奏言设偏沅巡抚之重］

吏科都给事中程注言：天下有时急而人不得独缓、地重而人不得独轻者。最急莫如辽左，而蓟门其咽喉也。其次莫如滇黔，而偏沅其门户也……偏沅总督，已经予告，而议尚未定也。或欲去督而专设抚臣，或欲去抚而另设按臣。其去督设抚也，谓名位不至相轧，意气即可流通，此为确然之议。至专设按臣，亦似于督饷为便。然而偏沅之有抚臣，繇来旧矣。曩征播时，初以支可大移镇，而后遂改用江铎。事急则设，事宁则止。不独固楚之圉，而正以壮黔之援。况抚臣则有兵马钱粮，节钺煌煌，钤制有体。偏沅一带，土司环伺待命，今黔氛告急，风鹤皆惊。数百里犷悍之苗，非一中丞镇抚其间，何以帖然受我戎索哉？……疏下兵部。

戊寅（二十二日）［实授叶登科都司佥书职衔］

实授援黔加衔游击叶登科都司佥书职衔，仍在军前听用。从总督杨述中之请也。

己卯（二十三日）［兵部尚书赵彦覆兵科赵时用及贵州总督杨述中、巡按侯恂疏］

兵部尚书赵彦覆兵科赵时用及贵州总督杨述中、巡按侯恂疏，言：安酋狂逞黔中，几三年已矣。省围虽解，而元凶未殄。水、蔺合谋，而虐焰益炽。乌江会师，声罪致讨，固势之不容已者。乃督臣杨述中、抚臣王三善意见相左，遂有参商之形迹。督臣经理黔饷，勤劳即著，已奉明旨，准其推用，臣等无容再议。惟抚臣躬行督阵，军机决于呼吸，岂得向平越而问饷？应设巡抚于偏沅，督楚饷以济黔师。在贵阳则专司兵权，无督臣之遥制。一柄不至两操。在偏沅则专司粮饷，无兵食之分心异议，不得旁挠。诚今日策黔之急着也。然抚臣不有军务之衔，不与一旅之师，傥有缓急，何以应变？应兼管辰沅一带，额设营卫兵马，控制楚之土司，以备黔之后劲者也。至我兵深入贼巢，而裹粮不及十日，此危道也。楚之解饷，本自额内之数，而转运愆期，岂容秦越之视？今计部复发五十万，严立限期，刻日解纳，计食足兵强，狡酋有授首之日矣。惟粮糗未备，援师未集，而以贵竹之孤军，为渡河之大举，恐轻进失利。临事而惧，好谋而成，用兵之要诀，不可不深长虑也。彼怯懦之马炯誓师，并渡乌江，而徘徊于年狼寨，复迁迹于黄沙渡，岂非借招抚以缓师，趋间道以避敌乎？彷徨道路，为贼所穷。非各营留驻高坡，几以全军与敌，炯之罪可胜诛哉！尚念客帅入援，不敢临敌易将，相应削职一级，戴罪杀贼，俟成功之日，统计功罪另议。得旨：杨述中已有旨。另推其督饷官，吏部作速推用。马炯姑降一级，戴罪杀贼。

[查旧黔抚李橒迫取安酋金盆事]

巡按贵州御史侯恂，查过旧黔抚李橒迫取安酋金盆事无实，御史蒋允仪风闻之误。上命允仪回奏，允仪复再疏诋橒，仍命部院看议。

壬午（二十六日）[贵州巡抚王三善疏参援黔总兵麻镇]

贵州巡抚王三善疏参援黔总兵麻镇：援黔避粤，借募侵饷，逗遛观望，致误围城。部覆，得旨：行彼处抚按拿解来京究问。

乙酉（二十九日）[录川贵捣巢解围功]

录川贵捣巢解围功。朱燮元加右都御史兼兵部右侍郎，仍旧总督。杨述中升俸一级，仍俟推用。王三善加兵部左侍郎兼右佥都御史，薛贞加副都御史，俱照旧巡抚。张论、侯恂、林宰、杨松年，俱候升京堂。戴爆升二级，闵梦得、王世仁、李仙品、赫奕、陈龙光、吴光仪、刘可训、朱芹、缪国维、陈尧言、向日升、徐清、杨世赏，各升一级。周著、杨述程、丘志充，准各起用。杨述程、丘志充，仍加升一级。

明熹宗实录卷四十二

十二月

己丑（初四日）［云南抚按闵洪学、罗汝元疏言沐启元狂悖不法，不堪援黔］

兵部覆云南抚按闵洪学、罗汝元疏言：镇臣沐昌祚孙启元狂悖不法，不堪援黔之寄。得旨：沐（起）〔启〕元既不谙事体，不许管兵，仍听抚按官节制。该镇事务，还着沐昌祚协同抚按官料理，务安地方，不得违异。

辛丑（十六日）［尚书赵彦等复疏陈开路通滇事］

初，云南抚按闵洪学、罗汝元及乡绅给事中杨栋朝、御史傅宗龙等各条议开路通滇。业经部覆，奉旨咨会抚按遵行。至是，本部尚书赵彦等复疏陈建路之宜开，与所以开之之用。言封疆之事，议创不如议因，辟新不如辟旧。考汉丞相诸葛亮南征，雍闿繇越嶲入，而五月渡泸者，即建昌路也。此非前代之故迹，历历可循者乎？又按舆图，自四川雅州入云南省城，驿站相距余于百里者无几，不过添设驿递四五处。而不足于百里者，更相其山川之险易，人居之疏密，以增其夫马之数。此又非祖宗已画之成迹，在在可因者乎？谓东西二路之并塞者，一时之厄也。开建昌路以便于今日者，百年之计也。请敕户部将原题分解云南饷银二十五万两，除已解六万两帑银外，尚欠十九万两之内，以六万两坐为开路之费。更乞敕下臣部，移咨滇蜀督抚，一面差才干府佐官前往相度，一切疆界之分属，道里之远近，驿堡之因创，驻镇之增设，财用之多寡，汉土之调停，料理妥当，册报督抚。随即具疏奏闻，待前项银两解至，克期兴作。务在天启四年秋间朝会之前，报厥成功。既开之后，一应邮传之费，滇则金沙江可立税务，蜀则建昌杉板，黎溪、会川之水矿硐、白铜硐，黎州之西番茶路，皆应有额税可议割，以佐轮蹄。至两省互相节制，尤为吃紧，是在滇、蜀督抚悉心条画，以贻（水）〔永〕赖。诏允行之。

丙午（二十一日）［郧阳巡抚蔡复一疏纠四川募兵援黔各官将］

抚治郧阳佥都御史蔡复一疏纠四川募兵援黔知县戴文箕，领兵都司胡文选、马伦，守备饶启祯等。文箕以旧督张我续檄，募兵七千，实不满二千，付马伦散粮领兵。马伦席卷饷银，称疾遁去。加增行粮，再付启祯，亦如之。乃付札授都司胡文选者，文箕书办也，所至骚扰。下兵部，部议：行抚按查确正罪。得旨：胡文选等着该督抚官即行正法，戴文箕革了职，该抚按官提问，重拟具奏。其武职滥给札付，不系兵部者，通行查革。

己酉（二十四日）［贵州总督杨述中奏巡抚王三善入巢五捷］

总督贵州兵部左侍郎杨述中言：抚臣王三善入巢五捷，安邦彦、奢寅父子等仅以身免，弃甲投箐。斩杀宗目，俘获渠魁，计首功不下万有八千余级，战马、甲仗无算。贼势披靡，已逼过渭河。我大兵一二日间，准备过河。得旨：黔师深入，抚臣王三善身自督战，斩首至一万八千余级。西南奇捷，自来罕有，朕心忻慰。督臣杨述中调度有功，均可嘉尚，都着写敕奖励。述中仍尽心料理，有功将士，户部措发银三万两给赏。督抚官仍鼓舞各路官兵，务收全捷，事平一体优叙。

［官兵五路进攻，鏖战龙场，生擒奢崇明等］

总督四川等处兵部右侍郎朱燮元疏言：总兵官李维新、监军副使李仙品、佥事刘可训等统率各将，五路进兵，杀入龙场地方鏖战，当阵生擒首凶奢崇明、伪军师蔡金贵，并酋妻安氏，斩伪将、伪相首级千余，鞍马、枪刀无算。奢寅中二枪扶马而逃，扶国祯亦中箭逃箐，官兵见在搒拿。奢崇明中药箭，命在须臾。等情。得旨：凶首奢崇明等俱已擒获，深可嘉尚。逆寅及各逋目，催兵速捕，务期荡平。督臣朱燮元调度勤劳，其监军并有功将士，俱候献俘一体优叙。

明熹宗实录（梁本）卷三十八

天启四年甲子（1624）

正月

戊午（初三日）［王三善督师捣奢社辉、安位老巢大方］

贵州巡抚王三善以大方饷尽议班师。陈其愚输情于贼，私树嫖焉。贼急进，我副总兵秦明屏被杀，秦佐明、祚明突围出，贼势复张。《两朝从信录》：是月，王师进捣大方，奏捷。巡抚王三善督同总理鲁钦、总镇马炯，监军道尹伸、岳具仰、向日升等，各领兵渡渭河，贼众溃散。奢社辉、安位焚大方老巢，窜入火灼堡。贼首安邦彦、奢寅逃匿织金。

癸亥（初八日）［王三善至梅家海，遇叛军］

王三善至梅家海，贼大至，三善独保一山，贼退始至内庄。

乙丑（初十日）［王三善兵败鸭池，被执遇害］

王三善兵败于鸭池，自刎不死，拥众执之，不屈遇害。初，贼伪款，至是毕至围之，官军不相顾，遂溃。监军岳具仰，同知方明栋、梁思泰，守备田有龙并没。三善永城人。崇祯初赠兵部尚书，荫锦衣千户。立祠，赐祭葬。

庚午（十五日）［广西巡按贾毓祥奏言粤西“交夷”、土司、瑶僮“三患”］

巡按广西御史贾毓祥言：粤西之患有三：曰交夷，曰土司，曰瑶僮。见设之兵饷，但防瑶僮，而交夷、土司不与焉。今交夷擅兵，不请袭兵。蚕食思陵，迁诸土司，逼我上石、西太平、思明，侵地计二百七十二村矣。水西之变，泗城、南丹阴通安酋。思州不受调。瑶僮伺掠宾州八寨，为群盗根株。土舍名为我用，实相窥隙。宜相度险要，增兵防守。章下兵部，令抚按勘奏。

甲戌（十九日）［贵州巡按侯恂言王三善败亡缘由］

贵州巡抚王三善抵化筑、水西、鸭池之界。贼毕至围我，我据山上。贼势草火断官军不相顾，遂溃。三善堕马遇害。监军道尹伸、岳具仰，及同知方明栋、梁思泰等，副将秦明屏、守备田有龙等，血战并没百有余人。已，巡按御史侯恂言：南河失利，先是王三善奋戈解围，军声大振，以为罗鬼技止此耳，不无轻敌之心。又念饷匮，利于速战，于是决意进兵。一出陆广，以总兵刘超建旗（彭）〔鼓〕，杨明楷、李世将等隶焉。汉土兵共三万，都清道佥事杨世赏监之。一出鸭池，以总兵张彦芳建旗（彭）〔鼓〕，黄运清、秦明屏等隶焉。汉土兵共三万，贵宁道副使何天麒监之。一出黄沙渡，以都司蓝补衮统卢光祖等，合广西之兵，分道捣剿。抚臣谓：夷在目中矣！岂意狡贼甚众，驱饥卒而摧强寇，致有意外也。我三路惟黄沙渡全师撤回。陆广连捷，斩二千七百余级。因粮不继，独山州土官蒙诏受贿先逃，官军争北渡河，辎重尽弃。是役也，杨明楷被执不屈，诸将姚旺等二十七人力战死，官兵亡三千人。贼寻攻鸭池，初杀伤相当。秦明屏既亡，石砫部下游击覃宏化借口枵腹，纠众同回，冲杀官兵百余人，余尽溃去。此臣确核最悉者，因分督抚道将罪状。

乙亥（二十日）［贵州道御史奏言湖广当增设巡按］

贵州道御史张爌言：……湖广巡按当增。下吏部。《两朝从信录》：……按差之当增，则无如楚省矣。臣作令于楚，见楚中州邑之中，山川之修阻，钱粮之剧繁，案牍之纷纭，藩封之棋布，苗夷之环伺，视各省直为尤难理直指使者。每每足迹不及到，耳目不及周，且滇、黔、粤、蜀壤地相接，顷因黔蜀告匮，议专差督饷御史。然事急则设，事平则裁。若以为苗夷之性反侧无常，土司之事负固难伏，今虽次第荡平，未必后日之不窃发。是宜添注御史一员，巡历荆、襄、岳、长、宝等八府。其驻扎之处，或在长沙，在常德，从长计议。无事则揽辔澄清，有事则扼要控制，则邻省有事，亦可以同心共济，莫便于此者。况南直隶以十四府而设五巡方，岂楚省十五府而可仅一巡方乎？而或者谓官多则费多，此又惜小费而忘大计，愿当事者熟思之也。

明熹宗实录（梁本）卷三十九

二月

己亥（十五日）［总督杨述中奏贵州巡抚王三善败陷兼请饷］

总督杨述中奏贵州巡抚王三善败陷兼请饷，下兵部议。《两朝从信录》：黔抚王三善被陷。注：抚臣入大方，酋把陈守愚诈降，赦其罪，予以参谋。令招安位母子。此其以剿为抚，着数原自不差。及提兵回省，中途被罗鬼诸苗所截，咎在抚臣寡谋，督臣无备耳。兵部以黔祸未弭，陈战守善后九事。其议曰：黔省孤悬绝域，围几年所，卒以忠义激发，誓死固守，则人心未尝不可鼓也。抚臣立解省会重围，直破大方老巢，皆躬擐甲胄，以寡击众，则黔兵未必不可用也。维是大方之后回省，运筹斟酌剿伐。令总兵坐镇其地，指纵皆得手如意。乃奋不顾身，勇往直前。不意为贼之诡计所诱，其意诚壮，其遇诚足悲矣。然胜负兵家之常，多难兴邦之基。我兵亦有屡捷，贼计岂能万全？今之所最急者，在督臣收溃散之兵，将使士气之复振。固远近之防守，使人心之不摇。督兵理饷，抚众守城，贵阳既得完全，挞伐何难再举？此所当急者一也。抚臣出征数月，督臣业已代理之。贼势紧急，督臣有调度兵饷之责，难以一力独肩。应速简雄才大略、习知西南利害者，或推或调，立刻简用。虎豹在山，威灵自震。此所当急者二也。偏沅为黔楚唇齿之邦，辅车相依。黔急则偏沅亦急。况楚之诸土司，多与安酋有狐兔之悲，观望成败以为顺逆。故先年征播之时，设抚臣以镇之，事平旋革。昨已会议，已得谕旨矣，嗣因贵阳屡捷，又复中止。今事急势迫，而偏沅督抚，仍应复择就近之有才望者推之。令其督楚饷兵为黔后劲，及联络土司，保障三楚，均之有责焉。得其人焉，而黔楚皆有福无祸矣。当急者三也。台臣傅宗龙屡言滇黔方略，凿凿中窍。其人忠义果敢，谙诸韬钤，两省之夷情地理皆洞悉于胸中，绰有成算。宜以监军视师之任，与督抚三臣商确机宜，大展壮猷，必能平定西南，丕建肤功。候饮至之日，破格优异，以酬其劳。台臣桑梓接壤，义气不凡。此所当急者四也。兴师动众，千变万化。督抚愿其同心共理，自非宽博不能运，非深沉不能全。黔远在天末，又值干戈之乱，司道诸臣皆规避不乐就之，一时之在位者，多由府县中就近推择，良楛不一，是以深入穷边，卒无超异。今各道器使之未可知，宜速选附近道府及部属之有才知兵者，速为推补，(勤)〔勒〕限任事。功成之日，破格大用以显扬之。此当急者五也。黔夷种数甚多，兼以罗鬼之兵勇猛难敌，今我兵被截锐已挫，贼兵新胜焰炽，非固守无以卫城池，非力战无以当讨乱。而黔南一路，兵将有限，贼夷四面，声息难周。应照原议，滇、蜀、西粤各发兵各剿，使贼腹背受敌，始有除凶雪耻。抚臣陷在贼中，谅亦不敢加害。非大集兵力不可剿，非声罪致讨不能抚。先剿以明威，后抚以结局。此当急者六也。安邦彦之悖逆无道，陈其愚之诈降取事，皆神人所共愤，而王法所必诛者。广布腹心，重悬赏格，以欣其归。而除此二酋不赦外，闻安位母子屡禀乞降，不妨相机牢笼之。党与四十八枝中，亦当分别顺逆而收为用。亮之于孟获也，服之而已。自古未有绝其种类，而兵连不已者。郡县而留兵设将，亦贻异日之忧。当急者七也。安、奢二酋连姻相倚，非一日矣。昨奢寅观兵于安酋营中，则奢酋今之举动，视安酋为进止可知已。今安酋猖獗恣奢酋亦将狂逞，万一遵义危急，则川南一带又复震动。合行四川抚臣，守永宁以遏其中，严备遵义以防其乱。首恶如奢(世)〔社〕辉、奢寅者，明示放生之路，阴施罗网之计。一应机关，若闻若不闻，使酋设备之心少懈，而后制御之术得展。遵义安而全蜀俱安，奢酋得而安酋自孤。此所当急者八也。贵阳急矣，自镇远以及偏沅，皆有土司错壤。由辰常以至荆襄，皆为黔楚要冲。不惟诸土司非我族类，汹汹易摇。即各邑患切震邻，亦惶惶靡宁。万一不轨之徒，开隙生心，勾夷为乱，关系安危岂浅也者。合行湖广二抚臣，严饬兵戎，严行保甲，安辑以预折其萌。务为先事之防，毋贻后时之悔。此所当急者九也。

丙午（二十二日）［贵州巡按侯恂言拯黔事宜］

巡按贵州御史侯恂言拯黔事宜：曰简重臣。抚臣悮堕罗网，督臣当戴罪料理。今征集士马，再规大举。若令督臣独肩此事，恐不能收戡定之略也。曰设沅抚。黔中兵一一仰给于楚，非有人专督，势难源源入黔。曰择大帅。鲁钦、马炯既为败军之将，旗鼓无主，则大帅不可不择。曰扼要地。新添、平越、偏桥，节节宜住一道臣，各自募三千人弹压路苗。曰速协援。敕滇抚拨兵，仍下盘江，以缀贼之肩背。敕蜀督发兵，仍进毕节，以冲贼之胸胁。并敕粤抚，简锐进普安，或进都匀，为黔犄角。至营兵尚四五万人，作何整饬？贵阳商贾统集流移，作何镇定？省会仓米不过四千余石，新添而下尚有储积，然转输甚难，惟有兵运，作何事处置？附叛土司沙学、温如璋辈，昨皆投降，今作何驾驭？苗仲龙蔡，半载以来多方抚剿，今作何羁縻？是在当事图之矣。上大是之。《两朝从信录》：贵州巡按侯恂按黔事竣，敬陈奠安遐荒疏，曰：臣受命按黔，一载于兹，周爰咨询。其于地方之利害悉知之矣。大都黔中受病根源，千言万语，只是以贪之一字，遂致军实日隳，夷患日炽。又若料理无人，丛脞不振，譬之尫羸之夫，腑脏不充，百病乘之，复无良医以为治疗，有立向待尽耳。目今荡平可望，夫固更新之会，而不可不急为整顿矣。臣谨以地方利害开列上陈：一在添将领以裨战守。黔中土司跳梁，苗贼生发。兵燹之余，殊费布置。如铜仁逼近红苗，而三山之苗又为腹心之患，近窥总兵赴镇省会，大肆猖獗。方今事势未定，正须元戎弹压，自须永留贵阳，用壮全黔虎豹之势。铜仁应设参将一员，以为保障。盘江最险，实为盗薮。一巡检司不足有无，应设劲兵建武营于上下，选材官二员，加以守备职衔，督兵巡缉，滇黔血脉可常通矣。洪边十二马头西接安酋水西陆广之地，东通乌江遵义板角，绵亘数百里，在省会（禁）〔襟〕怀间。安酋遗孽，尚有潜滋。此应设守备一员，责以控制苗仲。此皆腹心牙爪之不可缺者也。一在加兵饷以资防御。黔中兵力单弱，虽有营哨，饷多亏额，兵亦虚伍。至于抚镇暨诸参将、守备额兵，合之仅三千余耳。凡有雕剿，借力土司。是以土司焰张，卒至决裂，不可收拾。故足兵者，今日之要务也。大约抚镇各须兵三千，参将各须兵六百，守备各须兵三百，缓急始克有济。而吃紧地方，如黄参、清平等处，尤须添设营哨之兵，庶可制伏苗患。旧兵例支协济矣，新兵饷安出乎？惟有乞留楚饷数万，每年按季解黔，乃不苦于呼庚耳。或谓国家方诎，岂能常割楚饷以供黔？不知黔中开国以来，几番大征。每一举事，动费数百万，而生灵杀戮之惨，且不忍言。何如未雨绸缪，建威萌长享无事之福，所省更多也。一在核田亩以定赋额。黔中在万山间，溪壑高低并堪垦作其田，大约有三：一曰军卫屯田，一曰有司民田，一曰土司夷田。初制犬牙相错，三相互混。先年曾经清丈，而事久弊生。私顶暗投之蠹莫除也，继绝芜熟之繇莫察也，影射飞诡之害莫禁也，吞并丢压之窦莫厘也。法有遗奸，屯所遗力，所从来也。况近洪边、龙里等处，新经勘定。而省会、安顺等处，户口流亡，沟塍半是无主，不可不一问者。莫若及今亟作一番开拓，逐一清丈。某系屯地，某系民田，某系夷田，查其各原纳差粮若干，酌议摊派。土司忠顺者各管原土，叛逆者悉归版图。原未派定差粮，照例起科。即有硗确绝断人烟者，并当逐寨逐庄查造入册。中有乡绅富豪冒占者，亦必造入册籍，差粮有稽，一洗得田抛粮之积习。其无主民田应入官者，相应责成府州县设法招徕开垦。久抛荒者，量行蠲租。而军卫节年凋残，屯田更多衰旺，相应责成管屯卫官，督令五所遍给屯军耕种，用抵饷额之乏。如此力行其力，无方何惮而不为乎！然必专委一道臣领之，始有实效。运事告罢，分巡新镇。道无所事事，合无加以专敕，俾其悉心料理，巡行阡陌，一切查勘劝课之事，着实举行。至于清丈屯田、民田、夷田，各造鱼鳞弓口差粮册籍，一报部奏缴，一贮布都二司，一贮府卫州县，互相觉考，永永无虞欺没可也。一在禁克扣以厘弊政。黔中诸项应支钱粮，一切累于兑扣，积猾盘据，帑廪如洗，即如驲递马馆，例系条鞭，县司如额征完起解，该府转解供应，此一定之例也。方今积弊相沿，率系奸棍包揽，承走印领一张，执至额征，县司拨出，纳户贿通，催差吏皂逐户秤收，加耗、需索、勒逼、折算之害不可胜言。愚民饮痛，产荡家倾，一遇风大更称疲累，此马价害也。而供馆银两，该驲官吏冒破开销，剥害乡民，加征过倍，此馆银害也。若卫所站馆营哨官军俸粮，有就近借动余田递马粮米，而遇期仍赴布政司支协济者；有已借动饷母马本银两，而正关一出，竟不扣还官者；有衙役豪右四六和买军，军私自兑扣者；有官吏师生俸廪支屯科秋料，而私自下乡通同纳户折兑者；甚至贪弁奸吏侵隐入己，借口抛荒，或曰田被苗占，或曰小民拖逋，长此安穷也。今宜严禁前弊，勒石为令，凡每岁出入钱粮，毫厘俱要征解在官，贮收仓库，依时起解，道府查核支给，毋容积猾，收领仍前兑扣和买料取，小民犯者从重究处，庶积弊肃清而疮痍可起矣。一在增佐令以借分理。黔中荒服也，居诸夷穴内，设宦多不备员，亦以供廪之不继，而物力诎也。惟是安顺一府，乃通滇要区，黔藩咽喉。先年止以一备兵，统安顺等田州六卫。厥后改州为府，而首邑缺如。用是而堡宁各司，纷纷助逆，内应陷城。总之，文臣少而土司多，故不能相制也。今应以西堡等处各叛司，及原十三板地方，并各司吏目除去，建一县于附廓。令、尉供廪之费，一取没入叛田，给各官额俸。是无增官之扰，而得设官之利也。坝阳在粤西，诸夷界限，过定广谷隘，见设守备，仍应添注一安顺通判，以为驻防。行伍既得稽核，民情亦便调辑。自威清至平坝，亦甚辽阔。界首、芦荻等处，莫非要害。自应以安顺府推官驻镇平坝，左控坝阳，右带安顺，互为犄角。庶卫弁土酋之儆，而营哨驲递并借以整顿。此土卫兴革之要着也。一、在酌升除以励官。方黔中缺官废事，则以官黔者相率裹足也。当事鰓鰓不胜蒿目，于是有超迁之议，有边俸之议，可谓多方鼓舞矣。而人终不乐就者，何也？事势抢攘，俸薪匮乏且也。一、八金筑便同投荒，蛮烟瘴雨，几成永锢，其有扬历十年、劳深望（著）〔者〕不得迁转者，则亦何苦而顿足穷徼哉！今莫如酌定二年、三年之例，其治行可观者，即为更置善地。有人地相，宜为抚按题留者，听之。至于黔南天（未）〔末〕万里，鸟道崎岖，既而动回车之想，而瘴疠岚氛，景味绝恶，乍居其土，无不病者，此亦宦游一种苦趣。臣前疏议用川滇楚粤之人，以其壤地相接，不难于趣装，而风气相近亦便于服官也。是在当事之留意耳，俱候圣裁。

[川湖总督朱燮元奏分辖蔺地]

川湖总督朱燮元奏分辖蔺地。时奢崇明遁，获安氏，蔺州廓清。燮元请以赤水河为界，河东龙场等处属黔，河西赤水、永宁属蜀。永宁设道府，与遵义、建武声势联络。若黔省非便，则蜀自郡县，黔仍卫所。下部议。《两朝从信录》：四川总督朱燮元议处蔺地疏曰：臣履戎行间，古蔺、落红、大坝、新寨、太平、泸江一带，皆膏腴地也，虽隶黔土实在蜀。今二酋造逆，奉旨征讨。臣与按臣并道将文武，不惜躯命，聚五路之师，费三年之力，以有今日。虽二逆逃奔境外，尚未献俘，而蔺州疆土业已廓清矣。蜀自遵义郡县以来，不以得土为利，反以养兵为累。故谈及改流，辄多蹙额。但二酋造逆滔天，连年血战，仅而得之。即欲仍置宣抚，将与之人乎？况永宁一块土，西自建武，东至遵义，三面而环之。贼欲动则无处不可阑出，而我设防，则二千里之遥，最（南）〔难〕照应。如人腹心肘腋之间，去一虎可复进一狼乎？当圣祖时，天造草昧，西南夷无不畏法。故就中设建卫所，以通血脉。徒用牙错之义，殊少弹压之威。浸寻至于二逆肆意横行，已无天日。在蜀以为土司而宽其文网，在黔以为邻夷而置之不校。阴谋既久，一朝骤发。杀官戮民，不啻刈草。此亘古未有之变，尚可因循苟且，不为长久计哉！论者欲以赤水河为界，自河以东龙场一带悉以与黔，自河以西由赤水至永宁悉以还蜀。就永宁城中设立道府，与遵义、建武互相犄角，则呼吸相应，声势联络，用以弹压诸夷，保护内地，计无善于此者。若黔省以为祖制不肯更张，则照黎平、镇远之例，蜀自郡县，黔仍卫所。虽曰骈枝，亦无不可。臣不敢侈开疆之名，以滋多事。但审地势，参人情，似不得不出于此。惟听庙堂之公议，皇上之酌裁耳。至二酋举已无党无家，人险远遁。或旦暮接缚，或迟以岁通，未可知。黔蜀唇齿，利害相依。屡据该省抚臣移会应援，臣已发参将林鼎兆，提兵一万，杀冲羿子、猓罗等关，直入大方。该抚臣即留合营，臣又行令总镇李维新搜（菁）〔箐〕，事毕再发重兵应援。独是蜀连年用兵，公私俱匮。连藏括而又括，钱粮借而又借，小民之仳离未复，膏血尽罄，不戢自焚，最为臣忧心如割，不能朝夕。疆土既清，早宜确议。一面设法将各兵渐撤，以省民力。臣谨会同巡按，会词上请，伏乞皇上赐裁定，仍敕院会集九卿科道，从长确议。复请转行臣，次第料理奏报。庶西南夷羿之地，奠安于万万年矣。

明熹宗实录（梁本）卷四十

三月

丁卯（十三日）［户科给事中请裁黔督、处分镇道、优恤死事诸臣］

户科给事中周之纲请裁黔督、处分镇道、优恤死事诸臣秦明屏等。下部议。

辛未（十七日）［贵州安顺推官殉难，其子请优恤］

进士普宁徐天凤奏：父朝纲以乙榜任贵州安顺府推官，殉安酋之难。部覆，上赠朝〔纲〕光禄寺卿，予祭葬祠谥，荫锦衣正千户。

戊寅（二十四日）［贵州巡抚蔡复一上六议］

巡抚贵州右副都御史蔡复一上六议：曰审夷情。罗鬼恋主，虐之不怨，千年未尝易姓。向者首恶未擒，版章先定。夷犯皆有不全之心，邻司亦怀狐兔之感，遂激罗鬼而致死于我，所谓自树敌也。今止以必得罪人安邦彦为主，奢社辉、安位被胁，归顺准宥，诸目把投降者，管事如故。能擒邦彦者，代其土同知之职。虽同逆能相擒斩者，尽宥前罪而赏其功。凡夷目念安氏先人，即宜共献首恶，方可全安氏之祀。曰清官道。臣度逆贼未攻省城，必突出偏、镇、清、兴之间。煽诱仲、黑二苗掠我馈运，梗则我师饯道绝，则人心震。故今通道护运，最为急务。独土知州蒙诏颇称忠顺。凯里司土兵，亦目可用。今宜奖犒，蒙诏即委以清平、平越路苗之事，如苗仲弭耳，道路亡惊，叙功优异。凯里土官亦如之。至邻土司相机操纵，俾就御勒。彼以垂亡之司，而失同恶之助，自亡能为矣。曰严法纪。土司者激之路苗之梗毒，路苗者扰之事难追论，宜反其所失。至于用兵，贵严纪律，采拾浮粮，已伤降民之心，即旋师之日，辎重妇女，累累载路，何以不复欲辟夷土先拊夷？凡领兵掳掠，副将以下治以军法，仍行参奏。曰明协援之信地。自黔发难，奉旨协援，未有其实，则信地不明之过也。奢、安既合，则蜀黔决不可分，要在宿重兵遵义，以拊贼之背而扼其吭。宜令总兵李维新统精兵四万往遵义，便以沙溪等处为信地，听臣调度策应。而云南兵直往毕节，广西兵直往普安，冲其胸胁。新偏沅抚臣李仙品素得遵义民心，宜就彼开府治兵，由间道度偏桥暂住，与遵义相应，而上下诸卫，隐然有虎豹在山之势。盖遵义去水巢近，而贵阳反远，异日灭贼终繇之。曰重兼制之事权。贵州皮骨半存、喘息未属之国也，今赖蜀、楚为用，三楚之物力、辰沅之转运，皆所以固黔。而遵义寄兵，则借所以图贼也。用楚者其势阔而节长，周蜀者其势险而节短。若两臂不运，先为朽人，何以搏贼？诸将川东、湖南北兼制，诸路暂假臣以军法治之。有调必赴，有呼必应。一切举刺，俱同本属。庶足示鼓舞，候事平仍旧。曰正失事之法。班师失利，镇道与抚臣偕出而不偕入，此从来用兵所未闻也。中标军营官，宜正法以徇。监军道、总兵俱令总督分别处分，才力可用者戴罪任事，领兵官杀贼自赎。安邦彦能断指歃血，效兽穷之攫，而我行间失一巡抚，恬为固然令叛夷见也。上大是之。

是月［礼臣请酌秋闱滇黔试事］

《两朝从信录》：是月，秋闱在迩，礼臣请酌滇黔试事。上曰：宾行大典，云南京官主考，仍早与题差。贵州不得停科，暂照壬午前例，听御史便宜行。时礼科魏大中，以南服弗靖，请以云贵暂仿壬午以前故事，敕彼中抚按，便宜辟召旁近邻省或司道府有职业暇而文章素著者，或即于提调监试。四人中省二人者，或巡按御史无监军之责，即监军而时值奏凯、无烦帷筹者，即以御史领其事。故礼部虽有此请，已而命工部主事施邦耀、御史张鸣陛往，仍敕各省巡按沿途严兵护送，勿至疏虞。

明熹宗实录（梁本）卷四十一

四月

乙酉朔（初二日）［刑科给事中言蜀土重困，乞择守令毋以赀郎署篆］

刑科给事中顾其仁言：蜀土重困，乞择守令毋以赀郎署篆。

从之。

丙戌（初三日）［云贵总督杨述中免，总兵鲁钦、裨将尹伸等并戴罪］

总督云贵杨述中免，总兵鲁钦、裨将尹伸等并戴罪。止调南京、浙、广兵。《两朝从信录》：原任总督杨述中回籍听勘，镇道各官戴罪立功，不得称病推避。

己丑（初六日）［总兵秦良玉奏请优恤战死兄弟］

石砫宣慰司总兵秦良玉奏：弟秦明屏战死簸箩箐，从子（左）〔佐〕明、翼明突围走。因追叙援辽之役，兄邦翰、邦屏等战死浑河，先后部目没万三千余人。上褒答之，明屏都督佥事，子威远卫百户秦瑞明，授本卫指挥佥事。

乙巳（二十二日）［贵州巡按侯恂奏言剿抚水西安氏策略］

贵州巡按御史侯恂上监军敕。因言水西之局，不过剿抚两端。臣为要其指归，曰：法当剿，势当抚，乃当以剿为抚而已。抚臣之失，不（不）〔在〕初（大）〔失〕大方，在易敌而不之备。从来用兵，宁有悬军深入而不顾后勍，顿兵久住而不忧中变者？督臣虽有会题冲进之檄，而策应已晚，救援不及。所谓居中调度者安在？抚臣气锐而疏。进辄当先，退辄殿后。故胜则解贵阳之围，不胜则身受其创。督臣自募苗兵之后，寸筹未展，坐视丧师，岂得委罪抚臣哉？为今日计，兵将不可不简也，军糈不可不储也。招苗仲，谕土司，以解狐兔之悲。购渠魁，宽胁从，以离豺狼之群。而入滇师下盘江，粤兵移泗城，蜀兵住遵义，以合犄角之势。一举万全，贼乃成擒。待安邦彦授首，安位母子悔罪投死，然后许以削地自赎，俾约束部落，纳粮马如旧。上是之。

丙午（二十三日）［赐贵州总督蔡复一尚方剑］

赐贵州总督蔡复一尚方剑。

辛亥（二十八日）［贵州总督蔡复一奏言兵、饷、协援及将才诸事］

贵州（巡抚）〔总督〕蔡复一言：黔之溃兵，不满二万。臣自郧入荆，收兵千余。所招牟兵，尚未能至。所恃施卫、镇筸、州县民兵，不能即集。又皆驱市人也，兵之穷如此。饷则臣借郧库二万，搜括数千金。明旨给户部、太仆寺二十万，今未至也。黔米每斗七八钱，水西夷亦饥甚。而以大方所掠饷金十万，倍价购米苗寨，苗米至省遂寡。我兵日饷四分，仅米半升。截路掠米，米益不至。饷之穷如此。协援明旨非不森严，然两年来其效可睹。滇兵不能越盘江，抚臣闵洪学疏可考。天启三年春，周世臣等领粤西兵，（斗）〔渡〕陆广河失利，遂自奔溃。抚臣王三善督之，自谓粤官不受黔制，三善愤其不可用，因有辞兵解饷之议。今春蜀兵虽住毕节，实未至大方也，援之穷又如此。用人则黔中文武寥〔寥〕，选调视如虎穴。人经兵疫，有灭亡增州县之人，至借才（卿）〔乡〕官，而乡官亦尽矣。人之穷又如此。臣前疏请兵十万，兵部亦当予臣十万之实。臣前疏留荆、岳、长、衡南漕米，不满十万石。用兵十万，岁米四十万，而黔中地荒，截留南漕非二十万石不可。将才难得，愿兵部精择，欲发入黔为代匮之计。又祁门教谕丘禾嘉尝捐资制物，协擒何中蔚，宜假以一衔，军前自效。从之。

明熹宗实录（梁本）卷四十二

五月

辛酉（初八日）［酉阳宣慰使请赉恤］

酉阳宣慰使冉跃龙以东西赴调屡效，及弟见龙殉辽，阵亡千七百（人余）〔余人〕，请赉恤。命下兵部。

壬戌（初九日）［贵州总兵黄钺求沿途招募，不许］

贵州总兵黄钺求沿途招募，不许。

甲子（十一日）［叙土司援蜀功］

叙土司援蜀功。石砫宣慰司女官秦良玉子宣慰马祥麟，酉阳宣慰司应袭冉天彻各赏赉有差。土同知陈思虞、长官杨光斗等各加服。

丁卯（十四日）［奖谕四川土司］

命中书舍人陈之蘧奖谕四川土司。

明熹宗实录（梁本）卷四十三

六月

丁亥（初五日）［以建昌道梗，命云南试官听巡按征辟］

以建昌道梗，命云南试官如壬午科例，听巡按征辟。前遣官还京。

壬寅（二十日）［兵部覆兵科给事中修屯设城疏］

兵部覆兵科给事中吴弘业修屯设城疏，言：建昌以五卫八所，扼四十八洞寨之蛮倮。额军五万有余，屯粮五万有余，内地协济粮米十三万有余。今仅存五千二百余人，欲以御千五百里之〔鸟〕道，其可得乎？今留永宁、遵义兵万余，简精锐戍越嶲亦急，则治标之着，即以开路银六万为饷，所荐佥事胡平表、都司陈廷对，即留任镇守建南。从之。

丁未（二十五日）［四川总督朱燮元俘伪都督李远达等至京］

四川总督朱燮元俘伪都督李远达等二十五人至京。《熹宗旧纪》：是月丁未，恤录大方阵亡将士。《两朝从信录》：贵州巡按陆献明请恤录大方班师阵亡将吏。文臣同知方明栋、梁思泰，进士田景猷、知县万应奎、捕官杨思炎、知县陆从龙。武将王达、陈济民、李邦、王建中、王得胜、董兆舜、秦明屏、蓝补衮、陈我谋、田有龙、耿良、张要宗、延龄、尤正国、周国用、聂应德、马武、单天胤、李绍忠、谭事君、刘象民、罗承富、曹思敬、黄中和、刘应龙、陈富、俞报国、张俸、杨鲸、罗袍、罗承宠、刘仲时、杨通、张怀邦等。

明熹宗实录（梁本）卷四十四

七月

癸丑朔（初一日）［“蔺酋”奢史都等伏诛］

《熹宗旧纪》：是月癸丑朔，蔺酋奢史都等伏诛。《两朝从信录》：决蔺酋贼首奢史都等，处决罗亮洪，斩首奢崇辉，锉尸枭首鲁仲贤等。首级锉碎，仍与各犯首级传示各边，昭布天下。

明熹宗实录（梁本）卷四十五

八月

甲午（十二日）［贵州兵克复岩头寨，解凯里司之急］

《熹宗旧纪》：是月甲午，贵州兵克岩头寨，以捷闻。《两朝从信录》：黔师克岩头寨。凯里一司，乃兴、清、偏、镇之藩篱，官道转输之咽喉也。先年香炉山苗贼披猖，三载始殄。故凯里建造城池，世为屏障。自安酋贿结平茶群苗，各修宿怨，始而困凯城，既而据岩头，渐次窥伺香炉山，摇动四卫，梗塞粮道，贼计狡矣。凯里土官杨世蔚独力难支，飞书告急，且欲还城交印，弃官他（徒）〔徙〕。于是总督议以藩篱撤去，则运道益危，乃发总理鲁钦，率领官兵驰至清平，相机进剿。一面移会督、按二院，就近催发新兵策应，并拨道府督催粮饷后援。今一战克复岩头，斩获多级。凯里有险可据，贼不敢再窥香炉，四卫安枕，运道不梗矣。

明熹宗实录（梁本）卷四十六

九月

庚申（初九日）［贵州巡按傅宗龙奏诛陈其愚］

贵州巡按御史傅宗龙奏诛安氏党陈其愚。其愚凶狡多计，至是伏诛。《两朝从信录》：逆贼陈其愚伏（愚）〔诛〕。其愚与安邦彦之兄邦俊交契，故逆谋皆出其愚。即造伪檄，发枯冢，已是穷凶伎俩。而又伪降以陷王抚，输贵阳情实以速攻袭。此等奸狡，真不可一日不诛者。幸监军御史傅宗龙详知其隐，即擒斩之，而水西之耳目除，黔中之祸胎绝矣。

庚辰（二十九日）［议死战抚臣王三善恤典］

《两朝从信录》：议死战抚臣王三善恤典。三善立解贵州之围，迅扫大方之窟，功在垂成，以接济不继，陷敌而死，血随碧化，骨逐沙轻。忠臣固不爱其死，未有奇惨若此也。共事者游移其辞，讪其贪生，讳其烈死，沉冤未雪，恤典久稽。幸按臣陆献明查勘奏明，公论昭著。科部抄参，谓袁应泰、张铨例可照，而三善更多全城复地之功，恤赠大典更宜从重者也。

明熹宗实录（梁本）卷四十八

十一月

乙卯（初五日）［四川总督朱燮元加兵部尚书］

四川总督朱燮元加兵部尚书……

明熹宗实录（梁本）卷四十九

十二月

辛巳朔（初一日）［沐昌祚卒］

征南将军黔国公沐昌祚卒。自隆庆三年嗣爵，领镇五十六年。命其孙启元代镇。

癸巳（十三日）［命沐镇庄田仍由该镇征收］

云南巡抚闵洪学言：沐镇庄田，臣前疏争之，一时逆料其言，奉旨不必遽更。今逾一年矣，驿骚更甚。乞命有司征收，以救此一方民。命仍该镇征收，严戒员役，不许生衅。

明熹宗实录卷五十五

天启五年乙丑（1625）

正月

戊午（初九日）［云南巡抚闵洪学报普安之捷］

云南巡抚闵洪学报普安之捷，言：新兴、普安诸城，滇师恢复业逾半年，不意黔兵失利，夷再披猖。哈马谷贼兵千余攻城，矣兰、个舍等寨曰：若何投汉不投夷也。臣遣守备吕元阳等提兵截其前，土官普名声、守备张云鹏等截其后。云鹏等兵至矣兰，遇贼骑，直追至哈马谷，捣其巢穴，斩级十九颗，生擒贼一名、贼属二十一名（曰）〔口〕，搒获普安卫中、右所印二颗。又普安州有水西贼数营过江，按院巡临交水，闻警，即催发张云鹏、普名声等兵先发，以歼其未集。安贼仓皇惊窜，官兵搒山，乞取贼巢米荞千余石，搬运入城。追逐百余里，至水西归济江边，见贼札三营约二千余。普名声、张云鹏等奋勇追杀，斩贼级五十余颗，牛马倍是。贼带死扶伤，奔溃过江，落水湮死无数。虽斩获无多，亦稍稍夺夷魄而扬国威矣。乞敕兵部，将滇将士先今援黔功次，一体行勘。得旨：滇抚援黔奏捷，劳绩可嘉。黔省仍宜速发兵饷，自固封守。

［闵洪学疏言克复亦佐县情形］

闵洪学又疏言：亦佐县自天启二年一闻寇警，部内诸夷尽化为贼。官无险可凭，抱印鼠窜。贼氛四逞，及于罗平，又及于师宗，并以亦佐失守，无所遮拦之故。迨三年四月，臣等削平师、罗之乱，遂移师亦佐，尽潴贼巢，擒土叛妇陇氏。安应龙闻风远遁，俘其妻女。于是该县诸夷向之，从叛者知所耆而不敢逆我颜行，共惊窜山箐中。臣等属参议王锳压之以兵，结之以信，开之以不死之路。于是匿者咸出，反侧者咸安。咸以亲子为质，因而延师以教之。数年负固之粮，咸赴官输纳。因而花红、牛酒以犒之，亦佐再为我有矣。今日善后，莫若就其地建城，使官有恃以为固，民有依以为卫。章下该部。部覆：如议行。

［闵洪学题请兵饷与援黔事宜］

闵洪学题：黔将有事于大方，则滇师之进沾益，固不容缓。两年来且行且尼，愁无饷耳。请皇上于滇饷二十万外，再给以沾益之饷。滇师下沾，姑日复城。如黔师未举，只以少兵札防。果其大举，遂驻多兵，则东川之贼不能飞渡，乌撒之贼必牵顾其家，不敢远出，是阴剪水西之羽翼所以援也。傥黔师遂踏大方，贼势穷蹙，必四面奔突。沾益有兵，滇可恃无恐。因得借兵之威，视贼所匿，挟而取之，则渔人之功可收，又所以援也。安效良以蜀之土府，处黔滇肘腋，此酋未除，三省之忧未歇，然非合三省之力，亦不能除。果机会可乘，黔蜀举事，滇不敢不枕戈以待师期，又所以援也。三者之外，非滇力所及矣。上以滇黔兵饷并急，令该部作速酌处。部议：滇省原有五年分加派辽饷、商税、盐课等项，额饷七万零四百两，应听留用。再于楚省南粮改折银内那发三万两，接济军需。报如议。

［闵洪学报新平、新化之捷］

闵洪学报二新之捷，言：新平县者，故丁苴、白改巢穴也。其山深阻，其夷狞犷喜剽杀。自万历十九年大兵剿洗之后，开设县治，始就樊笼，然屡附屡叛。屈指三十年间，用兵者五，至于今而六。臣始入境，嶍峨一带夷寨正被其毒。臣发该县土官禄崇功，自省城统兵归救，而贼遁去。后流入石屏界中，宝秀告急，又发该州土官龙在田，自曲靖统兵归救，贼又遁去。不得志于嶍峨、石屏，耽耽之虎，负嵎而逞。新平、新化并以警来闻，臣集汉土数千，檄游击李思忠、通判曹育俊，属以剿处之事。贼闻之相率渡江，二新之贼，各避匿入箐。我兵掩其不备，所俘斩百十人，乃佹得小捷，引师辄还，致烦再举。此亦育俊、思忠之过也。及臣等添集士马，统以游击刘崇礼，监以副使胡其慥。与之约，剿必划根，抚必革志。非是者，兵不得言撤，而道将果一一领略。凡百日内，计所俘馘虽不满三百，然投缳于树者，捐瘠于壑者，葬于江鱼之腹者，累累藉藉。其窜匿游魂，悉招致而安插之。其盘错险坉，各置哨分辖而犬牙制之。此番彻底料理之后，或可数十年无事矣。乞给录文武将吏，以昭激劝。命该部知之。

[贵州督臣杨述中请赠恤死事巡抚王三善]

吏科给事中郭兴言题：臣接贵州督臣杨述中乞恩赠恤一疏，意必首录王三善。乃止叙病故佥事李若楠及知府、知县凌子俭等，而三善之慷慨殉难，无一语及焉。夫黔事决裂，人人畏避。三善受命，勇往进至偏沅，当日有言救贵阳者，悉置不听，即史永安诸人疏参屡及，而亦不动。及兵将集有二万余人，密率众弁，衔枚夜趋，质明至贵阳城下，贼尚不知。以数千兵破贼二十余万，久围立解。李櫄、史永安皆得与城俱存，且蒙优叙矣，而三善卒死锋镝，独不得一赠恤之典。其解围后，破龙里，擒何中蔚等。过陆广河，捣大方，略地三百里。屯驻彼中三月有余，举数十年之窟穴，汛扫而焚毁之。如此奇功，而不蒙一恤典乎？三善提兵入大方，士卒绝粮十余日，哨探不通，谁司应援？而令若是。不得已班师回省，中途为苗夷所截，仗义而死。见于按臣陆献明所勘者，明白无疑。如此节义，而不蒙一恤典乎？蜀中如成都围困百日，按臣薛敷政居中调度，布按三司朱燮元、林宰、胡承诏、周著等各守一城，日日打阵，虽解围退贼不无借于外援，而百日死守城郭晏如，不可谓非诸臣之力也。重庆之役，督臣张我续亲驻合州，指麾操纵，道臣丘志充、徐如珂等破周鼎二万余之援兵，缚樊龙、张彤等献之阙下。而督臣一子一妻俱死行间，诚可惋恻。寸功不录，岂持论之平哉？得旨：王三善死事可悯，委当优恤，道将俟事平另议，成都、重庆功次并与叙。覆张我续准以原官起用，杨述中已有旨。

壬戌（十三日）［贵州巡按傅宗龙请暂停武举，以战功拔真才］

贵州巡按傅宗龙请暂停武举，专励战功，拔真才以收实用。兵部覆奏：黔中之役，急难刻缓。宜俯从监臣之请，于游魂惊草之余，鼓横枪槊马之气。给游击札十、守备札二十，听监臣与督抚论功行赏，但驻空衔，功成覆疏之后，方授实职。报可。

乙丑（十六日）［广西桂林府知府因遣牌扰驿被参］

兵部覆南赣巡抚李成名疏参广西桂林府知府江湛然遣牌扰驿。上命吏部从重议处，仍行该抚院严督驿传衙门，不许（恂）〔徇〕情应付。

［云南巡按朱泰祯疏言滇黔川边界戍防］

云南巡按朱泰祯疏言：滇黔瘴疠之虐，夏秋增剧。曰大渡河，曰巴松，曰白水，曰金沙江，毒草交头名黄叶瘴，中之立毙，非霜降后不敢渡。臣祗畏简书，于霜降之前抵蜀南界，与前按臣订期面代，暂留会川。申饬将吏，相机密擒乌利等贼，歼渠散党，两省获安。然臣所经建昌一道，从雅、黎至滇界，分为五大信地。将领画疆而守，南北亘二千里，东西止如线（乌）〔鸟〕道，是曰尧封。两界无垠，俱属夷落。其西界为西番，即汉西域、唐土番遗族。其东界为倮罗，种类甚蕃，鼓煽滋众。而要害之冲，丑夷所倚为天险者曰冕山。所距泸沽峡地不逾百里，而雅、黎之间皆有兵将，独有松林站以至礼州，从禄马站以至白水，共四百里。白骨山积，营垒丘墟。室庐空旷，夷氛独横。臣亟与道臣共议增兵三千，以添戍守。以一千增守建昌，而道臣居重之势雄。以一千拨守冕山、泸沽，而诸酋不能窥我北鄙。以一千拨守阿雍、白水，而诸酋不能窥我南鄙。盖必增设此三千，而南北要害之地，呼吸可以相通，挞伐可以互济。必联络此五信，而汉夷分界之会，威信可以詟服，剿抚可以兼施，当为今日吃紧之义也。章下兵部。

［前任云南巡按罗汝元疏言“武、寻、嵩之乱”及善后事宜］

前任云南巡按罗汝元疏言：天启二年，武、寻、嵩之乱，外夷则东川禄千钟也，内夷则他颇、张世臣也。顾外夷阑入，必问途于内夷。尔时贼势勾连，众号数万。分投狂逞，震惊及于会城。赖文武将吏，悉心堵防得力，在嵩明一捷，及寻甸、果马、武定城下两战，贼气始夺，城以保全。所未了者，贼首逋诛耳。方臣等入境，禄千钟虽曰归巢，小东川之贼百十为群，仍越境侵犯。张世臣虽曰讲抚，顾闪烁于武，仍披猖于寻，亲统贼数百，分为五哨，流劫可度、可郎、怒郎、猴街之间。寻日以状来闻，武定、寻甸虽各添设防兵，止命定城，无一兵窥城以外者。法干、撒麻绞、摆戛、纳甸、沙海头、乞曲一带，逼邻东川去处，四五百里间虚无一人，田土尽行抛荒。臣等私计，欲阻绝外寇，先收拾内地。欲雕剿渠魁，先安插余党。于是姑为羁縻东川之说。遣官赍牌，让其纵贼，责以擒献自赎。禄千钟亦佯为恭顺，缚零贼三四人，并还被掳男妇二十余名口，差头目来以尝我。臣等因而受之，好言奖借，许其招安，以示休息。抚处既定，然后发武、寻兵之在城者于各隘。如傥甸、补知仓、基空山、牌额、鲁戛、歹白、马口等十余处，各结营筑堡树栅。兵或六七百，或二三百，少者七八十人，斟酌布之。久之，屯札既定，然后遍发告示，招流离迁徙之民，络绎来赴。寻甸署印同知许尚甸、守备金为贵，携牛酒拊劳，为之部署。每十余村共置台堡，使彼此相望。官给火器、刁斗，有警收妇女、牲畜入堡，击（折）〔柝〕疾传，许以应援。寨民感泣，愿报效杀贼。因各给地土，量措牛种，俟其收取三之一以佐军。计今岁之入，可得粟三千石有奇。盖各隘内夷不下数万，非为贼用即为我用，其联络之势，原足办贼，于是邻酋革面。界在武、寻、东川之岐，他酋杨化龙、史鲁革辈，不下十数，并束身归命，反侧未定独张世臣耳。此酋罪（逆）〔孽〕深重，屡招不至。武定前守胡其慥属武举李瑗单骑诣其巢，讲折百端，酋始一出，仍留李瑗寨中为质，率精锐数百，不使我知，突然而至，武定阖城惶骇。迨其归巢，仍不自安，谋日险急，更结亲东川，以求借助，道路汹汹。臣等相与决计殄灭，所以购之百方，金为贵画以夷攻夷之策，即用杨化龙已发夷兵千人夜围其寨。为所觉，几得复逃。又图回者半年，李瑗始得规便，出奇以其间，一鼓歼之。酋部夷尚数千，瑗悉以计招致，其未从者，亲信家丁不过百人，今亦鸟飞兽散，不能复为，可当下而定也。章下兵部。

癸酉（二十四日）［赠贵州死难诸臣］

赠贵州死难诸臣。安顺府推官徐朝纲，光禄寺少卿，荫一子入监读书。按察司副使孙克恕，太仆寺少卿。贵阳军民府同知王昌胤、杨以成，广顺州知州郑鼎，俱按察司佥事。各与祭一坛。

戊寅（二十九日）［贵州总督蔡复一以巡抚王三善陷贼死，题议镇道诸臣罪责］

贵州总督蔡复一题：旧抚臣王三善陷贼死，镇道何所逃罪？然可以罪诸臣，未可以责诸臣之死，何也？镇道殉封疆，非殉抚臣者也。惟是虑患不深，一败涂地，则法固足以死诸臣矣。皇上缓军正之议，俾立功自赎，诸臣感惧，谋桑榆之收，而功罪始有可差次者。臣谨衡酌情法，为皇上言之：总理鲁钦，臣雅闻其廉壮顾职，则总理三省，而权力不当一偏裨。旧抚臣自为大将，诸监军道又人人欲为大将。内庄失律，钦当与众分罪，而不能以大将专任众之罪。臣入黔以监军道兵尽归之钦，而钦始有朝气。凯里破苗，介胄立矢石间，每战皆身先士卒，岂一钦也，前怯而后勇乎？用与不用耳。如钦者，败稍可原，胜专足录，当免其戴罪，仍以功论者也。监军参政尹伸初入黔即与旧抚左，而入大方，反与旧抚合。王建中失利甚惨而抚臣不知，尽人皆责伸不为抚臣言，俾早全师以返，败后又轻信陈其愚，伸之罪也。然普定解围，实伸督战，自七月来，与三军同劳苦，监守普城，以扼贼吭，伸之力居多。臣（孰）〔熟〕察之，骨本肮脏，事敢担当。如内庄之败，陈其愚之用，非专伸事而伸为人怂恿，人遂蔽罪于伸。臣正以介直谅伸，积有后劳，可减前咎，宜降一级，免其戴罪，此后准以功论者也。监军副使杨世赏援省后期，几为旧抚所劾，遂一意以逢合为事，而其胆气才识，沾沾自喜，旧抚转爱信之，赞抚深入者，世赏也。自领一营，又欲并监二大帅之军。功必已出，与镇道不相能者，世赏也。兵虚且悍，辎重子女特甚者，世赏也。旧抚驻内庄，遇暮贼退，人请夜趋鸭池，世赏进曰：犁庭扫穴而终之以逃，可乎？旧抚遂止之，次日蒙难。气虽壮而机则乖者，世赏也。世赏之罪浮于尹伸，其祟昵陈其愚与尹伸同，而普定却贼亦与尹伸同。自七月来，擐甲乘马，艰险不避。虽部将悍、部兵虚，而所畜如邓玘、赵宝等，皆骁勇为军锋。宜降二级，免其戴罪，此后亦以功论者也。监军参议向日升从旧抚破贼，又运米以济兵食。旧抚颇慰籍之，然非所急也。所监一路军最弱，而所陈说，旧抚辄面折之。日升知军危而不敢告，载胥及溺，宜与诸臣分罪。然自七月来，臣以板角一路九千余卒，付日升督理。道路穹远，饷不时继，抚饥疲冒凶惧，拮据亦勤矣。且与刘超同解围功，超拜大帅，日升未录也。以后日之罪，折前日之功，宜罚旧俸二年，免其戴罪。此后督兵理饷，果有成劳，亦以功论者也。又有先以逗遛戴罪，后守清平失利，革职提问副总兵金汝佐者，臣屡诘责之，汝佐惧，每战必力，近日诸捷，皆以先登者。宜免其提问，削去副总兵职，降为游击，杀贼自效者也。此外，则旧抚亲将，法宜殉抚臣之死者，坐营陈嘉谟罪最大，而或逃或死，莫知其详，臣购之数月不可得。标下参将刘志敏弃抚臣而逃。臣欲收斩之，而司道将士皆惜其骁勇请贷。近日平凯里，摧逆彦，冲锋陷阵，积级甚多。然仅可以逭死，未可以逭罪，应令充为事官，杀贼自赎者也。参将杨明楷解省围功居最，陆广河陷贼，旧抚臣惋痛特甚。旧抚破大方，明楷始出，王建中败，代署中军仅数日，而有内庄之失事。旧督臣杨述中疏，以受事仓卒，稍为之宽，然终不能宽也。顾其骁勇与刘志敏侔，而罪轻于志敏。臣委令募乌罗兵，破产千余金佐之，兵独壮。铜仁红苗乘水西乱剽劫，祸极烈，明楷以募兵之便击破之，擒斩共五十四级，夺回男妇九十余口，贼中伤奔窜死者倍之，铜人谓十年未有之捷如明楷者。虑浅气轻，未免少年之习，而勇略冠军，一时鲜辈，功罪亦足相当，应免其戴罪，仍以参将职衔杀贼自效者也。至副总兵龙万化亦以失事戴罪之例，径给假归家。臣驱之入黔，所领亲兵三百余名，虚者近百，未立尺寸之功，而先蹈冒兵之弊。臣已夺其军，行按察司提问矣。伏乞敕部，分别议处，俾诸臣得结旧案，再励新图可也。章下兵部。

[总督蔡复一报织金之捷]

总督蔡复一报织金之捷，言：十一月，安邦彦尽驱罗鬼，遍买土府夷兵三万余众。自水西虎场起渡河，至斑鸠湾后寨等处，札四十营，绵亘二十余里，谋犯普定。臣行监军道参政陆梦龙、副使杨世赏，整搠兵马，火速出师。并行监军道参政尹伸，坚守普定，与大兵前后犄角。佥事段伯炌督同游击胡从仪，繇安庄出四旗堡，至下坝接应。十一日，按臣亲至教场，激励将士，厚赉悬赏，三军无不踊跃。尹参政探得贼兵移营蒋义寨、汪家冲二处，分兵一枝，将犯普定。镇道诸臣定计，分兵二枝，前接后包，俾无遗孽。总理鲁钦直捣汪家冲，滇兵普白坌首守毙贼。张云鹏、刘志敏、邓玘等齐驱陷阵，总镇黄钺与陆参政、杨副使亟趋蒋义寨，奋勇前击。王伟、吴家相等四面冲杀，所向披靡。两军合进至河，坠岩溺水死者无算。当阵擒斩一千五百三十二名颗，陆续搜山及远追后到，共斩六百一十七颗。其攻普定诸贼，尹参政督同范邦耀等杀败，斩级一百一十三颗，追至汪家冲，与大兵合营。段佥事及游击胡从（义）〔仪〕，是夜督兵亦至，同札下坝水外。逆党奔聚化处宅吉坉上，我兵乘胜攻破，斩首一百六十七颗。通计擒斩二千四百二十九名颗，夺获贼妇二十口、贼马六百四十四匹、牛七十八只，枪牌刀弩不计其数。邦彦奔溃渡河，镇道提兵追逐，当时斩贼哨马二十七级。二十一日，四道分札三岔河两岸，为大兵后劲，兼制水内水外诸夷，鲁总理、黄总镇亲督各营兵将进剿。二十二日，至谷幽虎场，贼马数百出哨，当斩首级五十一颗。二十三日，发先锋张云鹏、邓玘等，直抵织金等处。一路重关叠隘，贼伐树垒石，填塞山径。将士用大斧砍开，次第挨行，或攀藤穿窦而入。延袤数十里，贼众如蚁，拚命接战。我兵铳弩齐发，贼不能支，斩级九百一十二颗，烧焚衙宇庄寨百余处，器械无算，夺获牛马三百二十五头匹，救出被掳男妇一百余名口。我兵行至中途，时土官杨昌胤连报贼从后出，甚众。两镇督领胡从仪、刘志敏等回击，遇贼于谷幽西箐，斩级一百三十四颗，夺获战马四十五匹。二十四日，分兵四面搜箐，斩级一百六十八颗，焚其庐舍殆尽，密访逆彦，竟无踪迹。二十五日班师，贼兵伏路邀截，张云鹏等断后，斩级四十五颗。二十六日，驻兵河岸，搜剿近河贼洞，以清逆党，斩级一百三十二颗，夺获牛马三十头匹。总计先后共斩级一千四百六十九颗，犁扫贼巢数十余里。黔事拮据三年，大方、水西皆已（催）〔摧〕破，彦巢乃无恙如故。今仗天威，逆彦三入犯而三败之，巢穴尽行剿洗。虽天诛有待，而惊息游魂旦暮授首矣。再照臣自受事以来，六月凯里破苗，擒斩五百七十五名级。七八月普定解围，扫荡苗巢，擒斩一千二百七十七名级。九月通盘江，俘沙国珍，擒斩五百一十五名级。汪家冲破贼，擒斩一千九百三十三名级。十月（清）〔初〕六日，擒斩一百三十二名级。节次俱入塘报，未敢题奏。连今次普定、织金大捷，擒斩三千八百九十八名颗，通共获功八千三百三十级。并乞敕下兵部，通行案候复（戡）〔勘〕。贼平，将士从优叙录。章付所司。

明熹宗实录卷五十六

二月

庚辰朔（初一日）［贵州总督蔡复一疏言川滇及广西援黔事宜］

贵州总督蔡复一疏言：诸督抚忠义猷略，自可同心求济，何必陈渎以取欃柄之嫌？今事不从心，力不应手。只得上控君父，求协援之实。乞敕四川总兵李维新、林兆鼎等，从遵义、毕节进兵，总以水西城为信地。云南镇臣沐昌祚、副将袁善等驻兵沾益，安效良真降，则以乌撒卫为信地。诈降，则以乌撒府之盐仓、水西之卧这箐为信地。俱听臣节制，约期齐进，协力荡平。其广西援黔新饷六万两，径解贵州。听自募，免其勤兵于远。臣节制云南、广西地方，以何府县为起止，更望敕下该部，覆议明白，行臣遵守。庶功令昭明，人心惕劝，臣可借手从督抚后竭力讨贼，不负简书之训戒矣。下部酌覆，部覆：四川进兵，云南驻兵，并节制滇蜀，俱如督臣议。至若广西之解饷，邻地之管辖，如云南则广南、曲靖、寻甸、澂江、临安、武定，广西则泗城、田州、（和）〔利〕州、南丹、安隆长官〔司〕，四川则遵义、重夔、保宁、叙泸，悉听便宜。报可。

己亥（二十日）［贵州总督蔡复一请升补标下将领］

贵州总督蔡复一请升补标下将领。部覆：加升原任郧镇中军游击蒋吉嗣副总兵职衔，管标下中军事。行都司操捕佥书尚廷栋参将职衔，管坐营事。安南参将许成名等，俱各加升，军前效用。从之。

丁未（二十八日）［以贪黩，援黔游击等被革任］

原任署镇筸参将援黔游击邹之宠等革任回卫。湖广巡按杨新期劾其贪黩也。

明熹宗实录卷五十七

三月

庚戌（初二日）［升葛中选为广西按察司副使］

升广西思恩府知府加副使衔葛中选为本省按察司副使，分巡府江道。

辛亥（初三日）［据蔡复一疏请，降尹伸等失事官员］

兵部覆黔督蔡复一疏：监军参政尹伸降一级，副使杨世赏降二级，参议向日升罚俸二年，副总兵龙万化提问正法。俱如督臣所拟。惟总兵鲁钦，督臣原拟免其戴罪，今议降二级。副总兵金汝佐，原拟免其提问，降为游击，今议充为事官。参将杨明楷，原拟免其戴罪，仍以本衔杀贼自效，今议充为事官。参将刘志敏，原拟充为事官，杀贼自赎，今议提问正法。从之。

癸亥（十五日）［黔将鲁钦、刘超等兵溃于水西］

黔将鲁钦、刘超等深入水西，兵溃。总督贵州蔡复一以水（利）〔西〕师溃，列诸将罪，复具疏自劾。上令矢心料理，勉策后效。

［贵州总督蔡复一疏言总督节制不专，乞重事权］

贵州总督蔡复一疏言：昔李纲援太原兵溃，极论节制不专之弊。今蜀则一柄两持，滇则舆瓢无主，正犯此病。李化龙之督三省也，赐剑诛副将以下，总兵失事，径行解京。今臣敕书只云赐剑以重事权，所诛自都指挥始，总兵、参游取死罪，招繇“戴罪杀贼”四字。是总督威令，在黔已轻，而又安得重于滇蜀也。臣六疏请益饷，计部未有一应。九月，请用监司郡邑诸臣，吏部至今未覆。行间着数，惟用人理财。二者穷促如此，何以措其手足？夫人与权相附者也，人有代更而权无二。今惜其权，使黔能独办贼，则总督可无设矣。无总督之实而赘此名，事败则曰是提衡五省，而讨贼不效者也。臣受此黜黯不足惜，疆埸之事，岂堪再悮耶？得旨：黔势孤危，滇蜀当协力进兵，以资（特）〔掎〕角。总督节制事权，该部还确议具覆。

［贵州巡按傅宗龙疏言二事］

巡按贵州傅宗龙疏言二事：一曰专总督之权，以合三省之势。一曰派整暇之饷，以裕大举之需。得旨：黔师溃以轻进，非关事权。这议置蜀黔抚臣暨节制事宜，粮饷数目，该部作速议妥具奏。

甲子（十六日）［沐昌祚卒］

镇守云南总兵官黔国公沐昌祚，于天启四年十二月初一日卒。该省抚按以闻。

乙丑（十七日）［黔兵复败，兵部尚书赵彦言鼓士气与四省协剿等事］

兵部尚书赵彦言：黔兵复败，黔事可虞。乞申饬当年诸臣，惩前毖后。一曰鼓士气。自东西用兵以来，奔溃成风。率繇将领剥削日盛，不能得士卒之心。当事法令不严，无以制将帅之命。在督臣告戒清革，俾士卒支领尽沾实惠。又约束领兵官，进前者有殊荣，退后者显戮。如是而军感恩不逃，将畏威不逃，又何患功不成，贼不灭也！一曰定庙谟。黔兵兴至今，胜败反覆者，皆始谋不慎，而临事轻率也。今逆酋罪恶不容不讨，而再举岂可尝哉？合行督臣因时制变，细心参酌：某将谋勇可任前锋，某将机变可任策应，某将坚精可保辎重。某地冲要可以进取，某地山险可以埋伏，某地适中可以救援。审彼己，察形情，无轻挑浪战，庶桑榆之效可收矣。一曰明协援。四省协剿，屡奉明旨申饬。督臣之疏谓：求蜀出兵渭河而蜀不应，求滇出兵沾益而滇不应。向闻两省以缺饷为辞，今饷臣已解饷十万于蜀，并留协济黔饷三万九千余矣，按臣又分黔饷三万以资滇矣。分其饷而不与以兵，殊不可晓。乌蒙、芒部与安效良、奢崇明为安酋所饵，合四省之土司以抗我。我独以孤军撑持于危难中，贼众而我寡，再请严敕蜀、滇两省速发援兵，与黔会合师期，各分信地。或（岛）〔捣〕其穴，或扼其背，或击其胁，使贼首尾不能相救，斯为万全之策。一曰别顺逆。自有版章之议，遂起兔狐之悲。夫向有安氏以制罗夷者，今可收土司以制安氏。令安氏缚一邦彦，以保宗祊；更收众目把，以坚安位母子之效顺。若安氏怙终负固，便当裂其土，以封助顺之土司，而我无爱焉。诸土司如班麟贵之输米遏贼，沙源、沙如玉等之搴旗自效，蒙诏凯里张向义之声，岑云汉等联入援之势。土司忠义亦尽有人，奈何舍以夷治夷之术，而他求挞伐哉！惟愿特谕四省将吏，宣布德威。逆酋如安邦彦、奢崇明、奢寅，计在必擒外，其余安位而下，予以立功自赎之义，解彼合从结党之谋，从征土官世职亟与褒嘉。一曰严节制。前抚失陷，诸将掉臂不顾，竟从宽典。今日之逃溃，非前日之嚆矢乎？督臣已捧尚方之剑，何难违制之诛？当查审一二首倡者，得其实情，立斩徇众。人人畏法，甚于畏敌，区区小丑何难定哉！一曰慎调募。黔之募兵业已三逃，土兵又多顽冥，如施兵不可调，久有征验，今各营散亡大半，必出调、募二着。然募必附近之有名籍者，毋以惯逃之无赖充数；调之土司必有忠义者，毋以骗饷之猖夷招衅。又为之饱其腹，作其气，有勇知，方一可当百。但闻贵阳斗米七钱，转运复艰，非多与额饷，无济缓急。又善用间谍，广行招徕，尤今日之当讲求者也。得旨：黔师未有成筭，轻率失事，镇道已有旨分别议处。这条款行彼处，督臣道将一体施行。卿部以后推升，务要选择智勇兼全的，不可用溃师充数，致悮军机。并会户部，酌议粮饷定额暨协剿协济事宜具奏。

［贵州巡按傅宗龙奏请偏沅抚臣移镇偏桥］

巡按贵州御史傅宗龙奏：苗寇日益披猖，地方受害已极，乞敕偏沅抚臣移镇偏桥，勿复回沅。凡思、石、偏、镇等处，俾练兵万余人，平时以之剿苗，大征即统为督臣后劲。庶苗患宁，而西贼之气亦渐夺矣。报可。

丁卯（十九日）［命沐启元袭祖爵，仍协力援黔］

命后军都督府都督佥事沐启元袭祖爵，挂印充总兵官，镇守云南等处地方，仍着和衷抚按，协力援黔，以报国恩。

己巳（二十一日）［以黔师大溃，黔事大危，命总督移驻遵义、速解黔饷］

太仆寺少卿王尊德奏言：黔师大溃，黔事大危。请如督臣所议，饷二百万照数齐发，并总督一节，应即于云南、贵州、四川、偏沅衙门，或升转另设，或就见在移用。得旨：总督事权宜重，已有旨会议。着总督移驻遵义，黔抚另推，仍传与各土司，逆酋成擒，即将水西分与投降把（氏）〔事〕，暨我有功土司，断不复为郡县。其土司中有素称忠顺的，各宜养精蓄锐，听候调遣，事平大加升赏。目今黔饷告急，户、兵二部便先凑银三十万两，以济然眉，差廉慎司官速解。

甲戌（二十六日）［四川总督朱燮元以原官代贵州总督］

黔师之溃，总督蔡复一、御史傅宗龙，皆以事权不一，欲以黔督节制四川、云南。吏部议：四川总督朱燮元尚书也，黔督蔡复一侍郎也，两总督难相节制。适总理河道尚书朱光祚予告吏部，会推朱燮元代光祚。九卿皆画题。御史杨维垣后至，不肯画题，云：朱燮元升后，万一安酋犯蜀，恐有疏失。贵州侍郎难以节制四川尚书，即以朱燮元为贵州总督亦可。吏部以会推辩驳，具陈以请。得旨：蔡复一已经败挫，着回籍听勘，朱燮元准以原官往代其任。黔抚、蜀抚，作速推有干济的来看。其总督驻札节制，仍确议具奏。

丁丑（二十九日）［兵科给事中疏言黔中情形与应对之策］

兵科给事中陈维新疏言：黔局有缓着，有急着，有实着。自有水西郡县之说，遂坚众土司以党逆之心。彼之种类难绝，我之力量未全，宜收合余烬，绸缪全力，且勿轻言捣巢，以落其深箐穷崖之计，故语剿灭于今日。此缓着也。自王伦叛逆，遵义破残，奢（日）〔酋〕纠五姓之民以翌逆彦。万一乘残猝据西南半壁，可奈何？合无如按臣温皋谟所议，遵义距蜀穹远难及，割付贵州，以一事权。此急着也。四十八头目原有矢心效顺者，传谕土司，颁赏擒逆，固以夷攻夷之妙策。当事者亟为相机示恩，显购密联，从兹感而受抚，穷而就槛，总未可知。此虚着也。会城斗米七钱，濒危莫继。宜敕部议处，仍将楚漕暂拨，或发附近地方买办。但须酌运饷之法，不可令楚民累苦太甚。又查正统、景泰年例，从按察使应履平及巡抚王恂请，俱以贵州乏饷，许彼处犯罪者诣缺粮处输米赎罪。又从御史黄镐，许土官军民人等纳米补官。一时称便，此二项似可踵行。若夫调募不可不慎，施兵业有明征，既听报选土著，则宁精勿滥。此实着也。至于滇蜀距黔辽远，一一责以某日用兵几何，约会某地，果能于千里外三面刻期乎？大剿未集之先，止宜分据信地，顿兵耕守，是即协援。欲剿邦彦，先制其党。滇师宜出沾益、毕节，控御乌撒，则阳顺阴逆之安效良，尚敢公然资叛乎？川师宜镇永宁、赤水，则观风向应之，乌蒙、镇雄尚敢明为声援乎？遵义但以一师窥龙场，彼奄奄余息之奢寅，既不敢动，而后黔中以大兵临之，又何虑水西不斩逆彦以献。如此而西南之局，庶乎可结耳。此臣于四着外，更审全局而定为照应之着者也。命该部酌议具覆。

［刑部奏安顺府训导出降叛军，并为其运筹，宜处斩］

刑部奏：问过安顺府训导周国光，当安酋攻城，派守东门。乃持贼帜，挥众出降，又挺身从贼与运筹。宜按谋叛不分首从律处斩，其妻子应付功臣之家为奴。从之。

明熹宗实录卷五十八

四月

己卯（初二日）［四川总督朱燮元疏言遵义五路进兵、永宁破巢之捷情形］

四川总督朱燮元疏言：天启二、三年，遵义五路进兵，永宁破巢之捷，各大小数百战之劳，二年之苦。查擒斩截杀，五路总计，生擒一千九百二十四名，斩功二万七千四百九十二级，俘获一万七百三十二名口。招降大头目一百三十四名，及内外四里卜昏都都，及遵绥、铜仁、水西、毕节等处，黔蜀连界汉夷苗民，（其）〔共〕二十九万三千二百六十四名口。当阵夺回被掳男女五千五百五十三名口，枪刀衣甲器械六千五百四十七件，牛马一千一百一十二只匹，印信五十二颗，伪印关防十三颗，伪敕札二十九件。五路阵亡官兵李缙等二千六百八十八名，轻重伤一百九十四名。至于左道之变，蜀实首难。初则伪榜攻掠州城，继则主谋内应，祸遍通省。妖书纸甲与夫神符鬼脸等项，不可胜计。幸尔乘势扑灭，擒厥渠魁，是亦廓清之一端也。乞将文臣李仙品、刘可训、卢安世、郑朝栋等，武将林兆鼎、秦翼明、罗乾象等，土司陈治安、冉绍文、悦先民等，降将王继宗、焦从智等，查例升赏，以示激劝。章下兵部。

癸未（初六日）［兵部覆惩办水西失事诸臣］

兵部覆水西失事诸臣，乞将鲁钦先取死罪。（招）〔诏〕繇杀贼赎罪，如再无功，立斩军前。刘超、黄越，降副总兵，戴罪立功。越其杰行监军御史提问正法，杨世赏、（阿）〔何〕天麟降一级管事。周基命、陶弘勋、宋鸿儒，各戴死罪立功，仍行提问，以军法捆打。以后再不效力，即立斩军前。叶登科、刘志敏、胡从仪、赵宝、邓玘、卢犹龙、苏似洵等，各戴死罪杀贼，立功自赎。从之。

［兵部覆议黔省节制事权，谓朱燮元宜移驻遵义，节制四省］

兵部覆议黔省节制事权，谓朱燮元宜移驻遵义，节制四省，简将清饷，便宜行事。从之。

丁亥（初十日）［户科给事中疏请沐镇庄田改由有司征收］

户科给事中孙绍统疏言沐镇庄田之害，宜还有司征收……上命沐镇征收仍旧。

戊戌（二十一日）［赐川湖云贵广西总督朱燮元敕书，仍颁尚方剑］

赐川湖云贵广西总督朱燮元敕书，仍颁尚方剑。自大将以下不用命者，以赐剑从事。

己亥（二十二日）［刑科给事中疏言黔省战守］

刑科给事中苏兆先疏言：……黔省已换之总督，一省系数省之安危。政宜从今新壮壁垒，驻镇的以何地为宜？用间用诱的以何算为胜？且使任者明白。可任而后可定，异日战守之局，着数求稳，甚勿以忙着为败着也。

庚子（二十三日）［滇兵复沾益，云南巡按请增饷］

巡按云南御史朱泰祯为滇兵已复沾城，沾饷一日难缺，乞皇上合滇黔之痛痒为一，而又分滇中设防之增饷、为进沾之增饷为两。速下阁部，部院大臣会议接济。更祈申饬楚藩臣，即以天启四、五年见征楚饷内如数补解，庶明旨信而新兵益劝。疏下该部。

［福建道试御史疏言永宁善后之策］

福建道试御史余文熠疏言：臣蜀产也。蜀与黔势处同室，义切同仇。臣以为捣巢洗穴，岂不在攻？然不若画城守之地，以渐为攻也。坚壁清野，岂不在守？然不若集离散之众，以自为守也。在昔遵义为播贼所据，荡平之后，改土而郡县之，拓土开疆，功非不烈。其地僻处土司，归马放牛以来，武备渐弛，反为诸土司所轻，而撤去蜀中藩篱。今守令之法，不能使逃窜之民不避逆贼之出没，雄疆沃壤，听其生荆棘而长蒿莱，安在郡县之足恃也。今永宁善后之策，莫若急于新辟之地，分授平蔺功能将吏，一如长官司例，世守边疆。令之招抚流移，安插军士，计口分屯，免摊粮税。每若干亩，养精兵若干，但不使虚冒兼并，惟是秣马厉兵，仍土司故俗，如遵义郡县，即不敢轻易变置。然亦当如边方事例，添设卫所，务择智勇将领，久于其任使。惊心风鹤之众，恃以无恐，庶得招我人民，安我田舍。农亦寓兵，亦文备武。不徒以寄名守令，岁糜腹里数万之廪饩。如是而召募之兵，转运之饷，渐次可省。是实一虚设之遵义，定一新附之蔺州，而疲蜀以休，危黔以援，各部骄横土司有所弹压，更可备缓急之征调，此轻重得失之大较也。若夫逆酋成擒，即将水西分与投降把目及有功将吏，断不复为郡县，而又先为众建以鼓之。令诸效顺土司，得寸则彼之寸，得尺则彼之尺，其孰不以保身保家之念，为朝廷守疆（场）〔埸〕？其孰不以欲辟欲聚之心，为君父诛乱贼。黔兵不须深入，但坚守要害，时扰水外，妨彼耕种，而逆彦一隅四受敌，所坐见其困矣。章下所司。

辛丑（二十四日）［广西道试御史请逮治张我续、何士晋］

广西道试御史田景新言：自逆奢作难，叛安踵之，张我续以察处之官，内倚王安，外结刘一燝、周嘉谟。始而贿买河南巡抚，继而营川贵总督。乃奢焰方张，宜进不进；今奢贼逃匿，宜追不追。致水蔺联合，迄今蜀难未平，黔祸益烈。我续冒帑金，那借辽饷，及搒括河南州县，通共八十余万。据我续开销，止十九余万，尚存六十余万，未有着落。自逆赂二十万，密遣人顺流下荆州，至郙郸，使两省疆域腥膻，百万生灵殒命，我续于是乎罪通于天矣。惟我续未逮，则粤抚何士晋遂仿而行之。乃奢、彦使人假充贵州催兵人役，纳金十万。道臣周世臣居间，士晋竟按黔兵不发。此其罪亦不下我续，所当并逮立追，以充黔饷，以泄黔冤也。今者先擒二奢，以完蜀之局，徐灭逆彦，以贻黔之安，此朱燮元责也。按臣监军自当以军为始终，济则功与督臣同，不济则罚，岂与督臣异？此傅宗龙责也。臣非徒责望于两臣也，有易行四事，惟两臣留意焉。先年播酋授首速者，播有五土司内属，每战必为先锋，故易克。今逆彦见辖十余土司，彼其坚心附彦者，以五司平播后，不保其故土也。今宜与其土司约，有曾受安诛灭，有土无人者，立其后，复其爵；有土有人而受其侵夺者，竟全与其土。如此，则众土司内附，而逆彦自孤立矣。自蜀难作，议者以土司不可用。而无籍棍徒打点书吏、中军人等，用银一千，即领金钱一万。未见一兵，而此棍已腰金黄盖矣。今宜责令四川出兵六万，云南四万，广西四万，责该抚各选一大将统之，庶几足以了此也。黔之军卫，逆彦残破者几半，所存屯堡余丁，尚有万余。恨彦杀其父兄，掠其妻子。今宜厚集屯军，彼得饷可以济急贾勇，可以寻仇，胜于无籍千倍矣。仲苗阳顺阴逆，在昔已然。今闻有阿秧者，自称西征将军，发传牌，欲攻思、石、平、镇。夫攻思、石，则蜀之涪、夔不可保；攻平、镇，则楚之辰、沅非吾有。惟移镇遵义，去川东、湖北各百余里，声援可朝夕至。且使奢、安不敢垂涎此地，黔得以抵渭河一路，无忧阿秧也。乞将张我续、何士晋立行逮治，追赃充饷。其朱燮元、傅宗龙委任责成，与黔事始终。上命该部查明具覆。

明熹宗实录卷五十九

五月

己酉（初二日）［试御史疏言“夷情宜悉”，“以夷攻夷”，最为胜算］

试御史赵胤昌疏陈目前切要……一、夷情宜悉。谓粤西右江岑氏，兵力最强。而黔蜀酉阳、平茶、石、邑诸土司，皆可招为用。以夷攻夷，最为胜算……

庚戌（初三日）［吏科给事中奏言黔地剿抚事宜］

吏科给事中吴弘业言：危黔败局难振，剿抚庙筭宜周。议者见事势之难，欲托名于抚，而释之以为安。臣恐僭号改元之罪未正，数百里生灵之仇未复，生戎心而长寇仇，为忧方大。然进退迟速之间，尤必具成算于胸中，然后可以言剿。目前兵不应手，饷不从心，惟有收拾余兵，整搠器械，严檄诸路，守吾险隘，无令贼得窥其暇而乘其隙。倘声势少振，即以吾众分番迭出，数侵扰之。使彼耕作无时，生计日窘，未有不坐困而生变者。然后设谋用间，以夷攻夷。如土目之勇于复仇者、忠顺可用者，明示以事定之后，瓜分其地以赏之，使各自为战，此策之可行者也。虽然用人之际，鼓舞尤要，黔地苦远苦贫，即无事之时，人犹裹足，况加以锋镝惊心，非破尝格以恤其劳，谁肯忘身徇国？至于恤典以旌忠义，尤不可不公。臣观蜀事，一时死难诸臣，惟兴文知县张振德足慰忠魂。其余慷慨捐躯，如左重、郭象仪诸人，俱未获与振德比烈，而湮没无闻者不可胜纪。言蜀事而黔可知已，臣每见叙录混淆，劝惩无当，居尝扼腕不平。祈皇上以事功节义，激劝人心。上命该部看议覆行。

甲寅（初七日）［太常寺少卿疏陈蜀黔事宜］

太常寺少卿倪斯蕙疏陈蜀黔事宜：一、屯田不可不讲。谓各府原设有军屯同知，应择任廉能二员，画地而田，计亩而耕。土民、降夷一体分授，庶无事则守，有事则战。久之，屯农渐惯习战，则防兵亦可渐撤。一、进兵不可不慎。谓黔师失利之后，神气难于猝振。必须需以日月，持以镇静。行间诸苗，以携其党，厚积戎备，以待其困。不可轻试深入，再蹈覆辙。一、善后不可不议。谓永宁新复，夷情未附。蔺州一块土作何防守，作何安插？宜熟计而审图之。一、赏罚不可不信。谓水、蔺之变，各夷纠结。宜设间悬赏，诸土司有能擒安、奢二酋以献者，即以其土地与之。若中怀观望，尚持两可，有罪无赦。一、兵马不可不核。谓蜀兵称劲者，惟南岸白杆子耳。乃今日招去而逃，明日逃回而招，往还道路，希图冒饷。甚之游手亡命之徒，虚冒南岸补充兵数，宜设法以核其真伪。一、乡兵不可不练。谓地方非乏兵，特训之无人，练之无法，以故往往仰给于土司耳。诚申饬乡兵，即此为有司殿最，不惟可以防奢酋之逸，亦可以折骄兵之气。一、久任专责不可不议。谓残破之后，猝难整顿。乃地方官坐席未暖，又以他徙去，接管不一，推委易生。宜一切俱停推升，待平蛮后，按功升擢。得旨：黔师再挫，委难轻进。地方官有能屯种养锐、设间悬赏、团练乡兵的，事平之后，一体超擢。以后但系黔蜀贤能官员任满，都着加衔管事，不得含糊升迁。

辛酉（十四日）［督理川贵粮饷御史丘兆麟疏荐原两广总督何士晋］

督理川贵粮饷御史丘兆麟疏荐原任总督两广何士晋。得旨：何士晋贪污著闻，削夺未尽其辜。丘兆麟反覆称扬耳目之臣，闻见岂宜如此？姑不究。其督饷事宜，着归并偏沅抚臣，已差御史仍回道管事。

乙亥（二十八日）［翰林院修撰条议平定西南五策］

翰林院修撰王应熊条议平定西南五策：一曰固本之要。言蜀之民困苦离散，靡有孑遗。今不能即罢兵以休民，安得不辑民而但穷兵？夫安民之术，亦多方矣，无如得良二千石，与州邑之地，不得其人，可乎？滨江军兴所仰之邑，如成都、华阳、内江、宜宾、江津、巴县，往皆甲科之缺，奈何尽吝其选乎？守令所禀仰者监司，如重庆以至巫夔，千里而遥，无人弹压。缺不补，补不赴任，万一仓卒事起，孰消弭是？孰捍御是？如（济）〔涪〕州、夔门、建昌、松潘，自非选用边才，而优以边道之偿，恐于事未有济也。一曰行（帅）〔师〕之要。臣观安、奢两贼，敢抗天威，累岁连兵不解者，大端有二：一曰轻战而无谋，一曰心异而力分。机未可动，而躁不能待。势犹可持，而奔不能止。或趋利而彼此不相闻，或贪功而胜负相轧，或贼垂得而因歃血泄机，或事就手而用差池迟悮。行之无变计，未易得志矣。兵家原贵谋而贱战，此虏非用间、用奇、用伏不能也。一曰屯守之要。自协复永宁、遵义以来，招降夷部甚多，法当安插耕种。各处防守，兵无击刺之事，而有坐食之费，法当减汰留屯。然用之贵得其人，必仁足抚众，识能审几，乃克胜任。其吃紧在拊循降夷，以示招练，以孤贼党。善抚旧民还其故业，而无使官兵扰之。久之不惟田辟饷充，即挑兵裕伍亦在于此。用土人为兵以攻贼，较召募之士，其强弱殊已。一曰进取之要。夫扼遵义以断水、蔺之交，必不可易之着也。然遵义既复之后，城郭郊野荡然一空。兼之山川深邃，运道梗阻，骤入遵义，是孤注也。欲舍而径趋大方，或经阿为谜界，或经慕德界。此二苗长助贼寅为虐，二苗在前，贼寅在后，是畏首尾之计也。审于二者，择一适中之地，号召布置，使无偏滞之患。择其心胆寸付托之人。谁识开导，谁司储偫，逐处置粮，随宜招集。令邻省拍手相应，督臣之入意者，其在兹乎！一曰剿抚之要。夫贼虽有二，然毋作两局观也。譬如弈家之角，而为二目。但覆其一，则一自毙。然奢易而安难，何谓奢易而安难也，奢之地久失，部曲已散，只游魂假息耳。若安酋则屡胜而得气，法宜因弱示弱以骄之，先取其易者以震悚之。捐旁种（阍）〔昏〕昧之过，隐而勿彰；伐邻夷潜助之谋，束使不动。以多方解其党与，以间谋离其腹心，而后奇正互生，抚剿兼施，南方底定，犹可几也。得旨：冗长，不便省览。

明熹宗实录卷六十

六月

庚辰（初四日）［贵州总督蔡复一题用云南土司之兵］

贵州总督蔡复一题：云南土司惟沙源普名声兵颇劲，而行间征战，效力最多。乞敕下该部覆议，将普名声之子普祚，准袭阿迷州土知州世职。名声愿助（镇）〔滇〕饷二千金，听令赴云南上纳，成其义举，候再立战功，另与优叙。庶滇黔两收其用，知勇争奋，而平贼有机。章付兵部。

［贵州总督蔡复一题请屯田、鼓铸，以救黔之燃眉］

总督贵州蔡复一题：海内之穷，惟黔为最，亦惟今日为甚。练兵则激犒无资，用兵则悬赏无饵。运米以赡兵，缮甲制器以治兵，则料脚无措。佐饷者惟屯田、鼓铸二法，利在半岁之后，而枵腹在旦夕之近，事之不能待者也。臣等求可以资涓滴而救燃眉者，莫如开纳事例，诚岁得数千金，稍佐犒赏征缮之用。以给牛种而劝屯，买铜铅、募铸匠而兴冶，亦庶几可为士饱马腾之地矣。付该部议。

［贵州总督蔡复一题上破贼缓急二局］

总督贵州蔡复一题：向因饷匮兵逃，一举蹉跌，而黔局又当从头做起。臣去岁曾言，破贼有缓急二局。急局必用兵十五万，必用饷二百五十万，必移督臣于遵义。而滇出沾益，黔出（六）〔陆〕广、三岔，三省并进，贼未有不灭者。然不难处兵，而难处饷。臣设身为计部思之，未有以办此缓局。前疏议兵八万，今缩为七万。从今年八月始，以二年为期，计部岁处一百二十万之饷。分布屯田，且耕且战，沿河拒守以蹙之，出奇以挠之，行间以溃之，不出二年，罪人可得，贼亦可平也。所以必从八月始者，目前斗米价银五钱有奇，五、六两月势必更踊。兵饿欲僵，窜者斩之不能止。臣今春招募开垦，至八月获稻，庶米价可平耳。屯愈广则兵费愈省，岁额当缩，而克敌不待二年亦未可知。至阃外制胜，全繇大将，臣曾疏荐狼山副总兵江之清，请敕兵部覆议。如果堪授节钺，即充大将，责令募淮扬劲卒二千人与俱，俾展新硎。至旧将酌其自赎何状，分别议处。只用主帅一人，不必骈设，以省指视之淆乱，尤黔今日对症之药。乞下九卿科道集议，将缓急二局亟定归一，措处兵饷，简易将帅，以责成功。章付兵部看议。

辛巳（初五日）［御史题黔中措饷征兵等事务］

御史赵胤昌题：自蔺贼发难，首尾五年。措饷征兵，不知许多糜费。惟王三善贵阳一战，差强人意。无何而旋有大方之衄，无何而蔡复一又有渭河之溃，两次师出无功，鲁钦等抱头鼠窜。近有自偏沅来者，言及黔事，闻贵阳之朽戈钝甲不逾七千，而偏桥、镇远一带防守之兵亦仅仅万余。然则年来倾中国之物力，以佐军兴，止养此寥寥之羸卒耳，请敕下督抚，彻底清查明白回奏。要见向日养兵若干，实支饷若干，今日见兵若干，实需饷若干，应否取足七十五万八千之数，勿以闾阎已竭之膏脂，填诸不可问之溪壑。庶一番清楚，而黔事尚可为也……

癸未（初七日）［御史奏言蜀黔屯田六利］

御史王祚昌言：奢酋发难以来，除朝廷发帑以济急需外，诸凡兵饷之不足者，一切取之民间。膏髓已枯，立见其毙，又安所得转输乎？兹欲求民不竭泽，兵不枵腹，惟有屯田一着。以臣（孰）〔熟〕计之，其利有六焉：盖永宁、蔺州、遵义，其田地之膏腴，固可耕而食也。诚严督诸将卒部曲，计亩栽种二三年后，可免小民挽输之苦。其利一。按之兵法，取敌一钟，当吾二十钟，屯田一石，当吾二十石，非其以脚力省耶！其利二。自恢复永宁、蔺州后，招降夷部，颇多无以安顿而休养之，惟驱彼降夷，耕种屯田，则安插得所，而招徕自广，贼党益孤。其利三。相其地形，深浚沟渠，高筑圩埂，且多植榆柳等木，以界戎马，使不得横行。其利四。牛马所需，惟借刍梗。屯田收获，草料有余，战骑之腾骧可必。其利五。屯兵团聚，春耕秋练，家自为塾，户自为堡，傥贼突犯，各执坚以御之。其利六。有此六利，是以主待客，以逸待劳，致人而不致于人之术也。须当事设两道臣，管理屯田，一驻永宁，一驻遵义，以弹压诸将而督率之。庶屯政有禀成，而肤功克奏乎！得旨：屯田供饷，原自善策，于安蜀援黔，尤中机宜。督率道臣，即附近推补。着该部速与议覆，仍移文彼处抚按便宜行。

[蜀府左长史奏征剿“安酋”“奢酋”之策]

蜀府左长史曹大受奏：安酋深谷岩箐，动至数十里，中间埋伏断绝，不可意测。如向者大方深入，王抚臣堕彼术中，一败涂地，而今蔡总督又踵其故辙矣。臣窃谓安不易剿，要在抚而兼之以剿，乃为得策耳。日者欲以未督臣往莅其事，臣意但令秉钺镇遵义，以扼其喉。按兵不动，使隐然有虎豹在山之势。请皇上降二纸之敕书，遣一介之使臣，先以一敕赦安位，并四十八头目之罪，各归生理，以解邦彦之党，仍以敕谕令头目中有能擒邦彦来献者，即以邦彦爵土界之，有能擒崇明父子来献者，即以永宁爵土界之。此敕姑匿而不发，容督臣计议，多方用间，诱致头目多人，密以此敕示之，令自相攻击。盖头目虽多，未必人人一心，今我既释彼之罪，又动以界地之计，应有立功以自为利者。多只三两月，三酋有不骈首就擒者，断断必无之理也。章下所司。

戊子（十二日）[兵科给事中题督臣及黔蜀抚臣驻地诸事宜]

兵科给事中王鸣玉题：安酋幅员千余里，遵义一路为安项背，而蔺州界其侧。皇上特简督臣朱燮元据贼腹心而扼其吭，此可谓明见万里矣。惟是遵义屡被蹂躏，城郭人民都非昔比，若使骤进，恐难驻札。且诸贼眈眈虎视，乃仅置一总督于中，亦孤注甚矣。桐梓、綦江土田肥饶，人烟辏集，向来道将皆聚于此。又全蜀水运至綦江，而上桐梓，去綦江为程三日，旱运颇便，而南去贵阳为程五日，东去偏沅为程十日，四方照应，便于期会。计莫若先檄道镇缮修城池，开拓田地，然后进驻。又必有大帅随之，然须得一南将，庶与川贵水土相宜。遵义宜设监司，镇南、乌江、关河皆遵义险隘，更宜各设副将、监军以扼之。黔、蜀二抚驻札省会，相去辽远，往返文移，动逾数月。臣谓蜀抚宜移镇叙泸，以为督臣后劲，而黔则亟宜通乌江一路，以断贼右臂，声势相联，而节制始不难矣。乃臣更有请焉，近来推总兵，以一单传各衙门画知。次日同诣松棚下，各画一题字，一揖告成事而已，其人实不知也。臣以为自今九边有缺，枢部宜十日前，照文官考选事例，发单咨访取资俸。近日十数十密缄姓名，分送职垣，以圈之多寡为优劣，刻日送部。

务期众议佥同，如有偏私，臣等于廷推之日，从公执论。得旨：督抚驻札机宜，及慎道将，着吏、兵二部即与覆行。

己丑（十三日）［兵部覆广西巡按王心一疏议，将广西总兵仍旧改驻梧州］

兵部覆广西巡按王心一疏议，将广西总兵仍旧改驻梧州。有功土官加文臣服色，不可予武臣职衔，益其骄纵。田酋擅灭土县，或可功罪相准，即为明结前局，仍责令献出上林之印，再立族目，并行土官之考察，将领之参罚。上依议。

［恢复沾益城池功成，优叙急公赴义之土司］

恢复沾益城池功成，云南抚臣闵洪学具奏，言：沾城一日未复，滇之余局一日未收。兹城池驿站一一完缮料理，无少亏欠。在事文武戮力同心，厥劳并未可泯。而宣抚沙源急公赴义，出兵三百，自备粮饷，协守城池，在土司中尤未易得。伏乞敕下该部，案候一体议叙，仍于沙源稍加优异，以示鼓舞。庶汉土将士益知奋矣。章下该部。

［官军败水蔺、乌撒、沾益叛军，抚臣闵洪学具捷以闻］

水蔺、乌、沾三逆，合兵数万窥益，败走之，抚臣闵洪学具捷以闻，言：四川乌撒土酋安效良，水西肺腑之亲也，其顺与逆，惟水西是视。滇年来以献贼两字诱之縻之，岂得已哉？以滇在井底，饷断援绝，数千枵腹之师，真无如效良何耳。两年之间，效良亦佯为恭顺。自擒安应龙以来，不意所遣献功之人，领文回还，被劫中途。而效良又见黔师出（六）〔陆〕广，滇师入沾益，隐然有背吭搤扼之势，而水、乌益成骑虎矣。贼自分终不得生，所以乘截黔之余焰，遂南面而向滇也。此番之寇，蔺、乌、沾合安南诸夷三十九营，其众殆十倍于我，目中固无滇矣。使沾剡之守不固，则戎马必突入，安危之机，间不容发。赖将士智足料贼，勇足吞贼，以众寡不如之势，决有死无生之心。血战沾益城下者，五日五夜，屡出奇兵，破贼五六万众，亦足奇矣。将领则副总兵袁善，宣抚使沙源，守备（吴）〔吾〕必奎、龙在田、郝大极，名色守备王显祖、洪伟、张实，千把总王国忠、尤世荣、范文廷、白良、刘世裕、孟胜光、马光先、普安疆等，监军则布政谢存仁、右参政王镇，监纪则同知吴思温，皆有退贼全疆之功。而拔其尤者如沙源，一忠自矢，百战无前，西南土司中之杰出者，应升长官司为安南宣抚司，铸给印信，子孙世袭，源仍加宣慰使职衔，以示特优。（吴）〔吾〕必奎知兵善战，孤垒独撑。龙在田横槊先登，资其协守。当量加坐营都司职级。至于袁善，肝胆惟知君父，股掌可玩诸蛮，用兵四年，屡建奇功，料敌设奇，神气整暇。当万贼窥城、两军对垒之际，从容竖立城楼，神色不动，绰有古名将风。应如臣前疏议，加督衔以副总兵管沾平游击事。俟事平之日，方使即真于冲边，以竟其用者也。章下所司。

辛卯（十五日）[工科给事中疏言贵州总督蔡复一便宜措饷一疏]

工科给事中段国璋疏言：贵州总督蔡复一便宜措饷一疏，欲开事例以济然眉，但就中款项，如纳贡、纳廪、纳增、纳附，则雪案萤窗之苦不敢望白镪青蚨之荣，饶资厚橐之家直凌驾乎章甫缝掖之上，岂盛世崇文重道之治哉？上然其言。

甲午（十八日）[兵部覆四川巡按温皋谟、湖广道御史余文熠疏]

兵部覆四川巡按御史温皋谟、湖广道御史余文熠疏云：按臣为永宁地当要害，议设州卫。而台臣又欲即以平蔺之人，设长官土司于蔺土，计口授地，按地抽兵。法莫善于因以酋之地赏我功，即以酋之人守我地。驿递有供，城寨无费，偿不逾时，一人劝而众人奋。上是之。

明熹宗实录卷六十一

七月

丁未朔（初一日）[云南巡抚闵洪学奏报"沾夷"情形]

巡抚云南都御史闵洪学奏：安效良以沾益土官之子出继乌撒，

沾夷有故主狐兔之情，故其入寇，四十八营并倾巢助之，滔滔者皆是，未可胜诛也。然不声讨一二尤者，则夷情不慑，而我之安插亦无名，于是副总兵袁善有法堕、鸡寨之役。乘贼乞降，姑开一线，今而后且剿且抚，或可相机收拾乎！但贼之顺逆视我兵力，而沾兵止数千，又不宿饱。且谍报安效良尚伏乌撒，水西复以二十营来助，警报数至，事势岌岌，臣前疏所请兵饷，真有不能顷刻待者。章下该部。

[滇南始开鼓铸，以铜钱代贝]

滇南始开鼓铸。旧俗用贝，议者以滇产铜，用钱兴利甚便，至是始易之。

庚午（二十四日）[以黔难未平，楚力已匮，御史袁鲸条陈四议]

御史袁鲸以黔难未平，楚力已匮，条陈四议：一曰分兵屯运。谓水外各处，尽是膏腴，宜计口分种，仍于镇远、遵义等处，拨兵搬运，有功者与阵功一体叙赏。一曰开例纳米。谓纳银尚须籴米，酌其例无妨碍暨罪可矜疑者，令于偏沅、遵义二处，每纳米十石，作银三十两。督抚给付照速与应得衔名，轻减本等罪犯。一曰分设鼓铸。议分本银三万两，责成（尝）〔常〕、辰道府，开设炉座，计息中生息，可抵二府黔饷。一曰佥官解运。每一运令指挥一员、千百户二员，分班轮直。卫中往有掌印巡捕、屯哨等差，每缺出央求动费数十金，今解回有功即以酌劳，仍咨送督抚黔平一体优叙，亦功名之路，而苏豁之权也……

[叙云南沾益功，升土官沙源等职衔]

叙云南沾（炎）〔益〕功。土官（河）〔沙〕源升宣慰使，吾必奎、龙在田各加坐营都司职衔，袁善仍以副总兵管沾平游击事。俱候事平优叙。兵部覆：从滇抚闵洪学之请也。

明熹宗实录卷六十二

八月

戊寅（初二日）［听勘贵州总督蔡复一上言兵饷事宜］

总督贵州今听勘蔡复一上言：自水西失利后，阅五月矣。臣念饷竭民艰，将黔兵多方查汰。去岁十一万者，减为七万五千余，而此七万五千者，非尽讨贼之兵也。千余里之防苗，全省府州县卫城池之捍守，下道连珠营万人之运饷，皆在其中。即他省所云民壮、弓兵、皂役者，而在黔无一非兵，无一非新饷也，其实可充战兵不满三万耳。加以偏沅抚臣标兵，及湖北平、清、偏、镇增戍数可四千合之，得八万矣。此八万兵东支西吾，捉襟露肘，断不能复缩者也。春间斗米价银七钱，臣极力课新抚苗劝粜，幸六月稍平，而四、五月米贵之时，冲锋六分、中兵五分者，不可减也。逆贼渡河，而以财物购诱苗仲，蚁聚狼伺，臣与按臣傅宗龙计，先剪其翼。前后雕剿鸟粟、螺蛳、长田及两江十五寨等叛苗，擒斩七百余名颗。五月，乌撒安效良以滇师移沾益为已不利，纠水西逆彦，连兵寇滇，直入曲靖、寻甸之间。臣与按臣督发许成名等，领锐兵五千往援，至寻甸而贼望风遁。此一役往还千五百里，奔命最疲，然唇齿之谊，势不可已。汉臣诸葛亮云：民穷兵劳，而事不可息。事不可息，则驻与行其费正等。黔事实赖之，此饷之决不能缺者也。正月渡河，明旨责臣尝试轻进。臣懵机冒险，无所逃罪，然一念愚忠，实恐师老财匮，为度支忧，冀乘屡捷，以兵威胁降，结西南之局耳。九仞亏篑，仍以贼遗君父，惭恨欲死。然自二月扼贼拒苗，黔岂能无兵，而固兵岂能服气而饱？而臣前疏云：攻亦费、守亦费者，亦略可观矣。伏读计部处饷疏，先派七十五万，蒙皇上发帑十万。三月续派，合前数通计一百三十余万，何敢云少。然臣尝言之矣，水西强于播州五倍，以一百三十余万之额，尽付新督臣为大举之用，犹苦未足。况半年间，羸黔坐守之费，已食其半乎！臣三遣人往迓督抚，未得回音，讨贼方略尚未有定，而转盼交秋矣。西贼春夏劳众废耕，罗民饥甚，比黔之熟，必渡河掠食，致死于我。非聚兵何以大创，非集饷何以足兵？则七、八二月，其用饷更未可量。臣若不预先说明，及督抚交代，而前饷乌有，新臣何以措其手足？臣罪益无以自赎矣。章下户部。

辛巳（初五日）[候代贵州总督蔡复一疏言道将去留之事]

总督贵州兵部右侍郎候代蔡复一疏议道将去留。以道言之，蒙议而法不得不去者，杨世赏也。有疾而势不得不去者，来斯行也。屡次求去而非可去之时不得不留者，尹伸、向日升也。以将言之，应亟去而决不可姑留者，新降副总兵黄钺也。应切责立功者，新充为事官鲁钦、新降副总兵刘超也。应补实缺，以展其才者，署铜仁事参将王观国也。应改调内地，以酬其苦者，安顺参将刘嘉言也。乞敕该部覆议施行，上命该部知之。

丙戌（初十日）[黔国公沐昌祚进爵，赐祭，安葬南京]

予黔国公沐昌祚特进光禄大夫右柱国太师，祭十六坛。工部给价差官造坟，兵部行文该省，护柩至南京祖茔安葬，仍议谥。

明熹宗实录卷六十三

九月

甲子（十九日）[以捐资助饷，给云南丽江军民府知府诰命]

给云南丽江军民府知府今加布政使司右参政职衔致仕木增诰命，以捐资助饷也。

[云南巡抚兼督川贵闵洪学驰报水、乌功次]

巡抚云南兼督川贵右佥都御史闵洪学驰报水、乌功次，叙布政谢存仁等、副总兵袁善等、宣抚使沙源等。章下所司。

明熹宗实录卷六十四

十月

丙子朔（初一日）［刑科给事中请留贵州总督蔡复一，不许］

刑科给事中霍维华请留西南督臣，言：……贵州总督蔡复一，实心任事，捐躯为国之臣也。业以师溃听勘矣，而犹能以待罪将去之身，为犁庭扫穴之举，斩获逆党，功绩甚明。宜令策励自赎，新推抚臣王瑊不妨别用。上不许，命遵前旨行。

癸未（初八日）［川湖总督朱燮元上陈会剿机宜］

川湖总督朱燮元上陈会剿机宜。其略曰：臣受命专任，职在讨贼。若非震以天威，安肯遽就戎索？计滇之正兵，须出沾益，伐安效良佐斗之谋，而又另布天生桥、寻甸等处，以遏其奔。蜀之正兵宜临毕节，扼诸夷合缝之区，而另抄出龙场岩后，以夺其险。黔之正兵宜繇普定渡思腊河，径趋逆彦巢穴，而另繇陆广、鸭池，以捣其虚。粤西之兵径出泗城，分头策应。三方布置既定，八道声势相连。臣率大兵繇遵义，约定期会，鼓行并进，料此狡夷不难扑灭矣。顾须兵集而抵郡，饷集而治兵。部议，既置臣于重地，则必济臣以资粮。臣今不敢张皇妄请，姑求皇上敕下，先付臣一百万，俾可与经营。缘事权在握，不敢迁延，已檄湖广布政司取银三十万两，又檄四川布政司兑米十万石，暂为料理，以树先声，仍乞敕户、兵二部，即为给发。章下所司。

丁亥（十二日）［贵州巡按傅宗龙条上屯守方略］

贵州巡按傅宗龙条上屯守方略。其略曰：夫蜀以屯为守者也。而黔则以守为屯。按：安酋土地，小半在水外……臣所谓以守为屯者，先发兵据河，夺贼之所恃，而后于诸种顺者抚之，逆者剿之，阳顺阴逆其心不可恃者胁而徙之。而后于大渡口置大寨，小渡口置小寨。深沟高垒，势如列城。烽墩铳台，随山竖立。其小渡之不能尽守者，则刊山运石，以扼塞要，使一粟不入水内，一贼不出水外，则贼无如我何矣。又令沿河之兵，尝习水战，当贼耕获之顷时出，可兵渡河以掩袭之，则贼亦不敢负河而居矣。必如此为守，而后可以议屯也。屯之说有二：一则清理各卫所之原田而屯之，一则割裂贼之故壤而即以卫所之法屯之。黔不患无田而患无人，凡今之带刀负弩者皆客兵也。有饷则聚，无饷则散，久客则思归，宁可得而长系之乎？莫若一仿祖制，尽举屯田以授之有功之人。将见在行间之将士分别高下，功绩尤异者拟授指挥，次者千户，再次者百户、总旗、小旗，暂以札付拟衔而即授之。以应得田亩，熟者听其自行清查，荒者听其自行开垦。即永与之为子孙世业，然不得私自买卖。新辟贼土，即附入各卫所之内，一体征租。屯政果修，方题实职承袭，则人爱世职，又爱得田，不待招徕而户可实。臣之所谓以守为屯者如此，然守之兵非四万八千人不可，守之饷非一年八十余万不可，守之时非三年不可。疏下部议。

戊子（十三日）［四川巡按吴尚默续题四川死事诸臣］

巡按四川御史吴尚默续题四川死事诸臣。文臣李忠臣、冯凤雏等，武臣黄守魁、袁中绣等，乞一体优恤。上命该部院查议，分别具奏。

丙申（二十一日）［浙江道御史劾川贵总督张我续“援黔逗遛”］

浙江道御史徐卿伯劾川贵总督张我续援黔逗遛，糜饷百万。上命行抚按作速勘奏。

明熹宗实录卷六十五

十一月

戊申（初三日）［四川巡抚尹同皋以“蔺渠”未歼，简练宜亟］

巡抚四川右佥都御史尹同皋以蔺渠未歼，简练宜亟。谓用兵必先练兵，练兵必先养兵，养兵必先清兵。又谓御军之道，非严不可，非宽以用严不可。上是之。

壬子（初七日）［川贵总督蔡复一题报征剿“通逆苗魁”］

川贵总督蔡复一题报征剿通逆苗魁天保、阿秩等，前后攻破一百七十四寨，馘贼首五十四名，斩级二千三百五十颗。叙署道同知周鸿图总兵。参将充为事官鲁钦、杨明楷等功次。下所司。

甲戌（二十九日）［援黔总兵官麻镇着监候处决］

又覆援黔总兵官麻镇言：镇初奉命援黔，而借调兵之名为缩身之计，从征后至，按律应诛。幸得免解立功，自宜矢身报国，乃壁威清而不出，援普定而不前，先退则托言兵少，未战而冒称功多。人人如镇，半壁何赖？宜伸前旨，以彰国法。得旨：麻镇着监候处决。

［川湖云贵总督蔡复一卒于平越军中］

总督川湖云贵兵部右侍郎巡抚贵州蔡复一卒于平越军中。至是，监军御史傅宗龙以闻，命所司议优恤。复一，福建同安人。弱冠举进士，历刑部、兵部郎，擢湖广参政。时湖北兵饷乏数噪，慑复一威信，旋辑，苗为远徙，迁易州兵备、山西左布政，抚治郧阳，咸著劳绩。会黔师衄，特晋黔督。安贼方围普定，急援破之。贼屡挫求抚，所部施兵深入失利，疏自劾。虽候代，犹励兵鼓将，寻有平越之捷，斩获无筭，竟以劳瘁致殒。复一博学善属文，孝友耿介，多大节，才亦称之。赍恨没，家无遗囊。宗龙疏其鞠躬尽瘁，贫无以敛，皆实录也。诏复一以死节事，予祭葬。赠兵部尚书，录一子国子生。谥清宪。

明熹宗实录卷六十六

十二月

乙亥朔（初一日）［以总督朱燮元奏请，录四川有功将领］

录四川有功将领。总兵李维新候叙功之日于督府晋秩。参将林兆鼎、罗乾象等，游击范继道等，都司邓懋官、守备罗安良等加副总兵、参、游、都司佥书等衔各有差。兵部覆总督朱燮元之请也。

[革四川龙安参将孙宣回卫]

革四川龙安参将孙宣回卫。

丁丑（初三日）［云南巡抚闵洪学奏叙平武、寻、嵩三郡功次］

云南巡抚闵洪学奏平武、寻、嵩三郡功次，叙录文武诸臣。寻甸府同知许尚、副总兵袁善等，土知府陶明卿等，兵部覆请加衔及服色各有差。

[升湖广都司佥书陈天策为四川雅黎等处游击将军]

升湖广都司佥书陈天策为四川雅黎等处游击将军。

明熹宗实录卷六十七

天启六年丙寅（1626）

正月

丁卯（二十三日）［改云南沾平游击武声华为养甸游击］

改云南沾平游击武声华为养甸游击，从部覆云南巡抚闵洪学之请也。

明熹宗实录卷六十八

二月

丁丑（初四日）［命总兵官鲁钦以原官镇守贵州］

命总理川湖贵州提督土汉官兵总兵官鲁钦，以原官镇守贵州。

己卯（初六日）［加贵州军前听用守备沈所行为都司佥书］

加贵州军前听用守备沈所行为都司佥书，管标下坐营事。从兵部覆贵州巡抚王瑊之请也。

丙申（二十三日）［录四川殉难参政、总兵等文武官员］

录四川殉难参政李忠臣，赠太常寺卿，荫一子本卫正千户世袭。推官冯凤雏，赠太仆寺少卿，荫一子本卫试百户世袭。通判高光，赠光禄寺卿，荫一子本卫实授百户世袭，仍查与难家口并祠以祀。教谕刘希文，赠尚宝司司丞，妻赠宜人，荫一子本卫实授百户世袭。举人胡縯赠尚宝司少卿，荫一子本卫实授百户世袭，仍查与难弟胡纬并祠以祀。举人聂绳昌赠尚宝司司丞，荫一子本卫试百户世袭。经历袁一修、知事王正经、县丞胡一夔、主簿张志誉，各赠府通判，荫一子本卫试百户世袭。县丞葛盛德，赠府同知，荫一子本卫实授百户世袭。司狱苏璞、典史吴应元、驿丞萧美各赠州同知，荫一子本卫试百户世袭。典史孙应皋赠府通判，荫一子本卫试百户世袭。监生吴长龄赠府同知，子赠府通判，各荫一子本卫试百户世袭。生员周清儒赠府通判，荫一子本卫试百户世袭。总兵黄守魁赠都督同知，袭升一级。加衔游击李缙、应评，各赠都督佥事，荫一子实授百户世袭。加衔指挥李承宗，千户郑应钦、贾应禄，各赠都司，袭升一级。千户郭良臣赠游击，子郭以礼赠守备，袭升一级。百户范之伟赠守备，袁中绣赠都司，各袭升一级，加衔名色，领名材官。刘自靖、毛民望、孙世信、袁朝华、王成龙、曾定国、雷安庶、刘尚义、潘尚德、汪奇、雷永祖、李荣、彭胜、毛伦、王宗舜、徐茂林、高国朝、朱和、包忠各赠都司佥书，一子本卫试百户世袭。仍查雷安庶与难父母，并援辽战死雷安民并祠以祀。百户汪起蛟系从军督阵病死，赠把总。

壬寅（二十九日）［命四川所进扇柄折价助大工］

命四川进年例扇柄，以后折价解助大工，俟工完仍旧进扇。

明熹宗实录卷六十九

三月

辛亥（初八日）［升王应文为广东阳电参将，升张应乾为广东潮州参将］

升广西巡抚坐营游击王应文为广东阳电参将，湖广都司掌印张应乾为广东潮州参将。

明熹宗实录卷七十

四月

辛巳（初九日）［奢寅被杀］

川贵总督朱燮元报：四川抚按同总兵李维新设间悬赏，谋杀奢寅。阿友、阿引乘贼寅大醉熟睡，同苗老虎、柏登、李明山入房刺死，放火，大呼携家来奔。贼营觉知，追至一碗水。见官兵相接，炮声震天，不敢前进。但一时慌惧，不能割级，致被火焚。见有余骨，有随七者窃出投献。审讯的确，将余骨并党恶候解。章下兵部。

壬午（初十日）［厚诛奢寅之赏，宣谕安位自赎］

永光又覆科臣陆文献疏：早结黔局，以并力东事。逆寅授首，机尤可乘。今宜亟厚诛寅之赏，以为之招。而专遣使臣宣谕安位，许其自赎，并酋目早擒元恶，分膺爵赏。所遣敕使，须得一熟谙夷情、威名素著者一人，以往可耳。臣且因黔局而益知蜀功之当早叙也。得旨：俱依议行。

丙戌（十四日）［湖广巡抚杨楷疏言楚供黔饷］

湖广巡抚杨楷疏言：楚供黔饷，无过加派并杂饷，与南粮改折，三者共及七十五万二千四百八十四两。连年交与黔省，不下三百余万，而解川之六十万不与焉。那凑计穷，此外，非区区三户所能办矣。惟望另于附近措处协济，而楚亦庶可息肩。章下户部。

明熹宗实录卷七十一

五月

癸卯朔（初一日）［以侯良柱充总兵官，镇守四川等处地方］

以副总兵侯良柱升署都督佥事充总兵官，镇守四川等处地方。

［升李必茂为四川都司掌印，补李国柱为四川都司佥书］

升四川都司佥书李必茂为本省都司掌印。补原任都司佥书管广西永宁参将事李国柱为四川都司佥书。

乙巳（初三日）［四川巡抚尹同皋疏请调选官兵，剿灭奢寅余部］

四川巡抚尹同皋疏言：三巴不造，奢寅作恶，物力尽输遵永，川北受东贼之害，诸边受番虏之害。近拿获奢寅母舅马蹇得，持金宝谕札，约会诸番举事。乃知贼之举动，各有根因。地方当大瘝极弊，无一事不费料理。惟有调选官兵，大行剿灭而已。章下兵部。

壬子（初十日）［升王崇德为广东惠州参将，赵世臣为广西昭平参将］

升广西都司王崇德为广东惠州参将，广东雷廉游击赵世臣为广西昭平参将。

丙辰（十四日）［贵州巡抚王瑊奏官兵战绩］

贵州巡抚王瑊疏言：臣与按臣日以屯种为务，贼日以屯种为忌。果因水外苗头李阿二等，勾引入把，始薄威清，距省会仅四十里。臣与按臣固已密计，待之一战，而贼之八万色阿底官即授首，此水内初胜也。无奈鲁钦愤戴罪之耻，急于立功，感裨将之捷，易于迎敌，不意饥卒夜逃，果于自裁。贼以鲁钦之变，辄扬扬有盛气，思为大举，盖岌岌乎殆矣！臣乃千金悬赏，死士辈出，闯营乱砍，魂梦为惊，夜半蹂躏而死者无算。迨至天明，哨探营垒尽空，贼已绝迹矣。此威清再胜也。嗣是贼虽败，而附贼之苗转聚思逞。方且焚劫广兴镇，欲攻定番城，谋围广顺州。苗头正杀牛盟（警）〔誓〕，大兵若从天降，锐弩齐发，戈戟交加，复拥河以渡，擒斩多功。自是苗无固志，贼皆寒胆，清平一带始得安堵如故。此阿沙坝三胜也。而以振前之小挫，鼓后之大捷，皆系于此。逆彦不得志于上卫，随忽转札于龙场六七里之间，计其营一十有七，约贼兵四万有奇。欲一从鹑鸽箐，一从雷打石，渐至鸡场，历老鸦关，以困我省会。幸我兵贾勇，火炮药弩，当之辄碎，长枪短刀，遇之即伤。暮夜斫营，贼大乱不止，死伤无数。贼力遂不支，弃器仗盈谷，将阵亡者拉去焚烧，斩首五百余级，擒获苗夷牛马无算。此赵官堡四胜也。讵意风雨晦暝，夜电闪烁，逆彦竟乘此溃奔夜渡，虽游魂假息，忽幸漏网，然屡奏奇捷，残黔无恙。分别功次题叙，则有监军按臣傅宗龙之另疏在。得旨：逆贼败遁，厥功可嘉。粮饷不前，何由接济？着户部实落议派，并严督楚藩，将新旧额饷刻期起运，以济黔急。

［贵州巡抚王瑊请敕督臣朱燮元移镇黔阳，早结西南全局］

贵州巡抚王瑊请敕督臣朱燮元移镇黔阳，早结西南全局。历言其便：如事系安危，机属秘密，可以面商而意喻，不虑邮筒逗漏。一便也。利害宜审，进止宜酌，可以互参而覆议，不虑道里隔绝。二便也。或檄军兵以援黔，则道将趋令惟谨，不似臣大呼不应。三便也。在楚藩不患既饷黔，又复饷蜀，可免踌躇而成两悮。四便也。可以死奢寅，即可以死邦彦，督臣之能事可必也。傥有以死奢寅未可以死邦彦，督臣之全局未结也。得旨：督臣移镇黔阳，西事便可结局。章下该部。

丁巳（十五日）［贵州巡按傅宗龙题奏官兵屡战皆捷，叙各官战功］

巡按贵州御史傅宗龙题：官兵屡战皆捷，逆贼败遁渡河，谨摘各官战功尤著者次第言之：赵官堡鏖战破贼，指麾号令皆张云鹏为政，其功第一。而祁继先、年文绶、屈朝（鲜）〔宣〕、白醇如、李应忠、李逢霖、蔡绍周次之。摧锋陷阵，则朱永吉与李阿昧为最。而夜领精骑八营协战者，廖必显也。阿沙坝乘雨破围，王国祯以身当矢石，将士皆乐为之用，论功宜在众人之先。而方国安、叶凤翔、刘镇藩、段乔森、陶弘谟俱其次也。以威清一案言之，先能固守抗贼，继能募死士斫营，俾贼不敢近城下一步，则赵宝、邓玘、任先觉等之功不可没也。往来策应，则顾弘泰、王伟、金良田等，亦与有力焉。乞各量升一阶，以示赏不逾时之义。章下兵部。

明熹宗实录卷七十二

六月

甲申（十三日）［兵部覆黔省威、平功罪］

兵部覆黔省威、平功罪。张云鹏、王国祯等加级，李万华等正法军前，郑廷选等捆打截耳。依议。

明熹宗实录卷七十三

闰六月

壬子（十二日）［升偏沅巡抚闵梦得总督五省兵马钱粮］

升偏沅巡抚闵梦得为兵部右侍郎兼都察院右佥都御史，总督五省兵马钱粮。

癸丑（十三日）［刑部奏处置亦佐县知县与平夷卫、乌撒卫弃城先逃之将官办法］

刑部奏：云南亦佐县知县封存章、平夷卫掌印指挥唐九官、乌撒卫掌印千户刘受禄，俱因安酋之乱，弃城先逃。存章原无城可守，拟远戍。九官、受禄失陷城寨，应斩。从之。

丙辰（十六日）［四川巡按吴尚默请将茶蜡各项改折，不许］

四川巡按吴尚默因贡扇允折，并议将茶蜡各项俱请改折。得旨：扇柄已有旨折价助工，其生绢、银朱、生漆、铜锡、牛角、药材、蜡茶等项，俱上供急需，仍宜征解本色应用，吴尚默何得轻议改折？姑不究。

甲子（二十四日）［贵州阖省官民具疏乞早定荡平“安酋”之策］

贵州阖省官民人等马文卿等具疏言：安酋罪恶滔天，水蔺狡计益深，万难以抚结局，乞蚤定荡平之策，以保危疆。得旨：着户、兵二部作速议覆。其四省抚臣，务要协心共济，不得迟缓误事，责有所归。

丙寅（二十六日）［兵部尚书王永光题四川献俘祭告事］

兵部尚书王永光题：查得本部见行事例，凡边镇叙功，俱照会典，先于御前宣读。又查见该四川总督朱燮元，一次擒获逆党何若海等，一次擒获逆党奢史都等，俱经祭告献俘。讫今解围、复城、捣巢三功并叙，应否宣捷，或径行题叙。得旨：蜀寇已经献俘祭告，不必再举。着径行题叙。

丁卯（二十七日）［贵州巡按傅宗龙辩杀求抚之人事］

巡按贵州御史傅宗龙言：科臣陆文献有疏论黔事，极言用抚之便，而致咎黔中，杀其求抚之人。其实不然，安效良之代水西求抚也，臣等屡批，皆云安位与各头目献邦彦，即赦位与各目之罪。若邦彦束身以二奢来归，则并赦邦彦之罪。臣等之精神，虽不用之于抚，实阴寓抚于剿耳。至谓杀求抚之人，此别有说。四年九月内，邦彦方犯普定，乃遣汉把曹倖奇杂于安效良投文中。贵阳城外黔人识其面貌，执而鞠之。自招系邦彦遣来看城中兵马，如兵多则讲抚，兵少则来攻。鞠得其实，遂斩之，斩奸细也，非求抚之人也。得旨：相机剿抚，责在监军。只宜从实做事，不得置辩人言。

戊辰（二十八日）［以西事尚未结局，缓叙诸臣功次］

兵部尚书王永光覆四川巡按张论叙论蜀功疏。得旨：西事尚未结局，功次且不必叙。如念彼中将士劳苦，量加升赏，以示激劝。

其内外大小有功诸臣，俟奢、安二酋缚献阙下，一并叙录。

明熹宗实录卷七十四

七月

戊寅（初八日）［云南巡抚闵洪学疏报滇南情形］

云南巡抚闵洪学疏报滇南情形。言数年以来，次第收拾。渠魁已渐歼，沦疆已尽复，惟兵饷告匮。部覆议：天启六年为始，拨给湖广加派银二十五万。已奉明旨，乞申饬湖广，务遵旨一一给滇实数。分为四运，毋致愆期。上命行湖广抚按，如议按季解滇，务以实数果军士之腹。

己卯（初九日）［湖广巡按陆献明议最急钱粮四款］

巡按湖广御史陆献明酌议最急钱粮四款：一曰京边。自万历四十六年起至天启五年止，共该银五十四万有零。除节经解过，实欠银一十七万四千两。民间拖欠固有，在官那借实多。即各道府征解全完，而司未解部，致一概降级，各道府所以哓哓不服也。今宜申饬：凡系京边，一概不得那借。一曰黔饷。据偏沅抚臣开报，楚饷实为黔用者止七十五万。内荆、岳八府径解沅库，武、汉七府独解司库。在司库者，黔饷急则借京边，京边急则借黔饷，是两相混也；催京边则借口那为黔饷，催黔饷则借口那为京边，是又两相诿也。今宜令该省黔饷尽解沅库，不得借口京边，别有那移……上命该部速议具覆。

明熹宗实录卷七十五

八月

丙辰（十七日）［四川乌思藏护教王及董卜韩胡宣慰使司等进贡方物］

四川乌思藏护教王及董卜韩胡宣慰使司等进贡方物。

甲子（二十五日）［滇黔争索湖广借充饷银，户部覆应照原派三十五万两给黔，滇饷由户部接济］

先是，湖广所派南粮改折杂项等银共一百一十余万，借充黔饷。其实解黔者止七十万，尚虚悬三十万有奇。天启二年，遂以此七十五万作黔额饷，然黔中抚按犹存见少也。后云南巡抚闵洪学疏称滇饷匮乏，复将此七十五万内，抽拨三十五万两。而川贵总督闵梦得、巡抚贵州王瑊合疏争之，至是部覆言：滇固非无事之地，然较之于黔则相悬矣。滇乌撒诸夷，未若黔之安酋猖獗难制也。滇用兵境上，未若黔之攻城杀戮太惨也。滇安居待敌，未若黔之暴师原野、枵腹荷戈也。今固不敢急黔而忘滇，亦何至夺黔而予滇乎？应照原派三十五万仍以与黔，其滇饷稍需臣部那移接济。上从其议。

明熹宗实录卷七十六

九月

丁亥（十八日）［赠已故都匀府知府为贵州按察司副使］

赠都匀府知府李时茂为贵州按察司副使。先是，时茂守都匀，值安酋倡乱，竭力捍御。苗仲攻围数次，茂有全城功，俸已及爪。以劳瘁殒，巡抚杨述中疏请加赠。部覆从之。

己亥（三十日）［四川巡抚尹同皋题建南“诸夷”剿抚事宜］

巡抚四川右佥都御史尹同皋题：建南之有诸夷，犹之北虏西羌，与地方相终始。顷奢酋发难，诸贼益复猖獗。在我官兵以缺饷离心，不惟不与敌，且因以为利。自用道臣张法孔与佥书陈廷对等，剔蠹厘奸，不遗余力。臣多方搜括，佐以军需，授以方略。道路始为小通，然欲图大创，终以无米难炊。臣不得已再凑兵饷数千，尽本地之兵，益以省城秦明远兵、雅黎土司马应乾等兵，小试雕剿。若雕剿计得，歼其渠魁，赦其胁从，俾认地守信。因于相岭等处扼要之地，或创造城堡，或起造营房，设立官兵，尝川把守。如贼众我寡，不能得志，惟有议兵，大事挞伐耳！况开道之议，久奉谕旨，曾议分钱粮三万两，因循至今未到。臣即不敢妄请，惟是此项钱粮，不知归之何地，有无着落，亦应查明。至于佥书陈廷对，久官于建，威名远播，各夷犹有畏心。若此人一去，建事更不可为。合无将本官以原升参将留管行都司操捕佥书事务，庶几缓急有济。奏下兵部。

明熹宗实录卷七十七

十月

庚子朔（初一日）［从贵州巡按傅宗龙言，督臣移驻贵阳，对奢崇明、安邦彦剿之，许安位等自新］

巡按贵州监军御史傅宗龙言：欲蚤结黔局，莫若照抚臣王瑊议，移新督臣于黔，联合蜀、滇、黔之师，俱陈境上，胁取奢崇明、安邦彦二逆，然后姑开一面，许安位等自新。是亦旧督臣所谓震以天威、俾受我戎索之说也。若照近日部议，不求剿而主抚，则宜首罢监军，以示不复行剿之意，而用酋所亲昵之人，抚或可就。若督臣不入贵阳，必不能度局审机，定剿抚之策，亦必不能提滇挈蜀，张犄角之形。此须兵部请旨集议，一如议榆关督抚故事，庶干戈可望速偃。兵部覆：剿抚之局，似相反，实相因。专用抚以听悔祸，恐抚而不成则谩我，即抚而成亦轻我。是重抚乃不得轻在剿，欲以抚结剿之局，须先以剿成抚之局。若夫总督之设，向为黔蜀，今则重在黔矣。辰沅去黔千余里，呼吸不贯。移驻贵阳近地，与抚按诸臣互相筹度，所当亟从按臣之请，不待再计者也。报可。

壬寅（初三日）［湖广衡、永、宝等府改食粤西盐］

户部覆广西巡按王政新盐政一款，谓：粤西之盐岁发官帑，向东粤运盐发卖，收其子母以充兵饷。行盐地方，自省城、兴、灵、全、灌而外，有楚之衡、永、宝三府。地与东粤接壤，所以私贩甚多，盐价甚昂，民情乐就。故前楚中抚按，曾将衡州一府，议令改西（食）〔盐〕东（良）〔食〕为便计。但自议割地之后，人情数多玩愒，能保官无朘削，商无延挨，捕盐之役无透漏乎？是在按臣着实振刷，不遗余力。至衡、永、宝三府，既食西盐，则监司守令、西粤按臣皆得而弹压之。自今以后，按臣复命之时，据实举刺。谁为缉捕私贩、额课不亏？谁为因循苟且、奉职无状？则法行而人知畏盐政，其有裨乎！得旨。依议行。

戊申（初九日）［命总兵林兆鼎镇守贵州，兼提督平、清等卫地方］

命总兵林兆鼎以原官镇守贵州，兼提督平、清等卫地方。

己酉（初十日）［留云南沾平参将陈廷对于建昌，调都司佥书李国柱管沾平游击事］

留新升云南沾平参将陈廷对于建昌，仍管操捕都司佥书事。调都司佥书李国柱，管沾平游击事。

癸丑（十四日）［贵州巡抚王瑊劾总兵李维新以蜀帅改黔，称病不赴］

贵州巡抚王瑊劾总兵李维新以蜀帅改黔，称病不赴，抗旨避难，乞从重处分。兵部覆言：维新原以蜀功论上赏，而病苦之请，已于去冬入告。宜行原籍甘肃抚按查勘，如果情真，不妨稍从宽政，如托病而行，则退缩规避自有常法。上是之。

丁巳（十八日）［贵州巡抚王瑊奏言匀、哈之捷］

巡抚贵州佥都御史王瑊言：黔中苗仲最狡悍者，无如匀、哈。安邦彦谋叛之始，先结匀、哈诸贼，攻城围邑，劫官夺饷，多方扰我。臣与按臣密谋，遣坐营都司张云鹏、参将胡从仪、加衔游击陈谦、独山州土同知蒙诏等分道进剿。以平越军民府知府周鸿图、同知萧上达为监军。自二月初三日出师，至六月十五日班师，先后四月有余。攻破百有余寨，擒斩一千二百七十六名颗，获贼属五百八十八名口，牛马器械尤难数计。阵亡官兵仅二十名。所尤异者，扫荡二百余里，驰逐百有余日，并未裹升合之粟，兵皆宿饱，人无怨言。止费赏功银二千两，用力少而成功多，此皆朝廷天威所式灵也。惟是道将兵士冲锋冒瘴，围剿血战，疲极劳极，宁无有以酬其功？乞将署新镇道监军知府周鸿图议补道缺，容臣等另疏具题。都匀府同知管府事萧上达，授以知府实职。都司张云鹏前以杀贼题授参将，更当优叙。游击胡从仪，应加副总兵官管参将事，加衔游击。游击陈谦，应实授守备管游击事。其余材官、土舍各应叙用。部覆：如抚按二臣所请。得旨：匀、哈之捷，剪贼羽翼，抚按方略可嘉，还相机策勋，以待优擢。文臣周鸿图、萧上达，武臣张云鹏、胡从仪，及余有劳吏士、土舍等员，或加衔优叙，或一体纪录。俱依部拟，以酬前劳而勉后效。

己未（二十日）［赠恤贵州安顺府推官徐朝纲］

户部主事徐天凤奏：臣父徐朝纲于天启元年以贵州安顺府推官署府印，会安贼发难，力与兵民死守。不幸有土司温如璋、教官周国光开门延敌，臣父独力难支，急系府印向臣母诀别，出城督战。众寡不敌，为贼逻执，胁臣父降，臣父仰天骂贼。贼逼印信，臣父曰：吾头可断，印不可得。贼怒甚，刀斧交飞，臣父骂不绝口而死。臣母登楼自缢。臣嫂举火聚苇，阖门焚烁，拉十岁女儿跃入烈焰中，抱臣母身一处焚死，婢仆李二等十一人并无噍类。臣侄徐应魁，年才十六，独披甲持戈，溃围突出，遍寻臣父，为贼齑粉。臣时会试在京，久乃闻讣，茧足重趼，昼伏夜行八十日，抵父死所。从骨莽肉林中收父遗骸，从瓦砾灰烬中拾母、嫂、诸侄之残骨。查四川兴文县张振德阖家死难，蒙恩祭葬，立祠与谥，妻钱氏一体旌表。臣父一门四世，臣死忠，妻死节，媳死姑，孙死祖，仆婢死主，从来未有之激烈也。得旨褒嘉，该部具覆：赠徐朝纲光禄寺卿，荫一子锦衣卫千户世袭，赐祭葬，建祠立坊。其妻、媳、孙男、孙女、义仆等，俱旌表祔葬附祠。

[兵部尚书冯嘉会覆偏沅巡抚闵梦得、贵州巡抚王瑊奏请年终举劾将士功过之议]

兵部尚书冯嘉会覆偏沅巡抚闵梦得、贵州巡抚王瑊等奏言：九边将吏，年终皆有举劾。盖以赏罚之权，为鼓舞磨砺之术，最重典也。黔中远在天末，一向宽于文法，是以年终举劾阙焉未讲。今当多事之时，非大加振刷，何以使将士劝惩？应如旧年福建例，每值岁终，责成湖广、贵州巡抚，查路苗有无入犯，地方有无失事。分别等第，据实上闻，听本部照例题覆。庶立法严而人心惕矣。上可其奏。

明熹宗实录卷七十八

十一月

乙亥（初六日）[湖广巡按温皋谟奏言黔饷情形]

巡按湖广御史温皋谟言：黔饷前后虚悬，及借解未还之数。夫以天下之大，给关门犹苦不继。乃以西南半壁全委于楚，楚其何(勘)〔堪〕？目前两藩并建，供应殷繁，搒括赡田，计数万顷。且京边岁额几何，既抵应还之虚数，又抵压征之南折，不两三年，京边且尽化为黔饷矣。乞敕户部，将黔饷虚实之数彻底清查，扣还广东二十万于何取还？压征南折十四万于何填补？其补过工部贮库银二万，屡行催取，于何征给？须指定仓口，无以虚数相縻。章下所司。

明熹宗实录卷七十九

十二月

己亥朔（初一日）［兵科给事中奏言黔总督、巡抚、监军设置］

兵科给事中李鲁生言：今天下两大患，东则辽，南则黔。辽事仰荷圣明处置，可以专责成而论功罪矣。独贵州一役，有总督，有巡抚，有监军。此三臣者，职掌各有归着，区画各有主见，必合谋而后动，则迄无合时；欲独断而雄行，亦更无独理。况黔原不大，而使在事之人东驰西骛，以奔命于三大之间，必且耳目无主，手足乱营，臣愚以谓黔抚宜省。今黔抚王瑊，楚人也。以楚人征楚饷，孰若移之他所，以竟其施。督臣闵梦得已膺简命，巡抚员缺，竟可裁罢，以督臣兼之，事平仍罢督设抚，庶事权 ·，军政肃矣。得旨：黔事剿抚，迄无成局，皆因事权相掣，意见互异。这本议裁抚归督，即督兼抚，便控制而专责成。说得是，依着行。王瑊楚人，不便督楚。闵梦得受命，未见条画。该部都与别衙门用。御史徐卿伯亦言：自以黔乱以来，督抚凡几更易。臣谓危疆之保障，远不及近，巧不如习，则按臣傅宗龙宜破格用之矣。宗龙以滇人任黔事，黔之患滇人共苦之。而黔之苦，惟宗龙能尝之；黔之人情，惟宗龙驾驭之；黔之地形，惟宗龙能熟悉之。皇上肯破格用人，以宗龙为总督，事权归一，作用必有可观。如谓楚人不可以督楚，则滇人不可以督滇，臣亦尝计之矣。盖黔之军饷钱粮，大率取办于楚，其文移督催，不便行法令于桑梓之邦。若滇则无是也，宗龙又何所碍？不一用之以竟其施哉！得旨：督臣正在会推，且听众论公举，以凭点用。

辛丑（初三日）［革处广西平乐、柳州二府科举冒籍生］

革广西平乐、柳州二府冒籍生周之谟等五十一名回籍。其已中周泰等，已贡周楫等，各发回原籍，罚三科后，方许与本地举贡起文会试科举。从礼部覆广西抚按参疏，及在京乡官萧云举等之揭也。

戊申（初十日）［贵州监军御史陆献明题黔事］

贵州监军御史陆献明题黔事着数有未能即行者二，有势当酌者一，有急应整顿者三，有速宜严禁者二：彼安酋罗鬼实繁有徒，且蔡、仲、羿子诸苗偏甘助虐。欲声罪深入，即犯前车；欲出奇取胜，又无从下手。此剿之不可即行也。狡计深情，一味侮弄；诡云受抚，辄先邀赏。我方幸就絷笼，欲且转恣杀掠。盖窥贵阳之兵力尚怯，以为莫可谁何，而略无俯首向化之意。此抚之未能即行也。将弁士卒不下五万，挞伐不足，防御有余。所难者，一日酋局不结，则一日黔饷不休。加派不可为常，楚民又已疲困。所当酌议者此也。黔地山多田少，然寸寸耕熟，虽军需不足，民食可资。谓官兵可屯则屯，民可召募则召募，应给农具者量处农具，在兵责之卫所，民责之府县。行至二三年，饔飧有赖，果腹之众有不踊跃御侮者乎！所急整顿者，恳田其一。先是，黔之应卫所者即有卫所，应营哨者即有营哨，故御苗有人，道途无梗。迨法弛而营哨无人，苗之出劫，率皆穷军为之前导。不惟苗毒民，而民亦化为苗矣。所急整顿者，营哨其一。监司各道讫府县正佐，岂为虚设？迩来黔乱，人思裹足。大率兼事代庖者众，因而鱼肉疲民者多，所云田土营哨诸事，畴为料理。今合将铨除升调者，部院既限其到任，抚按旋严其稽核催督之外，计时参处。庶规避者咸思策励，而边鄙之气色增。所急整〔顿〕者，稽核官员其一。蜀黔之乌撒乌蒙、芒部、沾益诸土司，悉安酋姻连至戚，若安酋计穷思遁，此皆其逋逃主也。至于广西之泗城州，其土官有援黔之责，而奸民输卖火药于水酋者，纵其肩摩踵接，酋益有恃无恐。夫土司、土官岂可关本省之统驭者乎？傥各省抚按司道留意遏绝，安酋且至坐困，釜鱼笼鸟，讵敢抗旌犯顺？所速宜严禁者一也。黔省郭外即杂仲苗，再进则蔡家、龙家诸酋，皆安逆腹心。距乌江三站之远，三族盘踞，而凶狡更出安贼之上，固贼之前茅后劲也。〔官兵少〕则公然来截，官兵多则佯为让路，宜拣劲兵一枝，猝至洗创，稍断其相输相助之途，则逆彦失其一臂，而要害之区自无掣肘。盖创之固所以禁之也，不亦治标一策乎！所为速宜严禁者〔二〕也。凡此数款，俱属实事。

若重于讲剿抚，而轻于图缮修，恐全黔终是残破之景，而饷黔更无息肩之期。得旨：黔事剿抚，说难偏废，局终两悬。这本说缮修防御，徐相机权，破浮议，实获朕心。内酌议、整顿、严禁各款俱妥，确可行。酌议一款，尤关至计。着即与议覆。

戊午（二十日）［贵州川湖总督闵梦得奏言进兵形势并移驻地方］

总督贵州川湖巡抚闵梦得奏进兵形势并移驻地方，言：进兵之路，宜设贵阳入永宁。盖繇永宁而普市，而摩泥，而赤水，悉皆坦途，城郭可凭，营寨可结，整兵深入，进据毕节。令贵阳、遵义之兵，克日并进，贼必不支，而后为剿为抚，权可自我操也。除现在额饷外，非更得百二十万不可，饷足而移驻永宁，一呼并进，为策之上。若饷无所出，则臣姑置身于活地，非遵义则偏桥，酌事势进止，亦策之次。若专驻贵阳，于臣身甚逸，于公家无补，策斯下矣。得旨：据奏进兵形势，区画详明，具见方略，仍着用心料理，候代。

辛酉（二十三日）［四川巡按陈睿谟奏蜀事未平，饷额难减］

巡按四川御史陈睿谟言：蜀事未平，饷额难减。抚臣亦知内帑经费浩繁，已不敢望颁发外省。各经搀括，亦不敢望协济，第仅以本省额解钱粮，请留川用，万非获已，乞俯允所请。又言：建昌路以一线鸟道伏万山中，为滇蜀咽喉。其通则为商民之利，因其通而转为梗，则番倮乘间劫掠，又为商民之害。抚臣近议，就相岭各要害等处，设城堡营房，兼设官兵，尝川把守。盖止争道路之通塞，非较兵形之胜负。今夷情稍戢，不必穷兵，为水、蔺增二嫡国。至于佥书陈廷对，拟照参将新衔留管行都司操捕事务，于官品原无增加，于夷情实有弹压，计莫便于此者。得旨：这建昌夷事，着抚臣相机剿捕。务令道路通达，劫掠屏息。原议道路钱粮有无应发，着与查明。其议留参将陈廷对，该部一并具覆。

壬戌（二十四日）［闵梦得奏言自镇筸至偏桥营哨卫所兵饷］

总督贵州川湖巡抚闵梦得言：辰以西，黔以东，在在皆苗薮也。自镇筸以至偏桥，营哨卫所棋布星列，特设戍兵以防守之。而饷则坐派于湖北、湖南诸郡县，有司以利害不切于身，道府急催，褒如充耳，万一脱巾，谁执其咎？推原所以，总繇不入考成之故，以至漫不经心。合无比照京边新饷事例，编入考成，年终一体参罚。任内有完不及格者，停其给繇。虽已升迁，仍留地方追完，方许离任。庶玩愒知警，而食足兵强，边圉有攸赖矣。章付户部。

［四川巡按陈睿谟奏蜀地形势及剿抚诸事宜］

四川巡按陈睿谟奏：蜀地三面邻夷，用兵势所时有。然自元年奢变以来，兵连祸结，备极惨毒。即水西弹丸，杀伤无筭，不问而知其厌苦。但安位年幼，不能自主，而头目阿乌谜等，非其党羽，则其亲昵，谁肯无故而擒邦彦出献者？即今赍敕二臣，尚未轻进。盖朝廷举动不比寻尝，果能俯首归命，舞干格苗，亦千古盛事。傥或不然，将为山薮之藏则非体，将兴问罪之师则无及。臣愚谓，一面宜赍敕开牖，一面宜令督抚诸臣选将厉兵以待。此剿抚之当议也。先是，皇上念蜀省兵饷不支，发帑金兑楚饷百余万矣。两三年来，局尚未结，困不可支。无所措处，势必剥民。负薪不休，皮毛俱尽。臣愚谓，应解课额暂为地方留之，抚臣亦以为然。此轸恤之当议也。蜀省素多盗，而交界尤甚。大竹、邻水之间，地名霸王镇者，界居四县地分。两府亡赖，往往团聚其间，焚劫拒捕，无所不至。唐时设有邻山县，国朝置一巡（简）〔检〕司，弹压无间，萑苻日甚。谓宜设一府佐驻札其地，专司捕务，而以千夫长统兵佐之。此镇缉之当议也。永宁、遵义二路屯田，奉有明旨。今岁幸际有秋，价平谷贱，此亦屯之明效矣。但获利未几，衅端随见。遵义自平播改流，已二十余年，居民践土食毛，各有分业。顷自避乱归来，而丘垄、庐舍尽非我有。即云将卒云屯尽为王土，而哀鸣鸿雁无处惊栖，毋乃驱华民资敌国乎！顷抚臣檄永宁道踏界分给，虽稍已宁辑，而争心未已。目前如斯，后将焉制？臣因是更有请焉。前督臣朱燮元以降夷不可失信，奖劝不可无术，分别诸人功次，札给官秩。乃诸将以必得钦依为荣，臣窃谓片纸空衔，赏一劝百，国家又何爱此虚秩，不以信已往劝将来乎！此又遵、永处置机宜所当议者也。得旨：据奏蔺局情形甚晰，其中条画有法，且见方略。该部即与酌议具覆。

［命张鹤鸣总督川贵滇广军务］

命南京工部尚书张鹤鸣仍以太子太傅改兵部尚书兼都察院右都御史，总督川贵滇广军务，兼督粮饷，巡抚贵州、偏沅地方。

丙寅（二十八日）［云南巡按余城言由蜀入滇道路］

巡按云南御史余城言：由蜀入滇，建昌一径所过诸隘口，曰相岭，曰冕山，曰泸沽峡，最称要害。昔年大创后，添设营堡，棋布星罗。驻兵防守，行旅可恃无虞，但虎狼之窟，防御岂易？臣愚窃谓，今日欲通蜀道，惟修废举坠，增兵饬伍，使我之神气壮而邪气自消。且非特此也，泸、浍之间，万山攒立，强半砂箐，独自松林以至禄马站，土壤沃衍，百有余里，可耕之田，岂啻万顷？止以恶夷出扰，满目蒿莱。傥道途清肃，尽力开垦，而强兵足食，恒必由之。况水蔺煽祸，处处勾引，若不乘此速殄夷恶，早疏周道，恐猖獗溃乱，猝难收拾。后即望此，若塞若通，亦不可得矣。得旨：据奏从蜀入滇，情事甚晰。这建昌路着该地方官力加疏通，无俾梗阻。其修举废坠，增饬兵伍，开垦沃壤，具得廓清茀路之法。该部酌议速覆。

明熹宗实录卷八十

天启七年丁卯（1627）

正月

壬申（初四日）［云南巡抚闵洪学请敕广西、湖广两省解银，接济灾荒］

户部覆：云南巡抚闵洪学请接济灾荒，议将广西原借欠银五万两，并湖广南粮改折米解银一万两，乞敕两省督抚作速措处解滇。依议行。

己卯（十一日）［云南巡按朱泰祯、巡抚闵洪学以遐方人文日盛，请建学增廪］

云南巡按朱泰祯会同巡抚闵洪学题称：遐方人文日盛，应建学者，云州、归化、三泊、南宁、河阳、元谋，共六处。应增廪者，顺宁、建水、新兴、云龙、路南、罗平、富民、罗次、易门、阳宗，共十处。各就其廪之数，以为贡之数。又各酌其廪与贡之数，以为经费之数。至于钱粮规画，或取诸闲田，或取诸裁省，或取诸输助，又或彼此通融，互相裒益。不烦公家一物，未敛民间一毫。并请颁给新设一州五县儒学各印记，改移蒙化、安宁、昆明各教官。下部议覆。

庚辰（十二日）［贵州巡按陆献明题称楚民日废，亟需宽政］

巡按贵州陆献明复题：楚民日疲，亟需宽政。敬陈情形，以备鉴恤。得旨：据奏楚中困敝，朕所洞知。着行该抚按酌议宽恤外，朕思能援黔者楚，能纾楚者必黔。尔至黔日，还相度机宜，酌量缓急，简稽虚冒，讲求屯种。在楚有唇齿相急之谊，在黔有瓶罍交罄之筹，朕所望也。遏籴非但病邻，亦以自病。朕闻粤东亦有此病。着行楚粤地方，通行弛禁。

明熹宗实录卷八十一

二月

丙午（初九日）［贵州巡抚王瑊疏请派催楚饷］

贵州巡抚王瑊疏言：黔局难结，需饷方殷。请七年新饷，照例派楚饷七十五万。并行催楚中六年未完银两，及查补原拨川、广、应天等处虚数。疏下所司。

［四川巡抚尹同皋以抚局必不可就，题请聚饷纠兵剿洗安、奢叛军］

四川巡抚尹同皋题：六年九月内，发去刊印敕书纸票，遣参将杨明辉赍入水西，与安位及众目把知悉，如能翻然悔悟，擒斩首恶，其余胁从，尽行赦宥，被安邦彦杀死。安邦彦已渡鸭池，离威清二十余里札营。又报奢崇明要收远近降苗，声言出永报仇。计抚局必不可就，惟有聚饷纠兵，大树剿洗之威。而兵非数十万不可，饷非百余万不可。在督臣自有石画，臣所自效者惟厉兵秣马，听督臣指挥而已。得旨：据奏，水西凶狡，擅杀差官，纠兵出犯，抚局如何可成？着行该省道将，整兵固守，务保无虞。督臣所请饷银，该部作何凑办，一并议妥速覆。

［尹同皋奏报四川松潘、龙安“番倮”情形］

同皋又题：松潘、龙安番倮不时出没，大虏拥众犯边。虽经大创，不可不预为之防。八月间，贼番数百，从黑谷山突出。建武游击调守松龙孔全斌率官兵夹攻，杀番贼数人。十月间，各番又行出没。全斌率官兵奋勇直前，杀伤数十人。十二月间，番贼五六百犯小河，我兵奋勇打死数番，乃退。三次出犯，皆以不得利而返。今大虏又发书信，要来报仇。松（番）〔潘〕最吃紧者在小河，小河原设游击冉天胤，今已调取援黔。合无即以孔全斌调小河游击，遗下建武游击缺，以潘之玉补之，则两地皆得人矣。得旨：据奏三摧番虏，具见备御方略。吏士有功的，着案候事宁并叙。移补将领，该部与议覆行。

明熹宗实录卷八十二

三月

甲戌（初七日）［云南巡按朱泰祯题叙平定武、寻、嵩功］

云南巡按朱泰祯题叙平定武、寻、嵩功。三年之内，大小一百三十三战，生擒贼首逆党三百七十四名，斩级四千零六十四颗，夺获器械、牛马并被掳男妇，俘获贼属，招抚夷寨，安插夷民，恢复滇黔卫所州县城堡，搜获印信、铜牌、关防等项。录有功文武各官。缘繇兵部题覆，请钦天监择日荐告宣捷，有功员役查例拟叙。报可。

辛巳（十四日）［以滇南大捷升赏文武众臣及土司］

以滇南大捷，厂臣魏忠贤加恩三等，仍赐敕赏赉，荫弟侄一人锦衣卫指挥使世袭。司礼监太监王体乾等七员加恩二等，荫弟侄一人锦衣卫指挥佥事世袭，仍各赏银币。兵部尚书冯嘉会加太子太师，原荫锦衣卫指挥佥事，加升一级世袭。云南巡抚闵洪学加太子太保，荫一子锦衣卫指挥佥事世袭。黔国公沐启元加太子太保。各赏银币。文臣邵辅忠、傅宗龙等，武臣尹启易、金为贵等，土司沙源、龙在田等，各升赉有差。

明熹宗实录卷八十三

四月

丁酉朔（初一日）［黔局未结，贵州总督张鹤鸣条上八款］

贵州总督张鹤鸣言：黔事久罢，平定宜速，条上八款：一多饷以壮军气，一多将以振军威，一简兵以收实效，一请剑以摄众心，一省议论以清国是，一严赏罚以服群心，一选监军以资运筹，一讨器械以备冲锋。得旨：黔局未结，总督事宜权重。这所请尚方剑准，给与以慑众心，省议论，明赏罚，深得用兵根本紧要之着。措饷、择将、拣兵及选监军、备器械各款，俱关黔中大计，该部速与议覆。

壬寅（初六日）［叙滇南武、寻、嵩功，加云南巡抚谢存仁等服俸等］

叙滇南武、寻、嵩功。云南巡抚谢存仁加二品服俸，原任兵科都给事中今山东巡抚李精白加三品服俸，各照旧巡抚。兵科都给事中许可征，加太常寺少卿衔管科事。余并量升纪录。

庚戌（十四日）［云南巡抚闵洪学疏言“滇夷”之患］

云南巡抚闵洪学疏言：滇夷之为患，跳于外者交也，东川也；哄于内者各土司之仇杀也。交之来，犹有九司以为隔，岁一至焉。若东川朝发难，而内地夕受兵，岁无虚月矣。年来交人再败，暂戢

(瓜)〔爪〕吻，而东川亦似怀我好音，顾喜人怒兽，犬羊未足为凭。至西迤诸夷，颇觉弭帖。纵一二狺狺互啮，自其恒态。说者谓夷狄相仇，未始非中国之利。我操其縰索，随宜为之处分。固无难于解释矣。疏下兵部。

［闵洪学言云南兵饷情形］

洪学又言：曲、交、沾、平之兵一万一千零，分布各隘，稀若星辰。沾夷之不敢动，乌撒之不能窥，徒赖有此，不可撤也。武、寻紧扼东川，似伴虎眠。各置一千，犹存见少，不可撤也。二新、石、嵋系野贼丛匿之薮，曩年剿定撤兵，零盗仍出没为祟，搀捕画守，乃始窜伏，此土兵七百余，不可撤也。约计兵一万四千有奇，每月需饷一万五千有奇，不啻数米量腹者。请议别省以一万助滇，而以五千责滇于本地自措。务每年实给滇饷一十二万，喘息庶几可延。疏下部议。

［闵洪学言“莽酋”与滇边三宣、六慰情形］

洪学又言：莽酋召霸浪乌罕者，昔莽应礼之后也。一称莽，一称蛮，一称缅，一称阿瓦，总系莽哒喇种类。其巢穴曰摆古，曰翁萨，曰洞吾。偶侵孟（良）〔艮〕府，该府就车里求助。宣慰（力）〔刀〕韫猛遣兵万人、象十只往援之。比向车里报复，韫猛年衰迈，急欲求解，且以重赂修和。莽闻韫猛嫡男（召）〔刀〕河璇有女，名（召）〔刀〕乌冈，色美，责献乌冈，河璇别以一女相诒。莽知其赝，遂大愤。乃率部众并调八百等兵象，往攻猛遮，径进车里。韫猛父子不能支，遁至所辖思毛地方。莽遣其目押乡导二人，星驰尾之。获韫猛载去，并获河璇械还。夫阿瓦、车里之构祸也，起于万历四十四年。方车里被兵，曾未一字请救。瓦兵一至，弃寨而奔，至泥首受缚。盖车里在嘉靖间，兵败于缅，已折而入缅，故有大小车里之号。以大车里应缅，而以小车里应汉。夫缅初固称宾服之夷，敢于擅兵凭陵，似不容不兴师问罪。但去滇八千余里，今兹之役，正未易言，然竟置诸度外，则缅势日炽，滇患日殷，将来亦有不可知者。遐考洪武时既定云南，我太祖各假名号，以示羁縻。其大者为三宣，为六慰。今三宣无恙，而六慰安在哉？以六慰言，其一缅甸宣慰司，即缅也。其一车里宣慰司。又一曰八百，一曰木邦，一曰孟养，一曰老挝。尔时地丑力齐，各自雄长，犹犬牙相制也。即嘉靖初，缅甸为孟养所灭。其酋莽犯岁，举族皆死，惟莽瑞体兄弟数人走免，入洞吾寨，借其兵力复仇。日渐强盛，四面吞并，遂成尾大不掉矣。以嘉靖末年灭八百，以万历八年掳孟养酋思个，再以十八年逐思远，遂灭孟养。以万历十年掳木邦酋罕拔，再以三十三年掳罕㯞盖，遂灭木邦。以嘉靖间破老挝之揽掌，挝已失东偏，惟西偏仅存，未尽属缅，然亦久不通中国。是昔分之而六者，今合之而一，而缅安得不大也？六慰既尽，势将及于三宣。又如孟定、孟琏、威远、镇康，诸夷环处，为我藩篱，尚不下数十。倘缅兵一临，有不从风而靡者乎？非虞其向化不坚，实恐其畏威不敌也。为今之计，纵未能轻开缅衅，亟宜联络诸夷。分之则涣而弱，合之则聚而强。我能联之，诸夷喜于有所依附，莫不协心并力以拒缅。昔缅灭木邦而不能有也，以思礼食其地。灭蛮莫而亦不能有也，以思线食其地，所用仍中朝原颁印信。夫灭之而不能有之，非心不欲，势不及也。今缅掳车里之酋，未遽能有其地，必将更置其酋长，立所爱者而去之，而车里人情未必帖也。诸夷既皆萃涣，则缅隙亦有可乘，或不难相机而取事耳。疏下兵部。

辛亥（十五日）［贵州巡抚王瑊疏言征剿水外“苗仲”与“恶苗”老虫添］

贵州巡抚王瑊疏言：逆酋安邦彦每图大逞，必勾引水外苗仲以扰我。盖定广东连匀、哈，西接威、平，贼恒抄青崖之背，以与东苗会。而摆肘有安贼祖坟，九牛头恶苗老虫添之祖，亦并瘗焉。虫添为贼魁李阿二通主久矣，去年十一月，逆彦遣阿二纠结虫添，攻打白纳司。该司南近省城，旧无防兵，万一不保，则匀哈、定广必尽骚然。幸李逢霖、班麟贵、陈谦诸将鼓勇一战而夺其巢，再战而据其险，墟其墓。更以参将胡从仪卷甲疾走，分路捣虚，草薙禽搜，几无噍类。虫添不即被絷者，第釜鱼假息耳。孰意阿二、糯賦复纠白崖、狗场之贼，为牵制之谋，抢劫屯堡，广顺告急。此时贼已渐向威、平，我亦驻兵老鸦关上。贼以我为不复能分兵，则东苗势将复合。自顾弘泰等鞠旅广兴，贼乃逸去，然犹出没白崖、狗场间者，有翁擦、摆金、摆榜诸大寨为之济恶也。迨我兵齐集威城，王国祯、邓玘等繇滴澄桥直逼贼垒。张云鹏、牟文绶等繇小索桥绕贼后。贼知不敌，溃而遁归。乘胜长驱，斩获无算，兼活捉阿瓜、阿晚，尤快人心。而平坝守将苏从顺等有杨家关伏塘之捷。安顺守将范邦雄等，有思蜡河追奔之捷。又班麟贵剿刃老虫添，屈朝宣馘献邓本旺，王武伟才缚吴阿文。皆数载凶渠，久漏天网，一月内相随就戮，将士勋劳，岂容或泯乎？是役也，当以剿灭虫添为首，而击败安插次之。其在剿虫添者，以居先冲贼，最后得贼为首，而揫山箐、歼苗级等项次之。其在击安酋者，以诛巨目为首，而殄罗鬼、焚营垒等项次之。疏下兵部，兵部请行巡按御史勘明叙录。从之。

明熹宗实录卷八十四

五月

壬午（十七日）［四川遵义总兵官刘超奏请褒示黔中死事诸臣］

原任镇守湖广都督佥事今转四川遵义总兵官刘超奏：臣自入黔以后，逆贼安邦俊自瓮安入寇，维时死事者游击李正纲等六人。既而有陆广之事，都司徐文勋等死者十六人。未几又有汜溪之战，而刘奇、王立勋等死敌计有三十余人。至镇臣鲁钦、旧抚王三善，倏而犁庭扫穴，倏而杀身成仁。要皆誓不与贼俱生，而一死重于泰山者。乞皇上褒示，以劝任事。得旨：黔中死事诸臣，除王三善、鲁钦应听公议外，刘奇等抚按官确查具奏。

戊子（二十三日）［裁贵州镇远府通判、都匀府来远驿驿丞各一员］

裁革贵州镇远府通判、都匀府来远驿驿丞各一员。

明熹宗实录卷八十六

七月

乙丑朔（初一日）［两广总督商周祚奏剿浔州“窠贼”胡扶纪］

总督两广商周祚奏：浔州窠贼胡扶纪以鹅山为窟穴，盘据猖獗，人无安堵，党与甚繁，耳目甚广。兵至则逃匿，兵退则出劫。即欲纵兵穷搜，而山深箐密，无从踪迹。故前此专用招抚之法以羁縻之，反以养成其势。今复敢戕杀守备，罪恶贯盈。抚臣王尊德、按臣曹应瑞，慨然发愤，与臣商确，决意主剿。先以汉土官兵严布隘口，预防逃逸。令两参将刻日誓师，分路进兵。一举而捣其巢穴，擒其眷属。招出男妇以五百计，投降男妇以二百计。土舍陈威用奇计得扶纪斩之，数载元凶，一朝授首，国法借以少伸，地方从此安枕矣。报闻。

［安邦彦叛乱时，贵州贵阳府通判杨以诚死难，其子奏请优恤］

云南澂江府举人杨兴南奏：安贼之变，臣父原任贵州贵阳府通判杨以诚，缮兵死守，至众寡不敌，自知不免，乃遣吏（员）〔负〕印缒城，乘夜赍送藩司，仍令该卫民兵歃血誓死，不意滇兵至夜潜逃，卫吏阮世爵为贼内应，臣父不得已自缢府厅。贼缚之而去，至火掌宅溪杀之，碎体抽肠，备极惨毒。家属死者一十三人。臣叔杨以恭搜得臣父密书，往滇求援，为贼所获，杀之于散纳溪。臣父骸骨无归，臣兄弟家产荡尽。从来死难者有之，惨酷如臣父者未有。伏乞圣恩垂怜，照徐朝纲例，奖赠谥荫，仍与建祠立坊。得旨：杨以诚死难甚惨，准与徐朝纲一例优恤。

明熹宗实录卷八十七

八月

己亥（初六日）［湖广五寨蛮夷长官司伍里洞民奏请建学，颁印信］

湖广五寨蛮夷长官司伍里洞民田应昇等奏：臣等司设楚徼，钱粮差役例同有司，户礼家诗不减乐土。惟国初以远方风气未开，未经设立儒学。节年里试，俱分寄于辰州府属各学，止给衣巾，不与帮补。即有智慧，发迹无繇。因于天启三年，具状告赴通政司。蒙准送礼部看详，行令抚按会议妥确。窃见酉阳、马剌俱皆土司建学，事例相同。况不费公帑，不扰民间。官吏师生，无容另议。惟乞速颁印信，庶文教兴而夷风美矣。章下礼部。

崇祯实录

崇祯实录卷一

崇祯元年戊辰（1628）

二月

甲辰（十二日）［四川监军参议曹大受言剿抚安氏土司之策］

四川监军参议曹大受言：西南土司，安氏为强。所据之巢，又为天险之隘。水内水外，尽皆沃壤。如议剿而图大创，在相天时而参地利。安氏寓兵于农，季春仲夏，民皆趋田，驱之即戎，必不能悉众而来。此以实乘虚，天时之不可失也。贵阳至陆广百里，一河深险，天之所以限南北也。陆广至大方百七十里，贼巢棋置，进退皆难。独毕节一路诸部交通，今为贼有，故欲进兵，必先取毕节。据毕节则救援之路塞，然后遵义、永宁同日并举，应接不暇，其锋自折。此剿之策也。但黔蜀见兵六万，饷乏兵少。不若据险扼要，绝其商贩，禁苗仲耕凿之利。此守之策也。不然，镇雄女官，安位实为其甥，令其开谕祸福。酉阳之子冉天胤曾为军前参将，向传目把之书，苟因以通安位亦便也。此议抚之策也。章下所司。

六月

丁未（十八日）［以朱燮元总督贵州、四川、湖广、云南、广西军务］

召朱燮元为兵部尚书兼都察院右都御史，总督贵州、四川、湖广、云南、广西军务，兼督粮饷，移驻贵竹。

崇祯实录卷二

崇祯二年己巳（1629）

闰四月

丙子（二十一日）[总督朱燮元遣将复赤水卫，复因乏食撤还永宁，叛军遂蹑其后追之]

总督朱燮元遣贵州总兵许成名，由永宁复赤水卫，缮城。水西安邦彦、莫德周、奢崇明等，欲渡河攻赤水。时乏食，燮元撤兵还永宁。贼遂蹑其后追之，川贵大震。

八月

戊午（初六日）[奢崇明、安邦彦合兵攻永宁，被击退]

伪梁王奢崇明合伪大元帅安邦彦兵数万攻永宁，兵备副使刘可训、总兵侯良柱力拒却之。可训在永宁，出兵遏贼，少失利即入城。贵州兵不之救，贼遂据桃江坝。

庚申（初八日）[蜀、黔兵合力攻击叛军]

侯良柱、许成名约并力攻贼，贼恃其山险，方饮宴，蜀兵乘雾进捣其寨。贼仓皇接战，官兵力击，大破之。黔兵夹进，贼走入鹅顶岭，径长而惬，官兵追迫，矢刃骤交，人马蹷蹈，倾陷亡算。

九月

己亥（十八日）[官兵定乌撒]

官兵定乌撒，安边、安民来降。

十一月

戊子（初七日）[水西安位乞降]

巡抚四川都御史张论至泸州，水西安位乞降。

崇祯实录卷三

崇祯三年庚午（1630）

四月

壬戌（十三日）［乌思藏僧来贡］

乌思藏僧来贡。

九月

己卯（初三日）［宥水西降人安位，西南悉宁］

宥水西降人安位。先是，龙场坝本水西地。水、蔺相仇杀争地，其后结盟奢崇明，败水西，假之居。其地去永宁且六百里，山箐峻险，不产谷。蜀人欲设官屯兵以自广，总督朱燮元奏：御蛮之法，治以不治，既来则安，不专在攻取也。今水西既以纳款，残蔺安敢负固？惟当明定疆界，使诸蛮自耕牧，遵往制职贡赋，数世之利也。若设屯兵，臣愚以为不便。上未之许，后推勘地界，卒如其议。又欲用兵郡县土司者，燮元奏不可。遂传檄诸蛮，布朝廷威德，谕以出降。诸蛮感服，争纳土献重器。燮元分以地，俾世守。凡蛮俗虐政苛敛，一切除之，使参用汉法，可为长久计。奏闻，制曰可。西南悉宁。

崇祯实录卷四

崇祯四年辛未（1631）

二月

壬戌（十八日）［四川建昌“罗蛮”“作乱”］

四川建昌罗蛮千余人作乱。

崇祯实录卷六

崇祯六年癸酉（1633）

五月

庚子（初九日）［云南安氏土舍兄弟修好］

云南曲靖江府土舍安边与安其爵、其禄，同祖兄弟也。其爵世乌（撤）〔撒〕知府，其禄欲仍受沾益知州，修好，巡抚蔡侃解谕之，俱听命。

崇祯实录卷七

崇祯七年甲戌（1634）

正月

甲寅（二十七日）［镇筸副总兵杨正芳败贼于旧县金沙铺］

镇筸副总兵杨正芳败贼于旧县金沙铺。

四月

丁卯（十二日）［安位以兵送安边往沾益州］

安位以兵送安边往沾益州。

甲戌（十九日）［“川寇”趋河南、淅川、商洛］

川寇三万人，返屯郧阳之黄阳滩。分三道：一均州趋河南，一郧阳趋淅川，一金漆料过河趋商洛。卢氏张应昌战均州五岭山，兵败还均州。

丁丑（二十二日）［“湖广贼”攻平利，“川贼”东下］

又湖广贼二三万犯平利。盖春夏间，楚蜀贼合于秦，又卢象昇等萃兵于楚，故贼尽奔汉中、兴平。而川贼入西乡者二三千，又犯城固东下。是时诸贼尽入汉中、兴平，以接于商洛矣。寇自五年聚于晋，纵之渡河，而豫楚被害。至是又还集于秦，而朝廷漫无措置。失此机会，良可惜也。

七月

乙未（十一日）［叙州定远堡母猪龙洞“闻铜鼓声”］

叙州定远堡母猪龙洞闻铜鼓声，一日夜。

十二月

甲申（初二日）［副总兵杨正芳、镇筸将张上达战死］

贼大至郧西。又自洋沔直至兴平、洵阳、白河，络绎不绝。副总兵杨正芳深入，同镇筸将张上达死之。

崇祯实录卷八

崇祯八年乙亥（1635）

二月

壬午朔（初一日）［镇筸、茅冈和施南土司兵分戍护显陵］

时湖广兵扼贼，贼仍走太湖……镇筸、茅冈兵二千余人，施南女官冉氏兵五千余人先后至，俱分戍护显陵……

崇祯实录卷九

崇祯九年丙子（1636）

十一月

己巳（二十九日）［叙先年守黔功，升赏李檈、史永安，加赠王三善并立祠］

叙先年守黔功。故巡抚李檈、巡按史永安各进一级，赐金三十。故总督王三善加赠太子少保，立祠。

崇祯实录卷十一

崇祯十一年戊寅（1638）

二月

乙未朔（初一日）［“寇”陷泸溪县］

寇陷泸溪县。

三月

丁亥（二十四日）［朱燮元卒］

总督川湖云广贵州军务少师兵部尚书兼右都御史朱燮元卒。燮元浙江山阴人。万历壬辰进〔士〕，尝知苏州，有惠政。奢寅叛，是时燮元为四川布政使，力守成都，进巡抚。卒平其乱，进总督。明敏有器度，善用人。黔蜀多故，所向成功，安位纳土，西南赖之。年七十三。予祭葬，赠太师，世锦衣卫指挥使。

崇祯实录卷十三

崇祯十三年庚辰（1640）

七月

辛卯（十一日）[苍梧教谕上言五事]

苍梧教谕谢允上言五事：先身范，核士行，正文体，定学规，重名器。从之。

崇祯实录卷十四

崇祯十四年辛巳（1641）

正月

壬寅（二十六日）[张献忠部深入川南，渐薄成都]

是月，杨嗣昌自夷陵溯江入四川。贼历三峡夔门，深入川南，渐薄成都。嗣昌从陆至广安。

崇祯实录卷十五

崇祯十五年壬午（1642）

七月

乙亥（初七日）[户部尚书傅永淳言屯田八事]

户部尚书傅永淳奏言屯田八事：曰军屯。军买官屯，民占军地，不必问矣。但就册报征，即以折色改征本色。曰民屯。凡荒闲可耕之地，召募军民商贾，有捐资开垦者，给为永业。其愿耕无力者，照佃发给资，待二年后起科。曰兵屯。有事用兵以战，无事用兵以耕。宜以七分戍守，三分屯田。曰商屯。依垦田多寡，颁给职衔以旌异之。曰水屯。招募南人习水利者，度其原隰，使地无旷土，水无遗利。曰陆屯。择不毛之地，树以桑枣，杂值榆柳诸木，随其所便，给业永不起科。曰罪废开屯。能垦千亩准开戍，垦五百亩准杂流，垦三百亩准配。俱认地三百亩，三年而止，照例察叙。曰设官。特遣大臣专理屯务，设屯官分理。宽以吏议，迟以岁月，俾便宜行事。上是之。

十月

戊申（十一日）［惠王出奔，偏沅巡抚陈睿谟护行］

惠王出奔，巡抚偏沅陈睿谟以护藩行。

崇祯实录卷十六

崇祯十六年癸未（1643）

十月

甲戌（十四日）［调广西土司兵］

授进士陈丹衷河南道御史，同副总兵成大用，往调广西土司兵。赍金币分赉土司。

十二月

乙丑（初五日）［总督何腾蛟奏言湖南永顺、保靖，黔南铜仁、黎平与西粤柳、全土司皆可用］

总督何腾蛟奏言：湖南永顺、保靖，黔南铜仁、黎平，西粤柳、全，其土司皆可用。臣素与豪长游，简其壮勇，可得数万，依湖守险。土司无远征之忧，百姓无客兵之害……

丙戌（二十六日）［贵州镇筸营参将梁胤林平桃固山洞］

贵州镇筸营参将梁胤林攻桃固山洞，擒贼程继孔。继孔反覆扰徐、邳间，胤林以除夕出不意擒之，山寨悉平。

崇祯实录卷十七

崇祯十七年甲申（1644）

正月

丙申（初七日）［命方国安镇守湖广］

以都督同知方国安为平蛮将军总兵官，镇守湖广。

崇祯长编

崇祯长编卷二

天启七年丁卯（1627）

九月

丙子（十三日）［赠原任贵州总兵鲁钦少保］

赠原任贵州总兵鲁钦少保。荫子宗文本卫指挥佥事，世袭。钦山东长清人。天启中官贵州总兵，安（那）〔邦〕彦乱，解贵阳之围。又（功）〔攻〕破贼羊雀等十五巢，又破邦彦于黑石（功）〔坎〕、岩头、大木囤，皆有功。遂抵盘江，以通滇路。深入地地、织金、虎场、衿铧者五阅月，前后斩级七千。以粮绝救不至，力战死。至是加赠荫，赐祭葬，仍命特祠曰旌忠。

戊寅（十五日）［四川重庆等府州县旱，茂州等处地震］

四川重庆、岳池、资县、南充、保宁、顺庆等府州县，自四月以来不雨，禾苗尽枯。又，茂州等处，于本年六月十九日戌时、二十日丑时，各地震。

崇祯长编卷三

十一月

壬申（初九日）［贵州巡按陆献明奏言黔滇蜀合兵剿安］

贵州巡按陆献明言：安位虽以水西为巢穴，（面）〔而〕贵阳城地绵亘千里，谓之水外，皆是仲苗，贼三过河入犯，仲苗群起应之。在滇则安效良虽死，可渡等处遗党，犹足声势相倚。在粤西则（四）〔泗〕城等州，火药米盐，贼倚之为外府。而滇之镇雄等四土司为贼后劲，每欲过河抢劫，必往借兵，一闻我兵捣巢且走遁。镇雄、芒部，盖东西南北皆贼之应援。以故安邦彦等桀（骜）

〔骜〕难驯，跳梁愈甚。若蜀以兵五六万，分扼于永宁、遵义。滇以兵五万，进蹙于沾益、乌撒。黔亦以兵七万，分布设奇于思腊、三（盆）〔岔〕、鸭池、陆广之东西。一时并进，则重兵压境，贼不坐困而援首，亦必乞命而请降。今滇蜀既无此项粮饷，两省又无明旨责成。黔兵合省不过五万，止可分布一面，安能困贼使穷？且滇蜀济黔之额饷，艰于呼应，无以供待哺之员役。红、黑、西江、九股诸苗之猖獗，劫杀日甚。又无以养捍御之饥兵，虽楚饷陆续而来，仅仅移东助西，有何力量为募兵杀贼之举？所谓黔官孤撑难济者此也。旨是之。

甲戌（十一日）［兵部武选司员外郎奏言西蜀平“蔺酋”之乱］

兵部武选司员外郎王新命言：臣家黔南，作令西蜀。辛酉十月，适有蔺酋之变。樊龙发难重庆，奢寅围困成都。堕名城，杀巡抚。改元应顺，建号大梁。刻丞相、六部、都督之印。一时望风而降者，四十二郡邑，皆置伪官。西南半壁，岌岌乎不可知矣！赖朝廷威灵，诸臣戮力，或扼贼吭，或断贼援，或分贼势，以散贼党。然后战胜攻取，重、泸渐次恢复。捣巢洗穴，三年暴露，而蜀难平……伏乞将三川功案，敕下本部，立加查议，分别俱复。从之。

辛巳（十八日）［云南镇守沐启元表贺登极及册立中宫］

镇守云南黔国公沐启元表贺登极及册立中宫。

崇祯长编卷四

十二月

甲辰（十一日）［立五寨蛮夷长官司学］

立五寨蛮夷长官司学。

崇祯长编卷五

崇祯元年戊辰（1628）

正月

乙亥（十三日）［四川石泉县地震］

午时，四川石泉县地震。丑时复震。

崇祯长编卷六

二月

辛亥（十九日）［赠恤王三善，并述王三善解贵阳之围及遇害始末］

赠原任贵州巡抚王三善为兵部尚书，荫一子锦衣卫千户世袭，仍立祠祭葬并谥。三善，河南永城人。以进士起家荆州推官，由吏部郎历升太常寺少卿。值奢酋乱，以右佥都御史巡抚贵州。时贵阳被围已十月，陷在旦夕。三善率兵兼程进，屡破安邦彦，解贵阳之围，遂进兵穷其巢穴，深入大方，孤军无援，马蹶被害。赠今官。

崇祯长编卷七

三月

戊辰（初七日）［四川石泉县地震］

未时，四川石泉县地震有声。

丙子（十五日）［四川石泉县再次地震］

戌时，四川石泉县地再震。

崇祯长编卷八

四月

乙卯（二十四日）［叙忠州判官胡平表乞秦良玉兵援与征讨“蔺贼”功］

先是，蔺贼之据重庆也，贵州布政司参议胡平表方以忠州判官在围城中，（缱）〔缒〕城徒跣，走石砫司（奏）〔秦〕良玉乞兵援。成都目把纷嚣不肯应，平表慷慨号泣，不饮食者五日。良玉感动，乃起兵。平表百方激劝，措处以饷。秦兵一战而复新都，再战而成都之围解。四川抚按授之监军兼副总兵职衔，平表溤以统束易置诸将。白市驿之战，俘斩千余。马庙之战，俘斩万余。占据两岭，酣战一日夜，斩首千余。夺据二郎关，擒黑蓬头，迫降樊龙，复重庆。逆寅纠土府水西，复集十万。我五路应之，四路皆败，总兵杨愈茂死之。平表以六千兵，人囊米五升，截夷歼贼，无不一当百，十万众溃败如扫。生擒伪元帅、巨贼四十余人，获其伪印敕、伪号锦册及各县印五颗，救出被掳生灵数万。至是，贵州总督张鹤鸣疏请破格假以督师、御史之衔，凡自大将以下悉听节制调遣，无与地方事。赐以专敕，使制兵将，可擒逆贼而献之阙下。已而，部议覆上。旨言：平表允当优擢，但监司带御史衔不便，仍令再议具奏。

崇祯长编卷十

六月

己亥（初十日）［沐启元暴卒］

黔国公沐启元暴卒。

［御史奏言粤西与滇、黔三省馆选事宜］

故事馆选，粤西与滇、黔分选。而粤西自万历己丑以来，仅甲辰一人，滇已六人，黔亦四人。天启壬戌，增额三十六人，粤西始得王启元一人。至是，御史张茂梧言：值兹盛典，乞谕辅臣，推广德意，原就省分定人，不以人数遗省。从之。

庚子（十一日）［广东惠州守备剿三圳、石窟、神冈“贼”，胜之］

广东惠州守备郭效忠剿三圳、石窟、神冈贼，擒贼首张会云，胜之。

［云南道御史奏言剿“安酋”之方略］

云南道御史毛羽健言：安酋之为黔寇也，人知之。剿安之为黔事也，人亦知之。而不知以黔攻安十不得二，以蜀攻安一乃当三。何也？贼巢在大方，以黔为前门，以蜀之遵、永为后门。从黔攻安，是攻前门也，必度兵陆广，取道山谷。陆广既险不可度，而山谷中（西）〔两〕峰夹天，一线中通，人不得比肩，马不得并辔，七昼夜乃得至大方。无论一夫守险，千人自废，即使失守，我兵亦进不得退，入不得出。此王三善所以功丧垂成，蔡复一所以两次败衄。用力多而成功寡，所谓十不得二者此也。若舍黔用蜀，从其后路攻之。以二万屯遵义，遵之去大方直三日程耳。以三万人屯毕节，毕之去大方直百余里耳。路既直捷，地亦宽平，且皆系我之疆圉，粮运无截掠之患，师行无伏发之忧，可进可退，可战可守，计无出此者。遵、永当奢患未平时，督臣朱燮元曾设有防兵三万人。及逆寅授首，巡抚尹同皋力行操练，相势汰减，见存胜兵一万五千人。而此万五千余者，既不费朝廷斗粮，又不加地方分文。止以其所清出盐、茶二引羡溢，及裁减夫马冗役冗费之存留，与节捐供应公费纸札赎锾银两，逐年买牛给种，令之屯种。又时以布政司诸边仓粮之有缺应扣者，量给月粮，以佐屯种之不及，而遵、永两路遂为重镇。此同皋抚蜀之长策，今欲从遵义攻安，不须大费料理，直用其见兵，再募数千，加以行粮，便为足用矣。若夫毕节一路，去贼巢太近，且由永宁进赤水，四面俱属土司。必须设重兵、建大将旗鼓，令其相机进止。事半而功倍，所谓一可当三者此也。此进兵之方略也……章下所司看议。

庚戌（二十一日）［云南道御史劾广西提学副使徐仪世苛残贪昧］

云南道御史王应斗疏劾广西提学副使徐仪世苛残如虎，贪昧如狼。以病废乞休之官，欲借摧折以然灰，安得借中贵之参疏，以掩其生平之秽迹。旨令确议。

［起朱燮元总督云、贵、川、湖、广西五省军务］

起朱燮元兵部尚书兼都察院右都御史，总督云、贵、川、湖、广西五省军务，兼巡抚贵州、湖北、湖南、川东、偏沅等处地方，驻贵州。

崇祯长编卷十一

七月

庚申朔（初一日）［以四川“奢酋”荡平加恩、叙功］

以四川奢酋荡平加恩辅臣标、道登、鸿训、龙锡各太子太保，进文渊阁大学士，旧辅纉、国祯太保，国楷太傅，一燝、继阶、延禧少师兼太子太师，各荫子中书舍人及赉金币。叙四川解围、复城、捣巢三功。荫张鹤鸣、王在晋、董汉儒、吴弘业、董孟伦子锦衣卫正千户，朱燮元子锦衣卫指挥使，张论子锦衣卫指挥同知，总兵杜文焕子本卫指挥佥事，李维新子本卫正千户，薛来育、段师文子本卫副千户，仍赉金币有差。其余者加秩赐金。死者赠恤。内外文武官凡五百余人，内死事徐如珂、卢瑛田、赵邦清仍荫子入监读书。

乙酉（二十六日）［传谕安位擒安邦彦自效］

令贵州抚按传谕安位：能擒安邦彦自效，捐除前罪，仍令世守。倘位不悔悟，诸土司擒彦，即以位爵土畀之。从南御史黄昌请也。

戊子（二十九日）［户科给事中疏荐胡平表，叙其平“奢酋”之功］

户科给事中瞿式耜疏荐贵宁道参政胡平表。当奢酋叛据重庆，大小文武杀戮一空，官窜民逃，平表乃（缱）〔缒〕城而下，急走石砫乞兵，又集川东少年练为士卒，节制土司，消弭反（测）〔侧〕。凡舟马刍粮，营垒矢石，一手干办。竟能保川东，复西北，解成都，下重庆。至捣巢之后，率五六千士卒，碎奢、安乌镇四夷十万众，（逐）〔遂〕取永宁，扫蔺州、毕节而还。虽为文臣，即古之名将不能过。臣每思其人以当插，今适入贺来京，宜以边道加衔太仆寺卿，使得专任练兵。俟其定插之后论功升秩……

崇祯长编卷十二

八月

癸巳（初五日）［广东道御史劾原黔抚王瑊养贼祸黔、畏贼如虎］

广东道御史顾其国劾南户部添设左侍郎王瑊。先任黔抚，养贼祸黔。当王三善捣巢之后，蔡复一连战之余，不出一筹，畏贼如虎。安邦彦来攻，日惟涕泣，将佐嗤笑……

丙申（初八日）［下川、贵二省抚按官确查沐启元与云南抚按互讦事］

云南镇臣沐启元与云南巡按余城及抚臣谢存仁互讦，下川、贵二省抚按官确查奏报。

[吏部等衙门会议李檼、杨述中功罪]

吏部等衙门会议李檼、杨述中功罪。云：李檼受安（民）〔氏〕金盆之说，屡挂弹章。科臣许誉卿愤边臣之失事，而追论其漏网。檼亦何说之辞？但当贵阳被围之日，城中易子而食，析骸而爨者，一年有余矣。死守全城，虽功在按臣，然李檼共在围城之内，同出万死之中，其苦亦有可悯者。且回籍已久，既经科道指摘，义难再出，似应免议。惟是杨述中当总督之任，手握兵饷之权，则师旅之进退，士卒之甘苦，战之成败安危，宜与王三善同心行阵，和调成功。乃贵阳残破之余，移镇平越。及三善悬军深入，实乏声援，是妨功害能之意，明以三善为孤注，而全躯保妻子之心，先借平越为金汤。共事封疆，而临危不救，三善之目不瞑；身在局中，而袖手旁观，总督之责谓何？曾闻抚臣被执，后其家属遍投揭帖，则当日之观望失悮，终不能为述中解也。但事系封疆，久稽未勘，容臣等行咨该地方抚按，核实奏闻，以凭宸断。报可。已而刑科给事中余昌祚言：会议非公，金盆有据。旨令指名参奏。

壬寅（十四日）[云南道御史奏言李檼死守贵阳之事功]

云南道御史毛羽健言李檼功罪一事：臣与科臣许誉卿各摅所见，以凭圣裁。蒙皇上谕令会议，不意科臣余昌祚追论不休，且语多忿恨于臣也。夫今之谓李檼无功者，不过谓虽有全城之功，亦曾受起衅之故耳，而不知檼非起衅者也。安位之母即奢崇明之胞妹，奢寅寇蜀，位即遣安邦彦寇黔，是休戚相关，同谋已久。贵阳告急之日，正广宁新破之时。举朝惟关门是急，已置贵阳于不问。后知李檼不死，孤城犹在，始命王三善（师帅）〔帅师〕往救。（此）〔比〕三善至，而贵阳之围已十月。酋逆当日定谋，寅欲取成都作家，彦欲取贵州作家，因令乌蒙、乌撒从沾益取云南为位家。三者鼎足形成，然后蜀中之兵顺流而下荆州，滇黔之兵合力以出偏沅。向使非李檼坚守，则臣乡荆襄一带，不知如何蹂躏，而金陵、淮徐之间且岌岌乎动摇矣！故臣谓李檼之守贵州，求之古可方张巡之守睢阳，求之今可方朱燮元之守成都，袁崇焕之守宁远……若夫金盆之说，当年台臣蒋允仪曾参及之，后奉旨回话，亦自认为风闻。夫当年犹属风闻，今日何遂有据乎？报闻，旋令将蒋允仪及史永安二疏下抚按勘处。

丁巳（二十九日）［贵州总督张鹤鸣疏请赐湖广、广西、四川、云南四巡抚督饷协兵专敕，并陈各处总兵设置］

贵州总督张鹤鸣疏请湖广、广西、四川、云南四抚臣，各赐督饷协兵专敕。及安普副总兵许成名改加总兵，驻镇毕、赤。移贵州总兵于铜仁，而以援黔总兵王国梁驻贵州，以新偏副总兵胡从（义）〔仪〕加总兵衔，提督平、清、偏、匀一带兵马，并请敕印。下所司议。

崇祯长编卷十三

九月

乙丑（初八日）［安邦彦兵犯龙场，逼进安普］

安邦彦贼兵四路犯龙场，将攻安普，游击梁东旭等拒败之，斩获贼级二百七十余颗，及花枪、挨牌、棉被等，邦彦婿比怯土官歼焉。

乙亥（十八日）［贵州绅士疏留总督张鹤鸣，以平安邦彦］

贵州绅士马文卿等疏留总督张鹤鸣，以终平安邦彦之局。下廷臣议。

崇祯长编卷十四

十月

己丑（初二日）［贵州石溪等寨“仲夷”助安邦彦犯镇宁，官

军败之]

贵州石溪（塞）〔寨〕仲夷结诸寨夷助安邦彦，将入犯镇宁。参将商士杰侦知之，调关查、盘江等营官兵，伪若候巡按御史者，进田郎洞。使勇士杨伦等暗携火具，入坉为应。开门纳我兵入，焚其巢。贼惊，遁底母寨。罗贼驰救，士杰佯退，诱之纵其入。伏兵起，大胜之，斩贼级二百二十六颗，获贼属二十九口。贵州总督张鹤鸣以闻。

乙卯（二十八日）［四川巡抚尹同皋疏言筹集兵饷以剿“水、蔺二贼”］

四川巡抚尹同皋疏言：臣窃念水、蔺二贼，正所谓百年之寇也。非有以制其死命，剿抚必不能成。非兵饷俱足，必无以制其死命。蜀人敢战，授廛即民，授甲即兵。臣到处简练，凡民兵、乡兵、卫军，再益以附近土司兵，十万之师，可呼吸而集。所难者饷耳，臣惟于掌握中事力所得为者为之。今当交代始而悬计之积存银五十余万耳。近各属册到，除搜括节省银一十二万三千四百三十八两有奇，还官银七万一千六百四十二两有奇，商人已领木价银二万一千二百五十九两外，实在各属官库钱粮七十三万六千八百余两，而三年之内支放者不与焉，谷米七万六千余石不与焉。臣所以致此者，不过广其入、严其出二者而已……倘州县再无拖欠，各衙门吏书再无侵盗，则剿抚两局，凡蜀所当任者，当下可定。惜臣犬马之力，止于此而已。下所司。

崇祯长编卷十五

十一月

壬戌（初五日）［给川湖总督朱燮元尚方剑］

给川湖总督朱燮元尚方剑。

丁卯（初十日）［给镇守贵州毕节等处总兵官及新偏等处副总

兵官关防]

给镇守贵州毕节等处总兵官许成名、新偏等处副总兵官胡从（义）〔仪〕关防。

己巳（十二日）[乌思藏二僧争执新旧勘合来贡]

先是，天启二年，乌思藏贡僧琐南札失称，勘合为红帽番僧抢失，礼部题准给之。方回至河州，而三旦朵尔只复以旧勘合来贡。二僧争执，各以新旧请贡。抚臣令将旧勘合缴贮，新勘合给行礼部题准，给札失以银千四百两、茶三万六千斤。而三旦入贡，亦欲援例。抚臣以全秦荒旱，军需方缺，安得以此给僧？请行停止，以示圣朝不贵异物之意。或以入贡旧例，准将贡物表文布政司汇解，量赏二百金及茶百斤，以酬其劳。下礼部议。

癸酉（十六日）[广西道御史言沐启元一生悍悖无忌]

广西道御史罗世锦劾云南巡抚谢存仁，言：滇镇沐启元一生悍悖，无忌暴横。存仁惮不敢禁，举动乖张，不可托以西南重任，乞赐罢斥。旨以所劾语多失实，下该抚查启元恶迹，回奏。

丁丑（二十日）[云南巡抚谢存仁备陈沾益、乌撒安氏土司内斗纷争实情]

云南巡抚谢存仁言：谨按，沾益土司属云南，乌撒土司属四川，地界连接。乌撒土官安效良、沾益土官安效忠皆安绍庆子也。安效良妻安氏无子，妾设白生其爵、其禄。二妇素不相能。安氏住盐仓，设白母子住抱渡。效良死，安氏遂为土官，然亦未绝其爵。其爵以安氏为安位姐，亦不敢抗安氏。今年四月内，四川差官李友芝，赍冠带奖赏其爵母子，令管乌撒。安氏恶分，始欲绝其爵。其爵以五月十一夜袭安氏盐仓，不克。与设白、其禄逃匿东川界地。东川亦不令入，而抱渡又失。李友芝诳请督院咨发滇兵三千，会援其爵。臣以其爵必不能有乌撒，滇兵三千必不能拥其爵有乌撒。水西耽耽，深入贾患，滇宁得先诸路受祸乎？事遂寝。然安氏见友芝、其爵请兵，谋接安边为婚，付乌撒以绝其爵，安边亦欲偶安氏以拒其禄。安边七月二十七日，以催粮为名至建昌。二十九日，安氏接去盐仓成婚。曲靖一时摇动，谓水西必纠沾乌入（纪）〔犯〕，皇皇不定，臣不得已移镇曲靖。有议召立其爵兄弟拒安边者，有议多调兵马设防御者，有议亟差官役催促安边回营者。臣谓召立甚无当，安氏方被其爵以弑逆名，必挟水西致力其爵。安边亦被其禄，以紾夺名，必挟乌撒致力其禄。我立我护必为其爵，其禄主兵以扼水、乌，是以先诸路发动受祸也。多兵设防，安边生畏必不归，急召生疑亦必不归。料安边自不肯舍沾益，数日当自归。婚媾匪寇，无庸过虑。果报安边八月二十日离盐仓，二十五日到沾益石龙山，人心始定。人又谓安边私出成婚，敢于为逆，不可不讨。臣谓……安边既婚乌撒，乌撒自向安边。安边还为我人，乌撒不便犯我。沾益近我犯我易，与安边合沾、乌犯我，先丧沾益。水西驱沾、乌犯我，是祸安边，乌、沾狎主，转难为犯。即安氏、安边、设白母子之衅，终难弭息，穴自斗鼠，忧不及人。今日之事，但当自谨。其操纵不必悮求，其去来借口私出，切责安边，令得立功自赎可耳。安边、安氏顷亦惓惓，请复乌撒卫城，不敢费我兵马。臣尚未之许，以因应变化，反而用之，尽有机括。臣欲得当，方敢具题……旨以所陈情形颇悉，但与前张鹤鸣、尹同皋二疏大异。下所司公议。

癸未（二十六日）［云南巡按余城因镇臣沐启元既死其子袭爵，陈善后六策］

巡按云南余（珹）〔城〕因滇镇臣沐启元既死，极言其生前横肆之状，今其子袭爵，陈善后六策以保滇民：一曰总庄子粒，归有司征收。一曰镇守兵权，属督抚节制。一曰爵赏大典，不宜出自镇臣。一曰民间词讼，镇臣不宜听理。一曰为国以礼，镇臣宜讲明内缺一款。下抚按酌议。

崇祯长编卷十六

十二月

壬辰（初六日）［南山西道御史言尹同皋抚蜀事功］

南山西道御史王之朝言：各处水旱盗贼，宜先时轸恤消弭。尹同皋抚蜀三年，不请协济，不行加派，惟清核汰冗。兵饷充足，且积有赢余，拮据之功不可诬没。报闻。

［贵州总督张鹤鸣奏清屯、置屯田道事］

总督贵州候代张鹤鸣言：黔自兵荒以来，日仰籴于楚。约费二十余金，始能运致一石于黔，郊原骴骼累累，皆运夫骨也，言之痛心。至四年、五年，黔中斗米值尚五六钱。六年，抚臣王瑊、按臣傅宗龙，始倡议清屯。土司旧应当粮马之田，渐渐开种，当年收获四万余石，至今元年大丰，又加倍焉。三年之内，米不籴于楚，而黔中斗米值止一钱五六分者，非屯田之利，何以得此？今欲俾黔瘠为肥，寓战于农，则不可不设专官，以重其任。今议以安顺府知府孙森，就近题任屯田道，给予敕书关防，永为定缺。不惟清理督课，赖监司以董其事，即本官亦必殚力屯政，以报足国之实效矣。况森削平白岩、陇架、戛卧、小底拱诸逆坉，俘斩千有余贼。近逆贼倾巢渡河，森与王总兵提兵入险，拒敌二十余日，大败贼众。即酬此一级，尚不足为劳苦功高之报也。下所司。

癸巳（初七日）［沐天波袭黔国公爵］

沐天波以年幼免其赴京，准袭黔国公爵，仍挂征南将军印充总兵官，镇守云南地方。其重大事务，照沐朝辅例，暂听巡抚都御史协同处分。

甲辰（十八日）［四川松潘兵备副使史赞舜、副总兵秦翼明擒获别柘寨“恶番”］

四川松潘兵备副使史赞舜、副总兵秦翼明擒获别柘寨恶番老灿、雅第等十一名，巡按御史张枢俘以献。

崇祯长编卷十七

崇祯二年己巳（1629）

正月

乙酉（二十九日）［贵州总督张鹤鸣乞饷］

总督贵州张鹤鸣疏言：臣入黔请饷之疏凡四上，非好为此喋喋也。今日譬如穷妇治家，疾呼则主人厌恶，不言则无米难炊。今图贼有机，而楚饷不继，谨摘出户部咨拨款项可议者，仰乞严旨责成。臣指日去国，但一日在事，不敢不为封疆请命。乞敕部速议，以资荡平。章下所司。

崇祯长编卷十九

三月

丙寅（初十日）［云南巡按甘学阔疏请总镇籽粒仍由有司征收，不准沐氏理词讼］

云南巡按御史甘学阔疏言：云南总镇籽粒，皆系有司征收。自沐启元贿通魏忠贤，遂令该镇自行征收。因之扰乱地方，擅理词讼，而商民不胜其苦。今启元物故，而积年巨憝如苏察、樊之凤等，臣密缉正法，人心为之帖然。今伊子沐天波承袭，仅十有二岁，滇人恐其未能节制群小，复为虐。臣请永著为令，至庄租仍令有司征解，其词讼不许准理。镇抚员役，皆听臣衙门考察。章下所司。

崇祯长编卷二十

四月

丁酉（十二日）［以不及时救援王三善被劾，原贵州总督杨述中疏辩］

原任总督贵州杨述中疏：臣一介书生，知能浅薄。蒙皇祖畀臣抚郧之任，适奢酋叛蜀，臣著微劳，又值安贼蜂起，黔城久困，命臣总督黔事。臣念桑梓剥肤，仔肩任重，疾驱就道，比抵镇远，黔城围解。臣与抚臣王三善、按臣侯恂往复商确，治饷治兵，期灭此而后朝食。时安位母子遣汉把袁诏、刘光祚等乞抚，臣示以朝廷威福，再三折辨，已入我彀笼，仍押至省城，候抚按议妥而后允行。二臣并移咨札，邀臣进省受降。迨臣至省，而抚臣之议稍变。封疆之臣，甘苦相调，何敢以异同介意也。及抚臣一意进剿，臣壮其气而虞其轻，一面练兵积饷，以资进发。幸入大方，几成荡平之功，不意班师在途，抚臣落马遇害。报闻之日，台省诸臣有参臣不及援应者，奉旨回籍听勘。崇祯元年九月内，兵部确查川功。奉旨：杨述中遇卿二员缺起用，赏银二十两、纻丝二表里。臣自惟锋镝余生，支离病骨，何敢复生妄念。忽于十一月内，科臣许誉卿参臣漏网，滥图起用。及至召对，则云王三善进兵大方，二十日声息不通，杨述中不发兵策应。奉旨：九卿科道会议，及接吏部等衙门会疏，谓臣当贵阳残破之余，移镇平越，及三善悬军深入，实乏声援，是妨功害能之意，明以三善为孤注，而全躯保妻子之心，先借平越为金汤，共事封疆而临危不救，身在局中而袖手旁观。请移抚按核实奏闻。得旨：依议。臣惟黔省远在天末，臣事已隔五年，不惟不能备悉于宸聪，亦且不能尽谅于在廷诸臣也。臣之苦情，非勘不明，既经咨行抚按，不能一一指实，为臣分剖，此臣覆盆见日之时矣。第当日抚臣入巢，臣先后分遣各路兵马以为声援，及班师被陷，变出仓卒。移镇交待，俱有日期，事关军旅，头绪多端，若非详细上陈，臣一腔热血，何以仰达天听？再简备勘，旧疏另闻，伏惟至明鉴宥。章下所司。

崇祯长编卷二十一

闰四月

丙辰朔（初一日）［江西道御史疏言征剿黔省“安贼”久不获胜之因］

江西道御史杨通宇疏言：黔南界楚、蜀、滇、粤之中，明知地瘠民贫，必多方协济者，为其系六诏咽喉，诸道枢纽也，使其可弃，祖宗朝当有进闭关之策者矣。今诸彝窜伏，惟安贼张鸮。用兵七年，糜费以数百万计，功之难成，殆亦有故。楚饷借黔称八十万，以臣所闻，常缺至七八月，即不敢妄揣，负当事苦心，然而冗员滥费，亦可议焉。力分则兵弱，权分则将弱，名位相压，岂无苦乐不均？畛域若成，谁且功过相共？则权力分合，亦可议焉。丘禾嘉曾提一旅以附解围，于时兵不满四万，既而王三善一战，直捣大方。可知兵不贵多，险亦难恃，但恐横生意见，忌功害成，则督抚之任，亦可议焉。贼虽据黔，界连三省。按形势，黔仅扼其前，滇实蹑其后，蜀且当其胸腹。一路不齐，贼不可得，奈何徒以老师匮财罪黔，则进兵道路，亦可议焉……章下所司。

崇祯长编卷二十二

五月

丙午（二十二日）［礼部左侍郎罗喻义等疏言张居正当年两广歼“巨贼”、四川捣凌霄、九丝等寨之功］

礼部左侍郎罗喻义等疏言：前大学士张居正作相之日……若两广则（受）〔授〕策总督殷正茂，歼巨寇伍端、黄世桥、蓝一清、赖元爵等，闽寇朱良宝、林道乾等。若四川则举曾省吾巡抚，保刘显待罪立功，捣凌霄、九丝等寨，俘阿大、阿二，拓地四百里。皆宣捷告庙，逊赏不居，源流可考。凡此皆居正之功著边陲者也……

崇祯长编卷二十四

七月

己丑（初五日）［贵州总督朱燮元疏言黔滇蜀合力征剿“安逆”］

贵州总督朱燮元疏言：安逆造乱，于今八载。臣在黔言黔，黔之外鞭长莫及也。赤水、乌撒虽为黔卫，久被安逆隔断。形格势阻，万难经理。夫蜀不出兵赤水，以塞其联络之巢。滇不出兵乌撒，以杜其救援之众。黔虽有强将利兵，譬逐兽而予之莽也，庸有济乎？故黔不得不借力于蜀、滇也。操舟者，篙工柁师，并力并奋，虽遇急流，蔑有不济。皇上新命张论抚蜀，王伉抚滇，此两臣者，皆倜傥非常之才，协力同仇，自能灭此朝食。惟是钱粮兵马，各有攸司。一柄两操，兵家所忌。黔省自普安、三岔、思腊、鸭池、（六）〔陆〕广，以及遵义诸路，臣不敢不任。赤水、乌撒，应责蜀、滇两抚臣各一路约束期会。一切遣将厉兵，臣不敢挠其事；斩馘献酋，臣亦不敢分其功也。从之。

己酉（二十五日）［南道御史疏言重悬赏格使安、奢自相屠灭］

南道御史黄昌疏言：安邦彦、奢崇明煽祸西土，九年于兹。今议大举，兵连五省，饷（余）〔银〕二百万。且深山穷谷，奏功匪易，不若重悬赏格，使得自相屠灭。章下所司。

崇祯长编卷二十五

八月

戊辰（十六日）［湖广全省按各州县大小分摊二王赡田］

湖广巡抚洪如钟疏言：二王赡田，楚省派拨三万顷。屡旨严催，岂敢故缓？但三楚止此疆宇，潞、福屡括之后，已无余地。即濒江州县间有淤滩，然淤于此即陷于彼，为数几何？且此报欺隐，彼告投献，纷争变乱，徒滋扰害，乃地不加辟，而二王之奏请不已。十月之限期已迫，万不得已，惟有（滩）〔摊〕派一法，酌定州县，大者一百五十顷，中者一百顷，小者五十顷，并前搜出六千顷，共足三万顷之数。每顷征正耗银三两六钱，订入全书，令有司解司类解。章下所司。

崇祯长编卷二十六

九月

戊子（初七日）［监军副使刘可训、总兵侯良柱擒斩安邦彦、奢崇明等］

水蔺各彝纠贼十余万攻永城，盘踞内地，全（昌）〔蜀〕震动。监军副使刘可训、总兵侯良柱击败之，斩伪元帅安邦彦、伪都督莫德、伪大梁国王奢崇明、伪总兵阿恩等万余级。

辛卯（初十日）［云南道御史疏言刘可训、侯良柱破“安酋”十万之师］

云南道御史毛羽健疏言：永宁监军道臣刘可训、总兵侯良柱，从孤城中，以永兵万三千人，破安酋十万之师。亲斩伪梁国王奢崇明、伪大元帅安邦彦等，于阵前生擒贼首杓作、贼党陈文魁等于马上。追奔逐败，填山塞谷，使贼片甲不留。臣不禁举手加额，仰天大喜，为国家庆。盖自此酋拥其土地甲兵之富，（特）〔恃〕其山川险阻之雄，跳梁一隅，跋扈十载。戕我抚臣，杀我官兵。今可训、良柱不费调兵，不烦征饷，不俟期会，一战成功。贼之谋主莫过邦彦，贼之骁勇莫过（慕）〔莫〕德，贼之同盟无过崇明、乌撒，贼之爪牙无过阿（思）〔恩〕、落易等。而或斩或擒，已无噍类。安位一乳臭之子，釜鱼几肉，非走则降。计不出旬月，西南可指顾定矣。然从来师克在和，往见两省中，每每蜀主抚，黔即主剿。以不解协济责蜀，蜀即以代彼受兵责黔。今日以蜀兵灭黔贼，以道镇成伟功，尤为猜疑易生、掣肘可虞之时，宜急敕诸臣，同心讨贼……帝是其言，申饬所司。

崇祯长编卷三十

崇祯三年庚午（1630）

正月

癸卯（二十三日）［侯代云南巡抚谢存仁疏奏恢复乌撒城，安边、安氏逃遁］

云南巡抚致仕候代谢存仁疏奏：臣惟滇中疆事有二局，有滇省独举之局，有滇、黔、蜀三省合举之局，以恢复乌撒、擒献安边、安氏，扶植安其爵为主。去年八月二十一日，督臣朱燮元会同镇臣沐天波、按臣甘学阔，调集汉土官兵，列营沾益。臣时在曲靖候代，督臣谓机不可失，趋臣入营。臣乃于九月初三日往沾益，十五日遣炎方游击吾必奎、管沾益守备都司佥书郝太极，各率锐兵三百名进乌撒。以曲靖兵备道潘润民为监军，随发多色守备来金章等，领兵二百五十名接应。十八日，兵到乌撒境，安边、安氏即逃避偏桥厂，其原住盐仓溃乱。我兵拔出难民四百余名，乌撒指挥卯启荣、陈鸿猷，续救一百八十八名。奏凯还沾益，安边、安氏复还盐仓，遣人至军前，请俟乌城克复，束身投见，意实在缓我师也。十月初七日，仍遣太极、必奎、金章率谢义芳、陈应时、李万鹏等兵二千五百名进乌撒。以分守安普道张学懋为监军，密令取安边、安氏，以盐仓授安其爵。随发原任乔田游击步上达、沾平游击朱永平，带蒋可胜、韦彦祥等兵一千五百名，土司龙在田、王显祖、禄昌胤领兵二千五百名接应。十二日，必奎等于望城坡遇哨贼百余骑，麾兵奋击，贼尽奔箐中。十三日，各收难民，复乌撒城。必奎、太极、金章兵先入，上达等兵继之，三土司兵又继之。十七日，安边驻三十里外，拥兵求见。金章策马入其军，谕令单身来见。边乘夜遁去，遂弃盐仓，入九龙坉，或曰马始云。是役也，收难民四千余，马一百七十四，牛羊不计，尽付卯启荣安插，并发银一千两赈之。祭乌撒死难指挥管良相、李应期、朱运泰、蒋邦俊诸人，收瘗白骨，开市通商。其民复见汉官威仪，有生人之乐焉。乃召安其爵来盐仓，令约束九头目以守之，且图献安边、安氏，以酬前言。二十三日，从监军张学懋之请，以盐仓残毁，命其爵移住乌城。又念新复兵单，令步上达督兵一千五百名，同督标白宗凯、乌撒通判李友芝，及卯、陈二指挥，入城协守。友芝遂以二十六日受事，其爵亦于四月初旬移家赴任。计乌撒陆沉凡八年，至是始获平定。若三省合举之局，督臣期以十一月初旬进兵，当俟事竣上闻。帝命兵部亟行督抚镇道各官，责成安其爵，搜解安边、安氏二人，以完滇省剿局。

己酉（二十九日）［贵州朝绅以水西之役未毕，乞楚饷不可罢］

贵州朝绅翰林院（简）〔检〕讨闵仲俨等十一人，以科臣解学龙请撤楚中黔饷，合词上言：水西之役未毕，总督朱燮元方三路进兵，楚饷必不可罢。帝命户部并议具覆。

崇祯长编卷三十一

二月

甲戌（二十四日）［安位差目把乞抚］

贵州总督朱燮元以今年正月乙酉，安位差目把宋之本、艾天申等乞抚，疆事稍定。谨令总兵许成名、参政郑朝栋率参将祁继光、赵国玺、雷应乾等兵二千名，前赴国难。帝报闻其安位乞抚，仍命加意控制，无弃成绪。

戊寅（二十八日）［广东巡按吴尚默奏叙潮、惠、广三府“剿寇”功］

广东巡按吴尚默奏叙潮、惠、广三府剿寇功。潮州程、平二县，擒斩四百五十七名。道将谢琏、郑嘉谟等应首录。惠州长、宁二县，擒斩七十七名。道将陈玄藻、朱汝忠等应并叙。广州增、从二县，擒斩六十一名。参将陈拱应优恤。章下所司。

崇祯长编卷三十三

四月

己未（初十日）［总督朱燮元遣总兵官胡从仪等协剿“贵州苗”与三江黄柏山等处“苗夷”］

贵州苗汪狂、抱角纠连三江黄柏山等处苗夷，攻劫凯里，拒杀官兵，掠村焚堡。自平、清至思、铜省溪一带，警报日闻。总督朱燮元以安位投诚，檄总兵官胡从仪并都司陈谦前往协剿。不三月平之，驰疏上奏，帝报闻。

庚午（二十一日）［乌思藏僧朝贡］

乌思藏僧三旦多只等十五人进贡入朝。

崇祯长编卷三十四

五月

丙申（十七日）［云南耿马安抚司、镇康州等处土官纳款进贡］

云南巡抚王伉报：耿马安抚司土官罕们金、镇康州土官（力）〔刀〕闷枳、湾甸州土官景承恩、遮放土副使多恩谭、芒市长官司土官放廷臣皆极边远夷，奉文采买朝象，俱慕德不敢受价。各备象一只，并土产方物纳款进贡。

乙巳（二十六日）［兵科给事中上言平定安、奢善后事宜］

兵科给事中陶崇道上言：安、奢兽突，九年于兹。赖皇上圣明，抚道诸臣戮力，自旧岁七月后，凶锋屡挫，渠魁尽歼。天威虽张，时事亦须通计。故臣于去年十月二十六日，具兵事贵在取易一疏，欲皇上乘册立皇太子，急遣一使，谕以国本大庆，怜彼蠢愚，俾督抚诸臣相机操纵。苟可借以报命，即当许之宽宥，然后合力边患，以免焦劳。二十九日，奉旨：水蔺凶魁授首，黔蜀已足雪耻。剿抚相机，自当分别顺逆，操纵缓急。兵势百闻不如一见，督臣朱燮元久谙夷情，老成持重，当有万全胜算。听便宜酌行，并一应善后事宜，咨订方略具奏……

崇祯长编卷三十五

六月

癸酉（二十五日）［乌思藏阐化王使臣入贡，以上筵数减少为言］

乌（斯）〔思〕藏阐化王使臣三旦朵儿只等一〔十〕五员入

贡，本月二十日，照例赐宴。上筵六席，中筵九席，命襄城伯李守锜主宴。忽有藏僧，以万历年间上筵凡十三席，今来数少为言。守（镐）〔锜〕宣谕圣恩，诸僧膜拜登席，成礼而退。巡视光禄科道杨文昌、刘调羹请下礼部查例，以光大典常。谓宴待贡番，自有典例，上筵果否减少，并有无哗争情弊。所司查明具覆。

崇祯长编卷三十六

七月

戊寅朔（初一日）［水西安位差汉把解出安氏及其子阿甫］

川贵总督朱燮元疏奏：水西应袭安位将逆犯奢寅妻马氏即安氏并其子阿甫，差汉把周廷鉴等解出。随请官前赴毕节卫，认修旧城，重立驿舍。臣思安位本无知识，敢请圣明，怜其孤幼，曲赐浩荡之恩，俾还主享之旧，仍一面经理善后，以固吾圉。西南一局，似可收拾。安氏、阿甫，一则逆寅伪后，一则造叛孽种，剪草不去其根，恐异日有借为口实者。谨遣参将段乔森、守备孟成祥督押解京，恭候敕下法司，照律发结。帝命刑部问拟。

乙未（十八日）［湖广永顺司土官率兵攻茅冈隘等处失利，至是上闻］

湖广永顺司土官彭翼翎、田志禄等率兵攻茅冈隘、七蔺寨诸处。守御兵以四月初四日迎拒，败之。巡抚洪如钟至是方上闻。帝怒其迟报，行巡按御史查核。

戊戌（二十一日）［湖广巡抚洪如钟被革职为民］

以湖广巡抚洪如钟玩视屡旨，违悮军需，命革职为民。

崇祯长编卷三十七

八月

戊申朔（初一日）［为斩获安邦彦等首级，黔蜀二省争功］

四川巡抚张论以安邦彦、莫德二级，贵州按臣苏琰欲攘为黔省之功，疏称：刘可训、侯良柱塘报日期可按，功迹显然，谨据实剖明，以息黔蜀争端。帝命兵部确核真伪以闻。

辛酉（十四日）［四川巡抚张论请停石砫土司秦良玉及其侄勤王之召］

四川巡抚张论以四城已复，请停石砫土司总兵秦良玉及其侄秦翼明勤王之召。帝责其奉调已久，此时犹然上请，急公之义安在？命所司酌覆。

崇祯长编卷三十八

九月

乙酉（初九日）［川贵总督朱燮元上处置水西事宜］

川贵总督朱燮元上处置水西事宜：初，龙场坝本水西地，水、蔺相仇杀争之。其后结盟奢崇明，败水西假之居。其地去大方七十里，去永宁且六百里，山箐峻险，不产五谷，蜀人欲设官屯兵以自广。燮元言：御远之法，治以不治，来则安之，不专在攻取也。今水西既已纳款，残蔺安敢负固？惟当明定疆界，使诸苗耕牧其中，遵往制职贡赋，数世之利也。若设官屯兵，臣愚以为不便。夫守边者但闻扼险，不闻入险。此地陡临苗穴，四面孤悬，中限河水，不利应援。筑城守之，转运繁费，损有用以事无用。且内激蔺州必死之斗，外挑水西扼吭之嫌。兵端一开，未易卒止。如臣袭雷同之见，夸开疆辟土之功，此人臣一时之利，非封社之福也。上未之许，后推勘地界，卒如其议。及安位死，欲用兵郡县其地。燮元奏不可，遂传檄苗目，布朝廷威德，谕以出降。苗目感服，争纳土献重器。燮元分诸苗以地，俾世守之。上其略曰：今安位殄绝，疏族争立，臣奉明诏，一切禁止。圣威远（畅）〔扬〕，纳土献印，相继于道。臣惟水西有宣慰之土，有各目之土，宣慰公土宜还朝廷，各目私土宜俾分守籍其户口，征其赋税，殊族内向同于编氓。大方、西溪、谷里、比那要害之地，筑城戍兵，足以丕振国威，永销反侧。夫西南之境皆荒服也，杨氏反播，奢氏反蔺，安氏反水西。(滇)〔黔〕之定番，弹丸小州，为长官司者十之七，二三百年未闻有反者，非他酋之好叛逆，而定番之性忠顺也。地大者跋扈之资，势弱者传世之策也。今臣分水西之境授诸土目，及有功汉人，咸俾世守。凡苗俗虐政苛敛，一切除之，使参用汉法为长利。因条便宜九事：不设郡县，置军卫。不易其俗，土汉相安。便一。地益垦辟，聚落日繁。经界既正，土目不得侵轶民地。便二。黔地瘠，仰给于外，今自食其土，省转输之劳。便三。国用方匮，出太府金币劳诸将，不足以爵酬之则爵轻。不若以地，于国无损。便四。既许世其土，各自经久远，永为折冲。便五。大小相维，无事易以安，有事易以定。便六。训农治兵，耀武河上，使贼日备我。便七。从兵民便，愿耕者给之，且耕且戍，卫所自实，无勾军之累。便八。军耕抵饷，民耕输粮，以屯课耕，不拘其籍，以耕聚人，不世其伍，使各乐其业。便九。制曰可。西南悉宁。

崇祯长编卷三十九

十月

壬戌（十七日）［宣府巡抚杨述程疏陈广西兵赴宣府防守，水土不服，宜早发回粤］

宣府巡抚杨述程以郧阳、荆襄、南阳、南赣各兵俱发遣还镇，疏陈：广西兵一千三十一员名，虽令随行，赴宣防守，而水土服习各不相宜，亦宜早发回粤。帝命所司确酌。

甲子（十九日）［献水西俘，祭告太庙］

献水西俘，祭告太庙。告献毕，即将阿痴等十八名、吴加相等八名分别磔决，并解来首级，俱传示九边。

戊辰（二十三日）［川贵总督朱燮元疏辩阵斩安邦彦、奢崇明实情］

总督川贵朱燮元以四川巡按马如蛟疏语相刺，上疏剖明。略曰：安邦彦实系许成名部将赵国玺、雷应乾等追斩于红土川，得其全尸。因蜀兵邀截，迂道数日，始得达黔。蜀中道镇挟忿疾呼，遂谓黔人冒功。奢崇明则外议籍籍，谓其未死。安位求抚申文，有愿献崇明及马氏、何甫、樊虎四贼之说。樊龙解出，诘以崇明何在，则云实无下落。川抚张论乃谓，水西目把陈万兴称崇明真死，镇雄、水西并肯出结，欲因此俘献，以完大局。但据其报册，斩邦彦者则侯良柱之子应深也，斩崇明者则刘可训之子正华也。不操戈而立诛元凶，最为可异。且自陈衰病，无戡定之具，致不能取信于人。乞赐褫斥，别简才望，以奠岩疆。帝谓：所奏始末，朕已鉴悉。燮元可安意任事，不必别陈。

崇祯长编卷四十

十一月

癸未（初八日）［四川土司女将秦良玉应诏勤王］

四川土司女将秦良玉应诏勤王，并捐资济饷。帝优旨，命约束前来，听兵部调度。

丙戌（十一日）［四川巡抚张论疏请留定额军饷于川］

四川巡抚张论疏陈：水西抚事未就，川兵万不能撤，川饷万不能减。请依贵州留饷四十万之例，永定不易之额。章下所司，从长酌议。

崇祯长编卷四十一

十二月

戊申（初四日）［贵川官军分路征剿定番州与镇宁州“叛苗”］

贵州定番州叛苗王国卿、王璋、王国隆等纠聚苗仲等数百人，围杀党拱寨人民，抢掠财物。镇宁州叛苗光保、光成等聚众烧杀。火拱司夹西三十一寨俱作乱。总督朱燮元委官查抚，诸苗抗拒不服。燮元乃行贵州总兵官林兆鼎，调拨副将王国祯、杨正芳，参将陈谦，游击金良田、张舜龄等，分兵三路，攻国卿诸贼。又令副将商士杰、参将范邦雄等，督兵攻光保诸贼。前月初四日，国祯等攻破摆金、孔引等寨，贼奔溃。共斩级八十五颗，内伪总兵老廷柱在焉，擒贼首阿卖、阿五等。次日，搜摆塞、摆藏、茶山等寨，复斩级二十三颗，杀其伪都司老杨个、老田柱。十二曰，攻克摆拱、摆榜等寨，又斩级一百三十余颗，擒安邦彦亲枝阿香、阿仓，并其妻子。是夜，守备张清、杨云、戈大任扎营江渡，苗贼劫营，复乘机大败之。二十一日抵通州，国祯、正芳、谦等攻破各坉寨，复斩级八十余颗，渠魁王国卿、王璋、袁可成、王林俱被戮。惟士杰、邦雄与光成、光保、光明等，相持月余。至是月初一日，乘夜潜至坉顶埋伏，始得其犀牛寨一处。连日百计攻围，初四日火器齐发，架云梯直上，克其老巢卜笼寨，斩苗王光明等，余贼悉平。燮元捷书上闻，且谓黔省戎首虽系安酋，而恣毒全出苗仲。今安位帖服，而各苗猖獗。不得不兴问罪之师，幸一举而渠贼歼灭，徒党尽平，实天威震叠所致也。

癸丑（初九日）［廷臣赞李檟死守贵阳之功并白其“金盆之冤”］

云南巡按赵洪范奉旨查访李橒金盆，及李中行所（泰）〔奏〕苏琰事。据实陈李橒之冤……帝命廷臣确核，给事中许誉卿犹疑金盆之说。御史毛羽健上疏驳之，曰：安、奢世为婚姻，同谋已久。奢寅寇蜀，安位始寇黔，非衅起于黔也。且当贵阳告急，正广宁新破之时。举朝皇皇，置贵阳不问。后知孤城犹在，始命王三善救之。夫贵阳一线，滇蜀门户也。向非李橒忍死以守，则滇蜀动摇，寅、位等几成鼎据之势。臣谓橒之守贵阳，可方张巡之守睢阳。然睢阳卒破于子奇，而橒坚守十月，人相杀食。比及解围，十万之众正剩数千。厨中之粟，不满升合。城社依然无恙，虽谓功过古人可也……书奏，橒事乃大白。

壬申（二十八日）[四川报擒奢崇明党羽三人与奢崇明幼子二人]

四川报擒逆党胡宗禄等三人，并奢崇明幼子二人。帝报闻。

崇祯长编卷四十三

崇祯四年辛未（1631）

二月

戊午（十四日）［云南巡按赵洪范疏奏水西抚局及滇省“夷情”］

云南巡按赵洪范以去年八月八日，武定府地震，十二、二十一日，永昌、大理两府复连震。因疏奏：天变屡见，人事宜修，而滇事之大可惧者有二。其一在邻省之酋孽。盖水西一事，虽系黔患，实切滇忧，黔失则滇之祸不远也。今日抚局粗成，而安位固黄口无知，其头目狡猾，挟为奇货。安边、安氏反覆漏网，倚为负隅。惟乌撒土知府安其爵、沾益土知府安其禄虽称懦稚，然皆忠顺。而其母颇有主持，能得众萤火之归附，滇亦赖其藩篱也。近阅督臣朱燮元曲为调持之说，欲以知府名色，将乌撒为插置安边之地。臣切计，安边与以职土，将其爵、其禄置之何地？名不正则体制乖，势相衡则变故起。挑衅速祸，终堕贼计。夫王者之法，叛则讨之，服则舍之，岂有叛则赏之，如所以议处安边者乎？抚臣已力持不行，但安边因督臣轻许而动其觊觎之心，遂借水西代申，妄称沾益为边祖职，边为安（诏）〔绍〕庆嫡孙。请罪其爵、其禄，而以边袭土知府之职。臣与抚臣王伉直拒勿许，狡谋不遂，遂要求不已，浸且窥伺鸱张。擒夷目何烈烈、何克而逼之反，勒兵于野马川，耽耽虎视。复用千金，赚诱其爵头目布雄，日为吞并沾、乌之计。万一其爵被袭，则乌撒失而前功尽弃。乌撒失则沾益危，而全滇动摇。非但震邻之恐，实系切肤之患。督臣智勇深沉，当谅臣言非过计也。其一在本省之夷衅。滇方止一线内通中土，而三面皆夷。日相构杀，边徼不宁。如（于）〔干〕崖宣抚刀定边，子刀镇国、刀羽国，弟刀定远，借陇川兵象，扎营于先雅河。欲剿盏达，报复旧仇。又有吡哩西部二万余骑，攻破天胜寨，扰掠江边。又，王筭司土官乌高举被八寨龙上登纠党杀死，占踞其地。其妻沙氏、子乌鸿危急，请兵救援。种种变故，臣等虽百计备御，而时切忧危。伏乞皇上垂念封疆，严敕督臣，勿萌弛担之想，勿作潦草之图。宽以示恩，威以存体。赦其罪而无徇其私，为滇黔计久远，以消弭天变可也。帝以水西抚局，及远近彝情，洵属可虑。赵洪范力图厘饬，不得空言。

崇祯长编卷四十七

六月

戊申（初六日）［官兵及土司兵征剿湖广“叛苗”］

湖广叛苗黑酋纠党千余，出没偏桥卫地方。围劫掳掠，道路阻塞，不旬日而告急者数至。总兵林兆鼎督令陶弘勋等，征调各营防守官兵，并各土司兵，共二万余。先攻水外岩鸾、瓮凉、翁西等百十寨，一鼓扫荡。乘胜渡河，攻剿江内旧州、偏寨等数百余寨。自正月二十五日起，至三月初五日，前后共擒斩功级四十余颗，俘获贼属、牛马、器（使）〔仗〕不计其数。巡抚魏光绪以捷闻。

乙丑（二十三日）［以滇省征剿“普酋”，户部尚书请筹军饷］

户部尚书毕自严以滇省普酋跳梁，本省问罪之师三万，月费不赀。抚臣有发饷之请，议将黔留楚饷二十万两内，令总督朱燮元酌黔兵援滇之数，分解十万，以供其乏。又将滇省四年分，加派一万六千一百九十两有奇，杂项六万三千两有奇，钱息二万两，并旧饷银三千九百两有奇，尽听滇抚留用一年。俟事定另议解部。

崇祯长编卷四十八

七月

甲戌（初二日）［广东剿平增、从“山土贼”］

广东巡按高钦舜疏奏：增、从山土贼钟国相、陆彦博、颜丁髻等聚众数万，流毒有年。今道臣王道元等、署镇游击陈照等、府县颜俊彦等剿抚并用，竭力攻杀。前后共斩首一千一百余颗，渠魁钟国相等以次歼灭，巢穴廓清……

丁丑（初五日）［广西土司进贡银炉］

广西土司岑之汉进贡银炉。帝受之。

庚辰（初八日）［四川道试御史疏劾云南巡抚王伉“挑衅”丧师］

四川道试御史李一鹏疏劾云南巡抚王伉挑衅阿迷土酋普名声。借先发后调之说，希图邀赏，遂至甘心罔上，矫制擅兵，兴师四万，摇动两省，以临一弹丸黑子。犹且屡进屡蹶，甚至杀我府判，而不能一制，则专擅、丧师两罪，所当并治。乞皇上显暴其罪，立赐罢斥，另择老成持重之人代领其职。倘谓道路迂回，难俟新抚交代，则命川贵总督朱燮元先摄其事，徐俟新抚接任可也。帝谓：地方官妄启事端，岂容弛担？王伉已令图功自赎。俟补救无能，自有裁处。

己丑（十七日）［湖广常德、武昌、辰州、靖州、长沙、承天等处地震］

湖广常德府夜半地震有声，从西北起，其响如雷。须臾黑气障天，震撼动地，井泉溢溢。地裂孔穴，浆水涌出，带有黄沙者六处。倒塌荣府宫殿及城垣房屋无数，压死男妇六十人。同日，所属桃源、龙阳、沅江，及武昌府、辰州府属沅陵、沅州，靖州属会同县，长沙府属长沙、善化、湘潭、宁乡、湘阴、醴泉、安化，承天府属钟祥、沔阳、潜江、景陵等州县俱震。又于次日，澧州亦震数次。城内地裂，城墙、房屋崩坏，压死居民十余人。王家井喷出黄水，铁尺堰喷出黑水。彭山崩倒，河为之淤。又荆州府同日亦震，坏城垣十之四，民舍十之三，压死军民十余人。巡按白士麟以闻。

［滇南“普酋猖獗”，日讲官疏请酌发兵饷进剿］

日讲官王锡衮以滇南普酋猖獗，其发端挑衅虽罪在抚臣，而蹂残兆姓实患切封疆，疏恳酌发兵饷，以终剿事。并乞稍假宽政，俾抚臣得从容展布，以赎前愆。章下所司酌议。

崇祯长编卷四十九

八月

壬寅朔（初一日）［云南巡抚王伉疏奏发兵征剿阿迷“土酋”普名声，并乞黔援］

云南巡抚王伉疏奏：阿迷土酋普名声畔逆，发兵征剿。独加衔同知署维摩县李嗣泌，能率兵破贼险要腻革、竜西、溪里地方，使我兵得由此路进剿。又能宣谕威德，招徕贼头何天衢，使之同心剿贼，屡奏捷功。而大勒、密勒、五马等处，皆已内附。贼势去半，实此二人首功。请以何天衢实授守备，李嗣泌实授郡丞，以昭激劝。至游击狄棻明，临阵畏缩，坐失事机，致十八寨不守，为贼所掠，虽赖副总兵商士杰力为恢复，而棻明之罪不可辞，已经拘禁，应请旨依律问罪，以肃军令。至滇黔一体，缓急当共。昔年费饷不赀，皆为黔也。今滇有急难，黔亦当应之。前疏请黔省兵饷一半，非敢责报，实以共此封疆同室之救，不比乡邻。更乞亟敕督臣，速为接济，以襄成功。得旨：嗣泌等所司酌议，棻明抚按依律拟罪。至滇黔关切一体，黔督朱燮元可调度接应，早奏荡平。

辛亥（初十日）［云南巡抚王伉攻破“普酋”］

云南普酋久叛未平，巡抚王伉自知罪重。至是，乃匹马入临，为破釜焚舟之计，努力先驱，各兵奋勇攻杀。阵斩叛目黎朝选，斩擒共三千余人。又一日，连破象山三营。军声大震，荡平可期。兵部以其捷闻。

崇祯长编卷五十

九月

丁亥（十六日）［云南镇康州土官贡献礼物］

云南巡抚王伉疏解镇康州土官刀闷枳贡献礼物。

壬辰（二十一日）［兵科右给事中署科事祝世美以“普酋”猖獗，奏参抚臣王伉等之罪］

兵科右给事中署科事祝世美以普酋猖獗，滇事方殷，近则弥勒州又陷，特疏参抚臣王伉及黔镇商士杰、巡道杨鼎枢、都司杨忠、知州徐绅之罪。

庚子（二十九日）［云南巡抚王伉以弥勒州失事疏参黔镇臣并自劾］

云南巡抚王伉疏参黔镇商士杰，影借冒功，观望延玩，以致弥勒州失事，并自劾任用非人之罪。章下巡按御史核奏。

崇祯长编卷五十一

十月

庚申（二十日）［川贵总督朱燮元以弥勒州被“普逆”攻破，奏参黔将商士杰］

川贵总督朱燮元疏奏：黔将商士杰协剿云南普逆，逗遛观望，迂道迁延，以致弥勒被破，道将遁走广西。省会隔绝，而粮饷数千石，俱为贼劫。目今截阻曲江、临安，大兵咽喉又将断绝。滇事万分危急，皆由商士杰庸劣退怯、贻误封疆。然此皆黔将，臣当并任其咎……帝谓：滇师轻动失事，王伉等已经逮治。燮元仍须协图歼剿，不得引咎推诿。

崇祯长编卷五十二

十一月

癸酉（初四日）［以贵阳总兵王国祯改镇铜仁］

以贵阳总兵王国祯改镇铜仁。

甲申（十五日）［川贵总督朱燮元在贵阳东北数里建城设州，奏请赐州名］

川贵总督朱燮元疏奏：黔省东北数里，即为宣慰司宋士殷洪边旧地。北联平越、新添，且与蜀之遵义壤界相错。其地夙号饶冲，故旧有十二马头以供邮递。今于地名开科适中之所，建造一城，广袤六百五十丈。经今一年，城垣衙舍俱已就绪，各乡耆环聚栖止，渐成市集。势已足为省会后蔽，固长久之术也。臣集众议，创为一州。应设知州一员、吏目一员，总其钱谷词讼。属贵宁、毕节二道节制，贵阳府提调。已将贵阳府同知李先春署理知州事，请特赐州名，并敕吏部再选吏目一员，庶料理有资而绸缪永赖矣。

[朱燮元请恢复施秉县治]

燮元又言：施秉县治，向以苗乱题裁。其实，我退一步，贼进一步，舍门户而守堂奥，非计之得也。今两江一旦尽歼丑类，复我疆圉，则县治自当照旧兴复，其正官乞补选一员前赴任理。若知县所需公费，察其数共止二百零二两有奇。旧已议裁充饷，但为数颇俭，似合免裁留给。使祖宗之版章不失，而边界之弹压有资，亦绸缪之策也。章下所司酌议。

乙酉（十六日）[川贵总督朱燮元解献两江“积叛贼首”吴阿良、毛者二人]

川贵总督朱燮元解献两江积叛贼首吴阿良、毛者二人。其何强、罗乔保、老拗、李强就地监固，并请敕部议覆正法。

崇祯长编卷五十六

崇祯五年壬申（1632）

二月

壬午（十四日）[云南巡抚王伉、巡按赵洪范以丧师下法司究问]

以云南（总督）〔巡抚〕王伉、巡按赵洪范丧师，下法司究问。

甲午（二十六日）[湖广“流贼”攻破郴州]

湖广流贼攻破郴州。以巡抚魏光绪疏防失事，命削籍听勘，仍料理候代。

[“普逆”犯临安，云南抚镇请调秦良玉兵相救]

兵部尚书熊明遇上言：普逆攻犯临安，危疆岌岌。抚臣蔡侃及镇臣沐天波交章疾呼，请调蜀将秦良玉兵自救。夫良玉固堪任缨（寇）〔冠〕之使，而裹粮饱士，势不能无望于黔楚。臣部先经议覆，计部题分十四万应之，似亦足用。而蜀督亦宜相机调遣，以纾滇急，不可专恃万里请援。帝命秦良玉即与调发，其所需行粮，急为措给，报部销算。前议所分楚饷，并着严催解济。

崇祯长编卷五十七

三月

戊戌朔（初一日）［朝臣请将总督朱燮元移镇滇省并调秦良玉兵，以征剿“普酋”］

（简）〔检〕讨闵仲俨等上言：滇省自临安大营溃衄之后，一时道将俱以身殉，全滇物力罄于一掷。皇上轸念遐方，频谕督臣朱燮元设法济剿。明见此酋非督臣不可收拾，诸省兵饷非督臣不能征调也。今曲江陷矣，临江咽喉既断，存亡莫保。临属斗大州县，势必不支。省会已有剥肤之患，事急矣，惟是黔距滇尚二千余里，鞭长不及马腹，调度难于相机，非移镇滇省不可。督臣移镇，材官车骑相从赴滇，所苦者又非兵将，而在粮饷。望皇上或令四省那移协济，或仍将楚中原派黔饷暂借饷滇一年，庶几可救燃眉也。又，四川石砫秦良玉素称骁勇，其侄秦拱明前已阵亡。以同仇之义，昭敌忾之忠。在皇上敕督臣急调之耳。至于以彝攻彝，乃滇已试之成效尤由陶明卿等，仍宜多方鼓舞。俾其输诚效用，以杜蚕食之祸，此又制酋之要着也。章下所司酌议。

辛丑（初四日）［准安位袭祖职］

川贵总督朱燮元疏奏：逆安邦彦等既已伏诛，其子安位原属无辜。今已贬爵三年，应复其职。请敕部查议，给位冠带承袭。章下兵部议覆，准其承袭祖职，仍命忠顺效力，以报朝廷嘉与维新之意。

戊申（十一日）［南京户科给事中奏请清查云南卫所军伍职田］

南京户科给事中戈允礼以滇俗汉夷杂处，蠢动时闻。近自普酋发难以（朱）〔来〕，每每吁饷九阍，远不获济。因上言：滇省卫所军伍，先皆受膏腴职田，其数视品级为差。中有世系斩绝、承袭无人者，为强梁卫弁所并，每亩纳谷不过三斗，遂占种无价官田。甚且土指挥例无职田与纳级指挥例不加田者，俱混取绝田，争攫美利。此皆当还之朝廷者，是宜急敕抚按，尽数严查，详开清册，悉追其价。每亩可得六七金，还卫清核。总计一省，奚啻数万？平居无事时，以之充作铸本，则可以岁增子息。一旦有事，取之逢源，又何愁军兴仰屋哉！章下所司看议。

崇祯长编卷五十八

四月

己巳（初二日）［以黔事已宁，川贵总督朱燮元请裁添设永宁监军道等四道官］

川贵总督朱燮元以黔事已宁，请裁添设永宁监军道、屯田道、安普道、河防道四官。

甲戌（初七日）［石砫参将秦翼明为其弟拱明请恤典］

兵部疏复石砫参将秦翼明所请其弟拱明阵亡恤典，帝命巡按御史，速行勘明确奏。

崇祯长编卷六十四

十月

己卯（十五日）［云南巡抚蔡侃疏奏普名声求抚，又欲掩其

“勾交”之罪]

云南巡抚蔡侃疏奏：交岗之地，与迤南诸土司错壤而处。其酋曰武公懿，素桀黠嗜利，普名声常以金帛啖之，彼乃时出应援。大营之溃，明明助逆。盖歆于金银之贿赂，而又有普女以为之婚媾也。今名声欲掩其勾交之罪，仍欲诿其罪于商士杰。此不过巧饰其辞以求抚耳，乃士杰则何可诬也。勾交之罪，名声既作孽于前，亦可自赎于后。若能不与交人往来，不与诸土司仇杀，求抚之情自真，何必自掩而卸罪于人哉！

乙酉（二十一日）［兵部疏奏普名声议款后，复引兵攻沙定海、逐禄洪］

兵部疏奏：普名声既经议款，自应奉令恐后。乃遵约未几，复引兵攻沙定海，破甸尾而逐禄洪矣。夫禄洪素称忠顺，作我藩屏，岂普酋所得变置？在抚镇即不能善护于未破之先，亦宜重植于既覆之后。还其故土，招集兵民，以明朝廷法纪，以遏狡酋逞志，安可度外置之乎？况张周原以抚镇委任料理，此时抚局未定。即张继孟且未足为功，而况张周乎？则授官不但非典制，亦非酬功时也。今宜责（经）〔继〕孟，仍以利害顺逆宣谕普酋，除前攻沙攻禄之事为其祖父复仇，姑置不治。此后禄氏再立，倘仍不相容，则明系借抚养奸，剪我羽翼，问罪之师岂淂需时？一切援剿事宜，仍应敕督抚镇相机料理，其沙氏诸土司将佐并宜抚镇节制，以一事权。帝曰可。

丁亥（二十三日）［广东巡按梁天奇疏报讨平白梅等峒功级］

广东巡按梁天奇疏报：广、惠、韶三府所属龙门、从化、增城、长宁、翁源、英德各县界中，有白梅等峒，素称贼薮。春夏间，惠潮九莲山余贼窜入其中，聚党为害。岭南守巡道布政使林赞、副使洪云蒸，督令参将李相、蔡时春讨平之，因列其功级以闻。章下所司。

壬辰（二十八日）［川贵总督朱燮元疏奏贵州省情，并以改军田为民田不便］

川贵总督朱燮元疏奏：昔年设立黔省之初，止置卫所而无郡县，止有屯堡而无村落。及后渐次充拓，添设府州县治。所谓民者皆苗，苗各隶于土官。土官性嗜仇杀，消长靡常，局面屡变，故额粮虽轻而无征。又且几半即丁差等项，亦有额而无征。黔之为省，原不在田粮之派。今虽被兵十年，而残破之余，官念冠裳，军恋田土，设法整顿，犹可粗成纲纪。若议改军田为民田，则粮额反轻，而卫所之制尽失，似属未便。恳敕部查议，以垂长久。章下所司酌议。

崇祯长编卷六十五

十一月

丁酉（初三日）［四川巡抚刘汉儒疏请叙川功、计善后］

四川巡抚刘汉儒疏奏：蜀地接连滇黔，远在万里。彝汉杂处，衅孽易生。所恃有备，方可无患，不意废弛至今日。而极其可虑之大者，盖有三焉：一则民情之变更，一则番彝之叵测，一则将士之离心。此三者，事虽异名而实则同病。故欲联属人心，以慑服番部，其鼓舞一端，非急叙川功，早计善后不可。乞念封疆大事，敕风力大臣一员，叱驭就道，从公酌定。使善后有策，前功获叙，则百年大典，在此一举矣。帝谓：西蜀治兵有年，何称一无足恃。功次屡旨勘叙，乃至今未有确议。应否另员前往，兵部速奏。至一切励兵治赋、保境安民事宜，汉儒悉心料理，不必托词吁陈。

癸卯（初九日）［川贵总督朱燮元疏奏“逆酋”普名声为其妻万氏等定计毒杀］

川贵总督朱燮元疏奏：逆酋普名声久叛逋诛，其妻万氏，虑祸及身，密与家众吴道泰、普超明，举人章呈锦，生员万民瞻，吏目谢良臣等定计，于九月十一日进毒杀之，率其所部以降。滇患悉平。

崇祯长编卷六十六

十二月

丙子（十三日）［以黔省兵革既宁，川贵总督朱燮元请裁援滇副将］

川贵总督朱燮元以黔省兵革既宁，请裁援滇副将冉天胤之缺。而天胤于水西有招抚之功，应另行推擢。章下所司。

附　录

后　记

五十年前，本人开始专注于中国南方民族史与地方史的研究，《明实录》即常备案头。在研究和撰写《苗族史》、《中国苗族通史》、《苗族文化史》、《湖南通史》（古代卷）、《湖南民族关系史》等诸多著述过程中，曾反复查阅《明实录》，从中检索与搜集了不少原始资料，获益匪浅，但由于《明实录》只有影印本，又未经校点整理，使用颇感不便。近四十年，虽有《明实录》资料整理出版了不少种，但在民族研究方面资料的全面系统整理还是比较少见的。由此，本人萌发了编纂一部《明实录南方民族研究史料》的想法，并逐步着手一些前期工作。当我最后完成《湖南文化史》这一专著之后，已近耄耋之年，但仍不忘初心！在最近五年间，寒暑交替，春去秋来，我倾注全力于此书的编纂、校点。至此完稿，有生之年，能了却夙愿，倍感欣慰！

在《明实录南方民族研究史料》的编纂过程中，本人所在的湖南省社会科学院和湖南省文史研究馆给予了大力支持和帮助，并纳入湖南省湘学研究院重点委托项目；我的故乡湘西土家族苗族自治州的领导和同志，十分关心，积极支持，热情相助。经筹划和协商，现列入“湘西民族文库”，交由岳麓书社出版。最后，此书还纳入了国家出版基金项目，本人倍感荣幸！

在本书完稿之际，本人特向有关领导和同志，特别是湖南省社会科学院刘建武院长、湘西土家族苗族自治州政协刘昌刚主席、岳麓书社马美著总编辑和永顺县人民政府向海军副县长等，以及在具体工作中给予热情服务和帮助的湖南省社会科学院钱明、杨斌、张衢诸同志，由衷地表示谢意！

伍新福

2019 年 12 月于长沙

图书在版编目(CIP)数据

明实录南方民族研究史料/伍新福编纂. —长沙:岳麓书社,2021.5
ISBN 978-7-5538-1426-1

Ⅰ.①明… Ⅱ.①伍… Ⅲ.①民族历史—史料—南方地区—明代
Ⅳ.①K280.048

中国版本图书馆 CIP 数据核字(2020)第 232334 号

MING SHILU NANFANG MINZU YANJIU SHILIAO
明实录南方民族研究史料
编　　纂:伍新福
责任编辑:胡宝亮　李业鹏
责任校对:舒　舍
封面设计:风格八号

岳麓书社出版发行
地址:湖南省长沙市爱民路 47 号
直销电话:0731-88804152　0731-88885616
邮编:410006

版次:2021 年 5 月第 1 版
印次:2021 年 5 月第 1 次印刷
开本:960mm×640mm　1/16
印张:173.25
字数:2600 千字
书号:ISBN 978-7-5538-1426-1
(全五册)定价:750.00 元

承印:长沙超峰印刷有限公司

如有印装质量问题,请与本社印务部联系
电话:0731-88884129